LA WAFFEN-SS

Soldats politiques en guerre

Jean-Luc Leleu

LA WAFFEN-SS

Soldats politiques en guerre

Ouvrage publié avec le concours
du Centre National des Lettres

Le grand livre du mois

© Perrin, 2007
ISBN 978-2-286-03489-4

*À ma mère,
trop tôt disparue.*

« Je tâcherai de trouver et de suivre, en résolvant la double question des tempéraments et des milieux, le fil qui conduit mathématiquement d'un homme à un autre homme. Et quand je tiendrai tous les fils, quand j'aurai entre les mains tout un groupe social, je ferai voir ce groupe à l'œuvre, comme acteur d'une époque historique, je le créerai agissant dans la complexité de ses efforts, j'analyserai à la fois la somme de volonté de chacun de ses membres et la poussée générale de l'ensemble. »

Émile ZOLA,
préface aux *Rougon-Macquart*.

« Dans une guerre, c'est la vérité qu'il faut buter en premier. C'est pourquoi les journalistes sont plus efficaces que les bidasses. Les grognards se contentent de tuer les ennemis. Mais ce qui compte, c'est ce que nous écrivons, ce que nous photographions. L'histoire est peut-être écrite avec du sang ou du fer mais elle est imprimée avec de l'encre. C'est nous, les correspondants de guerre, qui transformons les grognards en un spectacle rentable. »

Gustav HASFORD,
The Short-Timers.

Introduction

La « Waffen-SS ».

À eux seuls, ces mots désignant l'organisation paramilitaire de la SS ont une indéniable puissance évocatrice. En tout état de cause, ils ne laissent pas indifférents. L'abondante bibliographie qui a été consacrée après guerre à ce sujet en Allemagne, en France ou dans les pays anglo-saxons en témoigne, tout comme les succès de librairie de certains titres [1]*. Le thème a du reste été suffisamment traité pour amener d'aucuns à affirmer péremptoirement que « chacun connaît la Waffen-SS [2] ». À l'aune d'une problématique renouvelée, il apparaît en réalité beaucoup plus pertinent d'avancer que « chacun *pense* connaître la Waffen-SS [3] ».

De fait, que sait-on vraiment de cette organisation armée ? Issue de la petite troupe chargée de la protection rapprochée du « Führer » dans les années vingt, elle n'a longtemps présenté qu'un effectif dérisoire au sein du Parti national-socialiste (NSDAP) et de ses nombreuses organisations : 8 hommes le jour de sa fondation officielle le 9 novembre 1925, 280 membres quand Himmler en a pris la charge en janvier 1929, pour atteindre 52 174 hommes lors de l'arrivée au pouvoir de Hitler le 30 janvier 1933 [4]. Malgré cette rapide inflation, la SS était alors numériquement insignifiante au sein de la populaire SA, dirigée par Röhm, à laquelle elle était d'ailleurs subordonnée. L'élimination physique de ce dernier et de l'aile révolutionnaire de la NSDAP lors de la « nuit des longs couteaux » le 30 juin 1934, tout autant que la prise en main progressive par

---

* On trouvera les notes en fin de volume.

Himmler des organes de sécurité et de répression du Reich au détriment de Göring, ont néanmoins définitivement ouvert la voie à son indépendance et à son développement, lui permettant de gagner en influence au sein de l'appareil nazi, qui se confondait désormais avec l'appareil d'État. À travers les prérogatives de plus en plus nombreuses accordées à Himmler, la SS, de toute évidence, devenait un organe exécutif relevant exclusivement de Hitler pour les questions de sécurité. Dans ce cadre, la création dès mars 1933 d'une troupe militarisée et encasernée avait rapidement répondu à une double volonté du régime : d'une part, disposer d'une garde rapprochée, conformément à la mission originelle dévolue à la SS ; d'autre part, s'assurer d'une police politique d'État susceptible de suppléer la police ou l'armée en cas de troubles intérieurs.

Comment dès lors comprendre que cette force paramilitaire à vocation interne et aux effectifs faibles à la veille de la guerre (23 000 hommes en décembre 1938) soit devenue une composante majeure dans la stratégie du commandement allemand à partir du milieu du conflit ? Quels sont les facteurs expliquant ce changement radical de fonction ? Comment expliquer qu'une organisation à l'idéologie foncièrement raciste et xénophobe se soit ouverte à tant de peuples différents, jusqu'à faire croire, après guerre, qu'elle avait préfiguré l'armée européenne que certains dirigeants politiques occidentaux appelaient alors de leurs vœux ? Surtout, comment expliquer que la postérité n'ait retenu des soldats de la *Waffen-SS* que leur « fanatisme » qui les aurait tout autant conduit à se sacrifier au combat qu'à associer leur nom aux crimes les plus sanglants commis sur le front comme dans les territoires occupés ?

À bien considérer ces questions, des pans entiers de l'Histoire demeurent dans l'ombre. Assez logiquement, les publications partisanes à caractère polémique n'ont guère fait avancer le débat historique[5]. Les monographies de formations SS rédigées par leurs anciens membres sont certes des sources d'informations à ne pas négliger, mais l'esprit critique leur fait tout aussi logiquement défaut. Il est du reste toujours intellectuellement dangereux de laisser aux seuls acteurs le soin d'écrire l'Histoire. À l'inverse, ceux qui se sont penchés sur les crimes de guerre perpétrés par les formations de la *Waffen-SS* se sont laissés submerger par l'émotion. En ne traitant que superficiellement des bourreaux pour mieux se focaliser sur les exactions commises, cette littérature a en effet témoigné, mais sans véritablement donner à comprendre. Quant à la littérature commerciale, elle s'est emparée avec délice de ce sujet sulfureux, contribuant à nourrir et à propager le mythe d'une troupe d'élite supérieurement entraînée, à grand renfort de photographies éditées par la propagande de l'époque.

Face à cette avalanche de publications, les milieux universitaires n'ont certes pas déserté le terrain, mais apparaissent bien isolés. Au milieu des années soixante, le travail de George Stein a jeté les bases sur lesquelles se sont longtemps appuyées la plupart des études. En abordant pour la première fois le sujet de manière objective et solidement documentée, il a retracé les étapes du développement de la *Waffen-SS* et son rôle militaire au cours du conflit en la distinguant (mais sans l'isoler) de la nébuleuse des autres organisations policières et administratives SS. Eu égard à l'ampleur de la tâche et au manque de recul par rapport au mythe, ce travail montre néanmoins désormais ses limites [6]. D'autres études approfondies sur la politique de développement de la SS ou de la *Waffen-SS* sont fort heureusement venues entre-temps compléter la perspective [7]. D'autres encore ont été plus spécifiquement consacrées aux opérations de recrutement [8]. De leur côté, les quelques monographies universitaires consacrées à des divisions SS sont arrivées à point nommé pour contrebalancer les visions euphémiques des ouvrages équivalents rédigés par les vétérans SS. Aussi pertinentes soient-elles, la portée de leurs conclusions n'en demeure pas moins limitée sur le fond aux seules formations dont elles font leur objet d'étude [9].

De toutes, ce sont les différentes publications de Bernd Wegner qui ont signé les avancées les plus significatives en dégageant une problématique réellement novatrice sur le sujet [10]. À travers une thèse de doctorat consacrée au corps des officiers de la *Waffen-SS*, il a permis de mieux cerner la singularité de ces *soldats politiques* : des combattants dont l'engagement ne se limitait pas, comme pour le militaire de carrière, au seul temps de guerre contre un adversaire défini, mais trouvait tout son sens dans une lutte permanente au nom de l'idéologie nationale-socialiste [11]. Ce travail a surtout permis de profondément renouveler le genre. En délaissant le champ des activités militaires de la *Waffen-SS*, il a d'autant mieux fait ressortir sa place dans la stratégie d'expansion politique de la *Reichsführung-SS*, l'appareil de direction de la SS à l'échelle du Reich [12].

Nombre de questions demeurent néanmoins encore en suspens, tandis que de récentes avancées historiographiques suscitent de nouvelles interrogations. Dans le premier cas, force est de constater qu'il manque encore une étude de ce que fut la *Waffen-SS* en tant qu'instrument militaire, prenant en compte tous les domaines d'activités et permettant ainsi de relativiser les aspects de la question les uns par rapport aux autres. D'un côté, en privilégiant la place de la *Waffen-SS* dans la stratégie politique de la *Reichsführung-SS*, les travaux menés ont privilégié une vue « d'en haut » en négligeant la troupe elle-même [13]. De l'autre, la littérature, scientifique ou non, a largement eu tendance à s'intéresser à l'« histoire bataille », reléguant les autres questions à l'arrière-plan. Si ce genre soulève souvent l'intérêt d'un public féru de faits d'armes, il a depuis longtemps montré ses limites s'il n'est pas sous-tendu par une problématique dépassant le seul récit des opérations.

Entre ces deux pôles existe donc une importante lacune sur ce que fut cette troupe, tant du point de vue sociologique que professionnel. *Quid* de sa ressource humaine, des structures de ses unités, de ses approvisionnements, de son instruction, de son conditionnement mental, de son emploi stratégique, de sa fonction sociale, de sa valeur militaire et, *in fine*, de ses comportements ? Bien souvent, il existe en guise de réponse à chacun de ces thèmes une solide et tenace réputation héritée de la guerre elle-même. Or, démonstration a déjà été faite que les principales idées véhiculées sur l'endoctrinement ou le « suréquipement » des troupes SS méritent d'être reconsidérées [14].

Par ailleurs, à côté des interrogations intrinsèquement liées à la *Waffen-SS*, les progrès enregistrés ces deux dernières décennies par la recherche conduisent également à renouveler un autre questionnement. Accabler la *Waffen-SS* de tous les crimes pour mieux l'opposer à la *Wehrmacht* – c'est-à-dire l'armée allemande englobant l'armée de terre *(Heer)*, la marine de guerre *(Kriegsmarine)* et l'aviation *(Luftwaffe)* – est une approche désormais dépassée. Certes, le curseur est invariablement resté bloqué sur les couleurs les plus sombres dans la représentation collective de la SS, des idées qu'elle incarnait et des crimes qu'elle a perpétrés – la mise en œuvre de l'entreprise génocidaire avant tout. Mais l'armée allemande a, pour sa part, vu se tenir le voile presque virginal dont ses anciens généraux l'avaient paré afin de faciliter sa reconstitution au sein de l'Alliance atlantique dans les années cinquante. L'idée qu'elle ait mené une guerre « propre » a vécu. Une fois établie sa participation (au moins partielle) aux crimes de guerre, à la répression aveugle dans les territoires occupés, à l'extermination en masse des prisonniers de guerre soviétiques ou au génocide, et compte tenu de la large pénétration des idées du régime dans ses rangs [15], la question peut en effet légitimement se poser : où gisait fondamentalement la différence entre la *Waffen-SS* et la *Wehrmacht* ?

Finalement, les divers points de vue considérés partent du postulat que les troupes de la *Waffen-SS* ont été soit « des soldats comme les autres » (Konrad Adenauer) [16], soit des instruments dociles de leur *Reichsführung*. Or, à l'inverse de ces deux hypothèses, la forte personnalité des commandants des formations les plus anciennes et la centralisation tardive des branches armées SS permettent de supposer l'existence d'un mode de fonctionnement plus ou moins autonome, et donc éloigné du modèle hiérarchique militaire traditionnel [17]. La présente étude se propose dès lors de déterminer si (et en quoi) la *Waffen-SS* a représenté une entité spécifique au sein des formes armées allemandes pendant la guerre.

Résoudre ces questions amène nécessairement à faire des choix. Le fait d'aborder le sujet de manière transversale conduit en effet à multiplier les angles d'approche, qu'ils soient politiques, idéologiques, techniques, professionnels, opérationnels, stratégiques, sociologiques ou psychologiques. Sans même compter les unités de taille inférieure, une quarantaine de divisions SS ont existé pendant le conflit et, sans pouvoir être plus précis, il semblerait que plus de 800 000 hommes aient servi sous son étendard pendant la guerre [18]. Aussi le parti pris a-t-il consisté à considérer de manière privilégiée le corps de bataille principal de la *Waffen-SS*, c'est-à-dire les formations motorisées et blindées SS à recrutement essentiellement allemand. De fait, ce sont principalement elles qui ont forgé la réputation de la *Waffen-SS*. En comparaison, le rôle dévolu aux formations à recrutement étranger s'est souvent révélé bien pauvre.

Pour cerner les comportements des troupes SS, il a par ailleurs semblé opportun de multiplier les « zooms » sur des unités, des engagements ou des théâtres d'opérations particuliers. À cet égard, les territoires rapidement placés sous la tutelle du commandement allemand à l'ouest (Pays-Bas, Belgique et France métropolitaine – celle-ci dans sa totalité après l'occupation de la zone sud en novembre 1942) ont été volontiers privilégiés pour plusieurs raisons. Tout d'abord, et malgré une présence largement fluctuante, les troupes SS n'ont jamais cessé d'être déployées sur ce théâtre de mai 1940 à mai 1945. Environ un tiers des forces opérationnelles SS y ont transité à un moment ou à un autre de la guerre (près de 118 000 hommes sur 368 000 au 30 juin 1944 par exemple) [19]. Deux campagnes militaires majeures en 1940 et 1944-1945 ont épousé ensuite le cadre chronologique, permettant d'observer l'évolution professionnelle de la troupe et sa place au sein de l'ordre de bataille allemand.

D'un autre côté, le contrôle de cet ensemble géographique par un organe militaire allemand unique (le commandant en chef à l'ouest, *Oberbefehlshaber West*, en abrégé Ob.West [20]) facilite l'accès aux sources documentaires. Le maillage administratif civil et militaire beaucoup plus serré sur ce théâtre d'opérations est tout aussi avantageux en facilitant l'identification des troupes concernées en fonction de leurs comportements [21]. Cela ne serait par exemple guère envisageable dans les territoires à l'est où l'ampleur des destructions et les recherches tardives menées sur les crimes perpétrés compliquent toute tentative de ce genre (209 villes et 9 200 villages incendiés sous l'occupation allemande pour la seule Biélorussie, dont 628 villages avec leurs habitants) [22]. Enfin, les territoires à l'ouest présentaient deux cas de figure distincts aux yeux de la SS et de son idéologie raciale. En l'occurrence, les Pays-Bas et la Flandre appartenaient à la sphère « germanique » alors que la France et la Wallonie en étaient exclues (la dernière initialement tout du moins). Les différences de comportement que ces deux classifications ont pu engendrer offrent donc une perspective potentiellement intéressante.

En considération de la problématique retenue, le traitement global du sujet s'articulera autour de cinq grands thèmes qui, au demeurant, se résument en autant de questions très simples. Qui étaient les hommes composant les formations SS ? Comment ont-ils été préparés à la bataille ? De quelle façon ont-ils été conditionnés pour se battre ? À quelles tâches ont-ils été employés ? Quels furent leurs comportements dans le cadre de leurs missions ? En préalable, une première partie permettra de se pencher sur la politique de développement de la SS. De fait, et à l'inverse de la *Wehrmacht*, la création de chaque nouvelle formation SS, avant et pendant le conflit, doit d'abord être perçue comme un acte politique avant de l'être comme un acte militaire. Aussi convient-il de revenir sur la politique d'expansion de l'Ordre noir (comme la SS se désignait elle-même) qui n'était en soi pas inéluctable, et encore moins logique.

PREMIÈRE PARTIE

L'EXPANSIONNISME MILITAIRE DE LA SS

1

L'affirmation d'une ambition militaire

S'il est une constante dans la politique de développement de la *Reichsführung-SS* pour ses branches armées, il s'agit bien de sa volonté d'expansion. En réalité, cette affirmation pourrait être appliquée à l'ensemble des organismes créés ou contrôlés par l'Ordre noir dans des domaines aussi divers que ceux du renseignement et du contre-espionnage (*Sicherheitsdienst* – SD), de la sécurité policière et politique (*Reichssicherheitshauptamt* – RSHA), des finances (*SS-Wirtschafts-und Verwaltungshauptamt* – SS-WVHA) ou encore des questions de « races » et de peuplement (« Commissariat du Reich pour la consolidation de la nation allemande »; « Bureau central des Allemands ethniques »; « Office principal de la race et de la colonisation »; Fondation *Lebensborn*)[1]. À l'instar de ces organismes, la *Waffen-SS* a permis à l'Ordre noir de s'imposer comme une autorité politique incontournable au sein de la société allemande – ici dans le domaine militaire. Alternant les coups d'audace à une prudente avance, la *Reichsführung-SS* a dans son cas mené tout au long du conflit une politique de développement qui a été intimement liée à la fois aux conditions plus ou moins favorables du moment, aux opportunités saisies ou qu'elle a su se créer, ainsi qu'aux possibilités de recrutement. Le phénomène le plus remarquable de ce développement est son aspect foudroyant avec la transformation, en l'espace d'à peine cinq années, d'un contingent fort de quelque 23 000 hommes en décembre 1938 en une armée de 600 000 combattants en juin 1944. Ininterrompue, cette politique d'expansion a toutefois été irrégulière. Elle s'articule essentiellement en trois temps pendant le conflit (automne 1939 – automne 1942 – printemps 1944). Chaque période charnière a été suivie d'une phase de développement et de consolidation jusqu'à atteindre les limites du champ d'action créé au départ. La défaite du Reich a brusquement interrompu le processus. Toutefois, l'expansion de la SS armée ne se limite pas à la période de guerre. Par « une série de très petits pas dont les effets étaient pleinement calculables », les différentes formations armées de la SS avaient en réalité connu depuis 1933 un développement qui trahissait l'ambition de l'Ordre noir [2].

La guerre, tremplin des ambitions militaires du temps de paix de la SS

Issue des commandos politiques *(Politische Bereitschaften)* apparus à partir de 1933, la *SS-Verfügungstruppe* (ou SS-VT – « troupe SS à disposition ») avait été créée à l'échelon des organisations régionales SS avec un statut et des fonctions longtemps demeurés obscurs. En tant que première formation SS encasernée, il était en effet bien difficile de définir ce qu'était la garde personnelle SS de Hitler à ses débuts. Constituée le 17 mars 1933, elle était « formée de SA et de SS, elle portait l'uniforme SS, était instruite par l'armée de terre, payée par la police territoriale de Prusse et était assermentée au chancelier du Reich en tant que personne [3] ». Jusqu'à ce que la fonction de Himmler soit institutionnalisée le 17 juin 1936 en tant que « Reichsführer-SS et chef de la police allemande », les troupes armées SS puisaient du reste leur seule légitimité dans le serment personnel qui les liait à Hitler [4]. La purge du 30 juin 1934 avait néanmoins clairement démontré leur capacité de servir de bras séculier au régime [5].

Parallèlement à la SS-VT, des « formations de garde » *(Wachverbände)* avaient été créées pour la surveillance des premiers camps de concentration, quelques semaines à peine après la prise du pouvoir. Initialement sous la responsabilité de la SA, ces détachements ont donné naissance le 29 mars 1936 aux *SS-Totenkopfverbände* (ou SS-TV – « formations SS Tête de mort ») après être passées sous la coupe de la SS au lendemain des événements du 30 juin 1934 [6].

SS-VT et SS-TV avaient vu leurs effectifs croître de manière significative avant guerre, en particulier à partir de 1935. Les effectifs de la SS-VT avaient ainsi pratiquement triplé en passant de 4 984 hommes en janvier 1935 à 14 234 en décembre 1938. Dans le même temps, les effectifs des SS-TV avaient plus que quadruplé, passant de 1 987 à 9 172 hommes. Au-delà des effectifs, la volonté d'expansion de la *Reichsführung-SS* se découvrait à travers l'évolution de ses plans budgétaires de 1935 à 1939, ainsi que dans la formation d'un nombre anormalement élevé d'officiers SS [7].

Après la « mise au pas » de l'armée au début de 1938 [8], cette ambition a été officiellement consacrée par le décret du 17 août 1938. Au demeurant, celui-ci ne faisait qu'entériner une situation existant au moins depuis 1936, à savoir l'existence d'une « armée parallèle » n'étant « ni un élément de la *Wehrmacht,* ni de la police ». En tant qu'organisation de la NSDAP et troupe armée permanente à la « disposition exclusive » de Hitler, son existence était justifiée pour répondre à « des missions de politique intérieure particulières » ou, en ce qui concernait la SS-VT, « pour l'utilisation mobile dans le cadre de l'armée de terre en guerre » [9].

La *création de la* « SS-Verfügungs-Division »

Chronologiquement, la fin de la conquête de la Pologne a coïncidé avec la première étape de l'expansion de la branche armée de l'Ordre noir au cours du conflit. Toutes les unités d'active de la SS-VT avaient participé aux opérations militaires de la première campagne de la guerre, à l'exception du dernier des régiments SS créé en Autriche après l'*Anschluß* [10]. Trois régiments des formations « Tête de mort » avaient eux-mêmes été engagés à la suite des armées allemandes dans une mission de sécurisation des arrières. Celle-ci s'était rapidement révélée être le prélude à la politique de destruction programmée de la nation polonaise, donnant également lieu à l'emprisonnement et aux premières exécutions de Juifs [11].

Le bilan de cette première campagne militaire avait été mitigé. L'engagement des régiments de la SS-VT avait soulevé bien des critiques, à cause notamment de leurs pertes proportionnellement très supérieures à celles de l'armée. De leur côté, les officiers d'infanterie SS s'étaient répandus en récriminations, affirmant avoir reçu des missions sans se voir accorder le soutien nécessaire en armes lourdes [12]. Les querelles sont toutefois rapidement passées au second plan avec l'ordre d'organiser les unités existantes de la SS-VT en une division. Ce projet n'était plus nouveau à cette date.

Dès l'automne 1934, le principe de créer une telle division SS avait été implicitement accepté par l'armée lorsque celle-ci avait autorisé la mise sur pied d'un bataillon SS du génie et d'un autre de reconnaissance, deux éléments constitutifs indispensables à la création d'une grande formation autonome. L'armée avait toutefois rejeté à cette époque la prétention de la SS à disposer d'un détachement d'artillerie. Il s'agissait pourtant d'un autre préalable nécessaire [13]. La SS devra attendre plus de quatre années pour obtenir satisfaction sur ce point et voir Hitler ordonner, le 18 mai 1939, la constitution d'une division SS avec un régiment d'artillerie [14].

Contrairement à une idée jusqu'ici admise, cette décision n'était en aucun cas due à un élan d'enthousiasme suite à une démonstration probante du régiment SS « Deutschland » devant Hitler sur le terrain de manœuvre de Munster. En fait, ce décret était antérieur de deux jours à l'exercice [15] et sanctionnait l'aboutissement d'un plan soigneusement préparé. Dès novembre 1938, Himmler avait en effet clairement laissé entendre que Hitler voulait « achever l'organisation de la VT » sous une forme qui permettrait son emploi en tant qu'ensemble unique [16]. Cela s'était concrètement traduit par l'envoi en mars 1939 de onze officiers SS à l'école d'artillerie de l'armée de Jüterbog. Leur session de formation s'était achevée deux jours exactement avant le décret du 18 mai. Il ne s'agissait naturellement pas d'un hasard. Non seulement on retrouve dans cette liste tous ceux qui allaient constituer le noyau du nouveau régiment SS, mais la présence parmi eux d'un officier supérieur laissait deviner que la création d'au moins un groupe d'artillerie était dès le départ envisagée [17]. En somme, le décret de mai 1939 et la création du régiment d'artillerie SS en juin suivant ne faisaient qu'entériner un processus déjà amorcé depuis plusieurs mois.

En dépit de cet acquis, la mise sur pied de la division SS n'en a pas moins été momentanément ajournée jusqu'au début du mois d'octobre. À cette date, toutes les formations de campagne de la SS-VT (sauf la « LSSAH ») sont de nouveau passées sous la coupe de Himmler afin de former la nouvelle division dans la région de Pilsen (Bohême). En soi, cette « SS-Verfügungs-Division » a donc été l'assemblage de formations d'active existantes qui n'a engendré, du strict point de vue des effectifs, que des besoins relativement minimes, notamment pour la constitution d'un groupe complet de mitrailleuses antiaériennes et la mise en place des services logistiques [18]. Conformément à leur rôle de réserve de la SS-VT, il va être fait appel aux formations « Tête de mort » afin de pourvoir à ces besoins en personnels. Celles-ci vont cependant se révéler incapables de fournir la totalité des effectifs réclamés. Au total, 549 hommes manquaient à l'appel sur les 1 205 demandés. Les personnels reçus étaient de surcroît des réservistes [19]. De fait, tandis que la plupart des effectifs de la SS-VT étaient absorbés avec cette division, la *Reichsführung-SS* se préparait activement à en mettre sur pied une seconde à partir des SS-TV.

« *Tel le roi Midas...* »

À l'instar de la « SS-Verfügungs-Division », l'idée de créer une division à partir des SS-TV n'était pas nouvelle. Cette ambition était même relayée par la base. À l'occasion de manœuvres des unités « Tête de mort » au début de 1937, des ordres plaçaient ainsi clairement les mouvements dans le cadre d'une division « Totenkopf » composée de trois régiments et d'un groupe de reconnaissance SS, montrant par là que l'idée d'une telle formation était déjà dans l'air bien avant que la *Reichsführung-SS* ne parvienne à ses fins à l'automne 1939 [20]. Entre-temps, il aura néanmoins fallu que Himmler manœuvre auprès de la chancellerie du Reich pour obtenir que le droit d'usage des armes *(Waffengebrauch)* soit reconnu aux SS-TV, et ce, au même titre que la SS-VT et la *Wehrmacht*. Le ministère de la Guerre s'y est certes opposé en faisant valoir le caractère policier et non militaire de la troupe. La chancellerie est néanmoins passée outre, et Hitler a signé le projet le 18 avril 1937 [21]. Ce texte conduisait tout simplement à transformer radicalement la nature des SS-TV. À côté de leur fonction répressive dans les camps, elles étaient désormais reconnues comme une troupe militaire à part entière. Aussi Himmler pouvait-il faire remarquer à juste titre en 1938 que c'était une particularité de la SS d'avoir transformé en soldats des gardiens de camp. « Tel le roi Midas » ayant le pouvoir de changer en or tout ce qu'il touchait, l'Ordre noir avait pour vocation de transformer en soldats tous ses membres. En soldats, avait-il bien pris soin d'insister, et jamais en militaires [22].

L'attribution d'armes lourdes aux SS-TV avec le décret du 18 mai 1939 a encore trahi un peu plus leur militarisation croissante tout en les éloignant de leur mission originelle de surveillance des camps [23]. À l'instar du régiment d'artillerie de la SS-VT, cette décision ne faisait au demeurant qu'entériner un processus qui avait déjà débuté depuis plusieurs mois, comme l'atteste dès novembre 1938 l'existence d'unités antichars et de canons d'infanterie au sein des SS-TV [24].

Les premières semaines de la guerre et la mobilisation des forces armées ont fourni à la SS l'occasion tant attendue de pouvoir se développer. Paradoxalement, c'est l'armée de terre qui, à travers le commandant de la 8e armée, a ouvert la brèche dans laquelle la SS s'est engouffrée pour s'étendre. Lors d'une visite de Hitler sur le front polonais le 18 septembre 1939, le général Blaskowitz a ainsi suggéré « de réunir en divisions les nombreuses polices vertes et formations SS Tête de mort disponibles [25] ». Saisissant la proposition « avec enthousiasme », Hitler ordonnait le soir même à Himmler de constituer une division de police et une autre à partir des SS-TV. Une manœuvre de l'armée visant à absorber les deux divisions va être rejetée par Hitler qui la récusera « pour des raisons idéologiques [26] ».

La *Reichsführung-SS* a donc opportunément profité du climat de mobilisation générale et du cadeau inespéré fait par l'armée. Le transfert des régiments « Tête de mort » d'active dans la nouvelle division « Totenkopf » a en conséquence fait office de simple formalité [27]. À la fin du mois d'octobre, le chef de l'armée de réserve n'avait plus qu'à signer l'ordre de mise sur pied de la nouvelle division SS [28]. Dans les faits, cette mise sur pied avait déjà commencé trois semaines plus tôt lorsque l'inspecteur général des camps de concentration et des régiments « Tête de mort », le général SS Theodor Eicke, avait été désigné pour commander la nouvelle division. L'une de ses premières tâches avait été de mettre en place les embryons des différentes unités. Le camp de Dachau avait été vidé à cette occasion de ses 4 719 détenus pour devenir le « centre mobilisateur » de la division à partir du 9 octobre 1940 [29]. Vont entrer dans sa composition des éléments issus des sept régiments « Tête de mort » existant à cette date, en particulier les trois régiments d'active qui avaient suivi les armées allemandes en Pologne et qui étaient initialement chargés de la surveillance des camps de Dachau (« Oberbayern »), Oranienburg (« Brandenburg ») et Weimar-Buchenwald (« Thüringen »). Issue du régiment en charge du camp de Mauthausen (« Ostmark »), la « Heimwehr Danzig » va également rejoindre la division après son engagement en Pologne. Des personnels de la SS-VT, de la police et surtout de l'*Allgemeine-SS* (la « SS générale », c'est-à-dire la branche civile non spécialisée de la SS) vont compléter les effectifs [30].

Concrètement, la mise sur pied de la division « Totenkopf » a donné lieu à une vaste et complexe réorganisation interne de toutes les unités des SS-TV. Les régiments « Totenkopf » initiaux ont été déstructurés pour faire face aux besoins nouveaux et mélanger les réservistes aux soldats d'active [31]. Au-delà de son caractère technique, cette redistribution générale des effectifs permet de formuler un constat très simple : en dépit de leur militarisation croissante, les formations « Tête de mort » étaient encore loin d'avoir atteint le degré d'organisation requis pour un engagement au sein de l'armée au déclenchement de la guerre, degré d'organisation que la SS-VT venait de son côté tout juste d'atteindre au moment de l'attaque de la Pologne. Pour l'une comme pour l'autre des deux branches paramilitaires de l'Ordre noir, la conversion en véritables troupes combattantes était assujettie à une durée de temps incompressible. Le virage amorcé plusieurs années auparavant par la SS-VT lui avait permis de ne pas se trouver prise au dépourvu au moment du déclenchement des hostilités, encore que quelques années supplémentaires eussent été les bienvenues pour achever de construire un solide corps d'officiers [32]. L'évolution plus tardive du statut des SS-TV, en raison notamment de l'opposition de l'armée qui avait vu à juste titre en elles « une deuxième *Verfügungstruppe* », a par contre obligé celles-ci à précipiter leur conversion [33].

Assurer l'autonomie et la pérennité de l'instrument militaire SS

Si la constitution de la division « Totenkopf » s'est finalement avérée être une improvisation assez réussie, les fondements sur lesquels elle a tout d'abord reposé étaient pour le moins fragiles. En ce sens, le problème crucial était la question des spécialistes en général, et des artilleurs en particulier. Ces derniers constituaient la clé de voûte de toute entreprise sérieuse de développement autonome de la branche militaire de la SS, plus que les fantassins dont l'instruction pouvait à la rigueur faire abstraction de connaissances techniques poussées. De fait, le transfert à la division « Totenkopf » d'un groupe entier du tout nouveau régiment d'artillerie SS a représenté l'apport indispensable pour constituer celle-ci sans avoir recours à l'armée, comme cela a été le cas avec la division de police [34]. La graine plantée au printemps avec la SS-VT a ainsi permis d'ensemencer à l'automne les SS-TV. Un tel transfert allait pourtant à l'inverse des décrets existants, aussi bien dans le texte que dans l'esprit.

Himmler était indubitablement le principal instigateur de cette politique. Non seulement il était conscient de cette faiblesse qui conditionnait le développement de ses branches armées, mais il était fermement décidé à y remédier. En témoignent les réflexions de Eicke rappelant le 10 octobre que « le *Reichsführer-SS* ne démord pas de la création d'un régiment d'artillerie (motorisé) [...]. Vis-à-vis de sa décision encore rappelée le 7 octobre [19]39, je suis impuissant » [35]. En novembre, Himmler enjoignait du reste à Eicke de doubler le nombre d'artilleurs dans son unité de dépôt. « Seulement possible sous le couvert du renforcement de la police », estimait pour sa part ce dernier, illustrant une nouvelle fois l'exploitation de ce concept par la *Reichsführung-SS* pour avancer sous le masque et dissimuler ainsi en toute impunité ses menées aux yeux de l'armée [36].

Même tenues secrètes, les intentions de Himmler étaient très limpides. En parvenant à régler en l'espace de cinq mois la question de l'armement lourd et en organisant ses troupes disparates en divisions, la *Reichsführung-SS* venait d'assurer leur autonomie en tant que force armée et d'accroître la sienne en tant que force politique. Elle avait également assuré cet acquis en lui donnant un gage de pérennité. Voir ses forces parader avec des fusils et des mitrailleuses n'était plus suffisant dans la perspective d'un conflit de haute intensité. À l'heure des combats, ces troupes n'auraient en effet été rien d'autre que de la chair à canon. De ce point de vue, on peut supposer que les expériences faites lors de la campagne de Pologne ont été déterminantes. Le souci de préserver les effectifs SS dans les combats à venir était effectivement très clair dans l'esprit de Himmler à cette date, comme en témoigne sa directive aux commandants des trois divisions issues de la SS et de la police afin qu'ils n'engagent pas plus de deux officiers par compagnie sur le front. Tous les autres devaient être maintenus à l'arrière afin de préserver le niveau des formations SS dans le temps. Établie à l'automne 1939, cette directive de Himmler est demeurée valable tout au long de la guerre [37]. Cela donne une idée du paradoxe qui s'est immédiatement posé à la *Reichsführung-SS* au cours du conflit. Si l'état de guerre était à tous égards une occasion bénie de développer ses branches armées, les combats étaient une épreuve redoutable dans la mesure où ils pouvaient facilement ruiner le fragile édifice. Pour cette raison, la direction SS a préféré prendre le risque de lancer au combat ses unités privées de la moitié de leurs officiers, au risque de voir leur efficacité au feu en pâtir sérieusement. De cette manière, la SS annonçait clairement qu'elle plaçait ses intérêts avant ceux du combat mené par le Reich.

Tentative d'une force armée SS indépendante

Même après avoir délibérément détourné et versé dans une seconde division une partie des effectifs d'active qui auraient dû servir à combler les pertes de la première et à renforcer les détachements de sécurité au sein du Reich, la *Reichsführung-SS* demeurait encore en pratique apte à remplir ces deux missions. Pour cela, elle a comblé ses rangs en mobilisant massivement ses réservistes de l'*Allgemeine-SS*, comme le lui permettait le décret du 18 mai 1939. À cet égard, la non-reconnaissance du temps passé dans les SS-TV comme service militaire a probablement constitué un avantage à la mobilisation, car personne n'a alors sérieusement prêté attention à cette troupe composée de classes d'âge échappant à l'appel, de sorte que la SS a pu agir sans entrave [38]. Ainsi, l'ordre du 6 octobre de créer la division « Totenkopf » mentionnait non seulement l'incorporation de 8 700 membres de l'*Allgemeine-SS*, mais affichait aussi l'intention de constituer six nouveaux régiments « Tête de mort » dans le cadre du « renforcement de la police par la SS ». Le reliquat des sept régiments démembrés pour la mise sur pied de la division leur servirait de noyau [39]. Au-delà de leur mission de renforcement de la police, la direction SS ne pouvait qu'être tentée de détourner à son profit cette force, ce qu'elle n'a pas manqué de faire.

Le projet d'une force exécutive autonome dans les territoires occupés

Dans les faits, la *Reichsführung-SS* s'est très vite attachée à constituer le plus grand nombre possible de régiments « Tête de mort ». À la mi-janvier 1940, pas moins de dix régiments d'infanterie et un autre de cavalerie étaient disponibles. Le fait que la constitution de quatre autres régiments d'infanterie soit planifiée, alors que ceux existants étaient largement en sous-effectifs, trahissait une évidente volonté d'expansion [40]. L'organisation de Himmler a néanmoins profité de l'hiver 1939-1940 pour mener une active campagne de recrutement [41]. Ainsi fait, Himmler disposait au milieu de l'année 1940 d'un réservoir de 33 000 hommes, soit 9 000 de plus que ne l'autorisait le décret du 18 mai 1939 [42]. Ce chiffre appréciable représentait alors le tiers des effectifs globaux de la *Waffen-SS* (gardiens de camps inclus), soit 104 853 hommes. En comparaison, les effectifs de campagne de la SS n'étaient guère supérieurs à cette époque avec quelque 47 000 hommes *(annexe 1*)*.

Tout l'enjeu des deux années suivantes a consisté pour la SS à conserver le contrôle de ces régiments « Tête de mort » tout en les engageant en dehors des frontières du Reich. C'était ni plus ni moins vouloir imposer à la *Wehrmacht* une force armée organisée qui, à l'inverse des troupes des SS-VT et SS-TV d'active à présent endivisionnées, lui serait totalement indépendante en temps de guerre. Le problème se compliquait singulièrement du fait de la présence dans ces unités non seulement de réservistes d'âge mûr, mais aussi d'adolescents recrutés par la SS avant d'avoir été inscrits sur les registres militaires [43]. Un tel détournement de sa ressource humaine, qui plus est pour alimenter le projet concurrent d'une armée autonome quasi privée, ne pouvait naturellement que susciter l'opposition de l'armée, qui avait déjà dû renoncer à son monopole au sein de l'État. Au terme de négociations qui vont s'étaler jusqu'au printemps 1940, l'*Oberkommando der Wehrmacht* (OKW) va parvenir, par la voix de son chef, à contrecarrer les projets de Himmler en trouvant l'oreille de Hitler. Ce dernier a alors suspendu toute décision jusqu'à la fin de la guerre. Au final, les régi-

---

* Les annexes figurent à la fin du volume.

ments « Tête de mort » ont été reconnus comme faisant nominalement partie de la *Waffen-SS*, mais le temps de service accompli dans leurs rangs n'était toutefois pas assimilé à un service militaire actif [44].

De cette longue passe d'armes, la SS n'a obtenu que peu de chose. Un titre surtout. Le 1er décembre 1939, Himmler avait en effet décidé le regroupement de toutes les formations armées de la SS et de leurs organismes administratifs en une seule entité appelée « Waffen-SS » (SS en armes). Deux semaines plus tard, la SS a obtenu de l'armée la reconnaissance formelle de ce changement définitivement entériné au mois de mars 1940 [45]. En soi, cela pouvait apparaître comme un bien piètre progrès. C'était toutefois un pas décisif dans le processus de reconnaissance officielle par l'armée d'une force armée SS. C'était surtout pour l'Ordre noir l'assurance que cette reconnaissance s'appliquait à *toutes* ses branches armées, y compris aux formations « Tête de mort » mobilisées au titre du renforcement de la police. Quelles que soient les différences fixées par la *Wehrmacht* entre chacune de ces composantes, leur fusion en une seule entité avait toutes les chances de conduire, au-delà des facilités administratives internes à la SS, à la confusion des statuts propres à chacune – au sens naturellement le plus favorable pour l'Ordre noir. En dépit de l'opposition de la *Wehrmacht*, la SS avait d'ailleurs déjà pu imposer le port de l'uniforme *feldgrau* et des épaulettes de l'armée de terre pour ses régiments « Tête de mort », ce qui ne pouvait qu'accroître la confusion [46].

N'ayant pu obtenir un texte de loi proclamant *de jure* l'existence d'une force paramilitaire SS autonome, la *Reichsführung-SS* s'est néanmoins employée à mettre en œuvre son projet, utilisant progressivement ses régiments « Tête de mort » de manière opérationnelle tout en prenant soin qu'ils n'échappent pas à son contrôle. Dans ce cadre, leur emploi comme troupes de sécurité dans les territoires récemment occupés et plus ou moins tombés sous la coupe de l'Ordre noir s'est avéré à tous points de vue très profitable. Par ce biais, la SS s'est assurée du contrôle de ces territoires en adjoignant à l'appareil administratif SS en place un outil répressif qui lui soit entièrement dépendant. Ce faisant, cet outil a *de facto* acquis, à travers sa mission d'occupation et de sécurité, une légitimité qui lui faisait juridiquement défaut.

Cette politique d'implantation des régiments « Tête de mort » a suivi de très près les événements militaires. À la mi-juin 1940, leur déploiement tenait ainsi déjà compte des bouleversements de la campagne à l'ouest. Sur les quinze régiments alors existants, six se trouvaient en Pologne (Gouvernement général), trois étaient implantés dans le Protectorat de Bohême-Moravie, deux étaient basés en Norvège, deux autres aux Pays-Bas. Un autre se trouvait en Allemagne, en attente de transfert vers le Danemark. En soi, cette répartition géographique trahissait les ambitions « germaniques » de la SS en Europe occupée [47].

*L'intégration des régiments SS « Tête de mort »
comme facteur de croissance*

Himmler devra pourtant renoncer à son projet, du moins partiellement. Faisant preuve de pragmatisme, il a accepté dès l'été 1940 l'idée que les régiments « Tête de mort » puissent échapper à son emprise directe en rejoignant les unités d'active de la *Waffen-SS* ou en passant plus ou moins temporairement sous le contrôle tactique de l'armée. Le prix à payer était en définitive dérisoire puisque les unités demeuraient en tout état de cause nominalement rattachées à la SS. Mais surtout, c'était pour la direction SS anticiper sur le sort réservé à ces formations, sort qui dépendait de la décision de Hitler ajournée jusqu'à la fin de la guerre. Or, ce dernier a précisément édicté une directive stipulant le rôle et la fonction de la *Waffen-SS* dans laquelle prévalait la vision d'un corps d'élite national-socialiste devant numériquement demeurer très faible [48]. Les effectifs des régiments « Tête de mort » s'accommodaient naturellement mal avec cette intention. Aussi, en transférant les détachements « Tête de mort » au statut précaire vers les formations d'active SS officiellement reconnues par l'armée ou en les subordonnant à la *Wehrmacht*, la *Reichsführung-SS* va se préserver d'un verdict ultérieur dont rien ne l'assurait qu'il lui serait favorable. Épisode révélateur du changement alors en cours, Himmler a autorisé peu de temps après la subordination des deux régiments « Tête de mort » au commandement militaire aux Pays-Bas en cas d'attaque britannique. Cette décision tranchait pour le moins avec la ligne de conduite jusque-là fixée [49]. De même, les 6ᵉ et 7ᵉ régiments SS sont passés en Norvège sous le contrôle de la *Wehrmacht* pour se voir assigner la protection et la défense de la zone côtière dans la région de Stavanger-Oslo avant d'être ensuite engagés contre l'URSS [50].

Dans le cadre de cette nouvelle orientation, la *Reichsführung-SS* s'est dès lors employée à verser individuellement ou par unités constituées les personnels des régiments « Tête de mort » dans les unités SS d'active, que ce soit pour accroître leur nombre et leur importance ou pour remplacer les réservistes SS touchés par l'ordre de démobilisation à l'été 1940. Ce mouvement de transfert a été d'autant plus aisé que Hitler avait laissé à la *Waffen-SS* une évidente marge d'expansion en fixant son plafond entre 5 et 10 % des forces du temps de paix de l'armée de terre (soit 62 divisions en 1940) [51].
Au total, cinq régiments ont été dissous entre août et novembre 1940. Un autre (le 11e) a été transféré en bloc à la « SS-Verfügungs-Division » à l'automne 1940, passant par conséquent sous le contrôle opérationnel de l'armée [52]. Ce rééquilibrage interne à la *Waffen-SS* s'est traduit par une nette progression des effectifs de campagne SS au second semestre de l'année 1940 pour atteindre près de 60 000 hommes *(annexe 1)*. De leur côté, après avoir atteint un maximum de 34 325 hommes à la fin juillet 1940, les régiments « Tête de mort » étaient réduits à 26 574 personnels cinq mois plus tard [53]. Dans de moindres proportions, ce processus s'est encore poursuivi en 1941 [54].

Parallèlement à ce mouvement de transfert initié à l'été 1940, la *Reichsführung-SS* s'est attachée à garder un important réservoir d'hommes sous un commandement centralisé. De fait, concrétisant la nouvelle orientation, l'inspection des régiments « Tête de mort » a été dissoute le 1er août et ses responsabilités transférées à l'état-major de commandement de la *Waffen-SS (Kommando der Waffen-SS)* [55]. Renommé « Office principal de commandement SS » (*SS-Führungshauptamt* – SS-FHA), ce dernier a échappé deux semaines plus tard au contrôle du *SS-Hauptamt* pour être promu au rang d'Office principal autonome au sein de la SS, consacrant ainsi les ambitions militaires de l'Ordre noir [56]. En décrétant que les unités d'instruction et de dépôt SS dépendraient directement du nouvel état-major de commandement de la *Waffen-SS*, et en aucun cas de l'armée, Himmler se ménageait par ailleurs la possibilité de conserver directement sous sa coupe d'importants effectifs. Ceux-ci n'ont cessé de croître au fil du temps, jusqu'à atteindre 127 643 hommes au 30 juin 1944, chiffre à comparer aux 368 654 hommes alors présents dans les unités de campagne SS [57]. Le procédé avait l'apparence d'un exercice budgétaire où, par un jeu d'écritures, le bénéficiaire des fonds transférés d'un compte à un autre demeurait toujours le même individu, mais avec au final un capital désormais consolidé sur lequel toute hypothèque avait été levée au passage. Du reste, dès le printemps 1942, l'inscription au plan budgétaire du Reich de quatre « offices principaux SS » (dont ceux en charge du recrutement et de la gestion des personnels) avait permis d'achever l'intégration dans l'État de la *Waffen-SS* en tant qu'*armée parallèle* gérée par une administration qui lui était spécifique [58].

Le « Kommandostab Reichsführer-SS » : *l'armée privée de Himmler au service de la politique génocidaire du Reich*

Malgré le rééquilibrage au profit des formations SS sous contrôle de la *Wehrmacht* d'une part, des unités de dépôt et d'instruction d'autre part, l'ambition de Himmler de disposer sur le terrain de sa propre armée n'était pas encore caduque. La guerre d'anéantissement que le Reich s'apprêtait alors à livrer à l'est a précisément donné l'occasion d'employer de manière autonome les régiments « Tête de mort » restants [59]. Un état-major opérationnel particulier est ainsi né en juin 1941 afin de superviser les opérations de sécurité et de nettoyage à mener sur les arrières de la *Wehrmacht* lors de l'opération « Barbarossa » [60]. Appelé « Kommandostab Reichsführer-SS » et placé sous les ordres directs de Himmler qui pouvait se targuer ainsi d'obtenir un commandement militaire, cet état-major va contrôler l'activité répressive et génocidaire des formations SS [61]. Jaloux de ses prérogatives, Himmler prendra d'ailleurs bien soin de spécifier dès le début les règles de subordination de ces unités une fois engagées sur les arrières du front de l'Est [62].

Le détournement de forces militaires employées à des tâches idéologiques ou secondaires d'un point de vue stratégique ne pourra à terme perdurer lorsque la situation militaire va tourner à la crise, en particulier au cours de l'hiver 1941-1942. Les trois brigades SS qui avaient jusqu'alors constitué le fer de lance du « Kommandostab » dans l'anéantissement de l'ennemi « judéo-bolchevique » à l'arrière vont ainsi être engagées de plus en plus fréquemment sur le front. Le processus n'a toutefois rien eu de régulier, comme en témoigne l'exemple de la 1re brigade d'infanterie motorisée SS. Essentiellement chargée de la « liquidation » des éléments indésirables et de tâches de sécurité de juin à décembre 1941, elle n'a fait que de très brèves apparitions sur le front jusqu'à ce que la contre-offensive soviétique de l'hiver 1941, puis la pression incessante de l'Armée rouge sur le front de Voronej, n'oblige le « Kommandostab » à mettre l'unité à la disposition de la 2e armée jusqu'en août 1942. De nouveau employée jusqu'en novembre 1942 dans des opérations antipartisans sous les ordres des commandants supérieurs de la SS et de la police (HSSPF) « Ostland » et « Rußland-Mitte », ou encore du « groupement de combat SS von Gottberg », elle est repartie sur le front où elle a été engagée jusqu'à la fin de l'année 1943. Dans l'intervalle, elle a néanmoins été une nouvelle fois retirée pendant un mois du commandement de la *Wehrmacht* pour être cette fois subordonnée au « Chef pour la lutte contre les bandes ». Dissoute, la brigade a finalement donné naissance à la 18e division SS, qui, une fois constituée, a été subordonnée à l'armée [63]. *Nolens volens*, les nécessités de la guerre ont ainsi contraint la *Reichsführung-SS* à déléguer de manière croissante le contrôle tactique de ses unités opérationnelles à l'institution militaire.

Bilan à la veille de la période charnière (hiver 1942-1943)

Au terme de l'année 1942, les forces de campagne de la *Waffen-SS* se composaient de huit divisions et de deux brigades. À la « SS-Verfügungs-Division » (entre-temps rebaptisée « Reich », puis « Das Reich ») et à la division « Totenkopf » de l'automne 1939 étaient venues s'ajouter les divisions « Wiking » et « Prinz Eugen », respectivement mises sur pied en décembre 1940 et mars 1942 à partir d'effectifs étrangers, ou tout du moins se prétendant l'être pour la première. Issues des régiments « Tête de mort » mobilisés à l'automne 1939, une division de montagne (« Nord ») et une autre de cavalerie avaient été respectivement créées en mars 1941 et juin 1942. Enfin, le régiment « Leibstandarte SS Adolf Hitler » était devenu dans l'intervalle une division, tandis que la division de police SS avait officiellement été incorporée dans la *Waffen-SS* en février 1942 [64].

À cette époque, les effectifs de la *Waffen-SS* avaient régulièrement augmenté, doublant en l'espace de deux années pour s'élever à quelque 246 000 hommes en décembre 1942 *(annexe 1)*. Avec la poursuite du transfert des régiments « Tête de mort » vers les unités de campagne SS, les effectifs de ces dernières avaient encore logiquement augmenté au 30 juin 1941. Les fluctuations ultérieures, dues pour une part aux lourdes pertes subies au cours des premiers mois de la guerre à l'est (décembre 1941), pour une autre part au retrait des combats de plusieurs formations SS importantes qui étaient ainsi à pleins effectifs (septembre 1942), se sont terminées à la fin de 1942 par un solde largement positif. Tous les indicateurs étaient à la hausse. Au cours des quatre derniers mois de l'année 1942, les effectifs globaux de la *Waffen-SS* avaient encore fait un bond de 27 % avec un accroissement net de 52 692 hommes. Ces chiffres révélaient ainsi l'excellente situation en personnels de la *Waffen-SS*. À l'issue d'un recrutement intensif et d'un rappel de réservistes ayant amené un renfort d'environ 30 000 hommes, l'Ordre noir était parvenu à disposer d'une réserve importante de soldats. L'ordre de grandeur de cette réserve pouvait du reste s'estimer sur la base des quelque 64 000 hommes qui dépendaient de l'Office de commandement SS (SS-FHA) au 31 décembre 1942. Depuis que ce dernier s'était vu retirer le contrôle des formations de garde des camps de concentration au profit de l'Office principal d'économie et d'administration SS le 16 mars 1942, ses effectifs ne se composaient plus en effet que de recrues à l'instruction dans les écoles et unités de dépôt SS, décompte fait des personnels d'encadrement, des différents services et des états-majors [65].

En dépit de cette bonne situation, l'avenir apparaissait de plus en plus fermé pour le développement de la SS. La cause en était la rapide diminution de la ressource humaine disponible au sein du Reich au fur et à mesure de la mobilisation de plus en plus précoce des différentes classes d'âge. Arrivée au terme de cette première phase d'expansion commencée avant même le déclenchement du conflit, la SS était donc en train de connaître une véritable crise de croissance : l'achèvement du processus d'intégration des régiments « Tête de mort » dans les unités de campagne de la *Waffen-SS*, tout comme le tarissement du recrutement au sein des frontières du Reich, survenaient alors que les besoins en unités comme les ambitions de Himmler ne faisaient qu'augmenter.

2

Le tournant : Hitler, la *Wehrmacht* et la *Waffen-SS*

Le 19 décembre 1942, Hitler donnait l'ordre de créer deux nouvelles divisions SS, portant ainsi leur nombre à dix[1]. Si la mise sur pied de nouvelles unités en temps de guerre est chose courante, cet ordre revêtait dans ce cas précis un intérêt particulier. Il s'inscrivait tout d'abord dans le cadre des premières mesures improvisées prises par le Reich pour faire face à l'évolution défavorable du conflit. Il marquait ensuite de manière incontestable l'importance croissante de l'Ordre noir au sein des forces armées allemandes, initiant un mouvement qui est allé en s'amplifiant jusqu'à la fin de la guerre.

Un impérieux besoin de troupes

Ce mouvement n'aurait pu être amorcé et prendre ensuite de l'ampleur sans les besoins pressants en hommes que l'armée allemande a éprouvés à partir du second semestre 1942. Après avoir fait ses comptes au début de l'automne, l'OKW avait constaté qu'il manquait un million d'hommes à l'armée de terre[2]. Au mois de septembre précédent, la *Luftwaffe*, qui disposait de troupes au sol pléthoriques, avait déjà par exemple dû mettre sur pied des divisions de campagne pour renforcer les lignes de front très affaiblies à l'est. Cette mesure n'avait toutefois « en aucun cas » amélioré la situation de crise des effectifs[3]. Ce problème s'est révélé dans toute son acuité en décembre 1942, quand il est devenu nécessaire de transférer de toute urgence un grand nombre d'unités à l'est pour juguler la catastrophe dans le secteur de Stalingrad. Malgré l'envoi d'un fort contingent de troupes stationnées à l'ouest, il est bientôt apparu que l'effort consenti n'était pas suffisant et qu'il était indispensable d'en envoyer d'autres pour espérer conjurer le sort des armes [4]. Conséquence des ponctions successives menées jusque-là, les troupes cantonnées à l'ouest étaient alors de plus en plus formées de divisions durement éprouvées en cours de réhabilitation, ou composées de personnels dont la valeur combative était médiocre. Afin de les étoffer, l'OKW a donc décidé de renforcer ses défenses occidentales par des formations d'excellent niveau. Le prélèvement d'unités sur les autres fronts étant impossible, le seul recours restait d'en mettre de nouvelles sur pied, *a fortiori* dans l'esprit d'un Hitler toujours prompt à accroître le nombre de ses unités, bien souvent au détriment de leur qualité [5]. L'ordre du 19 décembre était d'ailleurs d'autant plus compréhensible qu'il survenait au lendemain d'une « journée de crise de première importance » qui avait vu la 8e armée italienne perdre pied face à la pression soviétique dans le secteur de Stalingrad [6]. Aussi s'avérait-il nécessaire pour l'OKW de songer dès ce moment à remplacer les formations qui allaient vraisemblablement être encore envoyées à brève échéance sur le front de l'Est, ce qui a effectivement été le cas dix jours plus tard avec l'ordre d'engagement des trois divisions du corps d'armée blindé SS alors stationné en France [7].

L'ÉVOLUTION DE HITLER SUR LE RÔLE POLITIQUE DE LA *WAFFEN-SS*

La « troupe de police de l'État »

Au-delà des contingences purement militaires, la création de deux nouvelles divisions SS achevait de marquer un tournant dans les conceptions de Hitler. Garde prétorienne du régime, la *Waffen-SS* avait longtemps constitué à ses yeux un petit corps d'élite à qui l'on avait donné l'occasion de se distinguer sur les champs de bataille pour mieux asseoir sa légitimité pendant et après la guerre en tant que « troupe de police de l'État » (*Staatstruppenpolizei*) à vocation répressive. Déjà exprimées en avril 1938, ses conceptions n'avaient pas varié à l'été 1940 [8]. Au demeurant, si les diverses formations de la SS-VT avaient pu se sentir frustrées de reconnaissance publique à l'issue de la campagne de Pologne, la

Waffen-SS dans son ensemble avait par contre été particulièrement mise en avant à l'issue des combats à l'ouest, et encore à la fin de la campagne des Balkans [9]. Quoi qu'il en soit, elle demeurait dans son esprit clairement distincte des trois branches de la *Wehrmacht*. Dans ses vœux à l'armée le 1er janvier 1941, la *Waffen-SS* était bien absente [10]. Distinction n'était néanmoins pas forcément synonyme d'infériorité. Une certaine forme d'égalité avait même été introduite avec l'appel « Aux soldats de l'armée de terre et de la *Waffen-SS* » qu'il avait lancé en prenant la direction de la première en décembre 1941 [11]. À l'issue du premier hiver de guerre à l'est, les formations SS avaient même reçu une certaine forme de consécration lorsque, dans son discours devant le *Reichstag* le 26 avril 1942, Hitler avait souhaité « pour la première fois [sic] mettre particulièrement en avant la bravoure et la dureté toujours égales et exemplaires de [ses] braves divisions SS et formations de police » qu'il avait « dès le début vu[es] comme une troupe inébranlable, disciplinée, fidèle et courageuse en temps de guerre comme elles avaient eu à être louées en temps de paix » [12]. Pourtant, telles qu'il les exprimait en privé, ses conceptions n'avaient pas encore évolué au tout début de l'année 1942 :

> La SS ne doit pas devenir trop importante, [car] ensuite on peut la maintenir à un niveau inégalé. La troupe doit attirer comme un aimant tous ceux qui y ont leur place, elle doit se faire entièrement par elle-même. On doit savoir que toutes ces formations ont à supporter l'impôt du sang, de sorte que les jeunes qui veulent seulement plastronner restent à l'écart ; une troupe qui est indomptable dans sa volonté, mais aussi magnifique. Elle doit incarner le sentiment de supériorité. Il doit s'instaurer en son sein un esprit de corps. Aussitôt la paix revenue, elle doit redevenir SS ! Entre la Ligne et la Garde a toujours existé une jalousie. Aussi est-il bon que ce soit deux mondes entièrement différents. En temps de paix, la SS est quelque chose de tout à fait indépendant. Elle a des missions politiques d'État : l'élite d'une police d'État de la plus haute qualité, capable de briser immédiatement tout adversaire. N'aurait-elle pas servi dans la guerre, il lui aurait alors été demandé de rendre des comptes au moment de la paix. Lorsqu'un commandant d'armée me dit [que] sa force repose sur une division blindée et la division SS Reich, c'est alors pour moi quelque chose de magnifique. [...] Son contenu en entier, elle l'a toutefois reçu

de Himmler. Avoir fait de cette masse la plus puissante des troupes idéologiques est son mérite. [...] Les chefs SA ne sont pas parvenus à donner à leurs gens une véritable idéologie. La guerre est alors survenue. Chacune des divisions [SS] sait ce qui dépend d'elle, quelle responsabilité elle a, qu'elle doit constamment être un exemple, davantage être que paraître, que tout le monde l'observe [13].

Sept mois plus tard, les conceptions de Hitler avaient déjà bien changé, et cela *avant* que la situation stratégique ne se dégrade. La volonté de réduire encore le poids politique de l'armée se faisait jour dans son esprit avec, en corollaire, la mise en avant de la *Waffen-SS* dont il envisageait dorénavant l'accroissement numérique. Comme Goebbels le notait le 20 août 1942 dans son Journal, à la suite d'une discussion avec Hitler, il ressortait que

> son jugement sur la *Wehrmacht* est devenu en partie encore plus sévère qu'alors. Il laisse encore passer la *Luftwaffe*, même si le corps des généraux de la *Luftwaffe* suit dans une très large mesure l'erreur de l'ancienne *Reichswehr* de fournir de fausses informations. Malgré tout, Göring a orienté la *Luftwaffe* elle-même [dans un sens] national-socialiste ; elle a au moins l'intention honorable d'établir une relation positive envers l'État national-socialiste. Il en va autrement au sein de l'armée de terre. [...] Du point de vue idéologique, le corps des généraux les plus gradés nous est en majeure partie étranger, nous récuse même peut-être. [...] Les formations de la *Waffen-SS* représentent un cas à part. Elles sont vraiment des troupes nationales-socialistes. On est bien parvenu ici, grâce à l'infatigable travail d'éducation de Himmler, à constituer des formations armées et militaires qui sont instruites du point de vue national-socialiste et qui excellent justement de ce fait par un courage saillant, un dévouement rare pour le Reich national-socialiste et le Führer. Le Führer est rempli de gloire pour les performances des SS qui sont au-dessus de tout soupçon. Il veut par conséquent accroître aussi les formations de la *Waffen-SS* numériquement. [...] En bref, nous pouvons compter qu'il se trouve ici une troupe qui correspond à notre goût et à notre besoin [14].

En fait, dès le printemps 1942, la conviction était née chez Hitler que la *Waffen-SS* était désormais « au-delà de la signification du moment, l'exemple de la future *Wehrmacht* nationale-socialiste qui s'[était] montrée supérieure aux autres branches de la *Wehrmacht* par son orientation mentale particulière et sa cohésion, justement aux temps des pires épreuves à l'automne et à l'hiver [1941] », et cela, « à l'opposé de la *Wehrmacht* d'alors » [15]. Rétrospectivement, l'élément le plus remarquable de cette évolution intellectuelle chez Hitler est qu'elle s'est déroulée au cours d'une période certes tendue, mais alors encore globalement perçue comme satisfaisante sur l'ensemble des théâtres d'opérations du Reich [16].

La Gleichschaltung *de 1942*

Ce simple constat de la situation stratégique révèle toute la portée politique de cette évolution. À l'exception des faits d'armes des formations SS, elle laisse peu de place aux contingences militaires. En revanche, il est facile de trouver son origine dans la conduite personnelle de la guerre que Hitler entendait alors mener. Cette évolution se nourrissait en effet de la crise de confiance qu'il éprouvait envers le commandement de l'armée à l'été 1942, crise qui venait elle-même en écho de celle traversée au cours de l'hiver précédent. Les nerfs des généraux avaient en effet « lâché » en décembre 1941 selon Hitler. À l'été 1942, il en était encore à fustiger leurs défaillances devant les responsables du Reich. La crise n'avait été d'après lui surmontée que par le « triomphe de la volonté », volonté qui avait naturellement était la sienne [17]. L'été 1942 a été l'occasion d'une réédition de cette crise de confiance, plus inspirée par des divergences personnelles que par la situation militaire réelle.

À cette date, Hitler avait non seulement achevé la prise en main exécutive de l'appareil militaire, mais il voulait désormais lui imposer sa « foi » et son inspiration idéologique [18]. En ce sens, favoriser la *Waffen-SS* au détriment de la *Wehrmacht*, et particulièrement de l'armée de terre, revenait pour Hitler à l'instrumentaliser. Il s'en servait tour à tour comme d'un modèle et d'un aiguillon afin de mettre l'armée au pas dans le cadre d'une seconde *Gleichschaltung*, non plus politique comme celle de 1938, mais cette fois idéologique. C'est ce qui ressortait du reste de ses derniers entretiens avec le chef d'état-major de l'armée de terre avant de le limoger en septembre 1942 [19]. La crise de confiance qui s'est installée à cette date dans les relations de travail de Hitler avec son plus proche conseiller militaire, Jodl, ne fera que l'ancrer encore un peu plus dans ses convictions [20]. Par ailleurs, l'évolution de Hitler révélait sa défiance accrue envers l'institution militaire désormais perçue comme une menace, et ce, bien avant les premiers désastres militaires [21].

Reste que cette vision par Hitler d'une *Wehrmacht* qui, à défaut de lui être ouvertement hostile, se montrait tout du moins réservée à son égard et à sa politique ne correspondait absolument pas à la réalité. Dans le meilleur des cas, quatre années s'étaient déjà au minimum écoulées depuis que la direction de l'armée de terre avait abandonné toute ambition politique, c'est-à-dire au plus tard depuis l'éviction des généraux von Blomberg et von Fritsch en 1938. Par la suite, l'action de l'institution militaire n'avait plus été qu'une suite de capitulations sans fin [22]. De fait, la « résistance des généraux » aux ordres de Hitler, tout autant que l'image d'une *Wehrmacht* « propre » et dépourvue d'accointances idéologiques avec le régime, étaient des constructions intellectuelles étrangères à la réalité nées dans l'immédiat après-guerre [23].

Il est par ailleurs intéressant de constater comment, dans l'esprit de Hitler, le développement de la SS a coïncidé avec une « brutalisation » accrue de la guerre. Encore une fois, il ne s'agit pas là d'une analyse rationnelle, objective et historique, mais du regard de Hitler. C'est ce regard qui importe néanmoins pour comprendre ses décisions. Après la promulgation, le 18 octobre 1942, de l'ordre d'exécuter les commandos alliés capturés *(Kommandobefehl)*, il s'était ainsi plaint que de tels ordres n'étaient pas ou incomplètement suivis, à l'image de l'ordre d'exécution des commissaires politiques de l'Armée rouge *(Kommissarbefehl)* promulgué l'année précédente, et il en avait rejeté la faute sur l'état-major de l'armée de terre qui voulait faire « autant que possible du métier de soldat un état pastoral ». Il était clair pour lui que s'il « n'y avait pas eu les SS, tout cela n'aurait pas encore été suivi d'effet... ! » [24]. Trois mois plus tard, après avoir affirmé que le Reich ne pouvait « seulement faire face à la brutalité du bolchevisme que par des méthodes semblables », il avait aussitôt ajouté à l'intention de Goebbels – comme une conséquence logique de ce constat – qu'il avait chargé Himmler de mettre sur pied trois divisions SS [25].

À l'été 1942, l'heure avait en fait sonné pour la *Waffen-SS*, qui avait prouvé qu'elle était devenue militairement majeure au cours de la première année de guerre à l'est. Selon le principe des vases communicants, on retrouve justement une certaine forme de compensation dans les propos d'un Hitler ne tarissant pas d'éloges pour « ses » formations SS avant d'enchaîner en pérorant contre les généraux de l'armée de terre [26]. Il n'est donc guère étonnant de voir la *Waffen-SS* expressément « désignée comme quatrième branche de la *Wehrmacht* » [27] par Hitler à la fin de 1942 et disposer de véritables aides de camp auprès de lui, à l'image des trois branches de l'armée [28].

En fait, la *Reichsführung-SS* ne faisait qu'occuper le vide politique que l'armée avait déjà laissé avant guerre, au plus tard à l'été 1938 [29]. Mais à cette date, la capitulation de son influence politique par l'armée ne suffisait plus à Hitler. Non content de sa docilité, il exigeait à présent de l'institution militaire qu'elle soit à son entière dévotion [30]. Hitler avait ainsi pratiquement achevé son évolution intellectuelle sur la question lorsque la situation militaire s'est brutalement dégradée à la fin de 1942. Devant la perspective désormais ouvertement reconnue d'une guerre longue, il s'est tourné vers la *Waffen-SS* et l'a considérée comme une panacée [31]. Issue des rangs de la NSDAP et attachée à sa seule personne par un serment de fidélité, elle répondait parfaitement à cette aspiration en incarnant – tout du moins à ses yeux et à ceux des dirigeants nazis – cette troupe militaire à la fois invincible et défendant les valeurs du régime [32]. Ce faisant, Hitler abandonnait ouvertement ses vues originelles sur la *Waffen-SS*. La force en armes conçue à l'origine comme police politique militarisée allait devenir le pilier de la défense du Reich contre ses ennemis extérieurs. Ce n'était donc plus seulement pour payer « l'impôt du sang » et faire ultérieurement office de bras séculier que la *Waffen-SS* allait être développée, mais pour assurer la pérennité du Reich sur ses frontières. Au sein du « corps de protection de l'État » *(Staatsschützkorps)*, la redistribution des rôles déjà amorcée avant guerre se voyait *de facto* entérinée sous la pression des événements sans qu'aucun décret ne la sanctionne [33]. Le petit corps d'élite allait laisser la place à une véritable armée de plusieurs centaines de milliers d'hommes chargée de constituer sur tous les fronts des môles auxquels s'accrocherait la défense allemande. De force d'appoint numériquement modeste, l'aile militaire de la SS va ainsi passer au statut d'armée de masse.

À L'ORIGINE DU TOURNANT

Le développement de la *Waffen-SS* à la charnière des années 1942-1943 n'est pas en soi un événement isolé mais doit plutôt être relié au vaste mouvement de rééquilibrage politique qui s'est opéré en 1942 au profit de l'Ordre noir. Dès le début de l'année, les contemporains avertis étaient bien obligés de constater « le renforcement systématique de la SS [34] ». Émanation de l'Ordre noir, les unités à tête de mort ne pouvaient demeurer, à terme, à l'écart de ce transfert de puissance et ont donc naturellement bénéficié de ses retombées.

La Waffen-SS, « *vitrine* » *de l'Ordre noir*

Cette évolution n'était pas le fruit du hasard. La lente maturation de Hitler était en fait aiguillonnée par un méticuleux travail de sape dont témoignent, entre autres, les agendas de Himmler qui accompagnait ses officiers au « quartier général du Führer » pour leur voir remettre des décorations ou les présenter à Hitler. Dans son travail de *lobbying*, Himmler a en réalité profité de la moindre occasion pour souligner la conduite au feu et la valeur des formations militaires SS [35]. Ainsi en est-il allé dès juin 1940, lorsqu'il a soumis à Hitler un rapport sur le combat presque suicidaire d'un bataillon du régiment « Deutschland » engagé sans armes lourdes contre des chars alliés dans le nord de la France. Hitler avait alors qualifié l'action de « très belle » [36]. À l'été 1941, cinq semaines après le déclenchement de l'offensive contre l'Union soviétique, Himmler a de nouveau donné à lire à Hitler un rapport de sept pages que lui avait transmis le commandant de la division « Reich », le général SS Hausser. Ce dernier décrivait les péripéties des combats menés par ses hommes au mépris du danger. Les canons antichars allemands se révélant incapables de percer le blindage des tanks lourds soviétiques, ses soldats les avaient engagés en jetant sur eux de l'essence qui avait ensuite été enflammée avec des fusées éclairantes. D'autres avaient détruit les chars russes avec des « cocktails Molotov ». Un sous-officier avait même mis hors de combat un engin blindé en tirant au pistolet par l'une des fentes de vision de l'équipage. Le commandant de la division, officier de la vieille école aux propos généralement pondérés, ne tarissait pas d'éloges sur ses subordonnés. Selon lui, « la détermination au sein de la troupe ne [pouvait] être plus fanatique ». En dépit des lourdes pertes, « les hommes [étaient] si enthousiasmés par leurs succès que cela instaur[ait] une réelle exaltation. La chasse aux chars [devenait] un sport, toute terreur du blindé a[vait] disparu »[37]. Le point le plus intéressant dans cette affaire demeure toutefois la réponse de Himmler à Hausser une dizaine de jours plus tard :

> J'ai donné le jour même votre rapport au Führer et il l'a immédiatement lu [;] la division Reich, qui jusqu'à présent était déjà souvent évoquée avec des louanges lors des conférences de situation, et aussi lors des tours d'horizon du midi et du soir, est alors devenue dans les tout derniers jours un sujet de conversation récurrent. Elle a été citée par le Führer comme la preuve que la constitution d'organisations d'élite avait été juste et elle a été sans cesse présentée comme l'exemple d'une troupe inébranlable se tenant au-dessus de la moyenne[38].

Au demeurant, les archives renferment d'autres épisodes qui révèlent un savoir-faire ainsi qu'un « faire savoir » indéniables de Himmler dans le domaine de la communication et de la manipulation[39]. Avant d'obtenir l'ordre de constituer deux divisions SS à la fin de l'année 1942, son plus beau succès est d'avoir pu mettre sur pied un état-major de corps d'armée. Sa visite à Hitler le 5 mai en compagnie du général SS Hausser, tout juste remis de sa convalescence après une blessure sur le front, n'y a certainement pas été étrangère. Himmler a ainsi pu présenter *de visu* à Hitler un candidat satisfaisant à toutes les conditions requises. Issu de l'ancienne *Reichswehr* dont il s'était retiré avec le grade de général de brigade en 1934, celui-ci représentait une solution tout à fait crédible et acceptable pour l'armée en tant que commandant d'un corps d'armée motorisé (puis blindé), ayant justement été recommandé pour cette fonction par plusieurs généraux de la *Wehrmacht*[40]. Trois semaines plus tard, l'ordre de constitution de l'état-major du corps était donné et Hausser nommé à sa tête[41]. Cette décision marquait une étape significative. Jamais la SS n'avait jusqu'alors pu disposer d'un organe de commandement à un échelon tactique aussi élevé. Pour autant, ce projet n'était pas nouveau. Himmler en avait ouvertement fait état devant ses généraux dès novembre 1938[42]. L'idée était encore revenue à l'ordre du jour en janvier

1940 au cours de discussions avec le chef d'état-major de l'armée de terre [43]. Lorsque l'on se remémore les engagements d'avant guerre de Hitler fixant la limite des effectifs de la SS-VT à quelques régiments d'une part, et les cinq années nécessaires à la SS pour obtenir l'assemblage de ces éléments en une division d'autre part, on mesure le chemin parcouru.

Une Reichsführung-SS *tributaire des performances de ses unités sur le front*

En se servant de ses formations de combat comme d'une « vitrine », la *Reichsführung-SS* s'exposait naturellement à voir l'aboutissement de ses projets intimement lié aux performances de ses unités sur le front. En ce sens, c'est au début de l'année 1943 que l'on trouve sans doute l'exemple le plus flagrant d'interaction entre les opérations militaires des formations de la *Waffen-SS* et le développement de l'Ordre noir, lorsque Himmler a voulu obtenir l'agrément de Hitler pour constituer une division avec des adolescents de la *Hitlerjugend*. Le « Reichsführer-SS » a toutefois dû composer avec les événements. Si, le 13 février, il rapportait avec beaucoup d'assurance que Hitler était « très réjoui » par l'idée et l'avait encouragé à recruter immédiatement des volontaires, le processus s'est ensuite enlisé, et ce, de manière apparemment incompréhensible. En effet, une semaine plus tard, lors d'un exposé devant son Führer, Himmler n'a pas abordé la question, comme l'attestent ses notes personnelles où il apparaît que ce point a été rayé. Ce n'est finalement pas avant le 17 mars, soit un mois après, que la question a de nouveau été débattue par les deux hommes. À la fin du même mois, la décision de former la division était définitivement établie [44].

Comment comprendre ce processus qui tranche étrangement avec le climat enfiévré venant tout juste de présider à la constitution des 9ᵉ et 10ᵉ divisions SS [45] ? La réponse est en fait très simple, mais aussi très révélatrice sur le fond. Alors que l'OKW nourrissait « de très grands espoirs » dans le nouveau corps d'armée blindé SS et que Hitler affichait le 6 février une « confiance illimitée » dans sa capacité à rétablir à lui seul la situation après Stalingrad [46], les nouvelles du front de l'Est ont alternativement fait souffler le froid et le chaud sur le quartier général du Führer au sujet des troupes de l'Ordre noir. Désobéissant de manière délibérée aux ordres de Hitler, le commandant du corps blindé SS – le fleuron de la *Waffen-SS* réunissant les trois plus anciennes formations issues des SS-VT et SS-TV d'avant guerre – a abandonné le 15 février le carrefour stratégique que représentait la ville ukrainienne de Kharkov, et cela afin d'éviter un second Stalingrad à ses troupes [47]. Il est facile d'imaginer que Himmler n'a alors guère eu l'envie ni l'audace de discuter de plans d'expansion de la SS lorsqu'il a rencontré son maître cinq jours plus tard, à supposer que ce dernier lui en ait donné l'occasion [48]. Dans ce climat délétère pour lui, Himmler a dû momentanément remiser ses projets, et cela jusqu'à la reconquête de Kharkov par le corps blindé SS exactement un mois plus tard, le 15 mars, dans le cadre d'une brillante manœuvre stratégique des forces allemandes et au terme de durs combats [49]. L'étoile de la *Waffen-SS* a alors de nouveau – et plus encore – brillé au firmament [50]. Aussi peut-on imaginer un Himmler ragaillardi se présentant devant Hitler deux jours plus tard, le 17 mars, et ressortant avec assurance le projet de constituer une division « Hitlerjugend ».

À travers cette succession d'événements, on saisit nettement l'interdépendance entre les faits d'armes des formations SS et les progrès enregistrés par la *Reichsführung-SS* dans sa politique d'expansion. En sachant rebondir sur ses succès, l'Ordre noir a instauré un cercle vertueux et créé une véritable spirale de croissance. Mais, de même que la *Reichsführung-SS* ne pouvait se passer de la formidable vitrine que constituaient ses formations pour justifier l'existence de la *Waffen-SS* et la nécessité de son développement, de même les unités SS ne pouvaient se passer de Himmler pour obtenir maints avantages par son entremise auprès de Hitler, à commencer par du matériel et des effectifs supplémentaires.

Himmler, « prestataire de services » du Reich en guerre

Si les circonstances ont sans nul doute contribué à faire évoluer les conceptions de Hitler à l'égard de la *Waffen-SS*, l'apparente sollicitude de Himmler n'a pas été étrangère à ce retournement. Interrogé au cours du procès de Nuremberg sur les conditions qui ont amené cette évolution, Göring s'est fait très précis à ce sujet :

> Au début, le Führer n'était [...] pas très pressé de voir se constituer sur une grande échelle des formations armées autres que la *Wehrmacht*. Il en arriva cependant petit à petit à approuver le projet. Au moment où la continuation de la guerre souleva des difficultés accrues, difficultés de recrutement de nouveaux contingents de remplacement, Himmler abusa plus ou moins le Führer en lui déclarant qu'il était en mesure de mettre sur pied un grand nombre encore de divisions SS, que ses possibilités de recrutement étaient très importantes et autres raisons de ce genre. Le Führer accueillit naturellement ces déclarations avec plaisir car il avait alors un besoin urgent de troupes [51].

Le pendant de ce développement accéléré de la branche militaire de l'Ordre noir était néanmoins la perte de valeur du noyau originel. Himmler avait beau jeu d'affirmer à Hitler que la SS pouvait « compter en tout avec un engagement volontaire de 25 % de chaque classe d'âge », une telle déclaration ne pouvait soutenir l'épreuve des faits [52]. Hitler semble néanmoins l'avoir cru. En effet, il n'était pas encore dans ses intentions de sacrifier la valeur au nombre. En témoigne sa consigne accompagnant l'ordre de levée des 9ᵉ et 10ᵉ divisions SS : « Deux divisions extrêmement redoutables, semblables à la Reich et à la Totenkopf » [53].

Comme l'a souligné Göring, Himmler n'a pas ménagé sa peine auprès de Hitler pour arriver à ses fins, lui soumettant régulièrement ses propositions au cours d'entretiens ou par le biais de notes de service au ton obséquieux. Son offensive en vue de développer la *Waffen-SS* a pris de l'ampleur à partir du début de l'automne 1942. Le 22 septembre, il a mené une première charge, proposant la mise sur pied de deux divisions SS avec des douaniers allemands, de deux autres avec des volontaires étrangers, et la création de deux corps d'armée SS pour encadrer ces nouvelles formations. Seule l'idée d'enrôler des douaniers dans la *Waffen-SS* avait alors trouvé grâce aux yeux de Hitler qui avait demandé un délai de réflexion [54]. Revenant à la charge un mois plus tard, Himmler proposait le 22 octobre de créer une division qui serait composée cette fois de Scandinaves [55]. Lancée le 6 décembre 1942, la troisième offensive a finalement été couronnée de succès [56]. Dans ce cadre, la proposition de créer une division SS croate illustrait parfaitement la synergie entre Hitler et Himmler. Le lendemain de l'exposé que lui avait tenu ce dernier le 6 décembre, Hitler avait en effet manifesté des inquiétudes sur la situation en Méditerranée orientale. Les Balkans n'étaient pas selon lui à l'abri d'une attaque alliée. Il avait exprimé sa volonté de constituer « un groupe d'intervention allemand à partir de divisions de chasseurs et de montagne ». Naturellement, Hitler avait davantage d'inquiétudes que de troupes pour mettre son projet en œuvre [57]. Aussi la proposition de Himmler venait à point nommé afin de le mettre à exécution.

De son côté, Himmler ne manquait pas de retenir les propos de Hitler pour avancer dans la direction souhaitée par celui-ci, notant soigneusement par exemple deux phrases de son Führer qui lui étaient restées « particulièrement en mémoire » à l'issue d'un entretien auquel il avait assisté le 10 décembre 1942. « Ma conscience est une conscience germanique », avait ainsi déclaré Hitler au chef du parti collaborateur néerlandais, Anton Mussert, avant d'ajouter que, « lorsqu'il s'agit de la défense de la liberté, les individus de 15 et 14 ans ne sont pas non plus trop jeunes pour mourir pour la nation » [58]. Forte de ces propos, la SS a alors pu militer pour la constitution d'un nouveau corps d'armée SS « germanique » et la création d'une division d'adolescents recrutés au sein de la *Hitlerjugend*.

Outre ces progrès spectaculaires, de modestes succès passaient inaperçus mais assuraient les victoires du lendemain. Le cas du bataillon d'escorte de Himmler est en ce sens exemplaire de cette politique « des petits pas ». Au début de 1943, Himmler nourrissait en effet l'ambition d'accroître son unité de protection [59]. Une proposition faite le 3 janvier aux responsables de l'armée de réorganiser le bataillon en brigade d'assaut était restée sans réponse. Il ne s'était pas démonté et avait attendu l'occasion propice. Celle-ci n'avait pas tardé. S'appuyant sur les bonnes nouvelles qu'il avait pu annoncer à Hitler le 13 février sur la constitution des deux dernières divisions SS, les 9e et 10e, il s'est empressé de tirer le bénéfice de la faveur dont il jouissait ce jour-là : « Je proposai au Führer mon bataillon d'escorte comme formation de combat. Le Führer se réjouit de cela. Il précisa qu'il irait à l'ouest. Il devra[it], si les circonstances le permettent, être encore accru de 2 000 hommes et porter le nom "Sturmbrigade Reichsführer-SS" » [60]. Himmler s'est naturellement efforcé de créer « les circonstances » qui permettent à l'unité d'être renforcée, au-delà même de ce qui avait été prescrit. L'accroissement du bataillon était déjà du reste commencé avant même la décision de Hitler avec le détournement de 415 recrues théoriquement prévues pour la constitution des 9e et 10e divisions SS [61]. Le 1er avril, la brigade alors cantonnée en Bretagne se déclarait finalement « pleinement opérationnelle » avec un effectif de 3 950 hommes. Comparé aux 978 hommes sur les rangs le 31 décembre 1942, on mesure le chemin parcouru en trois mois. À ce rythme, l'unité a été promue au rang de division six mois plus tard [62]. Par ailleurs, on aurait naïvement pu croire le bataillon d'escorte être cédé à titre définitif. Il n'en est rien. Avant même que la brigade ne devienne une division, Himmler a très rapidement voulu récupérer sa mise de fonds. Un nouveau bataillon d'escorte a donc été constitué dès l'été 1943. Après bien des péripéties, on le verra réapparaître en décembre 1944 sur le front d'Alsace, peu après la nomination de Himmler comme commandant en chef du groupe d'armées « Rhin supérieur » le 26 novembre [63].

La dynamique interne de la SS comme facteur de développement

Malgré les démarches pressantes et obstinées de Himmler, l'expansion rapide de la branche armée de l'Ordre noir ne procédait ni d'un projet mûrement réfléchi, ni d'une décision nette que l'on pourrait précisément dater. Si la volonté d'expansion de la SS a été constante, l'opportunisme a tenu lieu de plan directeur. Déjà en janvier 1939, l'inspecteur de la SS-VT avait reconnu sans ambages que la mise sur pied de cette troupe avait été menée « sans plan discernable », ajoutant que cela n'aurait de toute façon pas été « non plus autrement possible » [64]. Le chef du SS-FHA ne dira pas autre chose en avril 1944, se déclarant habitué à ce que Himmler modifie les plans prévus, de sorte que le programme fixé pouvait rarement être tenu et que quelque chose de tout différent en ressortait le plus souvent [65]. De fait, adapter ses ambitions et ses appétits à la mesure de ce qui était possible dans l'instant semble justement avoir été la ligne de conduite pour le moins pragmatique que s'est fixée la *Reichsführung-SS* dans l'ensemble de ses entreprises. Même d'un point de vue financier, profiter du conflit était le maître mot pour appliquer le très ambitieux programme d'infrastructures prévu pour la *Waffen-SS* et la police non seulement dans le Reich, mais aussi dans les territoires occupés [66]. D'autre part, une fois consolidé, chaque gain, même modeste, devenait « une large base pour le développement ultérieur », à l'image du budget de l'année 1941 [67]. Dès le mois d'avril 1940, il ne faisait ainsi aucun doute pour la *Reichsführung-SS* qu'elle aurait « au moins trois divisions en temps de paix » [68].

L'opportunisme n'échappait pas aux phénomènes aléatoires, tout au contraire. Il est d'ailleurs significatif que le général SS Berger, pourtant principal concerné en tant que responsable du recrutement de l'Ordre noir, ait encore pensé en juin 1942 que l'expansion n'était pas à l'ordre du jour, soit six mois avant que la *Waffen-SS* ne connaisse le début de son développement exponentiel [69]. Il y a en revanche tout lieu de croire que la constitution des 9e et 10e divisions SS a constitué de la part de la *Reichsführung-SS* une fuite en avant. En effet, tout semble indiquer que la proposition de mettre au moins une division sur pied au début de décembre 1942 n'a constitué qu'un prétexte pour arracher à Hitler l'autorisation d'enrôler en masse les jeunes conscrits allemands servant quelques mois dans les camps du Service du travail (*Reichsarbeitsdienst* – RAD) où ils accomplissaient des travaux d'intérêt général avant leur appel sous les drapeaux [70]. Le rapport établi par le même général SS Berger au début du mois décembre 1942 faisait ainsi part à Himmler

> qu'au cours des mois de janvier, février, mars de la nouvelle année, la question du remplacement prendra une tournure moins brillante, en particulier à cause de l'incorporation au Service du travail dans le Reich, car il n'y a plus qu'une classe d'âge à disposition. Nous n'aurons probablement que quelques milliers d'Allemands du Reich disponibles pour le recrutement. [...] Des incorporations en grand nombre seront de nouveau à attendre pour le 10 avril 1943 [71].

Cette date correspondait en effet à l'issue des trois mois de service au sein du Service du travail. Pour se disculper, il poursuivait la lettre en rappelant qu'il ne s'agissait en aucun cas d'une imprévoyance, puisque 30 000 recrues et réservistes avaient été incorporés au cours des trois derniers mois de 1942 afin de faire face au manque annoncé.

J'avais avec cela compté que les casernes seraient pleines et que le remplacement serait assuré pour le prochain trimestre. Et puis j'entends aujourd'hui que les casernes sont de nouveau vides, en l'occurrence à cause de la formation de groupements de combat [72]. **Je me vois par conséquent contraint d'annoncer,** *Reichsführer-SS,* **qu'à cause des circonstances, un vide certain existe au prochain trimestre.**

Ce rapport du chef du *SS-Hauptamt* est extrêmement intéressant, pas tant par ce qu'il affirme que par ce qu'il suggère, et surtout le mécanisme qu'il met à nu. Comme il a été vu précédemment, ce cri d'alarme n'était pas fondé au vu des quelque 60 000 hommes dont la SS disposait en réserve à cette époque. Mais en attirant l'attention de Himmler sur un point aussi crucial que celui de l'extinction, même momentanée, de la ressource humaine, il était assuré d'atteindre son but : inquiéter Himmler pour l'amener à réagir et à intervenir plus vigoureusement encore auprès de Hitler. Le rapport était en effet explicite : il fallait d'une manière ou d'une autre parvenir à puiser dans le réservoir d'hommes disponibles que constituait le RAD. Le jour même, Himmler s'entretenait avec le chef du Service du travail [73].

À cette date, la problématique posée au *SS-Hauptamt* était toutefois un peu plus complexe que ne le laissaient figurer les termes de ce rapport. Empêchée de recruter dans les classes d'âge les plus anciennes affectées sur décision de l'armée à la production industrielle, la SS n'avait plus d'autres recours que d'enrôler les classes d'âge les plus jeunes. À la mi-octobre 1942, l'incorporation sous les drapeaux de la dernière classe mobilisable (1924) était achevée. En l'espace d'exactement deux années seulement, la *Wehrmacht* avait incorporé à intervalle régulier cinq classes d'âge pour augmenter son format et combler ses pertes [74]. Pour l'année 1943, seule demeurait donc disponible la classe 1925 dont les membres allaient tout juste atteindre leur majorité. Or, les services de recrutement SS s'étaient déjà assurés d'un grand nombre de volontaires dans cette classe, bien plus en tout cas que leur quota autorisé. Ces adolescents ne seraient libérés du RAD qu'à l'issue de leur temps de service échelonné en deux vagues, à savoir en avril et en juillet 1943. Attendre leur libération, avec au surplus le danger de voir la *Wehrmacht* garder pour elle l'excédent de volontaires, était un risque que le *SS-Hauptamt* tenait absolument à conjurer, d'autant plus que les effectifs des classes d'âge suivantes allaient en diminuant. Dans cette perspective, « la situation du remplacement [était] dans une véritable crise [75] ». Elle exigeait en conséquence des mesures exceptionnelles. Posée au début d'octobre 1942, cette problématique demeurait encore d'actualité deux mois plus tard. C'est elle qui explique en définitive la manœuvre du *SS-Hauptamt* auprès de Himmler au début de décembre 1942 [76].

Cela démontre clairement à quel point la SS a pu anticiper ses besoins et de quelle manière Himmler a pu être poussé en avant par ses subordonnés. Loin d'être unique, un tel scénario se répétera à la fin de l'été 1943 lorsque le même Berger conduira Himmler à proposer à Hitler la création de nouvelles divisions SS pour préserver la ressource humaine déjà acquise par ses services [77]. Cette situation perdurera jusqu'à la fin de la guerre. En décembre 1944, Berger demandait encore à son chef de s'arranger pour mettre un terme à son « activité comme chef du groupe d'armées Rhin supérieur et de retourner au quartier général du Führer ». « Je sens, lui avait-il affirmé, que lorsque le *Reichsführer-SS* n'est pas au quartier général, notre travail politique, comme fondement de tout, souffre considérablement » [78].

Ce phénomène trahit par ailleurs ce que commençait à devenir la SS à cette époque : une machine qui, pour justifier son existence, avait sans cesse besoin de s'étendre sous peine de voir son influence politique diminuer au sein du régime [79]. C'est justement à l'été 1943 qu'est apparue la première planification clairement établie de l'expansion de la SS en armes. En l'espèce, Himmler a ordonné le 2 juillet 1943 à cinq divisions et à un corps d'armée SS de se préparer à fournir pour l'année suivante de quoi constituer l'ossature de nouvelles formations [80]. Cette planification va néanmoins être rapidement bouleversée par l'opportunité qui va se présenter à la SS, dès l'automne 1943, d'avancer ses projets, ce que n'avait pu prévoir Himmler l'été précédent. À cet égard, le conflit dans lequel s'est engagé le Reich a ouvert à la SS des perspectives bien meilleures que les conditions du temps de paix en faisant coïncider ses ambitions avec les nécessités de la guerre. De fait, les offensives presque permanentes de Himmler auprès de Hitler n'ont véritablement été couronnées de succès que lorsque les besoins se sont faits les plus sensibles, autrement dit quand tout allait mal :

– au cours de l'hiver 1942-1943, avec l'ordre de constituer au total une demi-douzaine de divisions SS après les revers en Afrique du Nord et le désastre de Stalingrad ;

— en octobre 1943, avec l'organisation en corps d'armée des dix-sept divisions SS existantes (dont deux nouvelles) marquant la première étape d'un plan de Hitler devant conduire à terme à ce que la *Waffen-SS* compose de manière permanente 10 % des effectifs de toute la *Wehrmacht* [81] ; cette décision avait été prise alors que la situation était particulièrement « tendue à l'est » [82], que l'Italie était devenue un théâtre d'opérations à part entière et qu'un débarquement à l'ouest était à attendre au printemps suivant ;

— avec pour finir l'intrusion directe de la SS au sein de l'armée de réserve (*Ersatzheer*) sur une décision de Hitler du 15 juillet 1944, par conséquent *antérieure* à l'attentat du 20 juillet, et qui prenait place dans une situation générale catastrophique où le secteur central du front de l'Est s'effondrait sous les coups de boutoir de l'Armée rouge tandis que le « second front » avait cessé d'être une menace pour devenir une dangereuse réalité pour le Reich [83].

LA *WAFFEN-SS*, ALTERNATIVE AU MODÈLE DE L'ARMÉE

L'immixtion de la SS au sein de l'armée de réserve

La décision de Hitler d'ôter à l'armée de réserve la plus importante de ses prérogatives, à savoir l'instruction des formations militaires nouvellement créées, et donc de toucher à l'essence même de sa fonction, est un événement longtemps passé inaperçu, soufflé quelques jours plus tard par l'explosion qui a secoué le quartier général de Rastenburg le 20 juillet 1944 [84]. Cet ordre de Hitler était pourtant capital. Isolé de l'attentat et de ses répercussions, il recouvre toute sa portée politique. De fait, il transférait à la SS toutes les compétences relatives à « l'éducation, la direction nationale-socialiste, le droit disciplinaire et la justice » sur les quinze nouvelles divisions de la 29e vague à mettre sur pied au cours de l'été (dans l'armée de terre allemande, chaque contingent de conscrits mobilisés formait une nouvelle « vague » de divisions, à chaque « vague » étant fixée une organisation divisionnaire type définie en fonction des besoins et surtout des ressources du moment). Comme cela était (au sens propre) souligné dans le texte, ces prérogatives s'appliquaient « comme sur les formations de la *Waffen-SS* ». En conséquence de quoi la fonction d'entraîner ces divisions était également déléguée à l'Office de commandement SS

(SS-FHA) [85]. Leurs commandants étaient directement responsables devant Himmler. La directive allait cependant encore plus loin. Elle octroyait au *Reichsführer-SS* (et par délégation au SS-FHA) le droit de pourvoir à son gré les postes d'officiers et de sous-officiers de ces divisions, mais lui donnait aussi le pouvoir d'échanger à sa guise leurs personnels d'encadrement avec ceux des formations de la *Waffen-SS* [86]. Le bureau du SS-FHA qui avait rédigé l'ordre était suffisamment conscient de la portée de cet acte pour se sentir obligé de préciser que ces unités demeuraient des « divisions de l'armée de terre ». Une armée de terre dont l'état-major était néanmoins ravalé au rang de simple outil dont « se ser[vai]t le *Reichsführer-SS* dans l'exercice de ces compétences » [87].

Cette délégation de compétences à l'Ordre noir démontre en définitive la représentation que Hitler se faisait du soldat SS et sa volonté d'étendre ce modèle à l'armée. « Aujourd'hui, seuls les optimistes peuvent réussir quoi que ce soit », avait-il déclaré à son entourage au soir du 17 juin [88]. De l'optimisme, il en fallait effectivement à ces quinze « divisions de barrage » destinées à bloquer l'avance alliée sur tous les fronts. Aussi l'accent avait été immédiatement mis sur le « rôle décisif » que « devaient avant tout jouer auprès d'elles les officiers nationaux-socialistes » [89]. En somme, et comme le trahissaient ses propos antérieurs, c'était de la part de Hitler attribuer à la SS une sorte de « recette miracle » transformant chaque homme qui lui était confié en combattant national-socialiste fanatique. Du concept à la pratique, le pas était donc franchi en juillet 1944. La SS avait désormais à charge de forger et de former les nouvelles divisions de l'armée à son image. Contre toute attente, l'armée de terre a capitulé sans résistance, approuvant même la « nécessité » de nommer des généraux SS aux pouvoirs étendus à la tête des trois corps d'armée chapeautant les nouvelles divisions. Cet accord était révélateur du rapport de force instauré à cette date. Rien dans l'ordre original du 15 juillet n'imposait en effet cette mesure [90]. C'était l'ultime étape avant le transfert de pouvoir à la SS qui s'est brutalement produit quelques jours plus tard, au soir de l'attentat du 20 juillet, avec la nomination de Himmler au commandement de l'armée de réserve [91].

La priorité donnée à l'efficacité

Outre le bouleversement des rapports de force que cela a représenté, l'ingérence directe de la SS dans les affaires militaires à l'été 1944 laisse également deviner l'un des atouts dont elle a su profiter dans son expansion. Les différents points évoqués lors de la prise en main des divisions de la 29ᵉ vague par la SS ne révélaient pas seulement l'ambition d'insuffler à ces formations l'élan idéologique reconnu à la *Waffen-SS*, mais aussi l'impératif de les rendre opérationnelles dans des délais extrêmement brefs[92]. Face à la crise ouverte à l'est et celle qui menaçait à l'ouest, l'urgence de la situation commandait en effet d'agir sans délai[93]. Dès lors, confier de préférence à la SS le soin de mettre ces divisions sur pied en l'espace de quelques semaines, voire de quelques jours, relevait d'une intention dont les motifs se rapportaient à une notion d'efficacité. Et, de fait, cette démarche éclaire l'un des attraits dont avait su se parer la SS dans l'esprit de Hitler.

Depuis le début du conflit, la mobilisation croissante des ressources humaines du pays avait en effet été très profitable à l'Ordre noir en servant de paravent à ses menées expansionnistes. À cette course aux effectifs, elle avait marqué des points sur un autre tableau. En donnant l'impression de pouvoir lever aisément et rapidement des unités d'excellente qualité capables d'être immédiatement jetées dans la bataille, la SS avait pris l'ascendant sur l'armée de terre, tout du moins aux yeux de Hitler, et c'était là l'essentiel. Il en était ainsi allé au cours du premier hiver de guerre à l'est où Himmler avait opportunément proposé à Hitler de transporter de toute urgence par voie aérienne deux bataillons SS sur le front en crise. Ceux-ci, tout juste recomplétés, avaient dû aveugler une brèche dans les lignes allemandes devant Moscou[94]. Deux autres exemples contemporains de la bataille de Stalingrad peuvent également illustrer ce phénomène. Le premier a été la création quasi instantanée d'une brigade d'assaut par le SS-FHA, le lendemain même où Hitler a émis le souhait d'organiser trente à soixante formations de ce type destinées à servir de « force de défense mobile » pour colmater à l'est les brèches dans les lignes de la 8ᵉ armée italienne. Des éléments de la *Waffen-SS*, de la police et de la *Luftwaffe* déjà à pied d'œuvre, mais épars, ont alors été amalgamés afin de constituer une brigade SS engagée en tant que telle dans les rangs de l'armée italienne en difficulté. Une journée avait donc suffi pour voir appliquer, de manière surtout administrative, un souhait de Hitler [95].

La création des 9ᵉ et 10ᵉ divisions SS est un autre exemple. Le *Führerbefehl* relatif à la constitution de ces deux formations se terminait précisément par une exhortation à agir rapidement devant la menace d'un assaut allié à l'ouest. Cette dernière préoccupation explique la rapidité, voire la précipitation avec laquelle a agi la SS. « Tout le reste était indifférent au Führer, rapportera peu après Himmler : il exigeait uniquement que les deux divisions soient sur pied pour le 15 février » [96]. S'enquérant personnellement de la situation au téléphone, Hitler insistait d'ailleurs sur la nécessité de « travailler d'arrache-pied jour et nuit afin d'achever au plus vite cette mise sur pied » [97]. Du reste, il était dans l'intérêt de la SS d'agir rapidement afin de ne pas être supplantée par la *Luftwaffe* qui envoyait au même moment trois divisions de campagne à l'ouest [98].

En donnant l'impression de recruter et de constituer des unités dans des délais relativement brefs, la *Reichsführung-SS* a présenté l'image d'une organisation souple et sûre tenant avantageusement la comparaison face à une *Wehrmacht* perçue par Hitler comme trop bureaucratique [99]. La situation empirant, la SS est devenue de plus en plus indispensable et a eu le champ libre pour recruter [100]. La SS retrouvait là l'essence de sa fonction au sein du Reich, celle d'un outil d'extra-légalité au service du Führer [101]. Jusqu'en 1945, Hitler s'est bercé d'illusions – ou a tout simplement refusé d'admettre la réalité – en pensant que la SS disposait de ressources quasi intarissables. Sa principale motivation en donnant à Himmler un commandement opérationnel sur le Haut-Rhin était ainsi de le voir jeter dans la bataille des formations qu'il le soupçonnait de garder toujours en réserve [102]. Les ressources à disposition de la SS au sein du Reich n'étaient pourtant pas différentes de celles de l'armée, qui plus est limitées sur le papier par des conditions plus sévères d'admission. Après avoir connu son plein essor en incorporant 255 000 hommes en 1943, le développement de la *Waffen-SS* avait connu un fléchissement au premier semestre 1944 avec 93 000 hommes incorporés, signe que, malgré les efforts entrepris, la ressource humaine approchait une limite *(annexe 1)*. Le seul atout de la SS était de pouvoir recruter en dehors des frontières allemandes. Elle ne s'en est pas privée.

Une alternative à l'efficacité fallacieuse

À y regarder de près, la SS n'a pourtant guère fait mieux que l'armée de terre. Mais deux facteurs ont servi à donner à ses activités la fallacieuse apparence de réactivité. Les formations SS allemandes créées *ex nihilo* en 1943 ont tout d'abord bénéficié d'un temps d'instruction exceptionnellement long, dû à leur statut officieux de réserves stratégiques, ce qui a épargné aux nouvelles divisions de devoir faire rapidement leurs preuves [103]. D'un autre côté, lorsque l'initiative de créer de nouvelles unités lui a appartenu, comme cela a été fréquemment le cas, la *Reichsführung-SS* a eu tout le loisir d'anticiper ses préparatifs avant de soumettre ses projets à Hitler. Cela lui a évidemment permis de gagner du temps par rapport à l'armée qui a eu tendance à suivre les procédures en donnant l'impression d'un moindre dynamisme. À ce titre, la manière avec laquelle la *Reichsführung-SS* a su jouer avec les apparences a constitué un facteur tout aussi important pour aboutir à cette impression de dynamisme que l'*a priori* favorable de Hitler à l'endroit de la *Waffen-SS*. Cette dernière n'en a pas moins connu des défaillances. Ainsi en est-il allé du chef du *SS-Hauptamt*, toujours prompt à dénoncer les insuffisances de l'armée, comme cela a encore été le cas à l'automne 1944, lorsqu'il s'est offusqué de ce que seuls 192 000 des 300 000 hommes débloqués par les *Gauleiter* avaient effectivement été incorporés par la *Wehrmacht* [104]. Ce faisant, il oubliait que, « tellement accaparé » par l'obligation de constituer trois divisions en janvier 1943, il avait lui-même délibérément repoussé au 1er mai suivant la constitution d'une quatrième division en Croatie, allant jusqu'à demander au ministère des Affaires étrangères du Reich « de ne rien entreprendre jusque-là » [105].

En dépit des facilités offertes aux formations SS à recrutement allemand créées en 1943 en tant que divisions motorisées de réserve générale, leur mise sur pied a par ailleurs exigé beaucoup de temps, ne serait-ce que pour rassembler les personnels nécessaires à leur constitution. Six mois ont été nécessaires, en règle générale, pour assurer la montée en puissance des effectifs, dont un mois simplement consacré aux seuls préparatifs administratifs, et même trois dans le cas de la 12e division SS pour laisser à la *Hitlerjugend* le temps de sélectionner en douceur les adolescents nécessaires [106].

Compte tenu de l'urgence de la situation avec la menace d'un assaut allié sur les côtes occidentales au printemps 1943, la constitution des 9e et 10e divisions SS s'est révélée la plus rapide. Elle s'est appuyée sur un calendrier serré et précis qui, somme toute, a été assez bien respecté dans les faits. Il n'en demeure pas moins que la mise sur pied des deux divisions s'est étalée sur plusieurs mois, compte tenu du temps incompressible d'instruction des unités d'arme spécialisée ou technique. Il a fallu attendre la fin avril 1943 pour voir les effectifs des deux divisions franchir la barre des 90 % de leur dotation théorique, soit quatre mois après l'ordre de leur création par Hitler. Six semaines supplémentaires ont encore été nécessaires pour les voir avec des effectifs pratiquement complets [107]. Le cas de la 17e division SS à l'automne 1943 est à peu près semblable, hormis que les tensions en personnels ont rendu encore plus laborieux le rassemblement des effectifs nécessaires. C'est donc au bout de six mois, le 1er avril 1944, qu'elle a atteint 90 % de ses effectifs théoriques [108].

De toutes, la montée en puissance de la 12e division SS a néanmoins été la plus longue. Officiellement commencée le 24 juin 1943, la constitution des états-majors et des noyaux des unités s'est étalée jusqu'à l'automne, et même l'hiver suivant [109]. L'arrivée des recrues a été à l'avenant. Début août, seuls quelque 4 000 hommes étaient rassemblés au camp de Beverloo, en Belgique, lieu de constitution de la division [110]. En fait, une bonne partie des adolescents a été incorporée vers la mi-août [111]. Début octobre, la division faisait encore état d'un déficit de 7 375 hommes sur un effectif théorique de 19 847 soldats. Près de la moitié des places vacantes (3 641) concernaient des hommes du rang, donc des adolescents. En fait, ceux-ci n'ont pas rejoint les rangs de la division avant novembre 1943 afin de leur permettre d'achever leur cursus scolaire [112]. La pilule a du reste été amère pour le chef du SS-FHA. En avril 1944, il rappelait encore ouvertement que, « la constitution de la 12e division n'avait pas été facile » parce que « avant toutes choses, les hommes dont nous avions besoin pour la division arrivèrent bien des mois après ce qui nous avait été annoncé [113] ». Certes, la SS avait effectivement réussi l'exploit de capter par anticipation et de s'assurer fermement toute une fraction de la classe 1926. Le régime d'exception concédé aux recrues, à leurs parents et à la direction de la *Hitlerjugend* a néanmoins pratiquement réduit à néant le gain de temps initialement espéré. En effet, le dernier contingent de volontaires (représentant près du quart des effectifs) a rejoint la 12ᵉ division SS en novembre 1943, soit quelques jours avant l'incorporation régulière de cette classe d'âge par l'armée à partir du 1ᵉʳ décembre [114]. En somme, la SS a réalisé là une dépense d'énergie considérable pour un résultat qui pouvait peut-être la satisfaire par la division supplémentaire obtenue, mais dont l'effort de guerre du Reich aurait fort bien pu se passer. Au final, huit mois s'étaient écoulés entre l'ordre de créer la division en mars et le rassemblement de ses effectifs en novembre. À lui seul, ce délai illustre l'étendue du gaspillage.

Une fois libérée de toute entrave, la SS a pu mener sa politique d'expansion à peu près comme elle l'entendait. Mais là encore cela n'a pas été un franc succès. Début août 1944, Himmler évoquait publiquement son ambition de constituer un ensemble de douze divisions blindées et trente divisions « germaniques » SS [115]. C'est effectivement à compter de cette date que se sont multipliées les promotions au rang de division des nombreuses légions et brigades SS à recrutement étranger. Mais, en définitive, ces modifications de statut ont été essentiellement nominales [116]. En ce qui concerne l'accroissement du nombre de formations de panzers, ce programme a pourtant connu un début d'application avec la transformation en divisions blindées (26ᵉ et 27ᵉ) des 49ᵉ et 51ᵉ brigades SS le 10 août [117]. Au passage, l'entreprise a révélé une fois de plus comment la *Reichsführung-SS* exploitait la situation militaire pour ses plans d'expansion. Les deux unités avaient à l'origine été constituées sur le papier, conformément à la directive n° 51 édictée le 3 novembre 1943 par Hitler. Il s'agissait de détachements d'alerte au sein des écoles et unités de dépôt SS prêts à être activés en cas de besoin (plan « Leuthen »), ce qui s'est effectivement produit le 10 juin 1944, soit quatre jours après le débarquement en Normandie, avec leur envoi au Danemark pour y relever des troupes envoyées en France [118]. Forts de plusieurs milliers d'hommes chacun (et même en sureffectifs), ils étaient tout indiqués pour constituer à terme le noyau de formations plus importantes en raison de leurs structures et de la valeur des personnels qui les composaient, qu'ils soient instructeurs ou individus appelés à devenir de futurs cadres [119]. Il n'est donc guère étonnant que la *Reichsführung-SS* ait eu l'idée de les transformer en divisions, à l'instar de ce qui avait été fait en 1943 avec le bataillon d'escorte de Himmler. Sous l'impulsion de Hitler, les mesures d'urgence prises pour la montée en puissance des deux nouvelles « divisions blindées SS » n'ont d'ailleurs pas tardé, justifiées par leur envoi sur le front de l'Ouest au court de la première quinzaine d'août [120]. L'expérience a cependant tourné court, la SS se révélant finalement incapable de faire mieux que l'armée. Les deux formations ont été submergées par l'avance alliée au sud-est de Paris et ont perdu leur échelon de commandement. Tout espoir de transformer en divisions les deux brigades décapitées et décimées était dès lors condamné [121].

3

Le recrutement à l'étranger : les accommodements de la SS avec ses dogmes idéologiques

Le recrutement en grand nombre de ressortissants étrangers est un aspect qui a particulièrement focalisé l'attention sur la *Waffen-SS*. De fait, en ouvrant à la fin de la guerre son recrutement à toutes les nationalités du continent européen, et même au-delà, la SS en armes a constitué un phénomène sinon unique, du moins d'une ampleur rarement égalée dans l'Histoire par la diversité et les effectifs des ressortissants étrangers enrôlés sous son étendard. Le recours à des effectifs étrangers n'a pourtant pas été propre à la *Waffen-SS*, pas plus qu'au IIIe Reich. De l'Antiquité au XXe siècle, des légions de l'Empire romain jusqu'à la Grande Armée napoléonienne, cités, monarchies, empires et républiques se sont rarement privés du supplément d'effectifs que pouvaient leur fournir des contingents étrangers. La différence majeure entre la SS du IIIe Reich et les expériences précédentes, c'est que l'ambition idéologique originelle a supplanté ce qui, dans la plupart des autres cas, n'était qu'un classique renforcement de puissance. Dans un discours prononcé au printemps 1942 devant un parterre de personnalités nazies, le responsable du recrutement SS n'avait pas manqué de souligner la rupture que constituait l'incorporation de ressortissants « germaniques » dans la SS :

> Avec les volontaires germaniques, la tentative est pour la première fois faite de rassembler les Germains de toutes les souches par le service sous les armes [...]. Les hommes ne doivent pas seulement être engagés comme des soldats qui se tournent l'arme à la main contre l'ennemi commun de l'Europe, mais aussi devenir en même temps des combattants du national-socialisme qui

assimilent cette idéologie taillée pour les Germains et qui préparent la compréhension ultérieure de celle-ci dans leurs pays, et par ce biais facilitent [leur] étroite union [1].

L'incorporation initiale de nationaux étrangers ne répondait donc pas aux impérieuses nécessités du conflit. Tout au contraire, « le recrutement de volontaires germaniques s'est en fait développé comme une expression de la pensée et de l'ambition raciales et politiques de la SS [2] ». Nées avant guerre, cette pensée et cette ambition ont connu bien des déboires, en raison de la difficulté de leur trouver tout d'abord une application, puis à cause des sérieux aménagements idéologiques auxquels la SS a dû procéder afin de recruter au-delà de l'espace « germanique » pour mieux assurer sa dynamique expansionniste.

La SS en contradiction avec son idéologie raciale

De par son idéologie basée sur une culture de la race germanique définie sous l'angle biologique, et non sur des concepts classiques se référant à des frontières géopolitiques qualifiées d'« artificielles [3] », la SS était particulièrement apte à intégrer dans ses rangs des éléments supranationaux répondant à ses critères de sélection. Ainsi, outre les « Allemands ethniques » *(Volksdeutsche)* coupés de l'Allemagne au gré des traités et des aléas de l'Histoire, la SS avait également l'intention de rallier l'ensemble des populations du monde germanique *(Germanen)*. Dans cette vision, les liens raciaux se substituaient ainsi, en les dépassant, aux liens culturels tels que la langue ou le sentiment d'appartenance communautaire. Cette vision laissait donc entrevoir des perspectives d'extension très vastes. La nomination par décret de Himmler le 7 octobre 1939 comme « Commissaire du Reich pour la consolidation de la nation allemande » n'a fait qu'accentuer cette ambition de la SS en l'institutionnalisant [4]. Il s'agissait clairement « de chercher, d'enlever et de voler le sang germanique dans l'ensemble du monde », partout où cela était possible [5]. Aussi les branches armées de la SS ont-elles dès cette époque ouvert leurs portes à des hommes de nationalité étrangère correspondant aux standards idéologiques et raciaux prônés par l'Ordre noir, à l'image des réfugiés politiques autrichiens ayant fui leur pays après le coup d'État manqué de 1934 [6].

Les formations encasernées SS avaient en outre l'avantage de permettre l'observation et l'éducation au quotidien de ces individus, dans un environnement militaire dont les contraintes favorisaient cet exercice en en faisant une sorte d'« antichambre » à la citoyenneté allemande [7]. Véritable « laboratoire de la race », la SS disposait par ailleurs, à travers l'Office principal pour la race et la colonisation (*Rasse-und Siedlungshauptamt* – RuSHA), de l'organisme adéquat pour jauger les candidats étrangers [8]. L'annexion de l'Autriche en mars 1938, puis celle des Sudètes à l'automne suivant, avaient justement constitué l'occasion d'intégrer en nombre des candidats qui n'étaient pas citoyens allemands de naissance. Les SS-VT et SS-TV avaient ainsi vu leurs effectifs croître de manière significative en avril 1938, juste après l'*Anschluß*. Chacune d'elles avait pu constituer un quatrième régiment (« Der Führer » le 1er avril 1938 pour la SS-VT, « Ostmark » le 1er juillet pour les SS-TV) [9]. Formé un peu plus tard avec des individus originaires des Sudètes, le IIIe bataillon du régiment « Ostmark » a par ailleurs été envoyé à Danzig pour y représenter la SS dans la guerre qui s'annonçait avec la Pologne, permettant au passage à l'Ordre noir de faire main basse sur la ressource humaine locale. Fort de près d'un millier d'hommes, le bataillon (entre-temps devenu « SS-Heimwehr Danzig ») a ainsi été la première formation SS engagée au combat à comporter une majorité de personnels non allemands de naissance [10].

En dépit de ces incorporations, la *Waffen-SS* n'en demeurait pas moins une organisation fondamentalement allemande au début de la guerre, comme l'atteste un recensement arrêté au 1er mai 1940 (*annexe 2*). Le nombre de soldats SS nés en dehors des frontières du Reich de l'époque était absolument insignifiant, inférieur à 1 %. Seules les annexions successives avaient eu un réel impact, jusqu'à fournir un peu plus du quart des effectifs globaux (27,2 %). Mais à comparer ce taux à celui de la division de police et de ses formations de remplacement, la *Waffen-SS* apparaissait comme un élément d'intégration beaucoup moins important dans les territoires récemment annexés [11]. La principale raison de cette différence résidait dans les conditions d'admission beaucoup plus rigoureuses dans la SS que dans la police, en particulier du point de vue racial. Ainsi, les formations de la police servant sous les drapeaux comportaient en proportion presque deux fois plus de recrues originaires des régions de l'ancienne Pologne (Gouvernement général, Haute-Silésie, districts régionaux de la Warta et de la Vistule) [12]. À l'opposé, dans les territoires annexés où l'idéologie raciale de l'Ordre noir voyait un lien biologique beaucoup plus étroit, tels que l'ancienne Autriche et la région des Sudètes, la SS avait comparativement opéré un recrutement plus massif [13].

Ces chiffres démontrent aussi la complète vacuité des prétentions « germaniques » de la *Reichsführung-SS* en mai 1940. Le souhait émis par Himmler en 1938 de voir sous deux années l'un des quatre régiments de la SS-VT être composé de « Germains » non allemands était demeuré un vœu pieux [14]. Il est manifeste que les bureaux de recrutement de la SS ne s'étaient pas adaptés à cet objectif. Encore eût-il fallu qu'il soit connu des services compétents. Aux échelons SS régionaux, le caractère supranational de l'Ordre noir échappait encore aux exécutants à l'été 1939, de sorte qu'il allait de soi de ne pas prendre « des membres d'un peuple étranger, qu'ils soient Croates, Slovènes, Slovaques ou Tchèques [15] ». Cette méconnaissance des objectifs de Himmler était au demeurant tout aussi profonde au sein même de la *Reichsführung-SS*. Le chef de l'Office principal de la race et de la colonisation intervenait en effet dans le même temps auprès des services de recrutement afin de savoir « si de telles incorporations irresponsables de non-Allemands dans la SS [étaient] fréquemment survenues [16] ». En janvier 1940, la situation n'avait pas encore évolué. Une commission de sélection SS récusait ainsi la candidature de deux Suisses, d'un Italien et d'un apatride sous le seul motif qu'ils étaient étrangers. Le plus intéressant est que le rapport de la commission SS, parfaitement explicite et ne se cachant en rien sur le motif de ce rejet, avait été directement envoyé au responsable SS du recrutement à Berlin qui n'avait rien objecté et l'avait à son tour transmis à Himmler [17].

Le faible nombre de ressortissants étrangers dans la *Waffen-SS* au printemps 1940 s'expliquait donc clairement par l'inadéquation de la politique suivie avec les intentions annoncées.

Le recrutement de ressortissants étrangers : un « acte politique »

En fait, le virage entrepris par la SS pour attirer des « Germains » dans ses rangs a été amorcé au moment où le Danemark, la

Norvège, les Pays-Bas ainsi que la Flandre ont été occupés par le Reich. Pour la SS, il ne faisait aucun doute que ces pays et région étaient habités par des populations appartenant à la « communauté germanique ». La tournée entreprise par Himmler dans les Pays-Bas entre les 17 et 20 mai 1940 avait suffi pour l'en convaincre : « Toutes les villes hollandaises faisaient une remarquable impression, la population [était] amicale et racialement bonne [*gutrassig*], et c'était une véritable joie de voir les hommes [,] les femmes et les enfants. Ils sont un gain important pour l'Allemagne [18]. » La nomination fin mai 1940 d'un « Commissaire du Reich pour les territoires néerlandais occupés » déniait du reste aux Pays-Bas leur statut d'État pour les ravaler à de simples territoires non pas à coloniser, mais à absorber à terme par assimilation [19]. Cette ambition « germanique » de Himmler, en particulier pour les Pays-Bas qu'il considérait comme « un territoire perdu par le Reich longtemps auparavant par malchance », demeurera une constante tout au long du conflit [20]. En approuvant un plan d'évacuation de civils néerlandais en décembre 1944, il ordonnait encore de bien les traiter en rappelant d'avoir « toujours à l'esprit que ce sont des Germains qui plus tard appartiendront un jour au Reich [21] ».

En ce sens, et en dépit de son importance en période de conflit, la politique de recrutement de la *Waffen-SS* dans ces territoires n'a été qu'un volet parmi d'autres d'une même démarche politique et idéologique. Le but final demeurait le rattachement de ces régions « germaniques » au Reich, comme le révélait dès le 11 juin 1940 un mémorandum préconisant la ligne de conduite à tenir aux Pays-Bas et en Flandre. Le recrutement de volontaires germaniques dans la *Waffen-SS* constituait le pendant militaire d'une politique qui visait par ailleurs au transfert d'un cinquième de la population néerlandaise et flamande comme travailleurs et colons au sein du Reich, afin de réaliser l'intégration « par la base » en supplantant les élites locales [22].

Dès le 20 avril 1940, soit onze jours après l'occupation du Danemark, et alors que les opérations en Norvège n'étaient pas encore achevées (les forces norvégiennes ont capitulé le 10 juin), Hitler a autorisé, quelque peu à contrecœur, la constitution d'un nouveau régiment SS à recrutement scandinave dénommé « Nordland ». De la même manière, le 27 mai suivant, l'autorisation a été accordée de constituer un régiment SS à recrutement néerlandais et flamand appelé « Westland ». À cette date, un bureau de recrutement était déjà ouvert depuis deux jours à La Haye, soit dix jours exactement après la capitulation des Pays-Bas. Fin juin 1940, un convoi transportant les 150 premiers volontaires néerlandais acceptés dans la *Waffen-SS* roulait déjà vers le Reich [23]. Aux yeux de l'Ordre noir, son action n'était pas « un acte de bonté et d'oubli généreux, mais un acte politique », car la *Waffen-SS* « germanique » était « l'avant-garde d'une idée [24] ».

Au-delà de ces premières mesures, la *Reichsführung-SS* va mener à partir de l'été 1940 une politique de recrutement intensif, et cela sans rien renier de ses exigences vis-à-vis des candidats. Elle jette alors les bases d'un programme méthodique, posé par un rapport daté du 7 août et intitulé de manière très significative « mouvement de populations ». La date où apparaît ce document n'est en rien le fruit du hasard. C'est en effet l'époque d'une remise à plat de la politique de gestion des ressources humaines de la *Wehrmacht*, réorganisation consécutive à la victoire sur la France et aux préparatifs déployés dès la fin du mois de juillet en vue de la campagne suivante contre l'Union soviétique. À la démobilisation partielle qui touchait l'armée allemande à cette époque venaient s'ajouter les discussions engagées entre les trois branches de la *Wehrmacht* afin de déterminer les quotas de conscrits revenant à chacune. Non impliquée dans ces débats, la *Waffen-SS* n'en était pas moins directement concernée puisqu'elle recevait à cette époque son contingent de celui de l'armée de terre [25]. Au terme de calculs prévisionnels englobant une planification des besoins et des ressources jusqu'en 1953, le *SS-Hauptamt* en était arrivé à une conclusion très simple, à savoir que, « dans les prochaines années, la question du remplacement sera[it] extraordinairement brûlante et difficile ». La solution préconisée était d'amplifier le recrutement dans les pays scandinaves (y compris la Suède), les Pays-Bas, les régions flamandes de Belgique et de France ainsi qu'en Suisse. « Comme autres territoires encore à traiter pour le remplacement », la Hongrie, la Roumanie et la Yougoslavie disposaient de très fortes minorités d'Allemands ethniques. Plus généralement, le rapport mentionnait les potentialités offertes par les groupes d'émigrants d'origine allemande partis sur le continent américain ainsi qu'en Australie, « qui plus tard se révéleraient pour la plus grande part remarquablement aptes comme colons ». Devant ces projets, la *Wehrmacht* ne pouvait formuler aucune objection, la SS recrutant et se développant à partir de populations échappant en tout état de cause à la conscription au sein du Reich. Plus généralement, les besoins de la *Waffen-SS* rejoignaient et se conciliaient ici avec la vocation dont se sentait investi l'Ordre noir. Pour ce faire, les services de recrutement SS demandaient seulement « suffisamment de moyens », notamment l'ouverture d'un nouveau bureau pour l'étranger. Et le rapport de conclure qu'« à l'issue d'une guerre, rien n'est cependant de trop pour le gain d'hommes de bon sang ». Dès lors, l'accord de Himmler à ce plan ne faisait guère de doute, et un « Bureau de direction des volontaires germaniques » était quelque temps plus tard créé au sein du *SS-Hauptamt* [26].

L'extension de la guerre projetée par Hitler à l'est a donc indirectement conduit la SS à faire évoluer à l'été 1940 sa politique « germanique » tout juste esquissée au printemps précédent. Cette évolution concourait à ajuster de manière opportune la volonté d'expansion de l'Ordre noir au contingentement imposé par la *Wehrmacht* [27]. La création de la division « Germania », peu après dénommée « Wiking », a constitué le premier résultat concret de cette politique en affirmant, au sein du Reich, la prééminence de la SS dans les affaires « germaniques » [28]. En dépit de quelques indéniables succès, le recrutement n'a toutefois pas répondu aux attentes de la *Reichsführung-SS*. Au moment de l'offensive contre l'URSS en juin 1941, la nouvelle division « Wiking » ne comptait dans ses rangs qu'une part relativement faible de volontaires étrangers : 1 142 hommes sur 19 377, soit à peine 6 % des effectifs [29].

Si la politique SS de recrutement dans les pays germaniques a été un échec en termes d'effectifs, elle a eu néanmoins deux avantages. En premier lieu, elle a constitué un paravent justifiant aux yeux de l'armée son développement qui s'appuyait largement à l'époque sur la ressource humaine du Reich. Encore bridée dans son recrutement par la *Wehrmacht* en 1940, la SS a ainsi pu affirmer que la nouvelle division « Wiking » allait être constituée avec une majorité de personnels étrangers [30]. Si rien ne permet de penser que cela ait été à l'origine prémédité, bien au contraire, l'échec relatif du recrutement à l'étranger a néanmoins permis, par un jeu de transferts, d'absorber en bloc un régiment « Tête de mort » au sein des unités d'active de la *Waffen-SS*, sans compter probablement les effectifs d'autres régiments de ce type dissous à la fin de l'été 1940 [31]. Pour la SS elle-même, il s'agissait en second lieu d'un succès, car elle avait posé les jalons pour l'avenir en s'imposant d'emblée comme l'organisation clé de l'espace germanique à assujettir [32].

COMMENT GRANDIR SANS PERDRE SA SPÉCIFICITÉ ? L'ÉVOLUTION DU CONCEPT D'« ÉLITE » COMME FACTEUR D'EXPANSION DE LA *WAFFEN-SS*

Dans les faits, il faudra près de trois années à la SS pour progresser sur cette voie, et même au-delà, en accomplissant sa propre révolution intellectuelle. Trois étapes vont marquer sa progression. L'intensification du recrutement des « Germains » et des *Volksdeutsche* va constituer la première. L'incorporation de populations « germaniques » ne répondant que partiellement aux critères de la SS sera la deuxième. Enfin, le recours aux ressources humaines non « germaniques » pour la formation d'unités militaires au service du Reich va constituer la dernière étape d'un cheminement conduisant à une armée de masse. Un cheminement dont tout indique qu'il a été parcouru autant par ambition que par nécessité.

Des trois étapes, l'intégration des *Volksdeutsche* s'est naturellement révélée la plus aisée du point de vue idéologique pour la SS. Elle était du reste inscrite dans le plan de campagne dressé par le *SS-Hauptamt* en août 1940. Les « autres territoires » du bassin danubien qui étaient « encore à traiter » par les services de recrutement SS vont finalement se révéler d'un rendement bien plus efficace que ne l'avaient été les pays du nord et du nord-ouest de l'Europe. Là, les communautés allemandes ont répondu aux attentes de l'Ordre noir et les ont même dépassées [33].

La deuxième étape dans la marche vers une armée de masse « européenne » SS a consisté à intégrer des volontaires « germaniques » ne répondant pas aux critères élitistes de l'Ordre noir et à constituer avec eux des formations satellites dénommées « légions ». À cette fin, la SS a eu l'intelligence de s'adapter sans toutefois se renier. Eu égard aux critères physiques et raciaux élevés exigés des volontaires, le pourcentage de candidats rejetés était important. Laissés à eux-mêmes, ces individus déçus et frustrés pouvaient avoir une capacité de nuisance par la contre-propagande qu'ils pouvaient instaurer pour le recrutement dans leurs pays respectifs. Par contre, une fois incorporés, ils pouvaient lui être utiles dans sa politique. La SS a donc commencé à mettre sur pied une série de « légions germaniques » dont le régiment de volontaires « Nordwest » a constitué le prototype en avril 1941[34]. En tout état de cause, une directive issue de Berlin ordonnait de bien rappeler aux volontaires « qu'il ne s'agi[ssai]t pas d'un engagement auprès de la *Waffen-SS*, mais pour le régiment de volontaires " Nordwest ", une sorte de corps franc »[35]. Les unités de dépôt des légionnaires étaient d'ailleurs bien distinctes de celles de leurs compatriotes acceptés dans la *Waffen-SS*[36].

Comme l'analysait avec beaucoup de justesse le « Commissaire du Reich pour les territoires néerlandais occupés », il s'agissait bel et bien avec les légions « d'une apparence [...] née de la vie politique et qui sui[vai]t aussi avant tout des buts politiques »[37]. Pour autant, la SS n'était pas encore prête à sacrifier ses convictions idéologiques. Si les critères physiques étaient abaissés et alignés sur ceux de la *Wehrmacht*, la SS n'entendait faire aucune concession sur les critères de sélection raciaux. De même, elle se refusait encore à prospecter hors de la zone d'influence qu'elle s'était fixée, une entorse étant néanmoins faite peu après pour les Wallons, pour autant qu'ils répondissent aux conditions raciales[38]. La « croisade antibolchevique » n'y a rien changé. Parmi les légions nationales levées dans les pays alliés ou occupés, les Croates, Espagnols, Français et Wallons ont donc combattu sous l'uniforme de la *Wehrmacht*, tandis que les Néerlandais, Flamands, Danois et Norvégiens ont servi sous l'étendard de la SS, mais sans appartenir en propre à l'Ordre noir s'ils ne remplissaient pas les conditions d'admission[39]. Le concept n'a du reste pas tardé à être appliqué aux *Volksdeutsche*. Le 30 décembre 1941, Himmler a ainsi reçu l'accord de Hitler pour constituer une nouvelle division (« Prinz Eugen ») recrutée parmi les minorités allemandes de l'ex-Yougoslavie. Mise sur pied avec difficulté en 1942, elle a véritablement été la première division SS levée avec des effectifs majoritairement étrangers. Il avait toutefois fallu pour cela à la SS renoncer à ses standards physiques[40].

Comme on l'aura deviné, la troisième et dernière étape du processus a consisté pour la SS à intégrer les contingents qu'elle négligeait à l'été 1941, et bien d'autres encore. Menaces et ambitions ont eu raison de son dédain. Parmi les menaces figurait la perspective déjà évoquée d'« une véritable crise » du recrutement apparue à l'automne 1942. L'autorisation donnée à l'automne 1941 par Hitler à la *Wehrmacht* de recruter elle aussi dans les pays germaniques n'était toutefois pas moins grave. La SS se voyait de la sorte dépossédée de son pré carré par l'intrusion de cet autre « facteur de puissance ». À la suite de l'armée, les autres institutions du Reich s'étaient par ailleurs lancées sur la piste du « travail germanique », devenu « moderne et d'actualité », et avec l'ambition de le traiter « en grand »[41]. Plus que l'émergence d'une simple concurrence, la *Reichsführung-SS* a immédiatement discerné le véritable péril pour elle. En se voyant mise à égalité avec la *Wehrmacht* et les autres institutions d'État dans un domaine qui lui était jusque-là entièrement réservé, la SS perdait une importante part de sa spécificité. Alors qu'elle se considérait comme l'avant-garde du régime, elle était par cette décision rattrapée par ceux qu'elle se sentait tenue de devancer[42]. La justification de son existence même s'en trouvait atteinte. « Plus que chacun, nous devons faire ressortir idéologiquement notre caractère politique fondamental de soldat lors de notre recrutement. » Telle était la conclusion qui en avait été immédiatement tirée[43].

Une faille était apparue. Avec la nouvelle donne, la distinction entre la SS et les autres institutions du Reich, et *a fortiori* entre la *Waffen-SS* et la *Wehrmacht*, allait en effet devenir de plus en plus ténue. À tendre vers une armée de masse au recrutement classique, le risque n'était pas mince de voir à terme l'existence de la *Waffen-SS* remise en cause. Afin de pouvoir se développer tout en continuant à se démarquer, la SS était tenue de s'adapter. En s'autorisant des libertés vis-à-vis de son credo d'élite raciale et physique, elle était contrainte, en compensation, de faire jouer plus nettement sa différence sur un autre front. Or, le seul autre domaine « d'excellence » dont pouvait se prévaloir la SS restait son fonds de commerce idéologique. Sur ce point, la *Waffen-SS* pouvait continuer à se présenter comme une élite aux yeux de Hitler, et ce indépendamment des hommes qu'elle allait intégrer à l'avenir. La prétention de savoir inculquer la foi nationale-socialiste aux hommes qui lui étaient confiés et – implicitement – d'être la seule capable de les transformer en combattants fanatiques et redoutables restait l'un des atouts majeurs de la SS. C'était sur le fond un héritage culturel de la *Kampfzeit*, lorsque chaque SS était aussi un « propagandiste » investi de la mission de convaincre et de convertir les adversaires politiques [44]. Dès le printemps 1940, le responsable du recrutement de la SS avait d'ailleurs qualifié d'« entreprise concurrente » l'action de l'administration militaire du Gouvernement général dès lors qu'elle avait manifesté « l'ambition de présenter au Führer comme soldats instruits des *Volksdeutsche* qui ne maîtris[ai]ent pas ou de façon lacunaire la langue allemande » [45]. En soumettant à Himmler le projet d'instaurer la conscription au sein des pays germaniques au début de 1943, le chef du *SS-Hauptamt* avançait l'opinion que la SS pourrait ainsi mettre sur pied huit nouvelles divisions en 1943. « Même si elles ne sont engagées que dans la lutte contre les bandes, avait-il ajouté, j'ai pourtant la ferme conviction qu'elles feraient leurs preuves au front avec un commandement inflexible et une éducation idéologique » [46]. Himmler lui-même est intervenu de manière impérieuse en enjoignant à la *Luftwaffe* de cesser toute incorporation dans les pays germaniques à l'été 1943. Il justifiait son intervention pour le moins comminatoire par le motif que, « dans leur ensemble, les ressortissants de nationalité étrangère ne [devaient] pas être entraînés par la *Wehrmacht* si on n'a[vait] pas la garantie qu'ils [avaient] au préalable été par principe recensés et éduqués idéologiquement » [47]. À l'appui de ses dires, la *Reichsführung-SS* pouvait invoquer le succès, selon elle, des « légions germaniques » composées d'hommes répondant aux critères de la *Wehrmacht* et non de la SS [48]. Dès lors, en dissociant les deux aspects – élite physique et raciale d'un côté, élite idéologique de l'autre –, la SS pouvait s'estimer en droit d'étendre l'expérience à des hommes qu'elle n'aurait pas encore jugés dignes d'elle quelque temps auparavant, avec l'avantage de pouvoir accéder à des réservoirs humains dont elle s'était jusqu'alors privée en dressant elle-même ses propres barrières idéologiques.

La centralisation et l'institutionnalisation du recrutement des étrangers

Avant d'aller plus avant dans l'application de sa nouvelle politique, la SS a dû écarter les gêneurs. Dans la passe difficile rencontrée à partir de la fin de l'année 1941, elle s'est trouvée « dans l'heureuse situation » de pouvoir compter sur le soutien inattendu du trésorier de la NSDAP. Dans sa logique comptable, celui-ci s'était en effet montré très désireux de fournir les moyens financiers nécessaires à la SS au détriment des autres organisations du parti. Il fondait pour cela son jugement sur les attributions du « Bureau central des Allemands ethniques » (la *Volksdeutsche Mittelstelle*, subordonnée en octobre 1940 à Himmler en tant que « Commissaire du Reich pour la consolidation de la nation allemande »), qui s'occupait déjà des questions germaniques au sein du Reich [49]. Ses prérogatives qualifiaient en conséquence à ses yeux l'ensemble de la SS [50]. Ce choix, à l'origine purement budgétaire, a été entériné à l'été 1942 par une ordonnance de Hitler. Celle-ci confiait à Himmler le soin de centraliser et de traiter au sein de la NSDAP l'ensemble des questions germaniques en Scandinavie, aux Pays-Bas et en Flandre [51].

Une fois écartées les organisations concurrentes du parti, la *Reichsführung-SS* s'est estimée suffisamment forte pour tenter de reprendre l'initiative face à la *Wehrmacht*. Dans le glissement du concept d'« élite » du champ racial à celui de l'idéologie, deux voies distinctes et complémentaires s'ouvraient à elle. La première consistait à intégrer à grande échelle dans la *Waffen-SS* des « Germains » sélectionnés sur les critères physiques de l'armée (donc abaissés par rapport aux standards SS), à l'image des « légions germaniques » existantes. Bien avant d'entreprendre quoi que ce soit, Himmler avait déjà soigneusement veillé à sonder Hitler sur ce point. Prudemment questionné sur l'éventualité de constituer « des divisions germaniques alliées » et, au cas où cela serait un jour d'actualité, si la SS pouvait espérer s'en trouver chargée, Hitler s'était fait rassurant, en se gardant bien, toutefois, de s'engager fermement. « Le Führer n'est pas dégoûté », notait ainsi Himmler [52]. Le pas décisif a été franchi le 13 décembre 1942, lorsqu'il a proposé à Hitler la constitution d'une nouvelle division SS à partir des légions norvégienne et néerlandaise existantes, suggérant que ces deux formations soient « le fondement pour un accroissement ultérieur par conscription dans ces deux pays » [53]. Finalement, l'ordre de constituer la nouvelle division a été promulgué trois mois plus tard [54].

La seconde voie consistait à recruter bien au-delà de l'espace germanique, en abandonnant cette fois toute exigence raciale. Aussi surprenante soit-elle, cette démarche reposait sur deux fondements. Les ambitions devenues impératives de la SS se confondaient tout d'abord avec les nécessités non moins impératives du Reich. La première trouvait dans de nouvelles ressources les moyens de son expansion, le second les moyens de poursuivre la guerre. Et, de fait, le mot d'ordre était dès le printemps 1943 de « mettre sur pied des troupes issues de tous les territoires de l'Europe »[55]. En débordant de l'espace germanique initial pour mieux repousser les limites de son recrutement, la SS reprenait ensuite une longueur d'avance sur la *Wehrmacht*. Au surplus, c'était encore une fois la conviction de la SS d'être la seule capable d'encadrer efficacement les étrangers en raison même de l'idéologie qu'elle incarnait. C'étaient encore les propos tenus par un représentant de l'Ordre noir qui avait demandé à se voir confier la mobilisation des formations baltes en janvier 1942. Il avait argué que sous sa direction, ces hommes « recevraient l'instruction idéologique convenable et seraient commandés dans un esprit vraiment national-socialiste ». Aussi, en dépit de sa propre réticence à intégrer des formations estoniennes et lettones dans la SS, Himmler en a obtenu l'autorisation de Hitler en août 1942. Le danger de voir la *Wehrmacht* accaparer la ressource humaine balte a eu en cela raison de sa répugnance raciale[56].

C'est en définitive ce même danger qui l'a amené six mois plus tard à un nouvel écart avec son idéologie, en acceptant cette fois des Bosniaques. L'épisode révèle du reste toute la place de l'orgueil et de l'ambition de la *Reichsführung-SS* dans le processus. Le 13 décembre 1942, Himmler envisageait en effet une véritable division de *Volksdeutsche* croates, à l'image de la division « Prinz Eugen » constituée principalement avec des Allemands ethniques de Serbie et du Banat[57]. Dans la sourde lutte menée contre le ministère des Affaires étrangères du Reich et l'armée, c'était surtout tenter d'obtenir le soutien de Hitler afin de récupérer les bataillons de *Volksdeutsche* servant en Croatie au sein de deux divisions d'infanterie de la *Wehrmacht* (714ᵉ et 717ᵉ). Gagné à sa cause, Hitler a autorisé le 18 décembre la création de la division en partant du principe que ces *Volksdeutsche* relevaient « exclusivement du *Reichsführer-SS* »[58]. En invoquant cependant les opérations militaires en cours, l'armée a non seulement pu se soustraire à l'ordre, mais s'est encore attachée à prendre le contrôle de trois divisions croates en substituant un encadrement allemand à celui existant[59].

Finalement, il ne restait plus sur place que des « miettes » pour la SS, soit environ 5 000 *Volksdeutsche* croates, chiffre nettement insuffisant pour constituer une division [60]. Questionné par la Wilhelmstraße (le ministère des Affaires étrangères du Reich) afin de savoir quels allaient être les personnels recrutés en Croatie, le chef du *SS-Hauptamt* a bien été obligé d'avouer en janvier 1943 qu'il n'avait « encore aucune espèce de directives d'application, mais uniquement l'autorisation formelle du Führer pour la constitution d'une division croate » [61].

Arrivée dans une impasse, la *Reichsführung-SS* devait prendre une décision, à savoir en rester là et abandonner l'acquis que représentait l'autorisation de Hitler de constituer une nouvelle division ou trouver une autre ressource à prospecter. C'est cette seconde solution qui a en l'occurrence été choisie, au moment même où l'attention de Himmler était attirée par un mémorandum des musulmans de Bosnie se déclarant prêts à lui fournir des contingents en échange de son soutien [62]. Les autorités allemandes en Croatie ayant préalablement récusé cette proposition, Himmler apparaissait pour les élites politiques bosniaques comme un recours providentiel. De son côté, la *Reichsführung-SS* n'avait cette fois aucune crainte d'entrer en concurrence avec l'OKW. Himmler a donc fait agréer cette solution de pis-aller par Hitler [63].

En agissant de la sorte, la *Reichsführung-SS* démontrait une remarquable constance quant à l'objectif initialement poursuivi, celui de soutirer dans cette région de nouveaux effectifs pour Hitler tout en s'assurant des points dans sa propre expansion. Du point de vue idéologique, son revirement constituait à l'inverse une véritable rupture. Sur les deux voies possibles, l'idée d'intégration nominale d'éléments étrangers issus de part et d'autre du « limes germanique » faisait son chemin.

La pression des événements était déterminante pour comprendre cette évolution consistant à mélanger de nouveau « le bon grain » à « l'ivraie » après l'en avoir séparé. Le choc de Stalingrad d'un côté, le besoin de plus en plus pressant en hommes de l'autre, ont constitué un argumentaire suffisamment efficace pour mettre, au moins temporairement, les théories d'élite physique, puis bientôt raciale, sous le boisseau. Début janvier 1943, Hitler en était encore à exiger que les deux nouvelles 9ᵉ et 10ᵉ divisions SS soient « des divisions purement allemandes (donc aucun Allemands ethniques, Germains, etc.) »[64]. Par contre, onze jours après la reddition du dernier carré de défenseurs allemands à Stalingrad, non seulement l'idée de créer une division levée au sein de la *Hitlerjugend* avait déjà été favorablement accueillie par Hitler, mais Himmler obtenait, à côté de l'accroissement de son bataillon d'escorte en brigade, l'autorisation de lever trois divisions SS lettone, lituanienne et bosniaque[65]. Cette dernière décision était aussi la conséquence directe d'une autre, prise le 6 février 1943. En l'occurrence, la SS s'était vue confirmée dans sa fonction centrale pour toutes les questions germaniques non plus cette fois au sein du parti, mais à l'échelle de l'État. Dorénavant, l'ensemble des institutions du Reich (et donc l'armée) devait se tourner vers Himmler dès lors qu'elles voulaient entreprendre des négociations avec les « groupes nationaux germaniques »[66]. Naturellement, ce dernier a veillé à ce que ce décret soit respecté à la lettre, tant et si bien qu'au début de septembre 1943 Hitler en arriva à déclarer que « l'organisation de la *Wehrmacht* dans les pays germaniques devait aller de soi sous le contrôle de la SS »[67].

Au début du printemps 1944, un double non-dit a finalement été transgressé : celui de l'incorporation d'éléments étrangers au « germanisme » d'une part, et l'emploi par la SS de ces ressortissants étrangers afin de ménager le sang allemand d'autre part. Avec l'intention avouée d'ériger le « Bureau de direction germanique en une sorte de direction de *Gau* », le *SS-Hauptamt* comptait alors centraliser complètement l'ensemble des questions germaniques, ce qui ne laissait pas d'inquiéter la chancellerie du parti[68]. Au sein de l'instrument de terreur qu'était la SS, des voix prônaient désormais par calcul une politique d'apaisement pour en faire bénéficier l'effort de guerre du Reich.

> En conclusion, il doit être encore une fois indiqué que le maximum en rendement et en engagement militaire des populations germaniques limitrophes peut être seulement obtenu par une politique claire et homogène de tous les services dans les territoires germaniques occupés et à l'encontre de la population germanique non allemande au sein du Reich. Cela n'est jamais à exiger sur une longue durée par une pure politique de force. Une politique allemande raisonnable dans les territoires

occupés, qui ne peut être toutefois efficace que si elle est uniformément appliquée, peut sauver la vie de centaines de milliers de jeunes soldats allemands [69].

C'était là une froide analyse présentée en termes choisis et prudents. Formulée autrement, elle revenait au constat selon lequel « pour chaque étranger qui meurt, aucune mère allemande ne pleure » [70]. À l'heure où la « Forteresse Europe » était menacée de toute part, des esprits lucides au sein de la *Reichsführung-SS* ont donc fait évoluer le processus déjà entamé en prônant l'adoption d'une *Realpolitik* que n'aurait pas reniée l'auteur du *Prince* [71]. Ce recours devait néanmoins toujours se faire sous le couvert du dogme établi. Au printemps 1944, « le passage de la pensée panallemande à la pensée germanique » était encore officiellement à l'ordre du jour [72]. Dans les faits, ce principe sera rapidement détourné, comme le laissait déjà aisément deviner la notion d'« engagement militaire des populations germaniques limitrophes ». Une fois acquis, ce principe pouvait en effet être appliqué avec beaucoup de souplesse. À pas prudents, la SS achevait ainsi son évolution intellectuelle en étant contrainte à des concessions [73]. Aveuglée par ses propres convictions raciales, elle disposait par ailleurs d'une marge de manœuvre étroite, contrainte de faire face à l'opposition, au sein même du Reich, des représentants du parti. Ceux-ci étaient peu enclins à partager ne serait-ce que sa « pensée germanique » qui avait du mal à s'imposer dans une Allemagne travaillée pendant des années par un nationalisme raciste et xénophobe [74]. Idéologiquement, cette pensée demeurait toutefois intacte. Comme auparavant, « les Norvégiens, Danois, Néerlandais et Flamands [n'étaient] pas mis sur le même pied d'égalité que les Polonais, Tsiganes, paresseux et Russes ». Au-delà de son sens général, cette simple phrase était révélatrice des blocages mentaux de la *Reichsführung-SS* avec, sous la plume du chef du *SS-Hauptamt*, la confusion catégorielle entre les *Untermenschen* de l'Est et les « paresseux » [75]. Concrètement, cette pensée allait néanmoins se plier aux accommodements qu'exigeait dorénavant la situation.

Blocages mentaux et facteurs de « désinhibition » de la *Reichsführung-SS*

Passer « de la troupe de choc du Mouvement à la troupe de combat pour l'Europe » n'était pas en soi chose aisée [76]. Ce processus mental devant dépasser de fortes inhibitions idéologiques, le revirement a nécessairement exigé du temps pour mûrir et évoluer. Ainsi, le général Berger qui voulait réformer le recrutement de la SS au printemps 1944 était trois années auparavant rempli de mépris à l'encontre des « peuplades sauvages » de Slovaquie [77]. Grand promoteur du fascicule intitulé *Der Untermensch* au début de 1943, il a plus tard jeté tout son poids en faveur de l'acceptation dans la SS d'étrangers originaires de pays non germaniques, et même slaves [78]. Rien de plus intéressant cependant que de voir l'évolution spectaculaire de Himmler sur ce point. Au printemps 1941, il avait catégoriquement rejeté une proposition du *SS-Hauptamt* de donner une formation militaire à 679 Ukrainiens se trouvant depuis une année à la disposition de la SS, et parmi lesquels figuraient 64 hommes « racialement aptes ». À l'époque, cette décision s'était transformée en véritable ukase « d'entreprendre quoi que ce soit maintenant au sujet de l'instruction aux armes de ces hommes » [79]. Sous prétexte de ne pas déroger à l'idéologie raciale, même en apparence, Himmler avait ainsi pris le contre-pied de son ambition affichée avant guerre « de chercher, d'enlever et de voler le sang germanique dans l'ensemble du monde ». Un an plus tard, en mai 1942, il s'était encore offusqué en constatant qu'un Ukrainien combattait dans une formation SS, exigeant séance tenante qu'une enquête soit menée pour savoir comment cet homme était arrivé dans la *Waffen-SS* [80]. En juillet de la même année, il insistait encore pour que les légionnaires « germaniques » portent bien au col l'emblème de leur nation et non les runes SS. Son explication ne laissait guère de place à l'ambiguïté : « Je désire purement et simplement empêcher qu'à l'avenir et à n'importe quel moment on admette dans la SS, sous prétexte que les nécessités de la guerre l'exigent, des hommes qui n'en sont pas dignes quand on les examine du point de vue le plus strict [81]. » Quoi qu'il en soit, six mois plus tard, le même homme proposait à Hitler de créer une division SS croate et un bataillon SS français. Finalement, il patronnait en juillet 1943 une division ukrainienne baptisée non sans duperie « galicienne ».

La nécessité d'accommodements intellectuels

Naturellement, aucune directive n'a été édictée par Himmler pour expliquer que la SS renonçait à son sacro-saint principe racial. En revanche, deux subterfuges ont permis à la *Reichsführung-SS* de s'accommoder des nouveaux changements, en tentant parfois de s'abuser elle-même. La fiction de la « germanité » a tout naturellement constitué l'un d'eux. Ayant pu se convaincre *de visu*, Himmler n'a pas eu à trop violenter son orthodoxie raciale pour appliquer cette fiction aux formations baltes, d'abord organisées en légions, puis en divisions à partir de la fin de l'été 1943 [82]. Pour les suivantes, son imagination a toutefois été davantage mise à contribution. Lorsqu'il a ainsi soumis à Hitler l'idée de constituer un bataillon SS français (prévu à terme pour devenir un régiment), Himmler s'est empressé de préciser que la « Légion des volontaires français » (LVF) existante ne viendrait « en aucune manière en question comme noyau » de la nouvelle unité et demeurerait au sein de l'armée de terre. « Comme volontaires [pouvaient] seulement être gagnés des hommes particulièrement bons sur le plan racial, d'apparence germanique et pensant [dans un esprit] germanique [83] ». Alors que la décision de constituer une division bosniaque n'était même pas encore envisagée au sein de l'Ordre noir, l'accord de principe donné par Hitler en janvier 1943 pour la constitution de ce régiment français avait d'ailleurs été interprété par les services SS comme « un fait significatif de grande portée » [84]. Le chef du *SS-Hauptamt* a dès lors pu broder à loisir sur le thème d'une France qui, « dans sa position intermédiaire comme pays celtique-germanique et de Méditerranée occidentale, ne pouvait être négligée car, d'après l'ordre du Führer, chaque goutte de sang germanique en Europe [devait] être accaparé » [85].

Du reste, ce projet d'un régiment SS français au début de 1943 a ouvert la voie au transfert à l'Ordre noir de la « Légion Wallonie ». Deux ans auparavant, celle-ci était pourtant encore méprisée par la SS qui n'attachait alors « aucune valeur particulière » à sa prise en charge [86]. La donne a cependant été bouleversée au début de 1943 par la consigne donnée par Hitler au ministère des Affaires étrangères de « soutenir par tous les moyens » le chef de Rex, Léon Degrelle, en tant que « seul Belge véritablement utilisable » dans la politique de collaboration [87]. De fait, cette injonction a été interprêtée par la SS comme un signal dans sa direction. Aussi s'est-elle mise en devoir d'intégrer sans enthousiasme la légion wallonne, et ce en dépit de ses réticences raciales et des intrigues de Degrelle perçu comme un « Latin » *(Welscher)* « peu fiable et déloyal » ambitionnant de devenir « gouverneur général de Belgique [88] ». Ce dernier a du reste largement facilité le processus en martelant à la fin de 1942 le thème de la « germanité des Wallons », déjà décliné en 1941 par le mouvement rexiste. Cette thèse a donc été officiellement reprise par Himmler à l'occasion du passage de la « Légion Wallonie » à la *Waffen-SS* à l'été 1943 :

> Les Wallons sont à qualifier de nation germanique de souche. Des recherches scientifiques contemporaines [90] ont démontré que les Wallons sont à 80 % de sang germanique comme les Flamands. Seulement, ils ne remontent pas, à l'opposé de ceux-ci, d'une souche phalienne-saxonne-frisonne, mais franque [89].

La volonté de préserver l'illusion raciale a pareillement contraint le chef du *SS-Hauptamt* à d'audacieuses acrobaties intellectuelles, notamment lors de la mise sur pied de la division bosniaque en 1943. Deux ans plus tôt, à l'occasion d'une étude sur la population yougoslave, les services du « Commissaire du Reich pour la consolidation de la nation allemande » avaient non seulement classé les Bosniaques parmi « les populations non allemandes », mais avaient ajouté qu'ils avaient auparavant représenté « les soldats les plus sûrs parmi les peuples slaves auxiliaires de l'Autriche » [91]. L'éloge était certes flatteur. D'un autre côté, la perspective d'un peuple slave sous l'uniforme SS faisait encore naturellement désordre à cette époque. Aussi était-il nécessaire de le parer d'un « habillage racial » convenable. Celui-ci était déjà tout trouvé. En se proclamant « descendants des Goths », les musulmans bosniaques avaient en effet invoqué le sésame qui leur ouvrait la porte d'accès à la grande famille germanique. Il a alors suffi au chef du *SS-Hauptamt* de les assimiler à la « race dinarique » (donc « germanique ») pour trouver une justification satisfaisante à leur incorporation [92].

À la fiction de la germanité s'est ajouté un second subterfuge : le recyclage de l'héritage impérial austro-hongrois au bénéfice des premières grandes formations SS objectivement non « germaniques ». Rien de plus significatif que de constater la réactivation d'anciennes traditions militaires tombées en déshérence. À cet égard, la 7ᵉ division SS avait déjà fait école en 1942 avec la réintroduction pour les *Volksdeutsche* serbes d'une ordonnance datant de 1782 [93]. La 13ᵉ division SS, composée de Bosniaques musulmans, a de son côté été levée sous le prétexte que ces hommes, autrefois recrutés aux marches balkaniques de l'empire, constituaient des régiments d'élite, au même titre que les « chasseurs impériaux » *(Kaiserjäger)*. La SS ira ainsi jusqu'à ressortir, en l'adaptant au goût du jour, le serment prêté à l'empereur par les anciennes unités recrutées en Bosnie-Herzégovine [94]. De la même façon, les Ukrainiens composant la 14ᵉ division SS ont été affublés du nom de Galiciens pour les assimiler d'office à l'ancienne province orientale de l'empire. Un ordre général de Himmler interdira d'ailleurs expressément toute référence ou allusion relative au caractère ukrainien de la division au moment de sa constitution. Ce retour au passé n'en allait pas moins à contre-courant du sentiment national des populations concernées. Néanmoins, Himmler tenait à faire « tout à fait clairement » savoir qu'il « n'avait aucune sorte d'inclination pour la moindre expérience dans la voie d'une Ukraine nationale ou pour de semblables tentatives ». À ce jeu, Himmler semble même en être arrivé à abuser Hitler quant à la véritable nature de la division SS « galicienne ». C'est seulement en mars 1945 que celui-ci a incidemment appris l'existence de cette formation ukrainienne. De toute évidence, nul n'avait songé à le prévenir de cette « conversion » opérée plusieurs mois auparavant pour faire une concession à l'orgueil national ukrainien [95].

Une classification discriminatoire des personnels

À côté de ces subterfuges, une classification rationnelle a progressivement été mise en place, permettant d'adapter les théories raciales à l'intégration de populations que les idéologues du IIIᵉ Reich pouvaient difficilement classer parmi la « race supérieure ». La chronologie relative à l'évolution de cette terminologie trahit l'évolution intellectuelle de la *Reichsführung-SS* pour justifier son action, le plus souvent *a posteriori*. En ce sens, les différents noms portés par la 13ᵉ division SS sont de précieux indicateurs, à la fois du désarroi dans lequel furent plongés les responsables SS pour appréhender la première formation SS défiant toute espèce de logique raciale, puis de leur évolution intellectuelle [96]. De fait, il ne lui fut à l'origine donné ni nom ni statut militaire précis, à l'inverse de toutes les autres divisions SS créées jusque-là [97]. Désignée dans la correspondance comme « division de Bosniaques » ou « division musulmane », avec ou sans le qualificatif SS, sa spécificité régionale et religieuse a disparu dans l'intitulé officiel de « division de volontaires SS croates » donné dans l'ordre de constitution du 30 avril 1943. Il faudra encore attendre deux mois pour que lui soit attribué un statut dans une arme particulière, en l'occurrence les troupes de montagne, avec en sus un qualificatif national qui ne s'appliquait plus aux hommes mais à la division (« division de montagne croate de volontaires SS »). Encore fréquemment appelée « division de musulmans » dans la terminologie du *SS-Hauptamt*, elle a été intégrée dans la numérotation du commandement SS lors de la vaste réorganisation visant à régulariser et à harmoniser les intitulés de la quinzaine de divisions alors existantes. Aussi est-elle devenue la « 13ᵉ division de montagne b.[osniaque] h.[erzégovinienne] de volontaires SS (Croatie) ». Cet intitulé était la première référence officielle au recrutement régional de la division et, implicitement, à sa spécificité religieuse [98].

Au-delà de la difficulté à admettre ce genre de particularisme, il est significatif que la SS se soit encore jusque-là contentée de plaquer son schéma traditionnel distinguant les unités dont les hommes étaient intégrés à la SS de celles dont les hommes n'en faisaient que nominalement partie à travers leur appartenance à l'unité. Ce schéma déjà ancien avait été créé avec l'apparition des « légions germaniques ». Il opposait assez maladroitement aux « hommes SS » *(SS-Männer)*, satisfaisant aux critères de la SS, les « volontaires SS » *(SS-Freiwilligen)* qui n'y répondaient pas, quoique issus de l'espace germanique. Il s'agissait clairement de valoriser le volontariat de ces « Germains » inaptes à la SS, plus que leur statut de supplétifs de l'Ordre noir. En appliquant encore à l'automne 1943 ce schéma de pensée à des hommes qu'elle savait sciemment ne pas appartenir à la communauté « germanique », la SS refusait de reconnaître encore la réalité. De ce point de vue, elle préférait abuser les dirigeants du Reich et s'abuser elle-même. En fait, il a fallu attendre le printemps 1944 pour que la SS assume son revirement. À cette époque, une troisième catégorie est venue s'ajouter aux deux précédentes. À côté des « divisions SS » *(SS-*

Divisionen), rassemblant les hommes individuellement acceptés dans la SS, et des « divisions de volontaires SS » *(SS-Freiwilligen-Divisionen)*, composées de *Volksdeutsche* et de « Germains » ne répondant pas aux critères requis par la SS, sont apparues les « divisions en armes de la SS » *(Waffen-Divisionen der SS)* recrutées parmi les populations étrangères à l'espace germanique. C'est d'ailleurs à cette dernière catégorie qu'ont été rattachées les divisions SS bosniaque, « galicienne » et baltes au printemps 1944 [99].

En réalité, ces clivages ne faisaient que transcrire la conception spatiale de l'idéologie SS avec un premier cercle étroit délimitant le Reich allemand de l'espace germanique et un second cercle, plus large, séparant l'espace germanique du monde extérieur. La nouveauté, c'est que la SS assumait désormais ouvertement de voir combattre à ses côtés – et non véritablement dans ses rangs – des hommes totalement étrangers au monde germanique. De ce point de vue, l'« accroissement ordonné par le Führer » au printemps 1944 survenait à point nommé. Le discours du chef du SS-FHA devant un parterre d'officiers SS à la mi-avril 1944 peut à cet égard être considéré comme le point de départ de cette politique désormais assumée sans complexe. À cette date, la *Reichsführung-SS* planifiait la création de vingt-cinq « pures divisions SS ». Quinze autres « divisions de volontaires SS » étaient prévues avec les populations « germaniques », nombre qui ne devait « vraisemblablement pas suffire ». Les autres « divisions en armes de la SS » devaient être mises sur pied avec « des peuples européens étrangers » au monde « germanique ». Pour les esprits chagrins déplorant cette apparente atteinte à la pureté raciale de l'Ordre, le devoir sacré d'exécuter un *Führerbefehl* faisait figure de caution morale [100]. Officiellement, la SS ne reniait donc pas ses principes pour nourrir ses ambitions, elle agissait *sur ordre supérieur*.

Vers une armée de masse : le recours aux supplétifs européens

En théorisant ses conceptions, la SS se donnait la possibilité de connaître un rapide développement, du moins sur le papier. Le revirement intellectuel a en effet coïncidé avec la multiplication des divisions SS à recrutement étranger à partir du printemps 1944 *(annexe 3)*. Dès le 25 mai 1944, le chef du *SS-Hauptamt* put ainsi lancer le signal du recrutement à grande échelle de formations étrangères avec des ressortissants soviétiques. Le bureau en charge du recrutement des personnels étrangers au sein du *SS-Hauptamt* a été réorganisé à la fin du mois de juin 1944. Parmi les nouveaux services créés en son sein, l'intitulé même du bureau « Ost » trahissait la révolution en cours [101]. Alors que la *Reichsführung-SS* ordonnait la mise sur pied de deux divisions à effectifs russes en juillet et août 1944, Himmler a peu après proposé à Goebbels de se servir des travailleurs de l'Est employés dans l'industrie pour former de nouvelles divisions SS. Il justifiait son idée (jugée « sensée » par Goebbels) en avançant que « les bataillons de l'Est [s'étaient] bien battus à l'ouest », ce qui, à l'aune des différentes sources disponibles, était faux [102]. En dépit de ces projets qui conduiront à des impasses, la constitution de nouvelles formations SS s'est multipliée au rythme jusqu'alors très inhabituel d'une à deux divisions par mois [103]. Ces formations étrangères ont en fait constitué le moteur de l'expansion de la *Waffen-SS* à partir du printemps 1944.

Dans cette spirale de croissance exponentielle, chaque pas a presque automatiquement entraîné le suivant. Dès lors qu'une division bosniaque était décidée, pourquoi ne pas organiser une division galicienne/ukrainienne, puis une lettone, une estonienne, pour aboutir finalement à deux éphémères « divisions » russes ? L'évolution qui a conduit la SS à incorporer les Slaves de l'Est l'a, de la même manière, concomitamment entraînée à incorporer les Latins de l'Ouest. De manière exactement symétrique, l'année 1943 est en effet celle du transfert de la « Légion Wallonie » à la *Waffen-SS* et de la création d'une brigade d'assaut française (une division SS italienne, la 29ᵉ, sera encore créée l'année suivante). Le transfert à la SS de la « Légion indienne » le 1ᵉʳ août 1944, ainsi que l'intégration de formations caucasiennes constitueront l'apogée de ce phénomène [104]. Il est vrai qu'à la fin du même mois un nouvel obstacle était encore levé avec la décision de Hitler de transférer « de l'armée de terre à la *Waffen-SS* toutes les formations de nationalité étrangère », du moins pour les questions disciplinaires [105].

À l'instar des formations SS non « germaniques » mises sur pied en 1943, celles encore plus nombreuses créées jusqu'à la fin de la guerre n'ont représenté autre chose que des unités de supplétifs, sans réelle identité politique ou idéologique propre, sinon celle de donner à l'organisation de Himmler un poids dont elle n'aurait pu autrement disposer, et au Reich les moyens de prolonger sa survie. Le détournement du bataillon devant servir de noyau à la 14ᵉ division SS « galicienne » fournit une preuve accablante de cette politique discriminatoire à l'automne 1943. Si les grandes lignes de son histoire sont connues, en particulier son anéantissement presque total en 1944 sur le front de l'Est, sa genèse, pourtant très instructive, demeure largement ignorée [106]. Le recrutement en lui-même s'était avéré une opération remarquablement rentable. Pas moins de 80 000 Ukrainiens avaient ainsi posé leur candidature au printemps 1943. À partir de juillet, la division avait été constituée au camp de manœuvre de Heidelager, dans la région de Cracovie, où 800 Ukrainiens d'un détachement de garde assuraient déjà la surveillance des détenus du camp de concentration voisin [107]. En fait de division, c'est tout d'abord un gros bataillon à douze compagnies qui a été constitué, faute pour la SS de pouvoir immédiatement équiper et instruire la totalité des effectifs qui avaient été sélectionnés. Celui-ci devait servir de noyau à la nouvelle division, en formant notamment des personnels appelés plus tard à instruire et encadrer à leur tour les nouvelles recrues. Pas moins de 800 bacheliers figuraient parmi ces hommes [108]. En fait, ils étaient exactement 3 377 « Galiciens » (dont 160 officiers) lorsque le SS-FHA décida le 20 octobre de dissoudre le bataillon et de verser « sans considération du niveau d'emploi » ses personnels aux 16ᵉ et 17ᵉ divisions SS pour activer la constitution de ces dernières en Slovénie et en France. Les armes, les équipements, les chevaux et les véhicules devaient par contre être laissés à la division ukrainienne, preuve en est que seuls les effectifs déjà instruits et (on peut le supposer) d'un bon niveau avaient intéressé le SS-FHA en prenant cette mesure [109].

Ainsi, la SS a détourné sans vergogne cette unité certes petite, mais à fort potentiel et disposant déjà d'une instruction de plus de dix semaines, et cela pour en faire prioritairement bénéficier deux nouvelles divisions SS à recrutement allemand qui avaient certainement plus d'importance à ses yeux. Elle a donc sacrifié les espérances nationales suscitées par la création de cette division ukrainienne au profit de ses propres ambitions politiques. Ainsi fait, elle a dans le même temps considérablement grevé le développement de cette formation, retardant sa constitution tout en lui ôtant une partie non négligeable de sa valeur intrinsèque après la ponction effectuée sur son futur encadrement [110]. Appelés à occuper des postes de responsabilité au sein de la division ukrainienne, ceux-ci ont été brutalement ravalés au rang de simples soldats au sein des formations allemandes. Cet exemple révèle quelle importance la SS a accordé aux projets de cette « armée européenne » dont nombre de tenants de la *Waffen-SS* se sont faits les chantres après guerre. En fait, cette idée a été allègrement foulée au pied par l'Ordre noir au cours du conflit.

Les statuts des volontaires étrangers

Les statuts accordés par la SS aux ressortissants étrangers servant dans ses rangs ne sont pas sans intérêt pour comprendre la place qu'elle leur a réservée dans le cadre de son idéologie et de ses plans d'expansion, et cela du triple point de vue juridique, national et racial.

Le statut juridique au regard des lois internationales

En dépit de son idéologie supranationale, le statut juridique de ses volontaires étrangers est un problème qui n'a pas manqué de se poser à la SS. En effet, les notions de « Germains » ou d'« Allemands ethniques » n'avaient pour fondement que l'idéologie nationale-socialiste du IIIe Reich mais ne reposaient sur aucun accord international. Même aux yeux de la *Reichsführung-SS*, ce point a représenté une évidence jamais discutée. Dès lors, l'absence de toute reconnaissance officielle posait un handicap pour l'engagement de ces hommes. Il s'agissait rien de moins que de faire porter les armes en temps de guerre au service d'une puissance étrangère à des hommes issus d'États aussi bien alliés au Reich qu'en guerre contre lui, parfois, aussi, ressortissants d'États neutres comme la Suisse ou la Suède. On était loin des conflits de l'époque moderne où des contingents de mercenaires étrangers pouvaient, au gré de leurs intérêts et indépendamment de leurs origines, servir princes, rois, empereurs ou cités. L'esprit des *condottieri* avait disparu en même temps qu'avait émergé l'idée de nation. Le passage au service d'une puissance étrangère était devenu un crime de trahison dans les consciences nationales, mais dans celles-ci seulement. Rien n'interdisait en effet, au regard des lois internationales, qu'une puissance en guerre enrôle dans son armée des ressortissants étrangers, pour peu que ceux-ci aient *volontairement* choisi de s'engager. La « convention concernant les lois et coutumes de la guerre sur terre », signée le 18 octobre 1907 à La Haye, était (et demeure) sans équivoque sur ce point [111].

S'appuyant sur l'interprétation très large que l'on pouvait faire de ce texte, la SS n'a pas cherché à aller plus loin. N'incorporait-elle pas que des volontaires ? Par un tel raisonnement, elle se prémunissait de toute attaque [112]. En revanche, elle faisait bien peu de cas du sort des ressortissants étrangers qu'elle allait recruter. Car si le droit international permettait au Reich d'intégrer des citoyens étrangers dans les rangs de ses forces armées, chaque État disposait dans son arsenal juridique d'une loi lui permettant de sanctionner ses ressortissants servant une puissance étrangère. Au mieux, ces derniers seraient jugés comme déserteurs, au pis comme traîtres, avec toutes les conséquences de ces deux chefs d'accusation en temps de guerre. Le danger encouru n'était donc pas mince, tant en cas de capture qu'à l'issue du conflit.

L'identité nationale et la naturalisation

Contre toute attente, la solution juridiquement la plus simple, à savoir conférer la citoyenneté allemande à ces hommes, n'a pas eu les faveurs de la *Reichsführung-SS*. Certes, cette ligne de conduite a été adoptée avant guerre. Elle est attestée pour des ressortissants étrangers servant dans les unités de la SS-VT en avril 1939 [113]. Toutefois, cette procédure de naturalisation ne s'appliquait alors qu'à quelques poignées d'individus. Il a ensuite fallu à la SS plusieurs mois après l'entrée en guerre pour prendre la mesure du danger qui guettait les ressortissants étrangers récemment incorporés. Si la plupart de ces hommes étaient originaires du bassin danubien, c'est-à-dire des pays non impliqués dans les premières phases du conflit, d'autres encouraient un réel danger en cas de capture [114]. Pourtant moins concernée dans la mesure où il s'agissait d'une armée nationale traditionnelle, la *Wehrmacht* elle-même avait pris plus tôt conscience de ce danger, dès décembre 1939 [115].

En fait, c'est l'incorporation des premiers *Volksdeutsche* polonais au début de 1940 qui a conduit la *Reichsführung-SS* à prendre la mesure du problème. Ressortissants d'une nation en guerre contre l'Allemagne, certes vaincue mais n'ayant pas signé de traité de paix ni même capitulé, ces hommes couraient le risque d'être fusillés en cas de capture par les forces françaises ou britanniques. De manière révélatrice, ce n'est toutefois pas la *Reichsführung-SS*, mais l'état-major de la région SS « Südost » qui a soulevé le problème. Ce dernier a alors suggéré à Berlin de « camoufler en tant qu'Allemands du Reich ces volontaires ethniquement allemands, dans la mesure où ils serv[ai]ent dans des formations de la *Waffen-SS* ». C'est cette solution juridique qui a en définitive été adoptée et appliquée en urgence jusqu'au 1er mai 1940 [116]. La même procédure sera renouvelée avec les *Volksdeutsche* de la zone d'influence soviétique réimplantés au sein du Reich avant l'invasion de l'URSS [117].

La politique de naturalisation n'a cependant rien eu de systématique. En fait, elle a été exécutée au coup par coup, dès lors qu'il existait une menace directe sur les ressortissants étrangers incorporés. Pour les autres, la SS a manifesté une résistance psychologique, et même doctrinale, à leur naturalisation comme citoyens du Reich. Cela allait si loin qu'il n'existait pour les *Volksdeutsche* aucun fichier comparable à celui existant pour leurs compagnons d'armes allemands. À l'automne 1940, il était prévu de ne constituer un tel fichier qu'au fur et à mesure de leur libération du service [118]. Par la suite, leur statut a fluctué en fonction du degré de légalité de leur recrutement par la SS et des conditions négociées avec leurs gouvernements respectifs. À cet égard, le problème a revêtu toute son acuité avec l'incorporation de *Volksdeutsche* issus du bassin danubien. Les premières opérations de recrutement qui y ont été illégalement menées par la SS au sein des communautés allemandes, de même que la fuite d'individus ayant franchi les frontières de leur propre initiative, ont conduit les États souverains concernés à déchoir les déserteurs de leur nationalité en représailles. Par la suite, ce problème constituera la pierre d'achoppement de bon nombre de négociations, à l'exemple des tractations avec la Hongrie. Avec le premier accord de février 1942, les *Volksdeutsche* volontaires acceptés par la SS devenaient automatiquement allemands. Ils étaient en même temps déchus de leur nationalité hongroise mais pouvaient néanmoins revenir en tenue civile dans leur pays au cours des permissions qui leur étaient accordées [119]. Des concessions significatives ont été obtenues en 1943, visant entre autres à empêcher que les familles des soldats SS ne perdent elles-mêmes leur nationalité hongroise en demeurant pourtant en Hongrie.

Finalement, après être parvenue à ce que les hommes ayant illégalement rallié les forces allemandes soient traités comme les autres, la SS a obtenu, par un accord signé le 14 avril 1944, que les engagés disposent désormais de la double nationalité, conservant seulement l'allemande pour la durée de la guerre [120]. L'évolution des tractations avait suivi un cheminement assez similaire avec le gouvernement oustacha, à la différence près que la SS avait obtenu dès février 1943 que les *Volksdeutsche* croates puissent garder leur nationalité d'origine [121].

La situation d'illégalité de ces hommes déchus de leur nationalité originelle plaçait tout autant en porte à faux les autorités allemandes. En effet, c'était prendre le risque de voir s'affaiblir la « valeur raciale » des communautés allemandes en terre étrangère, et à terme l'emprise qu'elles y représentaient pour le Reich. Au surplus, c'était attiser inutilement les tensions avec les gouvernements concernés. Certes, l'appui de Hitler sur la question a été sans faille. Par le biais d'une directive confidentielle de la *Wehrmacht* en février 1942, il a donné pour consigne d'accepter tout *Volksdeutscher* voulant rejoindre la *Wehrmacht*, pour peu que le demandeur apporte les preuves de son appartenance ethnique. La nationalité allemande devait lui être donnée sans restriction et, même s'il était ressortissant d'un pays allié de l'Axe ayant fui son armée, son retour dans sa patrie d'origine était exclu, car il se trouvait dès lors « sous la protection du Reich » [122]. Toutefois, cet appui de Hitler ne résolvait en rien le problème juridique posé [123].

Pour les volontaires « germaniques », la résistance psychologique à la naturalisation manifestée par la *Reichsführung-SS* s'est doublée d'une opposition de principe. Dans la doctrine de l'Ordre noir, les « frères germaniques [devaient] être fortifiés dans leur amour de leur nation, garder leur langue, leurs mœurs » puisque, selon le chef du *SS-Hauptamt*, « sans amour pour la proche patrie, il n'y a[vait] aucun amour pour le Grand Reich germanique » [124]. Cette façade de bons sentiments cachait en fait une très prudente discrétion de la *Reichsführung-SS* sur la question. En 1941, celle-ci a du reste varié dans sa ligne de conduite, sans qu'il soit possible de déterminer s'il s'agissait du reflet de sa politique idéologique du moment ou d'incohérences dues à l'absence de position nettement définie sur le sujet. Au mois d'avril, la citoyenneté allemande a ainsi été automatiquement accordée, en sus de leur nationalité d'origine, aux engagés du régiment de volontaires SS « Nordwest », prototype des futures légions germaniques à recrutement national. La SS est toutefois revenue sur ce principe dès l'automne suivant dans les nouveaux statuts édités pour ces dernières. La *Reichsführung-SS* invoquait alors pour seule base juridique de leur engagement « le serment dans le combat contre le bolchevisme au commandant suprême de l'armée allemande, Adolf Hitler » [125].

Un cas litigieux a finalement obligé la *Reichsführung-SS* à sortir de sa réserve en septembre 1943. En l'espèce, l'armée a proposé de redonner sa citoyenneté d'origine à un volontaire flamand à qui avait été entre-temps attribuée la nationalité allemande alors qu'il servait au sein de la formation « Brandenburg », l'unité de sabotage et de subversion de la *Wehrmacht*. L'homme voulait désormais s'engager dans la légion SS des volontaires flamands. Adressée au seul Himmler, et ne pouvant dès lors être suspectée de l'hypocrisie dont pouvaient être fardés les discours publics, une note de service du *SS-Hauptamt* éclairait ses pensées et motivations d'une lumière crue.

> Il apparaît tout d'abord incompréhensible ici, pourquoi, du côté de l'OKW, la nationalité allemande a été à l'époque demandée sans exception pour les volontaires flamands du régiment d'instruction Brandenburg. Dans les formations de la *Waffen-SS* [...], des membres de tous les pays germaniques servent depuis des années en vertu de l'ordre du Führer du 20 avril 1940, sans qu'à ceux-ci la nationalité allemande ait été attribuée. L'octroi de la nationalité allemande à des volontaires germaniques est même politiquement très indésirable. Par expérience, les opportunistes politiques aspirent les premiers à l'obtention de la nationalité allemande, alors que les éléments de valeur, qui peuvent être assimilés aux combattants d'avant-garde actifs de la communauté germanique, ne peuvent reconnaître, dans cette naturalisation généralisée de volontaires germaniques soutenue par les services de la *Wehrmacht*, qu'une pure politique d'intégration allemande [126].

Cette affaire prouve qu'à défaut de ligne directrice ferme depuis le début, la *Reichsführung-SS* disposait désormais d'une position bien ancrée. En effet, l'opinion émise ici était pour la première fois couchée sur le papier de façon claire et devait à l'avenir servir de référence [127]. C'était également une position indépendante de celle de l'État. Par un décret du 19 mai 1943, Hitler avait en effet ordonné de conférer la citoyenneté allemande à tous les ressortissants étrangers servant volontairement dans les forces armées du Reich. Pour leur défense, les services SS faisaient valoir que cette décision avait surtout été prise pour protéger les quelque dix mille *Volksdeutsche* roumains ayant déserté leur armée pour rejoindre la *Wehrmacht* à l'époque de Stalingrad. Ils rappelaient également la prise de position de Himmler vis-à-vis de ce décret. Celui-ci avait décidé de ne pas l'appliquer aux volontaires « germaniques » servant dans la *Waffen-SS*. On trouvait en fait là une composante essentielle de la politique SS sur le sujet. Elle consistait à n'attribuer la nationalité allemande qu'en ultime recours.

Le statut racial

Dans de telles conditions, il n'est guère étonnant que la *Reichsführung-SS* se soit encore davantage prémunie de toute dérive libérale avec l'extension de son recrutement au-delà de l'espace germanique. En fait, toutes les mesures de restriction concouraient à distinguer la valeur de chaque formation et de chaque volontaire selon les critères de la SS. En cas d'issue favorable du conflit pour le Reich, le « tri » aurait été parfaitement possible. À côté de nombreux détails d'uniforme [128], la désignation des unités avait fait l'objet de nombreuses modifications pour s'accommoder d'une situation en constante évolution en 1943 et au début de 1944, comme précédemment évoqué. Avec la multiplication des formations étrangères, Himmler a par ailleurs ordonné en janvier 1944 que la nationalité des individus composant chaque régiment à recrutement étranger soit accolée à côté du numéro de l'unité [129]. Néanmoins, une autre classification était nécessaire pour permettre de discerner, au sein même des unités, les membres de l'Ordre noir de ceux qui ne l'étaient pas. En effet, chaque formation étrangère comportait toujours une proportion très variable de membres SS, ne serait-ce que dans l'encadrement. Par ailleurs, les mouvements de personnels étaient extrêmement fréquents. Aussi une classification individuelle était-elle nécessaire pour distinguer les « corps étrangers » au sein de l'Ordre noir.

Au demeurant, ce n'était pas la première fois qu'un tel système était appliqué. Il avait déjà été mis en œuvre lors du passage en bloc de la division de police SS à la *Waffen-SS*. Ceux des personnels qui n'appartenaient pas auparavant à l'*Allgemeine-SS* avaient continué à servir normalement au sein de la division, mais sans pour autant devenir membre de la SS [130]. Pour les cas litigieux ou pour ceux dont l'intégration était suspendue à la production de documents difficiles à fournir en temps de guerre, la *Reichsführung-SS* avait par ailleurs établi une autre protection, celle d'accorder aux impétrants un numéro à titre temporaire. Le matricule SS de ces hommes était alors suivi de la lettre « V » (pour *vorläufig*, « provisoire »). La relation précaire de ces individus avec l'Ordre noir apparaissait donc au premier coup d'œil au sein des services SS en charge des dossiers personnels, et ce jusqu'à ce qu'une décision définitive soit prise à leur encontre [131].

Dans un cas tout différent, une autre décision avait déjà préparé la *Reichsführung-SS* à appliquer des mesures discriminatoires d'ordre individuel. Pour la SS, la question s'était en effet très tôt posée de savoir si les invalides de guerre pouvaient être acceptés dans ses rangs, en dépit de leur handicap. En septembre 1940, Himmler avait logiquement répondu par l'affirmative. Deux ans plus tard, à la fin de 1942, un doute s'était immiscé dans l'application de la procédure. En l'occurrence, il fallait trancher pour savoir si les vétérans de la *Waffen-SS* pouvaient être acceptés dans l'*Allgemeine-SS* s'ils étaient porteurs d'une maladie héréditaire. Le chef du *SS-Hauptamt* s'était empressé de lever toute ambiguïté en précisant que ces hommes ne pouvaient pas y être admis, ajoutant qu'« ils demeur[ai]ent certes membres de la *Waffen-SS* en situation de disponibilité jusqu'à la fin de la guerre, [mais] la quitte[raient] ensuite aussi après » [132].

Nantie à la fois d'une capacité d'intégration temporaire et d'une capacité de rejet des individus servant au sein de la *Waffen-SS*, la *Reichsführung-SS* avait ainsi les moyens de se protéger des écarts auxquels la contraignaient les conditions de guerre. La manière de préserver la SS après le conflit se confirme à travers le cas de la 13ᵉ division SS. Devant le besoin de donner à la nouvelle division bosniaque l'encadrement qu'elle ne pouvait elle-même fournir, la *Reichsführung-SS* a décidé au printemps 1943 de se faire prêter par le gouvernement oustacha un certain « nombre d'officiers et sous-officiers de carrière de sang allemand » servant dans l'armée croate. Leur temps de service continuerait à être comptabilisé dans celle-ci, mais seule la SS pouvait décider de leur rétrocession, étant entendu qu'ils étaient « provisoirement pris en charge dans la *Waffen-SS* comme volontaires [...] pour la durée de la guerre »[133]. Pratique courante dans presque toutes les armées en période de guerre, ce statut provisoire ne devait pas en principe trouver d'équivalent dans la SS. Celle-ci raisonnait et fonctionnait en effet comme un « Ordre » au sein duquel le combat du soldat politique ne se limitait pas au seul engagement militaire mais prenait un caractère permanent au nom de la lutte nationale-socialiste. « Pour la durée de la guerre » était en conséquence une notion antinomique avec son idéologie. Cela ne l'a pas empêchée d'introduire cette notion dans son vocabulaire, au plus tard au printemps 1942, c'est-à-dire au moment de la mise sur pied de la 7e division SS avec des *Volksdeutsche* des Balkans[134]. La nationalité allemande ne pouvait d'ailleurs leur être attribuée – éventuellement – qu'après la guerre.

Le cas de l'un de ces officiers est en ce sens très révélateur. Colonel dans l'armée croate, il avait été incorporé en mai 1943 comme lieutenant-colonel SS. Deux mesures statutaires avaient accompagné son entrée dans la *Waffen-SS*. En premier lieu, il n'avait pas reçu de numéro SS. Il ne faisait donc pas partie de l'Ordre noir. Deuxièmement, et conformément à l'accord évoqué, son grade lui a alors été accordé « pour la durée de la guerre ». Une promotion ultérieure au rang de colonel lui sera encore accordée au même titre. Après la mort de cet officier lors de la mutinerie de son bataillon à Villefranche-de-Rouergue le 17 septembre 1943, son statut a néanmoins été modifié, pas tant à cause des circonstances inhabituelles de son décès, mais parce que, lors de son passage à Dresde au bataillon de dépôt SS du génie, le commandement SS avait pu constater qu'il était « issu d'une vieille famille allemande » et qu'il était « à considérer aussi dans son apparence et son comportement comme un Allemand ethnique plein de valeur »[135]. Ce « certificat d'aryanité », et lui seul, a été à l'origine de son changement de statut à titre posthume. Son grade de colonel SS « pour la durée de la guerre » a ainsi été converti en grade « de réserve », entérinant de cette manière son intégration à l'Ordre noir.

On peut mettre en parallèle ce cas de figure avec celui des officiers russes blancs de la « Légion Wallonie ». Lors du passage de l'unité à la *Waffen-SS* à la même époque, ces officiers se sont vu octroyer non pas l'équivalence SS de leur grade dans la *Wehrmacht*, comme les officiers wallons désormais assimilés à des « Germains », mais le statut d'« officiers spéciaux » *(Sonderführer)*. Ce titre, généralement conféré à des personnels qualifiés hors rang (tels les interprètes des bureaux de renseignements), était par ailleurs délivré pour une durée déterminée, ce qui n'est naturellement pas allé sans provoquer des mécontentements [136].

Au-delà du système de précarité instauré par l'Ordre noir, ces cas révèlent une nouvelle fois la difficulté éprouvée par la *Reichsführung-SS* pour intérioriser son revirement en donnant un réel statut aux volontaires non « germaniques », statut qui soit à la fois acceptable pour eux et conforme à ses propres intérêts. Une année de tâtonnements a été nécessaire aux responsables SS pour parvenir à un système de classification satisfaisant, avec, à l'image de l'intitulé officiel des unités, l'utilisation de grades spécifiques au sein des formations SS étrangères en 1944 [137].

Une fois sa révolution culturelle achevée, la *Reichsführung-SS* s'est révélée très à l'aise pour en tirer parti. Himmler n'a ainsi soufflé mot du statut des « volontaires en armes » *(Waffenfreiwilligen)* ukrainiens incorporés au sein des 9e et 10e divisions SS sur le front de l'Est au printemps 1944. En fait, c'est une directive de l'armée de terre du 6 avril 1944 qui a légitimé leur statut en les plaçant *de facto* sur un pied d'égalité avec les soldats allemands, du moins dans l'équipement, le ravitaillement et la solde, mais limitant tout au plus, et sous conditions, leur progression dans la hiérarchie au grade de caporal-chef, échelon le plus élevé des personnels du rang [138]. Tout comme les « auxiliaires volontaires » *(Hiwis)* qui, au-delà d'une main-d'œuvre corvéable utile à la troupe, ont pu jouer un rôle dans les combats, ces hommes sont la preuve que la SS a parfaitement su s'adapter et concilier à la fois ses besoins en hommes et ses conceptions raciales.

Cette *Realpolitik* dans la gestion de la ressource humaine trouvera encore une autre illustration moins de six mois avant la fin du conflit. Alors que Himmler avait donné son accord pour intégrer dans la *Waffen-SS* les « volontaires » polonais qui pouvaient être germanisés, le chef du *SS-Hauptamt* a proposé que ces hommes aient seulement le statut d'*Hiwis*, contrairement à la *Wehrmacht* qui n'hésitait plus à les incorporer dans ses rangs comme soldats à part entière [139]. Même sous la pression des événements, la SS a ainsi maintenu jusqu'au bout ses conceptions raciales. Certes, la *Waffen-SS* aura vu passer plus de 800 000 hommes dans ses rangs à la fin du conflit. Mais à y regarder de près, les droits des uns et des autres étaient beaucoup plus disparates que ne le laissait supposer l'apparent et douteux privilège de mourir au combat revêtu du même uniforme.

Chapitre 4

L'expansion de la SS en armes : buts et motivations

Que la *Waffen-SS* ait connu une croissance exponentielle n'a en soi rien d'étonnant dans un contexte de guerre totale qui a vu la mobilisation de toutes les ressources d'une nation. Ce qui est en revanche surprenant, c'est qu'elle se soit développée dans un domaine qui n'était pas initialement le sien, à savoir le combat sur le front [1]. Les motifs d'une telle croissance sont donc à rechercher ailleurs.

Assurer la sécurité intérieure au moment du retour à la paix

Même si les causes internes ne sont pas à négliger, en particulier la pression sociale au sein de la troupe [2], l'expansion de la *Waffen-SS* trouve avant tout son inspiration dans la volonté manifeste de l'Ordre noir de renforcer sa position politique au sein même du Reich. Ces efforts, Himmler en a lui-même fait état dans ce qui constitue, à notre connaissance, et en dehors de ses discours dont il est toujours difficile de mesurer le degré de sincérité, le seul témoignage personnel de ses projets. En effet, aucune trace de ses motivations ne se retrouve dans sa correspondance, du moins celle qui nous est parvenue. Si cette manière d'agir a pu être délibérée, dictée par la prudence, une entorse à cette règle de conduite s'est néanmoins produite à l'automne 1943, au moment où il a donné une nouvelle impulsion à l'expansion de la *Waffen-SS*. Himmler a en effet dû expliquer la pertinence de sa politique à Hans Jüttner, premier concerné en tant que chef de l'Office de commandement SS (SS-FHA). Ses services allaient être particulièrement sollicités pour équiper, encadrer et entraîner les nouvelles unités.

> L'évolution de la guerre et le développement en temps de paix nous poseront d'autres grandes missions nouvelles sur le seul plan de la *Waffen-SS* [*rein Waffen-SS-mässig*]. La condition pour l'accomplissement de ces missions est l'existence d'un nombre illimité d'officiers et de sous-officiers. [...] Je sais que j'exige encore une fois le plus difficile, presque l'impossible. L'évolution de la guerre que nous voulons et allons gagner, et le bénéfice de la paix, en particulier au début de l'année de l'armistice, exigent ces nouvelles missions. Je vous prie de songer dès aujourd'hui [aux] missions qui nous attendront à l'armistice et à la fin de la guerre lorsqu'ils surviendront. Je suis déjà fermement décidé aujourd'hui à travailler au même tempo et avec la même énergie le jour de l'armistice que pendant la guerre. Ce jour-là, nous devrons insuffler la plus forte énergie à ceux, nombreux au sein de notre peuple, qui seront saisis par la fatigue et le relâchement [3].

Le message était clair. Plus que jamais, la *Waffen-SS* devait continuer « à être le dernier garant de la sécurité à l'intérieur » [4]. En tant que force militarisée du « corps de protection de l'État », elle constituait l'épine dorsale du dispositif sur lequel pouvaient s'appuyer les autres forces répressives, et cela alors même que les temps futurs, et en particulier les aspirations de la population au moment du retour à la paix, demeuraient pour le moins incertains [5]. Cette obsession des conséquences liées au retour à la paix était déjà ancienne dans l'esprit de Himmler. Elle avait fait l'objet d'une mention, certes brève mais suffisamment précise, dans un discours en septembre 1940, lorsqu'il avait déclaré aux cadres de la « LSSAH » que « les deux premières années de paix [allaient être] décisives pour [leur] avenir » [6]. Penser que la militarisation croissante des formations de la *Waffen-SS* au cours du conflit et leur engagement au front avaient achevé de les détourner de leur fonction initiale de police militarisée n'apparaît donc aucunement fondé. Cette façon de voir est trop simple, voire simpliste. Comme l'ont amplement démontré les actions répressives menées en Europe de l'Ouest sous l'Occupation, les formations de la *Waffen-SS*, habituées ou non à combattre sur le front, étaient parfaitement capables d'opérer contre des populations civiles, des soulèvements populaires ou des mouvements insurrectionnels [7].

La capacité à obtenir et maintenir un niveau de forces suffisant, à la dimension des territoires croissants à contrôler en Europe, apparaissait déjà très clairement à la lecture du budget négocié en 1942 par la SS, budget qui ne faisait du reste que confirmer la tendance déjà observée avant guerre [8]. En obtenant du ministre des Finances du Reich que le nombre de ses divisions passe de quatre à sept en temps de paix, la SS était tout simplement parvenue, à cette date, à assurer dans une large mesure le maintien de ses effectifs du temps de guerre à la fin des hostilités. Ses effectifs autorisés en temps de paix avaient de cette façon été doublés en l'espace d'une année, passant de 73 409 dans le budget de 1941 à 147 414 dans celui de 1942. La *Waffen-SS* était ainsi parvenue au printemps 1942 à capitaliser l'accroissement obtenu au cours des trois premières années du conflit, avec des effectifs autorisés en temps de paix minorés d'à peine 14 % par rapport aux effectifs de décembre 1941 (171 215 hommes) [9]. En clair, cela signifie qu'un retour à la paix au printemps 1942 n'aurait pratiquement pas vu la démobilisation de la *Waffen-SS*, contrairement à la *Wehrmacht*. Simples fétus de paille dénués de tout poids militaire en 1939, les unités militarisées SS étaient devenues en l'espace de trois années une force armée à part entière, capable d'étouffer dans l'œuf toute opposition organisée à travers l'Europe continentale.

Protéger le « limes germanique »

L'ambition de Himmler semble s'être également consacrée à deux autres objectifs : faire de la *Waffen-SS* à la fois le fer de lance de sa politique d'assimilation des territoires annexés et la sentinelle du Reich aux nouvelles marches de l'empire [10]. D'un coût total de trois milliards de Reichsmark, le budget prévisionnel quinquennal de constructions militaires pour la *Waffen-SS* attestait de la première intention en décembre 1941, puisqu'il englobait aussi bien les projets au sein du Reich que dans les territoires conquis (Gouvernement général polonais, Protectorat de Bohême-Moravie, Danemark, Norvège et Pays-Bas notamment) [11]. Au demeurant, cela correspondait à la mission assignée par Hitler à la *Waffen-SS* en août 1940, alors que la « SS-Verfügungs-Division » rejoignait les Pays-Bas et la « LSSAH » tenait garnison en Moselle annexée. Pour lui, « le Grand Reich allemand, dans sa forme définitive, n'[allait] pas exclusivement englober dans ses frontières des corps nationaux qui [allaient] d'emblée être bien disposés à l'égard du Reich. Il [était] en conséquence indispensable d'entretenir au sein du Reich une troupe de police d'État qui [soit] apte, en toute situation, à représenter et à imposer l'autorité du Reich à l'intérieur [12] ».

La Waffen-SS, *facteur d'intégration de l'espace conquis*

Une particularité de la SS est d'avoir eu l'ambition de ne pas être un simple instrument de cette politique, mais d'en être également un moteur. Elle a notamment visé l'intégration de chaque région ou pays pour créer une nouvelle entité. Si cette entité était appelée à être politiquement dominée par le Reich, il ne s'agissait toutefois pas tant d'une absorption que d'une fusion qui allait faire évoluer l'ensemble. Himmler était lucide, sur ce point conscient qu'il était par exemple impossible de « rendre allemande » (*eindeutschen*) la population des Pays-Bas. Selon lui, « le Néerlandais ne [pouvait] vraiment intégrer un Reich germanique que comme membre de plein droit, tout comme l'*Ostmark* [l'Autriche – NdA] ne pouvait pas intégrer un Reich allemand, mais seulement rejoindre un Reich panallemand [*Großdeutsches Reich*], et comme les Bavarois ne pouvaient pas devenir Prussiens, mais seulement Allemands après la guerre de 1870 » [13]. Cette politique a cependant été marquée par une exigence « inflexible et dure » ainsi que par la volonté d'aller au plus vite [14]. « Nous voulons faire en sorte, autant que possible, de réaliser déjà du vivant du Führer l'étroite union de tous les pays germaniques et, avec cela, d'assurer d'ores et déjà pendant la guerre un résultat politique brutal [15]. » L'incorporation des ressortissants des pays germaniques répondant aux critères d'emploi au front de la *Wehrmacht*, et non aux standards physiques de la SS, devait contribuer à cette politique. Le doublement des capacités des écoles d'officiers et de sous-officiers SS avait été ordonné par Himmler en octobre 1943 afin de pouvoir donner une ossature aux nouvelles formations ainsi constituées [16]. Il s'agissait ni plus ni moins d'instituer à terme un « service militaire germanique » encadré par la SS, mais distinct de l'Ordre noir, comme l'a précisé Himmler :

> Je demande d'avoir une bonne fois en tête une nette distinction : la division SS « Wiking » est une division dans laquelle servent tous les Germains de toutes les souches ethniques allemandes et germaniques. Ces unités germaniques de la *Waffen-SS* demeurent, quel que soit l'avenir, des formations du Reich. [...] les légions par le passé, les divisions ou brigades de volontaires à l'avenir, sont le fondement pour les formations germaniques qui, tout comme l'armée de terre en Allemagne, se recrutent sans sélection à partir de l'ensemble du peuple [17].

Un autre volet de la politique d'assimilation se découvre dans la volonté d'intégrer les *Volksdeutsche* des régions annexées en les mobilisant, de sorte que chaque famille ait au moins un membre sous les armes. Au moment où Himmler exigeait en janvier 1941 que le nombre d'Alsaciens dans la *Waffen-SS* passe de 200 à 500, il ne cachait pas sa motivation : « Les foyers germaniques qui ne sont pas impliqués, au moins avec un de leurs fils, dans l'actuel combat pour la liberté du nouvel ordre européen, perdront toute conscience dans leur valeur et ne pourront pas la récupérer dans plusieurs décennies [18]. » Quelques mois plus tôt, il avait déjà émis cette idée en pensant au recrutement des Néerlandais, avec la pensée de s'allier les familles des volontaires, c'est-à-dire « non seulement les parents, les frères et les sœurs dans la fierté pour le fils ou le frère, mais aussi les fiancées et les épouses parce qu'elles vont là où est leur homme [19] ».

Ce qui était valable pour les ensembles régionaux de l'Europe du Nord-Ouest l'était naturellement aussi dans d'autres pays. Ainsi en est-il allé en Hongrie et en Croatie où les jeunes hommes des communautés allemandes ont été recrutés au motif que leur passage dans la *Waffen-SS* leur donnerait une éducation militaire, politique et idéologique des plus soignées qu'ils ne pouvaient recevoir sur place. Une fois de retour dans leurs foyers, la *Reichsführung-SS* escomptait bien que ces hommes influent sur leurs communautés [20]. Plus crûment, le chef du *SS-Hauptamt* faisait savoir que les *Volksdeutsche* du Banat et de Transylvanie ne devaient pas être déchus de leur nationalité en étant enrôlés dans la *Waffen-SS*, car, une fois rendus à la vie civile, il souhaitait les y engager « dans la lutte nationale et des frontières » [21]. Consciemment ou à leur insu, ces soldats devaient donc être les vecteurs efficaces en même temps que les éléments centrifuges de la politique de mainmise des territoires germaniques menée par la SS. Et lorsque le sort des armes s'est retourné contre l'Allemagne, l'engagement de ces *Volksdeutsche* dans la *Waffen-SS* a servi à la propagande pour justifier l'accueil et l'intégration des communautés allemandes de l'étranger repliées au sein du Reich [22].

Exploitation de la censure postale à des fins politiques

À travers leur correspondance, les volontaires étrangers ont également fourni à la *Reichsführung-SS* un moyen supplémentaire de contrôler leur pays d'origine. À la charnière des années 1940-1941, il s'était tout d'abord agi de soustraire leurs courriers du contrôle postal de l'armée. Les raisons, au nombre de deux, étaient alors simples. Il fallait d'abord empêcher « que l'OKW obtienne une vue très précise de l'ensemble du développement de la *Waffen-SS* », d'autant plus que l'armée « ne montrait absolument aucune compréhension vis-à-vis de cet afflux de recrues issues d'anciens pays ennemis », ce qui laissait supposer « que justement ce courrier soit très précisément surveillé ». Il fallait ensuite empêcher « que des déclarations négatives des volontaires soient exploitées par l'OKW » [23]. Au terme d'une série de négociations menées en 1941 avec le contre-espionnage militaire et le ministère de la Poste, la SS a ainsi pu obtenir à la fois le droit d'ériger son propre bureau de censure postale pour l'échange de courriers de ses volontaires « germaniques » (puis « ethniquement allemands »), d'avoir le monopole du contrôle, et finalement que ce monopole s'applique à l'ensemble de leurs envois, paquets inclus. Le plus surprenant est que l'armée ait ainsi bénévolement renoncé à ses prérogatives [24].

L'évolution déterminante s'est produite au printemps 1942, lorsque la mission des services de contrôle postaux de la SS a été réorientée au profit de l'ensemble de la *Reichsführung-SS*. Leur transfert de l'Office de commandement SS (SS-FHA) au *SS-Hauptamt* de Berger a marqué ce tournant en avril. Il ne s'agissait plus d'assurer une tâche de sécurité militaire classique tout en dissimulant les résultats du recrutement de la SS à l'armée. L'idée était désormais de se servir des volontaires étrangers pour piloter et ajuster la politique germanique de la SS à travers leurs courriers. Assurément, il s'agissait d'un succès personnel pour Berger. Promoteur du projet à ses débuts, il en avait été dépossédé selon la logique qu'il s'agissait d'abord d'une mesure de contre-espionnage militaire, donc relevant du SS-FHA. En ramenant la question sur le terrain politique, le contrôle lui est revenu. Il s'agissait au premier chef de régler l'insatisfaction croissante manifestée par les volontaires étrangers et leurs familles. Le mécontentement s'exprimait aussi bien au sujet des abus les plus criants au sein de la troupe qu'à propos des dysfonctionnements de l'aide sociale que la SS s'était engagée à fournir aux proches à l'étranger. En résumé, la censure n'avait « plus seulement pour mission d'empêcher la trahison de secrets militaires, mais elle [devait] donner de précieuses indications [destinées] à éliminer les fautes de commandement [de la SS] qui [pouvaient] influencer négativement le moral de la troupe ». Elle permettait également de mesurer le degré d'adhésion des volontaires étrangers à l'idée germanique et, *a contrario*, de déterminer l'impact des idées autonomistes [25].

En réalité, cette censure allait encore plus loin. Lors du transfert de compétences opéré au printemps 1942, Himmler a particulièrement suivi le dossier, multipliant les recommandations à Berger. Si celui-ci disposait de la haute main sur le contrôle postal, il avait également à charge la diffusion de tous les résultats intéressants aux offices principaux SS. Le moindre détail notable relevé dans les échanges épistolaires entre le soldat SS étranger et ses proches devait être exploité. Himmler donnait l'exemple en lisant attentivement les extraits de lettres figurant dans les rapports qui lui étaient soumis, en pointant les irrégularités et en réclamant des solutions ou des informations sur des cas individuels [26]. En dehors des questions disciplinaires et sociales internes à la *Waffen-SS*, le service de sécurité du Reich (RSHA) a été le premier bénéficiaire de cette source d'informations, de sorte que ce dernier a « pu intervenir avec beaucoup de succès grâce à cette étroite collaboration » [27].

Celle-ci s'est renforcée au fil du temps avec l'accroissement du nombre de ressortissants étrangers servant dans la *Waffen-SS*. Au printemps 1942, la correspondance était déjà lue dans 17 langues étrangères. De 25 000 lors du premier mois d'activité à l'été 1941, le nombre de lettres échangées est passé à plus de 620 000 au cours du mois d'août 1943. Naturellement, toute cette masse ne pouvait être systématiquement exploitée. De près de 80 % à l'été 1941, le taux de missives examinées par un traducteur est descendu dans le même temps à 28 %, représentant tout de même encore quelque 174 000 lettres [28]. Outre la somme d'informations recueillies, des personnes ont de cette façon été inconsciemment dénoncées, certaines finissant en camp de concentration [29]. À partir du printemps 1943, le contenu des lettres a cependant commencé à être plus prudent, montrant de cette manière que l'exploitation qui en était faite avait été au moins partiellement éventée. Militairement, cette réserve était très positive. Politiquement, elle s'est révélée désavantageuse [30]. La *Waffen-SS* n'en a pas moins indirectement permis au RSHA de resserrer les mailles du filet répressif dans les territoires occupés, et cela pratiquement jusqu'à la fin de la guerre [31].

Les sentinelles du « Grand Reich germanique »

Dès l'automne 1940, Himmler ne cachait pas à ses troupes le rôle de « sentinelles du Reich » qu'il voulait leur voir jouer « partout aux frontières de la sphère d'intérêt et de la zone de puissance de la Grande Allemagne ». Elles devaient devenir les « piliers d'angle de la Germanie » [32]. L'invasion de l'Union soviétique a permis d'étendre ces vues à l'est, là où de vastes territoires offraient des perspectives à la mesure des ambitions de la SS [33]. Mais fondamentalement, cette politique était universelle. Selon Himmler, « rien d'autre ne [venait] en question », en constituant la division bosniaque, que d'organiser dans les Balkans « une frontière défensive SS » *(SS-Wehrgrenze)* [34]. Réadaptée aux besoins du Reich, la politique du limes initiée par la SS n'avait donc rien à envier à la politique de la Rome antique, d'autant plus que le programme fixé par Himmler était très vaste : « Nous allons gagner la guerre, cela va de soi, mais la mission de conserver encore le Reich sera ensuite plus difficile. [...] Après le Grand Reich allemand viendra le Reich germanique, puis le Reich germano-gothique jusqu'à l'Oural, et peut-être aussi encore, ensuite, le Reich gothique-franc-carolingien [*sic*!]. » C'était une ambition, avait ajouté Himmler, « que les autres n'[avaient] pas encore seulement remarquée » [35].

La discrétion dont faisait preuve la *Reichsführung-SS* cachait toutefois mal l'absence complète de visées politiques précises. « Le moment n'est pas encore venu de pouvoir donner des lignes directrices claires pour la construction de l'Europe », concédait ainsi en octobre 1941 le chef du *SS-Hauptamt* au chef de l'administration militaire pour la Belgique et le nord de la France. « Aussi s'agit-il aujourd'hui d'avancer instinctivement à tâtons, sans déterminer au préalable les choses et sans anticiper sur des décisions ultérieures. »

Il lui conseillait cependant d'agir en gardant constamment deux éléments à l'esprit, à savoir « que nous lierons à nous dans une relation tout particulièrement étroite les États germaniques dans la nouvelle Europe, en premier lieu sur des fondements raciaux, et en second lieu sur des fondements territoriaux, c'est-à-dire que dans la nouvelle Europe, une grande puissance germanique centrée sur le Reich forme le noyau central du continent élargi vers l'est » [36]. En somme, « la politique d'acculturation pangermanique à l'ouest et la guerre de conquête à l'est se déclin[ai]ent comme les deux faces d'une seule et même médaille » [37].

Si la SS prétendait volontiers vouloir délaisser la politique étrangère pour mieux s'en remettre à Hitler [38], force est cependant de reconnaître qu'elle a suivi son propre chemin dans ce domaine. De fait, alors que les prises de position de Goebbels n'ont cessé de se radicaliser dans la deuxième moitié du conflit, Himmler n'a cessé, à l'inverse, de penser à l'avenir et à de possibles accommodements [39]. En revanche, il semble s'être bercé d'illusions en pensant que les divisions SS existant à cette époque allaient constituer « une grande réserve européenne opérationnelle qui deviendra[it] par la suite un poids décisif pour les négociations de paix » [40]. Dans son esprit, cette réserve devait être la vingtaine de divisions SS dont la constitution et l'entretien étaient ordonnés en 1943. En était-il arrivé à penser, comme Ciano (qu'il avait plusieurs fois rencontré), que dans un contexte de guerre d'usure, « un jour, peut-être pas très lointain, une armée, même petite, mais forte et prête à entrer en action, pourrait décider du sort de l'Europe [41] » ? Quoi qu'il en soit, ces illusions ont conduit la *Waffen-SS* à se développer à un rythme encore inconnu en se tournant au-delà de l'espace « germanique » dont elle s'était jusqu'alors servie comme pré carré pour son recrutement.

Contrôler l'information dans le domaine militaire

L'ambition d'un « corps de protection de l'État », sorte de garde rapprochée et influente du régime, allait dans le sens des propos déjà tenus par Himmler avant la prise du pouvoir [42]. Quoique battu en brèche par les chancelleries du Reich et du parti, le projet a bel et bien été avancé à l'automne 1941, à travers la proposition de créer une « troupe de protection de l'État » *(Staatsschutztruppe)* réunissant la SS et la police. Bien plus qu'une simple réorganisation administrative, ce projet était de transformer les forces de sécurité policières et paramilitaires en un véritable *Ordre*[43]. Il s'agissait surtout d'une tentative de mainmise sur l'État en contrôlant notamment le système de communications. Dans cette optique, le ministère de la Poste a occupé une place toute particulière dans la stratégie d'expansion de la SS à l'automne 1941. Au-delà des effectifs de ce ministère à préserver des appétits de l'armée, de la SA et d'autres organisations du Reich pour mieux se les octroyer, la *Reichsführung-SS* a surtout manœuvré afin d'obtenir en lieu et place de la *Wehrmacht* « les nouvelles installations techniques et aussi le personnel spécialisé de la Poste, unique au monde dans son genre à être formé en communication radio et télégraphique ». Ce à quoi le ministre de la Poste du Reich avait accédé, cela étant pour lui « une joie particulière de prêter son concours à la création du corps de protection de l'État ». En raison de la possible critique de voir le secret postal bafoué, ce n'est d'ailleurs pas la police qui a bénéficié de cet accord, mais bel et bien les formations de transmissions de la *Waffen-SS*[44]. Par le biais de ce transfert de compétences et de moyens, cette dernière a en conséquence rapidement disposé d'un vaste réseau de transmissions par télétypes à travers le Reich et au-delà[45]. Dès le mois de février 1943, le chef du *SS-Hauptamt* exhortait Himmler à songer qu'à plus ou moins long terme la SS disposerait « non pas de corps d'armée, mais d'armées ». Par l'intermédiaire de leurs régiments de transmissions, insistait-il, « nous garderons en main en cas d'urgence [...] le réseau de transmissions de toute l'Allemagne, même lors de perturbations de toute nature »[46]. En avril 1944, Himmler établissait encore que « la mission la plus urgente après la guerre dans le domaine des transmissions [était] l'établissement, dès l'armistice, d'un réseau téléphonique longue distance, propre à la SS et à la police, s'étendant jusqu'à la dernière station de gendarmerie et jusqu'au dernier poste de la police des frontières »[47].

Il ne suffisait pas à la *Reichsführung-SS* de pouvoir communiquer, entre autres par l'entremise de sa branche armée. Encore lui fallait-il disposer de l'information qui est la base de toute action. À cet égard, au confluent des intérêts de l'Ordre noir et du ministère des

Affaires étrangères du Reich, les « détachements spéciaux de renseignements SS » d'une part, et le « détachement spécial SS Künsberg » d'autre part, ont chacun constitué, à partir de l'été 1942, les pierres angulaires de l'édifice du renseignement militaire spécifique à la *Waffen-SS*. En fonction des besoins, les « détachements spéciaux de renseignements SS » (*SS-Nachrichtensonderkommandos*) étaient prévus pour fournir à quelques-uns des commandants de corps d'armée et de division SS l'éclairage politique international nécessaire à l'accomplissement de leurs missions. En dépit de leur taille ridiculement faible (trois hommes chacun), l'importance de ces trois détachements de renseignements SS créés à l'été 1942 ne doit pas être minorée [48]. En tout cas, elle ne l'a pas été à l'époque par le ministère des Affaires étrangères. Celui-ci a vu d'un mauvais œil cet outil chargé de collecter des informations internationales et entrant par conséquent en concurrence avec ses propres attributions [49]. Pourtant, les services de von Ribbentrop avaient eux-mêmes ouvert la boîte de Pandore, fournissant à la *Waffen-SS* au moins une partie des personnels nécessaires à la constitution de ces détachements [50].

Sur le fond, leur tâche pouvait sembler bien bénigne, à savoir écouter, collecter et synthétiser les informations recueillies sur les ondes internationales. Elle s'apparentait au droit alors reconnu jusqu'à l'échelon divisionnaire à quelques officiers seulement, c'est-à-dire le commandant de division, son chef d'état-major et son officier de renseignements et de contre-espionnage [51]. Toutefois, les moyens mis en œuvre dans ce cas et la spécificité de cette mission exclusive donnaient à ce travail une ampleur considérable. Sa portée était d'autant plus importante au sein d'un milieu militaire traditionnellement cloisonné, dans un climat de guerre où l'information était largement censurée, et surtout avec une culture du secret imposée à tous les niveaux par le régime [52]. Cet avantage s'est par exemple révélé au moment où l'état-major du corps d'armée blindé SS s'est trouvé en alerte suite aux débarquements alliés en Afrique du Nord en novembre 1942, puis lorsque la charge de neutraliser la flotte française à Toulon lui a été confiée à la fin du même mois. À l'aune de cette mission à la fois si délicate et si directement liée à l'évolution des événements en Afrique du Nord, mais avec aussi en toile de fond un jeu politique français très trouble et la possibilité d'une fuite de la flotte française ou d'un assaut allié, il est possible de prendre toute la mesure de leur importance. Lors des préparatifs du coup de main allemand, le détachement spécial affecté au corps d'armée SS l'a régulièrement tenu informé des derniers événements à travers des fiches de synthèse, jusqu'à cinq par jour. Y étaient condensées les nouvelles politiques et militaires des bulletins d'information captés sur une dizaine d'émetteurs internationaux. De l'Office français d'information (OFI) à l'Associated Press, de Reuter à l'agence japonaise Domei, de l'United Press à Havas, de l'agence NPD de Vichy à la DNB allemande ou à Europa Press, les informations en provenance des capitales du monde entier étaient recueillies et recoupées afin de se faire une idée aussi exacte que possible de la situation et de son évolution immédiate. Bref, ce petit détachement a représenté les « oreilles » de l'état-major SS dans une phase décisive où ce dernier avait un impérieux besoin de connaître très rapidement la trame et le cours des événements [53].

L'histoire du « détachement spécial SS Künsberg » (*SS-Sonderkommando Künsberg*, du nom de son chef) était pour sa part plus ancienne. Originellement subordonné au ministère des Affaires étrangères du Reich au début du conflit, ce détachement spécial avait été rattaché à la *Waffen-SS* le 1er août 1941 [54]. Contre toute attente, cette décision avait davantage relevé de l'initiative du commandant du détachement, désireux d'accroître ses effectifs pour faire face aux nouvelles missions qu'allait engendrer la campagne à l'est, que de Himmler, qui avait initialement décliné son offre au début de l'année 1941 [55]. Disposant de moyens de transmissions à longue distance permettant un contact permanent « avec les bureaux de commandement les plus élevés », l'unité s'était trouvée en pointe dans toutes les campagnes menées en Europe par les forces de la *Wehrmacht*, précédant parfois même ces dernières pour s'emparer de documents politiques ou stratégiques dans les capitales ou centres administratifs des pays envahis [56].

L'évolution la plus intéressante s'est produite à l'été 1942, à la suite des discussions qui se sont déroulées le 1er juillet entre les services de la *Wehrmacht* et de la *Waffen-SS*, d'une part pour déterminer les compétences de chacun dans la mainmise et l'exploitation des documents et matériels adverses, d'autre part pour fixer les règles de coopération entre eux [57]. Si des conflits de compétences étaient à l'origine de telles négociations, ils n'étaient rien par rapport aux possibilités qui se sont ouvertes à la *Waffen-SS*. Dès la fin du mois, des sections du détachement ont en effet été organisées pour être réparties auprès de chacun des trois groupes d'armées opérant sur le front de l'Est [58]. On assiste alors à une conversion assez surprenante. Sous couvert de leurs nouvelles attributions, les différents détachements du bataillon SS ont constitué autant d'antennes renseignant sur l'action des troupes et du commandement allemands, ce qui naturellement allait bien au-delà de leurs prérogatives. C'est en tout cas ce que démontraient les rapports fournis à la fin de l'année 1942 par ces unités sur la situation des différents théâtres d'opérations, y compris l'Afrique du Nord où aucune troupe SS ni aucune source documentaire ou scientifique ne justifiaient là-bas leur présence [59].

La création des *SS-Nachrichtensonderkommandos* à l'été 1942, à l'époque de la conversion partielle du *Sonderkommando Künsberg*, illustre la volonté de la *Reichsführung-SS* de s'étendre dans le domaine du renseignement militaire. En analysant les rapports des uns et des autres, il apparaît évident que ces détachements, mis en place à un intervalle de temps très court, constituaient les deux faces d'une même ambition de connaître la situation militaire, à la fois en deçà et au-delà des lignes du front. Les besoins semblent d'ailleurs avoir été importants. Preuve en est que, dès octobre 1942, deux mois à peine après la création des trois premiers *SS-Nachrichtensonderkommandos*, trois nouveaux groupes ont été mis sur pied. Signe d'un besoin apparu en 1942, cet accroissement de moyens laisse augurer des intentions de la *Reichsführung-SS* à cette époque de la guerre – ce que confirment d'autres initiatives dans ce domaine [60]. Ainsi fait, la SS a achevé à cette date de se doter de la panoplie de moyens lui permettant de se tenir informée de la situation sur les fronts intérieurs et extérieurs [61]. Elle n'allait toutefois pas s'en satisfaire. Il lui fallait en fait le monopole de l'information, comme l'a prouvé sa mainmise sur le service de renseignements militaire *(Abwehr)* à partir de février 1944. Il est vrai qu'à cette époque Himmler avait reçu de Hitler l'ordre d'établir « un service secret d'information unique ». Il le fera sans partage. Ribbentrop, qui avait demandé en son temps à Himmler de bénéficier de la collecte et de l'exploitation de l'information, se verra pour sa part écarté du jeu. Son service en charge des relations avec les différentes organisations sous la coupe de Himmler passera corps et biens à la *Waffen-SS* à la mi-août 1944 [62].

Devenir un instrument de conquête politique

Dans le cadre de sa politique visant à devenir l'échelon de protection rapproché de l'État (comme elle l'avait été du parti et de son élite dirigeante auparavant), l'ambition de la SS l'a conduite à vouloir supplanter la *Wehrmacht* « en tant que facteur politique, non comme instrument militaire » [63]. En privé, cette intention aurait été exprimée sans détour [64]. Par ailleurs, l'ambition de Himmler à prendre les rênes de l'armée n'est pas non plus à négliger. Dans cette optique, la *Waffen-SS* en tant qu'instrument militaire était la meilleure caution qu'il pouvait offrir. Si, lors de la crise de 1938, les rumeurs faisant état de sa nomination en remplacement du général von Blomberg avaient été balayées par Hitler qui les avait qualifiées d'« absurdes fadaises », les chances de Himmler étaient nettement plus favorables sept ans plus tard, avant qu'il ne les compromette en faisant étalage de son incompétence militaire [65]. Cette ambition est corroborée par les contemporains, à l'instar du maréchal Keitel qui notait l'« avidité de puissance de Himmler » au moment où lui était confiée en 1941 la responsabilité de la sécurité sur les arrières du front de l'Est [66]. Par calcul ou par erreur de jugement, Himmler n'a d'ailleurs pas tardé à délaisser cette fonction dès lors qu'elle ne lui a plus apporté l'espoir d'un grand commandement militaire [67]. Il n'est pas également anodin de relever que la pression exercée par Himmler sur Hitler en faveur de la *Waffen-SS* s'est précisément accrue à partir de 1942, c'est-à-dire après l'échec de l'opération « Barbarossa », au moment où est apparue pour la première fois, depuis le début du conflit, la perspective d'une guerre longue et coûteuse. Plus encore que l'échec devant Moscou, la crise ouverte entre Hitler et ses généraux a achevé d'ouvrir l'opportunité pour la *Reichsführung-SS* de transformer ses troupes en alternative à l'institution militaire traditionnelle. En dépit de ses efforts et des gains obtenus par son travail de sape, il semblerait que ce soit néanmoins au début de l'année 1944 que Himmler ait senti son heure venir, aux aguets en observant « la crise extraordinaire » qui frappait l'armée de terre et qu'il analysait comme une « crise des généraux »[68]. Tout semble s'être précisé en mars 1944. Au début du mois, la *Reichsführung-SS* ignorait encore complètement « combien de divisions de la *Waffen-SS* [allaient être] constituées par le Führer au cours de l'année 1944 », même si, « lors d'un entretien, il avait été un jour fait mention de dix divisions »[69]. Cinq semaines plus tard, non seulement la *Reichsführung-SS* nourrissait de grandioses projets, mais surtout elle ne s'en cachait plus. Le 13 avril 1944, pas moins de cinquante-trois divisions SS étaient ainsi prévues, alors même que la SS n'en avait pas plus d'une vingtaine à cette date. Le chef du SS-FHA comptait d'ailleurs pouvoir aligner trente-deux divisions et cinq brigades SS à plus ou moins bref délai. En tout état de cause, les plans d'équipement se basaient désormais sur la création ferme de dix nouvelles divisions SS pour l'année 1944[70].

Si les appétits de la SS « avide de pouvoir » ont suscité des inquiétudes dans le cercle étroit des dirigeants nazis à cette époque, celles-ci ont été rapidement balayées après l'attentat du 20 juillet[71]. Et cela d'autant plus rapidement que, à leurs yeux, les « actes véritablement héroïques » accomplis par les formations de *Waffen-SS* avaient déjà prouvé depuis longtemps que Himmler avait réalisé avec elles « un miracle d'éducation »[72]. Début 1944, ce « miracle » s'apparentait pour le Reich à « un service immense, pour ne pas dire historique[73] ». Dès lors, pourquoi ne pas appliquer le même « miracle » à l'armée dans son entier au moment où, à la menace extérieure, s'ajoutait une crise interne ? Il est d'ailleurs extrêmement intéressant de voir comment Himmler, en présentant la *Waffen-SS* comme la « troupe du parti » (*Parteitruppe*) auréolée de ses succès sans tache sur le front, est indéniablement parvenu à l'imposer avec le temps comme un modèle idéologique et militaire incontournable, d'abord aux dirigeants du Reich, qui l'ont finalement imposé ensuite à l'armée[74]. Ce n'est d'ailleurs pas un hasard si Himmler a délibérément évoqué devant les propagandistes du régime ses déboires initiaux avec les responsables de l'endoctrinement des troupes SS avant guerre. Tout l'intérêt était de démontrer à quel point cet endoctrinement, désormais présenté comme efficace, était issu d'une politique empirique dont la SS était prête à partager gracieusement sa « recette » avec l'armée[75]. Cette main tendue à la fin janvier 1944 n'était naturellement pas dénuée d'arrière-pensées. Elle faisait tout simplement suite à la décision de Hitler d'introduire une « direction nationale-socialiste » au sein de la *Wehrmacht* un mois plus tôt. Avec la mise en place d'un officier en charge de l'endoctrinement jusqu'à l'échelon divisionnaire, la *Wehrmacht* était en train de calquer son organisation idéologique sur celle des formations SS. Par là, sa convergence avec l'aile militaire de l'Ordre noir ne faisait que s'accentuer. Naturellement, on ne sera pas surpris d'apprendre que la *Reichsführung-SS* avait été largement impliquée en sous-main dans la genèse de cette réforme [76].

L'été 1944 a constitué le tournant décisif en octroyant à la SS sa carte d'entrée dans l'organisation militaire allemande avec, à brève échéance, la mainmise directe de Himmler sur l'ensemble des forces du « front intérieur ». Après la prise en charge des divisions de la 29e vague, Himmler a d'ailleurs personnellement signifié à Guderian, chef d'état-major de l'armée de terre, qu'il n'admettrait de sa part « aucune intervention au sein de l'armée de réserve » dont il venait de prendre la tête à la suite de l'attentat [77]. À ce titre, il a également eu à charge d'organiser, d'équiper et d'entraîner les nouvelles unités du *Volkssturm* constituées en octobre 1944, à la suite de la levée en masse des hommes de 16 à 60 ans [78]. Perçu comme le « sauveur de la patrie » dans les cercles dirigeants nazis, il détenait entre ses mains le pouvoir de tous les organes « où l'exécutif était ancré » : « L'ensemble de la SS, y compris la *Waffen-SS* si essentielle, le SD, l'ensemble de la police, l'ensemble du ministère de l'Intérieur, le Commissariat pour la consolidation de la nation allemande et enfin, tout particulièrement, [il était] commandant de l'armée de réserve ». Bref, il s'agissait « sans exception des institutions d'élite et des formations essentielles » du IIIe Reich. Pour les acteurs politiques lucides, cette concentration de pouvoir offrait « sans aucun doute » à Himmler « les plus grandes chances de donner, au moment décisif, un plein sens à son titre d'ores et déjà porté de " Chef du Reich " » [79]. À la charnière des années 1944-1945, Himmler était indéniablement en train de gagner un poids et une influence politiques considérables dont on peut aisément deviner qu'il aurait bien fait usage un jour. À partir de la mi-janvier 1945, il assistait du reste quotidiennement aux conférences militaires de Hitler [80].

En un certain sens, les formations de la *Waffen-SS* ont représenté le cheval de Troie qui, par assimilation, ont permis à l'Ordre noir de s'infiltrer en entier dans les rangs de l'armée. Aucune organisation civile du parti nazi n'aurait pu ainsi s'imposer à l'armée. Dans l'esprit de Himmler, la force en armes de la SS « correspondait aux conceptions idéologiques que le national-socialisme devait inculquer à la *Wehrmacht*[81] ». Par d'autres moyens, une telle démarche s'inspirait de ce que le parti avait entrepris avec les syndicats et les partis politiques allemands au lendemain de son arrivée au pouvoir. Surtout, c'était ce que la SS avait entrepris avec la police dès avant guerre[82]. La différence majeure provenait de ce que la *Wehrmacht* était une institution disposant d'un poids et d'une légitimité beaucoup trop grands pour que la SS puisse la déposséder de son influence sans coup férir dans les conditions normales du temps de paix. Et même en temps de guerre, il faudra attendre les premières crises graves pour voir Hitler favoriser l'ascension de la SS afin de resserrer encore davantage son contrôle sur l'outil militaire qui ne réussissait plus comme auparavant et dont il commençait à douter sérieusement. À cet égard, la crise qui a frappé l'armée allemande à l'est au cours de l'hiver 1941-1942 a été déterminante. Elle a non seulement vu le limogeage du chef de l'armée de terre, mais aussi des détenteurs des grands commandements sur le front[83]. Fondée ou non, c'est à cette époque que s'est imposée dans le cerveau de Hitler l'image d'unités SS « conscientes de leur responsabilité » et tenant leurs positions sans esprit de recul, là où les généraux de la *Wehrmacht* ne pensaient qu'à se replier[84]. Les événements du début de l'année 1943 n'ont pu que renforcer cette impression. Plus que le désastre militaire de Stalingrad proprement dit, la capitulation du maréchal Paulus et d'une partie des généraux de la 6e armée a fourni une preuve supplémentaire de ce manque de « fanatisme ». L'un des très rares « ordres SS » édités pendant la guerre, promulgué justement en février 1943 et très largement diffusé, est à cet égard extrêmement révélateur :

> Le combat avec l'adversaire russe a donné raison à notre conviction que dans cette guerre, seule la troupe dont les hommes ne sont pas seulement capables militairement, mais qui sont, à une échelle encore supérieure, des porteurs convaincus et fidèles de notre idéologie, seront vainqueurs dans la durée. Seul l'homme qui sait au plus profond du cœur pourquoi et pour qui il supporte ce sacrifice est encore capable, dans la pire

situation, de combattre, de lutter et, si nécessaire, d'être prêt à donner son sang et sa vie [85].

Quelques semaines après Stalingrad, le succès du corps d'armée blindé SS à Kharkov n'en ressortait en comparaison que davantage. C'était naturellement pain béni pour Himmler qui pouvait exulter :

> [...] historiquement, nous n'av[i]ons pas encore pu présenter de preuve jusqu'aux années 1938 et 1939. À présent, après quatre années de guerre, notre idéologie a absolument soutenu l'épreuve. Nous pouvons aujourd'hui constater que bien des choses se seraient mal passées dans cette guerre si, à tant d'endroits où cela avait été difficile, une division ou un corps de chez nous ne s'était trouvé là [86].

Par la suite, l'Ordre noir a réussi à s'imposer face à l'armée de terre, sa cible privilégiée, au moment où, après l'ouverture du second front et la défaite allemande à l'ouest, la *Kriegsmarine* voyait son rôle stratégique réduit à peu de chose tandis que la *Luftwaffe* avait déjà perdu toute initiative dans la conduite des opérations aériennes. Et c'est justement parce qu'elle a surdimensionné son aile militaire que la SS, organisation fondamentalement civile à ses débuts, a pu s'ingérer de la sorte dans les affaires militaires du Reich. À cette fin, la mise en place d'une direction centralisée et ses liens structurels avec la police ont permis à la SS en armes de bénéficier d'un poids croissant face à la *Wehrmacht*. Dès avant guerre, les conditions préalables à un tel projet étaient déjà initiées, à savoir la possibilité d'emploi de la SS en campagne (avec le décret d'août 1938) et la possibilité d'encadrer une nombreuse armée par la formation d'un corps étoffé d'officiers. Dans la perspective du « corps de protection de l'État » projeté par la *Reichsführung-SS*, la formation commune des officiers de la police dans les écoles de la SS avait de ce point de vue ouvert de larges perspectives. Les fruits de cette politique ont été récoltés au moment de la prise de contrôle de l'armée. Malgré l'incapacité de l'Ordre noir à pourvoir les postes de commandement par des personnels issus de sa branche armée, le problème a été contourné en faisant largement appel aux généraux de la police [87]. Ceux-ci se sont montrés très réceptifs à l'idée de poursuivre une carrière militaire [88]. Déjà, à l'époque où il avait envisagé de concrétiser une première fois ce projet en 1941, Himmler avait préparé le terrain, dépêchant une demi-douzaine d'officiers supérieurs de police auprès des divisions SS au front en vue de les initier « dans la conduite de l'arme motorisée moderne en tant que commandants de division et de régiment [89] ».

À l'été 1944, on assiste finalement à une réédition – cette fois réussie – du plan tenu en échec trois ans plus tôt. Himmler a d'emblée réussi à imposer une ordonnance portant sur la « reconnaissance du service dans la police comme service militaire [90] ». Une fois ce préalable établi, Himmler n'a pas tardé à l'exploiter, bousculant ses services afin que ceux-ci lui fournissent en toute urgence les certificats de promotion de quatorze généraux de la SS et de la police, certificats qu'il comptait faire signer à très bref délai à Hitler [91]. Une semaine exactement après l'attentat, il était manifeste que Himmler était en train de profiter de la situation de désarroi pour avancer ses pions sur l'échiquier. Il renouvellera l'opération en novembre suivant. Au moment où les armées alliées commençaient à fouler le sol allemand, la plupart des chefs supérieurs de la SS et de la police (HSSPF) – vingt-trois au total – sont devenus en un tournemain généraux de la *Waffen-SS* avec effet rétroactif au 1er juillet 1944, leur donnant ainsi potentiellement le droit de s'impliquer dans les affaires militaires au cours des derniers mois du conflit [92].

En constituant son réservoir privilégié, la police a permis à la *Waffen-SS* de pénétrer au sein de l'appareil militaire au moment opportun en se glissant sous son couvert. En tant que force d'occupation et de répression placée sous l'égide de Himmler, les forces de police n'avaient du reste cessé de croître au cours de la guerre [93]. La perte des territoires occupés et le repli de la *Wehrmacht* sur les frontières du Reich a sonné la fin de leur mission et permis le redéploiement partiel sur le front de ces effectifs sous l'étendard de la *Waffen-SS*. La mesure s'est surtout appliquée aux unités miliciennes à recrutement étranger qui ont formé plusieurs divisions SS : 19e (lettone), 29e (russe, rapidement dissoute), 29e « bis » (italienne), 30e (russe) et 34e (néerlandaise) [94]. Les effectifs allemands de la police ne sont toutefois pas demeurés entièrement à l'écart du mouvement, notamment au titre de la « relation de réserve » unissant la police à la *Waffen-SS* [95]. Cette procédure n'était pas sans rappeler le « renforcement de la police par la SS » prévu avant guerre et qui avait constitué l'élément clé du développement SS au cours des deux premières années du conflit. Simplement, le courant s'était désormais inversé, et il s'agissait cette fois d'un « renforcement de la SS par la police », révélant l'évolution qui s'était produite dans l'intervalle.

« Le meilleur que je laisse à mon successeur... »

À l'automne 1944, le renforcement numérique et politique de la *Waffen-SS* avait permis l'accession de Himmler au commandement de l'armée de réserve. En retour, Himmler s'est alors assuré de la pleine intégration de la *Waffen-SS* au sein des forces armées allemandes. Il s'agissait bien ici d'intégration, en aucun cas d'absorption, et encore moins de fusion, comme le prouvait sa volonté de préserver l'autonomie des détachements SS susceptibles d'intervenir au sein du Reich en cas d'attaque ennemie ou de troubles. Surtout, l'unité de commandement était *de facto* assurée par Himmler en tant que *Reichsführer-SS* et chef de l'armée de réserve, à l'instar de l'unité de commandement institutionnellement établie depuis 1936 entre la SS et la police à travers son titre de « *Reichsführer-SS* et chef de la police allemande »[96]. Dans l'esprit de Himmler, la *Waffen-SS* rejoignait en fait les trois autres branches de la *Wehrmacht* (Terre, Air, Marine) avec un statut de pleine égalité. Elle n'y disparaissait pas et n'y perdait pas son identité. En cela, l'esprit élitiste animant la *Schutzstaffel* depuis sa création était maintenu. Elle demeurait un « échelon parce qu'elle devait toujours se constituer d'une minorité »[97]. Himmler a d'ailleurs nettement mis les choses au point en abrogeant les expressions jusqu'alors usitées telles que « soldats des trois branches de la *Wehrmacht* » ou « la *Wehrmacht* et la *Waffen-SS* », pour ne retenir que l'expression « soldats de toutes les branches de la *Wehrmacht* » et ce, en raison de l'appartenance « intégrale » de la *Waffen-SS* à la *Wehrmacht*[98]. Mais derrière les mots, le statut de la *Waffen-SS* demeurait inchangé et l'égalité restait de façade, comme le prouve l'usage ultérieur[99].

La prise de contrôle partielle de l'armée de terre par la SS, à l'été 1944, doit également être replacée dans le contexte des dix-huit derniers mois de la guerre, en particulier l'ajustement des branches armées du Reich à leurs capacités effectives et au poids politique que chacune représentait à travers son chef. À cet égard, la *Luftwaffe* a été la première et la principale arme touchée, à l'image de Göring. En octobre 1943, elle perdait au profit de l'armée de terre le contrôle de ses divisions de campagne mises sur pied au cours de l'hiver précédent [100]. La *Waffen-SS* saura éviter cet écueil et croître tout en préservant son indépendance. Deux facteurs ont joué dans le maintien de cette exception. Tout d'abord, les formations armées SS étaient entièrement tournées vers le combat au sol qui allait, à terme, absorber tous les efforts allemands avec la perte progressive des infrastructures et des moyens indispensables à la conduite à grande échelle des opérations aériennes et maritimes. Tant que les troupes SS faisaient ensuite preuve de « fanatisme » aux yeux de Hitler, le soutien de ce dernier leur était acquis et la *Reichsführung-SS* n'avait donc guère de raison objective de craindre pour leur indépendance. À la fin de l'été 1943, Hitler avait encore renouvelé sa confiance à Himmler : « Le meilleur que je laisse à mon successeur est la SS », lui a-t-il ainsi déclaré le 3 septembre, lui confirmant au passage sa ferme intention de maintenir séparée les trois branches armées de la *Wehrmacht*, ce qui représentait « pour un homme d'État un profond soulagement » [101].

Ce soutien était essentiel à l'heure où la situation des effectifs exigeait la restriction du format des services de l'arrière par une centralisation et une rationalisation accrues. À la fin de l'année 1943, les appétits de la SS cachaient mal en effet la nécessité de prendre l'initiative après la directive générale de Hitler du 27 novembre 1943 qui portait en germe la réorganisation de l'appareil militaire [102]. De fait, d'un strict point de vue professionnel, la *Waffen-SS* était, avec son administration spécifique, une redondance de l'armée de terre que seul séparait le vernis idéologique qu'on lui avait plaqué. Elle était certes placée sous l'aile protectrice de Hitler, mais les circonstances pouvaient fragiliser cet appui. Les revirements successifs de celui-ci au moment de la bataille de Kharkov, au gré des nouvelles parvenant du front, en étaient la meilleure preuve. Pas plus qu'aucun autre membre du cercle étroit attaché au pouvoir, Himmler ne pouvait être sûr que sa position ne serait pas soudainement sacrifiée par un changement de situation ou un renversement d'alliance [103]. Aussi la *Reichsführung-SS* a-t-elle été amenée à prendre les devants pour éviter le danger qui la guettait, à savoir se faire plus ou moins absorber par l'armée de terre avec les mesures décrétées par Hitler visant à dégager des effectifs pour le front. En l'espèce, le projet de centralisation des services sanitaires de l'ensemble des forces armées illustrait ce danger et a probablement constitué un avertissement, certes sans conséquence, mais suffisant pour que la SS puisse prendre la mesure de la menace [104]. L'institution, au printemps 1944, de commissions mixtes de la *Wehrmacht* et de la *Waffen-SS*, chargées d'étudier les possibilités de rationaliser le système en place dans le domaine de l'administration et de la logistique, n'a fait que confirmer cette menace [105]. Marquée le 2 août 1944 par la directive de Hitler sur la centralisation des organisations militaires et paramilitaires du Reich, l'étape suivante verra la SS désormais parée. En charge de son application pour ce qui concernait les forces terrestres, Himmler a pu mener le jeu sinon à sa guise, du moins à son avantage [106]. « L'expansion en tant que chance d'avenir [107] » est en ce sens un aspect très important pour comprendre la politique de développement de l'Ordre noir. Elle a justifié au moins une part de son action à partir de la fin de l'année 1943.

Dans cette compétition, la SS a rapidement marqué des points, à commencer par l'autorisation de Hitler de ponctionner 10 000 hommes de l'armée de terre âgés de plus de quarante ans pour la surveillance de 200 000 Juifs affectés au programme de construction de chasseurs à réaction [108], puis par la décision de transférer au IIIe corps d'armée blindé SS les conscrits de la 16e et dernière division de la 29e vague dont la constitution, un moment envisagée, a été abandonnée à la mi-juillet 1944 [109]. Cet ordre a véritablement inauguré une nouvelle phase où l'on constate la banalisation des transferts d'une branche armée à l'autre, un mouvement qui a surtout drainé massivement les personnels de la *Luftwaffe* et de la *Kriegsmarine* vers les formations de l'armée de terre et de la *Waffen-SS* [110]. À l'inverse, Himmler s'est bien gardé d'éparpiller ses soldats en s'en servant pour encadrer les nouvelles divisions de l'armée, comme l'exhortait à le faire le chef du Service du travail. Ce dernier faisait pourtant valoir que la SS avait prélevé les meilleures recrues pour en faire des soldats d'élite alors que ces hommes auraient normalement dû servir comme sous-officiers dans la *Wehrmacht*. Il demandait donc à présent leur transfert dans les unités de l'armée en faisant valoir que « la procédure actuelle avait [eu] sa justification pour des raisons politiques », mais que « celles-ci [avaient] à présent disparu »[111].

Les mouvements observés au niveau de la base n'étaient toutefois en rien comparables à l'intégration qui se produisait au sommet, tant au niveau des structures militaires qu'à celui des commandements opérationnels. Comme le faisaient remarquer les services de renseignements alliés qui constataient le placement des hommes de confiance SS aux postes clés, « le processus, comme la plupart des entreprises de Himmler, [était] insidieux plutôt que spectaculaire[112] ». Il n'a d'ailleurs cessé de se poursuivre jusqu'au printemps 1945, grâce à la (très tardive) centralisation de l'administration et des organes militaires. De fait, les représentants de l'armée portaient de plus en plus souvent l'uniforme SS au cours des derniers mois de la guerre. Nominalement ou par délégation des pouvoirs de Himmler, des généraux SS tels Berger, Fegelein, Frank, Jüttner, Kaltenbrunner ou Kammler ont ainsi pris le contrôle de toutes les activités militaires périphériques : contre-espionnage, sabotage, armes de représailles, *Volkssturm*, recrutement, constructions, gestion du cheptel équestre, et surtout intendance[113]. Dans ce dernier cas, le général SS Frank, déjà en charge de l'équipement de l'armée de terre depuis août 1944, a vu sa position considérablement renforcée grâce au processus de centralisation qui a particulièrement affecté ce secteur encore très anarchique[114]. Par un *Führerbefehl* du 14 mars 1945, il a été retiré de l'obédience du chef de l'armée de réserve (Himmler) pour passer sous la coupe directe de l'OKW avec de larges prérogatives sur l'ensemble des organisations militaires et paramilitaires du Reich[115]. Son cas est intéressant car il illustre parfaitement le mouvement en cours. En soi, ce n'est pas la SS qui a pris le contrôle de l'armée en tant que corps constitué, mais des individualités qui se sont infiltrées au sein de la *Wehrmacht* en parvenant aux postes clés. L'outil militaire continuait bel et bien à exister en tant que tel. Simplement, le transfert de pouvoir s'est effectué de l'intérieur. En d'autres termes, le ver était dans le fruit et a pu s'y développer.

Cette mixité qui tendait à une intégration culturelle de plus en plus grande de la *Waffen-SS* dans la *Wehrmacht* se lit dans des signes tout à fait insignifiants en apparence mais qui n'en demeuraient pas moins révélateurs de l'évolution des mentalités et de la position de la SS au sein des forces armées du Reich. Ainsi, la 6ᵉ armée, mise sur pied en septembre 1944 avec des éléments des états-majors de la *Wehrmacht* et de la *Waffen-SS* pour diriger deux corps d'armée blindés SS (avec au total quatre divisions SS), a pris à partir du 8 novembre suivant le qualificatif « blindée » avant de recevoir finalement celui de « SS » en janvier 1945. L'ordre de numérotation logique de la *Wehrmacht* (il existait alors cinq armées blindées) a été repris à son compte par la *Waffen-SS*, qui a ainsi disposé en propre de son échelon de commandement opérationnel le plus élevé au cours du conflit [116]. Et la liste de ces détails *a priori* peu significatifs pourrait être allongée [117].

Sur le front, les résultats de cette politique d'intégration aux postes clés étaient clairement visibles. Avec la création de corps d'armée SS hybrides en 1944, qui venaient s'ajouter aux corps spécifiquement issus de la *Waffen-SS*, le front allemand a progressivement disposé, à partir de l'automne 1944, d'un corset de corps d'armée dont les commandants étaient issus de la SS ou de la police [118]. Ceux-ci n'allaient naturellement pas suffire. Aussi le complément s'est fait avec des officiers de l'armée qui n'avaient pas besoin d'être des inconditionnels du régime pour recevoir un commandement et s'y adapter aisément, à l'instar du général Günther Blumentritt. « Pas réputé [être] un grand nazi », ce dernier a été nommé en octobre 1944 à la tête du XIIᵉ corps d'armée SS, aux Pays-Bas, et n'a pas hésité à signer un ordre avec l'équivalence SS de son grade militaire [119]. Avec cela, les postes de commandement supérieurs au sein de la *Wehrmacht* étaient de plus en plus fréquemment attribués à des « officiers qui [étaient] de bons nazis avant d'être de bons généraux » [120]. De leur côté, les « bons généraux » ont fait preuve d'une absolue loyauté envers le régime légal en place à force de vouloir incarner « le type de l'officier " apolitique " de la *Reichswehr* » [121].

Après avoir capitulé tout pouvoir politique avant guerre, après avoir perdu son âme en s'impliquant largement dans la politique criminelle dans les territoires occupés, la *Wehrmacht* subissait ainsi l'étreinte de la SS qui achevait de la confondre avec un régime à l'agonie [122]. Noyautage ou début de fusion, il est par contre difficile de le dire. Au début de février 1945, un indice permet de déterminer que la fusion n'était justement pas encore à l'ordre du jour, mais trahissait le poids numérique que la SS voulait à l'avenir donner à son aile militaire par rapport à l'armée. Ainsi, sur 2 000 adolescents intégrant une école nationale-socialiste comme étape obligatoire pour ensuite accéder à une carrière d'officier d'active, un quart des places était réservé à la *Waffen-SS*, les autres à l'armée de terre [123]. Rien ne permet cependant de déterminer le poids politique de la branche en armes de l'Ordre noir, qui assurément n'aurait pas été mince.

Croire que la SS a eu le champ libre à cette époque serait néanmoins une erreur. À travers l'OKW, l'armée pouvait encore contrecarrer les ambitions de la SS. Ainsi, l'ordre donné en octobre 1944 par Hitler de confier à Himmler l'ensemble des unités de la *Wehrmacht* en charge du contrôle des troupes n'a pas abouti, du moins sous la forme prévue [124]. Les plus importants contre-pouvoirs étaient néanmoins politiques. En effet, la lutte interne pour le contrôle de la machine de guerre se poursuivait toujours avec d'autres ténors nazis, tels Goebbels et Bormann [125]. D'autres limites étaient posées par des impératifs militaires, notamment le constant souci d'écumer tous les services, « *Waffen-SS* et police comprises », afin d'envoyer le plus grand nombre d'hommes au combat [126], ou encore la volonté de donner aux commandants du front les pleins pouvoirs judiciaires sur les troupes de l'armée, de la *Waffen-SS* et de la police qui leur étaient tactiquement subordonnées [127]. Enfin, de manière logique, même si elle apparaît quelque peu paradoxale, l'influence croissante de l'Ordre noir au sein de l'État a évolué de manière proportionnellement inverse à la situation militaire de plus en plus défavorable pour le Reich. Avec l'exigence alliée d'une capitulation sans condition, la guerre conduisait irrémédiablement la SS à son apogée en même temps qu'à sa perte.

DEUXIÈME PARTIE

LA RESSOURCE HUMAINE

5

La politique de recrutement de la SS au sein du Reich

Afin de comprendre les moyens concrètement employés par l'Ordre noir pour enrôler sous sa bannière un si grand nombre d'hommes, il nous faut entrer dans le domaine d'activités du *SS-Hauptamt*, l'Office principal SS. Tenue d'un côté à ne recruter que des volontaires, en vertu de ses principes fondamentaux, ne disposant de l'autre, en tant qu'organisation du parti national-socialiste, d'aucune légitimité émanant de l'État, la SS a dû montrer de la pugnacité pour détourner à son profit un nombre sans cesse croissant d'individus des classes mobilisables. De fait, si le recrutement des trois branches de la *Wehrmacht* était en tout état de cause assuré par la conscription, il en allait tout autrement pour la SS qui n'avait d'autre moyen que de trouver des volontaires si elle voulait continuer à figurer sur les champs de bataille et dans les territoires occupés. Menées pendant le conflit, ces opérations de recrutement ont été conduites avec les contraintes – mais aussi les facilités – inhérentes aux conditions du temps de guerre d'un État totalitaire.

Si la politique de recrutement de la SS a connu d'importantes fluctuations au gré des circonstances, force est de constater que les principes directeurs établis avant guerre sont demeurés pratiquement inchangés jusqu'à la défaite finale du Reich. Mieux même : malgré les aléas inhérents aux tensions, conflits et heurts qui se rencontrent entre les différentes organisations constituant l'édifice national-socialiste d'une part, et les institutions relevant de l'État d'autre part, la SS est non seulement parvenue à consolider ses positions, mais elle a finalement réussi à imposer officiellement sa complète autonomie au cours des derniers mois de la guerre. La raison de ce succès est à chercher pour une large part dans le caractère et la personnalité de l'homme qui, de 1938 à 1945, a façonné le visage de la SS en étant à la tête des services de recrutement de l'Ordre noir : Gottlob Berger. Faisant tour à tour preuve de détermination, de persuasion, de ruse et d'une remarquable absence de scrupules pour parvenir à ses fins, il a toujours su conserver intacte la bienveillante protection de Himmler tout en poursuivant ses activités mêlées d'intrigues. Né en 1896, vétéran des tranchées, Berger avait mené après guerre une double activité dans l'enseignement et la politique. National-socialiste de la première heure, il s'était inscrit à la NSDAP en 1922, avait rejoint la SA en 1931 (ne tardant pas à la quitter en raison des solides inimitiés qu'il s'y était acquises auprès de ses collègues), pour finalement intégrer la SS en janvier 1936. En dépit de cette arrivée tardive, il a pourtant été appelé à l'état-major de Himmler dès octobre 1937 avant d'être nommé neuf mois plus tard à la tête du tout nouvel Office de recrutement SS *(SS-Ergänzungsamt)* créé au sein du *SS-Hauptamt*. « Étoile filante dans une masse de carriéristes opportunistes » (G. Rempel), il sera promu à la tête de ce même *SS-Hauptamt* en août 1940, à l'occasion de la réorganisation de la *Reichsführung-SS*[1].

Heurs et malheurs du recrutement SS à la veille du conflit

Un recrutement en perte de vitesse

Nommé à la tête de l'Office de recrutement SS le 1er juillet 1938, Berger avait reçu pour mission principale de centraliser l'ensemble des opérations de recrutement de la SS. En réalité, pas moins de dix-sept mois et deux directives supplémentaires de Himmler ont été nécessaires pour y parvenir le 29 octobre 1939. La création de ce bureau central a en effet immédiatement suscité l'hostilité des responsables régionaux de la SS, déjà dépossédés en 1936 du contrôle des unités encasernées SS, et à qui était à présent retirée la gestion des personnels de l'*Allgemeine-SS* (SS générale), l'organisation civile de la SS rassemblant l'essentiel des effectifs de l'Ordre noir (210 532 des 233 286 membres en juillet 1938, soit 90,3 %). La réorganisation du système de recrutement de la SS s'était pourtant avérée indispensable. De fait, chacun des chefs régionaux SS agissait en fonction de ses intérêts, relayant les ordres de la *Reichs-*

führung-SS avec une efficacité toute relative. L'entrée en guerre et la création peu après des trois divisions issues de la SS-VT, des SS-TV et de la police ont néanmoins permis à la *Reichsführung-SS* de balayer les dernières résistances, en en profitant au passage pour resserrer un peu plus les liens entre l'institution policière et l'Ordre noir [2].

Il n'est donc guère étonnant que les résultats du recrutement de la SS aient été mitigés avant guerre. Certes, ses effectifs avaient particulièrement augmenté en 1938, mais cette évolution était surtout liée à l'annexion de l'Autriche et des Sudètes qui lui avait permis de trouver à peu de frais les trois quarts de ses recrues de l'année. Cette période faste passée, la situation est devenue moins brillante alors que la *Reichsführung-SS* nourrissait à l'inverse d'importantes ambitions. En novembre 1938, Himmler comptait ainsi voir les effectifs des régiments « Tête de mort » franchir rapidement le cap des 11 000 hommes pour atteindre le seuil des 15 000 hommes dans les années suivantes. Or, leurs effectifs, forts de 8 260 hommes au 31 décembre 1938, ne s'élevaient plus au 31 juillet suivant qu'à 7 862 individus (officiers non compris). On était donc bien loin de la croissance désirée. En fait, la question posée au printemps 1939 à la *Reichsführung-SS* était moins la croissance que le maintien des effectifs des SS-TV dans la mesure où leur « simple besoin en remplacement ne pouvait être satisfait » [3]. Liés pour une période de quatre années, les hommes du rang, dont bon nombre s'étaient engagés en 1934-1935, au moment de la mise sur pied des formations SS en armes, voyaient justement leur contrat expirer dans le courant des années 1938-1939. Le même phénomène affectait alors la SS-VT, quoique avec moins d'acuité. En effet, ce n'est pas avant le 1er octobre 1939 qu'elle a vu « pour la première fois » ses besoins en personnels pleinement satisfaits, suite à l'incorporation de 3 280 volontaires depuis le début de l'année, chiffre néanmoins inférieur à l'objectif initial de 5 000 hommes [4].

Trois autres raisons expliquaient la stagnation, voire la déflation des effectifs. D'une part, la SS n'était pas alors la seule à solliciter la jeunesse du Reich. « Toute l'Allemagne [était] en chantier » et d'autres organisations de l'État (armée) ou du parti (RAD et HJ) constituaient autant de concurrents qui avaient connu et connaissaient encore à cette date de semblables difficultés. D'autre part, les trois branches numériquement les plus importantes de la SS (*Allgemeine-SS*, SS-VT et SS-TV), bien loin de favoriser entre elles leur recrutement respectif, allaient parfois jusqu'à l'entraver. Enfin, la procédure contraignante d'incorporation des recrues de la SS-VT et les conditions extrêmement strictes que la SS imposait à tous ses candidats pénalisaient son recrutement [5]. C'est donc sans surprise que les effectifs de l'ensemble de la SS avaient diminué au début de l'année 1939 [6]. Quoi qu'il en soit, Himmler ne voulait pas entendre parler de facilités d'accès destinées à rendre plus attractif l'engagement dans l'Ordre noir. Pour lui, les candidats devaient être « impitoyablement passés au crible » lors de la sélection, ceux retenus devant « en être heureux ». Ce faisant, il ne doutait pas que, passé un délai de trois années, « les hommes [seraient] de nouveau là » [7].

L'instauration de réservoirs de recrutement

En dépit de ces propos lénifiants, le système de fonctionnement en place, devenu obsolète, demandait à être reformé afin de coordonner efficacement les efforts : à un an et demi d'intervalle, la centralisation du recrutement a indubitablement donné à la SS les moyens nécessaires à une gestion rationnelle de sa ressource humaine. Dès sa prise de fonction, Berger a d'ailleurs su s'entourer d'une équipe performante d'hommes dévoués, de préférence jeunes, et dont il a énormément exigé [8]. Il a alors initié une politique de recrutement efficace, s'appuyant principalement sur les organisations de jeunesse gravitant autour de la NSDAP. Dès la fin août 1938, soit un peu moins de deux mois après sa nomination à la tête du bureau de recrutement de la SS, un accord était ainsi conclu entre la SS et la *Hitlerjugend* (HJ), accord au terme duquel le Service de patrouille (*Streifendienst*) de celle-ci constituerait le réservoir privilégié dans lequel pourrait puiser la SS. Cette politique s'inscrivait dans le prolongement de celle initiée par le chef du *SS-Hauptamt* et les SS-TV dès 1936 [9]. Cependant, elle procédait dorénavant d'une intention beaucoup plus agressive et plus ambitieuse. En témoigne un second accord signé dans la foulée avec la HJ, visant cette fois le Service rural (*Landdienst*), dans lequel, comme pour le Service de patrouille, ne seraient acceptés que des adolescents répondant aux critères de la SS [10]. Ce dernier accord marquait un pas supplémentaire dans la mise au point d'une politique à long terme : canalisés vers les formations militarisées de la

SS à l'issue de leur service au sein de la HJ, ces jeunes devaient en outre, à terme, devenir colons dans des territoires à conquérir. Le bureau de recrutement SS établissait ainsi le concept de « fermier militaire » *(Wehrbauer)* qui n'était pas sans analogie avec la politique de la Rome antique attribuant à ses légionnaires retirés du service des terres aux marches de l'Empire. Disposant d'une double formation agricole et militaire, ces hommes seraient à même de remplir la tâche qui leur serait par la suite dévolue. En attendant, l'envoi à la campagne de garçons et filles de 14 à 25 ans servait également à enrayer l'exode rural [11].

Le second volet de la nouvelle politique initiée par Berger a consisté à investir les campagnes. Là encore, cette démarche trahissait la volonté de recruter au sein de la paysannerie allemande, censée renfermer les éléments les plus purs de la race, en application des théories du « sang et du sol » de Richard Darré [12]. Prospectant dans des régions jusque-là négligées par la SS, « d'honorables officiers de recrutement de l'*Allgemeine-SS* » ont ainsi recruté de nouveaux membres, relayés dans cette tâche par des fonctionnaires de la gendarmerie et de la police qui s'y sont investis « avec passion ». Cette pratique qui sortait du cadre légal (une organisation issue d'un mouvement politique détournait à son profit un instrument d'État) était rendue possible par la fonction de Himmler, « chef de la SS et de la police allemande au sein du ministère de l'Intérieur » depuis le 17 juin 1936. Elle a continué tout au long de la guerre. En tout état de cause, cette opération de recrutement a été l'occasion pour les services de Berger d'éprouver une réalité bien différente de celle qu'ils imaginaient :

> Nous avions la conviction que les missions et les buts de la SS et les idées du *Reichsführer-SS* étaient propagés et connus dans toute l'Allemagne. [...] cette opinion était tout à fait erronée. Nous avons pris pied dans des centaines et des centaines de petites et grandes localités, dans lesquelles il n'y avait jamais eu un SS avant guerre et dans lesquelles les compatriotes allemands n'étaient pas informés sur nous et nos idées ou bien, si c'était le cas, dans un sens qui nous était très préjudiciable [13].

Les premiers résultats d'une telle politique ne se sont pas fait attendre, en premier lieu au sein de l'*Allgemeine-SS*. De l'entrée en fonction de Berger le 1er juillet 1938 jusqu'au 31 mai 1939, quelque

42 500 hommes nés dans l'Allemagne de 1933 ont ainsi rejoint les rangs de l'Ordre noir, la plupart issus de la *Hitlerjugend* [14]. Peu de temps avant que n'éclate le conflit, la SS s'était donc constitué un réservoir humain qu'elle s'efforçait depuis 1934 d'organiser comme une « armée de réserve en sommeil [15] », ce à quoi elle était pratiquement parvenue à travers le décret du 18 mai 1939. À cette date, le terrain de prospection de la SS avait d'ailleurs encore été étendu aux camps du Service du travail et aux écoles professionnelles, désignés par Himmler comme cibles du recrutement de la SS-VT [16].

Les improvisations de la mobilisation

En dépit de ces bons résultats, la SS allait payer le prix de son inconséquence passée. Par manque d'anticipation, les deux divisions SS créées en octobre 1939 ont disposé de profils très différents. Composée d'unités d'active à effectifs à peu près complets, la « SS-Verfügungs-Division » a incorporé un nombre restreint de réservistes dans ses rangs, notamment pour la mise sur pied des services logistiques. De même, la « LSSAH » est entrée en guerre en tant que corps de troupe déjà constitué (son IIIe bataillon devait par exemple rappeler seulement 66 réservistes, soit 7,6 % de son effectif de guerre fixé à 864 hommes) [17]. Tout à fait différente a été la composition de la division « Totenkopf ». Avec des effectifs d'active dont le plafond était fixé à 14 000 hommes (en vertu du décret du 18 mai 1939), les SS-TV auraient effectivement pu prétendre constituer une division d'environ 15 000 hommes, comme cela était initialement prévu. Des réservistes de l'*Allgemeine-SS* seraient alors venus combler les vides. Mais avec 8 000 hommes seulement, suite à la stagnation des effectifs au cours de la dernière année de paix, ce schéma était impossible à appliquer [18]. Le manque avait d'ailleurs tôt fait d'être reconnu à la mobilisation. L'une des premières mesures palliatives avait été, par une « décision spéciale du Führer » du 3 septembre, d'accorder aux SS-TV le droit d'incorporer 4 000 volontaires de 17 et 18 ans issus des classes 1921 et 1922, pas encore mobilisées. Les deux seules conditions exigées étaient, d'une part, que les volontaires ne soient pas déjà sous les drapeaux ou en instance de l'être jusqu'au printemps 1940, d'autre part qu'ils contractent un engagement de douze années de service. Par cette mesure d'exception, l'entrée en guerre permettait ainsi à la SS de rattraper une partie du retard pris dans son recrutement en temps de paix et de rapprocher les effectifs des SS-TV de leurs niveaux théoriques [19].

En dépit de cette mesure, les SS-TV d'active ne pouvaient cependant que servir au mieux d'ossature à la division « Totenkopf ». D'autant plus que d'autres missions leur incombaient, notamment le renforcement de la police dans le cadre de la mobilisation, sans oublier naturellement la surveillance des camps de concentration. Par ailleurs, en changeant de statut et en constituant elles-mêmes une formation de combat, les SS-TV, initialement prévues pour être le « vivier » de la SS-VT, devaient désormais constituer leurs propres unités de remplacement et d'instruction. Devant faire face à tant de missions avec en comparaison si peu d'hommes, des choix s'imposaient. Au demeurant, ils transparaissent clairement dans l'affectation des personnels d'active non officiers des régiments « Tête de mort » en octobre 1939 *(annexe 4)*. De fait, même si, avec 5 547 hommes, ces contingents d'active n'ont représenté qu'un peu plus d'un tiers (37,3 %) des effectifs théoriques de la nouvelle division, cette dernière a néanmoins absorbé à elle seule plus des deux tiers (70,6 %) des anciens gardes des camps. En toute logique, ces hommes ont été essentiellement affectés à l'échelon de commandement et aux unités de mêlée de la division. Ils y ont constitué en moyenne près de 40 % des effectifs. Seule une infime partie des personnels d'active a servi dans les unités logistiques où les postes pouvaient être facilement occupés par des réservistes plus âgés.

En définitive, le fait marquant dans la composition de la division « Totenkopf » est qu'elle a absorbé non pas une quelconque fraction, mais bel et bien la grande majorité des gardiens de camps habitués à surveiller et maltraiter les détenus avant guerre [20]. À l'instar de la SS-VT qui a donné l'essentiel de ses effectifs à la division qui portait son nom, les formations « Tête de mort » ont donné, dans les limites de leurs moyens, tout ce qu'elles pouvaient offrir à la division « Totenkopf ». Celle-ci a ainsi présenté un profil atypique en comparaison des divisions de l'armée de terre, à cette époque très majoritairement constituées soit de personnels d'active, soit de personnels de réserve [21].

Les effectifs d'active restants des SS-TV ont été consacrés dans des proportions sensiblement égales à deux missions distinctes. La première recouvrait le volet sécuritaire avec la mise sur pied de nouveaux régiments SS chargés de renforcer la police et d'assurer la garde dans les camps de concentration, tâches relevant de la protection du « front intérieur », telle qu'elle était définie dans le décret du 17 août 1938 [22]. La seconde concernait la gestion de l'avenir avec la création d'unités d'instruction et de dépôt. Au total, près de 30 % des effectifs d'active étaient affectés à l'une ou l'autre de ces deux missions avec néanmoins, là aussi, des disparités. Ainsi, sur les quatre régiments « Tête de mort » autonomes existant à cette date, c'est celui commis à la surveillance du camp d'Oranienburg (le 5e) qui a reçu le plus grand nombre de personnels d'active, démontrant toute l'importance accordée à sa mission.

Une fois répartis les effectifs d'active suivant les priorités définies, il a fallu gérer la pénurie de personnels. À tous points de vue, il a été largement fait appel aux « réservistes » de l'*Allgemeine-SS*, mobilisés au titre du « renforcement de la police par la SS ». Constituant un appoint au sein de la « SS-Verfügungs-Division » et de la « LSSAH », ces hommes d'âge mûr ont en revanche fourni la majeure partie des contingents de la division « Totenkopf » en étoffant les troupes d'active nettement plus jeunes servant de squelette aux unités : sur un effectif de quelque 21 000 hommes, la division comptait 13 246 réservistes des classes d'âge 1896-1912 à l'été 1940 [23]. En attendant, le bilan pouvait être satisfaisant pour la SS à l'automne 1939. Au terme de mouvements de personnels importants, la mise sur pied de deux divisions SS s'est révélée être une improvisation assez réussie. Si la convocation des réservistes n'était pas une mince affaire, la SS n'en était toutefois plus à son coup d'essai dans ce domaine après leur mobilisation lors de la crise des Sudètes à l'automne 1938 et le rappel des effectifs à l'occasion d'une visite d'État de Mussolini [24].

Les régiments de renfort « Tête de mort » se composaient essentiellement de ces réservistes. Plus de la moitié des 40 000 hommes prévus manquait néanmoins à l'appel au début de 1940 [25]. Des tournées de recrutement ont en conséquence été menées à grande échelle par des commissions itinérantes au cours des trois premières semaines de décembre 1939. En règle générale, deux conseils de révision étaient quotidiennement tenus, pour la plupart auprès des unités de l'*Allgemeine-SS*, dans des locaux de mairies, voire auprès des districts de la HJ ou dans les camps du RAD. Cette débauche d'efforts a été payée en retour. Début mars 1940, 33 123 membres de l'*Allgemeine-SS* avaient rejoint les unités de la *Waffen-SS* depuis le déclenchement du conflit [26]. Le procédé était des plus logiques du point de vue de la SS : l'Ordre noir mobilisait sa propre réserve (l'*Allgemeine-SS*) pour son armée d'active (la *Waffen-SS*). Cette logique s'est néanmoins heurtée à une autre, celle de la conscription. En mars 1940, l'armée a en effet appelé sous les drapeaux les hommes déjà enrôlés dans les régiments « Tête de mort », puisque le service dans ce type d'unités n'était pas assimilé au service militaire. Berger tenta en vain de conserver ces hommes en demandant systématiquement pour eux une affectation spéciale [27]. Si elle n'a pas satisfait tous les besoins, la campagne de recrutement intensive menée au cours de l'hiver 1939-1940 a néanmoins permis d'accroître de 13 000 individus les effectifs des régiments SS de réserve et ceux des unités de remplacement « Tête de mort », ceux-ci passant de 19 655 hommes au 15 janvier 1940 à 32 630 soldats au 1er mai suivant (+ 66 %) [28]. Quoi qu'il en soit, la parenthèse ouverte à l'époque de la mobilisation était en train de se refermer.

La « machine de guerre » de Berger

C'est le 29 octobre 1939, au moment de mettre sur pied ses deux premières divisions, que l'Ordre noir a achevé de transformer l'Office de recrutement SS « en un service du secteur public » – une expression où transparaissait toute l'ambition de la *Reichsführung-SS* [29]. Aux bureaux de recrutement propres à chaque unité SS a dès lors succédé, à partir de cette date, une organisation calquée sur celle de l'armée et articulée autour de dix-sept bureaux de recrutement régionaux SS (*SS-Ergänzungsstellen*) dont le découpage épousait celui des circonscriptions militaires [30]. La portée de cette réorganisation est essentielle pour comprendre les succès ultérieurs de la SS. Celle-ci a véritablement cherché à créer une « machine de guerre » capable de rivaliser, à son niveau, avec les bureaux de recrutement de la *Wehrmacht*. Berger en a fait état dans un courrier adressé au chef des services économiques de la SS, lors de la discussion du plan budgétaire de l'Ordre noir. Plaidant une augmentation substantielle de ses moyens (en particulier du nombre de personnels administratifs), il affichait clairement ses missions et ses ambitions : gestion de la ressource humaine pour « au moins trois divisions en temps de paix », recrutement au profit de la *Waffen-SS* et de la police et, « avant toutes choses », organisation du Service de patrouille de la *Hitlerjugend*. À cela s'ajoutait une ambition à laquelle les autorités militaires s'opposaient encore farouchement à cette époque, à savoir la gestion autonome par la SS de ses personnels mis en état de disponibilité *(Beurlaubtenstand)*. Cela revenait à faire des régiments « Tête de mort » l'armée de réserve officielle de l'Ordre noir, avec un statut quasi institutionnel [31]. Malgré la reconnaissance formelle de son bureau de recrutement le 30 novembre 1939, Berger devra s'imposer vis-à-vis des représentants de l'armée. Plus de deux années seront nécessaires afin d'y parvenir entièrement [32]. Berger a néanmoins bénéficié d'un atout majeur en s'imposant immédiatement comme le partenaire privilégié des autorités militaires, comme il en faisait lui-même état à Himmler :

> Je ne suis pas seulement le représentant du *Reichsführer-SS* aux yeux des officiers de l'OKW, mais aussi le représentant du parti [;] de ce fait, ils profitent de l'occasion pour me présenter clairement les abus particuliers qui existent à leurs avis et, si je les écoute attentivement, je ne m'en sors pas mal car, par ce moyen, mes demandes aboutissent toujours [33].

En conséquence, et contre toute attente, la mise en place d'un organisme central de recrutement SS disposant d'un fonctionnement se calquant sur celui de l'armée n'a pas posé les difficultés attendues. Au lieu « des grands cris » dénonçant « un nouvel empiétement du *Reichsführer-SS* que Berger attendait des officiers de l'armée, tous [se sont montrés] calmes et ont salué cette mesure pour avoir enfin un jour de l'ordre » [34].

Lors de ses discussions avec les représentants de l'armée, la SS a également profité du soutien croissant de Hitler. Au début du mois de juillet 1940, Berger avait ainsi pu constater « qu'une nouvelle fois, une importante " vague de crainte " parcour[ait] l'OKW devant la *Waffen-SS* en général et le *Reichsführer-SS* en particulier ». Six semaines et un discours de Hitler plus tard – discours tenu le 19 juillet devant le *Reichstag* au cours duquel un éloge appuyé avait été fait aux « vaillants régiments et divisions des formations SS », ainsi qu'à « Himmler, membre du parti, qui a organisé [...] les formations militaires SS » –, Berger dressait un constat tout différent.

De manière faussement ingénue, il rapportait que, à l'inverse de son dernier compte rendu sur ses relations avec l'armée, il avait « l'impression » qu'il avait depuis été « porté de haut en bas un jugement très positif sur la *Waffen-SS* en général et le *Reichsführer-SS* en particulier, ce qui ébranl[ait] manifestement [ces] messieurs »[35]. Six mois plus tard, la *Reichsfühung-SS* se sentira cette fois suffisamment forte pour menacer d'en appeler directement à Hitler au cas où les bureaux de recrutement de la *Wehrmacht* continueraient à entraver – selon elle – son action de recrutement. Sous le coup de cette menace, l'OKW cédera et révisera sa position pour éviter que l'affaire soit portée « au sommet »[36].

À la fin de l'année 1941, Berger pourra enrichir son plaidoyer d'un autre argument, celui de la valeur militaire des troupes SS. À un émissaire de l'OKW venu lui demander de réviser à la baisse ses quotas, il n'a pas hésité à rétorquer « que la *Waffen-SS* s'était en tout point imposée comme l'épine dorsale [*Rückgrat*] de l'armée de terre au cours de cette campagne à l'Est ». En conséquence de quoi il avait également pu dire « que plus durerait la guerre, plus il serait indispensable que la *Waffen-SS* soit à plein effectif »[37]. Quelle que soit l'outrance de ces propos, ils avaient ceci de vrai que, en payant le prix du sang au cours des premières semaines de guerre à l'Est, les formations SS sur le front avaient effectivement permis aux services du *SS-Hauptamt* de ressortir « en tant que vainqueurs incontestables » de ce combat avec la *Wehrmacht*[38]. Dès lors, Berger pouvait « vraiment [garder] le calme du philosophe » devant les menaces à peine voilées de l'OKW à la fin de l'année 1942. Il ne les prenait tout simplement « plus au tragique »[39].

Dans leur lutte pour l'obtention d'effectifs, les services de recrutement SS ont su tirer parti de toutes les failles décelées chez leurs interlocuteurs, qu'il s'agisse d'affinités personnelles avec des responsables de l'armée « qui [tenaient] une ligne SS absolument amicale » ou d'informateurs bien placés au sein des différents ministères, des institutions d'État et des organisations du parti. Bien qu'il ne soit naturellement pas exclu que ces derniers aient pu employer les mêmes méthodes à l'encontre de l'Ordre noir, il est évident que la SS en général et Berger en particulier se sont révélés particulièrement efficaces dans le noyautage des différents services du Reich par des membres de la SS, y compris par le biais de l'affectation d'aides de camp SS aux responsables nazis. Les archives recèlent suffisamment d'exemples probants pour comprendre que les informations opportunément divulguées par d'aimables correspondants constituaient une arme redoutable dans les mains de la SS [40]. Principaux partenaires de la SS, la *Hitlerjugend* et, dans une moindre mesure, le Service du travail ont été particulièrement noyautés. De cette façon, Berger n'a jamais tardé à connaître les faveurs accordées par le chef de la HJ à son ancien régiment « Großdeutschland », ou encore les appétits suscités par la Jeunesse hitlérienne au sein de la *Wehrmacht*. À cet égard, le fait que le bureau central de recrutement SS ait été le premier à placer des officiers de liaison auprès de la *Hitlerjugend* lui a donné une avance décisive sur ses rivaux. De la même manière, les relais dont le *SS-Hauptamt* a disposé au sein même de la direction du RAD lui ont été fort utiles pour optimiser son action, notamment au début de l'année 1943 [41].

Outre les failles humaines, Berger a exploité toutes les faiblesses décelées dans le fonctionnement de l'administration militaire en charge de la ressource humaine. Près de cinq années après le rétablissement du service militaire obligatoire au sein du Reich, il avait constaté, lors de l'une de ses premières visites à l'OKW en novembre 1939, qu'il y régnait « encore une importante confusion et [que] de très nombreux dysfonctionnements se produisaient [42] ». Ce constat l'a incité à agir dans deux directions. Il s'est tout d'abord empressé d'organiser ses services pour disposer de chiffres fiables qui lui ont par la suite permis d'ajuster au mieux sa politique. Réduits jusqu'alors à des estimations assez grossières (Berger savait seulement que 15 000 à 20 000 hommes avaient été recrutés par la SS en 1939), les résultats du recrutement ont été systématiquement enregistrés à compter du 15 janvier 1940 [43]. Berger a lui-même fait sa propre révolution culturelle à partir de cette époque, donnant à son action un aspect de plus en plus technocratique, conformément du reste aux consignes données par Himmler lors de sa nomination en 1938 [44].

Parallèlement à cela, la SS s'est essayée avec succès à un autre genre d'exercice, celui de camoufler ses bons résultats en bravant les interdits, assurée qu'il y avait peu de chances pour qu'elle puisse être prise en faute en raison des « dysfonctionnements » détectés au sein de l'armée. Pas moins de huit mois seront ainsi nécessaires aux autorités militaires pour découvrir que la SS avait outrepassé ses droits en incorporant environ 900 hommes de plus que le contingent de 4 000 volontaires des classes 1921 et 1922 accordé par Hitler aux SS-TV en septembre 1939. Si l'armée en était encore réduite à des approximations, les services de Berger, eux, savaient combien ils en avaient exactement enrôlé en sus du quota autorisé : 1 164. Mieux encore, au-delà du cadre étroit de cette mesure d'exception, la SS avait convaincu quelque 15 000 hommes d'autres classes d'âge à contracter un engagement de douze années pour remplacer les 13 246 réservistes plus âgés de la division « Totenkopf » démobilisés à l'été 1940 [45].

Rapporté à chaque classe d'âge, l'excédent était important, sans que l'armée ne parvienne à cerner l'ampleur réelle du détournement opéré par la SS. Au premier semestre 1940, la SS avait par exemple déjà attiré à elle 14 833 hommes de la classe 1920 pour ses formations (police incluse). Dans le même temps, l'armée pensait encore, d'après ses calculs, que ce nombre s'établissait à 9 300. Ce n'est finalement pas avant septembre que l'OKW a établi que la SS avait incorporé 15 718 volontaires de la classe 1920 alors que son quota autorisé était de 5 728 hommes. En conséquence, l'armée avait été contrainte de réduire ses propres quotas [46]. En dépit de la violation que cela représentait, 168 adolescents nés en 1924 (atteignant donc tout juste leur seizième année en 1940) avaient même été recrutés par la *Waffen-SS*, témoignant de l'esprit d'illégalité dont étaient empreintes les opérations du *SS-Hauptamt* [47].

À ce jeu, Berger a remarquablement manœuvré, déjouant les pièges tendus. Ainsi a-t-il « mis en garde de toute urgence » le SS-FHA contre la demande de l'OKW d'obtenir la pyramide des âges de la *Waffen-SS* au début de l'année 1941. Préconisant l'emploi d'excuses dilatoires pour justifier l'impossibilité de donner les chiffres demandés, il a en même temps plaidé sa politique de recrutement en rappelant que

> du fait de la réticence du commandement suprême de la *Wehrmacht* [...] et de sa tentative de nous interdire le recrutement et de mettre ainsi pratiquement hors de combat la *Waffen-SS*, nous avons procédé à d'importantes ponctions anticipées sur les jeunes classes d'âge. Nous devions le faire car l'ensemble des classes d'âge de [19]13 à 18 étaient de toute façon interdite [48].

En dépit des obstructions bien réelles que lui posaient les bureaux d'incorporation de l'armée en refusant de délivrer les feuilles d'incorporation des volontaires, ou tout simplement en retardant les procédures [49], force est de reconnaître que Berger criait avant qu'on ne l'écorche, dépassant presque systématiquement les quotas fixés. Sa vision était au demeurant parfaitement irréaliste sur le fond. Non seulement l'armée aurait dû, selon lui, partager la ressource humaine issue de la conscription avec une branche paramilitaire du parti, mais elle aurait plus encore dû bénévolement renoncer aux meilleurs éléments de chaque contingent. Thème récurrent sous sa plume [50], l'interdit prononcé par l'OKW sur les classes 1913 à 1918 avait par ailleurs toute l'apparence d'une mauvaise excuse, tout d'abord parce que Berger l'a enfreint lorsqu'il en a eu la possibilité (1 372 hommes nés entre 1913 et 1918 ont ainsi été enrôlés dans la *Waffen-SS* en 1940), ensuite parce que son recrutement parmi les classes les plus jeunes n'était pas lié à l'existence de la *Waffen-SS*, mais à sa politique d'expansion, comme en témoignent les 48 894 hommes enrôlés tout au long de l'année 1940 [51]. Ce rythme était du reste pratiquement aussi élevé en 1941 avec un total de 48 670 hommes acceptés, dont 41 100 avaient été effectivement incorporés au cours de l'année. De février à août 1941, le pourcentage des recrues de la SS a ainsi plus que doublé, passant de 1,1 à 2,8 % des classes d'âge alors mobilisables. Ces succès étaient d'autant plus remarquables que le *SS-Hauptamt*, quoique redoutable machine à recruter, devait aussi admettre un pourcentage relativement important de « pertes » pour des motifs très divers (affectation spéciale, absence de certificat de fin de scolarité, incorporation dans la *Wehrmacht*, indisponibilité consécutive aux dommages de guerre, etc.). En mars 1942, ce pourcentage oscillait entre 10 et 12 % selon Berger, dans la parfaite continuité des 11,4 % (soit 5 570 hommes) enregistrés au cours de toute l'année précédente [52].

En dépit de son pouvoir d'attraction qui n'était pas mince auprès de la jeunesse du Reich, la *Luftwaffe* commençait à cette époque à montrer les opérations de recrutement de la *Waffen-SS* comme l'exemple à suivre [53]. De son côté, l'armée de terre s'entêtait pourtant à considérer le recrutement de la *Waffen-SS* comme « non dangereux » en estimant qu'il ne pouvait « pas couvrir ses besoins » [54]. En ce sens, l'appréciation présomptueuse de la situation par les responsables de l'armée, leurs doutes quant à l'efficacité des services de Berger et, finalement, l'inconscience devant la menace ont particulièrement servi le *SS-Hauptamt* dans ses menées, et ce, jusqu'en 1943.

La stratégie de recrutement en temps de guerre

Dans la continuité de sa politique initiée avant guerre, l'action de Berger s'est révélée remarquable, privilégiant l'incorporation par anticipation, l'organisation de « viviers » de recrutement et la personnalisation de l'approche des candidats. Surtout, sa politique a été marquée par le choix immédiat d'orienter le recrutement sur une large base dans l'optique d'une guerre longue. En ce sens, il a d'emblée introduit une culture d'anticipation et une gestion à long terme de la ressource humaine, à côté des besoins immédiats à assouvir [55]. Les calculs politiques et la préparation de l'après-guerre n'étaient pas non plus absents de ses vues. Berger reconnaissait ainsi avoir « l'ambition de fournir autant d'hommes » à la SS qu'il en faudrait pour « que la poursuite des plans et des objectifs du *Reichsführer* ne [puisse] pas échouer par manque de personnels » [56]. Rétrospectivement, il n'a d'ailleurs pas manqué à sa parole.

L'incorporation par anticipation

Dès le début de la guerre, les données du problème étaient relativement simples. Une fois incorporées sous les drapeaux, les classes d'âge mobilisables échappaient définitivement à la SS. Seuls ceux bénéficiant d'une affectation spéciale au sein de l'industrie, du parti ou des grands corps de l'État demeuraient encore potentiellement disponibles à terme. Leur libération supposait cependant le soutien des divers organisations et ministères intéressés. Or, les tentatives faites dès l'hiver 1939-1940 auprès de la SA et du corps motorisé national-socialiste (NSKK) s'étaient soldées par des échecs. D'autres, menées au printemps 1942 auprès de la Poste et des Chemins de fer, ne donneront pas de meilleurs résultats [57]. Pour la SS, il ne restait donc plus qu'une solution : incorporer les individus des classes non encore mobilisées. À l'avantage quantitatif de recruter au sein des classes les plus jeunes encore épargnées par la conscription se superposait l'impératif qualitatif exigé par les critères d'admission très stricts de la SS. L'exemple des classes d'âge 1920 et 1922 le prouvait amplement. Celles-ci avaient été déjà « tellement ponctionnées » que les commissions de recrutement SS n'avaient pu obtenir que 2 à 3 % de leurs effectifs restants en se présentant dans les camps du travail au début de 1941 [58].

En réalité, la SS contribuait largement à ces ponctions. En incorporant des jeunes âgés d'au moins 17 ans, comme le lui permettaient ses statuts, elle pouvait toucher des classes d'âge sur lesquelles l'armée n'avait pas encore le droit de faire valoir ses droits à la conscription (celle-ci pouvait seulement y recruter, comme la SS, des volontaires). Dès le début de février 1940, l'armée de terre avait ainsi assisté, impuissante, au recrutement « manifestement de grande ampleur » mené par la SS « jusqu'à la classe 1923 ». L'appel effectif de cette dernière classe d'âge sous les drapeaux à partir d'avril 1942 donnait la mesure de son avance sur l'armée, soit deux années. La SS avait ainsi toute latitude pour recruter : huit mois avant l'appel de cette classe, l'essentiel des volontaires recrutés par la SS à l'été 1941 étaient ainsi nés en 1923 [59]. Rétrospectivement, Berger reconnaîtra d'ailleurs avoir enrôlé ces hommes « en moyenne un an trop tôt », ce qui ne l'empêchera pas de poursuivre dans cette voie [60].

Pour attirer ces jeunes, Berger bénéficiait d'un atout non négligeable : son absence de scrupules. Tenu de n'incorporer que des volontaires signant non pas pour la durée de la guerre, mais pour une durée de quatre années, il expliquera allègrement deux ans plus tard « que nous disions en cas de doute aux jeunes : " Nous avons un paragraphe de rigueur d'après lequel chacun peut s'en aller après l'accomplissement de son service militaire " ». Les bureaux de recrutement de l'armée essayèrent bien de confondre les recruteurs SS en envoyant de faux volontaires, mais ces tentatives eurent tôt fait d'être éventées [61]. Il faudra attendre l'été 1941, et surtout que les formations SS aient dû « certes aussi saigner quelque peu » lors des premières semaines de campagne à l'est (7 740 hommes mis hors de combat en six semaines) pour que l'armée lève son interdit et reconnaisse à la *Waffen-SS* le droit de recruter aussi des volontaires de guerre parmi les classes les plus jeunes [62].

La SS a également fait sauter un autre verrou en court-circuitant l'autorité parentale sur les volontaires mineurs. Cette résistance des parents n'était pas nouvelle et avait déjà fait l'objet d'une circulaire spécifique des services de Berger au printemps 1940. En dépit des recommandations faites aux bureaux de recrutement pour tenter d'y remédier, la SS était concrètement impuissante, car sans base légale pour agir [63]. Au début de 1942, alors que les pertes se faisaient lourdes à l'est, Himmler va finalement obtenir de Hitler que les volontaires ayant 17 ans révolus puissent s'engager dans la *Waffen-SS*, sans pour cela devoir nécessairement obtenir l'approbation de leurs parents ou tuteurs. Prise « à la demande du *Reichsführer-SS* » le 17 février 1942, cette mesure devait rester valable « pour la durée de la guerre ». Une semaine auparavant, la voie avait déjà été ouverte par un décret du ministre de l'Intérieur ramenant à 17 ans révolus l'âge légal à partir duquel tout conscrit pouvait être appelé à accomplir son Service du travail [64].

Des résultats tangibles vont immédiatement ressortir de cette double rupture de la digue. Alors que les recrutements s'étaient élevés à près de 49 000 hommes en 1940 et à un peu plus de 41 000 en 1941, ils atteignaient déjà environ 27 000 individus pour les seuls quatre premiers mois de l'année 1942 [65]. Le succès sera tel que la SS va mettre sur pied le 20 avril 1942, jour anniversaire de Hitler, une formation *ad hoc* de 3 000 adolescents âgés de 17 ans. En raison de leur recrutement précoce, ces derniers n'avaient pas achevé leur croissance mais promettaient de satisfaire aux exigences du combat dans un délai de six mois, pour peu qu'ils reçoivent un régime alimentaire amélioré. Aussi, plutôt que de risquer de les perdre, la SS les a-t-elle rassemblés à Prague au sein d'un bataillon d'instruction, devenu peu après régiment. Himmler a attaché un soin jaloux à cette unité particulière destinée à être, selon ses propres termes, « notre réserve la mieux formée pour les heures du fardeau et des temps difficiles [66] ».

Les « viviers » de la SS : la Jeunesse hitlérienne et le Service du travail

Dans la logique d'incorporation par anticipation, Berger s'est efforcé de transformer *de facto* la HJ et le RAD en réservoirs humains dans lesquels la SS pourrait largement puiser. L'idée avait constitué le fondement de sa politique dès 1938, par le biais notamment des accords qui avaient transformé le Service rural et le Service de patrouille de la *Hitlerjugend* en véritables viviers d'hommes présélectionnés pour la SS. Début novembre 1939, Berger était déjà en tractation avec la direction de la HJ pour constituer, à travers le Reich, un Service de patrouille de 150 000 adolescents de 14 à 18 ans qu'il envisageait, cinq mois plus tard, de porter « à un effectif d'au moins 500 000 hommes », chiffre irréaliste qui ne sera jamais atteint [67]. À partir de l'automne 1941, une nouvelle offensive de la SS a encore renforcé ses positions auprès de la HJ aux dépens de l'armée. D'un côté, des casernes SS ont accueilli les sessions de formation pour les jeunes du *Streifendienst*. De l'autre, la SS a investi les camps de jeunesse, y envoyant le week-end ses recruteurs pour parler aux adolescents de 15 ou 16 ans. La SS a aussi manœuvré pour tirer avantage d'un ordre signé le 13 mars 1942 par Hitler d'ériger des camps d'instruction prémilitaire où la plus ancienne classe d'âge de la HJ devait suivre une formation de trois semaines. Suite à cet ordre, Berger a obtenu de la Direction de la jeunesse qu'un camp pourvu d'instructeurs SS soit créé dans chacun des 40 districts régionaux de la HJ au cours du printemps et de l'été 1942. L'Ordre noir est en conséquence parvenu à contrôler plus du tiers des camps prémilitaires institués par la HJ (42 sur 120), alors même que la *Waffen-SS* ne représentait pas plus de 3 % des effectifs totaux de la *Wehrmacht* à cette date. Au demeurant, seule une fraction de ces adolescents est revenue à la SS, au grand dam de Berger qui avait à l'origine pensé voir le recrutement de la *Waffen-SS* ainsi définitivement assuré. Six mois après l'installation des premiers camps, il était bien obligé de reconnaître devant Himmler que ce système n'avait « pas encore spécialement fonctionné ». Seuls 4 482 des 26 775 adolescents passés de juin à octobre 1942 dans les camps supervisés par la SS s'étaient portés volontaires pour la *Waffen-SS*, soit 16,7 % (2 264 avaient finalement été acceptés, soit 8,5 % du total). Le fait que la HJ ait rechigné à trier les adolescents envoyés dans les camps d'instruction supervisés par la SS constituait, selon Berger, le handicap de ce système [68].

Avec le RAD, la SS est parvenue dès juin 1940 à un accord au terme duquel tout individu né à partir de 1920 et signant un engagement de quatre années et demie pour la *Waffen-SS* serait dispensé de son service du travail pendant la guerre [69]. Si on trouve très tôt les traces d'une collaboration efficace entre le RAD et la SS, aucun autre arrangement formel ne sera apparemment signé avant décembre 1941. À cette date, un accord a été conclu entre le chef du RAD, Konstantin Hierl, et Himmler afin d'amener les cadres du RAD à accomplir leur service armé dans la *Waffen-SS*, tandis que les services de recrutement de Berger se voyaient offrir la possibilité de démarcher les jeunes du Service du travail avec le soutien des autorités des camps. Suite à cela, les commissions de recrutement SS ont pu passer dans les camps du RAD au troisième ou quatrième des six mois de service auxquels étaient astreints les jeunes conscrits [70]. Un compromis similaire a d'ailleurs été trouvé peu après avec la *Hitlerjugend* [71].

L'intrusion progressive de ses recruteurs dans les camps de la HJ et du RAD va permettre à la *Waffen-SS* d'occuper le terrain et de conserver son avantage. De fait, la SS n'était pas la seule intéressée par ces réservoirs d'hommes jeunes. Il lui a notamment fallu défendre bec et ongles la *Hitlerjugend* face aux appétits de ses concurrents, en tête desquels figurait au tout début de la guerre la SA qui arguait des exigences du conflit pour justifier ses prétentions [72]. L'armée a aussi eu les siennes. Encore discrètes à l'été 1940, elles ont été beaucoup plus impérieuses dès le début de 1941, la *Wehrmacht* exigeant alors de la HJ une augmentation sensible des quotas d'adolescents formés au cours de sessions d'instruction prémilitaire dans des spécialités telles que l'aviation, la mécanique, la marine ou les transmissions, l'ensemble de ces effectifs confondus équivalant à ceux d'une classe d'âge mobilisable. Ce faisant, l'armée partait d'un postulat d'équité, estimant que « ce qui [était] bon pour la SS ne [pouvait] être que juste pour le commandement de la *Wehrmacht* ». Berger a débouté cette prétention, faisant valoir à ses interlocuteurs militaires

> que la *Waffen-SS* est toujours une affaire du mouvement [nazi] et que le commandant suprême pour nous est le *Reichsführer-SS*, même si à présent chacune des divisions [SS] est, du fait de l'exigence de la guerre, détachée auprès du commandement de l'armée de terre. Même si nous avons conclu un accord avec les escouades du Service de patrouille, il ne peut pourtant en aucun cas être tiré de parallèle avec le commandement de la *Wehrmacht*, d'autant moins que le Service de patrouille constitue l'organisation de recrutement de l'ensemble de la SS [73].

Au milieu des institutions d'État, les organes nationaux-socialistes – SS en tête – étaient en somme « plus égaux que les autres ».

Cette logique se vérifiait avec le Service du travail. Berger n'hésitera pas à jeter ses bonnes relations avec le RAD dans la balance lors d'un conflit qui l'a opposé aux autorités militaires au début de 1941. Incapable de trouver à cette date un accord sur le processus de recrutement, il lancera à ses interlocuteurs de l'armée qu'il était « déjà arrivé sans l'OKW à une entente avec le ministère du Travail du Reich », en conséquence de quoi il n'y avait donc plus pour lui d'intérêt « à négocier à l'avenir avec eux sur cette question car [il avait] trouvé davantage de compréhension pour [sa] situation particulière » auprès dudit ministère [74].

De ce point de vue, il était donc du plus haut intérêt pour le *SS-Hauptamt* de tisser, d'entretenir et d'approfondir des relations privilégiées avec la HJ et le RAD. L'une des premières mesures prises par Berger dans ce sens pendant la guerre a été de créer une compagnie spéciale destinée à accueillir le maximum de cadres des organisations nationales-socialistes obligés de servir sous les armes, de les promouvoir autant que possible au rang d'officier à l'issue d'un cursus de formation accéléré, et plus généralement de leur donner une vision favorable et attractive de la *Waffen-SS*. Bref, l'intérêt était nettement moins militaire que politique. Comme le reconnaissait lui-même Berger, « la valeur de cette mesure [n'allait] pas se révéler à l'instant, mais [pouvait] être d'une signification décisive pour l'évolution ultérieure de la *Schutzstaffel* » et être payée « mille fois » en retour [75].

Dans le cadre de cette politique de partenariat, il faut aussi reconnaître à Berger l'art de s'adapter à ses interlocuteurs en leur proposant des solutions constructives dans lesquelles ils pouvaient trouver un avantage, là où les autorités militaires ne faisaient montre d'aucune imagination, se bornant à ponctionner sans contrepartie des effectifs. Le cursus du « fermier militaire » a par exemple fait l'objet de pourparlers entre la HJ et la SS à l'automne 1941 et au début de l'année 1942 [76]. Au Dr Ley, « responsable de l'Organisation du Reich », Berger a fait miroiter la possibilité de conclure un accord avec le « Front du travail allemand » pour disposer annuellement de 5 000 travailleurs qualifiés destinés à rejoindre les unités motorisées de la *Waffen-SS*. Après avoir été dûment sélectionnés suivant les critères de l'Ordre noir, ces hommes pouvaient, selon Berger, profiter d'un cursus de formation professionnelle complémentaire au terme de leur engagement. Au lieu d'« entrer pour de quelconques raisons dans des bureaux de fonctionnaires mal payés », chaque homme quitterait « la caserne avec le certificat de maîtrise de sa profession » [77].

Mis bout à bout, ces éléments permettent de mieux comprendre pourquoi la politique « agressive » de la SS a bénéficié en retour d'un accueil bienveillant de la part des responsables de la Jeunesse et du Travail. Des accrocs se sont certes produits, tel le renvoi en mai 1940 par le chef de la HJ de son chef d'état-major auquel il était reproché d'avoir entretenu « de trop étroites liaisons " avec le *Reichsführer-SS* et l'Office de recrutement de la *Waffen-SS* " [78] ». Mais c'était néanmoins l'intérêt bien compris du RAD, et plus encore celui de la HJ, de trouver à la fois dans la SS un appui politique en même temps qu'un partenariat idéologique face aux institutions d'État, notamment l'armée et le ministère des Affaires étrangères [79]. S'attacher les bonnes grâces du Führer n'était pas non plus absent des calculs. Ainsi, lorsque Hitler a autorisé en novembre 1941 un accroissement de sa garde personnelle, la « LSSAH », ce n'est pas la SS, mais bien le chef de la HJ qui a pris l'initiative de proposer un contingent de 3 000 adolescents [80].

La mobilisation des « réservoirs humains » sous la coupe de la Reichsführung-SS

Dans sa stratégie de recrutement, la SS a logiquement mis aussi à contribution les groupes sociaux et les organismes dans sa sphère d'influence. Dans ce domaine, elle a enregistré son meilleur succès en avril 1941, lorsque l'armée lui a donné un blanc-seing lui permettant d'enrôler tous les membres de l'*Allgemeine-SS* non encore mobilisés se trouvant sur le territoire du Reich. Leur libération a été automatique dès lors que ces hommes ne disposaient pas d'une affectation spéciale. Mais il y avait encore mieux. Cette mesure a en effet été étendue aux membres de l'*Allgemeine-SS* nés avant 1914 et dont la mobilisation avait été ajournée à l'été 1939, pour une durée de deux années, au titre du « renforcement de la police par la SS ». Qu'ils soient ou non en service, les bureaux de Berger ont pu obtenir ces réservistes sur simple demande, sans même que ces hommes se soient portés volontaires. La date limite de cette opération, fixée au 31 mai 1941, laissait un peu moins de deux mois aux bureaux de recrutement SS pour agir [81].

À l'été 1941, Berger jubilait encore : si les membres de l'*Allgemeine-SS* pouvaient continuer à se porter volontaires pour n'importe laquelle des trois armes de la *Wehrmacht*, l'armée reconnaissait désormais qu'« ils se [tenaient] néanmoins de préférence à la disposition de la *Waffen-SS* ». Explorant jusqu'au bout cette voie, Berger a également ordonné l'incorporation dans la *Waffen-SS* d'un surplus de réservistes de la division de police SS. Ces policiers, qui n'étaient pas tous – loin s'en faut – membres de l'*Allgemeine-SS*, ont donc été versés d'office dans des formations de la *Waffen-SS*. Ainsi fait, la SS détournait à son profit des fonctionnaires de l'État en se servant de la liaison structurelle entre la SS et la police, et cela avec la bénédiction de l'armée [82].

La crise d'effectifs traversée par l'ensemble des forces armées allemandes au cours du premier hiver de guerre à l'est a conduit à des transferts tout aussi arbitraires. Selon les prévisions du SS-FHA établies à la fin janvier 1942, il allait lui manquer 17 000 recrues au 31 mars suivant [83]. Aussi des mesures autoritaires ont-elles été prises afin de pallier les manques. Un ordre de Himmler daté du 8 janvier 1942 avait déjà enjoint à tous les hommes des classes 1908 et plus jeunes servant auprès du « Commissaire du Reich pour la consolidation de la nation allemande » et n'effectuant pas de service militaire de se porter volontaires pour la *Waffen-SS*. Ce procédé de recrutement était assimilable à une réquisition pure et simple, seulement justifié par le lien idéologique entre cet organisme et la SS [84]. D'ailleurs, lorsqu'il va rapidement se révéler que les membres de l'*Allgemeine-SS* n'étaient pas tous enclins à servir au front sous l'étendard de la *Waffen-SS* et préféraient porter l'uniforme de l'armée, Berger va proposer en février 1942 d'incorporer tous les membres de l'Ordre noir disponibles. Amorcé, le processus sera loin d'atteindre son objectif dans la mesure où près de 80 000 membres de l'*Allgemeine-SS* échappaient encore à toute forme de service de guerre à la fin de l'année 1942 [85]. Les incorporations menées d'office au début de l'année 1942 par le *SS-Hauptamt* n'en ont pas moins suscité des protestations. « Je sais, rapportera Berger à Himmler au mois de juin suivant, que j'ai moi-même été attaqué au cours des derniers mois pour cela car, doté des pleins pouvoirs du *Reichsführer-SS*, [j'ai pris] avec une certaine brusquerie tout ce qui était à prendre d'une manière ou d'une autre dans l'*Allgemeine-SS*. » Et de citer des cas de dignitaires du régime ainsi privés de leur secrétaire particulier, de leur chauffeur ou d'un collaborateur proche et précieux. Pour convaincre Himmler et continuer à s'assurer de son soutien, Berger assénait une vérité à la fois simple et redoutable : « La pérennité de nos divisions est une question de remplacement. » Dès lors, tout autre argument perdait sa valeur, d'autant plus que, comme se plaisait à le souligner Berger, « il n'y [avait] aucun affecté spécial dans l'administration. Chacun [pouvait] être remplacé en dépit de toute la reconnaissance de [son] importance »[86]. Plus tard, l'extension de cette politique va conduire Himmler à détourner dans la *Waffen-SS* une proportion non négligeable des effectifs de la police des frontières *(Grenzpolizei)* dont il avait pris le contrôle en 1937, de la douane *(Zollgrenzschutz)* tombée sous la coupe de la SS en septembre 1944 (10 000 des 55 000 douaniers rejoindront alors les rangs de la *Waffen-SS*), puis finalement des fonctionnaires de la police régionale *(Landesschutz-Polizei)*, et même des membres de la Défense passive *(Luftschutzpolizei)* dans les dernières semaines du conflit[87].

Les formations de garde des camps de concentration et les détachements SS liés à l'entreprise répressive et génocidaire ont également été largement mis à contribution. Cela s'était déjà produit à travers les effectifs des SS-TV versés à la division « Totenkopf » à l'automne 1939, ou au cours de l'automne et de l'hiver 1941-1942, lorsque les pertes des troupes combattantes SS avaient exigé d'urgence des renforts[88]. En octobre 1942, alors que les formations de garde des camps dépendaient depuis le mois de mars précédent de l'Office principal d'économie et d'administration SS, Berger a été mandaté par Himmler pour les écumer et tenter de dégager des effectifs pour le front parmi les 9 370 hommes qui les composaient[89]. Ce réservoir n'a pas manqué d'être utilisé lors de la création des 9e et 10e divisions SS, à peine deux mois plus tard. Dans un bataillon de la 10e division SS, neuf hommes arrivaient ainsi directement des camps de concentration et d'extermination, soit près de 1,5 % des effectifs[90]. Cette présence très visible s'est par ailleurs trouvée complétée par celle, d'apparence plus anodine, des quelque 2 000 sous-officiers de la police transférés aux deux divisions SS, dont une partie au moins avait été mêlée de près ou de loin à l'entreprise génocidaire dans les territoires occupés à l'est[91]. Enfin, le lien qui a uni l'univers concentrationnaire à ces deux nouvelles divisions SS s'est aussi établi à travers la présence des 2 500 *Volksdeutsche*. Ces derniers servaient à l'époque « pour l'essentiel au retrait des personnels des camps de concentration aptes à la SS et bons pour le service »[92]. Ces *Volksdeutsche*, dont le profil ne répondait pas aux critères draconiens de la *Waffen-SS* au moment de leur recrutement, ont représenté par la suite une manne pour la *Reichsführung-SS*, une fois que celle-ci a dépassé ses réticences initiales sur leur emploi en unité de combat. Un nouveau problème s'est alors posé à la SS, à savoir la nécessité de disposer de suffisamment d'hommes âgés ou inaptes à faire campagne pour les remplacer à la garde des camps. Himmler a pourtant su opportunément saisir toutes les occasions qui s'offraient à lui. Ainsi a-t-il pu « amener encore une fois sur le front un bon vieux renfort SS » en août 1944, soit un millier de gardiens libérés de leur tâche pour rejoindre les formations de combat SS[93]. En fait, ces transferts ont duré jusqu'aux derniers mois du conflit[94].

Combien de gardiens de camp ont au total rejoint les formations de la *Waffen-SS* au cours du conflit ? Selon une source, ils auraient été quelque 10 000 de mars 1942 à avril 1945[95]. Un peu plus de 10 000 autres ont pu être transférés aux formations combattantes SS avant cette période, sur la base des 6 585 personnels non officiers des SS-TV versés à la division « Totenkopf » et à ses unités de dépôt en octobre 1939, ainsi que des différents transferts qui se sont encore produits par la suite, notamment au cours de l'hiver 1941-1942. Au total, cela ferait donc 20 000, soit près de 2,5 % des effectifs totaux de la *Waffen-SS* à la fin de la guerre[96].

La personnalisation du recrutement

Croire que la simple organisation de « viviers humains » a suffi à la SS pour obtenir des volontaires serait une lourde erreur. De tels « viviers » permettaient certes de cibler efficacement des groupes sociaux et des populations homogènes. La SS a toutefois dû rendre son recrutement attractif et persuasif, du moins pour les organisations de jeunesse échappant à sa sphère d'influence directe. De ce point de vue, la grande qualité de Berger a consisté à ne jamais se satisfaire de ses bons résultats. Dès février 1940, à l'issue de la fructueuse campagne de recrutement qui venait d'être menée, il rappelait à ses collaborateurs que « les masses de candidats affluant en ce moment ne [devaient] pas nous rendre sûrs [de nous, ni] laisser émerger l'idée [que] cette affluence persisterait et que nous n'aurions plus besoin de nous occuper de détails ». La circulaire de

Berger est intéressante, car, outre l'analyse des raisons de ce succès ponctuel, elle posait les bases de l'action qui prévaudra jusqu'à la fin de la guerre dans sa politique d'approche des individus. Le succès avait pour lui été essentiellement redevable dans ce cas à l'intervention énergique de la *Reichsführung-SS*, à l'action des officiers de recrutement de l'*Allgemeine-SS* qui s'étaient dépensés sans compter, ainsi qu'à la « cordiale relation de travail avec la Direction de la jeunesse du Reich ». Mais il avait été également imputable, selon lui, aux nouvelles méthodes initiées, en particulier la personnalisation du recrutement qui ne s'adressait pas à une population ou à des groupes sociaux, mais directement aux individus.

> Des milliers de lettres et d'informations de toute sorte sont envoyées individuellement aux candidats. Il en résulte ainsi chez eux le sentiment : à Berlin existe un bureau qui s'occupe personnellement de moi. Telle est la seule explication au fait que de nombreux candidats sont eux-mêmes devenus recruteurs et sont venus, non pas seuls, mais souvent avec une bande de camarades aux examens d'incorporation. Le bureau qui prend désormais personnellement en charge les individus est en premier lieu l'office de recrutement auprès des districts régionaux SS. On ne peut prévoir combien de temps durera la guerre. Le recrutement doit de ce fait être tourné sur le long terme et être mis en place sur une large base. D'étroites relations [avec la population] doivent être établies jusque dans les moindres bourgades. À cet effet, on choisira des hommes de prestige ; ils seront pour partie des camarades SS qui, suite à leur âge ou à leur affectation spéciale dans des entreprises particulièrement importantes, ne peuvent pas servir activement ; là où ils manquent, on recrutera des maires, des instituteurs et des gendarmes pour cette mission. Tout le monde n'est pas apte à cela ! [...] J'insiste une nouvelle fois [sur le fait] qu'un traitement correct lors de l'examen est une chose qui va de soi et que ceux qui sont rejetés ne s'en vont jamais de l'examen d'admission comme des ennemis, mais comme des amis. Si difficile que cela puisse paraître, cela doit être fait ! Il n'y a pas de règles générales car dans chaque contrée, souvent dans chaque ville, les gens sont différents. Ce qui est bon dans le sud pourra faire rire dans le nord [97] !

Ainsi posée, cette politique va être poursuivie sans relâche jusqu'au seuil de l'année 1943. Dans ses fondements – l'adaptation systématique du discours en fonction des particularismes locaux, l'investissement des zones rurales, l'attrait donné à l'engagement dans la *Waffen-SS*, le renouvellement ainsi que la personnalisation des messages adressés au public visé –, cette politique perdurera jusqu'à une date très avancée de la guerre.

La « réserve » de la *Waffen-SS*

Quoique fréquemment négligée, la gestion de sa ressource humaine par le *SS-Hauptamt* est un sujet intéressant [98]. Sa tâche a en effet excédé le simple recrutement de personnels incorporés une fois pour toutes sous les drapeaux. Il a clairement organisé ce que l'on pourrait appeler une « réserve SS ». Aborder ce thème conduit à dégager trois aspects importants. Il consacre d'une part la SS en véritable « institution d'État » disposant sur ce plan de prérogatives semblables à celles de la *Wehrmacht*. Il permet ensuite de comprendre comment la SS, parallèlement à ses opérations de recrutement, a pu trouver le moyen d'ajuster ses besoins aux demandes croissantes d'effectifs. Enfin, l'existence d'une telle « réserve SS » met à nu les connexions entre la *Waffen-SS* et les autres branches de l'Ordre noir.

L'outil de gestion

La gestion de cette masse d'hommes doit d'abord être prise pour ce qu'elle est, à savoir un problème d'ajustement aux contingences du moment. C'était aussi le plus sûr moyen de capter les membres de l'*Allgemeine-SS* au profit de la *Waffen-SS* et vice versa. Comme le faisait observer Himmler, « pour nous, dans le cadre de l'ensemble de la SS, la question d'[être] réserviste ou d'active ne joue fondamentalement aucun rôle [99] ». La mise en place d'un statut de réserviste propre aux soldats de la *Waffen-SS* n'en avait pas moins constitué l'une des principales pierres d'achoppement lors des négociations entre la SS et la *Wehrmacht* au cours de l'hiver 1939-1940 [100]. Le compromis, finalement signé en mars 1940, stipulait que la mise en état de disponibilité *(Beurlaubtenstand)* serait conjointement gérée par le biais d'un système de fichiers en double exemplaire. Assez logiquement, les réservistes SS seraient « en premier lieu » à la disposition des formations SS en cas de rappel, bien qu'ils soient théoriquement considérés comme des réservistes de l'armée. Officiellement, la *Wehrmacht* gardait donc la haute main sur la gestion de ces personnels. Dans la pratique pourtant, l'armée offrait à la SS la possibilité de les gérer elle-même sous son contrôle plus ou moins formel. Comme pour la *Wehrmacht,* le système de gestion des personnels se subdivisait en effet en trois fichiers constituant autant de clés d'entrée. Le premier était destiné à une recherche rapide *(Suchkartei),* le deuxième comportait les informations générales *(Stammkartei),* et le troisième recelait les informations relatives à l'emploi et à la fonction de chaque individu *(Verwendungskartei)* [101].

Non contente de ces fichiers, la SS en a constitué d'autres pour rationaliser la gestion de sa ressource humaine et en obtenir le meilleur rendement grâce à un système de renseignements croisés. Cette gestion s'appliquait tout autant aux soldats démobilisés qu'aux nouvelles recrues jusqu'à leur incorporation effective dans une unité SS. Pas moins de six fichiers ont ainsi été constitués au sein des bureaux de recrutement régionaux SS à l'été 1940, selon des critères et des usages extrêmement spécifiques (informations générales, renseignements sur la disponibilité, l'emploi, l'arme, l'âge, etc., le tout classé par grades) et pour les recrues en fonction de leur date d'incorporation. Enfin, le fichier des réservistes SS disposant d'une affectation spéciale *(SS-UK-Kartei)* recensait tous les hommes concernés selon l'année et le mois d'échéance de leur affectation. Plus tard, la classification de ce dernier fichier sera encore améliorée, preuve de son importance et de son utilisation [102]. Un soin tout particulier était d'ailleurs accordé à la gestion de ces fichiers et, dès 1940, 400 auxiliaires de police avaient été détachés pour renforcer les services SS chargés de leur mise à jour [103]. Si cette gestion continue a singulièrement compliqué la tâche à l'époque, elle a tout autant brouillé la vision que nous pouvons nous faire du développement numérique de la *Waffen-SS.*

Le fonctionnement pendant la guerre

Concrètement, l'ordre de démobilisation partielle des forces armées allemandes à l'été 1940 a constitué la première occasion d'activer ces fichiers avec la libération des classes d'âge 1896-1906 (personnels âgés de 34 à 44 ans en 1940) et de certaines catégories professionnelles des classes 1907-1909 (agriculteurs, spécialistes de l'industrie, etc.). Les excellents résultats du recrutement de la SS à cette époque lui ont d'ailleurs permis de se singulariser en démobilisant plus largement que ne l'a fait la *Wehrmacht*, avec un seuil d'âge abaissé à 30 ans. Ainsi, tous les personnels nés en 1905 et avant ont été automatiquement libérés, de même que ceux nés jusqu'en 1910 souhaitant l'être aussi. Dans les faits, cette démobilisation partielle a très inégalement touché les unités : 28 personnels libérés sur les 6 398 hommes que comptait la « LSSAH » au 1er septembre 1940, quelques centaines (peut-être 500) sur les 21 000 hommes de la « SS-Verfügungs-Division », près d'un tiers (6 000 hommes) des effectifs similaires de la division « Totenkopf », et une proportion probablement identique, sinon supérieure, au sein des régiments « Tête de mort ». La directive donnée le 19 juin par l'état-major de commandement SS de recenser les classes d'âge concernées avait déjà eu pour conséquence de déclencher un grand nombre de demandes de libération. D'août à novembre, cela va conduire à la dissolution de trois, puis bientôt cinq régiments « Tête de mort », soit près de la moitié des régiments existants [104].

Dès septembre 1940, la *Waffen-SS* ne comptait pas moins de 12 000 réservistes démobilisés. Certains vont être très rapidement rappelés. La démobilisation a en effet remis en cause les capacités opérationnelles de certaines unités dans les territoires occupés, obligeant ainsi le SS-FHA à suspendre la mise en congé dans l'industrie des soldats de la division « Totenkopf » et des régiments « Tête de mort ». Les besoins en spécialistes d'armement se sont également fait rapidement sentir, en particulier lors de la réorganisation des régiments « Tête de mort » en véritables régiments d'infanterie disposant de compagnies d'appui : pas moins de 7 120 réservistes étaient de nouveau en service vers la mi-novembre, tous sous-officiers ou spécialistes, la plupart (5 304) affectés aux régiments « Tête de mort ». Les besoins engendrés par la création de la division « Wiking » ont par ailleurs exigé le rappel, entre décembre 1940 et janvier 1941, d'un grand nombre de spécialistes nés en 1901 et après [105].

Dans ce processus, le principal problème de la SS était de récupérer ses réservistes démobilisés lorsqu'elle allait en avoir de nouveau besoin. À cette fin, Berger s'était arrangé pour que tous les personnels démobilisés reçoivent des papiers en règle afin que la SS puisse justifier leur statut de réservistes SS. Cela n'a pas suffi. Les bureaux de la

Wehrmacht les ont en effet considérés comme des conscrits ordinaires. Et dans la mesure où le temps de service dans les régiments « Tête de mort » n'était pas assimilé à un service militaire, ils les ont tout simplement incorporés [106].

Afin d'être « mis en sûreté », de nombreux réservistes SS démobilisés ont par ailleurs été envoyés dans l'industrie en profitant d'un transfert massif de soldats vers les usines. En se transformant en « défenseur de la " permission économique " » à l'automne 1940, Berger avait ainsi escompté disposer d'« une réserve paisible et que personne ne remarquerait ». Le procédé a fait long feu. Les bureaux d'incorporation de l'armée ont décelé et entravé cet ingénieux système en bloquant *de facto* toute possibilité de libération des réservistes par l'octroi d'une affectation spéciale. Par suite, la levée de ces affectations spéciales s'avérera difficile et s'effectuera au compte-gouttes (pas plus de 450 réservistes ont été libérés en février 1941 par exemple). Seule une pirouette administrative consistant à faire signer des engagements de douze ans dans la *Waffen-SS* – donc assimilés à des changements professionnels – ont permis à Berger d'obtenir des personnels travaillant dans l'industrie à l'été 1941 [107].

Croire que la SS ne disposait plus d'aucun réserviste à l'issue de la vague de rappels du printemps 1941 serait une erreur. La levée par à-coups des affectations spéciales, mais aussi l'incorporation des membres de l'*Allgemeine-SS* que la *Reichsführung-SS* considérait comme ses réservistes naturels, ont permis aux services de Berger d'incorporer des hommes tout au long du conflit. Au début de l'année 1942, lorsque la situation du remplacement à l'est a été jugée « très tendue », les fichiers des services de Berger ont de nouveau intensivement servi pour rappeler tous les hommes nés après 1907 dont les affectations spéciales étaient automatiquement levées pour la SS [108]. Quelques mois plus tard, le chef du *SS-Hauptamt* a rappelé un nombre indéterminé de réservistes pour pallier au déficit de recrues annoncé à l'automne 1942 [109]. De même, 800 réservistes SS versés aux services des Douanes ont repris du service au sein de la *Waffen-SS* en janvier 1943, et cela avec la bénédiction de l'armée qui souhaitait ménager la classe d'âge alors appelée sous les drapeaux [110]. Il est néanmoins très difficile de se faire une idée précise de la part prise par le rappel des réservistes dans la gestion des effectifs de la *Waffen-SS*. Parmi les quelques rapports disponibles, deux comptes rendus pour les mois d'avril et de mai 1943 font état d'un nombre de réservistes allemands rappelés au service actif s'élevant respectivement à 513 et 623 hommes, soit 7,7 % et 15,5 % des citoyens du Reich au total incorporés par la *Waffen-SS* au cours de ces deux mois (6 662 et 4 053 hommes) [111]. Le recours aux réservistes semble ainsi avoir fonctionné jusqu'à une date assez tardive. En dépit du travail d'écriture que cela représentait, l'Office principal du personnel SS commandera encore un recensement global de tous les officiers SS afin de mettre à jour ses fichiers à l'été 1944. À une époque où la SS comptait intégrer ou mettre sur pied un nombre croissant de formations à recrutement étranger pour lesquelles l'encadrement faisait défaut, la mesure ne semble pas être une coïncidence [112].

L'exploitation des liens structurels de la Waffen-SS *avec les autres organismes SS*

Conséquence directe des conceptions de Himmler appréhendant la SS en tant qu'Ordre, les organismes dépendant de la *Reichsführung-SS* ont été utilisés pour mettre en réserve des soldats SS en toute discrétion [113]. À l'été 1940, 1 680 personnels du rang dépourvus de qualification particulière ont ainsi été détachés auprès du Service de sécurité SS (SD) dépendant de l'Office principal de la sécurité du Reich (RSHA). Un autre contingent de 1 400 réservistes était encore prévu pour être détaché auprès du SD en janvier 1941 [114]. Employés en surplus, ces hommes n'étaient nullement essentiels à l'administration policière. Dans la mesure où il ne s'agissait ni d'enquêteurs ni de responsables, « mais d'effectifs de secrétariat ainsi que d'effectifs qui [venaient] s'agglomérer au personnel spécialisé proprement dit », leur rétrocession n'a posé aucune difficulté le moment venu. Ils ont pu soit être remplacés par du personnel féminin, soit ne pas être remplacés du tout, sans pour autant gêner le fonctionnement des services. La SS avait trouvé là un moyen commode de garder à disposition des réservistes, sans craindre de les voir accaparés par l'armée. Il est ainsi assez révélateur de constater que, sur les 2 500 hommes versés au RSHA à l'automne 1940, 1 300 s'y trouvaient encore employés en décembre 1942. Et ce n'est finalement pas avant le printemps 1943 que ceux-ci ont été rétrocédés à la *Waffen-SS*, juste avant qu'une commission de l'armée ne passe au crible les services du RSHA pour envoyer au front les personnels jugés superflus [115].

6

« La SS t'appelle [1] » :
Les opérations de recrutement
à l'heure de la « guerre totale »

L'année 1943 marque un tournant dans le rythme des opérations de recrutement de la *Waffen-SS*. Cinq des neuf divisions constituées *ex nihilo* au cours de l'année ont en effet été majoritairement composées d'Allemands du Reich [2]. Dans un pays qui voyait se creuser l'écart entre ses ressources humaines et ses besoins, cela relevait de la gageure [3]. Fondamentalement, cette évolution n'a guère eu d'influence sur la stratégie de recrutement de la SS. Ce sont en effet toujours les mêmes populations issues des organisations de la jeunesse qui sont demeurées les cibles des services de Berger. Du reste, c'est au cours du premier semestre 1943 que le long travail entamé auprès du Service du travail et de la Jeunesse hitlérienne a véritablement abouti. En revanche, les méthodes de recrutement ont nettement évolué. Aux procédés presque artisanaux jusqu'alors employés, avec une approche individuelle des conscrits, ont succédé plusieurs vagues d'incorporations massives dans des délais relativement brefs. Surtout, ces grandes opérations de recrutement de la SS doivent être considérées comme autant d'intrigues menées successivement de main de maître par Berger.

LES DIVISIONS SS D'ADOLESCENTS

Bilan et perspective du recrutement de la SS
à la fin de l'année 1942

Jusqu'à l'automne 1942, les incorporations, loin de fléchir, n'avaient cessé de croître (9 500 hommes incorporés en septembre,

10 500 en octobre) [4]. Si l'ouverture du recrutement aux mineurs volontaires avait momentanément amélioré la situation, elle avait toutefois aussi affaibli la ressource de la classe d'âge 1925, la dernière disponible pour l'année 1943. À la fin de l'année 1942, la SS devait donc trouver de nouvelles ressources après s'être payée par avance sur le capital qui devait lui revenir. Le temps des mesures d'exception était venu. La première d'entre elles a consisté à obtenir les volontaires qui avaient voulu s'engager dans la *Waffen-SS* alors que celle-ci avait atteint son quota de 16 000 hommes pour la classe d'âge 1924. Après s'être assuré auprès du RAD de pouvoir recevoir ces volontaires à l'issue de leur service, Berger a obtenu en août 1942 que son quota soit augmenté de 50 % pour être porté à 24 000 hommes [5]. Cette « rallonge » accordée par Hitler va à peine lui suffire. Dans le même temps, il fallait en effet combler les pertes de la division « Totenkopf », engagée sur le front de l'Est et dont la relève, sans cesse ajournée depuis la fin juin 1942, était enfin ordonnée le 28 août suivant. À elle seule, la reconstitution de cette division exigeait de nombreux personnels. En conséquence, Hitler a ordonné le 26 août la libération immédiate de 6 000 hommes accomplissant leur Service du travail, ceux-ci passant sans transition des camps du RAD aux casernes SS à la fin de septembre [6].

Que les effectifs obtenus par ces deux mesures d'exception (la « rallonge » de 8 000 hommes et le déblocage des 6 000 adolescents) aient profité à la seule division « Totenkopf » était pour le moins préoccupant [7]. Aussi Berger s'est-il attaqué dans la foulée au quota alloué par l'armée sur la classe d'âge suivante (1925), réclamant qu'il passe de 15 000 à 26 000 hommes. En réalité, les services de recrutement SS songeaient déjà, au début du mois de septembre 1942, à incorporer des volontaires de la classe 1925 (alors dans leur dix-huitième année) si le contingent supplémentaire alloué sur la classe 1924 n'était pas atteint. La SS a même officialisé un accord dans ce sens avec le RAD, juste avant d'obtenir une nouvelle fois gain de cause auprès de Hitler : le 5 novembre, elle obtenait la possibilité de recruter dans la classe 1925 à concurrence de 26 000 hommes [8]. Cela ne suffisait néanmoins plus à la *Reichsführung-SS* qui avait désormais besoin de travailler à plus grande échelle.

Deux raisons expliquent cette volonté. Non seulement les responsables allemands de la ressource humaine étaient conscients, au second semestre 1942, que la classe d'âge 1925 était la dernière réserve humaine disponible pour l'année à venir, mais ils savaient aussi que c'était la dernière numériquement encore importante, les huit suivantes déclinant irrémédiablement [9]. Aussi Berger voulait-il saisir cette ultime possibilité d'accroissement en prospectant dans les camps du travail [10]. C'est dans ce contexte que l'ordre de créer deux nouvelles divisions SS est tombé le 19 décembre, assorti de l'autorisation de Hitler de recruter dans les camps du RAD. Les services de recrutement SS ont dès lors pu passer la vitesse supérieure. Ce brusque changement de rythme transparaît parfaitement dans les résultats du recrutement des deux classes d'âge à la charnière de cette évolution. Il avait ainsi fallu au *SS-Hauptamt* déployer des efforts constants sur une période de près de deux ans, jusqu'à octobre 1942, pour recruter 28 500 hommes de la classe 1924. Pour la mise sur pied des 9e et 10e divisions SS, la levée de 45 000 hommes était prévue en seulement quatorze jours [11]. Cette double pression, liée au grand nombre de volontaires requis et aux délais comprimés à l'extrême pour les incorporer, constitue la marque saillante des campagnes de recrutement du premier semestre 1943. Ce mode opératoire a également entraîné une très grande homogénéité de ces nouvelles divisions SS composées de personnels du rang appartenant à la même classe d'âge.

Les faux-semblants du SS-Hauptamt : *la levée des 9e et 10e divisions SS*

La campagne de recrutement visant à constituer les 9e et 10e divisions SS en janvier 1943 a surtout retenu l'attention par la coercition exercée sur une partie des conscrits pour les forcer à s'engager [12]. Paradoxalement, les remous provoqués au sein du Reich par les méthodes de la SS ont complètement occulté la manipulation de Berger. En effet, la genèse de cette campagne de recrutement remontait à la fin de l'automne précédent, lorsqu'il avait aiguillonné Himmler en vue de passer au crible les camps du RAD et de s'y procurer rapidement la ressource humaine disponible [13]. Et, de fait, il convient de replacer l'ensemble des activités menées par la SS en remontant aux mois d'octobre et novembre 1942. À cette époque, 150 000 conscrits de la classe 1925 avaient rejoint les camps du RAD et, plus intéressant, avaient déjà été « passés en revue » par les commissions de sélection SS. Aussi, lorsque la seconde moitié de la classe 1925 a répondu à l'ordre d'appel et s'est présentée dans les camps du travail à partir de la mi-janvier 1943, la SS avait déjà pratiquement assuré la moitié des effectifs de ces deux divisions [14].

Ce fut là le trait de génie de Berger de s'être servi de la mise sur pied des deux divisions pour retourner une situation qui tendait à se figer au détriment de l'Ordre noir. La gigantesque campagne de recrutement orchestrée par le *SS-Hauptamt* dans les camps du RAD apparaît en effet avec le recul n'avoir été qu'un vaste bluff. Ordonnée pour rassembler les effectifs nécessaires à la constitution des 9e et 10e divisions SS, elle demandait certes des hommes dont ne disposait pas Berger en nombre suffisant, mais n'exigeait pas à l'inverse l'ampleur qui lui a été donnée. La SS n'en a pas moins fait passer cette opération pour une nécessité absolue, couverte en cela par un blanc-seing de Hitler. Du reste, cinq jours avant que ne tombe la décision de celui-ci de créer les deux divisions SS, le *SS-Hauptamt* avait trahi ses intentions en ébauchant, le 14 décembre, la campagne de recrutement auprès du RAD [15].

En agissant ainsi, la principale motivation de Berger était d'assurer à l'avenir le remplacement des pertes de dix divisions, sans compter les unités indépendantes, soit une masse de plusieurs centaines de milliers d'hommes [16]. Le plan de bataille dressé le 30 décembre 1942 par le *SS-Hauptamt* trahissait ce souci, tant dans l'intitulé de son objet (« amélioration de la situation du recrutement ainsi que création de divisions SS ») que dans son contenu : en comparaison du recrutement des deux nouvelles formations, rapidement expédié en quatre lignes, le *SS-Hauptamt* s'était focalisé sur la nécessité d'accaparer le plus grand nombre possible de conscrits en leur faisant signer un engagement qui permettrait leur incorporation à l'issue de leur temps de service au sein du RAD [17].

Au final, cette opération a permis à la SS d'assurer en toute impunité une mainmise immédiate sur la classe 1925. En février 1943, Berger put ainsi faire ses comptes. Additionnant les effectifs déjà incorporés ou dont l'incorporation était pour la SS assurée à court ou moyen terme, il pouvait annoncer à Himmler la ponction de 60 000 hommes nés en 1925, soit plus de 10 % des effectifs de cette classe d'âge aptes à servir sous les armes (562 700 hommes). Pour mesurer la dérive inflationniste, on comparera ces chiffres avec les 28 500 hommes de la classe 1924 précédemment recrutés. Ceux-ci avaient représenté 5,1 % des effectifs incorporables, à une époque où la *Waffen-SS* représentait « tout au plus 3 % des effectifs totaux de l'armée allemande »[18]. Au début de 1943, la SS recrutait donc trois fois plus que ce qu'elle représentait numériquement à l'échelle des forces armées. Un tel résultat était largement redevable au ferme soutien de Hitler qui avait ordonné que le quota de 60 000 hommes désormais attribué à la SS soit « pleinement atteint »[19].

Accaparer la fine fleur de la jeunesse du Reich :
le recrutement de la 12ᵉ division SS

Avant même que les commissions de recrutement SS n'opèrent dans les camps du RAD en janvier 1943, Berger avait déjà porté son regard sur la *Hitlerjugend*. Reprenant le raisonnement qui l'avait amené à enrôler les recrues le plus tôt possible, il a continué à l'appliquer en passant méthodiquement à l'étape suivante. La création de la 12ᵉ division SS avec des adolescents de la classe 1926, c'est-à-dire des recrues dans leur dix-septième année en 1943, fut à cet égard son coup de maître. Même si le risque d'un échec sur le plan militaire n'était pas exclu avec des recrues aussi jeunes, le succès a été total, car la SS est parvenue à prélever les meilleurs éléments d'une classe d'âge d'environ 615 000 hommes encore pratiquement intacte[20].

Longtemps a prévalu la thèse selon laquelle le chef de la HJ, Arthur Axmann, avait spontanément proposé à Himmler, à la fin de janvier 1943, la création de cette division[21]. Il n'en est rien. Rappelant quelques mois plus tard que le principal artisan dans cette affaire avait été le chef d'état-major d'Axmann, Arthur Möckel, Berger n'a pas manqué de préciser que

> l'idée de la division vint de moi. Mais comme je savais qu'en la proposant moi-même officiellement, elle aurait été récusée par le *SS-Führungshauptamt* qui l'aurait qualifiée d'« impossible », je me la fis proposer [...] par le chef d'état-major Möckel.

Et Berger d'enchaîner sur les préparatifs tenus secrets pour contourner les résistances au sein même de la *Hitlerjugend*. Selon lui, les responsables de la HJ ne se sont d'ailleurs véritablement engagés qu'une fois assurés, par un autre canal, que Hitler approuvait effectivement l'idée. Aussi ne faisait-il aucun doute pour Berger que la division était « une œuvre de la SS[22] ».

Sans qu'il soit possible de les dater, on peut penser que les projets de Berger remontaient assez loin dans le temps, ce dernier attendant simplement des circonstances favorables pour les mettre en œuvre. Avec le développement de la *Waffen-SS* désormais approuvé par Hitler, l'heure lui semblait venue à la charnière des années 1942-1943. La première trace écrite retrouvée à ce sujet date du 4 janvier 1943, au moment où il a fait part aux chefs supérieurs de la police et de la SS de son intention de procéder à un recrutement de grande ampleur au sein de la HJ fin février/début mars. Cette opération devait être menée aussitôt achevés les pourparlers – à cette date « en suspens » – avec la direction de la HJ. Puisant dans son imagination toujours fertile, Berger envisageait notamment à cette époque de transférer en bloc le Service de patrouille de la HJ dans l'*Allgemeine-SS* puis, en vertu de la « relation de réserve » désormais établie entre les organisations civile et militaire de la SS d'une part, et en sollicitant un décret du Führer d'autre part, de verser la plupart de ses membres dans la *Waffen-SS*[23]. Un autre détail trahissait aussi les projets du *SS-Hauptamt* et sa capacité d'anticipation : l'affiche destinée au recrutement auprès de la HJ était déjà prête à la fin de janvier 1943, avant même que ne commencent officiellement les tractations avec l'état-major d'Axmann[24].

À la vision lyrique d'une Allemagne prête à sacrifier la fine fleur de sa jeunesse s'oppose ainsi l'image d'une formation qui a d'abord été le pur produit de la politique de recrutement de la SS. En ce sens, la chronologie des faits démontre clairement que l'intention de créer la division est antérieure à la fois à la chute de Stalingrad le 2 février 1943, à la capitulation sans condition exigée le 24 janvier par Roosevelt à Casablanca, et même au décret signé le 13 janvier par Hitler sur la mobilisation générale du peuple allemand pour mener une « guerre totale »[25]. La division « Hitlerjugend » n'est donc en aucune manière l'une des conséquences de ces événements, comme l'avancent la plupart des ouvrages[26]. Au mieux, les cinglants revers du Reich ont facilité les négociations en créant un climat de mobilisation. Mais quelle que soit leur issue, la classe 1926 aurait de toute façon été passée au crible au moment de rejoindre le Service du travail à partir de l'été 1943. Un arrangement avait en effet été trouvé dès le 3 février 1943 entre le *SS-Hauptamt* et le RAD. Il avait ainsi été convenu que le Service du travail, en recensant les individus de cette classe d'âge pour ses besoins propres, allait procéder à une présélection. Celle-ci permettrait de repérer et d'incorporer par avance dans des bataillons particuliers les adolescents susceptibles de correspondre aux standards de la SS. Ces hommes auraient été ensuite libérés au terme d'un service de trois mois. Le processus, certes plus désavantageux pour la SS sans la participation active de la HJ, car plus long et susceptible de causer des remous, n'en était donc pas moins planifié comme alternative [27].

Si le succès a été au bout du chemin, la création de la division « Hitlerjugend » n'en a pas moins été pavée d'embûches, et Berger a dû réviser à la fois son calendrier et ses projets. En elles-mêmes, les opérations de recrutement n'ont posé aucune difficulté à la SS. De fait, elles ont été très largement déléguées à la HJ qui a présélectionné, au terme d'un examen « des plus minutieux », quelque 30 000 jeunes, chiffre laissant à la SS une marge de manœuvre pour une formation de 20 000 hommes. Exemptés de Service du travail, ces individus ont ensuite transité dans des camps de formation prémilitaire pour une période de six semaines (finalement ramenée à quatre), avec pour but « de soustraire les jeunes de 17 ans de leur milieu familial, de les accoutumer à leur future camaraderie commune, de les former tout d'abord sans arme, de les endurcir physiquement, de les fortifier par l'alimentation ainsi que de les préparer et de les éduquer idéologiquement et mentalement ». Sous un angle plus pratique, le rassemblement des adolescents dans ces camps a facilité le travail des commissions SS qui ne disposaient que de dix jours pour les examiner [28].

À côté de ce processus somme toute satisfaisant, Berger s'est heurté à trois obstacles. Le « vent mauvais » qui s'est levé sur l'Ordre noir au quartier général de Hitler après l'abandon de Kharkov par le corps d'armée blindé SS a, tout d'abord, suspendu un temps l'action de la *Reichsführung-SS* [29]. S'est ensuite posé l'épineux problème de l'encadrement de ces adolescents [30]. De fait, la SS était alors dans l'incapacité matérielle d'accueillir ses nouvelles recrues de manière satisfaisante, d'autant plus que l'intrigue de Berger avait initialement évincé le SS-FHA du processus. C'est néanmoins la scolarisation des adolescents qui s'est révélée le plus épineux problème auquel s'est heurtée la SS. Dès le départ, il était certes prévu que les écoliers qui n'avaient pas encore achevé leur cycle d'étude puissent être incorporés. Pour Berger, homme lucide et doté de bon sens, mais aussi riche de sa propre expérience d'enseignant, ce dernier point était toutefois susceptible de poser de sérieuses difficultés auprès des recrues, et plus encore auprès de leurs parents. À la réticence de voir leurs fils s'engager prématurément s'ajoutait celle de les voir partir à la guerre sans un bagage scolaire suffisant pour une réinsertion facile une fois la paix revenue [31]. Constatant que la Direction de la jeunesse « n'avait pas suffisamment progressé » sur cette question lors des pourparlers avec le ministère de l'Éducation, Berger a repris les négociations à son compte pour trouver une solution à l'interruption de la scolarité des jeunes engagés de la future division. Avec son efficacité coutumière, il a obtenu que les individus incorporés avant le 15 juin 1943 aient automatiquement le droit de passage en classe supérieure, ce qui permettait à la plupart d'obtenir leur diplôme de fin de scolarité. Quant aux plus jeunes, encore en sixième année, ils pourraient recevoir, avec leur passage en septième, le droit de rejoindre à leur retour une session scolaire spéciale établie pour les combattants. En pensant que l'incorporation des adolescents ne poserait ainsi plus aucun problème, Berger a toutefois fait preuve d'optimisme... Constatant que nombre de recrues n'avaient encore aucun diplôme d'apprentissage en mai 1943, la direction de la HJ a pris d'autorité la décision de surseoir à l'incorporation des volontaires pouvant obtenir leur diplôme professionnel jusqu'à une date aussi tardive qu'octobre 1943. Leur incorporation dans la *Waffen-SS* en a donc été retardée d'autant, au détriment de la mise sur pied de la division pourtant officiellement créée le 24 juin 1943 [32].

Assurer ses acquis par une fuite en avant : la création des 16ᵉ et 17ᵉ divisions SS

Le mois d'octobre 1943 a indubitablement marqué une étape importante dans l'éphémère expansion de la *Waffen-SS* qui s'est achevée dans les décombres du Reich. Le troisième jour du mois, Hitler a signé toute une série d'ordres portant sur la réorganisation, la transformation et la mise sur pied de la plupart des formations SS en sept corps d'armée. Ce plan ambitieux, qui portait en germe la création de deux nouvelles divisions SS (16ᵉ et 17ᵉ), Himmler le lui avait proposé le 20 septembre précédent. Il fut favorablement accueilli par Hitler car, deux jours plus tard, Himmler s'entretenait déjà avec le maréchal Keitel sur les contingents que devait libérer l'OKW pour mettre sur pied les deux divisions, soit 30 000 adolescents de la classe 1926 et, dans le cadre du programme de réduction des effectifs travaillant dans l'industrie du Reich, la levée de 10 000 affectations spéciales de membres de l'*Allgemeine-SS*[33].

Contrairement aux précédentes campagnes de recrutement, celle de ces deux nouvelles divisions majoritairement allemandes n'a guère laissé de traces dans les archives, et pour cause : la majeure partie de leurs effectifs était à cette date déjà assurée. En fait, la proposition faite à Hitler le 20 septembre n'était que l'ultime étape d'un processus entamé par la SS dès la fin du printemps 1943 et qui ne demandait plus qu'à être entériné par un « ordre du Führer ». Pour Himmler, cette dernière condition, pourtant essentielle, était finalement la partie la plus facile du projet. Il lui a seulement fallu prétendre à Hitler qu'un ordre de sa part suffisait pour faire apparaître une ou plusieurs formations nouvelles. Dans le cas présent, les services de Berger s'étaient chargés d'assurer la ressource au cours de l'été 1943, dans le sillage du recrutement mené pour constituer la division « Hitlerjugend ». La SS s'est en effet servie de celle-ci pour s'assurer d'une considérable quantité de volontaires supplémentaires issus de la HJ. La chose lui a été relativement aisée, sous réserve d'agir avec circonspection pour ne pas éveiller les soupçons de l'armée, ce qui explique l'absence de documentation[34].

Il est en effet assez stupéfiant de ne trouver aucune mention explicite dans les archives au sujet d'un recrutement de plusieurs dizaines de milliers d'hommes à l'été 1943. En réalité, il faut remonter dans le temps pour comprendre. Il faut plus exactement revenir au 3 février 1943, soit exactement huit mois avant que Hitler ne paraphe l'ordre de constituer les deux nouvelles divisions SS. Dans le cadre de négociations avec les représentants du RAD, Berger avait obtenu ce jour-là que les adolescents de la classe 1926, répondant au moins en apparence aux critères de la SS, soient incorporés par anticipation dans des bataillons particuliers du Service du travail. Ainsi présélectionnés à leur insu au cours des conseils de révision propres au RAD, ces individus étaient prévus pour accomplir un service réduit de trois mois (au lieu de six). Surtout, le paragraphe consacré par Berger à cet accord se terminait par une phrase qui éclaire les enjeux de septembre : il y annonçait en effet que « le

1ᵉʳ octobre 1943 [allait venir] comme échéance la plus précoce pour l'incorporation de la classe d'âge 1926 [35] ». Dès lors, on comprend beaucoup mieux les inquiétudes manifestées à cette époque par le chef du *SS-Hauptamt* à l'idée de voir s'écrouler son ingénieux stratagème si près du but.

Le 3 septembre, le maréchal Keitel avait en effet mené une timide tentative pour freiner les ambitions de la SS. Rappelant à Himmler la situation critique de la ressource humaine mobilisable au sein du Reich et soulignant que le quota de 15 000 hommes fixé à la SS sur la classe 1926 avait été entre-temps largement dépassé (44 000 adolescents à cette date), il ne lui en avait pas moins proposé de reconduire pour cette classe le contingent de 60 000 hommes arrêté pour celle de 1925. « Par cette mesure, lui avait-il fait remarquer, vos missions se trouvent largement prises en considération, d'autant que je vous demande aussi de songer que l'effectif total de la classe d'âge 1926 est inférieure d'environ 56 000 hommes à celle de 1925. » En dépit de la situation accablante qu'il décrivait, le ton courtois de Keitel révélait à quel point le rapport des forces s'était considérablement modifié en faveur de la SS (« Le meilleur que je laisse à mon successeur est la SS » avait dit Hitler le même jour) [36].

Malgré le caractère avantageux de cette offre qui l'aurait encore satisfait l'année précédente, Berger a éprouvé la nécessité d'organiser rapidement une parade. À ce moment-là en effet, quelque 25 000 adolescents de la classe 1926 avaient signé leur feuille d'engagement. Ils ne lui étaient pas pour autant assurés tant que la *Wehrmacht* ne les avait pas libérés. Or, l'armée pouvait toujours invoquer le dépassement de son quota et refuser de les lui céder. La peur de voir réduits à néant plusieurs mois de travail l'a donc conduit à exhorter Himmler à faire preuve de fermeté face à Keitel. Et de conclure par cette phrase qui en dit long sur sa préoccupation : « Les volontaires que nous avons obtenus par notre travail doivent aussi nous être laissés [37]. »

Devant la menace de se voir privée par l'armée de la ressource qui lui était promise, la *Reichsführung-SS* a dû imaginer en urgence un plan afin de contrer toute tentative de barrage de l'OKW. Rien ne permet en effet d'affirmer qu'il s'agissait à l'origine d'un plan mûrement réfléchi. Tout au contraire, la principale préoccupation de Berger au mois de février 1943 avait été de recruter des hommes destinés à assurer le maintien des effectifs des dix divisions SS existantes à cette date. Cet objectif se vérifie d'ailleurs dans les consignes données aux bureaux de recrutement SS à l'été 1943 [38]. En fait – et nous entrons là dans le domaine de la conjecture –, il y a fort à parier que, en menaçant le bel édifice patiemment construit par les services de Berger, la lettre de Keitel du 3 septembre a précipité les événements. Himmler a alors misé sur la psychologie de son Führer : plutôt que d'évoquer la nécessité de sauvegarder une ressource pour maintenir les effectifs des formations SS existantes – argument qui n'aurait trouvé qu'un faible écho dans l'esprit de Hitler [39] –, il lui a proposé le 20 septembre de créer deux nouvelles divisions. Par ce biais, la SS faisait d'une pierre deux coups. Elle sauvegardait d'une part les 25 000 hommes acquis durant l'été de la plus sûre manière qui soit, c'est-à-dire avec la caution de Hitler. Dans le même temps, elle donnait une nouvelle impulsion à sa politique d'expansion. La manœuvre avait cependant un inconvénient de taille, celui de détourner un réservoir d'hommes initialement prévu pour remplacer les pertes de ses unités au front. Du même coup, elle compromettait sérieusement leur pérennité sur le champ de bataille.

Dans l'immédiat, l'essentiel était néanmoins sauvé. Les 25 000 volontaires qui avaient signé leur engagement sont revenus sans coup férir à la SS, avec un bonus de 5 000 conscrits pour atteindre le contingent de 30 000 adolescents. Et pour maintenir le potentiel de ses unités au combat, la SS a recouru à son stratagème habituel, celui de ne pas employer tous les hommes obtenus aux seules fins officiellement approuvées par Hitler. C'était d'ailleurs la leçon que la SS avait pu tirer de la campagne de recrutement dans les camps du RAD au début de l'année 1943, à savoir que plus vastes étaient les mouvements de personnels, et plus le détournement d'au moins une partie d'entre eux s'avérait aisé à camoufler. Ce détournement est du reste facile à constater : sur les 40 000 adolescents et travailleurs de l'industrie demandés par Himmler, seuls 11 100 hommes ont été alloués aux 16e et 17e divisions SS avant la fin de l'année [40].

Rétrospectivement, la position des autorités du RAD a été des plus ambiguës dans cette affaire. En effet, sans rien sacrifier de leurs intérêts propres, puisque les hommes concernés allaient de toute façon servir trois mois dans leurs camps, les responsables du Service du travail ont illégalement fait le jeu de la SS au détriment de l'armée. Ils n'enfreignaient certes pas la loi. De fait, ils reprenaient le système des « bataillons de volontaires de guerre » déjà en vigueur au sein du RAD. Mais en l'appliquant cette fois à des conscrits qui n'avaient rien demandé à personne, et surtout en canalisant discrètement vers la seule SS ces conscrits sélectionnés sur leur prestance physique, ils les jetaient à leur insu en pâture aux services de recrutement de Berger. Ainsi, certains conscrits convoqués au RAD y ont été accueillis par une commission de sélection SS au début du mois d'octobre 1943. Celle-ci n'a pas hésité à annuler les décisions précédemment arrêtées par les conseils de révision et à enrôler des hommes qui devaient théoriquement revenir à la *Luftwaffe*, modifiant en conséquence leurs livrets militaires [41]. En tout état de cause, le fait que les responsables du RAD aient acquiescé au début de février à la proposition de Berger démontrait la connivence et les liens idéologiques étroits établis par la SS avec le Service du travail [42].

LE POINT DE RUPTURE

L'automne 1943 marque une césure dans le recrutement de la SS au sein du Reich. Plus précisément, la parenthèse ouverte au début de l'année s'est refermée après les incorporations de l'été. La constitution de cinq nouvelles divisions SS allemandes (9ᵉ, 10ᵉ, 12ᵉ, 16ᵉ et 17ᵉ) avait permis au *SS-Hauptamt* d'avoir un accès privilégié aux deux plus importants réservoirs humains encore disponibles à l'époque, à savoir le RAD et la HJ [43]. Avec le détournement d'une bonne partie de la dernière classe d'âge disponible pour la constitution des 16ᵉ et 17ᵉ divisions SS, la *Reichsführung-SS* venait toutefois de grever l'avenir de ses autres formations. À toujours recruter parmi des classes de plus en plus jeunes et à tirer jusqu'à son extrême limite le cadre législatif entourant la conscription au sein du Reich, l'organisation de Himmler en était effectivement arrivée au seuil critique. Cette limite va mettre un terme à la spirale inflationniste du recrutement de la jeunesse allemande. La violation de la règle du volontariat avait pu être justifiée par des nécessités stratégiques impérieuses lorsqu'il s'était agi d'incorporer de force dans les camps du RAD en janvier [44]. En mai, le recrutement massif de mineurs de 17 ans dans la division « Hitlerjugend » avait été rendu possible parce que la constitution de celle-ci avait été présentée comme un effort exceptionnel et symbolique de la jeunesse allemande prête au sacrifice aux heures difficiles. Désormais, plus aucun artifice ne pouvait cautionner l'action des commissions de recrutement SS au sein du Reich. Dès lors, le recours à d'autres méthodes s'imposait.

La concurrence de la Wehrmacht

Les perspectives de recrutement n'étaient guère brillantes à la fin de l'année 1943 pour la SS. Certes, son bilan était honorable : elle avait accaparé 60 000 hommes nés en 1925 et, en septembre 1943, elle s'était déjà assurée de plus de 40 000 individus nés en 1926. Cependant, son avance sur l'armée avait dans le même temps fondu comme neige au soleil. Elle-même pressée par ses propres besoins en hommes, la *Wehrmacht* finissait en effet par talonner la SS en incorporant successivement les contingents masculins au rythme de deux classes d'âge par an, et ce depuis 1941 [45]. Cette avance, qui avait depuis le début constitué le socle de la politique de recrutement par anticipation initiée par Berger, n'existait pratiquement plus, si bien que la SS n'avait plus le temps suffisant pour démarcher et incorporer les individus avant qu'ils ne soient appelés sous les drapeaux. Pour la classe 1925, la SS avait encore eu la possibilité d'opérer à loisir. Ainsi, l'armée n'avait commencé à incorporer les conscrits de la seconde moitié de cette classe d'âge que deux mois après les ultimes opérations de recrutement menées par la SS dans les camps du RAD, soit en mai 1943. Surtout, les services de Berger avaient disposé au total d'une année pour passer ce contingent au crible, du printemps 1942 au printemps 1943. Pour la classe 1926, la SS était déjà plus ou moins prise de court par la *Wehrmacht*. Cette dernière a commencé les premières incorporations dès le mois de décembre 1943, soit sept mois seulement après les premiers recrutements menés par la SS pour mettre sur pied la division « Hitlerjugend », recrutements pourtant eux-mêmes exceptionnels dans leur précocité. Or, à la fin de l'année 1943, la ponction réalisée par la SS sur le contingent né en 1926 était loin d'être suffisante pour constituer à la fois les deux nouvelles divisions projetées et maintenir le niveau de celles existantes. Face à ses besoins, elle n'allait pourtant plus disposer dans les mois suivants que de la fraction non incorporée du contingent 1926, largement affaiblie en quantité comme en qualité.

La ressource qui commençait à se tarir n'était pas seule en cause. Jusqu'alors, et en dépit des difficultés sans nombre auxquelles ils s'étaient heurtés, Berger et ses services avaient eu la partie facile face aux services de l'armée qui n'avaient pas su déjouer les manœuvres du *SS-Hauptamt* ou qui s'étaient complus dans leur routine [46]. Les choses avaient pourtant commencé à évoluer. À l'issue de la campagne d'incorporations mouvementée dans les camps du RAD en janvier 1943, l'armée avait clairement pris conscience qu'en accaparant la fine fleur des recrues du Reich la SS portait « à l'extrême atteinte au remplacement numérique des officiers et sous-officiers de la *Wehrmacht* ». Avec 125 000 volontaires en quelques mois (30 000 pour la Marine, 35 000 pour la *Luftwaffe* et 60 000 pour la *Waffen-SS*), c'était surtout le recrutement de l'armée de terre qui était quantitativement et qualitativement menacé à plus ou moins court terme [47]. Cette dernière a réagi, d'abord en délivrant suffisamment tôt à ses candidats officiers des certificats afin de les préserver de toute tentative d'enrôlement par la SS [48], ensuite en venant concurrencer les services de recrutement SS sur leur propre terrain, au grand dam de Berger qui n'avait manifestement pas prévu ce sursaut et qui manquait d'hommes pour relever le défi.

> Par suite du recrutement toujours plus faible de volontaires, l'état-major de l'armée de terre a formé sous le commandement du colonel Hellermann un groupe de recrutement qui, doté de pouvoirs absolus, est extrêmement actif. D'innombrables états-majors sont constitués au siège [de chaque région militaire] avec, pour partie, de très bons officiers de recrutement. Chaque région militaire a, chacune selon la taille, cédé 20 à 40 officiers qui ne s'occupent que de questions de recrutement. En un temps relativement court, ces services sont parvenus non seulement à mener selon notre schéma le recrutement et l'incorporation des jeunes classes d'âge de manière ordonnée et réussie, mais aussi à prendre pied dans tous les services de la HJ [49]. Avec cela, ce recrutement de l'armée de terre est encore manifestement soutenu par la cession d'un grand nombre d'instructeurs de première classe [pour les camps d'instruction prémilitaire de la HJ – NdA], ce qui nous paraît irresponsable pour les conditions de

guerre, pendant que je reçois du *SS-Führungshauptamt*, en dehors des invalides, seulement des sous-officiers et des hommes du rang négativement sélectionnés. On ne peut non plus sous-estimer l'extrême prévenance de tous les services de l'armée de terre à l'égard de la HJ [...] [50].

Si le chef du *SS-Hauptamt* a sans doute forcé quelque peu le trait pour mieux justifier sa demande de personnels, la situation décrite n'en était pas moins proche de la réalité. Le chef de l'Office principal du personnel SS confirmait du reste que la version de Berger correspondait aux faits tels qu'il avait pu lui-même les constater [51]. En y mettant le prix et en retournant contre la SS ses propres méthodes, l'armée de terre était en train de lui tailler des croupières au moment même où le recrutement de la SS n'allait plus servir à son expansion, mais pour l'essentiel au remplacement de ses pertes. Suite au refus de lui accorder une trentaine d'officiers supplémentaires pour assurer sa mission de recrutement, Berger a d'ailleurs mis en garde ses collègues en demandant « d'expliquer à tous les services [qu'il voyait] venir le moment où, au plus tard au printemps de l'année prochaine, nous [aurons] assez d'officiers, mais plus aucun homme du rang [52] ». Ce coup de sang de Berger en août 1943 ne va servir à rien. Le 10 octobre, une semaine après l'ordre de constituer les 16e et 17e divisions SS, il était d'ailleurs revenu à la charge auprès du secrétaire personnel de Himmler, « non pas pour vider [sa] colère », mais pour poser des problèmes « qu'on ne peut pourtant pas balayer d'un mouvement de main », entre autres sur la question du recrutement.

> Je sais ce que se dit mon *Reichsführer-SS* : Mon Gottlob arrivera bien à le faire ! C'est très joliment pensé, mais toute la force et toute la puissance [ont], d'une manière ou d'une autre, comme à un moment, une limite. L'armée de terre peut céder pour cela 700 officiers et nous pas même 23. [...] Nous recevons encore la classe 1926. Il ne faut plus compter avec la classe 1927. La force disparaît un jour [53].

L'Alsace dans la politique d'expédients de Berger

Pour déjouer ses sombres prédictions, Berger a recouru à divers expédients en explorant toutes les possibilités qui s'offraient à lui au sein du Reich. La principale était alors l'Alsace. Province *de facto* annexée après la victoire de 1940 (avec la Moselle, le Luxembourg et les cantons belges d'Eupen-Malmédy), elle représentait à cette date une opportunité d'obtenir quelques milliers d'hommes, en dépit de la réintroduction de la conscription en novembre 1942 [54]. Une première tentative de Berger au début de 1942, à un moment où le recrutement avait aussi donné des signes de faiblesse, avait été récusée par Himmler. À cette époque, celui-ci n'avait pas voulu entendre parler de l'incorporation de membres de la « liste nationale III » (qui rassemblait les populations des régions récemment annexées, telles la Haute-Silésie ou l'Alsace), pensant « qu'il serait sûrement plus embarrassé par cela en comparaison du gain numérique »[55]. Des Alsaciens-Mosellans de la classe 1924 n'en avaient pas moins été incorporés en octobre 1942, rejoignant les quelques dizaines de volontaires qui avaient déjà rallié les rangs de la *Waffen-SS* deux ans plus tôt. Des adolescents avaient également été incorporés dans la division « Hitlerjugend » au printemps 1943 [56].

Nolens volens, Himmler a revu sa position en juin 1943. Conformément à l'idée que seule la SS était véritablement capable d'intégrer les éléments supranationaux, et fort de l'expérience acquise avec le camp d'instruction SS de Sennheim (actuellement Cernay, Haut-Rhin), où les volontaires « germaniques » recevaient une formation idéologique en même temps qu'une préparation physique et militaire, Himmler a envisagé d'y envoyer aussi les classes d'âge d'Alsaciens au moment de leur appel sous les drapeaux avant de les incorporer dans la *Waffen-SS*[57]. Berger a donc eu le champ libre pour agir au moment même où il allait en éprouver un urgent besoin. Quelques jours à peine après avoir brossé au chef des services du personnel SS un tableau pessimiste du recrutement au sein du Reich, il a entamé à la fin du mois d'août 1943 des négociations avec Robert Wagner. Chef de l'administration civile et commissaire de la défense en Alsace, Wagner était le partenaire incontournable pour obtenir le déblocage des classes d'âge convoitées par la SS. Lui seul était en effet habilité à accorder un tel droit. Sans trop de difficultés, Berger est parvenu à convaincre Wagner de lui céder tous les individus des classes d'âge 1909 à 1913 (pas encore incorporées en Alsace à cette date) répondant aux critères de la SS. Il lui a suffi de faire miroiter à son interlocuteur la possibilité d'endoctriner ces hommes pendant six semaines à Sennheim avant leur incor-

LA GARDE NOIRE

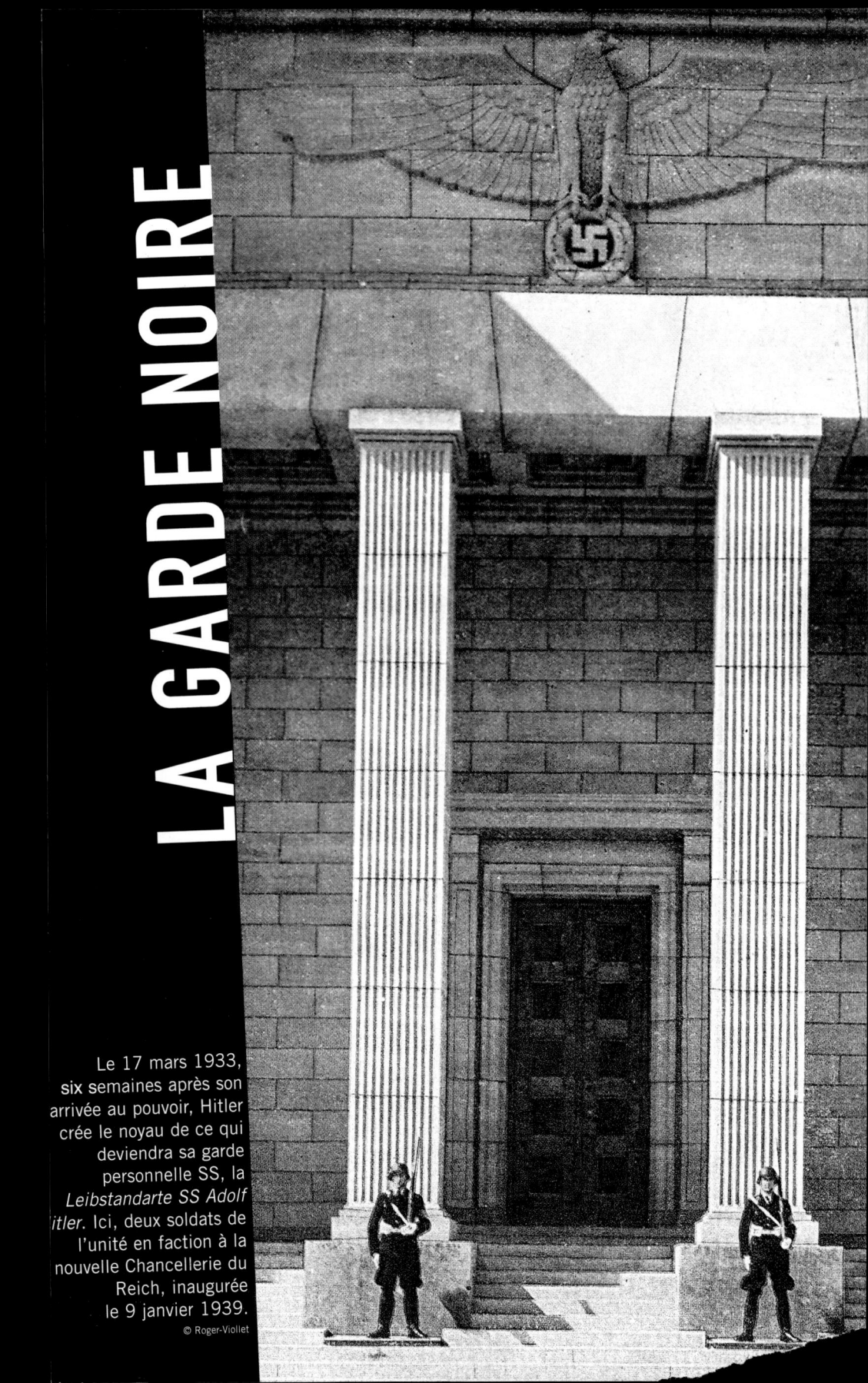

Le 17 mars 1933, six semaines après son arrivée au pouvoir, Hitler crée le noyau de ce qui deviendra sa garde personnelle SS, la *Leibstandarte SS Adolf Hitler*. Ici, deux soldats de l'unité en faction à la nouvelle Chancellerie du Reich, inaugurée le 9 janvier 1939.

© Roger-Viollet

Hitler passant en revue la compagnie d'honneur de sa garde personnelle lors du congrès du parti à Nuremberg en septembre 1935.
© Bahrenfeld

Portrait de Heinrich Himmler avant l'arrivée au pouvoir de Hitler. Nommé à la tête de la SS le 6 janvier 1929, à l'âge de 28 ans, il en fera une organisation majeure du parti, puis du régime.

© Zeitgeschichte Verlag

JB Illustrierter Beobachter

11. JAHRGANG / FOLGE 49 / DONNERSTAG, 3. DEZEMBER

Preis: 20 Pfennig

VERLAG FRANZ EHER NACHF. G.M.B.H. MÜNCHEN 2

In diesem Heft: KONZENTRATIONSLAGER DACHAU

L'instrument de protection du régime est également un instrument de terreur. Un numéro de l'*Illustrierter Beobachter*, organe de presse du parti nazi, fait sa « une » en 1936 sur le camp de concentration de Dachau, dont le règlement établi par Theodor Eicke a servi de « modèle » aux autres camps.
© akg-images

Les trois généraux à la tête des branches armées SS avant guerre : Josef Dietrich (*à gauche*), chef de la « LSSAH » ; Theodor Eicke (*en haut à droite*), inspecteur des formations « Tête de mort » ; Paul Hausser (*en bas*), inspecteur de la SS-Verfügungstruppe à partir de 1936.
© DR

De la Jeunesse hitlérienne à la *Waffen-SS*. En théorie basé sur le volontariat, le recrutement de la SS a en réalité été organisé dès avant guerre par Gottlob Berger (*en bas à droite*) afin de canaliser dans ses rangs les adolescents allemands jugés aptes. Cette politique a atteint son point culminant en 1943, notamment avec la création de la division *Hitlerjugend*, constituée alors avec des adolescents âgés de 17 ans, et dont on voit en haut à droite le premier commandant, Fritz Witt (*à droite*), en compagnie du chef de la HJ, Arthur Axmann.

© DR

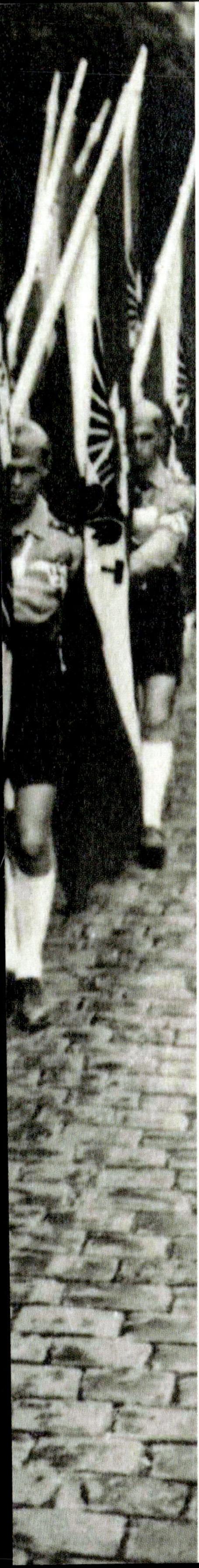
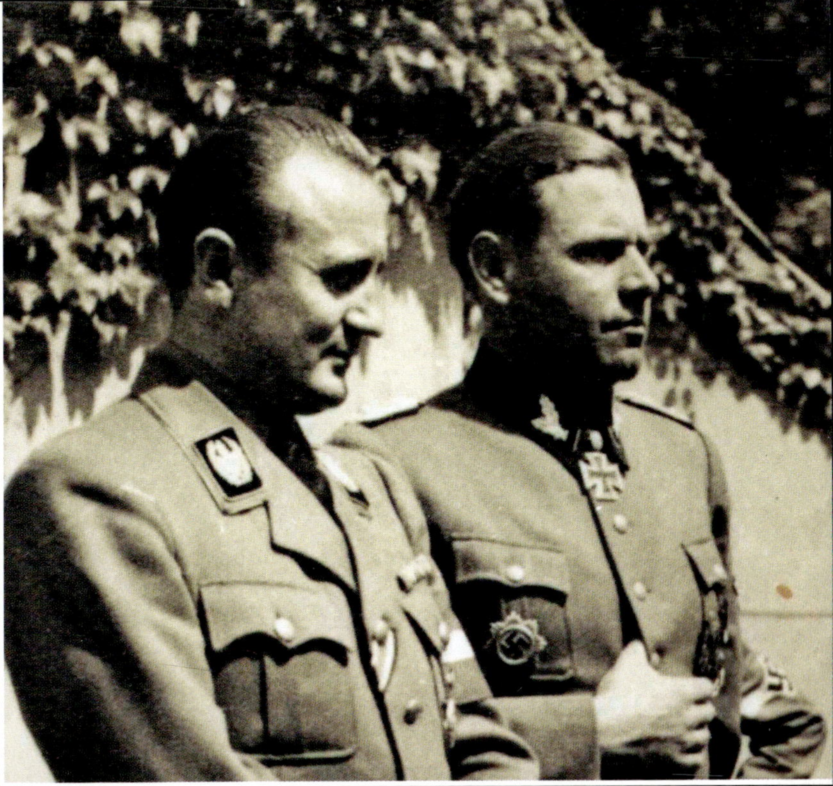
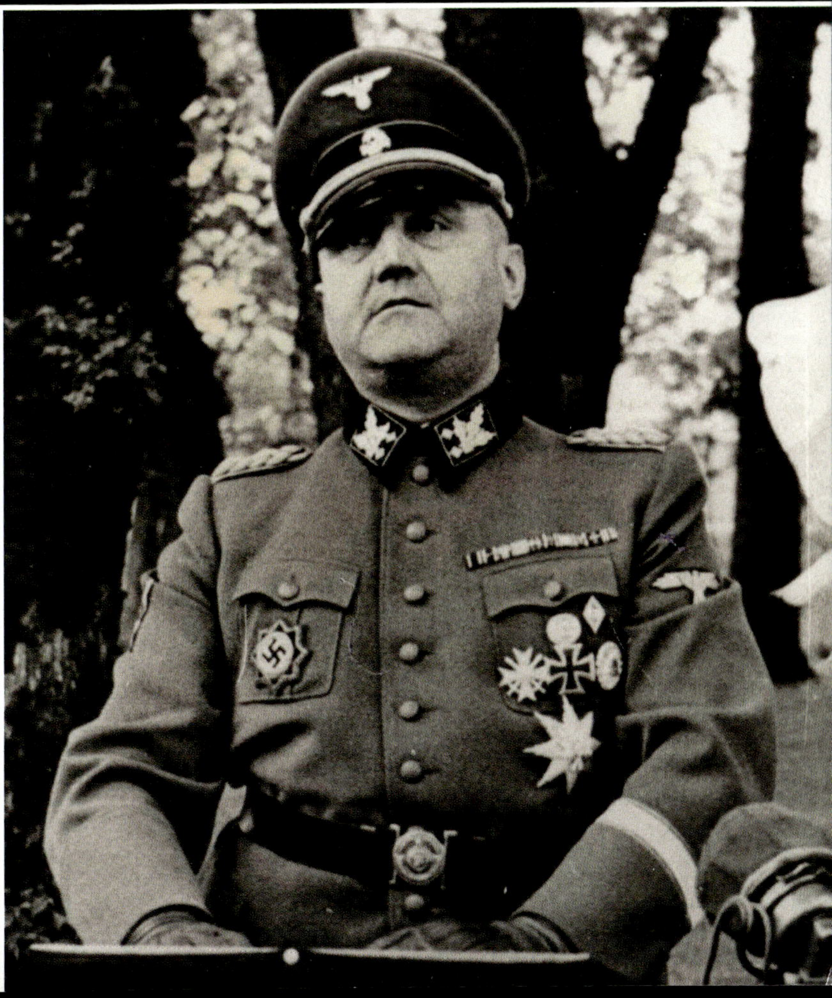

Prestation de serment de recrues, ici à la caserne SS de Nuremberg en janvier 1943.
© DR

poration [58]. Plus de deux mois seront néanmoins nécessaires aux services de Berger pour avancer sur ce dossier. Au terme de pourparlers extrêmement serrés avec l'armée, la SS va se voir reconnaître le droit de ponctionner 4 000 conscrits en Alsace parmi les classes nées en 1909 et après. Pour prix à payer, ces hommes devaient néanmoins être soustraits du contingent de volontaires fixé à la SS par la *Wehrmacht* pour l'ensemble du Reich. Peu importait à Berger. D'une part, il allait pouvoir opérer dans cette province en toute légalité, avec l'aval de l'armée, à une époque où il avait d'urgence besoin d'hommes. Aussitôt obtenu l'accord de l'OKW, le *SS-Hauptamt* ne perdra d'ailleurs pas un instant pour dépêcher sur place ses recruteurs dans les camps du RAD où se trouvaient alors les conscrits de la classe 1926. Berger faisait en même temps valoir que le retranchement de ces 4 000 hommes de son quota « pouvait être tout bonnement concédé, car la question du contingentement n'est plus vraiment une affaire sérieuse à l'heure actuelle » [59]. À elle seule, cette dernière remarque donnait la mesure de la situation anarchique du recrutement au sein du Reich à la fin de l'année 1943.

La lutte contre la tuberculose au secours du recrutement de la SS

L'Alsace a certes momentanément représenté un ballon d'oxygène pour la SS. Sur le fond, le problème n'était pas pour autant réglé : l'armée lui faisait désormais directement concurrence en ciblant comme elle, et surtout en même temps qu'elle, les conscrits du Reich à peine sortis de l'adolescence. Or, toute remise en cause du système initié par Berger était vain. C'était *avant* leur incorporation que la SS devait à la fois repérer et incorporer les recrues potentielles. Après, il était trop tard. Ces individus étaient enrôlés par la *Wehrmacht*. La durée effective de démarchage des jeunes était pourtant de plus en plus réduite alors que les moyens à la disposition du *SS-Hauptamt* diminuaient eux aussi : recruteurs, personnels de secrétariat, jusqu'à la pénurie de carburant qui limitait les déplacements des commissions de sélection SS. Il était donc nécessaire d'améliorer le rendement de ces dernières en concentrant leurs efforts. À la prospection extensive de la population masculine de chaque classe d'âge devait se substituer une méthode de recrutement intensive sur une fraction des conscrits déjà potentiellement intéressants. La présélection était la clé du problème. Et elle avait fait ses preuves, que ce soit dans les camps du RAD ou dans les rangs de la HJ, en écartant par exemple les individus inaptes en raison de leur taille insuffisante ou de condamnations antérieures avant le passage des commissions de sélection SS [60]. Par l'application de cette méthode, les services de Berger avaient au total recruté presque deux fois plus d'hommes au cours des dix premiers mois de l'année 1943 que pendant toute l'année 1941. Ce système avait néanmoins un point faible dans la mesure où la SS dépendait du bon vouloir de ses partenaires. Le *SS-Hauptamt* en avait fait l'expérience au début de 1943. Jusqu'alors très coopératif, le chef du RAD avait pris ses distances avec la SS après la campagne de recrutement houleuse de janvier 1943. Soumis aux critiques des *Gauleiter*, qui n'avaient pas apprécié sa participation à l'opération, il avait même un temps suspendu toute collaboration [61]. D'un autre côté, les négociations avec la HJ lors de la constitution de la 12ᵉ division SS avaient démontré les divergences au sein de l'organisation de la Jeunesse. En somme, il fallait au *SS-Hauptamt* gagner en autonomie.

L'été 1943 a apporté la solution avec une idée à la fois simple et ingénieuse, caractéristique du goût de l'intrigue de l'Ordre noir. Sous couvert de la « loi du Reich pour la santé », la SS a mis à disposition de la HJ son unité de radiologie dans le cadre d'une campagne de dépistage de la tuberculose, supplantant l'armée qui menait jusqu'alors cette tâche sur les contingents masculins avant leur incorporation [62]. Dans un premier temps, cette campagne devait concerner tous les garçons et filles atteignant l'âge de 16 ans en 1943 (classe 1927). À cette occasion, la SS allait se constituer en toute discrétion un gigantesque fichier dans lequel allaient être répertoriés tous les individus potentiellement intéressants. Naturellement, ce genre d'activité requérait le secret absolu. Aussi les examinateurs ne devaient-ils pas être reconnaissables en tant que membres de la SS et se borner à signaler « par un signe sur une fiche si le jeune [était] en prévision apte ou non à la SS ». Aucune propagande ne devait être menée à cette occasion et toute intervention d'une commission de sélection était exclue. Par le biais de ce conseil de révision clandestin, Berger comptait « recenser tous les jeunes aptes à la SS des classes chaque fois mobilisables dans une ou deux années et les incorporer au cours d'un recrutement concentré ». Il lui suffisait de s'arranger pour que ces adolescents soient appelés à effectuer leur formation prémilitaire dans les camps de la HJ encadrés par la SS. Là, il serait plus facile de les amener à s'engager dans la *Waffen-SS*. La chose était possible avec la connivence de l'Organisation de la jeunesse. En dépit des récentes évolutions, Berger semblait encore disposer de solides appuis au sein de sa direction [63]. Au final, la manœuvre allait d'un côté lui permettre de « recevoir un niveau déterminé de volontaires pour la *Waffen-SS*, d'un autre côté de pouvoir quelque peu contrecarrer les recrutements menés sous une forte pression par le commandement de l'armée de terre » [64].

La mise en place de ce procédé mérite que l'on s'y attarde. Tout d'abord, et contre toute attente, il semble bien qu'il ait été relativement facile pour la SS d'imposer cette mesure qui allait dans le sens de la politique de santé du Reich, « sous-produit de la Révolution nationale » destinée à la fois à rendre la nation plus forte en tant que race et plus productive dans son rendement [65]. Acculé par le climat de concurrence serrée de l'été 1943 avec l'armée, Berger a aussi attendu l'époque où Himmler allait être nommé ministre de l'Intérieur pour proposer cette méthode [66]. Sur l'idée proprement dite, le *SS-Hauptamt* n'a pourtant pas innové. Il n'en était pas même à son coup d'essai. Le procédé avait en effet déjà été expérimenté bien avant dans le Protectorat de Bohême-Moravie où il avait servi à recenser une partie de la population après le démantèlement de la Tchécoslovaquie. Par ailleurs, le dépistage systématique de la tuberculose avait déjà été employé dès 1941 par les services de Berger comme moyen de recrutement en Hongrie [67].

Le caractère tardif de ce projet pourrait laisser penser que le *SS-Hauptamt* n'a guère eu le loisir de le mettre en œuvre, *a fortiori* d'en recueillir les fruits [68]. Il n'en est rien. Comme souvent, le fin mot de l'histoire nous est révélé par un problème inopiné. En l'occurrence, les autorités militaires se sont plaintes au printemps 1944 d'avoir fréquemment reçu de l'unité de radiologie SS « des rouleaux de films non classés, désordonnés, inexploitables » au moment des conseils de révision, voire après. Dans certains districts, 20 à 55 % des individus n'avaient même pas été radiographiés. La *Wehrmacht* ne s'était alors pas privée d'épingler la SS. Cette affaire nous permet surtout d'apprendre que, suite à une circulaire émise par le ministre de l'Intérieur le 18 novembre 1943, les garçons et filles de la classe 1927 ont effectivement été radiographiés au cours de l'hiver 1943-1944. Sur une décision de Himmler du 22 mars, la SS avait d'ailleurs déjà commencé à radiographier tous les garçons des classes 1928 et 1929 au printemps 1944. Cette mesure n'avait pas manqué d'étonner les services sanitaires de l'armée qui estimaient que cette campagne de radiographie survenait bien trop tôt, en tout cas plusieurs mois avant le conseil de révision de ces classes d'âge. Dans l'intervalle, ces conscrits pourraient contracter la tuberculose, et un nouvel examen allait en conséquence être nécessaire. Himmler est néanmoins passé outre cette protestation qui allait à l'encontre des intérêts de Berger et, à la fin mai 1944, l'unité de radiologie SS examinait déjà activement ces deux classes d'âge « en liaison » avec les bureaux de recrutement SS [69].

Une telle hâte trouvait son explication dans la campagne de recrutement lancée le 2 février 1944 au sein de la HJ et qui, initialement prévue pour durer jusqu'au 15 avril, a été successivement prorogée jusqu'au 16 mai, puis jusqu'en juillet. Entre-temps, l'armée avait édité le 23 mai une discrète directive abaissant de six mois l'âge requis des volontaires, désormais fixé à 16 ans. Elle ouvrait donc la possibilité pour la SS de recruter tout à fait légalement des garçons de la classe 1928 dans la foulée de ceux de la classe 1927. Cette campagne a d'ailleurs connu un certain succès après la décision de Hitler d'exempter annuellement 10 000 volontaires de leur service au RAD et de réduire de moitié les six mois de service dans les camps du travail pour les autres. La SS a ainsi eu la voie grande ouverte pour prélever dans leurs foyers des adolescents allemands de 16 ou 17 ans et les incorporer sans transition, ou presque, dans ses rangs [70].

La dernière année de guerre

Le tonneau des Danaïdes

Face aux besoins nouveaux et aux pertes enregistrées, cet afflux de recrues va se révéler nettement insuffisant. Au printemps 1944, les divisions SS à recrutement majoritairement allemand engagées à l'est étaient décimées. Au commandant du IIe corps d'armée blindé SS qui faisait état de la perte de 3 200 hommes, Himmler avait très franchement répondu au début de mai 1944 qu'il ne pouvait pas l'aider. De fait, il avait dû donner 5 000 hommes à la « LSSAH », 5 000 à la « Totenkopf » et 6 000 à la « Wiking »[71]. Cumulés, ces trois contingents et la demande du IIe corps d'armée SS représentaient près de 20 000 hommes, c'est-à-dire les effectifs d'une division SS entière. En dépit des efforts de recrutement, le système de remplacement était en rupture d'équilibre. À la suggestion du *Gauleiter* de Basse-Saxe qui lui proposait la mise sur pied d'une division SS « Niedersachsen », Himmler avoua à la fin mai que cela ne pouvait pas se faire, car il ne recevait « déjà presque plus en proportion suffisante les hommes dont [il avait] besoin pour le maintien des divisions existantes »[72]. C'est l'époque où, déjà initié depuis plusieurs années, le recours aux éléments étrangers pour le remplacement des pertes des formations allemandes va être véritablement institutionnalisé et ce, en dehors de toute doctrine idéologique[73].

En attendant, la lutte pour l'obtention de nouvelles recrues s'est faite de plus en plus âpre au sein du Reich. L'armée de terre avait instauré à cette date de véritables jumelages entre ses unités et celles de la HJ, allant jusqu'à offrir les armes de prise aux adolescents et dépêchant auprès d'eux des soldats titulaires de hautes décorations militaires et des fantassins aguerris. En face, au dire d'un correspondant de guerre SS, la plupart des recruteurs de Berger ne faisaient « pas précisément une impression exaltante ». Après avoir initié et longtemps maîtrisé le jeu, la SS était en train de perdre la main, et sa baisse d'audience au sein de la HJ n'a pas tardé à être perceptible[74]. Le climat de rivalité entre les recruteurs de l'armée de terre et de la *Waffen-SS* a d'ailleurs tourné à l'aigre au printemps 1944, à tel point que le général Schmundt et Himmler se sont sentis obligés de signer une déclaration commune appelant leurs subordonnés à un peu plus de retenue. Constatant que certains recruteurs « étaient allés trop loin », ils ne voulaient pas que « par des méthodes non chevaleresques naisse l'impression [que] l'armée de terre et la *Waffen-SS* se trouvaient en concurrence ou [qu'] il y avait des tensions entre elles », ce qui « entamerait le potentiel de la *Wehrmacht* et l'entrain des forces armées ». Après en avoir appelé à la camaraderie mutuelle, ils avaient tous deux établi que le principe de base du recrutement était de « ne jamais parler de manière désobligeante d'une autre branche de la *Wehrmacht*[75] ». Une telle déclaration publique donnait la mesure du malaise.

Avec son lot de désastres et de pertes, le mois de juin 1944 a fourni à la SS l'occasion de mener sa dernière grande campagne de recrutement officielle au sein des camps du RAD. Probablement sollicité en ce sens par Himmler, qui avait fait état des pertes enregistrées par la division « Hitlerjugend » en Normandie, Hitler a autorisé le 24 juin l'incorporation de 6 000 adolescents exemptés de leur service au RAD pour rejoindre rapidement la division à l'issue d'une instruction de dix à douze semaines. Comme pour le recrutement des 9e et 10e divisions SS, Berger a pu prélever d'office des conscrits non volontaires pour cette opération. Cela n'a cette fois soulevé aucun tollé, révélant l'évolution qui s'était produite en dix-huit mois (la seule opposition notable est venue du chef du RAD, froissé de ne pas avoir été associé à la décision, sans que cela ne porte cependant préjudice à l'opération). Au final, et en tenant compte de son contingent de véritables volontaires, la SS est ainsi parvenue à incorporer 12 000 hommes au cours du seul mois de juillet 1944, chiffre pourtant bien inférieur aux 18 000 pertes enregistrées jusque-là par les seules divisions SS engagées en Normandie[76].

Le SS-Hauptamt *en porte à faux après l'attentat du 20 juillet*

Accélérateur d'un mouvement de transfert de pouvoirs déjà largement amorcé, l'attentat du 20 juillet a complètement bouleversé les équilibres au sein du Reich, principalement au bénéfice de la SS[77]. Reste que le *SS-Hauptamt* est demeuré à l'écart de ce mouvement. Voir Himmler prendre les commandes de l'armée de réserve équivalait, aurait-on pu croire, à y introduire Berger. Il n'en est rien. À son grand dépit, ce dernier ne va tirer aucun avantage concret de ce bouleversement pour ses opérations de recrutement. Cela n'est pourtant pas faute d'avoir essayé. Par un ordre antidaté au lendemain de l'attentat, l'OKW avait soustrait le 27 juillet l'ensemble du service de recrutement de la *Wehrmacht* au contrôle de Himmler. Cela n'avait naturellement pas échappé à la vigilance de Berger. Il n'aura dès lors de cesse d'être à la tête de cet ensemble. De son point de vue, la centralisation des services de recrutement des trois branches de la *Wehrmacht* et de la *Waffen-SS* était la panacée. Mais surtout, il arguait que « dans trois semaines au plus tard, [il aurait] sans cela les plus grandes difficultés dans [son] propre système de recrutement »[78]. Fidèle reflet de la réalité ou simple exagération destinée à alarmer Himmler et à le rallier à son opinion, il est bien difficile de s'avancer. Les seules statistiques disponibles à la fin de l'année 1944 démontrent toutefois que, après avoir connu une évolution exponentielle dans son recrutement avec les classes d'âge 1925 et 1926, la SS a atteint un sommet qu'elle n'a plus dépassé *(annexe 5)*. Son contingent a même régressé pour les classes 1927 et 1928 au profit de l'armée de terre. Au vu du nombre d'individus destinés à rejoindre la *Waffen-SS* à l'issue de leur service au RAD en août et septembre 1944 (respectivement 3 100 et 4 500 hommes), il est par ailleurs évident que la phrase de Berger comprenait une plus large part de vérité que de mensonge[79]. Ainsi, en dépit de l'ingéniosité déployée par le *SS-Hauptamt*, le système de présélection instauré à travers le système de dépistage de la tuberculose n'a pas entièrement porté ses fruits, probablement faute de moyens pour les recueillir.

En fait, tout semble montrer le dilemme posé à la *Reichsführung-SS* lorsque la tâche de mettre sur pied les quinze divisions de la 29ᵉ vague a été retirée à l'armée pour lui être confiée à la mi-juillet 1944[80]. Elle se trouvait de la sorte mise en concurrence avec elle-même. D'un côté, il s'agissait d'exécuter au mieux la nouvelle mission confiée par Hitler. Cette dernière pouvait à bien des égards apparaître comme un test probatoire dont le succès conditionnait un transfert de responsabilités encore plus important à Himmler. D'un autre côté, Berger, dont le besoin en hommes pour les formations de la *Waffen-SS* n'était pas moins grand, ne pouvait décemment pas torpiller l'action de son chef (en eût-il encore eu les moyens) au risque de la faire échouer. En demeurant à l'écart du transfert de pouvoirs engagé à l'été 1944, le *SS-Hauptamt* s'est donc trouvé en porte à faux.

La fusion au seuil de l'abîme

La situation inconfortable de Berger n'a pris fin que le 20 novembre 1944, soit quatre mois exactement après l'attentat de juillet, lorsque la décision a été prise d'amalgamer les bureaux de recrutement de la SS et de l'armée de terre. Certes, il faudra du temps pour voir cette réforme appliquée (en avril 1945, elle était « encore à l'état expérimental » dans le district de Karlsruhe où elle avait été introduite deux mois auparavant) [81]. Quoi qu'il en soit, il s'agissait assurément d'un succès personnel de Berger à l'automne 1944. Après avoir dirigé la répression du soulèvement slovaque à la fin de l'été, il avait eu le vent en poupe (promu chef d'état-major du *Volkssturm* à la mi-septembre, il avait été nommé responsable des questions relatives aux prisonniers de guerre à la fin du même mois) [82]. Surtout, ce succès n'a pas tardé à en entraîner un autre. Moins d'un mois après, le *SS-Hauptamt* a en effet reçu le droit de prélever d'office un cinquième des conscrits des classes 1927 et 1928 jusqu'au 31 mai 1945. En annonçant à Himmler son triomphe au seuil de l'abîme, Berger exultait :

> *Reichsführer!* Un combat que j'ai commencé en l'an 1940 [...] est arrivé à son terme. Nous recevons d'emblée le droit de pouvoir incorporer directement 20 % des volontaires. Comme les états-majors des circonscriptions militaires ne peuvent à l'heure actuelle mener aucun contrôle, nous recevons le droit d'enrôler [83].

La porte était donc ouverte à tous les abus, et le principe original de volontariat, déjà vidé de son sens, achevait de perdre toute signification au début de 1945. Le 17 février, la SS recevait ainsi le droit d'enrôler 95 000 des 452 000 adolescents de la classe 1928 passés devant un conseil de révision. Déjà 81 600 servaient sous les drapeaux à cette date, dans des uniformes sans doute trop grands pour eux [84].

7

Le recrutement de la SS à l'étranger

Dans le contexte d'expansion voulu par l'Ordre noir, le recrutement de ressortissants étrangers par la SS a impliqué l'adaptation de son idéologie à une évolution « extra-germanique »[1]. Au-delà du mythe d'une « armée européenne » fabriqué par la propagande à partir de 1944, il s'agit de déterminer par quels moyens la SS a pu attirer des ressortissants étrangers, quels furent les obstacles rencontrés et, surtout, les résultats obtenus. Par cette approche globale de la question, les disparités et particularismes locaux, parfois proches du folklore, laissent la place à l'essentiel, à savoir la mobilisation réussie par la SS des populations « ethniquement allemandes » vivant en dehors du Reich, mais aussi l'échec relatif de son projet d'enrôler un grand nombre de ressortissants dépourvus de liens avec l'Allemagne.

LES POPULATIONS « ETHNIQUEMENT ALLEMANDES »

Des événements troublés de l'Histoire comme des migrations des peuples, des traités politiques comme des conditions socio-économiques, il avait résulté un large éparpillement des populations d'origine allemande que les idéologues du IIIe Reich considéraient attachées au foyer de peuplement originel en les qualifiant d'« Allemands ethniques » *(Volksdeutsche)*. Chacun de ces foyers avait un destin particulier. En Hongrie, par exemple, se trouvaient deux groupes distincts de *Volksdeutsche*, les « Saxons de Transylvanie » et les « Souabes », dont la présence remontait au milieu du XIIe siècle pour les premiers, et au XVIIIe siècle pour les seconds. S'y ajoutaient les populations allemandes d'Autriche peuplant la région limitrophe avec ce pays [2]. En Russie, les nombreuses communautés allemandes, implantées parfois très profondément jusqu'à la Volga, étaient pour beaucoup le résultat de mouvements migratoires des XVIIIe et XIXe siècles. Attirés par les perspectives de développement ouvertes par l'impératrice Catherine II de Russie, des colons allemands étaient venus s'y implanter, à la suite notamment de l'édit du 22 juillet 1763 visant à peupler et à cultiver de larges portions de territoires encore en friche.

En ce sens, le bouleversement des frontières issues des différents traités de paix signés au lendemain de l'armistice de 1918 n'avait constitué qu'une péripétie supplémentaire à un destin déjà très mouvementé. De l'Alsace à l'Oural, du Schleswig-Holstein jusqu'aux bords de la mer Noire, l'Allemagne pouvait à bon droit revendiquer un patrimoine commun, voire une filiation culturelle encore très vivace, avec nombre de communautés parfois coupées depuis longtemps de leurs racines. En 1919, cette population était estimée à plus de 11 millions, les effectifs les plus importants vivant dans les bassins européens situés à l'est et au sud-est de l'Allemagne (*annexe 6*). À l'été 1940, au moment où le *SS-Hauptamt* va commencer à se tourner vers le potentiel offert par les Allemands de souche et autres « Germains », cette situation avait entre-temps évolué. Le rattachement successif par la diplomatie ou par la force des provinces limitrophes de l'Allemagne s'était échelonné depuis 1935 dans pratiquement toutes les directions, ne laissant plus pour l'essentiel hors des frontières du Reich que les quelque 3,5 millions d'âmes des communautés du bassin danubien, des pays Baltes et de l'Union soviétique.

Définir ce qu'était un *Volksdeutscher* n'était cependant pas un mince problème. De fait, le concept d'« Allemand ethnique » n'avait rien d'absolu. D'origine allemande dans sa triple acception biologique, linguistique et culturelle, il vivait dans un pays étranger dont il possédait la citoyenneté [3]. Or, là où le sentiment individuel d'appartenance communautaire pouvait réellement justifier un lien avec la nation mère, la définition retenue privilégiait des critères apparemment objectifs où la conscience de l'individu s'effaçait derrière son mode de vie. Ces critères fluctuaient par ailleurs en fonction de la situation politique locale et de la volonté d'intégration plus ou moins poussée de chaque État souverain. Sur 477 000 Souabes de Hongrie dont l'allemand était la langue maternelle, plus du tiers (173 000) se déclaraient par exemple de nationalité hongroise en 1941 [4].

Chez les statisticiens en charge de convertir en chiffres des variables très diverses et parfois subjectives, le problème était ardu. Le manque d'expérience sur la question conduisait souvent « à une surestimation de la logique et à une sous-estimation de la psychologie ». Avec les critères objectifs liés à l'ascendance, la reconnaissance de sa filiation nationale par l'individu était certes le premier des facteurs. Il devait néanmoins se conjuguer avec la pratique de l'allemand comme langue maternelle. Cette dernière devait se définir comme « langue de réflexion » *(Denksprache)*, c'est-à-dire le langage intime de l'individu qui pouvait être distinct de celui utilisé dans sa vie publique [5].

En étant sujette à une très large interprétation, la définition de l'« Allemand ethnique » n'a pas manqué de susciter des abus. Lorsque les besoins en hommes ont augmenté (à l'image des ambitions de la SS), la tentation a naturellement été forte d'étirer autant que possible ce concept. Ainsi en est-il allé en Hongrie. En août 1940, les ministres allemand et hongrois des Affaires étrangères avaient signé à Vienne un protocole « relatif à la protection des groupes ethniques allemands en Hongrie ». Le deuxième article définissait alors le *Volksdeutscher* comme « celui qui se reconna[issait] dans la nature allemande et qui [était] reconnu comme tel par la direction de l'" Union des Allemands en Hongrie " » [6]. Au printemps 1944, cette définition avait sensiblement évolué. Face à la nécessité de recruter 40 000 hommes, la prestance physique et raciale a pris le pas sur toute autre considération. À leurs interlocuteurs hongrois qui leur opposaient que le *Volksdeutscher* était celui qui reconnaissait *volontairement* son appartenance à la communauté allemande, les représentants de la SS ont rétorqué que « l'incorporation de 40 000 Allemands [*sic*] dans la SS [était] plus importante que le marchandage pour des formules ». Devenait alors *Volksdeutscher* celui « qui se manifest[ait] comme tel en raison de son mode de vie et de son caractère national, ou qui se reconna[issait] volontairement comme Allemand ». En somme, le choix de l'individu n'était plus qu'une alternative à des critères laissés à la libre appréciation des recruteurs. Par ailleurs, le fait d'avoir au moins trois grands-parents allemands, comme il était stipulé, permettait d'enrôler d'office des hommes ne parlant parfois pas la langue de Goethe. Dans le district hongrois de Baranya, tous les hommes mobilisables dont le nom était à consonance germanique ont ainsi été mobilisés d'office dans la SS en juillet 1944 [7].

Avant même d'incorporer les *Volksdeutsche*, la SS les a recensés. Conjuguant les besoins de son recrutement avec la poursuite de ses buts idéologiques, la *Reichsführung-SS* a en effet abordé la question en lui appliquant des méthodes rationnelles. De ce point de vue, l'inflexion technocratique prise par le IIIe Reich a largement profité à l'Ordre noir. Envoyés en éléments précurseurs ou arrivés dans les fourgons des armées hitlériennes, les statisticiens, « soldats scientifiques » du national-socialisme, ont largement frayé le chemin du *SS-Hauptamt*. Dès 1938, des études statistiques avaient été entreprises sur l'ensemble des pays d'Europe centrale et orientale qui allaient être plus tard occupés par le Reich. Une fois annexées ou contrôlées, la plupart des régions ont fait l'objet d'une enquête statistique plus précise entre 1939 et 1943, à l'image du *Gau* de la Warta, de l'*Ostland* (pays Baltes) et de l'Alsace-Moselle. On a en effet beaucoup recensé au début des années 1940 à travers l'Europe, et plus précisément en 1941 : en Croatie, en Roumanie et dans les communautés allemandes de Hongrie et du Schleswig du Nord. En Union soviétique, et particulièrement en Ukraine, la SS a également été à l'œuvre. Au cours de leur progression à l'été 1941, les Allemands n'ont cessé de découvrir des foyers d'implantation de *Volksdeutsche* dont ils ignoraient jusqu'à l'existence. Un décompte approximatif établissait ainsi leurs effectifs à 320 000 individus. Un détachement *ad hoc* de la SS a donc été chargé d'en faire le décompte précis à l'automne 1941 et de dresser ainsi une carte des communautés de souche allemande perdues au milieu des « sous-hommes » slaves [8].

Le recrutement des ressortissants étrangers

Repérer – Sélectionner – Incorporer.
À quelques variantes près (en fonction des possibilités locales),

telles ont été les trois phases méthodologiques appliquées au recrutement des ressortissants étrangers « germaniques » ou « ethniquement allemands ». En soi, il n'y avait là rien de très différent du travail de recrutement accompli auprès des ressortissants du Reich. Mais à utiliser de telles méthodes, somme toute traditionnelles, le *SS-Hauptamt* a pris conscience qu'il lui manquait une étape essentielle – organiser et regrouper – à laquelle s'est encore par la suite ajoutée une cinquième, facultative et rarement appliquée, mais néanmoins efficace : présélectionner. Naturellement, cette politique n'a été mise en place et systématisée que progressivement. Tâtonnements et échecs ont été aussi nombreux que les succès à l'aune desquels la méthode a été améliorée et rationalisée. La mise en place des grandes opérations de recensement à la fin de l'année 1941 éclaire à elle seule le décalage dans le temps avec la décision exprimée dès l'été 1940 par la SS de recruter des ressortissants étrangers.

L'impasse des premières tentatives

Lorsque la *Reichsführung-SS* s'est lancée dans le recrutement des « Allemands ethniques » et autres « Germains » au tout début de l'été 1940, elle l'a fait sans plan véritable [9]. Le cas des Pays-Bas est en ce sens révélateur. Certes, des lignes directrices ont bien été émises par Himmler, qui a ciblé trois populations : les membres du Mouvement national-socialiste néerlandais d'Anton Mussert (*Nationaal-Socialistische Beweging*, NSB), des jeunes de moins de vingt ans recommandés par des personnes de confiance vivant aux Pays-Bas et les Néerlandais travaillant dans le Reich. À l'origine, Himmler souhaitait néanmoins ménager le partenaire politique que représentait le parti de Mussert, demandant à ce que l'on ne l'affaiblisse pas en le vidant de sa substance par une importante ponction de ses militants. Par ailleurs, le recrutement des ressortissants néerlandais en Allemagne lui semblait être une entreprise « trop longue » [10]. En définitive, il privilégiait une approche individuelle des candidats à l'engagement, et non une approche de groupe. C'était une erreur fondamentale. En effet, à la différence de l'Allemagne, la SS ne disposait aux Pays-Bas ni de « viviers humains » (tels la HJ, le RAD ou l'*Allgemeine-SS*), ni d'un maillage serré de relais couvrant l'ensemble du territoire jusque dans les campagnes. D'autre part, elle s'adressait à des ressortissants étrangers dont le pays venait d'être envahi par l'Allemagne et pour lesquels l'adhésion au Reich n'était rien moins qu'évident, à l'inverse des Allemands que le patriotisme pouvait déterminer à s'engager dans la *Waffen-SS*. La forte anglophilie et, plus tard, l'espoir ou la crainte d'un débarquement allié à l'ouest s'ajoutaient à ces sentiments [11].

Cette erreur d'approche sera assez rapidement reconnue devant les piètres résultats obtenus. Dès le 30 janvier 1941, Himmler va ainsi se résoudre à ponctionner les milices du NSB et ordonner que des négociations soient ouvertes dans ce but avec Mussert. Si celles-ci ne répondront pas à toutes ses attentes, elles vont néanmoins permettre d'obtenir, en l'espace de cinq semaines, près de 1 000 hommes des formations politiques et paramilitaires du NSB. Comparé aux 786 volontaires au total recrutés en Scandinavie, en Flandre et aux Pays-Bas d'août à décembre 1940, soit en quatre mois, ce résultat montrait la voie à suivre [12].

Avec son flair habituel, Berger avait déjà perçu cette voie depuis longtemps. De fait, un recrutement efficace passait forcément par le recours à des organisations ou à des structures communautaires déjà existantes servant de relais à l'action de ses services. Dès les premiers mois du conflit, le cas de la Slovaquie avait pu l'aiguiller dans ce sens. Là, au sein de la communauté allemande, une milice de quelque 7 000 hommes, disposée à fournir des contingents à la SS, avait constitué un réservoir tout indiqué. Une fois ses dispositions prises, Berger avait été en mesure de sélectionner 400 volontaires en l'espace de huit jours en mars 1940 [13]. Tout au long de l'année, le processus a été renouvelé, notamment à l'automne avec la minorité allemande de Yougoslavie [14]. Les camps de transit des *Volksdeutsche* transplantés dans les nouveaux territoires conquis ou contrôlés par le Reich ont naturellement constitué des cibles tout aussi attractives. Suite à l'ordre de Hitler de porter à 50 % de leurs effectifs théoriques les formations de dépôt des divisions pour le 30 avril 1941, en vue de l'offensive contre l'Union soviétique, Berger a décrété que la SS avait besoin « de chacun des garçons issus de l'immigration de Bessarabie et de Lituanie aptes à la SS ». En soi, ce potentiel était important, car 130 000 *Volksdeutsche* de ces deux communautés avaient été réimplantés au sein du Reich au début de 1941 [15].

L'organisation du recrutement sur une base légale

En raison des difficultés fréquemment posées par les gouvernements de Budapest et, plus encore, de Bucarest, les choses ont été beaucoup plus compliquées en Roumanie et en Hongrie, là où se trouvaient pourtant les deux plus importantes communautés allemandes du bassin danubien. Le problème n'y était pas l'absence de volontaires, mais l'impossibilité de leur faire franchir les frontières de manière régulière. Les choses s'étaient encore singulièrement compliquées en Roumanie où « la psychose de la guerre » s'était emparée des dirigeants du royaume après l'invasion allemande de la Pologne, officiellement déclenchée pour des questions de minorités ethniques. Le gouvernement roumain avait par exemple refusé de délivrer des passeports à quelque 600 Allemands ethniques de Bessarabie, prétextant que le Reich cherchait ainsi à faire le jeu de l'URSS en retirant de cette région ses forces vives. En juin 1940, Berger parviendra certes à faire passer la frontière du Reich à un convoi de 1 080 *Volksdeutsche* roumains, mais sous de fallacieux prétextes [16].

L'illégalité se poursuivra jusqu'à ce que les besoins de la SS soient trop importants pour être assouvis de façon détournée. Bien davantage que l'impossibilité de frauder, les mesures de rétorsion prises contre leurs ressortissants « déloyaux » par les États étrangers concernés (condamnations, perte de citoyenneté, conséquences sur les familles, etc.) remettaient en cause l'efficacité du recrutement. Par exemple, il n'était pas difficile pour Berger de faire franchir la frontière aux *Volksdeutsche* de Hongrie en les faisant passer par des régions frontalières où vivaient des communautés allemandes [17]. Même en Roumanie, le convoyage de plusieurs centaines d'individus, organisé en mars 1941 à l'insu du gouvernement Antonescu, ne semble pas avoir soulevé de difficultés insurmontables. En revanche, leur départ équivalait à une désertion, ce qui allait probablement les empêcher de revenir dans leurs régions d'origine sous peine d'y être arrêtés. Ce fait ne laissait pas d'inquiéter l'*Auswärtiges Amt*, qui semble avoir pleinement partagé sur ce point les convictions raciales de la SS. « Cela signifie, signalait ainsi dans un télégramme l'envoyé allemand à Bucarest, que le meilleur sang allemand est retiré de la communauté allemande. Les femmes allemandes se marieront ensuite avec les Roumains. Cela [aura] donc pour conséquence que la communauté perdra considérablement de sa valeur »[18].

La SS a en conséquence entrepris, avec le concours de l'*Auswärtiges Amt*, des négociations officielles avec les États concernés. Une première série de négociations n'a permis d'obtenir que des résultats insignifiants en 1941, la Roumanie se bornant par exemple à céder quelques centaines de *Volksdeutsche*. Seule la Croatie a donné son accord pour que 10 % des *Volksdeutsche* de chaque classe d'âge puissent servir dans la *Wehrmacht*. Ces hommes ont été immédiatement revendiqués par la SS, même si elle a bientôt jugé ce contingent insuffisant et transgressé l'accord dès le milieu de l'année 1942. À la fin de l'année 1941, Himmler a finalement estimé à 60 000 le nombre de *Volksdeutsche* à obtenir de la Roumanie, de la Hongrie et de la Slovaquie, tout autant pour couvrir les pertes du front de l'Est que pour donner aux formations SS une marge d'expansion. Les services de la Wilhelmstraße ont alors été de nouveau sollicités. La Hongrie a cédé et, en février 1942, le recrutement de la SS a débuté dans le royaume magyar. De son côté, la Roumanie ne fléchira pas avant l'été 1943 [19].

Les « viviers humains » à l'étranger

Sur le terrain, le *SS-Hauptamt* n'a guère rencontré de difficultés pour recruter les *Volksdeutsche*. De fait, il a largement pu s'appuyer sur les communautés dont les instances représentatives étaient généralement bien structurées. Tombées sous la coupe de la SS et mises au pas, ces communautés ont chaque fois constitué un « instrument de pénétration » (H. Sundhausen) dont a usé et abusé Berger pour son recrutement. En Slovaquie avant guerre comme en Croatie et en Serbie en 1941, la constitution de milices parallèles recrutant localement sur des critères identiques à la SS a représenté la forme la plus aboutie de cette emprise en servant d'« antichambres » au passage dans la *Waffen-SS*. Au besoin, des consignes préparatoires ont été données en vue des grandes opérations de recrutement. Tel a été le cas en Hongrie et au Schleswig du Nord où l'organisation rationnelle des communautés, concomitante aux opérations de recensement, a été ordonnée par Himmler en novembre 1941[20]. Le *SS-Hauptamt* de Berger a naturellement tiré profit de cet outil statistique. Il est d'ailleurs intéressant de remarquer que, dans les méthodes d'application, le recrutement à l'étranger a généralement disposé d'une longueur d'avance par rapport aux pratiques au sein du Reich. En effet, affranchi du contrôle de l'armée et du parti auxquels son action était soumise en Allemagne, le *SS-Hauptamt* a pu opérer en toute illégalité en dehors des frontières du Reich. Ainsi, la technique de repérage sous couvert du dépistage de la tuberculose, introduite à l'été 1943 au sein du Reich, avait été initiée quelques années plus tôt en Bohême-Moravie et en Hongrie.

Dans sa quête d'effectifs, le chef du *SS-Hauptamt* est allé encore plus loin. En effet, s'il a trouvé dans les communautés de *Volksdeutsche* des partenaires naturels, ces derniers lui ont cruellement fait défaut dès lors qu'il a opéré au sein des pays « germaniques ». La création d'une « SS » dans chacun d'eux a certes participé de la même intention, sans cependant qu'il soit possible de déterminer quelle part elle a eu dans le recrutement effectif de la *Waffen-SS*[21]. Surtout, les partis locaux de la collaboration, ultra-minoritaires en terme d'effectifs, se sont vite essoufflés (ou ont feint de l'être) à donner à la SS les hommes que celle-ci exigeait. D'où l'idée de Berger de cibler d'autres groupes, catégories ou organisations, quitte au besoin à les constituer lui-même. Avec son imagination fertile, il avait envisagé cette solution dès juin 1940 en considérant « comme une réserve tranquille » les 3 000 Néerlandais qui s'étaient portés volontaires pour travailler dans les usines du Reich (et ceux encore à venir)[22]. La création, à l'été 1942, de « bureaux directeurs des volontaires germaniques » dans chaque pays « germanique » a représenté le point culminant de cette politique. Agissant « comme les bureaux centraux du responsable en charge des affaires nationales du parti », ils ont collecté l'ensemble des informations sur chaque ressortissant de ces pays ayant manifesté d'une quelconque manière un intérêt ou de la sympathie pour l'Allemagne. La constitution d'une douzaine de fichiers devait ainsi permettre d'obtenir « le plus grand cercle possible d'accès et d'influence pour le futur noyau de soldats et de politiques de ces pays, c'est-à-dire pour la *Waffen-SS* et la *Schutzstaffel* germanique »[23]. Dès le mois de juin 1943, la SS a ainsi plus ou moins tourné le dos aux « mouvements rénovateurs » des pays occupés pour se lancer dans une politique destinée à démarcher directement les candidats potentiels « par-dessus les partis », « de sorte que la substance germanique profonde puisse être réellement recensée ». C'est du reste grâce à cette nouvelle approche que Berger pourra mener à bien la mise sur pied du corps blindé « germanique » à la même époque [24].

Avec le temps, cette politique de ponction d'effectifs sur des « viviers humains » existants ou artificiellement créés a connu d'autres champs d'application. Ainsi, une milice telle que la « Landwacht Niederlande », constituée aux Pays-Bas en mai 1943 afin de remplir des tâches de sécurité, a fini par servir d'antichambre à la formation néerlandaise de la *Waffen-SS* – tout en permettant au passage de couper la direction du NSB de ses militants qui y servaient [25].

La SS a également gagné du terrain au sein même du Reich. Les camps de prisonniers de guerre sont en effet devenus des terrains de prospection au même titre que les usines. Suite au blocage de l'OKW qui ne voulait pas libérer deux prisonniers français prévus pour être enrôlés dans la SS, Hitler a accordé en mars 1944 à Himmler un droit supplémentaire à sa panoplie déjà très vaste de prérogatives, celui d'obtenir tout prisonnier de guerre qu'il pourrait demander pour servir dans une unité de la *Waffen-SS*, au sein de la *Sipo* ou du SD. Seule condition requise, ces individus devaient être effectivement détenus dans un camp de prisonniers, cela afin de ne pas heurter l'intérêt de la production de guerre. Himmler s'est naturellement empressé de déléguer cette nouvelle prérogative à Berger [26]. Cela a été pour lui un atout particulièrement précieux après le repli des forces allemandes sur les frontières du Reich et l'évacuation des territoires occupés. De solution alternative, la prospection dans les camps de prisonniers de guerre et dans les usines est ainsi devenue un passage obligé pour le recrutement de la brigade (puis division) « Wallonie » à la fin du conflit [27]. De même, la création d'un quatrième bataillon au sein du régiment « Landstorm Nederland », avec à la clé son extension en brigade, n'a été rendue possible que par l'enrôlement de ressortissants néerlandais ayant auparavant travaillé en Allemagne [28].

RÉSISTANCES, OPPOSITIONS ET CONCURRENCE

Les gouvernements des États satellites

Venue démarcher des populations étrangères pour, au moins en partie, contourner le contingentement imposé par la *Wehrmacht* au sein du Reich, la SS ne pouvait pas s'attendre à voir des pays souverains alliés, même satellites, lui céder de bonne grâce leurs ressortissants. Fondamentalement, il s'agissait à la fois d'une violation de souveraineté et d'une violation du droit individuel [29]. La SS ne s'est d'ailleurs pas privée de jouer au besoin sur la corde autonomiste pour son recrutement, provoquant en retour l'opposition de l'État souverain. La Croatie a ainsi considérablement gêné l'incorporation des volontaires musulmans lors de la mise sur pied de la 13ᵉ division SS. Le ministre croate pour la Bosnie était conscient que le Reich voulait « détacher la Bosnie et cela ne [pouvait] être permis ! », ajoutant que « laisser les Allemands constituer en Bosnie une division bosniaque [revenait] à monter les Bosniaques contre nous, Oustachis, en même temps qu'à abandonner la Bosnie... ». Dans l'impossibilité d'opposer une fin de non-recevoir catégorique aux Allemands et à la SS, le gouvernement croate d'Ante Pavelić en a été réduit à une longue bataille d'usure dans l'application de l'accord officiel qui lui avait été imposé [30].

De tous, le gouvernement roumain du général (puis maréchal) Ion Antonescu a su le mieux résister, tout du moins jusqu'en 1943. D'un côté, la diplomatie allemande avait tout intérêt à ménager son principal fournisseur de carburant. De l'autre, le danger de voir la communauté allemande s'affaiblir avec le départ des hommes jeunes, de même que les sévères mesures prises par les Roumains à l'encontre des *Volksdeutsche* ayant déserté pour rejoindre une armée certes alliée, mais étrangère, ont conduit le ministère des Affaires étrangères du Reich à ordonner aux responsables de la communauté allemande l'arrêt du mouvement de fuite vers le Reich et l'entrée en service des conscrits dans l'armée roumaine. Même « extrêmement impopulaire », la consigne sera globalement suivie sur place. À l'instar de la *Wehrmacht*, Himmler promulguera d'ailleurs à l'été 1942 un ordre très strict interdisant l'accès de la *Waffen-SS* aux *Volksdeutsche* de Roumanie [31].

Tous les pays n'ont cependant pas montré la même réticence à se séparer de leurs ressortissants. Ainsi en est-il allé de l'armée et du gouvernement hongrois dont les motivations politiques étaient doubles. Ayant intégré quelque 200 000 *Volksdeutsche* avec les territoires amputés à la Roumanie et à la Yougoslavie pour prix de son allégeance au Reich, le gouvernement magyar n'a été que trop heureux de pouvoir se débarrasser à cette occasion de ces éléments jugés peu sûrs, car constituant une force centrifuge au sein de l'État. Budapest y a vu l'opportunité d'une « épuration ethnique » non pas par exclusion, mais par aspiration par une puissance extérieure. La seconde motivation visait à épargner de cette façon l'engagement des forces armées hongroises dans la guerre. Au final, ces calculs se sont tous deux révélés faux. D'une part, les communautés allemandes ont préféré éviter un engagement sous les drapeaux de leurs membres politiquement actifs afin de préserver leur ossature. D'autre part, la Hongrie n'a pas pu se soustraire à l'exigence allemande d'une participation militaire accrue sur le front de l'Est. En revanche, la SS devra attendre qu'un gouvernement plus souple soit nommé à Budapest au printemps 1944 pour lancer une importante campagne de recrutement dont les exigences n'auraient, sans cela, pas pu déboucher [32].

Les empiètements de la SS sur les prérogatives du ministère des Affaires étrangères du Reich

Ainsi présentés, les exemples roumain et hongrois révèlent la complexité des opérations de recrutement de la SS sur l'échiquier international. Ce faisant, l'Ordre noir a étendu son emprise au mépris des compétences des institutions du Reich, au premier rang desquelles figurait le ministère des Affaires étrangères. Sur le principe, une étroite collaboration entre la SS et l'*Auswärtiges Amt* était souhaitable et parfaitement réalisable. Dans les faits, cette collaboration trouva rarement son application, à tout le moins jusqu'en 1943 [33]. L'origine de la discorde était simple. Par sa seule action de recrutement, la SS constituait un facteur de déstabilisation important, tant au sein des pays concernés que, par contrecoup, dans leurs relations avec le Reich. En 1941, l'attaché allemand à Bucarest avait ainsi mis en exergue la contradiction entre l'octroi d'un contingent de *Volksdeutsche* à la SS et l'engagement qu'il avait personnellement donné à Antonescu que l'Allemagne n'organiserait plus de tels départs. « Le détournement délibéré de jeunes *Volksdeutsche* aurait pour conséquence que la confiance qu'Antonescu nous manifeste à tous points de vue serait ébranlée. » « Si cela est ordonné, avait-il néanmoins conclu, ce sera naturellement fait »[34]. À la même époque, la Wilhelmstraße avait fait savoir à la SS qu'elle ne voulait pas la voir interférer dans les tractations en cours avec la Hongrie par son action indépendante (et à cette époque parfaitement illégale) de recrutement. Ribbentrop se faisait cependant fort, déclarait-il, de prêter son concours afin de procurer à la SS un millier d'hommes originaires du Banat et de Transylvanie. Berger avait naturellement accepté cette proposition, sans pour autant mettre un frein à sa propre action. Devant faire face au mécontentement général suscité par les opérations de recrutement illégales de la SS à l'étranger, en particulier en Hongrie et en Croatie, l'*Auswärtiges Amt* avait une nouvelle fois dû colmater les brèches en juillet 1941[35].

De fait, la *Reichsführung-SS* n'était pas prête à subordonner son action de recrutement à l'étranger à un quelconque partenaire allemand, d'autant plus qu'elle menait sa propre politique dont les intérêts différaient sensiblement de ceux du Reich. Dès lors, des frictions, voire des affrontements, étaient inévitables. Au final, ils ont surtout pénalisé les résultats par un gaspillage de temps et d'énergie. Pourtant, les débuts de la collaboration dans ce domaine entre le ministère des Affaires étrangères et la SS n'avaient pas été trop mauvais. Tout à l'inverse, Himmler avait même demandé à Ribbentrop de l'aider, ce qui avait permis d'assurer la première campagne de recrutement légale en Hongrie (pour prix de son aide, Himmler avait dû céder à contrecœur quelques-uns de ses cadres à la Wilhelmstraße)[36].

À partir de 1942, les prétentions de plus en plus ostentatoires de la SS à vouloir régenter ce qu'elle estimait être son « pré carré germanique » ont toutefois complètement détérioré cette coopération. Dans le langage euphémique de Berger, ces menées impérialistes étaient présentées comme la nécessité « de s'immiscer politiquement et de faire valoir sur place les droits du *Reichsführer-SS*, de [les] défendre et de renforcer les positions atteintes »[37]. Une telle politique ne pouvait laisser l'*Auswärtiges Amt* sans réaction. En septembre 1942, un mémorandum émanant de la Wilhelmstraße va dénoncer en vrac les droits que la SS s'était illégitimement arrogés et ses « initiatives qui mett[aient] en péril l'orientation politique » du Reich [38]. Quatre cas étaient évoqués, dont l'un impliquait directement Berger. La Wilhelmstraße en avait naturellement profité pour annuler les dispositions prises par celui-ci.

La SS a ainsi été parfois contrainte d'abdiquer ses intérêts devant ceux du Reich. À la fin de l'année 1942, alors que les relations entre Ribbentrop et Himmler étaient « à couteaux tirés »[39], les Affaires étrangères ont marqué un point en obtenant que la Bulgarie soit protégée des appétits de l'Ordre noir. En l'espèce, il a suffi à Ribbentrop de faire valoir son point de vue auprès de Hitler pour gagner la manche. La Bulgarie ayant pour l'Allemagne « une très importante fonction politique [et] militaire envers la Turquie », le Reich ne pouvait « en conséquence prendre aucune mesure qui pourrait à cet égard contribuer à disperser la puissance défensive bulgare », selon la Wilhelmstraße. Ce rôle de rempart dévolu à la Bulgarie va durablement empêcher toute mainmise des services de Berger sur le potentiel de ce pays, de sorte que le régiment bulgare de la *Waffen-SS* proposé en décembre 1942 ne verra effectivement le jour que deux ans plus tard, en octobre 1944[40].

À l'été 1943, la lutte d'influence entre le ministère des Affaires étrangères du Reich et la SS s'est néanmoins trouvée sur la voie sinon d'un règlement, du moins d'un apaisement. Au demeurant, l'infiltration croissante de la SS au sein de l'*Auswärtiges Amt* n'était pas étrangère à ce phénomène[41]. Surtout, l'ordre de créer deux divisions SS allemandes et une croate avait clairement démontré à Ribbentrop que le vent était en train de tourner au profit de Himmler en décembre 1942. Aussi a-t-il donné la consigne d'aider l'Ordre noir dans son recrutement, même si « malheureusement des inconvénients [devaient] aussi être pris en compte[42] ». Le ministère des Affaires étrangères s'est donc mobilisé pour une nouvelle campagne de recrutement qui devait déboucher sur l'incorporation de 50 000 à 80 000 *Volksdeutsche* en Roumanie et en Hongrie. Préférant délaisser les conflits de compétences et se mobiliser pour l'effort de guerre du Reich, il a même décidé de « couvrir l'action en cas de difficultés[43] ». Himmler a ainsi eu recours aux bons offices de Ribbentrop dans ses difficiles tractations avec le gouvernement croate. Les deux hommes se sont d'ailleurs rencontrés le 20 avril 1943 pour faire un tour d'horizon des pays où la SS était en train de recruter de nouvelles unités « prévues pour la conduite ultérieure de la guerre »[44]. Du reste, ces formations SS à recrutement étranger intéressaient au plus haut point l'*Auswärtiges Amt* qui voyaient en elles autant d'observatoires nationaux ou régionaux[45].

À la fin de l'année, la bonne volonté manifestée par la SS, en particulier le soutien sans faille prodigué par ses services en France pour prévenir tout départ intempestif de Pétain à l'automne 1943, ont conduit le ministre des Affaires étrangères à faire un pas supplémentaire en direction de son nouveau collègue de l'Intérieur. Le poids prépondérant accordé à cette époque par Hitler à la SS sur toutes les questions germaniques n'était probablement pas non plus étranger au revirement de la Wilhelmstraße[46]. Paradoxalement, la diplomatie allemande a pu reprendre l'initiative et retrouver brièvement une partie de son autorité sapée après l'évacuation des territoires occupés, s'immisçant notamment dans les affaires wallonnes et flamandes lors de la contre-offensive dans les Ardennes en décembre 1944[47].

Concurrence et oppositions diverses

Le ministère des Affaires étrangères du Reich a été le plus important mais non l'unique obstacle au recrutement de ressortissants étrangers par la SS. En effet, celle-ci a également vu son action entravée par des organisations nationales-socialistes rivales. Car même affranchie des contraintes exercées sur la ressource humaine au sein du Reich, la SS a dû batailler pour préserver son « pré carré » face aux appétits des uns et des autres – à l'image de la tentative de la SA de recruter des volontaires néerlandais pour la division « Feldherrnhalle »[48]. Au sein même de l'Ordre noir, de sérieuses dissensions sont apparues. Il s'est parfois agi tout simplement de représentants SS sur place qui, à l'instar des chefs régionaux d'avant guerre en Allemagne, n'ont pas apprécié d'être dépossédés d'une partie de leurs prérogatives par le *SS-Hauptamt*, à l'exemple du chef supérieur de la SS et de la police aux Pays-Bas[49]. Mais c'est tout spécialement avec le « bureau central des Allemands ethniques » (VoMi) que les difficultés ont été les plus sérieuses. À la fois organisme issu du parti et « institution relevant de l'autorité du Führer », il était passé sur décision de Hitler dans la mouvance de Himmler en octobre 1940, tout en conservant une certaine autonomie. En vidant de leur substance les communautés allemandes à l'étranger pour les envoyer sur le front, les services de Berger allaient à l'encontre de sa politique. Cela a conduit la VoMi à faire alliance avec le ministère des Affaires étrangères pour contrer avec succès le recrutement du *SS-Hauptamt*, notamment en Croatie [50].

Pour la même raison, Berger s'est heurté aux responsables de certaines communautés allemandes à l'étranger. Tout a été ici une question d'intérêts politiques ou économiques, mais aussi de relations personnelles. En Slovaquie, il était de l'intérêt du responsable local de verser en bloc sa milice à la SS pour éviter qu'elle ne soit purement et simplement démantelée [51]. En Roumanie, où le chef de la communauté allemande se trouvait être son gendre, Berger a rencontré dans ses démarches un soutien inconditionnel en même temps qu'un relais efficace [52]. Ailleurs, il en est allé autrement. Ainsi, la corruption, omniprésente au sein de la direction des communautés allemandes de Serbie et de Croatie, a posé des problèmes [53]. En Hongrie, le représentant de la communauté allemande a empêché les opérations de recrutement de la SS jusqu'au milieu de l'année 1941, et son action constituera encore un frein en 1942. De fait, Berlin utilisait les minorités allemandes sur place « comme de vulgaires instruments de sa politique », leur accordant puis leur retirant alternativement son soutien au gré de ses intérêts dans ses tractations avec l'État magyar. Aussi de tels agissements n'étaient pas faits pour susciter la confiance dans les menées de la SS [54].

On ne pouvait guère attendre mieux des partis collaborateurs des différents pays « germaniques ». Partenaires objectifs du Reich national-socialiste, mais obéissant à leurs intérêts propres, ils constituèrent davantage un fardeau qu'un avantage pour le recrutement de la SS. « Tu es donc aussi un traître au pays ! », telle était l'apostrophe du dirigeant du NSB à l'adresse de ses compatriotes néerlandais qui s'étaient les premiers engagés dans la *Waffen-SS* en 1940 [55]. De fait, la plupart de ces partis ou mouvements n'ont tout d'abord vu dans l'Ordre noir qu'une organisation relativement puissante du Reich dont l'alliance permettait de disposer d'un appui et d'une reconnaissance officielle. L'idée pangermaniste, quant à elle, était souvent de pure façade. « On dit certes Germanie, mais on pense Dietschland », constatait non sans amertume Himmler devant les attitudes de faux-semblant manifestées par les partis nationalistes flamand et néerlandais rêvant entre eux d'union [56]. « Je ne peux plus beaucoup agir, mais je peux encore beaucoup gêner », étaient encore les propos tenus le 14 décembre 1942 par le chef du NSB néerlandais [57]. Même si celui-ci se révélera finalement un pantin remis à sa place par les affronts de Himmler, de tels propos montrent la valeur de l'aide que Berger a trouvée auprès de la plupart des partis collaborateurs en Europe et explique que la SS s'en soit détournée [58]. Du reste, la création du IIIe corps d'armée blindé « germanique » SS a précisément servi à la *Reichsführung-SS* à éradiquer la force politique centrifuge que constituaient les « légions germaniques », devenues de véritables « troupes particulières des chefs de parti » [59].

La Wehrmacht

En dépit de quelques heurts, entre autres dans le « Gouvernement général » polonais et en Croatie, l'armée n'a pas constitué un concurrent véritablement sérieux. À cela existait dès le départ une raison très simple. À l'inverse de la SS, dont les statuts posaient le volontariat comme seul mode de recrutement, la *Wehrmacht* incorporait, fidèle à ses attributions et à sa mentalité. Cette différence culturelle s'est clairement révélée au moment de la « croisade contre le bolchevisme ». La SS a elle-même levé ses propres formations de volontaires « germaniques » en Scandinavie, aux Pays-Bas et en Flandre, tandis que la *Wehrmacht* a intégré des détachements de militaires ou de volontaires croates, espagnols et français déjà recrutés et constitués dans leurs pays respectifs. Même la « Légion Wallonie », pourtant attribuée à l'armée (car considérée comme non « germanique »), a été recrutée par la SS à la demande de la Wilhelmstraße. Une fois son travail accompli, la SS a remis à la *Wehrmacht* les effectifs rassemblés. En somme, aucune formation étrangère mise sur pied à l'été 1941 pour combattre à l'est dans les rangs de l'armée n'a été recrutée par celle-ci [60].

Cette différence culturelle n'était pas seule en cause dans l'absence de concurrence entre la SS et la *Wehrmacht*. En fait, une sorte de *modus vivendi* s'était presque naturellement instauré avec le temps. L'armée avait en effet déjà commencé à intégrer des ressortissants soviétiques suite aux pertes de l'hiver 1941-1942. À l'automne 1943, le recours aux « auxiliaires volontaires » (*Hilfswilligen*) avait pris des proportions croissantes, jusqu'à atteindre 13 % des effectifs de la *Wehrmacht* au milieu de l'année 1944. Mais – point important – ces ressortissants étrangers ne faisaient pas alors partie de « l'espace germanique élargi » plus ou moins esquissé par l'Ordre noir. À la *Wehrmacht* revenaient les individus provenant des pays hors de cet espace (Soviétiques pour l'essentiel, à l'exception des Baltes et des Ukrainiens). À la SS revenaient ceux qu'elle jugeait dignes d'elle à l'intérieur de cette limite. À l'occasion, l'attribution pouvait donner lieu à un marchandage entre Keitel et Himmler. Ainsi en est-il allé après la défection de l'Italie en septembre 1943. Cinq jours après l'armistice du gouvernement Badoglio, l'armée avait déjà fixé ses besoins à 69 000 hommes. Tout prêt à les lui laisser, Himmler n'en est pas moins allé trouver Keitel, le 22 septembre, pour discuter avec lui des *Volksdeutsche* du Tyrol du Sud qu'il voulait incorporer [61].

Cette répartition fondée sur des considérations raciales a été plus ou moins suivie jusqu'à l'été 1944, époque à laquelle la SS a remis ce système en cause en élargissant sa sphère d'influence à l'ensemble des contingents étrangers. Les prétentions manifestées à compter de cette époque par l'armée ont été acceptées dans la mesure où elles étaient encore conciliables avec les besoins de la *Waffen-SS* (ainsi la *Wehrmacht* a exigé et obtenu 100 000 Hongrois en juin 1944). Dans le cas contraire, elles ont été rapidement balayées, en particulier en Croatie [62]. À la fin d'août 1944, les esprits du *SS-Hauptamt* se préparaient finalement à accaparer l'ensemble des troupes étrangères relevant de l'armée [63].

Les résultats du recrutement à l'étranger

Noyés dans la masse écrasante des ressortissants du Reich, les étrangers intégrés en 1940 dans les premières formations SS n'ont pas constitué en leur sein des entités homogènes disposant d'une identité propre *(annexe 2)*. Même après le début de la guerre à l'est, en dépit d'une indéniable évolution, la *Waffen-SS* était encore loin d'être ce prototype d'armée européenne dont certains ont voulu faire le panégyrique après le conflit. Au 31 décembre 1941, les 18 221 volontaires étrangers représentaient certes 10,6 % de ses effectifs. La concession faite à l'orgueil de l'élite n'en demeurait pas moins une cause importante de cette évolution puisque 5 816 volontaires appartenaient aux « légions germaniques ». Ils n'étaient donc pas membres de la SS dans la mesure où ils ne répondaient pas à ses critères physiques. Ceux des ressortissants étrangers véritablement acceptés dans la SS se subdivisaient en deux contingents sensiblement égaux de *Volksdeutsche* et de « Germains », forts de quelque 6 200 individus chacun. En comparaison, le contingent de volontaires étrangers combattant dans les rangs de la *Wehrmacht* était à la même époque supérieur de plus d'un tiers à celui de la SS, avec au total 24 762 hommes. Rapporté aux millions d'hommes de l'armée allemande, ce contingent était naturellement dérisoire. Mais en tant qu'institution nationale allemande, la *Wehrmacht* n'avait pas vocation à intégrer des éléments supranationaux, contrairement aux ambitions affichées par la SS [64].

D'un point de vue strictement quantitatif, la véritable évolution dans le recrutement de la SS est apparue au printemps 1942, lorsque les négociations menées avec les différents États du bassin danubien ont permis de transformer un recrutement jusqu'alors limité, car illégal, en levées en masse par le biais de grandes campagnes d'incorporation menées cette fois officiellement. Dès le début du mois de juin 1942, le nombre de *Volksdeutsche* recrutés par le *SS-Hauptamt* était ainsi passé à quelque 42 100 [65]. Une fois ouvertes les vannes des réservoirs que constituaient les minorités allemandes à l'étranger, le *SS-Hauptamt* n'a cessé d'y prélever un tribut toujours plus important. Le sens des opérations de recrutement des *Volksdeutsche* a dès lors évolué. D'appoint utile à la ressource humaine du Reich, elles ont servi, à compter de 1942, et plus encore en 1943, à l'expansion de la *Waffen-SS* [66]. Au mois de mars 1943, Himmler déclarait ainsi à Hitler être en mesure d'aligner six nouvelles divisions SS en soutirant 120 000 hommes aux deux communautés allemandes de Roumanie et de Hongrie. Il avait néanmoins revu ses exigences à la baisse en réclamant de 30 000 à 50 000 hommes à l'amiral Horthy et de 20 000 à 30 000 hommes au maréchal Antonescu. En Hongrie, la campagne de recrutement qui s'est ouverte à l'été 1943 a débouché sur l'incorporation de quelque 20 000 hommes en février 1944. En Roumanie, le résultat de la première véritable campagne de recrutement officielle de la SS a encore été plus spectaculaire avec pas moins de 41 560 hommes incorporés en deux mois sur 47 580 candidats. Dans ce nombre,

17 748 individus présentaient les standards requis pour servir dans la *Waffen-SS*. Surtout, Berger n'a pas parlé de la question du remplacement à Himmler à l'énoncé de ces résultats, mais a immédiatement songé que ces recrues allaient permettre de constituer une nouvelle division pour le IIIe corps d'armée blindé SS « germanique »[67].

Les rapports mensuels du recrutement qui nous sont parvenus trahissent le poids croissant pris par les ressortissants étrangers. Si leur part s'établissait à seulement 4 % du total des hommes incorporés au cours de la première semaine du mois d'avril 1941, cette proportion s'est ensuite peu à peu élevée, passant à près de 6 % en novembre 1941, 28,5 % du 1er septembre au 15 octobre 1942, pour atteindre 55,7 % en avril 1943, et encore 49,5 % le mois suivant[68]. À la fin de l'année 1943, près de 120 000 *Volksdeutsche* avaient été recrutés dans les pays où leurs communautés étaient les plus importantes *(annexe 7)*, chiffre qui approchera les 150 000 en juin 1944[69]. Ce faisant, la SS a réussi le tour de force de mobiliser très largement les communautés allemandes du bassin danubien. En septembre 1944, 60 000 *Volksdeutsche* roumains servaient dans la *Waffen-SS* sur une communauté de 500 000 âmes, soit 12 %[70]. En Hongrie, ce taux se serait élevé à 13 %[71]. De tels résultats témoignaient du succès de l'idéologie de la « communauté allemande » promue par le Reich. La SS en a parfaitement utilisé la valeur universelle en imposant comme devoir à tout homme de souche allemande de servir sa « véritable patrie » où qu'il vive et quel que soit l'État dont il était le ressortissant. À côté d'elle, la *Wehrmacht* n'a fait que récupérer les miettes de ce transfert de devoir national en n'intégrant jamais plus du dixième des contingents incorporés par la SS dans les États danubiens.

En comparaison des gros bataillons d'Allemands ethniques, et en dépit de tous les efforts consentis par le *SS-Hauptamt*, le recrutement dans les pays germaniques ne représentait en janvier 1944 qu'un chiffre « relativement faible », voire « effroyablement bas », de l'aveu même de Berger. Fort d'environ 3 000 hommes seulement à la veille de l'opération « Barbarossa », le contingent de volontaires germaniques au service de la SS a progressivement augmenté pour passer à 12 021 au 15 janvier 1942, 19 331 au 30 juin 1943, puis 34 887 (37 367 en incluant les Français) au 31 janvier 1944. Liée d'une part à l'évolution de « l'idée germanique » de la SS, avec une approche moins sélective, et d'autre part à de nouvelles méthodes de recrutement, l'accroissement de près de 75 % du contingent des volontaires germaniques en six mois, d'août 1943 à janvier 1944, indiquait pourtant clairement que le succès était réel, trahissant également l'échec patent de la politique de recrutement de la SS menée auparavant dans ces pays. Néanmoins, le nombre des engagés germaniques en janvier 1944 se situait bien en deçà de ce que la seule communauté allemande de Roumanie avait pu offrir à l'effort de guerre du Reich. En pourcentage de la population de chacun des pays concernés, le niveau demeurait extrêmement faible, s'établissant à un niveau constant de 0,13 % pour la Flandre, le Danemark et la Norvège, 0,21 % pour les Pays-Bas [72]. Ce recrutement n'a donc jamais eu l'ampleur que les apologistes de la *Waffen-SS* ont voulu lui donner après guerre, à l'exemple des volontaires néerlandais. Loin des chiffres généralement avancés compris entre 50 000 et 60 000 hommes, leur nombre s'élevait à 21 908 au 1er janvier 1945 [73]. Et, en définitive, ces pourcentages demeuraient sans aucun rapport avec ceux des communautés allemandes à l'étranger.

8

La sociologie de la troupe

La sociologie des soldats SS est fondamentalement liée à la politique de recrutement de l'Ordre noir. Fondé sur la règle théorique du volontariat et soumis aux critères spécifiques de la SS, l'engagement de ces hommes a revêtu un caractère aléatoire qui a déterminé des disparités parfois importantes dans le résultat d'une politique de recrutement appliquée de manière plus ou moins uniforme. Là gît la différence essentielle avec le conscrit de la *Wehrmacht*. Le but est donc de dresser d'eux un « profil type » ou, plus exactement, des « profils types », si tant est que l'on puisse user de cette expression qui demeure extrêmement réductrice, même déclinée au pluriel.

Les particularismes régionaux du Reich

Les disparités régionales en 1940

Les données statistiques précises et fiables sur l'origine géographique des personnels de la *Waffen-SS* sont extrêmement rares et se limitent à la seule année 1940. Cette situation n'est toutefois pas aussi préjudiciable qu'il y paraît. En effet, la pression du recrutement a assez rapidement conduit à un effacement des disparités régionales, réduisant successivement l'écart entre les extrêmes de 0,185 ‰ en 1940 à 0,055 ‰ en 1941, puis à 0,035 ‰ pour les quatre premiers mois de l'année 1942[1]. Ce tassement confère en conséquence une valeur évidente aux résultats du recrutement régional de la *Waffen-SS* pour l'année 1940 *(annexe 8)*, époque à laquelle la pression, si elle n'était pas totalement absente, n'avait pas encore de caractère véritablement coercitif [2].

En chiffres absolus *(annexe 8, carte 1)*, les régions qui ont fourni ses plus gros bataillons à la *Waffen-SS* étaient alors géographiquement assez bien groupées le long de deux axes. Le premier courait du nord au sud, du Schleswig-Holstein à la frontière suisse. Le second barrait le Reich par une sorte d'arc de cercle allant de la Rhénanie du Nord/Westphalie à la frontière slovaque *via* le Brandebourg. À la croisée de ces deux axes, la Rhénanie du Nord/Westphalie et la Basse-Saxe fournissaient à elles seules près du quart des recrues de la *Waffen-SS*. Les régions à l'écart de ces deux axes affichaient des résultats beaucoup plus faibles. Récemment annexés, les anciens territoires polonais de la Warta et de la Vistule fournissaient logiquement très peu de volontaires en raison d'un faible bassin de population susceptible de répondre aux critères de la SS.

Corrigée en fonction du poids démographique de chaque région *(annexe 8, carte 2)*, cette perspective change sensiblement. Ainsi, la Basse-Saxe et le Schleswig-Holstein au nord-ouest, la Prusse-Orientale au nord-est, le Bade-Wurtemberg au sud-ouest, et enfin la moitié méridionale de l'ancienne Autriche apparaissaient comme des régions fortement contributrices, à l'inverse de la Rhénanie du Nord/Westphalie, de la Rhénanie-Palatinat ou des régions centrales, telle la Saxe. La différence était saisissante entre les deux extrêmes que constituaient la IVe région militaire de Dresde et la XIe région de Hanovre, pourtant voisines. La très nette prééminence de la Basse-Saxe était à cet égard tout à fait remarquable : avec une population presque trois fois moindre que celle de la Rhénanie du Nord/Westphalie, elle a fourni à la *Waffen-SS* un nombre de volontaires encore supérieur à celui de la région la plus peuplée du Reich.

Les facteurs sociologiques

Une fois ces disparités régionales établies, il convient d'en discerner les causes en les mettant en corrélation avec les disparités sociologiques du Reich. Une combinaison de quatre facteurs sera ici retenue : la religion, la politique, l'activité professionnelle et l'habitat. De tous, le facteur religieux est le plus déterminant. En soi, cela n'a rien de surprenant dans un pays dont l'organisation politique est marquée par l'héritage pluriséculaire des guerres de Religion qui ont déterminé son système décentralisé et une forte identité régionale. On constate ainsi que la branche militaire de l'Ordre noir a le plus souvent recruté dans les régions à forte majorité protestante, en particulier les provinces septentrionales de l'Allemagne [3]. Cette corrélation ne fait que confirmer la réceptivité de cette partie de la population aux idées nationales-socialistes, observée dès le début des années trente. Néanmoins, les exceptions d'un côté comme de l'autre sont trop flagrantes pour faire de cette tendance une règle absolue. La Saxe, pourtant protestante à plus de 86 %, n'a proportionnellement donné à la *Waffen-SS* que très peu d'hommes. À l'inverse, des provinces plus ou moins catholiques se plaçaient parmi les régions qui ont fourni à la *Waffen-SS* de nombreux volontaires. Avec 51,2 % de protestants contre 45 % de catholiques, la Ve région militaire (pays de Bade, Wurtemberg et territoires des Hohenzollern) était la seconde région contributrice au prorata de sa population. Le cas des régions méridionales de l'Autriche était encore plus net. En dépit d'une population catholique à plus de 85 %, les quatre *Gaue* de Styrie, Carinthie, Salzbourg et du Tyrol-Voralberg ont proportionnellement fourni autant d'hommes que les très protestantes régions du Schleswig-Holstein et de l'Oldenburg (X^e région militaire). Ces exemples permettent de nuancer l'hypothèse d'une prédisposition confessionnelle au choix d'un engagement dans la *Waffen-SS*. Chaque communauté religieuse était d'ailleurs en soi trop disparate pour réagir de façon homogène. C'était le cas de la communauté catholique dont une minorité de fidèles s'était déjà retranchée de la vie religieuse, en particulier dans les centres urbains et industriels [4]. Enfin, il est difficile d'apprécier le rôle de l'adhésion au nouveau paganisme nazi des « croyants en Dieu » *(Gottgläubig)* dans le recrutement de la *Waffen-SS*. Phénomène pour l'essentiel circonscrit aux grands centres urbains, tels Berlin et Hambourg, son caractère limité ne permet pas de mesurer son impact véritable [5].

Compte tenu de l'influence de la religion sur la vie politique allemande, la corrélation est forte entre la sociologie religieuse du Reich et les résultats électoraux sous la république de Weimar, notamment ceux du scrutin législatif qui a définitivement conforté Hitler au pouvoir le 5 mars 1933. Quoique houleux dans certains

Länder, et en dépit d'un parti communiste brimé après l'incendie du *Reichstag*, le suffrage était encore libre et avait vu la participation la plus massive des neuf consultations faites sous la république de Weimar (88,77 %)[6]. Malgré la difficulté méthodologique que constituent d'un côté le découpage géographique très différent des circonscriptions électorales et militaires du Reich, et de l'autre l'évolution de ses frontières dans l'intervalle (retour de la Sarre, annexion de l'Autriche, des Sudètes et de territoires polonais), certaines tendances apparaissent constantes. De fait, la carte du recrutement de la *Waffen-SS* en 1940, pondérée en fonction du poids démographique de chaque région, est, à quelques nuances près, une projection de celle du suffrage de mars 1933. Les points d'ancrage ou de faiblesse de la NSDAP, puis de la *Waffen-SS*, s'y retrouvent, ou du moins s'y devinent. Par ailleurs, les régions qui, à côté de leurs suffrages à la NSDAP, ont également donné une forte minorité (au moins 25 %) aux communistes du KPD (Berlin et « Potsdam II »), ou au « Parti allemand du Centre » (Oppeln, Westphalie-Nord, Cologne/Aix-la-Chapelle, Coblence/Trèves, Düsseldorf-Ouest, Haute Bavière, Bavière inférieure, Souabe, Bade) ont, en règle générale, moins bien pourvu en hommes la *Waffen-SS* sept ans plus tard. À l'inverse, les régions qui ont donné une forte minorité au « Parti social-démocrate » d'obédience chrétienne (Magdebourg, Hanovre-Sud/Brunswick, Hambourg, Mecklembourg) ont fourni ensuite de gros contingents à la SS, exception faite de Dresde-Bautzen et de Leipzig.

Les chiffres relatifs aux activités professionnelles de la population masculine démontrent qu'il n'y a pas un profil économique régional type qui aurait nettement contribué au recrutement de la *Waffen-SS*, même s'il faut reconnaître que l'absence d'une véritable base de comparaison géographique et la classification extrêmement large des activités du recensement de 1939 compliquent l'analyse[7]. Deux tendances se dessinent néanmoins. Tout d'abord, et à l'exception du *Reichsgau* « Danube inférieur », les cinq régions où l'agriculture, l'élevage et la pêche occupaient le plus grand nombre d'actifs masculins (Prusse-Orientale, Poméranie, Styrie, Carinthie) sont également des régions qui ont fourni à la *Waffen-SS* un nombre de volontaires supérieur à la moyenne du Reich. D'un autre côté, les trois régions démographiquement importantes où l'artisanat et l'industrie employaient ensemble la majorité absolue d'actifs masculins et qui, par ailleurs, avaient un taux de cultivateurs égal ou inférieur à 10 % ont toutes été sous-représentées dans son recrutement (Rhénanie, Westphalie et Saxe). Pour le reste, il est difficile de citer un exemple qui ne trouve pas son contraire. La région de Hanovre, où tant d'hommes se sont engagés dans la SS en 1940, présentait un équilibre qui n'était guère différent de celui qui prévalait pour l'ensemble du Reich. En dépit d'un plus grand nombre de travailleurs dans l'industrie et l'artisanat, le pays de Bade et le Wurtemberg n'avaient pas non plus une position particulièrement saillante qui permettrait d'y trouver la cause des bons résultats de la *Waffen-SS*.

Les statistiques du chômage permettent en revanche d'affirmer que celui-ci a représenté un facteur pratiquement nul. À l'exception de la Haute-Autriche, les régions qui ont proportionnellement fourni davantage d'engagés à la SS ont eu, sur l'ensemble de l'année 1940, un taux de chômeurs plus réduit que celles qui en ont moins fourni, Rhénanie en tête [8]. Dans la même veine, l'argument selon lequel les régions industrielles auraient donné moins d'hommes en raison d'un grand nombre d'affectés spéciaux pour l'économie de guerre n'est pas recevable. L'engagement dans la *Waffen-SS* étant basé sur le volontariat, il n'obéissait pas à la logique de la conscription. Et l'alternative à un engagement dans les forces armées illustre parfaitement le potentiel humain disponible, comme en Westphalie (VIe région militaire). À la fois bassin industriel et région plutôt catholique, elle a relativement peu pourvu la *Waffen-SS* en volontaires, mais a fourni dans le même temps un nombre vertigineux d'hommes à la police : plus de 6 500, soit deux fois plus que la seconde région contributrice (IXe région militaire, Kassel). Ce chiffre retranscrivait certes le poids démographique de cette province, mais il démontre aussi que, sous l'influence du syndicalisme d'obédience chrétienne ou communiste, le milieu ouvrier des grands bassins industriels a assez bien résisté aux sirènes du national-socialisme [9].

Le dernier des quatre critères sociologiques retenus est le lieu d'habitat et, plus exactement, le degré d'urbanisation des régions considérées [10]. Il est difficile de se faire une idée du poids du recrutement de la *Waffen-SS* dans les grands centres urbains, dans la mesure où ceux-ci n'apparaissent pas en tant que tels dans les régions militaires, à l'exception de la région de Rhénanie du Nord où se concentrent quantité de grandes agglomérations. Or, le recrutement de la *Waffen-SS* n'y a pas été un grand succès. Déterminer l'attitude des habitants des villes de taille moyenne est tout aussi peu aisé. En règle générale, on constate néanmoins que les provinces où la population résidait plutôt dans ce type de villes correspondaient assez souvent à des régions qui ont fourni un taux de volontaires supérieur à la moyenne. En fait, la corrélation du recrutement de la *Waffen-SS* avec les populations résidant dans des communes de moins de 2 000 âmes est le seul phénomène réellement observable. En l'occurrence, les régions où la population rurale prédominait ont souvent été celles où les comportements ont été les plus tranchés, que ce soit par leur grand ou, au contraire, par leur faible nombre d'engagés.

Ces résultats tranchés étaient à attribuer à la structure même de la communauté villageoise *(Dorfgemeinschaft)* où les élites locales (notables, propriétaires fonciers, enseignants, pasteurs ou curés, etc.) disposaient d'une influence considérable sur leurs concitoyens et déterminaient souvent la ligne politique de la grande majorité de la population. Cela a facilité une adhésion plus massive des communautés villageoises protestantes aux idées nationales-socialistes, dans la mesure où leurs élites y étaient elles-mêmes favorables, notamment en Poméranie, province de Hanovre, Brunswick et Hesse-Nassau. À l'inverse, les prêtres en charge d'encadrer leurs ouailles en Bavière et dans le Danube inférieur ont manifestement constitué un frein au recrutement de la *Waffen-SS*, et cela d'autant plus efficacement que la structure sociale des communautés catholiques était en règle générale plus solidement établie que celle des communautés évangéliques, facilitant ainsi le contrôle des âmes [11]. Les provinces montagnardes autrichiennes (Tyrol-Voralberg, Carinthie et Styrie) prouvent néanmoins que la prise de position des catholiques n'était pas à sens unique.

Cette caractéristique de la communauté villageoise a été largement exploitée par Berger. Dès son intronisation à la tête des services de recrutement SS en 1938, il a compris les mécanismes qui régissaient la vie des communautés villageoises et s'en est servi à merveille. En 1940, il a même intensifié sa politique en mettant à contribution le corps des instituteurs dans les Ve et XIe régions, et cela « avec un succès non négligeable », puisqu'il s'agit effectivement des deux régions qui, à la fin de la même année, ont affiché les meilleurs résultats pour l'ensemble du Reich [12]. En usant de l'ascendant moral que lui conférait sa supériorité intellectuelle au sein de sa commune, l'instituteur devenait un agent de recrutement d'autant plus efficace qu'il était respecté et écouté, *a fortiori* par ses élèves qui constituaient la cible privilégiée de la SS.

Au final, on constate qu'il n'existe pas *un* profil type de région où l'Ordre noir a trouvé un grand nombre de volontaires. En ce sens, l'image d'une *Waffen-SS* recrutant massivement dans les campagnes protestantes du nord de l'Allemagne, sans être fausse, n'est qu'une combinaison parmi d'autres. Certes, il s'est bel et bien agi d'une question de « milieu ». Celui-ci a joué son rôle en influençant les individus dans le sens du volontariat ou, au contraire, dans celui du refus. On constate ainsi qu'il y a souvent eu continuité entre les choix électoraux de 1933 et le recrutement de la *Waffen-SS* en 1940. À bien des égards, les résultats de ce dernier ont été la projection des ruptures qui s'étaient déjà produites dans le secret des isoloirs sept ans auparavant.

Sur le fond, deux grandes combinaisons sociologiques ont assuré à la SS ses plus forts contingents. D'un côté, les régions pastorales majoritairement protestantes (Poméranie, Hanovre) ont presque systématiquement fourni de larges effectifs à la SS, alors que les régions rurales catholiques ont eu des attitudes diamétralement opposées. D'un autre côté, l'Ordre noir semble avoir obtenu ses meilleurs résultats dans des régions aux villes de taille moyenne, plus fréquemment évangéliques (mais pas exclusivement), au sein des professions artisanales et du secteur tertiaire. Entre les petites communautés rurales conduites par leurs élites d'une part, et les grands bassins ouvriers marqués par la culture d'encadrement syndical de l'autre, il existait manifestement dans les agglomérations de taille intermédiaire un réservoir d'employés, d'ouvriers spécialisés, de commis et d'artisans prêts à s'engager dans la *Waffen-SS*, ce qui se vérifiera plus loin dans l'étude du profil socioprofessionnel des volontaires SS.

Les autres facteurs

En venant se greffer sur les disparités régionales du Reich, trois autres facteurs éclairent certaines observations. Le premier se trouve en amont du recrutement, dans l'implantation inégale de la Jeunesse hitlérienne en zones rurales et urbaines. Les activités pré-militaires qu'elle proposait pour l'aviation, la conduite automobile ou les transmissions suscitaient certes un fort engouement en drainant au total 35 % des adolescents, mais ces formations techniques étaient presque exclusivement proposées dans ou autour des agglomérations urbaines. Dans les zones rurales, seul le Service de patrouille était aussi attractif, sinon davantage, parce que « entouré d'un véritable mythe ». La SS, qui s'en servait de réservoir pour son recrutement, a donc bénéficié de cette absence de concurrence dans les campagnes, d'autant plus qu'une fois engagé dans l'une de ces filières spécialisées il n'était plus possible pour le jeune d'en changer [13].

La sélection raciale est un second paramètre, indépendant de tout facteur sociologique, qui permet d'expliquer certaines différences régionales au sein du Reich. En effet, dans l'optique de l'Ordre noir, qui se voulait l'élite germanique par excellence, la citoyenneté allemande ne suffisait pas. Pour rejoindre « la meilleure aristocratie du sang du peuple allemand », encore fallait-il répondre à ses critères raciaux très stricts [14]. Or, toutes les populations du Reich n'étaient pas nanties d'un même patrimoine génétique exceptionnel aux yeux de la SS. Suivant en cela les théoriciens de la race, elle estimait en effet que la bonne fée germanique avait inégalement prodigué ses bienfaits en se penchant sur le berceau de la nation allemande, se montrant plus généreuse avec certaines populations qu'avec d'autres. Berger a reconnu ce facteur dans la grande disparité des résultats de son recrutement, expliquant en 1942 à Himmler que « les régions Elbe, Sud-Est ou Main ne [pouvaient] en aucun cas se comparer avec [les régions SS] Centre, Nord-Ouest ou Sud-Ouest » [15]. Non seulement cette remarque permet d'expliquer l'écart important entre ces régions – les trois premières correspondaient respectivement aux régions militaires de Dresde (IV), Breslau (VIII) et Nuremberg (XIII), les trois suivantes à celles de Hanovre (XI), Hambourg (X) et Stuttgart (V) –, mais elle nous rappelle que les résultats du recrutement sur lesquels se base notre réflexion sont le produit d'une sélection qui a éliminé une proportion considérable de postulants [16]. Seul le nombre de candidatures permettrait véritablement de déterminer quelles furent les populations du Reich les plus « enthousiastes » à l'idée de s'engager dans la *Waffen-SS* – chiffres qui nous sont malheureusement inconnus à l'échelle régionale [17].

En tant que cause incidente, le facteur humain ne doit pas non plus être négligé. À cet égard, le dynamisme manifesté par certaines antennes de recrutement SS a pu jouer un rôle important [18]. Dans d'autres régions, Berger a inversement eu parfois maille à partir avec l'oligarchie nazie locale. À cet égard, la Haute-Bavière a frisé la caricature avec, d'un côté, des officiers SS sabotant délibérément le recrutement pour mieux dénoncer les effets néfastes de la centralisation imposée à l'automne 1939 et, de l'autre, des relations plus que tendues entre l'Ordre noir et le responsable régional de la *Hitlerjugend*. En outre, le *Gauleiter* y était personnellement en froid avec le chef régional SS. Et si cela ne suffisait pas, la SS s'y trouvait en concurrence directe avec l'armée qui pouvait s'appuyer sur une longue tradition régionale pour trouver en grand nombre des volontaires pour ses troupes de montagne. En somme, tout concourait pour faire de la Haute-Bavière « une place chaude » où « il n'y a[vait] pas grand-chose à récupérer pour la SS ». La situation n'y avait manifestement pas encore évolué au début de 1943 [19].

L'IMPACT DU RECRUTEMENT ÉTRANGER
AU SEIN DES FORMATIONS SS « ALLEMANDES »

L'impact du recrutement de ressortissants étrangers sur la composition des unités SS à recrutement originellement allemand a largement varié, moins en fonction des unités qu'en fonction de l'époque. Il est toutefois extrêmement rare de trouver des statistiques globales. L'enquête exigée par Himmler au printemps 1940, à la veille de la campagne à l'ouest, constitue en cela une exception. Au sein de chaque formation, la part des ressortissants étrangers, qu'ils soient « Allemands ethniques » ou volontaires « germaniques », n'excédait pas 0,7 % et représentait donc une quantité négligeable *(annexe 9)*. Avec seulement quatre volontaires « germaniques » dans ses rangs, la « SS-Verfügungs-Division » était très loin d'avoir répondu aux attentes de Himmler, elle à qui était pourtant rattaché le régiment « Germania » destiné à porter le flambeau germanique. À y regarder de plus près, le poids des étrangers se faisait néanmoins sentir à travers les individus appartenant aux territoires récemment annexés par le Reich et, de ce fait, devenus citoyens allemands à part entière. S'établissant à un quart des effectifs des deux divisions SS, cette proportion s'élevait jusqu'à un tiers des effectifs des quinze régiments « Tête de mort » existant à cette époque.

Par la suite, on doit se contenter de chiffres parcellaires qui constituent davantage des indices que des vérités absolues. La « SS-Verfügungs-Division » (plus tard « Das Reich ») représente cependant un véritable fil conducteur tout au long du conflit. En octobre 1942, l'intensification du recrutement des *Volksdeutsche* se répercutait dans ses rangs : sur un effectif global de 18 253 hommes, ils formaient un contingent d'environ 1 100 hommes, soit 6 %. Illustration de leur poids croissant, ils constituaient près du cinquième des 2 300 hommes envoyés en renfort à la division quelques semaines plus tard. Des « Germains » étaient certes aussi présents, mais dans une proportion difficile à apprécier et manifestement assez faible (au sein du régiment blindé fort de 1 392 hommes, les 48 *Volksdeutsche* et 51 « Germains » représentaient respectivement 3,4 et 3,7 % des effectifs) [20].

C'est surtout à partir de 1943 que les contingents étrangers ont véritablement pris de l'importance au sein des formations à recrutement allemand. Avant de devenir une mesure de pis-aller, leur incorporation a pu revêtir une charge symbolique très forte. Anéantie lors des combats de Kharkov le 16 février 1943 (il n'y aurait eu que quatre survivants valides sur environ deux cents hommes), la 1re compagnie du 1er régiment de la « LSSAH » a ainsi été reconstituée l'été suivant avec des *Volksdeutsche* roumains spécialement sélectionnés. Or, cette compagnie était la plus emblématique de toute la *Waffen-SS*, héritière directe de la garde créée par Hitler en 1933, peu après son arivée au pouvoir [21]. Parallèlement, pas moins de 1 500 *Volksdeutsche* de Transylvanie étaient prévus pour rejoindre la « LSSAH » à cette époque [22].

De telles mesures perdront par la suite toute portée symbolique pour refléter la pénurie de recrues allemandes. En août, Himmler escomptait ainsi profiter de la présence de la « LSSAH » en Italie pour combler les rangs des trois divisions du IIe corps d'armée blindé SS. Il songeait y recruter quelque 3 100 « volontaires fascistes » pour les employer si possible comme chauffeurs [23]. Le cas s'est reproduit en octobre 1943 avec les 9e et 10e divisions SS qui avaient déjà reçu, ensemble, quelque 2 500 *Volksdeutsche* au moment de leur constitution. Alors qu'elles étaient stationnées en France, chacune d'elles a dû céder un bataillon d'infanterie aux divisions « Das Reich » et « Totenkopf », engagées sur le front de l'Est. En compensation, elles ont intégré quelque 2 000 *Volksdeutsche* hongrois. En procédant ainsi, la *Reichsführung-SS* a manifestement tenté de limiter l'impact des personnels étrangers en les disséminant au sein de ses divisions nominalement allemandes. Ces dernières ont elles-mêmes partagé ce souci : lorsque le IIe corps d'armée blindé SS a demandé au printemps 1944 s'il était possible d'engager des Galiciens dans les unités de mêlée, la 10e division SS a fait savoir qu'elle n'y voyait aucune objection, à condition toutefois que ceux-ci ne dépassent pas 5 % des effectifs de combat [24].

Le recours aux étrangers s'est encore accentué au printemps 1944, à l'époque où le *SS-Hauptamt* n'est plus parvenu à recruter suffisamment d'adolescents au sein du Reich. À la veille de son engagement en Normandie, le régiment d'infanterie « Der Führer » (division « Das Reich ») comportait par exemple un taux de ressortissants étrangers qui avoisinait les 13 %, pour l'essentiel des *Volksdeutsche (annexe 10)*. Comparé à leur taux au sein de la division en octobre 1942 (6 %), ce pourcentage avait doublé en l'espace de vingt mois. Parmi les Allemands du Reich était au surplus comptabilisée une proportion non négligeable d'individus à la citoyenneté toute fraîche. Récemment promus au rang de *Reichsdeutsche*, les Alsaciens figuraient ainsi en bonne place avec un contingent de 455 hommes répartis dans les deux premiers bataillons. Dans l'une des compagnies (la 2e), leur nombre s'élevait à 83, soit près de la moitié de la troupe [25]. Au total, la proportion d'hommes ne disposant pas de la nationalité allemande en 1939 atteignait plus du quart des effectifs de ce régiment en juin 1944. Manifestement, son cas n'était pas isolé [26]. Le fait était explicitement reconnu par le chef du SS-FHA. Selon lui, il allait de soi que les personnels des plus anciennes divisions de la *Waffen-SS* ne se composaient pas « provisoirement » à 100 % de personnels répondant aux critères SS, « parce qu'il [était] également incorporé dans ces divisions de très nombreux renforts qui, en raison de la situation de crise, ne répond[ai]ent pas à ces conditions ». S'ils n'étaient pas tués, le SS-FHA songeait à profiter de ce que ces « corps étrangers » à la SS soient blessés au combat pour les retirer de ces divisions et les réaffecter ailleurs en les substituant par « un personnel de remplacement racialement sélectionné » [27].

Ce calcul a été déjoué par les pertes de l'été. Aussi la proportion d'étrangers a encore augmenté à la fin de l'année 1944, avec une prépondérance de ressortissants slovaques, roumains et surtout hongrois. Les deux tiers des renforts reçus par le régiment « Der Führer » en août et septembre 1944 se composaient par exemple de *Volksdeutsche* hongrois, soit environ 1 700 hommes. Les prisonniers interrogés par les Alliés estimaient que la moitié du régiment était au total composée d'étrangers. Certes moins touchées par ce phénomène que l'infanterie, les autres unités d'arme de la division « Das Reich » étaient également concernées. Loin de s'affaisser, ces proportions n'ont fait que croître avec un flux de renforts presque exclusivement étrangers venus combler les pertes au début de janvier 1945, puis avec la mobilisation générale par la SS de tous les *Volksdeutsche* réfugiés dans les camps du Reich au cours des derniers mois de la guerre [28].

L'étude statistique menée sur un échantillon de prisonniers de la 9ᵉ division blindée SS en janvier 1945, à l'issue de la bataille des Ardennes, achève de nous donner une idée de l'impact du recrutement étranger sur des formations originellement allemandes avec, en comparaison, une étude similaire menée sur la 12ᵉ division de grenadiers du peuple *(annexe 11)* [29]. Il faut toutefois se garder ici de commettre deux erreurs : celle de confondre la date d'incorporation des individus avec leur présence au sein de ces deux formations (dans l'échantillon de la division SS, 13 des 55 hommes incorporés avant 1943 l'avaient ainsi été dans la *Wehrmacht*) ; celle ensuite d'y voir l'exact reflet des politiques de recrutement respectives de la

Waffen-SS et de l'armée de terre. La comparaison n'est en réalité pertinente que si l'on met en regard les origines géographiques des personnels que l'armée et la SS ont chacune offerts à cette époque à l'une de leurs meilleures formations à recrutement *a priori* allemand.

La première remarque qui s'impose est la décrue rapide et régulière des citoyens allemands incorporés dans la division SS, même en y incluant les ressortissants des territoires annexés (Autrichiens, Sudètes, Alsaciens-Mosellans). En toute logique, cette décrue s'est accompagnée d'une augmentation inversement proportionnelle des citoyens étrangers. À cet égard, le fait le plus remarquable demeure l'afflux important de recrues soviétiques à partir de 1944, époque à laquelle Himmler a ordonné d'incorporer dans les unités de première ligne des « volontaires en armes » ukrainiens. Loin d'être une mesure ponctuelle permettant de passer un cap difficile, ce procédé s'est développé jusqu'à prendre des proportions insoupçonnées [30]. Aussi, à l'image de la division « Das Reich » à la même époque, la moitié des personnels de la 9e division SS n'étaient pas nés dans les frontières du « Grand Reich ». Seules les nationalités changeaient, avec une prédominance de Hongrois pour la première et de citoyens soviétiques pour la seconde.

En comparaison, le poids des personnels étrangers au sein de la 12e division de grenadiers du peuple était bien plus limité. Quelle que soit leur date d'incorporation, ils représentaient moins de 20 % des effectifs jusqu'en 1943. Même si elle a accusé une baisse sensible en 1944, la part des personnels allemands représentait encore les deux tiers des effectifs incorporés au cours de l'année. Les recrues étrangères qui formaient le complément appartenaient dans leur grande majorité aux territoires successivement annexés. Plus ou moins fictif, leur statut de ressortissants du Reich n'en était ainsi pas moins formellement établi lorsqu'ils ont été enrôlés dans la *Wehrmacht* [31]. Seuls les Slovaques échappaient à cette règle. Recrutés dès 1942 (probablement comme *Hiwis*), les personnels russes ont pour leur part constitué jusqu'en 1944 une infime minorité, représentant en ce sens un contraste flagrant avec la proportion rencontrée au sein de la 9e division SS.

Au final, ces résultats sont révélateurs du processus qui a conduit des unités SS originellement allemandes à perdre leur identité nationale en bouleversant leur équilibre interne. Cette mixité ne découlait en aucune manière de la politique de recrutement supranational de la *Reichsführung-SS*. L'exemple du statut accordé par Himmler aux Ukrainiens enrôlés dans la 9ᵉ division SS au printemps 1944 ne le démontre que trop clairement [32]. Derrière le masque qu'elles continuaient à porter, les formations « allemandes » de la *Waffen-SS* avaient bel et bien changé de visage au cours des derniers mois de la guerre. S'il s'était altéré avec le temps, l'aspect qu'offrait en comparaison la division de l'armée demeurait en accord avec le drapeau national pour laquelle elle se battait. Ce maintien d'une cohésion nationale au sein d'une bonne formation de la *Wehrmacht* n'en rendait que plus patente la faillite de la SS à obtenir le même résultat avec l'une de ses meilleures unités. Ce manque de cohésion laissait augurer les conséquences néfastes qui pouvaient en résulter sur le champ de bataille.

La répartition des classes d'âge

En toute logique, l'âge des soldats SS a été le reflet de la politique du *SS-Hauptamt* qui a constamment anticipé l'appel sous les drapeaux des classes les plus jeunes. Dès avant guerre, cette politique avait porté ses fruits, quitte à sortir du cadre légal en allant jusqu'à incorporer des mineurs de moins de 17 ans dans la SS-VT, de moins de 16 dans les SS-TV. Neuf mois avant le début du conflit, 80 % des effectifs de la SS-VT et plus de 70 % de ceux des SS-TV étaient âgés de 18 à 25 ans *(annexe 12)*. La nécessité de mobiliser en masse les membres de l'*Allgemeine-SS* pour constituer la division « Totenkopf » en octobre 1939 a toutefois brutalement élevé la moyenne d'âge de cette formation, particulièrement au sein de ses unités logistiques où ils étaient les plus nombreux. L'âge moyen des sous-officiers, plus jeune que celui de la troupe d'une à plusieurs années selon les unités, conférait d'ailleurs à cette division le profil typique d'une formation de réserve [33]. En mai 1940, à la veille de l'offensive à l'ouest, plus de 60 % des effectifs de la division étaient ainsi âgés d'au moins 28 ans, dont 10 % de quadragénaires *(annexe 13)*. Cette situation tranchait ostensiblement avec l'ambition affichée par la SS de transformer en division d'active de première vague une formation que l'on assimilerait plus volontiers, à la simple vue de ces chiffres, à une unité territoriale. Cette impression est encore renforcée si l'on compare ce profil avec celui des régiments « Tête de mort » mobilisés au titre du « renforcement de la police par la SS ». Ces régiments présentaient en définitive une pyramide des âges en adéquation avec leur mission de sécurité dans les territoires occupés. À certains égards, leur situation était même étonnamment meilleure que celle de la division « Totenkopf ». Le contraste était encore plus net avec la « SS-Verfügungs-Division » où près de 90 % des effectifs avaient moins de 28 ans à cette époque, la part des individus de moins de 20 ans atteignant à elle seule près de 38 %. La jeunesse de ses personnels assimilait donc la division à une troupe d'active, à l'instar de la « LSSAH »[34].

Dans le cadre de la démobilisation partielle touchant l'ensemble des forces allemandes à l'été 1940, le profil de la division « Totenkopf » et des régiments « Tête de mort » a été profondément bouleversé par le départ de la majeure partie de leurs réservistes (libération automatique des personnels nés avant 1906, jusqu'en 1910 pour ceux qui le souhaitaient)[35]. Au vu des résultats du recrutement pour l'ensemble de l'année 1940, la SS pouvait se le permettre. Plus des trois quarts des recrues (37 612 sur 48 894) avaient alors moins de 21 ans[36]. Cela a provoqué une baisse spectaculaire de la moyenne d'âge au sein des unités. Au 14ᵉ régiment SS « Tête de mort » par exemple, l'âge moyen des sous-officiers et des hommes du rang était de 21,9 ans en février 1941, celle des officiers de 28,1 ans[37]. En remplaçant d'office ses réservistes âgés de plus de 35 ans par de jeunes recrues, la *Reichsführung-SS* est ainsi parvenue à transformer discrètement toutes les formations de la *Waffen-SS* en troupes d'active au second semestre 1940, objectif qu'elle n'avait pu atteindre à l'automne 1939.

Faute de documentation, il est assez difficile de déterminer quelle fut par la suite l'évolution de l'âge au sein des plus anciennes formations de la SS. En ciblant prioritairement les classes d'âge les plus jeunes, la politique de recrutement du *SS-Hauptamt* ne laisse cependant guère de place au doute. Cela se vérifie à l'échelle de la division « Das Reich » (ex-« SS-Verfügungs-Division ») en octobre 1942. Un peu plus des deux cinquièmes (41,1 %) des effectifs passés sous la toise des médecins SS étaient âgés de 20 ans ou moins à cette époque, chiffre à comparer aux 31,4 % que représentait cette tranche d'âge au sein de la SS-VT en décembre 1938[38]. À trois années d'intervalle, ponctuées par autant de campagnes militaires (l'Ouest en 1940, les Balkans en 1941 et l'Est – de loin la plus sanglante – de l'été 1941 au printemps 1942), et malgré la ventilation différente des classes d'âge (avec notamment l'apparition de quelques simples soldats âgés de 32 à 35 ans), l'âge moyen au sein d'une même compagnie de cette division était d'une remarquable constance : 21,2 ans en novembre 1939 contre 22 ans en novembre 1942. D'après le profil d'une de ses compagnies, la situation semble à cette époque avoir été identique à la « LSSAH », à cette différence près que l'âge de ses personnels était encore plus jeune et plus homogène (20,6 ans en moyenne) [39]. La proportion croissante d'adolescents au sein de la troupe hypothéquait néanmoins leur efficience sur le champ de bataille. À cette même époque, l'armée de terre mettait sur pied des divisions au profil très différent, avec une troupe dont l'âge était globalement plus élevé et plus hétérogène, mais qui était aussi physiquement plus robuste, et donc plus résistante : au sein des 326e et 345e divisions par exemple, la moyenne d'âge des hommes du rang oscillait entre 25 et 30 ans dans les unités de mêlée de la première, 23,3 à 26,5 ans dans celles de la seconde [40].

Le *SS-Hauptamt* n'en a pas moins poursuivi sa politique. Avec un recrutement ciblé sur des conscrits servant au Service du travail ou membres de la Jeunesse hitlérienne, les formations SS à recrutement allemand constituées en 1943 n'ont pas manqué de présenter un profil très juvénile, en complète rupture avec les formations les plus anciennes de la *Waffen-SS* (à l'exception peut-être de la « LSSAH »). Alors que dans ces dernières les jeunes recrues intégrées en renfort se trouvaient mêlées aux vétérans plus âgés, les adolescents des 9e, 10e et 12e divisions SS ont été fondus ensemble, seulement encadrés par des personnels plus matures. Il en est allé de même de la brigade d'assaut « Reichsführer-SS » dont le noyau initial a été considérablement étoffé en peu de temps par de jeunes recrues. En conséquence, ces formations ont présenté un profil d'une exceptionnelle homogénéité et un âge moyen extrêmement bas : 18 ans et demi aux 9e et 10e divisions SS (cadres inclus), 18 ans à la brigade « Reichsführer-SS », et probablement moins encore à la 12e division SS [41]. Les trois « divisions d'adolescents SS » se distinguaient à cet égard très nettement des divisions de la *Wehrmacht* présentes à l'ouest à la fin de l'année 1943 *(annexe 14)*. La singularité de la division « Hitlerjugend » ressortait par ailleurs en laissant supposer que, avec moins de 5 % des personnels âgés de plus de 30 ans, l'encadrement était lui-même très jeune [42]. Le décalage avec les divisions d'infanterie de l'armée de terre était d'autant plus flagrant que ces dernières étaient défavorisées dans leur recrutement au profit des formations engagées sur les théâtres d'opérations les plus actifs, en particulier celui de l'Est. Aussi, à l'exception des 244e et 326e divisions, la majorité de leurs personnels étaient au moins trentenaires à cette date. Avec deux tiers environ de leurs personnels âgés de moins de 30 ans, la situation était nettement meilleure à la 19e division de campagne de l'armée de l'air (constituée avec les effectifs que Göring avait été contraint de céder), à la division d'infanterie mécanisée « Feldherrnhalle » (favorisée dans son recrutement en étant patronnée par la SA) et à la 21e division blindée (dont le statut lui valait un recrutement plus soigné). Cette situation illustrait finalement l'hétérogénéité des forces armées allemandes à cette époque et, du moins pour partie, les disparités nées de l'immixtion du parti nazi dans les affaires militaires du Reich.

Dès la fin de l'année 1943, les formations SS à recrutement allemand ont commencé à perdre l'homogénéité qui les avait caractérisées depuis l'été 1940. Ce phénomène a aussi bien affecté les nouvelles divisions que les plus anciennes au fur et à mesure de l'envoi des renforts. Ce processus est clairement apparu lors de la mise sur pied des 16e et 17e divisions SS. Certes, elles ont reçu pour une large part des recrues de la classe d'âge 1926, mais l'arrivée de personnels plus âgés, notamment des réservistes ou des affectés spéciaux libérés par l'industrie, a cette fois sensiblement élevé la moyenne d'âge. Au bataillon du génie de la 17e division SS par exemple, deux tiers des personnels du rang étaient nés en 1926, mais la date de naissance du dernier tiers remontait jusqu'à l'année 1899 (45 ans en 1944). On se trouvait donc en présence des deux franges extrêmes des classes mobilisables : d'un côté des jeunes à peine sortis de l'adolescence, de l'autre des hommes déjà mûrs approchant ou ayant dépassé la quarantaine [43]. Deux générations se sont ainsi retrouvées au coude à coude dans les rangs jusqu'à la fin de la guerre [44].

En dépit de la disparité d'âge croissante de leurs personnels, les formations SS engagées en Normandie semblaient cependant encore avantagées à l'été 1944 par rapport à celles de la *Wehrmacht*, exception faite des divisions blindées [45]. Ce constat est confirmé par l'enquête statistique menée en 1945 sur les prisonniers des 9e division blindée SS et 12e division de grenadiers du peuple *(annexe 15)*. En même temps, cette étude révèle la dégradation de la situation qui s'est produite au sein de la division SS au second semestre 1944. En comparaison, l'âge des personnels composant la division de grenadiers du peuple apparaissait beaucoup plus homogène dans le temps, en dépit de sensibles variations. Certes, la moyenne d'âge du panel de la division SS s'établissait à 24 ans contre 27 ans pour l'échantillon de la division de l'armée. Ces moyennes cachaient toutefois mal la plus grande disparité des âges au sein de la formation SS, et donc l'immense perte de valeur de cette division. Obligée d'amalgamer des hommes déjà âgés à de jeunes soldats, la SS a, faute d'alternative, introduit un important facteur de désagrégation au sein de la troupe. Six mois avant le « crépuscule des Dieux », la 9e division SS – et probablement d'autres formations SS avec elle – avait donc perdu ce qui avait, depuis le début de la guerre, et à l'exception des premières formations « Tête de mort », constitué l'une des forces de la *Waffen-SS* : une troupe jeune et homogène. Il s'agissait certes d'une situation partagée par l'ensemble des forces armées du Reich à la fin du conflit – parachutistes exceptés [46]. Mais sans doute était-ce aussi la rançon de l'ambition de la *Reichsführung-SS* dont l'action générale, émaillée de coups d'éclat sans lendemain, était incompatible avec une gestion à long terme de sa ressource humaine.

Les origines sociales

Loin d'être seulement lié aux conditions du conflit, le manque de documentation sur les origines sociales des soldats SS est aussi la conséquence d'un choix délibéré de leur *Reichsführung*. Commencé avant guerre, le traitement statistique du champ social pouvait en effet être matériellement poursuivi pendant le conflit. Les informations nécessaires étaient disponibles sur les fiches individuelles remplies lors de l'engagement [47]. Des études statistiques de grande ampleur ont par ailleurs été commandées par Himmler sur d'autres thèmes. Elles n'avaient cependant d'autre but que de mettre en valeur la participation de l'Ordre noir à l'effort de guerre du Reich [48]. Au demeurant, un tel choix correspondait parfaitement à l'idéologie de l'Ordre noir, pour qui les critères sociaux s'effaçaient jusqu'à disparaître entièrement derrière la valeur raciale des individus [49]. Après guerre, il n'a finalement plus été question de s'intéresser autrement que du point de vue judiciaire à ces hommes, devenus des réprouvés [50].

La composition socioprofessionnelle

Avant guerre, les origines socioprofessionnelles des personnels de la SS-VT, des SS-TV et du Service de sécurité de la SS (SD), en passe de devenir membres de l'Ordre noir à la fin de l'année 1937, nous sont incidemment fournies par l'annuaire statistique de la SS [51]. L'amalgame des impétrants du SD avec ceux des deux formations paramilitaires SS brouille certes l'image. En dépit de cela, plusieurs éléments se dégagent nettement. Avec 19 % des effectifs, les employés de la police et du parti arrivaient largement en tête. Cela pouvait tout aussi bien s'expliquer par l'amalgame de personnels de la police au SD que par la propagande pour le recrutement de la SS-VT et des SS-TV, limitée avant guerre aux seuls bureaux de police et aux sièges des organisations de la NSDAP.

Moins importante que dans l'*Allgemeine-SS* où une adhésion pouvait être motivée par un avantage lucratif [52], la surreprésentation du commerce (15 %) démontrait que l'attraction exercée par l'Ordre noir sur cette catégorie était bien réelle. Il en allait de même de la surreprésentation des individus sortant du système scolaire (14 %). Les carrières offertes constituaient un débouché professionnel pour ces jeunes, d'autant plus qu'il était possible aux conscrits d'accomplir leur service militaire au sein de la SS-VT depuis le début de l'année 1937. En ce sens, la SS apparaissait effectivement comme une alternative attractive au modèle militaire institutionnel ancien : ces jeunes, issus d'une société industrielle en pleine mutation, aspiraient à une promotion sociale dans un secteur où l'armée demeurait un bastion conservateur, dont la mentalité avait certes évolué, mais non le recrutement toujours élitiste. Avec 11 %, l'industrie métallurgique fournissait aussi de larges contingents. À elles seules, ces quatre catégories représentaient les trois cinquièmes des impétrants. Le monde ouvrier (en dehors de la métallurgie) et le monde paysan ne constituaient en comparaison qu'une proportion réduite avec respectivement 6 % et 7 % du total. Cette sous-représentation des agriculteurs par rapport à leur poids dans l'ensemble de l'Allemagne (22 %) a de quoi surprendre au sein d'une organisation dont l'idéologie portait aux nues un monde paysan censé incarner le sang le plus pur. Elle trahissait en réalité l'absence d'efforts de l'Ordre noir pour investir alors les campagnes. En fait, ce constat pouvait s'étendre à l'ensemble du parti nazi, qui a rencontré beaucoup de difficultés à pénétrer le milieu paysan, en dépit de la place qu'il lui a accordée dans sa propagande [53].

L'effort de recrutement initié par Berger dans le milieu rural a sans aucun doute permis à l'Ordre noir de rétablir ce déséquilibre initial après 1938. L'origine socioprofessionnelle des recrues de la région militaire de Munich en 1941 tend à confirmer cette hypothèse *(annexe 16)*. Avec près de 19 %, le taux d'agriculteurs tendait à se rapprocher de la moyenne du Reich (27 % des actifs après l'annexion de l'Autriche et des Sudètes, contre 41 % pour l'artisanat ou l'industrie et 32 % pour les services). Seuls les employés agricoles étaient cependant concernés. Les propriétaires et exploitants indépendants ne représentaient qu'une infime partie. Avec plus de la moitié des recrues, les artisans et ouvriers spécialisés constituaient en réalité les plus gros bataillons en Haute-Bavière. Assez logiquement, les travailleurs qualifiés et non qualifiés étaient relativement peu nombreux, eu égard aux besoins de la production de guerre. Ils représentaient néanmoins près de 14 % des effectifs, soit deux fois plus que les fonctionnaires et les employés de commerce. Les scolaires fournissaient près de 5 % des recrues, ce qui n'était pas négligeable si l'on veut bien considérer que la plupart étaient des adolescents mineurs. Plus généralement, il ressort de ces chiffres que la *Waffen-SS* recrutait massivement dans cette région parmi les couches sociales intermédiaires ou modestes. À l'inverse, les professions libérales et les propriétaires étaient sous-représentés. Sur le fond, ce profil sociologique régional se retrouvait dans ses grandes lignes au sein des unités SS [54].

Avec les opérations de recrutement de grande envergure menées par la SS à partir de l'été 1942 dans les camps du RAD et de la HJ, on peut supposer que les disparités sociales originelles se soient fortement atténuées. En toute logique, l'abandon d'une approche individuelle au profit de levées en masse parmi les conscrits a dû en effet contribuer à gommer les différences les plus flagrantes, voire à en créer de nouvelles. Au bataillon du génie de la 17e division SS par exemple, le nombre de fermiers et d'ouvriers agricoles s'établissait à 90 % des effectifs. Cette soudaine prépondérance des populations agricoles se retrouvait à la même époque au sein des unités de dépôt d'artillerie SS cantonnées aux Pays-Bas et à Prague [55]. L'occasion nous est du reste donnée de vérifier cette évolution à la fin de la guerre en comparant le profil socioprofessionnel des personnels des 9e division blindée SS et 12e division de grenadiers du peuple (*annexe 17*). Même s'il est une nouvelle fois impossible de prétendre avoir sous les yeux une projection fidèle des politiques de recrutement de la SS et de l'armée de terre, force est néanmoins de constater le caractère linéaire des évolutions dans les deux cas. En ce qui concerne la division SS, les chiffres tendent à confirmer les observations déjà faites, en particulier la sous-représentation initiale des agriculteurs du Reich. « Souvent politiquement apathiques », ceux-ci présentaient en outre un taux d'inaptitude au service militaire trois fois supérieur à celui des populations urbaines – inaptitude principalement due à l'enrôlement précoce des jeunes aux travaux de force dans les campagnes pour compenser la pénurie de main-d'œuvre qui y sévissait. L'attitude politique réservée des classes paysannes, liée à l'affaissement de leur condition physique, explique ainsi que les fantasmes d'un Heinrich Himmler ou d'un Richard Darré n'aient pas dépassé le stade de la vision onirique [56]. Avant comme au début du conflit, ce sont les professions du secteur tertiaire qui semblent avoir majoritairement contribué à donner à l'Ordre noir ses effectifs.

Par la suite, la part croissante des agriculteurs a été liée à l'arrivée massive de ressortissants étrangers au cours de la seconde moitié du conflit. Les Hongrois et Ukrainiens étaient en particulier issus de régions peu industrialisées. Leur incorporation massive a donc complètement bouleversé le profil socioprofessionnel de la division SS [57]. Avec un recrutement toujours majoritairement allemand, la situation de la division de grenadiers du peuple apparaissait en comparaison à la fois beaucoup plus homogène dans le temps, et plus équilibrée sur le fond. Surtout, la paysannerie y avait été très tôt surreprésentée, phénomène somme toute classique des conflits de l'ère industrielle. Le profil socioprofessionnel des personnels de cette formation de la *Wehrmacht* à la fin du conflit était ainsi beaucoup plus proche du modèle allemand d'avant guerre que celui des soldats de la 9e division SS. À ce titre, elle méritait assurément son nom de « grenadiers du peuple » en pouvant se présenter, elle, comme l'émanation de la nation allemande [58].

L'appartenance confessionnelle

Le principal problème auquel se heurte l'analyse des quelques statistiques disponibles sur cette question réside dans le fait que la religion des personnels SS n'est jamais considérée à leur entrée dans l'Ordre noir, mais postérieurement. Cette lacune est d'autant plus fâcheuse que nombre de membres de la SS ont par la suite opté pour la confession prônée par l'Ordre noir en se déclarant « croyants en Dieu » *(Gottgläubig)*. Derrière cette déclaration de foi se cachait en réalité un paganisme qui ne voulait pas dire son nom, religion de substitution au service d'une idéologie qui ne pouvait tolérer, en exigeant une totale soumission des esprits et des corps, l'immixtion spirituelle ou temporelle d'une autorité extérieure [59].

Comme l'indique la carte du recrutement de la SS en 1940, les milieux évangéliques semblent avoir été moins rétifs à se placer sous la bannière de l'Ordre noir – un constat déjà tiré par Berger au milieu de l'année 1939. La différence n'était cependant pas aussi tranchée que voulait le croire ce Souabe qui avait baigné dans la religion évangélique avant de rallier la secte religieuse en vogue sous le IIIe Reich. On tombe là sur un travers du régime nazi en général, et de la SS en particulier, de considérer le catholicisme comme un adversaire idéologique au même titre que la franc-maçonnerie, le marxisme ou le judaïsme [60]. De fait, à moins de prétendre que les protestants ont renié leur foi en plus grand nombre que les catholiques pour se déclarer *Gottgläubig*, leur poids respectif dans la SS d'avant guerre était assez comparable à celui prévalant au sein du Reich, soit 63 % de protestants contre 32,9 % de catholiques. Seuls les SS-TV faisaient exception *(annexe 18)*. La nouvelle religion des « croyants en Dieu » était en revanche surreprésentée dans les rangs SS, tout particulièrement au sein des formations encasernées de l'Ordre noir. En 1939, alors que le nombre d'apostats ne cessait irrémédiablement de chuter au sein de l'*Allgemeine-SS* depuis 1937 (première année où le phénomène avait été observé), le taux de soldats de la SS-VT se déclarant *Gottgläubig* avait encore légèrement progressé pour passer à 56 %. Au sein des SS-TV, il atteignait même 80 %. Tous les indices tendent donc à prouver que l'entrée dans les troupes d'active de la SS correspondait à une déchristianisation sans équivalent, y compris au sein de l'*Allgemeine-SS*. Ainsi, rien ne distinguait sans doute plus profondément les soldats SS de leurs compatriotes que leur pratique religieuse au début du conflit.

Le simple fait que les soldats soient en permanence sous l'influence de leur hiérarchie explique ce phénomène de déchristianisation. D'autre part, le « consensus politique minimal » en vigueur au sein du corps des officiers SS permet d'expliquer les disparités dans la politique de déchristianisation, poursuivie avec plus ou moins de zèle selon les formations SS. Alors que les généraux SS Dietrich et Steiner, tous deux à la tête d'une armée à la fin du conflit, n'ont pas renié leur foi catholique et évangélique, l'attitude de l'inspecteur des camps de concentration Theodor Eicke frisait la caricature dans « sa haine contre tout ce qui était non allemand et non national-socialiste ». Une telle posture explique l'ampleur de la déchristianisation au sein des SS-TV, au premier chef parmi les catholiques [61]. À la division « Totenkopf », une compagnie s'est ainsi rendue en bloc au tribunal administratif local pour y changer officiellement de religion au printemps 1940. Il est difficile de voir un acte spontané dans cette belle unanimité [62]. Il n'en demeure pas moins que, même au sein d'une troupe soumise à la férule fanatique d'un Theodor Eicke, des individus ont pu officiellement conserver leur confession chrétienne, prouvant ainsi les limites de la politique antireligieuse des formations SS.

Cette ligne de conduite très dure a été maintenue pendant le conflit, en particulier au sein des noyaux anciens des forces armées qui apparaissaient comme autant de foyers antireligieux [63]. Une telle hostilité a naturellement nui à la *Waffen-SS* au moment où elle a voulu devenir une armée de masse. Si l'opposition cléricale était générale, l'Église catholique a été à la pointe du combat dans ses bastions traditionnels (Bavière, Rhénanie, ex-Autriche et Silésie), notamment lors du recrutement dans les camps du RAD au début de 1943. Dans la région de Vienne, la *Waffen-SS* était par exemple présentée comme l'armée du diable : « Le curé nous a dit que la SS était païenne et que si nous entrions dans la SS, nous irions en enfer. » Pour les conscrits, l'association d'un engagement dans la *Waffen-SS* avec la nécessité de renier sa foi a alors constitué l'un des cinq « motifs déterminants » pour refuser de se porter volontaires. Eux-mêmes influencés par le clergé catholique, les parents ont relayé son action auprès de leurs fils [64].

Il ne faut toutefois pas perdre de vue que ce tableau très noir, brossé *a posteriori* aux responsables de la NSDAP, a surtout permis à Himmler de justifier son action brutale dans les camps du RAD après le tollé qu'elle avait suscité au printemps 1943 [65]. Son prêche belliqueux cachait mal en effet les concessions que la *Reichsführung-SS* s'apprêtait à consentir pour constituer une armée de masse. En fait, derrière un discours de façade extrêmement ferme à destination de l'appareil d'État nazi [66], Himmler a montré une très large tolérance en ouvrant l'espace germanique à des populations qui n'en faisaient pas partie à l'origine. Il n'avait de toute façon pas le choix. L'acceptation de la foi religieuse des nouveaux volontaires participait des accommodements nécessaires à l'accroissement des effectifs – au même titre que la concession à l'orgueil racial. Alerté par le chef de la Sipo/SD de la présence de popes au sein de la nouvelle division SS « galicienne » à l'été 1943, Himmler a ainsi fait savoir qu'il comptait exploiter cette présence : « ... aussi longtemps que l'influence des prêtres sur la troupe est bonne, les prêtres restent », ajoutant que Berger avait été chargé de régler la question avec le métropolite [67]. Alors que la prétention de la « Légion flamande » à disposer d'un aumônier avait été récusée sans ménagement par la SS en 1941, la confession catholique conserva « expressément » toute sa place au sein de la « Légion Wallonie » après son passage à la SS en juin 1943, laissant mesurer le chemin parcouru (le prélat garda néanmoins l'uniforme de la *Wehrmacht*) [68]. La bienveillance de Himmler à l'égard de la division bosniaque musulmane s'est même traduite par des prévenances sans bornes : création officielle de postes d'imams, consultation avec le ministère des Affaires étrangères du Reich pour leur attribuer une bande de bras et des pièces d'uniformes distinctives, respect des interdits alimentaires [69]. En ouvrant aussi largement la porte aux religions dans les formations étrangères de la *Waffen-SS* dès l'été 1943, Himmler plaçait dans le champ du possible toute intégration religieuse non judaïque. Aussi l'absorption de la « Légion indienne » à l'été 1944, composée pour deux tiers de musulmans et pour un tiers d'hindous, n'a pas posé de difficulté de principe à la SS, et en tout cas beaucoup moins que la cohabitation de ces religions au sein de l'unité elle-même [70].

L'affiliation politique

À sans cesse parler de « SS fanatiques », comme les contemporains et la littérature d'après guerre l'ont abondamment fait, la tentation est forte de penser que les hommes ayant rejoint les formations de la *Waffen-SS* étaient tous sortis d'un même moule de pensée, voire que la plupart ont exercé des fonctions importantes au sein de l'appareil d'État ou du parti nazi, conformément à un modèle politique et social sinon unique, du moins largement partagé. Les termes mêmes du décret du 17 août 1938 pouvaient le laisser supposer en avançant que la SS-VT n'était, à l'instar des SS-TV, « ni une branche de l'armée, ni de la police », mais une « organisation de la NSDAP » [71].

Or, la réalité est plus complexe, et ce, pour plusieurs raisons. La première tient à la concurrence que se sont livrées entre elles les organisations du parti, avant et pendant le conflit, afin d'accroître leurs effectifs et augmenter leur influence au sein de l'État. Lorsque Berger s'est tourné vers la NSDAP, la SA, le « Corps motorisé national-socialiste » (NSKK) et le « Front allemand du travail » pour constituer les régiments « Tête de mort » au cours de l'hiver 1939-1940, les résultats ont été plus que décevants, en dépit du soutien de Hitler et des circulaires officielles de ces organisations appelant leurs membres à s'engager. Sur un total de 48 894 hommes incorporés en 1940, la *Waffen-SS* a ainsi reçu quelque 1 100 hommes du NSKK, 400 membres de la SA et 518 responsables politiques du parti, soit à peine plus de 4 % des recrues. De l'aveu de Berger, ce n'était « pas en soi un fier résultat », encore accentué par l'importance numérique de ces organisations. Avec un effectif en temps de paix de 65 500 hommes (« Front du travail » et organisation d'aide sociale inclus), l'administration du parti n'avait par exemple consenti qu'à un effort symbolique en faveur de la SS, alors que son taux de personnels mobilisables était de 6,4 % [72]. Cette désaffection révèle en fait le fossé qui séparait la SS de ces organisations de masse nazies en raison de leur divergence d'intérêts et de leurs égoïsmes respectifs. Au demeurant, ces organisations se sont d'autant plus facilement détournées de la *Waffen-SS* que la *Wehrmacht* n'a pas hésité, de son côté, à leur faire bonne figure [73]. Dans le cas de la SA, ce fossé était encore élargi par les événements de juin 1934, toujours vivaces dans les esprits, donnant lieu à plusieurs passes d'armes, même pendant la guerre [74]. Il faudra attendre la fin de l'été 1943 pour voir les directions SA et SS faire « la paix des braves » en tentant de clarifier leurs différends, diplomatiquement appelés « questions en suspens ». Himmler tentera d'exploiter ce rapprochement pour obtenir des effectifs sous couvert de la création d'une « division SA au sein de la *Waffen-SS* ». Malgré la décision de donner à la division le patronyme « Horst Wessel » (un officier SA tué lors de la *Kampfzeit*), la manœuvre échouera au début de 1944 [75].

À l'image des organisations du parti, on pourrait aussi croire que les écoles nationales-socialistes formant la future élite du régime ont constitué un réservoir naturel d'adolescents endoctrinés tout prêts à mourir sous l'uniforme SS [76]. Les conceptions de l'Ordre noir ont conduit à ce que ce ne soit pas le cas. L'engouement parmi ces jeunes pour un engagement dans la *Waffen-SS* est en effet avéré au début du conflit. À l'Institut national d'éducation politique de Backnang comme à l'école du Reich de Feldafing par exemple, des classes presque entières de bacheliers se sont portées volontaires pour la *Waffen-SS* en juillet 1940. Les espoirs ont cependant été rapidement déçus. Pour les uns, faire acte de candidature a été un véritable parcours du combattant. Pour les autres, la philosophie générale de la SS s'est retournée contre eux. En faisant abstraction des diplômes (en particulier du baccalauréat) pour la promotion au rang d'officier, le commandement SS réduisait *de facto* le prestige et l'avantage des bacheliers au sein de ses unités. Ravalés au rang de simples recrues, subissant même parfois une politique de discrimination, ces jeunes diplômés en ont conçu une amertume certaine et en ont fait une large publicité auprès de leurs anciens professeurs et camarades d'école à l'occasion de permissions. Ces hommes se sont dès lors détournés de la *Waffen-SS* pour privilégier la *Wehrmacht*, plus prompte à les accueillir et à reconnaître leur valeur à travers une politique de promotion plus traditionnelle basée sur des critères intellectuels. Les écoles et institutions dont étaient issus ces élèves semblent avoir d'ailleurs poussé dans ce sens. Nourries de l'orgueil de former la future élite du régime, elles ne pouvaient que désapprouver la politique de la *Waffen-SS* qui dépréciait leurs efforts. Lorsque la *Reichsführung-SS* a pris conscience du problème et a réagi à la fin de l'année 1940, le mal était déjà fait [77]. La situation s'est certes redressée dans la seconde partie de la guerre. De 11 % d'élèves issus des instituts nationaux d'éducation politique volontaires pour la *Waffen-SS* en 1941-1942, le taux est remonté à 20 à 25 % en moyenne pour les élèves de l'année scolaire 1942-1943. Reste que, parmi les élèves à vouloir faire carrière sous les armes à la fin de 1943, la *Waffen-SS* arrivait en troisième position derrière l'armée de terre et la *Luftwaffe*. Si cette future élite nationale-socialiste a fait preuve d'un indéniable esprit de sacrifice au cours du conflit (1 226 élèves des instituts politiques étaient morts au combat ou portés disparus au début de 1944), force est de constater que l'Ordre noir n'a pas su en tirer profit [78].

Le passage des adolescents allemands au sein de la Jeunesse hitlérienne et du Service du travail est pour sa part difficile à assimiler à une affiliation politique, même si leur influence a naturellement été considérable dans le conditionnement des esprits. Organisations de masse nazies que tout citoyen du Reich devait obligatoirement intégrer en vertu des lois allemandes (du 26 juin 1935 pour le RAD, du 1er décembre 1936 pour la HJ), le passage dans leurs rangs perdait en soi toute signification politique personnelle [79]. Seuls les adolescents « sortis enthousiastes de la *Hitlerjugend* » alors que celle-ci n'était pas encore obligatoire ont effectivement fait un choix politique et idéologique [80]. Il en allait de même des personnels d'encadrement de la HJ et du RAD qui ont rejoint la *Waffen-SS* en vertu du partenariat instauré par l'Ordre noir avec ces deux organisations [81].

En fait, la seule organisation nationale-socialiste dans laquelle la *Waffen-SS* a assez largement puisé a été... la SS. En tant qu'organisation civile de l'Ordre noir, l'*Allgemeine-SS* lui a fourni d'importants effectifs, surtout au début du conflit. Si on trouvait peu d'*alte Kämpfer* dans les branches armées SS avant guerre (sur les 15 000 premiers membres de la SS, seuls 204 servaient dans la SS-VT et 91 dans les SS-TV en novembre 1937), bon nombre de membres de l'*Allgemeine-SS* ont été versés dans la *Waffen-SS* à l'automne 1939, en particulier dans les régiments « Tête de mort ». Les cadres ont ainsi pu présenter après coup des états de service militaires et se voir décerner un brevet de patriotisme avant de reprendre des fonctions politiques ou administratives au sein du Reich ou dans les territoires occupés [82]. Ce faisant, la *Reichsführung-SS* cherchait aussi à éviter les clivages : « l'opposition la " *Waffen-SS* " – l' " *Allgemeine-SS* " ne [devait] jamais survenir », selon Himmler. L'absence d'équivalence de grade entre l'*Allgemeine-SS* et la *Waffen-SS* n'en a pas moins suscité des tensions, de même que la crainte de la première de se faire absorber par la seconde [83].

Pourtant, les chiffres démontrent clairement que ces craintes n'étaient pas fondées. Certes, les effectifs des membres de l'*Allgemeine-SS* servant au sein de la *Waffen-SS* n'ont cessé de croître tout au long du conflit, mais la *Reichsführung-SS* s'est révélée incapable de mobiliser comme elle l'entendait sa branche civile *(annexe 19)*. Même en 1943, année où bon nombre d'affectations spéciales ont été levées dans l'industrie, les membres de l'*Allgemeine-SS* ont à peine été plus nombreux dans la *Waffen-SS*. De fait, si l'on modifie la perspective en ne considérant pas la part des personnels de l'*Allgemeine-SS* au sein des formations de la *Waffen-SS*, mais leur mobilisation pour l'effort de guerre du Reich, on constate que leur participation a été relativement faible, et cela à tous égards *(annexe 20)*. Même au point culminant de leur engagement en juin 1944, ils n'ont tout d'abord jamais fourni plus du quart de leurs effectifs à la *Waffen-SS*. C'était bien peu, en considération de leur lien structurel et de leur affiliation idéologique. Certes, l'appel des militants SS dans la *Wehrmacht* au moment de l'entrée en guerre a largement contribué à cet état de fait. L'armée a naturellement usé de ses droits envers des citoyens qui étaient des conscrits avant d'être les membres d'une organisation du parti [84]. Cela n'expliquait néanmoins pas tout. En effet, le droit de préférence accordé à l'été 1941 par l'OKW à la *Waffen-SS* pour recruter ses personnels dans son organisation civile n'a pas bouleversé la donne initiale. Le nombre de membres de l'*Allgemeine-SS* qui préférèrent servir au sein de la *Wehrmacht* a même encore continué à croître. Enfin, une importante proportion de militants SS n'a jamais estimé nécessaire de participer à l'effort de guerre du Reich à un quelconque titre militaire ou paramilitaire. En dépit de la convergence des chiffres, la proportion de ceux échappant à toute forme de service est, jusqu'en juin 1944, toujours demeurée supérieure à celle de ceux servant dans la *Waffen-SS*. Si l'âge de ces hommes est assurément un facteur d'explication, il ne peut être le seul [85].

Cette situation, paradoxale s'il en est, montre la contradiction de la *Waffen-SS* : émanation de l'Ordre noir, elle n'en a pas pour autant reçu tous les militants. Qu'ils aient préféré esquiver leurs obligations militaires ou rejoindre les rangs de la *Wehrmacht*, nombre d'entre eux n'ont pas mis leurs actes en adéquation avec leurs convictions. Quoique consciente de ce phénomène, la *Reichsführung-SS* est demeurée relativement impuissante. Pas plus que la décision d'exclure les membres de l'*Allgemeine-SS* renâclant à porter l'uniforme de la *Waffen-SS* en juillet 1941, les projets d'incorporation imaginés par la suite par Berger ne semblent avoir eu l'effet escompté [86]. Cette absence d'enthousiasme pour défendre le national-socialisme les armes à la main était un fait reconnu à la même époque par le chef du personnel SS. Parlant en termes généraux des hiérarques de l'Ordre noir, il confessait que « l'engagement au front » manquait « encore effectivement à de nombreux camarades » [87].

Prise dans son ensemble, l'affiliation politique des soldats SS a caché d'importantes disparités selon les unités, l'époque et les organisations nazies. Ainsi, certains des régiments « Tête de mort » au début du conflit étaient constitués avec des personnels hautement politisés, adhérant pour les deux tiers à une organisation nazie, surtout l'*Allgemeine-SS*. Cette proportion tranchait avec certaines unités de la police et de l'armée où la proportion de militants nazis était moitié moindre [88]. Il faudra en fait attendre la seconde moitié de la guerre pour que le taux d'individus encartés à la NSDAP ou actifs dans l'une de ses organisations ne connaisse un reflux dans les unités allemandes de la *Waffen-SS*, avec d'un côté l'incorporation massive d'adolescents du Reich encore trop jeunes pour avoir été politiquement actifs, et de l'autre des ressortissants étrangers qui n'avaient pas eu à passer dans les rangs de la HJ et du RAD [89].

Sélection morale, physique et raciale

Les critères de sélection

Tels qu'ils apparaissaient dans une notice éditée en octobre 1936, les critères de sélection pour l'entrée dans la SS-VT présentaient à la fois des conditions préalables à remplir ainsi que des critères rédhibitoires. Il est justement significatif de l'état d'esprit SS que les seconds aient été énumérés avant les premières. Le dernier paragraphe comportait d'ailleurs pour unique mention, qui plus est soulignée, qu'« aucun candidat n'a[vait] droit à l'incorporation »[90]. Ces conditions se classaient en trois catégories. Figuraient tout d'abord celles relevant de la fonction publique et du statut militaire, même si les personnels de la SS-VT ne correspondaient juridiquement à aucune de ces deux catégories en 1936. Être un citoyen allemand irréprochable « moralement, mentalement, physiquement » était la condition minimale exigée, qui en impliquait d'autres : jouissance de ses droits civiques (les peines liées aux activités politiques de la *Kampfzeit* n'étant pas comptées) ; accomplissement du Service du travail ou d'un service équivalent ; service militaire pas encore effectué. Un autre faisceau de conditions était lié à l'exercice du métier militaire, avec toutefois l'exigence de disposer de personnels physiquement supérieurs à la moyenne (taille minimale de 1,74 mètre, pas de port de lunettes).

L'idéologie de la SS posait une troisième série de conditions. Le patrimoine génétique du candidat devait aller de pair avec ses convictions politiques. Il lui fallait tout à la fois être « racialement irréprochable » et se tenir « idéologiquement sur le terrain du national-socialisme ». La « pure origine aryenne » devait être démontrée par un arbre généalogique remontant au moins à 1800. Un examen mené par les spécialistes de l'Office pour la race et la colonisation (RuSHA) permettait de lui appliquer une grille de classification composée de cinq (puis sept) types raciaux européens : nordique, phalien, dinarique, occidental (= méditerranéen), oriental (= alpin), balte oriental, sudète. Cette grille était par ailleurs croisée, c'est-à-dire que chaque individu pouvait être d'un type racial unique ou d'un type racial principal avec une influence *(Einschlag)* raciale différente. S'y ajoutaient des types raciaux extra-européens : nègre, mongol, oriental, indien, etc. La SS reconnaissait comme siens les individus de types nordique ou phalien, que ces types soient purs ou prédominants, de même que ceux dont l'apparence présentait un mélange harmonieux de ces deux types avec « de légers apports alpins, dinariques ou méditerranéens [91] ».

Dans l'impossibilité d'émettre un avis sur leur épouse, et donc de contrôler leur descendance, les hommes mariés étaient par ailleurs récusés. Était également récusé d'office « celui qui, d'après sa provenance, son point de vue ou son activité politique antérieurs, n'offr[ait] pas la garantie qu'il s'engagerait à tout moment sans réserve pour l'État national-socialiste ». Au total, pas moins de sept attestations différentes étaient exigées, qu'elles soient de nature médicale, scolaire, judiciaire, généalogique, émanant du Service du travail et du dernier employeur. S'ajoutaient à ces pièces un *curriculum vitae* et les questionnaires généraux.

Au début du conflit, la procédure a été considérablement simplifiée. Il fallait simplement au candidat « être digne du service armé », pouvoir apporter la preuve de son ascendance aryenne, ne pas avoir reçu de peine judiciaire et policière, et être physiquement et mentalement apte au service militaire. Outre sa fiche de candidature, il lui suffisait de fournir un *curriculum vitae* et, pour les mineurs, une autorisation parentale [92]. Dès cette époque, les critères ont été quelque peu assouplis. En conséquence, les porteurs de lunettes et les individus aux dents cariées n'ont plus eu à craindre de rejet [93].

S'ils ont évolué, les critères de sélection physique des ressortissants allemands n'en sont pas moins demeurés à un niveau pratiquement constant jusqu'au début de l'année 1943 *(annexe 21)*. La décision prise à la fin de 1942 d'abaisser à 1,66 mètre la taille minimale requise pour les volontaires de moins de 20 ans apparaît pourtant comme une étape importante sur le chemin qui a conduit la SS à sacrifier une partie de ses critères de sélection. Aussi le *SS-Hauptamt*, à l'origine de cette décision, a-t-il bien pris soin de la faire cautionner par Himmler. Toute publicité autour de cette mesure a d'ailleurs été bannie, la *Reichsführung-SS* semblant soucieuse de ne pas dévaloriser ainsi son recrutement [94]. On ne peut toutefois pas parler d'un tournant. Le fait est que, pour écumer le plus largement possible la classe 1925 qui avait déjà été ponctionnée, il n'y avait guère d'autres possibilités que d'abaisser les critères pour les mettre en adéquation avec la ressource humaine disponible. Le fait se vérifie avec le relèvement provisoire de la taille minimale à 1,70 mètre pour le recrutement de la division « Hitlerjugend » quelques mois plus tard. L'introduction d'un tel critère pour des adolescents de 16 et 17 ans démontrait que l'élitisme était encore bien présent dans la culture de la SS. Au reste, si la *Reichsführung-SS* a pu faire des concessions sur l'hygiène dentaire des candidats, les critères raciaux sont demeurés inchangés[95].

Pendant la guerre, les services de recrutement SS ne se sont plus acharnés à passer les candidats au tamis du critère politique. En conséquence, aucune attestation de ce type n'a été réclamée aux impétrants passés dans les rangs de la HJ ou de la NSDAP à partir de 1941[96]. La fin du conflit a d'ailleurs vu des opposants au régime servir sous l'insigne à tête de mort, sans que cela ne gêne la *Reichsführung-SS*[97]. Dans le cas des ressortissants étrangers ou des individus issus des territoires récemment annexés au Reich et suspects de menées antinationales, les services de Berger ont néanmoins fait preuve d'une plus grande méfiance. Les volontaires « germaniques » devaient ainsi produire une déclaration de non-appartenance à une loge maçonnique[98]. De leur côté, les conscrits alsaciens enrôlés au début de 1944 ont eu à remplir un questionnaire où il leur était demandé, entre autres, si des membres de leur famille avaient séjourné au camp de rééducation de Schirmeck ou avaient été déplacés à l'est en guise de rétorsion pour la désertion d'un autre membre de la famille[99].

L'application de la sélection jusqu'en 1942

Pour la SS, tout l'enjeu a consisté à maintenir sa sélection élitiste d'avant guerre. Cette obsession se retrouve de manière récurrente chez Berger au cours des premières années du conflit, probablement pour mieux se prémunir de l'accusation de s'écarter de l'orthodoxie SS, particulièrement lorsque les recrutements visaient des populations non issues du « vieux Reich »[100].

Dirigée par un responsable du bureau de recrutement régional, la commission de sélection SS se composait dans la pratique d'un médecin, d'un « spécialiste de la race » et de quelques secrétaires et infirmiers. Bien rodé, l'examen s'articulait en une sélection préliminaire destinée à écarter les candidats manifestement inaptes, tout en prenant bien soin de ne pas trahir publiquement le motif de rejet éventuel. De même, l'examen racial précédait systématiquement l'examen médical, de sorte qu'il était toujours possible de justifier par une insuffisance physique le rejet d'un candidat en fait « racialement inapte ». En tout état de cause, il était demandé aux examinateurs le plus grand tact, « de telle sorte qu'une sélection raciale ne tourne pas en déclassement des autres membres de la communauté ni ne suscite une nouvelle opposition de classes »[101].

Cette procédure a exigé de considérables efforts à l'heure des grandes campagnes de recrutement, comme par exemple en Hongrie, à l'été 1942, où le nombre moyen d'hommes quotidiennement examinés par chaque commission SS s'est élevé à 240[102]. Naturellement, une telle cadence impliquait un risque d'erreurs. Aussi les procédures ont été très tôt simplifiées afin d'obtenir un rendement optimal. Dès le début du printemps 1940, les commissions de recrutement ont reçu la consigne d'être extrêmement sévères lors de l'examen des candidats. À l'inverse, au moment de l'incorporation proprement dite dans les unités de dépôt SS, les commissions médicales, sous la toise desquelles passaient de nouveau les recrues, avaient l'ordre de faire preuve de mansuétude et de « négliger des problèmes qui n'influ[ai]ent pas sur l'aptitude militaire ». C'est ainsi que sur 12 415 candidats acceptés par les commissions de sélection SS du 23 janvier au 23 mars 1940, seuls 210 hommes ont été rejetés au moment de leur incorporation, soit 1,7 %[103]. Par la suite, le SS-FHA se plaindra du taux croissant de personnels inaptes qui lui étaient fournis, en particulier à la suite de la première campagne de recrutement en Hongrie. Berger parviendra toutefois à démontrer qu'avec 2,6 %, le taux d'inaptitude à l'incorporation était à peine supérieur à celui de l'armée de terre allemande (1,8 à 2 %), et cela alors que les commissions de sélection SS ne pouvaient procéder, comme celles de l'armée, à des radiographies qui permettaient de détecter la tuberculose, et que d'autres maladies, comme l'épilepsie, étaient difficilement décelables[104].

Les failles dans la sélection étaient statistiquement inévitables sur une population de plusieurs dizaines de milliers de candidats annuellement retenus. D'autres facteurs ont également joué, à commencer par l'assouplissement de la procédure. Dès le début de l'année 1941, l'extrait de casier judiciaire ne faisait par exemple plus partie de la procédure d'incorporation, dès lors qu'aucun motif ne justifiait *a priori* de se renseigner sur le candidat. Ce faisant, les mailles du filet ont été considérablement élargies, permettant à des « éléments criminels » de trouver « d'une manière quelconque un accès dans la *Schutzstaffel* » [105].

Les pseudo-scientifiques thèses raciales nazies ont aussi montré leur limite quand les commissions de sélection SS ont admis à leur insu quelques *Mischlinge*, individus dont au moins l'un des ancêtres était juif. Cela a surtout été possible aux *Volksdeutsche* dont aucune documentation généalogique ne venait trahir leur ascendance, et aussi à certains Allemands dont le père était juif, mais qui ont invoqué l'infidélité de leur mère pour convaincre les services SS qu'ils étaient les fils naturels d'aryens [106].

La sélection menée par les services de Berger n'en a pas moins été sévère, précisément parce que tout abus aurait été dénoncé à Himmler par des généraux SS ayant un accès direct à leur *Reichsführer*, à l'image de Theodor Eicke. Le commandant de la division « Totenkopf » s'est transformé en gardien du temple en faisant mener une contre-expertise sur les personnels de remplacement, n'hésitant pas à renvoyer dans les unités de dépôt les individus jugés physiquement, racialement ou moralement inaptes [107]. Par ailleurs, dans le climat de rivalité allant *crescendo* entre le SS-Hauptamt de Berger et le SS-FHA de Jüttner, ce dernier, pourtant prompt à intégrer les spécialistes et cadres dont il avait besoin sans être trop regardant sur leur « pedigree » [108], s'est montré plus sourcilleux avec les recrues ordinaires. À l'occasion, Berger a même dû monter au créneau pour défendre l'action de ses services face aux plaintes de Jüttner. Tel a été le cas en 1942, à la suite du recrutement de quelque 15 000 *Volksdeutsche* hongrois. « Le *SS-Führungshauptamt* peut être assuré, a-t-il rétorqué à Jüttner, que la fameuse " détérioration " dont on parle depuis maintenant 1939 n'a pas cours. D'ailleurs, je connais l'opinion précise de la majorité des commandants de division qui me confirment tout simplement que notre [personnel de] remplacement n'est pas devenu plus mauvais, mais meilleur » [109]. Et, à bien considérer la sélection pratiquée jusqu'à cette date par la SS, les faits donnaient raison à Berger.

Le taux de sélection

Quand on considère le rapport entre le nombre d'individus acceptés et celui des candidats passés sous la toise des examinateurs SS, la sélection pratiquée par l'Ordre noir apparaît dans toute sa dimension. En tout état de cause, le nombre des volontaires rejetés au cours des trois premières années du conflit a été systématiquement majoritaire, la plupart du temps très largement. Ces taux laissent à penser que les critères de sélection étaient véritablement appliqués, et ce, de la manière la plus stricte, conformément aux propos tenus par Berger. Au printemps 1942, le pourcentage de volontaires admis oscillait ainsi entre 16 et 18 % au sein du Reich. Sur 450 000 individus examinés en 1940, seuls 82 833 candidats avaient été acceptés dans la police et la SS. De plus, faisait remarquer Berger, des individus s'étaient abstenus de se présenter, conscients de leurs déficiences physiques rédhibitoires. Outre le formidable tamis que constituaient les commissions de sélection SS, ces taux de sélection révélaient le pouvoir d'attraction considérable de la SS au cours des premières années du conflit. Lucide, Berger était parfaitement conscient de la chance qui s'offrait à lui et interprétait au printemps 1942 comme « un bon signe de la jeunesse allemande » le fait de recevoir « toujours suffisamment de volontaires à l'examen malgré tout »[110].

La sélection des Allemands ethniques ou des populations récemment annexées s'est révélée tout aussi féroce et démontre que la « qualité » des candidats primait à l'époque sur leur nombre. En conséquence, la SS a dû mener une politique de recrutement extensive pour satisfaire ses besoins. En Croatie, par exemple, l'obtention de 6 529 hommes a nécessité l'examen de quelque 28 000 individus au second semestre 1942, soit un taux de sélection avoisinant 23 %. Sur environ 500 *Volksdeutsche* hongrois qui se sont présentés à un examen illégalement organisé dans leur pays à l'été 1941, à peine 20 % d'entre eux ont été reconnus aptes. L'année suivante, la première campagne de recrutement officielle a également mis en relief une réelle inégalité régionale. Derrière un taux moyen de recrutement de 29,4 % pour les sept districts où résidaient des *Volksdeutsche*, les extrêmes s'établissaient à 12,4 % dans la partie occidentale de la Hongrie pour s'élever à 32,4 % dans la plaine de la Batchka qui constituait, tant qualitativement que quantitativement, un précieux réservoir de volontaires acquis à la SS. Parfois, le nombre de candidats examinés était hors de proportion avec le nombre d'individus finalement retenus. En Alsace, où le recrutement pour la *Waffen-SS* a officiellement débuté le 1er octobre 1940, quelque 750 hommes avaient répondu à l'appel quatre mois plus tard, mais seuls 58 avaient été retenus, soit 7,7 % [111]. À l'inverse, les pays germaniques se singularisaient par un taux élevé d'acceptation, variant par exemple « constamment » de 25 à 30 % aux Pays-Bas et au Danemark. Le faible nombre d'habitants prêts à y endosser l'uniforme SS n'en ressortait que davantage [112].

Les motifs de rejet

Loin d'être uniformes, les motifs de rejet ont d'abord obéi à des disparités régionales, ce dont la SS a plus volontiers fait étalage pour son recrutement à l'étranger qu'au sein du Reich. La sous-alimentation et une taille trop petite étaient les principaux motifs qui écartaient l'accès des candidats flamands à la *Waffen-SS*. Au Danemark, où près des trois quarts des volontaires répondaient aux critères raciaux de l'Ordre noir, l'hygiène dentaire déficiente causait un nombre important de rejets et a obligé la SS à faire preuve de souplesse avec ses propres règles [113].

Faute de chiffres globaux, il est difficile de déterminer quels furent les principaux motifs de rejet au sein du Reich. Les critères physiques semblent néanmoins avoir causé davantage de rejets que les critères raciaux. Les deux aspects étaient en effet distincts. Le candidat devait à la fois être reconnu physiquement « bon pour le service » *(tauglich)* et « apte à la SS » *(SS-geeignet)*. En conséquence, une recrue pouvait être reconnue physiquement apte et être récusée parce que inapte à la SS, ou vice-versa. Ainsi, sur un total de 8 301 candidats examinés en 1941 en Haute-Bavière, 3 340 hommes ont été jugés « aptes à la SS » (40,2 %), alors que seuls 2 956 étaient déclarés « bons pour le service » (35,6 %). À lui seul, le critère de taille a provoqué le rejet de 2 920 candidats (35,2 %) [114].

Un rapport établi en janvier 1940 par une commission de sélection SS de la région « Nord-Est » constitue une source d'informations encore plus précise sur la sélection opérée par la SS. En effet, la somme des rejets totalement ou partiellement liés à des motifs physiques (corporels ou médicaux) représentait près du double des rejets exclusivement ou non liés à des motifs raciaux (75,8 % contre

39,9 %) [115]. Ce constat nous conduit à cette vérité élémentaire qui a eu tendance à disparaître dans les discours de Himmler : la SS était une élite physique *avant* d'être une « élite raciale » [116]. Logiquement, cette supériorité physique favorisait un meilleur rendement au feu. Avant qu'ils n'aient à se battre contre des unités SS composées de guerriers blonds aux yeux bleus, de type nordique, les soldats alliés ont eu en face d'eux des soldats SS en général plus grands, plus robustes et donc plus résistants à l'effort et à la fatigue que des conscrits ordinaires. En ce sens, la supériorité du « matériel humain » (l'expression est d'époque) de la SS était bien réelle sur le plan physique [117]. Une réserve doit néanmoins être émise à ce constat : l'âge de la recrue. Le fait est particulièrement net au printemps 1942, quand l'autorisation parentale fut supprimée pour les mineurs de 17 ans. La mesure a certes provoqué un afflux de volontaires « aussi bons que ceux du temps de paix, sinon que, précisément par manque de temps, ils [n'étaient] pas encore physiquement aussi développés et vigoureux » [118].

L'application de la sélection à partir de 1943

La transformation de la *Waffen-SS* en armée de masse à la charnière des années 1942-1943 n'a pas manqué de réduire le niveau de sélection, globalement très élevé jusqu'alors. Plus que les pertes, c'est en effet la politique d'expansion de la *Reichsführung-SS* qui a conduit les commissions de sélection SS à faire preuve d'une plus grande souplesse. Dès le recrutement des 9e et 10e divisions SS dans les camps du RAD en janvier 1943, 60 % des individus examinés avaient été admis – un taux trois fois supérieur à celui du printemps de l'année précédente. Cela était d'autant plus significatif que la constitution physique des volontaires avait certes été généralement jugée « bonne », voire « excellente », mais pourtant « en moyenne plus mauvaise qu'avant la guerre » [119]. La présélection opérée par le RAD et l'abaissement du critère de taille de 1,68 mètre à 1,66 mètre expliquaient en fait pour beaucoup ce taux singulièrement élevé. Avec plus d'un tiers des rejets liés au critère de la taille au début du conflit, ces deux petits centimètres ont permis de lever partiellement une lourde hypothèque et, accompagnés d'une petite dose d'indulgence devant d'éventuels « défauts qualitatifs », ont suffi à recruter assez d'hommes jusqu'au début de l'année 1944. Le fait se vérifie à l'été 1943 lors de la première campagne de recrutement en

Roumanie. La proportion des candidats acceptés dans la *Waffen-SS* y a atteint 39,7 %, taux supérieur de dix points à celui obtenu un an auparavant dans des conditions analogues en Hongrie. D'ailleurs, une seconde campagne de recrutement menée dans le royaume magyar en 1943 révèle que les critères de sélection avaient entre-temps baissé [120].

Bien que moins exigeant, l'Ordre noir conservait encore à cette époque des critères rigoureux. Pour des motifs raciaux, les commissions de recrutement qui ont opéré dans les camps du RAD en janvier 1943 se sont privées d'hommes qu'un officier SS « aurait volontiers pris comme chefs de troupe » [121]. Et au vu des bulletins de santé ou des casiers judiciaires ultérieurement délivrés par les autorités administratives, le SS-FHA n'a pas hésité à exclure des porteurs de maladies héréditaires ou des délinquants initialement admis [122]. De même, la sélection était toujours à l'ordre du jour avec les volontaires « germaniques » [123]. À l'heure où le besoin en hommes se faisait pressant, seule la volonté de se conformer à l'orthodoxie SS pouvait expliquer cette ligne de conduite. « Nous ne nous sommes de toute façon pas départis des critères de sélection raciale des volontaires », rappelait encore avec conviction Berger en septembre 1943 [124]. Un tel luxe était à cette époque encore permis par la précocité du recrutement et le dépassement systématique des quotas de personnels alloués par l'armée au sein du Reich. Sur le terrain, les unités SS étaient d'ailleurs satisfaites des renforts qu'elles recevaient. Certes, la jeunesse des recrues exigeait d'en prendre davantage soin, en s'assurant notamment qu'elles achèvent leur croissance par un ravitaillement approprié et plus abondant. Pour le reste, le commandant de la division « Das Reich » n'avait rien à redire et remerciait Himmler pour l'envoi de ces renforts [125].

Dès la fin 1943, cette situation s'est rapidement dégradée. Certes, de flatteuses appréciations étaient encore émises. La constitution physique des adolescents de la classe 1926 faisait ainsi « une remarquable impression » aux officiers de la 17ᵉ division SS, tandis qu'au printemps et à l'été 1944 la plupart des recrues incorporées dans le groupe d'artillerie de dépôt aux Pays-Bas étaient jugées « intellectuellement et physiquement de grande valeur », présentant « d'une façon générale du point de vue racial des marques nordiques distinctives » [126]. D'autres signes démontraient néanmoins que le niveau de recrutement était en train de chuter. En décembre 1943, la SS avait déjà aligné ses critères médicaux sur ceux, plus souples, établis par la *Wehrmacht* pour évaluer l'aptitude des personnels à faire campagne [127]. Afin de faire face à la crise des effectifs, le recrutement a par ailleurs pris l'allure d'une véritable conscription au cours de l'hiver. En Alsace, seuls environ 10 % des hommes n'ont pas été jugés aptes à l'incorporation, la taille constituant l'un des motifs de rejet au-dessous de 1,65 mètre. Ainsi, les commissions de sélection « rognaient » sur les critères, gagnant dans ce cas un centimètre. En tout état de cause, le test médical avait été jugé « extrêmement superficiel » par les conscrits eux-mêmes, et des individus disposant de casiers judiciaires avaient cette fois été enrôlés en toute connaissance de cause [128]. De telles pratiques ne faisaient en réalité qu'anticiper les consignes officielles de la *Reichsführung-SS*.

Les louvoiements de la Reichsführung-SS

Pour les formations étrangères, l'Ordre noir a eu tôt fait d'abandonner toute ambition. S'il a surpris jusqu'au « bureau de direction germanique » à Berlin, l'abaissement du critère de la taille à 1,62 mètre pour le recrutement de la nouvelle brigade SS « Wallonie » n'était pas en soi révolutionnaire, compte tenu du précédent que constituait la division « Prinz Eugen », composée de *Volksdeutsche* serbes et croates pour lesquels la taille minimale requise était de 1,60 mètre. Au demeurant, le passage à la *Waffen-SS* des légionnaires wallons n'a donné lieu à aucune sélection particulière des personnels déjà sur les rangs, hormis quelques démobilisations individuelles, dont un soldat de confession juive [129]. Cette moindre exigence est devenue la norme par la suite. Une fois achevée sa révolution mentale qui lui a permis d'intégrer des personnels non « germaniques » dans les « divisions en armes de la *Waffen-SS* » au printemps 1944, la *Reichsführung-SS* s'est tout simplement bornée à leur appliquer les critères de sélection en vigueur dans la *Wehrmacht* [130].

Tout autre a été sa position pour les formations allemandes. Himmler n'a pas démordu de ses critères de sélection, et ce jusqu'à la fin. Au demeurant, jamais l'accès à l'Ordre noir n'a été aussi fermé que pendant le conflit : alors que les formations en armes de la SS sont passées de 23 000 à 501 000 hommes du 1er septembre 1939 au 31 décembre 1943, seuls 68 000 nouveaux matricules SS ont été attribués dans ce laps de temps [131]. Au début de l'année 1943, le commandant du corps d'armée blindé SS a ainsi plongé Himmler dans un terrible « cas de conscience » en prenant l'initiative d'intégrer des soldats de la *Luftwaffe* afin de combler les rangs clairsemés de ses trois divisions après la bataille de Kharkov.

> Votre demande à l'armée pour un renfort issu des divisions de la *Luftwaffe* m'a mis dans la pire difficulté. Vous ne pouvez pas attendre de moi qu'en tant que *Reichsführer-SS* et fondateur de la SS [*sic*], j'en détruise personnellement et de ma propre main le fondement même, à savoir la sélection raciale et humaine [...]. Quand je changerai d'avis à ce sujet en intégrant en vrac une division de l'armée de terre ou de la *Luftwaffe* dans mes vieilles divisions, nous pourrons alors baisser les bras [*abtreten*] [132].

Aussi les personnels de la *Luftwaffe* avaient certes été versés dans les unités du corps blindé SS, mais en demeurant statutairement soldats de l'armée de l'air, du moins pour ceux qui ne répondaient pas aux critères de la SS [133]. Un an plus tard, la position de Himmler sur le sujet n'avait pas varié. Alors que la situation du recrutement au sein du Reich était en crise, le *SS-Hauptamt* avait demandé au RuSHA de bien vouloir intercéder en sa faveur en suggérant à Himmler d'accepter l'enrôlement des citoyens du Reich de la liste III (notamment des Polonais des territoires annexés) au sein des formations SS à recrutement allemand, et non plus seulement dans les formations de volontaires étrangers. Pour ce faire, il proposait de les intégrer avec la mention « apte pour la *Waffen-SS* seulement pour la durée de la guerre ». Himmler a néanmoins rejeté l'idée le 24 janvier 1944 :

> La *Waffen-SS* est une branche indissociable de l'Ordre de la SS, en conséquence elle ne peut pas avoir des critères différents. Il demeure donc que seuls les personnels SS des Ire et IIe catégories raciales [*RuS I und RuS II*] peuvent être dans la *Waffen-SS*. Comme jusqu'ici, un individu de la IIIe catégorie raciale [*RuS III*] peut intégrer, en tant qu'individu apte à l'armée de terre, les formations de volontaires SS de la *Waffen-SS*, qui sont placées sous l'autorité du *Reichsführer-SS*, ou les formations de la police [134].

Face aux urgents besoins en hommes, les responsables SS ont compensé cette inflexibilité dogmatique par une application plus souple des critères de sélection. En transmettant l'ukase de Himmler, le chef du RuSHA indiquait ainsi à Berger qu'il donnait « pour devoir aux officiers de l'Office de la race et de la colonisation et aux examinateurs de procéder avec indulgence lors des recrutements et de décider positivement dans des cas encore à la limite du supportable ». Le résultat de ce relâchement ne s'est pas fait attendre au sein des unités SS. Au printemps 1944, une compagnie de la division « Das Reich » a ainsi dû se séparer de plusieurs personnels pour des motifs qui en disaient long sur le laxisme dont faisaient désormais preuve les commissions de sélection SS : pieds plats, faiblesse corporelle (un soldat pesant 48 kilos, un autre 49), inaptitude à faire campagne, « faiblesse intellectuelle », voire « débilité mentale »[135].

À la fin du printemps 1944, Himmler lui-même ne pourra plus surseoir aux échéances. L'heure des compromis a donc sonné, à commencer par son ordre donné au IIe corps d'armée blindé SS d'incorporer des Ukrainiens comme « volontaires en armes » au début de mai 1944[136]. Le 27 juillet suivant, il a finalement été contraint d'accorder ce qu'il n'avait cessé de refuser jusque-là. En l'occurrence, tous les Allemands du Reich ont désormais été incorporables dans la *Waffen-SS* pour peu qu'ils soient « médicalement aptes ou partiellement aptes à faire campagne », et cela « même s'ils laiss[ai]ent entrevoir au premier abord leur inaptitude à la SS », et « pour autant qu'ils n'[étaient] pas à considérer comme intolérables pour la SS en raison de leur physionomie extra-européenne ou tout autre motif »[137]. Ces hommes pouvaient être promus de la même manière que les autres au rang de sous-officier ou d'officier. Cependant, la classification allait encore une fois faire toute la différence. Derrière leur uniforme identique, ces hommes n'intégraient pas l'Ordre noir. Ils étaient désignés dans le jargon SS comme « aptes à faire campagne – unité spéciale » (*kv-Sondereinheit*, kv-SE). D'apparence bien anodine, cette mention administrative qui figurait sur leur fiche individuelle et dans le fichier de recherche central constituait en fait une différence fondamentale. Des marques distinctives y classaient les hommes des « groupes de valeur raciale » III et IV selon qu'ils répondaient ou non à la taille minimale requise de 1,66 mètre, de même que ceux du groupe IV F qui étaient étrangers au monde germanique (F pour *fremdvölkisch*) [138].

Alors que ces citoyens du Reich « inaptes à la SS » devaient, selon Himmler, rejoindre les seules 7e, 8e et 18e divisions SS, déjà majoritairement composées de *Volksdeutsche*, l'étude américaine menée sur les prisonniers de la 9e division SS en 1945 trahissait l'arrivée de ces hommes dans les formations SS à recrutement allemand au cours des derniers mois de la guerre : 7 % de l'échantillon étaient des individus qui, sept mois auparavant, étaient classés « IV F », soit le dernier groupe de « valeur raciale » sur l'échelle de la SS. Si elle avait renoncé à sa sélection raciale, la SS n'avait par contre pas encore complètement abandonné sa sélection physique *(annexe 22)*. Le nivellement par le bas causé par la nouvelle classification médicale entrée en vigueur au début de 1945 était certes nettement visible à l'échelle des forces armées allemandes, permettant d'envoyer sur le front des personnels encore seulement employables en garnison ou au travail en juillet 1944. En dépit de cet abaissement des critères médicaux et de leur dévoiement (des soldats étaient jugés plus ou moins aptes à faire campagne en dépit de leur œil de verre, de problèmes cardiaques ou de doigts ou d'orteils amputés), la valeur physique des personnels de la division SS restait systématiquement supérieure à celle de la 12e division de grenadiers du peuple. Le recours massif aux personnels étrangers expliquait pour une large part cette meilleure situation. En cinq années de guerre, le Reich avait en effet sacrifié trop de ses meilleurs enfants pour être encore en mesure de répondre aux besoins d'une organisation qui prétendait incarner une élite physique et raciale.

9

Les motivations de l'engagement

Pour cerner les motivations qui ont conduit des individus à s'engager dans la *Waffen-SS*, l'historien se trouve confronté au double problème des sources et de la méthodologie. Les premières manquent presque totalement dans la mesure où les services de recrutement SS, quoique ayant largement eu recours aux méthodes technocratiques dans le cadre de leur action, n'ont pas cru bon de mener à l'époque une enquête à ce sujet auprès des candidats. Les témoignages laissés après guerre par les vétérans SS sont pour leur part sujets à caution. De fait, nombre d'expériences personnelles et d'influences diverses sont venues faire écran entre les pensées qui animaient un individu au moment de signer sa feuille de candidature et le moment où il a tenté de les retranscrire postérieurement, même avec la plus sincère honnêteté. En ce sens, les années ont démontré combien les propos des anciens soldats SS n'ont plus été, à la longue, que la retranscription d'un discours plus ou moins consciemment lissé, fidèle reflet des plaidoyers tant de fois entendus pour une réhabilitation morale et financière au sein de la société allemande d'après guerre. À rebours de cette reconstruction « stérilisée » des mémoires, il faut éviter le piège qui consisterait à penser *a posteriori* que ces hommes, parfois très jeunes, se sont délibérément engagés dans une formation criminelle, telle qu'elle a été jugée quelques années plus tard à Nuremberg [1]. Face à ce double écueil, il est nécessaire de recourir à une source alternative : la propagande de recrutement de la SS. Son étude permet de connaître quelles ont pu être les motivations sinon de tous les volontaires, du moins de certains d'entre eux. « Dis-moi à quels messages tu as répondu, et je te dirai pourquoi tu t'es engagé. » En termes simples, tel pourrait être l'intitulé de la problématique posée ici.

Les messages de la SS pour son recrutement

De l'idéologie politique aux appels enflammés à l'intention des imaginations juvéniles, les messages distillés par la SS pour gagner des volontaires ont sans cesse évolué. En termes de « stratégie de communication », trois phases distinctes peuvent se dégager, parallèlement à des thèmes récurrents : l'appel à « un nouveau type de combattant politique » jusqu'en 1941, la proposition de rejoindre ensuite une élite militaire idéalisée, thème spécifiquement repris, à partir de 1943, à l'adresse des adolescents du Reich.

Faire appel à « un nouveau type de combattant politique »

Imbu de son élitisme, l'Ordre noir ne s'était guère soucié de communication pour son recrutement avant guerre. En récusant l'idée même de s'abaisser à faire du prosélytisme, la SS avait eu en cela le raisonnement d'une organisation à l'accès extrêmement sélectif. À côté de cette réticence, l'accès aux moyens de communication et aux supports habituels d'information de masse lui était par ailleurs interdit. Seuls étaient permis les encarts de presse annonçant sobrement le passage des commissions de sélection SS dans les localités. Motivée par la volonté de maintenir secret le réarmement allemand avant 1935, cette pratique avait été maintenue par la suite, quoique assouplie. Des placards de recrutement pour les formations paramilitaires SS avaient ainsi commencé à fleurir sur les murs des bureaux de la police et des sièges des organisations du parti. Pour le reste, les restrictions posées à la SS expliquaient le manque de notoriété de ses troupes paramilitaires en 1938, notamment dans les campagnes [2].

Comme dans d'autres domaines, la guerre est venue à point pour balayer les interdits. En l'occurrence, face à la difficulté éprouvée pour porter à plein effectif sa seule unité de volontaires (le régiment « Großdeutschland »), l'armée de terre a obtenu en septembre 1940 l'autorisation de recourir à la presse et à la radio pour le recrutement de cette formation. Berger a saisi l'occasion pour réclamer le même droit et se l'arroger sans même attendre la réponse [3]. L'heure était désormais à une politique de communication extensive visant non seulement au recrutement de la SS, mais aussi à distiller son idéologie au sein de la population : il s'agissait de contrer les « adversaires idéologiques » qui ne devaient plus avoir des soldats politiques « l'image de pauvres agneaux [*sic!*] [4] ».

Au cours de cette première phase, le discours de la SS pour son recrutement a été essentiellement axé sur le caractère politique de ses troupes et sur les enjeux idéologiques du conflit. Son contenu ressortait clairement des consignes diffusées par Berger au début de février 1940.

> De temps en temps, il faut faire venir nos propagandistes. On doit s'entretenir ici et là avec eux, en faisant toujours faire ressortir, à côté d'un banal « palabre de bonimenteur », les idées fondamentales de la [SS], [...] que nous sommes un peuple sans espace et qu'il ne s'agit pas aujourd'hui d'un combat entre des groupes de puissances, mais d'un combat entre des idées inconciliables. D'un côté se tiennent les forces qui combattent pour la Liberté et le progrès de l'Humanité, de l'autre celles qui veulent tôt ou tard de nouveau oppresser le monde. Dans cette lutte, la SS a ses missions particulières. Les *Schutzstaffeln* sont les derniers remparts, en conséquence de quoi servir chez eux [est] un honneur particulier ! Nos régiments d'active sont des régiments de Garde dans le meilleur sens du mot [5] !

Avec le temps, ce message idéologique va progressivement s'effacer. Certes, on le retrouve encore ponctuellement, en particulier après l'invasion de l'Union soviétique, lorsque « le combat armé contre le bolchevisme d'État organisé » a été présenté comme « la poursuite la plus logique du combat de la NSDAP qui avait autrefois conduit au pouvoir dans l'État ». Dès cette époque, ce message était cependant relégué derrière celui de « l'engagement des divisions de la *Waffen-SS* à l'avant du front sur tous les théâtres de guerre », engagement qui avait été « couronné par la gloire obtenue par les armes [6] ». Plus tard, la portée idéologique de l'engagement dans la SS ne fera plus place qu'à la seule définition du soldat SS. Celui-ci était alors décrit comme « un nouveau type de combattant politique, idéologiquement particulièrement fortifié », et encore « affermi dans son comportement par une éducation politico-idéologique spéciale », ou encore comme « un soldat politique du Führer, porteur de la tête de mort et membre d'une communauté ayant prêté serment [7] ».

Il est néanmoins intéressant de voir à nouveau poindre un message idéologique dans le fascicule réalisé en 1944 à l'attention des candidats aspirant à devenir officiers. « Ce qui distingue spécialement la SS, y était-il écrit, est son combat pour l'idéologie. » Pour « la jeunesse européenne » servant sous la tête de mort, ce combat se traduisait par le devoir de repousser « l'assaut de la steppe asiatique et de l'or juif pour la liberté du continent ». La radicalisation des positions à la fin du conflit, tout comme le public visé, *a priori* acquis aux idées du régime, ont sans doute conduit à cette résurgence du message idéologique, sans toutefois qu'il supplante celui qui, depuis longtemps, était devenu le cheval de bataille de l'Ordre noir, à savoir l'attrait « d'une troupe d'élite militaire et politique comme la *Waffen-SS* [8] ». Plus que jamais, celle-ci était présentée « comme la pointe la plus tranchante de l'épée allemande et européenne » [9].

Rejoindre une « élite militaire » à l'image épurée

Dès l'hiver 1940-1941, le culte de l'élite était devenu le fonds de commerce du *SS-Hauptamt* dans son argumentaire pour le recrutement. Berger en avait assez tôt saisi tous les enjeux : « ... il m'est impossible d'assurer le recrutement dans la durée [...] si nous ne devenons pas effectivement la Garde du Führer [10]. » Culturellement, l'élitisme n'était certes pas une nouveauté pour la SS. La principale différence était qu'elle pouvait dorénavant s'appuyer sur le modèle concret d'une troupe militarisée en guerre, et non plus sur une organisation à l'idéologie abstraite et aux fonctions obscures. Au discours politique succédait le culte de l'excellence militaire. Par rapport à l'avant-guerre et aux premiers mois du conflit, il s'agissait d'une véritable dépolitisation du discours du recrutement. Ce faisant, l'Ordre noir a enclenché un cercle vertueux : les premiers hauts faits militaires des unités SS, plus ou moins montés en épingle, ont permis d'amorcer la pompe du recrutement en créant autour de la *Waffen-SS* l'attrait et le prestige propres à toute troupe d'élite. À ce jeu, la mécanique initiée a dépassé tous les espoirs placés en elle pour atteindre le rang du mythe.

Ce phénomène a encore été accentué par la possibilité offerte à la SS, à partir de l'automne 1940, de mener de véritables campagnes de communication auprès du public, avec, comme maître mot fixé par Berger à chaque opération, que celle-ci donne « une impression de frais » et qu'elle « s'adresse toujours à la personne ». En cela, la diversification des unités qui a accompagné l'augmentation des effectifs de la *Waffen-SS* permettait de proposer aux candidats un large panel d'armes (infanterie, blindés, artillerie, cavalerie, troupes de montagne, etc.)[11]. Cette apparente liberté de choix était un avantage aux yeux du conscrit qui ignorait sa future affectation au moment de l'appel sous les drapeaux. En laissant à l'individu l'impression de ne pas être complètement dessaisi de toute emprise sur son destin, la SS le plaçait au centre de sa politique d'approche.

La montée en puissance de la propagande SS a véritablement commencé à partir de 1941. Tous les vecteurs ont été exploités : films, radio, presse, brochures, timbres, cartes postales (parfois distribuées aux soldats SS pour qu'ils les envoient à leurs amis encore dans la HJ) et, surtout, affiches[12]. Cette première évolution dans le discours de la SS pour son recrutement a en effet coïncidé avec le recours à l'art graphique. Jusqu'alors, et en dépit de l'iconographie qui les illustrait, les très rares affiches éditées étaient rébarbatives. Elles dénotaient une réelle volonté d'expliquer ce qu'était la *Waffen-SS* et de convaincre l'individu par un texte argumenté *(voir le second cahier hors texte)*. À l'issue du premier semestre 1941, ce message « cartésien » a été abandonné au profit d'une projection subjective et émotionnelle de l'élitisme militaire. La séduction à l'état pur, dénuée de toute réflexion, a dès lors occupé l'essentiel du message, puisque l'appel aux consciences aventureuses, à qui l'on promettait gloire et prestige, était conditionné par l'image avantageuse qui allait valoriser ces troupes.

Décliné sous forme d'affiches ou de cartes postales, l'art graphique se prêtait particulièrement bien à cette nouvelle orientation, par sa puissance évocatrice. Aussi le *SS-Hauptamt* en a-t-il fait un large usage, obtenant d'emblée le concours de l'une des signatures les plus talentueuses du Reich national-socialiste : Hans Schweitzer, *alias* Mjölnir[13]. C'est toutefois en Ottomar Anton que l'Office de recrutement SS a trouvé son artiste de prédilection à partir de mars 1941. Jusqu'à la fin de l'année 1943, ses affiches marqueront chaque campagne de recrutement de la SS en Allemagne[14].

Que le style épuré d'Anton ait été manifestement préféré au réalisme de Mjölnir est révélateur. En reprenant les conceptions plastiques de l'art commémoratif de l'entre-deux-guerres, revu et corrigé à la lumière du national-socialisme, la représentation aux tons crépusculaires des *Sturmtruppen* par Mjölnir était, en dépit de ses qualités artistiques, une glorification du passé qui seyait mal au modernisme que voulait incarner la *Waffen-SS*[15]. Par son élégance, le style d'Anton correspondait en revanche à cette vision. La virilité brute cédait en l'occurrence le pas à la séduction en exaltant, sur les plis du drapeau marqué des runes de l'Ordre noir, la figure d'un soldat SS au corps évanescent[16]. À ce premier thème suggérant, par un léger effet de contre-plongée, la grandeur du soldat plus que sa qualité de combattant, ont succédé des affiches beaucoup plus guerrières après le déclenchement de la guerre à l'est. La même silhouette surmontait désormais des photographies montrant la chevauchée des troupes SS en Union soviétique[17]. Les dessins eux-mêmes sont devenus plus martiaux, qu'il s'agisse d'en appeler à rejoindre la « LSSAH » ou les troupes de montagne SS[18]. D'emblée, les armes et les uniformes camouflés indiquaient clairement au public qu'il était en présence de troupes d'élite bien équipées. La mise en scène des deux soldats au coude à coude permettait en outre de mettre l'accent sur l'esprit de camaraderie qui abolissait les liens hiérarchiques. Le spectateur lui-même pouvait avoir l'impression d'être à leurs côtés, sur un pied d'égalité. Dans les deux cas, les affiches ne s'adressaient cependant pas directement au public, mais lui donnaient l'exemple à suivre, celui du volontariat[19].

Afin de promouvoir cette nouvelle image, la « LSSAH » s'est révélée le support le plus efficace. Trois atouts prédisposaient cette unité à servir d'icône. Plus que toute autre formation SS, elle était effectivement la « Garde du Führer » dont elle portait le nom. Aucune autre force en armes n'avait ce privilège au sein du Reich. Deuxièmement, sa fonction de représentation dans les cérémonies officielles ou son service de garde à la Chancellerie lui avait donné l'allure d'une troupe de parade à la fois présentable et rassurante. De ce point de vue, on retrouvait en elle le caractère lissé des dessins d'Anton. Par la tenue très stricte, l'uniforme plus soigné et la présence plus visible de ses hommes, l'unité avait eu tôt fait d'être mieux connue que les autres régiments de la SS-VT (elle est d'ailleurs la seule formation de campagne de la SS ou de l'armée à avoir fait, en tant que telle, l'objet de reportages spécifiques dans les actualités allemandes avant ou pendant la guerre) [20]. Enfin, la « LSSAH » avait à sa tête l'incarnation du vétéran aguerri du parti, modèle vivant de la promotion sociale que favorisait apparemment le régime. Si un homme d'origine et de mœurs modestes comme Josef (familièrement appelé « Sepp ») Dietrich pouvait atteindre le grade de général, la plus simple des recrues pouvait espérer devenir un jour officier [21].

Ces trois atouts ont concouru à présenter la « LSSAH » comme le fleuron des formations SS. À défaut d'images ou de reportages suffisamment étoffés, « la forte puissance de recrutement » dont disposait l'orchestre de l'unité a dans un premier temps été employée par Berger [22]. Une fois le matériel de propagande disponible en suffisance, un film documentaire a été réalisé au printemps 1941 pour vanter les faits d'armes et l'allant de cette troupe motorisée lors des premières campagnes du conflit [23]. Le recrutement en vue de l'accroissement de la « LSSAH » au cours de l'hiver 1941-1942 a été l'occasion de mener une nouvelle campagne de propagande : émissions radiophoniques, conférences, affiches, reportages, actualités et films en ont été les vecteurs. Les résultats d'un tel battage médiatique ne se sont pas fait attendre, marquant durablement l'image que pouvait se faire la population de la *Waffen-SS* en général, et de la « LSSAH » en particulier [24]. La capacité d'attraction de cette dernière a encore été systématiquement exploitée par la suite, notamment dans les brochures publiées par le *SS-Hauptamt* [25]. Après sa création à l'été 1943, la 12ᵉ division SS « Hitlerjugend » a néanmoins eu tendance à supplanter la « LSSAH » dans ce rôle en devenant « la jeune Garde » du régime. Présentée comme « une fière image de la puissance et de la force de la jeunesse du Führer [26] », elle est *de facto* devenue le support idéal de la SS pour sa propagande de recrutement, qui s'adressait désormais presque exclusivement à des adolescents.

Devenir adulte en entrant dans la Waffen-SS

Sans constituer une réelle rupture, les années 1942-1943 marquent une très nette évolution. La logistique mise en œuvre a ainsi pris des proportions jusqu'alors inégalées. Pour le recrutement dans les camps du RAD en janvier 1943, pas moins de 17 000 affiches ont par exemple été éditées, sans compter la publication d'une brochure ainsi que divers placards et reproductions d'articles de journaux. Des instructeurs des écoles SS ont également été employés comme propagandistes afin de faciliter la tâche des commissions de recrutement [27]. Si la prise en charge des opérations de présélection par la *Hitlerjugend* n'a pas rendu nécessaire une telle débauche de moyens pour le recrutement de la 12ᵉ division SS, des opérations de sensibilisation ont été néanmoins menées au préalable. Un reportage d'une demi-heure consacré à la *Waffen-SS* a ainsi été radiodiffusé en mars 1943 sur la plupart des émetteurs. De Berlin, l'ordre avait auparavant été donné aux responsables des bureaux de recrutement régionaux SS de prendre contact avec la HJ, le RAD et les écoles afin que les adolescents l'écoutent ensemble [28].

Sur le plan qualitatif, les différentes brochures de recrutement éditées au fil des années n'ont cessé d'être améliorées. En 1941, seuls de modestes fascicules d'une dizaine de pages étaient édités à l'initiative des bureaux régionaux de recrutement SS. Deux ans plus tard, le *SS-Hauptamt* publiait un véritable catalogue illustré de 86 pages, intitulé *La SS t'appelle*. Pédagogique et de lecture facile malgré son format, il se montrait soucieux de répondre aux interrogations du plus grand nombre. Surtout, sa présentation agréable donnait une idée moderne et attractive de la *Waffen-SS*, en opposition complète avec le style et le graphisme surannés des publications de l'armée de terre à cette date [29].

L'évolution la plus marquante de cette époque a été l'adaptation du discours à un public très précis au sein du Reich, à savoir les conscrits du RAD et les adolescents de la HJ. Comme leurs aînés, il s'agissait toujours de les « faire rêver » et de leur donner à penser qu'un engagement était parfaitement possible dans la *Waffen-SS*. La difficulté était de leur faire sauter le pas. Les clichés d'unités SS au combat, les citations de Hitler et de Himmler vantant le mérite des troupes SS, ainsi que les mots d'Ernst Jünger glorifiant le courage et l'esprit de sacrifice étaient là pour les y inciter [30]. Ils n'étaient pas inutiles. Par un effet pervers, le culte de l'élite avait induit au sein du Reich l'idée que la *Waffen-SS* était une arme certes prestigieuse, mais « où l'on mourait beaucoup [31] ». Dès le mois de mars 1942, elle avait certes « acquis sa place dans la reconnaissance de la population par ses performances », mais des voix s'étaient en même temps élevées pour dénoncer l'absence d'officiers compétents, ce qui avait conduit les soldats à être « sacrifiés à la légère ». La volonté de certains cadres SS d'obtenir à tout prix une prestigieuse décoration militaire, ou encore le sentiment « de devoir " montrer le chemin " à la *Wehrmacht* » avaient amené les troupes SS à être, selon l'homme de la rue, « absurdement lancées en avant [32] ».

L'affaire a été suffisamment sérieuse pour que Himmler et Bormann se soient sentis obligés d'intervenir, le premier pour appeler les permissionnaires SS à un peu plus de retenue dans leurs propos, le second pour rappeler que ces rumeurs de pertes élevées étaient infondées [33]. L'efficacité de ces démentis semble avoir été toute relative, au point que les officiers SS chargés en janvier 1943 de susciter des vocations parmi les conscrits du RAD ont été spécifiquement chapitrés sur ce point : ils devaient mettre les rumeurs de pertes élevées sur le compte de la propagande ennemie, car, « vu de manière comparative, les pertes de la *Waffen-SS* [n'étaient] pas plus élevées et [étaient même] plus faibles que celles de toute autre unité de l'armée de terre [34] ». Cette affirmation s'est néanmoins heurtée à un mur d'incrédulité chez les adolescents. « Les rumeurs sur les pertes élevées des *Waffen-SS* » étaient, avec celles sur « leur engagement aux points brûlants » du front, les deux principales raisons manifestées à l'occasion de cette campagne pour refuser de servir sous la tête de mort [35].

Pour contrer cette tendance, les combattants de la *Waffen-SS* seront de plus en plus sollicités afin de témoigner de leurs expériences du front devant un public de candidats potentiels. Il faudra néanmoins du temps aux services de recrutement SS (comme à ceux de la *Wehrmacht*) pour remarquer l'impact particulier qu'avaient sur les jeunes les soldats titulaires de décorations militaires, notamment de la prestigieuse croix de chevalier de la croix de fer. Leur emploi comme propagandistes pendant leurs permissions ne semble pas ainsi avoir été planifié avant le début de 1944 [36].

Deux images ont surtout marqué les campagnes de recrutement de l'année 1943. Simples et explicites dans leur message, elles invitaient le jeune travailleur du RAD ou l'adolescent de la HJ à se projeter dans un avenir où il s'engagerait dans la *Waffen-SS* [37]. Si la conception et le graphisme de ces peintures d'Anton étaient très proches, la puissance d'évocation et la charge émotionnelle de la seconde étaient bien plus fortes. Contrairement à la précédente qui abordait les conscrits du RAD en adultes, et donc plaçait volontairement le travailleur sur un pied d'égalité avec le soldat SS, l'affiche pour la *Hitlerjugend* a résolument pris le parti de s'adresser à des individus mineurs. Magnifié par la noblesse et la fierté de sa posture qui le rendaient plus mature, l'adolescent en uniforme de la HJ était encore grandi par une perspective de contre-plongée très profonde. Bref, en dépit de sa minorité, et donc de son absence de responsabilité juridique, il était érigé au rang d'individu apte à prendre une décision importante qui marquerait son entrée dans la vie d'adulte. Comme le suggérait la taille démesurée du même adolescent en estompe au second plan en uniforme SS, son engagement allait achever de faire de lui « un homme ». Plus qu'un acte de candidature pour une branche militaire, c'était un véritable rite d'initiation qui lui était proposé. Le thème du recrutement était cette fois placé sous un mot d'ordre en forme d'apostrophe directe (« Toi aussi ! »), reprise abrégée de l'appel précédemment utilisé pour le recrutement de la « LSSAH »[38]. À la fois éloquent et concis, il avait tout pour être efficace. En comparaison de l'invitation polie formulée en 1941 par une brochure de recrutement (« Veux-tu aller à la *Waffen-SS* ? »), l'interpellation était cette fois nettement plus sèche, voire agressive. C'était également un discret chantage aux consciences[39]. Cette apostrophe était par ailleurs le titre d'une chanson de la HJ que la plupart des adolescents visés avaient probablement entendue et chantée auparavant[40]. Le conditionnement des esprits était donc total.

Cette affiche a été la dernière véritablement marquante par sa diffusion. Créée à l'occasion du recrutement menée dans les rangs de la HJ au premier semestre 1944, la suivante (et probablement l'une des dernières) n'a pas en effet pu avoir le même impact. Intitulée « Précisément toi ! », elle déclinait pourtant le même thème en illustrant le renouvellement incessant de la communication souhaité par Berger[41]. À cette époque, l'affiche avait toutefois cessé d'être un vecteur privilégié du recrutement. En novembre 1943, la direction du Reich s'était en fait inquiétée de voir l'institution militaire et la SS pratiquement ravalées au rang de simples produits de consommation dans leur lutte pour l'obtention de volontaires. Les affiches étaient à cette époque apposées partout : dans les gares, les transports en commun, les vitrines de magasins ou sur les étals, sans compter l'« affichage sauvage ».

Un *Führerbefehl* a alors interdit de les placarder sur la voie publique pour les cantonner aux locaux du parti, de la HJ aux camps du RAD, aux bureaux de recrutement et aux écoles [42].

Parallèlement au message adressé aux adolescents, la propagande SS formulait à cette époque un autre message à l'attention de leurs parents. Si leur accord n'était plus juridiquement nécessaire depuis le début 1942 pour l'engagement de mineurs de 17 ans, les services de Berger semblaient parfaitement conscients du frein que leur autorité morale continuait de représenter. De ce point de vue, la brochure *La SS t'appelle* prenait en compte les inquiétudes que pouvaient éprouver les pères et les mères à l'idée de voir leurs fils s'engager dans la SS [43]. Trois arguments majeurs étaient mis en avant pour tenter d'infléchir l'autorité parentale. Le premier, lapidaire, se suffisait manifestement pour ne nécessiter aucun autre commentaire : « Tôt ou tard, votre fils sera soldat. » C'était néanmoins faire bon marché du sentiment – souvent maternel – que repousser l'échéance de l'incorporation, ne serait-ce que de six mois, était un sursis toujours appréciable en temps de guerre [44]. Une fois assénée cette évidence imparable, mais partiale, la brochure encourageait les parents à laisser leurs enfants libres de leurs choix. Le discours était de ce point de vue assez pernicieux, taisant le danger encouru pour présenter l'engagement dans la *Waffen-SS* comme une école de vie d'où l'adolescent sortirait transfiguré et riche d'une nouvelle expérience, mûr pour affronter son existence. Afin de mieux couper le cordon affectif, la SS jouait enfin de la corde sensible, celle de l'avenir professionnel et social. Elle faisait ainsi miroiter les perspectives de carrière et les garanties sociales assurées aux volontaires.

Le volet social

Au-delà de l'argumentaire servi aux parents pour les amener à approuver la démarche de leurs fils, le volet social a toujours été nécessaire à la SS pour rendre attractif un engagement dans ses rangs, en particulier par rapport à l'armée. L'Ordre noir s'est ainsi très tôt préoccupé d'assurer des débouchés à ses engagés, à commencer par la possibilité de faire carrière dans la *Waffen-SS* en y bénéficiant d'une promotion rapide (la plupart des affiches de recrutement SS représentent ainsi un sous-officier). En 1943, un film sur l'école SS d'officiers de Bad Tölz mettait aussi en exergue le caractère populaire de son accès. Implantée en Bavière dans un cadre agréable, et bénéficiant de moyens considérables, cette école était elle-même un outil de prestige et de propagande [45]. Dans les derniers mois du conflit, il semble que l'essentiel de la politique de communication menée par le *SS-Hauptamt* pour son recrutement ait justement reposé sur cet attrait avec un fascicule de 48 pages au titre éloquent : « Ton avenir » [46].

Incapable de jouer sur l'argument financier, puisque la solde des soldats SS était indexée sur celle en vigueur au sein de l'armée [47], la SS a également fait valoir la possibilité de faire carrière dans la fonction publique pour les volontaires signant un contrat de douze ans. C'était accroître l'attrait de l'engagement tout en répondant aux buts politiques et idéologiques de l'Ordre noir. L'admission dans la police à l'issue du service et la perspective de devenir « fermier militaire » (notamment après le déclenchement de la guerre à l'est) ont constitué les deux éléments phares de ce volet social. Berger a d'ailleurs constaté le changement survenu au printemps 1942 :

> Les volontaires ne se laissent plus presser à l'heure actuelle. Nous devons d'une manière ou d'une autre les toucher avec l'une de nos idées. Qu'il y ait, ici et là, des pensées très matérialistes chez les volontaires, et qu'ils se battent tout d'abord pour leur future ferme héréditaire à l'est, nous ne leur en voulons pas [48].

Loin de la contenir, la SS a encouragé cette tendance. Dans la pourtant brève brochure *Une volonté : Victoire !*, parue en 1942, l'un des articles était entièrement consacré à la possibilité d'un avenir radieux comme propriétaire d'une exploitation agricole en territoire conquis (« Comment je deviens colon SS à l'est ? »). Quoique plaçant un peu moins ce thème en exergue, la brochure *La SS t'appelle* rappelait en 1943 que, avec le statut « de fermier indépendant dans l'Est [,] la SS assurait ainsi l'avenir de ses hommes ». Ce thème faisait encore l'objet, en 1944, d'un article dans le fascicule à l'intention des candidats souhaitant mener une carrière d'officier SS. Le cliché illustrant en fond l'article intitulé « La frontière vivante » constituait en lui-même tout un programme : dans une composition pastorale digne d'un tableau de Millet, un vétéran SS, jeune encore, dont le tricot estampillé des deux runes valorisait la carrure athlétique, labourait son champ conquis sur l'immensité inculte.

Le patriotisme : le grand absent

Finalement, l'appel au patriotisme était le grand absent de ces messages. Il faut attendre la fin de l'année 1944 pour voir apparaître le mot « patrie » *(Vaterland)* dans une brochure de recrutement SS. Encore s'agissait-il d'encourager l'adolescent à couper le cordon familial en lui apprenant « qu'à côté de la maison parentale, ce qu'il y [avait] de plus grand et de plus beau [était] la patrie allemande dont la liberté [valait] bien la peine de se battre [49] ». C'était un appel tardif et pour le moins opportuniste à une notion jusqu'alors complètement étrangère à la SS. Supplanté par l'idéologie au début du conflit, l'attachement à la patrie n'était toujours pas invoqué par les recruteurs SS pour convaincre par la suite les adolescents. Seul était évoqué le combat au coude à coude avec la jeunesse germanique « dans l'immense combat décisif que notre peuple a actuellement à soutenir ». « Et il va de soi, était-il encore précisé, que cette troupe du mouvement, uniquement composée de volontaires, se concentre à présent entièrement – côte à côte avec la *Wehrmacht* – sur l'écrasement des ennemis extérieurs du peuple allemand [50] ». L'idée de « nation », tout comme celle plus affective de « patrie », n'est jamais apparue dans le discours officiel de la SS pour son recrutement. Pour cette organisation supranationale dont la seule référence était la « communauté du sang », le « peuple » *(Volk)* se définissait d'abord par un patrimoine génétique commun qui devait s'étendre « si possible à l'ensemble de l'espace germanique ». À l'inverse, l'idée de « nation », « en tant que concept fortement imprégné de libéralisme », ne devait plus être utilisée pour les pays germaniques [51]. En affirmant que « seule une chose vaut pour le jour : la patrie », l'armée de terre se démarquait nettement sur ce thème [52]. Il n'est naturellement pas possible de préjuger du poids réel du patriotisme dans les motivations des recrues lors de leur engagement dans l'Ordre noir, mais force est de reconnaître que celles-ci ne se limitaient pas, comme ont voulu le faire croire les thuriféraires de la *Waffen-SS* après guerre, au seul sacrifice « pour leur peuple, leur pays natal, leur patrie [53] ».

La propagande de recrutement vers l'étranger

La propagande SS à l'adresse des ressortissants étrangers a logiquement connu des inflexions par rapport à celle visant les Allemands. Cela est particulièrement vrai pour les ressortissants non « germaniques » incorporés à partir de 1943, en particulier les Slaves pour qui elle a dû radicalement modifier son discours[54]. Les responsables du recrutement de la 13e division SS se sont du reste bien gardés d'emboîter le pas de leur *Reichsführung* en entamant le couplet lyrique sur la « germanité » des Bosniaques. Ils ont préféré mettre l'accent sur la faveur dont ceux-ci jouissaient en étant « choisis et appelés à être incorporés en tant que premier peuple non germanique dans les rangs des meilleurs soldats, les célèbres détachements SS[55] ».

Dans le cas des populations « germaniques » et des *Volksdeutsche*, la propagande de la SS n'a cependant guère varié, hormis justement l'appel à la conscience « germanique » des premières[56]. Des brochures et des affiches éditées pour le Reich ont d'ailleurs été traduites et plus ou moins adaptées pour eux. Les propos et la photo du chef du parti collaborateur local, quelques clichés du pays natal à défendre ainsi qu'une présentation de Sennheim comme camp international des volontaires de la *Waffen-SS* ont alors suffi[57]. Les *Volksdeutsche* des Balkans ont pour leur part eu droit, vers la fin de 1941, à un livret complet de 83 pages intitulé *Croire et combattre*. Son argumentaire indigeste démontrait que le *SS-Hauptamt* n'avait pas encore entièrement abandonné à cette date le registre idéologique au profit de l'aspect émotionnel[58]. Par la suite, l'argumentaire s'articulera sur des notions plus prosaïques : l'incorporation des *Volksdeutsche* dans leur armée nationale en tout état de cause, la possibilité d'utiliser la langue allemande maternelle, un bon traitement et, plus généralement, l'absence de discrimination[59].

La presse, les brochures, les affiches, les véhicules de propagande radio dans les entreprises, les manifestations culturelles ainsi que la projection de documentaires et d'actualités ont constitué autant de vecteurs qui ont permis aux services SS de toucher un assez large public à l'étranger[60]. En ces temps de contingentement et de pénurie, il est d'ailleurs tout à fait remarquable que la SS ait eu les moyens de se montrer aussi prodigue. Au printemps 1943, les *Cahiers-guides germaniques*, équivalents des *Cahiers-guides SS* publiés au sein du Reich, étaient ainsi édités à 4 000 exemplaires en langue flamande et à 10 500 exemplaires dans leur version néerlandaise [61]. Le coût des opérations de recrutement a été à l'avenant à l'été 1943 : 125 000 Reichsmark pour la levée de la division SS « galicienne », 100 000 Reichsmark pour la propagande menée au sein du Reich auprès des travailleurs français, et jusqu'à deux millions de Reichsmark pour la constitution de la division SS bosniaque [62].

La machine de propagande SS s'est aussi mise en branle pour donner le plus grand écho possible à la première croix de chevalier remise à un volontaire « germanique », en l'occurrence un Néerlandais [63]. De même, les officiers de la *Waffen-SS* ont été mis à contribution dans les pays de l'Ouest afin de promouvoir le recrutement du IIIe corps d'armée blindé SS « germanique » en 1943 [64]. Dans les pays où se trouvaient de fortes minorités allemandes, la propagande n'a toutefois pas été chose aisée dans la mesure où les autorités autochtones ont mis un point d'honneur à la limiter. En Hongrie, les premières affiches ne sont apparues qu'avec la troisième campagne de recrutement, au printemps 1944, au moment où le Reich contrôlait *de facto* le pays. Auparavant, la SS avait eu recours à divers subterfuges (articles de presse, lettres personnalisées) pour tourner l'ukase de l'armée hongroise [65].

Sur le fond, l'accent était mis en règle générale sur l'ambition d'une « meilleure Europe » en promettant « la marche vers la liberté [66] ». Le respect des sentiments patriotiques et nationalistes allait d'ailleurs dans le sens de la *Reichsführung-SS* dont le but, à l'origine, n'était pas tant l'intégration des populations germaniques que la reconnaissance de leurs particularismes culturels dans le cadre d'une union dominée par le Reich. Transposé à l'attention des populations non « germaniques » au cours de la seconde moitié du conflit, ce même discours est alors devenu une concession pragmatique à l'effort de guerre du Reich et à la politique d'expansion de la SS.

L'anticommunisme a par ailleurs été le dénominateur commun de la propagande SS en Europe occupée, d'autant plus que celle-ci n'a véritablement été développée qu'à partir de 1942. En agitant cet épouvantail, la SS pouvait aisément broder sur un thème idéologique à la fois efficace et consensuel. Aussi a-t-elle pu le décliner à l'infini sans risquer de froisser localement les susceptibilités politiques ou raciales. Au-delà de la référence suggestive à saint Georges terrassant le dragon [67], le thème récurrent était la protection de la patrie et du foyer menacés par le « péril rouge » [68]. C'était donner au demeurant un succédané au patriotisme. La « croisade contre le bolchevisme » permettait à des peuples vaincus par le Reich de justifier de façon commode le combat commun mené au coude à coude par le soldat allemand et le volontaire étranger [69]. La propagande contre les Anglo-Saxons, si elle n'a pas été entièrement absente, se rencontre surtout dans les pays scandinaves, aux Pays-Bas, voire dans les Balkans. Comme en Flandre, ce thème a pu prendre des accents antisémites [70].

Plus encore qu'au sein du Reich, la propagande SS a considérablement mis l'accent sur l'aspect social et les avantages matériels à tirer d'un engagement dans ses formations militaires. Le détail précis de la solde perçue en fonction de la situation familiale figurait systématiquement dans les brochures de recrutement pour l'étranger. En Hongrie, l'aide financière et sociale promise aux familles est même allée jusqu'à l'assurance donnée aux veuves et aux orphelins de recevoir des terres après guerre [71]. Il n'en est pas allé différemment dans les camps de prisonniers au cours de la deuxième moitié de la guerre. Certes, la « Légion Wallonie » faisait état de la dignité retrouvée en reprenant les armes dans une action pratiquement assimilée à une rédemption [72]. Degrelle levait également les scrupules en arguant de la compatibilité du serment de fidélité au roi avec celui à prêter à Hitler. Mais, pour le reste, les questions matérielles primaient presque exclusivement, à commencer par l'équivalence des grades et la solde, « la même qu'à l'armée allemande, c'est-à-dire que c'est très bien ». « De plus, les familles des légionnaires jouissent de nombreux avantages : ravitaillement assuré et notablement amplifié, charbon, vacances gratuites pour les enfants et les mères, etc, etc. ». L'ordinaire lui-même du soldat n'était pas épargné, notamment la nourriture qualifiée de « très copieuse ». Si cela ne suffisait pas, Degrelle s'était chargé de l'évoquer par le menu, pour conclure que c'était « absolument sans comparaison avec ce qu'on connaît à l'arrière ».

S'il s'agissait pour le chef de Rex de convaincre les prisonniers de guerre belges de « vivre avec nous cette aventure prodigieuse », force est de constater que la place laissée aux convictions était bien mince [73]. Au demeurant, ce constat était valable pour l'ensemble des pays étrangers dans lesquels la SS recrutait au cours de la seconde moitié du conflit.

Mise en perspective des motivations des volontaires allemands

Les hommes qui se sont engagés dans la SS l'ont ralliée avec des motivations dont la diversité et l'intensité rendent chaque démarche presque unique. Dresser une typologie de ces volontaires est donc un exercice forcément réducteur. Une mise en perspective n'en apparaît pas moins nécessaire. Elle est rendue possible par la confrontation des témoignages des intéressés avec la politique et la propagande de recrutement de la SS. Ces dernières permettent en effet de faire une nette distinction chronologique entre les engagés d'avant guerre, ceux qui se sont portés volontaires de 1939 à 1941 (de loin ceux chez qui le travail de reconstruction de mémoire a joué à plein) et les engagés des trois dernières années du conflit.

Les engagés d'avant guerre

Sans surprise, les motivations des premiers engagés ont été éminemment politiques. Une fois devant leurs juges, ils ont naturellement eu beau jeu de prétendre que leur choix avait été à l'époque motivé par les conditions précaires prévalant en Allemagne au début des années trente. Cela n'explique toutefois pas la raison qui les a conduits à préférer l'élitiste SS à la populaire SA. Passé de l'une à l'autre en 1928, à l'âge de 18 ans, l'un d'eux a néanmoins eu la franchise de reconnaître que la première était « plus radicale et plus en harmonie avec ses idéaux » [74]. Ces volontaires de la première heure, qui ont rejoint les formations en armes de la SS à partir de 1933, et que l'on retrouve pour certains commandants de bataillon, de régiment ou de division à la fin du conflit, appartenaient tous à la génération d'enfants nés juste avant ou pendant la Grande Guerre. Ils avaient grandi à l'ombre de ce conflit et de ses répercussions. Ils en avaient subi l'héritage culturel, avec son cortège d'héroïsme et de frustrations, tout comme ils avaient ensuite vécu la crise économique traversée par l'Allemagne [75]. S'y ajoutait la nouvelle génération d'adolescents « sortis enthousiastes de la Hitlerjugend [76] ».

Que le volontaire dans la SS-VT passe un contrat avec le Reich, et non avec le parti, a évidemment engendré la confusion dans les esprits en assimilant un engagement dans la branche armée de l'Ordre noir à un service rendu à la nation [77]. L'ignorance des fonctions réelles des formations paramilitaires SS avant guerre (en particulier des SS-TV) ne peut être totalement exclue, même si l'argument ne vaut guère que pour les régions récemment annexées ou les campagnes du Reich, là où les buts de la SS étaient encore largement méconnus en 1938. Un engagement n'en traduisait pas moins une évidente inclination politique et idéologique pour le régime [78].

Dès cette époque, une telle adhésion pouvait déjà se conjuguer avec l'ambition et l'opportunisme, à travers la promesse d'une « carrière comme officier supérieur SS d'active » ou, tout simplement, comme alternative professionnelle – et cela à tous les niveaux de l'échelle sociale [79]. La sélection rigoureuse voulue par Himmler commençait du reste à rendre la SS attractive, tel un « club » d'autant plus couru que son accès était restreint. Faire en sorte qu'il n'y ait rien de plus beau pour un jeune Allemand « qu'une sélection telle celle de la *Leibstandarte* » était le but de Hitler, et tel était effectivement le sentiment des candidats retenus [80]. Le prestige du « bel uniforme » noir de la SS se conjuguait à l'idée « que cela faisait bien de servir dans cette nouvelle garde » [81].

C'est justement à partir du milieu des années trente que la SS a commencé à être perçue comme une « association distinguée » non seulement par la bourgeoisie, mais également par l'aristocratie [82]. Dans les cercles dirigeants, disposer d'un aide de camp SS était d'ailleurs du meilleur ton [83]. L'*Allgemeine-SS* est alors devenue une élite susceptible d'être un tremplin professionnel et un passage sinon obligé, du moins préféré pour des couches sociales désireuses de s'accommoder du régime tout en gardant un rang et une distance que n'offraient pas les autres organisations de la NSDAP [84]. Cet opportunisme socioprofessionnel laisse deviner l'ambivalence des motivations qui ont conduit une partie de ces militants dans la *Waffen-SS* à partir de l'automne 1939. Ce phénomène ne doit cependant en aucun cas être surévalué. D'une part, une telle attitude n'éludait pas une adhésion politique et une foi idéologique parfois intense qui se traduisaient par « une volonté inflexible pour le travail dans la SS »[85]. D'autre part, l'étude sociologique de la troupe a démontré que bon nombre de membres de l'*Allgemeine-SS* ont eu la possibilité d'accomplir leur service au sein de la *Wehrmacht*, voire d'échapper à toute forme d'engagement militaire ou paramilitaire pendant le conflit. En somme, la minorité de ceux qui ont rejoint les rangs de la *Waffen-SS* peut être considérée comme la frange idéologiquement la plus active de la SS civile.

Les volontaires de guerre des années 1939-1941

Le déclenchement des hostilités a rétrospectivement permis aux vétérans SS d'atténuer leur adhésion au national-socialisme au profit de leur patriotisme et/ou de leur besoin d'engagement. Dès le procès de Nuremberg, l'un des anciens responsables de l'Office de recrutement SS avait voulu imposer cette idée :

> [...] dans mon service, j'ai lu des milliers et des milliers de demandes. Je puis dire que jusqu'en 1939, l'enthousiasme pour les SS, surtout pour leur tenue convenable et propre, fut le motif principal du volontariat. Il y avait aussi beaucoup de volontaires pour raison professionnelle. [...] Après le début de la guerre, le motif principal du volontariat était que les hommes voulaient faire leur service dans une formation d'élite moderne et propre. Il y avait aussi beaucoup de motifs professionnels qui jouaient certainement un rôle dans ce volontariat. Après le début de la guerre, très peu d'hommes sont venus aux *Waffen-SS* pour des motifs politiques[86].

Convenable, moderne, propre. Ces trois épithètes (dont le dernier était deux fois cité) donnent une bonne indication de l'image que la jeunesse du Reich pouvait avoir de la *Waffen-SS*, exact reflet de l'image que la SS voulait donner d'elle-même, notamment à travers le style éthéré des premières affiches d'Anton qui ont indubitablement suscité des vocations. Il convient néanmoins de respecter la chronologie. En effet, ce message n'a véritablement émergé dans la propagande SS qu'à partir de 1941 pour s'imposer ensuite durablement. Comme l'admettait tacitement l'ancien officier de recrutement SS à Nuremberg, tel n'avait pas été vraiment le cas avant guerre, à l'heure où SS-VT et SS-TV étaient des formations d'élite de la NSDAP avant d'être des formations d'élite militaires. La reconnaissance officielle de leur valeur professionnelle au combat n'a été réellement exprimée qu'à l'issue de la campagne à l'ouest, à l'occasion du discours de Hitler devant le *Reichstag* le 19 juillet 1940. Et la consécration publique de cette valeur professionnelle ne s'est produite qu'au cours de l'hiver 1941-1942, suite à la formidable campagne médiatique orchestrée par la SS au sein du Reich [87].

Auparavant, l'adhésion à la NSDAP et à son idéologie était donc un préalable nécessaire à tout engagement dans les rangs SS, en dépit de ce qu'ont prétendu certains vétérans qui ont volontiers préféré faire glisser leur engagement sur un autre terrain : manifestation du goût d'aventure et de l'émancipation familiale, patriotisme, choix de l'arme ou volonté de rejoindre une élite militaire [88]. Même les intellectuels ont éprouvé des difficultés à jeter un regard objectif sur leur passé, à l'image du philologue Hans Robert Jauss, engagé à dix-sept ans et dix mois en octobre 1939. Ce qui l'aurait « décidé à entrer dans la *Waffen-SS* n'était pas vraiment une adhésion à l'idéologie nazie », mais la volonté de « se conformer à l'air du temps » et « de ne pas rester à l'écart de l'actualité : il fallait être présent sur le terrain, là où l'Histoire se faisait, en participant à la guerre ». À ses yeux, « le contraire eût été une fuite, une manière de s'enfermer dans une attitude esthétique pendant que [ses] camarades de classe risquaient leur vie » [89].

Ce besoin d'engagement qui s'est traduit chez Jauss (et chez une centaine de milliers de ses semblables) par le choix de rejoindre la *Waffen-SS* de 1939 à 1941 était pourtant le fruit d'une démarche indéniablement politique. Si les préoccupations présentées *a posteriori* par ces vétérans avaient véritablement été les seules, ou du moins les plus importantes, leur volontariat aurait dû les conduire dans les rangs de la *Wehrmacht*. Celle-ci ne manquait pas non plus d'attrait au début du conflit. Aviation, troupes parachutistes, arme sous-marine et unités de panzers présentaient tous les atouts nécessaires pour susciter des vocations à une époque où les unités de la *Waffen-SS* n'envahissaient pas encore les médias du Reich. Ces formations d'élite de la *Wehrmacht* disposaient alors d'un prestige indéniable et/ou d'une solde plus avantageuse grâce à une prime de risque. La *Luftwaffe* et la Marine passaient en outre pour être des armes « propres » par rapport aux forces terrestres [90]. Au surplus, un engagement dans la *Waffen-SS* était perçu comme socialement plutôt désavantageux jusqu'en juillet 1941, date à laquelle la SS a reçu le droit d'incorporer, comme la *Wehrmacht*, des volontaires pour la durée de la guerre. Auparavant, et dans la perspective d'une paix prochaine, nombre de parents avaient refusé l'entrée de leur fils dans les formations SS, estimant que la durée du contrat d'engagement d'au moins quatre années allait le priver d'opportunités de carrière et de « prometteuses positions sociales » [91].

Les volontaires des années 1942-1945

Une fois que l'élitisme militaire a été étroitement associé aux troupes SS à grand renfort de propagande, les arguments développés par les premiers volontaires de guerre de la *Waffen-SS* apparaissent plus crédibles dans la bouche ou sous la plume de leurs successeurs. « De 1939 à 1941, l'armée de Hitler volait de victoire en victoire en Europe. Quel garçon de 17 ans cela pouvait-il laisser froid ? » rappelle un ancien volontaire autrichien engagé en 1942 [92]. La pression de groupe et l'effet d'entraînement induit n'ont du reste pas échappé à Berger, en particulier à l'issue des premiers mois de fonctionnement des camps d'instruction prémilitaire au printemps 1942. « Comme nous pouvons le constater, confiait-il à Himmler, les jeunes qui passent par ces sessions de formation agissent comme levain [*als Sauerteig*] et amènent de nouveaux jeunes à la *Waffen-SS* » [93]. D'ailleurs, la consigne diffusée à cette époque aux commissions de recrutement SS était de ne pas visiter les camps du RAD dès l'arrivée des conscrits, mais de laisser s'écouler quatre à six semaines. Implicitement, il s'agissait de laisser s'instaurer un esprit de groupe qui puisse conduire les hommes à s'entraîner mutuellement à l'engagement. C'était également laisser le temps à l'encadrement du RAD de fournir aux conscrits une première information sur ce qu'était la *Waffen-SS* [94]. La réputation de bonne camaraderie au sein des formations SS devenait alors un atout. Il n'en demeurait pas moins que, même à cette époque, la *Waffen-SS* était considérée par certaines recrues comme « une force d'élite davantage dédiée à la cause de l'Allemagne » dans les rangs de laquelle « les bolcheviques » étaient « vus comme le principal ennemi »[95].

Sur le fond, les motivations des volontaires SS de la seconde moitié de la guerre ont eu tendance à se rapprocher de celles des volontaires de la *Wehrmacht*. On pouvait distinguer trois catégories : les « enthousiastes », les « réfléchis », dont la démarche était le fruit d'un calcul raisonné, et les « mitigés », dont les motivations se situaient à mi-chemin entre celles des deux autres catégories[96]. Les premiers se sont engagés aussitôt qu'ils en ont eu la possibilité, à l'image des adolescents de la classe 1925 qui ont afflué à la SS dès la suppression de l'autorisation parentale au printemps 1942. Leur venue en nombre était par ailleurs l'illustration flagrante du succès de la première campagne médiatique de la SS au cours de l'hiver précédent. Le même phénomène s'observe avec les premiers volontaires de la classe suivante qui ont constitué la division « Hitlerjugend » en 1943. La SS a du reste profité cette année-là de conditions conjoncturelles et structurelles éminemment favorables qui expliquent ses excellents résultats. Trois semaines à peine après la reddition du dernier carré de soldats allemands à Stalingrad, le discours de Goebbels sous les voûtes du Palais des sports de Berlin avait sonné l'heure de la « guerre totale ». L'époque était donc à la mobilisation de toutes les énergies avec, comme modèle, le mythe des jeunes volontaires allemands fauchés en rangs entiers par les mitrailleuses britanniques à Langemarck en novembre 1914[97].

Dans le jeu de concurrence et de prestige des branches armées pour accaparer des volontaires, la SS a aussi profité d'une certaine déconsidération de la *Luftwaffe* à partir de 1943. En effet, la création des divisions de campagne de l'armée de l'air, à partir de l'automne 1942, a desservi le recrutement de celle-ci puisque les volontaires n'étaient plus certains d'être affectés aux personnels naviguant ou chez les parachutistes, mais pouvaient désormais être détournés vers ces nouvelles divisions dont la mission de combat au sol les reléguait aux tâches obscures de l'infanterie ordinaire[98].

Au niveau structurel, deux raisons liées à l'endoctrinement de la jeunesse et aux conditions du conflit ont aidé l'Ordre noir à continuer à recevoir des adolescents « enthousiastes ». Ainsi, les dernières classes d'âge mobilisées pendant la guerre sont celles sur lesquelles s'était accumulé tout le poids de l'éducation nationale-socialiste, menée aussi bien au sein de la HJ (rendue obligatoire en 1936) qu'à l'école, après la tardive introduction des réformes scolaires d'avril 1937 et de décembre 1939 [99]. Même si la jeunesse du Reich n'était pas forcément la masse exaltée présentée par la propagande, elle avait reçu de sérieuses « bases idéologiques » qui conditionnaient au moins une frange de chaque classe d'âge à un engagement au service du régime et de ses organisations, et cela probablement à un plus haut degré que pour les classes d'âge antérieures [100]. Par ailleurs, en contribuant avec le temps à distendre les liens sociaux traditionnels, la guerre a favorisé l'émancipation de la jeunesse, et donc son engagement, comme l'analysaient justement les services de renseignements alliés :

> Parce qu'ils sont employés comme auxiliaires de la *Luftwaffe* [aux postes de DCA – *NdA*] ou dans les industries de guerre, les jeunes sont en train de se soustraire à l'influence de la famille et même, dans une mesure croissante, à l'influence de l'école. La conséquence en est que la morale est en train de partir en lambeaux. La propagande nazie a toujours exagéré l'importance de la jeunesse au sein de l'État totalitaire et a introduit en eux un sentiment de présomption. Pour eux, la guerre est synonyme d'une vie idéale d'aventure qui les dégage de la tutelle des adultes. Les plaintes concernant les comportements excessifs ou insolents de la Jeunesse hitlérienne sont fréquentes [101].

En devenant un idéal en soi en même temps que le moyen d'entrer précocement dans la vie adulte, le front a fait perdre à l'idéologie son caractère jusqu'alors prédominant dans le recrutement. Cela peut d'ailleurs expliquer qu'il ait été relativement aisé à l'armée de terre de supplanter la *Waffen-SS* dans son recrutement à partir de l'automne 1943, en ne se présentant plus comme une armée de conscription traditionnelle, mais comme une communauté de combat.

Les « enthousiastes » n'ont naturellement pas été les seuls. Une fois la *Waffen-SS* pratiquement devenue une arme d'élite « comme les autres » (dans ce sens où l'élitisme militaire tendait à l'emporter sur sa marque politique), des individus se sont de plus en plus fréquemment portés volontaires au terme d'un calcul raisonné. L'année 1943 et les campagnes successivement menées dans les camps du travail et auprès de la HJ ont vu se multiplier ce type de volontaires à qui l'on offrait la possibilité d'échapper à un service ennuyeux au RAD, la faculté de passer des examens scolaires par anticipation, la promesse de suivre une formation de sous-officier, ou encore l'incorporation dans les troupes rapides, arme moderne où régnait, selon la rumeur, une bonne camaraderie [102]. En somme, la SS répondait moins à une attente de ces individus qu'elle ne leur offrait une opportunité. Et si nul vétéran n'a confessé s'être engagé avec l'idée de disposer de terres à l'est à l'issue de son service, l'un d'eux a reconnu avoir succombé à l'argumentaire d'un officier de recrutement SS en octobre 1942. En se présentant à son unité du RAD, ce dernier avait déclaré que, en s'engageant, « non seulement nous allions avoir l'impression de faire notre part pour l'effort de guerre mais, ayant servi dans la *Waffen-SS* sur le front, nous allions améliorer notre statut après guerre ». Et d'ajouter que cela lui avait semblé « un argument raisonnable » [103].

Les motivations des volontaires étrangers

Revêtir l'uniforme allemand supposait *a priori* d'assez fortes motivations pour les ressortissants étrangers. On constate cependant, dans bien des cas, qu'après avoir pu attirer à elle des individus aux convictions patriotiques, politiques ou idéologiques bien affirmées (les « enthousiastes »), la SS a rapidement vu arriver un nombre croissant de « calculateurs » qui ont vu un intérêt social ou économique à leur engagement. La perspective de participer à une aventure guerrière au sein d'une « élite » militaire a pour sa part tenu un rôle réel, mais mineur.

Les Volksdeutsche

Dans le cas des *Volksdeutsche*, l'attachement affectif à l'Allemagne et les conditions matérielles précaires ont tout autant prévalu que les discriminations dont ils faisaient régulièrement l'objet de la part de leurs gouvernements respectifs. Le cas des minorités allemandes en Hongrie, bien documenté, illustre la complexité du phénomène et son évolution. Il n'y a nul doute que l'écrasante majorité des *Volksdeutsche* hongrois incorporés au printemps 1942, à l'issue de la première campagne de recrutement, étaient fortement motivés.

La nouvelle que le gouvernement hongrois avait accordé au Reich le droit d'incorporer 20 000 *Volksdeutsche* dans la *Waffen-SS* avait été « saluée avec une grande joie » par de larges cercles de la communauté allemande, « en particulier par la jeunesse ». Celle-ci s'était notamment réjouie de ce que « soit désormais donnée la possibilité d'accomplir le service militaire au sein du Reich » et de supprimer ainsi la source de nombreux démêlés avec les autorités militaires hongroises [104]. Le dépôt SS en charge de les accueillir avait noté leur « très fort enthousiasme pour la carrière de soldat », ainsi que leur « fort sentiment d'appartenance à la nation allemande » [105].

Dès cette époque, il existait toutefois de fortes disparités derrière cette belle unanimité. En fonction du degré d'intégration culturelle et sociale, les différences de comportement étaient en effet spectaculaires. On pouvait ainsi opposer l'attitude des Souabes de Hongrie, bien assimilés à la société magyare et plutôt rétifs à une incorporation militaire au service du Reich, à celle des *Volksdeutsche* de la Batchka et des Saxons de Transylvanie, beaucoup plus enthousiastes dans la mesure où ils n'avaient cessé d'être ballottés d'un État à un autre au gré des modifications des frontières après la Première Guerre mondiale. Ainsi, les seconds ont proportionnellement fourni quatre fois plus de volontaires à la SS que les premiers lors de la campagne de recrutement menée au printemps 1942 [106]. Le degré d'intégration culturelle n'était toutefois pas seul en cause. Une analyse établissait peu après que « l'action de la *Waffen-SS* a[vait] justement rencontré le plus grand empressement auprès des couches les plus pauvres de la population allemande ». Une région telle que la Turquie souabe, peuplée « en majorité de riches fermiers allemands », avait à l'inverse fourni bien peu de volontaires, car ces *Volksdeutsche* étaient « fortement réceptifs aux influences hongroises et moins enclins au sacrifice ». Le rapport déclinait du reste les cinq motivations qui conduisaient les candidats à la SS :

> a) le souhait de pouvoir combattre pour le Reich allemand qui signifie pour eux l'idéal le plus grand ; b) la conscience que le destin du groupe ethniquement allemand en Hongrie est étroitement lié à la position de puissance du Reich, et que seule la victoire totale du Reich garantira un avenir certain aux Allemands en Hongrie ; c) l'opposition au service militaire hongrois : dans une large mesure, les *Volksdeutsche* sont là-bas notoirement exposés au sein de la *Honvéd* à de graves tracasseries à

cause de leur conscience nationale et ils sont assez souvent obligés de magyariser leur nom ; d) l'avantage économique pour les membres de la famille à qui il a été promis pendant le recrutement le même soutien que dans le Reich ; e) la considération prosaïque, chez certains qui auraient de toute façon dû être appelés, que le service militaire du Reich était préférable [107].

Très rapidement, la hiérarchie de ces motivations s'est trouvée complètement renversée. Les répercussions économiques et sociales d'une candidature n'ont cessé de prendre un poids croissant dans la décision de ces hommes. De fait, alignées sur celles du Reich, les aides financières allouées aux familles des engagés étaient particulièrement élevées par rapport au niveau de vie moyen de chacun des États concernés. Dès le mois de juillet 1942, Berger reconnaissait du reste que « la question du recrutement en Hongrie [était] devenue une pure question d'envoi des allocations aux familles ». Les autorités hongroises ne pouvaient en effet tolérer qu'une frange de leurs ressortissants bénéficie d'avantages économiques considérables alors qu'ils servaient une puissance étrangère. Une telle disparité de traitement portait en germe de forts risques de tensions sociales et intercommunautaires. Au terme d'âpres négociations, la SS a néanmoins obtenu gain de cause en mai 1943. Elle ne s'est toutefois estimée satisfaite qu'à compter du moment où elle a obtenu une aide moyenne de 1 980 Pengö par volontaire – montant à comparer à l'allocation alors accordée par la *Honvéd* (60 ou 100 Pengö selon que le conscrit habitait en province ou à Budapest) et au loyer mensuel moyen d'un appartement de trois pièces à cette époque dans la capitale hongroise (120 Pengö). En surenchérissant ainsi, la SS a rendu l'engagement dans ses rangs extraordinairement attractif non seulement pour les candidats, mais aussi pour leurs proches. En se plaçant sur le terrain économique, elle a *de facto* relégué à l'arrière-plan toute considération patriotique ou politique. En même temps, la cellule familiale ne constituait plus un frein à l'engagement de l'un de ses membres. Elle devenait au contraire un auxiliaire du recrutement de la SS [108].

Les autres volontaires étrangers

La « Légion Wallonie » représente un cas d'étude intéressant et bien documenté sur l'évolution des motivations des volontaires étrangers dépourvus de patrimoine commun avec l'Allemagne. S'ils ont tout d'abord servi dans la *Wehrmacht*, ses premiers membres semblaient majoritairement mus par leurs convictions anticommunistes et catholiques, sous réserve toutefois – comme cela leur avait été promis – de participer à une guerre courte [109]. « Partir pour Dieu, la Patrie, l'Europe, le Roi... et Degrelle » était l'étrange alchimie des motivations inspirant les premiers volontaires wallons, alors même que la germanophobie était élevée chez des vaincus aspirant à récupérer une parcelle de fierté ainsi que la reconnaissance de leur vainqueur. Les calculs politiciens n'étaient naturellement pas non plus absents des esprits rexistes. « Un jour, nous reviendrons. Ayant tout donné, nous pourrons alors tout prendre », avait déclaré Degrelle le jour du départ du premier contingent wallon en août 1941 [110].

Des engagés d'un tout autre calibre ont succédé à ces premiers volontaires partis combattre – et souvent mourir – sur le front de l'Est avec « la conviction profonde de faire le sacrifice de leur vie pour une noble cause qui, à leurs yeux, [était] à la fois celle de la patrie et celle de la civilisation chrétienne [111] ». Paradoxalement, cette évolution du recrutement de la « Légion Wallonie » à partir de 1943 lui a fait perdre son profil politico-idéologique, jusque-là très marqué, à l'époque même où elle a été transférée de la *Wehrmacht* à la *Waffen-SS*. « Ici, il y a de tout, notait l'aumônier de l'unité en août 1943, des rexistes, des germanophiles, des anticommunistes et même des anglophiles. Tous sont un peu aventuriers, poussés par l'incertitude, le besoin de faire un choix. » Une minorité de délinquants, soucieux de se soustraire aux poursuites, raisonnaient comme les gens qui « achètent un billet à la loterie nationale ; ils ont la certitude de ne pas gagner, mais sait-on jamais ? ». Quant aux volontaires recrutés dans les camps de prisonniers de guerre, « presque tous [...] se sont laissés tromper et beaucoup, s'ils le pouvaient, retourneraient volontiers dans leur *Stalag* [112] ». Un an plus tard, en octobre 1944, le profil des nouveaux arrivants s'était encore dégradé, de l'aveu même du commandant de l'unité :

> [...] depuis avril 1944, le recrutement de la Brigade SS Wallonie se fait de plus en plus difficilement. Un grand nombre de recrues ne présentent absolument plus aucune valeur sociale, ni même morale : ce sont des jeunes travailleurs des usines du

Reich qui s'engagent pour échapper à la vie trop dure et régulière de l'industrie, et n'ont pas le moindre souci d'idéalisme ; beaucoup ne sont même pas wallons et appartiennent à des peuples pourris par la démocratie [113].

Ce manque de motivations idéologiques illustrait la difficulté de mobiliser des individus au service d'une cause étrangère à leur pays. L'appel à la « croisade contre le bolchevisme » tout d'abord, puis de nécessaires concessions faites aux orgueils nationaux, ont constitué les deux artifices pour convaincre les partis collaborateurs et les candidats potentiels. Ils n'ont toutefois pas suffi à transcender l'idée de patriotisme, hormis chez les populations de l'Est (notamment les ressortissants baltes et ukrainiens) dont l'identité nationale était en jeu face à l'URSS [114].

À bien considérer la question, les avantages matériels ont représenté au fil du temps l'une des principales motivations des volontaires étrangers. Au départ, la politique sociale initiée par la SS (et financée par le Reich) au profit de ses engagés et de leur famille avait pourtant répondu à d'autres buts. Ayant conscience que ces hommes se mettaient au ban de leur société par leur engagement au service d'une puissance étrangère, le *SS-Hauptamt* leur a assuré une relative protection sinon civique, du moins financière. Himmler avait une pleine conscience de cet enjeu en ordonnant, en avril 1942, que les moindres promesses envers les volontaires étrangers soient tenues [115]. Reste que ce système portait les germes de sa dégénérescence en ne tardant pas à attirer des candidats davantage mus par l'appât du gain. Aux Pays-Bas par exemple, c'est précisément le choix de ne pas combattre sur le front de l'Est, mais tout au contraire de rester sur place en profitant d'une solde et d'une situation avantageuse, voire d'une protection contre un départ pour l'Allemagne, qui a souvent conditionné le choix de l'engagement à partir de 1941, tout d'abord au sein du 3ᵉ bataillon de garde SS, puis du régiment « Landstorm Nederland » (en août 1944, son commandant jugeait que la troupe ne correspondait « moralement [...] en aucun cas aux exigences d'un régiment de combat ») [116]. Cela explique également la forte concurrence constituée par l'Organisation Todt et le Corps motorisé national-socialiste (NSKK) à l'étranger. En proposant des contrats de six mois plus courts et une meilleure rémunération pour un travail comme ouvrier ou convoyeur, tâches moins périlleuses qu'un engagement dans une formation de combat, ils disqualifiaient automatiquement les services de Berger qui n'avaient à proposer que du sang et des larmes. Une politique volontariste a donc été initiée à partir de 1943 afin de revaloriser l'engagement dans les formations de combat au détriment de ces organisations paramilitaires [117].

Finalement, même les premiers volontaires « germaniques », aux convictions politiques pourtant affirmées, n'échappaient pas à un phénomène d'usure. Aux Pays-Bas, le chef du NSB a ainsi demandé au début de 1943 leur rappel progressif et la limitation à deux ans de l'engagement au front, soulignant que la perspective d'une guerre aussi longue n'avait jamais été envisagée lorsque ces hommes s'étaient engagés avec enthousiasme en 1940 et 1941 [118].

10

Volontariat spontané, suggéré ou imposé ?

En théorie, les statuts de la *Waffen-SS* l'obligeaient à ne recruter que des volontaires. Qu'un nombre sans cesse croissant d'individus aient été forcés de s'enrôler dans la *Waffen-SS* au fil du conflit est cependant une évidence indiscutable. Cette coercition a pu revêtir un éventail de formes très diverses, allant de l'insistance au chantage, de la pression sociale (voire familiale) à la menace physique. Elle a aussi constitué un enjeu de mémoire pour les anciens responsables SS qui l'ont utilisée afin de disculper la *Waffen-SS* dans son ensemble. Dans leur calcul, les derniers arrivés sous la contrainte devaient servir de bouclier derrière lequel les volontaires de la première heure pouvaient s'abriter. Si ce système de défense a échoué à Nuremberg, force est de constater que ces débats acharnés ont contribué à brouiller les pistes [1]. Toute la question est donc de savoir quand et par quels moyens l'Ordre noir s'est permis d'enrôler des non-volontaires en violant ses propres principes, le droit allemand et, dans le cas des ressortissants étrangers, le droit international.

LA COERCITION AU SEIN DU REICH

Le caractère cyclique de l'incorporation forcée

Considérer que les pressions à l'engagement ont suivi une évolution linéaire pendant le conflit serait une erreur. Elles ont au contraire connu de fortes fluctuations selon les époques, et surtout selon les besoins de la *Waffen-SS*. De même, on ne peut fixer une date précise, ou du moins une période, à laquelle se serait produit le basculement vers un enrôlement généralisé sous la contrainte. Comme d'autres, la *Wehrmacht* s'est pourtant laissé prendre à l'époque à ce jeu des jugements sentencieux en estimant, au vu de la campagne de recrutement mouvementée dans les camps du RAD en janvier 1943, que « le système des volontaires de la *Waffen-SS* ne [pouvait] plus assurer ses besoins »[2]. Avec le recul, une rupture assez nette apparaît certes avec le passage de la *Waffen-SS* vers une armée de masse à la charnière des années 1942-1943. L'abandon au moins partiel du principe du volontariat était sinon la condition préalable à cette évolution, du moins sa conséquence logique[3]. On ne peut pourtant pas fixer de véritable limite dans le temps. De fait, l'évolution de la coercition a représenté un phénomène ondulatoire, fluctuant au gré des impératifs de la SS et de la ressource humaine disponible. Les pics ont coïncidé avec les grandes campagnes de recrutement de la SS, lorsqu'il a fallu que les services de Berger trouvent à plus ou moins brefs délais un grand nombre d'hommes pour combler les pertes ou répondre aux ordres d'expansion de Himmler.

Les premières plaintes apparaissent ainsi dès la fin du printemps 1940, au moment où la SS cherchait à compléter ses régiments « Tête de mort ». La pression s'est alors exercée sur les membres de l'*Allgemeine-SS*, jusque-là rétifs à un engagement dans la *Waffen-SS*, mais aussi sur les adolescents du Service de patrouille de la HJ, et même sur les membres de la SA. Tous ont été sommés de s'engager par courrier ou de vive voix, quand ce n'était pas la *Gestapo* qui faisait pression sur eux[4]. Une nouvelle inflation de plaintes s'est produite un an plus tard, à la fin du printemps 1941, au moment des préparatifs de la guerre à l'est, lorsque la SS a dû porter à plein effectif ses unités d'active et de réserve dans le cadre d'une « action 20 000 hommes » menée en sept semaines[5]. La brièveté du temps imparti aux bureaux de recrutement SS a occasionné des abus (en particulier des convocations arbitraires de membres de l'*Allgemeine-SS*) dont l'armée s'est emparée pour monter un dossier. Le *Gauleiter* de la région de Dresde s'en est également indigné[6]. Au vu de ces précédents, les vagues de protestation qui ont émané de toutes parts à l'issue du recrutement de conscrits dans les camps du RAD au début de 1943 ne constituaient donc qu'un nouveau rebondissement dans une série déjà longue de plaintes[7]. La différence tenait à ce que la SS avait pour la première fois usé à grande échelle de la coercition sur des individus qui ne lui étaient affiliés ni de près ni de loin. Si cet épisode a effectivement marqué un tournant, ce n'était donc pas tant par les méthodes que par la population qui en avait été la victime.

Dans une large mesure, la situation de la ressource humaine du Reich a conditionné la violation du système du volontariat à partir de 1942. De fait, après avoir soutiré tous les personnels qu'elle pouvait à la plupart des organismes ou institutions dans sa sphère d'influence, la SS n'a guère eu d'autre choix, à partir de cette date, que de se rabattre sur les seules classes d'âge encore mobilisables. Or, c'est précisément en 1942 que leur nombre s'est réduit en passant, en l'espace de douze mois, de trois (classes 1923 à 1925) à une (classe 1925). Dès lors, les tensions étaient à prévoir de manière cyclique. Chaque fois qu'un nouveau contingent arrivait en âge de porter les armes, la SS et les différentes branches de la *Wehrmacht* n'avaient guère de difficultés à recruter une première vague de volontaires spontanés. Les adolescents de 17 ans de la classe 1925 qui ont afflué à la SS au printemps 1942, dès que l'accord de leurs parents n'a plus été nécessaire à leur engagement, en fournissent la meilleure preuve. Un an plus tard, le recrutement de la division « Hitlerjugend » n'a lui-même guère occasionné d'abus dans la mesure où celle-ci a été constituée avec des adolescents de la classe 1926, encore intacte [8].

En revanche, une fois chaque classe d'âge vidée de ses individus prêts à s'engager spontanément, SS et *Wehrmacht* voyaient fondre leur potentiel de recrutement. Pour l'armée, dont les besoins étaient en tout état de cause assurés par la conscription, ce phénomène ne posait pas réellement de problème. Tout autre était la situation de la *Waffen-SS*. Pour obtenir des résultats, il lui fallait accentuer la pression sur les conscrits appartenant à la frange attentiste de chaque classe d'âge. Après avoir mangé leur pain blanc, les services SS devaient avaler leur pain noir en attendant de pouvoir s'attaquer à la classe d'âge suivante. Ainsi, après la période assez faste du printemps 1942, la coercition a commencé dès l'été pour culminer avec le recrutement dans les camps du RAD en janvier 1943 [9]. Étalé pour l'essentiel sur la seconde quinzaine de janvier 1943, à l'époque où la population du Reich assistait impuissante à la lente agonie de la

6ᵉ armée à Stalingrad, ce dernier n'aurait du reste pu survenir à un plus mauvais moment. « Les jeunes ne sont pas seulement contre la *Waffen-SS*, écrivait sans ambages le rédacteur du bureau SS de Nuremberg, mais par principe contre toute forme de service militaire. » « Les hommes ne voulaient pas se porter volontaires, mais attend[ai]ent qu'on les prenne », surenchérissait celui de Munich [10]. Le même phénomène s'est reproduit à l'automne 1943 avec la classe 1926, vidée pendant l'été de ses éléments spontanément prêts à s'engager. À Kassel par exemple, « des jeunes ont arraché et jeté au feu leur brassard de la HJ au milieu de cris comme " Hitler déraille " – " Nous ne gagnerons jamais la guerre ", etc. [11] ». En conséquence, la pression a largement augmenté. À la 17ᵉ division SS, où la troupe se composait pour deux tiers d'adolescents de 17 ans nés en 1926 et pour un tiers de personnels âgés jusqu'à 45 ans, il n'y avait « presque aucun volontaire [12] ».

Les tergiversations de la Reichsführung-SS

Rien n'indique que les responsables SS aient eu conscience du phénomène cyclique auquel ils se heurtaient. Il est vrai qu'en partant comme Himmler du postulat que le quart des adolescents de chaque classe d'âge brûlait de se battre dans la *Waffen-SS*, ces responsables faisaient d'entrée fausse route [13]. En fait, tous se désolaient que « les jeunes manquent d'idéal et de compréhension pour la grandeur de notre époque et de l'action engagée [14] ». Même Berger, qui disposait pourtant d'un sens aigu de la psychologie des masses, ne semble pas avoir pris la mesure de ce phénomène, se contredisant d'une année sur l'autre sur « la disposition d'esprit de la jeunesse à devenir soldat » qu'il jugeait bonne en juin 1942 et « en aucun cas très grande » en avril 1943 [15]. Contre toute attente, Berger a tenté de freiner la dérive coercitive de ses subordonnés, puis de ses collègues. On aurait en effet pu attendre de cet homme roué qu'il ne s'encombre pas de principes. Or, sa position n'a guère évolué au cours du conflit, dénonçant le recours à la contrainte – du moins au sein du Reich. Pour lui, elle avait le don d'être à terme contre-productive. Surtout, le respect du volontariat devait permettre de démarquer la *Waffen-SS* de la *Wehrmacht* – une obsession qui se déplacera plus tard sur le terrain idéologique :

Je récuse cette nature violente du recrutement, elle est indigne de la SS. Si nous obtenons nos hommes de cette manière, nous n'aurons plus aucune raison d'être. Qu'ici ou là soit utilisée une pression modérée va de soi, mais des recrutements par la contrainte, comme au temps de Frédéric Guillaume Ier, ne s'accordent pas avec notre conception et la pensée de l'Ordre [16].

Par sa structure fortement cloisonnée, la *Reichsführung-SS* a elle-même contribué à limiter les pressions dans la première partie du conflit. Compte tenu de la rivalité opposant le *SS-Hauptamt* de Berger (en charge du recrutement) au *SS-Führungshauptamt* de Jüttner (en charge des unités SS, et donc de leur niveau opérationnel), le second s'est montré extrêmement sourcilleux sur la valeur morale des hommes que lui apportait le premier, et donc sur leur volontariat. Les mécanismes qui ont contribué à maintenir un niveau élevé de sélection physique ont donc aussi modéré l'usage de la contrainte jusqu'à l'automne 1942 [17].

Dans ces conditions, la coercition dans les premières années du conflit a surtout résulté du zèle excessif manifesté par certains bureaux de recrutement SS. Dès octobre 1939, le prédécesseur de Berger à la tête du *SS-Hauptamt* avait ainsi remarqué que certaines régions SS ne faisaient jamais parler d'elles, tandis que de nombreuses plaintes s'élevaient contre les méthodes de recrutement employées par d'autres [18]. Même au cours des grandes campagnes de recrutement où le *SS-Hauptamt* a soumis ses bureaux de recrutement à une forte pression, les commissions d'incorporation ont adopté des comportements très différents selon les régions [19]. À l'occasion, Berger et ses subordonnés directs n'ont pas non plus dédaigné recourir à des supercheries. Au moment de la campagne de recrutement pour la « LSSAH » pendant l'hiver 1941-1942, les bureaux régionaux SS ont par exemple reçu l'ordre d'accepter les adolescents qui se présenteraient à eux, même s'ils n'atteignaient pas la taille minimale de 1,78 mètre requise pour cette unité. En aucun cas ils ne devaient repartir sans avoir signé leur engagement, « même s'ils le souhait[ai]ent », quitte « si nécessaire » à leur laisser entendre qu'ils pourraient malgré tout rejoindre la « LSSAH » [20]. En fait, Berger a été un moment tenté de légitimer le recours à la force, notamment pour justifier l'action de ses services lors du recrutement mené dans les camps du RAD au début de 1943 :

Sur le fond, il me semble que l'aune à laquelle mesurer la justesse des méthodes de recrutement est, en tout premier lieu, le fait que les unités de la *Waffen-SS* supportent encore les épreuves les plus dures sur le front. Si ces hommes viennent réellement à nous seulement sous une forte pression morale, mais tiennent inébranlablement au combat, alors le succès justifie également ce moyen [21].

Faute d'alternative au remplacement de leurs pertes, les commandants d'unité SS ont rapidement adopté les conceptions de Berger. De fait, même après avoir été plus ou moins pressées de s'engager, les jeunes recrues faisaient preuve d'un « vif intérêt » au cours de l'instruction et de « zèle dans le service ». Les transfuges de la *Luftwaffe* versés au corps d'armée blindé SS à cette époque manifestaient eux-mêmes « un enthousiasme particulièrement grand pour la *Waffen-SS* » [22]. L'idée d'incorporer des « demi-volontaires », voire de simples conscrits non volontaires, a en conséquence rapidement gagné du terrain au sein de la SS. Dépassé par ce « succès » inattendu, Berger a dû accomplir trois mois plus tard un virage à 180 degrés pour réfréner à la fois les ambitions de Himmler et l'appétit des généraux SS, avant tout soucieux de voir combler leurs pertes sur le front :

Au sein de la *Waffen-SS*, je relève l'opinion de plus en plus répandue que le recrutement de volontaires aurait fait son temps et serait donc devenu un procédé tout à fait inutile. « L'enrôlement après une sélection raciale par le conseil de révision aurait le même résultat. » On fait alors référence aux très bonnes 9ᵉ et 10ᵉ divisions, où les hommes auraient pourtant été aussi enrôlés. Ce dernier point constitue cependant une erreur fondamentale. Certes, on a enrôlé quelque peu par la force dans les camps de travail, mais il n'y a pas plus de 15 % d'« enrôlés » dans ces deux divisions. On oublie totalement que la moitié de [chaque] division était des volontaires dont nous nous étions déjà assurés le service l'année précédente. La prestance raciale seule ne suffit pas. Ce qui distingue justement nos volontaires, c'est que le volontariat s'ajoute à la prestance raciale. Le volontaire de la *Waffen-SS* est celui chez qui les deux s'associent. Je prie le *Reichsführer-SS* d'expliquer cela aux généraux SS de haut rang lors d'une occasion favorable, ou du moins de bien vouloir le leur rappeler [23].

Par de tels propos, Berger reconnaissait implicitement qu'un seuil avait été atteint et ne pouvait plus être franchi, sous peine de voir irrémédiablement chuter la valeur des formations sur le front. À travers l'exercice de pédagogie demandé à l'intention des généraux SS, c'était aussi le rappeler d'une manière diplomatique à Himmler, à l'heure où celui-ci venait justement d'obtenir de Hitler l'accord pour créer les 16e et 17e divisions SS. En fait, Berger menait là un combat perdu d'avance. Constituées avec le réservoir d'hommes prévus pour remplacer les pertes des formations SS existantes, ce sont précisément ces deux divisions qui ont achevé de faire péricliter le système de remplacement déjà vacillant. En d'autres termes, c'étaient là deux divisions « de trop » pour que la SS puisse maintenir son système de volontariat au sein du Reich. Les 5 à 10 % d'individus de chaque classe d'âge prêts à rallier plus ou moins spontanément la *Waffen-SS* ne pouvaient plus suffire à entretenir une telle force [24].

Portée et limites de la coercition jusqu'en 1944

Se soustraire à un service dans la *Waffen-SS* est devenu difficile, sinon risqué, à partir de l'automne 1943. Si l'exercice avait pu auparavant s'avérer problématique, il n'avait rien eu d'impossible depuis l'entrée en guerre, à l'image des membres de l'*Allgemeine-SS* qui avaient refusé de s'y engager à l'été 1941, en dépit des pressions exercées. Sur ordre de Himmler, ils avaient certes été exclus de l'Ordre noir et avaient de surcroît dû motiver leur décision par écrit, mais rien dans l'arsenal juridique SS n'avait pu les empêcher de rejoindre l'armée lorsqu'il leur avait fallu servir sous les drapeaux [25]. S'il était impossible de quitter la *Waffen-SS* une fois engagé (le service dans ses rangs étant considéré comme un service militaire à part entière), devancer l'appel dans l'une ou l'autre branche de la *Wehrmacht* a pu constituer une alternative à un engagement dans l'Ordre noir, parfois même une esquive à un service au front jugé dangereux. Berger avait ainsi dénoncé en son temps l'afflux de volontaires pour la Marine au cours des six premiers mois de guerre à l'est, l'attribuant à un « moment de lâcheté » qu'avait traversé l'Allemagne [26]. L'attrait longtemps exercé par la *Luftwaffe* n'était pas non plus forcément lié au prestige de l'aviation ou des parachutistes, mais aussi à l'espérance d'un service peut-être moins risqué dans les pléthoriques services au sol de l'armée de l'air [27].

L'existence même des plaintes démontre qu'il était possible de s'opposer à une décision arbitraire. En ce sens, la *Wehrmacht* a joué, avec plus ou moins de bonheur, son rôle d'institution garante du droit des citoyens du Reich devant la conscription tout au long du conflit. Loin d'être une organisation omnipotente, la SS a eu aussi des comptes à rendre. Elle a ainsi dû faire machine arrière devant le tollé soulevé par ses méthodes de recrutement dans les camps du RAD au début de 1943. Même nantie d'un blanc-seing oral de Hitler, elle a préféré jouer la carte de l'apaisement en détournant vers la police 2 500 adolescents initialement enrôlés contre leur gré dans la *Waffen-SS* [28]. Une liste de conscrits dont les parents s'étaient plaints « en hauts lieux » de leur incorporation forcée a même été dressée par le SS-FHA. Par une note dont le caractère interne garantit la véracité, celui-ci a ordonné qu'ils soient interrogés pour savoir « s'ils [voulaient] demeurer dans la *Waffen-SS* », en prenant bien soin de rappeler qu'il était « expressément interdit d'exercer une quelconque contrainte » (mais en donnant pour consigne de leur poser la question après leur intégration « dans les cercles de camarades »). Ceux qui en ont exprimé le désir ont ainsi eu la possibilité de quitter la *Waffen-SS* [29].

Ce respect relatif du volontariat s'est encore poursuivi dans le courant de l'été 1943. Sous le coup de l'enquête menée par l'armée après les malversations dans les camps du RAD, le *SS-Hauptamt* devait par ailleurs agir avec circonspection afin de ménager à la fois la direction de la HJ et des adolescents dont le recrutement par anticipation se déroulait en dehors de toute base légale, puisqu'ils avaient pour beaucoup moins de 17 ans. C'est au demeurant pour ces motifs, mais aussi devant la menace d'un projet concurrent de l'armée, que Berger a laissé la responsabilité du recrutement de la 12ᵉ division SS à la Jeunesse hitlérienne, puis lui a fait de larges concessions, jusqu'à accepter le sursis d'office accordé par la HJ aux adolescents afin d'achever leur cycle scolaire [30].

La situation s'est radicalement modifiée dès l'automne 1943, dans la foulée de la création des 16ᵉ et 17ᵉ divisions SS. Le service dans la *Waffen-SS* a de plus en plus été assimilé à une simple conscription, dès lors que l'individu était sélectionné par la SS. Vouloir y échapper n'a plus été un acte d'insubordination envers une organisation nationale-socialiste, mais envers l'État. Telle est du moins l'interprétation que l'on peut faire de l'exécution de deux conscrits condamnés à mort pour avoir refusé de s'engager dans la SS en février 1944 [31]. Cette analyse doit cependant être pondérée. En effet, si cette coercition a existé, elle s'inscrivait dans un cadre qui, à défaut d'être légitime, était légal. Ainsi, les pratiques de la SS consistant dès octobre 1943 à accaparer toutes les recrues l'intéressant, y compris les conscrits déjà sélectionnés par l'une ou l'autre des branches de l'armée lors des conseils de révision, doivent être replacées dans leur contexte, à savoir l'autorisation donnée par Hitler de prélever 30 000 hommes de la classe 1926 afin de constituer les 16ᵉ et 17ᵉ divisions SS [32]. L'incorporation forcée d'une classe d'âge entière (1926) d'Alsaciens dans la *Waffen-SS* est elle-même à considérer comme le résultat d'un marchandage entre l'armée et l'Ordre noir plus que comme une mainmise arbitraire de la SS sur ce réservoir humain. Certes, nul n'a demandé à ces hommes s'ils étaient volontaires au cours de la sélection (lorsqu'elle les a reçus dans ses rangs, la division « Das Reich » a d'ailleurs bien été forcée de reconnaître l'absence d'« attitude positive » parmi les renforts originaires d'Alsace, précisant que ces hommes étaient « complètement indifférents, en partie récalcitrants » [33]). Toutefois, la SS n'a pu agir de la sorte qu'avec le consentement de l'armée. Celle-ci y a trouvé son intérêt en sacrifiant à la SS les conscrits alsaciens, auxquels elle attachait moins d'importance, pour mieux préserver le contingent des jeunes Allemands nés en 1926. D'ailleurs, l'incorporation de ces hommes s'est déroulée de façon tout à fait régulière : les convocations ont certes été émises par le bureau de recrutement SS de Stuttgart, mais leur routage a été assuré par le bureau régional du service militaire [34].

À côté de ces marchandages, l'armée de terre a de plus en plus servi d'alternative forcée à un engagement dans la *Waffen-SS* à partir de l'été 1943. Retenant la leçon, elle a en effet délaissé le terrain des discussions au sommet où, dans les arbitrages de Hitler, elle était sûre de perdre presque systématiquement face à Himmler. Dans la lutte pour l'obtention d'effectifs, la concurrence s'est donc portée sur le terrain, face aux conscrits. Naturellement, la relégation au second plan des règles habituelles de recrutement a contribué à renforcer l'anarchie dans l'incorporation de « volontaires », et a par là entraîné de nombreux abus. Néanmoins, l'arbitraire n'a plus bénéficié à la seule SS. En usant des mêmes méthodes que cette dernière, l'armée de terre lui a coupé l'herbe sous le pied en pressant elle-même les conscrits pour qu'ils s'engagent « volontairement » dans ses rangs [35]. La marge d'autonomie laissée aux adolescents s'est donc de plus en plus limitée à choisir une arme par anticipation. Autant par environnement idéologique que par un goût soigneusement entretenu de l'aventure guerrière, il leur a été de moins en moins possible de ne pas devancer l'appel. Les témoignages des responsables SS s'accordaient du reste à reconnaître tout le talent développé par l'armée de terre dans l'art de susciter l'adhésion des jeunes qui lui étaient confiés dans les camps d'instruction prémilitaire et à les amener, par l'enthousiasme communicatif de ses vétérans spécialement ramenés du front à cet effet, à s'engager dans ses rangs. Les chiffres parlent d'ailleurs d'eux-mêmes. Bien loin de croître, comme le recours systématique à la contrainte l'aurait permis, les engagements dans la *Waffen-SS* ont justement diminué en 1944 avec la classe 1927, tant en valeurs absolues qu'en pourcentages, et ce, au profit de l'armée de terre et de la Marine *(annexe 5).*

Les derniers mois de la guerre

D'évidence, la notion de volontariat a perdu toute valeur avec l'arrivée de Himmler à la tête de l'armée de réserve en juillet 1944, puis avec la fusion des services de recrutement de l'armée et de la SS en décembre. Dans les Sudètes par exemple, « la jeunesse [était] littéralement poussée dans la *Waffen-SS*, bien qu'elle s'y port[ait] volontaire ». Les individus y étaient « fréquemment contraints par de singulières méthodes » [36]. Des prisonniers témoignaient que des commissions de recrutement SS passaient dans les camps du RAD, demandant des volontaires, et incorporaient d'office des conscrits au cas où le nombre de candidats était insuffisant [37]. Capturé en avril 1945, le responsable SS pour le district de Karlsruhe a volontiers reconnu qu'« en pratique, un grand nombre de jeunes gens subiss[ai]ent une pression plus ou moins forte » pour s'engager [38].

L'absence de volontariat a été tout aussi manifeste chez les personnels de la *Wehrmacht* transférés à la *Waffen-SS* à partir de l'été 1944. Ils n'ont eu aucun moyen d'y échapper [39]. Désormais sous le contrôle partiel de la SS, l'armée n'était plus un garant. Tous ces hommes n'ont cependant pas été versés contre leur gré dans la *Waffen-SS*. Ainsi, l'un des transfuges de la *Luftwaffe* déclarait s'être porté volontaire « car il admirait à la fois la SS et Himmler [40] ». Et lorsqu'elle s'est manifestée, l'opposition au transfert n'a pas toujours été motivée par un quelconque ressentiment spécifiquement dirigé contre l'Ordre noir, mais par le principe même du transfert. Ainsi, c'est par dégoût « de devenir de l'infanterie ordinaire » que 2 000 hommes de la *Luftwaffe* ont ouvertement manifesté leur réprobation début août 1944 [41].

À l'opposé, il a existé jusqu'à la fin de la guerre un continuel afflux de candidats pour la *Waffen-SS* dont le volontariat ne peut être mis en doute. À défaut de nombreux documents, la simple logique permet de le penser. La possibilité de recruter pour la première fois dans les contingents des classes 1927 et 1928 a certainement permis à la SS d'obtenir sans trop de difficultés une nouvelle vague de volontaires à partir du printemps 1944. Par le biais de la campagne de prévention contre la tuberculose, les commissions de recrutement SS ont pu se focaliser sur les adolescents présélectionnés plutôt que de diluer leurs efforts sur l'ensemble des individus de la classe d'âge [42]. Par ailleurs, le « long fleuve tranquille » qui, par une pente presque naturelle, amenait à la *Waffen-SS* les jeunes du Service de patrouille de la HJ par groupes entiers existait toujours, amenant un flot de candidats [43]. Cela explique que, dans une unité telle que la division « Hitlerjugend », on trouvait encore à la fin de l'année 1944, parmi les recrues récemment incorporées, plusieurs centaines d'adolescents âgés de 15 à 17 ans, très motivés et dont le volontariat ne faisait guère de doute, à côté d'autres manifestement contraints de rejoindre la SS [44].

La coercition à l'étranger

La conscription pour les Volksdeutsche *?*

En faisant grand cas du caractère volontaire de l'engagement des « Allemands ethniques », les premières consignes édictées par le *SS-Hauptamt* étaient dénuées de toute ambiguïté [45]. Avec les premiers recrutements à grande échelle parmi les communautés allemandes à l'étranger, l'année 1942 a toutefois marqué un tournant dans l'emploi de la contrainte. Les *Volksdeutsche* relevant du « Commissariat du Reich pour la consolidation de la nation allemande » ont été les premiers visés en janvier 1942 [46]. Le processus n'a toutefois vraiment pris de l'ampleur qu'à l'été. En juin, le chef du « Bureau central des Allemands ethniques » (VoMi) avait fait valoir à Himmler l'absence de bases juridiques permettant de contraindre les *Volksdeutsche* serbes à s'engager dans la nouvelle division « Prinz Eugen ». Himmler lui avait alors répondu qu'il ordonnait, dans l'ensemble des Balkans, l'instauration de la conscription pour les *Volksdeutsche* « de 17 à 50 ans, en cas de besoin 55 ». Elle n'était « certes pas légale, mais ressortait de la loi d'airain de leur caractère ethnique » [47]. Cinq semaines plus tard, devant le refus du chef de la communauté allemande en Serbie de reconnaître cette « loi d'airain », Himmler s'était encore montré plus clair. Il lui avait fait savoir « qu'en tant que responsable désigné par le Führer pour les *Volksdeutsche* dans le monde », il avait « déclaré la conscription pour ce groupe ethnique ». Toutefois, il expliquait préférer ne pas publier cette décision « pour des raisons de politique extérieure » [48].

Contre toute attente, la décision de Himmler d'introduire la conscription universelle des *Volksdeutsche* a plongé la *Reichsführung-SS* dans l'embarras. À demi-mot, le SS-FHA a manifesté son opposition à l'incorporation d'un grand nombre de non-volontaires. Cette décision allait non seulement à l'encontre de sa culture interne de travail, mais elle risquait de miner le potentiel de combat des unités SS dont il était, *in fine*, responsable – sans compter que cela signifiait traduire tous les réfractaires en justice. Interrogé sur la validité juridique de cette décision, l'Office principal de la justice SS a pour sa part « botté en touche » en faisant valoir qu'« une conscription ethnique générale [était] moins une question de droit qu'une question de portée politique [49] ». De tous, Berger s'est montré le plus virulent. De fait, il était le premier concerné en tant que responsable du recrutement de la SS. Non pas qu'il ait dédaigné le recours à la force. Simplement, une fois connue, cette décision allait assurément nuire à l'image extérieure de la SS, et donc à sa politique de recrutement (Himmler avait du reste connu en 1942 des états d'âme identiques, craignant de voir l'engagement dans la *Waffen-SS* perçu comme une mesure de représailles [50]).

Aussi, plutôt que de s'appuyer sur des textes de loi, Berger préférait s'en remettre aux communautés allemandes sur place pour contraindre les récalcitrants à s'engager sous peine de voir leurs biens saccagés, comme cela s'est du reste produit en Roumanie en juin 1943. En définitive, le *SS-Hauptamt* gardait ainsi les mains propres [51].

Devant cette levée de boucliers, Himmler a été contraint de faire machine arrière. En juin 1943, il précisera que les *Volksdeutsche* « ressortissants d'un État étranger non occupé » par le Reich échappaient à la conscription qu'il avait décrétée un an plus tôt. Dans les territoires sous contrôle des forces allemandes, les *Volksdeutsche* pouvaient en revanche « aussi être appelés au service militaire sans engagement volontaire » [52]. Si elle va calmer les esprits au sein de la *Reichsführung-SS*, la conscription des *Volksdeutsche* des Balkans n'en reviendra pas moins tel un serpent de mer dans les discussions, et ce, jusqu'aux derniers mois du conflit. En février 1945, la question sera une nouvelle fois posée... et la décision encore repoussée de six mois [53]. De toute façon, cela n'avait alors plus guère d'importance. Comme le déclarait le juge SS auprès de Himmler en justifiant ce nouveau report, « les tribunaux de la SS et de la police [avaient] toujours tenu compte du point de vue du *Reichsführer*, même sans une telle base légale, et [avaient] constamment approuvé l'existence d'une conscription nationale des Allemands issus des groupes ethniques. [Ils l'avaient] utilisée comme fondement de leurs décisions avec toutes les conséquences qui en découlaient » [54].

L'incorporation forcée des Volksdeutsche

Eu égard aux atermoiements de la *Reichsführung-SS*, la coercition a connu un emploi assez disparate. Tout a en fait été fonction de la résistance rencontrée. En Croatie, elle y a été introduite dès le milieu de l'année 1942. La règle de recrutement y était simple : « ... vis-à-vis de l'extérieur, l'incorporation se fai[sai]t sur une base volontaire – en interne avec des mesures énergiques [55]. » En Hongrie, où les *Volksdeutsche* se sont engagés « avec un enthousiasme monstre » au printemps 1942, les pressions n'ont certes pas été absentes (y compris de la part des responsables de la communauté allemande sur place), pas plus que l'emploi d'arguments fallacieux par les recruteurs SS. Mais à travers les quelques chiffres avancés par le SS-FHA, qui s'en était offusqué, on devine néanmoins que le recours à la contrainte était demeuré un phénomène relativement marginal [56]. Là comme ailleurs, la pression exercée n'a cependant cessé d'augmenter jusqu'à la fin du conflit, notamment pour contrebalancer l'« attentisme croissant » observé dès la fin de l'année 1942 chez les communautés allemandes du bassin danubien [57]. C'est ce qu'avait parfaitement compris le SS-FHA, qui l'avait fait savoir à demi-mot aux commandants des unités de dépôt chargés d'accueillir et d'instruire ces hommes :

> De par la situation du remplacement de la *Waffen-SS* tendue à l'extrême, il est inévitable que les renforts envoyés ces derniers temps n'équivalent plus, du point de vue de la constitution physique et morale, au contingent de recrues volontaires des années précédentes. Cela vaut particulièrement pour les recrues ethniquement allemandes incorporées. Ce fait est ici connu. On ne peut pourtant oublier que la quatrième année de guerre a commencé [...] [58].

L'absence de tout contrôle de la *Wehrmacht*, de même que l'impunité progressivement acquise dans son action de recrutement, notamment vis-à-vis des États souverains du bassin danubien, n'ont fait que renforcer le recours à la contrainte par la SS. Même lors de la seconde campagne de recrutement qui s'est déroulée en Hongrie en 1943, la consigne de ne recruter que des volontaires ne put être appliquée, sous peine de ne pas obtenir assez d'hommes. Aussi, en dépit des drapeaux, des fleurs et des fanfares mis en place par les responsables de la communauté allemande, c'est sans enthousiasme, mais avec la résolution et la conscience d'accomplir leur devoir envers la « mère patrie », que les *Volksdeutsche* hongrois se sont présentés à cette époque devant les commissions de sélection SS [59]. Les divisions les accueillant étaient elles-mêmes prévenues de ne pas se faire d'illusion par rapport aux « premiers volontaires et aux idéalistes » précédemment venus de la Batchka : « Ils ne viennent pas fréquemment comme volontaires à présent, mais en raison d'une convocation au conseil de révision où ne leur a souvent été laissé, dans les faits, que le choix entre l'armée allemande et l'armée hongroise [60]. »

En 1944, il est devenu non seulement difficile mais dangereux de vouloir échapper à la conscription de la SS. Le fait est particulièrement net dans le cas de la Hongrie. En mars 1944, le royaume magyar passait en un tournemain du statut d'État souverain à celui de territoire occupé [61]. Conséquence directe de ce changement, la conscription s'appliquait désormais aux *Volksdeutsche* hongrois en vertu de la directive prise par Himmler en juin 1943. Au printemps, des arrestations et quelques exécutions ont ainsi ponctué la troisième et dernière campagne de recrutement en Hongrie. Le but était également de réprimer les voix qui s'élevaient contre cet enrôlement forcé. « Nous ne voulons pas servir un État étranger » était l'un des mots d'ordre qui figuraient sur une pétition [62]. Le moral était naturellement bas parmi ces *Volksdeutsche* hongrois contraints de s'engager dans la SS, devenue « extrêmement impopulaire dans leur pays ». Dès lors, la crainte d'être très mal accueillis à leur retour confortait les conscrits dans leur refus. Mais même lorsqu'ils ont cherché à contourner leur enrôlement en voulant rejoindre l'armée hongroise, ils ont invariablement échoué [63]. Aussi ne faut-il pas s'étonner que les « Allemands ethniques » interrogés par les services de renseignements alliés ne leur soient pas apparus particulièrement heureux de leur affectation. « Ne pouvez-vous pas s'il vous plaît veiller à ce que nous ne soyons plus associés avec ces SS ? » Telle avait été la requête formulée par trois *Volksdeutsche* hongrois à l'issue de leur interrogatoire par les Américains en janvier 1945 [64].

L'incorporation forcée des étrangers non « ethniquement allemands »

Au cours du conflit, le respect puis la violation du principe du volontariat ont l'un et l'autre été successivement plus marqués à l'étranger qu'au sein du Reich. Moins que le respect des conventions internationales interdisant d'enrôler des ressortissants étrangers contre leur gré, l'absence de besoins urgents et la volonté de garder une image élitiste à l'extérieur expliquent ce plus grand respect dans la première moitié du conflit. Respectueuse de ses engagements, la SS n'a fait aucune difficulté pour libérer les quelque 400 premiers volontaires néerlandais à l'issue de leur contrat de six mois au début de 1941. Elle a même fait preuve de magnanimité en autorisant près de 270 autres à rentrer chez eux avant la fin de leur temps de service, manifestement parce qu'ils n'étaient pas parvenus à s'acclimater à l'état d'esprit de la *Waffen-SS*. Ce geste était d'autant plus important que les 673 néerlandais au total libérés à la mi-mars 1941 représentaient près de 30 % des 2 312 hommes jusqu'alors recrutés aux Pays-Bas. On mesure mieux ainsi la portée de cette décision, même si la SS s'est naturellement empressée de proposer à ces individus de reprendre du service une fois rentrés chez eux [65]. Cette situation a perduré jusqu'à la fin de 1942, époque à laquelle plus de 20 % des volontaires « germaniques » incorporés par la SS depuis le début du conflit avaient été libérés du service [66].

Par la suite, le recrutement de travailleurs néerlandais au sein du Reich a été l'occasion d'abus manifestes. Des hommes ont ainsi été convoqués dans les locaux de la police sous un prétexte fallacieux (incorporation dans la défense passive locale) où il leur a été donné le choix entre un engagement dans la « SS germanique » ou la *Waffen-SS*. Face aux accusations, le *SS-Hauptamt* nia naturellement de tels agissements [67]. La coercition est cependant demeurée marginale, eu égard à la considération raciale dont jouissaient bon nombre de volontaires issus de ces pays. S'il a bien songé à y instaurer la conscription, Himmler n'a pas mis ses projets à exécution, tout comme il s'est refusé à la levée en masse de la population néerlandaise, à l'image du *Volkssturm* créé au sein du Reich [68].

Cette relative prévention à l'égard des ressortissants « germaniques » ne se rencontre guère chez les autres populations étrangères, notamment celles de l'Est. Comme pour les *Volksdeutsche*, la SS a usé de la coercition dès qu'elle ne parvenait pas à obtenir un nombre suffisant de volontaires, à l'exemple des opérations visant à mettre sur pied la division bosniaque. L'idée de plus en plus répandue que la nouvelle division ne protégerait pas les musulmans victimes de massacres (la propagande alliée affirmait que les Bosniaques serviraient « de chair à canon musulmane en Russie »), mais aussi les manœuvres du gouvernement croate ont contribué à tarir rapidement le flot des candidats. Commencée en avril 1943 sur la base du volontariat, la campagne de recrutement s'est achevée en juillet et août par des enrôlements forcés sous forme de rafles qui ont essentiellement touché les catholiques de Zagreb. Finalement, la conscription pure et simple a été introduite au printemps 1944 [69]. À la même époque, elle avait également été introduite en Estonie et en Lettonie [70].

Dans ce mépris croissant du volontariat, la SS n'en a pas moins respecté sa « logique du sang ». Lorsque trois ressortissants hongrois ont refusé de prêter serment au sein de la 10ᵉ division SS en janvier 1944, Himmler, relevant qu'il ne s'agissait pas de *Volksdeutsche*, mais de « nationaux hongrois », décida de ne pas les punir. Ne voulant cependant pas qu'ils soient libérés, comme la division y avait un moment songé, il les envoya finalement travailler dans les usines allemandes, le jugement rendu prenant valeur de « décision fondamentale »[71].

Face aux besoins pressants en hommes, l'engagement sous la contrainte s'est toutefois banalisé pour les populations de l'Europe centrale et orientale. Au printemps 1944, les « volontaires en armes » polonais et ukrainiens recrutés pour combler les rangs du IIᵉ corps d'armée blindé SS ont ainsi été tout simplement raflés[72]. De telles opérations où les « volontaires » étaient assimilés à du bétail n'ont cependant pas été l'apanage exclusif de la *Waffen-SS*[73]. Finalement, le transfert en bloc à la SS d'unités constituées de la *Wehrmacht*, de la police ou de milices autochtones s'est déroulé sans autre forme de procès en 1944.

11

La ressource humaine dans le modèle de développement de la *Waffen-SS*

En raison de son développement exponentiel en l'espace de quelques années, la *Waffen-SS* a fractionné à un rythme rapide son petit noyau initial de troupes et de cadres d'active pour créer de nouvelles unités [1]. Il a pour cela fallu partager les compétences en même temps que la ressource humaine. En eux-mêmes, les procédés employés trahissent tout autant les ambitions politiques de la *Reichsführung-SS* que les intérêts professionnels et personnels de la troupe. Par ailleurs, la *Waffen-SS* n'aurait pas pu se développer sans mobiliser des ressources extérieures qui, ponctuellement ou massivement, sont venues combler ses insuffisances quantitatives ou qualitatives.

Le partage des compétences et des ressources

Héritière directe des SS-VT d'avant guerre, la « SS-Verfügungs-Division » (plus tard « Das Reich ») a indubitablement représenté la « division mère » de la *Waffen-SS*, pour reprendre le qualificatif donné par l'un de ses anciens officiers qui en a rétrospectivement fait un titre de gloire [2]. Les quatre souches que représentaient la SS-VT, la « LSSAH », les SS-TV et la police ont néanmoins toutes détaché des éléments pour la mise sur pied d'unités nouvelles – non sans de fréquents grincements de dents.

Le fractionnement

Chronologiquement, le processus de développement par scission du noyau d'origine avait commencé dès 1933, à l'exemple de la 1re centurie SS qui avait constitué le noyau du futur régiment « Deutschland ». Le principe était de céder à une nouvelle unité un détachement d'une formation ancienne qui devait encadrer les nouvelles recrues [3]. Avant-guerre, chaque branche militarisée de la SS avait toutefois suivi son chemin indépendamment des autres, SS-TV et SS-VT se gardant bien de se mélanger, tandis que la police, en tant qu'institution d'État, n'avait pas d'ambition militaire particulière. Même au sein de la SS-VT, une fracture invisible et pourtant très nette séparait la « LSSAH », la garde personnelle de Hitler, des autres formations dirigées par l'inspecteur des SS-VT, auquel elle était pourtant théoriquement subordonnée.

Avec la création de la division « Totenkopf » et de ses unités de dépôt à l'automne 1939, des besoins nouveaux sont apparus qui l'ont conduite à aspirer pour la première fois d'importants effectifs spécialisés de la SS-VT, notamment des artilleurs et des sapeurs [4]. Plus que des hommes, c'est un savoir-faire technique qui a été transmis. De leur côté, les unités de dépôt de la SS-VT ont joué à plein leur rôle pour combler les vides créés par ces transferts et pour assurer la constitution des groupes d'artillerie créés au printemps 1940 [5].

Avec la transformation en brigade de la « LSSAH » en août et la mise sur pied d'une troisième division SS en décembre, le second semestre 1940 a donné lieu à une nouvelle vague de transferts massifs en même temps qu'à une redistribution des compétences. Dans les deux cas, la « SS-Verfügungs-Division » a encore été la principale formation mise à contribution, cédant plusieurs centaines d'artilleurs et de sapeurs à la « LSSAH », et surtout un tiers de ses effectifs à la nouvelle division « Germania » (peu après dénommée « Wiking »), dont un régiment d'infanterie (« Germania »), un groupe d'artillerie, ainsi que diverses compagnies de soutien et d'appui [6]. Conjugués à d'autres transferts vers des services, écoles ou unités SS, ces cessions ont provoqué une véritable hémorragie de cadres et de spécialistes qui a largement contribué à entamer le potentiel de la « SS-Verfügungs-Division » à la fin de l'année 1940. Ces personnels ont en effet été souvent remplacés par des effectifs moins bien instruits. Ainsi, le 11ᵉ régiment « Tête de mort », venu remplacé le régiment « Germania », n'a pas tardé à révéler sa faible expérience dans l'exécution de longues marches motorisées [7]. Dans certaines unités spécialisées, la perte des personnels qualifiés se faisait encore sentir à l'été suivant, lors de l'invasion de l'URSS [8].

Le couplage des divisions SS

L'effort exceptionnel consenti par la « SS-Verfügungs-Division » à la fin de l'année 1940 ne se reproduira plus. Après la large redistribution des effectifs lors de la première année du conflit, chacune des formations SS existantes disposait en fait des moyens d'assurer son développement. Même dans le cadre de sa transformation progressive en division jusqu'en 1942, le régiment « LSSAH » a privilégié une expansion exclusivement par voie interne [9]. Les personnels manquants ou les vides créés à l'occasion des transferts internes étaient comblés par de nouvelles recrues arrivant des unités de dépôt [10].

À partir de 1943, la multiplication de nouvelles divisions constituées *ex nihilo* avec de jeunes recrues a cependant obligé la *Waffen-SS* à repenser son modèle de développement. Les pertes des formations les plus anciennes leur interdisaient dorénavant de céder d'importantes fractions de leurs forces aux nouvelles divisions, au risque de remettre en cause leurs capacités opérationnelles. Pour suppléer à cette carence, la *Reichsführung-SS* a alors essayé de recourir au couplage de ses grandes unités. Sur le principe, chacune des nouvelles divisions devait se constituer sous le parrainage et dans le voisinage d'une formation plus ancienne. L'idée était séduisante en théorie. En pratique, elle s'est souvent révélée difficile à mettre en œuvre. La double contrainte de temps et d'espace n'était en effet guère compatible avec les impératifs militaires. L'idée de faire patronner en France les nouvelles 9ᵉ et 10ᵉ divisions SS par le corps d'armée blindé SS a ainsi été réduite à néant par le départ inopiné de ce dernier vers le front de l'Est en décembre 1942. La solution alternative qui consistait à les constituer dans des régions voisines, afin de mettre en commun les ressources réduites, a elle aussi avorté devant la nécessité de répartir à l'ouest les quelques formations motorisées de réserve [11].

Désormais constituées depuis une dizaine de mois, les 9ᵉ et 10ᵉ divisions SS ont aussi participé à la mise sur pied des 16ᵉ et

17ᵉ divisions SS, notamment par la cession respective de détachements d'artillerie et de reconnaissance [12]. L'idée a également consisté à constituer la 17ᵉ division SS « en étroite liaison » avec la 10ᵉ division SS dans le sud de la France à l'automne 1943. Le projet a cependant rapidement tourné court avec le redéploiement de cette dernière en Normandie. La montée en puissance de la 17ᵉ division SS (entre-temps implantée au sud de la Loire) a en conséquence été essentiellement assurée par un transfert classique d'effectifs des 6ᵉ, 9ᵉ et 10ᵉ divisions SS jusqu'au printemps 1944 [13]. L'opération n'en a pas moins réussi, alors que d'autres projets ont complètement échoué [14].

En fait, cette politique de couplage s'est surtout révélée productive lorsqu'il existait une unité de commandement des divisions concernées. De manière exceptionnelle, cela a pu se produire par le biais de la subordination à un état-major territorial. C'est ainsi que, sous la coupe du commandant de la *Waffen-SS* en Hongrie, la constitution de la 22ᵉ division de cavalerie SS a été facilitée par la 8ᵉ en 1944 [15]. Le moyen le plus fiable a néanmoins consisté à assurer l'unité de commandement à travers un corps d'armée. Cela a surtout été le cas entre les 1ʳᵉ et 12ᵉ divisions SS (Iᵉʳ corps d'armée blindé SS), les 5ᵉ et 11ᵉ divisions SS (IIIᵉ corps d'armée blindé SS) et les 7ᵉ et 13ᵉ divisions SS (Vᵉ corps d'armée de montagne SS). Au demeurant, les particularismes ethniques de certaines de ces divisions (« germaniques » pour le IIIᵉ, issues des Balkans pour le Vᵉ), leurs statuts professionnels identiques ou très proches (divisions blindées ou mécanisées pour les Iᵉʳ et IIIᵉ, de montagne pour le Vᵉ), leur fonction sociale (« garde du Führer » pour le Iᵉʳ) et finalement la personnalité des trois commandants de ces corps d'armée (les généraux SS Dietrich, Steiner et Phleps) en faisaient *de facto* des entités distinctes. La *Reichsführung-SS* a d'ailleurs favorisé ce processus en reconnaissant explicitement à ces commandants de corps d'armée le droit de participer au choix de leurs officiers [16]. La nouvelle division devenait en somme l'extension de la division existante. Ce lien très fort a permis de faire fi des barrières géographiques. De fait, les transferts de personnels se sont produits alors qu'aucune des trois nouvelles divisions ne se trouvait sur le même théâtre d'opérations que la formation avec laquelle elle était couplée : la 12ᵉ a été mise sur pied en Belgique pendant que la 1^(re) était sur le front de l'Est ou en Italie ; la 11e a été constituée dans les Balkans alors que la 5e combattait à l'est ; la 13e a été mise sur pied en France et en Allemagne pendant que la 7e était engagée dans les Balkans [17].

En tout état de cause, la division mère était tenue de céder d'importants effectifs. Lorsqu'elle a refusé de le faire, cela a conduit à l'échec. Ainsi, en refusant de se dépouiller de son encadrement, la 7e division SS s'est préservée, mais en condamnant sa cadette bosniaque [18]. Lorsqu'elle a bien voulu le faire, le résultat a été remarquable. En cédant par centaines ses cadres et ses personnels qualifiés à la division « Hitlerjugend » (mais aussi aux unités organiques du nouveau corps d'armée SS), la « LSSAH » lui a donné toutes les chances d'un excellent développement [19]. De fait, aucune formation SS créée dans la seconde moitié du conflit n'a probablement disposé à ses débuts d'un encadrement supérieur aussi homogène dans ses origines et dont le cursus était aussi linéaire que la 12e division SS : sur ses 26 commandants d'unité (bataillons et au-delà) au 1er juin 1944, au moins 20 provenaient directement de la « LSSAH » (ou de son bataillon de dépôt), et la plupart avaient fait toute leur carrière en son sein. À deux exceptions près, les officiers étrangers à la « LSSAH » étaient à la tête d'unités de soutien. Il s'agissait assurément d'un gage de cohésion. En comparaison, les 9e et 10e divisions SS, pourtant créées quelques mois auparavant, et la 17e division SS, constituée quelques mois plus tard, n'ont pas bénéficié du même avantage, bien au contraire. Pour leur donner leurs commandants d'unité, la *Reichsführung-SS* a « raclé les fonds de tiroirs », puisant notamment dans ses écoles ainsi que dans ses unités de dépôt et d'instruction [20].

Les mouvements pendulaires d'effectifs

À partir de l'automne 1943, les formations SS à recrutement allemand créées au cours de l'année ont commencé à servir à leur tour de réservoirs à leurs aînées. Progressivement constituées depuis le début de l'année, les 9e et 10e divisions SS ont ainsi chacune fourni, sur ordre de Himmler, un bataillon d'infanterie complet aux divisions « Das Reich » et « Totenkopf » alors engagées sur le front de l'Est [21]. Ce faisant, elles ont en quelque sorte servi d'unités de dépôt, en raison de leur temps de formation et de présence relativement long à l'ouest. Ces prélèvements de personnels, qui se sont ajoutés à ceux destinés à la même époque aux 16e et 17e divisions SS, ont néanmoins entraîné à bref intervalle, chez chacune d'elles, la ponction de quelque 2 000 hommes, soit 10 % de leurs effectifs. Ces hommes ont bien sûr été remplacés, mais par des recrues qu'il a fallu à nouveau instruire. Surtout, l'arrivée de *Volksdeutsche* en renfort a introduit des ferments de désagrégation en faisant perdre à ces formations une partie de leur très grande homogénéité initiale.

C'est entre les 1re et 12e divisions SS que le mouvement pendulaire d'effectifs a pris sa plus grande ampleur. Des centaines d'hommes de la seconde (peut-être 2 000) ont ainsi rejoint la « LSSAH » en Belgique, au début du mois de mai 1944, afin de l'aider à se reconstituer après son retour du front de l'Est [22]. Au vu du sureffectif flagrant de certaines unités de la 12e division SS depuis le début de l'année, on peut d'ailleurs supposer que ce transfert avait été envisagé longtemps à l'avance. Au sein du régiment blindé, la constitution d'un troisième groupe d'instruction (hors rang), fort de 500 à 700 hommes, a par exemple permis à la division de pourvoir sans problème aux besoins de son aînée le moment venu [23]. Le cas du détachement antichar de la 12e division SS demeure néanmoins le plus révélateur de la manière dont le corps d'armée blindé de Dietrich a intelligemment géré sa ressource. En l'espèce, la « LSSAH » s'est tout simplement défaussée sur la 12e division SS (alors en Belgique) pour retirer son groupe antichar du front de l'Est. Pour la « LSSAH », ce transfert s'est révélé un investissement très profitable : ayant cédé 125 personnels en février 1944, elle en a récupéré 367 en mai [24]. Il y a tout lieu de croire que le Ier corps d'armée blindé SS s'est ainsi discrètement servi de la division « Hitlerjugend » comme d'une unité de dépôt officieuse en profitant du fait qu'elle se trouvait en pleine constitution, et donc peu susceptible d'être engagée avant le printemps 1944. Par retour de balancier, c'est la « LSSAH », alors peu engagée à l'été suivant, qui a envoyé des renforts à sa cadette fortement diminuée après quatre semaines d'engagements en Normandie [25]. Sous l'égide du Ier corps d'armée SS, ces transferts réguliers de personnels entre les 1re et 12e divisions SS constituent l'un des exemples les plus aboutis d'échanges bilatéraux permettant tour à tour la constitution et le maintien opérationnel de deux formations distinctes [26]. Initiés à l'automne 1943 pour prendre toute leur ampleur au printemps 1944, ces mouvements pendulaires de personnels trahissaient en fait la crise d'effectifs alors vécue par la *Waffen-SS* – crise qui était moins la conséquence de la politique de recrutement que celle de la politique d'expansion de la SS.

Les freins aux transferts d'effectifs

Très logiquement, les commandants d'unité ne pouvaient voir sans réagir des fractions parfois importantes de leurs forces leur être ôtées. Les intérêts professionnels et les égoïsmes se sont parfois cumulés pour transformer certains transferts en véritables passes d'armes. Dès avant guerre, le commandant de la « LSSAH » n'avait pas honoré sa promesse de fournir les personnels destinés à servir de noyau à l'un des bataillons du nouveau régiment « Der Führer » créé en Autriche en 1938 [27]. C'est néanmoins le nom de Theodor Eicke qui revient fréquemment dans les échanges épistolaires acrimonieux des premières années du conflit. Sa forte personnalité, son impatience et son solide manque de tact et de diplomatie n'étaient pas étrangers à ces tensions. Prompt à accaparer tout ce dont il avait besoin, il s'est révélé des plus réticents lorsqu'il a été mis à contribution. Cela a commencé dès le mois d'octobre 1939, lors de la constitution de la division « Totenkopf ». Eicke avait alors beaucoup de besoins et peu à offrir (du moins le prétendait-il), ce qui a immanquablement généré des conflits avec la « SS-Verfügungs-Division » de Hausser [28]. Il a ainsi mené une véritable bataille de chiffonniers auprès de Himmler au sujet des artilleurs, des cadres et des spécialistes qui tardaient à arriver, s'autorisant au passage à dicter les ordres qu'il voulait voir donner à la division de Hausser [29]. Un an plus tard, il a bataillé tout aussi dur, mais cette fois pour ne rien lâcher à la « LSSAH » et à la nouvelle division « Wiking ». La mort dans l'âme, Eicke a néanmoins dû obéir aux injonctions du SS-FHA au début de 1941, en cédant notamment des officiers. Ses lamentations auprès de Himmler n'ont dans ce cas servi à rien, pas plus d'ailleurs que son refus initial d'exécuter les ordres [30].

Toute différente a été l'attitude de Hausser. Défendant naturellement l'intérêt des unités de la SS-VT placées sous son commandement, il a néanmoins obéi de manière disciplinée aux injonctions reçues, du moins dans les limites de ses possibilités [31]. Certes, sa position de créditeur rendait sa situation nettement plus confortable que celle de Eicke en 1939. De la même manière, disposant au travers de la SS-VT d'un réel corps de troupe militaire, il lui était nettement plus aisé de se séparer d'une partie de ses forces. Reste qu'au moment de constituer la division « Wiking », à la fin de l'année 1940, Hausser n'a pas cherché comme Eicke à esquiver ses responsabilités. Leurs cursus respectifs expliquent cette différence d'attitude. Fils d'officier passé lui-même par le moule de l'école des cadets de Berlin-Lichterfelde, le premier a reçu une instruction militaire toute prussienne avant de poursuivre sa carrière dans l'armée impériale, puis dans la *Reichswehr*. Le second, qui avait dû louvoyer dans la hiérarchie nazie, avait un cursus nettement moins prestigieux, chaque succès ayant été obtenu à la force du poignet, souvent aux dépens d'un tiers [32]. En lâchant ce qu'il fallait de lest pour ne pas donner l'impression d'un refus brutal, Hausser a cependant su se soustraire aux ordres en invoquant la remise en cause de la capacité opérationnelle de ses unités, et donc le risque d'un échec militaire, ce qui était assurément la hantise de la *Reichsführung-SS* dans la mesure où l'expansion de la *Waffen-SS* – et donc de l'Ordre noir – était conditionnée par le succès de ses armes. Tant en 1939 dans la lutte qui l'a opposé à Eicke qu'en janvier 1943, au moment où chacune des divisions « LSSAH » et « Das Reich » a reçu l'ordre de céder 500 sous-officiers pour la constitution des 9e et 10e divisions SS, Hausser a ainsi su faire fléchir Himmler par un discret chantage. En respectant les formes militaires et en donnant l'impression d'une totale coopération, la « méthode Hausser » s'avérait en définitive plus efficace que la « méthode Eicke » [33].

Pour les commandants d'unité ne disposant pas du poids personnel d'un Eicke ou d'un Hausser, deux techniques ont essentiellement été utilisées pour déroger discrètement aux ordres, l'une jouant sur l'aspect quantitatif, l'autre sur l'aspect qualitatif. La première, qui consistait à ne céder qu'une partie des effectifs annoncés, était la plus risquée et ne semble avoir été pour cette raison que peu employée. Comme dans le cas du groupe d'artillerie de la SS-VT transféré à la division « Totenkopf » en octobre 1939, l'astuce pouvait être rapidement éventée. Le fait est qu'au début du conflit la *Waffen-SS* était encore un corps numériquement trop faible pour que ce genre d'audace paie. Plus tard, au moment où l'expansion de la branche armée de l'Ordre noir a empêché de vérifier trop minutieusement les comptes en recoupant les rapports, des détournements ont pu être plus facilement opérés. Des différences apparaissaient ainsi entre ce que les divisions déclaraient avoir cédé et reçu. Tel est le cas de la 10ᵉ division SS qui rapportait avoir transféré 842 hommes à la 17ᵉ division SS en octobre 1943, cette dernière annonçant peu après en avoir reçu 789, soit 6 % de moins que l'effectif annoncé. Au passage, la 10ᵉ division SS avait également conservé tous les véhicules ainsi qu'une partie du matériel des unités cédées[34].

À côté de ces petits profits comptables, les formations en charge de céder une partie de leurs personnels se sont plus fréquemment livrées à un autre « jeu », pour sa part sans risque. Il consistait tout simplement à remanier les unités avant leur cession, en mutant notamment les cadres et les spécialistes les plus précieux et en y affectant les individus les moins qualifiés. Tel a été le cas d'une compagnie de reconnaissance de la 9ᵉ division SS avant son transfert à la 16ᵉ division SS en novembre 1943[35]. La 10ᵉ division SS n'a pas agi différemment avec le groupe d'artillerie qu'elle a dû céder à la 17ᵉ division SS[36]. Échaudée par l'expérience, cette dernière a d'ailleurs exigé, à l'occasion d'un nouveau transfert de personnels des 9ᵉ et 10ᵉ divisions SS, que ceux-ci remplissent toutes les conditions requises : pas de condamnations dans le civil, pas d'individus punis plus d'une fois dans la *Waffen-SS*, pas de malades, ni d'invalides, ni d'hommes trop âgés. Elle demandait en outre que toutes les unités d'armes soient représentées, y compris parmi les sous-officiers. Ce catalogue de revendications illustrait toutes les possibilités ouvertes dans ce domaine. Cela n'a pas empêché la 10ᵉ division SS de profiter de l'occasion pour se débarrasser de quelques malades et de ses *Volksdeutsche* qui ne maîtrisaient pas la langue allemande[37]. Ces mouvements de personnels ont donc assez souvent été perçus par les unités comme l'occasion de se débarrasser de leurs mauvaises cartes tout en essayant de conserver les bonnes. Au demeurant, de telles pratiques avaient également cours au sein de l'armée de terre[38].

Un sous-encadrement chronique

L'une des principales conséquences de l'expansion de la *Waffen-SS* a été le sous-encadrement de ses formations tout au long de la guerre. À l'instar de l'armée de terre allemande, mais à une échelle bien plus importante, son noyau originel était numériquement trop faible pour répondre au rythme de croissance qui lui a ensuite été imposé [39]. Le phénomène était déjà perceptible en mai 1940 au sein de la « SS-Verfügungs-Division » et de la division « Totenkopf » dont les taux d'encadrement étaient inférieurs à ceux prévus au sein des divisions d'infanterie motorisée de l'armée. De leur côté, les régiments « Tête de mort » présentaient une situation encore moins avantageuse, ce que pouvait expliquer leur fonction sécuritaire, secondaire par rapport à celle du combat [40].

Les pertes subies à l'est ont aggravé cette situation. Avant même le tournant pris par la *Waffen-SS* dans le virage de son expansion au cours de l'hiver 1942-1943, il manquait déjà dix mille sous-officiers aux formations de campagne SS [41]. La rupture s'est néanmoins véritablement produite peu après avec la création simultanée des 9e et 10e divisions SS, lorsqu'il a fallu réunir d'un coup un millier d'officiers et près de 8 000 sous-officiers. Écumer les bataillons de dépôt, les écoles et les services administratifs n'a pas suffi, pas plus que de leur affecter quelque 2 800 policiers et douaniers ou de clôturer avant terme les sessions d'officiers alors en cours. Six mois après leur constitution, il manquait encore près de 40 % d'officiers et de sous-officiers à ces deux divisions [42]. Surtout, la *Reichsführung-SS* s'est trouvée complètement démunie pour organiser l'encadrement de ses autres formations en 1943. Les besoins engendrés par la seule 12e division SS représentaient ainsi les deux tiers de la capacité des écoles SS d'officiers à l'automne 1943. Diverses mesures palliatives ont alors été mises en place : raccourcissement de dix à quatre mois de l'instruction dispensée aux élèves officiers SS d'active au cours du conflit ; doublement des écoles d'encadrement ; promotion au rang de sous-lieutenant d'officiers de l'*Allgemeine-SS* et de cadres du parti à l'issue d'un cursus de formation accélérée [43]. De leur côté, les divisions SS ont de plus en plus fréquemment organisé en leur sein des sessions de formation pour sous-officiers, avec l'effet pernicieux de détacher moins de candidats aux écoles [44].

Grâce à ces mesures, la SS a pu faire face à ses besoins les plus urgents, sans toutefois parvenir à un niveau satisfaisant. Les divisions blindées et motorisées SS souffraient ainsi d'un sous-encadrement marqué au printemps 1944, à l'exemple de celles qui allaient être engagées en Normandie. Début juin, le taux d'occupation des postes d'officiers s'établissait au mieux à 78 % à la 12ᵉ division SS pour descendre jusqu'à 60 % au sein de la 17ᵉ. La situation était encore plus disparate pour les sous-officiers. Seule la 9ᵉ division SS parvenait encore à tirer son épingle du jeu avec un taux d'occupation des postes atteignant près de 80 %. Pour les autres, le déficit était patent, particulièrement au sein des 1ʳᵉ et 12ᵉ divisions SS où seule la moitié des postes étaient occupés. Cette pénurie était d'autant plus flagrante que les personnels du rang étaient, eux, en sureffectif, notamment au sein des 2ᵉ, 12ᵉ et 17ᵉ divisions SS. En comparaison, la situation des divisions blindées de l'armée présentes à la même date à l'ouest était bien meilleure, avec un taux d'occupation des postes d'officiers et de sous-officiers presque toujours supérieur à 93 % [45].

Naturellement, cette situation n'a fait que s'aggraver au cours des derniers mois de la guerre. À l'issue de l'offensive dans les Ardennes, la plupart des sections et de nombreuses compagnies de la 12ᵉ division SS n'étaient plus commandées que par des sous-officiers en janvier 1945 [46]. Et lorsque la 10ᵉ division SS a réclamé au SS-FHA les 200 officiers et 900 sous-officiers qui lui faisaient défaut en février, celui-ci s'est engagé à lui envoyer... dix officiers [47].

Il faut encore prendre bien soin de distinguer la réalité comptable de la réalité effective sur les champs de bataille. Tout au long du conflit, la *Reichsführung-SS* n'a pas en effet ménagé ses efforts pour préserver ce qu'elle avait dès le départ considéré comme son bien le plus précieux : son corps d'officiers. La directive émise par Himmler à l'automne 1939 avait posé les fondements de cette politique en limitant à deux le nombre d'officiers qu'il était possible d'engager simultanément au front par compagnie, soit la moitié du nombre théorique. Cet ordre avait été complété en février 1940 par l'obligation faite aux formations SS de constituer leur réserve avec une moitié de cadres expérimentés. Pour prévenir tout abus, la liste nominale des officiers de cette réserve devait être envoyée à l'Office principal du personnel SS [48]. Cette politique de préservation de l'encadrement se retrouve tout au long du conflit. Au sein de la « SS-Verfügungs-Division », pas moins de 70 officiers subalternes figuraient en septembre 1940 dans le groupe des cadres prévus pour passer en réserve en cas d'engagement. Un officier était même spécialement chargé de leur gestion. Le procédé avait toujours cours à l'été 1942 au sein de la division, et au printemps 1943 à l'échelle du corps d'armée blindé SS. On le rencontre également au printemps et à l'été 1944 au sein du Ier corps d'armée blindé SS où il continuait encore à être appliqué à la fin de l'année [49]. Naturellement, ces consignes n'ont pas toujours été appliquées. À la « LSSAH », l'engagement d'une compagnie sur le front de l'Est avec ses cinq officiers en 1943 s'était soldé par un lourd bilan : deux tués, un disparu et un blessé grave. Pour Berger, cela avait constitué « un gaspillage irresponsable d'officiers » [50].

Les apports de la Wehrmacht

On aurait tendance à l'oublier, mais l'esprit d'initiative et l'imagination retorse du *SS-Hauptamt* n'ont pas seuls suffi au développement de la branche armée de l'Ordre noir. Tant d'un point de vue quantitatif que qualitatif, la *Wehrmacht* a largement permis le développement de la *Waffen-SS*, contribuant ainsi à atténuer la distinction, voire l'opposition, que l'on a eu tendance à vouloir systématiquement plaquer sur leurs relations.

Les transferts d'effectifs

Quantitativement, l'apport de l'armée à la *Waffen-SS* s'est concrétisé sous deux formes : d'une part, la mise à disposition temporaire d'unités constituées, de l'autre, la cession pure et simple d'effectifs. La mise sur pied du premier corps d'armée SS n'aurait ainsi pu se faire sans la *Wehrmacht* à l'été 1942. Il lui manquait en effet pour cela un groupe de transmissions disposant des moyens de communication requis pour le commandement de plusieurs divisions. Himmler a néanmoins obtenu de Hitler que l'armée de terre soutienne si nécessaire la mise sur pied de son corps d'armée. À la demande du SS-FHA, un groupe complet de transmissions de l'armée a ainsi été gracieusement mis à disposition de la *Waffen-SS*, jusqu'à ce que celle-ci soit elle-même capable de constituer une unité équivalente [51]. Au demeurant, le SS-FHA a pris son temps pour mettre sur pied l'unité, fixant au 1er mars 1943 sa mise en œuvre opérationnelle. Dans l'intervalle, il a pu constituer le groupe de transmissions de la 7e division SS [52].

À la fin de l'année 1944, l'aide de l'armée de terre s'est révélée tout aussi précieuse en fournissant des détachements blindés aux 10e et 12e divisions SS qui devaient contre-attaquer dans les Ardennes et en Alsace. Sur la simple base de rumeurs infondées, trente équipages de blindés de l'armée de terre ont même été subordonnés à la 17e division SS en décembre 1944, à la veille d'un nouvel engagement prétendument décisif de cette formation en Alsace [53].

Lorsqu'il s'est agi de cessions pures et simples d'effectifs, l'armée de l'air s'est révélée la meilleure pourvoyeuse des trois branches de la *Wehrmacht*. Les liens privilégiés qui unissaient Göring à Dietrich ont entraîné le transfert d'unités entières de la *Luftwaffe* à la SS, notamment un groupe de DCA à la « LSSAH » au moment de sa reconstitution au printemps 1944, ou encore un régiment complet de transmissions pour la constitution de la 6e armée blindée (SS) à l'automne 1944 [54]. L'aide de Göring à la *Waffen-SS* n'était du reste pas nouvelle. En avril 1943, il avait déjà cédé quelque 4 200 hommes qui avaient servi à combler une partie des pertes subies par le corps d'armée blindé SS lors de la bataille de Kharkov. À cette époque, il s'agissait néanmoins davantage d'un arrangement entre « camarades du parti » plutôt que la manifestation d'un déséquilibre politique. Ces transferts n'étaient pas encore en effet à sens unique, même si Himmler était déjà à l'affût, caressant à l'automne 1942 le projet de constituer une nouvelle division SS en détournant une petite partie des effectifs que Göring avait été tenu de convertir en troupes de combat au sol [55]. Une seconde tentative menée par Himmler a encore échoué au printemps 1944. Elle visait au transfert de 75 000 à 100 000 hommes pour combler les pertes des unités SS et créer une nouvelle division. Le patronyme envisagé pour cette dernière (« Reichsmarschall ») en disait suffisamment long sur la provenance de ses personnels et la concession faite à la vanité de Göring, signe que le projet reposait moins sur un rapport de force que sur une tentative de séduction. La *Reichsführung-SS* était en effet prête à faire patte de velours, n'hésitant pas à ordonner à ses formations de transférer à la *Luftwaffe* les aviateurs qu'elles pouvaient éventuellement compter dans leurs rangs. En dépit de l'accord de Göring, ce projet de transfert va « complètement finir en queue de poisson » après la mutation effective de quelques milliers de personnels [56].

Il faudra en fait attendre octobre 1944 pour que le processus de réassignation des personnels de la *Luftwaffe* à l'armée de terre trouve son achèvement. À cette date, les conditions du transfert avaient bien changé. Elles marquaient, selon le principe des vases communicants, le poids accru de Himmler au détriment de Göring dont l'influence auprès de Hitler déclinait au fur et à mesure que la *Luftwaffe* perdait le contrôle des airs [57]. En réduisant ses services administratifs et sa chaîne d'alerte au sol d'environ 20 %, l'armée de l'air a redéployé 200 000 hommes au sein de ses divisions parachutistes et en a cédé environ autant à l'armée de terre. En tant que chef de l'armée de réserve, et avec la permission de Hitler, Himmler a veillé à ce que « sa » *Waffen-SS* reçoive une partie de l'écot de la *Luftwaffe* à l'effort de guerre terrestre, soit 30 000 à 40 000 hommes. Ce détournement de près d'un cinquième des effectifs cédés par l'armée de l'air démontrait l'avantage tiré par la *Waffen-SS* de la nomination de Himmler comme chef de l'armée de réserve [58].

Cet exemple n'était pas le seul. En décembre 1944, une mesure prise par le SS-FHA trahissait tout autant la position dominante de la SS. Le cas des personnels de l'armée coupés de leur unité et amalgamés aux troupes SS lors des combats à l'ouest et du repli désordonné des forces allemandes jusqu'aux frontières du Reich posait en effet un problème administratif. Aussi le SS-FHA a-t-il entériné d'un trait de plume l'intégration de ces personnels de la *Wehrmacht* dans les unités SS. Si cette décision pouvait paraître sur le fond une mesure d'économie de temps et d'efforts, elle semble néanmoins avoir été à sens unique, car on ne trouve pas d'ordre équivalent avalisant un transfert de personnels SS dans une formation de la *Wehrmacht*. Une telle décision permettait par ailleurs tous les abus, ce dont le SS-FHA était parfaitement conscient. Il a donc bien pris soin de préciser que l'application de cette directive devait être considérée comme « unique » et ne pouvait pas être étendue à l'offensive en cours dans les Ardennes. Le rappel final selon lequel, « sur ordre du *Reichsführer-SS*, aucune unité de la *Waffen-SS* n'[était] en droit d'incorporer des membres de l'armée de terre de son propre chef » achevait de trahir les rapports de force instaurés sur le champ de bataille [59].

Le transfert de compétences

Avant d'être une question d'effectifs, l'apport de la *Wehrmacht* à la *Waffen-SS* a d'abord été d'ordre qualitatif, à travers des transferts individuels de cadres [60]. Par leurs compétences, ces hommes se distinguaient souvent en effet des premiers officiers des formations paramilitaires SS recrutés parmi les vétérans de la Grande Guerre, les membres de la *Reichswehr*, de l'armée autrichienne ou de la police. Ces derniers ont certes fourni l'indispensable apport professionnel pour mettre sur pied les premières formations SS. On les retrouve d'ailleurs à la tête de bataillons et de régiments d'infanterie de la « SS-Verfügungs-Division » au début de la guerre [61]. Mais seuls quelques-uns disposaient d'un savoir plus technique, notamment dans les transmissions [62]. C'est cette plus grande technicité des compétences qui caractérise la deuxième vague d'officiers de l'armée venus grossir les rangs des formations SS au moment où celles-ci sont devenues de véritables entités militaires autonomes. L'acquisition d'armes lourdes par la SS, à partir de 1939, a en effet coïncidé avec l'arrivée des spécialistes correspondants de l'armée de terre et de la *Luftwaffe* pour constituer l'ossature de commandement des nouvelles unités d'appui. Parmi eux, les artilleurs ont eu le beau rôle, à l'image du commandant du tout nouveau régiment d'artillerie SS qui, au cours de l'été 1939, a posé les jalons pour le développement de cette arme au sein de la *Waffen-SS* [63]. Il n'a toutefois pas été le seul artilleur de la *Reichswehr* ou de la *Wehrmacht* à avoir mis son savoir-faire au service de la *Waffen-SS*, puisque la « LSSAH » et la division « Totenkopf » ont aussi bénéficié d'un tel apport [64].

En 1939 et 1940, la SS n'a ainsi cessé de débaucher des cadres de l'armée en fonction de ses besoins, qu'il s'agisse de tankistes ayant servi à former à Oranienburg les premières unités antichars des SS-TV dès le début de l'année 1939 [65], ou encore d'un officier de DCA croisé aux Pays-Bas en 1940 et incorporé en toute urgence par la « SS-Verfügungs-Division » pour y commander le bataillon de mitrailleuses antiaériennes [66]. Même aux échelons plus modestes de chefs de section, les transfuges ont permis de renforcer l'ossature des nouvelles unités d'armes [67]. Pour les spécialités relativement rares, la SS n'a pas hésité à faire appel à des vétérans du premier conflit mondial dont l'expérience militaire s'était arrêtée en 1918.

Ancien sous-officier de la Grande Guerre instruit à la technique du repérage de l'artillerie adverse, l'un d'eux a ainsi été incorporé dans la *Waffen-SS* au moment même où celle-ci a obtenu de Hitler l'autorisation d'adjoindre à ses régiments d'artillerie un groupe complet d'observation et de repérage [68]. Au besoin, des personnels dont l'expérience civile pouvait être mise à profit ont aussi été utilisés, notamment dans le secteur automobile [69].

Afin d'attirer ces militaires et ces civils, la SS leur a offert d'alléchantes perspectives de carrière. Le plus souvent, l'engagement de ces hommes dans la *Waffen-SS* a correspondu à une promotion. Parfois, ce sont de véritables « ponts d'or » qui ont été proposés à ces hommes, à l'image du premier officier nommé à la tête du régiment d'artillerie de la SS-VT : commandant dans l'armée au début de l'année 1939, il est devenu général de brigade trois ans plus tard. Pour ces transfuges de la *Wehrmacht*, passer à la SS était indéniablement avantageux, avec en outre la satisfaction professionnelle de diriger un personnel sélectionné sur des critères physiques plus élevés, sans compter la possibilité de fuir parfois des désagréments ou une situation difficile dans les rangs de l'armée [70].

Une fois achevée la constitution de leurs unités d'appui, les formations SS n'ont plus éprouvé un besoin aussi impérieux de cadres provenant de l'extérieur et se sont repliées sur elles-mêmes à partir de 1941. Des aides ponctuelles ont néanmoins pu être sollicitées [71]. Mais ces transferts ont été quantitativement peu significatifs, à l'exception des officiers de la division de police absorbée par la *Waffen-SS* en 1942 [72].

Une autre exception – cette fois qualitativement importante – a été le transfert à l'été 1942 du colonel Vahl qui a coïncidé avec la création des premiers détachements de panzers SS. « Remarquable spécialiste des chars des tout débuts de cette arme » ayant commandé une année durant un régiment blindé de l'armée sur le front de l'Est, Vahl a pris la tête du nouveau régiment de panzers de la division « Das Reich » à l'automne 1942. En tant que chef du corps d'armée SS, Hausser a largement plaidé en ce sens auprès de Himmler en faisant valoir que « ses expériences éviteraient les maladies infantiles que nous ne pouvons plus nous permettre ». Du reste, c'est Vahl qui a pour l'essentiel commandé la division « Das Reich » lorsque celle-ci a été réengagée sur le front de l'Est au début de 1943. Au beau milieu du conflit, la plus ancienne division de la *Waffen-SS* a donc été aux mains d'un officier qui, quelques mois auparavant, portait encore l'uniforme de l'armée. Moins qu'une pénurie de généraux SS, cet état de fait était d'abord une pénurie de compétences rencontrée par la *Waffen-SS* après la transformation de ses plus anciennes formations en divisions blindées [73].

Un transfert de compétences de grande importance s'est également produit à partir de 1942 dans ce qui est toujours demeuré la plus grave lacune de la *Waffen-SS* : l'absence d'un corps étoffé d'officiers d'état-major. Avec son expansion, cette lacune est devenue un handicap difficilement surmontable sans apport extérieur. L'armée de terre y a une nouvelle fois pourvu, en dépit de sa situation qui était elle-même délicate dans ce domaine [74]. Trois vagues successives d'officiers d'état-major de l'armée ont été détachées à la *Waffen-SS* à partir de 1942. La première s'est en fait limitée au transfert d'un seul officier employé comme chef des opérations (Ia) au sein du tout nouveau corps d'armée blindé SS en 1942. Ce transfert, qui faisait figure de test, a rapidement été un échec dans la mesure où la « greffe » n'a pas pris : en dépit des qualités professionnelles de cet officier, les efforts de Hausser « pour le gagner intérieurement à la *Schutzstaffel* sont demeurés vains [...] et les fondements et les buts de la SS lui sont demeurés étrangers ». Aussi a-t-il demandé et obtenu son retour à l'armée de terre [75].

Manifestant la crainte de voir de tels officiers jeter le trouble parmi ses troupes, Himmler s'est alors montré extrêmement réticent au principe de transfert et d'échange d'officiers entre la *Waffen-SS* et l'armée que lui proposait Hausser. Nécessité a cependant fait loi. L'opportunité de créer plusieurs autres corps d'armée et divisions SS en 1943 a été plus forte que les considérations personnelles et idéologiques. Près de trente officiers d'état-major de l'armée de terre ont donc été mutés à la SS à l'été. Toutefois, la *Reichsführung-SS* s'est bien gardée de renouveler son erreur. Ces officiers n'ont plus été cette fois versés à la *Waffen-SS*, mais transférés par voie de détachement pour une durée limitée à une année et demie, une sorte de « prêt » de l'armée à la SS en somme. Échaudée par l'expérience précédente, la *Reichsführung-SS* a par ailleurs bien pris soin de jauger ces officiers tout en essayant de les « gagner intérieurement à la *Schutzstaffel* », pour reprendre l'expression de

Hausser. Ceux-ci ont donc fait le tour des bureaux de l'Office principal du personnel SS et du SS-FHA à Berlin. Un programme particulier a également été réservé aux deux officiers prévus pour devenir chefs d'état-major des deux nouveaux corps d'armée blindés SS. Conduits au quartier général de Himmler à l'est, ils ont séjourné à sa proximité trois ou quatre jours avant de visiter le siège des principaux offices de la SS et de la police à Berlin, ceux-ci devant fonctionner comme autant d'« écluses », selon Himmler. Ces deux officiers se sont manifestement bien accommodés de leur nouvelle affectation, car, un an plus tard, ils ont intégré de plein droit la *Waffen-SS*. En somme, la *Reichsführung-SS* est parvenue dans leur cas à transformer une affectation provisoire en période probatoire [76]. Face à ses besoins, la SS n'a toutefois pas fait la fine bouche. En 1943, elle a ainsi accepté d'employer dans ses rangs un officier « un quart juif » entre-temps « aryanisé », et pas le moins important puisqu'il est devenu chef d'état-major de la division « Das Reich » en juin 1943 [77].

Avec la prise en main des divisions de la 29e vague par la SS et la nécessité de les encadrer par des corps d'armée, une troisième vague d'officiers d'état-major – numériquement la plus importante – a été appelée à occuper nombre de postes que l'Ordre noir ne pouvait pourvoir à l'été 1944. Le XIVe corps d'armée SS représentait la seule véritable exception. Nommé à sa tête en novembre 1944, le général SS von dem Bach-Zelewski y retrouvait en effet pour l'essentiel son état-major composé de membres de la SS et de la police auparavant en charge de la « lutte contre les bandes ». Pour le reste, des états-majors entiers de l'armée ont été d'office pris en main par la *Waffen-SS* [78]. Les officiers d'état-major de la 6e armée blindée (SS) provenaient par exemple en grande partie de l'ex-administration militaire pour la Belgique et le nord de la France, ainsi que du XIIe corps d'armée dissous. Seuls quelques postes clés (Ia, Ib, Id) étaient aux mains des officiers SS. Le premier chef d'état-major de cette 6e armée blindée, un général de l'armée, a d'ailleurs été rapidement remplacé par le général SS Fritz Kraemer (un transfuge de la *Wehrmacht*), sur lequel s'appuyait Josef Dietrich, bien incapable d'assurer intellectuellement ses fonctions à la tête de cette armée. Sans que l'incurie du chef de la garde personnelle de Hitler soit forcément représentative du niveau des officiers SS, son chef d'état-major symbolisait pour sa part le rôle des officiers de l'armée au sein de l'aile militaire de l'Ordre noir tout au long du conflit [79].

Interaction entre la *Reichsführung-SS* et la troupe dans la gestion de l'encadrement

Appréhender la gestion de l'encadrement par le seul biais des décisions prises par la *Reichsführung-SS* revient à faire bon marché de la marge de manœuvre dont disposaient dans ce domaine les commandants d'unité SS. D'évidence, la *Reichsführung-SS* a décidé en dernier ressort de l'évolution de carrière de ses cadres, et Himmler a régné sans partage sur l'un des pouvoirs régaliens auquel il était le plus attaché [80]. Sa crainte était en effet grande de voir la branche armée SS « contaminée » soit par des influences extérieures déviationnistes (à l'image de cet officier d'état-major de l'armée qui avait demandé l'annulation de sa mutation à la SS), soit par des tendances centrifuges qui la conduirait « à mener sa propre vie », soit encore par les travers individuels de certains officiers SS heurtant son orthodoxie idéologique par leurs manières aristocratiques et leur inclinaison naturelle à être davantage un « Monsieur l'officier » qu'un chef SS [81]. Mais même en suivant attentivement l'occupation des postes clés au sein des formations SS, Himmler a aussi assez largement subi l'influence de ses différents commandants d'unité. Il est donc intéressant de renverser la perspective et de revenir sur la politique de gestion et de promotion pratiquée par la troupe elle-même.

Une Waffen-SS *à deux vitesses :* *le « corps d'élite » et la « voie de garage »*

À côté de généraux SS tels Josef Dietrich et Theodor Eicke dont l'indépendance d'esprit et le poids politique ont fait de leurs formations respectives des cas à part, Paul Hausser a eu une influence déterminante sur Himmler au sujet de la gestion de l'encadrement. Au respect à l'égard de cet ancien général de la *Reichswehr* devenu inspecteur de la SS-VT s'ajoutait chez Himmler une confiance qui, à l'occasion, a confiné à l'acte de foi : « Que vous, mon cher camarade Hausser, teniez loyalement et exactement la ligne, vous me l'avez prouvé dans le passé et à l'heure actuelle [;] de cela je n'ai, Dieu sait, pas le moindre doute »[82].

Dans les faits, l'action de Hausser a été essentiellement inspirée par l'ambition professionnelle de fournir à chaque formation SS le meilleur encadrement possible en fonction de sa nature, de ses besoins et des moyens humains disponibles. Cette politique s'est plus particulièrement appliquée au corps des officiers supérieurs (commandants de bataillon et au-delà). Elle a consisté à privilégier des cadres sinon anciens, du moins disposant d'une formation militaire traditionnelle et/ou d'une solide expérience dans la conduite d'un corps de troupe. La sélection a alors été impitoyable. Au sein du régiment « Deutschland », deux des trois commandants de bataillon ont ainsi été limogés à l'issue de la campagne de Pologne. Assez logiquement, le premier a été écarté pour s'être montré « défaillant, pas seulement du point de vue du commandement, mais aussi personnellement ». Plus sévère a été le limogeage du second, reconnu « énergique, courageux et pleinement apte comme commandant de bataillon », mais à qui manquait « seulement un peu d'instruction tactique », qu'il n'avait pu acquérir à cause de sa tardive arrivée en poste trois mois plus tôt[83].

Ces officiers ne donnant pas satisfaction ont été préférentiellement dirigés vers les régiments « Tête de mort » (qui manquaient de cadres au cours des premiers mois du conflit) puis, à partir de 1942, vers les formations à recrutement étranger[84]. Cela a permis au passage à la *Reichsführung-SS* d'assurer son contrôle sur ces dernières[85]. Dans tous les cas, la SS minimisait les risques. De fait, ces formations n'appartenaient pas à son corps d'élite, « vitrine idéologique » sur laquelle tous les regards étaient braqués. La moindre qualité de ces officiers s'accordait à la nature secondaire et moins exigeante des missions de sécurité, d'occupation ou de répression généralement dévolues à ce type d'unités avant 1944[86]. En somme, ces formations représentaient une voie de garage des plus commodes pour le commandement SS. Le fait s'est trouvé confirmé en décembre 1940. Au moment où le 11ᵉ régiment « Tête de mort » a été incorporé au sein de la « SS-Verfügungs-Division » (en remplacement du régiment « Germania » cédé à la nouvelle division « Wiking »), ses principaux officiers ont tous été remplacés par ceux de la division, en raison de leur « manque d'expérience de la guerre ». Ceux qui ont voulu rester au sein du régiment se sont vu rétrograder dans leur fonction[87].

Une politique tardive de rajeunissement de l'encadrement supérieur

Maintenir leur niveau d'exigence initial est devenu de plus en plus difficile pour les anciennes formations SS, notamment en raison des pertes. Après son retrait du front de l'Est, il manquait par exemple 285 officiers à la division « Reich » au 20 avril 1942, chiffre qui s'élevait encore à 240 le 17 mai suivant [88]. Les quelques demandes nominales de la division afin d'obtenir de la *Reichsführung-SS* des officiers en disponibilité n'ont rien résolu sur le fond, conduisant à promouvoir des personnels de plus en plus jeunes à tous les niveaux de la hiérarchie : 25 des 644 officiers (3,9 %) de la division ayant subi un examen médical en octobre 1942 étaient nés en 1922 ou 1923 (donc âgés de 19 ou 20 ans) ; d'un autre côté, les commandants des deux régiments d'infanterie étaient alors âgés de 33 et 36 ans [89].

Le phénomène n'a cessé de s'accentuer par la suite. Former des chefs de section ne posera pas véritablement de problème à la *Reichsführung-SS*. En revanche, la pénurie d'officiers tactiquement qualifiés pour commander une compagnie ou un bataillon va se faire cruellement sentir, obligeant à confier cette responsabilité à des individus de plus en plus jeunes. À l'été 1942, il n'était pas rare de voir des chefs de compagnie âgés de 24 ans, au dire de Himmler. Avec une durée d'activité à ce poste limitée en moyenne à trois ou quatre mois avant d'être mis hors de combat (en dix semaines d'engagement sur le front de l'Est, la division « Totenkopf » aurait ainsi perdu 80 chefs de compagnie à l'été 1943, dont 32 tués), les compagnies ont par la suite été confiées à des individus encore plus jeunes, solution qui, de l'aveu du chef du SS-FHA, avait « ses gros inconvénients » [90].

Autant par nécessité que par évolution des mentalités, une nouvelle génération d'officiers a ainsi accédé aux responsabilités dans la seconde moitié du conflit. Auparavant, seule la « LSSAH » faisait exception : sa transformation en brigade à la fin de 1940 et sa politique de promotion interne avaient en effet conduit à nommer de jeunes officiers à la tête des nouveaux bataillons et à rajeunir ainsi la moyenne d'âge de sept années en huit mois. Les autres formations motorisées SS disposaient sinon d'un encadrement supérieur dont la moyenne d'âge avoisinait la quarantaine *(annexe 23)*. Les pertes de la première année de guerre à l'est et l'expansion voulue par la *Reichsführung-SS* ont cependant conduit ces divisions (et les nouvelles) à disposer jusqu'à la fin de la guerre d'un corps d'officiers supérieurs trentenaires. De leur côté, les formations SS n'appartenant pas à ce corps d'élite motorisé ont souvent disposé d'un corps d'officiers supérieurs globalement plus âgé [91].

Contrairement à une image communément répandue, cette politique de rajeunissement n'a concerné que très tardivement les commandants des divisions blindées. Le cas des 9e et 10e divisions SS est à cet égard exemplaire. Lorsque celles-ci ont été créées fin 1942, c'est encore le modèle traditionnel qui a prévalu avec la nomination de deux officiers d'infanterie vétérans de la Grande Guerre : Wilhelm Bittrich (né en 1894) et Lothar Debes (né en 1890). Le remplacement du second en novembre 1943 par un officier disposant d'un profil similaire et encore plus âgé (Karl von Treuenfeld, né en 1885) indiquait qu'aucun changement n'était encore intervenu à cette époque dans la politique de la *Reichsführung-SS*. La césure s'est en fait produite au printemps 1944. Elle a même été couchée sur le papier par l'incontournable Paul Hausser, à cette époque commandant du IIe corps d'armée blindé SS auquel étaient subordonnées ces deux divisions SS. C'est à l'occasion de la révocation de von Treuenfeld et son remplacement par Heinz Harmel (un officier de 21 ans son cadet) qu'a été redéfinie la politique relative à la direction des divisions blindées :

> J'ai ordonné au général de division von Treuenfeld de se présenter à vous, *Reichsführer*, après passation de la division. Je prie d'excuser cette initiative. Treuenfeld a commandé de manière sensée et tactiquement juste, et aussi avec succès par l'engagement de sa personne. Je demande sa relève en raison de son âge ; les divisions blindées de la SS doivent, comme dans l'armée de terre, être menées par des personnalités jeunes, pleines d'allant. Cela est particulièrement nécessaire à la division « Frundsberg ». Harmel est l'homme parfait ; je l'avais depuis longtemps en vue. Je crois que Treuenfeld peut réaliser un travail utile lors de la mise sur pied de nouvelles divisions – non blindées. Il a désormais accumulé des expériences personnelles. Il est bien moins bon [pour un emploi] au *SS-Führungshauptamt*. [...] Il n'existe pas de motif pour une relève de Bittrich ; il a l'enthousiasme et l'expérience ; il n'est pas non

plus le plus jeune. Il faudrait peut-être envisager un changement dans le commandement après l'été selon le principe : mettre les divisions blindées aux mains d'hommes jeunes, pleins d'allant et expérimentés [92].

La promotion aussi tardive que soudaine comme généraux de quelques jeunes cadres dynamiques découlait donc moins de la philosophie générale de la *Waffen-SS* que de la transformation de quelques-unes de ses divisions en formations blindées [93]. Jusque-là, les critères de promotion avaient encore été assez traditionnels au sein de l'Ordre noir, privilégiant l'âge et l'ancienneté de service. Or, le système commençait à montrer ses limites. Les officiers d'infanterie de la Grande Guerre n'étaient pas tous, loin s'en faut, les mieux placés pour commander des formations blindées. Le cas de Treuenfeld le prouve. En dépit des allégations de Hausser, le commandant de la 10ᵉ division blindée SS avait commis de lourdes erreurs au cours des opérations à l'est, par ignorance des impératifs tactiques inhérents à l'emploi des chars. Ainsi, pour avoir privilégié une attaque frontale sur un terrain défavorable aux blindés, seuls 17 des 60 chars lancés à l'assaut avaient réussi à atteindre leur objectif : les autres avaient tout simplement été incapables de surmonter les obstacles naturels du terrain [94].

Que faire de ces divisionnaires soudainement devenus des « dinosaures » ? Les plus brillants ou les plus chanceux, tels von Treuenfeld et Bittrich, ont obtenu une promotion à la tête d'un corps d'armée – leur nombre s'était multiplié depuis l'année précédente [95]. L'action des autres s'est généralement cantonnée aux nouvelles divisions d'infanterie SS à recrutement étranger, également de plus en plus nombreuses. En adaptant l'ancien système de gestion, la *Reichsführung-SS* a su faire coïncider ses besoins avec les exigences de ses meilleures divisions.

La promotion à la témérité

Là où le besoin s'en est réellement fait sentir – au sein des formations blindées avant tout –, de jeunes officiers encore trentenaires ont connu des promotions foudroyantes. Passés par le moule des écoles SS d'officiers avant guerre, ayant commencé comme lieutenants ou capitaines, certains sont arrivés, à partir de 1944, à la tête d'une division. À l'instar des formations blindées qu'ils commandaient, ils n'ont toutefois guère été nombreux et n'étaient pas représentatifs du corps des généraux de la *Waffen-SS*. Ces hommes étaient en fait bien davantage l'avant-garde d'une jeune génération montante de cadres d'active [96]. Les critères de sélection qui leur avaient permis de connaître une ascension aussi rapide étaient logiquement ceux auxquels Hausser faisait référence dans sa lettre à Himmler en avril 1944. « Personnalité militaire marquée, actif, plein d'allant et de tempérament. Précis dans l'objectif, énergique et tenace. Avisé et lucide dans la réflexion. Très bon point de vue tactique, beaucoup de pratique. » C'est ce que l'on peut lire sur le bulletin d'appréciation du successeur de von Treuenfeld à la tête de la 10ᵉ division blindée SS. Établi à l'issue de son stage de formation pour devenir divisionnaire, ce jugement de l'armée a naturellement été repris à son compte par Hausser. Celui-ci y a toutefois mis les superlatifs qui correspondaient aux vertus militaires qu'il privilégiait dorénavant, au premier rang desquelles arrivait le tempérament de l'individu « fonceur » et « risque-tout » *(Draufgänger)* [97].

La témérité s'est ainsi véritablement imposée au sein de la *Waffen-SS* comme la qualité essentielle réclamée aux commandants d'unité de chars à partir de la fin de l'année 1943. C'est aussi elle qui a assuré leur promotion. De fait, la prise de position de Hausser auprès de Himmler au printemps 1944 signait l'aboutissement d'un processus déjà amorcé depuis plusieurs mois aux échelons inférieurs. À cet égard, le cas d'un chef de détachement blindé de la division « Totenkopf » démontre comment le barrage administratif de la *Reichsführung-SS* a progressivement cédé devant la pression de la troupe. En l'occurrence, la division a dû s'y reprendre à deux fois pour obtenir la nomination au grade de commandant de ce capitaine SS d'à peine 27 ans, dépeint à la fois comme un « fonceur audacieux et un commandant de chars avisé » [98].

> Le capitaine SS Meierdress est un commandant de détachement remarquablement courageux et circonspect qui commande le Iᵉʳ groupe blindé depuis la constitution du régiment de chars à l'automne 1942. [...] La proposition de promotion pour le capitaine SS Meierdress pour le 9 novembre 1943 n'est pas passée – je suppose, parce qu'il est prétendument trop jeune. Si le capitaine SS Meierdress est toutefois assez vieux pour mener depuis un an un détachement de succès en succès, alors il doit à

> mon avis être également assez vieux pour être promu commandant SS.

Le plaidoyer a manifestement été convaincant : alors qu'il ne répondait à aucun des critères requis pour devenir commandant, cet officier a en effet été nommé à ce grade à la vague suivante de promotions, le 30 janvier 1944 [99]. La conversion toute récente et partielle de la *Waffen-SS* à l'arme blindée lui imposait en fait de compenser l'absence d'une longue expérience par l'application d'une autre grille de sélection. C'est assez logiquement celle du front qui s'est imposée. Plus encore que pour d'autres armes, c'est à son école que s'est décidée la carrière des commandants d'unité blindée. Le fait d'avoir fait ses preuves au combat est devenu un élément essentiel de leur promotion, indépendamment de leur âge ou de leur cursus [100]. Pour peu qu'il s'agisse d'une « personnalité téméraire », l'état-major SS n'a d'ailleurs pas hésité en avril 1944 à donner sa chance à un officier d'infanterie dépourvu d'expérience pratique dans la conduite des chars, et cela à la veille du débarquement allié attendu à l'ouest [101]. Tout aussi typique de cette politique était le cas de Franz Kleffner. Destitué de son poste de commandant du 10ᵉ régiment blindé SS pour raison disciplinaire en avril 1944, sa réhabilitation a été proposée par la *Reichsführung-SS* en septembre suivant, car il était perçu comme un « fonceur qui, précisément dans la situation actuelle, [allait] accomplir des performances appréciables comme commandant d'un régiment blindé » [102].

La Waffen-SS *à la remorque de la* Wehrmacht

Loin d'être l'apanage de la seule *Waffen-SS*, cette politique volontariste de promotion de jeunes cadres téméraires a été partagée en bien des points par l'armée allemande qui l'a même initiée, poussée en ce sens par Hitler. Dès le début du conflit, celui-ci avait donné le ton en favorisant les officiers supérieurs et généraux qui n'hésitaient pas à s'exposer directement au danger. Dorénavant, l'énergie et l'esprit de décision primaient sur tout le reste, notamment sur l'âge [103]. Avec les combats à l'est, un nouvel élan avait été donné à cette politique où un nouveau « spécimen de chef s'était poussé au premier plan : celui de l'officier inféodé au régime, optimiste à tout cran, casse-cou et libéré de tout complexe politique ». Des individus qui « avaient plus de succès que les autres » : bref, le type du chef « qui fonce » et qui « répondait aux vœux du régime »[104]. Ce revirement était officiellement entré dans les textes, avec la justification qu'« une promotion uniforme de tous contredi[sait] le principe du chef et des compétences auquel la *Wehrmacht* [était] tenue de s'engager pour la victoire finale avec un sens extrême de la responsabilité[105] ». Par ailleurs, héritée de la cavalerie, la pratique du « commandement à l'avant » concernait sinon exclusivement, du moins de manière prépondérante les formations motorisées et blindées, tant dans une guerre de mouvement que dans les opérations défensives. Cette pratique favorisait non seulement la promotion de tels chefs, mais accélérait aussi le courant ascendant en raison des pertes induites par l'exposition au feu ennemi[106]. Au demeurant, la consigne était que le commandement d'une division – quelle que soit l'arme – ne pouvait être obtenu que par un service sur la ligne de front, les divisions d'instruction étant elles-mêmes réservées aux officiers malades ou blessés à la tête d'une division de combat. On était donc loin d'une *Reichsführung-SS* confiant successivement, jusqu'au printemps 1944, l'une de ses divisions blindées (la 10e) à deux généraux quinquagénaires qui avaient jusque-là passé le plus clair de leur temps à diriger les écoles SS d'officiers ou à occuper des responsabilités administratives[107].

Moins d'une année avant la fin de la guerre, le bilan de cette politique ne manquait pas d'être éloquent au sein de l'armée de terre. En juin 1944, l'âge moyen de ses commandants de régiment était de 30 ans. Le jugeant trop bas, celle-ci souhaitait d'ailleurs le relever à 32 ans. C'était un vœu pieux étant donné les quelque 18 000 officiers qui faisaient au total défaut en février 1944. D'ailleurs, à la fin octobre, le déficit était passé à 70 000[108]. Une présentation des plus jeunes officiers de l'armée de terre par grades montre également que celle-ci n'avait rien à envier à la SS *(annexe 24)*. Les statistiques menées sur l'encadrement supérieur des divisions blindées SS en 1944 montrent bien que la jeunesse tant vantée, voire idéalisée, des chefs de corps SS était une illusion au regard de ce qu'a produit l'armée[109]. On observe en revanche au sein de celle-ci une césure au niveau du grade de lieutenant-colonel. Jusqu'à ce rang, la différence d'âge parmi les plus jeunes officiers subalternes et supérieurs s'étendait de une à trois années. Au-delà, l'écart d'âge d'un grade à l'autre jusqu'à celui de général de brigade passait de six à sept ans, avant de se réduire de nouveau parmi le corps des officiers généraux. En somme, si l'armée de terre allemande n'a plus hésité à confier des régiments à des officiers juvéniles au milieu de l'année 1944, elle n'avait toutefois pas encore osé pousser jusqu'au bout sa logique, manifestant une évidente réticence à confier des divisions entières à des hommes encore jeunes. Il faudra attendre une intervention directe de Hitler pour voir l'armée sauter le pas : simple commandant de bataillon ayant fait avorter le putsch à Berlin le 20 juillet 1944, Otto Ernst Remer a ainsi été propulsé en l'espace de quelques mois au rang de général de brigade à l'âge de 32 ans au début de 1945[110]. À cette date, les « chefs de file » qu'étaient Dietrich et Hausser au sein de la *Waffen-SS* avaient cependant dépassé les inhibitions de l'armée et promu à leur suite comme généraux des individus trentenaires, allant jusqu'à placer à la tête d'une division puis nommer général de brigade un officier de 33 ans, Kurt Meyer[111]. Plus qu'une politique de gestion globale du corps des officiers SS, ce genre de décisions était l'aboutissement d'un processus où la filiation importait autant que les compétences des individus.

Le caractère endogène des formations SS

Si la grande force de la *Waffen-SS* a été de promouvoir de bons tacticiens pleins d'allant aux postes clés de ses formations blindées lors de la seconde moitié de la guerre, ce phénomène est largement redevable à la culture élitiste de la SS et à la concurrence qu'ont très tôt nourrie entre elles les branches SS originelles[112]. Ces dernières ont représenté autant d'« écuries » à la tête desquelles un chef de file a facilité l'ascension des éléments qu'il jugeait les meilleurs. Au-delà de l'*esprit de corps* propre à chaque troupe, on trouve en effet chez les premières formations SS un véritable *esprit de clan*. Sans le poids et l'influence des principaux chefs SS, comparativement bien plus élevés qu'au sein de l'armée traditionnelle, la *Reichsführung-SS*, avec ses règles rigides concernant l'évolution de carrière de ses cadres, n'aurait jamais pu favoriser l'éclosion d'un très petit corps d'officiers généraux jeunes et téméraires[113]. C'est le poids de chacune de ces personnalités qui a donc fait la différence entre la SS et l'armée.

RECRUTER

Avant de séduire, la propagande de la SS pour son recrutement a tenté de convaincre (cf. chapitre 9). Cette affiche éditée en mai 1941 en est un bon exemple.
© Bundesarchiv

WAFFEN
SS
intritt mit vollendetem 17
ürzere oder längere Dienstzei

À partir de 1941, la SS a tout misé dans sa propagande sur l'aspect émotionnel pour susciter l'engagement de volontaires. Dans le cadre de cette politique, le graphisme de l'artiste Ottomar Anton a été préféré à celui de Hans Schweitzer (*alias* Mjölnir, *à gauche*). Son style éthéré correspondait mieux à l'image lissée de la troupe d'élite que la SS voulait incarner.
© Bundesarchiv

Affiches de recrutement destinées aux adolescents du Reich (*au centre*) et aux volontaires étrangers.
© Bundesarchiv, BDIC, DR

NORDMENN
KJEMP FOR NO
Meld deg i Stortingsgata 12
Ein Wille
BOSANCI
TE U REDOVE
TE VAŠU LIJEPU DO
VAŠE ŽENE I DJE

Afin d'assurer son recrutement, la SS a organisé bon nombre d'expositions pour se faire connaître, tant au sein du Reich que dans les territoires occupés, comme ici à Paris en janvier 1944, dans une galerie des Champs-Élysées.
© LAPI/Roger-Viollet

EXPOSITION
PHOTOGRAPHIES
LA WAFFEN ᛋᛋ

La création d'une division bosniaque a marqué le revirement de la politique de recrutement SS au début de 1943. Des soldats portant le fez lisent ici une brochure intitulée *Islam et Judaïsme*, distribuée dans le cadre de l'éducation idéologique.
© Keystone France

Des personnalités peu commodes

L'existence de « filières » au sein de la SS en armes était un héritage de l'avant-guerre, à l'époque où SS-VT et SS-TV coexistaient avec des missions théoriquement distinctes et qui avaient pourtant fini par se rejoindre au début du conflit. Au sein même de la SS-VT, la « LSSAH » se distinguait par son autonomie presque totale où même l'autorité de Himmler ne parvenait pas toujours à s'imposer[114]. Ce dernier a du reste évoqué ses relations parfois difficiles avec ses généraux, parlant de ces trois branches militarisées

> marquées par quelques individus et personnalités qui avaient été les premiers maîtres, fondateurs et commandants de ces quelques piliers : la *Leibstandarte* de Sepp Dietrich ; le maître de la *Verfügungstruppe* était le général de division (CR) et ancien général de brigade SS, aujourd'hui général de corps d'armée SS Hausser, et le maître et commandant des formations *Totenkopf* était le général de corps d'armée SS Eicke, malheureusement tué. Autant de personnalités très noueuses, parfois vraiment peu commodes, mais remarquables[115].

La distinction entre ces branches se nourrissait tout à la fois des égoïsmes des différents responsables et de l'esprit de corps soigneusement entretenu au sein de chacune de ces formations paramilitaires[116]. Ce manque de coopération s'est retrouvé dès le début de la guerre chez Eicke, en dépit de sa difficulté pour trouver suffisamment d'officiers qualifiés afin de constituer la division « Totenkopf » à l'automne 1939. Certes, il s'est empressé de réclamer au chef de l'Office du personnel SS la rapide affectation de quatre officiers issus de la « LSSAH », de la SS-VT et de la police, dont trois étaient prévus pour prendre le commandement d'un bataillon. Pour le reste, il récusait par avance les chefs de compagnie de la SS-VT que la *Reichsführung-SS* se proposait de lui envoyer s'ils n'étaient pas aguerris, affirmant qu'il préférait dans ce cas garder ses officiers « car ils [étaient] aussi bons que ceux de la VT ». Par la suite, Eicke n'a pas hésité à imposer ses choix au bureau du personnel SS, excluant par avance toute prétention de ce dernier à lui retirer des subordonnés jugés irremplaçables. La conséquence de cette politique a été une rotation des cadres en vase clos[117]. À l'automne 1941, Eicke ira même jusqu'à renvoyer un commandant de régiment issu de la SS-VT avec lequel il ne s'entendait pas, afin de le remplacer par l'un de ses favoris. Eicke venait toutefois de franchir une limite. Il a en conséquence essuyé les foudres de Himmler, qui ne songeait « pas un seul instant tenir à l'écart la division *Totenkopf* comme un club exclusif [avec] seulement de vieux Têtes de mort [*sic*] [118] ».

Les « règles du jeu » de l'affectation des officiers SS

Les agissements de Eicke n'avaient rien d'exceptionnel, hormis leur maladresse. La *Reichsführung-SS* acceptait en réalité parfaitement l'existence de telles « écuries ». Elle pouvait ainsi déléguer à leurs chefs de file le soin de sélectionner et de favoriser leurs meilleurs cadres mieux que ne pouvait le faire l'application bureaucratique des directives qu'elle avait elle-même fixées. En clair, cela introduisait un peu de souplesse dans la gestion des ressources humaines. Elle a même favorisé ce système clanique par l'affectation des candidats officiers de réserve à l'issue de leur formation. Si la plupart des divisions SS ne récupéraient pas tous leurs personnels envoyés en école d'officiers, le SS-FHA a le plus souvent pris soin de réaffecter les nouveaux aspirants à leur unité d'origine, plutôt que de les ventiler dans une autre formation SS. Dans le cas des divisions « LSSAH », « Wiking » et « Polizei », le taux d'échange avoisinait le zéro absolu en février 1942 [119]. Au demeurant, les unités faisaient pression pour récupérer leurs personnels. C'était peut-être aussi le prix à payer par la *Reichsführung-SS* pour motiver ses troupes afin que celles-ci continuent à lui envoyer des candidats de valeur. Il s'agissait néanmoins d'un recul assez net par rapport aux pratiques en vigueur avant guerre, époque à laquelle la carrière d'un *Junker* ne se profilait véritablement qu'à la sortie de l'école SS d'officiers, indépendamment de son unité d'origine. Avec ce changement de pratiques, la *Reichsführung-SS* perdait une occasion unique de réduire les particularismes entre ses différentes branches armées, sous réserve qu'elle l'ait désiré. Sa manière de confier aux divisions SS le soin de gérer elles-mêmes les nouveaux postes d'encadrement à pourvoir au moment de leurs premiers développements démontre en effet qu'elle avait très tôt renoncé à toute prétention sur ce point [120]. Eût-il été sollicité en ce sens, le SS-FHA aurait du reste été bien en peine de fournir en grand nombre des spécialistes et des cadres qualifiés. Bien souvent, il était seulement capable de fournir des recrues dégrossies par une douzaine de semaines d'instruction élémentaire comme fantassins [121].

D'un autre côté, la promotion foudroyante de certains officiers ne posait pas de problème à la *Reichsführung-SS*. Le cas de Karl Leiner, passant du grade de sous-lieutenant à celui de lieutenant-colonel en quatre années (de janvier 1939 à janvier 1943), est à cet égard assez exemplaire. Gendre de Eicke depuis 1935, il a vu sa carrière artificiellement accélérée, avec l'accord et la participation de Himmler, dès son passage à la SS [122]. Ce dernier avait d'ailleurs aussi ses propres protégés [123]. Il était par contre une règle à ne pas transgresser, celle de récuser un officier étranger au « clan ». C'était justement l'erreur commise par Eicke lorsqu'il s'était fait rabrouer par Himmler à l'automne 1941. De la part des commandants d'unité, une telle attitude conduisait non seulement à bafouer l'autorité de la *Reichsführung-SS*, mais, à terme, à gêner les projets de développement de l'Ordre noir. Himmler a d'ailleurs rédigé une circulaire spéciale à ce sujet au moment même où, au début de décembre 1942, la *Reichsführung-SS* voyait peu à peu se concrétiser son expansion à grande échelle et qu'elle mettait en chantier ses nouvelles divisions. Les formations SS recevant des officiers qui leur étaient étrangers, tout comme les cadres faisant l'objet d'une mutation non désirée, avaient été priés de s'exécuter « sans discussion », en prenant conscience que « les particularismes personnels et les manières du temps de paix [devaient] être mis au rebut » [124].

Cette circulaire n'eut guère d'effet. À peine deux mois plus tard, Hausser a récusé le commandant de l'artillerie du corps d'armée blindé SS au motif qu'il était issu de la police, qu'il n'avait « pas été demandé par l'état-major du corps d'armée » et qu'il était « auparavant inconnu dans le service ». En dépit de cela, Hausser a sans problème obtenu gain de cause en raison de l'incompétence de cet officier [125]. Cependant, il s'est fait vertement tancer par Himmler quand il a pris l'initiative de limoger un subordonné faisant partie de l'« écurie Eicke ». En l'espèce, la destitution de Karl Leiner, à la tête du régiment blindé de la division « Totenkopf », a suivi de peu la mort au front de son beau-père le 26 février 1943. Si l'incapacité du gendre de Eicke à commander un régiment blindé était reconnue par Hausser comme par Himmler, ce dernier s'est indigné contre la forme hypocrite de son limogeage, qui avait tourné au règlement de comptes :

> Je tiens pour erroné de dire à Leiner [que] sa vie doit être épargnée par égard à la famille Eicke et [qu']il devrait céder le régiment à cause de cela, [que] vous auriez été satisfait de lui et [que] vous n'auriez rien eu à redire sur lui. Il nous a été communiqué que vous, le général commandant le corps d'armée blindé, le tenez pour incapable. Cher Hausser, si cela n'avait pas été vous, j'aurais de nouveau renvoyé L[einer] par retour du courrier *(postwendend)*. [...] En dehors de cela, je n'ai pas trouvé heureux de procéder au limogeage du beau-fils de Eicke quelques jours après sa mort. Il se pourrait, je crois, que l'on parle beaucoup d'une telle chose [...] car nombreux sont ceux qui demandent : Le corps aurait-il fait cela du vivant du général de corps d'armée SS Eicke [126] ?

S'il demeure somme toute assez exceptionnel, le cas de Leiner illustre jusqu'à la caricature la manière dont certaines carrières météoriques ont été liées à la présence d'un protecteur. Dans la plupart des cas, la promotion à l'ombre d'un chef de file a toutefois été à peine moins rapide que celle de Leiner, mais plus assurée. À la « LSSAH » par exemple, la plupart des 117 hommes qui ont constitué le noyau initial de l'unité en mars 1933 ont ensuite connu de fulgurantes carrières : parmi eux, on ne compte pas moins de trois futurs commandants de division, huit commandants de régiment, quinze commandants de bataillon et plus de trente chefs de compagnie [127]. Une nette préférence est même apparue envers les jeunes officiers qui, ayant fait preuve d'énergie et d'intrépidité au début de la guerre, ont par la suite connu une progression plus importante que leurs supérieurs qui les commandaient en 1940. Pour des motifs très divers (blessure grave, sanction disciplinaire, incompatibilité d'humeur avec Dietrich, insuffisance), les quatre premiers commandants de bataillon de la « LSSAH » ont ainsi vu leurs carrières évoluer moins rapidement que celles de certains de leurs anciens subordonnés [128]. Cela a parfois posé des problèmes en amenant des individus plus jeunes à commander des aînés, voire en renversant la hiérarchie initiale. Tout aussi naturellement, de telles pratiques ont suscité les récriminations (voire des tendances dépressives) chez ceux qui s'estimaient laissés-pour-compte [129].

Très fréquentes au sein de la « LSSAH », les trajectoires fulgurantes se rencontrent moins souvent au sein des autres formations issues de la SS-VT et des SS-TV, tout simplement parce que ces dernières étaient déjà constituées en tant que divisions dès octobre 1939. Leurs personnels n'ont donc pas bénéficié des mêmes possibilités de promotion, sinon par le biais d'une affectation dans une autre formation [130]. On trouve néanmoins quelques exemples d'une telle politique de promotion interne [131].

À partir de 1942, la création des corps d'armée SS a également donné lieu à une certaine forme d'autonomie en dépossédant la *Reichsführung-SS* d'une partie de ses prérogatives. Le couplage de la « LSSAH » et de la 12ᵉ division SS au sein du Iᵉʳ corps d'armée blindé SS s'est par exemple traduit, dans le suivi des dossiers personnels, par l'absence de mention signalant le transfert de l'une à l'autre de la plupart des cadres supérieurs, contrairement aux quelques officiers provenant d'une autre unité que la « LSSAH » pour qui la date de transfert est clairement spécifiée [132]. Si cet exemple est un cas extrême dont la cause vient d'abord du poids personnel de Josef Dietrich au sein de la hiérarchie SS, la masse humaine que représentait un corps d'armée composé de plusieurs dizaines de milliers d'hommes – parmi lesquels un millier d'officiers – a facilité les initiatives personnelles de la troupe, le plus souvent afin de parer au plus pressé. Certains officiers sont ainsi passés d'une division à l'autre d'un même corps d'armée afin d'occuper au pied levé une place devenue vacante. À l'inverse, certaines décisions du SS-FHA concernant des mutations d'officiers ont été tout simplement ignorées afin de s'adapter aux circonstances, plus rarement afin de se soustraire aux ordres reçus [133]. De « petits arrangements » sont également survenus au sein des états-majors. Ainsi, le commandant de la toute nouvelle 17ᵉ division SS, jusqu'alors chef d'état-major du IIᵉ corps d'armée blindé SS, a-t-il eu le droit d'emmener avec lui l'intendant du corps d'armée pour en faire son chef d'état-major en novembre 1943. Toutefois, Hausser a posé une option à ce transfert, se réservant le droit de rappeler l'officier jusqu'en février 1944 au cas où son corps d'armée viendrait dans l'intervalle à être engagé sur le front. Sur le fond, il s'agissait de préserver les capacités opérationnelles d'un état-major brusquement privé de plusieurs de ses cadres les plus importants. En pratique, cette manière d'agir illustrait la capacité des commandants de troupe SS à ajuster au mieux leurs besoins entre eux [134].

Buts et conséquences des pratiques endogènes

Les raisons de telles pratiques endogènes sont multiples et relativement évidentes. Tout d'abord, chaque chef de file avait ainsi la possibilité de jauger ses hommes avant de les promouvoir, se préservant ainsi des aléas que pouvait occasionner l'arrivée de personnels extérieurs qu'il ne connaissait pas. L'esprit de corps hypertrophié de chacune des branches originelles SS les conduisait au demeurant à ce réflexe sectaire. Cela permettait de confier les responsabilités aux cadres qui s'étaient déjà « coulés dans le moule » et avaient eu le temps de se familiariser parfaitement avec les rouages de leur unité [135]. Les relations personnelles établies dans le temps renforçaient la cohésion interne des unités, mais aussi l'efficacité des combinaisons tactiques interarmes sur le champ de bataille [136].

De la part des premiers généraux SS, c'était également asseoir leur autorité dans leur pré carré vis-à-vis de la *Reichsführung-SS*. En refusant de se laisser imposer des cadres extérieurs considérés comme des intrus, voire comme des espions à la solde de Himmler, les réactions de Eicke sont à cet égard symptomatiques [137]. Dietrich n'a pas agi différemment, imposant à l'Office sanitaire SS un homme lige comme médecin-chef de la nouvelle 6ᵉ armée blindée (SS) en décembre 1944, tout comme il avait auparavant imposé le choix de son successeur à la tête du Iᵉʳ corps d'armée SS en octobre 1944 [138]. Chaque chef de file confortait ainsi sa propre situation vis-à-vis de l'extérieur tout en s'imposant au sein de sa branche comme l'incontournable arbitre et protecteur. Faire (parfois défaire) les carrières conférait à ces hommes un poids immense sur leurs subordonnés dans un système aux relents féodaux.

L'une des conséquences de la promotion endogène pratiquée au sein des plus anciennes formations SS est le changement d'armes relativement fréquent que l'on peut relever dans la carrière de leurs cadres. De fait, les reconversions n'ont pas été rares. Sur le fond, cette politique n'était pas mauvaise en conduisant à une meilleure culture interarmes parmi les transfuges [139]. En cela, la *Waffen-SS* s'est distinguée de l'armée de terre allemande où, par tradition, l'affectation d'un officier dans sa première arme marquait généralement toute sa carrière. Cette différence culturelle trouvait tout d'abord son origine dans l'idéologie même de la SS, fondée sur une sélection permanente et sur l'importance accordée au tempérament des individus. La transformation du régiment d'infanterie « LSSAH » en brigade interarmes avait ainsi été l'occasion pour Himmler de déclarer que « même la plus difficile des armes n'est pas une science mystérieuse pour un cercle d'hommes sélectionnés, incarnant au mieux notre sang, intelligents » [140]. En somme, rien n'était selon lui impossible aux membres de la « race supérieure » animés par la volonté d'apprendre. Un chef de compagnie de transmissions, nommé à la tête d'une compagnie d'infanterie de la « SS-Verfügungs-Division » à l'été 1940, a ainsi été promu à la tête de la 9e division blindée SS quatre ans plus tard, donnant la mesure de cette politique [141]. De la même manière, lorsqu'elles ont été transformées en formations blindées, les plus anciennes divisions SS ont préféré promouvoir et convertir certains de leurs officiers d'infanterie ou d'artillerie comme tankistes plutôt que d'intégrer un officier SS disposant certes de quelque expérience dans ce domaine, mais qui leur était étranger [142]. Du reste, le SS-FHA n'a pas agi autrement au moment de constituer les 9e et 10e divisions SS au début de 1943 [143]. Cette politique a permis de promouvoir des personnels dont l'arme d'origine n'offrait plus de débouchés satisfaisants de carrière en ne permettant plus la montée en grade. Cela a été particulièrement vrai pour les armes d'appui ou de soutien aux effectifs moins importants que ceux de l'infanterie (transmissions, train, génie, DCA, prévôté, etc.) [144]. L'inverse était tout aussi vrai. Certaines reconversions vers des unités logistiques ont pu apparaître comme des déclassements, même s'ils ont ensuite permis à l'officier de continuer sa progression dans la hiérarchie [145].

La gestion de la « pression sociale »

En favorisant la carrière de leurs subordonnés par une action volontariste, les chefs de file de la *Waffen-SS* ont répondu à une réelle attente de promotion dans les rangs. En cela, ils ont mis en œuvre une politique sociale directement inspirée de l'idéologie de l'Ordre noir. S'il s'agit d'un aspect déterminant pour comprendre l'existence de tels courants ascendants au sein de la *Waffen-SS*, cela permet également de dégager une problématique essentielle de son développement.

La pression sociale dans les rangs

Cette pression sociale émanant des rangs existait dès avant guerre. En 1938, Dietrich avait ainsi refusé à Hausser le transfert de trois chefs de section qu'il s'était pourtant engagé à céder pour la constitution du nouveau régiment « Der Führer ». Motif invoqué : il n'était pas assuré que ces trois officiers seraient immédiatement promus, condition *sine qua non* « pour donner à ces lieutenants particulièrement valables et capables la possibilité qu'ils n'avaient pas dans la Leibstandarte SS " Adolf Hitler " de prendre en main une compagnie »[146]. De son côté, Hausser était tiraillé entre les ambitions parfois dévorantes de ses cadres et des contingences budgétaires qui ne lui laissaient pratiquement pas de marge de manœuvre dans la promotion des personnels de la SS-VT. La base numériquement très étroite de la SS en armes avant guerre ne lui permettait pas en effet de satisfaire les aspirations d'un corps d'officiers cherchant à faire carrière[147]. De ce point de vue, l'expansion continue de la *Waffen-SS* pendant le conflit a permis de répondre à ces attentes, motivées par les diplômes acquis, l'espoir d'améliorer une situation économique, voire de satisfaire une quête de prestige ou de régler des conflits de préséance, particulièrement parmi les blouses blanches de la SS qui avaient l'appétit féroce et l'ambition démesurée[148].

L'année 1942 est assurément la période où la pression sociale apparaît la plus forte. Auparavant, la croissance régulière de la « LSSAH », d'une part, et la création de la division « Wiking » à la fin de 1940, d'autre part, avaient servi de soupapes à Dietrich et Hausser. Un peu plus d'une année s'est écoulée lorsqu'un nouvel accès de fièvre sociale s'est déclaré. Que cette pression ait augmenté au printemps 1942, en dépit des pertes enregistrées à l'est au cours de l'hiver précédent, révèle l'ampleur du mouvement de fond. Hausser a lui-même initié ce mouvement en réclamant la promotion et le remplacement d'un officier supérieur en poste depuis six ans, estimant qu'« un changement [était] souhaitable afin de donner aussi l'occasion à de jeunes officiers de faire leurs preuves comme commandants »[149]. À lire les titres que se donnait Hausser dans ce bulletin d'appréciation (« commandant » ou « jusqu'ici commandant de la division SS " Reich " »), on devine également le problème qu'a pu poser à la *Reichsführung-SS* son retour de convalescence au printemps 1942. Lui redonner son ancien commandement – solution certes logique – aurait indubitablement provoqué des crispations, ou du moins enrayé le mouvement ascendant créé au sein de la division « Reich » après sa grave blessure reçue en octobre 1941 [150]. Dès lors, les efforts de Himmler pour constituer un corps d'armée SS confié à Hausser répondait tout à la fois à la politique d'expansion de la *Reichsführung-SS*, à la gestion de son encadrement et à la pression sociale que sa base exerçait sur elle. De fait, son nouvel état-major a offert des débouchés aux cadres de la division « Das Reich » et, plus largement, de la SS-VT d'avant guerre [151]. Si elle n'en est pas l'unique raison, cette pression sociale a également contribué à la création du corps d'armée « germanique » à partir de la division « Wiking ». Le commandant de la division n'en a d'ailleurs pas fait mystère au moment de soumettre l'idée au chef du *SS-Hauptamt* en septembre 1942 :

> Militairement aussi, le cadre de la division devient déjà trop étroit pour les nombreux effectifs aspirant à progresser [et] qui ont besoin d'une possibilité d'épanouissement. Pensez, cher Berger, [que] de nombreux volontaires germaniques sont déjà sous les armes depuis plus de deux ans. Et vous savez bien vous-même que, précisément dans notre affaire germanique, le libre épanouissement de la personnalité et sa progression [accroissent] les forces et, par ce moyen, tend[ent] à faire avancer la question de fond. D'un autre côté, la communauté est ici si forte qu'une cession de tels effectifs et leur emploi à d'autres endroits signifierai[en]t une dilution et un éparpillement. Seule la concentration dans des unités absolument homogènes mène[ra] aux succès à l'avenir [152].

L'hypocrisie consistant ici à invoquer les aspirations de carrière des volontaires « germaniques » ne doit pas faire illusion. En réalité, le dédoublement de la division « Wiking » au sein d'un nouveau corps d'armée SS a essentiellement profité aux ressortissants allemands qui constituaient plus des trois quarts de l'encadrement – à commencer par Steiner lui-même, qui a été promu à la tête du nouveau corps d'armée [153]. Il a ainsi réussi le difficile exercice d'accroître le noyau de base tout en demeurant une force « absolument homogène » fortement marquée par son esprit de corps initial. Seul Dietrich est parvenu à faire aussi bien avec le Ier corps d'armée blindé SS et la 12e division SS. En faisant figure d'excroissance de la « LSSAH », ceux-ci ont permis d'« évacuer par le haut » des officiers supérieurs qui sinon n'auraient pas eu de perspectives professionnelles immédiates [154].

Le poids de la pression sociale dans l'expansion de la Waffen-SS

À la différence d'une armée de conscription, la *Waffen-SS* demeurait une organisation de volontaires où l'engagement exigeait une contrepartie attractive. L'Ordre noir devait donc être capable de répondre aux attentes de ses troupes en offrant d'alléchantes perspectives de carrière aux candidats recrutés par le *SS-Hauptamt*. Avec l'image de la troupe d'élite, c'était sans aucun doute le meilleur argument de sa politique de communication. Elle se traduisait par l'image populaire selon laquelle « chaque recrue SS avait son bâton de maréchal dans son havresac » – une image loin de toujours correspondre à la réalité [155].

Sans politique d'expansion, l'alternative posée à la *Reichsführung-SS* était simple. Soit elle allait « devoir donner congé à un grand nombre d'hommes d'âge jeune, avant tout au sein du corps des officiers, afin de permettre l'arrivée de nouveaux effectifs jeunes ». Si elle ne le faisait pas, « le corps des officiers vieilli[rai]t et la jeunesse n'a[urait] aucune perspective de réussite, de position, d'avancement ». En conséquence, Himmler déclarait devoir « encore tendre l'arc, car sinon la troupe s'étein[drai]t d'elle-même en temps de paix » et la SS allait « en fait courir à la perte » [156]. Ce besoin de « sang frais » était aussi une question d'efficience au combat dans la mesure où la jeunesse garantissait l'ardeur des troupes, comme l'avait rappelé Himmler devant les officiers de la « LSSAH » en septembre 1940. Au demeurant, ce précepte était toujours en vigueur au cours des derniers mois de la guerre [157].

En sachant répondre à la pression sociale de sa base, la *Reichsführung-SS* se donnait finalement les moyens de contrôler ses troupes. Tant qu'elle était capable d'assouvir leurs besoins, elle détenait sur elles une emprise. Signe des temps, c'est précisément au printemps 1942 que Himmler a proposé et s'est vu accorder par Hitler le droit de créer le grade de général d'armée SS *(SS-Oberstgruppenführer)* [158]. Ce genre de « carotte » n'était pas inutile.

Afin d'encourager le corps d'armée blindé SS à fournir des cadres aux 9ᵉ et 10ᵉ divisions SS au début de 1943, la *Reichsführung-SS* a ordonné d'avancer d'un mois les promotions habituellement décernées le 30 janvier, à l'occasion de la commémoration de l'arrivée au pouvoir de Hitler. La mesure ne pouvait naturellement être que populaire [159].

TROISIÈME PARTIE

L'« OUTIL » MILITAIRE SS : ORGANISATION, ÉQUIPEMENT, INSTRUCTION

12

Organisation et structures des formations motorisées SS

Organisation, structures. Deux termes qui, dans la littérature militaire, ne font pas forcément recette. Pour les adeptes du genre, ces thèmes sont volontiers délaissés au profit de l'« histoire bataille » où prime le récit des engagements. Pour un milieu universitaire qui s'y est de nouveau intéressé après l'avoir longtemps déserté, mais pour investir le plus souvent le champ sociologique ou aborder la guerre comme expérience humaine et en étudier les ressorts psychologiques, ces deux mots ont des réminiscences qui ne sont pas précisément très attractives. Reste que, sur le terrain, la guerre n'est en rien une activité intellectuelle. Pouvoir se servir d'une arme performante, avoir un appui feu conséquent et disposer d'une logistique appropriée sont autant de gages de succès pour le combattant. À l'échelle de la *Waffen-SS*, l'organisation des unités révèle surtout la large capacité d'initiative acquise dans ce domaine par la troupe.

L'ambition d'appartenir au fer de lance du Reich

L'évolution de la SS-Verfügungstruppe

Dès avant guerre, la militarisation croissante de la SS-VT s'était accompagnée par l'ambition de calquer l'organisation de ses unités sur celles des meilleures formations de l'armée. L'adoption de structures régimentaires, la motorisation et la maîtrise de l'armement lourd avaient constitué les trois étapes de ce processus qui devait permettre aux formations SS de faire partie du corps de bataille principal de l'armée de terre allemande. En tant que « garde du Führer », la « LSSAH » avait alors été systématiquement la première à bénéficier de ces nouveaux avantages, aspirant ensuite dans son sillage le reste de la SS-VT [1]. En accordant un statut officiel à la SS en armes, désormais prévue pour une « utilisation mobile dans le cadre de l'armée de terre en guerre », les décrets des 17 août 1938 et 18 mai 1939 ont donné un nouvel élan à ce mouvement. D'outil paramilitaire de sécurité intérieure, la SS-VT a été promue d'un coup au rang d'élément composite du corps de bataille principal allemand. Ils ont en conséquence permis la motorisation complète des troupes SS et la modernisation de leur armement (fusils-mitrailleurs, mitrailleuses et mortiers). Ces décrets ont surtout ouvert la possibilité de constituer à brève échéance une division SS en donnant toute latitude pour créer des unités d'appui autonomes (régiment d'artillerie, bataillons de reconnaissance, de lutte antichars et de mitrailleuses antiaériennes) [2]. Loin de demeurer passive, la base poussait à ce développement, à l'image de jeunes officiers SS dont l'intérêt professionnel se conjuguait à l'ambition personnelle pour voir la SS-VT se doter d'armes lourdes, y compris des pièces d'artillerie, et ce, dès l'été 1938 [3].

La mutation des SS-Totenkopfverbände

La brusque accélération qu'a connue la SS-VT dans l'évolution de ses structures et sa motorisation au cours des douze derniers mois précédant la guerre a rencontré d'autant moins de résistance de la part de l'armée qu'elle s'inscrivait dans le cadre d'un projet ancien et lentement mûri. En somme, le temps tout autant que le contexte international et les efforts de la *Reichsführung-SS* ont contribué à y préparer les esprits. Ce processus n'était en revanche rien moins qu'évident pour la nouvelle division issue des SS-TV en octobre 1939. À cette date, celles-ci avaient pourtant pris depuis déjà longtemps le virage de la militarisation, mais de manière plus discrète, par l'adoption de la structure régimentaire à trois bataillons en juillet 1937 et par l'acquisition d'armes lourdes. Officiellement, le droit de disposer de telles armes (six canons d'infanterie et neuf pièces antichars par régiment) avait été donné avec le décret du 18 mai 1939 [4]. Les SS-TV n'avaient toutefois pas attendu de recevoir ce droit pour en disposer. En calquant les structures de ses régiments sur celles des régiments de l'armée, l'inspection des

SS-TV avait en effet poussé le mimétisme jusqu'à constituer en sous-main les deux compagnies réglementaires d'appui lourd. Dès novembre 1938, celles-ci existaient au sein du régiment « Oberbayern ». Au début de 1939, deux compagnies d'instruction avaient même été créées au camp d'Oranienburg. Dès cette époque, le rôle militaire de ces unités prenait donc le pas sur la seule fonction de surveillance des camps de concentration, comme l'indiquait tout aussi clairement le processus de motorisation amorcé au printemps 1938, dans la foulée de celui de la SS-VT. La participation de plusieurs détachements motorisés des SS-TV à la marche sur Prague en mars 1939 a définitivement achevé de lever le doute à ce sujet [5]. Fin avril, Gottlob Berger s'en est d'ailleurs ouvert sans détour à un responsable de l'armée. Un mois avant le décret du 18 mai 1939, le chef du recrutement de la SS déclara que, en cas « d'importante confrontation », la volonté de Himmler était de voir « les bataillons totalement motorisés des régiments *Totenkopf* » être engagés sur le front « comme bataillons d'assaut » [6].

Pour autant, il y avait encore loin de la coupe aux lèvres à cette date. En fait, la guerre a surpris les SS-TV alors qu'elles étaient encore loin d'avoir achevé leur motorisation. Plusieurs commandes, portant sur un total de quelque 1 400 véhicules, avaient été gelées par l'armée avec l'entrée en guerre [7]. L'inspection des SS-TV, dirigée par Theodor Eicke, s'est donc trouvée dans une situation inconfortable au moment de mettre sur pied la division, mais avec l'ambition logique d'achever le processus déjà amorcé. De son côté, l'armée n'avait aucune raison d'abonder dans ce sens. La constitution imprévue de la division, de même que l'absence de reconnaissance des capacités professionnelles des SS-TV, n'allaient certes pas la conduire à donner à cette formation un statut privilégié, bien au contraire. Dès le départ, les discussions entre Eicke et l'armée de terre ont démontré la volonté de celle-ci de cantonner cette division SS à un faible rang. Elle prenait comme référence la structure d'une division d'infanterie hippomobile des 4e et 5e vagues, dont les neuf dixièmes des effectifs se composaient de réservistes ayant jusqu'à 45 ans. Ce type de division avait une vocation essentiellement défensive, avec un très faible détachement de reconnaissance et une artillerie certes relativement puissante, mais hippomobile.

Assuré du soutien de Himmler et n'hésitant pas à en appeler à l'arbitrage de Hitler, Eicke a finalement obtenu gain de cause, quitte à se débrouiller par ses propres moyens lorsqu'il s'est heurté à un refus catégorique de l'armée. Au final, la division hippomobile à vocation défensive est devenue une formation motorisée résolument tournée vers l'offensive et disposant d'une puissance de feu assez impressionnante. L'accent était tout particulièrement mis sur la capacité antichars. Surtout, l'intention de Eicke de faire de sa division une formation de premier échelon transparaissait dans la constitution d'un groupe de reconnaissance allant bien au-delà de ce qui avait été envisagé au départ. Mise devant le fait accompli, l'armée n'a plus eu qu'à accepter la nouvelle formation motorisée si gracieusement mise à sa disposition. Le 29 novembre 1939, Eicke put ainsi présenter à l'état-major de l'armée de terre l'articulation de sa division, comme il l'avait présentée quelques jours plus tôt à Himmler, déclarant avec un aplomb sans pareil que « la constitution d'un groupe de reconnaissance n'était pas prévu par le commandant de l'armée de réserve. Il est pourtant disponible [...] »[8].

La constitution de la division « Totenkopf » est, à bien des égards, riche d'enseignements. Tout d'abord, elle révèle la capacité de la SS à aller ouvertement à l'encontre des directives de la *Wehrmacht* sur un terrain qui relevait pourtant du domaine de compétence naturel de cette dernière – *a fortiori* en temps de guerre. À peine six semaines après le déclenchement des hostilités, la mise sur pied de la division a créé un précédent qui allait faire date. Ce que la SS-VT de Hausser avait obtenu par décrets successifs de Hitler en y mettant les formes, les SS-TV de Eicke le prenaient brutalement. En cela, on assistait à une entrée remarquée sur la scène guerrière du *soldat politique*, ce combattant luttant pour ses idées et qui se distinguait du *militaire*. Cette initiative indépendante et quasi privée de Eicke trahissait par ailleurs son poids personnel non seulement au sein de la SS, mais également au sein du Reich[9]. Rétrospectivement, on peut mesurer le chemin parcouru par Eicke en comparant, lors de la campagne de France, le rôle de la division « Totenkopf » et celui de la division de police, mise sur pied au même moment et qui est demeurée une formation hippomobile tardivement engagée à l'ouest[10]. En menant à bien contre vents et marées la motorisation de la dernière-née des formations paramilitaires SS, l'ancien inspecteur des camps de concentration a sans aucun doute contribué à associer l'idée de vitesse aux formations SS, à l'heure du *Blitzkrieg* et des chevauchées victorieuses en territoire ennemi.

Si Eicke a été en pointe dans la métamorphose structurelle de sa division, la présence de Himmler s'est néanmoins profilée à chaque étape. Cet épisode trahit également la tactique employée par la SS pour se développer, et ce, tout au long de son existence et à tous les niveaux, à savoir profiter d'avoir un pied dans l'entrebâillement d'une porte pour ouvrir ensuite celle-ci en grand. À ce titre, la moindre faille dans les positions de la *Wehrmacht* a été exploitée. Dans ce cas précis, l'intervention de l'aide de camp principal de Hitler (le colonel Schmundt) a été décisive. Venu visiter avec Himmler la division à Dachau le 4 novembre 1939, sa prise de position en faveur de la SS a radicalement modifié la position des autorités militaires en charge du dossier. Celles-ci sont soudainement devenues beaucoup plus conciliantes, demandant la liste des véhicules nécessaires pour rendre la formation de Eicke entièrement mobile. Ce dernier ne s'y trompait d'ailleurs pas, portant au crédit de ce brusque empressement « l'influence du *Reichsführer-SS* sur le colonel Schmundt »[11].

La consolidation des acquis (1940-1942)

Désormais constituées en Grandes Unités motorisées, les principales formations SS ont connu, du printemps 1940 au premier hiver de guerre sur le front de l'Est, une succession de renforcements plus ou moins anodins préludant à des évolutions véritablement marquantes. Ces modifications ont principalement porté sur deux axes : l'appui feu et le soutien logistique.

Avec les deux divisions SS dotées chacune d'un régiment d'artillerie à l'automne 1939, on aurait pu croire les responsables militaires SS satisfaits. Mais l'appétit des uns et des autres n'a fait que croître. De tous, celui de Eicke était le plus aiguisé. Il s'est en conséquence retrouvé à la pointe du combat mené par la SS au début 1940 afin d'obtenir de l'artillerie lourde. En apprenant incidemment qu'« un grand nombre de canons neufs » se trouvaient avec leurs tracteurs dans l'usine Skoda de Pilsen, il a immédiatement sollicité l'appui du chef d'état-major personnel de Himmler pour les obtenir :

> Je sais cela et je n'en dormirai plus avant d'avoir fourni au *Reichsführer* un groupe d'artillerie lourde appartenant à sa division SS *Totenkopf*. [...] Je te prie instamment de foutre en l'air toutes les résistances avec [cette bonne] vieille fougue et de m'aider à mettre la main sur les pièces et les tracteurs. Je sais qu'on m'aime précisément de tout cœur en certains lieux à cause de mon caractère insatiable dans de telles affaires; ça ne fait pourtant rien, car il est indispensable que nous conservions le vieil esprit d'aller de l'avant. J'irais bien volontiers chercher moi-même les machins par une nuit froide, mais ça ferait du grabuge. J'en ai déjà discuté avec le *Reichsführer-SS*; il est d'accord sur le fond. Cela doit être négocié. [...] Le commandant de l'armée de réserve ne veut pas, je le sais; mais nous voulons et ça passera si nous ne cédons pas [12].

Le ton familier et parfois grinçant du courrier ne doit pas masquer la brutalité de la méthode qui rappelle l'esprit de la *Kampfzeit*, l'époque où la conquête de l'Allemagne avait commencé par la rue avant d'être entérinée par les urnes. Auparavant tourné contre la république de Weimar, le combat de Eicke était désormais mené contre la *Wehrmacht*. Son appel à l'aide démontre toutefois qu'il était cette fois parfaitement conscient de sa faiblesse. De fait, l'armée n'était pas prête à se laisser intimider. L'enjeu politique et professionnel que constituait la possession d'une artillerie lourde était trop important pour que celle-ci renonce bénévolement à ce monopole. En dépit de l'appui enthousiaste que Eicke va acquérir auprès de Himmler lors d'une entrevue le 13 février, Hitler n'accordera qu'un mois plus tard la création d'un régiment d'artillerie lourde dont les deux groupes vont être affectés à chacune des divisions SS, tandis qu'un autre groupe d'artillerie légère va être attribué à la « LSSAH » [13]. À l'instigation du trublion Eicke, la SS a ainsi ouvert une nouvelle brèche. Non seulement chacun des deux régiments d'artillerie SS était accru d'un nouveau groupe, portant au passage leur nombre à quatre, mais l'obtention de ces obusiers lourds de 150 mm renforçait le statut des deux divisions SS. C'était du reste l'ambition de faire de sa formation une « division d'attaque de première vague » qui avait aiguillonné Eicke dans sa démarche à la veille de l'offensive à l'ouest [14]. D'un autre côté, cela lui permettait de demeurer sur le terrain « indépendant de l'armée de terre » [15]. Au-delà de la volonté d'autonomie tactique lors des combats, cette réflexion illustrait le statut que voulait se donner la *Waffen-SS*, en marge des forces armées du Reich.

La période précédant l'invasion de l'Union soviétique a été l'occasion d'une nouvelle optimisation de la capacité de feu des unités SS, avec notamment la création d'une batterie de repérage au sein des régiments d'artillerie (en sus des sections existant depuis l'origine au sein de chaque groupe) et, surtout, avec l'attribution d'un détachement de canons antiaériens en avril 1941, soit par reconversion du bataillon de mitrailleuses antiaériennes de la « SS-Verfügungs-Division », soit en tant qu'unité nouvelle. Au total, pas moins de six groupes de DCA ont été formés au printemps 1941, chacun forts d'une trentaine de pièces [16]. Par ailleurs, après l'acquisition, dès 1936, de véhicules blindés de reconnaissance, la SS a également obtenu le droit de disposer de canons d'assaut pour ses divisions d'infanterie motorisée. Engin blindé chenillé destiné à soutenir l'infanterie, ce type de véhicule se différenciait du char de combat par l'absence de tourelle. Un subtil distinguo le rangeait à cette époque dans l'artillerie, et non dans l'arme blindée. Sans disposer à proprement parler de chars de combat, la SS a ainsi pu s'initier aux techniques des troupes blindées. Néanmoins, l'idée initiale de Hitler de fournir une batterie de canons d'assaut par régiment d'infanterie ne put être concrétisée en 1941, leur faible production limitant l'équipement à une batterie par division [17].

À côté de cet accroissement de la puissance de feu, quelques modestes modifications se sont produites dans le domaine de la logistique. Cette fois, c'est la division « Reich » (ex-« SS-Verfügungs-Division ») qui a pris l'initiative au début de 1941 – elle n'abandonnera d'ailleurs plus la main, initiant à compter de cette date les réformes les plus importantes que connaîtront les formations de la *Waffen-SS* jusqu'à la fin de la guerre. Moins de deux semaines avant le départ de la division vers les Balkans où elle allait être engagée, son commandant, Paul Hausser, a fait parvenir à l'Office principal de commandement SS (SS-FHA) une liste « de propositions pour des créations, conversions et augmentations du tableau d'effectifs en dotation ». En fait de « propositions », certaines de ces modifications « absolument nécessaires en raison des expériences [faites] jusqu'ici au combat » avaient « été en conséquence [...] déjà partiellement effectuées ». Des huit « propositions » avancées dans le document, six – naturellement les plus importantes – avaient en effet déjà été appliquées. D'ailleurs, « si l'examen complet des propositions n'était pas possible à cause du manque de temps avant un engagement éventuel de la division », celle-ci priait le SS-FHA « de les autoriser immédiatement en bloc », l'assurant qu'elle avait bien pris soin de faire bonne mesure dans ce qui ressemblait diablement à un fait accompli [18]. En elles-mêmes, ces modifications ne visaient pas à renforcer les effectifs ou l'armement de la division, mais à optimiser leur rendement par une centralisation accrue des services logistiques en charge de la maintenance du parc automobile, des approvisionnements, de l'administration et des soins médicaux. Mobilité et autonomie étaient les maîtres mots de ces réorganisations qui visaient à ce que la division, en tant qu'unité motorisée, soit capable d'assurer elle-même la maintenance de son parc automobile, et donc de rester opérationnelle. Cette orientation allait certes dans le même sens que la réforme initiée par l'armée de terre un mois plus tôt [19]. Simplement, elle allait encore plus loin en marquant la prise de distance croissante des divisions SS avec l'organisation assignée par l'armée.

La « *Leibstandarte SS Adolf Hitler* » : une unité à part

Profitant de sa position d'unité non endivisionnée, et surtout de son statut de « garde du Führer », le régiment d'infanterie motorisée « LSSAH » n'avait pas attendu cette époque pour suivre sa propre voie, avec des structures se différenciant à la fois de celles de l'armée de terre et des autres régiments SS. Ce caractère hors norme de l'unité, déjà marqué avant guerre, a perduré jusqu'à la fin du conflit [20]. Dès le printemps 1940, l'autonomie d'emploi que Hitler voulait donner à l'unité l'a conduit à prendre toute une série de mesures destinées à lui garantir le succès sur les champs de bataille [21]. Ce processus s'est poursuivi l'été suivant. Reprenant à son compte un projet de Himmler, Hitler a décidé le 6 août de transformer ce régiment en une puissante brigade [22]. À la fin de l'année 1940, ses effectifs atteignaient ainsi près de dix mille hommes, soit le triple de ceux de novembre 1939. Aussi la « LSSAH » était-elle dès cette époque désignée comme « division SS n° 1 » dans un document interne à la SS [23]. La création de détachements de soutien logistique au seuil de l'année 1941, puis celle de nouvelles unités de combat en juin suivant, n'ont fait que prolonger le mouvement, sans que jamais une directive explicite ne sanctionne la promotion de l'unité au rang de division [24].

Dès cette époque, la « LSSAH » se singularisait par un ratio infanterie/armes lourdes d'appui très largement supérieur à la normale. Ainsi, les trois bataillons d'infanterie de la « LSSAH » étaient soutenus à l'été 1940 par autant de groupes d'artillerie (rapport de 1 pour 1), alors que le ratio était de neuf bataillons d'infanterie pour cinq bataillons d'artillerie au sein de la « SS-Verfügungs-Division » et de la division « Totenkopf », soit pratiquement le double (1,8 pour 1). Ce changement d'équilibre ne s'arrêtait d'ailleurs pas là. Que ce soit au sein de l'armée de terre ou de la *Waffen-SS*, tous les bataillons d'infanterie des divisions rapides n'ont jamais cessé d'être organisés en trois compagnies de fusiliers et une compagnie d'armes lourdes. Or, au sein des bataillons d'infanterie de la « LSSAH », le nombre de compagnies est passé de quatre à cinq, soit trois compagnies de fusiliers, une compagnie mixte de mitrailleuses et de mortiers et une compagnie mixte d'appui comportant une section du génie, une section de DCA et une section de pièces antichars [25]. Cette composition du bataillon d'infanterie à cinq compagnies, dont deux d'armes d'appui, est demeurée la marque distinctive de la « LSSAH » de l'automne 1940 au printemps 1944, au moment de la reconstitution de l'unité en Belgique [26]. À en croire le corps d'armée blindé SS au printemps 1943, cela ne se serait pas révélé un atout important sur le champ de bataille. Il est pourtant bien difficile de le croire, alors même que la division « Das Reich » avait justement demandé à l'automne précédent à pouvoir bénéficier de la même mesure [27].

Prélude aux bouleversements ultérieurs

Pour la *Reichsführung-SS*, recueillir les dividendes des succès militaires enregistrés par ses unités en Union soviétique a représenté une réelle opportunité qu'elle s'est chargée de concrétiser en quasi-obligation morale. De fait, à la vue des faits d'armes des troupes SS, le soutien de Hitler était acquis pour une évolution sinon quantitative, du moins qualitative des unités de l'Ordre noir [28]. En outre, la crise de confiance entre Hitler et l'état-major de l'armée de terre, survenue à la fin de l'année 1941, a ébranlé les généraux et affaibli leurs positions. Une faille est donc apparue dans laquelle Himmler et ses lieutenants se sont naturellement empressés de s'engouffrer. Dès le 5 novembre, Himmler a abordé le sujet de la réorganisation de ses unités lors d'un déjeuner avec Hitler. Si aucun document ne permet de connaître la teneur de la réponse de ce dernier, celle-ci a été positive. En effet, deux semaines après, le *SS-Hauptamt* ordonnait la levée de 3 000 volontaires en l'expliquant par le fait que « la LSSAH allait être agrandie sur ordre du Führer »[29]. Toutefois, cette faveur accordée par Hitler à sa garde personnelle ne préjugeait pas pour autant d'une évolution générale des structures des autres divisions SS. À cette date, les positions de l'armée étaient encore en effet suffisamment solides pour bloquer les ambitions de l'Ordre noir. La *Reichsführung-SS* avait du reste fort à faire à cette époque pour maintenir la valeur opérationnelle de ses unités sur le front. Aussi les discussions ont-elles piétiné dans le courant du mois de décembre, notamment sur les nouvelles structures de la division de montagne « Nord » et de la « LSSAH »[30]. En fait, il faut attendre le mois de janvier 1942 pour voir la situation commencer à se décanter. Va alors s'ouvrir pour les formations SS une longue période de bouleversements qui, au terme de l'année, verra la transformation des quatre divisions motorisées SS alors existantes en unités blindées. Si cette mutation a durablement marqué la postérité en assimilant les plus notoires des formations de la *Waffen-SS* aux chars, la genèse de cette transformation est cependant encore méconnue, à commencer par le rôle tenu par chacun des protagonistes.

L'acquisition de la cuirasse

Au-delà des motivations purement militaires, l'attribution des panzers aux formations SS revêtait un intérêt politique de premier ordre pour leur *Reichsführung*. Du reste, l'idée n'était pas nouvelle. Le décret du 18 mai 1939 avait ainsi accordé quatre compagnies de chars à la SS-VT (une pour chaque régiment)[31]. Ce n'était là que la transcription des propos tenus au printemps 1938 par Hitler au commandant de la « LSSAH ». Sa conception de disposer à travers la SS-VT d'« une garde prétorienne à part entière qui étoufferait dans l'œuf toute contestation » l'avait conduit à vouloir l'équiper « avec les armes les meilleures et les plus modernes, y compris avec des chars, sous la forme approximative d'une brigade »[32]. De fait, l'attribution d'une compagnie blindée à chaque régiment SS allait davantage dans le sens d'une troupe répressive. Hitler s'était lui-même arrangé avec la firme Krupp pour doter les unités SS de Panzer IV, le plus puissant blindé allemand de l'époque. Avec le déclenchement du conflit, le projet avait toutefois avorté dans la mesure où l'armée de terre avait réclamé tous les chars. Aussi, cette partie du décret était demeurée lettre morte[33]. À terme, les choses ne pouvaient pourtant en rester là.

La genèse des formations de panzers SS

Avec le début de la difficile campagne à l'est, le besoin de disposer d'armes et de blindés lourds s'était rapidement fait sentir au sein des troupes SS. Engagées en fer de lance avec les divisions blindées, elles s'étaient en effet heurtées aux blindés soviétiques contre lesquels les moyens alors disponibles s'étaient bien vite montrés insuffisants. Dès la fin du mois d'août 1941, une première demande du commandant de la division « Reich » n'avait pas abouti. Au fil des mois, ce besoin s'était néanmoins fait de plus en plus pressant. « Donnez-nous des blindés, mon général. Sans eux cette magnifique troupe court à sa perte. » Quoique surfaite, cette apostrophe lancée au commandant de la division « Wiking » par l'un de ses officiers éclaire l'état d'esprit régnant au sein des formations SS à la fin de l'année[34]. À cette époque, il est par ailleurs probable que celles-ci aient été informées des tractations en cours entre le SS-FHA et l'armée sur la réorganisation des divisions de l'Ordre noir. En tout état de cause, la division « Reich » a pris l'initiative de participer au débat. Agissant pour son propre compte ou porte-voix des autres formations SS, elle s'est trouvée en pointe, assumant ainsi son rôle d'héritière de la SS-VT et de plus ancienne division SS. À travers sa « proposition pour une organisation de guerre d'une division SS », datée du 8 janvier 1942, son état-major songeait à reconvertir l'un de ses trois régiments d'infanterie en régiment blindé. Celui-ci serait composé de deux bataillons de chars, d'un bataillon de fusiliers motocyclistes et d'un bataillon mixte d'appui composé d'artillerie tractée et automotrice ainsi que d'une compagnie blindée du génie. Pour faire bonne mesure, il proposait également la création d'un groupe entier de canons d'assaut à trois batteries. De nombreuses modifications plus ou moins importantes étaient en outre apportées aux structures existantes, telle la mise en place d'une cinquième compagnie d'appui lourd au sein de chacun des six bataillons d'infanterie restants, à l'instar de ce qui existait déjà depuis la fin de l'été 1940 au sein de la « LSSAH »[35]. Ce rêve de grandeur d'un état-major divisionnaire profitant d'une accalmie sur le front pour songer à son avenir se concrétisera un an plus tard – certes après bien des péripéties et sous des formes différentes –, mais avec finalement des structures qui ne seront pas si éloignées de l'idée originale.

Lorsque la division « Reich » s'essayait dans les premiers jours de 1942 à dessiner les contours d'une division blindée qu'elle jugeait idéale, l'idée de disposer de chars avait déjà fait son chemin au sein de l'Ordre noir. De fait, le 28 novembre précédent, l'ordre de mettre sur pied une compagnie blindée avait été discrètement promulgué par le SS-FHA. Celle-ci avait été constituée le 1er décembre 1941, à Berlin-Lichterfelde, à partir des effectifs de la compagnie de dépôt SS de blindés de reconnaissance et avec des chars français de prise. À l'inverse des ordres de ce type où il était fréquemment fait référence à une décision de Hitler, de Himmler ou à un ordre transmis par l'armée, aucune caution n'y figurait. Certes, la taille de l'unité était modeste, mais sa nature aurait justifié l'aval d'une autorité compétente[36]. Par ailleurs, les discussions entre la SS et les autorités militaires sur la réorganisation des divisions SS n'avaient pas encore débouché à cette date. En tout cas, elles avaient donné à la *Reichsführung-SS* l'occasion de solliciter l'accord de l'armée, chose qu'elle avait manifestement oublié de faire. En somme, tout porte à croire que l'état-major SS était en train de préparer secrètement un détachement blindé à la fin de l'année 1941. Ainsi, en cas d'accord avec les autorités militaires, cette action anticipée n'aurait fait que précipiter l'application de la décision, permettant au passage de souligner l'efficacité de la SS. En cas d'échec, l'existence de cet embryon blindé aurait permis d'en appeler directement à Hitler pour obtenir gain de cause, conformément à la politique du fait accompli en usage au sein de la SS.

En attendant, il semble bien que le SS-FHA de Jüttner se soit laissé déborder par une initiative « privée » venue de ses rangs. Désœuvré à son retour de convalescence, suite à une blessure reçue à l'est, un commandant de bataillon de la « LSSAH », Wilhelm

Mohnke, s'est en l'occurrence mis en tête de commander le détachement blindé en cours de constitution à Berlin-Lichterfelde. Afin de le transformer en bataillon, il n'a pas hésité à prospecter clandestinement des volontaires au sein de la caserne afin d'obtenir les effectifs nécessaires. Mohnke a ensuite profité d'une cérémonie donnée à la mi-janvier par Dietrich à Lichterfelde pour obtenir sa signature « sur sa liste des personnels, laquelle avait été changée dans l'intervalle en ordre de transfert. Dietrich fut tout d'abord quelque peu décontenancé et ne put approuver ce document " illégal ", mais il céda bientôt sous la pression de Mohnke et signa l'ordre [37] ».

Ces agissements, s'ils peuvent paraître surprenants au sein d'une force armée, *a fortiori* celle d'un État autoritaire, dénotent bien les comportements peu orthodoxes qu'a pu engendrer le régime national-socialiste en favorisant les agissements d'individus jouant d'audace. Dans ce cas, l'opportunisme et l'ambition de Mohnke ont été les principaux moteurs de son action et de son succès [38]. Même bousculés, les responsables SS ont en effet approuvé une dynamique conforme à leurs plans. Dès le 22 janvier, Dietrich s'entretenait ainsi au téléphone avec Himmler et évoquait la création de nouvelles unités au sein de sa « LSSAH ». Huit jours plus tard, le SS-FHA éditait son ordre relatif à la constitution du bataillon blindé de la « Leibstandarte », se référant cette fois à une directive de l'armée qui se faisait elle-même le relais d'un *Führerbefehl*. Du reste, il est certain que Hitler s'est rallié avec enthousiasme à cette suggestion, car, en l'espace de quelques mois, ordre a été donné d'attribuer un bataillon blindé à chacune des trois autres divisions d'infanterie motorisée SS [39]. Les plans de la SS trouvaient en réalité leur place dans l'intention bien arrêtée de Hitler d'accentuer le poids des formations blindées au sein des forces allemandes au printemps 1942, à cette différence près que ce programme de reconversion partielle concernait à l'origine l'armée de terre et non la SS [40]. De leur côté, les unités de l'Ordre noir obtenaient ce qu'elles ne cessaient de réclamer depuis des mois. Elles n'allaient toutefois pas s'en satisfaire.

La réflexion est le commencement de l'insubordination [41]...

Ouverte à la fin de l'automne 1941, la période de réflexion et de négociations sur la meilleure organisation possible des formations armées de l'Ordre noir s'est poursuivie tout au long du printemps et de l'été 1942. En effet, loin de mettre un terme aux projets et aux ambitions de la SS, l'attribution des chars de combat a relancé le débat. Simplement, celui-ci a glissé du champ des négociations entre la *Reichsführung-SS* et l'armée pour déboucher sur des discussions plus techniques entre le SS-FHA et ses troupes. Le problème est qu'avec un bataillon de chars les divisions motorisées SS étaient devenues des formations hybrides dont les structures ne pouvaient plus être calquées sur celles de l'armée de terre. L'ensemble de leur organisation devait être revu pour s'adapter à la nouvelle donne. Autrement dit, une marge de manœuvre était apparue. Le SS-FHA semble pourtant avoir peiné et tergiversé pour obtenir un modèle d'organisation satisfaisant pour ses divisions, d'autant plus qu'il lui fallait auparavant faire approuver ce modèle par Hitler *via* Himmler. À la fin mars 1942, le SS-FHA a ainsi modifié cinq projets de réorganisation pourtant vieux d'à peine quelques semaines. Moins de deux mois plus tard, ils étaient encore une fois modifiés, voire pour l'un d'eux annulé [42].

Il faut en fait attendre le retrait du front de l'Est de la division « Reich » au printemps 1942 pour assister au lancement d'un véritable débat. Pendant sa reconstitution, celle-ci a eu tout le loisir de se pencher sérieusement sur la question de son organisation, dans la continuité de son projet de division blindée SS présenté le 8 janvier précédent. D'une part, il s'agissait d'analyser les potentialités et les changements conditionnés par l'arrivée du bataillon de chars et la conversion de l'un des trois régiments d'infanterie en « régiment rapide ». D'autre part, elle avait l'ambition bien arrêtée de forger un outil militaire libéré « des traces du combat défensif » de l'hiver précédent, avec pour but une « pleine réadaptation à l'esprit d'offensive » [43]. L'état-major divisionnaire n'a donc pas tardé à remettre en question le plan de réorganisation fixé par le SS-FHA et entériné par Hitler. Faisant valoir les lacunes du dernier projet en cours (datant du 14 mai), il a demandé trois jours plus tard à pouvoir procéder lui-même aux modifications nécessaires [44]. La division en a même appelé directement au sommet, jouant de son statut particulier pour dépêcher un représentant au quartier général de Hitler en juillet suivant. « Très amicalement accueilli en tant que membre de la division SS " Reich " », cet émissaire a plaidé la cause de son unité auprès de l'officier d'ordonnance SS de Hitler, lui remettant une missive présentée le lendemain à ce dernier [45]. Naturellement, un tel activisme a suscité des réactions au sein de la *Reichsführung-SS*. Une note comminatoire de Himmler à l'été 1942 éclaire justement d'un jour particulier le développement ultérieur des structures de la division « Reich » et des autres formations SS :

> Comme il m'a été rapporté, quelques divisions ont modifié dans une considérable mesure l'organisation fixée par le Führer, sans avoir de nulle part l'autorisation pour cela. De nouvelles unités ont été constituées, de nouveaux organigrammes et de nouveaux états d'effectifs de guerre ont été édités. La conséquence de cela, ce sont des faux rapports sur les effectifs en hommes et en matériels qui ont pour but l'octroi de personnels et de matériels surnuméraires. Abstraction faite qu'un tel comportement égoïste et non militaire (*unsoldatisch*) est irresponsable au regard de la situation du remplacement et de l'équipement, on a contrevenu ici à un ordre clair du Führer [46].

Sommé de s'expliquer, le commandant de la division « Reich » avait alors fait état de six modifications apportées à l'organisation fixée, dont trois avaient été visées et approuvées par le SS-FHA. Les trois autres, mineures, n'avaient pas exigé d'accroissement d'effectifs supplémentaires, mais illustraient néanmoins la capacité de la troupe à user de stratagèmes comptables pour effectuer les changements nécessaires. La division avait ainsi constitué deux sections de protection en charge de la sécurité de son état-major et de celui du nouveau corps d'armée SS. À cette fin, les effectifs à l'origine prévus pour les fanfares des régiments d'infanterie avaient été tout simplement détournés [47]. Le divisionnaire s'était toutefois bien gardé de souffler le moindre mot sur l'existence de trois des quatre compagnies d'appui qu'il avait illégalement maintenues au sein de ses deux régiments d'infanterie. Seule la 13ᵉ compagnie de canons d'infanterie était officiellement autorisée. Il n'empêche que les trois anciennes compagnies (numérotées de 14 à 16) figuraient toujours à la mi-juillet 1942 sur la liste d'attribution des secteurs postaux de la division [48]. Même s'il s'agissait probablement d'une redistribution d'effectifs, la désobéissance et le mensonge étaient tous deux flagrants.

Que penser alors de cette directive de Himmler ? Fantasmes, tentative de bluff pour connaître la vérité ou dénonciation plus ou moins juste d'une situation réelle ? En fait, il semble qu'il n'était pas très loin de la vérité ou, plus exactement, qu'il était bien informé. Simplement, ces nouvelles organisations et états d'effectifs n'avaient encore rien de concret mais étaient l'objet d'un intense travail de réflexion qui allait bientôt porter ses fruits [49]. L'interpellation de Himmler et la réponse du divisionnaire n'en illustraient pas moins la tendance des troupes SS à assouvir elles-mêmes leurs besoins, sans forcément en référer à l'autorité supérieure [50]. C'est d'ailleurs à compter de cette époque que, dans les ordres de transformation de leurs structures, les formations SS ont trouvé la mention selon laquelle « toute modification de l'organisation ou toute constitution poursuivie de manière autonome contre[venait] à l'ordre du Führer » [51].

Le coup d'estoc

Début septembre 1942, les officiers SS en France en étaient arrivés à penser que l'heure était venue d'exiger la transformation de leurs divisions motorisées en formations blindées à part entière. Une initiative du SS-FHA à la mi-août 1942 a certainement servi de déclencheur. Pour des raisons de service, celui-ci avait suggéré de modifier l'intitulé de l'état-major du corps d'armée SS en remplaçant le qualificatif « motorisé » par « blindé ». Sur le fond, il s'agissait simplement d'uniformiser cette appellation de service avec celle de l'armée [52]. Il n'en demeure pas moins que la division « Das Reich » a officiellement proposé sa conversion en formation blindée par la voie hiérarchique le 12 septembre. L'organisation proposée s'inspirait de celle dessinée par la même division au mois de janvier précédent, mais avec des effectifs et des équipements nettement étoffés. Aucune raison ne venait justifier cette conversion : le mémorandum de six pages, purement technique, passait seulement en revue chaque unité en proposant les modifications et les améliorations nécessaires, détaillées dans cinq annexes. Alors même que les forces allemandes étaient pleinement engagées à l'est et en Afrique du Nord, l'état-major de la division avait toute confiance en la viabilité du projet : « Au cas où la division SS " Das Reich " resterait à l'ouest au cours de l'hiver 1942-1943, la conversion peut s'accomplir conformément à la proposition jusqu'au printemps 1943 » [53]. Autrement dit, la division SS ne demandait rien de mieux, en pleine guerre, qu'on la tienne pendant six mois à l'écart du conflit pour accomplir sa métamorphose, et cela à l'issue d'une période de reconstitution de cinq mois qui l'avait rendue complètement opérationnelle [54].

Contre toute attente, la division reçut bientôt une réponse qui, à défaut d'être complètement positive, était du moins nettement favorable. En effet, sans même s'appuyer sur le projet de la division, Himmler a demandé dix jours plus tard à Hitler l'octroi d'un second détachement blindé aux quatre divisions motorisées SS, de sorte qu'elles puissent disposer dorénavant d'un régiment blindé. Hitler a acquiescé, octroyant en sus à chacune d'elles un groupe complet de canons d'assaut [55]. En somme, le projet d'organisation avancé par l'état-major de la « Das Reich » était approuvé dans ses grandes lignes avant même d'avoir été présenté. « Avec cela, nos principaux souhaits sont comblés », s'est félicité le commandant du corps blindé SS en France [56]. En conséquence, le volet restant (c'est-à-dire le renforcement des formations de combat par des unités d'appui et de soutien) redevenait, en dépit de son importance, une affaire strictement interne à la SS. Hitler seul aurait *in fine* à trancher. Ses bonnes dispositions à l'égard de la *Waffen-SS* ne faisaient néanmoins aucun doute. Pour preuve, la dotation quelques jours plus tard d'une compagnie supplémentaire de chars lourds *Tiger* avait été « le souhait exprès du Führer » [57]. L'armée, pour sa part, était définitivement laissée de côté dans l'affaire.

Le processus s'est alors rapidement accéléré, mettant principalement en jeu le SS-FHA et l'état-major du corps d'armée SS qui a pris le relais de la division « Das Reich ». Sous la houlette de Paul Hausser, l'ex-inspecteur de la SS-VT, cet état-major avait le poids et l'autorité morale nécessaires pour agir, allant jusqu'à anticiper les ordres [58]. Cependant, Himmler et le SS-FHA ne se sont pas alignés sans réserve sur ses positions. De son côté, Hitler demeurait toujours l'arbitre suprême, amendant au passage le projet au cours de la dernière semaine d'octobre [59]. Inquiet, Hausser a alors estimé devoir intervenir en se rendant lui-même auprès du SS-FHA, à Berlin, et en plaidant directement sa cause devant Himmler à Munich, le 7 novembre [60]. Le résultat a finalement été à la hauteur de ses espérances. De fait, la plupart de ses demandes ont non seulement été approuvées par la *Reichsführung-SS* et Hitler, mais ces derniers ont en outre ordonné la mise en application immédiate de modifications envisagées à plus longue échéance par le corps d'armée SS [61]. Certes, plusieurs suggestions avaient été rejetées [62]. Néanmoins, le plus grand succès de la SS était de voir cette réforme appliquée à ses quatre divisions motorisées, comme cela avait été demandé (la « LSSAH » conservant par ailleurs ses particularismes). Toutes devenaient des « divisions mécanisées de grenadiers SS » (*SS-Panzer-Grenadier-Divisionen*), titre honorifique qui ne correspondait guère aux faits, puisqu'elles étaient devenues *de facto* des divisions blindées à part entière, dénomination qu'elles ne recevront cependant qu'une année plus tard [63]. Cette apparente incohérence n'était pas propre à la *Waffen-SS*, puisqu'elle était partagée avec la division d'élite « Großdeutschland », de l'armée de terre. Aussi est-il possible de l'expliquer par la volonté expresse de Hitler de distinguer une infanterie dont la valeur et la bravoure lui avaient valu de recevoir un armement digne de son rang. Quoi qu'il en soit, cette réforme de l'organisation des divisions SS était l'aboutissement magistral d'un long travail qui avait coûté plus d'une année d'efforts. Aussi n'est-il guère étonnant de voir Hausser goûter le fruit du succès. « Nous commençons ensemble un nouveau chapitre de l'histoire de la *Waffen-SS* », lança-t-il à la division « Totenkopf » au moment où celle-ci passait sous son contrôle tactique en octobre 1942 [64]. Après en avoir eu l'ambition, Hausser et ses hommes avaient alors la conviction d'être bientôt en mesure d'écrire l'Histoire.

Du bon usage du renseignement militaire

Dans cette affaire, un point intrigue. L'impression dominante est en effet celle d'une division et d'un état-major de corps d'armée SS échafaudant leurs projets en tournant résolument le dos au conflit. Cette manière de rejeter les échéances au printemps 1943, soit à six mois d'intervalle, est proprement stupéfiante de la part d'une division de réserve générale susceptible d'être engagée à tout moment. De la part de généraux SS parfaitement conscients de ce fait, cette tranquille assurance trahit la protection et les informations dont ils disposaient, deux avantages que seule la *Reichsführung-SS* pouvait leur fournir [65]. Un épisode est à cet égard très révélateur de la manière dont Himmler a géré à court et moyen termes ses troupes et du rôle déterminant qu'il a pu avoir dans leur développement en raison de sa position privilégiée. Tout a commencé le 23 août 1942 par un échange de télétypes entre Hausser et le SS-FHA. Le chef du corps d'armée SS demandait que lui soit envoyé le général de brigade SS Brenner, prévu pour prendre le commandement de l'artillerie du corps et qui aurait dû arriver au plus tard à la fin de juillet. Dès le lendemain, le SS-FHA faisait savoir en une phrase lapidaire que l'arrivée de cet officier ne serait effective qu'à l'issue d'une opération répressive dans les Balkans à laquelle ce dernier participait. Froissé et ne se tenant pas pour battu, Hausser était revenu à la charge dans un nouveau télex quatre jours plus tard, cette fois personnellement adressé à Himmler. Lui faisant d'une part état de l'impréparation de l'artillerie du corps suite à l'absence de cet officier général, il mettait d'autre part en exergue qu'« un engagement de l'état-major du corps d'armée en un autre lieu [était] à tout moment possible »[66]. Comme le SS-FHA, Himmler répondit rapidement à Hausser, et ce qu'il lui écrivit le 29 août éclaire d'un jour particulier les événements qui se sont produits les semaines suivantes :

> Cher Hausser ! Ai reçu votre télex. Comprends très bien que vous vouliez avoir Brenner le plus tôt possible. En raison des importantes difficultés qui règnent ailleurs, je dois répartir les forces autant qu'il m'est possible. Brenner doit tout d'abord mener à terme encore quatorze jours l'action commencée en Karantanija supérieure [au nord de l'actuelle Slovénie – NdA]. Une fois cela accompli, vous recevrez Brenner. Je saurai bien assez tôt un engagement de l'état-major du corps d'armée en un autre lieu. Je peux moi-même juger au mieux la situation sur tous les fronts depuis la centrale. Ma présente décision que Brenner conduise à terme l'action et prenne ensuite en main la fonction au sein du commandement de l'artillerie du corps était et est absolument juste. Demande de vous aider jusque-là. *Heil Hitler* ! Vôtre, signé Himmler [67].

On peut aisément deviner l'impression laissée par ces paroles sur Hausser : une *Reichsführung-SS* bien informée lui donnait l'assurance que l'avenir était dégagé. Dès lors, la troupe pouvait se concentrer sur ses projets sans se préoccuper du futur [68]. Par contre, il est bien difficile de connaître l'identité de la « centrale » évoquée par Himmler [69]. On ne peut cependant s'empêcher de lier ses propos au renforcement de l'activité de renseignement de la SS à l'été 1942, au travers notamment de la création des *SS-Nachrichtensonderkommandos* et de la nouvelle mission assignée au *Sonderkommando*

Künsberg [70]. En somme, la conversion des formations SS en virtuelles divisions blindées est une brillante illustration du potentiel offert par l'acquisition, le contrôle et l'exploitation de l'information dans le domaine militaire.

Les évolutions ultérieures des formations blindées SS

Les structures acquises en 1942 par les divisions mécanisées SS n'ont plus guère évolué jusqu'à la fin de 1944. Des modifications sont certes survenues, notamment dans le renforcement de l'armement antiaérien, et par la suite dans la diminution du nombre de chars [71]. Mais dans l'ensemble, et en comparaison des bouleversements successifs qui s'étaient régulièrement produits depuis l'hiver 1938-1939, les dernières années du conflit ont été marquées par une certaine stabilité. Deux facteurs expliquent ce phénomène. Tout d'abord, les différentes évolutions des divisions motorisées SS n'avaient eu jusqu'alors d'autre but que d'obtenir leur alignement sur les meilleures formations de l'armée de terre, à savoir les divisions blindées. Une fois cet objectif atteint et dépassé, il n'y avait plus guère d'améliorations à obtenir, du moins en termes d'organisation. Aussi les efforts ultérieurs ont surtout été menés dans deux autres directions : d'une part, l'accroissement des divisions de ce type et, d'autre part, l'obtention de matériels encore plus lourds, dont la multiplication des corps d'armée SS a facilité le non-endivisionnement à partir de l'été 1943.

Deuxièmement, cette stabilité relative était directement liée à l'instauration du poste d'inspecteur général des troupes blindées le 28 février 1943. Créé sur les instances de Hitler au lendemain de Stalingrad et taillé à la mesure d'un général Guderian revenu en grâce, ce poste représentait une autorité complètement autonome, responsable devant le seul Hitler, et dont la mission était de reconstituer une *Panzerwaffe* digne de ce nom. À cette fin, Guderian avait négocié et obtenu de larges prérogatives, à la fois sur l'ensemble des composantes des formations blindées (et non plus sur les seules unités de chars proprement dites) et sur l'ensemble des forces armées allemandes, *Luftwaffe* et *Waffen-SS* incluses [72]. Non seulement ce nouveau rouage venait s'interposer entre le SS-FHA et les formations mécanisées SS, mais il limitait aussi considérablement la capacité d'initiative de ces dernières. Dès lors, la situation a eu tendance à se figer. Lors de sa visite au corps d'armée SS le 31 mars 1943, Guderian a rejeté l'idée de créer de nouvelles structures au sein des divisions SS déjà jugées « trop volumineuses et de ce fait encore à peine maniables ». À l'inverse, sa volonté de voir les formations blindées SS réduire le nombre de leurs bataillons d'infanterie de six à quatre n'a pas abouti. Déjà appliqué en 1942 au sein de l'armée de terre, ce rééquilibrage interne au profit des panzers ne l'a pas été au sein de la *Waffen-SS*. Le corps d'armée SS parviendra en effet à maintenir son point de vue et à conserver ainsi trois bataillons par régiment d'infanterie. Les seuls points d'accord potentiels, à savoir le renforcement de la composante proprement blindée de ces divisions (avec la création d'un troisième groupe au sein du régiment de chars) et l'équipement d'un second bataillon d'infanterie avec des véhicules blindés de transport de troupes, ne pourront être exécutés en raison de la faiblesse de la production industrielle allemande [73].

Il faut attendre les six derniers mois de la guerre pour voir les structures des divisions blindées et mécanisées SS évoluer de nouveau. Déjà affectées par un processus général de « dé-motorisation » des forces armées allemandes en novembre et décembre 1944 (deux de leurs six bataillons d'infanterie roulaient désormais à vélo) [74], elles ont été directement visées après l'échec de la contre-offensive des Ardennes où les embouteillages de colonnes entières sur les étroites routes enneigées avaient autant contribué que la résistance américaine à l'enlisement de l'opération au cours des premiers jours. Les propos désabusés de Hitler parlant des divisions blindées comme d'une « construction ratée » *(Fehlkonstruktion)*, car n'étant « pratiquement rien d'autre que de mauvaises divisions d'infanterie avec un soutien de chars et de canons d'assaut », donnent la mesure de ses espoirs déçus. « Les SS et les autres » auront beau « tempêter », les mesures de réduction des forces seront appliquées avec l'appui de Hitler [75]. Le nombre de bataillons par régiment d'infanterie passera de trois à deux à cette époque. Sur les quatre bataillons d'infanterie restants, l'un se déplaçait en transports de troupes semichenillés, deux en camions, le quatrième à vélo [76].

Un transfert de puissance de l'armée à la SS

En dépit de sa volonté, Guderian s'est révélé incapable d'empêcher la multiplication des Grandes Unités mécanisées SS, comme cela figurait dans son programme de mars 1943 [77]. Dès avant sa prise de fonction, les 9ᵉ et 10ᵉ divisions SS avaient déjà été organisées au début de 1943 sur le même modèle que les divisions « Das Reich » et « Totenkopf ». Hitler avait pour l'occasion délégué à Himmler le soin de déterminer lui-même la structure de ces deux nouvelles formations [78]. Cette indépendance s'est retrouvée dans le courant de l'année 1943, tout d'abord avec l'organisation de la nouvelle division « Hitlerjugend » sur le modèle des divisions d'infanterie mécanisée SS en juin, puis à l'époque de la réorganisation générale en corps d'armée des divisions blindées et motorisées SS en octobre. Au passage, il était désormais fait une claire distinction entre les formations blindées et les formations d'infanterie motorisée SS, les secondes ne disposant plus que d'un bataillon blindé au lieu d'un régiment [79]. Chemin faisant, Hitler a sacrifié le nombre et la puissance des *Panzerdivisionen* de l'armée de terre en vue de favoriser la constitution des formations blindées SS. En l'espace de deux années, de juillet 1942 à juin 1944, le nombre de divisions blindées de l'armée est ainsi passé de vingt-cinq à vingt-quatre, celui des divisions blindées SS s'élevant à sept alors qu'il était nul au départ. Au passage, le nombre de chars par division blindée a été réduit de 280 à l'été 1941 à 180 à l'automne 1943, puis 140 à partir de l'été 1944. Il en est allé de même du nombre de divisions d'infanterie motorisée. De juillet 1942 à juin 1944, celles de l'armée de terre sont passées de onze à dix, celles de la SS croissant pour leur part de quatre à cinq et demie [80]. Il y avait là un transfert de puissance palpable de l'armée vers la *Waffen-SS*.

Les particularismes des formations motorisées et blindées SS

Les structures des formations motorisées et blindées SS se sont différenciées assez sensiblement de leurs homologues de la *Wehrmacht* au cours de leur évolution. Ces caractéristiques trahissent les buts poursuivis aussi bien par la *Reichsführung-SS* que par les différents commandants d'unité. Elles constituent en outre un facteur indubitablement important pour expliquer le comportement au feu de ces formations au cours du conflit.

La puissance de feu de l'infanterie motorisée

L'intérêt suscité par les matériels blindés allemands a souvent eu pour conséquence de détourner le regard sur l'évolution de l'infanterie, dont les faits d'armes ont volontiers été mis sur le compte, suivant l'inclination des auteurs, du professionnalisme, de l'audace ou du fanatisme. Réduire exclusivement à l'un ou l'autre de ces facteurs l'efficacité militaire des fantassins SS conduit toutefois à exclure du champ explicatif la structure des unités d'infanterie SS. Or, cette organisation a également eu sa part dans les succès militaires de la *Waffen-SS*.

Au début du conflit, l'organisation de base de l'infanterie SS ne s'est pas véritablement différenciée de celle de l'armée de terre, en dépit de quelques variations [81]. La principale réforme est survenue en 1942 avec la réorganisation du groupe d'infanterie, c'est-à-dire l'unité tactique élémentaire du champ de bataille qui se composait jusqu'alors de neuf hommes conduits par un sous-officier. À l'instar des groupes d'infanterie des divisions blindées et motorisées de l'armée de terre, ceux des divisions motorisées SS ont alors été renforcés pour passer à douze hommes, et surtout ont reçu un second fusil-mitrailleur [82]. Leur articulation était la suivante [83] :

Fonctions	Armement
1 chef de groupe	1 pistolet-mitrailleur
1 chef de groupe adjoint	1 fusil ou fusil lance-grenades
4 servants de fusil-mitrailleur	2 fusils-mitrailleurs modèle 42 (MG 42), 4 pistolets 38 (Walther)
1 tireur d'élite	1 fusil muni d'une lunette de visée
1 (ou 2) fusilier(s) lanceurs de grenades	1 (ou 2) fusil(s) lance-grenades
3 (ou 2) fusiliers	3 (ou 2) carabines 98 K
1 fusilier pour tirs rapides	1 fusil semi-automatique

Le nombre de fantassins armés d'un simple fusil au sein du groupe représentait donc, au plus, un tiers de l'effectif. Au demeurant, ils étaient davantage préposés à envoyer des charges explosives de tous types que de se servir de leur fusil. Les autres membres du groupe servaient soit une arme automatique ou semi-automatique (dont les cadences de tir étaient naturellement supérieures à celle d'une carabine classique se chargeant manuellement après chaque tir), soit une arme permettant un soutien précis et efficace, en l'occurrence un fusil à lunette ou un fusil lance-grenades. La capacité à délivrer un feu nourri et concentré a encore été augmentée par l'introduction, au second semestre de l'année 1942, du nouveau modèle de fusil-mitrailleur MG 42 en remplacement de l'ancien MG 34. La nouvelle arme gagnait en fiabilité, mais également en performance : de 900 coups/minute pour le MG 34, la cadence de tir théorique passait à 1 500 coups/minute avec le MG 42 [84]. En somme, la dotation d'un second fusil-mitrailleur, conjuguée à l'arrivée de cette arme, triplait la puissance de feu initiale de l'unité élémentaire d'infanterie. À l'heure où les soldats des pays belligérants étaient encore largement pourvus de fusils classiques ou semi-automatiques, l'octroi d'un second fusil-mitrailleur faisait du groupe de combat des formations motorisées allemandes une troupe supérieurement équipée sur le champ de bataille. Le fait était encore plus vrai dans le cas du bataillon d'infanterie mécanisée. Sur le papier, chacune de ses compagnies disposait pratiquement d'une puissance de feu égale à celle d'un bataillon d'infanterie motorisée du début de la guerre. De fait, on arrivait à un ratio supérieur à un fusil-mitrailleur pour trois combattants, sans compter la protection octroyée par le blindage des véhicules [85]. En comparaison, l'infanterie allemande ordinaire n'a bénéficié que plus tardivement et partiellement de cette mesure [86].

Si cette réorganisation de la structure élémentaire de l'infanterie répondait à une logique inspirée par l'esprit d'offensive, elle n'en a pas moins été précieuse lors des combats défensifs des deux dernières années de la guerre [87]. Par sa souplesse, elle a tout autant permis de concentrer le feu sur les nids de résistance que de dresser un véritable barrage devant un assaillant en le clouant au sol par des tirs croisés. L'expérience faite par un régiment d'infanterie ordinaire de l'armée est à cet égard édifiante. Celui-ci a irrégulièrement constitué une compagnie hors rang dont l'organisation et l'armement se calquaient sur le modèle des compagnies d'infanterie motorisée. À l'aune de cette expérience clandestine, il a été possible de constater que chacune des sections de cette compagnie disposait de la puissance de feu et des moyens suffisants pour accomplir efficacement les missions offensives et défensives qui exigeaient habituellement l'engagement dans sa totalité d'une autre compagnie du régiment [88].

Cette réorganisation requérait néanmoins trois conditions, à commencer par un haut niveau d'équipement. Cela est d'autant plus vrai que, dans certaines unités, les groupes d'infanterie n'emportaient pas habituellement les armes de combat rapproché (pistolets-mitrailleurs, manchons lance-grenades des fusils) s'ils n'étaient pas engagés dans des assauts ou des coups de main, et cela en raison du poids de ces armes, probablement aussi de leur valeur. Dans un combat classique, elles étaient laissées auprès du train des unités [89].

D'un autre côté, avec l'introduction de notions tactiques plus élaborées, cette organisation réclamait du chef de groupe des compétences plus élevées qu'auparavant. En toute logique, cela exigeait un entraînement plus poussé pour maîtriser un schéma tactique plus complexe. Ainsi, la tactique d'emploi d'un groupe à deux fusils-mitrailleurs ne faisait pas moins de quinze pages. Par ailleurs, cela conduisait à doubler pratiquement l'encadrement subalterne en plaçant au côté du chef de groupe un adjoint disposant lui-même de bonnes notions tactiques. Le rôle de ce dernier, qui consistait à diriger les tirs de couverture, était en effet l'un des éléments clés du succès, le rôle du chef de groupe au moment de l'assaut final étant exclusivement celui d'un entraîneur d'hommes.

Enfin, ce surcroît de puissance de feu supposait une consommation en munitions bien plus importante que celle d'un groupe d'infanterie ordinaire, et donc une logistique appropriée. En fait, le groupe était presque devenu le supplétif des armes automatiques avec, en théorie, le transport d'un total de 4 550 balles pour fusil-mitrailleur, sans compter quatre canons de rechange pour l'arme [90]. En dépit des consignes d'économie, la durée de feu d'une bande de 250 balles pour une arme tel que le MG 42 était de l'ordre de la minute dans les circonstances habituelles du combat.

Cette cadence de tir élevée n'a pas eu que des avantages : tout juste équipés de MG 42 et encore habitués jusqu'à cette date à servir des MG 34 dont la cadence de tir pratique était de 120 coups/minute, les éléments de la 6ᵉ division de montagne SS engagés en Lorraine au début de 1945 ont ainsi connu des situations de crise par manque de munitions [91].

L'économie des forces

L'organisation des unités d'infanterie motorisée SS s'est de plus en plus fréquemment écartée du modèle théorique à la fin de la guerre. Certes, le noyau de base n'a pas cessé d'être le groupe d'infanterie à deux fusils-mitrailleurs. Chez certaines formations SS, la gestion de plus en plus économe des personnels a néanmoins conduit à modifier sensiblement l'articulation des compagnies d'infanterie. Ainsi en est-il allé au sein des 2ᵉ et 17ᵉ divisions SS lors de leur présence en France au printemps 1944. Toutes deux ont délibérément diminué les effectifs de leurs compagnies de combat afin de se constituer une réserve de personnels. À la 17ᵉ division SS, un quart de l'effectif théorique des compagnies de fusiliers et d'éclaireurs était ainsi initialement prévu pour passer en réserve au sein du bataillon de dépôt divisionnaire à l'heure où sonnerait le combat [92].

Cette pratique n'était pas nouvelle. Dès avril 1943, le corps d'armée blindé SS ne s'était plus en effet focalisé sur la seule protection de son encadrement, mais aussi sur la préservation du simple fantassin. Alors que ses divisions pansaient leurs plaies après la bataille de Kharkov qui leur avait coûté quelque 11 500 hommes, et devant les difficultés croissantes à remplacer ces pertes, la consigne avait été d'engager au combat des compagnies d'infanterie réduites à 90 hommes. Avec un effectif théorique de 169 personnels par compagnie, cela maintenait près de la moitié des fantassins hors du champ de bataille. « La pensée fondamentale de cette nouvelle organisation » se fondait sur l'« expérience que, avec suffisamment d'armes lourdes et une bonne conduite du tir, le même succès [pouvait] être obtenu avec des pertes bien moins élevées, y compris par de faibles forces d'infanterie » [93]. Conformément à « l'ordre fondamental n°4 du Führer », paru à cette époque, il s'agissait donc d'éviter les gaspillages inutiles en s'appuyant sur la puissance de feu plutôt que sur des vagues de fantassins lancés à l'assaut. « Le ménagement de notre bien le plus précieux, l'individu allemand », rappelait Hausser, passait par l'engagement « de nombreuses armes lourdes, y compris [celles] en surnombre » [94].

Sur le fond, cette politique d'engagement limité des forces illustrait le problème des unités SS assujetties aux conditions spécifiques de recrutement de l'Ordre noir. Aussi, face à l'incapacité croissante des services centraux à remplacer rapidement leurs pertes, ce souci d'économie a gagné du terrain au sein des formations. Outre les 2e et 17e divisions SS, de telles pratiques se découvrent en effet au sein des 9e et 12e divisions SS dont certains bataillons ont placé jusqu'à un quart de leurs fantassins en réserve à la fin de 1944 [95]. Au moment de la reconstitution de la « LSSAH » à la mi-octobre 1944, pas moins de treize compagnies ou batteries ont été organisées et tenues en réserve, c'est-à-dire pratiquement l'équivalent d'un régiment. Les bataillons d'infanterie ne devaient plus aligner que 70 % de leurs effectifs théoriques [96]. Cette politique d'engagement minimal des forces se retrouve à l'échelle de la 6e armée blindée (SS) en mars 1945, au moment de son offensive ratée en Hongrie. À en croire Goebbels, elle semble d'ailleurs avoir pris des proportions insoupçonnées :

> Le Führer est très mécontent que Sepp Dietrich l'ait dupé. Il a laissé d'importantes unités de sa 6e armée au pays, pour les avoir à son retour à disposition comme unités de remplacement, et [il] s'est suite à cela engagé avec 40 000 hommes au lieu de 70 000. Naturellement, cela s'est immédiatement remarqué lors de son offensive [97].

Loin d'être l'apanage de la *Waffen-SS*, cette pratique se rencontrait également au sein de certaines formations de l'armée [98]. À l'automne 1944, elle s'étendra d'ailleurs officiellement aux divisions de grenadiers du peuple, dont la mise sur pied et l'organisation avaient justement été confiées à Himmler [99].

Un appui feu surdimensionné

Si la politique d'économie des forces reposait largement sur une puissance de feu accrue, la SS n'avait pas attendu 1943 pour tenter d'obtenir le meilleur ratio possible entre ses effectifs de première ligne et ses unités d'appui feu. Dès l'année 1942, on assiste en effet à une multiplication des unités d'appui lourd au sein de la division d'infanterie motorisée SS (régiment blindé disposant d'une compagnie de chars lourds *Tiger*, groupe de canons d'assaut, compagnie mixte d'escorte divisionnaire, unités de lance-fusées) ou au renforcement des unités existantes, notamment en pièces automatiques de DCA de 20 mm (« l'une des armes les plus décisives » des engagements au sol au cours de l'hiver 1941-1942) ou en canons antichars de 75 mm (au lieu des inefficaces canons de 37, 47 et 50 mm). Cette soudaine profusion d'armes lourdes a même confiné à un « trop-plein » en 1943. À tel point que le corps d'armée blindé SS a dû mettre en garde ses troupes « devant une surabondance d'armes d'appui » qui allongeait et embouteillait les colonnes en marche en retardant leur progression [100].

Cet appui feu surdimensionné ne se distingue jamais aussi nettement qu'au travers des unités de taille intermédiaire, à l'instar du cas déjà évoqué de la « LSSAH » au début du conflit. Elle se retrouve par exemple à l'été 1943 à la brigade d'assaut « Reichsführer-SS ». En comptabilisant les compagnies d'appui feu hors rang, on arrivait pratiquement à un rapport de deux bataillons d'infanterie (dont un bataillon appartenant à l'armée) pour quatre bataillons d'armes lourdes [101]. C'est par cette logique que Himmler justifiait son refus de constituer deux bataillons d'infanterie dépourvus d'armes lourdes avec les quelque 1 600 volontaires wallons alors disponibles :

> Deux bataillons livrés à eux-mêmes ne sont pas une formation qui promet une évolution favorable. Sous cette forme, ils sont toujours dépendants des armes lourdes d'autres détachements ou alors ils sont acculés, dans des situations difficiles, à devoir se défendre ou attaquer sans armes lourdes. Cela ôte à la troupe le sentiment de sécurité et lui donne pratiquement la conviction d'être inutilement mise en danger [102].

En surdimensionnant l'appui feu de ses unités, la *Reichsführung-SS* s'assurait ainsi qu'elles disposent des meilleures chances de succès, et par là qu'elles figurent la « vitrine idéologique » dont l'Ordre noir avait besoin pour ses ambitions.

*L'appui feu, enjeu de pouvoir
entre les formations SS et leur* Reichsführung

La multiplication des corps d'armée SS à partir de 1943 a soulevé de sérieux problèmes dans la mesure où les divisions SS qui leur étaient subordonnées devaient leur céder certaines de leurs unités d'appui récemment acquises, en particulier des détachements de chars lourds ou d'artillerie. Le phénomène n'a guère touché les Ier et IIIe corps d'armée blindés SS, ceux-ci ayant dès l'origine été conçus comme des entités homogènes. Leurs commandants, Josef Dietrich et Felix Steiner, n'ont donc cessé de régner sur leur petit monde, et la manière dont chacune des 1re et 12e divisions SS a reçu son groupe de lance-fusées illustre cette politique[103]. En comparaison, la tâche de Paul Hausser à la tête du IIe corps d'armée blindé SS a été bien plus difficile. Le fait est que, en perdant le contrôle tactique des divisions « Das Reich » et « Totenkopf » à l'été 1943, il a également vu s'échapper la possibilité de récupérer leurs unités d'appui lourd, notamment leurs compagnies de chars *Tiger*. En plaidant sa cause auprès de Himmler au début de l'année 1944, il rappelait que « le " sacro egoismo " des divisions souhaite naturellement le maintien des compagnies de *Tiger*. Cela est néanmoins une erreur : les *Tiger* doivent être concentrés en un [seul] lieu ; la division au *Schwerpunkt* en a le bénéfice ». La réponse de Himmler est d'autant plus intéressante que, tout en donnant raison à Hausser, il n'a pas hésité à lui rappeler sa propre désinvolture passée, lorsqu'il avait « omis d'exécuter l'ordre déjà donné au printemps de l'année précédente de retirer les compagnies de *Tiger* des divisions Totenkopf et Reich et de les assembler auprès du corps[104] ». Le retrait du front de l'Est de la division « Das Reich » a finalement permis la constitution du groupe de chars *Tiger* du IIe corps d'armée blindé SS au début de 1944. Sur ordre de Hitler, et en dépit des efforts de Guderian et de la *Reichsführung-SS*, la division « Totenkopf », demeurée sur le front de l'Est, a par contre gardé sa compagnie de *Tiger* qui a même été renforcée[105]. En fait, bon nombre de petits détachements continuaient ainsi à servir au sein des divisions SS, à l'image des batteries lourdes d'observation et de repérage des IIe et VIIe corps d'armée blindés SS engagées auprès des 2e et 17e divisions SS à l'été 1944[106].

Cette situation a brutalement évolué après l'été 1944. On assiste en effet en octobre à une véritable reprise en main menée par la *Reichsführung-SS*. En l'occurrence, les différents corps d'armée SS ont été dépossédés de tous leurs détachements organiques. Seuls leur ont été laissés en propre les moyens destinés à assurer leur mission de commandement, leur autonomie logistique ainsi que leur sécurité. Leurs unités de combat de toutes sortes (chars lourds, artillerie, lance-fusées, etc.), mais aussi les détachements sanitaires, voire des éléments d'approvisionnement, ont alors changé de statut pour devenir des « troupes spéciales de la *Reichsführung-SS* ». Afin de les distinguer des unités demeurées organiquement attachées aux corps d'armée, la mesure s'est accompagnée d'une nouvelle numérotation [107]. Au final, cette mise au pas centralisatrice a balayé les particularismes des différentes unités, exception faite des divisions « Leibstandarte » et « Hitlerjugend » qui ont conservé leurs groupes de lance-fusées [108].

Ce changement a représenté un réel bouleversement, tant dans les mentalités que dans l'organisation. Après avoir repris aux divisions les unités lourdes d'appui que celles-ci avaient eu tendance à considérer comme des biens-fonds, les corps d'armée SS se sont vu à leur tour retirer ces unités par le SS-FHA qui reprenait ainsi clairement l'ascendant sur ses troupes. Il pouvait désormais redistribuer ses forces comme il l'entendait, en fonction des nécessités stratégiques du moment. En somme, il devenait un organe décisionnaire, au même titre que l'état-major de l'armée de terre qui ventilait au sein des armées et groupes d'armées les unités de réserve générale nécessaires à leurs missions. À un système quasi féodal où dominaient les fortes personnalités se substituait désormais un pouvoir central dont le besoin était d'autant plus impérieux que les divisions et corps d'armée SS se multipliaient et que la situation militaire se détériorait à l'automne 1944. Les effets de cette politique n'ont pas tardé à se faire sentir sur les champs de bataille. En prévision de la contre-offensive dans les Ardennes, la 6ᵉ armée blindée (SS) a ainsi été temporairement renforcée à l'automne 1944, entre autres par les unités organiques d'artillerie et le détachement de chars lourds du IIIᵉ corps d'armée blindé SS « germanique », alors engagé à l'est. Celui-ci les a du reste récupérés en février 1945, dès lors qu'il a lui-même eu la mission de contre-attaquer sur le front de la Vistule. Dans l'intervalle, la mesure aura permis à la 6ᵉ armée blindée (SS) de disposer d'une formidable concentration d'artillerie pour ouvrir la voie à ses divisions lors de la dernière offensive stratégique à l'ouest [109].

Un accroissement mal contrôlé du soutien logistique

Héritée de l'armée, l'articulation des services logistiques des formations SS a été largement remise en cause à l'été 1942. Constatant son manque d'efficacité, l'Office d'économie et d'administration SS l'a réformée, à la fois structurellement et matériellement. D'une part, tous les services de ravitaillement de chaque division motorisée SS, auparavant dépourvus d'unité de commandement, ont désormais été placés sous une direction centralisée dans le cadre d'un bataillon d'intendance. D'autre part, les dotations ont été très largement revues à la hausse dans les domaines les plus divers (capacités d'emport, moyens radio, maintenance automobile, etc.). Il s'agissait d'ajuster les moyens d'approvisionnement des divisions motorisées SS à leur effectif rationnaire. Avec environ 20 000 hommes chacune, elles disposaient auparavant des mêmes moyens que leurs homologues de l'armée de terre, fortes de quelque 16 000 hommes. En somme, l'organisation logistique des divisions SS était inadaptée, parce que sous-dimensionnée par rapport à leurs effectifs pléthoriques. Ce phénomène de centralisation des services de l'arrière est typique de l'année 1942 et a concerné aussi bien les ateliers automobiles que les services sanitaires [110].

La transformation des divisions motorisées SS en virtuelles formations blindées a dévoyé ces mesures, pourtant nécessaires, en les amplifiant au-delà du raisonnable. La cause en a été l'assez large initiative laissée à la troupe. L'expérience prouve en effet que Hitler et la *Reichsführung-SS* se focalisaient plus volontiers sur l'organisation des unités de mêlée que sur celle des unités d'approvisionnement. En comparaison du projet de régiment rapide de la division « Das Reich » qui a fait l'objet d'âpres et longues discussions [111], l'organisation des services du train divisionnaire a été à la même époque modelée sans coup férir selon les vœux de la troupe. Le corps d'armée blindé SS s'est ainsi vu confier par le SS-FHA le soin d'établir lui-même les tableaux d'effectifs et l'articulation théorique des unités de maintenance des formations SS, et ce, en concertation avec les trois divisions SS présentes en France en octobre 1942 [112].

Profitant de cette délégation de pouvoir, la troupe a naturellement opté chaque fois pour la solution la plus avantageuse pour elle, avec une tendance à voir les choses en grand [113]. Une véritable boulimie s'est même emparée de ces formations, à l'image du corps d'armée SS qui, plutôt que de rétrocéder quinze véhicules en surnombre, avait auparavant remué ciel et terre pour trouver des chauffeurs [114]. Le corps d'armée SS a également épuisé tous les artifices comptables pour obtenir des personnels supplémentaires [115]. De son côté, la division « Das Reich » révisait une troisième fois à la hausse ses effectifs en dotation au début de février 1943, avant que le corps d'armée blindé SS ne veuille encore les augmenter de sa propre initiative trois mois plus tard. Il s'agissait alors de créer « des postes jugés indispensables de toute urgence », notamment au sein des unités de maintenance chargées de la récupération et de la réparation des blindés endommagés sur le champ de bataille [116].

Outre l'augmentation des effectifs, ces réformes ont engendré un net changement des équilibres internes entre les troupes de combat et celles de soutien, au profit de ces dernières *(annexe 25)*. Ainsi, la métamorphose de la division « Das Reich » en virtuelle formation blindée au cours de l'hiver 1942-1943 s'est accompagnée à la fois d'une augmentation de 9 % du nombre de ses personnels, mais aussi d'un recul sensible, en proportion, des effectifs des unités de combat, ceux-ci passant de 58 à moins de 52 % [117]. D'ailleurs, les effectifs combattants sont systématiquement passés sous la barre des 60 % dans chacune des trois divisions du corps d'armée SS, n'atteignant même pas 50 % au sein de la division « Totenkopf ». Que celle-ci soit en sureffectif était un indice révélateur, démontrant que ce surcroît de personnels avait essentiellement bénéficié aux services de l'arrière. Ces derniers absorbaient par ailleurs un grand nombre de cadres. Ainsi, seuls deux cinquièmes des sous-officiers des divisions « Das Reich » et « Totenkopf » avaient des fonctions de combat.

Cette évolution était d'autant plus remarquable qu'elle est survenue à l'époque où Hitler, s'offusquant de la faiblesse des effectifs de combat des formations allemandes, promulguait une directive générale prenant le contre-pied de cette tendance [118]. Cela n'a pas empêché les responsables SS de poursuivre leur but, afin de garder leurs unités autonomes sur le champ de bataille alors qu'elles étaient devenues tributaires d'une logistique encombrante suite à l'arrivée de nombreux matériels lourds [119]. Ces mêmes responsables ne se sont pas sentis davantage concernés par les mesures d'économie édictées en ce sens par l'armée à l'automne 1943. L'état-major du IIe corps blindé SS n'a ainsi reconnu « aucune validité » à l'ordre de l'armée de terre ordonnant de réduire d'un quart le parc automobile des unités, prétextant que seul le SS-FHA était compétent en ce domaine [120]. Cependant, lorsque le même SS-FHA a ordonné à ses divisions d'amputer de 10 % leurs effectifs théoriques quelques semaines plus tard, il n'a pas été plus écouté [121]. En fait, ce n'est pas avant le second semestre 1944 que les divisions blindées SS ont commencé à revoir à la baisse leurs effectifs théoriques [122]. Il est vrai qu'elles ont été de plus en plus incitées à le faire au cours de l'hiver 1943-1944. Une directive générale de Hitler du 27 novembre stigmatisait en effet les services pléthoriques des étapes et avait exigé le redéploiement « d'au moins un million d'hommes » des forces armées dans les unités de première ligne [123].

La résistance aux ordres n'en a pas moins continué, notamment lors de l'introduction de la réforme « organisation libre » *(freie Gliederung)* au sein des divisions blindées du *Heer* et de la *Waffen-SS* à partir du printemps 1944. La mesure visait à retirer aux compagnies les personnels du train et du secrétariat pour les rassembler dans une compagnie spécifique au niveau des bataillons. Or, non seulement Himmler s'est réservé le droit de négocier l'application de cette réforme au sein de la *Waffen-SS*, mais l'une de ses divisions blindées (la 10e) l'a jugée inapplicable et, après l'avoir mise en œuvre, a ordonné à ses unités de revenir à l'ancienne organisation en ne conservant de la réforme que la restriction des effectifs [124]. D'autres l'ont appliquée, mais en maintenant souvent leurs particularismes [125]. Ainsi, la 12e division SS a réussi à élever à 450 hommes les effectifs de la « compagnie » de réparation de son régiment blindé, afin de conserver un haut degré d'aptitude opérationnelle des chars. Cet imposant effectif équivalait cependant à celui d'un bataillon d'infanterie allemand dans la dernière année du conflit [126].

Devenues des « mammouths » difficiles à manier dont les unités logistiques absorbaient un ravitaillement supérieur à celui des unités combattantes, les formations de panzers SS sont devenues la cible de l'inspection des troupes blindées à la fin de l'année 1944. Le phénomène n'était certes pas nouveau. Seulement, les troupes SS ne bénéficiaient plus de la bienveillante protection de Hitler après leur échec dans les Ardennes. De même qu'il a conduit à une réduction drastique de leur potentiel de combat, cet échec a permis à l'inspection des troupes blindées de faire triompher ses idées en transférant les services d'approvisionnement aux corps d'armée[127].

Des divisions comme les autres ?

Les disparités avec les formations de l'armée

Le statut hors norme des formations SS les avait conduites à se distinguer des unités de l'armée de terre dès l'avant-guerre. De l'aveu de l'ancien inspecteur de la SS-VT, Paul Hausser, la SS disposait à cette époque d'« une certaine liberté » dans l'application de ses dotations théoriques en effectifs et en équipement[128]. Le décret du 18 mai 1939 avait d'ailleurs légalisé un régime d'exception, octroyant officiellement le droit à ses régiments de disposer, en sus de l'organisation normale d'un régiment d'infanterie motorisée de l'armée, d'une section du génie, d'une section de reconnaissance blindée et d'une compagnie de chars, même si ce dernier point n'a pas été appliqué. Surtout, ce décret stipulait que, dans la limite de l'effectif total de 20 000 hommes de la SS-VT, chacun des régiments SS n'était « pas lié aux effectifs du temps de paix établis pour les unités correspondantes de l'armée de terre »[129]. Enfin, en partant sur une base aussi élevée de 20 000 hommes, ce décret officialisait *de facto* le caractère hors norme de la division qui allait être issue de la SS-VT puisqu'il lui accordait un effectif nettement supérieur à n'importe quelle autre division de l'armée de terre du début de la guerre. De fait, la « SS-Verfügungs-Division » a dès l'origine disposé de trois régiments d'infanterie au lieu des deux régiments de la division d'infanterie motorisée de l'armée[130]. La division « Totenkopf » a d'ailleurs tôt fait de se mettre au diapason, passant de près de 15 000 hommes en novembre 1939 à plus de 21 000 en mai 1940[131]. À la veille de la campagne à l'ouest, les écarts étaient donc importants entre ces deux divisions SS et les formations de l'armée de terre. La différence s'élevait notamment à plus de 4 500 hommes avec la division d'infanterie motorisée *(annexe 26)*.

Initialement liée aux effectifs, la différence n'a ensuite cessé de se creuser dans les structures. Outre les deux compagnies du génie et de reconnaissance présentes dans chacun de ses trois régiments d'infanterie, la division motorisée SS comportait par rapport à celle de l'armée, à la veille de l'opération « Barbarossa », deux bataillons d'infanterie, un groupe d'artillerie ainsi qu'une batterie de canons d'assaut supplémentaires. Alors que la plupart des divisions de l'armée ne disposaient même pas d'une batterie de DCA, les divisions SS alignaient un groupe entier à trois batteries [132].

La transformation en 1942 des divisions motorisées SS en divisions blindées virtuelles a encore contribué à élargir le décalage existant. À cette époque, la SS est parvenue à constituer des formations disposant pratiquement du ratio d'armes d'appui de la division blindée, mais à une échelle encore supérieure à la division d'infanterie de l'armée en termes d'effectifs (les effectifs théoriques d'une division d'infanterie mécanisée SS s'élevaient en 1943 à 19 806 hommes, contre 13 914 pour une division blindée et 16 063 pour une division d'infanterie à neuf bataillons de l'armée) [133]. Un officier du corps d'armée SS pouvait alors estimer à juste titre qu'« une division SS représent[erait] la division blindée la plus moderne de la *Wehrmacht* après sa transformation » à l'automne 1942 [134]. C'était également l'avis du général von Senger und Etterlin, commandant d'unités de panzers pendant la guerre, lorsqu'il comparait le meilleur type de divisions de la *Wehrmacht* dans la seconde moitié du conflit. La division d'infanterie ancien modèle était selon lui « une unité de second ordre au point de vue de l'armement », en raison notamment de l'absence de tout détachement blindé. Il jugeait d'un autre côté les *Panzerdivisionen* « trop petites », car « leur puissance combative n'était pas en rapport avec l'importance de leurs services et de leurs armes auxiliaires ». Seules les divisions d'infanterie mécanisée « tenaient le juste milieu entre ces deux extrêmes. Elles avaient six bataillons et autant de chars que la division blindée. De ce fait, elles étaient organisées de façon plus rationnelle, pour toutes les sortes d'emploi dans l'attaque et la défense, que les autres types de divisions ». Or, ce compromis idéal à ses yeux ne correspondait pas à la division d'infanterie mécanisée de l'armée de terre, mais bien à la division mécanisée (puis blindée) SS [135].

De toutes les organisations qui se sont succédé au cours de la guerre, celles établies et appliquées à partir de l'été 1944 sont les mieux connues. Surtout, elles offrent les meilleures possibilités de comparaison entre les divisions blindées de l'armée de terre et de la *Waffen-SS*. Au niveau des effectifs, le constat le plus important était la réduction de format qui touchait les divisions blindées SS, suite à la diminution de leurs effectifs de 10 % ordonnée à l'automne 1943. Avec 17 809 personnels (dont 949 « volontaires auxiliaires »), la différence avec la division blindée de l'armée de terre s'était réduite à 3 882 hommes, soit un écart de 28 %. C'est néanmoins la comparaison de l'armement et des véhicules qui révèle les plus grandes disparités *(annexe 27)*. Seule la dotation en chars de combat (hors chars de DCA de type Flakpanzer IV) échappait à cette logique : l'apparition de l'inspection générale des troupes blindées en 1943 avait en effet représenté une autorité trop forte pour que la *Waffen-SS* puisse échapper à son contrôle. En revanche, la dotation antichar apparaissait considérable. Elle révèle tout autant l'avantage des formations blindées SS dans les combats défensifs des derniers mois du conflit (du moins sur le papier) que l'indépendance de l'Ordre noir. Celui-ci a complètement ignoré la politique de restriction fixée par l'armée de terre au printemps 1944 pour faire face aux pertes et à la production insuffisante des canons antichars lourds [136].

La différence d'approche entre l'armée et la SS

En développant leurs unités de panzers, l'armée de terre et la *Waffen-SS* ont eu une approche différente. La première n'a cessé de diluer le noyau de ses divisions blindées pour en accroître la quantité : de 324 en 1939, le nombre de chars par division blindée est ainsi passé à 140 en 1944 (la mise en service de nouveaux blindés nettement plus performants compensant néanmoins en partie cette réduction) [137]. À l'inverse, la seconde n'a jamais transigé sur ce point, obtenant en 1943 la création de nouvelles divisions blindées sans pour autant amputer la puissance de feu des unités plus anciennes. L'avantage d'avoir préservé cette organisation n'a pas manqué de se faire sentir sur le champ de bataille. Le maintien après 1942 d'un troisième bataillon au sein des régiments d'infanterie SS, par exemple, n'a jamais été perçu à sa juste mesure. Il est vrai que les anciens responsables SS (parmi lesquels leur figure de proue, Paul Hausser) se sont ingéniés après guerre à ramener la question à son strict aspect quantitatif. Dès lors, il était aisé d'en minorer la portée en soulignant même les inconvénients d'une infanterie trop nombreuse par rapport à l'artillerie [138]. Pourtant, dans un mémorandum établi en 1943 à l'intention du SS-FHA, l'état-major du corps d'armée de Hausser insistait justement pour conserver ce particularisme :

> Une articulation à trois bataillons a totalement fait ses preuves et doit être conservée. Il sera objecté à la volonté [de l'armée] d'organiser le régiment d'infanterie mécanisée en deux bataillons que l'exploitation du succès, le second souffle décisif dans l'attaque, n'a été dans de très nombreux cas possible que grâce au troisième bataillon. [...] Dans chaque engagement, on en demande trop au régiment à deux bataillons [139].

Or, c'est avec cette organisation binaire que les divisions blindées de l'armée ont combattu de 1942 jusqu'à la fin de la guerre. Dans la dernière année du conflit, cette lacune s'est d'ailleurs fait d'autant plus sentir chez elles que les combats étaient devenus presque exclusivement défensifs. Le commandant de la division blindée « Lehr » l'avait justement fait remarquer lorsqu'il avait demandé l'octroi d'un troisième bataillon pour ses régiments de grenadiers. Au sein de sa division engagée à l'été 1944 en Normandie, c'était en tout état de cause l'infanterie qui soutenait « le poids essentiel du combat ». Aussi l'aptitude opérationnelle de la division blindée de l'armée se réduisait d'autant plus vite que ses fantassins étaient déjà moins nombreux au départ que ceux de la division blindée SS. La simple comparaison entre la division blindée « Lehr » et la 12ᵉ division blindée SS suffit à se convaincre de l'avantage qu'ont eu les formations SS à disposer d'une infanterie relativement nombreuse, et ce jusqu'en mars 1945. À la fin de juillet 1944, ces deux formations avaient perdu un nombre équivalent d'hommes, soit 6 269 pour la première et 6 164 pour la seconde. Toutefois, proportionnellement, la première avait perdu près de 43 % de ses personnels, la seconde « seulement » 30 % [140].

Le privilège éminemment politique d'une « organisation spéciale »

On ne peut terminer une comparaison entre les formations de la *Wehrmacht* et de la *Waffen-SS* sans rappeler les disparités existant au sein même de la première. Certes, les divisions motorisées et blindées SS n'ont cessé de bénéficier d'un régime d'exception. Elles n'ont cependant pas été les seules. D'autres divisions de l'armée ont officiellement eu droit à des avantages particuliers par le biais de l'« organisation spéciale » *(Sondergliederung)* qui leur a été octroyée [141]. Outre ces divisions avantagées de manière plus ou moins circonstancielle, d'autres ont été favorisées à dessein. De toutes, la formation « Großdeutschland » est assurément celle dont l'évolution au cours du conflit est la plus intéressante. Issue du « régiment de garde Berlin », cette unité partageait à l'origine avec la « LSSAH » les missions de représentation et de protection auprès de la chancellerie du Reich. Il est au demeurant frappant de constater à quel point le cheminement de ces deux unités est semblable, chacune d'elles devenant un corps d'armée blindé au cours du conflit [142]. En fait, la similitude dans l'évolution de ces deux formations se projette comme un jeu de miroirs. Bien souvent, l'acquis obtenu par l'une a servi de prétexte à l'autre pour l'obtenir aussi. Dès le printemps 1940, Himmler a ainsi justifié l'attribution d'une batterie de canons d'assaut automoteurs aux formations SS, et l'a obtenue pour la « LSSAH », en faisant valoir que le régiment « Großdeutschland » en avait reçu une [143]. Sans que cela soit systématique, la « LSSAH » a néanmoins souvent disposé de l'initiative. L'articulation des bataillons d'infanterie à cinq compagnies (au lieu de quatre), introduite à l'automne 1940 au sein de la « LSSAH », n'a par exemple été adoptée qu'au printemps 1942 par la « Großdeutschland », au moment de sa transformation en division. Pour le reste, toutes les spécificités de la « LSSAH » au printemps 1942 (au moment où celle-ci devenait elle-même une division à part entière) se sont à cette époque retrouvées à la division « Großdeutschland » [144]. À l'inverse, la plupart des avantages obtenus par la division « Das Reich » et le corps d'armée blindé SS à l'automne 1942 n'ont été que tardivement octroyés à la division « Großdeutschland » [145].

Le cheminement parallèle de la « Großdeutschland » et de la « LSSAH » agit à double titre comme un révélateur. Plus que d'un climat d'émulation, il s'est tout d'abord agi d'une véritable lutte d'influence et de prestige. Au-delà de leur évolution propre, ces formations sont devenues les porte-étendard respectifs de l'armée de terre et de la *Waffen-SS*. L'accroissement de la division « Großdeutschland » en corps d'armée à la fin 1944 n'échappait d'ailleurs pas à des arrière-pensées politiques, avec la volonté de ne pas se laisser supplanter par la SS qui allait dorénavant disposer d'une armée [146]. Dans un régime oligarchique tel que le IIIe Reich, tout privilège ne pouvait cependant se concevoir sans l'existence d'un « protecteur » *(Gönner)*, lui-même étroitement inféodé au régime et membre de l'entourage immédiat de Hitler – c'est là le second point remarquable. En effet, jamais l'unité « Großdeutschland » n'aurait pu bénéficier de telles faveurs sans l'appui du général Schmundt et du commandant Engel, aides de camp de Hitler, respectivement pour la *Wehrmacht* et pour l'armée de terre. Le lien direct entre la division et ces deux hommes a permis à cette formation de voir ses vœux exaucés et d'obtenir ainsi l'« image idéale d'une division d'infanterie motorisée » en 1942 [147]. De même, les régiments « Feldherrnhalle » et « Hermann Göring », transformés en divisions mécanisée ou blindée en 1942-1943, ont également bénéficié de maints avantages et sont devenus des corps d'armée blindés à la fin du conflit [148]. Avec la « Großdeutschland » et la « LSSAH », ces formations ont été les seules à conserver leur statut d'unités à organisation spéciale en janvier 1945 [149]. Elles devaient ce traitement de faveur à leurs liens politiques avec le régime, la première par le biais de la SA, la seconde grâce à l'homme dont elle portait le nom. En somme, les privilèges restants à la fin de la guerre ont été essentiellement une question de filiation politique. On mesure ainsi à quel point les formations SS ont été redevables à Himmler des avantages qui leur ont été accordés tout au long du conflit.

13

Équipement et approvisionnement

À lire de nombreux témoignages, on imagine des troupes SS parfaitement équipées et ravitaillées, ce qui expliquerait leurs succès [1]. À cet égard, les différents canaux d'approvisionnement « normatifs » et « non normatifs » dont ont bénéficié les formations de la *Waffen-SS* permettent de remonter aux sources de leur équipement et d'en mieux saisir les incidences sur le terrain. Cette approche semble en effet plus pertinente que celle visant à une comparaison systématique entre les unités sur une question matérielle qui, par essence, est extrêmement mouvante en temps de guerre.

LES PROCÉDURES RÉGULIÈRES

La lutte pour le contrôle du ravitaillement

Les procédures d'équipement par l'armée des formations de la SS-VT, puis des SS-TV, avaient été intimement liées à l'évolution de leur statut avant guerre, même si leur reconnaissance officielle au travers du décret du 17 août 1938 ne faisait qu'entériner un fait déjà établi. Au lendemain de l'*Anschluß*, Hitler avait en effet déjà donné l'ordre à l'armée que la SS-VT soit « à l'avenir à tout instant opérationnelle et apte à faire mouvement à l'intérieur comme à l'extérieur [2] ». En somme, c'était rendre la *Wehrmacht* responsable de l'équipement des formations de la SS-VT. Cette responsabilité, l'armée entendait l'assumer pleinement. Avoir la haute main sur le robinet des approvisionnements lui permettait en effet de contrôler étroitement les formations en armes de la SS. C'était une manière commode d'éviter toute tentative d'expansion incontrôlée. Cela n'a pas empêché les coups de force de la SS, qu'il s'agisse de l'équipement de la division « Totenkopf » à l'automne 1939 ou de l'obtention de l'artillerie lourde au printemps suivant, donnant lieu à des batailles procédurières souvent tranchées par Hitler[3].

De tels obstacles à ses projets d'équipement ont manifestement eu le don d'agacer la *Reichsführung-SS*. Dès le début de l'année 1940, celle-ci a tenté d'ériger un système d'approvisionnement parallèle. Il s'agissait de court-circuiter l'armée en traitant directement avec le ministère pour les Armes et les Munitions. Son impressionnante commande révélait combien la SS voulait profiter de l'état de guerre pour se développer. Au total, il y avait de quoi équiper l'équivalent de quatre à cinq divisions. Avec de telles prétentions, il est parfaitement compréhensible que Himmler et ses acolytes aient préféré s'adresser directement au ministère plutôt que « de devoir aller mendier auprès de la *Wehrmacht* » qui leur aurait naturellement répondu par une fin de non-recevoir. Le piège était cependant trop énorme pour que le ministère sollicité y tombe. Ce fractionnement de la production de guerre allait à l'encontre de la plus élémentaire logique économique d'un État belligérant. Une nouvelle fois, la SS faisait passer ses intérêts avant ceux du Reich. Aussi l'armée a-t-elle vivement réagi, d'autant plus qu'elle a pu compter sur l'appui de Göring, responsable de l'économie de guerre[4]. La *Reichsführung-SS* a donc dû battre en retraite. Au demeurant, l'armée ne fermait pas complètement la porte. En effet, les généraux promettaient d'accorder à la SS une filière autonome d'acquisition et de gestion des armes et des équipements dès la paix revenue (de manière tout à fait caractéristique, la SS a alors voulu voir ce retour à la paix dans la démobilisation qui s'annonçait à l'été 1940)[5]. La centralisation accrue de l'appareil de commandement SS à travers la création du SS-FHA le 15 août 1940 a d'ailleurs favorisé l'exécution partielle de ce projet[6]. Aussi, à la veille de l'offensive à l'est, les procédures d'approvisionnement étaient désormais parfaitement clarifiées non seulement pour les divisions SS sous le contrôle tactique de la *Wehrmacht* (qui bénéficiaient d'un ravitaillement identique à leurs homologues de l'armée de terre), mais aussi pour les formations sous le contrôle direct de la *Reichsführung-SS* (annexe 28). Au final, celle-ci allait devoir assumer l'entretien de la force indépendante en charge de la politique génocidaire du Reich, mais aussi des unités de dépôt dans les garnisons à travers l'Europe occupée. C'était – au propre comme au figuré – le prix à payer pour leur autonomie [7].

Au cours de la guerre, les procédures d'approvisionnement des formations de la *Waffen-SS* engagées au sein de la *Wehrmacht* s'établissaient comme suit. Les besoins quotidiens en rations alimentaires, en carburant et en munitions étaient délivrés par les commandements militaires auxquels elles étaient subordonnées [8]. Du côté de la SS, les responsabilités étaient partagées entre le SS-FHA et l'Office principal d'économie et d'administration SS (SS-WVHA). Le premier était en charge de la dotation initiale en armes, en véhicules et en matériels, ainsi que de leur entretien et de leur remplacement. Il était également responsable de la gestion et de la distribution des stocks fournis par l'armée. De son côté, le SS-WVHA était responsable de l'équipement individuel des troupes SS (uniformes et pièces d'équipement individuel) [9]. Dans la pratique, les commandants de l'armée ont néanmoins pu se montrer conciliants, comme le révèlent les préparatifs d'équipement qui ont précédé l'envoi à l'est du corps d'armée blindé SS à la fin de l'année 1942. À cette occasion, les équipements hivernaux pour les véhicules ou les hommes ont été pris en compte aussi bien par le SS-FHA que par l'intendance du commandement à l'ouest [10].

Cette situation n'a pas vu de changement notable jusqu'en 1944, malgré une tentative du SS-FHA au printemps 1943 afin que ses unités puissent indifféremment obtenir leur ravitaillement de la SS ou des groupes d'armées auxquels elles étaient subordonnées. Naturellement, l'armée a rejeté cette proposition, craignant une perte de contrôle et des détournements [11]. Au lendemain de l'attentat du 20 juillet, l'intrusion de la SS dans les organes centraux de l'armée a en revanche affecté le système d'approvisionnement. Les services de l'armée de terre sont passés sous l'autorité d'Oswald Pohl, chef du SS-WVHA. Himmler s'est appuyé sur l'ordonnance du 2 août 1944 pour le nommer responsable du ravitaillement de l'armée de terre, de la *Waffen-SS*, de la police et de l'Organisation Todt [12]. Certes, l'industrie allemande était dans le même temps centralisée sous l'impulsion d'Albert Speer, mais ses principaux partenaires appartenaient désormais à la SS. Pour Himmler, « la voie [était] désormais libre » [13].

Les conditions d'attribution de l'armement lourd

Pour les matériels les plus lourds dont la production et la distribution revêtaient un caractère stratégique (blindés, artillerie lourde, etc.), la décision revenait au commandement allemand. En fonction des matériels et de l'époque, les responsabilités ont été déléguées à différents niveaux, par exemple à l'état-major général de l'armée de terre pour l'artillerie, à la *Luftwaffe* pour les pièces de DCA ou encore à l'inspection générale des troupes blindées à partir de 1943 pour les chars. En dernier ressort, la décision d'affectation des matériels relevait toutefois de Hitler. La production industrielle insuffisante justifiait en effet de privilégier l'équipement de certaines unités par rapport à d'autres en fonction des priorités stratégiques du moment. Que viennent se greffer des calculs et des arrière-pensées politiques dans l'affectation de ces matériels stratégiques, et la logique politique supplantait la logique de guerre. La limite était d'autant plus ténue que l'apparence même d'une faveur par trop marquée laissait une impression d'injustice pour ceux qui n'en bénéficiaient pas. En favorisant dès avant guerre la SS-VT, Hitler avait justement posé les conditions pour laisser durablement cette impression. Dans sa vision d'une petite troupe d'élite « aveuglément vouée à l'État et au Führer », celle-ci devait naturellement être dotée « avec les armes les meilleures et les plus modernes »[14]. De toutes les unités SS, la « LSSAH » est celle qui a le plus régulièrement bénéficié de ses faveurs tout au long du conflit en recevant en suffisance des armes et des véhicules neufs, y compris au détriment d'autres formations de l'armée et de la *Waffen-SS*[15]. Si bien que le défilé de la division sur les Champs-Élysées à la fin de juillet 1942 était une présentation presque exhaustive du catalogue d'armes et de véhicules les plus récents produits par les usines du Reich[16].

Hitler était par ailleurs convaincu que la valeur des nouveaux matériels dépendait largement de l'unité qui en disposait en premier, avec l'idée qu'une troupe aguerrie pouvait rapidement en tirer tous les avantages[17]. Aussi les unités SS ont-elles reçu bon nombre de nouveaux matériels, soit à titre probatoire (tracteur d'artillerie Renault), soit en dotation (véhicule amphibie *Schwimmwagen*, fusil-mitrailleur MG 42, fusil semi-automatique, pièce antichar automotrice de 50 mm, visée spéciale pour pièces de DCA de 20 mm, etc.) [18]. Voir ces nouveaux matériels prioritairement confiés à la *Waffen-SS* à partir de 1942 n'est pas un hasard, eu égard à la réputation dont elle jouissait aux yeux de Hitler après les combats de l'hiver précédent. C'est précisément au second semestre 1942 que la priorité d'équipement accordée à la SS est la plus évidente [19]. À la fin de l'été, la SS a réclamé et obtenu l'augmentation à 15 % de son quota initial (déjà non négligeable de 8 %) sur la production automobile du Reich (hors véhicules blindés et chenillés) [20]. Or, en l'espace de quatre mois, du 1er juillet au 31 octobre 1942, plus du quart de la production en véhicules légers tout-terrain (27,2 %) et le tiers des camions produits par le Reich lui sont revenus. Certes, ces contingents servaient aussi à équiper les différents services de police et de sécurité relevant de la SS. La majorité de la production a néanmoins été absorbée par la *Waffen-SS*, qui ne représentait que 3,3 % des forces de l'armée de terre au 1er juillet 1942 [21]. En somme, un État en guerre venait de fournir proportionnellement presque dix fois plus de véhicules à une organisation paramilitaire qu'à son institution militaire. Stratégiquement, ce déséquilibre était d'autant plus flagrant que, pendant cette période, la priorité d'équipement des formations SS à l'ouest a conduit à n'envoyer « aucun approvisionnement valable en véhicules à l'armée de l'Est ». Après plusieurs avertissements, les services d'intendance de l'OKW tiraient encore ce constat deux jours avant la contre-offensive soviétique dans la région de Stalingrad [22]. Même à l'ouest, les disparités d'équipement entre une formation telle que la 6e division blindée de l'armée et la division « Das Reich » étaient manifestes. Alors qu'elles avaient été retirées approximativement en même temps du front de l'Est, la première a dû attendre deux mois avant de voir son déficit de véhicules passer de 42 % en août 1942 à 13 % en octobre, tandis que le déficit de la seconde n'excédait déjà pas 10 % dès le début du mois d'août, pour se réduire finalement à une infime proportion au moment d'être transformée en division blindée [23].

Le temps des courtisans

Eu égard au rôle d'arbitre de Hitler, la tentation a naturellement été forte pour la SS d'en appeler à lui afin d'obtenir toujours davantage d'équipements. Fort de son soutien, Himmler a ainsi plusieurs fois démarché Göring pour obtenir de la *Luftwaffe* les canons antiaériens qui faisaient défaut à ses unités. C'est notamment grâce à l'assentiment de Hitler que les unités de DCA des formations SS ont pu être constituées et équipées au printemps 1941 [24]. De la même façon, Himmler a facilement obtenu de nouvelles pièces anti-aériennes pour la brigade « Reichsführer-SS » en février 1943, poussant son avantage jusqu'à se faire octroyer des pièces de DCA pour l'ensemble des camps de concentration. Dans la foulée, il a d'ailleurs directement négocié la fourniture des armes lourdes attribuées par Hitler à la brigade auprès des responsables de la *Wehrmacht* présents au quartier général [25]. En décembre 1942, Himmler avait déjà demandé à l'armée deux cents mitrailleuses pour la division « Totenkopf », réclamant peu après à Hitler des canons antichars lourds pour le point d'appui de Clingendaal (près de La Haye) qui devait protéger le siège du commissaire du Reich aux Pays-Bas [26]. De son côté, le SS-FHA est occasionnellement intervenu directement auprès des commandants de théâtres afin de solliciter leur aide [27].

Dans ce démarchage, les commandants d'unité SS ne sont pas demeurés en reste. En sus de son rôle de porte-étendard du Führer, la « LSSAH » a assurément bénéficié des relations personnelles entretenues par Josef Dietrich et Hitler. De son côté, la division « Reich » n'a pas hésité à dépêcher l'un de ses officiers pour plaider directement sa cause auprès de l'aide de camp SS de Hitler. Celui-ci a relayé « personnellement » cette demande de matériels le 4 juillet 1942, alors même que Hitler avait déjà établi « comme prioritaire » l'équipement de la division [28]. Avec le temps et l'impossibilité croissante de l'industrie du Reich à satisfaire les besoins des troupes, le démarchage des bureaux de Berlin par les unités SS semble presque être devenu une règle [29]. À l'occasion d'une inspection auprès d'une unité de la division « Hitlerjugend » au printemps 1944, un responsable du SS-FHA a ainsi conseillé « de faire des représentations auprès des différents bureaux à Berlin afin d'obtenir le rapide équipement en lance-fusées, en matériels ainsi qu'en véhicules » [30]. Au IIe corps d'armée blindé SS, le message semble avoir été bien compris. À la mi-septembre 1944, son commandant a envoyé à Berlin l'un de ses deux divisionnaires afin de plaider auprès du chef du SS-FHA le recomplètement « en hommes, blindés, véhicules et canons » du corps d'armée défait en Normandie. Le voyage s'est d'ailleurs déroulé à l'insu du commandant du groupe d'armées auquel était subordonné le corps SS. Sur place, l'émissaire s'est non seulement entendu dire que « les forces de toutes les unités étaient au plus bas » à cette date, mais que chacune réclamait la priorité [31].

Les contingences du moment

Des impératifs de toute nature ont souvent empêché les formations SS de percevoir les matériels qui leur avaient été initialement promis, jouant un rôle régulateur. Selon les termes du décret de mai 1939, la nouvelle division de la SS-VT aurait ainsi dû être la première à recevoir de l'artillerie automotrice. Cela a certes été plus ou moins le cas, mais avec trois années de retard en raison des délais de production [32]. Par ailleurs, Hitler n'a jamais vraiment été en mesure de faire primer sa logique politique sur les impératifs stratégiques et les capacités de production des usines d'armement du Reich, à l'exception notable de 1942. Là, il a encore pu favoriser le corps d'armée blindé SS en France, où il ne se passait rien, au détriment du principal théâtre d'opérations à l'est. Par la suite, sa volonté de fournir rapidement le meilleur matériel aux formations SS a dû s'incliner devant les besoins des unités supportant l'effort stratégique du moment. Au printemps 1943, la priorité donnée au front de l'Est a par exemple fait avorter le projet d'équiper en France les 9e et 10e divisions SS avec un groupe complet de chars *Panther*. L'exécution de ce plan aurait en effet absorbé environ un mois de production. Peu après, la certitude de ne pas engager rapidement ces deux divisions à l'est l'a conduit à reporter une nouvelle fois l'envoi d'autres chars [33]. De même, la décision de privilégier la division « Hitlerjugend » dans sa directive stratégique n° 51 n'a pas été suivie d'effet en novembre 1943 : le commandement avait donné l'ordre au groupe d'armées B (alors en Italie) de céder plus de 3 400 véhicules, sans se soucier le moins du monde de savoir s'ils étaient effectivement disponibles sur place. En l'occurrence, ils ne l'étaient pas [34].

À partir de novembre 1942, le mot d'ordre s'est également imposé selon lequel « tout ce dont a[vait] besoin la troupe pour son engagement immédiat au combat [devait] lui être cédé [35] ». Dès lors, il n'a plus été rare qu'une formation au repos de l'armée ou de la SS se voie retirer du matériel qui faisait défaut à une unité en partance pour le front. De son côté, l'unité appelée à être engagée voyait s'ouvrir en grand les portes des dépôts. À cet égard, toute barrière s'est effacée entre la *Waffen-SS* et la *Wehrmacht*[36]. Les ponctions successives opérées sur les 9e et 10e divisions SS, longtemps demeurées en Europe de l'Ouest, ont ainsi durablement grevé leurs capacités opérationnelles, parfois jusqu'à atteindre un seuil critique[37].

Cette situation explique les disparités ultérieures. En réalité, l'inégalité de traitement a pu se poursuivre au profit des divisions SS, mais dans la mesure où celles-ci se trouvaient sur le front ou étaient en instance d'y être engagées. En tout état de cause, le renforcement des troupes SS se confondait avec celui du front dans son ensemble. Au printemps 1943, Hitler a ainsi encore pu très largement favoriser les trois divisions du corps d'armée blindé SS en leur attribuant la moitié des chars de type IV envoyés aux divisions de panzers à l'est (75 sur 150). Cet avantage était injustifié dans la mesure où 27 chars auraient suffi à porter les régiments blindés SS à un niveau satisfaisant. Il était également injuste, car il avait détourné au seul profit des divisions SS plusieurs dizaines de chars initialement destinés aux formations blindées de l'armée. Dans ces conditions, « le corps d'armée blindé SS se trouv[ait], du point de vue matériel, significativement mieux [pourvu] que toutes les autres divisions blindées » à cette époque[38].

Une telle inégalité se retrouve à l'ouest à l'été 1944. De toutes les Grandes Unités blindées engagées en Normandie, c'est en effet la division « Hitlerjugend » qui a bénéficié de la priorité d'équipement grâce à sa réputation d'unité « saignée » par les combats. Son régiment de panzers a ainsi aspiré l'essentiel des blindés envoyés pour remplacer les pertes sur ce théâtre d'opérations (plus d'une centaine de chars lui ont été attribués, dont une soixantaine ont été effectivement reçus et engagés). Des formations blindées de l'armée (dont la 11e division de panzers cantonnée en Gironde) ont d'ailleurs été tenues de lui céder des chars[39]. Aucune autre formation de la *Wehrmacht* ou de la *Waffen-SS* n'a bénéficié d'un tel avantage au cours des combats de l'été 1944[40]. Au passage, l'exemple de la division « Hitlerjugend » nuance aussi l'idée communément répandue que les troupes allemandes en Normandie ont combattu jusqu'au dernier souffle sans aucun ravitaillement[41].

À côté des impératifs stratégiques, l'apparition de l'inspection générale des troupes blindées a également joué un important rôle régulateur dans l'attribution des matériels. En négociant son retour en grâce en février 1943, Guderian est non seulement parvenu à obtenir de très larges prérogatives sur l'organisation des troupes blindées, mais aussi à disposer de la haute main sur la ventilation de la production des panzers [42]. En somme, la nouvelle inspection, relativement impartiale, posait une limite importante à l'interventionnisme de Hitler. Ce dernier a certes veillé à ce que les formations SS ne soient pas désavantagées [43], mais elles n'avaient plus systématiquement la priorité. De ce point de vue, la chronologie de la conversion des unités blindées allemandes sur le nouveau char *Panther* est extrêmement révélatrice de la nouvelle orientation prise après la création de l'inspection générale des troupes blindées [44]. Le changement se retrouve également dans les quantités de panzers distribués. De mai 1943 à août 1944, chaque division blindée SS a reçu en moyenne 195 chars de types IV et V (les principaux types à cette époque) contre 245 pour chacune de leurs homologues de l'armée de terre [45]. On est donc bien loin du mythe de troupes SS systématiquement favorisées. Il est tout aussi difficile de parler de défaveur : sur les sept divisions blindées SS, deux ont en effet été longtemps reléguées au dernier rang des priorités d'équipement dans la mesure où elles étaient assignées à « monter la garde » à l'ouest. Aussi ces chiffres moyens cachent-ils une disparité d'équipement au sein même des formations SS, en fonction de leur emploi.

Les filières d'approvisionnement complémentaires

Que ce soit pour améliorer le ravitaillement des unités placées sous le commandement opérationnel de l'armée ou pourvoir aux besoins des détachements demeurés sous son contrôle, la *Reichsführung-SS* a dû trouver d'autres sources d'approvisionnement afin de parvenir à « une dotation abondante de toutes les formations de la SS et de la police engagées au combat » [46]. Cette « abondante dotation » était destinée à garantir le succès des unités qui rejaillirait, aussi sûrement que l'échec, sur la *Reichsführung-SS*, et donc sur sa politique. Trois voies complémentaires ont été utilisées : l'exploitation de la main-d'œuvre concentrationnaire, celle des territoires occupés, et enfin le butin saisi sur les forces armées adverses.

La main-d'œuvre concentrationnaire

Tout au long de son expansion, la *Waffen-SS* s'est appuyée sur une infrastructure industrielle dont le fonctionnement était assuré par l'exploitation de la main-d'œuvre concentrationnaire. Ce phénomène n'a pas été inhérent à l'état de guerre. Avant septembre 1939, une fabrique vestimentaire avait déjà été établie au camp de Dachau, puis une autre au camp des femmes de Ravensbrück, pour fournir des pièces d'uniforme aux SS-TV. Naturellement, la production a été activée avec l'entrée en guerre et, en 1943, ces ateliers fournissaient 20 % des besoins de la *Waffen-SS* en vêtements [47]. De mars 1942 à juin 1943, le nombre de détenus travaillant à la production d'armement est par ailleurs passé de 25 000 à 140 000 [48]. Même si le pourcentage des détenus travaillant effectivement dans les usines contrôlées par la SS n'a représenté qu'une minorité, à peine 15 %, le virage pris en 1941 démontre néanmoins le lien de cause à effet entre les besoins croissants des formations en armes de l'Ordre noir et le développement du *Konzern* de la SS [49]. Ces besoins se rapportaient tout à la fois à la volonté de la *Reichsführung-SS* d'entretenir une force autonome (notamment les unités du « Kommandostab Reichsführer-SS »), mais aussi à l'autonomie de plus en plus marquée des divisions SS dans l'organisation de leurs structures [50].

La production n'a jamais atteint les niveaux fixés lorsqu'elle s'est trouvée aux seules mains de la SS. La correspondance conservée démontre l'ampleur du gâchis lors de la fabrication de pistolets, de fusils et de fusils-mitrailleurs [51]. Sans compter que la logique de la SS s'est souvent opposée à la logique centralisatrice de la production de guerre du Reich [52]. En revanche, une fois reconverties en usines de montage, ces entreprises se sont révélées plutôt rentables pour la SS. Celle-ci s'est vu attribuer 3 à 5 % de la production en contrepartie de la mise à disposition de la main-d'œuvre concentrationnaire, Hitler veillant à ce que ce quota lui revienne effectivement [53]. Sur le même principe, la participation de la SS à la production automobile s'est avérée rentable pour elle, notamment en ce qui concerne les véhicules légers amphibies *Schwimmwagen* de Volkswagen, les blindés tchèques ou les camions Opel fabriqués à Oranienburg-Sachsenhausen [54].

C'est sans aucun doute dans le domaine des équipements individuels et des pièces d'uniforme que le succès de la SS a toutefois été le plus manifeste dans la mesure où elle devait y assurer seule ses besoins. Le catalogue des articles disponibles illustre la diversité de la production SS. De la paire de chaussettes (1,51 Reichsmark) à la blouse de camouflage (10,92 RM), du casque d'acier (4,67 RM) à la bande de bras portant le nom de l'unité (de 0,17 à 0,56 RM en fonction de l'inscription), du mouchoir (0,50 RM) à la tente (14,75 RM), les fournitures produites par l'usine de vêtements de Dachau ont couvert à moindre coût les besoins des troupes SS [55]. Au moins une partie de ces articles étaient d'ailleurs confectionnés à partir des textiles récupérés sur les Juifs envoyés à la mort [56].

Au cours de la guerre, des wagons entiers d'équipements ont ainsi été livrés aux divisions SS directement depuis le camp de Dachau. À cet égard, l'administration SS a été moins chiche avec ses troupes que celle de l'armée, de sorte que le corps d'armée blindé SS a pu fournir des dotations supplémentaires aux personnels du groupe de transmissions de l'armée qui lui a été rattaché en 1942 [57].

Les ressources économiques étrangères

L'achat pur et simple d'équipements auprès de firmes privées étrangères ou l'instauration d'un partenariat avec elles a constitué une autre voie d'approvisionnement. Occupés ou non, les pays européens ont ainsi contribué à équiper et à approvisionner les troupes SS. Cette politique s'inscrivait dans le cadre général d'une exploitation systématique des territoires occupés tout autant destinée à asservir les populations qu'à alimenter l'effort de guerre du Reich et à assurer la paix sociale en Allemagne [58]. Pour sa part, la *Reichsführung-SS* y a surtout vu un moyen d'approvisionner ses troupes au niveau souhaité. Cela était particulièrement vrai au début du conflit, au moment où il lui a fallu donner des armes aux nombreux régiments « Tête de mort ». Pour s'affranchir du contrôle militaire, cette armée privée devait être équipée à la charge de la SS. Aussi, dès le mois de décembre 1939, une commande de deux mille armes portatives antichars a été passée aux usines d'armement tchèques [59]. En juin 1940, à l'époque des combats en France, l'état-major SS a même entamé en sous-main des négociations avec la Suède pour l'achat de plusieurs milliers d'armes [60].

ÉQUIPEMENT ET APPROVISIONNEMENT 369

La constitution d'un vaste consortium industriel, allant bien au-delà du monde concentrationnaire, a participé de la même démarche. Ce n'est d'ailleurs pas un hasard de voir se multiplier les tentatives à partir de l'année 1942, date à laquelle les formations de la *Waffen-SS* se sont développées d'abord structurellement, puis numériquement[61]. Les approvisionnements ont concerné tous les produits contingentés, nombreux en temps de guerre. L'un des exemples typiques de cette politique concerne les postes radio. À l'été 1942, Himmler avait ainsi tenté d'en faire fabriquer dans ses camps de concentration afin d'être « quelque peu indépendant des grands consortium » et de « réduire certains goulots d'étranglement »[62]. L'armée et le ministère de la Poste ne s'y étaient pas opposés, ce qui n'avait pas empêché le projet de péricliter. Aussi la *Reichsführung-SS* a-t-elle changé de stratégie dix mois plus tard en achetant les équipements radio nécessaires à des firmes françaises spécialisées. Par la suite, les divisions SS en France ont reçu mandat pour passer commande et payer directement ces entreprises[63].

Autre produit contingenté, le carburant a pris une importance encore plus considérable pour la SS en 1942, avec la transformation de quatre de ses huit divisions en formations blindées. Aussi la *Reichsführung-SS* s'est-elle ingéniée à trouver de nouveaux canaux d'approvisionnement. Elle a ainsi sollicité l'attribution de méthanol alors qu'il était utilisé dans l'agriculture, pour la fabrication d'explosifs ou encore pour la propulsion de la fusée V2 en cours d'élaboration. Dans le contexte de pénurie, c'était un gaspillage inadmissible aux yeux d'un spécialiste en charge de la question, « un peu comme s'il venait aujourd'hui à l'idée de quelqu'un d'employer du beurre comme lubrifiant pour les véhicules ». Qui plus est, le méthanol était connu pour son effet corrosif pour le moteur des véhicules. Malgré ces considérations, le ministère pour l'Armement et les Munitions a décidé l'attribution à la *Waffen-SS* de cent tonnes de méthanol, certes de qualité inférieure, mais encore parfaitement exploitable[64].

Détournement des produits de leur fonction originale. Détournements tout court aussi. En septembre 1942, la SS a décidé de se procurer clandestinement du carburant à la source, à savoir en Roumanie, dont les champs pétrolifères de Ploesti assuraient l'essentiel des approvisionnements du Reich. Elle a été d'autant plus portée à le faire que « la Suisse a[vait] entre-temps déjà reçu de l'essence provenant de " stocks de carburant clandestins " ». Un officier SS a été dépêché sur place pour traiter directement avec le gouvernement roumain, envisageant de payer en devises étrangères jusqu'à trois fois le prix normal. En raison de la maladresse et de l'impudence de cet officier, le dossier a été repris directement en main par le chef du SS-FHA, Hans Jüttner, sans que l'on connaisse les résultats de sa démarche. L'épisode illustre néanmoins une nouvelle fois jusqu'où la SS était prête à aller pour alimenter ses projets politiques [65].

Dans le domaine des spiritueux, soutiens importants du moral des troupes, la SS a également su jouer des coudes. Dès les premiers froids sur le front de l'Est à l'automne 1941, la *Reichsführung-SS* a par exemple organisé un ravitaillement spécial en schnaps et en vodka pour ses unités [66]. L'organisation s'est ensuite développée. En l'espèce, les services économiques SS ont bénéficié des bonnes relations entretenues par leur succursale parisienne avec le commissaire général français en charge de la production et de l'écoulement de la production vinicole au sein du gouvernement de Vichy. Début 1943, ce dernier a proposé de vendre à la *Waffen-SS* un contingent annuel de 160 000 hectolitres de spiritueux (cognac, armagnac, liquoreux, vins rouge et blanc). Pour une fois, cette vente ne s'est pas produite aux dépens du contingent de la *Wehrmacht* ou du Reich, mais de celui des pays d'exportation (Italie, Suisse et Espagne). Cela expliquait le prix supérieur de 30 % à celui fixé par la *Wehrmacht*, correspondant en fait à la taxe d'exportation prélevée par l'État français. Interrogé, Laval avait donné son accord afin d'enrayer les effets du marché noir tout en augmentant les prix. Les approvisionnements de la SS de l'année précédente témoignaient en effet de l'anarchie prévalant alors : seulement 40 % du ravitaillement en spiritueux provenaient du contingent alloué par la *Wehrmacht* ; les 60 % restants provenaient du marché noir, pour partie achetés par les services économiques SS, pour partie acquis directement par les divisions SS sur place avec les fonds mis à disposition à cette fin par la *Reichsführung-SS* [67]. De l'aveu du chef du SS-WVHA, ses services avaient déjà été « placés dans la situation de procéder généreusement lors de la distribution de vins et de spiritueux et de réaliser diverses distributions spéciales qui ne pouvaient être effectuées par les autres branches de la *Wehrmacht* [68] ». Dès lors, on comprend mieux la réaction d'un Léon Degrelle, chef du parti rexiste, lorsqu'il rapportait sa visite à la division « Wiking » au fin fond du Caucase en septembre 1942. Habitué au ravitaillement de l'armée de terre, il avait été impressionné de constater qu'« il y avait des stocks de champagne et de vins de France chez eux », ce qui n'avait pas manqué de le renforcer dans sa volonté de faire passer la « Légion Wallonie » à la *Waffen-SS*[69].

En attendant, l'offre du gouvernement français à la *Reichsführung-SS* la plaçait dans l'embarras. Certes, les prix proposés étaient nettement plus attractifs que ceux du marché noir. Toutefois, le SS-WVHA allait devoir gérer le « trop-plein », les 160 000 hectolitres représentant près du double des acquisitions précédentes (87 800 hectolitres) qui excédaient déjà largement les besoins réels. La solution finalement adoptée a consisté à réduire le contingent proposé à quelque 100 000 hectolitres, mais aussi à « arroser » – au propre comme au figuré – les « amis » qui avaient soutenu ou étaient susceptibles de soutenir d'une manière ou d'une autre la SS. D'une année sur l'autre, les besoins ont d'ailleurs augmenté de manière exponentielle dans ce domaine : en 1944, le trésorier du parti Franz Xaver Schwarz (dont l'intervention avait été décisive dans la politique germanique de la SS et qui, en outre, avait avancé de l'argent pour couvrir l'achat de spiritueux) a en effet obtenu 200 000 litres d'alcools en retour, le ministre de la Poste, celui des Transports et le chef du RAD en recevant autant. S'il existait, le surplus devait être cédé, avec ou sans marge bénéficiaire, à l'Organisation Todt et à l'armée, en dépit de la difficulté initiale à faire admettre à cette dernière et au ministère de l'Économie « que dans ce domaine aussi, la *Waffen-SS* [faisait] de nouveau chemin à part[70] ».

Le détournement du butin de guerre

L'exploitation des territoires occupés par la *Reichsführung-SS* s'est prolongée sur les théâtres d'opérations, voire sur les champs de bataille encore fumants. De concert avec l'inspecteur du parc automobile de la SS, le chef du « bureau des armes et des matériels de la *Waffen-SS* » s'est ainsi rendu aux Pays-Bas, en Belgique et dans le nord de la France, moins d'un mois après le déclenchement des opérations à l'ouest, afin de déterminer le butin potentiel sur place, notamment en armes lourdes d'infanterie. Finalement, le voyage des deux officiers SS s'est révélé peu concluant : matériel obsolète de l'armée néerlandaise, sabotage généralisé des matériels franco-britanniques dans le secteur de Dunkerque, dégradation rapide faute d'entretien des appareils d'optique ou de pointage des armes abandonnées sur place. Le rapport s'achevait par la recommandation (déjà suivie par la division « Totenkopf ») de faire assurer la saisie du butin par les formations de la *Waffen-SS* et la division de police engagées sur le front [71].

Les formations combattantes SS se sont ainsi très tôt vu confier la mission de prospecter le matériel adverse pour le compte de leur *Reichsführung*. C'était une atteinte directe au monopole de l'armée sur la gestion du butin militaire dont l'État allemand était propriétaire selon les conventions internationales [72]. Il s'agissait donc d'un détournement de biens publics par une organisation du parti. De telles pratiques se sont pourtant poursuivies tout au long de la guerre. La *Reichsführung-SS* les a même encouragées [73]. Du reste, dès la campagne à l'ouest en 1940, les formations SS ont pris l'habitude de faire main basse sur tout ce dont elles avaient besoin (nourriture, fournitures médicales, et surtout véhicules) [74]. Il était parfaitement compréhensible que, sous couvert de nécessité opérationnelle, une certaine souplesse soit introduite dans les pratiques des troupes au combat. Moins que la méthode, c'est son recours abusif qui était ici en cause. À travers leur différence d'attitudes, la « LSSAH » et la « SS-Verfügungs-Division » révèlent comment une troupe se livrant à de telles pratiques peut rapidement tomber dans l'indiscipline. Malgré un pragmatisme faisant fi des règlements pour s'adapter aux circonstances, la « SS-Verfügungs-Division » a su garder le contrôle de ses troupes, fixant ensuite au 20 juillet 1940 un processus de régularisation générale par cession de tous les véhicules n'ayant pas reçu d'immatriculation réglementaire [75]. À la « LSSAH », ces pratiques ont au contraire rapidement « dérapé ». Son commandant lui-même a été dépassé par les événements, comme le prouvent les quatre ordres promulgués en l'espace de six semaines pour interdire la récupération ou la réquisition de véhicules non destinés à remplacer les pertes, y compris après les combats [76]. La division « Totenkopf » semble d'ailleurs avoir rencontré le même problème, concédant rétrospectivement que « les campagnes en Pologne et à l'ouest [avaient] sans cesse montré un comportement indigne d'officiers isolés et d'unités entières lors de la " saisie du butin " ». Tirant la leçon, la « LSSAH » avant la campagne des Balkans, et la division « Totenkopf » avant l'invasion de l'URSS ont donc organisé de manière plus ou moins centralisée de petits détachements spécialement affectés à la saisie des biens pouvant présenter un intérêt militaire. Au pillage incontrôlé devait ainsi succéder une répartition rationnelle et équitable du butin au sein de l'unité [77].

Dans cette entreprise de pillage, il est un exemple de parfaite coopération entre la *Reichsführung-SS* et ses troupes : l'Italie. Après la capitulation italienne le 8 septembre 1943, la SS a en effet largement profité de l'engagement sur place de quelques-unes de ses formations pour prélever sa part du butin, en marge des prélèvements de plus grande ampleur menés par la *Wehrmacht* [78]. En l'occurrence, l'état-major du IIe corps d'armée blindé SS y est tout simplement devenu l'organe exécutif du SS-WVHA. Non seulement il a agi dans ce sens, mais il s'est plus encore senti dépositaire des intérêts de la *Reichsführung-SS* sur place. Ainsi a-t-il fait immédiatement savoir au groupe d'armées B (auquel il était alors subordonné) tout l'intérêt qu'il portait à l'équipement de montagne italien, « car une division de montagne SS [était] en constitution » [79]. Le fait était d'autant plus remarquable que l'état-major du corps d'armée blindé SS n'avait absolument aucun intérêt direct ou personnel à voir équiper cette division qui ne lui avait jamais été (et qui ne lui serait probablement jamais) subordonnée. Il suffit d'ailleurs de lire le journal de marche de ce corps d'armée pour comprendre que la récupération du matériel a représenté pour lui un volet encore plus important que la neutralisation des forces armées italiennes [80]. Dès le 13 septembre, il a érigé un dépôt à Vérone afin de centraliser le butin avant de l'envoyer en Allemagne. Des officiers SS ont été dépêchés un peu partout en quête de dépôts italiens, notamment à Milan et à Turin. C'est par camions et wagons entiers qu'ont ensuite été transportées les marchandises saisies, soit au dépôt annexe ouvert à Meran par l'usine SS de vêtements de Dachau, soit directement vers le Reich. Le responsable de l'usine de vêtements de Dachau s'est d'ailleurs rendu sur place du 14 au 21 septembre, suivi à la fin du mois par trois autres officiers du SS-WVHA venus discuter pendant trois jours des modalités pratiques du pillage avec l'intendant du corps d'armée. Dépassé par l'ampleur de la tâche, le corps d'armée SS a même dû demander à l'inspection sanitaire SS de Berlin l'envoi de personnels en renfort pour la collecte du matériel hospitalier (en deux jours, pas moins de 106 tonnes de linge hospitalier ont notamment été expédiées au dépôt SS de Meran, et six autres tonnes d'instruments et de microscopes au dépôt sanitaire de Dachau) [81].

Au final, le corps d'armée blindé SS n'a pu que louer l'action de son intendant, promu et décoré pour avoir procuré « au Reich des millions en nature » [82]. Certes, le corps d'armée SS n'a probablement pas exagéré la valeur du bénéfice. L'identité du bénéficiaire était par contre sujette à caution. Une nouvelle fois, l'État allemand et son institution militaire avaient été lésés. Dès le 15 septembre, la situation avait d'ailleurs tourné à la crise ouverte entre le corps d'armée SS et le groupe d'armées B. Celui-ci avait eu tôt fait de s'apercevoir que, dans le gigantesque pillage en cours, les SS agissaient pour le compte exclusif de leur *Reichsführung*, en dépit de ses ordres. Le journal de marche du corps d'armée SS n'a d'ailleurs pas caché les rapports envenimés et les « vifs échanges » qui en ont résulté [83]. Ayant appris que les SS avaient déjà expédié plus d'un millier de véhicules italiens en Allemagne, le groupe d'armées B a notamment fait bloquer leurs trains à hauteur du col du Brenner le 20 septembre [84]. La riposte du corps d'armée SS ne s'est guère fait attendre. Le soir même, le contact était en effet directement établi avec l'aide de camp de Himmler et le corps d'armée SS recevait « l'assurance de l'intervention du *Reichsführer-SS* [85] ». Le lendemain matin, le télétype ordonnant le déblocage des trains se trouvait effectivement sur la table du groupe d'armées B. Celui-ci s'est mis en devoir d'exécuter l'ordre en mettant à disposition de la SS une « abondante » capacité d'emport ferroviaire [86]. Dans ces conditions, les discussions entre l'intendant du corps SS et un officier venu de Dachau pouvaient reprendre de plus belle pour régler les questions du transport des marchandises saisies [87].

Rétrospectivement, le chef de l'Office principal d'économie et d'administration SS a tiré en juin 1944 le bilan de cette entreprise de pillage : « Si nous n'avions pas eu les fournitures en Italie, l'approvisionnement serait déjà devenu complètement impossible depuis environ deux-trois mois car toutes les nouvelles livraisons arrivées ont presque exclusivement été utilisées pour les nouvelles formations constituées [88]. » Jamais le soutien des unités SS aux ambitions de leur *Reichsführung* n'est peut-être apparu aussi nettement qu'au cours de ces journées de septembre 1943.

Esprit d'initiative et créativité de la SS

L'une des caractéristiques de la *Waffen-SS* a été le dynamisme et l'esprit d'innovation dont la troupe a fait preuve pour parfaire son équipement [89]. Ces initiatives n'auraient toutefois pas débouché si la *Reichsführung-SS* n'avait pas relayé et concrétisé ces projets. Or, « les constantes expérimentations étaient l'une des marottes préférées du *Reichsführer-SS* Himmler », et ce « dans tous les domaines de la science et de la vie », conduisant du reste aux expériences médicales menées sur des détenus dans les camps de concentration [90]. Hitler lui-même a très largement encouragé les initiatives individuelles, distribuant à l'occasion des primes importantes pour récompenser les innovations techniques [91]. Les conditions étaient donc réunies pour promouvoir les idées novatrices.

Le camouflage

L'une des toutes premières innovations de la SS en armes a durablement fait sa marque : les effets de camouflage. L'art de se fondre dans le paysage était ancien et avait pénétré la plupart des armées occidentales au cours du XIXe siècle, avec en particulier l'adoption progressive de tenues plus discrètes que les flamboyants uniformes de l'époque napoléonienne. La Grande Guerre avait été l'occasion de nouveaux développements dans la technique du camouflage, avec, entre autres, le recours au cubisme afin de déstructurer les formes. Dès 1929, les premiers effets de camouflage avec du tissu imprimé avaient été introduits au sein de l'armée italienne [92]. Au sein de la SS-VT, l'idée d'adopter de tels effets camouflés est apparue au plus tard en 1936. Après des essais menés au sein du régiment « Deutschland » en décembre 1936 et janvier 1937, cinq brevets ont été déposés en juin 1938 [93].

Outre la marque distinctive qui allait favoriser l'épanouissement de l'esprit de corps de la SS-VT, l'effet camouflant de la tenue avait une réelle efficacité. Dès l'engagement des unités SS au sein de la division blindée « Kempf » en Pologne, ces effets de camouflage ont ainsi retenu l'attention du divisionnaire, qui a préconisé leur emploi auprès de l'état-major de l'armée de terre, ce qui a effectivement été le cas à partir de 1942 (avec d'autres motifs de camouflage) [94].

Très attentif à cette question de camouflage, Himmler a suivi la progression des travaux en veillant à ce que le projet ne s'enlise pas. Ce genre d'innovation était en effet la meilleure manière de montrer la différence culturelle qui séparait sa SS-VT « révolutionnaire » de l'armée « conservatrice », dont les règlements de campagne remontaient selon lui au Grand Prince électeur [95]. Grâce à cette politique volontariste de Himmler, le concept a d'ailleurs été étudié et plus ou moins appliqué à toute une gamme d'équipements (couvre-casques, tentes, masques faciaux, véhicules striés) [96]. Certaines de ses idées ont cependant rencontré l'hostilité des troupes SS, à l'image d'un programme de camouflage pour des positions de mitrailleuses et d'observateurs d'artillerie, initié au printemps 1939 et « récusé par l'inspection de la SS-VT en tant qu'idée non militaire du *Reichsführer-SS* » l'année suivante. Confié initialement à la SS-VT, le programme lui a été retiré pour être attribué au « bureau des approvisionnements SS ». Pour Himmler, manifestement vexé de ce dédain et révolté par tant de conservatisme qui assimilait sa *Waffen-SS* à l'armée, c'était « un nouvel exemple que vraiment, [...], beaucoup de choses ne pouvaient pas être confiées à la charge de la VT [97] ».

L'habillement et l'alimentation

Le plus souvent, l'imagination fertile de Himmler a néanmoins rencontré l'adhésion de la troupe. Tel a été le cas des expériences faites par les tankistes de la « LSSAH » avec de nouveaux vêtements d'hiver lors des combats dans la région de Kharkov, au début de 1943, et cela quelque temps après la redistribution aux unités de la *Waffen-SS* des fourrures récupérées « lors de l'action à Kulmhof » – en clair l'élimination des Juifs de la région de Lodz [98]. Tel a également été le cas des recherches dans le domaine des rations alimentaires. Himmler s'en est préoccupé dès 1941, soucieux à la fois de maintenir le potentiel de combat des troupes SS, mais aussi de préserver les qualités physiologiques de son « élite raciale » par une excellente alimentation (allant jusqu'à créer un poste d'inspecteur de l'alimentation de la *Waffen-SS* avec pleins pouvoirs pour réformer les règlements en campagne dans ce domaine). Au cours du premier hiver de guerre à l'est, la sous-alimentation durable de la troupe avait en effet largement entamé son potentiel au combat. La situation des unités de l'armée n'était pas différente. Mais seules les divisions SS ont rapidement obtenu de leur *Reichsführung* des tablettes multivitaminées afin de pallier leurs carences. À la seule « LSSAH », 678 000 tablettes ont été distribuées. Si leur impact était difficile à évaluer sur le plan sanitaire, leur effet moral était largement positif auprès de l'encadrement et de la troupe [99].

C'est au début de 1943 que Himmler eut l'idée d'élaborer des rations concentrées pour ses troupes. Les difficultés de ravitaillement de la 6e armée à Stalingrad, d'une part, et les nombreuses mentions faites à ce sujet dans son livre de chevet du moment sur Gengis Khan, d'autre part, l'ont amené à lancer des études sur la concentration et l'allègement des aliments par lyophilisation [100]. L'essai tenté au printemps 1943 au sein de la division « Das Reich » s'est révélé concluant, de sorte que la production a pu commencer à la fin de l'année. En dépit des difficultés pour se procurer des produits alimentaires en surplus, la production par des firmes privées d'un million de ces rations lyophilisées était prévue pour le 1er janvier 1944. Entreposées au camp d'Auschwitz, ces rations devaient servir à ravitailler les forces SS encerclées ou les hommes chargés de missions de reconnaissance lointaine dans les lignes adverses [101]. À l'instar des effets camouflés, cet exemple illustre le modernisme insufflé à la *Waffen-SS* par Himmler.

Les innovations technologiques

Pour former une artillerie digne de ce nom, la SS n'a pas non plus hésité à s'assurer à prix d'or le concours du Dr Otto Schwab, vétéran de la Grande Guerre, spécialiste de l'artillerie et de la technique de repérage, chercheur, inventeur et universitaire [102]. À l'origine, Himmler n'avait pas d'idée précise sur son emploi lorsqu'il a demandé à son chef du personnel de l'approcher. Il pensait simplement qu'il aurait toujours l'occasion de recourir à ses compétences [103]. Ainsi, il était prêt à payer une somme assez considérable un homme dont il n'attendait alors rien de précis. De son côté, Schwab a eu l'intelligence d'exiger toute liberté pour agir au sein de la SS, ce que l'armée de terre, plus bureaucratique, lui avait refusé [104]. En libérant Schwab de toute espèce d'entrave administrative et en l'installant sans concurrence à la tête d'un bureau tout neuf, la *Reichsführung-SS* se plaçait dès le début de 1940 dans une logique de guerre longue. Le travail des services de Schwab au cours du conflit n'est pas à négliger. Il a aussi bien concerné les techniques de repérage au son et la lumière de l'artillerie [105], le développement de lance-fusées multiples de 80 mm (les « orgues de Himmler », par opposition aux « orgues de Staline ») [106], les premiers développements de la vision infrarouge [107], ou encore divers travaux de stabilisation des canons des chars [108].

Les projets des services SS – qu'ils soient initiés par eux ou qu'ils leur soient proposés – n'ont pas tous été des réussites, loin s'en faut. L'importante aide financière de 600 000 Reichsmark accordée en 1940 par la SS au projet de véhicule léger amphibie de l'ingénieur Trippel n'a pas débouché sur le succès escompté [109]. Certains échecs de la SS ont même confiné au ratage total, depuis le « pistolet de combat Gerloff » (dont le tir avait une dispersion sur 12 mètres carrés à 70 mètres !) au concept d'une « mitrailleuse à centrifuge » dont le principe s'est révélé impossible à concrétiser [110].

Si elles n'ont pas eu de caractère révolutionnaire, les réalisations des troupes SS sur le terrain se sont souvent révélées les plus efficaces, car elles répondaient aux besoins immédiats des unités et étaient élaborées avec les moyens réduits à leur disposition [111]. Le passage à la fabrication en série des inventions les plus réussies n'exigeait en conséquence qu'un délai relativement court. À cet égard, le bricolage semble avoir été une spécialité des ateliers de mécanique de la division « Das Reich ». Ceux-ci ont notamment transformé un camion Opel « Blitz » en véhicule tout terrain en 1942 [112]. Cette propension à améliorer le matériel (y compris les blindés alliés capturés) a pris des proportions si importantes que le divisionnaire s'est vu contraint d'interdire en juin 1943 « la transformation non autorisée d'armes et de matériel de toutes sortes [et] la conversion des véhicules de combat [113] ». Le régiment blindé de la division « Hitlerjugend » a également fait preuve d'ingéniosité, que ce soit en montant une pièce quadruple de DCA de 20 mm sur un châssis de char, ou en transformant en dépanneuses pour chars des blindés britanniques capturés en Normandie [114].

Organisieren : le « système D » allemand

Des exigences inassouvies

Le recours aux voies d'approvisionnement « non normatives » par les troupes SS est allé au-delà des pratiques habituelles des armées en campagne. Quatre facteurs peuvent expliquer ce phénomène. Tout d'abord, les structures généralement plus importantes des divisions SS ont impliqué des besoins plus élevés que celles des formations de l'armée. Les unités SS ont ensuite pu s'inspirer de l'action de leur *Reichsführung*, qui, dès le début de la guerre, s'est procuré par des voies détournées ce qui faisait défaut à ses troupes. Elles y ont d'ailleurs été plus ou moins encouragées par Himmler qui a vanté devant eux les vertus de l'improvisation à partir de 1942 [115]. Troisièmement, le statut particulier des troupes SS (subordination tactique à l'armée d'un côté, subordination à la hiérarchie SS pour les questions disciplinaires de l'autre) leur a ouvert une évidente marge de manœuvre. Enfin et surtout, l'insatisfaction de l'encadrement SS au regard de son équipement a été un phénomène culturel constant durant le conflit. Dès 1940, les unités SS faisaient montre d'un insatiable désir d'obtenir jusqu'à la dernière pièce d'équipement qui leur faisait défaut, à tel point que le SS-FHA a demandé à Himmler d'intervenir pour qu'il fasse cesser les appels téléphoniques et les plaintes à ce sujet. Il a fallu à ce dernier rappeler à ses généraux que tous les régiments SS avaient été « jusqu'ici sans exception mieux équipés que les régiments de la même vague de l'armée de terre » [116]. Au printemps 1944, le chef du SS-FHA en était pourtant encore réduit à tenir exactement le même discours devant les officiers SS [117].

De tous, le comportement de Theodor Eicke a sans doute été le plus caricatural à ce sujet. Pour avoir été retirée plus tardivement du front de l'Est à la fin de l'été 1942, la situation de sa division « Totenkopf » n'était pas en effet aussi favorable que celle des deux autres divisions du corps d'armée blindé SS au moment de partir en Ukraine au début de 1943. Devant la colère de Eicke, Himmler a été obligé de recadrer les choses fermement :

> Vous oubliez toujours dans vos rapports qu'il est établi pour les divisions une dotation théorique et une dotation d'urgence

et qu'une dotation d'urgence est ordonnée et fixée par le Führer. Cela vaut aussi pour nous, alors même que nous nous positionnons remarquablement [118].

De fait, une fois le niveau d'équipement de la division « Totenkopf » revu à l'aune de cette dotation d'urgence, la longue liste des matériels et véhicules manquants s'est réduite comme peau de chagrin [119]. La division n'est donc pas partie les mains vides sur le front de l'Est, comme le craignait Eicke. Surtout, cette affaire révèle son état d'esprit lorsqu'il s'est insurgé contre l'envoi par le SS-FHA de cinquante camions civils et de quarante camions militaires dépourvus des habituels équipements pour le transport des troupes. Aussi a-t-il exigé des véhicules réglementaires : « Abstraction faite que nous avons l'air de romanichels et qu'une telle apparence ne sied absolument pas à la SS, on ne peut conduire aucune guerre à l'est avec de pareils véhicules » [120].

En somme, l'orgueil de l'élite poussait ces hommes à exiger la totalité et le meilleur de l'équipement et, pour parvenir à leurs fins, à faire preuve d'un esprit de « débrouillardise » qui a parfois débouché sur l'« organisation » des biens (c'est-à-dire le vol du matériel ou du ravitaillement, dans le langage euphémique de la troupe). Cela les a également conduits à mentir en triturant les chiffres. Deux tactiques ont été employées dans ce dernier cas. L'une a consisté à réclamer les matériels manquants à travers des dotations théoriques exorbitantes, à l'exemple des 9e et 10e divisions SS qui ont chacune fait état de 230 chars et 260 transports de troupes blindés en août 1943. L'autre a consisté à présenter tous les effectifs sous forme de pourcentages, ce qui les rendaient difficilement vérifiables par les destinataires. En se lamentant de sa sous-motorisation auprès du SS-FHA, la 9e division SS affirmait ainsi ne disposer que de 20 % des véhicules au 1er août 1943. Or, à lire les chiffres qu'elle avait avancés cinq jours plus tôt à la hiérarchie militaire, ce degré de motorisation atteignait 37,6 % (la division a d'ailleurs usé du même procédé pour exagérer son sous-encadrement) [121].

La diversification des filières d'approvisionnement

Un moyen pour les troupes SS d'améliorer leur ravitaillement a consisté à multiplier leurs canaux d'approvisionnement. Le rapport d'activité de l'ingénieur du corps d'armée SS à l'été 1942 est de ce point de vue très significatif. Eu égard à son domaine de responsabilités concernant le secteur automobile, on constate comment, en dehors du SS-FHA qui a été le premier sollicité, d'autres filières ont été exploitées afin de compléter et d'optimiser le parc automobile du corps d'armée SS et de la division « Das Reich » qui lui était subordonnée : l'état-major général de l'armée de terre pour vingt-cinq camions, le commandement en chef à l'ouest pour une centaine d'autres camions, la 7e armée pour la livraison de quelque 6 700 jerrycans, les firmes automobiles allemandes au sein du Reich afin d'obtenir des pièces de rechange ou le détachement de personnels pour la maintenance des véhicules, quand ce n'était pas un arrangement personnel avec un échelon de pièces de rechange de l'armée pour s'y approvisionner. Et lorsque l'armée a annoncé qu'elle ne pouvait livrer les bouteilles d'acétylène et d'oxygène demandées en surnombre pour les opérations de soudure, le corps d'armée SS s'est tout naturellement tourné vers les firmes locales pour en louer [122]. Au final, le résultat était sans surprise : lors d'une inspection des ateliers de réparation automobile de la division « Das Reich » à la fin du mois de septembre 1942, l'ingénieur du corps d'armée SS pouvait constater que « l'équipement des services de maintenance [était] fort approprié » et que ceux-ci étaient « largement plus performants en raison de leur équipement actuel supérieur au tableau de dotation théorique » [123]. Naturellement, ces pratiques se rencontraient dans d'autres domaines, en particulier pour les armes, les équipements et les munitions [124]. Utilisant les bons offices de la centrale d'achat parisienne des services économiques SS, la division « Das Reich » a même fait passer une commande dans le commerce de matériaux nécessaires à la réalisation d'un pont du génie qu'elle n'avait pu obtenir par la voie régulière [125].

L'autogestion

Au terme de leur première mutation à la fin de l'été 1942, et avant même leur complète transformation en formations blindées, les troupes SS étaient d'évidence suréquipées. L'apparition à cette époque d'un dépôt propre à la division « Das Reich » en est une preuve. Sur le principe, il ne s'agissait pas d'une nouveauté. Dès le début de la guerre, Theodor Eicke s'était servi de l'archipel concentrationnaire pour en faire la base arrière de la division « Totenkopf ». La remise en cause de ce système par le SS-FHA avait d'ailleurs tourné à la crise ouverte à l'automne 1940. Si Jüttner avait finalement pu imposer son autorité avec le soutien de Himmler, la division n'en avait pas moins conservé un dépôt d'approvisionnement au camp de Buchenwald [126]. Aussi la création d'un dépôt similaire par la division « Das Reich » à l'été 1942 n'a pas été une révolution, mais elle illustre l'esprit d'initiative et l'indépendance d'action des plus anciennes formations SS. Avec le départ de la division du camp de manœuvre de Fallingbostel (près de Hanovre) et son transfert en France au début du mois de juillet, son commandant a en effet décidé, de son propre chef, d'instituer en Allemagne un dépôt pour stocker le matériel dont la division n'avait pas besoin dans l'immédiat. Pour une Grande Unité appelée à de fréquents transferts, l'érection d'une plate-forme arrière qui lui évite de transporter des équipements superflus à chaque déplacement avait sa logique. Mais pour une formation assujettie à l'approvisionnement du SS-FHA, cela permettait de camoufler une gestion autonome des stocks. D'une part, ce dépôt démontrait que la division disposait de surplus, notamment en armes, équipements et pièces de rechange. Le détachement permanent de vingt-huit hommes donnait du reste la mesure de son importance. D'autre part, la division affichait clairement sa volonté de conserver tout ce qu'elle avait pu recevoir ou récupérer sans le rétrocéder aux dépôts SS installés au sein du Reich ou en territoire occupé [127]. Naturellement, le SS-FHA a froncé les sourcils devant cette initiative et a finalement obtenu le démantèlement du dépôt, mais pas avant juillet 1943 [128].

Au moment où le SS-FHA obtenait gain de cause avec la division « Das Reich », la « LSSAH » s'est essayée à l'exercice. Déjà, au moment de quitter le front de l'Est en juillet 1943, elle avait été suspectée de garder par-devers elle les chars qu'elle aurait dû laisser sur place pour en percevoir de nouveaux en cours de route [129]. Une fois arrivée en Italie, la division a ensuite été accusée d'avoir organisé un dépôt clandestin de carburant à Innsbruck. Pour l'alimenter, la « LSSAH » semble s'être appuyée sur une double filière, récupérant d'une part du carburant en Italie, alternant d'autre part les demandes de carburant à différents échelons de commandement, en court-circuitant au passage la hiérarchie. Un tel dilettantisme n'a bien sûr pas manqué d'irriter le groupe d'armées B qui s'est alarmé de la consommation de cette formation. Par la voix de son intendant, il a alors prié le IIe corps d'armée blindé SS de reprendre « fermement en main » la division [130]. En vain. Neuf mois plus tard, en mai 1944, alors que la « LSSAH » était entre-temps retournée sur le front de l'Est puis avait été ramenée en Belgique, elle n'avait cessé d'entretenir à Innsbruck un « détachement de liaison » auprès du dépôt de véhicules de l'armée de terre sur place. Les effectifs de ce détachement n'étaient pas précisés, mais une liste (non exhaustive) de recherche comprenait vingt-deux noms de personnels du rang et de sous-officiers, la moitié en poste depuis les mois d'août et de septembre 1943 [131]. Un autre détachement de ce type agissait du reste dans le même temps pour le compte de la « LSSAH » en France, en région parisienne [132]. L'un et l'autre ressemblaient fort à ces « états-majors de liaison » pléthoriques qui, tels qu'ils étaient dénoncés en avril 1944 par le chef du SS-FHA, étaient chargés de faire main basse sur tout ce qui était récupérable à travers l'Europe [133].

La multiplication des détournements

L'année 1943 a été marquée par l'apparition d'une pénurie générale à l'échelle du Reich [134]. La *Waffen-SS* n'a pas échappé à ce phénomène, d'autant plus marqué qu'il contrastait singulièrement avec la situation des mois précédents et qu'il était aggravé par la croissance exponentielle de ses effectifs. Si les divisions nouvellement créées ont été les premières touchées, les plus anciennes en ont également ressenti les effets au fil des pertes. Le premier réflexe de la *Reichsführung-SS* a été d'instaurer « une gestion plus économe de l'ensemble des pièces d'équipement et d'uniforme », avec le constant souci « que la durée de vie des pièces individuelles soit augmentée » [135]. Cela s'est également traduit par un redéploiement des moyens, notamment en passant au crible les unités de dépôt et d'instruction SS afin d'y prélever tous les véhicules susceptibles d'être employés sur le front [136]. Dans ce contexte, on comprend mieux l'aubaine économique qu'a représentée pour l'effort de guerre du Reich la défection de l'allié italien en septembre 1943. Les unités SS engagées sur place ont certes largement œuvré pour le compte de la *Reichsführung-SS*, mais elles n'ont pas oublié de prélever leur dîme au passage : véhicules, outillage, chaussures, tissus camouflés, vêtements de protection en cuir et matériels sanitaires ont plus ou moins directement profité aux Ier et IIe corps d'armée blindés SS ainsi qu'aux 1re, 10e, 12e et 17e divisions SS [137].

Si l'épisode italien a favorisé la floraison de détournements irréguliers, il n'est que l'illustration de pratiques qui s'étaient banalisées. Au régiment blindé de la 12e division SS, constitué en France à Mailly-le-Camp, quatre des huit premiers chars employés pour l'instruction ont ainsi été ramenés clandestinement du front de l'Est [138]. C'est précisément chez les formations SS créées à partir de 1943 qu'apparaît le mieux cette nécessité de faire flèche de tout bois, comme en témoigne le journal de marche de la 17e division SS. Face à la pénurie ambiante, son commandement a estimé qu'il fallait « particulièrement inciter la troupe à s'aider elle-même » jusqu'à l'arrivée des équipements [139]. Ces conditions initiales ont tellement imprégné la troupe qu'elle n'a pas tardé à intégrer le vol à sa culture [140]. Du reste, l'exemple venait d'en haut. À partir de la mi-février 1944, la division a d'autorité réquisitionné les véhicules français dans sa zone de cantonnement, outrepassant le mandat donné par l'armée de procéder à leur immobilisation afin d'en disposer en cas d'urgence. Loin d'être « seulement examinés », les véhicules étaient remis en état de marche et prêts à être engagés. Le procédé n'a pas eu l'heur de plaire à l'administration militaire, qui est parvenue à stopper (non sans mal) l'action en cours [141]. La perspective de l'offensive alliée et la sous-motorisation de la division, et plus encore son appartenance à la SS, ont néanmoins permis d'entériner ce coup de force. À la même époque, la 11e division blindée de l'armée s'est en effet essayée au même exercice en Gironde, mais elle a vu « une partie des véhicules qu'elle avait réquisitionnés [être] repris de force par des autorités bureaucratiques de commandement » [142].

Il n'est naturellement pas possible de généraliser ce cas. D'une part, certaines unités SS ont suivi les procédures régulières, à l'image de ces unités de la 12e division SS qui ont demandé et obtenu de l'administration militaire le droit de louer des véhicules civils en 1944 [143]. D'autre part, la 17e division SS n'a pas toujours gagné face aux autorités militaires territoriales. Ainsi, trois jours après le Débarquement, l'un des bataillons de la division a dû restituer les véhicules et les attelages qu'il avait illégalement réquisitionnés. L'administration militaire n'a pas hésité à faire intervenir la *Feldgendarmerie* pour les lui reprendre. Le fait était d'autant plus remarquable que, faute de véhicules, ce bataillon théoriquement motorisé ne pouvait pas alors se porter vers la Normandie, comme le reste de la division. Entre le respect du droit et les impératifs tactiques, l'administration militaire locale a privilégié le droit, allant même jusqu'à prendre le temps d'estimer à leur juste valeur les véhicules qu'elle devait acheter pour les fournir à la division, au grand dam des états-majors de l'armée qui attendaient impatiemment sur le front l'arrivée de nouvelles forces et pestaient contre l'inertie de leur administration militaire [144]. Ne s'avouant pas vaincue, la division a néanmoins ordonné à ses unités de se mettre en route (au besoin à pied) et de constituer des détachements destinés à réquisitionner tous les véhicules trouvés sur leur itinéraire lors de leur montée au front [145]. Au demeurant, le Débarquement a permis tous les abus sous couvert de nécessité opérationnelle ou de « lutte contre les bandes » dans le Sud-Ouest [146].

Dans le contexte du repli allemand désordonné vers les frontières du Reich, la crise ouverte en Lorraine au début de septembre 1944 a encore donné à la 17ᵉ division SS l'occasion de mettre en pratique ses capacités congénitales d'« organisation » [147]. Agissant comme dépositaire presque exclusive d'un *Führerbefehl* exigeant notamment « la défense de Metz jusqu'au dernier homme », puis « sur la base d'un ordre du commandant en chef à l'ouest » et « avec les pleins pouvoirs du *Reichsführer-SS* », la division a organisé de petits détachements chargés « de réquisitionner tous les moyens de traction, chauffeurs inclus, afin de rendre possible par ce moyen la remise en état ordonnée de la division ». De prime abord surprenante, l'implication de Himmler avait en fait une origine bien simple : du 2 au 11 septembre, son activité s'est en effet pour l'essentiel concentrée sur la réorganisation des armées allemandes battues à l'ouest, notamment dans le secteur de Metz [148]. Aussi les détachements de la 17ᵉ division SS ont pu agir en toute impunité sur la rive gauche du Rhin, de Bonn à Colmar, accaparant « chaque soldat de passage qui n'avait pas de réponse toute prête à la demande de sa destination » [149]. À travers cet exemple, on comprend le bénéfice qu'a pu tirer une formation SS de la nomination de Himmler comme chef de l'armée de réserve. Grâce à son appui, un procédé « non normatif » de récupération de matériels et de personnels devenait une mesure tout à fait régulière, papier administratif à l'appui. À l'image de l'action menée en Italie en septembre 1943, la collusion entre les troupes SS et leur *Reichsführung* apparaissait encore une fois évidente.

Des unités motorisées SS suréquipées ?

Les différences d'équipement entre l'armée et la *Waffen-SS* sont indéniables, même si la situation a fluctué au cours de la guerre. Par ailleurs, il est bien difficile d'intégrer dans la comparaison l'aspect qualitatif, faute de documentation toujours probante [150]. Ces avantages matériels n'en ont pas moins conforté les soldats de la *Wehrmacht* dans l'impression que les unités SS disposaient de meilleurs équipements et approvisionnements, sans que les historiens ne puissent réellement prendre la mesure de ce décalage (la réaction déjà évoquée d'un Léon Degrelle devant les « trésors » en alcools de la division « Wiking » en est un exemple). Aussi se bornera-t-on ici à discerner les grandes tendances.

Un équipement exceptionnel jusqu'en 1943

Avant d'être ces troupes bien équipées photographiées en 1943 par les correspondants de guerre sur le front de l'Est, les premières formations de la *Waffen-SS* n'étaient pas particulièrement avantagées par rapport au reste de l'armée de terre allemande au tout début du conflit. Comme cette dernière (qui n'était pas l'outil si performant et supérieurement équipé que la propagande a bien voulu présenter), elles ont assez largement eu recours au butin que chaque conquête avait apporté. À l'image de trois des dix divisions blindées équipées de chars tchèques en mai 1940, la division « Totenkopf » était ainsi abondamment pourvue d'armes d'infanterie et de pièces d'artillerie de la même origine – au demeurant un excellent matériel [151]. Quant à la *Reichsführung-SS*, elle ne pouvait pas encore à cette époque fournir à ses troupes les fruits de sa production parallèle, qui ne s'est progressivement mise en place qu'à partir de 1940. À la fin de la campagne à l'ouest, la moitié seulement des effectifs des deux divisions SS avaient par exemple reçu des blouses de camouflage, pourtant très symboliques des troupes SS dans la mémoire sociale [152].

Cette situation a commencé à évoluer dès l'été 1940, aussitôt que Hitler a eu la possibilité de favoriser les unités de la *Waffen-SS* en ordonnant l'échange de leurs armes et de leurs matériels étrangers contre des équipements allemands standards. Il lui a pour cela suffi d'intégrer ce programme d'équipement dans le cadre des préparatifs de la campagne contre l'Union soviétique [153]. Le résultat a été éloquent : les quatre formations motorisées SS engagées avec la *Wehrmacht* à l'est à partir du 22 juin 1941 étaient toutes « pleinement équipées avec du matériel allemand ». La proportion était bien différente au sein de l'armée : sur vingt-neuf divisions blindées ou motorisées, seules trois étaient entièrement pourvues en matériels (dont une avec des blindés tchèques et des véhicules français) [154].

Le fossé s'est encore creusé en 1942. Non seulement les divisions motorisées SS ont bénéficié de tableaux de dotation extrêmement avantageux, mais la diversification de leurs filières d'approvisionnement leur a permis d'atteindre peu ou prou ces niveaux théoriques, du moins pour celles ayant bénéficié d'un long repos en France. À la division « Das Reich », les quelques lacunes existantes dans les dotations étaient « partout si faibles » que cela n'avait « aucune influence sur le potentiel de combat » [155]. De son côté, la « LSSAH » disposait à cette époque d'une panoplie d'armes à faire pâlir de jalousie la plupart des formations de la *Wehrmacht* [156]. Il en allait de même au corps d'armée blindé SS où, à l'exception des pistolets, les unités étaient « pleinement pourvues » en armes et en véhicules, voire même « en surnombre ». Son état-major allait jusqu'à affirmer que « toute autre réception de véhicules surnuméraires n'appara[issait] plus supportable », et ce, par manque de chauffeurs [157].

Déjà si bien pourvues, les divisions du corps d'armée SS ont aspiré une nouvelle vague de matériels lors de leur transformation en unités blindées à partir du mois d'octobre 1942. Si tout ne leur a pas été immédiatement fourni, l'imminence de leur engagement à l'est leur a ouvert en grand les portes des dépôts à la fin décembre. Devenu « la » réserve stratégique du commandement allemand à cette date, le corps d'armée SS a en conséquence reçu des quantités assez considérables de matériels et d'équipements d'hiver pendant les jours et les semaines suivants [158]. Même pour la division « Totenkopf » à qui il manquait environ la moitié des véhicules et des armes au 30 décembre 1942, « les difficultés » étaient « davantage de nature humaine que matérielle » [159].

Au final, des lacunes ont évidemment subsisté au moment de leur transfert, mais à lire les rapports de situation des trois divisions et des unités organiques du corps d'armée blindé SS, il est évident que leur équipement était assez exceptionnel, surtout après trois années de guerre. Par ailleurs, cet équipement était qualitativement excellent. Dans les conditions climatiques difficiles des combats autour de Kharkov en février et mars 1943, « l'équipement d'hiver de l'homme et du véhicule a été si bon qu'aucun préjudice fondamental au potentiel de combat n'a été provoqué à cause de cela » [160]. Lucide, Paul Hausser appréciait d'ailleurs au printemps 1943 toute la chance dont disposait son corps d'armée au repos sur le front de l'Est : « Matériellement, nous nous trouvons comme jamais encore [161] ! » À l'autre bout de l'Europe, en Bretagne, une autre unité SS bénéficiait alors de la même chance. Grâce à l'activisme de Himmler et au soin jaloux qu'il avait pris à équiper l'unité qui portait son titre, la brigade « Reichsführer-SS » pouvait se déclarer « entièrement opérationnelle ». Il n'était signalé aucun « manque d'armes ou d'équipements de guerre important » et l'unité était « totalement motorisée » [162].

Le retour du balancier :
les conséquences d'une croissance mal contrôlée

En même temps que la *Waffen-SS* connaissait son apogée en termes de matériels au premier semestre 1943, la difficulté d'équiper les nouvelles divisions annonçait le déclin à venir. Six mois après le début de leur constitution, un premier bilan démontrait que les 9e et 10e divisions SS n'étaient en rien des formations bien pourvues. Au début du mois d'août, la motorisation était la question la plus préoccupante et remettait en cause le caractère opérationnel des deux divisions théoriquement mobiles. La 10e division SS était ainsi incapable d'entreprendre une quelconque action loin de ses bases, faute de moyens suffisants pour transporter ses forces de combat tout en assurant leur ravitaillement. La situation n'était pas meilleure à la 9e division SS [163]. Elle était tout simplement catastrophique au sein de la 17ᵉ division SS, dernière-née des divisions SS à la fin de 1943. Sa motorisation a certes été assurée *a minima* à l'été 1944, lors de la bataille de Normandie. Reste que sa capacité d'emport était très largement insuffisante par manque de camions. Surtout, la moitié de son parc de véhicules non blindés ne lui appartenait pas mais était composée d'engins réquisitionnés ou temporairement mis à disposition par la SS, l'armée, et même la poste [164].

On mesure ainsi la difficulté éprouvée par l'Ordre noir à disposer des moyens de ses ambitions. Les progrès enregistrés dans le développement de ses filières d'approvisionnement parallèles n'ont pas suffi à maintenir le niveau d'équipement atteint par ses troupes au second semestre 1942. La redéfinition en 1943 des règles d'attribution par la nouvelle inspection des troupes blindées n'était pas seule en cause. En fait, la *Reichsführung-SS* était bien incapable de continuer à assurer un tel niveau d'équipement chez ses formations motorisées et blindées qui se sont multipliées cette année-là, avec au total pas moins de huit formations à pourvoir en véhicules [165]. En dépit de ses efforts, la SS demeurait tributaire des conditions générales prévalant au sein du Reich. Or, la logique arithmétique était implacable. Une production annuelle approximative de 100 000 véhicules ne pouvait compenser les 200 000 engins perdus dans le même temps sur le front [166]. Le recours à des solutions non orthodoxes illustre la situation de crise dans ce domaine. Au printemps 1944, la *Reichsführung-SS* a ainsi tenté d'échanger avec les Alliés occidentaux un million de Juifs contre 10 000 camions. Ces véhicules n'auraient dû être employés que sur le front de l'Est et équiper les 8ᵉ et 22ᵉ divisions de cavalerie SS. Même si ces négociations n'ont débouché sur aucun accord, elles révélaient jusqu'où la SS était prête à aller pour remédier à ce problème [167].

Avec l'ouverture des rangs de la SS aux ressortissants non « germaniques », cette crise s'est encore aggravée au printemps 1944 en touchant cette fois le domaine de l'équipement individuel et vestimentaire, jusque-là épargné. Au moment où Himmler planifiait la création d'une dizaine de divisions supplémentaires, le chef de ses services économiques le mettait en garde : « Chaque mise sur pied se produit pour une large part au détriment du ravitaillement pour les unités de campagne. [...] Nous devons être parfaitement conscients qu'à l'avenir chaque constitution de formations européennes se produira aux dépens de nos formations allemandes du Reich »[168].

Pourtant, le niveau d'équipement et d'approvisionnement des divisions motorisées et blindées SS n'était pas si mauvais dans la seconde moitié de la guerre. Il était même plutôt bon, quoique sans rapport avec le tableau communément brossé de troupes SS pourvues en abondance. La comparaison des divisions blindées de la *Waffen-SS* avec celles de l'armée de terre présentes à l'ouest en juin 1944 illustre ce constat *(annexe 29)*. Au-delà des différences d'équipement entre les divisions, on ne relève pas de décalage flagrant entre les formations de l'armée et celles de la SS. À l'exception des parcs d'artillerie, l'écart des taux moyens était même systématiquement favorable aux divisions de l'armée. Tous les indicateurs de référence choisis démontrent que les formations blindées SS étaient loin d'être avantagées, même si cela peut être aussi partiellement mis sur le compte de leurs effectifs logistiques pléthoriques[169].

Peut-on pour autant en conclure qu'il n'y a pas eu « suréquipement » des formations SS ? La réponse est en fait mitigée et se situe au-delà des chiffres de ce tableau. Il est en effet indispensable de prendre le recul nécessaire afin de comprendre que les divisions blindées de l'armée servant de support à la comparaison étaient elles-mêmes privilégiées[170]. Dans l'attente du Débarquement à l'ouest, toutes les formations de panzers présentes sur ce théâtre d'opérations au printemps 1944 ont en effet bénéficié d'un programme prioritaire d'équipement[171]. Les effets de cette politique apparaissaient déjà très nettement à la fin du mois d'avril 1944 *(annexe 30)*. À cette époque, plus de la moitié des panzers du Reich se trouvaient à l'ouest, alors qu'en théorie les formations blindées allemandes à l'est auraient dû en disposer de plus des deux tiers. Ces dernières incluaient par ailleurs la petite centaine de chars des 9e et 10e divisions SS, prévues pour être transférées à l'ouest en cas de débarquement allié. Le nombre moyen de chars s'établissait ainsi à environ 125 au sein des divisions blindées à l'ouest contre à peine une cinquantaine au sein de celles engagées à l'est à cette époque[172]. Dans ces conditions, désigner cinq des sept divisions blindées SS pour repousser un assaut à l'ouest revenait indirectement pour le commandement allemand à leur octroyer la priorité d'équipement, sans ordre explicite destiné à renforcer spécifiquement la *Waffen-SS*. Si elles ont tout autant bénéficié de cette priorité d'équipement, les six divisions blindées de l'armée à l'ouest représentaient pour leur part une fraction bien moindre des vingt-quatre divisions de panzers qu'alignait la *Wehrmacht* à l'époque.

14

L'instruction militaire

Dans le cadre de la préparation à la bataille, l'instruction militaire des formations SS a recouvert un nombre infini d'activités en fonction des spécialités et du niveau de responsabilité hiérarchique. Aussi s'agit-il ici de condenser un domaine aux nombreuses facettes en s'attachant à l'essentiel, à savoir la conduite de l'instruction, son contenu et sa pédagogie.

La conduite de l'instruction

Règles et pratiques dans les premières années de la guerre

Comme toujours avec la SS en armes, rien n'est simple dès lors qu'il s'agit de déterminer la distribution des tâches dans une fonction partagée avec l'armée et dans un climat de rivalité interne à l'Ordre noir. À travers un texte de loi établi dès le 24 septembre 1934, la responsabilité de préparer la SS-VT à son « utilisation militaire en cas de guerre » avait pourtant été confiée au ministre de la Défense du Reich. Mais en réalité, seule la nomination de Paul Hausser comme inspecteur de la SS-VT avait permis en 1936 de centraliser l'instruction des unités SS en fonction d'un plan semestriel fixé et contrôlé par la nouvelle inspection, marquant un net progrès par rapport à la situation antérieure où les unités avaient été laissées à elles-mêmes. La coopération avec l'armée s'était en effet surtout limitée à l'utilisation de ses terrains de manœuvre et au détachement de quelques cadres SS au sein de ses unités et de ses écoles. En 1939, Himmler éprouvait d'ailleurs des difficultés à tenir l'engagement fermement pris auprès de l'armée de lui détacher 45 officiers de la SS-VT [1].

L'émergence des SS-TV comme formation militaire à part entière a mis à mal l'uniformité péniblement acquise. La nouvelle division « Totenkopf » a certes été intégrée au sein de la *Waffen-SS* avec ses unités de dépôt. Elles ont néanmoins échappé à toute tutelle. L'autonomie de Theodor Eicke s'est reflétée dans sa manière d'établir lui-même les préceptes de l'instruction du « régiment de recrues » destinées à compléter les rangs de sa division [2]. Il faut en fait attendre la réorganisation de la *Reichsführung-SS* et la création de l'Office principal de commandement SS (SS-FHA) à la mi-août 1940 pour voir réapparaître le principe d'une instruction centralisée au sein de l'Ordre noir, y compris celle pré- et post-militaire de l'*Allgemeine-SS*. À l'automne, la création d'une « inspection d'armes » au sein du SS-FHA a par ailleurs conféré le rôle de *missi dominici* à neuf inspecteurs chargés d'établir et de contrôler les préceptes de l'instruction. Ces derniers avaient la mission de planifier l'évolution de la tactique et de la technique en fonction des expériences acquises, d'« assurer l'instruction uniforme de leurs armes chez toutes les unités de la *Waffen-SS* », ainsi que de s'assurer du « niveau et de la nature de la procédure d'instruction » des unités. À cette fin, ils avaient le droit d'assister au service des unités « en accord avec les commandants de division ». En principe, ce droit de visite devait s'appliquer pendant la guerre « uniquement aux éléments de la *Waffen-SS* non engagés auprès de l'armée de terre » [3]. Cela revenait à cantonner l'influence de l'instruction du SS-FHA aux seules formations de dépôt SS ainsi qu'aux régiments « Tête de mort » non subordonnés à l'armée. En soi, cela représentait déjà un travail considérable. Au cours de la seule année 1940, 40 550 sous-officiers et hommes du rang ont ainsi été cédés aux formations de campagne après avoir été instruits dans les unités de dépôt SS [4].

Au-delà de cette instruction de base, c'est néanmoins l'armée qui a assuré l'essentiel de la préparation militaire des formations SS et de leurs personnels. L'apprentissage des compétences techniques auprès de la *Wehrmacht* ne posait pas de problème à la *Reichsführung-SS*. Himmler était parfaitement conscient de la nécessité d'apprendre en s'inspirant « des importantes traditions du passé de l'armée de terre », tout particulièrement quand la SS a commencé à disposer d'armes lourdes [5]. L'école d'artillerie de Jüterbog a de ce point de vue joué un rôle majeur, non seulement en aidant le nouveau régiment d'artillerie SS à sortir de sa chrysalide au printemps et à l'été 1939, mais en détachant auprès de lui dix de ses officiers lors de son baptême du feu en Pologne [6].

L'aide de l'armée à la division « Totenkopf » a été encore plus importante, d'abord en initiant ses personnels aux armes et aux équipements de fabrication tchèque qui lui avaient été fournis, puis en lui dispensant une instruction propre à une formation d'infanterie motorisée. Lors des préparatifs de l'attaque à l'ouest, la division « Totenkopf » a de ce point de vue été la bénéficiaire privilégiée de l'instruction dispensée tout au long de l'hiver par le XIVe corps d'armée, à qui étaient subordonnées à cette époque cinq des sept divisions d'infanterie motorisée allemandes. Cela s'est traduit par le détachement temporaire du commandant de l'artillerie du corps d'armée auprès de la division, ou encore par l'attribution d'un quota de places systématiquement plus élevé lors des sessions de formation organisées par le XIVe corps d'armée. Au sein de ce dernier, la 29e division d'infanterie motorisée représentait alors indubitablement la Grande Unité de référence, toujours choisie pour l'organisation de ces sessions de formation. Loin d'être considérées comme une élite, les deux divisions SS étaient à l'inverse clairement ravalées au rang d'apprentis [7].

À l'issue de la campagne à l'ouest en mai-juin 1940, la situation a quelque peu évolué. La « SS-Verfügungs-Division » a certes poursuivi son instruction sous l'égide de l'armée, mais cette fois de manière relativement autonome [8]. C'était d'une certaine manière reconnaître que son niveau correspondait dorénavant aux standards requis. Pour sa part, la division « Totenkopf » a continué à être étroitement suivie par les états-majors auxquels elle a été subordonnée pendant sa période d'occupation en France d'août 1940 à mai 1941 (7e armée et XXXIXe corps d'armée motorisé), profitant de cette période et de ses premières expériences du combat pour progresser. Au demeurant, l'armée lui a demandé de détacher une partie de ses cadres afin d'aider deux divisions d'infanterie à opérer leur conversion en formations motorisées à la fin de juillet 1940 [9].

La formation dispensée à cette époque par l'armée aux troupes de campagne SS s'est souvent limitée à des *Kriegsspiele* ainsi qu'à l'instruction individuelle des cadres et spécialistes dans les écoles correspondantes, tant en Allemagne que dans les territoires occupés [10]. À l'inverse des deux divisions SS et de la « LSSAH », les régiments « Tête de mort » ne pouvaient pas bénéficier à cette date de l'instruction prodiguée par l'armée en raison de leur statut. Leur non-appartenance aux forces de campagne allemandes a obligé la *Reichsführung-SS* à trouver des solutions palliatives. À l'automne 1940, la « SS-Verfügungs-Division » (alors cantonnée aux Pays-Bas) a ainsi joué le rôle d'unité d'instruction pour les cadres de l'ensemble de la *Waffen-SS*. Elle a centralisé une demi-douzaine de sessions de formation, que ce soit pour les chefs de compagnie ou les commandants de bataillon SS [11]. À l'échelle de certains territoires occupés, la *Reichsführung-SS* a par ailleurs nommé des « commandants de la *Waffen-SS* » afin de superviser l'instruction des formations SS sur place [12].

Le corps de bataille blindé SS :
un transfert de compétences de l'armée à l'Ordre noir

Importante au moment de la constitution des premières divisions SS au cours de l'hiver 1939-1940, l'aide de l'armée de terre a véritablement été déterminante au moment de leur conversion en formations de panzers trois ans plus tard [13]. Du printemps 1942 à l'été 1943, pas moins de sept régiments blindés SS ont été mis sur pied. Or, la *Waffen-SS* ne disposait pas de la ressource suffisante pour leur instruction [14]. La contribution de l'armée a en conséquence été inversement proportionnelle à l'étendue de ses lacunes. Elle s'est traduite sous plusieurs formes : conférences magistrales, détachement d'instructeurs, stages d'officiers SS auprès des divisions blindées du *Heer*, et surtout envoi massif de cadres dans les écoles de l'armée [15]. Au cours de l'automne et de l'hiver 1942, bon nombre d'officiers SS destinés à prendre le commandement d'une compagnie, d'un groupe ou d'un régiment de chars ont pris le chemin des écoles des troupes blindées de Wünsdorf (près de Paderborn) et de Krampnitz (près de Potsdam), ainsi que celle des troupes rapides de Paris-Versailles, avant de suivre un stage d'application à l'école de tir de Putlos (près de Kiel). Les officiers des détachements de canons d'assaut ont pour leur part été envoyés à l'école d'artillerie de Jüterbog, tandis que les artilleurs antiaériens ont assez souvent été formés par la Marine ou la *Luftwaffe* [16]. Dans ces écoles, ils ont reçu les qualifications tactiques nécessaires à la conduite de leur nouvelle unité au cours de sessions de formation s'étalant sur trois semaines pour les officiers supérieurs (commandants de bataillon et de régiment) et sur cinq semaines pour les chefs de compagnie. Pour les cadres subalternes, les équipages et les différents spécialistes, la SS a par contre dû faire seule face à ses besoins, souvent en improvisant. Ils ont été instruits au sein des détachements de dépôt SS ou au sein même de l'unité [17]. La formation d'une partie des mécaniciens SS s'est pour sa part déroulée dans les usines du Reich, comme cela s'est souvent produit avant et pendant le conflit [18].

L'armée de terre a encore été davantage impliquée lors de la création *ex nihilo* de nouvelles divisions blindées et motorisées SS en 1943. À l'inverse des anciennes formations SS converties en 1942, elles ne disposaient pas en effet d'un corps d'officiers déjà rompus aux manœuvres de groupes de combat motorisés. Le cursus des commandants d'unité de la 9ᵉ division SS permet justement de mesurer l'ampleur de l'aide consentie par l'armée. Sur les vingt-quatre officiers dont le parcours est connu, les trois quarts ont bénéficié d'une formation précédant ou suivant immédiatement leur arrivée en poste. En l'espace de six mois, d'octobre 1942 à avril 1943, ils ont reçu une formation dont l'intensité est demeurée sans équivalent. Le seul cas où la SS a pris en charge la formation était un cours de maintenance automobile, un domaine où la *Waffen-SS* avait très largement investi, mais qui n'entrait pas directement dans les compétences tactiques requises sur le champ de bataille *(annexe 31)*. En somme, jamais l'Ordre noir n'aurait pu mettre sur pied ses divisions rapides sans l'aide de l'armée [19]. Cela illustre une nouvelle fois toute l'ambiguïté de la *Waffen-SS* et le caractère spécieux de son développement. Telle une plante grimpante s'enroulant autour d'un tuteur, elle n'a pu se développer qu'en s'appuyant sur la *Wehrmacht*. En ce sens, le corps de bataille blindé SS de la seconde moitié du conflit est d'abord le produit d'un transfert de compétences techniques de l'armée à l'Ordre noir.

La lutte pour le contrôle de l'instruction des divisions blindées SS

Avec la création d'une inspection générale des troupes blindées à la fin de février 1943, le SS-FHA s'est trouvé dépossédé de ses prérogatives concernant l'instruction de ses formations rapides. Les formations SS elles-mêmes ont vu leur marge de manœuvre considérablement rognée par la nouvelle inspection de Guderian. Une fois transférée en Allemagne et en France en 1942, la division « Das Reich » avait par exemple été suffisamment auréolée de la gloire de ses combats menés à l'est pour que l'armée ne vienne véritablement se mêler de son instruction. Elle l'avait donc dirigée à sa guise, en fonction de ses propres expériences [20]. Sa subordination au nouveau corps d'armée blindé SS avait ravalé à une affaire strictement interne à la *Waffen-SS* son instruction au moment de sa conversion en formation blindée [21]. Mais après une période transitoire allant jusqu'au mois de juin 1943, l'instruction des formations rapides SS est devenue la charge presque exclusive de l'inspection générale des troupes blindées, et ce jusqu'à l'été 1944. C'est elle qui a alors défini les grandes lignes de leur instruction [22]. Cette emprise a été d'autant plus étroite à l'ouest que cette inspection a délégué un représentant permanent sur ce paisible théâtre d'opérations, devenu le lieu privilégié pour la mise sur pied ou la reconstitution des formations de panzers [23]. Dans l'attente du Débarquement, les visites aux formations rapides de l'armée et de la SS n'ont pas cessé de s'y multiplier, y compris celles de Guderian lui-même, comptable devant Hitler de l'instrument dont il avait la charge [24]. Les états-majors d'une brigade et de deux régiments blindés de l'armée de terre ont d'ailleurs piloté la mise sur pied des nombreux détachements de panzers de l'armée et de la SS stationnés à Mailly-le-Camp (Champagne), mais aussi dans les Ardennes et aux Pays-Bas [25].

Le rassemblement d'un assez grand nombre de formations blindées à l'ouest a certes permis de centraliser leur instruction. Que la moitié de ces formations appartiennent à la SS a également conduit le SS-FHA à faire preuve d'activisme à leur égard. Au début de 1944, les inspecteurs d'arme SS semblent ainsi avoir repris d'autant plus volontiers le chemin de l'ouest qu'ils pouvaient y visiter plusieurs divisions. Le chef du SS-FHA leur a du reste ouvert la voie au début de 1944 [26]. Or, en s'immisçant aussi clairement dans l'instruction de ses formations de campagne, le SS-FHA outrepassait nettement ses droits. Loin de se limiter à ces seules visites, son action se traduisait en outre par la publication régulière de deux bulletins d'information, l'un sur les méthodes de combat adverses, l'autre sur le « combat antichar de toutes les armes ». En théorie, une telle documentation n'aurait dû concerner que les unités de dépôt et d'instruction SS. Or, ces bulletins se retrouvent dans les archives des formations de campagne SS [27]. Dans sa première livraison, le SS-FHA soulignait en effet sa volonté que celles-ci bénéficient des dernières informations disponibles sur le sujet, et ce, malgré leurs fréquents changements d'affectation. L'excuse ne justifiait pourtant en rien la publication d'un bulletin spécifique à la *Waffen-SS*. Cela permettait en revanche aux unités d'échanger leurs récentes expériences en diffusant les rapports que le SS-FHA sollicitait [28]. En somme, la *Waffen-SS* commençait à vivre son instruction et à partager ses expériences de manière autonome, en se retranchant du reste de l'armée. Cela n'était pas anodin. Implicitement, il lui arrivait de prendre position dans des débats en cours. Dès la première livraison sur la tactique de débarquement alliée, le SS-FHA prônait un échantillonnage des réserves locales à l'arrière immédiat du secteur côtier, se ralliant ainsi aux vues de Rommel dans la *Panzerkontroverse* l'opposant au commandant en chef et à l'inspecteur des troupes blindées à l'ouest [29].

Cet empiètement pouvait être relié à l'influence croissante de la *Reichsführung-SS* dans les affaires militaires au printemps 1944. De fait, il s'agissait de signes avant-coureurs. En effet, si l'engagement des divisions blindées SS a momentanément empêché toute manifestation visible d'une évolution dans ce domaine au cours de l'été suivant, le retrait du front de certaines d'entre elles en septembre 1944 a permis de mesurer le succès de l'Ordre noir. À l'occasion de la création de la 6e armée blindée (SS), l'inspecteur général des troupes blindées à l'ouest s'est ainsi vu retirer toutes ses prérogatives sur quatre des six divisions de panzers SS, ainsi que sur les trois groupes de chars lourds SS présents sur ce théâtre. Ces formations sont directement passées sous le contrôle du commandant de l'armée, Josef Dietrich. À travers lui, le SS-FHA pilotait la remise en état des formations SS et reprenait visiblement la main face à l'inspection des troupes blindées. Le procédé s'est répété à l'issue de l'offensive dans les Ardennes [30]. Cette émancipation ne faisait que traduire les renversements politiques qui s'étaient produits.

Le contenu de l'instruction

Le déroulement

L'instruction militaire au sein de la *Waffen-SS* a répondu à la même finalité que celle de toute autre force armée : préparer les individus à combattre sur le champ de bataille dans le cadre d'un ensemble tactique. À cet égard, il convient de distinguer l'apprentissage de base reçu par le soldat dans sa spécialité, au sein d'une école ou d'une unité de dépôt, de l'instruction dispensée par la suite dans le cadre de l'unité de campagne dans laquelle il était affecté. Au cours du conflit, la première se déroulait théoriquement pendant huit semaines pour un fantassin, durée réduite de moitié en mars 1945 [31]. Suivant les circonstances, cet ordonnancement a néanmoins connu des bouleversements. Des personnels ont connu l'essentiel de leur instruction dans le cadre unique de leur unité de campagne. Leur bref passage dans un bataillon de dépôt SS s'est résumé à y percevoir leur équipement, subir les tests médicaux, remplir les formalités administratives et s'y voir inculquer les rudiments du métier militaire. Ce cas de figure s'est produit tout au long du conflit lors de l'incorporation massive et rapide de recrues pour mettre sur pied ou reconstituer les unités. Cela s'est notamment produit au moment de constituer la division « Totenkopf » en 1939, lorsqu'il a fallu réhabiliter les formations motorisées SS saignées à blanc en 1942, et de manière de plus en plus fréquente à partir de 1943 avec la multiplication des nouvelles divisions SS. À partir de 1942, les unités SS ont d'ailleurs commencé à former elles-mêmes certains de leurs spécialistes de l'infanterie, le SS-FHA étant incapable de les leur fournir en grand nombre [32]. Les autres personnels spécialisés (génie, transmissions, etc.) ont le plus souvent continué à être formés au sein des unités d'instruction SS [33].

Jusqu'en 1943, l'instruction s'est généralement découpée en plusieurs phases respectant la structure pyramidale des unités. Après sa formation de base, le fantassin était par exemple instruit pour évoluer au sein du groupe d'infanterie, de la section et de la compagnie. Lorsque le temps manquait, le programme pouvait être rapidement déroulé, l'objectif premier étant d'acquérir à chaque niveau l'essentiel des connaissances pratiques pour que la troupe soit opérationnelle à brève échéance, quitte à approfondir ultérieurement les points négligés. La coopération interarmes était abordée ultérieurement, lors des exercices menés à partir de l'échelon du bataillon [34].

La prise en main de l'instruction par l'inspection générale des troupes blindées a bouleversé cet ordonnancement à partir du milieu de l'année 1943. Le risque de jeter dans la bataille des formations imparfaitement entraînées a obligé à mener de front l'instruction de ces différentes étapes dès le départ. Du reste, c'était ce qu'avait déjà fait la division « Totenkopf » à l'automne 1939 [35]. Le but du commandement était d'éviter « que la formation combatte pour la première fois [...] dans le cadre du bataillon, etc., en raison d'un engagement précipité » [36]. Même dans ce cas, la consigne n'a pas été systématiquement respectée, comme le démontrent les directives de la 17e division SS, qui a préféré s'en tenir à une instruction certes accélérée, mais par étapes [37].

Les différentes composantes

Sur le fond, il n'y a pas eu un « moule d'instruction » propre à la SS. La formation a d'abord été dépendante d'une combinaison de facteurs de temps, de délai, de lieu, d'objectif, et surtout de la personnalité et des compétences du chef d'unité. Il n'est que de considérer la période d'avant guerre. Dès le milieu des années trente, d'importantes disparités existaient dans l'instruction de la troupe au sein même de la SS-VT. Le modèle militaire classique représenté par l'inspecteur de la SS-VT Paul Hausser prédominait, mais coexistait avec celui de Felix Steiner, beaucoup plus novateur dans ses conceptions héritées des troupes d'assaut de la Grande Guerre, et limité au seul régiment « Deutschland » [38]. Au demeurant, après avoir été une réalité tangible dans les conditions de paix, le modèle de « l'athlète combattant » prôné par Steiner n'a cessé d'être une vue de l'esprit pendant le conflit. Dès 1938, la place réservée au sport dans le programme d'instruction avait commencé à se restreindre et ne représentait plus une priorité devant la multitude des missions à accomplir, notamment la motorisation de la SS-VT [39]. Avec la guerre, le sport a tenu une place tout à fait mineure dans l'entraînement. Ravalé à un rôle récréatif, il représentait une à deux heures par semaine, auxquelles s'ajoutaient les moments de loisir (le dimanche après-midi notamment) où la pratique des sports collectifs était encouragée par la hiérarchie [40].

En tout état de cause, le point fort est toujours demeuré l'instruction au combat, avec comme but « l'aptitude du fusilier à l'emploi en campagne » [41]. D'ailleurs, « tous les autres domaines de l'instruction ne [devaient] être abordés que pour renforcer et compléter l'instruction au combat, et dans la mesure où ils étaient nécessaires au maintien de la discipline individuelle et à la cohésion de la troupe » [42]. Un programme d'instruction de la « LSSAH » à l'automne 1940 le laissait clairement apparaître *(annexe 32)*. Pour cette session de formation étalée sur quatorze jours, les deux cinquièmes de l'entraînement étaient réservés au combat. Celui-ci devait être « mené par tous temps et en terrains difficiles et changeants ». Avec près de 20 % du temps d'instruction, l'ordre serré *(Exerzierdienst)* était néanmoins particulièrement favorisé, conformément au rôle de représentation de la « LSSAH ». Ce type de formation ne servait toutefois pas seulement à améliorer l'apparence de la troupe. Reprenant le modèle d'instruction prussien, elle était une composante à part entière de l'instruction de l'individu « à l'ordre et à la sévérité ». En fait, elle « achev[ait] l'éducation et accroiss[ait] la fierté des hommes » [43]. À partir de 1943, la nécessité de tout sacrifier à la préparation opérationnelle pour accélérer l'instruction a néanmoins conduit l'inspection générale des troupes blindées à interdire les exercices d'ordre serré sous le motif que les unités ne pouvaient plus se « permettre des exercices insignifiants de cour de caserne de trois et quatre heures dans la quatrième année de guerre ! » [44]. L'ordre serré n'a toutefois jamais été totalement abandonné, parce qu'il donnait à la troupe un sens de la discipline et les automatismes nécessaires à sa cohésion, mais aussi parce que l'encadrement subalterne SS éprouvait manifestement des difficultés à se défaire d'une méthode d'instruction qu'il avait lui-même subie par le passé [45].

Le « modèle Eicke »

Les six premiers mois de la guerre à l'est ont marqué une césure. En confrontant pour la première fois les troupes allemandes à une longue campagne militaire, ils ont fait apparaître l'inadéquation de l'instruction des recrues SS aux conditions du front. Si l'irascible

Theodor Eicke a été le premier à pointer du doigt les déficiences des renforts reçus par sa division « Totenkopf » dès novembre 1941, le commandant du 9ᵉ régiment SS engagé en Finlande s'est plus tard joint à lui [46]. Tous deux dénonçaient l'impréparation totale des recrues aux conditions de lutte spécifiques du front de l'Est. Pour Eicke, « le combat contre les bolchevistes dans un marais ou un bourbier, avec neige et glace, ne souffr[ait] aucune possibilité de comparaison avec les combats sur l'asphalte en France ». Bien souvent, les nouveaux arrivants, notamment les sous-officiers et gradés du rang envoyés en patrouille, étaient « victimes des rusés et sournois bolchevistes et ne [revenaient] pas ». Les organismes eux-mêmes n'étaient pas préparés à affronter les rigueurs de la mauvaise saison russe. La topographie du terrain d'engagement de la division « Totenkopf » dans le secteur septentrional du front de l'Est rendait, il est vrai, les conditions de combat particulièrement éprouvantes.

> Les renforts ne sont pas physiquement endurcis. Les hommes quittent les lits chauds des casernes protectrices pour la contrée sauvage russe, pour les forêts marécageuses et sans fond où ils sont soudainement, sans y être habitués, exposés sans abri à un froid de gueux. Pas de quartier rêvé en Russie. Aucun toit protecteur à cent lieues à la ronde, sans même parler d'un lit. Pas de ravitaillement à heure fixe. Affamé et frigorifié, le jeune soldat doit s'enterrer dans le sol. Le plus souvent, il n'a pas appris à manier la pelle-bêche. Affamé, assoiffé, frissonnant, gelé jusqu'aux os, il subit le feu de l'artillerie et des mortiers du bolcheviste. Le jeune homme qui s'est fait une représentation complètement fausse de la guerre à l'est, au sein du bataillon de dépôt, éprouve une amère déception à laquelle il ne voit tout d'abord aucune issue. Les faibles natures abandonnent toute volonté de résistance, tombent malades ou arrivent à l'hôpital de campagne avec des pieds gelés. Dans plusieurs cas, des pieds ont dû être amputés sur place. [...] Outre l'instruction, un endurcissement pour le théâtre d'opérations russe en hiver est l'exigence de l'heure. [...] La recrue doit avoir au pays l'impression qu'elle se trouve déjà sur le front, et elle doit renoncer au confort dans son propre intérêt.

Tout en réclamant un entraînement plus réaliste sur le terrain, Eicke dénonçait également des lacunes plus graves relevées dans des domaines fondamentaux de l'instruction (maîtrise des armes, des matériels, etc.). Il a été entendu. Trois semaines ont suffi pour que son rapport soit diffusé au sein des unités de dépôt SS et y trouve une application immédiate [47]. D'ailleurs, à comparer les réflexions de Eicke aux directives données par le SS-FHA pour l'instruction des 9e et 10e divisions en janvier 1943, mais aussi celles promulguées dans la seconde moitié de la guerre, on mesure toute son influence sur le programme d'instruction de la *Waffen-SS* [48].

Sur le fond, les préceptes de Eicke n'apportaient rien sur le plan tactique et se bornaient à l'instruction individuelle en s'inspirant directement des expériences faites au combat. C'est précisément leur caractère empirique et leur réalisme pragmatique qui faisaient leur force. Après guerre, les vétérans SS ont écarté Eicke dont la personnalité, et plus encore le passé concentrationnaire, dérangeaient l'image présentable qu'ils voulaient donner de la *Waffen-SS* [49]. Il n'en demeure pas moins que Eicke a marqué de son empreinte non seulement la division « Totenkopf », mais également l'ensemble de la *Waffen-SS* en élaborant des principes d'entraînement repris pour l'ensemble des recrues à partir de 1943, contribuant ainsi largement à rendre plus performante l'instruction des recrues SS. Comme ces principes n'avaient rien de révolutionnaire, ils ont été d'autant plus faciles à passer sous silence *a posteriori*. C'était d'ailleurs toute la différence avec le « modèle Steiner », tant vanté et pourtant limité au seul régiment « Deutschland » avant guerre.

La pédagogie

Y a-t-il eu une pédagogie particulière de la *Waffen-SS* dans l'apprentissage des connaissances militaires ? Il serait bien difficile de l'affirmer, et tout d'abord faute de pouvoir disposer d'une base de comparaison valable avec les unités de l'armée. Pragmatisme et esprit de compétition ont néanmoins marqué la pédagogie de la SS. Son application a pourtant montré ses limites, notamment avec les ressortissants étrangers.

Le pragmatisme

La subtilité n'a jamais été le point fort de la *Waffen-SS*, mais plutôt le pragmatisme. Cela rejoignait la philosophie du national-socialisme, tout entier tourné vers l'action et non vers la réflexion. Tel n'était toutefois pas encore le cas au début du conflit. Dans l'instruction au combat mené par la « LSSAH » à la fin de 1940 par exemple, l'instruction théorique devait précéder l'exercice pratique, de sorte que ce qui était enseigné le matin devait être appliqué sur le terrain l'après-midi. De même, il y avait une réelle volonté d'adapter l'instruction au niveau des personnels, à l'image de la formation au tir pour laquelle deux groupes de niveau étaient formés en fonction des résultats d'un test initial [50].

Cet aspect pédagogique a été abandonné après 1942, lorsqu'il est apparu que ses résultats n'étaient pas à la hauteur des exigences du front. Le commandant de la division « Reich » a traduit cette évolution en termes lapidaires, en ordonnant, d'une part, « la limitation à l'essentiel du domaine d'instruction » et, d'autre part, qu'il n'y ait « jamais de théorie d'emploi, car [c'était] de la stupidité et du temps perdu » [51]. Si le mot d'ordre selon lequel « l'instruction épargne le sang » est une valeur universelle du métier militaire, le « beaucoup de pratique, peu de théorie », lancé par le Ier corps d'armée blindé SS à la fin de 1943, illustrait l'évolution de la *Waffen-SS* dans la seconde moitié de la guerre [52]. Concrètement, cette maxime trouvait son application sur le terrain de manœuvre : tirs à balles réelles, exercices de lutte au corps à corps, de combat antichar ou d'engagement nocturne, entraînement pour s'enterrer rapidement ou se camoufler contre la menace aérienne. Les rappels à l'ordre n'ont pas manqué de se produire, à l'image de la 17[e] division SS qui, à l'issue des premières semaines de formation, soulignait déjà que « les instructeurs parl[ai]ent trop sur le terrain » :

> Pas d'exposés, mais de la pratique ! Les hommes doivent être en permanence intellectuellement et physiquement en mouvement. Aucune description du terrain ou soi-disant vue du terrain ; il n'y a rien à tirer de cela. Pas de temps mort, pas de mouvement d'ordre serré. L'homme doit se mouvoir naturellement, dynamiquement et sans contrainte sur le terrain.

En agissant de la sorte, le commandant de division reprenait en fait les recettes appliquées au printemps 1942 par la division « Reich », dont il était alors chef d'état-major. Naturellement, il n'était pas possible de faire complètement l'impasse sur la théorie. Là encore, le dynamisme devait néanmoins l'emporter : « Chaque cours doit être comme un jeu de balle où la question et la réponse entre l'enseignant et les hommes doivent aller et venir en fusant. » S'adapter à son public était l'autre consigne donnée aux sous-officiers. En bref, cela signifiait « parler le langage de l'individu ; pas de bavardages ampoulés ; pas de mots étrangers »[53].

L'esprit de compétition et les récompenses

C'est également dans la seconde moitié de la guerre que l'aspect ludique a été introduit dans l'entraînement. Maîtriser son arme sans peine, presque « en jouant », était même le but de l'apprentissage, tout en étant « précisément l'opposé du maniement irréfléchi de l'arme »[54]. De même, des jeux de rôle ont été mis en place où chaque section ou compagnie devenait le plastron de l'autre[55]. L'introduction du jeu et de l'esprit de compétition dans l'instruction permettait au passage de mieux faire accepter le *drill*. Cela était par exemple particulièrement utile pour l'apprentissage des techniques de transmissions aux nouvelles recrues intellectuellement assez frustes. En somme, c'était la répétition, et non plus la compréhension de l'exercice, qui permettait son assimilation. L'introduction d'un enjeu (par exemple la rapidité de la transmission) permettait d'atteindre l'objectif souhaité en effaçant le caractère fastidieux de l'apprentissage[56].

L'esprit de compétition entre les unités a également été développé, comme cela avait déjà été suggéré par un officier de la division « Reich » en 1942[57]. Le système a évolué avec l'apparition de récompenses destinées à distinguer les plus méritants. Quelle qu'en soit la forme (titre, permission, cadeau, prime), la distribution de récompenses en dehors du combat est certes chose courante dans toutes les armées, mais elle se limite le plus souvent aux activités en marge du service (compétitions sportives, aménagements de cantonnements, concours culinaires, etc.). Généralement, le commandement estime qu'il n'est pas nécessaire de donner d'autre gage de contentement dans l'instruction d'une troupe que celle consistant à exprimer publiquement sa satisfaction du travail accompli. Or, la *Waffen-SS* a commencé à déroger à ce principe. À partir de la fin de 1943, l'encadrement a par exemple été encouragé à distribuer des permissions ou de petits prix aux meilleurs tireurs d'élite pour les motiver lors de leur entraînement[58]. C'est toutefois la 12ᵉ division SS qui semble être allée le plus loin dans cette voie, en particulier le chef du régiment blindé. Celui-ci a innové (en tout cas rien n'a été retrouvé de semblable auparavant) en distribuant pour les compagnies à l'instruction des primes en argent allant jusqu'à 500 Reichsmark [59]. Cette méthode pédagogique semble avoir porté ses fruits. Il est vrai qu'elle était particulièrement adaptée à des individus à peine sortis de l'adolescence et du système scolaire. Cette pédagogie ludique et le climat d'émulation qui en a résulté ont permis de souder rapidement les hommes, favorisant l'éclosion d'un fort esprit de corps qui a survécu aux épreuves et au temps [60].

Les faiblesses pédagogiques de l'encadrement

Entre les directives de la hiérarchie SS et la réalité, le fossé a parfois été profond. Sinon générale, l'absence de pédagogie a été pour le moins fréquente parmi les instructeurs SS. Passe encore que les exercices soient répétés jusqu'à l'automatisme. C'était le prix à payer pour obtenir des hommes un réflexe susceptible de leur sauver la vie [61]. Mais les cadres rapidement promus et auxquels était désormais confiée la conduite de l'instruction de leurs troupes ne disposaient pas toujours de la clairvoyance nécessaire. Le simple fait d'établir des programmes de service cohérents, avec des objectifs réalistes et judicieux, posait déjà des difficultés. Ceux présentés par ses chefs de compagnie ont ainsi exaspéré le commandant du 12e régiment blindé SS au début de 1944 :

> Les programmes de service fournis par les unités me prouvent que ceux-ci ont été établis sans réfléchir, sans correspondre au niveau d'instruction, et sans tenir compte des impératifs de temps. Il est pour moi inconcevable qu'il y ait des unités qui laissent passer même une seule semaine sans avoir tiré au moins au pistolet, au fusil et au fusil-mitrailleur. [...] J'éduque les jeunes hommes à la stupidité et n'arrive à rien si j'instaure en trois ou quatre heures dans la semaine une leçon d'identification des blindés, et je fais seulement apprendre par cœur de manière absurde aux hommes l'ensemble des données des véhicules blindés étrangers. Le service d'identification des blindés doit se produire chaque jour, et à chaque cours, sous une forme courte mais approfondie [...]. Le cours, c'est bien, mais trop c'est trop. Dans la 7e compagnie il n'est globalement dispensé que des cours. Ce que le chef d'unité a voulu ainsi signifier n'est pas clair pour moi [62].

Même les compétences techniques et professionnelles acquises ne changeaient pas la situation. Le savoir est une chose, l'art de le transmettre en est une autre. Cela se vérifiait chez bon nombre de sous-officiers SS promus au front, qui, malgré de réelles capacités tactiques issues de leur expérience, ne disposaient pas du bagage nécessaire pour être de bons instructeurs sans suivre une formation adéquate. Le SS-FHA en a fait l'expérience au début de 1942. Tirant la leçon du manque de réalisme de l'instruction dans les unités de dépôt SS (dénoncé par Eicke), il a procédé à un transfert assez massif de cadres des unités du front vers ces unités de dépôt. Le résultat n'a pas été à la hauteur des espérances. Le SS-FHA a bien été obligé de reconnaître que « ces officiers et sous-officiers, le plus souvent jeunes, ne s'entend[ai]ent pas toujours à transmettre de la manière appropriée leurs expériences à leurs subordonnés à instruire. Le talent d'instruction et d'éducation manqu[ait] à une grande partie de ces instructeurs ». Il leur était par ailleurs reproché « une certaine mansuétude qui empoisonne l'instruction de base des jeunes recrues ». La permissivité plus grande dont ces vétérans faisaient preuve dans la tenue était récusée par le SS-FHA. « De la tenue extérieure dépend le comportement intérieur. Jusqu'ici, les unités de la *Waffen-SS* ont pu obtenir leurs importants succès seulement grâce à ce comportement intérieur. Ce comportement forme l'esprit de la troupe »[63]. Au demeurant, il s'agissait là d'une composante du *principe de dureté* – abordé plus loin – qui était propre à la *Waffen-SS*, à mi-chemin entre la culture militaire et la vision idéologique du nazisme.

L'adaptation de l'instruction aux personnels étrangers

L'instruction des personnels étrangers s'est heurtée à deux difficultés : la barrière de la langue et la mauvaise disposition d'esprit d'un bon nombre d'instructeurs SS allemands à leur égard. La langue posait des problèmes insolubles dans les missions quotidiennes d'instruction. En ce qui concerne les *Volksdeutsche* – dont la langue et la culture étaient théoriquement allemandes –, le problème a véritablement pris de l'ampleur à partir de 1943, date à laquelle les services de recrutement SS ont commencé à interpréter ce concept de manière très large[64]. Même la plus infinie patience ne venait pas forcément à bout de cette difficulté, d'autant plus grande qu'un bon nombre d'entre eux avaient déjà servi dans leur armée nationale. Il fallait donc les convertir aux méthodes allemandes [65]. La solution la plus pratique a généralement consisté à regrouper ces recrues afin de centraliser leur instruction en s'adaptant à leurs lacunes, soit directement au sein des unités, soit au sein de dépôts temporaires constitués lors des grandes campagnes de recrutement, comme celles menées en Hongrie, en Roumanie et en Ukraine en 1942 et 1943 [66].

L'incorporation d'individus à qui la langue de Goethe était complètement étrangère a compliqué le problème. Si elle a pu être utile, il est douteux que l'édition d'un ouvrage destiné aux instructeurs pour faciliter l'apprentissage de l'allemand à leurs personnels ait résolu toutes les difficultés [67]. Au sein des unités, le mode opératoire consistait, selon Himmler, à donner un ordre en un mot et à faire répéter l'exercice jusqu'à complète compréhension. Outre des cours de langue allemande, les instructions plus techniques étaient menées le soir dans la langue des troupes [68].

La barrière de la langue pesait toutefois peu à côté du second problème qui n'a cessé d'empoisonner les relations entre cadres allemands et personnels étrangers tout au long de la guerre. En mars 1945, le *SS-Hauptamt* dressait ainsi un véritable réquisitoire contre les erreurs commises par l'Ordre noir, incapable depuis 1940 d'être à la hauteur de la mission qu'il s'était lui-même fixée. Le catalogue des carences était volumineux : cadres allemands considérant les volontaires « germaniques » comme de la « chair à canon », absence « du doigté indispensable » et d'« intuition psychologique », manque « de tout tact dont doit disposer le soldat politique », ignorance profonde des particularismes locaux qui conduisait à commettre des erreurs sans même en avoir conscience, « attentes largement exagérées » à l'encontre des volontaires, et enfin absence de « courage civil », c'est-à-dire « le courage d'empoigner de manière décisive les choses selon son propre jugement, même sans grand règlement venu d'en haut ». « Au lieu de cela, achevait ce réquisitoire, on invoque plus volontiers l'absence de directives et l'on ne se comporte malheureusement pas toujours comme un soldat politique, mais comme un fonctionnaire militaire » [69]. Si la société allemande était rétive à l'idée d'intégrer les Autrichiens et les Sudètes ou traitait les « Germains » comme des vaincus, ces travers se retrouvaient au sein de la *Waffen-SS* sous la forme de dénigrement, d'insultes et de mauvais traitements [70].

Ce problème était intrinsèquement lié à la xénophobie de l'idéologie nationale-socialiste. Avant de prêcher la patience et la tolérance à ses subordonnés – comme à Kharkov en 1943 [71] –, Himmler avait lui-même initié le mouvement d'humiliation et de dédain des recrues étrangères. « Plus notre recrutement est nordique, avait-il ainsi publiquement déclaré avantguerre, plus il doit être convenablement traité » [72]. Redressant ensuite la barre, la *Reichsführung-SS* a dû inlassablement prôner la patience envers les volontaires germaniques et les *Volksdeutsche*, tout particulièrement lorsque leur recrutement s'est accentué à partir de 1941. Pour les *Volksdeutsche* des Balkans notamment, l'amertume était grande. Ils subissaient à la *Waffen-SS* les insultes auxquelles ils avaient cru échapper en fuyant la conscription dans leur pays [73].

Les abus criants au sein de la légion flamande avaient conduit Himmler à réagir avec beaucoup de fermeté dès le printemps 1942. Conscient qu'un traitement correct des volontaires étrangers était « déterminant pour tout l'avenir germanique », il avait ordonné que l'on instruise de manière spécifique les cadres des formations composées essentiellement de personnels étrangers, afin qu'ils aient conscience de l'importance de leur tâche (selon lui, seules la division « Wiking » et la brigade de cavalerie SS avaient révélé une véritable capacité à susciter l'adhésion de ces hommes). Himmler s'était par ailleurs octroyé un droit de regard sur l'affectation de tous les cadres de ces unités, et ce, jusqu'aux chefs de section et adjudants de compagnie [74]. Avec la multiplication d'unités à recrutement étranger, il est difficile de croire que ces mesures ont continué à être appliquées. Certes, un effort accru de pédagogie est perceptible, comme en témoignent plusieurs directives de la 9ᵉ division SS qui a incorporé quelque 1 100 *Volksdeutsche* hongrois à l'automne 1943 [75], mais la *Reichsführung-SS* n'a jamais pu éradiquer le problème. Sur le fond, l'échec était tout autant professionnel qu'idéologique.

L'encadrement des troupes « non germaniques » a naturellement posé des difficultés d'une tout autre envergure à partir de 1943, et plus encore au printemps 1944. En fait, le revirement idéologique de la *Reichsführung-SS* dans sa stratégie d'expansion avait ceci de pernicieux qu'il n'était qu'apparent. Fondamentalement, les volontaires non germaniques demeuraient des porteurs d'uniforme tout juste bons à se faire tuer sur le front pour le régime national-socialiste. Le problème est que cette vérité nue ne pouvait être ouvertement admise. Aussi la *Reichsführung-SS* a-t-elle plongé ses cadres dans un certain désarroi. Passe encore pour les formations SS allemandes où les renforts étrangers se sont fondus dans le moule. Certes, un soin particulier a été porté aux comportements à adopter vis-à-vis des « volontaires auxiliaires » incorporés dans la troupe au printemps 1944, qu'ils soient italiens ou ukrainiens [76]. La promotion au rang de combattant de ces hommes ne semble pas avoir posé de problème spécifique, en raison même de leur statut originel qui ne les plaçait pas sur un pied d'égalité avec les personnels SS. Or, même factice, c'est cette égalité qui posait un problème au sein des unités au recrutement « extra-germanique ». Aussi l'Ordre noir a-t-il dû procéder à une « reconversion idéologique » des cadres destinés à servir dans ce genre d'unités. Au début de l'année 1944, le *SS-Hauptamt* a péniblement tenté de justifier leur présence dans les rangs de la SS en invoquant la lutte commune contre le bolchevisme et en soulignant que ces hommes représentaient « les meilleurs de leur peuple » [77]. À l'automne 1944, un livret de vingt pages a également été mis en chantier par le *SS-Hauptamt* sur « la mission politique de l'officier et du sous-officier allemand dans les unités de peuples étrangers de la *Waffen-SS* ». Au terme d'une laborieuse construction intellectuelle où le principe de sélection raciale cédait le pas à l'idée sociale et européenne, ces cadres SS étaient instamment priés de se mettre au clair avec la nouvelle orientation. Afin de leur mettre du baume au cœur, une concession était faite à leur orgueil racial en promettant en conclusion que, « dans l'accomplissement de ces missions, la SS deviendra[it] une classe dirigeante de combattants politiques, laquelle [était] destinée à organiser l'Europe autour du Reich dans l'esprit du Führer, et ainsi d'assurer au continent l'unité, la liberté et la puissance » [78]. Si cette publication a été accueillie de manière « très enthousiaste » par le « bureau de direction germanique » du *SS-Hauptamt*, elle n'a guère changé des habitudes trop bien ancrées pour être aussi rapidement modifiées [79].

QUATRIÈME PARTIE

CONDITIONNEMENT ET MOTIVATIONS

15

L'endoctrinement

Des « nazis fanatiques ». Assurément, l'expression (et d'autres analogues) revient tel un leitmotiv dans la bouche et sous la plume de leurs contemporains pour qualifier les soldats SS. Cette opinion largement partagée a sous-tendu celle que ces hommes avaient subi un endoctrinement particulièrement intensif. La *Reichsführung-SS* n'a d'ailleurs pas ménagé ses efforts pour accréditer cette idée. Au début de 1944, il était admis que « les succès de la *Waffen-SS* [devaient] être attribués en premier lieu à la claire orientation idéologique de la troupe [1] ». Or, la réalité a été bien plus complexe. Les programmes d'éducation politique étaient en effet très loin de tenir une place importante dans l'instruction, y compris au sein des écoles d'officiers SS, pourtant destinées à forger l'élite militaire et idéologique de l'Ordre noir [2]. Le mythe du soldat SS fanatisé à l'extrême doit donc être sérieusement révisé en revenant sur les fonctions, la conduite et la pédagogie de l'idéologie SS, au-delà du fond du message qui a déjà fait l'objet d'études très fouillées [3].

LES FONCTIONS DE L'ÉDUCATION IDÉOLOGIQUE

« Mon âme à Dieu, mon épée au Roi, mon cœur aux dames. » C'est en citant cet adage de la vieille noblesse huguenote que Berger avait déclaré à Himmler que « c'était vraiment facile » à l'époque. Et d'ajouter que « le national-socialisme exige[ait] tout à présent, l'âme, l'épée et le cœur pour l'idée [4] ». C'était donner une assez bonne définition du totalitarisme et des exigences envers les individus qu'il asservissait. Tout au long de la guerre, l'éducation politique a eu plusieurs fonctions : imposer les valeurs de la SS, légitimer le combat, soutenir le moral, et finalement justifier l'existence sociale de la SS.

Imposer les valeurs de la SS

La première fonction de l'idéologie a logiquement consisté à enseigner aux membres de la SS les règles de vie de leur « ordre ». Ces « lois fondamentales de la SS » étaient en réalité une série de directives établies au fil des années : l'« ordre de fiançailles et de mariage » (31.12.1931) destiné à assurer l'« intégrité raciale » de l'Ordre ; la « loi d'honneur de la SS » (9.11.1935) accordant à chaque membre SS le droit (et le devoir) de défendre son honneur par les armes ; la « fondation de l'association " Lebensborn " » (13.9.1936) destinée à favoriser la natalité des membres SS par redistribution de cotisations et avec l'objectif déclaré d'engendrer au moins quatre enfants par couple SS ; le « caractère sacré de la propriété » (9.11.1936) qui a notamment conduit à interdir l'emploi de cadenas dans les cantonnements SS ; l'« épargne du devoir » (9.11.1937) obligeant une épargne mensuelle d'un Reichsmark à tout membre SS gagnant sa vie ; la « prise en charge des veuves et des orphelins » (9.11.1937) obligeant à assister les familles de camarades SS décédés. À ces « lois fondamentales » se sont ajoutées des directives générales tenant compte des conditions de guerre : le devoir pour le membre de la SS servant sous les drapeaux de procréer – au besoin en dehors du mariage – pour peu que la mère soit « de bon sang » (28.10.1939), l'interdiction de séduire la femme d'un membre de la SS engagé au front (30.1.1940), et enfin l'ordre de ne pas déshonorer une jeune fille pour l'abandonner ensuite (6.4.1942). À cela s'ajoutait une vague affirmation de « foi en Dieu », mais dans une religion vidée de sa substance. Sur le fond, ce catalogue de directives disparates n'avait pour autre ambition que de fixer la règle de vie et l'éthique d'une nouvelle aristocratie raciale, appelée à gagner en poids et en influence dans la société[5].

Légitimer le combat

La seconde fonction de l'éducation idéologique a consisté à légitimer le combat du Reich. Déjà présente avant guerre en raison du caractère intemporel de la lutte menée par la SS, cette fonction s'est trouvée renforcée une fois les hostilités déclenchées. En soi, ce travail de pédagogie est propre à tout État en guerre. En effet, « aucun dirigeant politique ne peut envoyer ses soldats au combat en leur demandant de risquer leur vie et de tuer d'autres individus sans les assurer de la justice de leur cause et de l'injustice de celle de leurs ennemis [6] ». Le rappel aux troupes de l'« attachement à la paix » manifesté par Hitler participait de cette démarche de légitimation, de même que la présentation des tentatives de conciliation initiées par l'Allemagne dans les années trente et torpillées pêle-mêle par les revanchards français, les ploutocrates anglo-saxons, les bolchevistes, et naturellement les Juifs de tous bords [7]. Pour cette raison, les références à l'Histoire étaient nombreuses et servaient deux objectifs. En posant le régime comme l'héritier de l'Empire germanique, elles permettaient tout d'abord de le légitimer et de justifier sa politique en la présentant comme l'aboutissement de celles jusqu'alors menées sans le même succès. Inscrit dans le sens de l'Histoire, le conflit était présenté comme la réparation des injustices passées, à l'image du combat salvateur mené par Hitler et la NSDAP en Allemagne. Il s'agissait dès le début de démontrer que le combat était une guerre défensive, même si celle-ci imposait le recours à l'agression et à la conquête. Le second objectif était d'utiliser les leçons du passé afin de tirer les enseignements pour le présent et l'avenir en donnant des exemples à suivre. Comme l'éducation idéologique, l'Histoire n'était donc « pas une science morte [8] ».

Fanatiser

La SS allait encore plus loin en voulant susciter une adhésion aveugle et enthousiaste à la lutte engagée. En somme, il fallait communiquer une foi ardente aux hommes. La tâche était d'autant plus facile que le national-socialisme avait érigé le fanatisme en valeur positive au sein de la société allemande, en substituant la notion d'aveuglement à celles d'héroïsme et de vertu [9]. Il ne s'agissait donc pas d'une « instruction idéologique », mais d'une « éducation idéologique ». « Instruire, instruire bêtement, cela ne mène à rien », affirmait encore le chef du SS-FHA. En fait, il s'agissait bien moins de transmettre un savoir qu'une conscience [10].

Aux yeux du commandant de la 10ᵉ division SS, ce chapitre de la formation était « d'une exceptionnelle importance pour l'esprit combatif ». Et, pour appuyer ses dires, de citer tour à tour en exemples la foi des guerriers luttant au nom de l'islam, la religion inspirant les troupes puritaines de Cromwell, l'élan des armées de la Révolution française, ou encore les effets du fanatisme militaire au Japon. Mais, en ce domaine comme en d'autres, la référence venait de l'est : « La guerre en Russie a clairement démontré qu'une armée politiquement éduquée combat brutalement. Nous opposons au fanatisme communiste la foi combattante émanant de l'idée nationale-socialiste [11] ».

L'objectif assigné à l'endoctrinement des individus était clair. Il répondait à deux « questions essentielles » : Pourquoi cette guerre était-elle menée ? Pour quelles raisons devait-elle être gagnée ? Ces deux questions impliquaient des réponses positives et négatives. Dans la première catégorie se rangeaient notamment « l'amour du Führer et la foi inébranlable en sa mission historique » qui étaient « décisifs pour la disposition des hommes au combat [12] ». L'endoctrinement établissait donc un lien affectif fort entre Hitler et les hommes servant sous la tête de mort, dans le droit-fil de la mission originale de la SS destinée à assurer sa protection. « Nous ne voulons pas de décorations, nous voulons seulement l'amour du Führer », a ainsi déclaré un jour un capitaine SS à ses hommes [13]. Avec le temps, ce lien affectif comme la confiance dans le génie et l'infaillibilité du Führer ont été mis à l'épreuve. Un large recours a donc été fait à la théorie du complot. La défection de l'allié italien calculée par les Alliés et l'attentat du 20 juillet lié à l'offensive d'été de l'Armée rouge ont en particulier permis de justifier les revers allemands, transformés en succès défensifs [14].

Parmi les réponses à caractère négatif figuraient les motivations des adversaires du Reich. Dans le conflit en cours, chaque soldat SS devait ainsi être pleinement convaincu qu'il y allait de sa survie. Les « hordes d'assassins du bolchevisme » qui voulaient réduire l'Europe en esclavage, « la juiverie internationale » désireuse de détruire le peuple allemand dans sa « haine infernale », ou encore le « matérialisme égoïste » des Anglo-Saxons qui menaçait la culture germanique étaient autant de dangers auxquels il fallait faire face sous peine de disparaître [15]. Face à de tels adversaires, la brutalisation du combat était en conséquence présentée comme nécessaire :

> L'objectif de cet enseignement doit être d'éveiller une haine et un dégoût des méthodes de gangster sans scrupule ainsi que des projets brutaux et criminels de l'ennemi. La fâcheuse objectivité allemande, la trop grande équité envers l'adversaire et l'oubli funeste de ce que l'on nous a fait récemment et auparavant doivent de ce fait être extirpés de nos SS. L'homme doit être fanatisé pour l'engagement ; une haine exacerbée et la volonté de détruire l'adversaire là où il le rencontre doivent le remplir [16].

La violence du verbe impliquait celle des actes. Sous une forme certes différente, ces propos se retrouvent un an plus tard sous la plume du commandant de la *Waffen-SS* aux Pays-Bas. L'« État social allemand » remplaçait « l'amour du Führer » en réponse à la question « pour quoi combattons-nous » [17]. Le chef du *SS-Hauptamt* n'était probablement pas étranger à cette évolution, lui qui faisait déjà remarquer à Himmler à l'automne 1943 qu'il leur fallait « veiller à ce que cette guerre soit toujours présentée comme une guerre pour le Reich, jamais comme une guerre pour le Führer, la NSDAP et la SS [18] ». L'endoctrinement a donc commencé à revêtir des habits patriotiques dans les dix-huit derniers mois du conflit, à l'image de la communication du *SS-Hauptamt* pour le recrutement de l'Ordre noir [19]. Sur le fond, l'objectif demeurait néanmoins encore et toujours d'offrir au commandement « une élévation profonde de la puissance et du moral combatifs » de la troupe [20].

Convaincre

Au cours des deux dernières années du conflit, le conditionnement des troupes n'a plus eu pour seule fonction de fanatiser les individus, mais de compenser également le manque initial de motivation de certaines recrues [21]. C'est au moment où le *SS-Hauptamt* venait d'incorporer en nombre des conscrits réfractaires à l'engagement que Berger a suggéré à Himmler une directive générale pour renforcer l'éducation idéologique au sein de la *Waffen-SS*. En ce sens, la levée des effectifs des 9e et 10e divisions SS a représenté une césure dans la fonction de l'endoctrinement. Il ne s'agissait plus de « prêcher des convertis », mais de convaincre désormais un public sinon rétif, du moins idéologiquement passif. Berger s'est du reste montré habile pour amener Himmler à intensifier l'endoctrinement des troupes tout en évitant de soulever l'épineux problème de la coercition à laquelle ses services avaient recouru au début de 1943. D'une part, il a agité, tel un chiffon rouge, l'avance prise dans ce domaine par les Soviétiques. D'autre part, il a remarquablement su se défausser de ses responsabilités en évoquant « de très nombreux jeunes volontaires chez qui la maison paternelle s'[était] montrée complètement défaillante », précisant que « souvent les parents ne se [tenaient] pas sur le terrain du national-socialisme [22] ».

Quelques semaines après la mise sur pied de la 9ᵉ division SS, son commandement s'inquiétait par ailleurs de la fiabilité politique de ses personnels face à l'action subversive croissante entreprise par les éléments communistes au sein de la *Wehrmacht* [23]. Voir ainsi le doute s'immiscer sur la fiabilité politique et idéologique d'individus censés incarner la troupe la plus fidèle au régime est assez révélateur de l'évolution du recrutement de la *Waffen-SS*. Le passage d'un petit corps d'élite numériquement faible à une armée de masse a supposé un changement de la fonction de l'endoctrinement. L'adhésion minimale au régime et aux principes qu'il véhiculait, rencontrée chez la plupart des volontaires avant et au début du conflit, n'était plus aussi évidente. Toutefois, l'endoctrinement n'a pas eu pour objectif de convertir de force les récalcitrants à l'idéologie SS. Le mot d'ordre a bien plutôt été de persuader, au besoin par un long travail de sape, comme cela a été le cas au sein de la 17ᵉ division SS au printemps 1944 sur « la question des Églises ». Chaque thème d'étude devait aborder le sujet, mais « en raison du grand nombre de recrues catholiques plus âgées », il devait être traité « avec tact et sous une forme purement neutre », et en tout état de cause en évitant toute critique directe. Par contre, il était prévu « un traitement global du catholicisme politique à l'issue de l'instruction de base [24] ».

L'endoctrinement a également servi à convaincre des recrues aux origines géographiques de plus en plus disparates. Rien de plus typique à ce sujet que la multiplication des consignes relatives à l'éducation idéologique des groupes nationaux ou ethniques au fur et à mesure de leur intégration, à l'image des directives concernant les conscrits alsaciens au moment de leur enrôlement en 1944 [25]. Signe des temps et surtout de la diversité du recrutement SS, le discours européen a pris une valeur œcuménique croissante au sein des unités SS à partir du printemps 1944, y compris celles à recrutement théoriquement allemand. De fait, l'ouverture de la SS aux étrangers non « germaniques » se fondait sur le postulat que seul l'Ordre noir était à même de leur enseigner les connaissances idéologiques propres à les motiver pour combattre efficacement au service du Reich. Le sens de cet endoctrinement était alors d'approfondir parmi les soldats étrangers « la pensée de la communauté européenne et la conscience du destin commun [26] ».

Soutenir le moral

Avec la série continue de revers militaires allemands à partir de 1943, la fonction ultime de l'endoctrinement a été d'afficher une foi absolue en la victoire finale pour parer aux défaillances individuelles ou collectives sur le champ de bataille. La « victoire par la foi » était ainsi le mot d'ordre prôné par le commandant de la *Waffen-SS* aux Pays-Bas en avril 1944 [27]. Conjuguée avec un renforcement de la discipline, l'idéologie a servi à prévenir le découragement et le désespoir de la troupe après une défaite. Le fait est illustré par la 12e division SS à l'issue de la bataille de Normandie. Au minimum une heure d'éducation politique quotidienne a alors permis d'expliquer aux hommes « le sens de ce conflit et l'actuelle phase décisive de la guerre avec les devoirs qui en résultent pour nous [28] ». Dans cette mission, les responsables de l'éducation au sein des unités SS se sont cependant sentis bien seuls. Sous prétexte que la *Waffen-SS* était désormais autonome pour traiter des questions quotidiennes, Himmler a interdit à la fin de l'année 1944 l'édition d'un bulletin d'information destiné aux personnels en charge de l'éducation idéologique des troupes. Le chef du *SS-Hauptamt* a en retour fait savoir « que dans la sixième année de guerre, avec le manque de journaux et avec la forte, formidable et souvent très adroite action de la propagande adverse », il leur fallait bien toutefois donner quelque chose à leurs spécialistes afin qu'ils soient « en situation de répondre aux questions des soldats ». Derrière les formules policées, la mission de l'endoctrinement ne se limitait plus seulement à entretenir la foi en la victoire, mais consistait désormais tout simplement à aider les hommes à garder espoir malgré la détérioration de la situation sur tous les fronts [29].

Justifier l'existence de la Waffen-SS

L'idéologie a enfin revêtu une fonction très différente, celle d'assurer le statut social de la SS en armes au sein du Reich [30]. Au demeurant, le fait n'était pas nouveau. Dès avant guerre, l'inspecteur de la SS-VT nourrissait l'ambition d'incarner « l'unité entre les soldats politiques éprouvés et le corps en armes au sein du parti » [31]. En tant que « garde du Führer », la « LSSAH » voulait de son côté rassembler les « plus loyaux soldats de Hitler [32] ». Dans les deux cas, la fonction sociale trouvait son fondement dans l'identité idéologique. On retrouve là le dilemme posé tout au long de son existence à la branche armée de l'Ordre noir, notamment lorsque celle-ci a commencé à nourrir de très sérieuses ambitions militaires. Seul le vernis idéologique qui lui avait été plaqué justifiait son statut à part. Professionnellement, la différence était à ce point ténue qu'il n'était pas exclu pour Himmler qu'une division SS devienne « tôt ou tard une division de l'armée de terre habillée par hasard en noir [33] ». L'idéologie a d'ailleurs constitué le meilleur garant contre le danger de voir se réduire la distinction entre la *Waffen-SS* et la *Wehrmacht* au moment où l'idée de l'élite raciale était (au moins en apparence) abandonnée. C'était aussi un moyen commode de justifier les premiers succès militaires des plus anciennes formations SS. La création d'une école pour la conduite idéologique des troupes a ainsi été l'occasion de rappeler que « les performances de la SS trouv[ai]ent leur fondement dans sa sélection, dans une meilleure instruction militaire et dans l'éducation en une combativité fanatique pour [les] idée[s] de notre Führer » [34].

Pour la SS, se faire sinon doubler, du moins rattraper par l'armée sur son propre terrain représentait le danger de se voir à terme purement et simplement absorbée par l'institution militaire. Si la *Reichsführung-SS* entendait que ses troupes servent de modèle à l'armée, elle n'était naturellement pas prête à voir l'écart se réduire. Le risque n'était pourtant pas mince, tout particulièrement à l'issue de la première année de guerre à l'est. Dès juillet 1942, l'éducation politique faisait son intrusion au sein des états-majors de l'armée de terre jusqu'au niveau des divisions. En l'espèce, et suite aux premières directives du 1er octobre 1941 et du 11 juin 1942, les officiers de renseignements et de contre-espionnage (Ic) se voyaient confier cette instruction de la troupe « sur la base de l'idéologie nationale-socialiste »[35]. Sur le fond, c'était une nouvelle concession de la *Wehrmacht* au régime, en même temps qu'une accentuation du caractère idéologique de la lutte face à l'Armée rouge. Officiellement, la *Reichsführung-SS* a salué cette mesure tout en la récusant pour ses unités. Et avec la caution de Himmler, Berger a tiré à boulets rouges sur l'« éducation à l'esprit de défense » que l'armée proposait. La taxant de « libérale », elle découlait selon lui « d'une façon de penser d'une certaine couche sociale bourgeoise ». Bref, « le concept " d'esprit de défense " n'a[vait] rien de national-socialiste dans le contenu, la manière et l'origine ». Face à la concurrence, l'ancien professeur Berger prenait donc la posture de l'enseignant encourageant les efforts méritoires d'un élève aux capacités médiocres dont le travail était jugé nettement insuffisant. Et de rappeler que l'« individu bolchevique fanatisé [...] et sa sous-humanité ne [pouvaient] être vaincus que par une meilleure idéologie ». Celle-ci devait être « aussi totalitaire [et] ses militants être tout aussi pénétrés et fanatisés jusque dans les dernières fibres de leur existence »[36].

L'été 1943 a de nouveau vu « une forte activité au sein du haut commandement de la *Wehrmacht*, en particulier au sein de l'armée de terre et de la marine, [afin] de rendre accessible l'idéologie nationale-socialiste au simple soldat et à ceux non membres du parti »[37]. Himmler comme Berger étaient quotidiennement démarchés par des responsables militaires sollicitant une aide, un conseil ou de la documentation. En dépit du discours officiel convenu, les responsables de la *Wehrmacht* commençaient à admettre en aparté « que ce n'[était] pas seulement la bonne sélection raciale qui donnait la solidité interne aux divisions de la *Waffen-SS*, mais aussi la nature de l'instruction idéologique[38] ». Berger s'est certes réjoui de cette reconnaissance. Mais à l'instar des opérations de recrutement, l'élève menaçait de dépasser le maître. La publication par l'armée d'un fascicule à l'intention des chefs de troupe sur la conduite politique de leurs hommes était assez symbolique de ce renversement. Aussi Berger a-t-il commencé à se départir de son attitude condescendante. Faute d'une brochure équivalente (pourtant rédigée, mais que Himmler conservait par-devers lui afin de la relire), c'est le fascicule de l'armée qui était « très demandé par une partie non négligeable [des] chefs de troupe » de la *Waffen-SS*[39]. L'intrusion, peu après, de la direction nationale-socialiste au sein de la *Wehrmacht* n'a rien arrangé[40]. Quelques mois plus tard, au printemps 1944, Berger tirait une nouvelle fois la sonnette d'alarme devant l'activisme de la *Wehrmacht* qui contrastait avec l'immobilisme de la SS. En l'occurrence, l'armée de terre était en train de publier un nouveau règlement de service intitulé *L'Officier du Führer*. Elle l'avait soumis pour correction à Berger qui avait pu constater les progrès des autorités militaires :

> L'opuscule se place sur le terrain de l'idéologie nationale-socialiste. De l'esprit de défense, il n'y a plus trace. Il y a deux ans, quelque chose de semblable eût été exclu. Comme l'auteur se tient bien en étroite collaboration avec nous, l'esprit de l'écriture idéologique de la SS imprègne chaque ligne. On transcrit exactement les mêmes idéaux que la SS[41].

Certes, l'armée rendait hommage à l'Ordre noir en faisant par quatre fois mention de lui. Dans une autre publication de la *Wehrmacht* intitulée *Pour quoi combattons-nous ?* et largement inspirée par la SS, toute référence à celle-ci avait pourtant été retirée « afin de lui procurer une entrée plus aisée dans la *Wehrmacht*[42] ». Naturellement, il était dans l'intérêt de Berger de noircir le tableau afin d'arracher au SS-FHA de nouvelles prérogatives relatives à l'endoctrinement des troupes SS[43]. Il n'en demeure pas moins qu'à poursuivre sur cette voie l'armée risquait de faire disparaître la justification sociale de la *Waffen-SS*. La part prise par la documentation de l'armée dans l'endoctrinement des troupes SS était ainsi devenue prépondérante, comme en témoigne le cas de la 17e division SS[44]. Le danger n'avait pas échappé au chef du *SS-Hauptamt* :

> [...] si nous continuons ainsi, nous perdons notre position dominante, exactement comme notre troupe la perd si la *Wehrmacht* parvient également à orienter sur cette base [idéologique] son corps d'officiers sélectionnés depuis désormais dix ans sur des critères raciaux. Le contraste va apparaître d'autant plus fort qu'en ce qui concerne l'éducation du corps des officiers, rien – ou bien peu – n'est fait chez nous [...][45].

En amenant l'armée à jouer à son propre jeu, l'Ordre noir se retrouvait donc sur le même terrain qu'elle, pratiquement sans autre atout que celui d'être le dépositaire légal « du brevet d'invention originale » que lui reconnaissait Hitler. Cela suffira néanmoins pour que Himmler se voie confier la mise sur pied et l'éducation nationale-socialiste des divisions de la 29ᵉ vague le 15 juillet 1944.

La conduite de l'éducation idéologique

La dualité de commandement

La conduite de l'endoctrinement au sein de la SS en armes n'a jamais rien eu d'évident. L'institution en octobre 1934 d'un « directeur d'éducation » *(Schulungsleiter)* auprès de chaque bataillon et régiment SS a très tôt provoqué une dualité dans le commandement, à l'image des commissaires politiques au sein de l'Armée rouge. Dépendant de l'Office principal de la race et de la colonisation, ils ne relevaient que de l'autorité de ce dernier. Cette situation a duré près de quatre années, jusqu'à leur passage sous l'autorité du *SS-Hauptamt* à l'été 1938. Ce changement a modifié leur relation hiérarchique avec les commandants d'unité dont ils relevaient désormais du point de vue disciplinaire. Plus de deux années se sont encore écoulées avant que ne disparaisse cette fonction en septembre 1940. À compter de cette date, la charge de l'instruction militaire *et* idéologique est revenue aux seuls commandants de troupe, depuis le divisionnaire jusqu'aux chefs de compagnie. Seul un officier avait pour tâche, au sein de l'état-major (section VI), de centraliser et de répercuter les consignes et la documentation en servant d'interface entre le « bureau d'éducation » *(Schulungsamt)* du *SS-Hauptamt* et les officiers de l'unité. Une nouvelle ligne de fracture s'est alors dessinée. Elle suivait le partage des compétences entre le *SS-Hauptamt* d'un côté, responsable du contenu des programmes, et de l'autre le SS-FHA, responsable de leur application et de la nomination des personnels de la section VI [46]. Un séminaire tenu au premier semestre 1944 permet de mesurer l'étendue du problème :

> Les chefs [de la] section VI ne peuvent pas s'imposer au sein des corps d'armée et des divisions vis-à-vis de leurs

commandants. Il s'agit fréquemment de lieutenants et de sous-lieutenants dépourvus de distinctions du front qui ne possèdent déjà aucune autorité vis-à-vis du [chef d'état-major]. De Berlin, ils ne reçoivent de soutien ni du *Führungs-Hauptamt* ni du *Hauptamt* parce que, à la différence de toutes les autres sections [d'état-major], ils ne sont jamais visités ou inspectés et que les commandants ne reçoivent aucune directive décisive pour le domaine de travail VI. En dehors de cela, les officiers VI auprès des unités motorisées n'ont aucun véhicule [47].

Le découragement a donc saisi certains responsables de l'éducation idéologique au sein des unités. De fait, nombre d'entre eux pensaient que leurs rapports mensuels d'activité finissaient dans la corbeille. Cela s'est naturellement répercuté sur la qualité de leur travail [48]. Tout aussi logiquement, Berger s'est servi de ce constat pour obtenir de Himmler la centralisation, sous son égide, de l'ensemble des tâches d'endoctrinement [49]. Dans son bras de fer engagé avec le SS-FHA de Jüttner, il a certes gagné, mais tardivement, en octobre 1944 [50]. En dépit de l'activisme déployé par les services du *SS-Hauptamt* dans les derniers mois du conflit, le retard dans l'application de cette mesure en janvier 1945 démontrait en outre la difficulté de réaliser ce transfert de compétences [51]. Et sur le fond, l'idéologie a toujours été reléguée derrière les impératifs militaires [52].

La disparité des pratiques

La conduite de l'éducation idéologique a connu bien des disparités en fonction du caractère du commandant, mais aussi de l'époque. En règle générale, la plupart des commandants de division se sont souciés de ce volet de la formation [53]. Certains se sont même montrés très zélés à la tâche, à l'image du commandant de la brigade de cavalerie SS en 1941 ou du régiment d'instruction SS de Prague en 1942. Au sein des SS-TV puis de la division « Totenkopf », l'endoctrinement a également toujours tenu une place très importante sous la férule de Theodor Eicke [54].

Reste que des failles sont souvent apparues. Le cas de l'éphémère commandant de la division de cavalerie SS, vertement tancé par Himmler au début de 1943 pour sa négligence sur ce sujet, le prouve assez [55]. Plus discrets, d'autres signes démontrent que l'endoctrinement des troupes n'était pas forcément une priorité.

Une session de formation pour chefs de compagnie organisée au sein de la division « Das Reich » à l'automne 1942 en fournit un bon exemple. Dans le programme de formation s'étalant sur dix-huit jours, une heure seulement était réservée à la pédagogie de l'éducation idéologique par le chef de compagnie, pourtant le principal relais dans l'endoctrinement des troupes [56]. À la même époque, l'état-major du corps d'armée blindé SS donnait la consigne à ses unités organiques de consacrer une heure hebdomadaire à l'éducation idéologique et aux questions politiques. On est bien loin du temps qu'exigerait un lavage de cerveau [57]. Quant au commandant de la 10e division SS, qui avait à l'origine laissé à ses commandants d'unité le soin d'assurer la formation idéologique de leurs subordonnés, il est bien vite revenu sur ce choix à la lecture des premiers rapports mensuels qui lui sont parvenus [58]. Que le SS-FHA interdise à ses formations de détourner de leur mission les personnels en charge de l'éducation idéologique démontre par ailleurs la tendance des états-majors à négliger l'endoctrinement au profit d'autres missions jugées prioritaires [59]. Au printemps 1943, le SS-FHA avait déjà rappelé à ses unités « que les missions du directeur de la section VI ne se limit[ai]ent pas seulement à décompter les pertes de la troupe [60] ». La situation n'était pas forcément plus heureuse au sein des unités de dépôt et d'instruction. Chargées de transformer en huit semaines des recrues en combattants, elles ont souvent sacrifié l'endoctrinement à l'instruction militaire. Le SS-FHA s'est insurgé contre ce procédé en rappelant l'ordre de Himmler de placer à égalité l'éducation idéologique et l'instruction militaire. Et de citer le compte rendu d'une unité de dépôt SS rapportant n'avoir dispensé que deux des six heures d'endoctrinement initialement prévues afin de permettre la vaccination des recrues et l'accomplissement de servitudes. Ce n'était pourtant pas faute d'intérêt du public :

> Par expérience, on constate que les renforts montrent beaucoup d'ardeur au sujet de la formation idéologique... Comme pourtant la brièveté du temps de formation se fait déjà sentir sur l'instruction militaire et technique, prioritaire, une augmentation d'heures de cours pour l'instruction idéologique n'est pas possible [61].

Par ailleurs, tous les officiers SS ne disposaient pas du talent pédagogique, de l'envie ou de la flamme nécessaires à l'endoctrinement de leurs subordonnés. Dans certains cas, il s'en fallait de beaucoup, comme le révèle une circulaire du commandant de la 10ᵉ division SS :

> Les rapports sur l'éducation politique et idéologique dans les unités laissent apparaître que les chefs de compagnie n'ont pas encore tout à fait saisi le caractère fondamental de cette très importante tâche. Il ne s'agit pas tant de donner à nos hommes un savoir poussé jusque dans les moindres détails, mais bien plutôt de les éduquer en soldats politiques et en nationaux-socialistes solides en cas de crise. On n'arrive pas à cela, par exemple, par un rabâchage stupide de dates historiques ou en lisant à voix haute les documents publiés par la division. Ces documents doivent avant tout placer l'officier dans la situation d'en savoir davantage que ses hommes afin de pouvoir également commander de manière souveraine sur le plan politico-idéologique. Une préparation élaborée de chaque conférence est de ce fait indispensable [62].

Aussi peut-on accorder un certain crédit aux quelques milliers de témoignages recueillis par les avocats de la *Waffen-SS* à Nuremberg, affirmant que l'éducation idéologique avait été « négligée », « lacunaire », « très rare » ou « n'avait pratiquement pas eu lieu » dans les unités [63]. Quant au contenu de l'éducation, certains rapports démontraient à l'époque « que le concept " films d'instruction idéologique " [était] étendu à des films qui n'[avaient] plus rien à voir avec l'éducation idéologique ». Les responsables de l'endoctrinement rappelaient alors que :

> les films d'instruction *Le Fusil-mitrailleur modèle 34*, *Le Moteur diesel*, *Le Comportement en circulation routière*, *Le Moteur essence à quatre temps et sa construction*, *Freins et Freins hydrauliques* possèdent pour l'éducation idéologique des hommes exactement aussi peu de valeur que les exposés suivants pour l'éducation idéologique des officiers : *La Défense de la troupe contre les gaz*, *Le droit de sanction disciplinaire et de recours*, *Rapport d'expérience sur l'engagement de la section frigorifique à l'Est*, *Espionnage et contre-espionnage* [64].

Ce curieux mélange des genres révélait tout autant un manque d'intérêt ou de temps pour l'éducation idéologique qu'une méconnaissance profonde chez certains officiers SS de ce qu'elle impliquait.

Les vecteurs et la pédagogie de l'endoctrinement

La transmission orale privilégiée

Dans le cadre de l'endoctrinement, la voie orale a été largement privilégiée, et ce, en distillant la parole dans le temps. Cela n'a pas toujours été vrai. Une semaine complète de cours était par exemple au programme des personnels à la « LSSAH » en 1934 [65]. Vraisemblablement indigeste pour des individus pas forcément intéressés, la formule a ensuite été abandonnée. Le *SS-Hauptamt* était d'ailleurs conscient que la lecture ne plaisait pas à certains hommes [66]. Aussi la transmission par voie orale était au cœur de la réforme introduite en décembre 1940 par la *Reichsführung-SS*, lorsqu'elle a décidé de charger les commandants d'unité de l'endoctrinement de leurs hommes. Chaque chef de compagnie ou de bataillon devait ainsi prendre la parole devant eux au moins une fois par semaine. Quant aux commandants de régiment, Himmler attendait d'eux « qu'ils saisissent chaque opportunité qui s'offrait pour parler aux hommes et influer sur eux [67] ». Dans un cas comme dans l'autre, c'était toujours le lien personnel qu'il convenait d'affirmer entre l'officier/éducateur spirituel et ses subordonnés/disciples [68]. S'agissant moins de transmettre des connaissances que des convictions, le mode oral était le plus approprié. Cela était encore rappelé aux unités de dépôt aux Pays-Bas lorsqu'il leur a fallu aborder le thème de « la victoire par la foi » :

> Lors du traitement de ce thème, il sera encore particulièrement mis l'accent sur le plus fondamental moyen de conduite dans l'éducation, sur le discours personnel. Aucun article aussi bien conçu soit-il, aucune revue, aucun journal n'est en état d'éveiller la force chez un homme comme le porte l'art du discours, c'est-à-dire la transmission de sa propre foi et de son propre sentiment par un homme [qui en est] intimement animé. [Le discours] doit constamment se tenir au centre de l'éducation idéologique, avec l'objectif d'établir un lien personnel de l'orateur avec ceux à qui il s'adresse en vue de constituer une communauté [69].

Cette approche émotionnelle s'appuyait néanmoins sur une documentation mise à disposition des commandants d'unité par les services du *SS-Hauptamt*. Les divers thèmes étaient ainsi soigneusement planifiés [70]. Pour chacun d'eux, la documentation pédagogique se décomposait en 1943 en trois parties : tout d'abord des exemples concrets permettant d'introduire le sujet ; ensuite les points clés de la démonstration ; enfin des références à la littérature nationale-socialiste permettant de préciser ou d'approfondir le sujet [71]. Cartes, images et films venaient ponctuer le déroulement du cours [72]. En dehors de ces thématiques saisonnières, des fascicules étaient également édités sur des sujets fondamentaux et mis à disposition des chefs d'unité [73]. Enfin, cette documentation thématique côtoyait des bulletins hebdomadaires dédiés cette fois à l'actualité. Ceux-ci étaient destinés à rapporter et commenter en quelques pages les événements militaires, politiques, économiques, culturels et sportifs de la semaine. Si l'information était naturellement orientée, elle ne s'écartait toutefois pas trop de la situation réelle, préférant par exemple trouver une mauvaise excuse à un revers militaire plutôt que de le nier. En revanche, ces bulletins étaient agrémentés des mots d'ordre de la semaine et d'un éphéméride idéologiquement très marqués [74].

Des discours publics sont venus renforcer cette éducation idéologique. À l'image de la population du Reich, les discours de Hitler étaient religieusement suivis, de préférence dans un cercle communautaire *(Gemeinschaftsempfang)* [75]. De manière exceptionnelle, lors de la visite de Hitler à sa « garde du corps » pour la fête du solstice d'hiver en décembre 1939, les soldats de la « LSSAH » ont même eu droit à un discours sur le « sens du combat » mené par le Reich [76]. Les discours de Himmler tenus directement à la troupe ont pour leur part été très rares. Le plus souvent, il s'est adressé au seul corps des officiers des unités visitées. Son discours prononcé devant les personnels de la « LSSAH » à l'occasion de la remise du nouvel étendard en septembre 1940 a néanmoins fait l'objet d'un enregistrement. Diffusé sous forme d'un disque estampillé « secret », il a ensuite servi pour l'endoctrinement [77].

Se fondant aux cours d'endoctrinement ou parallèlement à eux, un grand nombre de conférences présentaient également les sujets les plus divers, mais généralement liés, en dehors des questions purement idéologiques, aux relations internationales [78]. Ces conférences pouvaient être tenues par des personnels de tous grades, y compris de simples soldats. Dans certaines unités SS, c'était d'ailleurs une pratique courante que d'entraîner les hommes à prendre la parole devant leurs camarades du groupe ou de la section au cours de « soirées de débat » *(Sprechabende)*. À l'issue de la conférence, l'auditoire était invité à faire une critique sur le fond et la forme. En somme, les hommes n'étaient plus seulement des récepteurs de l'idéologie, mais en devenaient des relais. L'exercice permettait en outre aux cadres d'orienter leurs subordonnés, de tester leur niveau de connaissance tout en leur permettant de combler leurs lacunes et d'affûter leur argumentation. À mesure que le recrutement SS devenait plus hétérogène, il permettait à l'officier de mieux cerner la personnalité de chacun de ses hommes. Enfin, l'exercice contribuait à créer et à consolider l'esprit de corps [79]. Cette heure hebdomadaire était par ailleurs une occasion de détente à l'issue d'une semaine de service pénible. Elle permettait alors d'établir « une véritable atmosphère pour la discussion des questions du jour au sein de la compagnie », d'entendre « les souhaits des hommes » et de susciter « la bonne humeur dans le service » ; en bref, de renforcer la cohésion [80]. Cet exercice avait également l'immense avantage de toujours demeurer collectif, à l'inverse d'un travail écrit de restitution de connaissances personnelles, qui semble n'avoir été pratiqué que très rarement au sein des formations SS, du moins par les personnels du rang [81].

Le refus d'une pédagogie académique

Contrairement à une impression fallacieuse, l'endoctrinement s'est voulu subtil, privilégiant une éducation venant se greffer tout au long des activités quotidiennes à un enseignement plus doctoral dont les individus pouvaient se détourner. Cette forme de transmission se rencontrait déjà dans l'instruction des élèves sous-officiers des formations « Tête de mort » au printemps 1940. Il était ainsi préconisé aux cadres de préparer à l'avance de petits discours qui devaient être prononcés au moment opportun de manière décontractée, avec par ailleurs le souci de commenter le plus tôt possible les grands événements militaires et politiques [82]. Le contact permanent des cadres avec leurs subordonnés durant l'instruction militaire justifiait pleinement ce choix pédagogique. Les officiers pouvaient ainsi saisir la moindre occasion pour éduquer leurs troupes en profitant des pauses dans l'emploi du temps pour faire des exposés qui n'excédaient pas vingt minutes. Leurs messages étaient ainsi d'autant plus efficaces qu'ils étaient brefs, mais fréquents, et surtout distillés aux moments propices [83]. Avec le temps, cette forme de transmission opportuniste a été préférée aux séances planifiées [84]. Cela correspondait mieux, d'une part, à la nature de l'endoctrinement qui se voulait vivant et non académique, d'autre part, à l'efficacité recherchée. Au printemps 1944, « l'éducation idéologique et la conduite de la troupe n'[étaient] plus que pour une petite part une affaire d'heures d'instruction planifiées », et « plutôt une mission que l'officier [devait] poursuivre pas à pas et de toutes les manières possibles », « pas tant en voulant éduquer par de grands exposés que par une intervention calculée à chaque occasion qui s'offrait » [85].

Quels que soient les thèmes, les messages auxquels ils renvoyaient sans cesse se limitaient à un très petit nombre, pour mieux marteler dans les esprits les principales idées que la *Reichsführung-SS* désirait inculquer. D'une étude à l'autre, les mêmes idées s'entrecroisaient en se faisant écho [86]. À la 17ᵉ division SS, chaque thème abordé devait ainsi s'achever par le rappel de « la justesse de l'idéologie nationale-socialiste » en tant que pensée directrice [87]. Le *Meilleur des mondes* projeté par Aldous Huxley n'était pas loin.

La fonction idéologique des patronymes

En mettant l'accent sur certains thèmes idéologiques ou en privilégiant une certaine vision de l'Histoire, les noms choisis en guise de patronymes des formations SS participaient également à l'endoctrinement des troupes. Ce patronyme était reçu « comme un cadeau, et avec lui les attentes, les souhaits ainsi que les buts qui sont liés à lui ». Il représentait en conséquence « un devoir constant envers un supérieur » [88]. Il impliquait aussi que les hommes qui composaient l'unité deviennent à leur tour les vecteurs de cette idée après l'avoir assimilée. Ces noms ont donc toujours revêtu une importance considérable, et Hitler a été systématiquement associé à leur choix. C'était lui qui, en définitive, tranchait parmi les suggestions que formulait Himmler [89]. Même pour un changement de patronyme aussi infime que l'adjonction d'un déterminant au moment où la division « Reich » a sollicité le nom de « Das Reich », Himmler a préféré « éclaircir cette question sur le fond, c'est-à-dire obtenir la décision du Führer »[90].

Plusieurs grandes tendances se sont dessinées. Au début de la guerre, la fonction sociale était déterminante. La *SS-Verfügungstruppe* (troupe SS à disposition), les *SS-Totenkopfverbände* (formations SS « Tête de mort ») et la police ont ainsi respectivement donné naissance à la « SS-Verfügungs-Division » ainsi qu'aux divisions « Totenkopf » et « Polizei ». De leur côté, les personnels de la « Leibstandarte SS Adolf Hitler » se considéraient comme les seuls dépositaires au front du nom de leur Führer en agissant « comme la représentation militaire la plus effective de Hitler sur le champ de bataille », et cela dans une conception au fort relent féodal[91].

À l'issue des premières campagnes militaires victorieuses, le caractère politique et idéologique des patronymes n'a cessé de se renforcer afin de s'adapter aux nouvelles ambitions de l'Empire germanique en construction. La décision de décerner le nom de « Reich » à la « SS-Verfügungs-Division » en janvier 1941 a marqué une étape importante[92]. Si le pouvoir d'évocation de ce nouveau nom était bien plus propre à soulever l'enthousiasme, il revenait surtout à transformer en équation l'association des deux régiments d'infanterie de la division (« Deutschland » + « Der Führer » = « Reich »). Dans ce contexte, d'autres patronymes teintés de romantisme reflétaient l'ambition germanique de la SS (« Germania », « Wiking », « Thule », « Nord », etc.)[93].

À partir de 1942, les patronymes des formations SS ont également servi à honorer la mémoire des membres de l'Ordre tombés au nom du national-socialisme. Cela est néanmoins demeuré un privilège rare et hiérarchisé : le nom du chef du RSHA Reinhard Heydrich (mort en juin 1942 suite à un attentat) et celui de Theodor Eicke (mort sur le front en février 1943) ont été respectivement donnés à un régiment des divisions « Nord » et « Totenkopf » ; celui du poète nazi Kurt Eggers (tué en août 1943 dans les rangs de la division « Wiking ») au régiment de correspondants de guerre SS[94]. Hormis Hitler, aucune personnalité en vie du « Mouvement » ou de la SS n'a vu son nom décerné à une unité. Par contre, le titre de Hitler et la fonction de Himmler ont été représentés à travers le régiment « Der Führer » (créé en 1938 en Autriche) et la brigade (puis division) « Reichsführer-SS », créée en 1943 [95]. Dans la seconde partie de la guerre, la SS s'est néanmoins révélée prête à des accommodements pour mieux amadouer les organisations du régime susceptibles de l'aider dans sa quête de personnels, à l'image des noms décernés aux 12e et 18e divisions SS : « Hitlerjugend » et « Horst Wessel » (pour la SA).

À partir de 1942, la SS a aussi recouru aux figures historiques du patrimoine politique et militaire allemand : Prinz Eugen (le prince Eugène de Savoie), Hohenstaufen et Karl der Große (Charlemagne, patronyme initialement prévu pour la 10e division SS avant d'être donné à l'unité française de la *Waffen-SS*) [96]. Si l'idée de grandeur impériale était bien présente, cette évolution marquait un processus de dépolitisation qui s'est accentué à partir de l'automne 1943 avec des patronymes de reîtres médiévaux (Florian Geyer, Frundsberg, Götz von Berlichingen, Michael Gaißmair) dont les qualités guerrières étaient données en exemple aux troupes [97]. En faisant appel aux valeurs traditionnelles incarnées par ces personnages populaires, la place n'était plus aux rêves de grandeur ou aux fantasmes germaniques, mais à des références patriotiques qui trahissaient l'évolution défavorable du conflit. En cela, la « révolution brune » a eu le même réflexe que la « révolution rouge » lorsque cette dernière a failli être balayée par la première à l'été 1941.

Pour les unités SS à recrutement étranger, et à l'exception des divisions « Wiking » et « Nordland » qui s'inscrivaient dans le cadre du projet politique « germanique » porté par la SS, le choix du nom n'a généralement pas eu d'autre but que de flatter le nationalisme des partis collaborateurs locaux et de conforter l'identité régionale des volontaires, et ce, contre l'avis du *SS-Hauptamt* et de certains responsables SS [98]. De leur côté, celles qui n'étaient pas assimilées à l'espace « germanique » ont eu à subir une politique discriminatoire en ne recevant longtemps aucun patronyme, mais seulement un épithète faisant référence à leur origine géographique. Selon Himmler, en effet, « l'attribution d'un nom devait se faire avec circonspection, sans quoi le nom des unités qui [avaient] déjà une tradition au sein de la *Waffen-SS* serait dévalorisé » [99]. Seul le revirement dans la politique de recrutement au printemps 1944 a fait évoluer la situation.

L'estime de soi et la peur de l'autre

On aurait *a priori* pu imaginer que les thèmes idéologiques ont été largement développés à travers le volet proprement militaire de l'instruction. Force est de constater que cela n'a généralement pas été le cas. Le plus souvent neutres, les directives militaires étaient dénuées de connotations idéologiques, laissant toutefois transparaître la traditionnelle propension (héritée de l'armée impériale) à se poser en victime d'une trop grande « correction » face à des adversaires rusés et sournois [100]. Il existe néanmoins une exception de taille : l'exploitation de la découverte des cadavres affreusement mutilés de six soldats de la « LSSAH » faits prisonniers par les Soviétiques et abattus par la GPU à Taganrog au cours de l'hiver 1941-1942. Sur ordre de Himmler, le constat d'identification des corps et le rapport médical détaillant les sévices ont reçu, sous l'objet « traitement des prisonniers de guerre allemands par les Soviets », le degré de diffusion A/I, c'est-à-dire la plus large distribution possible dans l'ensemble de la *Waffen-SS*. Chaque soldat SS a ainsi pu croire que son sort, en cas de capture par les troupes soviétiques, serait loin d'être enviable [101]. Ce n'était même plus la peur d'être exécuté qui dominait, mais celle de subir les pires sévices avant de mourir : doigts et mains sectionnés à coups de hache, boîte crânienne défoncée, nuque brisée... D'ailleurs, toute l'habilité de la *Reichsführung-SS* a été de communiquer à ses unités les rapports de la « LSSAH » (qui étaient d'une sobriété glacée) sans gloser sur les faits. Aux troupes SS de tirer leurs propres conclusions. Celles-ci coulaient de source. Tout d'abord, seul un adversaire dépourvu de tout sens humain – donc *bestial* au sens propre comme au sens figuré – était capable d'une telle chose. Dès lors que l'ennemi recourait à de telles méthodes, les us et coutumes de la guerre n'étaient plus à respecter. La légitimité de la guerre d'anéantissement menée à l'est en ressortait renforcée, l'adversaire se retranchant lui-même de l'humanité par ses comportements. Espérer soi-même une quelconque mansuétude de l'ennemi soviétique était illusoire. En conséquence, l'alternative se résumait à se battre ou mourir. Cette forme d'endoctrinement était de loin plus efficace que toute la littérature éditée par la SS. La peur était ici un excellent vecteur de l'idéologie [102]. Les conditions de lutte à l'est confortaient assurément les soldats SS dans leur représentation de l'*Untermensch*, cet être dont l'intérieur n'était qu'« un monstrueux chaos de passions sauvages effrénées : volonté de destruction sans nom, envies des plus primaires, bassesse la plus ouverte »[103].

L'impact de l'éducation idéologique

L'impact de cet endoctrinement sur les esprits est très difficile à apprécier. Plonger dans les consciences n'est pas un exercice anodin, *a fortiori* à plusieurs décennies de distance. Faire la part entre ce que les soldats SS ont assimilé avant leur engagement et ce qu'ils ont acquis au sein de l'Ordre noir est tout aussi difficile à déterminer. Les recherches les plus récentes ont par ailleurs démontré que les personnels de la *Waffen-SS* n'ont pas été les seuls à incarner les valeurs du régime. Si la *Reichsführung-SS* a très bien su les présenter comme les porte-flambeaux du national-socialisme le plus pur, les formations de la *Wehrmacht* étaient des masses silencieuses largement porteuses de l'idéologie du IIIe Reich[104]. En aucun cas la *Waffen-SS* n'a représenté un extrême dans le modèle du *soldat politique*. Ainsi, le temps consacré à l'instruction idéologique des recrues du régiment SA « Feldherrnhalle » (intégré à l'armée de terre) était au moins le double de ce qu'il représentait pour les élèves officiers SS[105].

Le conditionnement préalable d'une société entière

L'endoctrinement de l'individu au sein de la *Waffen-SS* doit d'abord être replacé dans un contexte plus général d'entreprise de conditionnement des masses au sein du IIIe Reich. Dans sa vie privée et ses loisirs, les pensées de l'individu étaient largement influencées par la presse, la radio, le cinéma, l'affichage, les arts, etc. Elles l'étaient au premier chef par la langue[106]. Par ailleurs, les adolescents allemands qui ont rejoint l'armée et la *Waffen-SS* au cours de la guerre ont non seulement vécu dans une société totalitaire, mais sont passés sous les fourches caudines de l'école et des organisations du parti devenues obligatoires, la Jeunesse hitlérienne et le Service du travail. Dans le cas de l'école, et sans même compter l'influence du corps enseignant, la réforme des programmes en 1938 a touché de plein fouet les dernières classes d'âge incorporées pendant le conflit, c'est-à-dire les individus nés entre 1926 et

1929 [107]. En 1944, Hitler a d'ailleurs exposé devant ses généraux ce processus d'endoctrinement du plus jeune âge jusqu'à l'armée [108]. Avant même d'avoir manifesté l'intention de rejoindre une organisation de la NSDAP, ces jeunes individus avaient déjà été « formatés » sans échappatoire possible [109]. Certes, la société allemande n'était pas la masse fanatisée présentée par la propagande du régime. Des foyers de résistance existaient, comme l'ont prouvé les protestations après les opérations de recrutement de la *Waffen-SS* dans les camps du RAD au début de 1943 [110]. S'il ne s'imposait pas de manière flagrante aux yeux des contemporains, le résultat a pourtant été efficace, et les conscrits allemands étaient en général bien préparés pour partir en guerre :

> Les recrues [...] donnent une impression de fraîcheur et d'aptitude à l'assimilation intellectuelle. Leur formation prémilitaire, particulièrement au Service du travail, se ressent par ses effets favorables. [...] Leur orientation idéologique repose sur un fondement clair et sûr. Elles ont en général saisi le sens et l'importance de ce combat et sont animées par la volonté de prendre la plus grande part possible à l'obtention de la victoire finale [111].

En comparaison des adolescents allemands, les jeunes gens issus des régions récemment annexées au Reich apparaissaient du triple point de vue technique, mental et moral totalement impréparés au service militaire [112]. Leur retard prouve *a contrario* toute l'importance du conditionnement *avant* l'entrée au service, tant dans la *Wehrmacht* que dans la *Waffen-SS*. Le fait n'avait d'ailleurs pas manqué d'être déjà remarqué avant guerre par un chef de compagnie SS. Chargé en 1938 de former de nouvelles recrues originaires d'Autriche et des Sudètes, il notait qu'il leur « manquait toute [espèce d']instruction prémilitaire par la HJ, la SA, la SS ou le Service du travail [113] ». Cinq années plus tard, une unité de dépôt SS aux Pays-Bas tirait le même constat [114]. Pour autant, ces hommes n'arrivaient pas forcément vierges de toute accointance idéologique avec le nazisme. Au moment de s'engager dans la *Waffen-SS* en 1943, des *Volksdeutsche* hongrois ont par exemple ouvertement manifesté leur antisémitisme [115]. Mais devant la nécessité d'affirmer leurs convictions, ces hommes ont souvent été « soumis à une éducation particulière, en raison de leurs précédents liens politiques et régionaux [116] ». Au printemps 1944, la méthode avait toujours cours : le commandant de la division « Das Reich » a ainsi obtenu de Himmler l'autorisation d'ouvrir un camp afin d'y réunir pendant trois jours quelques-uns de ses volontaires étrangers pour les éduquer [117].

Un impact relatif

Tel qu'il était pratiqué avant et au début du conflit, l'endoctrinement n'a pas remporté le succès supposé [118]. En raison de la nature de leur mission, et plus encore de la forte adhésion personnelle de Eicke aux valeurs du régime, les personnels des régiments d'active « Totenkopf » étaient certainement les mieux endoctrinés des branches armées SS avant guerre. Comme le rappelle Rudolf Hoess, qui allait par la suite commander le camp d'Auschwitz,

> Eicke voulait supprimer chez les SS tout sentiment de pitié à l'égard des internés. Ses discours, les ordres dans lesquels il insistait sur le caractère criminel et dangereux de l'activité des internés, ne pouvaient rester sans effet. Sans cesse endoctrinées par lui, les natures primitives et rustres concevaient à l'égard des prisonniers une antipathie et une haine difficilement imaginable pour les gens du dehors. L'influence de Eicke s'est fait sentir dans tous les camps de concentration, sur toute la troupe et les officiers SS qui y étaient affectés, et elle a produit son effet bien des années après que Eicke eut quitté son poste d'inspecteur [119].

L'arrivée massive de réservistes de l'*Allgemeine-SS* à l'automne 1939, puis leur remplacement par de jeunes recrues à l'été 1940, ont néanmoins contribué à atténuer l'impact de l'endoctrinement au sein de la division « Totenkopf », d'autant plus que les cours eux-mêmes n'avaient pas le résultat voulu sur les nouveaux venus. À cet égard, l'officier de renseignements divisionnaire a dressé au début de 1941 un bilan au vitriol de la méthode d'endoctrinement. En fait, il s'agissait surtout de la faillite d'un système, celui de l'officier d'éducation idéologique :

> L'incessant retour à la case départ dans ce domaine [...] et ces allées et venues d'officiers les plus divers, justement à ce travail, n'ont pas seulement apporté un manque d'assurance dans ce domaine d'éducation [...], mais ont manifestement donné

raison aux éléments paresseux qui trouvaient désagréable une direction idéologique au sein de la troupe et la récusait pour cette raison. [...] Que l'homme du rang parle de « cheikh de la race », de « cureton », de « pape idéologique », etc., montre en quelle estime il tient certains représentants de ce travail d'instruction, et il est inévitable que le jugement porté sur ces instructeurs se répercute sur l'instruction elle-même [120].

Une lettre adressée au même officier par un simple gradé du rang faisait écho à ces propos. Non seulement celui-ci appuyait les dires de l'officier, mais il se montrait également extrêmement critique quant à sa pédagogie :

En chacun d'entre nous, la mission politique de la SS devrait au moins être [une pensée] vivante – et nul n'en est conscient. Nous voulons être une communauté de l'épée et de l'esprit et seulement accomplir notre devoir de soldats, parce que tel est notre devoir. Tout cela donne à réfléchir. Votre exposé, qui devait nous ouvrir de larges horizons, a été perçu comme une vision fantastique et irréelle. On s'est essayé à discuter quelques mots choisis au hasard. Dans 99 % des cas, personne n'a saisi le sens véritable, parce que son horizon était trop étroit, parce qu'il était trop enchaîné à son propre Moi. Demandez à chacun des hommes de l'unité pourquoi il est justement dans la SS, aucun ne peut répondre. Ce sont des faits qui ne sont pas dépeints de façon trop sombre – au contraire [121].

En établissant aussi crûment la faillite du système d'endoctrinement de la SS, cette lettre posait une question majeure. Comment transmettre de façon intelligible au plus grand nombre de soldats SS (dans l'idéal à tous) des théories idéologiques plus ou moins complexes (et souvent ennuyeuses), et cela dans des domaines aussi divers que l'histoire, la géopolitique et la biologie raciale ? Entre le niveau relativement élevé requis par l'enseignement dispensé et le niveau moyen du public concerné, le fossé semblait en fait trop grand pour être franchi. Le transfert de l'éducation idéologique au chef de compagnie a néanmoins permis de réduire la distance entre l'éducateur et son auditoire. Dès lors qu'un effort de pédagogie a été consenti, les effets de l'endoctrinement ont été tangibles [122].

L'hétérogénéité croissante du recrutement de la SS au cours des deux dernières années de la guerre a largement contribué à relativiser l'impact de l'éducation idéologique prodiguée au sein des unités. En dépit de leur bonne volonté, la compréhension de notions politiques abstraites n'était pas aisée pour les ressortissants étrangers et certains Allemands du Reich, en particulier ceux issus des milieux agricoles [123]. L'adhésion pouvait alors prendre chez eux une forme non académique :

> Dans l'éducation idéologique, un vif intérêt est perceptible chez la plus grande partie des recrues. Même si l'individu est capable de restituer relativement peu de chose, l'objectif fondamental de consolidation et d'éducation idéologiques transparaît néanmoins dans le comportement et à travers la présentation des hommes [124].

La langue ou l'intellect n'étaient pas les seuls obstacles à l'efficacité de l'endoctrinement. L'arrivée d'une proportion croissante de personnels d'âge mûr a constitué un défi supplémentaire dans la conquête des esprits. L'influence morale qu'ils pouvaient avoir sur leurs cadets créait une interférence et sapait d'une certaine manière l'autorité des cadres SS [125].

Finalement, l'idéologie n'a cessé de perdre de son importance dans le programme d'instruction des unités SS, tout simplement par manque de temps. À la fin de l'année 1941, l'exigeant Theodor Eicke avait déjà reconnu que l'on ne pouvait attendre « d'un soldat de huit semaines qu'il devienne un national-socialiste convaincu dans ce bref délai [126] ». En cela, le processus était exactement inverse de celui observé au sein de la *Wehrmacht*, en particulier au sein de l'armée de terre qui n'a cessé de développer l'endoctrinement dans ses rangs [127]. Du reste, l'éducation idéologique tant vantée des formations de la *Waffen-SS* était largement surfaite. En décembre 1944, les responsables SS faisaient d'ailleurs l'aveu de ses limites méthodologiques :

> Ce que signifie l'éducation militaire, nous le savons d'une vieille tradition séculaire [;] comment on transmet un savoir, nous le savons par l'expérience de l'école. L'éducation politique est toutefois une affaire qui n'a encore jamais été entreprise au sein de notre peuple dans la forme que notre idéologie et notre

situation historique actuelle exigent. Par manque de pratique, nous n'avons de ce fait pas encore clairement exploré toutes les voies afin de pouvoir réaliser un guide bien établi [128].

Un impact néanmoins réel

En dépit des failles et des lacunes évoquées, les résultats du conditionnement apparaissent au détour de documents abordant des sujets sans lien direct. De fait, cette transposition trahit le succès de l'endoctrinement, en particulier l'imprégnation idéologique des cadres. L'allusion au type racial dans les bulletins d'appréciation des subordonnés était assez typique au sein de la SS-VT avant-guerre et au sein de la « SS-Verfügungs-Division » à l'automne 1940. Pour certains, le type racial était simplement indiqué parmi d'autres épithètes destinés à donner une description physique de l'individu [129]. Pour d'autres, il était assorti d'un petit commentaire. Chez un officier, par exemple, « l'origine occidentale ressortait dans sa nature » [130] tandis que, chez un autre, « le type de l'homme nordique avec ses bonnes qualités et ses petites faiblesses » était évoqué [131].

L'orgueil de la race et les discriminations qui l'ont accompagné se retrouvent à l'inverse dans les rapports des soldats SS lorsque ceux-ci ont indiqué avoir été en présence de militaires alliés juifs (ou supposés tels) [132]. Certains ont transféré leur obsession raciale sur des domaines plus neutres, mais aussi plus surprenants. Ainsi, l'officier d'intendance de la division « Reich » demandait un recensement des véhicules par marque afin de pouvoir éventuellement « obtenir une pureté raciale » du parc automobile de certaines des unités divisionnaires [133]. Il faut toutefois se garder d'y voir une spécificité SS. Au sein de l'armée, d'aucuns parmi les responsables en charge des interrogatoires de prisonniers ont tout autant pris soin de faire la distinction [134]. D'autre part, l'application du concept « racialement pur » *(rasserein)* au matériel, aux armes et aux corps d'armée par des généraux de la *Wehrmacht* (tels Halder, Blaskowitz ou Rommel) suffit pour se convaincre qu'il était dans l'air du temps [135].

D'autres témoignages de l'impact de l'idéologie sur les soldats SS nous sont fournis par leurs contemporains. Il n'est que de lire les pages du Journal de Josef Pfitzner, premier magistrat de la ville de

Prague. Intellectuel idéologiquement acquis au nazisme et membre de la SA, Pfitzner a rencontré à plusieurs reprises des élèves officiers SS à l'occasion de ses conférences sur le national-socialisme à l'école de Bad Tölz (Bavière). Non seulement les *Junkers SS* se sont montrés très réceptifs à ses cours, mais l'état d'esprit qui régnait parmi eux a raffermi cet homme qui ne passait pourtant pas précisément pour un tiède. En comparaison, les officiers de l'armée de terre, à qui il a également prodigué des cours à la même époque, étaient beaucoup plus rétifs à ses idées et lui ont laissé une impression bien plus mauvaise [136].

Les soldats alliés chargés d'interroger les prisonniers SS fournissent également un bon aperçu de leur conditionnement. Les rares *Waffen-SS* aux mains des Anglo-Saxons au début de 1944 se considéraient comme « une race à part », et leur dévotion à Himmler était tangible [137]. Le nombre accru de prisonniers SS en 1944 a permis de multiplier les observations. Un rapport allié rédigé en décembre révélait que « le résultat de l'entraînement d'un SS a[vait] été visible chez 80 % des prisonniers SS interrogés jusqu'ici », ajoutant qu'« ils cro[ya]ient indéfectiblement en Hitler et en la victoire » [138]. Après avoir questionné les prisonniers de la « LSSAH » capturés dans les Ardennes, c'était « l'opinion de l'interrogateur que même les éléments pauvrement entraînés (et il y en avait beaucoup dans l'unité) étaient soigneusement choisis pour un véritable fanatisme et une absolue loyauté à leurs idéaux. Ils ont combattu jusqu'au bout – et [étaient] encore insolents [139] ». Rendant compte de l'interrogatoire de dix membres de la même division, un autre rapport avait déjà établi que ces hommes manifestaient « un fanatisme intact et indiscuté ». Toutefois, ce même rapport démontrait parfaitement que le conditionnement de ces hommes était à cette date bien moins le fait de la *Waffen-SS* que de la société dont ils étaient issus. En effet, « les fantassins, en particulier du type de la HJ, [étaient] à l'œil nu des adorateurs du Führer [140] ». Or, ces adolescents (qui composaient jusqu'à 60 % des effectifs d'une compagnie d'infanterie de la « LSSAH ») avaient tout au plus trois mois de service au sein de la SS. Assurément, l'école, la Jeunesse hitlérienne et le ministère de la Propagande avaient bien mâché le travail à la *Waffen-SS*. Celle-ci n'avait plus eu qu'à inculquer ses thèmes propres au cours des quelques mois dont elle avait disposés à l'automne 1944, avant leur engagement dans les Ardennes [141].

16

Conditionnement idéologique et mental

Jusqu'ici, seul le caractère académique de l'éducation idéologique a retenu notre attention. Cette perspective demande maintenant à être élargie. Au-delà de la transmission d'un savoir exclusivement théorique, la SS a en effet proposé un modèle de société dont les applications concrètes avaient une influence tout aussi (sinon plus) déterminante sur les individus. Le national-socialisme se définissait moins comme une « idéologie » *(Gedankengut – Ideologie)* que comme une « vision du monde » *(Weltanschauung)*, c'est-à-dire non pas le fruit d'une réflexion, mais d'une observation intuitive de l'environnement naturel et social [1]. Au-delà du concept intellectuel, il s'agissait d'un mode de vie exigé d'individus évoluant et agissant en fonction des idéaux qui leur étaient fixés. C'est pourquoi le terme de conditionnement est préférable à celui d'endoctrinement, élargissant le cadre étroit de la *pensée* pour considérer celui du *milieu*, le premier n'étant qu'un élément (parmi d'autres) du second. Chacun des volets de ce conditionnement mériterait un développement approfondi. On se limitera toutefois ici à un bref survol qui ne doit pas masquer l'importance de ce conditionnement dans l'adhésion des personnels SS à leurs missions.

LE CONDITIONNEMENT CULTUREL

Le conditionnement culturel, on l'a dit, n'a pas été spécifique à la *Waffen-SS*, mais a concerné l'ensemble de la société allemande. L'Ordre noir a cependant prolongé ce mouvement en utilisant tous les vecteurs à sa disposition : la presse, la littérature, le cinéma, les conférences, les fêtes et commémorations, les pratiques religieuses, ainsi que les voyages ou les visites.

La presse

La diffusion de la presse allemande dans les unités SS a été abondante. En sus des journaux régionaux permettant d'établir un lien entre le soldat et sa province d'origine [2], la SS a assuré sa propre production, idéologiquement très orientée : la revue *Nordland*, les *Cahiers guides SS* bimestriels *(SS-Leithefte)* [3] et l'hebdomadaire *Das Schwarze Korps* [4]. Ils inondaient littéralement les troupes SS. Au printemps 1941, pas moins de 4 000 *SS-Leithefte* ont par exemple été distribués au sein de la division « Totenkopf », soit un exemplaire pour cinq hommes [5]. Un an plus tard, le tirage s'établissait à quelque 250 000 exemplaires, dont une bonne moitié était envoyée aux unités du front, « c'est-à-dire dans les bunkers et dans les tranchées », là où « aucune instruction ne [pouvait] être entreprise » [6]. Avec les publications éditées par les différentes autorités militaires, ces organes de presse n'ont pas manqué d'être exploités par les responsables de l'éducation idéologique, qui ont conseillé aux troupes la lecture des articles jugés particulièrement bénéfiques pour leur conditionnement [7]. L'exploitation de cette information recoupait celle des communiqués et de diverses émissions radiodiffusés qui transformaient chaque poste radio en « moyen d'information politique » à part entière [8].

Les livres

Dans le domaine de l'édition, la *Reichsführung-SS* s'est également préoccupée de mettre à disposition de ses troupes des ouvrages correspondant à l'orthodoxie du régime et de la SS [9]. La première tentative de cette sorte est celle de l'ouvrage *Victoire des armes – Victoire de l'enfant* au début de l'année 1941. À la veille de l'offensive contre l'Union soviétique, il s'agissait de mettre en parallèle l'engagement militaire et la promotion de la natalité à travers un ouvrage iconographique conçu par Himmler et publié par le *SS-Hauptamt* [10]. Dix-huit mois plus tard, une autre publication traitait cette fois du « sous-homme » slave *(Der Untermensch)* sous forme d'un fascicule largement diffusé – la seule division « Das Reich » en a reçu 4 400 exemplaires, soit environ un fascicule pour quatre hommes [11]. Par la suite, un ambitieux programme d'édition a été prévu pour fournir aux troupes SS un roman par mois à partir de juin 1943. Outre leur fonction de détente, ces ouvrages étaient « particulièrement propices pour une exploitation idéologique ». Ils devaient étoffer la bibliothèque que chaque compagnie SS se devait de posséder (dans certaines de ces bibliothèques, la présence de livres « indésirables » avait été relevée en 1942 ; aussi cette littérature « officielle » permettait de remplacer les ouvrages épurés). L'aviation anglo-saxonne a cependant perturbé l'aventure éditoriale de la *Reichsführung-SS* en détruisant une partie des stocks à l'été 1943 [12].

Le cinéma

Dans le conditionnement culturel de la troupe, le cinéma a sans nul doute représenté un vecteur privilégié grâce à la magie et au pouvoir d'attraction de cet art, à la qualité technique de la production allemande, aux énormes moyens déployés par le ministère de la Propagande et au souffle de l'idéologie nationale-socialiste qui en inspirait les thèmes [13]. Toutes les unités SS ont bénéficié de ce support pour la distraction en même temps que pour le conditionnement culturel de leurs personnels. À compter de mars 1943, trois des onze personnels de la section VI (éducation idéologique et aide sociale) étaient d'ailleurs spécialement affectés à la projection des films et à la maintenance du matériel dans les tableaux de dotation théorique des divisions SS, postes qui ne trouvaient pas d'équivalents au sein des divisions de l'armée de terre [14]. Comme pour les livres, le commandement SS a d'ailleurs bien pris garde que ses troupes ne voient que des films conformes à l'orthodoxie SS. Une liste de films à voir et à ne pas voir a ainsi été diffusée aux unités SS en 1941, avec comme « objectif d'attirer l'attention sur des films particulièrement intéressants et d'empêcher que ne soient présentés [aux] hommes des films que [la SS] récus[ait] par principe [15] ». Déjà, Himmler avait donné l'ordre en septembre 1940 que le film violemment antisémite *Le Juif Suss* soit projeté à tous les membres de la SS et de la police [16]. Toute l'habilité a cependant consisté à diffuser des films « légers » de distraction, en les mêlant à d'autres dont la coloration politique était nettement plus marquée. Le matraquage idéologique était ainsi d'autant mieux accepté que les individus n'avaient pas l'impression de le subir [17].

Les conférences

Les conférences tenues devant les troupes par des intervenants extérieurs ont également fait partie de la formation des personnels SS. Cet aspect du conditionnement culturel n'a toutefois connu qu'une pratique limitée [18]. En dehors des problèmes de disponibilité des orateurs, mais aussi de leur fiabilité idéologique, les interventions de personnalités extérieures se heurtaient au sacro-saint principe de la prise en charge de l'éducation des troupes par leurs propres cadres. Début 1943, le *SS-Hauptamt* a néanmoins repris en main cette question jusqu'alors plus ou moins laissée à l'initiative des troupes, redéfinissant les objectifs de ces exposés. Dédiés à la culture générale, ils ne devaient pas développer des « thèmes de l'éducation idéologique au sens étroit », mais être consacrés aux pays, aux peuples, à l'histoire, à la nature, à la technique, à l'économie ou encore à la poésie [19]. Ces interventions n'en étaient pas moins largement orientées, comme le démontrent celles du premier magistrat de Prague (et de plusieurs autres personnalités du parti) devant les élèves officiers SS de Bad Tölz et de Beneschau à l'été 1944 [20].

Les commémorations

Les différentes commémorations annuelles ont également participé au conditionnement des troupes SS, comme d'ailleurs de la société allemande. À l'instar de la plupart des régimes politiques, le IIIe Reich a effectivement enraciné quelques dates fondatrices comme autant de moments incontournables de la cohésion nationale. Deux types de commémorations existaient. Les premières étaient héritées du passé et détournées à son profit par le régime (1er mai et « Journée de souvenir des héros » en mars). Les plus nombreuses étaient néanmoins celles – nouvelles – à la gloire du Führer et du mouvement : le 30 janvier (anniversaire de l'arrivée au pouvoir en 1933), le 20 avril (anniversaire de Hitler), le 9 novembre (journée des morts du Parti et date anniversaire du putsch de 1923) étaient ainsi fêtés dans les unités de la *Waffen-SS* comme dans l'ensemble de la *Wehrmacht* et du Reich. À ces commémorations, l'idéologie SS ajoutait encore les fêtes des solstices d'été et d'hiver (*Julfest*). Les vœux à l'occasion de la nouvelle année pouvaient également servir à réaffirmer le sens du combat mené et des batailles à venir, à l'image de ceux émis par le commandant du Ier corps d'armée blindé SS pour le Nouvel An 1944, fixant comme but à ses troupes « la destruction du bolchevisme et de ses sous-mains ploutocrates et la fondation du Grand Reich allemand de notre Führer [21] ».

Les cérémonies du calendrier national-socialiste ponctuaient donc l'ensemble de l'année. Les commémorations ont cependant revêtu des formes très différentes en fonction des commandants d'unité, de l'importance de la fête, des circonstances et des impératifs de service. Même brèves, elles n'en étaient pas moins parfaitement préparées et faisaient l'objet d'un protocole précis. Le *SS-Hauptamt* a ainsi édité plusieurs fascicules destinés à préciser le sens, le contenu ainsi que l'ordonnancement de certaines d'entre elles [22]. Même dans le cas des cérémonies plus festives du solstice d'hiver et de Noël, « ces directives, résultat de la collaboration de tous les services déterminants du Parti, donn[aient] la possibilité d'orienter dans un sens national-socialiste la conduite des fêtes de la vie au sein de la troupe et dans les familles des membres de la SS [23] ». Les directives des différentes formations SS témoignent ainsi largement des usages et de l'habitude des chefs d'unité d'assortir leurs discours de commentaires politiques [24]. Au demeurant, rien ne différenciait cette rhétorique haineuse de celle habituellement servie dans le cadre de l'éducation idéologique, si ce n'est qu'elle prenait place dans le cadre d'une cérémonie solennelle destinée à marquer les esprits. Surtout, elle était accompagnée par des mesures populaires. Les 30 janvier, 20 avril, 21 juin et 9 novembre étaient en effet les dates traditionnelles à l'occasion desquelles les personnels étaient promus et certaines décorations militaires étaient remises. En associant récompenses et idéologie, les premières servaient clairement de vecteurs à la seconde [25].

La religion

Parallèlement à l'imposition de son calendrier liturgique, la SS a tout fait pour décourager, voire interdire les pratiques religieuses qui pouvaient lui faire concurrence. Dans la poursuite de la politique antireligieuse menée par l'Ordre noir avant le conflit, les soldats SS de confession catholique et évangélique ont été vivement encouragés à quitter leur Église pour se déclarer simplement « croyant en Dieu » (*Gottgläubig*). En fait, il s'agissait pour la SS d'assurer son monopole sur la conscience de ses troupes. La politique de déchristianisation de la *Reichsführung-SS* s'est néanmoins trouvée entravée par le puzzle administratif allemand et les complications qu'il engendrait [26]. Les cas d'apostasie ont en conséquence été relativement nombreux, sans toutefois atteindre le niveau d'avant guerre [27]. L'encadrement SS a néanmoins généralement tout fait pour décourager la dévotion. Qu'un officier ait fait bénir sa compagnie avant le déclenchement des opérations à l'ouest en mai 1940 a été chose assez exceptionnelle [28]. Qu'un commandant d'unité aux Pays-Bas souhaite en 1944 « de joyeuses Pâques » et « une joyeuse Pentecôte » à ses hommes l'a été tout autant [29]. À l'inverse, la règle a consisté à intervenir « sous une forme appropriée » pour que les soldats SS cessent d'aller en confession, car « cela contredi[sai]t les fondements de la SS [30] ». De même, l'ordre a été donné aux chefs d'unité d'exposer à leurs hommes « l'influence néfaste des confessions supranationales » dans l'histoire allemande et la nécessité de s'en détacher [31]. Dans ses formulaires de demande d'autorisation de mariage, l'Office de la race et de la colonisation demandait par ailleurs la confession du demandeur et celle de l'heureuse élue, et plus encore s'ils envisageaient une cérémonie religieuse, si bien que le couple pouvait être tenté d'y renoncer afin d'éviter un refus [32]. Avec l'évolution du recrutement à partir de 1943, la question des pratiques religieuses a toutefois pu provoquer des tensions internes entre des personnels refusant la déchristianisation et des cadres anciens rétifs à tout compromis sur la question [33].

Les voyages

Le voyage a représenté une forme de conditionnement d'autant plus efficace que l'individu se trouvait conforté, par sa propre expérience, dans ses convictions ou dans son savoir. L'homme n'écoutait plus des théories, mais *vivait* son idéologie. De toutes les formes du conditionnement culturel, c'était assurément celle qui correspondait au mieux à l'idée que se faisait la *Reichsführung-SS* d'une foi idéologique intimement ressentie par l'individu. Aussi a-t-elle vivement encouragé ses troupes à se servir des territoires qu'elles occupaient comme autant d'observatoires. Visitant la division « Totenkopf » dans le sud-ouest de la France à l'automne 1940, Himmler a exhorté ses hommes à trouver, à travers leurs connaissances idéologiques, « des réponses claires » à ce qu'ils allaient découvrir. Le correspondant de guerre SS qui a rapporté ce discours est allé encore plus loin dans ce sens :

> Les SS doivent observer l'exploitation lacunaire de ce sol, doivent y voir un exemple vivant de l'absence d'une jeunesse saine, doivent eux-mêmes déterminer la différence des races et tirer les leçons du déclin de ce pays. Ces hommes de la SS doivent, partout dans le monde, que ce soit en Norvège, dans le Gouvernement général ou ici dans le sud de la France, se familiariser avec les questions de peuplement, de race, de sang et de sol [34].

Tel a été le cas de la 10ᵉ division SS lorsqu'elle a été transférée de la région d'Angoulême vers le Pays basque à l'été 1943. Le commandement de la division a promptement profité de l'aubaine pour faire une démonstration à ses troupes, éditant pour l'occasion une étude de plusieurs pages sur la population basque, tant du point de vue racial, historique, linguistique que culturel. Il attirait leur attention sur le fait que « l'apparence des habitants de l'actuelle zone d'implantation de la division [était] indubitablement différente et meilleure que dans la précédente région de cantonnement [35] ». En somme, un transfert à caractère militaire était exploité en une sorte de « leçon de choses » raciale, et les territoires occupés devenaient un zoo humain où chaque élément – depuis l'habitat jusqu'aux hommes – était un argument pour se convaincre. Au demeurant, l'armée n'était pas toujours en reste à ce sujet [36]. Dans un autre genre, la division « Das Reich » s'est servie de sa zone de cantonnement dans le sud-ouest de la France au printemps 1944 afin de faire prendre conscience aux ressortissants nés hors des frontières allemandes (notamment aux conscrits alsaciens) de « l'immense passé historique » de la France et de son « abîme actuel », et donc de leur expliquer « la pensée de la direction du Reich et l'impérieuse nécessité d'une communauté de destin européen » [37].

Les déplacements eux-mêmes ont pu se prêter au conditionnement des troupes. Le transfert de la division « Reich » de son cantonnement de Vesoul (Haute-Saône) vers la frontière yougoslave au printemps 1941 représente en cela un modèle du genre. De fait, il n'est pas un tronçon de l'itinéraire de la division vers les Balkans qui n'ait servi à conforter ses personnels dans leurs convictions, qui ne leur ait fait prendre la mesure réelle de ce qui leur avait été appris ou qui n'ait contribué à les motiver dans leurs futurs combats : la traversée de « l'Alsace redevenue allemande », la découverte de « la région natale de notre Führer », appréciée comme une « jolie partie de l'Allemagne », et la progression à travers la Hongrie, où « partout la division [a été] reçue de façon jubilatoire par les Allemands ethniques ». Cette dernière expérience a manifestement été la plus marquante en ouvrant les esprits aux perspectives du germanisme [38].

> C'est seulement maintenant qu'il devient vraiment clair à de nombreux personnels combien d'Allemands habitent encore en dehors des frontières de la Grande Allemagne. [...] Les unités sont reçues joyeusement, et chaque membre de la division est fier de pouvoir représenter ici la puissance militaire allemande. Cet accueil révèle à beaucoup comment l'image de l'Allemagne dans le monde s'est élevée.

D'autres expériences ont été tout aussi marquantes. Le simple fait de passer devant le château de Versailles n'a pas manqué de rappeler à certains « la création du Reich dans la galerie des glaces de ce château le 18 janvier 1871 puis le honteux " Diktat de Versailles " [39] ». De toutes les expériences, la vue des villes allemandes dévastées par les bombardements anglo-saxons a sans nul doute eu le plus fort impact, que ce soit lors du transfert des unités d'un front à l'autre ou lors des permissions spéciales accordées aux hommes dont les foyers avaient été touchés [40]. Au cours des interrogatoires de prisonniers de guerre de la *Wehrmacht*, une tendance à laisser libre cours à la haine et une plus grande combativité avaient d'ailleurs été relevées chez les permissionnaires ayant été témoins des effets des bombardements [41]. Le ressenti était d'autant plus fort chez les troupes SS que ce thème avait été préalablement exploité lors des cours d'éducation idéologique (« La guerre contre les femmes, les enfants et les malades ») [42].

LA WAFFEN-SS EN GUERRE

Au début du conflit, l'ardeur au combat des troupes SS assurera leurs premiers succès. Une figure telle que Kurt Meyer (surnommé « Panzermeyer ») incarnera leur intrépidité et leur brutalité au combat. On le voit ici hurlant ses ordres lors de la campagne des Balkans au printemps 1941.
© Bundesarchiv

LA CAMPAGNE À L'OUEST

Itinéraires des unités SS lors de la campagne à l'Ouest en mai-juin 1940.
© Munin Verlag

Ci-contre :
Progression de la
« LSSAH » en France
en juin 1940. L'insigne
de l'unité (un passe-partout
dans un écu) est ici
bien visible.
© Bundesarchiv

Ci-dessous à gauche :
Une colonne de
la *SS-Verfügungs-Division*
à l'arrêt.
© NARA/C. Trang

Ci-dessous :
Un motocycliste de la
« LSSAH » photographié
avec une Néerlandaise le
17 mai 1940, à l'issue
des combats : assurément
un bon cliché de
propagande.
© Bundesarchiv

LES BALKANS

Motocyclistes de la « LSSAH » salués par des civils grecs lors de leur progression le long du golfe de Corinthe le 25 avril 1941.
© Roger-Viollet

Une dizaine d'hommes de la division « das Reich » s'emparent de Belgrade le 11 avril après avoir traversé le Danube depuis Pancevo. La scène, très posée, a manifestement été reconstituée pour les besoins de la propagande. L'insigne de la division est clairement visible sur les side-cars.
© NARA/C. Trang
Carte : © Munin Verlag

ÖSTLICHER KRIEGSSCHAUPLATZ SOWJETUNION 1941-45
Marschwege und Kampfräume der eingesetzten Divisionen der Waffen-SS

Nord- und Mittelabschnitt

2. SS-Pz. Division "Das Reich"
3. SS-Pz. Division "Totenkopf"
4. SS-Polizei-Pz. Gren. Division
8. SS-Kavallerie-Division (Teileinsatz)
11. SS-Pz. Gren. Division "Nordland"
19. SS-Gren. Division (Lettische Nr. 2)
23. SS-Freiw. Pz. Gren. Div. "Nederland"

En haut à droite :
L'unité de reconnaissance de la « LSSAH » s'empare de Mariupol le 8 octobre 1941.
© Coll. B. Jasniak

Au centre :
En rapportant leurs images au plus près des combats (comme ici à Kharkov au début de 1943), les correspondants de guerre SS ont largement contribué à ce que la *Waffen-SS* soit assimilée à une troupe d'élite au sein de l'opinion publique.
© NARA/C. Trang

Cartes : © Munin Verlag

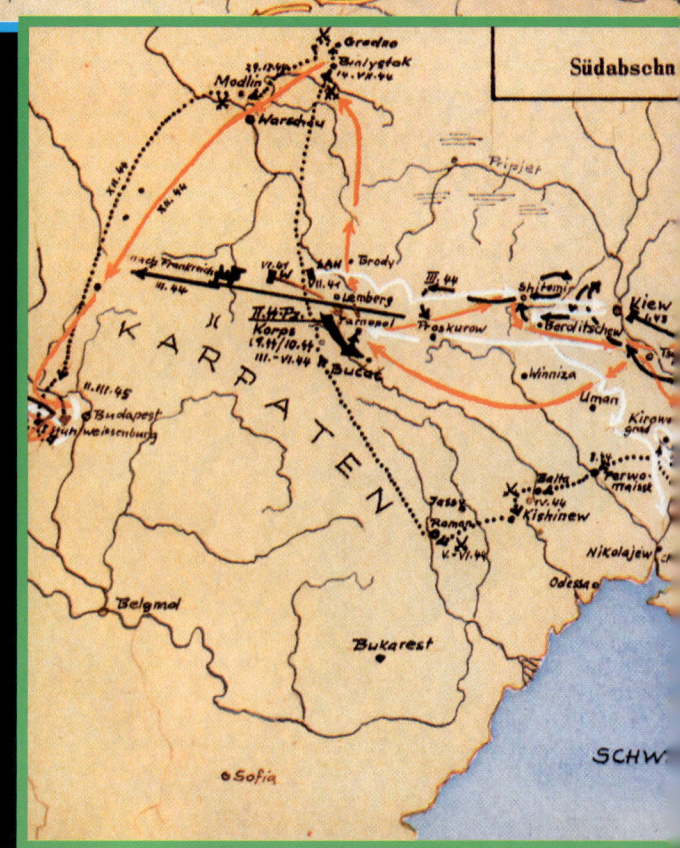

LA GUERRE À L'EST

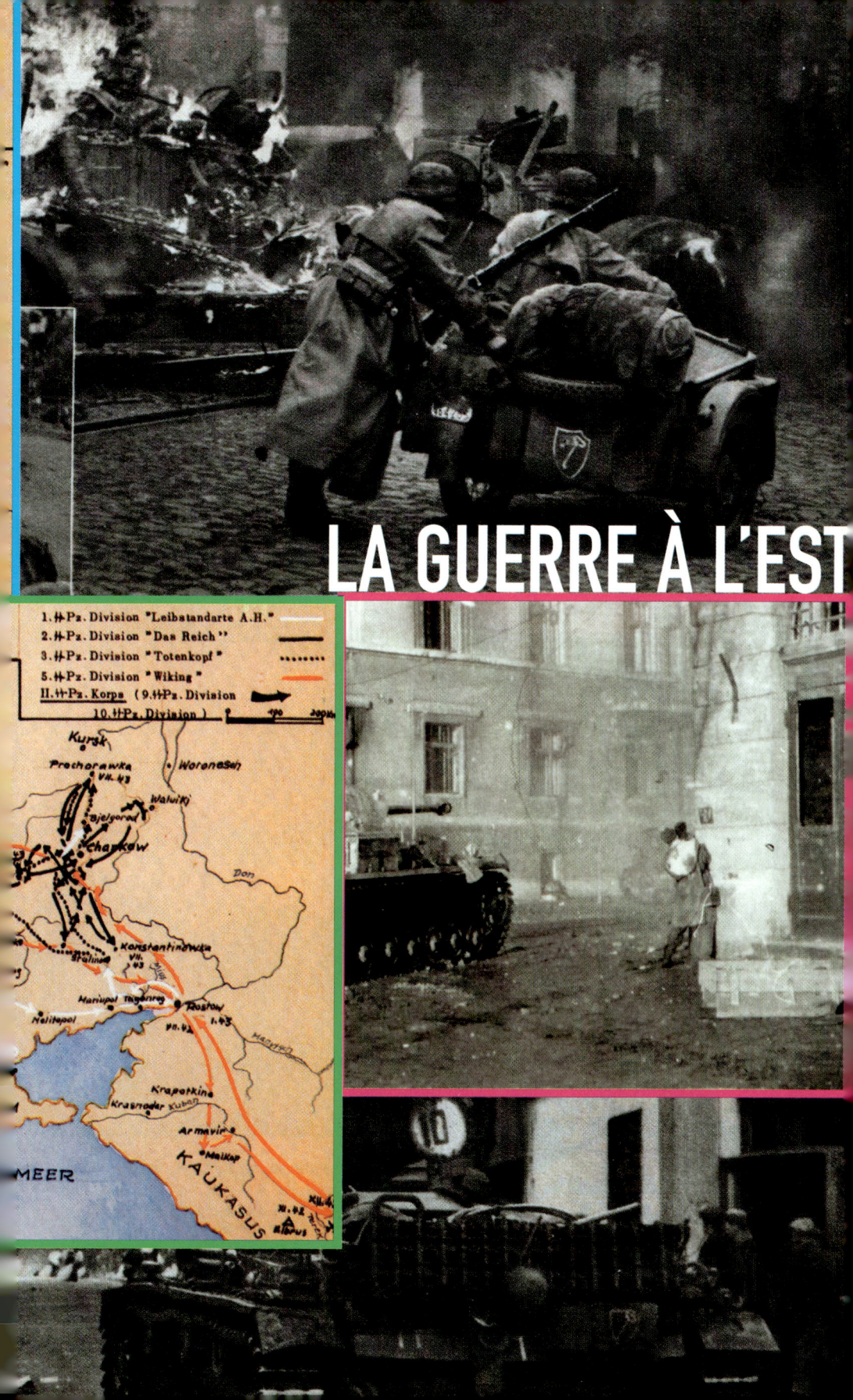

Le caporal SS Fritz Christen
premier soldat du rang
de la *Waffen-SS* à obtenir e
octobre 1941, à l'âge de 20 ans
la croi de chevalier de la croi
 fer pour avoir tenu seu
sa position face aux Soviétique
deux jours durant et avoir détrui
treize blindés. Au fil de la guerr
l'énorme publicité faite autou
de ces remises de décorations
servi les buts du régime afi
d'imposer la *Waffen-SS* comm
modèle à la société allemand
en guerre
© Keysto

Le conditionnement social

L'aide sociale a fait partie intégrante du conditionnement idéologique des troupes SS. Dans le conflit de compétences qui opposait le *SS-Hauptamt* de Berger au *SS-Führungshauptamt* de Jüttner pour savoir lequel de ces deux offices principaux devait recevoir la responsabilité de l'endoctrinement, Berger faisait ainsi valoir en 1942 qu'il considérait que la prise en charge sociale des troupes et leur éducation idéologique étaient indissociables [43]. Il n'est d'ailleurs pas fortuit que la section VI des états-majors SS ait cumulé cette fonction d'aide sociale avec celle de l'endoctrinement des personnels [44]. Dans l'éducation idéologique des troupes, c'était même l'un des quatre vecteurs définis par Berger à côté des cours planifiés, des entretiens informels entre les cadres et leurs hommes, et de l'exemple donné par les chefs [45].

La philosophie générale

Cette aide sociale ne devait pas se concevoir comme une action caritative de la SS, mais marquait la solidarité entre les membres d'une même « communauté de sang » avec, pour finalité, l'accroissement de cette communauté au sein de la société, tant en nombre qu'en influence. S'assurer du bien-être de ses membres et des conditions de leur épanouissement était nécessaire pour atteindre cet objectif. La fondation *Lebensborn*, créée pour promouvoir le développement de la race aryenne, était un parfait exemple de cette politique sociale. Non seulement les membres de la SS étaient tenus de s'acquitter d'une cotisation mensuelle destinée à financer cette fondation, mais les célibataires en âge de se marier ou les couples sans enfants payaient un supplément d'autant plus important qu'il se voulait fortement incitatif [46].

D'un autre côté, cette politique sociale de la SS s'inscrivait dans le droit-fil de celle du régime [47]. Il ne servait en effet à rien de dénigrer systématiquement les modèles politiques démocratiques, bolcheviques ou libéraux sans proposer une alternative à ces modèles. Le national-socialisme bâtissait son propre « paradis », capable de concurrencer ceux de ses adversaires idéologiques. L'« Allemagne comme premier État social du monde », tel était le programme affiché [48]. L'exemple venait d'ailleurs du sommet. En tant que garde personnelle du Führer, la « LSSAH » a ainsi été gratifiée par Hitler d'avantages matériels sans équivalent chez les autres formations de l'armée ou de la SS. La période de Noël était notamment l'occasion de gratifications en argent ou sous forme de colis. En dépit de l'accroissement des effectifs et des pertes de la « LSSAH » au fil de la guerre, Hitler n'a pas dérogé à ce principe et, de 1938 à 1945, ses dons aux soldats de sa garde et aux familles des disparus se sont élevés à plus de 2,8 milliards de Reichsmark [49].

Le volet social de l'idéologie SS a également constitué le fer de lance de son entreprise de conquête de l'espace germanique. À l'image de l'action menée par la NSDAP dans sa conquête du pouvoir politique en Allemagne, il s'agissait de gagner les individus, mais aussi leur famille, avec la conscience que les femmes jouaient un rôle déterminant et qu'il était également nécessaire de les convaincre de la valeur du modèle social proposé par la SS [50]. Il fallait donc les séduire en leur démontrant que le Reich allemand était « un État social dont le principe supérieur de direction [était] la justice sociale [51] ». En somme, l'idéologie nazie ne devait pas se résumer à des mots ou à des idées creuses mais devait se transformer en bienfaits tangibles pour ceux qu'elle estimait racialement digne d'en profiter. Berger comptait d'autant plus sur l'effet de cette politique que, selon lui, les États visés n'avaient jusqu'alors pratiquement rien fait pour les soldats. Au même titre que l'éducation idéologique et que les combats menés sur le front, cette justice sociale transformeraient, selon Berger, les volontaires germaniques et leur famille en un « noyau de combattants avant-coureurs pour une nouvelle Europe [52] ».

Une tradition déjà ancienne

À l'instar des autres organisations de la NSDAP, la SS avait été obligée bien avant guerre de prêter une oreille attentive aux problèmes sociaux de ses militants, eu égard à leur situation précaire lors de la *Kampfzeit*, sur fond de crise économique [53]. Son attention conditionnait à la fois l'afflux de volontaires et leur degré d'engagement [54]. En 1937, la SS avait également ouvert des écoles de reconversion professionnelle afin de reclasser les personnels de la SS-VT à l'issue de leurs contrats de quatre années [55]. Par le biais de la « Fondation de placement Hitler », bon nombre d'emplois ont par ailleurs été proposés avant guerre aux membres de l'*Allgemeine-SS* et aux anciens personnels de la SS-VT dans la police, la gendarmerie, les douanes et les unités de garde-frontières de la SS [56]. Grâce à cet effort, l'Ordre noir ne comptait plus un seul chômeur dans ses rangs en septembre 1938 [57]. Les membres des SS-VT et SS-TV avaient aussi la possibilité de demander des bourses pour permettre à leurs fils d'intégrer les « Instituts politiques nationaux-socialistes » et l'école de Feldafing qui représentaient d'excellents tremplins sociaux en constituant les pépinières des futurs cadres du régime [58]. Enfin, les efforts de la *Reichsführung-SS* ont consisté avant guerre à aligner les droits sociaux de ses soldats (et de leur famille) sur ceux des personnels de la *Wehrmacht*. En accord avec le ministère des Finances du Reich, un décret du ministère du Travail a permis d'atteindre de façon provisoire cette égalité des droits pour la SS-VT en février 1937 (elle a été définitivement acquise le 1er octobre 1938) [59]. L'extension de ces droits aux écoles SS d'officiers, aux SS-TV et à la réserve SS (prévue pour renforcer la police) a été nettement plus difficile. Sur demande du ministre de l'Intérieur Frick, elle n'a été obtenue qu'à la veille de la guerre par un décret daté du 1er août 1939 [60].

Les rétributions et l'assurance sociale

Comme dans toute force armée, la solde a représenté pour les troupes SS la première des rétributions. Alignée sur le barème en vigueur au sein de la *Wehrmacht*, celle-ci était versée au début de la guerre par les services administratifs des garnisons du temps de paix, puis par le centre financier de la SS implanté à Dachau, voire par les caisses des garnisons de l'armée de terre [61]. Outre la solde, la nourriture, l'hébergement et des allocations en cas d'invalidité, une aide sociale était assurée aux soldats SS et aux proches dont ils avaient la charge. Cette aide comprenait notamment une assurance maladie et des aides ponctuelles en cas de frais médicaux particulièrement lourds ou, comme au sein de l'armée de terre, pour faire face à une situation sociale très difficile. Ainsi, l'État comme la SS s'assuraient que le service sous les armes ne porte pas atteinte au revenu familial, y compris en cas de décès [62]. En cas de mérite particulier, une promotion à titre posthume pouvait être accompagnée d'une activation (pour les réservistes) afin d'accroître la pension de la famille [63]. Une aide financière était également prévue en cas de disparition, et ce jusqu'à l'éclaircissement du cas [64].

La SS est allée très loin dans ce domaine en assurant un suivi particulier des familles. Dès octobre 1939, un bureau en charge de centraliser toutes les procédures administratives consécutives aux décès des membres de l'Ordre a été institué (*Sammelstelle für Verluste der SS im Kriege*). L'une de ses missions était précisément d'établir la situation économique et financière des familles et d'agir en conséquence en liaison avec l'Office social de la SS et la fondation *Lebensborn* [65]. Pour les soldats SS d'active, une aide d'urgence permettait d'assurer automatiquement la solde du défunt pendant les trois mois suivant le décès. Des mesures d'aide pouvaient être encore demandées par la suite sur présentation de justificatifs [66].

À partir de 1942, une série de modifications des règles ont conduit à ce que l'épouse et les enfants de l'ensemble des soldats SS (d'active et de réserve) bénéficient des mêmes aides financières de la SS en cas de maladie, de soins dentaires, de cure, de naissance ou de décès [67]. Dans la pratique, et à l'aune des dossiers personnels des officiers SS, bon nombre de soldats ont eu recours à un moment ou à un autre à ces secours qui leur ont permis de faire face à une situation difficile. Le plus souvent, les demandes d'aide formulées ont concerné les soins à l'épouse, à l'occasion d'un problème médical ou d'un accouchement [68].

Les volontaires étrangers ont bénéficié de cette politique sociale selon des critères spécifiques à chaque pays, mais offrant toujours des conditions très avantageuses pour les volontaires et leur famille [69]. Si la SS a été libre de mener sans entrave sa politique sociale dans les pays « germaniques » occupés, tout autre a été la situation dans les pays du bassin danubien où l'aide sociale aux ressortissants ethniquement allemands a été longtemps conditionnée par l'accord des États souverains et alliés du Reich. Au terme d'âpres négociations, la SS est toutefois parvenue à imposer partout ses vues en faisant prendre en charge les frais par le Reich [70]. Dans les faits, l'application de ces accords n'a jamais été évidente. À la fin de l'été 1943, peu de temps après la première campagne de recrutement officielle de la SS parmi les *Volksdeutsche* roumains, et devant les obstructions du gouvernement Antonescu pour faire délivrer les pensions promises, bon nombre de familles regrettaient déjà que leurs fils se soient engagés dans la *Waffen-SS*. L'opinion populaire était qu'il eût mieux valu qu'ils demeurent en Roumanie où ils auraient gagné davantage d'argent. Face à ces récriminations, Berger a instamment prié Himmler d'intervenir auprès de Hitler afin de débloquer six millions de Reichsmark [71]. En dépit de l'accord finalement signé en février 1944, les familles des engagés roumains de la SS n'ont reçu, de février à juin, qu'une faible part de l'argent promis (2,7 sur 12,5 millions de Reichsmark) [72].

Cette politique sociale de la SS a généré d'importants mouvements de fonds en devises étrangères [73]. Elle a surtout exigé la mise en place de toute une administration spécifique dirigée par le « Bureau étranger » au sein de l'Office principal d'aide sociale et des pensions, dont le siège était à Prague. Au printemps 1944, pas moins de cinq états-majors et quinze officiers sociaux de la *Waffen-SS* dépendaient de cet organisme. Disséminés à travers l'Europe, ils étaient chargés de superviser sur place la distribution de cette manne financière et de régler les divers contentieux qui pouvaient survenir [74]. Les enjeux étaient déterminants. Que des problèmes surviennent, et le moral des hommes au front s'en trouvait presque automatiquement affecté [75]. Cette pensée a d'ailleurs été poussée si loin que l'idée fut émise, en septembre 1944, de continuer à verser les allocations aux familles des 60 000 *Volksdeutsche* roumains engagés dans la SS qui vivaient désormais sous le contrôle des Soviétiques. La forte probabilité que ces derniers découvrent le stratagème incita toutefois Himmler à écarter ce plan [76].

Solidarité et entraide

Au-delà de l'aspect financier, la SS n'a cessé d'entreprendre des actions de solidarité et de soutien. Ce travail a commencé au sein même des unités. Les cadres SS ont été interpellés sur cette question afin de veiller à ce que leurs hommes n'aient pas l'impression d'être abandonnés à eux-mêmes en cas de difficulté personnelle ou familiale. Cela avait également l'avantage de les amener à connaître personnellement leurs subordonnés, et par ce biais à renforcer la cohésion de la troupe tout en asseyant leur autorité [77]. Ce rôle social a été encore plus nécessaire dans la seconde moitié de la guerre, à l'heure où, d'une part, les recrues SS devenaient de plus en plus jeunes, et où, d'autre part, ce surcroît d'attention permettait de compenser le manque initial de motivation de certains « volontaires »[78].

La question de l'aide sociale s'est par ailleurs posée avec une acuité croissante au cours du conflit, au fur et à mesure que la précarité augmentait. À partir du printemps 1942, la SS s'est de plus en plus engagée dans cette voie face à la multiplication des expulsions, saisies et autres déplacements professionnels arbitraires qui ont touché en Allemagne les proches parents des soldats SS. Ces problèmes avaient naturellement tendance à miner leur moral au front. Jugeant que les services sociaux du parti étaient incompétents pour le faire de manière satisfaisante (ce en quoi elle n'avait peut-être pas tout à fait tort[79]), la SS s'est employée à trouver des solutions. Un article a même été programmé dans *Das Schwarze Korps* pour rappeler à la troupe, à l'aide d'un exemple concret, qu'une simple lettre envoyée à l'hebdomadaire serait relayée aux services SS compétents qui s'efforceraient d'y apporter une solution. Aux yeux de la *Reichsführung-SS*, le surcroît de travail que cela allait engendrer n'était rien en comparaison du « profond soulagement pour les hommes au front s'ils sav[ai]ent qu'ils n'[avaient] plus de soucis à se faire pour cela[80] ». Au sein des divisions SS, un conseil juridique pour des questions familiales et personnelles a même pu être dispensé par les officiers de justice[81]. En somme, l'Ordre noir a transféré les principes de l'État providence au monde combattant de la SS[82].

La *Reichsführung-SS* a également instauré un réseau d'entraide et de solidarité. Celui-ci s'est concrétisé par diverses actions : accueil dans des familles allemandes des *Volksdeutsche* illégalement recrutés qui ne pouvaient pas retourner en permission dans leurs foyers[83], parrainage de soldats sans attache par des familles SS[84], formation de reconversion au profit des invalides de guerre[85], distribution de colis alimentaires, de sucreries et de livres à l'occasion de la fête du solstice d'hiver aux volontaires « germaniques » et à leurs familles[86], création d'un bureau d'aide sociale auprès des garnisons SS du Reich au profit des épouses de soldats SS[87], appel à l'entraide afin que les familles SS disposant d'un habitat assez vaste puissent accueillir celles dont les foyers avaient été endommagés ou détruits par les bombardements[88], évacuation et accueil au sein du Reich des familles des volontaires étrangers menacées par l'avancée des troupes alliées[89], ou encore envoi de clichés des tombes des soldats SS à leurs familles – du moins lorsque la situation le permettait[90]. Ce dernier geste, apparemment insignifiant, témoignait encore une fois du lien personnalisé de solidarité de la communauté SS avec les familles à l'arrière, sans compter que c'était également un moyen de rassurer ces dernières sur le soin et la dignité avec lesquels leur proche avait été enterré. Ainsi fait, la boucle était bouclée. De son recrutement jusqu'à son éventuelle blessure (voire dans la perspective de sa mort), le soldat SS n'était jamais un être anonyme mais demeurait en tout état de cause un individu qui pouvait légitimement avoir le sentiment qu'« à Berlin existe un bureau qui s'occupe personnellement de [lui][91] ».

D'une manière ou d'une autre, ce lien social se doublait toujours d'une signification idéologique. Certains des biens distribués passaient par exemple directement des armoires juives aux armoires aryennes, notamment lors de la fête du solstice d'hiver 1942, après l'« Action spéciale " Hollande "[92] ». De manière significative, les formations de reconversion au profit des invalides de guerre SS ont par ailleurs été instituées dans le but avoué de les promouvoir aux postes clés de la société civile, et donc de prendre à terme le contrôle de celle-ci. Dans la conception du *soldat politique* que la SS voulait incarner, il n'était pas, en effet, question de charité, mais bel et bien de faire en sorte que ces *soldats* demeurent *politiques* en devenant les cadres de la société allemande[93]. Les morts eux-mêmes servaient à unir les vivants dans une sorte de communion idéologique, comme en témoigne l'appel lancé par un commandant de régiment aux couples SS, après le début de la guerre à l'est, afin qu'ils offrent « au Reich une nouvelle vie, de sorte que les champs fertiles qui a[vaient] été imbibés du meilleur sang de nos tués puissent être un jour récoltés pour le bonheur et le bien de notre Reich et de notre descendance[94] ». Par l'instrumentalisation de sa mort, le combattant SS demeurait donc toujours un *soldat politique*, même dans l'au-delà.

La promotion de la natalité en temps de guerre :
mariages et « permissions planifiées »

D'un point de vue démographique, la guerre n'est pas seulement un fléau qui décime les classes d'âge sous les drapeaux. Son impact se ressent aussi indirectement sur les générations futures par la mort d'hommes en âge de procréer. Pour une *Reichsführung-SS* obsédée par la pérennité et le développement de la race aryenne, la guerre était à cet égard perçue comme une véritable menace. La direction SS était d'autant plus inquiète que la natalité dans ses rangs était en retrait par rapport à la moyenne du Reich avant guerre [95]. Toutes les mesures ont alors été prises pour favoriser la natalité, à commencer par les facilités de mariage. L'un des premiers actes de Himmler, au déclenchement du conflit, a précisément consisté à accélérer la procédure administrative pour l'obtention de l'autorisation de mariage après examen du profil racial, physique et moral de l'élue par l'Office principal de la race et de la colonisation (RuSHA) [96]. Dans les premiers mois de la guerre, les appels à se marier et à procréer ont du reste alterné avec les circulaires définissant les procédures de mariage [97]. Ces dernières s'appliquaient aux membres de la SS, quelle que soit leur nationalité, et non aux personnels servant seulement pour la durée de la guerre sans appartenir à l'*Allgemeine-SS* [98].

La saignée des premiers mois de combat à l'est et l'arrivée massive de jeunes recrues ont cependant bouleversé la donne. Au printemps 1942, le millier de membres SS tués dans la région « Elbe » n'avait par exemple laissé « que » 500 orphelins [99]. Aussi Himmler est intervenu énergiquement pour voir l'ensemble des commandants d'unité faire preuve d'un peu moins de rigidité dans les avis qu'ils avaient à donner au RuSHA dans le cadre de la procédure de mariage :

> Dans les procédures d'autorisation de mariage, je vois encore le plus souvent des avis d'officiers supérieurs et de chefs de compagnie dans lesquels on ne remarque pas qu'il y a une guerre. Des points de vue y sont exprimés qui conviendraient aux années de paix 1870 à 1890. On signale que des individus de 22 à 23 ans sont trop jeunes pour se marier – force m'est cependant de constater qu'ils sont suffisamment vieux pour mourir. On signale ensuite que tel ou tel n'a pas encore la maturité nécessaire, ce qui est certainement vrai ici ou là. Mais dans l'intérêt de notre peuple et de sa pérennité, mais aussi pour qu'un chef de compagnie ait de nouveau dans vingt ans les soldats nécessaires dans sa compagnie afin de pouvoir aller au combat avec ces « immatures », je tiens pour tout à fait urgent que nos SS, même s'ils n'ont pas encore atteint la maturité de leurs

supérieurs, se marient et se préoccupent d'avoir des enfants avant de mourir sur le champ de bataille [100].

L'année 1942 a en conséquence marqué un nouvel élan dans la promotion du mariage. Elle a tout d'abord consisté à sensibiliser les commandants d'unité SS sur la question [101]. Elle s'est ensuite traduite par la marginalisation de l'avis des supérieurs hiérarchiques à la fin de l'année. Ceux-ci n'ont plus eu de pouvoir décisionnaire, mais seulement un avis consultatif à donner sur la demande de mariage de leurs subordonnés. Il leur était essentiellement demandé d'indiquer si, à leur connaissance, la candidate était « racialement, moralement, généalogiquement ou idéologiquement apte à être la femme d'un SS [102] ». Cette politique volontariste a indubitablement porté ses fruits, d'autant que plusieurs formations SS ont disposé en 1942 d'une longue période de repos. Aussi, alors qu'à peine 20 % des membres de l'Ordre noir servaient dans la *Waffen-SS*, ils représentaient 60 % des demandes de mariage accordées en 1942. À l'inverse, avec 43 % des effectifs de l'Ordre noir, les membres de l'*Allgemeine-SS* servant dans la *Wehrmacht* ne représentaient de leur côté que 16 % des demandes accordées *(annexe 33)*.

En tout état de cause, et sans rien renier de ses principes de sélection raciale, la SS a poursuivi cette politique en facilitant les démarches administratives, allant jusqu'à ouvrir des antennes du RuSHA dans les territoires occupés [103]. La *Reichsführung-SS* a également encouragé ses soldats à épouser des ressortissantes des pays germaniques occupés, avant tout des Néerlandaises et des Norvégiennes, mais pas uniquement [104]. La possibilité d'une aide financière, offerte jusque-là aux couples SS allemands, a également été ouverte aux couples « germaniques » en 1942 [105].

Loin d'être une fin en soi, le mariage n'était aux yeux de la *Reichsführung-SS* qu'une étape en vue de la procréation. Himmler attachait d'ailleurs une tout aussi grande valeur à l'enfant né d'une union illégitime d'un membre SS [106]. L'étape du mariage valait surtout par les facilités morales et sociales qu'elle ouvrait pour la naissance d'un ou plusieurs enfants au sein d'un couple stabilisé. Aussi la promotion du mariage est-elle allée de pair avec une action tout aussi volontariste en faveur de la natalité, cette fois en facilitant la rencontre du couple. Cette action s'est concrétisée à l'automne 1942 par l'ordre de Himmler d'organiser le séjour vers la France des épouses des soldats SS qui y étaient stationnés. Des logements ou des chambres d'hôtel devaient leur être loués à proximité des cantonnements de leurs époux. L'organisation de tels séjours de dix à quatorze jours devait permettre d'introduire une forme d'équité dans un procédé déjà existant, mais profitant surtout à quelques cadres [107]. Anticipant sur l'engagement prévu des divisions « LSSAH » et « Das Reich » au début du printemps 1943, Himmler comptait ainsi mettre à profit les mois d'hiver pour favoriser à terme une nouvelle vague de naissances [108]. Il a de nouveau relancé l'idée l'été suivant, proposant d'ériger à la frontière allemande des lieux de rencontre pour les couples au profit des personnels SS en service à l'ouest [109]. Le projet s'est heurté aux contingences du moment, notamment l'impossibilité d'accorder des permissions supplémentaires aux soldats et la pénurie de logements au sein du Reich suite à la destruction des foyers par les bombes alliées. Une solution a toutefois été trouvée en Allemagne avec l'aménagement au sein des garnisons SS de quartiers particuliers pour la visite des conjointes [110]. Les frais de transport (éventuellement d'hébergement hors des quartiers militaires) ont été pris en charge par la SS. De novembre 1943 à juin 1944, il en a ainsi coûté à celle-ci plus de 111 000 Reichsmark [111].

Dans le jargon de la *Reichsführung-SS*, il s'agissait de « permissions planifiées ». Ces dernières l'étaient en effet en fonction de la période la plus propice du cycle menstruel de la femme. Au demeurant, l'idée ne venait pas de la SS, mais de la *Kriegsmarine*. L'Ordre noir l'a toutefois rapidement faite sienne, éditant un tract pédagogique sur les moyens de lutter contre l'infécondité et de préparer au mieux la rencontre du couple. Tiré à 30 000 exemplaires, celui-ci a été diffusé jusqu'aux compagnies [112].

L'impact de cette politique est difficile à mesurer. En théorie, et suite à un ordre de Hitler prononcé à la fin de l'année 1942, il était interdit aux proches des soldats de leur rendre visite dans les territoires occupés [113]. En sous-main, la pratique des rencontres n'en était pas moins cautionnée au plus haut niveau de l'État. Dans cette politique de non-dit, Hitler a en effet été obligé de sortir de sa réserve en juin 1944 pour relayer, par la voie diplomatique, une demande de Himmler visant à étendre la mesure aux ressortissantes hongroises. Celles-ci devaient obtenir l'accord préalable du gouvernement magyar afin de sortir du royaume pour rejoindre leur conjoint. La volonté de traiter l'affaire de manière « strictement confidentielle » démontrait la volonté de ne pas donner de publicité à cette pratique [114]. De leur côté, les troupes SS, et en particulier les gradés un peu plus âgés et plus fréquemment mariés, ont profité de l'aubaine qui faisait coïncider leur intérêt à celui de leur *Reichsführung-SS* [115].

Les permissions

Dans le domaine des permissions aussi la SS s'est sentie obligée d'en faire davantage que l'armée. Elle ne pouvait toutefois pas intervenir sur leur fréquence, qui était réglementée par la *Wehrmacht*. En revanche, elle a pu agir sur les conditions des permissions. À partir du printemps 1944, elle a en l'espèce érigé des « foyers de permissionnaires du front » dans des cadres bucoliques. Le commandement SS était manifestement en train de prendre conscience qu'un séjour en permission dans des villes bombardées ne pouvait plus détendre le soldat revenant du front. Officiellement, le but était néanmoins de donner « l'occasion à l'ensemble des permissionnaires de passer leur congé avec leurs proches dans les belles contrées pastorales de l'Allemagne ». En fait de contrées « allemandes », deux des six centres étaient implantés en Styrie, les quatre autres dans le Protectorat de Bohême-Moravie. La plupart se situaient en région montagneuse. Six autres centres étaient en construction, loin des champs de ruines que devenaient les centres urbains et industriels du Reich. À cette occasion, la SS s'est véritablement transformée en agence de voyage, laissant à chacun le choix de sa réservation à partir d'une notice descriptive des différents sites, de leur altitude et des possibilités de distraction locales. Le soldat en permission pouvait s'y rendre directement depuis son unité, son épouse (ou sa fiancée) l'y rejoignant alors avec leurs enfants [116]. À en juger par une initiative similaire apparue exactement à la même époque au sein de la « LSSAH », la permission dans un cadre agréable était devenue un véritable besoin à cette époque [117]. Avec le blocage général des permissions décrété le 14 juin 1944 par l'OKW, la mise en place tardive de cette politique l'a probablement rendue inopérante. Les personnels du IIIe corps d'armée blindé « germanique » SS n'en ont pas moins bénéficié jusqu'en novembre 1944 [118].

La justice comme moyen de conditionnement

La fonction idéologique de la justice SS

Si le modèle social proposé par la SS a indubitablement constitué la « carotte » de sa politique de conditionnement des troupes, le rendu de la justice en a tout aussi indéniablement représenté le « bâton ». Telle qu'elle a été pensée avant guerre et établie de façon indépendante par l'Ordre noir à l'automne 1939, la justice a servi à assurer son indépendance par rapport à l'armée, mais plus encore à imposer ses valeurs. La SS l'a utilisée en s'appuyant sur un code dont les références comme les principes ne reposaient pas sur le droit mais sur son idéologie. En somme, « les temps [étaient] révolus où l'individu SS était subordonné à la juridiction bourgeoise qui ne pouvait souvent intégrer les conceptions de la SS, et de ce fait ne pouvait donner droit à ses intérêts[119] ». Dès lors, la *Reichsführung-SS* disposait des moyens de sanctionner tout écart individuel vis-à-vis de l'orthodoxie idéologique fixée. En même temps, les règles de la justice SS servaient de vecteurs pédagogiques. D'une part, il était nécessaire de les expliquer à la troupe afin que celle-ci ne se mette pas en infraction. D'autre part, chaque unité SS s'est servie des cas jugés en les exploitant à des fins pédagogiques pour ses personnels. À l'instar des autres vecteurs liés à l'expérience individuelle du soldat, cette publicité et les commentaires qui l'accompagnaient étaient d'autant plus efficaces qu'ils touchaient un monde qui lui était familier. Dès lors que l'idéologie ne se résumait pas à des mots ou à des idées, mais qu'elle pouvait frapper de ses foudres le soldat SS, elle n'en prenait que plus d'importance. D'ailleurs, dans la pratique, les juges SS ont su imposer plus tôt et plus efficacement la justice comme vecteur idéologique dans l'éducation de la troupe que ne l'ont eux-mêmes fait les responsables de l'endoctrinement. Dès l'été 1940, ils avaient notamment reconnu dans le chef de compagnie celui par qui l'éducation des hommes devait obligatoirement passer. Leurs consignes relatives à l'instruction de la troupe révélaient qu'ils avaient à cette date bien davantage le sens des réalités que leurs homologues du service de l'éducation idéologique :

> Le cours doit être établi de façon vivante. Il ne doit en aucun cas se limiter à informer la troupe par une lecture des indispensables précisions de législation pénale. De manière générale, une bonne partie des hommes ne sait pas comment agir avec le texte de loi, l'autre partie l'oublie à nouveau. Des exemples de la vie, tirés du quotidien même des hommes, doivent plutôt être dégagés et, à travers eux, les questions liées aux lois pénales de la SS et de la police doivent être expliquées à la troupe. L'homme retient ces exemples et pense à eux lorsqu'il se voit confronté à des situations semblables. Ainsi, l'édification de la troupe sur les jugements des tribunaux de la SS et de la police, rendus publics dans les ordres du jour, s'est par exemple révélée extraordinairement efficace dans la pratique. [...] En appui du cours et pour des raisons de dissuasion, il s'est révélé pertinent de permettre d'assister aux jugements de la SS et de la police dans des cas pénaux appropriés [120].

Fixée à l'été 1940, cette politique d'éducation, basée à la fois sur un fondement positif mimétique (ce qu'il faut faire) et un fondement négatif comminatoire (ce qu'il ne faut pas faire), est demeurée en vigueur jusqu'à la fin du conflit. Cette pédagogie avait le mérite d'être à la portée de tous. Au demeurant, les désagréments encourus étaient suffisants pour susciter l'attention de la troupe, d'autant plus que « pendant la durée du conflit, les lois de la guerre [...] valaient pour elle avec toute leur dureté [121] ».

Parallèlement à son domaine de compétence, la justice SS déléguait également des pouvoirs étendus aux chefs d'unité, notamment dans la sanction de fautes ne relevant pas de la cour martiale. Suite à un ordre de Himmler du 10 juin 1940, elles pouvaient être délivrées par le supérieur hiérarchique, « d'une part afin de rendre possible une punition immédiate, avec en conséquence un plus fort effet éducatif sur les coupables et la troupe, et d'autre part afin de délester des affaires mineures les tribunaux qui ont à travailler dans des conditions difficiles en temps de guerre ». Par ce biais, l'officier voyait encore renforcées son autorité et son emprise sur ses subordonnés. Il était du reste fortement encouragé à le faire, avec l'idée que chaque supérieur devait « tout d'abord être conscient de ce que le maintien de la discipline individuelle dans sa troupe [était] sa mission prioritaire », dans la mesure où cela conditionnerait la cohésion de son unité au combat. Cette éducation à la discipline individuelle devait finalement « être d'autant plus poussée que la recrue rév[élait] une plus faible prédisposition militaire ou qu'elle fai[sai]t preuve de faiblesse de caractère [122] ». Ces propos n'ont pas manqué de prendre toute leur mesure dès que les premiers contingents d'active de la SS-VT ont fondu dans la fournaise des combats du front de l'Est et ont été remplacés par de jeunes recrues. Le juge de la division « Reich » en était parfaitement conscient au moment de la reconstitution de cette formation au printemps 1942, appelant à faire preuve de davantage de vigilance :

> Il est clair que les renforts de nos formations ne sont pas comparables avec ceux des hommes sélectionnés et bien instruits qui sont partis en campagne au début de la guerre. Des volontaires de 17 et 18 ans ne sont pas non plus en définitive des individus matures. Un poids particulièrement important devra de ce fait être accordé à l'éducation de la troupe. Dans certains domaines qui prennent chez nous, en tant que porteurs d'armes politiques, une signification spéciale (lois fondamentales du parti et de la SS), cette éducation devra sans doute être complétée par les mêmes sanctions sévères des conseils de guerre [123].

Cette analyse est d'autant plus intéressante qu'elle permet de déconnecter ce besoin d'éducation de la motivation des individus. En effet, à cette époque, les renforts reçus par la division étaient très largement composés d'adolescents enthousiastes dont le volontariat ne faisait aucun doute. Il ne s'agissait donc en aucun cas d'insuffler une volonté de se battre à des hommes déjà motivés pour le faire, mais bel et bien de les conditionner idéologiquement. Cette vaste entreprise destinée à « formater » les individus avait d'ailleurs déjà été entreprise à grande échelle au sein de la division « Totenkopf » dès les premières années de la guerre [124]. Naturellement, le phénomène s'est trouvé amplifié lorsque des non-volontaires ont été incorporés en masse. Au printemps 1944, les Alsaciens et autres *Volksdeutsche* étaient ainsi nommément cités par la division « Das Reich » dans la catégorie des personnels à maintenir dans le rang par cette voie coercitive [125].

La volonté d'une « juridiction dure »...

Le souci d'indépendance manifesté par la SS dans la manière de rendre la justice pourrait laisser supposer une volonté de soustraire ses personnels aux peines les plus lourdes. En fait, c'est l'inverse qui s'est produit. En maniant la balance et le glaive de façon autonome, le but a certes été de rendre la justice suivant les conceptions idéologiques de la SS, mais aussi de la voir impitoyablement appliquée dans le cadre d'une « juridiction dure [126] ». Tel n'a pas toujours été le cas. Là encore, la pression de la base a été déterminante. En l'occurrence, c'est le commandant de la division « Totenkopf » qui a sonné la charge après les signes de désagrégation apparus dans les rangs de sa formation à l'automne 1941. De fait, la question a été éminemment liée à la durée inhabituellement longue de la campagne militaire à l'est. Dès le mois d'octobre s'étaient produits les premiers cas de désertion, de lâcheté devant l'ennemi ou d'atteinte au moral des troupes. Dans trois cas, la peine de mort avait été prononcée au sein de la division. Afin d'enrayer le phénomène et de faire un exemple pour maintenir la discipline dans les rangs, Eicke avait même pris sur lui de procéder à l'exécution immédiate de l'un des soldats incitant à la mutinerie, et cela dès le lendemain du jugement, sans attendre confirmation du verdict par la *Reichsführung-SS*. L'Office principal de la justice SS avait immédiatement sanctionné cette initiative de Eicke en dessaisissant de ses prérogatives le juge de sa division. Or, plus de deux mois plus tard, la confirmation des deux autres condamnations à mort n'était toujours pas prononcée, démontrant les atermoiements de la *Reichsführung-SS* sur la question. Avec l'apparition d'une nouvelle crise du moral au sein de la troupe en janvier 1942, c'est le SS-FHA qui a relayé les demandes de Eicke pour agir sans délai :

> Avec la poursuite de la guerre, *Reichsführer*, il faudra vraisemblablement compter davantage que jusqu'ici avec des cas de désertion, peut-être aussi d'atteinte au moral, ne serait-ce que parce que le matériel humain [sic] au sein des unités ne sera plus le même qu'au début de la guerre. Le maintien de la discipline au sein de la troupe rendra en conséquence nécessaire à l'avenir l'application d'une répression pénale, et plus encore une rapide exécution pour des raisons d'éducation et d'intimidation [127].

Sommé de choisir entre le risque d'un échec sur le front et l'application effective d'une justice radicale, Himmler s'est rallié à la seconde option. Outre l'enjeu de la réputation militaire des troupes

SS, trois facteurs ont facilité ce choix. Le premier était lié à la culture intrinsèque de la SS et à sa sacro-sainte *obligation de dureté* qui sera abordée plus loin. Le deuxième facteur – assurément le plus important – était la caution morale donnée par Hitler à cette idée. Il est difficile en effet de ne pas faire le rapprochement entre la lettre de Jüttner à Himmler le 29 janvier 1942 et la discussion sur ce sujet entre Himmler et Hitler dix jours plus tard. Or, non seulement ce dernier a approuvé l'idée d'une justice radicale, mais il a affiché son rejet d'une justice militaire accusée de toujours trouver une échappatoire pour éviter la peine capitale aux coupables. Jeter l'effroi, faire un exemple, telle était sa politique [128]. Dès lors, une troisième motivation a pu conduire Himmler à profiter de l'occasion pour inscrire la SS en opposition avec les pratiques judiciaires de l'armée de terre, empreintes d'une relative mansuétude, particulièrement dans les premières années du conflit, lorsque bon nombre (parfois plus de la moitié) des condamnations à mort prononcées par les tribunaux de campagne pouvaient être commuées [129]. En rejetant toute idée de rémission, Himmler trouvait un excellent moyen de se démarquer de l'armée tout en répondant aux vœux de l'appareil d'État [130]. Cela explique l'accroissement spectaculaire des condamnations à mort effectivement exécutées à partir de 1942 à l'échelle de la juridiction SS *(annexe 34)*.

... *et ses limites*

Dans la pratique, deux limites se sont posées à l'application d'une justice « dure ». La première était liée aux dogmes idéologiques de la *Reichsführung-SS*. Alors que l'Ordre noir ne ménageait pas ses efforts pour assurer le développement de la « race supérieure » et qu'il engloutissait des fortunes afin de promouvoir la natalité, supprimer ainsi des vies relevait du gâchis et lui était en conséquence difficile. Une autre implication de ses théories raciales s'inspirait du précepte que « bon sang ne saurait mentir » : la « qualité raciale » étant mère de toutes les vertus pour la *Reichsführung-SS*, elle était persuadée que chacun de ses membres pris en faute pouvait se réhabiliter par son action. Et s'il ne le pouvait pas, il fallait au moins lui proposer l'alternative « de trouver une mort décente », les armes à la main, dans des missions particulièrement dangereuses, et non de manière infamante devant un peloton d'exécution. Au moins la mort de l'individu redevenait-elle « utile » à la communauté. Même chez un esprit aussi peu prédisposé à la tolérance et au pardon que Theodor Eicke, on trouvait cette concession à l'orgueil de la race [131]. Au-delà des habituelles unités disciplinaires, les unités des « foules perdues » ont été le produit de cette politique [132]. Finalement, la mise à l'épreuve au front paraît être devenue une pratique courante, même dans les cas les plus graves [133].

Cette volonté de ménager sinon la vie, du moins l'honneur de la « race supérieure » apparaît dans la manière avec laquelle les personnels de la *Waffen-SS* ont été inégalement frappés par les foudres de la justice en fonction de leur statut. L'élite politique et raciale que représentaient les membres de l'*Allgemeine-SS* au sein de la *Waffen-SS* a en effet été davantage épargnée par la sévérité des tribunaux que les individus servant sous l'uniforme SS sans être membres de l'Ordre noir. De fait, l'appartenance à l'*Allgemeine-SS* et au parti était un critère explicitement pris en compte dans le traitement des affaires pénales [134]. L'idée que les membres de l'*Allgemeine-SS* se soient mis à l'abri de l'action judiciaire par leurs comportements idéologiquement plus orthodoxes ne peut naturellement pas être écartée. Elle n'explique cependant pas à elle seule leur sous-représentation flagrante parmi les soldats SS exécutés suite à une condamnation judiciaire, soit 10 des 91 cas recensés par le Bureau des pertes de la SS à l'automne 1944. Ces chiffres trahissaient un évident déséquilibre par rapport aux effectifs des membres SS au sein de la *Waffen-SS* [135]. Au demeurant, l'hypothèse d'une justice SS « au faciès » est encore renforcée par l'insistance de Himmler à l'été 1944 pour disposer de deux photographies de l'accusé dans les dossiers pénaux qui lui étaient soumis pour confirmation de jugement. Cette décision était à relier avec l'ouverture de la *Waffen-SS* aux ressortissants non « germaniques » [136].

Au moment où la *Reichsführung-SS* adoptait une politique judiciaire nettement plus répressive au début de 1942, un autre dilemme n'a pas tardé à se poser à elle. En l'occurrence, l'arrivée de plus en plus massive d'adolescents au sein de la *Waffen-SS* à partir du printemps s'est accompagnée d'une recrudescence de délits mineurs à mettre sur le compte de l'immaturité [137]. Or, l'application à la lettre de la nouvelle politique judiciaire pouvait dans leur cas entraîner des conséquences dramatiques. Dès la fin de l'été 1942, la *Reichsführung-SS* a donc dû réviser ses positions :

> En dépit de toute la sévérité avec laquelle le [*Reichsführer-*]SS veut que soient condamnés les cas de vol au sein de la SS et de la police, il n'est plus possible désormais de prononcer chaque fois une peine de pénitencier, ou même la mort, sous prétexte que l'on a menacé de ces peines. À côté du principe de la dissuasion, la personne de l'auteur doit naturellement aussi être prise en considération lors de la condamnation. Le [*Reichsführer-*]SS est en conséquence d'accord pour que, de manière exceptionnelle, on puisse renoncer à prononcer une peine d'honneur SS [entraînant l'exclusion de la SS – *NdA*] en cas de vols mineurs par les auteurs âgés de moins de 20 ans, si l'on peut espérer que le coupable peut encore être éduqué en un SS décent en dépit de son forfait.

Sans être abandonnée, la répression judiciaire était désormais complètement réorientée, comme le révélait la suite de cette directive :

> Afin de donner une forme particulièrement efficace à la dissuasion, le [*Reichsführer-*]SS a ordonné que, dans les corps de troupe où se multiplient les vols, quelques cas particulièrement graves dans le lot soient punis par la mort. L'exécution de la peine capitale doit se produire devant l'ensemble du bataillon rassemblé. Le peloton qui applique la peine de mort doit tout particulièrement être composé d'hommes qui, au sujet des atteintes à la propriété, passent pour des individus suspects [138].

La terreur destinée à tenir la troupe en respect était toujours d'actualité. Mais à une répression judiciaire aveugle et systématique succédait désormais une pratique qui se voulait ciblée et pédagogique. Elle parvenait à un résultat similaire au prix de « seulement » quelques individus sacrifiés pour l'exemple [139]. Pour adapter les *Volksdeutsche* à une discipline rigide à laquelle ils n'étaient pas habitués, la SS a même revu sa politique de sanctions, préconisant à son encadrement de multiplier les petites peines à vocation pédagogique avant de recourir à l'arsenal judiciaire [140]. Cette réorientation explique la stabilisation observée dans l'exécution des condamnations à mort des personnels SS en 1943 *(annexe 34)*. Après avoir effectivement franchi un pallier en 1942, la répression judiciaire a ensuite été savamment dosée afin de maintenir une pression sur la troupe tout en évitant l'escalade. Compte tenu de l'inflation des effectifs au cours de l'année 1943 et de l'intégration croissante de *Volksdeutsche* qui n'étaient plus les volontaires enthousiastes des débuts, il y a même eu un évident relâchement de la pression judiciaire non seulement dans sa forme la plus radicale, mais aussi dans ses applications moins définitives, comme le montrent les statistiques de la division « Das Reich » qui a pourtant passé trois fois plus de temps sur le front en 1943 qu'en 1942 [141]. La spirale répressive n'a en fait véritablement repris qu'au premier semestre 1944, en raison à la fois de la situation militaire qui se détériorait, de la radicalisation de la lutte et de l'incorporation d'individus moins motivés.

Le poids de l'idéologie dans l'application de la justice SS

La *Reichsführung-SS* a incontestablement bénéficié des conditions du temps de guerre et de son système judiciaire désormais indépendant pour imposer ses valeurs idéologiques avec une rigueur que le temps de paix n'aurait jamais permise. Sous couvert de nécessité militaire, elle a profité du conflit pour assujettir plus étroitement à ses règles qu'elle n'eût pu le faire autrement plusieurs centaines de milliers d'hommes. Il est impossible de traiter cette question sous forme statistique, mais une étude de cas permet de se forger une idée des signaux envoyés à la troupe au travers des jugements rendus. Dans les faits, la justice SS a répondu à quatre objectifs en rendant ses sentences : préserver la cohésion de ses troupes, asseoir leur supériorité sur les populations occupées, imposer ses lois raciales et assurer le prestige de la SS au sein des forces armées allemandes.

Les peines sanctionnant les vols ont constitué le terrain d'application le plus important non seulement par le nombre d'affaires jugées, mais aussi parce qu'ils bafouaient la loi fondamentale de la SS du 9 novembre 1936 sur le « caractère sacré de la propriété ». La troupe avait d'ailleurs été très tôt prévenue « que les tribunaux de la SS et de la police consid[éreraient] les détournements de biens de toute nature comme des manquements particulièrement graves et les punir[aient] par des peines énergiques » [142]. Dans ce cadre, il y a toutefois eu deux poids, deux mesures. Le vol d'un soldat aux dépens de son unité, et plus encore d'un camarade, est devenu un crime systématiquement condamné plus lourdement qu'un vol au détriment d'un tiers n'appartenant pas à la communauté SS (par exemple un civil dans les territoires occupés). En règle générale, la peine allait du simple au double. Au demeurant, la finalité des peines prononcées pour atteinte aux biens de civils relevait moins du souci d'épargner la population que de préserver la discipline au sein de la troupe [143]. Dans les territoires occupés « germaniques », la logique raciale et l'intérêt politique de la SS ont néanmoins pris parfois le pas sur la logique militaire : pour avoir volé quelques poulets en Belgique, cinq soldats de la « LSSAH » ont été fusillés pour l'exemple au printemps 1944. Dans ce cas, la hiérarchie voulait en effet absolument ménager la population « sœur » flamande [144].

Les délits de nature raciale et sexuelle ont représenté un autre domaine dans lequel l'idéologie de la SS et du régime s'est clairement manifestée. Contrevenant à « la plus primitive des lois de la SS » en se mariant sans l'autorisation préalable de l'Office racial SS, un soldat a par exemple suscité l'ire de Himmler, qui a réclamé la destitution de son commandant de régiment qu'il estimait également responsable [145]. Même dans le cadre du commerce des plaisirs charnels, les soldats SS avaient des comptes à rendre. Deux personnels de la « SS-Verfügungs-Division » l'ont appris à leurs dépens en 1940. Avoir eu recours en France aux services d'une « prostituée nègre » leur a coûté, « pour ignominie raciale », deux années de pénitencier, la déchéance de leurs droits civiques pour une durée égale, l'expulsion de la SS et la perte de la dignité militaire [146]. En tant que « mal nécessaire » destiné à assouvir les besoins du guerrier, la prostitution était pourtant parfaitement tolérée, pour peu que les mesures prophylactiques soient respectées [147]. Mais toute autre forme de « consommation » était à proscrire, surtout celle cherchant à lui donner un habillage mondain. Il était déjà difficile pour la *Reichsführung-SS* d'admettre que ses soldats se commettent avec des femmes de « race inférieure » pour les voir en plus tisser d'autres liens, même formels. Le commandant du régiment d'artillerie de la division « Totenkopf » a perdu son poste et a vu sa carrière brisée pour ne pas l'avoir compris à l'automne 1940 [148]. L'arrivée massive d'adolescents en 1943 a par ailleurs conduit à leur interdire l'accès aux lieux de prostitution, mesure destinée « à éduquer ce bien le plus précieux de la nation en soldats propres, fiers [149] ».

En comparaison, les viols et tentatives de viol à l'encontre des civiles en territoires occupés ont certes été aussi réprimés, mais beaucoup moins durement, surtout après les premiers mois de campagne à l'est. En l'espace de deux années, de 1940 à 1942, la peine infligée pour un même crime a ainsi été divisée par deux, voire par cinq en fonction des cas considérés [150]. La nature du crime sanctionné pouvait par ailleurs prêter à confusion. Le simple fait de tenter de forcer la porte d'une femme afin d'abuser d'elle et d'en avoir menacé une autre de son arme a certes entraîné une peine de deux ans de pénitencier pour un caporal-chef de la « LSSAH », mais la peine a été prononcée parce qu'il avait ainsi « atteint de la manière la plus grave au prestige de la SS » [151].

Quelle que soit la sévérité de ces peines, elle n'était toutefois en rien comparable avec celle destinée à réprimer les pratiques homosexuelles au sein de la troupe, encore que l'on assiste à une très nette évolution à ce sujet. Pour avoir été convaincu de « fornication contre nature », un caporal-chef de la division « Totenkopf » a été condamné à trois mois de prison et exclusion de la SS au début de 1941 [152]. Un an plus tard, et sur l'injonction de Hitler, la *Reichsführung-SS* entreprenait les modifications législatives nécessaires pour permettre l'application quasi systématique de la peine de mort en cas de relations homosexuelles au sein de la SS et de la police [153]. En communiquant le décret de Hitler à ses troupes, Himmler leur rappelait « que tous les membres de la SS et de la police [devaient] être des combattants d'avant-garde dans la lutte pour l'élimination de l'homosexualité au sein du peuple allemand [154] ». Au demeurant, les cas semblent avoir été plutôt rares au sein de la *Waffen-SS*. La peine de mort n'en a pas moins été appliquée, mais pas aussi systématiquement que ne le laissaient présager les termes du décret [155].

Finalement, la justice SS hiérarchisait la valeur humaine. De fait, le meurtre d'un civil était plus légèrement sanctionné que celui d'un homme de troupe. Pour avoir accidentellement tué un enfant en France en nettoyant son arme en 1940, un artilleur de la « SS-Verfügungs-Division » s'est par exemple vu infligé quatre semaines d'arrêts de rigueur, c'est-à-dire la même peine que celle infligée à un sous-officier ayant manqué à sa parole d'honneur donnée dans le cadre du service [156]. Dans les cas similaires qui ont fait une victime au sein de la troupe, la peine habituelle s'est établie à cinq ou six mois de prison tout au long de la guerre [157].

Ce bouleversement de l'échelle de valeurs a indubitablement eu un effet pervers. Par les messages délivrés de manière induite, la justice SS privilégiait les lois de la camaraderie au détriment de la protection des faibles, elle défendait le « prestige de la troupe » plus que les individus lésés, elle donnait à penser que le viol était un acte moins grave qu'une relation homosexuelle librement consentie, enfin elle affectait une valeur différente aux ressortissants de l'unité et aux populations occupées. En définitive, elle conditionnait la troupe en la définissant comme une communauté de combat solidaire et en lui garantissant une impunité relative vis-à-vis des populations étrangères au milieu desquelles elle devait évoluer. En un mot, la justice SS donnait à la troupe la conscience d'être une catégorie sociale et raciale supérieure. De ce point de vue, elle ne se distinguait toutefois en rien de la justice appliquée par la *Wehrmacht* à l'extérieur des frontières du Reich [158].

17

Le rôle moral de l'encadrement

L'action morale de l'encadrement sur la troupe n'a assurément pas été mince. Cela a d'ailleurs été la volonté de la *Reichsführung-SS* de former un corps d'officiers et de sous-officiers qui puisse relayer son action de conditionnement des troupes. Le terme même de *SS-Führer* pour désigner l'officier SS avait une signification tout à fait spécifique, illustrant la plénitude de cette fonction par rapport à celle de l'officier d'une institution militaire traditionnelle [1]. Au-delà des questions strictement professionnelles, l'emprise des officiers SS sur leurs subordonnés s'appliquait à leur mode de vie. Naissance, mariage et décès étaient ainsi autant d'événements privés où le commandant d'unité SS avait le droit et le devoir de prendre la parole, « et personne d'autre » [2].

La vertu de l'exemple

L'exemple donné par les cadres était considéré par la *Reichsführung-SS* comme le premier vecteur d'endoctrinement des troupes dans la mesure où il transmettait « davantage l'idéologie nationale-socialiste que les meilleurs exposés [n'étaient] capables de le faire » [3]. Ce postulat n'a cessé de prendre de l'importance, précisément à l'heure où le principe du volontariat commençait à être ouvertement remis en cause. Himmler l'a d'ailleurs martelé aux officiers du corps d'armée blindé SS après le recours à la coercition dans les camps du RAD au début de 1943 [4]. Plus se rapprochait l'inéluctable dénouement militaire, plus la vertu de l'exemple a été invoquée comme valeur ultime au cours de la dernière année du conflit [5]. Le chef du *SS-Hauptamt* en avait pleinement conscience en février 1945. Récusant l'idée en vogue d'introduire des « commandants politiques de combat » issus des rangs du parti pour haranguer les troupes, il rappelait que « sur le front, seul celui qui se trouv[ait] lui-même devant a[vait] quelque chose à dire [6] ».

L'éducation spécifique des cadres SS

Pour former cette élite qui devait servir de modèle aux troupes, la *Reichsführung-SS* n'a pas ménagé sa peine. Cela a commencé par sa sélection. À cet égard, on note un renforcement des critères idéologiques pour les candidats officiers au cours du conflit. Au début de la guerre, seuls comptaient le caractère et les capacités militaires de l'individu, à l'exclusion de tout critère politique [7]. La *Reichsführung-SS* pouvait alors penser que l'engagement au sein de la SS-VT ou des SS-TV était une preuve suffisante d'adhésion au régime. Cette conception a complètement changé en novembre 1942, quand la SS a de plus en plus tenu à se présenter comme une élite idéologique. Désormais, les trois critères exclusifs de choix étaient, dans l'ordre, le « caractère en tant qu'individu allemand », la « mise à l'épreuve en tant que national-socialiste et SS », ainsi que la « compétence en tant que soldat et officier » [8]. Non seulement le critère politique faisait clairement intrusion dans le choix des futurs officiers, mais il primait désormais sur l'aptitude militaire. Il est toutefois difficile de déterminer dans quelle mesure ce changement a véritablement fait évoluer la sélection des candidats officiers. Dans les directives du SS-FHA ou celles des unités SS, l'adhésion idéologique était certes systématiquement évoquée par la suite, mais reléguée loin derrière les aptitudes physiques, intellectuelles, morales et techniques au commandement [9]. Dans certaines unités, la promotion des cadres était néanmoins liée au critère politique. Pour le commandant du régiment blindé de la 10ᵉ division SS, il importait ainsi « de former un sous-officier qui soit établi de façon sûre et solide dans son métier de soldat et qui soit en même temps, en tant que SS, porteur d'une volonté politique inflexible » [10].

Au-delà de la sélection et de la formation initiale, la *Reichsführung-SS* s'est justement assurée que l'éducation idéologique des officiers et sous-officiers se poursuive au sein des unités sous l'égide de leurs commandants [11]. Dès lors qu'une formation SS disposait du temps nécessaire et des conditions propices, l'endoctrinement des cadres a été poussé, comme cela s'est produit au sein du corps d'armée blindé SS et de la division « Das Reich » au second semestre 1942 en France. D'un point de vue pédagogique, l'interactivité a été de rigueur, avec à la fois des exposés *aux* cadres et des exposés *des* cadres [12]. Ces derniers devaient en effet maîtriser les dogmes de la SS et être capables de les transmettre efficacement à leurs subordonnés. L'officier SS y retrouvait le rôle de propagandiste joué par les premiers membres de l'Ordre au temps de la *Kampfzeit* [13]. Aussi la capacité des cadres à endoctriner leurs troupes a-t-elle fait l'objet d'un critère spécifique dans leurs bulletins d'appréciation. Certains se sont du reste fort bien acquittés de cette tâche [14]. D'autres ont fait preuve d'un zèle encore plus grand, à l'image de Kurt Meyer, dont le statut de plus jeune général SS et ses Mémoires publiés après guerre ont popularisé la figure. Son cas est d'autant plus intéressant que plusieurs sources jettent une lumière crue sur ses conceptions, lui qui reprochait aux généraux de l'armée de voir le national-socialisme comme « un système de gouvernement temporaire », et non comme une religion qui avait inspiré sa vie [15]. À cet égard, les services de renseignements canadiens ont brossé de lui un portrait sans concession, le décrivant comme « la personnification du national-socialisme » avec « son esprit paralysé par une longue propagande » et « parfaitement incapable de même considérer aucun autre point de vue » [16]. Selon ses propres dires, Meyer exigeait de chacun de ses hommes

> qu'il [devienne] un combattant impie, fanatique, qui ait une haine envers chaque Français ou chaque Anglais ou chaque Américain, se fichant bien de savoir si c'[était] un homme, qu'il lui saute au cou et qu'il l'égorge. Il [devait] haïr chacun, chacun [devait] être son ennemi mortel; c'est seulement ainsi qu'[ils pouvaient] gagner la guerre [17].

Le regard que le fils de Meyer porte sur ses relations avec son père, et surtout la manière dont celui-ci l'a éduqué après guerre, permettent au demeurant d'avoir une idée de l'endoctrinement et des principes inculqués aux jeunes SS dix ans plus tôt (« Tu n'es rien, ton peuple est tout », « Si j'en suis venu à bout avec tant de soldats, alors j'en viendrai aussi à bout avec toi » [18]). Au demeurant, il s'agissait là d'une vision « pédagogique » partagée par d'autres officiers de la *Waffen-SS*, mais aussi de la *Wehrmacht* [19].

Outre cette formation plus ou moins continue, Himmler s'est toujours personnellement attaché à orienter politiquement et idéologiquement le corps des officiers SS, en particulier à l'occasion des discours qu'il leur a adressés au cours de ses visites aux divisions. Tout au long de ses allocutions, il n'a cessé de marteler les « valeurs de la SS » avant de s'attacher, à la fin de la guerre, à leur donner des raisons de croire encore en la victoire [20]. Par ailleurs, il ne leur a rien caché de ce que la SS entreprenait, tout du moins lorsqu'il était assuré que son auditoire lui était acquis. Il n'a ainsi jamais été aussi explicite que face aux officiers de la « LSSAH » en septembre 1940, évoquant devant eux la politique menée en Pologne, ne leur épargnant aucun détail : « nettoyage ethnique », répression, exécutions, élimination physique de l'élite dirigeante [21]. Au printemps 1943, devant les cadres des trois divisions du corps d'armée blindé SS, Himmler comparait encore l'antisémitisme à l'épouillage, les assurant qu'il ne s'agissait même pas d'une question d'idéologie, mais simplement d'une « affaire de propreté » : « Nous avons encore seulement 20 000 poux, ensuite ç'en sera fini avec dans toute l'Allemagne. » Même si Himmler s'était bien gardé de leur dire quel était le traitement ensuite réservé à ces Juifs, la comparaison choisie ne permettait aucune ambiguïté [22]. Par contre, il a manifestement évité de troubler inutilement les esprits lorsqu'il estimait que son auditoire n'était pas mûr pour recevoir ce genre d'informations. Aux aspirants de l'école SS d'officiers de Bad Tölz, il avait ainsi tenu quelques mois plus tôt un tout autre langage, leur affirmant que « le Juif est expulsé d'Allemagne, il vit aujourd'hui à l'est et travaille à nos routes, voies ferrées, etc. Ce procédé est conséquent, mais a été mené sans cruauté [23] ». De même, s'il évoquait au début de l'année 1944 le « combat racial contre les Juifs et pour les Germains », la « guerre raciale des Juifs » et la « guerre raciale des Slaves » [24], Himmler préférait voir l'encadrement des divisions SS à l'ouest se préparer sereinement au combat. Aussi, questionné par les officiers de la 17e division SS afin de savoir si les camps de concentration existaient encore et quel était le régime des détenus, Himmler s'était montré apaisant, expliquant qu'ils étaient remplis d'asociaux et de criminels de droit commun travaillant pour l'industrie de guerre, soumis à un régime sévère, mais juste, et disposant d'un ravitaillement conséquent. Seuls 5 % des détenus étaient selon lui des prisonniers politiques. Bref, « tout [était] en ordre dans les camps de concentration [25] ».

À travers ce lien personnel régulier, l'objectif premier de Himmler a consisté à amarrer solidement la *Waffen-SS* au reste de l'Ordre [26]. Au cours du conflit, ce souci s'est transformé en injonction au corps des officiers de ne pas faire de « politique à la petite semaine ». En fait, il s'agissait d'abord pour Himmler de contenir les critiques qui plongeaient dans l'effervescence les cercles d'officiers SS, particulièrement au sein des formations les plus anciennes. C'est pourquoi il en a appelé au calme, rappelant que la priorité était de gagner la guerre et que « tout le reste [pourrait] être réglé en temps de paix [27] ». Le message a néanmoins eu beaucoup de mal à passer, comme il le déplorait auprès du commandant du corps d'armée SS stationné en France à l'été 1942 [28].

> Mon cher Hausser, [...], je dois exprimer mes soucis car je sais [qu']il n'y a pas de moment plus dangereux pour les débats et les discussions dans les « mess des officiers » que ceux des périodes calmes pendant la guerre. [...] L'engagement au combat qui tend tous les nerfs n'est pas là au cours de ces semaines, de telle sorte que les jeunes et les plus jeunes du corps des officiers, pas tous encore très solides, croient pouvoir exposer tout et chacun au soleil de leur critique. [...] On critique sur tout et chacun, sur des mesures militaires qui viennent de la *Reichsführung-SS*, mais aussi beaucoup sur des mesures politiques que nous menons dans le domaine policier. [...] Que toutes ces manifestations ne me comblent pas de joie, vous ne pouvez m'en vouloir et ne m'en voudrez pas. Quant à la disposition d'esprit de notre jeune corps d'officiers à l'égard de l'*Allgemeine-SS*, telle que ces messieurs se l'imaginent après la guerre, je préfère la passer totalement sous silence. Mieux vaut ne pas s'entretenir du tout de cela car je suis presque de nouveau arrivé au point d'agacement qui m'a largement aigri la vie il y a deux ans [29].

Idéologiquement, cette inclination à la critique n'avait rien d'une tendance centrifuge. Tout au contraire, elle revêtait le caractère orthodoxe de la vision du soldat du front s'érigeant contre les dysfonctionnements attribués aux cadres politiques du régime [30]. En somme, cette partie de l'encadrement SS ne remettait pas en cause les idées du national-socialisme, mais le « système ».

L'adhésion au régime et aux valeurs de la SS

Que le corps des officiers SS ait été plus royaliste que le roi ne fait aucun doute. L'étude des dossiers personnels des commandants d'unité SS suffit pour s'en convaincre. Il s'agit là des cadres qui ont eu en charge le conditionnement de leurs officiers, sous-officiers et personnels du rang. Sans surprise, leurs bulletins d'appréciation personnels révèlent que ces hommes étaient des nazis convaincus. Pour eux, le terme « national-socialiste » s'est décliné avec toute une gamme d'épithètes : « bon », « exemplaire », « éprouvé », « sincère », « entier », « remarquable », « ancien », « idéal », « sans compromis », « convaincu », voire « fanatiquement convaincu »[31]. On peut toujours arguer que ces qualificatifs dans les bulletins d'appréciation n'avaient d'autre but, de la part d'un supérieur, que d'éviter de compromettre la carrière d'un subordonné. Reste qu'une formulation sobre et standardisée aurait dans ce cas largement suffi[32].

Parmi le corps des officiers SS, on décèle par ailleurs des disparités entre une majorité d'individus intimement convaincus et une minorité d'ultras. L'emploi pour ces derniers d'une rhétorique particulièrement élaborée trahissait à cet égard la conviction idéologique qui l'inspirait : « à tout moment prêt à s'engager sans ménagement pour le Führer et l'idée » – « idéologiquement infaillible en tant que national-socialiste ancien et, en tant que SS, il a une tenue exemplaire au sens de la SS » – « imprégné par l'idée du national-socialisme » – « fermement ancré dans notre idéologie » – « caractère ferme porteur d'idéaux élevés » – « national-socialiste d'action sans compromis » – « agit d'après la conception nationale-socialiste [,] maîtrise et représente à tout instant l'idéologie nationale-socialiste ». Dans ce registre, le commandant de la division « Totenkopf » manifestait un lyrisme incomparable. « Prêt à s'engager jusqu'à la dernière goutte de son sang », telle était son appréciation manuscrite sur le commandant de son régiment d'artillerie dans la rubrique « national-socialiste »[33].

Signe de leur adhésion et d'un certain opportunisme, d'aucuns n'ont pas hésité à changer leur patronyme pour lui en préférer un autre à consonance plus germanique[34]. Et lorsqu'un doute a plané sur sa vision de l'avenir, un officier SS s'est bien vite chargé de le lever dans une belle profession de foi : « Si nous [allons] gagner la guerre, vous ne le savez pas et je ne le sais pas. Par contre, je sais ceci : tout comme j'ai été avec le Führer dans les bons jours, je serai aussi avec lui dans les mauvais jours et mourrai aussi avec lui et pour lui [35] ! » Ce n'étaient pas là que des mots. Si la volonté d'échapper à la justice alliée n'a sans doute pas été étrangère à ce phénomène, la vague de suicides qui a frappé les généraux et amiraux allemands en 1945 révèle une très nette surreprésentation des officiers SS en proportion de leur nombre, trahissant une adhésion plus forte au régime en perdition (13 généraux de la *Waffen-SS* se sont suicidés contre 35 du *Heer*, 6 de la *Luftwaffe*, 5 de la police et 8 amiraux) [36].

Une partie non négligeable de ce corps d'officiers supérieurs avait eu l'occasion de s'instruire et d'œuvrer sans armes dans l'intérêt du national-socialisme avant guerre. Certains avaient en effet exercé des responsabilités politiques avant comme après la prise du pouvoir, et cela à des niveaux très différents. Depuis le modeste chef de cellule du parti jusqu'au *Gauleiter*, toute la hiérarchie de la NSDAP a été représentée au sein de la *Waffen-SS*, même si, en définitive, ceux qui avaient occupé une position privilégiée au sein de l'État ont été plutôt rares [37]. On trouve en revanche quelques vétérans de la NSDAP [38]. Sans être inscrits au parti, d'autres ont pu être impliqués dans la vie politique au cours des années trente, à l'image d'August Schmidhuber dont les discours légèrement déviants en 1935 lui ont valu par la suite quelques problèmes [39].

Si cela n'a pas été une règle absolue, les hommes qui avaient auparavant exercé une activité politique ou administrative au sein du Reich ont préférentiellement été envoyés au sein de la « LSSAH », de la division « Totenkopf », et plus encore des régiments « Tête de mort » issus de la mobilisation. De fait, la constitution de ces derniers et des unités de dépôt de la division « Totenkopf » ont été l'occasion d'une arrivée assez massive d'officiers supérieurs de l'*Allgemeine-SS* à la tête de ces nouveaux bataillons [40]. Par ailleurs, si les jeunes cadres de la *Waffen-SS* qui ont accédé au rang d'officiers supérieurs à partir de 1943 ont appartenu à une génération qui n'a pas pu occuper de postes politiques, certains parmi eux sont sortis du creuset national-socialiste mis en place après la prise du pouvoir [41].

Relativement nombreux ont été ceux qui ont forgé leurs convictions en côtoyant l'« ennemi intérieur » dans les camps de concentration, en participant à la répression dans les territoires occupés comme chefs supérieurs de la SS et de la police (HSSPF), ou en agissant par la suite dans le cadre de l'entreprise génocidaire [42]. Naturellement, la division « Totenkopf », issue pour une bonne part des SS-TV d'avant guerre, s'est particulièrement démarquée sur ce point. Cependant, il convient d'éviter l'écueil qui consiste à ne se focaliser que sur cette seule division. En fait, à des degrés divers et parfois insoupçonnés, la plupart des formations de la *Waffen-SS* ont comporté des officiers ayant sévi dans les camps. Pour l'ensemble des divisions SS, un décompte non exhaustif a permis d'en répertorier au moins 570, soit l'équivalent du corps des officiers de toute une division SS. Ce chiffre représente également la moitié des quelque 1 100 officiers ayant au total servi dans les camps [43]. Quelle que soit leur ampleur exacte, ces transferts s'expliquaient par la volonté de la *Reichsführung-SS* d'envoyer par rotation sur le front les cadres de ses services de l'arrière, notamment dans les secteurs administratifs, juridiques et sanitaires [44].

Finalement, les officiers de la *Waffen-SS* n'ont pas eu besoin d'un passé militant pour s'accommoder parfaitement à l'univers de l'Ordre noir. Tel était le cas du colonel de l'armée de terre qui a largement aidé le corps d'armée SS à opérer sa conversion à l'arme blindée à l'automne 1942. Il était décrit par Hausser comme un homme « idéaliste, attiré par l'idéologie de la SS [45] ». Tel était aussi le cas de Martin Veigel. Alors qu'il avait fait carrière dans le secteur automobile civil avant guerre, le commandant du bataillon de maintenance de la division « Das Reich » était décrit en 1944 comme un « national-socialiste exemplaire » exposant ses idées d'une manière « convaincante et aisée » [46].

Les incitations à l'adhésion

Afin d'encourager l'encadrement à adhérer à l'orthodoxie de l'Ordre noir, la *Reichsführung-SS* a eu recours, comme pour les troupes, à la politique de la carotte et du bâton. Au demeurant, la première a été de loin privilégiée au second. De fait, la *Reichsführung-SS* a trouvé dans l'ambition de ses cadres un levier idoine. On ne peut en effet oublier que les officiers SS, particulièrement ceux d'active, ont pensé à leur carrière en même temps qu'ils faisaient la guerre [47]. Promotions, honneurs et avantages matériels se sont dès lors révélés de puissants facteurs de motivation, et donc d'adhésion [48]. Être « animé d'une saine ambition » était du reste un critère positif fréquemment évoqué dans les bulletins d'appréciation des officiers SS, même s'il apparaît bien vite que les jugements recouvraient des réalités éminemment subjectives [49]. En fait, certains de ces hommes ont tout sacrifié à leurs ambitions, à l'image du commandant du 14ᵉ régiment « Tête de mort » qui était le prototype même du carriériste, pensant tenir un « *Rekord* » en montant de quatre grades en dix-huit mois [50]. Les promotions accordées n'ont d'ailleurs fait qu'aiguiser les appétits. Évitant une dégradation qui aurait pu l'« anéantir totalement » en octobre 1936, alors qu'il n'était encore que jeune sous-lieutenant au SD, le futur chef d'état-major de la 9ᵉ division SS (et dernier commandant de la 4ᵉ division SS) témoignait quelques années plus tard d'une ambition qui n'a cessé de croître avec les succès remportés, jusqu'à le conduire à « une propre surestimation de sa personne » [51]. Loin de réprimer ces appétits, la *Reichsführung-SS* a parfaitement su exploiter cette faiblesse humaine en la canalisant. Voulant calmer l'« insatiable ambition malsaine » d'un général de brigade SS de trente-quatre ans qui intriguait pour obtenir une nouvelle promotion, Himmler lui a fait savoir que, « pour l'avancement d'un SS compétent, il n'y a[vait] pas de meilleur avocat que le *Reichsführer-SS* lui-même ». C'était d'ailleurs selon lui une règle qui avait parfaitement fonctionné dans toute la SS [52]. Dans ce registre, Himmler a parfaitement su se rendre populaire, distribuant des promotions lors de ses « tournées des popotes » en asseyant ainsi son autorité. On remarque au passage que la *Reichsführung-SS* disposait d'un véritable talent dans la « direction des ressources humaines », avec notamment la fréquente préoccupation de répartir les promotions parmi les grades, les fonctions, les unités et les personnels d'active et de réserve [53].

La recherche des honneurs a représenté un levier de contrôle tout aussi puissant aux mains de la *Reichsführung-SS*. Les généraux de la *Waffen-SS* ont été les premiers à en profiter. Les grades les plus élevés leur ont ainsi été décernés, de même que les titres les plus prestigieux, à l'image de Josef Dietrich, nommé « général des blindés de la *Waffen-SS* » en tant que « plus ancien tankiste de l'armée allemande se trouvant en activité sur le front »[54]. Même si elle peut être considérée de prime abord comme informelle et convenue, la correspondance personnelle entre Himmler et ses officiers à l'occasion d'une promotion ou de la remise d'une haute distinction ne doit pas être banalisée. Les lignes de reconnaissance écrites par les heureux bénéficiaires peuvent être également perçues, au-delà des politesses d'usage, comme autant de serments d'allégeance renouvelés. La lettre de remerciement manuscrite adressée par le commandant du régiment « Deutschland » à Himmler à l'été 1940, à l'occasion de la remise de sa croix de chevalier de la croix de fer, est à cet égard d'autant plus significative que Felix Steiner est par la suite passé pour le plus rebelle des généraux SS :

> *Reichsführer*, [...] Je sais que je n'ai pas mérité moi-même cette haute décoration, mais qu'elle récompense le courage du régiment dont vous m'avez confié l'instruction, l'éducation et le commandement. Je suis également conscient que je n'aurais pas reçu cette décoration sans votre approbation personnelle. Aussi, *Reichsführer*, je vous prie très respectueusement de bien vouloir exprimer ma reconnaissance du fond du cœur pour la confiance et la grande bienveillance que vous m'avez témoignées. J'essaierai de contribuer à votre œuvre par un travail infatigable. *Heil* Hitler. Votre dévoué[55].

Réelle ou de circonstance, l'expression de cette soumission est devenue un passage obligé pour qui voulait obtenir ce genre de décorations. En effet, Himmler s'est attaché à disposer d'un droit de veto sur l'attribution des plus hautes décorations allemandes aux soldats SS, ce qu'il semble avoir obtenu en septembre 1942[56]. La *Reichsführung-SS* s'est également efforcée de raccourcir leur délai d'attribution. À cette fin, un officier de liaison SS a été détaché auprès de la chancellerie de l'armée de terre à partir du 1er octobre 1943. Sa seule fonction était d'y assurer le suivi des dossiers relatifs aux hautes distinctions dont l'attribution requérait l'accord de Hitler[57].

En dehors du prestige qu'elles octroyaient, les décorations avaient l'avantage de faciliter l'avancement. Pour l'officier SS titulaire d'une haute distinction (croix de chevalier ou croix allemande en or), une forme de récompense discrète mais fort intéressante a en effet été l'amélioration de l'ancienneté dans le grade, et donc la possibilité de prétendre plus rapidement au grade supérieur en faisant jouer la clause d'exception. Celle-ci permettait de promouvoir avant l'âge requis les hommes ayant à leur compte des faits d'armes exceptionnels. Cette disposition n'était au demeurant en rien une spécificité de la SS, puisqu'elle était inscrite dans les statuts de la décoration, mais la *Waffen-SS* en a fait un large usage en l'accordant sinon systématiquement, du moins très fréquemment. Au passage, cela permettait aussi un rattrapage de solde, ce qui n'était jamais négligeable, surtout lorsque cela portait, comme dans certains cas, sur une année [58]. En tout état de cause, cette question était suffisamment sérieuse pour que des officiers SS sollicitent eux-mêmes la rétroactivité de leur promotion auprès de leur hiérarchie [59].

L'argent et les avantages en nature ont constitué un bon moyen d'attacher ces hommes au régime [60]. Cela apparaît parfaitement lorsque l'on considère la solde des cinq officiers d'une compagnie de la « LSSAH » au début de 1939. Leurs revenus mensuels variaient, en fonction du grade et de la situation familiale, de 223 à 468 Reichsmark. Ces traitements n'en faisaient certainement pas les citoyens les mieux rémunérés du Reich. Mais à ces individus qui ne disposaient pas forcément d'un bagage scolaire fourni et n'occupaient pas de positions sociales élevées avant leur engagement dans la SS en armes, l'Ordre noir a offert un rang et une situation financière inespérés pour leur âge [61]. C'est d'ailleurs toute la particularité du national-socialisme et de la SS que d'avoir permis à des individus parfois intellectuellement démunis de se frayer une voie [62]. Au sein même de la SS, ces officiers représentaient une catégorie sociale favorisée lorsque l'on songe que, toutes branches confondues (c'est-à-dire avec une écrasante majorité de membres civils), seuls 9 % des membres SS avaient un revenu supérieur à 300 RM par mois et 8 % disposaient de revenus compris entre 200 et 300 RM au 1er octobre 1937 [63]. On ne peut trop estimer l'impact d'une telle promotion sociale, précisément pour des hommes nés entre 1905 et 1920 qui ont connu les effets de la Grande Guerre, mais aussi les difficiles conditions politiques et économiques prévalant dans l'Allemagne d'après 1918 [64]. Leur engagement dans la SS leur a non seulement donné un statut social, mais aussi des avantages concrets pour eux et leur famille, à l'image des lotissements

(*Führersiedlungen*) construits grâce à la main-d'œuvre concentrationnaire à proximité des garnisons SS. Ces logements, suffisamment spacieux, offraient en retour les meilleures conditions pour fonder une famille nombreuse [65].

De tous, les officiers de la « LSSAH » ont été les plus choyés par la prodigalité de Hitler. À partir du 1er octobre 1939, les sous-lieutenants et lieutenants de l'unité ont automatiquement reçu une dotation de 3 000 RM en cas de mariage, soit environ l'équivalent d'un an de solde. Si elle n'est plus documentée après décembre 1942, on trouve parmi les officiers à avoir bénéficié de cette faveur bon nombre de ceux qui ont commandé des bataillons ou des régiments de la « LSSAH » et de la 12e division SS à partir de 1943 [66]. Le chef de la « LSSAH » a d'ailleurs obtenu que la mesure soit étendue non seulement aux aspirants sortis d'une école SS d'officiers, mais aussi aux capitaines et aux commandants de la « LSSAH » devenus de plus en plus jeunes à l'automne 1942 (5 000 RM dans ce cas) [67].

Ponctuellement, des sommes encore plus importantes ont été distribuées par Hitler pour services rendus ou en raison des liens qui l'attachaient à certains officiers : 10 000 RM à Max Wünsche, ex-aide de camp de Hitler devenu commandant du régiment blindé de la 12e division SS, à l'occasion de son mariage fêté en mai 1944 à l'Obersalzberg ; 50 000 RM à Theodor Eicke pour son cinquantième anniversaire en octobre 1942, en reconnaissance de son action à la tête de la division « Totenkopf » ; 100 000 RM (défiscalisés) enfin au chef de la « LSSAH », également à l'occasion de son cinquantième anniversaire en mai 1942. En comparaison de la solde mensuelle de Dietrich (1 420 RM), le cadeau était très généreux [68].

Les mesures de rétorsion

À côté d'une politique incitative, la *Reichsführung-SS* a également usé de la contrainte pour amener ses cadres à suivre la ligne de conduite qui leur était fixée, y compris (et surtout) dans leur vie privée, en dépit de la difficulté d'appliquer une sanction disciplinaire en dehors du service. La *Reichsführung-SS* a néanmoins trouvé un moyen de pression efficace en définissant les règles d'avancement de ses cadres. À côté de ses capacités inhérentes au service, tout officier SS proposé pour une promotion devait ainsi montrer une

« aptitude du point de vue SS ». Celle-ci se traduisait tout d'abord par un comportement irréprochable et « un mode de vie national-socialiste exemplaire », supposant notamment des finances ordonnées. Elle dépendait ensuite de l'absence de tous liens idéologiques « étrangers à la nation », c'est-à-dire la franc-maçonnerie et les Églises, en particulier le catholicisme. Enfin, l'officier SS devait être marié et avoir un nombre d'enfants correspondant à l'ancienneté de l'union, à son âge et à celui de son épouse (marié à 26 ans, premier enfant à 28 ans, second enfant à 30 ans, etc., avec un minimum de quatre enfants) [69]. C'est à ce niveau d'intimité que la capacité de la *Reichsführung-SS* à « formater » son corps d'officiers apparaît le plus nettement. Si certains d'entre eux ont pu se dérober en ne se mariant pas, rares sont ceux qui ont osé mettre en jeu leur carrière en allant à contre-courant, au risque d'affronter le courroux de Himmler, très pointilleux sur cette question. À cet égard, le célibataire endurci qu'était Felix Steiner, ne souhaitant pas se couler dans le moule d'une vie bourgeoise, mais finalement devenu commandant d'armée à la fin de la guerre, a été une exception tolérée parce qu'il était « l'enfant chéri » de Himmler [70]. Pour la plupart des autres officiers qui ne disposaient pas d'une telle faveur, la promotion aux grades supérieurs, sans être impossible, a été ralentie. En 1942, lors de la vague de promotions du 9 novembre, six lieutenants et capitaines SS se sont ainsi vu refuser leur montée en grade au seul motif qu'ils n'étaient pas encore mariés, tandis que huit autres capitaines célibataires ont obtenu leur promotion, mais assortie d'un blâme [71]. Sous le double effet du rajeunissement de l'encadrement supérieur d'une part, et de la pression sociale de la troupe d'autre part, l'obstacle a certes été surmonté, mais souvent après un premier ajournement, et cela même avec les soutiens les plus influents [72].

Outre ce barrage, ces officiers étaient financièrement pénalisés en devant payer une majoration rédhibitoire à la fondation *Lebensborn* (jusqu'à 250 RM pour un général de corps d'armée SS, contre un Reichsmark symbolique pour le couple SS respectant le cadre tracé). La philosophie de cette surtaxe était très simple : « Celui qui croit qu'il peut échapper à ses devoirs envers le peuple et envers sa descendance familiale en restant célibataire devra payer un montant tel de cotisations qu'il finira par préférer le mariage à la vie de célibataire [73]. » En conséquence, ces hommes ont eu tendance à se plier à toutes les exigences de leur *Reichsführung*, à l'image de cet officier SS devenu veuf, chez qui l'idéologie ne laissait plus guère de place au sentiment :

> Je reconnais la nécessité de se marier au plus tôt. Dès que j'aurai trouvé une femme qui veuille bien remplacer la mère de mon enfant et qui satisfera elle-même aux critères de sélection, je mettrai immédiatement mes projets à exécution [74].

Le choix de la future épouse était lui-même étroitement contrôlé. Il l'était du point de vue racial, puisque le choix se portait tout autant sur une épouse que sur une génitrice potentielle. « Valeur raciale » et « idéal de beauté nordique » se conjuguaient pour définir le parfait profil de l'heureuse élue [75]. À côté des critères biologiques et plastiques, son caractère devait en tout point correspondre au modèle de l'épouse SS : sûre, désireuse d'avoir des enfants, femme d'intérieur, économe et bien disposée vis-à-vis du national-socialisme [76]. La promise suivait avant le mariage une formation dispensée par l'« Œuvre des femmes allemandes, service des mères du Reich [77] ». L'une des craintes de la *Reichsführung-SS* était précisément de voir la femme d'un officier SS prendre l'ascendant sur lui, attisant ainsi son ambition, osant émettre une opinion ou encore intervenant en dehors du cadre de son foyer [78]. Que l'une d'elles n'ait pas le comportement attendu, et son mari pouvait être prestement rappelé pour y remettre bon ordre. Dès le début du conflit, l'harmonie qui se dégageait de leur couple faisait partie intégrante des bulletins d'appréciation des officiers SS mariés.

Même sur une question aussi intime que la procréation, les officiers SS ont eu des comptes à rendre et ont été sommés de se justifier de l'absence d'enfant dans une lettre scellée, jointe à la demande de promotion formulée par leur unité. Par ailleurs, avoir un enfant ne suffisait pas. Le minimum requis en ce domaine s'élevant à quatre, les fiches concernant les demandes de promotion prenaient en considération tous les paramètres d'âge, d'ancienneté de l'union, ainsi que la date de naissance du dernier-né. Plusieurs officiers ont ainsi dû péniblement s'expliquer du manque de fécondité de leur couple. La *Reichsführung-SS* n'a d'ailleurs pas hésité à placer en porte-à-faux au sein de leur unité les officiers SS « sortant des clous ». Parce qu'il ne répondait à aucun des critères fixés, un commandant de régiment d'infanterie a par exemple dû patienter pour obtenir son grade de lieutenant-colonel, alors même que les trois commandants de bataillon de l'autre régiment d'infanterie divisionnaire avaient déjà atteint ce grade[79]. Pour ceux qui répondaient aux normes exigées, la carrière était en revanche facilitée[80].

Malgré l'étau dans lequel se trouvaient les officiers SS, certains n'ont pas hésité à défier le système. Ni les perspectives d'une carrière attractive, ni les divers avantages, pas plus que les sécurités mises en place par la *Reichsführung-SS* n'ont contraint ces hommes à se couler entièrement dans le moule. Ces « déviants » ont été somme toute assez peu nombreux. Or, l'absence de réelles sanctions à leur égard révèle à la fois la relative impuissance et la pusillanimité de la *Reichsführung-SS* devant les officiers réfractaires à son idéologie. Du reste, les contestations de nature politique ont été extrêmement rares. La principale cause de mécontentement a été d'ordre financier. Le versement obligatoire d'une cotisation à la caisse d'épargne de la SS, et surtout au *Lebensborn*, a notamment été très impopulaire. Dans son discours à la « LSSAH » en septembre 1940, Himmler a dû appeler les officiers SS présents à une obéissance aveugle, même s'ils ne comprenaient pas entièrement la nécessité de cette entreprise de consolidation de la race aryenne[81]. Cela n'a pas empêché certains cadres SS de laisser leurs cotisations en souffrance[82]. Ce sont néanmoins les policiers versés d'office à la *Waffen-SS* qui ont manifesté les plus grandes réticences. Un vent de fronde a soufflé dans leurs rangs lorsqu'il a été question de leur faire payer ces cotisations au début de 1943. Devant subitement s'acquitter d'une cotisation mensuelle de 90 Reichsmark au *Lebensborn*, le commandant de la division « Polizei » (Alfred Wünnenberg, futur commandant du IVe corps d'armée blindé SS) a par exemple fait savoir qu'il estimait être avant tout un « officier de police et qu'il n'était pas porté à sa connaissance que ses camarades de la police soient accablés avec des cotisations aussi élevées[83] ». Face à cette levée de boucliers, la *Reichsführung-SS* a préféré temporiser, laissant s'écouler trois mois avant d'imposer finalement sa décision[84].

Au-delà des questions matérielles, tous les officiers SS n'ont pas été des inconditionnels du régime ou, s'ils y étaient attachés, l'ont considéré avec suffisamment de distance pour pouvoir manier l'humour à son égard[85]. En fait, les déviances ont sérieusement commencé à se manifester à partir de 1943, au moment de l'expansion de la *Waffen-SS*. En ce sens, la 10ᵉ division SS est l'exemple type de la faillite partielle qui a accompagné ce développement. Au total, les commandants des deux régiments d'infanterie et deux commandants de bataillon ont été relevés de leurs postes pour leur manque d'« enthousiasme » au cours de la première année d'existence de cette formation. L'origine de cette déconfiture est sans aucun doute liée à la précipitation avec laquelle le SS-FHA a été contraint de donner un encadrement, au final assez disparate, à la division au début de 1943. En tout état de cause, l'état d'esprit de ces quatre officiers supérieurs n'était absolument pas conforme aux attentes de la *Reichsführung-SS*. L'un d'eux n'a d'ailleurs fait qu'un passage éclair à son nouveau poste, rapidement relevé pour s'être « révélé totalement inconséquent moralement[86] ». Un an plus tard, un autre a été limogé en raison de son incompétence, et surtout de son désintérêt à instruire les cadres de son régiment[87]. Les deux autres officiers se sont pour leur part montrés trop critiques ou ont ouvertement manifesté leur désillusion. Voulant retourner dans le civil à l'issue de la guerre qu'il voulait voir finir le plus tôt possible, le premier se considérait avant tout comme « commandant de régiment » et non comme « chef SS » et n'hésitait plus, après la perte de la Sicile, à faire part à ses officiers de son pessimisme sur l'issue de la guerre[88]. Quant au second, transfuge de la police, « seulement national-socialiste en apparence et sans disposition du point de vue SS », il s'est révélé d'entrée extrêmement critique envers la *Waffen-SS*, jusqu'à se déclarer prêt à mettre 3 000 RM sur la table pour quitter l'uniforme SS et enfiler celui de la *Wehrmacht*[89]. Finalement, c'est le divisionnaire qui a lui-même été mis en cause et muté pour son incapacité à s'occuper convenablement de ses subordonnés[90].

Ces limogeages répétés d'officiers supérieurs illustrent le prix payé par la *Reichsführung-SS* lorsqu'elle a voulu accroître sa branche armée en s'appuyant sur des officiers venus d'horizons très divers. Cela dit, ces hommes ont plutôt fait figure d'exception. Le fait même que leurs comportements aient été rapidement dénoncés, aussi bien par leurs supérieurs que par leurs subordonnés, en est la meilleure preuve. Pourtant, aucun d'eux n'a véritablement eu à pâtir de ses prises de position. Ils ont certes été mutés, mais trois de ces quatre officiers ont continué à servir à des postes équivalents dans d'autres formations SS [91]. Leurs cas démontrent de manière éclatante tout à la fois la relative impuissance de la *Reichsführung-SS*, et la tolérance dont elle a dû faire preuve face aux comportements idéologiquement déviants de ses officiers. La pénurie de cadres était manifestement trop importante pour qu'elle puisse s'en priver à cette époque de la guerre.

18

Le principe de dureté

Traditionnellement, l'« éducation » *(Erziehung)* figure au programme de l'instruction militaire. Il correspond au dressage en vigueur au sein de chaque armée depuis l'apparition des organisations de masse en armes, et cela indépendamment de leurs drapeaux ou de la nature des régimes qu'elles servent. Sur le fond, ce dressage militaire n'est d'ailleurs rien d'autre qu'un conditionnement de l'individu qui a pour but d'assurer l'obéissance et la discipline au sein des troupes, gages de leur efficacité militaire sur le champ de bataille. Pour y parvenir, l'objectif est d'imposer à l'individu un système de valeurs : respect de la hiérarchie et du caractère sacré des ordres donnés, sens du devoir, cohésion et esprit de corps. Ainsi le dressage concourt à effacer chez lui sa personnalité, mais plus encore à substituer, dans sa pensée, à la notion de « Moi » une forme supérieure d'intérêt représentée par le « Nous ». Cette subordination à un intérêt supérieur est censée lui permettre d'exécuter un ordre qu'il ne comprend pas, voire qu'il désapprouve. Enfin, cela est destiné à le préparer à affronter les dangers du champ de bataille, au moment où sa raison ou son simple instinct de survie lui commandent de quitter la zone de danger.

Dépasser ses limites

Ce dressage, la *Waffen-SS* l'a naturellement exploité. Mais, au passage, les généraux SS se sont servis de ce qui leur convenait *sur le plan professionnel* dans l'arsenal idéologique national-socialiste. En fait, c'était bien peu de chose : le concept de l'obéissance *(Gehorsam)* d'une part, et le principe de la dureté *(Härte)* d'autre part. Et en étirant ces notions jusqu'aux limites les plus extrêmes, ils en ont fait de redoutables instruments pour la conduite des hommes [1]. C'est d'ailleurs une singularité des responsables SS que d'avoir ainsi puisé de manière sélective dans l'idéologie de l'Ordre noir, composant eux-mêmes leur menu avec les ingrédients à leur goût. Après guerre, l'ex-général SS Hausser n'a pas manqué d'invoquer la pratique limitée de l'endoctrinement dans les rangs de la *Waffen-SS* [2]. Et, sur le fond, il n'avait pas tort. Simplement, c'était oublier un peu vite que la SS en armes avait pu, grâce à l'idéologie de l'Ordre noir, exploiter de manière absolue ces deux notions complémentaires. Ensemble, elles constituaient en effet une redoutable alchimie. L'obéissance absolue, aveugle – pour tout dire une « obéissance de cadavre » *(Kadavergehorsam)* – était bel et bien déjà enseignée dans les institutions militaires. En théorie ou dans une pratique sans véritable enjeu, elle était parfaitement applicable. En cas de forte pression morale ou face à des inhibitions mentales de l'exécutant, elle pouvait toutefois rapidement montrer ses limites. Pour dépasser ce possible blocage, une autre force était nécessaire, qui ne soit pas cette fois passive mais active, et qui émane de l'individu lui-même. Inculquer à l'individu *l'obligation de la dureté*, dans le sens que lui donnait l'idéologie nationale-socialiste, lui insufflait la volonté de dépasser ses barrières physiques et morales :

> La force du Corps noir a ceci de formidable qu'elle donne à chacun de nous l'irréductible volonté de surmonter toutes les résistances, qu'elle pousse chacun de nous à la performance la plus élevée, au recours aux ultimes réserves [3].

Les différentes épreuves sous forme de tests de courage imaginées avant guerre au sein de la SS étaient caractéristiques de cet état d'esprit [4]. Ce ressort supplémentaire transformait un simple automate en machine infernale. Car, dans les faits, il s'agissait tout autant d'être dur envers les autres qu'envers soi-même. Citant le cas d'un commissaire politique soviétique abattant l'un des officiers de son unité pour obliger les autres à repartir à l'assaut, Himmler avait rappelé que c'était

> l'exemple d'un courage que nous ne voulons pas avoir, dont nous n'avons pas besoin. Le commissaire qui nous ordonne

l'attaque doit être notre propre courage, notre propre fidélité, notre propre obéissance [5].

En assimilant les inhibitions mentales à des faiblesses qu'il fallait surmonter en se faisant soi-même violence, la SS renversait la perspective. La limite devenait désormais un seuil. Lorsque l'obéissance avait atteint cette limite, l'*obligation de dureté* prenait le relais. Sur le fond, ce n'était plus l'acte qui comptait, mais la capacité à le commettre.

Le processus mental sur le champ de bataille

Appliquée à une situation de danger, la formule pouvait se révéler prodigieusement efficace en incitant l'individu à dépasser ses peurs. De la même manière, elle légitimait l'action du supérieur pour contraindre ses subordonnés à surmonter les leurs. L'exemple d'un commandant SS (Kurt Meyer) s'obligeant à avancer avec ses hommes en dépit du danger est à ce titre très significatif. L'épisode est certes connu, mais il est intéressant d'y revenir ici pour les mécanismes mentaux qu'il met à nu. La scène se déroule dans les Balkans au printemps 1941, lorsque la « LSSAH » tentait de s'emparer d'un col de montagne bien défendu par les forces grecques :

> On continue à avancer le long de la route. Tout à coup, la terre se soulève devant nous. Je n'en crois pas mes yeux. Là où était la route s'ouvre un entonnoir géant. Elle s'est effondrée dans la gorge. La sueur trace des sillons clairs sur nos visages. Nous nous regardons, épouvantés. Sauterons-nous en l'air dans la prochaine seconde ? Cent mètres plus loin, la montagne est encore ébranlée. Le tonnerre sourd roule de nouveau à travers les montagnes et, après la dissipation de la poussière, un trou s'ouvre encore une fois dans la route. Nous nous collons derrière les rochers et n'osons plus bouger. Un sentiment de dégoût m'étrangle presque la gorge. Je hurle à Emil Wawrzinek [un chef de section – *NdA*] qu'il doit poursuivre l'attaque. Mais le bon Emil me regarde comme s'il doutait de mon état mental. Un tir de mitrailleuse claque contre les rochers devant nous. Notre groupe de pointe est fort d'environ dix hommes. Bon sang, nous ne pouvons pourtant pas rester bloqués ici parce que devant nous des entonnoirs ont été pratiqués à coups d'explosif dans la route et que le tir des mitrailleuses balaie les décombres ! Mais moi-même je m'accroupis bien, complètement à couvert, et j'ai

peur pour ma vie. Comment puis-je exiger le premier bond de Wawrzinek ? Dans mon désespoir, je sens la rondeur lisse d'une grenade ovoïde dans ma main. Je hurle contre le groupe. Tous me regardent ébahis lorsque je montre la grenade, la dégoupille et la fais rouler exactement derrière le dernier soldat. Jamais plus je n'ai assisté à un bond en avant aussi uni qu'à cette seconde. Comme piqués par une tarentule, nous nous précipitons dans l'entonnoir fraîchement ouvert en contournant le promontoire. Le sortilège est rompu. La grenade à main nous a délivrés de notre paralysie. Nous nous regardons en grimaçant un sourire et nous bondissons vers le prochain couvert [6].

L'épisode est ici très révélateur, en raison tout d'abord des conditions dans lesquelles il se déroule. Il ne s'agit en aucun cas d'une troupe en débandade dans une situation désespérée, mais d'un détachement d'assaut aguerri, confiant en ses forces et parfaitement tenu en main, seulement bloqué au cours de sa progression par le feu adverse provenant de positions dominantes. Si les enjeux des combats sont importants, ils ne sont en rien comparables à ceux des deux campagnes militaires victorieuses menées les années précédentes en Pologne et à l'ouest. En somme, du point de vue logique et psychologique, tout permettait à ce petit détachement sinon de reculer, du moins de demeurer à l'abri en attendant d'être dégagé ou de bénéficier d'un appui d'artillerie ou aérien. Et pourtant, l'action de cet officier SS a obligé le groupe à s'élancer en avant. Là encore, la méthode est remarquable. On est loin en effet des situations rencontrées par exemple au cours de la Grande Guerre, lorsque des officiers obligeaient pistolet au poing leurs hommes à sortir des tranchées pour monter à l'assaut, ou lorsque des généraux faisaient bombarder leurs propres lignes ou dressaient un barrage de feu derrière leurs fantassins pour les contraindre à avancer dans la direction de l'ennemi. Sur le fond, il s'agit certes toujours du *principe de dureté*. Mais dans les deux cas, il s'applique exclusivement aux autres. Celui qui en a l'initiative n'encourt pas les mêmes risques qu'il fait prendre à ses subordonnés. Tout autre est la solution prise ici par l'officier SS. Il s'est appliqué autant à lui-même qu'à ses hommes l'*obligation de dureté*, et ce de façon radicale, avec à la clé la progression de tout le groupe.

Cet épisode a également le mérite de mettre en évidence un autre point déterminant. Il n'était pas en effet nécessaire que tous les individus du groupe aient intégré le *principe de dureté* et soient animés par ce mécanisme mental. S'il était certes préférable qu'il soit partagé par le plus grand nombre, seul importait fondamentalement que l'individu en position de commander en soit effectivement imprégné. Cela n'allait pas manquer d'avoir son importance au cours du conflit, chaque fois que le degré de motivation des recrues allait fléchir, et plus généralement avec l'affaissement du niveau du recrutement de la SS au cours de la guerre. Naturellement, lorsque les hommes possédaient l'enthousiasme requis, certains officiers SS pouvaient se permettre le luxe de renoncer à l'« obéissance de cadavre », conscients qu'ils étaient « dans l'heureuse situation d'avoir de jeunes hommes convaincus qui poss[édaient] dans tous les domaines une formidable envie d'aller de l'avant [7] ». En étant elle-même capable d'initiative, la troupe n'en devenait que plus redoutable. C'était du reste le modèle du *soldat politique* tel qu'il était idéalisé à la fin du conflit : « Idéologiquement et intellectuellement éduqué de façon si mobile qu'il agi[ssai]t aussi là où il n'y a[vait] plus d'ordre et où rien d'autre ne l'appel[ait] que sa conscience ». En somme, le « soldat politique » était « le meilleur soldat » parce qu'il agissait « véritablement d'après un ordre venant de l'intérieur » [8].

Rôle dans les opérations militaires

Tout au long du conflit, on retrouve le *principe de dureté* dans les domaines les plus divers, que ce soit pour ordonner à « un chef énergique » de conduire « par tous les moyens » des renforts à la division « Totenkopf » en juin 1940 [9], dans un exercice de franchissement d'un cours d'eau sous un tir à balles réelles qui coûte plusieurs blessés à la 9ᵉ division SS en mars 1944 [10], dans l'ordre de Hausser en avril suivant de « briser par les armes » si besoin toute indiscipline dans la marche des colonnes du IIᵉ corps d'armée blindé SS sur le front de l'Est [11], ou encore dans une directive de la 12ᵉ division SS ordonnant à ses personnels de tenir sur leurs positions « jusqu'au dernier » en juin 1944 [12]. Il imprégnait suffisamment la troupe pour qu'un simple agent de liaison SS soit prêt à abattre en Normandie deux gendarmes SS qui l'auraient empêché d'accomplir sa mission [13].

C'est précisément à partir de l'année 1944 que ce facteur, auparavant peu perceptible, apparaît le plus clairement à travers la coercition qu'il a introduite au sein des troupes SS. Cette coercition a pu être considérée comme une marque de « dé-professionnalisation » de la *Waffen-SS* [14]. Il n'en est rien. C'était tout simplement l'émergence d'un phénomène culturel parfaitement ancré, mais jusque-là peu aisé à détecter. Deux raisons expliquent essentiellement sa plus grande visibilité dans la dernière année du conflit. La radicalisation de la lutte figurait la première. La capacité mentale à surenchérir dans la violence est en effet devenue la valeur prescrite par Hitler à ses généraux le 27 janvier 1944 [15]. L'exécution dix jours plus tard de deux officiers responsables d'une place forte, qui avaient failli dans leur mission, avait marqué le signal de ce changement, d'autant plus que l'OKW avait donné au jugement et à son exécution une large publicité au sein des forces armées allemandes [16]. Ce caractère coercitif s'est encore singulièrement renforcé avec l'effondrement à l'est du groupe d'armées « Centre » en juillet 1944. Le mot d'ordre s'est alors transformé en injonction à exécuter sans états d'âme ceux qui ouvraient la bouche [17].

La seconde raison était intrinsèquement liée à l'évolution du recrutement de la *Waffen-SS* et à l'arrivée d'individus peu motivés ou plus enclins à la reddition [18]. Face à ce problème, certains cadres SS ont répondu par réflexe avec la culture acquise et forgée par plusieurs années de guerre. L'application du *principe de dureté* à l'encontre des soldats plus rétifs au combat a entraîné une coercition qui a parfois pris des formes expéditives. En Normandie par exemple, un commandant de régiment de la 17ᵉ division SS, vétéran de la division « Das Reich », n'a pas hésité à abattre tout soldat reculant devant les blindés américains [19].

Ce phénomène a vraiment pris toute son ampleur à la fin de l'année 1944. La spécificité de la *Waffen-SS* apparaît très précisément dans sa surenchère coercitive par rapport aux directives de l'armée. En décembre 1944, un appel du commandant en chef à l'ouest ordonnait ainsi de tenir à tout prix sur le *Westwall* (la « ligne Siegfried »), sous la menace de voir Hitler sanctionner directement toute défaillance. La 17ᵉ division SS ne s'est pas bornée à répercuter la directive, elle a émis des ordres particuliers où les menaces étaient beaucoup plus précises (« Celui qui est lâche sera exécuté ! Celui qui abandonne sa position est à exécuter sans procès ! »). Du reste, le principal reproche fait par la division à ses personnels était une insuffisance de « dureté personnelle [...] en partie jusqu'aux chefs de compagnie »[20].

Cette surenchère se retrouve lors de l'offensive menée par les formations SS dans les Ardennes avec des personnels hâtivement entraînés, au moral chancelant et comportant une forte proportion de ressortissants étrangers. Avant l'engagement, un chef de compagnie de la 9e division SS a même prévenu ses hommes que ceux qui ne feraient seulement que tourner la tête vers l'arrière seraient immédiatement abattus par leur chef de section[21]. C'est dans le détachement tactique engagé en fer de lance de la « LSSAH » (« Kampfgruppe Peiper ») que le *principe de dureté* est le mieux documenté à la fin de la guerre. Isolés de leurs propres forces et finalement encerclés par les troupes américaines, les hommes ont reçu l'ordre de rejoindre leurs lignes, les officiers distribuant coups de pied et insultes aux traînards[22]. Tout au long du périple à travers un terrain accidenté et enneigé, les cadres SS ont multiplié les exhortations et les menaces aux quelque 800 hommes affamés, comme en a témoigné après son évasion un officier américain fait prisonnier :

> Je ne portais rien à l'exception de mon bidon qui était vide, mais je savais par ma propre réaction physique à quel point les hommes chargés avec les lourdes armes devaient être épuisés. J'ai entendu, répété encore et encore, l'avertissement que si un homme tombait derrière la queue de la colonne, il serait abattu. Je vis certains hommes se traînant sur les mains et les genoux. J'en vis d'autres qui étaient blessés, mais qui étaient soutenus par des camarades en escaladant les pentes escarpées[23].

Transposé à quelques semaines d'intervalle aux « marches de la mort » des détenus des camps de concentration, l'épisode démontrait encore une fois combien le *principe de dureté* de la *Waffen-SS* était étroitement redevable à la culture propre à l'Ordre noir.

Rôle dans l'application d'une violence extralégale

Appliquée non plus à la peur, mais aux inhibitions d'ordre moral, l'*obligation de dureté* fonctionnait tout autant. Elle permettait de surmonter chez l'individu d'éventuels conflits de conscience dans l'application d'ordres jugés contraire à son éthique. Dans les lieux de non-droit que représentait l'univers concentrationnaire, elle aidait les individus en charge d'appliquer la terreur à surmonter leurs propres inhibitions – du moins s'ils en avaient :

> Le jour de la déclaration de guerre, Eicke prononça un discours devant les chefs de troupes de réserve, appelées à remplacer dans les camps les unités d'active. Il insista sur la nécessité d'appliquer les dures lois de la guerre. Chaque SS devait désormais oublier sa vie précédente et engager son existence entière. Il devait considérer chaque ordre comme sacré et l'exécuter sans hésitation, même si cela lui paraissait pénible. Le *Reichsführer* des SS, nous dit-il, exigeait de chacun des *Führer* qui lui étaient subordonnés le sacrifice total de sa personnalité dans l'accomplissement de son devoir à l'égard de la Nation et de la Patrie [24].

Avant comme après le déclenchement du conflit, il est extrêmement intéressant de relever les fréquentes allusions à ce mécanisme mental dans la confession de Rudolf Hoess, officier SS formé à l'école de Eicke avant de devenir commandant du camp d'Auschwitz. C'est même chez lui un thème récurrent dès lors qu'il s'agit d'accomplir une besogne pénible (surveillance de bastonnades, exécution de condamnés à mort, etc.) :

> À cette époque, combien de fois n'ai-je pas dû me dominer pour faire preuve d'une implacable dureté ! Je pensais alors que ce qu'on exigeait de moi dépassait les forces humaines ; or, Eicke continuait ses exhortations pour nous inciter à une dureté encore plus grande. Un SS doit être capable, nous disait-il, d'anéantir même ses parents les plus proches s'ils se rebellent contre l'État ou contre les conceptions d'Adolf Hitler. « Une seule chose doit compter : l'ordre donné ! » [...] Ceux qui en jugeraient autrement ne se sont pas encore débarrassés des vieilles conceptions bourgeoises que la révolution hitlérienne a rendues caduques. Ce sont des symptômes de faiblesse et de sensiblerie indignes d'un *Führer* SS [25].

Quoique attaché à l'expérience concentrationnaire, ce témoignage illustre bien le *principe de dureté* en vigueur au sein de la SS. Sur le champ de bataille ou en occupation, l'application de ce principe par les troupes de la *Waffen-SS* est plus difficile à déterminer. Rares sont en effet les documents ou les récits qui le mettent aussi

nettement en évidence que le témoignage de cet officier de la
« LSSAH » dans les Balkans. La littérature militaire officielle
n'aborde généralement pas les peurs ou les états d'âme des soldats
(dans les propositions de décoration, elle préfère évoquer des
valeurs positives, tels le courage, la témérité ou l'esprit d'initiative).
Par ailleurs, la perception du *principe de dureté* est troublée par
d'autres paramètres sur le champ de bataille. Sur le front, il est par
exemple aisé d'invoquer la *nécessité militaire* pour justifier un
crime. Rien de tel dans un camp de concentration ou d'extermination. Au-delà des artifices idéologiques et de la conviction qu'il
s'agit « de dangereux ennemis de l'État », le bourreau doit maltraiter, avilir ou éliminer ses victimes dont il sait qu'ils ne représentent
pour lui aucune menace directe. Cette absence de danger immédiat
oblige le bourreau à avoir ouvertement recours au *principe de
dureté*. Surtout, il lui est nettement plus aisé *a posteriori* de
reconnaître ce débat de conscience que le soldat sur le champ de
bataille, dans la mesure où cela lui permet de se disculper partiellement de ses responsabilités devant la justice.

L'origine culturelle du principe de dureté

L'origine du *principe de dureté* se fond dans la genèse de l'Ordre
noir, ne serait-ce que par la nécessité de sélectionner l'« élite
raciale » et les qualités intrinsèques qu'elle était censée véhiculer.
Theodor Eicke avait parfaitement exposé cette idée à ses personnels
à la veille de l'offensive à l'ouest au printemps 1940 :

> Fidélité, discipline, courage et volonté d'engagement sont des
> éléments constitutifs de notre sang. Aucune autre composition
> de sang n'est tolérée chez nous. Chacun de nous est de ce fait
> tenu d'intervenir énergiquement auprès des faux camarades qui
> ont un penchant pour l'indiscipline ; leur sang paresseux, répugnant à l'action, les mènera tôt ou tard à l'échec et les conduira
> devant le conseil de guerre [26].

Au-delà de ces conceptions raciales, le *principe de dureté* a surtout trouvé son fondement moral au sein de la SS à travers l'événement qui l'a légitimée : l'élimination de l'aile révolutionnaire du
parti lors de la « nuit des longs couteaux » en juin 1934 [27]. Avoir été
capable de tirer sur ses propres camarades de la SA a indubitablement induit au sein de l'Ordre noir l'orgueil d'avoir surmonté ses

propres inhibitions personnelles pour obéir aux ordres et demeurer fidèle au Führer. Himmler s'en est d'ailleurs fait une gloire devant les *Gauleiter* réunis à Posen (Poznan) en octobre 1943. Pour leur expliquer qu'il irait jusqu'au bout dans l'extermination des Juifs, il leur a déclaré ne pas avoir

> hésité le 30 juin 1934 à accomplir le devoir prescrit de coller au mur et de fusiller des camarades qui s'étaient rendus coupables [...]. Chacun en a été horrifié, et pourtant chacun savait qu'il le referait la fois suivante, si cela est ordonné et si cela est nécessaire [28].

Entre la conscience personnelle et l'ordre donné, la SS avait clairement choisi l'ordre comme éthique et le *principe de dureté* comme moyen. Sa philosophie nihiliste lui permettait de n'épargner la vie de quiconque, y compris celle de ses propres membres au besoin. Par sa symbolique, la tête de mort représentait précisément un panégyrique de la dureté chère à l'Ordre noir [29]. Il n'est du reste pas un hasard que le chef du RSHA, Reinhard Heydrich, ait été présenté comme le modèle même de ces vertus d'inflexibilité et de dureté, jusqu'à voir en lui « l'homme au cœur de fer [30] ». La fidélité au Führer, mais aussi les ambitions politiques de Himmler, ont également favorisé ce *principe de dureté* au cours du conflit. Loin de se cantonner au seul combat militaire ou au crime, il trouvait son application dans toutes les tâches quotidiennes d'un État belligérant, même les tâches administratives :

> Je dois répéter [que] le mot « impossible » ne doit jamais exister chez nous. Il est exclu, messieurs, que quiconque rapporte un jour : « Je ne peux constituer ceci et cela », ou : « Je ne peux m'en sortir avec aussi peu de monde », ou : « Mon bataillon n'est pas instruit », ou : « Je ne me sens pas capable ». Messieurs, ces messages n'existent pas ! [...] Le mot « impossible » ne doit jamais exister et n'existera jamais chez nous. Il est exclu que nous disions un jour au Führer : « Nous n'avons plus rien, mon Führer. » Messieurs, dussé-je retirer des rues les agents de la circulation à Berlin, je mettrai encore toujours un bataillon sur pied, même si tout le monde gémit et se lamente [31].

Répondre aux souhaits de Hitler et en être le plus zélé instrument (et par ce biais occuper une position incontournable au sein du régime), tel était en définitive le but ultime de la dureté prônée par la SS, à la fois dans son application et dans son objectif. D'ailleurs, Himmler ne faisait là que reprendre à son compte presque mot pour mot les paroles de Hitler à son nouveau ministre de l'Armement quelques semaines plus tôt : « Pour moi le mot " impossible " n'existe pas, cela n'existe pas pour moi [32] ! » Au final, le *principe de dureté*, qui était à l'origine la suppression de tout rapport de proportionnalité et de légitimité entre le but poursuivi et les moyens mis en œuvre pour l'accomplir, s'est révélé une manière très commode pour ignorer la réalité en pensant que la volonté seule pouvait accomplir des miracles. Aussi est-il facilement compréhensible que l'idée ait séduit les dirigeants d'un régime aux abois dans la dernière partie du conflit.

*Le rapport paradoxal du principe de dureté
avec le national-socialisme*

Dans son approche, Hitler commettait une très lourde erreur d'analyse en pensant qu'à l'heure fatidique du combat la fanatisation permettait d'obtenir des masses leur engagement total au mépris de la mort. Selon lui, en effet, « la discipline et l'éducation ne rempla[çaient] en aucun cas l'intime conviction », elles pouvaient « au mieux la compléter » pour permettre à l'individu « de s'opposer à cette saloperie de résistance intérieure et de trouver le chemin de l'accomplissement du devoir » [33]. À l'automne 1941, le commandant de la division « Totenkopf » avait tenu une analyse exactement opposée. Si les convictions étaient certes importantes dans les motivations du *soldat politique* pour Theodor Eicke (qui ne passait pas précisément pour un « tiède » sur ce sujet), « l'écrasement de la saloperie intérieure [était] affaire d'éducation », et non de foi en un Reich millénaire. Les cas de lâcheté relevés parmi les récents renforts de sa division s'expliquaient selon lui par une « éducation lacunaire » [34]. En mots mieux choisis, telle était également la position officielle du SS-FHA [35]. La différence d'appréciation entre Hitler et les généraux SS était donc patente au sujet du socle mental sur lequel s'appuyait l'efficience de l'individu au combat. Le premier misait tout sur l'endoctrinement idéologique, les seconds sur une dérive hypertrophique de vertus militaires, ignorant pratiquement les idéaux politiques.

Il est ainsi paradoxal que, au nom du *principe de dureté* et du système ultra vertical de commandement qu'il impliquait, les cadres de la *Waffen-SS* se soient toujours montrés revêches à l'intrusion dans leurs liens hiérarchiques des formes révolutionnaires plus horizontales du national-socialisme. Toutes les tentatives d'égalitarisme ou toute remise en cause de l'autorité existante ont été sèchement stoppées par le commandement SS. Ainsi en est-il allé d'un chef de section dont « la relation avec ses subordonnés n'était pas telle qu'on [devait] l'exiger d'un officier ». Il n'a donc pas tardé à être muté dans un autre bataillon de son régiment, car « il essayait d'instaurer une prétendue camaraderie qui ressemblait davantage à une collégialité [36] ». Des cadres de la NSDAP et de ses organisations en ont tout autant fait l'amère expérience à l'automne 1940. Ils pensaient rejoindre une armée nationale-socialiste en s'engageant dans la *Waffen-SS*. Ils avaient bénéficié d'un passe-droit pour disposer d'une formation accélérée d'officier au sein d'une compagnie d'instruction *ad hoc* rattachée à un régiment de la « SS-Verfügungs-Division ». Néanmoins, tant dans leur instruction quotidienne que dans le discours qui leur avait été tenu, l'application du *principe de dureté* prenait davantage à leurs yeux la manifestation d'un comportement réactionnaire que celle d'un mouvement révolutionnaire. Ceux issus de la Jeunesse hitlérienne se sont en particulier rapidement aperçus que la liberté d'expression (contrôlée) prônée par la HJ n'avait pas sa place à la *Waffen-SS*. C'est ce que s'est chargé de leur dire le *SS-Oberführer* Demelhuber, fils de sous-officier de l'armée impériale et lui-même ancien officier de la Grande Guerre :

> Commençant par les principes généraux d'éducation au sein du régiment SS « G[ermania] », le *SS-Oberführer* parla de l'impossibilité militaire de la contradiction. Au cours de son allocution à la compagnie, il dit mot pour mot : « Ces contradictions sont pour un soldat des manières tout à fait impossibles. Une nouveauté depuis 1918, exactement comme l'actuelle éducation de la jeunesse qui ne comporte que de la mansuétude. Grande gueule et bon à rien. Dans l'éducation, nous devons revenir aux fondements que nous avions eus avant 1914 dans l'ancienne armée [37]. »

Pour ces hommes du parti, « la nature et la forme du stage n'appara[issaient] pas appropriées à une véritable formation d'officier dans le sens national-socialiste ». Et, de fait, ils n'avaient pas tort dans leur appréciation. Comme il a déjà été dit, les responsables de la *Waffen-SS* avaient puisé dans l'idéologie ce qui leur semblait professionnellement utile, tout en rejetant ce qui pouvait entraver leur marge d'action. Même la *Reichsführung-SS* a déploré cette situation qui était contre-productive pour le travail d'éducation idéologique. Chez bon nombre d'officiers SS, rapportait le *SS-Hauptamt*, la mise en place des « soirées de discussion » se heurtait à une certaine « prévention, même à un refus ». « Le nom a en fait pour beaucoup un arrière-goût désagréable. D'une manière ou d'une autre, la discussion paraît se tenir en contradiction avec les fondements militaires éprouvés de la subordination, du commandement et de l'obéissance. » Or, la discussion appartenait à la soirée de débat « comme le sel à la soupe »[38]. Cet exemple est très révélateur de la limite de l'endoctrinement : celui-ci s'est trouvé subordonné au *principe de dureté* et à son cortège de préceptes, avec en premier lieu la discipline et l'obéissance absolue. Là gisait toute la contradiction de la *Waffen-SS* dans la manière d'éduquer ses hommes. Si elle partageait les idées du parti dont elle était la troupe en armes, elle ne les a pratiquement en rien reprises à son compte pour l'éducation de ses personnels.

L'éducation au principe de dureté

Au quotidien, l'*éducation* était un thème récurrent dans les programmes d'instruction des unités SS. À la division « Totenkopf », le corps des officiers était dès le début de la guerre tenu d'éduquer la troupe et de s'éduquer lui-même à la dureté[39]. La « dureté contre lui-même » était d'ailleurs un critère important dans le bulletin d'appréciation de l'officier des SS-TV avant guerre. Il venait à la suite des traits de caractère, de la « force de la volonté » et de l'« esprit de décision », mais précédait les capacités intellectuelles[40]. Cette éducation à la dureté permettait au passage d'ignorer l'évidence. Qu'importe à l'automne 1939 qu'une partie des réservistes de la division « Totenkopf » soient des hommes d'âge déjà mûr aux capacités physiques plus limitées. Il leur fallait « malgré tout devenir plus agiles et avant toute chose gicler beaucoup plus vite » lors des exercices sur le terrain[41].

Si elle se confondait avec l'inculcation d'une sévère discipline, l'éducation n'en comportait pas moins un volet spécifique au *principe de dureté*. La discipline n'était d'ailleurs considérée que comme un signe extérieur de l'état d'esprit de la troupe. Tant dans les attitudes que dans le port de l'uniforme, c'était moins la discipline que le résultat de l'éducation – et donc l'état d'esprit de la troupe – qui était jugé [42]. Les directives pour l'instruction et l'éducation des personnels d'un régiment de la division « Totenkopf » à l'été 1940 représentaient un véritable modèle dans leur genre :

> En premier lieu, l'éducation tient au respect devant le supérieur et à l'obéissance inconditionnelle. [...] Ensuite, l'éducation est nécessaire au sérieux et au sens du devoir. [...] Chaque SS doit être éduqué à la dureté intérieure contre lui-même. Les natures faibles et craintives n'ont pas de place dans nos rangs. On doit apprendre à serrer les dents. Dans le cadre de cet objectif, toutes les exigences doivent néanmoins être augmentées graduellement, être réfléchies et judicieuses [43].

En 1942, les objectifs n'avaient pas changé. L'évolution du recrutement d'une part, et les modifications dans le profil de l'encadrement d'autre part, ont néanmoins nécessité certaines adaptations. Les directives du commandant du corps d'armée blindé SS Paul Hausser à la division « Das Reich » en représentaient une parfaite illustration. À trois années d'intervalle, le même homme qui avait mis sur pied cette division (alors dénommée « SS-Verfügungs-Division ») était d'autant mieux placé pour en relever les évolutions :

> Éducation : Sa poursuite et son amélioration [viennent] en première place. Elle est aujourd'hui, au commencement de la quatrième année de guerre, fondamentalement plus difficile que lors de la constitution de la division il y a trois ans. À côté de l'instruction aux armes, les renforts ont besoin d'une éducation à la dureté et d'une instruction idéologique. Les volontaires ethniquement allemands et ceux des pays germaniques ont besoin d'un travail d'éducation particulier par les supérieurs de tous grades ; ces volontaires viennent d'un autre monde, il leur manque l'éducation dans la HJ et à travers le Service du travail. Avec eux, la supériorité de nos officiers dans la manière de traiter les hommes doit montrer, à moindre échelle, comment elle

doit à l'avenir imposer le peuple allemand en Europe ! [...] Corps des officiers : Ici aussi l'éducation et l'instruction [sont] utiles [...]. Les officiers supérieurs et subalternes sont en partie jeunes ; ce n'est pas un inconvénient, sous condition toutefois d'une éducation à l'obéissance inconditionnelle [44].

Dans la seconde moitié du conflit, l'éducation au *principe de dureté* s'est souvent muée en une « éducation à l'aptitude à surmonter une crise » *(Erziehung zur Krisenfestigkeit)*. Pour justifier devant les troupes cette nécessité de se sublimer dans la détresse physique ou morale, l'absence de proportionnalité entre les moyens et la fin était un argument imparable : « Peu importe quand et par quelles victimes nous finissons la guerre, pourvu que nous gagnions, car sinon nous périrons [45]. » Au besoin, les officiers étaient tenus d'intervenir en appliquant le *principe de dureté* à leurs hommes : « Aux premiers signes de débandade, il faut énergiquement intervenir par *tous* les moyens auprès des sous-officiers et des hommes du rang [46]. » D'ailleurs, plus l'instruction militaire progressait, plus l'importance accordée à l'éducation augmentait. En somme, après l'apprentissage technique, priorité était donnée à l'armement mental des hommes. À la 17e division SS, cela était d'autant plus impératif que les problèmes au sein des unités laissaient justement apparaître des déficiences dans ce domaine. Trois ou quatre jours étaient désormais suffisants à l'instruction au combat des hommes selon un commandant de régiment. Le temps restant devait être consacré à ce travail d'éducation, en sus de l'instruction générale, de l'appel, du service technique, etc. [47]

Appliqué lors de l'instruction, le principe d'éducation basé sur la dureté avait également l'avantage de souder la troupe pour en faire une « communauté de combat jurée [48] ». L'extrême rigueur était justement atténuée par la force du lien de camaraderie qui naissait des épreuves surmontées en commun, notamment le baptême du feu pour les renforts qui s'agrégeaient à une troupe constituée. Cette cohésion donnait à son tour naissance à un fort esprit de corps [49]. Ce processus s'est vérifié avec des recrues qui n'étaient initialement pas toutes volontaires [50]. Par contre, cette forme d'éducation a souvent échoué avec les personnels étrangers, particulièrement ceux dont les motivations étaient faibles à l'engagement ou qui ont servi à constituer des unités nationales. Le plus souvent, la

SS leur a trop mécaniquement appliqué dans toute sa rigueur et sans aucun discernement cette forme d'éducation. Pour des individus dont la culture et l'état d'esprit étaient fondamentalement différents de ceux des Allemands, l'échec était presque programmé. La plupart n'étaient pas passés au préalable dans des organisations telles que le Service du travail ou la Jeunesse hitlérienne qui leur auraient assuré une transition [51]. L'échec de la méthode d'éducation SS était ainsi particulièrement évidente avec les Néerlandais. L'injustice et l'arbitraire heurtaient la culture de ces volontaires issus d'un pays qui avait engendré Grotius, le « Père du droit des gens ». Leur tempérament n'admettait pas, par exemple, les sanctions collectives à l'entraînement pour des fautes individuelles, tout comme ils ne comprenaient pas que l'on puisse hurler tout le temps. La première fois, l'individu se sentait fautif. Par la suite, il devenait indifférent. C'était tout le contraire de l'effet recherché. La volonté farouche et l'enthousiasme que la *Reichsführung-SS* prétendait être seule à savoir insuffler aux ressortissants étrangers s'étaient éteints [52].

19

Les motivations au combat

À côté de son niveau technique et professionnel, la valeur d'une troupe doit beaucoup aux ressorts humains et psychologiques qui lui donnent sa cohésion. Des motivations de ses membres et de l'esprit de corps découle son état moral « qui distingue une force de troupes organisée d'un simple ramassis d'hommes armés [1] ». La *Waffen-SS* n'a naturellement pas échappé à la règle. Même si sa réputation militaire s'est bâtie sur sa foi idéologique, il convient de ne pas se satisfaire de cette image excessivement réductrice. À l'instar des motivations à l'engagement, les raisons amenant des hommes à combattre sont extrêmement nombreuses et peuvent former chez chaque individu une alchimie très complexe. Il n'est toutefois pas question de tracer ici les ressorts qui font agir l'homme en guerre, mais plutôt de déterminer en quoi les soldats SS se sont distingués ou non dans leurs motivations (ou le poids de ces motivations) au combat [2]. Sans parler de l'esprit de corps qui fera spécifiquement l'objet du chapitre suivant, certains facteurs sont en effet, à des degrés variables, des éléments récurrents chez toutes les troupes en armes : patriotisme, camaraderie et intégration au sein du groupe primaire, discipline, rôle du chef, fierté et expérience de la guerre comme aventure à la « saveur » presque inégalée [3]. À cela s'ajoute encore la conscience des enjeux directs sur le champ de bataille [4]. Dans les motivations au combat des troupes SS, cinq facteurs peuvent être particulièrement distingués, à savoir leurs liens fusionnels avec le « Führer » d'une part, et la patrie d'autre part, la personnalité du chef, les récompenses et la peur de la captivité. Si la plupart de ces facteurs ne sont absolument pas spécifiques aux troupes SS, leur intensité chez elles l'est.

Les motivations idéologiques et personnelles

En règle générale, les grandes idées abstraites ne jouent pas de rôle important dans l'esprit des combattants sur le champ de bataille. Certes, à l'heure des guerres contemporaines, l'appartenance de l'individu à une communauté nationale et la soumission à ses lois sont un puissant ressort. Elles conduisent le plus grand nombre à répondre à l'appel sous les drapeaux lorsqu'il leur est lancé, puis à subir une astreignante préparation au combat. En imprégnant les hommes, elles contribuent encore à leur faire garder leur place au sein de la troupe sur le champ de bataille. Mais à l'heure décisive du combat, patriotisme et idéalisme sont des notions bien trop abstraites pour demeurer des éléments moteurs chez la grande majorité des individus [5]. Le jeu se trouble néanmoins dans le cas de l'Allemagne nationale-socialiste où la NSDAP et son idéologie se sont confondues avec les institutions, brouillant les cartes avec le remplacement de la traditionnelle trilogie « État – Patrie – Nation » par celle « Führer – Reich – Peuple ». Dès lors, il est bien difficile de faire la part entre idéologie et patriotisme, tant étaient intimement soudées ces notions sous le IIIe Reich. L'amour de la patrie se confondait bien souvent avec l'amour porté à Hitler, et surtout avec une foi parfaitement irrationnelle dans la victoire qu'il apporterait. Comme le rappelaient les services de renseignements anglo-saxons, il y avait deux catégories de prisonniers à l'été 1944 : ceux qui croyaient en la victoire allemande et ceux qui n'y croyaient plus. Très peu ne prenaient pas position :

> Ceux qui y croient sont beaucoup plus enclins à avoir une foi aveugle dans le Führer et, lorsqu'ils ont été confrontés aux faits et aux apparences, ont déclaré qu'ils étaient juste des « gens ordinaires » [qui] ne comprenaient rien à ces choses. Il est par contre notable que lorsque les faits et les apparences ainsi que les arguments logiques ont été placés devant eux, leur foi aveugle en a été quelque peu ébranlée [6].

Chez beaucoup, c'était « juste une intuition » étayée par l'impossibilité de concevoir une défaite du Reich [7]. L'un d'eux, un caporal-chef SS, en était encore là en mars 1945 :

> Chère Lore, ... Je ne puis comprendre qu'il y ait des gens qui se comportent comme si tout ceci ne les regardait pas ; qui s'imaginent que tout se fera de soi-même s'ils déposent les armes maintenant. Nous ne sommes pas encore vaincus. Je suis persuadé [que beaucoup] seront surpris si un revirement se produit dans les prochaines semaines. Pardonne-moi, mais ta manière de voir est fausse aussi, car la guerre ne sera pas terminée de longtemps. Si elle l'était bientôt, la victoire ne serait certainement pas à nous. Pour moi il n'existe qu'une chose : combattre jusqu'à la victoire finale [...] [8].

Cette foi en Hitler se doublait d'un lien affectif très fort, fusionnel, qui était l'élément déterminant et spécifique d'une partie au moins des personnels de la *Wehrmacht* et de la *Waffen-SS*. Chez eux, la raison comptait bien moins que l'émotion dans leur attachement au régime ou à Hitler. Ne pas décevoir les attentes du Führer était en définitive l'ultime orgueil de la troupe qui se définissait comme une élite [9]. Ce lien affectif s'est manifesté à plusieurs reprises sur les champs de bataille, que ce soit dans la volonté de « mettre aux pieds de " son Führer " » une ville reconquise, à l'image de Kharkov en février 1943, ou encore « de donner au Führer un cadeau de Noël » en atteignant l'objectif désigné, à l'exemple de Jitomir (Ukraine) pour la « LSSAH » en décembre 1943, ou de Liège pour la 6e armée blindée (SS) un an plus tard [10]. Cette confusion émotionnelle avait d'ailleurs été relevée à l'époque par un psychologue allié dans une étude menée sur des prisonniers de guerre allemands :

> L'aspect essentiel de ces hommes est qu'ils ont complètement et avec succès (d'un point de vue psychologique) fusionné leurs loyautés personnelle et militaire. Ce sont des garçons « mort et gloire » dont l'amour va à Hitler et à ses buts et avec lesquels ils s'identifient jusqu'à exclure des sentiments personnels secondaires. Dans la *Wehrmacht*, à l'exclusion de la *Waffen SS*, ils représentent quelque 10 % de tous les grades [11].

Même s'il s'agissait assurément d'une minorité, ce groupe « de vrais nazis préparés à souffrir jusqu'au bout pour leurs convictions sans distinction entre armée et parti » représentait « probablement les meilleurs soldats de Hitler » [12]. En ce sens, les soldats SS, dont le trop faible échantillon à la disposition de ce psychologue allié au début de 1944 l'avait empêché d'avancer le moindre chiffre, correspondaient sans aucun doute à ce portrait dans une mesure encore bien plus large. Deux éléments peuvent étayer cette supposition. D'une part, bon nombre d'entre eux avaient volontairement rejoint cette branche militaire d'une organisation de la NSDAP. D'autre part, les recrues jeunes, voire très jeunes, qui ont composé les gros bataillons de la *Waffen-SS* tout au long de la guerre étaient des individus acquis au régime dans lequel ils avaient grandi, avides d'idéalisme, plus faciles à enthousiasmer et généralement plus prompts à s'engager dans l'action que des individus plus matures [13]. En ce sens, les motivations et le « profil émotionnel » des soldats SS ne se différenciaient en rien de ceux des parachutistes allemands dont la base de recrutement était sensiblement identique [14].

Cette foi et ce lien affectif irrationnels ont conduit ces hommes à des comportements obéissant à une logique qui leur était propre. À la fin de l'été 1944, les interrogateurs alliés ont ainsi rencontré pour la première fois des prisonniers allemands conscients de la défaite et pourtant prêts à combattre jusqu'au bout à la seule fin de « se montrer eux-mêmes glorieux face au reste du monde » [15]. Il s'agissait toutefois moins d'un « baroud d'honneur » que d'un sentiment de responsabilité individuelle particulièrement élevé. On peut y décerner l'effet pernicieux du message, sans cesse martelé par les dirigeants du Reich, qu'il n'était cette fois pas question que se répète le « coup de poignard dans le dos » de novembre 1918 [16]. Avec ce postulat bien ancré dans les esprits que le sort des armes se jouerait uniquement sur le front, c'était donner à chacun la conviction que le sort du Reich était entre ses mains.

Le patriotisme

Si l'attachement à Hitler et au régime était bien présent, le sentiment patriotique ne doit en aucun cas être sous-estimé. En bilan de la mission de protection côtière accomplie aux Pays-Bas par un bataillon du 4ᵉ régiment SS « Tête de mort » à la fin de 1940, les heures de garde passées sans équipement adéquat sous la pluie, dans le vent et le froid, ont été acceptées par les hommes « avec la plus grande ferveur et de la joie », car « ils avaient pourtant tous le sentiment de se tenir à l'avant sur la côte pour la protection de l'Allemagne » [17]. Même chez un national-socialiste aussi convaincu que Theodor Eicke, la patrie *(Vaterland)* était une valeur suffisamment importante pour apparaître dans les discours à ses hommes [18]. Quelques semaines avant sa mort, il écrivait du reste à Himmler que, s'il recevait « un coup sur la cafetière, et si c'[était] " pro patria ", alors cela ne fai[sai]t rien » [19]. Au début de 1944, le journal de marche d'un bataillon de la 17ᵉ division SS indiquait de son côté qu'il n'y avait « presque aucun volontaire » au sein de la troupe qui se composait pour deux tiers d'adolescents de 17 ans et d'un tiers de personnels âgés jusqu'à 45 ans. Ces hommes étaient « pourtant massivement fidèles et obéissants » [20]. Bref, le réflexe patriotique prenait le pas parmi ces conscrits sur toute forme d'adhésion politique, *a fortiori* idéologique. Ce point a constitué, au cours de la dernière année du conflit, une différence fondamentale entre les conscrits allemands et étrangers de la *Waffen-SS*. Les premiers ont pu combler leur absence de volontariat par des motivations patriotiques et un sens du devoir dont étaient dépourvus les ressortissants étrangers également contraints à l'engagement. Tout dépendait du degré de filiation que chaque individu voulait bien se reconnaître avec le Reich. Ce degré variait d'un extrême à l'autre, à l'exemple des Autrichiens. Les services de renseignements alliés relevaient en effet chez eux des attitudes extrêmement contrastées. Ils pouvaient tout aussi bien être d'ardents nazis – « meilleurs même que la plupart des nazis allemands » – qu'« anti-nazis et, en fait, anti-allemands [...], soucieux d'aider les Alliés dans toute la mesure de leurs capacités » [21].

À l'origine fortement mâtiné de nationalisme conquérant, le patriotisme a permis de justifier la politique agressive du Reich contre une Pologne accusée d'avoir « troublé la paix » et d'avoir persécuté l'« Allemand ethnique », ou encore contre une France qui, en tant qu'« ennemi héréditaire », « voulait pénétrer en Allemagne » [22]. L'attaque de l'URSS a tout autant été rétrospectivement présentée comme une action préventive à caractère défensif [23]. Protéger la patrie contre l'ennemi principal qu'était le bolchevisme n'a plus cessé ensuite de constituer une motivation importante du combattant à l'est [24]. Avec le temps, l'« Allemagne » est finalement redevenue, à côté du « Führer », une valeur à la mode dans le lexique national-socialiste et a commencé à supplanter le « Reich » dans l'appel à l'accomplissement du devoir [25].

À cela s'ajoutait l'assimilation, dans l'inconscient collectif, du viol du territoire à celui des femmes en cas d'invasion. L'idée même de reddition sans condition, publiquement avancée par les Alliés lors de la conférence de Casablanca en janvier 1943, renforçait l'impression de livrer l'Allemagne pieds et poings liés au bon vouloir de ses vainqueurs. La perspective d'une « élimination biologique » du peuple allemand en cas de victoire soviétique se nourrissait, plus ou moins consciemment, par symétrie, de la politique que le Reich avait lui-même menée dans les territoires occupés en Europe – particulièrement dans le Protectorat de Bohême-Moravie, dans le Gouvernement général polonais ou dans les territoires à l'est [26].

Face aux Anglo-Saxons, cette peur faisait place à la rancœur contre les bombardements des foyers allemands. Il est vrai qu'après avoir tenté dans un premier temps d'apaiser les craintes des combattants, la direction SS comme la hiérarchie militaire se sont servies de ce ressort pour motiver leurs troupes. À la lecture des lettres touchantes envoyées d'Allemagne, on peut facilement imaginer l'émotion qui s'est emparée des soldats allemands en général, et des esprits conditionnés des combattants SS en particulier. Les soldats allemands réagissaient cependant différemment selon qu'ils combattaient à l'est ou à l'ouest, les premiers tendant à être gagnés par un sentiment d'impuissance qui minait leur moral [27]. À l'ouest, ce ressort semble par contre avoir été particulièrement exploité au sein de la division « Hitlerjugend ». De fait, de l'été 1943 au printemps 1944, la préparation des adolescents au combat a été menée au rythme des nouvelles des bombardements sur le Reich, de l'annonce de la perte de leurs foyers ou de leurs proches, et des permissions spéciales accordées à ces funestes occasions [28]. Une lettre de condoléances d'un chef de compagnie de la division à la famille d'un grenadier SS tué au combat en Normandie permet de bien discerner comment l'idéologie s'est plaquée sur des sentiments personnels :

> Vous auriez été touchés au plus profond si vous aviez vu avec quel enthousiasme les jeunes de 17 et 18 ans sont partis en guerre contre notre plus grand et notre plus infâme ennemi, en pensant à la patrie durement éprouvée et emplis d'une volonté de représailles [29].

À la 2ᵉ division SS, le chef d'état-major (appartenant à l'armée de terre) a justement édité, après le lancement des premiers V 1 en juin 1944, un ordre du jour pour saluer l'heure « des représailles que nous avons souhaitées pour toute la peine subie et la terreur aérienne supportée depuis trois ans (sic) ». L'Angleterre devait voir s'abattre sur elle ces bombes volantes « jusqu'à ce que plus aucune pierre ne tienne sur l'autre ». La mise en œuvre des « armes de représailles » a ainsi contribué à la fois à assouvir ce sentiment de vengeance et à raffermir les motivations des personnels en servant de support aux exagérations les plus diverses [30]. L'engagement des V 1, puis celui des V 2, et enfin la promesse d'autres armes miracles ont constitué jusqu'à une date tardive de la guerre une motivation extrêmement importante pour les soldats. La perspective de voir se retourner soudainement une situation de plus en plus défavorable était en effet un ressort suffisamment puissant pour les inciter à tenir leurs positions, ne serait-ce que quelques jours supplémentaires. Au sein de la 2e division SS, certains soldats ont par exemple été exhortés le 9 août 1944 à combattre deux semaines supplémentaires, jusqu'à ce que soient engagées « avec grand succès » les V 2 sur les deux fronts [31]. Un officier de la 9e division SS reconnaissait à la même époque que « la masse des SS, officiers et personnels du rang confondus, [avaient] clairement à l'esprit qu'ils ne [pouvaient] pas gagner la guerre contre la Russie ou les armées anglo-américaines sans l'aide miraculeuse de cette nouvelle arme ». C'était donc « à ce mince fil que tous leurs espoirs [étaient] suspendus », et c'était pour eux cette arme miracle « qui leur apportera[it] la victoire à laquelle ils croyaient fermement [32] ». Lors de l'offensive allemande dans les Ardennes, cette foi en des forces et des armes nouvelles n'était pas encore éteinte. Elle était en tout cas encore bien présente dans l'esprit du lieutenant-colonel SS Joachim Peiper, commandant le détachement tactique de la « LSSAH » engagé en fer de lance de sa division [33].

Le rôle du chef militaire

Le rôle du chef est essentiel dans la motivation d'une troupe. Son charisme, la confiance et le respect qu'il inspire à ses subordonnés sont des éléments déterminants au combat [34]. Cette évidence était renforcée par le principe de commandement à l'avant des troupes motorisées et blindées allemandes [35]. Dans le cas de la *Waffen-SS*, cela a été d'autant plus vrai que la personnalité était un critère déterminant dans la sélection et la promotion des cadres, prenant souvent le pas sur la valeur professionnelle des individus [36]. Cette différence explique la plus forte proportion de cadres charismatiques au sein de la *Waffen-SS* qu'au sein de l'armée, où la promotion était davantage basée sur l'ancienneté ou des critères académiques (du moins au cours de la première moitié de la guerre). Cette tendance générale n'en a pas moins caché d'importantes disparités. Au sein d'une même division, un commandant de régiment, décrit en 1940 comme « le meilleur type de l'officier SS » et dont les hommes étaient capables d'aller « pour lui à travers le feu », avait pour homologue en 1942 un individu plus assidu aux maisons de joie françaises qu'aux stands de tir et aux champs de manœuvre avec toutes les conséquences que cela pouvait avoir sur le moral de la troupe [37].

Par ailleurs, la jeunesse des recrues de la *Waffen-SS* pendant la guerre a entraîné, chez ces adolescents, un réflexe affectif plus fort que de coutume envers leur hiérarchie, qui se substituait à l'autorité parentale. Le fait était particulièrement évident au sein de la division « Hitlerjugend » où les personnels de 16-17 ans avaient été précocement détachés de leurs familles. Tout au long de l'instruction, l'encadrement s'est efforcé de reconstituer des cellules où puissent s'épanouir de forts liens affectifs, tant entre ces adolescents eux-mêmes qu'avec leurs supérieurs directs [38]. Au demeurant, des hommes comme Dietrich, Hausser et Eicke ont fait office de patriarches de leurs troupes. Il n'est pas innocent que le nom des deux derniers ait été familièrement précédé du surnom de « Papa » par leurs subordonnés [39]. Le caractère social nettement affirmé du national-socialisme a encore accentué ce phénomène. En faisant figure de « général du peuple » auprès de ses hommes, Dietrich était l'incarnation de cette politique. Cette personnalisation extrême du sentiment affectif transparaissait par exemple dans l'inféodation à sa personne à l'occasion de son anniversaire [40].

Dans le cas de la jeune génération d'officiers arrivés à la tête de quelques régiments et divisions SS dans la seconde moitié de la guerre, le lien affectif n'a pas été moins fort, mais souvent de nature différente. Il ne s'agissait plus d'y voir un patriarche, mais un modèle héroïque bardé des décorations militaires les plus prestigieuses et encensé par la propagande dans laquelle la troupe pouvait se projeter [41]. À la « LSSAH » comme à la division « Hitlerjugend », des officiers comme Max Hansen, Kurt Meyer, Joachim Peiper, Max Wünsche ou Theodor Wisch étaient de véritables

« idoles » adulées par leurs hommes [42]. En conséquence, la perte au combat d'une fraction assez considérable de son encadrement a pu provoquer l'effondrement d'une formation. Cela est particulièrement vrai pour la 17ᵉ division SS en Normandie [43]. Cela l'est tout autant pour la 12ᵉ division SS. Si elle a eu la chance de ne perdre qu'un très petit nombre de ses officiers supérieurs jusqu'à la mi-août 1944, elle ne s'est par la suite pas relevée de la perte de ses cadres les plus charismatiques à la fin de la bataille de Normandie et lors de la retraite vers les frontières du Reich [44]. Les défections se sont alors multipliées lors des combats sur le *Westwall* en septembre 1944 : plusieurs bunkers furent notamment abandonnés par des compagnies qui se replièrent sans en avoir reçu l'ordre [45].

Les récompenses

Les récompenses font partie du système de motivation de toutes les armées du monde. En distinguant les plus valeureux et les plus méritants des soldats, ce système permet de renforcer la cohésion interne des unités en reconnaissant à leurs cadres et à leurs personnels une valeur qui accroît leur confiance en eux-mêmes. Parmi les récompenses, les médailles ont revêtu une place toute particulière au sein de l'armée allemande en raison du prestige social qu'elles conféraient traditionnellement [46]. Le simple fait de pouvoir porter ces décorations en toutes circonstances sur l'uniforme, y compris au combat, et non pas seulement à l'occasion de parades ou de cérémonies, comme dans les autres armées contemporaines, était un puissant facteur de motivation. Ce système instituait *de facto* une hiérarchie parallèle à la hiérarchie classique, engendrant tacitement dans les relations quotidiennes des castes d'ancienneté et de bravoure. De fait, le titulaire d'une prestigieuse décoration militaire était éminemment conscient de l'honneur dont il était investi et de la valeur qui lui avait été publiquement reconnue [47]. Cette conscience était importante dans les rapports de force sur le champ de bataille, même les plus brutaux [48]. Recueillir une parcelle de cette gloire a été le souci lancinant (et parfois puéril) de bon nombre d'officiers allemands pendant le conflit, *Wehrmacht* et *Waffen-SS* confondues [49]. Plus qu'ailleurs toutefois, les officiers SS avaient la réputation de sacrifier leurs hommes pour l'obtention de décorations [50]. Du reste, le commandement SS a dû s'insurger contre l'habitude de ses cadres de promettre des médailles à leurs personnels [51]. Dans d'autres cas, il est même arrivé que ce soit un subordonné qui sollicite une décoration pour un supérieur hiérarchique [52].

La remise de décorations a connu bien des vicissitudes avec le temps, et surtout en fonction des unités. Au cours de la campagne de mai-juin 1940, Theodor Eicke a éprouvé beaucoup de difficultés pour obtenir le quota de cent croix de fer attribué à chaque division qui avait franchi la frontière allemande, puis pour élargir le nombre de bénéficiaires. À l'issue de la campagne, 2 % des effectifs de la division « Totenkopf » avaient obtenu une croix de fer, alors même que Eicke estimait à 5 % le nombre de ceux qui en étaient dignes [53]. Au sein de la « SS-Verfügungs-Division », les trois régiments d'infanterie ont bénéficié de traitements inégaux. Tandis que deux régiments se plaignaient de l'insuffisance de décorations, le régiment « Deutschland » a été abondamment pourvu en distinctions de toutes sortes, avec, au final, un quart des effectifs décorés. Or, c'était précisément le régiment dont l'action d'éclat dans le nord de la France avait été rapportée par Hitler, celui-ci la qualifiant de « très belle [54] ».

C'est toutefois à travers la « LSSAH » que la singularité de la *Waffen-SS* se mesure le mieux dans ce domaine. Tout au long de son existence, les récompenses y ont été distribuées à foison grâce à la fois à son statut particulier de « garde du Führer » et à la politique extrêmement généreuse de Dietrich. En cela, les décorations n'ont pas fait seulement partie chez elle d'un système de récompense ou de reconnaissance, mais d'une logique de prestige. Dès la campagne de Pologne, la « LSSAH » a ainsi visiblement échappé aux quotas imposés aux autres formations allemandes puisque 6,6 % de ses personnels ont reçu la croix de fer à son issue [55]. Du 21 mai au 28 juillet 1940, la croix de fer a encore été décernée à 428 personnels de la « LSSAH », soit plus de 10 % de l'effectif initial au moment du déclenchement de l'offensive à l'ouest (dans le même temps, 930 hommes ont de surcroît bénéficié d'une promotion) [56]. Plus révélateur encore, des décorations ont été décernées en grand nombre plus de trois mois après la fin des combats [57].

Quatre années plus tard, la distribution de décorations était cette fois devenue une méthode de motivation à part entière. Dans l'intervalle, le système avait gagné en vitesse. Cela apparaissait très nettement au sein de la division « Hitlerjugend ». Émanation de la « LSSAH », elle se trouvait sous la tutelle du Ier corps d'armée blindé SS du même Dietrich. Moins de soixante-douze heures après leur baptême du feu en Normandie, les 25e et 26e régiments de grenadiers de cette division avaient déjà respectivement décerné 128 et 100 croix de fer à leurs personnels. Il s'agissait là d'une pratique généralisée à l'échelle des unités de mêlée de la division. Dans le cas du 26e régiment, trois jours de combats ont ainsi suffi pour que plus de 4 % des effectifs rationnaires soient décorés. Ces premiers combats avaient certes été sévères. La volonté du commandement de faire de ces décorations « un devoir et une stimulation pour les jours de combat suivants et un futur engagement » était pourtant clairement exprimée à l'occasion de leur distribution [58].

Le dévoiement des décorations militaires, en particulier des croix de fer (théoriquement remises pour faits d'armes), apparaissait clairement à travers leur remise aux mécaniciens, auxquels Dietrich attribuait le mérite d'avoir maintenu le potentiel en chars de la 12e division SS [59]. Ce choix s'accordait mal avec la politique discriminatoire dont faisaient en même temps l'objet les divisions de l'armée de terre subordonnées au corps d'armée SS de Dietrich. De fait, ce dernier a fortement favorisé les formations SS. En l'espace d'un mois, du 16 juillet au 15 août 1944, la 12e division SS a reçu en dotation plus du double de croix de fer que la 272e division d'infanterie (880 contre 390). Or, dans ce laps de temps, les quelques détachements tactiques de la division SS encore engagés s'étaient pour l'essentiel battus au cours de la dernière semaine. La 9e division SS, pourtant mise en ligne deux semaines seulement sous les ordres de Dietrich, a reçu à peine moins de croix de fer que la 272e division (330) [60]. Même en prenant en compte le décalage chronologique entre les faits d'armes et la remise des décorations, cette différence de traitement était d'autant plus frappante que cette division d'infanterie avait non seulement été engagée dans sa totalité en première ligne pendant tout ce temps, mais qu'elle avait réussi à maintenir ses positions sous les très rudes assauts alliés au sud de Caen dans la seconde quinzaine de juillet, infligeant notamment aux Canadiens leurs plus lourdes pertes de la guerre (après Dieppe) le 25 juillet [61]. Ce phénomène n'avait rien d'accidentel. Cinq mois après le débarquement allié, l'excellente 353ᵉ division d'infanterie, pourtant mêlée aux combats les plus violents de Normandie et de la forêt de Hürtgen, comportait en comparaison beaucoup moins de récipiendaires de décorations que la 12ᵉ division SS [62]. Le décalage était tout aussi flagrant entre cette même division SS et la division blindée « Lehr » de l'armée de terre. À équipement et niveau professionnel similaires, cette dernière a reçu trois fois moins de croix de chevalier de la croix de fer (5 contre 15) que la division « Hitlerjugend » en Normandie [63]. Et finalement, au-delà de l'inégalité de traitement, la politique d'attribution des décorations démontrait que la hiérarchie SS étirait au maximum les quotas fixés, voire les outrepassait largement, contrairement aux pratiques en vigueur au sein de l'armée de terre [64].

D'un autre côté, les considérations matérielles ont eu tendance à prendre une place croissante au fil de la guerre au sein de la *Waffen-SS*. Passe encore que des permissions ou de petites récompenses soient promises pour des actions d'éclat sur le champ de bataille. Ces usages ont cours dans toutes les armées [65]. Cependant, les cadeaux offerts en récompense aux troupes SS dans la seconde partie de la guerre ont fréquemment eu une odeur de mort. Chacune des divisions de la *Waffen-SS* a ainsi reçu plusieurs centaines de montres, de réveils ou de stylos à distribuer aux combattants les plus méritants et provenant des Juifs détroussés avant d'être envoyés à la chambre à gaz [66].

Sous couvert de lutte antipartisans, certaines unités SS se sont par ailleurs adjugé des biens civils dans les zones ratissées. Il est en effet bien difficile de penser que des étoffes, des draps de lit, des nappes de table et d'autres objets d'intérieur ont pu être confisqués en quantité aux « bandes » retirées dans les zones boisées ou escarpées. Seule l'extension de la définition des « bandes » à l'ensemble de la population civile vivant dans la zone des opérations pouvait permettre ce genre d'amalgame. En dépit des apparences, il s'agissait d'un pillage organisé et parfaitement contrôlé par la hiérarchie afin d'être ensuite équitablement redistribué au sein des compagnies. Des critères d'attribution étaient même établis afin de favoriser les soldats SS dont les familles étaient dans le besoin suite aux bombardements. Les jeunes mariés s'installant en ménage ou les couples avec une nombreuse progéniture étaient pareillement privilégiés. Quant au ravitaillement, que l'on n'aurait pas cru si abondant dans les maquis français au printemps 1944, il servait à améliorer l'ordinaire de la troupe [67]. Cette politique très avantageuse pour les soldats SS ne pouvait naturellement que leur convenir [68]. Au sein de la division « Das Reich », la troupe s'en est si bien accommodée que son commandement a dû faire preuve de pédagogie. Lors du retour de l'unité sur le sol allemand en janvier 1944, il a exigé de ses soldats qu'ils renoncent à leurs « habitudes de vie orientales ». En réalité, c'était une complète « conversion du standard de vie et des mœurs » qui leur était réclamée [69]. À la veille de l'offensive dans les Ardennes en décembre 1944, les officiers de la division leur avaient encore dit « qu'une fois leur unité de nouveau en terre étrangère, ils prendraient ce qu'ils voudraient dans les maisons civiles, sans se soucier si les civils [seraient] présents ou non [70] ». Documentées pour la seule division « Das Reich », ces pratiques ne peuvent pas être systématiquement prêtées aux autres formations de la *Waffen-SS* [71]. Mais à l'échelle de cette division, il n'est pas possible d'y voir autre chose qu'une politique réfléchie, destinée à motiver les troupes à bon compte, tout en conservant une emprise sur elles [72].

La peur de la capture

L'une des caractéristiques des troupes SS a été la crainte de tomber aux mains de leurs adversaires. Être à la merci de son ennemi est naturellement une peur classique que ressent chaque combattant capturé sur le champ de bataille. Psychologiquement, il passe subitement d'un état de supériorité mentale, conditionné par son entraînement et son armement, à une situation d'extrême faiblesse devant son adversaire. En règle générale, la question se résume essentiellement à savoir si, au moment crucial, l'ennemi accepte ou non la reddition. Il s'agit donc d'une question éminemment circonstancielle. Tout autre a été l'approche des soldats SS. Si elle ne s'est pas réellement manifestée lors des premières campagnes de la guerre, la peur d'être capturé s'est rapidement répandue parmi eux lors de l'invasion de l'Union soviétique [73]. Du reste, cette peur a été largement attisée par la *Reichsführung-SS* qui y a vu un moyen bien commode de prémunir ses troupes contre toute défaillance tout en renvoyant du soldat soviétique l'image bestiale du sous-homme [74]. Le fait le plus intéressant est toutefois la transposition de cette peur face aux

Anglo-Saxons. Contrairement au front de l'Est, ce sentiment a cette fois été un phénomène sinon exclusif aux unités SS, du moins caractéristique [75]. Tant en Normandie que dans les Ardennes, les Anglo-Saxons ont rencontré bon nombre de soldats et d'officiers SS convaincus d'être exécutés en cas de capture ou craignant de subir divers sévices, y compris d'être castrés [76].

Nourrie de quelques exemples concrets, mais le plus souvent engendrée par des rumeurs, cette angoisse de castration a pris des proportions invraisemblables dans l'imaginaire des troupes SS [77]. L'épisode de Tulle en juin 1944 est à cet égard particulièrement édifiant. La plupart des soldats SS impliqués dans les pendaisons étaient persuadés que les soldats allemands de la garnison avaient subi des sévices, y compris sexuels, sans d'ailleurs avoir jamais vu personnellement leurs cadavres. Or, si des mutilations ne sont pas exclues, elles ne concernaient en aucun cas les parties génitales [78]. Étroitement liée à l'image que la troupe avait d'elle-même – donc d'essence narcissique –, cette hantise de la castration était d'autant plus importante au sein des unités à fort esprit de corps. Chez elles, l'atteinte à la virilité se mêlait intimement à la conscience d'être une élite [79]. Ce phénomène a donc largement affecté la *Waffen-SS*.

De tous les cas documentés, deux éléments se dégagent. Premièrement, l'épouvantail a été d'autant plus volontiers agité par les officiers et sous-officiers SS que la combativité de leurs subordonnés était douteuse, qu'ils s'agissent d'Allemands ou de ressortissants étrangers plus ou moins enrôlés de force, ou de troupes motivées mais pouvant être tentées de fléchir. À ce titre, il a été fait un usage encore plus large du procédé lors des opérations dans les Ardennes à la charnière des années 1944-1945 qu'à l'été précédent en Normandie. À force d'être répété aux recrues, le récit de l'exécution systématique des prisonniers SS par les Alliés avait été « pratiquement érigé en croyance universelle parmi les troupes SS » en janvier 1945 [80]. Deuxièmement, ce sentiment de peur se rencontre particulièrement au sein des formations SS qui ont elles-mêmes exécuté des civils ou des prisonniers de guerre. On ne trouve par exemple pas de traces d'une telle peur au sein des 9ᵉ et 10ᵉ divisions SS en Normandie, alors qu'elle était répandue au sein des 1ʳᵉ, 2ᵉ et 12ᵉ divisions SS. Il est tentant de penser que les crimes commis ont nourri l'imaginaire de la troupe [81]. Le cas du commandant du 12ᵉ régiment blindé SS est en ce sens exemplaire : la peur d'être abattu est ainsi la première pensée qui lui est venue à l'esprit lorsqu'il a été capturé en Normandie en août 1944 alors que, par déduction, cet officier était le seul des trois chevaliers de la croix de fer de la 12ᵉ division SS à avoir pu ordonner l'exécution de prisonniers de guerre alliés à Audrieu (Calvados) le 8 juin 1944 [82]. Les propos du chef de la 3ᵉ compagnie du régiment « Der Führer » sont tout aussi révélateurs. Trois semaines après son passage à Oradour-sur-Glane, l'officier dont l'unité avait commis le massacre communiquait au père de l'un de ses hommes que son fils avait donné sa vie « contre un ennemi bestial pour le Führer et le Reich [83] ».

20

Cohésion et esprit de corps

Dans l'organisation militaire, l'esprit de corps est l'élément fondamental qui permet à une unité de se forger une identité en tant que groupe social. Cette construction identitaire collective se nourrit d'une triple image : celle que la troupe a d'elle-même, celle qu'elle renvoie à la société et aux forces armées auxquelles elle appartient, et celle qu'elle a (ou est supposée avoir) auprès de ses ennemis en temps de guerre.

La volonté de se distinguer de la Wehrmacht

Plusieurs éléments se sont conjugués pour conduire les premières formations de la SS en armes à éprouver le besoin d'un puissant esprit de corps, et par-delà à rechercher une flatteuse réputation militaire. L'élitisme cultivé par l'Ordre noir sur la base de son dogme racial et de la sélection qu'il a induite représente la première de ces raisons. Quel que soit le champ d'activités dans lequel elle s'est investie, la SS a toujours tendu à devenir une élite professionnelle et sociale. Dans l'état de belligérance où se trouvait le Reich, cette ambition ne pouvait manquer de s'appliquer au domaine militaire. Ce phénomène s'est encore accru par la prérogative officiellement attribuée par Hitler à la *Waffen-SS* en août 1940, à savoir le droit moral d'abattre l'ennemi intérieur par le sang versé sur le front. Mais derrière ce discours se cachait un enjeu beaucoup plus pragmatique pour la *Reichsführung-SS* comme pour ses troupes : la justification sociale d'une force armée indépendante de l'institution militaire traditionnelle qu'était la *Wehrmacht*. Dès avant guerre, la SS-VT était certes « fière et reconnaissante » d'avoir pu participer activement aux événements décisifs de l'année 1938, mais plus encore satisfaite d'avoir ainsi légitimé « sa raison d'être particulière » tout en demeurant une branche de la SS[1]. Alors que sa pertinence échappait à la majorité des contemporains, la *Waffen-SS* devait s'imposer, d'autant plus qu'elle « était jeune, n'avait pas de tradition, n'avait pas de nom et devait d'abord faire ses preuves[2] ». Aussi lui était-il nécessaire de faire rapidement valoir sa différence culturelle, idéologique et, si possible, professionnelle.

Il était cependant difficile de se distinguer sur le champ de bataille. En dépit des faits d'armes et des aspirations des troupes SS, l'armée n'avait pas reconnu leur valeur professionnelle après la victoire à l'ouest en 1940[3]. Le malaise et la frustration de ne pas réussir à se démarquer davantage de l'armée étaient clairement exprimés par certains. Le dénigrement des formations les plus récentes de la *Waffen-SS* par leurs aînées apparaissait à bien des égards comme un besoin de leur part de se rassurer à bon marché sur leur propre valeur. Dans son discours aux officiers de la « LSSAH » le 7 septembre 1940, Himmler les a ainsi exhortés à ne pas faire preuve de la même condescendance envers la division « Totenkopf » et les formations « Tête de mort » que l'armée vis-à-vis d'eux-mêmes[4]. Cette quête d'identité était parfaitement résumée par un caporal-chef SS interpellant en octobre 1940 l'officier responsable de l'éducation idéologique au sein de la division « Totenkopf » :

> Vous nous avez autrefois parlé de nos missions et de notre position spéciale. Et que sommes-nous effectivement [?] Nous sommes une branche de la *Wehrmacht* qui est en cours de constitution, et rien d'autre – malheureusement. Et nous pourrions être bien davantage. Nous devons être des soldats politiques du Führer – le sommes-nous vraiment ? Non. Chez nous devraient régner une pensée et une volonté et ce n'est pas le cas. [...] C'est seulement si nous le faisons que nous aurons un droit d'existence face à la *Wehrmacht*. La performance [,] la tenue et notre pensée doivent nous différencier des autres. Nous avons beau dire que nous sommes [des soldats politiques du Führer], mais ce n'est pas vrai. Il nous manque presque tout pour cela[5].

Le jugement était juste, mais sévère. La SS en armes n'avait effectivement rien qui puisse à cette époque la distinguer fondamentalement du reste de l'armée, mais elle disposait déjà à cette date de quelques atouts qui allaient ensuite lui servir, à commencer par une sélection élitiste, mais aussi toute une série de traditions naissantes. La cooptation des officiers au sein des bataillons SS avant guerre avait ainsi très tôt permis de tisser entre eux des liens particuliers dont on retrouve les traces bien des années plus tard dans leur correspondance privée [6]. Le cérémonial de la prestation de serment de fidélité était organisé de telle sorte que la recrue avait réellement le sentiment d'entrer dans une communauté particulière. Usant et abusant de toute une symbolique qui empêchait ses unités de se fondre dans la masse, la SS a aussi très tôt donné à ses troupes des insignes et des pièces d'uniforme bien distincts [7]. La bande de bras portée au bas de la manche par les soldats SS et sur laquelle était inscrit le nom de leur formation servait tout autant de signe d'appartenance communautaire que de titre de gloire. Cette bande de bras avait donc à la fois une fonction interne et externe [8]. Alors qu'il n'existait aucune corrélation entre le patronyme d'une unité et sa valeur professionnelle [9], elle donnait au soldat, même à la jeune recrue, « l'apparence du vieux guerrier et le fai[sait] se sentir très grand [10] ». Rares étaient les formations de l'armée à disposer d'une telle prérogative. En revanche, les unités SS ont eu tôt fait de copier les divisions de l'armée de terre en composant un emblème pour leurs véhicules dès 1940 [11].

Sans titres de gloire, tous ces éléments ne signifiaient pourtant rien. Les formations de la *Waffen-SS* en étaient bien conscientes à la charnière des années 1940-1941. Aussi c'est avec la farouche volonté de se surpasser qu'elles se sont engagées dans les campagnes militaires du Reich en 1941. L'objectif n'était rien moins qu'ambitieux : devenir le porte-flambeau du national-socialisme et frayer sur le front la voie à l'armée et au peuple en leur montrant l'exemple.

La construction identitaire sur les champs de bataille

Avant même l'ouverture de la campagne à l'est, l'aventure militaire du Reich dans les Balkans en avril 1941 a indubitablement permis à la *Waffen-SS* d'engranger ses premiers succès. Au-delà des objectifs militaires, les combats ont été marqués par une véritable compétition afin de s'affirmer professionnellement. Cet état d'esprit si particulier s'expliquait en partie par la victoire écrasante sur la France et la Grande-Bretagne l'année précédente. Les troupes allemandes en général étaient devenues particulièrement confiantes en elles-mêmes et dans leur commandement [12]. Au sein de la *Waffen-SS* qui brûlait de s'imposer, ce sentiment était d'autant plus fort [13]. Cela explique l'état d'esprit dans lequel se trouvaient les personnels de la division « Reich » au moment de partir vers les Balkans au début de 1941. À la veille de l'offensive et à l'issue de neuf mois d'instruction et de calme, le ressort qui animait les troupes SS était visiblement comprimé au maximum et n'attendait que d'être libéré : « Officiers, sous-officiers et hommes du rang envisag[eai]ent leur futur engagement avec un espoir plein de joie [14]. » Une fois les opérations déclenchées, la progression de la division vers Belgrade a ouvertement tourné à la course de vitesse avec l'emblématique régiment « Großdeutschland » de l'armée de terre. Ne pas se laisser damer le pion par ce dernier a constitué l'enjeu fondamental des combats dans l'esprit des soldats SS qui étaient « animés par la pensée [...] de foncer vers Belgrade à la pointe du XXXXIe corps d'armée [15] ». À la différence de la campagne à l'ouest l'année précédente, les formations SS ne voulaient plus accompagner l'avant-garde allemande. Elles voulaient *être* l'avant-garde. À cette fin, les *Waffen-SS* étaient prêts à entreprendre les actions les plus téméraires. Pour conquérir la capitale yougoslave, un capitaine SS n'a pas hésité à traverser le Danube sur un frêle esquif avec seulement dix hommes. Tous ces efforts de la division « Reich » en Yougoslavie et de la « LSSAH » en Grèce ne sont pas demeurés vains. Après la campagne des Balkans, les généraux de l'armée ont commencé à reconsidérer leur position vis-à-vis des formations SS, admettant désormais ouvertement leur valeur, même si celle-ci se fondait moins sur leur niveau professionnel que sur leur fougue [16].

La reconnaissance professionnelle et publique est une première étape dans la constitution d'un solide esprit de corps. Il doit néanmoins être fortifié par un acte sacrificiel, une épreuve fondatrice surmontée ensemble sans faillir, quitte à y périr, et qui fait ensuite la fierté des survivants comme des successeurs qui en sont les dépositaires. À cet égard, c'est la première année de guerre à l'est qui a donné à la *Waffen-SS* ses véritables titres de gloire, comme le château d'Hougoumont pour les grenadiers de la garde royale britannique ou Camerone pour la Légion étrangère française. Pour la division « Reich », cette suprême épreuve a été la bataille de Jelna où la formation SS a résisté plusieurs semaines aux assauts soviétiques en juillet 1941. De fait, tous les ingrédients étaient réunis pour faire de cet engagement l'acte fondateur de ses traditions militaires : la division se trouvait alors à l'extrême pointe des forces armées allemandes ; les enjeux stratégiques étaient assez considérables, avec à la clé le succès ou l'échec de l'encerclement des forces soviétiques dans la poche de Smolensk (la division n'a d'ailleurs pas hésité à dramatiser ces enjeux en avançant qu'il en allait de la conservation de l'initiative stratégique, ce qui était pour le moins exagéré) ; un adversaire résolu, supérieur en armes et en effectifs, qui s'était par ailleurs fixé pour objectif de détruire cette division SS incarnant l'idéologie de l'adversaire ; enfin, la mort d'un groupe de combat complet de six hommes, qui s'étaient défendus jusqu'au dernier sans quitter leurs positions, apportait l'ultime touche héroïque nécessaire. Ce dernier fait d'armes donnait la preuve matérielle de l'esprit de sacrifice qui habitait l'ensemble de la division. Il était d'autant plus déterminant que les six hommes ont été cités ensemble sur la « Feuille d'honneur de l'armée de terre allemande ». À travers cette nomination, la division SS a donc vu l'armée reconnaître publiquement sa bravoure et ses mérites professionnels [17]. Cette reconnaissance a du reste été largement renouvelée à l'issue des combats de l'hiver suivant [18]. Les ordres du jour et les commémorations ultérieurs, y compris lors de la bataille de Normandie en juillet 1944, démontrent rétrospectivement combien l'esprit de corps et les traditions de la division « Das Reich » ont été enracinés dans les premiers combats à l'est [19].

Le même processus s'est produit pour la division « Totenkopf ». Eu égard aux conditions qui avaient présidé à sa création, elle avait très tôt éprouvé le besoin d'entretenir le mythe de ses engagements passés, en se référant en l'occurrence à la bataille d'Arras et aux combats sur les canaux qui l'avaient suivie en mai 1940 [20]. Cela était toutefois insuffisant. La division forgée par Theodor Eicke en était pleinement consciente, à en juger par sa très forte susceptibilité devant la moindre critique de l'armée au sujet de sa valeur professionnelle [21]. C'est en fait la résistance opiniâtre dont elle a fait preuve lors de son encerclement dans la poche de Demiansk qui a définitivement assis sa réputation militaire en 1942 [22].

Des trois plus anciennes formations de la SS en armes, seule la « LSSAH » n'a pu trouver lors de la première année de guerre à l'est le combat susceptible de forger dignement son esprit de corps. Pis encore, l'obligation de battre en retraite et d'évacuer Rostov avec l'ensemble des forces allemandes a été vécue comme une humiliation par l'unité de Dietrich. De fait, c'était la première fois de son histoire qu'elle reculait sur un champ de bataille [23]. De toutes les formations de l'Ordre noir, la « LSSAH » était cependant celle qui avait le moins besoin d'un tel engagement fondateur. En tant que « garde du Führer » chargée de porter son nom et de le représenter sur les champs de bataille, elle avait d'emblée disposé d'une légitimité sociale qui lui était propre [24]. Le titre de « dernier bataillon du champ de bataille » décerné par Hitler suffisait à nourrir l'orgueil de la troupe [25]. À travers ce statut, elle a bénéficié d'une couverture médiatique sans équivalent au sein de la *Waffen-SS*, *a fortiori* de l'armée. À l'époque de l'opération « Barbarossa », la *Waffen-SS* a en effet remporté la « bataille de l'image » au sein du Reich, s'imposant comme « l'épine dorsale » des forces allemandes sur le front de l'Est grâce aux efforts conjugués du *SS-Hauptamt* de Gottlob Berger et de la compagnie de correspondants de guerre SS de Gunter d'Alquen. Les fruits de cette « victoire médiatique » revenant principalement à la « LSSAH », celle-ci y a trouvé à bon compte de quoi alimenter son esprit de corps [26]. Par ailleurs, à l'instar des autres formations de la *Waffen-SS* engagées à l'est, elle a inscrit sa participation à la bataille défensive de l'hiver 1941-1942 comme un fait d'armes exceptionnel qui aurait permis de maintenir envers et contre tout – et principalement à l'encontre de l'armée – les positions allemandes à l'est. Pour mesurer le poids de cette tradition dans l'esprit de corps de la *Waffen-SS*, il suffit de relever le tollé suscité par un officier de la 10ᵉ division SS en 1943. Vétéran lucide et atypique de la division de police SS, il a osé profaner le mythe en affirmant qu'il n'était pas nécessaire de louer plus que de raison les services rendus par la *Waffen-SS* au cours de l'hiver 1941-1942 et que « d'autres auraient été tout aussi bons ». Un tel sacrilège lui a (entre autres) coûté son poste [27]. À l'époque comme après guerre, la puissance de ce mythe n'en a pas moins permis de prétendre que la *Waffen-SS* avait représenté le « corps des pompiers du front de l'Est », substituant de cette manière une vérité subjective à une réalité objectivement fausse [28].

Le rôle de l'esprit de corps jusqu'à la fin de la guerre

Le processus de construction identitaire s'est achevé à point nommé pour permettre aux anciennes formations SS de maintenir une forte cohésion dans la seconde moitié du conflit. Cet esprit de corps était en effet un élément fondamental pour permettre une intégration efficace des renforts. Au demeurant, la conversion en 1942 des anciennes formations SS en unités blindées a fortement contribué chez elles à consolider l'esprit de corps. De fait, elle a été perçue par les troupes comme une reconnaissance de leurs sacrifices et de leur valeur professionnelle. D'ailleurs, le droit à un équipement convenable était une revendication que la troupe avait jugée légitime au printemps 1942. À la division « Reich », l'impatience s'était ainsi mêlée à la déception en constatant qu'elle ne bénéficiait pas de la considération due à son rang : « La troupe, même le sans-grade, a escompté que la division soit rapidement rééquipée après son engagement héroïque, et non qu'elle soit ainsi mise de côté, comme cela est actuellement le cas »[29]. Comme à la division « Großdeutschland », qui a connu la même mutation en 1942, l'attribution de chars a contribué à rehausser la fierté des membres de l'unité qui se distinguaient dès lors de l'infanterie ordinaire[30]. Au sein du corps d'armée blindé SS, la troupe et le commandement étaient également conscients que l'abondance de moyens et de matériels reçus de l'été 1942 à l'été 1943 « impliqu[ait] aussi des devoirs[31] ». Un tel avantage contribuait encore à souder les unités selon le principe qu'« un état général de pénurie accroît [...] l'importance des petits privilèges et magnifie la distinction entre un groupe et un autre » (George Orwell, *1984*).

D'un autre côté, le changement du rôle stratégique des formations blindées SS à partir de 1942 a été avantageux dans la mesure où il les a conduites à connaître une alternance de longues plages de repos avec de violents mais brefs engagements[32]. Lors des phases de repos, les liens humains avaient largement le temps de se tisser. En revanche, si leur emploi comme réserve stratégique a moins éprouvé les troupes SS que celles de l'armée et a globalement limité leurs pertes jusqu'au début de 1944, le fait de voir disparaître de nombreux camarades en des laps de temps relativement brefs a certainement forgé chez les soldats SS le sentiment d'être particulièrement exposés. En dehors même de l'épreuve des combats, perdre plus de 15 % des effectifs en l'espace de quelques semaines d'engagement (ce qui n'était qu'une moyenne avec d'importantes disparités entre les troupes de mêlée et celles de soutien) était psychologiquement éprouvant sur le plan humain et affectif. En même temps, cela pouvait légitimement donner aux survivants le sentiment d'être une élite militaire ayant à payer à la guerre un tribut proportionnellement plus lourd que d'autres corps. Pour peu qu'une formation dispose ensuite du temps nécessaire à sa reconstitution humaine, matérielle et morale, chaque épreuve vécue et surmontée ensemble ne faisait que souder un peu plus les hommes [33].

Les morts et la réputation acquise imposaient aussi aux personnels anciens comme aux nouvelles recrues une obligation morale de maintenir le renom de l'unité. La hiérarchie SS n'a pas hésité à jouer sur cette corde, à l'image du commandant de la division « Das Reich » au printemps 1944. Il s'agissait pour lui « d'arriver à ce que les hommes deviennent non seulement de remarquables porteurs d'arme, mais aussi des nationaux-socialistes et des SS enthousiastes et convaincus qui soient portés par la fierté d'être membres de notre glorieuse division ». En somme, l'endoctrinement se mêlait à l'esprit de corps pour fondre les faits d'armes accomplis par l'unité dans l'idéologie du régime [34]. Parmi les cadres, l'héritage de la réputation dont ils se sentaient dépositaires allait par ailleurs de pair avec le *principe de dureté*. Il le justifiait même, avec l'idée que « le bon nom que nous nous étions acquis à l'est et à l'ouest et dans des centaines de batailles nous obligeait à être durs envers nous-mêmes et envers les officiers et les personnels qui nous étaient subordonnés [35] ».

Ce glorieux renom militaire a également bénéficié aux nouvelles formations SS créées *ex nihilo* à partir de 1943. Avant qu'elles ne se forgent leurs propres titres de gloire, elles ont pu se rattacher à une tradition qui, pour récente qu'elle soit, n'en était pas moins solidement ancrée. Là encore, les succès engrangés au cours des premières années du conflit supposaient l'obligation d'au moins les égaler afin de maintenir cette distinction qui faisait de la *Waffen-SS* une troupe *à part*. Au moment où la résistance allemande à Stalingrad s'éteignait et que les 9e et 10e divisions SS se constituaient, le SS-FHA diffusait ainsi une note dans laquelle il leur rappelait que « le Führer [devait] également pouvoir avoir à l'avenir la certitude :

là où se trouve en défense une division de la *Waffen-SS*, le front tient [36] ! ». Telle était la réputation que les unités SS avaient désormais à soutenir.

Divers facteurs sont par ailleurs intervenus pour forger et entretenir cet esprit de corps, à commencer par l'action de Himmler. À travers lui, la *Waffen-SS* a disposé d'un chef parfaitement conscient de l'importance de l'esprit de corps pour les troupes [37]. Aussi l'a-t-il largement encouragé et entretenu par ses discours, ses messages et des insignes en tout genre [38]. L'édition d'albums commémorant les batailles passées a également permis de fixer pour la postérité les pages de gloire des unités [39]. Enfin, l'esprit de corps s'est nourri de la compétition instaurée lors des dons financiers en faveur de la Croix-Rouge allemande ou de l'« Œuvre d'aide hivernale de guerre » (au profit des nécessiteux du Reich) et, à la fin de la guerre, lors des collectes au profit des populations évacuées à l'est. Loin d'être de quelconques offrandes, ces dons ont été littéralement présentés comme un « sacrifice » témoignant de l'aptitude d'une unité à s'engager comme elle pourrait le faire sur le front [40]. En même temps, il s'agissait d'un excellent baromètre pour mesurer la cohésion de la troupe [41]. Une véritable compétition a ainsi été suscitée par les généraux SS, aussi bien au sein de leurs unités qu'avec les autres divisions [42]. À cet égard, le fait que la division « Reich » ait été la plus importante formation donatrice des forces armées allemandes au cours du premier hiver de guerre à l'est a représenté un formidable stimulant [43]. La publicité recueillie à cette occasion n'était pas négligeable et contribuait à renforcer l'identité de la troupe [44]. Des mois entiers de solde étaient ainsi versés au cours des mois d'hiver, donnant de plus en plus fréquemment lieu à des prélèvements obligatoires abusifs, comme au sein du Reich [45].

La singularité de la division « Hitlerjugend »

D'autres considérations, d'ordre sociologique cette fois, sont également intervenues. À cet égard, la 12ᵉ division SS est à distinguer particulièrement. Des cinq divisions SS à recrutement allemand constituées en 1943 (9ᵉ, 10ᵉ, 12ᵉ, 16ᵉ et 17ᵉ), elle présente en effet plusieurs caractéristiques qui l'ont conduite à disposer d'une très forte cohésion et d'un esprit de corps inégalé. Premièrement, la troupe était massivement composée de volontaires. Physiquement, ils représentaient ensuite, au moment de leur sélection, la fine fleur d'une même classe d'âge (1926) encore intacte. Troisièmement, l'enthousiasme juvénile de ces volontaires promettait une forte adhésion à leurs missions – d'autant plus forte qu'ils se sont rapidement concentrés sur l'objectif unique de repousser un débarquement allié à l'ouest. Aussi, à la veille du combat et avec la prise de conscience de ses enjeux, « ces jeunes soldats de la HJ brûl[ai]ent à l'idée d'accueillir les Anglais et les Américains [46] ». Cette ardeur s'est vérifiée sur le champ de bataille. Pour leurs supérieurs, du chef de groupe d'infanterie au commandant de régiment, c'était « un plaisir de mener de tels gars contre le[s] Tomm[ies] » et « une joie de combattre avec eux » [47]. Ces supérieurs formaient de leur côté un encadrement non seulement aguerri, mais également homogène au printemps 1944, essentiellement issu de la « LSSAH ». Les affinités, voire la connivence liant la plupart des commandants de troupe entre eux ont rapidement permis d'établir un puissant esprit de corps [48]. Lui-même plus jeune que la moyenne, cet encadrement a enfin parfaitement su s'adapter à ses nouveaux subordonnés en initiant notamment une méthode pédagogique fondée sur l'émulation à l'entraînement. Cet esprit de compétition n'a pas manqué de se retrouver au combat [49].

Cet état d'esprit si particulier a néanmoins eu ses effets pervers, notamment une certaine propension à sortir des limites de la discipline due à une fierté et une confiance en soi confinant à l'arrogance [50]. La jeunesse de ces individus a manifestement provoqué un relâchement des mœurs. Cette tendance s'est particulièrement exprimée chez les adolescents par toute une série de signes extérieurs : port de foulards colorés, tenue savamment débraillée de vieux briscards revenus du front et coupe de cheveux dont la longueur n'était souvent guère compatible avec les règlements militaires [51]. Certes, les rappels à l'ordre n'ont pas manqué, mais l'encadrement de la division était manifestement conscient de ce besoin éprouvé par les adolescents de s'affirmer, voire de se libérer du carcan militaire qui ne leur permettait pas de s'épanouir [52]. Il s'est donc adapté en faisant preuve d'une certaine tolérance, se bornant à canaliser plutôt qu'à réprimer cette aspiration émancipatrice. La preuve en est que l'un des commandants de régiment a été muté à l'automne 1944, non pour une quelconque inaptitude professionnelle (il était recommandé pour un poste identique dans une autre division SS), mais parce qu'il lui manquait « l'élan nécessaire et la compréhension des singularités des jeunes hommes de la division HJ [53] ». En réalité, toutes les formations SS disposant d'un important contingent de jeunes recrues ont été confrontées à ce phénomène. En juillet 1944, le commandant de la 10ᵉ division SS dénonçait ainsi les libertés prises par ses troupes avec la discipline, pour aussitôt ajouter que cela demeurait supportable tant que la combativité des hommes n'en était pas affectée [54]. C'est toutefois au sein de la 12ᵉ division SS que ce processus a été le plus abouti.

Le point de rupture dans la cohésion des formations motorisées SS

Jusqu'en 1944, les facteurs d'intégration l'ont emporté le plus souvent sur les facteurs de désintégration parmi les formations SS. En dépit des lourdes pertes survenues à partir de 1941, le fort esprit de corps régnant parmi les plus anciennes de ces formations a permis aux personnels reçus en renfort de s'intégrer rapidement, dès lors que les conditions minimales étaient réunies pour cela. Le recrutement de la troupe sur la base du volontariat facilitait d'ailleurs le processus d'intégration. Cela valait également pour les *Volksdeutsche*, dont les effectifs n'ont cessé d'augmenter à partir de 1942 [55]. Au-delà des problèmes de discipline et des quelques désertions survenues, le cas des personnels de la *Luftwaffe* incorporés par le corps d'armée blindé SS après la bataille de Kharkov au printemps 1943 en est une autre preuve [56]. À la fin de la même année, les personnels des divisions blindées « LSSAH » et « Das Reich » disposaient ainsi d'un moral incomparablement plus élevé que celui de leurs homologues de l'armée combattant à leurs côtés sur le front de l'Est [57]. En fait, les cas d'automutilation et de lâcheté ont surtout été signalés lorsque des individus insuffisamment préparés ont été jetés dans la bataille sans avoir eu le temps de s'intégrer à la troupe [58].

D'un autre côté, la durée de mise sur pied exceptionnellement longue dont ont bénéficié les trois nouvelles « divisions d'adolescents SS » créées en 1943 (9ᵉ, 10ᵉ et 12ᵉ) a permis à leurs personnels de tisser des liens très puissants au sein des groupes élémentaires. En cela, l'encadrement SS a tout fait pour que ces jeunes « se sentent chez eux dans leurs compagnies [59] ». *A contrario*, une formation telle que la 17ᵉ division SS a été à la fois desservie par une durée de constitution plus courte, une montée en puissance tardive de ses effectifs et un recrutement bien plus disparate. Quoique logique, la décision du commandement de la division de transférer en mars 1944 les personnels anciens dans les services logistiques et les plus jeunes dans les unités de combat a représenté un handicap supplémentaire : survenue trois mois après le début de l'instruction, cette redistribution des personnels a en effet bouleversé les liens humains tissés au sein des groupes élémentaires [60]. Laisser d'office en arrière une partie des cadres et des effectifs des compagnies de combat au moment de la montée au front n'a pu que déstabiliser encore davantage la troupe. Le fait de prélever une partie des chefs de compagnie et de section (environ 10 à 15 %) sur des unités de mêlée dont l'encadrement était déjà quantitativement et qualitativement insuffisant n'a pu que nuire à l'efficience de la troupe [61]. Sur ce point, le commandement de la division a donc privilégié une logique comptable à une approche humaine. Rétrospectivement, cela a été un mauvais calcul. Cette solution était certainement valable pour une formation telle que la division « Das Reich », parce qu'elle disposait d'un solide noyau ancien et qu'elle était fermement tenue en main par des cadres très aguerris. Pour une formation nouvelle dont les personnels du rang inexpérimentés étaient encore pour la plupart des adolescents, donc des individus psychologiquement fragiles, l'absence de liens très forts dans les groupes primaires et le sous-encadrement étaient des handicaps difficilement surmontables. Aussi était-il assez prévisible que la cohésion initiale de cette division s'effrite assez rapidement dans des conditions d'engagement difficiles [62]. Cela a été d'autant plus vrai que la pression subie à l'été 1944 a été extrêmement importante, surtout dans un environnement aussi exigeant pour le combat que le bocage normand. Au début de 1943, à l'issue de six mois d'entraînement et forts d'une réputation bien établie à défendre, les soldats et les cadres de la division « Das Reich » avaient tenu leurs positions face aux Soviétiques dans la certitude que les unités voisines ne reculeraient pas non plus [63]. Une telle confiance aveugle pouvait difficilement être exigée des jeunes soldats de la 17ᵉ division SS isolés au milieu des haies au cours de l'été 1944 [64]. Par ailleurs, les lourdes pertes ont rapidement entraîné la destruction des groupes primaires. Au sein des unités rapidement amalgamées avec des isolés, les chefs de groupe ne connaissaient même plus le nom de leurs subordonnés, pas plus que ceux-ci ne devaient se connaître entre eux. En conséquence, « les hommes ne [pouvaient] plus tenir davantage », et cela deux semaines seulement après le début de l'offensive américaine de grande ampleur lancée sur le front de la division [65].

Les combats menés à l'ouest à l'été 1944 n'en ont pas moins révélé la plus forte cohésion et le moral globalement plus élevé des divisions SS et des troupes aéroportées qui y ont été engagées [66]. L'une des preuves de cette cohésion se découvre à travers le nombre proportionnellement faible de soldats SS capturés en Normandie, même si, d'évidence, la peur de la captivité était plus présente chez eux que chez les soldats de la *Wehrmacht* [67]. Par ailleurs, les troupes SS ont fait preuve d'une combativité et d'un sens de la discipline encore extrêmement élevés au cours de l'Anabase qui les a conduites vers les Pays-Bas et les frontières du Reich [68]. Cette cohésion s'est parfaitement révélée chez les 9e et 10e divisions SS lors de la bataille d'Arnhem, ou lors des combats de la division « Das Reich » sur le *Westwall* en septembre et octobre 1944 [69].

Cependant, il convient d'écarter ici tout superlatif. En effet, l'esprit de corps relevé « parmi les soldats aguerris dans les divisions de la *Waffen-SS* et de parachutistes » n'était plus « très marqué dans aucune formation » à partir du mois d'août [70]. La désagrégation du moral a alors été spectaculaire. Alors que les services de renseignements alliés se désespéraient de ne percevoir aucun signe d'affaiblissement à la fin de juillet 1944, l'esprit de corps n'existait plus selon eux au sein des unités couvrant le repli allemand vers la Seine un mois plus tard (« Esprit de corps : *This does not exist* »). Le point de bascule s'est précisément situé à la charnière des mois de juillet et d'août, c'est-à-dire à l'issue de sept semaines de bataille et consécutivement à la percée américaine près de Saint-Lô. Même si elles résistaient mieux à ce phénomène, les unités de la *Waffen-SS* et de parachutistes étaient également affectées par cette baisse du moral [71]. Compte tenu de la date initiale d'engagement de chacune des formations SS, cette rupture est intervenue pour la plupart d'entre elles au terme de leur quatrième semaine de combat. Au fil des bombardements alliés massifs, la capacité de résistance nerveuse des individus s'est effritée. La pression était en effet énorme et finissait par rendre les rescapés complètement apathiques, soldats de la *Wehrmacht* et de la *Waffen-SS* confondus [72].

En règle générale, les personnels étrangers et ethniquement allemands plus ou moins enrôlés de force ont représenté le point faible des corps de troupe engagés. Peu ou pas intégrés, ils ont été les premiers à céder, voire à déserter [73]. Ils n'ont pas été les seuls. Même relativement peu nombreux, des nationaux allemands ont aussi cédé par la suite – y compris des officiers, tel un commandant de la 17ᵉ division SS qui a déserté dans le secteur de Metz en octobre 1944 alors qu'il était pourtant considéré comme un « national-socialiste sûr » par sa hiérarchie [74]. Quatre-vingts % des déserteurs motivaient leur acte par le refus de donner leur vie pour une cause perdue et le souci « de sauver leur propre peau ». Seuls 20 % obéissaient à des motifs politiques et passaient à l'ennemi parce qu'ils étaient des antinazis convaincus [75]. En dehors de ces passages à l'ennemi, d'autres signes ne trompaient pas. Apprendre que certains équipages SS prolongeaient la durée de réparation de leurs chars avariés dans les ateliers à l'arrière plutôt que de regagner rapidement le front en était un [76]. Voir les blindés de la 17ᵉ division SS se replier précipitamment sous prétexte qu'ils n'avaient plus de carburant en était un autre [77]. Ces faits étaient d'autant plus significatifs qu'il régnait une plus forte cohésion parmi les équipages de blindés, liée à la fois à la fierté du matériel, aux liens unissant les membres d'un même équipage et à des chances de survie plus élevées qu'au sein de l'infanterie.

L'effondrement moral au cours des derniers mois du conflit

Pour les divisions SS engagées à l'ouest, les combats de l'été 1944 ont figuré « le chant du cygne ». La destruction des groupes primaires, l'incapacité des services centraux SS de remplacer les personnels perdus par des recrues de même niveau, et finalement l'impossibilité matérielle d'intégrer efficacement les renforts reçus ont largement contribué à l'échec des divisions SS lancées à l'assaut dans les Ardennes en décembre 1944, et ce, indépendamment des conditions de la bataille [78]. En ce sens, leur revers a aussi été une faillite morale. Ce constat apparaissait au mois de janvier suivant dans les opinions des soldats de la 9ᵉ division SS sur l'issue de la guerre *(annexe 35)*. Plus de la moitié d'entre eux la considéraient alors comme virtuellement perdue. En cela, ils ne se distinguaient pas des soldats de la 62ᵉ division de grenadiers du peuple interrogés peu auparavant. Plus que l'opinion moyenne toutefois, ce sondage révélait au sein de la formation SS la coexistence de différentes strates de personnels aux opinions diamétralement opposées. Le noyau dur des recrues d'origine incorporées en 1943 était encore très motivé. Moins de quatre mois avant la fin de la guerre, plus de 70 % d'entre eux considéraient encore certaine une victoire allemande, ou du moins ne l'excluaient pas [79]. À l'opposé, les recrues fraîchement incorporées considéraient comme tout aussi certaine ou probable la défaite du Reich, et cela à plus de 80 %. Ce passage d'un extrême à un autre révélait parfaitement le degré de désagrégation atteint, quoique ce processus affectât différemment les unités en fonction de leurs pertes. Parmi les tankistes, la cohésion et le moral étaient ainsi nettement plus élevés qu'au sein de l'infanterie [80].

La composition sociologique extrêmement disparate des personnels de remplacement était largement en cause. Il ne s'agissait plus en effet comme par le passé de contingents relativement homogènes de jeunes recrues, mais d'un amalgame de ressortissants étrangers, de soldats de la *Luftwaffe* et de marins aux cursus et aux âges très variés [81]. Au moins une partie de ces hommes enrôlés sous la contrainte étaient du reste réfractaires au processus d'intégration [82]. Une autre partie d'entre eux, plus enclins à s'intégrer, s'étaient finalement détournés car ils se considéraient victimes de discrimination et se plaignaient d'être « traités comme des soldats de seconde catégorie » [83]. De façon exceptionnelle, ce revirement a été motivé par des raisons éthiques après avoir assisté aux exactions de leur nouvelle unité [84]. Plus généralement, les *Volksdeutsche* recrutés sous la contrainte à cette époque de la guerre et envoyés en nombre aux divisions SS avaient un moral bas. Les nouvelles de leurs familles (ou l'absence de nouvelles) achevaient de miner leur combativité. Aussi constituaient-ils davantage un fardeau qu'un avantage pour les unités qui les recevaient [85]. Même les adolescents enthousiastes fraîchement sortis des rangs de la *Hitlerjugend* pour rejoindre la *Waffen-SS* étaient mal armés sur le plan moral. Bien souvent, leurs convictions et leurs illusions n'ont pas résisté aux premières épreuves du champ de bataille. Signe des temps et de la situation militaire désespérée du Reich à cette époque, les soldats SS combattant dans les Ardennes ont été largement motivés par divers artifices : annonce de l'engagement d'armes miracle, promesse d'un soutien de 800 avions et d'une brève bataille, avec *in fine* la perspective d'arriver à Paris pour Noël en vivant en route sur les ravitaillements alliés abandonnés. Ils ont surtout été enflammés au cours des opérations par des succès allemands fictifs mentionnant la prise de diverses villes, telles Aix-la-Chapelle, Namur, Liège, Anvers et Metz, ou encore par la nouvelle que les avant-gardes allemandes arrivaient en vue de Dunkerque pour y délivrer la garnison assiégée [86]. Les réalités de la guerre, le froid, la faim et la perte des camarades ou des chefs ont brutalement fait chuter un moral au zénith à la veille de l'opération [87].

Qualitativement, l'encadrement n'était plus forcément à la hauteur. Des officiers se terrant dans leurs abris pendant les attaques ont ainsi miné le moral des soldats d'un bataillon de la 9ᵉ division SS, ce qui a naturellement provoqué des défections [88]. Sans aller jusqu'à des redditions en masse, le nombre de soldats SS prisonniers a finalement atteint des proportions jusque-là inconnues : en deux jours de combat, les soldats des 2ᵉ et 9ᵉ divisions SS ont ainsi constitué plus de la moitié des prisonniers capturés par la 1ʳᵉ armée américaine (respectivement 64 et 340 prisonniers sur un total de 749). Le phénomène était d'autant plus remarquable que la bataille n'avait été marquée par aucun encerclement de grande envergure, contrairement à ce qui s'était produit l'été précédent en Normandie [89].

De toutes les formations SS engagées à l'ouest à cette époque, c'est la 17ᵉ division SS qui a présenté l'effondrement le plus spectaculaire lors de la contre-offensive en Lorraine au début de janvier 1945 (opération « Nordwind »). De fait, tous les ingrédients étaient réunis pour aboutir à ce résultat. La division, exsangue, avait eu exactement une semaine pour se reconstituer après de durs et coûteux combats. Le matériel, notamment les blindés, était arrivé en retard. Surtout, l'un des deux régiments d'infanterie avait rejoint la division l'avant-veille de l'attaque. Il était composé de *Volksdeutsche* de la mer Noire qui avaient, certes, endossé l'uniforme SS au moins six mois auparavant, mais étaient jugés complètement inaptes au métier de soldat. Au premier choc, c'est tout le régiment

– engagé sans appui d'armes lourdes – qui a volé en éclats, conduisant la 1re armée allemande à demander des comptes à la division devant l'ampleur du désastre : 1 575 disparus, 101 cas avérés de désertion (dont 70 % de *Volksdeutsche* de l'est) et 42 cas suspects de disparition en onze jours de combat – sans compter la quantité considérable d'armes abandonnées sur le terrain. De son propre aveu, la division ne constituait plus une formation fiable susceptible de tenir son front au 1er mars 1945 [90].

Prenant conscience du problème, Himmler avait déjà ordonné le 30 décembre 1944 d'incorporer les *Volksdeutsche* suspects de tiédeur guerrière dans les unités d'appui « au sein desquelles ils ne [seraient] pas engagés comme combattants individuels, mais [seraient] en service avec des camarades [91] ». Ainsi fait, il reconnaissait implicitement l'échec du sophisme sur lequel s'était appuyée l'expansion de la *Waffen-SS* dans la seconde moitié du conflit, à savoir la capacité de l'Ordre noir à transformer les individus qui lui étaient confiés en combattants fanatiques par la seule foi en son idéologie.

La gestion mentale de l'échec

L'esprit de corps des formations SS et leur sentiment d'appartenir à une élite militaire ont développé chez elles un complexe de supériorité. Il n'est que de relever la morgue des commandants d'unité SS à leur arrivée sur le champ de bataille en Normandie à l'été 1944. Forts de leur expérience face aux troupes soviétiques, ils ont abordé le combat contre les Anglo-Saxons avec la conviction de rejeter à coup sûr à la mer ce « menu fretin » (Kurt Meyer) [92]. Cette condescendance n'aurait cependant pas été possible si l'esprit de corps n'avait pas auparavant permis de justifier mentalement les échecs antérieurs. L'oubli des déconvenues n'était pas en effet la méthode appropriée. Elle requérait énormément de temps. Aussi ne la trouve-t-on que rarement, par exemple à la division « Nord » qui avait essuyé un cuisant revers sur le front finlandais à l'été 1941 [93]. À l'inverse, le rejet des responsabilités sur un acteur ou un élément étranger à la sphère de la troupe a généralement servi d'exutoire. Très courant, ce processus mental était encore renforcé par la doctrine manichéenne du national-socialisme qui s'appropriait tous les succès et trouvait un bouc émissaire à tous les maux. Au fil de la guerre, il est devenu un réflexe mental. On en trouve une première trace au sein de la « LSSAH » lorsqu'elle était engagée sur le front de l'Est en décembre 1941. L'obligation de battre pour la première fois en retraite a été une expérience traumatisante pour la troupe. Celle-ci s'est toutefois immédiatement raccrochée à l'idée que cela n'était pas le fait de « sa propre défaillance, mais de la faute d'autres échelons », en faisant allusion aux généraux destitués par Hitler [94]. Au printemps 1942, il n'était pas non plus évident aux officiers de la division « Reich » d'expliquer comment le soldat soviétique parvenait à tenir tête au soldat SS, qui lui était pourtant tellement supérieur « du point de vue du commandement, de l'instruction, et avant tout sur le plan humain ». Invoquer l'image du soldat russe se battant jusqu'à la mort « aussi longtemps que l'officier et le commissaire étaient auprès de la troupe » a alors permis de trouver une solution à cet épineux problème [95]. C'est toutefois en février 1943 que l'esprit de corps a joué à plein. Fortes du temps de repos passé en France, de leur équipement flambant neuf et de leur puissance de feu, les deux premières divisions du corps d'armée blindé SS sont arrivées sur le front de l'Est avec un sentiment de supériorité écrasant. Aussi le choc a-t-il été rude lorsqu'il leur a fallu abandonner Kharkov à une Armée rouge prétendument composée de « sous-hommes » mal équipés et piètrement commandés. Les théories raciales ainsi que l'orgueil professionnel exigeaient des explications. Elles ont bien vite été trouvées, comme en témoignent les propos d'un officier SS ayant participé à la bataille :

> Il est humiliant de [le] dire, mais grâce à son caractère primaire et à sa mobilité sous ces conditions de combat dans la neige, le Russe nous a effectivement été supérieur, [nous qui étions] une troupe de première classe et fantastiquement armée, et il nous a contraints à battre en retraite. En été, cela n'aurait jamais été possible [96].

Ce mode de justification par emploi du conditionnel permettait en outre d'afficher sa supériorité et son infaillibilité face à la *Wehrmacht*. Dès la fin de 1942, une fois la réputation de la division « Totenkopf » solidement établie après les combats de la poche de Demiansk, Eicke proclamait ainsi aux officiers de l'armée qu'une division SS n'aurait pas laissé la flotte française se saborder à Toulon (oubliant que des troupes SS avaient aussi participé à l'opération) [97]. Cette tendance s'est encore renforcée après la reconquête de Kharkov par les unités SS à la mi-mars 1943. Ce succès contrastait avec l'anéantissement de la 6e armée allemande six semaines plus tôt. La comparaison a alors permis à Himmler d'affirmer aux officiers du corps d'armée blindé SS « que bien des choses se seraient mal passées dans cette guerre si, à tant d'endroits où cela avait été difficile, une division ou un corps de chez nous ne s'était trouvé là [98] ». Dans cette logique, certains n'hésitaient pas à affirmer que « Stalingrad ne serait jamais tombée si la *Waffen-SS* avait été présente là-bas [99] ».

Avec l'accumulation des revers, se soustraire à toute responsabilité est devenu une nécessité mentale pour tenter de préserver la confiance de la troupe en elle-même, et donc sa cohésion et sa combativité. Cette attitude ne s'est jamais mieux exprimée qu'à l'heure où est apparu le spectre de la défaite à l'été 1944, comme l'ont bien relevé les services de renseignements alliés :

> Parmi les nazis convaincus, l'argument est de plus en plus souvent invoqué que les Alliés mènent la guerre de manière « déloyale ». Ils avancent que les véritables qualités combatives du soldat ne jouent en rien et que la guerre sera gagnée par une supériorité en avions et en canons [100].

Cet argument, qui a fait florès après guerre, cachait mal le refus des soldats du front d'endosser toute responsabilité individuelle de la défaite [101]. Intellectuellement, cette excuse relevait de la même démarche que celle des responsables militaires allemands de 1918. Le fait est que c'est la troupe elle-même qui l'a initiée dans ce cas, recourant aux explications les plus irrationnelles pour expliquer la défaite [102]. Avec les parachutistes, les soldats SS sont allés beaucoup plus loin que le reste de l'armée dans cette voie en raison du statut particulier de chacune de ces deux troupes au sein des forces terrestres allemandes. Les uns étaient rattachés à la *Luftwaffe*, les autres à l'Ordre noir. Sur le principe, chacune de ces deux troupes se composait seulement de volontaires. Cela leur permettait de mettre l'accent sur l'absence de « tire-au-flanc » parmi leurs personnels, en sous-entendant : « contrairement à l'armée de terre » [103]. Se défausser sur celle-ci leur a donc été aisé, d'autant plus que Himmler avait parfaitement su attiser le ressentiment envers l'armée dans le processus de construction identitaire de ses troupes [104]. De même, l'idéologie de l'Ordre noir permettait aux soldats SS de ne pas cacher leur condescendance envers leurs adversaires [105]. À cet égard, l'attitude du second commandant de la division « Hitlerjugend » est un modèle du genre. À travers ses interrogatoires et son livre paru après guerre, il n'a cessé de dénigrer ses ennemis et de rejeter les échecs sur d'autres formations allemandes pour mieux masquer les revers de sa propre division. Le procédé révélait jusqu'à la caricature le fonctionnement mental d'une catégorie d'hommes trop imbus de leur supériorité raciale, individuelle et professionnelle pour seulement songer à se remettre en question [106].

CINQUIÈME PARTIE

AU FRONT ET EN RETRAIT : LA *WAFFEN-SS* DANS LA GUERRE

21

L'emploi stratégique des formations motorisées et blindées SS

Selon les termes du décret du 17 août 1938, la SS-VT n'était « ni un élément de la *Wehrmacht*, ni de la police », mais une troupe armée permanente à la « disposition exclusive » de Hitler en tant qu'organisation de la NSDAP. Destinée à répondre à « des missions particulières de politique intérieure » en temps de paix, elle devait se préparer « pour [son] utilisation mobile dans le cadre de l'armée de terre » en temps de guerre. Or, comme cela a été vu, les termes de ce décret ont été très rapidement étendus aux SS-TV, en charge de garder les camps, puis aux régiments « Tête de mort », originellement mis sur pied à l'automne 1939 pour renforcer la police dans des missions de sécurité intérieure. En somme, la quasi-totalité des forces armées de la SS a été à court ou moyen terme utilisée de manière opérationnelle. À quoi ? Poser cette question revient à se pencher sur la place accordée aux formations de campagne SS dans les plans du haut commandement allemand pendant le conflit. Une rupture apparaît alors très nettement dans leur emploi en 1942, suite au premier hiver de guerre à l'est : il y a clairement eu un *avant* et un *après*.

Rôle à l'heure du *Blitzkrieg*

Deux points remarquables ressortent de l'emploi des formations SS jusqu'en 1941. Le premier est leur participation à quatre des cinq campagnes terrestres allemandes du début de la guerre (Pologne, Europe de l'Ouest, Balkans et Union soviétique). La seule exception est l'occupation du Danemark et de la Norvège au printemps 1940. Le caractère secondaire de cette campagne en comparaison de l'imminence des combats à l'ouest d'une part, le relief montagneux qui a conduit d'autre part à engager en Norvège des troupes non motorisées (parachutistes, troupes de montagne et infanterie), peuvent expliquer cette absence [1]. Le second point remarquable est que le haut commandement allemand a engagé *l'ensemble* des formations opérationnelles de la *Waffen-SS* mises à sa disposition au cours de ces premières campagnes, du moins celles jugées décisives. Que ce soit en Pologne en 1939, à l'ouest en mai-juin 1940, ou encore face à l'Union soviétique en juin 1941, toutes les formations SS en mesure d'être engagées sur le front l'ont été [2]. Pour sa part, l'absence des divisions « Totenkopf » et « Wiking » dans les Balkans au printemps 1941 n'était pas surprenante. Elle se justifiait aisément par le caractère mineur de cette campagne. Affairée aux préparatifs d'invasion de l'Union soviétique, l'armée de terre n'a du reste mis elle-même en jeu qu'un très petit nombre d'unités pour l'occasion [3].

Le rôle dévolu aux formations SS au cours de ces premières campagnes a logiquement répondu à leur nature d'unités motorisées. Au demeurant, ces dernières étaient peu nombreuses, soit 6 des 157 divisions existant au 10 mai 1940. Avec les 10 divisions de panzers qui constituaient la pointe du fer de lance, ces 6 divisions motorisées formaient le corps de manœuvre allemand [4]. En composant le tiers des forces motorisées (non blindées) de la *Wehrmacht*, la « SS-Verfügungs-Division », la division « Totenkopf » et le régiment « LSSAH » représentaient donc bien davantage que leur simple poids numérique dans l'ordre de bataille allemand du début de la guerre. À ce titre, ces formations ont essentiellement tenu deux rôles. Très ponctuellement, au moment décisif de la percée des lignes adverses, elles ont servi à accompagner les divisions blindées chargées de la pénétration. Pouvant progresser au même rythme que les formations de panzers, elles ont assuré leurs flancs contre des retours offensifs ennemis et ont tenu les positions conquises jusqu'à ce que l'infanterie « ordinaire » les ait rejointes. Ce rôle n'a jamais été si évident et si primordial que lors du « coup de faux » de mai 1940 dans le nord de la France, avec notamment le rapide transfert des formations initialement engagées aux Pays-Bas (dont la

« LSSAH » et la « SS-Verfügungs-Division »), projetées à partir du 14 mai dans le sillage des panzers progressant vers la Manche [5].

Une fois la percée des lignes adverses assurée, la grande mobilité des forces motorisées leur a permis un emploi presque autonome en tant qu'unités de poursuite et d'exploitation, leur vitesse de progression compensant l'absence de blindés pour bousculer les arrières de l'ennemi et empêcher celui-ci de se réorganiser. La nature opportuniste de cette mission explique le fréquent changement d'affectation des formations SS. La « SS-Verfügungs-Division » a ainsi été subordonnée d'un échelon de commandement à un autre une quinzaine de fois en mai-juin 1940, jusqu'à trois changements le même jour [6]. Avec des effectifs plus modestes qui l'assimilaient à une force d'appoint destinée à renforcer le potentiel d'une grande unité engagée à un point de rupture, le régiment « LSSAH » a connu un nombre encore supérieur d'affectations, soit vingt-six [7].

Finalement, la campagne à l'ouest en 1940 a pris une forme assez particulière pour les formations rapides allemandes. Des périodes d'engagement d'une violence extrême ont en effet alterné pratiquement sans transition avec des jours de simples déplacements, de repos ou de poursuite sans véritable combat. Ainsi, du 10 mai au 25 juin, c'est-à-dire la période de quarante-six jours qui a séparé le déclenchement de l'offensive allemande de l'entrée en vigueur de l'armistice, un bataillon de la « LSSAH » ne comptait pas moins de quatorze jours de transport sans combat et onze jours de repos complet mis à profit pour la maintenance des matériels et le repos des personnels, soit plus de la moitié du temps total des opérations [8].

De 1939 à 1941, le rôle de poursuite des formations motorisées allemandes (et donc SS) n'a cessé de croître au fur et à mesure que les stratèges allemands s'enhardissaient. Imperceptible en Pologne, ce rôle est véritablement apparu lors des dix derniers jours de la campagne de France en 1940. Il a d'emblée pris une importance considérable en Grèce avec l'action de la « LSSAH » en mai 1941, et plus encore dans les immenses étendues de l'est lors des premiers mois de l'opération « Barbarossa », époque à laquelle la division « Reich » s'est trouvée à l'extrême pointe de l'avancée allemande en Union soviétique [9].

En dépit de son importance, il convient toutefois de ne pas surestimer le rôle des troupes SS. À cette époque de la guerre, il est en effet possible de se faire une idée assez précise de leur place au sein de l'ordre de bataille allemand à travers celle qui leur a été réservée dans la parade de la victoire prévue à Paris au début de juillet 1940 – finalement annulée par Hitler. Il est évident que, à travers l'ordonnancement des troupes, c'était la contribution à la campagne à l'ouest de chacune des branches des forces armées qui était hiérarchisée. Il apparaît tout aussi évident que ce classement ne répondait pas seulement à des critères objectifs et qu'il reflétait également des choix politiques et idéologiques. De fait, c'est la prépondérance de la *Luftwaffe* de Göring qui ressortait très clairement de cet ordonnancement. Que ce soit à travers son commandant en chef, ses escadres aériennes ou ses troupes aéroportées, l'aviation était alors au faîte de sa gloire. Qu'elle soit la branche de la *Wehrmacht* ayant le plus d'affinité avec le régime (à commencer par son chef) n'était naturellement pas un hasard. Pour sa part, la *Waffen-SS* avait été reléguée relativement loin derrière. Dans l'ordre de préséance, la « LSSAH » était même supplantée par le régiment « Großdeutschland », unité de l'armée ayant repris les traditions de la garde impériale. Parmi les forces terrestres, toute la vedette avait alors été donnée à la 30e division d'infanterie à qui était revenu l'insigne honneur d'entrer la première dans Paris le 14 juin 1940. En dépit de l'action des forces motorisées, il y avait là une volonté délibérée de mettre l'infanterie allemande à l'honneur. Et en tout état de cause, la place de la *Waffen-SS* dans l'étiquette militaire à l'été 1940 n'était pas à l'avant-plan [10]. En faire dès cette époque une élite professionnellement reconnue serait un anachronisme flagrant. S'il en fallait une preuve supplémentaire, il n'est que de relever l'absence des formations SS parmi les grandes unités de réserve générale des états-majors à l'ouest à la fin de l'année 1940 [11].

La *Waffen-SS* devient la réserve stratégique du Reich

La fonction stratégique des divisions de la *Waffen-SS* a radicalement changé en 1942. Le retrait du front de la « LSSAH » et de la division « Reich » au sortir du premier hiver de guerre à l'est, et surtout leur envoi en France au mois de juillet, ont en ce sens marqué une étape décisive. Le retrait de la « LSSAH » a d'ailleurs été d'autant plus significatif qu'il s'est produit une semaine après le déclenchement du « plan Bleu », c'est-à-dire l'offensive stratégique qui allait conduire les troupes allemandes dans le Caucase et à Stalingrad. Le chef d'état-major de l'armée de terre n'avait pas alors caché ses craintes devant ce choix [12]. De la même manière, le retrait de la division « Totenkopf » a porté préjudice au secteur nord du front de l'Est où elle était engagée à l'automne 1942. Le commandement n'a pu aligner que quatre bataillons d'infanterie pour permettre son désengagement, alors qu'une attaque soviétique était pourtant attendue [13]. Pour la première fois depuis le début du conflit, des formations SS pleinement opérationnelles (ou en passe de le redevenir rapidement) n'ont plus été engagées sur le théâtre d'opérations principal et ont été tenues en réserve par le haut commandement.

Plusieurs éléments expliquent ce revirement, dont certains étaient d'ordre stratégique. Pour la première fois de la guerre, la *Wehrmacht* avait été tenue en échec lors d'une campagne militaire terrestre. Non seulement les objectifs n'avaient pas été atteints, mais le potentiel militaire, industriel et économique dont disposait le commandement soviétique laissait encore augurer la possibilité d'une guerre longue à l'est, perspective qui s'accordait mal à terme avec les ressources allemandes. D'un autre côté, l'entrée en guerre des États-Unis en décembre 1941 avait rompu l'isolement de la Grande-Bretagne à l'ouest. Ce faisant, il ouvrait la possibilité d'une offensive sur les côtes occidentales [14]. Devant cette perspective nouvelle d'une guerre sur deux fronts, un changement s'imposait dans l'emploi stratégique des forces du Reich. Les premières campagnes de la guerre avaient vu le commandement allemand jeter d'emblée dans la balance l'ensemble de ses meilleures forces pour s'assurer rapidement de la victoire. Désormais, il lui fallait garder des atouts dans sa manche, c'est-à-dire disposer en permanence d'une solide réserve qui devait nécessairement comporter une fraction de son corps de manœuvre le plus mobile.

Par essence, cette réserve centrale était susceptible d'intervenir partout. L'élément de surprise indéniablement plus grand lié à un débarquement anglo-saxon à l'ouest supposait néanmoins que cette réserve stratégique soit maintenue sur ce théâtre d'opérations alors en veille où, plus encore qu'à l'est, un délai de réaction rapide condamnerait une attaque alliée. En somme, c'était toute l'ambivalence des formations rapides allemandes stationnées à l'ouest que d'y former « la réserve d'intervention du commandant en chef à l'ouest pour le cas d'un débarquement ennemi, [et] pour le reste de l'Europe la réserve du commandement suprême »[15]. Dans les faits, le transfert des formations rapides de cette réserve de l'ouest à l'est s'est surtout imposé en cas d'extrême urgence, c'est-à-dire lorsque la remise en état des forces blindées déjà engagées ne suffisait plus et que la situation requérait l'envoi de divisions fraîches. Par ailleurs, cette réserve contribuait par sa seule présence à densifier l'occupation des territoires à l'ouest placés sous le joug allemand. Enfin, en étant stationnées à l'étranger plutôt qu'en Allemagne où elles auraient pourtant occupé une position plus centrale, les dirigeants du Reich transféraient sur les populations occupées la charge d'approvisionner les troupes composant cette force, allégeant d'autant la pression alimentaire sur leur propre population[16].

À côté de la nécessité de disposer désormais d'une solide réserve stratégique, les conceptions de Hitler ont contribué à ce que les plus anciennes formations en armes de la SS composent cette réserve. En devenant en quelque sorte la garde rapprochée du régime sur les champs de bataille, ces divisions SS retrouvaient la vocation originelle de la petite troupe chargée de protéger le Führer à travers ses déplacements dans toute l'Allemagne au temps de la *Kampfzeit* (il est d'ailleurs très significatif que, en ordonnant le transfert à l'ouest des divisions « LSSAH » et « Reich », Hitler ait précisé qu'il se rendrait sur ce théâtre d'opérations en cas de débarquement allié pour prendre lui-même la direction des opérations)[17]. En 1942, la transposition au domaine militaire de cette fonction politique de garde prétorienne était d'autant plus aisée à réaliser que les troupes de la *Waffen-SS* avaient largement fait leurs preuves au front depuis le début de la guerre à l'est, surpassant les divisions de la *Wehrmacht* – du moins dans l'esprit de Hitler. Devenu commandant en chef de l'armée de terre en décembre 1941, il avait d'ailleurs toute latitude pour choisir les divisions devant composer la réserve stratégique. Sa préférence s'est alors portée sur les trois plus anciennes formations SS, bientôt coiffées par le tout nouvel état-major de corps d'armée de la SS[18]. Il est clair que ces trois divisions issues des SS-VT et SS-TV d'avant guerre avaient retrouvé leur statut de « troupes à disposition », cette fois militairement. Après six mois de repos à l'ouest, les divisions « LSSAH » et « Das Reich » constituaient de toute évidence ses atouts dans lesquels il plaçait une infinie confiance : des forces ultimes destinées à rétablir « naturellement » les situations, même les plus désespérées [19].

Une étape supplémentaire a encore été franchie à la fin de l'année 1942 avec la volonté affichée par Hitler de disposer *en permanence* d'une telle « réserve stratégique SS ». À l'heure où il était évident qu'il allait bientôt être obligé de se séparer de son corps d'armée blindé SS alors en France pour l'envoyer à l'est, cela s'est traduit par l'ordre de constituer les 9e et 10e divisions SS le 19 décembre. D'évidence, ces deux nouvelles formations devaient prendre le relais de leurs aînées. Ce passage de témoin était attesté par la directive de Hitler qui voulait « deux divisions extrêmement redoutables, semblables à la Reich et à la Totenkopf » [20]. En tout état de cause, ces deux divisions SS, destinées dès l'origine à faire face au « pire pétrin », sont demeurées quatorze mois l'arme au pied en Belgique et en France avant d'être finalement engagées pour rétablir la situation en Galicie en avril 1944 [21].

En fait, dès lors que le conflit a cessé de devenir une suite de campagnes éclair, c'est-à-dire après l'échec de l'opération « Barbarossa » à la fin de 1941, et jusqu'au débarquement allié en Normandie en juin 1944, Hitler a toujours disposé à l'ouest d'une réserve d'au moins deux divisions SS plus ou moins opérationnelles : la « LSSAH », la « Das Reich » puis la « Totenkopf » en 1942, les 9e, 10e puis 12e et 17e divisions SS en 1943, et enfin les 1re, 2e, 12e et 17e divisions SS à la fin du printemps 1944 [22]. Cette politique s'est poursuivie jusqu'à l'extrême fin du conflit par le biais de la 6e armée blindée (SS). Mise sur pied en novembre 1944 avec quatre divisions de panzers SS (1re, 2e, 9e et 12e), celle-ci a été engagée dans les deux contre-offensives majeures de la *Wehrmacht* des six derniers mois de la guerre, à savoir la bataille des Ardennes en décembre 1944 et la contre-attaque en Hongrie en direction du lac Balaton (Plattensee) en mars 1945.

Une réserve à la « disposition exclusive » de son Führer

Le choix porté par Hitler sur quelques-unes des meilleures divisions SS dans la constitution de la réserve stratégique de l'OKW répondait pour lui à un autre avantage, cette fois d'ordre personnel. En prenant les rênes de l'armée de terre en décembre 1941, Hitler s'était concrètement placé en position de devoir trancher la répartition des forces terrestres allemandes. Or, c'était du même coup se placer à la portée des commandants des théâtres d'opérations lui réclamant sans cesse de nouvelles forces – si possible de bonne qualité. Cette position d'arbitre était en elle-même très inconfortable, comme le laissaient entrevoir ses propos devant un parterre de généraux en décembre 1944 :

> À peine ai-je n'importe où une division libre que d'un autre endroit on guigne déjà dessus. Aussi suis-je déjà franchement heureux lorsque les divisions sont bien là [23].

De la part de Hitler, placer des divisions SS dans la réserve stratégique de l'OKW revenait à transformer tacitement celle-ci en réserve personnelle – on serait presque tenté d'écrire en « chasse gardée ». Cela ressort clairement de sa directive générale du 6 juin 1942 qui a marqué une étape décisive du changement de la fonction stratégique de la *Waffen-SS*. Ce jour-là, en effet, la division d'élite de l'armée « Großdeutschland », de même que les divisions « LSSAH » et « Reich » ont été officiellement reconnues ensemble comme « un instrument particulièrement précieux du commandement suprême » [24]. En s'attribuant aussi clairement la responsabilité d'emploi de ces trois formations, Hitler se donnait les moyens de ne pas avoir à rendre de comptes à ses maréchaux tout en pouvant leur en réclamer. Le statut ambivalent des troupes SS, qui n'étaient « ni un élément de la *Wehrmacht*, ni de la police », mais à sa « disposition exclusive » en tant qu'organisation de la NSDAP, le permettait très aisément. Hitler a ainsi pu employer en temps de guerre la *Waffen-SS* de la même manière qu'il l'avait employée avant guerre à l'échelle politique. Cela transparaît parfaitement lors d'un entretien avec le maréchal von Kluge venu lui réclamer des renforts pour son groupe d'armées « Centre » au début de septembre 1942. Hitler a débouté d'une pichenette sa demande, lui faisant valoir que la division de l'armée « Großdeutschland », ainsi que les divisions SS « LSSAH », « Das Reich » et « Wiking » étaient « des formations de la Garde ». Et comme la « Garde [est] toujours uniquement engagée pour de courtes crises », la demande de von Kluge était passée pour injustifiée, et ce dernier était reparti bredouille [25]. Il est du reste assez révélateur de voir les généraux de l'armée courtiser Himmler à partir de cette époque pour essayer de s'en faire un allié auprès de Hitler, à l'image de Rommel à l'automne 1942, ou encore du maréchal Schörner déplorant ne plus avoir de formation SS à sa disposition après le retrait de la division « Totenkopf » de son secteur du front de l'Est à l'été 1944 [26].

Sur ce point, Hitler est cependant resté seul maître à bord, comme le révèle son attitude le 26 avril 1944. Profitant de l'accalmie sur tous les fronts et en prévision des opérations à venir, c'est en effet lui qui a désigné les formations devant constituer la réserve centrale de l'OKW. Au total, six des onze divisions retenues appartenaient à la *Waffen-SS*, dont trois des quatre formations désignées à l'ouest – tranchant au passage à son profit la *Panzerkontroverse* opposant depuis le début de l'année 1944 les principaux responsables de la défense sur ce théâtre d'opérations [27].

Les difficultés d'application de cette stratégie

En poursuivant une telle politique, Hitler n'a pas toujours eu la partie facile et a essuyé bien des déboires. Sur le fond, et comme il l'avait indiqué à von Kluge, le principe d'emploi des formations de panzers SS était celui d'un engagement limité dans le temps afin de surmonter une crise. Dans la pratique, il s'est souvent révélé difficile, sinon impossible, de retirer une troupe tant que la situation n'était pas complètement stabilisée. Cela a pu se faire assez aisément avec les divisions « LSSAH » et « Das Reich » au printemps 1942, de même qu'avec le corps d'armée blindé SS après la reconquête de Kharkov en mars 1943. Dans les deux cas, l'arrêt temporaire des opérations a permis de les désengager. En décembre 1943, la majeure partie des éléments de la division « Das Reich » a encore pu être retirée et envoyée au repos en Prusse-Orientale après la consolidation de son secteur d'engagement [28]. Même après l'échec de la contre-offensive dans les Ardennes, l'ordre de retrait de la 6ᵉ armée blindée (SS) lancé dès le 8 janvier 1945 par Hitler a pu être exécuté en quinze jours, et ce, en dépit de la pression alliée et des mauvaises conditions de circulation [29].

Reste que les projets de Hitler se sont parfois aussi heurtés aux contingences des champs de bataille et à la stratégie de ses adversaires. En conséquence, et en dépit des ambitions affichées, la réserve centrale de l'OKW s'est trouvée bien malmenée et parfois réduite à peu de chose [30]. Déjà en 1942, la division « Totenkopf » n'avait pu être désengagée qu'à grand-peine et avec plusieurs mois de retard du saillant de Demiansk. Aussi le retrait des derniers éléments de la division s'est échelonné jusqu'à la mi-octobre (et non en août comme il était initialement prévu) et leur transfert en France s'est étalé jusqu'au 1ᵉʳ novembre [31]. Ces aléas se sont par la suite multipliés, particulièrement sur le front de l'Est qui est pratiquement passé en état de crise permanente à partir du second semestre 1943. À compter de cette époque, il a parfois fallu à Hitler discuter pied à pied avec les commandants des théâtres d'opérations pour récupérer ses divisions SS, sans garantie de les obtenir. En ce sens, la rencontre entre Hitler et von Kluge à la fin de juillet 1943 fait figure d'archétype. Au terme d'une longue discussion pour tenter de le convaincre de la nécessité de lui céder les trois divisions du corps d'armée blindé SS qu'il comptait envoyer en Italie, Hitler a été assuré de ne lui en arracher qu'une seule [32].

Par la suite, certains généraux ont tout bonnement préféré engager à fond les formations blindées de l'armée ou de la SS dont ils disposaient pour mieux les retenir au moment où on les leur réclamait. La « LSSAH » ainsi qu'un détachement tactique de la division « Das Reich » ont notamment pâti de ce procédé au cours de l'hiver 1943-1944. De fait, l'état-major de l'armée de terre encourageait de telles pratiques en laissant aux responsables du front la libre appréciation du moment opportun du retrait, c'est-à-dire « aussitôt que la situation le permet[tait] » [33]. La défense statique sans esprit de recul prescrite par Hitler facilitait aussi le procédé [34]. La « LSSAH », dont le transfert à l'ouest était déjà envisagé au début de décembre 1943, puis fermement décidé le 27 février 1944, n'a finalement rejoint la Belgique que dans la seconde moitié d'avril 1944, soit avec plus de trois mois de retard [35].

Cela n'a du reste pas été le seul échec. En effet, telle qu'elle était prévue à la fin de l'année 1943, la montée en puissance des troupes

SS à l'ouest n'a pas atteint les proportions envisagées. Elle a certes trouvé un début d'application. À la suite de la directive n° 51 visant à renforcer l'ouest en vue du débarquement allié, elle s'est notamment traduite par l'arrivée presque simultanée des états-majors et des troupes organiques des Ier et IIe corps d'armée blindés SS, jusque-là engagés en Italie. À l'instigation de l'inspecteur général des troupes blindées (Guderian), ces deux corps d'armée ont donc pu encadrer les quatre divisions SS alors présentes en France et en Belgique [36]. Par contre, l'idée un temps caressée par Hitler et la *Reichsführung-SS* d'y transférer également les divisions « Das Reich » et « Totenkopf » (et bientôt la « LSSAH ») est demeurée lettre morte, du moins dans un premier temps [37]. Ce projet trahissait non seulement l'intention de voir les panzers SS jouer un rôle prépondérant face à l'offensive alliée attendue à l'ouest, mais sa concrétisation aurait *de facto* constitué les prémices d'une véritable armée SS. Avec six des sept divisions blindées SS existantes (et une division motorisée) simultanément présentes sur ce théâtre d'opérations encore en sommeil, cette armée aurait alors pu être aisément organisée, à l'image de ce qui a été fait un an plus tard avec la 6e armée blindée (SS) [38].

Les répercussions de la prééminence stratégique accordée à la *Waffen-SS*

Au final, le commandement allemand a payé assez cher cette politique consistant à employer presque systématiquement les formations blindées de la *Waffen-SS* comme réserve stratégique dans la seconde moitié de la guerre. Et cela pour trois raisons. Tout d'abord, la volonté presque dogmatique d'affecter les divisions SS dans la réserve stratégique de l'OKW a parfois conduit Hitler à ignorer la simple réalité. Pour ne citer que cet exemple, deux des trois divisions SS appartenant à la réserve de l'OKW en mai 1944 disposaient à cette date d'une valeur très médiocre. Or, le principe d'une réserve d'intervention au niveau stratégique sous-tend que les formations qui la composent soient d'excellent niveau. Cela avait d'ailleurs été la doctrine d'emploi du corps d'armée blindé SS au début de 1943. Rien de tel au printemps 1944. Quoique toutes deux de création récente, la division blindée « Lehr » et la

12ᵉ division blindée SS pouvaient promettre une bonne tenue au feu en raison de leur équipement et de la composition de leurs personnels. La sous-motorisation de la 17ᵉ division SS qui achevait à peine sa mise sur pied, de même que la faible valeur combative que représentait la « LSSAH » tout juste retirée des combats auraient cependant dû empêcher leur affectation dans la réserve de l'OKW, du moins sur des critères de sélection objectifs. La subjectivité qui a présidé à leur choix était du reste d'autant plus flagrante que, de l'avis des responsables des troupes blindées, la plupart des autres divisions de panzers stationnées à cette date sur ce théâtre auraient fort bien pu les y remplacer avantageusement [39].

La préférence de Hitler pour les formations SS a également eu de fâcheuses répercussions sur le plan opérationnel. Chaque fois que le commandement allemand a voulu exercer son effort principal sur un front, il y a engagé plusieurs formations blindées SS à partir de 1943 [40]. Une telle tendance n'est naturellement pas passée inaperçue des Alliés. Localiser ces divisions blindées SS permettait aux services de renseignements anglo-saxons comme soviétiques de déterminer le *Schwerpunkt* de leur adversaire sans grand risque pour eux de se tromper. Au demeurant, le petit nombre de ces divisions (sept au total) leur simplifiait la tâche. En tout état de cause, celle-ci était plus aisée que l'obligation qu'aurait représenté pour eux la nécessité de repérer la trentaine de divisions blindées que comptait la *Wehrmacht* si cette dernière n'avait pas fait de distinction dans leur utilisation. Pour un régime hanté par l'idée de la trahison, la lisibilité de l'emploi stratégique de ses forces rendait ses obsessions risibles et ses mesures de sécurité inopérantes [41]. Pourtant, le commandement militaire allemand en a eu assez tôt pleinement conscience. À l'automne 1943, il estimait déjà que « les divisions SS appart[enaient] aux formations d'élite de l'armée de terre. À partir de leur détection, de leur apparition soudaine et de leur retrait du front, l'ennemi [pouvait] et [devait] tirer des conclusions extrêmement importantes [42] ». Avec la mise sur pied de la 6ᵉ armée blindée (SS) à l'automne 1944, la tâche des Alliés est devenue un jeu d'enfant. En devenant *la* réserve stratégique de l'OKW à partir de cette époque, leurs services de renseignements n'ont plus eu en effet qu'à focaliser leur regard sur elle afin de deviner les intentions allemandes. Mieux, à travers elle, ils ont aussi pu mesurer par déduction le potentiel de combat du Reich. Constatant par exemple que, cinq semaines après leur retrait du front occidental, les divisions de la 6e armée blindée (SS) n'étaient pas encore réapparues sur le front de l'Est qui en avait pourtant grandement besoin, les Britanniques en sont arrivés à conclure que le Reich n'était plus en mesure de reconstituer rapidement sa principale réserve stratégique. Ils avaient en conséquence interprété ce fait comme un indice significatif de l'effondrement de l'économie de guerre allemande, notamment sous l'effet des bombardements aériens alliés [43].

Naturellement, le commandement allemand a tenté de soustraire les troupes SS à cette observation, voire à se servir d'elles pour leurrer les services de renseignements alliés. Ce n'est d'ailleurs pas un hasard de relever le recours de plus en plus fréquent aux formations SS dans les entreprises de désinformation à la fin de la guerre. C'est justement à partir de l'été 1943 qu'elles ont commencé à servir de manière spécifique aux opérations d'intoxication du contre-espionnage allemand. Lors de l'offensive contre le saillant de Koursk en juillet 1943, la modification des emblèmes divisionnaires était encore une mesure générale concernant l'ensemble des formations de panzers engagées [44]. En revanche, à partir du mois de septembre suivant et pendant deux mois, le contre-espionnage allemand a tenté de bluffer les Alliés en faisant passer l'état-major du IIe corps d'armée blindé SS pour celui de la « 1re armée blindée SS » au moment de son envoi en Italie [45].

Ces manœuvres se sont multipliées à partir de l'automne 1944 et ont revêtu deux fonctions opposées. D'un côté, les formations SS ont pu servir « d'épouvantails ». Remarquant que « la SS sembl[ait] être fréquemment redoutée » par les Anglo-Saxons, le contre-espionnage allemand à l'ouest n'a pas tardé à exploiter cette faille. En septembre 1944, au moment où les troupes américaines arrivaient rapidement aux portes de Metz sans avoir rencontré jusque-là beaucoup d'opposition, il a ainsi annoncé l'arrivée de la division « Totenkopf » en Lorraine, nouvelle qui a été immédiatement prise au sérieux par les Alliés [46]. La fonction la plus essentielle de ces opérations a néanmoins été de masquer les mouvements des troupes SS dans les derniers mois de la guerre, que ce soit en désignant la 6e armée blindée (SS) et ses unités sous des noms de code erronés au moment de les engager en Hongrie en 1945, ou encore en faisant passer une division SS (la 16e) pour une autre de moindre valeur (la 13ᵉ)[47]. En janvier 1945, le contre-espionnage allemand a même tenté de conjuguer l'effet « épouvantail » tout en essayant de cacher aux Anglo-Saxons le retrait de la 6ᵉ armée blindée (SS) du front de l'Ouest. Un faux ordre d'opération a ainsi été édité, indiquant l'engagement imminent et concomitant des divisions blindées SS aux Pays-Bas et en Rhénanie-Palatinat. Un autre a visé peu après à faire croire aux Soviétiques que cette armée était dirigée vers l'Oder[48].

Si ces contes ont été pris au sérieux par les services de renseignements alliés, ils ne les ont généralement pas longtemps induits en erreur[49]. Certes, le contre-espionnage allemand a ponctuellement marqué des points. Les services de renseignements britanniques ont même fait *a posteriori* leur *mea culpa* en tirant un bilan de leurs échecs dans une analyse intitulée « Les divisions qui ne sont pas arrivées »[50]. Ces manœuvres de déception étaient néanmoins trop souvent cousues de fil blanc pour demeurer longtemps crédibles dans les esprits très affûtés des spécialistes alliés. Ces derniers disposaient en outre d'importants moyens d'investigation pour recouper leurs informations (reconnaissance aérienne, interrogatoires de prisonniers, etc.). À l'inverse, la nécessité de camoufler à tout prix la présence de troupes SS a conduit le commandement allemand à des mesures de sécurité draconiennes qui, finalement, ont eu des répercussions très néfastes au moment de l'engagement des troupes. Les unités de la 6ᵉ armée blindée (SS) ont ainsi pâti de l'interdiction qui leur a été faite de s'exercer aux communications radio avant l'offensive dans les Ardennes en décembre 1944. Résultat : la « LSSAH », qui constituait pourtant le fer de lance de l'opération au nord, a connu dès le premier jour une faillite presque totale de ses transmissions. L'inspecteur des troupes blindées allemandes reconnaissait d'ailleurs que de telles précautions étaient non seulement préjudiciables, mais aussi futiles, car « les gens à l'étranger sav[ai]ent bien que la Leibstandarte, " Das Reich ", etc. se trouv[ai]ent là[51] ».

Finalement, le plus grave est que cette politique visant à systématiquement confier l'effort principal aux panzers SS a parfois conduit le haut commandement allemand à faire des choix en dépit du bon sens. Alors que l'absence de vision stratégique à long terme conduisait déjà à transférer régulièrement des formations d'un front à l'autre, la préférence donnée aux divisions blindées SS pour conduire les opérations décisives a encore aggravé ce phénomène en entraînant une multiplication de ces transferts dans la seconde moitié de la guerre [52]. De toutes, la « LSSAH » est de ce point de vue celle qui a connu l'existence la plus bohème en étant par cinq fois transportée d'un théâtre d'opérations à un autre au cours des deux dernières années du conflit [53]. Un emploi « normal » des divisions blindées SS aurait d'évidence évité un tel gaspillage de temps et d'énergie, avec au bout du compte une plus grande efficacité.

Dans cette volonté de concilier à tout prix l'inconciliable, la manière d'employer les divisions SS a conduit à des situations parfois ubuesques. Cela est particulièrement apparu au printemps 1944, au moment où Hitler a dû faire face aux crises du front de l'Est tout en essayant de maintenir le plus grand nombre de divisions SS à l'ouest en prévision du débarquement. Aux mois de mars et avril 1944, il s'est ainsi produit une véritable partie de « chaises tournantes » entre les 1re, 10e et 12e divisions SS qui se sont mutuellement remplacées en Ukraine, en Normandie et en Belgique. Plus que la volonté de maintenir nombre pour nombre les divisions blindées SS présentes à l'ouest, il s'est clairement agi pour Hitler de récupérer sa garde personnelle (la « LSSAH ») pour l'engagement décisif prévu à l'ouest, tout en accomplissant le projet vieux d'un an de la réunir avec la division « Hitlerjugend » sous la tutelle du Ier corps d'armée blindé SS de son fidèle lieutenant, « Sepp » Dietrich [54].

La manie de toujours vouloir engager les divisions blindées SS pour les opérations décisives a également conduit à d'autres déboires. Le rappel du IIe corps d'armée blindé SS le 11 juin 1944 en est certainement l'exemple le plus intéressant. Alors qu'il se trouvait en réserve sur le front de l'Est à cette date, ce corps d'armée SS a reçu l'ordre de traverser toute l'Europe pour rejoindre la Normandie. Ce mouvement était d'autant plus irrationnel que l'offensive d'été soviétique était imminente et que trois divisions blindées de l'armée demeuraient toujours l'arme au pied en France. En conséquence, à l'heure où les Anglo-Saxons consolidaient leur tête de pont en Normandie et que le groupe d'armées « Centre » s'effondrait sous les coups de boutoir de l'Armée rouge à partir du 22 juin, quelque 35 000 soldats SS bien entraînés et équipés se sont retrouvés éparpillés à travers l'Europe, complètement inutiles pour l'effort de guerre du Reich à un moment crucial[55]. *Last but not least*, l'échec de la contre-offensive dans les Ardennes en décembre 1944 a été dû, au moins pour partie, à la résolution prise par Hitler de confier à la 6ᵉ armée blindée (SS) du général SS Dietrich le rôle principal dans le plan d'opération :

> Les maréchaux avaient proposé de placer le centre de gravité de l'attaque au centre des Ardennes où les routes étaient meilleures et les défenses plus faibles. Hitler s'y était refusé parce que, dans sa pensée, seules les divisions SS étaient assez fanatisées pour emporter le succès et, pour le prestige nazi, il voulait que ce fût sur [elles] que rejaillît la gloire de la victoire. Ces divisions ne pouvaient être employées au centre car, pour réaliser l'effet de surprise, il fallait pouvoir convaincre les Alliés que l'armée de Dietrich était gardée en réserve en vue d'une contre-attaque dans le secteur de la Roer. À cette fin, il fallait retarder son transfert dans l'Eifel jusqu'aux trois dernières nuits, ce qui obligeait à l'engager seule, à l'aile nord. Ainsi, dès l'origine, le plan se trouva-t-il vicié par des arrière-pensées politiques et la crainte de reconnaissances alliées[56].

En somme, c'était là une illustration flagrante de la place occupée par les formations blindées SS dans la stratégie à la fin du conflit. En même temps, cet exemple démontre comment des motifs politiques ont parasité les plans de campagne allemands en venant interférer dans des questions purement opérationnelles.

22

Des limites et de l'abus d'un concept : considérations sur les formations blindées SS en tant que « pompiers du front »

On ne compte plus le nombre de publications assimilant la *Waffen-SS* – plus particulièrement sa composante blindée – à un corps de « pompiers » *(Feuerwehr)*. Née pendant la guerre, cette image de troupes dépêchées sur tous les théâtres d'opérations en crise pour y éteindre les incendies est extrêmement gratifiante. Le choix de ce terme n'est pourtant pas innocent. Il conjugue l'idée que les troupes SS ont été les « sauveurs du front » avec les qualités unanimement reconnues au corps traditionnel des pompiers (sens du service public, abnégation et esprit de sacrifice), tout en évacuant une quelconque référence religieuse. Rapportée, amplifiée et déformée, cette image est devenue une « vérité historique [1] ». Des imprécisions en tout genre, quand ce ne sont pas des exagérations délibérées, ont contribué à ce que le rôle des divisions SS soit largement enjolivé [2]. Ainsi est apparue l'image d'une troupe tenue d'exécuter les missions les plus difficiles, sans cesse jetée dans la fournaise des combats pour y colmater les brèches, sacrifiée dans des missions désespérées, voire condamnée à servir d'arrière-garde pour protéger le repli des formations de l'armée. En corollaire, la troupe aurait eu à subir des pertes extrêmement lourdes. Un regard plus critique permet néanmoins de remettre en cause cette image héroïque.

Les limites d'une image héroïque

Plusieurs limites viennent troubler l'image héroïque de « pompiers du front » accolée aux troupes SS. La première est d'ordre chronologique. Les impératifs stratégiques, de même que les considérations personnelles de Hitler, n'ont pas conduit à la mise en place d'une réserve de troupes blindées SS avant l'été 1942, soit près de trois années après le déclenchement du conflit. Auparavant, aucune distinction n'existait dans l'emploi entre les formations motorisées SS et les autres divisions de l'armée de terre. Le maintien pendant six mois de deux divisions SS en France à partir de l'été 1942 et leur envoi précipité avec le corps d'armée blindé SS sur le front de l'Est au début de 1943 ont marqué cette césure. Dès lors, il convient de ne pas anticiper un phénomène fondamentalement circonscrit à la seconde moitié du conflit.

La faiblesse numérique des forces de la *Waffen-SS* par rapport à celles de l'armée constitue une autre limite. De fait, même si le nombre de divisions motorisées et blindées SS n'a cessé de croître pendant le conflit, elles n'ont jamais représenté qu'une minorité des forces rapides allemandes, soit tout au plus un bon quart (*annexe 36*). Lorsqu'en janvier 1943, le corps d'armée blindé SS a été utilisé pour la première fois dans un rôle de « pompier », les divisions mécanisées SS ne représentaient qu'à peine 10 % des formations blindées ou motorisées de la *Wehrmacht*. À l'échelle des divers théâtres d'opérations et de l'empire à défendre, cette puissance de choc, quoique tangible, était bien insuffisante.

Concrètement, il a fallu attendre le printemps 1944 pour voir la *Waffen-SS* se trouver en mesure de jouer son rôle de « garde » sur les principaux fronts, c'est-à-dire pour que les divisions motorisées et blindées SS les plus récentes possèdent la capacité opérationnelle requise pour tenir ce rôle [3]. De fait, l'impossibilité de fournir rapidement et en suffisance les véhicules et l'armement lourd aux nouvelles formations SS a contribué à retarder leur préparation aussi sûrement que les difficultés éprouvées par le SS-FHA pour rassembler, organiser et instruire leurs effectifs. Les délais impartis ont très fréquemment été dépassés. Les 9e et 10e divisions SS, censées être opérationnelles au 1er juillet 1943, ont finalement vu leur échéance repoussée au 1er mars 1944 (en septembre 1943, le manque de mobilité de la 10e division SS était tel qu'elle n'a même pas pu être engagée pour désarmer les troupes italiennes en Provence) [4]. La 12e division SS, qui devait être initialement prête pour janvier 1944 selon Himmler (et même le 15 novembre 1943 selon l'OKW), ne l'a finalement pas été avant le mois de mai suivant [5]. En mars 1944, la date à laquelle les 4e, 8e et 18e divisions SS devaient être opérationnelles était toujours « indéterminée », alors qu'elle était précisément définie pour l'ensemble des formations de la *Wehrmacht* [6].

En fait, la SS n'a que rarement été capable de tenir ce qu'elle avait promis, et ce, même en lui faisant grâce de l'arrivée tardive des armes lourdes et des véhicules dont elle n'était pas seule responsable. La division « Nordland » et la brigade « Nederland » (présentée comme division à Hitler) ont par exemple été engagées à peu près à la date prévue à la fin de 1943, mais alors que les personnels de la première étaient encore incomplètement instruits [7]. Il suffit de voir le temps qu'il avait déjà fallu au début de la guerre pour rendre pleinement opérationnelles la « SS-Verfügungs-Division » et la division « Totenkopf ». Alors qu'elle se composait essentiellement de personnels d'active, la première n'a pas été reconnue « division d'attaque de premier ordre » avant mars 1940 – la seconde l'étant seulement en mai, peu de jours avant le déclenchement des opérations à l'ouest [8].

La troisième limite est intimement liée aux idées de Hitler sur l'emploi de cette réserve stratégique. Dans son esprit, il s'agissait d'un atout d'autant plus précieux qu'il reposait sur un corps de troupe numériquement faible. Aussi entendait-il ne pas le gaspiller inutilement. En fait, il a toujours répugné à abattre cet atout tant qu'il n'était pas absolument contraint de le faire. En elle-même, cette conception était parfaitement logique. Dans la durée, elle a conduit à une importante disparité dans l'emploi des troupes blindées SS par rapport à celles de la *Wehrmacht*. En effet, à épuiser toutes les autres solutions avant d'actionner les divisions blindées SS tenues en réserve, ces dernières n'ont été engagées qu'avec parcimonie sur le front, et en tout état de cause *après* l'engagement des divisions de l'armée de terre. Cela est apparu de manière éclatante dès la fin de l'année 1942. Jusqu'au 19 décembre, pas moins de trois divisions blindées, trois divisions d'infanterie et une division de montagne de l'armée ont reçu l'ordre de rejoindre le front de l'Est à l'époque de la bataille de Stalingrad. La décision d'engager les dernières forces consistantes à l'ouest – c'est-à-dire le corps blindé SS avec ses trois divisions – n'est pour sa part tombée que dix jours plus tard, lorsqu'il est finalement apparu que les renforts déjà dépêchés sur place ne permettraient pas de rétablir la situation [9]. Ce décalage est d'autant plus révélateur qu'en novembre 1942, le corps d'armée SS venait alors d'absorber une partie non négligeable de la production allemande en armes et, surtout, en véhicules. Dès le mois de septembre, la division « Das Reich » était par ailleurs pleinement opérationnelle [10]. D'évidence, la conversion en formations blindées des trois divisions SS s'est faite au détriment des opérations à l'est. En effet, l'arrivée de l'hiver et les conditions météorologiques défavorables excluaient pratiquement tout risque d'offensive de grande envergure à l'ouest. Aucune raison d'ordre stratégique ne pouvait dès lors justifier leur présence en France, alors même que toutes les forces disponibles étaient requises dans le secteur de Stalingrad. Si la division « Totenkopf », dont l'infanterie venait tout juste d'être retirée du front en octobre, pouvait encore justifier d'un manque de temps pour se reconstituer, les deux autres divisions du corps d'armée SS n'ont pas été engagées afin de ne pas bouleverser leur conversion [11].

Le même phénomène est encore observable en 1943 et 1944 à travers le délai prodigieusement long qui a été accordé aux nouvelles formations de panzers SS pour leur constitution. Alors que les divisions blindées de l'armée mises sur pied ou reconstituées à l'ouest n'ont cessé d'être transférées sur les autres fronts aussitôt qu'elles disposaient d'un potentiel de combat suffisant [12], les 9e et 10e divisions SS ont joui d'un temps de préparation assez exceptionnel de quatorze mois, de février 1943 à mars 1944. À cet égard, elles ont tenu un record inégalé. Un tel avantage n'a été consenti à aucune autre division blindée de l'armée, *a fortiori* aux trois formations de panzers de la 6e armée englouties à Stalingrad et reconstituées de toutes pièces en France en 1943. Toutes trois ont été engagées dès l'automne suivant en Italie ou sur le front de l'Est *(annexe 37)*. Seule la nouvelle mouture de la 21e division blindée, créée au printemps 1943 avec des détachements déjà présents en France et des rescapés de l'*Afrikakorps*, a bénéficié d'un temps de préparation équivalent, soit treize mois. Aucune des divisions motorisées ou blindées SS n'a toutefois connu la mésaventure de la 25e division blindée envoyée en catastrophe sur le front de l'Est en octobre 1943, en état de totale impréparation, avec les conséquences opérationnelles que l'on peut deviner [13]. À comparer avec la division blindée « Lehr », l'extraordinaire régime de faveur dont

ont bénéficié les 9ᵉ et 10ᵉ divisions SS s'est également vérifié au début de l'année 1944. Cette division blindée de l'armée n'a disposé que de dix semaines pour sa mise sur pied et son instruction avant d'être déclarée opérationnelle et engagée. Si cette formation avait pour elle l'avantage d'être constituée au moins en partie avec des unités aguerries ou avec des personnels expérimentés des écoles des troupes blindées, et que sa première mission a consisté à participer à l'occupation de la Hongrie, c'est-à-dire *a priori* une opération sans combat important, il est remarquable que ce soit elle qui ait été choisie en dépit de ses lacunes au début de mars 1944. De fait, les 9ᵉ et 10ᵉ divisions SS n'ont été actionnées qu'à la toute fin du même mois, devant l'impérieuse nécessité pour l'OKW (qui n'avait d'autre choix) de dégager sa 1ʳᵉ armée blindée encerclée en Ukraine [14].

Une participation limitée à l'effort stratégique du Reich

Dans la politique de mise en réserve des formations rapides SS, la menace d'un débarquement à l'ouest a utilement servi les intérêts de l'Ordre noir. De l'été 1942 au printemps 1944, il a permis de justifier le retrait à tour de rôle des troupes SS. Aussi, à déterminer la répartition et le poids des divisions motorisées et blindées de la *Waffen-SS* par rapport à celles de l'armée sur les différents théâtres d'opérations pendant le conflit, leur identification traditionnelle avec les combats menés à l'est y apparaît rapidement trompeuse *(annexe 36)*. Cette identification n'est effectivement valable qu'au cours de la première année de combats contre l'Union soviétique, puis de la fin de l'hiver au début de l'été 1943 (batailles de Kharkov et de Koursk), ainsi qu'au cours des trois derniers mois de la guerre. Mis bout à bout, cela ne dépasse guère le tiers du temps qui a séparé le déclenchement de l'opération « Barbarossa » de la chute de Berlin, soit un peu plus de quinze mois sur quarante-six. Dès 1942, Hitler et la *Reichsführung-SS* ont eu largement tendance à concentrer les formations SS sur des théâtres d'opérations inactifs (Europe de l'Ouest jusqu'en juin 1944) ou secondaires (Scandinavie, Balkans et nord de l'Italie).

Cette politique a logiquement été menée aux dépens des divisions blindées de l'armée. À systématiquement privilégier le retrait du front des divisions blindées SS, le fardeau des combats n'a pas en effet été équitablement partagé entre les formations de panzers dans la seconde moitié du conflit. Cette inégalité de traitement était d'autant plus manifeste lorsque les divisions blindées SS disposaient en sus d'une priorité d'équipement, comme cela s'est produit de l'été 1942 au printemps 1943. Fin juillet 1943, la « LSSAH » a ainsi été la seule division blindée retirée du front de l'Est pour être envoyée en toute urgence en Italie. Le choix de Hitler avait été non seulement motivé par la volonté d'envoyer sur place une troupe politique susceptible d'y galvaniser le régime fasciste chancelant, mais aussi par l'opportunité de reconstituer sa garde personnelle parce qu'il estimait qu'elle avait « besoin d'être complétée » après dix jours de combats offensifs à Koursk [15]. De la même manière, Hitler a décidé de retirer la « LSSAH » du front de l'Est à la fin de février 1944, en lieu et place de la 11e division blindée de l'armée initialement prévue. L'injustice était ici d'autant plus flagrante que la « LSSAH » (à cette date encore forte de 17 000 hommes) avait bénéficié de son intermède italien pour reconstituer ses forces d'août à octobre 1943 et n'avait à cette date « que » quatre mois de front derrière elle. De son côté, la 11e division blindée n'avait pas quitté le front de l'Est depuis le déclenchement de l'opération « Barbarossa » en juin 1941, ayant seulement bénéficié de plus ou moins brèves périodes de repos à l'arrière. Même si les opérations militaires en cours ont retardé l'application de cette décision, elle n'en a pas moins été mise en œuvre, la « LSSAH » étant transférée à l'ouest avant que la 11e division blindée n'y soit totalement regroupée [16].

Avec de telles pratiques, la participation de la « réserve stratégique SS » à l'effort de guerre du Reich s'est par moment réduite à fort peu de chose en comparaison de celle de l'armée. Au début de mars 1944, l'inspecteur général des troupes blindées (Guderian) pouvait d'ailleurs faire ses comptes et rappeler cette élémentaire vérité à Hitler : tandis que 32 des 35 divisions blindées ou motorisées que comptait l'armée de terre à cette date étaient engagées sur le front, seules 5 des 11 divisions blindées ou motorisées SS combattaient à leurs côtés, dont deux sur un théâtre d'opérations de basse intensité (Balkans) [17]. Rétrospectivement, le représentant de Guderian à l'ouest n'a pas non plus manqué de pointer la politique de Hitler consistant à laisser les divisions de panzers de l'armée se consumer à l'est pendant que les divisions blindées SS se (re)constituaient en France et en Belgique [18]. Au final, cette politique d'engagement limité de la « réserve stratégique SS » a pu se poursuivre jusqu'à l'ouverture du second front à l'ouest. De la mise en place de cette politique à l'été 1942 jusqu'au débarquement des troupes alliées en Normandie en juin 1944, les formations SS appartenant à cette réserve n'ont donc été engagées que par rotation et avec parcimonie.

La politique de préservation des formations SS par Hitler

C'est un bilan discret mais ô combien révélateur de relever qu'aucune des grandes formations blindées ou motorisées SS n'a été dissoute au cours du conflit, alors même qu'un tiers des divisions blindées de l'armée ont fondu dans le creuset des batailles, soit dix divisions [19]. Plus qu'une différence de combativité, ce résultat est le produit d'une politique. Non seulement le fait de privilégier les divisions SS a contribué à les engager souvent tardivement dans la bataille ou à les tenir éloignées des combats, mais dans le courant même des opérations, le haut commandement allemand a soigneusement évité que les divisions de l'Ordre noir soient perdues corps et biens. Certes, elles ont souvent été engagées à fond. Mais autant que faire se pouvait, Hitler a veillé à ce qu'elles ne soient pas encerclées et, le cas échéant, à les dégager. Ce constat est assurément difficile à établir de façon très nette dans la mesure où il n'est pas dans l'intérêt d'un chef militaire de perdre aucune de ses forces. Aussi n'y a-t-il à première vue rien de surprenant de voir l'OKW mettre tout en œuvre pour successivement dégager au début de l'année 1944 les unités enfermées dans la poche de Tcherkassy (où se trouvaient entre autres la division « Wiking » et la brigade « Wallonie »), puis la 1re armée de panzers coupée du reste des forces allemandes en Galicie (avec entre autres la « LSSAH » et un détachement de la division « Das Reich »). Deux exemples tirés des combats à l'ouest tendent cependant à démontrer que cette pensée était sous-jacente. Juste avant l'encerclement des 5e et 7e armées dans la poche de Falaise, l'ordre exprès d'en retirer le IIe corps d'armée blindé SS est venu directement de Hitler le 17 août 1944. Les 2e et 9e divisions SS ont en conséquence reçu la mission de se frayer les premières un chemin de sortie. On peut longtemps gloser sur les motivations qui ont conduit à choisir ces deux formations SS destinées à contre-attaquer ensuite de l'extérieur de la poche en vue de dégager les éléments qui allaient fatalement s'y trouver encerclés. À cette date, deux divisions blindées de l'armée (2e et 116e) auraient pu être pareillement choisies pour cette mission [20]. Le fait est que le choix s'est néanmoins porté sur deux formations SS. Simple hasard ? Pas vraiment si l'on se réfère à l'ordre de priorité donné par la directive : seules les 1re et 10e divisions SS y étaient mentionnées, de même que la 3e division parachutiste, tandis que les divisions d'infanterie de l'armée étaient laissées à leur destin en devant couvrir les mouvements de repli [21]. Un autre exemple survenu dix semaines plus tard vient au demeurant confirmer cette impression. L'ordre de préserver spécifiquement la 17e division SS d'un encerclement à Metz était cette fois explicitement donné par Hitler, et cela alors même que la ville devait être défendue « jusqu'au dernier homme ». Hitler s'est certes ravisé huit jours plus tard. Voulant désormais tenir le plus longtemps la ville si celle-ci était encerclée, il a ordonné d'y envoyer autant de troupes que possible, y compris la division SS « en cas de besoin » [22]. Ce dernier exemple est particulièrement intéressant dans la mesure où il révèle à la fois la politique de préservation dont les troupes motorisées SS ont fait l'objet de la part de Hitler et la difficulté de lui donner une application opérationnelle concrète. Il trahit à lui seul tout le paradoxe de la situation.

La nécessité de reconsidérer le rôle des formations SS

La *Waffen-SS* n'a donc pas véritablement joué dans le temps et la durée le rôle de « pompier » jeté partout où l'incendie se déclarait sur le front. Seules de rares formations SS peuvent en fait prétendre à ce titre, notamment (et sous réserve d'inventaire) les divisions « Totenkopf » et « Wiking » qui n'ont pratiquement pas cessé d'être engagées à l'est de 1941 à 1945 [23]. Au fond, la *Waffen-SS* n'a vraiment tenu ce rôle de « pompier » qu'au cours de la dernière année du conflit. De fait, qu'elles appartiennent ou non à la réserve stratégique allemande, la plupart des formations SS étaient engagées sur tous les fronts du Reich à la fin de juillet 1944 [24]. Pourtant, même au cours des derniers mois de la guerre, les quatre divisions

SS qui ont appartenu à la 6e armée blindée (SS) ont connu un sort plus enviable que la plupart des autres formations allemandes. Certes, leurs engagements dans les Ardennes puis en Hongrie ont été des plus rudes. Elles ont toutefois bénéficié de plages de reconstitution qui, en comparaison de la situation dans laquelle se trouvait le Reich, pouvaient presque passer pour « luxueuses ». Remises sur pied pendant une dizaine de semaines à l'automne 1944 après avoir été saignées en Normandie, elles ont été retirées du saillant des Ardennes après quatre semaines de combats (cinq semaines pour la 9e division SS). Elles ont ensuite disposé d'au moins quatre semaines de répit avant d'être engagées en Hongrie. Or, à cette époque de la guerre, les autres divisions ne disposaient bien souvent que d'une à deux semaines pour tenter de reconstituer leur potentiel de combat, à l'image de la 17e division SS lancée à l'assaut en Lorraine au soir du 31 décembre 1944 après une seule semaine de répit pour essayer de se reconstituer après ses lourdes pertes [25].

Ce bilan conduit finalement à faire une véritable distinction dans l'usage du vocabulaire qui, dans le cas de la *Waffen-SS*, a conduit à un abus de langage. Le « pompier » est en effet celui qui intervient dès que se déclenche l'incendie. Or, du point de vue de l'utilisation stratégique des forces, le corps de bataille motorisé SS a davantage tenu le rôle de « pompier de réserve », c'est-à-dire celui qui est engagé lorsque tous les autres moyens d'intervention ont été épuisés et n'ont pas suffi. D'ailleurs, pour bien comprendre la différence, il suffit de prendre l'exemple de la division de l'armée de terre « Großdeutschland ». Alors qu'elle disposait du même statut de « garde » que les meilleures divisions SS, elle n'a cessé d'être sur la brèche sur le front de l'Est de 1941 à 1945 [26]. Ses engagements ont certes été régulièrement entrecoupés par des périodes de remise en condition à l'arrière des lignes. Ces temps de repos ont toutefois rarement dépassé quelques semaines. La transformation de l'unité en virtuelle division blindée au printemps 1942 n'a d'ailleurs pas excédé sept semaines – chiffre à comparer aux six mois de présence des divisions « LSSAH » et « Das Reich » en France la même année. En tant qu'unité de réserve générale immédiatement disponible à l'est, la division n'a cessé ensuite d'être employée à un « travail de rapiéçage » du front. Bref, on se trouve là en présence d'une formation qui a véritablement joué le rôle de « pompier du front », tel qu'on a voulu appliquer ce modèle aux divisions blindées SS [27]. Cet état de fait explique le décalage entre l'imaginaire projeté sur les troupes SS et la répartition de leurs pertes, tant dans le temps que dans l'espace. Ce décalage n'a rien d'étonnant à l'aune des faits, et surtout de leur fonction.

Pour une plus juste interprétation des pertes de la *Waffen-SS*

Très fréquemment, la littérature consacrée à la *Waffen-SS* a voulu voir dans ses pertes élevées la preuve d'un engagement sans ménagement sur le front [28]. Tout en confirmant leur niveau élevé, la thèse de doctorat de Rüdiger Overmans sur les pertes allemandes au cours de la Seconde Guerre mondiale a néanmoins apporté de sérieuses rectifications sur la question [29]. À comparer la répartition dans le temps des tués de l'armée de terre et de la *Waffen-SS*, on relève en effet un décalage assez sensible à partir de 1942 *(annexe 38)*. Auparavant, la participation des formations de l'Ordre noir aux premières campagnes militaires du Reich avait entraîné des pertes proportionnellement équivalentes à celles des formations de l'armée de terre. Une rupture s'est en revanche produite en 1942 avec le changement d'emploi des troupes motorisées SS. La décrue des pertes déjà amorcée au cours du premier hiver de guerre à l'est s'est accentuée pour finalement atteindre un nombre de tués moitié moindre à l'été 1942 par rapport à l'été précédent *(annexe 39)*. En quittant le fer de lance motorisé allemand sur le front pour former le noyau de la réserve stratégique du Reich, les formations rapides de la *Waffen-SS* ont logiquement eu à subir des pertes proportionnellement moins élevées que le reste de l'armée de terre. Non seulement ce phénomène est apparu en 1942, mais il s'est encore nettement accru en 1943. L'écart était si important qu'à la fin de 1944, année où la *Waffen-SS* a pourtant subi les deux cinquièmes de ses pertes totales de la guerre, il n'était pas encore totalement résorbé.

Un décalage entre les pertes de l'armée de terre et celles de la *Waffen-SS* apparaît tout autant dans leur répartition géographique *(annexe 40)*. Le rôle somme toute assez modeste tenu à l'est par la

Waffen-SS en comparaison de celui de l'armée de terre y apparaît très nettement avec près de 60 % de pertes pour cette dernière contre à peine 40 % pour la première. À l'inverse, avec près de 14 % de pertes à l'ouest (se concentrant essentiellement au second semestre 1944), la *Waffen-SS* s'est finalement identifiée bien davantage à ce théâtre d'opérations que l'armée de terre. Ces chiffres permettent par ailleurs de remarquer l'importance que les autres théâtres d'opérations ont revêtue pour la *Waffen-SS*. En dépit de son absence en Afrique du Nord, elle a perdu proportionnellement bien plus d'hommes que l'armée sur ces théâtres secondaires, ce qui correspondait effectivement à la surreprésentation des formations SS en Finlande et, plus encore, dans les Balkans [30]. Finalement, les pertes de la *Waffen-SS* se sont révélées proportionnellement supérieures à celles de l'armée lorsque les troupes allemandes et étrangères de la *Waffen-SS* se sont toutes retrouvées au coude à coude sur l'ensemble des fronts du Reich dans les derniers mois du conflit.

Afin d'être totalement juste, il faut rappeler que, pour peu nombreux qu'ils aient été, les engagements des divisions SS appartenant à la réserve stratégique se sont soldés par des pertes extrêmement lourdes, conformément à leur doctrine d'emploi consistant à ne les jeter dans la bataille que dans les cas les plus graves, et donc dans les situations les plus difficiles. En l'espace de sept semaines, l'engagement du corps d'armée blindé SS à Kharkov s'est ainsi soldé par la mise hors de combat (tués, blessés, disparus, etc.) de quelque 11 500 hommes, soit près de 18 % des effectifs initiaux [31]. Cet engagement a néanmoins fait suite à six mois de repos et d'instruction en France (au moins pour la « LSSAH » et la « Das Reich ») et a été suivi par trois mois d'inactivité sur le front ou à l'arrière des lignes, jusqu'au déclenchement de l'offensive contre Koursk le 5 juillet. Lors de cette dernière bataille, la fréquence des pertes subies par les trois divisions du corps d'armée blindé SS a été encore plus forte, soit près de 11 000 hommes (17 % des effectifs) en un seul mois de combats. Aussi comprend-on mieux la réaction de Himmler qui, faisant ses comptes début août 1943, déplorait déjà l'idée de voir les divisions « Das Reich » et « Totenkopf » être de nouveau immédiatement engagées [32]. De fait, c'est justement à partir de cette date que les nouvelles divisions SS créées à l'ouest ont supplanté les formations plus anciennes de l'Ordre noir dans leur rôle de réserve stratégique, au moins jusqu'au début du printemps 1944. À cette époque, les 9e et 10e divisions SS ont alors été à leur tour saignées en perdant ensemble en Galicie au moins 3 200 hommes (9 % des effectifs) au cours des trois premières semaines d'avril [33].

Ce dernier exemple, comme du reste les précédents, a toutefois le mérite de nous faire prendre la mesure du décalage existant entre une réalité et sa perception. Aussi violent que bref, l'engagement des 9e et 10e divisions SS doit en effet être replacé dans le temps. Faisant suite à une période d'instruction de quatorze mois ayant occasionné fort peu de pertes (du 15 juin 1943 au 29 février 1944, la 9e division SS a par exemple compté 78 tués et 23 blessés dans ses rangs) [34], il a été immédiatement suivi par le retrait du front des deux divisions SS et leur mise au repos pendant sept semaines, jusqu'à leur rappel le 11 juin pour repousser le débarquement allié à l'ouest. Rapportées dans la durée, ces pertes très spectaculaires au départ se trouvaient donc ramenées à des proportions assez faibles dans le temps. Certes, perdre 1 600 hommes en trois semaines a constitué une véritable saignée pour chacune de ces deux divisions (même si on était encore très loin des hécatombes de la Grande Guerre). Perdre peu ou prou le même nombre d'hommes en quinze mois ramenait néanmoins le taux de pertes à un peu plus d'une centaine d'hommes par mois et par division, ce qui était somme toute assez dérisoire dans le cadre d'un tel conflit, et surtout en comparaison d'une simple division d'infanterie allemande perdant près de 12 000 hommes en combattant dans le même laps de temps sur le front de l'Est [35]. À choisir, il était encore préférable de subir des pertes élevées dans le cadre d'un engagement à durée limitée. Quoique moins spectaculaires, les pertes liées à un engagement prolongé sur le front se révélaient bien souvent plus lourdes dans le temps. Les troupes aéroportées allemandes, clouées au sol après l'engagement meurtrier en Crète au printemps 1941, en ont d'ailleurs fait la triste expérience. L'emploi des parachutistes comme infanterie d'élite pour colmater les brèches du front de l'Est à partir de l'automne 1941 n'a pas tardé à vider ces troupes d'une bonne partie de leur substance. Il l'a en tout cas vidé plus sûrement que ne l'avaient fait jusqu'alors les succès même chèrement acquis des dix-huit premiers mois du conflit [36]. Le même constat peut être tiré avec la division « Großdeutschland », dont l'emploi systématique comme « pompier » du front de l'Est de juin 1942 jusqu'en 1945 lui a coûté quelque 1 500 officiers et 50 000 sous-officiers et hommes du rang [37]. Finalement, que la plupart des formations motorisées et blindées SS aient appartenu à la réserve stratégique de l'OKW leur a globalement évité d'avoir à subir de trop lourdes pertes pendant pratiquement deux années du conflit, de l'été 1942 au printemps 1944. Ce constat permet de mieux cerner une réalité et de la relativiser en lui faisant perdre son caractère spectaculaire.

23

Les liens de subordination des formations SS à l'armée

À lui seul, le décret du 17 août 1938 établissait des liens de subordination extrêmement compliqués pour la SS-VT. On y trouvait en effet une double hiérarchie induite par un statut (une organisation de la NSDAP) et un emploi (une mise à disposition de l'armée de terre en temps de guerre). Enfin, court-circuitant l'armée et le parti, un lien direct était établi avec Hitler. Un tel enchevêtrement de prérogatives sur une même entité de la part d'une organisation politique, d'une institution d'État et du plus haut personnage du Reich (qui cumulait lui-même les charges politiques, étatiques et militaires les plus élevées) promettait bien des dissensions. Celles-ci n'ont pas manqué de se produire. Par rapport à ce que l'on aurait pu attendre, elles se sont même trouvées amplifiées par le fractionnement des compétences au sein de l'armée et de la SS. Dans un régime politique tout entier soumis au *Führerprinzip*, seule l'autorité exercée par Hitler sur ses *soldats politiques* est demeurée entière. Les formations SS n'en ont pas moins su profiter de la dualité de leurs liens hiérarchiques pour se créer leur propre marge de manœuvre.

La question de la subordination au regard de la responsabilité des crimes de guerre

La subordination des formations de la *Waffen-SS* à l'armée a certes représenté un enjeu important pendant le conflit, mais plus encore à l'issue de celui-ci, au moment où les uns et les autres ont eu à rendre des comptes devant la justice de leurs vainqueurs. Il n'est pour cela que de lire les propos divergents du doyen des officiers SS et du chef des opérations de la *Wehrmacht* lors du procès de Nuremberg. Au-delà de la question de la subordination se posait celle de la responsabilité des crimes commis. Le premier s'est complu à limiter l'influence de Himmler et de son organisation sur les unités de la *Waffen-SS* aux seules questions disciplinaires, personnelles et (en termes édulcorés) idéologiques. Selon lui, l'étroite intégration des formations de la *Waffen-SS* dans la chaîne de commandement de la *Wehrmacht* avait prémuni la branche armée SS de toute dérive criminelle dans la mesure où « les généraux de l'armée n'auraient pas toléré des méthodes déviant du principe régulier de combat. De même qu'ils ont pris la responsabilité lors des décisions tactiques, leur responsabilité aurait été engagée si cette accusation de méthode terroriste avait été justifiée [1] ». De l'autre côté, le général Jodl n'est pas parvenu à sauver sa tête en plaidant que les responsables militaires allemands avaient eu à conduire une guerre qu'ils n'avaient pas voulue avec des méthodes qu'ils désapprouvaient et « avec des troupes et des forces de police qui ne se tenaient pas sous leur totale autorité (à savoir les formations SS) [2] ». Sommé de s'expliquer sur l'impossibilité qu'il avait eue à l'époque de prescrire une instruction judiciaire après le massacre d'Oradour-sur-Glane, l'ancien commandant en chef à l'ouest est même allé plus loin en ce sens :

> Toutes les troupes SS dépendaient de Himmler seul. Moi, je n'avais ni pouvoir disciplinaire ni pouvoir judiciaire. [...] Mon rôle se limitait à l'emploi tactique de ces divisions, à peu près comme si j'avais eu sous mes ordres une division italienne, hongroise ou slovaque [3].

Si l'on abandonne à présent le prétoire pour se replonger dans les archives, force est de reconnaître que la réalité a été un peu plus complexe que ces affirmations péremptoires. Définie peu après le décret du 18 août 1938, la relation des unités de la SS-VT vis-à-vis de l'armée était pourtant sans équivoque. Pour la durée de leur subordination, elles étaient « à considérer comme appartenant totalement à l'armée de terre ». Leurs personnels disposaient alors en conséquence « des mêmes droits et devoirs que ceux des soldats et fonctionnaires de la *Wehrmacht* » [4]. Reste que de la théorie à la pratique, les choses n'ont pas été aussi évidentes. Plusieurs facteurs ont rapidement contribué à parasiter le lien de subordination des troupes SS à l'issue de la campagne de Pologne, à commencer par la rapide institution d'une justice propre aux membres de l'Ordre noir. Cela a *de facto* privé la hiérarchie militaire de son pouvoir de sanction, et donc miné son autorité.

L'INDÉPENDANCE JUDICIAIRE DE LA SS

Organiser une justice autonome a été une ambition très tôt assurée par la SS en tant qu'Ordre. Elle lui a non seulement permis de sanctionner, mais aussi d'éduquer la troupe selon ses valeurs idéologiques [5]. Ce soin jaloux de la *Reichsführung-SS* à conserver ses membres sous sa propre juridiction ne s'est d'ailleurs pas démenti jusqu'à la fin de la guerre. Cela ressortait encore nettement en 1944 lorsque l'armée de terre et l'OKW ont voulu doter « de pleins pouvoirs dictatoriaux » un chef militaire isolé dans une poche avec des troupes de différentes branches armées. Les conditions émises par Himmler ont fini par vider le projet de sa substance en entraînant son abandon. Finalement, les barrières juridiques ne sont tombées qu'un mois avant la capitulation du Reich [6].

À l'échelle des unités SS, l'autonomie judiciaire a été obtenue sur le terrain par une large délégation de pouvoirs. Au sein des formations de taille importante (divisions et au-delà), la justice a été rendue par un tribunal SS fonctionnant sous l'autorité du commandant d'unité qui agissait comme « maître de justice » *(Gerichtsherr)* [7]. Pour les unités de taille inférieure, cela a été obtenu par l'attribution de prérogatives disciplinaires et judiciaires plus ou moins étendues accordées aux commandants. Dans ce cas, les sentences des peines prononcées étaient par avance limitées (ce qui n'est pas toujours allé sans débats, eu égard au prestige et à l'autorité conférés par ces pouvoirs) [8]. L'interventionnisme de Himmler a par ailleurs largement compliqué les procédures, à l'exemple de ce qui s'est produit pour la brigade « Wallonie » [9]. En tout état de cause, la SS a pris soin d'assurer l'indépendance et l'intégrité des jugements rendus en ôtant toute possibilité d'immixtion des autorités militaires, voire de la Wilhelmstraße dans le cas des volontaires étrangers [10]. Cela valait surtout pour les condamnations à mort qui exigeaient une confirmation hiérarchique. Si elle ne faisait que proroger une pratique plus ancienne, une directive générale du 7 mars 1942 en exposait clairement les raisons :

Au sein des unités de la *Waffen-SS* et de la police engagées sur le front et subordonnées aux formations de l'armée de terre, des actes délictueux sont survenus qui, en raison de leur gravité, ont d'un côté fait préférer pour l'intégrité de l'image de la SS que la procédure soit menée au sein de la juridiction de la SS et de la police sans ingérence des commandants d'armée compétents, mais qui d'un autre côté exigeaient un jugement immédiat pour des raisons de maintien de la discipline [11].

Si cette directive évoquait plusieurs cas de figure, le principe était fondamentalement chaque fois le même : toujours garder en dernier recours la haute main sur le jugement final par le transfert administratif systématique des personnels concernés. En cas de crime grave laissant supposer une condamnation à mort, le prévenu devait être ainsi transféré au sein de son unité de dépôt où il passait sous la juridiction directe du SS-FHA. Pour les officiers (et pour les personnels du rang et sous-officiers lorsque cela apparaissait souhaitable), la procédure pouvait être instruite sur le front, mais l'accusé devait être également transféré au sein de son unité de dépôt, de sorte que Himmler puisse se réserver le droit de trancher. Une autre solution était de muter avec effet rétroactif le prévenu à la compagnie d'état-major du HSSPF le plus proche [12]. « Dans l'intérêt de la SS », il était toujours nécessaire de s'assurer qu'« une ingérence des commandants d'armée ne se produise pas » dans de tels cas. Aussi cette directive devait-elle être maintenue « strictement secrète », et cela, « pour des raisons compréhensibles » [13]. Le procédé illustrait cependant une nouvelle fois la difficulté d'agir de manière « non normative » dans un cadre juridique qui se voulait « normatif ». Il révélait surtout la volonté de préserver l'image et la réputation de la *Waffen-SS*, « vitrine idéologique » de l'Ordre noir.

Non contente d'imposer son fonctionnement autarcique au sein des forces armées allemandes, la SS s'est par ailleurs efforcée d'étendre ses prérogatives régaliennes sur les personnels de la *Wehrmacht*, dès lors que ceux-ci se trouvaient sous son commandement tactique. Cela s'était déjà occasionnellement produit sur le front de l'Est en 1941. Un régiment de l'armée ayant été temporairement subordonné à la division « Totenkopf » en octobre 1941, le tribunal de la division SS a eu à juger un sous-officier ayant tué par inadvertance un soldat de son unité. En somme, une affaire purement interne à l'armée de terre s'était trouvée jugée en première instance par un tribunal SS. L'inverse eût été non seulement impensable, mais aussi juridiquement impossible depuis le décret du 17 octobre 1939, illustrant la position de prééminence de la SS sur la *Wehrmacht*[14].

Le transfert de la brigade « Reichsführer-SS » de la Bretagne vers la Corse au milieu de l'année 1943 a été l'occasion de marquer un point décisif à ce niveau. En accordant à son commandant les prérogatives d'un juge, Himmler avait certes assuré l'autonomie judiciaire de l'unité SS lorsque celle-ci avait quitté le continent. La question restait toutefois ouverte au sujet des personnels de la *Wehrmacht* tactiquement subordonnés à la brigade pour la renforcer sur l'île, soit quelque 2 000 hommes. À travers la voix du général Jodl, l'OKW a finalement décidé de les subordonner « aussi disciplinairement et du point de vue de la juridiction » à la brigade SS. Cette prise de position officielle a créé un précédent que la *Reichsführung-SS* a immédiatement exploité en l'étendant au commandant de la *Waffen-SS* aux Pays-Bas auquel des unités de la *Wehrmacht* étaient susceptibles d'être subordonnées en cas de débarquement allié[15].

L'AUTORITÉ DE COMMANDEMENT THÉORIQUE DE L'ARMÉE

Parallèlement à l'introduction d'une justice SS indépendante, la rapide intégration des SS-TV d'active dans la nouvelle entité désignée sous le nom de « Waffen-SS » est un deuxième élément venu bouleverser les règles initiales peu après l'entrée en guerre. L'extension du statut militaire aux anciens gardes des camps et aux réservistes de l'*Allgemeine-SS* rappelés au titre du renforcement de la police a ainsi nécessité plus de trois mois de tractations pour finalement parvenir à un accord entre l'armée et la SS en mars 1940[16]. En attendant, cette absence de statut précis a donné lieu à des frictions sur le terrain, frictions dont les formations SS ont en fin de compte le plus souvent pâti. Si la *Reichsführung-SS* s'est souciée de préserver l'indépendance des troupes SS non subordonnées à l'armée, ne serait-ce que dans la consigne donnée à leurs personnels de ne pas présenter leurs papiers d'identité à une patrouille militaire[17], l'armée ne s'est pas privée de son côté de mener une politique discriminatoire à l'encontre des formations SS à sa disposition au cours de l'hiver 1939-1940. Dans la hiérarchisation des communications sur le réseau public allemand, elles ont ainsi été assimilées de manière vexatoire aux organisations policières et paramilitaires, et non comme partie intégrante de l'armée [18]. Cette absence d'intégration n'apparaît cependant pas mieux à cette époque qu'à travers une altercation ayant impliqué un sous-officier de l'armée qui n'avait pas obtempéré en état d'ébriété aux injonctions d'officiers de la division « Totenkopf ». L'affaire ayant été portée devant le juge de la 1re armée en décembre 1939, celui-ci a débouté les SS, s'appuyant pour cela sur un précédent verdict du commandant de la 10e armée en Pologne (von Reichenau). D'après ce verdict qui faisait alors jurisprudence, « les officiers de la SS [n'étaient] pas des supérieurs des membres de la *Wehrmacht* » dans la mesure où « la SS-VT ne tomb[ait] pas sous la notion de soldats, mais [était] la suite [*Gefolge*] du Führer » [19].

Nolens volens, les relations entre les états-majors de l'armée et les formations SS auxquels elles étaient subordonnées semblent s'être peu à peu normalisées. Les préparatifs en vue de l'offensive à l'ouest en 1940, l'ardeur manifestée au combat par les troupes SS au cours de cette campagne, les fréquents changements de subordination tactique qui ont conduit à étendre les contacts entre les officiers du *Heer* et de la *Waffen-SS*, l'euphorie de la victoire, et enfin la justification de la fonction sociale de la *Waffen-SS* par Hitler en août 1940 (diffusée en septembre suivant, puis de manière plus large en mars 1941), ont sans nul doute fortement contribué à cette normalisation. En tant que « poste de commandement pour la direction militaire de la *Waffen-SS* », l'institution de l'Office principal de commandement SS (SS-FHA) à la mi-août 1940 a par ailleurs conféré à l'Ordre noir une crédibilité et un poids plus importants dans ses rapports avec l'armée [20].

En février 1941, ce *modus vivendi* a été consacré par une circulaire du commandant de l'armée de réserve. Celle-ci établissait pour la première fois de manière précise les domaines de compétences respectifs de l'armée et de la *Reichsführung-SS* sur les formations de la *Waffen-SS* et de la police mises à disposition de la *Wehrmacht*. À la *Reichsführung-SS* étaient reconnues des prérogatives dans le domaine de l'éducation idéologique, dans la nomination des personnels d'encadrement et dans le remplacement des effectifs. À l'armée revenait l'autorité de commandement (*Kommandogewalt*). Cette autorité s'appliquait naturellement dans l'emploi opérationnel et tactique des formations SS, mais aussi du point de vue territorial. Si cette dernière prérogative avait déjà eu plus ou moins cours dans la pratique, c'était néanmoins la première fois qu'elle était officiellement stipulée [21]. Une unité SS subordonnée à l'armée était dès lors tenue de respecter les consignes de l'autorité militaire responsable du territoire où elle se trouvait. Au sein du Reich, cette autorité était déléguée aux états-majors de région militaire. En territoire occupé, cette autorité était confiée à l'administration militaire allemande là où elle existait, ou sinon à l'échelon opérationnel désigné à cette fin. Les prérogatives de cette administration s'étendaient essentiellement au règlement de la vie quotidienne (cantonnement, réquisitions, utilisation des infrastructures locales, etc.) mais concernaient aussi le maintien de l'ordre et, plus généralement, les questions de sécurité.

Cette circulaire sera jusqu'à la fin de la guerre à la base des relations hiérarchiques des formations SS subordonnées à l'armée. Quinze mois auront néanmoins été nécessaires pour parvenir à ce consensus minimal. Avec le temps, chaque affectation d'une unité SS s'est toutefois accompagnée d'une kyrielle de spécifications sur leur subordination [22]. Au total, celle-ci se décomposait en cinq domaines d'activités distincts concernant le contrôle tactique, l'instruction, la discipline, les approvisionnements et l'autorité territoriale. Dans ce cadre, la seule spécificité des unités SS (du moins officiellement) intervenait au niveau du service de troupe *(truppendienst)* qui recouvrait toutes les questions de chancellerie (discipline, questions personnelles, etc.). Dans l'absolu, cela pouvait paraître minime. Replacé dans un contexte de liens hiérarchiques déjà très complexes au sein même de l'armée, cela ne faisait que compliquer encore un peu plus le système en lui ajoutant un rouage supplémentaire. Au final, l'autorité s'en trouvait largement diluée et l'unité de commandement rompue. Il n'est que de relever les différentes subordinations des formations blindées à l'ouest en mars 1944 pour constater à quel point la multiplication des liens hiérarchiques avait fini par transformer le système de commandement allemand en « usine à gaz ». Pour ne citer que ce seul exemple, la 10ᵉ division SS relevait alors de quatre autorités différentes : le groupe blindé Ouest pour le contrôle tactique et l'instruction, le Iᵉʳ corps d'armée blindé SS pour le service de troupe, la 7ᵉ armée pour ses approvisionnements et le commandement militaire en France pour les questions territoriales [23].

La réalité des liens hiérarchiques

En théorie, le contrôle tactique de l'armée sur les formations de campagne SS était illimité. Dans la pratique, tous les échelons du commandement militaire ont régulièrement dû en référer à la *Reichsführung-SS* dès lors qu'une modification un tant soit peu inhabituelle venait rompre l'activité routinière. Contre toute attente, c'est cependant la hiérarchie militaire qui s'est elle-même placée dans cette situation d'infériorité. En cela, le processus est très significatif de l'inhibition des généraux face au régime national-socialiste et à tout ce qui relevait du domaine politique. Rien ne les y obligeait en effet, tout du moins au début. Un épisode survenu à l'automne 1942 est à cet égard très révélateur de cet état d'esprit. Il transparaît dans la réponse du commandement des forces allemandes à l'ouest (Ob.West) à une requête du général SS Hausser. Celui-ci demandait simplement le rattachement des divisions « LSSAH » et « Totenkopf » à son corps d'armée blindé. Pour la première, il se serait même satisfait de superviser seulement son instruction. Sur le fond, la *Reichsführung-SS* n'était donc en rien compétente. La question relevait clairement du contrôle tactique et de l'emploi des forces où l'armée était seule habilitée à prendre une décision. De plus, la demande émanait des troupes SS elles-mêmes et il semblait évident que la mesure était à leur avantage. Du reste, le chef d'état-major de l'Ob.West déclarait y voir aussi pleinement son intérêt. En dépit de toutes ces considérations, ce dernier n'en a pas moins estimé que la décision revenait à la *Reichsführung-SS* [24].

Que ce soit par ignorance, par veulerie ou par complaisance, de tels exemples de renoncement de la part de l'armée se retrouvent à plusieurs reprises à l'ouest dans la seconde moitié de la guerre. À la 19e armée allemande qui demandait la permission d'utiliser l'ensemble de la 10e division SS (et non pas uniquement ses compagnies du génie) pour édifier des défenses dans sa zone de cantonnement en Provence, l'Ob.West a par exemple jugé qu'il s'agissait d'une « question de service de troupe ». C'était une interprétation pour le moins abusive de cette notion qui recouvrait en réalité les questions de chancellerie. Selon le commandement des forces allemandes à l'ouest, la demande nécessitait à la fois l'accord du

SS-FHA, mais aussi celui de la division elle-même ! Du reste, l'Ob.West s'est non seulement déclaré incompétent pour trancher, mais il a refusé de relayer la demande de la 19ᵉ armée auprès du SS-FHA, déclarant ne pas vouloir essuyer un refus qu'il jugeait inévitable [25].

Chef d'état-major de l'Ob.West, le général Blumentritt était ici directement en cause. Que ce soit par docilité ou par accointances avec le régime (il sera plus tard nommé commandant du XIIᵉ corps d'armée SS), ses prises de position ont manifestement contribué à renforcer l'autonomie des divisions SS présentes à l'ouest lorsqu'il a été en poste de septembre 1942 à septembre 1944. Un courrier qu'il a adressé en mars 1944 au chef du SS-FHA est en ce sens particulièrement accablant. Alors que les incidents qu'il évoquait démontraient toute la désinvolture de l'état-major SS de Berlin vis-à-vis du commandement militaire à l'ouest, la lettre était des plus chaleureuses et pleine de prévenance, Blumentritt la terminant par un « salut de camarade » et un « *Heil* Hitler » adressé à Jüttner à qui il signait « vôtre », trois formules qui allaient bien au-delà des normes habituelles de la correspondance militaire pourtant très codée de l'époque [26].

Cette autocensure, voire cette complaisance de certains généraux de la *Wehrmacht* correspondaient en réalité à un net bouleversement du rapport de force entre l'armée et la SS. Cette évolution est nettement perceptible à partir de l'automne 1943. Elle était d'une part la transposition dans le domaine militaire de l'influence croissante de la *Reichsführung-SS* en Allemagne. Elle était d'autre part une conséquence de la reconnaissance professionnelle dont la *Waffen-SS* jouissait dorénavant dans les rangs de l'armée. De ces deux évolutions, c'est néanmoins le patient travail de sape de Himmler qui portait clairement ses fruits. Selon un officier allemand dépeignant aux Alliés l'ambiance au quartier général de Hitler pour y avoir servi à l'automne 1943, Himmler profitait de « l'atmosphère [...] de forte défiance mutuelle, d'insécurité et de manque de courage personnel ». Hitler s'y ingéniait à créer des dissensions dans son entourage, jouant « Jodl contre Zeitzler, Himmler contre Keitel, la *Waffen-SS* contre l'armée ». À ce jeu, et avec de hauts responsables militaires décrits tantôt comme « diplomate mou » (Jodl), tantôt comme « opportuniste du pire genre » (Keitel), personne ne connaissait plus la fonction qu'il occupait exactement. En conséquence de quoi, « les divisions SS venaient sous le commandement de Jodl, mais il était toujours nécessaire de consulter Himmler avant que quoi que ce soit ne soit entrepris avec elles [27] ». Un tel état de fait n'a pas tardé à se répercuter aux échelons inférieurs, de sorte qu'à la même époque l'Ob.West en venait à consulter le SS-FHA et solliciter son accord sur la nouvelle zone d'implantation choisie pour la constitution de la 17e division SS en France. La volonté d'entretenir de bonnes relations avec la *Reichsführung-SS* était du reste ici évidente et frisait la complaisance, puisque le choix du lieu avait été décidé par Hitler lui-même. En somme, le SS-FHA avait été consulté pour une question de pure forme [28]. Cette paralysie s'est poursuivie pendant les combats. À l'automne 1944, l'Ob.West en était encore réduit à quémander l'« accord de fond » de Himmler pour employer les unités spéciales de la *Waffen-SS* dans des opérations de reconnaissance derrière les lignes alliées, missions pour lesquelles ces unités avaient pourtant été spécialement conçues [29]. Finalement, l'autorité de l'Ob.West s'est trouvée largement ignorée lors de la contre-offensive allemande dans les Ardennes en décembre 1944. Les ordres et les rapports étaient directement échangés entre l'OKW et les forces engagées, en particulier avec la 6e armée blindée (SS) de Josef Dietrich [30].

Face à la SS, tous les responsables de l'armée n'ont cependant pas eu la même attitude. Lorsqu'ils ont fait montre de volontarisme, ils ont su s'imposer, preuve en est qu'il s'agissait moins d'une fatalité que d'un rapport de force sur le terrain. En fait, tout était question de mentalité et de personnalité. En Italie, la 14e armée a d'autorité suspendu la mutation de l'intendant de la 16e division SS en novembre 1943, le sommant de lui adresser un compte rendu d'activité et de lui faire un rapport personnel de la situation. L'exemple a ceci de révélateur que c'est l'armée qui empiétait cette fois sur les prérogatives de la SS, sans que celle-ci ait manifestement pu contrer cette décision [31]. Sans atteindre de tels extrêmes, la 15e armée, stationnée dans le nord de la France, puis le groupe d'armées B de Rommel, ne se sont pas embarrassés des principes manifestés par l'Ob.West et ont employé l'infanterie SS pour édifier les défenses côtières à l'ouest sans consulter le SS-FHA [32]. Pourtant souvent taxée de laxisme par les forces opérationnelles, l'administration militaire allemande en France a aussi parfaitement su s'imposer lorsque les formations SS ont empiété sur ses compétences. Ainsi, la 13ᵉ division SS s'est sèchement fait rappeler à l'ordre lorsqu'elle a proclamé de son propre chef l'état d'urgence à Villefranche-de-Rouergue (Aveyron) au moment où une mutinerie éclatait dans ses rangs [33]. Au besoin, et comme cela a déjà été évoqué, l'administration militaire n'a pas hésité à recourir à la force lorsqu'il lui a fallu faire respecter ses droits que la 17ᵉ division SS violait outrageusement en réquisitionnant sans son aval des véhicules français en juin 1944 [34].

Avec l'arrivée d'officiers SS à la tête des armées allemandes à partir de 1944, les formations militaires de l'Ordre noir ont bénéficié de précieux protecteurs qui étaient en même temps très soucieux de préserver les prérogatives de la *Reichsführung-SS*. Le cas s'est ainsi présenté en août 1944 au général SS Hausser, nommé depuis la fin juin à la tête de la 7ᵉ armée. Au groupe d'armées B qui lui ordonnait de dissoudre la 17ᵉ division SS, fortement éprouvée après sept semaines d'engagement en Normandie, il a rétorqué qu'il n'était « pas compétent car, dans ce cas, le *Reichsführer-SS* devait prendre la décision ». En conséquence de quoi la division a échappé à la dissolution. Elle a subsisté en tant que groupement tactique subordonné à la division « Das Reich » avant d'être plus tard reconstituée [35]. Même dans le domaine opérationnel, la protection des généraux SS s'est fait sentir. Personnellement mandaté au téléphone par Josef Dietrich qui avait été nommé à la tête de la 5ᵉ armée blindée allemande en août 1944, un simple capitaine SS a ainsi pu réquisitionner tous les éléments passant à sa portée pour ralentir dans l'Eure la progression alliée vers la Seine. Au final, cet officier est parvenu en une semaine à amalgamer sous son commandement un groupement tactique fort de plusieurs milliers d'hommes de la *Waffen-SS* et de la *Wehrmacht* avec quelque 70 chars (près de la moitié du nombre théorique d'une division blindée). D'évidence, seul le poids militaire et politique de Dietrich a permis à cet officier SS subalterne de s'imposer face à des officiers de l'armée supérieurs en grade [36].

D'un autre côté, l'arrivée de généraux SS à la tête d'une armée de la *Wehrmacht* a posé de nouveaux problèmes. En dépit de leur étroite intégration dans la chaîne de commandement, ils conservaient leur statut d'officiers SS d'un point de vue juridique et pour toutes les affaires personnelles et disciplinaires. Cette situation était pour eux très avantageuse. S'ils disposaient de larges compétences au sein de l'armée, celle-ci n'avait en revanche aucun moyen de pression sur eux. Ces quelques généraux SS ont donc formé une petite caste d'« intouchables » pour leurs supérieurs de l'armée. Ainsi, il a été impossible au commandant en chef à l'ouest de relever le général SS Hausser de son commandement de la 7ᵉ armée, suite aux erreurs de ce dernier et du désaccord entre les deux hommes [37]. De même, alors qu'il déplorait la progression « totalement insatisfaisante » des quatre divisions de la 6ᵉ armée blindée (SS) qui se traînaient pour rejoindre leurs gares d'embarquement en vue de rejoindre la Hongrie en janvier 1945, l'état-major opérationnel de la *Wehrmacht* n'a pas osé réprimander directement les troupes de Dietrich, préférant s'en remettre à Hitler pour leur faire comprendre la nécessité stratégique d'accélérer le mouvement [38].

Une situation également avantageuse pour l'armée

Au demeurant, la présence de généraux SS au sein des armées allemandes (parfois à leur tête) n'a pas eu que des désavantages pour les officiers de la *Wehrmacht*. Tel Ponce Pilate se lavant les mains, ces derniers ont pu à l'occasion profiter de cette absence d'emprise sur les généraux SS et leurs troupes pour se débarrasser à bon compte des dossiers gênants. Le cas du traitement judiciaire d'Oradour-sur-Glane en est un bon exemple. Lorsque le brûlot est arrivé sur le bureau du chef du contre-espionnage à l'ouest à la fin de juin 1944, celui-ci s'est déchargé du dossier qui l'encombrait en lui trouvant « une solution très élégante ». Conscient que « cette affaire [pouvait] un jour jouer politiquement un grand rôle », il a conseillé au juge de l'Ob.West de transmettre le dossier à Hausser. Il était demandé à celui-ci de prendre position en tant que doyen des officiers SS, et non comme commandant de la 7ᵉ armée (à laquelle était pourtant alors subordonnée la division « Das Reich »). Du reste, le juge de la 7ᵉ armée n'avait aucun droit de regard sur le dossier. Comme se plaisait à le souligner le responsable des renseignements de l'Ob.West, « Haus[s]er demeur[ait] encore un général SS en tant que commandant en chef de la 7ᵉ armée ». D'ailleurs, s'il décidait de se défausser, l'Ob.West songeait déjà à transmettre le dossier à l'un des deux corps d'armée SS présents en Normandie. Devant tant d'empressement à se dessaisir d'une affaire si encombrante, il n'est guère étonnant que le dossier ait été ensuite enterré. Lorsque l'Ob.West fera mine de s'y intéresser à nouveau, aiguillé en ce sens par la commission allemande d'armistice, la 2ᵉ division SS, puis plus tard la 6ᵉ armée blindée (SS), ont aisément pu user d'arguments dilatoires pour ne pas avoir de comptes à rendre, du moins sous le IIIᵉ Reich [39].

Sur le plan opérationnel, les généraux de l'armée ont souvent vu dans les troupes SS et leurs commandants de précieux auxiliaires pour suggérer les idées qu'ils ne pouvaient (ou ne voulaient) transmettre par la voie hiérarchique habituelle. Ils n'ont pas rechigné à cet égard à se servir d'eux dès qu'ils en ont éprouvé le besoin. Josef Dietrich a ainsi régulièrement rempli la fonction officieuse d'émissaire des généraux de l'armée. En tant que chef de sa garde rapprochée, ses liens privilégiés avec Hitler étaient de notoriété publique. Aussi n'ont-ils pas hésité à employer ce canal pour avoir un accès direct à Hitler, avec en sus l'espoir que ce dernier serait mieux disposé à accueillir leur message transmis par un proche. En somme, c'était pour eux une manière commode de court-circuiter la voie hiérarchique traditionnelle. Cette pratique avait du reste été initiée en 1938 par le général Guderian au moment de pénétrer en Autriche. Par la suite, les généraux et maréchaux allemands n'ont cessé de se servir de Dietrich comme porte-voix du front et n'ont souvent pas ménagé leurs efforts pour se rapprocher de lui. À l'occasion, celui-ci a même joué le rôle de paratonnerre. En décembre 1941, il a ainsi évité que les foudres de Hitler s'abattent à l'est sur le maréchal von Rundstedt [40]. L'attitude de certains généraux de l'armée à l'été 1944 est également extrêmement révélatrice de l'idée qu'ils se faisaient de son influence. Estimant qu'un repli du front allemand était indispensable en Normandie, ils l'ont exhorté à en parler à Hitler pour le convaincre (ce à quoi Dietrich a rétorqué à l'un d'eux que « s'il voulait être fusillé, c'[était] la meilleure manière d'y parvenir ») [41]. Tout aussi révélateur est le choix du successeur de von Rundstedt en Normandie, le maréchal von Kluge, de confier à Dietrich le soin de remettre sa dernière lettre à Hitler avant de se suicider, accablé par l'échec et soupçonné d'avoir trempé dans le complot du 20 juillet [42].

La bataille de Normandie à l'été 1944 est également intéressante pour comprendre la place alors occupée par les troupes SS au sein des forces armées allemandes. Lors de la campagne de mai-juin 1940, nul stratège ne s'était soucié de leur demander leur avis. Quatre années plus tard, les responsables du front ne juraient plus que par elles dans leurs rapports. De ce point de vue, le contraste est saisissant. En l'espace de ces quatre années, elles sont tout simplement devenues « la » référence professionnelle au sein de l'armée de terre, même si ce procédé apparaissait souvent comme le fruit d'un calcul. Rommel s'en est fait une spécialité, à l'exemple d'un rapport établi à l'issue d'une tournée sur le front en juin. Par deux fois, il citait Dietrich comme étant à la source de ses informations sur l'engagement de l'aviation et des blindés alliés dans ce compte rendu appelé à être lu par Hitler [43]. L'avis des généraux SS a ainsi été régulièrement sollicité par les responsables du front allemand en Normandie et annexé à leurs rapports démontrant tour à tour l'obligation de replier le front et de changer de stratégie face à la puissance de feu alliée, la nécessité de ne pas affaiblir davantage le front dans le secteur de Caen, ou encore pour suggérer à Hitler l'abandon de la contre-offensive vers Avranches après son échec au début du mois d'août [44].

En fait de compétence professionnelle, il est évident que les avis des généraux SS si avidement sollicités par leurs homologues de l'armée avaient surtout à leurs yeux le mérite d'être jugés plus crédibles par Hitler et son quartier général. En usant de la confiance dont jouissaient encore les officiers et les troupes SS à la fin du conflit, ils se prémunissaient contre toute accusation de défaitisme. Déjà prépondérante au printemps 1944, cette question de confiance est devenue fondamentale après le 20 juillet. À compter de cette date, les responsables de l'armée de terre se sont alors réfugiés derrière leurs subordonnés SS pour mettre en exergue leur loyauté [45].

24

L'ingérence de la *Reichsführung-SS* dans les opérations militaires

En s'immisçant dans la chaîne de commandement, la *Reichsführung-SS* s'est d'abord attachée à préserver une relative autonomie aux troupes de la *Waffen-SS* qui remplissaient des fonctions militaires en territoires occupés sans faire partie des troupes de campagne SS, et cela en jouant de l'ambivalence de leur statut officiel et de leur fonction réelle. À l'occasion, elle a même tenté d'accroître leurs compétences dans les affaires militaires. Elle a ensuite créé un lien parallèle qui a interféré avec les décisions du commandement de l'armée dans l'emploi opérationnel des formations SS pourtant formellement mises à disposition de la *Wehrmacht*. Ce faisant, elle a largement bouleversé les principes élémentaires de la hiérarchie militaire.

La quête d'autonomie dans l'espace « germanique »

Les unités SS stationnées aux Pays-Bas au cours du conflit illustrent le premier cas de figure. Sur le fond, il ne s'agissait rien de moins que de donner une force exécutive à un pouvoir politique civil agissant au nom du Reich et dans l'intérêt de la SS [1]. Dès le 15 mai 1940, Himmler s'était ainsi enquis de la possibilité d'envoyer trois régiments « Tête de mort » à l'ouest. L'ordre de transfert de l'un d'eux (le 4e) aux Pays-Bas a pu en conséquence être effectif quelques jours à peine après la décision de Hitler de supplanter l'administration militaire initialement prévue dans ce pays par un commissaire civil du Reich [2]. Cette dernière décision était du reste largement redevable aux intrigues de Himmler, tout comme la nomination à ce poste d'un homme lige de l'Ordre noir, Arthur Seyss-Inquart. En avançant et en positionnant ainsi ses pions, la *Reichsführung-SS* posait en fait les jalons de sa politique d'assimilation de cette partie de l'espace germanique qu'elle entendait se réserver.

Imposer les régiments « Tête de mort »
comme force exécutive de la SS

La volonté de l'Ordre noir de maintenir les régiments « Tête de mort » hors de portée de l'armée a néanmoins largement contribué à empoisonner ses relations avec la *Wehrmacht* au second semestre 1940. Celle-ci pointait du doigt l'absence de statut justifiant la totale autonomie de ces troupes SS. D'un côté, « seuls les membres de la *Wehrmacht* [pouvaient] être soldats selon la loi ». D'un autre côté, « les droits politiques de la *Waffen-SS* exclu[ai]ent son " existence militaire " en tant que corps constitué [3] ». En résumé, la position de l'armée était qu'en dehors de ses rangs (ou tout du moins de son contrôle) ne pouvait exister aucune autre force armée indépendante. Reste que cette position souffrait d'un grave handicap, à savoir l'absence d'unanimité au sein de l'OKW. Aussi a-t-il seulement fallu à la *Reichsführung-SS* faire preuve de patience en ne réagissant pas [4]. À charge pour les régiments « Tête de mort » de veiller à leur autonomie, ce à quoi ils sont parvenus avec plus ou moins de bonheur, à l'exemple du 4ᵉ. Celui-ci a réussi à préserver son indépendance en s'imposant dès le départ comme un partenaire et non comme un subordonné auprès du commandement de la *Wehrmacht* aux Pays-Bas. En août 1940, il a ainsi littéralement négocié son intégration dans le système défensif côtier en profitant de l'arrivée de la « SS-Verfügungs-Division » dans son secteur [5]. Au début du mois de décembre 1940, cette dernière a toutefois pris une décision « fatale » en subordonnant chacun des trois bataillons de ce régiment à l'un de ses régiments d'infanterie. Ce faisant, l'état-major du régiment « Tête de mort » se trouvait écarté de toute responsabilité. Après la relève de la division SS par une division de l'armée les jours suivants, celle-ci a repris ce système de subordination à son compte :

De ce fait, les bataillons du régiment ont été subordonnés à des éléments distincts de la *Wehrmacht*, l'état-major régimentaire définitivement mis à l'écart. Ces relations ont conduit à de fréquents conflits dans les temps suivants. Des relations insupportables sont particulièrement survenues dans les affaires de commandement et dans les questions d'ancienneté de service des chefs [SS] et des officiers [6].

Ces problèmes ont perduré jusqu'à ce que le régiment soit relevé de sa mission de surveillance côtière au début de février 1941. La *Reichsführung-SS* n'en a pas moins poursuivi sa politique consistant à maintenir une force exécutive au service de ses représentants aux Pays-Bas, à savoir le commissaire du Reich Seyss-Inquart et le chef supérieur de la SS et de la police (HSSPF) Rauter. Simplement, l'outil de cette politique a changé. Il a pris la forme des unités de dépôt de la *Waffen-SS* et de la division de police SS, arrivées en nombre sur le territoire néerlandais pour relever les deux régiments « Tête de mort » transférés à l'est en avril 1941 [7].

Lutte de pouvoir entre l'armée et la SS

Au printemps 1940, l'armée avait subordonné d'office à son autorité toutes les unités de dépôt SS, et ce pour le temps où les formations de campagne auxquelles elles étaient affiliées allaient elles-mêmes être placées sous le commandement de la *Wehrmacht* [8]. La création de l'Office principal de commandement SS (SS-FHA) le 15 août suivant avait toutefois rendu caduque cette initiative de l'armée en permettant à la *Reichsführung-SS* de disposer de l'organe de commandement nécessaire pour diriger seule ces unités – ce qu'une directive publiée en février 1941 s'est chargée de préciser : hormis les formations de la *Waffen-SS* et de la police nommément désignées (sept au total), les régiments « Tête de mort » tout comme l'ensemble des unités de dépôt SS échappaient au contrôle de l'armée, y compris d'un point de vue territorial [9]. Il s'agissait *de facto* de la force militarisée indépendante dont Himmler rêvait depuis le début du conflit et que Hitler voulait pour maintenir l'ordre au sein de son empire. À ce titre, ces unités n'étaient pas subordonnées à l'armée, mais directement au HSSPF régional [10]. Là où se concentrait cette force militarisée indépendante, un « commandant de la *Waffen-SS* » lui était accolé pour servir d'« organe militaire exécutif du commandant supérieur de la SS et de la police ». À ce titre, le commandant de la *Waffen-SS* était « seul responsable pour le commandement des unités qui lui étaient subordonnées »[11].

Que cette fonction ait été créée aux Pays-Bas au tout début de l'année 1941 ne relevait pas du hasard. Pour la *Reichsführung-SS*, il s'agissait clairement de reprendre en main le contrôle des deux régiments « Tête de mort » qui lui avait échappé les semaines précédentes avec le départ de la « SS-Verfügungs-Division » et son remplacement par une division d'infanterie. D'ailleurs, cet objectif apparaissait très nettement à travers l'incongruité qui a consisté pour le SS-FHA à subordonner dès le 30 décembre 1940 les deux régiments SS au commandant de la *Waffen-SS* aux Pays-Bas... alors que ce poste n'a été officiellement créé qu'une semaine plus tard. Afin d'imposer sur place son autorité, Himmler a, du reste, nommé un général SS jouissant de son entière confiance (Kurt Knoblauch). Pour parachever le tout, ce commandant de la *Waffen-SS* tout comme le 14e régiment SS ont été directement connectés par téléscripteur au bureau du commissaire du Reich aux Pays-Bas en mars 1941. Ils devenaient dès lors pleinement des organes exécutifs du pouvoir politique sur place[12].

Avec l'envoi à l'est des deux régiments « Tête de mort » (en vue de « pacifier » les arrières du front sous l'égide du « Kommandostab Reichsführer-SS ») et leur remplacement par des unités de dépôt de la division de police SS (encore affiliée à cette date à la police du maintien de l'ordre), la fonction de « commandant de la *Waffen-SS* » aux Pays-Bas a perdu sa raison d'être en avril 1941. Aussi cet organe de commandement a-t-il été dissous pour ne réapparaître qu'au début de l'année 1942, au moment où les unités de dépôt de la division de police SS ont été officiellement transférées comme leur formation mère à la *Waffen-SS* le 10 février[13]. À quinze mois d'intervalle s'est alors reproduit ce qui s'était déjà déroulé en décembre 1940. En l'occurrence, les formations de dépôt SS aux Pays-Bas sont de nouveau passées sous la coupe de la *Wehrmacht*, suite à la directive n° 40 de Hitler du 23 mars 1942, première du genre à porter sur l'organisation des défenses côtières en Europe. En partant du postulat que « la défense de la côte [était] une mission de la *Wehrmacht* » qui exigeait l'engagement centralisé de toutes les forces militaires, paramilitaires et civiles disponibles sur place, cette directive réduisait *de facto* à peu de chose l'autonomie des éléments de la *Waffen-SS* qui échappaient jusque-là au contrôle tactique de l'armée [14].

Aux Pays-Bas, cela s'est rapidement traduit par l'enrôlement des unités de dépôt SS dans les plans d'engagement de la *Wehrmacht* en cas d'attaque alliée [15]. Mis devant le fait accompli, le SS-FHA s'est plaint auprès de l'OKW de l'emploi inapproprié qui pouvait être fait de ces unités qui représentaient une partie non négligeable du réservoir humain chargé de combler les pertes de ses divisions sur le front [16]. Pouvant s'appuyer sur une directive de Hitler, la *Wehrmacht* avait toutefois le droit pour elle et aucun compte à rendre. Dès lors, le contrôle tactique des unités de dépôt de la *Waffen-SS* aux Pays-Bas pouvait sembler scellé. L'échec d'un coup de force tenté par Himmler au début de l'année 1943 paraissait du reste clairement le démontrer [17]. C'était cependant compter sans la capacité de la *Reichsführung-SS* à s'imposer en exploitant toutes les opportunités qui s'offraient à elle.

Un commandement SS intégré, mais autonome

Par le biais du HSSPF régional, la *Reichsführung-SS* s'est attachée à obtenir l'autonomie de ses forces sur place en usant d'une stratégie beaucoup plus subtile. Il apparaissait en effet assez évident que les unités SS cantonnées aux Pays-Bas ne pouvaient pas échapper à la tutelle de l'armée en cas de débarquement allié. S'obstiner dans cette voie était donc vain. Par contre le HSSPF s'est ingénié à conserver le contrôle de ses troupes en constituant des organes militaires de commandement spécifiquement SS. Ces organes ont certes été intégrés dans la chaîne de commandement de l'armée aux Pays-Bas, mais en disposant de missions précises dans l'espace et dans le temps qui les rendaient relativement autonomes. C'est ainsi que la SS a commencé à s'investir dans l'édification de points d'appui à partir de la fin du mois d'août 1942 [18]. Au demeurant, le commandant de la *Wehrmacht* aux Pays-Bas était prêt à accepter un tel projet. Cela lui permettait de disposer sur la côte d'un échelon de commandement avancé, alors même qu'il venait d'abandonner La Haye, jugée trop exposée en cas d'attaque alliée, pour se replier avec son état-major à l'intérieur des terres, à Hilversum. Un pas décisif a été franchi lorsque Himmler est parvenu, en février 1943, à arracher à Hitler le droit pour la SS de prendre seule en charge la défense des points d'appui côtiers de Clingenthal et de Scheveningen, à hauteur de La Haye, sous réserve de l'accord de l'armée. Celle-ci ne s'est pas fait prier, de sorte qu'un état-major SS a pu prendre effectivement en charge le secteur de défense de Scheveningen le 7 mai suivant [19].

En s'immisçant ainsi dans le système de défense côtier, la SS a retiré divers avantages. Elle a notamment pu faire valoir sur place sa participation active à l'effort général tout en préservant une certaine forme d'autonomie. Elle est même parvenue avec le temps à prendre le contrôle tactique d'unités de l'armée [20]. Toutefois, le gain était surtout politique, dans la mesure où la SS se trouvait en charge de protéger le siège du commissariat du Reich, demeuré à La Haye sur décision de Hitler [21]. Cela entrait parfaitement dans la volonté de mainmise de la SS sur toutes les activités importantes aux Pays-Bas. Par contre, dès lors que le HSSPF régional, le général SS Rauter, s'est aventuré à demander de véritables responsabilités militaires en cas d'attaque alliée, et notamment le commandement de la zone arrière de l'armée, à l'image de ses collègues engagés dans la lutte antipartisans à l'est, la *Wehrmacht* s'y est fermement opposée [22]. Il lui faudra en fait attendre les derniers mois de la guerre pour assouvir ses ambitions guerrières en prenant la tête d'un détachement tactique portant son nom [23].

Même si elle n'a bien souvent obtenu que des résultats tardifs et partiels, cette ambition personnelle des HSSPF dans le domaine militaire ne doit pas être sous-estimée, à l'exemple du HSSPF en Norvège (Fritz Weitzel) suggérant dès juin 1940 de prendre la tête d'une division SS qu'il se proposait de constituer avec les deux régiments « Tête de mort » présents à cette époque sur place [24]. En tout état de cause, cette ambition des *missi dominici* de Himmler dans les territoires occupés a servi les intérêts de la *Reichsführung-SS*. En contribuant à préserver une certaine forme d'autonomie dans l'emploi opérationnel des unités SS cantonnées aux Pays-Bas pendant le conflit, elle lui a ainsi permis d'alimenter ses projets d'expansion en constituant avec eux une brigade SS devenue division à la fin de la guerre [25].

Une ingérence discrète dans l'emploi des unités SS de campagne

Déterminer le degré d'ingérence de la *Reichsführung-SS* dans l'emploi opérationnel de ses formations de campagne n'est pas chose aisée. De fait, il s'agissait là clairement d'une violation des prérogatives de la *Wehrmacht*. Si la SS a pu jouer sur l'ambiguïté du statut de ses unités de dépôt, l'absence totale d'ambivalence des décrets d'avant guerre au sujet de l'emploi opérationnel des formations SS mises à disposition de l'armée lui commandait d'agir avec prudence dans ce domaine. Cette discrète ingérence présupposait toutefois l'existence de canaux de transmission indépendants. Leur évocation est en elle-même extrêmement édifiante et révélatrice sur la marge de manœuvre que la *Reichsführung-SS* a su se créer dans ce domaine.

Des moyens de communication indépendants

Sur le principe, rien *a priori* n'obligeait la *Reichsführung-SS* à entretenir de tels canaux indépendants. En théorie, la logique commandait que les unités SS rendent compte de leurs besoins en utilisant la voie hiérarchique de l'armée. Celle-ci aurait ensuite répercuté les demandes au commandement SS. Inversement, ce dernier aurait utilisé la même voie pour délivrer les décisions qui relevaient de sa compétence, officiellement limitée aux questions de ressources humaines et à l'éducation idéologique. Cette solution logique a d'ailleurs été avancée par l'OKW en octobre 1940, sans susciter de réaction de la *Reichsführung-SS* [26]. Certes, de nombreux exemples attestent que le canal de l'armée a été utilisé pour transmettre les messages entre le SS-FHA et les troupes SS présentes sur les théâtres d'opérations extérieurs, mais uniquement lorsque leur contenu n'avait rien de déterminant ou de compromettant [27].

Au début du conflit, et en particulier au moment de la campagne de mai-juin 1940, le principal moyen de transmission n'avait rien de très sophistiqué. Il consistait en un système de courriers faisant régulièrement la navette entre l'état-major SS à Berlin et les trois formations de la *Waffen-SS* engagées sur le front. Des officiers de liaison SS étaient employés à cette tâche. Leur périple en voiture durait en moyenne quatre jours lorsque les troupes SS étaient dans le nord de la France au début de juin, et jusqu'à une semaine à la fin de la campagne, lorsqu'elles opéraient dans la région lyonnaise. Ils apportaient les consignes de la *Reichsführung-SS* et repartaient avec les rapports des deux divisions et de la « LSSAH » (le même système était également appliqué pour la division de police SS avec des officiers de l'*Ordnungspolizei*). La *Reichsführung-SS* pouvait ainsi se tenir informée des combats de ses formations, de leur situation opérationnelle, de leur subordination tactique, de l'étendue de leurs pertes et des éventuels problèmes. En ce sens, l'état-major SS à Berlin avait aussi une fonction de relais, chaque rapport étant transmis à Himmler qui donnait en retour ses consignes [28].

Contre toute attente, il semble bien que ce procédé n'ait pas été véritablement prémédité, mais qu'il ait été manifestement instauré suite à un manque d'informations sur les opérations en cours des troupes SS. De fait, la mise en place de cette navette n'a été ordonnée que le 14 mai, soit quatre jours après le début de l'offensive allemande à l'ouest dans laquelle la « LSSAH » et la « SS-Verfügungs-Division » avaient été immédiatement engagées (cela laisse supposer qu'un tel système n'existait pas lors de la campagne de Pologne où l'engagement des unités SS en ordre dispersé l'aurait du reste très difficilement permis). À l'inverse, ce système de courriers a été rétabli l'année suivante trois jours avant l'invasion de l'Union soviétique. Au passage, le système a été perfectionné en s'adaptant à l'étendue du nouveau front. Trois échelons de courriers ont ainsi été établis en Prusse-Orientale et dans le Gouvernement général polonais à Rastenburg, Varsovie et Lublin. Depuis ces trois têtes de pont du réseau SS de téléscripteurs, ces courriers ont pu maintenir la communication avec les formations SS engagées dans chacun des trois groupes d'armées allemands « Nord », « Centre » et « Sud » [29].

Toute cette organisation n'était pas anodine. Alors que la *Waffen-SS* a toujours souffert d'une pénurie de cadres, elle mobilisait à elle seule une centaine de personnels, dont près de quarante officiers servant aux liaisons. Cette situation est d'ailleurs rapidement devenue intenable devant les pertes et les besoins des formations SS sur le front. Aussi l'échelon de Rastenburg a été dissous à compter du 1er février 1942. À partir de cette date, la correspondance normale vers la division « Totenkopf », la division de police SS ainsi que le 9ᵉ régiment d'infanterie SS a été simplement acheminée par la poste aux armées tandis que les courriers les plus importants devaient être transportés par les permissionnaires de ces unités [30]. Le principe n'en a pas moins été conservé, quitte à l'adapter. Suite au retrait de la seule division SS engagée dans le secteur « Centre » (division « Reich ») et son transfert avec la « LSSAH » en France en juillet 1942, l'échelon de courriers de Varsovie, désormais inutile, a été transféré à Metz, qui constituait cette fois la tête de pont du réseau SS de téléscripteurs à l'ouest [31]. S'il n'existait pas encore à cette date de téléscripteur auprès des divisions SS [32], le nouveau corps d'armée SS en a eu un à sa disposition. À l'annonce du débarquement allié en Afrique du Nord par la radio anglaise en novembre 1942, cela lui a par exemple permis de rappeler en toute urgence Hausser qui s'était rendu auprès de Himmler à Munich [33].

En 1942, le système de courriers a été supplanté par les moyens de communication radio à grande portée qui ont commencé à équiper les divisions SS. Ainsi commence-t-on à relever des échanges radio directement entre la *Reichsführung-SS* et ses troupes à partir du mois d'août 1942 – non sans complexité parfois, à l'image d'un message de Himmler au général SS Dietrich en mars 1943 qui, envoyé d'Estonie à destination de l'Ukraine, a transité par le SS-FHA à Berlin [34]. Au mois de juillet suivant, Himmler exigeait par ailleurs que les communications des unités lui soient directement retransmises sans perte de temps, « pas même un quart d'heure » [35].

Ce système de communication a toutefois montré ses limites sur le plan opérationnel. À l'automne 1943, l'armée a ainsi fait savoir à la *Reichsführung-SS* que les Soviétiques étaient en mesure de localiser précisément les divisions blindées SS en raison de leurs trafics radio longue distance. Des documents saisis démontraient clairement que la seule puissance de leurs émetteurs trahissait leur présence plus sûrement qu'aucun autre indice puisque aucune division de l'armée ne disposait de moyens radio de portée équivalente. À l'heure où les divisions SS étaient devenues des pièces déterminantes de la stratégie allemande, ce fait ne manquait pas d'être inquiétant pour les responsables militaires. Aussi ont-ils demandé que le trafic radio des troupes SS avec le SS-FHA transite désormais par les armées auxquelles elles étaient subordonnées. La *Wehrmacht* s'engageait à les transmettre immédiatement par télé-

OCCUPATION / RÉPRESSION

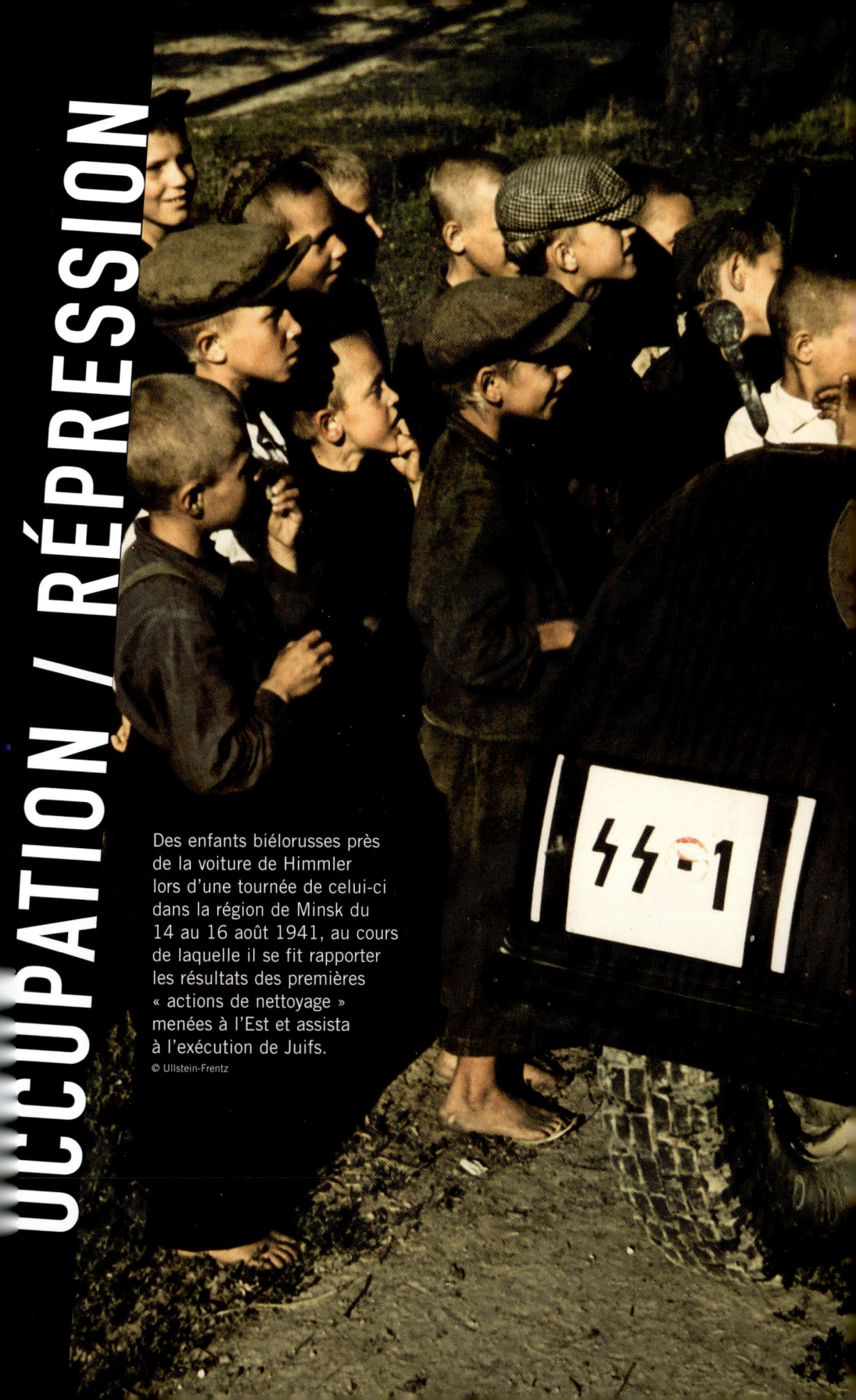

Des enfants biélorusses près de la voiture de Himmler lors d'une tournée de celui-ci dans la région de Minsk du 14 au 16 août 1941, au cours de laquelle il se fit rapporter les résultats des premières « actions de nettoyage » menées à l'Est et assista à l'exécution de Juifs.
© Ullstein-Frentz

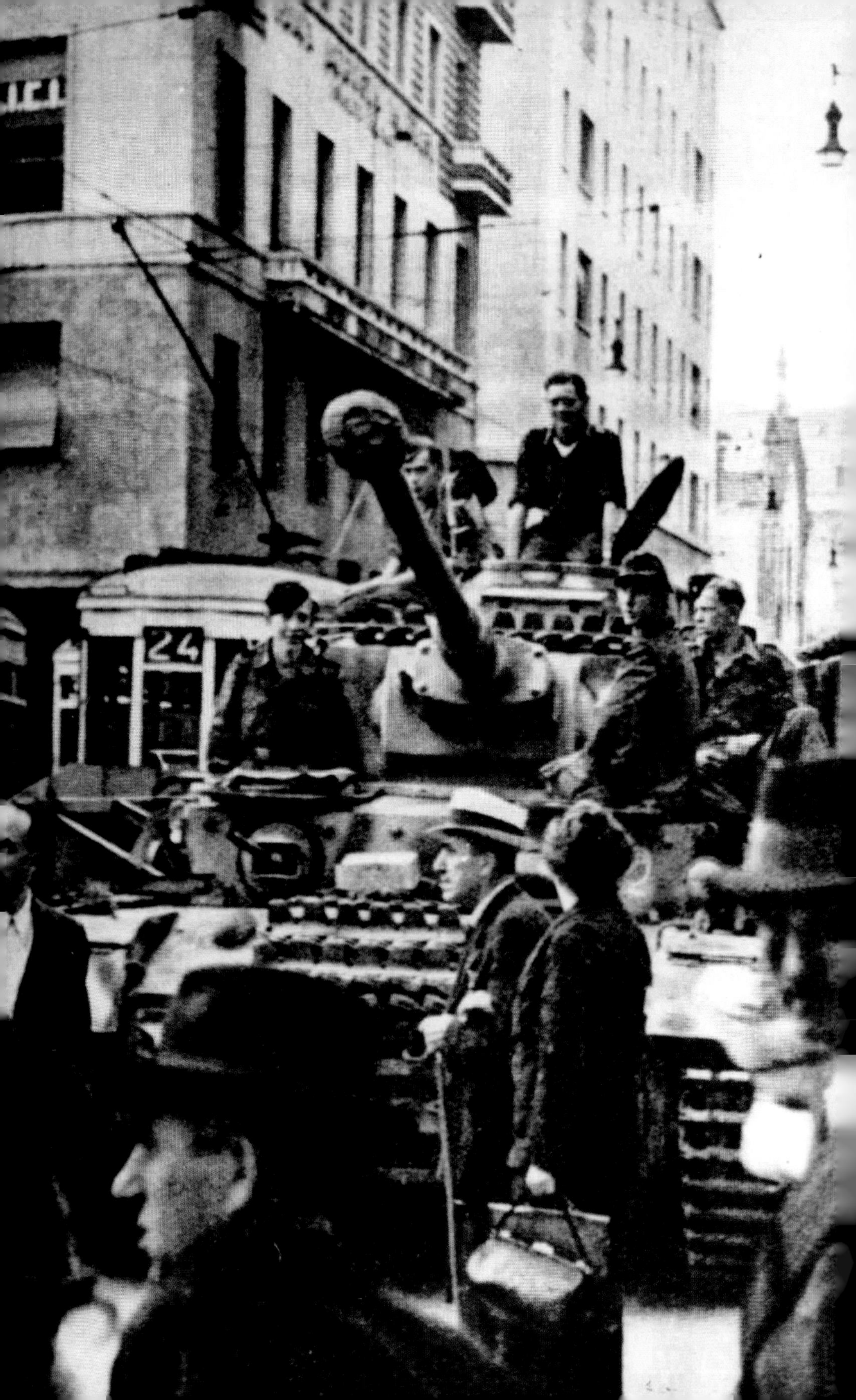
24

OCCUPATION

Comme les troupes de la *Wehrmacht*, les formations de la *Waffen-SS* ont servi à imposer partout en Europe occupée l'ordre allemand. La « LSSAH » défile devant le maréchal von Rundstedt sur les Champs-Élysées le 29 juillet 1942 et sera engagée en Italie (ici à Milan) après l'armistice signé par l'Italie le 9 septembre 1943.

© Bundesarchiv, DR

RÉPRESSION

Si elles ont été tout autant engagées que la *Wehrmacht* dans la répression des mouvements insurrectionnels, les unités de la *Waffen-SS* s'y sont souvent signalées par leur plus grande brutalité, ici lors de l'insurrection du ghetto de Varsovie en avril 1943, dans les Balkans (*ci-contre à droite*), dans le sud-ouest de la France au printemps 1944 (*en haut*) et lors du soulèvement de Varsovie en août suivant (*en haut à droite*).

© NARA/C. Trang, Coll. A. Chazette. DR

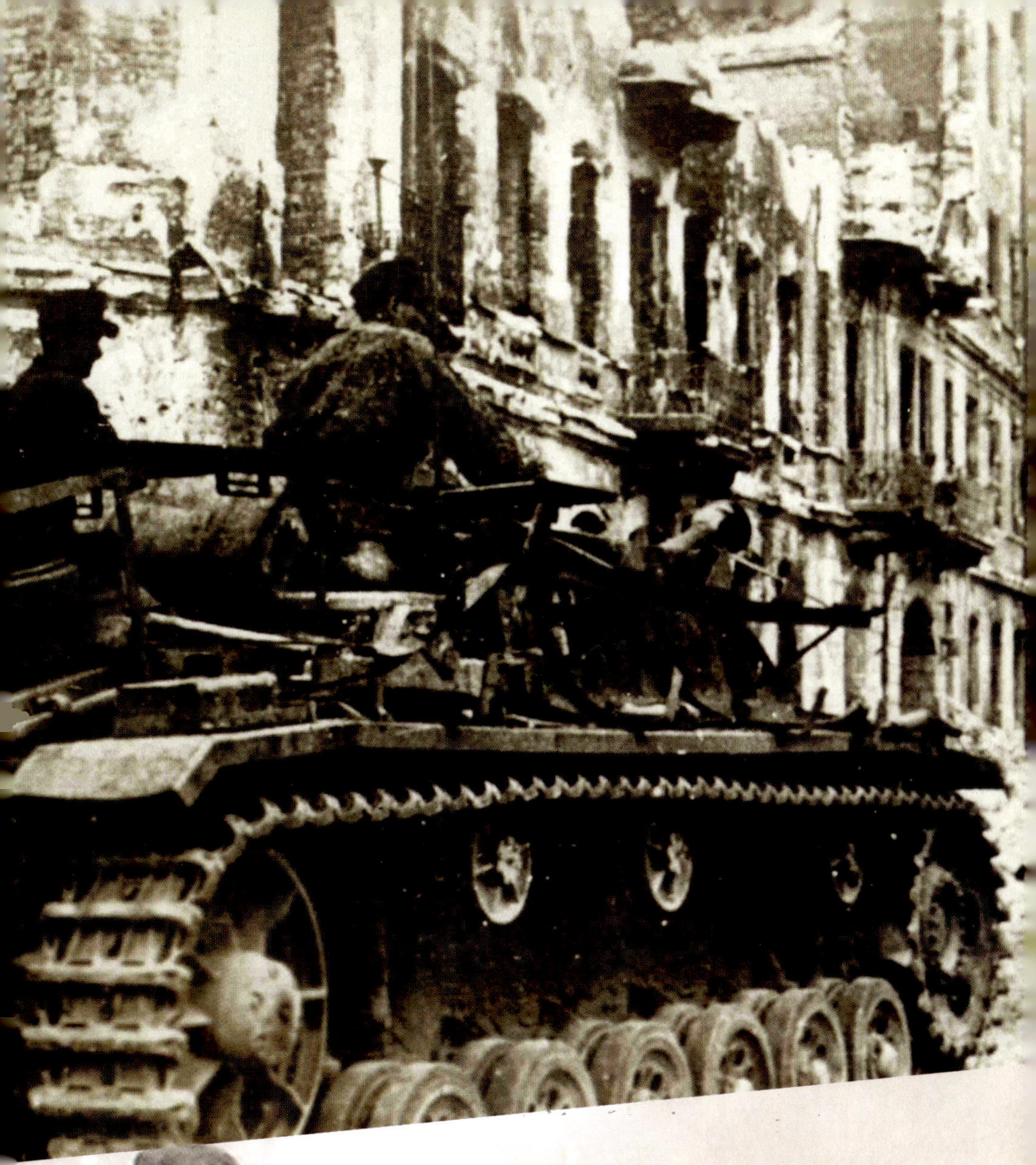
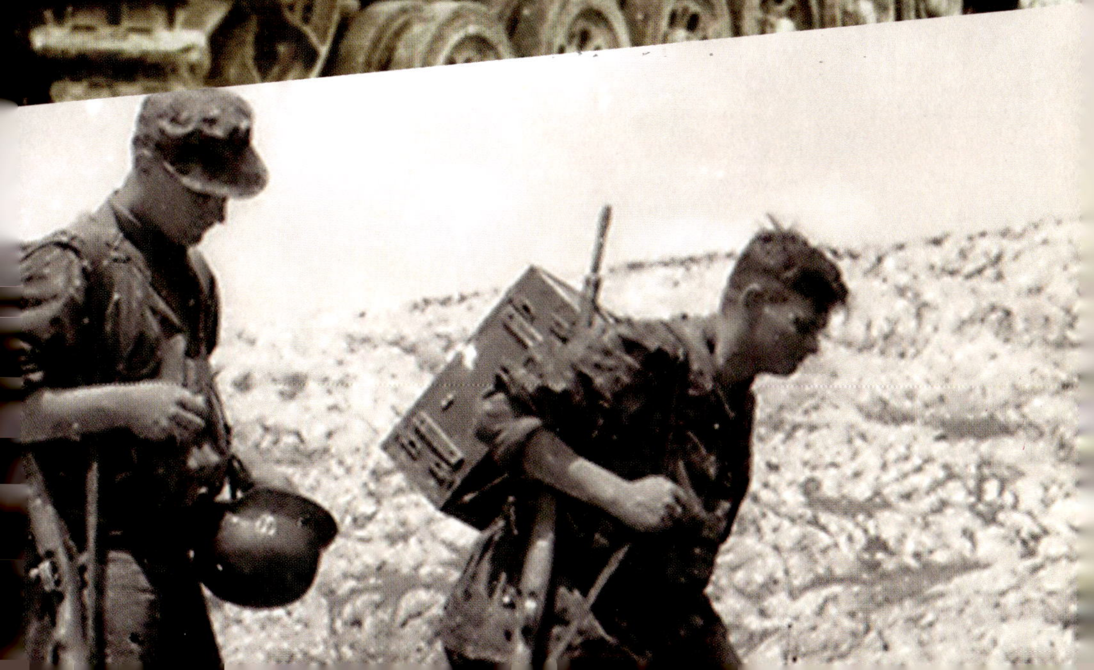

À partir de l'été 1941, les unités de la *Waffen-SS* subordonnées au *Kommandostab Reichsführer-SS* ont été engagées en fer de lance de l'entreprise génocidaire à l'est. Parmi elles, la brigade de cavalerie SS s'est révélée particulièrement « efficace » en Biélorussie.
© Coll. Mémorial de Caen

Page de droite :
Juifs massacrés par le 2ᵉ régiment de cavalerie SS dans la région de Pinsk (Biélorussie) en août 1941. En une journée, un seul escadron y a exécuté environ 6 500 hommes.
© Coll. M. Cüppers

EXTERMINATION

L'une des 642 victimes massacrées à Oradour-sur-Glane le 10 juin 1944.
© Coll. Centre de la Mémoire d'Oradour

Ci-contre : Heinz Lammerding, commandant la division « Das Reich » à cette époque.
© Coll. A. Chazette

ORADOUR

scripteurs. Cette demande a plongé la SS dans l'embarras. D'un côté, les nécessités opérationnelles commandaient le retrait de ces postes radio. De l'autre, l'armée pouvait prendre connaissance et contrôler les communications de la *Reichsführung-SS* avec ses unités. Face à ce dilemme, Himmler a eu tôt fait de trancher en faveur de la solution préconisée par l'armée. Toutefois, il demandait que ces « stations radio longue portée demeurent auprès de chaque division en cas d'urgence ». Il estimait par ailleurs qu'elles pouvaient être employées sans danger dès lors que les divisions SS n'étaient plus engagées sur le front. Enfin, il exigeait de mettre en place un système de chiffrage « afin que désormais chaque message ne puisse [pas] être systématiquement décodé par les services de l'armée de terre [36] ». En pratique, les corps d'armée, divisions et brigades SS ont cependant eu du mal à renoncer à ce moyen de transmission si commode (notamment pour communiquer avec les centres d'approvisionnement SS implantés sur les arrières du front de l'Est), comme le démontrent certaines violations intervenues après l'interdiction de leur emploi sur le front au début de novembre 1943 [37].

En dernier ressort, les contacts personnels ont régulièrement joué. Sans même compter les visites de Himmler et des responsables du SS-FHA aux troupes, les généraux SS n'ont jamais rechigné à se rendre personnellement ou à dépêcher l'un de leurs officiers auprès d'eux pour y plaider leur cause, y exposer leurs besoins ou y prendre leurs consignes. Les agendas de Himmler pour les seules années 1941 et 1942 démontrent l'étendue de ces contacts. Que celui-ci ait convoqué les commandants d'unité SS à son quartier général, leur ait directement parlé au téléphone, ou qu'il se soit fait rapporter la situation des formations SS par l'entremise d'un de leurs officiers, les comptes rendus personnels ont également joué un rôle déterminant pour permettre à Himmler de connaître les états d'âme de ses subordonnés et la situation de leurs troupes [38].

La chaîne de transmission de l'information

L'existence de moyens de communication rendait techniquement possible l'ingérence de la *Reichsführung-SS* dans le contrôle opérationnel de ses troupes. Reste que, avant de prendre une quelconque initiative, il était nécessaire que l'information à la base de la décision remontât jusqu'à elle. Sur le fond, cela n'a pas véritablement posé de problème pour les membres d'une organisation pensant, fonctionnant et agissant en tant qu'Ordre. Dès le début du conflit, une telle culture avait d'ailleurs contribué aux premières tensions importantes entre la *Wehrmacht* et la *Reichsführung-SS*. La première n'a tout simplement pas toléré que la seconde ait imposé à ses membres servant sous les drapeaux le devoir de rapporter tout dysfonctionnement de nature idéologique au sein de l'armée (*Meldepflicht*) [39].

L'introduction de moyens de communication perfectionnés a permis d'étendre cette culture du compte rendu. Aussitôt que les postes radio de forte puissance ont été distribués aux divisions SS en 1942, Himmler et le SS-FHA ont ainsi souhaité obtenir d'elles « une information permanente à travers des rapports de situation quotidiens », et cela « même lorsque aucun événement particulier ne survenait » [40]. Celles-ci ont donc régulièrement pourvu leur *Reichsführung-SS* de rapports de situation dans la seconde moitié de la guerre [41]. Il est d'ailleurs significatif que, une fois nommé à la tête de la 7ᵉ armée à la fin juin 1944, le général SS Hausser n'ait pas perdu l'habitude de rendre compte quotidiennement de son action et de celle de ses troupes à Himmler [42]. Et comme la confiance n'exclut pas le contrôle, celui-ci n'a jamais hésité à recourir à des tiers pour se tenir informé de la situation de ses unités. Lors des périodes de crise, des responsables de la *Reichsführung-SS* ont par exemple été dépêchés sur le front pour y prendre contact avec les formations SS, à l'image des généraux SS Berger et Grawitz envoyés sur le front de l'Ouest afin d'y mesurer l'ampleur du désastre en septembre 1944 [43]. De manière plus ordinaire, le chef du détachement de correspondants de guerre SS a informé Himmler sur la situation de ses troupes, rapportant force détails sur les unités et leurs chefs. On se surprend ainsi à constater l'importance inattendue prise dans ce domaine par le chef de ce détachement, Gunter d'Alquen. Par le biais des rapports d'activité de ses correspondants de guerre disséminés dans les formations SS, il a en effet eu une vue d'ensemble précise de la situation militaire sur tous les fronts importants [44].

Que Himmler ait porté une attention particulière à tous ces rapports ne fait aucun doute [45]. Il a surtout pu exercer sur ses troupes un contrôle encore plus étroit qu'au début du conflit en centralisant lui-même l'information avant de la redistribuer à quelques collaborateurs choisis. La liste de ces derniers était du reste édifiante au début de juillet 1944. Outre le chef du SS-FHA et l'officier de liaison de la *Waffen-SS* auprès de l'état-major de l'armée de terre figuraient trois autres destinataires : l'officier de liaison et l'aide de camp de la *Waffen-SS* auprès de Hitler, de même que l'officier de liaison de la *Waffen-SS* auprès de l'état-major opérationnel de la *Wehrmacht*. En somme, la *Reichsführung-SS* se trouvait en position de pouvoir rapporter elle-même à Hitler et à l'OKW les informations relatives à l'emploi opérationnel de ses forces – avec naturellement la possibilité d'influer au besoin sur leur mode d'engagement [46].

De leur côté, les états-majors de la *Wehrmacht* étaient parfaitement prévenus de l'existence de ces rapports. À l'été 1942, la *Reichsführung-SS* avait en effet pris soin de transmettre à ses unités l'ordre de lui rendre quotidiennement compte de la situation *via* le canal de l'armée [47]. Le message à l'intention de celle-ci était donc clair, tout comme il était clair qu'il s'agissait d'une manœuvre d'intimidation. En se sachant ainsi sous contrôle d'une autorité étrangère, les états-majors savaient que le moindre faux pas serait porté à la connaissance de la *Reichsführung-SS* qui n'hésiterait pas au besoin à en référer à Hitler. Dès lors, le retour de bâton serait inévitable. C'était au demeurant la volonté expresse de Hitler de disposer d'un tel canal d'information parallèle pour mieux contrôler les rapports de l'armée, ce qui explique que la SS ait pu agir en ayant les coudées franches [48].

Par ce biais, les formations de la *Waffen-SS* bouleversaient complètement les rapports verticaux traditionnels de la hiérarchie militaire en constituant un facteur de déstabilisation partout où elles se trouvaient engagées. Une telle situation permet de mieux comprendre la pusillanimité ou la complaisance dont certains généraux de l'armée ont pu faire preuve à leur égard. Cette règle faussée de subordination n'a pas manqué aussi d'en inquiéter quelques-uns. Une réflexion du commandant de la 15e armée (à laquelle étaient rattachées trois divisions SS à la fin de l'année 1943) était symptomatique de cette nervosité. Lors d'un entretien avec Rommel, il lui a ainsi demandé d'intercéder auprès de Hitler afin « qu'aucune dualité de commandement ne puisse survenir entre l'Ob.West et la SS [49] ». Le fait pour les généraux de l'armée de savoir leur autorité court-circuitée par une hiérarchie parallèle n'était précisément pas propice à un exercice serein de leur commandement. Il suffit d'ailleurs pour s'en convaincre de relever la réaction très vive du corps d'armée SS lorsqu'il s'est trouvé dans la posture de l'arroseur arrosé. À l'automne 1942, il s'est effectivement senti bafoué dans son autorité dès lors que le SS-FHA a commencé à correspondre directement avec les divisions « Das Reich » et « Totenkopf » en négligeant de passer par son intermédiaire [50].

Les interventions de la Reichsführung-SS

Grâce à l'espace de manœuvre créé, la *Reichsführung-SS* est tout d'abord intervenue pour modifier l'organisation ou les effectifs des formations SS présentes sur les théâtres d'opérations. La chose s'est trouvée facilitée par la création en mars 1942 d'un bureau autonome de transport au sein du SS-FHA. Celui-ci avait à gérer l'acheminement des personnels de remplacement et des approvisionnements de toutes les forces SS, de même que le transport ferroviaire et maritime des unités de la SS et de la police non subordonnées à l'armée (la *Wehrmacht* assurant pour sa part le transport des unités mises à sa disposition). Face aux besoins, cet organisme s'est rapidement étendu, avec au total une dizaine d'antennes destinées à quadriller toute l'Europe [51].

Tant qu'il s'est agi d'un renforcement des unités SS sous leurs ordres, les commandants des théâtres d'opérations n'ont naturellement rien trouvé à y redire dans la mesure où ils en tiraient eux-mêmes un avantage. Aussi ne trouve-t-on aucune plainte de ce genre. À l'inverse, dès que la *Reichsführung-SS* s'est aventurée à procéder à un retrait de personnels, cela a immédiatement provoqué l'ire des responsables militaires concernés. En Scandinavie, la 20ᵉ armée s'est ainsi plainte à plusieurs reprises des cessions d'armes et de personnels ordonnées par le SS-FHA à la 6ᵉ division SS afin d'activer la constitution des 9ᵉ, 10ᵉ et 13ᵉ divisions SS en France. Face à de tels agissements, l'OKW s'est même senti obligé d'édicter une consigne de portée générale visant à proscrire la modification sans autorisation des structures des unités dans la mesure où elle déstabilisait l'équilibre des forces présentes sur chaque théâtre d'opérations. La leçon semble avoir été entendue, le SS-FHA se souciant par la suite d'obtenir l'autorisation préalable de l'OKW [52]. À l'opposé, Himmler s'est refusé à toute cession de personnels lorsque cela lui a été ordonné par l'armée, à l'image des soldats albanais servant dans la 13ᵉ division SS qui auraient dû constituer une milice dans leur pays d'origine à l'automne 1943 [53].

Cadrer l'emploi opérationnel de ses formations a représenté pour la *Reichsführung-SS* une deuxième manière d'intervenir. Cela s'est tout d'abord produit de manière détournée. Le fait même d'indiquer aux généraux de l'armée l'existence d'un canal de transmission direct entre les unités SS et leur *Reichsführung* a en effet largement contribué à limiter leur marge de manœuvre. Himmler est cependant intervenu aussi de manière directe. À cet égard, l'exemple type est celui de la brigade d'assaut « Reichsführer-SS ». Au moment de sa mise sur pied au début de 1943, Himmler a veillé avec un soin jaloux sur cette unité qui incarnait sa fonction. Profitant de l'avoir spontanément offerte à Hitler, il est parvenu à obtenir de ce dernier des conditions d'engagement draconiennes. Avant même d'être constituée en France, il était déjà établi que la nouvelle brigade ne pourrait être ni morcelée ni astreinte à un service de garde, de sorte qu'elle puisse pleinement se consacrer à son instruction. En somme, lorsque la brigade est arrivée en Bretagne à partir du 22 février 1943, la 7ᵉ armée, à qui l'unité était tactiquement subordonnée, n'a rien pu faire d'autre que de la ravitailler et d'assister à ses exercices. L'utiliser à toute autre tâche lui demeurait impossible, hormis en cas d'attaque alliée [54]. Loin d'être accidentelle, la prévenance de Himmler envers cette formation se retrouve un an plus tard. Non seulement il a demandé à Hitler qu'elle ne soit pas éparpillée lors de sa présence en Hongrie, mais il a également demandé à ce qu'elle soit subordonnée au HSSPF régional, et non plus à l'armée [55]. Auparavant, Himmler était encore directement intervenu auprès de Hitler lors de l'envoi en toute urgence des deux divisions du IIᵉ corps d'armée blindé SS sur le front de l'Est à la fin de mars 1944. Lui rappelant que ces deux formations cantonnées à l'ouest depuis quatorze mois étaient « extraordinairement précieuses », il l'a mis en garde contre la personnalité du maréchal von Manstein à qui elles allaient être subordonnées. Non seulement Himmler a voulu prévenir tout gaspillage de ses deux divisions, mais celles-ci lui ont permis de mener une attaque en règle contre Manstein. « Profondément impressionné », Hitler s'est rangé aux arguments de Himmler. Goebbels pouvait d'ailleurs conclure que Manstein allait probablement « être tôt ou tard passé au fil de l'épée », prédiction qui s'est effectivement réalisée dès le lendemain avec la destitution du maréchal [56].

Cette capacité à faire et défaire les carrières des plus prestigieux chefs militaires de l'armée explique précisément la servilité des généraux et maréchaux de la *Wehrmacht* à l'égard de Himmler au cours de la dernière année du conflit. Les lettres que lui ont adressées les successeurs de Manstein à la tête des groupes d'armées « Nordukraine » (Model) et « Südukraine » (Schörner) au sujet des commandants des 3e et 10e divisions SS sont symptomatiques du nouveau type de relation engendré par l'interventionnisme de la *Reichsführung-SS* dans les affaires militaires, et cela bien avant l'attentat du 20 juillet. En retour, Himmler rendait grâce au maréchal Model d'avoir montré de la « compréhension » en retirant du front les 9e et 10e divisions SS pour leur donner « l'occasion d'exploiter au calme leurs expériences à l'est », alors même que Model n'avait pas la réputation de ménager les forces à sa disposition [57].

Finalement, Himmler est directement intervenu dans les opérations en cours en demandant et en obtenant le retrait du front de certaines formations qui y étaient engagées. En 1942, il a ainsi demandé le rappel de la division de police et par deux fois celui de la division « Reich » et du 9e régiment SS. Il a par ailleurs largement facilité le retrait de la « LSSAH » en substituant à ses bataillons d'infanterie un régiment de police spécialement envoyé à cette fin [58]. Il a manifestement obtenu aussi que la 13e division SS, ébranlée par une mutinerie en France, ne soit pas directement engagée en Bosnie-Herzégovine comme cela était ordonné par l'OKW, mais qu'elle poursuive plusieurs mois encore sa mise sur pied dans un camp d'entraînement en Allemagne [59]. Au demeurant, Himmler a ouvertement reconnu son ingérence dans les affaires militaires dans un discours aux élèves officiers SS de Bad Tölz en novembre 1942. Évoquant devant eux son intervention personnelle auprès de l'armée de terre lors des combats de la division « Totenkopf » à Demiansk, il leur a précisé qu'il s'était occupé d'elle comme il s'occupait de toutes ses divisions [60]. À ce niveau toutefois, il ne s'agissait plus tant d'une intervention de la *Reichsführung-SS* que d'une interaction entre celle-ci et ses troupes : une troisième voie dans laquelle se sont largement engouffrées les formations SS.

L'EXPLOITATION PAR LES UNITÉS SS DE LA DUALITÉ DE LEURS LIENS HIÉRARCHIQUES

Avant même le déclenchement des hostilités, la SS-VT avait déjà pleinement pris conscience du caractère d'exception de son statut au sein de l'Ordre noir. La dualité de commandement créée par le décret du 17 août 1938 lui avait d'autant moins échappé qu'elle avait eu l'occasion de l'éprouver quelques semaines plus tard, à l'occasion de l'occupation des Sudètes :

> La SS-VT est ainsi la seule partie de la *Schutzstaffel* qui, à côté des directives du *Reichsführer*, est liée suivant les ordres du Führer à des dispositions d'un service extérieur à la SS, à savoir l'état-major de l'armée de terre [61].

Les premiers conflits étaient d'ailleurs précisément survenus lors de l'occupation des Sudètes, dans la violation à une ou deux reprises des ordres de l'armée afin de venir en aide aux *Volksdeutsche* demeurés de l'autre côté de la nouvelle frontière [62]. Il s'était alors clairement agi d'une divergence d'intérêts entre d'un côté les ordres opérationnels de l'armée et, de l'autre, les conceptions raciales de la SS. Il paraît cependant douteux que les responsables militaires SS aient déjà eu avant guerre conscience de toutes les potentialités de cette dualité de commandement. Ces possibilités, ils ne les ont progressivement découvertes et exploitées qu'au fil de la guerre, au fur et à mesure de leurs besoins et des opportunités qui se sont présentées. En fait, trois voies s'ouvraient devant eux. La première était de recourir à la *Reichsführung-SS* afin de s'opposer à un ordre de l'armée (ou d'en obtenir un). La deuxième consistait à l'inverse à s'opposer à la volonté de leur *Reichsführung* en se servant de l'armée comme bouclier. La troisième enfin était d'exploiter cet espace de liberté en profitant de la dualité de leurs liens hiérarchiques. Sans surprise, ces trois voies ont été explorées par les unités SS tout au long du conflit. Il a d'ailleurs été fait un usage sans cesse croissant de ces procédés avec leur cortège de mensonges, de flagornerie, de menaces, de chantages et d'égoïsmes.

Le recours providentiel à la Reichsführung-SS

La première voie a de loin été la plus empruntée par les troupes SS. Ainsi, les formations SS ont pu s'organiser peu ou prou comme bon leur semblait sous les ailes largement déployées de leur *Reichsführung*[63]. La correspondance entre Hausser et Himmler trahit les relations étroites qui sont nées de ce mariage d'intérêts. Intéressées, ces relations l'ont certes été de la part de Hausser dont les motivations ont souvent été liées à l'équipement et à l'organisation de ses troupes, à l'obtention de renforts ou à la défense de ses subordonnés. Du côté de Himmler, l'intérêt n'était pas moins grand. L'outil militaire forgé par Hausser au travers de la SS-VT, puis de la division « Reich », et enfin du corps d'armée blindé SS, est celui-là même qui a constitué le vecteur privilégié de Himmler dans son entreprise de lobbying auprès de Hitler.

De toute la guerre, jamais les liens n'ont sans doute été aussi étroits entre les officiers SS et Himmler, jamais l'attachement des premiers au second ne s'est plus intensément exprimé qu'au second semestre 1942, à l'époque de la transformation des plus anciennes formations SS en divisions blindées. Le commandant du nouveau corps d'armée SS a de ce point de vue joué un rôle déterminant. Soit par gratitude, soit par calcul, et probablement pour les deux à la fois, Hausser a parfaitement su flatter l'ego de son *Reichsführer*, déployant des trésors de diplomatie, le remerciant pour son action, le plaignant de sa peine et du lourd fardeau de son travail, lui souhaitant force et santé « afin de continuer à œuvrer victorieusement », l'assurant que ses troupes se tenaient « derrière [lui] et espér[ai]ent œuvrer aux grandes missions que le destin [lui] a[vait] assignées », allant finalement jusqu'à le considérer « comme l'un des premiers paladins du Führer ». De façon toujours équilibrée, il a su manier tour à tour l'éloge et le chantage, la flatterie et la menace voilée[64].

Parmi les anciens généraux de la *Waffen-SS*, Hausser est ainsi celui qui a assurément révélé le plus grand talent dans cet exercice de diplomatie. L'accès direct de Dietrich auprès de Hitler le dispensait d'avoir à jouer fréquemment ce rôle de courtisan avec Himmler, tandis que le tempérament bourru de Eicke le conduisait davantage à s'imposer qu'à quémander. Il n'empêche que l'un et l'autre se sont à l'occasion livrés à cet exercice[65]. De leur côté, les formations

SS ont multiplié les démarches empressées auprès de Himmler, attachées à s'attirer ses bonnes grâces, particulièrement en 1942. Parallèlement aux rapports sur leurs faits d'armes les plus glorieux, l'envoi de clichés de leurs troupes au combat a constitué l'un des cadeaux en vogue. Cela permettait d'espérer en retour un meilleur équipement, une meilleure organisation ou un remplacement des pertes, que les actions passées, en cours ou à venir justifiaient. À l'occasion, cela permettait d'obtenir une faveur [66].

L'activisme des troupes SS auprès de leur *Reichsführer* les a également conduites au cours de la guerre à lui demander d'intervenir dans leur emploi opérationnel. Au vu de la documentation consultée, la première sollicitation de ce genre a émané du bouillant commandant de la division « Totenkopf » à l'automne 1940. Au moment où des plans d'attaque contre Gibraltar et le Portugal étaient échafaudés par le commandement allemand, Eicke, qui en avait eu vent, s'est tourné vers Himmler pour le supplier d'intervenir auprès de Hitler afin que sa formation soit engagée en fer de lance [67].

Un tel zèle ne s'est plus guère rencontré par la suite de la part des divisionnaires SS. Tout au contraire, ils ont régulièrement fait appel à Himmler afin que celui-ci obtienne de Hitler le retrait du front de leur formation. Dès la fin du mois d'août 1941, le commandant par intérim de la division « Totenkopf » en était déjà réduit à le réclamer à Himmler, invoquant les neuf semaines de combats ininterrompus depuis le début de la campagne à l'est. Du reste, Eicke a lui-même formulé une telle demande peu après. À la fin d'avril 1942, il est revenu une nouvelle fois à la charge aussitôt que sa division a cessé d'être encerclée dans la poche de Demiansk où elle était demeurée isolée pendant plus de deux mois avec d'autres divisions de l'armée. À cette date, Eicke figurait véritablement le porte-voix de ses troupes en ayant pris soin de joindre à sa demande les rapports établis par ses subordonnés sur l'état sanitaire des hommes. Finalement, faisant chorus avec la division, la *Reichsführung-SS* n'a cessé de réclamer le retrait de celle-ci, obtenant son désengagement par échelons jusqu'à obtenir totale satisfaction au début de l'automne 1942 [68]. Auparavant, la division « Reich » s'était également tournée par deux fois vers sa direction pour réclamer son désengagement. Apprenant la seconde fois que sa reconstitution initialement prévue en Allemagne allait se transformer, sur ordre de Hitler, en une remise sur pied plus sommaire sur les arrières du front russe, le divisionnaire a prié « de mettre de toute urgence en garde le *Reichsführer* de présenter comme réalisables en hauts lieux les projets dans ce sens [69] ».

Cette dernière sollicitation marquait en fait une césure. Jusqu'à cette époque du conflit, les démarches parallèles des divisions « Reich » et « Totenkopf » relatives à leur emploi opérationnel se conjuguaient en effet avec des demandes similaires à leur hiérarchie militaire. En se servant de leur *Reichsführung*, les formations SS multipliaient ainsi les chances de réussite en usant du double canal à leur disposition. Même si cette pratique allait fondamentalement à l'encontre des principes militaires traditionnels, elle n'avait pas encore cherché à entraver ou à faire annuler une décision prise « en hauts lieux ». Avec le second message de la division « Reich » au début d'avril 1942, c'était désormais chose faite. En réalité, la frontière était trop étroite et la tentation trop forte pour qu'un tel dérapage ne se produise tôt ou tard. En l'occurrence, cela s'est produit assez tôt, en fait à l'issue de la première campagne militaire véritablement éprouvante de la guerre pour les forces allemandes.

À l'aune des quelques cas documentés, les demandes d'intervention des troupes SS à leur *Reichsführung* se sont par la suite diversifiées. Cela a pu être la sollicitation d'un délai. En raison du trop bref intervalle de temps laissé à la division « Totenkopf » pour se reconstituer au début de 1943, Eicke a par exemple demandé à Himmler qu'il intercède auprès de Hitler afin que la date butoir de son engagement soit décalée du 10 janvier au 1er mars, parvenant finalement à obtenir un sursis de trois semaines [70]. À l'issue de sa remise sur pied à l'été 1944, et alors que les premiers trains transportant ses éléments roulaient déjà vers le front de l'Est, la même division a demandé à Himmler « d'empêcher d'urgence l'engagement immédiat » de l'un de ses régiments en expliquant que celui-ci n'était pas encore opérationnel du point de vue de l'instruction et de l'équipement [71].

La sollicitation a pu prendre la forme d'un plaidoyer *pro domo*. À l'heure où la division « Das Reich » était transférée en France en février 1944, le groupement tactique de la division encore engagé sur le front de l'Est a envoyé un tel plaidoyer au SS-FHA en l'annexant à son rapport mensuel. En une page densément remplie, il argumentait afin d'obtenir également son désengagement et son rapatriement dans le giron de la division afin de hâter la reconstitution de celle-ci [72].

À côté de telles démarches « classiques », d'autres demandes apparaissaient nettement plus retorses. L'une de ces « ficelles » a consisté à provoquer la décision « d'en bas ». Dans la pratique, les troupes SS passaient littéralement commande d'un ordre à leur *Reichsführung* afin de pouvoir ensuite l'imposer à l'autorité militaire, voire à l'opposer à une intention contraire de leur hiérarchie. Les exemples de ce genre se retrouvent particulièrement sur les questions d'équipement, notamment lors de la constitution de la division « Totenkopf » au cours de l'hiver 1939-1940, lors du pillage des dépôts italiens par le IIe corps d'armée blindé SS en septembre 1943, ou encore un an plus tard en Lorraine avec la 17e division SS [73].

En appeler à leur *Reichsführung* a également permis aux formations SS d'inscrire leurs relations avec la hiérarchie dans un rapport de force. Tancé par l'administration militaire pour avoir imposé de sa propre initiative le couvre-feu à Villefranche-de-Rouergue lors d'une mutinerie de l'un de ses bataillons, le commandant de la 13e division SS s'est immédiatement défendu en invoquant l'ordre qu'il avait reçu de Himmler d'intervenir sans ménagement. Il informait dans le même temps l'administration militaire qu'une copie de son message serait également adressée au *Reichsführer-SS* [74]. Cette manière de procéder confinant au chantage se retrouve en juin 1944 avec la division « Das Reich ». Obligée de laisser près de la moitié de ses forces dans son ancienne zone de cantonnement de Montauban en gagnant le front de Normandie, elle a sommé le corps d'armée sur place de les lui envoyer rapidement tout en lui laissant deviner que Himmler était informé de la situation. En conséquence, le corps d'armée a chaudement appuyé la demande de la division auprès de sa hiérarchie. Faute de moyens de transport, la division a finalement demandé trois semaines plus tard une intervention directe de la *Reichsführung-SS*, *via* Hausser qui commandait la 7e armée à laquelle elle était subordonnée [75].

On peut toujours arguer que les demandes d'ingérence de leur direction par les troupes SS ont été relativement peu nombreuses. Ce serait toutefois négliger les demandes d'intervention sous forme orale, propice à ce genre d'action parallèle et souterraine. Ce serait également négliger la destruction à la fin de la guerre d'une immense partie des archives du SS-FHA, ce qui empêche de disposer d'une vue exhaustive de ces demandes d'intervention. Or, tout porte à croire que celles-ci se sont multipliées au fil du temps. Parmi les cas cités, il est à cet égard très significatif de trouver deux demandes de ce genre dans les rapports de synthèse de Himmler concernant les douze premiers jours de juillet 1944.

Dès lors qu'elle disposait d'un protecteur détenant l'influence nécessaire, il convient de rappeler que la tentation pour une troupe de solliciter divers avantages a aussi existé dans les rangs de la *Wehrmacht*. Il s'agissait d'une pratique généralisée au sein de la *Luftwaffe*. Celle-ci se trouvait en effet *de facto* politisée par la seule présence de Göring à sa tête. En Italie, des considérations non militaires ont ainsi interféré « en coulisse » dans l'emploi opérationnel de la division blindée qui portait son nom [76]. Au sein de l'armée de terre, les divisions blindées « Großdeutschland » et « Lehr » ont aussi respectivement pu en appeler aux aides de camp de Hitler (Schmundt et Engel) et à l'inspecteur des troupes blindées (Guderian) pour intervenir en leur faveur, voire pour obtenir l'annulation d'un ordre. La 12e division d'infanterie, dans laquelle Engel avait été chef de compagnie avant guerre, a pareillement bénéficié de ses bienfaits, ce qui explique en partie le maintien des capacités de cette formation dans le temps [77]. En règle générale, de telles interférences n'avaient toutefois pas lieu d'être au sein de l'armée de terre. Ses responsables n'avaient en effet aucun intérêt à détruire leur propre outil par une politique discriminatoire dans l'emploi de leurs forces.

« Jouer contre son propre camp » :
le recours à l'armée contre la Reichsführung-SS

Les cas où les formations SS ont utilisé la hiérarchie militaire en vue de contrer leur *Reichsführung* sont nettement plus rares, même si ces intrigues n'en restent pas moins surprenantes pour les membres d'une organisation prônant la fidélité comme vertu cardinale. En réalité, la faible ampleur de cette pratique s'explique surtout par une raison prosaïque assez simple. En effet, pour contrebalancer l'influence de leur *Reichsführung*, il était nécessaire aux unités SS de lui opposer une autorité militaire qui soit à la fois suffisamment forte et qui ait un quelconque intérêt à intervenir. Dans les faits, cette double condition n'est pas apparue avant la création de l'inspection générale des troupes blindées au début de 1943. Celle-ci prenait la forme d'une autorité de tutelle permanente susceptible d'imposer partout sa volonté. Ses compétences s'étendaient à l'ensemble des formations motorisées allemandes et n'étaient pas liées à un théâtre d'opérations comme un commandement opérationnel classique. La présence de Guderian à sa tête achevait de lui conférer une véritable autorité auprès de Hitler [78]. Reste que cela n'a pas suffi pour faire plier la *Reichsführung-SS*. Cela s'est vérifié une première fois lors du différend qui a opposé le Ier corps d'armée blindé SS au chef du SS-FHA en décembre 1943. Le premier voulait laisser son groupe de chars lourds achever tranquillement sa mise sur pied et son instruction au camp de manœuvre allemand de Paderborn en y profitant des infrastructures et des facilités d'ordre technique disponibles sur place. De son côté, Jüttner voulait transférer sans délai le détachement en Belgique, dans la zone de cantonnement du corps d'armée SS. L'enjeu paraissait bien minime. Il a néanmoins donné lieu à un bras de fer. Pour contrer l'ordre du SS-FHA daté du 15 décembre, le chef d'état-major du corps d'armée SS s'est tourné vers l'armée de terre. Un appel téléphonique le 21 décembre au général des troupes blindées à l'ouest a permis d'obtenir son ralliement officiel six jours plus tard. Aussi, lorsque le SS-FHA est revenu à la charge le lendemain et a demandé le transfert immédiat de l'unité, le corps d'armée SS a pu se réfugier derrière cette nouvelle directive. Jüttner ne s'est pourtant pas tenu pour battu. Après avoir dû batailler au téléphone, il a finalement obtenu le transfert du détachement blindé vers Mons à partir du 9 janvier. Si le corps d'armée SS a finalement cédé devant le SS-FHA, il n'en reste pas moins que le premier a, par sa manœuvre dilatoire, pratiquement atteint son objectif initial, c'est-à-dire ne pas transférer son unité en Belgique avant la mi-janvier 1944 au plus tôt. Au passage, il a gagné plus de trois semaines de sursis [79].

Un tel recours à l'inspection des troupes blindées pour tenter de se soustraire à une directive du SS-FHA se retrouve neuf mois plus tard. En l'occurrence, la 17e division SS a essayé de conserver les personnels qu'elle avait récupérés après la dissolution des 49e et

51ᵉ brigades SS en septembre 1944. Alors que le SS-FHA lui avait envoyé deux bataillons en renfort afin de compenser leur retrait, le divisionnaire, le colonel SS Deisenhofer, a renâclé au moment de rétrocéder les 1 400 hommes réclamés. La raison de cette mauvaise volonté était aisément compréhensible. Même échangés, ces hommes représentaient d'une part des effectifs non négligeables, et la tentation était grande de les garder. S'agissant de cadres et d'élèves des écoles de sous-officiers SS, ils étaient d'autre part d'autant plus précieux qu'ils représentaient une troupe très nettement supérieure à la moyenne, surtout en considération des standards de l'automne 1944. Leur présence dans les rangs de la division avait d'ailleurs significativement augmenté sa valeur combative lors des premiers combats autour de Metz. Deisenhofer a alors profité d'un banal rapport au général des troupes blindées à l'ouest pour faire valoir que, en exécutant l'ordre du SS-FHA, « l'aptitude opérationnelle des bataillons ne serait plus assurée ». Selon lui, seule une complète réorganisation exigeant le désengagement de la division pouvait permettre le retrait des personnels réclamés par le SS-FHA. En tout état de cause, la division aurait été gagnante. Ce calcul a néanmoins été déjoué. Ayant eu manifestement vent de la manœuvre, Himmler est intervenu énergiquement, exigeant que lui soit immédiatement rapportée la nouvelle de la relève effective de ces hommes. Le divisionnaire a donc dû s'exécuter, à contrecœur, répondant avec plus d'une heure de retard sur le délai qui lui était prescrit en limite [80].

De tels comportements ont naturellement eu le don d'exaspérer la *Reichsführung-SS*, comme le prouve le lendemain la lettre acrimonieuse de Jüttner à Deisenhofer [81]. Surtout, ils mettent à nu les égoïsmes de certains chefs militaires SS, beaucoup plus soucieux de la situation de leur unité et de leurs performances que de la gestion à long terme. Le fait que le commandant de la 17ᵉ division SS ait été prêt dans ce cas précis à sacrifier comme simples soldats des individus appelés à servir comme sous-officiers ne le démontre que trop clairement (seuls 1 054 des 1 400 personnels et stagiaires des écoles réclamés par le SS-FHA étaient encore valides à la fin du mois, soit près de 25 % de pertes en quelques semaines) [82]. Une telle attitude pouvait passer pour d'autant plus choquante aux yeux de la *Reichsführung-SS* que cette même division n'avait cessé de souffrir et de se plaindre d'un déficit de cadres depuis sa création. C'était au surplus un mauvais calcul de sa part à l'heure où l'inspection générale des troupes blindées perdait du terrain et de l'influence devant l'Ordre noir, comme le démontrait à la même époque le transfert de responsabilité à la 6ᵉ armée blindée (SS) de la remise sur pied des formations de panzers SS à l'ouest [83].

La troisième voie ou la tentation de la dérive

Si les commandants d'unité SS se sont essayés à miser sur la dualité de leurs liens hiérarchiques pour échapper à des mesures qui leur déplaisaient en se servant de leur *Reichsführung* contre l'armée (ou vice versa), force est de reconnaître qu'ils n'ont jamais mieux réussi qu'en gérant sans faire de vagues leur petit monde de manière autonome. C'est en naviguant au mieux de leur intérêt dans l'espace de manœuvre créé par cette dualité de commandement qu'ils ont su se créer une troisième voie. Rétrospectivement, ce phénomène tirait d'ailleurs sa logique des différentes personnalités en jeu, et notamment du déséquilibre des rôles suite à la nomination de Hans Jüttner à la tête du SS-FHA en août 1940. Comment concevoir en effet que, devenu commandant de la « SS-Verfügungs-Division », l'ex-inspecteur de la SS-VT Paul Hausser puisse accepter de recevoir des ordres de son ancien adjoint ? Comment imaginer que des personnalités aussi fortes que Josef Dietrich et Theodor Eicke aient pu suivre sans broncher des directives du même Jüttner, alors que le premier avait un accès direct et régulier à Hitler, et que le second avait régné en maître sur le monde concentrationnaire nazi dans les années trente [84] ? La nature bancale de cette relation d'autorité s'est reflétée sur les structures de leurs divisions respectives qui ont longtemps présenté des profils disparates [85]. En tant que chef de la garde personnelle de Hitler, Josef Dietrich a pour sa part pu se hisser au-dessus des règlements, avec une nette propension à outrepasser les ordres reçus, à faire des entorses à la discipline, et finalement à adresser de faux rapports à sa hiérarchie militaire [86]. Ces abus ont naturellement déteint par la suite sur la 12ᵉ division SS (elle a par exemple refusé de constituer un bataillon d'alerte, comme le lui avait prescrit la 15ᵉ armée, et s'est bornée à envoyer de faux rapports) [87].

De tous, Eicke est sans nul doute celui dont le tempérament et les manœuvres tapageuses donnent la plus grande lisibilité à cette quête d'autonomie. De fait, il a tenté de gérer sa division en toute indépendance, aussi bien vis-à-vis de l'armée que de la *Reichsführung-SS*. D'un côté, il a enjoint à ses subordonnés de ne pas donner trop d'informations dans les rapports destinés à l'armée, notamment sur le fait que la division soit en sureffectif. Toutes les informations « sensibles » devaient être annexées aux rapports mensuels, de sorte que l'état-major divisionnaire n'avait qu'à transmettre ces derniers à l'armée en conservant par-devers lui les annexes [88]. Dans le même temps, Eicke voyait d'un mauvais œil l'intrusion d'officiers imposés par Himmler et considérés par lui comme autant d'espions à sa solde. En cela, il ne semblait pas avoir tout à fait tort [89]. Ses démêlés avec les offices centraux SS à partir de l'été 1940, tout comme les reproches faits à Himmler de ne plus avoir son oreille, cachent également mal cette volonté de préserver à tout prix son indépendance [90]. Rien de plus significatif à cet égard que de le voir poursuivre sa marotte raciale. Malgré ses déboires dans l'obtention d'une contre-expertise des personnels reçus en renfort à l'automne 1940, il n'en a pas moins continué en 1941 à exiger de ses unités « une appréciation sur l'apparence raciale, le niveau d'instruction, l'état sanitaire, l'équipement, les sanctions, etc. » des recrues, jugeant que le *SS-Hauptamt* n'était pas suffisamment sélectif et que le SS-FHA n'entraînait pas assez les hommes [91]. La lutte engagée à l'est n'a pas éteint cette aspiration autonomiste de Eicke. À l'automne 1941, Himmler a ainsi dû le réprimander suite à une initiative qui frisait l'insubordination, lui rappelant que « même la division " Totenkopf " [était] pleinement subordonnée aux ordres du *Reichsführer-SS* », et que « son commandant n'a[vait] aucun droit particulier, mais [devait] donner le bon exemple en tant que chef d'une des plus anciennes formations de la SS [92] ».

Ce courant autonomiste a en fait traversé toute la branche armée SS. Au début de l'année 1942, Himmler craignait précisément le « grand danger que [...] la *Waffen-SS* commence à mener sa propre vie sous le mot d'ordre " nécessité de guerre ", exactement comme auparavant la *Wehrmacht* sous le mot d'ordre " mesures de défense nationale " [93] ». La *Reichsführung-SS* n'a pu que contenir ce phénomène sans complètement l'endiguer. À l'occasion, elle a dû reculer, comme en atteste la présentation des promotions des officiers dans le bulletin officiel SS. Après l'avoir initialement établie par office principal, grade et ordre alphabétique (pour la *Waffen-SS* également entre officiers d'active et de réserve), la *Reichsführung-SS* a tenté de l'uniformiser en novembre 1941 en se bornant à la présenter par grade et ordre alphabétique. C'était la traduction manifeste de sa volonté d'intégration des branches SS au printemps 1941. L'opposition à cette tentative d'uniformisation a été tout aussi manifeste car, dès la vague suivante de promotions, l'ancien classement a été rétabli [94].

D'un autre côté, Himmler s'est désolé de voir certains généraux de la *Waffen-SS* récuser tout contact avec les autres services SS engagés dans les territoires occupés. Deux mois après la nomination en France de Carl Oberg comme commandant supérieur de la SS et de la police (HSSPF), l'arrivée sur place de deux divisions SS avait pourtant créé les conditions propices à un tel rapprochement, au moins sur la base d'une convergence d'intérêts et d'une collusion idéologique. Tel n'a pas été le cas. Himmler l'a du reste amèrement fait remarquer à Hausser, regrettant par exemple que le chef de la police de sécurité (Sipo) en France n'ait jamais été invité à faire un exposé devant les officiers de la *Waffen-SS* [95]. La coopération entre les troupes SS et le représentant en France de Himmler n'a effectivement pas été innée. D'un côté, la « LSSAH » a clairement privilégié ses relations avec les généraux de l'armée en omettant d'inviter Oberg au dîner de gala qui avait suivi un concert de son orchestre à Paris à la fin de l'année 1942 [96]. De l'autre, il n'est pas venu à l'idée d'Oberg de faire appel aux formations de la *Waffen-SS* en France pour former des policiers comme tankistes, préférant se faire reprendre les quatre chars attribués à la police allemande en France, ce pour quoi il s'est fait vertement tancer par Himmler [97].

Ce manque d'enthousiasme de part et d'autre pouvait peut-être s'expliquer par de simples questions de personnes. Cela n'a cependant pas toujours été le cas. Paul Hausser, pour reprendre l'exemple de son corps d'armée, a parfaitement su collaborer ultérieurement. Ayant manifestement retenu la leçon de Himmler à l'automne précédent, il lui indiquait au printemps 1943 son intention d'inviter le HSSPF pour l'Ukraine et le sud de la Russie à tenir une conférence devant les officiers supérieurs de son corps d'armée [98]. Après la capitulation de l'allié italien en septembre suivant, à peine dix jours se sont par ailleurs écoulés lorsque l'état-major de son corps d'armée a discuté avec l'état-major du HSSPF local (Karl Wolff) « au sujet du règlement de la question juive [99] ». Il est donc bien difficile de parler de tendances autonomistes dans ce cas. Sur le fond, celles-ci étaient bien réelles mais ne concernaient pas forcément des questions d'ordre idéologique. Pour les freiner, Himmler n'a eu d'autres choix que de rendre régulièrement visite à ses formations « afin de pouvoir croiser [ses officiers] du regard », et surtout leur imposer physiquement l'unité de l'Ordre qu'il incarnait [100]. Il est du reste intéressant de relever que la seule visite documentée du HSSPF Oberg à des formations de la *Waffen-SS* en France l'ait été en compagnie de Himmler [101]. Ses fonctions croissantes et l'expansion du nombre de divisions SS ont néanmoins rendu illusoire la poursuite de cette politique au cours de la dernière année du conflit. Aussi n'est-il guère surprenant de relever l'émergence de véritables tendances centrifuges au sein même des troupes SS allemandes, à l'image de la 12e division SS qui voulait désormais tracer « sa propre voie en tant qu'unité armée de la Jeunesse hitlérienne » au début de 1945, ce qui avait été considéré comme un véritable « scandale » par les proches collaborateurs de Himmler [102].

Une erreur à ne pas commettre serait de confondre ces tendances autonomistes avec une quelconque volonté séparatiste des généraux SS. Ce serait en effet méconnaître leurs intentions profondes. Une tendance séparatiste à l'encontre de la *Reichsführung-SS*, telle qu'ils l'ont maintes fois évoquée après guerre, se serait traduite par un rapprochement avec la hiérarchie militaire. Ce rapprochement aurait toutefois signifié une complète aliénation de leurs droits particuliers, et notamment de leur capacité d'initiative. Or, le maître mot de leur action a consisté à disposer de la plus grande autonomie possible. Difficile d'imaginer en effet une formation militaire traditionnelle envoyer de sa propre initiative un émissaire au quartier général de Hitler pour y plaider sa cause. Négocier directement l'installation d'un dépôt en Thuringe avec la direction du *Gau* en ne prévenant pas l'armée et tardivement la *Reichsführung-SS* heurtait tout autant les principes de la subordination militaire. Dans l'un et l'autre cas, c'est pourtant ce qu'a fait la division « Das Reich » en juillet 1942 [103].

Pour préserver cette autonomie ou accroître leur influence, les officiers SS n'ont pas reculé devant les moyens. Les exemples sont assez nombreux. À la division « Totenkopf », un commandant de régiment a par exemple été promu afin d'éviter qu'un officier de l'armée prenne en main le commandement tactique de la formation en cas d'absence du titulaire [104]. Le processus n'avait du reste rien de nouveau et avait été mis en œuvre en mars 1941, cette fois à l'échelle de l'artillerie divisionnaire [105]. Le commandant de la *Waffen-SS* aux Pays-Bas n'a pas non plus hésité à user de voies détournées pour essayer de s'approprier les prérogatives disciplinaires appartenant au HSSPF dont il relevait [106]. Cette volonté a aussi conduit Hausser à intriguer longuement afin d'obtenir le rattachement des divisions « LSSAH » et « Totenkopf » à son corps d'armée au second semestre 1942, alors même que Dietrich ne semblait pas de son côté très pressé de voir sa division passer sous la coupe de Hausser [107]. Le rôle tenu par Josef Dietrich au printemps 1941 lors de la capitulation de l'armée grecque, ou encore sa capacité à traiter directement avec Göring pour remplacer ses pertes au début de 1943, suffisent à démontrer son statut particulier au sein du régime [108]. Ce statut, qui lui donnait des prérogatives beaucoup plus larges que celles d'un simple commandant de division, l'a conduit à prendre des décisions parfois complètement irrationnelles sur le champ de bataille. Ainsi, à la fin juin 1944, le premier ordre d'engagement de la « LSSAH » en Normandie a répondu au souci de la subordonner au Ier corps d'armée SS avant de répondre aux impératifs opérationnels du moment, et cela « parce que Dietrich [voulait] toujours avoir ses gens ensemble ». L'ordre était du reste tellement aberrant que l'officier des opérations de l'Ob.West avait tout d'abord cru qu'une coquille s'y était glissée [109].

Comme l'illustre ce dernier exemple, la relative autonomie opérationnelle acquise par les généraux SS leur a permis de préserver la cohésion de leurs unités dans la seconde moitié du conflit. En effet, dès qu'une formation militaire servait de « pompier » sur le front, elle était très rapidement fractionnée par le commandement, et ses éléments isolés servaient à étayer un peu partout les lignes menaçant de céder. Ponctuellement appliqué, ce principe permettait de surmonter une crise passagère. Pratiqué des mois durant, il condamnait de grandes formations à se disloquer complètement. La chose s'était vérifiée au cours du premier hiver de guerre à l'est. Hitler en avait été réduit à interdire tout fractionnement d'une division en justifiant cette décision par l'expérience selon laquelle de tels détachements étaient « utilisés à l'excès tandis que le soutien pour eux [était] de plus en plus négligé [110] ». Au printemps 1942, ce constat et cette mesure avaient concerné au premier chef les troupes alliées du Reich engagées sur le front de l'Est (notamment les armées roumaine et hongroise), mais aussi les « formations de l'armée de terre, de la police et de la *Waffen-SS* ». L'annotation figurant sur l'ordre reçu par la division « Reich » démontre à quel point le sujet était sensible chez les troupes SS. En attendant, une directive de Hitler du 6 juin 1942 prémunissait toute nouvelle dérive dans ce genre : en qualifiant les divisions « Großdeutschland », « LSSAH » et « Reich » d'« instruments particulièrement précieux du commandement suprême », elle interdisait dorénavant de les fractionner [111]. La division « Reich » a alors immédiatement exploité cet ordre en le faisant systématiquement figurer sur les organigrammes communiqués à sa hiérarchie militaire à l'été 1942 [112]. Ce sentiment de crainte a d'ailleurs représenté une raison supplémentaire pour constituer à la même époque le corps d'armée SS dont l'état-major allait avoir le souci de préserver l'aptitude opérationnelle de ses divisions. L'itinéraire ultérieur de la division « Reich » le démontre. Tant que celle-ci a été subordonnée au corps d'armée SS de Hausser, c'est-à-dire jusqu'en août 1943, son intégrité a été globalement respectée. Par contre, elle n'a pas tardé à être de nouveau morcelée dès lors qu'elle est passée sous les ordres directs des états-majors de l'armée (à la mi-octobre 1943, les reliquats de la division étaient subordonnés à quatre formations de l'armée, l'état-major divisionnaire ne contrôlant plus que trois bataillons d'infanterie et deux groupes d'artillerie) [113].

Les formations SS n'étaient certes pas les seules unités à être victimes de ce phénomène. Cet emploi des forces était en fait lié à la stratégie de défense statique « sans esprit de recul » imposée par Hitler à ses généraux. Tant à l'est que lors de la bataille de Normandie, le déséquilibre des forces en présence impliquait automatiquement une politique d'expédients consistant à sans cesse rapiécer le front avec les quelques éléments disponibles [114]. Dans ce cadre, la marge d'autonomie que les formations SS ont su se ménager a permis leur sauvegarde [115].

25

L'emploi répressif des troupes SS

Une troupe qui avait forgé son identité lors de la « nuit des longs couteaux » et dont la vocation était précisément celle de jouer le rôle de « police militarisée d'État » *(Staatstruppenpolizei)* aurait logiquement dû être employée de façon privilégiée dans des missions à caractère répressif. Tel n'a pas été le cas – du moins en ce qui concerne les formations de campagne de la *Waffen-SS*. Celles-ci ont perdu toute spécificité dans ce domaine avec leur subordination tactique à l'armée. Cette absence de spécificité ne signifie pas pour autant absence de participation : elle sous-tend que leur emploi dans les missions répressives a été identique à celui des formations de campagne de l'armée, ni plus, ni moins. Ce phénomène trouve son explication dans le cloisonnement très clair des tâches militaires et policières au sein des forces de la *Wehrmacht*, et ce, au moins jusqu'au début de l'année 1944 à l'ouest. Car ce que la guerre d'anéantissement menée à l'est à partir de 1941 ne permet pas d'observer avec la suppression rapide de toute règle, le théâtre d'opérations occidental le révèle à travers des procédures qui sont longtemps demeurées très codifiées.

Les actions encadrées de répression et de police

Une troupe aux compétences policières sous étroit contrôle

Avant même la campagne à l'ouest en 1940, les limites de compétences étaient nettement définies au sein des forces allemandes par le règlement des armées en campagne. Seul le droit de se saisir d'otages en cas de résistance ou en situation d'insécurité était reconnu à la troupe, ainsi que la possibilité d'exécuter les civils pris les armes à la main et dès lors considérés comme francs-tireurs. La division « Totenkopf » a du reste très tôt levé cette dernière option. Trois jours après son baptême du feu en France, le 22 mai 1940, elle a exécuté au moins 64 civils à Aubigny-en-Artois (Pas-de-Calais) au motif qu'elle avait été la cible de francs-tireurs [1]. Outre ces mesures d'exception, des mesures de police ponctuelles étaient localement possibles, mais à la condition d'être prises par un officier supérieur (au moins commandant de bataillon) qui devait immédiatement en informer sa hiérarchie. Pour le reste, la police secrète de campagne (*Geheime Feldpolizei*, GFP) constituait à la fois le fer de lance et l'outil privilégié du commandement opérationnel allemand pour la répression dans les territoires occupés [2].

Les premiers mois de l'Occupation en France ont au demeurant parfaitement démontré l'étroit contrôle auquel étaient soumises les formations allemandes. Si une capacité de réaction immédiate leur était reconnue en cas d'attentat, l'obligation qui leur était faite de réquisitionner la gendarmerie française pour procéder conjointement aux fouilles des habitations, de même que l'obligation d'avertir aussitôt le corps d'armée responsable et la GFP, démontraient clairement que leur marge de manœuvre était réduite [3]. Les rappels à l'ordre au moindre écart relevé dans la procédure, tant policière que judiciaire, démontrent de leur côté que le commandement a veillé au respect des consignes données [4].

L'introduction en France d'un commandant supérieur de la SS et de la police (HSSPF) n'a fondamentalement rien changé à cette situation en mars 1942. Au mois de juin suivant, il a certes repris à son compte l'ensemble des compétences policières jusque-là dévolues à l'administration militaire, mais ce transfert de pouvoirs policiers exécutifs vers la SS n'a aucunement affecté le rôle de la troupe [5]. Celle-ci (*Wehrmacht* et *Waffen-SS* confondues) n'a cessé de demeurer un instrument dans la répression en restant sous l'étroit contrôle des organes policiers dans ce domaine. Cela est clairement apparu à l'été 1943 lorsque, face à la recrudescence des actes de subversion et de résistance, la troupe a été appelée à un soutien plus actif des organes en charge de la répression. Ordre lui a été donné de maintenir un contact permanent avec les services régionaux ou locaux de l'administration militaire, de l'*Abwehr* et du

SD. Mais la définition du rôle répressif des forces opérationnelles n'en demeurait pas moins inchangée. Il n'était surtout « pas question d'une prise en charge courante des missions de police et de surveillance par la troupe. L'intervention de la troupe [devait] se limiter à des cas isolés. Le renfort des organes qualifiés de la police, du SD, etc. [devait] le cas échéant être demandé pour intervenir en soutien [6] ».

Cette stricte limitation des tâches policières se retrouve à la fin de l'année 1943, époque à laquelle le simple contrôle de la circulation automobile par la troupe était interdit dans le nord de la France s'il n'était pas expressément demandé par la *Feldkommandantur*. Seule la prévôté d'une unité de campagne était « fondamentalement » habilitée à cette tâche, et toujours sur requête de l'administration militaire. Le contrôle de la circulation par la troupe n'était en fait permis que pendant le couvre-feu, et toujours avec l'obligation de diriger immédiatement un suspect arrêté vers le poste de prévôté le plus proche ou de signaler le cas d'individus en infraction (mais justifiant de leur identité) à la *Feldkommandantur* locale. En tout état de cause, celle-ci était seule compétente pour décider de la sanction à leur appliquer [7]. Et lorsqu'une unité de la 9ᵉ division SS a pris des otages suite à une série d'incendies volontaires en Picardie, l'état-major divisionnaire a aussitôt rappelé qu'elle avait outrepassé ses prérogatives « car des otages ne [pouvaient] être saisis que sur autorisation du commandant [de l'administration] militaire ». Et d'ajouter que « le SD, qui [était] compétent pour la délivrance des mesures d'expiation, allait informer l'unité de la conduite à tenir » et « intervenir lui-même immédiatement [...] » [8].

Surveillance et contrôle des territoires occupés

Même sous la tutelle des autorités militaires ou policières allemandes, les troupes de campagne de la SS et de la *Wehrmacht* ont très tôt participé à la surveillance et au contrôle des territoires occupés, voire à l'intimidation de leurs populations. Dès l'été 1940, devant les rumeurs persistantes de troubles à l'occasion de l'anniversaire de la reine des Pays-Bas le 31 août, le commandant de l'armée de terre sur place a fait résonner les bruits de bottes à travers les provinces néerlandaises pour y tenir la population en respect. La « SS-Verfügungs-Division » a ainsi participé à cette démonstration de force en défilant dans le royaume pendant toute une semaine du 28 août au 3 septembre. Ces « marches de propagande » (comme les a appelées la division) se sont révélées efficaces. En tout cas, si la population néerlandaise avait eu envie de manifester son attachement à sa souveraine, elles l'en ont dissuadée [9]. Au demeurant, l'épisode était l'exacte répétition de ce qui s'était produit neuf mois plus tôt dans le Protectorat de Bohême-Moravie. Devant l'agitation que connaissait Prague (notamment dans les milieux universitaires), Himmler avait ordonné à la division tout juste créée de se diriger vers la ville pour y exécuter une « marche de démonstration ». Assez symboliquement, la première mission opérationnelle de la division SS en armes avait donc été de nature répressive. À en croire Goebbels, l'effet produit avait été « très impressionnant » en imposant sur place un « silence respectueux ». Il y avait d'ailleurs vu la méthode « juste ». Si la marche à travers les rues de Prague s'était en effet déroulée sans incident, les tirs essuyés par quelques motocyclistes au retour ont par contre provoqué une réplique immédiate (le journal de marche de la division ne précise pas ce qu'il est advenu des auteurs des coups de feu qu'elle avait arrêtés; Goebbels parle de son côté de neuf étudiants tchèques exécutés) [10].

L'emploi identique de la division SS à neuf mois d'intervalle ne doit cependant pas occulter la différence majeure qui s'était entretemps produite. À Prague, la « SS-Verfügungs-Division » avait été l'outil répressif privilégié de la politique d'annexion du Reich parce qu'elle était subordonnée à la *Reichsführung-SS* le temps de sa constitution sur place. Aux Pays-Bas, elle a été déployée comme d'autres unités de l'armée pour étouffer dans l'œuf toute manifestation insurrectionnelle. Les directives du commandement de l'armée de terre n'ont pas tardé à confirmer l'absence de distinction dans l'emploi répressif des unités SS. Devant la perspective d'émeutes de la faim dans les territoires occupés à l'ouest au cours de l'hiver 1940-1941, l'armée a en effet prévenu *toutes* ses formations de s'apprêter à intervenir le cas échéant [11]. D'ailleurs, ce n'est pas une formation SS qui a été commise à l'écrasement d'une éventuelle révolte dans Paris en décembre 1940, mais des formations de l'armée de terre (10e division blindée, puis 16e division d'infanterie motorisée) [12].

De son côté, la présence en France de la division « Totenkopf » en 1940 et 1941 illustre un autre volet de la mission générale de contrôle et de surveillance dévolue aux troupes allemandes avec, à la base, l'observation des populations et du milieu. Sur ordre de l'armée, chaque unité a dû décrire (croquis à l'appui) la localité où elle était implantée, le nombre d'habitants, les activités économiques, le terrain environnant, les ressources en eau potable, les voies d'accès et de communications, les liaisons téléphoniques, la place de rassemblement en cas d'alarme, les possibilités de cantonnement (baraquements, écoles, etc.), ainsi que les possibilités tactiques (présence ou non d'infrastructures pouvant servir de cibles telles que des aérodromes, etc.) [13]. En somme, la troupe a donné au commandement un cliché très précis des conditions sur place. Deux mois auparavant, la même opération s'était produite afin de déterminer exactement le nombre et la nationalité des ressortissants étrangers. Ce contrôle s'était poursuivi dans le temps, avec le souci de distinguer ceux des étrangers qui séjournaient en permanence dans la zone de cantonnement de ceux qui étaient simplement de passage. De l'automne 1940 jusqu'à son départ vers l'est en mai 1941, la division « Totenkopf » a ainsi périodiquement fourni à la hiérarchie militaire des rapports circonstanciés sur la population. Un tel contrôle était le préalable logique à une action rapide et efficace visant à l'arrestation d'une ou plusieurs catégories de ressortissants. Cela n'a pas manqué de se produire, avec notamment l'ordre donné à la troupe de procéder à l'internement des sujets britanniques en novembre 1940 [14].

Quoique ordonné par l'armée, ce caractère policier très marqué de l'activité de la division « Totenkopf » ne se retrouve plus par la suite chez les autres formations de campagne SS présentes à l'ouest, pas plus qu'il ne se découvre à la même époque au sein de la « SS-Verfügungs-Division » aux Pays-Bas. Les rapports de renseignements qui nous sont parvenus se bornaient à retranscrire le fruit de leurs observations dans le cadre d'une simple surveillance. La troupe s'est surtout préoccupée de préciser l'attitude générale des populations locales et d'informer la hiérarchie militaire des événements survenus (propagande alliée, actions contre l'occupant, presse) sans chercher à mener d'investigations poussées. Même face à la recrudescence des actions subversives, des attentats et des bombardements au printemps 1944, la nature des informations demandées aux unités n'a pas sensiblement varié, mais seulement la fréquence des comptes rendus, parfois quotidiens [15]. Ces pratiques n'en font que davantage ressortir cette particularité de la division « Totenkopf » en 1940 et 1941. Assurément, le procédé n'avait rien d'accidentel. Sous l'uniforme de commandant de division, Theodor Eicke a manifestement gardé son ancien habit de chef de l'archipel concentrationnaire nazi. Ainsi, dès septembre 1940, il insistait pour obtenir chaque décade des renseignements sur les rumeurs qui couraient parmi la population, la propagande adverse, l'« activité du parti communiste et des autres partis », ainsi que l'attitude des soldats français démobilisés [16]. Cela a conduit à mener un véritable travail de renseignements généraux jusqu'à l'échelon des compagnies :

> Si les unités travaillent véritablement, on pourra se faire à la division une image de la situation dans le secteur divisionnaire à partir des nombreuses pièces de la mosaïque. Pour cela, il est cependant nécessaire que le chef de compagnie soit déjà conscient de sa mission et consacre une partie de son temps à collecter les informations sur la population dans le secteur de sa compagnie, ainsi qu'à évaluer correctement ce qui a été vu et entendu. Les hommes qui se trouvent dans des habitations privées écoutent sûrement les nombreuses conversations de la population civile sur tel ou tel problème. Ce qui est entendu devrait ensuite être déclaré, discuté et évalué pendant l'heure consacrée par le chef de compagnie aux questions politiques du jour [17].

Toute personne se faisant remarquer a ainsi été signalée, depuis les étrangers supposés être des agitateurs jusqu'à l'ancien officier français jugé trop curieux, en passant par l'instituteur soupçonné « de fortes tendances communistes ». Les activités commerciales n'échappaient pas à cette observation constante, y compris les places de marché. Les discussions avec les Français avaient également permis aux troupes de savoir que ceux-ci, précisément informés des succès de l'aviation britannique au-dessus du Reich, écoutaient constamment la radio ennemie. Les chefs d'unité de la division ne se sont néanmoins pas forcément tous révélés très doués, ni même motivés, pour remplir ce genre de besogne policière [18].

Parallèlement à la surveillance des populations occupées, les formations SS ont participé au contrôle de leurs mouvements, voire aux mouvements eux-mêmes. À l'automne 1940, la « LSSAH » a ainsi mis son parc automobile à disposition des autorités dans le cadre du déplacement de populations civiles en Alsace-Moselle [19]. Les contrôles ont sinon pu revêtir des caractères divers, à l'exemple de la division « Totenkopf » commise à trois reprises à la garde de la ligne de démarcation de juin 1940 à février 1941. À cette date, les aspects non militaires de cette mission (notamment le contrôle des personnes, des devises et des biens) ont été repris par le « Service de contrôle frontalier renforcé » [20]. Lorsque la division a été réengagée dans cette mission à l'automne 1942, la fibre policière sommeillant chez Eicke s'est réveillée en constatant la perméabilité de la frontière franco-espagnole. Aussi a-t-il directement demandé à Himmler de redéployer au plus vite vers les Pyrénées la police frontalière allemande jusqu'alors engagée sur la ligne de démarcation. Devant la menace, « également politique », il a exhorté Himmler à obtenir l'accord de Hitler pour tout mettre en œuvre afin d'empêcher désormais le passage clandestin vers l'Espagne « des Juifs, des Anglais, des Américains et des partisans de Darlan » fuyant « en masse » [21].

Les troupes SS ont également joué le rôle habituel de forces d'occupation, contrôlant le respect et l'application des règlements énoncés par l'autorité militaire. Des patrouilles ont été instaurées, chargées de faire respecter le couvre-feu aussi bien par les civils occupés que par les soldats allemands [22].

L'emprise des troupes d'occupation sur le territoire s'est également concrétisée par la mise en place de petits détachements d'intervention immédiate (dénommés « commandos de chasse ») au sein de toutes les unités allemandes à l'ouest [23]. Avec le temps, ces détachements ont vu les motifs d'intervention se multiplier : parachutages d'agents, d'armes ou de radios, atterrissages clandestins pour la dépose ou la récupération d'agents, recherche des équipages d'avions abattus, prisonniers évadés, sabotages et attentats. Le caractère de plus en plus dangereux de ces missions apparaît du reste dans l'inflation de leurs effectifs. De la taille d'un groupe d'infanterie (une dizaine d'hommes) à l'origine, ils ont doublé, voire triplé, pour atteindre les effectifs d'une section en l'espace de quelques mois [24]. Cette capacité d'intervention s'est accompagnée d'un contrôle renforcé, à commencer par la multiplication des exercices de la troupe dans les secteurs jugés dangereux ou menacés – avec la volonté de voir autant que d'être vu [25].

Un occupant sur la défensive

Comme pour l'ensemble des forces armées allemandes, la présence des formations de campagne SS a pris *crescendo* une tournure nettement défensive dès le second semestre 1943. Suite à plusieurs agressions survenues en Normandie, la 10ᵉ division SS a ainsi ordonné en décembre de doubler la nuit les patrouilles et les sentinelles. Moins de trois semaines après leur arrivée dans leur cantonnement, les personnels d'une seule de ses compagnies avaient déjà essuyé par trois fois des tirs [26]. À Bruxelles, les troupes allemandes (parmi lesquelles l'état-major du Iᵉʳ corps d'armée blindé SS) ont été tenues sur le qui-vive trois nuits de suite après une alerte annonçant « une grande opération terroriste » dans la capitale belge au cours des fêtes de Noël, sans qu'il se passe rien toutefois. La consigne diffusée peu après par le corps d'armée SS, recommandant à ses troupes de redoubler de vigilance, trahissait parfaitement la mentalité d'état de siège qui commençait à gagner les troupes allemandes à l'ouest à compter de cette époque [27]. De fait, cette évolution était pareillement perceptible à la 17ᵉ division SS, stationnée au sud de la Loire, où, parallèlement à un contrôle renforcé des habitants et des voies de communication, l'ordre tombait en février 1944 d'instaurer un périmètre de sécurité au sein de chaque cantonnement, ce qui permettait de ne pas avoir à porter d'armes au sein de cet espace surveillé et parcouru par des patrouilles [28]. Ce repli sur les lieux de cantonnement était très révélateur du climat ambiant. Du reste, moins d'une semaine plus tard, le commandement à l'ouest stipulait que toute troupe quittant ses quartiers pour se rendre sur un terrain d'exercice devait désormais disposer de munitions réelles [29]. C'est également à partir de l'automne 1943 que les attentats ferroviaires ont directement touché les unités SS au cours de leurs transferts à l'ouest, avec au total cinq déraillements jusqu'au printemps 1944. Même si ce nombre paraît relativement faible, il n'en reste pas moins qu'un attentat a ponctué pratiquement chaque déplacement ferroviaire d'une formation SS au cours de cette période [30].

La méfiance envers les civils s'est en conséquence accrue à partir du mois de mars 1944, comme l'attestent les directives du régiment blindé de la 12ᵉ division SS. Tout comportement inhabituel devait être immédiatement rapporté par la troupe, et toute personne suspecte être présentée à l'officier de renseignements et de contre-espionnage. Le mot d'ordre général était « de manifester la plus extrême méfiance envers chaque civil [31] ». Au groupe de reconnaissance divisionnaire, le principe était qu'il valait mieux arrêter « dix innocents de trop qu'un coupable de moins [32] ». Dès l'automne précédent, la division, stationnée en Belgique, avait déjà émis des ordres explicites en cas de troubles à l'occasion de l'anniversaire de l'armistice et de la journée du Royaume (11 et 15 novembre). Elle avait ordonné à ses unités de considérer toutes les actions hostiles de la population comme autant d'« actes de guerre » et de les « écraser aussitôt que possible par tous les moyens disponibles » [33]. Naturellement, de telles consignes ne sont pas restées sans conséquence. En France, « la liste des personnes qui, au moindre geste de fuite, ont été abattues avec une rigueur impitoyable par les patrouilles et la police allemande, s'[est] allong[é]e tous les jours » de l'automne 1943 au printemps 1944 [34]. Les formations SS n'ont naturellement pas échappé à ce phénomène de la « détente facile » – parfois à raison, parfois à tort –, avec le constant souci de la hiérarchie de légitimer ce « réflexe » dans l'esprit de la troupe [35]. Planifiés ou fortuits, les contrôles et les arrestations n'ont pas cessé lors des combats de l'été 1944, et ils se sont poursuivis en Normandie aussi bien sur le champ de bataille qu'à l'arrière des lignes allemandes [36].

L'EXÉCUTIF RÉPRESSIF CHANGE DE MAIN

Le « décret Sperrle » et ses conséquences

La séparation des responsabilités militaires et policières ne s'est pas démentie à l'ouest jusqu'au début de l'année 1944. Même s'il n'a pas été entièrement étanche, ce cloisonnement a évité aux troupes de campagne les excès qu'entraîne la confusion des tâches. La situation a néanmoins évolué, et le début de l'année 1944 a marqué une césure dans l'action répressive allemande à l'ouest. Sur le fond, la répartition des responsabilités n'a pas changé. Plus que jamais, l'administration militaire et le SD ont porté le poids de la répression. On ne trouve en effet aucune opération répressive qui n'ait été planifiée sans l'aval de l'administration militaire et/ou la participation du SD, notamment lors des grandes opérations contre les maquis menées de février à l'été 1944 [37]. À la question des unités qui s'interrogeaient encore en juillet sur le sort à réserver aux « terroristes », le responsable du contre-espionnage au sein de l'Ob.West déclarait que la troupe n'avait « pas à s'occuper du tout de cela » et devait remettre les suspects au SD [38].

Toutefois, l'obligation faite en février 1944 aux troupes d'intervenir énergiquement de leur propre initiative si elles faisaient l'objet d'une attaque a considérablement bouleversé la donne. L'Ob.West était à l'origine de cette directive (connue sous le nom de « décret Sperrle »), prise suite « aux actes de terreur croissants, en particulier dans le sud de la France » [39]. Sur le principe, cette obligation de réaction avait été posée dès le début de l'Occupation. Mais en codifiant cette réaction sur une base très sévère (riposte au mépris des victimes innocentes que les échanges de tirs pouvaient causer, arrestation de tous les civils présents sur place et incendie des habitations d'où les coups de feu étaient partis), et surtout en énonçant qu'un commandant d'unité ne pouvait être puni pour avoir agi trop sévèrement, cette directive autorisait tous les abus sous couvert de légitime défense, d'autant que le commandant d'unité devait *d'abord* appliquer ces mesures avant même d'en référer à l'administration militaire ou au SD. Cette directive marquait une étape très nette dans l'escalade répressive. D'évidence, elle s'inspirait du discours tenu par Hitler à ses généraux une semaine auparavant :

> On ne peut briser la terreur par l'esprit, mais on doit briser la terreur par une terreur encore plus grande. [...] Si je récuse cela, alors je n'ai plus besoin du soldat, car la nature du soldat n'est rien d'autre qu'une terreur sublimée au sens le plus élevé du terme [40].

À l'échelle des formations SS, cette directive n'a pas tardé à révéler ses effets sur le terrain. De fait, avant la diffusion de cet ordre, quatre convois ferroviaires transportant des unités SS avaient été victimes d'un attentat sans que la troupe use de représailles. En revanche, l'unité de la 12e division SS à bord du train qui a déraillé en avril 1944 à Ascq (Nord) s'est répandue dans la ville pour en ramener 86 habitants qu'elle a massacrés. Le décalage était d'autant plus flagrant que, contrairement aux précédents convois, l'unité n'avait eu à déplorer aucune perte humaine et seulement de légers dégâts matériels. Face aux protestations du gouvernement français, l'Ob.West a entièrement couvert ses subordonnés en déclarant qu'ils avaient agi dans le cadre et sous l'inspiration de ses ordres. Un palier avait été pourtant franchi, ce que les autorités de Vichy avaient bien ressenti en déplorant ce massacre sans précédent [41].

Le même processus se retrouve avec la 9e division SS. En une année de présence en Belgique et en France, cette formation n'avait jamais fait parler d'elle, et ce, malgré des attentats contre plusieurs de ses personnels, avec au moins un tué. Mais quand la division a de nouveau subi des attentats après la diffusion du « décret Sperrle », elle a elle-même procédé à la pendaison à Nîmes de 17 « terroristes » et à des expéditions punitives qui ont fait une quinzaine de victimes les 2 et 3 mars 1944. La réaffirmation, une semaine plus tard, de la conduite de la répression par l'échelon régional de l'administration militaire révélait à quel point cette dernière s'était fait déborder par la troupe [42].

La réponse militaire aux actions de la Résistance armée

Face à la montée en puissance des maquis et à l'émergence de vastes zones d'insécurité, la réponse répressive ne pouvait plus être uniquement de nature policière, mais avant tout militaire, d'autant que le nombre de policiers allemands en France était proportionnellement très faible – quelques douzaines au plus par subdivision selon Himmler, qui prévoyait déjà en janvier que l'année 1944 allait être très difficile dans les territoires occupés à l'ouest [43]. Cette intensification de la répression et le recours toujours plus fréquent à la troupe a eu deux conséquences. Elle a tout d'abord impliqué une collaboration de plus en plus étroite entre les unités de campagne (armée et *Waffen-SS*) et les organes en charge de la répression (administration militaire et Sipo/SD). Au fil des mois, cette collaboration est presque devenue systématique, particulièrement lors des grandes opérations de ratissage menées dans la moitié sud de la France. De fait, les rapports d'engagement contre la Résistance soulignaient le succès des opérations répressives dès lors que la troupe et le SD menaient une action conjointe [44].

Seconde conséquence, l'intensification de la répression a également entraîné un nouveau glissement des responsabilités vers la troupe, sanctionné le 4 mai 1944 par une directive du commandement militaire en France. Cette directive reconnaissait désormais à un commandant d'unité le droit d'appliquer les représailles (exécution immédiate des « terroristes » capturés les armes à la main, destruction ou incendie d'un nombre restreint d'habitations). Le rôle du fonctionnaire de la Sipo ou du SD accompagnant le détachement ne se bornait plus qu'à conseiller le commandant d'unité, ainsi qu'à interroger les suspects et à statuer sur leur sort [45]. Sur le terrain, ce transfert partiel de responsabilités a surtout engendré une disparité des pratiques selon deux types de contingences liées aux situations régionales d'une part, à la personnalité respective des protagonistes d'autre part.

Géographiquement, la subordination de la troupe aux organes officiellement en charge de la répression est pratiquement demeurée une constante en Belgique et dans la moitié nord de la France, là où les conditions du terrain empêchaient la constitution d'importants maquis. Dès lors, la répression n'a jamais cessé d'y être essentiellement policière. S'il a été fait un recours de plus en plus fréquent aux troupes SS, celles-ci ont continué à servir d'organe exécutif au SD ou à l'administration militaire, que ce soit – pêle-mêle – pour des opérations de ratissage, pour des arrestations et des fouilles, pour assurer la garde d'un transport de 400 détenus communistes au camp de Compiègne en mai, pour contraindre au travail des civils récalcitrants en juillet à Dreux, ou encore pour fournir les pelotons d'exécution des individus condamnés à mort par le SD [46].

Dans les zones insurrectionnelles du sud de la France, il est par contre devenu de plus en plus difficile de dégager une hiérarchie sur le terrain. De prime abord, le lien de subordination de la troupe à l'administration militaire était certes formellement établi. Ainsi, lorsqu'un bataillon de la division « Das Reich » a joué du 10 au 12 juin 1944 le rôle de « colonne infernale » dans ce qui est devenu l'« affaire des Pyrénées », il était subordonné à l'administration militaire (état-major principal de liaison 564 de Toulouse) et, dans le cadre de cette mission, un fonctionnaire du SD a été adjoint à chacune des quatre compagnies du bataillon pour les guider dans leur tâche [47]. L'engagement à la même époque des éléments opérationnels de la division dans le Limousin s'est pareillement déroulé sous le contrôle nominal de l'administration militaire en France et d'un commandement opérationnel (à savoir le LXVIe corps d'armée de réserve) [48].

Reste que la troupe n'a pas toujours représenté un instrument docile aux mains des organes en charge de la répression, outrepassant les prérogatives qui lui étaient attribuées. Cela concerne particulièrement les unités de la *Waffen-SS*. Alors qu'à la lumière de documents allemands saisis à la Libération les services de renseignements français ont pu clairement établir que, dans les Alpes, là où aucune unité SS n'avait été engagée, « la police et la *Gestapo* [sic] allemandes [avaient été] l'âme des opérations contre la Résistance française et que la *Wehrmacht* n'[avait été] qu'un exécutant et auxiliaire très fidèle [49] », l'état-major de la division « Das Reich » a pour sa part élaboré sa propre politique répressive qu'il a mise en œuvre dès que les conditions le lui ont permis dans le Limousin [50]. Même en Belgique, où la subordination était pourtant la règle habituelle, le commandant de l'administration militaire (von Falkenhausen) rapporte avoir été « pressé » par le très influent Josef Dietrich pour mettre en œuvre des représailles, suite à un attentat qui avait coûté la vie à un soldat SS à Bruxelles le 3 mars 1944. Le commandant du Ier corps d'armée blindé SS l'aurait ainsi poussé à exécuter une quinzaine d'otages [51]. À l'inverse, après l'ouverture du second front à l'ouest, les unités ont pu se réfugier derrière les impératifs opérationnels pour refuser à l'administration militaire, lorsqu'elles le voulaient, les hommes que celle-ci leur demandait « pour l'exécution d'une action spéciale [52] ». Finalement, l'ambiguïté de cette situation a été levée le 1er septembre suivant. À cette date, le nouveau commandant en chef à l'ouest (Model) a délivré un blanc-seing généralisé à l'ensemble des forces armées allemandes sur ce théâtre pour « combattre d'elles-mêmes les forces de résistance derrière le front avec tous les moyens et une dureté extrême [53] ».

La part prise par les formations de campagne SS dans la répression

En définitive, la participation des troupes SS aux grandes opérations de répression du printemps et de l'été 1944 n'a pas été extrêmement importante. Elle a proportionnellement correspondu peu ou prou aux effectifs de campagne de la *Waffen-SS* présents à l'ouest par rapport à ceux de l'armée de terre [54]. Chronologiquement, l'engagement au début de février 1944 d'un régiment de la 17e division SS dans le nettoyage de la forêt d'Amboise, au sud-est de Tours, a marqué la première mission de ce genre (opération « Hubertus ») [55]. Elle a été suivie le 22 mars par une autre opération du même type dans la forêt de Chasseneuil, au nord-est d'Angoulême, qui a conduit à l'arrestation d'une centaine de personnes, parmi lesquelles « 40 membres d'une bande terroriste [56] ». Dans l'intervalle, à la fin de février et au début de mars 1944, la 9e division SS a mené plusieurs expéditions dans la région de Nîmes qui se sont soldées par la mort de 34 personnes, dont 4 femmes et 3 enfants [57].

De toutes les opérations de répression menées à l'ouest, c'est cependant l'action de la division « Das Reich » dans le Limousin qui est la plus connue, car la plus sanglante. Elle appelle néanmoins deux commentaires. Tout d'abord, il s'est bel et bien agi d'une opération répressive spécifique. Ordonnée par l'OKW le 7 juin, elle s'est officiellement achevée le 11 juin (à midi), toujours sur un ordre de l'OKW donné au matin du 9 juin [58]. La division n'a donc pas été « retardée » par la Résistance dans sa progression de la région de Montauban vers la Normandie. Sa présence pendant quelques jours dans le Limousin répondait à l'ordre exprès d'en découdre avec « les bandes » et d'y reprendre le contrôle de la situation. En ce sens, il convient de ne pas se leurrer sur la contribution des mouvements de résistance limousins. Cette contribution a été effective dans le sens où leurs activités ont conduit à détourner une grande unité blindée de sa mission principale. En revanche, les harcèlements subis par la division « Das Reich » le long de ses itinéraires de progression n'ont pas pu la freiner puisque, fondamentalement, celle-ci avait ordre de rechercher le contact et de combattre le mouvement insurrectionnel [59].

D'autre part, et cela constitue la deuxième remarque, l'action de la division « Das Reich » dans le Limousin du 7 au 11 juin ne doit pas cacher les autres opérations de répression menées par les unités de cette même formation d'avril à juillet 1944. En effet, non seulement la division a activement participé à la lutte contre la Résistance en mai et au début de juin 1944, mais les forces laissées dans l'ancienne zone de cantonnement le 8 juin (près de la moitié de ses effectifs) ont continué à opérer tout aussi activement avant leur envoi en Normandie qui s'est échelonné jusqu'au 21 juillet [60]. À une échelle plus réduite, ce cas de figure se retrouve avec le bataillon de dépôt de la 17e division SS qui a continué à opérer sous les ordres du groupe d'armées G et de la *Feldkommandantur* 677 de Poitiers alors que la division combattait en Normandie [61]. Finalement, deux autres formations SS ont encore été spécifiquement engagées contre la Résistance à l'été 1944, à savoir le 18e bataillon d'instruction SS en Haute-Loire, de juin à août, et la 30e division SS russe dans le Doubs au cours de la seconde moitié d'août [62].

Si les escarmouches et les combats rangés avec les mouvements de résistance qui ont émaillé le repli des forces allemandes à travers la France et la Belgique en août et dans les premiers jours de septembre ont fait davantage figure de riposte que de répression du côté allemand [63], certaines mesures de rétorsion démontraient que la « directive Sperrle » était plus que jamais en vigueur six mois après son introduction. Cela est particulièrement visible à l'échelle de la division « Hitlerjugend » dont le désengagement précoce lors de la bataille de Normandie lui a permis un repli moins précipité, et donc mieux organisé. À la mi-août, une directive du divisionnaire préconisait encore clairement de recourir à l'« ordre Sperrle » en cas d'acte hostile de civils [64]. Un contrôle « inopiné » a même été ordonné à l'aube du 30 août dans la nouvelle zone de cantonnement de Hirson, non loin de la frontière franco-belge. La consigne « de briser immédiatement par la force des armes toute résistance ou intention hostile détectée » donnait en fait le champ libre à la troupe [65]. Celle-ci n'a pas manqué d'utiliser cette marge de manœuvre, à l'image du 25e régiment de cette division dont la progression a été entravée par de nombreux accrochages avec la Résistance. Ainsi, le 30 août, « des groupes de terroristes [s'étaient] manifest[és] dans presque toutes les localités [66] ». Les incendies et destructions auxquels la troupe s'est livrée en représailles étaient caractéristiques des consignes de la « directive Sperrle » : destruction à l'explosif de l'église de Luzoir (Aisne), exécution d'une vingtaine de civils et destruction d'une partie du village de Tavaux, incendies de maisons à Fouron-Saint-Martin (St.-Maartens-Voeren, province de Liège) [67].

Les formations de second rang, outils privilégiés de la répression

Une fois établie la participation des formations de campagne SS aux opérations de répression de 1944, deux remarques s'imposent.

Tout d'abord, aucune formation de la *Waffen-SS* ne s'est trouvée engagée isolément dans une importante action de répression. Cela a du reste constitué la règle en France où presque chaque grande opération organisée a vu la participation conjointe de plusieurs unités, que celles-ci soient d'infanterie, de panzers, de troupes de montagne, de parachutistes, de *Waffen-SS*, d'auxiliaires étrangers (troupes de l'Est), sans oublier les organes répressifs allemands (régiments de police, SD) et français (Milice, gendarmerie, garde mobile). Même l'engagement de la division « Das Reich » dans le Limousin du 7 au 11 juin n'a pas échappé à cette règle avec l'action simultanée d'une division de réserve (la 189e), de sept bataillons de sécurité ainsi que d'unités d'armes d'appui et de prévôté. Rarement peut-on trouver dans des espaces géographiques restreints un catalogue aussi étoffé des forces de la *Wehrmacht* que dans ces opérations de répression [68].

La deuxième remarque concerne le grand nombre d'opérations menées sans qu'aucune force de la *Waffen-SS* y soit engagée. Ce point est d'autant plus important que l'on relève une remarquable et constante tendance dans la mémoire sociale française (et internationale) à voir partout l'ombre des soldats SS dans toute action répressive. Cette propension a conduit à de grossières erreurs. La méprise sur l'identité des parachutistes de la *Luftwaffe* qui ont atterri en planeurs à Vassieux-en-Vercors (avant de détruire le village) en juillet 1944 fait à cet égard figure d'archétype. Jusqu'à récemment, la plupart des ouvrages en langue française (y compris universitaires) y voyaient l'œuvre de soldats de la *Waffen-SS* [69]. En fait, les exemples abondent d'opérations de répression de grande envergure menées sans aucune unité de la *Waffen-SS* : les Glières, le Vercors, le Mont-Mouchet et le camp de Saint-Marcel pour ne citer que les plus importantes et les plus connues [70]. Cette absence de spécificité se découvre également à travers l'engagement d'un fort détachement de la 11e division blindée pour relever dans la région de Tulle les éléments de la division « Das Reich », et ce aussitôt que celle-ci a reçu l'ordre de faire mouvement vers la Normandie. Auparavant, le choix de confier de façon privilégiée les missions de répression à la division « Das Reich » plutôt qu'à cette formation de l'armée pouvait facilement s'expliquer par le meilleur niveau opérationnel de la première. La reconstitution moins avancée de la seconde, suite à son arrivée plus tardive en France, lui avait valu un engagement limité contre le maquis avant le 6 juin. Une fois la division SS partie, la 11ᵉ division blindée a repris la répression à son compte dans des conditions d'emploi absolument identiques [71].

Si les engagements des unités de la *Waffen-SS* dans la répression ont été relativement peu nombreux à l'ouest, il existait à cela une explication simple et logique : la majorité d'entre elles appartenait au corps de bataille motorisé allemand. Les détourner de leur principale fonction, à l'heure où le Reich en avait un urgent besoin sur le front, aurait représenté un mauvais calcul. Le commandant de la division « Das Reich » ne disait pas autre chose en déclarant à sa hiérarchie le 10 juin 1944 qu'il était vraiment « trop dommage [d'engager] à cette fin les divisions blindées dans la cinquième année de guerre » [72]. Cela explique la propension du commandement allemand à confier cette tâche stratégiquement secondaire à des troupes de moindre qualité, qu'il s'agisse de divisions de réserve, de troupes de dépôt, d'unités territoriales ou de bataillons de l'Est à la fiabilité douteuse [73]. Voir entrer en scène le 18ᵉ bataillon d'instruction SS et la 30ᵉ division SS russe en France à l'été 1944 relevait de cette logique. L'ordre de transfert de cette dernière spécifiait d'ailleurs explicitement qu'elle ne pouvait être engagée sur le front [74]. Même malaisée, la lutte antipartisans permettait en effet d'employer des troupes de second rang dans la mesure où elle n'exigeait pas une totale maîtrise des schémas tactiques requis sur le front (coopération interarmes, etc.). Au demeurant, l'engagement d'unités de dépôt ou de formations de campagne en cours de constitution concourait à l'instruction de leurs cadres et de leurs personnels. Dans la pensée des états-majors, il s'agissait en effet d'écarter une menace réelle tout en donnant à la troupe l'occasion de « se faire la main » à bon compte et sans grands risques, eu égard à la disproportion des forces. L'opération menée dans la forêt d'Amboise en février 1944 (avec entre autres un régiment de la 17ᵉ division SS) a ainsi été programmée « dans le cadre de l'instruction » des unités participantes [75]. À la même époque, l'armée sollicitait pareillement Himmler pour utiliser la 16ᵉ division SS dans une opération de ratissage de dix jours en Istrie, mettant en exergue son caractère « bénéfique » pour la formation des personnels [76]. Répétées jusqu'à devenir une activité presque permanente, ces opérations ont néanmoins retardé l'instruction, plus qu'elles ne l'ont fait progresser [77].

Dès le début du conflit, la *Reichsführung-SS* avait elle-même confiné ses unités de second rang à des missions de « pacification », de sécurisation, de répression ou de persécution dans les territoires occupés. En l'espèce, il s'agissait des régiments « Tête de mort » [78]. Leur intégration progressive dans les forces opérationnelles en 1941-1942 avait exigé leur remplacement par d'autres unités. Aussi n'est-ce pas un hasard que la plupart des formations étrangères de la SS créées à partir de cette époque aient été liées dans leur genèse ou dans leur emploi à la politique répressive menée par l'Ordre noir. Ainsi, au moment de projeter la création de huit divisions « germaniques » au début de 1943, le *SS-Hauptamt* n'excluait certes pas de pouvoir les engager un jour sur le front mais les destinait en premier lieu à devenir des instruments de « la lutte contre les bandes » [79]. De même, Himmler envisageait de détourner de sa vocation d'unité combattante la « Légion Wallonie » lorsque celle-ci a été transférée de la *Wehrmacht* à la SS à l'été 1943. En l'occurrence, il souhaitait associer l'unité à la division de cavalerie SS pour assurer la sécurité sur les arrières du front de l'Est. Ce projet n'aura pas de suite. Il n'en est pas moins révélateur à la fois du médiocre statut accordé à ces troupes et de la volonté de la *Reichsführung-SS* de les garder sous son contrôle direct [80].

Tardivement organisées en tant que forces militaires de première ligne, ces nouvelles formations SS illustraient par leur existence même l'évolution du conflit et les mesures générales d'économie des forces prises par le Reich. En effet, leur création était, à l'origine, liée à la volonté de libérer des forces allemandes pour le front (ou de ne pas les distraire de cette mission principale). Formée en ex-Yougoslavie, la 7ᵉ division SS a ainsi été constituée avec l'idée bien arrêtée de l'engager sur place contre la Résistance, tout comme par la suite la 13ᵉ division SS bosniaque et les deux autres divisions musulmanes (21ᵉ et 23ᵉ) [81]. De même, bon nombre de personnels des futures divisions SS baltes ou slaves (15ᵉ, 19ᵉ, 20ᵉ, 29ᵉ et 30ᵉ) ont d'abord été employés à des tâches répressives ou génocidaires au sein de bataillons de milice (*Schutzmannschaften*), sans forcément pour autant abandonner toute activité répressive en intégrant les forces de campagne allemandes [82]. Le fait se rencontrait du reste parmi certains détachements allemands, à l'image du bataillon « Kartsjäger » opérant en Slovénie et de la tristement célèbre « Unité spéciale Dirlewanger », qui ont respectivement donné naissance aux 24ᵉ et 36ᵉ divisions SS dans les derniers mois du conflit [83]. D'anciennes milices ont par ailleurs été à l'origine ou ont renforcé les effectifs de divisions SS recrutées en Europe occidentale (29ᵉ « bis » italienne, 33ᵉ française et 34ᵉ néerlandaise) [84]. Les formations étrangères de l'armée transférées à la *Waffen-SS* ont pour partie obéi aussi à cette logique, à l'image des divisions cosaques [85]. Sur le fond, le recul général de la *Wehrmacht* sur tous les fronts et, par suite, la perte des territoires occupés ont permis à la *Reichsführung-SS* de pouvoir redéployer sur le front ces effectifs libérés pour des tâches de surveillance et de répression dans lesquelles ils étaient jusqu'alors cantonnés. En fait, rares ont été les formations d'infanterie SS créées dans la seconde moitié du conflit à ne pas avoir été mêlées de près ou de loin à la répression dans les territoires occupés. Il s'est essentiellement agi des divisions hongroises : celles-ci ont été mises sur pied en 1944 et 1945 en exploitant le réservoir de *Volksdeutsche* du royaume (22ᵉ), puis en mettant à contribution la *Honvéd*, l'armée magyare (25ᵉ et 26ᵉ) [86].

La répression dans l'« espace réservé » de la *Reichsführung-SS* : l'exemple des Pays-Bas

À côté des unités de campagne SS subordonnées à l'armée, les unités de la *Waffen-SS* directement placées sous la tutelle de la *Reichsführung-SS* ont connu un emploi répressif nettement plus accentué. Cette dernière a en effet vu en elles son outil de coercition privilégié face aux populations des territoires qu'elle estimait devoir lui revenir. Le souvenir des événements de 1918 et du mouvement spartakiste, et finalement la hantise de voir une troupe fraterniser avec la population, étaient d'évidentes raisons de cette volonté. De fait, c'était la volonté de Himmler de disposer de troupes « idéologiquement claires » pour réprimer tous mouvements séditieux dans les territoires plus ou moins annexés au Reich [87]. C'était du reste une préoccupation largement partagée par les responsables politiques du Reich, Hitler en tête [88]. L'emploi précédemment évoqué de la « SS-Verfügungs-Division » pour réprimer les troubles à

Prague en novembre 1939 était à ce titre assez significatif. L'exemple des Pays-Bas permet de prolonger la perspective en illustrant la diversité des tâches répressives confiées aux unités SS cantonnées sur place.

L'application du concept de « troupe de police d'État »

Dès juillet 1940, l'importance du rôle répressif des troupes SS aux Pays-Bas se lisait dans les chiffres. À eux seuls, les deux régiments « Tête de mort » engagés sur place représentaient en effet la moitié des forces militarisées allemandes prioritairement affectées aux tâches sécuritaires dans le pays [89]. La répression militaire *stricto sensu* n'a toutefois pas eu l'occasion de trouver de réelle application jusqu'à la fin de l'année 1940. Il est vrai que, dans l'intervalle, les formations de campagne allemandes sur place s'étaient chargées de faire résonner leurs bottes sur les pavés néerlandais. Dans ces conditions, chaque branche répressive de Himmler était cantonnée dans son domaine de compétences. La police de maintien de l'ordre (*Ordnungspolizei*) assurait ses missions ouvertes de surveillance et de contrôle de la population. La police de sécurité (*Sicherheitspolizei*) avait pour sa part tant à faire « que ses forces étaient déjà tendues jusqu'à une extrême mesure » en décembre 1940. Quant aux régiments « Tête de mort », ils se bornaient encore à leur mission de protection côtière [90].

Cette dernière apparence s'est vite révélée trompeuse. La véritable nature de ces unités est en fait apparue dès le départ de la « SS-Verfügungs-Division » des Pays-Bas à la mi-décembre. Les deux régiments « Tête de mort » ont alors eu tôt fait d'être retirés de la côte pour être positionnés à l'intérieur des terres. La préservation de l'indépendance de ces unités vis-à-vis de l'armée était certes l'un des motifs de ce redéploiement. La volonté de la *Reichsführung-SS* de disposer d'une force exécutive sur place pour maintenir l'ordre était tout aussi évidente. À l'image des autres unités de la *Waffen-SS* stationnées dans le Protectorat de Bohême-Moravie, elles se tenaient « à disposition du commandant supérieur de la SS et de la police pour la lutte contre des troubles locaux, dans la mesure où les forces des polices de maintien de l'ordre et de sécurité ne suffi-[rai]ent pas à cette fin [91] ». Pour le coup, on retrouvait là l'exacte définition de la « troupe de police d'État » (*Staatspolizeitruppe*), telle qu'elle était définie par la *Reichsführung-SS* elle-même : une force militarisée sur laquelle pouvaient s'adosser les organes policiers.

Aux Pays-Bas comme en Bohême-Moravie, cela n'a pas été que des mots [92]. Les manifestations de soutien de la population néerlandaise envers les Juifs ont ainsi donné lieu à la première intervention brutale des unités SS au début de 1941. Le 20 février, le HSSPF Rauter déclarait tenir « pour impossible et exclu que cette situation de trouble se poursuive et qu'un Far West naisse en Hollande », interdisant au passage que les collaborateurs néerlandais s'occupent de tâches policières et répressives [93]. Six jours plus tard, l'état d'urgence était finalement proclamé par le commandant de la *Wehrmacht* aux Pays-Bas, avec délégation du pouvoir exécutif à un général de la *Luftwaffe* pour la province de Hollande du Nord [94]. En fait, les forces de police et de la SS ont permis à Rauter de le supplanter dans cette tâche, notamment à Amsterdam où le 4ᵉ régiment SS a été engagé pour y épauler les forces de l'ordre. Selon le communiqué de presse allemand édité le 27 février, « la population civile a[vait] eu à déplorer jusque-là 12 tués et 60 blessés, parmi lesquels 25 graves, lors du rétablissement du calme et de l'ordre [95] ». Quel que soit le nombre réel de victimes, la répression avait été aussi rapide que brutale. Le 27 en milieu de journée, le HSSPF Rauter et ses deux commandants de la *Waffen-SS* et de la police avaient personnellement patrouillé en ville et constaté que « dans tout Amsterdam régn[ait] un calme absolu, tous les magasins et les entreprises [étaient] ouverts ». Rauter pouvait à cette occasion rassurer la *Reichsführung-SS* et les autorités militaires en leur déclarant qu'« à l'exception des patrouilles policières, Amsterdam fai[sai]t absolument l'impression que tout [était] de nouveau en ordre [96] ». Derrière cet optimisme de façade, la situation n'en demeurait pas moins tendue. L'après-midi même, des éléments de la police et de la SS ouvraient le feu sur des attroupements dans le ghetto juif [97]. Une semaine plus tard, à la lecture d'un tract incendiaire, Rauter demandait encore au commandant du 4ᵉ régiment SS de renvoyer l'un de ses bataillons patrouiller dans les faubourgs de la ville afin d'ôter « à la canaille rouge et aux agitateurs juifs l'envie d'autres grèves [98] ». Ces troubles révélaient parfaitement le rôle des unités SS aux Pays-Bas, véritable rempart contre les menées subversives et insurrectionnelles de grande ampleur. Le 8 mars 1941, le commandant de la *Waffen-SS* sur place interdisait d'ailleurs au 14ᵉ régiment SS de redéployer ses bataillons en avançant qu'il n'en était « pas question pour le moment pour des raisons politiques [99] ».

L'envoi à l'est des deux régiments SS en mai 1941 n'a pas fondamentalement changé la donne. Tout d'abord parce que les unités de dépôt de la division de police SS et le bataillon de dépôt du régiment « Germania » ont repris à leur compte cette mission. D'autre part parce que, à côté de ces unités physiquement présentes, l'ombre d'autres détachements de la *Waffen-SS* stationnés en Allemagne planait sur les Pays-Bas, prêts à être engagés en cas de nécessité [100]. Ils n'ont toutefois pas eu à se déplacer lorsque, à la fin d'avril 1943, des grèves ont secoué les Pays-Bas suite à la décision de Hitler d'interner en Allemagne tous les Néerlandais qui servaient sous les drapeaux en mai 1940 et qui avaient été presque immédiatement libérés après leur capture. Là encore, les unités de la police et de la *Waffen-SS* présentes sur place sont intervenues pour mettre fin au mouvement de protestation. Leur brutale intervention a transformé une grève de grande ampleur en « une affaire de pas plus de 72 heures » qui a coûté la vie à quelque 200 personnes selon Himmler [101]. Surtout, l'opération a été menée avec des troupes dont la nature était très proche de celle des forces allemandes engagées exactement au même moment contre le ghetto de Varsovie, à savoir essentiellement des détachements de police et des unités de dépôt de la *Waffen-SS* appuyés par des milices locales et par l'armée. Fondamentalement, la seule différence – de taille – était la population réprimée. Les « sous-hommes » juifs qui avaient osé défier l'autorité du Reich ont été d'une manière ou d'une autre impitoyablement éliminés tandis que le « peuple frère » néerlandais a continué à être « seulement » réprimé. Concomitants, les deux cas ont ceci de remarquable qu'ils révèlent chacun à leur manière la capacité de modulation de l'outil répressif aux mains de la *Reichsführung-SS*. Reste que, comme l'ont démontré les rapports de synthèse rédigés à l'issue des deux opérations, la troupe était plus à l'aise et plus efficace dans l'extermination que dans la répression limitée. Il n'y avait tout simplement pas de question à se poser dans le premier cas [102].

Du commissaire du Reich jusqu'aux commandants d'unité, en passant par le HSSPF et ses commandants de la *Waffen-SS* et de la police, les différents responsables allemands aux Pays-Bas ont, jusqu'à la fin du conflit, veillé à disposer d'une force de répression suffisante afin de parer à toute éventualité [103]. La création en mai 1943 de la « Landwacht Niederlande » répondait à ce but « d'intervenir de façon militaro-policière en cas de troubles internes [104] ». L'origine de cette unité de la *Waffen-SS* [105] recrutée localement était d'ailleurs intimement liée à l'inflexion supplémentaire donnée à la politique répressive aux Pays-Bas à la fin de l'année 1942. Comme le déclarait le 10 septembre à Himmler Hanns Rauter, chef supérieur de la SS et de la police sur place, « le travail policier dans les Pays-Bas » était à cette époque « très intense et important » : « action d'otages » ayant entraîné l'arrestation de 1 200 personnes en un mois, « rafle des Juifs » qui leur donnait, à lui et à ses hommes, « les pires casse-tête », tout cela à côté des missions de garde des divers camps de détention ou de transit [106]. Si la fonction initiale de l'unité a été largement dévoyée en servant, à l'instigation de Rauter, d'unité de dépôt officieuse du corps d'armée blindé « germanique » SS, il n'en reste pas moins que la « Landwacht Niederlande » (renommée « Landstorm Nederland » et épurée de ses éléments politiquement douteux à l'automne 1943 [107]) n'a jamais cessé d'être une formation policière à part entière jusqu'à l'été 1944. « La Hollande devient toujours de plus en plus un État policier », se lamentait Rauter à la fin de septembre 1943, en ajoutant que, « politiquement, il n'y [avait] pas grand-chose à faire » [108]. Ce constat ne laissait guère d'alternative. Il est d'ailleurs significatif que, à l'approche de l'offensive alliée attendue sur le continent européen, ce régiment, dont l'organisation et l'équipement en faisaient indéniablement une unité militaire, ait été encore strictement cantonné à des tâches de sécurité. En tout état de cause, ses trois bataillons demeuraient « exclusivement subordonnés, comme le reste des troupes de police, au chef supérieur de la SS et de la police Nordwest à l'heure actuelle et après la prise des pleins pouvoirs par le commandement de l'armée aux Pays-Bas [109] ». Aussi, à l'exception des combats menés en ordre dispersé sur le front par quelques-unes de ses unités à l'automne 1944, la « Landstorm Nederland » n'a cessé d'assurer des tâches de surveillance et de répression de sa création en mai 1943 jusqu'à son engagement définitif face aux Canadiens le long du Rhin inférieur à la fin de février 1945 [110].

La surveillance de l'archipel carcéral et concentrationnaire

L'autre volet de l'emploi répressif des unités de la *Waffen-SS* aux Pays-Bas a été la surveillance des camps. L'application de la « Solution finale » d'une part, et la politique répressive du Reich d'autre part, y ont entraîné une multiplication des besoins. Qu'il s'agisse d'antichambres des camps de la mort, des camps de concentration ou de lieux de détention plus ou moins temporaires, ces camps se sont rapidement multipliés, nécessitant logiquement des personnels de surveillance supplémentaires [111]. Cette évolution se reflète dans l'unité de garde SS « Nordwest ». À l'origine, ce détachement avait été créé en avril 1941 comme simple compagnie d'état-major destinée à rassembler administrativement les personnels travaillant dans les différents services de la *Waffen-SS* aux Pays-Bas [112]. Sa vocation n'a cependant pas tardé à évoluer dès le mois de septembre suivant avec l'arrivée à sa tête de Paul Helle, dont la carrière l'avait auparavant amené à commander des détachements à Dachau, Mauthausen, Oranienburg, sans compter une période passée dans le Gouvernement général avec le 8e régiment « Tête de mort ». Son cursus était radicalement différent de celui de son prédécesseur qui avait été instructeur sportif au sein de la SS [113]. Cette évolution s'est trouvée confirmée trois mois plus tard avec la transformation de l'unité en bataillon de garde, avec effet au 1er janvier 1942. Les trois premières compagnies de ce bataillon de volontaires néerlandais ont été respectivement commises à la garde des camps de transit d'Amersfoort et de Westerbork, ainsi qu'à la surveillance des centres de détention et de dépôt de s'Hertogenbosch. Promu commandant du nouveau bataillon, Helle dirigeait le camp d'Amersfoort [114]. Dès septembre 1942, ses effectifs ne suffisaient toutefois déjà plus, comme Rauter s'en ouvrait à Himmler :

> Eu égard aux nombreuses missions de surveillance qui se présentent désormais à moi, j'ai posé une demande d'autorisation auprès de l'Office principal de commandement SS pour la constitution d'une 4e compagnie au sein du bataillon de garde Nordwest, car je n'ai pas seulement les deux grands camps de Juifs à garder, mais aussi les deux grands camps d'otages et le camp policier de transit d'Amersfoort. Après l'évacuation des Juifs, je [pourrai] alors céder tranquillement deux compagnies à la *Waffen-SS* [115].

Si Rauter a obtenu du SS-FHA le droit de créer cette compagnie supplémentaire, le cycle répressif qu'il avait engagé ne lui a pas permis de transférer les deux compagnies sur le front [116]. L'ouverture d'un nouveau camp à s'Hertogenbosch au début de 1943 en était le meilleur exemple. De fait, ce camp avait été conçu et construit à l'image des camps de concentration existant au sein du Reich. Il renfermait des Juifs, des femmes, des prisonniers en détention préventive, des droits-commun en transit et des otages, ces groupes étant cloisonnés dans le camp [117]. Pour garder l'archipel concentrationnaire néerlandais, le bataillon de garde atteignait déjà près de 1 200 hommes à cette époque [118].

Cet emploi ne posait aucun cas de conscience au commandement de la *Waffen-SS*. C'est par pure hypocrisie que, en mai 1943, Jüttner déclarait craindre « qu'à travers la mission assignée à ces hommes de garder des Juifs et des criminels, l'idéalisme et l'aptitude à un accomplissement illimité du service dans la *Waffen-SS* ne [soient] pas favorisés [119] ». Alors qu'il ne s'était pas soucié le moins du monde des tâches de l'unité pendant près d'un an et demi, il s'en offusquait en fait à l'heure où il avait un urgent besoin de volontaires pour mettre en œuvre le projet d'une division « Nederland » appelée à constituer le IIIe corps d'armée blindé « germanique ». Naturellement, Rauter ne l'entendait pas de cette oreille. Il a même dû déjouer l'alliance nouée dans son dos entre le SS-FHA et le commandant de la *Waffen-SS* aux Pays-Bas – qui lui était pourtant subordonné. Ce dernier souhaitait porter les effectifs du bataillon à hauteur de ceux d'un régiment qu'il aurait ensuite engagé dans des missions territoriales, à l'image de la « Landwacht Nederland ». La chose était impossible aux yeux de Rauter. Cela l'a conduit à se tourner une nouvelle fois vers Himmler. Il lui a fait valoir que la *Reichsführung-SS* n'avait rien à lui donner en échange pour surveiller les quatre camps dont le bataillon « Nordwest » avait la charge en juin 1943, à savoir le camp de concentration de Vught/s'Hertogenbosch, le camp d'otages de Michielsgestel, le camp d'otages indiens (lieu indéterminé), et le camp policier de transit d'Amersfoort où étaient détenus les réfractaires au travail et les individus arrêtés pour marché noir. Himmler a finalement donné raison à Rauter [120].

Au-delà des enjeux et des égoïsmes personnels, la *Waffen-SS* restait donc plus que jamais un élément majeur de la répression et de la chaîne d'extermination raciale aux Pays-Bas, contribuant à ce que les territoires néerlandais soient « libres de Juifs » au début de mars 1944 [121]. De fait, à partir de 1942, le mot d'ordre était de ne perdre aucune occasion de remplir un train car « ce qui [était] parti [était] parti [122] ». Parallèlement à cette action, les gardiens SS du camp de concentration de s'Hertogenbosch ont servi à surveiller une population carcérale exploitée comme main-d'œuvre. Celle-ci était occupée, pêle-mêle, à la récupération d'épaves d'avion, à la construction d'installations pour la *Luftwaffe*, à la confection de vêtements et de meubles pour les victimes de bombardements, ainsi que de vestes et de manteaux fourrés pour la *Wehrmacht*, ou encore travaillait à la chaîne dans une usine Philips implantée à proximité du camp. Il y avait du reste tant et tant à faire que « les détenus disponibles ne suffis[ai]ent pas, de loin, afin de pouvoir répondre à toutes les demandes de main-d'œuvre » au début de janvier 1944. Aussi le commandant du camp avait demandé aux représentants de l'administration militaire pour la Belgique et le nord de la France « de lui envoyer autant que possible de nombreux détenus » [123].

26

L'instrumentalisation politique et sociale de la *Waffen-SS*

Les troupes SS n'ont pas joué de rôle politique majeur au cours du conflit, du moins directement. Lors de la crise italienne en 1943, Hitler a certes privilégié l'envoi de ses « vieilles divisions SS » dans la péninsule. Il voulait faire jouer à leurs personnels le rôle de « propagandistes » chargés d'insuffler une nouvelle vigueur au régime chancelant de Mussolini. Estimant que c'étaient ces troupes « qui connaiss[ai]ent le mieux le fascisme », il pensait voir leur action déboucher sur une « très large fraternisation » avec la population italienne. À l'aune de l'engagement de la « LSSAH » et de l'état-major du corps d'armée SS à l'été et l'automne 1943, tel n'a cependant pas été le cas [1].

Au-delà du champ étroit de leur présence et de leurs activités sur le front ou dans les territoires occupés, les formations de la *Waffen-SS* ont néanmoins joué un rôle déterminant au sein même du Reich, et ce, en servant de support aux idées et aux messages politiques de la *Reichsführung-SS* et du ministère de la Propagande. De tous les emplois de la *Waffen-SS*, celui-ci est finalement le plus marquant et, en définitive, celui où la distinction avec les formations de l'armée est la plus nette. Or, cette utilisation n'a jamais encore été véritablement reconnue ni traitée de façon spécifique. Ce constat est en soi une invitation à déchirer la toile de l'écran où défilent les sempiternelles images projetées par la propagande du Reich, images que nous regardons sans en mesurer forcément les enjeux profonds.

Les sections de correspondants de guerre SS : l'outil de propagande de la *Reichsführung-SS*

Le but premier de la *Reichsführung-SS* a été l'extension de son pouvoir politique au sein du Reich. Pour y parvenir, le « faire savoir » a constitué dans sa stratégie d'expansion un élément déterminant, quitte au besoin à se substituer au savoir-faire, à l'exemple de la prétendue capacité de la *Waffen-SS* à mettre sur pied et à engager des formations sur le front plus rapidement que l'armée [2]. Très tôt du reste, la *Reichsführung-SS* avait pris conscience de l'importance de son image. Aussi l'avait-elle soumise à son étroit contrôle avant guerre. Quel que soit le thème abordé, plus aucune publication ne pouvait être éditée sur la SS sans être visée et recevoir l'approbation préalable du service de presse de Himmler à partir de 1938 [3]. Après septembre 1939, le but de l'Ordre noir a d'abord consisté à montrer sa participation active à l'effort de guerre. À côté des missions de police destinées à assurer l'ordre au sein du Reich et des territoires occupés, peu populaires par nature et discrètes par nécessité, l'engagement des unités de la *Waffen-SS* sur le front représentait le seul support valable pour cette politique. Il s'agissait par ailleurs de rendre la SS attractive pour son recrutement, objectif qui n'a cessé de prendre de l'importance avec l'extension de la *Waffen-SS* et l'accroissement de ses besoins humains.

Création et développement de l'unité de correspondants de guerre SS

Afin de valoriser son organisation et ses troupes aux yeux des dirigeants et de la population du Reich, la *Reichsführung-SS* a tout d'abord dû « communiquer » sur son « produit » pour mieux le « vendre ». L'unité SS de correspondants de guerre a été l'outil en charge de ce véritable *marketing* avant la lettre. Créée en tant que simple compagnie le 5 mars 1940, elle n'a cessé de se développer jusqu'à devenir le 3 novembre 1943 un régiment du nom de « Kurt Eggers » [4]. De manière assez caractéristique, l'unité avait été constituée par la SS, qui accusait l'armée de passer sous silence l'engagement des troupes de l'Ordre noir. L'OKW s'en était naturellement défendu. Fondée ou non, l'accusation avait néanmoins légitimé ce coup de force avec l'appui de Hitler [5]. La compagnie ainsi créée a été mise aux ordres du rédacteur en chef de l'hebdomadaire SS *Das Schwarze Korps*, Gunter d'Alquen. Ses quatre sections ont tout juste eu le temps d'être organisées au printemps 1940 pour couvrir les combats des trois formations de la *Waffen-SS* et de la division de police SS [6]. Avec une telle structure, la SS démontrait d'ailleurs d'emblée l'importance qu'elle accordait à cette couverture médiatique et trahissait ses fortes ambitions dans ce domaine. En effet, à la même époque, les trois branches de la *Wehrmacht* n'alignaient au total qu'une quinzaine de compagnies de ce type. Compte tenu des effectifs respectifs de chaque branche armée, il était évident que la *Waffen-SS* jouissait à la mi-juin 1940 d'une confortable avance sur la *Luftwaffe*, et surtout sur l'armée de terre qui était sa principale concurrente. Seule la marine disposait d'un ratio plus favorable [7].

Dans les faits, une section de correspondants de guerre allait être en permanence détachée auprès de chaque grande formation SS pour immortaliser ses combats au cours du conflit, alors même que les compagnies de propagande de la *Wehrmacht* n'existaient qu'à l'échelon de l'armée – et pas de manière systématique (seules les formations de panzers étaient favorisées avec une compagnie par armée blindée à partir de 1941). Même avec trois sections de correspondants de guerre, chaque compagnie ne pouvait donc pas « couvrir » en permanence toutes les divisions (en moyenne une dizaine) de son armée. À l'inverse, l'unité de correspondants de guerre SS alignait à l'été 1943 quelque 1 650 personnels (dont 150 officiers) répartis en 27 sections détachées auprès des unités de campagne. Même après la déflation drastique des effectifs de correspondants de guerre survenus au cours du dernier hiver de guerre, cette situation n'a pas évolué, à telle enseigne qu'au début de 1945 la *Waffen-SS* disposait encore de 46 cameramen contre 85 pour l'armée de terre, alors qu'elle était très loin de représenter la moitié des forces terrestres allemandes [8].

Le nouveau reportage de guerre

Dans le cadre de sa mission visant à valoriser l'engagement au front des formations de l'Ordre noir, l'unité de correspondants de guerre SS a su se ménager trois avantages qui lui ont permis de se singulariser. L'emploi de ses personnels a constitué le premier de ces atouts. Qu'ils soient journalistes de presse ou de radio, cameramen, photographes ou dessinateurs, ces hommes étaient des soldats avant d'êtres des reporters. En fait, c'était le principe commun en vigueur au sein de la *Wehrmacht*. On était là à l'opposé des correspondants de guerre anglo-saxons dont une partie au moins était des journalistes civils accrédités auprès de l'armée, et pour lesquels la règle était de toujours veiller à ce qu'un maximum de soldats amis les séparent des soldats ennemis. Selon l'ordre de mise sur pied de la compagnie SS en mars 1940, ils avaient reçu comme leurs homologues de la *Wehrmacht* une formation militaire de base pendant quatre semaines. Cette formation initiale allait toutefois au-delà d'une simple formalité. De fait, leur fonction n'était pas tant de suivre les troupes SS que d'être à leurs côtés au contact de l'ennemi. La participation immédiate aux exercices à tirs réels des correspondants de guerre détachés auprès de la division « Totenkopf » en mai 1940 était caractéristique de cet état d'esprit. La SS ne faisait là que reprendre la recette de Robert Capa : « Si vos photos ne sont pas assez bonnes, [c'est que] vous n'êtes pas assez près [9] ».

Avec le temps, l'unité de Gunter d'Alquen a encore perfectionné sa méthode. Avant de les envoyer en poste, elle a affecté ses correspondants de guerre pour six semaines au front « en tant que commandos de tranchée », parce que c'était là le moyen le plus rapide et le plus efficace de leur « donner un aperçu de la vie et de l'engagement des soldats du front » [10]. À défaut d'avoir le talent de Capa, ces hommes ont donc eu personnellement à ressentir les impressions du soldat qu'ils allaient ensuite avoir à dépeindre. L'avantage de cette méthode était son réalisme. Son inconvénient était les pertes qu'engendrait cette double approche professionnelle. Pour rapporter au plus près des combats leurs images spectaculaires et fortes (qui font encore actuellement le bonheur de certaines maisons d'édition), les correspondants de guerre SS ont pris des risques et ont fatalement eu à les payer. Ainsi, les combats de Kharkov et de Koursk, qui ont permis de louer et d'encenser au sein du Reich l'action du corps d'armée blindé SS, ont coûté très cher. Cinq jours après le début de l'offensive contre le saillant de Koursk en juillet 1943, Gunter d'Alquen en était déjà à déplorer des pertes qu'il espérait ne pas voir dépasser celles subies pour « couvrir » la bataille de Kharkov de janvier à mars 1943. Alors qu'il s'élevait à 56 au 1er février 1944, le nombre de correspondants de guerre SS tués ou disparus depuis le début du conflit avait pratiquement doublé pour atteindre 109 le 31 janvier 1945 (613 pour la *Wehrmacht*) [11].

La deuxième clé du succès de la propagande SS appartenait au b.a.-ba du journalisme : la rapidité à transmettre l'information. Ainsi, en juillet 1943, les sections chargées de suivre l'action des quatre divisions SS engagées contre le saillant de Koursk s'étaient « déjà de nouveau distinguées dans une large mesure par une matière extrêmement actuelle et une liaison rapide jusqu'[à Berlin], bien avant toutes les autres branches de la *Wehrmacht* [12] ». Pour ce faire, l'unité avait instauré son propre service de courriers qui permettait à chaque section de lui apporter sa production dans les plus brefs délais. La mise en place de ce système en février 1942 avait fait gagner un temps précieux et avait complètement modifié la situation initiale où l'acheminement avait été très lent. Un effort particulier a également été consacré à la rapide exploitation de la matière brute reçue du front. Plutôt que de continuer à recourir aux services d'un laboratoire indépendant, la SS n'a pas hésité à investir en créant sa propre cellule de développement, capable de tirer onze mille clichés par jour. Compte tenu du délai requis par les services de la censure, elle était en mesure de fournir les clichés à la presse douze heures après la réception des pellicules provenant du front [13].

La SS a également joué de chance au printemps 1944. En effet, un poste d'officier de censure a été créé au sein même de l'état-major du régiment de correspondants de guerre SS le 1er juin 1944, juste avant le débarquement allié. Cette prérogative, à l'origine confiée au ministère de la Propagande du Reich, a permis de raccourcir encore les délais tout en conférant à l'unité une considérable autonomie de fonctionnement, y compris au sein de la SS. Par ailleurs, la couverture de l'« Invasion » a été rendue d'autant plus performante qu'elle a coïncidé avec le redéploiement des équipes de correspondants de guerre SS. Cette réorganisation semble du reste avoir stimulé la créativité et le rendement des reporters SS, de sorte que le nombre de reportages audio enregistrés par les correspondants de guerre SS et radiodiffusés sur les ondes du Reich est passé de 17 en mai à 67 en juin, c'est-à-dire les chiffres extrêmes de diffusion des douze derniers mois. En établissant ce record, la

Waffen-SS avait du même coup devancé chacune des trois branches de la *Wehrmacht*. Pourtant, ce résultat n'avait rien eu d'évident au départ. En effet, en prévision du débarquement allié, l'armée de terre, la marine et l'aviation avaient toutes trois détaché depuis longtemps à l'ouest « l'élite des reporters – les plus anciens et durs à cuire des vieux briscards de la radio ». *Via* l'échelon de courriers SS de Metz d'une part, et le relais de transmissions radio d'autre part, il avait toutefois pu être assuré un acheminement rapide des reportages, de sorte que ceux-ci ont pu être très tôt diffusés sur les antennes du Reich. À travers leurs émissions consacrées aux premiers combats ou à la mort du commandant de la 12e division SS le 14 juin, les correspondants de guerre SS ont littéralement « collé » à l'actualité en fournissant à bref délai de bons reportages (le premier diffusé dès le 8 juin à 11 h 40). Ceux-ci ont par ailleurs été d'autant plus aisément radiodiffusés sur les antennes que le nouveau front de l'Ouest a reçu un traitement particulier, rejetant momentanément les autres fronts en arrière-plan. La surreprésentation des reportages de guerre de la SS a ainsi pu laisser croire à l'opinion publique que le poids principal des combats sur le front d'invasion était assumé par les formations de la *Waffen-SS* [14].

Le troisième facteur déterminant dans le succès rencontré par l'unité de correspondants de guerre SS est assurément redevable au suivi personnalisé de chaque reporter par l'état-major. Des responsables y étaient spécialement chargés d'analyser, de jauger et de commenter les articles, clichés, films et dessins de chacun. La chose n'était pas inutile en effet. La principale difficulté rencontrée par l'unité tout au long du conflit a précisément été de disposer de reporters suffisamment qualifiés et talentueux. Le fait est que la plupart des professionnels avaient été mobilisés par la *Wehrmacht* ou avaient reçu une affectation spéciale au sein du Reich pour y poursuivre leur profession. Aussi a-t-il fallu que les quelques journalistes professionnels de l'hebdomadaire SS *Das Schwarze Korps* encadrent et prennent en charge la formation des recrues néophytes. À travers des « rapports d'expertise » réguliers et suivant de près la production, chaque correspondant de guerre voyait ses travaux nominalement analysés et commentés en quelques lignes au milieu de ceux de ses autres collègues par secteur d'activités (photographie, émissions radiophoniques, etc.). Les bons points y étaient distribués comme les mauvais, mais toujours dans le cadre d'une critique constructive et en évitant soigneusement le dénigrement. Le fait était particulièrement nécessaire pour les photographes dont les pellicules étaient généralement développées à Berlin. Sans possibilité de visualiser directement leurs travaux, les commentaires en retour étaient donc déterminants pour eux (dans un cas, un télétype a été envoyé en juillet 1944 à un correspondant de guerre de la « LSSAH » pour lui signaler un défaut de l'obturateur de son appareil apparu au développement de sa pellicule). Par ailleurs, les commentaires sur le traitement du sujet, sa portée politique, son degré d'expressivité comme sur la qualité technique étaient à ce point précis qu'ils pouvaient se rapporter à une pellicule particulière, voire à des clichés isolés pour les pellicules couleur. Outre son habituel commentaire, le « reporter du mois » avait droit à une « louange » en première page, et les reporters tués à leur épitaphe professionnelle. Parallèlement aux conseils de toutes sortes, les attentes de la presse allemande étaient également rappelées :

> J. doit prendre conscience que les clichés de paysages idylliques et de semblables perspectives du front d'Invasion n'ont aucune chance d'exploitation au niveau de la presse. Les journaux veulent voir des photographies d'un dur engagement de nos grenadiers, en bref des combats sévères, des clichés d'engagement comme le reporter Apfel en a par exemple livré avec ses présents films. Techniquement, au niveau de la mise au point, les deux pellicules étaient de nouveau très bien réussies, mais un bon reportage iconographique seul ne suffit pas si, comme précédemment évoqué, les images sont trop superficielles sur le plan thématique [15].

Ainsi fait, l'état-major du régiment « Kurt Eggers » s'est transformé en interface entre ses correspondants de guerre sur le front et les médias du Reich, conseillant les premiers et jouant le rôle d'agence de presse pour les seconds. La qualité de la production était évidente. Elle se devine dans ce qu'un détail retenait fréquemment l'attention du public, que ce soit la manière de filmer une patrouille SS, l'art du camouflage déployé par les soldats de la division « Nord », ou encore le réalisme d'un coup de main mené par une troupe d'assaut de la division « Totenkopf » [16]. Bref, en « donnant à voir la guerre » dans toutes ses dimensions, les correspondants de guerre SS ont contribué à répondre aux attentes du public sinon mieux que leurs homologues de la *Wehrmacht*, du moins en disposant de l'avantage d'une troupe plus aisément identifiable [17]. Au besoin, ils ont complètement mis en scène l'action tout en lui donnant un caractère spectaculaire, à l'image du célèbre reportage pris à Poteau en décembre 1944 qui a depuis illustré presque tous les ouvrages consacrés à la bataille des Ardennes [18]. Le niveau d'exigence était d'autant plus élevé que la concurrence était rude. À l'été 1944, le nombre d'émissions radiodiffusées sur les combats est par exemple passé de neuf à sept par semaine, réduisant mécaniquement les possibilités de retransmission pour chacune des trois branches de la *Wehrmacht* et la *Waffen-SS*. Dès lors, cette limitation posait de nouveaux impératifs en termes de qualité et d'originalité des émissions proposées par chaque correspondant de guerre [19].

Au final, il n'est guère étonnant que la presse allemande se soit aussi largement fait l'écho des faits d'armes de la *Waffen-SS*. De fait, l'Ordre noir s'empressait de lui fournir mieux et plus vite la matière dont elle avait besoin pour décrire les principaux combats dans la seconde moitié de la guerre. Elle favorisait du même coup au sein de l'opinion l'image de formations de la *Waffen-SS* omniprésentes sur les champs de bataille, avec en conséquence logique l'idée que leur poids et leur action étaient plus déterminants sur l'issue des engagements que ceux des formations de l'armée de terre.

Le relais d'une démarche politique et idéologique

À côté des remarques destinées à améliorer leurs travaux, à les orienter ou à leur suggérer de nouvelles pistes, l'état-major du régiment SS diffusait auprès de ses reporters les consignes relevant des propres intérêts de l'Ordre noir. Le premier était naturellement « qu'il soit dit au moins une ou deux fois quelque chose sur la *Waffen-SS* dans un reportage si cela ne ressort[ait] pas déjà des grades militaires ». À côté de cette consigne de base transparaissait aussi le revirement survenu au printemps 1944 dans la politique de recrutement de la *Reichsführung-SS*. Certes, leur responsable s'était réjoui de ce que « tous les reporters engagés à l'ouest s'étaient dès le début très clairement situés du point de vue de la propagande et de la politique », par exemple en se répandant sur la tragédie que représentaient les combats pour la population et les villes normandes. Il leur donnait néanmoins la consigne de mettre l'accent sur les volontaires étrangers servant dans la *Waffen-SS*, à commencer par les *Volksdeutsche* que la terminologie officielle désignait désormais sous le nom d'« Allemands » en précisant ensuite leur origine (de Transylvanie, du Banat, etc.). L'esprit communautaire devait y jouer à plein, notamment à travers des messages personnalisés de soldats à leurs proches qui étaient « toujours volontiers entendus en ouverture ou en note finale d'une émission ». Surtout, la *Waffen-SS* affichait désormais clairement sa vocation politique européenne, tant dans son recrutement que dans sa zone d'influence. Les radioreporters étaient poussés à interviewer des personnels d'encadrement des unités européennes :

> Nous pouvons même aller si loin que nous pouvons le[s] laisser parler dans [leur] langue maternelle. Une telle allocution pourrait être exploitée dans toutes les émissions de l'ensemble de l'Europe si elle est tenue assez brièvement, mais de façon percutante. Cela suffit si une telle déclaration tient entre 10 – 20 phrases ; on peut en effet encore écouter une langue que l'on ne comprend pas aussi longtemps. À la suite, chaque radioreporter ou correspondant en langue étrangère ou commentateur peut alors joindre sa traduction ou sa mise au point. [...] N'oubliez pas ensuite que nous avons également besoin, pour le studio de radiodiffusion européen SS à Bruxelles et pour la direction principale de radiodiffusion à Berlin, de reportages qui apparaissent tout d'abord très anodins, de même que de musique populaire, de chants populaires, de nouveaux chants de soldats et des chansons des diverses nations combattant avec nous. [...] Il faut finalement arriver à ce que vous exploitiez et épuisiez complètement par le travail les centaines de possibilités qui nous sont données dans l'espace européen [20].

Au-delà de cette internationalisation européenne amorcée par la SS au printemps 1944, ce message démontrait comment l'Ordre noir était désormais en mesure de marquer de son empreinte la politique du Reich. La « voix de son maître » se faisait entendre à travers tout le continent.

La « troupe du parti »

L'incongruité que représentait la *Waffen-SS* au sein des forces armées allemandes a toujours nécessité sa justification par la *Reichsführung-SS*. L'existence, le statut et surtout la présence au front des unités de la *Waffen-SS*, anormaux et illogiques, devaient en effet être légitimés d'une manière ou d'une autre. L'élitisme – à l'origine racial, puis idéologique et militaire – a donc constitué le message de base permettant de justifier l'existence des formations armées SS. Dès lors, la mise en œuvre d'une propagande chargée d'étayer cette ambition en lui donnant corps dans les esprits constituait un volet essentiel de cette politique. Dans la seconde moitié de la guerre, la *Reichsführung-SS* n'a eu de cesse de présenter la *Waffen-SS* comme « la troupe du parti » auprès des cercles dirigeants du Reich. C'était *de facto* lui donner une fonction idéologique au-delà de sa fonction strictement militaire. Ce message a été d'autant mieux entendu par ces derniers que la SS l'a inlassablement répété à partir de 1942. La *Reichsführung-SS* a cependant eu l'intelligence de doubler cette politique d'un second volet destiné à favoriser la réception, l'accueil, et finalement la propagation de ce message au sein de l'élite dirigeante du Reich en se servant des liens personnels qu'elle a pu tisser. L'efficacité de cette entreprise de séduction s'est vérifiée lorsque la *Reichsführung-SS* en a pleinement récolté les fruits en 1944 [21]. L'élément intéressant ici est donc l'emploi fait par l'Ordre noir de sa branche armée dans ce domaine.

« L'idéologie fait la force »

C'est avec l'invasion de l'URSS que la *Reichsführung-SS* a véritablement trouvé un terrain propice à sa propagande. De fait, le combat était désormais engagé entre deux systèmes politiques totalitaires antagonistes. Aussi la nature idéologique donnée à la lutte sur ce théâtre apportait une légitimité nouvelle aux formations de la *Waffen-SS*. Cette légitimité s'est trouvée encore confortée par la crise de confiance survenue entre Hitler et ses généraux en décembre 1941. Sur le fond, ce n'était qu'une divergence de points de vue professionnels. Hitler et Himmler ont cependant voulu y voir une crise morale des généraux de l'armée de terre, idéologiquement insuffisamment préparés et armés à faire face à une telle lutte à leurs yeux [22].

Ce n'est d'ailleurs pas un hasard de voir peu après apparaître le thème de l'infaillibilité de l'entité « SS et police » « qui a tenu ce qu'elle avait promis » dans ce qui était « pour la première fois le plus brutal des combats entre races »[23]. Et Himmler de garantir à ses troupes qu'il était exclu de son vivant « que le Führer reçoive de nous la réponse : " c'est impossible ! " »[24]. Ce postulat a par la suite été soigneusement entretenu au sein de la *Reichsführung-SS* et a participé à la construction identitaire de l'Ordre noir. La défaite de Stalingrad et la participation du corps d'armée SS à la reconquête de Kharkov à six semaines d'intervalle n'ont fait que conforter cette illusion. Le chef de l'Office principal du personnel SS en était persuadé en félicitant Dietrich pour la décoration reçue en récompense de son action à la tête de la « LSSAH » :

> En tant que combattant forcé de rester à l'arrière [*sic*!], on suit avec une brûlante envie les succès de nos divisions là-bas à l'est. – Avec l'apparition des premiers éléments de notre *Waffen-SS*, le vent a pourtant tourné là-bas [en Ukraine]. Cela doit donc bien tenir à nous. Sur le plan de la fougue de nos jeunes officiers et de nos sous-officiers et hommes du rang, l'armée de terre ne nous vaut plus désormais, à l'exception de quelques corps de troupe qui sont sûrement en ordre[25].

Ce complexe de supériorité était du reste pleinement assumé un an plus tard par le chef du SS-FHA. Devant un parterre d'officiers SS, il y multipliait les affirmations péremptoires et accumulait les poncifs d'unités de la *Waffen-SS* qui accomplissaient sans faillir les missions qui leur étaient assignées, consolidant les bases de théories promises à la postérité : la division « Nord » condamnée à tenir sa « position contre chaque assaut comme partout où la *Waffen-SS* a été engagée », une brigade « Reichsführer-SS » tenue de se maintenir « jusqu'au dernier souffle » en Corse et finalement autorisée à évacuer l'île perdue d'avance après avoir couvert le repli des autres troupes, un commandant de la *Waffen-SS* aux Pays-Bas construisant une position défensive « si forte qu'en réalité une percée ne [pouvait] pas s'y produire », des unités de la *Wehrmacht* ne pouvant pas rétrocéder à la *Waffen-SS* les adjudants que celle-ci leur avait prêtés en raison de l'affaiblissement de leur force de combat que cela représenterait, etc.[26] À force d'exemples de ce genre, le message que voulait faire passer la *Reichsführung-SS* était limpide : tout ce que faisait la *Waffen-SS* était plus grand, plus fort, plus courageux, plus valeureux que tout ce qu'en comparaison la *Wehrmacht* était en mesure d'accomplir. Dans un style dépourvu d'élégance à force de répétitions, le discours de Himmler devant les responsables de la propagande du Reich représentait à cet égard la quintessence de ce message en janvier 1944 :

> Je crois [que], dans les temps futurs, le parti pourra être encore fier de ce que, dans son histoire du parti, il n'a connu aucun déshonneur lors de cette guerre gigantesque, mais au contraire a couvert de gloire les pages de l'histoire avec sa troupe du parti – car nous sommes avec fierté la troupe du parti, du Mouvement [27].

Et si des étourdis avaient entre-temps oublié ce préambule, Himmler avait encore bien pris soin de marteler une nouvelle fois sa profession de foi en conclusion de son discours consacré à la branche armée de l'Ordre noir, anticipant au passage encore davantage sur l'avenir :

> Jusqu'ici, la *Waffen-SS* n'a déçu en aucun lieu, et elle ne décevra non plus à l'avenir à aucun moment lors des épreuves les plus difficiles qui viendront encore [28].

Culturellement, cette manière d'aborder la question était presque naturelle au national-socialisme. Celui-ci détournait en effet à son profit toutes les valeurs dont il se voulait porteur, usant dans son langage de superlatifs et d'un sens de la démesure d'inspiration totalitaire [29]. On trouvait là un curieux mélange de méthode Coué (« je veux que cela soit tel que je le veux en ignorant les contraintes ») et de fascisme (« ce que j'affirme a force de loi »). Pour cela, la *Reichsführung-SS* était prête à prêcher en dépit du bon sens et en contradiction avec la réalité la plus élémentaire. Avant guerre déjà, Gottlob Berger n'avait pas craint de parler du « dur service dans les régiments Totenkopf » auquel tous les soldats quittant la *Wehrmacht* ne seraient pas capables de s'acquitter [30]. Dans ses activités de recrutement, le chef du *SS-Hauptamt* a du reste fortement contribué à promouvoir la SS aux yeux des dirigeants du Reich. Revêtant tour à tour les habits de camelot du roi ou ceux de représentant de commerce, il n'a jamais perdu une occasion pour faire valoir sa marchandise. Sa technique était d'autant plus efficace que le fanatisme des troupes SS n'était pas le sujet principal de ses interventions mais était présenté de façon subsidiaire comme une chose allant de soi et ne nécessitant pas d'être justifiée [31]. À l'occasion, il n'hésitait pas à mentir effrontément, affirmant par exemple en public en avril 1942 que les « légions germaniques » s'étaient « tout à fait remarquablement tenues » au combat... trois semaines après avoir évoqué les « pannes » qui se produisaient en leur sein [32]. Encore n'était-ce là qu'un euphémisme. L'ancien commandant de la « Légion Niederlande » affirmait pour sa part qu'il était à peine possible de décrire « combien cela [avait] été difficile avec ces Néerlandais lâches et paresseux » qu'il avait eu à conduire au feu sur le front de l'Est [33]. Dans sa lutte contre l'OKW pour l'obtention de Croates en juillet 1944, Berger n'hésitera pas non plus à opposer « les divisions de la *Waffen-SS* qui exist[ai]ent de manière tangible » à « celles mises sur pied par la *Wehrmacht* qui [allaient] passer aux bandes », oubliant au passage la mutinerie et les défections qui n'avaient cessé d'ébranler la 13[e] division SS bosniaque depuis l'année précédente – phénomène qui allait encore s'amplifier par la suite et s'étendre aux 21e et 23e divisions SS albanaise et bosniaque, mais aussi à la 30e division SS russe [34].

Dans ce jeu de faux-semblants, les autres responsables de la *Reichsführung-SS* ne demeuraient naturellement pas en reste. Dans son discours d'avril 1944 précédemment évoqué, Jüttner lui-même n'a pas eu peur de prendre en référence la division « Nord ». Celle-ci avait pourtant été humiliée trois années plus tôt lors de son baptême du feu, refluant en désordre là où les divisions voisines des armées allemande et finlandaise avaient tenu leur place et lui avaient épargné une débâcle encore plus honteuse [35]. De son côté, Himmler n'a jamais manqué une occasion de fantasmer sur la réalité devant ses auditeurs. Pour ne prendre que ce seul exemple, les 9e et 10e divisions SS étaient loin d'être les « remarquables divisions blindées » qu'il décrivait aux *Reichsleiter* et *Gauleiter* réunis à Posen en octobre 1943. La réalité était bien différente, ces deux formations disposant alors à peine de la dotation de simples divisions d'infanterie. Ainsi fait, Himmler amadouait des responsables politiques qui s'étaient élevés huit mois plus tôt sur les méthodes de recrutement de la SS pour constituer ces deux divisions. Il cachait son incapacité à les rendre rapidement opérationnelles, faute d'équipements et de véhicules. Finalement, il les présentait comme une élite militaire qu'elles n'étaient certainement pas à cette date [36].

Les officiers SS, relais de la propagande de leur Reichsführung

Dans le cadre de sa politique, la principale hantise de la *Reichsführung-SS* était une défaillance de ses troupes. Les généraux SS étaient eux-mêmes parfaitement conscients du poids de leur responsabilité vis-à-vis de leur *Reichsführung*, y compris dans le cerveau d'un Josef Dietrich, pourtant souvent présenté comme politiquement et intellectuellement assez limité. « Nous ne t'avons pas déçu », déclarait-il en décembre 1941 à Himmler dans une lettre personnelle [37]. Au printemps 1943, la crainte de ce dernier perçait d'ailleurs nettement derrière l'emphase de son discours aux officiers du corps d'armée blindé SS [38]. Il est clair que, à partir de cette époque, sa hantise était de voir s'effondrer le beau mythe de la *Waffen-SS* invincible, accomplissant jusqu'au bout et sans murmure les ordres qui lui étaient donnés. À cet égard, le choix du corps d'armée blindé SS d'abandonner Kharkov en désobéissant aux ordres avait représenté un avertissement sérieux en février 1943, mais finalement sans conséquence grave. La reconquête de la ville un mois plus tard et la reddition de la 6ᵉ armée à Stalingrad avaient justement permis à la SS de consolider au printemps 1943 le « capital confiance » acquis au cours de l'hiver 1941-1942. Ce « capital », Himmler entendait bien le conserver, et si possible le faire fructifier en vue de l'exploiter politiquement. La sévère mise en garde à ses troupes qu'il avait établie au début de 1944, au moment où deux officiers de l'armée avaient été fusillés pour avoir abandonné la place forte qui leur avait été confiée, allait dans ce sens [39].

Que ses généraux véhiculent des propos défaitistes était dans ce cadre extrêmement dangereux pour Himmler. De fait, c'était réduire à néant le bel édifice de propagande qu'il était patiemment en train de construire. Gagné par un certain pessimisme, le commandant de la « LSSAH » avait ainsi émis des doutes au sujet d'une victoire contre les Russes au lendemain de l'échec allemand contre le saillant de Koursk en juillet 1943. Le ministère de l'Est de Rosenberg en ayant eu vent, Himmler avait dû immédiatement circonscrire le danger en rappelant Dietrich à l'ordre, d'une manière au demeurant extrêmement diplomatique. Himmler avait d'emblée imposé la version d'une mauvaise interprétation de ses propos. Il n'en avait pas moins « réorienté » Dietrich vers une pensée plus orthodoxe, en y mettant certes les formes, compte tenu de l'importance du personnage [40].

Himmler pouvait néanmoins être rassuré. Dans la plupart des cas, les cadres de la *Waffen-SS* ont spontanément donné de celle-ci une image particulièrement avantageuse aux dirigeants du Reich. En fait, les généraux SS avaient bien compris tout leur intérêt, à l'image de Paul Hausser au début du conflit [41]. Ses cadets ont naturellement repris ces pratiques jusqu'à la fin de la guerre, n'omettant jamais de s'attribuer un fait d'armes, et surtout de le faire savoir au plus haut niveau, à l'image de la 16e division SS rapportant qu'en Italie ses jeunes soldats avaient, « selon les ordres, combattu jusqu'au dernier souffle » et qu'« aucun homme n'avait reculé ». Le lendemain, la division avait encore bien pris soin de préciser que « les courageux grenadiers combattant le long de la route côtière cités dans le communiqué de la *Wehrmacht* » étaient « nos grenadiers mécanisés SS » [42].

De tels rapports n'ont évidemment pas manqué d'influencer le regard porté par les cercles dirigeants sur les soldats SS. La plupart des documents et des témoignages sur cette époque s'en sont assez largement fait l'écho, à l'image des réflexions laissées par Goebbels dans son Journal personnel. Tout à fait typique de cet état d'esprit est sa réflexion lorsqu'il notait, au lendemain de la crise de décembre 1941 entre Hitler et ses généraux, que « tout à l'opposé des messieurs commandant l'armée de terre, ceux de la *Waffen-SS* [étaient] acquis au national-socialisme, et [que] pour eux les difficultés n'exist[ai]ent que pour les surmonter [43] ». La manière qu'avaient les généraux SS de plastronner n'était pas étrangère à ce sentiment. Au lendemain de l'assaut canadien à Dieppe, Hitler et Goebbels étaient certains que, « aussi longtemps que Sepp Dietrich se trouv[erait] encore à l'ouest, [ils] n'[auraient] pas besoin de [se] faire de soucis [44] ». Or, Dietrich semblait disposer d'un réel talent pour s'adapter à ses interlocuteurs, pouvant tour à tour présenter la situation de façon « très positive » ou au contraire pessimiste, comme il l'a fait à l'été 1944 [45].

Mais plus que les anciens généraux SS, ce sont leurs jeunes commandants d'unité qui ont donné une image si favorable de la branche armée de l'Ordre noir aux cercles dirigeants du Reich.

L'infinie confiance qu'ils affichaient de manière non feinte et la tranquille assurance dans le sort des armes qui ressortait de leurs propos ne pouvaient que plaire. De même, leur naturel et leur absence de complexe politique tranchaient avec l'attitude des généraux plus âgés, souvent crispés en présence de Hitler ou d'autres responsables du régime [46]. Leurs professions de foi spontanées contribuaient à forger l'opinion des dirigeants du Reich sur la *Waffen-SS*, tels les propos du commandant du régiment « Deutschland » au ministre des Affaires étrangères au cours d'un échange de vœux en décembre 1942 :

> Le régiment a employé la période de calme ici à l'ouest pour mener un travail d'instruction sévère et sans ménagement en vue du prochain engagement. Nous brûlons à l'idée de pouvoir à nouveau affronter l'ennemi. Si l'année à venir nous apportera la victoire finale, nous l'ignorons. Pourtant, nous savons une chose et nous le promettons solennellement [:] plus dur sera le combat, plus grands seront notre force et notre courage. Fidèles à notre devise SS, nous irons au combat et nous le surmonterons comme tous [les combats passés] [47].

Si la réaction de von Ribbentrop à ce message ne nous est pas connue, nul doute que l'idée d'une SS disposant d'une sorte de « recette miracle » transformant le commun des mortels en combattant fanatique existait au sein du ministère des Affaires étrangères [48]. Les impressions laissées sur Goebbels par les propos des officiers SS qu'il a reçus par deux fois en avril 1943, après la bataille de Kharkov, sont par contre connues. La manière dont le ministre de la Propagande rapportait le second entretien a ceci d'intéressant qu'il mettait à nu la manière dont ces jeunes officiers SS ont plus ou moins consciemment relayé leur *Reichsführung*. L'intelligence, la lucidité et l'esprit critique de Goebbels n'y ont pas résisté :

> Les SS soutiennent le point de vue qu'on pourrait absolument en finir avec les soldats bolcheviques ; si on leur opposait une troupe d'égale valeur, idéologiquement orientée et militairement instruite, ils prendraient alors la poudre d'escampette. Quelques divisions allemandes ont failli à l'est exactement comme les formations de nos alliés ; à cet égard, nous n'avons rien à leur reprocher. Néanmoins, je crois que les gens [de la] SS exagèrent bien un peu les choses, à savoir par

orgueil de corps. Quoi qu'il en soit, les faits qu'ils me rapportent sont tout sauf réjouissants. [...] Dans l'ensemble, on peut être extraordinairement satisfait du comportement de ces soldats SS. Il s'agit de combattants nationaux-socialistes qui se donnent au Führer en une obéissance aveugle. Si l'ensemble de la *Wehrmacht* était ainsi idéologiquement orientée comme les formations de la *Waffen-SS*, alors nous aurions depuis longtemps gagné la guerre [49].

L'adhésion des cercles dirigeants à l'image héroïque accolée à la Waffen-SS

Finalement, le plus surprenant est que le postulat d'une *Waffen-SS* si largement supérieure ait été accepté par l'oligarchie nazie sans être remis en question, et ce, en dépit des luttes intestines dans les cercles du pouvoir. À cela existaient des raisons objectives. La première était l'intérêt politique des dirigeants du parti. Ils ont d'autant mieux accueilli le discours de la SS que celui-ci les confortait dans leur rôle et validait les théories idéologiques dont ils étaient les promoteurs. Les commentaires de Hitler à la lecture du rapport retraçant les exploits militaires de la division « Reich » à l'été 1941 étaient révélateurs de cet état d'esprit. Cette dernière avait alors « été citée par le Führer comme la preuve qu'il avait été juste de constituer des organisations d'élite » au sein du régime [50]. Göring lui-même n'avait aucune difficulté à qualifier son vieux compère Dietrich de « pilier du front de l'Est » en janvier 1942 [51]. De même, les propos des cadres SS étaient d'autant mieux écoutés et acceptés qu'ils confortaient leurs auditeurs en allant dans le droit-fil de leur pensée. En rencontrant Goebbels au printemps 1943, les soldats SS décorés pour leur action à Kharkov lui avaient ainsi soutenu « qu'on ne [pouvait] mener une guerre sans mesures sévères », idée que Goebbels avait immédiatement approuvée en ajoutant qu'il avait « déjà bien souvent insisté » sur ce point [52].

Pour des responsables politiques chez qui l'ouverture d'esprit n'était pas la qualité première, ce discours correspondait assurément à la seule musique qu'ils étaient prêts à entendre. Pour la même raison, l'emphase et l'exagération dont faisait preuve la SS en décrivant l'action de ses troupes leur seyaient parfaitement. Cette outrance était pour eux une manière commode de projeter leurs fantasmes sur une réalité qui ne correspondait en rien à leurs descriptions. En décembre 1941, au moment de la crise avec ses généraux, Hitler affirmait ainsi sans rire avoir « six divisions SS qui [étaient] complètement athées et qui [mourraient] pourtant avec la plus grande sérénité d'âme ». Il s'est du reste largement servi de la réputation de la *Waffen-SS* d'être une force armée aux pertes proportionnellement plus élevées, car cela caractérisait selon lui une troupe d'élite [53]. Il a d'ailleurs exploité par la suite ce thème pour mieux avilir l'institution militaire, notamment devant les généraux de la *Wehrmacht* réunis pour la première fois en janvier 1944 dans un séminaire d'endoctrinement tournant à la grand-messe. Hitler s'est alors aventuré à déclarer, en invoquant « les froides statistiques », que ce n'était pas un hasard de voir les militants des organisations du parti payer proportionnellement le plus lourd tribut sur le front « parce qu'ils [avaient] été éduqués ainsi » [54].

La manipulation du thème initial était ici remarquable. En effet, « payer l'impôt du sang » sur le front était destiné à donner à la *Waffen-SS* le droit moral d'abattre l'ennemi intérieur – du moins était-ce là l'argument invoqué au début de la guerre pour justifier l'emploi des troupes SS aux côtés de l'armée. Désormais, ces pertes prétendument élevées se retournaient contre l'institution militaire.

La genèse de cette démonstration était en elle-même intéressante. Elle avait été à l'origine orchestrée par Goebbels pour contrer la propagande alliée affirmant « que le parti rest[ait] assis au pays et que seule la masse des Allemands vers[ait] leur sang sur les fronts ». Le ministère de la Propagande avait voulu riposter à la fin de l'année 1943 en prouvant le contraire, chiffres à l'appui. L'aide de la SS avait ainsi été sollicitée afin de les rendre « encore plus significatifs », ce que Himmler avait accordé, mais en insistant bien toutefois pour que les pertes de la SS ne soient pas publiées séparément, mais incluses avec celles des autres organisations de la NSDAP [55]. L'Ordre noir se révélait ici un appui précieux pour le parti, de la même manière qu'il se faisait valoir comme organisation contribuant à l'effort de guerre du Reich par son recrutement à grande échelle au-delà de ses frontières – oubliant au passage de dire que cette contribution venait loin derrière celle de la *Wehrmacht* [56].

Au-delà des chiffres, ces volontaires étrangers de la *Waffen-SS* représentaient un autre avantage pour la *Reichsführung-SS* en raison de l'intérêt qu'ils suscitaient auprès du ministère des Affaires étrangères. De fait, avec la création en 1943 des premières divisions SS à recrutement régional, ces masses homogènes de ressortissants étrangers constituaient une source inestimable d'informations à travers leurs réactions, leurs aspirations politiques, leurs situations financières ou tout simplement leurs courriers. Pour faire court, chaque formation nationale constituait aux yeux de la Wilhelmstraße un remarquable observatoire qui lui permettait d'ajuster sa politique étrangère, y compris à l'égard des minorités ethniques. Cela était d'autant plus vrai qu'il s'agissait d'un concentré des forces vives de leurs sociétés d'origine. Aussi n'est-il pas étonnant que le ministère de von Ribbentrop ait voulu en tirer profit en demandant à la *Reichsführung-SS* de lui permettre de détacher un représentant de l'*Auswärtiges Amt* auprès de chaque unité. À l'inverse de ceux dépêchés auprès des armées de la *Wehrmacht*, ces fonctionnaires étaient engagés comme officiers du front où leurs observations pour le compte du ministère s'ajoutaient à leurs fonctions militaires classiques d'encadrement. En somme, la *Reichsführung-SS* avait pu trouver là à bon compte un partenariat objectif. Que deux semaines aient suffi pour officialiser l'accord après la proposition du ministère des Affaires étrangères ne le démontrait que trop [57].

Une autre raison pour les milieux dirigeants du Reich de partager aussi aisément cette prestigieuse vision tenait aux liens personnels que la *Reichsführung-SS* avait habilement su tisser avec eux. Présentée comme la troupe du parti, elle avait en conséquence attiré dès le début des collaborateurs des différents ministères, institutions et organisations politiques du Reich qui y ont accompli de manière préférentielle leur service militaire dans ses rangs, avec à la clé la possibilité d'y monter plus aisément en grade. Si leur engagement a parfois été limité au sein des unités logistiques ou dans des armes un peu moins exposées que l'infanterie, ces hommes ont eu tout intérêt à voir dans la *Waffen-SS* une élite militaire, une fois rendus à leur ancienne fonction politique après leur service en corps de troupe [58]. De là à enjoliver leur engagement, ou tout du moins à promouvoir leur ancienne troupe pour profiter des retombées et d'une parcelle de cette gloire en retour, il y avait un pas que d'aucuns n'ont pas hésité à franchir. C'était d'ailleurs une pratique courante dans les milieux collaborateurs des pays occupés que de profiter d'un tel passage dans la *Waffen-SS* pour mieux asseoir sa position sur la scène politique de retour chez eux [59].

Le parrainage d'unités SS par des dignitaires politiques du Reich était également un moyen de les disposer favorablement à leur égard et d'attirer sur elles leurs bonnes grâces. Très symboliquement, le ministre des Affaires étrangères von Ribbentrop a ainsi parrainé le régiment « Deutschland », lui rendant notamment visite lors de la campagne à l'ouest en 1940. Il lui a aussi régulièrement distribué ses bienfaits à l'occasion des fêtes de fin d'année [60]. De son côté, l'ancien collaborateur de Baldur von Schirach, débarqué de la *Hitlerjugend* à l'été 1940 pour sa trop grande connivence avec la SS, et devenu ensuite *Gauleiter* de la région « Hanovre-Sud/Braunschweig », a parrainé la compagnie de chars lourds créée au sein de la « LSSAH » en novembre 1942 [61]. Quant à la division « Hitlerjugend », son affiliation se retrouvait dans son nom, et le chef de la HJ ne s'est pas privé de la visiter. De retour d'une visite de cinq jours dans ses rangs en avril 1944, il pouvait ainsi communiquer son enthousiasme à Goebbels en lui rapportant « des choses véritablement extraordinaires » [62]. Quant à la « LSSAH », son parrainage si particulier en tant que « garde du Führer » lui a valu d'assez nombreuses visites de personnalités éminentes du Reich, du moins au cours des premières années du conflit [63].

Au-delà de telles pratiques qui ont favorisé l'attachement de personnalités politiques du Reich aux formations SS, les liens tissés ont également pu revêtir un caractère encore plus personnel à travers l'engagement dans la *Waffen-SS* des enfants des dignitaires du Reich, à l'image de Rudolf von Ribbentrop et de Wilfrid Murr, respectivement fils du ministre des Affaires étrangères et du *Gauleiter* du Wurtemberg. Il est bien difficile de parler ici de passe-droit. Tous deux ont été engagés dans des unités de combat. Tous deux ont suivi une procédure normale pour accéder au rang d'officier, ce à quoi leurs diplômes scolaires leur permettaient de prétendre. Les deux pères ont toutefois suivi avec intérêt la carrière de leur fils et sont à l'occasion intervenus pour l'orienter. Mais, surtout, cela a permis de personnaliser les relations entre Himmler et ses correspondants, y compris lorsque celles-ci étaient tendues. Le cas de Rudolf von Ribbentrop est en ce sens très net. L'évocation de « Rudi » a ainsi permis d'arrondir les angles dans les lettres à son père. Et dès qu'il en a eu la possibilité, Himmler ne s'est pas fait faute d'envoyer au ministre des clichés de correspondants de guerre SS montrant son fils sur le front [64]. Le cas de Ribbentrop a également ceci d'intéressant qu'il permet d'observer les répercussions concrètes d'un tel attachement filial sur l'image ensuite renvoyée. Faisant le point de la situation diplomatique et militaire avec l'ambassadeur japonais à l'été 1944, Ribbentrop a tout naturellement pris en exemple la 12ᵉ division SS (dans laquelle servait alors son fils) lorsqu'il a abordé les combats en cours en Normandie. L'unité y était présentée comme « l'une des divisions d'élite allemandes engagées là ».

> L'un de ses collaborateurs qui a brièvement visité le front de Normandie, sur l'ordre du ministre des Affaires étrangères du Reich, lui a rapporté que les troupes sur place, dont l'état d'esprit est exemplaire, n'ont cessé d'expliquer [qu']elles ne pouvaient tout simplement pas rejeter l'adversaire à la mer si elles ne recevaient pas un peu plus de soutien [de l'armée] de l'air. [...] Les divisions SS actuellement engagées sont si bonnes qu'elles peuvent contenir l'ennemi en Normandie en dépit de sa supériorité aérienne. De moins bonnes divisions ont par contre reflué à cause de la supériorité ennemie. Une supériorité aérienne allemande retournerait de ce fait complètement la situation en ce moment, car alors les moins bonnes divisions pourraient de nouveau être tout à fait à la hauteur [65].

En somme, par un processus presque naturel tant il était humain, les formations SS ont eu l'oreille de la direction politique du Reich et s'y sont naturellement présentées à leur avantage, devenant une référence et l'étalon sur lequel se mesuraient la prestation et la tenue des autres troupes. Pour d'autres raisons, le ministère du Dr Goebbels avait également puissamment contribué à ce résultat.

La « fabrique des héros » : de la troupe de choc du parti à l'élite militaire du peuple en armes

La propagande destinée à valoriser les formations de combat SS a joué un rôle essentiel dans leur histoire et a revêtu trois fonctions. La première, déjà abordée, a consisté pour la *Reichsführung-SS* à instrumentaliser la *Waffen-SS* afin d'en faire un outil de son expansion politique au sein du régime. La deuxième fonction, également évoquée, était de rendre attractif un engagement dans la *Waffen-SS* afin d'assurer son recrutement sur la base du volontariat, en dépit de critères d'admission élevés provoquant l'élimination de quatre candidats sur cinq au début du conflit. Reste à aborder la troisième fonction, jusqu'ici passée sous silence. En effet, l'appareil d'État nazi n'est pas demeuré en reste et s'est également servi de la *Waffen-SS* pour sa propre propagande.

Une politique de communication agressive

Jusqu'en 1941, Goebbels avait eu la conviction d'avoir parfaitement maîtrisé l'outil de propagande SS. De toute évidence, la *Reichsführung-SS* avait agi en ce sens pour laisser au ministère de la Propagande l'illusion de disposer de l'initiative. Le fait s'était vérifié au moment de la création de la compagnie de correspondants de guerre SS sous les ordres de Gunter d'Alquen. Dans son Journal, Goebbels donnait l'impression d'en être à l'origine en avril et mai 1940, alors que la décision de la créer avait déjà été prise dès le début du mois de mars par Himmler [66]. La collaboration n'en avait pas moins été harmonieuse à ses débuts. Ensemble avec Himmler, Goebbels était même intervenu pour prendre en août « une série de mesures de propagande pour la SS [67] ». L'appétit dévorant de l'Ordre noir a néanmoins bouleversé la donne initiale, posant un problème à Goebbels à partir de l'automne 1941. Profitant du dynamisme de la compagnie de correspondants de guerre SS qu'il avait instrumentalisée à cette fin, d'Alquen demandait tout simplement en septembre au ministre « de ne pas endiguer la propagande [de] la SS, mais de procéder selon le principe que celui qui livr[ait] la meilleure matière de propagande [devait] également se faire le plus souvent entendre dans la propagande ». S'il reconnaissait volontiers que ce point de vue privilégiant la qualité et l'efficacité avait « quelque chose de juste en soi », Goebbels ne pouvait agréer la demande renouvelée de d'Alquen en novembre d'accentuer la propagande pour les formations de la *Waffen-SS*. Son raisonnement se basait sur un constat aussi implacable que surprenant : « La SS représent[ait] seulement 5 % de l'ensemble des troupes combattantes à l'est » tandis que « sa propagande occup[ait] au moins 30 à 40 % dans la presse allemande et dans les journaux illustrés [68] ». La branche armée de l'Ordre noir commençait du reste à devenir un thème populaire à l'automne 1941, jusqu'à susciter l'intérêt d'un écrivain en vogue qui se proposait de publier un ouvrage « sur et pour la *Waffen-SS* [69] ». Goebbels s'est cependant refusé à promouvoir davantage la *Waffen-SS*, conscient qu'un favoritisme aussi excessif aurait à terme une influence néfaste sur le moral de l'armée, chose qui « ne [pouvait] être en aucun cas tolérée » dans la campagne militaire en cours. « Si les unités SS représentaient bien des formations d'élite » à ses yeux, Goebbels ne méconnaissait pas que c'était l'armée de terre qui devait « dans son ensemble porter le lourd fardeau de la campagne à l'est ». Aussi estimait-il que la situation n'était « pas tenable plus longtemps » et qu'il fallait désormais « en prendre équitablement considération dans la propagande » [70]. En décembre 1941, Goebbels a réitéré à d'Alquen l'ordre « de ne pas surenchérir et de ne pas exagérer la propagande présentant la *Waffen-SS* sur le front, car elle [allait] sinon perdre beaucoup de sympathie dans de larges couches de la population, avant tout au sein de l'armée de terre ». En d'autres termes, à faire cavalier seul, la SS jouait avec le feu en contribuant à jeter des ferments de désagrégation au sein de la société allemande et de ses forces armées. C'était en effet moins le souci d'équité qui conduisait Goebbels à s'opposer à d'Alquen que le danger de donner aux officiers de l'armée, déjà mal disposés envers la SS, « la meilleure possibilité de gagner aussi leurs soldats à [leur] point de vue [71] ». Ces recommandations étaient toutefois peine perdue. La propagande au bénéfice de la *Waffen-SS* a continué de plus belle au cours de l'hiver, notamment par le biais de la campagne de recrutement liée à l'accroissement de la « LSSAH » [72].

Avant d'aller plus loin, une mise au point apparaît nécessaire. Le fossé existant dès l'année 1941 entre le poids effectif de la *Waffen-SS* au sein des forces armées allemandes et sa représentation dans la presse exige en effet une explication. Comment la SS a-t-elle pu en arriver là ? Essentiellement pour quatre raisons, et il est intéressant de s'y arrêter, eu égard au rôle croissant qu'elles ont tenu dans ce succès. La première était liée à une différence d'approche éthique. Au départ, l'armée estimait indigne d'elle une telle propagande puisque c'était la nature même de sa fonction que de combattre. L'idée d'une participation commune à l'effort et au succès lui interdisait de distinguer de manière trop ostentatoire un individu ou une formation en particulier. À l'inverse, la

Reichsführung-SS n'a pas répugné à faire d'emblée usage d'une publicité tapageuse pour mettre ses troupes en valeur, jusqu'à émettre des exigences déguisées en souhaits au fil de la guerre. Il est à cet égard significatif que la première unité à avoir été nommée en tant que telle dans les communiqués de la *Wehrmacht* au cours du conflit ait été une formation SS (la « SS-Heimwehr Danzig »), et ce dès le 8 septembre 1939 [73].

La deuxième raison était liée à la volonté politique de mettre en avant Hitler et la NSDAP à travers les communiqués de la *Wehrmacht*. Une règle a pour cela joué un rôle essentiel. Elle consistait à faire état « des formations de l'armée de terre et de la *Waffen-SS* » dès lors qu'une unité SS se trouvait en jeu dans l'action évoquée, et cela indépendamment de son poids réel dans l'ordre de bataille allemand. Qu'une seule division SS soit présente au milieu d'une vingtaine d'autres de l'armée, et la formule a été appliquée à partir de la campagne des Balkans au printemps 1941 [74]. Ce qui était juste d'un point de vue factuel devenait objectivement tendancieux à travers cette formulation. Le déséquilibre ainsi provoqué avait pour corollaire de désavantager l'armée au profit « de la nouvelle troupe domestique du" Führer " [75] ». Ce déséquilibre n'a fait que s'accentuer avec l'expansion du nombre d'unités SS éparpillées sur tous les théâtres d'opérations à la fin de la guerre.

La troisième raison était due aux méthodes de travail révolutionnaires de la compagnie de Gunter d'Alquen. L'identification très forte au soldat du correspondant de guerre SS, tout autant que les liens créés entre ces correspondants et la formation à laquelle ils étaient attachés en permanence, ont logiquement suscité un investissement personnel et une prise de risques plus grands. À force d'audace, elles ont conduit les reporters SS à rendre compte des événements au cœur même de l'action. Naturellement, les médias allemands ont eu tendance à privilégier cette matière plus spectaculaire. Le résultat est apparu dès la campagne à l'ouest, tout entier condensé dans une édition de juin 1940 du journal illustré de Cologne. Cet organe de presse a fait sa « une » et consacré une double page « choc » aux combats d'une division SS dans le nord de la France. En couverture, la photo d'artilleurs antichars SS aux visages résolus et tendus vers l'action, agrémentée d'un titre accrocheur (« Au contact de l'ennemi »), donnait le ton du reportage figurant à l'intérieur. Celui-ci, rempli des fumées des explosions et saisissant la tension des combats, contrastait étrangement avec les autres reportages assimilant la progression allemande en France à une promenade militaire, avec notamment des défilés à Paris et à Verdun. Même de façon inconsciente, le message que le lecteur en retirait immanquablement était clair : il assimilait la *Waffen-SS* à une troupe de choc frayant la voie aux autres unités de l'armée [76]. Telle n'avait naturellement pas été la réalité. Reste que cet angle d'approche de la guerre plaisait. Couplé à l'activisme forcené manifesté par l'unité de Gunter d'Alquen, il a fait s'envoler les chiffres de publication. Dès 1940, 80 % des reportages écrits par les correspondants de guerre SS et soumis au ministère de la Propagande avaient trouvé preneur dans la presse allemande (282 sur 353). Avec un total de 1 716 parutions, chacun de ces textes avait été en moyenne publié six fois. Et cela n'était qu'un début. En 1942, le chiffre des parutions a en effet quadruplé pour atteindre près de 7 200. La diffusion des autres types de travaux des correspondants de guerre SS était à l'avenant, avec par exemple plus de 11 000 clichés publiés dans les organes de presse du Reich au cours des trois premières années de fonctionnement de l'unité SS. Ce sont néanmoins les films tournés par les reporters SS qui ont proportionnellement connu la plus large diffusion. Avec un total de 139 reportages, chacune des cinquante actualités hebdomadaires projetées en 1941 dans les salles de cinéma comportait en moyenne deux à trois passages sur la *Waffen-SS*. Même en 1942, époque à laquelle l'inactivité en France de deux (puis trois) divisions SS restreignait pourtant les possibilités de sujets intéressants, la SS a réussi le tour de force de placer encore en moyenne deux de ses réalisations par semaine (100 films au total) [77].

Pour expliquer une telle présence dans les médias, les stratèges en communication de la SS ont également bénéficié d'un avantage qui constituait tout autant une quatrième raison du succès : les troupes SS elles-mêmes. De fait, celles-ci représentaient un support de communication qui, pour plusieurs raisons, était facile à valoriser. La double rune SS était d'abord une symbolique efficace « dans son accumulation d'énergie et sa rapidité [78] ». Son esthétique épurée, comme son impact de force brutale qu'elle laissait dans l'imaginaire, correspondait parfaitement à l'idée que peut se faire la société civile d'une troupe en armes. Le « produit » que d'Alquen devait « vendre » au public allemand avait par ailleurs ceci d'avantageux qu'il était partiellement identifiable dans un climat général de censure militaire. Outre les runes et les insignes de grade distinctifs portés au col, l'uniforme camouflé était lui-même parfaitement reconnaissable. Par association d'idées, ces particularismes vestimentaires conduisaient à assimiler la troupe à une élite aux yeux de l'opinion, à l'instar des parachutistes allemands dont le casque, les bottes et la veste de saut les distinguaient du reste de la *Wehrmacht*.

Même s'ils n'ont pratiquement pas été cités jusqu'à l'été 1943 par la censure militaire, les patronymes des formations SS étaient également extrêmement avantageux. Associer la prise de Belgrade au nom de la division « Reich » avait ainsi une puissance bien plus évocatrice pour l'opinion publique que de parler de toute autre division anonyme de l'armée de terre – exception faite de l'unité « Großdeutschland »[79]. Le besoin d'identification éprouvé par le public était pourtant important. En mai 1943, la simple évocation de l'engagement de la division « Hermann Göring » en Afrique du Nord avait par exemple donné à la population allemande l'espoir que la tête de pont puisse encore être tenue[80].

En réalité, seule la « LSSAH » a véritablement bénéficié de cet avantage dans la première moitié du conflit. La participation de la « garde du Führer » à la campagne des Balkans a ainsi fait nominalement l'objet d'une couverture médiatique toute particulière[81]. Même à travers l'évocation des récipiendaires de hautes décorations militaires, la distinction a pu s'opérer. Une coupure de presse de l'*Illustrierter Beobachter* permet de comprendre tout de suite l'impact différent entre d'un côté un commandant SS « chef d'un régiment blindé dans la division blindée SS Leibstandarte SS Adolf Hitler », et de l'autre un capitaine de l'armée de terre « commandant de bataillon dans un régiment de grenadiers », un adjudant « chef de groupe dans un bataillon du génie » ou encore un caporal-chef « fusilier mitrailleur dans un régiment de chasseurs ». En lui-même, le qualificatif « SS » n'avait là que peu à voir dans cette identification. La remise d'une décoration à un capitaine SS « commandant de bataillon dans une brigade d'infanterie mécanisée SS » avait assurément aussi peu d'impact par manque d'un élément suffisant d'identification[82]. Aussi n'est-il guère surprenant d'apprendre que certains officiers SS, particulièrement mis en avant, étaient connus dans toute l'armée allemande, à l'image de Kurt Meyer, officier de la « LSSAH » et futur commandant de la 12ᵉ division SS, qui a par exemple eu droit à la « une » de l'*Illustrierter Beobachter* au printemps 1941, puis à celle de l'*Illustrierte Kölnische Zeitung* à l'automne suivant, alors qu'il n'était à l'époque qu'un simple commandant de bataillon [83]. Cette forte personnalisation trouve un autre exemple dans la diffusion en septembre 1942 d'une interview de « Sepp » Dietrich dans les actualités. Plusieurs centaines de commandants de division existaient comme lui dans l'armée allemande. Sa formation se trouvait qui plus est sur un théâtre d'opérations inactif. Que ce soit précisément son opinion qui ait été retenue et diffusée à cette époque démontrait précisément le potentiel d'identification de la *Waffen-SS* en général, et de la « LSSAH » en particulier [84].

Kharkov, victoire médiatique de la Waffen-SS

Le début de l'année 1943 marque indubitablement un tournant dans l'utilisation de l'image de la *Waffen-SS* à des fins de propagande. C'est en effet la première fois que le ministère de Goebbels s'est pleinement substitué à la *Reichsführung-SS* dans l'exploitation de cette image auprès de l'opinion publique. Comme souvent, plusieurs facteurs se sont conjugués pour aboutir à ce revirement. La crise de décembre 1941 entre Hitler et ses généraux avait déjà marqué une césure. Par la suite, plus aucune mention ne figure en effet dans le Journal de Goebbels sur une quelconque limitation de la représentation de la *Waffen-SS* dans les médias. Tout au contraire, le ministère de la Propagande a eu tendance à exploiter le sentiment de reconnaissance dont la *Waffen-SS* a joui auprès du public allemand au sortir de l'hiver 1941-1942, suite notamment à la campagne d'opinion orchestrée par Gunter d'Alquen [85]. Dès l'été 1942, les services of Goebbels ont commencé à voir en elle un recours destiné à apaiser les craintes d'une population anxieuse de voir la guerre se prolonger à l'est et craignant le spectre d'une lutte sur deux fronts [86]. Savoir qu'une partie des troupes SS avaient été transférées à l'ouest et que la « LSSAH » avait défilé à Paris avait tranquillisé l'opinion allemande, et cela autant que les articles de presse sur les fortifications du « mur de l'Atlantique ». Une partie du public ne s'en était toutefois pas laissé conter, y devinant clairement

« des cliquetis de sabre » visant à dissuader les Alliés occidentaux de débarquer à l'ouest [87]. Il n'en reste pas moins que, une fois projetées sur les écrans de cinéma, les images de l'interminable défilé motorisé et la vue de l'équipement flambant neuf de la « LSSAH » avaient effectivement rassuré la population en lui laissant « une impression étonnamment durable » [88].

En même temps, cette manière de présenter les unités SS dans les actualités confortait l'opinion dans l'idée qu'elles constituaient les réserves stratégiques du commandement allemand. Si elles n'étaient pas à proprement parler omniprésentes, la fréquente mention des troupes SS pouvait aisément laisser penser qu'elles étaient partout engagées là où le combat était décisif. De ce point de vue, il est remarquable que l'intérêt du public allemand ait pu se fixer dans les mêmes actualités sur le défilé de la « LSSAH » à Paris et sur les combats de la division « Wiking » sur le front de l'Est. L'un dans l'autre, l'image de troupes SS « pompiers du front » était petit à petit en train de se construire, alors même qu'un quart des troupes de campagne SS était paradoxalement au repos en France. À cette époque, les succès de la *Wehrmacht* ne permettaient toutefois pas d'aller plus loin. La chaleureuse poignée de main échangée sur les Champs-Élysées par Dietrich et le commandant en chef à l'ouest (von Rundstedt) avait été perçue comme le « symbole de la forte position allemande à l'ouest ». Et quoique impressionnant, le défilé de la « LSSAH » n'avait pas eu la même puissance évocatrice que les images montrant la progression des fantassins allemands à l'est. À l'apogée des succès de la *Wehrmacht*, l'infanterie de l'armée était encore considérée par la population comme « la garante de la victoire [89] ». De fait, c'était bel et bien l'idée que la propagande du Reich voulait transmettre à la population [90].

La chute de Stalingrad et l'effondrement des positions de l'Axe dans le secteur méridional du front de l'Est ont complètement bouleversé la donne. La *Wehrmacht* y connaissait là sa plus grave défaite de la guerre qu'aucun artifice de propagande ne pouvait travestir. Au sein du Reich, l'expérience était traumatisante pour l'opinion publique. Les doutes qui avaient commencé à l'assaillir depuis déjà plusieurs mois se trouvaient à présent fondés [91]. Tout en continuant à conserver la confiance de la population, l'armée avait désormais connu la défaite et ne paraissait plus être avec autant de certitude « la garante de la victoire ». L'institution vacillait sur son socle.

C'est dans ce cadre que s'est situé l'engagement du corps d'armée blindé SS dans la région de Kharkov. Deux facteurs ont été décisifs pour valoriser cette action. La reconquête de la ville ukrainienne à la mi-mars 1943 a tout d'abord répondu à la stabilisation tant attendue de la situation sur le front de l'Est. De ce point de vue, l'action du corps d'armée SS a été perçue par le public allemand à la fois comme une action salvatrice et comme une reprise en main de l'initiative stratégique [92]. Le succès de Kharkov répondait comme une revanche au désastre de Stalingrad en représentant l'« exemple de la dureté d'attaque allemande » – donc la preuve que la lame n'était pas émoussée [93]. Une frange de la population y a même vu sur le moment « le tournant de la Deuxième Guerre mondiale » [94].

Le deuxième facteur a été la volonté de Hitler de faire rejaillir la gloire sur les seules formations SS, et singulièrement sur la « LSSAH » de son fidèle Josef Dietrich. À cet égard, la bataille de Kharkov a représenté le point de bascule dans la manière de traiter la *Waffen-SS* dans la propagande du Reich. Les éléments précédemment mis en place l'avaient déjà préparée à ce rôle. Il ne manquait plus qu'une volonté politique clairement affirmée au plus haut niveau de l'État. C'était chose faite à la mi-mars avec la décision réitérée de Hitler à Goebbels de mettre désormais plus que jamais la SS en avant. Au « communiqué spécial » annonçant la reprise de la ville a succédé une véritable campagne de propagande ciblée exclusivement sur la *Waffen-SS*, avec la volonté délibérée de valoriser particulièrement Dietrich pour mieux rejeter dans l'ombre les autres généraux [95]. Ce faisant, Hitler favorisait une vision de l'histoire fort éloignée des événements réels. C'était délibérément omettre que le succès tactique du corps d'armée SS n'était que le fruit de la magistrale manœuvre stratégique du commandant du groupe d'armées « Sud » (von Manstein). C'était oublier également un peu vite que, dans l'obtention de cette victoire, le corps d'armée blindé SS avait été un rouage certes important, mais certainement pas unique au milieu des forces de l'armée [96]. Enfin, l'« invincibilité » des formations SS à laquelle laissait conclure cette vision faisait largement l'impasse sur le repli du corps d'armée SS et rejetait dans l'ombre son revers initial un mois plus tôt. Il est du reste révélateur que la *Waffen-SS* n'ait pas été associée à la perte de la ville à la mi-février, mais uniquement à sa reconquête à la mi-mars[97]. Valoriser l'action de la « LSSAH » de Dietrich, comme le voulait Hitler, était d'ailleurs une manière de faire oublier la désobéissance de Hausser qui avait évacué la ville, tout en lui faisant payer son acte d'insubordination.

À côté du succès militaire et de la volonté politique de valoriser l'action de la *Waffen-SS*, plusieurs éléments ont également facilité l'orchestration de cette campagne de propagande et ont garanti son succès auprès du public. Tout d'abord, et à l'instar de Stalingrad, la bataille s'est déroulée pour la possession d'un important centre urbain qui en a constitué le pivot. Contrairement à bon nombre d'engagements jusqu'alors présentés sur le front de l'Est et que le public allemand se plaignait de ne pouvoir localiser sur la carte, la population a donc pu aisément situer les combats en cours[98].

Les troupes SS elles-mêmes constituaient le second de ces facteurs, pas tant dans ce qu'elles représentaient que dans ce qu'elles donnaient à voir. L'opinion publique ne pouvait naturellement pas savoir que les formations SS à qui la propagande faisaient prendre la posture de « sauveurs du front » avaient bénéficié d'un séjour de six mois de repos à l'ouest, et cela pour au moins deux des trois divisions SS engagées. Pour une population ayant encore en souvenir les épreuves subies par ses soldats au cours de l'hiver précédent, les troupes SS offraient par ailleurs une vision extrêmement rassurante[99]. Voir les soldats SS chaudement vêtus, bien armés et abondamment pourvus en véhicules et en blindés au terme d'une période faste d'équipement ne pouvait qu'apaiser un public toujours soucieux de savoir dans quelles conditions luttaient ses troupes.

Une troisième clé du succès était liée au savoir-faire des correspondants de guerre SS. Les raisons de ce talent ont déjà été explicitées. Aussi n'est-il guère surprenant de lire que les actualités montrant les combats de rue dans la ville aient été à l'époque jugées comme les meilleures et les plus impressionnantes présentées depuis longtemps, unanimement perçues par le public « comme une magistrale performance du reportage de guerre » tout en lui fournissant une « expérience enthousiasmante du combat »[100]. Cette impression était d'autant plus importante que les actualités projetées dans les salles de cinéma représentaient le moyen d'information privilégié par la population. C'était en conséquence l'outil le plus efficace pour l'influencer [101]. La stabilisation du front et l'absence d'événements marquants dans les semaines suivantes ont au demeurant contribué à garder relativement longtemps le sujet d'actualité, permettant la diffusion de l'abondante matière recueillie par les correspondants de guerre SS [102].

Finalement, la projection de ces reportages chargés d'action marquait un changement de stratégie dans la communication du Reich. Huit mois auparavant, certains des responsables de la propagande répugnaient encore à l'idée de donner de la guerre une image trop périlleuse, et donc potentiellement coûteuse en vies humaines. Une telle présentation des combats était pour eux une source d'inquiétude supplémentaire pour la population, en particulier pour les mères et les épouses [103]. La proclamation d'une « guerre totale » a balayé ces réticences, faisant passer au goût du jour le style des correspondants de guerre SS.

Comme on l'aura deviné, la *Waffen-SS*, qui était déjà bien présente dans les actualités allemandes, est devenue un thème majeur de la propagande en vue de maintenir le moral de l'arrière. Elle était destinée à incarner au mieux le mot d'ordre sous-jacent de la propagande allemande du « Plus jamais de crise » *(Nie wieder Krise)* [104]. Ces troupes sont devenues un modèle d'abnégation pour la population, particulièrement à travers la division « Hitlerjugend », censée incarner l'esprit de sacrifice de la nation [105]. Et à défaut pour le Reich de pouvoir être à l'abri de nouvelles crises, les formations de la *Waffen-SS* étaient présentées comme les troupes les plus aptes à les surmonter. En somme, là où les unités de la *Waffen-SS* étaient engagées, le front « tenait ». Dans l'anxiété liée à l'attente du débarquement, les reportages des correspondants de guerre SS ont ainsi contribué à procurer au public allemand « une image apaisante de la situation [106] ».

La *Waffen-SS* n'a certes pas eu l'exclusivité d'un tel emploi : le « mur de l'Atlantique » et les armes de représailles ont été autant de supports destinés à soutenir le moral allemand à cette époque. Au demeurant, cette volonté d'apaiser l'opinion publique n'a pas été l'apanage du IIIe Reich. En fait, chaque nation en guerre a besoin de s'appuyer sur des éléments à la fois tangibles et subjectifs de confiance et de courage. La France de 1939 avait sa ligne Maginot.

L'Angleterre de 1940 a eu ses pilotes de la RAF. Plus tard, les autorités américaines ont très rapidement organisé une large publicité autour de la 101ᵉ division aéroportée pour sa défense héroïque de Bastogne en décembre 1944, et cela afin d'atténuer le choc d'un retour offensif allemand auprès de l'opinion publique, alors que personne ne l'attendait plus dans le camp allié [107]. Une telle politique destinée à placer quelques unités sous les feux de la rampe afin de détourner le regard d'une situation empirant sans cesse avait tout d'un numéro de prestidigitateur. Cet art consommé de la communication que les démocraties ont appliqué, la propagande du Dr Goebbels a su le porter à son sommet. De fait, les besoins étaient d'autant plus importants que les revers se multipliaient.

La Waffen-SS, *modèle social imposé à une société en guerre*

Circonscrire la *Waffen-SS* à ce simple rôle de propagande serait réducteur et reviendrait à ignorer une ambition beaucoup plus vaste de la direction du Reich dans la seconde moitié du conflit. On assiste en effet au cours de cette époque à une volonté politique croissante d'identification du corps social allemand aux troupes portant les valeurs de la NSDAP, et non plus à l'institution militaire nationale traditionnelle qu'était la *Wehrmacht*. En clair, la *Waffen-SS* est passée du statut de troupe de choc du parti à celui d'élite militaire du peuple allemand en armes.

Plusieurs éléments ont facilité cette évolution, à commencer par le souhait émis au début de 1943 par l'opinion de personnaliser davantage les actions et les combattants plongés dans l'anonymat de la censure militaire. Les articles de presse les mieux accueillis par le grand public étaient ceux vantant les mérites personnels des soldats allemands. La population en retirait en effet « un exemple et une confiance nouvelle dans la solidité à l'avant du front [108] ». De là avait découlé le souhait de la population de « faire ressortir la nature de combattant de quelques soldats [109] ». Ce sera chose faite à partir de l'été 1943 avec une identification accrue des troupes du Reich. Numéros, patronymes et commandants d'unité ont été de plus en plus fréquemment cités dans les communiqués de la *Wehrmacht*. Ce qui était auparavant l'exception est devenu une règle largement appliquée à la fin de la guerre. Là encore, la mesure a davantage servi les divisions de la *Waffen-SS* dont les patronymes étaient bien plus valorisants que d'anonymes numéros [110].

Parallèlement à ce besoin accru d'identification, la population manifestait également l'exigence d'actualités reflétant de manière encore plus réaliste les combats sur le front. Qu'un reporter de guerre SS ait commenté l'engagement de son unité « dans un langage sans fard » avait par exemple connu un grand succès à la radio à cette époque [111]. L'opinion publique était rejointe sur ce point par Goebbels, qui avait peu auparavant donné la consigne de désormais « décrire les choses telles qu'elles [étaient] [112] ». Cela a conduit à un partenariat objectif entre la *Reichsführung-SS* et le ministère de la Propagande du Reich. La capacité des correspondants de guerre SS à retranscrire une réalité moins aseptisée de la guerre (mais pas forcément sans une part de mise en scène) correspondait au raidissement recherché du corps social à qui « la guerre totale » avait été promise. Auréolée de ses victoires sans que soient dévoilés ses insuccès, la réputation de brutalité de la *Waffen-SS* auprès de la population allemande la désignait tout particulièrement pour être le support idéal de ce type de propagande, et cela même à travers la vie culturelle [113].

À côté de ces attentes plus ou moins spontanées du public, la volonté politique d'identification du corps social à la *Waffen-SS* apparaît surtout à travers la « socialisation » des récipiendaires des plus hautes distinctions militaires allemandes. Déjà, au début du conflit, le IIIe Reich n'avait pas réintroduit l'ordre « Pour le Mérite », uniquement réservé aux officiers. Dans sa volonté de briser les barrières sociales en établissant un lien étroit entre le « héros » et le peuple [114], il lui avait substitué la croix de chevalier de la croix de fer, remise pour faits d'armes indépendamment du grade de l'impétrant. Le fait que sur les 7 200 croix de chevalier attribuées pendant la guerre, près du quart des récipiendaires (23 %) aient été des sous-officiers ou des personnels du rang (contre 7 % de généraux et amiraux, mais 26 % de sous-lieutenants) révèle le caractère populaire de cette distinction [115].

En poursuivant cette politique, le régime a franchi un pas supplémentaire à la fin de 1942, par le biais d'une petite révolution culturelle qui s'est produite avant même que l'opinion publique allemande n'émette le souhait d'une plus grande personnalisation de ses combattants. Cette révolution culturelle est pourtant passée complètement inaperçue, et pour cause. D'apparence, elle était à vrai dire insignifiante. Jusqu'alors, les formulaires de proposition pour les prestigieuses décorations se limitaient, à côté du descriptif de l'action motivant la demande, à d'élémentaires renseignements d'état civil et de position militaire (grade, emploi, statut, décorations déjà obtenues ou éventuellement demandées, etc.)[116]. À partir de l'automne 1942, il a toutefois été demandé en sus la profession du candidat et celle de son père[117]. Cette modification avait de quoi surprendre. D'une part, elle intervenait au terme de la troisième année du conflit sans raison apparente. D'autre part, de tels renseignements professionnels n'avaient absolument aucun rapport avec le fait d'armes justifiant la proposition pour une décoration militaire. Naturellement, ce détail était loin d'être bénin. Il avait ceci d'important qu'il s'est retrouvé presque systématiquement dans la notice biographique destinée à la presse, détail que les journaux et revues ont naturellement fidèlement reproduit. Dès lors, on comprend mieux le rôle social joué par ces récipiendaires. Au-delà de la reconnaissance de leurs actions d'éclat, ils ont également eu pour vocation à renvoyer au peuple sa propre image, l'image de soldats issus de tous les milieux sociaux et combattant fraternellement au coude à coude sur le front. En somme, à la « communauté du peuple » *(Volksgemeinschaft)* répondait une « communauté de combat » *(Kampfgemeinschaft)* dont elle était issue.

Certes, cette modification concernait toutes les organisations armées du Reich. Reste que, de toutes, la *Waffen-SS* était le support idéal de cette réforme idéologique. Aux yeux du public, c'était tout d'abord très clairement une émanation de la NSDAP[118]. Fidèle ensuite à l'inspiration égalitaire que prônait le parti, la *Waffen-SS* n'avait pas hésité à proposer très tôt pour de hautes décorations des soldats de grades subalternes, que ce soit des sous-officiers ou même des personnels du rang[119]. Enfin, la *Waffen-SS* était bien plus intéressante pour le but politique poursuivi dans la mesure où son corps d'officiers, appelé par nature à recevoir plus fréquemment les décorations militaires les plus élevées en conduisant la troupe au feu, était issu d'horizons beaucoup plus variés, et donc plus représentatif de la société allemande, notamment en raison de la promotion d'individus issus des couches populaires et ne disposant pas forcément d'un niveau d'instruction élevé. Cela était particulièrement vrai dans la seconde moitié du conflit, c'est-à-dire au moment où cette politique a commencé à faire sentir ses effets au sein du corps des officiers supérieurs SS [120]. En somme, la *Waffen-SS* apparaissait à bien des égards comme l'organisation idoine pour véhiculer le message délivré par la propagande nationale-socialiste : le peuple pouvait aussi devenir une élite militaire en supplantant la caste militaire traditionnelle par son engagement total pour le Reich et son Führer. Ce n'était pas que des mots. Prise en tenaille entre la direction politique du Reich et une opinion publique manipulée, la *Wehrmacht* a effectivement été contrainte de céder sur le terrain social et de s'aligner sur la *Waffen-SS*. Ainsi, la carrière d'officier au sein de l'armée a été ouverte sans condition de diplôme scolaire précisément à l'automne 1942. La mesure a naturellement été populaire parmi les conscrits, et bon nombre y ont vu « l'application d'un point fondamental du parti [121] ».

Dans la pratique, cette réforme idéologique a été d'autant plus efficace qu'elle était insidieuse. Les articles de presse rapportant la remise de décorations le démontrent parfaitement. Auparavant, celles-ci se bornaient à évoquer l'action militaire pour laquelle les récipiendaires avaient été distingués, sans donner d'autre détail sur leur situation sociale [122]. Même dans l'hebdomadaire SS *Das Schwarze Korps*, un article étoffé sur deux colonnes rapportant les faits d'armes qui avaient valu la croix de chevalier à un officier de la division « Totenkopf » ne consacrait que quelques lignes finales à sa date et à son lieu de naissance, ainsi qu'à son inscription au parti et à son engagement dans la SS [123]. Dès le début de l'année 1943, la nature des articles s'est en revanche sensiblement modifiée. L'officier titulaire d'une nouvelle décoration était par exemple présenté comme le « fils du contremaître Adolf Sandig à Eppendorff ». Avant d'être « commandant de bataillon dans la division d'infanterie mécanisée " Leibstandarte SS Adolf Hitler " », il avait « tout d'abord appris le métier de fabriquant de pianos ». Membre de la SA en 1928 et de la SS en 1931, « il appart[enait] depuis mai 1933 à la " Leibstandarte SS Adolf Hitler " dans laquelle il avait été promu sous-lieutenant SS le 13 septembre 1936 » [124]. La promotion sociale et l'égalité des chances offertes par le national-socialisme se conjuguaient donc ici avec le modèle traditionnel de vertu militaire d'un État en guerre. C'est pourquoi cette propagande s'est particulièrement focalisée sur le corps des officiers supérieurs de la *Waffen-SS*, incarnant au mieux les effets de l'« ascenseur social » sous le IIIe Reich. En soi, cette présentation était bien anodine. Établie de manière quasi systématique et répétée au rythme croissant de la remise de ces décorations, elle a subrepticement forgé l'inconscient de toute une population [125]. Au demeurant, il semblerait même que le procédé ait été encore affiné au fil du temps. Dans le cas des officiers d'active SS qui pouvaient être assimilés par l'opinion à une nouvelle caste militaire, la notice de presse a préféré privilégier la manière dont certains avaient franchi les grades du rang avant d'être promus sous-officiers puis envoyés dans une école SS d'officiers [126].

Quelle que soit la présentation retenue, ces cadres de la *Waffen-SS* sont progressivement devenus les vecteurs presque exclusifs de cette propagande. À cet égard, ils ont fait l'objet d'une discrimination positive d'un régime prétendant abolir les anciens clivages sociaux. Le fait est particulièrement clair à partir de l'année 1944, époque à laquelle la presse nationale-socialiste n'a cessé de privilégier les récipiendaires de la *Waffen-SS* en rejetant ceux de l'armée de terre à l'arrière-plan [127]. Ces pratiques contrastaient naturellement avec celles en vigueur au début du conflit, même si, dès cette époque, la volonté de mettre en avant la *Waffen-SS* ne pouvait pas être ignorée [128]. Au passage, la presse du régime n'a pas hésité à complètement bouleverser l'ordre de préséance. Ayant obtenu tous deux la même décoration prestigieuse, le commandant de la « LSSAH » a reçu la première place en « une » du *Völkischer Beobachter* alors que le commandant du XXXIXe corps d'armée blindé, relégué au deuxième rang, lui était non seulement supérieur hiérarchiquement, mais surtout avait obtenu sa décoration deux jours avant lui. Bref, aucune raison objective n'avait conduit à procéder de la sorte, si ce n'est la politique intentionnelle de favoriser la « troupe du parti », et plus encore, dans ce cas précis, la « garde du Führer ». Ce procédé, visible pour qui voulait bien y prêter attention, n'était toutefois pas le plus retors. Sur le fond, la différence de traitement des deux articles était bien plus pernicieuse qu'elle ne le laissait supposer, même pour un lecteur attentif, mais non averti. L'officier de l'armée avait certes droit à un descriptif complet de son action, mais sans le moindre élément biographique autre que ses nom, prénom et grade. À longueur d'article sensiblement égale, l'officier SS avait eu droit pour sa part à un passage complet évoquant ses origines sociales modestes et son cursus scolaire, politique et militaire. Le résultat d'un tel décalage dans l'esprit du lecteur est facile à deviner. L'un était appelé à replonger immédiatement dans l'anonymat dont il avait été brièvement sorti pour se voir exprimer la reconnaissance nationale. Loin d'être une ombre fugitive, l'autre prenait en revanche corps dans l'inconscient du public. Ce dernier pouvait parfaitement l'identifier en tant que membre de la communauté du peuple et non comme représentant d'un corps socioprofessionnel dépourvu d'attache. La manipulation était d'autant plus admirable qu'elle passait complètement inaperçue [129].

Naturellement, la propagande du Reich a usé et abusé de cette image de la *Waffen-SS* présentée comme organisation militaire d'élite issue du peuple et dévouée comme lui à son Führer. Avec la multiplication des bombardements aériens alliés sur le Reich, le soldat SS est même devenu un modèle d'abnégation dont les sacrifices sur le front lui donnaient le droit moral de soutenir la population allemande meurtrie et d'exiger d'elle qu'elle tienne aussi et ne faiblisse pas dans l'épreuve. Dans une émission radiodiffusée le 20 août 1944 sur les ondes du Reich, l'un des commandants de régiment de la « LSSAH » exprimait ainsi le « sentiment général » de « la force d'élite du Führer » qui combattait « pour vous à la maison », faisant valoir que

> nous, sur le front, pouvons mieux que personne d'autre juger comment la patrie doit fortement souffrir de la terreur des attaques aériennes. En dépit de tout cela, ils ne peuvent à aucun moment perdre de vue la lutte héroïque de leurs soldats, en particulier les exploits surhumains de chacun des grenadiers anonymes [130].

À lui seul, Josef Dietrich a symbolisé cette propagande [131]. Tout dans le commandant de la « LSSAH » conduisait à en faire l'icône de cette politique, depuis ses origines modestes jusqu'à ses manières rustiques, en passant par une absence d'instruction scolaire poussée, une manière simple de s'exprimer et un engagement précoce en faveur du « Mouvement ». Cet engagement politique l'avait amené à être l'un des plus vieux compagnons politiques de Hitler et le chef de sa garde personnelle qu'il menait désormais au front tel un porte-étendard. De ce point de vue, le fait que Hitler qualifie

Dietrich de « Blücher du mouvement national-socialiste » en mars 1943 n'était absolument pas une coïncidence [132]. Le succès militaire de la « LSSAH » à Kharkov est en fait venu à point nommé pour conforter la révolution culturelle déjà amorcée depuis quelques mois. En ce sens, il est même possible d'affirmer que Hitler l'avait attendue avec une réelle impatience avant même que cette révolution ait commencé [133]. Le mouvement n'a fait du reste que s'amplifier. En décembre 1944, Hitler a envisagé de le nommer « maréchal du peuple » *(Volksmarschall)* en cas d'issue heureuse de la guerre pour le Reich. La possibilité évoquée par Goebbels de pouvoir ensuite exploiter cette « image de Blücher et de Wrangel » du régime national-socialiste laissait clairement apparaître l'ambition de Hitler. Au vu des personnages historiques cités (avec Wellington, le premier avait vaincu Napoléon à Waterloo ; le second était l'un des principaux généraux de l'armée blanche lors de la guerre civile russe), il s'agissait à n'en pas douter de créer après guerre une nouvelle aristocratie sociale qui aurait légitimé son nouveau rang par son rôle providentiel aux heures critiques du conflit. Le fait de confier à Dietrich « le poids principal du combat » dans les plans d'opération à la veille de l'offensive des Ardennes concourait justement à mieux pouvoir ensuite reconnaître ses mérites [134]. À travers lui, c'était tout autant l'image d'une élite militaire que celle d'une « communauté du front » issue de la « communauté du peuple » si chère aux idéologues du parti qui se dessinait [135]. La chose était d'autant plus aisée à réaliser que le public allemand attachait justement beaucoup d'importance à l'opinion des commandants du front [136]. La personnalisation à outrance de Dietrich comme chef de guerre et la description de ses liens simples, étroits et paternels avec le moindre de ses jeunes grenadiers SS au cœur de la bataille contribuaient en conséquence à ce que « l'histoire devien[ne] une légende [137] ». À ce titre, Dietrich intégrait la mystique nationale-socialiste mise en place à partir de l'été 1944 avec la levée en masse du peuple dans son sursaut salvateur. Au « maréchal du peuple » qu'il était en devenir correspondaient en effet les « divisions de grenadiers du peuple » *(Volksgrenadier-Divisionen)* et, finalement, la levée en masse à travers l'« assaut du peuple » *(Volkssturm)*. En ce sens, la mobilisation des dernières énergies au seuil de l'abîme voyait en même temps le triomphe de l'idéologie nationale-socialiste sur l'institution militaire du Reich.

Le phénomène le plus intéressant est que cette ambition politique se confondait paradoxalement avec celle qui avait valu à Ernst Röhm son élimination physique lors de la purge de juin 1934. Par d'autres méthodes que celles préconisées par l'aile prolétarienne de la NSDAP de l'époque, Hitler avait repris et appliqué à son compte un processus encore inachevé au moment de l'effondrement du Reich. À cette date, la pénétration profonde des idées nationales-socialistes au sein de la *Wehrmacht* d'une part, et l'émergence d'une jeune génération d'officiers assumant sans complexe les valeurs du régime d'autre part, avaient contribué à redonner à Hitler confiance dans l'outil militaire institutionnel. Les échecs à répétition des troupes SS, qui ne répondaient plus à l'idéal souhaité d'efficience militaire et idéologique sur les champs de bataille, ont achevé de rééquilibrer la balance au profit de la *Wehrmacht*, et ce dès la fin de décembre 1944[138]. À cette époque, la *Waffen-SS* avait toutefois largement rempli la fonction que le pouvoir lui avait assignée depuis 1942. Elle avait en effet puissamment contribué à détruire au sein de l'État les liens traditionnels de la nation avec son armée pour leur substituer le principe d'une communauté nationale-socialiste du peuple en armes.

SIXIÈME PARTIE

VALEUR MILITAIRE ET COMPORTEMENTS

27

Le niveau de l'instruction militaire

Une fois débarrassée des oripeaux dont l'ont parée pendant la guerre la *Reichsführung-SS* et le ministère de la Propagande, que reste-t-il de la valeur militaire tant vantée de la *Waffen-SS* ? Répondre à cette question n'est assurément pas simple, tant il est difficile de trouver des critères d'évaluation objectifs dans ce domaine si particulier qu'est la guerre. Aussi, avant d'aborder la valeur des troupes SS sur les champs de bataille, il n'est pas inutile d'évoquer le niveau de leur instruction. La performance d'une unité face à l'ennemi doit en effet beaucoup à la stratégie générale déployée par l'armée dont elle est une fraction, au rapport des forces en présence et à la fortune des armes. En somme, trop de facteurs viennent s'immiscer pour empêcher de se faire une idée précise de sa valeur professionnelle réelle. Faire abstraction des impondérables du champ de bataille permet donc une approche plus réaliste de la question. Aborder la question du niveau de l'instruction implique cependant un problème d'ordre méthodologique. En fait, ce niveau peut être considéré de deux manières. À l'échelle individuelle, il est encore possible de lui appliquer une classification binaire acquis/non-acquis dans le domaine des connaissances techniques. Il est nettement moins évident de trouver un critère aussi simple à l'échelle d'une unité. Celle-ci ne dispose en effet de sa valeur et de son efficience qu'à travers sa capacité à coordonner de manière efficace l'action de ses moyens humains et matériels. Dès lors, toute tentative d'appréciation est sujette à caution[1]. L'exercice sera néanmoins tenté ici en prenant soin de considérer les conditions qui ont prévalu lors de la mise sur pied des unités et des personnels des formations motorisées et blindées SS, en particulier les entraves, nombreuses en période de conflit.

L'INSTRUCTION INDIVIDUELLE DE BASE

Le niveau au début de la guerre

À la veille de la guerre, la formation militaire des personnels SS offrait bien des lacunes. L'instruction des membres de l'*Allgemeine-SS* qui allaient être mobilisés en grand nombre au sein de la division et des régiments « Totenkopf » était peu satisfaisante. Pour ces réservistes, il avait été très difficile d'interrompre sans compensation financière leur activité professionnelle afin de suivre les périodes d'entraînement, de sorte que seule la moitié des militants SS mobilisés dans la *Waffen-SS* en mars 1940 avaient déjà reçu une instruction militaire de base (10 701 sur 21 035)[2].

Les personnels d'active de la division « Totenkopf » – environ 30 % des effectifs – n'étaient pas forcément beaucoup mieux instruits. Au printemps 1939, les recrues incorporées dans les SS-TV depuis l'été 1937 n'avaient même pas encore reçu une formation militaire individuelle valable. Le service d'ordre assuré pendant les cérémonies du Reich, les engagements extérieurs (en Autriche et en Tchécoslovaquie), et plus encore le temps passé à la garde des camps n'avaient pas permis de mener à bien cette tâche élémentaire. L'important renouvellement des effectifs était également en cause. Au début de 1939, plus de la moitié des hommes du 1er régiment « Oberbayern » (55 %) étaient ainsi dans leur première année de service, 25 % étaient dans leur deuxième année et seulement 5 % dans leur troisième (les sous-officiers composaient les effectifs restants, soit 15 %). Pour l'essentiel, l'instruction s'était résumée à l'ordre serré. L'image de discipline renvoyée par la troupe pouvait certes faire illusion, mais cette apparence cachait une coquille vide et ne constituait en rien un gage d'efficience militaire[3]. À l'issue du baptême du feu de sa division en mai 1940, Eicke lui-même a bel et bien été obligé de reconnaître la faiblesse de l'instruction prodiguée dans les unités de dépôt « Totenkopf ». Aussi a-t-il personnellement sollicité des renforts issus de la SS-VT, demandant en outre que l'instruction dans ses formations de dépôt soit alignée sur les standards de celle-ci. Cet aveu était d'autant plus révélateur qu'il a indéniablement dû en coûter à Eicke de le reconnaître devant Jüttner et Himmler [4].

En comparaison, la SS-VT faisait alors figure de référence professionnelle au sein de l'Ordre noir. Cette troupe partait pourtant de loin. Seule la mise en place d'une inspection en 1936 avait permis de centraliser la formation dans ses rangs. Au printemps 1937, l'instruction avait été reprise du début et avait suivi un programme mené avec rigueur. Ce travail a porté ses fruits et, en 1938, la SS-VT a été autorisée à s'exercer à tirs réels lors des manœuvres sur les terrains de l'armée [5]. Certes rigoureux, le travail d'instruction n'en a pas moins pâti des importants mouvements de personnels qui ont accompagné l'accroissement des unités de la SS-VT avant guerre. Obligé de rendre des comptes sur le niveau jugé insuffisant de sa compagnie, un officier SS rappelait par exemple que 482 hommes étaient au total passés sous son commandement en 1938, et ce pour un effectif théorique de 206 personnels [6]. Avec l'expansion continue de la *Waffen-SS*, ce fait est demeuré un trait commun tout au long de la guerre, plus ou moins bien géré en fonction du rythme de développement imprimé par la *Reichsführung-SS*, des pertes et des délais d'instruction impartis.

Les fluctuations de la valeur combattante de la troupe

Quelle que soit la raison, chaque renouvellement important d'effectifs a logiquement entraîné une chute du niveau opérationnel au sein de la formation concernée. Même si elles étaient les plus spectaculaires, les pertes n'ont pas représenté l'unique motif de cette baisse. Cela s'est produit suite à la démobilisation massive des réservistes de la division « Totenkopf » après la campagne à l'ouest. En conséquence, 90% des personnels d'une compagnie antichars n'avaient par exemple pas encore eu l'occasion de tirer une seule fois avec leurs canons à la fin de l'année 1940 [7]. De leur côté, les 9e et 10e divisions SS ont eu particulièrement à souffrir des ponctions opérées à l'automne 1943 au profit des divisions « Das Reich », « Totenkopf », ainsi que des 16e et 17e divisions SS. La cession de l'un des six bataillons d'infanterie de la 9e division SS à la division « Das Reich » s'est ainsi répercutée sur les cinq autres, contraints de céder une partie de leurs personnels pour reconstituer l'encadrement du nouveau bataillon formé avec des recrues. Bref, par la cession d'un unique bataillon, c'est le niveau de toute l'infanterie divisionnaire qui a été temporairement affaibli [8]. Le même problème avait en son temps affecté la « Verfügungs-Division » à l'automne 1940, à cette différence près que cette formation, essentiellement composée de personnels d'active, disposait à l'époque d'une assise nettement plus forte pour détacher un tiers de ses effectifs à la division « Wiking ».

En temps de guerre, des impératifs de toute nature sont par ailleurs venus se surimposer pour perturber le cours de l'instruction, qu'il s'agisse de missions de surveillance en territoires occupés, d'édification de fortifications ou de transferts – y compris ceux limités au sein d'un même théâtre d'opérations [9]. Les actions contre les maquis, assimilées à de l'instruction par la hiérarchie militaire, n'ont pas forcément enchanté les formations SS désignées pour y participer. Celles-ci y ont surtout vu une perte de temps, à l'image de la 17ᵉ division SS qui s'en est ouverte en termes à peine voilés lorsqu'elle a reçu l'ordre de détacher hors de sa zone de cantonnement l'un de ses régiments pour une telle action [10].

Auparavant, les nécessités opérationnelles avaient déjà remis en cause la reconstitution de la division « Totenkopf ». Retirée du front de l'Est pour rejoindre la France à la fin de l'été 1942, elle avait alors incorporé un grand nombre de recrues pour combler ses rangs. L'invasion de la zone sud en novembre 1942, puis la mission de surveillance assignée par la suite sur la côte méditerranéenne ont complètement entravé leur instruction. Aussi l'ordre de rejoindre le front de l'Est a-t-il surpris la division dans une situation de totale impréparation à la fin de décembre 1942 : 60% des personnels plus ou moins fraîchement incorporés n'avaient pas reçu leur instruction militaire de base à cette date. Outre le fait d'être immédiatement libérée de sa mission de surveillance côtière, la division a certes obtenu un sursis d'environ un mois afin d'achever son instruction. Reste que, à la veille de son engagement à l'est, un quart des effectifs de la division disposaient d'une formation de seulement quatre semaines, ce qui était largement insuffisant. Cette situation n'avait pas évolué à la mi-avril, époque à laquelle la division « Totenkopf » continuait à être engagée en première ligne avec dans ses rangs 5 000 hommes qui avaient bien derrière eux leur baptême du feu, mais qui ne disposaient toujours que d'un mois de formation [11].

Le cas de la division « Totenkopf » est un extrême qui ne trouve guère d'équivalent à une telle échelle parmi les formations SS jusqu'en 1944. En 1942, les divisions « LSSAH » et « Das Reich » ont par exemple eu tout le loisir d'entraîner leurs personnels pendant les six mois de leur séjour en France, sans compter la période de repos dont elles avaient auparavant bénéficié au sein du Reich ou sur les arrières du front de l'Est. Ce n'est donc pas sans raison que le commandant de la « LSSAH » pouvait alors se targuer auprès de Hitler de pouvoir garder ses hommes six à huit mois à l'instruction avant de les intégrer dans sa division, puisqu'il n'en avait pas besoin [12]. Les formations SS constituées à l'ouest en 1943 ont bénéficié d'une période de mise sur pied tout aussi importante, d'au moins six mois pour la 17ᵉ division SS, et qui a pu s'étendre sur plus d'une année pour les 9ᵉ et 10ᵉ divisions SS. Celles-ci n'ont donc jamais été engagées sur le front sans disposer au préalable du délai nécessaire pour dispenser une solide instruction individuelle à leurs soldats. Sur le principe, et même en cas de crise, la politique poursuivie par le SS-FHA a précisément consisté à n'engager en opération que des recrues complètement formées, car sinon « celles-ci ne présent[ai]ent aucune force de combat [13] ». Tel n'a pas été forcément le cas pour d'autres unités de la *Wehrmacht*, à l'image de la majorité des divisions de campagne de la *Luftwaffe* qui ont été jetées sur le front au terme d'une brève période d'instruction à partir de la fin de l'année 1942 [14].

Le principe du SS-FHA a néanmoins commencé à être battu en brèche dès l'hiver 1943-1944. Certes, les lacunes dans l'instruction individuelle des personnels SS n'étaient pas nouvelles [15]. À l'aune de la documentation disponible, celles-ci semblent pourtant s'être multipliées à partir de cette époque. Dès lors, l'instruction a été extrêmement variable en fonction des contingents envoyés aux formations de campagne par le SS-FHA. Ainsi les renforts reçus au début de 1944 par les divisions « LSSAH » et « Das Reich » avaient un niveau d'instruction excessivement faible et des connaissances superficielles. Certaines recrues ont été envoyées sur le front sans même avoir eu l'occasion de s'entraîner convenablement au tir [16].

Que le point de bascule se soit situé à l'hiver 1943-1944 n'est naturellement pas le fruit du hasard. En fait, cette situation était intimement liée à la question du recrutement. En tendant l'arc plus que de raison dans le cadre d'une expansion mal calculée, Himmler avait atteint le point de rupture dans la politique de recrutement menée par Berger. La troupe payait notamment la décision de créer en octobre 1943 les deux divisions SS « de trop ». Les effectifs destinés à servir de « fonds de roulement » pour alimenter les unités du front étaient détournés dans les 16e et 17e divisions SS [17]. Par effet d'entraînement, toute la chaîne fonctionnait en flux tendu. L'envoi tardif et insuffisant des recrues dans les unités de dépôt contrôlées par le SS-FHA obligeait celui-ci à compresser les délais d'instruction afin de répondre aux appels pressants des formations du front. Les pertes de l'été 1944 n'ont pas contribué à améliorer la situation, à l'image des 6 000 adolescents de la Jeunesse hitlérienne prévus pour combler les pertes de la 12e division SS en Normandie. Les dix à douze semaines d'instruction initialement prévues pour eux à la fin de juin 1944 ont été réduites exactement de moitié. Dans certains cas, l'entraînement s'est seulement limité à quatre semaines, qui plus est entrecoupé par des déplacements. Les recrues SS elles-mêmes le jugeaient « pauvre » [18].

Une étude de cas :
les personnels de la 9ᵉ division blindée SS

Il ne fait guère de doute que le niveau individuel d'instruction des troupes SS, qui, jusqu'en 1944, avait pu être maintenu à un niveau honorable, voire excellent, s'est brusquement effondré dans les derniers mois du conflit. L'étude entreprise sur la 9e division blindée SS par les services de renseignements de la 1re armée américaine en 1945 le démontre amplement *(annexe 41, § a)*. Les personnels incorporés jusqu'en juillet 1944 avaient, dans l'ensemble, disposé d'une solide formation pour se servir des principales armes d'infanterie (seules des lacunes apparaissaient dans les techniques de combat au corps à corps, manifestement négligées dans l'ensemble des forces armées allemandes). Parmi ces hommes, les recrues de 1943 avaient bénéficié d'une instruction particulièrement soignée. Presque tous avaient été initiés au maniement du fusil-mitrailleur (l'arme d'infanterie de loin la plus efficace du champ de bataille), avec pour deux tiers d'entre eux la possibilité de s'entraîner au tir. Que l'on ait par ailleurs pris la peine d'expliquer à près de la moitié des hommes le fonctionnement d'une mitrailleuse lourde et que l'on ait pu instruire un individu sur cinq sur ce type d'arme était par contre un « luxe » rarement rencontré au sein des forces armées allemandes en guerre, surtout dans les dernières années du conflit. Pour en mesurer la portée, il suffit de se référer au programme d'entraînement d'un bataillon d'infanterie de la « LSSAH » à l'automne 1940. Avec des personnels d'active déjà entraînés et sans véritable pression de temps, les objectifs n'étaient pas supérieurs aux résultats effectifs atteints trois ans plus tard par la 9e division SS. Dans le cas de l'instruction pour servir un mortier, ils étaient même plus modestes [19].

Il convient néanmoins de relativiser ces chiffres. En effet, d'un simple point de vue technique, l'instruction aux armes prodiguée aux premières recrues de la division SS correspondait plus ou moins à celle du fantassin américain qui avait eu tout le loisir de s'entraîner aux États-Unis, puis en Grande-Bretagne [20]. Ce qui était un « luxe » à cette époque du côté allemand était la norme du côté allié. Dans le cas de la 9e division SS, ce « luxe » s'expliquait précisément par le temps d'instruction exceptionnellement long dont avaient bénéficié ses personnels, soit plus d'une année. De ce point de vue, leur formation s'est déroulée dans des conditions semblables à celles du temps de paix. Dans un certain sens, elles étaient même meilleures. La possibilité de lever ensemble des individus d'une même classe d'âge et de les entraîner au même rythme pendant une longue période n'aurait pratiquement pas été possible dans une armée traditionnelle du temps de paix. Cette très grande homogénéité dans la composition humaine et l'instruction d'une troupe de cette taille distinguait fondamentalement cette division (ainsi que les 10e et 12e constituées dans des conditions identiques en 1943) des autres troupes [21].

Ce niveau d'instruction individuel globalement excellent a radicalement changé au second semestre 1944. Parmi les hommes recrutés à partir de cette époque, le pourcentage de ceux initiés aux armes collectives de l'infanterie a chuté de manière drastique. Le fait le plus significatif était néanmoins la présence dans ce groupe d'une solide minorité (18 %) qui ne connaissait du fusil que ce que l'on avait bien voulu leur montrer ou leur expliquer. En d'autres termes, un homme sur six parmi les personnels recrutés après août 1944 a été engagé avec la division sur le front des Ardennes sans avoir jamais tiré un seul coup de fusil à l'entraînement ! Ces hommes, essentiellement des *Volksdeutsche*, provenaient du bataillon de dépôt et d'instruction de la 7ᵉ division de montagne SS basé à Gradisca, à une trentaine de kilomètres de Trieste. En l'occurrence, l'instruction au tir avait été annulée... à cause de la pluie ! Ramenés sur l'effectif global de l'échantillon (composé sans exception de grenadiers, de sapeurs ou d'éclaireurs), ils représentaient encore une poignée non négligeable d'individus (7 %) qui ne maîtrisaient pas l'arme fondamentale du combat d'infanterie. Même en prenant en compte la surreprésentation de ces hommes probablement peu motivés parmi les prisonniers capturés par les Alliés (facteur pourtant intégré par les services de renseignements américains dans le choix de l'échantillon de départ), ces chiffres étaient pour le moins surprenants et inquiétants. Surprenants, ils l'étaient pour une division qui avait disposé d'environ deux mois pour incorporer et instruire même sommairement ses renforts en vue d'un nouvel engagement, bien qu'il ne puisse être ignoré que certains d'entre eux avaient été intégrés au sein de la division juste avant leur capture en janvier 1945 [22]. Inquiétants, ces chiffres l'étaient aussi pour la division puisque son efficience sur le champ de bataille s'en trouvait ainsi clairement affectée.

À côté de l'effondrement du niveau d'instruction des soldats SS, celui des personnels de la 12ᵉ division de grenadiers du peuple apparaissait nettement plus régulier dans le temps *(annexe 41, § b)*. Là encore, les personnels incorporés sous les drapeaux en 1943 avaient généralement bénéficié d'une meilleure instruction, mais la différence était nettement moins flagrante avec ceux entrés au service avant et même après. On trouvait certes à partir de 1943 des individus qui n'avaient jamais tiré au fusil. Ils représentaient toutefois d'infimes proportions, soit 1 % de l'échantillon total. La valeur de l'instruction reçue dans les rangs de l'armée de terre ressortait en revanche dans l'instruction croissante aux armes antichars à disposition du fantassin (*Panzerschreck* et *Panzerfaust*). Cela trahissait une préparation réaliste aux conditions du champ de bataille avec un évident souci d'adaptation qui ne se retrouvait pas au sein de la division SS (il est difficile d'expliquer cette désaffection pour les armes d'infanterie antichars au sein de la formation SS, sinon qu'en tant que division blindée elle n'éprouvait pas les mêmes besoins que les divisions d'infanterie dépourvues de panzers et disposant d'un nombre plus réduit de canons antichars lourds).

Au final, les personnels de la 12ᵉ division de grenadiers du peuple présentaient globalement une bien meilleure instruction que ceux de la 9ᵉ division blindée SS, et cela sur pratiquement tous les types d'arme, à l'exception de la mitrailleuse où la qualité de l'instruction dispensée en 1943 au sein de la formation SS persistait à se faire sentir *(annexe 41, § c)*. Quoique moins bien formés, les fantassins de la 62ᵉ division de grenadiers du peuple n'avaient pas non plus à rougir de la comparaison avec la division blindée SS. Même avec une différence moins nette, le constat était identique. D'évidence, le mythe du guerrier SS surentraîné avait vécu au début de l'année 1945. Sur le plan individuel, le simple fantassin allemand tendait désormais à le dépasser par sa meilleure instruction. Sur le fond, cette situation sanctionnait avant tout l'échec d'une *Reichsführung-SS* bien incapable d'assumer ses ambitions.

Les spécialistes

Derrière ce terme générique se cachent bon nombre de formations spécialisées recouvrant les techniques d'armes, de conduite, de transmissions, ou celles de réparation et de maintenance dans les domaines les plus divers (mécanique, armurerie, transmissions, etc.). En raison de leur équipement, les formations motorisées ou blindées ont en effet éprouvé des besoins extrêmement importants en personnels disposant de qualifications techniques poussées. La transformation des divisions SS en formations blindées en 1942 a ainsi nécessité la conversion ou la spécialisation de nombreux effectifs [23]. D'eux dépendait largement le niveau opérationnel de l'unité – bien davantage qu'au sein d'une formation d'infanterie. Or, les engagements extrêmement sévères des divisions SS, particulièrement à l'est en 1941 et 1942, ont parfois obligé à mettre tout le monde sur la brèche, y compris ces spécialistes [24]. Quantitativement, les besoins étaient donc d'autant plus importants. Pour ne prendre que ce seul exemple, près de 1 100 personnels de la « LSSAH » se trouvaient en formation au sein du Reich lorsque la division s'est reconstituée en Belgique au 1ᵉʳ juin 1944, soit un peu plus de 5 % de l'effectif total [25].

Les transmissions

Généralement, les plaintes n'ont pas manqué sur le niveau des renforts fournis par les unités de dépôt SS. Parmi eux, les personnels de transmissions ont fait l'objet des critiques les plus régulières. Pour les spécialistes radio par exemple, la cadence de 60 lettres transmises à la minute a été une base réglementaire qui exigeait une pratique courante pour être atteinte [26]. Cela n'a pourtant pas été simple, et le cas du groupe de reconnaissance de la 10ᵉ division SS fournit une bonne illustration des problèmes posés aux unités :

> Du fait des cessions courantes de personnels des transmissions, en partie par mutation à l'unité de dépôt, appel de candidats en école d'officiers et exclusion de la troupe à cause de procédures judiciaires, 25 hommes du groupe de dépôt des transmissions d'Unna ont été incorporés en remplacement le 25 décembre 1943. Le niveau d'instruction de ces hommes était insuffisant et ceux-ci n'étaient pour cela en aucun cas opérationnels. [...] Sur des thèmes de formation générale, [...] seules des connaissances fragmentaires étaient acquises, voire même aucune. Cette situation a rendu indispensable de reprendre l'instruction depuis le début, d'autant que les renforts présentaient intellectuellement d'importantes faiblesses [27].

Dans ce cas précis, six semaines d'apprentissage ont été nécessaires pour obtenir un niveau satisfaisant, avec à la clé une cinquantaine d'exercices d'application sur le terrain afin de parfaire l'instruction. Or, la division avait déjà une année d'existence et se trouvait à la veille de son baptême du feu. Devoir reprendre l'instruction depuis le commencement au terme de l'année écoulée illustre la fragilité de l'édifice péniblement construit et rongé par les perpétuels mouvements de personnels.

L'exemple rappelle également la nécessité de disposer de personnels présentant de bonnes dispositions intellectuelles, ce qui manquait indéniablement aux individus issus des milieux ruraux que la SS a recruté de plus en plus massivement à partir de 1943. Un test d'aptitude mené sur un contingent composé à 90 % d'agriculteurs avait ainsi révélé que seuls 20 % des personnels étaient capables de suivre une formation de transmetteurs. Le niveau intellectuel était lacunaire pour 50 % du groupe et insuffisant pour les

30 % restants. Selon les critères préconisés par le règlement, 80 % des recrues n'auraient donc théoriquement pu prétendre suivre la formation. Dans ces conditions, il n'est pas étonnant que la 17e division SS se soit plainte lorsque ces hommes lui ont été affectés [28].

La maintenance et la conduite automobiles

Ces remarques étaient également valables pour les personnels en charge de la maintenance et de la conduite des véhicules. Quoique peu nombreuses, les informations relatives aux premiers n'en révèlent pas moins toutes les difficultés rencontrées par les formations SS pour disposer d'un nombre suffisant de mécaniciens qualifiés afin de maintenir en état le parc automobile d'une grande unité motorisée, et donc son potentiel de combat [29]. De leur côté, les chauffeurs représentaient par essence les chevilles ouvrières d'une formation motorisée – en mars 1939, les SS-TV avaient déjà eu l'occasion d'expérimenter ce qu'il en coûtait de disposer d'un nombre tout juste suffisant de chauffeurs lors de l'occupation de la Tchécoslovaquie [30]. Là encore, les transferts de personnels, la mise sur pied de nouvelles unités et les pertes ont régulièrement fait chuter le niveau de la troupe. À la division « Totenkopf » par exemple, près de 40 % des chauffeurs n'étaient pas encore formés à la fin décembre 1942, soit un mois avant son départ vers le front de l'Est [31]. Le manque était tout aussi problématique à cette même époque pour la constitution des 9e et 10e divisions SS. Pas moins de 12 000 conducteurs étaient d'un seul coup nécessaires, allant du motocycliste au conducteur d'engin blindé. Les écoles de conduite de la *Waffen-SS* ont certes tourné à plein régime, à l'image de celle d'Apeldoorn aux Pays-Bas. Les besoins requis excédaient toutefois de loin leurs capacités [32].

La pénurie de carburant s'y ajoutait. Ponctuelle jusqu'en 1942 [33], elle a pris des proportions considérables au cours des deux dernières années de la guerre. À partir de 1943, les rapports mensuels de situation des formations motorisées SS ont en effet répété comme une litanie le manque de carburant nécessaire à leur instruction [34]. Cela a conduit aux mesures d'économie les plus drastiques : utilisation des trajets de ravitaillement pour l'instruction des chauffeurs, emploi de vélos et de véhicules à gazogène pour les déplacements de service, usage restreint des véhicules lors des exercices, voire remorquage des engins blindés en convoi jusqu'à leur terrain de manœuvre par le tramway local [35]. Ces mesures d'économie ont naturellement porté atteinte au niveau des chauffeurs. Il est en effet difficile de penser pouvoir former correctement un pilote de motocyclette en huit jours avec un quota de 10 litres d'essence. Former tout aussi correctement en deux semaines un chauffeur de véhicule léger, celui d'un camion et celui d'un tracteur d'artillerie avec respectivement 30, 40 et 60 litres de carburant était tout aussi illusoire, compte tenu de la forte consommation des véhicules militaires [36]. En prévision de l'assaut allié, « une profonde amélioration » est pourtant survenue au printemps 1944 dans l'allocation de carburant aux unités blindées stationnées à l'ouest. Cela n'a toutefois pas servi à combler toutes les lacunes dans l'instruction des chauffeurs [37].

Cette opportunité qui a permis d'améliorer le niveau général des conducteurs à la veille du débarquement allié en Normandie ne s'est cependant plus représentée six mois plus tard, au moment de préparer la contre-offensive dans les Ardennes. La pénurie de carburant et de munitions a fortement limité l'instruction des équipages de chars. Au sein de la 6ᵉ armée blindée (SS), le temps de conduite des tankistes s'est trouvé réduit à quatre ou cinq heures. L'entraînement au tir d'une compagnie blindée de la division « Das Reich » s'est résumé à l'emploi des mitrailleuses de bord, mais il n'a pas été une seule fois fait usage du canon. Au total, les chars ne se sont déplacés que cinq ou six fois sur une distance de 60 à 70 mètres pour s'entraîner à engager de nouvelles cibles. Outre une instruction d'infanterie intensive, l'entraînement des tankistes s'est en fait essentiellement borné à la maintenance des chars, aux procédures d'ordre et à l'appréciation des distances [38].

Les répercussions opérationnelles des lacunes de l'instruction

Compte tenu de ces observations, il n'est guère surprenant de trouver de multiples références aux lacunes des formations SS dans leurs déplacements ou leurs exercices. Cela apparaît dès la fin de l'année 1940, lors du transfert de la « SS-Verfügungs-Division » des Pays-Bas vers la région de Vesoul en France. Organisé en trois étapes de 300 kilomètres en moyenne, ce déplacement a coûté trois tués, douze blessés graves et de nombreux blessés légers dans des accidents routiers. Pannes et accidents confondus, les pertes temporaires ou définitives en véhicules se sont élevées à 8 % du parc automobile divisionnaire [39]. La traversée des Vosges en période hivernale contribuait assurément à expliquer de telles pertes, mais pas plus que le niveau insuffisant d'instruction, en particulier du 11ᵉ régiment d'infanterie « Tête de mort » qui venait tout juste d'intégrer les rangs de la division en remplacement du régiment « Germania ». Le fait n'a pas manqué de se vérifier au mois de mars suivant, lors du transfert de la division vers les Balkans. Si la discipline de marche s'est considérablement améliorée au fil de l'itinéraire, la progression de la division n'a absolument rien eu de militaire les premiers jours. Les conditions climatiques extrêmement mauvaises n'étaient pas seules en cause pour expliquer les embouteillages, les retards et les accidents. Ayant eu à pâtir des erreurs de la division, l'armée s'est même émue des manquements aussi flagrants à la discipline de marche. Sommé de s'expliquer, Hausser s'est défendu en rapportant que sa division n'avait « plus progressé en grandes formations suite à un contingentement du carburant quatre mois durant », soulignant par ailleurs qu'« une grande partie des chauffeurs a[vait] seulement quelques exercices de conduite en formations – particulièrement chez les corps de troupe nouvellement mis sur pied [40] ».

De telles lacunes se retrouvent un an et demi plus tard en France. La « LSSAH » a peut-être pu faire impression lors de sa parade sur les Champs-Élysées à la fin de juillet 1942. Reste qu'en septembre une importante fraction de la division montrait de graves déficiences lors de son transfert en Normandie, révélant à quel point le défilé parisien destiné à impressionner les Anglo-Saxons avait en réalité été un cache-misère [41]. Le transfert de la division « Das Reich » de la région de Rennes à celle de Saint-Lô dans la nuit du 9 au 10 octobre 1942 s'est révélé tout aussi laborieux. Exécuté comme un exercice de progression motorisée, il a largement révélé les lacunes des conducteurs. Suite à une discipline de marche très insuffisante, des colonnes de véhicules se sont en partie disloquées. Peu habitués aux progressions nocturnes, les chauffeurs s'étaient souvent endormis. Au final, le transfert de 180 kilomètres s'est achevé au milieu de l'après-midi avec huit heures de retard par rapport à l'horaire prévu [42]. En opérations, et sous des conditions de menace aérienne empêchant toute progression diurne, ce retard aurait en fait été sanctionné par des pertes importantes ou par l'arrêt des mouvements jusqu'à la nuit suivante – le fait s'est vérifié à l'été 1944 avec le détachement antichar de la 12e division SS qui a de cette manière perdu un jour entier lors de sa montée au front. Du reste, lorsque cette dernière division s'est portée au-devant des troupes alliées débarquées le 6 juin 1944, la progression des chars a bien révélé « un bon niveau d'instruction des chauffeurs et des copilotes » (sans toutefois que ceux-ci respectent les distances entre les engins à l'apparition des avions alliés), mais les unités d'infanterie de la division n'ont pas fait preuve de la même tenue. Par manque d'instruction, les véhicules en panne sur la chaussée ont notamment entraîné des retards et ont rompu l'unité des colonnes le long des itinéraires [43].

Pour sa part, l'ordre édicté par le IIe corps d'armée blindé SS au printemps 1944, à l'issue du baptême du feu des 9e et 10e divisions SS en Galicie, démontrait également à quel point la discipline de marche des unités avait été mauvaise : non-respect des distances de sécurité en marche et à l'arrêt, insertion de véhicules isolés dans les convois, dépassements injustifiés de colonnes entières, stationnements inopportuns des convois, etc. La leçon a toutefois été retenue et a largement profité aux deux divisions lors de leur transfert vers la Normandie en juin 1944, jusqu'à empêcher les services de renseignements anglo-saxons de localiser précisément leur progression à travers la France, en dépit de reconnaissances aériennes intensives [44]. Cette possibilité de tirer profit de leur expérience n'a plus guère été donnée ensuite aux formations SS. Au printemps 1944, la division « Das Reich » montrait ainsi des faiblesses dans ses déplacements tactiques peu de jours avant le Débarquement [45]. Mais c'est surtout à l'issue de la contre-offensive dans les Ardennes que le faible niveau d'instruction des chauffeurs s'est révélé dans toute son ampleur. En dépit des facilités offertes par l'OKW afin d'accélérer le transfert de la 6e armée blindée (SS) vers la Hongrie, les quatre divisions blindées SS se sont révélées incapables d'accomplir les déplacements vers les gares d'embarquement dans les délais prévus [46].

Les facteurs pénalisant l'instruction

À l'instar de leurs homologues de la *Wehrmacht*, les spécialistes SS ont souvent été pénalisés dans leur instruction par l'arrivée tardive des matériels qui a entraîné une diminution drastique du temps de formation. Ce phénomène est véritablement apparu à la charnière des années 1942-1943. Tel a été le cas du IIe détachement blindé de la division « Das Reich » constitué en novembre 1942 à Pontfarcy (Calvados) avec les effectifs d'un bataillon du régiment rapide « Langemarck ». Les chauffeurs ont été instruits en Allemagne, les autres membres d'équipage en France. Tous les personnels ont finalement été amalgamés en janvier 1943 au camp de Coëtquidan (Morbihan). Les chars ne sont toutefois arrivés qu'au milieu du mois, soit deux semaines seulement avant que l'unité soit envoyée à l'est. Lorsque l'on songe au temps incompressible consacré au montage, au nettoyage et à l'ajustement des armements, l'entraînement n'a pu être mené que dans l'urgence [47].

Ces conditions se retrouvent deux années plus tard, à la veille, et même pendant la bataille de Normandie. Conjuguée à l'envoi tardif des matériels, la paralysie croissante des communications à l'ouest a conduit la plupart des unités qui y étaient stationnées à recevoir bon nombre de matériels dans les jours précédant et suivant le Débarquement. Certes, les engins déjà reçus avaient permis d'entraîner auparavant les équipages. Aussi, lorsque les derniers véhicules sont arrivés, ces unités n'ont pas trop pâti des délais extrêmement réduits qui leur ont été laissés [48]. Reste que la formation à une plus large échelle que celle de la section ou de la compagnie a bien souvent été rendue impossible.

En tout état de cause, le front a toujours primé sur l'instruction. Alors qu'il estimait, début juin 1944, ne pas pouvoir être opérationnel avant le 15 juillet, le 102e groupe de chars lourds SS avait déjà rejoint la Normandie depuis près d'une semaine à cette date [49]. L'expérience du détachement antichar de la 12e division blindé SS est également très révélatrice de la manière avec laquelle des troupes ont été jetées dans la bataille sitôt équipées. Mise sur pied en Belgique en février 1944, l'unité n'a longtemps disposé que de deux seuls engins récupérés dans le Protectorat de Bohême-Moravie. En fait, il lui a fallu attendre le 24 mai pour voir arriver les dix premiers blindés, après quatre semaines perdues dans les transports. Encore les engins étaient-ils livrés sans pièces de rechange ni freins de bouche, ce qui a incité dans un premier temps la division à interdire les exercices de tir par mesure de sécurité. Après bien des aléas, l'une des compagnies a reçu l'ordre de monter au front au soir du 6 juillet. Le matin même, les équipages avaient effectué leur second et dernier exercice de tir avec la possibilité de tirer seulement cinq obus par engin. Au demeurant, le même processus s'est immédiatement répété avec la deuxième compagnie. Pour sa part, la troisième a été mise en marche vers le front avant même de percevoir ses pièces antichars qui sont arrivées directement de Paris. Les jeunes artilleurs SS les ont récupérées à la fin de juillet à une quinzaine de kilomètres à l'arrière du front[50]. Un tel équipement de dernière minute s'est reproduit à la fin de l'année, que ce soit au sein des divisions de la 6e armée blindée (SS), ou plus encore au moment de reconstituer la 17e division SS à la veille de l'offensive en Lorraine (opération « Nordwind »), avec toutes les conséquences sur leur valeur opérationnelle[51].

L'ENCADREMENT

Niveau au début du conflit

Aborder la valeur militaire du corps des officiers de la *Waffen-SS* n'est guère aisé en raison de son hétérogénéité[52]. Quelques tendances peuvent néanmoins être dessinées à grands traits. Pour le groupe initial des officiers supérieurs et généraux de la SS-VT d'avant guerre, le niveau d'instruction répondait globalement aux normes de l'armée dont ils étaient pour la plupart issus soit comme officiers, soit comme sous-officiers. En cela, leurs profils professionnels ne se distinguaient guère de ceux de l'armée de terre[53]. On trouvait toutefois parmi eux des individus réfractaires à une instruction tactique poussée. La manière dont quatre des dix commandants de bataillon de la « LSSAH » et de la SS-VT se sont fait porter pâle en juin 1937, justement au moment de passer leur grand oral devant l'inspecteur de la SS-VT, était révélatrice de ce refus. Cela s'est naturellement répercuté sur leur valeur professionnelle[54].

Au sein des SS-TV, la situation était bien moins brillante. Le nombre d'anciens officiers de l'armée y était nettement plus réduit. La plupart des cadres appelés en octobre 1939 à occuper des fonctions de commandement supérieur au sein de la division « Totenkopf » étaient d'anciens sous-officiers de l'armée, Theodor Eicke en tête. Le fait était particulièrement frappant au sein de l'infanterie divisionnaire. Eicke pouvait bien se targuer du fait que 92 % des officiers de la division « Totenkopf » étaient des personnels d'active, ce statut ne correspondait en rien à un quelconque niveau professionnel, en dehors des jeunes cadres passés par le moule des écoles SS d'officiers [55]. Ainsi, ce n'est pas avant l'automne 1940 que le commandant d'un bataillon d'infanterie a suivi une session d'instruction pour son poste, soit un an après son entrée en fonction et après la campagne à l'ouest [56]. Par ailleurs, comment ne pas faire un lien entre le faible niveau de compétences professionnelles et le laisser-aller d'au moins une partie de l'encadrement avant guerre. Outre qu'ils permettent de jeter une lumière crue sur le panier de crabes que pouvaient être les SS-TV, les cas de beuveries ou d'alcoolisme chez les officiers en service démontrent que les formations de garde du monde concentrationnaire n'avaient pas plus le caractère que le statut d'une troupe militaire [57].

Quant aux régiments « Tête de mort » mobilisés à l'automne 1939, leurs officiers supérieurs étaient à l'image de ceux d'une troupe territoriale, mélange de cadres d'active mal notés et de réservistes de l'*Allgemeine-SS* pouvant se prévaloir d'une expérience militaire au cours de la Grande Guerre et d'une formation d'officier subalterne, mais pas de celle d'officier supérieur. À défaut d'être très doué et d'être enclin à faire des efforts pour apprendre, l'un d'eux avait l'avantage d'être « SS de longue date et national-socialiste prêt à l'engagement [58] ». Dans ces régiments de réserve, la situation semblait finalement meilleure parmi les cadres subalternes dont une proportion relativement importante était passée par les écoles SS d'officiers [59].

La sélection par « le tamis du front » et ses conséquences

Au cours du conflit, les particularismes de la SS dans la gestion de son encadrement se sont naturellement répercutés sur sa valeur professionnelle. L'ouverture de la carrière d'officier à des hommes ne disposant pas d'un important bagage scolaire était une première caractéristique [60]. Afin de promouvoir des sous-officiers qui avaient largement fait leur preuve au front mais qui, en raison de leur niveau de culture générale insuffisant, ne pouvaient accéder au rang d'officier, le SS-FHA a d'ailleurs décidé d'instituer des cours de rattrapage dans des domaines d'instruction élémentaires (calcul, histoire, allemand, éveil, etc.). Parallèlement à la politique de promotion sociale de l'Ordre noir, le SS-FHA avait entrepris cette démarche dans le souci de ne pas perdre ce « précieux matériel [61] ».

Même chez les officiers ayant eu l'opportunité de faire des études supérieures, la personnalité a toujours primé sur le savoir au sein de la SS. Il est assez révélateur de lire à cet égard l'appréciation faite de Theodor Wisch en novembre 1935, à l'issue d'une session de formation à l'école d'infanterie de l'armée de terre. Jugé comme une « personnalité particulièrement pleine de valeur du point de vue du caractère et du soldat », il avait visiblement impressionné ses instructeurs. Toutefois, ses connaissances tactiques étaient si faibles qu'il n'a dû qu'à son seul charisme de pouvoir commander une compagnie. La formation qui lui avait été prodiguée pendant ces deux mois n'avait en effet pas permis de rattraper son retard initial [62]. Grâce à la politique de promotion interne, Wisch a néanmoins fini par prendre, à l'été 1943, la tête de la « LSSAH » (devenue entre-temps une division) après y être entré comme adjudant en mars 1933.

Généralement, la promotion au feu a été la règle parmi ces anciennes formations de la SS. Plus que pour leurs connaissances théoriques, ces hommes ont été distingués sur le champ de bataille pour leur esprit d'initiative, leur sens tactique, leur courage personnel, mais aussi parce qu'ils ont eu la chance de sortir vivants et pas trop abîmés des combats. Selon Himmler, c'était précisément la leçon tirée par la SS de l'expérience de la guerre : « Celui qui restait en vie devenait meilleur [63]. » Mais apprendre « sur le tas » avait aussi ses inconvénients, en particulier les pertes induites. Après quatre années de guerre, le corps des officiers supérieurs des divisions SS était bien sûr aguerri, mais aussi marqué par les batailles. En 1944 – cinquième année de la guerre –, bon nombre d'officiers supérieurs à la tête d'une unité de mêlée étaient ainsi des individus plus ou moins physiquement diminués, souvent plusieurs fois blessés au front et/ou suite à un accident – quatre ou cinq fois en moyenne au vu des dossiers personnels consultés. Fondamentalement, l'inestimable expérience acquise par ces hommes sur les champs de bataille prévalait encore sur les séquelles physiques laissées par leurs blessures. En revanche, les séquelles neurologiques posaient véritablement des problèmes pour des individus amenés à prendre des décisions rapides sous la pression des événements et en état de fatigue. En mai 1944, un officier a par exemple pris la tête d'un bataillon d'infanterie de la 17e division SS, certes riche d'une longue expérience des combats, mais après avoir été six fois blessé, dont une fois au crâne, ce qui lui causait « des maux de tête, de l'insomnie, de la nervosité [64] ».

La dégradation de l'état sanitaire de ces hommes s'est particulièrement fait sentir dans la dernière année de la guerre. Elle explique la multiplication des défaillances nerveuses et physiques sur le champ de bataille. Des cas s'étaient certes produits dès la campagne à l'ouest en 1940, mais ils avaient touché des hommes d'âge mûr [65]. Tout autre a été la situation dans la seconde moitié du conflit où les défaillances individuelles ont aussi bien concerné les quinquagénaires que de jeunes trentenaires prématurément usés par les combats. Après trois blessures au front, dix-huit fractures et trois commotions cérébrales, une figure aussi emblématique que le commandant de la 12e division SS (Kurt Meyer) s'est physiquement et psychiquement effondrée à la fin de la bataille de Normandie, au moment décisif de la percée de la poche de Falaise. Une année auparavant, il avait déjà été victime d'un malaise alors qu'il prononçait un discours devant les jeunes recrues de son régiment à l'instruction [66]. Le commandant du régiment blindé de la « LSSAH » tout comme le commandant de la division « Totenkopf » figurent aussi parmi les trentenaires ayant eu à souffrir de divers maux ou défaillances nerveuses en 1944. Dans le cas du premier, ces difficultés ont eu des conséquences sur le combat de son unité [67]. Les commandants des deux corps d'armée blindés SS en Normandie (Dietrich et Bittrich), nettement plus âgés, n'ont pas pu assurer normalement leurs fonctions au début du mois d'août à cause de leurs problèmes de santé. Le second avait d'ailleurs déjà été victime d'un malaise cardiaque au printemps 1944 en Galicie [68]. Toujours aux petits soins pour ses généraux, la *Reichsführung-SS* a tenté de prévenir dans la mesure du possible ces défaillances, offrant à certains d'entre eux la possibilité de se refaire une santé grâce à une cure [69].

L'épuisement des ressources d'encadrement

L'exploitation aussi intensive du potentiel de ces hommes en 1944, en dépit de leurs séquelles, trahissait une réelle pénurie de cadres qualifiés. La rupture s'était située au début de l'année 1943, au moment du virage amorcé dans l'expansion exponentielle de la *Waffen-SS*. Jusqu'en 1942, les écoles d'officiers et de sous-officiers SS avaient servi à reclasser plus ou moins temporairement les cadres blessés sur le front. La solution était doublement avantageuse. À travers leur enseignement, ces hommes diffusaient aux élèves leurs récentes expériences des combats. En retour, leur période de convalescence conduisait ces cadres à consolider leurs propres connaissances tactiques en les amenant à organiser et à rafraîchir leurs connaissances théoriques avant de les transmettre à leur auditoire. L'occasion leur était ainsi offerte de se remettre à niveau, de combler d'éventuelles lacunes et d'approfondir leurs connaissances techniques – en bref, de progresser. Ces périodes de repos forcé entre deux engagements étaient donc largement optimisées. Cet emploi était particulièrement évident au sein de la division « Reich ». C'était en fait un lien presque naturel hérité de la SS-VT d'avant guerre. En juin 1942, la division a ainsi largement puisé dans le vivier de cadres expérimentés en convalescence dans les écoles SS d'officiers pour reconstituer l'ossature de son commandement sans trop perdre de sa valeur, y récupérant entre autres cinq commandants de bataillon [70]. La création *ex nihilo* des 9e et 10e divisions SS a toutefois complètement bouleversé cette pratique féconde. De fait, lorsque le SS-FHA a derechef puisé dans ses écoles et ses unités de dépôt pour constituer l'ossature de ces deux divisions au début de 1943, il a contribué à les vider encore davantage de leur substance. Après avoir cédé leurs meilleurs éléments l'année précédente, ces écoles et ces unités de dépôt n'étaient au demeurant plus en mesure de fournir à si brève échéance des cadres compétents. Les bulletins d'appréciation des officiers supérieurs des deux nouvelles divisions trahissent ainsi la difficulté de la *Reichsführung-SS* à nommer à ces postes des officiers de la même trempe que ceux des premières formations SS. Les lacunes professionnelles ont commencé à y prendre une ampleur jusque-là inconnue. D'évidence, tous n'étaient pas de l'étoffe voulue, provoquant une chute très sensible du niveau moyen que quelques fortes personnalités ne parvenaient pas à masquer.

Les conséquences d'une (trop) rapide promotion de l'encadrement

Suite à cette rupture, la valeur professionnelle des cadres SS est devenue extrêmement aléatoire, surtout au sein des nouvelles divisions. Les promotions ont alors commencé à constituer chaque fois autant d'audacieux paris sur l'avenir. Cela a logiquement induit des résultats très disparates, le pire côtoyant le meilleur. Le résultat de la politique de reconversion des cadres d'une arme à une autre en fournit une bonne illustration. En théorie, ces passerelles développées par la SS pour faciliter la promotion de ses officiers étaient avantageuses. L'officier concerné disposait ainsi presque naturellement d'une meilleure culture interarmes qui faisait précisément défaut aux élèves officiers SS après le raccourcissement de leur scolarité pendant la guerre [71]. Dans les faits, les choix opérés se sont révélés plus ou moins heureux, pouvant tout aussi bien conduire au succès qu'à un échec complet [72]. En tout état de cause, il a souvent fallu de longs mois d'adaptation à des individus venus d'horizons si différents pour maîtriser les compétences inhérentes à leur nouvel emploi. Autrement dit, ils ont acquis la maturité nécessaire pour occuper leur poste non pas avant, mais *après* leur nomination. L'évolution de l'un de ces officiers était à cet égard très significative :

> M. a des dispositions supérieures à la moyenne. Il se donne beaucoup de peine à satisfaire aux exigences comme commandant de bataillon, mais a besoin de directives. En raison de ses emplois variés (aide de camp du *Reichsleiter* Bormann, chef d'inspection à l'école d'officiers de « Braunschweig »), il a pu fortement élargir sa formation générale. En raison de ces affectations, il lui manque pourtant l'expérience pratique de la troupe et du front. Dans l'exécution et la conduite du service, il est en partie trop indulgent. En tant que jeune chef de bataillon, M. s'y est toutefois entendu pour amener son bataillon à un niveau d'instruction moyen avec des chefs de compagnie inaptes. Avec un soutien et un encouragement suivis, il promet de remplir pleinement sa fonction de service [73].

Onze mois plus tard et avec son baptême du feu à la tête du bataillon derrière lui, les lacunes décelées au début étaient désormais comblées :

> Avec application et compétence, il s'est approprié en l'espace de peu de temps l'expérience de la troupe qui lui manquait encore, et il dispose aussi maintenant des connaissances pratiques fondamentales, de telle sorte qu'il remplit pleinement et totalement sa fonction de service comme commandant de bataillon. Il a avant tout prouvé par un courage personnel au

combat qu'il peut conduire un bataillon avec discernement tactique, circonspection et fougue [74].

Au total, plus d'une année avait été nécessaire à ce jeune officier pour accomplir sa métamorphose. Ce phénomène explique la durée de « gestation » extrêmement longue des 9e et 10e divisions SS. Non seulement ces longs mois d'instruction ont permis aux jeunes recrues de dix-huit ans d'achever leur croissance et d'acquérir l'endurance qui leur faisait défaut [75], mais leurs cadres ont eu aussi besoin de temps pour s'adapter à des fonctions qu'ils n'étaient pas prêts à assumer à l'origine. Himmler était parfaitement conscient de ce problème, reconnaissant que, en étant par exemple obligé de « donner une compagnie à un individu de 21 ans, il était parfaitement clair qu'il n'a[vait] pas la maturité et la qualité qu['il] exige[ait] habituellement d'un chef de compagnie dans la *Waffen-SS* [76] ». Dès lors, on comprend tout l'intérêt de la *Reichsführung-SS* à voir engager ces deux divisions le plus tard possible. Même parfaitement équipées à l'été 1943, il est douteux qu'elles aient pu faire bonne figure à cette époque dans un combat exigeant des qualités manœuvrières. L'absence d'un corps d'officiers et de sous-officiers instruits avait d'ailleurs tôt fait d'être remarquée par l'armée au printemps 1943. L'analyse n'avait pas changé à l'été suivant, date à laquelle la 9e division SS était entre autres « malade [...] d'une mauvaise occupation de ses postes d'officiers [77] ».

Chez les sous-officiers, le niveau n'était alors globalement pas plus brillant. Originaires d'horizons très différents, ces hommes étaient de valeur très disparate. Sur un total d'environ 6 000 prévus pour les 9e et 10e divisions SS, seuls un peu plus de 1 000 provenaient des unités d'active de la *Waffen-SS* ou sortaient directement des écoles SS de sous-officiers. Un tiers étaient des gradés de la police sélectionnés pour suivre une formation de six semaines. La moitié restante se composait de réservistes de l'*Allgemeine-SS*, de douaniers, de cadres du RAD et de jeunes recrues du régiment d'instruction de Prague avec sept mois de service. Les premiers rapports établissaient un constat sans fard, qualifiant de « mauvais » le niveau général de ces sous-officiers, tout particulièrement ceux issus de la police [78].

Quoique pour des raisons différentes, la situation n'était guère meilleure à la 12e division SS. Son encadrement s'y distinguait par son étroite filiation avec la « LSSAH », gage de sa grande homogénéité. Mais là aussi, des effets néfastes commençaient à résulter de la rapide promotion de l'encadrement par voie interne. Des officiers ayant fait leurs preuves à des échelons subalternes ont été poussés en avant sans toujours posséder les capacités, la maturité ou le caractère nécessaires pour occuper de manière satisfaisante leurs nouveaux postes. Personnalité et expérience de la guerre étaient les deux critères de promotion. La compétence technique autre qu'empirique était reléguée derrière le tempérament de l'individu [79]. Ce faisant, la SS tendait à négliger de plus en plus les dispositions intellectuelles de ces officiers au fur et à mesure de leur rapide progression dans la hiérarchie. À terme, le risque était réel, d'autant plus que cette politique ne prenait pas suffisamment en compte la transformation de ces divisions en formations blindées. Quelles que soient ses qualités intrinsèques, c'était beaucoup demander à un individu de penser à la fois à un échelon tactique supérieur et dans un cadre différent. Enfin, il leur fallait non seulement s'adapter et assimiler leur nouveau savoir, mais aussi le transmettre à leurs subordonnés. En effet, c'était à ces commandants de régiment et de bataillon qu'échoyait la charge d'instruire les officiers placés sous leurs ordres [80].

Les conséquences n'ont pas manqué d'apparaître au grand jour sur le champ de bataille, y compris à travers des lacunes anodines en apparence mais qui trahissaient des insuffisances élémentaires et diablement pénalisantes (complète insuffisance dans la désignation des objectifs chez les uns, difficulté de transmettre des messages clairs autrement que par téléphone chez les autres, etc.) [81]. Au final, comme pour les 9ᵉ et 10ᵉ divisions SS, le processus a le plus souvent réussi avec la 12ᵉ division SS, mais en exigeant plus de temps que nécessaire, et naturellement sans toujours déboucher sur le succès escompté dans les délais impartis, comme le révélait par exemple le bulletin d'appréciation du commandant du régiment d'artillerie de la 12ᵉ division SS :

> A fait ses preuves devant l'ennemi comme chef de batterie et commandant de groupe. En tant que commandant du 12ᵉ régiment d'artillerie blindée SS « HJ » sur le front d'Invasion, pas totalement à la hauteur de ses missions. Trop lent et trop peu manœuvrier. Perd rapidement la vue d'ensemble. [...] Pas encore apte comme commandant d'un régiment d'artillerie

blindée, mais pourrait être dans la situation de mener un régiment d'artillerie hippomobile [82].

L'appréciation était certes sévère. Fondamentalement, elle sanctionnait toutefois moins l'échec personnel d'un individu que celui d'une politique de promotions rapides qui ne lui avait pas laissé le temps de mûrir et de maîtriser complètement l'ensemble des compétences requises aux échelons inférieurs. En cela, ce constat recoupait celui du commandant du groupement blindé Ouest. Avec quatre divisions blindées SS sous ses ordres lors de la bataille de Normandie, il avait eu l'occasion de relever chez elles l'absence d'un corps d'officiers solidement instruits avec, en conséquence, des insuffisances au combat dans la coordination interarmes. De ce point de vue, les divisions blindées de l'armée se distinguaient en disposant encore d'un bon corps d'officiers à cette époque de la guerre. Le niveau des cadres SS se rapprochait par contre de celui rencontré parmi les officiers servant au sein des divisions d'infanterie du *Heer* [83].

Les officiers d'état-major

L'absence d'un corps étoffé d'officiers brevetés d'état-major a constitué un lourd fardeau pour la *Waffen-SS*, en particulier dans le cadre de la politique d'expansion initiée par la *Reichsführung-SS*. Le fait a encore été aggravé par la multiplication des corps d'armée SS à partir de l'été 1943. L'apport proportionnellement considérable de l'armée n'a jamais pu compenser les besoins dans ce domaine [84]. Un tel corps d'officiers est pourtant déterminant pour la valeur d'une Grande Unité. Le travail d'état-major requiert une intelligence tactique, une culture interarmes et des talents d'organisation qui, à l'instar des qualités nécessaires aux commandants de troupe, ne s'improvisent pas. Là encore, une lente maturation est nécessaire avant de parvenir à un résultat satisfaisant. Au sein de la *Wehrmacht*, c'était du reste le socle traditionnel hérité de l'armée impériale. Alternant avec des stages pratiques en états-majors et en corps de troupe (appartenant à des armes différentes), la formation à ces postes demeurait toujours aussi soignée en dépit des conditions de guerre. Ensemble, le cursus préparatoire et la formation en école s'étalaient sur neuf mois [85]. Là encore, cette durée s'accommodait mal avec le rythme de croissance imposé par la *Reichsführung-SS*, d'autant plus que les premiers officiers SS envoyés suivre cette formation ne l'ont pas été avant 1940, en vertu du décret du 18 mai 1939 [86]. L'égoïsme des unités rechignant à céder leurs cadres était également en cause. Ici aussi, le manque d'officiers jouait contre la *Reichsführung-SS* dans la mesure où elle ne garantissait pas « en général » le remplacement des officiers cédés pour cette formation. Le point d'exclamation fait en marge de ce paragraphe sur l'exemplaire de la circulaire envoyé à la division « Das Reich » résume en lui-même parfaitement la réaction des unités et leur réticence à se défaire d'un seul cadre alors qu'elles en manquaient déjà [87].

D'autres considérations expliquaient également cette pénurie, à la fois de nature idéologique et prosaïque. Érigée en institution, la caste des officiers d'état-major de l'armée représentait par son élitisme conservateur tout ce à quoi s'opposait Hitler et, *a fortiori*, Himmler, pour qui la race primait sur l'intelligence [88]. La manière de nommer certains officiers SS à des postes d'état-major en déclarant qu'ils étaient « qualifiés par leur compétence » pour leurs fonctions était symptomatique de cet aveuglement. Idéologiquement, la formation d'état-major n'était donc pas très populaire dans les rangs de la *Waffen-SS*. Culturellement non plus. Cette tendance était en effet renforcée par la plus grande difficulté pour obtenir une prestigieuse décoration militaire comme officier d'état-major que comme officier de troupe. Il s'agissait clairement d'une discrimination volontaire du régime à l'encontre d'une caste honnie. En dépit du rôle essentiel joué par un chef d'état-major, la connotation intellectuelle de sa tâche s'opposait à la personnalité du chef sachant entraîner ses hommes avec fougue, valeur que le national-socialisme voulait promouvoir. Dès lors, les mérites d'un officier d'état-major n'étaient guère considérés et encore moins récompensés. Le chef d'état-major du VIe corps d'armée SS s'est ainsi vu refuser sa décoration par Himmler sous prétexte que son action à l'est à l'été 1944 avait été « une évidence pour un chef d'état-major [89] ». Eu égard à l'importance des distinctions militaires et au prestige indubitable qu'elles conféraient au sein du Reich, cette discrimination n'encourageait pas les vocations.

Le résultat de tous ces facteurs cumulés était édifiant à l'été 1944. Seuls les postes de chefs d'état-major des corps d'armée SS étaient tous occupés par des officiers dûment qualifiés – une situation pour beaucoup redevable à l'armée. En dépit de cette aide, un tiers des autres postes d'état-major (opérations, logistique, renseignements) n'étaient pas occupés par des officiers brevetés au sein des 7 corps d'armée et des 21 divisions SS au 1er août 1944. Censés être la « vitrine » de la *Waffen-SS*, les divisions et corps d'armée blindés qui représentaient l'élite militarisée SS ne se différenciaient en rien sur ce point des autres formations de l'Ordre noir [90].

Les formations SS ont naturellement payé cher la désinvolture et l'aversion de leur *Reichsführung* à l'endroit des officiers d'état-major. En parvenant le plus souvent à accoler un officier des opérations breveté aux divisionnaires (17 sur 21 en août 1944), l'essentiel a pu être sauvegardé au cours des combats. Cela n'a toutefois pas empêché de grossières erreurs, telle l'absence simultanée d'un divisionnaire et de son chef d'état-major partis ensemble reconnaître des positions. Une division se trouvait alors privée de commandement, comme cela est arrivé au moins deux fois lors de la bataille de Normandie (dans l'un de ces deux cas, le divisionnaire a été mis hors de combat) [91].

D'un autre côté, l'expérience ne remplaçait pas l'instruction. Un exercice sur carte exécuté par l'état-major de la division « Das Reich » en août 1942 l'a amplement démontré. Chargé d'organiser le plan d'opérations pour repousser une éventuelle attaque alliée dans le secteur de Lorient, il a complètement failli à sa tâche. En conséquence, la critique qui a suivi l'exercice a tourné à la flagellation. Le commandant du corps d'armée blindé SS n'a pu que dénoncer les (lourdes) erreurs tactiques commises, certaines relevant de la faute d'appréciation caractérisée : mauvais choix des itinéraires d'approche, absence de liaison avec les autres unités engagées, absence de reconnaissance, mauvaise utilisation des moyens, mauvais déploiement des organes de commandement, mauvais choix de l'objectif, et finalement erreur dans la rédaction de l'ordre d'attaque. Le fait que ce soit Paul Hausser qui ait ainsi pointé du doigt toutes ces lacunes, et non un général de la *Wehrmacht* (également présent à l'exercice, le commandant de la 7e armée n'a fait que confirmer les propos de Hausser), démontrait que cette sévérité n'avait rien de partisan [92]. En fait, cet incident était le reflet de toute une culture. Quatre mois plus tard en effet, Hausser dénonçait ce dédain affiché par les officiers SS vis-à-vis des exercices sur carte :

> Un certain dégoût de l'individu envers leur pratique est indéniable. Elle est injustifiée. Il est impensable que des exercices sur carte échouent à l'occasion ; même de cela on apprendra encore [...] [93].

Que Hausser n'ait pas ou peu été entendu ne fait aucun doute. Cette culture de mépris envers la théorie était trop solidement enracinée parmi la jeune génération d'officiers SS, davantage orientée vers l'action que vers la réflexion, et qui commençait justement à accéder aux postes de responsabilité au sein des états-majors. En avril 1943, à l'issue de la bataille de Kharkov, Hausser en était encore à rappeler cette évidence que « cela prenait du temps » de préparer convenablement les attaques, notamment pour assurer une bonne coordination interarmes et pour établir une base d'appui feu [94]. Cette apostrophe au commandement de la division « Das Reich » était d'autant plus symbolique qu'il s'agissait de la plus ancienne division SS, héritière de la SS-VT d'avant guerre, et à ce titre réputée pour son plus grand professionnalisme – la situation semblait effectivement pire à la « LSSAH » [95]. En fait, l'attaque frontale était encore « trop préférée » au printemps 1943, au détriment de manœuvres tactiques plus élaborées (attaque sur les flancs, contournement et prise à revers, attaque nocturne, etc.) qui étaient pour leur part « trop rarement menées ». Même lorsque aucune alternative ne se présentait à l'attaque frontale, le corps d'armée blindé SS insistait sur la nécessité d'établir « un *Schwerpunkt* clair [96] ». Le rappel de telles évidences dans la quatrième année de guerre donnait pour le moins à réfléchir sur le niveau de connaissance tactique des officiers SS. Au demeurant, l'état-major du corps d'armée SS n'était pas non plus exempt de tout reproche sur ce point, en raison notamment de sa décision très controversée de s'emparer de Kharkov par de longs et coûteux combats urbains en mars 1943 [97].

À l'ouest, cette absence de prévoyance et de talent d'organisation des états-majors SS n'est peut-être jamais mieux apparue qu'à l'heure où les troupes allemandes en retraite ont franchi la Seine en août 1944. De fait, les responsables du génie au sein des états-majors des deux corps d'armée blindés SS ont complètement échoué à préparer en temps opportun le franchissement du fleuve. Ce défaut d'organisation était largement dû à la nomination à ces postes d'état-major d'officiers de troupe à la bravoure incontestable, mais dont les capacités intellectuelles ne correspondaient pas aux compétences requises. Leurs insuffisances ont coûté des pertes en hommes, et plus encore en matériels et en véhicules [98].

Niveau global de l'instruction aux heures décisives du conflit

D'un point de vue purement technique, le niveau d'instruction d'une formation militaire, et par là sa valeur professionnelle, ne se bornent pas au niveau de l'une ou l'autre de ses composantes, mais dans la bonne combinaison de l'ensemble. Or, une Grande Unité militaire – *a fortiori* une formation motorisée ou blindée – met en jeu des rouages techniques complexes exigeant une somme de compétences que le conflit tend à épuiser. Aussi la valeur de l'instruction n'est jamais égale dans le temps, connaissant de très larges variations à l'échelle de chaque unité. Seul un bilan à intervalles réguliers permet donc d'aborder la question.

La Waffen-SS *à l'école de la guerre sur le front de l'Est*

Faute de sources, il est bien difficile de se faire une opinion du niveau réel d'instruction des formations de la *Waffen-SS* au début de la guerre, même si l'on devine qu'il était insuffisant lors de la campagne de Pologne [99]. Il faut en fait attendre l'année 1942 pour se forger une véritable opinion à ce sujet, notamment à travers les analyses et les bilans tirés par les unités de la division « Reich » au terme de leurs dix mois de combats menés à l'est. Sollicités par le commandement de la division, ces rapports avaient pour but d'orienter l'instruction à la lumière des expériences passées et des lacunes décelées [100]. Leur lecture montre à quel point les Allemands ont appris des Soviétiques. En effet, sur le plan tactique, le soldat russe présentait individuellement d'excellentes qualités de combattant. En revanche, l'absence d'un commandement de qualité (conséquence des purges staliniennes qui avaient frappé l'Armée rouge avant guerre) a permis aux Allemands de s'adapter sans que leurs fautes leur en cuisent trop. En somme, l'invasion de l'URSS a permis aux forces armées du Reich d'améliorer considérablement leur valeur professionnelle face à un adversaire certes coriace, mais très mal manœuvré. Auparavant, les premières victoires remportées au début de la guerre avaient surtout été le fruit d'une supériorité matérielle ou stratégique. La part des troupes dans ces succès, sans être naturellement négligeable, s'était surtout bornée à une exécution efficace et dynamique des ordres.

Si les débuts de la campagne à l'est n'ont pas été fondamentalement différents, les vastes étendues et les conditions climatiques de la fin de l'année ont néanmoins eu raison de la pseudo-stratégie de « guerre éclair »[101]. Surtout, et comme cela transparaît clairement dans les rapports de la division « Reich » au printemps 1942, le soldat allemand est redevenu le pivot de la bataille. Le terrain comme le combattant soviétique l'ont contraint à s'adapter à une guerre qu'il n'avait pas jusqu'ici éprouvée : une guerre rude, impitoyable, transposée à une échelle inconnue dans des domaines d'espace et de temps jusque-là soigneusement évités. Il lui manquait pour cela une instruction poussée dans des domaines pourtant essentiels du combat d'infanterie : engagement en forêt ou de nuit, capacité de se camoufler et de se retrancher rapidement, maintien d'une très stricte discipline de feu. Savoir enfin tout simplement prendre son temps pour scruter le terrain afin d'y repérer un adversaire bien dissimulé, plutôt que de jeter pour la forme un bref coup d'œil dans les jumelles avant de faire retentir l'ordre « en marche ! »[102].

Les succès engrangés contre l'Armée rouge, quoique bien réels, étaient eux-mêmes à relativiser. Les soldats SS avaient surtout eu à repousser les attaques frontales de masses de fantassins invariablement lancées contre les mêmes positions en hurlant. Ces attaques s'étaient certes achevées par un bain de sang sous le feu des mitrailleuses allemandes. Mais fondamentalement, ce genre de succès relevait davantage du courage et du sang-froid que de la supériorité professionnelle, comme le reconnaissait du reste un officier SS qui résumait cela à « une question de munitions » et à « une question de nerfs ». De telles attaques n'en avaient pas moins laissé une impression marquante aux troupes SS, et le même officier n'avait pu s'empêcher de signaler que « le hurlement " Hurra " au cours d'une attaque agi[ssai]t sûrement sur les Russes exactement comme le hurlement " Urrä " des Russes sur nous ». Aussi avait-il préconisé d'y recourir[103]. C'était justement ce à quoi d'autres officiers SS plus lucides tentaient de s'opposer :

> Il ne doit plus se produire d'attaques en meute [*Angriffhetzen*] comme elles ont été courantes dans les campagnes précédentes, et encore aussi au début de la campagne russe [104].

De fait, cet aveu trahissait l'amateurisme suicidaire parfois relevé chez les troupes SS au début du conflit, à l'image des fantassins de la « LSSAH » se lançant en masse à l'assaut des positions britanniques à Wormhout en mai 1940, « dans certains cas épaule contre épaule », encouragés par les cris « *Heil* Hitler ! » [105]. À l'été 1941, un officier de l'armée avait encore perfidement demandé si, au vu du coût humain payé par la « Totenkopf » lors des assauts, ceux-ci étaient « entrepris dans la division SS de manière organisée et avec une préparation d'artillerie, ou si on attaquait toujours avec des " hourras " [106] ». Même dans les rangs SS, d'aucuns rappelaient que trop d'hommes avaient couru à la mort, « seulement pour qu'une paire d'idiots aient ainsi raison [107] ».

Sur le fond, le soldat SS a donc énormément appris de son homologue soviétique. Il n'est d'ailleurs que de lire les différentes directives sur l'instruction des recrues pour s'en convaincre. Plusieurs fois citées en exemple, les capacités d'adaptation, l'habileté et l'endurance du soldat russe ont constitué un modèle pour le commandement SS, en dépit d'une certaine réticence psychologique à s'y référer [108]. Pour le combat au corps à corps, le SS-FHA ne s'est d'ailleurs pas privé de reprendre directement les notices d'instruction soviétiques pour les diffuser dans les écoles d'encadrement et les unités de dépôt SS [109]. De la même façon, l'introduction à grande échelle de tireurs d'élite au sein des troupes SS et la mise en place d'un ambitieux programme d'instruction pour les former découlaient directement des premiers mois de la guerre à l'est. Dans les combats défensifs menés sur tous les fronts dans la seconde moitié de la guerre, les unités SS ont largement recueilli les fruits de ces efforts (16 GI abattus à bref intervalle dans le secteur d'une seule compagnie de la 17ᵉ division SS à l'été 1944 par exemple) [110].

La campagne à l'est a ainsi indubitablement contribué à transformer la *Waffen-SS*. Elle a obligé une troupe jeune et pour le moins enthousiaste, mais peu expérimentée, à se remettre en question et à devenir une armée plus aguerrie et professionnelle. En somme, elle l'a conduite à éviter les gaspillages inutiles. Les comportements irréfléchis que la relative brièveté des premières campagnes de la guerre avait tolérés n'étaient plus permis face à la durée et à l'âpreté des engagements contre l'Armée rouge – du moins si les unités voulaient assurer leur pérennité dans le cadre d'une guerre au terme incertain. En 1942, les plus anciennes des divisions SS avaient encore pu être retirées exsangues du champ de bataille pour panser leurs plaies, mais une telle opportunité n'était pas garantie par la suite. Surtout, à l'heure du bilan, certains cadres SS ont réellement commencé à prendre conscience du gâchis et de l'impossibilité de poursuivre longtemps dans cette voie. Une sorte de conversion s'est alors produite avec la prise en compte du coût humain des opérations mal conduites. Le fait était particulièrement évident chez certains officiers de la division « Das Reich », mais nettement moins à la division « Totenkopf » (où Theodor Eicke s'obstinait toujours à engager son artillerie en première ligne) et à la « LSSAH » (où les pénétrations à la hussarde dans les lignes soviétiques avaient encore cours) [111]. Quoi qu'il en soit, le commandement SS va prôner l'économie des troupes en s'appropriant les fondamentaux de la guerre moderne : creuser, se dissimuler et employer à bon escient les moyens humains et matériels lors des assauts vont devenir autant de *leitmotiv* au sein du corps d'armée blindé SS. La réorganisation structurelle ou organique des formations SS participait de la même démarche, avec d'une part l'acquisition de la cuirasse et la recrudescence de la puissance de feu en 1942, et d'autre part la réduction des effectifs mis en jeu au sein de chaque compagnie d'infanterie au printemps 1943 [112].

1943 : l'apogée

D'un point de vue professionnel, la transformation des plus anciennes divisions SS en formations blindées a posé de nouveaux problèmes d'adaptation. Au vu de son encadrement aguerri et de sa longue période de repos en France, la division « Das Reich » pouvait à bien des égards apparaître sur le papier comme « une des meilleures formations » au moment de son départ à l'est en janvier 1943 [113]. Faute d'avoir toutefois une réelle expérience dans ce domaine presque entièrement nouveau pour elle, il lui en a coûté pour s'y adapter sur les champs de bataille. Aussi, le niveau des divisions du corps d'armée blindé SS n'a certainement pas atteint son degré le plus élevé à l'issue de leur reconstitution en France en 1942, mais après leur baptême du feu à l'est en tant que formations de panzers. L'apprentissage ne s'est pas en effet accompli sans douleur. Lors de la bataille de Kharkov par exemple, le régiment blindé de la division « Das Reich » a été contraint de saboter trente chars (l'équivalent de deux compagnies), manifestement suite à une erreur de manœuvre [114]. L'année suivante, après avoir mené cette fois à la bataille les 9ᵉ et 10ᵉ divisions blindées SS pour leur baptême du feu en Galicie, Hausser rappelait à Himmler cette évidence que « les tankistes apprennent seulement au combat [115] ». Même ainsi, ces deux formations ne présentaient pas encore « la même qualité que les autres » à l'été 1944 en Normandie [116].

De l'autre côté, les choses n'étaient pas demeurées en l'état. À leur retour sur le front de l'Est au début de 1943, les trois divisions du corps d'armée blindé SS ont en l'occurrence découvert une situation qui avait sensiblement évolué. Les troupes allemandes n'avaient pas été les seules à apprendre de leur adversaire. Le commandement soviétique faisait désormais montre de qualités manœuvrières. En conséquence, le ton des rapports a évolué dès le printemps 1943. L'époque n'était plus en effet aux assauts de fantassins soviétiques jetés en masses compactes sous le feu des mitrailleuses allemandes. Devenue plus souple, l'Armée rouge acculait le commandement allemand à faire désormais preuve d'une plus grande finesse [117]. Les troupes SS avaient cependant elles-mêmes largement eu le temps de compléter et d'élever leur niveau en comblant leurs lacunes. Aussi leurs rapports ultérieurs n'ont plus eu le caractère d'une remise en cause de leur instruction, mais plutôt celui de mises à jour des méthodes de combat des uns et des autres. Un rapport d'expérience de la division « Das Reich » au printemps 1944 est révélateur de cet apprentissage mutuel. D'un côté, les Soviétiques n'attaquaient plus avec des blindés isolés mais avec des masses compactes de chars. De l'autre, les Allemands ont imité l'Armée rouge en ne disséminant plus leurs canons antichars à l'arrière des lignes, mais en les rassemblant en points d'appui directement sur le front. En somme, les uns et les autres avaient appris à regrouper leurs forces. De fait, c'était tout le concept de défense antichar allemand qui était révisé, avec un gain d'efficacité dont les Anglo-Saxons ont largement pâti en Normandie [118].

À la veille de la bataille de Normandie

Si l'on prend en compte que le Reich se trouvait déjà dans sa cinquième année de guerre, le niveau des formations blindées SS était globalement bon au printemps 1944, même si derrière le niveau général se cachaient bien des disparités. Chez celles qui allaient avoir à combattre en Normandie, on trouvait deux profils distincts : d'un côté les formations anciennes de retour du front de l'Est – expérimentées mais éprouvées –, de l'autre les divisions constituées l'année précédente – fraîches mais peu ou pas aguerries. La valeur intrinsèque de chacune de ces divisions transcendait toutefois ces deux catégories. Pour deux d'entre elles (9ᵉ et 10ᵉ), l'absence initiale d'autorité compétente pour superviser véritablement leur instruction en tant que formations rapides s'était cruellement fait sentir. Jusqu'à l'entrée en fonction effective du général des troupes blindées « Ouest » au début du second semestre 1943, leur instruction avait été conduite par une hiérarchie mouvante et non qualifiée. À l'instar des autres formations blindées à l'ouest à cette date, elles n'avaient donc pas répondu aux exigences de cette arme, avec une exécution bien trop lente des manœuvres à l'exercice [119]. Une fois relevée, leur valeur s'était encore améliorée par une première expérience du combat sur le front de l'Est au printemps 1944.

Pour les 2ᵉ et 12ᵉ divisions SS, cela avait vraiment été une question de semaines, voire de jours, pour les voir atteindre un niveau opérationnel à peu près satisfaisant, comme cela ressortait très clairement d'une inspection de Guderian menée du 28 avril au 9 mai 1944. Même si la valeur de la troupe « jeune et dynamique » était indéniable, la nouvelle division « Hitlerjugend » avait à cette date encore besoin de poursuivre son instruction à l'échelle des détachements tactiques interarmes. Il manquait « encore partout d'expérience dans la conduite de l'unité ». Par ailleurs, « les moyens de transmissions du commandement et l'ensemble de la chaîne de transmissions [n'avaient] pas encore été mis en jeu », ce qui apparaissait « absolument nécessaire » au regard des résultats « encore très disparates ». La situation de la division « Das Reich » était nettement plus satisfaisante. Elle avait laissé à Guderian « une remarquable impression » avec son « ancien contingent d'officiers capables ». De ce fait, l'instruction dispensée dans ses rangs était qualifiée de « grande valeur ». Dans le domaine du tir, l'instruction comme la compétence technique étaient décrites comme « tout à fait remarquables ».

À l'inverse, la dernière-née des divisions SS, la 17ᵉ, se trouvait « encore complètement dans les débuts », en raison notamment de l'absence d'instructeurs expérimentés. L'instruction au tir était elle-même jugée comme « encore complètement insuffisante ». Quant à la « LSSAH » dont la remise sur pied venait tout juste de commencer à cette date, Guderian s'était seulement borné à pronostiquer, au vu des personnels sur les rangs, « que la division atteindra[it] à nouveau son ancienne valeur de combat [120] ». C'était là faire preuve d'optimisme, voire de complaisance. En effet, la « LSSAH » cumulait les tares à cette époque. Alors que son profil aurait pu s'apparenter à celui de la division « Das Reich », tout les séparait pour des raisons à la fois structurelles et circonstancielles, à commencer par un retrait plus tardif du front de l'Est (avril 1944 pour la « LSSAH », décembre 1943 pour le principal contingent de la « Das Reich »). La « LSSAH » traversait par ailleurs une crise de croissance due à sa politique de promotion interne. À partir de l'assise plus large de la SS-VT d'avant guerre (soit trois régiments et des unités d'appui), la division « Das Reich » avait encore pu céder une partie de ses personnels expérimentés à d'autres formations tout en assurant de façon satisfaisante le remplacement de ses cadres mis hors de combat. Tout autre était la situation de la « LSSAH » qui s'était développée en division, puis finalement à l'échelle d'un corps d'armée SS entier (avec la 12ᵉ division SS), en étirant au-delà du raisonnable les trop faibles ressources initiales du seul régiment d'avant guerre. Les pertes subies à l'est au cours de l'hiver 1943-1944 sont encore venues diluer sa valeur. Finalement, son retrait tardif du front a empêché l'instruction tactique convenable des personnels envoyés en renfort. En conséquence, au moment du débarquement allié en Normandie, l'instruction ne dépassait pas le cadre de la compagnie. Au sein du régiment blindé, où le manque de sous-officiers se faisait particulièrement sentir, l'instruction était encore menée au niveau individuel et à celui des équipages. Quoique loin d'être achevée, l'instruction a été interrompue avec l'ordre d'engagement de la « LSSAH » dans la seconde quinzaine de juin. L'entraînement en unités constituées a donc dû être interrompu aussitôt commencé [121].

Au final, la valeur des formations SS qui ont été engagées en Normandie n'était ni plus ni moins mauvaise que celle de leurs homologues de l'armée de terre [122]. C'est du moins ce qui ressort d'un classement établi rétrospectivement par le responsable des troupes blindées à l'ouest sur leur niveau professionnel *avant* la bataille de Normandie (classement par essence subjectif, mais qui a le mérite de synthétiser la valeur de ces formations en fonction de quelques paramètres humains élémentaires où l'importance des divisionnaires et de quelques personnalités marquantes ressortait clairement) [123]. Et à l'instar de l'ensemble des forces allemandes ayant combattu à l'est, les années de lutte face à l'Armée rouge à l'échelle de grands espaces avaient conduit à laisser une plus grande autonomie aux échelons de commandement subalternes [124]. Cette délégation des responsabilités tout au long de l'échelle hiérarchique était précisément ce que requérait un engagement dans le bocage – un type d'engagement auquel les six divisions SS engagées en Normandie à l'été 1944 (ou leurs commandants) avaient eu l'opportunité de se familiariser en profitant de leurs séjours prolongés à l'ouest. Naturellement, il s'agissait d'un atout considérable qu'elles ont su exploiter [125].

À la veille de la contre-offensive des Ardennes

À maints égards, la bataille de Normandie et les combats lors du repli vers le Reich ont représenté le « chant du cygne » de la valeur professionnelle des divisions SS qui y étaient engagées. Leurs pertes, tout autant quantitatives que qualitatives, ont achevé de bouleverser l'édifice patiemment construit depuis de longs mois à l'échelle de chaque formation, particulièrement chez celles de création récente qui étaient sans assise solide. Les 9e, 10e et 12e divisions SS y ont notamment perdu ce qui, assurément, constituait jusque-là leur meilleur atout, à savoir leur très forte homogénéité qui était le résultat de leur recrutement. Cela transparaissait dans le niveau général des soldats de la 9e division SS capturés en janvier 1945 et retenus dans l'échantillon des services de renseignements alliés :

> Sur les quatre groupes examinés, les appelés de 1943 font de loin la meilleure impression du point de vue militaire. Tous les prisonniers de guerre dans cette catégorie, sauf deux, ont été

avec la SS depuis leur incorporation ; 35 % ont admis qu'ils étaient volontaires pour cette armée politique. Ils surclassent vraiment tous les autres en expérience, 66 % ayant vu le combat avant l'invasion. Cela contraste nettement avec le groupe appelé avant 1943 dont 58 % des membres ont reçu leur baptême du feu au cours de l'offensive « ça passe ou ça casse » [*Do-or-Die*] de Rundstedt. Les recrues de [19]43 semblent avoir ainsi reçu un entraînement plus complet dans presque toutes les armes d'infanterie [126].

La situation de la 9e division SS illustrait tout le problème de l'emploi stratégique des formations blindées du « corps de pompiers SS ». En demeurant longtemps à l'instruction, elle a pu disposer d'un excellent niveau, mais somme toute assez fragile en raison de l'incapacité de la *Reichsführung-SS* à combler ses rangs clairsemés avec des individus de même niveau, particulièrement au sein de l'infanterie où les pertes étaient les plus élevées [127]. À l'inverse, l'armée de terre allemande a mieux fait face à ce problème en raison d'une organisation plus performante et de pertes plus régulièrement réparties dans le temps. Cela a donc permis une rotation moins brutale des personnels et le maintien au fil des mois d'un niveau moyen assez régulier avec, au final, une proportion encore importante d'individus aguerris. À partir des échantillons étudiés par les services de renseignements américains, près de 60 % des soldats des 12e et 62 divisions de grenadiers du peuple avaient déjà au moins une campagne militaire derrière eux à la veille de la contre-offensive des Ardennes, contre moins de 30 % des soldats de la 9e division SS [128].

À cela s'ajoutait le prix exorbitant payé par l'encadrement des formations SS lors des engagements de l'été 1944. À la 17e division SS, qui représente certes un cas extrême, le divisionnaire, l'un des trois commandants de régiment et pas moins de huit commandants de bataillon ont été mis hors de combat, soit la quasi-totalité des officiers supérieurs des unités de mêlée [129]. Cette saignée dans l'encadrement et l'arrivée d'un grand nombre de *Volksdeutsche* ont largement contribué à ce que la valeur combative de la division soit jugée « relative » à l'automne [130]. En moins de trois mois, sept divisionnaires SS au total ont été mis hors de combat à l'ouest, soit en moyenne un par division [131]. Faute de cadres qualifiés, leur remplacement s'est révélé problématique, à l'image du commandant de l'artillerie du IIe corps d'armée blindé SS. Assurant l'intérim du commandant blessé de la 9e division SS du 1er août au 10 octobre 1944, il a manifesté « des insuffisances » à ce poste. De fait, il ne pouvait pas en être autrement étant donné qu'il n'avait bénéficié d'aucune formation pour l'y qualifier [132].

À l'autre extrémité de l'échelle hiérarchique, le remplacement de l'encadrement était tout aussi problématique. Après avoir été retiré du front et rapidement réorganisé, le bataillon d'infanterie « Waldmüller » de la division « Hitlerjugend » faisait certes encore bonne figure sur le papier avec 13 officiers et 54 sous-officiers pour 497 hommes du rang à la mi-juillet 1944. Mais dans ce décompte, quantité ne rimait toutefois pas avec qualité. Une fois retirés les sous-officiers occupant un poste de chef de section (11), ceux mis à l'épreuve par suite d'une condamnation d'un tribunal militaire (3), ceux sans expérience des combats d'infanterie provenant du train divisionnaire (10) ou de la *Luftwaffe* (3), ceux enfin qui n'avaient pas les capacités requises pour être chefs de groupe d'infanterie et qui ne pouvaient être utilisés que comme chefs de groupe adjoints (15), le nombre de sous-officiers dignes de confiance et réellement en mesure de conduire un groupe au feu s'établissait seulement à 12 [133].

À l'automne 1944, les écoles SS d'officiers ont cependant permis de combler une bonne part des vides en tournant à plein régime [134]. La valeur des nouveaux cadres n'était pas forcément mauvaise. En dépit des besoins, le SS-FHA se refusait en effet à tout affaiblissement de l'instruction des cadres officiers et sous-officiers. Tout au contraire, il attachait encore plus de valeur à leur formation, s'opposant à ce que leur cursus soit raccourci comme celui des personnels du rang. Son principe était que « plus les renforts étaient mauvais, d'autant plus grandes étaient les tâches de l'officier et du sous-officier au combat [135] ». Cela n'a toutefois pas suffi.

En juin 1944, la plupart des formations SS engagées en Normandie étaient encore parvenues *in extremis* à disposer d'une valeur suffisante pour s'opposer avec succès aux troupes alliées. Six mois plus tard, cette performance n'a pu être rééditée dans les Ardennes. Les formations SS engagées ont certes été réhabilitées en vue de l'opération, mais le manque de temps pour instruire correctement leurs personnels et l'arrivée tardive des véhicules et des équipements se sont cette fois retournés contre elles. Par ailleurs, la nature de la mission était bien plus délicate. Il ne s'agissait plus d'une défense statique, mais d'une action offensive requérant un niveau opérationnel accru, notamment dans le domaine de la coopération interarmes qui se devait d'être très dynamique, souple et réactive. En soi, c'était une gageure. Sur l'échelle de I à IV pour qualifier le niveau opérationnel d'une troupe, les efforts consentis au printemps 1944 avaient permis de le faire osciller entre I et II au début de juin 1944, c'est-à-dire une aptitude complète ou partielle à mener une action offensive [136]. Six mois plus tard, et à l'image de la 12ᵉ division SS, ces mêmes efforts avaient tout juste permis de le faire passer du niveau III au niveau II, c'est-à-dire que les formations SS pouvaient pleinement assurer les missions défensives qui leur étaient confiées, mais étaient seulement partiellement aptes à entreprendre des actions offensives [137]. Il y avait là une évidente dichotomie entre le niveau des formations SS et la mission stratégique de grande ampleur qui leur était assignée, à savoir la prise d'Anvers au terme d'une progression de près de deux cents kilomètres à travers un terrain difficile et enneigé [138].

28

La valeur au combat : une élite militaire ?

Conjuguant valeur professionnelle et état moral de la troupe, la valeur militaire d'une unité est un élément difficile à apprécier sur le champ de bataille, *a fortiori* à partir du sort des armes. Le succès peut cacher de graves déficiences tout comme l'échec n'être que le produit de facteurs externes contraires. Ce chapitre ne peut (ni ne veut) donc émettre une appréciation définitive. En revanche, en mettant en évidence des perspectives souvent négligées, sinon ignorées, il peut avoir l'apparence d'un procès à charge. Le fait est que la flatteuse réputation dont jouit encore de nos jours la *Waffen-SS* sur le plan strictement militaire et l'abondante littérature (y compris universitaire [1]) orientée dans ce sens rendent superflus tous dithyrambes supplémentaires, mais exigent au contraire un plus juste équilibre dans l'évaluation de sa valeur.

Prise de distance avec le mythe

Pendant comme après la guerre, la *Waffen-SS* est passée pour une redoutable troupe d'élite. Dans un classement établi par l'armée israélienne et dont l'ex-général SS Felix Steiner s'est plu à se faire l'écho, elle revenait régulièrement parmi les troupes les mieux notées par les spécialistes internationaux interrogés [2]. Devant ce postulat de base jamais véritablement remis en cause, y compris par les détracteurs de la *Waffen-SS* [3], il convient de recentrer le propos en rappelant un certain nombre d'évidences mettant à mal des données jusqu'alors acceptées comme autant de faits établis.

La discrimination positive
à l'égard de la Waffen-SS sous le IIIᵉ Reich

Rappelons d'abord que la *Waffen-SS* a en premier lieu été un vecteur de propagande avant d'être une troupe militaire, en servant de support à la communication de la *Reichsführung-SS*, puis à celle du ministère de la Propagande à partir de l'hiver 1942-1943. Aussi son instrumentalisation pour la substituer à l'armée en tant qu'organisation armée nationale-socialiste du peuple en armes portait en germe un net déséquilibre dans leur représentation respective [4]. L'attribution de croix de chevalier aux soldats SS a ainsi augmenté de façon exponentielle à partir de 1943, précisément au moment où la *Waffen-SS* a été instrumentalisée en ce sens. Le fait est d'autant plus significatif que les divisions blindées ou motorisées SS n'étaient plus engagées en permanence sur le front à partir de cette époque. C'est pourtant ce corps de bataille mécanisé SS qui s'est adjugé près de 90 % des croix de chevalier de la croix de fer décernées à l'ensemble des soldats SS pendant la guerre [5].

Nombre d'ouvrages à la gloire de ces récipiendaires oublient ainsi que l'attribution des décorations a été guidée par des motivations partisanes lors des deux dernières années du conflit. L'exemple des récompenses décernées après la bataille de Kharkov frise à cet égard la caricature. Conformément à la volonté de Hitler, la remise de prestigieuses distinctions aux officiers du corps d'armée SS a en effet tourné à la distribution des prix de fin d'année scolaire [6]. Dans ce cadre, la « LSSAH » a été particulièrement avantagée, moins toutefois par le nombre de décorations que par la rapidité de leur octroi. De fait, trois des officiers les plus en vue de la « LSSAH » ont reçu la croix de chevalier dès le 24 février, en dépit de la perte de la ville, soit en pleine déconfiture des troupes SS. En comparaison, les personnels de la division « Das Reich » n'ont obtenu de telles distinctions qu'un mois plus tard. Le général SS Hausser, qui, de tous, a assumé la décision la plus courageuse en décidant l'évacuation de la cité devenue indéfendable à la mi-février 1943, n'a reçu, en guise de « punition », aucune décoration. Son cas était toutefois plus enviable que celui de son supérieur direct de l'armée qui a servi de « fusible » et a été destitué sur-le-champ [7].

Une telle accumulation de décorations se retrouve plus d'une année plus tard. Le 23 août 1944, soit trois jours après la percée de la poche de Falaise, pas moins de seize croix de chevalier ont été décernées à des soldats SS engagés en Normandie, certaines pour des faits d'armes vieux de plus de neuf semaines. Reste que, pour les contemporains, cette attribution collective donnait immanquablement l'impression que le sauvetage inespéré des forces allemandes encerclées en Normandie était essentiellement redevable à l'action des formations SS, comme l'atteste la réaction de Goebbels [8].

Cette politique de discrimination en faveur de la *Waffen-SS* était également perceptible à travers la nomination des unités dans les communiqués de la *Wehrmacht*. Ainsi, le groupement blindé Ouest a dû s'y prendre à deux fois pour voir la 272e division d'infanterie citée à l'été 1944, alors qu'il n'avait rencontré aucune difficulté pour la citation des 9e et 10e divisions blindées SS peu auparavant [9].

L'exagération de la valeur militaire des troupes SS

Pour vanter la valeur des troupes de l'Ordre noir, la littérature d'après guerre s'est largement appuyée sur les propositions de décoration destinée à récompenser les faits d'armes des soldats SS [10]. Prendre cette seule documentation pour base est cependant un exercice méthodologiquement périlleux. Les propositions pour une décoration contiennent souvent à tout le moins une once d'exagération, parfois pour un fait « pas si éminent que cela [11] ». À chaque décoration correspondaient en effet une série de critères incontournables et pourtant difficiles à toujours réunir dans les faits [12]. Aussi est-il peu douteux que quelques aménagements littéraires aient été introduits pour corriger les imperfections de la réalité. Comme l'un des aides de camp de Hitler se plaisait à l'époque à le souligner, « la tournure de phrase [était] l'élément déterminant pour la proposition de la croix de chevalier », prenant encore soin d'ajouter que « le ton fai[sai]t comme ça la musique ! » [13]. Sur le fond, cela n'était pas en soi propre à la *Waffen-SS*. Au contraire, il s'agit plutôt d'un trait commun à ce genre littéraire si particulier qui tend à embellir l'action militaire et confine parfois au style hagiographique. Dans le cas de la *Waffen-SS* toutefois, cette tendance quasi naturelle a été accentuée d'un côté par une plus grande sensibilité de la troupe face aux pertes, et de l'autre par la volonté de la SS et de la propagande du Reich de « fabriquer des héros » pour parvenir à leurs buts politiques.

Que les soldats SS se soient plus facilement laissés impressionner par leurs pertes est indéniable, même si ce n'est pas le moindre des paradoxes pour des hommes ayant une tête de mort comme emblème. Cela se vérifie dès le début de la guerre. Le 10 mai 1940 par exemple, un bataillon de la « LSSAH » qualifiait ses pertes de « sensibles » lors du franchissement de l'Ijssel à Zutphen, alors que celles-ci s'élevaient « seulement » à 6 tués et 10 blessés (6 tués et 21 blessés pour l'ensemble des troupes d'assaut, armée et SS confondues). Or, compte tenu de l'adversaire – présenté comme « un régiment d'élite hollandais » (en fait des gendarmes) –, du caractère risqué de l'opération (franchissement en force d'un cours d'eau sous le feu adverse et réduction de fortins) et de son succès (200 prisonniers), le coût apparaissait bien minime selon les standards militaires [14]. De même, et en dépit de pertes cette fois réellement sensibles, le rapport catastrophé du IIe corps d'armée blindé SS sur l'échec de sa contre-offensive en Normandie à la fin de juin 1944 ne doit pas cacher que le coût de l'opération n'avait aucun rapport avec les hécatombes de la Grande Guerre. En trente-six heures et face au « mur d'acier » dressé par l'artillerie alliée, la 10e division SS n'a finalement perdu « que » 189 tués et relevé 382 blessés graves dans une contre-offensive majeure, soit 3,6 % de son effectif rationnaire au 1er juin 1944 [15]. De telles pertes étaient certes très lourdes, mais on était encore très loin des 58 000 Britanniques mis hors de combat au premier jour de l'offensive sur la Somme le 1er juillet 1916.

En se servant de sa branche armée comme d'une « vitrine idéologique », la *Reichsführung-SS* a d'un autre côté jeté un voile pudique sur tout ce qui pouvait ternir l'image de ses troupes, passant sous silence les échecs individuels et collectifs [16]. Les généraux SS, toujours prompts à plastronner, étaient eux-mêmes très enclins à ne pas s'en vanter, y compris auprès de Himmler qui n'en était pas dupe. Le ton de l'une de ses lettres envoyée à Hausser en mars 1943 avait tout de l'instituteur réprimandant le mauvais élève pris en faute. De fait, le corps d'armée blindé SS s'était abstenu de donner un bilan global de ses pertes (9 000 hommes à cette date), ayant par ailleurs cherché à cacher que trente chars de la division « Das Reich » avaient dû être sabotés pour ne pas tomber intacts aux mains des Soviétiques [17]. Son discours devant un parterre de généraux SS à Posen le 4 octobre suivant a du reste tourné au réquisitoire contre leur manque de courage civil, leurs mensonges dans les comptes rendus d'effectifs, et leurs demandes de promotion ou de décoration parfois très exagérées, voire infondées [18].

À côté de ces échecs soigneusement tus et de ces réprimandes lancées en cercles restreints, une large publicité était accordée aux succès. Au début de 1944, Himmler préconisait ainsi aux propagandistes du Reich l'emploi d'« histoires héroïques » transformées en « sagas » à l'usage du peuple et de la troupe [19]. Un exemple fameux de ces distorsions des faits est celui du capitaine SS Michael Wittmann qui a pu ajouter les glaives à sa croix de chevalier pour avoir anéanti avec son seul équipage de char « Tigre » une brigade blindée britannique à Villers-Bocage en juin 1944. Du moins était-ce là la version donnée par le général SS Dietrich qui a présenté son subordonné comme un stakhanoviste de la destruction de chars (138 blindés et 132 canons antichars à son tableau de chasse). Or, il est désormais établi que plusieurs panzers de l'unité de Wittmann avaient dès le début participé à l'action. Mais le battage médiatique qui a immédiatement suivi a longtemps étouffé toute autre version, donnant à ce combat un souffle épique qui perdure encore à ce jour. Il est vrai que l'épisode faisait coup double en valorisant à la face du monde tout à la fois la supériorité du soldat SS et celle du matériel allemand [20].

D'autres rapports de combats, avec ou sans distinction militaire à la clé, démontrent que ce genre d'abus n'était pas chose exceptionnelle, à l'image du 102ᵉ groupe de chars lourds SS qui a artificiellement gonflé ses succès au cours de la bataille de Normandie, ce qui lui a valu une nomination dans le communiqué de la *Wehrmacht* [21]. La confrontation d'un récit de combat établi en janvier 1945 par un détachement SS avec les pertes américaines réelles est également très révélateur du décalage existant entre les faits et la manière dont ils pouvaient être rapportés [22]. Les simples comptes rendus de situation comportaient déjà de telles exagérations. Le phénomène était si courant que la division « Das Reich » a dû faire une mise au point sur le sujet, rappelant qu'une localité atteinte sans résistance ne pouvait pas être annoncée comme « conquise », pas plus qu'une hauteur inoccupée par l'ennemi ne pouvait être considérée comme « prise d'assaut » [23].

Certes, on peut supposer que l'existence de rapports plus ou moins consciemment falsifiés ou enjolivés est chose commune dans toutes les armées en temps de guerre [24]. Reste que cette propension semble avoir été particulièrement grande au sein de la *Waffen-SS* et de la *Wehrmacht*. Elle l'était plus généralement dans l'ensemble de la société allemande sous le IIIe Reich où « le nazisme n'a officiellement connu aucun héroïsme décent et authentique » car il était pour l'essentiel « corrompu, caricatural et empoisonné », faisant automatiquement penser « au cliquetis des décorations »[25]. À ce titre, il n'a pas été rare que des correspondants de guerre de l'armée soient sollicités par des généraux pour que leur version édulcorée des événements soit cautionnée par la presse et qu'ils en recueillent les lauriers [26].

Au fil du temps, l'attribution des distinctions militaires aux soldats SS est presque devenue une affaire interne à l'Ordre noir. En juin 1942, un officier de la division « Totenkopf » avait certes obtenu la croix de chevalier de la croix de fer sur proposition de Theodor Eicke, mais cette demande avait auparavant été approuvée par le commandant du IIe corps d'armée, celui de la 16e armée, par le chef de l'OKW (Keitel), et finalement accordée par Hitler lui-même. Avec l'apparition des corps d'armée SS, puis l'arrivée de généraux SS à la tête des armées de la *Wehrmacht*, la procédure a par la suite été considérablement simplifiée. À partir de 1943, les officiers de l'armée titulaires d'un commandement opérationnel apparaissaient de plus en plus rarement dans l'agrément des propositions de croix de chevalier concernant les personnels SS, du moins ceux combattant dans le cadre d'un corps d'armée SS. Seul apparaissait encore l'avis de aide de camp de Hitler pour la *Wehrmacht*, le général Schmundt. La présence d'un officier SS spécialement chargé de préparer ces dossiers au sein de la chancellerie de l'armée de terre a encore réduit la capacité d'intervention de l'armée à partir d'octobre 1943. Les propositions des formations SS transitaient directement par son bureau et celui de Himmler pour ensuite arriver sur celui de Schmundt, qui était un familier de Hitler. Avec la mort de ce dernier dans l'attentat du 20 juillet 1944, la SS semble avoir finalement contrôlé de bout en bout la procédure, l'approbation de Himmler étant l'ultime étape avant l'accord de Hitler [27]. Naturellement, ces pratiques ont donné lieu à des abus de toutes sortes en profitant de l'« habitude de ne pas tenir compte des autorités militaires » pour la récompense d'un SS [28].

*Au fondement du mythe : les combats à l'est
des formations SS au cours de l'hiver 1941-1942*

Les dix premiers mois de guerre à l'est ont joué un rôle déterminant dans l'élaboration de l'esprit de corps des formations SS qui y ont été engagées et, à travers le prisme de la propagande, dans la réputation flatteuse qu'elles y ont par la même occasion acquise auprès du public allemand. Or, cette réputation était objectivement infondée. Au demeurant, le premier engagement au front de la 1re brigade d'infanterie motorisée SS y a rapidement tourné au désastre [29]. Plus généralement, aucun élément ne permettait vraiment de distinguer les unités SS du reste de l'armée, à commencer par l'esprit de sacrifice. Si les pertes d'une troupe sont fondamentalement distinctes de sa valeur militaire, elles ont pourtant été mises en avant par la NSDAP et l'Ordre noir pour donner de la *Waffen-SS* l'image d'une troupe plus prompte à braver le danger au nom de ses idéaux [30]. Certes, les pertes des formations SS ont été importantes (43 006 hommes mis hors de combat du 22 juin 1941 au 10 février 1942). Elles correspondaient cependant ni plus ni moins à celles des autres formations de l'armée engagées à l'est [31]. Ce constat général trouvait d'ailleurs sa confirmation à l'échelle du corps de bataille motorisé et blindé de la *Wehrmacht*. Contrairement aux présentations tendancieuses figurant dans les historiques publiés après guerre par les vétérans SS [32], les pertes des divisions motorisées SS se sont finalement révélées proportionnellement similaires à celles de leurs homologues de l'armée au cours des dix premiers mois de l'offensive contre l'Union soviétique [33].

Au-delà de l'aspect quantitatif, il est également intéressant de se pencher sur la nature des pertes subies par les formations SS au cours des dix premiers mois de la campagne à l'est. Les statistiques établies par les services sanitaires de la « LSSAH » sont à cet égard révélatrices. À l'issue des sanglants combats de l'été 1941, on s'aperçoit que les pertes enregistrées au cours de l'hiver l'ont été à plus de 60 % à cause des maladies *(annexe 42)*. En clair, les bronchites, infections des voies oto-rhino-laryngologiques et autres maladies de peau dues au manque d'hygiène en première ligne ont contribué deux fois plus que le feu des troupes soviétiques à entamer le potentiel humain de la « LSSAH » au cours de l'hiver 1941-1942. Au demeurant, les combats menés par l'unité à partir de la mi-décembre ont été peu nombreux. Ils se sont limités à une guerre de positions relativement calme. Celle-ci s'est essentiellement réduite à des activités de patrouille et à de faibles attaques d'infanterie soviétiques, menées tout au plus par un bataillon. Lorsqu'ils n'ont pas été stoppés sur leurs bases de départ, les assaillants ont été « complètement anéantis » devant les positions allemandes. L'aviation soviétique était présente, mais son action est demeurée supportable et n'a ni causé de pertes sensibles, ni paralysé les mouvements allemands. Les duels d'artillerie eux-mêmes n'ont eu aucune commune mesure avec les dizaines de milliers d'obus quotidiennement tirés par les Anglo-Saxons pendant l'été 1944 en Normandie : au début de décembre 1941, 263 obus étaient tirés en moyenne par jour par les canons soviétiques sur les positions de la « LSSAH », chiffre qui n'a cessé de diminuer pour atteindre 25 en avril 1942 [34].

En fait, le plus difficile a été de supporter les conditions climatiques qui n'ont épargné aucun des deux camps. Les 472 personnels de la « LSSAH » évacués avec des membres gelés en témoignent. À la sortie de l'hiver, les variations climatiques et l'humidité ont par ailleurs largement contribué à aggraver les épidémies sur des organismes sous-alimentés et affaiblis. La situation était semblable à la division « Reich », engagée dans le secteur central du front de l'Est. En décembre 1941, sur une compagnie de 162 hommes rapidement amalgamée pour combler une brèche dans le front, la moitié de l'effectif (78 hommes) souffrait au bout de six jours de maladies ou de graves gelures qui ont conduit à leur évacuation pour plusieurs semaines. L'un d'eux en est mort. Par contre, les seules pertes dues pendant ce temps aux échanges de tirs se sont élevées à... deux blessés [35]. En résumé, la bravoure des troupes allemandes (et soviétiques) au cours de l'hiver 1941-1942 a essentiellement consisté à tenir leurs positions face aux éléments naturels contraires, mais pas à proprement parler à combattre.

Si les formations de la *Waffen-SS* ont effectivement davantage souffert à cette occasion que leurs homologues de la *Wehrmacht*, ce n'est pas tant par leur témérité ou leur plus grand esprit de sacrifice, mais par la faiblesse constitutive de leurs personnels. En règle générale plus jeunes que les conscrits de l'armée, ils ont été nettement plus sensibles au froid, aux intempéries et à la sous-alimentation que ne l'étaient les organismes plus robustes de leurs aînés. Le fait était particulièrement évident à la « LSSAH », dans les rangs de laquelle le partenariat établi avec la *Hitlerjugend* avait conduit un grand nombre d'individus à peine sortis de l'adolescence. L'un des médecins de l'unité a d'ailleurs eu l'occasion de comparer la différence d'impact de la sous-alimentation sur les jeunes SS et sur les personnels des unités voisines de l'armée. Sur ces derniers, les symptômes « n'étaient pas aussi visibles et effrayants [36] ». Au 31 décembre 1941, 200 à 300 personnels de la « LSSAH » ont ainsi été jugés dans une situation sanitaire critique suite aux astreintes physiques et à la malnutrition. Les symptômes physiologiques étaient clairs : absence totale de réserve de graisse sous le derme et diminution de la masse musculaire. Les conséquences sur le front ont été tout aussi claires : affaissement de la capacité de résistance à l'effort et augmentation sensible des maladies de toutes sortes qui ont conduit à l'évacuation temporaire d'un nombre important de combattants.

En raison de sa pyramide des âges sensiblement différente, la situation était meilleure à la division « Totenkopf ». Une étude menée par le médecin d'un bataillon arrivait cependant aux mêmes conclusions. En moyenne, et quel que soit leur âge ou leur poids initial, tous les individus avaient perdu 8 à 10 kilos. Cependant, l'impact de cette perte de poids était différente chez les jeunes adultes des classes 1923 et 1924 que chez leurs aînés plus corpulents. À peine âgés de dix-huit ou dix-neuf ans au début de 1942, ces hommes pesaient fréquemment une soixantaine de kilos à leur entrée en service, et ce pour une taille théoriquement supérieure à 1,70 mètre. À l'issue de cet amaigrissement, les corps apparaissaient dans un dangereux état de délabrement [37].

Mais il y avait plus grave. Suite aux promotions internes pratiquées très tôt par la « LSSAH », les cadres, eux-mêmes souvent très jeunes, étaient également affectés. Le poids des responsabilités était pour eux par trop écrasant. Aussi, « à l'hôpital de campagne comme au sein de la troupe, des officiers avaient été observés qui étaient " au bout du rouleau " [" *fertig* "] ». Chez certains, l'abus d'alcool et de nicotine n'était pas étranger à cet état [38]. À la « LSSAH » comme à la division « Totenkopf », les médecins ont donc tiré la sonnette d'alarme, préconisant le retrait du front des unités. Dans la première, qui bénéficiait d'un suivi médical particulier, le diététicien proposait même les grandes lignes d'un programme nutritionnel couplé à un plan de remise en condition physique sur plusieurs semaines [39].

Au final, il est parfaitement compréhensible que, pour les troupes SS, le fait d'avoir survécu au premier hiver de guerre à l'est ait représenté tout à la fois un soulagement et une satisfaction. Dès lors pouvait naître en elles le sentiment d'avoir surmonté ce qui, dans leur système de valeur, a été assimilé à un enfer absolu. Selon la logique du « qui peut le plus peut le moins », cette référence nouvelle leur a inspiré un sentiment d'invincibilité et l'orgueil d'appartenir à l'élite [40]. La campagne de propagande orchestrée par la *Reichsführung-SS* ne pouvait que les conforter dans cette idée. Il n'en demeure pas moins que ce raisonnement était à la base erroné. Et s'ils en ont eu conscience après guerre, les vétérans SS se sont bien gardés de démonter le mythe, à l'image de l'ex-chef d'état-major de la « LSSAH ». Dans sa monographie fleuve de l'unité, il a publié *in extenso* le rapport de synthèse du médecin divisionnaire mettant la troupe en valeur... tout en signalant comme « non disponibles » les rapports annexes beaucoup moins flatteurs qui ont servi à la présente démonstration [41].

La valeur militaire à l'épreuve du front

Mise en perspective

La valeur au combat des unités SS a été extrêmement variable, à la fois dans le temps et en fonction des formations considérées. Au début de la guerre, c'est-à-dire jusqu'en 1941, cette valeur reposait d'abord sur « l'emploi hardi des hommes et des officiers, s'il le fallait jusqu'au dernier [42] ». Elle reposait aussi largement sur l'endurance routière des formations motorisées [43]. Les actions d'éclat n'ont toutefois pas empêché la troupe de connaître à l'occasion des ratages, voire des mouvements de panique [44]. Mais, globalement, cette coûteuse tactique s'est révélée payante, du moins dans les gains obtenus. La confiance chaque fois accrue par le succès précédent a ainsi permis d'atteindre un sommet au sein de la troupe à l'été 1941. En août, la « chasse » aux blindés soviétiques a tourné à la compétition ouverte entre les hommes, la peur devant un blindé ayant disparu pour laisser la place au « privilège » de détruire le char. En permettant de distinguer les meilleurs au sein de la troupe, le combat est ainsi devenu une récompense [45]. Or, les conditions de lutte avaient changé à cette époque. Si la détermination du soldat soviétique était une variable difficile à apprécier, l'immensité des territoires et la durée de la campagne ont assurément contribué à rendre insupportable ce type de comportements dans le temps. La demande de retrait du front par la troupe elle-même, puis l'acquisition de la cuirasse, ont respectivement représenté les réponses conjoncturelles et structurelles des plus anciennes divisions SS face à ce problème.

Les combats à partir de 1943 ont essentiellement été marqués par l'exploitation de cette puissance de feu et de l'avantage moral qu'elle procurait. Psychologiquement, et quelle que soit la troupe, la seule présence de blindés ou d'armes antichars lourdes donnait à l'infanterie un sentiment de sécurité et renforçait sa volonté de défense [46]. En ce sens, les premiers succès de la *Waffen-SS* ont permis d'enclencher un cercle vertueux : l'accroissement du niveau d'équipement qui en a résulté a facilité de nouveaux succès qui ont en retour justifié l'envoi de nouveaux matériels. Au fil du temps et de la moindre qualité du recrutement, ce surcroît de puissance a même eu tendance à suppléer au manque croissant de combativité des fantassins. À la lecture des rapports, il apparaît en effet que le char, qui avait été l'outil du *Blitzkrieg*, est redevenu un engin d'accompagnement de l'infanterie. Il fallait ainsi à la fois faire comprendre « au grenadier que la mission du blindé n'[était] pas d'être chaque fois et durablement sa protection », et aux commandants d'infanterie que la batterie de canons d'assaut mise à leur disposition n'était pas « leur fille unique » [47]. Dans les rangs de la division « Das Reich », la « terreur du blindé » est par exemple réapparue à l'automne 1943, avec en conséquence l'abandon de positions et d'armes sur le terrain dès lors que l'appui feu n'était pas assuré [48].

Dans le même temps, l'encadrement supérieur achevait toutefois de se forger une solide expérience tactique. Le fait est particulièrement visible au sein de la même division « Das Reich », seule division SS engagée en Normandie après avoir combattu tout au long du second semestre 1943. Passés sur le tamis du front de l'Est, ses commandants de régiment et de bataillon ont révélé une redoutable habileté tactique. En dépit de l'arrivée en renfort de près de 9 000 hommes aux motivations très variables au début de 1944, et d'un niveau d'équipement lui-même tout juste correct, cet encadrement a largement contribué à maintenir la valeur militaire de la division lors de la bataille de Normandie [49]. En ce sens, les engagements de l'année 1944 ont de plus en plus fréquemment pris une tournure moyenâgeuse : des troupes mal instruites et/ou peu motivées ont été entraînées (voire maintenues de force) au combat par des cadres aguerris et volontaires, comme auparavant la « piétaille » par ses chevaliers. Pour ne prendre que ce simple exemple, une compagnie antichar de la 12e division SS – dont les conditions d'entraînement calamiteuses ont été évoquées dans le précédent chapitre – a ainsi enregistré d'impressionnants succès avec la destruction de 86 blindés alliés en Normandie. Toutefois, près des trois quarts de ces succès (62) étaient à mettre au crédit de deux équipages seulement : ceux du chef de compagnie et d'un sous-officier dont le grade d'adjudant laisse supposer qu'il s'agissait également d'un vétéran. Ce succès cachait donc une profonde disparité de niveau, les autres équipages faisant presque de la figuration dans les combats [50].

Les formations de la *Waffen-SS* sont donc devenues largement tributaires des capacités personnelles de leurs officiers supérieurs. Pour une formation telle que la 17e division SS, où les simples soldats n'étaient pas mentalement préparés à combattre individuellement dans le bocage sans même voir leurs camarades, cela a entraîné de fâcheuses conséquences. Outre les défaillances, de nombreux cadres ont été mis hors de combat en s'exposant pour maintenir la liaison avec leurs subordonnés. Face à cette situation, les deux commandants de régiment d'infanterie de la division ont alors réagi de manière totalement différente. L'un a contraint ses troupes à rester en ligne en exécutant les fuyards sur le champ de bataille et a réussi par ce moyen draconien à maintenir ses positions. L'autre, incapable de faire face aux événements, a vu les lignes de son régiment enfoncées. Seule l'intervention de plusieurs détachements de la division « Das Reich » a permis de reprendre le contrôle de la situation. De manière révélatrice, le premier message de l'un de ces détachements a été de réclamer « un chef énergique » pour reprendre le commandement [51]. De plus en plus fréquemment, c'est donc le *principe de dureté* qui a conduit au succès, au-delà des connaissances tactiques et des qualités de meneurs d'hommes. À l'heure de vérité, au moment où la personnalité de chacun s'est révélée, les officiers supérieurs SS ont ainsi le plus souvent fait preuve d'opiniâtreté (voire de fanatisme) en raison de la forte proportion parmi eux d'individus déterminés à remporter la décision quoi qu'il en coûte. Même s'ils n'ont pas eu l'apanage de l'héroïsme ou de l'acharnement, et si tous n'étaient pas bâtis sur le même modèle, les heures dramatiques qui ont précédé la percée de la poche de Falaise l'ont parfaitement démontré en août 1944 en Normandie [52].

Valeur défensive – valeur offensive

Comme George Stein l'a très bien analysé, l'apport militaire de la *Waffen-SS* à l'effort de guerre du Reich s'est surtout concrétisé dans la dernière partie du conflit, à l'heure des batailles défensives pour sauvegarder la « Forteresse Europe [53] ». La ténacité et l'habileté tactique dont les troupes SS ont alors fait preuve ne sauraient cependant masquer leurs insuffisances. En pratique, ce phénomène est passé relativement inaperçu en raison même du caractère essentiellement défensif de la lutte. Les combats menés en Normandie à l'été 1944 en sont un bon exemple. D'une part, les unités SS ont largement pu s'appuyer sur le terrain qu'elles ont souvent eu tout le loisir d'aménager et de fortifier, à l'instar des autres forces allemandes [54]. En tant que divisions blindées ou motorisée, les formations SS étaient d'autre part nettement avantagées par rapport aux divisions d'infanterie qu'elles étaient censées appuyer. La puissance de feu (notamment antichar) a en effet constitué l'élément clé de la bataille de Normandie. À l'est, l'immensité de l'espace avait dilué la puissance de feu soviétique au cours des deux premières années de lutte. L'étroitesse de la tête de pont alliée en Normandie et l'accumulation de matériels par les Anglo-Saxons ont renversé la perspective à l'été 1944. Dans les faits, seules les divisions de panzers étaient en mesure de s'opposer efficacement aux troupes alliées grâce à leurs blindés et à leur artillerie automotrice. De leur côté, les divisions d'infanterie allemandes, dont les canons antichars lourds se comptaient bien souvent sur les doigts de la main, étaient condamnées à une usure rapide au bout de quelques semaines seulement [55].

Un travers de la plupart des études consacrées à la *Waffen-SS* est de privilégier l'*esprit* ou le *fanatisme*. Or, c'est un peu trop facilement oublier que la guerre n'est en rien une activité intellectuelle – du moins pour le combattant sur le terrain. Il s'agit d'une action reposant sur des conditions matérielles avant de faire appel à des prédispositions morales. Le mépris de la mort, l'esprit de sacrifice au nom d'une cause, voire une attitude suicidaire peuvent naturellement se rencontrer sur le champ de bataille et jouer un rôle déterminant dans la tenue au feu. Par nature, de tels comportements ne peuvent toutefois pas y subsister dans la mesure où l'individu agissant ainsi est amené à disparaître à plus ou moins court terme, sans forcément parvenir à l'objectif escompté : en 1940, certains fantassins SS ont, par exemple, préféré mourir sur place plutôt que de reculer devant les chars britanniques contre lesquels ils étaient pourtant démunis, mais ce sont en définitive les armes lourdes qui ont stoppé les blindés [56]. De fait, le métal ne fait pas de distinction en traversant les chairs. C'était une évidence rappelée après guerre par l'ancien chef d'état-major des forces allemandes à l'ouest :

> L'infanterie [...] peut seulement encore combattre avec succès si elle attaque avec des chars, des canons d'assaut, etc. [...] Qu'une division soit « bonne » ou « mauvaise », un tapis de bombes peut l'anéantir. Aucun « esprit » et aucune « foi » ne peuvent rien contre cela [57].

Plus que la bravoure des grenadiers du Ier corps d'armée blindé SS, ce sont ainsi les pièces lourdes du IIIe corps de DCA de la *Luftwaffe* et des détachements antichars autonomes de l'armée qui ont bien souvent contribué à repousser la progression des blindés anglo-canadiens dans le secteur de Caen à l'été 1944 [58]. Même une formation comme la 17e division SS, qui a pourtant connu des défaillances à répétition, a pu opposer en Normandie une très sérieuse résistance en s'appuyant sur les conditions de terrain (marais et bocage) et, en sus de quelques panzers, sur un impressionnant soutien d'artillerie [59].

À l'inverse, l'inaptitude tactique des formations SS s'est révélée lors des rares occasions où elles se sont engagées dans une action offensive. La contre-attaque menée par la 12e division SS le 7 juin a surtout réussi parce que le commandant du régiment engagé a habilement exploité l'opportunité qui s'offrait à lui de prendre de flanc les troupes canadiennes en cours de progression. Quand il s'est aventuré le lendemain à lancer une attaque nocturne à la hussarde, comme il en avait l'habitude sur le front de l'Est, l'échec de la manœuvre a été cette fois patent [60]. Il n'en est pas allé différemment lors des actions offensives de la 17e division SS dans le secteur de Carentan le 13 juin, au début de juillet dans la vallée de la Taute, ou lors de ses combats autour de Mortain [61]. De même, la reconquête de la cote 112 (au sud-ouest de Caen) par la 10e division SS le 30 juin a masqué l'absence totale de coordination interarmes chez les assaillants. L'infanterie et les panzers SS se sont lancés à l'assaut en ordre dispersé, ce qui relevait d'« une faute de commandement » selon l'un des officiers SS témoin de l'action [62]. Enfin, lors de la contre-offensive allemande vers Avranches au début du mois d'août 1944, le contraste a été particulièrement flagrant entre la progression de la 2e division blindée de l'armée et la prestation extrêmement médiocre de la « LSSAH » voisine. De fait, sa principale colonne d'assaut n'a même pas dépassé sa ligne de départ. Si les malheurs s'étaient abattus sur la « LSSAH » à cette occasion, ce bilan n'était pas tout à fait un hasard. Trois semaines auparavant, son régiment blindé n'avait déjà pas particulièrement brillé au moment de contre-attaquer les blindés alliés lancés à l'assaut dans la région de Caen (opération « Goodwood »). Si l'aviation alliée avait contribué à cette absence d'efficacité, l'imprévoyance et le manque d'organisation n'y avaient pas été non plus étrangers [63]. À défaut de documentation aussi précise qu'en Normandie, cette faible capacité à mener une attaque ne doit pas être négligée pour comprendre l'échec de la 6e armée blindée (SS) dans les Ardennes six mois plus tard. Là encore, la 5e armée blindée de l'armée de terre a mieux su tirer profit de la situation et a enregistré la meilleure progression [64].

Sur le fond, cette situation n'était pas surprenante. L'habileté manœuvrière n'a jamais vraiment été le point fort des formations SS, qui s'étaient jusqu'alors successivement appuyées sur la fougue de la troupe et leur puissance de feu pour obtenir leurs succès. L'absence de talent de certains cadres d'une part, et plus encore les multiples restrictions qui ont empêché un entraînement dans ce sens en 1944, ont encore aggravé les lacunes. Seule la division « Das Reich » semble y avoir échappé en disposant à la base, à travers l'héritage de l'ancienne SS-VT et en raison de ses liens avec les écoles SS, d'un potentiel plus important en bons officiers de troupe. Reste que, à l'instar des divisions blindées de l'armée, l'arrivée de nombreux ressortissants étrangers lui a indubitablement fait perdre de sa valeur. Aussi, quoique ayant fait preuve d'une plus grande « férocité » que la 17e division SS en Normandie, son niveau a seulement été jugé « correct » par la 1re armée américaine à l'été 1944. En réalité, c'est la 3e division parachutiste qui s'est révélée la plus redoutable aux yeux des Américains. De fait, ses personnels se composaient encore à cette date de véritables volontaires [65].

Entre mythe et réalité, un cas d'école :
la division « Hitlerjugend » dans la bataille de Normandie

Il serait assez vain de vouloir passer en revue les actes de bravoure comme les défaillances au combat des troupes SS. Aussi le choix a-t-il été fait de se pencher plus particulièrement sur l'engagement en Normandie de l'une d'elles, la 12e division SS. Trois raisons ont essentiellement conduit au choix de cette formation et de cette bataille, à commencer par le fait que la *Waffen-SS* y a pour la première fois constitué une fraction déterminante des forces allemandes engagées, soit la moitié des unités blindées. La deuxième raison est la documentation très complète disponible sur cette division à l'été 1944. Enfin, la réputation d'excellence qu'elle a acquise à cette occasion sur le plan militaire a conduit à se focaliser sur elle. Dans son ensemble, la littérature d'après guerre l'a en effet largement considérée comme l'une des meilleures (sinon la meilleure) formations militaires allemandes opposées aux Anglo-Saxons à l'été 1944. La composition unique de cette division constituée avec des adolescents extrêmement motivés avait, il est vrai, tout pour enflammer les imaginations. Il suffisait d'ailleurs de s'inspirer de la propagande de l'époque, et plus encore du témoignage de Kurt Meyer, l'ancien divisionnaire, dont l'ouvrage paru dans les années cinquante est lui-même un modèle du genre [66].

Confrontée à la documentation disponible, cette réputation en sort largement ébranlée. Certes, la ténacité et le « fanatisme » des personnels de la division ne sont pas de vains mots. Il suffit de lire les journaux de marche de ses deux régiments d'infanterie lors des attaques canadiennes et britanniques sur Caen au début du mois de juillet 1944 pour en prendre conscience [67]. Mais on a un peu trop hâtivement transformé ce comportement en vérité universelle. Le mythe de la soixantaine de grenadiers SS préférant se battre jusqu'à la mort en défendant la ville de Falaise est en ce sens exemplaire. Propagé après guerre par Kurt Meyer avec la pointe de romantisme nécessaire à la description du sacrifice, ce conte a connu un large succès. Dans les faits, ces adolescents ont bien fait preuve de combativité, mais ils ont logiquement cherché et réussi à quitter le bâtiment dans lequel ils s'étaient retranchés avant l'assaut final des soldats canadiens [68].

D'autre part, les comportements suicidaires de certains de ces hommes détruisant un blindé allié au prix de leur vie ont bien existé, mais ils ont été fort rares et ne peuvent prêter à aucune généralisation [69]. Du reste, si l'on compare le nombre de blindés alliés détruits en combat rapproché par l'infanterie allemande au cours des trois premières semaines de la bataille, le résultat de la 12e division SS apparaît, certes, très honorable avec 23 succès. Il est toutefois nettement inférieur aux 40 engins détruits de cette façon par la division blindée « Lehr » qui se battait dans le secteur voisin. Il est même en retrait par rapport aux 30 blindés revendiqués par la 352e division d'infanterie qui ne passait pourtant pas pour une formation d'élite [70].

La supériorité individuelle du soldat SS face au soldat allié n'était pas plus évidente. Les combats acharnés au corps à corps qui se sont déroulés dans le parc du château de Boislonde le 18 juin en sont la meilleure preuve. La division SS y avait pourtant engagé ses meilleurs fantassins rassemblés dans le bataillon d'infanterie mécanisée. Le chef du détachement d'assaut avait été spécialement choisi pour ses capacités et son expérience. Pourtant, même soigneusement organisée et bénéficiant d'un appui feu conséquent, la contre-attaque a échoué face aux soldats « ordinaires » de la XLIXe division d'infanterie britannique [71].

À l'inverse, de sérieuses défaillances se sont produites, soigneusement enjolivées ou passées sous silence après guerre. Pour deux des six bataillons d'infanterie de la division, le baptême du feu a rapidement tourné à l'échec – il s'en est d'ailleurs fallu de peu qu'il ne se transforme en désastre pour l'un d'eux. En l'occurrence, il s'agissait d'abord d'un problème d'ordre tactique, et non d'une quelconque défaillance des grenadiers SS qui avaient très bien réagi en n'hésitant pas à engager les blindés alliés [72]. La chaîne des transmissions présentait également de sérieuses lacunes au sein de la division (comme Guderian l'avait du reste relevé lors de son inspection au printemps). Après un mois de combats, les rapports des reconnaissances menées sur le champ de bataille arrivaient encore fréquemment avec cinq heures de délai, tandis qu'aucun compte rendu n'était transmis sur des événements aussi élémentaires que des tirs préparatoires de l'artillerie alliée. Couplée au manque d'initiative des troupes sur place, cette incurie a par exemple permis à un avion de reconnaissance allié d'atterrir au beau milieu des lignes allemandes avant de reprendre l'air [73].

Dans les combats qui ont précédé la chute de Caen, au début de juillet 1944, les actes de bravoure ont par ailleurs eu tendance à masquer des défaillances de plus en plus nombreuses. Celles-ci étaient d'autant plus indiscutables qu'elles étaient relevées par l'encadrement de la division. Le plus souvent, ce sont les officiers du régiment blindé qui ont dénoncé la pusillanimité de l'infanterie SS chargée de les soutenir. Celle-ci n'a pas suivi les panzers lors des contre-attaques, ou alors « seulement peureusement », préférant se terrer dans ses abris. Elle a de ce fait condamné les blindés à faire demi-tour et à abandonner leurs gains. Par ailleurs, des unités d'infanterie SS ont abandonné sans ordre leurs positions pour se replier à l'aube du 9 juillet, jour de la chute de Caen [74]. Dans son rapport, le commandant du bataillon d'infanterie mécanisée ne mâchait pas non plus ses mots :

> La valeur militaire des compagnies amalgamées et le commandement de celles-ci étaient défaillants, de même que la combativité de la troupe. La conscience que les compagnies se repliaient a conduit les officiers et les hommes à se diriger vers l'arrière. De ce fait, la mission d'ensemble n'a pas été menée avec le soin suffisant, d'autant plus que ces compagnies n'étaient pas mûres pour de difficiles combats urbains [75].

Ces défaillances répétées après quatre semaines d'engagement sur le front tendaient à montrer que la troupe, composée essentiellement d'adolescents de 17 ou 18 ans, commençait à atteindre les limites psychiques et physiques de sa résistance [76]. Sous une autre forme et dans d'autres conditions, on retrouvait là une situation assez similaire à celle rencontrée par la « LSSAH » au cours de l'hiver 1941-1942 sur le front de l'Est. Vétéran de la « LSSAH », le divisionnaire semblait lui-même en être conscient. Cela était apparu en tout cas dès le 26 juin, lors d'une puissante offensive britannique à l'ouest de Caen (opération « Epsom »). Mettant en jeu des forces totalement disproportionnées, cette attaque avait enfoncé les lignes allemandes, en dépit de la pugnacité des soldats SS. Le soir même, le commandant de la division a préféré retirer du front le régiment qui avait encaissé ce jour-là tout le choc de l'attaque. Des détachements tactiques d'autres divisions sont alors venus aveugler la brèche [77]. La décision n'était pas forcément illogique. Elle l'était pourtant dans l'esprit du divisionnaire. Trois semaines plus tôt en effet, il n'avait pas hésité à renvoyer au combat les éléments de la 716e division d'infanterie battant en retraite après avoir vainement tenté de repousser le débarquement allié, leur ordonnant de reconquérir le terrain qu'ils avaient perdu [78]. En tout état de cause, la volonté de ménager ses propres troupes était patente.

UNE VALEUR LIMITÉE PAR LE PRINCIPE D'ÉCONOMIE DES FORCES

En jouant sur l'ambivalence de leurs liens hiérarchiques, les formations blindées et motorisées de la *Waffen-SS* s'étaient ménagé une position très particulière au sein des forces terrestres allemandes. Relayées par la *Reichsführung-SS*, qui s'est toujours souciée de leur pérennité, elles se sont de plus en plus fréquemment servies de la dualité de leur hiérarchie pour faire appel de la décision de les maintenir sur le front à partir de l'été 1941. Au fil du temps, ce procédé a encore évolué en engendrant des pratiques abusives. En appliquant le principe d'économie des forces en vue de préserver leur potentiel de combat, elles en sont ainsi arrivées en 1944 à prendre l'initiative de poser des limites à leur engagement sur le front.

L'engagement partiel des forces

En comparaison des commandants de troupe SS piaffant d'impatience à l'idée de se battre en 1940 et 1941, ceux de 1944 (parfois les mêmes) ont montré beaucoup plus de prévention devant cette perspective. La difficulté éprouvée en 1942 à réhabiliter leurs unités retirées exsangues du front de l'Est et la nouvelle saignée enregistrée dès le premier engagement à Kharkov au début de 1943 avaient conduit à introduire une nouvelle culture d'économie dans l'emploi des forces chez les généraux SS. Elle avait notamment incité le corps d'armée blindé SS à entreprendre des réformes structurelles afin de ne plus engager la totalité de leurs effectifs [79]. Mais face à la dégradation de la situation au second semestre 1943, l'emploi « de chaque homme et de chaque arme à l'est » était redevenu le mot d'ordre, tant à la division « Das Reich » qu'à la « LSSAH » [80]. Toutes deux ont chèrement payé ce revirement, en particulier la seconde. Le coût humain, et plus encore la difficulté de remplacer les pertes, ont eu pour effet, par contrecoup, de donner une nouvelle vigueur à cette culture d'économie des forces. Aussi cette dernière était-elle très vivace en 1944. Au moins trois des six divisions SS présentes en Normandie ont aligné des effectifs incomplets lors de la bataille, usant de subterfuges pour maintenir en réserve à l'arrière une partie de leurs forces. Indépendamment de toute question de motorisation ou de niveau opérationnel, les 2e et 17e divisions SS ont ainsi envoyé après le 6 juin une partie de leurs personnels placés en réserve (souvent des fantassins) dans leur bataillon de dépôt ou au sein d'une unité *ad hoc* qui lui était couplée [81]. En se conjuguant avec l'impossibilité matérielle de transporter une partie de ses unités, cette mesure a conduit la division « Das Reich » à maintenir près de la moitié de ses effectifs (8 300 hommes sur 18 000) dans la région de Montauban le 8 juin 1944. Les derniers contingents de la division n'ont finalement été mis en route vers la Normandie que le 21 juillet suivant [82].

À défaut d'employer les mêmes procédés, la « LSSAH » a eu recours à la même politique, même si son cas est moins bien documenté. Des fractions assez considérables de la division sont demeurées dans leur zone de cantonnement belge de Turnhout pendant la bataille. Sous couvert d'une pénurie de véhicules et d'armes lourdes, quelque 5 800 de ses 21 262 personnels (27 %) n'avaient pas encore été mis en route vers la Normandie au 1er juillet [83]. La division semble néanmoins être allée plus loin, comme tend à le prouver l'exemple d'une batterie du groupe de DCA. Nominalement, celle-ci avait été mise en marche vers la Normandie dès le 17 juin. Néanmoins, 27 de ses 155 personnels (17 %) étaient encore dans la région de Turnhout le 13 août suivant. Surtout, l'existence de rapports rédigés aux mêmes dates avec une ventilation sensiblement différente des effectifs prouve l'existence d'une double comptabilité visant à dissimuler la présence des personnels tenus en réserve loin du front. C'est précisément dans le dernier rapport daté du 12 août qu'il était officiellement admis l'envoi de personnels en Belgique [84]. Loin d'être un cas isolé – la présence en Belgique d'éléments du régiment blindé de la division est également attestée au cours de l'été 1944 [85] –, cet exemple illustre les tours de passe-passe opérés. On est en droit de supposer qu'il a ainsi pu être maintenu non pas une réserve de personnels employés au fur et à mesure pour combler les pertes, mais bel et bien un petit noyau soigneusement tenu à l'écart des combats et dont l'emploi n'était pas envisagé, comme le prouve la liste nominale des personnels de la batterie présents à Turnhout qui n'a pratiquement pas changé pendant toute la période. Pour l'unité, ce noyau était l'assurance de sa pérennité.

Tirer profit des pertes pour limiter la participation aux combats

La plupart des divisions SS ont parfaitement su profiter de leurs pertes pour prendre l'initiative de se désengager précocement des combats. Le premier cas documenté de ce type est celui de la division « Das Reich ». Le 12 décembre 1943, le commandant du groupe d'armées « Sud » (von Manstein) s'était déjà étonné et plaint de voir 60 % des personnels de la division être retirés du front. Alors qu'elle alignait encore un effectif de 13 000 hommes (équivalent à celui d'une division blindée de l'armée), 8 000 personnels avaient été désengagés en vue de reconstituer la division en Prusse-Orientale [86]. Or, non content de ce retrait partiel, le détachement tactique laissé sur le front s'est par la suite efforcé d'être à son tour désengagé, usant pour ce faire d'une méthode peu orthodoxe. En l'occurrence, il a prétendu que certaines de ses unités avaient fondu dans le creuset de la bataille après les avoir dissoutes et avoir renvoyé *en catimini* leurs personnels à l'arrière. Le stratagème a fait long feu. La 4ᵉ armée blindée, à laquelle était subordonné le détachement tactique, s'est rendu compte de la manœuvre et a réclamé leur rappel. Le commandant du détachement tactique SS a alors soumis le problème à Himmler, ce qui a *ipso facto* figé la position des uns et des autres jusqu'au retrait officiel de ce détachement en avril 1944 [87].

À l'été 1944, cette politique a été reprise par certaines des divisions SS engagées en Normandie, cette fois avec un franc succès. La différence fondamentale expliquant cette réussite provenait de ce que les échelons hiérarchiques qui les contrôlaient étaient alors aux mains de généraux SS : Ier et IIe corps d'armée blindés SS, 7e armée (commandée à partir de la fin juin par Hausser) et 5e armée blindée (commandée à partir du mois d'août par Dietrich). Le fait est particulièrement évident pour les 12e et 17e divisions SS, et dans une moindre mesure pour la 2e.

De ces trois formations, la 12e division SS est assurément celle qui a au mieux profité de sa réputation d'unité « saignée » par les combats d'une part, et du souci des responsables du front de ne pas voir les divisions blindées fondre dans le creuset de la bataille d'autre part. Dans l'absolu, cela n'était certes pas faux. Au 18 juillet 1944, la division avait perdu 6 164 hommes, essentiellement mis hors de combat pendant les quatre semaines d'engagement de la division du 7 juin au 10 juillet [88]. Reste qu'après cette date la division n'a plus jamais été engagée en tant que telle sur le front jusqu'à la fin de la bataille, et ce, alors qu'elle comptait encore quelque 14 000 hommes dans ses rangs. Certaines de ses unités ont été réorganisées en une demi-douzaine de détachements tactiques d'intervention. Forts de quelques centaines d'hommes chacun, la plupart de ces détachements étaient extrêmement bien armés en comparaison de leurs effectifs. Ils ont représenté la division *a minima* sur le front, presque de manière symbolique en comparaison des effectifs globaux encore disponibles [89]. La pugnacité de ces détachements et les combats spectaculaires qu'ils ont soutenus de manière épisodique ne doivent donc en aucun cas cacher le retrait de la division. Le 23 juillet, la plupart des personnels n'appartenant pas à ces détachements ont ainsi reçu l'ordre de rejoindre leur ancienne zone de cantonnement dans les départements de l'Orne et de l'Eure, et ce « dans l'intérêt du rafraîchissement de la division et [de] la préservation des hommes et du matériel [90] ».

Au demeurant, il y a eu une rotation régulière de personnels entre cette base arrière et le front, avec *in fine* une nette diminution des effectifs engagés au profit de ceux maintenus en réserve. Pour ne prendre que ce simple exemple, le régiment blindé de la division, pourtant solidement constitué le 6 juin, n'a pas aligné ensemble ses neuf (puis huit) compagnies plus de 72 heures sur toute la durée de la bataille. De deux au 13 juin, le nombre de compagnies renvoyées à l'arrière est passé un mois plus tard à quatre. Finalement, seuls les reliquats de deux compagnies combattaient encore dans la poche de Falaise au moment de l'encerclement des troupes allemandes [91]. Le divisionnaire semble avoir lui-même éprouvé du mal à contrôler ce mouvement. Le 13 août, il battait le rappel de ses troupes, exhortant les commandants des unités repliées à lui envoyer tous leurs effectifs opérationnels pour s'opposer à l'avance des Britanniques et des Canadiens sur Falaise. Pas moins de cinq bataillons de mêlée étaient visés par cet ordre [92]. Cela n'a guère servi. Dès le 21 août, c'est-à-dire le jour même où les dernières troupes allemandes parvenaient à s'extraire de la poche de Falaise, l'état-major de l'un de ses régiments était déjà au nord de la Seine, à Noyon (Oise) [93]. Après avoir franchi le fleuve, la plupart des éléments de la division ont pu se replier dans des conditions satisfaisantes vers la frontière franco-belge dès le 26 août. Il suffit de lire les ordres établis à cette occasion pour comprendre que, loin d'être une débandade, le repli anticipé de la division s'est déroulé dans d'excellentes conditions, eu égard aux circonstances, et n'a en rien ressemblé à la retraite de la Grande Armée en Russie [94].

La situation était à cette date identique à la 17e division SS, sinon que ses pertes étaient proportionnellement plus lourdes. Celle-ci n'a pourtant pas cessé pendant toute la bataille de présenter des rapports d'effectifs spécieux. Le stratagème consistait d'un côté à maintenir une partie de ses personnels de combat au sein de son bataillon de dépôt resté à Châtellerault (Vienne) ou en les détachant administrativement dans des stages de formation. D'un autre côté, les spécialistes et personnels administratifs que le commandement de la division voulait absolument préserver ont été systématiquement écartés des effectifs de combat [95]. Le mensonge n'a pas épargné Himmler [96]. Au 19 juillet 1944, la division annonçait disposer de 876 fantassins, alors même que ses effectifs globaux étaient supérieurs à 11 000 hommes cinq jours plus tard [97]. Cette situation n'était au demeurant pas si exceptionnelle au sein des forces allemandes [98]. À manipuler ainsi les chiffres, la division a toutefois bien failli être la victime de son propre jeu lorsque le groupe d'armées B, sur la foi de ses rapports, a voulu la dissoudre au début du mois d'août 1944 [99].

Finalement, le désengagement des éléments de la division, déjà amorcé par échelons depuis la mi-juillet, a été ordonné le 8 août. Cependant, le processus de décision a été à cette date une affaire strictement interne à la division. C'est en effet sur son lit d'hôpital que le divisionnaire blessé a donné son aval à ses officiers d'état-major. L'initiative n'a en fait reçu une caution hiérarchique que huit jours plus tard, suite aux efforts de la division pour régulariser la situation. Comme à la 12e division SS, seul a été laissé sur le front un faible détachement tactique déjà engagé auprès de la division « Das Reich ». Même l'ordre du général SS Hausser le 11 août d'engager tous les spécialistes au combat n'a pas été suivi d'effet : ayant déjà amorcé à cette date son repli vers la région de Dreux (Eure), la division s'est contentée de former deux détachements tactiques, forts de quelques centaines d'hommes chacun, pour donner l'impression d'obéir, sans toutefois exécuter l'ordre à la lettre. D'ailleurs, faute de moyens de transport, ces deux détachements n'ont pas rejoint le front. Dans le chaos croissant régnant en Normandie, ce retrait précipité n'a pas été remarqué, d'autant plus que Hausser a finalement donné sa bénédiction le 16 août. Seul le nouveau commandant à l'ouest (Model) s'est intéressé de près à la division lorsqu'elle a été autorisée à poursuivre son repli vers Metz, en lui réclamant un état détaillé de ses pertes. L'affaire ne semble toutefois pas avoir eu de suite [100].

En définitive, la plupart des divisions allemandes engagées en Normandie (armée et SS confondues) ont procédé au repli de tous leurs éléments non indispensables dans la première moitié du mois d'août, notamment après l'échec de la contre-offensive de Mortain et devant la perspective de plus en plus certaine d'un encerclement [101]. Ce phénomène était à ce point généralisé que, au cours des deux nuits de marche entre les 15 et 17 août, les convois de la 17e division SS ont rencontré sur leur chemin les charrois de bon nombre de divisions au moment de franchir la Seine, mais aussi des détachements de quatre divisions SS (1re, 2e, 9e et 10e) [102]. Certaines n'ont du reste pas hésité à évacuer leurs forces de combat, à l'image de la division « Das Reich ». Tout au long de la bataille, celle-ci avait déjà su gérer avec beaucoup d'habilité et d'intelligence ses ressources en utilisant son rôle de « pompier du front » pour reconstituer à tour de rôle ses unités à l'arrière [103]. Le 13 août, après avoir envoyé des patrouilles de reconnaissance lointaine sur l'ensemble du front (jusqu'en région parisienne) pour connaître exactement la situation, elle a finalement sauté le pas en renvoyant ce qui restait de son régiment de panzers dans une région située au sud-est de Paris [104].

Ces discrets retraits expliquent dans une très large mesure un phénomène jusque-là jugé incompréhensible, à savoir la résistance inattendue à laquelle se sont heurtés les Alliés cherchant à encercler les troupes allemandes à hauteur de la Seine dans la seconde moitié du mois d'août 1944 [105]. De fait, les groupements tactiques SS « Wahl » (*alias* « Fick ») et « Mohnke », soudainement surgis dans l'Eure avec des effectifs en hommes et en matériels avoisinant ceux d'une division blindée, n'auraient jamais existé sans les mesures d'évacuation préalablement menées [106]. À lui seul, l'engagement qui s'est produit à hauteur du hameau de La Heunière (Eure) illustre le processus. Le lieu était un important carrefour sur l'itinéraire de progression des troupes américaines. Elles y ont été sèchement stoppées les 19 et 20 août par un détachement s'articulant autour de la 4ᵉ compagnie blindée de la division « Hitlerjugend ». Retirée du front de Caen le 6 juillet, cette compagnie avait été complètement remise à neuf dans l'intervalle [107]. Tout aussi significative est la participation à ce combat local de sept chars de la division « Das Reich ». Au même moment, cette dernière n'était pas capable, en effet, d'aligner plus de quatre panzers pour dégager les troupes encerclées dans la poche de Falaise [108]. Or, cette dernière contre-attaque était pourtant sa mission principale, du moins en théorie. Comme cela a été vu, c'est elle qui avait valu à la division de pouvoir s'extirper *in extremis* de la poche avant sa fermeture.

Au-delà de son caractère anecdotique, l'épisode permet de repenser l'histoire de la bataille de Normandie, en particulier son dénouement encore mal connu. À cet égard, il est intéressant de noter que les troupes qui ont servi de couverture étaient loin d'être toutes exténuées par des semaines de combats incessants en première ligne. Les unités très diverses qui sont entrées dans la composition des deux groupements tactiques SS ont souvent été des détachements déjà retirés du front depuis plusieurs semaines, auxquels sont venus se greffer des renforts et des éléments en cours de repli [109]. Sur le fond, cette contribution militaire aux opérations n'a toutefois été rien moins que préméditée et a tout au contraire été le fruit d'un concours de circonstances.

Au final, si l'on fait les comptes, on constate que, sur les six divisions SS présentes à l'été 1944 en Normandie :
– quatre ont été engagées assez tardivement, et en tout état de cause pas avant la fin du mois de juin 1944 (1re, 2e , 9e et 10e),
– au moins trois n'ont longtemps été présentes sur le front qu'avec des effectifs partiels, suite à un déficit de motorisation et/ou à une politique d'économie des forces (1re, 2e et 17e),
– deux ont servi d'unités de réserve et n'ont en conséquence été engagées qu'épisodiquement et partiellement sur le front pendant des périodes de combat certes intenses, mais limitées (1re et 2e),
– les deux divisions engagées dès les premiers jours de la bataille ont été précocement désengagées à partir du mois de juillet en ne laissant sur le front que des effectifs de combat presque symboliques (12e et 17e),
– à l'instar de la plupart des autres formations allemandes, toutes ont replié leurs unités logistiques (et certaines des éléments substantiels de leurs échelons de combat) avant la fermeture de la poche de Falaise.

En somme, lors de la bataille d'attrition qui s'est déroulée en Normandie, aucune des divisions SS engagées, pourtant bien équipées et pourvues en effectifs, n'a eu à combattre de manière continue en tant qu'unité organisée pendant les dix semaines de campagne. Ce constat pourrait bien sûr être tiré pour d'autres formations de la *Wehrmacht*, mais pas de manière aussi systématique – il n'est que de citer la 2e division blindée de l'armée de terre et la 3e division parachutiste de la *Luftwaffe*, toutes deux engagées sans discontinuer à partir de la mi-juin. Il n'est donc pas étonnant d'apprendre que les divisions SS engagées en Normandie sont sorties du champ de bataille après avoir subi des pertes certes significatives, mais assez nettement en deçà du taux de pertes subies par les autres divisions de l'armée (*annexe 43*). Le résultat était en fait éloquent : trois des six divisions ayant proportionnellement eu à souffrir le moins de pertes appartenaient à la *Waffen-SS*. Cette singularité était d'autant plus remarquable que les trois autres divisions avaient été engagées soit de façon limitée au cours de l'été 1944 (711e), soit très tardivement, c'est-à-dire pour l'essentiel pas avant la seconde quinzaine d'août (9e blindée et 331e d'infanterie). Comme l'indique l'absence de formations de panzers parmi les unités ayant eu à déplorer plus de 50 % de pertes, l'appartenance des divisions SS aux troupes blindées contribuait à expliquer ce phénomène. Quelle que soit leur valeur, les divisions d'infanterie ont subi des pertes nettement plus sensibles, y compris l'unité d'élite que représentait indiscutablement la 3e division parachutiste [110]. Au vu de cet ordonnancement, il apparaît toutefois assez évident que la seule appartenance aux troupes blindées ne peut pas seule expliquer la manière dont les formations SS sont sorties relativement épargnées de la bataille. D'évidence, cette situation répondait à la politique d'économie des forces des divisions SS et à la logique qui l'inspirait.

Un réflexe de conservation

À bien des égards, la tendance des formations SS à poser une limite à leur engagement dans la seconde moitié de la guerre peut être considérée comme un réflexe de conservation. Le fait est pour le moins paradoxal pour des troupes réputées « jusqu'au-boutistes » et prêtes au sacrifice suprême en raison de leur fanatisme. En réalité, cette volonté de sauvegarde découlait d'une logique parfaitement cohérente. Cinq facteurs entraient en ligne de compte, à commencer par l'inégalité des pertes touchant les diverses unités d'une division blindée. Même au sein de ce type de formation, l'infanterie était essentielle. Pourtant, elle ne représentait au mieux qu'un quart des effectifs au début de l'engagement. Or, c'était « précisément cette fraction qui fondait vite dans la bataille, alors que les 75 % constituant les auxiliaires de l'infanterie étaient conservés ». En d'autres termes, l'infanterie représentait la composante la plus rapidement « consommable » d'une division blindée. D'un autre côté, il n'était « pas rentable d'user dans le combat les spécialistes des unités auxiliaires qui n'étaient pas équipés pour ce genre de lutte ». Eu égard au temps et aux moyens nécessaires pour les former et la difficulté de les remplacer, c'était du gaspillage [111].

Le second facteur à prendre en compte était l'absolue nécessité pour une troupe de préserver un noyau dur de troupes aguerries.

Même pour l'infanterie, il était primordial de préserver ce noyau autour duquel les renforts allaient pouvoir ultérieurement s'agréger. Plus ce noyau était étoffé, plus la réhabilitation d'une unité était rapide et efficace. À l'inverse, l'absence ou la faiblesse de ce noyau condamnait une troupe à de longs et pénibles efforts pour essayer de retrouver sa valeur originale, sans garantie de succès [112]. Or, à partir de l'hiver 1943-1944, la situation militaire du Reich, l'affaiblissement général des ressources et la gestion à la petite semaine des Grandes Unités ont conduit de plus en plus souvent à laisser les divisions de panzers s'épuiser sur le front. « Consumée » *(ausgebrannt)* était le terme courant utilisé dans le vocable militaire allemand pour désigner une unité qui avait dépassé ce seuil critique, à l'image de la 2e division blindée de l'armée qui avait précisément servi d'exemple à Guderian pour expliquer le phénomène à Hitler en mars 1944. Cela n'avait pas suffi à lui faire changer ses conceptions [113]. En l'occurrence, et comme cela a déjà été évoqué, la « LSSAH » a sérieusement pâti de cette politique d'engagement maximal. Fragilisée par la cession de personnels à la division « Hitlerjugend » et au Ier corps d'armée SS en 1943, elle a dépassé ce seuil critique sur le front de l'Est au début de 1944. Dans l'incapacité de se reconstituer qualitativement, faute de temps, elle a été engagée à l'ouest après une réhabilitation essentiellement matérielle. Cela n'a naturellement pas suffi. Au combat, la sanction a été inéluctable. Au dire du général Eberbach qui a eu la division sous ses ordres en Normandie, « la Leibstandarte n'a[vait] jamais auparavant combattu aussi mal qu'à cette époque [114] ».

Cette politique d'engagement irraisonné des forces a logiquement suscité en réaction un réflexe conservatoire des unités en tant que forces de combat cohérentes. Les derniers jours de la bataille de Normandie ont surabondamment prouvé ce réflexe collectif, tant chez les divisions de l'armée que chez celles de la SS qui se sont toutes efforcées de préserver le capital qui allait leur servir d'assurance sur l'avenir [115]. Le fait est que les formations SS ont pu le faire plus ouvertement, en raison même de la réputation de fanatisme que le régime et le haut commandement militaire leur prêtaient, ce qui les plaçait encore à cette date au-dessus de tout soupçon (la meilleure preuve de cette affirmation est que les divisions SS concernées n'ont pas hésité à laisser des traces écrites de leur retrait partiel, alors que le procédé au sein des troupes de l'armée ne se découvre que dans les témoignages laissés après guerre par leurs officiers). À plusieurs reprises en Normandie, des formations SS ont ainsi pu se permettre le luxe de la sérénité au moment où la pression s'accroissait sur les épaules des généraux de l'armée. Contrairement aux officiers SS, ces derniers étaient condamnés au succès pour prouver leur efficacité, et donc leur fidélité au régime. Cela a été encore plus vrai après l'attentat du 20 juillet. En août 1944, la division « Das Reich » et le IIe corps d'armée blindé SS ont ainsi cessé de poursuivre des assauts dont la vanité était évidente, et ce, en dépit des ordres de leurs supérieurs de l'armée [116]. Par la suite, les troupes SS ont elles aussi commencé à devoir rendre des comptes suite à leurs revers répétés, en particulier à l'issue de la bataille des Ardennes où il était clairement établi que la 6e armée blindée (SS) avait « failli » [117]. Mise en demeure d'accomplir l'impossible par Hitler et ses conseillers militaires, c'est toute l'armée allemande qui a finalement eu recours au mensonge [118]. L'habitude de l'OKW de ne juger l'action des unités qu'à l'aune de leurs performances a encore accentué ces pratiques, nul ne songeant à leur demander des comptes en cas de succès inattendu ou de se justifier en cas de reconstitution spectaculaire [119]. Personne au quartier général de Hitler ne s'est ainsi étonné de la capacité de résistance inopinée des forces allemandes au sud de la Seine en août 1944.

À côté de ces deux raisons générales, trois autres facteurs spécifiques à la *Waffen-SS* ont conduit les divisions de l'Ordre noir à se soustraire davantage que leurs homologues de l'armée aux combats afin de se préserver. Le premier était lié à leurs structures mêmes. Les efforts menés par les généraux SS en 1941 et 1942 en vue d'améliorer l'organisation de leurs divisions avaient en effet abouti à des constructions extrêmement lourdes. L'ambition de combattre de manière autonome avait notamment entraîné un développement démesuré de l'appui feu et des services logistiques qui avait achevé de déséquilibrer le ratio entre les troupes de première ligne et les troupes de soutien. Le refus des divisions SS de diminuer leurs effectifs, comme l'avait fait l'armée de terre à l'automne 1943, avait figé cette situation. En conséquence, les divisions blindées SS de l'été 1944 apparaissaient comme des constructions certes très complètes, mais qui s'usaient beaucoup plus rapidement que ne le laissaient supposer leurs effectifs pléthoriques. De fait, elles ressemblaient à un mauvais couteau, avec un énorme manche et une petite lame qui s'émoussait d'autant plus vite qu'elle était mince.

Un autre facteur d'explication propre à la *Waffen-SS* était son sous-encadrement quantitatif et qualitatif. En effet, cette absence de nombreux cadres qualifiés empêchait toute réhabilitation rapide d'une unité. Ainsi, la durée de reconstitution d'une formation SS était presque toujours plus longue que celle d'une unité équivalente de l'armée. Les divisions SS étaient pleinement conscientes de ce handicap (qui n'avait pas non plus échappé à l'inspecteur des troupes blindées à l'ouest). Aussi n'ont-elles pas attendu d'atteindre le seuil critique pour retirer leurs cadres du front dès que cela leur a été possible [120].

Finalement, les divisions SS engagées à l'été 1944 ont eu à subir de plein fouet les conséquences d'expansion irraisonnée de leur *Reichsführung* à l'automne précédent. Jusqu'à cette date, le système de remplacement des pertes avait fonctionné de manière sinon parfaite, du moins satisfaisante [121]. En rompant complètement l'équilibre déjà fragile entre les ressources humaines disponibles et les besoins des unités sur le front, Himmler a condamné ses troupes. À proprement parler, cette situation n'était pas véritablement spécifique à la SS. Analysant avec une remarquable précision le fonctionnement de la chaîne de remplacement des forces allemandes engagées en Normandie à l'été 1944, les services de renseignements alliés sont ainsi parvenus à établir « la véritable banqueroute allemande » dans ce domaine (31 000 hommes envoyés en renfort pour des pertes estimées à 200 000 tués, blessés et prisonniers en l'espace de deux mois). Tirant la conclusion que l'armée de terre avait elle-même saboté son système de remplacement en transformant ses divisions d'entraînement en divisions de combat à part entière, les services de renseignements alliés constataient que la SS avait suivi la même voie en privilégiant une politique d'expansion démesurée au détriment de l'élémentaire précaution qui aurait été de constituer des réserves. Les meilleures formations de l'armée de terre ont encore eu la possibilité d'absorber l'essentiel des minces renforts envoyés ou de « cannibaliser » les divisions d'infanterie décimées. En recourant à ses unités d'entraînement, le commandement de la *Luftwaffe* a de son côté pu acheminer un minimum d'effectifs en renfort à ses troupes parachutistes [122]. Pour les divisions SS, il n'y avait rien, ou si peu. Le 18 juillet 1944, le SS-FHA a ainsi promis l'envoi de 2 340 hommes pour remplacer la perte de 11 785 personnels des 1re, 9e, 10e et 12e divisions SS, soit à peine 20 % des effectifs mis hors de combat. Le SS-FHA prévenait dans le même temps « qu'il ne [fallait] plus ensuite compter à court terme sur un autre envoi de renfort ». À l'évidence, ce faible taux de remplacement condamnait ces divisions à brève échéance. Les commandants des deux corps d'armée blindés SS concernés étaient d'ailleurs « ébranlés » par cette incapacité de suppléer à leurs pertes [123]. L'impression générale était que « le front se sent[ait] laissé en plan » [124]. Le commandant du groupe blindé Ouest est même allé jusqu'à demander au groupe d'armées B l'attribution de bataillons de marche de l'armée aux divisions SS, idée qui a trouvé un début d'application, même si la qualité des personnels n'a pas été au rendez-vous [125].

Devant une telle débâcle des services centraux SS, le réflexe des commandants de troupe a logiquement consisté à économiser leurs forces. C'est justement à compter de cette époque que les mesures conservatoires se sont multipliées au sein des divisions SS. Si celles-ci ont plutôt bien su maîtriser l'exercice, comme l'attestent leurs effectifs à l'issue de la bataille, cela s'est forcément répercuté sur leur efficience au combat. La conséquence logique de ce processus a été le glissement du fardeau de la bataille sur les formations de la *Wehrmacht*, et notamment sur les divisions d'infanterie allemandes, un peu vite oubliées ou injustement décriées pendant comme après les combats [126]. Or, celles-ci se sont bien comportées sur le front dès lors qu'elles ont bénéficié d'un appui feu comparable à celui des formations de panzers. Même relative, la valeur de ces divisions a été d'autant plus méritoire que, en comparaison des divisions blindées SS, elles accumulaient les handicaps : absence de sélection physique de leurs personnels, plus bref délai de mise sur pied, instruction largement grevée par les travaux de fortification côtière, appui feu déficient, structures et équipements complètement inadaptés pour combattre les divisions alliées motorisées, arrivée au front de leurs unités « les pieds douloureux et épuisées » à l'issue d'une progression à marches forcées, faible moral de l'infanterie se pensant abandonnée à son sort, anonymat dû à l'absence de reconnaissance publique par la propagande allemande, influence de ce manque de considération sur l'esprit de corps. Ce sont par ailleurs ces mêmes divisions qui ont été les premières sacrifiées à l'heure des choix décisifs, comme dans la poche de Falaise en août 1944 [127]. Aussi n'est-ce pas la moindre des incongruités de voir l'énorme publicité faite autour de la division « Hitlerjugend »... pourtant relevée du front alors que son effectif de 14 000 hommes était encore nettement supérieur à celui des 272e et 85e divisions d'infanterie venues successivement prendre sa place.

29

Les rapports entre la *Waffen-SS* et la *Wehrmacht*

Que l'attitude des généraux de la *Wehrmacht* envers la *Waffen-SS* n'ait pas été conforme à l'idée qu'ils ont propagée après guerre dans leurs Mémoires est un fait depuis longtemps établi [1]. Au-delà des relations plus ou moins acrimonieuses de la *Reichsführung-SS* et du haut commandement militaire, il reste néanmoins à définir moins sommairement les relations sociales des troupes SS avec les autres forces armées du Reich. Surtout, il s'agit de déterminer comment l'armée allemande a géré l'intrusion de cette branche militarisée de la NSDAP dans sa sphère traditionnelle de compétences.

La *Wehrmacht* face à ses contradictions

La primauté de l'intérêt professionnel

En raison du degré très élevé de pénétration de l'idéologie nationale-socialiste au sein de l'institution militaire dès le début de la guerre, il serait vain de vouloir plaquer une grille de lecture idéologique sur les relations entre soldats de la *Waffen-SS* et de la *Wehrmacht*. Ainsi, l'un des généraux parmi les plus virulents à l'encontre de la *Waffen-SS* après guerre passait lui-même pendant le conflit pour un ardent partisan du régime au sein de son état-major [2]. À l'inverse, aborder les relations entre la *Waffen-SS* et la *Wehrmacht* sous un angle professionnel apparaît non seulement plus pertinent, mais se trouve cette fois largement étayé par la documentation de l'époque. Quelle que soit sa place dans la hiérarchie, l'ambition de chaque responsable militaire était logiquement d'accomplir la mission qui lui était assignée. En ce sens, le cas du général Blaskowitz, présenté comme un farouche opposant de la SS, est assez révélateur de la complexité de ces relations. Celui qui a été bien malgré lui à l'origine de la division « Totenkopf » et de la division de police (en suggérant à Hitler l'idée d'enrôler ces forces dans l'armée le 18 septembre 1939) a tout d'abord vu dans ces détachements un appoint utile en tant que troupes de sécurité. Une semaine plus tôt, son état-major avait même demandé « d'urgence le soutien de la SS » pour encadrer les milices de *Volksdeutsche* en cours de constitution [3]. Son aversion pour l'Ordre noir n'avait donc rien d'inné. En réalité, son revirement (comme celui d'autres généraux allemands) a été motivé par les exactions perpétrées, et plus encore par l'indiscipline que ces crimes traduisaient. Au demeurant, les divergences provenaient aussi de la manière de considérer les Juifs en Pologne. L'armée tendait à distinguer parmi les Juifs ceux politiquement actifs ou susceptibles de l'être (intelligentsia, sionistes et communistes) des « Juifs orthodoxes qui [étaient] à considérer comme moins dangereux ». Pour la SS, « un Juif [était] un Juif », quelle que soit sa catégorie [4]. Plus rarement, l'opposition à la SS a été liée à des questions de moralité bourgeoise, notamment en réaction à l'ordre de Himmler incitant les SS à procréer avant de risquer leur vie, même hors mariage [5].

En règle générale, dès lors que les grandes formations motorisées SS représentaient un appoint majeur dans le dispositif d'un commandant allemand, celui-ci n'a pas rechigné à en tirer tout le profit possible. Le spectaculaire changement d'attitude du commandant de la 2e armée (von Weichs) à l'endroit de la division « Totenkopf » à la veille de la campagne à l'ouest est en ce sens tout à fait symptomatique [6]. Avec cela, les responsables de l'armée de terre ont trouvé dans les troupes SS du début de la guerre les subordonnés dont rêve tout chef militaire : des personnels du rang et des cadres sélectionnés sur le plan physique, motivés et combatifs. Sur le fond, ils profitaient donc largement de ce besoin des premières formations SS de s'imposer professionnellement. Le futur opposant au régime qu'était le général Hoepner a bien volontiers reconnu les mérites de la division « Totenkopf » au moment où celle-ci a franchi de vive force les canaux du nord de la France en mai 1940. De son côté, Guderian n'a pas été mécontent de voir à la même époque la « LSSAH » transgresser l'« ordre d'arrêt » de Hitler et conquérir une position favorable en avant de ses lignes. Lors des campagnes de 1941, le climat d'émulation créé par les formations de la *Waffen-SS* et les rapides succès ainsi remportés ont de même directement profité aux commandants des corps d'armée concernés [7].

La rivalité professionnelle

De la même manière que les liens existant entre les formations de la *Wehrmacht* et celles de la *Waffen-SS* s'inspiraient de considérations professionnelles, les dissensions documentées au début du conflit ont elles aussi été essentiellement de même nature. En tant qu'organisation paramilitaire concurrente de l'armée de terre, l'existence même de la *Waffen-SS* a tout d'abord été mal vécue par l'institution militaire [8]. Les formations SS ont été perçues comme des corps étrangers et traitées comme tels. De ce point de vue, la division « Totenkopf » a cristallisé sur elle toutes les rancœurs en 1940. De longues années avaient plus ou moins permis avant guerre d'accepter la SS-VT comme un *alter ego* professionnel. Tout autre était la situation de cette nouvelle division SS. La genèse de sa mise sur pied en dépit de toutes les règles, l'ambition bruyamment affichée par Eicke d'en faire une élite, et probablement une certaine forme de répugnance à voir des gardiens de camps s'afficher en soldats, ont été à l'origine de ce mépris. La voir réussir en très peu de temps portait directement atteinte au corporatisme de l'armée. Que la « SS-Verfügungs-Division » ou la « LSSAH » enregistrent des succès au début du conflit, cela pouvait encore être expliqué, du point de vue des officiers de l'armée, à la fois par plusieurs années de préparation militaire avant guerre et par un transfert de compétences symbolisé par Paul Hausser, ancien général de la *Reichswehr* devenu inspecteur de la SS-VT [9]. Il était en revanche beaucoup plus difficile aux officiers de l'armée de reconnaître de quelconques mérites à la division « Totenkopf » sans se remettre eux-mêmes en cause. Apparemment créée *ex nihilo* (alors que la militarisation des SS-TV était en fait déjà ancienne), tout succès à son crédit portait directement atteinte à la fonction sociale de l'armée de terre. Aussi trouve-t-on une évidente tendance chez les militaires à l'accuser de tous les maux, parfois en dépit du bon sens [10]. En cela, il a existé une réelle contradiction chez les militaires entre l'appréciation de l'apport concret que représentaient les formations SS et la difficulté de reconnaître ensuite leurs mérites. Conjuguée au besoin de reconnaissance manifesté par la *Waffen-SS*, cette contradiction a attisé l'orgueil professionnel des uns et des autres. Ce phénomène ne transparaît pas mieux qu'à travers les polémiques qui ont éclaté à l'issue de la campagne à l'ouest en 1940. Aucun n'a accepté de voir l'autre s'adjuger ou passer sous silence un fait d'armes qu'il pensait lui voir revenir [11]. Une fois la *Waffen-SS* professionnellement reconnue à partir de 1941, de telles polémiques n'ont plus eu véritablement cours. Hormis quelques succès défensifs, il n'y eut d'ailleurs plus guère de lauriers à se disputer à partir de 1943, seulement des responsabilités à se partager dans la défaite [12].

La tentation de l'efficacité

Les relations entre l'armée et la *Waffen-SS* ont rapidement évolué au cours de la guerre. La première a nourri une évidente jalousie à l'égard de la seconde – sentiment qui n'a pas tardé à se doubler d'une admiration plus ou moins bien assumée envers ce qui, au fil du temps, est devenu un modèle. La rivalité professionnelle existant entre l'armée de terre et la *Waffen-SS* a eu tôt fait de glisser sur d'autres questions, en fait toutes celles où les troupes de l'armée pouvaient se sentir lésées par le favoritisme dont jouissait la *Waffen-SS*. Dès septembre 1940, cela apparaissait très clairement chez les unités allemandes qui côtoyaient la « SS-Verfügungs-Division » et deux régiments « Tête de mort » aux Pays-Bas :

> En réunion avec les officiers de troupe, le privilège supposé de la *Waffen-SS* et les lourdes conséquences de la procédure d'affectation spéciale sont constamment revenus sur le tapis. Les officiers d'une division de la 3ᵉ vague ont jugé incompréhensible que les troupes SS soient équipées comme un « arsenal d'armes ambulant » alors que les divisions de la 3ᵉ vague manquent encore aujourd'hui de nombreuses armes et sont équipées en majeure partie avec des armes anciennes. Par ailleurs, le fait que des officiers SS qui n'ont jamais servi et ne se sont pas tenus un seul jour devant l'ennemi se donnent des insignes de grade et des titres de service de la *Wehrmacht* a été sévèrement critiqué [13].

Le principal mérite de ces propos était de ramener les critiques envers la *Waffen-SS* comme une injustice ressentie par les troupes – au même titre par exemple que la politique des affectations spéciales qui privilégiait les classes d'âge les plus jeunes. En somme, le mécontentement était fondamentalement lié à l'iniquité ressentie d'une situation plutôt qu'à une quelconque opposition politique. Cette réaction n'était donc pas différente du complexe d'infériorité nourri par les fantassins allemands à l'encontre des aviateurs, des tankistes et des sous-mariniers. Aux yeux du soldat ordinaire, ceux-ci bénéficiaient d'une solde plus avantageuse, d'une meilleure nourriture, d'un prestige accru, et ils attiraient dans leurs rangs les meilleurs conscrits [14]. Or, si la réputation de suréquipement des formations SS n'était pas infondée au milieu du conflit, elle était devenue très surfaite en 1944 [15]. Elle n'en était pas moins tenace et illustrait toujours un réflexe corporatiste. L'antagonisme nourri à l'encontre des SS par le général von Lüttwitz, commandant de la 2e division blindée de l'armée, était à cet égard très révélateur. Dès lors qu'il lui a été demandé un véhicule pour transporter le commandant de la « LSSAH » grièvement blessé dans la poche de Falaise en août 1944, il a catégoriquement refusé sous prétexte qu'« ils [avaient] assez de véhicules ». Cette décision était indubitablement motivée par une rivalité professionnelle et non par un positionnement politique. De fait, les ordres du jour de Lüttwitz démontrent qu'il avait parfaitement assimilé l'idéologie nationale-socialiste [16].

Les méthodes dénuées de scrupules des troupes SS et de leur *Reichsführung* ont assurément agacé la *Wehrmacht*. Il ne pouvait en être autrement. Voir enfreindre les règles que l'on essaie soi-même de respecter provoque forcément l'indignation. Cela a également suscité une certaine envie. Le dynamisme et l'efficacité induits étaient tout autant cités en exemple. Plusieurs remarques démontraient que la *Waffen-SS* était devenue un modèle à suivre. Lorsqu'une formation de l'armée a éprouvé des difficultés à s'organiser en novembre 1943, l'adjoint au chef des opérations de l'OKW (Warlimont) lui a ainsi recommandé une extension « à l'exemple des SS [17] ». En février 1944, l'inspecteur général des troupes blindées (Guderian) est allé jusqu'à exalter publiquement l'esprit de la *Waffen-SS* aux unités de l'armée à l'instruction à Mailly-le-Camp [18].

« Seuls les SS pouvaient faire cela ! » s'est encore exclamé Guderian en faisant référence à la réquisition « sauvage » de véhicules civils français par la 17e division SS. Loin d'accuser, cette remarque était surtout l'amer constat de l'incapacité de la *Wehrmacht* à agir de même face aux lourdeurs bureaucratiques [19]. En octobre 1944, c'était cette fois la 2e division SS qui était citée en exemple par le maréchal Model devant les divisionnaires de deux corps d'armée [20]. C'est toutefois dans l'application de la politique répressive que ce phénomène apparaissait le mieux. Loin de susciter la réprobation unanime des troupes allemandes, la brutalité aveugle des troupes SS a souvent trouvé caution aux yeux des soldats de la *Wehrmacht*. D'un côté, les tenants du respect des formes procédurales (et donc d'une certaine idée de la justice) ont manifesté leur indignation de manière plus ou moins virulente devant les excès [21]. Les partisans des méthodes radicales ont tout autant affiché leur satisfaction à la vue du zèle manifesté par les troupes SS. En cela, le statut d'exception et la plus grande marge de manœuvre dont jouissait la *Waffen-SS* tranchaient avantageusement pour certains sur l'immobilisme de l'administration militaire en charge de la répression. Les réactions divergentes à Ascq en avril 1944 sont en cela très significatives. Alors qu'un sous-officier de la *Feldgendarmerie* s'était offusqué de voir les SS tirer les habitants hors de chez eux en pleine nuit, et cela parce qu'ils n'y étaient pas habilités, plusieurs officiers de l'administration militaire n'ont pas marchandé leurs félicitations aux soldats SS restés sur les lieux du massacre :

> Dans les premières heures de l'aube du 2.4.[19]44, un lieutenant-colonel s'est présenté [...]. Je lui ai fait un rapport exact de ce qui s'était passé. Il me répondit alors [...] dans les termes suivants : « Il est agréable de constater qu'il existe encore des commandants de transport à qui des ordres ne sont pas nécessaires pour de telles choses. » Un autre lieutenant-colonel [...] s'exprim[a] dans ces termes : « Les gars vous êtes en ordre, vous avez fait du travail complet. » Vers la fin de la matinée, le *Feldkommandant* de Lille s'est présenté en compagnie d'un [lieutenant-]colonel et d'un capitaine. À nouveau j'ai fait un rapport succinct de ce qui s'était passé. Il a alors déclaré [...] : « Enfin pour une fois des gens, qui sans instructions d'autorités, font leur travail eux-mêmes et plus vite que chez nous à Lille. » Le général a pris congé de moi sur ces mots : « Continuez à faire votre affaire ainsi [...] [22]. »

À Tulle, les soldats de la *Wehrmacht* assiégés par les maquisards ont salué chaleureusement l'arrivée de la colonne SS qui les a délivrés au soir du 8 juin 1944. La pendaison d'une centaine de « bandits » a surtout été perçue comme un acte vengeur, à la fois irrégulier et salutaire : « Un camarade m'a dit : " Heureusement qu'il y a les SS pour commettre des excès et les venger [les soldats de la garnison tués], sans cela on ne pourrait le faire [23]. " » Fondamentalement, l'idée était toujours la même : les formations SS étaient efficaces parce qu'elles étaient au-dessus des lois. Elles n'étaient donc pas contraintes aux demi-mesures. Au demeurant, « l'omnipotence magique des troupes de sécurité SS » dans les territoires occupés était certes souvent désapprouvée par les soldats de la *Wehrmacht*, mais aussi jugée comme un « mal nécessaire » qu'ils étaient heureux de voir confier à d'autres [24].

Ce caractère de « justiciers par procuration » agissant en dehors des lois a tout autant plu à la hiérarchie militaire de la division « Das Reich » au printemps 1944. Même conscient des implications de cette débauche de violences, l'Ob.West s'en est parfaitement accommodé tout en s'en lavant les mains [25]. C'est toutefois chez le supérieur direct de la division que le zèle répressif de cette dernière a suscité la plus grande satisfaction. Non seulement cela apparaissait dans les prises de position du commandant du LVIIIe corps d'armée blindé antérieures aux pendaisons de Tulle et à la destruction d'Oradour, mais également dans les jours suivants. Le lendemain d'Oradour, il a très chaleureusement salué la division SS au moment de son envoi en Normandie, lui adressant « sincèrement ses bons vœux » et formulant l'espoir « d'une nouvelle collaboration ». Une semaine plus tard, il a par ailleurs édité une directive générale sur la lutte contre les bandes. Il y exprimait sans réserve sa reconnaissance et ses remerciements pour l'action déjà accomplie et les succès obtenus par ses troupes [26]. En cela, son comportement tranchait nettement avec celui du commandant du groupe d'armées G. Ce dernier a tenu un double discours. D'un côté, il s'est montré très ferme. Devant les plaintes du préfet de Toulouse, il a fait savoir que « la lutte contre les terroristes impos[ait] l'emploi de méthodes de combat qui étaient d'une nature nouvelle dans leur sévérité pour l'Europe de l'Ouest ». Au passage, il a sommé la population de prendre position. En interne toutefois, il a demandé aux troupes allemandes de combattre « proprement » [27]. Cette absence de double langage chez le commandant du LVIIIe corps d'armée blindé n'en faisait que ressortir davantage sa complète convergence de vues avec la division « Das Reich ».

L'attrait de l'élitisme

Les faits d'armes des troupes SS, et plus encore l'intense propagande faite autour d'elles au cours de la guerre, ont conduit à une très nette évolution de la position des soldats de l'armée à l'égard des *Waffen-SS*. Dès 1943, ceux-ci étaient « considérés comme la " crème " des forces armées, et même en tant que telle, perçus comme des " troupes modèle ", ou sinon vus de travers avec l'envie et la volonté d'égaler leurs prouesses et de mettre à bas leur prééminence ». Parmi les officiers supérieurs allemands, le complexe de supériorité nourri à l'égard des armées adverses se doublait désormais d'un complexe d'infériorité plus ou moins avoué à l'égard de cette organisation paramilitaire. En dépit des revers essuyés en 1943, « [...] la plupart d'entre eux estim[ai]ent encore que la *Wehrmacht* [était] " la meilleure du monde " [...]. Ils se reproch[ai]ent aussi à eux-mêmes de ne pas avoir infiltré la *Waffen-SS* que certains d'entre eux craign[ai]ent à présent voir devenir " l'armée du futur ", remplaçant leur propre organisation [28] ». La concurrence exacerbée entre la *Waffen-SS* et la division d'élite de l'armée « Großdeutschland » avait précisément pour origine l'ambition politique et idéologique de cette dernière d'incarner « le noyau duquel devait émaner un jour un renouveau de l'armée de terre [29] ».

Parmi les personnels du rang, les idées véhiculées par la propagande nationale-socialiste et amplifiées par les rumeurs tendaient de leur côté à prendre une place croissante. « Destinés à être choisis pour toutes les pires missions suicides sur le front de l'Est où ils ne [faisaient] pas de prisonniers et ne se rend[ai]ent jamais », les soldats SS étaient « plutôt regardés comme d'admirables casse-cou fanatiques, spécialement choisis et endoctrinés, ce qui les rend[ait] indifférents à l'idée de mourir [30] ». Cette manière de considérer la *Waffen-SS* cachait en fait le besoin universel d'avoir une référence et un modèle. Elle trahissait également le profond malaise de la *Wehrmacht*, malaise qui touchait en particulier l'armée de terre. Sur le principe des vases communicants, cette dernière s'est sentie d'autant plus affaiblie dans sa fonction institutionnelle et sociale que la *Waffen-SS* gagnait de son côté en légitimité et s'imposait comme une alternative à travers l'idéologie qu'elle incarnait. Au cours des deux dernières années de la guerre, l'armée de terre s'est donc de plus en plus trouvée en porte-à-faux, en quête d'une identité que ne lui donnait plus (ou insuffisamment) la propagande de l'appareil d'État.

Seule l'arme parachutiste a mieux résisté à ce phénomène dans la mesure où elle disposait d'une identité suffisamment forte à la base. La ténacité des parachutistes allemands sur le front de l'Est et en Italie (Monte Cassino) a entretenu le mythe né des audacieuses opérations aéroportées des premières années du conflit. À l'instar des soldats SS, ils avaient aussi pour eux d'être un corps numériquement faible et parfaitement identifiable au sein de la *Wehrmacht*. Attachés à la *Luftwaffe*, ils bénéficiaient enfin de l'*a priori* idéologique favorable du régime envers une branche de l'armée placée sous la tutelle de Göring. De manière significative, la rivalité professionnelle entre la *Waffen-SS* et l'armée de terre, qui s'était plus ou moins éteinte en 1944 et 1945 (sauf chez certaines unités blindées), a eu tendance à subsister dans les relations entre les soldats SS et les parachutistes [31]. Il n'empêche que la tentation de voir un modèle dans la *Waffen-SS* n'a pas non plus épargné ces derniers. Le discours tenu par le lieutenant-colonel von der Heydte aux recrues de son régiment en septembre 1944 le prouve parfaitement. Il leur demandait d'entrer dans les parachutistes comme on entre dans un ordre mystique en citant la *Waffen-SS* et l'Armée rouge en exemple. Au passage, la teneur de son discours démontrait combien les conceptions du régime imprégnaient désormais certains officiers de la *Wehrmacht* en les persuadant que c'était l'absence de foi idéologique qui était « la raison de la perte de tant de divisions d'infanterie allemandes [32]... ».

Les relations en marge des combats

À l'ouest, sous l'Occupation, les liens entre les troupes SS et la hiérarchie militaire ont en général été sinon excellents, du moins corrects. Du simple point de vue de l'apprentissage, l'expérience pouvait être enrichissante en raison du zèle professionnel manifesté par les troupes SS à l'instruction. En 1940 et 1941, le commandant de la 7ᵉ armée (Dollmann) a ainsi trouvé dans la division

« Totenkopf » une troupe consciente de ses lacunes et avide d'apprendre. Le lien personnel qui s'est ainsi instauré avec Eicke a été suffisamment cordial et sincère pour qu'il perdure jusqu'à la mort de celui-ci en 1943 [33]. Du reste, le général Dollmann n'a cessé d'entretenir pendant toute l'Occupation d'excellents rapports avec les formations SS stationnées sous ses ordres en Bretagne et en Normandie, bien au-delà de ses obligations hiérarchiques. De l'aveu du corps d'armée blindé SS, la collaboration avec la 7e armée était « très réjouissante » à l'automne 1942. Elle l'était d'ailleurs tout autant avec l'état-major de l'aristocratique maréchal von Rundstedt, commandant en chef à l'ouest. Le temps de présence relativement long de quelques-unes des formations SS a d'ailleurs favorisé ces relations cordiales, d'autant que les principaux responsables militaires sur ce théâtre d'opérations sont eux-mêmes demeurés longtemps en poste sous l'Occupation. D'une année à l'autre, ce sont donc souvent les mêmes hommes qui se sont retrouvés [34].

Très rares sont les critiques plus ou moins voilées qui puissent être documentées. Le nouveau commandant de la 15e armée semble à lui seul les avoir collectionnées à la fin de 1943. Il a notamment dénoncé le gâchis humain que représentait le potentiel physique inexploité des jeunes soldats SS cantonnés à des tâches de servitude dans les services logistiques, et cela à l'heure où toutes les forces vives étaient mobilisées pour se battre en première ligne. À ce titre, il prévenait également qu'« avec son effectif d'enfants », la 12e division SS ne pourrait « pas être épargnée si cela tourn[ait] à la boucherie » [35]. À côté de ces rares remarques acerbes, mais qui demeuraient cantonnées au registre professionnel, les généraux de l'armée ont montré une bienveillante neutralité, saluant ou félicitant à un moment ou à un autre les formations SS dans des ordres du jour ou des messages de satisfaction (échaudé par son expérience malheureuse avec la SS en Pologne qui avait valu sa disgrâce, le commandant de la 1re armée, Blaskowitz, a de son côté manifesté une attitude neutre et silencieuse à l'égard de la *Waffen-SS* sous l'Occupation) [36]. On trouve d'ailleurs chez ces généraux une certaine propension à se faire affecter des troupes de bonne qualité issues de formations motorisées (parmi lesquelles des unités SS) pour la protection de leurs quartiers généraux [37]. Cela a par ailleurs été l'intérêt croissant des généraux de l'armée de s'entendre avec les troupes SS. Avec le temps, celles-ci (du moins les formations rapides) n'ont cessé de devenir des pièces décisives dans l'ordre de bataille allemand [38]. L'inspecteur des troupes blindées à l'ouest, le général Geyr von Schweppenburg, l'avait parfaitement compris. Devant la réticence manifestée par l'OKW à lui confier un commandement opérationnel, il a mis cette conclusion au service de son ambition au cours de l'hiver 1943-1944, non sans succès :

> Il espère le commandement d'une armée blindée et il est complètement obnubilé par cela [;] en conséquence [il est] très préoccupé par lui-même et il fait politiquement l'« autruche ». D'autant plus aussi qu'il cherche fortement à se rapprocher de la SS parce qu'il aurait en majeure partie des SS dans son armée, et il veut en conséquence mobiliser à son profit l'influence noire [39] !

En fait, ce besoin d'une bonne entente était tout autant partagé par les formations SS. Cela avait été tout particulièrement le cas avec la création du corps d'armée blindé SS en 1942. Jamais l'Ordre noir n'avait encore disposé d'un tel échelon de commandement. Cette création impliquait tôt ou tard la subordination tactique de formations de la *Wehrmacht* sous un commandement SS. La chose n'était certes plus tout à fait nouvelle à l'été 1942. Cependant, c'était la première fois qu'une telle subordination allait se produire en dehors des impératifs tactiques du combat [40]. La difficulté n'avait pas échappé au SS-FHA. Celui-ci s'était donc prudemment enquis des troupes de l'armée qui allaient être dans un premier temps subordonnées à l'état-major du corps d'armée SS, en l'occurrence la 10ᵉ division blindée de l'armée de terre et la brigade « Hermann Göring » de la *Luftwaffe*. La division « Reich », qui avait combattu aux côtés de la première sur le front de l'Est, avait témoigné de la « très bonne » collaboration avec celle-ci. D'une discussion informelle avec un officier de la brigade « Hermann Göring », il en était par ailleurs ressorti que l'unité s'était « positivement exprimée sur la *Waffen-SS* [41] ». Dès lors, la voie était dégagée. La mise en place de l'opération contre la flotte française à Toulon a d'ailleurs consacré la « remarquable » coopération entre les détachements des trois branches de la *Wehrmacht* subordonnés au corps d'armée SS en novembre 1942 [42].

Sous l'Occupation, des tensions sont certes survenues, mais ont surtout été circonscrites aux démêlés avec l'administration militaire et l'intendance. Elles n'étaient cependant pas spécifiques aux formations SS. Il s'agissait plutôt de la traditionnelle opposition entre des troupes opérationnelles et une administration militaire. Les premières tendaient à tirer tout le profit possible de leur statut d'occupant, tandis que la seconde, dirigée par des officiers relativement âgés, essayait de maintenir la paix sociale en limitant les prétentions de la troupe envers les civils. Par ailleurs, les lenteurs et le caractère procédurier de l'administration militaire ont fait l'objet des habituelles critiques des états-majors opérationnels de l'armée comme des troupes SS [43].

Le risque de tensions entre l'armée dans son ensemble et la *Waffen-SS* n'a toutefois jamais cessé d'exister. Cette menace semble au demeurant avoir été prise très au sérieux par la *Reichsführung-SS* qui s'est immédiatement alarmée dès que la propagande alliée s'est essayée à jeter le trouble entre la branche armée SS et la *Wehrmacht* (exactement comme elle a tenté de séparer la population allemande de la NSDAP). En cela, la vivacité de la réaction était un indice intéressant de cette prise de conscience au sein de l'Ordre noir [44].

Les ruptures du contrat moral

Au cours de la dernière année de la guerre, les heurts se sont multipliés à l'ouest entre la *Waffen-SS* et la *Wehrmacht*. Les combats de l'été 1944 en Normandie permettent de s'en faire une idée assez précise, en raison à la fois de la documentation disponible et des situations paroxystiques qui s'y sont produites. Dépassant le cadre de simples frictions personnelles – qui ont aussi existé [45] –, les formations SS ont assurément rompu le contrat moral qui les liait à leurs camarades d'armes de la *Wehrmacht*, et cela à double titre : d'abord en ne s'engageant pas elles-mêmes à fond dans les missions qui leur étaient assignées, ensuite en n'hésitant pas à retourner leurs armes contre les soldats de l'armée.

Les conséquences de la politique d'économie des forces

Alors que la capacité des troupes SS à ne pas exécuter les ordres de l'armée était déjà perceptible sous l'Occupation [46], leur esprit de corps a débouché au printemps 1944 sur un orgueil qui n'avait d'égal que le dédain affiché à l'encontre de la *Wehrmacht*. Même les fonctionnaires du groupe automobile de la Poste détaché auprès de la 10e division SS pour suppléer ses colonnes du train manquantes ont eu à pâtir de ce manque de considération [47]. Le chef du SS-FHA a d'ailleurs été obligé de faire la leçon à ses subordonnés, leur rappelant l'impossibilité pour le moindre soldat ou officier SS d'exiger une considération exagérée des membres de la *Wehrmacht* tout en les déconsidérant en même temps. « À cela n'existe absolument aucune raison », avait-il encore éprouvé le besoin de préciser [48].

Ce décalage est apparu au grand jour lors des combats, en donnant tout d'abord lieu à des tensions. Ainsi, le groupe d'armées B a bien été obligé de relever les « manifestations d'indiscipline répétées » du IIe corps d'armée blindé SS en constatant que celui-ci ne respectait pas ses consignes relatives à l'organisation défensive qu'il voulait voir appliquer. Dans un autre cas concernant la 12e division SS, un repli de la ligne de front n'avait même pas été signalé [49]. L'origine et les conséquences de cette situation étaient données sans ambages :

> La SS est éduquée d'après des points de vue entièrement différents de ceux de l'armée. Il en résulte des difficultés permanentes. Des ordres d'officiers de l'armée de terre ne sont pas en partie exécutés [50].

Cette forte tendance autonomiste a de plus en plus servi aux formations SS à esquiver leurs obligations sur le champ de bataille. Cela n'a certes pas été le cas lors des premières semaines d'engagements en Normandie, et même encore souvent par la suite. La coopération et le soutien des troupes SS aux formations de la *Wehrmacht* engagées en première ligne ont été fréquemment entiers [51]. Cependant, cette attitude s'est limitée aux seuls détachements SS demeurés sur le front. Au fur et à mesure que les pertes ont commencé à atteindre d'inquiétantes proportions pour elles, les divisions SS ont de plus en plus souvent désengagé une part croissante de leurs effectifs. C'est toutefois le retrait au grand jour des formations SS qui a déclenché les tensions. Cela est clairement apparu lorsque la 2e division SS a reçu, avec le IIe corps d'armée blindée SS, l'ordre de se retirer précipitamment de la poche de Falaise avant sa complète fermeture, et cela afin de pouvoir ensuite dégager les forces qui allaient être immanquablement encerclées.

Sur le fond, c'était un ordre exprès de Hitler. Pour autant, cela n'est pas allé sans marquer les esprits :

> La division avait mauvaise conscience vis-à-vis des autres troupes lorsque le plus gros de ses effectifs a été retiré dès la nuit du 17 août. Les silencieux reproches des formations restées à l'arrière ont particulièrement émergé au poste de commandement de la 116e division blindée, lors d'un entretien du chef d'état-major divisionnaire concernant [le mouvement de] relève [52].

L'idée que ses hommes et lui étaient « tout juste bons pour l'encerclement » a laissé un goût tout aussi amer au commandant du IIe corps d'armée parachutiste [53]. Même si d'autres formations SS demeuraient aussi dans la poche, le fait de voir précisément des troupes SS recevoir l'ordre d'évacuer en urgence était en soi un motif d'inquiétude pour les divisions de l'armée, qui pouvaient se sentir abandonnées à elles-mêmes [54]. Surtout, les violences qui ont accompagné les mouvements de repli du corps d'armée blindé SS démontraient que l'heure n'était plus à la « camaraderie de front ». L'un des généraux allemands qui se trouvait sur l'itinéraire de marche des colonnes SS a eu l'occasion d'assister à des scènes désagréables et de voir de « vilaines images » [55]. Les chars « se sont frayés sans ménagement un chemin » pour sortir « selon le droit du plus fort » [56]. Au besoin, la prévôté SS s'est assurée que seules les unités SS entamaient le mouvement de repli [57]. Les consignes étaient d'ailleurs très claires à cette époque, y compris lors des replis successifs vers la Seine. À la 9e division blindée SS, l'ordre exprès a été donné de progresser à tout prix sur les itinéraires de retraite, « éventuellement par la force, au besoin par la force des armes ». Les démêlés entre deux officiers SS démontrent que la consigne a été respectée à la lettre [58].

Frères d'armes ?

Paradoxalement, c'est au cours du mois d'août 1944 que l'on relève à l'ouest la plupart des cas de coercition des formations SS à l'égard de leurs homologues de la *Wehrmacht*. Le fait est effectivement paradoxal lorsque l'on songe que les divisions SS évacuaient à la même époque certaines de leurs unités en bloc. Sur le fond, ce processus avait pourtant sa logique. À l'heure des choix décisifs, la foi individuelle dans la victoire allemande, le degré d'adhésion au régime et les options philosophiques de chacun ont constitué autant de points de divergence sur le champ de bataille. En fait, c'était deux conceptions du devoir qui s'opposaient. Dès la fin de l'année 1943, des sapeurs SS engagés pour renforcer les défenses côtières sur les côtes normandes avaient eu « à entendre des choses désagréables » de la part des soldats de l'armée qu'ils étaient venus aider : « La SS voulait empêcher d'éventuels mouvements de repli, et ils étaient des prolongateurs de guerre [*sic*], entre autres [59] ». La différence était peut-être idéologique. Elle était tout autant liée au statut de troupe d'élite de la *Waffen-SS* puisque les parachutistes allemands ont essuyé la même critique [60]. Or, c'était justement cette petite fraction des forces armées qui était « placée aux positions clés et qui [était] amenée à porter avec elle les gens rongés par le doute et ceux, " meilleurs ", qui [étaient] malades de leur combat inutile et [voulaient] seulement la paix [61] ».

À l'instar des paras, la *Waffen-SS* n'avait pourtant pas vocation à jouer la police du front [62]. Sa réputation et sa culture le lui ont toutefois permis. Lorsqu'il a fallu maintenir l'ordre l'arme à la main dans les colonnes en retraite vers la Seine en août 1944, ce sont ainsi les runes SS au col plus que la qualité de *Feldgendarme* qui ont impressionné les troupes en repli [63]. Par ailleurs, le *principe de dureté* qui lui était spécifique permettait l'exercice de la coercition beaucoup plus facilement que chez d'autres troupes d'élite, parachutistes ou tankistes par exemple [64]. Le cas est particulièrement net sur le front du Ier corps d'armée blindé SS entre Caen et Falaise. Les divisions d'infanterie allemandes ont été maintenues en ligne l'épée dans les reins. L'artillerie antiaérienne de la *Luftwaffe*, subordonnée au corps d'armée SS, avait l'ordre d'ouvrir le feu en cas de repli des fantassins. De leur côté, les quelques détachements de la 12e division SS demeurés sur le front – ou, plus exactement, disposés immédiatement derrière le front des 85e, 89e et 271e divisions d'infanterie – servaient à « gonfler le moral » de celles-ci. La condescendance et la coercition prenaient cependant le pas sur la psychologie. Les témoignages des soldats de ces divisions étaient accablants. Après un périple de quelques centaines de kilomètres effectués à pied, à bicyclette ou dans des fourgons hippomobiles, ces fantassins mal armés âgés de 35 à 40 ans sont arrivés sur le front sous les quolibets des jeunes SS qui auraient pu être leurs fils (« Qu'est-ce que vous fichez ici avec vos canassons ? » – « Allez-vous au marché ? »), quand ce n'était pas sous la menace d'un pistolet.

> Hier matin, les SS nous ont conduits à la bataille au cri de « *Geht los Ihr Hunde* » [Pressez-vous, bande de chiens]. Un sergent des SS a menacé de tuer notre chef de groupe, le sergent H., parce qu'il n'avançait pas assez vite avec son peloton.

Un autre soldat se plaignait « que les SS les laissaient en plan pendant que la pauvre infanterie devait marcher et marcher et marcher ». Les SS, rapportait encore un autre,

> étaient maintenus dans les zones à l'arrière en refusant de céder l'appui feu qu'ils pouvaient bien donner et en limitant dans une large mesure leurs activités à refouler sur la ligne de front tout personnel de l'armée de terre qui était enclin à « dériver vers l'arrière ». La colère des hommes devant l'attitude des SS a jeté beaucoup de trouble dans la formation.

Même le passage des consignes sur le front entre officiers avait été inexistant, se bornant parfois à un geste vague et arrogant de la main pour indiquer la direction de l'ennemi [65]. Dès lors qu'ils ont perdu pied face aux assauts canadiens dans la plaine de Caen, ces hommes ont finalement été refoulés sans ménagement par les éléments de la 12e division SS, de l'aveu même de ceux-ci :

> Une unité de l'armée de terre qui avait été engagée pour renforcer ce secteur a voulu à plusieurs reprises [l'] abandonner [;] sur mon ordre, [elle] en fut toutefois empêchée par nos propres chars et contrainte à l'occupation de l'ancienne ligne principale de combat sous la menace de mesures conséquentes [66].

On est donc très loin de l'image largement propagée après guerre par le commandant de la 12e division SS lorsqu'il rapportait comment il en avait appelé à l'honneur des fantassins allemands en débandade pour leur faire docilement regagner leurs positions [67]. Le résultat a finalement été l'inverse de celui recherché :

> Le rôle principal de la 12ᵉ division blindée SS avant la bataille était de garder les divisions d'infanterie 85, 89 et 271 en ligne. [...] Le second rôle des SS était de colmater les brèches avec de faibles groupes tactiques disséminés le long de la ligne [de front]. Ils ont échoué dans leurs deux rôles, ou plutôt ils ont si bien réussi dans le premier qu'ils ont conduit 2 200 [soldats] de la *Wehrmacht* dans nos camps de prisonniers. Ces tactiques et leur propre faiblesse inhérente ont rendu la 12ᵉ division blindée SS étonnamment inefficace dans la présente bataille [68].

Les services de renseignements canadiens soulignaient encore que « des plaintes contre le meilleur équipement et le meilleur traitement manifestement accordés aux divisions SS avaient commencé à être entendues [69] ». Fondamentalement, ces plaintes dénonçaient moins une inégalité qu'une injustice. Que la *Waffen-SS* soit « regardée comme possédant en toute chose le meilleur » était certes mal accepté, mais plus ou moins consciemment compris comme le prix à payer en retour de son engagement sans ménagement sur le front. Mais dès lors que la rumeur a couru chez les simples fantassins qu'ils succédaient à une division SS relevée « après seulement onze jours d'engagement parce qu'on avait appris qu'une division polonaise lui faisait front », le pacte moral était à leurs yeux rompu. L'inégalité de traitement se doublait cette fois d'une inégalité d'emploi. La seconde ne justifiait plus la première et débouchait sur une injustice [70].

Fidèle, la troupe l'était assurément dans l'esprit. Mais à l'inverse des soldats SS, le soldat allemand ordinaire n'était plus prêt à se sacrifier inutilement pour l'Allemagne nazie en devenant de « la chair à canon pour Hitler », et encore moins à avoir l'impression d'être seul à subir le poids de ce sacrifice [71].

Finalement, ce cas parfaitement documenté permet de reconsidérer maints événements plus ou moins isolés survenus les jours, les semaines et les mois suivants, lorsque l'acceptation ou le refus de la reddition sont devenus une source de conflits. Dans la confusion de la bataille, l'identité des troupes qui ont eu recours à l'intimidation ou à la force aux instants graves n'est plus forcément définie. Mais il est révélateur que ce soit presque systématiquement les formations SS qui ont été incriminées, que ce soit dans la poche de Falaise, au moment du franchissement de la Seine, aux frontières du

Reich, ou encore lors des derniers combats en Allemagne. Sur le front italien, « les méthodes du pistolet-dans-le-dos des SS » étaient pareillement évoquées. Il importait du reste peu qu'une formation SS se soit livrée plus qu'une autre à ce rôle de gendarme du front. Comme le révélaient les témoignages, le statut « SS » prenait le pas sur l'appartenance à l'unité [72].

Les heurts de la fin de la guerre : défiance et repli communautaire

Les relations entre la *Wehrmacht* et la *Waffen-SS* sont devenues beaucoup plus compliquées à la fin de la guerre qu'au début, et cela en raison de la dilution de leur identité respective, que ce soit dans les pensées ou les comportements. Aucune des deux ne représentait assurément un bloc homogène au début du conflit. Mais il est évident que chacune d'elles est devenue de plus en plus hétérogène au fil du temps. Chez la plupart, le patriotisme ou la fidélité restaient les valeurs prédominantes, quand ce n'était pas la passivité ou l'attentisme. Les réactions des uns et des autres le 20 juillet ne le démontrent que trop. À l'ouest, la plupart des officiers de l'armée et de la SS engagés sur le front se sont dressés comme un seul homme contre l'attentat [73]. Quant à ceux qui ont par la suite prétendu le contraire, leurs propos sont infirmés par les documents d'époque. La fable des généraux SS prêts à soutenir en Normandie un complot contre Hitler – fable largement répandue dans la littérature d'après guerre – ne soutient pas en particulier l'épreuve des faits [74]. La troupe était pour sa part partagée. Dans sa majorité, elle demeurait néanmoins d'une manière ou d'une autre fidèle à Hitler [75]. Dans leur réflexe d'indignation quasi unanime, seuls les personnels des formations à l'identité très forte ont préservé leur cohésion. Parachutistes en tête, ils ont clairement pris position contre les comploteurs. On retrouvait ce même phénomène au sein de la seule formation SS où les réactions sont documentées, à savoir la division « Hitlerjugend » [76]. En tout état de cause, l'attentat a peut-être élargi un peu plus encore la fissure entre les troupes SS et celles de l'armée, mais il a surtout achevé de rompre l'unité de la *Wehrmacht* [77].

Dans les relations entre les formations de la *Wehrmacht* et de la *Waffen-SS* au cours des dix derniers mois de la guerre, on retrouve tous les ingrédients précédemment cités, entre admiration et rejet [78]. Ainsi, nombre de témoignages de soldats allemands révèlent à quel point l'idée qu'ils puissent être secourus sur le front par une formation SS était forte. En cela, la propagande autant que les faits d'armes des divisions blindées SS avaient fini par les transformer en sauveurs providentiels du front (lors des combats en Alsace en décembre 1944, il a même été promis à des fantassins dont le moral fléchissait le renfort de « divisions de troupes parachutistes SS blindées » !) [79]. De fait, les divisions SS ont bien souvent constitué des môles de résistance auxquels se sont agrégés de nombreux détachements de l'armée plus ou moins disparates [80].

Dans la pratique, il existait cependant un très fort cloisonnement. Une étude établie sur les groupements tactiques allemands improvisés le démontrait parfaitement en octobre 1944. Elle portait sur les quelque 140 détachements de ce type recensés par les Alliés depuis le Débarquement et dont la genèse était suffisamment bien connue de leurs services de renseignements pour se prêter à une analyse. Les conclusions étaient édifiantes. L'équilibre des structures des divisions blindées allemandes les plaçait à l'écart de ce mouvement (pas plus de 10 % des détachements de la force d'un bataillon en étaient issus). Il apparaissait par ailleurs que les troupes disposant d'une forte identité (unités blindées, parachutistes et *Waffen-SS*) prenaient bien soin de ne pas être mélangées avec des éléments moins bien entraînés ou sélectionnés. S'il ne s'agissait pas d'une constante, cette tendance était suffisamment nette pour être remarquée [81].

Ce repli communautaire se retrouvait de la même manière chez celles des formations d'infanterie qui disposaient en propre d'une identité particulière et s'étaient révélées très solide au combat. En ce sens, la 353e division fournit une bonne illustration de ce phénomène. Son cas donne également la mesure des conséquences sur le champ de bataille des ruptures du contrat moral des troupes SS. Au moment de la percée de la poche de Falaise en août 1944, le divisionnaire avait ainsi déjà pris un soin tout particulier à ne pas mélanger les soldats des différentes armes, les unités étant réparties entre l'armée de terre, les parachutistes et les *Waffen-SS*. Le procédé pouvait se nourrir d'une rivalité d'armes instinctive, telle qu'elle existait au début de la guerre. Toutefois, les événements permettaient désormais de nourrir les rancœurs. À deux reprises en moins de dix jours, la division avait en effet vu une unité SS se soustraire à ses obligations sur le front. Dans le même temps, le franchissement de la Seine avait donné lieu à d'autres incidents. Des soldats SS avaient notamment crié aux soldats de la *Wehrmacht* que « vous, du 20 juillet, pouvez rester de l'autre côté ». Naturellement, ces événements n'ont pas manqué de laisser des traces dans les esprits, jusqu'à voir dans la *Waffen-SS* « un autre ennemi de la *Wehrmacht* » sur le front. En conséquence, le divisionnaire a évité les troupes SS « comme la peste » :

> En tant qu'organisation de combat politique, la SS était accoutumée à la témérité, mais elle n'était apparemment pas habituée à l'engagement inlassable et à l'accomplissement silencieux du devoir où il n'y a pas de lauriers à gagner, mais qui sont constamment demandés à une armée. Le soldat sur le front demande naturellement pourquoi, en dépit de tout, la SS est à tant d'égards mieux considérée que lui. La réponse prouvait qu'une différence était faite entre la *Wehrmacht* et l'organisation du parti en faveur de la dernière. Un tel fait devait constituer une entrave à la cohésion interne de la troupe. Aussi faut-il comprendre qu'il y ait eu des chefs d'unité qui s'efforçaient de ne pas exposer tout le temps cette discrimination devant les yeux de leurs soldats, et cherchaient ainsi à éviter le voisinage ou la camaraderie avec les SS [82].

Cette opposition ne s'est jamais mieux révélée sur le front qu'en présence d'une formation de l'armée disposant d'un fort esprit de corps, à l'image des démêlés entre la 5ᵉ division parachutiste et la « LSSAH » dans les Ardennes. Son commandant avait eu l'occasion de relever chez les SS un ensemble de procédés « qui n'a[vait] plus rien à voir avec le caractère militaire » : « Des rapports sciemment erronés de subordonnés, des sophismes et de la brutalité ainsi que du dilletantisme dans le commandement par les supérieurs » [83]. Les réactions des unités de DCA de la *Luftwaffe* chargées de soutenir les détachements SS à la même époque révèlent tout autant le dégoût face à la lâcheté et aux exactions des troupes SS. Dans certains cas, cela s'est manifesté par des comportements récalcitrants face à des demandes de soutien [84].

Finalement, cet antagonisme est encore apparu au moment de la captivité. Très attentifs aux dissensions entre la *Wehrmacht* et la *Waffen-SS* (et de ce fait parfois tentés de les exagérer), les services de renseignements alliés n'ont pas manqué de relever comment la frontière s'établissait naturellement et distinctement entre elles. À Arnhem, les soldats de la *Wehrmacht* (toutes branches confondues) se sont ainsi regroupés au moment de l'appel en se tenant à l'écart de ceux de la *Waffen-SS*[85]. Dans les camps eux-mêmes, une hiérarchie très nette continuait à exister. Représentant à la mi-janvier 1945 plus de la moitié des détenus du centre de transit de la 1re armée américaine, les soldats SS intimidaient les soldats des divisions d'infanterie. Plusieurs soldats SS ont notamment été surpris la nuit en train de donner des lectures relatives à la sécurité dans le camp et conseillant aux autres prisonniers de mentir[86]. « Est-ce que la *Wehrmacht* et la *SS* sont gardées dans les mêmes camps de prisonniers de guerre[87] ? » Cette question d'un soldat allemand tout juste capturé trahissait la rupture qui s'était produite entre les uns et les autres dans les derniers mois du conflit. Elle révélait tout autant comment était considérée ce que d'aucuns ont tenté de présenter après guerre comme la « quatrième branche de la *Wehrmacht* ».

30

Crimes de guerre et violences extralégales

En prenant à la fois en charge la répression policière à travers l'Europe occupée et l'extermination quasi industrielle de plusieurs millions d'individus au nom de l'idéologie raciale et totalitaire du IIIe Reich, l'organisation SS s'est condamnée à être marquée du sceau de l'infamie pour les atrocités qu'elle a commises et qui restent à ce jour sans équivalent. Que ce soit sur les champs de bataille ou dans les territoires occupés, sa branche armée n'est pas demeurée en reste. Certes, les soldats SS n'ont pas eu l'apanage des crimes de guerre, qui demeurent viscéralement liés à la nature de l'homme en guerre[1]. Ils ont du reste été eux-mêmes victimes d'exactions, souvent (mais pas toujours) inscrites dans un cycle de représailles[2]. Néanmoins, la violence et la plus grande fréquence des crimes sont frappantes chez eux. Ainsi, à l'aune de la répression menée en Europe de l'Ouest, il a pu être établi que les formations de la *Waffen-SS* n'avaient pas connu un emploi différent de celles de la *Wehrmacht*. Pourtant, les exactions les plus marquantes ont été sinon exclusivement, du moins principalement le fait d'unités de la *Waffen-SS* qui ont associé leurs noms à sept des dix plus importants massacres perpétrés en France en 1944 contre la population civile[3]. Le but de ce chapitre est donc de démonter les mécanismes qui ont conduit à ces débordements de violence. Dans ce cadre, l'intérêt n'est pas de considérer un crime en particulier, mais d'analyser à l'aide d'exemples en quoi la culture de la violence en vigueur au sein de la *Waffen-SS* lui était au moins en partie spécifique.

Une fois cela posé, deux rappels semblent néanmoins nécessaires. Tout d'abord, il faut prévenir toute tentation de généralisation abusive. Derrière chaque uniforme – fût-il celui d'un soldat SS – se cache un homme. Si son apparence dans le rang est semblable à celle de ses voisins, il ne s'en distingue pas moins par sa personnalité, son cursus et par un ensemble de traits de caractère qui le rendent unique. Si toute l'instruction et l'éducation militaires tendent justement à gommer les disparités trop flagrantes pour obtenir une réaction d'ensemble de la troupe, ce but ne peut jamais être parfaitement atteint, du moins tant que l'homme ne sera pas remplacé par la machine. Dès lors, et en dépit de la nécessité de formuler des généralités à l'échelle d'unités entières, la participation personnelle à un crime de guerre ne peut en aucun cas être systématisée à l'ensemble du groupe social qu'il représente. En fait, à la lumière des cas étudiés à l'ouest, les exactions perpétrées par les troupes SS n'ont été commises que par une minorité des effectifs présents sur ce théâtre d'opérations.

Par ailleurs, si toutes les grandes unités SS se sont rendues coupables de crimes, elles y ont été impliquées dans des proportions extrêmement variables. Il n'y a rien de comparable, par exemple, entre, d'un côté, une 10e division SS dont la présence pendant une vingtaine de mois à l'ouest n'a été entachée « que » par quelques exécutions sommaires lors de la bataille de Normandie (en l'état actuel de notre connaissance), et de l'autre une division « Totenkopf » qui, en l'espace de dix jours, a laissé derrière elle plusieurs centaines de cadavres de civils et de prisonniers de guerre dans le nord de la France en mai 1940. Du reste, même les comportements au sein de cette dernière formation ont été marqués par une très grande disparité à l'époque où ont été commises les exactions [4]. Le même phénomène se retrouve à l'échelle des 49e et 51e brigades SS. Engagées ensemble dans les régions de Provins et de Troyes en août 1944, elles ont eu à faire face à une même situation. Leur composition sociologique était par ailleurs assez semblable. Pourtant, elles se sont comportées de manière très différente, l'une perpétrant diverses exactions et massacrant 66 personnes à Buchères, l'autre ne se rendant apparemment coupable d'aucun acte répréhensible, sans qu'aucun facteur ne puisse expliquer cette différence de comportements, sinon l'attitude individuelle de l'encadrement [5].

Le second point à ne pas perdre de vue est le statut particulier endossé par la *Waffen-SS* pendant et après la guerre. La propagande qui l'a présentée lors du conflit comme la troupe d'élite du IIIe Reich a pareillement contribué à cristalliser sur elle toutes les haines accumulées contre l'idéologie qu'elle était réputée incarner seule. À une *Wehrmacht* qui devait nécessairement avoir été « correcte » pour permettre après guerre la construction européenne et la création de la *Bundeswehr* a été opposée une *Waffen-SS* accusée de tous les crimes puisqu'elle émanait de la NSDAP [6]. Le processus est allé si loin que le seul constat du crime a permis à certains d'y voir la main d'une unité SS [7]. *A contrario*, l'absence d'exaction a permis à d'autres de conclure, parfois hâtivement, qu'aucune formation SS n'avait séjourné chez eux pendant l'Occupation [8]. À l'instar de la valeur militaire largement surfaite de la *Waffen-SS*, il convient donc de se détacher ici aussi des clichés pour aborder la question avec une vision moins subjective.

La violence dans la culture de la SS en armes

Le rôle de l'idéologie

L'idéologie nationale-socialiste a indubitablement prédisposé la branche armée SS à transgresser les règles établies. Déjà lors de l'annexion des Sudètes à l'automne 1938, la SS-VT avait passé outre les ordres de l'armée pour porter secours aux *Volksdeutsche* demeurés en Tchécoslovaquie. La troupe avait ainsi été capable de violer tout à la fois les directives de la hiérarchie militaire et une frontière internationale pour des motifs idéologiques [9]. Cette capacité à dépasser les règles a eu son pendant criminel. En ce sens, la campagne de Pologne a représenté le premier terrain d'application des théories racistes pour la SS-VT comme pour les SS-TV. Toutes les formations SS présentes y ont été impliquées à des degrés divers. L'exécution d'une cinquantaine de Juifs dans une synagogue par un artilleur SS et un policier allemand est certainement le cas le plus notoire en raison des remous que ce crime légèrement sanctionné (puis amnistié) a causé dans les rangs de l'armée. En fait, cet épisode a caché un phénomène de bien plus grande ampleur [10]. Les histoires qui se racontaient au sein de la toute nouvelle « SS-Verfügungs-Division » en décembre 1939 trahissaient sa réalité :

> Il est arrivé que des troupes venant du front polonais aient dans une large mesure fait état de nos prétendues atrocités [...] perpétrées à l'encontre de francs-tireurs capturés. La troupe doit savoir qu'à travers de tels bavardages, qui doivent être qualifiés de vantardises inconsidérées, l'image de l'armée allemande est mise à mal. En outre, ces informations ne peuvent que trop facilement parvenir à l'étranger pour être exploitées par la propagande provocatrice ennemie [11].

Derrière la présentation euphémique des faits, cet ordre était un aveu pour le moins accablant. Par ailleurs, et à l'image du massacre de Juifs par la section de musique de la « LSSAH », l'absence de combat dans le processus de certaines exactions laissait toute sa place à l'idéologie dans les motifs du crime [12]. Ce constat était *a fortiori* valable pour les régiments « Tête de mort » d'active, longtemps préposés à la garde des camps de concentration avant de recevoir l'ordre de « pacifier » les arrières du front. Là encore, les exactions contre la population polonaise en général, et la minorité juive en particulier, étaient le fruit d'une éducation qui facilitait mentalement le passage à l'acte à l'encontre d'individus dont la valeur humaine était dénigrée avant d'être plus tard niée [13]. Il s'agissait d'une éducation étendue à l'ensemble de la *Waffen-SS*. Himmler s'en est largement fait l'apôtre, que ce soit en septembre 1940 dans son exposé aux officiers de la « LSSAH » sur le nettoyage ethnique mené en Pologne, ou dans son discours aux cadres de la division « Das Reich » sur la portée idéologique et raciale de la guerre d'anéantissement livrée à l'est. [14] Aussi est-il logique que le racisme et l'antisémitisme aient été à l'origine de crimes de guerre tout au long du conflit. Dès le début de la campagne contre l'URSS, 600 Juifs ont par exemple été massacrés par la division « Wiking » à Zborow (entre Lemberg et Tarnopol), très vraisemblablement pour venger la mort d'un commandant de régiment pourtant tué par un soldat soviétique isolé [15].

Contrairement aux actes commis en Europe de l'Est où cette éducation a laissé libre cours aux plus bas instincts [16], l'idéologie est plus faiblement impliquée dans les motifs des exactions à l'ouest. Le fait est que les troupes et les populations rencontrées bénéficiaient globalement d'une meilleure considération sur l'échelle de « valeur raciale » définie par la SS. Des exécutions sommaires et des massacres n'en ont pas moins été ponctuellement perpétrés « au nom de la race » : soldats coloniaux français abattus par la division « Totenkopf » en juin 1940 au nord-ouest de Lyon, médecins militaires américains tués en 1944 parce que « l'un avait l'air tellement juif et l'autre était moche aussi », ordre de commandants de bataillon des 1re et 17e divisions SS de ne pas faire de prisonniers afro-américains en Normandie, GI noirs battus et massacrés par la « LSSAH » dans les Ardennes en décembre [17]. Chaque fois, le passage à l'acte a été facilité par une préparation mentale au sein de la troupe, à l'instar de l'exécution des soldats coloniaux français en 1940. Le crime s'est produit alors que l'ordre avait été émis de distinguer parmi les prisonniers français ceux originaires d'outre-mer de ceux de métropole [18]. La distinction nourrissait la discrimination. Un détail a pu alors suffire pour que cette discrimination raciale dégénère. Quelques pertes et le constat que les soldats coloniaux portaient à leur cou « de lourds couteaux longs d'environ 40 cm » ont ainsi abouti à ce que « Français » et « Nègres » finissent par appartenir aussi à deux catégories bien distinctes dans les rapports SS : prisonniers pour les premiers, tués pour les seconds [19].

La quête de la réputation militaire

Contrairement aux crimes perpétrés en Pologne et en Union soviétique, les exactions commises en Europe occidentale ne sont pas foncièrement liées à l'idéologie raciale de la SS. Pour la plupart, elles lui sont même étrangères. De fait, les troupes alliées et les populations civiles qui ont eu à pâtir des débordements de violence des troupes SS n'appartenaient pas dans leur majorité aux catégories discriminées. Aussi faut-il rechercher une autre cause. Celle-ci se trouve dans l'ambition de la SS en armes de s'affirmer en tant qu'élite militaire. À passer en revue les crimes de guerre commis lors de la campagne à l'ouest en 1940, le lien se dégage en effet très nettement. Que ce soit les quelques centaines de civils français et de militaires alliés abattus par la division « Totenkopf » dans la région d'Arras et de Béthune en mai 1940, ou la série d'exactions commises à la même époque par la « SS-Verfügungs-Division » et la « LSSAH » dans les régions de Saint-Venant (Pas-de-Calais) et de Watten – Wormhout (Nord), la volonté d'effacer un revers ou de lourdes pertes (en particulier celle d'un chef charismatique) est patente. Lorsque la division « Totenkopf » a connu son difficile baptême du feu du 19 au 28 mai, la courbe des pertes de l'unité et celle des exécutions sommaires qu'elle a perpétrées ont par exemple suivi les mêmes évolutions. Par ailleurs, le terme de « partisans » a été évoqué aussitôt que la troupe a rencontré des difficultés [20].

Moins fréquent en raison de sa meilleure valeur professionnelle, ce phénomène n'en est pas moins net à la « SS-Verfügungs-Division » à l'issue d'un combat survenu à Blessy (Pas-de-Calais) le 23 mai 1940. Surpris en pleine nuit par une colonne française en repli qui avait infiltré ses positions, le IIe groupe d'artillerie de la division a abattu des soldats français prisonniers et quelques civils après avoir connu des heures très difficiles (son commandant a notamment été tué dans la mêlée). Dans son journal de marche, le groupe d'artillerie a fait état du surnombre des troupes françaises pour expliquer ses déboires, mais aussi de la présence sur place d'une vingtaine de civils armés abattus dans l'église où ils se seraient retranchés. Or, le décompte des morts côté français fait état de 78 soldats et de 4 civils [21]. Cette singulière propension à traiter toute résistance sérieuse de l'adversaire en l'attribuant à des « francs-tireurs » se retrouve d'ailleurs l'année suivante en Yougoslavie. De fait, dans la course de vitesse engagée avec le régiment de l'armée « Großdeutschland » vers Belgrade, la division SS a trouvé des « francs-tireurs » sur son chemin dès que sa progression a été ralentie par une résistance militaire moins inconsistante (elle rapportait les avoir exécutés, voulant même voir parmi eux des bagnards spécialement libérés par les Serbes pour combattre). Par contre, une fois la réputation professionnelle de la division SS assurée au sein du corps d'armée par la prise de la capitale yougoslave (l'objectif principal dans cette région), l'absence d'enjeux a conduit au retour à la normale. Immédiatement engagées dans des missions de nettoyage et de sécurisation aux alentours, les troupes SS n'ont plus découvert que de nombreux soldats serbes qui ont été faits prisonniers : les « francs-tireurs » avaient pour leur part disparu comme par enchantement [22].

Ces débordements de violence découlaient d'une logique assez évidente. Exécuter des civils ou des soldats ennemis permettait d'expliquer l'échec en rejetant la responsabilité sur un tiers. Accuser autrui d'avoir usé de moyens déloyaux (ruses de guerre, balles « dum-dum » – une munition dont la pointe est retaillée afin d'occasionner des blessures encore plus graves –, actions de partisans, etc.) crédibilisait cette version [23]. Toute idée que la troupe ait pu faillir à sa tâche se trouvait alors écartée. Cela évitait ainsi à l'unité de douter de sa valeur militaire au moment où elle cherchait précisément à l'affirmer. Elle permettait simultanément de légitimer le crime pour mieux se déculpabiliser. Mentalement, il y avait renversement de la charge dans l'esprit du bourreau (« Si je l'ai exécuté, c'est qu'il était coupable », et non « Je suis coupable parce que je l'ai exécuté »). L'ensemble du processus dédouanait donc la troupe de toute faillite professionnelle, lui permettait de conserver confiance dans sa valeur tout en étouffant ses scrupules moraux. Mieux même, il la confortait dans une attitude apparemment chevaleresque face à un ennemi qui se disqualifiait par ses agissements [24]. En cela, il est intéressant de constater que les lieux des combats de 1940, commémorés et glorifiés l'année suivante par la division « Totenkopf » comme autant de preuves de sa bravoure, étaient ceux marqués du sceau de l'infamie par les crimes qui y avaient été perpétrés [25]. Ces derniers ont en fait permis de rejeter dans l'ombre la part d'échec de certains engagements pour mieux asseoir la valeur professionnelle de la troupe.

Cette logique n'était pas étrangère aux formations de la *Wehrmacht*. Du reste, les exactions commises en Pologne et à l'ouest en 1939-1940 étaient une réplique de celles déjà commises en 1914 par les armées impériales – à cette différence près que la « psychose du franc-tireur » était cette fois exploitée par le commandement allemand [26]. Il n'en reste pas moins que les formations SS se sont distinguées par la plus grande fréquence de leurs exactions, quasi systématiques en comparaison de celles commises par la *Wehrmacht*. Les excès des unes et des autres avaient certes pour origine (au moins en partie) la nervosité et l'inexpérience des troupes. Mais dans le cas des formations SS, l'ambition de s'imposer professionnellement vis-à-vis de l'armée constituait un ressort supplémentaire. Qu'en mars 1941, lors du transfert vers les Balkans, des officiers de la division « Reich » aient été capables de braquer leurs armes contre leurs « camarades » de la *Wehrmacht* pour empêcher leurs convois plus rapides (car mieux organisés) de les doubler démontre à l'évidence le rôle de la rivalité et de l'esprit de compétition dans les exactions [27].

Avec la reconnaissance professionnelle définitivement acquise par les formations SS engagées sur le front de l'Est en 1941 et 1942, la quête de prestige a probablement perdu de son importance pour laisser place aux convictions idéologiques dans les atrocités commises sur ce théâtre d'opérations. Il n'en reste pas moins que la conscience de devoir tenir son rang est demeurée un facteur clé pour comprendre les exactions. Dans l'accomplissement de toute mission de combat ou de répression, l'« honneur » de l'unité était engagé. C'est chaque fois sa valeur et sa réputation qui étaient mises en jeu. Les débordements de violence sont donc restés intimement liés à l'esprit de corps, et plus particulièrement à la représentation que la troupe avait d'elle-même. Pour la *Waffen-SS* s'est encore ajoutée la conviction de devoir servir d'exemple à l'armée et de lui frayer la voie [28]. Cette volonté transparaissait même dans les tâches secondaires, à l'image des rafles de civils soviétiques envoyés au sein du Reich pour y servir de main-d'œuvre au printemps 1943. Là où une unité SS était engagée, elle ramenait le plus souvent deux fois plus de personnes que ce qui lui avait été prescrit au départ. À l'inverse, les formations de l'armée ne ramenaient habituellement que les deux tiers des quotas fixés. Et lorsque des soldats de la *Wehrmacht* ont essayé de protéger les civils des SS qui venaient les rafler, ces derniers se sont finalement moins offusqués de l'acte en lui-même que de voir leur réputation ainsi ouvertement flétrie :

> Je considère cela comme un affront à la *Waffen-SS* que l'on fasse surveiller et protéger de la *Waffen-SS* des Russes par des membres de l'armée de terre. Il n'existe aucune raison qui puisse justifier de telles mesures à l'encontre de la *Waffen-SS* car celle-ci a prouvé dans les bons jours aussi bien que dans les mauvais qu'elle n'est en rien une meute de pillards, mais une troupe disciplinée. Les incidents [...] fournissent la meilleure preuve pour connaître la disposition de ce service de l'armée de terre envers la guerre totale [29].

En fait, cet épisode trahissait toute la difficulté de jouir de la réputation militaire désormais acquise tout en la conciliant avec l'image renvoyée par les méthodes brutales qui avaient permis de l'obtenir [30].

La normalisation partielle des comportements au sein des nouvelles divisions SS

Lorsque le débarquement allié s'est produit au printemps 1944, la réputation militaire de la *Waffen-SS* n'était plus à faire. La *Reichsführung-SS* et le ministère de la Propagande du Reich l'avaient déjà tout simplement érigée au rang de mythe. Non seulement les divisions « LSSAH » et « Das Reich » sont arrivées sur le champ de bataille avec l'aura de la troupe de choc, mais les divisions SS récemment créées en 1943 avaient aussi hérité d'une parcelle de gloire léguée par leurs aînées. Avec des cadres venus d'horizons très divers et des personnels du rang issus de classes d'âge expurgées de leurs éléments les plus aventureux, leurs comportements ont eu tendance à se normaliser. Chez elles, le sens du devoir tendait à prendre le pas aussi bien sur l'idéologie que sur la quête de la gloire. Le premier commandant de la 10e division SS a eu beau déverser son verbe haineux sur ses subordonnés, celui-ci n'a pas trouvé véritablement d'écho au sein des troupes. Comme à la 9e division SS, des tirs contre des sentinelles de la 10e division SS n'ont donné lieu à aucune mesure de représailles en France à la fin de l'année 1943 [31]. Plus significatif encore est de voir l'attitude de la 17e division SS face au « décret Sperrle ». Ce dernier faisait obligation à la troupe de prendre sur place des mesures répressives draconiennes en cas d'attentat. Devant les risques d'excès, l'état-major de la division s'est senti obligé d'en faire l'exégèse à ses troupes, notamment pour leur expliquer la distinction à faire entre « légitime défense » et « mesures expiatoires », et plus encore de donner une interprétation restrictive du décret [32]. Conséquence : la division n'a pas perpétré d'exactions connues pendant le temps de sa mise sur pied, c'est-à-dire jusqu'au débarquement allié en juin 1944.

Si ces nouvelles divisions SS ont fait preuve d'une moindre pugnacité que leurs aînées lors des combats en Normandie, les charges retenues contre elles sont rares. En dehors du cadre réglementé de la guerre, l'absence d'animosité était telle au sein de la 10e division SS que l'état-major a été contraint de rappeler à l'ordre ses troupes au terme des premiers engagements :

> Toute discussion avec des prisonniers de guerre est strictement interdite à tous les soldats SS en dehors des organes

chargés de l'interrogatoire ([officier de renseignements], interprètes). Chaque tentative de rapprochement, offre de cigarettes, etc., nuit au prestige de l'armée allemande, est préjudiciable et, de ce fait, [est] interdite. [...] Il n'est en aucune façon nécessaire de témoigner aux prisonniers de guerre anglais une prévenance particulière allant au-delà des clauses internationales. Toute prétendue « cordialité » est inopportune et dommageable. Chaque contact amical inutile, tout comme chaque rigueur inutile, n'a pas lieu d'être. Le soldat SS affecté au transport ou à la surveillance [des prisonniers] doit accomplir son devoir comme sentinelle et rien d'autre [33].

Cette absence d'animosité particulière est également apparue à travers les quelques trêves sanitaires ménagées dans le secteur de plusieurs divisions SS pendant la bataille de Normandie, et même par la suite [34]. Si l'on trouve certes la trace de crimes de guerre lors des combats de l'été 1944 en Normandie, leur fréquence ne s'est guère distinguée de celle observée parmi les troupes de la *Wehrmacht* ou des forces alliées [35].

Ne pas décevoir : les excès de violence sur le front Ouest en 1944

Dans le tableau qui vient d'être brossé, le cas de la 12ᵉ division SS fait assurément tache : massacre de 86 civils à Ascq (Nord) en avril 1944 ; exécution d'au moins 178 prisonniers de guerre alliés et, sans doute, de plusieurs dizaines de civils lors des combats en Normandie. Fait notable, la plupart des prisonniers alliés (156) ont été abattus du 7 au 17 juin 1944, donc au début de la bataille [36].

Cette débauche de violence est en fait à relier avec la genèse de la division « Hitlerjugend ». Dès l'idée de sa création, elle avait occupé une place tout à fait singulière dans l'esprit des dirigeants politiques et militaires du Reich. Alors que le principe d'incorporer des conscrits de la classe 1925 pour former les 9ᵉ et 10ᵉ divisions SS n'avait pas soulevé d'objection au début de 1943, la constitution quelques mois plus tard d'une division avec des adolescents nés en 1926 a suscité bon nombre d'interrogations et de doutes [37]. La crainte qu'ils se débandent au premier choc apparaît rétrospectivement à travers un ordre du jour promulgué en grande pompe par Josef Dietrich pour féliciter les jeunes soldats trois jours à peine après leur baptême du feu. En vantant les mérites de « la plus jeune division du Grand Reich allemand et de la *Waffen-SS* » qui avait désormais fait ses preuves, un ordre du jour divisionnaire laissait tout autant apparaître le soulagement des responsables SS une fois l'épreuve surmontée [38]. La large distribution de décorations aussitôt après les premiers combats révélait la volonté d'encourager les adolescents et d'entretenir leur moral [39]. Finalement, la date tardive de remise de la bande de bras en septembre 1944 montre bien que la *Reichsführung-SS* attendait que la division fasse ses preuves avant de lui accorder cette distinction (les 10e et 17e divisions SS ont par exemple reçu les leurs dès le mois d'avril 1944 alors que leurs patronymes leur avaient été décernés en octobre 1943, soit plusieurs mois après la création de la division « Hitlerjugend ») [40].

La composition de la division n'était pas seule en cause. D'autres facteurs extérieurs sont venus cumuler leurs effets. L'intense publicité faite autour de ces adolescents n'a fait qu'augmenter la pression du résultat en braquant tous les regards sur cette division. Au sein même du Ier corps d'armée blindé SS à laquelle elle était rattachée, et qui n'était rien d'autre qu'une extension de la « LSSAH », les attentes étaient immenses. De fait, le statut de « garde du Führer » était désormais assumé par l'ensemble du corps d'armée. Un simple exercice à grande échelle mené en mars 1944 permet de mesurer cette exigence de rendement. Ne pas décevoir était le mot d'ordre [41]. L'appartenance de la 12e division SS à la réserve générale de l'OKW la prédestinait en outre à combattre l'invasion alliée. Eu égard aux enjeux des combats, ce statut faisait peser sur les épaules des adolescents, comme sur les membres du Ier corps d'armée blindé SS, une charge supplémentaire en mettant leurs nerfs à vif *(Nervenbeanspruchung)* [42]. Cette pression mentale n'était pas sans rappeler celle qui avait conduit les plus anciennes formations de la *Waffen-SS* à commettre leurs exactions quatre années plus tôt dans le nord de la France. Elle était cependant encore accrue parce qu'il n'y avait plus seulement un titre à conquérir, mais une réputation à défendre. Il est d'ailleurs intéressant de relever que, une fois perpétré le 1er avril 1944, le massacre d'Ascq a temporairement servi de référentiel à la division jusqu'à son baptême du feu. De fait, la troupe s'enorgueillissait d'avoir agi conformément à ce qui était attendu d'une unité SS, c'est-à-dire selon un modèle de dureté n'épargnant personne. « Nous ne serions pas des SS si nous n'agissions pas ainsi » a été la phrase lapidaire d'un officier de la division pour résumer cette pensée [43].

Non seulement la réputation militaire de la *Waffen-SS* était en jeu, mais aussi la renommée personnelle des principaux cadres de la division, portés jusque-là aux nues par la propagande. Ces derniers ont employé deux méthodes distinctes pour prévenir toute défaillance de leur troupe. Un homme comme Kurt Meyer, dont le régiment est responsable de la majorité des crimes de guerre de la division, a ainsi particulièrement soigné le conditionnement mental de ses hommes avant la bataille. Ce faisant, il a joué avec le feu. Le simple fait de donner des armes à des adolescents pour qui la guerre était encore presque un jeu n'allait déjà pas sans conséquences [44]. Or, il les a en outre incités à abattre tout homme et tout cadre cherchant à déserter le champ de bataille (lui-même inclus) ou à choisir le suicide plutôt que la captivité en citant l'exemple de ses anciens subordonnés de la « LSSAH ». L'idée même que la capture n'avait « rien d'honorable » avait certes pour but de leur ôter toute inclination à la reddition. Mais, dans des esprits encore immatures, cette conception absolue et nihiliste du combat avait aussi pour effet pernicieux de n'accorder que peu de considération aux adversaires qui se rendaient. Dans l'inconscience et l'irresponsabilité de leur jeunesse, cette forme de dédain supprimait chez ces adolescents une barrière mentale supplémentaire et les incitait à ne pas ménager leurs prisonniers [45]. En clair, les jeunes grenadiers SS de Meyer sont arrivés « chauffés à blanc » le 7 juin sur le front. Que les premiers affrontements aient donné lieu à bon nombre de crimes à l'encontre des prisonniers alliés et des civils français n'avait donc rien d'étonnant.

Même moins subtile que celle de Meyer, la logique qui a inspiré deux autres commandants de régiment de la division a été tout aussi implacable : leur ordre d'exécuter les premiers prisonniers de guerre a d'emblée posé les conditions du combat. Le fait que certains des prisonniers blessés aient d'abord reçu des soins démontre qu'il ne s'agissait en rien de débordements de violence incontrôlés. Parfaitement conscients d'enclencher une spirale de la violence, ces deux officiers ont exclu chez leurs jeunes soldats toute tentation de se rendre à l'ennemi en les convainquant du sort qui les y attendrait [46].

Au final, les deux méthodes ont pleinement atteint leur objectif. Les troupes de la division ont dans l'ensemble parfaitement négocié leur baptême du feu sur le plan militaire. Cela explique par ailleurs la spectaculaire diminution des exactions au terme de la première semaine d'engagement. Cette diminution correspondait tout simplement aux témoignages de satisfaction reçus sous différentes formes par les personnels et les cadres de la division le 10 juin et les jours suivants. Une fois l'épreuve passée avec succès, les exactions n'avaient plus de raison d'être. Le déchaînement de violence qui a accompagné ce succès a néanmoins eu un coût : un soldat allié sur trois capturé par la division lors de la première semaine de combats a été abattu [47]. Quoique lourd, ce bilan démontre cependant qu'il n'y a pas eu d'exécution systématique. C'est justement le phénomène le plus remarquable que révèle ce processus, à savoir l'absence complète d'unité de vues entre le commandement de la division d'un côté et ses commandants de régiment de l'autre. De fait, et à l'instar des divisions SS engagées à l'ouest, l'état-major de la 12e division SS a sans aucune ambiguïté ordonné la capture du plus grand nombre possible de prisonniers, ne serait-ce que pour l'intérêt qu'ils représentaient aux yeux des services de renseignements [48]. Les commandants de régiment, qui n'en étaient plus à un crime près, n'ont toutefois pas hésité à transgresser les lois de la guerre en même temps que les ordres de leur hiérarchie en continuant à appliquer leur culture de guerre [49]. Celle-ci s'est d'ailleurs retrouvée six mois plus tard dans les Ardennes avec le massacre de plusieurs centaines de soldats américains (au moins 450) et d'environ 250 civils belges par les 1re et 9e divisions SS. Là encore, ces violences révélaient une grande disparité de comportements entre les unités d'une même formation SS [50].

Le chemin d'Oradour

Tant en mai-juin 1940 qu'au cours de la campagne de 1944-1945, le trait caractéristique des exactions perpétrées sur les champs de bataille d'Europe occidentale est que les victimes civiles ont été systématiquement exclues du champ de la mémoire judiciaire et sociale. Théâtres de l'exécution de dizaines de prisonniers de guerre britanniques et américains, Le Paradis et Malmédy sont des noms récurrents dans la littérature consacrée au sujet. Les crimes commis à l'encontre de civils à Aubigny-en-Artois ou Stavelot, qui leur sont pourtant contemporains, n'éveillent à l'inverse aucun écho [51]. Cette exclusion trahit à la fois la propension intellectuelle à penser que les combats ne peuvent faire que des victimes militaires, mais révèle aussi les disparités du traitement judiciaire de ces différentes affaires après guerre. En fait, les exactions perpétrées à l'encontre des civils non armés dans les territoires occupés n'ont véritablement trouvé leur place dans la mémoire sociale qu'à partir du moment où elles se sont inscrites en dehors du champ de bataille. L'émotion a alors souvent pris le pas sur l'analyse au sein de l'opinion. Fidèle à sa logique, l'appareil judiciaire a de son côté tenté de reconstituer les faits et de déterminer les responsabilités directes dans les crimes qu'il a eu à instruire. Il reste pourtant encore à analyser le cheminement politique et intellectuel qui a conduit la troupe à perpétrer ces crimes. Car cheminement intellectuel il y a eu. C'est lui qui, à l'ouest, est à l'origine des massacres de Tulle et d'Oradour, même si ces deux affaires ne sont en rien un aboutissement. Elles sont en réalité la transposition circonstancielle de méthodes préalablement appliquées à l'est par la division « Das Reich ». En cela, elles agissent comme des révélateurs, même si d'autres cas tout aussi probants pourraient être pris en exemple [52].

Une politique répressive empirique

Après son retrait du front au printemps 1942, la division « Reich » avait saisi l'occasion pour tirer un bilan de ses dix mois d'engagement à l'est, cela afin d'orienter l'instruction de ses unités à la lumière de leurs propres expériences. Le volet répressif n'avait pas échappé à cette réflexion générale. Dans ce domaine, la guerre contre l'Union soviétique avait en effet posé des conditions nouvelles. Déjà présente lors des premières campagnes du conflit, la « psychose du franc-tireur » avait cette fois cessé d'être une chimère pour prendre une forme très concrète :

> Une [...] singularité de la manière de combattre russe était l'envoi de civils qui, soit faisaient le tour entre nos lignes à des fins de reconnaissance, soit tentaient de venir derrière nos lignes [pour] y diriger leur propre tir à l'aide d'émetteurs ou de câbles téléphoniques cachés. Des civils « inoffensifs » se trouvant dans

notre dos cherchaient en partie aussi à faire parvenir aux lignes russes d'innocents messagers avec, entre autres, le résultat de reconnaissances. Le camouflage de ces individus est psychologiquement très bien adapté à la mentalité allemande. Dans le secteur de Jelna, il y avait chez moi des femmes, des hommes âgés ou de jeunes gamins se faisant passer pour des imbéciles. Cela ne changeait rien au fait que dans les trois cas, ceux-ci portaient sur eux les coordonnées de nos propres batteries dans leurs chaussettes [53].

Les cadres confrontés à ce problème ont donc communiqué les enseignements tirés de leurs expériences personnelles les plus fructueuses. Par son caractère sommaire, la politique qu'ils recommandaient était d'une imparable efficacité. Elle se résumait tout entière dans l'appel lancé par le légat pontifical Arnaud Amaury avant le massacre de Béziers en 1209 (« Tuez les tous, Dieu reconnaîtra les siens ! »). « Les civils en Russie, déclarait un commandant de bataillon, sont à traiter en premier lieu en tant qu'ennemis déclarés et pas comme une innocente population civile. » La politique à l'encontre des civils suspects se résumait donc en une unique sentence : « Plutôt mille Russes morts en trop qu'un seul en moins ! » [54]. Ce mot d'ordre, manifestement répandu parmi les troupes SS à l'est, revenait à instaurer une très large politique d'exécutions préventives, dès lors que la situation militaire l'exigeait. Cette conception n'était au fond que la conséquence directe du « décret sur la juridiction martiale » introduit par l'OKW en mai 1941 et qui prônait expressément des « mesures de représailles collectives » si les auteurs d'actes hostiles n'étaient pas rapidement trouvés [55]. Il ne s'agissait donc pas d'une politique propre à la *Waffen-SS*. Elle se retrouvait ainsi dans une division d'infanterie « ordinaire » au cours des combats de l'hiver 1941-1942, mais peut-être pas de manière aussi systématique, et sûrement pas théorisée ensuite de la même manière [56]. On en trouve une parfaite application dans la répression menée dans le sud-ouest de la France au printemps 1944. La division « Das Reich » y a exécuté à elle seule près de la moitié des individus considérés comme « francs-tireurs » lors des opérations menées sous l'égide du commandement militaire en France du 6 juin au 4 juillet 1944, soit 4 000 sur 7 900. Naturellement, ces chiffres doivent se comprendre comme des ordres de grandeur et en aucun cas comme des décomptes précis [57]. Ils sont toutefois à comparer de façon tout à fait édifiante avec le nombre extrêmement réduit de captifs rapporté par la division SS (400), soit moins de 10 % des quelque 4 800 personnes arrêtées dans le même intervalle de temps par les forces allemandes [58].

Cette politique radicale avait toutefois un inconvénient majeur. La violence arbitraire qu'elle impliquait risquait en effet de nuire à terme à la discipline de la troupe, à sa cohésion, et finalement à son efficacité militaire. L'expérience en avait manifestement été faite, car la responsabilité des exécutions était strictement définie dans l'un des rapports retenus en 1942 :

> Dans de tels cas, la décision doit toutefois absolument rester du ressort du chef de compagnie, du chef de section seulement dans des cas exceptionnels. Une initiative autonome des hommes ne peut en aucun cas être tolérée car ce serait de cette manière favoriser des abus, et des individus au caractère faible pourraient ainsi justifier chaque sale action [59].

En somme, il y avait nécessité de renforcer le principe d'autorité et de discipline militaires dans l'application des violences extra-légales. Sur le terrain, leur caractère arbitraire ne pouvait que faire perdre ses repères à la troupe. Le problème s'était du reste posé aux unités SS engagées à l'est dans l'entreprise génocidaire à l'été 1941 [60]. La *Wehrmacht* elle-même avait pris la mesure de ce danger sur le front oriental, constatant qu'il était « très difficile de préserver les soldats des excès, en particulier les jeunes [61] ».

Culturellement, la guerre à l'est a donc représenté une évolution assez considérable. Une violence rationnellement organisée et appliquée sous une étroite tutelle succédait aux débordements plus ou moins contrôlés des premières campagnes du conflit. La discipline y côtoyait parfois le crime de façon surréaliste, à l'image d'un sous-officier SS qui, alors que les exécutions à Oradour allaient bon train, s'est vu reprocher sa tenue par ses supérieurs, notamment sa chaîne de montre qui dépassait de sa poche et son cache-col trop visible sous son uniforme [62]... La répression à l'encontre des populations civiles devenait en fait un engagement méthodiquement mené au même titre qu'une opération sur le front [63]. Le temps passant, on assiste même à un changement d'échelle avec l'introduction, en février 1943, de la politique de « terre brûlée ». Si les consignes relatives aux destructions et à l'évacuation de la population masculine en âge de porter les armes étaient diffusées jusqu'aux chefs de compagnie, la désignation des localités à brûler demeurait toujours la prérogative de l'état-major divisionnaire (sur le front de la division « Das Reich », la première localité à avoir été ainsi désignée a été Poltawa, dans la région de Kharkov) [64]. En tout état de cause, ce contrôle hiérarchique renforcé n'a pas empêché ces expéditions de tourner en orgie de violences : un bataillon de la « LSSAH » s'est ainsi « distingué » en février 1943 par l'emploi de ses lampes à souder lors des atrocités perpétrées dans la région de Karkhov [65].

Heinz Lammerding et la politique de terreur à l'est

Non seulement la division « Das Reich » avait conçu sa propre politique de répression basée sur le principe des exécutions préventives, mais elle a reçu à sa tête au début de 1944 un commandant qui s'était lui-même forgé une solide expérience dans ce domaine l'année précédente : Heinz Lammerding [66]. Officier des SS-TV puis de la division « Totenkopf », Lammerding avait été placé en juillet 1943 sous les ordres du général SS von dem Bach-Zelewski, chef supérieur de la SS et de la police (HSSPF) et « plénipotentiaire du *Reichsführer-SS* pour la lutte contre les bandes » depuis l'automne 1942 [67]. L'ambition de Bach-Zelewski n'était pas mince. Comme il l'avait exposé à Himmler dans son plaidoyer pour la création du poste en 1942, il cherchait tout autant à centraliser la lutte anti-partisans qu'à lui donner une approche conceptuelle :

> Je crois que je possède une très grande expérience dans la lutte contre les bandes et vous propose de ce fait, *Reichsführer*, de m'engager [...] comme inspecteur pour la lutte contre les bandes dans l'ensemble du territoire à l'est. [...] L'inspecteur pour la lutte contre les bandes ne doit en aucun cas exercer d'autorité de commandement, mais uniquement être actif en conseillant sur place. L'inspecteur devrait avoir le droit de participer à toutes les actions de répression jusqu'au niveau du bataillon et des postes de gendarmerie isolés. Il devrait sur place discuter de toutes les sources d'erreurs avec les officiers responsables et relayer les expériences de chacune des troupes au profit de tous [68].

Lorsque Lammerding a été nommé chef d'état-major de Bach-Zelewski, les compétences de ce dernier avaient encore été élargies [69]. Sa nomination répondait du reste à une volonté de militariser la répression sur les arrières du front de l'Est (von dem Bach avait demandé le remplacement simultané de son chef état-major et de son aide de camp, tous deux policiers, par des officiers de la *Waffen-SS*) [70]. La répression avait d'ailleurs encore été accrue par Hitler à la fin de l'année 1942. Tous les moyens étaient désormais bons pour l'éradication des partisans non seulement sur le terrain, mais dans les directives officielles, avec l'idée que « ce qui est au fond juste dans la lutte contre les bandes [...], c'est ce qui conduit au succès [71] ». Le recours aux « moyens les plus brutaux » étaient désormais ouvertement de rigueur :

> Si cela seul conduit au succès, la troupe est dès lors fondée et tenue d'employer tous les moyens sans restriction dans ce combat, y compris contre les femmes et les enfants [72].

Le temps de service de Lammerding comme chef d'état-major de Bach-Zelewski a été relativement bref, soit un peu plus de quatre mois, du 28 juillet au 9 décembre 1943, date à laquelle il a pris la tête du groupement tactique de la division « Das Reich ». Cela a toutefois été largement suffisant pour qu'il y acquière l'expérience voulue, à travers notamment la planification et la coordination des massacres visant à faire disparaître les dernières communautés juives et à éradiquer les foyers de résistance (ou déclarés tels) dans les territoires occupés à l'est [73]. Cette expérience ressort très clairement à travers la politique répressive qu'il préconisait à sa hiérarchie militaire le 5 juin 1944. Devant la menace pesant sur ses voies de communication dans le sud-ouest de la France, Lammerding a en effet pris l'initiative de proposer une série de mesures destinées à y parer. Sa politique combinait deux volets, l'un répressif au sens classique du terme avec l'engagement de détachements tactiques très mobiles, et un autre plus subtil consistant à déstabiliser les « bandes » en les privant de l'appui humain, matériel et moral qu'elles pouvaient trouver auprès de la population. Propagande discriminatoire, déportation préventive de suspects, réquisition des véhicules civils, récompenses sous forme de libération de prisonniers de guerre et introduction de la pendaison comme peine capitale infamante formaient ce second volet (avec un ratio de trois « terroristes » pendus pour chaque soldat allemand blessé, dix pour un soldat tué). En projetant de couper la « population calme et pacifique de ces francs-tireurs » pour mieux les anéantir, Lammerding ne faisait du reste que reprendre la politique initiée dès l'été 1942 par Himmler [74].

8-11 juin 1944 :
une transposition circonstancielle de la guerre menée à l'est

En parlant de *transposition circonstancielle* au sujet des atrocités commises par la division « Das Reich » de Montauban à Limoges, toute idée que les événements puissent être accidentels ou fortuits est à écarter. S'il y a bien eu un concours de circonstances, il tient à la concomitance de quatre éléments qui, ensemble, ont abouti à ce déchaînement méthodique de violences. Une mission de répression, des consignes appelant explicitement au meurtre, l'initiative laissée à la troupe et, enfin, des exécutants prêts à assumer ces consignes en les appliquant de manière dynamique ont, dans l'ordre, constitué ces quatre éléments.

Les trois premiers de ces facteurs se retrouvent tout entiers dans les archives du contre-espionnage du commandement allemand à l'ouest. À la veille du débarquement allié en Normandie, la situation commençait à lui échapper totalement dans la moitié sud de la France. Certes préoccupante pour les forces d'occupation, l'activité des groupes de résistance n'avait pas représenté une menace militaire sérieuse jusqu'au printemps 1944. L'accroissement de cette activité en avril et mai 1944 avait conduit le commandement allemand à prendre des contre-mesures énergiques aboutissant à l'exécution de centaines de « terroristes » et à la capture de plusieurs milliers d'individus. Cela n'avait toutefois pas empêché l'éclatement des premiers soulèvements dans les régions de Clermont-Ferrand et de Limoges dès les premiers jours de juin, avant même le débarquement allié en Normandie le 6 [75].

L'incapacité des Allemands à rejeter immédiatement les Anglo-Saxons à la mer, comme à Dieppe, a complètement bouleversé la donne. Dès le 7 juin, la perspective de voir se créer une « république » au cœur du Massif central, dans le dos des troupes allemandes, rendait extrêmement soucieux le commandement des forces à l'ouest (Ob.West) et l'administration militaire en France (MBF). La seule solution qui s'imposait à eux – comme du reste à l'OKW qui les pressait en ce sens – était une action répressive à grande échelle qui conduirait à une « pacification globale ». À cet égard, la journée du 7 juin a été décisive puisqu'elle a mis en branle l'opération répressive. Au fil des heures, la montée en puissance des effectifs de la 2ᵉ division SS prévus pour être engagés trahissait l'inquiétude croissante des responsables allemands. Finalement, devant la conviction du chef d'état-major de l'Ob.West que « seul un grand coup y [serait] encore utile », ce sont « tous les éléments disponibles » de la division que le commandement a décidé d'employer dans l'opération prévue entre Tulle et Limoges. Que l'Ob.West prenne les choses en main dans les discussions en cours trahissait son souci de se débarrasser au plus vite de cette menace pour ne plus avoir qu'à se concentrer sur le front d'invasion. De son côté, le MBF apparaissait beaucoup plus timoré, se contentant presque des faibles forces qui lui avaient été subordonnées [76]. D'ailleurs, l'opération était clairement conçue comme une opération militaire à part entière et perdait dans son esprit tout caractère policier, comme l'atteste l'insistance de l'OKW pour que la direction des opérations soit confiée à un commandant de troupe. Cela a d'ailleurs conduit à établir une articulation quelque peu alambiquée (l'officier désigné, le général Lucht, commandant le LXVIᵉ corps d'armée de réserve, a été subordonné à l'état-major de liaison du général Brodowski afin que le MBF, en charge du maintien de l'ordre dans les territoires occupés, continue à être nominalement responsable de cette mission) [77]. Dans la pratique, la troupe allait néanmoins disposer de prérogatives beaucoup plus étendues qu'en temps ordinaire, eu égard à l'étirement des voies de communication qui étaient par ailleurs partiellement interrompues [78].

Si la journée du 7 juin a vu la planification de l'opération, le 8 a été celle des consignes. Dès le départ, l'une d'elles avait été le rétablissement de l'ordre « aussi vite que possible [79] ». Il était évident que le résultat primait sur la méthode, même si l'Ob.West n'était manifestement pas encore prêt à user des moyens les plus radicaux dans la répression (il récusait en effet dans le même temps le projet de faire bombarder la ville de Saint-Amand par la *Luftwaffe*, opération destinée à y jeter l'« effroi ») [80]. L'OKW s'est toutefois chargé de balayer ces réserves par la voix du général Jodl. Téléphonant au responsable des opérations de l'Ob.West le 8 juin en milieu de journée, il a tout particulièrement insisté pour que la troupe intervienne dans le Massif central « avec les moyens les plus extrêmes et les plus sanglants ». Il rappelait que « depuis des semaines, les comptes rendus du commandement militaire [en France] rapportaient : " 1 terroriste abattu, 35 capturés ". À l'inverse il devrait être signalé : " 35 abattus, 1 capturé " » [81]. Même si l'injonction n'apparaissait pas dans l'ordre de l'Ob.West qui retranscrivait la volonté de l'OKW, les consignes aux troupes étaient sans ambiguïté :

> L'état-major de commandement de la *Wehrmacht* a exprimé le vœu qu'il soit procédé avec une extrême dureté et sans indulgence lors de la grande opération contre les bandes dans le sud de la France. Le foyer de trouble permanent dans ce territoire doit être définitivement éteint. L'issue de l'opération est déterminante pour le développement ultérieur à l'ouest. Les demi-succès de telles actions ne servent à rien. Les forces de résistance doivent être écrasées dans de rapides et vastes opérations de bouclage. Les mesures les plus sévères doivent être prises pour le rétablissement de l'ordre et de la sécurité, pour effrayer les habitants de ces régions continuellement infestées auxquels on doit définitivement faire passer l'envie d'accueillir les groupes de résistance et de se laisser gouverner par eux, et en guise d'avertissement pour l'ensemble de la population [82].

Cette intrusion directe de l'OKW dans la politique de répression à l'ouest a *ipso facto* bouleversé les conditions initiales qui avaient prévalu lors de la préparation de l'opération, et cela à double titre. D'une part, les consignes n'exigeaient plus seulement des résultats opérationnels mais réclamaient impérativement du sang. D'autre part, l'Ob.West a cessé de jouer le rôle moteur qu'il avait depuis la veille dans cette opération. Tout porte à croire que, devant cet appel au crime, il a préféré soustraire sa responsabilité morale dans cette affaire en se bornant à relayer la consigne [83]. Le front de Normandie lui a du reste donné toute facilité pour s'en détourner. En tout état de cause, il ne s'est plus préoccupé de l'évolution de la situation dans le Limousin à compter du moment où la directive de l'OKW a été répercutée, ne faisant plus aucune mention au Massif central avant le 14 juin, soit six jours plus tard [84].

Ce retrait volontaire de l'Ob.West a soudainement laissé un vide dans la chaîne de commandement. Nominalement, celle-ci était parfaitement définie. Concrètement, elle n'avait plus de véritable consistance. Le MBF, qui s'était jusque-là borné à suivre sans prendre d'initiative, semblait dépassé par les événements. Soumis aux critiques croisées des troupes de campagne et du chef supérieur de la SS et de la police en France, il se trouvait dans une position inconfortable qui peut expliquer son attitude timorée au cours de cette période [85]. Sur place, le LXVIe corps d'armée de réserve était certes théoriquement chargé de la conduite de l'opération. Mais outre le fait que cet état-major semblait bien peu préparé à exécuter sa mission avec toute la rigueur voulue par l'OKW, il n'a pas pu assumer le contrôle sur le détachement tactique de la division « Das Reich » avec qui il n'avait manifestement pas de liaison directe [86]. En fait, c'est le LVIIIe corps d'armée blindé qui n'a cessé de servir de relais entre la division « Das Reich » et le groupe d'armées G pendant toute la durée de l'opération répressive [87]. Le jeu était toutefois faussé. D'une part, l'état-major de ce corps d'armée basé dans la région de Toulouse n'avait aucun moyen de contrôle direct sur le détachement tactique de la 2e division SS opérant dans le Limousin, à quelque deux cents kilomètres de là. D'autre part, son commandant, Walter Krüger, épousait complètement les vues de Lammerding sur la politique répressive à mener. Non seulement il s'en était fait l'ardent défenseur, mais il avait déjà totalement couvert la division « Das Reich » le 2 juin, lorsque celle-ci avait été critiquée par l'administration militaire pour ses débordements de violence à l'encontre de la population civile lors des premières opérations répressives menées dans la région [88]. Même s'il contrevenait aux ordres, le choix de la division de préférer cette avantageuse subordination à celle d'un corps d'armée aux vues plus incertaines se comprend donc parfaitement.

Dès le 8 juin 1944, toutes les conditions étaient réunies pour que l'opération de répression projetée dans le Limousin soit à l'image de celles menées dans les territoires à l'est. L'OKW avait donné un blanc-seing à la troupe pour qu'elle agisse brutalement. Dans le cas de la 2e division SS, cela valait quitus pour pratiquer sa politique d'exécutions préventives expérimentée dès les premiers mois de la guerre à l'est. À sa tête, Lammerding était alors libre de toute entrave, dégagé du carcan hiérarchique qui l'avait encore obligé à rédiger son mémorandum du 5 juin. Il se retrouvait, du moins temporairement, dans la situation de relative autonomie dans laquelle il s'était trouvé comme chef d'état-major des formations de lutte contre les bandes sous les ordres de Bach-Zelewski. On relève d'ailleurs une escalade dans la répression à travers les deux actions les plus marquantes, à savoir Tulle et Oradour. La première a été l'application par Lammerding de sa politique proposée le 5 juin [89]. Tout autre a été la logique qui a conduit à Oradour. Il ne s'agissait plus de représailles, mais de terrorisme. Dans la spectaculaire escalade entre les deux événements, distants pourtant seulement de vingt-quatre heures, il est difficile de ne pas voir les consignes de l'OKW parvenues dans l'intervalle à la division. Les raisons ne manquaient pas du reste pour commander une telle action terroriste : l'urgence de la situation tout d'abord, avec l'annonce le 9 juin du désengagement du groupement tactique SS en vue de son envoi sur le front le 11 (dès le 9 pour les éléments chenillés) ; l'« impotence » des services allemands ensuite, incapables aux yeux de Lammerding de faire face à la situation sur place après le départ des troupes SS ; la certitude de voir apparaître dans ces conditions « un nouvel État communiste » dans le Massif central ; enfin la perte d'un commandant de bataillon, mortifiante pour l'esprit de corps de l'unité [90]. Une action terroriste « en guise d'avertissement pour l'ensemble de la population » s'imposait dès lors pour donner un coup d'arrêt à l'extension de l'insurrection avant le retrait des troupes SS. En même temps, la destruction d'Oradour a pris place dans un laps de temps très court, ce qui explique la singularité de ce massacre à l'ouest [91].

Que le village d'Oradour ait finalement été choisi non pour ce qu'il était, mais pour l'apparence qu'il pouvait avoir aux yeux des services de police allemands et français, est une hypothèse plausible. En sus de son implantation géographique et de sa taille qui rendait aisée sa destruction rapide, la présence supposée de groupements de travailleurs étrangers (notamment des communistes espagnols) et de réfugiés juifs était largement susceptible d'attirer la foudre sur le village [92]. L'encadrement de la division était du reste intimement persuadé d'être en présence d'un adversaire employant les mêmes méthodes et ayant la même idéologie que les partisans soviétiques [93]. En clair, la maxime de base de l'éradication du « judéo-bolchevisme » établie par Bach-Zelewski en 1941 s'appliquait parfaitement dans ce cas : « Où il y a un partisan, il y a un Juif, où il y a un Juif, il y a un partisan [94]. » Cette problématique n'était en rien propre aux troupes SS. Dans un langage que n'aurait certainement pas renié Lammerding, elle était posée par le détachement de la 11e division blindée de l'armée qui a pris la relève de la « Das Reich » dans la région de Tulle. À ce titre, il s'agissait davantage d'une culture propre aux formations allemandes engagées sur le front de l'Est [95].

Au-delà des spéculations sur le choix de ce village, sa destruction et le massacre de ses habitants ont été la manifestation d'une violence parfaitement contrôlée et méthodiquement appliquée [96]. Au demeurant, la tactique de pénétration et d'encerclement de la localité avait déjà été éprouvée à l'est dès la fin de l'été 1941 par la brigade de cavalerie SS et diffusée à grande échelle par le commandant de la zone arrière du groupe d'armées « Centre » (au sein duquel opérait alors la division « Reich ») [97]. Avec les autres actions plus limitées qui se sont produites le long des itinéraires de progression du groupement tactique SS, la destruction du village a assurément atteint son but militaire. De fait, l'opération répressive menée par la formation SS a été couronnée de succès. En l'espace d'à peine quatre jours, elle a largement contribué à contenir (au moins temporairement) l'insurrection dans le Limousin, ce dont tous les rapports allemands se félicitaient – y compris ceux de l'Ob.West [98]. Dès lors, l'idée qu'un commandant de bataillon ait pu agir sur place de sa propre initiative, comme ont voulu le prétendre après guerre les vétérans SS, paraît non seulement douteuse, mais aussi improbable [99]. Elle l'est d'autant plus que la personnalité comme le cursus de cet officier « toujours fiable » ne concordaient pas avec la responsabilité que ses anciens camarades ont par la suite voulu lui faire endosser [100].

Les ressorts du passage à l'acte

Une fois évoqué le processus idéologique et intellectuel qui a débouché sur les exactions perpétrées par les formations de la *Waffen-SS*, il reste encore à s'intéresser aux exécutants. Quoiqu'il soit bien difficile d'être exhaustif sur ce thème qui déborde très largement le champ d'étude historique pour faire appel à la psychologie sociale [101], quelques éléments peuvent être avancés ici pour comprendre les mécanismes du passage à l'acte parmi ces troupes.

L'obligation de dureté

Comme cela a déjà été vu, l'*obligation de dureté* a largement contribué à la culture de violence qui a imprégné la branche armée SS tout au long de son histoire [102]. Elle était parfaitement utile dans la répression pour l'application des exécutions préventives. Dans la seconde moitié de la guerre, cette *obligation de dureté* n'était d'ailleurs pas seulement pratiquée, mais également enseignée, avec l'idée que « lors de la préparation à la guerre contre les bandes et lors de la lutte contre les bandes elle-même se [tenait] par-dessus tout l'exigence d'être *dur contre soi-même* et *dur contre l'adversaire*, brutalement, sans accès de sentiments personnels[103] » .

Le complet renversement des valeurs morales que ce processus engendrait a largement facilité le passage à l'acte. Devenait fort celui qui était capable de transgresser ses propres inhibitions mentales pour exécuter un ordre qu'il pouvait *a priori* considérer illégal ou criminel. Était faible celui qui n'en était pas capable. Ce processus mental se découvre parfaitement dans le témoignage du chef de la 2ᵉ compagnie du régiment « Der Führer » (division « Das Reich ») évoquant son expérience dans le sud-ouest de la France au printemps 1944 :

> Pour chaque tué chez nous, on devait procéder à dix exécutions. [C']était un ordre, et pour chaque blessé trois. J'avais quatre blessés lors du dernier engagement, nous avons incendié une maison, et je n'ai fait procéder à aucune exécution. J'ai dit à mon commandant : « Nous n'arrivons à rien avec cela, nous devons capturer des terroristes que nous devons fusiller. Pour des civils, je ne suis pas pour. » Je devais mener une action dans une localité, alors j'ai dit à mon commandant : « Je ne le fais pas. – Pourquoi ne le faites-vous pas ? » Je ne voulais pas dire : je suis trop faible pour cela, mais je suis effectivement trop faible pour cela, je ne peux pas le faire. Alors cela a été [...] mis en sourdine. Précisément moi, j'étais le type le plus inoffensif du bataillon [104].

Le point le plus intéressant de ce témoignage est que, en dépit de son refus, cet individu continuait à adhérer complètement à ce système de pensée. Son incapacité à surmonter ses propres inhibitions pour commettre un acte qu'il réprouvait intérieurement ne le rendait pas meilleur à ses propres yeux, bien au contraire. Pour celui qui était capable de les surmonter, l'*obligation de dureté* concourait par contre à le dédouaner moralement en confortant son sentiment de ne faire que son devoir (et même *plus* que son devoir). Cela pourrait se traduire par cette formule paradoxale : « Je suis innocent de ce crime parce que je l'ai accompli en ne le souhaitant pas personnellement, voire en le désapprouvant. » Même sans véritable sanction en cas de refus, la pression morale ainsi exercée sur l'individu pouvait lui donner le sentiment d'obéir sous la contrainte *(Befehlsnotstand)* [105].

L'exercice de la violence au sein de la troupe

Le *principe de dureté* a été un processus mental largement assimilé au sein de la *Waffen-SS*, du moins au sein de ses plus anciennes formations. De fait, avant de déborder vers le monde extérieur, la culture de violence a d'abord trouvé un champ d'application au sein même de la troupe. Les brimades, les insultes et les exercices punitifs ont été le lot commun des soldats SS. Certains cadres n'ont d'ailleurs pas hésité à surenchérir dans le sadisme (un sous-officier de la division « Hitlerjugend » est allé jusqu'à mettre sous tension la poignée de porte de son bureau avant d'appeler à la file les hommes qu'il voulait punir, chacun d'eux recevant une décharge électrique) [106]. D'autres ont pu s'inspirer des méthodes de l'univers concentrationnaire. Les attendus du jugement d'un chef de compagnie de la division « Totenkopf » révélaient l'étendue de ces pratiques. Entré en service dès 1933 à Sachsenhausen, il a été jugé en janvier 1943 pour avoir frappé et fait battre à mort l'un de ses subordonnés :

> Que des hommes soient frappés dans la SS, il a souvent vu [cela], avant tout lorsque la SS était encore en cours de constitution. Au front aussi les membres d'une unité ne faisant pas preuve de camaraderie sont corporellement punis. Si cela a été ordonné par des échelons supérieurs, il ne le sait pas vraiment [;] il se peut qu'il s'agisse là aussi de mesures autoéducatives au sein de la troupe. Dans un cas, il a lui-même assisté à une telle punition corporelle dans son actuel bataillon [107].

Dans ce processus d'avilissement et de dégradation, la responsabilité des premiers commandants de troupe de la SS-VT et des SS-TV a été écrasante [108]. À travers l'apologie de la force brutale et le culte de l'élite, l'idéologie de l'Ordre noir leur a certes fourni les prémices d'une telle culture de violence au sein de leurs unités. Mais en définitive, ils ont eux-mêmes composé cette culture à leur convenance en profitant de l'occasion unique que représentait la création d'une force paramilitaire indépendante. De son côté, la *Reichsführung-SS* s'est trouvée complètement débordée par les événements. S'offusquant régulièrement des abus les plus criants, elle a multiplié les appels et les menaces pour les voir cesser. Force est cependant de constater que ceux-ci ont subsisté tout au long du conflit, trop ancrés dans une culture forgée bien avant la guerre [109]. En fait, les personnels éduqués dans cette culture l'ont logiquement appliquée une fois promus ou en situation de la reproduire auprès de leurs camarades [110]. Dans les chambrées de certaines formations SS, notamment les plus anciennes, l'administration d'une volée de coups aux individus qui ne se pliaient pas aux règles communes avait été érigée au rang d'institution mystique dénommée « le Saint Esprit » *(Der Heilige Geist)* [111]. À ce titre, la 12ᵉ division SS fait une nouvelle fois figure d'exception. De toutes les divisions SS à recrutement allemand tardivement créées, c'est en effet chez elle que cette culture de la violence s'est greffée avec le plus d'efficacité. Les ingrédients habituels se sont encore une fois combinés pour obtenir ce résultat, à savoir d'un côté un héritage culturel transposé sans trop d'altération par un noyau de personnels et de cadres directement issus de la « LSSAH », et de l'autre une troupe très homogène et volontaire. Surtout, la culture de violence propre à la SS a trouvé dans cette population juvénile un terreau d'autant plus fertile que ces individus avaient à inventer leurs propres règles à un âge où se construit la personnalité. Il semble que le commandement de la division ait laissé ce phénomène se développer. En tout cas, il n'a pas réagi avant que l'une de ces bastonnades n'entraîne un décès. Par ailleurs, la menace des pires sanctions brandie par l'encadrement pour des fautes bénignes pouvait facilement conduire des esprits très impressionnables à commettre des actes irréfléchis et lourds de conséquences, en total décalage avec l'erreur initiale, à l'image d'un adolescent choisissant de déserter (devenant donc passible du conseil de guerre) par peur de la sanction suite au vol d'une simple cigarette [112].

Un indice de la pression ressentie par les soldats SS transparaît dans les taux de suicides et de désertions qui comptaient presque toujours parmi les plus élevés par rapport aux divisions de l'armée, y compris les formations blindées. Les écarts étaient bien trop importants pour que les effectifs supérieurs des divisions SS suffisent à les expliquer. Au cours de ses cinq mois de présence en France d'août à décembre 1942, la division « Das Reich » a par exemple représenté 20 % des cas de suicide survenus pendant cette période parmi la dizaine de divisions que comptait la 7ᵉ armée (10 sur 51). Avec 16 cas, cette division SS représentait plus du quart des 60 désertions ou absences non autorisées relevées au sein de cette même armée lors des trois derniers mois de l'année 1942 [113]. Ce constat se vérifiait même à l'échelle de l'Ordre noir. En effet, les cas de suicide ont été proportionnellement deux fois plus nombreux pendant la guerre parmi les membres de l'*Allgemeine-SS* servant dans la *Waffen-SS* que parmi ceux incorporés dans la *Wehrmacht* [114]. Le fait était encore plus singulier si l'on prend en compte la base complètement différente du recrutement. Le volontariat des personnels SS aurait en effet dû mieux leur faire supporter les servitudes de la vie militaire que les conscrits de l'armée. La sociologie particulière de la troupe SS n'était elle-même pas en cause, dans la mesure où les suicides en 1942 ne concernaient pas seulement des adolescents, mais également des individus plus mûrs [115]. Enfin, dans le cas des suicides, la différence se situait tout autant dans la fréquence que dans les motivations, pour autant que celles-ci aient pu être déterminées. La crainte de la punition – et donc de la hiérarchie – a en effet représenté une cause récurrente de suicide au sein des formations SS, à l'inverse de celles de l'armée où cette peur était tout autant invoquée que les échecs sentimentaux, les difficultés familiales ou les tendances dépressives.

Les bourreaux volontaires

Face aux violences extralégales imposées par leur hiérarchie, les soldats SS ont réagi de différentes manières – ce qui, de prime abord, n'était pas aussi évident au sein d'un Ordre dont l'une des valeurs primaires était l'obéissance absolue. La plupart ont néanmoins obéi. Le carcan d'une organisation militaire et de ses servitudes constitue un premier facteur de compréhension. La confiance accordée à une hiérarchie jugée légitime est également déterminante. Ainsi, un capitaine SS, certes « nazi convaincu », mais disposant aussi d'un fort tempérament et perçu comme un « esprit quelque peu contestataire » par ses supérieurs, n'a rien objecté à la régularité de l'exécution en apprenant que son unité allait pendre une centaine d'otages à Tulle [116].

La culture de violence interne régnant au sein de la troupe représentait une pression supplémentaire. Elle pouvait en même temps constituer une émulation. À Tulle, c'est sans aucune difficulté que les cadres SS ont obtenu les volontaires nécessaires pour procéder aux exécutions. Ces derniers ont été d'autant plus nombreux que cet acte a été présenté comme une épreuve de courage. Les sous-officiers ont eux-mêmes montré « une joie véritable » en participant aux pendaisons, mais aussi par la suite à leur évocation [117]. En fait, on trouvait dans les rangs une adhésion complète à la politique répressive définie par l'encadrement de la division. La conviction que « c'était la manière forte qu'il fallait employer » pour être efficace renvoyait à la conscience d'être une « unité d'élite ». La volonté de se distinguer des autres corps de troupe à travers une surenchère dans la violence se traduisait justement par l'idée que « ça appren[ait] aux terroristes à [les] connaître » [118]. Dans certains cas, cette émulation a même fini par entraîner une sollicitation de la base :

> Nous venions de quitter Tulle pour entreprendre une expédition contre le maquis. Sur la route, nous avons croisé une automobile occupée par un homme et une femme. La femme a été ramenée à Tulle dans la soirée, mais j'ignore ce qu'on en a fait. Quant à l'homme, il a été tué par [l'adjudant SS] D. dans les circonstances suivantes : le [lieutenant SS] B. voulait ramener l'homme à Tulle pour le questionner sur les maquis, mais D. a tellement insisté pour le tuer, que finalement B. le lui a permis [119].

Le plus souvent, l'expérience antérieure a été déterminante dans le passage à l'acte, et non l'appartenance à la *Waffen-SS* à proprement parler. Tel est le cas du chef de la compagnie de prévôté de la 9ᵉ division SS qui a fait procéder aux exécutions du hameau des Crottes et aux pendaisons de Nîmes au début de 1944. Sa seule expérience de la « lutte contre les bandes » remontait à 1940, lorsqu'il avait opéré dans le Gouvernement général polonais avec le 111ᵉ bataillon de police. Il y avait du reste été décoré pour son action. Cela étant, la responsabilité de l'état-major divisionnaire – écrasante – était également liée à son expérience de la répression à l'est [120]. Le même constat peut être tiré à l'échelle de la 30ᵉ division SS russe. En ordonnant en août 1944 que « tout Français suspect [soit] arrêté et mis hors d'état de nuire », l'agrémentant du commentaire « Pas de prisonniers ! », le divisionnaire ne faisait manifestement que reprendre le principe des exécutions préventives qu'il avait dû précédemment appliquer à l'est, à la tête de son bataillon de milice totalement étranger à la *Waffen-SS* [121].

Finalement, le chef de la compagnie qui a opéré à Oradour-sur-Glane, Otto Kahn, reste probablement le meilleur exemple que les atrocités commises sont le pur produit de la guerre à l'est, elle-même issue de la conduite nationale-socialiste du conflit. Âgé de vingt-quatre ans au moment de l'arrivée de Hitler au pouvoir, Kahn n'était pas un militant de la première heure. Dans l'entre-deux-guerres, il avait servi douze ans dans la *Reichswehr* comme sous-officier. Devenu gendarme en 1938 à l'échéance de son contrat, il avait été appelé à servir dans la compagnie de prévôté de la « SS-Verfügungs-Division » à la constitution de celle-ci en octobre 1939. Remarqué pour ses capacités et son esprit consciencieux, il avait été promu officier et avait fini par commander cette même compagnie de prévôté en avril 1942. Il n'en comptait pas moins poursuivre après guerre sa carrière dans la police en espérant pouvoir y conserver le grade d'officier acquis dans la *Waffen-SS*. Tout, donc, portait à faire de cet individu un « homme ordinaire », quoique « facilement irritable ». Sa fonction de chef de section lors de l'invasion de l'URSS n'a toutefois pas pu le tenir à l'écart des exécutions et pendaisons de civils suspects d'aider les partisans, « mesures draconiennes [...] constamment très efficaces » qui avaient « dû être menées de-ci de-là tout au long de l'engagement à l'est » par la prévôté divisionnaire. En somme, l'homme qui est arrivé à Oradour-sur-Glane le 10 juin 1944 était moins un « nazi fanatique » qu'un individu qui incarnait parfaitement l'expérience faite à l'est par la division « Das Reich » dans sa politique répressive [122].

Les réfractaires à la violence extralégale

Face à la violence extralégale qui était exigée d'eux, certains soldats SS ont pu adopter une attitude réfractaire. Bien souvent, ce n'est pas tant la qualité de l'individu ou sa valeur morale qui ont déterminé ses actes que la situation dans laquelle il s'est trouvé placé [123]. De ce point de vue, l'encadrement pouvait plus facilement trouver une échappatoire. Tel a été le cas du chef de la 2e compagnie du régiment « Der Führer ». S'estimant « trop faible » pour « mener une action dans une localité » qui, selon toute probabilité, était Oradour, il a conduit son supérieur à confier la mission à la 3e compagnie de Kahn [124]. D'aucuns ont aussi pu satisfaire leur conscience à bon compte, tel le commandant du groupe de reconnaissance de la « Das Reich » à Tulle, pour qui « il était tout à fait contraire à [sa] mentalité de commander un peloton d'exécution » :

> K. me dit ensuite que mon groupe devait fournir le peloton d'exécution. [J'opposai] un refus à ces paroles, les interprétant comme un ordre de commander personnellement le peloton d'exécution. [...] Mais K. m'interrompit en me disant que j'avais mal compris ses paroles et me dit « que c'était lui qui devait personnellement [commander] l'exécution et non moi ». Je devais seulement mettre à sa disposition la section de pionniers [125].

Parmi les hommes du rang, les éléments les moins motivés ou peu enclins aux méthodes radicales ont également pu se soustraire aux ordres tant que ceux-ci n'étaient pas contraignants. Cela a été le cas à Tulle :

> – Un sous-officier de ma compagnie [...] nous a demandé si nous voulions remplir les fonctions de bourreaux (*Henker*). Tous les hommes de mon groupe ont refusé. – Ils ont été pendus par des « SS » allemands qui étaient tous volontaires. Moi-même, de garde au parc automobile, j'ai été interpellé par un [caporal-chef SS], qui n'était pas de ma compagnie et que je ne connais[sais] pas ; il m'a demandé si je voulais pendre des civils ; j'ai immédiatement refusé, ajoutant que j'étais de garde et que je ne pouvais pas quitter mon poste. – Il est exact que notre [sergent SS] F. est venu demander, à nous Alsaciens, si nous avions le courage de pendre « un homme ». Nous avons tous répondu par « non ». F. n'a pas insisté et nous n'avons reçu aucun ordre dans ce sens par la suite, car il y avait assez de volontaires pour faire ces atrocités. – Un seul Allemand, un Sarrois du nom de Friedrich, originaire de Sarrebruck, [...] avait refusé de participer aux pendaisons. Je me souviens encore fort bien qu'il a traité ses camarades allemands de « *Schweinehunde* » – salauds – en ma présence [126].

La désobéissance frontale à un ordre contraignant s'est révélée nettement plus difficile, mais n'était pas fondamentalement impossible. À l'été 1944, un caporal-chef de la « LSSAH » a ainsi osé refuser d'exécuter l'ordre de son chef de compagnie d'achever cinq blessés canadiens que l'unité était incapable d'évacuer lors des combats au sud de Caen, sans autre conséquence pour lui [127]. Désobéir revenait toutefois à remettre en cause non seulement un lien personnel ou hiérarchique, mais également toute une éducation et tout un système de valeurs. Pour ces hommes intégrés à un groupe social, le gain moral était faible en comparaison de la déstructuration des liens qu'un refus pouvait engendrer. De fait, pour un individu soumis à un ordre de son autorité, l'important n'est pas tant ce qu'il fait, mais *pour qui* il le fait [128].

Les bourreaux « malgré eux »

À première vue, le fait que les débordements criminels de la division « Das Reich » en France se soient produits à un moment où le niveau du recrutement s'affaissait considérablement a de quoi surprendre. Même pour des individus peu ou pas motivés, il était en réalité difficile de ne pas obéir. Les conscrits alsaciens enrôlés au sein de cette formation au début de l'année 1944 représentent en ce sens un cas d'étude pratique. Isoler leur groupe au sein de la troupe est en effet commode grâce à la documentation disponible, sans toutefois que cela suppose des comportements systématiquement homogènes ou tranchés. D'un côté, des nationaux allemands ont pu adopter une attitude réfractaire. De l'autre, l'attachement au Reich était sincère chez certains conscrits alsaciens. Aussi leur comportement ne s'est guère différencié de celui des nationaux allemands qui adhéraient à la mission lors des exactions [129]. Pour la plupart toutefois, le lien communautaire avec l'Allemagne était loin d'être une évidence, contrebalancé par une forte identification avec la France. Chez eux, la faible motivation à combattre pour le Reich ne fait guère de doute. En raison de la participation de son état-major et de sa 3ᵉ compagnie au massacre d'Oradour, le cas du Iᵉʳ bataillon du régiment « Der Führer » est à cet égard plus particulièrement intéressant. Dès leur baptême du feu en Normandie le 28 juin 1944, des conscrits alsaciens de ce bataillon, une vingtaine en tout, ont ainsi profité d'une contre-attaque alliée pour offrir leur reddition après s'être volontairement laissé dépasser par les troupes britanniques. Sur les dépouilles de soldats alsaciens retrouvés sur le lieu d'engagement du bataillon, les portefeuilles récupérés recelaient par ailleurs presque tous une petite bande tricolore et une photographie du général de Gaulle. L'un d'eux portait au doigt une bague à l'intérieur de laquelle était gravée la trilogie Liberté – Égalité – Fraternité. L'idée de se ménager une porte de sortie en cas de capture n'est naturellement pas à exclure, mais une telle disposition d'esprit n'en trahissait pas moins une médiocre combativité [130]. Or, ce sont ces mêmes individus qui, dix-huit jours plus tôt, ont obéi à l'ordre d'ouvrir le feu devant les granges d'Oradour, de porter des fagots et de la paille sur les cadavres, d'incendier l'église où étaient enfermés les femmes et les enfants et, en définitive, de détruire un village en y massacrant pratiquement tous ses habitants. Comment comprendre cette capacité de passer à l'acte chez des individus aussi peu motivés ? En fait, cinq éléments ont été déterminants chez ces hommes, à savoir le conditionnement qui les a préparés à se soumettre à l'autorité, l'élément de surprise, la « taylorisation du massacre », la coercition, et finalement l'idée qu'ils n'obéissaient que partiellement aux ordres donnés.

Que ce soit par peur de représailles contre eux-mêmes ou leurs familles (le père de l'un des soldats engagés à Oradour avait ainsi été interné plusieurs mois au « camp d'éducation » de Schirmeck [131]), ou tout simplement pour remplir leurs obligations militaires, ces hommes avaient en réalité déjà mis le doigt dans l'engrenage en répondant à l'appel sous les drapeaux. Bon gré, mal gré, ils ont *de facto* accepté le système et se sont soumis à son autorité en se présentant sur le quai de la gare pour rejoindre leur unité. Tout retour en arrière était par la suite sinon impossible, du moins mentalement très difficile. De fait, et à la surprise même de l'encadrement SS, le nombre de désertions au sein de la division « Das Reich » au printemps 1944 a été étonnamment bas (pas plus de 200) parmi les quelque 9 000 hommes reçus en renfort, alors qu'une importante fraction d'entre eux n'étaient pas des volontaires [132]. Dans le cas des conscrits alsaciens, tout concourait à ce processus, à commencer par leur jeune âge. Nés pour la plupart en 1926, ils sortaient tout juste de l'adolescence en 1944 [133]. Pour eux, le Service du travail et la *Waffen-SS* s'étaient successivement substitués à la tutelle parentale. En conséquence, ces individus n'avaient jamais cessé d'être soumis à une autorité directe. Ainsi, « sérieux et de très bonne moralité » étaient des qualificatifs récurrents pour les décrire dans les enquêtes menées après guerre par la justice [134]. Au demeurant, les Alsaciens les plus récalcitrants – souvent les plus âgés – ont été rétrocédés par les unités de combat aux services arrière. Une compagnie aux effectifs incomplets de la division « Das Reich » s'est ainsi séparée d'une demi-douzaine de ses « volontaires » alsaciens, suspects de vouloir déserter, ou tout simplement manifestant un « désintérêt au plus haut degré » face auquel les « efforts de [leurs] supérieurs étaient demeurés sans succès »[135]. Ceux qui restaient étaient donc conditionnés pour obéir aux ordres qui leur étaient donnés, ne serait-ce que par leur éducation familiale. En théorie, ils ne cessaient de conserver leur libre arbitre et la responsabilité individuelle de leurs actes. Dans la pratique et sous la pression des événements, l'autorité hiérarchique a balayé leurs réticences lorsqu'elles se sont éventuellement manifestées :

> Il y avait une quarantaine d'Alsaciens [...]. Tout le monde a exécuté les ordres, moi comme les autres nous avons bien pensé que ces ordres n'étaient pas absolument normaux, mais que voulez-vous qu'on fasse [136] ?

De son côté, l'élément de surprise est très net à Oradour. À lire les témoignages, et sans même que cela soit clairement exprimé par ces hommes, on constate à quel point le principe vertical de la hiérarchie militaire a grandement facilité le contrôle des individus. De fait, ceux-ci ont été complètement laissés dans l'ignorance des buts de l'opération, seulement préparés par leurs officiers et sous-officiers à l'idée d'avoir à affronter des maquisards. En somme, il leur fallait se tenir « prêts à faire la guerre [137] ». Dès lors que le bouclage du village a commencé, les hommes du rang ne disposaient que d'une vision extrêmement restreinte, confinée à leur environnement immédiat. Privés de repères, tels des chevaux d'attelage pourvus d'œillères, ils ont à chaque instant suivi les ordres *aveuglément*, au sens littéral du terme. La fiction d'une action contre le maquis, longtemps maintenue, a donné aux cadres le pouvoir d'entraîner plus facilement leurs subordonnés[138]. En lui déniant toute possibilité d'apprécier la situation dans sa globalité, le commandement a pu aisément conduire sa troupe au seuil de l'infamie et, *in fine*, l'amener à commettre ce devant quoi des individus ont renâclé dès lors qu'ils ont eu un minimum de recul et la possibilité de s'y soustraire :

> Je vous précise qu'après notre arrivée à Oradour, lorsque je me suis aperçu qu'on rassemblait la population, je me suis aperçu que quelque chose d'anormal allait se passer, je suis alors parti vers les camions où je suis resté 3/4 d'heure. Au bout

de ce temps, l'Allemand S. qui s'était mis à ma recherche m'a trouvé, m'a fait des reproches et m'a reconduit à Oradour [...] [139].

La « taylorisation du massacre », quant à elle, a donné à ces hommes l'illusion d'une dilution des responsabilités individuelles à travers une multitude de tâches subalternes, à la fois anodines et essentielles [140]. Même si leur action concourrait au résultat final, le cloisonnement de ces tâches a procuré aux soldats SS les moins motivés le fallacieux sentiment de ne pas prendre activement part au crime :

– J'avais ordre de tirer sur toute personne essayant de quitter le village ; comme personne n'en est sorti, je n'ai pas eu à tirer. – Je déclare n'avoir fait aucun mal aux habitants du village d'Oradour, j'ai seulement été [*sic*] les chercher chez eux. – Je reconnais également avoir descendu de la paille de plusieurs granges destinée à recouvrir les corps des fusillés ; mais je n'ai pas allumé d'incendie. – Lorsque la tuerie à l'église [a été] terminée, j'ai aidé à porter des matières inflammables, paille et fagots, pour permettre d'allumer l'édifice. [...] Je répète que ce sont les [sous-]officiers qui ont commis le massacre à l'intérieur de cette église, tandis que je cherchais à éviter de pénétrer plus avant pour ne rien voir de cette barbarie [141].

Que ce soit par le bouclage du secteur, le transport des explosifs ou des matières inflammables, la fouille du village, l'escorte et la surveillance de la population, ces hommes ont en fait assuré le bon fonctionnement de la chaîne qui a inexorablement conduit au massacre. En bout de course, les cadres et les éléments adhérant à la mission ont dès lors eu la tâche facile. Mitrailler la population, achever les blessés, lancer des grenades dans l'église étaient aisés une fois que la population était regroupée, surveillée, et que les moyens matériels de destruction étaient disponibles [142].

Le quatrième facteur, le recours à la coercition, n'a en réalité été nécessaire sur ces hommes qu'à partir du moment où il leur a été commandé de porter directement atteinte à un tiers ou à des biens, autrement dit lorsqu'ils se sont trouvés en position active de bourreaux. Transporter des bottes de paille n'a par exemple posé aucune difficulté à l'un de ces soldats à Oradour. Mais dès lors qu'il lui a fallu craquer une allumette, son chef de section a dû le

« menac[er] de son revolver pour [le] faire marcher [143] ». Lorsque la surveillance a été par trop étroite et a tourné à la mise à l'épreuve, le passage à l'acte a en effet été quasi automatique :

> – [...] et alors B. nous a donné l'ordre de tirer. J'ai tiré, j'étais armé d'un fusil. Je dois vous dire que je n'ai pas tiré tout de suite parce que j'avais peur, mais B. m'a donné l'ordre de tirer et j'ai tiré alors trois ou quatre coups en fermant les yeux. – Si j'ai tiré les trois coups de feu, c'est parce que S. avait dit quelques minutes avant « qu'on allait voir maintenant si les Alsaciens étaient capables de faire du bon ouvrage » ; et le [sergent SS] G. m'avait dit en même temps « Prenez garde, les armes seront vérifiées après ». [...] Puis, S. a ordonné à H. de retourner chaque corps et d'achever les victimes qui vivaient encore d'une balle de son pistolet dans la tête. C'est ainsi que cet Alsacien a achevé cinq ou six blessés en ma présence [144].

C'est toutefois à l'occasion d'autres représailles exercées trois semaines auparavant par la même compagnie que le passage à l'acte sous la contrainte apparaît le mieux dans l'un des témoignages :

> Je ne sais plus à quelle date nous partîmes en opérations de police – c'est, je crois, le mot – à Frayssinet-le-Gélat ; un Allemand de la compagnie fut tué, en mesure de représailles, il y eut, je crois, une femme de pendue [en fait trois – NdA], et plusieurs villageois furent fusillés. Je fis partie du peloton d'exécution, sur ordre, naturellement. J'étais à côté d'un camarade nommé S., un Alsacien, [...], quand un sous-officier allemand passa [...] et me donna l'ordre de le suivre, je m'exécutai et arrivai sur la place du village où des soldats étaient déjà en ligne. Il me prit par le bras et me posta du côté droit. Quand j'ai su pourquoi c'était, cela a été instinctif, Monsieur le juge, je vous en donne ma parole d'inspecteur, j'ai cherché à fuir, mais à ma droite se tenait le commandant de compagnie, un revolver à la main et qui me regardait. Derrière moi, je m'aperçus plus tard qu'il y avait un Allemand. Un ordre bref, exécuté machinalement, j'ai tiré, sans même viser, j'étais beaucoup trop émotionné [sic] pour cela, et immédiatement je suis parti rejoindre la sortie du village. Voilà mon crime, Monsieur le juge, j'ai exécuté un ordre, et n'ai pu désobéir [145].

Comme le démontraient les dernières lignes, l'ultime refuge mental de ces hommes lorsqu'il leur a fallu quitter le rôle de bourreaux auxiliaires pour endosser celui de bourreaux à part entière a consisté à n'obéir qu'incomplètement ou inefficacement aux ordres – du moins est-ce l'argument qu'ils ont avancé devant la justice et en leur conscience, dans la limite de ce qu'ils pouvaient moralement reconnaître et supporter d'avoir eux-mêmes commis :

> – Je vous affirme formellement n'avoir pas pris part à cet incendie tant cette besogne me répugnait. [...] Je n'ai fait qu'exécuter les ordres reçus, et encore suis-je parvenu à ne pas participer à l'incendie. – J'ai bien participé à la fusillade, mais étant bouleversé de ces actes [sic], j'ai tiré en l'air. – J'affirme d'ailleurs que tout le monde, sans aucune exception, a tiré à Oradour sur les civils. J'ignore si mes autres camarades en ont tué, je ne puis préciser cela. Quant à moi je prétends toujours avoir tiré trop haut et n'avoir pu toucher un membre quelconque de la population d'Oradour. – À ce moment, j'ai parlé à M. et je lui ai dit que j'avais tiré trois coups de feu à cette occasion, mais tous trois dans le fond du chai sur un tas de bois. Nous avons critiqué l'acte de barbarie commis par la compagnie mais nous avons pu nous dire que nous n'avions tiré sur personne et par conséquent rien à nous reprocher, ni à notre conscience [146].

En définitive, le fait essentiel est que ces individus ont obéi. Certes, ils l'ont souvent fait de mauvaise grâce et non sans violents conflits intérieurs, mais ils ont obéi. Aucun d'eux n'a songé un seul instant à se rebeller ou à retourner ses armes contre un supérieur hiérarchique [147]. Tous ont « communié dans le crime [148] ». S'en formaliser est une posture certes morale, mais facile. Les études en psychologie sociale ont en effet clairement démontré l'inquiétante prédisposition humaine à perpétrer docilement des actes de violence envers autrui, et cela par simple soumission à une autorité perçue comme forte et légitime [149].

Conclusion

Au terme de cette étude, la manière d'appréhender la *Waffen-SS* mérite d'être reconsidérée, et cela à bien des égards. Son instrumentalisation à des fins politiques se trouve tout d'abord confirmée. Ainsi, la *Reichsführung-SS* s'est servie de sa branche armée et l'a amenée à connaître une expansion démesurée dans le but de supplanter l'institution militaire traditionnelle, la *Wehrmacht*, dans son rôle politique. Ce processus ne s'est toutefois pas limité à cette seule ambition. À partir de l'année 1942, Hitler et l'appareil d'État ont activement relayé les efforts de la *Reichsführung-SS* pour donner au projet toute son envergure idéologique. Il n'a plus seulement été question de placer l'armée sous tutelle politique, mais de lui faire connaître une révolution nationale-socialiste afin de la transformer en communauté du peuple en armes. En d'autres termes, l'armée de terre, dirigée par une caste professionnelle honnie par le régime, devait faire place à une armée populaire. Cette révolution partait d'une idée simple qui accordait à la foi idéologique la primauté sur les compétences professionnelles. Les termes de l'équation étaient tout aussi simples. La troupe animée d'une telle foi était condamnée au succès sur le front, celle qui en était dépourvue, à l'échec militaire et moral. Une telle analyse permettait à Hitler de donner une explication facile aux revers que le Reich avait connus en 1942, en faisant au passage bon marché des erreurs stratégiques commises. Pour étayer cette théorie, Hitler pouvait surtout se référer à la crise de confiance qui l'avait opposé à ses généraux en décembre 1941. C'est en définitive cette crise morale qui a forgé chez lui cette conviction.

Dans la révolution en cours, la *Waffen-SS* a tenu un rôle crucial. De fait, elle incarnait le vivant exemple qui permettait de démontrer le bien-fondé de cette théorie aux yeux de ses concepteurs. À tout point de vue, la *Waffen-SS* était effectivement le support idéal de cette politique. Il s'agissait d'une phalange issue de la NSDAP. Elle avait été engagée avec succès sur le front lors des premières campagnes militaires du conflit. Par sa propre propagande, la *Reichsführung-SS* avait préparé les dirigeants et l'opinion publique allemande à l'idée qu'elle était une troupe d'élite particulièrement dédiée à la cause du régime. Pour terminer, l'enrôlement sous la bannière de la SS des « Allemands ethniques », et plus encore des volontaires « germaniques », avait conforté l'idée que le patriotisme était une valeur désormais transcendée par l'éducation idéologique. À travers leurs faits d'armes répercutés dans les médias du Reich, les soldats SS n'étaient plus ainsi une élite professionnelle coupée de la nation, mais les représentants d'un peuple dont la dévotion au Führer et à l'« Idée » était la clé du succès. Du moins étaient-ils présentés comme tels. Dès lors, il a été facile à l'appareil d'État de se servir de cette expérience à la fois comme d'un modèle et d'un aiguillon pour l'armée. À voir les efforts assez considérables déployés par cette dernière pour aligner son éducation idéologique sur celle de la *Waffen-SS* à partir de 1943, la concurrence instaurée a indubitablement porté ses fruits. Le transfert de compétences de l'armée à la SS au moment de constituer de nouvelles divisions en juillet 1944 a consacré la révolution en marche. De fait, les « divisions de grenadiers du peuple » mises sur pied à partir de l'été 1944 ont concrétisé l'extension directe du modèle social de la *Waffen-SS* aux forces armées régulières, et en définitive à l'ensemble d'une société en guerre.

Pour remporter cette bataille politique et idéologique, il a auparavant fallu à la *Reichsführung-SS* orchestrer toute une propagande afin de présenter sa branche armée comme une élite militaire. Avant de la relayer lui-même, l'appareil d'État en a été la première cible puisque la constante préoccupation de la *Reichsführung-SS* était de valoriser ses formations militaires aux yeux de Hitler. L'opinion publique allemande n'a toutefois pas été épargnée à travers les campagnes organisées par l'Ordre noir pour rendre son recrutement attractif. Par la suite, lorsque la perspective de la victoire s'est éloignée, le ministère de la Propagande s'est servi de la réputation d'invincibilité de la *Waffen-SS* pour maintenir le moral de la population du Reich. À travers ces multiples fonctions de propagande, l'assimilation de la *Waffen-SS* à une élite militaire a en conséquence été profonde chez les uns comme chez les autres. Pour mesurer son impact, il n'est que de constater la persistance du mythe après guerre.

Afin de parvenir à ce résultat, la SS a toutefois dû auparavant donner des gages de crédibilité, à commencer par sa capacité à transposer l'expérience à une plus large échelle que celle d'un petit corps de troupe. L'Ordre noir y a joué au passage le rôle de « prestataire de services » en fournissant à bref délai (en théorie du moins) des troupes à l'effort de guerre du Reich, qu'il s'agisse de ressortissants allemands recrutés par anticipation ou de supplétifs étrangers. Devant l'ampleur des besoins humains et la faiblesse de la ressource disponible, cette conversion en une armée de masse a toutefois contraint la *Reichsführung-SS* à reconsidérer ses critères traditionnels de sélection et ses principes fondamentaux. Au terme d'une difficile révolution culturelle, elle a ainsi transposé sa culture de l'élite du champ racial au domaine idéologique. Si elle reniait apparemment ses propres convictions, il ne s'agissait pas d'un véritable renoncement en raison des discriminations statutaires qui ont accompagné ce revirement.

Comme toute entreprise de mythification, l'image que la *Reichsführung-SS* a donnée de ses troupes cachait une tout autre réalité. Professionnellement, la *Waffen-SS* n'a pas représenté une élite militaire avant le milieu du conflit, pour une période à peine supérieure à une année, et uniquement à l'échelle des formations les plus anciennes qui ont su s'adapter et tirer les leçons de leurs échecs. De fait, les succès du début du conflit ont surtout été redevables à l'ardeur au combat des troupes SS. Cette qualité, naturellement très coûteuse face à une résistance organisée, n'était toutefois pas inépuisable. À cet égard, la campagne à l'est a d'une certaine manière sonné le glas pour la *Waffen-SS* dans sa facture initiale. Face à l'âpreté de la campagne, et plus encore à sa durée, les plus anciennes formations SS ont été tenues d'évoluer pour ne pas disparaître du champ de bataille. L'acquisition de la cuirasse et l'accroissement considérable de leur puissance de feu en 1942 peuvent de ce point de vue être interprétés comme une compensation matérielle aux lacunes professionnelles. Cette évolution leur a en effet évité de se remettre trop brutalement en cause. Par la suite, la résolution et l'habileté tactique des cadres les plus aguerris se sont conjugués à cette puissance de feu renforcée pour permettre les succès défensifs.

Conséquence directe de leur changement de statut survenu en 1942, l'affectation des divisions blindées et motorisées SS à la réserve stratégique du commandement allemand les a par ailleurs davantage épargnées que les unités de l'armée jusqu'au seuil de l'année 1944. À cette époque, les divisions SS existantes ont cependant commencé à payer le prix de la dynamique d'expansion irraisonnée de leur *Reichsführung*. En vidant « l'arrière-boutique » pour tout mettre « en vitrine » à partir de 1943, celle-ci a rendu un bien mauvais service à ses troupes sur le front. Politiquement, la manœuvre a parfaitement réussi en offrant à la SS son ticket d'entrée dans l'institution militaire à l'été 1944, et cela indépendamment de l'attentat du 20 juillet. Professionnellement, elle a en revanche conduit la *Waffen-SS* à la banqueroute. Dès lors que les aspirations nationales à la base de leur engagement n'étaient pas respectées, les nouvelles formations SS constituées avec des personnels étrangers ont très vite révélé leur faible valeur. Ce sont néanmoins les formations SS à recrutement initialement allemand qui ont été les principales victimes de cette politique de gestion à courte vue. Les combats meurtriers de l'été 1944 ont en ce sens été fatals aux divisions blindées SS. L'incapacité de la *Reichsführung-SS* à remplacer les pertes de manière satisfaisante a fait perdre à la troupe l'homogénéité qui avait été jusque-là sa très grande force. Les ferments de désagrégation introduits au sein des unités ont alors fait chuter leur valeur de façon spectaculaire au cours des derniers mois de la guerre, jusqu'à ravaler leur niveau moyen à celui de simples divisions de l'armée, voire à provoquer leur rapide implosion sur le front.

***

Dans le cadre de cette révolution sociale visant l'institution militaire traditionnelle, les formations de la *Waffen-SS* ont certes été instrumentalisées par leur *Reichsführung* et l'appareil d'État. Elles ont toutefois aussi été les actrices de leur propre histoire. En ce sens, il y a toujours eu convergence d'intérêts entre les plus anciennes des formations SS et leur *Reichsführung*. Cette dernière était prête à offrir tout le soutien nécessaire, mais elle exigeait en échange des résultats. Dans un régime fondé sur le *Führerprinzip*, les commandants d'unité SS disposaient de leur côté avec Himmler d'une représentation au plus près du centre du pouvoir, à l'instar des généraux de la *Luftwaffe* avec Göring. Avoir pour avocat l'« un des premiers paladins du Führer » (Paul Hausser) a ouvert à ces officiers SS de nombreuses possibilités, à commencer par l'opportunité professionnelle assez rare de pouvoir forger à leur guise l'instrument militaire placé entre leurs mains. À l'image volontiers répandue après guerre d'un Himmler grand-guignolesque raillé par la troupe [1], on peut substituer celle du protecteur et de sa courtisane s'appuyant mutuellement pour briller tous deux en société. Les premières années du conflit ont ainsi vu s'instituer une véritable spirale du succès. Par leurs faits d'armes comme par l'habilité à les faire connaître à Hitler par le biais de leur *Reichsführung*, les divisions SS ont donné à cette dernière les moyens de poursuivre sa stratégie et d'obtenir une influence politique croissante. En retour, elles ont bénéficié des retombées concrètes que leur valait leur caractère expérimental de *soldats politiques*. Ce partenariat, à la fois idéologique et objectif, se rencontre tout au long du conflit dans l'ensemble du spectre des activités militaires SS. Il en a émergé une interaction permanente. Ce faisant, les troupes SS ont été contraintes à l'exploit sur le terrain pour justifier la confiance placée en elles. Un tel système ne pouvait déboucher de part et d'autre que sur une tentation d'exagérer le rendement militaire afin de préserver le capital de confiance acquis.

Au final, on trouve donc une constante symbiose entre les ambitions professionnelles et personnelles de la troupe et les ambitions politiques de la *Reichsführung-SS*. L'expansion militaire de la *Waffen-SS* permettait ainsi de rapides promotions individuelles dans ses rangs. En obtenant une reconnaissance publique et un statut social, la troupe servait en même temps de « vitrine idéologique » à l'Ordre noir. Du triple point de vue humain, matériel et organique, les bénéfices de ce partenariat ont atteint leur point culminant au second semestre 1942. La conversion des premières divisions SS en formations blindées à l'initiative de leurs commandants fait en cela figure de paradigme. Cette politique a perduré tant que les ressources et la situation stratégique du Reich ont permis un tel favoritisme, c'est-à-dire jusqu'à l'automne 1943. Par contre, les effets de cette politique n'ont cessé de prendre de l'ampleur à travers la gloire, les honneurs et les promotions. L'un des bilans de cette étude est finalement de voir les enjeux du développement de la *Waffen-SS* ramenés à des réalités humaines inavouées. Derrière les grandes envolées lyriques, derrière la glorieuse image laissée par la propagande, derrière même l'idéologie dans laquelle se drapaient les soldats SS, se cachaient des projets professionnels et des ambitions personnelles soigneusement passés sous silence après guerre.

À méditer sur les enseignements de cette étude, il apparaît que les principaux responsables de la *Waffen-SS* ont été bien plus que « les soldats politiques de Hitler » auquel ils avaient prêté serment. Ils ont tout à la fois été ses soldats, ceux de Himmler, mais ils ont aussi beaucoup agi pour leur propre compte, à mi-chemin entre des maréchaux d'Empire napoléoniens et des chefs de bande mexicains. L'image est certes triviale, elle n'en transcrit pas moins la réalité, tant la somme de comportements déviants est importante. De fait, derrière les faux-semblants apparaît tout un régime d'irrégularités « institutionnalisées ». Il est ainsi édifiant de constater la marge d'autonomie que certaines formations SS ont su se créer en profitant de la dualité de leurs liens hiérarchiques. Indépendamment du statut, de l'idéologie ou des crimes, la *Waffen-SS* n'a donc rien eu d'une institution militaire classique en raison même du fonctionnement de ses unités pendant la guerre. Encore faut-il bien souligner l'antinomie, au sein des formations SS, entre la rigidité de la discipline interne imposée aux personnels et les relations oligarchiques entretenues par l'encadrement supérieur vis-à-vis de tout ce qui était étranger à l'unité. Le poids personnel des premiers commandants de division SS et leur emprise sur la troupe, au mépris parfois des organes centraux SS, le démontrent amplement. Être au-dessus des règles et des lois, les contourner au besoin, a régi le fonctionnement de chacune de ces entités, tant dans la gestion de leurs ressources humaines, de leurs structures, que de leurs approvisionnements. Bien sûr, des comportements similaires peuvent se trouver chez les formations de l'armée, mais jamais à un tel degré ou avec une telle fréquence. En fait, ces dernières n'ont pas disposé de la même latitude pour procéder ainsi. Destinées à élargir un peu le carcan des règlements militaires, leurs initiatives marginales n'ont rien eu de commun avec le fonctionnement des formations SS.

Si l'émergence de l'inspection des troupes blindées en 1943 et la reprise en main de la *Reichsführung-SS* en 1944 ont contribué par la suite à limiter ces irrégularités, celles-ci se sont étendues au domaine opérationnel. De fait, les responsables militaires SS ont exploité à l'avantage de leurs unités la dualité de leurs liens hiérarchiques. Que ce soit par les demandes d'intervention, l'instauration de rapports de force, voire de discrets chantages sur la hiérarchie, les principes militaires du commandement se sont trouvés complètement bafoués. Certes, ces pratiques n'ont rien eu de systématique. Les commandants d'unité SS n'ont cependant jamais hésité à y recourir dès qu'une directive allait à l'encontre de leur intérêt. Au fil du temps, cette capacité à se soustraire aux ordres reçus a surtout servi une politique d'économie des forces couverte par l'aura de sacrifice et d'obéissance inconditionnelle qui entourait l'Ordre noir.

D'une certaine manière, les généraux SS ont été contraints à ces manœuvres dans la mesure où il leur est devenu difficile de répondre aux attentes croissantes placées en eux dans la seconde moitié de la guerre. En fait, ces comportements trahissaient tout simplement les limites du mythe créé par la *Reichsführung-SS* et la propagande du régime. Écartelées entre la réputation à tenir, la réalité de leur valeur professionnelle et les moyens de plus en plus restreints alloués par leur *Reichsführung*, les formations SS ont tenté de combler ainsi la fissure qui s'ouvrait sous leurs pieds et qui s'est progressivement élargie jusqu'à ne plus pouvoir être enjambée à la fin du conflit. En réalité, tout dans la *Waffen-SS*, depuis les structures jusqu'à l'emploi en passant par l'assise des compétences humaines, relevait davantage de l'esbroufe, de l'acte d'éclat instantané et spectaculaire, plutôt que de la capacité à durer dans le temps. En cela, la troupe SS était parfaitement en mesure de répondre aux missions qui lui étaient confiées lors des courtes campagnes militaires des premières années du conflit. Dès lors que celui-ci s'est transformé en une longue guerre d'attrition, le fossé entre la réalité et la vision présentée par la propagande n'a cessé de se creuser, jusqu'à devenir un véritable abîme.

**

Dresser un état des lieux conduit à un bilan nuancé. Fondamentalement, le développement de la *Waffen-SS* était lié à ses succès (ou du moins aux actions de ses unités présentées comme tels) dans le cadre général des revers militaires du Reich. Assez logiquement, elle ne pouvait en effet constituer une alternative au modèle militaire traditionnel qu'à partir du moment où celui-ci ne satisfaisait plus l'appareil d'État. De toute évidence, une victoire militaire allemande l'aurait cantonnée au rôle de « brillant second » de la *Wehrmacht*. À tout point de vue, l'année 1942 a marqué un tournant. L'obtention de panzers, le plus grand professionnalisme, l'affermissement de l'esprit de corps à travers l'image renvoyée par la propagande, et finalement la conversion en une armée de masse sont les produits directs de l'expérience de la guerre à l'est, et surtout de la crise de l'hiver 1941-1942. C'est à partir de cette année charnière que la *Waffen-SS* a commencé à devenir une composante majeure disposant d'un réel poids stratégique au sein des forces armées allemandes. Avant cette époque, tout retour à la paix aurait signifié pour la branche armée SS un poids et un prestige militaires certes accrus, mais sans bénéfice politique décisif. En ce sens, son ascension, favorisée par la tournure défavorable de la guerre, la condamnait à n'avoir pour seule issue que d'être l'ultime rempart du régime. *Quo non ascendet ?* La devise de Fouquet s'appliquait tout autant à Himmler qu'à la *Waffen-SS* lorsque la victoire alliée est venue brutalement interrompre le processus. À l'instar du surintendant des Finances de Louis XIV, et tel Icare, l'ascension était pourtant fatalement liée à la chute dans la mesure où la conférence de Casablanca avait exclu toute paix de compromis au début de 1943. Corollaire de la défaite militaire du Reich, l'éphémère et fulgurante montée en puissance de la *Waffen-SS* était de ce fait inéluctablement vouée au néant.

Sur le plan professionnel, la *Waffen-SS* n'a rien eu de révolutionnaire. Elle a d'ailleurs été très largement redevable à l'armée de ses qualifications acquises grâce à un important transfert de compétences, à commencer par la conversion à l'arme blindée. Pour le reste, ce sont les anciennes recettes du passé qui ont été accommodées à l'idéologie nationale-socialiste. Que la *Waffen-SS* ait été une émanation de l'Ordre noir et n'ait jamais cessé d'être intimement liée à cette organisation de la NSDAP est une donnée indiscutable. Tout aussi indiscutable est l'attachement de ses premiers personnels aux idées du régime. En tant que corps de troupe militaire, la *Waffen-SS* n'a toutefois pas véritablement incarné le fanatisme idéologique proclamé si haut par la *Reichsführung-SS*. Car si l'endoctrinement a bel et bien été présent au sein des unités, il n'a jamais atteint dans sa conduite comme dans son impact les superlatifs employés par la propagande du Reich.

Si elle n'a rien eu de révolutionnaire, la *Waffen-SS* a en revanche indéniablement revêtu un caractère novateur. En profitant de son statut d'exception au sein des forces armées, elle a pu expérimenter à loisir ses idées et les mettre en pratique. Les recherches empiriques dans le domaine des techniques tranchent avec le conservatisme militaire traditionnel. Tissus de camouflage, vision infrarouge, alimentation lyophilisée ou compléments de vitamines sont autant d'exemples qui dénotent cet esprit d'initiative auquel Himmler a été étroitement associé. En termes d'approvisionnements, la *Waffen-SS* a réussi à se hisser à un niveau nettement plus élevé que la moyenne des troupes allemandes au cours du conflit. En fait, elle avait à ce sujet les ambitions d'une armée industrielle moderne.

Dans le domaine social, la *Reichsführung-SS* a également largement innové. Elle y était certes contrainte pour attirer en nombre les volontaires dont elle avait besoin, mais au-delà de ce calcul, elle était motivée dans sa démarche par de réelles convictions idéologiques. Loin de se réduire à un simple matricule, le soldat SS pouvait bénéficier d'un soutien pour lui-même et pour ses proches. En cela, la politique sociale de l'Ordre noir possédait un caractère véritablement avant-gardiste à une époque d'armées de masse. En fait, elle correspondait en tout point aux standards des armées actuelles qui tentent d'assurer un suivi personnalisé de leurs personnels en leur donnant accès à toute une série d'avantages matériels et sociaux dans le cadre d'un métier à risque. La différence – de taille – résidait dans le fait que cette politique sociale se fondait, non sur une base professionnelle ou catégorielle, mais sur la sélection raciale du candidat, de ses ascendants et, le cas échéant, de son épouse. En fait, tout dans le volet social illustrait la véritable nature du *soldat politique*, que ce soit la politique familiale et la promotion d'une très forte natalité, l'application des principes raciaux avec ses interdits et ses encouragements, ou encore la reconversion des invalides de guerre promis aux fonctions politiques et aux carrières administratives les plus élevées au sein du Reich, tout comme les volontaires étrangers l'étaient dans leurs pays respectifs. C'était donc toute la société civile qui, à terme, devait se trouver sous l'influence de la SS.

À l'échelle des forces armées allemandes, la contribution de la *Waffen-SS* à l'effort de guerre a été faible et peut même, à bien des égards, être considérée comme néfaste. La participation des formations SS aux premières campagnes militaires n'a eu aucun impact décisif ou, plus exactement, des troupes de l'armée auraient pu les remplacer tout aussi avantageusement. Par la suite, les formations blindées SS ont certes tenu un rôle non négligeable sur les champs de bataille européens, mais à un tel coût humain, matériel, stratégique et moral que le rendement obtenu n'avait aucun rapport avec l'investissement initial.

Sur le plan humain, le recrutement de la ressource du Reich par anticipation n'a fourni aucun avantage décisif. Seule l'incorporation de ressortissants étrangers, notamment celle des « Allemands ethniques », a constitué un apport significatif. Matériellement, les efforts effrénés de la *Reichsführung-SS* et de ses troupes pour aspirer tous les équipements et les approvisionnements nécessaires les ont conduites à bouleverser les règles d'attribution, voire à organiser des voies de ravitaillement parallèles, par nature irrégulières et frauduleuses. De tels comportements allaient à l'encontre de la logique de centralisation nécessaire pour optimiser l'effort de guerre d'une nation. Sur le terrain, ils contribuaient par ailleurs à des déséquilibres d'autant plus préjudiciables que la force d'une armée dans une stratégie défensive se mesure moins à la valeur d'un corps de troupe particulier qu'à celle de son ensemble. Stratégiquement, les engagements extrêmement violents des divisions blindées SS dans la seconde moitié du conflit ne doivent pas cacher des temps de mise sur pied ou de réhabilitation extraordinairement longs. Or, ceux-ci n'obéissaient pas seulement à une logique d'engagement des forces, mais également aux interminables délais nécessaires pour que ces formations parviennent à une aptitude opérationnelle satisfaisante. Par ailleurs, la place des divisions blindées SS dans la stratégie allemande finissait par rendre celle-ci complètement transparente en dépit des mesures de sécurité prises. Finalement, la *Waffen-SS* a porté atteinte au moral de l'armée de terre en raison même de son statut de garde prétorienne. Elle illustre le danger pour un régime de rompre l'unité de ses forces armées en y introduisant ouvertement des ferments de désagrégation par une politique de discrimination.

Une fois jetés dans la balance, les succès et les initiatives de la *Waffen-SS* n'ont pas équilibré et justifié la redondance des services, la dispersion des efforts, la débauche d'énergie et les luttes intestines avec la *Wehrmacht*. Les succès des divisions de l'armée n'avaient d'ailleurs rien à envier à ceux des troupes SS, si ce n'est leur présentation plus avantageuse par la propagande de l'Ordre noir et celle du régime.

L'une des « vérités » longtemps admise par le corps social sur la *Waffen-SS* a été la spécificité de ses crimes. De toute évidence, il s'agissait de chercher en elle l'incarnation du mal absolu en raison de l'idéologie qui l'inspirait. Or, si le passif est très lourd, il ne dispense pas de porter un regard un peu plus nuancé que justifie d'abord la grande disparité des comportements. Ainsi, revêtir un uniforme SS n'a pas automatiquement transformé un individu en assassin ou en tortionnaire en puissance. Par ailleurs, rien dans l'emploi des unités SS ne révèle par rapport à celles de l'armée une utilisation privilégiée dans les missions répressives. La principale distinction se situe en fait dans les comportements, les troupes SS ne reculant devant l'emploi d'aucun moyen et allant souvent jusqu'au bout de l'horreur. Cela est particulièrement vrai pour les plus anciennes formations de la *Waffen-SS*, héritières directes des branches armées SS d'avant guerre.

Reste à savoir à quoi rattacher cette capacité. À y regarder de près, l'alchimie ayant donné à la *Waffen-SS* sa culture de violence particulière dérive indéniablement de l'idéologie de la SS, au moins pour partie. À prôner l'inégalité des races, à attiser les haines, ou à faire l'éloge de la déshumanisation sous couvert d'un principe obligeant à être aussi dur envers soi-même qu'envers autrui, la SS a assurément donné à ses troupes la capacité mentale de passer à l'acte. S'il est évident, encore faut-il bien comprendre que cet héritage de l'idéologie SS n'est pas un legs en bloc, mais une sélection de préceptes que les premiers responsables de la SS en armes ont bien voulu retenir pour modeler l'outil qu'ils devaient forger. En ce sens, la responsabilité de ces officiers est écrasante. Par la suite, le développement de la *Waffen-SS* en armée de masse a largement contribué à diluer cette culture au sein des unités de création plus tardive.

En dehors même de l'idéologie ou de cette culture de guerre particulière, la plupart des crimes de guerre perpétrés à l'ouest ont néanmoins une autre origine. De fait, ils ont d'abord été le produit de la surenchère imposée par l'esprit de corps et par la réputation que cette troupe de création récente et sans tradition a voulu établir sur les champs de bataille. La concurrence avec l'armée d'une part, la volonté interne de reconnaissance professionnelle d'autre part, ont puissamment contribué aux débordements de violence lors des premières campagnes militaires, plus ponctuellement par la suite chez certaines des nouvelles formations SS. Quant aux violences extralégales des derniers mois de l'Occupation à l'ouest, elles sont d'abord liées à la politique de plus en plus répressive du commandement militaire allemand. À l'échelle de la division « Das Reich », elles n'ont toutefois été que la transposition de méthodes de guerre éprouvées et théorisées à l'est. En ce sens, il ne s'est pas agi de débordements plus ou moins accidentels, mais d'une application réfléchie et méthodique d'une stratégie répressive et terroriste.

***

Si l'on s'essaie à une comparaison entre les comportements respectifs de la *Wehrmacht* et de la *Waffen-SS* en tant que forces de combat ou troupes d'occupation, la différence est à la fois réelle et minime. Réelle, elle l'est dans la culture de violence propre à la *Waffen-SS*, dans sa volonté inébranlable d'être une élite, puis dans sa conscience de l'être une fois que la propagande de la SS et du Reich a imposé cette idée. Pour le reste, la différence entre la *Waffen-SS* et la *Wehrmacht* a été minime. De récents travaux ont du reste parfaitement révélé que l'armée avait été aussi largement impliquée dans les crimes de guerre et les crimes contre l'humanité. De fait, issue de la même société, empoisonnée par les mêmes idées, la *Waffen-SS* ne s'est fondamentalement distinguée de la *Wehrmacht* que par le concentré de national-socialisme qu'elle représentait, surtout au cours des premières années de la guerre. Ce sont sinon les mêmes attitudes, les mêmes réflexes, les mêmes comportements qui ont joué à des degrés différents. En cela, la frontière devrait être davantage tracée entre les troupes qui ont eu la conscience d'être une élite (*Waffen-SS*, parachutistes, troupes blindées, etc.) et celles qui ne l'avaient pas. À ce titre, la *Waffen-SS* apparaît à maints égards comme une caricature de la *Wehrmacht* que seuls distinguaient l'esprit de concurrence et la volonté de vouloir systématiquement la précéder.

Jusqu'ici, la manipulation de la *Reichsführung-SS* et de l'appareil d'État avait engendré deux représentations tout aussi fausses l'une que l'autre : celle d'une troupe fanatisée, dévouée et prête à obéir sans murmure d'un côté, et de l'autre celle d'une institution militaire rechignant à adhérer aux préceptes du national-socialisme et à mener la guerre qu'on attendait d'elle. La frontière entre les deux, déjà ténue avant l'entrée en guerre, n'a en réalité cessé de s'amenuiser avec le temps. En même temps que la *Waffen-SS* perdait son caractère d'élite idéologique lorsque son noyau originel a été dilué dans une armée de masse à la charnière des années 1942-1943, la *Wehrmacht* a trouvé dans la SS un modèle qu'elle a d'abord décrié et envié avant de la copier dans le jeu de la rivalité. La perspective s'en trouve donc complètement renversée : on tendait à assimiler la *Waffen-SS* à l'instrument d'oppression de l'Europe occupée et on la découvre *in fine* sous le jour relativement méconnu d'outil de conquête de l'espace politique et idéologique au sein même du Reich. Passée à travers le prisme de la propagande, l'image renvoyée de la *Waffen-SS* est en cela devenue une admirable anamorphose de la réalité. Cette image déformée a non seulement marqué les contemporains, mais s'est projetée aussi sur les débats d'après-guerre.

*
* *

Le bilan de cette étude débouche donc sur une autre perspective, cette fois liée au regard porté pendant plusieurs décennies sur le IIIe Reich. Comme de précédents travaux consacrés à la société civile allemande et à la *Wehrmacht*, les présentes conclusions démontrent à quel point, avec ses lourdes réminiscences, la propagande nationale-socialiste imprègne encore notre manière d'aborder cette époque [2]. Dans le cas précis de la *Waffen-SS*, l'aveuglement est tout aussi frappant que l'absence de regard critique devant la supercherie, tant il est vrai que « les faits n'entrent pas dans le domaine de nos croyances » (Proust). Généralement, la recherche – scientifique ou non – s'est focalisée sur la branche armée SS sous les deux angles exclusifs de la criminalité et de l'élitisme militaire. Ainsi fait, l'opinion publique, et souvent les historiens avec elle, a pris position avant même de comprendre.

De ce constat sévère, il ressort que tout un travail d'analyse de la mémoire et de l'historiographie consacrées à ce thème serait nécessaire. Un tel travail permettrait peut-être de constater à quel point se sont projetées dans l'après-guerre la propagande de la SS et du régime d'une part, et la contre-propagande alliée d'autre part. Dans l'implacable logique du retour de balancier, la *Waffen-SS* a en effet été autant desservie par la propagande après guerre qu'elle en avait bénéficié pendant le conflit. Depuis, ces schémas réducteurs n'ont pas été remis en cause, les enjeux idéologiques de la guerre froide contribuant sans nul doute à cristalliser le débat. Conjugué à la difficulté d'accéder à certaines sources, le désintérêt manifesté un temps par la communauté universitaire à l'égard de la chose militaire a pu également constituer un facteur important expliquant cette désaffection. Toute une littérature romanesque, héroïque, voire apologétique a ainsi eu le champ libre pour prolonger le mythe. L'absence de vision européenne ou planétaire du conflit au profit d'une juxtaposition de visions nationales étriquées a probablement aussi joué un rôle important. Comment sinon expliquer qu'un village limousin ait pu devenir un symbole de la guerre d'anéantissement menée à l'est par le IIIe Reich ?

NOTES

Introduction

1. Pour une bibliographie critique, cf. WEGNER, « Garde » et *Hitlers politische Soldaten* (5ᵉ éd.). Pour avoir une idée du succès rencontré par la littérature romanesque consacrée à la *Waffen-SS*, il suffit par exemple de savoir que neuf ouvrages en français de Jean Mabire sur ce thème ont obtenu des scores de vente oscillant entre 15 500 et 70 000 exemplaires (37 000 exemplaires en moyenne). Ces ventes étaient « globalement inférieures de 15 à 20 % à celles enregistrées à la même époque par les ouvrages militaires de Pierre Sergent et Paul Bonnecarrère, mais comparables à celles de Roger Bruge sur la ligne Maginot ». Elles ne tiennent par ailleurs pas compte de la réédition partielle de certains titres chez un autre éditeur (Grancher) ou en format de poche. Chiffres aimablement communiqués par la Librairie Arthème Fayard (lettre du 11.12.2000 à l'auteur).

2. FÖRSTER, « Erziehung », p. 87.

3. NEITZEL, « Forschens », p. 405.

4. BAL, NS 19/2097 (79) : Inspekteur für Statistik an SS-Ostubaf. Brandt, Betr. : Die Stärke der SS am 31.12.1942, 1.3.1943. Pour une genèse de la SS, cf. HÖHNE, *Orden*, p. 19 et suiv. BUCHHEIM, « Herrschaftsinstrument », p. 30-32, 161-162.

5. Pour une brève synthèse, cf. STEIN, *Waffen-SS*, p. 266-268.

6. *Ibid.*

7. KOEHL, *Black Corps*. BUCHHEIM, *Anatomie*. HÖHNE, *Orden*. GELWICK, *Personnel*. KROENER, « Ressourcen » (5/1) & « " Menschenbewirtschaftung " » (5/2).

8. REMPEL, « Recruitment » ; – *Misguided*, p. 79 et suiv. BUCHHEIM, *Befugnisse*. Sur l'enrôlement des « Allemands ethniques », cf. HERZOG, *Volksdeutschen* ; LUMANS, « Obligation ». Sur celui des volontaires « germaniques », cf. GINGERICH, *Germanic Volunteers* ; – « " Germanic Lands " ». Pour mémoire, car d'un faible apport : STOVALL, *Berger* ; ESTES, *Anabasis*.

9. WEINGARTNER, *Guard*. SYDNOR, *Soldiers*. LUTHER, C., *Blood*. LEPRE, *Bosnian*. CÜPPERS, *Wegbereiter*. LELEU, « *Frundsberg* ».

10. WEGNER, *Soldaten*; – « Auf dem Wege » ; – « Durchbruch » ; – « " Aristocracy " ».

11. WEGNER, « Anmerkungen », p. 409-410. Cf. aussi BAL, NS 33/283 (1) : SS-FHA, Merkblatt für die Entlassung kommende SS-Männer d.W-SS, 1.9.1940.

12. Le terme original allemand sera ici plus volontiers conservé dans la mesure où, phonétiquement proche de la fonction de *Reichsführer-SS* de Himmler, il traduit bien où se situe le pouvoir décisionnaire tout en laissant aux influences de ses subordonnés directs la place qui leur revient dans les choix et orientations données. Voir en annexe l'organisation de la direction SS en novembre 1940.

13. WEGNER, « Anmerkungen », p. 415.

14. NEITZEL, « Forschens ».

15. FÖRSTER, « Extermination ». GERLACH, *Ernährung* ; – *Morde*. HEER, *Vernichtungskrieg*. MESSERSCHMIDT, *Wehrmacht im NS-Staat*. SOLCHANY, « Dissipation ». STREIT, *Keine Kameraden*. WEGNER, *Zwei Wege* (3e part.). WETTE, *Wehrmacht*.

16. STEIN, *Waffen-SS*, p. 265.

17. WEGNER, *Soldaten*, p. 19-20.

18. Voir la liste des unités p. 1174.

19. BAL, NS 19/1471 (28) : Statistisch-Wissenschatliches Institut des RF-SS an RF-SS, I/150/44 g.K., 19.9.1944 (Gesamtstärke d.W-SS, 30.6.1944).

20. Cette appellation désigne tout à la fois la fonction, son titulaire et, par extension, l'état-major sous ses ordres.

21. Cf. une précédente enquête menée sur les exactions commises en 1940 par la division « Totenkopf » (et d'autres unités) dans le nord de la France. LELEU, « SS-Totenkopf ».

22. KOHL, *Krieg*, p. 13-15. Cf. aussi BENZ, *Einsatz*.

1. L'AFFIRMATION D'UNE AMBITION MILITAIRE

1. Pour une mise au point succincte concernant les différentes branches politiques, paramilitaires et policières de la SS avant guerre, cf. STEIN, *Waffen SS*, p. 19-28, 311. Sur les organismes cités, cf. BANACH, *Heydrichs Elite*. BUCHHEIM, « Herrschaftsinstrument ». LILIENTHAL, *Lebensborn*. SCHULTE, *Zwangsarbeit*. WILDT, *Nachrichtendienst*.

2. WEGNER, *Soldaten*, p. 79 (cit.) et suiv.

3. *Ibid.* (1re réf.), p. 82. Cf. aussi VHA, 2.SS-Pz.Div., 96/26 : Zeitlicher Überblick über die Entwicklung des SS-Rgt. « D », 19.6.1942. HAUSSER, *Soldaten*, p. 16-17.

4. BUCHHEIM, « Herrschaftsinstrument », p. 168-170.

5. HÖHNE, *Orden*, p. 90-92.

6. BUCHHEIM, « Herrschaftsinstrument », p. 162-164.

7. SJSS (1937), p. 47, 51. SJSS (1938), p. 16. WEGNER, *Soldaten*, p. 103-108, 117-118.

8. MÜLLER, K.-J., *Heer*, chap. 6. DEUTSCH, *Komplott*.

9. BAMA, RW 4/v.503 (47) : Der Führer, 17.8.1938, § I & II, A. WEGNER, *Soldaten*, p. 105, 114-117. STEIN, *Waffen SS*, p. 42-44. NEUSÜSS-HUNKEL, *SS*,

p. 34-36. REMPEL, « Recruitment », p. 107. Ce décret avait été précédé un mois auparavant par une ordonnance demeurée confidentielle accordant aux unités SS encasernées le droit de porter comme la *Wehrmacht* les armes lors des cérémonies d'État. BAL, NS 6/320 (25) : NSDAP/Stellv. des Führers, Anordnung 91/38, Betr. : Ehrenformationen bei Staatsakten, 15.7.1938.

10. La plupart des formations de la SS-VT ont combattu au sein de la 4e brigade blindée de l'armée de terre (également appelée division « Kempf »), à savoir le régiment d'infanterie « Deutschland », le régiment d'artillerie, le groupe de transmissions, un groupe de reconnaissance, la 2e compagnie du groupe de mitrailleuses antiaériennes ainsi que des unités du train. Transportée en Prusse-Orientale par voie maritime avant le déclenchement des hostilités, la brigade a été engagée au sein de la 3e armée. Le régiment d'infanterie « Germania » a combattu au sud dans les rangs de la 14e armée. La garde personnelle de Hitler, la « LSSAH », et le bataillon du génie ont été engagés dans le secteur central au sein de la 10e armée. Le régiment « Der Führer », créé en avril 1938 après l'annexion de l'Autriche, est la seule unité SS à ne pas avoir été mise à la disposition de l'armée le 19 août 1939. Demeuré à Prague jusqu'au 8 septembre, il a ensuite été déplacé jusqu'au « Westwall ». STEIN, *Waffen SS*, p. 53-54. GELWICK, *Personnel*, p. 690-691. HAUSSER, *Soldaten*, p. 36-37. VHA, 2.SS-Pz.Div., 197/62 : Pz.Div. Kempf/Ia, 52/39 g, 8.8.1939. Pour un aperçu des engagements des unités SS en Pologne, cf. WEINGARTNER, *Guard*, p. 32-34. LEHMANN, *Leibstandarte* (I), p. 145 et suiv. WEIDINGER, *« Das Reich »* (I), p. 144 et suiv.

11. CÜPPERS, *Wegbereiter*, chap. 2. SYDNOR, *Soldiers*, p. 35-37, 42-43.

12. Au 30 septembre, les pertes de la *Wehrmacht* se seraient élevées à 10 572 morts, 30 322 blessés et 3 404 disparus (discours de Hitler au *Reichstag* le 6.10.1939). De leur côté, les troupes SS auraient perdu 474 hommes tués ou décédés suite à leurs blessures, soit 4,5 % du nombre total de tués. Assurément, ce taux était nettement supérieur à celui des contingents SS au sein de la *Wehrmacht*. À l'inverse de l'armée, les troupes SS se composaient essentiellement de troupes de première ligne. Eu égard aux quatre semaines de campagne et aux combats parfois acharnés, cela n'était donc pas vraiment excessif. Cela l'était encore moins si l'on considère qu'à cette époque les responsables politiques et militaires avaient tous en tête les pertes effroyables de la Première Guerre mondiale, comme l'attestent les propos de Hitler à Guderian. Aussi peut-on penser que les accusations de la *Wehrmacht*, quoique fondées, étaient aussi motivées par la volonté de dénigrer la SS. HITLER, *Discours*, p. 119. BAL, NS 19/2109 (36) : Insp. für Statistik, 77/42 g, Reichsführer !, Betr. : Kriegsverluste der SS nach dem Stand der statistischen Erfassung v. 15.7.42, 31.8.1942. GUDERIAN, *Panzers*, p. 58. KERSHAW, *Némésis*, p. 1302/n. 20. STEIN, *Waffen SS*, p. 54.

13. WEGNER, *Soldaten*, p. 86-88, 92-93.

14. BAMA, RW 4/v.503 (224 et suiv.) : Führer u. Reichskanzler, Betr. : Die bewaffneten Teile der SS, 18.5.1939, § A.

15. Cette mise au point chronologique remet en cause l'affirmation de Steiner (reprise par G. Stein), selon laquelle la création de la division SS aurait été décidée suite à l'exercice du régiment « Deutschland ». BAL, NS 19/4006 : Worte, die der RF-SS nach der kriegsmäßigen Übung der St. « D » in Munsterlager am 20.5.39

bei der Offiziersbesprechung zum Abschluß sprach. STEINER, F., *Armee*, p. 104-110, STEIN, *Waffen SS*, p. 48.

16. BAL, NS 19/1669 (74) : Insp.d.SS-VT, Vortragsnotizen für Gruf.-Besprechung am 23.1.39, 18.1.1939.

17. BAL, SSO 170 B (Alexander SUKKAU, 20.4.1904) : SS-Pers.Kanzlei an Insp.d.SS-VT, 23.3.1939 ; P3, Aktennotiz, 25.3.1939.

18. BAMA, RH 15/418b (65) : OKH/BdE/AHA Ia 6, 7376/39 g, Betr. : SS-VT Div., 1.10.1939.

19. BAMA, RW 4/v.503 (224 et suiv.) : Der Führer, Betr. : Die bewaffneten Teile der SS, 18.5.1939, § C, 5. VHA, 3.SS-Pz.Div., 1/1 : 3.SS-Pz.Div., 1/1 : SS-T-Div., Div.-Befehl, 9.10.1939, § VI ; SS-T-Div./Ia, Div.-Befehl, 14.10.1939 ; SS-T-Div./Ia, Div.-Befehl über den 2. Transport von Spezialisten zur Abgabe an SS-VT-Div., 17.10.1939 ; 3.SS-Pz.Div., 4/2 : SS-T-Div./Ia an Div. d.SS-VT, 15.10.1939 ; SS-T-Div./Ia an Div. d.SS-VT, 17.10.1939.

20. IHTP, MF 162 (105975 et suiv.) : Plan für die Geländeübung des III.SS-TV v. 2-11.2.1937 (en particulier 105985 : III./SS-T.R. 3, Btl.-Befehl, 3.2.1937).

21. Cf. les différents courriers *in* BAL, R 43 II/1204 (15-36).

22. BAL, NS 19/4005 (73) : Rede anläßlich der SS-Gruf.-Besprechung im Führerheim der SS-St. « D » in München, 8.11.1938.

23. Selon les termes de ce décret, chaque régiment *(Standarte)* devait recevoir six canons d'infanterie légers et neuf pièces antichars. BAMA, RW 4/v.503 (224 et suiv.) : Der Führer, Betr. : Die bewaffneten Teile der SS, 18.5.1939, § C, 3. KROENER, « Ressourcen » (5/1), p. 723.

24. IHTP, MF 162 (105908) : 1.SS-T-St. « Oberbayern », Personalbefehl 80/38, 18.11.1938.

25. KOTZE, *Heeresadjutant*, p. 62 (19.9.1939). Les « polices vertes » (ainsi appelées d'après la couleur de l'uniforme) étaient des détachements des polices régionales.

26. *Ibid.* De manière assez ironique, l'auteur de cette « bévue », le général Blaskowitz, a par la suite rapidement dénoncé les exactions des formations SS sur le territoire polonais, ce qui lui coûtera son poste. STEIN, *Waffen SS*, p. 56. SYDNOR, *Soldiers*, p. 42-43. HALDER, *Kriegstagebuch* (1), p. 323, 325 (28 & 29.5.1940). Malgré le qualificatif « SS » qui entre souvent dans sa désignation dès cette époque, la division de police va dépendre de l'Office principal de la police de maintien de l'ordre. Elle ne sera transférée à la *Waffen-SS* qu'en février 1942. Elle n'en relevait pas moins de Himmler. GELWICK, *Personnel*, p. 453-454.

27. Afin d'éviter les risques de confusion entre la division « Totenkopf » et les régiments « Totenkopf » mis sur pied à partir de l'automne 1939, le terme « Totenkopf » sera conservé pour la seule division et la traduction française « Tête de mort » appliquée aux régiments.

28. BAMA, RH 53-7/v.731 (46-50) : OKH/BdE/AHA Ia (I), 8139/39 g, Betr. : Aufstellung einer SS-T-Div., 27.10.1939.

29. Seul le régiment d'artillerie a été cantonné à la caserne SS de Munich-Freimann. VHA, 3.SS-Pz.Div., 4/2 : SS-T-Div./Kdr., Betr. : Aufstellung der SS-T-Div., 5.10.1939 ; Führer d.SS-T-St./Kdr. an Ch.d.Pers.St. RF-SS, 1/39 g, Betr. : Art.-Abt. Prieß, SS-Art.St. VT, 6.10.1939 ; 3.SS-Pz.Div., 1/1 : SS-T-Div./Ia/Ib,

NOTES *(chapitre 1)* 827

Unterbringung der SS-T.Div., 9.10.1939. SYDNOR, *Soldiers*, p. 45. WEIN-MANN, *Lagersystem*, p. 554.
 30. VHA, 3.SS-Pz.Div., 3/1 : CdSSHA/VII an Gen.Insp.d.KL u. SS-T-St., 459/39 g.Rs., Betr. : Formierung der SS-T-Div., 6.10.1939. SYDNOR, *Soldiers*, p. 31, 46. Sur la constitution de la « SS-Heimwehr Danzig » en juin et juillet 1939, cf. VHA, SS-T-St./Rgter., 90/12 (dossier entier) et MICHAELIS, *SS-Heimwehr* (non critique).
 31. *Ibid.* (1re réf.). VHA, 3.SS-Pz.Div., 1/1 : SS-T-Div., Div.-Befehl, 9.10.1939.
 32. WEGNER, *Soldaten*, p. 153.
 33. BAL, NS 19/1669 (49) : Allgemeine Erfahrungen bei Einziehung der Verstärkung der SS-TV im Sept. 1938 sowie b. Groß-Einsatz der Allg.-SS.
 34. VHA, 3.SS-Pz.Div., 1/1 : SS-T-Div., Div.-Befehl, 9.10.1939. BAMA, MSg 175/54 : 4e Div. mécanisée des *Waffen-SS*. HUSEMANN, *Glaubens* (1), p. 20.
 35. VHA, 3.SS-Pz.Div., 3/1 : SS-T-Div. an SS-HA/VII, Betr. : Aufstellung einer SS-T-Div., 10.10.1939, § 10.
 36. VHA, 3.SS-Pz.Div., 4/2 : Zeiteinteilung für die Besichtigung der SS-T-Div. durch RF-SS am 4.11.1939 (s.d.); RF-SS an SS-Gruf. Eicke, 601/39 g.Rs., 7.11.1939.
 37. VHA, 3.SS-Pz.Div., 4/2 : RF-SS über den CdSSHA an Kdre. d.SS-VT-Div., der SS-TV-Div., der SS-Pol.-Div., 580/39 g, 24.10.1939. Cf. chap. 11, p. 288-289.
 38. WEGNER, *Soldaten*, p. 103.
 39. VHA, 3.SS-Pz.Div., 3/1 : CdSSHA/VII an Gen.Insp.d.KL u. SS-T-St., 459/39 g.Rs., Betr. : Formierung der SS-T-Div., 6.10.1939.
 40. VHA, SS-T-St. (Rgter.), 91/12 : Gen.Insp.d.verst.SS-T-St./Ia, Betr. : Antrag auf Ergänzung an Mannschaften für die SS-T-Rgtr., 15.1.1940.
 41. S'élevant à 56 546 hommes au 31 décembre 1939 (non compris les personnels de la division « Totenkopf » qui comptait 14 472 hommes dans ses rangs le 29 novembre précédent), les effectifs globaux de la *Waffen-SS* ont surtout augmenté au premier semestre 1940 pour atteindre 104 853 hommes le 30 juin. VHA, 3.SS-Pz.Div., 3/1 : SS-T-Div. an OKH/GenStdH, 25/39 g.K., Betr. : Aufstellung der SS-T-Div., 29.11.1939. Cf. annexe 1.
 42. BAMA, RW 4/v.503 (224 et suiv.) : Der Führer, Betr. : Die bewaffneten Teile der SS, 18.5.1939, § D, 1. Les effectifs sous contrôle de l'inspection des régiments « Tête de mort » s'élevaient à 32 822 hommes le 13 juin 1940, à 34 325 hommes fin juillet. BAL, NS 19/1643 (2-3) : Insp.d.SS-T-St./Ia, 345/40 g.W., Stärkemeldung der SS-T-St. zum 13.6.40, 17.6.1940; NS 19/3505 (93-94) : Insp.d.SS-T-St./Ia, 466/40 g, Stärkemeldung der SS-T-St. zum 28.7.40, 28.7.1940.
 43. STEIN, *Waffen SS*, p. 81/n. 46. HALDER, *Kriegstagebuch* (1), p. 186 (7.2.1940).
 44. BAMA, RH 15/219 (19) : OKW/AHA/Ag/E (II c), 85/40 g, Betr. : Wehrdienstverhältnis u. Wehrüberwachung der Angehörigen d.W-SS während des Krieges, 8.3.1940, § 9. STEIN, *Waffen SS*, p. 59-60.
 45. BAL, NS 19/1863 (2-3) : Chef des E.-Amtes d.W-SS an RF-SS, Betr. : Besprechung im OKE, 16.12.1939. L'OKW l'avait utilisé dès le 30 novembre dans une note de service. La première mention de ce terme dans le *Reichsgesetzblatt* (équivalent du *Journal officiel* en France) date du 12 mars 1940, soit quatre jours

après l'accord intervenu entre la *Wehrmacht* et la SS. *Reichsgesetzblatt*, Jhrg. 1940, Teil I, p. 512. REMPEL, « Recruitment », p. 109. GELWICK, *Personnel*, p. 451. HAUSSER, *Soldaten*, p. 69, 267.

46. BAL, NS 19/3510 (103 & 105) : Amt RV an RF-SS, 127/40 g. 2.Ang., Betr. : Tragen der feldgrauen Uniform, 14.5.1940 ; SS-HA/Chef des Amtes RV an RF-SS/ Pers.Stab, 127/40 g. 3.Ang., Betr. : Tragen der feldgrauen Uniform u. Achselstücken für die Einheiten d.W-SS, 16.5.1940.

47. Les 8e, 10e, 12e et 15e régiments d'infanterie SS ainsi que les 1er et 2e régiments de cavalerie étaient cantonnés dans le « Gouvernement général » polonais, les 9e, 13e et 16e dans le Protectorat de Bohême-Moravie, les 4e et 11e aux Pays-Bas, les 6e et 7e en Norvège. Le 5e était affecté à la surveillance du camp de concentration d'Oranienburg. Le 14e cantonnait à Weimar-Buchenwald dans l'attente de son transfert vers Copenhague. BAL, NS 19/1643 (2-3) : Insp.d.SS-T-St./Ia, 345/40 g, Stärkemeldung der SS-T-St. zum 13.6.40, 17.6.1940.

48. BAMA, RH 14/42 (295) : Anl. zu Heerwesen-Abt., Betr. : Waffen-SS, 16.9.1940.

49. BAL, NS 19/3505 (62) : Führer des SS-OA Nordwest an RF-SS, 133/40 g, 22.8.1940 et la réponse de Himmler (Betr. : Abwehr von Feindlandungen, 9.9.1940). STEIN, *Waffen SS*, p. 123.

50. BAMA, MSg 175/54 : 6e Div. de Montagne « Nord » des *Waffen-SS*. VHA, 2.SS-Pz.Div., 31/7 : OKW/WFSt/L (II. Org), 1328/41 g.K., Betr. : Unterstellung der SS-KGr. « Nord » u. des SS-IR 9, 6.6.1941.

51. BAMA, RH 14/42 (295) : Anl. zu Heerwesen-Abt., Betr. : Waffen-SS, 16.9.1940. KROENER, « Ressourcen » (5/1), p. 835. À cette date, Hitler prévoyait déjà que la future armée de terre serait constituée de 24 divisions blindées, 12 divisions d'infanterie motorisée et de 30 à 40 divisions d'infanterie, donnant ainsi virtuellement une marge encore plus importante à l'expansion de la SS. HALDER, *Kriegstagebuch* (1), p. 324 (29.5.1940).

52. Ce régiment a remplacé le régiment « Germania » cédé à la nouvelle division « Wiking ». STEIN, *Waffen SS*, p. 123-126.

53. BAL, NS 31/280 (5) : Gesamtstärke der SS am 1.7.1940 ; NS 19/1574 (27 & 31) : Insp.d.Statistik an RF-SS, 4.4.1941.

54. BAL, NS 33/231 : SS-FHA/I Org 2043/41 g, Betr. : Aufstellung eines Inf.Btl. (mot) bei der LSSAH, 30.5.1941 ; SS-FHA/Org/3415/41 g, Betr. : Auflösung des SS-IR 5 (mot), 18.8.1941. SYDNOR, « History », p. 347-348.

55. BAL, NS 19/3505 (88-89) : KdW-SS/Ia, 78/40 g.K., Betr. : Auflösung der Insp.d.SS-T-St., 1.8.1940. Les prémices d'une telle décision étaient déjà perceptibles au début de mai 1940 lorsque Himmler s'était entretenu « en détail » avec l'inspecteur de la SS-VT des possibilités d'envoyer rapidement à l'ouest trois régiments « Tête de mort ». L'inspection de ces derniers n'avait pas été consultée. À cette occasion, l'inspecteur de la SS-VT avait reçu le titre de « chef d'état-major de la *Waffen-SS* ». Dès la mi-mai, l'inspection de la SS-VT aurait en fait dû absorber celle de la SS-TV pour donner naissance à l'échelon de commandement de la *Waffen-SS*, ce qui ne s'est manifestement pas produit. BAL, NS 19/3521 (235) : RF-SS an Stabsführer d.W-SS, 802/40 g, 6.5.1940 ; Aktennotiz, Sonderzug « Heinrich », 22.5.1940. CÜPPERS, *Wegbereiter*, p. 27.

56. WEGNER, *Soldaten*, p. 265-266.
57. BAL, NS 19/1471 (28) : Statistisch-Wissenschaftliches Institut des RF-SS an RF-SS, 19.9.1944. NEUSÜSS-HUNKEL, *SS*, p. 108-109.
58. BAL, NS 19/3514 (39) : SS-WVHA an RF-SS, 11.5.1942.
59. Jusque-là dénommées *SS-Totenkopfstandarten*, ces unités ont reçu l'appellation plus martiale de « régiments d'infanterie SS » en février 1941. BAL, NS 33/230 : SS-FHA/KdW-SS, Betr. : Umbenennung der SS-T-St., 25.2.1941.
60. Sur l'activité des unités du « Kommandostab Reischführer-SS », cf. le facsimilé d'extraits de son journal de marche édité sous le titre *Unsere Ehre heisst Treue*, et surtout CÜPPERS, *Wegbereiter*.
61. Pour mesurer le souci de Himmler de se parer d'un titre militaire, voir les débats afin de donner une appellation plus martiale à son bureau administratif auprès du quartier général de Hitler, le titre finalement retenu étant celui de « bureau d'état-major de campagne » *(Feldkommandostelle)*. BAL, NS 19/3515 : Vermerk für SS-Ogruf. Wolff, 18.7.1942.
62. *Unsere Ehre* (27.6. & 10.7.1941), p. 23, 28.
63. BAMA, MSg 175/58 : 1re Brig. d'Inf. mot. des *Waffen-SS*. STEIN, *Waffen-SS*, p. 126, 215.
64. GELWICK, *Personnel*, p. 453-454, 709 et suiv. Pour la faible part des effectifs étrangers dans la division « Wiking », cf. GINGERICH, « Recruitment », p. 829. La liste complète des formations SS subordonnées au SS-FHA à la fin de 1942 figure *in* BAL, NS 19/1654 (28) : Insp. für Statistik an SS-Ostubaf. Brandt, Betr. : Die Stärke der SS am 31.12.42, 1.3.1943.
65. *Ibid.* (dernière réf.). BAL, NS 33/232 : SS-FHA/Org 1580/42 g, Betr. : Unterstellung der KL, 16.3.1942. SCHULTE, « Jüttner », p. 284. Au moment de leur transfert au SS-WVHA en mars 1942, les effectifs de la *Waffen-SS* en poste dans les camps s'élevaient à environ 15 000 hommes. HILBERG, *Vernichtung* (2), p. 966.

2. LE TOURNANT : HITLER, LA *WEHRMACHT* ET LA *WAFFEN-SS*

1. KTB-OKW/1942 (4), p. 1158 (19.12.1942). PA/AA, Inl II g, 1769 (130167) : OKW/WFSt/Org (III), 4261/42 g, Betr. : Aufstellung von 2 weiteren SS-Div., 19.12.1942.
2. KTB-OKW/1942 (4), p. 801 (6.10.1942). KROENER, *Fromm*, p. 638-639; « " Menschenbewirtschaftung " » (5/2), p. 820-822.
3. *Ibid.* (dernière réf.), p. 832-833. Commentaires du général Warlimont *in* KTB-OKW/1942 (4), p. 1152 (18.12.1942, cit.). DENZEL, *Felddivisionen*, p. 8-10.
4. KTB-OKW/1942 (4), p. 1000 (21.11.1942), 1081 (5.12.1942), 1157 (19.12.1942).
5. MANSTEIN, *Victoires*, p. 212. Témoignage du général von Thoma *in* LIDDELL HART, *Généraux*, p. 111-112.
6. Commentaires du général Warlimont *in* KTB-OKW/1942 (4), p. 1152 (18.12.1942).
7. KTB-OKW/1942 (4), p. 1200 (29.12.1942).
8. KOTZE, *Heeresadjutant*, p. 19-20 (19.4.1938). BAMA, RH 14/42 (295) : Anl. zu Heerwesen-Abt., Betr. : Waffen-SS, 16.9.1940. L'expression « Prätorianer-

garde » était utilisée par l'armée dès les années 1930. BAL, NS 19/1669 (48) : Allgemeine Erfahrungen bei Einziehung der Verstärkung der SS-TV im Sept. 1938 sowie b. Groß-Einsatz der Allg.-SS.

9. Alors qu'il n'en avait pas une seule fois fait mention le 6 octobre 1939 devant le *Reichstag*, Hitler a cité à cinq reprises les formations de la *Waffen-SS* dans chacun de ses discours des 19 juillet 1940 et 4 mai 1941. HITLER, *Discours*.

10. *Ibid.*, p. 166.

11. BAKO, Plakat 3/1/21. KERSHAW, *Némésis*, p. 662-663.

12. VHA, 2.SS-Pz.Div., 11/2 : SS-Div. « Reich »/IIa, Div.-Tagesbefehl 5/42, 1.5.1942. Cf. aussi KERSHAW, *Némésis*, p. 746-747.

13. JOCHMANN, *Monologue*, p. 168-169 (3-4.1.1942). D'autres considérations ont également empêché le développement de la *Waffen-SS* dans l'esprit de Hitler. Dans une directive du 10 janvier 1942, il avait ainsi précisé que toute constitution d'unités SS nécessitant « du matériel allemand supplémentaire » était à proscrire. BOELCKE, *Rüstung*, p. 63.

14. FRÖLICH, *Goebbels* (II, 5), p. 360-361 (20.8.1942).

15. BAL, NS 19/2652 (9) : NSDAP/Gau Halle-Merseburg/Gauleiter, Sehr geehrter Herr Reichsführer !, 21.5.1942.

16. Analyse d'A. Hillgruber *in* KTB-OKW/1942 (3), p. 3 et suiv. WEGNER, « Hitlers Strategie », p. 107-118.

17. KERSHAW, *Némésis*, p. 660-668, 722, 746-747. Sur la crise militaire de l'hiver 1941-1942, cf. REINHARDT, *Wende*.

18. *Ibid.*, p. 757-772. Cf. aussi les propos tenus par Hitler à l'été 1942 *in* GÖRLITZ, *Keitel*, p. 208 ; HALDER, *Hitler*, p. 37.

19. « Nécessité de l'éducation de l'état-major général dans une foi fanatique en l'idée. Détermination d'imposer aussi intégralement sa volonté au sein de l'armée de terre. » HALDER, *Kriegstagebuch* (3), p. 528 (24.9.1942).

20. KTB-OKW/1942 (4), p. 12-13. HEIBER, *Lagebesprechungen*, p. 11-12. JOCHMANN, *Monologue*, p. 9.

21. Il s'en expliquera d'ailleurs après l'attentat du 20 juillet, même s'il faut émettre des réserves sur ces propos tenus *a posteriori*. SPEER, *Reich*, p. 548.

22. Selon K.-J. Müller, le corps des officiers avait cessé d'exister en tant que « groupe moral autonome » dès 1934 (*Heer*, p. 713-715). MESSERSCHMIDT, *Wehrmacht*.

23. WETTE, *Wehrmacht*.

24. Cité par H.-A. Jacobsen *in* KTB-OKW/1940-41 (1), p. 152-153 (18.10.1942).

25. FRÖLICH, *Goebbels* (II, 7), p. 179 (23.1.1943). La directive de l'OKW du 16 décembre 1942 pour justifier les mesures impitoyables à appliquer aux femmes et aux enfants dans la lutte antipartisans est un autre indice de la « brutalisation » accrue du conflit voulue par Hitler à cette époque, tout comme son appel au peuple allemand et l'ordre du jour adressé à la *Wehrmacht* à l'occasion du Nouvel An. BAL, NS 19/2175 (2) : Chef des OKW/WFSt/Op (H), 4870/42 g.K., Betr. : Bandenbekämpfung, 16.12.1942. BOBERACH, *Meldungen* (12), 347 (4.1.1943), p. 4617.

26. FRÖLICH, *Goebbels* (II, 7), p. 514 (9.3.1943).

NOTES (chapitre 2)

27. BAL, SSO 8 (Fritz ALLIHN, 8.5.1888) : v. Herff an Chef des HPA, 10/12/42-R, 23.12.1942. Hitler venait par ailleurs de féliciter les « soldats de toutes les branches de la *Wehrmacht* » qui avaient participé à l'opération contre la flotte française à Toulon. Ce faisant, il ne pouvait pas ignorer que c'était l'état-major du corps d'armée SS qui avait dirigé l'opération. BAMA, RS 2-2/3 : Gen.Kdo. SS-Pz.Korps, KTB 3 (28.11.1942 & Anl. 176). Sur l'impossibilité de qualifier objectivement la *Waffen-SS* de quatrième branche de la *Wehrmacht*, cf. BUCHHEIM, « Herrschaftsinstrument », p. 181-182.

28. L'un a été nommé en mars 1942, deux autres en octobre suivant. Le nombre de ces aides de camp SS diminuera par la suite. Depuis 1939, la SS disposait en outre d'un officier de liaison auprès du QG de Hitler (Karl Wolff, puis Hermann Fegelein). KTB-OKW/1940-41 (1), p. 112-113. BAL, SSO 117 B (Richard SCHULZE, 2.10.1914). WARLIMONT, *G.Q.G.*, p. 126. HEIBER, *Lagebesprechungen*, p. 36-37. HENKE, *Bestand NS 19* (1), p. VI/n 22.

29. MÜLLER, K-J., *Heer*, p. 577-578. WEGNER, « Durchbruch ».

30. En 1944, Hitler déclarera à ses généraux que « la discipline et l'éducation ne [pouvaient] en aucun cas remplacer l'intime conviction ; elles [pouvaient] tout au plus la compléter ». BAL, NS 6/785 (9) : Ansprache des Führers vor Generalen u. Offizieren am 22.6.1944 im Platterhof. MANSTEIN, *Victoires*, p. 209. BAMA, ZA 1/817 (79) : Geyr v. Schweppenburg, Die Invasion, 14.4.1947, § I, 5. SENGER UND ETTERLIN, *Panzer*, p. 218, 235. P-E. Schramm *in* KTB-OKW/1944-45 (8), p. 1709.

31. KERSTEN, *Totenkopf*, p. 326 (18.12.1942). Amtliche Aufzeichnung des Chefdolmetschers Schmidt, 10.1.1943 *in* KTB-OKW/1943 (6), p. 1496.

32. Cf. chap. 26, p. 648 et suiv.

33. WEGNER, *Soldaten*, p. 110-111, 116 et suiv.

34. HASSELL, *Deutschland*, p. 218. Cf. aussi A. Hillgruber *in* KTB-OKW/1942 (3), p. 177. KERSHAW, *Némésis*, p. 127, 218-219. LOTZ, *Reichspost* (II), p. 203 et suiv.

35. WITTE, *Dienstkalender*, p. 364, 382, 466, 468. Il semble assez évident que la combativité de la division « Totenkopf » sur le front de l'Est en 1941-1942 a largement conforté Hitler dans cette idée. SYDNOR, *Soldiers*, p. 226.

36. BAL, NS 19/3506 (215-17) : Rgt. SS « D »/Ia, Gefechtsbericht, 31.5.1940. STEIN, *Waffen-SS*, p. 95-97.

37. BAL, SSO 71 A (Paul HAUSSER, 7.10.1880) : SS-Div. « Reich »/Ia, Gefechtsbericht der SS-Div. « Reich » über den Einsatz v. 22.6.-28.7.41, 28.7.1941, p. 5. L'état des pertes de la division à l'issue des quatre premiers mois de campagne à l'est a aussi été présenté à Hitler à l'initiative de la SS. WEIDINGER, « Das Reich » (III), p. 172.

38. BAL, SSO 71 A (Paul HAUSSER, 7.10.1880) : RF-SS, Mein lieber Hausser !, 8.8.1941.

39. Cf. par exemple KOTZE, *Heeresadjutant*, p. 100. BAL, NS 19/351 (43 & 57) : RF-SS, AR 28/7/42, Lieber Berger !, 10.7.1942 ; Auszüge aus Briefen aus Flandern.

40. Appréciations des 3 et 10 octobre 1941 des commandants du XXIVe corps d'armée blindé (v. Schweppenburg) et de la 2e armée blindée (Guderian), ainsi que

celle du 11 janvier 1942 du commandant du XXXXVIe corps d'armée blindé (v. Vietinghoff-Scheel). BAL, SSO 71 A (Paul HAUSSER, 7.10.1880).

41. BAL, NS 19/3519 (39-41) : SS-FHA/Org 3110/42 g, Betr. : Aufstellung eines SS-Gen.Kdo., 28.5.1942. WITTE, *Dienstkalender*, p. 411 (27.4.1942), 419 (5.5.1942).

42. BAL, NS 19/4005 (73) : Rede anläßlich der SS-Gruf.-Besprechung im Führerheim der SS-St. « D » in München, 8.11.1938.

43. HALDER, *Kriegstagebuch* (1), p. 170 (22.1.1940).

44. BAL, NS 19/3502 (38) : RF-SS, 45/3/43 g, Lieber Pg. Axmann !, 13.2.1943 ; NS 19/1447 (113 & 115) : Vortrag b. Führer, 20.2.1943 ; *ibid.*, 17.3.1943.

45. Cf. *infra*, p. 49. Au sein même de la *Reichsführung-SS*, l'incohérence entre les propos tenus par Himmler le 13 février et ses notes de conférence avait été relevée à l'époque. BAL, NS 19/3502 : Vermerk für Frau Bethge, 18.3.1943.

46. KTB-OKW/1943 (5), p. 81 (28.1.1943). MANSTEIN, *Victoires*, p. 312-313.

47. BAMA, RS 2-2/1 : Gen.Kdo. I.SS-Pz.Korps, SS-Pz.Korps in der Schlacht zwischen Donez u. Dnjepr, p. 11-12.

48. Une lettre d'un collaborateur de Himmler tentant de réconforter son *Reichsführer* témoigne de son état d'abattement à cette époque, suite à une « grande déception personnelle vécue les derniers jours et les dernières semaines », ce qui avait plongé la SS « dans une époque sauvage et tempétueuse ». BAL, NS 19/3492 (41-45) : CdSSHA, Reichsführer !, 9.3.1943.

49. SCHWARZ, E., *Stabilisierung*. LEHMANN, *Leibstandarte* (III), p. 71-93, 186-195.

50. Le Journal personnel de Goebbels suffit à lui seul à mesurer le prestige retrouvé par la SS auprès de Hitler à partir du 9 mars 1943. De son côté, on ressent bien chez Himmler le soulagement et la satisfaction suite à la tournure finalement favorable prise par les événements, notamment dans une lettre envoyée au commandant du corps d'armée blindé SS. FRÖLICH, *Goebbels* (II, 7), p. 514 (9.3.1943), 556 (15.3.1943), 580 (18.3.1943). BAL, SSO 71 A (Paul HAUSSER, 7.10.1880) : RF-SS, Lieber Hausser !, (31).3.1943, p. 4.

51. TMI (IX), p. 443-444 (18.3.1946).

52. BAL, Slg. Research, Ordner 436 (92) : Aktenniederschrift, 24.9.1942.

53. BAL, NS 19/3943 : KR an Hstuf. Grothmann, Adjutant des RF-SS, 19.12.1942.

54. WITTE, *Dienstkalender*, p. 564-565 (22.9.1942).

55. Ce projet sera autorisé le 10 décembre suivant pour donner naissance à la 11e division SS « Nordland ». *Ibid.*, p. 594/n. 73, 641/n. 59.

56. BAL, NS 19/3798 (88-91) : RF-SS, Mein Führer ! 13.12.1942.

57. Aufzeichnungen Greiners *in* KTB-OKW/1942 (4), p. 1092 (7.12.1942).

58. IN 'T VELD, *SS* (I), p. 885.

59. Ce bataillon avait été créé le 15 mai 1941 pour protéger l'état-major de campagne de Himmler avant l'opération « Barbarossa ». BAL, NS 33/231 : SS-FHA/I Org, 1447/41 g, Betr. : Aufstellung des Begleit-Btl. für den Einsatzstab RF-SS, 25.4.1941 (et correctif du 4.5.1941). VHA, Kdo.Stab RF-SS, 148/23 : Begleit-Btl. RF-SS, KTB 1 (20.6. & 2.8.1941). BAMA, MSg 175/55 : 16e Div. Mécanisée des *Waffen-SS* « RF-SS », p. 6 et suiv.

NOTES *(chapitre 2)* 833

60. BAL, NS 19/1908 : Bitten des RF-SS, 3.1.1943 ; NS 19/3871 (57-58) : Niederschrift über Besprechung mit dem Führer am Sonnabend, den 13.2.1943 in der Wolfsschanze um 17 Uhr.
61. VHA, SS-Rekr.-Depot Debica, 5/1 : Besondere Anordnungen 3/43, Betr. : Abgabe von Rekruten an Begl.Btl. RF-SS, 3.2.1943.
62. VHA, Kdo.Stab RF-SS, 151/23 : Begleit-Btl. RF-SS an Kdo.Stab RF-SS/Ia, TB v. 16-31.12.42, 31.12.1942. BAL, NS 19/3503 (18-19 & 21-22) : Kdo.Stab RF-SS/Ia, Ia 380/43 g.K., Betr. : Umgliederung Begleit-Btl. RF-SS, 14.2.1943 ; SS-FHA/KdW-SS, 260/43 g.K., Betr. : Umgliederung des Begleit-Btl. RF-SS zur Sturmbrig. RF-SS, 23.2.1943 ; SS-FHA/II, Org.Abt. Ia/II, Betr. : Aufstellung der 16.SS-Pz.Gr.Div. « RF-SS », 19.10.1943. BAMA, RH 20-7/102 : Sturmbrig. RF-SS, Stand : 1.4.1943 (Kriegsgliederung, cit.).
63. BAL, NS 33/273 (5) : Aufstellung der Verbände d.W-SS, s.d. (oct. 1943). SHAT, 10 P 141, chemise « États numériques de PG » : Ire armée française/2e bureau/Section PG, CR 143 d'interrogatoire, 21.12.1944 ; Ire armée française/2e bureau/Direction du Service des PG de la zone avant de l'armée, n° 8/2 PG, 3.1.1945 ; 11 P 115 : Ire armée française/2e Bureau, n° 1416/2.S, Rapport quotidien du 2e Bureau, 22.12.1944. KTB-OKW/1944-45 (7), p. 419-420. BENDER, *Uniforms* (4), p. 111/n. 26. HÖHNE, *Orden*, p. 510.
64. BAL, NS 19/1669 (71) : Insp.d.SS-VT, Vortragsnotizen für Gruf.-Besprechung am 23.1.39, 18.1.1939.
65. BAL, NS 33/31 (9) : Rede des SS-Ogruf. Jüttner auf der SS-Führer-Tagung in Prag am 13.4.1944.
66. BAL, NS 19/2065 (13) : RF-SS, AH/752/3, Lieber Pohl !, 31.1.1942.
67. BAL, NS 19/3517 (94) : Chef des Hauptamtes Haushalt u. Bauten an RF-SS, 29/41 g.K., 14.3.1941.
68. BAL, NS 19/3521 (275) : Berger an Chef des VWHA, 3.4.1940. Cf. aussi BAL, NS 19/1863 (2-3) : Chef des E.-Amtes d.W-SS an RF-SS, Betr. : Besprechung im OKE, 16.12.1939 (et l'accord de Himmler transmis le 27.12.1939). STEIN, *Waffen-SS*, p. 68.
69. BAL, NS 19/218 (83) : Arbeit des E.-Amtes, 5.6.1942.
70. Sur le statut et la fonction du RAD, cf. BROSZAT, *L'État*, p. 392-394. SEIFERT, *Kulturarbeit*.
71. BAL, NS 19/4 (31) : CdSSHA an RF-SS, 4923/42 g, Betr. : Ersatzlage, 4.12.1942. Les termes en gras sont soulignés sur le document original.
72. Notamment le groupement tactique (puis brigade) « Schuldt » et le bataillon SS « Karstwehr ». WITTE, *Dienstkalender*, p. 626 (1.12.1942). RONCONI, « Panzerkompanie », p. 21.
73. WITTE, *Dienstkalender*, p. 629/n. 16.
74. KROENER, « Ressourcen » (5/1), p. 727.
75. BAL, NS 19/356 (32) : SS-HA/VI, 4023/42 g, Niederschrift über die Besprechung am 8.10.42 im SS-HA.
76. Si Berger avait l'habitude d'exagérer ses difficultés, il a pu être lui-même abusé par les propos alarmistes du SS-FHA dirigé par Hans Jüttner, la rivalité et la discorde notoires entre les deux hommes nuisant à la bonne entente de leurs services et à une bonne circulation de l'information. SCHULTE, « Jüttner », p. 282-283.

77. Cf. chap. 6, p. 152 et suiv.
78. BAL, NS 19/3912 : CdSSHA an RF-SS, 21.12.1944.
79. À une plus large échelle, voir le même constat tiré sur les mécanismes du pouvoir par I. Kershaw dans sa monumentale biographie de Hitler *(Némésis)*.
80. VHA, 2.SS-Pz.Div., 28/6 : SS-FHA/Ia, 1223/43 g.K., Betr. : Neuaufstellungen d.W-SS im Jahre 1944, 2.9.1943. Étaient concernés par cet ordre le IIe corps blindé SS ainsi que les 2e, 3e, 6e, 9e et 10e divisions SS. La 2e devait par exemple fournir le noyau d'une nouvelle division d'infanterie mécanisée au 1er février 1944.
81. FRÖLICH, *Goebbels* (II, 10), p. 191 (27.10.1943).
82. KTB-OKW/1943 (6), p. 1168-1170 (4.10.1943).
83. BAL, NS 19/3910 (56) : Chef OKW/Heeresstab (I) 1835/44 g.K., 15.7.1944 ; NS 33/7 (7 & verso, 15-17) : SS-FHA/II Org.Abt. Ia, 2100/44 g.K., Betr. : Unterstellung von Gr.Div. (29.Welle) des Heeres unter RF-SS (SS-FHA), 17.7.1944 ; SS-FHA/II Org.Abt. Ia, 2106/44 g.K., Betr. : Aktenvermerk über Besprechung b. RF-SS am 15.7.44, 18.7.1944. KROENER, « " Menschenbewirtschaftung " » (5/2), p. 995, 998. WEGNER, *Soldaten*, p. 308/n. 215. Sur la situation de la *Wehrmacht* à l'été 1944, cf. P.-E. Schramm *in* KTB-OKW/1944-45 (7), p. 8 et suiv.
84. Seul B. Kroener a pris la mesure de cette décision jusqu'ici. KROENER, *Fromm*, p. 670-673. Pour une genèse de l'attentat, cf. HOFFMANN, « Widerstand ». KERSHAW, *Némésis*, p. 934-960 (et orientation bibliographique p. 1448/n. 1).
85. Le lendemain de l'attentat, cette fonction d'instruction a été prorogée, de telle sorte que les nouvelles divisions, une fois déclarées opérationnelles et versées à l'armée de campagne *(Feldheer)*, étaient encore soumises à l'autorité du SS-FHA pour l'ensemble des questions relatives à l'entraînement. C'était *de facto* permettre à la SS de s'immiscer dans leur emploi. BAL, NS 33/7 (18) : SS-FHA/II Org.Abt. Ia, 2100/44 g.K., Betr. : Unterstellung von Gren.Div. (29. Welle) des Heeres unter RF-SS (SS-FHA), 21.7.1944.
86. Cette mesure a été effective, à l'image des personnels et matériels de l'armée de terre versés à la *Waffen-SS* en août 1944 pour constituer les XIIe et XIIIe corps d'armée SS. BAL, NS 33/7 : SS-FHA/II Org.Abt. Ia/II, 2450/44 g.K., Betr. : Aufstellung von 2 Gen.Kdo. u. Übernahme in die W-SS, 7.8.1944. SPIWOKS, *Endkampf*, p. 363-364. BAMA, MSg 175/52 : historiques des XIIe et XIIIe corps d'armée des *Waffen-SS*. Deux cas ont également été relevés où des officiers SS ont été nommés (au moins temporairement) à la tête de bataillons de l'armée. APC, RG 24, C 17, vol. 13649 : FCA, ISN 156, 3.12.1944, II, p. 3.
87. BAL, NS 33/7 (15) : SS-FHA/II Org.Abt. Ia, 2106/44 g.K., Betr. : Aktenvermerk über Besprechung b. RF-SS am 15.7.44, 18.7.1944. La SS a largement eu le champ libre pour agir dans la mesure où le poste de chef d'état-major de l'armée de terre était vacant depuis le départ du général Kurt Zeitzler le 1er juillet 1944. La nomination de son successeur, Guderian, n'est intervenue que le 21 juillet 1944. L'eût-elle voulu, l'armée de terre n'avait donc plus de responsable pour défendre ses intérêts. KROENER, *Fromm*, p. 673. KERSHAW, *Némésis*, p. 934.
88. *Ibid.* (dernière réf.), p. 925.

NOTES *(chapitre 2)* 835

89. Propos du général Schaal au début d'un séminaire de trois jours pour 200 officiers nationaux-socialistes à Prague le 20 juillet 1944. MÍŠKOVÁ, *Pfitzner* (1), p. 156 (20.7.1944).
90. Les généraux SS Kleinheisterkamp, von Gottberg et Prieß étaient à cette époque pressentis pour occuper ces fonctions et ont respectivement pris la tête des XIe, XIIe et XIIIe corps d'armée SS. BAL, NS 33/7 (15 & 31) : SS-FHA/II Org.Abt. Ia, 2106/44 g.K., Betr. : Aktenvermerk über Besprechung b. RF-SS am 15.7.44, 18.7.1944; SS-FHA/II Org.Abt. Ia/II, 2450/44 g.K., Betr. : Aufstellung von 2 Gen.Kdo. u. Übernahme in die W-SS, 7.8.1944. BAMA, MSg 175/52.
91. BAL, NS 6/4 (57) : Anl. 15, FS Chef OKW an WK 1-13, 17-18, 20-21, Wehrmacht-Bevollmächtigter u. Befehlshaber im WK Böhmen-Mähren, 20.7.1944, 20.20 Uhr.
92. À la mi-juillet 1944, il était prévu que deux divisions de la 29e vague soient envoyées dès le 20 juillet sur le front, trois autres devant être prêtes au combat à la fin du mois. Une troisième échéance était fixée au 10 août pour deux divisions supplémentaires. BAL, NS 33/7 (15) : SS-FHA/II Org.Abt. Ia, 2106/44 g.K., Betr. : Aktenvermerk über Besprechung b. RF-SS am 15.7.44, 18.7.1944.
93. L'offensive lancée le 22 juin par l'Armée rouge a connu des progrès foudroyants. Un mois plus tard, les forces soviétiques se tenaient aux portes de la Prusse-Orientale. Entre-temps, 28 divisions allemandes (soit 350 000 hommes) avaient été balayées. En France, la percée du front allemand sera acquise à la fin du mois de juillet. KTB-OKW/1944-45 (7), p. 14, 327-329.
94. FRÖLICH, *Goebbels* (II, 2), p. 531 (18.12.1941). TIEKE, *Lufttransport*.
95. BAL, NS 33/233 : SS-FHA/KdW-SS/Org 8776/42 g, Betr. : Aufstellung der SS-Brig. « Schuldt », 21.12.1942. KTB-OKW/1942 (4), p. 1168-1169 (21.12.1942), 1394. LEHMANN, *Leibstandarte* (III), p. 17 et suiv.
96. BAL, NS 19/3943 : KR an Hstuf. Grothmann, Adj. des RF-SS, 19.12.1942; NS 19/3871 (82) : SS-FHA/Ia, 15/43 g.K., Betr. : Aufstellung von 2 SS-Pz.Gr.Div., 6.1.1943; NS 31/154 (129) : SS-HA/II, Betr. : Neuaufstellung von SS-Div., 6.1.1943; NS 19/229 (9) : RF-SS, Lieber Berger !, 36/63/43 g, 24.2.1943 (cit.); NS 19/4010 (198) : Rede des RF-SS vor den Reichs- u. Gauleitern in Posen am 6.10.1943. Cf. aussi HEIBER, *Reichsführer !*, p. 242 (doc. 211).
97. BAL, NS 19/3871 (64-65) : Aktenvermerk über 2 Telefongespräche, die der Führer am 13.1.1943, um 13.50 u. 15.10 Uhr, mit SS-Ogruf. Wolff, betr. Neuaufstellung von 2 SS-Div., geführt hat. Cf. aussi l'agenda téléphonique de Himmler. BAL, NS 19/1442 : 13.1.1943, 15.15 Uhr.
98. Aufzeichnungen Greiners zum 29.12.1942 *in* KTB-OKW/1942 (4), p. 1200. KTB-OKW/1943 (5), p. 75 (27.1.1943).
99. JOCHMANN, *Monologue*, p. 50 (1-2.8.1941), 201 (15-16.1.1942), 223 (24.1.1942). HEIBER, *Lagebesprechungen*, p. 893-894. (1.3.1945). Cf. aussi KROENER, « " Menschenbewirtschaftung " » (5/2), p. 841-844, 965-967.
100. Selon le chef du SS-FHA, Hitler aurait explicitement ordonné l'accroissement de la *Waffen-SS* au printemps 1944, ses exigences causant « de très gros soucis » à la *Reichsführung-SS*. En contrepartie, il avait néanmoins soutenu celle-ci dans son recrutement « parce qu'il ne [pouvait] vraiment pas se passer des divisions de la *Waffen-SS* ». BAL, NS 33/31 (10 & 23) : Rede des SS-Ogruf. Jüttner auf der SS-Führer-Tagung in Prag am 13.4.1944.

101. BUCHHEIM, « Befehl », p. 263, 271-272, 274, 277. WEGNER, « Anmerkungen », p. 409.
102. HEIBER, *Lagebesprechungen,* p. 729.
103. Cf. chap. 22, p. 560-561.
104. BAL, NS 19/2167 (1) : SS-Ogruf. Berger an SS-Staf. Dr. Brandt, Betr. : Bericht an RF-SS, 26.9.1944.
105. PA/AA, Inl II g, 1769 (130171) : LR Reichel, Akten-Vermerk, VIII, 28/43, 16.1.1943.
106. Soit du 19 décembre 1942 au 15 janvier 1943 pour les 9e et 10e divisions SS, du 17 mars au 24 juin 1943 pour la 12e et du 3 au 30 octobre 1943 pour la 17e. KTB-OKW/1942 (4), p. 1158 (19.12.1942). BAL, NS 19/3871 (82) : SS-FHA/Ia, 15/43 g.K., Aktenvermerk, Betr. : Aufstellung von 2 SS-Pz.Gr.Div., 6.1.1943 ; NS 19/1447 (11) : Vortrag b. Führer, 17.3.1943 ; NS 33/234 (48) : SS-FHA/KdW-SS, Org 784/43 g.K., Betr. : Aufstellung der SS-Pz.Gr.Div. « HJ », 24.6.1943 ; NS 19/3524 (4) : Der Führer, 3.10.1943 ; NS 19/3504 (50-59) : SS-FHA/II, Org.Abt. Ia/II, 1658/43 g.K., Betr. : Aufstellung der 17.SS-Pz.Gr.Div. « GvB », 30.10.1943.
107. BAL, NS 19/3871 (56-57 & 82) : SS-FHA/Ia, 15/43 g.K., Betr. : Aufstellung von 2 SS-Pz.Gr.Div., 6.1.1943 ; Niederschrift über Besprechung mit dem Führer am Sonnabend, den 13.2.43 in der Wolfsschanze um 17 Uhr, 13.2.1943. VHA, 9.SS-Pz.Div., 13/3 : SS-FHA/KdW-SS, II/590/43, Betr. : Aufstellung der 9. u. 10.SS-Div., 27.1.1943 ; SS-FHA/KdW-SS, Org II/2662/43 g, Betr. : Zuführung von Einheiten zur SS-Pz.Gr.Div. « H » bzw. 10.SS-Div., 12.4.1943. KTB-OKW/1943 (5), p. 111 (9.2.1943). Cf. aussi les effectifs des deux divisions qui figurent régulièrement à partir du 4.4.1943 *in* KTB-OKW/1943 (5 & 6).
108. BAMA, RS 3-17/4 : Anl. 6 (7.12.1943), Anl. 9 (8.12.1943), Anl. 12 (19.12.1943), Anl. 19 (1.1.1944), Anl. 25 (16.1.1944), Anl. 37 (1.2.1944), Anl. 47 (15.2.1944) ; RS 3-17/5 : Anl. 67 (1.3.1944), Anl. 96 (15.3.1944) ; RS 3-17/6 : Anl. 117 (1.4.1944).
109. BAMA, RS 3-12/39 : Stammtafeln ; RS 2-1/1 : Gen.Kdo. I.SS-Pz.Korps « Leibstandarte », KTB 1 (27.7. & 4.10.1943) ; ZA 1/1181 (12-13) : W. STAUDINGER, Führung der Art. des I.SS-Pz.Korps während der Invasionskämpfe in der Normandie 6.6. bis Anfang Aug. 1944, s.d.
110. BAMA, RH 20-15/50 : AOK 15, KTB 4 (3.8.1943) ; RH 20-15/56 : Tagesmeldung v. 3.8.1943. Le régiment blindé de la division, alors à Mailly-le-Camp (Champagne), devait également compter à la même époque quelques centaines de tankistes. KTB-OKW/1943 (5), p. 720 (29.6.1943).
111. Début octobre 1943, il était signalé que « l'ensemble des renforts jusqu'ici reçus se trouv[ait] en moyenne dans la sixième semaine d'instruction élémentaire ». BAMA, RH 10/321 (6) : 12.SS-Pz.Gr.Div., 35/43 g.K., Zustandsbericht v. 4.10.1943. Il semblerait que la SS ait accordé une permission exceptionnelle aux adolescents pour retourner dans leurs foyers avant leur incorporation (témoignage de W. Zimmermann in *39-45 Magazine,* 75, 1992, p. 30).
112. BAMA, RH 10/321 (5, 11 & 14) : 12.SS-Pz.Gr.Div., 35/43 g.K., Zustandsbericht v. 4.10.1943 ; 12.SS-Pz.Gr.Div., Meldungen v. 1.11. & 1.12.1943 ; RH 19-IV/17 (137) : Ob.West/Ia 6924/43 g.K., 1) OKW/Heeresstab [...], Betr. : Stand der Neuaufstellungen, 25.11.1943, § 5 a. Cf. chap. 6, p. 151-152.

113. BAL, NS 33/31 (7) : Rede des SS-Ogruf. Jüttner auf der SS-Führer-Tagung in Prag am 13.4.1944.
114. KROENER, « Ressourcen » (5/1), p. 727.
115. BAL, NS 19/4015 : Notizen für eine Rede vor den Reich- u. Gauleiter in Posen, 3.8.1944.
116. STEIN, *Waffen-SS*, p. 222.
117. Ordonnée le 17 juin 1944, la dénomination des 1er et 3e groupements de combat SS en 49e et 51e brigades SS avait été explicitement présentée « pour raisons de camouflage ». KTB-OKW/1944-1945 (7), p. 926. VHA, 17.SS-Pz.Gr.Div., 13/2 : SS-Pz.Gr.Brig. 49/Ia, 77/44 g, Betr. : Umbenennung der SS-KGr. 1, 18.6.1944; SS-FHA/II Org.Abt. Ia an SS-Pz.Gr.Brig. 49 über WB Dänemark, 19.6.1944, 20.00 Uhr; SS-FHA/II, Org.Abt. Ia 2483/44 g.K. an SS-Pz.Gr.Brig. 49, 12.8.1944; 17.SS-Pz.Gr.Div., 5/1 : Entwurf, 26.SS-Pz.Gr.Div./Stamm-Rgt./Ia an SS-FHA/II/Ib, Betr. : Fp.Nr. d. 26.SS-Pz.Gr.Div., 12.9.1944. BAL, NS 33/7 : SS-FHA/II, Org.Abt. Ia/II, 2810/44 g.K., Betr. : Umbenennung der SS-Pz.Gr.Brig. 49 u. 51, 1.9.1944; SSO 197 (Markus FAULHABER, 22.7.1914). BAMA, RH 2/3042 (45) : 17.SS-Pz.Gr.Div. « GvB ».
118. HUBATSCH, *Weisungen*, p. 274. KTB-OKW/1943 (6), p. 1325 (1.12.1943). KTB-OKW/1944-1945 (7), p. 97, 213-214, 925-926. VHA, 17.SS-Pz.Gr.Div., 13/2 : SS-Pz.Gr.Brig. 49/Ia, g.K. 69/44, Betr. : Aufstellung der Brig., 10.8.1944. BAL, SSO 79 B (Hans SCHITTENHELM, 4.3.1912) : SS- u. Waffen-Unterführerschule Laibach, Beurteilung, 24.7.1944. Cf. aussi BAL, SSO 54 (Otto BEISSEL, 1.2.1893); SSO 124 (Artur BURZLAFF, 23.1.1915); SSO 197 (Markus FAULHABER, 22.7.1914); SSO 43 A (Karl GUSE, 22.7.1916); SSO 98 A (Fritz HILLIG, 30.8.1909); SSO 139 A (Walter JÖCKEL, 11.12.1914); SSO 19 B (Karl REINEL, 1.10.1913).
119. Au 30 juin 1944, les 49e et 51e brigades disposaient respectivement de 3 888 et 2 923 hommes. BAL, NS 19/1471 (30) Statistisch-Wissenschaftliches Institut des RF-SS an RF-SS, I/150/44 g.K., 19.9.1944. Cf. aussi BAMA, RS 3-17/12; RH 10/133 (69). NARA, RG 165/Entry 179/Box 719 : PWIS (H)/LDC/346, Report on Interrogation of PW Stubaf W. Joeckel, SS Pz Gren Bde 51.
120. BAMA, MSg 175/58 : 49e Brig. mécanisée des *Waffen-SS*, p. 3 ; 51e Brig. mécanisée des *Waffen-SS*, p. 2. BAMA, RH 10/90 : Gen.Insp.d.Pz.Tr., Führervortrag am 20.8.44, Betr. : Stärkung der Kampfkraft des Westens, 20.8.1944. KTB-OKW/1944-1945 (7), p. 382-383 (21 & 29.8., 1.9.1944).
121. BAMA, RS 3-17/12 : SS-Pz.Gr.Brig. 49, Meldung v. 1.9.1944; SS-Pz.Gr.Brig. 51, Meldung v. 1.9.1944. De nombreux indices concordent néanmoins pour supposer que l'idée de mettre sur pied la 26e division blindée (voire la 27e) n'avait pas été totalement abandonnée par le SS-FHA à la fin de l'année 1944. En tout état de cause, le numéro 26 n'a pas été attribué avant le mois de mars 1945 à une division SS, en l'occurrence la seconde division SS hongroise « Gömbos ». SHAT, 10 P 142-1 : MU#1FID, PWIB 1/22, 7.1.1945, § 1, p. 2. BAMA, MSg 175/58 : Brig. blindée des *Waffen-SS* « Gross ». BAL, SSO 36 A (Martin GROSS, 15.4.1911); SSO 272 A (Dr. Wolfgang LOENICKER, 21.11.1898) : SS-FHA/V/IIa, Personalverfügung, 23.9.1944; NS 33/12 (79) : Ersatztruppenteile, 10.1.1945. GELWICK, *Personnel*, p. 626. HEUSINGER, *Hitler*, p. 225.

3. Le recrutement à l'étranger : les accommodements de la SS avec ses dogmes idéologiques

1. BAL, NS 19/2456 (3-4) : Tagung des « Fördererkreises der Germanischen Leithefte » in Magdeburg v. 27-30.4.1942.
2. GINGERICH, « Recruitment », p. 815-816.
3. BAL, NS 19/3987 (1 et suiv.) : Ansprache des CdSSHA, « Auf dem Weg zum germanischen Reich » (26.2.-1.3.1944).
4. BAL, R 49/25 (1-3). BUCHHEIM, « Herrschaftsinstrument », p. 182 et suiv. BROSZAT, L'État, p. 461 et suiv. NEUSÜSS-HUNKEL, SS, p. 87-88.
5. WEGNER, Soldaten, p. 302-303. Sur les applications concrètes de cette politique, cf. LILIENTHAL, Lebensborn. HILLEL, Au nom de la race.
6. Rassemblés au sein du IIe bataillon du régiment « Deutschland », ils ont constitué après l'Anschluß le noyau du nouveau régiment « Der Führer ». VHA, 2.SS-Pz.Div., 96/26 : Zeitlicher Überblick über die Entwicklung des SS-Rgt. « D », 19.6.1942.
7. BAL, NS 19/3686 : CdSSHA/SS-Zentralkanzlei an RF-SS/Pers.Stab, Betr. : Beurteilungen der Vg. Karl H. u. Chr. F. aus Bessarabien, 21.1.1938.
8. HEINEMANN, « Rasse ». BUCHHEIM, « Herrschaftsinstrument », p. 206-207.
9. SJSS (1938), p. 10, 12.
10. MICHAELIS, SS-Heimwehr, p. 11-18.
11. Le recrutement de la police échappait à l'origine à la SS. Il lui a été confié sur un ordre de Himmler daté du 29 octobre 1939, peu après la création de la division de police. BAL, NS 19/1863 (22) : Chef des E.-Amtes d.W-SS an Stabsführer des SS-OA Süd, 4.5.1940 ; NS 19/218 (63) : Arbeit des E.-Amtes, 5.6.1942.
12. Alors qu'avec 33 561 hommes les effectifs de la division de police et de ses unités de remplacement représentaient 37 % des effectifs de la Waffen-SS, la proportion des citoyens allemands issus des anciennes régions polonaises et servant dans la police s'établissait à près de 63 % de ceux servant dans la Waffen-SS.
13. Avec un rapport identique de 37 % des effectifs de la Waffen-SS, les effectifs de la division de police issus de ces deux régions représentaient respectivement 27,9 % et 15,5 % de ceux des formations SS.
14. Le régiment choisi était à dessein celui nommé « Germania ». À l'époque où il avait émis ce vœu auprès des généraux SS, Himmler avait déclaré que vingt étrangers servaient dans les rangs de la SS. GINGERICH, « Recruitment », p. 816-818. WEGNER, « Auf dem Wege », p. 101.
15. BAL, NS 31/395 (109-110) : SS-Führer im Rasse- u. Siedlungswesen im SS-OA Donau an RuSHA, Betr. : Aufnahme von Kroaten in die SS, 9.8.1939.
16. Chef RuSHA an CdSSHA, 15.8.1939 in WEGNER, « Auf dem Wege », p. 101.
17. BAL, NS 19/1863 (9-11) : E.-Stelle Nordost (I) an Chef des E.-Amtes d.W-SS, Betr. : Bericht über die anläßlich des Führerbefehls zur Musterung von SA-Freiwilligen für die W-SS durchgeführte SS-Annahme-Untersuchung v. 3-7.1.1940 bei Angehörigen der SA-Wehrmannschaft, 11.1.1940 ; Chef des E.-Amtes d.W-SS an RF-SS, Betr. : Musterung in der SA, 16.1.1940.

NOTES (chapitre 3)

18. BAL, NS 19/1678 (5-6) : notes de Himmler, s.d.
19. Sur les enjeux politiques entre l'armée et la SS concernant les régimes d'occupation des Pays-Bas et de la Belgique, cf. HIRSCHFELD, *Fremdherrschaft*. WAGNER, W., *Belgien*, p. 88-90, 114-115, 146-147, 165-166. KWIET, *Reichskommissariat*, p. 39 et suiv. HALDER, *Kriegstagebuch* (1), p. 322 (28.5.1940).
20. BAL, NS 19/1556 (114) : Besprechung Himmler-Mussert, 8.7.1943.
21. BAL, NS 19/3403 : Rauter an Himmler, Betr. : Rückführung von Holländern aus dem Kampfraum im Westen, 4.12.1944 (et réponse de Himmler du 5.12.1944).
22. BAL, NS 19/3403 (190-91) : RK für die Festigung dt. Volkstums an RF-SS, Vorg. : Volkstums- u. Arbeitseinsatzfragen in Holland, Belgien u. Nordfrankr., 11.6.1940.
23. FRÖLICH, *Goebbels* (I, 8), p. 58 (17.4.1940). GINGERICH, « Recruitment », p. 818-819. JACOBSEN, *Der Zweite Weltkrieg*, p. 23-24. BAL, NS 19/3521 (22) : E.-Amt d.W-SS an RF-SS, 303/40 g, Betr. : Werbung in den Niederlanden, 21.6.1940.
24. BAL, NS 19/1453 (10) : « Die Schutzstaffel », Vortrag vor den Leitern der WE-Lager der HJ am 18.1.1943 in Prag.
25. STEIN, *Waffen-SS*, p. 119-120. KROENER, « Ressourcen » (5/1), p. 833 et suiv.
26. BAL, NS 19/1711 (1-8) : E.-Amt d.W-SS an RF-SS, 110/40 g.K., Betr. : Bevölkerungsbewegung, 7.8.1940 ; RF-SS/Pers.Stab an Chef des E.-Amtes d.W-SS, 14.8.1940. WEGNER, « Auf dem Wege », p. 102, 130/n. 14.
27. GINGERICH, « Recruitment », p. 816, 825.
28. BAL, NS 19/3506 (57) : OKW an OKH, 1053 WFSt/Abt.L(II), 2385/40E, Betr. : Ausbau d.W-SS, 19.9.1940 ; NS 33/230 (76-77) : SS-FHA/Ia 165/40 g.K., Betr. : Aufstellung der SS-Div. « Germania », 23.11.1940. GINGERICH, « Recruitment », p. 826.
29. *Ibid.* (dernière réf.), p. 829.
30. BAL, NS 19/132 (19) : RF-SS an Gen.Oberst v. Brauchitsch, AR/314/11, 17.4.1940.
31. Que cette politique n'ait pas été préméditée mais ait été une conséquence de l'échec relatif des opérations de recrutement dans les pays germaniques trouve une preuve dans les ambitions de Himmler de mettre sur pied deux régiments SS néerlandais dès juin 1940. La *Reichsführung-SS* était néanmoins parfaitement consciente en novembre 1940 que la future division « Wiking » allait être une formation « qui en tout état de cause se compose[rait] en premier lieu de volontaires du vieux Reich ». BAL, NS 19/3504 (193) : RF-SS, Richtlinien zur Gewinnung holländischer Freiwilligen, 24.6.1940 ; NS 19/1711 (171) : RF-SS an Ch.d.Stabes des SS-FHA, 12.11.1940 (cit.).
32. GINGERICH, « Recruitment », p. 830.
33. Cf. chap. 7, p. 186-188.
34. En 1944, le chef du *SS-Hauptamt* affirmera que les légions germaniques avaient été créées car les volontaires germaniques « étaient prêts à se battre contre les Bolchevistes, mais n'étaient pas prêts à entrer dans la *Schutzstaffel* ». La constitution du régiment « Nordwest », antérieure au déclenchement des opérations

contre l'Union soviétique, invalide ces propos, tout du moins pour ce qui concerne la motivation des premiers volontaires. BAL, NS 19/3517 (114) : SS-FHA/I Org 1071/41 g, Betr. : Aufstellung der SS-Freiw.St. Nordwest, 3.4.1941 ; NS 19/2456 (5) : Tagung des « Fördererkreises der Germanischen Leithefte » in Magdeburg v. 27-30.4.1942 ; NS 19/3987 (8-9) : Ansprache des CdSSHA, « Auf dem Weg zum germanischen Reich » (26.2.-1.3.1944). GINGERICH, « Recruitment », p. 828. STEIN, *Waffen-SS*, p. 167-169. WEGNER, « Auf dem Wege », p. 103-105.

35. VHA, SS-Nachr.Stelle « NW », 32/11 : FS 559, SS-HA, 9.4.1941, 15.08 Uhr.

36. VHA, 1.SS-Pz.Div., 13/4 : Verzeichnis der zuständigen E.-Truppenteile d.W-SS 1.6.1942 (modifié 27.8.42), p. 4.

37. BAL, NS 19/3519 (153 & 163) : RK für die besetzten ndl. Gebiete, 309/41 g.K., Reichsführer !, 21.11.1941 (et la réponse tardive de Himmler qui corrobore entièrement cette analyse : RF-SS, 1064/42, Lieber Pg. Seyß-Inquart !, 22.1.1942).

38. VHA, SS-Nachr.Stelle « NW », 32/11 : FS 2362, 17.4.41, 22.24 Uhr. Parmi les critères de rejet, une taille insuffisante et des problèmes dentaires étaient les plus courants. BAL, NS 19/2456 (5) : Tagung des « Fördererkreises der Germanischen Leithefte » in Magdeburg v. 27-30.4.1942. WITTE, *Dienstkalender*, p. 480 (7.7.1942)/n. 26.

39. BAL, NS 19/1871 (56-58) : Aktenvermerk, Betr. : Besprechung über ausländische Kriegsfreiwillige im A.A. v. 7.7.41, 8.7.1941.

40. STEIN, *Waffen-SS*, p. 185-186. WITTE, *Dienstkalender*, p. 305 (1.1.1942). CASAGRANDE, *Ethnische*. KNUR, « *Prinz Eugen* », p. 35.

41. BAL, NS 19/3647 (2-4) : CdSSHA an RF-SS, 1612/41g., Betr. : Germanische Leitstelle, 5.11.1941.

42. Au cours d'une conférence de travail, le chef du *SS-Hauptamt* déclarait ainsi que « notre mission doit être de préparer le chemin au Führer, [afin] qu'il puisse plus tard unir les pays germaniques dans le Reich germanique ». Dans un discours ultérieur, il précisait encore « que la *Schutzstaffel* germanique est la troupe d'avant-garde *(Vortruppe)* du Reich germanique ». BAL, NS 19/3565 (35) : SS-HA/VI, 4023/42 g, Niederschrift über die Besprechung am 8.10.42 im SS-HA; NS 19/3987 (14) : Ansprache des CdSSHA, « Auf dem Weg zum germanischen Reich » (26.2.-1.3.1944).

43. BAL, NS 19/3647 (2-4) : CdSSHA an RF-SS, 1612/41g., Betr. : Germanische Leitstelle, 5.11.1941.

44. BAL, NSD 41/119 : SS-HA, Glauben und Kämpfen : Für die Männer aus den deutschen Volksgruppen des Südostens, Berlin, s.d. (1941-1942), p. 73.

45. BAL, NS 19/2294 (3) : Chef des E.-Amtes d.W-SS an RF-SS, 178/40 g, Betr. : Zwischenbericht über die Dienstreise, 25.4.1940.

46. BAL, NS 19/3502 (43) : Aktenvermerk, Besprechung mit Stabsführer Möckel, 9.2.1943.

47. BAL, NS 19/1873 (1) : RF-SS an Gen.Oberst Jeschonek, 36/202/43 g, 14.8.1943. Un mois auparavant, Himmler avait songé à intégrer des volontaires germaniques dans la *Kriegsmarine* en cas de succès à un stage de quatre semaines au camp d'instruction SS de Sennheim. IN 'T VELD, *SS*, p. 1137-1138 (doc. 434).

48. BAL, NS 19/2456 (9) : Tagung des « Fördererkreises der Germanischen Leithefte » in Magdeburg v. 27-30.4.1942.

NOTES (chapitre 3)

49. Sur la *Volksdeutsche Mittelstelle* (VoMi), cf. BUCHHEIM, « Herrschaftsinstrument », p. 192-194. JACOBSEN, *Aussenpolitik*, p. 234-246. WITTE, *Dienstkalender*, p. 134/n. 55.

50. BAL, NS 19/3647 (2-4) : CdSSHA an RF-SS, 1612/41g., Betr. : Germanische Leitstelle, 5.11.1941. Le chef du *SS-Hauptamt* se félicitera encore par la suite de cette décision en se déclarant « infiniment reconnaissant » envers le trésorier Schwarz. BAL, NS 19/2456 (7) : Tagung des « Fördererkreises der Germanischen Leithefte » in Magdeburg v. 27-30.4.1942 ; NS 19/218 (89) : Arbeit des E.-Amtes, 5.6.1942.

51. Selon le chef du *SS-Hauptamt*, l'impulsion de cette ordonnance ne serait pas venue de la SS, « mais de l'instance la plus élevée de la direction du parti » (Martin Bormann). BAL, NS 19/3565 (34) : SS-HA/VI, 4023/42 g, Niederschrift über die Besprechung am 8.10.42 im SS-HA ; Reichsverfügungsblatt, 18.8.1942, Folge 34/42 (Anordnung A 54/42 v. 12.8.42).

52. WITTE, *Dienstkalender*, p. 353 (17.2.1942).

53. BAL, NS 19/3798 (92) : 1455/42 g.Rs., Vorschlag für die Neuaufstellung der SS-Div., 13.12.1942.

54. BAL, NS 33/234 : SS-FHA/KdW-SS, 420/43 g, Betr. : 14. (germ.) SS-Pz.Gr.Div. « Nordland », 22.3.1943. STEIN, *Waffen-SS*, p. 174/n. 55.

55. PA/AA, Inl II g, R 100992, 2558 (n.f.) : Vorlage bei dem RAM, 28.5.1943.

56. STEIN, *Waffen-SS*, p. 188. WITTE, *Dienstkalender*, p. 439/n. 97 (27.5.1942), 518/n. 54 (15.8.1942), 539/n. 26 (6.9.1942).

57. BAL, NS 19/3798 (89) : Mein Führer! 13.12.1942. En février 1944, la 7ᵉ division SS se composait à 8,5 % d'Allemands du Reich et à 91,5 % de *Volksdeutsche*. Ceux-ci étaient originaires de Serbie et du Banat (53,6 %), de Roumanie (21,3 %), de Croatie (11,2 %), de Slovaquie (2,9 %) et de Hongrie (2,6 %). BAL, NS 33/145 (92) : 7.SS-Freiw.Geb.Div. « Prinz Eugen »/Ia, Landmannschaftliche Zusammensetzung, 20.2.1944.

58. PA/AA, Inl II g, 1769 (130165) : CdSSHA an A.A./D VIII, 13/43 g.K., Betr. : Dorts. Schr. v. 29.12.42, 7.1.1943 (cit.). BAL, NS 19/319 : SS-Gruf. Staatssekretar Dr. Studart im RMdI an RF-SS, 10.12.1942. SUNDHAUSEN, « Geschichte », p. 189-190. LUMANS, « Obligation », p. 313-314.

59. KTB-OKW/1942 (4), p. 1181 (24.12.1942). KTB-OKW/1943 (5), p. 67-68 (24.1.1943).

60. PA/AA, Inl II g, 1769 (130168-70) : Ersatzkdo. Südost d.W-SS an CdSSHA, 1/43 g.K., Betr. : 1) Neuaufstellung von SS-Verbänden (Kroat.Legion), 2) Weitere Musterungen für die SS in Kroatien, 6.1.1943.

61. PA/AA, Inl II g, 1769 (130171) : Ref.L./LR Reichel, Akten-Vermerk, D VIII, 28/43, 16.1.1943. Le 12 janvier 1943, les responsables SS évoquaient le projet de constituer « une légion croate » sous les ordres du général SS Phleps, démontrant ainsi que le projet d'une formation bosniaque musulmane n'était pas encore à l'ordre du jour à cette date. TMI (XXVI), PS-705, p. 261-266 (SS-HA/VI, 704/43 g, Niederschrift über die Besprechung des SS-Ausschusses der Arbeitsgemeinschaft für den germanischen Raum am 12.1.43, 20.1.1943).

62. GRMEK, *Révoltés*, p. 151.

63. BAL, NS 19/3871 (58) : Niederschrift über Besprechung mit dem Führer am Sonnabend, den 13.2.1943 in der Wolfsschanze um 17 Uhr. KTB-OKW/1943 (5), p. 137 (17.2.1943).
64. BAL, NS 19/3943 : Aktennotiz, 3.1.1943.
65. BAL, NS 19/3871 (58) : Niederschrift über Besprechung mit dem Führer am Sonnabend, den 13.2.1943 in der Wolfsschanze um 17 Uhr ; NS 19/3502 (38) : RF-SS, 45/3/43 g, Lieber Pg. Axmann !, 13.2.1943.
66. PA/AA, Inl II g, R 100981, 2534 (n.f.) : Reichsminister u. Chef der Reichskanzlei an Obersten Reichsbehörden u. die dem Führer unmittelbar unterstehenden Dienststellen, Rk. 1602 D, Betr. : Verhandlungen mit den germanisch-völkischen Gruppen in den besetzten Gebieten, 6.2.1943. Étaient exemptes de cette obligation les institutions du Reich siégeant déjà dans les territoires occupés, sous réserve toutefois que les négociations engagées par elles concernent leur seule activité principale et que les questions soulevées ne remettent pas en cause les fondements de la politique germanique du Reich. BAL, NS 31/375 (17) : SS-HA/ Amtsgruppe D/Germanische Leitstelle an RF-SS/Pers.Stab, Betr. : Verhandlungen mit den germanisch-völkischen Gruppen in den besetzten Gebieten, 12.3.1943. À l'instar de Bormann qui a initié le décret du 12 août 1942, le ministre du Reich Lammers a frayé la voie de la SS pour le décret du 6 février 1943. Ce dernier était déjà en préparation au début du mois de janvier précédent. TMI (XXVI), PS-705, p. 261-266 (SS-HA/VI, 704/43 g, Niederschrift über die Besprechung des SS-Ausschusses der Arbeitsgemeinschaft für den germanischen Raum am 12.1.43, 20.1.1943).
67. BAL, NS 19/1873 (1) : RF-SS an Gen.Oberst Jeschonek, 36/202/43 g, 14.8.1943 ; NS 19/1446 (23) : Vermerk, 7.9.1943 (cit.).
68. BAL, NS 19/3647 (29) : CdSSHA an RF-SS Pers.Stab, Betr. : Schreiben des Reichsleiters Bormann v. 5.3.44, Einsetzung der Gauamtsleiter für Volkstumsfragen als Beauftragte der Germanischen Leitstelle, 4.4.1944.
69. BAL, NS 19/3647 (30-34) : Mémorandum du 30.3.1944 annexé à la lettre citée *supra*. Selon toute vraisemblance, ce document a été rédigé par le lieutenant-colonel SS Dr. Riedweg, chef du « Bureau de direction germanique » au sein du *SS-Hauptamt*.
70. Berger au HSSPF Oberg, 8.2.1944, cité *in* GELWICK, *Personnel*, p. 531.
71. La SS n'était pas la seule à être le cadre de tels débats internes à cette époque. D'autres organismes du Reich discutaient sur la question de la politique d'occupation allemande. UMBREIT, « Herrschaft » (5/2), p. 56 et suiv.
72. BAL, NS 19/3987 (20) : Ansprache des CdSSHA, « Auf dem Weg zum germanischen Reich » (26.2.-1.3.1944). Les concepts idéologiques posés par la SS nous obligent ici au néologisme « panallemand » qui se distingue nettement de l'épithète « pangermanique ». La traduction littérale de *großdeutsch* en « grand allemand » ne semblait guère plus esthétique, et surtout moins pertinente dans la mesure où elle masque la progression par étapes de l'expansion à laquelle tendait l'Ordre noir.
73. Au-delà du vocabulaire soigneusement choisi du mémorandum, l'attitude du chef du *SS-Hauptamt* trahissait également la prudence en la matière. Généralement très bien informé des événements, *a fortiori* au sein de ses propres services,

on peut en effet sérieusement douter de ses propos lorsqu'il prétendait ignorer les initiatives de son subordonné dans ce domaine. Par ailleurs, la manière dont il se félicitait de pouvoir s'adresser dans cette affaire non pas à Himmler, mais à son secrétaire personnel, est également significative.

74. Voir les propos du chef du *SS-Hauptamt* dénonçant au début de 1944 l'attitude de nombreux Allemands qui « n'ont toujours pas encore appris à se sentir panallemands. Le prouve l'attitude envers les Autrichiens *(Ostmärkern)* et les Allemands ethniques [...]. On est par trop volontiers prêt à voir en eux de plus mauvais Allemands parce qu'[ils ne sont] pas issu[s] de notre propre petit cercle allemand ». BAL, NS 19/3987 (20) : Ansprache des CdSSHA, « Auf dem Weg zum germanischen Reich » (26.2.-1.3.1944). Cf. aussi BOBERACH, Meldungen (15) : SD-Berichte zu Inlandsfragen v. 25.10.1943, p. 5926-5930.

75. BAL, NS 19/3647 (29) : CdSSHA an RF-SS Pers.Stab, Betr. : Schreiben des Reichsleiters Bormann v. 5.3.1944, Einsetzung der Gauamtsleiter für Volkstumsfragen als Beauftragte der Germanischen Leitstelle, 4.4.1944.

76. KLEMPERER, *LTI*, p. 218.

77. BAL, NS 19/3518 : CdSSHA an RF-SS, Betr. : Arbeitsbericht, 23.7.1941.

78. SCHOLTYSEK, « " Schwabenherzog " », p. 85. BAL, NSD 41/131 : RF-SS/SS-HA/Schulungsamt, *Der Untermensch,* Berlin, Nordland-Verlag, s.d. (1943).

79. BAL, NS 19/3517 : CdSSHA an RF-SS, Betr. : Ukrainer, 28.4.1941 ; Pers.Stab an CdSSHA, Betr. : Ukrainer, 3.[5].1941.

80. Le *SS-Hauptamt* fera savoir à Himmler que cet homme était né de mère allemande. Les suites de l'affaire ne sont pas connues. BAL, NS 19/351 (18 & 40) : RF-SS, AR 28/2/42, Lieber Berger!, 30.5.1942 ; CdSSHA an RF-SS, 2278/42 g, Betr. : TB der Feldpostprüfstelle, 1.7.1942.

81. STEIN, *Waffen-SS,* p. 191-192.

82. *Ibid.,* p. 188-190. SILGAILIS, « Vorgeschichte » (intéressant, mais non critique).

83. BAL, NS 19/3798 (91) : Mein Führer! 13.12.1942.

84. TMI (XXVI), PS-705, p. 261-266 (SS-HA/VI, 704/43 g, Niederschrift über die Besprechung des SS-Ausschusses der Arbeitsgemeinschaft für den germanischen Raum am 12.1.43, 20.1.1943).

85. BAL, NS 19/3987 (19) : Ansprache des CdSSHA, « Auf dem Weg zum germanischen Reich » (26.2.-1.3.1944).

86. BAL, NS 19/1871 (56-58) : Aktenvermerk, Betr. : Besprechung über ausländische Kriegsfreiwillige im A.A. v. 7.7.41, 8.7.1941.

87. ADAP (E, V), p. 108/n. 5. DE BRUYNE, *Les Wallons meurent à l'est,* p. 117.

88. BAL, NS 19/3150 (9 & 13) : RF-SS, I 244/43, 1) RSHA, 2) CdSSHA, 8.2.1943 ; Vermerk für den Gruf., Betr. : L. Degrelle, Empfang b. Führer – Vorschlag zum Gen.Gouverneur v. Belgien, 25.3.1943 ; NS 19/1735 (21) : CdSHA/VI, Germanische Leitstelle an RF-SS, 98/43 g, Betr. : Germanisches Korps, 10.2.1943.

89. Cité *in* HEIBER, *Lagebesprechungen,* p. 507 (28.7.1943). Cf. aussi *La Légion « Wallonie »,* Anderlecht-Bruxelles : s.n., 1941 (reprint 2001). DE BRUYNE, *Les Wallons meurent à l'est,* p. 64.

90. Il s'agissait probablement de l'ouvrage de Franz Petri, professeur d'histoire à l'université de Cologne. Dès sa sortie en 1937, les thèses avancées dans son

ouvrage étaient sérieusement remises en question en Allemagne. PETRI, *Volkserbe*. DE BRUYNE, *Les Wallons meurent à l'est*, p. 180-181/n. 5.

91. BAL, R 49/28 (79 & 83) : RK für die Festigung dt. Volkstums/Hauptabt. I, Volkspolitische Lageberichte zur Unterrichtung : Jugoslawien, Volkstumslage u. allgemeine Übersicht, 7.4.1941.

92. GRMEK, *Révoltés*, p. 151.

93. À savoir l'ordonnance de la milice territoriale tyrolienne *(Tiroler-Landsturm-Ordnung)*. BAL, NS 7/91 (27) : CdSSHA an RF-SS/Pers.Stab, 3706/43 g, Betr. : Wehrpflicht der Volksdeutschen im Südosten, 16.6.1943.

94. BAL, NS 19/2601 (130) : SS-FHA/V/IIb an Pers.Stab RF-SS, Betr. : Eidesformel für kroat. Musulmanen, 21.6.1943. Sur les unités bosniaques de l'Empire austro-hongrois, cf. LUCAS, *Infantry*, p. 29. LEPRE, *Bosnian*, p. 18. SCHACHINGER, *Bosnakien*.

95. BAL, NS 19/1785 (70, 76, 91 & 96) : HSSPF Rußland-Süd an RF-SS, 8.7.1943 ; RF-SS an 1) alle Hauptamtchefs, 2) SS-Stubaf. d'Alquen, 3) Presse Abt., 48/10/43 g, 14.7.1943 ; RF-SS/Pers.Stab an CdSSHA, 36/178/43 g, Betr. : Besprechung mit dem Metropoliten, 31.7.1943 (cit.); Gen.Gouvernement/Gouverneur des Distrikts Galizien an RF-SS, Betr. : SS-Schützen-Div. Galizien, 4.9.1943. STEIN, *Waffen-SS*, p. 196-197, 202-203. HEIBER, *Lagebesprechungen*, p. 938-940 (23.3.1945). BENDER, *Uniforms* (4), p. 10/n. 8.

96. G. Stein a été le premier à mettre ce point en évidence, sans toutefois aller jusqu'au bout de son raisonnement en omettant notamment d'indiquer toute la portée de cette évolution. STEIN, *Waffen-SS*, p. 193.

97. Seules la division de cavalerie SS et la 10e division d'infanterie mécanisée SS ne disposaient pas officiellement de nom à l'été 1943. GELWICK, *Personnel*, p. 715, 717.

98. BAL, NS 19/2255 (2) : CdSSHA an RF-SS, Betr. : Reise des Groß-Mufti v. Palästina, 19.4.1943 ; NS 19/2601 (11) : CdSSHA an RF-SS, Betr. : Bosniaken-Div., 29.4.1943 ; NS 19/3523 (34 & 67) : SS-FHA/KdW-SS, 589/43 g.K., Betr. : Aufstellung der Kroat. SS-Freiw.Div., 30.4.1943 ; SS-FHA/KdW-SS, 747/43 g.K., Betr. : *ibid.*, 2.7.1943 ; NS 19/3504 (28 & 30) : CdSSHA an RF-SS, Betr. : Muselmanen-Div., 4.8.1943 ; SS-FHA/II, Org.Abt.Ia/II, 1472/43 g.K., Betr. : 13.SS-Freiw.b.h.Geb.Div. (Kroat.), 9.10.1943 ; NS 19/3524 (46-51) : SS-FHA/II, Org.Abt.Ia/II, 1574/43 g.K., Betr. : Bezeichnung der Feltruppenteile d.W-SS, 22.10.1943 ; SS-FHA/II, Org.Abt.Ia/II, 9542/43 g, Betr. : *ibid.*, 12.11.1943.

99. BAL, NS 33/31 (9-12) : Rede des SS-Ogruf. Jüttner auf der SS-Führer-Tagung in Prag am 13.4.1944 ; NS 19/1785 (125) : RF-SS, 27.6.1944. L'application de cette nouvelle classification semble s'être produite à partir de la mi-mai 1944. BENDER, *Uniforms* (3) p. 136, (4) p. 60, (5) p. 56, 122.

100. *Ibid.* (1re réf.).

101. BAL, NS 31/170 (54-55) : SS-HA/Amtsgruppe D, Geschäftsverteilungsplan der Amtsgruppe D (Auszug DI/1 u. DI/3), 21.6.1944. Dès l'automne 1943, la SS avait vu « une concurrence » dans les négociations en cours entre la *Wehrmacht* et le mouvement de libération russe. THORWALD, *L'Illusion*, p. 191 et suiv. GEHLEN, *Dienst*, p. 111 et suiv.

102. FRÖLICH, *Goebbels* (II, 13), p. 379 (1.9.1944). Sur la faible combativité des « troupes de l'Est » ayant opéré en France à l'été 1944, cf. HAYN, *Invasion*,

NOTES (chapitre 3) 845

p. 136-137. NARA, RG 165/Entry 179/Box 718 : PWIS (H)/KP/57, Report on German morale from Interrogation of PW passing through Kempton Park Camp 17-24.6.44, 24.6.1944, § 10 & 11. HEIBER, *Lagebesprechungen*, p. 577, 674. Unterlagen für einen Vortrag des Gen.Obersten Jodl, des Chefs des WFStab, vor den Reichs- u. Gauleitern über die militärische Lage, 7.11.1943 *in* KTB-OKW/1944-1945 (8), p. 1558.

103. En onze mois, d'avril 1944 à février 1945, le SS-FHA a ordonné la mise sur pied de 18 « divisions de volontaires de la SS » ou de « divisions en armes de la SS », certaines étant rapidement dissoutes. Dans le même temps, seules cinq « divisions SS » allemandes ont été projetées et/ou constituées (26e, 27e, 32e, 35e et 38e). STEIN, *Waffen-SS*, p. 304-305. GELWICK, *Personnel*, p. 725 et suiv.

104. *Ibid.* (dernière réf.), p. 709 et suiv.

105. MÜLLER-HILLEBRAND, *Heer* (III), p. 167.

106. Sur cette division, cf. STEIN, *Waffen-SS*, p. 196-197. HEIKE, *Freiheit*, p. 34. BIHL, « Ukrainians ». MELNIK, *To battle*. MICHAELIS, *Ukrainer*. KOSYK, *L'Allemagne*, p. 322-324, 368 et suiv.

107. BAL, NS 19/1785 (59, 67 & 69) : CdSSHA an RF-SS, 3561/43 g, Betr. : Freiw.-Legion Galizien, 3.6.1943 ; CdSSHA an RF-SS, 2.7.1943, 14.00 Uhr ; RF-SS an CdSSHA [...], 35/88/43 g, 5.7.1943 ; NS 19/3504 (44-45) : SS-FHA/KdW-SS, 982/43 g, Betr. : Aufstellung der SS-Freiw.Div. « Galizien », 30.7.1943. WEINMANN, *Lagersystem*, p. 592.

108. VHA, SS-Ausb.Btl. z.b.V., 12/3 : SS-FHA, II/5230/43 g, Betr. : Ausbildung der Stämme für die SS-Freiw.Div. « Galizien », 19.7.1943.

109. Le transfert des Galiciens/Ukrainiens dans des divisions SS à recrutement allemand semble avoir été idéologiquement possible parce que la plupart de ces hommes étaient reconnus « aptes à la SS » (3 281 des quelque 13 500 Ukrainiens retenus avaient en effet satisfait aux conditions requises pour leur entrée dans l'Ordre noir). En toute logique, l'idéologie SS commandait à l'origine de promouvoir ces hommes pour en faire les futurs cadres de la division. Sur les douze compagnies, huit ont servi à la constitution de la 16e division SS, deux à celle de la 17e, les deux dernières devant être versées à un bataillon de dépôt SS. Outre les 3 377 Ukrainiens, le bataillon comportait deux jours avant sa dissolution quelque 800 Allemands servant principalement à l'encadrement des recrues. BAL, NS 19/1785 (62) : CdSSHA an RF-SS, 3434/43 g, Betr. : SS-Schützen-Div. Galizien, Zwischenmeldung, 21.6.1943. VHA, SS-Ausb.Btl. z.b.V., 11/3 : FS 180, SS-Ausb.Btl.z.b.V. (SS-Freiw.Div. « Galizien »), SS-Tr.Üb.Pl. Heidelager an SS-FHA/IE, Betr. : Stärkemeldung, 18.10.1943 ; SS-FHA/II Org.Abt. Ia/II, II/8060/43 g, Betr. : Versetzung der SS-Ausb.Btl.z.b.V., 20.10.1943 (cit.).

110. Au 31 décembre 1943, la division ukrainienne révélait ainsi un large déficit de cadres : 256 officiers présents sur 480 postes théoriques (53 %), et surtout 449 sous-officiers sur 2 587 prévus (17 %). À l'inverse, les personnels du rang étaient en sureffectif avec 247 hommes supplémentaires par rapport aux 11 682 requis. BAL, NS 19/1474 (30) : Gesamtstärke d.W-SS am 31.12.1943 ; NS 33/145 (95) : 14.Galizische SS-Freiw.Div., Meldung v. 15.3.1944.

111. Convention concernant les lois et coutumes de la guerre sur terre, La Haye, 18.10.1907 (Annexe : section II, chap. I, art. 23 ; section III, art. 52). Cf.

aussi BAKO, All.Proz. 21/145 (n.f.) : Ulrich SCHEUNER, « Die völkerrechtliche Beurteilung der Anwerbung feindlicher Staatsangehöriger als Freiwillige während eines Krieges », 22.11.1954.

112. Cela ne suffira pas. L'une des charges retenues contre l'ex-chef du SS-Hauptamt après guerre a été justement d'avoir incorporé de force des ressortissants étrangers dans la Waffen-SS. HERZOG, Volksdeutschen, p. 2.

113. BAL, NS 31/371 : Insp.d.SS-VT, Betr. : Einbürgerung von nichtsdeutschen Staatsangehörigen, 24.4.1939.

114. En février 1940, une unité de la « SS-Verfügungs-Division » comptait par exemple cinq hommes ne disposant pas de la nationalité allemande, dont un caporal alsacien né en 1919 à Barr. VHA, 2.SS-Pz.Div., 198/63 (I) : I./SS-Art.Rgt./IIb an SS-Art.Rgt., 70/40 g, Betr. : Unterführer u. Männer mit einer fremden Staatsangehörigkeit, 14.2.1940.

115. BAMA, RS 4/1216 : OKW, 12827/39 g.Ausl.VIS, Betr. : Verwendung sudetendeutscher sowie böhmischer u. mährischer Volksdeutscher Wehrmachtsangehöriger auf dem westlichen Kriegsschauplatz, 8.12.1939.

116. BAL, NS 19/3520 (199) : SS-OA Südost an RF-SS/SS-HA, Betr. : Volksdeutsche Freiwillige aus Polen bei den Verbänden d.W-SS u. Pol.-Div., 24.1.1940 (cit.). VHA, SS-T-St./Rgter, 82/9 : Gen.Insp.d.verst.SS-T-St./IIb, 4/40 g.Rs., Betr. : Einbürgerung von Volksdeutschen Freiwilligen aus Polen bei den Verbänden d.W-SS u. Pol.-Div., 21.3.1940 (en réf. : SS-HA/VII, 23/40 g.Rs., 18.3.1940).

117. BAL, NS 31/367 (10 & 13) : CdSSHA/SS-Erfassungsamt/III, Betr. : Einbürgerung von zur W-SS einberufenen volksdeutschen Umsiedlern, 25.6.1941; ibid., 5.8.1941.

118. BAL, NS 19/3510 (20) : SS-FHA/KdW-SS/IIb, 1275/40 g, Betr. : Anforderung von Karteimitteln Volksdeutscher, bei den Wehrbezirkskommandos, 20.9.1940.

119. Le problème n'en sera pas moins compliqué par le renvoi d'hommes initialement acceptés par les commissions de sélection SS et finalement rejetés pour une quelconque inaptitude après leur incorporation. Perdant la nationalité allemande après avoir perdu la nationalité hongroise, ces hommes devenaient apatrides. Le problème ne sera réglé qu'en avril 1943. La Hongrie acceptera de redonner leur nationalité à ces hommes rejetés, et ce, jusqu'à quatre mois à compter de leur remise au Reich. TILKOVSZKY, « Werbeaktionen », p. 141, 152. BAL, NS 19/3612 (dossier entier).

120. Ibid. (1re réf.), p. 154, 167, 171. BAL, NS 19/3611 (33-34) : SS-HA/ Amtsgruppe D/Germanische Leitstelle an RF-SS, 2645/43 g, Betr. : Verhandlungen mit Ungarn über die Werbung für die W-SS, 29.4.1943.

121. SUNDHAUSEN, « Geschichte », p. 183, 188, 191.

122. L'attribution automatique de la citoyenneté allemande aux Volksdeutsche roumains sera encore confirmée après le désastre de Stalingrad, lorsque 10 000 d'entre eux ont déserté leur armée pour rejoindre la Wehrmacht. BAL, NS 19/1469 (5) : OKW/WFSt/Org (II), 605/42, Betr. : Einstellung volksdeutscher Flüchtlinge in die Wehrmacht, 7.2.1942; NS 19/2859 (196) : A.A./D VIII 37/43 gRS II, Betr. : Volksdeutsche aus Rumänien bei der dt. Wehrmacht, 9.3.1943.

123. TILKOVSZKY, « Werbeaktionen », p. 155.

124. BAL, NS 19/2456 (13) : Tagung des « Fördererkreises der Germanischen Leithefte » in Magdeburg v. 27-30.4.1942.
125. BAL, NS 19/3517 (114) : SS-FHA/I Org/1071/41 g, Betr. : Aufstellung der SS-Freiw.St. Nordwest, 3.4.1941 ; NS 19/3665 (37) : RF-SS, 309/41 g.K., Betr. : Aufstellung u. Einsatz ausländischer Freiwilligenverbände, 6.11.1941 (cit.).
126. BAL, NS 19/1735 (43-44) : Amtsgruppe D/Germanische Leitstelle an RF-SS, 5964/43 g, Betr. : Eintritt des am 6.2.18 in B[elgien] geb. P. L. in die flämische Freiw.Legion d.W-SS, 20.9.1943.
127. BAL, NS 19/1735 : CdSSHA an Amtsgruppe D, Betr. : Erwerb der Deutschen Staatsangehörigkeit von germanischen Freiwilligen, 28.9.1943.
128. Cf. notamment BENDER, *Uniforms*.
129. BAL, NS 33/273 (13-14) : SS-FHA/II Org.Abt. Ia/II, 166/44 g.K., Betr. : Bezeichnung der SS-Freiw.Rgter., 22.1.1944.
130. BAL, NS 19/3076 (2) : Chef der Orpo/Kdo. I 0 (3), 256/42, Betr. : Unterstellung der SS-Polizei-Div. u. ihrer E.-Einheiten unter die W-SS u. Durchführungsbestimmungen hierzu, 4.9.1942. GELWICK, *Personnel*, p. 778-779.
131. Cf. par exemple BAL, SSO 190 B (Leopold TRÖBINGER, 29.3.1910).
132. BAL, NS 31/395 (77) : CdSSHA, Betr. : SS-Tauglichkeit, 2.11.1942.
133. PA/AA, Inl II g, R 100998, 2573 (n.f.) : SS-HA/Germanische Leitstelle/ Amtsgruppe D an A.A., 1887/43 g, Betr. : Volksdeutsche Berufsoffiziere im kroat. Heer, 2.4.1943.
134. Cf. par exemple BAL, SSO 185 (Hans ENDERL, 27.8.1888); SSO 45 A (Alexander von GYURCZY, 19.9.1885); SSO 198 A (Martin KONRADT, 24.3.1892).
135. BAL, SSO 171 A (Oskar KIRCHBAUM, 26.8.1895) : FS SS-Pi.A.u.E.Btl.1/Kdr. an Aufstellungsstab Kroat.SS.Freiw.Div., 18.6.1943.
136. Suite aux « démarches pressantes et personnelles » du chef du parti Rex, il y eut néanmoins deux exceptions où des officiers russes reçurent l'équivalence SS de leurs grades de la Wehrmacht. DE BRUYNE, *Les Wallons meurent à l'est*, p. 65.
137. À compter de cette époque, les grades étaient différents selon que le soldat était membre de la SS, « germain » ou « non germain ». Ainsi, le grade de sergent SS *(SS-Unterscharführer)* était décliné sous la forme de « sergent SS volontaire » *(SS-Freiwilligen-Unterscharführer)* pour un « Germain » non membre de l'Ordre noir, et de « sergent en armes de la SS » *(Waffen-Unterscharführer der SS)* s'il n'était pas « germain ». BAMA, RS 3-30/2 : 30.W-Gren.Div.d.SS (russ.Nr.2)/Ia, Betr. : Grußbestimmungen u. Dienstgradangleichung, 3.8.1944.
138. BAL, SSO 71 A (Paul HAUSSER, 7.10.1880) : SS-Ogruf. Hausser, Reichsführer!, 28.4.1944 ; RF-SS an HSSPF Ost, 35/51/44, 2.5.1944 ; RF-SS, 35/51/44 g, Mein lieber Hausser!, 3.5.1944. BAMA, RS 2-2/29 (8-10) : Gen.Kdo. II.SS-Pz.Korps/Qu 529/44 g, Betr. : Landeseigene Freiwillige (Hilfswillige), 8.6.1944 (en réf. : OKH/GenStdH/Gen Qu K Verw [Qu4] II/2756/44, 6.4.1944).
139. BAL, NS 19/380 : RF-SS an CdSSHA, Betr. : Wehrdienst wiedereindeutschungsfähiger Personen, 30.10.1944 ; CdSSHA an RF-SS, Betr. : Verwendung von Polen in der dt. Wehrmacht als Hilfswilligen, 22.11.1944 ; RF-SS an CdSSHA, Betr. : *ibid.*, 4.12.1944.

4. L'EXPANSION DE LA SS EN ARMES : BUTS ET MOTIVATIONS

1. WEGNER, *Soldaten*, chap. 18 (en particulier p. 263-264).
2. Cf. chap. 11, p. 311 et suiv.
3. BAL, NS 19/66 (1-2) : RF-SS an CdSSFHA, 35/146/43 g, 4.10.1943.
4. BAL, SSO 324 A (Cassius Fhr. v. MONTIGNY, 28.10.1890) : SS-JS Braunschweig/Kdr. an SS-PHA, 26.8.1940.
5. À la fin de l'année 1941, Himmler avait déjà exprimé l'idée qu'à l'issue du conflit les effectifs de la *Waffen-SS* devraient s'élever à quelque 100 000 hommes. Avec les 240 000 membres de la police de maintien de l'ordre (*Ordnungspolizei*) et les 60 000 hommes de la police de sécurité (*Sicherheitspolizei*), cet ensemble constituerait donc un « corps de protection de l'État » de 400 000 hommes. WEGNER, *Soldaten*, p. 305.
6. BAL, NS 19/4007 : Ansprache des RF-SS an Offizierkorps der LSSAH am Abend des Tages von Metz, 7.9.1940, p. 15.
7. Cf. chap. 25.
8. WEGNER, *Soldaten*, p. 106-108.
9. BAL, NS 19/3514 (39) : SS-WVHA an RF-SS, 11.5.1942 ; NS 19/2097 : Stärkemeldung der SS v. 31.12.1941.
10. PA/AA, Inl II g, R 100679, 1720 (329981) : Rede des RF-SS anläßlich des « Tages der Freiheit » am 24.10.1943 in Posen. WEGNER, *Soldaten*, p. 295 et suiv.
11. BAL, NS 19/2065 (4) : Chef des Hauptamtes Haushalt u. Bauten an RF-SS, Betr. : Vorläufiges Friedensbauprogramm des Hauptamtes Haushalt u. Bauten, Amt II/Bauten, 4.12.1941.
12. BAMA, RH 14/42 (295) : Anl. zu Heerwesen-Abt., Betr. : Waffen-SS, 16.9.1940.
13. BAL, NS 19/2860 (226) : RF-SS, 44/47/43 g, Lieber Pg. Seyß-Inquart!, 11.6.1943.
14. BAL, NS 19/2456 (13) : Tagung des « Fördererkreises der Germanischen Leithefte » in Magdeburg v. 27-30.4.1942.
15. BAL, NS 19/3565 (35) : SS-HA/VI, 4023/42 g, Niederschrift über die Besprechung am 8.10.42 im SS-HA.
16. BAL, NS 19/66 (1) : RF-SS an CdSSFHA, 35/146/43 g, 4.10.1943.
17. BAL, NS 19/1556 (110) : Entwurf, Lieber Rauter!, s.d. (juil. 1943). IN'T VELD, *SS* (II), p. 1141. WEGNER, « Auf dem Wege », p. 112.
18. BAL, NS 19/3517 (252) : RF-SS, 914/41, Lieber Kaul, 30.1.1941.
19. BAL, NS 19/3504 (192-93) : RF-SS, Richtlinien zur Gewinnung holländischer Freiwilligen, 24.6.1940.
20. BOBERACH, *Meldungen* (9), 264 (2.3.1942), p. 3400-3401. TILKOVSZKY, « Werbeaktionen », p. 143. SUNDHAUSEN, « Geschichte », p. 184.
21. BAL, NS 19/3517 (228) : Meldung Nr.2, Betr. : Ersatzlage, s.d. (fév. 1941).
22. KLEMPERER, *LTI*, p. 308-309.
23. BAL, NS 19/1843 (1-2) : SS-FHA/KdW-SS/Ic an RF-SS, 2267/42 g, Betr. : Abschlußbericht Feldpostprüfstelle, 20.4.1942, p. 1-2. Promoteur du projet, le

NOTES (chapitre 4) 849

général SS Berger a prétendu plus tard que son idée s'inspirait en 1940 d'une démarche politique. Cela reste invérifiable. À cette époque, son obsession était bien davantage de cacher les résultats de son recrutement. BAL, NS 19/3517 (255) : SS-Brigf. Berger an SS-FHA, 9/41 g.K., Betr. : OKW, Anforderung des Altersaufbaus d.W-SS, 14.1.1941; SSO 181 (Theodor EICKE, 17.10.1892) : Berger an SS-Obergruf. Eicke, 14.10.1942.

24. *Ibid.* (1re réf.), p. 2-3. BAL, NS 19/3512 (127) : SS-FHA/I Org, 48/41 g.K., Betr. : Errichtung von SS-Feldpostprüfstellen, 25.2.1941; NS 33/236 (6 & 7) : SS-FHA/KdW-SS/Ic/Feldpostprüfstelle, 2998/41 g, Betr. : Errichtung einer Feldpostprüfstelle d.W-SS, 27.7.1941; *ibid.*, Betr. : Feldpostprüfung, 8.8.1941.

25. WITTE, *Dienstkalender*, p. 328/n. 83 (26.1.1942). BAL, NS 19/3519 (74) : CdSSHA an SS-FHA, 26/42 g.K., Betr. : Freiwillige aus germanischen Ländern, 9.2.1942; NS 19/351 (13-14, 47 & 113) : RF-SS an RSHA, Betr. : Auslands-Feldpostprüfstelle d.W-SS, 17.3.1942; RF-SS/Pers.Stab an 1) SS-Gruf. Berger, 2) SS-Gruf. Jüttner, 20.3.1942; CdSSHA an Amt VI, 2271/42 g, Betr. : TB der Feldpostprüfstelle Juni 1942, 3.8.1942, § 4; CdSSHA an Amtsgruppe D, 1892/44 g, Betr. : TB der Feldpostprüfstelle für die Monate Jan. u. Febr. 1944, 17.4.1944 (cit.).

26. BAL, NS 19/351 (17-20) : RF-SS, AR 28/2/42, Lieber Berger!, 30.5.1942.

27. BAL, NS 19/351 (39 & 53) : CdSSHA an RF-SS, 2278/42 g, Betr. : TB der Feldpostprüfstelle, 1.7.1942, § 2 (cit.); RF-SS, AR 28/16/42, Lieber Berger!, 23.8.1942; NS 19/3565 (34) : SS-HA/VI, Niederschrift über die Besprechung am 8.10.42 im SS-HA. WITTE, *Dienstkalender*, p. 328/n. 83 (26.1.1942).

28. BAL, NS 19/1843 (4) : SS-FHA/KdW-SS/Ic an RF-SS, 2267/42 g, Betr. : Abschlußbericht Feldpostprüfstelle, 20.4.1942. BAL/Bibliothek, BDC 31.82.5 : TB der SS-Feldpostprüfstelle b. SS-HA/D III für Monat Juli 1943, § A, p. 3.

29. BAL, NS 19/351 (18, 72 & 80) : RF-SS, AR 28/2/42, Lieber Berger!, 30.5.1942, § 7; RF-SS, AR/28.7.42, Lieber Berger!, 12.9.1942, § 9; HSSPF b. RK für die besetzten ndl. Gebiete an RF-SS, 5115/42, 12.10.1942.

30. BAL, NS 19/351 (100) : CdSSHA an Amtsgruppe D, Betr. : TB der Feldpostprüfstelle, 30.4.1943.

31. BAL, NS 19/351 : CdSSHA an RF-SS, Betr. : TB der Feldpostprüfstelle für Nov.1944, 15.1.1945.

32. BAL, Z-F 7383 : DIẞMANN, Willi (SS-KB), « Der Reichsführer-SS in Südfrankreich », *Das Schwarze Korps*, 31.10.1940.

33. BILLIG, *L'Hitlérisme*, p. 168.

34. SUNDHAUSEN, « Geschichte », p. 193.

35. BAL, NS 19/1446 (17) : Ausspruch des RF-SS, s.d. (1942).

36. BAL, NS 19/1548 (2) : CdSSHA an Militärverwaltungschef b. MB Belgien u.Nordfr., 195/41 g.K., 7.10.1941.

37. WEGNER, « Auf dem Wege », p. 128.

38. BAL, NS 19/2456 (12-13) : Tagung des « Fördererkreises der Germanischen Leithefte » in Magdeburg v. 27-30.4.1942.

39. BELOW, *Adjutant*, p. 347.

40. BAL, NS 19/66 (1-2) : RF-SS an CdSSFHA, 35/146/43 g, 4.10.1943. Le même mois, Himmler a publiquement repris à Posen ce point de vue devant un parterre de dignitaires du Reich. BILLIG, *L'Hitlérisme*, p. 168.

41. CIANO, *Journal* (II), p. 137 (24.3.1942). Dans son discours à Posen en août 1944, Himmler évoquera le chiffre de « trente divisions européennes » devant constituer cette réserve. WEGNER, *Soldaten*, p. 315.
42. SCHOENBAUM, *Révolution*, p. 308/n. 11.
43. WITTE, *Dienstkalender*, p. 201/n. 6, 609/n. 14. KERSTEN, *Totenkopf*, p. 312 (9.8.1942).
44. Le ministre de la Poste du Reich a ainsi déclaré à la SS « qu'il avait des consignes claires du Führer [selon lesquelles] le secret postal devait être préservé, car nous ne voulions pas d'un État policier ». BAL, NS 19/3168 : CdSSHA an RF-SS, Betr. : Erste Besprechung mit Reichspostminister Ohnesorge, 2.10.1941 ; Reichspostminister an RF-SS, 25.10.1941 ; CdSSHA an RF-SS, Betr. : Vereinbarung mit dem Reichspostminister, 4.11.1941. WITTE, *Dienstkalender*, p. 363/n. 107, 408/n. 69. LOTZ, *Reichspost* (II), p. 202 et suiv.
45. VHA, SS-Ausb.Btl. z.b.V., 9/3 : SS-FHA/KdW-SS/I-N, Betr. : Fernschreibrufnamen für die Fernschreibstellen d.W-SS, 15.2.1943.
46. BAL, NS 19/3871 (53-54) : CdSSHA an RF-SS, 137/43 g.K., 19.2.1943. WEGNER, *Soldaten*, p. 355. KROENER, « " Menschenbewirtschaftung " » (5/2), p. 995. Cf. aussi LOTZ, *Reichspost* (II), p. 292.
47. BAL, NS 19/3357 (1) : RF-SS an SS-FHA/Chef NA, 48/1/44 g, 24(?).4.1944.
48. BAL, NS 33/233 : SS-FHA/Org 4790/42 g, Betr. : Aufstellung des SS-Nachr.Sonderkdos., 4.8.1942.
49. PA/AA, Inl II g, R 100680, 1723 : Herrn Legationsrat Wagner/Inl II, 23.7.1943.
50. Voir par exemple le cas du Dr Heinze, responsable de la section Presse du ministère des Affaires étrangères. Appelé au service actif dans la *Waffen-SS* en février 1942, il a été promu sous-lieutenant SS le 1er septembre 1942, soit treize jours avant de prendre la tête du détachement de renseignements subordonné au corps d'armée blindé SS. BAL, SSO 79 A (Dr. Kurt HEINZE, 12.11.1912). BAMA, RS 2-2/2 (282/verso) : Gen.Kdo. SS-Pz.Korps/Ic, TB 3 (13.9.1942) ; RS 2-2/3 (279/verso) : *ibid.*, TB 4 (§ IV, 21.10.1942).
51. BAMA, RS 4/1216 : LSSAH/Ic, 222/40 g, Betr. : Abhören ausländischer Sender, 6.3.1940.
52. SHULMAN, *Défaite*, p. 28-30.
53. VHA, Gen.Kdo. SS-Pz.Korps, 1/1.
54. BAL, NS 33/239 (27) : SS-FHA/Abt.Org., Betr. : Eingliederung des Sonderkdo. « Gruppe Künsberg », 14.8.1941. En dépit de son rattachement à la *Waffen-SS*, ce détachement a encore entretenu des liens avec le ministère des Affaires étrangères, comme le prouve le tampon de celui-ci sur les bulletins de l'armée (*Allgemeine Heeresmitteilungen*) encore régulièrement transmis au bataillon à l'automne 1942. VHA, Btl.d.W-SS z.b.V., 4/2.
55. BAL, NS 19/2254 (1-3) : A.A./Sonderkdo. an RF-SS, Betr. : Übernahme des Sonderkdo. in die W-SS, 25.1.1941 ; RF-SS/Ch.d.Pers.St. an SS-Stubaf. v. Künsberg, 909/41 g, Betr. : Übernahme des Sonderkdo. in die W-SS, 28.1.1941 ; CdSSHA, Aktenvermerk, Betr. : Sonderkdo. v. Künsberg A.A., 20.3.1941. PA/AA, Inl II g, R 100680, 1721 (E 024527-28) : Sonderkdo. AA. Aufzeichnung, Betr. : Einbau des Sonderkdo. AA in die SS, 4.2.1941.

56. Sur la capacité à communiquer à longue distance dès 1940, cf. la proposition de distinction formulée pour le radio Willi Leineweber (VHA, Btl.d.W-SS z.b.V., 4/2 : A.A./Sonderkdo. Gr. Künsberg, Betr. : Antrag auf Verleihung des KVK mit Schw., II. Klasse, 23.8.1941, cit.). Les règles de transmission prescrites en mai 1942 confirment également la capacité de chacun des quatre détachements du « Groupe Künsberg » à communiquer avec le chef d'unité à Berlin (VHA, Btl.d.W-SS z.b.V., 2/1 : SS-Sonderkdo. A.A. « Gr. Künsberg »/Kommandoführung, Betr. : Funkregelung des SS-Sonderkdo. A.A. « Gr. Künsberg », 30.5.1942). Le *SS-Sonderkommando A.A.* « *Gruppe Künsberg* » (A.A. pour *Auswartiges Amt* = Affaires étrangères) a reçu l'appellation « Bataillon de la *Waffen-SS* à emploi particulier » avec effet au 1er août 1942 (VHA, Btl.d.W-SS z.b.V., 2/1 : SS-FHA/Kdo.W-SS/Ia, Betr. : Erfassung, Sicherstellung u. Auswertung von für die politische u. wirtschaftliche Kriegsführung wichtigem Feindmaterial, 10.9.1942). S'il a joué un rôle politique non négligeable, le « Groupe Künsberg » a en comparaison peu fait parler de lui. Cela s'explique par la nature même de ses missions que l'on peut néanmoins suivre dans le dossier consacré aux demandes de décorations pour ses personnels (VHA, Btl.d.W-SS z.b.V., 4/2). Il a néanmoins fait depuis l'objet d'une étude très détaillée (HARTUNG, *Raubzüge*), mais limitée aux seuls pillages d'archives et d'œuvres d'art, faisant totalement l'impasse sur sa mission de renseignement. On suivra tout particulièrement la trace de l'unité au début de la guerre à travers les propositions des deux hommes qui y ont joué un rôle déterminant, à savoir Eberhard von Künsberg et Bernhard Nitsch, respectivement directeur et commissaire de la *Geheime Feld-Polizei* en 1940. On apprend ainsi qu'en 1939 et 1940 les deux hommes ont l'un ou l'autre opéré en Pologne, en Norvège, aux Pays-Bas, en Belgique et en France. Les documents saisis, le plus souvent dans les ministères des Affaires étrangères de ces pays, ont par exemple constitué le substrat de certains « livres blancs » allemands. Le commando a également saisi 50 000 à 60 000 cartons d'archives du ministère français des Affaires étrangères dans la région de Tours et a participé à la première évaluation de ces documents (PA/AA, Inl II g, R 101049, 2707 [E070937-41] : D II 1391 g, Herrn Gesandten Luther, 6.12.1940). Les différents détachements de l'unité ont plus tard été engagés dans les Balkans, en Crète et dans les différents secteurs du front de l'Est.

57. VHA, Btl.d.W-SS z.b.V., 2/1 : OKW, Betr. : Erfaßung, Sicherstellung u. Auswertung von für die politische u. wirtschaftliche Kriegsführung wichtigem Feindmaterial, 4.7.1942. HARTUNG, *Raubzüge*, p. 95-100.

58. BAL, NS 33/233 : SS-FHA/Org 4559/42 g, Betr. : Aufstellung je eines Zuges SS-Sonderkdo. « Gr. Künsberg » für H.Gr. Süd, Mitte, Nord, 29.7.1942.

59. VHA, Btl.d.W-SS z.b.V., 2/1 (en particulier SS-FHA/KdW-SS/Ia, Verlegung SS-Sonderkdo. v. Künsberg, 9.7.1942). Les rapports décrivant la situation dans différents secteurs du front de l'Est (Leningrad, Caucase, Stalingrad, etc.) ou en Afrique du Nord figurent *in* VHA, Btl.d.W-SS z.b.V., 3/1.

60. BAL, NS 33/233 : SS-FHA/Org 4790/42 g, Betr. : Aufstellung weiterer 3 Trupps SS-Nachr.Sonderkdos., 8.10.1942. SCHELLENBERG, *Contre-espionnage*, p. 335 et suiv., et surtout MALLMANN, « Zeppelin », en particulier p. 327-328, 336-338.

61. Faute de documents, il est difficile de déterminer quelle fut l'activité du *Sonderkommando Künsberg* et des *SS-Nachrichtensonderkommandos* dans la seconde

moitié de la guerre. Le premier a été définitivement dissous en janvier 1944 (HARTUNG, *Raubzüge*, p. 110-111). Les seconds semblent pour leur part avoir subsisté plus longtemps. Un rapport du détachement subordonné au IIe corps d'armée blindé SS démontre qu'il était toujours actif en mars 1944. Par ailleurs, le dossier personnel de l'un des chefs de ces détachements prouve que son unité de renseignements a existé au moins jusqu'au 20 septembre 1944, date à laquelle il a été versé au 501e groupe de transmissions SS. VHA, 17.SS-Pz.Gr.Div., 7/1 : Gen.Kdo. II.SS-Pz.Korps/SS-Nachr.Sonderkdo., Gegenwärtige Lage des Pazifik-Krieges, 26.3.1944. BAL, SSO 79 A (Dr. Kurt HEINZE, 12.11.1912).

62. Ribbentrop an Himmler, 27.3.1944 *in* ADAP (E, VII), p. 580 (cit.). MALLMANN, « Zeppelin », p. 340. BAMA, RW 4/v.734 (88-89) : OKW/WFSt/Org (I), 2107/44 g.K., Betr. : Aufstellung eines Nachr.Rgt. z.b.V. des mil. Amtes des Chefs der Sipo/SD (Amt M) und einer Funkeinsatzreserve des Ic/WFSt, 11.7.1944. PA/AA, R 100680, 1722 (329 625) : Mappe RF-SS, 15/18.8.1944, § B, 5. NEUSÜSS-HUNKEL, *SS*, p. 84.

63. WEGNER, *Soldaten*, p. 303 et suiv. (cit. p. 316).

64. KERSTEN, *Totenkopf*, p. 308-309 (28.6.1940). Sur le crédit à donner au témoignage de Kersten, que les documents d'archives corroborent régulièrement, cf. BUCHHEIM, « Herrschaftsinstrument », p. 280. Kersten a néanmoins ses contradicteurs : WILHELM, *Legenden*.

65. Son nom avait également été évoqué au moment du limogeage du chef de l'armée de terre à la fin de 1941. KERSHAW, *Némésis*, p. 119, 1082-1083. HEUSINGER, *Hitler*, p. 91, 93, 98. FRÖLICH, *Goebbels* (II, 15), p. 480 (12.3.1945). Compromise, cette ambition n'était toutefois pas encore totalement ruinée à la fin de la guerre. Ainsi, une annonce faite à la radio le 12 avril 1945, à l'issue du communiqué quotidien de la *Wehrmacht*, avait été conjointement signée par Himmler et Bormann, le premier en tant que « Chef du haut commandement allemand ». APC, RG 24, C 17, vol. 13653 : FCA, ISN 288, 14.4.1945, II, p. 1.

66. GÖRLITZ, *Keitel*, p. 166. Cf. aussi BELOW, *Adjutant*, p. 119.

67. BAMA, ZA 1/983 (10) : E. Rode, Das Arbeitsgebiet des « Kommandostabes RF-SS » und seine Zusammenarbeit mit OKW (WFSt) u. OKH (GenStdH u. Gen.Qu.), 18.7.1947. CÜPPERS, *Wegbereiter*, p. 245-252, 255-256, 312.

68. FRÖLICH, *Goebbels* (II, 11), p. 367 (29.2.1944). Cf. aussi MÍŠKOVÁ, *Pfitzner*, p. 155 (12.7.1944). Dès le début de l'année 1943, le chef du *SS-Hauptamt* dénonçait déjà « l'état d'esprit de fin du monde » qui régnait au sein de l'OKW. KROENER, « " Menschenbewirtschaftung " » (5/2), p. 996. Si son impact est difficile à estimer, la création en 1943 du « Comité national " Allemagne libre " » et de la « Ligue des officiers allemands » dans les camps soviétiques a assurément conforté Hitler et les dirigeants du Reich dans leur idée d'une « trahison » des généraux. HEIDER, « Reaktionen », p. 630-631. SCHEURIG, *Verräter*.

69. BAL, NS 19/3910 (8) : Chef des SS-WVHA/BII an RF-SS, 7/44 g.K., Betr. : Bedarf d.W-SS an Bekleidung u. Ausrüstung, 3.3.1944.

70. BAL, NS 33/31 (10-12) : Rede des SS-Ogruf. Jüttner auf der SS-Führer-Tagung in Prag am 13.4.1944 ; NS 19/261 (2-4) : Chef des SS-WVHA/BII an RF-SS, 2201 g, Betr. : Versorgungslage bei Bekleidung u. Ausrüstung, 21.6.1944.

71. Voir notamment l'évolution de Bormann et de Goebbels à ce sujet. FRÖLICH, *Goebbels* (II, 11), p. 152-153 (25.1.1944) ; (II, 13), p. 135-136 (23.7.1944).

BAL, NS 19/3647 (29) : CdSSHA an RF-SS/Pers.Stab, 1712/44 g, Betr. : Schreiben des Reichsleiters Bormann v. 5.3.44, 4.4.1944 (cit.).
72. FRÖLICH, *Goebbels* (II, 2), p. 338 (22.11.1941).
73. *Ibid.* (II, 11), p. 367 (29.2.1944).
74. Cf. chap. 26, p. 648 et suiv.
75. BAL, NS 19/4012 (112-26) : Rede des RF-SS, RMdI Himmler auf der Tagung der Reichspropagandaamts-Leiter am 28.1.1944.
76. MÜLLER-HILLEBRAND, *Heer* (III), p. 160-161. MESSERSCHMIDT, *Wehrmacht*, p. 441 et suiv. BELOW, *Adjutant*, p. 356.
77. BAL, NS 19/1449 (53) : Guderian, Besprechung Hochwald, 31.7.1944.
78. YELTON, *Volkssturm*.
79. MÍŠKOVÁ, *Pfitzner*, p. 157-158 (20.7.1944), 217 (8.12.1944), 231 (20.1.1945). La perte des deux runes de son titre est symptomatique du potentiel prêté à Himmler au début de 1945. Outre la mention faite par le maire délégué de Prague dans son Journal personnel, ce titre de « Reichsführer » donné à Himmler est signalé par une note des services de renseignements alliés en mars 1945. Il est aussi à remarquer que les esprits étaient préparés à voir Himmler prendre la succession de Hitler, ce qui n'était pas le moindre des avantages pour lui. Un rapide mais néanmoins intéressant sondage auprès d'un échantillon de cent prisonniers allemands démontre que la nomination de Doenitz n'était pas attendue chez près de 9 prisonniers sur 10 en mai 1945. Par contre, 49 pensaient voir Himmler lui succéder, Göring et Goebbels n'étant respectivement cités que 29 et 4 fois. Seuls dix hommes pensaient que la mort de Hitler signifiait en même temps la fin de la guerre et du régime. APC, RG 24, C 17, vol. 13652 : FCA, ISN 265, 22.3.1945, II, p. 7 ; vol. 13654 : FCA, ISN 308, 4.5.1945, II, p. 1.
80. BELOW, *Adjutant*, p. 403.
81. KERSTEN, *Totenkopf*, p. 309 (28.6.1940).
82. BUCHHEIM, « Herrschaftsinstrument », p. 101-113, 205. FREI, *L'État*, p. 126, 171. Faisant en 1938 le point du rapprochement mené entre la police et la SS depuis 1932, Himmler a déclaré devant les généraux SS que « si la police ne [devenait] pas comme une organisation du parti, elle ne deviendra[it] jamais quelque chose ». BAL, NS 19/4005 (68 & 78-80) : Rede anläßlich der SS-Gruf.-Besprechung im Führerheim der SS-St. « D » in München, 8.11.1938.
83. Cf. les analyses d'A. Hillgruber et de W. Hubatsch *in* KTB-OKW/1942 (3), p. 38-39 ; KTB-OKW/1943 (6), p. 1503.
84. L'épisode de Hitler venu vérifier sur place que l'évacuation de Rostov était militairement justifiée en préférant se fier à l'avis du commandant de la brigade « LSSAH » plutôt qu'à celui du commandant du groupe d'armées est à cet égard des plus significatifs. GÖRLITZ, *Keitel*, p. 196.
85. BAL, NS 19/281 (8-9) : RF-SS, SS-Befehl, 24.2.1943 (transmis jusqu'aux chefs de compagnie).
86. BAL, NS 19/4010 (14-15) : Rede des RF-SS Himmler in Charkow, April 1943.
87. De 21 au 1er juillet 1943, les généraux issus de la police à avoir été incorporés dans la *Waffen-SS* sont passés à 43 au 9 novembre 1944. WEGNER, *Soldaten*, p. 95, 105-112, 208/n. 2.

88. Voir par exemple la réaction « tout à fait enthousiaste » du général Friedrich Krüger à l'annonce que Himmler songeait à l'employer à la tête d'une grande unité de la *Waffen-SS*. Krüger commandera en 1944 la division « Nord » puis le Ve corps de montagne SS. BAL, Slg. Research, Ordner 953 (n.f.) : Chef der Bandenkampfverbände an RF-SS, 25.9.1942. WEGNER, *Soldaten*, p. 173.

89. BAL, SSO 220 (Fritz FREITAG, 28.4.1894) : SS-FHA/KdW-SS/IIa an Chef der Orpo [...], Betr. : Kommandierung zu den Div., 16.8.1941.

90. BAL, SSO 144 A (Richard JUNGCLAUS, 17.3.1905) : Chef der Orpo an SS-PHA, 80/44, Betr. : SS-Gruf.u.Gen.Lt.d.Pol. Jungclaus, 4.7.1944.

91. BAL, SSO 52 (Herrmann BEHRENDS, 11.5.1907) : FS an CdSSPHA, 27.7.1944, 22.45 Uhr. BIRN, *Höheren*, p. 42-43.

92. BAL, NS 19/3941 (3-4) : RF-SS, 7.11.1944.

93. Le maintien intégral des effectifs de la police de maintien de l'ordre *(Ordnungspolizei)* sous la coupe de Himmler était encore confirmé par Hitler en mars 1943. De 1939 à 1944, les effectifs de la police (toutes branches confondues) ont fait plus que doubler en passant d'environ 224 000 à 573 000 hommes. KTB-OKW/1943 (5), p. 209 (13.3.1943). MÜLLER-HILLEBRAND, *Heer* (III), p. 322.

94. GELWICK, *Personnel*, p. 723 et suiv. L'incorporation en août 1944 de la LVF dans la formation française de la *Waffen-SS* existante répondait à la même logique. MICHAELIS, *Grenadier-Divisionen* (III), p. 71.

95. BAMA, RS 3-17/16 : Pol.Btl. z.b.V. Hellerau an 17.SS-Pz.Gr.Div. « GvB », Betr. : Verwendung des Pol.Btl. z.b.V. Hellerau bei der 17.SS-Pz.Gr.Div. « GvB », 12.10.1944. VHA, 17.SS-Pz.Gr.Div., 6/1 : 17.SS-Pz.Gr.Div. « GvB »/IIb an SS-Pz.Gr.Rgt. 38, Betr. : Überführung des Personals der Pol.Btl. z.b.V. Hellerau in das Res.Verhältnis d.W-SS, 2.11.1944. Une division SS (la 35e) a par ailleurs été entièrement constituée en février 1945 avec des effectifs de la police. Subordonnée au ministère de l'Intérieur, elle ne relevait de l'armée que pour l'instruction et l'emploi et n'a pas été véritablement intégrée dans la *Waffen-SS*. GELWICK, *Personnel*, p. 736. BAMA, MSg 175/57 : 35e Div. d'Inf. de police des SS, p. 1.

96. BAMA, RW 4/v.702 (11) : WFSt/Qu 2 (Ost) an 1) GendH/Op.Abt. [...], 2) Chef H Rüst u BdE/AHA/Stab I, 3) Befehlshaber im WK XX, 11639/44 g.K., Betr. : Unterstellung von Alarmeinheiten der W-SS unter die WK-Befehlshaber, 25.9.1944.

97. BAMA, RS 3-17/38 : Rede des RF-SS am 10.4.1944.

98. Ordre du 25.10.1944 de la 559[e] division de grenadiers du peuple. APC, RG 24, C 17, vol. 13650 : FCA, ISN 210, 26.1.1945, II, p. 3.

99. BUCHHEIM, « Herrschaftsinstrument », p. 182.

100. DENZEL, *Felddivisionen*, p. 45.

101. BAL, NS 19/1446 (23) : Vermerk, 7.9.1943.

102. BAL, NS 19/3191 (69-70) : Der Führer, OKW/WFSt/Org 7436/43 g.K., 27.11.1943. KROENER, « " Menschenbewirtschaftung " » (5/2), p. 964 et suiv.

103. MOMMSEN, « Herrschaftssystem », p. 56.

104. BAL, NS 19/2192 (1-2 & 11) : Reichsarzt SS-u.Pol. an RF-SS, Betr. : Vortrag b. Reichsmarschall Göring am 17.12.43, 18.12.1943 ; [RF-SS], 1853/44 g. an Reichsarzt SS-u.Pol., Betr. : Entwürfe eines Führerbefehls u. einer neuen Dienstanweisung für den Chef des Wehrmachtsanitätswesens, 15.2.1944.

105. BAL, NS 19/3191 (68 et suiv.) : Sonderbeauftragte des Führers für die Vereinheitlichung der Wehrmachtorganisation, 12/44 g, Betr. : Vereinheitlichung der Wehrmachtorganisation, 5.4.1944.

106. BAL, NS 19/3191 (90-91) : Der Führer, WFSt/Org (I) 5699/44 g, 2.8.1944.

107. WEGNER, *Soldaten*, p. 295.

108. BAL, NS 19/1922 : RF-SS, 1020/44, Vermerk für SS-Brigf. Fegelein, 9.5.1944; RF-SS an 1) CdSSHA, 2) Chef des SS-WVHA, 1120/44, 11.5.1944. BOELCKE, *Rüstung*, p. 359 (9.5.1944). KROENER, *Fromm*, p. 524.

109. BAL, NS 33/7 (15) : SS-FHA/II Org.Abt. Ia, 2106/44 g.K., Betr. : Aktenvermerk über Besprechung b. RF-SS am 15.7.44, 18.7.1944.

110. Cf. chap. 11, p. 289-292.

111. BAL, NS 19/2169 (1-2) : RAF an RF-SS/Adj. 133/44 g.Rs., 8.8.1944.

112. APC, RG 24, C 17, vol. 13650 : FCA, ISN 210, 26.1.1945, II, p. 4.

113. BAL, NS 19/2719 (1 & 2) : RF-SS, 1158/45 g, Betr. : Befehl Reichsmarschall v. 26.1.45, 28.1.1945; RF-SS, 1159/45 g, 28.1.1945. APC, RG 24, C 17, vol. 13654 : FCA, ISN 307, 3.5.1945, II, p. 2; Intelligence Periodical # 5, 22.6.1945, p. 19. KROENER, *Fromm*, p. 499-509. BAMA, RW 4/v.711a (40-41, 47 & 84-86) : WFSt/Qu 3 (Wi), 755/45 g, Vortragsnotiz, Besprechung im RWM am 2.2.1945, Betr. : Ausrüstung Volkssturm, 14.2.1945; Chef d. OKW an Leiter der Parteikanzlei, WFSt/Qu 3 (Wi), 824/45 g, 15.2.1945; Chef OKW, WFSt/Qu 3 (Wi), 2056/45 g, Betr. : Pferdebewirtschaftung, 31.3.1945 (avec le *Führerbefehl* du 23.3.1945); RW 6/v.26 (201) : OKH/Chef H.Rüst.u.BdE/AHA Stab Ia 33265/44, Betr. : Heeresbauwesen, 26.12.1944. Sur la fusion des services de recrutement de l'armée de terre et de la SS en novembre 1944, cf. chap. 6, p. 167-168.

114. BAMA, RW 4/v.711a (103, 104 & 108-09) : WFSt/Qu 1 293/45 g, Vortragsnotiz, Betr. : Bekleidungslage, 12.1.1945, § 1; Stellv.Chef WFSt an Ob.West, OKW/WFSt/Qu 1 402/45 g, 18.1.1945; Der Führer, 23.1.1945; WFSt/Qu 3 (Wi), 1343/45 g, Vortragsnotiz, Betr. : Wirtschaftsversorgung der Wehrmacht, 24.2.1945. HEIBER, *Lagebesprechungen*, p. 733-735.

115. BAMA, RW 4/v.711a (136 & 142) : Chef Heeresstab/Rüst (III), Betr. : Vortragsnotiz WFSt/Qu 3 (Wi) 1343/45 g v. 24.2.45, 3.3.1945; Der Führer, 14.3.1945.

116. Il semble néanmoins que l'appellation « SS » ait été très tôt adoptée pour la 6ᵉ armée blindée, tout du moins officieusement. KTB-OKW/1944-45 (7), p. 372. BAMA, MSg 175/31 : 6ᵉ armée blindée des *Waffen-SS*, p. 2. HAUSSER, *Soldaten*, p. 320. MAIER, *Drama*, p. 14. APC, RG 24, C 17, vol. 13649 : FCA, ISN 164, 11.12.1944, II, p. 6. À noter que le « Groupement d'armée Steiner », le groupe d'armées « Rhin supérieur » (« Oberrhein ») ou encore le groupe d'armées « Vistule » (« Weichsel ») ont certes été investis par des commandants SS, mais n'ont pas officiellement appartenu à la *Waffen-SS*. BENDER, *Uniforms* (2), p. 24-25. HAUSSER, *Soldaten*, p. 320-321.

117. Ainsi peut-on citer le regroupement, à l'été 1944, des soldats issus des divisions « Hermann Göring » *(Luftwaffe)*, « Großdeutschland » *(Heer)* et « LSSAH » *(Waffen-SS)* au sein de la « brigade d'escorte du Führer ». Si elle est davantage liée à l'intention de regrouper dans une seule unité les soldats des unités dévolues à la

garde du quartier général de Hitler, leur fusion était un signe des temps qui illustre une évolution des mentalités. Cela aurait été encore impensable quelque temps auparavant sans impératif tactique. Ces mêmes hommes en étaient ainsi venus aux mains au lendemain de l'attentat contre Hitler. SPAETER, *Großdeutschland* (2), p. 588-589, 693 et suiv. APC, RG 24, C 17, vol. 13650 : FCA, ISN 203, 19.1.1945, II, p. 6-7. Cf. aussi l'arrivée de personnels d'encadrement SS au sein de l'école des lance-fusées de Celle en mars 1945. RIELAU, *Nebeltruppe*, p. 121, 123.

118. KTB-OKW/1944-45 (8), p. 1874-1904 (16.9., 26.11.1944 & 1.3.1945).

119. Blumentritt n'a pas été incorporé dans la SS, comme il s'en est d'ailleurs défendu après guerre. En tout cas, il n'existe aucun dossier SS à son nom dans les archives de l'ex-*Berlin Document Center* (série SSO). Comme il l'a lui-même expliqué, cette nomination faisait partie d'un processus de promotion initié par son mentor, le maréchal von Rundstedt, et destiné à lui donner à terme le commandement d'une armée. Au-delà de la réputation plutôt positive dont il a joui auprès des Anglo-Saxons, Blumentritt a néanmoins très bien su coopérer avec la SS dans l'application des mesures répressives en France occupée. En parfait accord avec le chef de la Sipo-SD (Knochen), il a notamment insisté sur la nécessité d'agir de manière coordonnée dans les opérations d'arrestation prévues en France en 1943 « contre les Juifs ainsi que les Anglais et les Américains ». APC, RG 24, C 17, vol. 13649 : FCA, ISN 156, 3.12.1944, II, p. 2 ; vol. 13651 : FCA, ISN 242, 27.2.1945, II, p. 8. PA/AA, Inl II g, R 101056, 2724 (n.f.) : Telegramm 3678 für RAM, 5.6.1943, 22.00 Uhr, p. 5 (cit.). BAMA, ZA 1/640 (4-6) : Gen.d.Inf. G. Blumentritt, Das XII.SS-Korps westlich und an der Roer (20.10.44-31.1.45), Jan. 1947. Cf. aussi chap. 23, p. 577-578.

120. APC, RG 24, C 17, vol. 13650 : FCA, ISN 210, 26.1.1945, II, p. 4 (cit.). SMELSER, *Militärelite*.

121. Voir à ce sujet l'analyse faite par les services de renseignements alliés sur les généraux Student et Blaskowitz, commandant respectivement le groupe d'armées H et la 25ᵉ armée aux Pays-Bas en 1945. APC, RG 24, C 17, vol. 13651 : FCA, ISN 224, 9.2.1945, II, p. 4 ; vol. 13654 : FCA, INT Periodical 2, 22.5.1945, p. 5. SHULMAN, *Défaite*, p. 365 et suiv.

122. KERSHAW, *Némésis*, p. 382-383, 534-536, 677. MESSERSCHMIDT, *Wehrmacht*.

123. BAL, NS 19/2741 (73) : Der Führer, Hauptquartier, 7.12.1944 ; NS 19/665 : Berger à Himmler, s.d. (janv. 1945). Cela induisait un potentiel d'accroissement qui renvoie au témoignage d'un ancien officier du SS-FHA. Celui-ci a certifié avoir brûlé en avril 1945 un ordre de Hitler de l'été 1944 qui spécifiait que le nombre de divisions SS serait doublé à compter d'un armistice. WEGNER, *Soldaten*, p. 305/n. 204.

124. BAMA, RW 4/v.457 (84, 93-96 & 98-100) : Chef des Heerespersonalamts an Stellv.Chef d.WFSt., 6.1.1945 ; Stellv.Chef d.WFSt. an RF-SS, 12.1.1945 ; Dienstanweisung für den Chef des Wehrmachtstreifendienstes, s.d. (janv. 1945), § 2.

125. APC, RG 24, C 17, vol. 13650 : FCA, ISN 210, 26.1.1945, II, p. 3-5. KERSHAW, *Némésis*, p. 1105-1106. HÖHNE, *Orden*, p. 508-510.

126. BAL, NS 6/354 (3-4) : NSDAP/Leiter der Partei-Kanzlei, Rundschreiben 3/45 g, Betr. : Überprüfung der Wehrmacht, W-SS u. Polizei im Heimatkriegs-

NOTES *(chapitre 5)* 857

gebiet zur Freimachung v. Soldaten für die Front, 4.1.1945 ; NS 19/3816 : Chef der Reichskanzlei an RF-SS, 6.2.1945 (en annexe : Erlaß des Führers wegen Überprüfung der Dienststellen der Wehrmacht, W-SS u. Polizei in den besetzten ndl. Gebieten v. 5.2.45).
127. Cela impliquait la possibilité de prononcer la peine de mort contre les officiers. BAMA, RW 4/v.702 (54) : OKW/WR I/3 an 1) Ch.d.Gen.St.d.H. [...], 188/45, Betr. : Gerichtsbarkeit in Krisenzeiten, 9.4.1945.

5. LA POLITIQUE DE RECRUTEMENT DE LA SS AU SEIN DU REICH

1. BAL, SSO 58 (Gottlob BERGER, 16.7.1896). REMPEL, « " Schwabengeneral " » ; SCHOLTYSEK, « " Schwabenherzog " ». HÖHNE, *Orden*, p. 420. GELWICK, *Personnel*, p. 426-427. WEGNER, *Soldaten*, p. 265-266.
2. BAL, NS 31/278 : Neuordnungen des Ergänzungswesen v. 12.1., 30.4., 17.7. & 18.10.1937 ; NS 19/218 (11 & 37-39) : RF-SS an SS-HA, AR 524, 21.4.1938 (Errichtung eines E.-Amtes) ; Chef des E.-Amtes an Chef des Amtes für Sicherungsaufgaben, Betr. : Zuständigkeit des E.-Amtes in Ergänzungsfragen, 10.11.1939 ; NS 19/1863 (22-23) : Chef des E.-Amtes d.W-SS an Stabsführer des SS-OA Süd, 4.5.1940. SJSS (1938), p. 16. REMPEL, *Misguided*, p. 79 et suiv. GELWICK, *Personnel*, p. 414-439. HAUSSER, *Soldaten*, p. 41.
3. BAL, NS 19/4005 (15) : Rede anläßlich der SS-Gruf.-Besprechung im Führerheim der SS-St. « D » in München, 8.11.1938 ; NS 19/218 (19 & 62) : CdSSHA an RF-SS, 27.4.1939 ; Arbeit des E.-Amtes, 5.6.1942 (cit.). Au 31 décembre 1938, les SS-TV comptaient au total 437 officiers, services généraux et administration des camps inclus. Sur cette base, on peut estimer que les effectifs des régiments « Tête de mort » avaient effectivement régressé au premier semestre 1939. SJSS (1938), p. 16, 87. VHA, 3.SS-Pz.Div., 4/2 : Übersicht über die Stärken an Unterführern u. Männern der SS-Div. u. SS-T-St., s.d. (oct.-nov. 1939).
4. BAL, NS 19/1669 (70 & 73) : Insp.d.SS-VT, Vortragsnotizen für Gruf.-Besprechung am 23.1.1939, 18.1.1939 ; NS 19/3520 (225) : Chef des E.-Amtes d.W-SS an alle Leiter der E.-Stellen, III/13/40 g, 1.2.1940 (cit.). GELWICK, *Personnel*, p. 435-436. SYDNOR, *Soldiers*, p. 25.
5. BAL, NS 19/4005 (81) : Rede anläßlich der SS-Gruf.-Besprechung im Führerheim der SS-St. « D » in München, 8.11.1938 (cit.) ; NS 19/218 (12-13 & 62) : RF-SS an SS-HA, AR 524, 21.4.1938 (Errichtung eines E.-Amtes) ; Arbeit des E.-Amtes, 5.6.1942. GELWICK, *Personnel*, p. 436-437. REMPEL, *Misguided,* p. 74-75, 86-88. Sur les conditions d'admission avant guerre, cf. chap. 8, p. 219-220.
6. Un tableau d'évolution des effectifs de la SS de 1936 à 1940 montre clairement que la SS a connu une baisse assez nette de ses effectifs au premier trimestre 1939 en passant d'environ 238 000 à 225 000 hommes (– 5 %). Par contre, le deuxième trimestre a vu un très net accroissement des effectifs, jusqu'à dépasser le cap des 250 000 hommes (+ 11 %). BAL, NS 48/2 : SJSS 1940, Entwurf, p. 2.
7. BAL, NS 19/4005 (81) : Rede anläßlich der SS-Gruf.-Besprechung im Führerheim der SS-St. « D » in München, 8.11.1938.

8. BAL, NS 19/3520 (227) : Chef des E.-Amtes d.W-SS an alle Leiter der E.-Stellen, III/13/40 g, 1.2.1940 ; SSO 96 A (Heinrich HIERTHES, 25.7.1897) : CdSSHA an SS-FHA, Betr. : Versetzung v. SS-Staf. Hierthes u. SS-Ostubaf. Reitz zum E.-Amt, 13.3.1942. REMPEL, « Schwabengeneral », p. 48.

9. BAL, NS 31/278 : Neuordnung des Ergänzungswesens, 2.12.1936 ; SSO 180 (Theodor EICKE, 17.10.1892) : Eicke à Himmler, Betr. : SS-TV, 10.8.1936. GELWICK, *Personnel*, p. 414.

10. REMPEL, « Recruitment », p. 107, 118/n. 7. Publiés en octobre et décembre 1938, ces deux accords ont été retenus à charge au procès de Nuremberg contre l'ancien chef de la *Hitlerjugend*, Baldur von Schirach (PS-2396 & PS-2567). Cf. aussi TMI (V), p. 298-299 (15.1.1946) & (XIV), p. 465-466 (23.5.1946).

11. BAL, NS 31/366 : CdSSHA, Betr. : Denkschrift über den Landdienst der HJ, 2.3.1939 ; NS 19/218 (62) : Arbeit des E.-Amtes, 5.6.1942. Himmler est revenu à plusieurs reprises sur cette ambition de la SS de constituer une « classe de seigneurs-paysans » *(Herrenbauerntum)*. BILLIG, *L'Hitlérisme*, p. 168-169, 247. WITTE, *Dienstkalender*, p. 621/n. 48. KERSTEN, *Totenkopf*, p. 156 et suiv. Cf. aussi les vues de Hitler à ce sujet *in* JOCHMANN, *Monologue*, p. 48 (27.7.1941).

12. BAL, NS 19/4005 (81-84) : Rede anläßlich der SS-Gruf.-Besprechung im Führerheim der SS-St. « D » in München, 8.11.1938. DARRÉ, *Neuadel* ; – *Bauerntum*. Sur l'influence de Darré : BRAMWELL, *Blood*. BUCHHEIM, « Herrschaftsinstrument », p. 33. HÖHNE, *Orden*, p. 49. NEUSÜSS-HUNKEL, *SS*, p. 72-73. WITTE, *Dienstkalender*, p. 22.

13. BAL, NS 19/218 (66-67) : Arbeit des E.-Amtes, 5.6.1942. Sur l'emploi de la police au profit du recrutement de la SS au cours de la guerre, cf. BAL, NS 31/366 (36) : Betr. : Neuordnung für des Ergänzungswesens, Ausführungsbestimmungen, 26.5.1939 ; R 70 Lothringen/31 (n.f.) : HSSPF b. Reichsstatthalter in der Westmark u. Chef der Zivilverwaltung in Lothringen/BdO/IIb 3115, Betr. : Werbung für die W-SS u. Polizei, 24.6.1941 ; NS 19/10 (28-29) : discours à Duisburg du Dr Lankenau, commandant de la police de la région de Münster, 19.10.1942 ; NS 19/3521 (282) : Chef des E.-Amtes d.W-SS an RF-SS, 45/40 g.K., Betr. : Übersichtliste, 2.4.1940 ; NS 19/1863 (30) : plainte transmise par le major Engel, aide de camp de Hitler, 1.2.1943. GELWICK, *Personnel*, p. 472-473, 519.

14. BAL, NS 19/1863 (22) : Chef des E.-Amtes d.W-SS an Stabsführer des SS-OA Süd, 4.5.1940. REMPEL, « Recruitment », p. 107.

15. WEGNER, *Soldaten*, p. 90-91.

16. BAL, NS 31/366 (36) : Betr. : Neuordnung für des Ergänzungswesens, Ausführungsbestimmungen, 26.5.1939.

17. VHA, 2.SS-Pz.Div., 195/62 : Insp.d.SS-VT/II, 481/39 g.K., Betr. : Einberufung von Reservisten d.SS-VT zu einer Übung, 1.6.1939 ; Insp.d.SS-VT/II, 513/39 g.K., Betr. : VGAD Grenzwacht, 21.6.1939. BAMA, RS 3-1/9a (2) : Aufstellungs-Kalender, Teil IIIb, Anl. 2, s.d. (1939) ; RS 4/1257 : Mob.Unterlagen, Teil IIIa, Anl. 6 [1939].

18. BAMA, RW 4/v.503 : Führer u. Reichskanzler, Betr. : Die bewaffneten Teile der SS, 18.5.1939, § C, 2. VHA, 3.SS-Pz.Div., 3/1 : SS-T-Div. an SS-HA/VII, Ia 9/39, Betr. : Aufstellung einer SS-T-Div., 10.10.1939, § 1 ; SS-T-Div. an RF-SS,

24/39 g.K., Betr. : Gliederung der SS-T-Div., 24.11.1939. KROENER, « Ressourcen » (5/1), p. 713. En octobre 1943, Himmler a rappelé que les effectifs des SS-TV étaient compris entre 8 000 et 9 000 hommes en 1939, « donc pas même une division ». TMI, PS-1919 (XXIX), p. 138.

19. VHA, 3.SS-Pz.Div., 33/8 : Gen.Insp.d.verst.SS-T-St./IIb an 1., 2., 3. u. 4.SS-St., Betr. : Ungediente Freiwillige der Jhrge. 1921/22, 16.10.1939 (en pièces jointes : OKW/AHA/Ag/E/Id, 2557/39 g, 8., 9.9. & 3.10.1939).

20. Sur le traitement infligé avant guerre aux détenus dans les camps, cf. BROSZAT, « Konzentrationslager », p. 358-367. SYDNOR, *Soldiers*, p. 9 et suiv. ORTH, *Konzentrationslager*, p. 35, 99, 129-132.

21. Les divisions de la 1re vague étaient ainsi constituées à 78 % de personnels d'active, proportion qui variait de 0 à 9 % au sein des divisions des trois vagues suivantes. KROENER, « Ressourcen » (5/1), p. 710.

22. BAMA, RW 4/v.503 : Der Führer, 17.8.1938, § C, 2.

23. BAL, NS 19/3521 (27) : E.-Amt d.W-SS an RF-SS, 89/40 g.K., Betr. : Demobilmachung, 3.7.1940.

24. BAL, NS 19/1669 (46) : Allgemeine Erfahrungen bei Einziehung der Verstärkung der SS-TV im Sept. 1938 sowie b. Groß-Einsatz der Allg.-SS. GELWICK, *Personnel*, p. 429-431.

25. De même, il manquait 3 570 hommes pour porter à plein les formations de remplacement de la division « Totenkopf ». VHA, SS-T.St. (Rgter.), 91/12 : Gen.Insp.d.verst.SS-T-St./Ia, Betr. : Antrag auf Ergänzung an Mannschaften für die SS-T-Rgtr., 15.1.1940.

26. BAL, NS 19/3521 (274) : CdSSHA, Betr. : Zusammenstellung der Einberufungen durch die SS-OA, 8.4.1940 (Stand : 5.3.1940); NS 31/366 (dossier entier).

27. BAL, NS 19/3510 (147) : CdSSHA/VII/2, 113/40 g, Betr. : Heranziehung zum Wehrdienst, 9.2.1940; Anl. zu OKW/AHA/Ag/E (I), 132/40 g, Übersicht über die Heranziehung der Geb.-Jhrge. zum Wehrdienst, 31.1.1940; NS 31/372 : Gen.Insp.d.verst.SS-T-St. an alle Einheiten, Betr. : Musterung der Geb.-Jhrge. 1908-09, 8.3.1940. HALDER, *Kriegstagebuch* (1), p. 224 (9.3.1940).

28. VHA, SS-T.St. (Rgter.), 91/12 : Gen.Insp.d.verst.SS-T-St./Ia, Betr. : Antrag auf Ergänzung an Mannschaften für die SS-T-Rgt., 15.1.1940. BAL, NS 19/3521 (238) : Chef des E.-Amtes d.W-SS, Betr. : Übersichtsplan, 4.5.1940.

29. BAL, NS 19/218 (63) : Arbeit des E.-Amtes, 5.6.1942.

30. BAL, NS 19/218 (36) : Chef des E.-Amtes an CdSSHA, 10.11.1939. STEIN, *Waffen-SS*, p. 59-60. GELWICK, *Personnel*, p. 450-451. REMPEL, « Recruitment », p. 107.

31. BAL, NS 19/1863 (2) : Chef des E.-Amtes d.W-SS an RF-SS, Betr. : Besprechung im OKE, 16.12.1939; NS 19/3521 (275) : Berger an Chef des VWHA, 3.4.1940 (cit.).

32. BAL, NS 19/218 (64) : Arbeit des E.-Amtes, 5.6.1942.

33. BAL, NS 19/219 (19) : SS-Brigf. Berger an Ch.d.Pers.St. RF-SS, 1.11.1939.

34. *Ibid.*

35. BAL, NS 19/3521 (28) : E.-Amt d.W-SS an RF-SS, 89/40 g.K., Betr. : Demobilmachung, 3.7.1940; NS 19/1711 (42) : E.-Amt d.W-SS an RF-SS, 427/40 g, Betr. : Besprechung mit Oberstltn. i.G. Mönch, 21.8.1940. HITLER, *Discours*, p. 223, 229.

36. BAL, NS 19/3517 (173, 175, 213-16) : CdSSHA an RF-SS, Betr. : Besprechung mit OKW, 22.1.1941; CdSSHA an OKW, 57/41 g.K., Betr. : Einstellung in die W-SS, 19.2.1941; OKW/AHA/Ag/E (I) an WK, 2203/41, Betr. : *ibid.*, 22.2.1941.

37. BAL, NS 19/3665 (55-56) : CdSSHA an RF-SS, 228/41 g.K., Betr. : Besprechung OKW, 8.12.1941.

38. BAL, NS 19/3518 : SS-Gruf. Berger an Ch.d.Pers.St. RF-SS, 17.7.1941.

39. BAL, NS 19/3558 (2-3) : CdSSHA an Ch.d.Pers.St. RF-SS, 5079/42 g, Betr. : General Edelmann, 11.12.1942.

40. *Ibid.* BAL, NS 7/1158 (n.f.) : SS-HA an SS-Richter b. RF-SS, 4298/43 g, Betr. : Vom RF-SS angeordnete Ermittlungen gegen Angehörige verschiedener E.-Stellen wegen Werbemethoden für die W-SS, 13.7.1943 (en copie jointe : Stellv. Gen.Kdo. I.AK./IIa/ON 92/43 g, 19.4.1943); NS 19/3510 (88) : SS-OA Südost/I an CdSSHA, 91/40, Betr. : Personalwechsel im WK VIII, 26.6.1940; NS 19/3521 (26) : E.-Amt d.W-SS an RF-SS, 89/40 g.K., Betr. : Demobilmachung, 3.7.1940 (cit.) ; NS 19/2254 (6-7) : Aktenvermerk, Betr. : Besprechung mit SS-Stubaf. Ministerialrat Passe, 20.3.1941; SSO 301 A, (Fritz MAUER, 31.3.1915) : NSDAP/Stellv. des Führers, Herrn SS-Gruf. Schmitt, Persönlich!, 27.2.1939. KROENER, « " Menschenbewirtschaftung " » (5/2), p. 995.

41. BAL, NS 19/1711 (85) : E.-Amt d.W-SS an RF-SS, 470/40 g, Betr. : Ergänzung des Rgt. « Großdeutschland », 16.9.1940; NS 19/1776 (1) : E.-Amt d.W-SS an RF-SS, 505/40 g, Betr. : Werbung für das Rgt. Großdeutschland, 18.10.1940; NS 19/3517 (153-55) : CdSSHA an RF-SS, 43/41 g, Betr. : HJ-Luftwaffe, 26.2.1941; NS 19/283 (22) : CdSSHA an RF-SS, 4738/42 g, Betr. : SD-Bericht über das Wehrertüchtigungslager Oberdonau, 26.11.1942; NS 19/132 (46-48) : CdSSHA an RF-SS, 93/43 g, Betr. : RAD, Aufstellung von 2 SS-Div., 7.1.1943. BAMA, RW 8/v.5 (104) : Auszug aus einem Privatbrief des Hptm. Schwarzrock an Hptm. Bethke v. 29.9.1942.

42. BAL, NS 19/219 (19) : SS-Brigf. Berger an Ch.d.Pers.St. RF-SS, 1.11.1939.

43. BAL, NS 19/1863 (22) : Chef des E.-Amtes d.W-SS an Stabsführer des SS-OA Süd, 4.5.1940; NS 19/218 (65) : Arbeit des E.-Amtes, 5.6.1942.

44. Son plan pour ajuster les opérations de recrutement aux besoins des unités SS à l'été 1940, de même que son plaidoyer lorsqu'il a présenté les premières statistiques mensuelles en novembre 1940, démontrent que cette conversion s'est produite au second semestre 1940 après avoir été initiée au début de l'année. BAL, NS 19/218 (3 et suiv.) : RF-SS an SS-HA, AR 524, 21.4.1938 (Errichtung eines E.-Amtes); NS 19/1711 (1-8) : E.-Amt d.W-SS an RF-SS, 110/40 g.K., Betr. : Bevölkerungsbewegung, 7.8.1940; NS 31/280 : CdSSHA an Chef der Orpo, 783/40 g, Betr. : Statistische Monatshefte, 11.11.1940.

45. BAL, NS 19/3521 (26-27) : E.-Amt d.W-SS an RF-SS, 89/40 g.K., Betr. : Demobilmachung, 3.7.1940. STEIN, *Waffen-SS*, p. 116-117.

46. BAL, NS 19/1711 (2 & 6) : E.-Amt d.W-SS an RF-SS, 110/40 g.K., Betr. : Bevölkerungsbewegung, 7.8.1940. REMPEL, « Recruitment », p. 111/n. 29. KTB-OKW/1940-41 (1), p. 67 (6.9.1940).

47. BAL, NS 19/3517 : Einberufungen bei d.W-SS im Jahr 1940.

48. BAL, NS 19/3517 (255) : SS-Brigf. Berger an SS-FHA, 9/41 g.K., Betr. : OKW, Anforderung des Altersaufbaus d.W-SS, 14.1.1941.

NOTES (chapitre 5)

49. BAL, NS 19/3521 (281-82) : Chef des E.-Amtes d.W-SS an RF-SS, 45/40 g.K., Betr. : Übersichtsliste, 2.4.1940. WITTE, *Dienstkalender*, p. 118 (19.2.1941).
50. BAL, NS 19/4 (21 & 61) : CdSSHA an OKW, 4071/42 g, Betr. : Einschränkung der Einstellung von Freiw. des Geb.Jhrg. 1925, 21.10.1942; CdSSHA an RF-SS, 5912/43 g, Betr. : Freiwillige des Geb.-Jhrg. 1926, 18.9.1943; NS 19/3558 (2-3) : CdSSHA an Ch.d.Pers.St. RF-SS, 5079/42 g, Betr. : General Edelmann, 11.12.1942.
51. BAL, NS 19/3517 : Einberufungen bei d.W-SS im Jahr 1940.
52. BAL, NS 31/139 (2) : SS-HA/E.-Amt d.W-SS an alle E.-Stellen, Betr. : Fotokopien der Aufstellung über einberufene SS-Ers.Res. u. wieder einberufene SS-Res., 19.3.1942; NS 19/3519 : CdSSHA an RF-SS, Betr. : Einberufungen v. 1.3. bis 31.3.42, 1.4.1942. KROENER, « Ressourcen » (5/1), p. 891.
53. BAL, NS 19/3517 (155) : CdSSHA an RF-SS, 43/41 g, Betr. : HJ/Luftwaffe, 26.2.1941.
54. HALDER, *Kriegstagebuch* (2), p. 307 (10.3.1941).
55. BAL, NS 19/218 (38) : Chef des E.-Amtes an Chef des Amtes für Sicherungsaufgaben, Betr. : Zuständigkeit des E.-Amtes in Ergänzungsfragen, 10.11.1939.
56. BAL, NS 19/218 (35) : SS-Brigf. Berger an Pers.Stab RF-SS, 10.11.1939.
57. BAL, NS 31/154 : SS-HA an sämtl. E.-Stellen außer Nord u. Nordwest, 6.3.1942. Cf. chap. 8, p. 214-215. Sur la SA et le NSKK, cf. LONGERICH, *SA* ; HOCHSTETTER, « *Motorkämpfer* ».
58. BAL, NS 19/3517 (78) : CdSSHA an RF-SS, 126/41 g.K., Betr. : Ersatzlage, 30.4.1941.
59. BAL, NS 31/372 (118) : Gen.Insp.d.verst.SS-T-St./Ia, Betr. : Einstellung von Freiwilligen, 28.1.1940; NS 19/3510 : Anl. zu OKW/AHA/Ag/E (I), 132/40 g, Übersicht über die Heranziehung der Geb.-Jhrge. zum Wehrdienst (31.1.1940); NS 19/3518 : CdSSHA an RF-SS, Betr. : Einberufung zur W-SS v. 15.8.-10.9.1941, 4.9.1941. BUCHHEIM, *Befugnisse*, p. 1-2. HALDER, *Kriegstagebuch* (1), p. 186 (7.2.1940, cit.). KROENER, « Ressourcen » (5/1), p. 727. REMPEL, « Recruitment », p. 112/n. 35.
60. BAL, NS 19/3558 (2-3) : CdSSHA an Ch.d.Pers.St. RF-SS, 5079/42 g, Betr. : General Edelmann, 11.12.1942.
61. BAL, NS 19/218 (71) : Arbeit des E.-Amtes, 5.6.1942.
62. Dès lors, la SS pouvait accepter aussi bien des engagés sous contrat (âgés de 17 à 23 ans pour un engagement de douze ans ou de 17 à 35 ans pour un contrat de quatre ans et demi) que des volontaires de guerre âgés de 17 à 45 ans, sous réserve que les plus jeunes (jusqu'à 25 ans) servent dans des unités de combat (infanterie, blindés ou transmissions). BAL, NS 19/3518 (99-101) : SS-Gruf. Berger an Ch.d.Pers.St. RF-SS, 17.7.1941; OKW/AHA/Ag/E (I), 9391/41 II, Betr. : Ergänzung d.W-SS, 15.7.1941; Ch.d.St. des SS-FHA an RF-SS, Betr. : Verluste, Bedarf u. Fehlstellen d.W-SS, 31.7.1941.
63. BAL, NS 31/148 (32) : E.-Amt d.W-SS/II, Betr. : Einberufung von minderjährigen Freiwilligen, 30.5.1940.
64. Ce décret était uniquement valable pour la *Waffen-SS*. Un second décret, valable cette fois pour la *Wehrmacht*, sera établi à l'initiative du maréchal Keitel le

31 mars 1942. La veille, Bormann avait aussi édicté une ordonnance permettant la mobilisation des adolescents de 17 ans dans les unités de DCA au sein du Reich. BAL, NS 31/395 (75) : SS-HA/E.-Amt d.W-SS/II, Betr. : Ausführungs-Eintritt von Freiwilligen mit vollendetem 17. Lebensjahr ohne Einwilligung der Eltern, 18.2.1942 (cit.) ; NS 19/3514 : Leiter der Partei-Kanzlei, Anordnung 13/42, Betr. : Heranziehung für den Dienst in der Heimat-Flak, 30.3.1942 ; R 43 II/1308b (29-36). *Reichsgesetzblatt*, 1942, Teil I : Anordnung über Heranziehung zur RAD-Pflicht im Kriege v. 9.2.1942, p. 74. WITTE, *Dienstkalender*, p. 352 (17.2.1942), 354 (18.2.1942). KROENER, « " Menschenbewirtschaftung " » (5/2), p. 833-834.
 65. BAL, NS 19/218 (66) : Arbeit des E.-Amtes, 5.6.1942.
 66. BAL, NS 31/154 (338) : SS-HA/II, 25.3.1942 ; NS 19/3519 : SS-FHA, Betr. : Aufstellung eines SS-Ausb.-Btl. Prag, 20.4.1942 ; NS 19/24 (3) : RF-SS an 1) CdSSHA, 2) Ch.d.St. des SS-FHA, 35/9/43 g, 18.11.1942 (cit.).
 67. BAL, NS 19/219 : SS-Brigf. Berger an RF-SS, Betr. : Reichsjugendführung, 1.11.1939 (et l'accord de Himmler du 9.11.1939) ; NS 19/3521 (275) : Berger an Chef des VWHA, 3.4.1940 ; NS 19/3517 (149) : CdSSHA an RF-SS, Betr. : HJ, 28.2.1941. REMPEL, *Misguided*, p. 448, 454.
 68. BAL, NSD 41/133 : Richtlinien für die Durchführung von HJ-Streifendienstlehrgängen bei d.W-SS, 19.11.1941 ; NSD 41/134 : Arbeitsanweisung Nr.1 für die Abt. « N » der E.-Stellen (HJ-Streifendienst als SS-Nachwuchsorganisation), 23.3.1942 ; NS 19/218 (82 & 84-85) : Arbeit des E.-Amtes, 5.6.1942 ; NS 19/2214 (1) : CdSSHA an RF-SS, 2638/42 g, Betr. : Ergänzung, 23.7.1942 ; NS 19/283 (14-15 & 21-26) : Chef der Sipo/SD, Betr. : Verhältnis der HJ zur W-SS, 30.10.1942 ; SS-FHA/Ia an RF-SS, Betr. : *ibid.*, 12.11.1942 ; CdSSHA an RF-SS, 4738/42 g, Betr. : SD-Bericht über das Wehrertüchtigungslager Oberdonau, 26.11.1942. REMPEL, *Misguided*, p. 510 et suiv.
 69. BAL, NS 19/3521 : OKW, Betr. : RAD-Pflicht der Angehörigen d.W-SS des Geb.-Jhrg. 1920 u. jüngerer Geb.-Jhrge., 28.6.1940 ; NS 19/3517 (42) : CdSSHA an RF-SS, Betr. : Ersatzgestellung für die W-SS, 19.2.1941.
 70. BAL, NS 19/1533 (5-8) : RF-SS an RAF, 8.12.1941 (Vereinbarung zwischen dem RF-SS u. dem RAF über die Zusammenarbeit zwischen W-SS u. RAD) ; NS 31/323 : SS-HA/E.-Amt d.W-SS/II Abt.Insp., Betr. : Ausführungsbestimmungen zur Vereinbarung zwischen RF-SS u. RAF v. 8.12.41, 17.12.1941 ; NS 19/2214 (1) : CdSSHA an RF-SS, 2638/42 g, Betr. : Ergänzung, 23.7.1942.
 71. BAL, NS 31/154 : SS-HA, Betr. : Werbung für die W-SS in den Reichsausbildungslagern der HJ, 18.8.1942.
 72. BAL, NS 19/219 (27) : Chef des E.-Amtes d.W-SS an RF-SS, Betr. : Besprechung mit Stabsführer Lauterbacher, 13.12.1939.
 73. BAL, NS 19/219 (41) : Aktennotiz, 20.8.1940 ; NS 19/3517 (148-49) : CdSSHA an RF-SS, Betr. : HJ, 28.2.1941 ; NS 19/3518 (145-46) : CdSSHA an RF-SS, 614 g, Betr. : Reichsjugendführung, 13.6.1941 (cit.).
 74. BAL, NS 19/3517 (174) : CdSSHA an RF-SS, Betr. : Besprechung mit OKW, 22.2.1941.
 75. BAL, NS 19/218 (42-44) : Chef des E.-Amtes d.W-SS an Ch.d.Pers.St. RF-SS, Betr. : Aufstellung einer Sonder-Kp., 17.1.1940 (cit.) ; RF-SS/Ch.d.Pers.St., AR 1052/16, Betr. : *ibid.*, Lieber Berger !, [-].1.1940 ; NS 31/274 : RF-SS, Betr. : HJ-Führer in d.W-SS, 24.3.1940. REMPEL, « Recruitment », p. 111/n. 25.

NOTES (chapitre 5)

76. WITTE, *Dienstkalender*, p. 232 (12.10.1941), 248 (30.10.1941), 282 (3.12.1941), 347 (13.2.1942).

77. BAL, NS 19/3518 (139) : CdSSHA an RF-SS, 636/41 g, Betr. : Besprechung mit Reichsorganisationsleiter, Pg. Dr. Ley am 16.6.41, 17.6.1941. Sur les formations professionnelles dispensées par la *Waffen-SS*, cf. BAL, NS 19/218 (35) : SS-Brigf. Berger an Pers.Stab RF-SS, 10.11.1939 ; NS 33/31 (13) : Rede des SS-Ogruf. Jüttner auf der SS-Führer-Tagung in Prag am 13.4.1944 ; NS 33/263 (12 & 14) : SS-FHA/X In, Betr. : Ing.Schule an d. KTL der SS Wien, 8.4.1944 ; SS-FHA/X/In, Betr. : Einberufung zur Ing.Schule/KTL d. SS Wien, 28.4.1944 ; NSD 41/29 : KTL der SS Wien/Lehrlingsabt., Grundsätze u. Richtlinien für die Einstellung als Lehrling des Kfz-Handwerks in d.W-SS, s.d.

78. BAL, NS 19/219 : Chef des E.-Amtes d.W-SS an RF-SS, Betr. : Reichsjugendführung, 3.5.1940 ; Amtschefbesprechung in der Reichsjugendführer, 6.5.1940.

79. BAL, NS 19/3511 (89) : E.-Amt d.W-SS, 167/40 g.K., Betr. : Lehrgänge der HJ zur Wehrertüchtigung, 24.10.1940 ; NS 19/3518 (145-46) : CdSSHA an RF-SS, 614 g, Betr. : Reichsjugendführung, 13.6.1941 ; NS 19/2023 (1-2) : CdSSHA an RF-SS, 4226/42 g, 28.10.1942. CIANO, *Journal* (II), p. 197 (7.10.1942). REMPEL, *Misguided*, p. 311 et suiv.

80. BAL, NS 31/148 (60) : E.-Amt d.W-SS, Betr. : Nachwuchs für die LSSAH, 20.11.1941.

81. BAL, NS 19/3517 (81-82) : SS-HA/E.-Amt d.W-SS/II/2, 126/41 g.K., 11.4.1941 (en copie jointe : OKW/AHA/Ag/E [I], 4483/41, Betr. : Annahme von Freiwilligen der Allg.-SS, 7.4.1941). En mars 1941, les membres civils de l'*Allgemeine-SS* appartenant à la « Garde radio SS » avaient déjà été transférés en bloc à la *Waffen-SS*. GELWICK, *Personnel*, p. 479.

82. BAL, NS 19/3517 (80) : CdSSHA an RF-SS, 126/41 g.K., Betr. : Noch nicht einberufene Angehörige der Allg.-SS, 30.4.1941 ; NS 19/3518 (99-101) : OKW/AHA/Ag/E (I), 9391/41 II, Betr. : Ergänzung d.W-SS, 15.7.1941 ; SS-Gruf. Berger an Ch.d.Pers.St. RF-SS, 17.7.1941.

83. BAL, NS 19/3519 (189) : SS-FHA/KdW-SS/Ia an RF-SS, 544/42 g, Betr. : Bedarf u. Bestand an ausgebildeten Mannschaften am 1.5.42, 31.1.1942.

84. BUCHHEIM, « Befehl », p. 268-270.

85. BAL, NS 31/148 (8) : Betr. : Angehörige der Allg.-SS, die eine Dienstleistung in d.W-SS ablehnen, 31.7.1941 ; NS 19/3514 (115 & 116) : CdSSHA an alle HSSPF (außer Rußland-Süd, Mitte u. Nord), 1049/42 g, Betr. : Fronteinsatz der SS-Angehörigen, 26.3.1942 ; RF-SS an alle Hauptamtschefs, s.d. (mars 1942) ; NS 19/1654 (4) : Gesamtstärke der SS am 31.12.1942. WITTE, *Dienstkalender*, p. 357 (20.2.1942).

86. BAL, NS 19/218 (90) : Arbeit des E.-Amtes, 5.6.1942.

87. HEIBER, *Lagebesprechungen*, p. 733/n. 1. BAMA, RS 3-17/30 : 17.SS-Pz.Gr.Div. « GvB »/Ia, 69/45 g.K., Meldung v. 28.2.1945 ; RS 4/1442 : SS-Pz.Gr.Div. « GvB »/IIb an SS-Pi.Btl. 17, Betr. : Zuführung von LS-Polizisten, 18.3.1945.

88. BAL, NS 33/231 (374) : SS-FHA/Org 5391/41 g, Betr. : Umgliederung des SS-IR 4 (mot), 11.12.1941 ; NS 19/3519 (128 & 134) : SS-FHA/IE, Aufstellung

über personellen Nachersatz an SS-Div. « R » seit Beginn des Ostfeldzuges, 3.3.1942; SS-FHA/IE, Aufstellung über personellen Nachersatz an SS-IR 4, SS-IR 9 u. SS-KB-Kp. seit Beginn des Ostfeldzuges, 3.3.1942; NS 19/1520 : KdW-SS an SS-Hstuf. Grothmann, 1.11.1942; NS 19/3508 (70) : SS-FHA/Org 4057/41 g, Betr. : Kompanien des Btl.d.W-SS z.b.V., 24.9.1941. *Unsere Ehre...*, p. 241 et suiv.

89. BAL, NS 19/3516 : CdSSHA an RF-SS, 20.11.1942. KROENER, *Fromm*, p. 521-522.

90. BAL, NS 33/252 (12) : SS-FHA/V/IIb (6), 115/1/43, Betr. : Ausstellung u. Führung der Personalpapiere usw. der für die 9. u. 10.SS-Div. eingestellten Rekruten, 28.1.1943. LELEU, « *Frundsberg* », p. 9.

91. BROWNING, *Hommes ordinaires*, p. 181. BAL, NS 19/2648 (194) : HSSPF Ost an RF-SS, Betr. : Personalangelegenheiten, 19.1.1943; HSSPF Ost an RF-SS, 21.1.1943, 13.00 Uhr. NARA, RG 165/Entry 179/Box 719 : PWIS (H)/LDC/156, Report of Interrogation of PW U'Scharf. Adolph K. (Czech), 21.7.1944.

92. BAL, NS 19/229 (6) : CdSSHA an RF-SS, 1066/43 g, 17.2.1943.

93. BAL, NS 19/1542 (96) : RF-SS, 35/78/44 g, Lieber Jüttner !, 2.8.1944.

94. SHAT, 10 P 142-2 : MFIU#2, PWIB 2/21, 25.12.1944, § 3.

95. Estimation établie par le responsable de la section du personnel non officier au sein du SS-WVHA. HOFER, *Nationalsozialismus*, p. 115-116.

96. D'autres estimations arrivent au même chiffre. CÜPPERS, *Wegbereiter*, p. 90-91.

97. BAL, NS 19/3520 (225-27) : Chef des E.-Amtes d.W-SS an alle Leiter der E.-Stellen, III/13/40 g, 1.2.1940.

98. G. Stein et R. Gelwick figurent parmi les seuls à avoir soulevé cet aspect, quoique assez succinctement. L'analyse de Stein à ce sujet nous semble par ailleurs foncièrement erronée lorsqu'il réduit plusieurs dizaines de milliers d'hommes à « quelques individus âgés » et autres « ouvriers spécialisés ». GELWICK, *Personnel*, p. 469-470. STEIN, *Waffen-SS*, p. 69 (cit.), 118.

99. BAL, NS 31/366 (97) : E.-Amt d.W-SS, 14.8.1940; NS 31/367 (25) : SS-HA/BI, Betr. : SS-Wehrüberwachung, 20.8.1943; SSO 211 (Josef FITZTHUM, 14.9.1896) : RF-SS an 1) SS-Gruf. Jüttner, 2) SS-Brigf. v. Herff, 20.8.1942 (cit.).

100. Cf. 1.2.1 & 2.2.1.@

101. BAMA, RH 15/219 (18/verso) : OKW/AHA/Ag/E (II c), 85/40 g, Betr. : Wehrdienstverhältnis u. Wehrüberwachung der Angehörigen d.W-SS während des Krieges, 8.3.1940, § 6.

102. En 1943, la répartition devait se faire en trois groupes d'âge (individus nés en 1908 et après, 1901-1907 ou 1900 et avant). Au sein de chacun de ces trois groupes, la classification se faisait par catégorie professionnelle, 24 au total. BAL, NS 31/366 (97-100) : E.-Amt d.W-SS, 14.8.1940; NS 31/367 (25-27) : SS-HA/BI, Betr. : SS-Wehrüberwachung, 20.8.1943.

103. BAL, NS 19/3521 (275) : Berger an Chef des VWHA, 3.4.1940; Slg. Research, Ordner 436 (97) : CdSSHA an RF-SS, 4070/42 g, Betr. : Ersatzlage, 21.10.1942.

104. BAL, NS 19/3521 (26, 31 & 57) : E.-Amt d.W-SS an RF-SS, 89/40 g.K., Betr. : Demobilmachung, 3.7.1940; KdW-SS an RF-SS, 890/40 g, Betr. : Umstellung innerhalb der Wehrmacht, 16.7.1940; KdW-SS/MOB, 74/40 g.K., Betr. :

Entlassung der Reservisten im Verlauf der Umorganisation, 29.7.1940; NS 31/372 (160) : Insp.d.SS-T-St./IIb, Betr. Freistellung von SS-Reservisten, 22.7.1940. BAMA, RS 4/1211 : LSSAH, KTB 2 (5.11.39-28.7.40), Gefecht- u. Verpflegungsstärken; NS 17/78 : LSSAH an KdW-SS, Betr. : Entlassung von Reservisten, 23.9.1940; RS 4/1217 (75) : LSSAH, Tagesbefehl Nr.68, 15.10.1940. L'estimation pour les régiments « Tête de mort » se fonde sur les 20 000 soldats d'active et de réserve âgés d'au moins 28 ans qui y servaient au 1er mai 1940. Cf. annexe 13. STEIN, *Waffen-SS*, p. 123.

105. BAL, NS 19/1711 (134) : SS-FHA/KdW-SS, Betr. : Entlassung von Reservisten, 15.8.1940; E.-Amt d.W-SS an RF-SS, Betr. : Ersatzlage der Reservisten, 19.11.1940; NS 19/3505 (44) : SS-FHA/Ia, 120/40 g.K., Betr. : Umgliederung der SS-T.St., 12.9.1940; NS 19/3511 (34) : SS-FHA/KdW-SS/II, 151/40 g.K., Betr. : Unterstützung der Rüstungsindustrie, 9.11.1940; SS-FHA/II, 180/40 g.K., Betr. : Personelle Hilfe für die Rüstungsindustrie, 26.11.1940; SS-FHA, Betr. : Einziehung von Reservisten d.W-SS, welche bei den Div.-Nachschüben u. SS-T-Reiter-St. Dienst leisteten, sowie solche die als Kraftfahrer ausgebildet sind, 14.11.1940; *ibid.* (Artilleristen), 12.11.1940; *ibid.* (Sanitäter), 13 & 27.11.1940.

106. BAL, NS 19/1711 (162) : CdSSHA an Ch.d.Pers.St. RF-SS, 13.11.1940. VHA, SS-Wach-Btl. « Böhmen u. Mähren », 30/9 : SS-FHA/MOB, Verteiler V (nur für SS-T-Div., deren E.-Einheiten u. SS-T-St.), Betr. : Bezeichnung der SS-T-Einheiten, 12.11.1940.

107. BAL, NS 19/1711 (134) : E.-Amt d.W-SS/W.I/II an RF-SS, Betr. : Ersatzlage der Reservisten, 19.11.1940; NS 19/3517 (226) : g.K. zu 36/41, Meldung Nr.2, Betr. : Ersatzlage, s.d. (fév. 1941, cit.); CdSSHA an RF-SS, Betr. : Einberufung von Reservisten, 27.2.1941; NS 31/395 (72) : SS-FHA/KdW-SS/IIb an alle E.-Truppenteile, 462/8.41, Betr. : Freiwillige der Jhrge. 1910 u. älter, die sich bei der Annahme auf 12-jährige Dienstzeit verpflichtet haben, 18.9.1941. Sur l'opération « Rü 40 » et la politique des affectations spéciales en 1941-1942, cf. KROENER, « Ressourcen » (5/1), p. 790-794, 943; – *Fromm*, p. 514.

108. BAL, NS 31/142 : RF-SS an alle Hauptämter, 7.1.1942.

109. BAL, NS 19/4 (31) : CdSSHA an RF-SS, 4923/42 g, Betr. : Ersatzlage, 4.12.1942.

110. KTB-OKW/1943 (5), p. 20 (5.1.1943). BAL, NS 19/3943 : Aktennotiz, 3.1.1943; NS 19/3786 : KR-FS an Reichsfinanzminister, 5.1.194[3]; NS 19/229 (6) : CdSSHA an RF-SS, 1066/43 g, 17.2.1943.

111. BAL, NS 19/4 : CdSSHA an RF-SS, Betr. : Ersatzlage, 5.5.1943; *ibid.*, 3.6.1943.

112. BAL, Slg. Research, Ordner 443 (38) : CdSSPHA an alle SS-Führer!, Betr. : Neuerfassung des Führerkorps der SS, 3.7.1944.

113. En 1938, la police avait déjà délivré des certificats pour mobiliser en grand nombre des personnels de l'*Allgemeine-SS* lors de la crise des Sudètes. BAL, NS 19/1669 (46-47) : Allgemeine Erfahrungen bei Einziehung der Verstärkung der SS-TV im Sept. 1938 sowie b. Groß-Einsatz der Allg.-SS. Cf. aussi KERSTEN, *Totenkopf*, p. 312-313 (22.8.1942).

114. Il s'agissait d'hommes nés entre 1900 et 1910. BAL, NS 19/1711 (134) : E.-Amt d.W-SS/W.I/II an RF-SS, Betr. : Ersatzlage der Reservisten, 19.11.1940;

NS 19/3511 (12) : SS-FHA/MOB, 1884/40 g, Betr. : Einziehung von Reservisten d.W-SS zum SD, 9.12.1941.

115. Le RSHA a d'ailleurs souhaité que ces hommes partent renforcer les *Einsatzgruppen* à l'est. BAL, NS 19/2201 (1-2) : With, SS-Ostubaf. zugeteilt dem Stabe des Gen.d.Inf. v. Unruh, an RF-SS, Betr. : Herausziehung von Kräften aus dem RSHA, 14.3.1943 ; SS-OA Weichsel an SS-Ostubaf. Brandt, 2.4.1943 ; Chef der Sipo/SD/1. Adjutant an SS-Ostubaf. Brandt, 15.4.1943. WITTE, *Dienstkalender*, p. 661 (31.12.1942).

6. « LA SS T'APPELLE » :
LES OPÉRATIONS DE RECRUTEMENT À L'HEURE DE LA « GUERRE TOTALE »

1. *Dich ruft die SS* est le titre d'une épaisse brochure de propagande pour le recrutement éditée par le *SS-Hauptamt*, probablement en 1943.

2. Il s'agit des 9ᵉ, 10ᵉ, 12ᵉ, 16ᵉ et 17ᵉ divisions SS. Seule la 16ᵉ, issue de la brigade « Reichsführer-SS », n'a pas été créée de toutes pièces. Les 11ᵉ, 13ᵉ, 14ᵉ et 15ᵉ divisions SS ont été respectivement constituées avec des effectifs scandinaves et néerlandais, bosniaques, ukrainiens et lettons. GELWICK, *Personnel*, p. 716-722.

3. KROENER, « " Menschenbewirtschaftung " » (5/2), p. 879 et suiv.

4. WITTE, *Dienstkalender*, p. 560 (21.9.1942), 593 (21.10.1942).

5. BAL, NS 19/2214 (1) : CdSSHA an RF-SS, 2638/42 g, Betr. : Ergänzung, 23.7.1942. GELWICK, *Personnel*, p. 490.

6. BAL, NS 19/2613 : FS an CdSSHA, 26.8.1942 ; CdSSHA an SS-Ostubaf. Brandt, 29.8.1942 ; NS 31/154 (236) : SS-HA/II an alle E.-Stellen I-XXI, Betr. : Entlassung der für die W-SS engenommenen RAD-Angehörigen des Jhrg. 1924, 7.9.1942. SYDNOR, *Soldiers*, p. 235-251.

7. BAL, Slg. Research, Ordner 436 (92) : Aktenniederschrift, 1) SS-Ogruf. Wolff, 2) SS-Gruf. Jüttner, 3) SS-Gruf. Berger, 24.9.1942.

8. BAL, NS 31/154 (236) : SS-HA/II an alle E.-Stellen I-XXI, Betr. : Entlassung der für die W-SS engenommenen RAD-Angehörigen des Jhrg. 1924, 7.9.1942 ; NS 31/149 : Abschrift, 31.10.1942 ; NS 19/4 : OKW, Betr. : Einschränkung der Einstellung von Freiwilligen des Geb.-Jhrg. 1925, 7.11.1942.

9. À cette date, les données statistiques établissaient que, de 662 000 pour la classe 1925, les effectifs des contingents suivants allaient régulièrement s'affaisser et arriver à 518 000 individus pour la classe 1933. Pis encore, le taux prévu d'individus bons pour le service allait probablement baisser de 85 à 70 %. Cumulés, ces deux phénomènes allaient conduire à une perte brute d'environ 200 000 hommes entre les deux classes d'âge 1925 et 1933 selon les projections statistiques. BAL, NS 19/4 (20) : Anl. 1, Betr. : Stärke der männlichen Jhrge. 1924-33 u. deren voraussichtliche Wehrtüchtigkeit.

10. BAL, NS 19/3558 (2) : CdSSHA an Ch.d.Pers.St. RF-SS, 5079/42 g, Betr. : General Edelmann, 11.12.1942.

11. BAL, NS 19/3611 (22) : SS-HA an SS-FHA/KdW-SS, Betr. : Einstellung volksdeutscher u. germanischer Freiwilligen, 10.9.1942 ; NS 19/4 (22) : CdSSHA an OKW, 4071/42 g, Betr. : Einschränkung der Einstellung von Freiwilligen des Geb.Jhrg. 1925, 21.10.1942. WITTE, *Dienstkalender*, p. 658 (29.12.1942).

12. Sur le détail de cette campagne de recrutement, cf. LELEU, « *Frundsberg* », p. 5 et suiv. Cf. aussi HÖHNE, *Orden*, p. 440.

13. Cf. chap. 2, p. 43-45.

14. BAL, NS 31/147 (142) : SS-HA/II, Betr. : Verbesserung der Ersatzlage bzw. Neuaufstellung von SS-Div., 30.12.1942 (cit.). Lettre de Berger à Himmler du 10.10.1943 *in* HEIBER, *Reichsführer!*, p. 299-300. L'assertion de Berger à l'automne 1943 tend à être confirmée par la ventilation des personnels recrutés présentée à Himmler en février 1943. BAL, NS 19/229 (3) : CdSSHA an RF-SS, 931/43 g, Betr. : Nachersatz, 11.2.1943.

15. *Ibid.* (1re réf., 142/verso).

16. Parallèlement au « raid » mené dans les camps du RAD, cela a conduit Berger à profiter de « l'occasion unique » que représentait un déblocage massif d'affectés spéciaux dans l'industrie pour ordonner aux responsables SS « d'y aller à pleine main » afin de récupérer un maximum de réservistes de l'*Allgemeine-SS*. BAL, NS 19/3943 : KR an Hstuf. Grothmann, Adj. des RF-SS, 19.12.1942 ; NS 19/3871 (112/verso) : CdSSHA an HSSPF, 631/42 g.K., 4.1.1943 (cit.). KTB-OKW/1942 (4), p. 1141-1142 (15.12.1942), 1152-53 (18.12.1942). Sur l'opération « Rü-Tausch 43 » ou « Aktion Speer », cf. KROENER, « " Menschenbewirtschaftung " » (5/2), p. 844 et suiv.

17. BAL, NS 19/132 (46) : CdSSHA an RF-SS, 93/43 g, Betr. : RAD ; Aufstellung von 2 SS-Div., 7.1.1943.

18. BAL, NS 19/283 (14) : SS-FHA/Ia an RF-SS, Betr. : Verhältnis der HJ zur W-SS, 12.11.1942 (cit.) ; NS 19/4 (20) : Anl. 1, Betr. : Stärke der männlichen Jhrge. 1924-33 u. deren voraussichtliche Wehrtüchtigkeit ; NS 19/229 (3) : CdSSHA an RF-SS, 931/43 g, Betr. : Nachersatz, 11.2.1943.

19. BAL, NS 19/3871 (36) : OKW/AHA/Ag/E (I), 2075/43 g, IV. Ang., Betr. : Aushebungen für die W-SS in RAD-Lagern, 11.2.1943.

20. Sur 614 900 hommes, 480 000 (78 %) étaient jugés aptes au service militaire selon Berger en septembre 1943. Selon des prévisions dressées à l'automne 1942, les effectifs de la classe 1926 s'élevaient en revanche à 630 000 hommes, parmi lesquels 535 000 hommes étaient susceptibles d'être incorporés selon les projections. À travers ce décalage, il est facile d'entrevoir que la gestion de la ressource humaine, loin d'être une science exacte, était chargée d'impondérables. À noter que la SS avait également pu directement incorporer des individus nés au premier trimestre 1926 à la fin de février 1943. BAL, NS 31/149 (29) : SS-HA/BI an E.-Stellen I-XXI, Außenstelle Böhmen-Mähren, 24.2.1943 ; NS 19/4 (20) : Anl. 1, Betr. : Stärke der männlichen Jhrge. 1924-33 u. deren voraussichtliche Wehrtüchtigkeit ; NS 19/4 (61) : CdSSHA an RF-SS, 5912/43 g, Betr. : Freiwillige des Geb.-Jhrg. 1926, 18.9.1943.

21. STEIN, *Waffen-SS*, p. 217-218. MEYER, K., *Grenadiere*, p. 204.

22. BAL, NS 19/3502 (6-7) : CdSSHA an RF-SS/Pers.Stab, 62/43 g.K., Betr. : Div. « HJ », 3.7.1943. Cette version de Berger six mois après les faits est d'autant plus crédible qu'il savait Himmler capable de vérifier ses assertions. Par ailleurs, si Berger n'était pas personnage à s'encombrer de scrupules, il n'a jamais été relevé de tentative de sa part de tromper véritablement Himmler. Il démontrait néanmoins une nouvelle fois à cette occasion tout son talent à « tirer la couverture » à

lui. Ce n'était pas la première fois. Il avait ainsi revendiqué l'année précédente la paternité de l'idée du corps « germanique », poussant à cette époque la grandeur d'âme à endosser (sans grand risque pour lui) le blâme de Himmler si le concept n'était pas accepté. Il avait au passage relégué au rang de personnage politiquement fallot et obtus le général SS Steiner qui avait suggéré l'idée à Himmler. À user de tels procédés, Berger ne s'est naturellement pas fait que des amis, un général SA qualifiant de « pathologique » son besoin de se surestimer. Il semblerait en fait qu'en agissant ainsi il ait subordonné son action à l'ambition de succéder à Himmler. BAL, NS 19/1667 (46) : CdSSHA an RF-SS, 3621/42 g, Betr. : SS-Gruf. Steiner, 23.9.1942. WEGNER, *Soldaten*, p. 196/n. 322.

23. BAL, NS 19/3871 (112) : CdSSHA an HSSPF, 631/42 g.K., 4.1.1943.
24. BAL, NS 31/154 : SS-HA, Betr. : Werbeplakat « Auch Du », 30.1.1943.
25. JACOBSEN, *Der Zweite Weltkrieg*, p. 49, 373-375, 377-378.
26. AXMANN, « *Das kann...* », p. 336-337. MEYER, H., *Kriegsgeschichte* (1), p. 11. LUTHER, *Blood*, p. 11-13, 24. REMPEL, *Misguided*, p. 606 et suiv.
27. BAL, NS 19/132 (49-50) : CdSSHA an RF-SS, 728/43 g, Betr. : Div.Jhrg. 1925/RAD, 4.2.1943 ; NS 31/147 (130/verso) : SS-HA/II, 5336/42 g, Betr. : RAD des Geb.Jhrg. 1925, 2.1.1943 (en copie jointe : OKW, 7641/42 g. AHA/Ag/E I, Betr. : *ibid.*, 23.12.1942).
28. BAL, NS 19/3502 (16, 21-23, 34 & 42) : Aktenvermerk : Besprechung mit Stabsführer Möckel, 9.2.1943 ; CdSSHA an RF-SS, 1067/43 g, Betr. : Aufstellung der Div. HJ, 18.2.1943 ; SS-HA, Aktenvermerk : Besprechung am 8.3.1943 v. 13.00 bis 15.30 Uhr, 9.3.1943 ; FS 2265 an RF-SS, 8.4.1943, 15.00 Uhr ; NS 19/1782 (14-19) : Plan zur Aufstellung der Div. « HJ », s.d. (mars 1943) ; NS 31/149 (13) : SS-HA/BI an E.-Stellen I-XXI, Außenstelle Prag, 20/43, Betr. : SS-Div. « HJ », 29.3.1943 ; NS 31/154 : RAF, Betr. : Nichtheranziehung zum RAD von a) HJ-Führern des Geb.Jhrg. 1926, b) Freiwilligen der SS-Div. HJ des Geb.Jhrg. 1926, 29.4.1943.
29. Cf. chap. 2, p. 38-39.
30. WEGNER, *Soldaten*, p. 285-288.
31. Un rapport du SD confirmait en tout point l'analyse de Berger. BOBERACH, *Meldungen* (14), SD-Berichte zu Inlandsfragen v. 22.7.1943, p. 5521-5522.
32. BAL, NS 19/3502 (13) : CdSSHA/BI an RF-SS, 27.5.1943 (cit.) ; NS 31/149 (2 & 3-4) : SS-HA/BI an E.-Stellen I-XXI, Nebenstelle Böhmen u. Mähren, Betr. : HJ-Div., 31.5.1943 (en copie : Reichsminister für Wissenschaft, Erziehung u. Volksbildung/EIIIa, 1240, Betr. : Einberufung von Schülern der Klasse 6 zum RAD bzw. zur SS-Div. « HJ », 24.5.43) ; SS-HA/BI an E.-Stellen I-XXI u. Nebenstelle Böhmen-Mähren, 28/43, Betr. : SS-Div. « HJ », 1.6.1943 (et télétype du 22.5.1943 du Hauptbannführer Schröder).
33. BAL, NS 19/1447 (146-150) : Besprechung b. Führer, Wolfsschanze, 20.9.1943 ; NS 19/1449 (48) : GFM Keitel, besprochen 22.9.1943 ; NS 19/3524 (3-6) : ordres du 3.10.1943.
34. Outre sa discrétion, la SS a fait preuve de doigté, sollicitant par exemple l'accord de Göring pour démarcher les adolescents servant comme auxiliaires dans les batteries de défense antiaérienne du Reich. BAL, NS 31/154 : Werbung für die W-SS bei den Luftwaffenhelfern, 10.6.1943.

35. BAL, NS 19/132 (50) : CdSSHA an RF-SS, 728/43 g, Betr. : Div.Jhrg. 1925/ RAD, 4.2.1943.
36. BAL, NS 19/4 (59) : Chef des OKW an RF-SS, 3721/43 g. WFSt/Org (II), Betr. : Freiwillige des Geb.-Jhrg. 1926, 3.9.1943. Cf. chap. 4, p. 108.
37. BAL, NS 19/4 (61) : CdSSHA an RF-SS, 5912/43 g, Betr. : Freiwillige des Geb.-Jhrg. 1926, 18.9.1943.
38. BAL, NS 31/147 (7) : E.-Stelle West (VI)/W an Leiter der Annahmeuntersuchungskommission, Betr. : Festsetzung des Zeitpunktes der Einberufung zum RAD u. zur W-SS, 24.8.1943.
39. MANSTEIN, *Victoires*, p. 212. Témoignage du général v. Thoma *in* LIDDELL HART, *Généraux*, p. 111-112.
40. BAL, NS 19/3503 : SS-FHA/II Org.Abt. Ia/II, Betr. : Aufstellung der 16.SS-Pz.Gr.Div. « RF-SS », 19.10.1943 ; NS 19/3504 (58) : SS-FHA/II Org.Abt. Ia/II, 1658/43 g.K., Betr. : Aufstellung der 17.SS-Pz.Gr.Div. « GvB », 30.10.1943 (Anl. 3). D'autres ont pu rejoindre les deux divisions au terme d'une formation spécialisée, mais dans des proportions qui n'ont pas pu excéder quelques milliers d'individus. Par ailleurs, la demande de 40 000 hommes était à la base exagérée dans la mesure où la 16e division SS n'était que l'accroissement de la brigade « Reichsführer-SS », déjà forte de plusieurs milliers d'hommes.
41. NARA, RG 165/Entry 179/Box 712 : MI19(a)/PWIS/366, Report on the interrogation on SS-Mann S. Alfred of « SS-Reichsführer », 4.1944. AJM, 548, liasse 7, dossier 6 (5).
42. Le 3 février 1943, la prévenance des trois responsables du RAD est allée jusqu'à proposer à Berger l'incorporation de 3 000 des 4 000 instructeurs auxiliaires de la classe 1924 qui allaient être prochainement libérés pour servir sous les drapeaux au terme d'un an de service au RAD. BAL, NS 19/132 (49-50) : CdSSHA an RF-SS, 728/43 g, Betr. : Div.Jhrg. 1925/RAD, 4.2.1943.
43. La masse des affectés spéciaux travaillant pour l'économie de guerre ou dans les administrations constituait un troisième réservoir, numériquement le plus important, mais sur lequel la SS n'avait que peu de prise en 1943. KROENER, « " Menschenbewirtschaftung " » (5/2), p. 879 et suiv.
44. C'était le sens de la lettre type envoyée par les bureaux de recrutement SS régionaux aux familles se plaignant de l'incorporation forcée de leur fils dans la *Waffen-SS*. La SS avait bien pris soin d'associer Hitler et l'OKW à cette décision. BUCHHEIM, *Befugnisse*, p. 6.
45. KROENER, « Ressourcen » (5/1), p. 727.
46. BAMA, RW 8/v.5 (101-102) : I.D. Großdeutschland/Adjutant, Hochzuverehrender Herr Major !, 29.10.1942. BAL, NS 31/147 (29) : SS-HA/BI an E.-Stellen I-XXI, Nebenstelle Böhmen-Mähren, 14.7.1943.
47. KTB-OKW/1943 (5), p. 233-34 (21.3.1943). Cette prise de conscience n'était pas nouvelle. HALDER, *Kriegstagebuch* (1), p. 75 (14.9.1939).
48. BAL, NS 7/1158 (n.f.) : SS-HA an SS-Richter b. RF-SS, 4298/43 g, 13.7.1943 (en copie jointe : Stellv.Gen.Kdo. I.AK./IIa/ON 92/43 g v. 19.4.43, Auswertung der Besprechungen der Sachbearbeiter für ON in Berlin am 7.4.1943).
49. Sur ce point, cf. KROENER, « " Menschenbewirtschaftung " » (5/2), p. 998.
50. BAL, NS 19/311 (7) : CdSSHA an CdSSPHA, 5398/43 g, 20.8.1943.

51. BAL, NS 19/311 (4) : CdSSPHA an SS-Ostubaf. Dr. Brandt, 1903/43 g, Betr. : Abstellung von SS-Führern zwecks Freiwilligenwerbung zum SS-HA, 18.9.1943.

52. BAL, NS 19/311 (7) : CdSSHA an CdSSPHA, 5398/43 g, 20.8.1943.

53. BAL, SSO 58 (Gottlob BERGER, 16.7.1896) : CdSSHA an RF-SS/ Pers.Stab (SS-Ostubaf. Dr. Brandt), 6359/43 g, 10.10.1943.

54. *Reichsgesetzblatt*, Jhrg. 1942, Teil I, p. 533-34. On trouvera la plupart des pièces de loi du Reich relatives à l'incorporation des Alsaciens *in* BAKO, All.Proz. 21/145 (Robert Ernst), en particulier le tome 12. Cf. aussi KETTENACKER, *Volkstumspolitik*.

55. BAL, NS 19/3519 (173) : CdSSHA an RF-SS/Pers.Stab, 388/42 g, Betr. : Einziehung der Angehörigen der Jhrg. 1914/23 im Elsaß u. der Wehrfähigen der Angehörigen der dt. Volksliste 3 in der Provinz Oberschlesien, 4.2.1942 (et la réponse citée datée du 12.2.1942). À la fin de février 1942, Berger avait renouvelé sa proposition en suggérant cette fois l'incorporation des citoyens de la liste III dans les bataillons de police. WITTE, *Dienstkalender*, p. 365 (27.2.1942). Sur la définition et l'incorporation dans la *Wehrmacht* des membres de la liste III, cf. HERZOG, *Volksdeutschen*, p. 7-9. KROENER, « " Menschenbewirtschaftung " » (5/2), p. 982-983. WITTE, *Dienstkalender*, p. 342/n. 33. Plus globalement, cf. MAJER, *« Fremdvölkische »*.

56. BAL, NS 19/3521 (20) : E.-Amt d.W-SS, 335/40 g, Betr. : Errichtung der Außenstellen Elsaß u. Luxemburg, 3.7.1940 ; NS 31/366 : E.-Amt d.W-SS, Betr. : Werbung für Allg.-SS u. W-SS in Elsaß Lothringen, 13.9.1940 ; NS 19/1711 (139-41) : CdSSHA an RF-SS, 207/40 g.K., Betr. : Befohlene Besprechung mit Gruf. Kaul, 3.12.1940 ; NS 19/3517 (227) : Führer des OA Südwest an RF-SS, Betr. : Werbung für die W-SS im Elsaß, 10.2.1941 ; g.K. zu 36/41, Meldung Nr.2, Betr. : Ersatzlage, s.d. (fév. 1941) ; NS 19/1863 (72-74) : Stellv.Gen.Kdo. V.AK. (WK V)/Ic an OKW/WFSt/Org, 181/43 g, Betr. : Werbung für die W-SS, 30.3.1943 ; SS-E.-Stelle Südwest (V)/II an SS-HA, 90/43 g, Betr. : « Sonderfall Amt B I », 30.4.1943. RIGOULOT, *Malgré-Nous*, p. 103.

57. BAL, NS 19/2256 (3-4) : HSSPF bei den Reichsstatthaltern in Württemberg u. Baden im WK V u. b. Chef der Zivilverwaltung im Elsaß an RF-SS, 12.6.1943. Sur Sennheim, cf. MOUNINE, *Ausbildungslager*.

58. BAL, NS 7/91 (33-34) : HA SS-Gericht an SS-Richter b. RF-SS, 35/42, Betr. : Völkische Wehrdienstpflicht von Volksdeutschen ausländischer Staatsangehörigkeit, 11.11.1943 ; NS 19/19 (1-2) : CdSSHA an RF-SS, 5482/43 g, Betr. : Bericht über die Dienstreise, 30.8.1943. En Alsace, les classes 1922 à 1925 avaient été incorporées en 1942, les classes 1914 à 1919 venaient de l'être au milieu de l'année 1943. RIGOULOT, *Malgré-Nous*, p. 103.

59. BAL, NS 19/2202 (93) : CdSSHA an RF-SS, 6867/43 g, Betr. : Elsässische Freiwillige, 10.11.1943.

60. BAL, NS 31/154 (129/verso) : SS-HA/II, Betr. : Neuaufstellung von SS-Div., 6.1.1943.

61. Il avait ainsi interdit qu'une seconde campagne de recrutement visant à incorporer 7 000 hommes en février ne soit menée dans les camps du RAD, (Berger obtenant néanmoins que la SS puisse les recruter *avant* leur incorporation, le

Service du travail acceptant par avance de renoncer à eux). À la fin mars, le chef du RAD avait par ailleurs diffusé une note générale précisant les modalités relatives au mode de recrutement au sein des camps. Celles-ci visaient à empêcher toute mainmise directe sur les conscrits en obligeant à faire viser leurs déclarations d'engagement par les responsables du RAD. Si la circulaire évoquait toutes les branches de la *Wehrmacht* et la *Waffen-SS*, c'était bel et bien cette dernière qui avait été visée. Berger comme Himmler avaient cependant veillé à ne pas « se mettre à dos » le chef du RAD, car la SS allait avoir « un besoin absolument impérieux de lui pour plus tard ». En retour, Hierl avait assuré Himmler de son soutien dans le recrutement à venir de la *Waffen-SS*. BAL, NS 19/229 (2 & 9) : CdSSHA an RF-SS, 931/43 g, Betr. : Nachersatz, 11.2.1943 ; RF-SS, 36/63/43 g, Lieber Berger !, 24.2.1943 ; NS 31/149 (33) : SS-HA/II an E.-Stellen I/XXI u. Außenstelle Böhmen-Mähren, Betr. : Einberufung von 7 000 Männern des Jhrg. 25, 12.2.1943 ; NS 31/154 (35-36) : SS-HA/BI an Leiter der E.-Stellen I/XXI u. Außenstelle Böhmen-Mähren, 7.4.1943 (en copie jointe : RAF/D3 1051-1200/43, Betr. : Werbung von Wehrmacht-Freiwilligen im RAD, 31.3.1943) ; NS 19/1863 (39-40) : Lieber Pg. Himmler !, 9.3.1943. KTB-OKW/1943 (5), p. 234 (21.3.1943).

62. Le bataillon de radiologie SS avait été mis sur pied avec des membres de l'*Allgemeine-SS* le 1er février 1941, puis versé à la *Waffen-SS* au mois de novembre suivant. GELWICK, *Personnel*, p. 479-480. BAL, NS 19/3513 : SS-FHA, Betr. : Röntgensturmbann, 16.12.1941.

63. Quoique ambivalents, les propos de Berger semblent l'attester lorsqu'il rapporte à Himmler qu'« officiellement », la direction de la HJ ne savait rien d'autre en dehors de la campagne de prévention sanitaire. G. Rempel y voit en revanche la preuve que la direction de la HJ n'était pas informée des buts de la campagne de prévention sanitaire. Selon nous, Berger a mis l'accent sur ce terme pour indiquer implicitement à Himmler qu'au moins certains responsables de la HJ étaient *officieusement* informés du but de la manœuvre. En fait, toute la question est de savoir si Berger s'exprimait au premier ou au second degré. REMPEL, *Misguided*, p. 366.

64. BAL, NS 19/4 (57) : CdSSHA an RF-SS, 5199/43 g, Betr. : Untersuchung des Jhrg. 1927 (später 28 u. 29), 17.8.1943.

65. FREI, *L'État*, p. 199-200 (cit.). NEUSÜSS-HUNKEL, *SS*, p. 73-75.

66. Himmler a succédé à Wilhelm Frick comme ministre de l'Intérieur du Reich le 25 août 1943, soit huit jours après la lettre que lui a envoyée Berger. BUCHHEIM, « Herrschaftsinstrument », p. 53. Il est possible que la nomination de Himmler ait été « dans l'air du temps ». Fin 1942, Hitler avait en effet déjà fait savoir de manière confidentielle son intention de nommer Himmler « ministre de la police du Reich ». BAL, R 43 II/1204b (90) : Vermerk, 19.12.1942.

67. ALY, *Erfassung*, p. 63. WITTE, *Dienstkalender*, p. 275/n. 95.

68. REMPEL, *Misguided*, p. 366-367.

69. BAL, NS 19/170 (2, 4-7 & 14) : An RF-SS, 24.5.1944 ; Reichsarzt SS an RF-SS, Betr. : SS-Röntgen-Sturmbann, 31.5.1944 (en annexe : Prof. Dr. Holfelder, Dir. der Uni.-Röntgenklinik der Reichsuniversität Posen, 30.5.44) ; OKW/Chef des Wehrmachtsanitätswesens an RMdI, 1770/44, 25.4.1944.

70. REMPEL, *Misguided*, p. 369 et suiv. ; – « Recruitment », p. 116. BAL, NS 31/395 : Allgemeine Heeresmitteilungen v 7/6.44, 2. Ausgabe, § 20, A, p. 193.

71. BAL, SSO 71 A (Paul HAUSSER, 7.10.1880) : SS-Ogruf. Hausser, Reichsführer !, 28.4.1944 ; RF-SS, 35/51/44 g, Mein lieber Hausser !, 3.5.1944.
72. BAL, NS 19/2830 (3) : RF-SS an Gauleiter des Gaues Südhannover-Braunschweig, 35/64/44 g, 25.5.1944.
73. Cf. chap. 3.
74. BAL, NS 19/2447 (3) : Aktennotiz für den Kdr., Betr. : Werbung in der HJ, 11.2.1944 (cit.) ; SS-St. « Kurt Eggers »/Kdr. an RF-SS, 14.2.1944.
75. On notera que dans la formulation, Schmundt donnait à penser que la *Waffen-SS* faisait partie de la *Wehrmacht*. BAL, NS 6/347 (79-80) : NSDAP/Leiter der Partei-Kanzlei, Bekanntgabe 145/44, Betr. : Führersnachwuchs für das Heer u. die W-SS, 7.7.1944 (Verfügung, 12.5.1944).
76. BAL, NS 19/3910 (66-72) : RF-SS an 1) CdSSHA, 2) CdSSFHA, 35/71/44 g, 27.6.1944 ; RAF an RF-SS, 7.7.1944 ; CdSSHA an RF-SS, Betr. : 6.000 Freiwillige für die W-SS, 10.7.1944 ; CdSSHA an SS-Staf. Dr. Brandt, Betr. : RAD, 15.7.1944, 9.00 Uhr ; RF-SS an RAF Hierl, 1979/44 g, 21.7.1944 ; NS 19/1782 : CdSSHA an SS-Staf. Dr. Brandt, 21.7.1944.
77. BAL, NS 19/3191 (90-91 & 95) : Chef des SS-WVHA an RF-SS, Betr. : Meine Verwaltungstätigkeit b. Ersatzheer (OKH), 29.7.1944 ; Der Führer/WFSt/ Org (I) 5699/44 g, 2.8.1944 ; RF-SS, Feldkommandostelle, 5.8.1944. SCHULTE, « Jüttner », p. 285. HÖHNE, *Orden*, p. 499.
78. BAL, NS 19/2409 (6 & 7) : CdSSHA an RF-SS, Betr. : Befehl des OKW v. 21.7.44, 31.7.1944 ; OKW/WFSt/Org I/II, 21.7.1944 ; CdSSHA an RF-SS, 4443/44 g, Betr. : Befehl des OKW, 1.8.1944 (cit.).
79. BAL, NS 19/3910 (68) : RAF an RF-SS, 7.7.1944.
80. Cf. chap. 2, p. 46-47.
81. BAL, Slg. Research, Ordner 436 (92) : RF-SS u. BdE, Betr. : Zusammenlegung der Annahmestellen für den Führernachwuchs des Heeres u. der SS-E.-Stellen, 20.11.1944. BUCHHEIM, *Befugnisse*, p. 7. SHAT, 10 P 141, chemise 1er CA/EM/2e bureau : 1re armée française/EM/2e bureau/Section PG, CR 240, 9.4.1945 (cit.).
82. REMPEL, « Schwabengeneral », p. 54. SCHOLTYSEK, « " Schwabenherzog " », p. 96. HÖHNE, *Orden*, p. 503-504. FRÖLICH, *Goebbels* (II, 13), p. 490-491 (16.9.1944).
83. BAL, NS 19/4 : OKW/Wehrersatzamt/E (Ia) 11106/44, 16.12.1944 ; CdSSHA an RF-SS, 18.12.1944 (cit.). Berger était pourtant parfaitement conscient de la catastrophe en cours, allant jusqu'à conseiller à Himmler d'entreprendre des négociations avec les Soviétiques après sa tournée sur le front de l'Ouest en septembre 1944. BAL, NS 19/3292 : Berger an RF-SS, 26.9.1944.
84. KTB-OKW/1944-45 (8), p. 1302-03. Sur la politique d'incorporation des classes d'âge 1927-1929, cf. APC, RG 24, C 17, vol. 13652 : FCA, ISN 258, 15.3.1945, II, p. 3-5.

7. Le recrutement de la SS à l'étranger

1. Cf. chap. 3.
2. MULLER, *L'Expulsion*, p. 13-15 et bibliographie. Plus généralement, cf. HIGOUNET, *Allemands*.

NOTES (chapitre 7) 873

3. HERZOG, *Volksdeutschen*, p. 2. LUMANS, « Obligation », p. 305 et suiv.
4. MULLER, *L'Expulsion*, p. 15-16, 21 et suiv. (chiffres cit. p. 37).
5. WEINBERGER, « Volkszugehörigkeitsstatistik », p. 80-81.
6. MULLER, *L'Expulsion*, p. 27, 164-165.
7. TILKOVSZKY, « Werbeaktionen », p. 169-170 (cit.). SHAT, 10 P 142-2 : MFIU#2, PWIB 2/21, 25.12.1944, § 3, p. 8.
8. ALY, *Erfassung* p. 12-15/n. 2, 19, 33, 41, 54-65. SONNENBER, *Volkskartei*. BURGDÖRFER, « Rumänische Volkszählung ». WITTE, *Dienstkalender*, p. 220/ n. 87 (26.9.1941), 267/n. 67 (18.11.1941), 268/n. 72 (19.11.1941). BAL, NS 19/319 (17) : Leiter der VoMi an RF-SS, Betr. : Bestandsaufnahme der Dt. Volksgruppe in Kroatien, 31.3.1942.
9. Une première tentative avait été lancée au début de 1939 pour recruter des *Volksdeutsche* en Roumanie. Celle-ci s'était soldée par un échec en raison de l'incapacité du responsable local d'organiser ce recrutement et de l'absence de médecins capables de sélectionner sur place les candidats suivant les critères de la SS. Pour tenter d'y remédier, Himmler avait donné son accord pour envoyer un médecin SS en Roumanie avec la participation du RSHA. BAL, NS 19/218 (20, 22 & 23) : RF-SS/SS-Pers.Stab an Chef der Sipo, AR/657/4/1 g, Betr. : Volksdeutsche aus Rumänien für SS-VT u. SS-TV, 22.4.1939 ; Chef des SS-E.-Amtes an CdSSHA, Betr. : Unterredung mit Landesleiter Fabrizius, 22.4.1939 ; RF-SS/SS-Pers.Stab an SS-Brigf. Berger, AR/657/2/70, Betr. : *ibid.*, 5.5.1939.
10. BAL, NS 19/3521 (23) : RF-SS/Pers.Stab an Chef des E.-Amtes d.W-SS, 847/40 g, Betr. : Werbung in den Niederlanden, 23(?).6.1940 ; NS 19/3504 (192-93) : RF-SS, Richtlinien zur Gewinnung holländischer Freiwilligen, 24.6.1940.
11. BAL, NS 19/2456 (5-7) : Tagung des « Fördererkreises der Germanischen Leithefte » in Magdeburg v. 27-30.4.1942.
12. À la suite de l'accord conclu avec Mussert le 14 février 1941, 998 volontaires (la plupart néerlandais, mais aussi quelques flamands) ont quitté les Pays-Bas pour rejoindre le camp SS de Sennheim en trois convois échelonnés du 28 février au 7 avril. VHA, SS-Nachr.Stelle « NW », 9/3 : FS 2216, SS-Staf. Jungclaus an RF-SS, 14.2.1941, 11.00 Uhr ; SS-Nachr.Stelle « NW », 10/3 : FS 2604, E.-Stelle Nordwest an CdSSHA, 28.2.1941, 11.35 Uhr ; SS-Nachr.Stelle « NW », 12/4 : FS 2958, E.-Stelle Nordwest an CdSSHA, 13.3.1941, 16.25 Uhr ; SS-Nachr.Stelle « NW », 14/5 : FS 3531 : E.-Stelle Nordwest an Ausb.Btl. Sennheim, 7.4.1941, 17.30 Uhr. GINGERICH, « Recruitment », p. 826.
13. BAL, NS 19/1060 (2) : Staatssekretär SS-Brigf. Frank an RF-SS, 16.8.1939 ; NS 19/3888 (152) : Chef des E.-Amtes d.W-SS an RF-SS, 42/40 g, Betr. : Rücksprache mit dem Stabsführer der Volksdeutschen in der Slowakei, 21.2.1940 ; NS 19/3505 (248) : Insp.d.verst.SS-T-St., Bericht über die 4.SS-T-St., 15.3.1940.
14. BAL, NS 19/1711 : E.-Amt d.W-SS an RF-SS, 463/40 g, Betr. : Jugoslawien, 10.9.1940 ; NS 19/3888 (20) : E.-Amt d.W-SS an RF-SS, 549/40 g, Betr. : Jugoslawien, 20.11.1940.
15. BAL, NS 19/1711 (118) : E.-Amt d.W-SS, 498/40 g, Betr. : Ersatzgestellung für die W-SS, 12.10.1940 (cit.) ; R 49/26 (2 & 9) : RK für die Festigung dt. Volkstums an RF-SS, Betr. : Statistik über den Stand der Rückwanderung, 5.5.1941.
16. BAL, NS 19/3888 (86, 96, 101 & 116) : Kult A 1803 g, Deutsches Konsulat, Pol 4, Szeged, 23.11.1940 ; Chef des E.-Amtes d.W-SS/VIII an RF-SS, 5/40 g.Rs.,

Betr. : Volksdeutsche aus Rumänien, 5.1.1940 ; Deutsche Gesandtschaft Budapest, Inhalt : Volksdeutsche Fluchtlinge aus Rumänien, 8.1.1940 (cit.) ; Schnellbrief. A.A., Kult A 1818 g II., Betr. : Hereinholung von Volksdeutsche aus Rumänien für die SS-VT, 23.1.1940 ; NS 19/1863 (26) : E.-Amt d.W-SS/II an RF-SS, Betr. : Werbung Volksdeutscher u. Männer germanischen Blutes, 17.6.1940 ; NS 19/218 (83) : Arbeit des E.-Amtes, 5.6.1942 (avec une erreur de datation de Berger qui fait état de l'opération en 1939). GEORGESCU, « " Volksdeutsche " ».

17. BAL, NS 19/1863 (26) : E.-Amt d.W-SS/II an RF-SS, Betr. : Werbung Volksdeutscher u. Männer germanischen Blutes, 17.6.1940.

18. BAL, NS 19/3869 (23) : Telegramm aus Bukarest, 26.2.1941.

19. BAL, NS 19/3517 (50) : Schnellbrief. A.A., D II 1157 g, 2.5.1941. SUNDHAUSEN, « Geschichte », p. 180-182. TILKOVSZKY, « Werbeaktionen », p. 139-141.

20. SUNDHAUSEN, « Geschichte », p. 179-180. BROSZAT, « Heranziehung », p. 412-414. STEIN, *Waffen-SS*, p. 185. WITTE, *Dienstkalender*, p. 267/ n. 67 (18.11.1941), 268/n. 72 (19.11.1941).

21. Avec seulement 800 hommes lors de la prestation de serment en mai 1942, cette part a forcément été minime aux Pays-Bas, du moins à l'origine. En effet, en octobre suivant, elle disposait déjà de 2 518 membres, y compris ceux servant dans la *Waffen-SS*. L'arrivée de 1 229 nouveaux candidats démontrait son pouvoir d'attraction certes limité, mais néanmoins réel. VHA, 2.SS-Pz.Div., 43/12 : SS-FHA/KdW-SS/Ia, Betr. : Niederlandische SS, 9.7.1942. BAL, NS 19/218 (89) : Arbeit des E.-Amtes, 5.6.1942 ; NS 19/1711 (126-28) : E.-Amt d.W-SS an RF-SS, 503/40 g, Betr. : Besprechung mit dem Militärbefehlshaber in Belgien, 18.10.1940 ; NS 31/375 (10) : SS-HA/VI, 4624/42 g, Monatsbericht/Okt. 1942, 20.11.1942. HIRSCHFELD, *Fremdherrschaft*, p. 184 et suiv. WITTE, *Dienstkalender*, p. 430/ n. 59 (17.5.1942).

22. BAL, NS 19/3521 (22) : E.-Amt d.W-SS an RF-SS, 303/40 g, Betr. : Werbung in den Niederlanden, 21.6.1940.

23. La constitution de ces « bureaux directeurs des volontaires germaniques » était la conséquence directe de l'ordonnance du 12 août 1942 accordant à la SS la centralisation de toutes les questions germaniques au sein de la NSDAP (cf. chap. 3, p. 65. Étaient particulièrement visés, outre les organisations de jeunes, les « écoles du Reich » *(Reichsschulen)*, les foyers du *Lebensborn*, les stagiaires ayant suivi une formation dans le camp SS de Sennheim ou dans les « écoles SS germaniques » (à Avegoor pour les Pays-Bas, Schoten pour la Flandre, Kongsvinger pour la Norvège et Hoveltegaard pour le Danemark), mais aussi les individus partis suivre en Allemagne une formation de cadre politique, ou tout simplement les jeunes ayant disposé d'une bourse pour étudier dans le Reich. BAL, NS 31/375 (1 et suiv.) : SS-HA/VI, Betr. : Personalkarteien, 24.8.1942 ; SS-HA/VI, Betr. : Politische Personalkartei (Ausführungsbestimmungen), 24.8.1942.

24. PA/AA, Inl II/D, R 100650 (E 510778-79) : Betr. : Germanische Propaganda, 19.6.1943 (cit.). BAL, NS 19/2860 (220-21) : CdSSHA an RF-SS/Pers.Stab, 3517/45 g, 3.6.1943.

25. BAL, NS 19/3363 (43) : HSSPF b. RK für die besetzten ndl. Gebiete an RF-SS, 406/43 g, Betr. : Werbung von Niederl. für den Polizeidienst, 23.3.1943 ;

NS 19/3403 (30 et suiv.) : *ibid.*, 592/43 g, 6.4.1943 ; NS 19/2860 (98 et suiv.) : HSSPF b. RK für die besetzten ndl. Gebiete an RF-SS, 5140/43, Betr. : « Landstorm Nederland », 22.10.1943 ; NS 19/3403 (21) : HSSPF b. RK für die besetzten ndl. Gebiete an RF-SS, 11.1.1944. Sur le détournement par la SS du mouvement de jeunesse du NSB *(Jeugdstorm)*, cf. BAL, NS 19/3364 (11 et suiv.) : HSSPF b. RK für die besetzten ndl. Gebiete an RF-SS, 1772/43 g, 20.12.1943 ; NS 19/3403 (21/verso) : HSSPF b. RK für die besetzten ndl. Gebiete an RF-SS, 11.1.1944 ; NS 19/2429 (96-104) : Reichsjugendführung, [...]einsatzstab Germanische Jugend/Leiter des Sonderstabes Niederlande, Erwägungen zur Aufstellung eines SS-Freiw.Btl. HJ-Niederlande, 11.12.1944. IN 'T VELD, *SS* (I), p. 425-438.

26. BAL, NS 19/1480 : RF-SS an CdSSHA, 23.3.1944 (cf. aussi la correspondance échangée de janvier à mars 1944 à l'occasion du litige entre l'OKW et la SS). Cf. aussi STOVALL, *Recruiting*, p. 101-102.

27. PA/AA, Inl II/D, R 100658 (n.f.) : A.A./Pol II (Inf II c), Betr. : Flämisch-Wallonische Befreiungskomitees u. die Lage in Belgien, 18.12.1944. DE BRUYNE, *Stalags et Oflags* ; – *L'Étau*.

28. APC, RG 24, C 17, vol. 13652 : FCA, ISN 256, 13.3.1945, II, p. 7.

29. TILKOVSZKY, « Werbeaktionen », p. 137. SUNDHAUSEN, « Geschichte », p. 176-177.

30. BAL, NS 19/2601 (8-9) : SS-Freiw.Div. « Prinz Eugen » an CdSSFHA, 248/43 g, Betr. : Zwischenbericht über Werbeaktion muselmanischer Freiwilliger, 19.4.1943.

31. L'admission de *Volksdeutsche* originaires de Roumanie dans les rangs de la *Waffen-SS* sera de nouveau autorisée au début du mois de novembre 1942. BAL, NS 19/1469 (1-4 & 8) : Leiter der VoMi an RF-SS, Betr. : Einstellung Volksdeutscher aus Rumänien in die dt. Wehrmacht bzw. W-SS, 7.8.1942 ; RF-SS/Pers.Stab an SS-Ogruf. Lorenz, 1349/42, Betr. : *ibid.*, 3.9.1942 ; NS 19/1682 (1) : WFSt/Qu, Betr. : Besprechungspunkte für SS-Ogruf. Wolff am 20.10.42, 20.10.1942 ; NS 31/154 : SS-HA, Betr. : Einstellung von Volksdeutschen aus Rumänien in die W-SS, 6.11.1942.

32. MULLER, *L'Expulsion*, p. 16, 28, 36. TILKOVSZKY, « Werbeaktionen », p. 160, 168-169. BAL, NS 19/3611 (6 et suiv.) : Leiter der VoMi/Stellv. an RF-SS, Betr. : Stand der Vorbereitungen zur Werbung für die W-SS in Ungarn, 10.7.1942.

33. DÖSCHER, *Das Auswärtige Amt*. HÖHNE, *Orden*, p. 240 et suiv. NEU-SÜSS-HUNKEL, *SS*, p. 83-84.

34. BAL, NS 19/3869 (23) : Telegramm aus Bukarest, 26.2.1941.

35. BAL, NS 19/3517 (227-28) : Meldung Nr.2, Betr. : Ersatzlage, s.d. (début fév. 1941) ; NS 19/3882 (24) : CdSSHA an RF-SS, 165/41 g.K., Betr. : Besprechung mit Gauamtsleiter Triska v. 9.7.41, 9.7.1941.

36. WITTE, *Dienstkalender*, p. 300/n. 81 (29.12.41), 453 (6.6.1942), 464/n. 53 (22.6.1942), 468 (26.6.1942). BAL, NS 19/2654 (4) : AR 19/12/42, Lieber Ribbentrop !, 24.6.1942.

37. BAL, NS 19/3647 (2) : CdSSHA an RF-SS, 1612/41g, Betr. : Germanische Leitstelle, 5.11.1941.

38. PA/AA, Inl II g, R 100680, 1721 : Durchdrück, Eingang : 22.9.1942 (cit.). Referat D III, Betr. : das v. Referat D III auf dem großgermanischen Sektor fest-

gestellte Bemühungen der Reichsführung SS, selbsttätig Außenpolitik zu treiben, 20.9.1942 *in* ADAP (E, III), p. 519-521.

39. BAL, NS 19/3647 : A.A. an Reichsführung-SS/Pers.Stab, D III 952 g, 25.1.1943. CIANO, *Journal* (II), p. 197 (7.10.1942, cit.).

40. BAL, NS 19/135 (51) : A.A./Büro des Reichsministers, Sehr verehrter Herr Obergruppenführer !, 23.12.1942 (cit.). KTB-OKW/1942 (4), p. 1092 (7.12.1942). GELWICK, *Personnel*, p. 754.

41. DÖSCHER, *Das Auswärtige Amt*, p. 289.

42. PA/AA, Inl II g, 1769 (130181-82) : Büro RAM über U.St.S. Luther vorgelegt, D VIII 630 g, 5.1.1943.

43. BAL, NS 19/3611 (24-25) : Stand d.W-SS-Werbung in Ungarn u. Rumänien am 10.4.1943.

44. PA/AA, Inl II g, R 100679, 1718 (329788) : Reinkonzept, A.A./Gruppe Inl. II, Für Reichsführer persönlich !, 13.5.1943 (cit.). BAL, NS 19/3523 (6) : Blitz-FS an RAM v. Ribbentrop, 20.2.1943 ; NS 19/1449 (45) : Besprechung mit Ribbentrop, Fuschl, 20.4.1943.

45. Cf. chap. 26, p. 656-657.

46. PA/AA, Inl II g, R 100680, 1721 (377354-58) : Lieber Himmler !, 31.12.1943.

47. PA/AA, Inl II/D, R 100658 (n.f.) : A.A./Pol II (Inf II c), Betr. : Flämisch-Wallonische Befreiungskomitees u. die Lage in Belgien, 18.12.1944.

48. BAL, NS 19/2860 (242 et suiv.) : FS 6977 der Außenstelle der Sipo Amsterdam an BdS, Betr. : Adjutant des Leiters der NSB Kessler, 5.7.1943 ; RF-SS, 44/56/43 g, Lieber Rauter !, 22.7.1943 ; RF-SS an SA-Ogruf. Jüttner, 23.7.1943. Cf. aussi chap. 3, p. 64 et suiv.

49. BAL, NS 19/3647 : SS-OA Nordwest an RF-SS, 610/41 g, Betr. : Germanische Leitstelle u. deren Arbeit, 13.12.1941 ; FS 9138, HSSPF Nordwest an RF-SS, 15.12.1941.

50. TILKOVSZKY, « Werbeaktionen », p. 139-140. SUNDHAUSEN, « Geschichte », p. 181-182, 184-185, 192. PA/AA, Inl II g, R 100981, 2535 (H299405) : Gedanken zur Freiwilligen-Werbung auf dem Balkan, 13.5.1943. BAL, NS 19/1970 (3) : CdSSHA an RF-SS, Betr. : Ungarn-Reise, 2.10.1942, § II. Sur la VoMi, cf. *infra*, p. 841, note 49.

51. BAL, NS 19/1060 (2) : Staatssekretär SS-Brigf. Frank an RF-SS, 16.8.1939.

52. BAL, NS 19/3888 (81) : Anl. 3, Gedächtnisprotokoll, 12.5.1940. HÖHNE, *Orden*, p. 425.

53. WITTE, *Dienstkalender*, p. 200/n. 5.

54. BAL, NS 19/3882 (24) : CdSSHA an RF-SS, 165/41 g.K., Betr. : Besprechung mit Gauamtsleiter Triska v. 9.7.41, 9.7.1941. TILKOVSZKY, « Werbeaktionen », p. 143-144. MULLER, *L'Expulsion*, p. 26-27.

55. BAL, NS 19/1556 : HSSPF b. RK für die besetzten ndl. Gebiete an RF-SS, 22.6.1943.

56. BAL, NS 19/3363 (46) : RF-SS, 1142/42, Lieber Pg. Seyß-Inquart !, 5.3.1942 (cit.). GINGERICH, « Recruitment », p. 819-820.

57. BAL, NS 19/2860 : Außenstelle Amsterdam an Befehlshaber der Sipo Den Haag, Betr. : Adj. des Leiders des NSB, Kessler, 15.12.1942. Sur la politique de la SS à l'égard du NSB, cf. IN 'T VELD, *De SS*. HIRSCHFELD, *Fremdherrschaft*.

NOTES *(chapitre 7)* 877

58. BAL, NS 19/1556 (113 et suiv. & 146) : Besprechung des RF-SS mit dem Leiter Mussert am 8.7.1943 in der Feldkommandostelle ; Lieber Obergruppenführer !, 13.7.1943 ; HSSPF b. RK für die besetzten ndl. Gebiete an RF-SS, 193/43 g.Rs., Betr. : Mussert, 14.7.1943. Vertreter des A.A. b. RK für die besetzten ndl. Gebiete (Den Haag) an Unterstaatssekretär Luther, 19.5.1942 *in* ADAP (E, II), p. 384.

59. BAL, NS 19/3987 (10) : Ansprache des CdSSHA, « Auf dem Weg zum germanischen Reich » (26.2.-1.3.1944, cit.). WEGNER, « Auf dem Wege », p. 108 et suiv.

60. BAL, NS 19/1871 (56-58) : Aktenvermerk, Betr. : Besprechung über ausländische Kriegsfreiwillige im A.A. v. 7.7.41, 8.7.1941 ; NS 19/218 (88) : Arbeit des E.-Amtes, 5.6.1942. DE BRUYNE, *Collaboration militaire*, p. 17-18. Cf. aussi SUNDHAUSEN, « Geschichte », p. 182-183.

61. KROENER, « Ressourcen » (5/1), p. 893-894 ; – « " Menschenbewirtschaftung " » (5/2), p. 983, 985. BAL, NS 19/1449 (48) : GFM Keitel, besprochen 22.9.1943.

62. TILKOVSZKY, « Werbeaktionen », p. 174. BAL, NS 19/1485 (1) : CdSSHA an RF-SS, 566/44 g.K., Betr. : Erfassung in Kroatien, 7.7.1944. L'OKW s'est cependant élevé contre la volonté affichée par la SS de recruter parmi les auxiliaires de l'Est servant dans la DCA au sein du Reich. BAL, NS 31/42 (12) : OKW an Reichsminister für die besetzten Ostgebiete, 3457/44 g WFSt/O (II), Betr. : Einsatz von ukrainischen, russischen, weissruthenischen, tatarischen u. litauischen Jugendlichen als Flakhelfer im Reich, 5.6.1944.

63. BAL, NS 31/42 (15) : SS-HA/Amtsgruppe D/Freiwilligen-Leitstelle, 870, Betr. : Aufstellung fremdvölkischer Verbände im Rahmen der SS, 23.8.1944.

64. KROENER, « Ressourcen » (5/1), p. 892. Cf. annexe 1.

65. BAL, NS 19/218 (83) : Arbeit des E.-Amtes, 5.6.1942.

66. Dans une lettre de septembre 1942, Berger faisait ainsi valoir que le recrutement au sein des communautés allemandes à l'étranger avait été mené « sur ordre du *Reichsführer-SS* pour avoir une certaine réserve indépendante de la classe d'âge se trouvant à disposition dans le vieux Reich ». BAL, NS 19/3611 (22) : SS-HA an SS-FHA/KdW-SS, Betr. : Einstellung volksdeutscher u. germanischer Freiwilligen, 10.9.1942.

67. Ces effectifs devaient aussi permettre de rajeunir la division « Prinz Eugen » afin d'en faire « une division SS d'active ». BAL, NS 19/1447 (117) : Vortrag b. Führer, Wolfsschanze, 17.3.1943, 14-18 Uhr ; NS 19/3611 (24) : Stand d.W-SS-Werbung in Ungarn u. Rumänien am 10.4.1943 ; NS 19/371 (4-5) : CdSSHA an RF-SS, 3528/43 g, Betr. : Volksdeutsche Siebenbürgen, 2.6.1943 ; NS 19/1863 : CdSSHA an RF-SS, Betr. : Werbung für die W-SS in Rumänien, 30.7.1943. TILKOVSZKY, « Werbeaktionen », p. 167-168.

68. BAL, NS 19/4 : CdSSHA an RF-SS, Betr. : Ersatzlage, 7.4.1941 ; *ibid.*, 21.10.1942 ; *ibid.*, 5.5.1943 ; *ibid.*, 3.6.1943 ; NS 19/3665 (60) : 230/41 g.K., Zusammenstellung der Gesamtergebnisse v. 1.1.-30.11.41, 9.12.1941.

69. BAL, NS 19/370 : Der RF-SS, 11.6.1944.

70. BAL, NS 19/3987 (13) : « Auf dem Weg zum germanischen Reich », Ansprache des CdSSHA [Tagung auf der Plassenburg, 26.2.-1.3.1944] ; NS 19/2859 :

RK für die Festigung dt. Volkstums/HA VoMi an RF-SS/Pers.Stab, IX/13/III/22 g.Rs., Betr. : Unterstützung der z.Zt. unter rumänisch-sowjetischem Bereich lebenden Deutschen in Rumänien, 26.9.1944.

71. TILKOVSZKY, « Werbeaktionen », p. 180.

72. BAL, NS 19/3519 (160) : Übersicht über die in d.W-SS befindlichen germanischen Freiwilligen, Stand v. 15.1.1942 ; NS 19/1735 (37-39) : CdSSHA an RF-SS, Betr. : Germanische Freiwillige, 28.7.1943 ; NS 19/3987 (12-13) : Ansprache des CdSSHA, « Auf dem Weg zum germanischen Reich » (26.2.-1.3.1944, cit.). GINGERICH, « Recruitment », p. 829. WEGNER, « Auf dem Wege », p. 103.

73. Chiffre obtenu en combinant le nombre de volontaires SS néerlandais en décembre 1943 avec un rapport sur les recrutements de la SS aux Pays-Bas pour toute l'année 1944. BAL, NS 19/2429 (126) : SS-Ogruf. Rauter an RF-SS, Betr. : SS-Werbungen 1944, 11.1.1945, 19.45 Uhr. PIERIK, *Leningrad*, p. 56-57. GELWICK, *Personnel*, p. 537.

8. LA SOCIOLOGIE DE LA TROUPE

1. BAL, NS 19/2096 (2) : CdSSHA an HSSPF, 1915/42 g, Betr. : Statistik des E.-Amtes d.W-SS, 9.6.1942.

2. Cf. chap. 10.

3. WAHL, *Cultures*, p. 15 et suiv. (et sélection bibliographique p. 246-249). L'analyse qui suit se fonde sur les chiffres du recensement du 17 mai 1939 pour les régions allemandes. STATISTISCHES REICHSAMT, « Jahrbuch », 59.Jhrg., 1941/42, p. 26. D'un point de vue méthodologique, on considérera une région appartenant à l'une ou l'autre confession suivant que le taux de fidèles atteignait le seuil de 70 %. PYTA, « Milieu », p. 199.

4. RAUH-KÜHNE, « Sozialmilieu », p. 218-219.

5. Cf. *infra*, p. 211-212.

6. DITTMANN, *Deutschland*. Sur l'analyse de ce scrutin, cf. BROSZAT, *L'État*, p. 132-138. FREI, *L'État*, p. 75-84. Plus généralement, cf. WAHL, *Cultures*, p. 79 et suiv.

7. STATISTISCHES REICHSAMT, « Jahrbuch », 59.Jhrg., 1941/42, p. 54-65.

8. *Ibid.*, p. 427.

9. BAL, NS 19/3517 (247) : Einberufungen zur Polizei im Jahr 1940. BURRIN, *Fascisme*, p. 89.

10. STATISTISCHES REICHSAMT, « Jahrbuch », 59.Jhrg., 1941/42, p. 23.

11. PYTA, « Milieu », p. 202 et suiv. BÜTTNER, « " Volksgemeinschaft " », p. 88-89. RAUH-KÜHNE, « Sozialmilieu », p. 216, 220 et suiv.

12. BAL, NS 19/3521 (27-28) : E.-Amt d.W-SS an RF-SS, 89/40 g.K., Betr. : Demobilmachung, 3.7.1940.

13. BAL, NS 19/3517 (154) : CdSSHA an RF-SS, 43/41 g, Betr. : HJ/Luftwaffe, 26.2.1941.

14. BAL, NS 19/218 (11/verso) : RF-SS an SS-HA, AR 524, 21.4.1938 (Errichtung eines E.-Amtes). Sur les critères physiques et raciaux, cf. *infra*, p. 219 et suiv.

15. BAL, NS 19/218 (84-85) : Arbeit des E.-Amtes, 5.6.1942. Cf. aussi GÜNTHER, H.F.K., *Rassenkunde* (en particulier carte p. 307). CLAUß, *Rasse*.

NOTES (chapitre 8) 879

16. Sur la sélection menée par la SS, cf. *infra*, p. 224 et suiv.
17. Seul a été retrouvé le nombre de candidats en 1941 pour la Bavière, empêchant de fait toute comparaison, même limitée. BAL, NS 31/145 (9) : E.-Stelle Süd (VII) an SS-HA/II, Betr. : Rassische Statistik für 1941, 14.7.1942.
18. Quatre bureaux de recrutement à avoir spontanément entrepris des négociations avec l'armée en 1943 avaient enregistré d'excellents résultats trois ans plus tôt (régions I, II, V et XI). BAL, NS 31/147 (29) : SS-HA/BI an E.-Stellen I-XXI, Nebenstelle Böhmen-Mähren, 14.7.1943.
19. BAL, NS 19/1863 (23) : Chef des E.-Amtes d.W-SS an Stabsführer des SS-OA Süd, 4.5.1940 (cit.) ; NS 19/2651 (24-25) : CdSSHA an CdSSPHA, 536/43 g, Betr. : Beförderungen, 29.1.1943.
20. VHA, 2.SS-Pz.Div., 11/2 : SS-Div. « DR »/IIa, Div.-Tagesbefehl Nr.40/42, 6.10.1942, § 14 ; 2.SS-Pz.Div., 47/13 : SS-Pz.Gr.Div. « DR »/IIa, Aktennotiz über die Besprechung b. KdW-SS am 25-26.11.42, 30.11.1942 ; 2.SS-Pz.Div., 181/56 : SS-Pz.Rgt.2/IIb an SS-Div. « DR »/IIb, Betr. : Monatl. Stärkemeldung für den RF-SS, 23.11.1942. Pour les effectifs divisionnaires, cf. BAL, NS 19/264 (13).
21. Initiateur du projet, Berger a manifestement agi ainsi pour des motifs personnels : son fils avait été tué au sein de cette compagnie et remplacer ses personnels par des *Volksdeutsche* roumains – dont la communauté était dirigée par son gendre – assurait en quelque sorte une continuité à ses yeux. BAL, NS 19/19 (2) : CdSSHA an RF-SS, 5482/43 g, Betr. : Bericht über die Dienstreise, 30.8.1943. LEHMANN, *Leibstandarte* (III), p. 72, 95 (le témoignage cité fait erreur sur les dates).
22. 300 *Volksdeutsche* ont aussi été versés aux unités du Ier corps blindé SS à la même époque. BAL, NS 19/371 (5) : CdSSHA an RF-SS, 3528/43 g, Betr. : Volksdeutsche Siebenbürgen, 2.6.1943. BAMA, RS 2-1/1 : Gen.Kdo. I.SS-Pz.Korps, KTB 1 (27.7.1943).
23. BAL, Slg. Research, Ordner 436 (114-16) : RF-SS, 35/114/43 g, Lieber Jüttner, 7.8.1943.
24. BAL, NS 19/229 (6) : CdSSHA an RF-SS, 1066/43 g, 17.2.1943. VHA, II./SS-Pz.Gr.Rgt.1 « H »/Ia, 24.10.1943 ; SS-Pz.Gr.Div. « H »/Ia an SS-FEB 9, 1953/43 g, Betr. : Zuführung der Volksdeustchen aus Ungarn, 10.9.1943. BAMA, RH 20-19/12 (256) : AOK 19/Ia an 10.SS-Pz.Gr.Div., Betr. : Abgabe eines Pz.Gr.Btl., 20.10.1943 ; RS 3-10/4 : 10.SS-Pz.Div./Ia, Betr. : Hiwis als Kämpfer, 5.6.1944. SCHELL, Kurt, « Auf dem Ölberg bei Nîmes », *Die Hellebarde*, 12, 1989, p. 90.
25. BAMA, RS 3-2/8 (22-23) : SS-Pz.Gr.Rgt.4 « DF » (trad. angl.), s.d. (août 1944). NARA, RG 165/Entry 179/Box 718 : PWIS (H)/KP/95, Consolidated report on Interrogation of 22 PW of I Bn SS PGR 4 « DF »/Kempton Park Camp, 2.7.1944, p. 2. L'ex-chef d'état-major de la division a estimé après guerre à une quarantaine le nombre moyen d'Alsaciens-Mosellans par compagnie d'infanterie au printemps 1944. BAMA, RS 3-2/51 : A. Stückler, 2.SS-Pz.Div. « DR », 16.6.1954, p. 1.
26. À la 6e division SS, la présence à cette époque d'une soixantaine de Hongrois et de Yougoslaves au sein d'une compagnie d'environ 130 hommes le laisse clairement supposer. Au sein d'un bataillon d'infanterie de la 10e division SS, le

nombre de *Volksdeutsche* ou d'*Hiwis* était estimé à une cinquantaine sur un effectif combattant de 297 hommes, soit environ 15 %. NARA, RG 165/Entry 179/Box 720 : PWIS (H)/LDC/461, Report on Interrogation of PW Rttf Johannes L., 21 SS PGR, 10 SS Pz Div « F », 31.10.1944 ; Box 721 : PWIS (H)/LF/358, Report of Interrogation on PW SS O/Schaf F. Hans, I Bn HQ, SS PGR 22, SS Pz Div 10, 25.7.1944. BAMA, RS 4/1310 : I./SS-Pz.Gr.Rgt.22 an SS-Pz.Gr.Rgt.22, Betr. : Wochenmeldung, 30.6.1944.

27. BAL, NS 33/31 (10) : Rede des SS-Ogruf. Jüttner auf der SS-Führer-Tagung in Prag am 13.4.1944.

28. NARA, RG 165/Entry 179/Box 716 : MU#1FID, PWIB 1/14, 4.12.1944, p. 9 ; *ibid.*, PWIB 1/28, 20.1.1945, p. 5 ; RG 492/Entry ETO-MIS-Y Sect/Box 63 : FUSA, POW I Report, 25/26.12.1944 (#5 & 15). APC, RG 24, C 17, vol. 13649 : FCA, ISN 180, 27.12.1944, II, p. 4 ; vol. 13650 : FCA, ISN 205, 21.1.1945, II, p. 6 ; ISN 212, 28.1.1945, II, p. 9. BAL, R 59/114 (110/verso) : RK für die Festigung dt. Volkstums/VoMi-Umsiedlung, Einsatzverwaltung Mainfranken, Rundschreiben 18/45, An alle Lager !, Betr. : Erfassung, Musterung u. Einberufung der rückgeführten Deutschen aus dem Südosten zur W-SS u. Polizei, 31.1.1945. TILKOVSZKY, « Werbeaktionen », p. 177, 180.

29. Cf. les commentaires sur les statistiques qui figurent dans les « sources et bibliographies » en fin de volume.

30. À l'été 1944, le bataillon de dépôt divisionnaire a incorporé un millier de *Volksdeutsche* russes qui n'avaient même pas encore été « éclusés » *(geschleust)* par le « bureau central des immigrants ». Aussi les renforts reçus par une compagnie d'infanterie de la division se composaient exclusivement d'Ukrainiens fin juillet 1944. BAL, R 59/94 (21) : VoMi Berlin an SD-Leitabschnitt Posen für SS-Ostuf. Dr. Wolfram v. HA VoMi, 12.7.1944. NARA, RG 165/Entry 179/Box 721 : PWIS (H)/LF/509, Report on the Interrogation of 6 PW, all of 9 SS Pz Div, 14.8.1944, p. 2-3.

31. Ce constat se vérifie avec l'étude menée sur la 62e division de grenadiers du peuple. NARA, RG 492/Entry ETO-MIS-Y Sect/Box 63 : FUSA, 62 VG Div (survey), 6/7.1.1945, p. 1.

32. Cf. chap. 3, p. 86.

33. VHA, 3. SS-Pz.Div., 4/2 : Übersicht über die Stärken an Unterführern u. Männern der SS-Div. u. SS-T-St., s.d. (automne 1939).

34. L'exemple de l'une de ses compagnies le démontre clairement. BAMA, RS 4/1216 : 8.(MG) Kp./ LSSAH, Betr. : Übersichtsplan über die Jhge. der 8.(MG) Kp., 11.4.1940.

35. BAL, NS 19/3521 (57) : KdW-SS/MOB, 74/40 g.K., Betr. : Entlassung der Reservisten im Verlauf der Umorganisation, 29.7.1940.

36. BAL, NS 19/3517 (245) : Einberufungen bei d.W-SS im Jahr 1940.

37. BAL, SSO 202 A (Gerret KORSEMANN, 8.6.1895) : Fp.Nr. 32 539, Sehr verehrter Herr General !, 28.2.1941. Cf. aussi CÜPPERS, *Wegbereiter*, p. 77-78.

38. Enquête médicale menée au sein de la division sur 89 % des effectifs. BAMA, RS 2-2/2 (248-49) : Gen.Kdo. SS-Pz.Korps/Ia an Ob.West, 412/42 g.K., Betr. : Untersuchung auf Tropenfähigkeit, 26.10.1942 (Anl. 2 : SS-Div. « DR »/ Div.Arzt an SS-Div. « DR »/Ia, 608/42 g.K., Betr. : Truppenärztliche Untersuchung auf TDF, 19.10.1942). Cf. annexe 12.

39. VHA, 1. SS-Pz.Div., 6/1 : 1.(Krad.Schütz.)/A.A. LSSAH, Kp.-Liste, 2.11.1942; 2. SS-Pz.Div. 124/39 : 4./St. « D », Stichtag : 10.11.1939; 4./SS-Rgt. « D », Kp.-Liste, 14.11.1942.
40. KROENER, « " Menschenbewirtschaftung " » (5/2), p. 841-844.
41. BAMA, RH 20-7/105 : Bericht über die Fahrt des Ch.d.Gen.St. in Bereich des LXXXVII.AK. u. XXV.AK. v. 27-29.3.43, 30.3.1943, § II, p. 3. HEIBER, *Lagebesprechungen*, p. 335 (26.7.1943).
42. Dans l'un de ses bataillons d'infanterie par exemple, 73 des 95 officiers et sous-officiers étaient âgés de 20 à 25 ans à l'été 1944. APC, RG 24, C 17, vol. 13645 : FCA, ISN 46, 14.8.1944, II, p. 7.
43. BAMA, RS 4/1442 : SS-Pi.Btl. 17, KTB (1.2.1944). Cf. aussi NARA, RG 165/Entry 179/Box 719 : PWIS (H)/LDC/219 & 223; Box 721 : PWIS (H)/LF/397.
44. BAMA, RS 3-10/4 : Notes on 10 SS-Pz Div « F », s.d.; RS 3-17/30 : 17.SS-Pz.Gr.Div. « GvB »/Ia 69/45 g.K., Meldung v. 28.2.1945. VHA, 17. SS-Pz.Gr.Div., 6/1 : 17. SS-Pz.Gr.Div. « GvB »/IIb an SS-Pz.Gr.Rgt.38, Betr. : Überführung des Personals der Polizei-Btl. z.b.V. Hellerau in das Res.Verhältnis der W-SS, 2.11.1944. APC, RG 24, C 17, vol. 13648 : FCA, ISN 153, 30.11.1944, II, p. 6; vol. 13649 : FCA, ISN 155, 2.12.1944, II, p. 9; ISN 183, 30.12.1944, II, p. 5; vol. 13651 : FCA, ISN 217, 2.2.1945, II, p. 7. NARA, RG 165/Entry 179/Box 716 : MU#1FID, PWIB 1/16, 11.12.1944, p. 2; PWIB 1/23, 10.1.1945, p. 2; Box 718 : PWIS (H)/KP/95, Consolidated report on Interrogation of 22 PW of I Bn SS PGR 4 « DF », Kempton Park Camp, 2.7.1944, p. 2; RG 492/Entry ETO-MIS-Y Sect/Box 63 : FUSA, POW I Report, 21/22.12.1944 (#1 & 2), 25/26.12.1944 (#2). SHAT, 10 P 142-2 : MFIU#2, PWIB 2/48, 22.3.1945, § 1, p. 7.
45. BAMA, RS 3-17/40 : MIRS (b), Various age groups studies, 12.8.1944.
46. APC, RG 24, C 17, vol. 13651 : FCA, ISN 236, 21.2.1945, II, p. 2. Cf. aussi NARA, RG 492/Entry ETO-MIS-Y Sect/Box 63 : FUSA, 62 VG Div (survey), 6/7.1.1945, p. 3. SHAT, 7 P 149-3, Front Ouest : Situation des forces allemandes au 31.1.1945 (annexe 1). KROENER, « " Menschenbewirtschaftung " » (5/2), p. 997-998.
47. De telles fiches figurent *in* VHA, 10.SS-Pz.Div., 4/1; 12.SS-Pz.Div., 20/3; 13.SS-Freiw.Geb.Div., 4/1, 7/1, 9/1.
48. BAL, NS 19/1400 : RF-SS, 35/39/40, 20.2.1940; NS 19/2109 : Insp. für Statistik an RF-SS, Der Kreta-Einsatz 1941, 31.7.1943.
49. WEGNER, *Soldaten*, p. 135-139.
50. La situation est mieux documentée pour les ressortissants étrangers, car leur engagement dans la *Waffen-SS* a suscité une plus grande curiosité afin de comprendre leur démarche, y compris des dirigeants SS. On constate alors assez fréquemment que les individus issus des classes sociales les plus modestes de l'agriculture et de l'industrie se sont plus volontiers engagés dans la *Waffen-SS*, *Volksdeutsche* inclus. BAL, NS 19/1529 (117-18) : Leiter der VoMi an RF-SS, Betr. : Auswirkungen der Freiwilligen Aktion d.W-SS, 19.9.1942; NS 19/3363 (43 bis) : HSSPF b. RK für die besetzten ndl. Gebiete an RF-SS, 406/43 g, Betr. : Werbung von Ndl. für den Polizeidienst, 23.3.1943; NS 19/1735 (14-15) : CdSSHA an RF-SS, 727/43 g.K., Betr. : Meldung germanischer Freiwilliger, 4.2.1943. TIL-

KOVSZKY, «Werbeaktionen», p. 147. LEPRE, *Bosnian Division*, p. 38. NIETSCH, «Indische Legion», p. 15. LUYCKX, «Répression», p. 854.

51. SJSS (1938), p. 109-111.

52. BAL, NS 19/4005 (75-76) : Rede anläßlich der SS-Gruf.-Besprechung im Führerheim der SS-St. «D» in München, 8.11.1938.

53. SCHOENBAUM, *Révolution*, p. 189-214, 282-284, 287-288. WEGNER, *Soldaten*, p. 16. HAUSSER, *Soldaten*, p. 53-54, 151.

54. *Ibid.* (1re réf.), p. 285. STATISTISCHES REICHSAMT, «Jahrbuch», 59.Jhrg., 1941/42, p. 65. BAMA, RS 4/1264 : 8.Kp./LSSAH an II./LSSAH, Betr. : Berufsmeldung, 20.8.1940. CÜPPERS, *Wegbereiter*, p. 80-83.

55. BAMA, RS 4/1442 : SS-Pi.Btl. 17, KTB (1.2.1944); RS 5/304 (n.f.) : 20./SS-Art.A.u.E.Rgt. an V./SS-Art.A.u.E.Rgt./Ia, Betr. : Ausbildungsbericht über Rekruten, 26.1.1944; *ibid.*, Betr. : Nachrichtenausbildung, 28.2.1944; SS-Art.A.u.E.Rgt./ Nachr.-Führer an V./SS-Art.A.u.E.Rgt., 69/44 g, Betr. : Ausbildungsbericht v. 30.3. u. Wochendienstplan v. 28.3.44, 8.4.1944.

56. BAL, NS 19/1711 (2) : E.-Amt d.W-SS an RF-SS, 110/40 g.K., Betr. : Bevölkerungsbewegung, 7.8.1940; NS 19/3871 (13 & 14) : Zusammenfassung der Berichte, SS-FHA, Betr. : Einsatz von Rednern für die RAD-Aktion, s.d. (fév.-mars 1943); E.-Stelle Nordost (I). DICKS, *Psychological*, p. 22 (cit.). KERSHAW, *L'Opinion*, p. 73-75, 260-262. SCHOENBAUM, *Révolution*, p. 191-192.

57. En 1930, 55,4 % des actifs de la minorité allemande de Hongrie travaillaient dans l'agriculture (contre 22,3 % dans l'industrie). En Galicie orientale, les deux tiers de la communauté allemande résidaient à la campagne où l'activité principale était à 90 % l'agriculture. BAL, R 49/25 (10, 27, 31, 38 & 49-50) : Außendeutscher Wochenspiegel, Folge 28 v. 13.7.1940; Arbeitswissenschaftliches Institut der dt. Arbeitsfront, Die Sozialstruktur u. wirtschaftliche Stellung der Volksdeutschen aus Osteuropa, Jan. 1940. BÖHM, *Ungardeutschen*, p. 28.

58. Avec des variantes, l'étude sur la 62e division de grenadiers du peuple révélait une composition sociologique tout aussi équilibrée. NARA, RG 492/Entry ETO-MIS-Y Sect/Box 63 : FUSA, 62 VG Div (survey), 6/7.1.1945, p. 3.

59. STEINER, «Glaubenkenntnis». WEGNER, *Soldaten*, p. 50-54, 220-222.

60. BAL, NS 31/366 (40/verso) : CdSSHA/VI/Z, Betr. : Die Konfession der SS-Angehörigen, 2.6.1939. BROSZAT, *L'État*, p. 337. RAUH-KÜHNE, «Sozialmilieu», p. 232.

61. SYDNOR, «Eicke», p. 153. Pour un exemple de son fanatisme antireligieux, cf. BAL, SSO 181 (Theodor EICKE, 17.10.1892) : Chef des VWHA an Führer der SS-T-St., Betr. : Unterkunfts-Verwaltungsvorschrift SS-DV. Nr.20-Geräteübersicht, 6.6.1939; Lieber Pohl!, 7.6.1939. WEGNER, *Soldaten*, p. 253 et suiv. STEINER, F., *Armee*, p. 263.

62. BAMA, RS 4/1064 : Privates KTB des SS-Ustuf. Hossfeld, 10./SS-T-IR 3 (11.4.1940).

63. BAMA, RH 14/46 (103-04) : Stellv.Gen.Kdo. IV.AK. an Ch.H.Rüst.u.BdE/ Stab/Ic, Betr. : Einladung von Wehrmachtsangehörigen durch die SS zu Vorträgen kirchen- u. religionsfeindlicher Art, 3.1.1942. HÖHNE, *Orden*, p. 418.

64. BAL, NS 19/3871 (13, 18, 19, 22 & 26) : Zusammenfassung der Berichte, SS-FHA, Betr. : Einsatz von Rednern für die RAD-Aktion, s.d. (fév.-mars 1943);

NOTES (chapitre 8) 883

E.-Stelle Süd (VII), München; E.-Stelle Südost (VIII), Breslau; E.-Stelle Donau (XVII), Wien (cit.); E.-Stelle Rhein (XII), Wiesbaden.

65. BAL, NS 19/3871 (27) : RF-SS, 1613/43, Lieber Martin!, 14.5.1943; NS 19/4010 (199) : Rede des RF-SS vor den Reichs- u. Gauleitern in Posen am 6.10.1943.

66. BAL, NS 19/2252 (1) : RF-SS, Lieber Pg. Bormann!, Betr. : Oberst Sauberzweig, 2.11.1943; SSO 62 B (Karl-Gustav SAUBERZWEIG, 1.9.1899).

67. BAL, NS 19/1785 (78 & 85) : RF-SS/Pers.Stab an Chef der Sipo/SD, 42/78/43, Betr. : Eintritt griechisch-katholischer Geistlicher in die SS-Schützen-Div. Galizien, 16.7.1943; CdSSHA an RF-SS, 4659/43 g, Betr. : Besprechung mit dem Metropoliten, 26.7.1943.

68. DE WEVER, «Rebellen», p. 593, 598. BAL, NS 19/27 (5) : RF-SS, 35/64/43 g, Niederschrift über die Übernahme der Wallonischen Legion, 24.5.1943, § 14 (cit.). ROBA, L'Honneur, p. 124.

69. BAL, NS 19/2601 (117-18, 121 & 149) : SS-FHA/Ia an RF-SS, II/3000/43 g, Betr. : Planstellen für muselmanische Imame, 10.5.1943; A.A./Inl.II 1305 g, Betr. : ibid., 31.5.1943; Himmler à Berger, 22.7.1943; CdSSHA an RF-SS, 4734/43 g, 26.7.1943; RF-SS, 36/175/43 g, 6.8.1943. STEIN, Waffen-SS, p. 193. MALLMANN, Halbmond, p. 226-227.

70. HARTOG, Zeichen, p. 71 et suiv. NIETSCH, «Indische Legion», p. 15.

71. BAMA, RW 4/v.503 : Führer u. Reichskanzler, 17.8.1938, § II, A, 1 & C, 1. Le commandant de la «LSSAH» a partagé cette conviction en demandant l'inscription au parti des conscrits accomplissant leur service militaire dans les rangs de son régiment en 1938. BAL, Slg. Research, Ordner 962 (220) : LSSAH an Chef der Kanzlei des Führers, Betr. : Aufnahme von Angehörigen der LSSAH in die NSDAP, 25.2.1938.

72. BAL, NS 31/299 (2) : Oberste SA-Führung/Hauptamt Führung, Briefb. 11 159, 28.10.1939; Ausfürungsbestimmungen zur Anordnung des Stellv. des Führers v. 19.1.1940, Betr. : Ergänzung d.W-SS (Auszug); NS 19/3901 : RF-SS, SS-Befehl, 27.11.1939; ibid., 13.12.1939; NS 19/1863 : Lieber Pg. Hess!, Lieber Pg. Dr. Ley!, 26.1.1940; NS 31/366 (81-83) : E.-Amt d.W-SS/I an alle E.-Stellen, Betr. : Einstellung von Werkscharmännern u. Politischen Leitern, 16.1.1940; NS 19/3510 (149-51) : Mob-Personal-Bestand der NSDAP, ihrer Gliederungen u. angeschlossenen Verbände, 5.2.1940; NS 19/3521 (282) : Chef des E.-Amtes d.W-SS an RF-SS, 45/40 g.K., Betr. : Übersichtsliste, 2.4.1940 (cit.); NS 19/218 (74) : Arbeit des E.-Amtes, 5.6.1942.

73. BAL, NS 33/224 (30-35) : Oberkdo. des Kriegsmarine/AMA an Oberste SA-Führung, dem RF-SS, Reichsjugendführung, dem Korpsführer des NSKK, dem Reichsorganisationsleiter der NSDAP, die Auslandsorganisation der NSDAP, dem RAF, 11960/40 g, Betr. : Militärische Weiterbildung von politischen Führern, 17.12.1940. MESSERSCHMIDT, Wehrmacht im NS-Staat, p. 226 et suiv.

74. VHA, SS-T.St. (Rgter.), 90/12, en particulier : Führer der SS-T.-St., Meldung an SS-Obf. v. Treuendeld, 14.6.1939; 71.SS-St./VI an SS-Abschnitt XXVI, 15.6.1939. BAL, SSO 181 (Theodor EICKE, 17.10.1892) : SA-Reiterstandarte Bruck a.d.M., FO 1290/39, Betr. : Werbung für die SS, 18.9.1939; NS 19/1863 (10-15 & 18) : E.-Stelle Nordost (I) an Chef des E.-Amtes d.W-SS, Betr. : Bericht

über die anläßlich des Führerbefehls zur Musterung von SA-Freiwilligen für die W-SS durchgeführte SS-Annahme-Untersuchung v. 3-7.1.40 bei Angehörigen der SA-Wehrmannschaft, 11.1.1940; Chef des E.-Amtes d.W-SS an RF-SS, Betr. : Werbung für die W-SS in der SA, 8.2.1940; NS 19/979 (15) : CdSSHA an Oberste SA-Führung, 2261/43 g, Betr. : Schreiben der SA-Gruppe Kurpfalz an unterstellten Standarten, 8.4.1943.

75. BAL, NS 19/979 : Der Oberste SA-Führer/Stabschef, 26.8.1943; RF-SS an alle Dienststellen der SS, 8.9.1943 (cit.); Der Oberste SA-Führer/Stabschef, Betr. : Waffen-SS, 1.9.1943; NS 31/274 (54) : SS-PHA/II an alle OA, Betr. : Übernahme von der SA zur SS, 3.2.1944; Slg. Research, Ordner 426 II (228-31), en particulier : Oberste SA-Führung, FO 4 (Mob), 11151, Betr. : Offiziere u. SA-Führer für die SA-Div. in d.W-SS, 10.3.1944. BENDER, *Uniforms* (4), p. 165 et suiv.

76. Sur ces écoles, cf. FLESSAU, *Schule*.

77. BAL, NS 31/395 (127) : Leiter der Reichsschule der NSDAP Feldafing, Herrn Stabsleiter Saupert, 30.7.1940; Lieber Pg. Saupert!, 24.8.1940; NS 19/1711 (169) : Napolea Backnang/Studienrat Wittmann an SS-Brigf. Berger, 6.11.1940; NS 19/3666 (276) : SS-FHA an RF-SS, Betr. : Ansprache an Führer d.W-SS am 18.12.40, 17.12.1940; NS 19/2741 : CdSSHA an RF-SS, Betr. : Nationalpolitische Erziehungsanstalten, 14.12.1942. BAMA, RS 4/1217 (106) : SS-FHA/KdW-SS/IIa, Verteiler IV, Betr. : Führernachwuchs, 4.11.1940. SCHOENBAUM, *Révolution*, p. 301. WEGNER, *Soldaten*, p. 154-158.

78. BAL, NS 19/490 (3-4) : Insp.d.Napolea an SS-Staf. Brandt, 17.1.1944.

79. BROSZAT, *L'État*, p. 394, 396.

80. BAL, SSO 180 (Theodor EICKE, 17.10.1892) : Eicke à Himmler, Betr. : SS-TV, 10.8.1936.

81. REMPEL, « Recruitment », p. 109. BAL, NS 19/1533 (5-6 & 7-8) : RF-SS an RAF Hierl, 8.12.1941; Vereinbarung zwischen dem RF-SS u.CdDtPol u. dem RAF über die Zusammenarbeit zwischen W-SS u. RAD, s.d. (18.12.1941).

82. SJSS (1937), p. 86. SYDNOR, *Soldiers*, p. 330-32. Cf. par exemple BAL, SSO 210-211 (Josef FITZTHUM, 14.9.1896); SSO 144 A (Richard Jungclaus, 17.3.1905).

83. BAL, NS 19/3510 (119) : CdSSHA an RF-SS, 61/40 g.Rs., 30.4.1940 (cit.); NS 19/3512 : CdSSHA an RF-SS, Betr. : Allg. SS – W-SS, 6.3.1941. Pour un exemple de tensions, cf. BAL, SSO 162 B (Adalbert STOCKER, 16.9.1910) : Führer des SS-OA Alpenland u. HSSPF an SS-PHA/Pers.Amt d.W-SS, Betr. : Einberufung des SS-Hstuf. Stocker, 20.11.1940.

84. BAL, NS 19/2097 (78) : Insp. für Statistik an SS-Ostubaf. Brandt, Betr. : Die Stärke der SS am 31.12.42, 1.3.1943.

85. À la fin de 1938, seuls 24 417 membres de l'*Allgemeine-SS*, nés en 1899 ou avant, allaient avoir au moins 45 ans en 1944, c'est-à-dire l'âge limite pour un engagement dans la *Waffen-SS*. SJSS (1938), p. 63.

86. BAL, NS 31/148 (8) : Betr. : Angehörige der Allg.-SS, die eine Dienstleistung in d.W-SS ablehnen, 31.7.1941; NS 19/3871 (112) : CdSSHA an HSSPF, 631/42 g.K., 4.1.1943. WITTE, *Dienstkalender*, p. 357 (20.2.1942).

87. BAL, NS 19/2651 (27) : CdSSPHA an SS-Ogruf. Wolff, Persönlich!, 10.2.1943.

88. CÜPPERS, *Wegbereiter*, p. 83-84.

89. NARA, RG 492/Entry ETO-MIS-Y Sect/Box 63 : FUSA, 9 SS Div (survey), 15/16.1.1945, p. 2; Box 64 : FUSA, 12 VG Div (survey), 1/2.3.1945, p. 2.

90. BAL, NS 31/278 (2) : Merkblatt! Einstellungsbedingungen für die SS-VT, s.d. (juin 1936).

91. BAL, NS 31/145 (9) : E.-Stelle Süd (VII) an SS-HA/II, Betr. : Rassische Statistik für 1941, 14.7.1942. Une fiche vierge d'évaluation physique et raciale figure *in* BAL, Slg. Research, Ordner 436 (147-48). Cf. WEGNER, *Soldaten*, p. 46/n. 110, 112. HÖHNE, *Orden*, p. 137 (cit.).

92. BAL, NS 31/372 (118) : Gen.Insp.d.verst.SS-T-St., Betr. : Einstellung von Freiwilligen, 28.1.1940.

93. BAL, NS 19/2294 (3) : Chef des E.-Amtes d.W-SS an RF-SS, 178/40 g, Betr. : Zwischenbericht über die Dienstreise, 25.4.1940; NS 31/366 (95) : E.-Amt d.W-SS/IVb, Betr. : Bestimmungen zur Beurteilung der Tauglichkeit für W-SS, 8.8.1940.

94. BAL, NS 31/1471 (142/verso) : SS-HA/II, Betr. : Verbesserung der Ersatzlage bzw. Neuaufstellung von SS-Div., 30.12.1942; NS 31/367 (33) : SS-HA/II, Befehl Nr.82, Betr. : Mindestgröße, 4.1.1943.

95. BAL, NS 19/218 (69) : Arbeit des E.-Amtes, 5.6.1942.

96. BAL, NS 31/367 (3) : CdSSHA/SS-Erfassungsamt, Betr. : Anforderung von Führungszeugnissen, 25.1.1941. Déposition de l'ex-commandant SS Brill, TMI (XX), audience du 5.8.1946, p. 367.

97. NARA, RG 165/Entry 179/Box 716 : MU#1FID, PWIB 1/28, 20.1.1945, p. 6; RG 492/Entry ETO-MIS-Y Sect/Box 63 : FUSA, POW I Report, 1/2.1.1945 (#8). SHAT, 10 P 142-2 : MFIU#2, PWIB 2/21, 25.12.1944, § 4, p. 10. INGRAO, *Chasseurs noirs*, p. 56-58.

98. BAL, NS 33/213 (11/verso) : CdSSHA/II an alle E.-Stellen, Betr. : Einstellungsbedingungen für germanische Freiwillige in die W-SS u. Legion im Dt. Reich, 29.1.1943; R 55/1237 (12-21) : SS-HA/D II, 4903/43 g, Betr. : Aufstellung eines franz. SS-Rgt., 11.8.1943.

99. NARA, RG 165/Entry 179/Box 719 : PWIS (H)/LDC/108, Consolidated Report on 21 Alsatians of SS PGR 4 « DF », 13.7.1944, p. 5.

100. BAL, NS 19/2294 (3) : Chef des E.-Amtes d.W-SS an RF-SS, 178/40 g, Betr. : Zwischenbericht über die Dienstreise, 25.4.1940; NS 19/1863 (27) : E.-Amt d.W-SS/II an RF-SS, Betr. : Werbung Volksdeutscher u. Männer germanischen Blutes, 17.6.1940; NS 19/1711 (3) : E.-Amt d.W-SS an RF-SS, 110/40 g.K., Betr. : Bevölkerungsbewegung, 7.8.1940; NS 19/3505 (118) : E.-Amt d.W-SS, 498/40 g, Betr. : Ersatzgestellung für die W-SS, 12.10.1940; NS 19/3888 (20) : E.-Amt d.W-SS an RF-SS, 549/40 g, Betr. : Jugoslavien, 20.11.1940.

101. BAL, NS 19/218 (12/verso) : RF-SS an SS-HA, AR 524, 21.4.1938 (Errichtung eines E.-Amtes). REMPEL, « Recruitment », p. 111.

102. BAL, NS 19/3611 (19) : SS-HA an SS-FHA/KdW-SS, Betr. : Einstellung volksdeutscher u. germanischer Freiwilliger, 10.9.1942. Cf. aussi NARA, RG 165/Entry 179/Box 719 : PWIS (H)/LDC/108, Consolidated Report on 21 Alsatians of SS PGR 4 « DF », 13.7.1944, p. 5.

103. BAL, NS 19/3521 (282-83) : Chef des E.-Amtes d.W-SS an RF-SS, 45/40 g.K., Betr. : Übersichtsliste, 2.4.1940.

104. BAL, NS 19/3611 (19-20) : SS-HA an SS-FHA/KdW-SS, Betr. : Einstellung volksdeutscher u. germanischer Freiwilliger, 10.9.1942.

105. BAL, NS 31/367 (3) : CdSSHA/SS-Erfassungsamt, Betr. : Anforderung von Führungszeugnissen, 25.1.1941; NS 19/1711 (157) : SS-T-Div./Kdr. an Chef des RuSHA, 92/40 g.K., Betr. : Schreiben Chef des RuSHA, 264/40 v. 16.9.40, 3.10.1940 (cit.).

106. RIGG, *Soldaten*, p. 44, 78. BOBERACH, *Meldungen* (11), Nr.307 (10.8.1942), p. 4058-4060.

107. SYDNOR, *Soldiers*, p. 127-131.

108. BAL, SSO 143 (Friedrich DERN, 5.3.1896); SSO 192 A (Arno KÖNIG, 16.4.1890) : SS-PHA/II an Ch.d.St.d.W-SS, SS-Brigf. Jüttner, 4.6.1940.

109. BAL, NS 19/3611 (22) : SS-HA an SS-FHA/KdW-SS, Betr. : Einstellung volksdeutscher u. germanischer Freiwilliger, 10.9.1942.

110. BAL, NS 19/218 (69-70) : Arbeit des E.-Amtes, 5.6.1942.

111. SUNDHAUSEN, « Geschichte », p. 188. TILKOVSZKY, « Werbeaktionen », p. 146. BAL, NS 19/3882 (24) : CdSSHA an RF-SS, 165/41 g.K., Betr. : Besprechung mit Gauamtsleiter Triska v. 9.7.41, 9.7.1941; NS 19/3517 : Führer des OA Südwest an RF-SS, Betr. : Werbung für die W-SS im Elsaß, 10.2.1941.

112. BAL, NS 19/2456 (4) : Tagung des « Fördererkreises der Germanischen Leithefte » in Magdeburg v. 27-30.4.1942.

113. *Ibid.* BAL, NS 19/1863 (27) : E.-Amt d.W-SS/II an RF-SS, Betr. : Werbung Volksdeutscher u. Männer germanischen Blutes, 17.6.1940.

114. BAL, NS 31/145 (8) : E.-Stelle Süd (VII) an SS-HA/II, Betr. : Rassische Statistik für 1941, 14.7.1942.

115. BAL, NS 19/1863 (11) : E.-Stelle Nordost (I) an Chef des E.-Amtes d.W-SS, Betr. : Bericht über die anläßlich des Führerbefehls zur Musterung von SA-Freiwilligen für die W-SS durchgeführte SS-Annahme-Untersuchung v. 3-7.1.40 bei Angehörigen der SA-Wehrmannschaft, 11.1.1940.

116. Cf. par exemple son discours à Posen le 4.10.1943 *in* TMI (XXIX), PS-1919, p. 147-148.

117. On trouve de nombreuses mentions à ce sujet dans les premières années de la guerre. BAL, SSO 62 A (Peter HANSEN, 30.11.1896) : Hansen, Kdr. SS-Art.St., Hochverehrter Oberführer!, 20.6.1939; NS 19/3520 (43) : Dr.Ing. O. Schwab, Bericht über Schußbeobachtungs-u. Meßlehrgänge bei der SS-T-Div. u. V-Div., 6.3.1940; NS 19/3505 (224) : Insp.d.SS-VT (E) an CdSSHA, 418/40 g, Betr. : Neues Kampfverfahren bei der IV.T-St. in Prag, 12.4.1940; NS 19/1668 (57-58) : SS-T-Div./Kdr. an RF-SS, Betr. : Besichtigung durch den OB der 2.Armee, 29.4.1940; CdSSHA an RF-SS, 4.5.1940; NS 19/3668 (222) : HSSPF [...] im WK X an RF-SS, 2.7.1942.

118. BAL, NS 19/218 (76) : Arbeit des E.-Amtes, 5.6.1942.

119. BAL, NS 19/3871 (13, 24 & 25) : Zusammenfassung der Berichte, SS-FHA, Betr. : Einsatz von Rednern für die RAD-Aktion, s.d. (fév.-mars 1943).

120. BAL, NS 19/371 (4-5) : CdSSHA an RF-SS, 3528/43 g, Betr. : Volksdeutsche Siebenbürgen, 2.6.1943; NS 19/1863 : CdSSHA an RF-SS, Betr. : Werbung für die W-SS in Rumänien, 30.7.1943. TILKOVSZKY, « Werbeaktionen », p. 166.

121. BAL, NS 19/3871 (21) : E.-Stelle Main (XIII), Nürnberg. À la vue des photographies anthropométriques de 72 soldats de la 9e division SS détenus après

NOTES (chapitre 8)   887

guerre par la justice militaire française, on peut constater que la politique de sélection raciale de la SS n'était pas un vain mot. La plupart d'entre eux répondaient aux canons raciaux de la SS : yeux et (moins fréquemment) cheveux clairs. AJM, 679, chemises 184-189.

122. VHA, SS-Ausb.Btl. z.b.V., 9/3 : SS-FHA/V/IE (A/III), II/1830/43 g, Betr. : Rekruten aus dem RAD, 10.3.1943 (en annexe : SS-HA/BI an CdSSFHA, 2.3.1943).

123. BAL, NS 19/2693 (1) : CdSSHA an RF-SS, 77/43 g.K., Betr. : Germanische Jugend, 29.1.1943.

124. BAL, NS 19/4 (61) : CdSSHA an RF-SS, 5912/43 g, Betr. : Freiwillige des Geb.-Jhrg. 1926, 18.9.1943.

125. BAL, NS 19/38 (7) : SS-Gruf. W. Krüger an RF-SS, 22.6.1943. Cf. aussi BAMA, RS 4/1292 (3-4) : SS-Pz.Gr.Rgt. « DF »/IIa an SS-Pz.Gr.Div. « DR »/IIb, Betr. : Beurteilung des bisher eingetroffenen Ersatzes, 2.5.1943.

126. BAMA, RS 3-17/4 : Anl. 9, 17.SS-Pz.Gr.Div. « GvB »/Ia 43/43 g.K., Betr. : TB des Aufstellungsstabes der Div., 8.12.1943 (cit.) ; RS 5/303 (n.f.) : 19./SS-Art.A.u.E.Rgt. an V./SS-Art.A.u.E.Rgt./Ia, Betr. : Ausbildungsbericht für Monat März 1944, 25.3.1944 ; *ibid.*, Mai 1944, 17.5.1944 ; RS 5/304 (n.f.) : 20./SS-Art.A.u.E.Rgt. an V./SS-Art.A.u.E.Rgt., Betr. : Ausbildungsbericht über Rekruten für Monat April 1944, 17.4.1944 (cit.) ; *ibid.*, August 1944, 23.8.1944.

127. BAMA, RS 3-12/18 (51-52) : RF-SS, 20.12.1943 ; Reichsarzt-SS, 8.1.1944. KROENER, « " Menschenbewirtschaftung " » (5/2), p. 966-968.

128. NARA, RG 165/Entry 179/Box 719 : PWIS (H)/LDC/108, Consolidated Report on 21 Alsatians of SS PGR 4 « DF », 13.7.1944, p. 5.

129. DE BRUYNE, *Les Wallons meurent à l'est*, p. 65. ROBA, *L'Honneur*, p. 124. SS-HA/D, Germanische Leitstelle/Wallonische Verbindungsstelle, Betr. : Bedingungen für den Eintritt in die SS-Brig. Wallonie, 1.7.1943 (copie de l'auteur). BAL, NS 31/375 : SS-HA/D II, Betr. : Herabsetzung der Mindestgrösse für franz. Freiwillige, 15.9.1943.

130. BAL, NS 19/1477 : RF-SS/Pers.Stab an Oberregierungsrat Dr. Korherr, 31.8.1944.

131. Entré dans l'*Allgemeine-SS* le 1er janvier 1940, le général de police Wünnenberg a reçu le numéro 405 898 tandis qu'un autre officier admis le 4 janvier 1944 a reçu le numéro 473 814. Prenant acte de « déviances » dans la procédure d'admission, Himmler a prononcé une interdiction générale d'incorporation dans l'*Allgemeine-SS* avec effet au 1er janvier 1945 (seules les demandes des soldats SS âgés de moins de 25 ans allaient encore être étudiées). BAL, SSO 97 B (Alfred SCHÖPS, 24.2.1909) ; SSO 14 C (Alfred WÜNNENBERG, 20.7.1891) ; NS 31/395 (136) : CdSSHA/BII (1), Betr. : Einstellung in die Allg.-SS, 1.1.1945. KROENER, « Ressourcen » (5/1), encart p. 834-35. Cf. annexe 1.

132. BAL, SSO 71 A (Paul HAUSSER, 7.10.1880) : RF-SS, Lieber Hausser !, (31).3.1943, p. 2. Il existait pourtant un précédent puisqu'un millier d'hommes de l'armée de terre avaient rejoint la division « Reich » pour combler une partie de ses pertes à l'est en 1941. BAL, NS 19/1520 (46) : KdW-SS, Betr. : Stärke u. Verluste der SS-Div., 24.3.1942.

133. BAL, NS 7/114 : SS-Richter b. RF-SS, Herrn Ministerialdirigent Dr. Weidling, Reichsluftfahrtministerium, Betr. : Gerichtbarkeit über dem SS-Pz.Korps

unterstellte Lw-Angehörige, 4.5.1943. VHA, 1.SS-Pz.Div., 14/5 : LSSAH/IIb, Betr. : Wehrunterlagen, 8.10.1943.

134. BAL, NS 31/395 (88) : Chef des RuSHA, 17/44 C1, Betr. : SS-Auslese, 22.2.1944.

135. BAMA, RS 4/1293 (35) : 9.gp./SS-Pz.Gr.Rgt.4 « DF » an III./SS-Pz.Gr.Rgt.4 « DF », Betr. : Abgabe von Unterführern u. Männern, 16.4.1944. Cf. aussi NARA, RG 165/Entry 179/Box 716 : MU#1FID, PWIB 1/19, 26.12.1944, p. 8.

136. Cf. chap. 3, p. 86.

137. BAL, NS 31/395 (91) : SS-HA/BI an E.-Stellen I-XXI, Nebenstelle Prag, nachr. : SS-E.-Insp. Südostraum u. Ostland, Nebenstellen Bozen u. Gen.-Gouvernement, Betr. : Annahme von reichsdeutschen Freiwilligen ohne SS-Eignung, 24.7.1944.

138. BAL, NS 31/395 (90) : Chef des RuSHA/C1a, 76/44, Betr. : SS-Auslese, hier : Annahme von reichsdeutschen Freiwilligen, die nicht SS-geeignet, aber kv sind, 3.8.1944.

9. LES MOTIVATIONS DE L'ENGAGEMENT

1. STEIN, *Waffen-SS*, p. 262-268.

2. GELWICK, *Personnel*, p. 416-417, 420. BAL, NS 19/218 (66-67) : Arbeit des E.-Amtes, 5.6.1942.

3. BAL, NS 19/1711 (118) : E.-Amt d.W-SS, 498/40 g, Betr. : Ersatzgestellung für die W-SS, 12.10.1940; NS 19/1776 (1) : E.-Amt d.W-SS an RF-SS, Betr. : Werbung für das Rgt. « Großdeutschland », 18.10.1940.

4. BAL, NS 19/218 (68) : Arbeit des E.-Amtes, 5.6.1942.

5. BAL, NS 19/3520 (226) : Chef des E.-Amtes d.W-SS an alle Leiter der E.-Stellen/III, 13/40 g, 1.2.1940. Cf. aussi REMPEL, « Recruitment », p. 109-110.

6. BAL, NS 19/2652 (11-12) : Gauleitung der NSDAP Halle-Merseburg/ Gauleiter, Persönlich! Vertraulich! Rundschreiben 28/42, Betr. : Planmäßige Werbung u. Erfassung für die W-SS, 10.3.1942.

7. BAL, NSD 41/127 : SS-HA, *Dich ruft die SS*, p. 6-7; NSD 41/129 : SS-HA, E.-Amt d.W-SS, *Auch Du*, p. 9.

8. RF-SS/SS-HA/E.-Amt d.W-SS (Zus. mit SS-FHA/XII), *Deine Zukunft*, Berlin, Limpert, s.d. (1944), p. 8, 11, 17.

9. BAL, SSO 50 (Helmuth BECKER, 12.8.1902) : discours reproduit dans un article de presse du 24.2.1944.

10. BAL, NS 19/1711 (162) : CdSSHA an Ch.d.Pers.St. RF-SS, Persönlich!, 13.11.1940.

11. BAL, NS 19/3520 (226) : Chef des E.-Amtes d.W-SS an alle Leiter der E.-Stellen, 13/40 g, 1.2.1940 (cit.); NS 19/2652 (11) : Gauleitung der NSDAP Halle-Merseburg/Gauleiter, Persönlich! Vertraulich! Rundschreiben 28/42, Betr. : Planmäßige Werbung u. Erfassung für die W-SS, 10.3.1942.

12. BAL, NS 19/218 (84-85) : Arbeit des E.-Amtes, 5.6.1942. LOTZ, *Reichspost* (II), encart central, image n° 32. VHA, 2.SS-Pz.Div., 11/2 : SS-Div. « Reich »/IIa, Div.-Tagesbefehl Nr.22/42, 30.6.1942, § 8.

NOTES (chapitre 9)

13. ZEMAN, *Vendre la guerre*, p. 37. RHODES, *Propagande*, p. 30.
14. BAL, SSO 15 (Ottomar ANTON, 15.12.1895); RKK 2703/Box 4/File 9.
15. BAKO, Plakat 3/25/22.
16. BAKO, Plakat 3/25/13.
17. BAKO, Plakat 3/25/30.
18. BAKO, Plakat 3/25/20 & 3/25/25.
19. L'apostrophe directe (avec un doigt pointé ou une main tendue vers le spectateur) n'a été relevée que deux fois sur les affiches SS, à savoir pour le recrutement en faveur des unités française et italienne (donc latines) de la *Waffen-SS*.
20. La brigade de dépôt de la division « Großdeutschland » a aussi eu droit à un film documentaire lorsque le chef de la HJ est venu l'inspecter. BUCHER, *Wochenschauen*, p. 55, 88, 92, 123.
21. WEINGARTNER, *Guard*, p. IX, 3-4, 9, 144.
22. BAL, NS 19/1711 (139) : CdSSHA an RF-SS, 207/40 g.K., Betr. : Befohlene Besprechung mit Gruf. Kaul, 3.12.1940.
23. BUCHER, *Wochenschauen*, p. 349.
24. BAL, NS 31/148 (60) : E.-Amt d.W-SS, Betr. : Nachwuchs für die LSSAH, 20.11.1941; NS 19/1430 (2) : Chef der Sipo/SD an RF-SS, 1100/42, Betr. : Stimmungsäußerungen zur W-SS, 6.3.1942; NS 18/1190 (19-20) : Reichspropagandaleitung/Hauptamt Reichsring an Reichsführung SS/Pressestelle, Betr. : Werbeveranstaltung für die W-SS, 27.3.1942. BOBERACH, *Meldungen* (9), Nr.245 (18.12.1941), p. 3106; Nr.255 (29.1.1942), p. 3226.
25. BAL, NS 31/154 (105 et suiv. & 131/verso) : « *Ein Wille - Sieg!* » ; SS-HA/II an alle E.-Stelle I-XXI, Betr. : Werbung im RAD-Lagern, 6.1.1943; NSD 41/127 : SS-HA, *Dich ruft die SS*, p. 69.
26. *Völkischer Beobachter* (éd. pour le nord de l'Allemagne), 3.6.1943.
27. BAL, NS 31/154 (98) : SS-HA/II an alle E.-Stelle I-XXI u. Außenstelle Prag, Betr. : Übersendung von Zeitungsausschnitte, 27.1.1943.
28. BAL, NS 31/154 : SS-HA/BI, Betr. : Rundfunkreportage, 10.3.1943.
29. BAMA (Heft 631) : SS-E.-Stelle Süd (VII), *Waffen-SS*, München, s.d. (1942). BAL, NSD 41/108, SS-E.-Stelle III Spree, *Willst Du zur Waffen-SS ?*, s.l. (Berlin), s.d. (après juil. 1941); NS 31/154 (105 et suiv.) : « *Ein Wille - Sieg!* »; NSD 41/107 : Brochure sans titre éditée par le SS-HA/Amt 11, s.d.; NSD 41/129 : SS-HA/E.-Amt d.W-SS, *Auch Du*, Berlin, s.d. (janv. 1943); NSD 41/127 : SS-HA, *Dich ruft die SS*, Berlin, Grunewald u. Leipzig, s.d. (1943). Pour l'armée, cf. par exemple BAMA (Heft 1350) : MENDE (Oberltnt.), FRÖHNER (Bannführer) (bearb.), *Ewig junge Infanterie*, Berlin, Hrsg. in Zus. zwischen Reichsjugendführung der NSDAP u. dem OKH, Folge 4, März 1943.
30. BAL, NS 31/154 (105 et suiv.) : « *Ein Wille - Sieg!* ».
31. W. Zimmermann, in *39-45 Magazine*, 75, 1992, p. 31.
32. BAL, NS 19/1430 (3) : Chef der Sipo/SD an RF-SS, Az. 1100/42, Betr. : Stimmungsäußerungen zur W-SS, 6.3.1942.
33. BAL, NS 19/3904 (8) : RF-SS an alle SS-Männer d.W-SS, A 35/56/42, 4.3.1942; NS 31/299 : Rundschreiben 42/42 (Nicht zur Veröffentlichung), Betr. : Werbung für die W-SS, 29.3.1942.
34. BAL, NS 31/154 (119/verso) : SS-HA/II, Betr. : Rednereinsatz RAD-Aktion, 11.1.1943.

35. BAL, NS 19/3871 (13) : SS-FHA, Zusammenfassung der Berichte, Betr. : Einsatz von Rednern für die RAD-Aktion, s.d. (fév.-mars 1943).
36. *Ibid.* BAL, NS 19/2652 (11) : Gauleitung der NSDAP Halle-Merseburg/ Gauleiter, Persönlich ! Vertraulich ! Rundschreiben 28/42, Betr. : Planmäßige Werbung u. Erfassung für die W-SS, 10.3.1942 ; SSO 164 A (Ludwig KEPPLINGER, 31.12.1911) ; NS 31/145 : SS-E.-Stelle d.W-SS/Außenstelle Ulm (Donau) an Verbindungsführer im HJ-Bann 438, Betr. : Erhöhte Zusammenarbeit, 1.3.1944. BOBERACH, *Meldungen* (15), SD-Berichte zu Inlandsfragen v. 8.11.1943, p. 5969.
37. BAKO, Plakat 3/25/11. BAL, NS 31/154 (105).
38. Cette apostrophe avait déjà été utilisée auparavant, mais avec une interpellation plus détaillée (donc moins incisive), tant par le Parti populaire national allemand que par la *Reichswehr*, la « Ligue des jeunes filles allemandes » (BDM) ou la section de Carinthie de la HJ. BAKO, Plakate 2/29/67, 3/5/3 & 3/11/9. BAUER, *Dernière Guerre* (2), p. 104. WAGNER, *Bildatlas*, p. 98.
39. Ce genre de chantage n'a d'ailleurs pas toujours été du goût du public allemand. Une affiche appelant au travail et publiée dans un journal de Haute-Silésie avec le sous-titre « Et toi ? » *(Und Du ?)* a notamment suscité la réprobation de la population qui ne voulait « pas que soit " faite de la propagande " avec le malheur de Stalingrad ». BOBERACH, *Meldungen* (12), Nr.357 (8.2.1943), p. 4765.
40. « Toi aussi ! – Sois aussi un porteur de cette action allemande – qui est plus grande que tout ce qui était ! – Sois cette chose si merveilleuse, – comme nous soldat. – Ta main aussi est chose sacrée ! – Tue en toi le fou et les frivolités – et adresse ensuite au peuple et à la patrie : – Je suis prêt ! » SCHIRACH, *Fahne*.
41. Une autre affiche s'est également adressée aux membres du Service de patrouille de la HJ. LUTHER, *Blood*, p. 28-29.
42. Elles pouvaient néanmoins être encore ponctuellement utilisées dans les lieux publics à l'occasion de manifestations particulières : concerts, expositions, jour de la collecte de la *Wehrmacht* pour l'aide d'hiver, etc. BAL, NS 6/343 (33 & 34) : OKW, 7481/43 AWA/W Allg (III), Betr. : Nachwuchswerbung, 5.11.1943 ; NSDAP/Leiter der Partei-Kanzlei, Rundschreiben 162/43, Betr. : Nachwuchswerbung für Heer, Kriegsmarine, Luftwaffe u. Waffen-SS, 22.11.1943 ; R 70 Lothringen/31 (n.f.) : E.-Amt d.W-SS/E.-Stelle Rhein (XII), Abt. Werbg., Betr. : Nachwuchswerbung für die Waffen-SS/Plakataushang, Wichtig !, 16.12.1943.
43. BAL, NSD 41/127 : SS-HA, *Dich ruft die SS*, p. 67.
44. LELEU, *« Frundsberg »*, p. 13.
45. BUCHER, *Wochenschauen*, p. 348. WEGNER, *Soldaten*, p. 106-108.
46. RF-SS/SS-HA, E.-Amt d.W-SS (Zus. mit SS-FHA/XII), *Deine Zukunft*, Berlin, Limpert, s.d. (1944).
47. Les régiments « Tête de mort » ont constitué la seule exception dans la mesure où la présence dans leurs rangs n'était pas assimilée à un service militaire au début de la guerre. La solde y était cependant plus ou moins alignée sur celle de l'armée. BAL, NS 31/330 (1-2) : Merkblatt für die Einstellung in die SS-TV, s.d. (hiver 1939-1940). RASS, *« Menschenmaterial »*, p. 238-239.
48. BAL, NS 19/218 (67) : Arbeit des E.-Amtes, 5.6.1942.
49. RF-SS/SS-HA, E.-Amt d.W-SS, *Deine Zukunft*, p. 4.
50. BAL, NSD 41/127 : SS-HA, *Dich ruft die SS*, p. 7, 67.

51. SS-HA/VI, 704/43 g, Niederschrift über die Besprechung des SS-Ausschusses der Arbeitsgemeinschaft für den germanischen Raum am 12.1.43, 20.1.1943 *in* TMI (XXVI), PS-705, p. 261-266.
52. BAMA (Heft 1350) : MENDE (Oberltnt.), FRÖHNER (Bannführer) (bearb.), *Ewig junge Infanterie, op. cit.*
53. HAUSSER, *Soldaten*, p. 121.
54. STEIN, *Waffen-SS*, p. 196.
55. PA/AA, Inl II g, R 100998, 2574 (n.f.) : Deutsche Gesandtschaft/D Kult 3-824/43, Betr. : Reisebericht über die Fahrt nach Sarajevo mit Konsul Winkler, 28.4.1943 (Anl. 2).
56. BAKO, Plakate 3/25/34 & 3/25/37.
57. BAL, NSD 41/106 : RF-SS/SS-HA/II, *Ein Wille : Sieg!* ; NSD 41/105 : RF-SS/SS-HA/Germanische Leitstelle, *De Waffen-SS roept u beschermt ook gij uuj vaderland*, Bremen, s.d. (1943-1944).
58. BAL, NSD 41/119 : RF-SS/SS-HA, *Glauben und Kämpfen : Für die Männer aus den deutschen Volksgruppen des Südostens*, Berlin : s.d. (vers fin 1941).
59. TILKOVSZKY, « Werbeaktionen », p. 146.
60. BAL, NS 31/375 (10-11) : SS-HA/VI, 4624/42 g, Monatsbericht/Okt. 1942, 20.11.1942.
61. BAL, NS 31/75 (164) : HSSPF Nordwest/Germanische-Freiwilligen-Leitstelle/Dienststelle Niederlande an SS-HA/Amtsgruppe D, 10.5.1943.
62. BAL, R 55/1486 (n.f.) : Leiter Ost/Ref. Gielen, Ost 2281/385-26.8., Herrn Staatssekretär, Betr. : SS-Schützendiv. Galizien, 9.7.1943 ; R 55/1237 (3) : Hauptreferat Volkstum/Ref. Dr. Bueler an Pg. Dr. Staritz, Betr. : Werbung für die W-SS unter den franz. Arbeitern in Deutschland, 29.7.1943. STEIN, *Waffen-SS*, p. 192.
63. PIERIK, *Leningrad*, p. 153-163.
64. BAL, NS 19/346 : CdSSHA an RF-SS, Betr. : Besuchsprogramm für die germanischen Länder, 28.7.1943.
65. TILKOVSZKY, « Werbeaktionen », p. 146, 158, 161, 166, 173. BAL, NS 19/1454 : Übersetzung aus der ungarischen Zeitung « Magyarsàg » v. 20.12.1942 (« Die Deutsche Schutzstaffel : Die SS »).
66. BAL, NSD 41/106 : RF-SS/SS-HA/II, *Ein Wille : Sieg!*
67. RHODES, *Propagande*, p. 187.
68. BAKO, Plakate 3/25/39, 3/25/47, 3/25/61 & 3/40/31.
69. BAKO, Plakate 3/25/37, 3/25/52, 3/25/58 & 3/45/13.
70. ZEMAN, *Vendre la guerre*, p. 102.
71. TILKOVSZKY, « Werbeaktionen », p. 142-143, 151.
72. BAKO, Plakat 3/25/54.
73. Lettre de Degrelle aux prisonniers de guerre belges en 1943 *in* ROBA, *L'Honneur*, p. 93-94.
74. NARA, RG 165/Entry 179/Box 721 : PWIS (H)/LDC/707, Report on Interrogation of PW Stubaf. Alfons v. Zeitler, 3.5.1945 (cit.). TMI (XLII), SS(A)-70, p. 581-582. WEGNER, *Soldaten*, p. 253-256. J. Dietrich *in* GOLDENSOHN, *Entretiens*, p. 349-350, 352 (28.2.1946).
75. INGRAO, « Culture ». RASS, « *Menschenmaterial* », p. 91-92. Cf. aussi BAMA, RS 4/1457 (27) : 2.SS-Pz.Div. « DR »/VI, Ausbildungsunterlage für WE Nr.7 (Der Weltkrieg 1914-1918), 21.5.1944, § 1.

76. BAL, SSO 180 (Theodor EICKE, 17.10.1892) : Eicke à Himmler, Betr. : SS-TV, 10.8.1936.
77. WEGNER, « Anmerkungen », p. 409.
78. BRUNNEGGER, *Saat*, p. 7. MICHAELIS, *SS-Heimwehr*, p. 14-15.
79. WESTEMEIER, *Peiper*, p. 6-8 (cit.). BAL, SSO 67 A (Walter HARZER, 29.9.1912); SSO 96 A (Heinrich HIERTHES, 25.7.1897); SSO 205 A (Hugo KRAAS, 25.1.1911); SSO 49 B (Bruno ROTHARDT, 21.8.1891). APC, RG 24, C 17, vol. 13646 : FCA, ISN 67, 4.9.1944, II, p. 1.
80. SCHOENBAUM, *Révolution*, p. 280 (cit.). TMI (XLII), SS(A)-70, p. 582. Lettre de Hans Siegel (†) à l'auteur, 19.6.2000.
81. LEHMANN, *Leibstandarte* (I), p. 83. F.-K. Wacker *in* WILLIAMSON, *Loyalty*, p. 17. AJM, 679, doc. 69 (22.6.1953), p. 34 (cit.).
82. SCHOENBAUM, *Révolution*, p. 295-296. SCHALM, *Adel*, p. 75. SCHELLENBERG, *Contre-espionnage*, p. 10.
83. BAL, SSO 301 A, (Fritz MAUER, 31.3.1915) : NSDAP/Stellv. des Führers an SS-Gruf. Schmitt, Persönlich !, 27.2.1939.
84. TMI (XLII), SS-31, p. 484 & SS(A)-70, p. 582. BAKO, Allg.Proz. 21/69 (38) : déposition de l'ex-capitaine SS Dr. Gerhard R. APC, RG 24, C 17, vol. 13652 : FCA, ISN 258, 15.3.1945, II, p. 6.
85. BAL, SSO 335 A (Siegfried MÜLLER, 18.10.1914) : Ltn.d.Res. Müller, Pi.-Btl.1, an CdSSPA, 9.8.1938. Cf. aussi BAL, RS C 163 (Heinrich HEIMANN, 17.9.1915) : Lebenslauf, 19.11.1937.
86. Déposition du témoin Brill, TMI (XX), audience du 5.8.1946, p. 365-366.
87. L'éloge des formations de la *Waffen-SS* fait par Hitler le 19 juillet 1940 n'a pas véritablement retenu l'attention de l'opinion publique allemande qui s'est surtout enthousiasmée pour Göring et Dietl, « le héros de Narvik ». Moins d'un an plus tard, à l'issue de la campagne dans les Balkans, la population a surtout retenu du discours de Hitler « que de nombreuses formations de l'armée allemande [n'étaient] même plus intervenues dans l'engagement et que, finalement, seules trois divisions et la *Leibstandarte* avaient participé au combat décisif avec les Anglais ». BOBERACH, *Meldungen* (5), Nr.107 (22.7.1940), p. 1402-03 ; Nr.184 (8.5.1941), p. 2271.
88. ZIMMERMANN, *Überlebt*, p. 8-9. TIEKE, *Kriegsfreiwillig*, p. 7. G. Rommel, E. Janke et H. Köhne *in* WILLIAMSON, *Loyalty*, p. 17, 21. H. Walther *in* « The SS officer who stays unrepentant », *Daily Mail*, 23.2.1994, p. 39.
89. OLENDER, Maurice, « L'étrangeté radicale de la barbarie nazie a paralysé une génération d'intellectuels », *Le Monde des Livres*, 6.9.1996, p. VIII. Cf. aussi le cas de l'écrivain Hans Fischbach *in* LEEB, *Eliteschüler*, p. 52.
90. DICKS, *Psychological*, p. 20-21.
91. BAL, NS 19/3517 (78) : CdSSHA an RF-SS, 126/41 g.K., Betr. : Ersatzlage, 30.4.1941.
92. Témoignage écrit sous couvert d'anonymat.
93. BAL, NS 19/218 (81) : Arbeit des E.-Amtes, 5.6.1942.
94. BAL, NS 31/148 (79) : SS-HA/II an alle E.-Stellen (I-XXI), 11.4.1942.
95. W. Busse et R. Fuchs *in* WILLIAMSON, *Loyalty*, p. 22.
96. DICKS, *Psychological*, p. 20-21.

NOTES (chapitre 9)

97. BOBERACH, *Meldungen* (12), Nr.354 (28.1.1943), p. 4720-4721 ; Nr.358 (11.2.1943), p. 4783 ; Nr.361 (22.2.1943), p. 4831-4833. LEISER, « *Deutschland* », p. 52-53. BAL, NSD 41/129 : RF-SS/SS-HA/E.-Amt d.W-SS, *Auch Du*, p. 8. Sur le mythe, cf. MOSSE, *Grande Guerre*, p. 83-87.

98. Gen.Lt. Meindl, KG XIII.Fliegerkorps, Denkschrift über Rück- u. Ausblick für die Lw.-Feld-Div., 15.5.1943 *in* DENZEL, *Felddivisionen*, p 11.

99. FLESSAU, *Schule*, p. 74 et suiv.

100. BOBERACH, *Meldungen* (14), SD-Berichte zu Inlandsfragen v. 12.8.1943, p. 5603 et suiv.

101. APC, RG 24, C 17, vol. 13647 : FCA, ISN 107, 15.10.1944, II, p. 2.

102. W. Zimmermann in *39-45 Magazine*, 75, 1992, p. 30. K.-H. Decker *in* WILLIAMSON, *Loyalty*, p. 21. LELEU, « *Frundsberg* », p. 13.

103. F.-K. Wacker *in* WILLIAMSON, *Loyalty*, p. 23.

104. BOBERACH, *Meldungen* (9), 264 (2.3.1942), p. 3400-3401.

105. VHA, SS-Rekr.Dep. Debica, 2/1 : Rekruten-Depot d.W-SS, SS-Tr.Üb.Pl. Debica/IIb/Kdr. an SS-FHA/KdW-SS, 7/42, Betr. : Ungarische Freiwillige, 23.4.1942.

106. TILKOVSZKY, « Werbeaktionen », p. 146, 168. MULLER, *L'Expulsion*, p. 29, 37-38.

107. BAL, NS 19/1529 (117-18) : Leiter der VoMi an RF-SS, Betr. : Auswirkungen der Freiwilligen Aktion d.W-SS, 19.9.1942.

108. BAL, NS 19/3611 (6 & verso) : CdSSHA an RF-SS, 2639/42 g, Betr. : Ungarn, 23.7.1942 (cit.) ; Leiter der VoMi/Stellv. an RF-SS, Betr. : Stand der Vorbereitungen zur Werbung für die W-SS in Ungarn, 10.7.1942. WITTE, *Dienstkalender*, p. 561/n. 101. TILKOVSZKY, « Werbeaktionen », p. 150-151, 154-155, 159, 161.

109. TIMMERMANS, *Légion*, p. 19-24.

110. DE BRUYNE, « Naissance », p. 122-124. Les motivations du commandant le plus emblématique de la « Légion Wallonie », Lucien Lippert, constituent à elles seules une bonne synthèse des motivations des premiers volontaires. ROBA, *L'Honneur*, p. 21-23, 46, 88, 111-112.

111. Paul Struye *in* DE BRUYNE, « Naissance », p. 123.

112. TIMMERMANS, *Légion*, p. 32.

113. Franz Hellebaut à Léon Degrelle *in* DE BRUYNE, *Les Wallons meurent à l'est*, p. 130. Cf. aussi APC, RG 24, C 17, vol. 13650 : FCA, ISN 206, 22.1.1945, II, p. 7. LUYCKX, « Répression », p. 855.

114. VANDERLINDEN, « Réinsertion », p. 214-215. STEIN, *Waffen-SS*, p. 157.

115. BAL, NS 19/1871 (58) : Aktenvermerk, Betr. : Besprechung über ausländische Kriegsfreiwillige im A.A. v. 7.7.41, 8.7.1941 ; NS 19/1453 (10-11) : « Die Schutzstaffel », Vortrag vor den Leitern der WE-Lager der HJ am 18.1.1943 in Prag. WITTE, *Dienstkalender*, p. 388/n. 75.

116. BAL, NS 19/381 (2) : SS-FHA/Ia an RF-SS, II/3752/43 g, Betr. : SS-Wach-Btl. Nordwest, 27.5.1943 ; NS 19/2860 (99) : HSSPF b. RK für die besetzten ndl. Gebiete an RF-SS, 5140/43, Betr. : « Landstorm Nederland », 22.10.1943 ; NS 31/455 (17-20) : Vortrag des Leg.-Hstuf. van de Pol am 23.2.44 über das Thema :

« Behandlung u. Auftreten gegenüber ndl. Freiwilligen ». IN 'T VELD, *SS* (I), p. 380 (cit.). APC, RG 24, C 17, vol. 13647 : FCA, ISN 107, 15.10.1944, II, p. 7.

117. Jusqu'en 1943, époque à laquelle la solde du NSKK a été alignée sur celle de l'armée, un engagé wallon recevait par exemple 18,5 francs belges par jour du NSKK contre seulement 12 francs belges s'il optait pour la *Wehrmacht.* BAL, NS 19/3565 (32) : SS-HA/VI, Niederschrift über die Besprechung am 8.10.42 im SS-HA; NS 19/1735 (16) : CdSSHA an RF-SS, 727/43 g.K., Betr. : Meldung germanischer Freiwilliger, 4.2.1943; NS 19/1541 (60-64) : MB Belgien u. Nordfr./ Mil.Verw.-Chef, 31/43 g, Einsatz von Landeseinwohner in unmittelbaren Wehrmachtsdiensten, 22.6.1943. DE BRUYNE, *Exil*, p. 72.

118. BAL NS 19/1556 (27-28) : HSSPF b. RK für die besetzten ndl. Gebiete an RF-SS, 112/43 g.Rs., 31.3.1943. Sur l'engagement de ces volontaires en 1940-1941, cf. BAL, NS 19/1453 (10) : « Die Schutzstaffel », Vortrag vor den Leitern der WE-Lager der HJ am 18.1.1943 in Prag. VHA, SS-Nachr.Stelle « NW », 10/3 : Spruch 2614, HSSPF Nordwest an RF-SS, 28.2.1941, 22.15 Uhr; SS-Nachr.Stelle « NW », 11/4 : FS 2664, HSSPF Nordwest an RF-SS, 1.3.1941, 14.35 Uhr. GINGERICH, « Recruitment », p. 821. Cf. aussi l'étude de A.F.G. Van Hoesel citée *in* ESTES, *Anabasis*, p. 187-189.

10. VOLONTARIAT SPONTANÉ, SUGGÉRÉ OU IMPOSÉ ?

1. Déposition de l'ex-commandant SS Brill et réquisitoire définitif contre les organisations par le procureur général adjoint britannique. TMI (XX), audience du 5.8.1946, p. 363-365 & (XXII), audience du 29.8.1946, p. 244. HAUSSER, *Soldaten*, p. 94.

2. KTB-OKW/1943 (5), p. 233 (21.3.1943). Cf. aussi BUCHHEIM, *Befehl*, p. 308.

3. WEGNER, *Soldaten*, p. 277.

4. Voir les rapports de la XXe région militaire (Danzig) datés des 10 et 18 juin 1940 *in* BAMA, RH 14/44 (141-68). BAL, NS 19/979 : Oberster SA-Führer/Stabschef an Stellv. des Führer, Betr. : Übertritt zur SS, 26.6.1940. TMI (XLII), SS-28, p. 481. KROENER, *Fromm*, p. 907/n. 144.

5. 22 361 recrues et réservistes allemands ont au total été incorporés du 15 avril au 9 juin 1941, ainsi que 700 « Germains ». BAL, NS 19/3517 : CdSSHA an RF-SS, Aktion 20.000 Mann, 1. Meldung, 14.5.1941; 2. Meldung, 20.5.1941; 3. Meldung, 24.5.1941; NS 19/3518 : CdSSHA an RF-SS, Betr. : 20.000 Mann-Aktion (Zusammenstellung der Einberufungen 15.4.-9.6.41), 6.6.1941.

6. BAL, NS 19/3518 (151-65); NS 19/2652 (2-3) : NSDAP/Gauleitung Halle-Merseburg/Gauleiter, Schnellbrief an Reichsverteidigungskommissar Dresden, 27.5.1941. WEGNER, *Soldaten*, p. 275/n. 57, 276/n. 64. WITTE, *Dienstkalender*, p. 428/n. 52.

7. LELEU, « *Frundsberg* », p. 10-13. HÖHNE, *Orden*, p. 338-340. REMPEL, « Recruitment », p. 114-115.

8. Les principaux abus, à mettre sur le compte de la direction de la HJ, ont surtout visé les cadres de cette organisation nés en 1925 et pressentis pour devenir les futurs sous-officiers de la division. Mais même dans ce cas, les éléments les plus

NOTES (chapitre 10) 895

rétifs ont finalement été retirés de la liste des « volontaires » dans le souci de préserver la combativité de la troupe. REMPEL, *Misguided*, p. 636 et suiv.
   9. BUCHHEIM, *Befugnisse*, p. 3.
   10. BAL, NS 19/3871 (18 & 21) : E.-Stelle Süd (VII); E.-Stelle Main (XIII).
   11. BAL, NS 19/3871 : CdSSHA an RF-SS, Betr. : Einsatz der Jugendlichen, 29.10.1943.
   12. BAMA, RS 4/1442 : SS-Pi.Btl. 17, KTB (1.2.1944). NARA, RG 165/Entry 179/Box 719 : PWIS (H)/LDC/219, Report on interrogation of PW O'Gren Gerhard S., St/SS PGR 38 (17 SS Div), 7.8.1944. Cf. aussi NARA, RG 165/Entry 179/Box 712 : M.I.19(a)/PWIS/366, Report on the interrogation of SS-Mann S. Alfred of « SS-Reichsführer », 4.1944.
   13. STEIN, *Waffen-SS*, p. 217.
   14. BAL, NS 19/3871 (13) : SS-FHA, Zusammenfassung der Berichte, Betr. : Einsatz von Rednern für die RAD-Aktion, s.d. (fév.-mars 1943).
   15. BAL, NS 19/218 (70) : Arbeit des E.-Amtes, 5.6.1942; NS 19/3871 (34) : CdSSHA an RF-SS, 390/43 g.K., Betr. : Vortrag General Schmundt bei RF-SS, 390/43 g.K., 18.4.1943. HÖHNE, *Orden*, p. 438-439.
   16. BAL, NS 19/1863 (24) : Chef des E.-Amtes d.W-SS an Stabsführer des SS-OA Süd, 4.5.1940. Cf. aussi REMPEL, « Recruitment », p. 108-109.
   17. BAL, NS 19/3611 (15-17 & 21) : SS-FHA/KdW-SS/IIb (1) an SS-HA, E.-Amt d.W-SS, 52/9.42, Betr. : Einstellung volksdeutscher u. germanischer Freiwilliger, 5.9.1942; SS-HA an SS-FHA/KdW-SS, Betr. : *ibid.*, 10.9.1942. Cf. aussi VHA, SS-Rekr.-Depot Debica, 2/1 : Rekruten-Depot d.W-SS, SS-Tr.Üb.Pl. Debica/IIb/Kdr. an SS-FHA/KdW-SS, 7/42, Betr. : Ungarische Freiwillige, 9.4.1942; *ibid.*, 23.4.1942.
   18. BAL, NS 31/366 (53) : CdSSHA/VIII, Betr. : Werbung für SS-VT u. SS-T-St., 4.10.1939.
   19. Témoignage de Berger *in* TIEKE, *Feuersturm*, p. 16-17.
   20. BAL, NS 31/148 (61) : E.-Amt d.W-SS, Betr. : Nachwuchs für die LSSAH, 20.11.1941.
   21. BAL, NS 7/1158 (n.f.) : CdSSHA an RF-SS über den SS-Richter b. RF-SS, 4148/43 g, Betr. : Vom RF-SS angeordnete Ermittlungen gegen Angehörige verschiedener E.-Stellen wegen Werbemethoden für die Waffen-SS, 30.6.1943.
   22. BAMA, RS 4/1292 (3-4) : SS-Pz.Gr.Rgt. « DF »/IIa an SS-Pz.Gr.Div. « DR »/IIb, Betr. : Beurteilung des bisher eingetroffenen Ersatzes, 2.5.1943 (cit.). BAL, NS 19/38 (7) : SS-Gruf. W. Krüger an RF-SS, 22.6.1943.
   23. Lettre de Berger à Himmler, 10.10.1943 *in* HEIBER, *Reichsführer!*, p. 299-300.
   24. Ce taux de 5 à 10% se comprend sur une classe d'âge moyenne de 550 000 hommes, soit de 27 500 à 54 000 individus. Ce sont approximativement et respectivement les effectifs des adolescents nés en 1924 et 1925 engagés dans la *Waffen-SS*, sachant que tous les volontaires de la classe 1924 n'ont pas été libérés par l'armée et qu'une partie des 60 000 adolescents de la classe 1925 ont été enrôlés sous la contrainte.
   25. BAL, NS 31/148 (8) : Betr. : Angehörige der Allg.-SS, die eine Dienstleistung in d.W-SS ablehnen, 31.7.1941. BUCHHEIM, *Befehl*, p. 314-318.

26. BAL, NS 19/3665 (56) : CdSSHA an RF-SS, 228/41 g.K., Betr. : Besprechung OKW, 8.12.1941.

27. NARA, RG 492/Entry ETO-MIS-Y Sect/Box 64 : FUSA, 12 VG Div (survey), 1/2.3.1945, § 4.

28. BAL, NS 19/229 (3 & 5) : CdSSHA an RF-SS, 931/43 g, Betr. : Nachersatz, 11.2.1943 ; SS-HA/II an RF-SS, 12.2.1943, 12.40 Uhr ; NS 19/3871 (32) : CdSSHA an RF-SS, 390/43 g.K., Betr. : Vortrag General Schmundt bei RF-SS, 18.4.1943.

29. VHA, SS-Ausb.Btl. z.b.V., 11/3 : SS-FHA/V/IE (A/VIII) an SS-Ausb.Btl. z.b.V., SS-Tr.Üb.Pl. « Heidelager », II/3854/43 g, Betr. : Beschwerden gegen Einberufung, 29.5.1943.

30. BAL, NS 19/3502 (33, 37 & 42) : Aktenvermerk, Besprechung mit Stabsführer Möckel, 9.2.1943 ; Der RF-SS, 36/53/43 g, Lieber Berger !, 16.2.1943 ; CdSSHA an RF-SS, 1067/43 g, Betr. : Aufstellung der Div. HJ, 18.2.1943 ; CdSSHA an SS-FHA, 265/43 g, Betr. : Aufstellung der SS-Div. « HJ », 20.3.1943. REMPEL, *Misguided*, p. 636 et suiv.

31. WEISENBORN, *Allemagne*, p. 150-151.

32. NARA, RG 165/Entry 179/Box 712 : M.I.19(a)/PWIS/366, Report on the interrogation of SS-Mann S. Alfred of « SS-Reichsführer », 4.1944. Cette pression pouvait n'être que ressentie, comme en a témoigné un adolescent incorporé dans la *Waffen-SS* le 18 octobre 1943. L'annonce « que ceux qui ne s'engageaient pas dans les SS n'étaient pas dignes d'être des Allemands » lui a fait déduire « que ceux qui ne s'engageraient pas seraient l'objet de sanctions ». Cela l'a conduit à signer sa feuille d'engagement. AJM, 548, liasse 7, dossier 6 (5).

33. BAMA, RH 10/313 (21/verso) : Aufstellungsstab 2.SS-Pz.Div. « DR », Meldung v. 1.3.1944.

34. NARA, RG 165/Entry 179/Box 719 : PWIS (H)/LDC/108, Consolidated Report on 21 Alsatians of SS PGR 4 « DF », 13.7.1944. SHAT, 10 P 141, chemise 1re armée française/2e bureau/Section PG (États numériques) : Direction du Service des PG de la Zone Avant de l'armée, n° 361, Note de service concernant les Alsaciens et les Lorrains incorporés de force dans les Waffen « SS », 8.3.1945.

35. BAL, NS 19/4 (57) : CdSSHA an RF-SS, 5199/43 g, Betr. : Untersuchung des Jhrg. 1927 (später 28 u. 29), 17.8.1943.

36. MÍŠKOVÁ, *Pfitzner*, p. 197 (7.10.1944).

37. NARA, RG 165/Entry 179/Box 716 : MU#1FID, PWIB 1/19, 26.12.1944, p. 8.

38. SHAT, 10 P 141, chemise 1er CA/EM/2e bureau : 1re armée française/ EM/2e bureau/Section PG, CR N° 240, 9.4.1945.

39. Voir par exemple le cas de 600 personnels de la *Luftwaffe* versés dans un bataillon de dépôt de l'armée de terre le 10 juillet 1944, unité elle-même versée en bloc à la *Waffen-SS* le 15 août. NARA, RG 165/Entry 179/Box 720 : PWIS (H)/ LDC/418, Report on interrogation of PW Rttf. Herbert S., 10/SS PGR 4 « DF », 18.10.1944.

40. NARA, RG 492/Entry ETO-MIS-Y Sect/Box 63 : FUSA, POW I Report, 20/21.1.1945 (#12).

41. SHAT, 10 P 142-2 : MFIU#2, PWIB 2/26, 12.1.1945, § 12, p. 16.

42. Même s'il s'agit d'une pure hypothèse, il n'est pas impossible que ces individus aient pu être chaque fois regroupés dans un détachement particulier de chaque

NOTES *(chapitre 10)* 897

unité du RAD. Un accord de cette nature entre ce dernier et la SS avait déjà été conclu au début de l'année 1943. Telle qu'elle est rapportée par un prisonnier SS, la méthode de recrutement des commissions de sélection SS concernait justement le premier détachement de chaque groupe du RAD. Cette manière de concentrer les « meilleurs » éléments dans la première compagnie de chaque unité avait déjà été employée dans le cas des bataillons de protection recrutés à l'est *(Schuma-Bataillone)*. NARA, RG 165/Entry 179/Box 716 : MU#1FID, PWIB 1/14, 4.12.1944, p. 9. BAL, NS 19/1446 (20) : Vermerk über die Äußerungen des RF-SS am 14.8.1942 nach seiner Fahrt nach Kiew; NS 19/1979 (2-4) : RF-SS, 1382/42, Anordnung über die Behandlung der Schutzmannschaften, 9.10.1942.

43. APC, RG 24, C 17, vol. 13649 : FCA, ISN 156, 3.12.1944, II, p. 5.

44. NARA, RG 165/Entry 179/Box 716 : MU#1FID, PWIB 1/14, 4.12.1944. APC, RG 24, C 17, vol. 13648 : FCA, ISN 153, 30.11.1944, II, p. 6.

45. BAL, NS 31/366 (120) : E.-Amt d.W-SS/II, Betr. : Untersuchung der Volksdeutschen aus den russischen Umsiedlungsgebieten auf Tauglichkeit für die W-SS u. Allg.-SS, 2.10.1940.

46. BUCHHEIM, *Befehl*, p. 268-270.

47. BAL, NS 7/91 (2-6) : Leiter der VoMi an RF-SS, 18.6.1942; RF-SS an SS-Ogruf. Lorenz, AR 36/24/42, 13.7.1942 (cit.). LUMANS, « Obligation », p. 312.

48. BAL, NS 7/91 (9) : RF-SS, AR 36/41/42, Lieber Lorenz, 10.8.1942.

49. BAL, NS 7/91 (26 & 34) : SS-FHA/B 12f/V/IIb (1) an Pers.Stab/RF-SS, II/3817/43 g, Betr. : Wehrpflicht der Volksdeutschen, 27.5.1943; HA SS-Gericht an SS-Richter b. RF-SS, Ia 155 35/42, Betr. : Völkische Wehrdienstpflicht von Volksdeutschen ausländischer Staatsangehörigkeit, 11.11.1943 (cit.).

50. WITTE, *Dienstkalender*, p. 351/n. 67, 534/n. 2.

51. BAL, NS 7/91 (27-28) : CdSSHA an RF-SS/Pers.Stab, 3706/43 g, Betr. : Wehrpflicht der Volksdeutschen im Südosten, 16.6.1943. STEIN, *Waffen-SS*, p. 186. NARA, RG 165/Entry 179/Box 720 : PWIS (H)/LDC/468, Report on the interrogation of SS-Schtz. Georg A., 2./SS Pz Jg Coy « Nordwest » of Verteidigungsstab Scheveningen, 2.11.1944.

52. BAL, NS 7/91 (29) : SS-Richter b. RF-SS an HA SS-Gericht, 198/43, Betr. : Völkische Wehrdienstpflicht von Volksdeutschen ausländischer Staatsangehörigkeit, 19.6.1943.

53. BAL, NS 7/91 (1) : Aktenvermerk für SS-Obf. Bender, Betr. : Wehrpflicht der Volksdeutschen aus dem Südost-Raum, 14.2.1945.

54. BAL, NS 7/91 (64) : SS-Richter b. RF-SS an SS-Staf. Dr. Brandt, II-1318/4[5], Betr. : Wehrpflicht der Deutschen aus den Volksgruppen, 19.2.1945.

55. SUNDHAUSEN, « Geschichte », p. 182-184.

56. Le SS-FHA faisait part dans les mêmes termes indignés des problèmes physiques relevés chez 360 des 16 527 individus recrutés. Par ailleurs, les plaintes des parents sur l'engagement de leur fils sans leur consentement tendaient à perdre de leur valeur avec une majorité alors fixée à 24 ans en Hongrie. BAL, NS 19/3896 (1) : CdSSHA an SS-FHA, 885/42 g, Betr. : Freiwillige aus Ungarn, 16.3.1942 (cit.); NS 19/1529 (112) : CdSSHA an RF-SS, 1490/42 g, Betr. : Ungarn-Aktion, s.d. (mai 1942); NS 19/3611 (15-17) : SS-FHA/KdW-SS/IIb (1) an SS-HA/E.-Amt d.W-SS, 52/9.42, Betr. : Einstellung volksdeutscher u. germanischer Freiwilliger,

5.9.1942. TILKOVSZKY, « Werbeaktionen », p. 143, 146. BÖHM, *Ungardeutschen*, p. 100.

57. SS-HA/VI, 704/43 g, Niederschrift über die Besprechung des SS-Ausschusses der Arbeitsgemeinschaft für den germanischen Raum am 12.1.43, 20.1.1943, TMI (XXVI) : PS-705, p. 261-266.

58. BAL, NS 31/395 (105) : SS-FHA/Amtsgruppe Insp., Betr. : Ersatzgestellung, 15.10.1942.

59. TILKOVSZKY, « Werbeaktionen », p. 159, 163, 166.

60. VHA, 9.SS-Pz.Div. : SS-Pz.Gr.Div. « H »/Ia an SS-FEB 9, 1953/43 g, Betr. : Zuführung der Volksdeustchen aus Ungarn, 10.9.1943.

61. KTB-OKW/1944 (7), p. 179 et suiv.

62. TILKOVSZKY, « Werbeaktionen », p. 173 (cit.). MULLER, *L'Expulsion*, p. 29-31.

63. NARA, RG 165/Entry 179/Box 716 : MU#1FID, PWIB 1/28, 20.1.1945, § 1, p. 3.

64. NARA, RG 492/Entry ETO-MIS-Y Sect/Box 63 : FUSA, 9 SS Div (survey), 15/16.1.1945, p. 2.

65. VHA, SS-Nachr.Stelle « NW », 10/3 : Spruch 2458, E.-Stelle Nordwest an SS-HA/SS-E.-Amt, 22.2.1941, 14.45 Uhr; SS-Nachr.Stelle « NW », 11/4 : FS 2826, SS-Staf. Jungclaus an RF-SS, 6.3.1941, 18.50 Uhr; SS-Nachr.Stelle « NW », 12/4 : FS 3046, E.-Stelle Nordwest an CdSSHA, 18.3.1941, 18.15 Uhr; FS 3065, E.-Stelle Nordwest an CdSSHA, 19.3.1941, 9.30 Uhr.

66. Fin octobre 1942, 2 404 des 10 821 soldats SS « germaniques » avaient été libérés (22,2 %) et 509 tués (4,7 %) ; 2 154 des 9 773 volontaires des « légions germaniques » avaient été libérés (22,0 %) et 747 tués (7,6 %). BAL, NS 31/455 (34) : SS-HA/VI, Statistische Aufstellung über zur W-SS u. Legion eingestellte, entlassene u. gefallene germanische Freiwillige, Stand : 30.10.42, 14.12.1942.

67. PA/AA, Inl II/D, R 100658 (n.f.) : Königl. Schwedisches Konsulat Düsseldorf/Nierderländische Schutzmachtangelegenheit an Kgl. Schwedische Gesandtschaft/Abt. B, 193/12a, 11.3.1943 ; SS-HA/Germanische Leitstelle/Amtsgruppe D, Herrn Konsul Dr. Ashton, A.A., 2.4.1943 ; Königl. Schwedische Gesandtschaft/ Abteilung B an A.A., B N 167/3, Mi/J, Verbalnote, 9.6.1944 ; SS-HA/Amtsgruppe D/D II 2 an A.A., Betr. : Werbung von Niederländern für die W-SS, 8.11.1944.

68. BAL, NS 19/3650 : RF-SS an SS-Ogruf. Rauter, 23.2.1945. IN 'T VELD, *SS* (II), p. 1481 (doc. 647).

69. BAL, NS 19/2117 (2-3) : CdSSHA an RF-SS, 2042/43 g.K., Betr. : Reise nach Kroatien, 13.7.1943 ; NS 19/2601 (169) : 13.SS-Div., Flugblattentwurf Nr.2. BAMA, MSg 175/55 : 13e Div. de Montagne « Handschar » des *Waffen-SS*, p. 2. PA/AA, Inl II g, R 100998, 2577 (393393) : 13.SS-Div./Ic 77/44 g.K., Richtlinien für die Sicherung des Landfriedens in Bosnien, 9.3.1944. GRMEK, *Révoltés*, p. 158-160, 166. LEPRE, *Bosnian*, p. 37. SUNDHAUSEN, « Geschichte », p. 193.

70. BAL, NS 33/31 (10) : Rede des SS-Ogruf. Jüttner auf der SS-Führer-Tagung in Prag am 13.4.1944.

71. Tout abandon de leur poste de travail les conduirait par contre à être « enfermés ». BAL, NS 7/259 (1 & 2) : SS-FHA/V/III(2) an SS-Richter b. RFSS, Betr. : Eidesverweigerer Emil T., geb. 18.10.18, Stefan T., geb. 23.8.23, Franz M.,

NOTES (chapitre 11) 899

geb. 17.9.22, 23.1.1944 ; SS-Richter b. RF-SS an HA SS-Gericht, II-385/44, Betr. : Eidesverweigerung durch ungar. SS-Freiwillige, 1.3.1944.

72. NARA, RG 165/Entry 179/Box 716 : MU#1FID, PWIB 1/19, 26.12.1944, § 4, p. 7.

73. Voir à cet égard le témoignage édifiant de 27 auxiliaires russes (Hiwis) de la 271e division allemande capturés en Normandie. Raflés en février 1944 par des unités de Cosaques au service des Allemands au moment du repli de la Wehrmacht, ceux qui ont manifesté le moindre signe de résistance ont été abattus tandis que les femmes ont été violées. Un officier allemand leur a donné peu après le choix « de se battre contre leur ennemi commun ». L'alternative (non formulée) était de mourir, de faim ou par balles. APC, RG 24, C 17, vol. 13645 : FCA, ISN 27, 26.7.1944, II, p. 2.

11. LA RESSOURCE HUMAINE DANS LE MODÈLE DE DÉVELOPPEMENT DE LA WAFFEN-SS

1. Pour un parallèle avec la Wehrmacht, cf. KROENER, « Ressourcen » (5/1) ; « " Menschenbewirtschaftung " » (5/2). On trouve le même phénomène à l'échelle des troupes aéroportées allemandes. STIMPEL, Fallschirmtruppe.

2. WEIDINGER, « Das Reich : Die Geschichte der Stammdivision der Waffen-SS » (I), p. 16.

3. VHA, 2.SS-Pz.Div., 96/26 : Zeitlicher Überblick über die Entwicklung des SS-Rgt. « D », 19.6.1942, p. 2-3.

4. VHA, 3.SS-Pz.Div., 4/2 : Führer der SS-T-St./Kdr. an Ch.d.Pers.St. RF-SS, 1/39 g, Betr. : Art.Abt. Pri[e]ß, SS-Art.-St. VT, 6.10.1939 ; SS-T-Div. an CdSSPHA, 7/39 g, 17.10.1939 ; SS-T-Div. an RF-SS, 1/39 g, Betr. : Abgabe der SS-Art.Abt. Prieß v. der SS-VT an SS-T-Div., 18.10.1939 ; SS-T-Div. an Ch.d.Pers.St. RFSS, Betr. : E-Einheiten SS-T-Div., 24.10.1939 ; SS-T-Div./Ia an SS-HA/VII, Betr. : Aufstellung der E.-Einheiten der SS-T-Div., 24.10.1939 ; RF-SS an SS-Gruf. Eicke, 601/39 g.Rs., 7.11.1939.

5. Dont un groupe d'artillerie lourde pour la « SS-Verfügungs-Division » et un groupe d'artillerie légère pour la « LSSAH ». BAMA, RS 3-2/9 : SS-V-Div./Ib, KTB 1 (13.10.-16.11.1939 ; 4, 11 & 16.4.1940). VHA, 2.SS-Pz.Div., 199/63 : SS-Art.Rgt./VT, Rgt.-Befehl Nr.43/40, 16.4.1940.

6. Seuls 260 des 876 artilleurs au total transférés à la « LSSAH » servaient effectivement à la « SS-V-Division ». Les autres appartenaient à un groupe d'artillerie qui lui avait été détaché depuis le printemps précédent. La division « Totenkopf » n'a pour sa part cédé à cette époque qu'une compagnie antichar et une batterie d'artillerie lourde. VHA, 2.SS-Pz.Div., 96/26 : Zeitlicher Überblick über die Entwicklung des SS-Rgt. « D », 19.6.1942, p. 11 ; 2.SS-Pz.Div., 194/62 : SS-Art.Rgt./VT, Rgt.-Sonderbefehl, 2.9.1940 ; SS-Art.Rgt./VT, Rgt.-Sonderbefehl für die Aufstellung des SS-Art.Rgt.5, 14.11.1940 ; 2.SS-Pz.Div., 198/63 : SS-V-Div./Ia 1188/40 g, Betr. : Abgaben an LSSAH, 16.8.1940. BAMA, RS 3-2/2 : Kdo.Stab SS-V-Div., KTB (19, 23.8. & 1.12.1940) ; RS 3-1/1 (113) : Stammtafel 3.(m)/Pz.Jg.Abt. HALDER, Kriegstagebuch (2), p. 194 (25.11.1940).

7. BAMA, RS 3-2/2 : Kdo.Stab SS-V-Div., KTB (23.8. & 3.12.1940).

8. VHA, 2.SS-Pz.Div., 46/12 : SS-Hstuf. Heinz, SS-Inst.Abt. 2, Betr. : Erfahrungsbericht, 28.4.1942.

9. Cf. les tableaux constitutifs de chacune de ses unités *in* BAMA, RS 3-1/1 & 2. Le transfert de la batterie de canons d'assaut de la division « Wiking » à la « LSSAH » le 1er juillet 1942 fait à cet égard figure d'exception. BAMA, RS 3-1/1 (107).

10. BAMA, RS 4/1237 : LSSAH/Ia, 863/40 g, Sonderbefehl, Betr. : Umgliederung der Inf.Btl., 5.11.1940 ; RS 4/1217 (182, 200 & 204) : LSSAH/Ia/II, Sonderbefehl Nr.44, Betr. : Aufstellung der rückw. Dienste, 24.12.1940 ; LSSAH/Ia/II, Sonderbefehl Nr.2, Betr. : Aufstellung einer 5 cm Pz.Jg.Kp., 4.1.1941 ; LSSAH/Ia/II, Sonderbefehl Nr.3, Betr. : Aufstellung eines Feld-Gendarm.-Trupp, 4.1.1941.

11. À l'origine, les deux divisions SS devaient être constituées dans les régions de Tours-Poitiers et d'Angoulême. Si la 10e division SS a bien été constituée dans la seconde région, la 9e division SS a été mise sur pied en Flandre, puis dans la région d'Amiens. Aufzeichnungen Greiners z. 29.12.1942 *in* KTB-OKW/1942 (4), p. 1200. BAL, NS 19/3871 (82) : SS-FHA/Ia, 15/43 g.K., Aktenvermerk, Betr. : Aufstellung von 2 SS-Pz.Gr.Div., 6.1.1943.

12. BAL, NS 33/234 : SS-FHA/II, Org.Abt. Ia/II, 1632/43 g.K., Betr. : Umgliederung der 10.SS-Pz.Gr.Div. « F » in der 10.SS-Pz.Div. « F », 26.10.1943 ; SS-FHA/II, Org.Abt. Ia/II, 1633/43 g.K., Betr. : Umgliederung der 9.SS-Pz.Gr.Div. « H » in der 9.SS-Pz.Div. « H », 26.10.1943 ; NS 19/3503 : SS-FHA/II, Org.Abt. Ia/II, Betr. : Aufstellung der 16.SS-Pz.Gr.Div. « RF-SS », 19.10.1943 ; NS 19/3504 (50/verso) : SS-FHA/II, Org.Abt. Ia/II, 1658/43 g.K., Betr. : Aufstellung der 17.SS-Pz.Gr.Div. « GvB », 30.10.1943.

13. BAMA, RH 19-IV/11 : Ob.West, KTB (14, 21, 23 & 24.10.1943) ; RH 20-19/7 : AOK 19, KTB (10, 20 & 21.10.1943) ; RH 20-19/12 (255) : AOK 19/Ia an 10.SS-Pz.Gr.Div., Betr. : Aufstellung einer SS-Pz.Gr.Div., 20.10.1943 ; RH 20-15/62 : AOK 15/Ia an SS-Pz.Div. « F », 7921/43 g, Betr. : Wünsche, die anläßlich der Besichtigungsfahrt des OB zur SS-Pz.Div. « F » vorgetragen wurden, 23.11.1943 ; RH 10/319 (26) : 10.SS-Pz.Div. « F »/Ia 621/43 g.K., Meldung v. 5.12.1943 ; RS 3-17/1 : 17.SS-Pz.Gr.Div., KTB 1 (14.2. & 1.4.1944) ; RS 3-10/18 : 10.SS-Pz.Div./IIb, Betr. : Abgabe von Unterführern u. Unterführeranwärtern, 3.3.1944 ; RS 4/1442 : SS-Pi.Btl. 17, KTB (1.2.1944) ; RS 4/1443 : Kriegsrangliste der Offz. des SS-Pi.Btl. 17.

14. Le commandant de la division de cavalerie SS a caressé l'espoir de constituer une seconde division à l'été 1943, tandis que l'idée d'une division SS « Reichsmarschall » couplée à la division « Das Reich » a été évoquée en mai 1944 par Himmler. À la fin de l'année, il était encore envisagé de constituer une seconde division à partir de la 6e division de montagne SS « Nord » dont les effectifs avaient à cette fin été portés à 22 000 hommes. Aucun de ces projets n'a abouti. CÜPPERS, *Wegbereiter*, p. 265. BAL, SSO 71 A (Paul HAUSSER, 7.10.1880) : RF-SS, 35/51/44 g, Mein lieber Hausser !, 3.5.1944. BAMA, ZA 1/827 (5 & 8) : SS-Gruf. K. Brenner, Die 6.SS-Geb.-Div. « Nord » u. ihr Anteil an der Operation « Nordwind », 1-25.1.1945, März 1947.

15. Outre ces deux formations, les 16e et 18e divisions d'infanterie mécanisée SS ont été subordonnées au commandant de la *Waffen-SS* en Hongrie au printemps

1944, de même que la seconde division SS croate (« Kama »). On ne sait pas dans quelle mesure ce rassemblement d'unités a facilité la constitution des nouvelles divisions. KTB-OKW/1944-45 (7), p. 115. BAMA, RW 4/845 (87 & 104).

16. BAL, NS 19/1784 (3) : mémorandum de Himmler, 10.2.1943, § II; NS 19/3524 (17 et suiv.) : SS-FHA/KdW-SS, Org 529/43 g.K., Betr. : Aufstellung des Germ.SS-Pz.Korps, 19.4.1943 ; SS-FHA/KdW-SS, Org 863/43 g.K., Betr. : Aufstellung des Gen.Kdo.V.SS-Geb.Korps, 8.7.1943 ; SS-FHA/KdW-SS, Org 958/43 g.K., Betr. : Aufstellung des Gen.Kdo. I.SS-Pz.Korps, 27.7.1943 ; SS-FHA/KdW-SS, Org 1051/43 g.K., Betr. : Aufstellung des Gen.Kdo. IV.SS-Pz.Korps, 5.8.1943 ; NS 33/234 (48) : SS-FHA/KdW-SS, Org 784/43 g.K., Betr. : Aufstellung der SS-Pz.Gr.Div. « HJ », 24.6.1943.

17. BAL, NS 19/1782 (17) : Plan zur Aufstellung der Div. « HJ », s.d. (mars 1943); NS 19/1447 : Besprechung b. Führer, 30.3.1943, 17 Uhr; NS 19/3798 (89) : Mein Führer ! 13.12.1942; NS 19/2601 : Funkspruch an SS-Gruf. Phleps, 13.2.1943 ; RF-SS, 35/48/43 g, 31.3.1943. BAMA, RS 2-1/1 : Gen.Kdo. I.SS-Pz.Korps, KTB 1 (27.7.1943). WEGNER, « Auf dem Wege ».

18. BAL, NS 19/3504 (30) : CdSSHA an RF-SS, 4881/43 g, Betr. : Muselmanen Div., 4.8.1943.

19. BAMA, RS 2-1/1 : Gen.Kdo. I.SS-Pz.Korps, KTB 1 (27.7., 1. & 10.10.1943); RS 4/1269 (220) : LSSAH/2.SS-Pz.Gr.Rgt., Rgt.-Befehl Nr.60, 21.9.1943, § 2 ; RS 4/1446 (113-14) : SS-Feldlazarett 501 an Gen.Kdo. I.SS-Pz.Korps/Ia, Betr. : TB für das KTB (15.5.1944); RS 3-12/39 (131-36) : Stammtafeln, SS-Pz.Inst.Abt. 12. BAKO, All.Proz.8/JAG 1 : Trial of SS-Brigf. K. Meyer, 10-28.12.1945, p. 617 (Answer 2844). VHA, 1.SS-Pz.Div., 9/2 : LSSAH/IIb, Betr. : Personelle Abgaben an Gen.Kdo. I.SS-Pz.Korps, 15.10.1943 ; SS-Rttf. H. Stolp, SS-Pz.A.u.E.Abt. 1 Ellwangen/Jagst/Stamm-Kp., an Kdr. der A.A., 7.9.1943.

20. Ce constat est tiré de l'étude des dossiers personnels des commandants d'unité des divisions évoquées (BAL, SSO). Pour la liste des officiers de la 12ᵉ division SS, cf. MEYER, H., *Kriegsgeschichte* (II), Anl. 17. Pour les 9ᵉ et 10ᵉ, cf. BAL, NS 19/2083 (20-23) : Führerstellenbesetzungen, 31.7.1943 ; FÜRBRINGER, « Hohenstaufen », p. 552 ; TIEKE, Wilhelm, *Feuersturm*, p. 619. Pour la 17ᵉ, cf. STÖBER, *Sturmflut* (I), p. 459 et suiv.

21. VHA, 9.SS-Pz.Div., 9/2 : II./SS-Pz.Gr.Rgt.1 « H »/Ia, 24.10.1943. BAMA, RH 19-IV/11 : Ob.West, KTB (25.10.1943); RH 20-19/7 : AOK 19, KTB (20.10.1943); RH 20-19/12 (256) : AOK 19/Ia, 10.SS-Pz.Gr.Div., Betr. : Abgabe eines Pz.Gr.Btl., 20.10.1943 ; RH 10/319 (26) : Anl. zu Ia 543/43 g.K. 10.SS-Pz.Div. « F », 5.11.1943. KTB-OKW/1943 (6), p. 1044 (2.9.1943), 1222 (26.10.1943).

22. En mai 1944, 2 055 personnels ont quitté la 12ᵉ division SS par seule voie de transfert. Le sureffectif de 2 513 hommes début avril était réduit à 24 hommes début juin. Le transfert d'au moins 1 108 personnels à la « LSSAH » est clairement documenté. BAMA, RH 10/321 (27 & 29) : 12.SS-Pz.Div. « HJ », Meldungen v. 3.4. u. 1.6.1944; RS 3-12/39 (80 et suiv.) : Stammtafeln SS-Pz.A.A. 12. VHA, 12.SS-Pz.Div., 13/2 : SS-Pz.Rgt.12, KTB (5.5.1944); 12.SS-Pz.Div., 16/2 : SS-Pz.Art.Rgt.12, KTB (8.5.1944); 12.SS-Pz.Div., 27/3 : SS-Pz.Jg.Abt.12, 432/44 g, TB (2. & 3.5.1944). BAL, NS 33/29 (6) : I./SS-Pz.Gr.Rgt.25, KTB 1 (3.5.1944).

23. VHA, 12.SS-Pz.Div., 9/2 : SS-Pz.Rgt.12, Auszuge aus dem Sonderbefehl Nr.2/44 v. 2.2.1944.
24. VHA, 12.SS-Pz.Div., 27/3 : SS-Pz.Jg.Abt. 12, 432/44 g, TB (6, 20-21. & 29.2., 4-5.3., 3-4.5.1944).
25. Le transfert de 459 hommes de la « LSSAH » à la 12e division SS est ainsi documenté en juillet et août 1944. Une partie au moins d'entre eux avaient été cédés par la 12e division SS à la « LSSAH » au printemps précédent. VHA, 12.SS-Pz.Div., 1/1 : SS-Pz.Gr.Rgt.25, KTB (22.8.1944); 12.SS-Pz.Div., 3/1 : SS-Pz.Gr.Rgt.26, KTB (7.7.1944); 12.SS-Pz.Div., 14/2 : II./SS-Pz.Rgt.12, KTB 3 (25.7.1944).
26. De tels mouvements d'effectifs n'ont pas été uniques dans les annales de la *Waffen-SS*, mais ont à l'inverse été exécutés sur ordre de la *Reichsführung-SS*, notamment la cession à la division « Totenkopf » de 4 500 personnels du rang de la 16e division SS au printemps 1944 (cette dernière était à l'origine une émanation de la première), ou encore la rétrocession par la 2e division SS de personnels à la 9e division SS à la même époque. BAMA, RS 3-3/22 (2) : RF-SS/Adjudantur, Aktennotiz über Besprechung am 16.4.44, Betr. : 1) Auffrischung der 3.SS-Pz.Div. « T », 2) Fertigstellung der 16.SS-Pz.Gr.Div. « RF-SS », 16.4.1944, § 3 ; RS 4/1293 (140-42) : 9.(gp.)/SS-Pz.Gr.Rgt.4 « DF » an III.(gp.)/SS-Pz.Gr.Rgt.4 « DF », Betr. : Nachforschungen, 7.6.1944. GENTILE, « Soldaten », p. 550-552.
27. BAL, NS 19/534 (1-3) : Insp.d.SS-VT an RF-SS, Persönlich ! 10.5.1938; Aktenvermerk zum Brief des SS-Brigf. Hausser v. 10.5.38, 10.5.1938.
28. Eicke n'a par exemple cédé que 656 des 1 205 spécialistes réclamés par la « SS-Verfügungs-Division ». VHA, 3.SS-Pz.Div., 1/1 : SS-T-Div./Ia, Div.-Befehl, 14.10.1939; SS-T-Div., Div.-Befehl, 9.10.1939, § VI ; SS-T-Div./Ia, Div.-Befehl über den 2. Transport von Spezialisten zur Abgabe an SS-VT-Div., 17.10.1939; 3.SS-Pz.Div., 4/2 : SS-T-Div./Ia an Div. d.SS-VT, 15.10.1939; SS-T-Div./Ia an Div. d.SS-VT, 17.10.1939.
29. Sur un effectif théorique de 540 hommes, seuls 442 artilleurs étaient arrivés, sans aucun des neuf tracteurs d'artillerie prévus (qui arriveront ultérieurement), ni même baïonnettes ou ceinturons. Ce dernier geste avait été jugé mesquin par Eicke qui avait cédé à la « SS-V-Division » ses réservistes avec leur équipement individuel. VHA, 3.SS-Pz.Div., 4/2 : Führer der SS-T-St./Kdr. an Ch.d.Pers.St. RFSS, 1/39 g, Betr. : Art.Abt. Pri[e]ß, SS-Art.St. VT, 6.10.1939; SS-T-Div. an RF-SS, 1/39 g, Betr. : Abgabe der SS-Art.Abt. Prieß v. d. SS-VT an SS-T-Div., 18.10.1939; SS-T-Div. an CdSSHA, 1/39 g, Betr. : Abgabe v. Personal SS-VT, 28.10.1939.
30. BAL, NS 19/3496 (133-47) : SS-Gruf. Eicke, 27/41, Mein Reichsführer-SS !, 5.3.1941. VHA, SS-Nachr.Stelle « NW », 9/3 : FS 2266, Chef des Amtes für Führerausbildung an SS-FHA/KdW-SS, 17.2.1941, 9.50 Uhr; 3.SS-Pz.Div., 2/1 : FS 1711, SS-FHA/KdW-SS an Kdr. SS-T-Div., Betr. : Führerbewerber, 8.3.1941; SS-T-Div., Div.-Tagesbefehl Nr.66, 27.3.1941.
31. VHA, 3.SS-Pz.Div., 4/2 : SS-T-Div. an CdSSPHA, 7/39 g, 17.10.1939.
32. SYRING, « Hausser ». SYDNOR, « Eicke ». SEGEV, *Soldiers*, p. 121 et suiv.
33. En 1939, Hausser avait fait valoir, pour preuve de sa bonne volonté, qu'il avait déjà cédé 4 de ses 9 commandants de bataillon d'infanterie. Dans l'un des

régiments, 4 des 14 commandants de compagnie avaient été prélevés, ce qui, de l'avis de Hausser, allait « déjà directement avant le combat au-delà de la limite de la responsabilité ». En janvier 1943, la ponction représentait un sixième des effectifs en sous-officiers de chacune des divisions « LSSAH » et « Das Reich », et cela au moment même où elles rejoignaient le front de l'Est. Pour la division « Das Reich », le quota a été diminué de moitié. À la « LSSAH », seuls 50 à 80 sous-officiers ont été cédés, soit pratiquement dix fois moins que le contingent prévu. VHA, 3.SS-Pz.Div., 4/2 : SS-Div. (VT) an CdSSHA, zum Befehl RF-SS v. 23.10.39, 24.10.1939 ; SS-Rekr.-Depot Debica, 6/1 : RF-SS an 1) SS-Pz.Gr.Div. « LSSAH », 2) SS-Pz.Gr.Div. « DR », 721/42 g.K., Betr. : Neuaufstellung von zwei SS-Pz.Gr.Div., 31.12.1942. BAL, NS 19/3943 (72) : SS-FHA/Ia an SS-Hstuf. Grothmann, Feldkommandostelle RF-SS, 4/43 g.K., 5.1.1943 ; NS 19/3871 (63) : Aktenvermerk [...], 13.1.1943.

34. BAMA, RH 10/319 (26) : 10.SS-Pz.Div. « F »/Ia 621/43 g.K., Meldung v. 5.12.1943 ; RS 3-17/4 : Anl. 9, 17.SS-Pz.Gr.Div. « GvB », 43/43 g.K., Betr. : TB des Aufstellungsstabes der Div., 8.12.1943 (Anl. 1).

35. VHA, 9.SS-Pz.Div., 9/2 : SS-Pz.Gr.Rgt.19 « H »/Ia 132/43 g.K., Betr. : Überführung der 15./SS-Pz.Gr.Rgt.19 zur 16.SS-Pz.Gr.Div. « RF-SS », 1.11.1943.

36. BAMA, RS 3-17/4 : Anl. 9, 17.SS-Pz.Gr.Div. « GvB », 43/43 g.K., Betr. : TB des Aufstellungsstabes der Div., 8.12.1943, p. 2.

37. BAMA, RS 3-17/1 : 17.SS-Pz.Gr.Div., KTB 1 (1, 8, 14 & 21.2.1944).

38. BAMA, ZA 1/241 (12-13) : P. Mahlmann, 353 Inf Div, November 43-24.7.1944.

39. KROENER, « Ressourcen » (5/1), p. 729 et suiv.

40. *Ibid.*, p. 713. BAL, NS 19/3521 (238) : Chef des E.-Amtes d.W-SS, Betr. : Übersichtsplan, 4.5.1940 ; NS 19/1643 (2-3) : Insp.d.SS-T-St./Ia, 345/40 g, Stärkemeldung der SS-T-St. z. 13.6.40, 17.6.1940.

41. BAL, NS 19/283 (15) : SS-FHA/Ia an RF-SS, Betr. : Verhältnis der HJ zur W-SS, 12.11.1942.

42. Le déficit s'établissait à 36,9 % pour les officiers et 41,5 % pour les sous-officiers à la 9e division SS, 39,2 % et 38,4 % à la 10e. Dans son rapport, la 9e division SS a usé d'un subterfuge très classique pour exagérer ses manques en arrondissant très largement ses chiffres à 40 et 45 %. BAL, NS 19/2092 : CdSSPHA an RF-SS, Betr. : Erfassung aller kriegsverwendungsfähigen SS-Führer, 31.12.1942 ; NS 19/3904 (59) : RF-SS an alle HSSPF, alle SS-OA, SS-Abschnitt XXXIX, alle Hauptämter, Betr. : Erfassung aller kv. SS-Führer, 5.1.1943 ; NS 19/3871 (56, 63-64 & 82-83) : SS-FHA/Ia, 15/43 g.K., Aktenvermerk, Betr. : Aufstellung von 2 SS-Pz.Gr.Div., 6.1.1943 ; Aktenvermerk über 2 Telefongespräche, die der Führer am 13.1.43, um 13.50 u. 15.10 Uhr, mit SS-Ogruf. Wolff, betr. Neuaufstellung von 2 SS-Div., geführt hat, 13.1.1943 ; Niederschrift über Besprechung mit dem Führer am Sonnabend, den 13.2.1943 in der Wolfsschanze um 17 Uhr ; NS 19/2860 (27) : RF-SS an RK Dr. Seyß-Inquart, 44/16/43 g, 19.1.1943 ; NS 33/145 (107) : SS-Pz.Gr.Div. « H »/Ia 458/43 g.K., Ausbildungsstand, personnelle und materielle Lage der SS-Pz.Gr.Div. « H » am 1.8.43, 5.8.1943. BAMA, RH 10/319 : 10.SS-Div. (SS-Pz.Gr.Div.) an AOK 1, Betr. : Meldung über Stand der Neuaufstellung (Stand : 5.8.43), 5.8.1943.

43. WEGNER, *Soldaten*, p. 158, 285, 287. BAL, NS 19/3502 (27-28) : SS-FHA/Ia an SS-HA, 347/43 g.K., Betr. : Aufstellung der SS-Div. « HJ », 10.3.1943 ; NS 19/66 (1-2) : RF-SS an CdSSFHA, 35/146/43 g, 4.10.1943 ; NS 19/62 (1) : RF-SS an SS-Ogruf. Jüttner, 35/161/43 g, 31.10.1943.

44. Sur les stages de formation interne : VHA, 2.SS-Pz.Div., 11/2 : SS-Div. « R »/IIa, Div.-Tagesbefehl Nr.13/42, 28.5.1942, § 12 ; 9.SS-Pz.Div., 1/1 : SS-Pz.Gr.Div. « H »/Ia, 796/43 g, Betr. : Aufstellung einer Ufhr.-Lehr-Kp., 23.5.1943 ; 10.SS-Pz.Div., 1/1 : 10.SS-Div./1.SS-Pz.Gr.Rgt./Ia, Ufhr.-Anwärter-Lehrgang!, 11.4.1943 ; 12.SS-Pz.Div., 31/3 : SS-Werf.Abt. 12, KTB (7.5.1944). BAMA, RH 20-7/105 : AOK 7, Bericht über die Fahrt des Ch.d.Gen.St. in Bereich des LXXXVII. u. XXV.AK. v. 27-29.3.43, 30.3.1943, § II, p. 3. À l'automne 1942, la division « Das Reich » n'a par exemple honoré aucune des 32 places qui lui avaient été réservées dans les écoles de sous-officiers. VHA, 2.SS-Pz.Div., 55/15 : SS-FHA/Amtsgruppe B/XII an Kdr. d. SS-Pz.Gr.Div. « DR », Betr. : SS-Ufhr.-Nachersatz, 2.12.1942. Cf. aussi BAL, NS 33/31 (16-17) : Rede des SS-Ogruf. Jüttner auf der SS-Führer-Tagung in Prag am 13.4.1944.

45. Cf. les rapports de ces divisions au 1er juin 1944 *in* BAMA, RH 10/141 (2.Pz.Div.), RH 10/148 (9.Pz.Div), RH 10/158 (21.Pz.Div.), RH 10/163 (116.Pz.Div.), RH 10/172 (Pz.Lehr-Div.), RH 10/312 (1.SS-Pz.Div.), RH10/313 (2.SS-Pz.Div.), RH 10/318 (9.SS-Pz.Div.), RH 10/319 (10.SS-Pz.Div.), RH 10/321 (12.SS-Pz.Div.), RH 10/324 (17.SS-Pz.Gr.Div.).

46. NARA, RG 492/Entry ETO-MIS-Y Sect/Box 63 : FUSA, POW I Report, 26/27.1.1945 (#5).

47. BAMA, RH 10/319 (70) : Notiz, Zustand der 10.SS-Pz.Div., 13.2.1945.

48. VHA, 2.SS-Pz.Div., 198/63-I : RF-SS/SS-PHA, 60/40, Betr. : Besetzung der Zugführerstellen bei den Kampf-Div., 21.2.1940. Cf. chap. 1, p. 20-21.

49. VHA, 2.SS-Pz.Div., 59/16 : Stellenbesetzung der SS-V-Div., Stand : 1.9.1940 ; 2.SS-Pz.Div., 11/2 : SS-Div. « R »/IIa, Div.-Tagesbefehl Nr.28/42, 30.7.1942, § 4 ; 2.SS-Pz.Div., 32/8 : Gen.Kdo. SS-Pz.Korps an Führer der SS-Pz.Gr.Div. « DR », Ia 264/43 g, Betr. : Personelle Vorratstaktik, 12.4.1943. BAMA, RS 3-17/6 : Anl. 105, 17.SS-Pz.Gr.Div. « GvB »/Ia 473/44 g, Besondere Anordnungen für den Personal-Ersatz während des Einsatzes, 20.3.1944 ; RS 4/1446 (64) : Gen.Kdo. I.SS-Pz.Korps « Leibstandarte »/IIa, 588/44 g, Betr. : Führerersatzanforderung, 27.5.1944 ; RS 4/1271 (n.f.) : I.(s.)/SS-Pz.Rgt.1/Nachkdo. Peiper an SS-Pz.Rgt.1, Betr. : Meldung der Führerreserve, 30.6.1944 ; RS 4/1274 (n.f.) : SS-Pz.Gr.Rgt.2 an I.-III. Btl., Rgt.-Einheiten, 611/44 g, Betr. : Führerstellenbesetzung u. Führerreserve, 15.11.1944, § 2-3.

50. BAL, SSO 58 (Gottlob BERGER, 16.7.1896) : CdSSHA an RF-SS/Pers.Stab, 6359/43 g, 10.10.1943.

51. Il s'agissait du 400e groupe de transmissions, fort de 766 hommes en octobre 1942. Le corps d'armée SS a même demandé et obtenu de l'armée l'adjonction d'une compagnie supplémentaire. BAL, NS 19/2571 (28) : RK Den Haag an SS-FHA, 1544, 17.5.1942, 9.20 Uhr ; NS 33/233 (6) : SS-FHA/Org 3906/42 g, Betr. : Aufstellung der Korps-Nachr.Abt. für das SS-Gen.Kdo., 3.7.1942. BAMA, RS 2-2/2 : SS-Gen.Kdo. (Pz), KTB 2 (1 & 9.8., 21.10.1942).

52. BAL, NS 19/3519 (40) : SS-FHA/Org, 3110/42 g, Betr. : Aufstellung eines SS-Gen.Kdo., 28.5.1942 ; NS 19/2563 : SS-FHA an RF-SS, 4.9.1942.

53. BAMA, RH 2/3041 (16 & 95) : Befehle für 10.SS-Pz.Div. ; RH 2/3042 (10) : Befehle für 12.SS-Pz.Div. « HJ ». Mc NAIR, *Panzers*, p. 164. HEIBER, *Lagebesprechungen,* p. 759 (29.12.1944).

54. *Ibid.*, p. 781-782 (9.1.1945). NARA, RG 165/Entry 179/Box 716 : MU#1FID, PWIB 1/23, 10.1.1945, p. 4.

55. BAL, NS 19/3798 (88-91) ; NS 19/3943 : Betr. : Abgabe von Angehörigen d.W-SS an Luftwaffe, 29.12.1942 ; SSO 71 A (Paul HAUSSER, 7.10.1880) : RF-SS, Lieber Hausser !, (31).3.1943. BAMA, RS 2-2/12 : Gen.Kdo. I.SS-Pz.Korps/IIb, TB für Monat April 1943, s.d. TMI (XX) : audience du 5.8.1946, p. 365. VHA, SS-Ausb.Btl.z.b.V., 9/3 : SS-FHA/V/IE, Betr. : Versetzungen zur Luftwaffe, 29.3.1943. Cf. 1.3 et 1.4.3.@. Berger a aussi songé à ces effectifs pour constituer le corps d'armée blindé SS « germanique » au début de 1943. BAL, NS 19/1735 (24) : CdSSHA/VI/Germanische Leitstelle an RF-SS, 98/43 g, Betr. : Germanisches Korps, 10.2.1943.

56. Selon un responsable de la *Luftwaffe*, le projet aurait échoué suite à la « défaillance » de Karl Wolff, chef suprême de la SS et de la police en Italie. Après l'échec, Himmler a demandé à Berger de voir s'il était possible de réactiver le processus. À la mi-juillet 1944, il reviendra encore à la charge auprès de Hitler au sujet de la division blindée « Reichsmarschall » qui continuait à le tarauder. BAL, NS 19/1449 (51) : Reichsmarschall, Obersalzberg, 3.5.1944, 11-14 Uhr ; NS 33/31 (23) : Rede des SS-Ogruf. Jüttner auf der SS-Führer-Tagung in Prag am 13.4.1944 ; NS 19/2181 : RF-SS an SS-Staf. Brandt, 27.5.1944 ; RF-SS/Pers.Stab an SS-Ogruf. Berger, 6.6.1944 ; NS 19/2830 (3) : RF-SS an Gauleiter des Gaues Südhannover-Braunschweig, 35/64/44 g, 25.5.1944 ; SSO 71 A (Paul HAUSSER, 7.10.1880) : RF-SS, 35/51/44 g, Mein lieber Hausser !, 3.5.1944 ; NS 19/1447 (153) : Wolfsschanze, 15.7.1944, Führer. BAMA, RS 4/1276 (n.f.) : SS-Pz.Gr.Rgt.2/LSSAH/IIb an I.-III. Btl. u. Rgt.-Einheiten, Betr. : Austausch von Angehörigen des fliegenden Personals der Luftwaffe, 9.5.1944. APC, RG 24, C 17, vol. 13654 : FCA, ISN 305, 1.5.1945, II, p. 6 (cit.).

57. HEIBER, *Lagebesprechungen*, p. 641-642 (1.9.1944), 682-684 (6.11.1944). MARTENS, *Göring*.

58. APC, RG 24, C 17, vol. 13654 : FCA, ISN 305, 1.5.1945, II, p. 6. BAL, NS 19/1447 (163) : Vortrag, Wolfsschanze, 26-27.9.1944, § 10 ; NS 19/3370 : FS an CdSSFHA Jüttner, 29.9.1944, 11.00 Uhr. BUCHHEIM, *Befehl*, p. 270-271.

59. VHA, 12.SS-Pz.Div., 40/4 : SS-E.-Staffel « Wiking »/Ib, 63/45 g, Betr. : Übernahme von Angehörigen des Westheeres in die W-SS, 19.2.1945 (en réf. : SS-FHA/II/Org.Abt. IE/II[1], II/21909/44 g, 29.12.1944).

60. WEGNER, *Soldaten*, p. 232.

61. BAL, SSO 141 (Karl-Maria DEMELHUBER, 27.5.1896) ; SSO 158 (Werner DÖRFFLER-SCHUBAND, 15.12.1892) ; SSO 163 A (Georg KEPPLER, 7.5.1894) ; SSO 84 B (August SCHMIDHUBER, 8.5.1901) ; SSO 98 B (Fritz von SCHOLZ, 9.12.1896) ; SSO 153 B (Felix STEINER, 23.5.1896).

62. BAL, SSO 61 B (Richard SANSONI, 7.1.1902) ; SSO 230 B (Adolf WEIß, 26.02.1903) ; SSO 143 B (Theodor SORG, 9.11.1914).

63. BAL, SSO 62 A (Peter HANSEN, 30.11.1896) : SS-V. Div., Beurteilung, 24.10.1940.

64. Pour la « LSSAH » : BAL, SSO 37 (Karl BARTLING, 24.7.1911) ; SSO 283 A (Ernst LUHMANN, 19.3.1908) ; SSO 310 A (Gustav MERTSCH, 17.1.1901) ;

SSO 150 B (Walter STAUDINGER, 24.1.1898). Pour la division « Totenkopf » : BAL, SSO 8 (Fritz ALLIHN, 8.5.1888); SSO 60 B (Hans SANDER, 30.7.1897).

65. BAL, SSO 67 A (Kurt HARTRAMPF, 29.4.1906); SSO 253 A (Karl LEINER, 14.6.1905).

66. BAL, SSO 78 (Hans BLUME, 4.8.1897).

67. BAL, SSO 102 (Martin BRAUNE, 6.3.1910); SSO 129 A (Franz JAEGY, 20.2.1898).

68. BAL, SSO 337 A (Willy MÜLLER, 16.10.1896) : Insp.(E)d.SS-VT/IIa an SS-PHA, Betr. : Übernahme in die SS-VT, 3.4.1940; Beförderungsvorschlag an KdW-SS, 26.10.1940.

69. BAL, SSO 203 B (Martin VEIGEL, 19.5.1908).

70. WEGNER, *Soldaten*, p. 232, 254-255. BAL, SSO 62 A (Peter HANSEN, 30.11.1896) : Hansen, Kdr. SS-Art.St., Hochverehrter Oberführer!, 20.6.1939; SSO (confidentiel).

71. BAL, NS 19/2780 (3 & 4) : SS-Ogruf. Hausser an RF-SS, 30.1.1943; RF-SS an Chef der Orpo, 4/6/43 g, 5.2.1943; SSO 97 B (Alfred SCHÖPS, 24.2.1909). BAMA, RH 19-IV/142 (48 & 188-89) : Ob.West/Ic, Tägl. Fernsprechnotizen (12.7., 10.40 Uhr; 26.8.1944, 17.55 & 19.20 Uhr); ZA 1/1181 (12) : W. Staudinger, Führung der Artillerie des I.SS-Pz.Korps während der Invasionskämpfe in der Normandie v. 6.6.44 bis Anfang Aug. 1944, s.d.

72. WEGNER, *Soldaten*, p. 232-233, 240.

73. BAL, SSO 71 A (Paul HAUSSER, 7.10.1880) : Gen.Kdo. II.SS-Pz.Korps/KG, Reichsführer, 30.9.1942 (cit.). BAMA, RS 2-2/2 : SS-Gen.Kdo. (Pz), KTB 2 (1.8. & 17.10.1942). WEIDINGER, *« Das Reich »* (III), p. 445, 482; (IV), p. 145.

74. WEGNER, *Soldaten*, p. 288-291. Au début de 1944, les quelque 1 900 postes d'officiers d'état-major de l'armée de terre étaient occupés comme suit : 964 l'étaient par des officiers d'état-major d'active, 233 par des officiers de troupe d'active, 90 par d'anciens officiers d'état-major et 500 par des officiers de réserve. Une centaine de postes n'étaient pas pourvus. Notes du chef de la chancellerie (IIa) du LXXXe corps d'armée prises au cours d'une réunion tenue à Paris les 4 et 5 février 1944 *in* APC, RG 24, C17, vol. 13647 : FCA, ISN 98, 6.10.1944, II, p. 1.

75. BAL, SSO 71 A (Paul HAUSSER, 7.10.1880) : Gen.Kdo. II.SS-Pz.Korps/KG, Reichsführer!, 15.3.1943.

76. WEGNER, *Soldaten*, p. 289-290. BAL, SSO 205 A (Fritz KRAEMER, 12.12.1900) : HPA/P3 an SS-Personalamt, 1251/43 g, Betr. : Kommandierung von Generalstabsoffizieren zu Verbänden d.W-SS, 15.6.1943; Ch/vH. an SS-FHA, Betr. : Kommandierung von Generalstabsoffizieren des Heeres, s.d. (juin 1943, cit.); RF-SS/Adjudantur, 1) SS-PHA, 2) SS-FHA, 1.8.1944. Cf. aussi le cas du commandant de la 13e division SS qui, comme les autres officiers de l'armée, est auparavant passé pendant deux semaines par les bureaux SS. BAL, SSO 62 B (Karl SAUBERZWEIG, 1.9.1899) : RF-SS/Pers.Stab an SS-Oberführer Katz, SS-PHA, 1643/43, Betr. : Oberst d.G. Sauberzweig, 31.7.1943.

77. Il s'agissait du lieutenant-colonel (plus tard colonel) Peter Sommer. Il a commandé le détachement tactique de la division demeuré sur le front de l'Est au cours de l'hiver 1943-1944 avant d'être nommé successivement chef d'état-major

NOTES (chapitre 11) 907

d'un corps d'armée blindé SS puis du VIe corps d'armée SS letton en 1944. S'il a eu le droit de porter l'uniforme SS comme les autres officiers détachés par l'armée, Sommer n'a jamais été membre en titre de l'Ordre noir. RIGG, *Soldaten*, p. 138. BAL, SSO 142 B (Peter SOMMER, 25.2.1907).

78. WEGNER, *Soldaten*, p. 290-291. SPIWOKS, *Endkampf*, p. 363-364. BAMA, MSg 175/52 : historiques succincts des XIe, XIIe et XIIIe corps d'armée des *Waffen-SS*; ZA 1/604 (5-6) : SS-Ogruf. E. v.d. Bach-Zelewski, Das XIV.SS-Korps im Nov.-Dez. 44, 7.12.1946; ZA 1/640 (5) : Gen.d.Inf. G. Blumentritt, Das XII.SS-Korps westlich u. an der Roer v. 20.10.44-31.1.45, Jan. 1947.

79. MAIER, *Drama*, p. 14. BAMA, MSg 175/31 : 6e armée blindée des *Waffen-SS*, p. 20-22. APC, RG 24, C 17, vol. 13652 : FCA, ISN 258, II, 15.3.1945, p. 8. MESSENGER, *Gladiator*, p. 94, 117, 131.

80. En janvier 1945, c'est précisément pour ne pas avoir suivi ses ordres dans l'affectation des officiers que le SS-FHA a été dépossédé de ses prérogatives dans ce domaine au profit de l'Office principal du personnel SS. BAL, SSO 157 A (Adolf KATZ, 9.3.1899) : RF-SS, 195/45 g.K., Lieber Jüttner, 7.1.1945.

81. TMI (XXIX), PS-1918, p. 102 et suiv. BAL, NS 19/1665 (1) : RF-SS, 1138/42 g, Lieber Jüttner!, 5.3.1942 (cit.); SSO 71 A (Paul HAUSSER, 7.10.1880) : RF-SS, 35/7/43 g, Mein lieber Hausser!, 4.11.1942.

82. *Ibid*.

83. BAL, SSO 109 B (Hinrich SCHULDT, 14.6.1901) : SS-Stubaf. H. Schuldt, 25.10.1939.

84. HALDER, *Kriegstagebuch* (1), p. 188 (8.2.1940). Cf. par exemple BAL, SSO 128 (Willi CHRISTIANSEN, 10.4.1908); SSO 145 (Ernst DEUTSCH, 5.7.1906); SSO 179 A (Heinrich KLING, 10.9.1913); SSO 196 A (Martin KOHLROSER, 8.1.1905); SSO 16 B (Otto REICH, 5.12.1891); SSO 109 B (Hinrich SCHULDT, 14.6.1901). KUMM, « *Vorwärts* », p. 39-40.

85. PA/AA, Inl II g, R 100992, 2558 (n.f.) : Gr. Inl II, Vortragsnotiz zur Vorlage bei dem RAM, 28.5.1943. Au moment de constituer l'état-major de la division SS ukrainienne, le SS-FHA a ainsi donné l'ordre de pourvoir tous les postes avec des Allemands, à l'exception des personnels d'ordonnance et de servitude. VHA, SS-Ausb.Btl.z.b.V., 11/3 : SS-FHA, Org II/7322/43 g, Betr. : Aufstellung der SS-Freiw.Div. « Galizien », 1.10.1943.

86. À l'automne 1943, Himmler faisait ainsi le pari de transformer des cadres de l'*Allgemeine-SS* en officiers compétents à l'issue de quelques mois d'instruction, estimant qu'ils seraient toujours aussi bons que les officiers subalternes des armées néerlandaise, norvégienne ou danoise. À cette époque, le SS-FHA n'avait déjà pas hésité à confier un bataillon de la division SS bosniaque à un commandant de l'*Allgemeine-SS* dont l'expérience du front datait de la Grande Guerre qu'il avait finie comme sous-officier. Une telle affectation eût été impensable au sein des formations les plus anciennes de la *Waffen-SS*. BAL, NS 19/62 (1) : RF-SS an SS-Ogruf. Jüttner, 35/161/43 g, 31.10.1943; SSO 92 (Walter BORMANN, 5.8.1897).

87. BAL, SSO 232 B (Kurt WEISSE, 11.10.1909) : Feldgericht der SS-Pz.Gr.Div. « T », St.L. 52/43, 228/43 g, Feldurteil in den Strafverfahren gegen den SS-Hstuf. Weisse, 27.1.1943, p. 2 (cit.). BAMA, RS 3-2/2 : Kdo.Stab SS-V-Div., KTB (1.12.1940). WEIDINGER, « *Das Reich* » (II), p. 314, 320.

88. VHA, 2.SS-Pz.Div., 47/13 : Betr. : Wiederaufstellung der Div., Zwischenbericht über den derzeitigen Stand v. 17.5.1942 zur Vorlage b. Generalstab Führerhauptquartier.

89. VHA, 2.SS-Pz.Div., 48/13 : SS-Div. « R »/Kdr., Besprechung mit SS-Gruf. Jüttner in Berlin am 10.4.42, A) Für Ferngespräch mit SS-Gruf. Krüger, B) Ferngespräch mit RF-SS, 9.4.1942. BAMA, RS 2-2/2 (248-49) : SS-Div. « DR »/ Div.Arzt an SS-Div. « DR »/Ia, 608/42 g.K., Betr. : Truppenärztliche Untersuchung auf TDF, 19.10.1942. BAL, SSO 64 A (Heinz HARMEL, 29.6.1906); SSO 230 A (Otto KUMM, 1.10.1909).

90. BAL, NS 19/4010 (204) : Rede des RF-SS vor den Reichs- u. Gauleitern in Posen am 6.10.1943; NS 33/31 (15) : Rede des SS-Ogruf. Jüttner auf der SS-Führer-Tagung in Prag am 13.4.1944.

91. En mars 1945, la moyenne d'âge des officiers supérieurs était par exemple de 36,6 ans à la 13e division bosniaque, 42,6 à la 28e wallonne et 37,2 à la 34e néerlandaise. MUNOZ, *Last Levy*.

92. BAL, SSO 71 A (Paul HAUSSER, 7.10.1880) : SS-Ogruf. Hausser, Reichsführer !, 28.4.1944 (cit.); SSO 74 (Wilhelm BITTRICH, 26.2.1894); SSO 137 (Lothar DEBES, 21.6.1890); SSO 189 B (Karl von TREUENFELD, 31.3.1885).

93. BAL, SSO 71 A (Paul HAUSSER, 7.10.1880) : Gen.Kdo. II.SS-Pz.Korps/KG, Reichsführer, 30.9.1942; NS 19/3752 (8-11) : SS-Gruf. W. Krüger, 9175/42 g, Panzerverwendung, s.d. (oct.-nov. 1942).

94. BAL, SSO 176 A (Franz KLEFFNER, 2.6.1907) : dossier de procédure du 6.10.1944. Treuenfeld avait déjà prouvé son incurie en 1942 au cours de la lutte antipartisans à la tête de la 1re brigade d'infanterie SS. CÜPPERS, *Wegbereiter*, p. 252-254.

95. Bittrich a succédé à Hausser à la tête du IIe corps d'armée blindé SS à la fin juin 1944, von Treuenfeld a commandé assez brièvement le VIe corps d'armée SS letton du 24 mai au 15 juillet avant d'être nommé inspecteur au SS-FHA – contre l'avis de Hausser. À l'issue d'une autre bévue à ce poste, Himmler l'a « mis en inactivité à cause de son âge élevé », convaincu qu'« il ne compren[ait] rien à la conduite de la guerre moderne ». BAL, SSO 157 A (Adolf KATZ, 9.3.1899) : RF-SS, 195/45 g.K., Lieber Jüttner, 7.1.1945.

96. WEGNER, *Soldaten*, p. 214-216.

97. BAL, SSO 64 A (Heinz HARMEL, 29.6.1906) : Lehrgänge für höhere Truppenführung, Beurteilung (Notiz) über den SS-Staf. H. Harmel nach Teilnahme am 10. Div.-Führer-Lehrgang, 14.4.1944; Gen.Kdo. II.SS-Pz.Korps/IIa, Beurteilung, 21.6.1944.

98. BAL, SSO 306 A (Erwin MEIERDRESS, 11.12.1916) : SS-Pz.Rgt.3, Beurteilung, 2.5.1944; 3.SS-Pz.Div. « T » an SS-FHA/KdW-SS, Beförderung, (déc. 1943-janv. 1944).

99. En novembre 1942, l'âge théoriquement requis pour devenir lieutenant SS était de 22 ans (au lieu de 24 ans précédemment), 25 ans pour capitaine (au lieu de 26), 30 ans pour commandant, 34 ans pour lieutenant-colonel et 38 ans pour colonel. Des exceptions étaient toutefois prévues en cas de capacité particulière ou pour bravoure au front. Dans ce cas, Meierdress avait déjà été cinq fois blessé. En revanche, il était encore célibataire et sans enfants, ce qui était en soi un motif suf-

NOTES (chapitre 11)

fisant de blocage à l'avancement (chap. 17, p. 482 et suiv.). VHA, 2.SS-Pz.Div., 7/2 : SS-Div. « DR »/IIa, Div.-Sonderbefehl!, 1.9.1942. BAL, NS 19/3901 (137 et suiv.) : RF-SS/SS-PHA, Az. B 21 c 20/23, SS-Befehl : Richtlinien zur Einreichung von Beförderungsvorschlägen für Führer d. Allg.-SS u. d. W-SS für die Dauer des Krieges, 15.11.1942.

100. Cf. par exemple BAL, SSO 176 A (Ernst TETSCH, 28.10.1916) : SS-Pz.Rgt.2 « DR », Beurteilung, 26.5.1944 ; SSO 179 A (Heinrich KLING, 10.9.1913) : SS-Pz.Rgt.1 « LSSAH » an RF-SS, Beförderung, 24.4.1944 ; SSO 368 A (Joachim PEIPER, 30.1.1915) : 1.SS-Pz.Div. « LSSAH », Beförderung, 28.11.1943.

101. BAL, SSO 164 A (Ludwig KEPPLINGER, 31.12.1911) : 17.SS-Pz.Gr.Div. « GvB »/IIa, Beurteilung, 8.8.1944.

102. BAL, SSO 176 A (Franz KLEFFNER, 2.6.1907) : SS-Stubaf. Gießelmann an SS-Staf. Bender, Betr. : SS-Ostubaf. Kleffner, 6.9.1944.

103. Le général Briesen, blessé en première ligne à la tête de la 30e division d'infanterie au cours des combats en Pologne, a préfiguré l'archétype de cet officier au début du conflit. HEUSINGER, *Hitler*, p. 37, 107-108. En janvier 1942, Hitler affichait sa volonté d'avoir des commandants de régiment d'environ 35 ans et des généraux de 40 ans. JOCHMANN, *Monologue*, p. 216 (20.1.1942). Une nouvelle impulsion a été donnée en ce sens au début de 1944. EBERLE, *Dossier*, p. 195-196.

104. SENGER UND ETTERLIN, *Panzer*, p. 55, 219.

105. BAL, NS 19/3943 (120) : OKH/HPA 1.Staffel, 21/42, Betr. : Förderung von Führerpersönlichkeiten, vorzugsweise Beförderung, Verbesserung des Rangdienstalters, 4.11.1942.

106. WEGNER, *Soldaten*, p. 284/n. 96. SENGER UND ETTERLIN, *Panzer*, p. 70 et suiv.

107. Notes du chef de la chancellerie (IIa) du LXXXe corps d'armée prises au cours d'une réunion tenue à Paris les 4 et 5 février 1944 *in* APC, RG 24, C17, vol. 13647 : FCA, ISN 98, 6.10.1944, II, p. 1. BAL, SSO 137 (Lothar DEBES, 21.6.1890) ; SSO 189 B (Karl von TREUENFELD, 31.3.1885).

108. Document de la 1re armée allemande rendant compte d'une réunion tenue les 16 et 17 juin 1944 à l'état-major de l'armée de terre. Comme le précédent, ce document a été saisi lors de l'avance alliée en France. Leur véracité ne fait aucun doute, ainsi que l'atteste une directive du commandant en chef à l'ouest. Le commandement allemand n'avait par ailleurs aucun intérêt à mener une opération d'intoxication sur des informations mettant à nu ses faiblesses et sans implication tactique directe. *Ibid.* (1re réf.), p. 1-3. APC, RG 24, C17, vol. 13648 : FCA, ISN 144, 21.11.1944, II, p. 1-2. VHA, 17.SS-Pz.Gr.Div., 7/1 : Ob.West/Ic/AO, Betr. : Wahrung der Geheimhaltung, 30.11.1944.

109. À comparer avec deux officiers aussi charismatiques que Joachim Peiper et Max Wünsche, nommés à la tête des régiments blindés des 1re et 12e divisions SS à la fin de 1943 et promus lieutenants-colonels SS à l'âge de 29 ans en janvier 1944, on constate par exemple que l'armée a fait beaucoup mieux. BAL, SSO 368 A (Joachim PEIPER, 30.1.1915) ; SSO 230 B (Max WÜNSCHE, 20.4.1914).

110. SPAETER, *Großdeutschland* (2), p. 769 & (3), p. 359. FRÖLICH, *Goebbels* (II, 14), p. 333-334 (2.12.1944).

111. BAL, SSO 313 A (Kurt MEYER, 23.12.1910).

112. WEGNER, *Soldaten*, p. 179-180.

113. Un exemple de rigidité toute bureaucratique avec laquelle la *Reichsführung-SS* appliquait ses règles de gestion de personnels figure *in* BAL, SSO 184 A (Wilhelm KMENT, 8.3.1915).

114. WEGNER, *Soldaten*, p. 83, 99-100. La manière dont Himmler a dû renoncer avant guerre à limoger l'un des commandants de bataillon de la « LSSAH » devant la sourde opposition manifestée par Dietrich est de ce point de vue très révélatrice. BAL, SSO 196 A (Martin KOHLROSER, 8.1.1905) : RF-SS an Chef der SS-Pers.Kanzlei, A/R/4029, Betr. : SS-Ostubaf. Kohlroser, 17.12.1937.

115. BAL, NS 19/4011 (209) : Wortlaut der Rede des RF-SS auf der Tagung für Befehlshaber der Kriegsmarine in Weimar, 16.12.1943.

116. L'échange de propos acrimonieux en 1938 entre un officier de la SS-VT et un autre de la « LSSAH » est symptomatique de la rivalité ambiante. Le second n'a pas digéré l'allusion d'amateurisme lorsque le premier, en apprenant son affectation à la garde personnelle de Hitler, lui avait déclaré que c'était « encore bien là un meilleur club ». L'officier de la SS-VT avait ensuite exprimé l'opinion que la « LSSAH » devait quitter la SS-VT parce qu'elle était « bien incapable d'exécuter un jour des ordres ». Dans sa lancée, il avait déclaré que Dietrich n'était « pas borné, mais malade ». BAL, SSO 178 A (Matthias KLEINHEISTERKAMP, 22.6.1893) : SS-Hstuf. Schuldt an Chef der SS-Pers.Kanzlei, 11.5.1938 ; SS-Gericht, Vernehmungsniederschrift, 27.5.1938.

117. Sur un total de 154 officiers ayant quitté les rangs de la division « Totenkopf » d'octobre 1939 à mars 1941, seuls trois (1,9 %) ont rejoint d'autres formations de combat SS. En fait, la majeure partie d'entre eux (88, soit 57,1%) a rejoint les écoles et unités de dépôt SS (souvent liées aux anciennes SS-TV), 23 (14,9%) les régiments « Tête de mort », 9 (5,8 %) l'inspection des camps de concentration et 31 (20,1 %) l'état-major de commandement de la *Waffen-SS*. VHA, 3.SS-Pz.Div., 4/2 : SS-T-Div. an CdSSPHA Schmitt, 7/39 g, 17.10.1939 (cit.). BAL, SSO 166 (Willi DUSENSCHÖN, 1.3.1909) : SS-T-Div. an CdSSPHA Schmitt, Betr. : SS-Stubaf. Schulze, 7.11.1939 ; SSO 138 B (Max SIMON, 6.1.1899) : SS-T-Div./Kdr., Beurteilung, 29.9.1940 ; SSO 236 A (Heinz LAMMERDING, 27.8.1905) : SS-T-Div./Kdr., Beurteilung, 29.9.1940 ; NS 19/3496 : SS-T-Div./IIa, Zusammenstellung über die von der SS-T-Div. an andere Einheiten d.W-SS abgegebene Führer, 5.3.1941.

118. BAL, NS 19/3496 (13-14) : SS-T-Div./Kdr. an Ch.d.Pers.St. RFSS, 28.10.1941 ; SSO 181 (Theodor EICKE, 17.10.1892) : RF/V, AR/353/38, Lieber Eicke !, 28.11.1941 (cit.).

119. BAL, NS 33/239 (45-53) : SS-FHA/KdW-SS/IIa, Betr. : Versetzung der Reserve-Führeranwärter des 5. RFA-Lehrgangs der SS-JS Tölz, 16.2.1942. Dans leur grande majorité, les hommes de la promotion sortie de la même école un an auparavant avaient aussi été réaffectés à leur unité d'origine, à l'exception des personnels du régiment « Germania » assez nombreux à être ensuite affectés au groupement tactique « Nord ». BAL, SSO 98 A (Fritz HILLIG, 30.8.1909) : SS-FHA/KdW-SS/IIa, Betr. : Versetzung der Teilnehmer des RFA-Lehrganges an der SS-JS Tölz 3.11.40-31.1.41, 5.2.1941.

120. Cf. par exemple VHA, 3.SS-Pz.Div., 76/14 : SS-FHA/I Org 2080/41 g, Betr. : Aufstellung von Einheiten für die LSSAH, 30.5.1941. De manière révélatrice, Himmler n'a pas mis à exécution sa décision de muter un commandant de régiment de la division « Totenkopf », comme il l'avait pourtant annoncé dans sa lettre à Eicke où il déclarait ne pas vouloir que cette formation devienne « un club exclusif [...] de vieux Têtes de mort ». BAL, SSO 181 (Theodor EICKE, 17.10.1892) : RF/V, AR/353/38, Lieber Eicke!, 28.11.1941 ; SSO 138 B (Max SIMON, 6.1.1899). Et lorsque le SS-FHA a commis une « erreur d'aiguillage » en affectant en 1942 un officier dans une autre division que celle dont il était issu, cette erreur a bien vite été rectifiée. BAL, SSO 36 A (Martin GROSS, 15.4.1911).

121. VHA, 2.SS-Pz.Div., 47/13 : SS-Pz.Gr.Div. « DR »/IIa, Aktennotiz über die Besprechung b. KdW-SS am 25. u. 26.11.42, 30.11.1942.

122. BAL, SSO 253 A (Karl LEINER, 14.6.1905).

123. BAL, SSO 181 A (Fritz KNÖCHLEIN, 27.5.1911). WITTE, *Dienstkalender*, p. 501/n. 99 (27.7.1942), 518 (15.8.1942). HASTINGS, *« Das Reich »*, p. 45.

124. VHA, 2.SS-Pz.Div., 28/6 : RF-SS an alle Befehlshaber u. Kdre. d.W-SS u. Polizei, 9.12.1942.

125. BAL, NS 19/2780 (3 & 4) : SS-Ogruf. Hausser an RF-SS, 30.1.1943 ; RF-SS an Chef der Orpo, 4/6/43 g, 5.2.1943.

126. BAL, SSO 71 A (Paul HAUSSER, 7.10.1880) : RF-SS, Lieber Hausser!, (31).3.1943, p. 3-4 (cit.) ; SSO 253 A (Karl LEINER, 14.6.1905) : Gen.Kdo. SS-Pz.Korps/IIa, Stellungnahme, 13.3.1943.

127. LEHMANN, *Leibstandarte* (I), p. 22.

128. Trois d'entre eux (Oberkamp, Trabandt et Kohlroser) ont commandé des divisions à recrutement étranger à la fin du conflit, respectivement les 7e, 18e et 34e divisions SS. Dans le même temps, cinq lieutenants ou capitaines servant à la « LSSAH » au début du conflit ont été nommés à la tête des 1re et 12e divisions SS à partir de 1943. BAL, SSO 196 A (Martin KOHLROSER, 8.1.1905) ; SSO 205 A (Hugo KRAAS, 25.1.1911) ; SSO 313 A (Kurt MEYER, 23.12.1910), SSO 323 A (Wilhelm MOHNKE, 15.3.1911) ; SSO 354 A (Carl Ritter von OBERKAMP, 30.10.1893) ; SSO 108 B (Ernst SCHÜTZEK, 16.12.1901) ; SSO 187 B (Wilhelm TRABANDT, 21.7.1891) ; SSO 1 C (Theodor WISCH, 13.12.1907) & (Fritz WITT, 27.5.1908).

129. BAL, NS 19/3787 (203-06) : RF-SS/Adjutant an SS-PHA, 188/42, 20.11.1942 (en copie jointe : SS-Hstuf. Kroczak, Lieber Richard!, 19.11.1942) ; SSO 116 A (Otto HORNHARDT, 17.6.1896) : 10.SS-Pz.Div. « F »/Art.Rgt., Beurteilung, 3.6.1944. FREY, A., *Freiheit*, p. 9, 252.

130. BAL, SSO 42 (Otto BAUM, 15.11.1911) ; SSO 64 A (Heinz HARMEL, 29.6.1906) ; SSO 138 B (Max SIMON, 6.1.1899) ; SSO 148 B (Sylvester STADLER, 30.12.1910). Cf. aussi le cas du régiment « Deutschland » *in* STEINER, *Armee*, p. 102.

131. BAL, SSO 171 (Hans ECKERT, 1.6.1916) ; SSO 188 (Rudolf ENSELING, 30.8.1914). BAMA, RS 3-2/51 : A. Stückler, 2.SS-Pz.Div. « Das Reich », p. 3.

132. BAL, SSO 61 A (Jakob HANREICH, 16.8.1911) ; SSO 142 A (Arnold JÜRGENSEN, 17.5.1910) ; SSO 197 A (Rolf KOLITZ, 21.1.1912) ; SSO 208 A

(Bernhard KRAUSE, 11.5.1910); SSO 296 A (Artur MANTHEI, 15.1.1912); SSO 313 A (Kurt MEYER, 23.12.1910); SSO 135 B (Bernhard SIEBKEN, 5.4.1910); SSO 218 B (Johann WALDMÜLLER, 13.9.1912). À l'inverse, cf. BAL, SSO 203 A (Wilhelm KOS, 14.5.1910); SSO 319 A (Karl MILIUS, 19.8.1911); SSO 323 A (Wilhelm MOHNKE, 15.3.1911); SSO 335 A (Siegfried MÜLLER, 18.10.1914); SSO 364 A (Erich PANDEL, 18.12.1912).

133. BAL, SSO 51 A (Ernst HAGENLOCHER, 23.11.1911) : SS-FHA, Personalverfügung, 20.7.1944 ; SSO 142 B (Hans-Georg SONNENSTUHL, 25.9.1914) : SS-FHA/V/IIa, Personalverfügung, 27.9.1944. WESTEMEIER, *Peiper*, p. 78-79.

134. BAMA, RS 2-2/26 : Gen.Kdo. II.SS-Pz.Korps/Qu, KTB 7 (19 & 22.11.1943).

135. « En raison de sa longue appartenance à la L.SS.AH, ses compétences dans le service intérieur et extérieur sont à qualifier de très bonnes. » Telle était l'appréciation pour le moins significative faite pour justifier la proposition de promotion d'un officier. BAL, SSO 153 A (Georg KARCK, 11.6.1911) : LSSAH/II.Btl./I.R.2 an SS-FHA/KdW-SS, Beförderung, 13.8.1942.

136. Quoique la narration des événements soit souvent tendancieuse, l'ouvrage de Kurt Meyer est très révélateur du poids de ces liens personnels au combat. MEYER, K., *Grenadiere*.

137. SYDNOR, *Soldiers*, p. 113-114.

138. BAL, SSO 65 (Hermann BESUDEN, 6.6.1905) : Auffrischungsstab 16 an Reichsarzt SS, 1.12.1944. BAMA, ZA 1/291 (7-8) : Max SIMON, XIII. SS Inf Corps in the Lorraine Campaign, 17.8.1945.

139. WEIDINGER, *« Das Reich »* (II), p. 319-320.

140. Ansprache des RF-SS an Offizierkorps der LSSAH, 7.9.1940, TMI (XXIX), PS-1918, p. 101-102.

141. BAL, SSO 148 B (Sylvester STADLER, 30.12.1910).

142. BAL, SSO 185 B (Viktor KNAPP, 10.1.1897) : CdSSHA an RF-SS, 4072/42 g, Betr. : SS-Obf. Knapp, 21.10.1942. VHA, 2.SS-Pz.Div., 47/13 : SS-Pz.Gr.Div. « DR »/IIa, Aktennotiz über die Besprechung b. KdW-SS am 25. u. 26.11.42, 30.11.1942. Parmi les officiers destinés à commander des unités de chars, ceux qui disposaient d'une expérience dans les unités de reconnaissance ou dans l'artillerie d'assaut ont été logiquement privilégiés. BAL, SSO 67 A (Kurt HARTRAMPF, 29.4.1906); SSO 228 A (Herbert KUHLMANN, 7.4.1915); SSO 234 A (Anton LAACKMANN, 8.5.1910); SSO 253 A (Karl LEINER, 14.6.1905); SSO 23 B (Albin Frhr. von REITZENSTEIN, 4.3.1911); SSO 95 B (Georg SCHÖNBERGER, 21.2.1911); SSO 14 C (Max WÜNSCHE, 20.4.1914). D'autres officiers ont été convertis. BAL, SSO 164 A (Dieter KESTEN, 9.6.1914); SSO 179 A (Heinrich KLING, 10.9.1913); SSO 306 A (Erwin MEIERDRESS, 11.12.1916); SSO 197 A (Werner KORFF, 12.4.1915).

143. BAL, SSO 314 A (Otto MEYER, 23.12.1912); SSO 175 B (Eberhard TELKAMP, 8.5.1914); SSO 65 (Walter BESTMANN, 2.10.1907); SSO 176 A (Franz KLEFFNER, 2.6.1907).

144. BAL, SSO 188 (Rudolf ENSELING, 30.8.1914); SSO 148 A (Otto KAHN, 4.3.1908); SSO 135 B (Bernhard SIEBKEN, 5.4.1910); SSO 163 B (Arnold STOFFERS, 1.9.1910); SSO 230 B (Adolf WEISS, 26.2.1903).

NOTES (chapitre 11)

145. BAL, SSO 61 B (Kurt SARNOW, 4.9.1908); SSO 139 B (Franz SIX, 9.7.1906).

146. BAL, NS 19/534 (3) : Aktenvermerk zum Brief des SS-Brigf. Hausser v. 10.5.38, 10.5.1938.

147. BAL, SSO 49 B (Bruno ROTHARDT, 21.8.1891) : Insp.d.SS-VT an Chef des SS-Pers.Kanzlei, Betr. : Beförderung, 945/39 g, 24.3.1939. Dans un discours prononcé en 1937, Himmler dénonçait aussi le rêve d'un rythme de promotion annuel pour chaque officier SS. HIMMLER, *Geheimreden*, p. 73.

148. BAL, SSO 203 B (Martin VEIGEL, 19.5.1908) : Sachbearbeiter fur das Kraftfahrwesen (Dipl.Ing.) an Kdr. der SS-Div. «R», 22.2.1941; SSO 158 (Werner DÖRFFLER-SCHUBAND 15.12.1892) : SS-Rgt. «G»/Kdr. an Div.Kdr., Betr. : Beförderung [...], 17.10.1940. VHA, 3.SS-Pz.Div., 2/1 : SS-T-Div./IIb, Betr. : Unterscharführer mit längerer Dienstzeit, 8.1.1941. Sur les médecins SS, cf. BAL, SSO 65 (Hermann BESUDEN, 6.6.1905); SSO 143 (Friedrich-Karl DERMIETZEL, 7.2.1899); SSO 5 A (Karl GEBHARDT, 23.11.1897); SSO 8 A (Karl GENZKEN, 8.6.1885); SSO 29-30 A (Ernst-Robert GRAWITZ, 8.6.1899); SSO 98 A (Oskar HOCK, 31.1.1898); SSO 260 A (Peter LIEBRICH, 11.2.1909).

149. BAL, SSO 230 B (Adolf WEIß, 26.02.1903) : Kdr. SS-Div. «R», Zusatz zur Beurteilung v. 30.9.40, 20.4.1942 (gez. Hausser, SS-Ogruf., bisher Kdr. SS-Div. «R»).

150. Son départ a provoqué des changements à la tête de deux régiments d'infanterie de la division. Faute de promotion, le commandant du régiment le plus récent a en effet bénéficié à cette occasion d'une distinction en prenant la place laissée vacante par le commandant du régiment le plus ancien. WEIDINGER, «*Das Reich*» (III), p. 136-137.

151. BAMA, RS 2-2/3 (66) : Kriegsrangliste des Gen.Kdo. SS-Pz.Korps (1.11.1942-8.1.1943).

152. Lettre de Steiner à Berger du 16.9.1942 *in* WEGNER, «Auf dem Wege», p. 115-116.

153. *Ibid.*, p. 111.

154. Conséquence du vide causé par le transfert massif d'officiers de la «LSSAH» vers la 12e division SS, 74 officiers ont été promus dans les rangs de la «LSSAH» à la seule occasion du 21 juin 1943. Cette vague de promotions a concerné dans des proportions similaires les sous-officiers et gradés du rang. BAMA, RS 4/1282 (n.f.) : LSSAH/2.Pz.Gr.Rgt., Sonderbefehl!, Betr. : Führerbeförderungen, 21.6.1943 ; LSSAH/2.Pz.Gr.Rgt., Auszug aus der Personal-Verfügung Nr.13, 12.6.1943. En décembre 1943, la plupart des cadres du Ier corps d'armée SS (44 sur 53) provenaient en droite ligne de la «LSSAH» ou de son bataillon de dépôt. BAMA, RS 2-1/5 : Kriegsrangliste des Gen.Kdo. I.SS-Pz.Korps (Anl. F, Ia 917/44 g.K.).

155. TMI (XXIX), PS-1918 : Ansprache des RF-SS an Offizierkorps der LSSAH, 7.9.1940, p. 101, 103, 105. BAL, NS 19/2601 (22) : CdSSHA an RF-SS, 5960/43 g, Betr. : Bosniaken Div., 25.9.1943; SSO 58 (Gottlob BERGER, 16.7.1896) : CdSSHA an RF-SS/Pers.Stab, 6359/43 g, 10.10.1943, p. 3.

156. BAL, NS 19/4010 (8) : Rede des RF-SS in Charkow, April 1943.

157. BAMA, RS 4/1270 (n.f.) : SS-Pz.Gr.Rgt.2, 115/44 g.K., Betr. : Rgt.-Befehl für die Zusammenstellung von Feldersatzeinheiten u. Neuausrüstung, 16.10.1944, § 10.

158. BAL, NS 19/1447 (60) : Vortrag b. Führer im Wolfsschanze am Ostersonntag, 5.4.1942. WITTE, *Dienstkalender*, p. 392 (5.4.1942).

159. BAL, NS 19/1442 : Telefongespräche Himmlers (31.12.1942, 16.40 Uhr).

12. Organisation et structures des formations motorisées SS

1. Dès octobre 1934, elle était devenue un régiment d'infanterie à trois bataillons pourvu d'un état-major de commandement. À la fin de l'année 1935, elle avait aussi été la première à calquer son organisation sur celle des régiments d'infanterie de l'armée en disposant, en sus des douze compagnies d'infanterie (quatre par bataillon), de deux compagnies d'armes lourdes : l'une de mortiers (plus tard de canons d'infanterie) et l'autre antichars. L'existence d'une 15e compagnie motocycliste pour la reconnaissance, à laquelle allait bientôt s'ajouter une section de blindés de reconnaissance, allait par contre au-delà de ce qui existait au sein de l'armée. L'unité était par ailleurs « entièrement motorisée » au printemps 1936. Ce faisant, les effectifs de la « LSSAH » sont passés de 2 531 à 3 626 hommes de janvier 1935 à décembre 1938 (+ 43 %). Ces mutations sont en moyenne survenues deux années plus tard chez les autres formations de la SS-VT. WEGNER, *Soldaten*, p. 85. LEHMANN, *Leibstandarte* (I), p. 65-67, 80, 85. SJSS (1937), p. 47. SJSS (1938), p. 73. HAUSSER, *Soldaten*, p. 22-23. WEIDINGER, *« Das Reich »* (I), p. 27-29, 76-78 (avec une erreur de datation). BAMA, RS 4/1207 : Insp.d.SS-VT, 103/38 g.K., Betr. : Mobilmachung d.SS-VT, 9.7.1938. VHA, 2.SS-Pz.Div., 96/26 : Zeitlicher Überblick über die Entwicklung des SS-Rgt. « D », 19.6.1942, p. 4, 6. BAL, SSO 36 A (Helmut GROSS, 17.10.1906) : I/VT an OKH, 2071/36 g, Betr. : M.K.S. Lehrgang v. 5.5.-16.6.36 auf Heereskraftfahrschule Wünsdorf, 24.4.1936 (cit.) ; SSO 149 B (Martin STANGE, 30.3.1910) : SS-VT/St. « G », Beurteilung, 6.1.1939 ; NS 19/3687 : RF-SS, R/59, 4.4.1938 ; Insp.d.SS-VT, Betr. : Behelfsmässige Motorisierung d.SS-VT, 20.4.1938 ; NS 19/1669 (72) : Insp.d.SS-VT, Vortragsnotizen für Gruf.-Besprechung am 23.1.39, 18.1.1939.

2. *Ibid.* (dernière réf., 70). BAMA, RW 4/v.503 (224 et suiv.) : Der Führer, 17.8.1938 (cit.) ; Der Führer, Betr. : Die bewaffneten Teile der SS, 18.5.1939, § A, 1. WEIDINGER, *« Das Reich »* (I), p. 107 et suiv. Cf. chap. 1.

3. BAL, SSO 138 A (Harry JOBST, 30.7.1909) : SS-Ostuf. H. Jobst, Sehr geehrter Obersturmbannführer !, 23.6.1944 ; SS-Ostubaf. Wander an SS-Ostuf. Jobst, 1.7.1938.

4. SJSS (1937), p. 51. BAMA, RW 4/v.503 (folio 224 et suiv.) : Der Führer, Betr. : Die bewaffneten Teile der SS, 18.5.1939, § C, 3. KROENER, « Ressourcen » (5/1), p. 723.

5. IHTP, MF 162 (105908) : 1.SS-T-St. « Oberbayern », Personalbefehl Nr.80/38, 18.11.1938. BAMA, RS 3-3/1 (10) : Stammtafel des Stabes der Pz.Jg.Abt. SS-T-Div. (mot). VHA, SS-T.St. (Rgter.), 89a/12 : Pak-Ausb.-Lehrgang der SS-TV Oranienburg an Führer der SS-TV/KL Oranienburg, Betr. : Bericht über den Einmarsch in Böhmen u. Mähren, sowie über den Rückmarsch nach dem

NOTES *(chapitre 12)* 915

Standort Oranienburg, 30.3.1939; Chef des Kraftfahrwesens der SS-TV/KL an Führer der SS-TV/KL, Betr. : Erfahrungsbericht über den Einsatz Böhmen-Mähren, 15.5.1939 (avec les rapports des unités des SS-TV ayant participé à l'opération); 3.SS-Pz.Div., 16/5 : 1.SS-T-St. « Oberbayern », g.K. 8., Betr. : Einsatz Böhmen-Mähren, 14.5.1939.
    6. BAL, NS 19/218 (18) : Chef des E.-Amtes an CdSSHA, Betr. : Veröffentlichung des Abkommens v. 2.9.38 im Heeresverordnungsblatt, 25.4.1939.
    7. VHA, 3.SS-Pz.Div., 4/2 : SS-T-Div. an CdSSHA/Insp.d.Kraftfahrwesens d.SS, 16/39 g, Betr. : Nachweis des Kraftfahrzeugbedarfs der SS-T-Div., 10.11.1939.
    8. VHA, 3.SS-Pz.Div., 3/1 : SS-T-Div. an SS-HA/VII, Betr. : Aufstellung einer SS-T-Div., 10.10.1939; SS-T-Div. an RF-SS, 24/39 g.K., Betr. : Gliederung der SS-T-Div., 24.11.1939; SS-T-Div. an OKH/GenStdH, 25/39 g.K., Betr. : Aufstellung der SS-T-Div., 29.11.1939 (cit.). KROENER, « Ressourcen » (5/1), p. 710.
    9. SYDNOR, *Soldiers*, p. 276/n. 30. SEGEV, *Soldiers*, p. 121.
    10. STEIN, *Waffen-SS*, p. 106-107. HUSEMANN, *Glaubens*, p. 20 et suiv.
    11. VHA, 3.SS-Pz.Div., 4/2 : Aktenvermerk ! Telefongespräch v. 7.11.39, 17.45 Uhr mit SS-Brigf. Petri u. SS-Obf. Graf v. Bassewitz, 7.11.1939; Aktenvermerk, Ferngespräch mit Oberst Schell, 8.11.1939; SS-T-Div. an CdSSHA/Insp. d. Kraftfahrwesens d. SS (Durchschlag an Oberst v. Schell), Betr. : Nachweis des Kraftfahrzeugbedarfs der SS-T-Div., 10.11.1939; SS-T-Div. an Ch.d.Pers.St. RF-SS, 10.11.1939 (cit.).
    12. BAL, NS 19/1668 (11-12) : SS-T-Div./Kdr. an Ch.d.Pers.St. RFSS, 35/40 g, 27.1.1940.
    13. STEIN, *Waffen-SS*, p. 70-72.
    14. BAL, NS 19/1668 (22) : SS-T-Div./Kdr. über SS-Gruf. Wolff an RF-SS, 57/40 g, 29.3.1940.
    15. BAL, NS 19/1668 (12) : SS-T-Div./Kdr. an Ch.d.Pers.St. RFSS, 35/40 g, 27.1.1940.
    16. BAMA, RS 3-2/2 : Kdostab. SS-V-Div., KTB (Nov. 1940). BAL, NS 19/3512 (109-10) : Fp.Nr.-Verzeichnis der Einheiten d.W-SS, Stand : 30.12.1940; NS 19/3517 (136) : Herrn Gen.Lt. Bodenschatz, Chef des Ministeramtes des Reichsmarschalls, 23.3.1941; NS 33/231 : SS-FHA/I Org 1180/41 g, Betr. : Aufstellung von Flak-Abt., 8.4.1941. VHA, 3.SS-Pz.Div., 35/9 : SS-T-Div./Ia, Betr. : Flak-Abt. SS-T.Div., 29.4.1941; 3.SS-Pz.Div., 76/14 : SS-FHA/I Org 2080/41 g, Betr. : Aufstellung von Einheiten für die LSSAH, 30.5.1941. WEIDINGER, « *Das Reich* » (II), p. 540.
    17. BAL, NS 19/3506 (57) : SS-FHA an RF-SS, 1249/40 g, 27.9.1940, avec en copie jointe : OKW/WFSt/L (II) an OKH (Genst.d.H.), OKH (Ch H Rüst u BdE), 2385/40 g, Betr. : Ausbau d.W-SS, 19.9.1940; NS 19/3501 : SS-FHA, Betr. : Aufstellung einer SS-StuG Bttr. für SS-Div. « R », 14.1.1941. BAMA, RS 3-2/2 : Kdostab. SS-V-Div., KTB (10.2.1941). VHA, 3.SS-Pz.Div., 76/14 : SS-FHA/I Org, Betr. : Aufstellung einer StuG-Bttr. (mot) für die SS-T.Div., 14.6.1941. LEHMANN, *Leibstandarte* (I), p. 85, 90. WEIDINGER, « *Das Reich* » (II), p. 319-320.
    18. VHA, 2.SS-Pz.Div., 31/7 : SS-Div. « R » an SS-FHA/KdW-SS, Ia 366/41 g, Betr. : Erweiterung des Plansolls, 15.3.1941 (mit 8 Anl.). L'une des mesures (le

regroupement des diverses unités de réparation des véhicules et des armes sous le commandement unique d'un groupe de maintenance) avait même été ordonnée par la division le 1er janvier, soit deux mois et demi auparavant. VHA, 2.SS-Pz.Div., 46/12 : SS-Hstuf. Heinz, SS-Inst.Abt.2, Betr. : Erfahrungs-Bericht, 28.4.1942.

19. VHA, 2.SS-Pz.Div., 31/7 : SS-Div. « R »/Ib, 294/41 g, Betr. : Gliederung der Nachschubdienste, 2.3.1941.

20. L'extension de la « LSSAH » au cours du conflit s'est traduite par des créations et des mouvements de personnels internes d'une telle complexité que le panorama qui en est offert ici est volontairement réduit à son caractère le plus succinct. Pour (beaucoup) plus de détails, voir les tableaux constitutifs des unités organiques de la division (BAMA, RS 3-1/1 & 2). Cf. aussi LEHMANN, *Leibstandarte* (I), p. 467 et suiv.

21. Soit l'attribution d'une seconde compagnie de canons d'infanterie en janvier, d'un groupe d'artillerie en mars et d'une batterie de canons d'assaut en mai. BAL, NS 19/3506 : OKH, Betr. : Aufstellung einer schw. IG-Kp., 21.1.1940. VHA, 2.SS-Pz.Div., 196/62 : SS-V-Div./Ia, 89/40 g.K., 6.3.1940. BAMA, RS 3-1/1 (108) : Stammtafel 3./StuG-Abt. « LSSAH ».

22. Au passage, Himmler a vainement tenté d'abuser l'armée afin d'obtenir un accroissement de la « LSSAH » encore supérieur à celui prévu par Hitler. Au demeurant, plusieurs unités de taille modeste, non prévues dans la directive de l'armée, ont vu le jour, notamment un service *divisionnaire* de cartographie. BAL, NS 19/3506 (69) : KdW-SS/Ia, 85/40 g.K., Betr. : Verstärkung der LSSAH, 13.8.1940, § 2. BAMA, RH 14/42 (262) : OKH/Ch.H.Rüst.u.BdE, Betr. : Umgliederung der LSSAH, 27.8.1940; RS 4/1216 : LSSAH/Ia, 504/40 g, Sonderbefehl betr. die Verstärkung der LSSAH, 19.8.1940. LEHMANN, *Leibstandarte*, (I), p. 317 et suiv. KTB-OKW/1940-41 (1), p. 34 (14.8.1940).

23. BAMA, RS 4/1211 : LSSAH, KTB 2, Gefecht- u. Verpflegungsstärken. BAL, NS 19/1574 (31) : Insp. für Statistik an RF-SS, 4.4.1941 (Stärkemeldung d. SS v. 31.12.40); NS 19/3512 (107) : Fp.Nr.-Verzeichnis der Einheiten d.W-SS, Stand v. 30.12.1940 (cit.).

24. BAMA, RS 4/1217 (182 & 200) : LSSAH/Ia/II, Sonderbefehl Nr.44, Betr. : Aufstellung der rückw. Dienste, 24.12.1940; LSSAH/Ia/II, Sonderbefehl Nr.2, Betr. : Aufstellung einer 5 cm Pz.Jg.Kp., 4.1.1941; RS 3-1/1 (133) : Stammtafel 5.(schw.)/A.A. ; RS 4/1214 (39) : SS-Div. LSSAH, Ia 561/41 g.K., Sonderbefehl betr. die Neugliederung der LSSAH, 12.6.1941 (l'organigramme correspondant figure *in* RS 4/1234). VHA, 3.SS-Pz.Div., 76/14 (dossier entier). BAL, NS 33/231 : SS-FHA/Org 3161/41 g, Betr. : Aufstellung einer Bttr. 10 cm Kanonen (zu 4 Gesch.) (mot Z) für die LSSAH, 4.8.1941; NS 19/1653 (26) : Insp. der Statistik an RF-SS, 27.8.1941.

25. BAMA, RS 4/1237 : LSSAH/Ia, 863/40 g, Sonderbefehl, Betr. : Umgliederung der Inf.Btl., 5.11.1940.

26. Cette organisation existait encore en mars 1944, comme le prouvent les tableaux constitutifs de l'un des bataillons de la « LSSAH ». Elle disparaît de l'organigramme de la division au printemps 1944. BAMA, RS 3-1/1 (43-48) : Stammtafel II./SS-Pz.Gr.Rgt.2; RH 10/312 (19) : Anl. 1 zu 1.SS-Pz.Div. « LSSAH »/Ia 101/44 g.K. v. 30.5.1944.

27. VHA, 2.SS-Pz.Div., 28/6 : SS-Div. « DR »/Ia an Gen.Kdo. SS-Pz.Korps, 209/42 g.K., Betr. : Umgliederung der SS-Div. « DR », 12.9.1942 ; 9.SS-Pz.Div., 4/1 : SS-Pz.Gr.Div. « H »/Ia, 1222/43 g, Betr. : Erfahrungsbericht des II.SS-Pz.Korps, 2.7.1943.

28. L'accroissement occasionné par les nouvelles unités constituées au sein des divisions n'était toutefois pas négligeable. À la fin de juillet 1941, les besoins pour les nouveaux détachements s'établissaient ainsi à 3 725 hommes pour la « LSSAH » et 3 345 hommes pour la division « Nord ». BAL, NS 19/3518 : SS-FHA/Ch.d.St. an RF-SS, Betr. : Verluste, Bedarf u. Fehlstellen d.W-SS, 31.7.1941.

29. WITTE, *Dienstkalender*, p. 254 (5.11.1941). BAL, NS 31/148 (60) : E.-Amt d.W-SS, Betr. : Nachwuchs für die LSSAH, 20.11.1941 (cit.).

30. *Ibid.* (1re réf.), p. 283-284 (4 & 5.12.1941), 286 (7.12.1941), 294 (18.12.1941), 312 (10.1.1942).

31. BAMA, RW 4/v.503 (224 et suiv.) : Der Führer, Betr. : Die bewaffneten Teile der SS, 18.5.1939, § A, 1 & Anl., p. 8.

32. KOTZE, *Heeresadjutant*, p. 19-20.

33. JOCHMANN, *Monologue*, p. 345 (16.8.1942). À noter que la division « Totenkopf » s'est clandestinement procurée six chars tchèques à l'automne 1939, camouflés sous la forme d'une compagnie mixte antichars dans son organigramme du 12 mai 1940. Ces chars ont été détruits lors des combats en France et n'ont pas été remplacés. VOPERSAL, *Soldaten* (1), p. 42. BAMA, RS 3-3/3 : Anl. 56 z. KTB Ia.

34. BAL, SSO 71 A (Paul HAUSSER, 7.10.1880) : SS-Div. « R »/Ia, Gefechtsbericht der SS-Div. « R » über den Einsatz vom 22.6.-28.7.41, 28.7.1941, p. 5. STEIN, *Waffen-SS*, 215-216. STEINER, F., *Armee*, p. 173 (cit.). HAUSSER, *Soldaten*, p. 78.

35. VHA, 2.SS-Pz.Div., 54/14 : Vorschlag für Kriegsgliederung SS-Div., 8.1.1942.

36. BAL, NS 19/3665 (67-68) : SS-FHA, Org 5170/41 g, Betr. : Aufstellung einer Pz.-Kp., 28.11.1941. L'armée avait bien songé à fournir des chars de prise à la SS au printemps 1941, mais ne l'avait pas fait, à la fois par manque de blindés, mais aussi pour se prémunir des tentatives abusives de la SS d'obtenir des armes lourdes en invoquant un ordre verbal de Hitler. Vérifications faites, l'armée avait constaté que cela ne reposait le plus souvent sur aucun fondement. Aussi avait-elle justement décidé de ne céder des armes lourdes qu'au vu d'un ordre écrit de Hitler. KROENER, *Fromm*, p. 908-909/n. 165.

37. TIEMANN, *Chronicle*, p. 12-13.

38. Mohnke ne savourera que très brièvement son succès en étant officiellement nommé chef du nouveau détachement blindé de la « LSSAH » le 4 février 1942. Un mois et demi plus tard, il sera tout aussi officiellement relevé de son poste pour raison médicale. Devenu morphinomane suite au traitement reçu après sa blessure, il aura entre-temps été interné pour subir une cure de désintoxication. BAL, SSO 313 A (Wilhelm MOHNKE, 15.3.1911) : SS-FHA/KdW-SS, Personalverfügung, 4.2.1942 ; *ibid.*, 20.3.1942 ; NS 19/3495 (89-90) : SS-FHA/KdW-SS/IIa an RF-SS, 852/42 g, Betr. : Kdr. der Pz.Abt. LSSAH, 13.2.1942 (en annexe : SS-FHA/SS-San.Amt an SS-FHA/KdW-SS, Betr. : Dolantin-Sucht des SS-Stubaf. Mohnke, 12.2.1942).

39. WITTE, *Dienstkalender*, p. 322 (22.1.1942). BAL, NS 19/3495 (91-92) : SS-FHA, Org 550/42 g, Betr. : Aufstellung einer Pz.Abt. für die LSSAH, 30.1.1942. L'ordre du SS-FHA pour la constitution des détachements blindés des divisions « Reich », « Wiking » et « Totenkopf » ont été respectivement établis les 11 février, 18 avril et 20 mai. STEIN, *Waffen-SS*, p. 216, 223/n. 15.

40. BOELCKE, *Rüstung*, p. 63 (10.1.1942).

41. Maxime populaire au sein de l'armée française.

42. Ces projets ont également concerné les formations non motorisées SS. BAL, NS 19/3514 : SS-FHA an RF-SS, Betr. : Kriegsgliederungen 1942, 27.1.1942 ; NS 33/232 (dossier entier). VHA, 2.SS-Pz.Div., 28/6 : SS-FHA, Org 102/42 g.K., Betr. : Gliederung der SS-Divisionen, 25.3.1942 ; *ibid.*, Org 160/42 g.K., 14.5.1942.

43. VHA, 2.SS-Pz.Div., 58/16 : SS-Div. « R »/Kdr., Ausbildungsrichtlinien für die SS-Div. « R » auf dem Tr.Üb.Pl. Fallingsbostel, 4.4.1942. Cf. aussi VHA, 2.SS-Pz.Div., 28/6 : SS-Div. « R »/Ia an SS-FHA/KdW-SS, Betr. : KStN u. KAN für Stabskradschützen-Btl., 6.4.1942 (et la réponse positive du SS-FHA : Org 121/42 g.K., Betr. : KStN u. KAN für Stab Kradsch.Btl. bei SS-Div. « R » u. SS-T-Div., 9.4.1942).

44. VHA, 2.SS-Pz.Div., 47/13 : SS-Div. « R »/Ia, Gliederung der SS-Div. « R », 17.5.1942.

45. VHA, 2.SS-Pz.Div., 48/13 : Hölz, SS-Ostuf. u. O 4, Betr. : Kurierfahrt zum F.H.Qu., dienstl. Besprechung mit SS-Hstuf. Schulze, 5.7.1942.

46. VHA, 2.SS-Pz.Div., 48/13 : RF-SS an Kdr. SS-Div. « R », SS-Gruf. u. Gen.Lt.d.W-SS Keppler, Betr. : Abänderungen der Kriegsgliederung, 23.7.1942.

47. VHA, 2.SS-Pz.Div., 48/13 : SS-Div. « R »/Kdr. an RF-SS, Betr. : Abänderungen der Kriegsgliederung, 7.8.1942.

48. BAL, NS 19/3943 (154) : SS-Div. « R », 16.7.1942.

49. Cf. par exemple VHA, 2.SS-Pz.Div., 28/6 : SS-Pi.Btl.2/Kdr. an SS-Div. « DR »/Ia, Betr. : Kriegsgliederung des SS-Pi.Btl.2, 29.8.1942 ; SS-Pi.Btl.2/Kdr. an Gen.Kdo. SS-Pz.Korps/Stabsoffz.d.Pi., Betr. : Gliederung u. Ausrüstung des Pz.Pi.Btl., 8.9.1942 ; 2.SS-Pz.Div., 47/13 : SS-Div. « DR »/Ia an Gen.Kdo. SS-Pz.Korps, Betr. : Inst.-Dienste bei der SS-Div. « DR », 30.8.1942 ; *ibid.*, 5.9.1942. BAMA, RS 2-2/2 (299-300) : Gen.Kdo. SS-Pz.Korps/Stabsoffz.d.Pi., Vorschlag über Gliederung u. Ausrüstung der Pioniere in dem neu zu gliedernden SS-Pz.Korps, 3.9.1944.

50. Moins d'un an après avoir reçu la circulaire de Himmler, la division « Das Reich » édictait à son tour une directive interne dont la teneur était tout à fait semblable, dénonçant les modifications abusives réalisées par ses unités et sommant celles-ci de rapporter « toutes les modifications non connues de la division ou non signalées ». VHA, 2.SS-Pz.Div., 33/8 : SS-Pz.Gr.Div. « DR »/Ia 511/43 g, Betr. : Kriegsgliederung u. Bewaffnung, 10.6.1943.

51. BAL, NS 33/232 (41) : SS-FHA, Org 51/42 g.K., Betr. : Gliederung der LSSAH, 21.2.1942 ; NS 33/233 : SS-FHA/KdW-SS, Org 545/42 g.K., Betr. : Umgliederung der SS-T-Div. in SS-Pz.Gr.Div. « T », 16.11.1942 ; NS 33/234 : SS-FHA/KdW-SS, Org. 442/43 g.K., Betr. : Umgliederung der SS-Div. « W » in SS-Pz.Gr.Div. « W », 29.3.1943 ; NS 19/3503 (21-22) : Kdostab. RF-SS/Ia, Ia 380/43 g.K., Betr. : Umgliederung Begleit-Btl. RF-SS, 14.2.1943 ; NS 33/8 (58) : SS-

FHA/II, Org.Abt. Ia/II, II/3713/44 g.K., Betr. : Kriegsgliederungen der Pz.Div. d.W-SS, 24.10.1944. VHA, 2.SS-Pz.Div., 28/6 : SS-FHA/KdW-SS, Org 544/42 g.K., Betr. : Umgliederung der SS-Div. « DR » in SS-Pz.Gr.Div. « DR », 14.11.1942.
52. BAL, NS 19/3515 (54-55) : SS-FHA/KdW-SS/Ia an RF-SS, 5029/42 g, Betr. : Umbenennung des SS-Gen.Kdo. (mot) in SS-Gen.Kdo. (Pz), 15.8.1942 ; Message du SS-Ostubaf. Brandt, 31.8.1942 ; SS-FHA, Betr. : Umbenennung des SS-Gen.Kdo., 14.9.1942.
53. VHA, 2.SS-Pz.Div., 28/6 : SS-Div. « DR »/Ia an Gen.Kdo. SS-Pz.Korps, 209/42 g.K., Betr. : Umgliederung der SS-Div. « DR », 12.9.1942.
54. La reconstitution des premiers éléments de la division a commencé début mars 1942 en Allemagne pendant que les reliquats de l'unité ont continué à se battre sur le front jusqu'au 1er juin. WEIDINGER, *Das Reich* (III), p. 433, 437. BAMA, RS 2-2/2 : Gen.Kdo. SS-Pz.Korps, KTB 2 (5.9.1942) & Anl. A 69b (138) ; RH 20-7/66 (n.f.) : Anl. 79, AOK 7/Ia an Ob.West, 4030/42 g.K., Betr. : Verwendungsbereitschaft der Ost-Div., 13.9.1942. WITTE, *Dienstkalender*, p. 563 (22.9.1942).
55. Himmler n'a pas eu connaissance du projet de la division « Das Reich » au moment d'aborder cette question devant Hitler le 22 septembre, d'abord parce que ses notes n'en font absolument pas mention, ensuite parce qu'elles ont été écrites alors que l'exposé devait à l'origine se tenir le 17 septembre. Ayant suivi la voie hiérarchique, le projet ne pouvait pas lui avoir été transmis à cette date puisque l'état-major du corps d'armée SS ne l'a pas lui-même examiné avant le 23 septembre. *Ibid.* (dernière réf.), p. 562-564 (22.9.1942). BAL, NS 19/132 (45) : Vermerk, 24.9.1942. BAMA, RS 2-2/2 : Gen.Kdo. SS-Pz.Korps, KTB 2 (23.9.1942).
56. BAL, SSO 71 A (Paul HAUSSER, 7.10.1880) : Gen.Kdo. SS-Pz.Korps/KG, Reichsführer, 30.9.1942.
57. BAMA, RS 2-2/3 : Gen.Kdo. SS-Pz.Korps, KTB 3 (6.11.1942). Il s'agissait à l'origine d'une mesure que Hitler envisageait voir appliquer à l'ensemble des divisions blindées et dont seules bénéficieront les trois premières divisions SS et la division d'élite de l'armée de terre « Großdeutschland ». JOCHMANN, *Monologue*, p. 275 (9.2.1942).
58. Sans même attendre la décision du SS-FHA, le corps a ainsi ordonné à la division de reconstituer la compagnie de reconnaissance motocycliste qui figurait dans les régiments d'infanterie et qui avait disparu à l'occasion de leur réorganisation au printemps précédent. De même, le corps d'armée SS a ordonné la constitution de son unité de lance-fusées avant même d'avoir reçu l'accord téléphonique du SS-FHA le 4 novembre, *a fortiori* son ordre d'exécution écrit daté du 18 novembre. En fait, cette dernière affaire illustrait une nouvelle fois la théorie des dominos au sein des formations SS, chaque avantage obtenu par l'un de ses éléments (en l'occurrence ici la « LSSAH » et la division « Nord » au printemps 1942) se propageant par effet d'entraînement aux autres unités potentiellement concernées. BAMA, RS 2-2/2 : Gen.Kdo. SS-Pz.Korps, KTB 2 (1, 6, & 8-10.10.1942) ; Anl. A 109 (197) : Gen.Kdo. SS-Pz.Korps/Ia 312/42 g.K. an SS-Div. « DR », Betr. : Vorbefehl für die Umgliederung der Div., 9.10.1942 ; Anl. A

114 (203) : Gen.Kdo. SS-Pz.Korps/Ia an SS-FHA, 317/42 g.K., 10.10.1942; RS 2-2/3 : Gen.Kdo. SS-Pz.Korps, KTB 3 (4.11.1942); RS 2-2/3 (276) : Gen.Kdo. SS-Pz.Korps/Ia Stogas, TB 2 (1-31.10.1942); RS 3-1/2 (9) : Stammtafel, 10.(Werfer)/Art.Rgt. « LSSAH ». BAL, NS 19/3519 (21) : SS-FHA, Org 3410/42 g, Betr. : Aufstellung eines SS-I.G.Ers.Btl., 2.6.1942, § 12; NS 33/233 : SS-FHA/KdW-SS/Org 7474/42 g, Betr. : Aufstellung der Werf.Abt. (mot) für das SS-Gen.Kdo. (Pz), 18.11.1942. RIELAU, *Nebeltruppe*, p. 299. WITTE, *Dienstkalender*, p. 397 (14.4.1942).

59. BAMA, RS 2-2/2 : Gen.Kdo. SS-Pz.Korps, KTB 2 (24-28.10.1942). BAL, SSO 71 A (Paul HAUSSER, 7.10.1880) : RS-SS, 35/7/43 g, Mein lieber Hausser !, 4.11.1942.

60. BAMA, RS 2-2/3 : Gen.Kdo. SS-Pz.Korps, KTB 3 (1 & 6.11.1942). BAL, SSO 71 A (Paul HAUSSER, 7.10.1880) : SS-FHA an RF-SS/persönlich, 30.10.1942, 13.15 Uhr. WITTE, *Dienstkalender*, p. 607 (7.11.1942).

61. Ainsi, l'équipement de l'un des six bataillons d'infanterie avec des véhicules de transport de troupes blindés avait été ordonné là où l'état-major de Hausser n'avait demandé à l'origine qu'une compagnie. Par contre, la division « Das Reich » avait demandé un bataillon d'infanterie mécanisée pour chacun de ses deux régiments de fantassins. BAMA, RS 2-2/2 : Gen.Kdo. SS-Pz.Korps, KTB 2 (24.10.1942) & Anl. A 114 (202-03) : Gen.Kdo. SS-Pz.Korps/Ia an SS-FHA, 317/42 g.K., 10.10.1942. VHA, 2.SS-Pz.Div., 28/6 : SS-Div. « DR »/Ia an Gen.Kdo. SS-Pz.Korps, 209/42 g.K., Betr. : Umgliederung der SS-Div. « DR », 12.9.1942; Gen.Kdo. SS-Pz.Korps/Ia 392/42 g.K. an SS-Div. « DR », Betr. : *ibid.*, 23.10.1942. Hitler avait aussi prévu d'adjoindre un troisième détachement de chars à chacune des divisions « LSSAH », « Das Reich » et « Totenkopf » en 1943, ce qui ne se fera pas. BAL, NS 19/261 (23) : Aktennotiz über die Besprechung mit Gen.Lt. Buhle am 8.12.42, 16.00 Uhr, 12.12.1942.

62. Notamment le fait de disposer de cinq compagnies par bataillon d'infanterie (dont deux compagnies lourdes d'appui), la création d'un état-major régimentaire du génie au sein du corps d'armée SS, ou encore l'idée chère à Hausser de voir les divisions motorisées SS disposer d'un état-major de brigade. Cela ne l'a pas empêché de passer outre en ordonnant l'utilisation à cette fin de l'état-major du régiment rapide en cas d'engagement. Cela, prenait-il soin de préciser, était valable « en tant que règle interne, laquelle n'a[vait] pas à apparaître en dehors ». BAL, NS 33/233 : SS-FHA/KdW-SS, Org 6425/42 g, Betr. : Aufstellung eines Stabes SS-Pi.Rgt. (mot) für das Gen.Kdo.(Pz), 15.10.1942; *ibid.*, 31.10.1942. VHA, 2.SS-Pz.Div., 32/8 : Gen.Kdo. SS-Pz.Korps/Ia an SS-Div. « DR », 674/42 g, Betr. : Kriegsgliederung, 13.11.1942 (cit.).

63. WITTE, *Dienstkalender*, p. 590 (19.10.1942), 605 (2.11.1942). BAMA, RS 2-2/2 : Gen.Kdo. SS-Pz.Korps, KTB 2 (28.10.1942). BAL, NS 33/233 : SS-FHA/KdW-SS, Org 545/42 g.K., Betr. : Umgliederung der SS-T-Div. in SS-Pz.Gr.Div. « T », 16.11.1942; SS-FHA/KdW-SS, Betr. : Umbenennung u. Umgliederung der SS-Div. « LSSAH », 24.11.1942; NS 33/234 : SS-FHA/II, Org.Abt. Ia/II, 1611/43 g.K., Betr. : Umgliederung der SS-Pz.Gr.Div. « DR », « T » u. « W », 26.10.1943. HEUSINGER, *Hitler*, p. 71.

64. BAMA, RS 2-2/2 (239) : Hausser an SS-T-Div., 26.10.1942.

65. Dans le cas particulier de la « LSSAH », il a suffi à Dietrich d'envoyer un officier de liaison auprès de Hitler afin de s'enquérir de ses intentions en octobre 1942. EBERLE, *Dossier*, p. 142-143.

66. BAMA, RS 2-2/2 (268-69) : Gen.Kdo. SS-Pz.Korps/IIa an SS-FHA/KdW-SS, 23.8.1942; SS-FHA an Gen.Kdo. SS-Pz.-Korps, 24.8.1942, 19.15 Uhr; Gen.Kdo. SS-Pz.Korps/IIa an [...] RF-SS/persönlich, 28.8.1942 (cit.).

67. BAMA, RS 2-2/2 (268/verso) : RF-SS/SD Nachr.-Übermittlung, Blitz-FS 88, Kdostelle. RF-SS Gmund/Tegernsee an SS-Ogruf. Hausser über Le Mans, 29.8.42, 18.05 Uhr.

68. Deux semaines plus tard, Hitler a présenté à ses généraux ses plans visant à disposer de huit divisions rapides à l'ouest afin de les lancer au printemps 1943 dans l'offensive qu'il projetait dans le Caucase. Aucune opération d'envergure n'était en tout état de cause prévue par l'OKW pendant les six mois d'hiver. Les premières divisions blindées ne devaient pas être transférées à l'est avant janvier 1943. KTB-OKW/1942 (3), p. 696 (8.9.1942), 1299 (Führerbefehl v. 13.9.1942). À la fin d'octobre 1942, Himmler a réitéré sa conviction de ne pas voir un engagement des divisions « LSSAH » et « Das Reich » avant le début du printemps 1943. BAL, NS 19/2769 (1) : RF-SS, Lieber Jüttner, 27.10.1942. De manière révélatrice, Hausser a complètement réorienté l'instruction de son corps d'armée pour le préparer à un engagement à court terme, et cela trois jours avant que l'OKW n'ordonne son transfert à l'est en décembre 1942. BAMA, RS 2-2/3 (201) : Gen.Kdo. SS-Pz.Korps/Ia, 877/42 g, Betr. : Ausbildung, 25.12.1942, § 3. Aufzeichnungen Greiners z. 29.12.1942 *in* KTB-OKW/1942 (4), p. 1200.

69. Cela pourrait tout simplement être le siège de la SS à Berlin, Prinz-Albrecht-Straße. Il pourrait aussi s'agir de la « centrale de transmissions à distance » (*Fernmeldezentrale*) du SS-FHA, connue sous le nom de code « Siegfried », puis de « Fuchsbau » à partir d'octobre 1943. En septembre 1944, cette centrale était implantée entre Berlin et Dresde. Y convergeaient (entre autres) les lignes de téléscripteurs du RSHA, de la police de maintien de l'ordre, de l'armée, de la chancellerie du parti, de l'*Auswärtiges Amt* ainsi que du service « Zeppelin » en charge des opérations clandestines derrière les lignes soviétiques. BAL, NS 19/3524 (52) : SS-FHA/KdW-SS/IN, 1371/43 g.K., Betr. : Ausweiche des SS-FHA, 27.9.1943. VHA, 17.SS-Pz.Gr.Div., 6/1 : SS-FHA/II/IN, Betr. : Fernschreibleitungsskizze d.W-SS (Stand : 1.9.44), 25.9.1944. MALLMANN, « Zeppelin », p. 336.

70. Cf. chap. 4, p. 96 et suiv.

71. Voir en comparaison les organigrammes théoriques des divisions blindées SS en octobre 1943 et octobre 1944. BAL, NS 33/234 (102) & NS 33/8 (61). Comme pour les divisions blindées de l'armée, le nombre de chars par compagnie blindée a été « provisoirement » ramené à 17 au lieu de 22 en octobre 1944. BAL, NS 33/8 (58 & 61) : SS-FHA/II, Org.Abt. Ia/II, II/3713/44 g.K., Betr. : Kriegsgliederung der Pz.Div. d.W-SS, 24.10.1944. BAMA, RH 2/1039 (129) : Anl. 1 zu OKH/GenStdH/Org.Abt. I/18400/44 g.K. v. 3.8.1944.

72. GUDERIAN, *Panzers*, p. 273 et suiv. MÜLLER-HILLEBRAND, *Heer* (III), p. 158-159. KROENER, *Fromm*, p. 593-594.

73. Dans ses Mémoires, Guderian affirme que sa visite d'inspection auprès du corps d'armée blindé SS en avril 1943 était essentiellement motivée par la volonté

de recueillir le fruit des premières expériences acquises avec le nouveau char lourd *Tiger*. D'après le journal de marche de ce corps d'armée, sa visite a surtout concerné l'organisation des divisions SS. Il est à noter que Hausser était alors absent, s'étant envolé la veille pour discuter avec Himmler des mêmes questions. Accidentelle ou délibérée, cette absence dénote la difficulté du nouvel inspecteur à imposer son autorité au sein de la SS. BAMA, RS 2-2/12 : Gen.Kdo. I.SS-Pz.Korps, KTB 5 (7.4.1943, cit.). VHA, 9.SS-Pz.Div., 4/1 : SS-Pz.Gr.Div. « H »/Ia, 1222/43 g, Betr. : Erfahrungsbericht des II.SS-Pz.Korps, 2.7.1943. BAL, NS 19/1449 (43) : Hausser, Bergwald, 30 u. 31.3.1943. GUDERIAN, *Panzers*, p. 289-290.

74. Cf. par exemple BAMA, RH 2/3041 (16) : 1.SS-Pz.Div. « LSSAH » ; RH 2/3042 (8) : 12.SS-Pz.Div. « HJ » ; RH 2/3042 (45) : 17.SS-Pz.Gr.Div. « GvB ». Cf. aussi WEIDINGER, *« Das Reich »* (V), p. 353.

75. HEIBER, *Lagebesprechungen*, p. 777-778 (29.12.1944), 826 (27.1.1945). BAMA, RW 4/v.719 (109-19) ; ZA 1/604 (11) : SS-Ogruf. v.d. Bach-Zelewski, Das XIV. SS Korps im Nov.-Dez. 44, 7.12.1946.

76. Le parc d'artillerie était également réduit. Toutefois, la division blindée SS conservait un régiment blindé à deux groupes de chars, à l'opposé de son homologue du *Heer* dont le second groupe était remplacé par un bataillon d'infanterie mécanisée. BAL, NS 33/342 (32) : Anl. 1 zur Verfg. SS-FHA/II, Org.Abt. Ia/II, 1155/45 g.K. v. 1.3.1945. McNAIR, *Panzers SS*, p. 172 et suiv.

77. GUDERIAN, *Panzers*, p. 285.

78. BAL, NS 19/3943 : KR an Hstuf. Grothmann, Adjutant des RF-SS, 19.12.1942 ; NS 19/3871 (89-93) : SS-FHA/KdW-SS, Org 35/43 g.K., Betr. : Aufstellung von Stäben für 2 SS-Pz.Gr.Div. (9. u. 10.SS-Div.), 8.1.1943.

79. BAL, NS 19/1447 : Vortrag b. Führer, 30.3.1943 ; Besprechung b. Führer, 20.9.1943 ; NS 19/3524 (1-6, 8 & 21) : SS-FHA/Ia, 456/43 g.K. an RF-SS, Betr. : Bezeichnung der SS-Gen.Kdos., 10.4.1943 ; RF-SS/Adjudantur 1) alle Hauptämter, 2) Kdostab. RF-SS, 3) General Buhle, 4) SS-Stubaf. Darges, 10.10.1943 ; Der Führer, 21.10.1943 ; NS 33/234 (85 & 102) : SS-Pz.Div., Prüf-Nr.3634, 26.10.1943 ; SS-Pz.Gr.Div., Prüf-Nr.3544 (oct. 1943). FRÖLICH, *Goebbels* (II, 8), p. 138-139 (20.4.1943). STEIN, *Waffen-SS*, p. 221, 224-225/n. 41.

80. MÜLLER-HILLEBRAND, *Heer* (III), p. 122, 155 (avec une erreur dans le décompte : au 1er juin 1944, il y avait bien sept divisions blindées SS et non six, les 1re, 2e, 3e, 5e, 9e, 10e et 12e, et cinq divisions motorisées au lieu de six, les 4e, 11e, 16e, 17e et 18e, avec en sus la brigade « Nederland »). GELWICK, *Personnel*, p. 709 et suiv. McNair, *Panzers*, p. 9-10.

81. BAL, NS 19/1669 (70) : Insp.d.SS-VT, Vortragsnotizen für Gruf.-Besprechung am 23.1.39, 18.1.1939. VHA, 3.SS-Pz.Div., 11/4 : ObdH/GenStdH/Gen.d.Inf., 17/39, Betr. : Neugliederung der Infanterie, 13.10.1939 ; OKH/BdE/AHA Ia/In 2 Ia/Ib 4210/39 g, Betr. : Durchführung der Neugliederung der Inf., 21.10.1939 ; 3.SS-Pz.Div., 1/1 : SS-T-Div./Ia, Div.-Befehl, Betr. : Neugliederung der Inf., 31.10.1939 ; 3.SS-Pz.Div., 3/1 : SS-T-Div. an RF-SS, 24/39 g.K., Betr. : Gliederung der SS-T-Div., 24.11.1939 ; 2.SS-Pz.Div., 196/62 : SS-V-Div./Ia 89/40 g.K., 6.3.1940 ; 2.SS-Pz.Div., 31/7 : SS-Div. « R »/Ia 115/41 g, Befehl für die Umgliederung der Rgt. SS- « D » u. SS- « DF » von KStN.a (mot) auf KStN.c (mot), 1.2.1941 ; SS-FHA/KdW-SS, I Org 39/41 g.K., Betr. : Taktische Gliederung, 18.2.1941.

82. La genèse de cette transformation est difficile à déterminer. Elle apparaît pour la première fois au printemps 1942 dans les projets de réorganisation du SS-FHA. La « LSSAH » avait toutefois ouvert la voie au moment de sa transformation en brigade en août 1940. Chaque compagnie de fusiliers avait alors reçu une dotation de 18 fusils-mitrailleurs, soit deux par groupe d'infanterie. Fait révélateur de cette singularité à l'époque, l'armée n'avait alors aucun « tableau d'effectifs en dotation » à donner en référence. Selon toute vraisemblance, l'extension de cette mesure à l'ensemble des formations motorisées SS en 1942 revient au SS-FHA. Les divisionnaires SS en avaient certes perçu le besoin, mais n'ont manifestement rien entrepris, faute de croire que le projet pouvait aboutir en raison des énormes besoins induits. BAMA, RH 14/42 (262) : OKH/Ch.H.Rüst.u.BdE., Betr. : Umgliederung der LSSAH, 27.8.1940. LEHMANN, *Leibstandarte* (I), p. 317. BAL, NS 19/1204 (32) : Kdr. des SS-Ausb.-Lagers an Ch.d.Pers.St. RF-SS, 27.1.1942.

83. VHA, 9.SS-Pz.Div., 9/2 : SS-Pz.Gr.Rgt.19 « H »/Ia, Betr. : Gliederung u. Kampfweise der Gruppe mit 2 MG, 20.10.1943. À cette articulation s'est ajoutée une autre variante, d'évidence conditionnée par les armes disponibles. BAMA, RS 3-17/52 : 17.SS-Pz.Gr.Div. « GvB »/SS-Pz.Gr.Rgt.38, Richtlinien über Gliederung u. Kampfweise der Gruppe mit 2 l.MG, 20.12.1943.

84. Plus léger que le MG 34 (10,6 kilos contre 11 dans la version bipied), le MG 42 disposait également d'une meilleure qualité balistique avec une vitesse initiale de la balle de 820 m/s contre 755 m/s pour le MG 34. Ce dernier avait par ailleurs tendance à s'encrasser facilement. Toutes ces qualités font que cette arme, recalibrée pour utiliser des munitions standards de l'OTAN, est encore actuellement en service au sein de la *Bundeswehr*. GANDER, *Small arms*, p. 88, 90. HALDER, *Kriegstagebuch* (I), p. 75 (14.9.1939). Au sein de la division « Das Reich », les premiers MG 42 ont été reçus le 10 septembre à titre d'instruction, et la dotation complète à la fin novembre. VHA, 2.SS-Pz.Div., 98/26 : SS-Rgt. « D »/IIa, Rgt.-Tagesbefehl Nr.99/42, 12.9.1942 ; *ibid.*, 152/42, 25.11.1942.

85. IHTP, MF 225 (333130) : SS-Pz.Gr.Rgt.4 « DF »/IIb, Stärke d.SS-Pz.Gr.Rgt.4 « DF », Stand : 15.3.1944. BAMA, RS 4/1270 (n.f.) : SS-Pz.Gr.Rgt.2 « LSSAH » an I.-III. Btl., 112/44 g.K., 25.9.1944 (Anl. 1).

86. Le nombre de fusils-mitrailleurs est ainsi passé de 12 à 16 au sein de la compagnie d'infanterie ordinaire à l'automne 1943. Toutefois, la diminution concomitante du nombre de bataillons d'infanterie par division a provoqué une baisse du nombre total de fusils-mitrailleurs par division de 324 à 288. KTB-OKW/1943 (6), p. 1568. BAMA, RH 2/1039 (1 et suiv.) : OKH/GenStdH/ Org.Abt. (I), I/18310/44 g.K., Betr. : Mustergliederungen von Div.Verbänden, 24.7.1944.

87. VHA, 9.SS-Pz.Div., 9/2 : SS-Pz.Gr.Rgt.19 « H »/Ia, Betr. : Gliederung u. Kampfweise der Gruppe mit 2 MG, 20.10.1943. BAMA, ZA 1/1504 : K. Gropp, Das Infanterie-Bataillon und das in der Waffen-SS während des Krieges entwickelte Sturm-Bataillon, 1947. Si l'activité du général SS Felix Steiner est celle qui, de toutes, a le plus retenu l'attention dans les techniques d'assaut (tout simplement parce qu'il a pris soin d'en faire la publicité après guerre), un autre officier SS, Otto Reich, a également beaucoup travaillé sur ce sujet. Il eut l'occasion d'appli-

quer ses réflexions à titre d'essai avec une compagnie du 4e régiment « Tête de mort » au cours de l'hiver 1939-1940. Plus tard, en août 1942, il a encore insisté auprès de Himmler pour que soit mis sur pied un « bataillon d'assaut de chasseurs » au sein de la SS. À l'inverse de Steiner, « enfant chéri » de Himmler (P. Hausser *in* HÖHNE, *Orden*, p. 413), Reich était toutefois en semi-disgrâce depuis 1935 et s'est fait sèchement stopper à chacune de ses tentatives. STEINER, F., *Armee*. WEGNER, *Soldaten*, p. 175-177. BAL, SSO 16 B (Otto REICH, 5.12.1891).

88. BAMA, RH 26-216/51 : E. Burian, Bericht über die Erwägungen für die Notwendigkeit der Entstehung, Aufstellung, Organisation, Personal, Bewaffnung, Ausrüstung, Bespannung u. Einsatz der « schwarzen » Sturmkompanie G.R. 980, 25.6.1961, p. 4.

89. VHA, 2.SS-Pz.Div., 33/8 : SS-Pz.Gr.Rgt. « D »/Ia an SS-Pz.Gr.Div. « DR », 592/43 g, Betr. : Erfahrungsbericht, 23.6.1943, § B, 1, p. 4. NARA, RG 165/Entry 179/Box 719 : PWIS (H)/LDC/179, Report on interrogation of PWs Uscha Peter D. and Strmm Harry P., 6./SS PGR 21, 10 SS Div, 25.7.1944.

90. BAMA, RS 3-17/52 : 17.SS-Pz.Gr.Div. « GvB »/SS-Pz.Gr.Rgt.38, Richtlinien über Gliederung u. Kampfweise der Gruppe mit 2 l.MG, 20.12.1943. En raison de l'échauffement, le canon de l'arme devait être habituellement changé tous les 300 ou 400 coups, fréquence passant à 200 en cas de tirs intensifs et qui a encore augmenté à la fin de la guerre avec la nécessité de changer le canon tous les 50 coups seulement, suite à l'introduction de munitions de médiocre qualité. APC, RG 24, C 17, vol. 13649 : FCA, ISN 166, 13.12.1944, II, p. 8.

91. VHA, 2.SS-Pz.Div., 101/26 : OKH/GenStdH/Gen.d.Inf./III 354/42, Anweisung für das Schiessen mit MG 42, 20.8.1942. ZOEPF, *Seven Days*, p. 56.

92. En lieu et place des quatre sections (trois de fusiliers et une d'appui), les compagnies d'infanterie n'étaient plus articulées qu'en deux sections de fusiliers et un groupe de deux mitrailleuses lourdes. Par la suite, l'idée a germé de fournir en sus une petite réserve tactique à chaque chef de compagnie. Celle-ci a pris la forme d'un groupe de reconnaissance composé d'hommes soigneusement sélectionnés, pressentis notamment pour devenir sous-officiers, et dans lequel se retrouvait également la troupe de tireurs d'élite. Cette mesure a légèrement diminué les effectifs placés en réserve (25 hommes par compagnie de fusiliers et de reconnaissance, soit environ 500 combattants au total). BAMA, RS 3-17/4 : Anl. 23, 17.SS-Pz.Gr.Div. « GvB »/Ia 46/44 g, Ausbildung der Pz.Gr.Rgter. in der Zeit v. 17.1. bis 4.3.44, 11.1.1944 ; Anl. 27, 17.SS-Pz.Gr.Div. « GvB »/Ia 71/44 g, Ausbildung der SS-Pz.A.A. 17 in der Zeit v. 24.1. bis 4.3.44, 18.1.1944 ; RS 3-17/6 : Anl. 105, 17.SS-Pz.Gr.Div. « GvB »/Ia 473/44 g, Besondere Anordnungen für den Personal-Ersatz während des Einsatzes, 20.3.1944 ; Anl. 145, 17.SS-Pz.Gr.Div. « GvB »/Ia 224/44 g.K., Betr. : Zusammenstellung von Aufklärungsgruppen, 13.4.1944. IHTP, MF 225 (333161) : 2.SS-Pz.Div. « DR »/Ia, 282/44 g.K., 5. Befehl für Aufstellung u. Umgliederung der Div., 23.6.1944, § III, 2, b. Sur l'application effective de cette mesure, cf. NARA, RG 165/Entry 179/Box 721 : PWIS (H)/LF/281, Report on the Interrogation of SS Sturmm. Z. Rolf, SS Pz Gren P. Michael, SS Sturmm. K. Johann (10 Coy SS PGR 37), 11.7.1944. Pour la 2e division SS, cf. BAKO, Allg. Proz. 21/48 (n.f.) : Trad. certifiée, tribunal de 1re instance de Munich, Audition de

Témoin dans l'instruction contre F. Anton pour crime de guerre, Günther Wisliceny, 21.9.1951 ; *ibid.*, Audition de Hans Bissinger, 21.9.1951. La 17e division SS a maintenu ce système par la suite. BAMA, RS 3-17/27 : 17.SS-Pz.Gr.Div. « GvB », Ia 105/45 g, Befehl für die Gliederung der Div., 16.1.1945.
    93. BAMA, RS 2-2/12 : Gen.Kdo. I.SS-Pz.Korps, KTB 5 (16.4.1943) ; Gen.Kdo. I.SS-Pz.Korps, TB Ia (Ausb.) u. Ia (Org.) v. 1-31.5.1943, p. 2 (cit.) ; RH 2/1283 (191) : SS-Pz.Gr.Div., Berechnung der Grabenstärke der Div. nach alten KStN, s.d. (Nov. 1943).
    94. VHA, 2.SS-Pz.Div., 32/8 : Gen.Kdo. SS-Pz.Korps an Führer der SS-Pz.Gr.Div. « DR », Ia 264/43 g, Betr. : Personelle Vorratstaktik, 12.4.1943.
    95. BAMA, RS 4/1317 : III./SS-Pz.Gr.Rgt.25, KTB 2 (2.12.1944) ; RS 4/1316 (15) : 7./SS-Pz.Gr.Rgt.25 an II./SS-Pz.Gr.Rgt.25, Stärkemeldung, 19.12.1944. NARA, RG 492/Entry ETO-MIS-Y Sect/Box 63 : FUSA, POW I Report, 31.12.1944/1.1.1945 (#14).
    96. BAMA, RS 4/1270 (n.f.) : SS-Pz.Gr.Rgt.2/LSSAH, 115/44 g.K., Betr. : Rgt.-Befehl für die Zusammenstellung von Feldersatzeinheiten u. Neuausrüstung, 16.10.1944 ; SS-Pz.Gr.Rgt.2/LSSAH an I.-III. Btl., Rgt.-Einheiten, 577/44 g, Betr. : Feldpostnummer für die Feld-Ersatz-Einheiten, 2.11.1944 ; RS 4/1274 (n.f.) : 1.SS-Pz.Div. « LSSAH »/Ia, 1351/44 g, Betr. : Neugliederung u. Neuausrüstung, 23.10.1944 ; SS-Pz.Gr.Rgt.2/LSSAH, 593/44 g, Befehl des Rgt. für die Verlegung am 8.11.44, 7.11.1944.
    97. FRÖLICH, *Goebbels* (II, 15), p. 621 (28.3.1945), 649 (31.3.1945). Cf. aussi HEIBER, *Lagebesprechungen*, p. 926 (23.3.1945).
    98. BAMA, RH 20-1/137 (206) : AOK 1/Ia 952/43 g, Ausbildungshinweis der Armee, 22.2.1943, § 3. SENGER UND ETTERLIN, *Panzer*, p. 221.
    99. SHAT, 7 P 278 : 1er corps d'armée/EM/2e Bureau/Section anglaise, Extrait des « Intelligence Notes » N° 83 du 21.11.1944.
    100. BAMA, RS 2-2/2 (203) : Gen.Kdo. SS-Pz.Korps/Ia an SS-FHA, 317/42 g.K., 10.10.1942 (cit.). VHA, 9.SS-Pz.Div., 4/1 : SS-Pz.Gr.Div. « H »/Ia, 1222/43 g, Betr. : Erfahrungsbericht des II.SS-Pz.Korps, 2.7.1943 (cit.). BAL, Slg. Research, Ordner 436 (114-16) : RF-SS, 35/114/43 g, Lieber Jüttner, 7.8.1943. MÜLLER-HILLEBRAND, *Heer* (III), p. 124. FLEISCHER, *Fahrzeuge*, p. 74 et suiv., 150.
    101. VHA, Kdo.Stab RF-SS, 23/4 : Kdo.Stab RF-SS/Ch.d.St., Ia 1630/43 g.K., 15.6.1943. Sturmbrigade RF-SS, Prüf.Nr.2107, 30.6.1943 (copie de l'auteur).
    102. BAL, NS 19/27 (4) : RF-SS, 35/64/43 g, Niederschrift über die Übernahme der Wallonischen Legion, 24.5.1943.
    103. BAMA, RS 2-1/3 (35) : SS-FHA/II, Org.Abt. Ia/II, II/6692/43 g, Betr. : Aufstellung des Gen.Kdo. I.SS-Pz.Korps, 13.9.1943 ; RH 10/312 (19) : Anl. 1 zu 1.SS-Pz.Div. « LSSAH »/Ia 101/44 g.K. v. 30.5.1944. VHA, 12.SS-Pz.Div., 30/3 : SS-Werf.Abt.12, TB (12.11.1944) ; 12.SS-Pz.Div., 16/2 : SS-Pz.Art.Rgt.12, KTB (4.5.1944). RIELAU, *Nebeltruppe*, p. 299-301.
    104. BAL, SSO 71 A (Paul HAUSSER, 7.10.1880) : Gen.Kdo. II.SS-Pz.Korps/KG, Reichsführer, 8.1.1944 ; RF-SS an Kdr. des Gen.Kdo. II.SS-Pz.Korps, 35/14/44 g, 31.1.1944. Promulgué dès la fin du mois de décembre 1942, cet ordre avait en fait presque immédiatement suivi l'ordre de création de ces

compagnies de chars *Tiger*. Comme cela transparaît dans les dossiers personnels des officiers de ce détachement blindé lourd, les deux divisions SS concernées ont aisément pu s'y soustraire en profitant de leur transfert vers le front de l'Est dans les semaines qui suivirent. Il semble que l'ordre ait été réitéré après la bataille de Kharkov, sans plus d'effet. BAL, NS 33/233 : SS-FHA/KdW-SS, Org 7288/42 g, Betr. : Aufstellung einer s.Pz.Kp. für das SS-Pz.Rgt. der SS-T-Div., 13.11.1942 ; *ibid.* (« LSSAH », Org 7289/42 g) ; SS-FHA/KdW-SS, Org 8990/42 g, Betr. : Aufstellung einer s.SS-Pz.Abt., 24.12.1942 ; SSO 228 A (Herbert KUHLMANN, 7.4.1915) ; SSO 234 A (Anton LAACKMANN, 8.5.1910). BAMA, RS 2-1/3 (36) : SS-FHA/KdW-SS, Org II/5231/43 g, Betr. : Aufstellung einer s.Pz.Abt. für das Gen.Kdo. I.SS-Pz.Korps u. einer s.Pz.Kp. für das Gen.Kdo. II.SS-Pz.Korps, 19.7.1943.

105. BAMA, RH 10/89 (28) : Gen.Insp.d.Pz.Tr., 13/44 g.K., Führervortrag am 10.5.44, 10.5.1944, § II, 5 ; Gen.Insp.d.Pz.Tr., 19/44 g.K., Ergebnis des Führervortrages v. 10.5.44, 11.5.1944.

106. La première était demeurée au sein de la division « Das Reich » depuis l'été 1943. La seconde avait été subordonnée au début d'avril 1944 à la 17e division SS après l'envoi sur le front de l'Est de la 10e division SS à laquelle elle avait été à l'origine rattachée. BAL, NS 33/234 : SS-FHA/II, Org.Abt. Ia/II, 1632/43 g.K., Betr. : Umgliederung der 10.SS-Pz.Gr.Div. « F » in der 10.SS-Pz.Div. « F », 26.10.1943. BAMA, RH 19-IV/33 : Ob.West, KTB (1.4.1944) ; RS 3-17/1 : 17.SS-Pz.Gr.Div., KTB 1 (4.4.1944). IHTP, MF 225 (333162) : 2.SS-Pz.Div. « DR », Ia/282/44 g.K., 5. Befehl für Aufstellung u. Umgliederung der Div., 23.6.1944.

107. Les unités encore organiquement attachées à un corps d'armée ont continué à garder le numéro de celui-ci en y ajoutant le chiffre 100 (par exemple 102e groupe de transmissions SS pour l'unité du IIe corps d'armée blindé SS). Les « troupes spéciales de la *Reichsführung-SS* » ont dès lors porté leur ancien numéro, mais dans la série 500 (par exemple 502e groupe de chars lourds SS pour l'ancien détachement blindé du même corps d'armée). On peut assez précisément dater les origines de cette reprise en main par la *Reichsführung-SS* avec l'ordre de créer une nouvelle batterie de « lance-fusées » fin avril 1944. Il s'agissait en effet de la première unité numérotée dans la série 500. L'ordre de mise sur pied du SS-FHA indiquait d'ailleurs qu'elle était « constituée en tant que troupe du commandement ». BAMA, RH 2/118 (174-80) : SS-FHA/II Org.Abt. Ia/II, 3614/44 g.K., Betr. : Bezeichnung der Feldeinheiten d.W-SS, 11.10.1944. BAL, NS 33/275 (17-18) : SS-FHA/II Org.Abt. Ia/II, 992/44 g.K., Betr. : Aufstellung der SS-Werfer-Bttr. 500, 28.4.1944 ; NS 33/8 (1-4) : SS-FHA/II Org.Abt. Ia/II, 3465/44 g.K., Betr. : Kriegsgliederungen der Gen.Kdos. SS-Pz.Korps, 4.10.1944.

108. BAL, NS 33/275 (37-42) : SS-FHA/II Org.Abt. Ia/II, 4079/44 g.K., Betr. : Kriegsgliederung der Sondertruppen der Reichsführung-SS, 8.11.1944.

109 BAL, NS 33/276 (5) : SS-FHA/II Org.Abt. Ia/II, 32504/44 g.K., Betr. : Auffrischung der Pz.-Verbände d.W-SS im Westen, 22.9.1944. BAMA, RS 1/33 : Art.-Gliederung des Arko bei der 6.Armee, 19.1.1945 ; MSg 175/51 : IIIe Corps blindé des *Waffen-SS* (germanique), p. 31-34. Le 506e bataillon d'infanterie mécanisée, jusque-là subordonné à la 6e division de montagne SS, lui a été pareillement retiré le 18 février 1945 pour être transféré en Allemagne « à disposition du R[*eichsführer*]-SS ». KTB-OKW/1944-45 (8), p. 1386.

110. VHA, 2.SS-Pz.Div., 52/14 : SS-FHA, Org 3710/42 g, Betr. : Zusammenfassung der SS-Verwaltungsdienste der mot-Div. d.W-SS zu SS-Wirtschafts-Btl.en., 26.6.1942 ; SS-WVHA, 529/42, Betr. : Erläuterung zum Aufstellungsbefehl für Wirtschafts-Btle. bei d.W-SS, 27.6.1942 ; SS-FHA/KdW-SS/Ia 3070/42 g, Betr. : Bildung von San.Abt., 28.5.1942. BAL, NS 33/233 : SS-FHA/KdW-SS, Org 6939/42 g, Betr. : Zusammenfassung der San.-Einheiten bei den Div. d.W-SS, 12.11.1942 ; SS-FHA/KdW-SS, Org. 7660/42 g, Betr. : Zusammenfassung der Werkst.Kp.en. (mot) bei den SS-Pz.Gr.Div., 24.11.1942.

111. VHA, 2. SS-Pz.Div., 28/6 : SS-Div. « DR »/Ia an Gen.Kdo. SS-Pz.Korps, 209/42 g.K., Betr. : Umgliederung der SS-Div. « DR », 12.9.1942. BAMA, RS 2-2/2 (202) : Gen.Kdo. SS-Pz.Korps/Ia an SS-FHA, 317/42 g.K., 10.10.1942 ; SS-Gen.Kdo. (Pz.), KTB 2 (26.10.1942). BAL, NS 19/3752 (5-6) : Gen.Kdo. SS-Pz.Korps/Ia an RF-SS über SS-FHA/KdW-SS, 577/42 g, Betr. : Notwendigkeit einer Aufklärungs-Abt. u. eines Schwimmwagen-Btl. bei der Division, 1.11.1942 ; SSO 71 A (Paul HAUSSER, 7.10.1880) : RF-SS, 35/7/43 g, Mein lieber Hausser !, 4.11.1942.

112. BAMA, RS 2-2/2 : SS-Gen.Kdo. (Pz), KTB 2 (29.10.1942).

113. La capacité d'emport du train divisionnaire a ainsi augmenté de moitié, passant de 360 à 540 tonnes. La dotation en munitions passait de 861 à près de 1 100 tonnes. Deux colonnes de camions-citernes s'ajoutaient aux trois colonnes déjà existantes pour le ravitaillement en carburant avec une capacité totale de 230 mètres cubes. Au sein des unités mécanisées, les états-majors SS ont revu à la hausse les effectifs et les moyens alloués au convoyage du ravitaillement. Enfin, une capacité d'emport de 60 tonnes était prévue pour les pièces de rechange, soit quatre fois plus que celle de la « LSSAH » au cours des mois précédents. BAMA, RS 2-2/8 : SS-Gen.Kdo. (Pz)/Qu, KTB 2 (17.9.1942) ; RS 3-1/34 (n.f.) : Anl. 5, SS-Pz.Gr.Div. « LSSAH »/V, Kraftfahrtechnischer Erfahrungsbericht über den Osteinsatz der LSSAH, 19.12.1942.

114. BAMA, RS 2-2/2 (271) : SS-Gen.Kdo./IIb, TB für Monat Aug. 1942, 7.9.1942.

115. Ainsi, au 20 septembre 1942, il ne lui manquait que 9 hommes sur un effectif théorique de 1 086 personnels. Cependant, compte tenu du fait que 76 des hommes alors présents étaient en surnombre sur des postes spécifiques (chauffeurs, sous-officiers de prévôté, etc.), le rapport au SS-FHA mentionnait un nombre de 87 postes officiellement vacants, tout en se gardant bien naturellement d'évoquer le sureffectif sur les autres postes. On retrouve par la suite des procédures similaires, de sorte qu'en l'espace de trois mois, l'effectif théorique du corps d'armée est passé de 1 086 à 1 130 hommes (+ 4%) sans pour autant que ne soit créée la moindre unité. BAMA, RS 2-2/2 (305) : SS-Gen.Kdo./IIb, TB für Monat Sept. 1942, 5.10.1942 ; RS 2-2/3 (294 & 315) : *ibid.* (Nov. 1942), 10.12.1942 ; *ibid.* (Dez. 1942), 4.1.1943.

116. VHA, 2.SS-Pz.Div., 32/8 : Sollstärke der SS-Pz.Gr.Div. « DR » nach 3. Berichtigung, 2.2.1943 ; SS-Pz.Gr.Div. « DR »/IIb an SS-FHA/KdW-SS/Ia/Org, 25/43 g, Betr. : Sollstärke der SS-Pz.Gr.Div. « DR », 3.2.1943 ; 2.SS-Pz.Div., 35/9-II : SS-Pz.Gr.Div. DR, Ia/186/43 g, Betr. : Instandsetzungslage für Pz.Kfwg., 27.3.1942 ; SS-Pz.Gr.Div. « DR »/Ia, 240/43 g, Betr. : Erfahrungsbericht über Füh-

rung der SS-Pz.Gr.Div. « DR », 11.4.1943. BAMA, RS 2-2/12 : Gen.Kdo. I.SS-Pz.Korps/IIb, TB für Monat Mai 1943, s.d. (7.6.1943, cit.).

117. Encore ne s'agit-il ici que des *Gefechtsstärke*, c'est-à-dire les effectifs des unités de mêlée qui comprenaient également les états-majors et le train de combat. Les *Kampfstärke*, qui englobaient les personnels servant directement sur la ligne de front, étaient encore plus réduits.

118. VHA, 2.SS-Pz.Div., 28/6 : Gen.Kdo. SS-Pz.Korps/Ia 350/42 g.K. an SS-Div. « R », Betr. : Führerbefehl Nr.1 v. 8.10.42, 15.10.1942. BAMA, RS 2-2/2 : SS-Gen.Kdo. (Pz), KTB 2 (15.10.1942) & Anl. A 129 (223) : AOK 7 an SS-Gen.Kdo. (Pz), Ia 4539/42 g.K., 14.10.1942.

119. L'arrivée progressive de mortiers de 120 mm, remplaçant ceux de 81 mm à partir de 1943, est un bon exemple. Certes, l'arme avait une portée supérieure, un plus grand fractionnement du projectile sur la cible, de même qu'une meilleure précision que le modèle précédent. Par contre, son poids s'élevait à 248 kilos (contre 56,7 pour celui de 81 mm). Surtout, la munition passait de 3,5 à 16 kilos (+ 457 %). VHA, 9.SS-Pz.Div., 4/1 : SS-Pz.Gr.Div. « H »/Ia, 1222/43 g, Betr. : Erfahrungsbericht des II.SS-Pz.Korps, 2.7.1943.

120. BAMA, RS 2-2/26 : Gen.Kdo. II.SS-Pz.Korps/Qu, KTB 7 (2.10.1943).

121. Cf. par exemple cet ordre accompagnant chacune des directives adressées aux 9e, 10e et 12e divisions SS. BAL, NS 33/234 : SS-FHA/II, Org.Abt. Ia/II, 1632/43 g.K., Betr. : Umgliederung der 10.SS-Pz.Gr.Div. « F » in der 10.SS-Pz.Div. « F », 26.10.1943 ; *ibid.*, 1633/43 g.K., Betr. : Umgliederung der 9.SS-Pz.Gr.Div. « H » in der 9.SS-Pz.Div. « H », 26.10.1943 ; *ibid.*, 1660/43 g.K., Betr. : Umgliederung der 12.SS-Pz.Gr.Div. « HJ », 30.10.1943.

122. La « LSSAH » s'est même distinguée en faisant état d'un effectif théorique digne d'un corps d'armée avec plus de 25 000 hommes au 31 décembre 1943. Cf. les rapports mensuels des divisions motorisées et blindées SS dans les dossiers BAMA, RH 10/312 et suiv.

123. KROENER, « " Menschenbewirtschaftung " » (5/2), p. 967. Sur les répercussions au sein de la *Waffen-SS*, cf. BAL, NS 33/234 : SS-FHA/II/IE, 779/43, Betr. : Aktion SS-Hstuf. Neusigl, 20.11.1943 ; NS 19/3524 (37-38) : SS-FHA/II/IE, 2100/43 g.K., Betr. : Meldung über personelle Stärke, Jahrgänge, Verwendungsfähigkeit u. Verwendungsart der SS-Angehörigen, 16.12.1943 ; NS 33/6 : SS-FHA/II Org.Abt. Ia/II, II/2721/44 g, Betr. : Kürzung der Planstelle für Ärzte, 23.2.1944. BAMA, RS 2-1/12 : Gen.Kdo. I.SS-Pz.Korps/IIa an SS-San.Abt.101, 36/44 g.K., Betr. : Personelle Stärkung der kämpfenden Front, 12.3.1944.

124. BAMA, RH 10/112 (10-11) : Gen.Insp.d.Pz.Tr./Org 990/44 g.K., 11.4.1944 ; RH 10/16 : OKH/GenStdH/Org.Abt. I/Ia an SS-FHA, Betr. : Einführung der « freien Gliederung », 5.5.1944 ; SS-FHA/Org.Abt. Ia an OKH/GenStdH/Org.Abt., Betr. : SS- « freie Gliederung », 9.5.1944 ; RS 3-10/9 : 10.SS-Pz.Div. « F »/Ia an sämtl. Truppenteile !, 294/44 g.K., Betr. : Umgliederung der Pz.Div. d.W-SS, 23.7.1944 ; SS-Pz.Gr.Rgt.21/Ia, 709/44 g, Betr. : *ibid.*, 27.7.1944 (les unités ont reçu l'ordre d'adapter leurs rapports en conséquence en modifiant leur articulation conformément au modèle théorique sur les comptes rendus bimensuels).

125. IHTP, MF 225 (333159 et suiv.) : 2.SS-Pz.Div. « DR »/Ia 282/44 g.K., 5. Befehl für Aufstellung u. Umgliederung der Division, 23.6.1944. VHA, 12.SS-

Pz.Div., 22/3 : 12.SS-Pz.Div. « HJ », Sonderbefehl !, 23.7.1944 ; 12.SS-Pz.Div., 39/4 : 12.SS-Pz.Div. « HJ »/IIb, 76/44 g.K., Betr. : Gültigkeitsliste der KStN, 23.7.1944 (Anl. 2) ; 12.SS-Pz.Div., 14/2 : II./SS-Pz.Rgt.12, KTB 3 (13 & 23.7.1944). BAMA, RS 4/1270 (n.f.) : SS-Pz.Gr.Rgt.2/LSSAH an I.-III. Btl., Rgt.- Einheiten, Satbskp., 53/44 g.K., Betr. : Kriegsgliederung der Einheiten, 16.6.1944. NARA, RG 165/Entry 179/Box 720 : PWIS (H)/LDC/510, Report on interrogation of PW Rttf Otto S., SS Vers.Kp. III/2 SS PGR « LSSAH », 17.11.1944.

126. Lettre du 24.8.1991 de Georg Isecke, ex-officier adjoint du 12e régiment blindé SS (copie de l'auteur).

127. HEIBER, *Lagebesprechungen*, p. 777-778 (29.12.1944, cit.). KTB-OKW/1944-45 (8), p. 1154 (7.3.1945). Cf. aussi BAMA, RS 3-17/27 : 17.SS-Pz.Gr.Div. « GvB »/Ia 105/45 g, Befehl für die Gliederung der Div., 16.1.1945.

128. HAUSSER, *Soldaten*, p. 78.

129. La « LSSAH » n'avait pas attendu pour profiter de cette largesse, disposant depuis octobre 1936 d'un effectif systématiquement supérieur à son niveau théorique. En 1938, le dépassement s'établissait à 16 % des effectifs théoriques, soit quelque 500 hommes par rapport aux 3 106 soldats prévus. SJSS (1937), p. 47. SJSS (1938), p. 73.

130. BAMA, RW 4/v.503 (224 et suiv.) : Der Führer, Betr. : Die bewaffneten Teile der SS, 18.5.1939, § A, 1 & 3. KROENER, « Ressourcen » (5/1), p. 722. HAUSSER, *Soldaten*, p. 78.

131. VHA, 3.SS-Pz.Div., 3/1 : SS-T-Div. an OKH/GenStdH, 25/39 g.K., Betr. : Aufstellung der SS-T-Div., 29.11.1939.

132. BAL, NS 19/3501 (85) : SS-Div. « R », 24.4.1941. BAMA, RH 15/104 (1 et suiv.) : OKH/Ch.H.Rüst.u.BdE/AHA Ie (I) 2900/40 g.K., Betr. : Umbildung von Inf.Div. in Pz.Div. u. Inf.Div. (mot), 26.9.1940. COLLECTIF, *60. Inf.Div.* (II), p. 6. DIECKHOFF, *3. Inf.Div. (mot)*, p. 88-89, 414.

133. BAMA, RH 2/1283 (109, 128, 146, 157, 166, 191 & 200) : doc. sans titre, 15.2.1944 ; Grabenstärke, übrige Kämpfer, Gefechtsstärke (Nov. 1943). KROENER, « " Menschenbewirtschaftung " » (5/2), p. 960.

134. BAMA, RS 2-2/2 (299) : Gen.Kdo. SS-Pz.Korps/Stabsoffz.d.Pi., Vorschlag über Gliederung u. Ausrüstung der Pioniere in dem neu zu gliedernden SS-Pz.Korps, 3.9.1942.

135. SENGER UND ETTERLIN, *Panzer*, p. 217-218.

136. BAMA, RH 10/16 (164) : OKH/GenStdH/Org.Abt. IIIb 60453/44 an SS-FHA, Betr. : Sollausstattung mit s.Pak, 13.3.1944.

137. KROENER, « Ressourcen » (5/1), p. 840 et suiv. GUDERIAN, *Panzers*, p. 125. HALDER, *Kriegstagebuch* (3), p. 91 (18.7.1941). OSE, *Entscheidung*, p. 72-73.

138. HAUSSER, *Soldaten*, p. 78-79.

139. VHA, 9.SS-Pz.Div., 4/1 : SS-Pz.Gr.Div. « H »/Ia, 1222/43 g, Betr : Erfahrungsbericht des II.SS-Pz.Korps, 2.7.1943.

140. Les pertes sont celles arrêtées au 31 juillet 1944 pour la « Panzer-Lehr », au 18 juillet pour la 12e division blindée SS. Ces dernières n'ont cependant guère dû évoluer jusqu'à la fin du mois, cette formation étant alors placée en réserve. Seuls quelques groupements tactiques étaient alors engagés en première ligne, dans

des secteurs calmes du front toutefois. Au 1ᵉʳ juin 1944, l'effectif théorique de la « Panzer-Lehr » était de 14 634 hommes, 20 516 pour la 12ᵉ division blindée SS. BAMA, RH 10/172 (24 & 31) : Pz.-Lehr-Div./Ia, 597/44 g.K., Betr. : Zustandsbericht Pz.-Lehr-Div., Stand 1.6.44, 16.6.1944 (Anl. 1); Pz.Lehr-Div./Ia, I/9/44 g.K., Betr. : Zustandsbericht Pz.Lehr-Div., Stand 1.8.44, 6.8.1944 (cit.); RH 10/321 (29) : 12.SS-Pz.Div. « HJ », Meldung v. 1.6.1944; RH 21-5/50 : Anl. 173, Pz.Gr. West an Okdo.HGr. B/Ia, 480/44 g.K. v. 20.7.1944. NEITZEL, « Forschens », p. 410. Cf. aussi SENGER UND ETTERLIN, *Panzer*, p. 221.

141. VHA, 2.SS-Pz.Div., 28/6 : OKH/GenStdH/Org.Abt., I/3215/43 g.K., Betr. : Auffrischung der Pz.A.A. der Pz.Div. des Ostheeres, 10.7.1943. BAMA, RH 2/1039 (128) : OKH/Gen.Insp.d.Pz.Tr./GenStdH/Org.Abt., I/18 400/44 g.K., Betr. : Gliederung Pz.Div. 44, 3.8.1944. ZETTERLING, *Normandy 1944*, p. 19, 25/n 9, 384. RITGEN, *Panzer-Lehr*, p. 29-30, 319.

142. Cf. l'évolution de l'unité « Großdeutschland » in SPAETER, *Großdeutschland* (1), p. 26-27.

143. BAL, NS 19/132 (20 & 32) : RF-SS an Gen.Oberst v. Brauchitsch, AR/314/11, 17.4.1940, § 2, e; ObdH/AHA/Ia/IV 2301/40 g, Sehr verehrter Herr Reichsführer !, 7.5.1940.

144. Le lien entre ces deux formations peut également expliquer pourquoi la « LSSAH » n'a pas vu son unité de reconnaissance être transformée en régiment rapide, comme cela s'est produit à l'automne 1942 aux divisions « Das Reich » et « Totenkopf ». SPAETER, *Großdeutschland* (2), p. 23, 404, 416-418, 422, 429.

145. Il s'agissait notamment de l'équipement de l'un des bataillons d'infanterie avec des véhicules blindés semi-chenillés, de la création d'un quatrième groupe d'artillerie, ou encore de la constitution d'une compagnie d'escorte divisionnaire. Ces réformes n'ont pas été introduites avant l'été 1943, tout comme le titre de « division d'infanterie mécanisée » qui lui a été décerné en juin 1943, soit sept mois après les divisions du corps d'armée blindé SS. La division n'a tout d'abord obtenu que l'appoint d'un second groupe blindé ainsi que d'une compagnie de chars *Tiger*, cette dernière le 30 décembre 1942. Elle a toutefois été avantagée, en particulier en recevant un troisième groupe blindé de chars *Tiger* en 1943 et un régiment complet du génie blindé (au lieu d'un bataillon) en 1944. *Ibid.* (2), p. 94, 144-146, 149, 591. KTB-OKW/1942 (4), p. 1215 (30.12.1942).

146. SPAETER, *Großdeutschland* (3), p. 11-12.

147. *Ibid.*(1), p. 412 & (2), p. 589.

148. C'est par exemple en septembre 1942 que Hitler a ordonné l'attribution de chars à la brigade « Herman Göring ». KTB-OKW/1942 (3), p. 739 (18.9.1942). BAMA, RH 2/1039 (162) : OKH/Gen.Insp.d.Pz.Tr./GenStdH/Org.Abt., I/18 800/44 g.K., Betr. : Gliederung Pz.Gr.Div. 44, 20.8.1944. SANCHEZ, *Feldherrnhalle*, p. 102. KUROWSKI, « *Hermann Göring* ».

149. D'autres divisions avaient des organisations particulières, mais liées à leurs théâtres d'engagement, telles les divisions blindées « Norwegen » et « Rhodos ». BAMA, RH 2/1026 (2-28) : OKH/GenStdH/Org.Abt. I/1425/45 g.K., Das Verbandspäckchen : « Zusammenstellung der grossen Verbände u. Heerestruppen (Brig., etc.) des Heeres, der Fallschirmtruppe u. d.W-SS, 1.1.1945.

13. ÉQUIPEMENT ET APPROVISIONNEMENT

1. Cf. par exemple KROENER, *Fromm*, p. 639.
2. BAL, NS 19/132 : Chef des Amtes RV an RF-SS, 22.3.1938 (cit.). Plus généralement, cf. WEGNER, *Soldaten*, p. 84 et suiv.
3. VHA, 3.SS-Pz.Div., 4/2 : SS-T-Div. an RF-SS, Betr. : Waffen, 27.10.1939 ; SS-T-Div. an Insp.d.Kraftfahrwesens d.SS, 16/39 g, Betr. : Nachweis des Kraftfahrzeugbedarfs der SS-T-Div., 10.11.1939 ; FS an RF-SS, s.d. (Nov. 1939). BAMA, RS 3-3/3 (45) : Ib, Akentvermerk, 19.1.1940 ; RS 4/1373 : s.Art.Abt./SS-T-Art.Rgt., KTB (1 & 8.5.1940). BAL, NS 19/3505 : Aktennotiz, Betr. : schw. Geschütze, 7.4.1940. SYDNOR, *Soldiers*, p. 55-56. STEIN, *Waffen-SS*, p. 69-71. KROENER, *Fromm*, p. 905/n. 117.
4. BAL, NS 19/1711 (21-23) : Waffen- u. Geräteamt d.W-SS, 8/40 g.K., Denkschrift, Geh. Reichssache !, 9.5.1940 (cit.) ; Reichsminister Dr.Ing. Todt an RF-SS, 7.6.1940. STEIN, *Waffen SS*, p. 72-73. KROENER, *Fromm*, p. 515-516.
5. BAL, NS 19/3521 (94) : OKH/Ch.H.Rüst.u.BdE/AGA Ia IV 11441/40 g, Sehr verehrter Herr Jüttner, 18.6.1940 ; NS 19/3506 (161-62) : KdW-SS an RF-SS, 787/40 g, 16. Meldung, 25.6.1940, § 10.
6. BAL, NS 19/3510 (45) : RF-SS, 1107/40 g, 15.8.1940.
7. VHA, SS-T.St. (Rgter.), 82/9 : 2.SS-Brig.(mot)/Ib, 158/41 g, Betr. : Nachschub − Ersatz an Waffen u. Gerät für die W-SS, 12.6.1941.
8. BAL, NS 19/261 (15-18) : OKH/Ch.H.Rüst.u.BdE/AHA/IaIV 3360/43 g, Betr. : Versorgung d.W-SS im Heimatkriegsgebiet, 6.3.1943.
9. NARA, RG 238/OCCWC/Entry 191/NM 70/Box 3, chemise 9, Report on the SS-FHA, 20.1.1947, p. 4. MOLLO, *Uniforms*, p. 408, 528-529.
10. BAMA, RS 2-2/9 (64-66) : AOK 1/O.Qu/Qu.1, 1595/42 g.K., Besondere Anordnungen für die Versorgung des SS-Gen.Kdo. (Pz) für den Abtransport, 30.12.1942.
11. KTB-OKW/1943 (5), p. 322 (12.4.1943).
12. C'était toutefois un demi-échec pour Pohl qui avait plaidé pour une centralisation totale incluant la *Luftwaffe* et la *Kriegsmarine*. Un arrangement avec le grand amiral Doenitz a néanmoins permis à Himmler de s'assurer que les mesures prises par Pohl soient immédiatement appliquées dans la Marine. BAL, NS 19/3191 (95) : Chef des SS-WVHA an RF-SS, Betr. : Meine Verwaltungstätigkeit b. Ersatzheer (OKH), 29.7.1944 ; RF-SS, Feldkommandostelle, 5.8.1944 ; RF-SS, Lieber Pohl ! 19.8.1944.
13. BAL, NS 19/3929 : Reichsminister für Rüstung u. Kriegsproduktion, Erlaß über die Bildung des Rüstungsstabes, 1.8.1944 ; Reichsminister für Rüstung u. Kriegsproduktion, Schnellbericht 1.8.44 über die Besprechung um 10 Uhr unter Vorsitz von Reichsminister Speer, 1.8.1944 ; NS 19/3191 : RF-SS, Lieber Pohl !, 13.10.1944 (cit.).
14. KOTZE, *Heeresadjutant*, p. 19-20.
15. En octobre 1943, la 11e division SS « Nordland » a par exemple été obligée de céder 14 canons d'assaut neufs en échange d'un nombre équivalent d'engins anciens de la « LSSAH », trahissant l'absolue volonté de donner le meilleur à la garde de Hitler. BAMA, RS 2-2/26 : SS-Gen.Kdo. II.SS-Pz.Korps/V/Korps-Ing.,

TB 7 (21 & 28-30.10.1943). Cf. aussi HALDER, *Kriegstagebuch* (I), p. 282 (8.5.1940); (II), p. 459 (21.6.1941). WESTEMEIER, *Peiper*, p. 35. BOELCKE, *Rüstung*, p. 215-216 (3-5.1.1943). KTB-OKW/1944-45 (7), p. 303, 308-309. LEHMANN, *Leibstandarte* (IV/1), p. 110.

16. BAKO, Filmrollen 256/1228 à 1234 et 94/58. On peut y observer (entre autres) la dernière version (F2) du Panzer IV ainsi que les tout nouveaux véhicules légers amphibies *Schwimmwagen* dont le premier exemplaire avait été réceptionné par l'armée le 29 mai 1942. WIERSCH, *VW-Kübelwagen*, p. 40.

17. JOCHMANN, *Monologue*, p. 372-373 (28.8.1942).

18. VHA, 2.SS-Pz.Div., 64/18 : SS-Div. «R»/Ia, Bericht über die Pz.Zugmaschine Renault, 17.5.1942; 2.SS-Pz.Div., 33/8 : SS-Pz.A.A. «DR»/Ia, der SS-Pz.Gr.Div. «DR», Betr. : Erfahrungsbericht über den Schwimmwagen, 19.8.1943; 2.SS-Pz.Div., 98/26 : SS-Rgt. «D»/IIa, Rgt.-Tagesbefehl Nr.99/42, 12.9.1942; *ibid.*, 152/42, 25.11.1942; 2.SS-Pz.Div., 33/8 : SS-Pz.Gr.Rgt. «D»/Ia an SS-Pz.Gr.Div. «DR», 592/43 g, Betr. : Erfahrungsbericht, 23.6.1943; 2.SS-Pz.Div., 35/9-II : SS-Pz.Gr.Div. «DR» an SS-Pz.Gr.Rgt. «DF», Betr. : Truppenversuch mit MPi 43/1, 29.10.1943. Cela n'avait pas que des avantages dans la mesure où leur mise au point était parfois imparfaite. Or, la fiabilité de l'armement et du matériel s'est révélée sur le champ de bataille un avantage autrement plus décisif que les performances supérieures d'équipements plus récents souffrant de handicaps ou en indisponibilité chronique. RITGEN, *Panzer-Lehr*, p. 30.

19. À l'automne 1940, la motorisation de la division «Wiking» avait déjà été menée au détriment des divisions d'infanterie de la 12e vague et des unités de réserve générale non endivisionnées. HALDER, *Kriegstagebuch* (II), p. 149 (24.10.1940), 181 (15.11.1940). KTB-OKW/1940-41 (1), p. 160 (8.11.1940).

20. BAL, NS 19/3516 (109) : SS-FHA an RF-SS, 5657/42 g, 14.9.1942.

21. À cette date, les effectifs de l'armée de terre s'élevaient à 5,75 millions d'hommes contre 190 000 pour la *Waffen-SS*. KROENER, «Ressourcen» (5/1), p. 959. KTB-OKW/1942 (4), p. 1171-1172 (21.12.1942).

22. KTB-OKW/1942 (4), p. 981 (17.11.1942).

23. BAMA, RH 20-7/62 : AOK 7, KTB Ia (13.8.1942) & Anl. 15, AOK 7/Ia an Ob.West, Ia 3537/42 g.K., Betr. : Stand der Verwendungsbereitschaft der Ost-Div., 13.8.1942; RH 20-7/67 (n.f.) : Anl. 91, AOK 7/Ia an Ob.West 4507/42 g.K., Betr. : *ibid.*, 13.10.1942.

24. BAL, NS 19/3517 (134-36) : Herrn Gen.Lt. Bodenschatz, Chef des Ministeramtes des Reichsmarschalls, 23.3.1941. WITTE, *Dienstkalender*, p. 135/n. 63.

25. BAL, NS 19/3871 (57-58) : Niederschrift über Besprechung mit dem Führer am Sonnabend, den 13.2.1943 in der Wolfsschanze um 17 Uhr.

26. WITTE, *Dienstkalender*, p. 633 (7.12.1942). BAL, NS 19/3798 (90) : RF-SS, Mein Führer! 13.12.1942, § 5.

27. Voir le déblocage de 50 m³. de carburant décidé par le commandant en chef à l'ouest au profit de la 10e division blindée SS suite à une demande du SS-FHA. BAMA, RH 19-IV/23 : Ob.West, KTB (27.2.1944); RH 19-IV/28 : Anl. 664.

28. VHA, 2.SS-Pz.Div., 48/13 : Hölz, SS-Ostuf. u. O 4, Betr. : Kurierfahrt zum FHQu., dienstl. Besprechung mit SS-Hstuf. Schulze, 5.7.1942. MESSENGER, *Gladiator*, p. 152. Cf. aussi FÜRBRINGER, «*Hohenstaufen*», p. 474-475.

29. VHA, 2.SS-Pz.Div., 47/13 : Aktennotiz für Ia anlässlich der Besprechung des SS-Hstuf. Steinbeck b. OKH Abt.Org., Oberstlt. Giese, am 13.12.42, 15.12.1942; 12.SS-Pz.Div., 14/2 : II./SS-Pz.Rgt.12, KTB 3 (29.7.1944). BAMA, RS 3-17/1 : 17.SS-Pz.Gr.Div., KTB 1 (7.12.1943); RS 3-17/13 : 17.SS-Pz.Gr.Div. « GvB »/Ia an RF-SS, 1355/44 g, 6.9.1944. BAL, SSO 64 A (Heinz HARMEL, 29.6.1906) : SS-Pz.Rgt.10/Kdr., Lieber SS-Kamerad Kment!, 11.11.1944.
30. VHA, 12.SS-Pz.Div., 31/3 : 12.SS-Pz.Div. « HJ »/SS-Werf.Abt.12, KTB (10-11.5.1944).
31. RYAN, *Un pont trop loin*, p. 108-109, 173.
32. BAMA, RW 4/v.503 (224/verso) : Der Führer, Betr. : Die bewaffneten Teile der SS, 18.5.1939, § A, 1. BOELCKE, *Rüstung*, p. 24.
33. KTB-OKW/1943 (5), p. 39 (14.1.1943), 385 (25.4.1943). HEIBER, *Lagebesprechungen*, p. 209, 212 (19.5.1943), 303 (25.7.1943).
34. HUBATSCH, *Weisungen*, p. 272 (3.11.1943). BAMA, RS 2-1/1 : Gen.Kdo I.SS-Pz.Korps, KTB (18.11.1943).
35. BAMA, RS 2-2/9 (67-73) : OKH/GenStdH/Gen.Qu.Meister/I, I/6594/42 g.K., Betr. : Winterausstattung für zu verlegende Verbände, 24.9.1942.
36. BAMA, RS 2-2/3 : Gen.Kdo. SS-Pz.Korps, KTB 3 (7.11. & 26.12.1942) & Anl. 204 (206); RH 19-IV/11 : Ob.West, KTB (5.10.1943); RS 3-17/1 : 17.SS-Pz.Gr.Div., KTB 1 (27.3.1944). VHA, 2.SS-Pz.Div., 47/13 : Aktennotiz für Ia anläßlich der Besprechung des SS-Hstuf. Steinbeck b. OKH/Abt.Org., Oberstlt. Giese, am 13.12.42, 15.12.1942, § 5; 2.SS-Pz.Div., 226/69 : SS-StuG-Abt.2, KTB 1 (8.12.1942 & 9.1.1943). KTB-OKW/1942 (4), p. 1172 (21.12.1942), 1206 (29.12.1942). BOELCKE, *Rüstung*, p. 206 (1-3.12.1942). GUDERIAN, *Panzers*, p. 305. RITGEN, *Panzer-Lehr*, p. 83.
37. BAMA, RH 20-19/7 : AOK 19, KTB (21 & 26.8.1943); RH 10/318 (15) : 9.SS-Pz.Div. « H »/Anl. 1 zu 877/43 g.K., Meldung v. 1.12.1943; RH 10/319 (28) : 10.SS-Pz.Div. « F »/Ia 621/43 g.K., Meldung v. 5.12.1943.
38. À cette époque, le nombre de divisions blindées à l'est s'élevait à 21, dont 4 divisions SS. KTB-OKW/1943 (5), p. 262 (9.4.1943); 458 (10.5.1943, cit.).
39. VHA, 12.SS-Pz.Div., 11/2 : I./SS-Pz.Rgt.12, KTB 3 (6 & 15.7., 12.8.1944); 12.SS-Pz.Div., 14/2 : II./SS-Pz.Rgt.12, KTB 3 (15, 18 & 30.7.1944). BAMA, RH 10/149 (43, 46 & 47) : 11.Pz.Div., 379/44 g.K., Meldung v. 1.8.1944; *ibid.*, 455/44 g.K., Meldung v. 1.9.1944; 11.Pz.Div. an AOK 19, Ia 455/44 g.K., Betr. : Zustandsbericht, 13.9.1944; RH 21-5/52 (14) : Pz.AOK 5, KTB (15.8.1944, 12.00 Uhr); ETHINT 38 : An Interview with Gen.Oberst H. Guderian, Panzer Tactics in Normandy, 28.1.1948, p. 5. NARA, RG 492/Entry ETO MIS-Y Sect/Box 66 : HQ Third US Army G-2, APO 403, Tactical IPW Report # 14 (16/17.8.1944), #15 (17/18.8.1944), #18 (20/22.8.1944); Box 69 : HQ Third US Army, Intelligence Center APO 403, Interrogation Report, The « Ghost Div » (11 Pz Div) in the West, May 44/May 45, 25.7.1945. ROMMEL, *Guerre*, p. 437. KOMPANIE-KAMERADSCHAFT, *3. Kompanie*, p. 40. SCHRODEK, *Glaube*, p. 301-302. SANTIN, « Chartres », p. 15.
40. Le nombre de blindés arrivés en remplacement des pertes en Normandie est très difficile à apprécier, mais a en tout état de cause été réduit. Du 6 juin au 31 juillet, il s'est élevé à 100 (canons d'assaut inclus), dont 36 fournis en juillet à la

21ᵉ division blindée et à la division blindée « Lehr ». Il est par ailleurs établi que la division « Das Reich » a reçu un nombre inconnu de chars (au moins deux) au début du mois d'août, tandis que la 116ᵉ division blindée en a reçu au moins douze. KTB-OKW/1944-45 (7), p. 330. ZETTERLING, *Normandy*, p. 413-417. NARA, RG 407/Entry 427/Box 15316 : HQ 5th Arm Div, OB Team 29, 20.8.1944. Témoignage d'E. Harder (ex-officier du 16ᵉ régiment blindé), lettres des 15.7. & 26.8.1995 (aimablement communiquées par Didier Lodieu).

41. Le rapport de Rommel à Hitler à la mi-juillet 1944 a largement contribué à populariser cette idée. ROMMEL, *Guerre*, p. 437-438.

42. GUDERIAN, *Panzers*, p. 275-276.

43. Dès avril 1943, le corps d'armée SS avait eu l'occasion de mesurer le changement intervenu. Afin de plaider sa cause, il avait dépêché par avion son chef d'état-major au SS-FHA et au quartier général de Hitler « en vue de clarifier les questions de reconstitution et d'organisation », avec le succès qui vient d'être évoqué. BAMA, RS 2-2/12 : Gen.Kdo. I.SS-Pz.Korps, KTB 5 (6.4., 6.5.1943, cit.). HEIBER, *Lagebesprechungen*, p. 211, 214 (19.5.1943).

44. JENTZ, *Panzertruppen*.

45. ZETTERLING, *Normandy*, p. 20-22. L'auteur a commis de très légères erreurs de calcul, sans que cela n'influe toutefois sur les chiffres moyens cités. À noter aussi que les divisions blindées SS, à l'inverse des divisions blindées de l'armée, comportaient des canons d'assaut, réduisant l'écart réel.

46. BAL, NS 19/3506 (176) : RF-SS, Lieber Jüttner!, 21.6.1940, § 7 ; NS 19/3519 (115) : RF-SS an SS-Gruf. Jüttner, 1156/42 g.K., 19.3.1942 (cit.).

47. BILLIG, *L'Hitlérisme*, p. 244-245, 295. BUCHHEIM, « Herrschaftsinstrument », p. 181. SYDNOR, *Soldiers*, p. 24/n. 55, 68. MOLLO, *Uniforms*, p. 401-402. SCHULTE, *Zwangsarbeit*. GEORG, *Unternehmungen*. KAIENBURG, *Konzentrazionslager*. BROSZAT, « Konzentrationslager », p. 420 et suiv.

48. BOELCKE, *Rüstung*, p. 79 (19.3.1942). BAL, NS 19/1447 (136) : Vortrag b. Führer am 17.6.1943, Obersalzberg, § X.

49. KROENER, « " Menschenbewirtschaftung " » (5/2), p. 783.

50. La main-d'œuvre concentrationnaire a aussi été employée pour les servitudes dans nombre d'écoles, administrations, entrepôts et unités de dépôt de la *Waffen-SS*. Cf. leur liste dans l'index de WEINMANN, *Lagersystem*, p. 1096-1100.

51. BAL, NS 19/3717 (19-20) : RF-SS, 1260/42, g.K., Lieber Pohl!, 7.7.1942 ; NS 19/3637 (4 & 59-61) : Reichsminister für Bewaffnung u. Munition/Beauftragter f.d. Amtsgruppe Wa J Rü (WuG), Direktor Purucker, Bericht, Betr. : Gewehr-Fertigung im KL Buchenwald, 17.3.1943 ; FS an Chef des SS-WVHA, 17.8.1943 ; NS 19/3547 (2, 8 & 20) : Chef des SS-WVHA an RF-SS, D II/1 400 g, Betr. : Fertigung des Selbstladers G 43 durch die Walther-Werke in Neuengamme, 7.9.1943 ; Himmler an SS-Brigf. Dr. Schieber, 21.3.1944 ; Chef des SS-WVHA an RF-SS/Pers.Stab, D II/1 418/44 g, Betr. : Fertigung des Selbstladers K 43 in Neuengamme, 18.7.1944. WITTE, *Dienstkalender*, p. 479/n. 23.

52. BOELCKE, *Rüstung*, p. 19, 187-188 (20-22.9.1942), 376 (3-5.6.1944).

53. *Ibid.*, p. 188 (20-22.9.1942), 234-235 (6.3.1943), 253 (4.5.1943).

54. *Ibid.*, p. 366 (22-25.5.1944). WITTE, *Dienstkalender*, p. 306 (2.1.1942), 426 (13.5.1942), 438 (27.5.1942), 573/n. 154 (29.12.1942).

NOTES (chapitre 13)

55. BAL, NSD 41/56 : Bekleidungswerk d.W-SS, Dachau/Obb., Artikel- u. Preisliste 1944 d.W-SS für Bekleidung u. Ausrüstung.
56. HILBERG, *Vernichtung*, p. 1022-1024.
57. BAMA, RS 2-2/8 (236 et suiv.) : SS-Gen.Kdo. SS-Pz.Korps/IVa, TB 1 (29.8., 12 & 13.10.1942); RS 2-2/8 (79 et suiv.) : *ibid.*, TB 3 (5.1.1943).
58. UMBREIT, « Auf dem Weg » (5/1), p. 210 et suiv. ; – « Deutsche Herrschaft » (5/2), p. 181 et suiv. ALY, *Comment.*
59. BAL, NS 19/3521 : RF-SS an die Generaldirektion der Brünner Waffenwerke Prag, 8.12.1939; Waffen- u. Geräteamt d.W-SS, Betr. : Tschechische Tankbüchse, 5.8.1940.
60. Les négociations portaient sur 5 000 pistolets-mitrailleurs, 400 mortiers de 81 mm, 100 lance-fusées de 120 mm, des pièces antichars et antiaériennes de 37 et 40 mm ainsi que sur du matériel de transmissions et de cartographie. Il n'a pas pu être établi si la transaction s'est réalisée. BAL, NS 19/3506 (226) : KdW-SS an RF-SS, 644/40 g, Betr. : 12. Meldung, 3.6.1940, § 10.
61. HILBERG, *Vernichtung*, p. 892-94. WITTE, *Dienstkalender*, p. 254/n. 19 (5.11.1941), 382/n. 55, 56 & 58 (17.3.1942).
62. BAL, NS 19/807 (1) : RF-SS, 1255/42, Lieber Berger!, 7.7.1942.
63. BAL, NS 19/3962 (1) : Nachr.-Zeugamt d.W-SS an SS-Verbindungsführer H. Evers, Fp-Nr.12838 [= Zentralauftragsstelle/Bereich des MBF], 2453/43, Betr. : Neuplanung N.Za., 22.4.1943.
64. BAL, NS 19/2020 (6 & 10) : Reichsbeauftragte für Chemie an RF-SS/ Rohstoffamt, g.K., Betr. : Lage in Methanol, 19.6.1942 (cit.); Reichsminister für Bewaffnung u. Munition/Rüstungslieferungsamt Mineralöl an die Reichsstelle « Chemie », Betr. : Methanol für die W-SS, 20.7.1942.
65. BAL, NS 19/2004 (1 & 4) : Polizei-Attaché, Vermerk, Betr. : Aktion des SS-Ostubaf. Weinhöbel, SS-FHA/V/Mot., 21.9.1942; Aktenvermerk, 25.9.1942.
66. WITTE, *Dienstkalender*, p. 229 (9-10.10.1941).
67. Manifestement *via* la « centrale d'achat » établie par la SS à Paris, 4, rue du Général-Appert. BAMA, RS 2-2/8 (79 et suiv.) : SS-Gen.Kdo. SS-Pz.Korps/IVa, TB 3 (4.11.1942). Nachrichtenkommandantur Paris, *Fernsprechverzeichnis der Deutschen Dienststellen in Groß-Paris*, 11. Ausgabe, Juni 1943, p. 196.
68. BAL, NS 19/681 (8) : Chef des SS-WVHA an RF-SS, Betr. : Sonderkontingent von Wein u. Spirituosen für die W-SS, 26.3.1943.
69. Vertreter des A.A. b. Mil.Bef. in Belgien u. Nordfrankr. v. Bargen (Brüssel) an Staatssekretär des A.A. Frhr. v. Weizsäcker, 15.1.1943 *in* ADAP (E, V), p. 106.
70. BAL, NS 19/681 (6-40, en particulier fol. 8 & 33) : Chef des SS-WVHA an RF-SS, Betr. : Sonderkontingent von Wein u. Spirituosen für die W-SS, 26.3.1943 (cit.); Chef des SS-WVHA an SS-Ostubaf. Dr. Brandt, 374/44, 17.2.1944.
71. BAL, NS 19/3506 (178 & 186-88) : Chef des Waffen- u. Geräteamtes d.W-SS an KdW-SS, Reisebericht, 15.6.1940; KdW-SS an RF-SS, 740/40 g, 15. Meldung, 18.6.1940, § 10; NS 19/1668 : SS-T-Div./Kdr. an Kdr. SS-St. « Holland », Betr. : Pak, 7.6.1940.
72. Convention (IV) concernant les lois et coutumes de la guerre sur terre, La Haye, 18.10.1907 : Règlement concernant les lois et coutumes de la guerre sur terre (Section III, Art. 53).

73. BAL, NS 19/3518 : RF-SS/Pers.Stab an SS-Hstuf. Barthelmes, SS-FHA, 3.9.1941.
74. BAMA, RS 3-2/9 (128, 160-65, 170-71 & 176-80) : SS-V-Div./Ib, KTB 1 (17.7.1940); SS-V-Div./IVa, TB (27-31.5.1940); SS-V-Div./San.-Dienste, TB (27.5.1940); SS-V-Div./Ib, Besondere Anordnungen für die Versorgung, 10.7.1940 ; Sachbearbeiter für das Kraftfahrwesen (Div.Ing.)/V an SS-V-Div./Ib, TB (27.9.1940, § E); SS-V-Div./IVa, TB (17.6., 5.7. & « bis 31.7.1940 »); RS 3-3/4 (240) : SS-T-Div./Ia, Sonderbefehl!, Betr. : Panzerfahrzeuge, 17.6.1940 ; RS 3-3/23 (21 & 22/verso) : SS-T-Div./Verw.-Dienste, KTB 1 (21-22.5.1940); RS 4/1373 : s.Art.Abt./SS-T-Art.Rgt., KTB (23 & 31.5., 16.6.1940). BAL, NS 19/1668 : SS-T-Div./IVb an Kdr. der SS-T-Div., Betr. : Franz. San. Depot, 4.6.1940 ; SS-T-Div./Kdr., 11.6.1940. VHA, 1.SS-Pz.Div., 2/1 : Abschrift aus dem KTB des III./LSSAH über den Einsatz im Westen, p. 8.
75. BAMA, RS 3-2/9 (128) : Anl. 55, SS-V-Div./Ib, Besondere Anordnungen für die Versorgung, 10.7.1940.
76. Une division de l'armée s'est également fait confisquer douze véhicules non réglementaires par le corps d'armée, preuve qu'il ne s'agissait pas d'une pratique spécifique de la SS. La répétition des ordres de la « LSSAH » tend néanmoins à accréditer l'idée que cette pratique a pris des proportions nettement plus importantes au sein de ce régiment. BAMA, RS 4/1215 (276 & 312) : verst. LSSAH, Rgt.-Befehl, 25.5.1940, 20.45 Uhr, § 11 ; verst. LSSAH, Kraftfahrsonderbefehl!, 29.6.1940 ; RS 4/1213b (86 & 319) : verst. LSSAH, Rgt.-Befehl für den 21.6.40, 21.6.1940, § 13 ; verst. LSSAH, Rgt.-Befehl, 3.7.1940 ; RS 4/1217 (73) : LSSAH/Stab/Ib, Sonderbefehl!, Betr. : Beschaffung von Waffen u. Gerät, 15.10.1940.
77. VHA, 3.SS-Pz.Div., 32bis/8 : SS-T-Div. an Rgt.er u. Div.Truppen, Betr. : Beutewesen, 13.6.1941 (cit.). BAMA, RS 4/1217 (330) : LSSAH/Ia, Befehl für die Aufstellung eines Beute-Kommandos, 30.3.1941.
78. KTB-OKW/1943 (6), p. 1143 (25.9.1943). Unterlagen für einen Vortrag des Gen.Obersten Jodl, des Chefs WFStab, vor den Reichs- u. Gauleitern über die militärische Lage, 7.11.1943 *in* KTB-OKW/1944-45 (8), p. 1545. HEIBER, *Lagebesprechungen*, p. 419-420 (19.11.1943). L'occupation en France de la zone sud en novembre 1942 a également permis à la SS (*via* la Sipo/SD) de récupérer bon nombre d'armes dans des dépôts clandestins. 10 % d'entre elles sont revenues à la SS suite à un accord avec l'OKW. C'est ainsi que 20 000 fusils et 2 000 fusils-mitrailleurs ont servi à équiper les 9e et 10e divisions SS en attendant de les doter avec du matériel allemand. À la mi-janvier 1943, la SS ne pouvait en effet fournir qu'un fusil allemand pour quinze hommes. BAL, NS 19/2545 : SS-Brigf. Oberg an RF-SS, Betr. : Ereignismeldung aus dem besetzten Frankreich, 5.12.1942 ; Himmler an SS-Brigf. Oberg, 6.12.1942 ; Himmler an HSSPF den Haag, 6.12.1942 ; NS 19/1701 (29) : RF-SS an HSSPF Frankreich, 39/51/43 g, 14.1.1943 ; NS 19/3871 (65) : Aktenvermerk [...], 13.1.1943 ; NS 19/229 (1) : Betr. : Waffen u. Gerät für die 2 neuaufzustellenden SS-Div., s.d. (Jan. 1943). KTB-OKW/1943 (5), p. 19 (5.1.1943), 45 (16.1.1943).
79. Il s'agissait de la 13e division SS bosniaque. Tout un lot de chaussures de montagne a ainsi été saisi le 10 septembre et envoyé à Dachau le lendemain. BAMA, RS 2-2/26 : Gen.Kdo. II.SS-Pz.Korps/Qu, KTB 7 (10.9.1943, 17.50 Uhr, cit.); Gen.Kdo. II.SS-Pz.Korps/IVa, TB 7 (10-11.9.1943).

80. Le corps d'armée SS a par exemple demandé à ses unités un décompte du matériel avant celui des prisonniers. Par la suite, les armes devaient avoir la priorité de transport sur les prisonniers et être expédiées « en premier lieu ». BAMA, RS 2-2/26 : Gen.Kdo. II.SS-Pz.Korps/Qu, KTB 7 (9.9.1943, 11.50 Uhr & 13.9.1943).

81. *Ibid.* (10.9.-1.10.1943) ; Gen.Kdo. II.SS-Pz.Korps/IVb, TB 7 (12-21.9.1943).

82. BAL, SSO 197 B (Hans ULMER, 25.3.1904) : Gen.Kdo. II.SS-Pz.Korps an OKH/PZI Staffel V, Vorschlag Nr.3 für die Verleihung des Dt. Kreuzes in Silber, 30.12.1943 ; Gen.Kdo. II.SS-Pz.Korps an SS-PHA, Personalantrag, 29.4.1944.

83. BAMA, RS 2-2/26 : Gen.Kdo. II.SS-Pz.Korps/Qu, KTB 7 (10.9.1943, 17.50 Uhr & 15.9.1943, 18.00 Uhr, cit.).

84. *Ibid.* (20.9.1943, 9.00 Uhr).

85. *Ibid.* (20.9.1943, 18.45 & 21.30 Uhr, cit.).

86. *Ibid.* (21.9.1943). L'ordre du groupe d'armées B semble avoir été antidaté au 18 septembre, probablement pour ne pas perdre la face.

87. BAMA, RS 2-2/26 : Gen.Kdo. II.SS-Pz.Korps/IVa, TB 7 (30.9.-1.10.1943).

88. BAL, NS 19/261 (2/verso) : Chef des SS-WVHA/BII an RF-SS, 2201 g, Betr. : Versorgungslage bei Bekleidung u. Ausrüstung, 21.6.1944.

89. Sur les innovations de la *Wehrmacht*, cf. MÜLLER, R-D., « Rüstungspolitik » (5/2), p. 684 et suiv.

90. NARA, RG 238/OCCWC/Entry 191/NM 70/Box 2, chemise 17 : Voluntary Testimony of the POW ex-Gen K. Wolff, Subject : Low Pressure and Freezing Experiments in Concentration Camps, 21.11.1946.

91. KTB-OKW/1942 (3), p. 323 (17.4.1942). BOELCKE, *Rüstung*, p. 134 (4.6.1942). HEIBER, *Lagebesprechungen*, p. 915-916 (2.3.1945).

92. BORSARELLO, « Tenues camouflées », p. 60.

93. Menacés d'être rendus publics, les cinq brevets déposés par la SS ont par la suite fait l'objet d'une demande pour être maintenus secrets sous le couvert de la « défense nationale » et déposés au nom du « Reich allemand représenté par le *Reichsführer-SS* et Chef de la police allemande au sein du ministère de l'Intérieur du Reich ». L'idée originale semble être revenue au premier commandant du groupe de reconnaissance de la SS-VT. BAL, NS 19/3601 : I.G. Otto Schick an RF-SS, Betr. : Abschluß der Arbeiten für die Tarnausrüstung, 1.11.1938 ; Reichspatentamt an RF-SS, Auf das Schreiben v. 1.3.39, 25.3.1939. WEIDINGER, *« Das Reich »* (I), p. 104.

94. BAL, NS 19/1668 (57) : SS-T-Div./Kdr. an RF-SS, Betr. : Besichtigung durch den OB der 2.Armee, 29.4.1940. VHA, 2.SS-Pz.Div., 33/8 : SS-Pz.Gr.Rgt. « D »/Ia an SS-Pz.Gr.Div. « DR », 592/43 g, Betr. : Erfahrungsbericht, 23.6.1943, § B-2, p. 4. STEINER, F., *Geächteten*, p. 105-106. MOLLO, *Uniforms*, p. 438. BORSARELLO, « Tenues camouflées », p. 8. Par contre, l'introduction de ces tenues camouflées a eu pour fâcheuse conséquence quelques méprises de la *Luftwaffe* au début de la guerre. BAL, NS 19/1668 (155) : SS-T-Div./Kdr. an Ch.d.Pers.St. RF-SS, 4.6.1940.

95. BAL, NS 19/3601 (92) : RF-SS/Ch.d.Pers.St. an CdSSHA, AR/1038/1, 13.12.1938. Cela n'a néanmoins pas empêché Himmler d'ordonner la présence d'un représentant de la SS à toutes les démonstrations de matériels faites par l'armée de terre quelques années plus tard. WITTE, *Dienstkalender*, p. 420/n. 22.

96. *Ibid.* (1re réf.). BAL, NS 19/3601 : Insp.d.SS-VT, Betr. : Verwendung der 5 u. 6-Bahnzelte nach Ausführung Schick, 23.4.1937 ; Über Chef P.St. an CdSSHA, an Chef Verw. HA, 23.11.1938 ; RF-SS an SS-Obf. Gärtner, 38/48/40, 11.4.1940.
97. BAL, NS 19/3061 (38) : RF-SS an Insp.(E) VT, 38/45/40, 4.4.1940.
98. BAL, NS 19/1612 : HSSPF b. Reichsstatthalter in Polen in WK XXI an SS-Staf. Dr. Brandt, Betr. : Pelzsachen aus Kulmhof für die W-SS, 28.8.1942 ; NS 19/261 : RF-SS, Lieber Pohl! (?).3.1943.
99. BAL, NS 19/2773 (20) : « Ein Jahr Osteinsatz bei der LSSAH », Auszug aus einem Bericht über Ernährung, Verpflegung u. Gesundheitszustand der Truppe von SS-Stubaf. E.G. Schenck, Ernahrungsinsp.d.W-SS, s.d. (1942) ; NS 19/2143 : Aktennotiz zum Bericht über die Dienstreise von Oberstarzt Schreiber zum Dt. Afrikakorps am 25.7.1941 ; RF-SS, Lieber Pohl!, 12.8.1942.
100. L'ouvrage en question était *Gengis Khan et son héritage* de Michael Prawdin. Cet ouvrage idéologiquement orienté a fait partie d'un programme d'édition de la SS en 1943. Himmler s'en est fait largement l'écho et en a offert un exemplaire à ses généraux. BAL, NS 19/38 : RF-SS, Lieber Pohl!, 25.1.1943 ; NS 19/4010 (3) : Rede des RF-SS Himmler in Charkow, April 1943 ; NS 19/3904 (66) : RF-SS an alle SS-Oberstgruf., SS-Ogruf., SS-Gruf., SS-Brigf., 2.5.1943 ; NS 31/353 (28) : SS-HA/C I an Leiter der Abt. VI, Betr. : Buchreihe des SS-HA, 18.11.1943.
101. BAL, NS 19/38 (6) : SS-Gruf. W. Krüger an RF-SS, 22.6.1943 ; Chef des SS-WVHA an RF-SS, Betr. : Konzentrat-Verpflegung, 8.9.1943 ; RF-SS, Lieber Pohl!, 2.10.1943.
102. Le cursus de Schwab et ses émoluments (près de 62 500 RM reçus de la SS de mars 1940 à octobre 1942, sans compter son traitement de professeur à l'école supérieure technique de Berlin) figurent *in* BAL, SSO 108 B (Dr. Otto SCHWAB, 7.9.1889).
103. Comme il l'avançait lui-même dans sa lettre où il exposait ses conditions en même temps que ce qu'il avait à offrir, il avait « seulement besoin de la directive que " le docteur ingénieur Otto Schwab parle et commande au nom du *Reichsführer* dans le cadre de sa mission de service " ». *Ibid.* : RF-SS/Pers.Stab an CdSSPHA, A/39/5/40, 22.1.1940.
104. *Ibid.* : Dr. Ing. Otto Schwab an CdSSPHA, 18.2.1940.
105. *Ibid.* : SS-Gruf. Schmitt an SS-Gruf. Wolff, 23.3.1940 ; NS 19/3506 (80) : KdW-SS/Ib, Betr. : Vorläufige Ausrüstungsnachweisung für eine SS-Art.Meßbttr., 22.6.1940.
106. FLEISCHER, *Fahrzeuge*, p. 67. BOELCKE, *Rüstung*, p. 340 (5.3.1944). Contrairement au commentaire figurant dans ce dernier ouvrage, la production des lance-fusées multiples de la SS a bel et bien eu lieu. Ces armes ont notamment équipé la 522e batterie d'artillerie engagée dans les Ardennes au sein de la 6e armée blindée (SS) au cours de l'hiver 1944-1945. BAMA, RS 1/33 : Art.Gliederung des Arko bei der 6.Armee, 19.1.1945.
107. De nuit, l'appareillage monté sur le châssis d'un véhicule permettait de reconnaître et d'atteindre un homme à 350 mètres, ou encore de rouler sur une route non éclairée à 80 km/h. À l'automne 1942, les douze premiers exemplaires ont été montés sur des engins blindés de la « LSSAH ». Voulant protéger cette découverte, Himmler est allé jusqu'à empêcher toute démonstration devant Hitler.

Or, la SS n'avait pas les moyens de développer correctement ce projet révolutionnaire pour l'époque, ce qui explique que l'équipement des formations de la *Waffen-SS* et de l'armée soit demeuré confidentiel. BAL, NS 33/278 (44-62); NS 19/2497 (1) : Ch.d.St. d. SS-FHA an RF-SS, Betr. : Ultrarot-Technik, 24.8.1942.

108. BAL, SSO 108 B (Dr. Otto SCHWAB, 7.9.1889) : Vorschlag für Dt. Kreuz in Silber, s.d. (verliehen : 12.11.1944). Cf. aussi STEINER, F., *Geächteten*, p. 133 et suiv.

109. Ce véhicule était pourtant plus puissant que le projet concurrent du *Schwimmwagen* de Volkswagen. La *Trippel* n'a finalement été produite qu'à environ 1 000 exemplaires, contre 14 283 pour le *Schwimmwagen*. BAL, NS 19/3601 (28-29) : Chef des VWHA an RF-SS, Betr. : Tarnjacken, Tarnschirme u. Trippelwagen, 19.6.1940. OSWALD, *Kraftfahrzeuge*, p. 45.

110. BAL, NS 19/1359 (dossier entier). BOELCKE, *Rüstung*, p. 292 (11-12.9.1943).

111. Il y a néanmoins eu des échecs, tels les traîneaux fabriqués d'urgence au sein de la division « Das Reich » en France au début de 1943 et qui se sont révélés inutilisables à l'est. VHA, SS-Ausb.Btl. z.b.V., 9/3 : B.d.W.-SS Böhmen-Mähren/Ia, 259/43 g, Bericht aus den Kämpfen im Süd-Abschnitt Jan.-Feb. 1943, 16.3.1943, p. 3.

112. Un train de roulement chenillé Carden-Lloyd récupéré sur les véhicules soviétiques était installé à la place de l'essieu arrière, rendant ce camion particulièrement utile pour l'acheminement du ravitaillement dans les conditions les plus difficiles. Après une vaine tentative de l'armée pour torpiller le projet au moment des essais, la production à grande échelle a été lancée à la fin de 1942 et quelque 11 700 engins ont été produits jusqu'en 1944. Si l'expérience a été un succès, le train de roulement chenillé du véhicule connaissait en revanche une usure extrêmement rapide. BAL, NS 19/3235 (dossier entier); NS 19/2761 (4-6) : SS-FHA, Reichsführer !, 7.12.1942. BOELCKE, *Rüstung*, p. 24, 181 (7-9.9.1942), 206 (1-3.12.1942), 216 (3-5.1.1943). KTB-OKW/1942 (4), p. 1211 (30.12.1942), 1312 (22.11.1942). KTB-OKW/1943 (5), p. 467 (12.5.1943). MÜLLER, R-D., « Rüstungspolitik » (5/2), p. 563-565.

113. VHA, 2.SS-Pz.Div., 33/8 : SS-Pz.Gr.Div. « DR »/Ia 511/43 g, Betr. : Kriegsgliederung u. Bewaffnung, 10.6.1943 (cit.). BAMA, RS 2-2/12 : Gen.Kdo. I.SS-Pz.Korps, TB Ia (Ausb.) u. Ia (Org.) v. 1-31.5.1943, p. 3. BAL, NS 19/38 (6/ verso) : SS-Gruf. W. Krüger an RF-SS, 22.6.1943 ; Slg. Research, Ordner 436 (114-16) : RF-SS, 35/114/43 g, Lieber Jüttner, 7.8.1943. APC, RG 24, C 17, vol. 13650 : FCA, ISN 190, 6.1.1945, I, p. 2.

114. MEYER, *Kriegsgeschichte* (II), p. 582. OSWALD, *Kraftfahrzeuge*, p. 197. Lettres des 24.8. et 18.9.1991 de Georg Isecke, ex-officier adjoint du régiment (copies en possession de l'auteur).

115. BAL, NS 19/4009 (69) : Rede des RF-SS am 19.6.1942 vor dem Führerkorps der Div. « DR »; NS 19/4012 (250) : Notizen für eine Rede vor der 2.SS-Pz.Div. « DR » in Montauban, 11.4.1944.

116. BAL, NS 19/3666 (277) : SS-FHA an RF-SS, Betr. : Ansprache an die Führer d.W-SS am 18.12.40, 17.12.1940.

117. BAL, NS 33/31 (15 & 19) : Rede des SS-Ogruf. Jüttner auf der SS-Führer-Tagung in Prag am 13.4.1944.

118. BAL, NS 19/3943 (26) : Funkspruch an SS-Ogruf. Eicke über SS-FHA, 21.1.1943.

119. BAL, NS 19/3798 (16) : SS-Pz.Gr.Div. « T » an RF-SS, Betr. : Abendmeldung, 16.1.1943, 2.30 Uhr; SSO 181 (Theodor EICKE, 17.10.1892) : FS an SS-Ogruf. Wolff, Betr. : Stand der Ausstattung am 28.1.43, 29.1.1943, 8.00 Uhr. À titre d'exemple, la dotation d'urgence pour une compagnie de chars de type IV était de dix engins au lieu des dix-huit théoriquement prévus. VHA, 2.SS-Pz.Div., 47/13 : Aktennotiz für Ia anläßlich der Besprechung des SS-Hstuf. Steinbeck b. OKH/Abt.Org., Oberstlt. Giese, am 13.12.42, 15.12.1942, § 4.

120. BAL, NS 19/3497 (2) : Eicke an SS-Ogruf. Wolff, Führerhauptquartier, 7.1.1943, 16.30 Uhr.

121. BAMA, RH 10/318 (3) : SS-Pz.Gr.Div. « H », Meldung v. 1.8.1943; RH 10/319 (16 & 18) : 10.SS-Div. (SS-Pz.Gr.Div.) an AOK I, Betr. : Meldung über Stand der Neuaufstellung (Stand v. 5.8.43), 5.8.1943; Gen.d.Pz.Tr. West an Gen.Insp.d.Pz.Tr., Betr. : Meldung über den Stand der Neuaufstellung (Stand : 20.8.43), 30.8.1943. BAL, NS 33/145 (107-08) : SS-Pz.Gr.Div. « H »/Ia 458/43 g.K., Ausbildungsstand, personnelle u. materielle Lage der SS-Pz.Gr.Div. « H » am 1.8.43, 5.8.1943.

122. BAMA, RS 2-2/8 (266 et suiv.) : Gen.Kdo. SS-Pz.Korps/V/Korps-Ing., TB 2 (1, 4, 13, 16, 22-23, 25 & 29.8., 1, 3, 14, 19, 22 & 26.9., 24.10.1942).

123. *Ibid.* (28.9.1942).

124. BAMA, RS 2-2/8 (195 et suiv.) : SS-Gen.Kdo. (Pz)/WaMun, TB 1 (27.7-31.10.1942).

125. BAMA, RS 2-2/8 : SS-Gen.Kdo. (Pz)/Qu, KTB 2 (28.8.1942).

126. SYDNOR, *Soldiers*, p. 134-136. WEINMANN, *Lagersystem*, p. 224.

127. Il existait trois offices principaux d'équipement SS à Prettin, Dachau et Oranienburg, placés sous la direction de l'Office central d'équipement SS de Berlin. À la fin de la guerre, un quatrième dépôt a été implanté au camp de manœuvre de Kurmark, tandis qu'un dépôt des matériels de transmissions existait à Oranienburg. Par ailleurs, il existait également des dépôts de ravitaillement des troupes. La SS en possédait trois rien qu'aux seuls Pays-Bas, dépôts qu'elle a dû défendre au début de 1944 face à l'armée afin de conserver leur autonomie. BAL, NS 19/1871 (90) : SS-FHA/KdW-SS/Ia, 2825/41 g, Betr. : Zusammensetzung d.W-SS, 16.7.1941; NS 33/12 (4) : A.u.E.-Einheiten, Schulen u. sonstige Heimatdienststellen d.W-SS, s.d. (fin 1944-début 1945); NS 19/1889 (9 & 11) : HSSPF b. RK für die besetzten ndl. Gebiete an RF-SS, 5115/44, Betr. : Truppenwirtschaftslager, 10.2.1944; Eins. Nr.350, SS-Ogruf. Rauter an RF-SS, Betr. : Truppenwirtschaftslager der SS in den Ndl., 14.2.1944, 13.30 Uhr. MOLLO, *Uniforms*, p. 528-529.

128. VHA, 2.SS-Pz.Div., 66/18 (dossier « Gerätelager Oberilm »); 2.SS-Pz.Div., 62/17 : SS-Div. « DR »/Ib, Besondere Anordnungen für die Versorgung 17/42, 15.7.1942.

129. HEIBER, *Lagebesprechungen*, p. 379 (26.7.1943).

130. BAMA, RS 2-2/26 : Gen.Kdo. II.SS-Pz.Korps/Qu, KTB 7 (14-15. & 23-24.8.1943).

131. BAMA, RS 4/1276 (n.f.) : SS-Pz.Gr.Rgt.2 an I.-III. Btl. u. Rgt.-Einheiten, Betr. : Zurückgelassene oder auf Dienstfahrt befindliche SS-Männer im Standort Innsbruck, 10.5.1944.

NOTES (chapitre 13)

132. À Neuilly-sur-Seine, 59 bd. Bineau. Nachrichtenkommandantur Paris, *Fernsprechverzeichnis der Deutschen Dienststellen in Groß-Paris*, 11. Ausgabe, Juni 1943, p. 148.

133. BAL, NS 33/31 (23) : Rede des SS-Ogruf. Jüttner auf der SS-Führer-Tagung in Prag am 13.4.1944.

134. BAL, NS 19/3706 (1-4) : Chef des SS-WVHA, Bericht über die Versorgungslage u. den Nachschub von Beckleidung u. Ausrüstung im Kriegsjahr 1943, 6.2.1943; RF-SS, B II/2201, 148/43 g.Rs., Betr. : Versorgungslage u. Nachschub von Beckleidung u. Ausrüstung im 4. Kriegsjahr, 10.2.1943.

135. VHA, 10.SS-Pz.Div., 3/1 : SS-Pz.Gr.Div. « Karl der Große »/IVa, Betr. : Beckleidung u. Ausrüstung, 4.3.1943.

136. BAL, NS 33/234 : SS-FHA/II/Org.Abt. Ib/V, Betr. : Erfassung sämtlicher feldverwendungfähigen Kfz. bei A.u.E.-Einheiten, 27.10.1943.

137. BAMA, RS 2-2/26 : Gen.Kdo. II.SS-Pz.Korps/Qu, KTB 7 (4.10.1943, 9.30 Uhr); Gen.Kdo. II.SS-Pz.Korps/IVa, TB 7 (13.9.1943); Gen.Kdo. II.SS-Pz.Korps/IVb, TB 7 (22.9., 1 & 8.10., 30.11. & 3.12.1943); Gen.Kdo. II.SS-Pz.Korps/V/Korps-Ing., TB 7 (19.10.1943); RS 4/1446 (113-14) : SS-Feldlazarettes 501 an Gen.Kdo. I.SS-Pz.Korps/Ia, Betr. : TB, 15.5.1944. VHA, 12.SS-Pz.Div., 36/4 : SS-Pz.Inst.Abt.12, KTB, p. 5. NARA, RG 165/Entry 179/Box 721 : PWIS (H)/LF/224 & 275. MÜLLER, R-D., « Rüstungspolitik » (5/2), p. 654. MEYER, *Kriegsgeschichte* (II), p. 590 et suiv. MOLLO, *Uniforms*, p. 458. LELEU, « *Frundsberg* », p. 26.

138. BAMA, RS 3-12/40 : K. Meyer, H. Meyer, Der Einsatz der 12.SS-Pz.Div. « HJ », Juni-Sept. 1944, p. 4.

139. BAMA, RS 3-17/1 : 17.SS-Pz.Gr.Div., KTB 1 (21.11.1943, cit.); RS 3-17/4 : Anl. 9, 17.SS-Pz.Gr.Div. « GvB », 43/43 g.K., Betr. : TB des Aufstellungsstabes der Div., 8.12.1943, p. 2.

140. GÜNTHER, H., *Auge*, p. 9, 17-18, 99, 101, 135.

141. BAMA, RS 3-17/1 : 17.SS-Pz.Gr.Div., KTB 1 (9, 16, 18 [cit.] & 19.2., 9-10, 12, 17 & 22.3.1944); RS 3-17/6 : Anl. 102, Kdr.-Besprechung durch Obf. im Führerheim zu Thouars, 19.3.1944, 15-16 Uhr; RH 10/89 (30) : Gen.Insp.d.Pz.Tr., 13/44 g.K., Führervortrag am 10.5.44, 10.5.1944, § III, 3.

142. BAMA, RH 10/90 (166) : Gen.Insp.d.Pz.Tr., 1713/44 g.K., Führervortrag am 20.6.44, 19.6.1944, § IX.

143. BAMA, RS 4/1352 (46) : Sonderbefehl Nr.10/44, s.d. (mai 1944). VHA, 12.SS-Pz.Div., 27/3 : SS-Pz.Jg.Abt.12, TB (23.6.1944, 15.00 & 23.00 Uhr).

144. BAMA, RH 20-7/135 : Anl. 121, Besprechung zwischen dem OB 7.Armee u. dem KG des LXXXIV.AK. am 14.6.44 in St. Lô, 15.6.1944, § 3, c.

145. BAMA, RS 3-17/1 : 17.SS-Pz.Gr.Div., KTB 2 (9 & 11.6.1944, 16.20 Uhr).

146. VHA, 12.SS-Pz.Div., 21/3 : II./SS-Pz.Art.Rgt.12, KTB 3 (6.6.1944). BAMA, RH 24-58/23 (91) : Gen.Kdo. LVIII.Pz.Korps/Qu, Anl. 4, Aktennotiz! Fernmündlicher Befehl des Qu.Meisters Maj. Kohlmeier am 8.6.44, 14.30 Uhr.

147. D'autres formations SS ont également saisi des armes et des équipements lors du repli allemand, mais dans une ampleur plus limitée. VHA, 12.SS-Pz.Div., 1/1 : SS-Pz.Gr.Rgt.25, KTB (17.8.1944); 12.SS-Pz.Div., 2/1 : SS-Pz.Gr.Rgt.25/Kdr., Rgt.-Befehl, Betr. : Gliederung des Rgt. u. seiner Einheiten ab 21.8.44,

21.8.1944, § 4. Témoignage de K. Godau, ex-chef de batterie au 10ᵉ régiment d'artillerie SS, *Die Hellebarde*, 18, 1996, p. 31-32.

148. BAMA, RS 3-17/13 : 17.SS-Pz.Gr.Div. « GvB »/Ia, Bescheinigung, 1.9.1944 ; 17.SS-Pz.Gr.Div. « GvB »/Ia an Kdr. SS-Div.Nachsch.Tr. 17, 1.9.1944 ; 17.SS-Pz.Gr.Div. « GvB »/Ia, 1376/44 g, Div.-Befehl Nr.10, 9.9.1944 (cit.). BAL, NS 19/1447 (157) : Führer – Mein Vortrag, 12.9.1944, § 2.

149. APC, RG 24, C 17, vol. 13648 : FCA, ISN 152, 29.11.1944, II, p. 2. Cf. aussi GÜNTHER, H., *Auge*, p. 240.

150. Même limités, les approvisionnements parallèles fournis par la *Reichsführung-SS* ont souvent fait la différence. On en trouve un bon exemple dans l'envoi à l'automne 1942 de 300 000 litres d'un nouveau lubrifiant pour moteur. Celui-ci était supérieur en qualité à celui de l'armée qui s'était révélé déficient au cours du premier hiver de guerre à l'est. Cela signifie concrètement que le véhicule de la SS a continué à fonctionner quand celui de l'armée connaissait des défaillances. La capacité opérationnelle de l'unité était ainsi remise en cause, et cela indépendamment du nombre de véhicules. BAL, NS 19/3516 (114-15) : SS-FHA an RF-SS, 5657/42 g, 14.9.1942.

151. VHA, 3.SS-Pz.Div., 4/2 : OKH/BdE an Feldzeugkompanie VII [...], 21670/39 g, Betr. : Bereitstellen einer Gerätdiv. mit verwiegend tschech. Ausstattung für SS-TV, 19.10.1939. BAL, NS 19/3521 (6-15) : Waffen- u. Geräteamt d.W-SS an RF-SS/Pers.Stab über das KdW-SS, Betr. : Tschech. Gerät, 5.8.1940. HEIBER, *Lagebesprechungen*, p. 582-83 (18.6.1944). McNAIR, *Panzers*, p. 3-4. JENTZ, *Panzertruppen*. FRIESER, *Mythe*, p. 44-48, 52-53. Pour des clichés montrant les troupes SS bien équipées à l'est, cf. LEHMANN, *Leibstandarte* (V), p. 174 et suiv. WEIDINGER, « *Das Reich* » (VI), p. 194 et suiv.

152. BAL, NS 19/3601 (28) : Chef des VWHA an RF-SS, Betr. : Tarnjacken, Tarnschirme u. Trippelwagen, 19.6.1940 ; NS 19/3521 (238) : Chef des E.-Amtes d.W-SS, Betr. : Übersichtsplan, 4.5.1940.

153. BAL, NS 19/3506 (57) : SS-FHA an RF-SS, 1249/40 g, 27.9.1940 (en copie jointe : OKW/WFSt/L [II] an OKH [...], 2385/40 g, Betr. : Ausbau d.W-SS, 19.9.1940). Cette mesure a en fait largement profité aux formations SS subordonnées à l'armée, les régiments « Tête de mort » non intégrés aux forces de campagne allemandes continuant à servir des matériels étrangers. Appelé à intégrer la « SS-Verfügungs-Division », le 11ᵉ régiment « Tête de mort » a pu compléter et standardiser ses armes en octobre 1940, comme le prouve la liste des équipements demandés à l'automne. En revanche, au printemps 1941, les 4ᵉ et 14ᵉ régiments « Tête de mort » en étaient encore à compléter leurs dotations en armes avec du matériel tchèque. VHA, SS-Nachr.Stelle « NW », 2/1 : FS 336, SS-T-IR 11 an Nebenzeugamt Oranienburg, Betr. : Ferngespräch v. 23.10.40, Anforderung von Waffen, 23.10.1940, 17.55 Uhr ; SS-Nachr.Stelle « NW », 30/10 : FS 1883, 14.SS-T-St. an B.d.W-SS Nordwest, Den Haag, 4.3.1941, 11.50 Uhr ; SS-Nachr.Stelle « NW », 32/11 : FS 2333, Oranienburg an 4.SS-I.R., Den Haag, 16.4.1941, 10.35 Uhr.

154. FÖRSTER, « Kriegspolitik », p. 186-187.

155. BAMA, RS 2-2/8 (124-25) : Gen.Kdo. SS-Pz.Korps/Qu, 139/42 g, Betr. : Versorgungslage (1.10.42), 1.10.1942.

156. BAMA, RS 2-2/3 : Anl. A 159 (Kriegsgliederung der SS-Div. « LSSAH », 10.11.1942) ; RW 4/v.97 : Beitrag zum Lagebericht WFSt, Pz.-Stärken Ob.West, Stand : 10.10.1942.

157. BAMA, RS 2-2/8 (116-18) : Gen.Kdo. SS-Pz.Korps/Qu, 125/42 g, Betr. : Versorgungslage (15.9.42), 15.9.1942.

158. BAMA, RS 2-2/3 : Gen.Kdo. SS-Pz.Korps, KTB 3 (30.12.1942, 2, 4 & 5.1.1943) ; RS 2-2/3 (217 & 241) : SS-Pz.Gr.Div. « LSSAH » an Gen.Kdo. SS-Pz.Korps/Ia, 424/42 g.K., Betr. : Winterausstattung Ost, 30.12.1942, 19.35 Uhr ; SS-Pz.Gr.Div. « LSSAH » an Gen.Kdo. SS-Pz.Korps, Betr. : 4. Meldung über Stand der Winterausstattung, 1/43 g, 2.1.1943, 18.20 Uhr. MOLLO, *Uniforms*, p. 456.

159. *Ibid.* (1re réf., 30.12.1942 [cit.] & Anl. 214 a) ; RS 2-2/3 (230) : Gen.Kdo. SS-Pz.Korps an OKH/GenStdH/Org.Abt., Betr. : Stand der Ostverwendungsfähigkeit, Ia 638/42 g.K., 31.12.1942.

160. VHA, 2.SS-Pz.Div., 35/9-II : SS-Pz.Gr.Div. « DR »/Ia an Gen.Kdo. SS-Pz.Korps, Ia/240/43 g, Betr. : Erfahrungsbericht über Führung der SS-Pz.Gr.Div. « DR », 11.4.1943.

161. BAL, SSO 71 A (Paul HAUSSER, 7.10.1880) : Gen.Kdo. SS-Pz.Korps/KG, Reichsführer, Pfingsten 1943.

162. BAMA, RH 20-7/102 : Sturmbrig. RF-SS, Stand : 1.4.1943 (Kriegsgliederung) ; RH 10/19 : Ob.West/Ia, Betr. : Stand der Neuaufstellungen, 16.4.1943.

163. BAMA, RH 10/319 (1-10) : 10.SS-Div. an AOK 1, Betr. : Meldung über Stand der Neuaufstellung (Stand : 5.8.43), 5.8.1943. BAL, NS 33/145 (107-08) : SS-Pz.Gr.Div. « H »/Ia 458/43 g.K., Ausbildungsstand, personnelle u. materielle Lage der SS-Pz.Gr.Div. « H » am 1.8.43, 5.8.1943. Le 9 mars 1944, c'est-à-dire trois semaines avant son envoi sur le front de l'Est, la 9e division SS en était encore à envoyer à Versailles une vingtaine de ses tankistes chercher des chars français *Hotchkiss* de prise pour l'entraînement de ses équipages. BAMA, RH 20-19/41 : AOK 19, Tagesmeldung v. 9.3.1944.

164. BAMA, RS 3-17/9 : 17.SS-Pz.Gr.Div. « GvB », Zustandsbericht v. 30.6.1944. La poste a mis ses omnibus à disposition des forces armées allemandes. Conduits par des fonctionnaires affiliés à la SS, ces véhicules assuraient l'acheminement des troupes, des blessés et du ravitaillement. Les manœuvres de Berger ont contribué à ce que la *Waffen-SS* profite largement de cette manne. LOTZ, *Reichspost* (II), p. 213 et suiv.

165. En 1943, la SS a créé six divisions motorisées ou blindées (9e, 10e-12e, 16e et 17e) et a transformé une division (4e) et une brigade (« Nederland ») existantes en formations motorisées. GELWICK, *Personnel*, p. 712 et suiv.

166. BAL, NS 33/31 (8-9) : Rede des SS-Ogruf. Jüttner auf der SS-Führer-Tagung in Prag am 13.4.1944.

167. HILBERG, *Vernichtung*, p. 1210-1212.

168. BAL, NS 19/261 (2 & 4/verso) : Chef des SS-WVHA/BII an RF-SS, 2201 g, Betr. : Versorgungslage bei Bekleidung u. Ausrüstung, 21.6.1944.

169. Dans l'idéal, il eût été souhaitable de ne prendre en compte que les effectifs de combat, au moins pour les matériels lourds. L'absence de données chiffrées pour chaque formation considérée n'a malheureusement pas permis de le faire.

170. Cela était encore plus vrai pour la 2ᵉ division blindée et la division « Lehr » sur lesquelles Guderian a particulièrement veillé, la première parce qu'il en avait été le premier commandant avant guerre, la seconde parce que la paternité de sa création au début de 1944 lui revenait. RITGEN, *Panzer-Lehr*, p. 30. GUDERIAN, *Panzers*, p. 305. BAMA, RH 10/89 (78) : Gen.Insp.d.Pz.Tr., 610/44 g.K., Führervortrag am 5.3.44, 4.3.1944; ZA 1/817 (82) : Geyr v. Schweppenburg, Die Invasion, 14.4.1947.

171. Deux programmes d'envoi accéléré de fournitures ont été mis en place en avril et mai 1944 sous les noms de code « Spitzhacke » et « Spitzhacke neu ». Au total, plus de deux cents trains chargés d'armes, de véhicules et d'équipements ont été envoyés à l'ouest au printemps 1944, la majeure partie d'entre eux étant destinée au renforcement des formations blindées. Cela a particulièrement profité aux 9ᵉ, 11ᵉ et 116ᵉ divisions blindées qui souffraient des plus graves lacunes dans leur équipement et leur motorisation. BAMA, RH 19-IV/33 : Ob.West, KTB (19 & 23.4.1944); RH 19-IV/34 : Ob.West, KTB (22.5.1944); RH 19-IV/38 (310) : Ob.West an OKW/WFSt/Op.(H) West, Ia 3890/44 g.K., 15.5.1944; RH 19-IV/39 : Anl. 594 (17.5.1944) & 623 (18-19.5.1944); RH 19-IV/40 : Anl. 866 (4.6.1944) & 883 (5.6.1944).

172. BAMA, ETHINT 38 : Gen.Oberst H. Guderian, Panzer Tactics in Normandy (interview), 28.1.1948, p. 7.

14. L'INSTRUCTION MILITAIRE

1. Décret *in* HAUSSER, *Soldaten*, p. 224-226 (§ III, 11). WEGNER, *Soldaten*, p. 86-89, 178. BAL, NS 31/371 (20-30 & 65-77) : Insp.d.SS-VT, Betr. : Ausbildung im Sommer 1937 (1.5./31.10.37), 2.4.1937; *ibid.*, Sommer 1938 (2.5./31.10.38), 11.4.1938; SSO 245 A (Heinz LAUBSCHEER, 23.2.1913) : SS-Pers.Kanzlei an SS-St. « G », Betr. : Kommandierung, 27.1.1939.

2. VHA, 3.SS-Pz.Div., 1/1 : Entwurf, SS-T-Div., Div.-Befehl, Betr. : Aufstellung der Rekruten-St., 25.10.1939.

3. Les neuf inspections concernaient les armes suivantes : infanterie, artillerie, cavalerie, troupes motorisées, génie, transmissions, train, troupes sanitaires, ainsi qu'une inspection pour l'armement. L'inspecteur de l'infanterie était en même temps chef de l'inspection d'armes. BAL, NS 19/3511 (91-92) : SS-FHA/KdW-SS, 1455 g, 22.10.1940.

4. BAL, NS 33/256 (25-26) : SS-FHA/Chef der Waffeninsp., 104/40 g, Betr. : Arbeit der E.-Einheiten, 14.1.1941.

5. Discours de Himmler devant le corps des officiers de la « LSSAH » le 7.9.1940 à Metz, TMI (XXIX), PS-1918, p. 102.

6. BAL, SSO 170 B (Alexander SUKKAU, 20.4.1904) : RF-SS/SS-Pers.Kanzlei an Insp.d.SS-VT, 23.3.1939; P3, Aktennotiz, 25.3.1939. VHA, 2.SS-Pz.Div., 195/62 : Insp.d.SS-VT, 477/39 g.K., Betr. : Aufstellung der Art.St., 27.5.1939; Insp.d.SS-VT an Art.St., 489/39 g.K., Betr. : Aufstellung einer Art.St., 5.6.1939; OKH/AHA/In 4 Ia, Betr. : Verstärkung des Art.-Lehr-Rgt. für die Ausbildung der SS-Art.St., 7.6.1939; Art.-Lehr-Rgt., der SS-Art.St., Betr. : Offz.Einstellung für die SS-Art.St., 10.7.1939; 2.SS-Pz.Div., 198/63 : SS-Art.Rgt./IIa an Lehrstab A der Art.-Schule Jüterbog, 98/40 g, Betr. : Beurteilung Hptm. Meyer, 10.3.1940.

NOTES (chapitre 14)

7. BAMA, RH 53-7/v.731 (49) : OKH/BdE/AHA Ia (I) 8139/39 g, Betr. : Aufstellung einer SS-T-Div., 27.10.1939, § D, I ; RS 3-3/3 (43) : Stellv.Gen.Kdo. V.AK. an SS-T-Div., 2.2.1940 (en message joint : OKH OP.Abt. II 5197/40 g). VHA, 3.SS-Pz.Div., 3/1 : OKH/Op.Abt. (II) GenStdH, 6265/39 g.K., Betr. : Unterstellung der Heeresreserven, 28.11.1939 ; 3.SS-Pz.Div., 4/2 : Gen.Kdo. XIV.AK., Betr. : Ausbildung der Führer, Unterführer u. Unterführernachwuchs, 13.12.1939 ; Gen.Kdo. XIV.AK./Ia, Betr. : Btl.(Abt.)-Führer- u. Kp. (Bttr.)-Führer-Ausbildung, 29.12.1939.

8. IHTP, MF 164 (108 748) : OKH/GenStdH, 1620/40 g, Richtlinien für den Dienst der Truppen im besetzten Gebiet nach Abschluß der Operationen, 5.7.1940.

9. VHA, 3.SS-Pz.Div., 32/8 : SS-T-Div./Kdr./Ia, Sonderausbildung, 19.8.1940 ; 3.SS-Pz.Div., 2/1 : SS-T-Div./Ia, 138/41 g, Betr. : Richtlinien für die Ausbildung im März u. April, 27.2.1941 ; SS-T-Div., Div.-Tagesbefehl Nr.40, 24.2.1941, § 2 ; *ibid.*, Nr.47, 4.3.1941, § 1 ; *ibid.*, Nr.48, 5.3.1941, § 1 ; *ibid.*, Nr.51, 8.3.1941, § 1 ; *ibid.*, Nr.53, 11.3.1941, § 4 ; *ibid.*, Nr.61, 21.3.1941, § 2 ; *ibid.*, Nr.70, 1.4.1941, § 1 ; *ibid.*, Nr.74, 5.4.1941, § 1. BAL, NS 19/1668 : SS-T-Div./Kdr., 11.10.1940. SYDNOR, *Soldiers*, p. 140.

10. VHA, 3.SS-Pz.Div., 35/9 : SS-T-Div./Ia an Kdre. der Rgt. u. selbst. Abt.-bzw. Btl., 139/41 g, Betr. : Taktische Ausbildung, 3.3.1941. Cf. par exemple la liste des nombreuses formations dispensées au profit des personnels de la « SS-Verfügungs-Division » pour le seul mois de novembre 1940 *in* BAMA, RS 3-2/2 : Kdostab. SS-V-Div., KTB (Nov. 1940).

11. VHA, 2.SS-Pz.Div., 198-II/63 : SS-V-Div./Ia 1323/40 g, Betr. : Lehrgänge bei der SS-V-Div., 14.9.1940 ; SS-T.St./Rgter., 75/9 : Akte Nr.16, 14.SS-T-St./IIa 231/40, Lehrgang für Kp.-Führer bei der SS-V-Div., 7.11.1940. C'est d'ailleurs un rôle que la division a encore assuré deux ans plus tard en organisant deux stages de formation pour chef de compagnie en Bretagne. VHA, 2.SS-Pz.Div., 55/15 : SS-Div. « DR »/Ia, Betr. : 2. Kp.-Führer-Lehrgang bei der SS-Div. « DR », 15.11.1942. BAL, SSO 191 (Otto ERTEL, 29.7.1906).

12. GELWICK, *Personnel*, p. 809.

13. Dès l'acquisition des premiers engins blindés en 1940, l'armée avait d'ailleurs déjà pris en charge l'instruction des premiers personnels SS amenés à les servir. BAMA, RS 4/1217 (17) : LSSAH, Tagesbefehl Nr.37, 9.9.1940. VHA, 3.SS-Pz.Div., 76/14 : SS-FHA/I Org, Betr. : Aufstellung einer StuG-Bttr. (mot) für die SS-T-Div., 14.6.1941.

14. BAL, NS 19/3495 (91) : SS-FHA, Org 550/42 g, Betr. : Aufstellung einer Pz.Abt. für die LSSAH, 30.1.1942, § 5. KLAPDOR, *Panzerregiment 5*, p. 12.

15. Conférences magistrales *in* VHA, 2.SS-Pz.Div., 7/2 : SS-Div. « R »/Ia, Div.-Sonderbefehl, Betr. : Führerausbildung, 26.6.1942. Détachement d'instructeurs *in* VHA, 2.SS-Pz.Div., 174/54 : SS-Pz.Rgt.2, Rgt.-Tagesbefehl Nr.12/42, 19.12.1942 ; 12.SS-Pz.Div., 13/2 : SS-Pz.Rgt.12, KTB (15.4.1944). BAMA, RS 3-17/4 : Anl. 3, 17.SS-Pz.Gr.Div. « GvB » an alle Einheiten, Betr. : Protokoll über die durch den Gen.d.Pz.Tr.West gegebenen mündl. Weisungen über die Verbandsausbildung, 30.11.1943 ; RS 3-17/1 : 17.SS-Pz.Gr.Div., KTB 1 (1 & 15.2., 4.3.1944). KLAPDOR, *Panzerregiment 5*, p. 13. IMHOFF, *Chronik*, p. 9. Stages *in* VHA, 2.SS-Pz.Div., 15/3 : Gen.Kdo. SS-Pz.Korps/IIa, Korps-Tagesbefehl Nr.12, 1.10.1942. Envois en

école *in* VHA, 2.SS-Pz.Div., 55/15 : SS-FHA/In 6 an SS-Div. « DR », 13.5.1942, 21.00 Uhr; SS-FHA/KdW-SS/IIa, Betr. : Kommandierung zum Pz.Kp.Führer-Lehrgang an der Pz.Tr.Schule Wünsdorf v. 2.11.-7.12.42, 5.11.1942; 2.SS-Pz.Div., 15/3 : Gen.Kdo. SS-Pz.Korps/Ia an SS-Div. « DR », Betr. : Lehrgang an der Abt.-Führerschule für schnelle Truppen, Paris v. 7.9.-3.10.42, 28.8.1942 ; 2.SS-Pz.Div., 11/2 : SS-Div. « DR »/IIa, Div.-Tagesbefehl Nr.39/42, 23.9.1942 ; 2.SS-Pz.Div., 47/ 13 : SS-Pz.Gr.Div. « DR »/Ia, Betr. : Kommandierung von Führern zu Lehrgängen, 7.10.1942. BAMA, RS 2-2/2 : SS-Gen.Kdo. (Pz), KTB 2 (20 & 28.8., 5.9. & 26.10.1942).

16. VHA, 2.SS-Pz.Div., 226/69 : SS-StuG-Abt.2, KTB 1 (7.11.-12.12.1942); 2.SS-Pz.Div., 55/15 : SS-Pz.Gr.Div. « DR »/Ia an SS-Flak-Abt.2, Betr. : Flak-Lehrgänge bei der Luftwaffe, 2.1.1943 ; 2.SS-Pz.Div., 56/15 : SS-FHA/II, Betr. : Lehrgänge bei der Luftwaffe, 25.11.1943.

17. VHA, 2.SS-Pz.Div., 28/6 : Gen.Kdo. SS-Pz.Korps/Ia 312/42 g.K. an SS-Div. « DR », Betr. : Vorbefehl für die Umgliederung der Div., 9.10.1942 (Anl. 2 & 3).

18. Il s'agissait d'un système parfaitement rodé et institutionnalisé, comme le prouve la présence d'un officier de liaison SS dans l'entreprise Daimler-Benz de Untertürkheim. BAL, SSO 231 (Heinz Funke, 7.7.1907); NS 33/256 (104, 122 & 126) : SS-FHA/KdW-SS/In.K, Betr. : Lehrgänge bei der Firma Bosch, Stuttgart, 19.12.1941; *ibid.*, Betr. : Generatoren-Lehrgang Daimler-Benz A.G., Gaggenau, 17.10.1941; *ibid.*, 22.11.1941. BAMA, RS 3-2/9 (178-79) : Div.Ing./V an SS-V-Div./Ib, TB, 27.9.1940, § C. VHA, 2.SS-Pz.Div., 11/2 : SS-Div. « DR »/IIa, Div.-Tagesbefehl Nr.23/42, 7.7.1942, § 8 ; 2.SS-Pz.Div., 55/15 : Gen.Kdo. SS-Pz.Korps/Ia, Kommandierungsbefehl Nr.6, Betr. : Inst.-Lehrgang bei Daimler-Benz, Stuttgart, 22.10.1942 ; *ibid.*, Nr.15, Betr. : Sonderlehrgang b. VW-Werk Fallersleben, 29.10.1942; SS-FHA/V/IE, Betr. : Ausbildungs-Lehrgang Kpfwg. VI, 15.12.1942. HEIBER, *Lagebesprechungen*, p. 213 (19.5.1943).

19. Au vu des dossiers personnels de leurs officiers, des études similaires sur les autres formations motorisées ou blindées SS aboutiraient au même constat que pour la 9e division SS. Au 12e régiment blindé SS par exemple, la formation de 256 des 440 personnels au total envoyés en stage au cours des quatre premiers mois de l'année 1944 a été assurée par l'armée (58 %). La SS n'en a pour sa part formé qu'un bon quart (27 %), les usines allemandes prenant en charge le reste de l'instruction pour les mécaniciens à hauteur d'environ 15 %. Ces 440 personnels représentaient alors plus de 20 % des effectifs théoriques du régiment. Avant même le 1er janvier 1944, près de 120 stages de formation avaient déjà été organisés. VHA, 12.SS-Pz.Div., 9/2 : Anl. III/18 zum TB SS-Pz.Rgt.12 (Lehrgänge Jan.-Apr. 1944). Cette situation est restée valable jusqu'à la fin du conflit. Voir le tableau de planification des stages de formation prévus pour les personnels de la 17e division SS de janvier à août 1945 *in* BAMA, RS 3-17/26 : Lehrgänge.

20. VHA, 2.SS-Pz.Div., 58/16 : SS-Div. « R »/Kdr., Ausbildungs-Richtlinien für die SS-Div. « R » auf dem Tr.Üb.Pl. Fallingbostel, 4.4.1942 ; 2.SS-Pz.Div., 35/9-I : SS-Div. « R »/Kdr., 387/42 g, Bemerkungen für Ausbildung u. Alarmierung, 4.8.1942; SS-Div. « R »/Kdr., 583/42 g, Ausbildungs-Bemerkungen, 31.8.1942.

21. BAMA, RS 2-2/2 (180) : Gen.Kdo. SS-Pz.Korps/Ia 377/42 g, Befehl für die Ausbildung v. 5.10.-31.12.42, 4.10.1942 ; RS 2-2/2 (200) : Gen.Kdo. SS-Pz.Korps/Ia an SS-Div. « DR », Arko, 377/42 g, Befehl über Winter-Ausbildung, 9.10.1942.

NOTES (chapitre 14) 947

22. Cf. par exemple le cas des 9ᵉ et 10ᵉ divisions SS. BAMA, RS 3-10/33 (n.f.) : 10.SS-Div. (SS-Pz.Gr.Div.)/Kdr., Ausbildungsrichtlinien, 15.2.1943. VHA, 9.SS-Pz.Div., 9/2 : 9.SS-Pz.Gr.Div./Ia, 62/43 g, Ausbildungsanweisungen für die Zeit bis zur Verlegung der Div. in den neuen Unterkunftsraum (Anfang März), 17.2.1943 ; 9.SS-Pz.Div., 1/1 : SS-Pz.Gr.Div. « H »/Ia, 780/43 g, Ausbildungsrichtlinien für die Zeit bis 20.7.43, 21.5.1943 ; SS-Pz.Gr.Div. « H »/Ia, 922/43 g, Betr. : Ausbildung der im Westen stehenden Pz. u. Pz.Gr.Div., 5.6.1943 ; 9.SS-Pz.Div., 9/2 : SS-Pz.Gr.Div. « H »/Ia, 1694/43 g, Betr. : Nachtausbildung, 18.8.1943. BAL, NS 33/148 (19) : OB HGr. D/Gen.d.Pz.Tr.West, Ia 789/43 g, Betr. : Führung von Pz.- u. mot.Truppen, 31.8.1943.

23. Cf. les rapports de cet état-major à partir d'août 1943 *in* BAL, RH 10/319 (13 et suiv.), RH 10/112 & 113.

24. BAMA, RH 10/89 (26-32) : Gen.Insp.d.Pz.Tr., 13/44 g.K., Führervortrag am 10.5.44, 10.5.1944. VHA, 12.SS-Pz.Div., 13/2 : SS-Pz.Rgt.12, KTB (30.1., 6.2., 12-13.3., 18-19.3. & 27-29.4.1944). Cf. aussi BAMA, ZA 1/817 (9-11) : Frhr. Geyr v. Schweppenburg, Die Invasion, 14.4.1947 ; ZA 1/837 (10-12) : Gen.d.Pz.Tr. Krüger, Geschichte des LVIII.Pz.Korps, 6.6.-24.7.44, 12.3.1946.

25. BAMA, Kart RH 19 IV/32 K (11) : Ers.-, Ausb.- u. Personal-Einheiten im Bereich Ob.West, Stand : 26.2.1944.

26. Article du *Völkischer Beobachter* du 7.3.1944 *in* BAL, SSO 143 A (Hans JÜTTNER, 2.3.1894). BAMA, RS 3-17/1 : 17.SS-Pz.Gr.Div., KTB 1 (27 & 29.3.1944). VHA, 12.SS-Pz.Div., 16/2 : SS-Pz.Art.Rgt.12, KTB (2-3.3.1944) ; 12.SS-Pz.Div., 31/3 : SS-Werf.Abt.12, KTB (10-11.5.1944).

27. Cf. par exemple *in* VHA, 17.SS-Pz.Gr.Div., 6/1.

28. VHA, 17.SS-Pz.Gr.Div., 6/1 : SS-FHA/Id, Nachr.Bl.d.W-SS für Pz.Bekämpfung aller Waffen Nr.1, 20.5.1944.

29. BAL, NS 33/142 : SS-FHA/Id (I), II/6200/44 g, Nachr.Bl.d.W-SS über Feinderkenntnisse Nr.1, 12.5.1944. OSE, *Entscheidung*, p. 47 et suiv.

30. BAL, NS 33/276 (5-6) : SS-FHA/II Org.Abt. Ia/II, 3250/44 g.K., Betr. : Auffrischung der Pz.Verbände d.W-SS im Westen, 22.9.1944 ; NS 33/342 (6) : SS-FHA/II Org.Abt. Ia/II, 355/45 g.K., Betr. : Kurzfristige Auffrischung von Pz.Verbänden d.W-SS im Westen, 16.1.1945.

31. Au sein de l'armée de terre, la durée de l'instruction a varié de huit à quatorze semaines au cours du conflit. RASS, « *Menschenmaterial* », p. 147/n. 241. Interrogatoire du général Kuntze *in* APC, RG 24, C 17, vol. 13654 : FAC, INT Periodical #2, 22.5.1945, p. 25. BAL, NS 33/342 (10-11) : SS-FHA/KdW-SS/Org.Abt./Id, 570/45 g.K., Betr. : 1) Kürzung der Grundausbildung, 2) Personelle Kürzung bei den Ausbildungstruppenteilen, 27.1.1945.

32. VHA, 2.SS-Pz.Div., 98/26 : SS-Rgt. « D », Rgt.-Tagesbefehl, 14.9.1942.

33. Cf. par exemple BAL, NS 19/3871 (82) : SS-FHA/Ia, 15/43 g.K., Aktenvermerk, Betr. : Aufstellung von 2 SS-Pz.Gr.Div., 6.1.1943. VHA, SS-Rekr.-Depot Debica, 5/1. BAMA, RS 4/1442 : SS-Pi.Btl.17, KTB (1.2., 26.3. & 1.4.1944).

34. *Ibid.* (1ʳᵉ réf.). VHA, 2.SS-Pz.Div., 58/16 : SS-Div. « R »/Kdr., Ausbildungsrichtlinien für die SS-Div. « R » auf dem Tr.Üb.Pl. Fallingbostel, 4.4.1942. BAMA, RS 3-10/33 (n.f.) : 10.SS-Div. (SS-Pz.Gr.Div.)/Kdr., Ausbildungsrichtlinien, 15.2.1943, p. 4.

35. VHA, 3.SS-Pz.Div., 1/1 : SS-T-Div./Ia, 60/39 g, Div.-Befehl!, 9.12.1939.
36. VHA, 9.SS-Pz.Div., 1/1 : SS-Pz.Gr.Div. « H »/Ia, 922/43 g, Betr. : Ausbildung der im Westen stehenden Pz. u. Pz.Gr.Div., 5.6.1943, § 2, c.
37. BAMA, RS 3-17/4 : Anl. 4, 17.SS-Pz.Gr.Div. « GvB »/Ia 93/43 g, Richtlinien für die Ausbildung in der Zeit v. 6.12.43-15.1.44, 3.12.1943 ; Anl. 23, 17.SS-Pz.Gr.Div. « GvB »/Ia 46/44 g, Ausbildung der Pz.Gr.Rgter. in der Zeit v. 17.1.-4.3.44, 11.1.1944.
38. WEGNER, *Soldaten*, p. 175-177.
39. BAL, NS 31/371 (24-26 & 68) : Insp.d.SS-VT, Betr. : Ausbildung im Sommer 1937 (1.5./31.10.37), 2.4.1937 ; *ibid.* Sommer 1938 (2.5./31.10.38), 11.4.1938.
40. BAL, NS 34/15 (n.f.) : SS-Hstuf. Franke-Griksch, Ic SS-T-Div., Denkschrift über die weltanschauliche Führung in der SS, 10.2.1941, p. 2 ; R 58/3558 (14) : Ausbildungsplan für die Schützen-Kp.en der SS-T-Unterführerschule Lublinitz (Oberschlesien), 8.4.1940. VHA, 2.SS-Pz.Div., 58/16 : SS-Div. « R »/Kdr., Ausbildungsrichtlinien für die SS-Div. « R » auf den Tr.Üb.Pl. Fallingsbostel, 4.4.1942, § 15 ; 9.SS-Pz.Div., 9/2 : SS-Pz.Gr.Div. « H »/1.SS-Pz.Gr.Rgt./Ia, Befehl für die Ausbildung bis 8.6.43, 10.4.1943 ; 9.SS-Pz.Div., 1/1 : SS-Pz.Gr.Div. « H »/Ia, 780/43 g, Ausbildungsrichtlinien für die Zeit bis 20.7.43, 21.5.1943, § 15 ; 12.SS-Pz.Div., 8/2 : III.(gp.)/SS-Pz.Gr.Rgt.26, Anl. 15 z. KTB 3, 28.9.-28.10.1944. BAMA, RS 2-2/2 (180) : SS-Gen.Kdo. (Pz), KTB 2 (4.10.1942) & Anl. A 101, Gen.Kdo. SS-Pz.Korps/Ia 377/42 g, Befehl für die Ausbildung v. 5.10.-31.12.42 für Stab Gen.Kdo. u. Korpstruppen, 4.10.1942, § 4, c ; RS 4/1274 (n.f.) : 1.SS-Pz.Div. « LSSAH »/Kdr., Ausbildungsplan für die Zeit v. 23-30.10.44, 18.10.1944, § VI ; RS 3-17/4 : Anl. 4, 17.SS-Pz.Gr.Div. « GvB »/Ia 93/43 g, Richtlinien für die Ausbildung in der Zeit v. 6.12.43-15.1.44, 3.12.1943.
41. BAMA, RS 3-1/5 : LSSAH/II.Btl./Kdr., Ausbildungsplan für die Zeit v. 21.11.-6.12.40, 20.11.1940 (cit.) ; RS 3-17/4 : Anl. 4, 17.SS-Pz.Gr.Div. « GvB »/Ia 93/43 g, Richtlinien für die Ausbildung in der Zeit v. 6.12.43-15.1.44, 3.12.1943.
42. BAMA, RS 4/1216 : LSSAH/II.Btl./Kdr., Ausbildungsbefehl für die Zeit v. 23.9.-5.10.40, 20.9.1940.
43. *Ibid.*
44. VHA, 9.SS-Pz.Div., 1/1 : SS-Pz.Gr.Div. « H »/Ia, 922/43 g, Betr. : Ausbildung der im Westen stehenden Pz. u. Pz.Gr.Div., 5.6.1943 ; 9.SS-Pz.Div., 9/2 : SS-Pz.Gr.Div. « H »/Ia, 1467/43 g, Weisungen an die Truppe Nr.20, 18.7.1943 (cit.) ; 9.SS-Pz.Div., 3/1 : 9.SS-Pz.Div. « H »/Ia, 2965/43 g, Weisungen an die Truppe Nr.36, 4.12.1943, § 2 ; 12.SS-Pz.Div., 39/4 : 12.SS-Pz.Div. « HJ »/Ia 109/43 g.K., Ausbildungsbefehl Nr.1, 17.11.1943, § C, 7. BAMA, RS 3-17/4 : Anl. 3, 17.SS-Pz.Gr.Div. « GvB » an alle Einheiten, Betr. : Protokoll über die durch den Gen.d.Pz.Tr.West gegebenen mündl. Weisungen über die Verbandsausbildung, 30.11.1943 ; Anl. 4, 17.SS-Pz.Gr.Div. « GvB »/Ia 93/43 g, Richtlinien für die Ausbildung in der Zeit v. 6.12.43-15.1.44, 3.12.1943, § 5.
45. VHA, 12.SS-Pz.Div., 8/2 : III.(gp.)/26, Anl. 15 z. KTB 3. BAMA, RS 4/1274 (n.f.) : 1.SS-Pz.Div. « LSSAH »/Kdr. an alle Kompanien, Ia 1306/44 g, 18.10.1944.
46. BAL, NS 19/3496 (15-35) : SS-T-Div./Kdr. an SS-FHA/KdW-SS, IIa 74/41 g, Betr. : Erfahrungen über den Nachersatz, 15.11.1941 (cit. suiv. aux fol. 16, 17 & 22-23). VHA, 4.SS-Pz.Gr.Div., 25/4 : SS-FHA/Amtsgruppe Insp., 4420/42 g, Betr. : Ausbildungswesen bei E.-Einheiten, 23.7.1942 (Bez. : SS-I.R.9, 356/42 g, 2.7.42).

NOTES (chapitre 14) 949

47. Celui du 9ᵉ régiment SS a également été rapidement diffusé. VHA, 4.SS-Pz.Gr.Div., 24/4 : SS-FHA/KdW-SS/Ia, 5330/41 g, Betr. : Erfahrungen über den Nachersatz, 8.12.1941 (sans les 16 annexes du rapport original de Eicke) ; 4.SS-Pz.Gr.Div., 25/4 : B.d.W-SS i.d.Ndl./Ia, 563/42 g, 25.7.1942.

48. BAL, NS 33/258 (15-17 & 33-35) : SS-FHA/Amtsgruppe C, Betr. : Richtlinien für die Ausbildung des Rekrutenersatzes der 9. u. 10.SS-Pz.Gr.Div., 25.1.1943 ; SS-FHA/Amtsgruppe C, Betr. : Richtlinien für die Ausbildung, 3.4.1943 ; NS 33/259 (1-5) : SS-FHA/Insp.d.Art.u.Flak, 720/44, Merkblatt für die Ausbildung, 28.1.1944.

49. HAUSSER, *Soldaten*, p. 90. STEINER, F., *Armee*, p. 115. VOPERSAL, *Soldaten* (1), p. 7.

50. BAMA, RS 3-1/5 : LSSAH/II.Btl./Kdr., Ausbildungsplan für die Zeit v. 21.11.-6.12.40, 20.11.1940.

51. VHA, 2.SS-Pz.Div., 58/16 : SS-Div. « R »/Kdr., Ausbildungsrichtlinien für die SS-Div. « R » auf den Tr.Üb.Pl. Fallingsbostel, 4.4.1942, § 2 & 5.

52. BAMA, RS 2-1/3 (16-17) : Gen.Kdo. I.SS-Pz.Korps/Ia, Betr. : Ausbildungsrichtlinien für Korpsstab u. Korpstruppen, 9.11.1943.

53. BAMA, RS 3-17/4 : Anl. 14, 17.SS-Pz.Gr.Div. « GvB »/Ia 84/43 g, Zusätze zu den Ausbildungsrichtlinien v. 3.12.43, 26.12.1943.

54. BAL, NS 33/259 (3) : SS-FHA/Insp.d.Art.u.Flak, 720/44, Merkblatt für die Ausbildung, 28.1.1944.

55. La 17ᵉ division SS a d'ailleurs profité de ce que ses compagnies d'infanterie ne devaient être engagées au combat qu'avec deux de leurs trois sections pour faire jouer à l'une d'elles le rôle de plastron. BAMA, RS 3-17/4 : Anl. 23, 17.SS-Pz.Gr.Div. « GvB »/Ia 46/44 g, Ausbildung der Pz.Gr.Rgter. in der Zeit v. 17.1.-4.3.44, 11.1.1944, § 3 & 5.

56. BAMA, RS 5/304 (n.f.) : SS-Art.A.u.E.Rgt./Nachrichtenführer an V./SS-Art.A.u.E.Rgt., 69/44 g, Betr. : Ausbildungsbericht v. 30.3. u. Wochendienstplan v. 28.3.44, 8.4.1944.

57. VHA, 2.SS-Pz.Div., 46/12 : 8./SS-Rgt. « D »/Chef, Erfahrungsbericht, 24.4.1942, p. 3.

58. VHA, 9.SS-Pz.Div., 6/2 : SS-Hstuf. Dr. Segler, 12./SS-Pz.Gr.Rgt.1 « H », Erfahrungsbericht des 1. Scharfschützenlehrganges des SS-Pz.Gr.Rgt.1, 2.11.1943. BAMA, RS 4/1333 : SS-Pz.Gr.Rgt.37/Ia, Ausbildungs-Bemerkungen Nr.14, 5.4.1944.

59. BAMA, RS 4/1352 (22 & 31) : SS-Pz.Rgt.12, Rgt.-Befehl Nr.17/44, 29.2.1944 ; *ibid.*, Nr.22/44, 24.3.1944.

60. Cette assertion se vérifie de manière concrète avec la 3ᵉ compagnie du 12ᵉ régiment blindé SS qui a remporté l'un des prix. Les survivants de l'unité ont, après guerre, continué à se revoir régulièrement au cours de « rencontres de camarades » et ont été jusqu'à éditer en 1978 un ouvrage retraçant l'action spécifique de leur compagnie pendant la guerre, ce qui est en soi chose assez exceptionnelle pour une unité aussi réduite. BAMA, RS 4/1352 (36) : SS-Pz.Rgt.12, Rgt.-Befehl Nr.25/44, 19.4.1944. KOMPANIE-KAMERADSCHAFT, *Die 3. Kompanie*.

61. Témoignage de H.-G. Starck *in* WILLIAMSON, *Loyalty*, p. 34. Témoignage de E. Lessner *in* IMHOFF, *Chronik*, p. 9.

62. BAMA, RS 4/1352 (31/verso) : 12.SS-Pz.Div. « HJ »/SS-Pz.Rgt.12, Rgt.-Befehl Nr.22/44, 24.3.1944. Cf. aussi VHA, 9.SS-Pz.Div., 5/1 : SS-Pz.Gr.Div. « H »/1.SS-Pz.Gr.Rgt./Ia, Betr. : Ausbildung u. Erziehung, 30.3.1943, § 3-4.
63. VHA, 4.SS-Pz.Gr.Div., 25/4 : SS-FHA/KdW-SS, 1310/42 g, Betr. : Ausbildung, 7.3.1942. Cf. aussi BAL, SSO 245 B (Alois WILD, 31.10.1909) : B.d.W.-SS i.d.Ndl., Beurteilung, 1.2.1943, § III.
64. Cf. par exemple les difficultés d'apprentissage liées à l'évolution du recrutement à partir de 1943 dans les rapports mensuels d'une unité de dépôt d'artillerie SS aux Pays-Bas. BAMA, RS 5/303.
65. VHA, SS-Rekr.-Depot Debica., 2/1 : Rekruten-Depot d.W-SS, SS-Tr.Üb.Pl. Debica/Ia/IIb/Kdr. an SS-FHA/KdW-SS, 4/42 g, Betr. : Zusammensetzung der ungarischen Freiwilligen, 4.4.1942. HEIDRICH, K-R., « Jawoll, Oberjtruppenfiehrer ! Besuch von Papa Hausser », *Die Hellebarde* (Nachrichten der Kameradschaftsvereinig. Suchdienst Frundsberg), 12, 1989, p. 86-89.
66. Au sein des unités, cf. VHA, 2.SS-Pz.Div., 110/36 : I./SS-Pz.Gr.Rgt. « D », Betr. : Ausbildung Jan. 1943, 29.12.1942, § K; 12.SS-Pz.Div., 30/3 : SS-Werf.Abt.12, TB (12.11.1944). C'est toutefois une méthode à laquelle a refusé de recourir la 9e division SS à l'automne 1943. Les *Volksdeutsche* hongrois reçus en renfort ont été répartis et instruits dans l'ensemble du régiment. VHA, 9.SS-Pz.Div., 5/1 : SS-Pz.Gr.Rgt.19 « H »/Ia, 655/43 g, Betr. : Ausbildung, 4.12.1943, § 2 & 5. Au sein de dépôts temporaires, cf. VHA, SS-Rekr.-Depot Debica, 2/1 : SS-FHA Org 1620/42 g, Betr. : Aufstellung eines Rekruten-Depots d.W-SS auf dem SS-Tr.Üb.Pl. Debica, 17.3.1942 ; SS-FHA Org 3332/42 g, Betr. : Auflösung des Rekruten-Depots d.W-SS auf dem SS-Tr.Üb.Pl. Debica, 3.6.1942 ; SS-Ausb.Btl. z.b.V., 9/3 : SS-FHA Org II/2836/43 g, Betr. : Umbenennung u. Verlegung des SS-Ausb.Rgt. Prag von Prag auf den Tr.Üb.Pl. Heidelager, 22.4.1943 ; SS-Ausb.Btl. z.b.V., 12/3 : SS-FHA Org II/3083/43 g, Betr. : Errichtung eines Auffanglagers für Volksdeutsche aus Rumänien auf dem Tr.Üb.Pl. Heidelager, 3.5.1943.
67. BAL, NS 33/245 (41) : SS-FHA/KdW-SS/VI/Bücherei, Betr. : Arbeitsbuch für den Deutschunterricht bei den volksdeutschen u. germanischen Freiwilligen, 7.11.1941.
68. BAL, NS 19/4012 (137-39) : Rede des RF-SS auf der Tagung der RPA-Leiter am 28.1.1944.
69. BAL, NS 31/455 (3-4) : [Richtlinien zur] Erziehung germanischer Freiwilliger, s.d. [mars 1945].
70. BAL, NS 19/3987 (20-21) : « Auf dem Weg zum germanischen Reich », Ansprache des Chefs des SS-HA [Tagung auf der Plassenburg, 26.2.-1.3.1944] ; NSD 41/5 : SS-HA/VI, Nachrichtendienst zur Führung der WE, Nr.7, Febr. 1944, p. 21 ; *ibid.*, Nr.8, April 1944, p. 31 ; NS 33/31 (19) : Rede des SS-Ogruf. Jüttner auf der SS-Führer-Tagung in Prag am 13.4.1944 ; SSO 159 B (Berndt von STEUBEN, 27.10.1893) : RF-SS an CdSSFHA, 3.1.1944.
71. BAL, NS 19/4010 (11-14) : Rede des RF-SS in Charkow, April 1943. Cf. aussi BAL, NS 19/3904 (54) : CdSSHA/I (1a), Verteiler V, 14.1.1943 (en pièce jointe : RF-SS, Betr. : Behandlung von Volksdeutschen u. germanischen Freiwilligen in d.W-SS, 6.12.1942).
72. BAL, SSO 109 B (Hinrich SCHULDT, 14.6.1901) : H. Schuldt, SS-Stubaf., 25.10.1939, p. 3.

73. BAL, NS 31/75 (141) : Aktenvermerk, Betr. : Dienstvorschriften an Unterführer betr. Behandlung der Freiwilligen aus Ungarn, 26.5.1942.
74. BAL, NS 19/1966 (1-3) : RF-SS, 177/42, Lieber Berger! Lieber Jüttner!, 13.4.1942. STEIN, *Waffen SS*, p. 168 et suiv.
75. VHA, 9.SS-Pz.Div., 3/1 : SS-Pz.Gr.Div. « H »/Ia an SS-FEB 9, 1953/43 g, Betr. : Zuführung der Volksdeustchen aus Ungarn, 10.9.1943 ; 9.SS-Pz.Div. « H »/Ia, 2965/43 g, Weisungen an die Truppe Nr.36, 4.12.1943, § 8. Cf. aussi BAL, NS 31/455 (17-20) : Vortrag des Leg.-Hstuf. van de Pol am 23.2.44 über das Thema : « Behandlung u. Auftreten gegenüber ndl. Freiwilligen ».
76. VHA, 17.SS-Pz.Gr.Div., 7/1 : 17.SS-Pz.Gr.Div. « GvB »/Ic an SS-Pz.Gr.Rgt.38, Betr. : Merkblatt über die Behandlung der bündnistreuen italienischen Soldaten, 11.5.1944. BAMA, RS 2-2/29 (11-13) : Gen.Kdo. II.SS-Pz.Korps/Qu 529/44 g, Betr. : Landeseigene Freiwillige (Hilfswillige), 8.6.1944 (Merkblatt für das Verhalten gegenüber Hilfswilligen).
77. BAL, NSD 41/5 : SS-HA/VI, Nachrichtendienst zur Führung der WE, Nr.7, Febr. 1944, p. 23-24.
78. BAL, NS 31/440 (1-10) : RF-SS/SS-HA (bearb. u. hrsg.), Die politische Aufgabe des deutschen Führers u. Unterführers in den fremdvölkischen Einheiten d.W-SS, s.d. (automne 1944), p. 20.
79. BAL, NS 31/42 (21-24 & 47) : SS-HA/Amtsgruppe D an SS-HA/Amtsgruppe C I, Betr. : Die politische Aufgabe des dt. Führers u. Unterführers in den fremdvölkischen Einheiten d.W-SS, 20.10.1944 ; An SS-Ogruf. Jüttner, Betr. : Landeseigenes Führer- u. Unterführerkorps in fremdvölkischen Freiw.-Verbände, 7.11.1944. BAMA, RH 33/30 (45) : 30.W-Gren.Div.d.SS (russ. Nr.2)/Ia, Betr. : Behandlung der Fremdvölkischen, 12.8.1944. SHAT, 10 P 140 : Essai sur la 30e Div. SS, p. 4, 14, 39-40.

15. L'ENDOCTRINEMENT

1. BAL, NS 33/259 (1) : SS-FHA/Insp.d.Art.u.Flak, 720/44, Merkblatt für die Ausbildung, 28.1.1944.
2. Dans le plan d'instruction hebdomadaire qui a oscillé entre 48 et 64 heures pour les élèves officiers SS d'active, le temps consacré à la formation idéologique variait selon les promotions de 4 à 6 heures (7 à 10 % du temps de travail) ; il était de 3 heures à peine pour ceux de réserve (6 % de leurs 52 heures hebdomadaires). La formation idéologique n'atteignait la barre des 10 % qu'avec les promotions d'élèves officiers « germaniques » (5 heures sur 50). Pour les simples recrues à l'instruction dans les unités de dépôt SS, 4 heures étaient hebdomadairement réservées à l'éducation idéologique sous forme de cours, plus 1 heure consacrée en fin de semaine aux questions politiques du moment. WEGNER, *Soldaten*, p. 160, 167. BAL, NS 31/357 (101/verso) : CdSSHA, Verteiler B III des SS-FHA, 13.5.1943, § II, 1-2.
3. WEGNER, *Soldaten*, p. 25 et suiv. MATTHÄUS, *Ausbildungsziel*. ACKERMANN, *Ideologue*. BUCHHEIM, « Befehl », p. 216 et suiv. WILDT, « Terminkalender », p. 673-77. THIBAUT, *L'Ordre SS* (compilation non critique de textes d'époque).

4. BAL, NS 19/3492 (41) : Reichsführer!, 9.3.1943.
5. BAMA, RS 3-10/1 : 10.SS-Div. (SS-Pz.Gr.Div.)/VI, Grundgesetze der SS (Auszüge aus RF-SS Befehlen), 1.6.1943. SCHWARZ, G., *Frau*, p. 24 et suiv.
6. WALZER, *Guerres*, p. 6. Cf. par exemple le discours de Himmler aux recrues du détachement tactique « Nord » en 1941 *in* STEIN, *Waffen SS*, p. 143.
7. BAMA, RS 4/1457 (33 & verso) : 2.SS-Pz.Div. « DR »/VI, Ausb.-Unterlage für WE Nr.8 (Die Hintergründe dieses Krieges), 28.5.1944.
8. BAMA, RS 3-10/1 : 10.SS-Div. (SS-Pz.Gr.Div.)/VI, Betr. : Schulungsthema « Das Leben des Führers u. die Geschichte der Bewegung », 13.5.1943 ; *ibid.*, Betr. : Deutsche Geschichte I, 31.7.1943 ; *ibid.* (II), 3.9.1943 ; *ibid.* (III), 27.9.1943 ; *ibid.* (IV), 9.12.1943 ; *ibid.* (V), 5.2.1944 ; RS 4/1457 (13) : 2.SS-Pz.Div. « DR »/VI, Ausb.-Unterlage für WE Nr.4 (Friedrich der Große u. der 7-Jährige Krieg), 30.3.1944, § 1 (cit.). KLEMPERER, *LTI*, p. 28.
9. *Ibid.*, p. 40.
10. BAL, NS 33/31 (21) : Rede des SS-Ogruf. Jüttner auf der SS-Führer-Tagung in Prag am 13.4.1944 (cit.). BAMA, RS 3-10/1 : 10.SS-Div. (SS-Pz.Gr.Div.)/VI, Betr. : Weltanschauliche Schulung, 27.7.1943.
11. BAMA, RS 3-10/33 : 10.SS-Div. (SS-Pz.Gr.Div.)/Kdr., Ausbildungsrichtlinien, 15.2.1943, p. 12-13. Cf. aussi BAMA, RS 4/1298 (205 & 209-10) : 9.SS-Pz.Gr.Div. « H »/Kdr., Betr. : WE, 3.4.1943 ; 9.SS-Pz.Gr.Div. « H »/VI, Von der Kunst der Menschenführung, 3.5.1943. BAL, NS 19/281 (2) : CdSSHA an RF-SS, 897/43 g, Betr. : Weltanschauliche Schulung der Truppe, 10.2.1943 ; NS 19/750 (172) : CdSSHA, CI/VI/251/45, Verteiler 1, 12.2.1945.
12. BAMA, RS 3-10/1 : 10.SS-Div. (SS-Pz.Gr.Div.)/VI, Betr. : Schulungsthema « Das Leben des Führers u. die Geschichte der Bewegung », 13.5.1943.
13. APC, RG 24, C 17, vol. 13649 : FCA, ISN 156, 3.12.1944, II, p. 5-6.
14. Cf. par exemple une directive éditée par la 17e division SS *in* STÖBER, *Sturmflut* (II), p. 447-48.
15. BAMA, RS 3-10/33 : 10.SS-Div. (SS-Pz.Gr.Div.)/Kdr., Ausbildungsrichtlinien, 15.2.1943, p. 13-14.
16. BAMA, RS 3-10/1 : 10.SS-Div. (SS-Pz.Gr.Div.)/VI, Betr. : Weltanschauliche Führung, 27.7.1943. Cf. aussi BAMA, RS 3-10/1 : 10.SS-Div. (SS-Pz.Gr.Div.)/VI, Betr. : Unsere Gegner III (Kriegshetzer im Priesterrock), 20.10.1943, p. 6.
17. BAMA, RS 3-23/22 : B.d.W-SS i.d. Ndl./VI, 783/44, Unterlage für WE i.d. W-SS für die Einheitsführer, [-].4.1944.
18. Lettre de Berger à Himmler, 10.10.1943 *in* HEIBER, *Reichsführer!*, p. 300.
19. Cf. chap. 9.
20. BAL, NS 19/750 (173/verso) : CdSSHA, Ausbildungshinweise für WE in A.u.E.-Einheiten mit Ausbildungsdauer von 4 Wochen, 12.2.1945.
21. Il n'est d'ailleurs pas un hasard de constater que la documentation qui nous est parvenue est proportionnellement bien plus importante à partir de 1943. Sans être inexistante, elle n'avait assurément pas le même poids auparavant. Pour l'essentiel, l'organisation planifiée d'un endoctrinement intensif est seulement documentée avant 1943 pour la division « Totenkopf » et, plus encore, pour la brigade (puis division) de cavalerie SS. Au moment où la division « Reich » se reconstituait au printemps 1942 en incorporant nombre de nouveaux personnels,

NOTES (chapitre 15)

l'endoctrinement était néanmoins déjà apparu comme « particulièrement important en tant que sous-bassement de l'ensemble de l'instruction » en vue d'« une éducation consciente en individus qui pensent, qui combattent, en soldats politiques ». À la fin de l'année, l'idéologie était finalement devenue la première matière enseignée aux recrues de la division pour en faire des « combattants utilisables ». VHA, 2.SS-Pz.Div., 58/16 : SS-Div. « R »/Kdr., Ausbildungsrichtlinien für die SS-Div. « R » auf den Tr.Üb.Pl. Fallingsbostel, 4.4.1942 ; 2.SS-Pz.Div., 110/ 36 : I./SS-Pz.Gr.Rgt. « D », Betr. : Ausbildung Jan. 1943, 29.12.1942.

22. BAL, NS 19/281 (2) : CdSSHA an RF-SS, 897/43 g, Betr. : Weltanschauliche Schulung der Truppe, 10.2.1943.

23. VHA, 9.SS-Pz.Div., 1/1 : SS-Pz.Gr.Div. « H »/Ia, 205/43 g, Betr. : Kommunistische Zersetzung der Wehrmacht, 12.3.1943.

24. BAMA, RS 3-17/45 : 17.SS-Pz.Gr.Div. « GvB »/Ia/VI, Befehl für die weltanschauliche u. politische Schulung in der Zeit v. 24.1.-19.3.44, 20.1.1944, § A, 4.

25. BAL, NSD 41/5 : SS-HA/VI, Nachrichtendienst zur Führung der WE, Nr.7, Febr. 1944, p. 11-23 ; *ibid.*, Nr.8, April 1944, p. 12-15.

26. BAL, NS 19/1019 (2) : SS-Pz.Div. « DR »/Kdr. an RF-SS, 3.5.1944.

27. BAMA, RS 3-23/22 : B.d.W-SS i.d.Ndl./VI, 783/44, Unterlage für WE i.d. W-SS für die Einheitsführer, [-].4.1944.

28. VHA, 12.SS-Pz.Div., 2/1 : SS-Pz.Gr.Rgt.25/Kdr., 177/44 g, Rgt.-Befehl Nr.6, 28.8.1944, § 3. Cf. aussi l'exemple du groupement tactique « Nord » à l'été 1941 *in* FÖRSTER, « Erziehung », p. 103-04.

29. BAL, NS 19/750 (153) : CdSSHA an SS-Staf. Dr. Brandt, Pers.Stab RF-SS, 8673/44 g, 17.12.1944. Cf. aussi BAL, NS 19/3067 : SS-St. « Kurt Eggers » an SS-Staf. Dr. Brandt, Betr. : Befehl RF-SS v. 2.1.45, 20.1.1945 ; SS-Staf. Dr. Brandt an SS-Stubaf. Kriegbaum, 31.1.1945.

30. WEGNER, *Soldaten*, p. 197 et suiv.

31. BAL, NS 19/1669 (74) : Insp.d.SS-VT, Vortragsnotizen für Gruf.-Besprechung am 23.1.39, 18.1.1939.

32. WEINGARTNER, *Guard*, p. 38.

33. BAL, NS 19/218 (12) : RF-SS an SS-HA, AR 524, 21.4.1938 (Errichtung eines SS-E.-Amtes).

34. BAL, NS 19/3901 (155-56) : RF-SS, SS-Befehl, [-].6.1943.

35. BAL, NS 19/750 : OKH, Betr. : Bearbeiter für wehrgeistiger Führung, 15.7.1942.

36. BAL, NS 19/3516 (93-96) : CdSSHA, 415/42 g.K., Betr. : Verfügung des OKH v. 15.7.42 über wehrgeistige Erziehung bei der Truppe, 20.10.1942.

37. BAL, NS 19/3864 (4) : CdSSHA an RF-SS, 649/43 g.K., Betr. : Wehrgeistige Erziehung in der Wehrmacht, 24.6.1943.

38. BAL, NS 19/3864 (2) : CdSSHA an RF-SS, 672/43 g.K., 10.7.1943.

39. BAL, NS 19/80 (4) : SS-HA/C I (4) an SS-Ostubaf. Dr. Brandt, Pers.Stab RF-SS, Betr. : Schrift « Der SS-Führer als Truppenführer », 6.12.1943. Les propos de Berger sont corroborés par un document antérieur. VHA, SS-Rekr.-Depot Debica, 6/1 : Nachrichtendienst für die Leiter der Abt. VI, April 1943, § IV.

40. MÜLLER-HILLEBRAND, *Heer* (III), p. 160-61. MESSERSCHMIDT, *Wehrmacht*, p. 441 et suiv.

41. BAL, NS 19/80 (6) : CdSSHA an SS-Staf. Dr. Brandt, RF-SS Pers.Stab, 2214/44 g, Betr. : « Der Offizier des Führers », 22.4.1944.
42. BAL, NS 19/750 (121-22) : SS-Ogruf. Berger, Reichsführer!, 3.6.1944. HÜBNER, *Wofür*.
43. Cf. *infra*, p. 423-424.
44. BAMA, RS 3-17/38 (dossier entier); RS 3-17/45 : 17.SS-Pz.Gr.Div. « GvB »/Ia/VI, Befehl für die weltanschauliche u. politische Schulung in der Zeit v. 24.1.-19.3.44, 20.1.1944. Cf. aussi la prise en considération par la 10e division SS des directives relatives à l'éducation idéologique émises par le groupe d'armées « Nordukraine », commandé par le maréchal Model, entièrement acquis au régime. BAMA, RS 3-10/4 : 10.SS-Pz.Div./IIa, Betr. : Div.-Tagesbefehl, 20.5.1944, § 10.
45. BAL, NS 19/80 (6) : CdSSHA an SS-Staf. Dr. Brandt, RF-SS Pers.Stab, 2214/44 g, Betr. : « Der Offizier des Führers », 22.4.1944.
46. BAL, NS 19/4012 (124-26) : Rede des RF-SS auf der Tagung der RPA-Leiter am 28.1.1944. FÖRSTER, « Erziehung », p. 93-94. WEGNER, *Soldaten*, p. 187-90, 195-97.
47. BAL, NS 19/750 (114) : Bericht des Amtsleiters W. May von der dt. Volksgruppe in Rumänien über die Tagung auf der Plassenburg, s.d. [début mars 1944].
48. BAL, NSD 41/5 : SS-HA/VI, Nachrichtendienst zur Führung der WE Nr.8, April 1944, p. 21-22. Cf. aussi VHA, 9.SS-Pz.Div., 3/1 : 9.SS-Pz.Gr.Div. « H »/Ia, 2539/43 g, Weisungen an die Truppe Nr.32, 1.11.1943, § 1.
49. BAL, NS 19/750 (113) : CdSSHA an RF-SS/Pers.Stab, SS-Ostubaf. Dr. Brandt, Betr. : Bericht des Amtsleiters W. May von der Volksgruppe Rumänien, 10.3.1944.
50. En juin 1943, Berger avait déjà obtenu la création d'une « école pour la conduite idéologique » gérée par son *SS-Hauptamt* et des quotas d'officiers pour cette tâche. Les officiers de troupe devaient également effectuer un court passage dans cette école afin d'acquérir les bases « dans leurs missions en tant qu'éducateurs de leur unité ». Au printemps 1944, le SS-FHA recensait d'ailleurs tous les chefs de compagnie qui n'avaient pas encore suivi une telle formation afin de les y envoyer en temps voulu. BAL, NS 19/281 : CdSSHA, Betr. : Schule für weltanschauliche Führung, 18.6.1943 ; RF-SS/Pers.Stab an CdSSHA, Betr. : Schule für weltanschauliche Führung, 3.7.1943 ; NS 19/3901 (155-56) : RF-SS, SS-Befehl, [-].6.1943 ; NS 33/245 (62) : SS-FHA/II-Führungsabt./VI, 5284/5.44, Verteiler C 1, Betr. : Lehrgänge des SS-HA, Amt WE, für Kp.-Führer, 9.5.1944.
51. BAL, NS 31/353 (32 & 36) : SS-HA/C I/4, Verbindungsführer SS-FHA, Verteiler B/II (ohne Feldeinheiten), Betr. : Übernahme der bisher der Abt. VI im SS-FHA übertragenen Aufgaben auf dem Gebiet der WE durch SS-HA, 1.10.1944 ; SS-HA/WE, F.St. VI/IIa/IIb, Betr. : 1) Übernahme der bisher der Abt. VI im SS-FHA übertragenen Aufgaben auf dem Gebiet der WE durch SS-HA, 2) Versetzung der Sachbearbeiter Abt. VI z. SS-HA u. Errichtung der SS-Stamm-Kp. VI, 24.1.1945. Cf. la multiplication des publications à destination des recrues allemandes et étrangères *in* BAL, NS 31/444 à 453 & 455 (dossiers entiers).
52. La manière dont le SS-FHA a récusé la nomination du capitaine SS Roehder à la tête de l'« école pour la conduite idéologique » est révélatrice de ce rapport de

force. BAL, NS 19/281 : CdSSHA, Betr. : Kdr. der Schule für weltanschauliche Führung, 24.2.1944; NS 19/750 : SS-FHA, Betr. : SS-Hstuf.d.R. Dr. Roehder, 29.4.1944; CdSSHA, SS-Hstuf.d.R. Dr. Roehder, z.Z. SS-Pz.Div. « DR », 3.8.1944; Vermerk, 15.8.1944.

53. VHA, 2.SS-Pz.Div., 58/16 : SS-Div. « R »/Kdr., Ausbildungsrichtlinien für die SS-Div. « R » auf dem Tr.Üb.Pl. Fallingbostel, 4.4.1942 ; 12.SS-Pz.Div., 39/4 : 12.SS-Pz.Div. « HJ »/Ia 109/43 g.K., Ausbildungsbefehl Nr.1, 17.11.1943, § C, 9. BAMA, RS 3-10/33 (n.f.) : 10.SS-Div. (SS-Pz.Gr.Div.)/Kdr., Ausbildungsrichtlinien, 15.2.1943, p. 12-14; RS 4/1298 (205) : 9.SS-Pz.Gr.Div. « H »/Kdr., Betr. : Weltanschauliche Erziehung, 3.4.1943 ; RS 3-17/45 : 17.SS-Pz.Gr.Div. « GvB »/ Ia/VI, Befehl für die weltanschauliche u. politische Schulung in der Zeit v. 24.1.-19.3.44, 20.1.1944.

54. SYDNOR, *Soldiers*, p. 27-28, 67-68, 143-46, 153-54. FÖRSTER, « Erziehung », p. 96. CÜPPERS, *Wegbereiter*, p. 98-107. BAL, R 59/55 (1-2) : Aktenvermerk für alle Amtschefs, Betr. : Schulungsmaterial für das Ausb.Rgt. in Prag, 5.10.1942.

55. BAL, SSO 220 (Fritz FREITAG, 28.4.1894) : RF-SS an Kdr. der SS-Kav.Div., 39/92/43 g, persönlich !, 8.3.1943.

56. VHA, 2.SS-Pz.Div., 55/15 : SS-Rgt. « DF »/Kdr., Betr. : 2. Kp.-Führer-Lehrgang, 1.12.1942.

57. BAMA, RS 2-2/3 (202) : Gen.Kdo. SS-Pz.Korps/Ia 876/42 g, Betr. : Befehl für die Ausbildung für Stab Gen.Kdo. u. Korpstruppen, 25.12.1942.

58. BAMA, RS 3-10/1 : 10.SS-Div. (SS-Pz.Gr.Div.)/VI, Betr. : Weltanschauliche Führung, 12.5.1943.

59. BAL, NS 33/245 (65) : SS-FHA/II-Führungsabt./VI, 6503/6.44, Betr. : Führer, Unterführer u. Mannschaften des Arbeitsgebietes VI, 3.6.1944.

60. VHA, SS-Rekr.-Depot Debica, 6/1 : g.K. Nachrichtendienst für die Leiter der Abt. VI, April 1943, § IV.

61. *Ibid.*, § II.

62. BAMA, RS 3-10/1 : 10.SS-Pz.Div. « F »/Kdr., Betr. : Politisch-weltanschauliche Führung, 25.11.1943.

63. TMI (XLII), SS(A)-70, § 30, p. 585-86. À noter que l'affirmation (d'après les mêmes témoignages) selon laquelle les propos tenus sur les Juifs pendant les cours n'auraient revêtu aucun caractère suscitant un « bas instinct de haine » est pour le moins spécieux. Si l'appel au meurtre n'est pas documenté en tant que tel, la haine était belle et bien omniprésente.

64. VHA, SS-Rekr.-Depot Debica, 6/1 : g.K. Nachrichtendienst für die Leiter der Abt. VI, April 1943, § II.

65. MESSENGER, *Gladiator*, p. 54.

66. BAL, NSD 41/5 : SS-HA/VI, Nachrichtendienst zur Führung der WE, Nr.7, Febr. 1944, p. 33. Le *SS-Hauptamt* s'est néanmoins investi au printemps 1944 dans l'édition de 25 brochures directement destinées aux soldats pour répondre par des idées et des mots simples à leurs interrogations et à leurs doutes. BAL, NS 31/400 (7-9) : Richtlinien für die Umarbeitung der Broschüren, s.d. [1944]. Les textes des brochures n° 6 à 17 figurent *in* BAL, NS 31/152, 403-405, 418 & 419.

67. BAL, NS 19/1616 (2) : SS-FHA/KdW-SS/WE, Verteiler V, Betr. : Befehl des RF-SS über Einsatz der Kdre. in der WE, 5.12.1940.

68. Le commandant de la 10ᵉ division SS déclarait que les cours devaient servir à lier « intimement » les hommes à leurs chefs de compagnie. BAMA, RS 3-10/33 : 10.SS-Div. (SS-Pz.Gr.Div.)/Kdr., Ausbildungsrichtlinien, 15.2.1943, p. 13.

69. BAMA, RS 3-23/22 : B.d.W-SS i.d.Ndl./VI, 783/44, Unterlage für WE i.d. W-SS für die Einheitsführer, [-].4.1944.

70. BAL, NS 33/245 (6 & 23) : SS-FHA/KdW-SS/WE, Verteiler V, Betr. : Winterschulungsplan, 14.12.1940 ; SS-FHA/KdW-SS/VI, Betr. : Winterschulungsplan 1941/42, 7.11.1941. BAMA, RS 3-17/4 : Anl. 4, 17.SS-Pz.Gr.Div. « GvB »/Ia 93/43 g, Richtlinien für die Ausbildung in der Zeit v. 6.12.43-15.1.44, 3.12.1943, § 9 ; RS 3-17/45 : 17.SS-Pz.Gr.Div. « GvB »/Ia/VI, Befehl für die weltanschauliche u. politische Schulung in der Zeit v. 24.1.-19.3.44, 20.1.1944.

71. BAL, NS 31/155 (4-15) : SS-Pz.Gr.Div. « H »/VI, Betr. : WE im Monat Okt. 1943, 18.9.1943.

72. BAL, NSD 41/75 : RF-SS/SS-HA, SS-Handblätter für den weltanschaulichen Unterricht, s.d. [1944], p. 30.

73. BAMA, RS 4/1203 : W-SS/Gr.Rgt.1 « LN »/VI, Betr. : Handbücher für weltanschauliche Schulung, 18.8.1943.

74. Dès le début de 1940, la division « Totenkopf » avait édité quelques bulletins de ce type consacrés à l'actualité politique du moment, en particulier à l'étranger. Ils préfiguraient les bulletins hebdomadaires publiés ultérieurement par le *SS-Hauptamt* à partir d'extraits de la presse allemande. VHA, 3.SS-Pz.Div., 6/3 : SS-T-Div./Ic an SS-T.Rgt. u. Div.Truppen, Betr. : « Nachrichtenblätter der T-Div. », 4.2.1940 ; *ibid.* (2), 19.2.1940 ; *ibid.* (3), 23.2.1940 ; 2.SS-Pz.Div., 262/79 (dossier entier).

75. BAMA, RS 4/1373 : s.Art.Abt./SS-T-Art.Rgt., KTB (19.7.1940) ; RS 4/1217 (257) : LSSAH, Tagesbefehl Nr.25, 30.1.1941 ; RS 2-2/8 (236 et suiv.) : Gen.Kdo. SS-Pz.Korps/IVa, TB 1 (30.9.1942). VHA, 2.SS-Pz.Div., 262/79 : Bäckerei-Kp./ SS-Div. « DR » an Wirtschafts-Btl.2/VI, Betr. : Monatsbericht für die Abt. VI, 28.11.1942, § A, 1-2. BAKO, All.Proz.8/JAG 1 : Trial of SS-Brigf. K. Meyer, 10-28.12.1945, p. 554-55 (Answer 2532).

76. KTB-OKW/1940-41 (1), p. 219 E. EBERLE, *Dossier*, p. 98.

77. BAMA, RS 4/1217 (136) : LSSAH, Tagesbefehl Nr.101, 22.11.1940.

78. VHA, 3.SS-Pz.Div., 2/1 : SS-T-Div./Ic an Rgt. u. Div.Truppen, Betr. : Geistige Betreuung der Truppe in der Wintermonaten, 28.1.1941 ; 3.SS-Pz.Div., 44/11 : SS-T-I.R.3, Rgt.-Befehl Nr.21, 11.2.1941, § 1. BAMA, RS 2-2 (275) : Gen.Kdo. SS-Pz.Korps/VI, 135/42, Betr. : TB der Abt. VI für die Zeit v. 1-31.8.42, 1.9.1942, § II, b ; RS 2-2/8 : SS-Gen.Kdo. (Pz)/Qu, KTB 2 (15 & 25.9.1942) ; RS 4/1306 : TB des SS-Pz.Gr.Rgt.2 der SS-Pz.Gr.Div. « H » (4.6.1943) ; RS 4/1424 : SS-Nachr.Abt.101, Tagesbefehl Nr.304/44, 1.3.1944.

79. BAL, NSD 41/5 : SS-HA/VI, Nachrichtendienst zur Führung der WE, Nr.7, Feb. 1944, p. 30-32. BAMA, RS 4/1457 (2/verso) : 2.SS-Pz.Div. « DR »/ Ia/VI, Befehl über die WE im Rahmen der Neuaufstellung der Div., 9.3.1944. APC, RG 24, C 17, vol. 13649 : FCA, ISN 156, 3.12.1944, II, p. 6.

80. BAMA, RS 3-17/45 : 17.SS-Pz.Gr.Div. « GvB »/Ia/VI, Befehl für die weltanschauliche u. politische Schulung in der Zeit vom 24.1.-19.3.1944, 20.1.1944, § B, 2.

NOTES (chapitre 15) 957

81. Il est documenté au sein de la 17ᵉ division SS. À partir du 15 mars 1944, les personnels devaient y rédiger un travail écrit toutes les deux semaines, rythme qui n'a pas tardé à devenir mensuel. BAMA, RS 3-17/5 : Anl. 61a, Kdr.-Besprechung am 27.2.44; RS 3-17/6 : Anl. 108, 17.SS-Pz.Gr.Div. « GvB »/Ia 431/44 g, Ausbildungsbefehl für die Zeit v. 1-30.4.44, 22.3.1944.

82. BAL, R 58/3558 (14) : Ausbildungsplan für die Schützen-Kp.en der SS-T-Unterführerschule Lublinitz (Oberschlesien), 8.4.1940.

83. VHA, 2.SS-Pz.Div., 46/12 : SS-A.A./KGr. SS « R » an KGr. SS « R »/Ia, Betr. : Erfahrungsbericht des AOK 9, 1.6.1942, § IV; 9.SS-Pz.Div., 9/2 : SS-Pz.Gr.Div. « H »/1.SS-Pz.Gr.Rgt./Ia, Befehl für die Ausbildung bis 8.6.43, 10.4.1943. BAMA, RS 3-10/1 : 10.SS-Div. (SS-Pz.Gr.Div.)/VI, Betr. : Weltanschauliche Schulung, 27.7.1943; RS 3-17/45 : 17.SS-Pz.Gr.Div. « GvB »/Ia/VI, Befehl für die weltanschauliche u. politische Schulung in der Zeit vom 24.1.-19.3.44, 20.1.1944, § A, 3. BAL, NS 31/357 (101/verso) : CdSSHA, Verteiler B III des SS-FHA, 13.5.1943, § II, 1. La division « Totenkopf » a établi en 1943 un centre de repos pour 46 hommes à douze kilomètres à l'arrière du front. Les personnels venaient s'y reposer à tour de rôle pendant trois jours. Outre les installations leur permettant à la fois de pourvoir à leur hygiène corporelle et de se détendre, « un exposé idéologique ou un cours politique leur était proposé chaque jour ». BAL, NSD 41/77-1943 : SS-Leiheft, 9 Jhg., Heft 11, Nov. 1943, p. 12.

84. BAL, NS 31/357 (101) : CdSSHA, Verteiler B III des SS-FHA, 13.5.1943, § 3, b.

85. BAMA, RS 3-10/4 : 10.SS-Pz.Div./IIa, Betr. : Div.-Tagesbefehl, 20.5.1944, § 10. Cf. aussi BAMA, RS 4/1274 (n.f.) : 1.SS-Pz.Div. « LSSAH »/Kdr. an alle Kompanien, Ia 1306/44 g, 18.10.1944. BAL, NS 33/342 (10/verso) : SS-FHA/KdW-SS/Org.Abt./Id, 570/45 g.K., Betr. : 1) Kürzung der Grundausbildung, 2) Personelle Kürzung bei den Ausbildungstruppenteilen, 27.1.1945, § I, 4; NS 19/750 (173/verso) : CdSSHA, Verteiler 1, Ausbildungshinweise für WE in A.u.E.-Einheiten mit Ausbildungsdauer von 4 Wochen, 12.2.1945.

86. Cf. la série d'études presque complète qui a servi à l'endoctrinement des personnels de la 10ᵉ division SS *in* BAMA, RS 3-10/1. LELEU, « *Frundsberg* », p. 20-21.

87. BAMA, RS 3-17/45 : 17.SS-Pz.Gr.Div. « GvB »/Ia/VI, Befehl für die weltanschauliche u. politische Schulung in der Zeit v. 24.1.-19.3.44, 20.1.1944, § A, 4.

88. BAMA, RS 4/1298 (203) : SS-Pz.Gr.Div. « H »/VI, Hohenstaufen, 19.3.1943.

89. Les notes de Himmler éclairent parfaitement le processus de prise de décision à ce sujet. BAL, NS 19/1447. Cf. aussi AUGUSTINOVIC, « d'Alquen », p. 108.

90. VHA, 2.SS-Pz.Div., 48/13 : RF-SS/Adj. an SS-Stubaf. Max-Schultz, SS-Div. « R »/Ia, 7.7.1942 (cit.). WITTE, *Dienstkalender*, p. 474 (1.7.1942).

91. WEINGARTNER, *Guard*, p. IX.

92. La division avait reçu le nom de « Deutschland » le 3 décembre 1940. En raison du risque de confusion avec le régiment homonyme, il a été rapidement modifié en janvier. BAMA, RS 3-2/2 : Kdostab. SS-V-Div., KTB (3.12.1940 & 29.1.1941).

93. « Germania » était le nom de l'un des quatre régiments d'infanterie de la SS-VT avant-guerre. « Wiking » était le patronyme de la division créée avec les régiments « Germania », « Westland » et « Nordland » à la fin de 1940. S'il faisait allusion au lieu d'engagement du détachement tactique (puis division) en Scandinavie, le nom de « Nord » avait également une forte symbolique mythologique, à l'image du nom de « Thule » donné au 9e régiment d'infanterie SS en juillet 1942 (repris en 1943 par le 1er régiment d'infanterie de la division « Totenkopf »). WEGNER, « Auf dem Wege », p. 101. BAL, NS 33/233 : SS-FHA/Org 4099/42 g, Betr. : Aufstellung des schn. Rgt. der SS-T-Div., 10.7.1942. VHA, 2.SS-Pz.Div., 32/8 : SS-FHA/KdW-SS, Org II/4074/43 g, Betr. : Auflösung der schn. Rgter. « Langemarck » u. « Thule » der SS-Pz.Gr.Div. « DR » bzw. « T », 8.6.1943.

94. BAL, NSD 41/1-1942 : V.Bl.d.W-SS, 3.Jhrg., 12, 15.6.1942, § 189 ; NSD 41/ 1-1943 : V.Bl.d.W-SS, 4.Jhrg., 6, 15.3.1942, § 105. BAL, SSO 174 (Kurt EGGERS, 10.9.1905). L'idée de donner le nom de Herbert Markus (« martyr » de la HJ) à un régiment de la 12e division SS n'a pas été retenue par Hitler. BAL, NS 19/1447 (115) : Vortrag b. Führer, 17.3.1943, § 2.

95. Bien que la fonction de « Reichsführer-SS » soit assimilée à Himmler, quatre hommes ont au total porté ce titre : Joseph Berchtold (premier titulaire de la charge le 1er novembre 1926), remplacé par Erhard Heiden en mars 1927 auquel Himmler a succédé le 6 janvier 1929. En avril 1945, ce dernier a été destitué par Hitler après ses tentatives de négociation avec les Alliés. Le général SS Karl Hanke a été nommé à sa place. HÖHNE, *Orden*, p. 27-28.

96. BAL, NS 19/1447 (100) : Vortrag b. Führer, Wolfsschanze, 21.1.1943, § I, 4 ; *ibid*., 10.2.1943, § 5 ; NS 19/1442 : Telefongespräche Himmlers (2.2.1943, 18.20 Uhr) ; NS 19/1735 (25) : CdSSHA/VI/Germanische Leitstelle an RF-SS, 98 g, Betr. : Germanisches Korps, 10.2.1943.

97. Le cas de Berlichingen (dont la grossièreté proverbiale en refusant de se rendre ravalait Cambronne au rang d'aimable poète) est particulièrement significatif. En décernant la bande de bras à la 17e division SS en avril 1944, Himmler a exhorté la troupe à s'en inspirer pour ne jamais capituler. BAL, NS 19/4012 (248-49) : Notizen für eine Rede anläßlich der Verleihung der Armelsträfen an 17.SS-Pz.Gr.Div. « GvB » in [Thouars], 10.4.1944. Le cycle s'est terminé en donnant à la 37e « division » de cavalerie SS le nom de « Lützow », du nom d'un officier prussien dont la troupe (l'« Escouade noire ») avait été décimée en opérant sur les arrières des armées napoléoniennes. Le nom de « Nibelungen » porté par la 38e « division » SS était pour sa part chargé de ce romantisme dont les nazis ont voulu agrémenter leur fin à l'heure du « Crépuscule des dieux ».

98. La seule exception est la brigade flamande « Flandern ». Au printemps 1943, celle-ci a reçu le patronyme « Langemarck » après la dissolution du régiment rapide de la division « Das Reich » qui portait jusqu'alors ce nom. Ce changement n'a pas eu l'heur de plaire aux Flamands. MICHAELIS, *Grenadier-Divisionen* (II), p. 28-30. BAL, NS 19/2860 (235) : RK an RF-SS, Nr.2019, 9.12.1942, 15.13 Uhr ; NS 19/1735 (23) : CdSSHA/VI/Germanische Leitstelle, an RF-SS, 98 g, Betr. : Germanisches Korps, 10.2.1943.

99. BAL, NS 19/2860 : RF-SS/Pers.Stab an HSSPF Nordwest, Betr. : Landwacht Niederlande, 7.8.1943.

NOTES (chapitre 15)

100. VHA, 9.SS-Pz.Div., 9/2 : SS-Pz.Gr.Div. « H »/Ia, 1467/43 g, Weisungen an die Truppe Nr.20, 18.7.1943, p. 2. BÖHLER, « Psychose ».

101. BAL, NS 33/236 (66-68) : SS-FHA/KdW-SS/Ic, Verteiler A/1, Betr. : Behandlung deutscher Kriegsgefangener durch die Sowjets, 29.4.1942. Les deux rapports annexes de la « LSSAH » sont intégralement cités *in* LEHMANN, *Leibstandarte* (II), p. 292-94. Cet épisode a déjà été évoqué par G. Stein et H. Höhne qui n'ont toutefois vu à travers lui qu'une illustration des méthodes de combat à l'est, sans en relever l'exploitation idéologique faite par la *Reichsführung-SS*. STEIN, *Waffen SS*, p. 148. HÖHNE, *Orden*, p. 434-35.

102. Cf. le témoignage d'un soldat de la « LSSAH » chargé d'identifier ses camarades capturés et abattus lors des premiers combats pour Kharkov en 1943. À une année d'intervalle, il rappelle la manière dont la *Reichsführung-SS* avait exploité la découverte des six cadavres à Taganrog et donne la mesure de la peur suscitée. LEHMANN, *Leibstandarte* (III), p. 205.

103. HÖHNE, *Orden*, p. 465. Cf. aussi les propos de J. Dietrich *in* GOLDENSOHN, *Entretiens*, p. 351 (28.2.1946).

104. RASS, « *Menschenmaterial* », p. 121 et suiv. STIMPEL, *Fallschirmtruppe – Westen*, p. 93-95, 218-19, 277-84. BAMA, ZA 1/646 (48 & 51) : G. Blumentritt, Das alte deutsche Heer von 1914 u. das neue deutsche Heer von 1939 (ein vergleichendes Werturteil), Jan. 1947.

105. Sur 270 heures de cours dispensés au cours des huit semaines d'instruction individuelle de base (hors marches avec paquetage), 63 étaient au total consacrées d'une manière ou d'une autre à l'instruction idéologique, soit 23 %. À cela s'ajoutaient les « soirées d'assaut » hebdomadaires où, dans une ambiance plus détendue, l'histoire de la SA devait être évoquée pour permettre aux recrues de perpétuer les traditions de leurs aînés. BAL, R 187/416 (n.f.) : SA-St. « Feldherrnhalle », Erziehung u. Ausbildung/8-Wochenplan, s.d. (après le 6.11.1943). WEGNER, *Soldaten*, p. 160, 167. À noter que la formation « Feldherrnhalle » originelle a largement essaimé au sein des forces aéroportées de la *Luftwaffe* après être passée sous le commandement direct de Göring en janvier 1937. Au moment de l'entrée en guerre, 80 % des hommes du régiment se sont ainsi portés volontaires pour les parachutistes. Ceci explique, entre autres, les liens idéologiques assez étroits avec le régime au sein de l'arme aéroportée allemande. BAL, R 187/416 (n.f.) : Übersichtsblatt über die Entwicklung der St. Feldherrnhalle, s.d. (1943), p. 3. NEITZEL, « Forschens », p. 415/n 41.

106. SCHRECKENBERG, *Ideologie*. SYWOTTEK, *Mobilmachung*. KLEMPERER, *LTI*, p. 39-41.

107. FLESSAU, *Schule*, p. 74 et suiv.

108. BAL, NS 6/785 (40-42 & 130-31) : Ansprache des Führers an Feldmarschälle u. Generale am 27.1.1944 in der Wolfsschanze; *ibid.*, 22.6.1944 im Platterhof. Cf. aussi PICKER, *Tischgespräche*, p. 218 (12.4.1942).

109. SEIFERT, *Kulturarbeit*, p. 172 et suiv. STACHURA, « Jugenderziehung ».

110. KERSHAW, *L'opinion*. Cf. chap. 10, p. 262.

111. BAMA, RS 5/304 (n.f.) : 20./SS-Art.A.u.E.Rgt. an V./SS-Art.A.u.E.Rgt., Betr. : Ausbildungsbericht über Rekruten für Monat April 1944, 17.4.1944.

112. BOBERACH, *Meldungen* (12), Nr.342 (10.12.1942), p. 4564-67.

113. BAL, SSO 61 B (Kurt SARNOW, 4.9.1908) : SS-Hstuf. Sarnow, 5./SS-« DF », an RF-SS, Betr. : Bitte um pers. Entscheid des RF-SS über weitere Verwendung des Hstuf. Sarnow in d.SS-VT, 5.6.1939.

114. BAMA, RS 5/303 (n.f.) : 19./SS-Art.A.u.E.Rgt. an V./SS-Art.A.u.E.Rgt./Ia, Betr. : Ausbildungsbericht für Monat Nov. 1943, 25.11.1943.

115. TILKOVSZKY, « Werbeaktionen », p. 166-67.

116. VHA, 2.SS-Pz.Div., 11/2 : SS-Div. « DR »/IIa, Div.-Tagesbefehl Nr.41/42, 17.10.1942, § 14.

117. BAL, NS 19/1019 (2) : SS-Pz.Div. « DR »/Kdr. an RF-SS, 3.5.1944.

118. LEHMANN, *Leibstandarte* (I), p. 82-83.

119. HOESS, *Commandant*, p. 95.

120. BAL, NS 34/15 (n.f.) : A. Franke-Griksch, SS-Hstuf., Ic SS-T-Div., Reichsführer!, 10.2.1941 (en pièce jointe : Denkschrift über die weltanschauliche Führung in der SS, p. 11-13).

121. BAL, NS 34/15 (n.f.) : Sta[ffel] Rttf. K. Lilienthal, Fp.Nr.22135 B, Verehrter Hauptsturmführer!, 26.10.1940, p. 3-4.

122. BAMA, RS 4/1460 : Gen.Kdo. SS-Pz.Korps/Kdr.d.Korps-Nachschubtruppen, KTB 1 (29.9.1942). VHA, 2.SS-Pz.Div., 46/12 : SS-A.A./KGr. SS « R » an KGr. SS « R »/Ia, Betr. : Erfahrungsbericht des AOK 9, 1.6.1942, zu IV.

123. BAMA, RS 5/303 (n.f.) : 19./SS-Art.A.u.E.Rgt. an V./SS-Art.A.u.E.Rgt./Ia, Betr. : Ausbildungsbericht für Monat Juli 1943, 26.7.1943 ; *ibid.*, Monat September 1943, 26.10.1943 ; RS 5/304 (n.f.) : 20./SS-Art.A.u.E.Rgt. an V./SS-Art.A.u.E.Rgt./Ia, Betr. : Ausbildungsbericht über Rekruten, 27.3.1944. BAL, NS 19/4012 (132-33) : Rede des RF-SS auf der Tagung der RPA-Leiter am 28.1.1944.

124. BAMA, RS 5/304 (n.f.) : 20./SS-Art.A.u.E.Rgt., Ausbildungsbericht für Monat März, 30.3.1944.

125. BAMA, RS 5/304 (n.f.) : 20./SS-Art.A.u.E.Rgt. an V./SS-Art.A.u.E.Rgt./Ia, Betr. : Ausbildungsbericht über Rekruten, 26.1.1944.

126. BAL, NS 19/3496 (29) : SS-T-Div./Kdr. an SS-FHA/KdW-SS, IIa 74/41 g, Betr. : Erfahrungen über den Nachersatz, 15.11.1941.

127. MESSERSCHMIDT, *Wehrmacht.*

128. BAMA, RS 4/1274 (n.f.) : Gedanken zur Menschenführung, Informationsdienst der Abt. VI « LSSAH », Folge 5, Dez. 1944, p. 15.

129. Cf. par exemple BAL, SSO 354 A (Carl Ritter von OBERKAMP, 30.10.1893) : Rgt. SS « D »/IIa, Beurteilung, 10.10.1940 ; SSO 61 B (Kurt SARNOW, 4.9.1908) : II./SS « DF », Beurteilung, 14.12.1938 ; SSO 139 B (Franz SIX, 9.7.1906) : SS- « Nürnberg »/IIa, Zwischenbeurteilung, 8.12.1938 ; SSO 146 B (Ludwig SPINDLER, 15.11.1910) : Rgt. SS « D »/IIa, Beurteilung, 7.10.1940.

130. BAL, SSO 319 A (Karl MILIUS, 19.8.1911) : Pz.Jg.Abt. SS-VT, Beurteilung, 8.10.1940.

131. BAL, SSO 277 A (Heinz LORENZ, 12.1.1913) : SS-VT, Beurteilung, 26.9.1940. Ces remarques ne se retrouvent plus dans les bulletins d'appréciation après l'automne 1940, suite à la sévère mise en garde du SS-FHA de ne rien divulguer sur l'aspect racial des individus. BAL, NS 19/3505 : SS-FHA/MOB, 1261/40 g, Betr. : Eintragungen in die Wehrpapiere, 24.9.1940.

132. BAMA, RS 3-3/5 (75 & 78) : SS-Strmm. H. Gieck, 11./SS-T-IR 3, Bericht über meine Gefangenschaft am 25.5.40, 25.6.1940 ; SS-T-Div./Ic, Vernehmungs-

niederschrift des SS-Strmm. H. Schopfhauser, 1./SS-T-IR 2, 26.6.1940, p. 3 ; RS 3-17/27 : 17.SS-Pz.Gr.Div. « GvB »/Ic, Gefangenenvernehmung Nr.15, Betr. : 100. a.I.D. [...], 12.1.1945. SS-KB-Zug der 10.SS-Pz.Div. « Frundsberg », *Dran, drauf, durch*, p. 53-54.

133. VHA, 2.SS-Pz.Div., 31/7 : SS-Div. « R »/Ib 346/41 g, Kraftfahrzeugumrüstung, 11.3.1941.

134. BAMA, RH 19-IV/133 (101) : Sonderführer Opfermann, Ic, Fahrt an Frontabschnitt des LXXXIV.AK. am 11/12.6.44, 12.6.1944.

135. HALDER, *Kriegstagebuch* (I), p. 184 (6.2.1940). BAMA, RH 20-1/150 (174) : AOK 1/Ia 2836/43 g.K., Herauslosen von Reserven, 7.12.1943, § A, 2 ; N 117/23 (86) : Major i.G. v. Ekesparre, Bericht über die Fahrt des OB HGr. B zur Pz.Gr.West u. LXXXVI.AK. am 16.7.44, 16.7.1944.

136. MIŠKOVÁ, *Pfitzner* (1), p. 140-43 (5 & 11.6.1944), 153 (12.7.1944), 160 (23.7.1944).

137. DICKS, *Psychological*, p. 62.

138. APC, RG 24, C 17, vol. 13645 : FCA, ISN 19, 7.7.1944, I, p. 2 ; vol. 13649 : FCA, ISN 156, 3.12.1944, II, p. 6 (cit.).

139. *Ibid.*, vol. 13649 : FCA, ISN 182, 29.12.1944, II, p. 7.

140. NARA, RG 492/Entry ETO-MIS-Y Sect/Box 62 : FUSA, PWI Report, 19/20.12.1944 (#3).

141. Cf. les thèmes hebdomadaires du programme d'éducation idéologique d'un bataillon de la 12ᵉ division SS d'octobre à novembre 1944. VHA, 12.SS-Pz.Div., 8/2 : III.(gp.)/26, Anl. 15 zum KTB 3.

16. Conditionnement idéologique et mental

1. BAL, NS 6/785 (21) : Ansprache des Führers an Feldmarschälle u. Generale am 27.1.1944 in der Wolfsschanze. KLEMPERER, *LTI*, p. 139-40, 191 et suiv.

2. VHA, 3.SS-Pz.Div., 44/11 : SS-T-IR 3, Rgt.-Tagesbefehl Nr.56, 17.4.1941, § 7 ; 2.SS-Pz.Div., 7/2 : SS-Div. « R »/VI, Div.-Sonderbefehl, Betr. : Belieferung d.W-SS mit Zeitungen u. Zeitschriften gemäß Zeitungsabkommen zwischen dem RFSS u. dem RddZV, 9.5.1942.

3. BAL, NS 31/415 (1 & 7) : RF-SS, Führerhauptquartier, 1.6.1942 ; Niederschrift über die Unterredung b. RF-SS im Gegenwart von SS-Ogruf. Berger am 23.5.1943.

4. COMBS, *Voice*. Paradoxalement, il faisait au début presque totalement défaut aux troupes SS alors que c'était précisément cet organe « qui, de tous les journaux, [leur était] le plus proche ». Cette situation quelque peu aberrante ne sera finalement réparée qu'au mois d'octobre 1940, date à partir de laquelle cet organe a été régulièrement livré aux formations de la *Waffen-SS*. BAL, SSO 100 (Kurt BRASACK, 6.4.1892) : Lieber Gruppenführer !, 6.7.1940 (cit.) ; NS 19/3506 (200) : SS-Hstuf. Grünewälder an KdW-SS, Bericht über meine Kurierfahrt zur V- u. T-Div., 3.6.1940, § IV, 1 ; NSD 41/1-1940 : V.Bl.d.W-SS, 1.Jhrg., 11, 15.10.1940, § 254.

5. VHA, 3.SS-Pz.Div., 2/1 : SS-T-Div., Div.-Tagesbefehl Nr.92, 29.4.1941, § 5.

6. BAL, NS 31/415 (2-6) : Gedanken zur Gestaltung der SS-Leithefte in Ausführung des Erlasses des RF-SS v. 1.6.1942, s.d.
7. Cf. par exemple BAMA, RS 2-2/2 (314-21) : Gen.Kdo. SS-Pz.Korps/VI, Politische Wochenübersicht, 29.8.-26.9.1942.
8. BAMA, RS 2-2 (274-79) : Gen.Kdo. SS-Pz.Korps/VI, 135/42, Betr. : TB der Abt. VI für die Zeit v. 1-31.8.42, 1.9.1942, § VI, e.
9. Voir l'éventail de publications déjà disponibles à l'été 1942 *in* BAMA, RS 2-2 (278) : Gen.Kdo. SS-Pz.Korps/VI, 135/42, Betr. : TB der Abt. VI für die Zeit v. 1-31.8.42, 1.9.1942, § VI, c.
10. BAL, NSD 41/130 : RF-SS/SS-HA/SCHULUNGSAMT, *Sieg der Waffen – Sieg des Kindes*, Berlin, Nordland-Verlag, s.d. (1941); NS 33/245 (8 & 10) : SS-FHA/KdW-SS/WE, Betr. : Bildwerk « Sieg der Waffen/Sieg des Kindes », 13.1.1941; SS-FHA/KdW-SS/WE, Betr. : Verteilung des Bildwerkes « Sieg der Waffen – Sieg des Kindes », 12.2.1941.
11. VHA, 2.SS-Pz.Div., 11/2 : SS-Div. « DR »/IIa, Div.-Tagesbefehl Nr.37/42, 11.9.1942, § 11. Sur le fascicule lui-même, cf. WITTE, *Dienstkalender*, p. 345/n. 46.
12. BAL, NS 33/245 (39) : SS-FHA/KdW-SS/VI/Bücherei, 4503/42, Verteiler C II (einschl. Schulen d.W-SS), Betr. : Überprüfung der Truppenbüchereien bei den E-Einheiten, 29.10.1942; NS 31/353 (28) : SS-HA/C I an Leiter der Abt. VI, Betr. : Buchreihe des SS-HA, 18.11.1943 (cit.). Cf. les résumés des douze premiers ouvrages *in* BAL, NSD 41/77 : « Ein kleiner Wunschzettel : Zur Sonderausgabe von Büchern für die Waffen-SS », *SS-Leitheft*, 9.Jhrg., Heft 8, Aug. 1943, p. 27-29.
13. Sur le cinéma national-socialiste, cf. LEISER, *« Deutschland »*, et surtout COURTADE, *Cinéma*.
14. BAL, NSD 41/1-1943 : V.Bl.d.W-SS, 4.Jhrg., Nr.5, 1.3.1943, § 87, p. 20.
15. BAL, NS 33/245 (33) : SS-FHA/KdW-SS/VI, Betr. : Herausgabe einer Filmschau, 29.4.1941.
16. BAL, NS 19/3903 : RF-SS, 35/142/40, 30.9.1940. LEISER, *« Deutschland »*, p. 71-75. COURTADE, *Cinéma*, p. 193-202.
17. Sur quatre films diffusés aux personnels de la compagnie de boulangerie de la division « Das Reich » en novembre 1942, seul celui avec un message idéologique a retenu l'attention de la troupe et a fait l'objet d'une analyse fouillée, les autres étant évoqués en une seule phrase lapidaire comme ayant « été très distrayants ». VHA, 2.SS-Pz.Div., 262/79 : Bäckerei-Kp./SS-Div. « DR » an Wirtschafts-Btl.2/VI, Betr. : Monatsbericht für die Abt. VI, 28.11.1942, § B, 2. Cf. aussi VHA, 2.SS-Pz.Div., 262/79 : SS-Wirtschafts-Btl.2/VI an SS-Div. « DR »/VI, Betr. : Monatsbericht Oktober 1942, 31.10.1942, § II, 2. Sur l'analyse du film en question *(Kadetten)*, cf. COURTADE, *Cinéma*, p. 148-49. Manifestement pressée par le temps, la 17e division SS a appuyé son programme d'éducation idéologique sur une diffusion intensive de films à connotation politique. D'un point de vue pédagogique, la méthode était intéressante avec la volonté évidente de faire correspondre leurs thèmes à celui de l'endoctrinement. En somme, le conditionnement culturel venait dans ce cas en soutien direct de l'éducation idéologique sous une forme attractive. BAMA, RS 3-17/45 : 17.SS-Pz.Gr.Div. « GvB »/Ia/VI, Befehl für die weltanschauliche u. politische Schulung in der Zeit v. 24.1.-19.3.44, 20.1.1944

(Lehrplan für achtwöchige Schulung). La division « Das Reich » a également utilisé cette méthode à la même époque, mais de façon nettement moins ambitieuse en se limitant à trois films seulement. BAMA, RS 4/1457 (2) : 2.SS-Pz.Div. « DR »/ Ia/VI, Befehl über die WE im Rahmen der Neuaufstellung der Div., 9.3.1944.

18. Cf. par exemple les interventions tenues devant des personnels de la division « Totenkopf » par le « célèbre avocat devant les tribunaux français, le Professeur Docteur Grimm » en 1941. VHA, 3.SS-Pz.Div., 2/1 : SS-T-Div., Div.-Tagesbefehl Nr.40, 24.2.1941.

19. Sur le plan matériel, le *SS-Hauptamt* a également défini le partage des compétences. Il prenait notamment en charge la rénumération des orateurs et l'établissement des autorisations nécessaires à leur voyage tandis que les unités devaient prendre en charge leur accueil. BAL, NS 31/175 (6) : SS-HA/C I, Betr. : Allgemeines Vortragswesen im Rahmen der Truppenbetreuung d.W-SS, 15.2.1943.

20. MIŠKOVÁ, *Pfitzner* (1), p. 140 (5.6.1944), 153 (12.7.1944), 159-60 (23.7.1944), 214 (6.12.1944).

21. VHA, 1.SS-Pz.Div., 13/4 : Gen.Kdo. I.SS-Pz.Korps/KG an 1.SS-Pz.Div. « LSSAH », Betr. : Tagesbefehl zum Jahreswechsel, 8.1.1944.

22. BAL, NSD 41/112 : RF-SS/SS-HA, *Weihnachten im Kriege : Sonderdruck für die Gestaltung von Julfeiern und weihnachtlichen Abenden in der SS*, s.l., s.n., s.d. [1942?]; NSD 41/50 : RF-SS/SS-HA, *Richtlinien für die Durchführung der Vereidigungsfeier in d.W-SS*, s.l., 1944; NSD 41/111 : RF-SS/SS-HA, *20. April : Sonderdruck für die Gestaltung von Feierstunden zum Geburtstag des Führers*, s.l., s.d. [1944].

23. VHA, 2.SS-Pz.Div., 11/2 : SS-Div. « DR »/IIa, Div.-Tagesbefehl Nr.45/42, 20.11.1942, § 7.

24. Cf. par exemple VHA, 2.SS-Pz.Div., 11/2 : SS-Div. « R », Tagesbefehl, SS-Männer!, am Führers Geburtstag 1942; 2.SS-Pz.Div., 98/26 : Anl. zum Rgt.-Tagesbefehl Nr.140/42 v. 7.11.1942; 2.SS-Pz.Div., 123/39 : 4./SS-Rgt. « D », KTB (9.11.1942); 2.SS-Pz.Div., 11/2 : SS-Div. « DR »/IIa, Div.-Tagesbefehl Nr.43/42, 4.11.1942, § 1; 3.SS-Pz.Div., 44/11 : SS-T-I.R.3, Rgt.-Tagesbefehl Nr.17, 29.1.1941, § 6; 3.SS-Pz.Div., SS-T-Div., Div.-Tagesbefehl Nr.53, 11.3.1941, § 10; *ibid.*, Nr.83, 17.4.1941, § 1; 12.SS-Pz.Div., 13/2 : SS-Pz.Rgt.12, KTB (30.1.1944); 12.SS-Pz.Div., 36/4 : SS-Pz.Inst.Abt.12, KTB (1.5.1944). BAMA, RS 3-10/21 (n.f.) : 10.SS-Pz.Div. « F »/IIa, Div.-Tagesbefehl Nr.1/44, 24.1.1944; RS 5/298 (n.f.) : V./SS-Art.Ausb.u.E.Rgt./Ia, Sonderbefehl für den 30. Januar!, 29.1.1944; RS 4/1457 (16) : 2.SS-Pz.Div. « DR »/Kdr., Zum 20.4.1944, 14.4.1944; RS 3-23/22 : B.d.W-SS i.d.Ndl./VI, Betr. : Gestaltung des Julfestes 1942, 27.11.1942; RS 2-13/1 (6) : Gen.Kdo. XIII.SS-AK./VIb an sämtliche Kdre. u. Kp.- usw. Chefs des XIII.SS-AK., 22.1.1945. BAKO, All.Proz.8/JAG 1 : Trial of SS-Brigf. K. Meyer, 10-28.12.1945, p. 554 (Answer 2529).

25. Cf. par exemple VHA, 3.SS-Pz.Div., 2/1 : SS-T-Div., Div.-Tagesbefehl Nr.83, 17.4.1941, § 1; 12.SS-Pz.Div., 27/3 : SS-Pz.Jg.Abt.12, KTB (20.4.1944). BAMA, RS 3-1/30 : SS-Pz.Gr.Div. « LSSAH »/Ia, KTB 5 (20.4.1942, 10.00 Uhr); RS 3-30/7 (n.f.) : 30.W-Gr.Div.d.SS (russ. Nr.2), Div.-Tagesbefehl Nr.3, 9.11.1944, § 2. Cf. dans les dossiers BAL, NS 19/3513 à 3516 le bulletin officiel de la SS publiant pour les années 1941 à 1942 les promotions des officiers SS à l'occasion des dates citées.

26. En fonction des régions, la déclaration de sortie de l'Église était destinée aux autorités administratives civiles (par exemple en Bade et dans les deux *Gaue* autrichiens), judiciaires (par exemple en Prusse, Oldenburg ou Brunswick), ou encore religieuses (à Brême et dans le Mecklembourg). BAMA, RS 4/1434 (36) : Auszug aus dem Anordnungsblatt d. HA SS-Gericht, 1.Jhrg., 1, 25.1.1943. Une traduction d'une telle déclaration figure *in* APC, RG 24, C 17, vol. 13647 : FCA, ISN 111, II, 19.10.1944, p. 1-2. En 1942, le projet d'uniformiser pour tout le Reich la procédure de déclaration individuelle de sortie de l'Église a été repoussé à une date indéterminée. BAL, NS 33/245 (61) : SS-FHA/II-Führungsabt./VI an sämtliche Einheiten im Heimatskriegsgebiet bis Btl.-Stab, Feldeinheiten bis Div.- bzw. Brigadestab, 3468/3.44, Betr. : Allgemeine Richtlinien für Kirchenaustritte, 31.3.1944.

27. À la division « Das Reich » par exemple, l'officier de justice a enregistré 1 611 déclarations de ce type au cours des onze premiers mois de l'année 1943. En comparaison des quelque 8 000 hommes perdus dans l'intervalle par la division au cours de ses deux seuls engagements à Kharkov et à Koursk, et même en décomptant les convalescents, les cas d'apostasie n'ont donc probablement pas dû s'élever à plus de 20% des recrues massivement chrétiennes. VHA, 2.SS-Pz.Div., 39/10 : 2.SS-Pz.Gr.Div. « DR »/Feldgericht, Jahresübersicht (bis 1.11.43), 13.11.1943. Pour les pertes, cf. BAL, Slg. Research, Ordner 436 (114) : RF-SS, 35/114/43 g, Lieber Jüttner, 7.8.1943. WEIDINGER, *« Das Reich »* (IV), p. 137.

28. MEYER, K., *Grenadiere*, p. 19.

29. BAMA, RS 5/298 (n.f.) : V./SS-Art.A.u.E.Rgt./Ia, Abt.-Befehl Nr.15/44, 8.4.1944, § 1; *ibid.*, Nr.22/44, 27.5.1944, § 1.

30. VHA, 2.SS-Pz.Div., 198/63 : SS-Art.Rgt./VT an Kdre. I.-III./SS-Art.Rgt., 70/40 g, 23.2.1940.

31. VHA, 2.SS-Pz.Div., 262/79 : SS-Div. « DR »/VI an Kdr. SS-Wirtschafts-Btl.2, Betr. : Lösung von Bindungen an volkstumsfremde Mächte, 13.11.1942.

32. Cf. les formulaires des dossiers personnels du RuSHA (BAL, série RS).

33. AJM, 679 : TMP de Marseille, doc. 69, audience du 22.6.1953, p. 34-35.

34. DIßMANN, Willi (SS-KB), « RF-SS in Südfrankreich », *Schwarzes Korps*, 31.10.1940, p. 9.

35. BAMA, RS 3-10/1 : 10.SS-Div. (SS-Pz.Gr.Div.)/VI, Schulungsunterlage über die Basken, 27.7.1943, p. 1.

36. Dès l'été 1940, le chef d'état-major de l'armée de terre notait justement dans son journal personnel que la population dégageait « une bonne impression raciale », en faisant explicitement référence aux Basques. Dans l'un de ses bulletins, l'état-major de la *Luftwaffe* responsable de la défense aérienne à l'ouest a également dressé le « profil racial » de la population du nord de la France, également vue avec bienveillance à l'aune des idées du IIIe Reich. HALDER, *Kriegstagebuch* (2), p. 76 (25.8.1940). « Volk und Rasse in Nordfrankreich », *Beiträge zur Wehrpolitischen Erziehung* (Im Auftrag des Luftflottenkdos. durch Feldluftgaukdo. Westfrankreich), Nr.13/44, 25.3.1944 *in* BAMA, RS 3-17/38.

37. BAL, NS 19/1019 (2) : SS-Pz.Div. « DR »/Kdr. an RF-SS, 3.5.1944.

38. BAMA, RS 3-2/3 (6, 8 & 9) : Kdostab. SS-Div. « R », KTB (31.3.1941, 6.00 Uhr; 2.4., 11.00 Uhr; 5.4.1941).

NOTES (chapitre 16)

39. AGTE, *Tiger*, p. 228.
40. BAMA, N 756/162 : P-163, Heinz Harmel, Gen.Maj.d.W.-SS a.D., Die 10.SS-Pz.Div. « F », Jun.-Nov. 1944, p. 3. MEYER, H., *Kriegsgeschichte* (I), p. 28-29. Les conditions d'attribution de ces permissions sont précisées *in* BAL, NSD 41/7 : Mitteilungen des CdSSHA, 1.Jhrg., 2, 15.11.1943, § 44, p. 4.
41. DICKS, *Psychological*, p. 63.
42. BAMA, RS 3-10/1 : 10.SS-Div. (SS-Pz.Gr.Div.)/VI, Unsere Gegner (Krieg gegen Frauen, Kinder u. Kranke), 2.8.1943. Cf. aussi BAL, SSO 79 B (Hans SCHITTENHELM, 4.3.1912) : I./SS-Pz.Gr.Rgt.49/Ia, Meine Männer!, 12.8.1944.
43. BAL, NS 19/1616 : CdSSHA an CdSSFHA, Betr . : Truppenbetreuung, 13.5.1942.
44. BAL, NSD 41/1-1943 : V.Bl.d.W-SS, 4.Jhrg., 7, 1.4.1943, § 127, p. 29.
45. BAL, NS 31/357 (101) : CdSSHA, Verteiler B III des SS-FHA, 13.5.1943, § 3.
46. LILIENTHAL, *Lebensborn*. HILLEL, *Race*. Cf. aussi CONTE, *Quête*, p. 157 et suiv.
47. SCHOENBAUM, *Révolution*, p. 75 et suiv. ALY, *Comment*.
48. BAMA, RS 3-17/45 : 17.SS-Pz.Gr.Div. « GvB »/Ia/VI, Befehl für die weltanschauliche u. politische Schulung in der Zeit v. 24.1.-19.3.44, 20.1.1944 (Lehrplan für achtwöchige Schulung).
49. BAL, R 43 II/974a (12-71).
50. BAL, NS 19/2456 (11 & 15-16) : Tagung des « Fördererkreises der Germanischen Leithefte » in Magdeburg v. 27-30.4.1942.
51. BAL, NS 19/3987 (7-8) : « Auf dem Weg zum germanischen Reich », Ansprache des CdSSHA [Tagung auf der Plassenburg, 26.2.-1.3.1944].
52. *Ibid.* (14).
53. BAL, NSD 41/114 : Das Aufgabengebiet des Fürsorgereferenten (Vortrag des Fürsorge-Referenten RFSS, SS-Oschaf. Dr. Salpeter, gehalten vor dem 1. Lehrgang für Verwaltungsführer-Anwärter v. 5-25.11.1934 in München), p. 3 et suiv., en particulier : Chef des SS-Amtes/IV, 1286/34, Betr. : Fürsorgekasse, 17.11.1934, p. 11-12; Verwaltungsamt-SS, 408/34, Betr. : SS-Hilfswerklager, 12.9.1934, p. 16-23.
54. Les nationaux-socialistes autrichiens en ont largement profité, à l'image de Paul Helle. Après l'assassinat du chancelier Dollfuß et l'échec du coup d'État de juillet 1934 qui l'a obligé à fuir en Allemagne, Helle a été immédiatement employé le 1er août par la SS dans son « entreprise d'aide » (*Hilfswerk*) de Dachau, puis à celle de Waichenfeld, avant d'obtenir un poste administratif en tant que commandant d'un bataillon de l'*Allgemeine-SS*. Une telle reconnaissance de son engagement par l'Ordre noir n'a pu que conforter dans ses convictions celui qui allait régner au cours de la guerre sur l'univers concentrationnaire aux Pays-Bas en tant que chef du 3e bataillon SS de garde. BAL, SSO 81 A (Paul HELLE, 22.9.1898). La mobilisation des réservistes de l'*Allgemeine-SS* en 1938 a encore posé cette question dans toute son acuité. BAL, NS 19/1669 (46, 56 & 58-60) : Allgemeine Erfahrungen bei Einziehung der Verstärkung der SS-TV im Sept. 1938 sowie b. Groß-Einsatz der Allg.-SS.
55. BAL, NS 31/371 (35-36) : Insp.d.SS-VT, Betr. : Berufsausbildung der nach 4 jähriger Dienstzeit ausscheidenden VT-Angehörigen, 20.5.1937 ; NS 31/352 (67-

68) : CdSSHA/Versorgungs- u. Fürsorgeamt-SS, Betr. : Unterstellung u. Organisation d.SS-VT-Berufsschule St. Georgen, 13.7.1937 ; NS 31/187 & 191 (dossiers entiers).
  56. BAL, NS 31/352 (dossier entier).
  57. SJSS (1938), p. 114.
  58. BAL, NS 31/352 (95-96) : CdSSHA, Betr. : Freistellen bei Napolea für Söhne von Angehörigen d.SS-VT u. der SS-TV, 20.12.1937.
  59. BAL, NS 31/371 (5-8) : Runderlaß des Reichs- u. Preussischen Arbeitsministeriums v. 9.2.1937 ; NS 31/352 (146-48) : Hauptfürsorge- u. Versorgungsamt-SS, Betr. : Fürsorge u. Versorgung d.SS-VT, 20.1.1939.
  60. Avant cette date, les SS-TV bénéficiaient toutefois des mêmes droits sociaux que ceux des personnels du Service du travail, et ce depuis qu'un décret non publié du ministère du Travail le leur avait accordé le 27 octobre 1937. BAL, R 43 II/1204 (97 & 102) : RMdI an Chef der Reichskanzlei, 5275/39, Betr. : Fürsorge u. Versorgung für die ehemaligen Angehörigen der bewaffneten Einheiten der SS, 15.7.1939 ; *Reichsgesetzblatt*, 137, 7.8.1939.
  61. VHA, 3.SS-Pz.Div., 2/1 : 3.SS-T-St. « Thüringen »/Verwaltung an sämtliche Besoldungsempfänger, auch Kriegsbesoldungsempfänger u. Zugeteilte der 3.SS-T-St. « Thüringen », Betr. : Besoldung, 18.3.1941 ; 12.SS-Pz.Div., 2/1 : III.(gp.)/ SS-Pz.Gr.Rgt.26/Versorgungs-Kp., TB der Versorgungsstaffel für die Zeit v. 1.10.-15.11.44, 14.11.1944, § 1. TMI (XX) : audience du 5.8.1946, p. 381. Sur le détail de la solde, cf. RASS, « *Menschenmaterial* », p. 238 et suiv. Sur la réforme des soldes intervenue en novembre 1944, cf. APC, RG 24, C 17, vol. 13651 : FCA, ISN 217, II, 2.2.1945, p. 4-6.
  62. Pour une comparaison avec les soldats de l'armée de terre, cf. RASS, « *Menschenmaterial* ». ALY, *Comment*, p. 72-75. BOBERACH, *Meldungen* (11), Nr.303 (27.7.1942), p. 4008-10 ; *ibid.* (13), Nr.365 (8.3.1943), p. 4911-15. Sur ordre de Hitler, les familles des personnels de la « LSSAH » tués au cours des premières semaines du conflit ont reçu à l'automne 1939 une dotation globale et unique de 50 000 RM à partir des fonds spéciaux du Reich. BAL, R 43 II/1205 (3) : Führer/Adjudantur an Reichsminister Dr. Lammers, 28.10.1939.
  63. Cf. par exemple BAL, SSO 153 A (Georg KARCK, 11.6.1911).
  64. BAMA, RS 4/1215 (135) : Hauptfürsorge- u. Versorgungsamt, Betr. : Betreuung der im Einsatz befindlichen SS-Angehörigen u. ihrer Familien, s.d. (Janv. 1940).
  65. BAMA, RS 4/1215 (31) : LSSAH/Rgt.Stab, Betr. : Versorgung der Hinterbliebenen gefallener SS-Angehörigen, 27.10.1939. OVERMANS, *Verluste*, p. 43-44.
  66. BAL, NS 31/371 (117) : Insp.d.SS-VT, Betr. : Versorgung der Hinterbliebenen von gefallenen SS-Angehörigen der bewaffneten Einheiten der SS, 16.10.1939. VHA, 2.SS-Pz.Div., 194/62 : SS-Art.Rgt./VT, Rgt.-Befehl Nr.82/40, 17.9.1940, § 13.
  67. Le remboursement des frais sur justificatifs s'établissait sur la base de 60 % pour un célibataire, 65 % pour un couple marié et s'élevait ensuite de 5 % pour chaque enfant jusqu'à un plafond de 80 %. Ce dernier taux était automatiquement appliqué en cas de naissance, de décès, d'hospitalisation et dans plusieurs autres

NOTES (chapitre 16)

cas particuliers. En revanche, les parents ou collatéraux du soldat SS étaient désormais exclus de ce système d'aide, même si ce dernier leur servait de soutien de famille. Seule une aide ponctuelle pouvait leur être versée le cas échéant. BAL, NSD 41/45 : SS-WVHA/A II/160/11.42, Merkblatt über Beihilfen im Bereiche d.W-SS, 2. Ausg., s.d. (Nov. 1942).

68. Les demandes étaient adressées au « bureau des soldes de la *Waffen-SS* » à Dachau qui, après examen de la requête et calcul des frais à rembourser, envoyait un ordre de virement à la « caisse de garnison », également à Dachau. Cf. le formulaire figurant dans bon nombre de dossiers personnels SS (BAL, SSO) : Besoldungsstelle d.W-SS Dachau an Standortkasse in Dachau, Kassenanweisung für die Auszahlung einer Beihilfe (Notstandshilfe). Le délai était par contre relativement long entre la date où les frais étaient engagés et la date à laquelle était prise la décision de les rembourser, souvent de l'ordre de plusieurs mois.

69. BAL, NS 19/1871 (58) : Aktenvermerk, Betr. : Besprechung über ausländische Kriegsfreiwillige im A.A. v. 7.7.41, 8.7.1941 ; NS 19/1954 (1 et suiv.) : CdSSHA an RF-SS, Betr. : Versorgungsbestimmungen, 18.4.1942. L'incontournable Dresdner Bank a été le partenaire privilégié de la *Reichsführung-SS*. Il suffisait d'une simple lettre écrite du volontaire étranger pour y ouvrir un compte et y percevoir sa solde et ses éventuelles indemnités. Retraits et dépôts pouvaient s'y faire librement. BAL, NSD 41/1-1943 : Sonderhang zum V.Bl.d.W-SS, 4.Jhrg., 14, 15.7.1943, § 263.

70. Suite à l'accord établi le 4 juin 1943 avec le gouvernement hongrois par exemple, les pensions ont connu une hausse importante (elles ont presque doublé), ce qui les a approximativement alignées sur celles en vigueur au sein du Reich. Pour parvenir à ce résultat, il a fallu toutefois une année de négociations. BAL, NS 19/1970 (3) : CdSSHA an RF-SS, Betr. : Ungarn-Reise, 2.10.1942 ; NS 19/3613 (5) : Magyar Kiralyi/Külügyministerium, 274/4, Verbalnote!, 4.6.1943 ; CdSSHA an RF-SS, Betr. : Fürsorge in Ungarn, 9.6.1943 ; NS 33/154 (7) : SS-FHA/V/IIb, Betr. : Fürsorgemaßnahmen für Volksdeutsche SS-Angehörige aus Ungarn, 29.6.1943. Pour la Roumanie, cf. BAL, NS 19/2859 (217-18) : Abkommen zwischen der Reichsregierung u. der rum. Regierung hinsichtlich der Einreihung rum. Staatsbürger volksdeutsche Zugehörigkeit in die dt. Wehrmacht/SS, 12.5.1943, § III, 3. Pour les mesures prises à partir de l'automne 1943 en faveur des familles des volontaires bosniaques, cf. BAL, NS 19/319, en particulier : Abschlußbericht über die Tatigkeit als F.O. in Kroatien v. 10.3.43./1.1.44, 30.12.1943.

71. Himmler est effectivement intervenu auprès de Hitler au début d'octobre, comme l'indique son annotation manuscrite sur la lettre de Berger. BAL, NS 19/3869 (2-3) : Polizeiinspektorat Ploescht an Polizeiquästur Kronstadt, 1.9.1943 ; CdSSHA an RF-SS, 969 g.K., Betr. : Unterstützung für die dt. Volksgruppe in Rümanien, 28.9.1943 ; NS 19/2859 (242) : CdSSHA/A I, 1) Stabsverteiler, 2) alle Hauptämter der SS, Betr. : Fürsorge für die Angehörigen der SS-Freiwilligen aus Rümanien, 21.10.1943.

72. BAL, NS 19/3807 (4) : Betr. : Familien-Unterhalts-Zahlungen W-SS, 2.6.1944.

73. Cf. les nombreuses demandes et appels de fonds dans le dossier BAL, NS 19/2859. Début octobre 1943, 50 000 dollars et 5 millions de francs français ont par exemple été débloqués en l'espace de quelques jours.

74. Les cinq états-majors régionaux *(Fürsorge- u. Versorgungskommandos der Waffen-SS)* étaient implantés à Budapest (Süd-Südost I), Kronstadt (Südost II), Riga (Nordost), Oslo (Nord) et Paris (West). Les officiers sociaux de la *Waffen-SS* se trouvaient à Copenhague (Danemark), Reval (Estonie), Helsinki (Finlande), Bruxelles (Flandre et Wallonie), Paris (France), Vérone (Italie), Budapest (Hongrie), 'S Hertogenbosch (Pays-Bas), Oslo (Norvège), Riga (Commissariat « Ostland »), Kronstadt (Roumanie), Odessa (Russie méridionnale), Betschkereck (Serbie), Preßburg/Bratislava (Slovaquie) et Agram/Zagreb (Croatie). Dès janvier 1941, on trouve la présence d'un officier social de la *Waffen-SS* à La Haye (Den Haag). BAMA, RS 4/1276 (n.f.) : SS-Pz.Gr.Rgt.2/LSSAH/IIb, Betr. : Fürsorge, Versorgung u. Angehörigenunterhalt für Volksdeutsche u. germanische sowie ausländische Freiwillige d.W-SS, 16.5.1944. VHA, SS-Nachr.Stelle « NW », 7/2 : FS 1649, SS-OA Nordwest an SS-HA/für Nachrichtenverbindungen, Betr. : dort. Funkspruch Nr.17 v. 23.1.41 betr. Waffen-SS Dienststellen im OA-Bereich Nordwest, 23.1.1941.

75. TILKOVSZKY, « Werbeaktionen », p. 152.

76. L'idée était d'utiliser la Croix-Rouge et les institutions chrétiennes pour faire parvenir l'argent en Roumanie en se servant d'intermédiaires pour masquer l'origine des fonds. BAL, NS 19/2859 : RK für die Festigung dt. Volkstums/ Hauptamt VoMi an RF-SS/Pers.Stab, Betr. : Unterstützung der z.Zt. unter rumänisch-sowjetischem Bereich lebenden Deutschen in Rumänien, 26.9.1944 (et la réponse le même mois de Brandt).

77. Avec Dietrich, Eicke est certainement celui des généraux SS à avoir le mieux compris et appliqué ce principe. VHA, 3.SS-Pz.Div., 1/1 : (Entwurf) SS-T-Div., Div.-Befehl, Betr. : Aufstellung der Rekruten-Standarte, 25.10.1939, § C. BAL, SSO 223 (Jens-Detlef FRIEDERICI, 12.7.1915) : SS-T-Div./Kdr. an RF-SS, Betr. : Rückkauf eines Familienbesitzes eines SS-Mannes in Polen, 18.4.1940. SYDNOR, *Soldiers*, p. 28-29. Sur l'emprise personnelle que donnaient aux cadres les mesures sociales sur leur troupe, cf. RASS, *« Menschenmaterial »*, p. 249-50.

78. BAL, NS 19/4009 (69) : Rede des RF-SS am 19.6.1942 vor dem Führerkorps der Div. « Reich » ; NS 19/4012 (250) : Notizen für eine Rede vor der 2.SS-Pz.Div. « DR », 11.4.1944.

79. Les parents de volontaires étrangers servant dans la *Waffen-SS* ou la *Wehrmacht* et vivant au sein du Reich ne bénéficiaient pas par exemple des distributions spéciales allouées à la population à l'occasion des fêtes de Noël. BOBERACH, *Meldungen* (16), SD-Berichte zu Inlandsfragen v. 13.1.1944, p. 6247.

80. BAL, NS 19/2374 (1-2) : RF-SS/Pers.Stab an SS-Stubaf. Dr. Fitzner, [?].6.1942.

81. BAMA, RS 4/1269 (20) : LSSAH/2.SS-Pz.Gr.Rgt., Rgt.-Befehl Nr.21, 13.4.1943, § 1.

82. La manière d'équiper et de pourvoir le bataillon SS envoyé à Kirkenes, à l'extrême nord de la Norvège, est très révélatrice de cette mentalité. BAL, NS 19/ 3506 (160) : KdW-SS an RF-SS, 787/40 g, 16. Meldung, 25.6.1940, § 8.

83. BAL, NS 33/239 (13) : SS-FHA/KdW-SS/IIa/IIb, Betr. : Weihnachtsurlaub für Südtiroler, 27.11.1940; NS 19/3515 (59) : SS-FHA/KdW-SS/Ia, 3660/42 g, Betr. : Beurlaubung von Angehörigen d.W-SS ungarischer u. schwedischer Staats-

angehörigkeit, 23.6.1942 ; NS 19/1682 (1) : WFSt/Qu, Betr. : Besprechungspunkte für SS-Ogruf. Wolff am 20.10.42, 20.10.1942. VHA, 2.SS-Pz.Div., 15/3 : Gen.Kdo. SS-Pz.Korps/IIa, Korps-Tagesbefehl Nr.13, 5.10.1942, § 3 & Anl. 2 zum Korps-Tagesbefehl Nr.14 v. 9.10.1942, § 3 ; 2.SS-Pz.Div., 11/2 : SS-Div. « DR »/IIa, Div.-Tagesbefehl Nr.43/42, 4.11.1942, § 16.
  84. VHA, SS-Rekr.-Depot Debica, 6/1 : g.K. Nachrichtendienst für die Leiter der Abt. VI, April 1943, § III.
  85. Notamment dans l'enseignement, le commerce et les exploitations industrielles ou agricoles. Cela a fait l'objet d'une bataille procédurière entre le *SS-Hauptamt* et le SS-FHA. Deux logiques, celle politique et sociale de Berger, et l'autre plus technocratique de Jüttner, se sont opposées jusqu'à ce que Himmler tranche en faveur du premier en janvier 1944. Cf. les pièces du dossier BAL, NS 19/3570.
  86. En dépit des restrictions imposées par la pénurie, le montant de l'opération s'élevait à près de 207 000 RM en 1942. BAL, NS 19/116 : CdSSHA an RF-SS, Betr. : Geschenkaktion zum Julfest 1942, 22.12.1942.
  87. BAL, NS 33/245 (3-4) : SS-FHA/KdW-SS/WE, Verteiler IV, Betr. : Sozialpolitische Betreuung aller Kameradenfrauen von SS-Führern, Unterführern u. Mannschaften, 18.11.1940.
  88. BAMA, RS 4/1203 : CdSSHA/AI, Betr. : Unterbringung bombengeschädigter Familien von SS-Führern u. SS-Männern, 21.10.1943.
  89. BAL, NS 31/170 (19-21) : Chef des RuSHA-SS an 1.) alle Hauptämter, 2.) alle HSSPF, 3.) alle Fürsorgekommandos (RuS-Führer), 4.) Amter im RuSHA, Betr. : Flüchtlingsaktion, 22.10.1944.
  90. BAL, NS 31/357 (101-2) : CdSSHA, Verteiler B III des SS-FHA, 13.5.1943, § 3 ; NSD 41/1-1943 : V.Bl.d.W-SS, 4.Jhrg., 5, 1.3.1943, § 87, p. 20 ; *ibid.*, 7, 1.4.1943, § 127, p. 29. BAMA, RS 2-2/12 : I.Gen.Kdo. SS-Pz.Korps/VI, 129/43, Betr. : TB für die Zeit v. 1-30.4.43, 5.5.1943.
  91. BAL, NS 19/3520 (225) : Chef des E.-Amtes d.W-SS an alle Leiter der E.-Stellen/III, 13/40 g, 1.2.1940 (cit.) ; NS 19/3570 (9) : CdSSHA an RF-SS, 3458/43 g, Betr. : Einsatzlenkung der Kriegsversehrten, 6.12.1943.
  92. BAL, NS 19/3888 (136) : SS-WVHA/B I an RF-SS, 320/2, 7.9.1942.
  93. BAL, NS 19/3570 (39-49) : CdSSHA an RF-SS, 611/43 g, Betr. : Sofortmaßnahmen für Kriegsversehrte u. Führeranwärter, 2.2.1943.
  94. VHA, 2.SS-Pz.Div., 144/44-I : SS-Pz.Gr.Rgt. « D », Frauen u. Mutter, Vater u. Kinder unserer gefallenen Kameraden !, im Dezember 1942.
  95. SJSS (1938), p. 97, 100.
  96. BAL, NS 19/577 (23) : Chef des RuSHA-SS, Verteiler V, Befehl, 1.9.1939. Sur les compétences du RuSHA, cf. BUCHHEIM, « Herrschaftsinstrument », p. 206-207.
  97. BAL, NS 19/3901 (80 & 91) : RF-SS, SS-Befehl für die gesamte SS u. Polizei, 28.10.1939 ; RF-SS an alle Männer der SS u. Polizei, 30.1.1940 ; NS 19/3479 (63) : Chef des RuSHA-SS, Verlobungs- u. Heiratsgenehmigung, 26.1.1940.
  98. TMI (XLII), SS-42, p. 490 (V.Bl.d.W-SS, 1.Jhrg., 14, 1.12.1940). BAMA, RS 4/1217 (285) : Chef des RuSHA-SS, Betr. : Verlobungs- u. Heiratsgenehmigung anderer, als Reichsdeutscher SS-Angehöriger, 10.2.1941.

99. BAL, NS 19/3441 (1) : RF-SS, Lieber Jüttner !, 29.5.1942.

100. BAL, NS 19/3904 (41) : RF-SS, 6250/42 g, Verteiler : KG des SS-Pz.Korps [*et alii*], 30.9.1942.

101. Outre les documents précédemment cités, cf. BAL, NS 19/4009 (73) : Rede des RF-SS am 19.6.1942 vor dem Führerkorps der Div. « DR » ; NS 19/3787 : RF-SS/Adjudantur an SS-Gruf. Jüttner, 13.11.1942. C'est également à cette date que Himmler a édité son ordre relatif « au dernier fils » portant obligation au dernier héritier d'une famille d'assurer sa descendance. BAL, NS 19/3901 (131) : RF-SS, SS-Befehl an die letzten Söhne, 15.8.1942. Voir aussi les enquêtes statistiques commandées par Himmler afin de déterminer combien de SS « avaient sombré dans la terre sans avoir perpétué leur sang ». BAL, SSO 201 A (Dr. Richard KORHERR, 30.10.1903) : RF-SS an Insp. für Statistik, 27.12.1940 ; NS 19/2109 : Insp. für Statistik an RF-SS, Betr. : Kreta-Einsatz 1941, 31.7.1943.

102. BAL, NS 33/252 : SS-FHA/B13/V/IIb (5), Betr. : Heiratsgenehmigung für Angehörige d.W-SS, 14.12.1942. À l'origine de ce dessaisissement, cf. BAL, NS 19/2651 (52-54) : RF-SS, Lieber Hausser ! (mündl. besprochen 7.11.1942).

103. Une antenne a ainsi été ouverte à Bruxelles afin de traiter plus rapidement les dossiers des troupes sur place. BAMA, RS 4/1276 (n.f.) : SS-Pz.Gr.Rgt.2/ LSSAH, Rgt.-Befehl Nr.13, 24.5.1944, § 12.

104. Un ancien membre de la 10e division SS se rappelle à ce sujet qu'une note de service avait été promulguée lors du séjour de cette formation au Pays basque. Elle précisait que les demandes en mariage des soldats SS avec les jeunes femmes de la région seraient considérées avec « bienveillance », ce qui n'était pas le cas dans les autres zones de stationnement de la division. Lettre de J. Schueller à l'auteur, 9.1.1998. Le premier mariage entre un soldat SS allemand et une ressortissante néerlandaise a été célébré le 31 décembre 1940. VHA, SS-Nachr.Stelle « NW », 5/2 : FS 1257, SS- u. Polizeigericht/X, Den Haag an Chef des HA SS-Gericht, München, 31.12.1940, 16.20 Uhr.

105. L'élargissement de l'aide financière à ces couples a donné lieu à bien des rumeurs, faisant notamment croire que les soldats SS recevaient une prime pour se marier avec ces ressortissantes étrangères. L'argent provenait du budget du Reich. À la lumière d'un document mal référencé, il semblerait qu'il y ait eu 115 mariages prononcés en 1941 entre des soldats de la *Waffen-SS* et des ressortissantes néerlandaises et norvégiennes. BAL, NS 19/100 (3 & 10) : RF-SS/Pers.Stab an CdSSHA, AR 46/3/42, 21.4.1942 ; Leiter des Rassenpolitischen Amtes der NSDAP/RL an RF-SS, Betr. : Sonderzuweisungen bei Eheschliessungen zwischen Angehörigen d.W-SS u. Mädchen der germanischen Volksgruppen, 24.9.1942 ; RF-SS an Leiter des Rassenpolitischen Amtes der NSDAP, AR 46/3/42, Betr. : *ibid.*, 13.10.1942 ; SSO 201 A (Dr. Richard KORHERR, 30.10.1903) : Auszählung der bisher gemeldeten Heiraten von 1941, 10.10.1942.

106. BAL, NS 19/458 (2) : RF-SS an SS-Ogruf. Sepp Dietrich, 23.7.1943.

107. CÜPPERS, *Wegbereiter*, p. 193. FREY, *Freiheit*, p. 252-53. AJM, 371, liasse 1/2, D6 (344) : PV d'audition de K. J-P., 30.9.1947, § 1.

108. BAL, NS 19/2769 (1) : RF-SS, Lieber Jüttner, 27.10.1942.

109. BAL, NS 19/3594 (223) : RF-SS, 44/23/43, Lieber Berger !, Lieber Jüttner !, 9.7.1943.

110. BAL, NS 19/3594 (198) : SS-FHA/II/VI an RF-SS/Pers.Stab, II/5990/43 g, Betr. : Unterbringung von Frauen der SS-Führer, Unterführer u. Männer bei einem Besuch, 13.8.1943.

111. BAL, NS 19/3594 (95) : Verwaltung Pers.Stab RFSS, Zusammenstellung der von Nov. 1943 bis Juni 1944 gezahlten Beiträge für planmässigen Urlaub, 30.6.1944.

112. BAL, NS 19/3594 (195) : RF-SS, 35/125/43 g, Betr. : Planmäßiger Urlaub, 25.8.1943 ; CdSSHA an RF-SS/Pers.Stab, Betr. : Sonderdruck « Mahnung u. Verpflichtung », 7.5. & 17.5.1943 (un exemplaire figure en annexe).

113. BAL, NS 19/3594 (198) : SS-FHA/II/VI an RF-SS/Pers.Stab, II/5990/43 g, Betr. : Unterbringung von Frauen der SS-Führer, Unterführer u. Männer bei einem Besuch, 13.8.1943.

114. PA/AA, Inl II g, R 100679, 1719 (329836-37) : FS (G-Schreiber), RAM 667/44 R, für Reichsbevollmächtigten persönlich, Budapest, g.Rs., 28.6.1944. Voir aussi la proposition faite au printemps 1944 par Himmler aux SS flamands qui s'étaient plaints de voir la brigade wallonne défiler dans Bruxelles. En compensation, il avait suggéré l'idée d'accorder des permissions aux personnels de la brigade « Flandern » dans les maisons de repos SS au sein du Reich. Là, leurs conjointes auraient pu les y rejoindre. Le projet a été abandonné suite à l'engagement de l'unité sur le front de l'Est. BAL, NS 19/1666 (14, 16 & 17) : 35/41/44 g, Lieber Schellong!, 30.4.1944 ; CdSSHA an SS-Staf. Dr. Brandt, Pers.Stab RF-SS, 14.7.1944 ; RF-SS/Pers.Stab an SS-Ostubaf. Klumm/SS-HA, 35/4/44-off, Betr. : Einladung des RF-SS an flämische Frauen, 25.7.1944.

115. À noter que l'épouse d'un officier de la division « Das Reich » a précisément été tuée avec son mari en lui rendant visite en France au printemps 1944. BAKO, All.Proz. 21/47 (n.f.) : étude d'A. Stückler (fév. 1949), II. Teil, p. 6. Le caractère irrégulier de ces visites a eu pour conséquence de ne pas les faire apparaître dans les documents officiels. Aussi n'en trouve-t-on la trace qu'à travers les témoignages et les clichés parus après-guerre. WESTEMEIER, *Peiper*, p. 34-35. KOMPANIE-KAMERADSCHAFT, *3. Kompanie.*, encart p. 80. AGTE, *Tiger*, p. 186-87, 189. BAMA, RS 4/1274 (n.f.) : 1.SS-Pz.Div. « LSSAH »/ Kdr. an alle Kdre., Ia 1370/44 g, 31.10.1944, § 2. KLAPDOR, *Panzerregiment 5*, p. 199. VOPERSAL, *Soldaten* (5a), p. 46.

116. BAL, NS 31/357 (108-09) : CdSSHA/Dienststelle Soldaten- u. Fronturlauberheime an Abt. VI sämtlicher Truppenteile u. Dienststellen der SS u. Polizei, Betr. : Fronturlauberheime, 24.4.1944.

117. BAMA, RS 4/1268 (n.f.) : SS-Pz.Gr.Rgt.2/LSSAH/Kdr., Befehl zu dem vom Rgt. errichteten Urlauber- u. Genesenden-Heim, 1.5.1944.

118. 3 625 RM ont été versés à la région SS autrichienne « Alpenland » pour une « Urlaubsaktion III. (germ.) Panzerkorps ». BAL, NS 19/1784 (15) : Zahlungsanweisung, 24.11.1944.

119. BAL, NS 7/206 (9) : SS-Richter b. RF-SS an HA SS-Gericht/SS-Rechtsamt, 16/40, Betr. : Beitrag zum Schulungsheft, 8.8.1940 (Beitrag betr. 16a [KStVO]). Plus généralement, cf. VIEREGGE, *Gerichtsbarkeit*, en particulier p. 62 et suiv. WEGNER, *Soldaten*, p. 319 et suiv.

120. *Ibid.* (1re réf., 4).

121. *Ibid.*

122. *Ibid.* (9-11).

123. VHA, 2.SS-Pz.Div., 33/8 : Gericht der SS-Div. « R » an Abt. Ia, 14.5.1942, § 4.

124. Cf. par exemple VHA, 3.SS-Pz.Div., 2/1 : SS-T-Div., Mitteilungen des Feldgerichtes der SS-T-Div. (verteilt bis zu den Kompanien zur vorbeugenden Belehrung der Mannschaft im Dienstunterricht), 3.3.1941 ; SS-T-Div., Div.-Tagesbefehl Nr.67, 28.3.1941, § 4 ; Gericht der SS-T-Div., Anl. zum Div.-Tagesbefehl Nr.106 v. 16.5.41, 15.5.1941. BAL, NS 19/3496 (22, 34-35) : SS-T-Div./Kdr. an SS-FHA/KdW-SS, IIa 74/41 g, Betr. : Erfahrungen über den Nachersatz, 15.11.1941.

125. BAL, NS 7/143 (1-6) : 2.SS-Pz.Div. « DR »/Kdr., Div.-Sonderbefehl, 17.5.1944. Cf. aussi BAMA, RS 3-12/18 (32) : 12.SS-Pz.Div. « HJ »/IIa, 16.5.1944 (en copie jointe : Gen.Kdo. I.SS-Pz.Korps/III/IIa, Betr. : Kriegsgerichtliche Verurteilungen, 11.5.1944).

126. BAL, NS 19/4012 (250) : Notizen für eine Rede vor der 2.SS-Pz.Div. « DR » in Montauban, 11.4.1944.

127. BAL, SSO 143 A (Hans JÜTTNER, 2.3.1894) : SS-FHA/KdW-SS an RF-SS, 531/42 g, Betr. : Bestätigung von Urteilen der Feldgerichte, 29.1.1942.

128. JOCHMANN, *Monologue*, p. 271-72 (8.2.1942).

129. RASS, « *Menschenmaterial* », p. 294 et suiv.

130. Cette volonté transparaît à travers un dysfonctionnement survenu à l'automne 1942 dans les rangs de la division « Das Reich ». BAL, NS 7/88 (5-7) : Vermerk für SS-Ostubaf. Bender, 2.10.1942.

131. BAL, NS 7/385 (1-2 & 6) : Gericht der SS-T-Div. an HA SS-Gericht, Einschreiben !, Betr. : SS-Gefangenensammelstelle der SS-T-Div., 21.1.1942 ; HA SS-Gericht an SS-FHA/KdW-SS, Betr. : Einsatz-Kdo. z.b.V. der SS-T.Div., 25.3.1942.

132. La première unité de ce type a été créée au sein du bataillon du génie de la division « Totenkopf » dès novembre 1939 avec des individus exclus de la SS avant-guerre qui avaient demandé leur réintégration. Même si la nature périlleuse des missions assignées était identique à celle des unités disciplinaires, le service dans cette unité n'était donc pas fondamentalement lié à l'accomplissement d'une peine judiciaire, mais à l'idée de se racheter par sa conduite au front. VHA, 2.SS-Pz.Div., 197/62 : SS-PHA, 29/39 g, Betr. : Sonderverwendung in der bewaffneten SS ehemaliger Führer u. Männer der SS, 10.11.1939. Sur les détachements des « foules perdues » (expression issue d'un chant de lansquenets), cf. BAL, NS 7/384 (dossier entier) ; NS 19/3501 (86) ; NS 19/2417 (1). VHA, Arbeits-Abt.d.W-SS (dossier entier).

133. Après avoir commis au moins un viol sur une adolescente belge alors qu'il était en service, le fils du *Gauleiter* Murr a été plus ou moins acculé au suicide par son supérieur hiérarchique et le juge de la 12e division SS en janvier 1944. Questionnés à ce sujet par Himmler, le commandant du Ier corps d'armée blindé SS comme le divisionnaire ont été « unanimes » pour affirmer que, en tout état de cause, Murr n'aurait jamais été condamné à mort en cas de procès, mais qu'il lui aurait été donné de se racheter sur le front. BAL, SSO 341 A (Wilfrid MURR, 28.7.1922) : RF-SS, Lieber Pg. Bormann, 11.2.1944.

134. BAL, NS 7/1135 (9-10) : Gericht der SS-T-Div., 54/1940, Feldurteil, 30.6.1940 ; NS 7/1142 (75-76) : A. Wiesner, SS-Oscha. u. Stabsscharführer an Kp.-Führer, SS-Stuscha. Vetter, Betr. : Meldung eines Vorfalls in der Kp., 31.7.1944 ; Div.Nachsch.Tr. 17/4. Krftf.Kp., dem Feldgericht der 17.SS-Pz.Gr.Div. « GvB », [T]atsache !, 1.8.1944.

135. BAL, NS 48/9 (n.f.) : tableau sans titre, 20.11.1944. Cf. annexe 19.

136. BAMA, RS 3-17/39 : 17.SS-Pz.Gr.Div. « GvB »/Gerichtsherr, Besondere Anordnungen des Feldgerichts !, 22.10.1944 (Anord.Bl. HA-SS-Gericht v. 7.7.1944). Cf. aussi KERSTEN, *Totenkopf*, p. 393.

137. Voir par exemple le cas d'un grenadier SS accusé d'avoir volé quelques bonbons d'un paquet postal abîmé et qui faisait « encore une impression presque enfantine ». BAL, SSO 232 B (Kurt WEISSE, 11.10.1909) : Feldgericht der SS-Pz.Gr.Div. « T », St.L. 52/43, 228/43 g, Feldurteil in den Strafverfahren gegen den SS-Hstuf. Weisse, 27.1.1943, p. 12.

138. VHA, 2.SS-Pz.Div., 35/9-I : HA SS-Gericht/Ib, 511/42 g, Betr. : Beurteilung u. Bekämpfung von Diebstahlsfällen in der SS u. Polizei, 15.9.1942.

139. L'efficacité de cette politique est avérée. Cf. WESTEMEIER, *Peiper*, p. 71-72.

140. VHA, 9.SS-Pz.Div., 3/1 : 9.SS-Pz.Div. « H »/Ia, 2965/43 g, Weisungen an die Truppe Nr.36, 4.12.1943, § 8.

141. Soit (dans la période concernée par ces statistiques judiciaires) de janvier à mars pour l'année 1942 et de février à octobre pour l'année 1943. VHA, 2. SS-Pz.Div., 39/10 : 2.SS-Pz.Gr.Div. « DR »/Feldgericht, Jahresübersicht (bis 1.11.43), 13.11.1943.

142. BAL, NS 7/206 (5) : SS-Richter b. RF-SS an HA SS-Gericht/SS-Rechtsamt, 16/40, Betr. : Beitrag zum Schulungsheft, 8.8.1940.

143. Cf. par exemple VHA, 2.SS-Pz.Div., 7/2 : SS-Div. « DR »/III, Div.-Sonderbefehl, 8.9.1942. BAL, NS 7/143 (1-6) : 2.SS-Pz.Div. « DR »/Kdr., Div.-Sonderbefehl, 17.5.1944.

144. BAMA, RS 3-1/77 (n.f.) : 1.SS-Pz.Div. « LSSAH »/IIa, Div.-Tagesbefehl Nr.17, 1.6.1944, § 5. WESTEMEIER, *Peiper*, p. 71-72.

145. Seuls les états de service de l'officier et l'intervention personnelle du commandant du corps d'armée blindé SS ont empêché que la peine soit appliquée. BAL, NS 19/2651 (43 et suiv.). VHA, 2.SS-Pz.Div., 104/27 : SS-Rgt. « D »/Kdr., Bericht des SS-Ostubaf. Harmel zum Heiratsgesuch des SS-Rttf. T., 19.10.1942.

146. VHA, 2.SS-Pz.Div., 194/62 : SS-Art.Rgt./VT, Rgt.-Sonderbefehl, 7.10.1940, § 8.

147. BAMA, RS 4/1217 (65) : LSSAH, Tagesbefehl Nr.62, 8.10.1940 ; RS 4/1271 (7) : LSSAH/II./2.Pz.Gr.Rgt., Btl.-Befehl Nr.41, 29.12.1942, § 9 ; RS 3-10/32 (n.f.) : Anl. zum Div.-Befehl v. 17.2.1943. VHA, 3.SS-Pz.Div., 2/1 : SS-T-Div., Div.-Tagesbefehl Nr.53, 11.3.1941, § 9 ; 10.SS-Pz.Div., 3/1 : III./1.Pz.Gr.Rgt./Kdr. an 1.Pz.Gr.Rgt., Betr. : Eröffnung eines Bordells im Standort Matha, 6.7.1943.

148. BAL, SSO 8 (Fritz ALLIHN, 8.5.1888).

149. BAMA, RS 3-17/48 : 17.SS-Pz.Gr.Div. « GvB »/Ia/IVb, Div.-Sonderbefehl, Sanitäre Truppenbetreuung, 8.1.1944 (cit.) ; RS 4/1421 (n.f.) : Abschrift eines Vortrages des Ministerialrates Dr. Liebenow über « Die körperliche Leistungs-

fähigkeit eines Mannes im Alter von 17 bis 18 Jahren », s.d., p. 6. BAKO, All.Proz.8/JAG 1 : Trial of SS-Brigf. K. Meyer, 10-28.12.1945, p. 552 (Answer 2521).

150. Deux gradés du rang de la « SS-Verfügungs-Division » ont ainsi été condamnés à dix ans et trois mois de pénitencier pour l'un, huit ans et trois mois pour l'autre, suite au viol d'une adolescente française de quinze ans à la fin du mois de mai 1940. Ces lourdes peines pouvaient toutefois en partie s'expliquer par le fait que l'enquête avait été réclamée par la 6ᵉ armée à qui l'affaire avait été rapportée et à laquelle la division était alors subordonnée. Pour un viol commis en réunion et jugé sans intervention de l'armée moins d'un mois plus tard, la peine maximale prononcée ne s'est plus élevée qu'à quatre années et trois mois de pénitencier. En septembre 1942, un adjudant de la division « Das Reich » n'a plus été condamné qu'à deux ans de prison et exclusion de la SS pour le viol d'une adolescente en France. BAMA, RS 3-2/9 (151) : SS-V-Div./III, Anl. zum KTB (29.5., 5.6., 2.7.1940). VHA, 2.SS-Pz.Div., 7/2 : SS-Div. « DR »/III, Div.-Sonderbefehl, 8.9.1942, § 15.

151. BAMA, RS 4/1215 (311) : verst.LSSAH, Rgt.-Befehl, Rgt.Gef.St. La Fouilleuse, Château, 29.6.1940.

152. VHA, 3.SS-Pz.Div., 2/1 : SS-T-Div., Mitteilungen des Feldgerichtes der SS-T-Div., 3.3.1941, § 12.

153. BAL, R 43 II/1204b (20-22) : RF-SS an Reichsminister Lammers, 31.10.1941. Édictée sous la forme d'un décret daté du 15 novembre 1941, cette directive de Hitler n'a pas été publiée afin de ne pas donner l'impression qu'il s'agissait d'une mesure en réaction à un phénomène de grande ampleur. Sa diffusion est en conséquence demeurée une affaire interne à la SS et à la police en mars 1942. Cf. la correspondance échangée à ce sujet *in* BAL, R 43 II/1204b (23-61).

154. VHA, Btl.d.W-SS z.b.V., 2/1 : HA SS-Gericht Ia, 287/41, Vertraulich !, Betr. : Erlaß des Führers zur Reinhaltung von SS-u. Polizei, 7.3.1942.

155. BAL, NSD 41/19 : HA SS-Gericht (Hrsg.), Hinweise für den SS-Richter, Heft 1, 1.1.1944, p. 7-8. BAMA, RS 3-12/18 (32) : 12.SS-Pz.Div. « HJ »/IIa, 16.5.1944 (en copie jointe : Gen.Kdo. I.SS-Pz.Korps/III/IIa, Betr. : Kriegsgerichtliche Verurteilungen, 11.5.1944). GILES, « Denial ».

156. C'est à la même époque que deux autres soldats SS avaient été condamnés à deux ans de pénitencier pour avoir fréquenté une « prostituée nègre ». VHA, 2.SS-Pz.Div., 194/62 : SS-Art.Rgt./VT, Rgt.-Sonderbefehl, 7.10.1940, § 1, 8 & 9.

157. Dans un seul cas parmi ceux relevés, la peine a été inférieure en s'élevant à trois mois. BAMA, RS 3-2/9 (143-55) : SS-V-Div./III, Anl. zum KTB (27.6.1940) ; RS 3-17/48 : Feldgericht d. 17.SS-Pz.Gr.Div. « GvB »/Gerichtsherr, Mitteilungen des Feldgerichts, 23.2.1945 (4.11.1944). VHA, 12.SS-Pz.Div., 9/2 : Zusammensetzung der in der Zeit v. 1.1.-30.4.44 b. Feldgericht der 12.SS-Pz.Div. « HJ » anhängig gewordenen Kriegsgerichtsfälle, § 5 & 18.

158. RASS, « *Menschenmaterial* », p. 183 et suiv., 276 et suiv.

17. Le rôle moral de l'encadrement

1. WEGNER, *Soldaten*, p. 17/n 10. JOCHMANN, *Monologue*, p. 173-74 (3-4.1.1942). Le rôle social de l'officier SS transparaît parfaitement au travers d'une

NOTES (chapitre 17) 975

réprimande de Eicke aux cadres de l'un des régiments de sa division en décembre 1939. VHA, 3.SS-Pz.Div., 4/2 : SS-T-Div./Kdr. an Kdr. SS-T-IR 3, Persönlich!, 20.12.1939.

2. BAL, NS 31/353 (15) : CdSSHA, Verteiler V, 23.4.1940.

3. BAL, NS 19/281 (8) : RF-SS, SS-Befehl, 24.2.1943, § II, 1. Cf. aussi BAL, R 58/3558 (14) : Ausbildungsplan für die Schützen-Kp.en der SS-T-Unterführerschule Lublinitz (Oberschlesien), 8.4.1940, § 6 ; NS 31/357 (101) : CdSSHA, Verteiler B III des SS-FHA, 13.5.1943, § 3, a.

4. BAL, NS 19/4010 (17) : Rede des RF-SS in Charkow, April 1943.

5. BAL, NS 33/31 (21) : Rede des SS-Ogruf. Jüttner auf der SS-Führer-Tagung in Prag am 13.4.1944. BAMA, RS 3-10/4 : 10.SS-Pz.Div./IIa, Betr. : Div.-Tagesbefehl, 20.5.1944, § 10 ; RS 4/1274 (n.f.) : 1.SS-Pz.Div. « LSSAH »/Kdr. an alle Kp., Ia 1306/44 g, 18.10.1944.

6. BAL, NS 19/3191 : CdSSHA an SS-Staf. Dr. Brandt, Betr. : « Politische Kampfkommandanten », 18.2.1945.

7. BAMA, RS 4/1215 (12) : LSSAH/Rgt.Stab, Sonderbefehl!, Betr. : Führeranwärter, 16.10.1939 ; NS 17/126 : LSSAH/E.-Btl., Sonderbefehl über Auswahl von Führeranwärten!, 18.9.1939. Sur le choix des officiers SS avant guerre, cf. WEGNER, *Soldaten*, p. 135 et suiv.

8. BAL, NS 33/264 (105) : SS-FHA/Führerausbildung, Betr. : Erfassungsgruppen der SS-Führer-Bewerber, 9.11.1942.

9. BAMA, RS 3-1/77 (n.f.) : SS-FHA/V/IIa Ref. 1, Verteiler B-II, Betr. : Beurteilungen für Führer d.W-SS, 27.4.1944 ; 1.SS-Pz.Div. « LSSAH »/IIa, Führerbeurteilungen, 24.5.1944. Cf. aussi deux bulletins d'appréciation sur des personnels du régiment « Der Führer » proposés pour suivre une formation d'officiers. Dans les deux cas, l'adhésion au régime n'était mentionnée qu'en conclusion pour se borner à dire que ces hommes étaient « idéologiquement affermis ». IHTP, MF 225 : Stabskp./SS-Pz.Gr.Rgt.4 « DF », Beurteilung für SS-Rttf. Heinrich W., 13.1.1944 ; *ibid.*, Beurteilung für SS-Rttf. Kurt M., 31.1.1944.

10. BAMA, RS 3-10/27 (n.f.) : 10.SS-Pz.Div. « F »/SS-Pz.Rgt./Kdr./IIb, Betr. : Aufbau u. Entwicklung des Unterführers-Korps, 31.7.1944.

11. BAL, NS 31/357 (101) : CdSSHA, Verteiler B III des SS-FHA, 13.5.1943, § 3, zu c.

12. VHA, 2.SS-Pz.Div., 98/26 : SS-Rgt. « D »/IIa, Rgt.-Tagesbefehl Nr.101/42, 16.9.1942, § 1 ; *ibid.*, Nr.135/42, 31.10.1942, § 8 ; *ibid.*, Nr.146/42, 16.11.1942, § 1 ; 2.SS-Pz.Div., 262/79 : SS-Wirtschafts-Btl.2/VI an SS-Div. « DR »/VI, Betr. : Monatsbericht Okt. 1942, 31.10.1942, § b ; Bäckerei-Kp./SS-Div. « DR » an Wirtschafts-Btl.2/VI, Betr. : Monatsbericht für die Abt. VI, 28.11.1942, § A, 1-2. BAMA, RS 2-2/3 (295-96) : Gen.Kdo. SS-Pz.Korps/VI, 421/42, TB für die Zeit v. 1-31.10.42, 2.11.1942, § 7 ; *ibid.* (1-30.11.42), 5.12.1942, § 7. Cf. aussi BAMA, RS 4/1457 (2/verso) : 2.SS-Pz.Div. « DR »/Ia/VI, Befehl über die weltanschauliche Erziehung im Rahmen der Neuaufstellung der Div., 9.3.1944.

13. BAMA, RS 4/1457 (8/verso) : 2.SS-Pz.Div. « DR »/VI, Geschichte der SS – Haltung u. Moral des SS-Mannes, 16.3.1944.

14. BAL, SSO 141 (Hermann DELFS, 17.2.1905) : SS-Gr.Rgt./L.N., Beurteilungsnotiz, 5.12.1943 ; SSO 62 A (Max HANSEN, 31.7.1908) : SS-Pz.Gr.Rgt.1

« LSSAH » an RF-SS, Beförderung, 23.1.1944; SSO 98 A (Fritz HILLIG, 30.8.1909) : SS-Pz.Gr.A.u.E.Btl.9, Beurteilung, 17.6.1944 ; SSO 118 A (Gneomar von HOYM, 9.11.1909) : 10.SS-Pz.Div. « F »/Art.Rgt., Beurteilung, 3.6.1944 ; SSO 205 A (Hugo KRAAS, 25.1.1911) : Gen.Kdo. I.SS-Pz.Korps an SS-FHA, Beförderung, 24.11.1944; SSO 277 A (Heinz LORENZ, 12.1.1913) : SS-VT, Beurteilung, 26.9.1940; SS-Pz.Art.Rgt. « DR », Beurteilung, 31.5.1944; SSO 319 A (Karl MILIUS, 19.8.1911) : 12.SS-Pz.Div. « HJ »/Pz.Gr.Rgt.25, Beurteilung z. 1.6.1944 ; SSO 323 A (Karl-Günther MOLT, 29.4.1914) : 10.SS-Pz.Div. « F »/SS-Pz.Gr.Rgt.21, Beurteilung, 31.5.1944; SSO 76 B (Wilhelm SCHEUNGRABER, 1.7.1911) : 3.SS-Pz.Div. « T », Beurteilung, 1.6.1944 ; SSO 162 B (Adalbert STOCKER, 16.9.1910) : SS-Gr.Rgt.1/L.N./IIa, Beurteilungsnotiz, 5.12.1943 ; SSO 301 A (Fritz MAUER, 31.3.1915) : 10.SS-Pz.Div. « F »/SS-Pz.Gr.Rgt.21, Beurteilung, 31.5.1944; SSO 79 B (Hans SCHITTENHELM, 4.3.1912) : SS- u. Waffen-Unterführerschule Laibach, Beurteilung, 24.7.1944.

15. NEITZEL, *Abgehört*, p. 186.

16. APC, RG 24, C 17, vol. 13654 : FCA/GSI, Special Interrogation of Brigf. K. Meyer, Commander 12 SS Pz Div « HJ » (6.6.-25.8.44), 24.8.1945, p. 1 (cit.). SHULMAN, *Défaite*, p. 365-367.

17. NEITZEL, « Forschens », p. 427.

18. MEYER, K., *Geweint*, p. 12, 21, 23. Il est intéressant de comparer le témoignage du fils avec la vision du père sur l'éducation. MEYER, K., *Grenadiere*, p. 206-207.

19. NEITZEL, « Forschens », p. 414/n. 40, 427/n 87. BAMA, RS 3-10/1 : 10.SS-Div. (SS-Pz.Gr.Div.)/VI, Betr. : Weltanschauliche Führung, 27.7.1943.

20. Les discours de Himmler devant le corps des officiers des différentes formations SS figurent dans les dossiers BAL, NS 19/4005 à 4013. Les discours personnels ou radiodiffusés de Hitler ne sont pas ici pris en compte dans la mesure où ils ne concernaient pas spécifiquement la *Waffen-SS*. Ses deux discours devant les généraux allemands (parmi lesquels des officiers SS) avant les contre-offensives dans les Ardennes et en Alsace-Moselle ont néanmoins servi à adresser un message idéologique. HEIBER, *Lagebesprechungen*, p. 713 et suiv. (12.12.1944), 738 et suiv. (28.12.1944).

21. TMI (XXIX), PS-1918, p. 104-105.

22. BAL, NS 19/4010 (7) : Rede des RF-SS in Charkow, April 1943. La clarté de ces propos peut s'expliquer ici par le fait que son auditoire devait seulement se composer d'officiers supérieurs. Il paraît en effet douteux que l'amphithéâtre de l'université de Kharkov ait pu contenir les quelque 1 750 officiers que comptait alors le corps d'armée blindé SS avec ses trois divisions. BAMA, RS 2-2/12 : Gen.Kdo. SS-Pz.Korps/IIb, 168/43 g, Zusammenstellung der Ist-, Verpflegungs- u. Gefechtsstärken mit Stand v. 21.4.43, 27.4.1943.

23. BAL, NS 19/4009 (185) : Rede des RF-SS am 23.11.1942, SS-JS Tölz.

24. BAL, NS 19/4005 (148) : Rede vor dem Führerkorps der SS-Pz.Div. HJ, 2.2.1944.

25. TMI (XLII), Affidavit SS-24, p. 514-516. Bon nombre de soldats SS ont pu voir des détenus des camps de concentration détachés aux servitudes dans leurs écoles, unités de dépôt et camps de manœuvre. Selon eux, ces détenus étaient cor-

rectement traités et nourris. TMI (XLII), SS(A)-70, p. 618-619. WEINMANN, *Lagersystem*.

26. BAL, NS 19/4005 (68-72) : Rede anläßlich der SS-Gruf.-Besprechung im Führerheim der SS-St. « D » in München, 8.11.1938. TMI (XXIX), PS-1918, p. 104-105.

27. BAL, NS 19/4009 (70-71) : Rede des RF-SS am 19.6.1942 vor dem Führerkorps der Div. « R » (cit.) ; NS 19/4010 (5-6) : Rede des RF-SS in Charkow, April 1943.

28. BAL, NS 19/2651 (53) : RF-SS, Lieber Hausser !, (mündl. besprochen 7.11.1942).

29. Il est probable que Himmler fasse référence ici à son intervention pour rappeler à l'ordre Felix Steiner en 1940. Alors commandant du régiment « Deutschland », celui-ci s'était permis de critiquer ouvertement au mess des officiers la stratégie de Hitler lors de la campagne à l'ouest. HÖHNE, *Orden*, p. 446.

30. STEINER, F., *Armee*, p. 184-185. NEITZEL, *Abgehört*, p. 161.

31. Ce florilège représentatif a été puisé dans les dossiers suivants : BAL, SSO 140 (Eduard DEISENHOFER, 27.6.1909) ; SSO 205 (Jakob FICK, 17.1.1912) ; SSO 212 (Curt FLEISCHER, 25.5.1914) ; SSO 215 (Willy FORTENBACHER, 17.11.1898) ; SSO 14 A (Herbert GILLE, 8.3.1897) ; SSO 64 A (Heinz HARMEL, 29.6.1906) ; SSO 110 A (Bernhard HOFMANN, 4.1.1911) ; SSO 138 A (Harry JOBST, 30.7.1909) ; SSO 193 A (Wilhelm KÖNIG, 1.4.1899) ; SSO 213 A (Karl KREUTZ, 20.9.1909) ; SSO 245 A (Heinz LAUBSCHEER, 23.2.1913) ; SSO 310 A (Gustav MERTSCH, 17.1.1901) ; SSO 76 B (Wilhelm SCHEUNGRABER, 1.7.1911) ; SSO 84 B (August SCHMIDHUBER, 8.5.1901) ; SSO 230 B (Adolf WEIß, 26.02.1903).

32. RASS, *« Menschenmaterial »*, p. 217, 222-24. KAGENECK, *Lieutenant*, p. 160.

33. Ces citations sont tirées des dossiers suivants (dans l'ordre) : BAL, SSO 236 A (Heinz LAMMERDING, 27.8.1905) ; SSO 49 B (Bruno ROTHARDT, 21.8.1891) ; SSO 277 A (Heinz LORENZ, 12.1.1913) ; SSO 108 B (Ernst SCHÜTZEK, 16.12.1901) ; SSO 205 A (Hugo KRAAS, 25.1.1911) ; SSO 116 A (Fritz HORN, 25.11.1906) ; SSO 197 B (Hans ULMER, 25.3.1904) ; SSO 393 A (Hermann PRIEß, 24.5.1901).

34. Ainsi, Bruno Czerwinski (SS-VT), Paul Golombek et Franz Szceponek (« LSSAH ») ont par exemple estimé bon de changer leur nom, respectivement en 1936, 1941 et 1942. BAL, SSO 49 B (Bruno ROTHARDT, 21.8.1891) ; SSO 173 B (Paul TAUBER, 5.1.1911) ; SSO 153 B (Franz STEINECK, 23.3.1909). Ironiquement, Himmler dénonçait la magyarisation des noms des officiers ethniquement allemands servant dans l'armée hongroise. BAL, NS 19/4010 (13) : Rede des RF-SS in Charkow, April 1943.

35. BAL, SSO 129 B (Karl SEGLER, 17.12.1907) : 9.SS-Pz.Div. « H », Vermerk, 11.2.1944, p. 3.

36. WETTE, *Wehrmacht*, p. 202-203.

37. J. Fitzthum a été directeur régional de la NSDAP, chargé de la direction du *Gau* de Vienne en septembre 1938 et en même temps vice-président de police de la ville. Suite à des malversations lors de l'aryanisation des biens juifs en Autriche,

Himmler a ordonné sa mobilisation dans un régiment « Tête de mort » en mars 1940. Ludwig Ruckdeschel a été *Gauleiter* adjoint pour le *Gau* de Bayreuth avant de servir à la « LSSAH » puis à la 12ᵉ division SS où il a commandé une compagnie blindée. Eu égard à ses anciennes responsabilités, il était jugé « particulièrement apte » à endoctriner ses subordonnés au sein de cette dernière division. Voir aussi le cas du Dr Adolf Katz, directeur de section à Berlin de 1930 à 1931, puis nommé par la suite président de police d'Aix-la-Chapelle jusqu'en avril 1937. Abandonnant son grade de *SS-Oberführer* de l'*Allgemeine-SS*, il a rejoint la *Waffen-SS* avec le grade plus modeste de commandant. Son passage à la division « Totenkopf » et au régiment de dépôt d'artillerie SS a représenté pour lui un intermède avant qu'il reprenne en 1942 son activité au sein de l'Office principal du personnel SS. BAL, SSO 210 & 211 (Josef FITZTHUM, 14.9.1896); SSO 157 A (Adolf KATZ, 9.3.1899); SSO 51 B (Ludwig RUCKDESCHEL, 15.3.1907).

38. Ainsi, Rudolf Waldmann, qui avait participé au putsch de 1923, s'est retrouvé à 35 ans au sein de la « SS-Verfügungs-Division » alors qu'il avait des numéros d'inscription au parti à faire pâlir d'envie les moins opportunistes de l'époque (NSDAP : 13 099; SS : 69). Parmi les pionniers de la NSDAP figurent également Walter Staudinger (inscrit à la NSDAP en 1921), Franz Six (entré dans la SA le 1ᵉʳ octobre 1922) et Martin Kohlroser qui s'est inscrit en 1922 à la NSDAP et a aussi participé au putsch de 1923. BAL, SSO 196 A (Martin KOHLROSER, 8.1.1905); SSO 218 B (Rudolf WALDMANN, 15.11.1904); SSO 139 B (Franz SIX, 9.7.1906); SSO 150 B (Walter STAUDINGER, 24.1.1898).

39. BAL, SSO 84 B (August SCHMIDHUBER, 8.5.1901).

40. Cela apparaît nettement dans une note de transfert de l'automne 1939. BAL, SSO 267 A (Michael LIPPERT, 24.4.1897) : SS-PHA/II an SS-HA, 25.10.1939.

41. Tel est le cas par exemple d'un chef de bataillon de la 12ᵉ division SS qui a rejoint la SS-VT en 1936 après avoir auparavant été formé au sein de l'« Institut d'éducation politique national socialiste » (NPEA) de Plön à partir d'avril 1933. BAL, SSO 104 (Gerhard BREMER, 25.7.1917).

42. BAL, NS 19/3506 (225) : KdW-SS an RF-SS, 644/40 g, Betr. : 12. Meldung, 3.6.1940, § 6. BAMA, RS 2-2/2 (264) : Gen.Kdo. SS-Pz.Korps/IIa, TB für die Zeit v. 1-31.8.42, 5.9.1942, § 1. SYDNOR, *Soldiers*, p. 325-342 (et postface de l'édition allemande : *Soldaten des Todes*, p. 287 et suiv.). GENTILE, « Soldaten », p. 552-553, 558-60. ORTH, *Konzentrationslager*. L'expansion de la *Waffen-SS* à l'automne 1943 a banalisé les échanges entre les unités strictement militaires SS et les commandants supérieurs de la SS et de la police (HSSPF) en charge de la répression dans les territoires occupés. BAL, SSO 359 A (Werner OSTENDORFF, 15.8.1903) : RF-SS an CdSSPHA, 37/22/43 g, 6.10.1943.

43. À titre d'exemple, voici les chiffres avancés par F. MacLean pour les divisions suivantes : « LSSAH » (16), « Das Reich » (39), « Totenkopf » (159), « Nord » (57), « Hohenstaufen » (22), « Frundsberg » (20), « Hitlerjugend » (6), « Handschar » (9), « Götz v. Berlichingen » (15), « Landstorm Nederland » (6). MACLEAN, *Camp Men*. Ne s'agissant pas d'une enquête statistique systématique, tous les officiers n'ont pu être repérés (notamment les officiers subalternes). Dans le cas de la seule division « Totenkopf » par exemple, une autre étude menée par Charles Trang

a permis de recenser au moins 200 officiers (au lieu des 159 avancés par McLean). Information aimablement communiquée par C. Trang. En fait, il n'est pas toujours aisé de déterminer l'emploi d'un officier dans un camp de concentration si son passage y a été bref. Le cas de Hans Schittenhelm illustre toute la difficulté du problème. Membre dès juin 1933 des « détachements politiques disponibles » *(Politische Bereitschaften)*, cet officier a fait toute sa carrière dans la SS-VT, a participé aux campagnes de Pologne et à l'ouest, puis a servi dans diverses unités de dépôt et écoles SS avant de prendre le commandement d'un bataillon de la 49e brigade SS et d'être capturé par les Américains en août 1944. Dans cette carrière apparemment linéaire, cet officier a servi quelques semaines en novembre 1933 dans les camps de concentration de Heuberg et Kuhberg/Ulm, ce qui n'apparaît pas dans son dossier personnel SS, mais seulement dans son interrogatoire par les Alliés. NARA, RG 165/Entry 179/Box 719 : PWIS (H)/LDC/347, Report on interrogation of PW Stubaf H. Schittenhelm, I/Stamm Rgt (26 SS Pz Div), § I.

44. BAL, NS 19/2572 (2 et suiv.) : RF-SS, Betr. : Austausch von SS-Führern zwischen Front u. Heimat, 10.4.1942 ; SS-WVHA/AV2 an RF-SS, 386/42, Betr. : *ibid.*, 16.5.1942. Cf. par exemple le cas du Dr Hofman, devenu médecin principal du camp de Flossenburg après avoir servi d'octobre 1938 à novembre 1940 dans la SS-VT puis la « SS-V-Division ». BAL, SSO 110 A (Dr. Franz HOFMAN, 14.10.1887).

45. BAL, SSO 71 A (Paul HAUSSER, 7.10.1880) : Gen.Kdo. II.SS-Pz.Korps/KG, Reichsführer, 30.9.1942. Cf. aussi BAL, SSO 97 B (Alfred SCHÖPS, 24.2.1909) : 12.SS-Pz.Div. « HJ »/Pz.Art.Rgt.12, Beförderung, [?].1944.

46. BAL, SSO 203 B (Martin VEIGEL, 19.5.1908) : 2.SS-Pz.Div. « DR », Beurteilung, 25.6.1944.

47. Aussitôt destitué de son poste au début de 1944, le commandant de la 7e division SS a par exemple envisagé de constituer une nouvelle division avec des recrues du Tyrol afin de conserver un commandement. Pour ce faire, il n'a pas hésité à entreprendre à titre privé de discrètes négociations avec le *Gauleiter* local. La manœuvre ayant été rapidement éventée, l'infortuné a essuyé les foudres de Himmler et n'a plus jamais obtenu de commandement jusqu'à la fin de la guerre. BAL, SSO 354 A (Carl Ritter von OBERKAMP, 30.10.1893) : RF-SS an SS-Brigf. v. Oberkamp, 18/4/44 g, 22.2.1944. Ce carriérisme se retrouvait au sein de l'Armée. NEITZEL, *Abgehört*, p. 135, 322.

48. La demande de personnels et de matériels était aussi un lien de subordination qu'il convient de ne pas négliger car elle obligeait chaque commandant d'unité SS à faire preuve ainsi de son allégeance. Cf. la correspondance entre Hausser et Himmler (par exemple sa lettre du 17.8.1941) *in* BAL, SSO 71 A (Paul HAUSSER, 7.10.1880).

49. BAL, SSO 165 A (Josef KAST, 29.9.1917) : SS-JS Braunschweig, Abgangszeugnis, 31.1.1941 ; SS-Pz.Art.Rgt. « DR », Beurteilung, 31.5.1944 ; SSO 205 A (Hugo KRAAS, 25.1.1911) : Gen.Kdo. I.SS-Pz.Korps an SS-FHA, Beförderung, 24.11.1944.

50. Capitaine de police le 1er août 1937, il est devenu *SS-Oberführer* (grade intermédiaire entre ceux de colonel et de général de brigade) lors de son passage à la SS le 30 janvier 1939. BAL, SSO 202 A (Gerret KORSEMANN, 8.6.1895) : Fp.

32 539, Sehr verehrter Herr General!, 28.2.1941; von Grolman, Oberst der Schupo im HA Orpo an SS-Gruf. Schmitt, Hochverehrter Gruppenführer!, 15.10.1941.

51. BAL, SSO 67 A (Walter HARZER, 29.9.1912) : Aktennotiz, Betr. : SS-Ustuf. Harzer, 20.10.1936; Beurteilungen (4.6.1941, 12.6.1944 & 6.12.1944 [cit.]).

52. BAL, SSO 52 (Hermann BEHRENDS, 11.5.1907) : RF-SS, 2/3/43 g, Persönlich!, Mein lieber Werner!, 16.12.1942.

53. BAL, SSO 205 A (Hugo KRAAS, 25.1.1911) : SS-FHA/KdW-SS/IIa an verst.LSSAH, Betr. : Beförderungen, 4.9.1940; SSO 78 (Hans BLUME, 4.8.1897) : KdW-SS/IIa an SS-PHA, Betr. : Beförderungen bei der SS-Div. « R », 24.12.1940; SSO 36 A (Helmuth GROSS, 17.10.1906) : SS-FHA/KdW-SS/IIa an SS-PHA, Betr. : Führerbeförderungen, 15.5.1941; SSO 359 A (Werner OSTENDORFF, 15.8.1903) : RF-SS/Adjudantur, 233/43, 1.) SS-PHA, 2.) SS-FHA, 1.5.1943; SSO 186 A (Gustav KNITTEL) : SS-FHA/V/IIa an SS-PHA, Betr. : Beförderungen in der LSSAH, 16.6.1941; SSO 194 B (Robert TZSCHOPPE, 5.9.1902) : RF-SS/ Adjudantur, 13/44, 1.) SS-PHA, 2.) SS-FHA, 8.2.1944; SSO 71 (Otto BINGE, 19.5.1895) : 17.SS-Pz.Gr.Div. « GvB »/IIa, 10.4.1944; SSO 176 A (Ernst TETSCH, 28.10.1916) : Aufstellung der am 11.4.44 vom RF-SS beförderten SS-Führer [m.W. v. 20.4.44]; SSO 64 A (Heinz HARMEL, 29.6.1906) : RF-SS/ Adjudantur, 1713/44 an SS-PHA, SS-FHA, 24.5.1944.

54. BAL, SSO 152 (Josef DIETRICH, 28.5.1892) : RF-SS, Mein lieber Sepp!, 22.6.1943; *ibid.*, 23.6.1943. Pour Eicke, cf. SYDNOR, *Soldiers*, p. 226.

55. BAL, SSO 153 B (Felix STEINER, 23.5.1896) : Steiner, SS-Obf., 21.8.1940. Sur Steiner, cf. HÖHNE, *Orden*, p. 446-447.

56. Cf. le premier dossier relevé portant sa signature *in* BAL, SSO 23 C (August ZINGEL, 20.1.1921) : SS-T-Div., dem OKH/PA 1.Staffel, Vorschlagsliste für die Verleihung des RK des EK, 15.9.1942 (avec accord de Himmler du 21.9.1942).

57. BAL, SSO 184 A (Wilhelm KMENT, 8.3.1915) : SS-FHA/V/IIa an SS-PHA, 21.9.1943; RF-SS/Adjudantur, 1.) SS-FHA, 2.) SS-PHA, 1035/43, 21.9.1943. NEITZEL, « Forschens », p. 411/n. 30.

58. FELLGIEBEL, *Träger*, p. 11. Cf. par exemple BAL, SSO 50 A (Ernst HÄUSSLER, 31.3.1914) : SS-PHA an SS-FHA/V/IIa, Betr. : Verbesserung des Rangdienstalters, 20.12.1943 [liste de onze officiers de la division « Totenkopf »]; SSO 153 A (Georg KARCK, 11.6.1911) ; SSO 164 A (Dieter KESTEN, 9.6.1914) : SS-Pz.Rgt. « DR » an SS-FHA über 2.SS-Pz.Div. « DR », Beförderung, 20.1.1944; SS-PHA/II W 2 an SS-FHA/V/IIa, nachrichtlich an Besoldungsstelle d.W-SS Dachau, 5.3.1944; An SS-Hstuf. d.W-SS Ritterkreuzträger D. Kesten, 17.5.1944.

59. BAL, SSO 67 A (Walter HARZER, 29.9.1912) : W. Harzer, SS-Stubaf., Ia 9.SS-Pz.Div. « H » an Ia SS-FHA, SS-Ostubaf. Ruoff, 27.11.1943 ; SSO 149 A (Vinzenz KAISER, 28.2.1904) : SS-FHA/V/IIa/Ref. 1 an SS-PHA, Betr. : SS-Stubaf. V. Kaiser, 15.12.1944.

60. Sur les avantages en nature de toutes sortes dont ont bénéficié les cadres SS (colis de Noël aux généraux SS, cadeaux personnels de Himmler, petits trafics alimentaires, passe-droits, etc.), cf. WITTE, *Dienstkalender*, p. 223 (29.9.1941), 356 (20.2.1942), 358 (21.2.1942), 397 (14.4.1942). BAL, NS 19/569 (2-4, 6-7) : RF-SS/ Adjudantur an Stabsführer des Pers.Stabes, Betr. : Weihnachtspäckchen,

17.12.1944; RF-SS/Pers.Stab an SS-Staf. Dr. Brandt, 27.12.1944; NS 19/610 (2) : RF-SS an SS-Gruf. Wolff, Führerhauptquartier, 29.6.1940; Aktennotiz, 12.12.1940; NS 19/2758 (1) : liste non datée (1942) signée par le Dr Brandt; RF-SS/Pers.Stab/Presse, Dienstanweisung!, 2.10.1942; Sepp Diefenbacher an SS-Ostubaf. Baumert, Pers.Stab RF-SS, 6.6.1943 ; NS 19/3943 (95) : RF-SS/Adjutant an SS-Stubaf. Lehmann, LSSAH, 244/42 g, 9.12.1942; SSO 152 (Josef DIETRICH, 28.5.1892), fol. 558; SSO 181 (Theodor EICKE, 17.10.1892), fol. 95; SSO 178 A (Matthias KLEINHEISTERKAMP, 22.6.1893) : Ch/vH/Tr an SS-Ostubaf. Dr Brandt, Betr. : SS-Gruf.u.Gen.Lt.d.W-SS Kleinheisterkamp, 18.2.1944. VHA, 2.SS-Pz.Div., 104/27 : SS-Staf. u. Rgt.Kdr. H. Harmel an Arbeitsamt der Stadt Klagenfurt, Betr. : Hausgehilfin für meinen Haushalt in Klagenfurt-Lendorf, 13.5.1943.

61. BAMA, RS 4/1266 : Besoldungsauszug für SS-Hstuf. Meyer Kurt, 15.2.1939; *ibid.*, SS-Ostuf. Kraas. SCHOENBAUM, *Révolution*, p. 337-338.

62. Le cas du commandant de la « LSSAH », Josef Dietrich, est bien connu. Fils illégitime d'un bûcheron et d'une fille de ferme appartenant « à la très basse classe sociale des ouvriers agricoles bavarois », ce général SS a essentiellement fait son éducation à l'armée avant la Première Guerre mondiale. APC, RG 24, C 17, vol. 13651 : FCA, ISN 231, 16.2.1945, II, p. 4 (cit.). WEINGARTNER, *Guard*, p. 3. CLARK, « Dietrich ». On peut également citer le cas d'un officier supérieur de la division « Das Reich » en 1944, décrit avant-guerre lors de son passage à l'école SS d'officiers de Braunschweig comme « un individu primitif à qui il manqu[ait] des buts élevés vers lesquels il [pouvait] se tourner. De ce fait, il [était] simple d'âme ». Ceci n'a pas empêché de le déclarer « apte comme officier » car il était « en ordre du point de vue de la SS », qu'il était bon camarade et bon soldat. Soumis à un examen psychologique devant une commission militaire avant son intégration dans l'école, il était clairement ressorti qu'il était inapte comme officier. BAL, SSO (confidentiel).

63. SSJS (1937), p. 76. Étude établie à partir des données fournies par 184 115 des 205 501 membres SS à cette date. Il est intéressant de noter que cette étude n'a pas été reconduite dans l'annuaire de 1938, pourtant considérablement enrichi par rapport au précédent.

64. RASS, « *Menschenmaterial* », p. 91-92.

65. Le colonel SS Hierthes et le commandant SS Bellwildt (issus des SS-TV) ont par exemple chacun eu leur demeure dans la colonie d'officiers SS de Buchenwald jusqu'en 1944. Heinz Harmel, qui a fait sa carrière au sein du régiment « Deutschland » avant de prendre le commandement de la 10e division SS, disposait d'une demeure à la colonie d'officiers SS de Klagenfurt-Lendorf où il était en garnison avant-guerre. NARA, RG 165/Entry 179/Box 720 : PWIS (H)/LDC/697, Report on interrogation of Sold. Karl P., Einsatz Btl 999, Concentration Camp Buchenwald, 30.4.1945, p. 26. VHA, 2.SS-Pz.Div., 104/27 : SS-Staf. u. Rgt.-Kdr. Harmel an Arbeitsamt der Stadt Klagenfurt, Betr. : Hausgehilfin für meinen Haushalt in Klagenfurt-Lendorf, 13.5.1943. HILLEL, *Race*, p. 48-49. TMI (XXIX), PS-1918, p. 108.

66. BAL, R 43 II/1205 (3) : Führer/Adjudantur an Reichsminister Dr. Lammers, 28.10.1939. Cf. les demandes *in* BAL, R 43 II/1205 & 1205a.

67. BAL, R 43 II/1205 (171) : Vermerk, Betr. : Zuschuß an junge Offiziere der LSSAH, 17.12.1941; R 43 II/1205a (41) : Führer/Adjudantur an Chef der Reichs-

kanzlei, Betr. : Zuschuß an junge Offiziere der Leibstandarte, 19.9.1942 (et fol. 50, 51 & 55).

68. BAL, R 43 II/985a (72 & 78) : Chef der Reichskanzlei an 1.) SS-Ogruf. Sepp Dietrich, 2.) Reichsminister der Finanzen v. Krosigk, Rk.7252 B, 31.5.1942 ; Chef der Reichskanzlei an 1.) SS-Ogruf. Eicke, 2.) Reichsminister der Finanzen, Rk.14049 BII, 31.10.1942 ; R 43 II/1092a (24) : Chef der Reichskanzlei, Rk.4369 C, 21.5.1944. BELOW, *Adjutant*, p. 371-372. MESSENGER, *Gladiator*, p. 60, 108.

69. BAL, NS 19/3901 (137) : RF-SS/SS-PHA, SS-Befehl : Richtlinien zur Einreichung von Beförderungsvorschlägen für Führer der Allg.-SS u. d.W-SS für die Dauer des Krieges, 15.11.1942, § I, 1.

70. BAL, SSO 153 B (Felix STEINER, 23.5.1896) : Rapport médical du 1.3.1942. HÖHNE, *Orden*, p. 413, 446-47.

71. BAL, SSO 138 A (Harry JOBST, 30.7.1909) : Beförderungsvorschläge zum 9.11.1942.

72. Cf. par exemple BAL, SSO 208 A (Bernhard KRAUSE, 11.5.1910) : Gen.Kdo. I.SS-Pz.Korps/IIb an SS-FHA/IIa, Eingereichte Führerbeförderungsvorschläge zum 20.4.44, 3.5.1944. Cf. aussi le cas déjà cité du capitaine SS Meierdress (chap. 11, p. 301-302). En comparaison, Himmler s'est montré beaucoup plus indulgent et a en définitive favorisé la carrière d'un homme comme Hermann Behrends qui, à l'âge de 35 ans, avait engendré les quatre enfants « réglementaires » requis par la SS. BAL, SSO 52 (Hermann BEHRENDS, 11.5.1907) : RF-SS, 2/3/43 g, Persönlich !, Mein lieber Werner !, 16.12.1942.

73. HILLEL, *Race*, p. 48.

74. BAL, SSO (confidentiel).

75. BAMA, RS 4/1457 (11/verso) : 2.SS-Pz.Div. « DR »/VI, Ausb.-Unterlage für WE Nr.3, 26.3.1944.

76. Cf. le questionnaire figurant dans la plupart des dossiers du RuSHA (BAL, série RS).

77. BAL, RS (confidentiel). FREY, *Freiheit*, p. 123. Plus généralement, SCHWARZ, G., *Frau*.

78. BAL, SSO 267 A (Michael LIPPERT, 24.4.1897) : SS-Pers.Kanzlei an Ch.d.Pers.St. RFSS, Betr. : Schreiben der Frau Lippert, 8.1.1938 ; SSO 52 (Hermann BEHRENDS, 11.5.1907) : RF-SS, 2/3/43 g, Persönlich !, Mein lieber Werner !, 16.12.1942, p. 2.

79. Tous les cas cités ont été trouvés *in* BAL, SSO (confidentiel).

80. Cf. par exemple BAL, SSO 173 B (Paul Tauber, 5.1.1911) : LSSAH/ Intendant an LSSAH, Beförderung, 25.4.1943. En tant que plus jeune général SS à 33 ans, Kurt Meyer (« Panzermeyer ») a également représenté un parfait modèle d'adaptation en ayant également eu trois enfants à l'époque de sa promotion, son épouse étant alors enceinte du quatrième. BAL, SSO 313 A (Kurt MEYER, 23.12.1910).

81. TMI (XXIX), PS-1918, p. 109.

82. BAL, SSO 215 (Willy FORTENBACHER, 17.11.1898) : SS-PHA/Personalamt d.W-SS an SS-FHA/KdW-SS, Betr. : SS-Stubaf. Fortenbacher, 29.1.1941 (cf. aussi les messages des 23.6. & 4.7.1942).

83. BAL, NS 19/3076 : Vermerk für SS-Ostubaf. Brandt, 1.2.1943. Cf. aussi BAL, SSO 71 (Otto BINGE, 19.5.1895) : SS-Ostubaf. Binge an Kriegs- u. Friedenbesoldungstelle d.W-SS Dachau, 14.8.1943.

84. BAL, NS 19/3076 (5) : Chef des SS-WVHA/A II an RF-SS, Betr. : Beiträge der Angehörigen der SS-Polizei-Div. zur Spargemeinschaft-SS u. zum Lebensborn e.V., 25.1.1943 ; RF-SS/Pers.Stab an SS-Ogruf. Pohl, Betr. : *ibid.*, 9.3.1943.

85. Recevant des proches de hauts responsables de l'armée à l'école SS d'officiers de Bad Tölz avant-guerre, un officier supérieur SS, transfuge de l'armée de terre, a ouvertement déploré devant eux la décoration très restreinte des locaux où n'étaient suspendus que des portraits de « Heinrich le Débonnaire » et d'« Adolf Ier ». Trois officiers SS fraîchement mutés se sont certes rapidement chargés de le dénoncer auprès du commandant de l'école, mais l'affaire a été rapidement étouffée après que le bout-en-train eut fait amende honorable. BAL, SSO 21 A (Hans GOETZE, 3.11.1897).

86. BAL, SSO 170 B (Alexander SUKKAU, 20.4.1904) : Dienststelle Fp.Nr.21003/Kdr./IIa an SS-FHA/V/IIa, 35/43 g, 14.3.1943.

87. BAL, SSO 196 A (Martin KOHLROSER, 8.1.1905) : 10.SS-Pz.Div. « F »/ Kdr., Beurteilung, 29.2.1944.

88. BAL, SSO 230 B (Adolf WEIß, 26.02.1903) : Kdr. I./2.SS-Pz.Gr.Rgt. an Kdr. der 10.SS-Pz.Gr.Div., Meldung, s.d. (sept. 1943).

89. BAL, SSO 57 (Alfons BENZ, 22.9.1914) : 10.SS-Div. (Pz.Gr.Div.), Beurteilung, 1.7.1943 ; 10.SS-Div. (Pz.Gr.Div.)/Kdr. an RF-SS/Pers.Stab, 269/43 g, 4.8.1943.

90. BAL, SSO 230 B (Adolf WEIß, 26.02.1903) : SS-FHA an Kdr. der 10.SS-Pz.Gr.Div., Betr. : Schreiben v. 12.9.43/SS-Staf. Weiß, Kdr. des 2.SS-Pz.Gr.Rgt., 22.9.1943 ; SSO 137 (Lothar DEBES, 21.6.1890) : SS-Brigf. Debes an RF-SS, 16.12.1943.

91. Weiß et Benz ont ensuite respectivement commandé un régiment d'infanterie et un bataillon du génie au sein de la 16e division SS. Kohlroser a pris la tête d'un régiment de la division « Wiking », Debes celui de la 6e division SS. Seul Sukkau est redevenu chef de batterie au sein du régiment de dépôt d'artillerie SS pendant six mois, mais tout en conservant son grade de commandant.

18. Le principe de dureté

1. Ces deux notions ont déjà été largement étudiées par H. Buchheim. Il n'a toutefois pas évoqué la dynamique créée par le principe de dureté dans le processus mental des individus, ce que nous nous proposons d'aborder ici. BUCHHEIM, « Befehl », p. 247 et suiv.

2. HAUSSER, *Soldaten*, p. 47-48.

3. BAMA, RS 4/1457 (9/verso) : 2.SS-Pz.Div. « DR »/VI, Geschichte der SS, Haltung u. Moral des SS-Mannes, 16.3.1944.

4. Himmler a ainsi rendu obligatoire l'obtention de l'insigne du sport du Reich pour les membres de la SS, imaginant même avant-guerre de le remplacer par un autre, spécifique à la SS, avec des conditions d'obtention plus difficiles et incluant notamment un test de courage additionnel sous forme d'un saut en parachute. À

partir de 1939, le principe d'entraînement des unités de la SS-VT avec des munitions réelles (y compris des tirs d'artillerie avec des distances de sécurité réduites) découlait du même principe. Et au sein des unités, certains officiers SS ont organisé des tests de courage, notamment sous forme de sauts en piscine depuis un plongeoir de dix mètres, ce qui a été vécu par eux comme une « grande épreuve ». NARA, RG 238/OCCWC/Entry 191/NM 70/Box 2, chemise 17 : Voluntary Testimony of the POW ex-Gen K. Wolff, Subject : Low Pressure and Freezing Experiments in Concentration Camps, 21.11.1946. BAMA, RS 4/1064 : Privates KTB des SS-Ustuf. Hossfeld, 10.Kp./SS-T-I.R.3 (8.12.1939, cit.). Épitaphe de H. Meyer *in* MEYER, K., *Grenadiere*, p. 417. K. Meyer *in* NEITZEL, *Abgehört*, p. 269.

5. Rede des RF-SS bei der SS-Gruf.-Tagung in Posen am 4.10.1943, TMI (XXIX), PS-1919, p. 152.

6. MEYER, K., *Grenadiere*, p. 64.

7. VHA, 9.SS-Pz.Div., 5/1 : SS-Pz.Gr.Div. « H »/1.SS-Pz.Gr.Rgt./Ia, Betr. : Ausbildung u. Erziehung, 30.3.1943, § 3.

8. BAMA, RS 4/1274 (n.f.) : Politische Wochenschau, Informationsdienst der Abt. VI « LSSAH », Folge 6, 2.12.1944.

9. BAMA, RS 3-3/4 (152) : SS-T-Div./IIa an KdW-SS, 11.6.1940. Cf. aussi VHA, 2.SS-Pz.Div., 62/17 : SS-Div. « DR »/Ib, Besondere Anordnungen f. d. Versorgung 60/42, 17.12.1942, § I.

10. BAMA, RH 19-IV/133 (154) : Oberstleutnant i.G. Meyer-Detring, Ic 820/44 g, Bericht über die Dienstreise zum AOK 19 im Bereich Agde/Monaco v. 23-28.3.44, 29.3.1944, § 3, b.

11. VHA, Gen.Kdo. SS-Pz.Korps, 5/1 : Gen.Kdo. II.SS-Pz.Korps/Ia, 9.4.1944, § 8.

12. VHA, 12.SS-Pz.Div., 4/1 : 12.SS-Pz.Div. « HJ »/Ia 786/44 g.K., Div.-Befehl, 23.6.1944.

13. Témoignage de K. Tews in *Die Hellebarde*, 11, April 1988, p. 51. Certains soldats SS n'ont d'ailleurs pas pu se départir de ce conditionnement une fois capturés par les Alliés en Normandie. Pourtant jugés comme des « nazis convaincus », neuf soldats de la 12e division SS étaient par exemple « si disciplinés à obéir aux ordres qu'il a été répondu sans hésitation aux questions posées ». NARA, RG 165/ Entry 179/Box 721 : PWIS (H)/LF/224, Report on the Interrogation, SS Pz Pi Bn 12, 4.7.1944.

14. NEITZEL, « Forschens », p. 417/n 49.

15. BAL, NS 6/777 (29-30) : Ansprache des Führers an die Feldmarschälle u. Generale am 27.1.1944 in der Wolfsschanze.

16. BAL, NS 33/150 (7) : OKW/WFSt/Op. (H) 906/44 g, 7.2.1944.

17. BAL, NS 19/3910 (89) : Himmler an SS-Gruf. Fegelein, 26.7.1944. Sur la répression exercée lors du repli des troupes allemandes à l'ouest en septembre 1944, cf. GROEHLER, « Répercussions ». Le 10 septembre 1944, Himmler a également édicté un ordre confidentiel stipulant que tout déserteur serait exécuté à l'issue du conflit, sans préjudice d'autres conséquences à supporter par sa famille. APC, RG 24, C 17, vol. 13649 : FCA, ISN 164, 11.12.1944, II, p. 6.

18. Dans une compagnie de la 9e division SS, les Ukrainiens recrutés au printemps 1944 devaient être maintenus « par la force des armes » dans les tranchées

en Normandie. La compagnie était consciente qu'ils allaient chercher à déserter dès qu'ils ne se sentiraient pas surveillés. APC, RG 24, C 17, vol. 13645 : FCA, ISN 36, 4.8.1944, II, p. 3.

19. NEITZEL, « Forschens », p. 417/n 49. Un soldat de la même division a également rapporté qu'un chef de section aurait abattu trois de ses hommes qui, en dépit de son ordre formel de ne pas quitter leurs positions, étaient en train d'évacuer un camarade blessé. NARA, RG 165/Entry 179/Box 719 : PWIS (H)/LDC/321, Report on interrogation of PW SS Funker [-], KGr. Fick, 6.9.1944. Un commandant de bataillon de la division « Das Reich » n'a pas non plus hésité à dégainer son arme afin de contraindre à combattre un lieutenant SS qui marquait « peu d'empressement » à le faire. WEIDINGER, *Das Reich* » (V), p. 296.

20. VHA, 17.SS-Pz.Gr.Div., 5/1 : 17.SS-Pz.Gr.Div. « GvB »/Ia 85/44 n.g.K., Div.-Sonderbefehl Nr.42, 7.12.1944, 11.00 Uhr ; 17.SS-Pz.Gr.Div. « GvB »/Ia an die Kdre. !, 86/44 n.g.K., Div.-Sonderbefehl Nr.44, 7.12.1944, 11.30 Uhr, § 2 & 4. NARA, RG 165/Entry 179/Box 716 : MU#1FID, PWIB 1/6, 23.10.1944.

21. NARA, RG 492/Entry ETO-MIS-Y Sect/Box 63 : FUSA, POW I Report, 22/23.1.1945 (#9).

22. NARA, RG 492/Entry ETO-MIS-Y Sect/Box 64 : FUSA, From the Bulge to the Rhine (Diary of an Austrian Anti-Nazi), 13/14.3.1945, p. 20 ; *ibid.*, 17/18.3.1945.

23. APC, RG 24, C 17, vol. 13649 : FCA, ISN 182, 29.12.1944, II, p. 6.

24. HOESS, *Commandant*, p. 95.

25. *Ibid.*, p. 90 et suiv. (cit. p. 100-101). Cf. aussi ORTH, *Konzentrationslager*, p. 130-131.

26. BAMA, RS 3-3/3 (91) : SS-T-Div./Kdr., Div.-Sonderbefehl, 3.4.1940. Cf. aussi BAMA, RS 4/1457 (8) : 2.SS-Pz.Div. « DR »/VI, Geschichte der SS, Haltung u. Moral des SS-Mannes, 16.3.1944.

27. HÖHNE, *Orden*, p. 90 et suiv. WEGNER, *Soldaten*, p. 84-86.

28. Rede des RF-SS bei der SS-Gruf.-Tagung in Posen am 4.10.1943, TMI (XXIX), PS-1919, p. 145.

29. Himmler a plusieurs fois explicité la symbolique de la tête de mort. Cf. par exemple BAL, NS 19/4012 (246) : Notizen für eine Rede anläßlich der Verleihung der Armelsträfen an 17.SS-Pz.Gr.Div. « GvB » in [Thouars], 10.4.1944. À noter que la tête de mort n'a pas été une spécificité de l'Ordre noir. En réalité, cet emblème a été introduit à partir du XVIIIe siècle dans nombre de pays. DILLEMANN, « Tête de mort ».

30. SCHELLENBERG, *Contre-espionnage*, p. 372. Sur le modèle que représentait Heydrich pour les élèves officiers SS, cf. BUCHHEIM, « Befehl », p. 253-254.

31. Discours de Himmler devant des chefs de la SS le 17 juillet 1942. *Ibid.* (dernière réf.), p. 241.

32. BOELCKE, *Rüstung*, p. 130 (30.5.1942).

33. BAL, NS 6/785 (9-10) : Ansprache des Führers an Feldmarschälle u. Generale am 27.1.1944 in der Wolfsschanze.

34. BAL, NS 19/3496 (21-22) : SS-T-Div./Kdr. an SS-FHA/KdW-SS, IIa 74/41 g, Betr. : Erfahrungen über den Nachersatz, 15.11.1941.

35. VHA, 4.SS-Pz.Gr.Div., 25/4 : SS-FHA/KdW-SS, 1310/42 g, Betr. : Ausbildung, 7.3.1942, § 2 & 6.

36. BAL, SSO 179 A (Heinz KLING, 10.9.1913) : III./SS-Rgt. « G », Beurteilung, 16.4.1940.
37. BAL, NS 19/219 (44) : Hauptbannführer K. Müller, Lieber Reichsjugendführer !, 24.10.1940.
38. BAL, NSD 41/5 : SS-HA/VI, Nachrichtendienst zur Führung der WE, Nr.7, Febr. 1944, p. 30.
39. VHA, 3.SS-Pz.Div., 4/2 : SS-T-Div. an I.R. 1, 2, 3, A.R., A.A., Pz.Abw.Abt., Pi.Btl., Nachr.Abt., Nachschub, Rekr.Sta., E.-Btl., San.Abt., Kdr., Betr. : Führerausbildung, 2.11.1939, § 1 & 4.
40. Cf. un tel formulaire *in* BAL, SSO 76 B (Wilhelm SCHEUNGRABER, 1.7.1911) : 2.SS-T-St., Beurteilung, 27.6.1939. On le retrouve également à la « LSSAH ». Cf. BAL, SSO 154 B (Gerhard STEINERT, 3.4.1917) : LSSAH/ Pi.Btl., Beurteilung, 18.12.1940.
41. BAMA, RS 4/1064 : Privates KTB des SS-Ustuf. Hossfeld, 10.Kp./SS-T-I.R.3 (13.12.1939).
42. VHA, 4.SS-Pz.Gr.Div., 25/4 : SS-FHA/KdW-SS, 1310/42 g, Betr. : Ausbildung, 7.3.1942, § 2 ; 9.SS-Pz.Div., 2/1 : SS-Div. « H »/1.SS-Pz.Gr.Rgt./Kdr. an I-III. Btl., 13., 15. Kp., Stabskp., Betr. : Weisungen an die Truppe, 13.3.1943.
43. VHA, 3.SS-Pz.Div., 47/11 : SS-T-I.R.3/Ia, Grundsätze für die Erziehung u. Ausbildung des Rgt., 25.7.1940, § II, 6, 7 & 12. Cf. aussi BAL, NS 19/3496 (21-23) : SS-T-Div./Kdr. an SS-FHA/KdW-SS, IIa 74/41 g, Betr. : Erfahrungen über den Nachersatz, 15.11.1941. BAMA, RS 4/1274 (n.f.) : 1.SS-Pz.Div. « LSSAH »/ Kdr. an alle Kp., Ia 1306/44 g, 18.10.1944.
44. BAMA, RS 2-2/2 (200) : Gen.Kdo. SS-Pz.Korps an SS-Div. « DR », Arko, Ia 377/42 g, Befehl über Winterausbildung, 9.10.1942, § 1-2.
45. BAMA, RS 3-17/4 : Anl. 4, 17.SS-Pz.Gr.Div. « GvB »/Ia 93/43 g, Richtlinien für die Ausbildung in der Zeit v. 6.12.43-15.1.44, 3.12.1943, § 3.
46. BAMA, RS 3-17/5 : Anl. 61a, Kdre.-Besprechung am 27.2.1944, § 2. Ces consignes étaient plus particulièrement données en cas d'attaques aériennes ou chimiques.
47. BAMA, RS 4/1333 : SS-Pz.Gr.Rgt.37/Ia, Ausbildungs-Bemerkungen Nr.14, 5.4.1944, § 6.
48. BAMA, RS 3-17/6 : Anl. 108, 17.SS-Pz.Gr.Div. « GvB »/Ia Tgb.Nr.431/44 g, Ausbildungsbefehl für die Zeit v. 1.-30.4.44, 22.3.1944.
49. BAL, NS 19/3496 (29) : SS-T-Div./Kdr. an SS-FHA/KdW-SS, IIa 74/41 g, Betr. : Erfahrungen über den Nachersatz, 15.11.1941, p. 15. BUCHHEIM, « Befehl », p. 257-258.
50. BAMA, RS 3-10/7 : 2./SS-StuG-Abt./10.SS-Div., Ausbildungsbericht, 23.2.1943 ; RH 10/313 (21/verso & 26/verso) : Aufstellungsstab 2.SS-Pz.Div. « DR », Meldung v. 1.3.1944 ; 2.SS-Pz.Div. « DR », Meldung v. 15.4.1944. BAL, NS 33/145 (97) : Aufstellungsstab 2.SS-Pz.Div. « DR », Meldung v. 15.3.1944.
51. Le passage au camp d'instruction SS de Sennheim n'a joué en ce sens que partiellement sa mission. Il est vrai que le séjour de quelques semaines ou quelques mois dans ce camp ne permettait pas de remplacer les années passées à la *Hitlerjugend* par les adolescents allemands.
52. BAL, NS 31/455 (17-19) : Vortrag des Leg.-Hstuf. van de Pol am 23.2.44 über das Thema : « Behandlung u. Auftreten gegenüber ndl. Freiwilligen ». Pour

NOTES (chapitre 19) 987

les autres ressortissants « germaniques », cf. BAL, NS 31/455 (2-9) : [Richtlinien zur] Erziehung germanischer Freiwilliger, s.d. [mars 1945].

19. LES MOTIVATIONS AU COMBAT

1. DICKS, *Psychological*, p. 1.
2. Deux troupes contemporaines de la *Waffen-SS* peuvent être à ce titre prises comme base de comparaison en raison de leur propre conscience d'appartenir à l'élite, à savoir l'arme parachutiste allemande et la Légion étrangère. Pour cette dernière, voir notamment l'ouvrage publié par un ancien légionnaire démontant les ressorts qui animaient la troupe. Ce qui est le plus intéressant dans cet ouvrage publié en décembre 1941 (donc sans qu'aucun lien ou influence ne le relie avec la *Waffen-SS* qui commençait tout juste à sortir de l'ombre), c'est justement le grand nombre de similitudes dans les ressorts humains avec ceux relevés au sein de la *Waffen-SS*. STIMPEL, *Fallschirmtruppe – Westen*, p. 490-91. MANUE, *Grenade*. Cf. aussi KREN, « Waffen-SS ».
3. SHILS, « Cohésion ». FISHER, « Fight », p. 12-14. DICKS, *Psychological*, p. 24. RASS, « Menschenmaterial », p. 405-406.
4. Cf. par exemple VHA, 17.SS-Pz.Gr.Div., 1/1 : Gen.Kdo. I.SS-Pz.Korps/Ia 795/44 g.K., Betr. : Hebung der Kampfbereitschaft u. passiver Luftschutz, 2.6.1944, § IV ; 12.SS-Pz.Div., 4/1 : 12.SS-Pz.Div. « HJ »/Ia, Befehl für den Angriff am 7.6.44, 7.6.1944 ; 12.SS-Pz.Div. « HJ »/Ia, Div.-Befehl, 5.7.1944 ; 12.SS-Pz.Div., 12/2 : 4./SS-Pz.Rgt.12, Betr. : Gefechtsbericht v. 19.8.44, 19.9.1944. BAMA, RS 4/1442 : SS-Pi.Btl.17, KTB (6.6.1944, 19.30 Uhr) ; RS 3-12/40 : K. Meyer, H. Meyer, Der Einsatz der 12.SS-Pz.Div. « HJ » [...] v. Juni bis Sept. 1944, p. 7. LELEU, « Frundsberg », p. 190-191. SEMMLER, *SS-Flak*, p. 5. APC, RG 24, C 17, vol. 13649 : FCA, ISN 179, 26.12.1944, II, p. 2.
5. SHILS, « Cohésion », p. 48-49. FISHER, « Fight », p. 13-14. MANUE, *Grenade*, p. 29, 41-43.
6. NARA, RG 165/Entry 179/Box 718 : PWIS (H)/KP/207, Report on German morale from Interrogation of PW passing through Kempton Park Camp 23-30.7.44, 30.7.1944, § 2.
7. NARA, RG 165/Entry 179/Box 718 : PWIS (H)/KP/247, Report on German morale from Interrogation of PW passing through Kempton Park Camp 5-12.8.44, 12.8.1944, § 4 & 6.
8. SHAT, 10 P 140 : Contrôle allié des communications 541, date de communication : 12.3.45, date d'examen : 9.6.45, (posté aux Armées ; expéditeur : SS-Rttf. E. H., S.P. 43.733 B ; destinataire : Mlle L. B. en Rhénanie, extrait). Cf. aussi SHAT, 10 P 140 : Contrôle allié des communications 607.
9. VHA, 2.SS-Pz.Div., 33/8 : SS-Pz.Gr.Div. « DR »/Ia an alle Kdre., 944/43 g, 14.9.1943 ; 1.SS-Pz.Div., 13/4 : Funkspruch an LSSAH, z. Hd. SS-Obf. Wisch, über Pz.AOK 4, 30.12.1943.
10. MANSTEIN, *Victoires*, p. 331 (cit.). STIMPEL, *Fallschirmtruppe – Westen*, p. 98. NARA, RG 492/Entry ETO-MIS-Y Sect/Box 63 : FUSA, POW I Report, 21/22.12.1944 (#6, cit.).
11. DICKS, *Psychological*, p. 70.

12. *Ibid.*, p. 79.
13. BAMA, RS 4/1421 (n.f.) : Abschrift eines Vortrages des Ministerialrates Dr. Liebenow über « Die körperliche Leistungsfähigkeit eines Mannes im Alter von 17 bis 18 Jahren », s.d., p. 1. SHILS, « Cohésion », p. 51. KREN, « Waffen-SS », p. 100.
14. APC, RG 24, C 17, vol. 13652 : FCA, ISN 271, 28.3.1945, II, p. 1.
15. NARA, RG 165/Entry 179/Box 718 : PWIS (H)/KP/305, Report on German morale from Interrogation of PW passing through Kempton Park Camp 27.8.-2.9.44, 2.9.1944, § 4.
16. HIMMLER, *Geheimreden*, p. 48 (8.11.1938). BAL, NS 19/4009 (198-99) : Rede des RF-SS am 23.11.1942, SS-JS Tölz.
17. BAMA, RS 4/1341 (6) : III./SS-T-St. 4 « Ostmark », TB für die Zeit v. 1.9.1940-5.1.1941.
18. BAMA, RS 3-3/3 (15 & 92) : SS-T-Div., SS-Männer der SS-T-Div., 31.12.1939 ; SS-T-Div./Kdr., Div.-Sonderbefehl, 3.4.1940.
19. BAL, SSO 181 (Theodor EICKE, 17.10.1892) : Eicke, SS-Obgruf., Mein Reichsführer !, 19.12.1942.
20. BAMA, RS 4/1442 : SS-Pi.Btl.17, KTB (1.2.1944).
21. NARA, RG 165/Entry 179/Box 718 : PWIS (H)/KP/124, Report on German morale from Interrogation of PW passing through Kempton Park Camp 1 to 8.7.1944, § 6 (cit.). DICKS, *Psychological*, p. 23-24, 62.
22. VHA, 1.SS-Pz.Div., 19/5 : Der Siegesweg der Leibstandarte, in *Bierzeitung*, Sonderausgabe v. 4.2.1941, 2. Zug.
23. BAL, NS 19/4009 (67/verso) : Rede des RF-SS am 19.6.1942 vor dem Führerkorps der Div. « R ».
24. VHA, 1.SS-Pz.Div., 13/4 : 1.SS-Pz.Div. « LSSAH »/Kdr., Führer, Unterführer u. Männer der 1.SS-Pz.Div. « LSSAH » !, 24.12.1943.
25. VHA, 12.SS-Pz.Div., 4/1 : 12.SS-Pz.Div. « HJ »/Kdr., Div.-Tagesbefehl, 3.7.1944. BAMA, RS 3-17/12 : 17.SS-Pz.Gr.Div. « GvB »/Ia, 30.8.1944.
26. DICKS, *Psychological*, p. 47, 63. NEITZEL, *Abgehört*, p. 160, 186 (cit.).
27. BAL, NS 18/1031 (4-5) : Auszug aus dem Schreiben meines Sohnes an seine Eltern, Ostfront, 26.5.1943 ; NSDAP/Gauleiter/Gaustabsamt an Partei-Kanzlei/II W, Betr. : Stimmungsmäßige Auswirkung der Luftangriffe auf die Soldaten der Ostfront, 24.6.1943 ; NS 19/4010 (4-5) : Rede des RF-SS Himmler in Charkow, April 1943. VHA, 9.SS-Pz.Div., 13/3 : H.Gr. D an AOK 15, Bez. : OKH/GendStdH/Org.Abt. [...] v. 6.8.1943. Unterlagen für einen Vortrag des Gen. Obersten Jodl, des Chefs WFStab, vor den Reichs- u. Gauleitern über die militärische Lage, 7.11.1943 *in* KTB-OKW/1944-45 (8), p. 1558-59. Cf. quelques lettres poignantes *in* APC, RG 24, C17, vol. 13645 : FCA, ISN 23, 18.7.1944, II, p. 5 ; ISN 57, 25.8.1944, II, p. 6. À la mi-octobre 1944, les services de renseignements alliés ont pourtant reconnu l'inanité de leurs bombardements pour briser le moral de la population civile allemande dans une analyse sur la situation intérieure du Reich. APC, RG 24, C 17, vol. 13647 : FCA, ISN 107, 15.10.1944, II, p. 1.
28. MEYER, H., *Kriegsgeschichte* (I), p. 28-29, (II), Anl. 7. Les conditions d'attribution de ces permissions sont précisées *in* BAL, NSD 41/7 : Mitteilungen des CdSSHA, 1.Jhrg., 2, 15.11.1943, § 44, p. 4.

NOTES (chapitre 19) 989

29. Hauser, SS-Ostuf. u. Kp.Fhr. [11./SS-Pz.Gr.Rgt.26], Liebe Eltern unseres gefallenen Kameraden Werner, im Felde, 18.6.1944 (copie de l'auteur). Cf. aussi BLOND, L'agonie, p. 167-68.
30. BAMA, RS 4/1293 (161) : SS-Pz.Div. « DR »/VI, Invasion-Vergeltung !, 19.6.1944.
31. NARA, RG 407/Entry 427/Box 15316 : HQ 5th Arm Div, OB Team 29, Daily Summary # 11, 13.8.1944. Cf. aussi VHA, 12.SS-Pz.Div., 3/1 : SS-Pz.Gr.Rgt.26, KTB (16.6.1944, 21.30 Uhr & 17.6.1944, 22.00 Uhr). NARA, RG 165/Entry 179/Box 718 : PWIS (H)/KP/207, Report on German morale from Interrogation of PW passing through Kempton Park Camp 23-30.7.1944, 30.7.1944, § 3. APC, RG 24, C 17, vol. 13645 : FCA, ISN 23, 18.7.1944, p. 4 ; vol. 13647 : FCA, ISN 114, 22.10.1944, II, p. 8-10.
32. APC, RG 24, C 17, vol. 13645 : FCA, ISN 53, 21.8.1944, II, p. 9.
33. Ibid., vol. 13649 : FCA, ISN 182, 29.12.1944, II, p. 5.
34. RASS, « Menschenmaterial », p. 205.
35. SENGER UND ETTERLIN, Panzer, p. 73.
36. Cf. chap. 11, p. 300 et suiv.
37. BAL, SSO 138 B (Max SIMON, 6.1.1899) : SS-T-Div./Kdr., Beurteilung, 29.9.1940 ; SSO 50 (Helmuth BECKER, 12.8.1902) : Dr. K.H. Bockhorn, Ostuf. d.R. an CdSSPHA, 21.10.1943.
38. BAKO, All.Proz.8/JAG 1 : Trial of SS-Brigf. K. Meyer, 10-28.12.1945, p. 552 (Answer 2521). En 1944, un commandant de bataillon de 34 ans était ainsi appelé « Papa Krause » par ses subordonnés qui avaient la moitié de son âge. MEYER, H., Kriegsgeschichte, p. 331.
39. WEIDINGER, « Das Reich » (III), p. 136. VAN DER HORST, Cornelius (SS-Kriegsberichter), « SS-Obergruf. Eicke gefallen », SS-Leiheft, 9. Jhrg., Heft 4, April 1943, p. 25. Ce qualificatif de « Papa » a également été donné aux généraux parachutistes Student et Ramcke. Les méthodes de commandement et l'approche idéologique du combat manifestées par le second étaient très proches de celui des généraux SS. STIMPEL, Fallschirmtruppe – Westen, p. 93, 488-89. Même moins fort, le paternalisme n'était naturellement pas absent au sein de la Wehrmacht. DICKS, Psychological, p. 66.
40. BAMA, RS 4/1282 (n.f.) : LSSAH/II./2.Pz.Gr.Rgt., Btl.-Befehl !, 27.5.1943, § 1. Cf. aussi APC, RG 24, C 17, vol. 13645 : FCA, ISN 63, 31.8.1944, II, p. 4 ; vol. 13651 : FCA, ISN 224, II, 9.2.1945, p. 5. MESSENGER, Gladiator, p. 94, 111, 117, 131.
41. L'effet psychologique sur une troupe d'une remise de décoration à son chef était d'ailleurs parfaitement reconnu par le commandement allemand. BAMA, RW 8/v.5 (155) : Major Engel an 1.Gen.St.Offz. d. 122.I.D., 19.11.1942.
42. G. Woltersdorf in LEHMANN, Leibstandarte (IV/1), p. 115-17 (cit.). MEYER, H., Kriegsgeschichte (II, Anl. 24, 2. Lebenslauf). AJM, 371, liasse 1/2, D 5 (280) : Lettre de Werner H. [12ᵉ div. SS], 12.10.1944.
43. BAMA, ZA 1/817 (83) : Frhr. Geyr v. Schweppenburg, Die Invasion, 14.4.1947. BAMA, RS 3-17/9 : 17.SS-Pz.Gr.Div. « GvB »/Ia an RF-SS, Betr. : Personeller Zustand der Div., 17.7.1944.
44. En l'espace de trois semaines, du 14 août au 8 septembre, la division a notamment perdu son commandant (Kurt Meyer), un commandant de régiment

(Max Wünsche) et trois commandants de bataillon (K-H. Prinz, H. Waldmüller et E. Oelbotter) qui étaient tous autant de « piliers » de la division. MEYER, H., *Kriegsgeschichte* (II, Anl. 17). AJM, 371, liasse 1/2, D 5 (280) : Lettre de Werner H. [12ᵉ div. SS], 12.10.1944.

45. VHA, 12.SS-Pz.Div., 1/1 : SS-Pz.Gr.Rgt.25, KTB (12-15.9.1944).

46. RASS, « *Menschenmaterial* », p. 250 et suiv.

47. Voir par exemple l'attitude en captivité du commandant du 12ᵉ régiment blindé SS (Max Wünsche). APC, RG 24, C 17, vol. 13645 : FCA, ISN 61, 29.8.1944, II, p. 2.

48. En août 1944, une altercation ayant opposé deux officiers SS lors du repli en Normandie est intéressante par ce qu'elle révèle du statut de chevalier de la croix de fer. Cette conscience imprégnait aussi bien le récipiendaire lésé que celui qui, quoique supérieur hiérarchique du précédent, ne l'avait pas. Pour le premier (capitaine), « en tant qu'officier SS et chevalier de la croix de fer de la *Waffen-SS* », le coup reçu au visage a signifié « une grave atteinte » à son honneur. Le second (colonel) a déclaré ne pas avoir tout d'abord aperçu la décoration au cou de l'officier dans l'obscurité, puis avoir présenté ses excuses « uniquement comme un acte de courtoisie parce qu'il s'agissait d'un chevalier de la croix de fer, ce qui assurément suppose tout de même de manière habituelle un motif d'égard lors de toute discussion ». BAL, SSO 242 B (Gustav WIEHLE, 18.12.1904) : SS-Hstuf. K. Rettlinger, Kdr. SS-StuG-Abt.1 « LSSAH », 142/44 g, Betr. : Beschwerde über SS-Staf. Wiehle, Kdr. SS-Pz.Art.Rgt.9, 1.9.1944; Gen.Kdo. II.SS-Pz.Korps/Korpsgericht, Vernehmungsniederschrift, 16.10.1944.

49. Ainsi, un officier parachutiste (von der Heydte), capturé après l'échec de l'opération aéroportée allemande dans les Ardennes en décembre 1944, a surpris ses interrogateurs alliés en leur demandant de bien vouloir lui indiquer, au cas où la nouvelle serait diffusée à la radio allemande, s'il avait reçu les glaives sur sa croix de chevalier. APC, RG 24, C 17, vol. 13649 : FCA, ISN 179, II, 26.12.1944, p. 5. Cf. aussi DICKS, *Psychological*, p. 40.

50. NEITZEL, « Forschens », p. 417/n 49. BAL, NS 19/1430 (3) : Chef der Sipo/SD an RF-SS, Az. 1100/42, Betr. : Stimmungsäußerungen zur Waffen-SS, 6.3.1942.

51. VHA, 2.SS-Pz.Div., 11/2 : SS-Div. « DR »/IIa, Div.-Tagesbefehl Nr.38/42, 18.9.1942, § 4.

52. BAL, SSO 64 A (Heinz HARMEL, 29.6.1906) : SS-Pz.Rgt.10, Lieber Kamerad Kment!, 11.11.1944; SSO 71 A (Paul HAUSSER, 7.10.1880) : SS-Ostubaf. Ostendorff an SS-Gruf. Wolff, 24.10.1941.

53. BAMA, RS 3-3/4 (5, 6, 151) : SS-T-Div./IIa an Gen.Kdo. XIV.AK., Betr. : EK II, 1.6.1940; SS-T-Div./Kdr. an Ch.d.Pers.St. RF-SS, Betr. : EK, 3.6.1940; SS-T-Div./IIa an Gen.Kdo. XXVIII.AK., Betr. : Auszeichnungen, 8.6.1940; RS 3-3/5 (87) : SS-T-Div./IIa an Gen.Kdo. XIV.AK., Betr. : Anforderungen von EK, 1.7.1940.

54. VHA, 2.SS-Pz.Div., 96/26 : Zeitlicher Überblick über die Entwicklung des SS-Rgt. « D », 19.6.1942, p. 9, 12. BAL, NS 19/3506 (164, 215-17, 232) : SS-Rgt. « DF »/Kdr. an RF-SS, 31.5.1940; Rgt. SS « D »/Ia, Gefechtsbericht, 31.5.1940; SS-Rgt. « G »/Kdr. an KdW-SS, 12.6.1940.

NOTES (chapitre 19) 991

55. Soit 177 croix de fer de 2e classe distribuées pour un effectif rationnaire de 2 690 hommes au 1er novembre 1939. BAMA, RS 4/1215 (44) : LSSAH, Tagesbefehl Nr.25, 7.11.1939; RS 4/1211 : « LSSAH », KTB 2 (Gefecht- u. Verpflegungsstärken).

56. Pour les effectifs au 11 mai 1940 (4 129 hommes), *ibid.* (dernière réf.). Les chiffres avancés se basent sur une comptabilité établie à partir de différents ordres du jour de la « LSSAH ». BAMA, RS 4/1215 (272 et suiv.).

57. Ont été au total remis 6 croix de fer de 1re classe, 101 de 2e classe et 1 028 insignes d'assaut ou de combat de l'infanterie et des blindés. BAMA, RS 4/1217 (44-56) : LSSAH/II, Sonderbefehl Nr.18, 2.10.1940.

58. VHA, 12.SS-Pz.Div., 1/1 : SS-Pz.Gr.Rgt.25, KTB (10.6.1944); 12.SS-Pz.Div., 3/1 : SS-Pz.Gr.Rgt.26, KTB (Gefecht- u. Verpflegungsstärken); 12.SS-Pz.Div., 4/1 : SS-Pz.Gr.Rgt.26/Kdr. an I.-III. Btl., Stabskp., 13.-16. Kp., Betr. : Verleihung von EK II. u. I. Kl., 11.6.1944; Gefechtsbericht der Pz.A.A.12 (11.6.1944); SS-Pz.Gr.Rgt.26, Sonderbefehl Nr.1, 15.6.1944 (cit.); 12.SS-Pz.Div., 11/2 : I./SS-Pz.Rgt.12, KTB 3 (13.6.1944); 12.SS-Pz.Div., 14/2 : II./SS-Pz.Rgt.12, KTB 3 (12.6.1944).

59. APC, RG 24, C 17, vol. 13654 : FCA/GSI, Special Interrogation of Oberstgruf. J. Dietrich, Commander 1 SS Pz Corps & 6 SS Pz Army, 29.8.1945, p . 5.

60. BAMA, RS 4/1241 (n.f.) : Gen.Kdo. I.SS-Pz.Korps/IIa an OKH/PA (Z7) Vb 1. Staffel, Betr. : Abrechnung über verliehene u. zugewiesene EK, 21.8.1944.

61. STACEY, *Campagne*, p. 205-06.

62. BAMA, RH 26-353/9 (1/verso) : 353. I.D./IIa, Div.-Tagesbefehl Nr.103/44, 20.11.1944.

63. NEITZEL, « Forschens », p. 412.

64. En mai 1944, l'armée de terre avait édité une circulaire donnant à titre indicatif le nombre de croix de fer de 2e classe que les divisions étaient autorisées à remettre à leurs personnels chaque mois. Dans le cas des batailles les plus intenses, la fourchette était comprise entre 400 et 600. APC, RG 24, C 17, vol. 13646 : FCA, ISN 74, II, 11.9.1944, p. 1.

65. BAMA, RS 3-17/48 : 17.SS-Pz.Gr.Div. « GvB »/IIb, Betr. : Scharfschützen, 21.11.1944. BAKO, All.Proz.8/JAG 1 : Trial of SS-Brigf. K. Meyer, 10-28.12.1945, p. 641 (Answer 2957). NARA, RG 492/Entry ETO-MIS-Y Sect/Box 62 : FUSA, PWI Report, 19/20.12.1944 (#3).

66. Chacune des divisions « Das Reich » et « Totenkopf » a ainsi reçu près de 2 000 montres du printemps 1943 à l'hiver 1944-1945. BAL, R 58/3561 (5-7) : SS-WVHA an RF-SS, 109/43 g.K., Betr. : Verwertung des jüdischen Hehler- u. Diebesguts, 13.5.1943 ; NS 19/1918 (17 & 40-42) : RF-SS/Pers.Stab an Chef des SS-WVHA, 38/383/43, 3.12.1943 ; SS-WVHA an RF-SS, 91/44 g, Betr. : Uhrenverteilung an Angehörige d.W-SS, 29.11.1944.

67. BAMA, RS 4/1291 (184) : III./SS-Pz.Gr.Rgt. « DF »/Verwaltung an Kdr. III./SS-Pz.Gr.Rgt. « DF », Betr. : Von den Kompanien an Verwaltung abgelieferte Beute, 14.5.1944; RS 4/1347 (59) : SS-Pz.Rgt.2 « DR » an I.-II. Abt., Pz.Flak-Kp., Pz.Werkst.Kp., Rgt.Stabskp., Betr. : Verteilung von beschlagnahmten Gütern, 3.6.1944. AJM, 548, liasse 7, dossiers 7 (1) & 16 (2). FOUCHÉ, *Oradour*, p. 154-55. DELARUE, *Crimes*, 4e partie, *passim*. Le produit de ce pillage est clairement

apparu lors de la fermeture de la poche de Falaise, au moment où les troupes polonaises ont surpris une colonne de la division « Das Reich » battant en retraite. FLORENTIN, *Stalingrad*, p. 430.

68. AJM, 554 : Lettre de M. C. Maurice à M. Nussy Saint Saëns, 4.2.1953.

69. VHA, 2.SS-Pz.Div., 266/81 : SS-Pz.Div. « DR »/VI, Pflichten u. Aufgaben während des Aufenthalts im Reichsgebiet, 16.1.1944.

70. NARA, RG 492/Entry ETO-MIS-Y Sect/Box 63 : FUSA, POW I Report, 29/30.12.1944 (#10).

71. À la 12e division SS par exemple, les vols commis par la troupe le 1er avril 1944 lors du massacre d'Ascq ont ensuite été dénoncés par l'encadrement. AJM, 371, liasse 1/2, D 3 (63-64) : 12.SS-Pz.Div. « HJ »/Pz.A.A., Sonderbefehl, 10.5.1944.

72. Sur la « perversion de la discipline » comme méthode de conduite de la troupe, cf. BARTOV, *L'Armée*, p. 93 et suiv.

73. VHA, 1.SS-Pz.Div., 3/1 : « LSSAH »/Ic, Feindnachrichtenblatt !, 30.7.1941.

74. Cf. chap. 15, p. 433-434.

75. SHULMAN, *Défaite*, p. 305. NARA, RG 165/Entry 179/Box 718 : PWIS (H)/KP/124, Report on German morale from Interrogation of PW passing through Kempton Park Camp 8 to 15.7.44, § 3-4. APC, RG 24, C 17, vol. 13645 : FCA, Message Form from G INT 23.8.1944, 23 h 00.

76. NARA, RG 165/Entry 179/Box 718 : PWIS (H)/KP/247, Report on German morale from Interrogation of PW passing through Kempton Park Camp 5-12.8.44, 12.8.1944, § 3. Kurt Meyer *in* NEITZEL, *Abgehört*, p. 412.

77. DICKS, *Psychological*, p. 75. FÜRBRINGER, « *Hohenstaufen* », p. 235-236.

78. AJM, 490, sous-liasse E « Déposition des Alsaciens-Lorrains » (370) ; liasse 2 « Information », sous-liasse F « Interrogatoires et confrontations » (403 & 407-410) ; liasse 3, sous-liasse « Forme » (15) ; « dossier général » (55) : notes d'audience, 4.7.1951. Interrogés par les services de contre-espionnage de l'Ob.West, les deux employés allemands alors présents à Tulle ont précisément décrit les mutilations observées sur les 29 corps de soldats allemands qu'ils ont eu à identifier. Quoique pouvant alors s'exprimer librement, ils n'ont à aucun moment mentionné de sévices sur les parties génitales des corps. Lors de l'instruction judiciaire, le médecin du bataillon de sécurité en garnison à Tulle a formellement démenti que les corps des soldats allemands aient porté des mutilations. BAMA, RH 19-IV/141 (236) : Anl. zu Leitstelle III West für Frontaufklärung, Ic 1840/44 offen, Abschrift/Eidesstattliche Erklärung, 21.6.1944. AJM, 491, liasse 1, sous-liasse D « Information (source allemande) » (269-70) : PV d'audition du Dr Heinz S., 4.12.1946.

79. SHILS, « Cohésion », p. 51, 59.

80. NARA, RG 492/Entry ETO-MIS-Y Sect/Box 63 : FUSA, POW I Report, 26/27.1.1945 (#5).

81. SHILS, « Cohésion », p. 59. Cf. chap. 30.

82. MEYER, H., *Kriegsgeschichte* (I), p. 353. Report of the Court of Inquiry : Shooting of POW by German Armed Forces at Château d'Audrieu, Normandy, 8 June, 1944, 11-16.7.1944, III, exhibit n° 12, p. 1-3.

83. Otto Kahn, SS-Hstuf. u. Kp.Chef à Monsieur H., 3.7.1944 (copie d'une traduction en possession de l'auteur).

20. Cohésion et esprit de corps

1. BAL, NS 19/1669 (73-74) : Insp.d.SS-VT, Vortragsnotizen für Gruf.-Besprechung am 23.1.39, 18.1.1939. Sur la volonté d'être une élite, cf. HIMMLER, *Geheimreden*, p. 28 (8.11.1938).

2. Déposition du témoin P. Hausser, TMI (XX), audience du 5.8.1946, p. 388.

3. L'avidité de reconnaissance des formations SS se révèle à travers de nombreux signes. Cela est particulièrement flagrant à la division « Totenkopf » qui était la seule à ne pas avoir encore subi le baptême du feu. BAL, SSO 100 (Kurt BRASACK, 6.4.1892) : SS-T-Art.Rgt., Rgt.-Befehl, Ein Rückblick auf unsere Kriegszeit in Frankreich v. 17. Mai bis heute, 29.6.1940. BAMA, RS 3-3/2 (23-26/verso) : SS-T-Div., KTB 2 (22-23.5.1940); RS 3-3/23 (33/verso) : SS-T-Div./Verwaltungsdienste, KTB 1 (28.6.1940); RS 4/1215 (308) : verst.LSSAH, Rgt.-Befehl, 25.6.1940. VHA, 1.SS-Pz.Div., 2/1 : Abschrift aus dem KTB des III./LSSAH über den Einsatz im Westen, p. 3. STEIN, *Waffen SS*, p. 108.

4. TMI (XXIX), PS-1918, p. 100.

5. BAL, NS 34/15 (n.f.) : Sta[ffel] Rttf. K. Lilienthal, Fp.Nr.22135 B, Verehrter Hauptsturmführer!, 26.10.1940, p. 3-4.

6. Les procès-verbaux des cérémonies de cooptation figurent dans la plupart des dossiers personnels des cadres SS promus officiers dans les années 1930. Cf. par exemple BAL, SSO 36 A (Helmut GROSS, 17.10.1906) : Vorschlagsprotokoll des Führerkorps der LSSAH, 22.8.1935 ; SSO 216 A (Otto KRON, 28.2.1911) : *ibid.*, KL Dachau, 3.4.1935 ; SSO 319 A (Karl MILIUS, 19.8.1911) : *ibid.*, SS-« N », Dachau, 9.10.1936. On aura un bon aperçu des liens entre ces officiers à travers la correspondance privée du commandant du régiment « Deutschland » en 1942 et 1943 (VHA, 2.SS-Pz.Div., 104/27). Cf. aussi VHA, 1.SS-Pz.Div., 13/4 : Durchgangsfernschreiben, an Pz.A.A. LSSAH, 20.12.1943, 14.15 Uhr ; SS-Nachr.Stelle « NW », 4/1 : FS 780, 4.SS-T-St. « Ostmark », den Haag, an Kdr. III./14.SS-T-St., über KL Buchenwald, 29.11.1940, 21.10 Uhr.

7. Cf. les témoignages des généraux Heusinger et von Manteuffel sur l'attrait stimulant de l'uniforme éprouvé par Hitler et son importance pour forger un esprit de corps. HEUSINGER, *Hitler*, p. 108-09. LIDDELL HART, *Généraux*, p. 118.

8. L'interpellation des membres présents ou passés des unités en tant que « Deutschländer », « Wikinger » et autres « Frundsberger » en est une preuve. VHA, 2.SS-Pz.Div., 104/27 : SS-Pz.Gr.Rgt. « D »/Kdr. an Kdr. SS-Kradsch.-Btl.2, 25.4.1943. BAL, SSO 100 (Kurt BRASACK, 6.4.1892) : SS-Div. « Wiking »/Kdr., Wikinger!, 26.11.1941. BAMA, RS 3-10/16 : 10.SS-Pz.Div. « F »/Kdr., Frundsberger!, 10.5.1944. L'ordre de Hitler d'enlever leurs bandes de bras aux divisions de la 6e armée blindée SS après leur échec en Hongrie a été ressenti comme une véritable humiliation par la troupe. FRÖLICH, *Goebbels* (II, 15), p. 404 (28.3.1945). STEIN, *Waffen SS*, p. 246/n 69. Sur l'impact de la bande de bras comme moyen d'identification et conscience d'appartenir à une même communauté, voir aussi la brève allusion d'un ancien officier de la division « Großdeutschland », l'une des rares formations de l'armée de terre à en porter une. SPAETER, *Großdeutschland* (I), 429-30. Sur les bandes de bras des formations SS, cf. MOLLO, *Uniforms*.

9. Voir le cas de la « division blindée parachutiste " Hermann Göring " ». Grâce à son titre et à son nom, cette formation de la *Luftwaffe* disposait d'une réputation que ne justifiait pas sa valeur réelle. SENGER UND ETTERLIN, *Panzer*, p. 121-22.
10. DICKS, *Psychological*, p. 40.
11. LEHMANN, *Leibstandarte* (I), p. 267-68. WEIDINGER, « *Das Reich* » (II), p. 322-23.
12. TESKE, *Bewegungskrieg*, p. 140-41.
13. Voir l'empressement à combattre manifesté au second semestre 1940 par la division « Totenkopf » ou par les cadres des écoles SS d'officiers, « touchés et malades » lorsque le commandant de l'une des deux écoles a déclaré que seuls avaient le droit d'enseigner ceux qui s'étaient distingués au combat en Pologne ou à l'ouest. Par ailleurs, au sein du corps des officiers SS, les esprits surchauffés ont conduit à cette époque à une multiplication d'accusations de lâcheté au combat. Le SS-FHA a dû réagir avec vigueur pour enrayer ce phénomène en brandissant la menace de l'exclusion, d'autant plus que les enquêtes menées blanchissaient toutes sans exception les officiers incriminés. BAL, NS 19/2330 (1-2) : SS-T-Div./Kdr. an RF-SS, 41/40 g.K., 20.11.1940; SSO 324 A (Cassius Fhr. v. MONTIGNY, 28.10.1890) : SS-JS Braunschweig/Kdr. an SS-PHA, 26.8.1940 (cit.); NS 19/3666 (278) : SS-FHA an RF-SS, Betr. : Ansprache an Führer d.W-SS am 18.12.40, 17.12.1940, § 10.
14. BAMA, RS 3-2/3 (6 & 9-10) : Kdo.Stab SS-Div. « R », KTB (27 [cit.]-28.3., 4. & 6.4.1941).
15. *Ibid.* (fol. 13, 11.4.1941, 9.00 Uhr).
16. *Ibid.* (fol. 13-17, 11-13.4.1941). BAMA, RS 3-2/3 (26) : Bericht über den Marsch der SS-Div. « R » von Frankreich nach Rumänien u. den Einsatz am 11. u. 12.4.41 nördl. Belgrad, s.d. (1941). Cf. aussi les éloges reçus par la « LSSAH » pour son action en Grèce. BAMA, RS 4/1240b : Gen.Kdo. (mot) XXXX.AK., Tagesbefehl, 12.4.1941; *ibid.*, 23.4.1941.
17. WEIDINGER, « *Das Reich* » (II), p. 473-529. KRÄTSCHMER, *Ritterkreuzträger*, p. 425.
18. En tant que commandant de la 9e armée, le général Model a même dédié le 31 mai 1942 à la division le passage consacré par Clausewitz à l'audace (« Von der Künheit ») dans son ouvrage *Vom Kriege*. VHA, 2.SS-Pz.Div., 7/2 : SS-Div. « R »/ IIa, Div.-Sonderbefehl, 17.6.1942 ; 2.SS-Pz.Div., 11/2 : SS-Div. « R »/IIa, Div.-Tagesbefehl Nr.18/42, 15.6.1942, § 1; *ibid.*, Nr. 22/42, 30.6.1942, § 2.
19. BAMA, RS 4/1293 (217) : SS-Pz.Div. « DR »/VI, Jelna : Name für einen Sieg, 8.7.1944.
20. Cf. la série d'ordres du jour édités au printemps 1941 et commémorant comme un éphéméride les combats de l'année précédente *in* VHA, 3.SS-Pz.Div., 2/1.
21. BAL, NS 19/3496 : OKH, Betr. : Vorfall SS-Ostuf. Stürzbecher/Hptm. i.G. Schulz, Gen.Kdo. XXVIII.AK. 17.8.1941 (avec en copies jointes les différentes pièces du dossier, fol. 43-48).
22. SYDNOR, *Soldiers*, p. 226, 229.
23. BAL, NS 19/2440 (2) : KB-Kp./3. Zug an SS-Hstuf. u. Kp.Chef G. d'Alquen, Geheim ! Vertraulich, 5.12.1941.

NOTES *(chapitre 20)* 995

24. Cf. une chanson publiée dans le journal de l'unité en février 1941 et intitulée le « chemin de la victoire de la *Leibstandarte* ». Le premier couplet commençait ainsi : « Dans la paix en tant que soldats noirs – sommes nous très bien connus. – Nous portons l'étendard du Führer – Et sommes d'après lui nommés. » VHA, 1.SS-Pz.Div., 19/5 : « Der Siegesweg der Leibstandarte », *Bierzeitung*, 4.2.1941.

25. BAMA, RS 3-1/31 : SS-Pz.Gr.Div. « LSSAH »/Ia, KTB 6 (21.10.1942, 9.20 Uhr). La concurrence en tant que « garde du Führer » n'est pas mieux apparue qu'au lendemain de l'attentat du 20 juillet 1944, lorsque les membres de la « LSSAH » voulaient être seuls à assurer la protection de Hitler à Rastenburg. Des échauffourées se sont produites dans la nuit avec le « bataillon d'escorte du Führer ». Le conflit a été résolu par un *modus vivendi* avec la subordination d'une compagnie SS au sein de ce bataillon de l'armée de terre. SPAETER, *Großdeutschland* (2), p. 588-89.

26. BAL, NS 19/3665 (55-56) : CdSSHA an RF-SS, 228/41 g.K., Betr. : Besprechung OKW, 8.12.1941 (cit.). Cf. chap. 9, p. 237-238.

27. BAL, SSO 57 (Alfons BENZ, 22.9.1914) : 10.SS-Div. (Pz.Gr.Div.), Beurteilung, 1.7.1943 ; 10.SS-Div. (Pz.Gr.Div.)/Kdr. an RF-SS/Pers.Stab, 269/43 g, 4.8.1943.

28. G. Stein, notamment, a largement accrédité cette idée dans son ouvrage paru au milieu des années 1960. STEIN, *Waffen SS*, chap. 8, p. 212 et suiv. Cf. *infra* notre remise en cause de ce mythe (chap. 22).

29. VHA, 2.SS-Pz.Div., 33/8 : SS-Div. « R »/Ia an Stellv.Gen.Kdo. XI.AK. (WK XI) Hannover, 121/42 g, Betr. : Stimmungsbericht, 16.5.1942, § II, 3.

30. SPAETER, *Großdeutschland* (II), p. 149. KLAPDOR, *Panzerregiment 5*, p. 13. Plus généralement, les blindés suscitaient un orgueil évident au sein de la troupe. BAMA, RS 3-12/40 : K. Meyer, H. Meyer, Der Einsatz der 12.SS-Pz.Div. « HJ » [...] v. Juni bis Sept. 1944, p. 7. KLAPDOR, *Invasion*, p. 218. SHULMAN, *Défaite*, p. 140. DONNHAUSER, *11. Panzer-Division*, p. 132, 137.

31. BAL, SSO 71 A (Paul HAUSSER, 7.10.1880) : Gen.Kdo. SS-Pz.Korps/KG, Reichsführer, Pfingsten 1943.

32. Cf. chap. 22.

33. SHILS, « Cohésion », p. 51-54.

34. BAMA, RS 4/1457 (2) : 2.SS-Pz.Div. « DR »/Ia/VI, Befehl über die weltanschauliche Erziehung im Rahmen der Neuaufstellung der Div., 9.3.1944 (cf. aussi les fol. 7, 8/verso, 10 & 12/verso). Au printemps 1942, le commandant de la division avait déjà déclaré que les anciens comme les recrues devaient suivre l'exemple des soldats de la division tués au combat. VHA, 2.SS-Pz.Div., 11/2 : SS-Div. « R », Tagesbefehl, SS-Männer !, am Führers Geburtag 1942. Cf. aussi MESSENGER, *Gladiator*, p. 145.

35. BAKO, All.Proz. 21/47 (n.f.) : G-E. Wisliceny, Bericht über den Aufenthalt des SS-Pz.Gr.Rgt.3 « D » im Südfranzösischen Raum im Jahre 1944, s.d. (aprèsguerre), p. 2.

36. BAL, NS 33/148 (105) : SS-FHA/Id, II/650/43 g, Verteiler : E.-Einheiten u. Schulen, nachr. : Kdo.Stab RF-SS, SS-Freiw.Geb.Div. « Prinz Eugen », 9.SS-Div., 10.SS-Div., Betr. : Verhalten bei fdl. Pz.-Angriffen u. Ausbildung in der Pz.-Nahbekämpfung, 29.1.1943, § I, 4.

37. BAL, NS 19/218 (12) : AR 524 an SS-HA, 21.4.1938 (Errichtung eines E.-Amtes), § e.
38. BAL, NS 19/4009 (67/verso) : Rede des RF-SS am 19.6.1942 vor dem Führerkorps der Div. « R » ; NSD 41/5 : SS-HA/VI, Nachrichtendienst zur Führung der WE, Nr.8, April 1944, p. 31-32. IHTP, MF 225 (333154) : 2.SS-Pz.Div. « DR »/Kdr., Div.-Tagesbefehl, 4.7.1944. IN 'T VELD, *SS* (I), p. 383. C'est par exemple Himmler qui a personnellement défini l'insigne divisionnaire de la 17ᵉ division SS (un poing de fer rappelant la prothèse portée par Götz von Berlichingen). BAMA, RS 3-17/1 : 17.SS-Pz.Gr.Div., KTB 1 (24 & 26.12.1943).
39. BAMA, RS 3-3/5 (258-60) : SS-T-Div./Kdr./Ic an Kdre. der SS-T.Div., 24.7.1940 ; RS 3-10/16 : 10.SS-Pz.Div. « F »/Kdr., Frundsberger !, 10.5.1944 ; RS 4/1276 (n.f.) : SS-Pz.Gr.Rgt.2/LSSAH, Rgt.-Befehl Nr.14, 26.5.1944, § 11. VHA, 2.SS-Pz.Div., 11/2 : SS-Div. « R »/IIa, Div.-Tagesbefehl Nr.12/42, 22.5.1942, § 13 ; 2.SS-Pz.Div., 262/79 : SS-Wirtschafts-Btl.2/VI an SS-Div. « DR »/VI, Betr. : Monatsbericht Okt. 1942, 31.10.1942, § III. BAL, NS 31/434 (1-4) : SS-HA/C I an Hauptabt. 7, Betr. : Div.-Schrift « Hohenstaufen », 14.2.1945. EGE, *Damals*. SS-KB-Zug der 10.SS-Pz.Div. « F », *Dran, drauf, durch*. BAMA, RS 2-2/1 : Gen.Kdo. I.SS-Pz.Korps/Kartenstelle, SS-Pz.-Korps in der Schlacht zwischen Donez u. Dnjepr, s.d. (1943). À la fin de la guerre, la HJ a aussi édité un agenda de poche pour encourager les soldats de la 12ᵉ division SS à y consigner les faits d'armes en vue de publier un futur historique de l'unité. Bibliothèque de la Helmut-Schmidt-Universität (Hamburg), cote MIL 058 : Y0073.
40. BAMA, RS 3-12/20 : 12.SS-Pz.Div. « HJ »/IVa, 24.2.1944 (Zusatz : Pz.Pi.Btl., 8.3.1944).
41. En cela, l'écart entre les sommes versées par les deux régiments de la 17ᵉ division SS au début de 1945 représentait bien la différence de leur valeur morale. Le premier, dans lequel étaient amalgamés les vétérans des deux régiments d'infanterie originaux, a donné le double du second, composé de nouvelles recrues et de *Volksdeutsche*. L'absence de combativité de ces derniers a valu à ce régiment un cuisant revers à la même époque. BAMA, RS 3-17/48 : 17.SS-Pz.Gr.Div. « GvB »/IIa, Div.-Tagesbefehl Nr.30, 20.2.1945.
42. VHA, 2.SS-Pz.Div., 11/2 : SS-Div. « DR »/IIa, Div.-Tagesbefehl Nr.23/42, 7.7.1942, § 13.
43. Avec plus de 862 000 RM rassemblés en quatorze jours, la division, alors engagée devant Moscou et forte de 11 000 hommes, a offert beaucoup plus que la population de la plupart des villes et provinces allemandes, donnant pratiquement autant qu'une agglomération comme Vienne, qui figurait pourtant parmi les plus généreuses. Au cours de l'hiver suivant (1942-43), la division a offert 1,5 million de RM. BAMA, RS 4/1346 (67) : 2.SS-Pz.Div. « DR »/VI, Sonderbefehl, Betr. : Kriegswinterhilfswerk 20.3.1944. BAL, NS 19/3372 (24) : Hauptamt für Volkswohlfahrt/Organisationsamt/Hauptstelle Statistik, Kriegs-WHW 1941/42, 5. Reichs-Straßensammlung (vorläufiges Ergebnis), abgeschlossen am 11.2.1942.
44. Le 23 avril 1944, le Iᵉʳ corps d'armée blindé SS a ainsi délégué le commandant du 12ᵉ régiment blindé SS pour remettre à Hitler, à l'occasion de son anniversaire, un chèque de près de 2,5 millions de RM offerts à l'« Œuvre d'aide hivernale de guerre ». *Völkischer Beobachter* du 23.4.1944 *in* BAL, SSO 14 C (Max

WÜNSCHE, 20.4.1914). À l'automne 1942, la division « Das Reich » a également songé à envoyer une délégation à Berlin pour remettre le produit de sa collecte. Le don de la 17ᵉ division SS pour les populations allemandes évacuées à l'est lui a valu les remerciements de Goebbels. VHA, 2.SS-Pz.Div., 47/13 : SS-Div. « DR »/VI, Div.-Sonderbefehl, Betr. : Kriegswinterhilfswerk, 1942/43, 18.11.1942. BAMA, RS 3-17/48 : 17.SS-Pz.Gr.Div. « GvB »/IIa, Div.-Tagesbefehl Nr.30, 20.2.1945.

45. À la 2ᵉ division SS par exemple, 80 % de la prime de front (1,10 RM par jour) étaient automatiquement prélevés à la source pour l'« Œuvre d'aide hivernale de guerre » en janvier 1945, sans l'assentiment des individus. NARA, RG 492/ Entry ETO-MIS-Y Sect/Box 63 : FUSA, POW I Report, 15/16.1.1945 (#6). Cf. aussi VHA, 1.SS-Pz.Div., 13/4 : 1.SS-Pz.Div. « LSSAH », Sonderbefehl, 15.12.1943 ; 2.SS-Pz.Div., 38/10 : Gen.Kdo. I.SS-Pz.Korps/IIa, Korps-Tagesbefehl Nr.10/43, 14.5.1943, § 43 ; 2.SS-Pz.Div., 98/26 : 3.SS-Rgt. « D »/IIa, Rgt.-Tagesbefehl Nr.116/42, 8.10.1942, § 2. BAKO, All.Proz.8/JAG 1 : Trial of SS-Brigf. K. Meyer, 10-28.12.1945, p. 552-53 (Answer 2521). BAMA, RS 2-2/8 (167) : Gen.Kdo. SS-Pz.Korps/Qu, Besondere Anordnungen für die Versorgung Nr.12, 28.8.1942, § 4 ; RS 5/298 (n.f.) : V./SS-Art.A.u.E.Rgt./Ia, Abt.-Befehl Nr.30/44, 26.8.1944 ; RS 3-17/6 : Anl. 104, 17.SS-Pz.Gr.Div. « GvB »/Kdr., SS-Männer !, 20.3.1944 ; RS 3-17/48 : 17.SS-Pz.Gr.Div. « GvB »/VI, Div.-Sonderbefehl !, 19.1.1945. MESSENGER, *Gladiator*, p. 115. STÖBER, *Sturmflut* (II), p. 476. KLEMPERER, *LTI*, p. 64.

46. FRÖLICH, *Goebbels* (II, 12), p. 184 (26.4.1944).

47. VHA, 12.SS-Pz.Div., 4/1 : SS-Pz.Gr.Rgt.26/Kdr., Gefechtsbericht über die Abwehr der fdl. Angriffe am 11.6.44 b. II./26 u. SS-Pz.Pi.Btl.12, 12.6.1944. APC, RG 24, C 17, vol. 13645 : Appendix B to FCA, ISN 45, 13.8.1944 (Extracts from German Letters), § 2, a. BAMA, RS 3-12/40 : K. Meyer, H. Meyer, Der Einsatz der 12.SS-Pz.Div. « HJ » [...] v. Juni bis Sept. 1944, p. 21.

48. Le lien « extraordinaire d'amitié et de camaraderie » liant les commandants de deux régiments de la division apparaît nettement à travers une directive promulguée par l'un d'eux. BAMA, RS 4/1352 (33) : 12.SS-Pz.Div. « HJ »/SS-Pz.Rgt.12/Kdr., Sonderbefehl, An alle Führer !, 24.3.1944.

49. Le commandant de la division rapportait ainsi avoir dû intervenir pour séparer deux jeunes grenadiers SS qui se disputaient en première ligne alors qu'un char allié s'approchait dangereusement de leur position. Interrogés sur le motif de la querelle, les deux adolescents avaient déclaré se disputer le privilège de tirer sur le blindé. « Sie nennen sie " Crack-Babies " : SS-Panzerdivision " Hitler-Jugend " », in *Signal 1939/45 : Eine kommentierte Auswahl* (5), s.f. Cf. chap. 14, p. 405-406.

50. BAMA, RS 4/1352 (28) : 12.SS-Pz.Div. « HJ »/SS-Pz.Rgt.12, Sonderbefehl Nr.8/44, 6.3.1944. VHA, 12.SS-Pz.Div., 4/1 : 12.SS-Pz.Div. « HJ »/Kdr., Sonderbefehl !, Betr. : Unsoldatisches Benehmen u. Disziplinlosigkeit, 10.6.1944. NARA, RG 165/Entry 179/Box 718 : PWIS (H)/73 : Interrogation Report on 2 PW from Stabskp/SS Pz AA 12 (SS Pz Div 12) [...] captured near Caen on 7.6.1944.

51. VHA, 12.SS-Pz.Div., 36/4 : SS-Pz.Inst.Abt.12, KTB (2.8.1944). CONTAMINE, « Souvenirs », p. 145. TOUTAIN, *Caen*, p. 27. BENAMOU, *Bataille*, p. 133. Sur l'émancipation de la jeunesse allemande, en particulier celle des villes,

cf. BOBERACH, *Meldungen* (12), Nr.347 (4.1.1943), p. 4623-25. À quatre années d'intervalle, on retrouvait le même processus qui s'était auparavant produit au sein de la « LSSAH » au cours de la campagne à l'ouest. BAMA, RS 4/1215 (276) : verst.LSSAH, Rgt.-Befehl, 25.5.1940.

52. BAKO, All.Proz.8/JAG 1 : Trial of SS-Brigf. K. Meyer, 10-28.12.1945, p. 552 (Answer 2521).

53. BAL, SSO 319 A (Karl MILIUS, 19.8.1911) : 12.SS-Pz.Div. « HJ », Beurteilung z. 12.11.1944. Milius n'était pas issu de la « LSSAH », mais de la division « Totenkopf ».

54. BAMA, RS 3-10/4 (n.f.) : 10.SS-Pz.Div. « F »/Ia 1683/44 g, Div.-Sonderbefehl, 21.7.1944. Cf. aussi BAMA, N 756/159 : 10.SS-Pz.Div. « F »/Kdr., Div.-Sonderbefehl, 13.4.1944, § I.

55. VHA, 2.SS-Pz.Div., 33/8 : SS-Div. « R »/Ia an Stellv.Gen.Kdo. XI.AK. (WK XI), Hannover, 121/42 g, Betr. : Stimmungsbericht, 16.5.1942, § I ; SS-Ausb.Btl. z.b.V., 9/3 : B.d.W-SS Böhmen-Mähren/Ia, 259/43 g, Bericht aus den Kämpfen im Süd-Abschnitt Jan.-Feb. 1943, 16.3.1943, p. 4.

56. BAMA, RS 4/1271 (33) : LSSAH/II./2.Pz.Gr.Rgt. an Einheitsführer 6. Kp., Vertraulich !, 18.4.1943 ; RS 3-2/51 : A. Stückler, 2.SS-Pz.Div. « DR », p. 3.

57. STIMPEL, *Fallschirmtruppe – Westen*, p. 98 et suiv.

58. En cela, le processus d'intégration était en tout point similaire à celui relevé au sein de la 253ᵉ division d'infanterie. BAL, NS 19/3496 (15-35) : SS-T-Div./Kdr. an SS-FHA/KdW-SS, IIa 74/41 g, Betr. : Erfahrungen über den Nachersatz, 15.11.1941. RASS, « *Menschenmaterial* », p. 197 et suiv.

59. VHA, 9.SS-Pz.Div., 1/1 : SS-Pz.Gr.Div. « H »/Ia, 493/43 g, Betr. : Fahnenflucht, 14.4.1943 (cit.). BAMA, RS 3-10/7 (n.f.) : 10.SS-Div., 2./SS-StuG-Abt., Ausbildungsbericht, 23.2.1943. BAKO, All.Proz.8/JAG 1 : Trial of SS-Brigf. K. Meyer, 10-28.12.1945, p. 619 (Question-Answer 2857).

60. BAMA, RS 3-17/5 : Anl. 61a, Kdr.-Besprechung am 27.2.1944.

61. BAMA, RS 3-17/6 : Anl. 105, 17.SS-Pz.Gr.Div. « GvB »/Ia 473/44 g, Besondere Anordnungen für den Personal-Ersatz während des Einsatzes, 20.3.1944.

62. NARA, RG 165/Entry 179/Box 718 : PWIS (H)/KP/167 ; Box 719 : PWIS (H)/LDC/219, 223 & 321. APC, RG 24, C 17, vol. 13648 : FCA, ISN 152, II, 29.11.1944, p. 1. STIMPEL, *Fallschirmtruppe – Westen*, p. 176.

63. VHA, 2.SS-Pz.Div., 35/9-II : SS-Pz.Gr.Div. « DR »/Ia, Ia/240/43 g, Betr. : Erfahrungsbericht über Führung der SS-Pz.Gr.Div. « DR », 11.4.1943.

64. SHILS, « Cohésion », p. 55-56. BAMA, RS 3-17/9 : 17.SS-Pz.Gr.Div. « GvB »/Ia an RF-SS, Betr. : Personeller Zustand der Div., 17.7.1944 ; 17.SS-Pz.Gr.Div. « GvB »/Ia an CdSSFHA, 18.7.1944. Une carte des positions d'une compagnie de la division révèle ce phénomène. 14 fantassins et 6 équipes de fusiliers-mitrailleurs tenaient une portion de front de 290 mètres environ. L'intervalle entre les postes de combat étant inégal, les distances entre chacun de ces individus variaient de 3 à 50 m. En plein combat et après des pertes, la liaison à vue pouvait être facilement rompue dans le bocage. BAMA, RS 4/1443 : SS-Pi.Btl.17, Stellungsskizze der 3. Kp., s.d. (21.7.1944).

65. BAMA, RS 3-17/10 : Anl. 321, SS-Pz.Gr.Rgt.37, Meldung, 19.7.1944. Sur le processus de destruction des groupes primaires, cf. BARTOV, *L'Armée*, p. 53 et

NOTES (chapitre 20) 999

suiv. Les combats ne sont véritablement devenus intenses sur le front de la division qu'avec l'offensive américaine du 4 juillet. Auparavant, après la contre-attaque allemande sur Carentan et jusqu'à la prise de Cherbourg, il s'est davantage agi d'une guerre de positions, comme en témoigne la répartition des pertes de la division dans le temps du 6 juin au 15 juillet (12 % jusqu'au 15.6., 20 % du 16 au 30.6. et 68 % du 1er au 15.7.1944). BAL, NS 33/145 (49) : 17.SS-Pz.Gr.Div. « GvB », Ia 236/44 g.K., Meldung v. 15.6.1944. BAMA, RS 3-17/9 : 17.SS-Pz.Gr.Div. « GvB », Meldungen v. 1. u. 15.7.1944.

66. NARA, RG 165/Entry 179/Box 718 : PWIS (H)/KP/124, Report on German morale from Interrogation of PW passing through Kempton Park Camp, 8.7.1944, § 1 ; PWIS (H)/KP/207, *ibid.*, 30.7.1944, § 1 ; PWIS (H)/KP/247, *ibid.*, 12.8.1944, § 2.

67. APC, RG 24, C 17, vol. 13645 : FCA, ISN 63, 31.8.1944, II, p. 7.

68. Cette combativité se révèle à travers le fait que certains des soldats SS dépassés par l'avance alliée ont revêtu des vêtements civils (voire des uniformes britanniques) pour tenter de rejoindre leurs unités. Une centaine d'entre eux ont par ailleurs profité de ce périple pour saboter les câbles téléphoniques alliés. APC, RG 24, C 17, vol. 13645 : FCA, Message Form from G INT 23.8.1944, 23 h 00 ; FCA, ISN 55, 23.8.1944, I, p. 1.

69. APC, RG 24, C 17, vol. 13647 : FCA, ISN 93, 1.10.1944, II, p. 3. SHAT, 10 P 142-2 : MFIU#2, PWIB 2/19, 15.12.1944, § 4, p. 7. BAL, SSO 1 C (Günter-Eberhard WISLICENY, 5.9.1912) : 2.SS-Pz.Div. « DR »/IIa, Vorschlag Nr.3 für die Verleihung des Eichenlaubes zum RK des EK, 30.11.1944. FÜRBRINGER, « Hohenstaufen », p. 410 et suiv. LELEU, « *Frundsberg* » p. 162. TIEKE, *Feuersturm*, p. 283 et suiv. WEIDINGER, « *Das Reich* » (V), p. 328 et suiv. Plus généralement, cf. LUDEWIG, *Rückzug*.

70. NARA, RG 165/Entry 179/Box 718 : PWIS (H)/KP/247, Report on German morale from Interrogation of PW passing through Kempton Park Camp 5-12.8.44, 12.8.1944, § 5.

71. *Ibid.*, § 3 ; PWIS (H)/KP/207 (*ibid.*, 23-30.7.44), 30.7.1944, § 1 ; PWIS (H)/KP/305 (*ibid.*, 27.8.-2.9.44), 2.9.1944, § 5. STIMPEL, *Fallschirmtruppe – Westen*, p. 180-81.

72. Trois semaines après son engagement en Normandie, un soldat de la 10e division SS écrivait ainsi que « chacun doit endurer beaucoup ici. Je ne sais pas ce qui se passera si nous ne sommes pas bientôt relevés. Nous avons eu à peu près 20 tués et 60 blessés dans cette compagnie. [...] Ici, chacun doit avoir de bons nerfs pour continer à tenir en étant bombardé des heures, et qui peut s'arranger pour s'en sortir en vie est joliment chanceux. [...] La plupart des hommes commencent à perdre leurs cheveux à 19 ans. » APC, RG 24, C 17, vol. 13645 : FCA, ISN 30, 29.7.1944, II, p. 6. Cf. aussi BAMA, RH 19-IV/49 (43) : Ch.d.Gen.St. Ob.West an OKW/WFSt/Op. West, Ia 5223/44 g.K., 2.7.1944 ; RH 21-5/50 (288) : Aktennotiz, Besprechung mit stellv. Ch.d.WFSt., Gen.d.Art. [W]arlimont, am 3.8.1944. NARA, RG 165/Entry 179/Box 718 : PWIS (H)/KP/124, Report on German morale from Interrogation of PW passing through Kempton Park Camp 8-15.7.1944, § 6 ; PWIS (H)/KP/167. Lettre du maréchal von Kluge à Hitler du 21.7.1944, citée *in* OSE, *Entscheidung*, p. 336 (Anl. 16). APC, RG 24, C 17, vol. 13645 : FCA, ISN 51, II, 19.8.1944, p. 1-3.

73. BAMA, RH 10/113 (142) : Pz.Gr.West, Betr. : Stellungsnahme zu den Zustandsberichten v. 1.7.1944 ; RS 3-2/51 : A. Stückler, 2.SS-Pz.Div. « DR », p. 51 ; N 117/23 (86) : v. Ekesparre, Major i.G., Bericht über die Fahrt des OB H.Gr.B zur Pz.Gr.West u. LXXXVI.AK. am 16.7.44. 16.7.1944. APC, RG 24, C 17, vol. 13645 : FCA, ISN 36, 4.8.1944, II, p. 3 ; vol. 13751 : 2nd Cdn I.D., Summary # 7, 2.8.1944. NARA, RG 165/Entry 179/Box 718 : PWIS (H)/KP/95, Consolidated report on Interrogation of 22 PW of 1 Bn SS PGR 4 « DF », 2.7.1944 ; PWIS (H)/KP/124, Report on German morale from Interrogation of PW passing through Kempton Park Camp, 8.7.1944, § 4 ; PWIS (H)/KP/153, *ibid.*, 15.7.1944, § 2 ; Box 719 : PWIS (H)/LDC/108, Consolidated Report on 21 Alsatians of SS PGR 4 « DF », 13.7.1944 ; Box 721 : PWIS (H)/LF/275, 509 & 614. La 2e division blindée de l'armée a rencontré les mêmes problèmes avec les Alsaciens et certains Autrichiens dans ses rangs. BAMA, RH 10/141 : 2.Pz.Div./Ia 626/44 g.K., Meldung v. 1.7.1944, § 4 ; RH 27-2/108 : 2.Pz.Div./Kdr., 2615/44 g, Überläufer zum Feind/Feindflugblätter, 18.7.1944.

74. APC, RG 24, C 17, vol. 13645 : FCA, ISN 50, 18.8.1944, p. 1-2 ; ISN 53, II, 21.8.1944, p. 4-9. BAMA, ZA 1/177 (29-30) : Gen.d.Pz.Tr. Eberbach, Pz.Gr. Eberbach bei Alençon u. b. Durchbruch aus dem Kessel von Falaise, 7.2.1946. NARA, RG 492/Entry ETO-MIS-Y Sect/Box 62 : FUSA, PWI Report, 7/8.12.1944 (#4). BAL, SSO 119 B-120 B (Herbert SCHUSTER, 6.4.1915).

75. NARA, RG 165/Entry 179/Box 718 : PWIS (H)/KP/247, Report on German morale from Interrogation of PW passing through Kempton Park Camp 5-12.8.44, 12.8.1944, § 7. Cf. aussi APC, RG 24, C 17, vol. 13648 : FCA, ISN 149, 26.11.1944, II, p. 1-5.

76. BAMA, RS 3-10/33 (n.f.) : 10.SS-Pz.Div. « F », 6./Pz.Rgt. an II./SS-Pz.Rgt.10, Betr. : Ausbildungs-Abt., 7.8.1944.

77. BAMA, RH 20-7/145 : AOK 7, KTB (7.8.1944, 22.05 Uhr).

78. APC, RG 24, C 17, vol. 13649 : FCA, ISN 182, 29.12.1944, II, p. 7 ; vol. 13650 : FCA, ISN 188, 4.1.1945, II, p. 2-3. NARA, RG 492/Entry ETO-MIS-Y Sect/Box 63 : FUSA, POW I Report, 16/17.1.1945 (#1), 18/19.1.1945 (#7), 15/16.1.1945 (#6). HEIBER, *Lagebesprechungen*, p. 760 (29.12.1944), 781-82 (9.1.1945). Témoignage de W. Balbach (10e div. SS) in *Die Hellebarde*, vol. 6, 1983, p. 22. STIMPEL, *Fallschirmtruppe – Westen*, p. 337.

79. En dépit de l'aviation alliée, des ordres d'attaquer sans soutien d'armes lourdes et des renforts se composant d'Ukrainiens dont certains ne parlaient même pas un mot d'allemand, un chef de bataillon de la 9e division SS en était encore à rêver que si les Allemands disposaient d'une division entraînée et équipée, possédant le même élan qu'en 1939, les Alliés seraient rejetés à la mer. C'était d'ailleurs sa conviction le 7 janvier 1945 que cela se ferait un jour : « Je crois justement que nous n'avons jamais été aussi près de la victoire que maintenant. » APC, RG 24, C 17, vol. 13651 : FCA, ISN 218, 3.2.1945, II, p. 7-8 ; ISN 220, 5.2.1945, II, p. 8-9.

80. NARA, RG 492/Entry ETO-MIS-Y Sect/Box 63 : FUSA, POW I Report, 29/30.12.1944 (#10), 31.12.44/ 1.1.45 (#13) ; 9 SS Div (survey), 15/16.1.1945, p. 1.

81. *Ibid.* (dernière réf.), § C, 1-2 & 4-6, p. 7-8, 10-11.

82. On trouvera bon nombre d'exemples *in* NARA, RG 165/Entry 179/Box 716 : MU#1FID, PWIB 1/16, 11.12.1944 ; *ibid.*, 1/23, 10.1.1945 ; *ibid.*, 1/28, 20.1.1945 ;

NOTES *(chapitre 20)* 1001

RG 492/Entry ETO-MIS-Y Sect/Box 62 : FUSA, PWI Report, 28/29.11.1944 (#19), 18/19.12.1944 (#10), 19/20.12.1944 (#3) ; Box 63 : FUSA, POW I Report, 20/21.12.1944 (#1), 21/22.12.1944 (#1), 22/23.12.1944 (#8), 24/25.12.1944 (#4), 25/26.12.1944 (#5 & 15). TIEKE, *Feuersturm*, p. 382-83.

83. BAMA, RS 3-17/27 : 17.SS-Pz.Gr.Div./VIa an Gen.Kdo. [XIII.SS-AK.]/VIa, Betr. : Elsäßer u. Lothringer, Erfahrungsbericht, 6.1.1945. NARA, RG 165/Entry 179/Box 716 : MU#1FID, PWIB 1/28, 20.1.1945, § 1, p. 3.

84. Ainsi, un caporal de la *Luftwaffe* âgé de 21 ans déclarait s'être porté volontaire pour la *Waffen-SS* « car il admirait à la fois la SS et Himmler ». Mais après avoir été lui-même témoin des exactions commises par son bataillon (appartenant à la 9e division SS), il avait radicalement changé son point de vue et désirait depuis « combattre les SS par tous les moyens disponibles ». NARA, RG 492/Entry ETO-MIS-Y Sect/Box 63 : FUSA, POW I Report, 20/21.1.1945 (#12).

85. NARA, RG 492/Entry ETO-MIS-Y Sect/Box 63 : FUSA, POW I Report, 15/16.1.1945 (#6). APC, RG 24, C 17, vol. 13650 : FCA, ISN 205, 21.1.1945, II, p. 6.

86. APC, RG 24, C 17, vol. 13649 : FCA, ISN 174, 21.12.1944, II, p. 6 ; vol. 13650 : FCA, ISN 206, 22.1.1945, II, p. 7. NARA, RG 492/Entry ETO-MIS-Y Sect/Box 63 : FUSA, POW I Report, 20/21.12.1944 (#1), 21/22.12.1944 (#1, 5 & 6), 27/28.12.1944 (#8), 31.12.1944/1.1.1945 (#14), 5/6.1.1945 (#10) ; Box 64 : First Army, From the Bulge to the Rhine (Diary of an Austrian Anti-Nazi), 12/13.3.1945, p. 17 ; RG 165/Entry 179/Box 716 : MU#1FID, PWIB 1/28, 20.1.1945.

87. NARA, RG 492/Entry ETO-MIS-Y Sect/Box 63 : FUSA, POW I Report, 20/21.12.1944 (#1), 21/22.12.1944 (#1, 2 & 6), 22/23.12.1944 (#8), 27/28.12.1944 (#3), 8/9.1.1945 (#4), 14/15.1.1945 (#12), 16/17.1.1945 (Summary), 20/21.1.1945 (#11), 26/27.1.1945 (#5) ; RG 165/Entry 179/Box 716 : MU#1FID, PWIB 1/23, 10.1.1945.

88. NARA, RG 492/Entry ETO-MIS-Y Sect/Box 63 : FUSA, POW I Report, 20/21.1.1945 (#2).

89. *Ibid.*, FUSA, POW I Report, 14.1.1945 (Summary).

90. BAMA, RS 3-17/28 : Entwurf, 17.SS-Pz.Gr.Div. « GvB »/1. Gen.Stabsoffz., Entschluß/Aufgabe Achen (In Anlehnung an Vorstoß des SS-Pz.Gr.Rgt.38 auf Achen am 3.1.45, 29.1.1945) ; RS 3-17/26 : Verluste an Waffen in der Zeit v. 1-5.1.1945 (s.d.) ; RS 3-17/27 : 17.SS-Pz.Gr.Div. « GvB »/Kdr., 104/45 g, Div.-Sonderbefehl Nr.68, 17.1.1945 ; RS 3-17/28 : 17.SS-Pz.Gr.Div. « GvB »/Ia, 18.1.1945 ; RS 3-17/31 : 17.SS-Pz.Gr.Div. « GvB »/Ia, 604/45 g, an Gen.Kdo. XIII.SS-AK., Betr. : Erfahrungsbericht, 1.3.1945 ; 17.SS-Pz.Gr.Div. « GvB »/Kdr. an KG des XIII.SS-AK., Ia 610/45 g, 3.3.1945.

91. BAL, NS 19/3670 : RF-SS/BdE an SS-Ogruf. Jüttner, 30.12.1944.

92. APC, RG 24, C 17, vol. 13654 : FCA/GSI, Special Interrogation of Gen.Lt. E. Feuchtinger, Commander 21 Pz Div (6.6.-25.8.1944), § 23, p. 7 (cit.). STACEY, *Campagne*, p. 140. STIMPEL, *Fallschirmtruppe – Westen*, p. 517/n 81. TOUTAIN, *Caen*, p. 33-34.

93. BAMA, ZA 1/827 (8) : K. Brenner (SS-Gruf.), Die 6.SS-Geb.Div. « Nord » u. ihr Anteil an der Operation « Nordwind », Nord-Elsaß, 1-25.1.45, März 1947. KTB-OKW/1940-41 (2), p. 429 (7.7.1941). STEIN, *Waffen SS*, p. 146-47. Suite à la polémique sur le comportement inégal de ses troupes face aux blindés franco-anglais à Arras en mai 1940, Eicke a écrit en août suivant qu'il « eût mieux valu pour nous tous que cela ait été passé sous silence ». LELEU, « Totenkopf », p. 832.

94. BAL, NS 19/2440 (2) : KB-Kp./3. Zug an SS-Hstuf. u. Kp.Chef G. d'Alquen, Geheim ! Vertraulich, 5.12.1941.
95. VHA, 2.SS-Pz.Div., 46/12 : 8./SS-Rgt. « D »/Chef, Erfahrungsbericht, 24.4.1942, p. 4 ; SS-Pz.Abt.2/Kdr. an Div. « R »/Ia, Betr. : Erfahrungsberichte, 28.4.1942, p. 1.
96. VHA, SS-Ausb.Btl. z.b.V., 9/3 : B.d.W-SS Böhmen u. Mähren/Ia, 259/43 g, Bericht aus den Kämpfen im Süd-Abschnitt Jan.-Feb. 1943, 16.3.1943, p. 3.
97. SCHMÜCKLE, *Pauken*, p. 62.
98. BAL, NS 19/4010 (14-15) : Rede des RF-SS Himmler in Charkow, April 1943.
99. BAL, NS 19/3871 (33) : CdSSHA an RF-SS, 390/43 g.K., Betr. : Vortrag Gen. Schmundt bei RF-SS, 18.4.1943.
100. NARA, RG 165/Entry 179/Box 718 : PWIS (H)/KP/207, Report on German morale from Interrogation of PW passing through Kempton Park Camp 23-30.7.44, 30.7.1944, § 5.
101. DICKS, *Psychological*, p. 68. À noter que les troupes allemandes (et donc SS) ne s'étaient pas posé cette question lors des premières campagnes de la guerre. L'attaque franco-britannique à Arras en 1940 avait pourtant été par exemple brisée par l'artillerie lourde et l'aviation en piqué allemandes. À lire le journal de marche d'une compagnie de la division « Totenkopf », on a ainsi l'impression que la moindre opposition un tant soit peu sérieuse rencontrée dans le nord de la France a été brisée par les *Stukas* qui ont véritablement fait office d'artillerie volante et ont ouvert le passage aux colonnes allemandes. VHA, 3.SS-Pz.Div., 21/6 : 2./SS-I.R.2, KTB (20-21.5.1940). BAMA, RS 3-3/23 (29) : SS-T-Div./Verw.-Dienste, KTB 1 (6.6.1940, « Erfahrungen »).
102. Voir toute la gamme d'explications avancées par les parachutistes allemands pour expliquer les revers à l'ouest et déculpabiliser les troupes combattantes : un « mur de l'Atlantique » qui n'aurait jamais été percé mais « enjambé » par les Alliés, ses défenseurs neutralisés par sabotage, une armée à l'ouest ramollie par quatre années d'occupation, un état-major corrompu, des troupes allemandes frappées dans le dos par des « terroristes français », le *Westwall* compromis par des sabotages délibérés, etc. APC, RG 24, C 17, vol. 13652 : FCA, ISN 271, 28.3.1945, II, p. 2. Il est également très révélateur de relever les références régulières aux trahisons dans l'ouvrage du vétéran de la division « Großdeutschland ». SPAETER, *Großdeutschland* (II & III), *passim*.
103. VHA, 2.SS-Pz.Div., 33/8 : SS-Div. « R »/Ia an Stellv.Gen.Kdo. XI.AK. (WK XI) Hannover, 121/42 g, Betr. : Stimmungsbericht, 16.5.1942, § I, p. 1 (cit.). DICKS, *Psychological*, p. 50.
104. TMI (XXIX), PS-1918, p. 100. BAL, NS 19/4010 (8) : Rede des RF-SS Himmler in Charkow, April 1943.
105. BAMA, RH 19-IV/133 (113) : Oblt. Heilmann, Meldung über die Fahrt zur 7.Armee v. 15-18.6.44, 18.6.1944, § 7. STIMPEL, *Fallschirmtruppe – Westen*, p. 177-78.
106. Voir par exemple comment Meyer a invoqué une pénurie de carburant et s'est défaussé sur la 21e division blindée pour expliquer l'échec de sa contre-attaque menée le 7 juin 1944. Plus généralement, Meyer s'est systématiquement servi des

formations d'infanterie qui avaient combattu aux côtés de sa division comme faire-valoir et boucs émissaires. C'est par exemple à la 16ᵉ division de campagne de la *Luftwaffe* qu'il a implicitement attribué la perte de Caen. Outre que, de l'aveu des responsables du front, cette division a honorablement combattu dans la limite de ses moyens, c'était oublier un peu vite que la ligne de front de la 12ᵉ division SS a également cédé le 8 juillet, alors que l'artillerie et le groupe de lance-fusées divisionnaires tiraient salve sur salve pour tenter de bloquer l'infanterie et les blindés britanniques. Contrairement aux troupes SS en d'autres occasions, ceux-ci ne se sont pas laissé impressionner par cette formidable concentration de feu qu'ils ont franchie. VHA, 12.SS-Pz.Div., 1/1 : SS-Pz.Gr.Rgt.25, KTB (entrées du 8.7.1944, p. 68-73). APC, RG 24, C 17, vol. 13654 : FCA/GSI, Special Interrogation of Brigf. K. Meyer, Commander 12 SS Pz Div « HJ » (6.6.-25.8.44), 24.8.1945, p. 4. MEYER, *Grenadiere, passim*. BAMA, RS 3-12/40 : Der Einsatz der 12.SS-Pz.Div. « HJ » [...] v. Juni bis Sept. 1944, p. 22-23, 50-52, 61, 69 ; RH 19-IV/141 (66) : Oberstltnt. i.G. Meyer-Detring, Ic 2153/44 g.K., Bericht über die OB-Besprechung am 20.7.44 auf dem Gef.St. der Pz.Gr.West, 22.7.1944, § 2. SHULMAN, *Défaite*, p. 133-34, 183, 365-67.

21. L'EMPLOI STRATÉGIQUE DES FORMATIONS MOTORISÉES ET BLINDÉES SS

1. L'armée de terre avait néanmoins songé à engager des troupes « Tête de mort » en Norvège, ce qu'a récusé l'OKW. HALDER, *Kriegstagebuch* (1), p. 217 (2.3.1940).

2. En Pologne, seul le dernier régiment de la SS-VT (« Der Führer ») n'a pas été engagé. Encore jugé inapte à un combat de grande intensité, il a été envoyé sur le « front » ouest.

3. HITLER, *Discours*, p. 402. KTB-OKW/1940-41 (2), p. 1131-34.

4. FRIESER, « Blitzkriege », p. 184.

5. HUBATSCH, *Weisungen*, p. 58-59 (Weisung Nr.11). Cf. aussi BAMA, RS 4/1213a (51 & 78) et RS 4/1213b (3, 6, 10, 13-15, 22, 51 & 58). BAL, NS 19/3506 (165-66) : Bericht über die Fahrt als Ordnanzoffizier zur V. u. T-Div. u. « LSSAH », s.d. (20.6.1940). HALDER, *Kriegstagebuch* (1), p. 288 (11.5.1940), 291 (12.5.1940), 297 (16.5.1940), 351 (12.6.1940), 354 (13.6.1940). BENOIST-MECHIN, *Soixante jours*, p. 147-49. COILLOT, *Mai 1940*, p. 107 et suiv.

6. VHA, 2.SS-Pz.Div., 40/11 : SS-FHA/Kriegsgeschichtliche-Forschungsabt. d.W-SS an SS-Pz.Gr.Div. « DR », Betr. : Unterstellungsverhältnisse für Schlacht- u. Gefechtsbezeichnungen, 4.6.1943 (Anl. 2).

7. BAMA, RS 4/1211 : « LSSAH », KTB 2. LEHMANN, *Leibstandarte* (I), p. 316.

8. VHA, 1.SS-Pz.Div., 2/1 : Abschrift aus dem KTB des III./LSSAH über den Einsatz im Westen.

9. BAL, SSO 71 A (Paul HAUSSER, 7.10.1880) : SS-Div. « R »/Ia, Gefechtsbericht der SS-Div. « R » über den Einsatz v. 22.6.-28.7.41, 28.7.1941, p. 7.

10. BAMA, RS 4/1213b (321-23) : verst.LSSAH, Geheim ! Befehl für die Parade am Paradetag in Paris, 6.7.1940. HALDER, *Kriegstagebuch* (II), p. 28 (20.7.1940).

11. BAMA, RH 19-IV/3 (94-97, 184 & 224) : Anl. 1 zu H.Gr.Kdo. D/Ia 1670/40 g.K., 20.11.1940 ; H.Gr.Kdo. D/Ia an AOK 1, 16/40 g.K., 12.12.1940 ; Kriegsgliederung im Falle Attila, 31.12.1940.
12. HALDER, *Kriegstagebuch* (III), p. 475 (6.7.1942). Cf. aussi HEUSINGER, *Hitler*, p. 126.
13. KTB-OKW/1942 (3), p. 642-43 (26.8.1942).
14. KTB-OKW/1942 (4), p. 1280-81 (Führerbefehl v. 9.7.1942). WEGNER, « Hitlers Strategie », p. 107-13.
15. KTB-OKW/1943 (5), p. 254 (31.3.1943).
16. BAMA, ZA 1/263 (10) : W. Warlimont (Gen.d.Art.), Reciprocal influence of Eastern and Western fronts (interview), 2.8.1945. KTB-OKW/1944-45 (7), p. 86. FRÖLICH, *Goebbels* (II, 4), p. 353 (24.5.1942).
17. KTB-OKW/1942 (4), p. 1280-81 (Führerbefehl v. 9.7.1942).
18. KTB-OKW/1942 (3), p. 353 (13.5.1942), 451 (26.6.1942).
19. HEIBER, *Lagebesprechungen*, p. 97 (12.12.1942), 123 (1.2.1943, cit.).
20. BAL, NS 19/3943 : KR an Hstuf. Grothmann, Adj. des RF-SS, 19.12.1942. Cf. aussi HEIBER, *Lagebesprechungen*, p. 212-14 (19.5.1943), 334-36, 381-82 (26.7.1943).
21. BAL, NS 33/31 (8) : Rede des SS-Obergruf. Jüttner auf der SS-Führer-Tagung in Prag am 13.4.1944. En juillet 1943, Hitler a certes un temps songé à envoyer ces deux formations SS en Italie ou à l'est, mais à une date où il allait disposer entre autres des nouvelles 11e et 12e divisions SS « comme réserve centrale ». Il s'est très rapidement ravisé en stipulant qu'il ne comptait pas les engager avant la fin de l'automne. Même en quête de divisions à envoyer à l'est, il s'est encore opposé à les y transférer en décembre 1943. HEIBER, *Lagebesprechungen*, p. 299-301 (25.7.1943), 381 (26.7.1943), 491 (28.12.1943). KTB-OKW/1943 (6), p. 827 (25.7.1943), 878 (2.8.1943).
22. À ces formations s'ajoutaient les 11e et 16e divisions SS, également prévues pour faire partie de la « réserve centrale » de l'OKW au moment de leur création en 1943. KTB-OKW/1943 (6), p. 827 (25.7.1943), 1135 (18.9.1943). HAUSSER, *Soldaten*, p. 391.
23. HEIBER, *Lagebesprechungen*, p. 752-53 (28.12.1944).
24. VHA, 2.SS-Pz.Div., 28/6 : OKH/Op.Abt., nachr. SS-FHA, Nr.03239, 6.6.1942, 18.40 Uhr (OKW/WFSt/Op 1895/42 g.K.).
25. HALDER, *Kriegstagebuch* (III), p. 516 (Notizen aus Besprechung v. Kluge mit Hitler am 1.9.1942). Sur la place à part de la formation « Großdeutschland » dans l'esprit de Hitler (pratiquement à l'égal de la « LSSAH »), cf. HEUSINGER, *Hitler*, p. 71, 74.
26. WITTE, *Dienstkalender*, p. 576/n 11 (2.10.1942). CIANO, *Journal* (II), p. 218-19 (1-2.12.1942). BAL, SSO 393 A (Hermann PRIEß, 24.5.1901) : OB der H.Gr. Südukraine, Hochverehrter Reichsführer, 11.7.1944.
27. À savoir les 1re, 12e et 17e divisions SS à l'ouest, ainsi que les 8e, 16e et 18e divisions SS en Hongrie. La division blindée « Hermann Göring » de la *Luftwaffe* (bien équipée et qui pouvait passer pour politiquement fiable) faisait également partie de cette réserve. KTB-OKW/1944-45 (7), p. 85, 115. BAMA, Kart RH 2 W/199 : Ob.West, Lage, Stand : 6.6.1944 ; ZA 1/817 (12) : Geyr v. Schweppenburg, Die

NOTES (chapitre 21)

Invasion, 14.4.1947. OSE, *Entscheidung*, p. 47 et suiv. WEGMÜLLER, *Abwehr*, p. 142 et suiv.

28. BAKO, All.Proz. 21/47 (n.f.) : étude d'A. Stückler, Feb. 1949, I. Teil, p. 1.

29. HEIBER, *Lagebesprechungen*, p. 794-95 (10.1.1945), 824-25 (27.1.1945), 907/n 2. KTB-OKW/1944-45 (8), p. 1026-27 (20.1.1945), 1028 (21.1.1945), 1034 (23.1.1945), 1353 et suiv., 1381.

30. KTB-OKW/1943 (6), p. 1135 (23.9.1943). KTB-OKW/1944-45 (7), p. 84, 112.

31. SYDNOR, *Soldiers*, p. 236, 240-41, 250-54. KTB-OKW/1942 (3), p. 451 (26.6.1942), 461 (30.6.1942), 642-43 (26.8.1942). KTB-OKW/1942 (4), p. 887 (1.11.1942).

32. HEIBER, *Lagebesprechungen*, p. 371, 373-74, 382-83 (26.7.1943). STEIN, *Waffen SS*, p. 227-28.

33. BAMA, RH 10/25 (41) : Pz.Offz.b. Ch.Gen.St.d.H., 420/44 g.K., 11.4.1944, § I. GUDERIAN, *Panzers*, p. 310-11.

34. P-E. Schramm *in* KTB-OKW/1944-45 (7), p. 12.

35. KTB-OKW/1944-45 (7), p. 115-16.

36. À savoir les 9^e, 10^e, 12^e et 17^e divisions SS. BAMA, RH 19-IV/13 : Ob.West, KTB (4.12.1943). KTB-OKW/1943 (6), p. 1331 (3.12.1943). KTB-OKW/1944-45 (7), p. 107 (27.2.1944).

37. KTB-OKW/1943 (6), 1252 (5.11.1943), 1359 (14.12.1943). BAL, NS 33/31 (7) : Rede des SS-Obergruf. Jüttner auf der SS-Führer-Tagung in Prag am 13.4.1944.

38. Même à cette date, il a été impossible à l'OKW de désengager toutes les formations qu'il aurait voulu employer pour sa contre-offensive dans les Ardennes en décembre 1944, notamment les 10e et 17e divisions SS. KTB-OKW/1944-45 (7), p. 427, 441-45.

39. BAMA, RH 10/89 (28) : Gen.Insp.d.Pz.Tr., 13/44 g.K., Führervortrag am 10.5.44, 10.5.1944, § II, 4 ; ZA 1/817 (79 & 81) : Geyr v. Schweppenburg, Die Invasion, 14.4.1947.

40. Kharkov (janvier-mars 1943), Koursk (juillet 1943), l'Italie (juillet et septembre 1943), Jitomir (novembre-décembre 1943), la Normandie (juin-août 1944), les Ardennes (décembre 1944) et la Hongrie (mars 1945).

41. BAL, NS 19/3515 (17) : Führer, OKW/WFSt/Op 2252/42 g.K., 12.7.1942. KERSHAW, *Némésis*, p. 755/n 152. SHULMAN, *Défaite*, p. 28-30. TMI (XLII), SS-63, § 3 F, p. 540-41.

42. BAL, NS 19/3717 (85) : CdSSFHA an RF-SS, 1485/43 g.K., Betr. : SS-eigener Funkverkehr Front-Heimat, 8.10.1943.

43. APC, RG 24, C 17, vol. 13649 : FCA, ISN 165, 12.12.1944, II, p. 4-7 ; ISN 171, 18.12.1944, I, p. 1 ; vol. 13650 : FCA, ISN 208, 24.1.1945, I, p. 2-3 ; vol. 13651 : FCA, ISN 246, 3.3.1945 (Appendix B : 21 Army Group ISN 179, 2.3.1945, p. 1).

44. SCHMITZ, *Truppenkennzeichnen*.

45. BAMA, RS 2-2/26 : Gen.Kdo. II.SS-Pz.Korps/Qu, KTB 7 (23.9.-21.11.1943). LEHMANN, *Leibstandarte* (III), p. 327.

46. Le contre-espionnage allemand a par contre été complètement étranger à la rumeur largement répandue de la marche sur Paris de « deux divisions SS blindées » à la mi-août 1944. BAMA, RH 19-IV/136 (42) : Ob.West/Ic, TB für die Zeit v. 1.7.-

31.12.1944, § J, 3 ; RH 19-IV/141 (208) : Ch.d.Gen.St. Ob.West an Leitstelle III für Frontaufklärung, Ic 3046/44 g.K., 28.9.1944 ; RH 19 IV/142 (103 & 154) : Ob.West/Ic, Tägl. Fernsprechnotizen (26.7.1944, 10.25 Uhr [cit.] ; 15.8.1944, 10.00 Uhr).
 47. MAIER, *Drama,* p. 141. KTB-OKW/1944-45 (8), p. 1151 (7.3.1945). STEIN, *Waffen SS*, p. 195.
 48. BAMA, RS 1/31 (5) : Entwurf, Oberkdo. SS-Pz.AOK 6 an Gen.Kdo. I.-II.SS-Pz.Korps, 21.1.1945. EBERLE, *Dossier*, p. 256.
 49. APC, RG 24, C 17, vol. 13650 : FCA, ISN 210, 26.1.1945, I, p. 2-3 ; ISN 211, 27.1.1945, I, p. 2 ; ISN 212, 28.1.1945, II, p. 10 ; ISN 213, 29.1.1945, II, p. 1.
 50. APC, RG 24, C 17, vol. 13649 : FCA, ISN 165 12.12.1944, II, p. 4-7 ; ISN 169, 16.12.1944, II, p. 1-2.
 51. HEIBER, *Lagebesprechungen*, p. 760-61 (29.12.1944).
 52. KTB-OKW/1944-45 (7), p. 87. BAMA, ZA 1/263 (10) : W. Warlimont (Gen.d.Art.), Reciprocal influence of Eastern and Western fronts (interview), 2.8.1945.
 53. Soit de la France vers l'Ukraine (janvier 1943), de l'Ukraine vers l'Italie du Nord (fin juillet 1943) et le chemin inverse (début novembre 1943), de l'Ukraine vers la Belgique (avril 1944), et enfin des Ardennes vers la Hongrie (janvier-mars 1945). HAUSSER, *Soldaten*, p. 338-42.
 54. KTB-OKW/1944-45 (7), p. 274-76, 314 (12.6.1944).
 55. LELEU, « *Frundsberg* », p. 60.
 56. WILMOT, *Lutte*, p. 789.

22. Des limites et de l'abus d'un concept : considérations sur les formations blindées SS en tant que « pompiers du front »

 1. NARA, RG 165/Entry 179/Box 718 : PWIS (H)/KP/247, Report on German morale from Interrogation of PW passing through Kempton Park Camp 5-12.8.44, 12.8.1944, § 5. KERSTEN, *Totenkopf*, p. 404. Cette idée a par la suite tout particulièrement imprégné l'ouvrage de l'ex-général SS Steiner (*Die Armee der Geächteten*) auquel se sont ensuite référés nombre d'auteurs, dont G. Stein, *Waffen SS*, p. 226-27, 296-97. *Cf.* aussi TIEKE, *Feuersturm*, p. 35 ; – *Lufttransport*. FÜRBRINGER, « *Hohenstaufen* », p. 169. Seule une étude précise sur la répartition des pertes de la *Waffen-SS* dans le temps et par théâtre a permis à B. Wegner de prendre tardivement de la distance sur ce point, alors que ses premiers travaux étaient pourtant très critiques. HÖHNE, *Orden*, p. 437. WEGNER, « Garde » ; – *Soldaten*, p. 277-82, 353-54 (postface à la 5e éd.).
 2. Dans une étude réalisée en 1954 à la demande des services historiques américains, l'ex-chef d'état-major de la division « Das Reich » en Normandie a par exemple signalé que celle-ci avait été relevée à la Noël 1943 « après un engagement ininterrompu de treize mois dans les secteurs brûlants du secteur Sud du front de l'Est ». Or, s'il est évident que la division a été durement engagée, la durée de son séjour au front était nettement plus proche de onze mois, dont au moins trois passés en réserve à l'arrière des lignes d'avril à juin 1943. BAMA, RS 3-2/51 : A. Stückler, 2.SS-Pz.Div. « DR », p. 1.

NOTES (chapitre 22) 1007

3. Cf. les rapports mensuels des divisions blindées et motorisées SS dans les dossiers BAMA, RH 10/312 et suiv.

4. KTB-OKW/1943 (6), p. 1416 (Personal- u. Materialplanung des Heeres 1943, 6.2.43, § 1, b, D). KTB-OKW/1944-45 (7), p. 87. LELEU, « *Frundsberg* », p. 25-27.

5. BAL, NS 19/1447 (132) : Vortrag b. Führer, Obersalzberg, 17.6.1943. KTB-OKW/1943 (6), p. 827 (25.7.1943). BAMA, RS 3-12/40 : K. Meyer, H. Meyer, Der Einsatz der 12.SS-Pz.Div. « HJ », Juni-Sept. 1944, p. 13.

6. BAMA, RW 4/489 (106-09) : OKW/V0 Org, 2621, Betr. : Auf- u. Umstellungen u. Auffrischungen Heer, Waffen-SS u. Luftwaffe, 11.3.1944.

7. BAL, NS 19/1447 (132) : Vortrag b. Führer, Obersalzberg, 17.6.1943. MICHAELIS, *Panzergrenadier-Divisionen*, p. 79-80, 246.

8. KROENER, « Ressourcen » (5/1), p. 832.

9. KTB-OKW/1942 (4), p. 902 (4.11.1942), 1000 (21.11.1942), 1081 (5.12.1942), 1157 (19.12.1942), 1200 (29.12.1942).

10. BAMA, RH 20-7/66 (n.f.) : Anl. 79, AOK 7/Ia an Ob.West, 4030/42 g.K., Betr. : Verwendungsbereitschaft der Ost-Div., 13.9.1942, § D, 3.

11. KTB-OKW/1942 (4), p. 1200-02 (Aufzeichnungen Greiners z. 29.12.1942 ; Erläuterungen des Generals Warlimont).

12. D'octobre 1942 à septembre 1943, treize divisions blindées ou motorisées de l'armée (et trois SS) stationnées à l'ouest ont au total été envoyées à l'est, dans les Balkans, en Afrique du Nord ou en Italie. KTB-OKW/1943 (6), p. 1092 (11.9.1943).

13. GUDERIAN, *Panzers*, p. 303 et suiv. KTB-OKW/1943 (6), p. 1209-10 (20.10.1943), 1343 (7.12.1943), 1351 (10.12.1943).

14. KTB-OKW/1944-45 (7), p. 12, 109, 112. RITGEN, *Panzer-Lehr*, p. 81-83. KUROWSKI, *Panzer-Lehr*, p. 7 et suiv.

15. EBERLE, *Dossier*, p. 183.

16. KTB-OKW/1944-45 (7), p. 107, 274, 315. DONNHAUSER, *11. Pz.Div.*, p. 139-40. SCHRODEK, *Glaube*, p. 344-46.

17. BAMA, RH 10/89 (80) : Gen.Insp.d.Pz.Tr., 610/44 g.K., Führervortrag am 5.3.44, 4.3.1944, § 4. Cf. aussi BAMA, RW 4/v.504 : WFSt/Op.(H) Nord, 23/44 g.K., Übersicht über sämtliche Truppen d.W-SS [...] auf den Kriegsschauplätzen, 1.1.1944.

18. BAMA, ZA 1/817 (79) : Geyr v. Schweppenburg, Die Invasion, 14.4.1947, § I, 3-4.

19. Six à l'issue d'un encerclement (14e, 16e et 24e à Stalingrad ; 10e, 15e et 21e en Afrique) et quatre par usure pure et simple (22e et 27e sur le Don en février 1943 ; 18e et 25e à l'est en septembre 1943 et février 1944). Seules cinq d'entre elles ont été ensuite reconstituées, dont l'une sous forme de division d'infanterie motorisée. Mc NAIR, *Panzers*, p. 7-10.

20. BLUMENSON, *Libération*, p. 730-31, 737 et suiv.

21. APC, RG 24, C 17, vol. 13645 : Message Form from G INT First Cdn Army to G INT Main HQ 21 Army Gp [...], 18.8.1944, 22 h 30 ; FCA, ISN 50, 18.8.1944, II, p. 1-2. NARA, RG 165/Entry 179/Box 721 : PWIS (H)/LF/644, Report on the Interrogation of PW Gefr H. Erwin, Div Stab Fallsch Jae Div 3, 1.9.1944.

22. KTB-OKW/1944-45 (7), p. 415.
23. HAUSSER, *Soldaten*, p. 360-62, 372-73. SYDNOR, *Soldiers*, p. 255 et suiv.
24. BAMA, RH 2/1169 (3-4) : Übersicht über die großen Verbände des Heeres, d.W-SS u. der Fallschirmtruppen, Stand : 30.7.1944 ; RH 2/1090 (11 & 18).
25. STEIN, *Waffen SS*, p. 245, 259/n 67. STÖBER, *Sturmflut* (II), p. 260-65. GÜNTHER, H., *Kriegstagebuch* (doc. des 23 au 29.12.1944).
26. L'intention énoncée à plusieurs reprises de transférer cette division à l'ouest ou dans les Balkans n'a jamais été suivie d'effet. KTB-OKW/1942 (3), p. 127 (23.7.1942), 704 (9.9.1942). KTB-OKW/1943 (6), p. 827 (25.7.1943), 1359 (14.12.1943).
27. SPAETER, *Großdeutschland*. Cf. aussi KTB-OKW/1942 (3), p. 651 (28.8.1942), 658-59 (30.8.1942), 690 (7.9.1942).
28. HAUSSER, *Soldaten*, p. 120. MEYER, K., *Grenadiere*, p. 42. NEUSÜSS-HUNKEL, *SS*, p. 110. STEIN, *Waffen SS*, p. 297. STEINER, F., *Armee*, p. 9.
29. OVERMANS, *Verluste*, p. 268-69. Malgré ses indéniables qualités, ce travail basé sur une méthode d'extrapolation à partir d'échantillons montre ses limites dès lors que les effectifs traités sont numériquement faibles, ce qui est le cas de la *Waffen-SS* dans la première moitié du conflit. R. Overmans a par ailleurs contesté la validité des études menées à l'époque par la SS, en arguant notamment de la mauvaise transmission des pertes des unités (p. 47-49). En fait, on constate que, à l'issue de corrections et de compléments apportés aux bilans initiaux, les chiffres se stabilisaient après environ deux années, délai manifestement nécessaire pour collecter et exploiter statistiquement toutes les informations. Dès lors, à comparer les pertes annoncées par les unités SS en 1939-40 avec, d'un côté, les 5 000 tués « statistiques » avancés pour la même période par R. Overmans et, de l'autre, les quelque 1 700 morts recensés par les services SS en 1944, elles se rapprochent bien davantage de ce dernier chiffre. En dépit de cette marge d'erreur statistique inévitable, le travail de R. Overmans n'en demeure pas moins fondamental. BAL, SSO 201 A (Richard KORHERR, 30.10.1903) : Die statistischen erfassten Kriegs-[verluste der W-SS u. Allg.-SS] auf Grund der beim Inspekteur für Statistik nach Kriegsschauplätzen geordneten und zusammengefassten Zahlblätter, Stichtag : 15.10.1944 (fol. 1330-31). BAMA, RS 3-3/5 (84) : Gesamtverluste der SS-T-Div. bis 20.6.40, s.d. (29.6.1940) ; RS 4/1211 : « LSSAH », KTB 2 (5.11.1939-28.7.1940). VHA, 2.SS-Pz.Div., 96/26 : Zeitlicher Überblick über die Entwicklung des SS-Rgt. « D », 19.6.1942, p. 9, 12.
30. Au 1er juin 1944, pas moins de sept divisions SS étaient par exemple présentes dans les Balkans, soit un tiers des divisions SS. Elles représentaient plus du quart (28 %) des vingt-cinq divisions sur ce théâtre. Cf. la répartition des forces allemandes par théâtre au cours de la guerre *in* KTB-OKW/1940-41 (2), p. 1127-30 (21.12.1940) ; KTB-OKW/1943 (5), p. 3-9 (1.1.1943) & (6), p. 1397-1404 (26.12.1943) ; KTB-OKW/1944-45 (8), p. 1884-94 (26.11.1944), 1895-1904 (1.3.1945). MÜLLER-HILLEBRAND, *Das Heer* (III), p. 123, 152.
31. WEIDINGER, *« Das Reich »* (IV), p. 137.
32. Comme précédemment, le pourcentage a été calculé sur une base de 65 000 hommes pour le corps d'armée SS. BAL, Slg. Research, Ordner 436 (114-16) : RF-SS, 35/114/43 g, Lieber Jüttner, 7.8.1943.

33. BAMA, RH 10/318 (24) : 9.SS-Pz.Div. « H »/Ia, 452/44 g.K., Meldung v. 1.4.1944 ; RH 10/319 (33) : 10.SS-Pz.Div. « F »/Ia, 501/44 g.K., Meldung v. 5.4.1944. BAL, SSO 71 A (Paul HAUSSER, 7.10.1880) : SS-Obergruf. Hausser, Reichsführer !, 28.4.1944. TIEKE, *Feuersturm*, p. 626.
34. Les accidents représentaient le premier facteur de mortalité devant la maladie et le suicide. BAMA, RH 10/318 (1 et suiv.) : 9.SS-Pz.Div., Meldungen.
35. RASS, « *Menschenmaterial* », p. 74, 422-23.
36. STIMPEL, *Fallschirmtruppe – Westen*, p. 24-27.
37. BARTOV, *L'Armée*, p. 92.

23. Les liens de subordination des formations SS à l'armée

1. Déposition de P. Hausser, TMI (XX), audiences des 5-6.8.1946, p. 388-89 (cit.), 394-95.
2. Cité par P-E. Schramm *in* KTB-OKW/1944-45 (7), p. 36. Cf. aussi le témoignage de l'ex-chef de l'armée de terre, von Brauchitsch, TMI (XX), audience du 9.8.1946, p. 621-22.
3. Déposition de G. v. Rundstedt, TMI (XXI), audience du 12.8.1946, p. 36.
4. BAMA, RH 14/41 (56) : OKW WFA/L II, 2144/38 g, Betr. : Verwendung d.SS-VT im Rahmen des Heeres, 17.9.1938.
5. Cf. chap. 16, p. 460 et suiv.
6. Cf. la correspondance échangée de juin à novembre 1944 *in* BAL, NS 7/90 (1-8), cit. fol. 1. BAMA, RW 4/v.702 (54) : OKW/WR I/3 an 1) Ch.d.Gen.St.d.H. [...], 188/45, Betr. : Gerichtsbarkeit in Krisenzeiten, 9.4.1945. Dès le 9 mars 1945, le « tribunal volant » directement subordonné à Hitler avait la capacité de juger et d'exécuter les personnels de la *Wehrmacht* et de la *Waffen-SS*. NEITZEL, *Abgehört*, p. 540/n 161.
7. VIEREGGE, *Gerichtsbarkeit*, p. 51-52. Verordnung v. 17.10.1939, § 3, 2 *in* ABSOLON, *Wehrmachtstrafrecht*, p. 259. BAMA, RS 3-2/9 (144) : SS-V-Div./III, Anl. zum KTB (30.10.1939). Pour les corps d'armée SS mis sur pied en 1943, cf. BAL, NS 7/133 (2-3) : SS-Richter b. RF-SS an HA SS-Gericht, 101/43 g, Betr. : Errichtung von neuen SS- u. Polizeigerichten bei den SS-Korps u. Einsetzung der Gerichtsherren, 20.8.1943 (en copie jointe : RF-SS u. CdDtPol, Feldkommandostelle, s.d.).
8. Le commandant de la brigade « Landstorm Nederland » ne pouvait par exemple prononcer de peines au-delà de cinq années de prison, les peines plus élevées devant obligatoirement être confirmées par le chef supérieur de la SS et de la police aux Pays-Bas. Posée le 28 octobre 1944, la question n'a été définitivement réglée que le 2 février 1945. BAL, NS 7/74 (dossier entier).
9. BAL, NS 7/63 (1, 16-18 & 21) : SS-Richter b. RF-SS an HA SS-Gericht, 373/43, Betr. : Gericht bei der Sturmbrig. Wallonien, 28.7.1943 ; HA SS-Gericht an SS-Richter b. RF-SS, Ic 20/44, Betr. : Bestätigung der Urteile gegen Angehörige der 5.SS-Freiw.Sturmbrig. « Wallonien », 26.1.1944 ; HA SS-Gericht an SS-Richter b. RF-SS, Ic 20/44, Betr. : Bestätigung von Urteilen gegen Angehörige der SS-Sturmbrig. « Wallonien », 1.8.1944 ; Bender, SS-Staf. u. SS-Richter b. RFSS an HA SS-Gericht, Betr. : Gerichtsherrliche Befugnisse bei der 5.SS-Freiw.Sturmbrig. « Wallonien », 20.10.1944, 17.55 Uhr.

10. BAL, NS 7/87 (2-3) : Aktenvermerk, Vortrag bei RFSS, 4.3.1941.
11. BAL, NS 7/88 (1-2) : RF-SS, Betr. : Strafvervahren bei den dem Heer unterstellten Fronttruppenteilen d.W-SS u. Polizei, g.K., Führerhauptquartier, Febr. 1942 (Entwurf). La version définitive de l'ordre du 7 mars 1942 figure *in* BAL, SSO 143 A (Hans JÜTTNER, 2.3.1894).
12. BAL, NS 7/88 (3) : SS-FHA/III an SS-Richter b. RF-SS, 7.3.1942, 14.09 Uhr.
13. BAL, NS 7/88 (13) : SS-Richter b. RF-SS an HA SS-Gericht, 66/42 g, Betr. : Strafverfahren bei den dem Heer unterstellten Fronttruppenteilen d.W-SS u. Polizei, 8.3.1942.
14. BAL, NS 7/1134 (dossier entier). ABSOLON, *Wehrmachtstrafrecht*, p. 258 et suiv.
15. BAL, NS 7/135 (1, 2 & 5) : Aktenvermerk, Betr. : Aufstellung eines Gerichts bei der Sturmbrig. RFSS, 24.7.1943; SS-Richter b. RF-SS an HA SS-Gericht, 349/43 g, Betr. : Gericht bei der Sturmbrig. RF-SS, 28.7.1943; HA SS-Gericht an SS-Richter b. RF-SS, 5/43 g.K., Betr. : B.d.W-SS i.d.Ndl. als Gerichtsherr für die unterstellten E.-Einheiten im A-Fall, 19.8.1943 (cit.).
16. Cf. chap 1.
17. Les prérogatives de la prévôté de l'armée de terre ont été tardivement étendues aux soldats de la *Waffen-SS* (et vice-versa) en novembre 1943. BAL, NS 19/3901 (90) : RF-SS, SS-Befehl, 12.1.1940; NSD 41/7 : SS-Mitteilungen des CdSSHA, 1.Jhrg., 2, 15.11.1943, § 61, p. 8.
18. VHA, 3.SS-Pz.Div., 35/8 : SS-T-Div./Ib, Betr. : Besondere Anordnungen für die Nachr.-Verbindungen Nr. 8, 3.2.1940.
19. VHA, 3.SS-Pz.Div., 4/2 : SS-T-Div./VP. an Kommandanten der Orts- u. FK 590 Alzey/Rheinhessen, 11.12.1939; SS-T-Div./V.P. an Kdr. d. SS-T-Div., Heilbronn, Betr. : Meldung über den Hauptwachtmeister G. v. 11.12.39, 28.12.1939 (cit.). Sur le concept au relent féodal de *Gefolge*, cf. KLEMPERER, *LTI*, p. 303 et suiv.
20. BAL, NS 19/3510 (45) : RF-SS, 1107/40 g, 15.8.1940.
21. BAL, NS 33/230 (135) : SS-FHA/Ia, 596/41 g, Betr. : Unterstellungsverhältnis Waffen-SS, 27.2.1941 (Bez. : OKH/Ch.H.Rüst.u.BdE/AHA/Ia IV, 2021/41 g, 11.2.41).
22. Cf. par exemple BAMA, RS 2-1/3 (1) : Gen.Kdo. I.SS-Pz.Korps/Ia, 45/43 g.K., Korpsbefehl, 24.12.1943, § 1; RS 2-2/2 : SS-Gen.Kdo. (Pz), KTB 2 (10.8.1942); RH 20-1/116 : AOK 1, KTB (14.10.1942); RH 20-1/137 : AOK 1, KTB (29.1. & 13.2.1943); RH 20-1/148 : AOK 1, KTB (14.7.1943); RH 20-1/150 : AOK 1, KTB (7-8.1., 28.12.1943); RH 20-1/152 : AOK 1, Armeebefehl Nr.48, 17.2.1944; RH 20-7/101 : AOK 7, KTB (28.2.1943); RH 20-7/111 : AOK 7, KTB (22.12.1943); RH 20-15/16 : AOK 15, KTB (24.7. & 15.8.1942); RH 20-15/50 : AOK 15, KTB (21.10.1943); RH 24-80/54 : Gen.Kdo. LXXX.AK., KTB (15.2. & 20.5.1943); RH 24-80/60 : Gen.Kdo. LXXX.AK., KTB (15.11. & 23.12.1943); RH 19-IV/13 : H.Gr. D, KTB (9.12.1943); RH 19-IV/22 : H.Gr. D, KTB (24.1.1944); RH 19-IV/23 : H.Gr. D, KTB (18.2.1944); RH 19-IV/33 : H.Gr. D, KTB (13.4.1944); RH 19-IV/34 : H.Gr. D, KTB (1.5.1944).
23. BAMA, RH 10/112 (7) : Pz.Gr.West/Ia 301/44 g.K., Unterstellungsverhältnisse der schnellen Verbände u. Truppenteile im Bereich Ob.West, 3.2.1944; RH

NOTES (chapitre 23)

19-IV/30 (198-99) : Ob.West/Ia 2488/44 g.K., Betr. : Befehlsgliederung u. Unterstellungsverhältnisse der großen mot. Verbände (Pz.Gr.West), 24.3.1944. Cf. aussi BAMA, ZA 1/837 (10) : Gen.d.Pz.Tr. Krüger, Geschichte des LVIII.Pz.Korps zwischen dem 6.6. u. 24.7.44, 12.3.1946. LEHMANN, *Leibstandarte* (II), p. 322 (9.11.1942). STACEY, *Campagne*, p. 59-61. OSE, *Entscheidung*, p. 60 et suiv.

24. BAMA, RH 20-7/67 (n.f.) : Anl. 100, Reise des Ch.d.Gen.St. AOK 7 v. 12-14.10.1942 (12.10.42 : Besprechung mit Ch.d.Gen.St. der H.Gr. in St.Germain, § 4).

25. BAMA, RH 20-19/7 : AOK 19, KTB (30.8 & 1.9.1943).

26. BAMA, RH 19-IV/24 : Ob.West, KTB (29.3.1944); RH 19-IV/30 (306) : Ob.West an SS-FHA, Ia 2615/44 g.K., 29.3.1944 (cit.). HEIBER, *Lagebesprechungen*, p. 618/n 1.

27. Keitel était chef de l'OKW, Jodl chef de l'état-major des opérations de la *Wehrmacht* et Zeitzler chef d'état-major de l'armée de terre. APC, RG 24, C 17, vol. 13648 : FCA, ISN 133, 10.11.1944, II, p. 5-6.

28. BAMA, RH 19-IV/11 : Ob.West, KTB (25 & 27.10.1943).

29. BAMA, RH 19-IV/141 (106-07) : Ch.d.Gen.St. Ob.West, 1) OKW/Chef WFSt [...], Ic 3623/44 g.K., 18.11.1944, § 4.

30. SHULMAN, *Défaite*, p. 293.

31. BAMA, RS 2-2/26 : Gen.Kdo. II.SS-Pz.Korps/Qu, KTB 7 (27-30.11.1943).

32. BAMA, RH 20-15/50 : AOK 15, KTB (25.10., 11.11., 20 & 23.12.1943); RH 20-15/54 : Anl. A 14, AOK 15, Zusätze zu Grundlegendem Befehl Ob.West Nr.31, 25.10.1943 & Anl. 44, *ibid.*, 21.11.1943 ; RH 20-15/57 : Anl. C 38, Besprechung mit Feldmarschall Rommel am 20.12.1943 ; Lageberichte 8-14.11.1943 ; RH 20-15/60 (11-15) : OB der 15. Armee, Ia 272/43 g.K./Chefs, Entwurf, Lieber Jodl !, 19.12.1943, § 8 ; RH 20-15/68 : Anl. A 9, AOK 15, Vorbereitung für den Kampf, 20.1.1944, § 3 ; RH 24-80/120 : Gen.Kdo. LXXX.AK./Stopi, TB 1.10.1943-30.4.1944, § 2 ; RS 2-1/1 : Gen.Kdo I.SS-Pz.Korps, KTB (23 & 25.12.1943). WEGMÜLLER, *Abwehr*, p. 164 et suiv. OSE, *Entscheidung*, p. 35-37, 68-69.

33. MOUNINE, « Villefranche », p. 16.

34. Cf. chap. 13, p. 384-385.

35. BAMA, RH 20-7/145 : AOK 7, KTB (7.8.1944, 17.20 & 18.15 Uhr).

36. Gen.Kdo. LXXXI.AK./Ia, 43/44 g.K., Bericht über den Einsatz fremder Verbände im Abschnitt Dreux-Laigle, 17.8.1944, p. 2 (copie aimablement communiquée par Didier Lodieu). STÖBER, *Sturmflut* (I), p. 341-45.

37. BLUMENSON, *Libération*, p. 467.

38. BAMA, RW 4/v.457 (115) : Stellv.Chef d.WFSt. an Chef d.WFSt., 29.1.1945.

39. BAMA, RH 19-IV/134 (149 & 153) : Ob.West/Ic, Telefongespräche sowie Besprechungen (26.6.1944, 17.25 Uhr & 27.6.1944, 17.40 Uhr); RH 19 IV/142 (28) : Ob.West/Ic, Tägliche Fernsprechnotizen (7.7.1944, 17.50. Uhr [cit.]). SHAT, 10 P 142-1 : MU#1FID, PWIB 51, 24.3.1945, § 1, p. 6. TMI (XXXVII), F-673, p. 351 et suiv. GEßNER, « Massaker », p. 150-51. Au passage, cela prouve que Hausser a menti lors de sa déposition comme témoin à Nuremberg. Il a en effet déclaré par trois fois n'avoir rien su jusqu'à sa captivité des exactions commises par la division « Das Reich » dans le sud-ouest de la France, en particulier la destruction d'Ora-

dour. Déposition du témoin Paul Hausser, TMI (XX), audience du 6.8.1946, p. 424-25.

40. Si von Rundstedt n'en a pas moins été limogé, il s'est vu confier quelques mois plus tard le commandement des forces allemandes à l'ouest. Dans quelle mesure l'intervention de Dietrich a pu nourrir la complaisance manifestée par l'Ob.West à l'égard des divisions SS à partir de 1942 est difficile à déterminer. MESSENGER, *Gladiator*, p. 69, 105, 109-10, 126. BELOW, *Adjutant*, p. 29-30. LEHMANN, *Leibstandarte* (II), p. 317-18.

41. APC, RG 24, C 17, vol. 13654 : FCA/GSI, Special Interrogation of Gen.Lt. A. Schack, Commander 272 Inf Div (6.6.-25.8.1944), § 2 (cit.). NEITZEL, *Abgehört*, p. 359. BAMA, B-840 : Gen.d.Pz.Tr. Eberbach, Bericht über die Kämpfe der Pz.Gr.West (5.Pz.Armee), 3.7.-9.8.44, 1.6.1948, p. 38. MESSENGER, *Gladiator*, p. 139.

42. KTB-OKW/1944-45 (8), p. 1574.

43. ROMMEL, *Guerre*, p. 426-27.

44. BAMA, RH 21-5/49 (51-52) : Pz.Gr. West, KTB (2.8.1944, 17.30 Uhr); RH 21-5/50 (51-52 & 288-89) : OB der 7.Armee an Pz.Gr.West, Ob.West, Ia 3528/44 g.K., 30.6.1944; Aktennotiz, Besprechung mit stellv.Chef des WFSt., Gen.d.Art. [W]arlimont am 3.8.1944; RH 19-IV/44 : Ob.West, KTB (2.7.1944); RH 19-IV/49 (42-43) : Ch.d.Gen.St. Ob.West an OKW/WFSt/Op. West, Ia 5223/44 g.K., 2.7.1944. WILMOT, *Lutte*, p. 537-38.

45. *Ibid.*, p. 538-39. NEITZEL, *Abgehört*, p. 407-08, 417.

24. L'ingérence de la *Reichsführung-SS* dans les opérations militaires

1. BIRN, *Höheren*, p. 206 et suiv. Cf. chap. 1, p. 22-24.

2. BAL, NS 19/3521 : Aktennotiz, Sonderzug « Heinrich », 22.5.1940; NS 19/3505 : KdW-SS, Betr. : Vorkommandos der 4.SS-T-St. Prag, 23(?).5.1940; NS 19/3506 (207) : KdW-SS an RF-SS, 13. Meldung, 8.6.1940, § 2-3 ; NSD 41/1-1940 : V.Bl.d.W-SS, 1.Jhrg., 11, 15.10.1940, § 254.

3. KTB-OKW/1940-41 (1), p. 113-15 (8.10.1940).

4. Le général Warlimont s'est en fait montré très offensif sur le sujet, revenant par deux fois à la charge, alors que son supérieur, Jodl, paraissait « être enclin à un compromis ». *Ibid.* (1), p. 120 (10.10.1940), 151 (4.11.1940). STEIN, *Waffen SS*, p. 133/n 23.

5. BAMA, RS 4/1342 (2) : I./4.SS-T-St. « Ostmark », TB, p. 1 ; RS 3-2/2 (159) : Höh.Kdo. z.b.V. XXXVII (Befehlshaber der Truppen des Heeres i.d.Ndl.)/Ia an HSSPF, 1324/40 g, Betr. : Küstenschutz, 26.11.1940.

6. *Ibid.* (1re réf., 4-5).

7. BAL, NS 33/230 (144) : SS-FHA/Ia, Betr. : Verlegung der Pol.-E.-Einheiten u. des SS-Inf.-E.-Btl. « G » nach Holland, 5.4.1941.

8. La subordination des unités de dépôt SS n'a jamais été clairement spécifiée avant-guerre et au début du conflit. Même la circulaire du 8 mars 1940, pourtant destinée à régler précisément la question de subordination des troupes SS vis-à-vis de l'armée, n'était pas explicite sur ce point. C'est seulement par extrapolation que

NOTES (chapitre 24)

l'armée a subordonné les unités de dépôt SS à son autorité dans sa circulaire d'application. BAMA, RH 15/219 (18-19) : OKW/AHA/Ag/E (II c), 85/40 g, Betr. : Wehrdienstverhältnis u. Wehrüberwachung der Angehörigen d.W-SS während des Krieges, 8.3.1940, § 1 & 9, a-b ; NS 19/3510 (107) : OKW/14 a/10 WFA/L (II), 785/40 g, Betr. : Anwendung der Standortdienstvorschrift HDv 131/ MDv Nr.581/LDv 131 auf die in die Wehrmacht eingegliederten Teile der bewaffneten SS u. Polizei, 16.4.1940.

9. Seuls un droit de visite et le droit de délivrer des consignes liées à l'instruction étaient accordés au sein du Reich aux commandants des régions militaires. BAL, NS 19/3510 (45) : RF-SS, 1107/40 g, 15.8.1940 ; NS 33/230 (135-36) : SS-FHA/Ia, 596/41 g, Betr. : Unterstellungsverhältnis Waffen-SS, 27.2.1941.

10. BAL, NS 33/230 (144) : SS-FHA/Ia, Betr. : Verlegung der Pol.-E.-Einheiten u. des SS-Inf.-E.-Btl. « G » nach Holland, 5.4.1941.

11. BAL, NS 19/3512 (172) : SS-FHA/Ia, 3/41 g.K., Betr. : B.d.W-SS West, 7.1.1941. BIRN, *Höheren*, p. 91-92.

12. VHA, SS-Nachr.Stelle « NW », 26/8 : FS 1093, SS-FHA/KdW-SS an 1) HSSPF Nierderlande, SS-Obf. Rauter, 2) 4.SS-T-St., 3) 14.SS-T-St., 30.12.1940, 12.50 Uhr ; SS-Nachr.Stelle « NW », 12/4 : FS 3039, HSSPF Nordwest an Amt für Nachrichtenverbindungen, Berlin, 18.3.1941, 13.35 Uhr. Sur Knoblauch, cf. SYDNOR, *Soldiers*, p. 113.

13. BAL, NS 33/230 (144) : SS-FHA/Ia, Betr. : Verlegung der Pol.-E.-Einheiten u. des SS-Inf.-E.-Btl. « G » nach Holland, 5.4.1941 ; NS 19/3508 (106) : SS-FHA, 1495/41 g, Betr. : SS-Brigaden (mot) 1 u. 2, 24.4.1941 ; NS 33/227 (1-2) : RF-SS [an] SS-FHA, 604/42 g, Betr. : Unterstellung der SS-Polizei-Div. u. ihrer E-Einheiten, 10.2.1942. IN 'T VELD, *SS*, p. 724/n 10, 770/n 3.

14. OSE, *Entscheidung*, p. 25-28, 279-82 (Anl. 2, Führerweisung Nr. 40 v. 23.3.1942, § II, 1 [cit.]).

15. VHA, 4.SS-Pz.Gr.Div., 23/4 : Wehrmachtsbefehlshaber i.d.Ndl./Ia, 1614/42 g.K., Betr. : Einsatz von Reserven u. Neuregelung der Räume, 23.5.1942 ; Wehrmachtsbefehlshaber i.d.Ndl./Ia, 2128/42 g.K., Betr. : Einsatz von Reserven, 24.7.1942.

16. BAL, NS 19/3505 (74-76) : SS-FHA/KdW-SS/Ia an OK[W]/WFSt., Betr. : Einsatz der in Holland stehenden Truppenteile d.W-SS, 7.7.1942.

17. En s'appuyant sur l'ordre de Hitler de constituer en toute urgence de nouvelles divisions SS, Himmler avait ordonné le transfert des personnels de deux unités de dépôt SS cantonnées aux Pays-Bas. L'armée s'y est opposée, et Hitler a finalement désavoué Himmler. BAL, NS 19/2860 (28) : RF-SS an SS-Gruf. Rauter, 1.3.1943 ; RF-SS an SS-FHA, 19.3.1943.

18. VHA, 4.SS-Pz.Gr.Div., 23/4 : B.d.W-SS i.d.Ndl./Ia, 721 g.K., Betr. : Ausbau rückw. Stellungen im Bereich des WBN während des Herbstes u. Winters 1942/43, 28.8.1942. Pour l'achèvement des travaux, cf. BAL, NS 19/2860 : RF-SS an SS-Brigf. Demelhuber, B.d.W-SS i.d.Ndl., 12.2.1944.

19. BAL, NS 19/2860 : Himmler an SS-Gruf. Rauter, Den Haag, 11.2.1943 ; NS 19/1561 : HSSPF b. RK für die besetzten ndl. Gebieten an RF-SS, 1.4.1942, p. 8 ; NS 19/1545 (27) : HSSPF b. RK für die besetzten ndl. Gebieten an RF-SS, 25.6.1943. IN 'T VELD, *SS*, p. 681/n 11. KTB-OKW/1943 (5), p. 452 (9.5.1943).

20. SHAT, MF 124 : OKH West, Lage 22.6.1944 morgens : Feindlage Westen u. Norden (§ Übrige Küstenfront : WB Ndl.).
21. BAL, NS 19/3798 (90) : RF-SS, Mein Führer ! 13.12.1942, § 5 ; NS 19/2860 (119-21) : RK für die besetzten ndl. Gebieten, Reichsführer !, 8.1.1943 ; Himmler an Rauter, 11.2.1943 ; Himmler an Seyß-Inquart, 13.2.1943. IN 'T VELD, *SS*, p. 910-13 (doc. 294), 959-60 (doc. 331), 970 (doc. 336).
22. KTB-OKW/1943 (6), p. 757 (7.7.1943).
23. IN 'T VELD, *SS*, p. 109-10, 382-83, 1425 (doc. 597).
24. BAL, NS 19/3506 (209) : KdW-SS an RF-SS, 13. Meldung, 8.6.1940, § 12.
25. BAL, NS 33/8 (75-77) : SS-FHA/II, Org.Abt. Ia/II, 3934/44 g.K., Betr. : Aufstellung der SS-Freiw.Gren.Brig. « Landstorm Nederland », 2.11.1944.
26. KTB-OKW/1940-41 (1), p. 115 (8.10.1940).
27. Cf. par exemple BAMA, RS 2-2/2 (241) : Gen.Kdo. SS-Pz.Korps/Ia an Ob.West, 412/42 g.K., Betr. : Untersuchung auf Tropenfähigkeit, 26.10.1942. VHA, 17.SS-Pz.Gr.Div., 13/2 : SS-FHA/II Org.Abt. Ia an SS-Pz.Gr.Brig.49 über WB Dänemark, 19.6.1944, 20.00 Uhr.
28. BAL, NS 19/3506 (113) : KdW-SS an Pers.Stab RFSS, SS-HA, Hauptamt Orpo, Insp.(E)d.SS-VT, Insp.d.SS-T-St., 538/40 g, Betr. : Kuriere, 14.5.1940. Les rapports subsistants figurent dans ce dossier.
29. BAL, NS 19/1871 (19 & 25-27) : SS-FHA/KdW-SS, 2391/41 g, Betr. : Kurierdienst, 19.6.1941 ; SS-FHA/I Org 2471/41 g, Betr. : Aufstellung von 3 Kurierstellen, 24.6.1941.
30. VHA, SS-Kurierstelle 3, Rastenburg, 2/1 : SS-FHA, Org 140/42, Betr. : Auflösung der Kurierstelle 3 Rastenburg, 7.1.1942.
31. BAL, NS 19/3515 (57) : SS-FHA/KdW-SS/Ia, 4732/42 g, Betr. : Verlegung der Kurierstelle 2 d.W-SS von Warschau nach Metz, 30.7.1942. Le réseau de téléscripteurs de la Sipo/SD a aussi pu être employé pour faire parvenir des messages au corps d'armée SS en France à cette époque. BAMA, RS 2-2/2 (268/verso) : SD Nachrichten-Übermittlung, Blitz-FS, Kdo.Stelle RF-SS Gmund/Tegernsee, 29.8.42, 18.05/HE, SS-Obergruf. Hausser über Le Mans.
32. BAL, SSO 1 C (Theodor WISCH, 13.12.1907) : SS-FHA/KdW-SS an SS-PHA, Betr. : Nahmhaftmachung eines Ritterkreuzträgers zwecks Verleihung des Clausewitz-Preises, 13.10.1941. Le bureau de transmissions attaché au HSSPF « Nordwest » a néanmoins servi de relais pour les messages échangés entre le SS-FHA et la « SS-Verfügungs-Division » lorsque celle-ci a stationné aux Pays-Bas d'août à décembre 1940. VHA, SS-Nachr.Stelle « NW », 5/2 (par exemple les télétypes 813, 968, 993, 1020 & 1064). Aussitôt que la division a quitté les Pays-Bas à la mi-décembre, elle a envoyé des rapports par courriers, comme le démontre le compte rendu de son transfert. BAMA, RS 3-2/11 : SS-V-Div./IIa an SS-FHA/KdW-SS, 1792/40 g, Betr. : Bericht Nr.1, 22.12.1940.
33. BAMA, RS 2-2/3 : Gen.Kdo. SS-Pz.Korps, KTB 3 (8.11.1942).
34. VHA, 2.SS-Pz.Div., 43/12 : Funkspruch, SS-FHA Berlin an SS-Div. « DR », 28.8.1942, 17.30 Uhr. BAL, NS 19/1667 (46) : CdSSHA an RF-SS, 3621/42 g, Betr. : SS-Gruf. Steiner, 23.9.1942 ; Slg. Research, Ordner 962 (151) : Funkspruch, Himmler an SS-Obergruf. Sepp Dietrich, 15.3.1943. HEIBER, *Lagebesprechungen*, p. 337 (26.7.1943). MOUNINE, « Villefranche », p. 16.

NOTES (chapitre 24)

35. BAL, NS 19/8 (12) : RF-SS an SS-Obergruf. Jüttner, 35/95/43 g, 15.7.1943.
36. BAL, NS 19/3717 (84-86) : CdSSFHA an RF-SS, 1485/43 g.K., Betr. : SS-eigener Funkverkehr Front-Heimat, 8.10.1943 ; RF-SS, Lieber Jüttner !, 1748/43 g.K., 14.10.1943 (cit.). Un tel code propre à la SS a été retrouvé. Le numéro et le rythme mensuel du changement laissent supposer que ce chiffrage a été introduit à la fin de l'année 1943. BAMA, RW 4/920 (n.f.) : RF-SS/RMdI/Chef des Meldewesens/III, 476/45 g.K., Betr. : SS-Querverkehr-Maschinenschlüssel Nr.15, 27.3.1945. Sur l'emploi de la radio longue portée « en cas d'urgence », voir le rappel du commandant de la 10ᵉ division SS suite à l'offensive alliée aux Pays-Bas le 17 septembre 1944. Celui-ci se trouvait alors en conférence à Berlin auprès du chef du SS-FHA. RYAN, *Pont*, p. 173.
37. VHA, 2.SS-Pz.Div., 28/6 : SS-FHA/KdW-SS/I-N, 1581/43 g.K., Betr. : Funkverkehr Front-Heimat, 21.10.1943 ; SS-FHA/IN an SS-Pz.Div. « DR », 13.11.1943, 17.00 Uhr.
38. WITTE, *Dienstkalender, passim*. Cf. aussi BAMA, RS 2-1/1 : Gen.Kdo. I.SS-Pz.Korps, KTB 1 (31.10.1943) ; RS 2-2/3 : Gen.Kdo. SS-Pz.Korps, KTB 3 (20-21.11.1942) ; RS 3-17/1 : 17.SS-Pz.Gr.Div., KTB 1 (7.12.1943). BAL, SSO 71 A (Paul HAUSSER, 7.10.1880) : SS-FHA an RF-SS, persönlich, 30.10.1942, 13.15 Uhr ; Slg. Research, Ordner 436 (114-16) : RF-SS, 35/114/43 g, Lieber Jüttner, 7.8.1943. MESSENGER, *Gladiator*, p. 113. ORTH, *Konzentrationslager*, p. 160.
39. HALDER, *Kriegstagebuch* (1), p. 183-84 (5.2.1940). Sur le climat de suspicion entre la SS et la *Wehrmacht* à cette époque, cf. Aktennotiz v. 27.9.1939 *in* KTB-OKW/1940-41, p. 951.
40. VHA, 2.SS-Pz.Div., 43/12 : Funkspruch, SS-FHA Berlin an SS-Div. « DR », 28.8.1942, 17.30 Uhr. BAMA, RS 2-2/2 : SS-Gen.Kdo. (Pz), KTB 2 (23.9.1942).
41. Cf. la série complète de rapports quotidiens circonstanciés établis par la division « Das Reich » du 13.8. au 22.12.1943 *in* VHA, 2.SS-Pz.Div., 45/12. Cf. aussi les rapports régulièrement envoyés à Himmler (généralement tous les deux ou trois jours) par la 17ᵉ division SS à partir du moment où elle a reçu son ordre d'engagement en Normandie *in* BAMA, RS 3-17/2.
42. BAL, NS 33/145 (61) : FS an 1) SS-FHA, Berlin, SS-Staf. Ruoff, 2) SS-Stubaf. Christoph, Verb.Offz.d.W-SS b.GenStdH/Org.Abt., [...], 10.7.1944, § Tagesmeldungen, AOK 7 (10.[7].44, 8.16 Uhr). GERSDORFF, *Soldat*, p. 156.
43. BAL, NS 19/3292 (2-6) : SS-Obergruf. Berger an RF-SS, 26.9.1944 ; NS 19/ 751 : SS-Gruf.u.Gen.Lt.d.W-SS Prof.Dr. K. Gebhardt an RF-SS, 5.9.1944 ; SSO 5 A (Karl GEBHARDT, 23.11.1897) : RF-SS, OB der Westmarken, 2.9.1944.
44. WITTE, *Dienstkalender*, p. 253, 278 (3 & 30.11.1941). AUGUSTINOVIC, « d'Alquen », p. 110. BAMA, RS 4/42 (dossier entier). Cf. aussi un rapport d'activité des différents détachements de l'unité sur tous les fronts en janvier 1944 *in* BAMA, RS 4/47 (124-28).
45. La capacité de Himmler à se tenir informé des moindres faits relatifs à la *Waffen-SS* se trouve illustrée par la destitution de l'aide de camp de Paul Hausser en octobre 1942. Quelques semaines plus tard, moins d'une journée a suffi pour que Himmler soit prévenu par Jüttner de l'ordre donné aux divisions « Das Reich » et « Totenkopf » de céder dix-huit de leurs canons antichars à une compagnie de l'armée transférée en urgence sur le front de l'Est. BAL, SSO 71 A (Paul

HAUSSER, 7.10.1880) : RF-SS, Mein lieber Hausser!, 35/7/43 g, 4.11.1942, p. 2. BAMA, RS 2-2/3 (204 & 206) : Gen.Kdo. SS-Pz.Korps, KTB 3 (26.12.1942); Gen.Kdo. SS-Pz.Korps an SS-Pz.Gr.Div. « DR », SS-Pz.Gr.Div. « T », Ia 620/42 g.K., 26.12.1942; Gen.Kdo. SS-Pz.Korps an SS-FHA/KdW-SS, Ia 626/42 g.K., 27.12.1942. WITTE, *Dienstkalender*, p. 655 (27.12.1942).

46. Cf. les synthèses de ces rapports au début de juillet 1944 *in* BAL, NS 33/145.

47. La même consigne du SS-FHA a été transmise le même jour par la voie hiérarchique militaire pour le corps d'armée SS et directement par radio à la division « Das Reich », pourtant subordonnée au corps d'armée SS. BAMA, RS 2-2/2 : SS-Gen.Kdo. (Pz), KTB 2 (29.8.1942) & Anl. A 65 (129) : SS-FHA an Gen.Kdo. über Ob.West, 28.8.1942, 21.30 Uhr.

48. EBERLE, *Dossier*, p. 247-48.

49. BAMA, RH 20-15/57 : Anl. C 38, Besprechung mit GFM Rommel am 20.12.1943, zu § 2, b. L'inquiétude ou la frustration devant l'autonomie dont jouissaient les divisions SS ressortent également *in* BAMA, RH 24-80/56 (n.f.) : Gen.Kdo. LXXX.AK./Ch.d.Gen.St. an Ch.d.Gen.St. LXXXVI.AK., Ia 3058/43 g, 13.7.1943; ZA 1/817 (78-80) : Frhr. Geyr v. Schweppenburg, Die Invasion, 14.4.1947, § I. HEUSINGER, *Hitler*, p. 81.

50. BAMA, RS 2-2/2 : SS-Gen.Kdo. (Pz), KTB 2 (26.10.1942); RS 2-2/3 : Gen.Kdo. SS-Pz.Korps, KTB 3 (2, 3, 6 & 7.11.1942).

51. BAL, NS 19/3514 (169) : SS-FHA, Org 1860/42 g, Betr. : Transporte der SS, 30.3.1942; NS 19/3516 (30) : SS-FHA/Plan./TO-SS, 7397/42 g, Betr. : Errichtung von SS-Transportdienststellen, 16.11.1942; NSD 41/1-1943 : Sonderbeilage für das V.Bl.d.W-SS Nr.12 v. 15.6.1943.

52. KTB-OKW/1943 (5), p. 114 (10.2.1943) & (6), p. 1207 (19.10.1943), 1223 (27.10.1943), 1259 (7.11.1943), 1273 (11.11.1943), 1308 (25.11.1943).

53. *Ibid.* (6), p. 1184 (8.10.1943).

54. La mainmise de Himmler sur la brigade a conduit à une autre incongruité, cette fois interne à la SS. Pour toutes les questions de service de troupe, elle n'a pas été subordonnée au SS-FHA, comme le reste des formations SS mises à disposition de l'armée, mais elle a continué à dépendre du « Kommandostab RF-SS », donc de Himmler. BAL, NS 19/3871 (57) : Niederschrift über Besprechung mit dem Führer am Sonnabend, den 13.2.1943 in der Wolfsschanze um 17 Uhr, § 3; NS 19/3503 (15 & 22) : Kdo.Stab RF-SS/Ia, Ia 380/43 g.K., Betr. : Umgliederung Begleit-Btl. RF-SS, 14.2.1943, § 8; Pers.Stab RFSS Berlin Nr.1060 an Hochwald, 28.2.1943, 13.40 Uhr. BAMA, RH 20-7/101 : AOK 7, KTB-Ia (27.2.1943); RH 20-7/104 : Ia Abendmeldung, 22.2.1943.

55. BAMA, RS 3-3/22 (2) : RF-SS/Adjudantur, Aktennotiz über Besprechung am 16.4.44, Betr. : 1) Auffrischung der 3.SS-Pz.Div. « T », 2) Fertigstellung der 16.SS-Pz.Gr.Div. « RF-SS », 16.4.1944, § 7.

56. FRÖLICH, *Goebbels* (II, 11), p. 574-75 (29.3.1944, cit.). KERSHAW, *Némésis*, p. 904-06. GOLDENSOHN, *Entretiens*, p. 431 (16.6.1946).

57. BAL, SSO 393 A (Hermann PRIEß, 24.5.1901) : OB der HGr. Südukraine, Hochverehrter Reichsführer, 11.7.1944; SSO 71 A (Paul HAUSSER, 7.10.1880) : SS-Obergruf. Hausser, Reichsführer!, 28.4.1944; RF-SS, 35/51/44 g, Mein lieber

NOTES (chapitre 24) 1017

Hausser!, 3.5.1944 (cit.); SSO 189 B (Karl von TREUENFELD, 31.3.1885) : GFM Model, Sehr Verehrter Reichsführer!, 30.4.1944 (cit.). Cf. aussi la lettre du chef de l'état-major général de l'armée de terre (Zeitzler) qui s'est empressé d'annoncer à Himmler les brillants résultats d'un officier SS à une formation pour divisionnaires. BAL, SSO 64 A (Heinz HARMEL, 29.6.1906) : Ch.d.Gen.St.d.H., Lieber Reichsführer!, 2.5.1944.

58. BAL, NS 19/3514 : Niederschrift des RF-SS über die an der Front eingesetzten Verbände d.W-SS u. Polizei, 27.4.1942, § IV, 1. WITTE, *Dienstkalender*, p. 415-16 (3.5.1942), 424 (11.5.1942), 475 (1.7.1942).

59. KTB-OKW/1943 (6), p. 1169 (4.10.1943).

60. BAL, NS 19/4009 (197) : Rede des RF-SS am 23.11.1942, SS-JS Tölz.

61. BAL, NS 19/1669 (72) : Insp.d.SS-VT, Vortragsnotizen für Gruf.-Besprechung am 23.1.39, 18.1.1939, § III, 3.

62. *Ibid.* (72-73), § IV.

63. Voir le chapitre 12.

64. Cf. la correspondance (incomplète) *in* BAL, SSO 71 A (Paul HAUSSER, 7.10.1880), citations tirées des lettres des 30.9. et 26.12.1942. Cf. aussi BAMA, RS 2-2/2 (264) : Gen.Kdo. SS-Pz.Korps/IIa, TB für die Zeit v. 1-31.8.42, 5.9.1942, § 4.

65. BAL, SSO 152 (Josef DIETRICH, 28.5.1892) : Auszugsweise Abschrift aus einem handschriftlichen Brief des SS-Obergruf. Sepp Dietrich an RF-SS, 17.12.1941; SSO 181 (Theodor EICKE, 17.10.1892) : Eicke, SS-Obgruf., Mein Reichsführer!, 19.12.1942.

66. La division « Reich » a ainsi envoyé un émissaire avec des clichés auprès de Himmler au moment où, en dehors d'un meilleur équipement, elle souhaitait avoir la possibilité de porter une bande de bras à son nom, désirant également voir ce dernier transformé en « Das Reich ». VHA, 2.SS-Pz.Div., 48/13 : RF-SS/Adjutant an SS-Stubaf. M. Schultz, SS-Div. « R »/Ia, 7.7.1942; Hölz, SS-Ostuf. u. O 4, Betr. : Kurierfahrt zum FHQu., dienstl. Besprechung mit SS-Hstuf. Schulze, 5.7.1942, § 9. Cf. aussi BAL, SSO 71 A (Paul HAUSSER, 7.10.1880) : Reichsführer, 26.12.1942; NS 19/3787 (218) : SS-Hstuf. Lingner, Fp-Nr.20092, Lieber Grothmann!, 23.10.1942.

67. BAL, NS 19/2330 (1-2) : SS-T-Div./Kdr. an RF-SS, 41/40 g.K., 20.11.1940.

68. BAL, NS 19/3496 : SS-Brigf. Keppler an SS-Gruf. Wolff, 30.8.1941. SYDNOR, *Soldiers*, p. 180-81, 186, 229 et suiv., 250-52. WITTE, *Dienstkalender*, p. 561 (21.9.1942), 580-81 (5.10.1942).

69. BAL, NS 19/2571 (89) : SS-Div. « R », Mein Reichsführer!, 4.2.1942. VHA, 2.SS-Pz.Div., 48/13 : Ostendorff, SS-Staf., Sehr verehrter SS-Gruf.!, 2.4.1942, p. 2 (cit.).

70. BAL, NS 19/3497 (4 & 7-9) : SS-Obergruf. Eicke an RF-SS, 2.1.1943; Himmler an SS-Obergruf. Eicke über SS-FHA, 2.1.1943; NS 19/3943 : Aktennotiz, 3.1.1943, § 3.

71. BAL, NS 33/145 (54) : FS II/2308/44 g, Grothmann, SS-Ostubaf. u. 1. Adj. RF-SS, 1) SS-FHA, 2) SS-Stubaf. Cristoph, Verb.Offz.d.W-SS b.GenStdH/Org.Abt., durchschriftlich an 3) SS-Gruf. Fegelein, 4) SS-Ostubaf. Darges, 5) SS-Stubaf. Springer mit der Bitte um Kenntnisnahme übersandt, 9.7.1944.

72. VHA, 2.SS-Pz.Div., 88/25 : Stellungnahme der SS-Pz.KGr. « DR » zur Auffrischung der 2.SS-Pz.Div. « DR », s.d. (1.2.1944).

73. BAMA, RS 2-2/26 : Gen.Kdo. II.SS-Pz.Korps/Qu, KTB 7 (11 & 15.9.1943); RS 3-17/13 : 17.SS-Pz.Gr.Div. « GvB »/Ia an RF-SS, 1355/44 g, 6.9.1944. Cf. chap. 12 et 13.
74. MOUNINE, « Villefranche », p. 16.
75. IHTP, MF 222 (337747 & 337750-51) : 2.SS-Pz.Div. « DR »/Kdr. an Gen.Kdo. LVIII.Pz.Korps, nachrichtl. an RF-SS, Ia 775/44 g, Betr. : Zuführung der Restteile der Div., 19.6.1944; Aktenvermerk, Ferngespräche KG/Ch.d.Gen.St. der Armeegruppe G am 21.6.1944, § 1. BAL, NS 33/145 (61) : Grothmann, SS-Ostubaf. u. 1.Adj. RF-SS, 1) SS-FHA, 2) Verb.Offz.d.W-SS b.GenStdH/Org.Abt., [...], II/2313/44 g, 10.7.1944.
76. SENGER UND ETTERLIN, *Panzer*, p. 121-22. Cf. aussi FRÜHBEIßER, *Opfergang*, p. 18. Il est du reste significatif que les aviateurs soient demeurés attachés à leur chef jusqu'aux derniers jours de la guerre, au moins pour l'utilité supposée de son influence politique pourtant réduite à néant. MIŠKOVÁ, *Pfitzner* (1), p. 249 (18.3.1945).
77. RITGEN, *Panzer-Lehr*, p. 81. SPAETER, *Großdeutschland* (I), p. 412 & (II), p. 589. La correspondance entretenue par Engel avec les divisions de l'armée (en particulier la division « Großdeutschland » et la 12ᵉ division d'infanterie) est édifiante. BAMA, RW 8/v.4-v.7 (dossiers entiers).
78. MÜLLER-HILLEBRAND, *Heer* (III), p. 158-59.
79. BAMA, RS 2-1/1 : Gen.Kdo I.SS-Pz.Korps, KTB 1 (15, 21, 27, 29 & 30.12.1943). AGTE, *Tiger*, p. 165.
80. BAMA, RS 3-17/13 : Funkspruch, SS-FHA/II Org.Abt. Ia 2786/44 g.K. an 1) 17.SS-Pz.[Gr.]Div. « GvB » über Kurierstelle Metz, [...], 9.9.1944, 03.50 Uhr; RS 3-17/14 : 17.SS-Pz.Gr.Div. « GvB »/Ia, Zusammengefaßter Gefechtsbericht für die Zeit v. 2-24.9.44, 24.9.1944; 17.SS-Pz.Gr.Div. « GvB »/Ia 506/44 g.K. an Gen.d.Pz.Tr. West/Id, Betr. : Meldewesen, 23.9.1944 (cit.); Fernspruch v. XIII.SS-AK./Ia an 17.SS-Pz.Gr.Div. « GvB », 23.9.1944, 11.45 Uhr; 17.SS-Pz.Gr.Div. « GvB »/Div.Kdr. an XIII.SS-AK., 23.9.1944, 16.25 Uhr.
81. BAMA, RS 3-17/14 : SS-FHA/II Org.Abt. Ia/II, 16675/44 g, an 17.SS-Pz.Gr.Div. « GvB », SS-Staf. Deisenhofer, 24.9.1944, 14.40 Uhr.
82. BAMA, RS 3-17/14 : 17.SS-Pz.Gr.Div. « GvB », Ia 539/44 g.K., Meldung v. 30.9.1944.
83. BAL, NS 33/276 (5) : SS-FHA/II Org.Abt. Ia/II, 32504/44 g.K., Betr. : Auffrischung der Pz.Verbände d.W-SS im Westen, 22.9.1944. Cf. chap. 14, p. 398.
84. WEGNER, *Soldaten*, p. 266.
85. Voir le chapitre 12.
86. GUDERIAN, *Panzers*, p. 103-04. HÖHNE, *Orden*, p. 444. SHULMAN, *Défaite*, p. 135, 293. BAMA, ZA 1/817 (83) : Geyr v. Schweppenburg, Die Invasion, 14.4.1947, § III.
87. BAMA, RS 3-12/40 : Meyer, K., Meyer, H., Der Einsatz der 12.SS-Pz.Div. « HJ » [...] v. Juni bis Sept. 1944, p. 4.
88. VHA, 3.SS-Pz.Div., 35/8 : SS-T-Div./Kdr. an Kdre. der Rgter. u. Div.-Truppen, Ia 195/40 g, Betr. : Monatliche Zustandsberichte der Rgter. u. Div.-Truppen, Vertraulich !, 17.8.1940.
89. Cf. la liste de l'état-major divisionnaire au 13 août 1940 où le nom de six officiers est suivi de la mention « R.-SS ». VHA, 3.SS-Pz.Div., 10/4 : Führerstel-

NOTES (chapitre 24) 1019

lungsbesetzung Kdo. SS-T-Div., 13.8.1940. BAL, SSO 181 (Theodor EICKE, 17.10.1892) : SS-T-Div./Kdr. an SS-Brigf. Jüttner, 103/40 g, 11.10.1940; SSO 7 C (Hans-Joachim WOITH, 25.7.1910) : Dienstlaufbahn. SYDNOR, *Soldiers*, p. 113, 136. Un cas similaire s'est produit à la 9e division SS où le chef d'état-major a été nommé sur intervention de Himmler en avril 1943. BAL, SSO 67 A (Walter HARZER, 29.9.1912) : Dienstlaufbahn. AJM, 679 : TMP Marseille, notes d'audience, doc. n° 69, audience du 22.6.1953, p. 36.

90. BAL, NS 19/3496 (133-47) : SS-Gruf. Eicke, 27/41, Mein RF-SS !, 5.3.1941. SYDNOR, *Soldiers*, p. 120 et suiv.

91. VHA, 3.SS-Pz.Div., 2/1 : SS-T-Div., Div.-Tagesbefehl Nr.71, 2.4.1941, § 1 (cit.) ; *ibid.*, Nr.73, 4.4.1941, § 8. BAL, NS 19/3505 (15-35) : SS-T-Div./Kdr. an SS-FHA/KdW-SS, IIa 74/41 g, Betr. : Erfahrungen über den Nachersatz, 15.11.1941.

92. BAL, SSO 181 (Theodor EICKE, 17.10.1892) : RF/V., AR/353/38, Lieber Eicke !, 28.11.1941.

93. BAL, NS 19/1665 (1-4) : RF-SS, 1138/42 g, Lieber Jüttner ! 5.3.1942. Sur le fond de l'affaire, cf. BIRN, *Höheren*, p. 112-13.

94. Cf. les *SS-Verordnungsblätter* de 1941-42 *in* BAL, NS 19/3513-3516.

95. BAL, NS 19/2651 (53-54) : RF-SS, 82/9, Lieber Hausser !, –.11.1942.

96. BAL, NS 19/3943 (93-96) : RF-SS/Adjutant an SS-Stubaf. Lehmann, LSSAH, 244/42 g, 9.12.1942; SS-Stubaf. Lehmann an SS-Hstuf. Grothmann, Adjutant RF-SS, 19.12.1942.

97. BAL, SSO 354 A (Carl OBERG, 27.1.1897) : RF-SS an HSSPF Frankreich, 18/3/43 g, 6.1.1943.

98. BAL, SSO 71 A (Paul HAUSSER, 7.10.1880) : Gen.Kdo. SS-Pz.Korps/KG, Reichsführer, Pfingsten 1943.

99. BAMA, RS 2-2/26 : Gen.Kdo. II.SS-Pz.Korps/Qu, KTB 7 (19.9.1943).

100. BAL, NS 19/4012 (6) : Rede des RF-SS vor den Führern der 13.SS-Freiw.b.h.Geb.Div. (Kroatien), Tr.Üb.Pl. Neuhammer am 11.1.1944.

101. MÅNSSON, *Himmler*, p. 221.

102. BAL, Slg. Research, Ordner 953 (n.f.) : I/FG, Besprechung mit SS-Ostubaf. Grothmann am Sonntag, den 4.2.45, 5.2.1945, § 12.

103. Cf. chap. 12, p. 332-333, chap. 13, p. 381-382.

104. BAL, SSO 42 (Otto BAUM, 15.11.1911) : 3.SS-Pz.Div. « T »/Kdr. an RF-SS, 23.11.1943.

105. BAL, SSO 393 A (Hermann PRIEß, 24.5.1901) : SS-T-Div./Kdr., Beurteilung, 8.3.1941.

106. IN 'T VELD, *SS*, p. 1198 (31.8.1943), 1327-30 (24.4.1944).

107. BAL, SSO 71 A (Paul HAUSSER, 7.10.1880) : Gen.Kdo. II.SS-Pz.Korps/KG, Reichsführer, 30.9.1942. BAMA, RS 2-2/2 : SS-Gen.Kdo. (Pz), KTB 2 (23.8., 24 & 30.9., 10.10.1942) & Anl. A 115 (204) : Gen.Kdo. SS-Pz.Korps/KG an SS-FHA/Ia, KdW-SS, 314/42 g.K., 10.10.1942, § 2.

108. HARTMANN, *Halder*, p. 258. WEINGARTNER, *Guard*, p. 54-55. MESSENGER, *Gladiator*, p. 93. Cf. chap. 11, p. 290.

109. BAMA, RH 19-IV/134 (143) : Ob.West/Ic, Telefongespräche sowie Besprechungen (26.6.1944, 10.45 Uhr).

110. VHA, 2.SS-Pz.Div., 28/6 : SS-FHA/Org, 147/42 g.K., 27.4.1942 (en copie jointe : Der Führer u. Oberster Befehlshaber der Wehrmacht, 1287/42 g.K., OKW/WFSt/Op, 15.4.1942 [cit.]).
111. VHA, 2.SS-Pz.Div., 28/6 : OKH/Op.Abt., nachr. SS-FHA, Nr.3239, 6.6.1942, 18.40 Uhr (OKW/WFSt/Op 1895/42 g.K.).
112. Cf. ces organigrammes *in* VHA, 2.SS-Pz.Div., 28/6.
113. VHA, 2.SS-Pz.Div., 33/8 : SS-Pz.Gr.Div. « DR » an SS-Obergruf. Jüttner, SS-FHA, Ia 1023/43 g, 13.10.1943, 04.05 Uhr. HAUSSER, *Soldaten*, p. 356.
114. En janvier 1942, à l'est, la 10e division d'infanterie motorisée était par exemple fractionnée en trois groupements, chacun d'eux subordonné à un corps d'armée différent appartenant à deux armées distinctes. Ce phénomène n'a fait que s'accentuer au cours de la guerre, comme le révèlent les tableaux de répartition des forces allemandes. KTB-OKW/1942 (4), p. 1354. Cf. aussi HEIBER, *Lagebesprechungen*, p. 630-31 (1.9.1944), 794-95 (10.1.1945). BAMA, ETHINT 38 : H. Guderian (Gen.Oberst), Panzer Tactics in Normandy (interview), 28.1.1948, p. 5-6 ; ZA 1/817 : Geyr v. Schweppenburg, Die Invasion, 14.4.1947.
115. Cf. chap. 28, p. 737 et suiv.

25. L'EMPLOI RÉPRESSIF DES TROUPES SS

1. LELEU, « SS-Totenkopf », p. 826, 829-30.
2. VHA, 2.SS-Pz.Div., 196/62 : AOK 18/O.Qu/Qu 2, 45/40 g.K., Sonderbestimmungen für Verhalten in besetzten Gebieten, 29.2.1940, § I, 4 & II. Cf. aussi VHA, 3.SS-Pz.Div., 34/8 : SS-T-Div./Ic an SS-T-Rgt.- u. Div.Truppen, Betr. : Richtlinien über Zusammenarbeit der Rgt.- u. Div.Truppen mit dem Ic der Div. für den Einsatz im Westen (stichwortartig), 2.2.1940, § II & III, 2-3.
3. VHA, 3.SS-Pz.Div., 38/9 : Gen.Kdo. I.AK./Ic/AO, 494/40 g, Betr. : Beschießen deutscher Soldaten, 14.7.1940.
4. VHA, 3.SS-Pz.Div., 2/1 : SS-T-Div., Div.-Tagesbefehl Nr.49, 6.3.1941, § 2 ; *ibid.*, Nr.89, 25.4.1941, § 1.
5. BAL, R 70 Frankr./13 (53-56 & 67-70) : Der Führer u. Oberster Befehlshaber der Wehrmacht, OKW/WFSt/Qu (Verw.) 383/42, 9.3.1942 ; MBF, 16/42 g, Betr. : Zusammenarbeit mit dem HSSPF ; Übergang der polizeiliche Exekutive, 29.5.1942 ; R 70 Frankr./16 (42-52) : Ic/AO, 4518/42 g.K., Betr. : Aufgabengebiete des SD, der militärischen Abwehr u. der GFP, 1.10.1942 ; SSO 354 A (Carl OBERG, 27.1.1897) : RF-SS u. CdDtPol, O-Kdo II SS-Pol 129/42, Schnellbrief, Betr. : Einsetzung eines HSSPF in Paris, 12.5.1942. DELACOR, « Weltanschauungskrieg », p. 97-99. LUTHER, *Widerstand*. BOÜARD, « Répression ».
6. BAMA, RH 24-86/6 : Anl. 30, Gen.Kdo. LXXXVI.AK., Betr. : Aktive Unterstützung der Sabotage usw., Abwehr durch die Truppe, 13.7.1943, § 2.
7. VHA, 9.SS-Pz.Div., 3/1 : 9.SS-Pz.Gr.Div. « H »/Ia, 2539/43 g, Weisungen an die Truppe Nr.32, 1.11.1943, § 2.
8. *Ibid.*, Nr.33, 2593/43 g, 4.11.1943, § 3.
9. BAMA, RS 3-2/2 : Kdo.Stab SS-V-Div., KTB (26.8.1940).
10. FRÖLICH, *Goebbels* (I, 7), p. 200 (18.11.1939). BAMA, RS 3-2/9 : SS-V-Div./Ib, KTB 1 (17.11.1939).

NOTES (chapitre 25)   1021

11. IHTP, MF 164 (108 790) : OB des Heeres/GenStdH O Qu I, 500/40 g, Richtlinien für den Dienst der Truppen im Winter 1940/41, 7.10.1940 (Anl. 1, § I, 5). Sur les modalités d'application de cet ordre, cf. par exemple VHA, 3.SS-Pz.Div., 35/8 : SS-T-Div./Kdr./Ia 289/40 g, Betr. : Richtlinien für den Dienst der Truppen im Winter 1940/41, 4.11.1940 (Anl. 1, § 4).

12. Cantonnée à proximité de la capitale, la division de police SS aurait également pu être engagée à cette fin. Elle n'appartenait toutefois pas encore en propre à la *Waffen-SS* à cette date. BAMA, RH 19-IV/3 (168, 189 & 195) : H.Gr.Kdo. D/Ia an 1) AOK 1, 2) 10.Pz.Div., 15/40 g, 9.12.1940; H.Gr.Kdo. D/Ia an 1) H.Gr.Kdo. A (Ob.West), 2) MBF, 46/40 g, Betr. : Sicherung von Paris, 12.12.1940; H.Gr.Kdo. D/Ia an 1) AOK 1, nachr. an 2) Ob.West, 3) MBF, 96/40 g, 16.12.1940; RH 19-IV/6 : Karte 1 & 2 (Unterkunft u. Bewachungsobjekte der SS-Pol.Div. im Raum Groß-Paris, Stand : 1.12.1940). HUSEMANN, *Glaubens* (1), p. 35-36.

13. Cf. les rapports établis du 4 au 7.12.1940 par les unités du 2e régiment de la division *in* VHA, 3.SS-Pz.Div., 34/8.

14. VHA, 3.SS-Pz.Div., 35/9 : SS-T-IR 2/Ia, Betr. : Auslanderüberwachung, 10.10.1940; *ibid.*, 30.12.1940; AOK 7/Ic, Befehl über die Internierung der Engländer, 22.11.1940. PESCHANSKI, *L'Internement*, p. 204.

15. BAMA, RS 2-2/2 & 3 ; RS 4/1361 : 12.SS-Pz.Div. « HJ »/Ic, 221/43 g, Betr. : Ic-Monatsberichte, 17.11.1943. VHA, Gen.Kdo. SS-Pz.Korps, 2/1 ; 2.SS-Pz.Div., 165/52; 9.SS-Pz.Div., 1/1 & 8/2; 17.SS-Pz.Gr.Div., 7/1 : 17.SS-Pz.Gr.Div. « GvB »/Ic, Betr. : Ic-Meldungen, 10.5.1944.

16. La fréquence des rapports est devenue mensuelle en mars 1941. VHA, 3.SS-Pz.Div., 35/8 : SS-T-Div./Kdr./Ic, 263/40 g, Betr. : Lageberichte, 28.9.1940; 3.SS-Pz.Div., 35/9 : SS-T-Div./Kdr./Ic an Rgt. u. Div.Truppen, 81/41 g, Betr. : *ibid.*, 22.3.1941.

17. VHA, 3.SS-Pz.Div., 2/1 : SS-T-Div./Kdr./Ic an Rgt. u. Div.-Truppen, Betr. : Lageberichte, 6.1.1941.

18. *Ibid.* VHA, 3.SS-Pz.Div., 44/11 : SS-T-IR 3, Rgt.-Tagesbefehl Nr.10, 17.1.1941, § 2. Cf. les très nombreux rapports *in* VHA, 3.SS-Pz.Div., 35/8, 35/9 & 49-53/11.

19. BAMA, RS 4/1217 (129/verso) : LSSAH, Tagesbefehl Nr.96, 16.11.1940.

20. BAMA, RS 3-3/22 (4-5) : Zusammenstellung der Kämpfe der T-Div., Okt. 1939-Okt. 1943. VHA, 3.SS-Pz.Div., 35/9 : SS-T-Div./Ia, Befehl für die Ablösung an der D-Linie durch Zollgrenzschutz, 14.2.1941; SS-T-IR 2/Ia an SS-T-Div., Betr. : Ablösung an der D-Linie durch Zollgrenzschutz, 19.2.1941; SS-T-Div./Ia/Ic, Betr. : Zusammenarbeit der Truppe mit den Dienststellen des Zollgrenzschutzes (VGAD), 22.4.1941; 3.SS-Pz.Div., 2/1 : SS-T-Div./Kdr./Ia, Betr. : Besichtigung der D-Linie durch den KG, 1.3.1941.

21. BAL, NS 19/2531 (1) : Eicke an RF-SS, IIa 65/42 g.K., 7.12.1942.

22. Cf. par exemple BAMA, RS 2-2/2 (262) : Gen.Kdo. SS-Pz.Korps/Ia/Verkehr an Feldgendarmerie-Trupp, Betr. : Einsatz der Feldgendarmerie, 24.8.1942.

23. VHA, 3.SS-Pz.Div., 76/14 : OKW/WFSt/Abt.L (II Org), 548/41 g, Betr. : Bekämpfung von Fallschirmjägern, 27.2.1941, § 2. BAMA, RH 20-15/43 : Ob.West, Grundlegende Bemerkungen des Ob.West Nr.19, 22.1.1943, § 4.

24. VHA, 2.SS-Pz.Div. : SS-Div. « DR »/Ia, Betr. : Bekämpfung abspringender fdl. Fallschirmagenten, 301/42 g, 21.7.1942 ; 2.SS-Pz.Div., 64/18 : SS-A.A.2 an SS-Div. « DR »/Ib, Betr. : Jagdkommando am 9.10.42, 23.11.1942 ; 2.SS-Pz.Div., 11/2 : SS-Div. « DR »/IIa, Div.-Tagesbefehl Nr.49/42, 23.12.1942, § 1 ; 9.SS-Pz.Div., 1/1 : SS-Pz.Gr.Div. « H »/Ia, 320/43 g, Bekämpfung fdl. Fallschirmjäger- u. Luftlandeunternehmen, 26.3.1943 ; 9.SS-Pz.Div., 3/1 : SS-Pz.Div. « H »/Ia, Betr. : Weisungen an die Truppe Nr.34, 13.11.1943, § 6 ; 17.SS-Pz.Gr.Div., 7/1 : SS-Pz.Gr.Rgt.38 an I.-III. Btl., Betr. : Aufstellung von Jagdkommandos, 10.1.1944 ; Kdr. der Sipo/SD in Poitiers, Fahndung, Betr. : Fahndung nach flüchtligen Besatzungen abgeschossener Feindbomber, 11.1.1944 ; 17.SS-Pz.Gr.Div. « GvB »/Ic an SS-Pz.Gr.Rgt.38, Betr. : Fahndung, 27.1.1944 ; 17.SS-Pz.Div., 13/2 : SS-Pz.Gr.Brig.49/Stabskp. an Div.-Kampfschule, Betr. : Fallschirmjagdkommandos u. bewegl. Kampfgruppen, 19.9.1944. BAMA, RH 20-7/108 : AOK 7, Ia-Abendmeldungen, 16-17.6.1943 ; RS 3-17/4 : Anl. 17, 17.SS-Pz.Gr.Div. « GvB »/Ic, 62/43 g, Betr. : Aufstellung von Jagdkommandos, 30.12.1943. FÜRBRINGER, « *Hohenstaufen* », p. 83, 536 (Anl. 3).

25. BAMA, RH 24-86/6 : Anl. 30, Gen.Kdo. LXXXVI.AK., Betr. : Aktive Unterstützung der Sabotage usw., Abwehr durch die Truppe, 13.7.1943, § 3-5 ; RS 2-1/11 : Gen.Kdo. I.SS-Pz.Korps/Ia/Stomü., 19/44 g.K., Betr. : Bandenwesen, 29.1.1944 ; RS 4/1352 (20) : 12.SS-Pz.Div. « HJ »/SS-Pz.Rgt.12, Rgt.-Befehl Nr.16/44, 25.2.1944, § 1. VHA, 17.SS-Pz.Gr.Div., 5/1 : Gen.Kdo. LXXXII.AK./Ia 1643/44 g.K., 31.7.44, § 2a, cc.

26. BAMA, RS 3-10/12 : 10.SS-Pz.Div./Ia an sämtliche Truppenteile, Betr. : Gefährdung von Einzelposten bei Nacht, 8.12.1943 ; N 756/159 : Journal personnel de Friedrich W. (3./SS-Pz.A.A.10), 14.11.1943. Cf. aussi FÜRBRINGER, « *Hohenstaufen* », p. 78-80.

27. BAMA, RS 2-1/1 : Gen.Kdo. I.SS-Pz.Korps, KTB 1 (23.12.1943, 20.50 Uhr ; 24.12.1943, 13.45 Uhr & 26.12.1943) ; RS 4/1446 (27) : Gen.Kdo. I.SS-Pz.Korps/Ia, 19/44 g.K., Betr. : Verhalten bei inneren Unruhen oder bei Feindeinwirkung, 4.1.1944.

28. BAMA, RS 3-17/5 : Anl. 55, 17.SS-Pz.Gr.Div. « GvB »/Ic, 38/44 g.K., Betr. : Bekämpfung von Terroristen, 23.2.1944. Cf. aussi BAMA, RS 3-17/4 : Anl. 7, 17.SS-Pz.Gr.Div. « GvB »/Ic, 32/43 g.K., Betr. : Abwehrfeindlage Frankreich, hier, Feindauftrag Schlößer als Vermittlungszentralen betreffend, 7.12.1943 ; Anl. 41, 17.SS-Pz.Gr.Div. « GvB »/Ic an alle Einheiten der Div., 26/44 g.K., Betr. : Straßensperren, 8.2.1944 ; RS 3-17/5 : Anl. 93, 17.SS-Pz.Gr.Div. « GvB »/Ic, 57/44 g.K., Betr. : Straßensperren, 14.3.1944 ; RS 3-17/6 : Anl. 120, 17.SS-Pz.Gr.Div. « GvB »/Ia 156/44 g.K.II.Angeh, Betr. : Jagdkommandos, 2.4.1944 ; RS 3-17/7 : Anl. 173, 17.SS-Pz.Gr.Div. « GvB »/Ia, 701/44 g, Betr. : Straßenkontrollen, 28.4.1944 ; Anl. 183, 17.SS-Pz.Gr.Div. « GvB »/Ic, 95/44 g.K., Betr. : Straßensperren, 11.5.1944.

29. BAMA, RS 3-17/5 : Anl. 62, 17.SS-Pz.Gr.Div. « GvB »/Ia, 134/44 g.K., Betr. : Mitführung scharfer Munition b. Verlassen der Unterkunft, 29.2.1944.

30. À savoir un train de la 10e division SS le 31 octobre dans la région de Dijon (plusieurs morts et blessés), un train du Ier corps d'armée blindé SS lors de son transfert d'Italie en Belgique le 13 décembre 1943 (17 véhicules endommagés ou

NOTES *(chapitre 25)* 1023

détruits), un train transportant d'Ukraine en Belgique le bataillon antichar de la « LSSAH » en février 1944 (2 tués, 8 blessés, 17 camions détruits), un autre de la 9ᵉ division SS saboté entre Chalon-sur-Saône et Macon le 25 février (4 morts, 9 blessés) et un convoi de la 12ᵉ division SS à Ascq le 1ᵉʳ avril (faibles dégâts matériels). BAMA, RS 2-1/1 : Gen.Kdo. I.SS-Pz.Korps, KTB 1 (13.12.1943) ; RH 19-IV/23 : Ob.West, KTB (17.2.1944) ; RH 19-IV/33 : Ob.West, KTB (2.4.1944) ; RH 20-19/35 : AOK 19, KTB (25.2.1944). LELEU, *« Frundsberg »*, p. 29.

31. BAMA, RS 4/1352 (29 & 41-42) : 12.SS-Pz.Div. « HJ »/SS-Pz.Rgt.12, Rgt.-Befehl Nr.20/44, 7.3.1944 ; 12.SS-Pz.Div. « HJ »/SS-Pz.Rgt.12, Sonderbefehl an alle Abteilungen des Rgt.Stabes, 21.4.1944 (cit.).

32. AJM, 371, liasse 1/2, D 3 (63 & 64) : 12.SS-Pz.Div. « HJ »/Pz.A.A., Sonderbefehl, 10.5.1944.

33. IHTP, MF 225 (8010313) : 12.SS-Pz.Div. « HJ »/Ic, 171/43 g, Betr. : Verhalten u. Maßnahmen bei inneren Unruhen, 6.11.1943. Cf. aussi BAMA, RS 4/1361 : 12.SS-Pz.Div. « HJ »/Ic, Betr. : Material zur Belehrung, 18.10.1943.

34. Délégation Française auprès de la Commission d'Armistice/Général Président au Gen.d.Art. Vogl, Président de la Commission Allemande d'Armistice, N° 47989/AE, Objet : Exécutions de Français sans jugement, 21.6.1944, *in* TMI (XXXVII), F-673, p. 319.

35. BAMA, RS 4/1352 (43) : 12.SS-Pz.Div. « HJ »/SS-Pz.Rgt.12, Rgt.-Befehl Nr.27/44, 24.4.1944. VHA, 12.SS-Pz.Div., 31/3 : Anl. K 2, SS-Werf.Abt.12, An Dienststelle Fp-Nr.10443, Meldung !, 9.6.1944.

36. BAMA, RS 4/1424 : SS-Nachr.Abt.101, Tagesbefehl Nr.295/44, 19.2.1944, § 1 ; RH 19-IV/23 : Ob.West, KTB (28.2.1944). VHA, 12.SS-Pz.Div., 13/2 : SS-Pz.Rgt.12, KTB (9.5.1944, 9.45 Uhr) ; 12.SS-Pz.Div., 14/2 : II./SS-Pz.Rgt.12, KTB 3 (30.7.1944, 13.30 Uhr) ; 12.SS-Pz.Div., 36/4 : SS-Pz.Inst.Abt.12, KTB (7.7.1944, 11.00 Uhr). LELEU, *« Frundsberg »*, p. 103.

37. JÄCKEL, *France*, p. 456 et suiv. MEYER, A., *Besatzung*, p. 128 et suiv.

38. BAMA, RH 19-IV/142 (48) : Ob.West/Ic, Tägliche Fernsprechnotizen (12.7.1944, 10.40 Uhr).

39. BAMA, RH 19-IV/23 : Ob.West, KTB (3.2.1944) & Anl. 375. Cette directive du 3 février 1944 se retrouve dans les archives de plusieurs formations SS. Quinze jours ont été nécessaires pour la répercuter aux troupes (le IIᵉ corps d'armée blindé SS l'a transmise le 14 aux divisions SS qui l'ont répercutée à leurs unités le 18). BAMA, RS 3-9/11 : Ob.West/Ic 272/44 g.K., Befehl zur Bekämpfung von Terroristen, 3.2.1944 ; RS 3-17/4 : Anl. 50, 17.SS-Pz.Gr.Div. « GvB »/Ic, 33/44 g.K., Betr. : Bekämpfung von Terroristen, 18.2.1944.

40. BAL, NS 6/777 (29-30) : Ansprache des Führers an Feldmarschälle u. Generale am 27.1.1944 in der Wolfsschanze.

41. BAMA, RH 19-IV/132 (11) : Ob.West/Ic, TB für die Zeit v. 1.4.-30.6.1944 ; RH 19-IV/133 (159-62 & 163-65) : Französischer Botschafter, Staatsekretär b. Regierungschef, Generaldelegierter der Französischen Regierung für die besetzten Gebiete an GFM v. Rundstedt, 4.4.1944 ; Rundstedt an Französischen Botschafter. AJM, 371 & 372. MOCQ, *Massacre*.

42. AJM, 679 (dossier entier). FÜRBRINGER, *« Hohenstaufen »*, p. 78-79. NOGUERES, *Résistance* (4), p. 442-44. BAMA, RH 20-19/39 : AOK 19, KTB (10.3.1944).

43. Du 1ᵉʳ octobre 1943 au 1ᵉʳ mai 1944, les exécutions ont pris une ampleur croissante en France, jusqu'à atteindre le chiffre de 1 200 personnes exécutées en dehors de tout cadre légal (sans jugement), qu'il s'agisse d'otages ou d'exécutions sommaires. Pour le seul mois de mars 1944, il a par ailleurs été procédé à l'arrestation de 7 000 personnes dans les territoires occupés à l'ouest dans le cadre du combat mené contre les « terroristes », chiffre à comparer aux quelque 35 000 arrestations menées en France par les forces allemandes pour l'ensemble de l'année 1943. BAMA, RH 19-IV/33 : Ob.West, KTB (10.4.1944). Délégation Française auprès de la Commission d'Armistice/Général Président au Gen.d.Art. Vogl, Président de la Commission Allemande d'Armistice, N° 47989/AE, Objet : Exécutions de Français sans jugement, 21.6.1944, *in* TMI (XXXVII), F-673, p. 319-22. Telegramm, Botschafter in Paris Abetz an A.A., Betr. : Terrorismus u. Terrorbekämpfung in Frankreich, 25.2.1944, *in* ADAP (E, VII), p. 435-37 (doc. 230). ASCHENAUER, *Krieg*, p. 342-43, 352-53. NOGUERES, *Résistance* (4). BOÜARD, « Répression », p. 79. BAL, NS 19/4012 (96-98) : Rede des RF-SS auf der Tagung der RPA-Leiter am 28.1.1944.

44. SHAT, MF 162 : Oberkdo Armeegruppe G, Anl. an KTB 1 der Führungsabt. (Bemerkungen, 92/44 g.K., 16.5.1944, § V, Erfährung der Gruppe Kniess). IHTP, MF 222 (338009) : LVIII.Pz.Korps/Ia an Armeegruppe G, 575/44 g.K., Betr. : Beurteilung der Bandenlage, 12.7.1944, § 11. Cf. aussi BAKO, All.Proz. 21/301 (n.f.) : Témoignage de H. Werner, ex-officier adjoint du régiment « Der Füher », s.d. (1947), p. 2-4 ; All.Proz. 21/47 (n.f.) : étude d'A. Stückler (fév. 1949), I. Teil, p. 19 ; G-E. Wisliceny, Bericht über den Aufenthalt des SS-Pz.Gr.Rgt. 3 « D » [...] im Südfranzösischen Raum im Jahre 1944, s.d., § 5, g-h, p. 5. BAMA, RH 19-IV/34 : Ob.West, KTB (14.5.1944). La coopération s'est également imposée entre la troupe et le SD afin d'éviter d'appréhender lors des contrôles les agents du SD cherchant à infiltrer la Résistance. BAMA, RS 3-17/4 : Anl. 49, 17.SS-Pz.Gr.Div. « GvB »/Ic, 34/44 g.K., Betr. : Straßensperren, 18.2.1944. Il est à noter que, dès l'été 1943, un détachement de la Sipo avait été attaché à la brigade « Reichsführer-SS » lorsque celle-ci avait été envoyée en Corse. BAL, NS 19/8 (12) : RF-SS, 35/95/43 g, Lieber Jüttner !, 15.7.1943.

45. BA-Ludwisburg, Frankr.-Ordner, Mil.Gericht Lyon (5/585) : Kdt.d.H.Geb.Südfrankr./Ia/Qu, 1694/44, 8.5.1944 (aimablement communiqué par Peter Lieb). En conséquence, la troupe a été informée dans le détail des différentes mouvances de la Résistance afin de pouvoir jouer un rôle accru dans la répression. BAMA, RS 4/1446 (136-38) : Gen.Kdo. I.SS-Pz.Korps/Ic, 571/44 g, Betr. : Organisation u. Pläne der franz. Widerstandsbewegung, 3.5.1944. IHTP, MF 225 (8009406) : 2.SS-Pz.Div. « DR »/Ia/Ic, 366/43 g, Abwehrlage Nr.6 : Grundsätzlicher Befehl über Bandenlage u. Bandenbekämpfung, 27.5.1944.

46. BAL, SSO 341 A (Wilfrid MURR, 28.7.1922) : SS-Richter b. RF-SS, Bericht, 23.2.1944, p. 2. BAMA, RH 24-80/62 : AOK 1 an Gen.Kdo. LXXX.AK., Betr. : Durchkämmung de[r] Forêt d'Amboise, 14.1.1944, § 2 ; RS 4/1314 (11) : I./SS-Pz.Gr.Rgt.25, KTB 1 (3.5.1944). ONFRAY, *Chambois*, p. 85-86. VHA, 12.SS-Pz.Div., 27/3 : SS-Pz.Jg.Abt.12, KTB (9 & 13.5.1944) ; 12.SS-Pz.Div., 28/3 : SS-Pz.Jg.Abt.12, KTB (12 & 13.7.1944, 16.00 Uhr) ; 12.SS-Pz.Div., 31/3 : SS-Werf.Abt.12, KTB (13.6.-24.7.1944). BAKO, All.Proz.8/JAG 345 : Exhibit 6

NOTES (chapitre 25)

(déposition manuscrite de l'accusé H. Heyns), p. 14 ; Exhibit 7 (déposition manuscrite de l'accusé H. Koch), p. 17 ; Exhibit 11 (déposition de l'accusé H. Seiff), p. 19.

47. IHTP, MF 222 (337679-86) : III./SS-Pz.Gr.Rgt. 3 « D »/Kdr. an Nachkdo. 2.SS-Pz.Div. « DR »/Ia/Ic, Betr. : Bandeneinsatz des III./SS-Pz.Gr.Rgt. 3 « D » v. 10-12.6.44, 14.6.1944. SHAT, MF 162 : Oberkdo Armeegruppe G, KTB 1 der Führungsabteilung (8.6.1944). Cf. aussi NARA, RG 165/Entry 179/Box 720 : PWIS (H)/LDC/439, Report on interrogation of PW SS Pz Gren Adalbert L., 10/SS PGR 4 (2 SS Pz Div), 24.10.1944, § I, a.

48. Cf. chap. 30, p. 790 et suiv. D'autres exemples de missions répressives menées les semaines précédentes par la division prouvent sa subordination à la Sipo/SD, notamment l'escorte de déportés jusqu'à une gare d'embarquement, ou encore l'exécution de Juifs à l'instigation du SD. BAKO, All.Proz. 21/49 (122-26) : Auszugsweise Abschrift, TMP de Bordeaux, Acte d'accusation, 25.4.1953 (Cf. dans le même dossier des copies d'autres actes de la procédure, notamment les folios 127 à 130 ; d'autres pièces de cette procédure se trouvent in BAKO, All-.Proz. 21/47 & 48). NARA, RG 165/Entry 179/Box 719 : PWIS (H)/LDC/326, Report on interrogation of PW SS Mann Martin M., 1/SS PGR 4 « DF » (2 SS Pz Div), 9.9.1944, § II. La procédure établie par la Sipo-SD pour l'escorte de détenus figure in BAL, R 70 Frankr./1 (24) : BdS/SD im Bereich des MBF/IV F. 1141/43/ 11 Pol/4-700, Betr. : Einlieferung von Haftlingen in Krieg[s]wehrmachtsgefangnisse u. H[a]ftlager, 29.5.1943, § 1-2.

49. SHAT, 7 P 133-3 : Gouvernement Militaire de Lyon & 14[e] Région/ EM/2[e] Bureau, Synthèse de diverses opérations allemandes contre la Résistance Française effectuées en Savoie, Haute-Savoie et Isère entre le 29.3. et le 9.8.1944 par la 157e Div. de Réserve, 8.12.1944.

50. Cf. chap. 30, p. 784 et suiv.

51. WEBER, Sicherheit, p. 159, 186.

52. VHA, 12.SS-Pz.Div., 28/3 : SS-Pz.Jg.Abt.12, KTB (23.7.1944, 22.00 Uhr).

53. VHA, 17.SS-Pz.Gr.Div., 1/1 : KR-FS 314, Ob.West/Ic, 2734/44 g.K., Betr. : Bandenbekämpfung, 1.9.1944.

54. S'il est difficile de convertir sur une base méthodologique satisfaisante cette participation sous forme de données statistiques, les chiffres qui nous sont connus permettent en tout cas de le penser. Un pointage effectué à partir de trois rapports de la Sipo/SD des mois d'août et de juillet 1944 donne les chiffres suivants : sur un total de 62 actions répressives mentionnées où les forces d'occupation ont l'initiative (ou l'avantage, et donc a priori l'initiative de l'engagement), 16 étaient le fait du SD (26 %), 11 d'unités allemandes de la Wehrmacht (18 %), 6 de la Feldgendarmerie (10 %), 4 de la Waffen-SS (6 %), 1 des troupes de l'Est (2 %), et 1 de la Milice (2 %). Dans 23 cas, l'identité était indéterminée (37 %). Ces chiffres sont purement indicatifs, d'abord parce que seuls nous sont parvenus trois des sept rapports établis dans cet intervalle allant du 29 juillet au 10 août 1944, ensuite en raison de l'interruption des communications avec certaines régions. BAL, R 70 Frankr./1 : (48-49 & 59-62) : BdS/SD im Bereich des MBF/IV/1/44 g, Ereignismeldung Nr.189, 6.8.1944 ; ibid., Nr.190, 7.8.1944 ; ibid., Nr.195, 12.8.1944.

55. BAMA, RH 24-80/62 : AOK 1 an Gen.Kdo. LXXX.AK., Betr. : Durchkämmung der Forêt d'Amboise, 14.1.1944 ; FK 788, Bericht über die Durch-

führung des Unternehmens « Hubertus » am 5.2.44, 15.2.1944 ; RH 24-80/60 : LXXX.AK., KTB (5.2.1944) ; RS 3-17/4 : 17.SS-Pz.Gr.Div. « GvB » an FK Tours, Ia 78/44 g.K., Betr. : Erfahrungen b. Unternehmen « Hubertus », 9.2.1944.
    56. BAMA, RH 24-80/120 : LXXX.AK./Ic, TB für die Zeit v. 1.10.43-31.3.44, 1.4.1944, p. 3 ; RS 3-17/1 : 17.SS-Pz.Gr.Div., KTB 1 (12.3.1944). VHA, 17.SS-Pz.Gr.Div., 1/1 : Res.Pz.Gr.Rgt.92/Ia (mob.), 52/44 g.K., Befehl für die Durchführung eines Sonderauftrages, 18.3.1944.
    57. AJM, 679 (doc. 30) : Acte d'accusation, 18.5.1953.
    58. BAMA, RH 19-IV/134 (20) : Ob.West/Ic, Telefongespräche sowie Besprechungen (7.6.1944, 19.05 Uhr). IHTP, MF 222 (337516) : LVIII.Pz.Korps, KTB (7.6., 22.55 Uhr ; 8.6.1944, Anl. 13 ; 9.6.1944, Anl. 20). KTB-OKW/1944-45 (7), p. 313. Selon l'ex-chef d'état-major de la division, cette opération avait même été demandée pour la Dordogne par le chef de la Sipo/SD en France et ordonnée par l'Ob.West à la fin de mai 1944. L'opération aurait toutefois été décommandée. BAKO, All.Proz. 21/47 (n.f.) : étude d'A. Stückler (fév. 1949), I. Teil, p. 18.
    59. Ce n'est pas ici vouloir faire injure à l'action passée de Georges Guingouin que de le contredire lorsqu'il affirme que le maquis limousin a fait à lui seul basculer la Seconde Guerre mondiale en retardant la division « Das Reich », ce qui aurait fait perdre selon lui la bataille de Normandie aux Allemands, et donc la bataille décisive de la guerre ! Au demeurant, la division « Das Reich » a été placée en réserve à l'arrière du front dès son arrivée en Normandie le 16 juin. Dix jours se sont ensuite écoulés avant que l'un de ses détachements soit engagé. En fait, les délais d'intervention des réserves motorisées allemandes, leur manque de mobilité autant que les stratèges de l'OKW (et dans certains cas ceux des états-majors de commandement à l'ouest) ont davantage contribué à retarder les renforts allemands que l'aviation alliée et la Résistance réunies. La chronologie des ordres d'engagement de quelques divisions blindées allemandes est à cet égard édifiante. GUINGOUIN, « À la gloire des armes limousines », p. 157-59. JÄCKEL, *France*, p. 459-50 & note 10. BAMA, RH 20-7/129 : AOK 7, KTB-Ia (16, 18, 26 & 20.6.1944). KTB-OKW/1944-45 (7), p. 312-14. ZETTERLING, *Normandy*, p. 105 et suiv., 396-400, 412-17. MÖNCH, *Entscheidungsschlacht*.
    60. DELARUE, *Crimes*, p. 307 et suiv. FOUCHÉ, *Oradour*, p. 53-54. NARA, RG 165/Entry 179/Box 719 : PWIS (H)/LDC/213, Report on interrogation of PW SS Gren Marcel K., 11/SS PGR 4 « DF » (SS Pz Div 2), 5.8.1944, § 4. Sur les actions répressives des éléments de la division demeurés dans le Sud-Ouest jusqu'en juillet 1944, cf. les nombreuses références dans le journal de marche du LVIIIe corps d'armée blindé. IHTP, MF 222 (337519-77).
    61. BAMA, RH 19-IV/141 (245) : Ob.West/Ic/AO an OKW/WFSt/Op (H)/West, 2274/44 g.K., Betr. : Meldung über innere Lage, 7.8.1944 ; RS 3-17/12 : 17.SS-Pz.Gr.Div. « GvB »/SS-Feld-Ers.Btl.17, 76/44 g.K. an KGr. der 17.SS-Pz.Gr.Div. « GvB », 17.8.1944, § 8. BAL, R 70 Frankr./1 (48) : BdS/SD im Bereich des MBF/IV/1/44 g, Ereignismeldung Nr.195, 12.8.1944 (§ Bereich Poitiers). NARA, RG 165/Entry 179/Box 719 : PWIS (H)/LDC/219, Report on interrogation of PW O'Gren Gerhard S., St/SS PGR 38 (17 SS Div), 7.8.1944, § VI ; PWIS (H)/LDC/223, Report on interrogation of PW SS Gren Alfred N., 1/38 SS PGR GvB (17 SS PGR Div), 8.8.1944, § VIII.

NOTES *(chapitre 25)* 1027

62. Sur l'engagement de la 30ᵉ division SS, cf. BAMA, RH 19 IV/142 (126) : Ob.West/Ic, Tägliche Fernsprechnotizen, 4.8.1944, 17.02 Uhr; RH 19-IV/141 (242) : Ob.West/Ic, 1) MBF, 2) Wehrm.Bef.Belg./Nordfr., 2311/44 g.K., 5.8.1944. SHAT, 10 P 140 : Essai sur la 30ᵉ Div. SS, p. 4-5. BOURLIER, « Lomont ». Sur l'action du 18ᵉ bataillon SS, cf. BAL, R 70 Frankr./1 (48) : BdS/SD im Bereich des MBF/IV/1/44 g, Ereignismeldung Nr.195, 12.8.1944 (§ Bereich Vichy). BAKO, All. Proz. 21/307 (n.f.) : Jugement rendu par le TMP de Lyon, Nº 485 (ordre annuel), Nº 5.509 (série générale), 8.12.1952. BAMA, MSg 175/58 : 18ᵉ Bataillon Mécanisé d'Instruction des *Waffen-SS*, p. 3-4. LEVY, *Auvergne, passim.*
63. Cf. par exemple BAMA, RH 21-5/53 (70) : KGr. Mohnke an OB Pz.AOK 5, SS-Obergruf. Sepp Dietrich, persönlich, 24.8.1944, 14.00 Uhr; RS 3-2/51 : A. Stückler, 2.SS-Pz.Div. « DR », p. 39; RS 3-17/11 : Anl. 423, SS-Pz.Jg.Abt.17 an 17.SS-Pz.Gr.Div. « GvB », Gefechtsbericht der Abt., 10.8.1944. VHA, 12.SS-Pz.Div., 29/3 : Anl. C4, Gefechtsberichte von Teilen der 3./Pz.Jg.Abt., [2]6.8.1944; 12.SS-Pz.Div., 25/3 : SS-Pz.Pi.Btl.12, KTB (30-31.8., 10 & 12.9.1944). BAL, R 70 Frankr./1 : (61-62) : BdS/SD im Bereich des MBF/IV/1/44 g, Ereignismeldung Nr.190, 7.8.1944 (§ Bereich Angers).
64. VHA, 12.SS-Pz.Div., 2/1 : 12.SS-Pz.Div. « HJ »/Ia, Sonderbefehl, 13.8.1944.
65. VHA, 12.SS-Pz.Div., 1/1 : SS-Pz.Gr.Rgt.25, KTB (26-29.8.1944); 12.SS-Pz.Div., 2/1 : SS-Pz.Gr.Rgt.25/Kdr., 177/44 g, Rgt.-Befehl Nr.6, 28.8.1944, § 4 (cit.).
66. *Ibid.* (1ʳᵉ réf., 30.8.1944, 13.10, 13.50 & 19.50 Uhr).
67. VHA, 12.SS-Pz.Div., 25/3 : SS-Pz.Pi.Btl.12, KTB (30.8.1944); 12.SS-Pz.Div., 1/1 : SS-Pz.Gr.Rgt.25, KTB (30.8.1944, 13.10 Uhr); 12.SS-Pz.Div., 31/3 : SS-Werf.Abt.12, KTB (4.9.1944). United Nations War Crimes Commission, Charge No. D.1253 (Arch. E. De Bruyne). NICE, *Tavaux.*
68. Telegramm, Legationssekretär Wissmann (Vichy) an A.A., 30.3.1944, *in* ADAP (E, VII), p. 592-94 (doc. 307). VHA, 17.SS-Pz.Gr.Div., 1/1 : Res.Pz.Gr.Rgt.92/Ia (mob.), 52/44 g.K., Befehl für die Durchführung eines Sonderauftrages, 18.3.1944. BAMA, RH 24-80/62 : FK 788, Bericht über die Durchführung des Unternehmens « Hubertus » am 5.2.44, 15.2.1944, § III; RH 19-IV/133 (318) : Ob.West/Ia/Ic an OKW/WFSt., 1503/44 g.K., 8.6.1944. Plus généralement, cf. MEYER, A., *Besatzung*, p. 131 et suiv. LIEB, *Krieg.*
69. KTB-OKW/1944-45 (7), p. 327. BAMA, RH 19-IV/140 (19) : Ob.West/Ic, Beitrag zur Wochenlage für die Zeit v. 17-23.7.44, 24.7.1944, § 2. STIMPEL, *Fallschirmtruppe – Westen*, p. 231-35.
70. Cf. la liste des principales formations allemandes engagées contre les mouvements insurrectionnels dans le sud de la France début juin *in* BAMA, RH 19-IV/47 (210) : Ob.West/Ia, 4534/44 g.K., 12.6.1944. Les références sont trop nombreuses pour être ici précisément données. On se bornera donc à renvoyer aux journaux de marche pour cette période de l'Ob.West (BAMA, RH 19-IV), du groupe d'armées G (BAMA, RH 20-19), du LVIIIᵉ corps d'armée blindé (BAMA, RH 24-58). Cf. aussi le journal de marche de l'état-major principal de liaison 588 de Clermont-Ferrand chargé de la répression dans le centre de la France en 1944 *in* TMI (XXXVII), F-257 (trad. fr. : EVEN, *L'État-major*).

71. IHTP, MF 222 (337627, 337661 & 337671) : Obkdo. Armeegruppe G/Ia [an] AOK 1, 323/44 g, 10.6.1944 ; Gen.Kdo. LVIII.Pz.Korps/Ia an 11.Pz.Div., 402/44 g.K., 13.6.1944 ; Gen.Kdo. LVIII.Pz.Korps/Ia an 11.Pz.Div., 402/44 g.K., 14.6.1944. BAMA, RH 19-IV/35 : Ob.West, KTB (2-3.6.1944) ; RH 19-IV/140 (19) : [Ob.West/Ic] Beitrag zur Wochenlage für die Zeit v. 17-23.7.44, 24.7.1944, § 2 ; RH 19-IV/141 (61) : Oberstltnt. i.G. Meyer-Detring, Ic 4965/44 g, Dienstreise des Ob.West 18-19.7. zur Armeegruppe G nach Poitiers, 19.7.1944, § 5, d. SHAT, MF 162 : Oberkdo. Armeegruppe G, KTB 1 der Führungsabt. (24.6.1944). NARA, RG 492/Entry ETO MIS-Y Sect/Box 69 : HQ 3rd US Army, Intelligence Center APO 403, Interrogation Report, The « Ghost Div » (11 Pz Div) in the West, May 44-May 45, 25.7.1945.

72. IHTP, MF 222 (337633) : 2.SS-Pz.Div. « DR »/Ia an Gen.Kdo. LVIII.Pz.-Korps, 271/44 g.K., Betr. : Einsatz der Div., 10.6.1944.

73. BAMA, RW 35/1353 K : Sicherungskräfte, Bandenlage u. Bandenbekämpfung im Bereich MBF, Stand : 22.7.1944 ; RH 20-7/129 : AOK 7, KTB-Ia (25.4.1944) ; RH 20-7/137 : AOK 7, Ferngespräche u. Besprechungen OB/ Ch.d.Gen.St. (25.6.1944, 16.50 Uhr). LEVY, *Auvergne*, p. 379-80.

74. BAMA, RH 19-IV/141 (242) : Ob.West/Ic, 1) MBF, 2) Wehrm.Bef.Belg./ Nordfrankr., 2311/44 g.K., 5.8.1944. L'envoi en Slovaquie de la brigade russe Kaminsky pour y être constituée en tant que 29ᵉ division SS dans le climat insurrectionnel régnant sur place répondait à la même logique. BAL, SSO 142 A (Heinrich JÜRS, 17.1.1897) : CdSSHA an SS-Gruf. Jürs, 5857/44 g, Betr. : Brig. Kaminsky, 27.9.1944.

75. BAMA, RH 24-80/62 : AOK 1 an Gen.Kdo. LXXX.AK., Betr. : Durchkämmung de[r] Forêt d'Amboise, 14.1.1944 ; FK 788, Bericht über die Durchführung des Unternehmens « Hubertus » am 5.2.44, 15.2.1944, § XVI.

76. ASCHENAUER, *Krieg*, p. 317-18.

77. VHA, HSSPF Rußland Süd, 37/5, en particulier : B.d.W-SS Rußland-Süd u. Ukraine/Ia an VII.AK., Betr. : Zur Zeit in Kiew befindliche Rekruten des SS-Gren.Ausb.Btl. « Ost », 14.10.1943 ; B.d.W-SS Rußland-Süd u. Ukraine/Ia an CdSSFHA, 2.10.1943 ; B.d.W-SS R-S.u.U. an CdSSFHA, 21.10.1943, 21.10 Uhr ; SS-Gren.Ausb.Btl. « Ost », Betr. : Abschlußbericht des Sicherungs-Btl. Kremer v. 30.9.-15.10.43, 28.10.1943. BAL, NS 33/145 (45) : 4.SS-Pol.Pz.Gr.Div., Meldung v. 15.6.1944, § 4, 1.

78. CÜPPERS, *Wegbereiter*.

79. BAL, NS 19/3502 (43) : Aktenvermerk, Besprechung mit Stabsführer Möckel, 9.2.1943. Berger renouvellera son idée au moment de créer la division SS « galicienne » en juin 1943. BAL, NS 19/1785 (60) : CdSSHA an RF-SS, 3561/43 g, Betr. : Freiw.-Legion Galizien, 3.6.1943.

80. BAL, NS 19/27 (5) : RF-SS, 35/64/43 g, Niederschrift über die Übernahme der Wallonischen Legion, 24.5.1943, § 16. Dans une réponse au ministère des Affaires étrangères du Reich lui demandant d'instruire militairement des Indiens, Himmler a pareillement rétorqué ne voir pour eux qu'une instruction policière. BAL, NS 19/3769 (2) : A.A., Staatssekretär z.b.V. Keppler an RF-SS, 16.2.1943 (et la réponse de Himmler du 24.2.1943).

NOTES (chapitre 25)

81. MICHAELIS, *Gebirgs-Divisionen*. BENDER, *Uniforms* (3). KTB-OKW/1942 (4), p. 1092 (Aufzeichnungen Greiners z. 7.12.1942). LEPRE, *Bosnian*.

82. Sur les bataillons de milice à l'est, cf. BAL, NS 19/2 (3-4) : RF-SS [an] Obergruf. Prützmann, Kiev, 7.9.1942 ; NS 33/31 (4) : Rede des SS-Ogruf. Jüttner auf der SS-Führer-Tagung in Prag am 13.4.1944 ; SSO 135 B (Hans SIEGLING, 24.2.1912). WITTE, *Dienstkalender*, p. 204-05/n 15 (3.9.1941), 294/n 58 (18.12.1941), 327/n 81 (25.1.1942), 336/n 11 (3.2.1942), 342 (9.2.1942), 516-17/n 47 (14.8.1942), 519/n 60 (15.8.1942). HILBERG, *Vernichtung*, p. 388 et suiv. W. Hubatsch *in* KTB-OKW/1942 (6), p. 1565-68. SILGAILIS, « Vorgeschichte ». SHAT, 10 P 140 : Essai sur la 30ᵉ Div. SS. MICHAELIS, *Kaminski*. GELWICK, *Personnel*, p. 720 et suiv. THORWALD, *L'illusion*. Sur les formations citées, cf. aussi les parties correspondantes *in* BENDER, *Uniforms* ; LITTLEJOHN, *Foreign legions* ; MICHAELIS, *Grenadier-Divisionen*.

83. MICHAELIS, *Gebirgs-Divisionen*, p. 238 et suiv. ; – *Dirlewanger*. STEIN, *Waffen SS*, p. 272-77. Cf. surtout INGRAO, *Chasseurs noirs*.

84. MICHAELIS, *Grenadier-Divisionen*.

85. BROCKDORFF, *Kollaboration*, p. 231 et suiv. THORWALD, *L'illusion*, p. 181-82, 196-97.

86. MICHAELIS, *Grenadier-Divisionen* (I), p. 143 et suiv.

87. Ansprache des RF-SS an Offizierkorps der LSSAH, Metz, 7.9.1940, *in* TMI (XXIX), PS-1918, p. 103. Cf. aussi BAL, NS 19/4012 (112-14) : Rede des RF-SS auf der Tagung der RPA-Leiter am 28.1.1944.

88. BAMA, RH 14/42 (295) : Anl. zu Heerwesen-Abt. 24/9.40, Betr. : Waffen-SS, 16.9.1940. FRÖLICH, *Goebbels* (II, 7), p. 514 (9.3.1943). BAL, NS 19/3502 : Gauleiter u. Reichsstatthalter in Kärten an RF-SS, 23.2.1943 ; RF-SS an Gauleiter Rainer, Klagenfurt, 23.2.1943.

89. À côté des deux régiments SS (à trois bataillons) figuraient six bataillons territoriaux de l'armée. BAMA, Kart RH 2 W/52 (Stand : 4.7.1940).

90. BAL, R 70/NL 3 (34) : HSSPF b. RK für die besetzten ndl. Gebiete, 21.12.1940.

91. VHA, SS-Ausb.Btl. z.b.V., 9/3 : B.d.W-SS Böhmen-Mähren, 236/43 g, Merkblatt über Mob.-Vorbereitungen, 11.3.1943.

92. Sous les ordres de Heydrich, les unités de la *Waffen-SS* ont par exemple fusillé ou pendu 191 personnes (dont 16 Juifs) dans le Protectorat de Bohême-Moravie en octobre 1941. WITTE, *Dienstkalender*, p. 235/n 38 (14.10.1941). SCHULTE, « Jüttner », p. 284.

93. VHA, SS-Nachr.Stelle « NW », 10/3 : FS 2401-03, HSSPF Nordwest an alle Provinzbeauftragten des RK für die Provinzen, 20.2.1941, 20.00 Uhr. Sur les manifestations, cf. SIJES, *Februaristaking*.

94. VHA, SS-Nachr.Stelle « NW », 10/3 : FS 2566-67, Generalkommissar Schmidt an alle Beauftragten des RK, 26.2.1941, 20.43 Uhr.

95. VHA, SS-Nachr.Stelle « NW », 10/3 : FS 2589, Presse-Abt. (Gen.Kommissariat z.b.V.) an Reichsrundfunkgesellschaft Berlin, Sprachregelung auf Grund der Pressekonferenz v. 27.2.41, 28.2.1941, 08.30 Uhr, § 1.

96. VHA, SS-Nachr.Stelle « NW », 10/3 : FS 2580, HSSPF Nordwest an RF-SS, an Chef der Sipo/SD SS-Gruf. Heydrich, an Chef der Orpo General

Daluege, an Wehrmachtsbefehlshaber i.d.Ndl. General Christiansen, an RK für die besetzten ndl. Gebiete Reichsminister Seyß-Inquart, an Höh.Kdo. XXXVII Gen. d.Inf. Boehm-Tettelbach, Betr. : Lagebericht aus Holland – 12.15 Uhr, 27.2.1941, 13.30 Uhr.

97. VHA, SS-Nachr.Stelle « NW », 10/3 : FS 2606, HSSPF Nordwest an SS-Staf. Klingemann, Außenstelle der Sipo, 28.2.1941, 12.30 Uhr.

98. VHA, SS-Nachr.Stelle « NW », 11/4 : FS 2780, HSSPF Nordwest an SS-Staf. Klingemann, 5.3.1941, 13.45 Uhr.

99. VHA, SS-Nachr.Stelle « NW », 11/4 : FS 2853, B.d.W-SS Nordwest an SS-Obf. Korsemann, 8.3.1941, 13.25 Uhr.

100. En l'occurrence les groupes de dépôt SS antichars et antiaériens, respectivement basés à Arolsen et Unna. BAL, NS 19/3512 (35) : SS-FHA/Ia an HSSPF Nordwest, 107/41 g.K., Betr. : Einsatz von W-SS in Holland, 7.5.1941.

101. BAL, NS 19/3363 (2) : SS-Gruf.u.Gen.Lt.d.Pol. Rauter an RF-SS, 29.4.1943, 18.15 Uhr. BOUMAN, *April-mei-stakingen*, en particulier p. 329-32 (doc. 23 & 24). BAL, NS 19/4012 (92-94) : Rede des RF-SS auf der Tagung der RPA-Leiter am 28.1.1944 (cit.).

102. SCHNABEL, *Dossier*, p. 221-23. (doc. D 127). CÜPPERS, *Wegbereiter*, p. 292 et suiv. BOUMAN, *April-mei-stakingen*, p. 366 (doc. 40).

103. BAL, SSO 245 B (Alois WILD, 31.10.1909) : B.d.W-SS i.d.Ndl., Beurteilung, 1.2.1943, § III ; NS 19/2860 (27 & 119-21) : RK für die besetzten ndl. Gebieten, Reichsführer !, 8.1.1943 ; RF-SS an RK Dr. Seyß-Inquart, 44/16/43 g, 19.1.1943 ; RK für die besetzten ndl. Gebiete an RF-SS, 23.1.1943.

104. NARA, RG 165/Entry 179/Box 719 : PWIS (H)/LDC/397, Report on interrogation of PW Meister der Pol Georg M., Schupo Augsburg, att I/1 Rgt Landwacht Niederlande, § II, a.

105. Dès sa création en juin 1943, la « Landwacht Niederlande » a été définie comme « une formation constituée dans le cadre de la *Waffen-SS* ». En octobre 1943, elle a été intégrée dans la numérotation des brigades de la *Waffen-SS* (n° 7). BAMA, RS 4/1203 : SS-FHA/V/IIb an B.d.W-SS i.d.Ndl., Betr. : Truppenmäßige Erfassung und Führung der Personalpapiere der ndl. Angehörigen der « Landwacht Niederlande », 25.6.1943 (cit.) ; Waffen-SS – SS-Gren.Rgt.1 Landwacht Niederlande/VI, Betr. : Heiratsgenehmigung für Angehörige der W-SS und der kurzfristig dienenden germanischen Freiwilligen, 30.9.1943. BAL, NS 33/273 (9) : SS-FHA/II Org.Abt. Ia/II, 1574/43 g.K., Betr. : Bezeichnung der Feldtruppenteile der W-SS, 22.10.1943 (Anl. 4).

106. BAL, NS 19/3565 (64) : HSSPF b. RK für die besetzten ndl. Gebiete an RF-SS, 787/42 g, Betr. : Germanische Arbeit, 10.9.1942.

107. BAL, NS 19/2860 (98 et suiv.) : HSSPF b. RK für die besetzten ndl. Gebiete an RF-SS, 5140/43, Betr. : « Landstorm Nederland », 22.10.1943 ; RF-SS, 44/77/43 g, Lieber Rauter !, Betr. : « Landstorm Nederland », 3.11.1943.

108. BAL, NS 19/3364 (24) : HSSPF b. RK für die besetzten ndl. Gebiete an RF-SS, 27.9.1943.

109. IN 'T VELD, *SS*, p. 1330 (doc. 532).

110. *Ibid.*, p. 381-82. BAMA, MSg 175/57 : 34ᵉ Div. d'Inf. des *Waffen-SS* « Landstorm Nederland ». NARA, RG 165/Entry 179/Box 719 : PWIS (H)/

LDC/397, Report on interrogation of PW Meister der Pol Georg M., Schupo Augsburg, att I/1 Regt Landwacht Niederlande, § II, h. BAL, SSO 196 A (Martin KOHLROSER, 8.1.1905) : B.d.W-SS i.d.Ndl. an SS-PHA, Personalantrag, 16.9.1944. MICHAELIS, *Grenadier-Divisionen* (III), p. 109.
111. Liste *in* WEINMANN, *Lagersystem*, p. 285-88.
112. BAL, NS 19/3517 (102) : SS-FHA, Org 1245/41 g, Betr. : Aufstellung einer Stabskp. d.W-SS b. HSSPF « Nordwest », 12.4.1941.
113. BAL, SSO 81 A (Paul HELLE, 22.9.1898). IN 'T VELD, *SS*, p. 561/n 1.
114. BAL, NS 19/3665 (7-8) : SS-FHA, Org 5654/41 g, Betr. : Aufstellung eines Wach-Btl. b. HSSPF Nordwest 30.12.1941. NARA, RG 165/Entry 179/Box 718 : PWIS (H)/KP/319, Points of Interrogation of various PW, 11.9.1944, § 1. IN 'T VELD, *SS*, p. 373.
115. BAL, NS 19/3565 (65/verso) : HSSPF b. RK für die besetzten ndl. Gebiete an RF-SS, 787/42 g, Betr. : Germanische Arbeit, 10.9.1942.
116. BAL, NS 19/3516 : SS-FHA/KdW-SS, Org 6425/42 g, Betr. : Aufstellung einer 4. Wach-Kp. des Wach-Btl. Nordwest, 31.10.1942.
117. BAL, R 70 Ndl/56 (86) : BdS/SD für die besetzten ndl. Gebiete/L. IV an [...], 453/43, Betr. : Auflösung des Pol.-Durchgangslagers Amersfoort u. Errichtung des KL Hertogenbosch, 26.1.1943 ; R 70 Belgien/6 (52-54) : Ch d M V/pol 1126/43 g, Vermerk, 22.9.1943.
118. BAL, SSO 81 A (Paul HELLE, 22.9.1898) : B.d.W-SS i.d.Ndl., Beförderung, 26.2.1943 ; NS 19/3523 (29) : CdSSHA an RF-SS, 461/43 g.K., Betr. : Div. « Niederlande », 7.5.1943.
119. BAL, NS 19/381 (2) : SS-FHA/Ia an RF-SS, II/3752/43 g, Betr. : SS-Wach-Btl. Nordwest, 27.5.1943.
120. BAL, NS 19/381 (5-6 & 9) : HSSPF b. RK für die besetzten ndl. Gebiete an RF-SS/Pers.Stab, 850/43 g, Betr. : SS-Wach-Btl. Nordwest, 9.6.1943 ; RF-SS, 35/60/43 g, Lieber Jüttner !, 19.6.1943.
121. BIRN, « Rauter », p. 410.
122. BAL, NS 19/3565 (65) : HSSPF b. RK für die besetzten ndl. Gebiete an RF-SS, 787/42 g, Betr. : Germanische Arbeit, 10.9.1942. Cf. aussi ALY, *Erfassung*, p. 79. WEINMANN, *Lagersystem*, p. 285.
123. BAL, R 70 Belgien/6 (63) : Ch d M V/pol, Vermerk, Betr. : Einlieferung von Häftlingen in das KL Hertogenbosch, 10.1.1944. Sur les conditions de vie au camp, cf. APC, RG 24, C 17, vol. 13648 : FCA, ISN 125, 2.11.1944, II, p. 7.

26. L'INSTRUMENTALISATION POLITIQUE ET SOCIALE DE LA *WAFFEN-SS*

1. HEIBER, *Lagebesprechungen*, p. 207 (19.5.1943), 371, 373-74 (26.7.1943). Quelques généraux SS ont néanmoins démontré qu'ils étaient capables de prendre des initiatives de nature politique au cours du conflit, à commencer par Dietrich qui a joué un rôle important lors de la capitulation de l'armée grecque au printemps 1941. HARTMANN, *Halder*, p. 258. WEINGARTNER, *Guard*, p. 54-55. MESSENGER, *Gladiator*, p. 93.
2. Cf. chap. 2, p. 48 et suiv.
3. BAL, NS 19/3901 : RF-SS, Befehl !, Betr. : Verröffentlichung über die SS, 26.2.1938. HIMMLER, *Geheimreden*, p. 70.

4. Office of Director of Intelligence, *CINFO Report N° 4* : « *SS-Standarte Kurt Eggers* » (par la suite CINFO Report N° 4). GELWICK, *Personnel*, p. 765. BAL, NS 19/3518 : SS-FHA, Betr. : Aufstellung eines 8. u. 9. Zuges bei der SS-KB-Kp., 22.8.1941 ; NS 19/3665 : SS-FHA, Betr. : Umgliederung der SS-KB-Kp., 13.11.1941. AUGUSTINOVIC, « d'Alquen », p. 107.

5. BAMA, RS 4/47 (25) : Besprechung bei SS-Insp., 14.4.1940, 15.00 Uhr. BAL, NS 19/132 (20) : RF-SS an Gen.Oberst v. Brauchitsch, AR/314/11, 17.4.1940, § 2, c.

6. CINFO Report N° 4, p. 1. La 2e section a rejoint début mai la division « Totenkopf », la 3e la « LSSAH » le 10 juin et la 4e la division de police le 7 juin. BAMA, RS 4/47 (28-29) : SS-T-Div./Ia, Betr. : 2. Zug der SS-KB, 4.5.1940. BAL, NS 19/3521 : KdW-SS, 6.6.1940, § 1.

7. Un ratio compagnies de propagande/effectifs de chaque branche armée donne approximativement les valeurs suivantes (10^{-6}) : armée de terre (1,6), aviation (3,6), marine (10,6), *Waffen-SS* (8,0). KROENER, « Ressourcen » (5/1), encart p. 834-35. DEFRASNE, « Instrument », p. 124.

8. *Ibid.* (dernière réf.). CINFO Report N° 4, p. 8. WEDEL, *Propagandatruppen*, p. 27, 62, 85. APC, RG 24, C 17, vol. 13653 : FCA, ISN 278, 4.4.1945, II, p. 1-2.

9. WEDEL, *Propagandatruppen*, p. 32-33. CINFO Report N° 4, p. 2, 10. APC, RG 24, C 17, vol. 13653 : FCA, ISN 278, 4.4.1945, II, p. 2. BAMA, RS 4/47 (28-29) : SS-T-Div./Ia, Betr. : 2. Zug der SS-KB, 4.5.1940. KERSHAW, A., *Capa*, p. 208 (cit.).

10. BAMA, RS 4/42 (n.f.) : SS-St. « Kurt Eggers »/Adjutant an Einsatzkdo. der SS-Polizei-Div./Adjutantur, 4.12.1943.

11. BAMA, RS 4/42 (n.f.) : SS-Stubaf. d'Alquen an SS-Ustuf. Dr. Thoss, 10.7.1943. WEDEL, *Propagandatruppen*, p. 126.

12. *Ibid.* (1re réf.).

13. CINFO Report N° 4, p. 5, 10.

14. *Ibid.*, p. 10. BAL, NSD 41/1-1944 : V.Bl.d.W-SS, 11, 1.6.1944. BAL, NS 19/2182 : CdSSHA an Ch.d.Pers.St. RF-SS, 9.6.1944, § 4. BAMA, RS 4/43 (7-10 & 27) : Gruppe Rundfunk/Inl., Erfahrungsbericht u. Monatsmeldungen für die Monate Mai-Juni 1944, s.d. (cit.) ; Sondersendungen, die in den Monaten Mai-Juni 1944 zur Durchführung gelangten ; SS-St. « Kurt Eggers »/Gruppe Bild, Befundmeldung Nr.85, 26.7.1944, p. II. AGTE, *Tiger*, p. 272.

15. BAMA, RS 4/43 (7-8 & 27-31) : SS-St. « Kurt Eggers »/Gruppe Bild, Befundmeldung Nr.85, 26.7.1944 (cit. p. II, § Bildberichter Jäckisch) ; Gruppe Rundfunk/Inl., Erfahrungsbericht u. Monatsmeldungen für die Monate Mai-Juni 1944, s.d. (été 1944). CINFO Report N° 4, p. 10.

16. BOBERACH, *Meldungen* (8), Nr.245 (11.12.1941), p. 3078 ; *ibid.* (11), Nr.326 (15.10.1942), p. 4337 ; Nr.328 (22.10.1942), p. 4358 ; Nr.330 (29.10.1942), p. 4389.

17. *Ibid.* (11), Nr.308 (13.8.1942), p. 4071-72.

18. PALLUD, *Ardennes*, p. 188-200.

19. BAMA, RS 4/43 (7) : Gruppe Rundfunk/Inl., Erfahrungsbericht u. Monatsmeldungen für die Monate Mai-Juni 1944, s.d. (été 1944).

20. *Ibid.* (7-8, toutes les cit.).

21. Cf. chap. 4, p. 101 et suiv.

22. Cf. chap. 2.

NOTES (chapitre 26) 1033

23. BAL, NS 19/2571 : Konzept der Rede des RF-SS vor dem Führerkorps der SS-Div. « R » am 19.6.1942.
24. BAL, NS 19/4009 (69/verso) : Rede des RF-SS am 19.6.1942 vor dem Führerkorps der Div. « R ».
25. BAL, Slg. Research, Ordner 962 (153) : vH/No an SS-Obergruf. Sepp Dietrich, 17.3.1943.
26. BAL, NS 33/31 (2, 5-6 & 9) : Rede des SS-Obergruf. Jüttner auf der SS-Führer-Tagung in Prag am 13.4.1944.
27. BAL, NS 19/4012 (112) : Rede des RF-SS auf der Tagung der RPA-Leiter am 28.1.1944.
28. *Ibid.* (139).
29. KLEMPERER, *LTI*, p. 23 et suiv., 279 et suiv.
30. BAL, NS 19/218 (18) : Chef des E.-Amtes an CdSSHA, Betr. : Verröffentlichung des Abkommens v. 2.9.38 im Heeres-V.Bl., 25.4.1939.
31. BAL, NS 19/3518 (139) : CdSSHA an RF-SS, 636/41 g, Betr. : Besprechung mit Reichsorganisationsleiter, Pg. Dr. Ley am 16.6.41, 17.6.1941.
32. WEGNER, « Auf dem Wege », p. 105-06. BAL, NS 19/2456 (9) : Tagung des « Fördererkreises der Germanischen Leithefte » in Magdeburg v. 27-30.4.1942.
33. BAL, SSO 16 B (Otto REICH, 5.12.1891) : SS-Obf. Reich, Herr Generaloberst!, 26.3.1943.
34. BAL, NS 19/1485 (1) : CdSSHA an RF-SS, 566/44 g.K., Betr. : Erfassung in Kroatien, 7.7.1944 (cit.) ; NS 19/1500 (2) : Gen.Kdo. IX. W-Geb.Korps d.SS (kroat.)/SS-u.Pol.Org.Stab an RF-SS, 24/44 g.K., Betr. : Monatsbericht Sept., 30.9.1944. GRMEK, *Révoltés*. MALLMANN, *Halbmond*, p. 233-34. SHAT, 10 P 140 : Essai sur la 30ᵉ Div. SS, *passim* (en particulier p. 36-38.
35. STEIN, *Waffen SS*, p. 146-47.
36. BAL, NS 19/4010 (199) : Rede des RF-SS vor den Reichs- u. Gauleitern in Posen am 6.10.1943 (cit.). BAMA, RH 20-19/11 (42) : Anl. 7 zu AOK 19, Ia 7200/43 g.K., 8.10.1943 ; RH 10/318 (7) : SS-Pz.Gr.Div. « H », Meldung v. 1.10.1943.
37. BAL, Slg. Research, Ordner 962 (118) : Auszugsweise Abschrift aus einem handschriftlichen Brief des SS-Obergruf. Dietrich an RF-SS, 17.12.1941.
38. BAL, NS 19/4010 (16-17) : Rede des RF-SS in Charkow, April 1943.
39. BAL, NS 33/150 (6-7) : RF-SS an Kdre. aller SS-Korps, SS-Div., SS-Rgt., selbst. Btl., E-Btl. u. alle gleichgestellten Kdo.-Stellen, 28.3.1944 (en copie jointe : OKW/WFSt/Op (H) 906/44 g, 7.2.44).
40. BAL, Slg. Research, Ordner 962 (173) : RF-SS, 6/26/43 g, Lieber Sepp !, 30.8.1943.
41. Cf. chap. 2, p. 36-37.
42. BAL, NS 33/145 (3 & 16-17) : FS II/2168/44 g, Grothmann, SS-Ostubaf., 1) SS-FHA, 2) SS-Stubaf. Cristoph, Verb.Offz.d.W-SS b.GenStdH/Org.Abt., durchschriftlich an 3) SS-Gruf. Fegelein, 4) SS-Ostubaf. Darges, 5) SS-Stubaf. Springer, 2.7.1944 ; *ibid.*, FS II/2223/44 g, 6.7.1944.
43. FRÖLICH, *Goebbels* (II, 3), p. 181 (25.1.1942).
44. *Ibid.* (II, 5), p. 352-53 (20.8.1942).
45. *Ibid.* (II, 12), p. 485-87 (17.6.1944, cit.). MESSENGER, *Gladiator*, p. 128. NEITZEL, *Abgehört*, p. 139, 346. BELOW, *Adjutant*, p. 377.

46. *Ibid.* (dernière réf.), p. 301.
47. VHA, 2.SS-Pz.Div., 104/27 : SS-Pz.Gr.Rgt. « D »/Kdr. an Reichsminister v. Ribbentrop, 31.12.1942.
48. Cf. par exemple BAL, NS 19/3769 (2) : A.A., Staatssekretär z.b.V. Keppler an RF-SS, 16.2.1943.
49. FRÖLICH, *Goebbels* (II, 8), p. 35 (2.4.1943), 140 (20.4.1943, cit.).
50. BAL, SSO 71 A (Paul HAUSSER, 7.10.1880) : RF/V., Mein lieber Hausser !, Führerhauptquartier, 8.8.1941.
51. HASSELL, *Deutschland*, p. 218-19.
52. FRÖLICH, *Goebbels* (II, 8), p. 139 (20.4.1943).
53. JOCHMANN, *Monologue*, p. 46 (24-25.7.1941), 150 (13.12.1941, cit.). Cf. aussi HASSELL, *Deutschland*, p. 242.
54. BAL, NS 6/777 (42) : Ansprache des Führers an Feldmarschälle u. Generale am 27.1.1944 in der Wolfsschanze.
55. BAL, Slg. Research, Ordner 443 (165 & 172-73) : Vermerk für SS-Ostubaf. Dr. Brandt, 18.11.1943 (cit.) ; FS an SS-Ustuf. Conrad, Pers.Stab RFSS, 8.12.1943.
56. BAL, NS 19/4012 (118-24) : Rede des RF-SS auf der Tagung der RPA-Leiter am 28.1.1944. KROENER, « " Menschenbewirtschaftung " » (5/2), p. 837 et suiv.
57. La Wilhelmstraße a néanmoins éprouvé des difficultés à pourvoir tous les postes prévus car elle ne comptait plus alors assez de personnels suffisamment jeunes pour faire campagne. PA/AA, Inl II g, 1723 (426534-38) : Inl. II, 269, Berlin, 10.6.1943 ; Inl. II, 269, Aufzeichnung, Berlin, 25.6.1943, § 2 ; Zu Inl. II, 269 g.Rs. VIII, 5.7.1943 ; Zu Inl. II, 269 g.Rs. VIII, (?).7.1943. DÖSCHER, *Auswärtiges Amt*, p. 281/n 64.
58. Voir par exemple le cas du chef de cabinet de Goebbels, Werner Naumann, qui était *SS-Oberführer* dans l'*Allgemeine-SS* et qui a été temporairement détaché comme lieutenant au bataillon de mitrailleuses antiaériennes de la « SS-Verfügungs-Division » en juin 1940. BAL, NS 19/3506 (117, 208 & 225) : KdW-SS an RF-SS, 644/40 g, Betr. : 12. Meldung, 3.6.1940, § 3 ; KdW-SS an RF-SS, 13. Meldung, 8.6.1940, § 8 ; KdW-SS an RF-SS, 15. Meldung, 18.6.1940, § 6. PA/AA, Inl II g, 1723 (426534-36) : Inl. II, 269, Aufzeichnung, Berlin, 25.6.1943, § 2.
59. BIRN, *Höheren*, p. 209/n 3.
60. VHA, 2.SS-Pz.Div., 104/27 : A.A., Legationsrat Wagner, an Führer der SS-St. « D », SS-Stubaf. Harmel, 18.12.1942 ; RAM/Pers.Stab, Sonderref.Legationsrat I. Kl. Wagner, Begleitschreiben, 19.12.1942 ; SS-Pz.Gr.Rgt. « D »/Kdr. an Reichsminister v. Ribbentrop, 31.12.1942.
61. AGTE, *Tiger*, p. 164.
62. FRÖLICH, *Goebbels* (II, 12), p. 184 (26.4.1944, cit.). BAL, NS 19/919 : Axmann an Himmler, 30.11.1943, 19.28 Uhr. VHA, 12.SS-Pz.Div., 16/2 : SS-Pz.Art.Rgt.12, KTB (April 1944) ; 12.SS-Pz.Div., 36/4 : SS-Pz.Inst.Abt.12, KTB (18.9.1944).
63. BAMA, RS 4/1217 (34 & 118) : LSSAH, Sonderbefehl Nr.15 für den Besuch des Reichsleiters Pg. Dr. Ley !, 24.9.1940 ; LSSAH, Tagesbefehl Nr.88, 7.11.1940 ; RS 3-1/31 : SS-Pz.Gr.Div. « LSSAH »/Ia, KTB 6 (28-29.8.1942).
64. BAL, SSO 341 A (Wilfrid MURR, 28.7.1922) : Wilhelm Murr, Gauleiter u. Reichsstatthalter in Württemberg, an Partei-Kanzlei, Reichsleiter Bormann, Betr. :

Tod meines Sohnes, 4.2.1944; SSO 25 B (Rudolf v. RIBBENTROP, 11.5.1921). WITTE, *Dienstkalender*, p. 300 (30.12.1941). PA/AA, Inl II g, 1721 (377354-58) : Feldquartier, Lieber Himmler!, 31.12.1943; Inl II g, R 100679, 1719 (329847) : RF-SS, Lieber Ribbentrop!, 21.6.1944.

65. Aufzeichnung des Gesandten I. Kl. Schmidt, Aufzeichnung über die Unterredung zwischen dem RAM u. Botschafter Oshima in Steinort am 23.7.44, 24.7.1944, *in* ADAP (E, VIII), p. 249-50 (doc. 133).

66. FRÖLICH, *Goebbels* (I, 8), p. 45 (10.4.1940), 69 (23.4.1940), 91 (4.5.1940). CINFO Report N° 4, p. 1.

67. *Ibid.* (1re réf.; I, 8), p. 121 (18.5.1940), 277 (17.8.1940).

68. *Ibid.* (II, 1), p. 494 (25.9.1941); (II, 2), p. 285 (14.11.1941).

69. BAL, NS 33/245 (24) : SS-FHA/KdW-SS/VI, 999/11.41, Betr. : Buch d.W-SS, 11.11.1941.

70. FRÖLICH, *Goebbels* (II, 2), p. 285 (14.11.1941).

71. *Ibid.* (II, 2), p. 485 (12.12.1941).

72. BAL, NS 19/1430 (3) : Chef der Sipo/SD an RF-SS, 1100/42, Betr. : Stimmungsäußerungen zur W-SS, 6.3.1942.

73. MURAWSKI, *Wehrmachtbericht*, p. 40, 51, 86, 143-45.

74. Voir la première entrée de ce genre datée du 15.4.1941 *in* CERFF, *Wehrmachtbericht*, p. 11.

75. MURAWSKI, *Wehrmachtbericht*, p. 97-98.

76. *Kölnische Illustrierte Zeitung*, 26, 15 Jhrg., 27.6.1940. Pour une analyse plus générale, cf. PERLMUTTER, « Visual ».

77. CINFO Report N° 4, p. 4-6.

78. KLEMPERER, *LTI*, p. 103.

79. CERFF, *Wehrmachtbericht*, p. 11 (13.4.1941).

80. BOBERACH, *Meldungen* (13), Nr.380 (3.5.1943), p. 5204.

81. *Ibid.*, p. 12-14 (27.4. & 12.6.1941). Cf. chap. 9, p. 237-238.

82. BAL, SSO 228 A (Herbert KUHLMANN, 7.4.1915) : coupure du *Völkischer Beobachter*, 18.2.1944 (éd. de Munich).

83. BAKO, All.Proz.8/JAG 1 : Trial of SS-Brigf. K. Meyer, 10-28.12.1945, p. 853 (Answer 3803). BAL, SSO 313 A (Kurt MEYER, 23.12.1906). *Illustrierte Kölnische Zeitung*, 44, 16 Jhrg., 30.10.1941.

84. BOBERACH, *Meldungen* (11), Nr.316 (10.9.1942), p. 4192. Ce phénomène de personnalisation se retrouve aussi avec un reportage sur Theodor Eicke et sa division « Totenkopf » diffusé peu après dans les actualités. *Ibid.* (12), Nr.332 (5.11.1942), p. 4430.

85. BAL, NS 19/1430 (3) : Chef der Sipo/SD an RF-SS, 1100/42, Betr. : Stimmungsäußerungen zur W-SS, 6.3.1942.

86. BOBERACH, *Meldungen* (11), Nr.302 (23.7.1942), p. 3986; Nr.303 (27.7.1942), p. 4006; Nr.305 (3.8.1942), p. 4031-32.

87. *Ibid.* (11), Nr.305 (3.8.1942), p. 4032, 4034 (cit.).

88. *Ibid.* (11), Nr.308 (13.8.1942), p. 4072.

89. *Ibid.*, p. 4072-74.

90. BAL, NS 18/1012 (29) : Notiz für Pg. Tießler, Betr. : Wehrmachtberichte u. Sondermitteilungen der KB, 6.8.1942.

91. BOBERACH, *Meldungen* (12), Nr.340 (3.12.1942), p. 4525-26.
92. *Ibid.* (12), Nr.360 (18.2.1943), p. 4821; *ibid.* (13), Nr.367 (15.3.1942), p. 4943; Nr.370 (25.3.1943), p. 5002.
93. *Ibid.* (13), Nr.369 (22.3.1943), p. 4984.
94. *Ibid.* (13), Nr.368 (18.3.1943), p. 4966 (cit.), 4969.
95. FRÖLICH, *Goebbels* (II, 7), p. 556 (15.3.1943), 580 (18.3.1943).
96. SCHWARZ, *Stabilisierung.*
97. BOBERACH, *Meldungen* (12), Nr.360 (18.2.1943), p. 4821.
98. *Ibid.* (12), Nr.332 (5.11.1942), p. 4428-29; Nr.362 (25.2.1943), p. 4845.
99. *Ibid.* (13), Nr.347 (4.1.1943), p. 4621.
100. *Ibid.* (13), Nr.372 (1.4.1943), p. 5038-40.
101. *Ibid.* (12), Nr.348 (7.1.1943), p. 4633.
102. *Ibid.* (13), Nr.373 (5.4.1943), p. 5064.
103. BAL, NS 18/1012 (29) : Notiz für Pg. Tießler, Betr. : Wehrmachtberichte u. Sondermitteilungen der KB, 6.8.1942.
104. Phonétiquement proche du mot d'ordre pacifiste « Plus jamais de guerre » *(Nie wieder Krieg)*, ce mot d'ordre n'a jamais été rendu public afin d'éviter toute tentative de détournement. Bormann objectait également qu'en dépit de tous les efforts, le Reich ne serait jamais à l'abri d'une nouvelle crise. BAL, NS 18/1012 (43-44 & 47) : Vorlage, Betr. : Die Gefahr einer neuen Illusionswelle, 28.2.1943 ; Reichspropagandaleitung, Dem Reichspropagandaleiter, Betr. : *ibid.*, 9.3.1943.
105. *Völkischer Beobachter* (éd. pour l'Allemagne du Nord), 3.6.1943. *Stuttgarter Illustrierte*, 21.6.1944. Cf. aussi les articles consacrés à cette division dans le digest du magazine *Signal*.
106. BOBERACH, *Meldungen* (17), SD-Berichte zu Inlandsfragen v. 25.5.1944, p. 6558.
107. AMBROSE, *Frères*, p. 327-28.
108. BOBERACH, *Meldungen* (12), Nr.362 (25.2.1943), p. 4845.
109. *Ibid.* (13), Nr.370 (25.3.1943), p. 5004.
110. CERFF, *Wehrmachtbericht*, p. 54 et suiv.
111. BOBERACH, *Meldungen* (13), Nr.377 (19.4.1943), p. 5148.
112. BAL, NS 18/1012 (49) : Vorlage, Betr. : Neue Richtlinien für Erfolgsmeldungen, 15.3.1943.
113. FRÖLICH, *Goebbels* (II, 8), p. 413 (3.6.1943). BAL, NS 19/1430 (3-4) : Chef der Sipo/SD an RF-SS, 1100/42, Betr. : Stimmungsäußerungen zur W-SS, 6.3.1942. BAMA-Bibliothek (694/87 1-S) : SS-PK Kriegzeichnungen im Haus der bildenden Künste zu Dortmund, 4.4.-9.5.1943. KLEMPERER, *LTI*, p. 218.
114. SCHILLING, « *Kriegshelden* », p. 316 et suiv.
115. S. Westphal, cité *in* DONNHAUSER, *11. Pz.Div.*, p. 290-91.
116. FELLGIEBEL, *Träger*, p. 11.
117. Le premier dossier de proposition pour la croix de chevalier de la croix de fer où ce changement a pu être relevé pour un officier SS est daté du 22 novembre 1942. BAL, SSO 388 A (Harry POLEWACZ, 31.3.1909). Selon les unités, cette réforme a été plus ou moins rapidement appliquée au fil des semaines suivantes. Pour la croix allemande en or, certes prestigieuse, mais un peu moins populaire que la croix de chevalier, les pratiques semblent en général avoir été identiques.

BAL, SSO 165 A (Josef KAST, 29.9.1917); SSO 224 A (Max KÜHN, 25.7.1912); SSO 277 A (Heinz LORENZ, 12.1.1913). La profession civile de l'impétrant et celle de son père étaient également demandées (§ 11) pour une proposition de nomination au Bulletin d'honneur de l'armée de terre (*Ehrenblatt des Deutschen Heeres*). Cf. un formulaire vierge *in* BAMA, RS 4/1269 (119).

118. BAL, NS 19/1430 (2) : Chef der Sipo/SD an RF-SS, 1100/42, Betr. : Stimmungsäußerungen zur W-SS, 6.3.1942.

119. Parmi les quatre premiers soldats SS titulaires de la croix de chevalier le 22 août 1940 figurait un adjudant-chef (Ludwig Kepplinger, entre-temps promu sous-lieutenant), alors même que les commandants des divisions « Reich » et « Totenkopf » (Hausser et Eicke) ont reçu cette décoration beaucoup plus tardivement, respectivement les 8 août 1941 et 9 janvier 1942. KRÄTSCHMER, *Ritterkreuzträger*. NEITZEL, « Forschens », p. 412.

120. WEGNER, *Soldaten*, partie IV, p. 209 et suiv.

121. BOBERACH, *Meldungen* (11), Nr.326 (15.10.1942), p. 4331. Cette réforme sociale a été concommitante avec la création du service du personnel de l'armée de terre qui a clairement infléchi la politique de gestion des officiers dans le sens souhaité par le régime. KROENER, *Fromm*, p. 650.

122. Cf. par exemple l'article du *Völkischer Beobachter* (20.9.1940) rapportant la remise de la croix de chevalier à L. Kepplinger. BAL, SSO 164 A (Ludwig KEPPLINGER, 31.12.1911).

123. BAL, SSO 129 A (Max SEELA, 15.7.1911) : « Für Tapferkeit und Umsicht : Das Ritterkreuz für SS-Hauptsturmführer Seela », *Das Schwarze Korps*, 4.6.1942.

124. BAL, SSO 61 B (Rudolf SANDIG, 11.9.1911) : article du *Völkischer Beobachter* (11.5.1943).

125. La plupart des notices de presse à partir de 1943 pourraient être ici citées en sources. Cf. celles des dossiers suivants : BAL, SSO 62 A (Max HANSEN, 31.7.1908); SSO 147 A (Helmut KÄMPFE, 31.7.1909); SSO 164 A (Dieter KESTEN, 9.6.1914); SSO 228 A (Herbert KUHLMANN, 7.4.1915); SSO 306 A (Erwin MEIERDRESS, 11.12.1916); SSO 394 A (Karl PRINZ, 23.2.1914). Celles concernant Meierdress ont ceci d'intéressant que, établies en mars 1942 et septembre 1943, elles démontrent l'évolution qui s'était entre-temps produite.

126. BAL, SSO 299 A (Lino MASARIE, 10.10.1912) : Lebenslauf, s.d. (avril 1943); SSO 186 A (Gustav KNITTEL) : Lebenslauf, s.d. (juin 1944).

127. BAL, SSO 228 A (Herbert KUHLMANN, 7.4.1915) : article du *Völkischer Beobachter*, 18.2.1944 (éd. de Munich).

128. Lors de la remise de la croix de chevalier de la croix de fer à deux commandants de régiment de la « SS-Verfügungs-Division » à l'été 1940, ceux-ci ont certes été cités après quatre généraux de l'armée de terre classés eux-mêmes selon leur rang. Toutefois, les deux officiers SS avaient respectivement eu le droit à 18 et 22 lignes pour décrire les actions qui leur avaient valu cette distinction, les divisionnaires de l'armée entre 5 et 10 lignes. Cette manière de procéder n'était toutefois pas systématique, comme le démontre une coupure de presse de mars 1942 relatant la remise de décorations à plusieurs officiers de l'armée et de la *Waffen-SS*. L'égalité y était alors respectée, tant dans l'ordre hiérarchique que dans le

nombre de mots consacrés à chacun. BAL, SSO 153 B (Felix STEINER, 23.5.1896) : « Ritterkreuze für tapfere Offiziere », *Völkischer Beobachter* (?), 23.8.1940; SSO 306 A (Erwin MEIERDRESS, 11.12.1916).

129. *Völkischer Beobachter* (éd. de Munich), 19.2.1944.

130. APC, RG 24, C 17, vol. 13645 : FCA, ISN 63, 31.8.1944, II, p. 3-4.

131. Cf. l'importante collection de coupures de presse *in* BAL, SSO 152 (Josef DIETRICH, 28.5.1892).

132. FRÖLICH, *Goebbels* (II, 7), p. 514 (9.3.1943).

133. *Ibid.* (II, 5), p. 353 (20.8.1942).

134. *Ibid.* (II, 14), p. 333-34 (2.12.1944).

135. KLEMPERER, *LTI*, p. 58.

136. BAMA, RS 4/43 (7/verso) : Gruppe Rundfunk/Inl., Erfahrungsbericht u. Monatsmeldungen für die Monate Mai-Juni 1944, s.d.

137. Retranscription d'une émission sur Dietrich et ses troupes radiodiffusée le 20.8.1944 *in* APC, RG 24, C 17, vol. 13645 : FCA, ISN 63, 31.8.1944, II, p. 3-4.

138. FRÖLICH, *Goebbels* (II, 14), p. 333-34 (2.12.1944); (II, 15), p. 422 (5.3.1945), 572 (22.3.1945), 404 (28.3.1945), 614 (28 3.1945), 649 (31.3.1945), 678 (4.4.1945). HEIBER, *Lagebesprechungen*, p. 750 (28.12.1944). SPAETER, *Großdeutschland* (3), p. 354 et suiv. Dès la fin décembre 1944, les officiers SS n'avaient déjà plus forcément la préséance dans les articles de presse annonçant la remise de hautes distinctions militaires. BAL, SSO 208 A (Bernhard KRAUSE, 11.5.1910) : coupure du *Völkischer Beobachter* (éd. de Berlin) du 29.12.1944.

27. LE NIVEAU DE L'INSTRUCTION MILITAIRE

1. Cf. par exemple les opinions divergentes sur la valeur des formations blindées à l'ouest en 1944. BAMA, ETHINT 13 : Geyr v. Schweppenburg, Panzer Tactics in Normandy (interview), 11.12.1947, p. 7-8; ETHINT 38 : H. Guderian, *ibid.*, 28.1.1948, p. 7.

2. BAL, NS 19/4005 (76) : Rede anläßlich der SS-Gruf.-Besprechung im Führerheim der SS-St. « D » in München, 8.11.1938; NS 19/1669 (58-59) : Allgemeine Erfahrungen bei Einziehung der Verstärkung der SS-TV im Sept. 1938 sowie b. Groß-Einsatz der Allg.-SS; NS 19/3521 (274) : CdSSHA, Betr. : Zusammenstellung der Einberufungen durch die SS-OA (Stand : 5.3.40), 8.4.1940; SSO 324 A (Cassius Frhr. v. MONTIGNY, 28.10.1890) : SS-JS Braunschweig/IIc an SS-PHA, Betr. : Führernachwuchs der SS, seine Auswahl u. Erziehung, 18.10.1940.

3. IHTP, MF 162 (105914-30) : 1.SS-T-St. « Oberbayern », Richtlinien für die Ausbildung in der Zeit v. 15.1.-31.3.39, 6.1.1939; *ibid.* in der Zeit v. 22.4.-30.6.39, 17.4.1939; 1.SS-T-St. « Oberbayern », Führerausbildung v. 15.1.-31.3.39, 13.1.1939. BRUNNEGGER, *Saat*, p. 9 et suiv. ZIMMERMANN, *Überlebt*, p. 10.

4. BAL, NS 19/3506 (208) : KdW-SS an RF-SS, 13. Meldung, 8.6.1940, § 6.

5. BAL, NS 31/371 (20-30 & 65-77) : Insp.SS-VT, Betr. : Ausbildung im Sommer 1937, 2.4.1937; *ibid.*, Sommer 1938, 11.4.1938; NS 19/1669 (72-73) : Insp.d.SS-VT, Vortragsnotizen für Gruf.-Besprechung am 23.1.39, 18.1.1939; NS 19/4011 (209-10) : Wortlaut der Rede des RF-SS auf der Tagung für Befehlshaber der Kriegsmarine in Weimar, 16.12.1943.

NOTES *(chapitre 27)* 1039

6. BAL, SSO 61 B (Kurt SARNOW, 4.9.1908).
7. VHA, 3.SS-Pz.Div., 35/9 : 14.(Pz.Jg.)/SS-T-IR 2, Meldung v. 18.12.1940.
8. BAMA, RH 10/19 (87) : Ob.West an OKH/GenStdH/Org.Abt. (I), Ia 6574/44 g.K., Betr. : Stand der Neuaufstellung, 15.11.1943, § 4, c.
9. Sur la surveillance, cf. VHA, 12.SS-Pz.Div., 36/4 : SS-Pz.Inst.Abt.12, KTB (Mai 1944 – 5. Kp.). BAMA, RH 19-IV/26 (79) : Ob.West an OKW/WFSt [...], Ia 536/44 g.K., Betr. : Stand der Neuaufstellungen der 9., 10., 12.SS-Pz.Div., Gen.Kdo. I.SS-Pz.Korps, 20.1.1944, § B, IV. BAMA, RS 5/304 (dossier entier). Sur la participation des troupes SS au renforcement du « mur de l'Atlantique », cf. BAMA, RH 20-1/152 : AOK 1, KTB (10.2.1944); RH 20-15/50 : AOK 15, KTB (11.11., 20 & 23.12.1943); RH 20-15/57 : Anl. C 38, Besprechung mit GFM Rommel am 20.12.1943; Lageberichte 8-14.11.1943; RH 20-15/64 : AOK 15, KTB (18.1.1944); RH 20-15/68 : Anl. A 9, AOK 15, Vorbereitung für den Kampf, 20.1.1944, § 3; RH 24-80/120 : Gen.Kdo. LXXX.AK./Stopi, TB 1.10.1943-30.4.1944, § 2; RS 2-1/1 : Gen.Kdo I.SS-Pz.Korps, KTB (23 & 25.12.1943); RS 3-17/4 : Anl. 43, 9.2.1944; RS 3-17/6 : Anl. 113, 30.3.1944; RS 3-17/7 : Anl. 186, 12.5.1944. Le transfert de la 9ᵉ division SS de la région d'Amiens vers celle de Nîmes en février 1944 a par exemple désorganisé l'instruction de ses unités pendant une dizaine de jours, celui de la 2ᵉ division SS de la région de Bordeaux à celle de Montauban pendant quatorze jours. BAMA, RH 10/318 (23/verso) : 9.SS-Pz.Div. « H », Meldung v. 1.3.1944; RH 19-IV/36 (91) : Ob.West an OKW/WFSt/Op.(H)/West, [...], Ia 2627/44 g.K., Betr. : Stand der Neuaufstellungen 2.SS-Pz.Div. « DR » u. 12.SS-Pz.Div. « HJ », 5.4.1944, § A, VI.
10. BAMA, RS 3-17/1 : 17.SS-Pz.Gr.Div., KTB 1 (12.3.1944); RS 3-17/5 : Anl. 91, 17.SS-Pz.Gr.Div. an II.SS-Pz.Korps/Ia, Ia 383/44 g, Betr. : FS 209/44 g.K., 12.3.1944. Cf. aussi BAKO, All.Proz. 21/47 (n.f.) : étude d'A. Stückler (fév. 1949), I. Teil, p. 18.
11. BAMA, RS 2-2/3 (230 & 235) : Gen.Kdo. SS-Pz.Korps an OKH/GenStdH/Org.Abt., Betr. : Stand der Ostverwendungsfähigkeit, Ia 638/42 g.K., 31.12.1942; Ob.West an Gen.Kdo. SS-Pz.Korps, Ia 4648/42 g.K., 1.1.1943; RS 2-2/12 : Gen.Kdo. I.SS-Pz.Korps, KTB 5 (16.4.1943). SYDNOR, *Soldiers*, p. 261-62.
12. HEIBER, *Lagebesprechungen*, p. 97 (12.12.1942).
13. VHA, HSSPF Rüßland Süd, 37/5 : SS-FHA/Ia an B.d.W-SS Rüßland Süd, 1542/43 g.K., 20.10.1943, 23.40 Uhr.
14. DENZEL, *Felddivisionen*, p. 9-10.
15. BAL, NS 33/256 (27/verso) : SS-FHA/Chef der Waffeninsp., Betr. : Unterführerschule Lauenburg, 14.1.1941, § 2; NS 19/3496 (24-28) : SS-T-Div./Kdr. an SS-FHA/KdW-SS, IIa 74/41 g, Betr. : Erfahrungen über den Nachersatz, 15.11.1941, § 7. VHA, 4.SS-Pz.Gr.Div., 25/4 : SS-FHA/Amtsgr.Insp., 4420/42 g, Betr. : Ausbildungswesen b. E.-Einheiten, 23.7.1942 (Bez. : SS-IR 9, 356/42 g, 2.7.42), p. 3-4; 2.SS-Pz.Div., 33/8 : SS-Pz.Gr.Rgt. « D »/Ia an SS-Pz.Gr.Div. « DR », 592/43 g, Betr. : Erfahrungsbericht, 23.6.1943, § A, 4.
16. BAMA, RH 10/112 (65) : Pz.Gr.West, Betr. : Meldung über Stand der Neuaufstellung, 3.5.1944 (1.SS-Pz.Div. « LAH », § IV). NARA, RG 165/Entry 179/Box 719 : PWIS (H)/LDC/108, Consolidated Report on 21 Alsatians of SS PGR 4 « DF », 13.7.1944.

17. Cf. chap. 6, p. 152 et suiv.

18. BAL, NS 19/3910 (66) : RF-SS an 1.) CdSSHA, 2.) CdSSFHA, 35/71/44 g, 27.6.1944. APC, RG 24, C 17, vol. 13648 : FCA, ISN 153, 30.11.1944, II, p. 6. NARA, RG 492/Entry ETO-MIS-Y Sect/Box 62 : FUSA, PWI Report, 18/ 19.12.1944 (#10, cit.).

19. En fait, la préparation des soldats de la « LSSAH » au début de la guerre se différenciait de celle de la 9e division SS par l'accent porté sur la conduite automobile que 20 à 25 % des effectifs devaient maîtriser. BAMA, RS 3-1/5 : LSSAH/ II.Btl./Kdr., Ausbildungsplan für die Zeit v. 21.11.-6.12.40, 20.11.1940.

20. NARA, RG 492/Entry ETO-MIS-Y Sect/Box 63 : FUSA, 62 VG Div (survey), 6/7.1.1945, § 7.

21. BAMA, RH 20-15/47 : AOK 15 an Ob.West, Betr. : Aufstellungsstand der im Armeebereich im Aufbau befindliche Div., Kampfwert dieser Div. u. der Res.-Div., 21.3.1943, § II.

22. NARA, RG 492/Entry ETO-MIS-Y Sect/Box 63 : FUSA, POW I Report, 17.1.1945 (#1).

23. VHA, 2.SS-Pz.Div., 28/6 : Gen.Kdo. SS-Pz.Korps an SS-Div. « DR », Betr. : Vorbefehl für die Umgliederung der Div., 9.10.1942 (Anl. 2-3).

24. VHA, 2.SS-Pz.Div., 48/13 : SS-Staf. Ostendorff, Sehr verehrter Gruppenführer!, 2.4.1942. SYDNOR, *Soldiers*, p. 250.

25. BAMA, RH 10/312 (27/verso) : 1.SS-Pz.Div. « LSSAH », Meldung v. 1.6.1944, § 4, I.

26. VHA, 2.SS-Pz.Div., 46/12 : 2./SS-Nachr.Abt. an SS-Div. « R », Betr. : Erfahrungsbericht über den Einsatz der Funk-Kp. im Ostfeldzug, 16.1.1942, p. 11-12. BAMA, RS 3-17/31 : 17.SS-Pz.Gr.Div. « GvB »/Ia an Gen.Kdo. XIII.SS-AK., 604/45 g, Betr. : Erfahrungsbericht, 1.3.1945, § E, c. NARA, RG 165/Entry 179/Box 719 : PWIS (H)/LDC/321, Report on interrogation of PW SS Funker [-], KGr. Fick, 6.9.1944; Box 721 : PWIS (H)/LF/509, Report on the Interrogation of 6 PW, all of 9 SS Pz Div, 14.8.1944, p. 2. F. Stemper in *Die Hellebarde*, 11, 1988, p. 29.

27. BAMA, RS 3-10/3 : SS-Pz.A.A.10, Betr. : Erfahrungsbericht über die Nachrichtenausbildung, 13.3.1944.

28. BAMA, RS 5/304 (n.f.) : 20./SS-Art.A.u.E.Rgt. an V./SS-Art.A.u.E.Rgt./Ia, Betr. : Nachrichtenausbildung, 28.2.1944.

29. VHA, 2.SS-Pz.Div., 46/12 : SS-Hstuf. März, 1./SS-Inst.Abt. « R », Betr. : Erfahrungsbericht, 27.4.1942; 12.SS-Pz.Div., 36/4 : SS-Pz.Inst.Abt.12, KTB 2 (27.5., 20.6. & 31.7.1944 – 3. Kp.). BAL, SSO 139 B (Otto SKORZENY, 12.6.1908) : SS-Art.Rgt./Kdr., Sehr verehrter Kamerad v. Jena!, 17.2.1941.

30. VHA, 3.SS-Pz.Div., 16/5 : 1.SS-T-St. « Oberbayern », Betr. : Einsatz Böhmen-Mähren, 14.5.1939, § 1, c & 3, a.

31. BAMA, RS 2-2/3 (230) : Gen.Kdo. SS-Pz.Korps an OKH/GenStdH/ Org.Abt., Betr. : Stand der Ostverwendungsfähigkeit, Ia 638/42 g.K., 31.12.1942, § 3, b.

32. Seules trois sessions de formation de 2 000 places chacune pouvant être allouées toutes les six semaines à partir du 15 avril 1943, le SS-FHA a décidé d'écumer tous les chauffeurs disponibles dans les différents services SS, profitant

NOTES (chapitre 27)

de l'occasion pour restreindre leurs effectifs avant le passage de la commission militaire von Unruh chargée de passer au crible les services de l'arrière afin de dégager des effectifs pour le front. BAL, NS 19/3943 (66) : SS-FHA an RF-SS, Betr. : Kraftfahrer für Neuaufstellungen, 6.1.1943 ; RF-SS, Betr. : Abgabe der kv.-Kraftfahrer, 7.1.1943 ; NS 19/3871 (85) : SS-FHA/Ia, 15/43 g.K., Aktenvermerk, Betr. : Aufstellung von 2 SS-Pz.Gr.Div., 6.1.1943, § V ; SSO 192 A (Arno KÖNIG, 16.4.1890) : B.d.W-SS i.d. Ndl., Vorschlagsliste Nr.1 für die Verleihung des KVK 1.Kl. mit Schw., 20.6.1944. La SS a également fait appel aux écoles de conduite du « Corps motorisé national-socialiste » (NSKK) pour former ses chauffeurs. BAMA, RS 3-17/1 : 17.SS-Pz.Gr.Div., KTB 1 (14.3.1944); RS 4/1320 (6) : II./SS-Pz.Gr.Rgt.26, TB (22.10.1944). VHA, 12.SS-Pz.Div., 27/3 : SS-Pz.Jg.Abt.12, TB (20.3.1944).

33. BAMA, RH 20-7/66 (n.f.) : Anl. 162, AOK 7/Ia an Ob.West, 4282/42 g.K., Betr. : Verwendungsbereitschaft der Ost-Div., 29.9.1942, § D, 4 ; RH 20-7/67 (n.f.) : Anl. 91, AOK 7/Ia an Ob.West, 4507/42 g.K., Betr. : *ibid.*, 13.10.1942, § D, 4 ; RS 2-2/2 : SS-Gen.Kdo. (Pz), KTB 2 (29.8. & 10.10.1942) & Anl. A 115 (204), A 39 (90) ; RS 2-2/2 (200) : Gen.Kdo. SS-Pz.Korps an SS-Div. « DR », Arko, Ia 377/42 g, Befehl über Winterausbildung, 9.10.1942 ; RS 2-2/3 : Gen.Kdo. SS-Pz.Korps, KTB 3 (3.1.1943) & Anl. 239 (248) ; RS 2-2/8 : SS-Gen.Kdo. (Pz)/Qu, KTB 2 (11.10.1942) & Anl. A 20 (119), A 24 (124-25), A 29 (133-34) ; TB 1 (31.10.1942). VHA, 2.SS-Pz.Div., 98/26 : SS-Rgt. « D »/IIa, Rgt.-Tagesbefehl Nr.69/42, 30.7.1942, § 10 ; 2.SS-Pz.Div., 35/9-I : SS-Pz.Gr.Div. « DR », Ia/540/42 g, Betr. : Ausbildung, 9.12.1942, § 1. BAL, NS 19/3497 (8) : SS-Obergruf. Eicke an RF-SS, 2.1.1943, § 1 ; NS 19/3943 : Aktennotiz, 3.1.1943, § 4 ; SSO 100 (Kurt BRASACK, 6.4.1892) : SS-T-Art.Rgt., Rgt.-Befehl : Ein Rückblick auf unsere Kriegszeit in Frankreich v. 17. Mai bis heute, 29.6.1940, p. 2-3.

34. Cf. ces rapports mensuels dans les dossiers de l'inspection générale des troupes blindées (BAMA, RH 10). OSE, *Entscheidung*, p. 64-65.

35. BAMA, RS 3-12/40 : H. Meyer, K. Meyer, Der Einsatz der 12.SS-Pz.Div. « HJ » [...] v. Juni bis Sept. 1944, p. 7. MEYER, H., *Kriegsgeschichte* (II), p. 570, 584.

36. BAMA, RS 3-17/4 : Anl. 26a, 17.SS-Pz.Gr.Div. « GvB »/Ia, Betr. : Befehl über die Ausbildung von Fahrschülern, 16.1.1944.

37. BAMA, RS 3-17/7 : Anl. 182, 17.SS-Pz.Gr.Div., Ia 763/44 g, Betr. : Betriebsstoff für Ausbildung, 8.5.1944.

38. APC, RG 24, C 17, vol. 13649 : FCA, ISN 180, 27.12.1944, II, p. 2. MESSENGER, *Gladiator*, p. 145.

39. BAMA, RS 3-2/11 : SS-V-Div./IIa an SS-FHA/KdW-SS, 1792/40 g, Betr. : Bericht über Einsatz der SS-V-Div., 22.12.1940.

40. BAMA, RS 3-2/3 (6-9 & 24) : Kdo.Stab SS-Div. « R », KTB (31.3.-4.4.1941) ; Bericht über den Marsch der SS-Div. « R » von Frankreich nach Rumänien u. den Einsatz am 11. u. 12.4.41 nördl. Belgrad, s.d. STEIN, *Waffen SS*, p. 129-30.

41. BAMA, RH 10/25 : Meldung, 1-30.9.1942.

42. BAMA, RH 20-7/67 (n.f.) : Anl. 93, AOK 7/Ia an Ob.West, 4531/42 g, Betr. : Nachtmarsch der SS-Div. « DR », 13.10.1942.

43. VHA, 12.SS-Pz.Div., 28/3 : SS-Pz.Jg.Abt.12, KTB (1.8.1944, 22.30 Uhr & 2.8.1944, 24.00 Uhr); 12.SS-Pz.Div., 14/2 : II./SS-Pz.Rgt.12, KTB 3 (6.6.1944 – « Erfahrungen »).
44. VHA, Gen.Kdo. SS-Pz.Korps, 5/1 : Gen.Kdo. II.SS-Pz.Korps/Ia, 9.4.1944. E. Krassmann *in* FÜRBRINGER, « *Hohenstaufen* », p. 198. LELEU, « *Frundsberg* », p. 54 et suiv. HINSLEY, *Intelligence* (III/2), p. 192-96.
45. BAMA, RS 3-2/40 (32) : An 1., 2., 3., Stabskp. u. Pz.Werkstatt-Zug. 2.SS-Pz.Div. « DR », Betr. : Kfz.-Verkehr, 15.4.1944 ; ZA 1/837 (11) : Gen.d.Pz.Tr. Krüger, Geschichte des LVIII.Pz.Korps (6.6.-24.7.44), 12.3.1946.
46. BAMA, RW 4/v.457 (115) : Stellv.Chef d.WFSt. an Chef d.WFSt., 29.1.1945.
47. NARA, RG 165/Entry 179/Box 718 : PWIS (H)/KP/131, Report on Interrogation of PW S. Anton, Uffz of SS Pz Rgt « DR », 10.7.1944. VHA, 2.SS-Pz.Div., 226/69 : SS-StuG-Abt.2, KTB 1 (6.11.1942-6.2.1943).
48. BAMA, RH 19-IV/34 : Ob.West, KTB (12, 17 & 21.5.1944); RH 19-IV/39 & 40 : Ob.West, Anl. 594 (17.5.1944), 623 (18-19.5.1944), 866 (4.6.1944), 883 (5.6.1944). Cf. la chronologie d'arrivée des chars de la 12e division SS au premier semestre 1944 *in* VHA, 12.SS-Pz.Div., 9/2.
49. BAMA, RH 10/334 (5-6) : s.SS-Pz.Abt.102, Meldungen v. 8.5. u. 1.6.1944 ; RH 10/20 : Gen.Insp.d.Pz.Tr., Führervortrag am 3.6.44, 3.6.1944.
50. VHA, 12.SS-Pz.Div., 27/3 : SS-Pz.Jg.Abt.12, TB (3.10.1944); 12.SS-Pz.Div., 28/3 : SS-Pz.Jg.Abt.12, KTB 1 (10.7.-29.8.1944); 12.SS-Pz.Div., 29/3 : Anl. C6, Gefechtsberichte von Teilen der 3./Pz.Jg.Abt., 4.9.1944.
51. BAMA, ZA 1/319 (11) : Gen.Lt. (W-SS) W. Staudinger, 6th Pz Army Artillery in the Ardennes Offensive, 11.8.1945, § 11. NARA, RG 492/Entry ETOMIS-Y Sect/Box 63 : FUSA, POW I Report, 1.1.1945 (#13). HEIBER, *Lagebesprechungen*, p. 762-64, 766 (29.12.1944). BAMA, RS 3-17/26 : 17.SS-Pz.Gr.Div. « GvB » an SS-FHA/Org.Abt. Ia, 5.1.1945, 11.55 Uhr.
52. WEGNER, *Soldaten*. Ce paragraphe repose sur une étude du corps des officiers supérieurs de troupe (commandants de bataillon et au-delà) des différentes formations SS présentes en Europe de l'Ouest à différentes périodes du conflit. Cette étude a été menée à partir des dossiers personnels de ces officiers (BAL, SSO).
53. KROENER, « Ressourcen » (5/1), p. 732 et suiv.
54. BAL, SSO 196 A (Martin KOHLROSER, 8.1.1905) : Insp.d.SS-VT an Chef des Personalamtes, 6.7.1937.
55. BAL, NS 19/1668 (47) : SS-T-Div. an AOK 2, 103/40 g, Betr. : Ausbildungsstand, 9.4.1940, § I, 2.
56. BAL, SSO 324 A (Cassius Frhr. v. MONTIGNY, 28.10.1890) : SS-JS Braunschweig/IIc an SS-PHA, Betr. : Führernachwuchs der SS, seine Auswahl u. Erziehung, 18.10.1940, § A, III, p. 2. VHA, 3.SS-Pz.Div., 35/9 : SS-T-Div./IIa, Betr. : 2. Lehrgang für Btl.- bzw. Abt.-Kdre. in Königsbrück, 11.11.1940.
57. BAL, SSO 267 A (Michael LIPPERT, 24.4.1897) : VII./3.SS-TV « Thüringen » an Führer der SS-TV, 12.7.1937 ; Führer der SS-TV u. KL an Chef des SS-Personalamtes, Betr. : SS-Ostubaf. Lippert, 9.8.1937 ; SSO 226 A (Karl KÜNSTLER, 12.1.1901) : Eicke an Kdr. der 1.SS-T-St., Dachau, Betr. : Trunkenheit des SS-Stubaf. Künstler, 5.1.1939.

NOTES *(chapitre 27)* 1043

58. BAL, SSO 19 C (Alfons ZEITLER, 26.2.1910) : SS-Führerschule München-Dachau, Beurteilung, 25.5.1939.
59. BAL, SSO 202 A (Gerret KORSEMANN, 8.6.1895) : Sehr verehrter Herr General!, 28.2.1941, p. II.
60. Cf. par exemple BAL, SSO 36 A (Martin GROSS, 15.4.1911) : Kriegsschule Hannover/Lehrgruppe A/Offizier Lehrgang, Dienstleistungszeugnis, 22.7.1939.
61. BAL, NS 33/264 (101) : SS-FHA/Amtsgruppe Führer- u. Unterführerausbildung, Betr. : Förderung der Allgemeinbildung, 14.10.1942.
62. BAL, SSO 1 C (Theodor WISCH, 13.12.1907) : Hube, Oberstltnt. u. Kdr. d. Inf.Schule, Dem Herrn Reichsführer der SS, Betr. : Besuch des Herrn Reichsführers bei der Inf.Schule, 28.11.1935.
63. BAL, NS 19/4009 (69) : Rede des RF-SS am 19.6.1942 vor dem Führerkorps der Div. « R ».
64. BAL, SSO (confidentiel).
65. VHA, 1.SS-Pz.Div., 2/1 : Abschrift aus dem KTB des III./LSSAH über den Einsatz im Westen (15.6. & 8.7.1940). SYDNOR, *Soldiers*, p. 105.
66. BAKO, All.Proz.8/JAG 1 : Trial of SS-Brigf. K. Meyer, 10-28.12.1945, p. 554, 557 (Questions-Answers 2532 & 2535-38). MEYER, K., *Grenadiere*, p. 307-08.
67. BAL, SSO 393 A (Hermann PRIEß, 24.5.1901) : OB der H.Gr. Südukraine, Hochverehrter Reichsführer, 11.7.1944. WESTEMEIER, *Peiper*, p. 70, 75, 97.
68. BAMA, RH 21-5/49 (69-70) : Pz.AOK 5, KTB (7.8.1944, 21.40 & 21.55 Uhr) ; RH 20-7/145 : AOK 7, KTB (7.8.1944, 22.15 Uhr). FÜRBRINGER, « *Hohenstaufen* », p. 219.
69. BAL, SSO 71 A (Paul HAUSSER, 7.10.1880) : Gen.Kdo. II.SS-Pz.Korps/KG, Reichsführer, 31.1.1944; Gen.Kdo. II.SS-Pz.Korps an SS-PHA, 14.4.1944; RF-SS, 35/51/44 g, Mein lieber Hausser!, 3.5.1944, p. 2. BAMA, RS 4/1276 (n.f.) : SS-Pz.Gr.Rgt.2/LSSAH, Auszug aus dem Div.-Tagesbefehl Nr.6, 20.4.1944, § 2 ; ZA 1/604 (5) : SS-Obergruf. v. d. Bach-Zelewski, Das XIV.SS-Korps im Nov.-Dez. 44, 7.12.1946.
70. VHA, 2.SS-Pz.Div., 59/16 : SS-Div. « R », Führerstellenbesetzungsliste (Stand : 10.7.42), 13.7.1942.
71. BAL, NS 33/264 (48) : SS-FHA/Amt für Führerausbildung/VII, Ausbildung des Führernachwuchses an SS-JS im Winterhalbjahr 41/42, 29.9.1941, § II.
72. BAL, SSO 51 A (Ernst HAGENLOCHER, 23.11.1911); SSO 12 B (Karl-Heinz RECKE, 26.8.1916); SSO 230 B (Adolf WEISS, 26.2.1903).
73. BAL, SSO 301 A (Fritz MAUER, 31.3.1915) : 10.SS-Div. (Pz.Gr.Div.), Beurteilung, 1.7.1943.
74. BAL, SSO 301A (Fritz MAUER, 31.3.1915) : 10.SS-Pz.Div. « F »/SS-Pz.Gr.Rgt.21, Beurteilung, 31.5.1944.
75. BAMA, RH 10/318 (7) : SS-Pz.Gr.Div. « H », Meldung v. 1.10.1943.
76. BAL, NS 19/4010 (204-05) : Rede des RF-SS vor den Reichs- u. Gauleitern in Posen am 6.10.1943.
77. BAMA, RH 20-15/47 : Anl. 5, AOK 15 an Ob.West, Betr. : Aufstellungsstand der im Armeebereich im Aufbau befindliche Div., Kampfwert dieser Div. u. der Res-Div., 21.3.1943, § II; RH 20-15/62 : AOK 15, Betr. : Wünsche,

die anläßlich der Besichtigungsfahrt des OB zum Gen.Kdo. LXXXII.AK. mit 18.Lw.Feld-Div. u. zum Gen.Kdo. LXXXI.AK. mit 348.I.D. vorgetragen wurden, 23.8.1943 (cit.).

78. BAMA, RS 3-10/2 : I./SS-Pz.Gr.Rgt.1, Zustandsbericht, 9.3.1943.

79. Une demande de promotion représentait l'archétype de cette vision. BAL, SSO 62 A (Max HANSEN, 31.7.1908) : Div. LSSAH/1.I.R. an RF-SS a.d.D., Beförderung, 19.8.1942.

80. VHA, 12.SS-Pz.Div., 39/4 : 12.SS-Pz.Div. « HJ »/Ia an alle Rgt. u. Btl./Abt., Betr. : Führerausbildung, 8.1.1944, § A.

81. BAMA, RS 3-17/6 : Anl. 137, 17.SS-Pz.Gr.Div. « GvB »/Ia, 538/44 g, Ausbildungs-Hinweise, 8.4.1944. VHA, 12.SS-Pz.Div., 2/1 : SS-Pz.Gr.Rgt.25 an 12.SS-Pz.Div. « HJ », Betr. : Kampferfahrungen, 3.8.1944.

82. BAL, SSO 101 B (Fritz SCHRÖDER, 23.12.1907) : 12.SS-Pz.Div. « HJ », Beurteilung z. 1.8.1944. Cf. aussi BAL, SSO 135 B (Bernhard SIEBKEN, 5.4.1910); SSO 200 B (Erich URBANIETZ, 7.7.1909).

83. BAMA, B-840 : Gen.d.Pz.Tr. Eberbach, Bericht über die Kämpfe der Pz.Gr.West (5.Pz.Armee) v. 3.7.-9.8.44, 1.6.1948, p. 15.

84. WEGNER, *Soldaten*, p. 288-91. KROENER, « " Menschenbewirtschaftung " » (5/2), p. 994-95.

85. On trouvera un exemple de ce cursus *in* BAL, SSO 67 A (Walter HARZER, 29.12.192).

86. BAMA, RW 4/v.503 (224 et suiv.) : Der Führer, Betr. : Die bewaffneten Teile der SS, 18.5.1939, § A, 7. WEGNER, *Soldaten*, p. 288. HALDER, *Kriegstagebuch* (1), p. 162 (19.1.1940).

87. VHA, 2.SS-Pz.Div., 56/15 : SS-FHA/Id/I an alle Kdo.-Behörden, Betr. : Namhaftmachung von SS-Führern zur Generalstabsausbildung, 9.1.1944.

88. Voir sa manière de lier la question des officiers d'état-major de l'armée avec le renoncement au principe de sélection raciale pour compléter les rangs du corps d'armée blindé SS avec des personnels de la *Luftwaffe* en 1943. BAL, SSO 71 A (Paul HAUSSER, 7.10.1880) : RF-SS, Lieber Hausser!, (31).3.1943, p. 1-2. Sur l'opinion de Hitler, cf. HEUSINGER, *Hitler*, p. 108.

89. BAL, SSO 142 B (Peter SOMMER, 25.2.1907) : RF-SS/Pers.Stab/Verb.Offz. Staffel an OKH/PA/P5, 693/44, Betr. : RK-Vorschlag, 25.8.1944. Cf. aussi MANSTEIN, *Victoires*, p. 213.

90. BAL, NS 33/27 (1 et suiv.) : Generalstabsstellenbesetzung in d.W-SS, Stand : 1.8.1944. WEGNER, *Soldaten*, p. 291.

91. BAMA, RS 3-17/2 : 17.SS-Pz.Gr.Div., KTB 2 (16.6.1944); RS 3-2/51 : A. Stückler, 2.SS-Pz.Div., p. 20.

92. BAMA, RH 20-7/62 : Anl. 26a, O4, Zu Planübung SS-Div. « DR » am 22.8.1942 im Div.Stab Qu. Craon. Ces insuffisances étaient en partie dues aux larges ponctions opérées au sein de la division pour occuper les postes d'état-major du nouveau corps d'armée blindé SS.

93. BAMA, RS 2-2/3 (201) : Gen.Kdo. SS-Pz.Korps/Ia, 877/42 g, Betr. : Ausbildung, 25.12.1942, § 4.

94. VHA, 2.SS-Pz.Div., 32/8 : Gen.Kdo. SS-Pz.Korps an Führer der SS-Pz.Gr.Div. « DR », SS-Gruf. Krüger, Ia 264/43 g, Betr. : Personelle Vorratstaktik, 12.4.1943.

95. MAIZIÈRE, *Pflicht*, p. 77-78.
96. VHA, 9.SS-Pz.Div., 4/1 : SS-Pz.Gr.Div. « H »/Ia, 1222/43 g, Betr. : Erfahrungsbericht des II.SS-Pz.Korps, 2.7.1943, § 2, c.
97. MANSTEIN, *Victoires*, p. 331.
98. BAMA, RS 3-2/51 : A. Stückler, 2.SS-Pz.Div., p. 39. BAL, SSO 129 A (Max SEELA, 15.7.1911) : Gen.Kdo. II.SS-Pz.Korps/IIa, Beurteilung, 27.10.1944.
99. Dès le 8 septembre 1939, la 3e armée a proposé de dissoudre la brigade « Kempf » en raison de l'instruction insuffisante des unités SS qui la composaient. À la même date, la « LSSAH » se trouvait en fâcheuse posture après une série de manœuvres malhabiles et n'a dû son salut qu'à l'intervention d'un régiment d'infanterie de l'Armée. WEINGARTNER, *Guard*, p. 34. Cf. aussi BAMA, RS 4/1240b : SS-FHA/Chef der Waffeninsp., Verteiler : bis Kp. an B.d.W-SS Nord, Nordwest, Ost, 5.Standarte, 18.3.1941.
100. VHA, 2.SS-Pz.Div., 47/13 : SS-Div. « R »/Ia, Betr. : Erfahrungsberichte, 18.4.1942. Les rapports obtenus en retour se trouvent *in* VHA, 2.SS-Pz.Div., 46/12.
101. LIDDEL HART, *Stratégie*, p. 285 et suiv. FRIESER, *Mythe*.
102. De tous les rapports rédigés, celui établi par un chef de compagnie du régiment « Deutschland » est sans nul doute le meilleur par son esprit de synthèse et d'analyse. VHA, 2.SS-Pz.Div., 46/12 : 8./SS-Rgt. « D »/Chef, Erfahrungsbericht, 24.4.1942., p. 3.
103. VHA, 2.SS-Pz.Div., 46/12 : SS-Ostuf. Hinze, SS-Kradsch.Btl.2, Betr. : Erfahrungsberichte, 28.4.1942.
104. VHA, 2.SS-Pz.Div., 46/12 : SS-Stubaf. Graf v. Westphalen, Erfahrungsbericht über den Osteinsatz, 28.4.1942, p. 3.
105. Note de renseignements du 2nd Royal Warwicks, citée *in* MESSENGER, *Gladiator*, p. 83.
106. BAL, NS 19/3496 : OKH, Betr. : Vorfall SS-Ostuf. Stürzbecher/Hptm. i.G. Schulz, Gen.Kdo. XXVIII.AK. 17.8.1941.
107. BAL, SSO 57 (Alfons BENZ, 22.9.1914) : 10.SS-Div. (Pz.Gr.Div.)/Kdr. an RF-SS/Pers.Stab, 269/43 g, 4.8.1943.
108. Outre les rapports de la division « Das Reich », cf. BAL, NS 33/256 (114-21) : SS-FHA/Insp.d.Inf., Ein weiterer zusammengestellter Erfahrungsbericht aus verschiedenen Frontabschnitten über russische Kampfarten bei den verschiedenen Waffen, Tarnen, Geländeausnutzung, Feldbefestigungen usw., 7.11.1941; NS 33/259 (1-5) : SS-FHA/Insp.d.Art.u.Flak, 720/44, Merkblatt für die Ausbildung, 28.1.1944.
109. BAL, NS 19/3752 (47-48) : SS-FHA/KdW-SS, Betr. : Nahkampfausbildung, [?].4.1942.
110. BAL, NS 19/3752 (41) : SS-FHA/Amtsgr.Insp., Betr. : Scharfschützenausbildung, 15.6.1942; NS 33/224 (107-18) : SS-Pz.Gr.Schule/7.(Scharfschützen) Insp., Betr. : Merkblatt für Schießlehrer- u. Scharfschützenausbildung, 1.12.1943; NS 33/12 (4) : A.u.E.-Einheiten, Schulen u. sonstige Heimatdienststellen d.W-SS, s.d. (fin 1944-début 1945). Sur la formation en corps de troupe, cf. VHA, 9.SS-Pz.Div., 6/2 (dossier entier); 17.SS-Pz.Gr.Div., 6/1 : 17.SS-Pz.Gr.Div. « GvB »/Ia, Betr. : Ausbildung u. Einsatz von Scharfschützen, 16.10.1944. BAMA, RS 4/1333 :

SS-Pz.Gr.Rgt.37/Ia, Ausbildungs-Bemerkungen Nr.14, 5.4.1944 ; RS 3-17/6 : Anl. 137, 17.SS-Pz.Gr.Div. « GvB »/Ia, 538/44 g, Ausbildungs-Hinweise, 8.4.1944. Sur l'efficacité obtenue : BAMA, RS 3-17/9 : Anl. 155, 17.SS-Pz.Gr.Div. « GvB »/Ia an Gen.Kdo. LXXXIV.AK./Ia, 1154/44 g, Betr. : Tagesmeldung, 1.7.1944. APC, RG 24, C 17, vol. 13645 : FCA, ISN 23, 18.7.1944, II, p. 3 ; ISN 27, 26.7.1944, I, p. 1 ; vol. 13647 : FCA, ISN 93, 1.10.1944, II, p. 3. GRANDAIS, *Bataille*, p. 253-54. KEEGAN, *Armées*, p. 197. URQUHART, *Arnhem*, p. 311.

111. SCHMÜCKLE, *Pauken*, p. 62. MAIZIÈRE, *Pflicht*, p. 77-78.

112. Cf. chap. 12.

113. BAMA, RH 20-7/103 : AOK 7 an Ob.West, Betr. : Zustandsberichte, 11.1.1943.

114. BAL, SSO 71 A (Paul HAUSSER, 7.10.1880) : RF-SS, Lieber Hausser !, (31).3.1943, p. 3. Sommée de s'expliquer, la division a invoqué le manque d'entraînement des chauffeurs, les conditions de route exécrables (neige et glace), ainsi que l'impossibilité d'assurer la maintenance des chars en raison des combats confus et ininterrompus. VHA, 2.SS-Pz.Div., 35/9-II : SS-Pz.Gr.Div. « DR » an Gen.d.Schn.Tr.b.OKH, Ia 186/43 g, Betr. : Instandsetzungslage für Pz.Kpfw., 27.3.1943.

115. BAL, SSO 71 A (Paul HAUSSER, 7.10.1880) : SS-Obergruf. Hausser, Reichsführer !, 28.4.1944.

116. BAMA, N 117/23 (86) : Major i.G. v. Ekesparre, Bericht über die Fahrt des OB HGr.B zur Pz.Gr.West u. LXXXVI.AK. am 16.7.1944.

117. VHA, 2.SS-Pz.Div., 35/9-II (169) : SS-Pz.Gr.Div. « DR »/Ia an Gen.Kdo. SS-Pz.Korps, Ia/240/43 g, Betr. : Erfahrungsbericht über Führung der SS-Pz.Gr.Div. « DR », 11.4.1943. Cf. aussi BAMA, ZA 1/1503 (11-12) : K. Möllhoff, Die an der Pz.Gr.Schule d.W-SS vorhandenen Erfahrungen der Kampfweise des russischen Gegners u. ihre Auswertung zur Ausbildung, 1.5.1947.

118. BAMA, RS 3-17/6 : Auszug aus Erfahrungsbericht der 2.SS-Pz.Div. « DR » über Pz.Abwehr, 21.3.1944. KLAPDOR, *Invasion*, p. 287. « Notice historique : Opération Goodwood », *Les Cahiers de l'infanterie*, 53, 1987. Cf. aussi VHA, 9.SS-Pz.Div., 4/1 : SS-Pz.Gr.Div. « H »/Ia, Betr : Stoßtruppunternehmungen, 24.4.1943 ; SS-Pz.Gr.Div. « H »/Ia, Betr : Erfahrungsbericht des II.SS-Pz.Korps, 2.7.1943 ; 2.SS-Pz.Div., 35/9-II : SS-Pi.Btl. « DR » an SS-Pz.Gr.Div. « DR », Betr. : Vorschlag für Aufstellung eines Merkblattes über Ausrüstung u. Kampfanweisung für eine Pz.Nahbekämpftruppe, 5.7.1943 ; SS-Pz.Gr.Rgt. « D »/Ia an SS-Pz.Gr.Div. « DR », Betr. : Erfahrungsbericht, 6.7.1943.

119. BAMA, ZA 1/817 (9) : Geyr v. Schweppenburg, Die Invasion, 14.4.1947 ; RH 24-80/56 (n.f.) : Gen.Kdo. LXXX.AK./Ch.d.Gen.St. an Ch.d.Gen.St. LXXXVI.AK., Ia 3058/43 g, 13.7.1943. BAL, NS 33/148 (19) : Gen.d.Pz.Tr.West, Ia 789/43 g, Betr. : Führung von Pz.- u. mot. Truppen, 31.8.1943.

120. BAMA, RH 10/89 (29-32) : Gen.Insp.d.Pz.Tr., 13/44 g.K., Führervortrag am 10.5.44, 10.5.1944, § III.

121. BAMA, RH 10/312 (27/verso & 28/verso) : 1.SS-Pz.Div. « LSSAH », Meldungen v. 1.6. & 1.7.1944, § 4, I. BAL, NS 33/145 (41) : 1.SS-Pz.Div. « LSSAH », Meldung v. 15.6.1944, § 4, I.

122. L'armée n'a pas eu l'apanage d'une valeur professionnelle qui l'aurait placée à l'abri de toute erreur. Quoique constituée à partir des personnels des écoles

NOTES (chapitre 27)

des troupes blindées, la division « Lehr » a fait piètre figure au cours de son premier exercice interarmes devant Guderian le 20 février 1944, ce dernier estimant alors que c'était « la plus grande absurdité » qui lui avait été donnée de voir dans toute sa carrière militaire. RITGEN, *Panzer-Lehr*, p. 80.

123. BAMA, ZA 1/817 (81-83) : Geyr v. Schweppenburg, Die Invasion, 14.4.1947, § III.

124. VHA, 2.SS-Pz.Div., 35/9-I : SS-Div. « DR »/Ia, 473/42 g, Inf.-Merkblatt, 17.11.1942. BAMA, ETHINT 13 : Geyr v. Schweppenburg, Panzer Tactics in Normandy (interview), 11.12.1947, p. 5-6 ; ETHINT 38 : H. Guderian, *ibid.*, 28.1.1948, p. 6.

125. VHA, 2.SS-Pz.Div., 35/9-I : SS-Div. « R »/Kdr., 583/42 g, Ausbildungs-Bemerkungen, 31.8.1942, § 11 ; 17.SS-Pz.Gr.Div., 6/1 : 17.SS-Pz.Gr.Div. « GvB »/Ia an I./SS-Pz.Gr.Rgt.38, Abschrift eines Erfahrungsberichtes über die Kampfschulung im Hecken u. Knickgelände, 26.5.1944. BAMA, RS 4/1306 : TB des SS-Pz.Gr.Rgt.2 der SS-Pz.Gr.Div. « H » (16.12.1943) ; RS 3-17/1 : 17.SS-Pz.Gr.Div., KTB 1 (19.5.1944) ; RS 3-17/7 : Anl. 206, 17.SS-Pz.Gr.Div. « GvB »/Ia, 869/44 g, Betr. : 2. u. 3. Lehrgang Kampf im Busch- u. Knickgelände, 19.5.1944. APC, RG 24, C 17, vol. 13654 : FCA/GSI, Special Interrogation of Brigf. K. Meyer, Commander 12 SS Pz Div « HJ » (6.6.-25.8.44), 24.8.1945, p. 3. MEYER, K., *Grenadiere*, p. 281, 307.

126. NARA, RG 492/Entry ETO-MIS-Y Sect/Box 63 : FUSA, 9 SS Div (survey), 15/16.1.1945, p. 1.

127. À la « LSSAH » par exemple, le régiment blindé comportait de 40 à 50 % de vétérans contre seulement 10 à 20 % au sein d'une compagnie d'infanterie. NARA, ETO-MIS-Y Sect/Box 62 : FUSA, PWI Report, 19/20.12.1944 (#3) ; RG 165/Entry 179/Box 716 : MU#1FID, PWIB 1/23, 10.1.1945

128. NARA, RG 492/Entry ETO-MIS-Y Sect/Box 63 : FUSA, 62 VG Div (survey), 6/7.1.1945, § 7, p. 4 ; 9 SS Div (survey), 15/16.1.1945, p. 5 ; Box 64 : 12 VG Div (survey), 1/2.3.1945, p. 7.

129. Parmi les commandants de bataillon, quatre ont été tués (Reinhardt, Ertl, Bolte et Kepplinger), trois ont été blessés (Opificius, Zorn et Nieschlag). Le commandant du groupe de reconnaissance (Holzapfel) a été porté disparu, probablement tué.

130. BAMA, ETHINT 33 : Max Simon (Gen.Lt.d.W-SS), XIII.SS-AK (16.11.-5.12.44), März 1947, p. 5.

131. À savoir Theodor Wisch (blessé) à la 1re division SS, Heinz Lammerding (blessé) et Christian Tyschen (tué) à la 2e, Sylvester Stadler (blessé) à la 9e, Fritz Witt (tué) et Kurt Meyer (capturé) à la 12e, Werner Ostendorff (blessé) à la 17e. Par ailleurs, Paul Hausser a été blessé à la tête de la 7e armée.

132. BAL, SSO 79 (Friedrich-Wilhelm BOCK, 6.5.1897) : Gen.Kdo. II.SS-Pz.Korps/IIa, Beurteilung, 6.12.1944.

133. VHA, 12.SS-Pz.Div., 2/1 : SS-Pz.Gr.Rgt.25 an 12.SS-Pz.Div. « HJ »/Ia, Betr. : Gefechts- u. Iststärken, 16.7.1944.

134. Ainsi, la plupart des officiers arrivés à la 12e division SS à l'automne 1944 sortaient directement des écoles. APC, RG 24, C 17, vol. 13648 : FCA, ISN 153, II, 30.11.1944, p. 6 ; vol. 13649 : FCA, ISN 155, II, 3.12.1944, p. 9.

135. BAL, NS 33/342 (11) : SS-FHA/KdW-SS/Org.Abt./Id, 570/45 g.K., Betr. : 1.) Kürzung der Grundausbildung, 2.) Personelle Kürzung bei den Ausbildungs-Truppenteilen, 27.1.1945, § II.

136. Cf. les rapports mensuels des divisions SS *in* BAMA, RH 10/312 et suiv.

137. BAMA, ZA 1/873 (7-11) : H. Kraas (Gen.Maj.d.W-SS), Die 12.SS-Pz.Div. « HJ » in der Ardennen-Offensive, 1.5.1947.

138. BERNARD, *Bataille d'Ardenne*, p. 139 et suiv.

28. LA VALEUR AU COMBAT : UNE ÉLITE MILITAIRE ?

1. Pourtant peu suspects de complaisance à l'égard de la SS, R. Smelser et E. Syring ont encore récemment accumulé en une phrase tous les poncifs du genre en avançant que « les formations centrales de la *Waffen-SS*, surtout les sept divisions blindées, étaient des troupes d'élite remarquablement instruites et équipées, hautement motivées, avec une combativité [qui], étayée par l'idéologie, [était] difficilement ébranlable, même lors des revers ». SMELSER, *Elite*, p. 14. Cf. aussi le constat de S. Neitzel sur cette absence d'esprit critique, « Forschens », p. 415/n 42.

2. STEINER, F., *Armee*, p. 208-10.

3. K. Paetel cité par STEIN, *Waffen SS*, p. 268.

4. Cf. chap. 26.

5. WEGNER, *Soldaten*, p. 279, 281.

6. Croix allemandes en or et croix de chevalier de la croix de fer (et degrés supérieurs) confondues, les personnels de chacune des divisions « LSSAH » et « Das Reich » en ont reçu 42, ceux de la division « Totenkopf » 20. BAMA, RS 2-2/12 : Gen.Kdo. I.SS-Pz.Korps/IIa, TB 1-30.4.43, 7.5.1943 ; *ibid.*, 1-31.5.43, 8.6.1943.

7. BAL, Slg. Research, Ordner 962 (150) : Funkspruch Himmler an SS-Obergruf. Dietrich, LSSAH, 4.3.1943. WEIDINGER, *« Das Reich »* (III), p. 491 et suiv., (IV), p. 145.

8. BAL, SSO 188 (Rudolf ENSELING, 30.8.1914) : Verb.Offz.d.W-SS b.OKH/PA/P5 1. Staffel an Ob.West/IIa, 726/44, 23.8.1944. FRÖLICH, *Goebbels* (II, 13), p. 285 (23.8.1944).

9. BAMA, RH 19-IV/134 (167-68) : Ob.West/Ic, Telefongespräche sowie Besprechungen (29.6.1944, 18.55 Uhr) ; RH 21-5/50 (150/verso, 223 & 286) : Pz.Gr.West, Tagesmeldungen v. 12.7., 22.7. & 2.8.1944. WEGMANN, *Wehrmachtberichte* (3), p. 164, 189 (16.7. & 4.8.1944).

10. Les ouvrages de E-G. Krätschmer *(Ritterkreuzträger)* et de J. Schneider *(Verleihung)* sur les chevaliers de la croix de fer de la *Waffen-SS* sont des standards de cette littérature.

11. BAL, SSO 116 B (Herbert SCHULZE, 1.4.1914) : prise de position sur la proposition simultanée et pour le même fait d'armes de la croix de chevalier et de la croix allemande en or (sans réf., printemps 1943).

12. VHA, 2.SS-Pz.Div., 39/10 : SS-Pz.Gr.Div. « DR »/IIa an alle Kdre., Betr. : Verleihung von Tapferkeitsauszeichnungen, 3.3.1943.

13. BAMA, RW 8/v.5 (155/verso) : Major Engel an 1.Gen.St.Offz. d. 122.I.D., 19.11.1942.

NOTES *(chapitre 28)* 1049

14. VHA, 1.SS-Pz.Div., 2/1 : Abschrift aus dem KTB des III./LSSAH über den Einsatz im Westen (10.5.1940), p. 2-3.
15. BAMA, RH 19-IV/49 (42-43) : Ch.d.Gen.St. Ob.West an OKW/WFSt/Op West, Ia 5223/44 g.K., 2.7.1944.
16. BAL, NS 19/2780 (3) : RF-SS an Chef d. Orpo, 4/6/43 g, 5.2.1943. STEIN, *Waffen SS*, p. 147, 155/n 29.
17. BAL, SSO 71 A (Paul HAUSSER, 7.10.1880) : RF-SS, Lieber Hausser !, (31).3.1943, p. 3.
18. TMI (XXIX), PS-1919, p. 152-54.
19. BAL, NS 19/4012 (129-32) : Rede des RF-SS auf der Tagung der RPA-Leiter am 28.1.1944.
20. AGTE, *Tiger*, p. 234 et suiv. BUFFETAUX, *Blindés alliés*, p. 25 et suiv. Cet épisode de la bataille de Normandie a été largement popularisé par l'ancien membre de la *Propagandastaffel* Paul Schmidt, reconverti après-guerre sous le pseudonyme de Paul Carell comme auteur à succès dans le genre historique. CARELL, *Ils arrivent !*, p. 183 et suiv.
21. BAMA, RS 3-10/20 (n.f.) : 5./Pz.Rgt. an II./SS-Pz.Rgt.10, 27.7.1944. CERFF, *Wehrmachtbericht*, p. 77. LELEU, « *Frundsberg* », p. 117.
22. APC, RG 24, C 17, vol. 13652 : FCA, ISN 258, 15.3.1945, II, p. 2-3.
23. VHA, 2.SS-Pz.Div., 35/9-I : SS-Div. « DR »/Ia, 473/42 g, Inf.-Merkblatt, 17.11.1942, § D, p. 5.
24. Cf. par exemple AMBROSE, *Band*, p. 403-04.
25. KLEMPERER, *LTI*, p. 29, 31.
26. APC, RG 24, C 17, vol. 13653 : FCA, ISN 278, 4.4.1945, II, p. 2.
27. On suivra l'évolution de la procédure à travers les exemples suivants : BAL, SSO 216 A (Otto KRON, 28.2.1911) : OKH, Vorschlagsliste Nr.1028 für die Verleihung des RK, 26.6.1942 ; SSO 299 A (Lino MASARIE, 10.10.1912) : SS-Pz.Gr.Div. « T », dem OKH/PA 1.Staffel a.d.D., SS-FHA/Adjudantur, Vorschlagsliste Nr.4 für die Verleihung des RK, 20.3.1943 ; SSO 306 A (Erwin MEIERDRESS, 11.12.1916) : SS-Pz.Gr.Div. « T », dem OKH/PA 1. Staffel a.d.D., Bericht über weitere Tapferkeitstaten (*sic !*) des Ritterkreuzträgers SS-Hstuf. Meierdress, 12.9.1943 ; SSO 205 A (Hugo KRAAS, 25.1.1911) : 1.SS-Pz.Div. « LSSAH », Vorschlag für die Verleihung des Eichenlaubes zum RK des EK, 3.1.1944 ; SSO 228 A (Herbert KUHLMANN, 7.4.1915) : SS-Pz.Rgt.1 « LSSAH », Vorschlag Nr.357 für die Verleihung des DKG, 30.9.1944.
28. BAL, SSO 62 B (Karl-Gustav SAUBERZWEIG, 1.9.1999) : Gen.Kdo. V.SS-Geb.Korps/KG an RF-SS/Adjudantur, Ia/2065/44 g, Betr. : Vorschlag zum RK für SS-Gruf. Sauberzweig, 18.7.1944 (cit. p. 6) ; SSO 206 A (Sepp KRAFFT, 10.5.1907) : SS-Pz.Gr.Rgt. « G »/Kdr. an Stab RF-SS, Betr. : Stellungnahme zur Verleihung des DKG für SS-Stubaf. Krafft, 10.3.1943 ; SSO 116 B (Herbert SCHULZE, 1.4.1914) : prise de position sur la proposition simultanée et pour le même fait d'armes de la croix de chevalier et de la croix allemande en or (sans réf., printemps 1943).
29. CÜPPERS, *Wegbereiter*, p. 239-40.
30. Cf. chap. 26, p. 656. BAL, NS 19/2109 (27 & 34) : Insp. für Statistik, 77/42 g, Betr. : Die Kriegsverluste der SS nach dem Stand der statistischen Erfassung v.

15.7.42, 31.8.1942 ; Statistisch-wissenschaftliches Institut des RF-SS an SS-Ostubaf. Dr. Brandt, I/40/44 g, 15.3.1944.

31. BAL, NS 19/3519 (126) : SS-FHA/IE, Gesamtaufstellung des Mannschaftsersatzes für die SS-Div. u. Rgter. seit Beginn des Ostfeldzuges, 3.3.1942. Beurteilung der Kampfkraft des Ostheeres, 6.11.1941 *in* KTB-OKW/1940-41 (2), p. 1074-75. KTB-OKW/1942 (3), p. 46, 51-52.

32. WEIDINGER, « *Das Reich* » (II), p. 523-25. Pour une analyse critique, cf. NEITZEL, « Forschens », p. 410.

33. BAMA, RH 10/14 (49) : Verluste der Pz.Div. u. der I.D. (mot) v. 22.6.1941-31.3.1943.

34. BAMA, RS 3-1/30 : SS-Pz.Gr.Div. « LSSAH »/Ia, KTB 5 (1.1., 2.1. - 4.00 Uhr [cit.], 1.2., 5.3., 1.4. & 1.5.1942 – Kurze Beurteilung der Feindlage). À l'été 1941, Hausser avait signalé comme un fait tout à fait remarquable les 156 obus tombés en cinq minutes dans le secteur d'une seule compagnie SS. BAL, SSO 71 A (Paul HAUSSER, 7.10.1880) : SS-Div. « R »/Ia, Gefechtsbericht der SS-Div. « R » über den Einsatz v. 22.6.-28.7.41, 28.7.1941, p. 4. Pour les bombardements en Normandie (jusqu'à 30 impacts à la seconde dans un secteur de la 10e division SS), cf. BAMA, RH 19-IX/3 (78) : 10.SS-Pz.Div. « F »/Ia an Gen.Kdo. II.SS-Pz.Korps/Ia, 309/44, Betr. : Lagebericht des Div.Kdr., Kampftag 4.7.44, 4.7.1944, § I, c ; N 117/23 (71) : Besprechung OB HGr.B mit Ch.d.Gen.St. Pz.Gr.West, 10.7.1944. VHA, 12.SS-Pz.Div., 3/1 : SS-Pz.Gr.Rgt.26, KTB (16.6.1944, 12.00-13.35 Uhr).

35. BAL, SSO 5 A (Eduard GEBHARDT, 14.1.1913) : SS-Polizeigericht II, Düsseldorf, St.L. I 131/42, Einstellungsverfügung, 20.10.1942.

36. BAMA, RS 3-1/34 (n.f.) : Anl. 4 zum TB, Doz.Dr. EG. Schenck, SS-Stubaf. u. Ernahrungsinsp.d.W-SS kommandiert zur LSSAH, Bericht über den Ernahrungszustand d. Truppe, 12.4.1942, p. 3.

37. BAL, NS 19/3694 (4-8) : II./SS-T-IR 1/Truppenarzt an Kdr. II./SS-T-IR 1, 40/42 g, 7.4.1942.

38. BAMA, RS 3-1/34 (n.f.) : Anl. 3 zum TB, SS-Stubaf. Doz.Dr. EG. Schenck an Div.Arzt/LSSAH, Bericht über den psychischen Zustand der Fronttruppe, 27.4.1942, p. 2.

39. BAMA, RS 3-1/34 (n.f.) : Anl. 2 zum TB, Feldlazarett LSSAH/Interne Abt. an Div.Arzt der LSSAH, Betr. : Allgemeinzustand der Kranken der LSSAH im Feldlazarett LSSAH, 13.4.1942, p. 2 ; Anl. 4 zum TB, *op. cit.*, p. 4.

40. BAMA, RS 3-1/34 : Anl. 3 zum TB, *op. cit.*, p. 1.

41. LEHMANN, *Leibstandarte* (II), p. 378 et suiv.

42. Déposition de P. Hausser, TMI (XX), audience du 5.8.1946, p. 389.

43. BAMA, RS 3-2/9 (113, 163-64 & 169) : SS-V-Div./Ib/V an XIV.AK./Qu.V, Gelaufene Km-Zahl der Zgkw. seit dem 10.5.40, 30.6.1940 ; SS-V-Div./IVa, TB (4 & 6.7.1940) ; San.-Dienste SS-V-Div., TB (20.5.1940).

44. VHA, 1.SS-Pz.Div., 2/1 : Abschrift aus dem KTB des III./LSSAH über den Einsatz im Westen, p. 5. BAMA, RS 3-3/3 (143) : SS-T-Pi.Btl., Gefechtsbericht 22-23.5.40, 25.5.1940.

45. BAL, SSO 71 A (Paul HAUSSER, 7.10.1880) : SS-Div. « R »/Ia, Gefechtsbericht der SS-Div. « R » über den Einsatz v. 22.6.-28.7.41, 28.7.1941, p. 5. VHA,

2.SS-Pz.Div., 46/12 : SS-Stubaf. Graf v. Westphalen, Erfahrungsbericht über den Osteinsatz, 28.4.1942, § II, 14, p. 5. Sur ce processus d'émulation au combat, cf. MANUE, *Grenade*, p. 20.

46. VHA, 2.SS-Pz.Div., 46/12 : SS-Stubaf. Graf v. Westphalen, Erfahrungsbericht über den Osteinsatz, 28.4.1942, § III, p. 6; SS-Ostuf. Hinze, SS-Kradsch.Btl.2, Betr. : Erfahrungsberichte, 28.4.1942, p. 2. KLAPDOR, *Invasion*, p. 218. DONNHAUSER, *11. Pz.Div.*, p. 134-35. BAMA, ZA 1/877 (17-18 & 37-38) : Gen.Lt. Badinski, Bericht über den Kampfeinsatz der 276.I.D. in der Normandie v. 20.6.-20.8.44, 14.4.1947.

47. VHA, 2.SS-Pz.Div., 35/9-II (172) : SS-Pz.Gr.Div. « DR »/Ia, Ia/240/43 g, Betr. : Erfahrungsbericht über Führung der SS-Pz.Gr.Div. « DR », 11.4.1943.

48. VHA, 2.SS-Pz.Div., 39/10 : 2.SS-Pz.Div. « DR »/Kdr., Betr. : Haltung im Gefecht, 11.11.1943, § A.

49. BAMA, RS 3-2/51 : A. Stückler, 2.SS-Pz.Div., p. 1, 3, 14b, 51.

50. VHA, 12.SS-Pz.Div., 29/3 : Anl. H1, 1.(s)/Pz.Jg.Abt.12 « HJ », Pz.-Abschussliste, s.d. Cf. aussi BAMA, RS 4/1434 (63-64) : 12.SS-Pz.Div. « HJ »/SS-Pz.Pi.Btl.12, Gefechtsbericht zum 26.6.44, 3.7.1944. NARA, RG 165/Entry 179/Box 718 : PWIS (H)/KP/305, Report on German morale from Interrogation of PW passing through Kempton Park Camp 27.8.-2.9.44, 2.9.1944, § 3. APC, RG 24, C 17, vol. 13646 : FCA, ISN 77, 14.9.1944, I, p. 2. Plus généralement, et en dépit des réserves formulées sur cette source, cf. les propositions de hautes distinctions militaires dans les dossiers des officiers SS (BAL, SSO).

51. BAMA, RS 3-17/2 : 17.SS-Pz.Gr.Div., KTB 2 (7-8.7.1944 [cit.]; cf. aussi les entrées du 11.7.1944, 2.00, 12.00 & 12.10 Uhr); RS 3-17/9 : 17.SS-Pz.Gr.Div. « GvB »/Ia an RF-SS, Betr. : Personeller Zustand der Div., 17.7.1944; 17.SS-Pz.Gr.Div. « GvB »/Ia an CdSSFHA, 18.7.1944; Anl. 245, Meldung v. SS-Pz.Gr.Rgt.37, 11.7.1944, 12.50 Uhr; N 117/23 (79) : Major i.G. v. Ekesparre, Bericht über die Fahrt des OB H.Gr.B zum vorgeschobenen Gef.St. H.Gr.B u. II.Fallsch.-Korps am 14.7.44, 15.7.1944. NEITZEL, « Forschens », p. 417/n 49.

52. BAL, SSO 64 A (Heinz HARMEL, 29.6.1906) : SS-Pz.Rgt.10/Ia, Betr. : Gefechtsbericht für den 20-21.8.44, 24.10.1944, p. 3-4. BAMA, ZA 1/178 (41 & 57) : Gen.d.Fallsch.Tr. E. Meindl, II.Fallsch.Korps, Teil II, 25.7.-14.9.44, 20.4.1946. KLAPDOR, *Invasion*, p. 380. LELEU, « *Frundsberg* », p. 150-53.

53. STEIN, *Waffen SS*, p. 296-97.

54. VHA, 12.SS-Pz.Div., 4/1 : 12.SS-Pz.Div. « HJ »/Ia, Befehl für den 18/19.6.44, 18.6.1944, § 6; Anl. zu Ia 1989/44 g, Mineneinsatz u. Anfertigen von Minen- u. Sperrplänen, 21.6.1944; 12.SS-Pz.Div. « HJ »/Ia, 786/44 g.K., Div.-Befehl, 23.6.1944; 12.SS-Pz.Div., 19/2 : 12.SS-Pz.Div. « HJ »/Ia an sämtliche Truppenteile, Betr. : Ausbau rückw. Stellungen, 31.7.1944. APC, RG 24, C 17, vol. 13645 : FCA, ISN 46, 14.8.1944, I, p. 1. BAMA, RH 21-5/73 (dossier entier). BARBE, *Charnwood*, p. 149-70. LELEU, « *Frundsberg* », p. 178-80.

55. Le problème du combat sans armes antichars lourdes se mesure bien avec la 2e division blindée de l'armée dont seule l'infanterie est d'abord arrivée sur le front normand. Il en a résulté des difficultés et des pertes accrues alors que cette division passait justement pour l'une des meilleures formations engagées à l'ouest. BAMA, RH 20-7/129 : AOK 7, KTB (14.6.1944); RH 27-2/107 (3) : Übersetzung, 4.8.1944

(Stab der 1. am.I.D., Ic-Mitteilungen Nr.1, 12.7.44). Cf. aussi BAMA, N 117/23 (74) : Major Höhne, Bericht über Fahrt OB H.Gr.B zu XXXXVII.Pz.Korps u. Pz.Gr.West am 12.7.44, 12.7.1944; ZA 1/177 (10-11) : Gen.d.Pz.Tr. Eberbach, Pz.Gr. Eberbach bei Alençon u. b. Durchbruch aus dem Kessel von Falaise, 7.2.1946.

56. BAL, NS 19/3506 (215-17) : Rgt. SS « D »/Ia, Gefechtsbericht, 31.5.1940.

57. BAMA, ZA 1/634 (33) : Gen.d.Inf. G. Blumentritt, Normandie 6.6.-24.7.44, 27.4.1946.

58. Notamment lors des opérations alliées « Epsom », « Goodwood » et « Tractable ». HINSLEY, *Intelligence* (III/2), p. 199. SHULMAN, *Défaite*, p. 184-85. BAMA, RH 20-7/129 : AOK 7, KTB (19.6.1944); RH 21-5/50 (218/verso) : Nachtrag zur Tagesmeldung v. 21.7.44, 21.7.1944. APC, RG 24, C 17, vol. 13654 : FCA/ GSI, Special Interrogation of Brigf. K. Meyer, Commander 12 SS Pz Div « HJ » (6.6.-25.8.44), 24.8.1945, p. 4, 6, 8, 11. LODIEU, *Tiger*.

59. Cf. la liste des unités d'appui feu subordonnées pour des durées variables à la 17ᵉ division SS *in* BAMA, RS 3-17/2 : 17.SS-Pz.Gr.Div. « GvB », KTB 2 (6.6.-14.8.1944). Cf. aussi BAMA, RS 3-17/10 : Anl. 399, Pz.Jg.Abt.657, Betr. : Erfahrungen über den Einsatz der Pz.Abwehr im Abschnitt westl. St.-Lô, 19.7.1944; 17.SS-Pz.Gr.Div. « GvB »/Ia an Gen.Kdo. LXXXIV.AK./Ia, 468/44 g.K., Betr. : Wochenmeldung, 22.7.1944.

60. STACEY, *Campagne*, p. 142-43, 147. Témoignage de H. Meyer (ex-chef d'état-major de la 12ᵉ div. SS) in *39/45 Magazine*, 55, déc. 1990, p. 46. Cf. aussi VHA, 12.SS-Pz.Div., 12/2 : Anl. 11, I./SS-Pz.Rgt.12, Erfahrungsbericht über den Einsatz von Panzern an der Invasionsfront, 3.8.1944. MAIZIÈRE, *Pflicht*, p. 78.

61. APC, RG 24, C 17, vol. 13646 : FCA, ISN 68, 5.9.1944, II, p. 2. HAYN, *Invasion*, p. 51-52. STIMPEL, *Fallschirmtruppe – Westen*, p. 176, 517-18/n 81. Témoignage de l'ex-chef d'état-major de la 7ᵉ armée (Pemsel) *in* ISBY, *Fighting*, p. 180. STÖBER, *Sturmflut* (I), p. 146. BAMA, RS 3-2/51 : A. Stückler, 2.SS-Pz.Div., p. 31.

62. LELEU, *« Frundsberg »*, p. 66.

63. BAMA, RH 19-IV/141 (67) : Oberstltn. i.G. Meyer-Detring, Ic 2153/44 g.K., Bericht über die OB-Besprechung am 20.7.44 auf dem Gef.St. der Pz.Gr.West, 22.7.1944, § 3 ; RH 21-5/50 (202) : Aktennotiz! Besprechung in Anwesenheit des GFM v. Kluge am 20.7.1944. BLUMENSON, *Libération*, p. 651-52. GERSDORFF, *Soldat*, p. 154. LEHMANN, *Leibstandarte* (IV/1), p. 206 et suiv. Correctifs à la version de Lehmann *in* WESTEMEIER, *Peiper*, p. 75.

64. SHAT, 10 P 103 : SHAEF/G-2, Weekly Intelligence Summary # 40, 24.12.1944, § A, 1. FUSA, Report of operations 1.8.1944-22.2.1945, p. 116. BERNARD, *Bataille d'Ardenne*, p. 149-51.

65. FUSA, Report of operations 20.10.1943-1.8.1944 (1), p. 92-93.

66. BAMA, B-840 : Gen.d.Pz.Tr. Eberbach, Bericht über die Kämpfe der Pz.Gr.West (5.Pz.Armee) v. 3.7.-9.8.44, 1.6.1948, p. 15. LUTHER, *Blood*, p. 242-44. MEYER K., *Grenadiere*, p. 309. CARREL, *Ils arrivent*, p. 259. MABIRE, *Jeunes fauves* (transcription romancée et apologétique de l'ouvrage de Meyer).

67. VHA, 12.SS-Pz.Div., 1/1 : SS-Pz.Gr.Rgt.25, KTB (8.7.1944); 12.SS-Pz.Div., 3/1 : SS-Pz.Gr.Rgt.26, KTB (4-5.7.1944).

NOTES (chapitre 28)

68. BAMA, RS 3-12/40 : H. Meyer, K. Meyer, Der Einsatz der 12.SS-Pz.Div. « HJ », Juni-Sept. 1944, p. 70. MEYER, K., *Grenadiere*, p. 303. LELEU, *Falaise*.
69. APC, RG 24, C 17, vol. 13654 : FCA/GSI, Special Interrogation of Brigf. K. Meyer, Commander 12 SS Pz Div « HJ » (6.6.-25.8.44), 24.8.1945, p. 4.
70. BAMA, RH 10/57 : Anl. 5 zu Gen.Insp.d.Pz.Tr., 3.7.1944.
71. VHA, 12.SS-Pz.Div., 3/1 : SS-Pz.Gr.Rgt.26, KTB (17-18.6.1944). MEYER, H., *Kriegsgeschichte* (I), p. 138-40.
72. BARBE, *Charnwood*, p. 77-78. VHA, 12.SS-Pz.Div., 6/1 : Rgt.26 an Stichling [=12.SS-Pz.Div.]/Ia, Betr. : Ia-Meldung, 8.6.1944. BAKO, All.Proz.8/JAG 352 : Deposition # 4 of S.D., 18.6.1948, § 2, p. 2. BAMA, RH 19-IV/133 (92) : Oberstltn. i.G. Meyer-Detring, Meldung über die Fahrt zur 7.Armee am 11/12.6.44, 12.6.1944 ; N 117/23 (4) : Major Johanns, Bericht über die Verbindungsaufnahme mit dem KG des I.SS-Pz.Korps, 13.6.1944.
73. VHA, 12.SS-Pz.Div., 4/1 : 12.SS-Pz.Div. « HJ »/Ia, Sonderbefehl !, 7.7.1944.
74. Dans l'un des cas, l'infanterie appartenait à la « LSSAH ». VHA, 12.SS-Pz.Div., 11/2 : I./SS-Pz.Rgt.12, KTB 3 (5 & 8.7.1944) ; 12.SS-Pz.Div., 14/2 : II./SS-Pz.Rgt.12, KTB 3 (7.6. – Erfahrungen ; 9.7.1944).
75. VHA, 12.SS-Pz.Div., 8/2 : Anl. 13, SS-Stubaf. Olboeter, III.(gp)/Pz.Gr.Rgt.26, Gefechtsbericht, 12.7.1944.
76. NARA, RG 165/Entry 179/Box 718 : PWIS (H)/KP/187, Report on German morale from Interrogation of PW passing through Kempton Park Camp 16-22.7.44, 22.7.1944, § 5.
77. VHA, 12.SS-Pz.Div., 4/1 : Spruch Nr.161, Div. « HJ » an SS-Pz.Gr.Rgt.26, 27.6.1944, 00.20 Uhr ; 12.SS-Pz.Div., 3/1 : SS-Pz.Gr.Rgt.26, KTB (27.6.1944). KEEGAN, *Armées*, p. 191 et suiv. MEYER, H., *Kriegsgeschichte* (I), p. 178 et suiv.
78. BAKO, All.Proz.8/JAG 1 : Trial of SS-Brigf. K. Meyer, 10-28.12.1945, p. 567 (Answer 2574).
79. Cf. chap. 12, p. 344-345.
80. VHA, 2.SS-Pz.Div., 33/8 : SS-Pz.Gr.Div. « DR »/Ia an alle Kdre., 944/43 g, 14.9.1943. BAMA, RS 2-1/1 : Gen.Kdo. I.SS-Pz.Korps, KTB 1 (28.10.1943, cit.).
81. Cf. chap. 12, p. 345.
82. BAMA, RH 10/313 (29) : 2.SS-Pz.Div. « DR »/Ia, 253/44 g.K., Meldung v. 1.6.1944. IHTP, MF 222 (337736-38) : Nachkdo. 2.SS-Pz.Div. « DR »/Ia an Gen.Kdo. LVIII.Pz.Korps, 110/44 g, Betr : Unterbringung der Restteile zur Sicherung der R I/Straße, 20.6.1944 (Anl. 2) ; MF 222 (337577) : LVIII.Pz.Korps, KTB (21.7.1944, Anl. 248).
83. BAMA, RH 10/312 (28) : 1.SS-Pz.Div. « LSSAH », Meldung v. 1.7.1944.
84. BAMA, RS 4/1274 (n.f.) : 4.(m)/SS-Flak-Abt.1 « LSSAH » an SS-Flak-Abt.1 « LSSAH », Betr. : Verpflegungs-, Gefechts- u. Waffenstärkemeldung, 12.8.1944 ; RS 4/1282 (n.f.) : 4.(m)/SS-Flak-Abt.1 « LSSAH » an SS-Flak-Abt.1 « LSSAH »/IIb, Betr. : Personalstärkemeldung (Stand : 12.[8].44), 13.8.1944. Cf. les autres rapports *in* BAMA, RS 4/1388.
85. WESTEMEIER, *Peiper*, p. 72. BAMA, RS 4/1271 (n.f.) : I.(s)/SS-Pz.Rgt.1 « LSSAH »/Nachkdo. Peiper an SS-Pz.Rgt.1 « LSSAH », Betr. : Meldung der Führerreserve, 30.6.1944.

86. Lettre citée *in* MÜLLER-HILLEBRAND, *Heer* (III), p. 121.
87. VHA, 2.SS-Pz.Div., 88/25 : SS-Pz.KGr. « DR »/Kdr. an Gen.Kdo. XXXXVIII.Pz.Korps, Ia 93/44 g, 3.2.1944 (en pièce jointe : Oberkdo. der 4.Pz.Armee/Ia, 604/44 g, Betr. : Änderung der Kriegsgliederung der Pz.KGr. SS- « DR », 26.1.1944) ; 2.SS-Pz.Div., 48/13 : SS-Staf. Ostendorff, Sehr verehrter Gruppenführer !, 2.4.1942 ; 2.SS-Pz.Div., 88/25 : Stellungnahme der SS-Pz.KGr. « DR » zur Auffrischung der 2.SS-Pz.Div. « DR » (s.d., début fév. 1944). Il est difficile de déterminer dans quelle mesure les difficultés posées à la SS par le groupe d'armées « Sud » ont amené Himmler à entreprendre une attaque en règle contre von Manstein à la fin de mars 1944, entraînant sa destitution. À n'en pas douter, elles n'y étaient pas étrangères. Cf. chap. 24, p. 597-598.
88. La « libération » de la 12ᵉ division SS a été ordonnée le 7 juillet 1944 par l'OKW qui a demandé au même moment la « relève » des autres formations blindées. KTB-OKW/1944-45 (7), p. 323-24. BAMA, RH 19-IV/141 (53 & 70) : Oberstltn. i.G. Meyer-Detring, Ic 4789/44 g, Meldung über die Fahrt zur Front am 11/12.7.44, 12.7.1944 ; Oberstltn. i.G. Meyer-Detring, Ic 2153/44 g.K., Bericht über die OB-Besprechung am 20.7.44 auf dem Gef.St. der Pz.Gr.West, 22.7.1944, § 5, e ; RH 20-5/50 (211) : Pz.Gr.West an Obkdo. HGr.B, Ia 480/44 g.K., 20.7.1944.
89. VHA, 12.SS-Pz.Div., 4/1 : SS-Pz.Gr.Rgt.26, Betr. : Einsatzbereitschaft u. Gliederung des III.(gp.)/26, 14.7.1944. LELEU, *Falaise*, p. 16 et suiv.
90. VHA, 12.SS-Pz.Div., 22/3 : 12.SS-Pz.Div. « HJ »/Ia, 877/44 g.K., Sonderbefehl !, 23.7.1944. Il semble que les généraux de l'armée aient été eux-mêmes abusés. À travers le journal de marche du groupe blindé Ouest se dégage en effet l'impression (trompeuse) que tous les effectifs de la 12ᵉ division SS combattaient sur le front, sans jamais faire mention des éléments en cours de reconstitution dans l'Eure et l'Orne. Le 16 août, il était par exemple précisé que la « 12ᵉ division blindée SS » avait rejeté une attaque vers Falaise « avec ses dernières forces ». En usant de divers artifices (qualificatifs, pourcentages, etc.), le Iᵉʳ corps d'armée blindé SS s'est bien gardé de fournir les effectifs et les pertes de la « division » sur le front. BAMA, RH 21-5/49 (75 & 77) : Pz.AOK 5, KTB (8.8.1944, 21.00 & 21.35 Uhr) ; RH 19-IV/53 (184) : Ob.West an OKW/WFSt/Op.(H)/West, 16.8.1944 ; B-840 : Gen.d.Pz.Tr. Eberbach, Bericht über die Kämpfe der Pz.Gr.West (5.Pz.Armee) v. 3.7.-9.8.44, 1.6.1948, p. 18, 21, 24, 27, 33-34, 39.
91. VHA, 12.SS-Pz.Div., 11/2 : I./SS-Pz.Rgt.12, KTB 3 (6.6.-29.8.1944) ; 12.SS-Pz.Div., 14/2 : II./SS-Pz.Rgt.12, KTB 3 (6.6.-30.8.1944).
92. VHA, 12.SS-Pz.Div., 2/1 : 12.SS-Pz.Div. « HJ »/Ia, Sonderbefehl, 13.8.1944.
93. VHA, 12.SS-Pz.Div., 2/1 : SS-Pz.Gr.Rgt.25/Kdr., Rgt.-Befehl, 21.8.1944.
94. VHA, 12.SS-Pz.Div., 19/2 : 12.SS-Pz.Div. « HJ »/Ia, Div.-Befehl !, 26.8.1944 ; 12.SS-Pz.Div., 2/1 : 12.SS-Pz.Div. « HJ »/Ia, Betr. : Versorgung für den Marsch, 26.8.1944.
95. Cf. par exemple les rapports d'effectifs au 8 août 1944 du 38ᵉ régiment, du groupe de reconnaissance et du bataillon du génie *in* BAMA, RS 3-17/11.
96. BAMA, RS 3-17/9 : 17.SS-Pz.Gr.Div. « GvB »/Ia an RF-SS, Betr. : Personeller Zustand der Div., 17.7.1944.

97. BAMA, RS 3-17/10 : 17.SS-Pz.Gr.Div. « GvB »/IIb an Gen.Kdo. LXXXIV.AK./Ia, 11/44 g.K., Betr. : Gliederung u. Kampfstärken inf. eingesetzter Truppenteile, 19.7.1944 ; RS 3-17/12 : AOK 1/IIb an 17.SS-Pz.Gr.Div., 931/44 g, Betr. : Verlustmeldung, 23.8.1944.

98. BAMA, RH 21-5/50 (160) : OB Pz.Gr.West/Ia, 342/44 g.K., 13.7.1944, § 10. Cf. aussi VHA, 12.SS-Pz.Div., 2/1 : SS-Pz.Gr.Rgt.25 an 12.SS-Pz.Div. « HJ »/Ia, Betr. : Gefechts- u. Iststärken, 16.7.1944.

99. BAMA, RH 2/3042 (45) : 17.SS-Pz.Gr.Div. « GvB ». Cf. chap. 23, p. 580.

100. BAMA, RS 3-17/2 : 17.SS-Pz.Gr.Div., KTB 2 (13.7./7.30 Uhr, 16.7./19.15 Uhr, 23.7./19.30 Uhr, 24.7./16.00 Uhr, 28.7./15.35 Uhr, 7.8./20.00 Uhr, 8.8./17.15 Uhr, 10.8., 11.8./3.00 Uhr & 12-14.8.1944) ; RS 3-17/11 : Anl. 427a, Aktennotiz ; RS 3-17/12 : 17.SS-Pz.Gr.Div. « GvB »/Ia, Befehl zur Verlegung der Div. in den neuen Raum, 15.8.1944 ; 17.SS-Pz.Gr.Div. « GvB »/Ia an 1./SS-Pz.Inst.Abt.17, 16.8.1944 ; 17.SS-Pz.Gr.Div. « GvB »/Kdr. an stellv. Kdr. SS-Pz.Div. « DR », 17.8.1944 ; AOK 1/IIb an 17.SS-Pz.Gr.Div., 931/44 g, Betr. : Verlustmeldung, 23.8.1944.

101. BAMA, ZA 1/178 (38) : E. Meindl, II.Fallsch.Korps, Teil II, Nord-Frankreich, 25.7.-14.9.44, 20.4.1946 ; ZA 1/877 (53, 55 & 58) : Gen.Lt. Badinski, Bericht über den Kampfeinsatz der 276.I.D. in der Normandie v. 20.6.-20.8.44, 14.4.1947 ; ZA 1/887 (7) : Oberst Neitzel, 89.I.D. in den Kämpfen an der Invasionsfront u. während des Rückzuges auf den Westwall, Mai 1947.

102. BAMA, RS 3-17/12 : Anl. 427, SS-Feldgendarmerie-Kp. 17 an 17.SS-Pz.Gr.Div. « GvB »/Ia, Betr. : Erfahrungen bei der Zurückverlegung der Div. über die Seine bzw. Seinebrücke bei St. Germain, 18.8.1944.

103. BAMA, RS 3-2/51 : A. Stückler, 2.SS-Pz.Div., p. 7, 14, 18, 20, 27 ; RS 4/1347 (70-71 & 81) : SS-Pz.Rgt.2 « DR »/Ia, Rgt.-Befehl, 21.6.1944 ; SS-Pz.Rgt.2 « DR »/Ia, Rgt.-Befehl, 15.7.1944, § 1.

104. BAMA, RS 3-2/8 (17 & 20) : Rest Group/SS Pz Rgt « DR » to Hq 2nd Btl, Regtl Hq, 4 Co, 5 Co, Hq Co 2nd Bn, 8 Co, 13.8.1944 ; note manuscrite sans réf. ; RS 3-2/51 : A. Stückler, 2.SS-Pz.Div., p. 32.

105. DUFRESNE, « Heurs ». FLORENTIN, *Rückmarsch*.

106. Sur l'engagement de ces groupements tactiques, cf. BAMA, RH 21-5/53 (69-70) : KGr. Mohnke an OB Pz.AOK 5, SS-Obergruf. Dietrich, persönlich, 24.8.1944, 14.00 Uhr. KTB-OKW/1944-45 (7), p. 357, 360. Gen.Kdo. LXXXI.AK./Ia, 43/44 g.K., Bericht über den Einsatz fremder Verbände im Abschnitt Dreux/Laigle, 17.8.1944 (copie aimablement communiquée par Didier Lodieu). BAL, SSO 104 (Gerhard BREMER, 25.7.1917) : 12.SS-Pz.Div. « HJ », Vorschlag Nr.2 für die Verleihung des EK mit Eichenlaub, 4.11.1944. VHA, 17.SS-Pz.Gr.Div., 16-17/2 (dossier entier). BAMA, RH 19-IV/53-54 (Ob.West-Meldungen). STÖBER, *Sturmflut* (I), p. 341-45.

107. VHA, 12.SS-Pz.Div., 11/2 : I./SS-Pz.Rgt.12, KTB 3 (6.7. & 12.8.1944) ; 12.SS-Pz.Div., 12/2 : 4./SS-Pz.Rgt.12, Betr. : Gefechtsberichte v. 19-24.8.44, 19.9.1944.

108. BAMA, RH 19-IV/53 (324) : Ob.West an 1.) OKW/WFSt/Op.(H)/West, [...], 20.8.1944.

109. APC, RG 24, C 17, vol. 13645 : FCA, ISN 57, 25.8.1944, I, p. 1 ; *ibid.*, ISN 58, 26.8.1944, I, p. 1.

110. STIMPEL, *Fallschirmtruppe – Westen*, p. 144-46, 202-03.
111. SENGER UND ETTERLIN, *Panzer*, p. 216, 221.
112. VHA, 2.SS-Pz.Div., 48/13 : SS-Staf. Ostendorff, Sehr verehrter Gruppenführer !, 2.4.1942 ; 2.SS-Pz.Div., 88/25 : Stellungnahme der SS-Pz.KGr. « DR » zur Auffrischung der 2.SS-Pz.Div. « DR » (s.d., début fév. 1944).
113. KTB-OKW/1943 (6), p. 1343 (7.12.1943), 1352 (11.12.43). BAMA, RH 10/89 (80) : Gen.Insp.d.Pz.Tr., 610/44 g.K., Führervortrag am 5.3.44, 4.3.1944, § 4. MANSTEIN, *Victoires*, p. 212. KTB-OKW/1944-45 (7), p. 29 et suiv. Hitler a reconnu très tardivement le problème. HEIBER, *Lagebesprechungen*, p. 766 (29.12.1944).
114. BAMA, ZA 1/177 (30) : Gen.d.Pz.Tr. Eberbach, Pz.Gr. Eberbach bei Alençon u. b. Durchbruch aus dem Kessel von Falaise, 7.2.1946.
115. Ainsi, le chef d'état-major de la 7e armée n'a pas été peu surpris en constatant que, en dépit des pertes subies dans la poche de Falaise, chaque division alignait encore 2 à 3 000 hommes à la sortie. BAMA, ZA 1/172 (14-15) : Gen.Maj. v. Gersdorff, Kessel von Falaise, 17.10.1945.
116. BAMA, RS 3-2/51 : A. Stückler, 2.SS-Pz.Div., p. 31a. KLAPDOR, *Invasion*, p. 330. Cf. aussi BAMA, ZA 1/242 (57 & 79-80) : P. Mahlmann, 353 ID (Nov 43/24.7.44), 1.3.1946. WEIDINGER, *« Das Reich »* (V), p. 298. FLORENTIN, *Stalingrad*, p. 610.
117. SPAETER, *Großdeutschland* (III), p. 354 et suiv. (cit.). BAMA, ZA 1/604 (11) : SS-Obergruf v. d. Bach-Zelewski, Das XIV.SS-Korps im Nov.-Dez. 44, 7.12.1946. VHA, 17.SS-Pz.Gr.Div., 5/1 : III./SS-Pz.Gr.Rgt.38 an SS-Pz.Gr.Rgt.38, 178/44 g.K., Betr. : Überlaufer zum Feind, 1.12.1944. KTB-OKW/1944-45 (8), p. 1381. BAL, SSO 23 (Erich v. d. BACH-ZELEWSKI, 1.3.1899) : I/FG, Betr. : Ergebnisse der Besprechung mit SS-Ostubaf. Grothmann am 16.2.45 in der Feld-Kommandostelle, 17.2.1945. FRÖLICH, *Goebbels* (II, 15), p. 60 (4.1.1945), 572 (22.3.1945), 649 (31.3.1945), 678 (4.4.1945).
118. SHULMAN, *Défaite*, p. 19-20, 211. KTB-OKW/1944-45 (8), p. 1289 (19.1.1945). BAMA, ZA 1/177 (42) : Gen.d.Pz.Tr. Eberbach, Pz.Gr. Eberbach bei Alençon u. b. Durchbruch aus dem Kessel von Falaise, 7.2.1946. Même militairement justifiée, l'évacuation de Caen par la 12e division SS en juillet 1944 est un exemple type de ces pratiques. MEYER, H., *Kriegsgeschichte* (I), p. 260.
119. BAMA, ZA 1/604 (13) : SS-Obergruf v. d. Bach-Zelewski, Das XIV.SS-Korps im Nov.-Dez. 44, 7.12.1946.
120. BAMA, ZA 1/817 (80) : Geyr v. Schweppenburg, Die Invasion, 14.4.1947, § I, 8 ; RS 3-17/27 : 17.SS-Pz.Gr.Div. « GvB »/Ia, 105/45 g, Befehl für die Gliederung der Div., 16.1.1945, § 3. APC, RG 24, C 17, vol. 13645 : HQ FCA, INT LOG, 17.8.1944.
121. BAL, NS 19/3506 & 3519 (dossiers entiers); NS 19/3517 : SS-FHA, Betr. : Aufstellung von 3 FEB für SS-Div. (mot), 21.4.1941.
122. APC, RG 24, C 17, vol. 13645 : FCA, ISN 46, II, 14.8.1944, p. 1 ; vol. 13646 : FCA, ISN 65, 2.9.1944, II, p. 1-2 (cit.) ; FCA, ISN 79, 16.9.1944, II, p. 1 ; vol. 13648 : FCA, ISN 127, 4.11.1944, II, p. 1 et suiv. ZETTERLING, *Normandy*, p. 32.
123. BAMA, RH 20-5/50 (211) : Pz.Gr.West an Obkdo. H.Gr.B, Ia 480/44 g.K., 20.7.1944.

NOTES (chapitre 29) 1057

124. BAMA, RH 20-5/49 (25-26) : Pz.Gr.West, KTB (19.7.1944, 18.00 Uhr).
125. Un bataillon de marche prévu pour renforcer la 9ᵉ division blindée de l'armée a ainsi été détourné au profit des 1ʳᵉ et 2ᵉ divisions SS. Fort d'un millier d'hommes, le bataillon, formé le 24 juillet, était composé à 90 % d'individus qui n'étaient pas allemands de naissance, parmi lesquels des Autrichiens et des Polonais. Il n'a pas fallu une semaine pour voir les premiers déserteurs rejoindre les lignes alliées après leur arrivée au front. BAMA, RH 20-5/50 (211) : Pz.Gr.West an Obkdo. H.Gr.B, Ia 480/44 g.K., 20.7.1944. APC, RG 24, C17, vol. 13645 : FCA, ISN 46, 14.8.1944, II, p. 7-8 ; vol. 13646 : FCA, ISN 65, 2.9.1944, II, p. 2.
126. Le IIᵉ corps d'armée blindé SS a ainsi été accusé de soutenir insuffisamment les divisions d'infanterie qui tenaient la ligne de front en intervenant avec retard (la même accusation a aussi été portée contre la 2ᵉ division blindée de l'armée). Du reste, les portions de front dévolues aux divisions d'infanterie et aux divisions blindées SS ne correspondaient pas à leurs effectifs respectifs, et cela au détriment des premières. BAMA, N 117/23 (76, 86 & 87) : Maj. Höhne, Bericht über Fahrt OB H.Gr.B zu XXXXVII.Pz.Korps u. Pz.Gr.West am 12.7.44, 12.7.1944 ; Maj. i.G. v. Ekesparre, Bericht über die Fahrt des OB H.Gr.B zur Pz.Gr.West u. LXXXVI.AK. am 16.7.44, 16.7.1944 ; Maj. i.G. Neuhaus, Bericht über Besichtigung OB am 17.7.44, 17.7.1944, § I ; N 117/22 : Tagesbericht, 17.7.1944. NARA, RG 165/Entry 179/Box 718 : PWIS (H)/KP/247, Report on German morale from Interrogation of PW passing through Kempton Park Camp 5-12.8.44, 12.8.1944, § 3.
127. L'histoire des divisions d'infanterie allemandes au cours de la bataille de Normandie reste à écrire. Cf. les journaux de marche du groupe blindé Ouest/5ᵉ armée blindée (BAMA, RH 21-5/49-53), les différents rapports des tournées au front de Rommel (BAMA, N 117/23), ainsi que les témoignages de différents officiers allemands : BAMA, B-840 (Eberbach, Pz.Gr.West/5.Pz.Armee); ZA 1/241 (Mahlmann, 353.I.D.); ZA 1/775 (Neitzel, 89.I.D.); ZA 1/877 (Badinski, 276.I.D.); ZA 1/344 (Praun, 277.I.D.); ZA 1/891 (Schack, 272.I.D.); ZA 1/596 & 1196 (Schuster, 85.I.D.); ZA 1/984 (Wangenheim, 277.I.D.); ZA 1/731 (Sievers, 16.LFD.). NARA, RG 165/Entry 179/Box 718 : PWIS (H)/KP/247, Report on German morale from Interrogation of PW passing through Kempton Park Camp 5-12.8.44, 12.8.1944, § 2 (cit.). ZETTERLING, *Normandy*. APC, RG 24, C 17, vol. 13654 : FCA/GSI, Special Interrogation of Oberstgruf. J. Dietrich, Commander 1 SS Pz Corps & 6 SS Pz Army, 29.8.1945, p. 7.

29. LES RAPPORTS ENTRE LA *WAFFEN-SS* ET LA *WEHRMACHT*

1. STEIN, *Waffen SS*, p. 76-77, 149-50, 263. HÖHNE, *Orden*, p. 405. NEITZEL, « Forschens », p. 408-09.
2. Il s'agit du général Siegfried Westphal. APC, RG 24, C17, vol. 13651 : FCA, ISN 228, II, 13.2.1945, p. 1 ; ISN 230, 15.2.1945, II, p. 7. SHAT, 10 P 142-1 : MU#1FID, PWIB 1/51, 24.3.1945, § 1, p. 6. WESTPHAL, *Heer*, p. 89 et suiv. Plus généralement, cf. MESSERSCHMIDT, *Wehrmacht im NS-Staat*, STREIT, *Keine Kameraden*, NEITZEL, *Abgehört*. Lors de l'occupation de la Tchécoslovaquie, les relations ont en général été bonnes entre la *Wehrmacht* et les unités des

SS-TV qui y ont participé, nettement « moins réjouissantes » avec les cadres de la police qui ne s'étaient pas encore habitués à leur existence, à la grande surprise de l'armée qui pensait justement que police et SS ne devaient plus faire qu'un. VHA, 3.SS-Pz.Div., 16/5 : 1.SS-T-St. « Oberbayern », Betr. : Einsatz Böhmen-Mähren, 14.5.1939.

3. BAL, SSO 165 A (Hans KERSTEN, 10.6.1886) : Lagebericht Nr.1, Lodz, 12.9.1939.

4. *Ibid.*, Lagebericht Nr. 4, 29.9.1939, § 12 & 17 (cit.). STEIN, *Waffen SS*, p. 55-56. HASSELL, *Deutschland*, p. 81, 86, 99-100. HALDER, *Kriegstagebuch* (I), p. 67 (10.9.1939), 98 (5.10.1939), 100 (10.10.1939). NEITZEL, *Abgehört*, p. 249. Cf. chap. 1, p. 18.

5. BAMA, ZA 1/748 : Gen.Lt. a.D. Groppe, Erlebnisse eines alten Soldaten während der Nazi-Zeit 1933-45, 9.11.1945, p. 8-18. KTB-OKW/1940-41 (1), p. 152 E.

6. STEIN, *Waffen SS*, p. 76-77. KROENER, *Fromm*, p. 511-13. Sur la réaction positive des généraux de l'armée face au bon « matériel humain » de la SS, cf. BAMA, RS 3-3/6 (6/verso) : SS-T-Div., KTB 5 (12.11.1940). KROENER, « Ressourcen » (5/1), p. 832.

7. BAMA, RS 3-3/3 (230) : Gen.Kdo. XVI.AK./Ia, Korpsbefehl für den 29.5., 28.5.1940 (dans son ouvrage, C. Sydnor a voulu opposer Hoepner à Eicke, mais en se basant toutefois uniquement sur des témoignages oraux, *Soldiers*, p. 99-100/n 17). GUDERIAN, *Panzers*, p. 104. STEIN, *Waffen SS*, p. 149-50.

8. KROENER, *Fromm*, p. 229-32, 301-06.

9. La considération professionnelle dont a joui Hausser était au demeurant à la hauteur de l'antipathie suscitée par Josef Dietrich. NEITZEL, « Forschens », p. 407-08. BAMA, ZA 1/623 (36) : Gen.d.Inf. G. Blumentritt, 20. July 1944, Jan. 1946. HAYN, *Invasion*, p. 134. GERSDORFF, *Soldat*, p. 153, 155-56, 164-65. BELOW, *Adjutant*, p. 13. APC, RG 24, C 17, vol. 13654 : FCA, INT Periodical #2, 22.5.1945, p. 24.

10. Qu'un vol soit commis par un détachement SS dans le nord de la France, et la division a été immédiatement accusée, de toute évidence à tort. À notre connaissance, la division « Totenkopf » a par ailleurs été la seule des trois formations SS engagées à l'ouest en 1940 à laquelle a été attaché un officier de liaison de l'armée de terre, mesure pour le moins vexatoire. Alors qu'il avait refusé de recevoir personnellement Eicke à son poste de commandement en novembre 1942, le commandant de la 7e division blindée a par ailleurs fait les honneurs de la table lors d'un repas organisé par Hausser quelques jours plus tard. BAL, NS 19/1668 (155 & 165) : SS-Hstuf. Hartrampf an SS-T-Div., 1.6.1940 ; SS-T-Div./Kdr. an RF-SS, 1.6.1940 ; SS-T-Div./Kdr. an Ch.d.Pers.St. RF-SS, 4.6.1940, § 2 ; Lieber Wolff !, 8.6.1940. BAMA, RS 2-2/3 (314/verso) : Gen.Kdo. SS-Pz.Korps/IIa, TB (§ 4, 2.12.1942). SCHMÜCKLE, *Pauken*, p. 62.

11. BAL, NS 19/1668 (123-28) : SS-T-Div./Kdr. an Ch.d.Pers.St. RF-SS, 113/40 g.K., 28.10.1940. Cf. aussi la correspondance entre Himmler et le commandant de l'armée de terre (Brauchitsch) concernant le différend entre la 207e division d'infanterie et le régiment « Der Führer », chacun d'eux revendiquant la percée de la « ligne Grebbe » aux Pays-Bas en mai 1940. Le contentieux n'a été réglé qu'en

NOTES (chapitre 29) 1059

mai 1941 en le liant à celui des exactions commises par les unités SS en Pologne. BAL, NS 19/3501 : lettres des 18 & 26.10.1940, 15.11.1940, 3.2.1941 ; SS-FHA an Kdr. SS-V-Div., Betr. : SS-Obf. Keppler/Gen.Lt. v.Tiedemann, 9.11.1940 ; NS 19/ 3872 (11-13) : OQu V, Dem Ch.d.Gen.St.d.H., Betr. : Kämpfe an der Grebbelinie, 9/41 g, 21.3.1941. HALDER, *Kriegstagebuch* (II), p. 372 (18.4.1941), 390 (2.5.1941).

12. Une exception notable à l'ouest a été l'opposition entre le commandant de la 2ᵉ division blindée de l'armée et celui de la 10ᵉ division blindée SS sur leur rôle respectif lors de la percée de la poche de Falaise en août 1944. BAL, SSO 64 A (Heinz HARMEL, 29.6.1906) : SS-Pz.Rgt.10/Ia, Betr. : Gefechtsbericht für den 20-21.8.44, 24.10.1944, p. 3-4 ; SS-Pz.Rgt.10, Lieber Kamerad Kment !, 11.11.1944. KLAPDOR, *Invasion*, p. 388-89. LELEU, « *Frundsberg* », p. 150-53.

13. KTB-OKW/1940-41 (1), p. 86-87 (23.9.1940). Cf. d'autres exemples *in* BAMA, RH 19-IV/3 (119) : Id, Reise des Ch.d.Gen.St. des H.Gr.Kdo. D, 20.11.1940. KTB-OKW/1943 (5), 458 (10.5.1943).

14. DICKS, *Psychological*, p. 60. Cf. aussi SHULMAN, *Défaite*, chap. XIX, note 7. HEUSINGER, *Hitler*, p. 164.

15. Cf. chap. 13, p. 386 et suiv.

16. NEITZEL, « Forschens », p. 407-08. BAMA, RH 27-2/108 : 2.Pz.Div./Kdr., 2615/44 g, Überläufer zum Feind/Feindflugblätter, 18.7.1944. Cf. aussi SHAT, 10 P 142-2 : MFIU#2, PWIB 2/19, 15.12.1944, § 5, p. 11. APC, vol. 13650 : FCA, ISN 208, 24.1.1945, II, p. 5. Des références récurrentes faites par des généraux allemands au suréquipement des troupes SS peuvent se trouver *in* BAMA, ZA 1/837 (15) : Gen.d.Pz.Tr. Krüger, Geschichte des LVIII.Pz.Korps zwischen dem 6.6.-24.7.44, 12.3.1946 ; B-840 : Gen.d.Pz.Tr. Eberbach, Bericht über die Kämpfe der Pz.Gr.West v. 3.7.-9.8.44, 1.6.1948, p. 15. APC, RG 24, C 17, vol. 13654 : FCA, INT Periodical #2, 22.5.1945, p. 24.

17. Il s'agissait de la division « Brandenburg ». KTB-OKW/1943 (6), p. 1321 (29.11.1943).

18. KLAPDOR, *Panzerregiment 5*, p. 203.

19. BAMA, RH 10/90 (166) : Gen.Insp.d.Pz.Tr., 1713/44 g.K., Führervortrag am 20.6.44, 19.6.1944, § IX.

20. BAMA, RS 3-2/51 : A. Stückler, 2.SS-Pz.Div., p. 51.

21. On ne trouve toutefois guère de traces écrites de ces manifestations pendant la guerre (« Quatre ans de propagande anéantis en une nuit », aurait déploré un officier allemand après le massacre d'Ascq en avril 1944). Le plus souvent, ces manifestations sont apparues après-guerre, au moment de rendre des comptes devant la justice, ce qui enlève une partie de leur crédit. AJM, 371, liasse 1/2, D2 (B19, cit.) ; 491, liasse 1, sous-liasse D (286) ; 679, Actes de la procédure contre X, sous-chemise TMP de Toulouse (43 & 102)

22. AJM, 371, liasse 1/2, D2 (B6 & B8) : Rapport du SS-Oscha. J., SS-Pz.A.A.12, au SS-Pz.A.A.12, 4.4.1944 (cit.) ; SS-Ustuf. K., 2./SS-Pz.A.A.12, au SS-Pz.A.A.12, Rapport sur l'attentat par explosif et attaque du transport par train à Ascq-France le 1.4.44 à 22 h 45, 4.4.1944.

23. AJM, 490, Dossier général (55) : audience du 4.7.1951 (cit.) ; 491, liasse 1, sous-liasse D (271-75) : Lettres du commandant du III./95 S.R. à son épouse, 17 & 19.6.1944.

24. DICKS, *Psychological*, p. 27, 47, 52-53 (cit.), 61 (cit.). Propos du colonel Wildermuth *in* NEITZEL, *Abgehört*, p. 266.

25. Cf. chap. 30, p. 790 et suiv.

26. IHTP, MF 222 (337648 & 337725-26) : Funkspruch, Gen.Kdo. LVIII.Pz.-Korps an 2.SS-Pz.Div., 11.6.1944, 22.15 Uhr (cit.); Gen.Kdo. LVIII. Pz.Korps/KG an 2.SS-Pz.Div./Qu [...], Ia 431/44 g.K., Betr. : Aktive Führung des Kampfes gegen die Terroristen, 18.6.1944.

27. SHAT, MF 162 : Oberkdo. Armeegruppe G, KTB (17.6.1944, Anl. 242-43).

28. DICKS, *Psychological*, p. 15, 61.

29. BAMA, RW 8/v.7 (38-39) : I.D. Großdeutschland/Adjutant, Hochverehrter Herr Oberstleutnant, 2.3.1943. Sur les tensions, cf. BAL, NS 19/1776 (2) : Gauleiter des Gaues Südhannover-Braunschweig an RF-SS, 17.5.1944.

30. DICKS, *Psychological*, p. 58, 61-62.

31. Cette rivalité d'armes transparaît bien dans une lettre privée du commandant du IIe corps d'armée parachutiste (Meindl), pas peu fier d'annoncer que le général SS Hausser avait choisi de sortir de la poche de Falaise avec les paras. À en croire Meindl, il les aurait estimés seuls capables de réussir cette prouesse. Voir aussi les moqueries dont ont fait l'objet les quelques soldats SS qui avaient peur de sauter avec les paras sur le massif des Ardennes en 1944. FRÜHBEIßER, *Opfergang*, p. 194 et suiv. APC, RG 24, C 17, vol. 13649 : FCA, ISN 176, 23.12.1944, II, p. 2; ISN 179, 26.12.1944, II, p. 4.

32. SHULMAN, *Défaite*, p. 315.

33. BAMA, RS 3-3/7 (213, 214 & 225) : OB 7.Armee, Sehr verehrter Herr General!, 16.10.1940; OB 7.Armee, Armee-Tages-Befehl! Führer und Männer der SS-T-Div.!, 30.5.1941; OB 7.Armee, Lieber Herr Eicke!, 31.5.1941. BAL, SSO 180 (Theodor EICKE, 17.10.1892) : OB 7.Armee, Sehr verehrter Herr RF-SS!, 13.3.1943. Cf. aussi LELEU, « *Frundsberg* », p. 22.

34. BAL, SSO 71 A (Paul HAUSSER, 7.10.1880) : Gen.Kdo. II.SS-Pz.Korps/KG, Reichsführer, 30.9.1942 (cit.); Gen.Kdo. II.SS-Pz.Korps/KG, Reichsführer, 8.1.1944. BAMA, RS 2-2/2 : SS-Gen.Kdo. (Pz), KTB 2 (5.8., 10-12. & 25.9.1942); RS 2-2/3 (289/verso) : Gen.Kdo. SS-Pz.Korps/IIa, TB (31.10. & 15.11.1942, § IV); RH 20-7/108 : AOK 7, Bericht über die Reise des OB v. 16-18.6.43 in den Bereich des LXXXVII.AK., 21.6.1943, § 2; RH 19-IV/24 : Ob.West, KTB (26.3.1944). Rundstedt a été l'un des trois maréchaux à envoyer un message de sympathie à Himmler à l'occasion de la mort de Eicke. SYDNOR, *Soldiers*, p. 274/n 27.

35. BAMA, RH 20-15/60 (13-14) : OB 15.Armee, Ia 272/43 g.K./Chefs, Entwurf, Lieber Jodl!, 19.12.1943, § 4 & 7.

36. BAL, NS 19/3716 (65) : RF-SS an OB HGr. D, 1686/43 g.K., 26.7.1943; SSO 137 (Lothar DEBES, 21.6.1890) : AOK 19/OB an Kdr. 10.SS-Pz.Gr.Div., 23.10.1943. BAMA, RS 3-2/2 : Kdo.Stab SS-V-Div., KTB (14.12.1940); RH 20-15/ 16 : AOK 15, KTB 2 (29.7.1942, Anl. B56); RS 3-10/15 : 10.SS-Pz.Div. « F »/Kdr., Div.-Sonderbefehl Nr.1/44, 10.2.1944. APC, RG 24, C 17, vol. 13646 : FCA, ISN 85, 23.9.1944, II, p. 1. HALDER, *Kriegstagebuch* (I), p. 323 (28.5.1940), 325 (29.5.1940).

37. BAMA, RH 20-15/50 : AOK 15, KTB (30.7., 2. & 22.8., 29.9., 15. & 19.10.1943, 2 & 16.11.1943); RH 20-19/7 : AOK 19, KTB (30.10.1943). BAKO,

All.Proz. 21/48 (n.f.) : Tribunal de 1re Instance de Munich, Audition de Témoin, B. Karl, 21.9.1951; All.Proz. 21/49 (127 & 130) : TMP de Bordeaux, dossier F.

38. BAL, NS 33/31 (8) : Rede des SS-Obergruf. Jüttner auf der SS-Führer-Tagung in Prag am 13.4.1944.

39. HASSELL, *Deutschland*, p. 300 (27.12.1943). Ce commandement opérationnel a été récusé par l'OKW en décembre 1943 avant d'être accepté en janvier suivant. Cf. GUDERIAN, *Panzers*, p. 311. KTB-OKW/1943 (6), p. 1331 (3.12.1943). KTB-OKW/1944-45 (7), p. 276.

40. BAMA, RS 3-2/9 (113 & 120) : SS-V-Div./Ib/V an XIV.AK./Qu.V., Gelaufene Km-Zahl der Zgkw. seit dem 10.5.40, 30.6.1940; SS-V-Div./Ia, Befehl für den Weitermarsch der Div. v. 5-7.7.40, 4.7.1940. WITTE, *Dienstkalender*, p. 377/n 33 (12.3.1942). SYDNOR, *Soldiers*, p. 216.

41. VHA, 2.SS-Pz.Div., 48/13 : Hölz, SS-Ostuf. u. O4, Betr. : Kurierfahrt zum FH.Qu, dienstl. Besprechung mit SS-Hstuf. Schulze, 5.7.1942, § 1.

42. BAL, SSO 71 A (Paul HAUSSER, 7.10.1880) : Gen.Kdo. II.SS-Pz.Korps/KG, Reichsführer!, 3.12.1942.

43. BAMA, RH 20-7/66 (n.f.) : Anl. 118-118a, AOK 7/Ch.d.Gen.St. an Ch.d.Gen.St. HGr. D, Ia 4195/42 g.K., Betr. : Erkenntnisse u. Eindrücke aus den Monaten Juli/Sept. 1942, 23.9.1942, § VIII, p. 10; RS 2-2/2 (280-284) : Gen.Kdo. SS-Pz.Korps/Ic, TB 3, 1.9.1942-30.9.1942; RS 3-3/23 (33/verso) : SS-T-Div./ Verw.-Dienste, KTB 1 (30.6.1940); ZA 1/359 (4) : Oberstltn. Ziegelmann, Die Widerstandbewegung im Westen, 8.7.1946. BAL, SSO 181 (Theodor EICKE, 17.10.1892) : Eicke, SS-Obgruf., [Fp.Nr.] 17492, Mein Reichsführer!, 19.12.1942; SSO 230 B (Adolf WEISS, 26.2.1903) : Oberstes SS- u. Polizeigericht an SS-Richter b. RF-SS, St.L.35/43, Betr. : SS-Staf. A. Weiss, 26.6.1944 (2/verso). VHA, 2.SS-Pz.Div., 11/2 : SS-Div. « DR »/IIa, Div.-Tagesbefehl Nr.28/42, 30.7.1942, § 1; 12.SS-Pz.Div., 36/4 : SS-Pz.Inst.Abt.12, KTB (20.6.1944). KLAPDOR, *Invasion*, p. 218.

44. BAL, NS 19/72 (1 & 4) : Nachrichten des DNB, s.d. (oct. 1943); CdSSFHA an RF-SS/Pers.Stab, Betr. : Mitteilung des Senders Gustav Siegfried I v. 4.10.43, 1.11.1943; NSD 41/7 : SS-Mitteilungen des CdSSHA, 1, 1.Jhrg, 15.10.1943, § 9, p. 4. VHA, 2.SS-Pz.Div., 88/25 : SS-Pz.Gr.Div. « DR »/VI, Feindliche Propaganda versucht, unsere Kampfkraft zu schwächen, 26.9.1943. DELMER, *Radio-Noire*, p. 104. KROENER, *Fromm*, p. 524.

45. VHA, 12.SS-Pz.Div., 38/4 : 1./San.Abt., KTB 1 (28.6., 3.7.1944). BAMA, RS 3-2/51 : A. Stückler, 2.SS-Pz.Div., p. 25a-b, 51; RS 3-17/10 : Anl. 347, SS-Oscha. H. Sönksen an 17.SS-Pz.Gr.Div. « GvB »/Ia, Meldung, 21.7.1944. NARA, RG 165/Entry 179/Box 719 : PWIS (H)/LDC/311 & 321. APC, RG 24, C 17, vol. 13645 : FCA, ISN 53, 21.8.1944, II, p. 8; vol. 13648 : FCA, ISN 152, 29.11.1944, II, p. 2; vol. 13654 : FCA/GSI, Special Interrogation of Oberstgruf. J. Dietrich, Commander 1 SS Pz Corps & 6 SS Pz Army, 29.8.45, p. 3, 6-7. SHULMAN, *Défaite*, p. 133-34, 184-85. TOUTAIN, *Caen*, p. 35. AJM, 371, liasse 1/2, D6 (344). HERVAL, *Normandie* (I), p. 378.

46. Devant le refus de la division « Totenkopf » d'envoyer un détachement à Limoges le 22 novembre 1942, il a fallu un appel téléphonique personnel du commandant de la 1re armée pour faire obtempérer Eicke. En 1943, la 15e armée se

plaignait que la 9e division SS n'exécutait pas toujours ses ordres. En l'occurrence, les véhicules n'étaient pas enterrés comme cela avait été prescrit. BAMA, RH 20-1/ 116 : AOK 1, KTB 3 (22.11.1942, 22.00 Uhr; 23.11.1942, 21.10 Uhr); RH 20-15/ 62 : AOK 15, Betr. : Wünsche, die anläßlich der Besichtigungsfahrt des OB zum Gen.Kdo. LXXXI.AK., 348.I.D. u. SS-Pz.Gr.Div. « H » vorgetragen wurden, 28.9.1943.

47. BAL, NS 19/3900 (7) : CdSSHA an RF-SS, 2268/44 g, Betr. : Fronthilfe Deutsche Reichspost, 4. Abt., 26.4.1944.

48. BAL, NS 33/31 (22) : Rede des SS-Obergruf. Jüttner auf der SS-Führer-Tagung in Prag am 13.4.1944.

49. BAMA, N 117/23 (53) : Major i.G. v. Ekesparre, Bericht über die Fahrt des OB HGr.B zur Pz.Gr.West u. II.SS-Pz.Korps am 5.7.44, 5.7.1944.

50. BAMA, N 117/23 (87) : Major i.G. v. Ekesparre, Bericht über die Fahrt des OB HGr.B zur Pz.Gr.West u. LXXXVI.AK. am 16.7.1944.

51. BAL, SSO 26 A (Viktor GRÄBNER, 24.5.1914) : Gr.Rgt.989/Ia, der SS-Pz.A.A.9, 21.7.1944; 272.I.D./Kdr., Dem Kdr. der SS-Pz.A.A.9, 22.7.1944; SSO 1 C (Günter-Eberhard WISLICENY, 5.9.1912) : Zusatz zum Eichenlaubvorschlag, 30.11.1944. BAMA, ZA 1/178 (32) : Gen.d.Fallsch.Tr. E. Meindl, II.Fallsch.-Korps, Teil II, 20.4.1946; ZA 1/1196 (25) : Oberstlt. i.G. K. Schuster, Aufstellung u. Einsatz der 85.I.D. im Westen (Febr.-Nov. 1944), Mai 1948. STIMPEL, *Fallschirmtruppe – Westen*, p. 267.

52. BAMA, RS 3-2/51 : A. Stückler, 2.SS-Pz.Div., p. 35a. Cf. chap. 22, p. 563-564.

53. BAMA, ZA 1/178 (41) : Gen.d.Fallsch.Tr. E. Meindl, II.Fallsch.Korps, Teil II, 20.4.1946.

54. Sachant qu'il y avait une division SS avec elles, les troupes allemandes encerclées à Tcherkassy en février 1944 étaient ainsi persuadées que Hitler ne les abandonnerait pas à leur sort. HEUSINGER, *Hitler*, p. 196.

55. BAMA, ZA 1/177 (35) : Gen.d.Pz.Tr. Eberbach, Pz.Gr. Eberbach bei Alençon u. beim Durchbruch aus dem Kessel von Falaise, 7.2.1946.

56. BAMA, ZA 1/877 (54-55) : Gen.Lt. Badinski, Bericht über den Kampfeinsatz der 276.I.D. in der Normandie v. 20.6.-20.8.44, 14.4.1947.

57. NARA, RG 165/Entry 179/Box 721 : PWIS (H)/LF/644, Report on the Interrogation of PW Gefr H. Erwin, Div Stab FJ-Div 3, 1.9.1944.

58. BAL, SSO 242 B (Gustav WIEHLE, 18.12.1904) : SS-Hstuf. K. Rettlinger, Kdr. SS-StuG-Abt.1 « LSSAH », 142/44 g, Betr. : Beschwerde über SS-Staf. Wiehle, Kdr. SS-Pz.Art.Rgt.9, 1.9.1944; Gen.Kdo. II.SS-Pz.Korps/Korpsgericht, Vernehmungsniederschrift, 16.10.1944.

59. H. Benger (ex-chef de compagnie du 10e bataillon SS du génie) cité *in* IMHOFF, *Chronik*, p. 8.

60. STIMPEL, *Fallschirmtruppe – Westen*, p. 204.

61. DICKS, *Psychological*, p. 80.

62. Outre les unités de prévôté, des détachements de chasseurs de campagne (*Feldjägerkommandos*) ont été constitués en novembre 1943 et principalement engagés à l'est avant que l'un d'eux n'opère vers la fin de la guerre à l'ouest. KTB-OKW/1943 (6), p. 1342 (7.12.1943). GROEHLER, « Répercussions », p. 901. WILLIAMSON, *Military police*.

63. Cela est d'autant plus significatif que les gendarmes de la 17ᵉ division SS dont il est question ici n'avaient pas de plaques de col métalliques permettant de déterminer immédiatement leur fonction. Même à grade équivalent (lieutenant), un officier de la *Wehrmacht* n'a pas demandé son reste face à son homologue SS. BAMA, RS 3-17/11 : Anl. 427, SS-Feldgendarmerie-Kp. 17 an 17.SS-Pz.Gr.Div. « GvB »/Ia, Betr. : Erfahrungen bei der Zurückverlegung der Div., 10.8.1944 ; RS 3-17/12 : SS-Feldgendarmerie-Kp. 17 an 17.SS-Pz.Gr.Div. « GvB »/Ia, Betr. : Erfahrungen bei der Zurückverlegung der Division über die Seine bzw. Seinebrücke bei St. Germain, 18.8.1944.

64. Aucun cas de coercition par des unités parachutistes à l'encontre d'autres troupes n'a été relevé dans le cadre de ces recherches. Il est d'ailleurs assez significatif que, en dépit de sa complète défaillance lors de la contre-offensive dans les Ardennes, la 3ᵉ division parachutiste a refusé de procéder à des exécutions pour enrayer les désertions dans ses propres rangs, comme son commandant en avait pourtant reçu l'ordre. NARA, RG 492/Entry ETO-MIS-Y Sect/Box 64 : FUSA, POW I Report, 4/5.2.1945 (#4).

65. APC, RG 24, C 17, vol. 13645 : ISN 43, 11.8.1944, I, p. 1-2 ; FCA, ISN 47, 15.8.1944, II, p. 1 (cit.) ; ISN 50, 18.8.1944, II, p. 1-2 (cit.). NARA, RG 165/Entry 179/Box 721 : PWIS (H)/LF/532, Report on the Interrogation of 11 PW, all from 1055 GR, 89 Inf Div, 17.8.1944 ; RG 492/Entry ETO-MIS-Y Sect/Box 66 : HQ Third US Army G-2, Tactical IPW Report #14, 16-17.8.1945. HASLOB, *89. Infanterie-Division*, p. 22, 25.

66. VHA, 12.SS-Pz.Div., 12/2 : Anl. 15, Gefechtsbericht über dem Einsatz der 2. u. 3 Kp. v. 13-21.8.44 (14.8.1944). Lors d'une précédente offensive canadienne, l'autre détachement blindé divisionnaire mentionnait plus sobrement que les « fantassins en reflux de la *Wehrmacht* [avaient été] interceptés et occup[ai]ent des positions de sûreté ». VHA, 12.SS-Pz.Div., 14/2 : II./SS-Pz.Rgt.12, KTB 3 (8.8.1944).

67. MEYER, K., *Grenadiere*, p. 281-82.

68. APC, RG 24, C 17, vol. 13645 : FCA, ISN 48, 16.8.1944, I, p. 1.

69. *Ibid.*, ISN 47, 15.8.1944, II, p. 1.

70. NARA, RG 165/Entry 179/Box 721 : PWIS (H)/LF/532, Report on the Interrogation of 11 PW, all from 1055 GR, 89 Inf Div, 17.8.1944.

71. BAMA, ZA 1/242 (60) : Gen.Lt. Mahlmann, 353.I.D., 1.3.1946.

72. *Ibid.* (76). BAMA, RS 3-2/51 : A. Stückler, 2.SS-Pz.Div., p. 37-38. APC, RG 24, C 17, vol. 13652 : FCA, ISN 265, 22.3.1945, II, p. 5. SHAT, MF 162 : H.Gr. G, KTB (15.11.1944). FLORENTIN, *Stalingrad*, p. 412, 586, 623. FRÜHBEIßER, *Opfergang*, p. 168. GROEHLER, « Répercussions », p. 901. GUNDERMANN, « Panzergrenadier », p. 133. La plupart des points de passage sur la Seine ont été contrôlés par des officiers ou des unités SS en août 1944. Dans le secteur d'Elbeuf où le commandant du régiment « Deutschland » a été nommé « commandant du pont », des exécutions ont eu lieu. Témoignage sous couvert d'anonymat d'un ex-officier de la 2ᵉ division SS (recueilli et aimablement communiqué par Didier Lodieu).

73. IHTP, MF 222 (333155 & 338081) : 2.SS-Pz.Div. « DR »/Kdr., Tagesbefehl, 21.7.1944 ; Gen.Kdo. LVIII.Pz.Korps/KG, Soldaten des LVIII.Pz.Korps !,

21.7.1944. BAMA, RH 27-2/108 : 2.Pz.Div./Kdr., Soldaten der 2.Pz.Div.!, 20.7.1944; RS 4/1293 (266) : SS-Pz.Gr.Rgt.4 « DF »/Kdr., Tagesbefehl!, SS-Männer, 21.7.1944; ZA 1/623 (34-35) : Gen.d.Inf. G. Blumentritt, 20. July 1944, Jan. 1946; ZA 1/658 : Gen.Lt. B. Zimmermann, p. 104-05. Général v. Choltitz *in* TOUSSAINT, *Percée*, p. 137. SHULMAN, *Défaite*, p. 30. NEITZEL, *Abgehört*, p. 320-77.

74. Témoignant à décharge lors du procès de l'ex-commandant du IIe corps d'armée blindé SS (Wilhelm Bittrich), le général Eberbach a confirmé les propos de Bittrich en prétendant avoir fomenté avec lui et Rommel un complot en Normandie. Comment alors expliquer que ce même Eberbach ait demandé la destitution de Bittrich de son poste de commandement le 16 juillet 1944 ? En captivité, le commandant de la 12e division SS et le général Eberbach ont d'ailleurs clairement admis que les SS auraient tiré sur les soldats de l'armée en cas de putsch sur le front normand. AMJ, 679, chemise 2, sous-chemise « Information » : PV d'interrogatoire de Bittrich W., 30.11.1951; PV de la déposition du témoin Eberbach H., 9.11.1951; chemise « Actes de la procédure contre X » (367) : H. Eberbach, Eidesstattliche Versicherung, 6.9.1948. BAMA, N 117/23 (86) : Major i.G. v. Ekesparre, Bericht über die Fahrt des OB HGr.B zur Pz.Gr.West u. LXXXVI.AK. am 16.7.1944. NEITZEL, *Abgehört*, p. 361, 403. Sur le mythe d'une participation des SS au complot du 20 juillet, cf. HÖHNE, *Orden*, 488-90. MEYER, G., « Auswirkungen », p. 163-64. BAMA, B-721 : Gen.Lt. Dr. H. Speidel, Background for 20 July 44, 16.6.1947, p. 13, 15. MÜHLEISEN, « Bittrich », p. 77-87. MESSENGER, *Gladiator*, 133-35. LEHMANN, *Leibstandarte* (IV/1), p. 324-26. Des indices pour une version opposée figurent *in* STIMPEL, *Fallschirmtruppe – Westen*, p. 424. P. Hausser *in* FLORENTIN, *Stalingrad*, p. 69.

75. À l'annonce de l'attentat, les services de renseignements alliés ont procédé à une vaste enquête sur un peu plus de 2 000 prisonniers ayant transité du 21 au 23 juillet 1944 en Grande-Bretagne. Cinq courants de pensée prédominaient, se partageant de manière sensiblement égale : 1) les incrédules qui pensaient qu'une telle chose ne pouvait pas arriver en Allemagne : il s'agissait selon eux d'une manœuvre de la propagande alliée; 2) ceux qui pensaient que l'événement était survenu, mais qui n'estimaient pas que la majorité soit derrière les putschistes; 3) ceux qui ne se qualifiaient pas eux-mêmes de nazis tout en affirmant qu'ils étaient avec la NSDAP; 4) ceux des antinazis qui ont exprimé leur joie; 5) ceux qui n'avaient absolument aucune opinion, voulant retourner chez eux le plus tôt possible et ne voyant dans l'attentat qu'un signe de l'effondrement final de l'Allemagne et l'espoir d'une fin proche de la guerre. Même dans les mois suivants, les critiques des déserteurs se tournaient principalement contre la SS, la NSDAP ou le haut commandement militaire, mais beaucoup plus rarement contre Hitler. NARA, RG 165/Entry 179/Box 718 : PWIS (H)/KP/194, Note on reaction of PW when informed of recent events within Germany, Kempton Park Camp 21/23.7.44, 26.7.1944. Cf. aussi NARA, RG 165/Entry 179/Box 718 : PWIS (H)/KP/187, Report on German morale from Interrogation of PW passing through Kempton Park Camp 16-22.7.44, 22.7.1944, § 2. APC, vol. 13645 : FCA, ISN 43, 11.8.1944, II, p. 5; vol. 13648 : FCA, ISN 149, 26.11.1944, II, p. 2. Cf. aussi les propos de K. Meyer *in* NEITZEL, *Abgehört*, p. 161-62.

76. NARA, RG 165/Entry 179/Box 721 : PWIS (H)/LF/465, Report on Information obtained regarding the attempted assassination of Hitler, 8.8.1944. VHA, 12.SS-Pz.Div., 3/1 : SS-Pz.Gr.Rgt.26, KTB (20.7.1944, 23.30 Uhr). APC, RG 24, C 17, vol. 13645 : Appendix B to FCA, ISN 45, 13.8.1944, § 2a, p. 1. MARRE, *Un été*, p. 30-32.

77. SHAT, 10 P 142-1 : MU#1FID, PWIB 1/20, 30.12.1944, § 24. NARA, RG 165/Entry 179/Box 719 : PWIS (H)/LDC/321, Report on interrogation of PW SS Funker [-], KGr. Fick, 6.9.1944.

78. APC, RG 24, C17, vol. 13649 : FCA, ISN 170, 17.12.1944, II, p. 1. Cf. aussi BAL, NS 31/353 (41) : CdSSHA an Kdre. der Feldeinheiten d.W-SS, CI/VI/31/45 g.K., 12.2.1945.

79. APC, G 24, C 17, vol. 13645 : FCA, ISN 32, 31.7.1944, II, p. 5. NARA, RG 492/Entry ETO-MIS-Y Sect/Box 62 : FUSA, PWI Reports, 28/29.11.1944 (#10); *ibid.*, 1/2.12.1944 (#8). PUBLIC RELATIONS, *Tenth Infantry Rgt.*, p. 99.

80. BAMA, RH 19-IV/141 (69) : Oberstltn. i.G. Meyer-Detring, Ic 2153/44 g.K., Bericht über die OB-Besprechung am 20.7.44 auf dem Gef.St. d. Pz.Gr.West, 22.7.1944, § 5, a ; RS 3-17/15 : 17.SS-Pz.Gr.Div. « GvB »/Rgt. Matzdorff an Div./Ia, 4.10.1944. BAL, SSO 146 B (Ludwig SPINDLER, 15.11.1910) : 9.SS-Pz.Div. « H », Vorschlag für die Verleihung des DKG, 10.10.1944. SHAT, 10 P 142-2 : MFIU#2, PWIB 2/20, 19.12.1944, § 3, p. 8. VHA, 12.SS-Pz.Div., 2/1 : 2.SS-Pz.Div. « DR », Ia 1090/44 g, Div.-Befehl Nr.66/44, 16.9.1944.

81. APC, RG 24, C 17, vol. 13647 : FCA, ISN 112, 20.10.1944, II, p. 4-6.

82. BAMA, ZA 1/242 (56-57 & 76-80) : Gen.Lt. Mahlmann, 353.I.D., 1.3.1946. Sans être nécessairement un opposant au régime, Mahlmann ne lui manifestait aucune sympathie. Du moins est-ce un général qui ne s'est pas senti obligé de faire une quelconque incantation au Reich ou au Führer dans un ordre du jour solennel à ses troupes à la fin de la guerre. Aussi, lorsqu'il évoque ses relations avec la SS après-guerre, ses propos sont-ils plus crédibles que ceux du général Westphal précédemment cités. BAMA, RH 26-353/9 (1) : 353.I.D./IIa, Div.-Tagesbefehl Nr.103/44, 20.11.1944.

83. STIMPEL, *Fallschirmtruppe – Westen*, p. 335-40 (cit. p. 338-39). Il est frappant de constater à quel point le témoignage du commandant de la 5e division parachutiste recoupe celui d'un officier de l'armée détaché auprès de la « LSSAH » en février 1943. À près de deux années d'intervalle, le constat était identique. MAIZIÈRE, *Pflicht*, p. 77-78. Cf. aussi NARA, RG 492/Entry ETO-MIS-Y Sect/Box 64 : FUSA, POW I Report, 4/5.2.1945 (#4).

84. NARA, RG 492/Entry ETO-MIS-Y Sect/Box 64 : First Army, From the Bulge to the Rhine (Diary of an Austrian Anti-Nazi), cité par extraits à partir du bulletin daté du 11/12.3.1945. APC, RG 24, C 17, vol. 13650 : FCA, ISN 188, 4.1.1945, II, p. 4.

85. *Ibid.*, vol. 13647 : FCA, ISN 93, 1.10.1944, II, p. 3.

86. NARA, RG 492/Entry ETO-MIS-Y Sect/Box 63 : FUSA, POW I Report, 13/14.1.1945, Summary. Cf. aussi APC, RG 24, C 17, vol. 13652 : FCA, ISN 268, 25.3.1945, II, p. 1-2.

87. NARA, RG 492/Entry ETO-MIS-Y Sect/Box 63 : FUSA, POW I Report, 20/21.1.1945 (#1).

30. Crimes de guerre et violences extralégales

1. WALZER, *Guerres*, p. 407-36. Pour des exemples, cf. AMBROSE, *Band*, p. 105, 108. LONGUE, *Massacres*, chap. IX, p. 221-25, 256.

2. TMI (XLII), SS(A)-70, p. 605. BAL, NS 7/187 (2-4) : HA SS-Gericht an OKH, Ia 121, Betr. : Völkerrechtsverletzungen durch fdl. Jagdbomber, 29.11.1944. FÖRSTER, « Erziehung », p. 93/n 20. MAC KEE, *Bataille*, p. 171 et suiv. BARBE, *Charnwood*, p. 86-87, 188, 206. MESSENGER, *Gladiator*, p. 212. Témoignage du Colonel P. Sevigny *in* DUFRESNE, *Boisjos*, p. 21. MARRE, *Un été*, p. 33. R. Splinter *in* WILLIAMSON, *Loyalty*, p. 137. STÖBER, *Sturmflut* (I), p. 82. BAL, R 70 Frankr./1 : (61-62) : BdS/SD im Bereich des MBF/IV/1/44 g, Ereignismeldung Nr.190, 7.8.1944 (§ St-Quentin). Lettre de Reinhold C. du 21.3.1960 rapportant l'exécution de 14 soldats SS fusillés en représailles de la mort de 7 civils dans la région de Nogent-sur-Aube le 26 août 1944 (copie aimablement communiquée par J. Schueller).

3. Par ordre d'importance : Oradour-sur-Glane (Haute-Vienne), 642 victimes (dont 240 femmes et 205 enfants) exécutées le 10 juin par une compagnie de la division « Das Reich » ; Maillé (Indre-et-Loire), 124 victimes (dont 42 femmes et 44 enfants) tuées le 25 août, probablement par l'unité de dépôt de la 17e division SS ; Tulle (Corrèze), 99 hommes pendus le 9 juin par la division « Das Reich » ; Ascq (Nord), 86 victimes abattues le 2 avril par le groupe de reconnaissance de la 12e division SS ; Argenton-sur-Creuse (Indre), 67 victimes tuées les 9 et 10 juin par une compagnie de la division « Das Reich » ; Buchères (Aube), 66 victimes (dont 24 femmes et 16 enfants) tuées le 24 août par des unités de la 51e brigade SS ; Trébons, Pouzac et Bagnères-de-Bigorre (Hautes-Pyrénées), 57 victimes abattues le 11 juin par un bataillon de la division « Das Reich ». Deux des dix plus importants massacres ont été perpétrés par des unités de la *Wehrmacht* : à Robert-Espagne, Couvonges, Beurey-sur-Saulx et Mognéville (Meuse) par un bataillon de la 3e division d'infanterie mécanisée le 29 août (86 victimes au total) et à Vassieux-en-Vercors (Drôme), le 21 juillet et les jours suivants, par des parachutistes de la 200e escadre de combat placés sous les ordres du commandant de la *Sipo* de Lyon (72 victimes). Le SD de Périgueux et la Phalange africaine sont enfin responsables à Mussidan (Dordogne) de la mort de 52 personnes le 11 juin. LIEB, *Krieg*, p. 574-579.

4. LELEU, « *Frundsberg* », p. 192 ; – « SS-Totenkopf », p. 833, 836.

5. BRUGE, *Massacres*.

6. SOLCHANY, « Dissipation ».

7. Les exactions commises dans la ville de Oignies (Pas-de-Calais) en mai 1940 ont longtemps été attribuées à tort à la division « Totenkopf » alors qu'elles ont été commises par des éléments de la 267e division d'infanterie. LELEU, « SS-Totenkopf », p. 831. Cf. aussi le cas déjà cité de la confusion longtemps faite sur l'identité des parachutistes de la *Luftwaffe* engagés à Vassieux-en-Vercors en juillet 1944 (cf. chap. 25, p. 628).

8. COCHENNEC-DECONINCK, *Hazebrouck*, p. 121.

9. BAL, NS 19/1669 (72-73) : Insp.d.SS-VT, Vortragsnotizen für Gruf.-Besprechung am 23.1.39, 18.1.1939.

NOTES *(chapitre 30)* 1067

10. STEIN, *Waffen SS*, p. 55-56, 278. CÜPPERS, *Wegbereiter*, chap. 2. BÖHLER, *Auftakt*.

11. VHA, 2.SS-Pz.Div., 197/62 : SS-V-Div./Ic, 150/39 g, 12.12.1939. Cf. aussi l'accusation lancée contre les éléments SS de la division « Kempf » par le commandant de la 3e armée (Küchler) *in* MÜLLER, K.-J., « Vorgeschichte », p. 113. De même, un officier du régiment « Germania » a été accusé d'entreprendre dans les premiers jours de la campagne « des actions individuelles » lors des « opérations de nettoyage, etc. ». Or, il ne s'agissait en rien d'actes de bravoure militaire. Sa « grande jovialité » au cours de ces actions démontrait l'absence de danger. Et lorsque son unité s'est ensuite heurtée à une « forte résistance » de l'armée polonaise, il ne s'est « pas engagé avec sa personne ». BAL, SSO 179 A (Heinrich KLING, 10.9.1913) : III./SS-Rgt. « G », Beurteilung, 16.4.1940.

12. LEHMANN, *Leibstandarte* (II), p. 326-27. NARA, RG 165/Entry 179/Box 720 : PWIS (H)/LDC/510, Report on interrogation of PW Rttf Otto S., SS Vers.Kp III/2 SS PGR « LSSAH », 17.11.1944, § III, 1. NEITZEL, *Abgehört*, p. 249.

13. VHA, 3.SS-Pz.Div., 34/8 : Gestapa an Gen.Insp.d.verst.SS-T-St., 87/39 g, 10.10.1939; SS-T-Div. an Kdr. SS-T-IR 2, 18.10.1939; 2. (v) SS-T-St. « Brandenburg » an Gen.Insp.d.verst.SS-T-St., Betr. : TB während des Einsatzes v. 13-26.9.39, 28.9.1939; II./SS-T-IR 2, Bericht über den Einsatz des I. Btl. der 2.SS-T-St. in Wloclawek, 20.10.1939. SYDNOR, *Soldiers*, p. 39-40.

14. TMI (XXIX), PS-1918, p. 104-05. BAL, NS 19/4009 (66-67) : Rede des RF-SS am 19.6.1942 vor dem Führerkorps der Div. « R ».

15. BAL, SSO 214 B (Hilmar WÄCKERLE, 24.11.1899) : SS-Div. « Wiking »/ Kdr., Reichsführer!, 2.7.1940. CÜPPERS, *Wegbereiter*, p. 341-42. Cf. aussi SCHMÜCKLE, *Pauken*, p. 66-67.

16. On en trouvera un condensé à travers le témoignage d'un soldat SS *in* APC, RG 24, C 17, vol. 13650 : FCA, ISN 205, 21.1.1945, II, p. 6-7. Pour la « LSSAH », cf. EBERLE, *Dossier*, p. 124-26. NEITZEL, *Abgehört*, p. 139, 527/n 93. Plus généralement, cf. CÜPPERS, *Wegbereiter*.

17. SYDNOR, *Soldiers*, p. 116-17. « Gourou, Amadou et les autres : En juin 1940, 50 tirailleurs sénégalais étaient massacrés par les SS à Chasselay (Rhône) », *Le Dauphiné libéré*, 12.11.1996. Une carte du déploiement de la division lors des exécutions figure *in* VOPERSAL, *Soldaten* (1), p. 254. NEITZEL, « Forschens », p. 421/n 64 (cit.). LE NAOUR, *Honte*, p. 244. LONGUE, *Massacres*, p. 215-17.

18. VHA, 3.SS-Pz.Div., 35/9 : SS-T-Div./Ib, Betr. : Meldungen u. Anforderungen, 15.5.1940, p. 4. Pour l'application, cf. BAMA, RS 3-3/4 (288) : SS-T-Div./Ib an SS-T-Div./Ia, Betr. : Gefangene seit Überschreiten der Marne (Stand v. 19.6., 10.00 Uhr), 19.6.1940.

19. Pour un soldat SS tué, une compagnie stipulait ainsi que les pertes françaises s'élevaient le 20 juin à 25 « Français » prisonniers et 44 « Nègres » tués. BAMA, RS 3-3/5 (2/verso & 8-9) : 1./SS-T-IR 1 an I./SS-T-IR 1, Betr. : Kurzer Bericht, 21.6.1940; II./SS-T-IR 1, Gefechtsbericht v. 19/20.6.40, 20.6.1940.

20. LELEU, « SS-Totenkopf », p. 835. Cf. aussi War Crimes Interrogation Unit/IDC/1650, « Wormhout », The Murder of 80 or 90 British POW by Members of the German Armed Forces at Wormhout (France) on 28.5.40, June 1947

(copie en possession de l'auteur). BAKO, All.Proz. 21/300, Report of the SHAEF Court of Inquiry, Shooting of Allied POW by the German Armed Forces in the vicinity of St Venant, Pas-de-Calais, France, 27-28.5.40, 9.5.1945. VHA, SS-Pz.Gr.Schule Pros.-Kienschlag, 13/2, en particulier : SS-Ustuf. W. Boldt, 5./SS-T-IR 2, an II./SS-T-IR 2, 4.6.1940 ; SS-Rttf. H. Bannritzer, 5./SS-T-IR 2, an II./SS-T-IR 2, 4.6.1940. AITKEN, *Massacre*. JOLLY, *Vengeance*. ROMMELAERE, *Massacre*. DEVOS, « Précisions ».

21. VHA, 2.SS-Pz.Div., 198-2/63 : SS-Art.Rgt./VT/Ia an Gen.d.Art.b.OKH, 298/40 g, Betr. : Statistische Fragebogen, 2.11.1940 (en annexe : II./SS-Art.Rgt./VT, Anl. 2, Auszug aus dem KTB Einsatz Westen v. 10.5.-30.6.40, 18.10.1940). Compilation d'articles de presse aimablement communiqués par la municipalité de Blessy.

22. BAMA, RS 3-2/3 (12-19) : Kdo.Stab SS-Div. « R », KTB (10-17.4.1941, en particulier 11.4.1941, 17.30 Uhr).

23. BAMA, RS 3-3/2 (23-24/verso) : SS-T-Div., KTB 2 (22.5.1940) ; RS 3-3/3 (287) : SS-T-Div./Ic an Gen.Kdo. XVI.AK., Betr. : Verwendung von Dum-Dum-Geschossen, 30.5.1940 ; RS 3-3/30 (4/verso & 6) : SS-T-Div./IVb, KTB 2 (20.5. & 22.5.1940) ; RS 4/1213b (20) : Ic/AO, Feindnachrichtenblatt, 8.6.1940, § 6. VHA, 3.SS-Pz.Div., 21/6 : SS-IR 2, KTB 2 (21.5.1940) ; SS-Pz.Gr.Schule Pros.-Kienschlag, 13/2 : Journal personnel du capitaine SS H. Albrecht (21.5.1940).

24. Sur l'image de combattant « très chevaleresque, correct, " décent " » que le soldat allemand projetait sur lui-même, cf. DICKS, *Psychological*, p. 65. Devant les officiers de la division « Reich », Himmler a développé en 1942 l'idée qu'il n'y avait plus à l'est de « règles du jeu d'adversaires chevaleresques ». BAL, NS 19/2571 : RF-SS/Pers.Stab an SS-Gruf. Berger (Konzept der Rede des RF-SS vor dem Führerkorps der SS-Div. « R » am 19.6.42), 15.8.1942. Cf. aussi VHA, 2.SS-Pz.Div., 46/12 : 8./SS-Rgt. « D »/Chef, Erfahrungsbericht, 24.4.1942, p. 4.

25. VHA, 3.SS-Pz.Div., 2/1 : SS-T-Div., Div.-Tagesbefehl Nr.102, 12.5.1941 ; *ibid.*, Nr.109, 21.5.1941 ; *ibid.*, Nr.110, 22.5.1941 ; *ibid.*, Nr.114, 27.5.1941 ; 3.SS-Pz.Div., 46/11 : SS-Staf. Kleinheisterkamp, SS-Männer ! 27.5.1941.

26. HORNE, *Atrocités*. BÖHLER, « Psychose ». Cf. aussi les propos de Dietrich rapportés par le général Bayerlein *in* NEITZEL, *Abgehört*, p. 243.

27. STEIN, *Waffen SS*, p. 129-30.

28. Telle était du moins l'opinion de la population allemande, en partie orientée par les propos tenus par les permissionnaires. BAL, NS 19/1430 (3) : Chef der Sipo/SD an RF-SS, Az. 1100/42, Betr. : Stimmungsäußerungen zur Waffen-SS, 6.3.1942.

29. VHA, 2.SS-Pz.Div., 40/11 : SS-Ustuf. Grieme an II./SS-Pz.Gr.Rgt. « DF », Betr. : Meldung über einen Vorfall mit Wehrmachtsangehörigen, 25.5.1943 ; SS-Pz.Gr.Rgt. « DF »/Kdr. an SS-Pz.Gr.Div. « DR »/Ia, Betr. : Stellungnahme zu den Meldungen des Brüko-Staffel-Stabes 929, 25.5.1943 (cit.).

30. HÖHNE, *Orden*, p. 435-36.

31. LELEU, « *Frundsberg* », p. 20-21, 192-93. ADC, 19 W 4, chemise B : Police Nationale/RG/Calvados, n°2813, Bulletin hebdomadaire du Service des RG à Caen, semaine du 8-14.11.43, 13.11.1943, § IV, A, 1 ; *ibid.*, n°2869, semaine du 15-21.11.43, 19.11.1943, § IV, A, 1 ; chemise « Relations avec les Autorités d'occupation » : *ibid.*, s.d. (déc. 1943). Cf. chap. 25, p. 623.

NOTES (chapitre 30)

32. BAMA, RS 3-17/4 : Anl. 50, 17.SS-Pz.Gr.Div. « GvB »/Ic, 33/44 g.K., Betr. : Bekämpfung von Terroristen, 18.2.1944; RS 3-17/7 : Anl. 169, 17.SS-Pz.Gr.Div. « GvB »/Ic, 87/44 g.K., Betr. : *ibid.*, 28.4.1944.

33. BAMA, RS 3-10/11 : 10.SS-Pz.Div. « F »/Ic, Ic-Sonder-Befehl, Betr. : Haltung von Angehörigen der Div. gegenüber Kriegsgefangenen, 4.7.1944, § 2 & 5.

34. HASTINGS, « *Das Reich* », p. 318. MEYER, H., *Kriegsgeschichte* (I), p. 133. BAMA, RS 3-2/51 : A. Stückler, 2.SS-Pz.Div., p. 27a. FÜRBRINGER, « *Hohenstaufen* », p. 454. STÖBER, *Sturmflut* (II), p. 379-80. Les comportements généralement décrits comme extrêmement corrects de part et d'autre lors des combats à Arnhem n'ont pas empêché des exactions individuelles, à l'image d'un sous-officier SS qui a enfermé des parachutistes britanniques prisonniers dans une cave avant d'y jeter des explosifs. NARA, RG 492/Entry ETO-MIS-Y Sect/Box 63 : FUSA, POW I Report, 31.12.44/1.1.45 (#14).

35. NEITZEL, « Forschens », p. 421 et suiv.

36. *Ibid.*, p. 420. MOCQ, *Ascq.* BARBE, *Charnwood.* QUELLIEN, *Victimes civiles du Calvados*, p. 145-47. MARGOLIAN, *Conduct*, p. 117-18. AJM, 371 & 372 (« Ascq »). TMI (XXXI), PS-2997, p. 458-61. BAKO, All.Proz.8/JAG 1 : Trial of SS-Brigf. K. Meyer, 10-28.12.1945; All.Proz.8/JAG 352 : Mesnil Patry Case, Hamburg, 28.8. & 21.10.-9.11.1948. Château d'Audrieu Case, July 1944; Fontenay-le Pesnel Case, s.d. (1945) (copies en possession de l'auteur).

37. FRÖLICH, *Goebbels* (II, 8), p. 138 (20.4.1943). HEIBER, *Lagebesprechungen*, p. 335-36 (26.7.1943). BAMA, RH 20-15/60 (13) : OB 15.Armee, Ia 272/43 g.K./Chefs, Entwurf, Lieber Jodl !, 19.12.1943, § 4.

38. VHA, 12.SS-Pz.Div., 1/1 : SS-Pz.Gr.Rgt.25, KTB (10.6.1944); 12.SS-Pz.Div., 3/1 : SS-Pz.Gr.Rgt.26, KTB (16.6.1944); 12.SS-Pz.Div., 4/1 : SS-Pz.Gr.Rgt.26/Kdr., Gefechtsbericht über die Abwehr der fdl. Angriffe am 11.6.44 b. II./26 u. SS-Pz.Pi.Btl.12, 12.6.1944; 12.SS-Pz.Div. « HJ »/Kdr., Div.-Tagesbefehl, 3.7.1944 (cit.).

39. Cf. chap. 19, p. 514.

40. VHA, 12.SS-Pz.Div., 36/4 : SS-Pz.Inst.Abt.12, KTB (18.9.1944). BAMA, RS 3-10/4 : 10.SS-Pz.Div. « F »/IIa, Betr. : Ärmelstreifen, 23.4.1944. STÖBER, *Sturmflut* (I), p. 19. La réticence de Himmler à remettre des insignes distinctifs aux formations SS dont la tenue au front n'était pas assurée transparaît dans une lettre au chef nationaliste néerlandais Anton Mussert. Il estimait « psychologiquement plus juste » de les voir mériter ces insignes. BAL, NS 19/2860 (100) : RF-SS, 44/77/43 g, Sehr verehrter Leider, 3.11.1943, § 1.

41. BAMA, RS 4/1424 : SS-Nachr.Abt.101, Sonderbefehl Nr.1/44, Betr. : Führer- u. Nachrichten-Rahmenübung, 11.3.1944. Cf. aussi BAMA, RS 2-1/1 : Gen.Kdo. I.SS-Pz.Korps, KTB 1 (20.12.1943, 11.30 Uhr).

42. VHA, 17.SS-Pz.Gr.Div., 1/1 : Gen.Kdo. I.SS-Pz.Korps/Ia, 795/44 g.K., Betr. : Hebung der Kampfbereitschaft u. passiver Luftschutz, 2.6.1944, § IV, p. 4.

43. AJM, 371, 1/2, D 2, B 15 : Général Legentilhomme au Colonel Dumas, Objet : Affaire d'Ascq, 22.3.1945; 1/2 : « Kp.-Zeitung der 2./A.A., 4. Ausgabe ».

44. BAMA, RS 4/1352 (29) : 12.SS-Pz.Div. « HJ »/SS-Pz.Rgt.12, Rgt.-Befehl Nr.20/44, 7.3.1944.

45. BAKO, All.Proz.8/JAG 1 : Trial of SS-Brigf. K. Meyer, 10-28.12.1945, p. 556, 624-26. NEITZEL, « Forschens », p. 427.

46. Ces deux officiers étaient Wilhelm Mohnke et Max Wünsche, respectivement à la tête du 26ᵉ régiment d'infanterie et du 12ᵉ régiment blindé SS. Château d'Audrieu Case, Normandy, 8.6.44, July 1944, § III, Exhibit 10 (Delafon, p. 4, 7-8), Exhibit 12 (Level, p. 2-3, 7), Exhibit 14 (Lanoue, p. 4) – copie en possession de l'auteur. BAKO All.Proz.8/JAG 352 : dépositions Wimplinger (#3, § 13 & 17), Albers (#7, § 3, 7 & 11), Bundschuh (#8, § 10), Poehle (#13, § 7).

47. Rapport calculé sur les 150 exécutions survenues pendant la première semaine de combat et les quelque 300 prisonniers revendiqués par la division à cette date. VHA, 12.SS-Pz.Div., 4/1 : 12.SS-Pz.Div. « HJ »/Ic, Feindnachrichtenblatt, 13.6.1944.

48. Le témoignage en ce sens de l'ex-chef d'état-major de la 12ᵉ division SS est confirmé par deux messages radio de la division au 26ᵉ régiment SS, à l'époque où le commandant de celui-ci ordonnait l'exécution de prisonniers de guerre alliés. VHA, 12.SS-Pz.Div., 5/1 : Funkspruch Nr.61, SS-Pz.Div. « HJ » an Rgt.26, 8.6.1944, 19.34 Uhr ; Funkspruch Nr.84, Div. HJ an Rgt.26, 10.6.1944, 20.45 Uhr. BAKO All.Proz.8/JAG 352 : Dr.jur. Oehlert, Petition in Sachen Siebken (Le Mesnil Patry-Case), Hamburg, 20.11.1948, p. 11.

49. Meyer a reconnu à plusieurs reprises avoir abattu des prisonniers ailleurs qu'en Normandie (Russie), y compris avoir massacré la population de tout un village. De son côté, Mohnke avait été largement impliqué dans le massacre des prisonniers britanniques à Wormhout en mai 1940. En Normandie, sa justification de tuer les prisonniers sous prétexte que les Allemands n'avaient déjà pas eux-mêmes assez à manger n'était pas sans rappeler la mentalité du front de l'Est. En dépit du fait que les troupes alliées avaient déjà exécuté des prisonniers allemands dans son secteur à cette date, il est significatif qu'il n'a à aucun moment fait mention de représailles pour justifier sa décision à l'époque. BAKO, All.Proz.8/JAG 1 : Trial of SS-Brigf. K. Meyer, 10-28.12.1945, déposition de Fritz Steger, p. 629, 631-32 ; All.Proz.8/JAG 352 : Témoignage Schnabel, déposition n° 4, § 6, p. 3 & n° 12, § 1, p. 1 ; Témoignage Wimplinger, déposition n° 3, § 9, p. 3-4 ; Témoignage Bundschuh, déposition n° 8, § 5, p. 2 ; conclusions de la cour martiale. NEITZEL, « Forschens », p. 421/n 62, 426/n 82.

50. Principal accusé, le « groupement de combat Peiper » n'a pas par exemple abattu tous ses prisonniers. Au moment de son repli de La Gleize, une centaine d'entre eux ont même recouvré la liberté. D'un autre côté, si l'exécution des soldats américains par la « LSSAH » a largement retenu l'attention, les exécutions perpétrées par la 9ᵉ division SS sont passées en comparaison relativement inaperçues après-guerre. La volonté de ne pas faire de prisonniers semble pourtant avoir animé l'encadrement, notamment au sein du 19ᵉ régiment SS. Son commandant a déclaré « ne pas vouloir voir une longue file de prisonniers, seulement leurs documents ». L'un des chefs de compagnie a recommandé à ses hommes de ne pas faire de prisonniers car « l'Europe n'[était] pas l'affaire des Américains », les incitant à abattre aussi les civils croisés en route « qui se sont moqués de vous lorsque vous deviez vous replier et qui vous tiraient même dessus ». Les services de renseignements alliés n'ont pas manqué de faire le rapprochement entre ces comportements et l'appartenance préalable de ces cadres à la division « Totenkopf ». NARA, RG 492/Entry ETO-MIS-Y Sect/Box 63 : FUSA, POW I Report, 21/22.12.1944 (#2) ;

ibid., 26/27.12.1944 (#1); *ibid.*, 31.12.44/1.1.45 (#14); *ibid.*, 20/21.1.1945 (#12); *ibid.*, 22/23.1.1945 (summary & #9); *ibid.*, 25/26.1.1945 (#13); *ibid.*, 28/29.1.1945 (#12). APC, RG 24, C 17, vol. 13649 : FCA, ISN 174, 21.12.1944, II, p. 1; ISN 177, 24.12.1944, I, p. 2 & II, p. 3-4; ISN 181, 28.12.1944, II, p. 3; ISN 182, 29.12.1944, II, p. 8. WEINGARTNER, *Crossroads*. MESSENGER, *Gladiator*, p. 173 et suiv. LONGUE, *Massacres* (p. 255 pour le bilan).

51. Avec 92 civils abattus, Aubigny-en-Artois a été le théâtre du premier massacre de masse perpétré à l'ouest par la division « Totenkopf » les 21 et 22 mai 1940, soit une semaine avant le massacre du Paradis, « seul crime de ce genre perpétré dans l'Ouest à cette époque par la *Waffen-SS* » selon G. Stein (*Waffen SS*, p. 279, 283-84). LELEU, « SS-Totenkopf », p. 826. À Stavelot, les troupes SS ont exécuté 93 civils belges le 18 décembre 1944, soit le lendemain du massacre de Malmédy. MESSENGER, *Gladiator*, p. 181.

52. En tant qu'émanation de la division « Totenkopf », les pratiques en 1944 de la 16e division SS en Italie trahissaient celles de son aînée à l'est, elles-mêmes très proches de celles initiées par la « Das Reich » sur ce théâtre. GENTILE, « Soldaten ».

53. VHA, 2.SS-Pz.Div., 46/12 : 8./SS-Rgt. « D »/Chef, Erfahrungsbericht, 24.4.1942, p. 4.

54. VHA, 2.SS-Pz.Div., 46/12 : SS-Stubaf. Graf v. Westphalen, Erfahrungsbericht über den Osteinsatz, 28.4.1942, § 7 & 12 (Westphalen commandait alors le Ier bataillon du régiment « Deutschland »). Le commandant de compagnie dont le rapport était précédemment évoqué était pour sa part moins radical, préférant « seulement » tuer « un Russe en trop qu'en moins » (p. 4). L'usage de la même expression dans cette sélection des « meilleurs » rapports retenus par l'état-major divisionnaire démontrait combien ce mot d'ordre était partagé au sein de la division.

55. CÜPPERS, *Wegbereiter*, p. 220, 226, 232.

56. RASS, « *Menschenmaterial* », p. 339-40.

57. L'imprécision de ces chiffres apparaît clairement dans le bilan de la division « Das Reich » pour la journée du 10 juin 1944. Le jour du massacre d'Oradour (où la mort de 642 civils a été judiciairement établie), elle a fait état de 337 « tués ennemis » et de 36 prisonniers. IHTP, MF 222 (337638) : Gen.Kdo. LVIII.Pz.Korps/Ia an Armeegruppe G, 389/44 g.K., Tagesmeldung v. 11.6.44/I.Teil, 11.6.1944.

58. BAMA, RH 19 IV/142 (13-14) : Ob.West/Ic, Tägliche Fernsprechnotizen (4.7.1944, 11.45 & 12.35 Uhr). Après avoir essuyé des tirs à l'approche du village de Marsoulas, le chef de compagnie a par exemple ordonné à ses hommes d'abattre toute personne rencontrée dans la localité. La justice militaire française n'a naturellement pas manqué de relever le caractère récurrent de ce procédé. BAKO, All.Proz. 21/48 (n.f.) : Übersetzung aus den Französischen (auszugsweise) der zweiten Anklageschrift (arrêt de renvoi) gegen Anton F., 16.10.1951, p. 4; All.-Proz. 21/49 (121) : TMP de Bordeaux, Acte d'Accusation (auszugsweise).

59. VHA, 2.SS-Pz.Div., 46/12 : 8./SS-Rgt. « D »/Chef, Erfahrungsbericht, 24.4.1942, p. 4 (cit.). Cf. aussi BAKO, All.Proz. 21/47 (n.f.) : G-E. Wisliceny, Bericht über den Aufenthalt des SS-Pz.Gr.Rgt.3 « D » im Südfranzösischen Raum

im Jahre 1944, s.d. (après-guerre), p. 6. BAL, NS 7/143 (1-6) : 2.SS-Pz.Div. « DR »/Kdr., Div.-Sonderbefehl, 17.5.1944.

60. CÜPPERS, *Wegbereiter*, p. 111.

61. BAMA, RH 19-IV/134 (108) : Abt. Ic, Besprechung am 21.6.44/18.00 zwischen Oberstltn. Meyer-Detring, Ostubaf. Henschke (BdS) u. Stubaf. Hagen (BdS), 21.6.1944.

62. AJM, 548, liasse 7, dossier 15 (4) : PV d'interrogatoire, 4.8.1947. Cf. aussi NARA, RG 165/Entry 179/Box 719 : PWIS (H)/LDC/213, Report on interrogation of PW SS Gren Marcel K., 11/SS PGR 4 « DF » (SS Pz Div 2), 5.8.1944, § 4.

63. Il est du reste significatif que la prime du front (qui s'ajoutait à la solde) ait été demandée par les éléments de la 2e division SS engagés dans la répression dans la région de Montauban en juin 1944. IHTP, MF 222 (337806) : Gen.Kdo.LVIII.Pz.Korps/Ia an Armeegruppe G, Betr. : Frontzulage, 26.6.1944.

64. VHA, 2. SS-Pz.Div., 28/6 : SS-Pz.Gr.Div. « DR »/Ia, 44/43 g.K., Betr. : Führerbefehl Nr.4, 18.2.1943.

65. Il s'agit du même bataillon (commandé par Joachim Peiper) qui a détruit le village de Boves (Italie) à l'automne 1943. NARA, RG 165/Entry 179/Box 720 : PWIS (H)/LDC/510, Report on interrogation of PW Rttf Otto S., SS Vers.Kp III/2 SS PGR « LSSAH », 17.11.1944, § III, 1. Sur l'exécution des hommes de Poltawa par le régiment d'artillerie de la division « Das Reich » lors de l'évacuation définitive de la localité en août 1943, cf. NARA, RG 165/Entry 179/Box 716 : MU#1FID, PWIB 1/14, 4.12.1944.

66. BAL, SSO 236 A (Heinz LAMMERDING, 27.8.1905). Sur sa biographie, cf. les ouvrages suivants (parfois imprécis ou erronés) : BEAU, *SS*, p. 232-33. DELARUE, *Crimes*, p. 293 et suiv. FOUCHÉ, *Oradour*, p. 44. HASTINGS, *« Das Reich »*, p. 44-45. SYDNOR, *Soldiers*, passim.

67. BIRN, *Höheren*, p. 44 et suiv. ANGRICK, « Bach-Zelewski ».

68. BAL, Slg. Research, Ordner 953 (n.f.) : HSSPF Rußland-Mitte an RF-SS, persönlich, 5.9.1942, p. 5.

69. BAL, Slg. Research, Ordner 953 (n.f.) : RF-SS, 198/43 g.K., 21.6.1943. HILBERG, *Vernichtung*, p. 386-87.

70. BAL, SSO 228 A (Herbert KUHLMANN, 7.4.1915) : Besprechungsnotizen des CdSSPHA (1-4.7.43), 6.7.1943, § I.

71. HEIBER, *Lagebesprechungen*, p. 65 (1.12.1942).

72. BAL, NS 19/2175 (2) : Chef des OKW, 4870/42 g.K., WFSt/Op (H), Betr. : Bandenbekämpfung, 16.12.1942.

73. MAYSOUNAVE, *Oradour*, p. 105 et suiv. SYDNOR, *Soldaten*, p. 293.

74. IHTP, MF 222 (337591-93) : 2.SS-Pz.Div. « DR » an Gen.Kdo. LVIII.Pz.-Korps, Betr. : Maßnahmen gegen die Terroristen, 5.6.1944 (cit.). BAL, NS 19/3616 (6) : RF-SS, Sonderbefehl, 31.7.1942. Selon l'ex-chef d'état-major de la division « Das Reich », ce ratio aurait été ordonné par Hitler et transmis par Himmler lors de sa visite à la division en avril 1944. Par contre, cet ordre n'aurait préconisé « que » l'exécution de trois partisans pour un soldat tué. BAKO, All.Proz. 21/47 (n.f.) : étude d'A. Stückler (fév. 1949), II. Teil, p. 3-4.

75. BAMA, RH 19-IV/132 (25-26) : Ob.West/Ic, TB, 1.4.-30.6.1944, § IV. KTB-OKW/1944-45 (7), p. 309-10.

76. BAMA, RH 19-IV/134 (15-20) : Ob.West/Ic, Telefongespräche sowie Besprechungen (7.6.1944, 10.50, 17.45, 19.00 & 19.05 [cit.] Uhr).
77. *Ibid.* (20-21 ; 7.6.1944, 19.05, 19.10 & 19.45 Uhr).
78. *Ibid.* (24 ; 8.6.1944, 10.30 Uhr).
79. *Ibid.* (21 & 25 ; 7.6.1944, 19.45 Uhr & 8.6.1944, 10.55 Uhr).
80. *Ibid.* (19 ; 7.6.1944, 18.05 Uhr).
81. En apprenant la consigne, l'officier de renseignements de l'Ob.West a émis le souhait de pouvoir « produire un tel ordre par écrit », ce à quoi son interlocuteur a acquiescé, du moins sous forme d'ébauche. *Ibid.* (25-26 ; 8.6.1944, 12.10 Uhr).
82. BAMA, RH 19-IV/133 (319) : Ob.West an 1.) MBF, 2.) Armeegruppe G, 3.) Gen.Kdo. LXVI.Res.Korps, Ia/Ic 1503/44 g.K., 8.6.1944.
83. Plusieurs conversations acrimonieuses démontrent le souci de l'Ob.West à cette époque de ne pas se faire taxer de laxisme par l'OKW, tout en tentant d'esquiver sa responsabilité face à des ordres dont il mesurait la portée et le caractère criminel. Sa politique était qu'il valait « mieux rendre compte une fois trop sévèrement qu'une fois trop mollement, car l'ObWest [était] responsable ». De son côté, l'état-major des opérations de l'OKW était un instrument docile devant Hitler qui avait du mal à assumer ensuite les ordres qu'il transmettait à l'Ob.West, ce qui créait naturellement un climat délétère. *Ibid.* (24-26 & 165 ; 8.6.1944, 10.15, 10.40, 10.45 [cit.] & 12.10 Uhr ; 29.6.1944, 18.05 Uhr).
84. *Ibid.* (56 & 61 ; 14.6.1944, 10.40 & 19.00 Uhr).
85. L'absence d'entente entre l'Ob.West, le MBF et les services du HSSPF, tout comme l'absence d'unité de vues dans la conduite de la répression, apparaissent clairement au cours de la période. *Ibid.* (140-48 & 163-64 ; 25.6.1944, 18.55 & 19.10 Uhr ; 26.6.1944, 10.25, 10.50, 12.40, 13.00 & 17.13 Uhr ; 29.6.1944, 11.15 Uhr).
86. Ainsi, le LXVIe corps d'armée n'avait pas de nouvelles de la 2e division SS le 10 juin, hormis qu'elle avait atteint Tulle et Limoges et que son poste de commandement était installé à Tulle. IHTP, MF 124 (59463) : Tagesmeldung West v. 1.6.44, 11.6.1944. Par ailleurs, le seul rapport d'activité disponible du LXVIe corps d'armée dénote bien peu de capacité à mener des opérations énergiques et efficaces. Son commandant a du reste ordonné à ses troupes de ménager la population civile en juin 1944. BAMA, RH 24-66/11 : LXVI.Res.AK., TB 5 (1.4.-5.6.1944). LIEB, « La 157e division de réserve ».
87. Un document daté du 10 juin révèle la véritable nature de ces liens hiérarchiques lorsque la 2e division SS a envoyé son rapport quotidien par radio au LVIIIe corps d'armée blindé. Celui-ci l'a alors retransmis au groupe d'armées G et au MBF, demandant à ce dernier de répercuter le rapport au LXVIe corps d'armée de réserve. La liaison radio a été établie le 9 juin entre la division SS et le LVIIIe corps d'armée blindé. IHTP, MF 222 (337618 & 337626) : Gen.Kdo. LVIII.Pz.Korps/Ia an MBF/Ch.d.Gen.St., 373/44 g.K., 9.6.1944, 22.25 Uhr ; Gen.Kdo. LVIII.Pz.Korps/Ia an 1.) Armeegruppe G, 2.) MBF/Ch.d.Gen.St., 375/44 g.K., 10.6.1944.
88. IHTP, MF 46 : Gen.Kdo. LVIII.Pz.Korps/Ic an Kdt.d.H.Geb. Südfrankr., 376/44 g, Betr. : Angebliche Übergriffe von Einheiten der 2.SS-Pz.Div. « DR »

gegen franz. Zivilisten, 2.6.1944 ; MF 222 (337590) : Gen.Kdo. LVIII.Pz.Korps/Ia an Armeegruppe G, 339/44 g.K., Betr. : Maßnahmen gegen die Terroristen, 5.6.1944.

89. IHTP, MF 225 (133175-77) : 2.SS-Pz.Div. « DR »/Ic, Bandenlage u. Kampfführung, 9.6.1944. Contrairement à ce qu'il a prétendu après-guerre, il est évident que Lammerding est arrivé à Tulle le 9 juin en milieu de journée, confirmant les préparatifs de pendaisons pris par l'officier divisionnaire de renseignements. BAKO, All.Proz. 21/47 (n.f.) : étude d'A. Stückler (fév. 1949), Anl. 6 zu Teil II, p. 6-7 ; Bericht über Tulle. BEAU, *SS*, p. 250. DELARUE, *Crimes*, p. 368 et suiv.

90. IHTP, MF 222 (337616 & 337633) : Gen.Kdo. LVIII.Pz.Korps/Ia an 2.SS-Pz.Div., 367/44 g.K., 9.6.1944, § 1-3 ; 2.SS-Pz.Div. « DR »/Ia an Gen.Kdo. LVIII.Pz.Korps, 271/44 g.K., Betr. : Einsatz der Div., 10.6.1944 (cit.). AJM 549, liasse 5 (5) : Commissaire de police Arnet, Rapport d'enquête, 23.12.1944 ; 552, liasse 13, chemise « Information » (132).

91. Seuls Vassieux-en-Vercors et Maillé ont connu en France un sort assez comparable à Oradour. Dans le premier cas, on retrouve les mêmes paramètres. Faute de documentation, le cas de Maillé est en revanche beaucoup plus difficile à analyser. STIMPEL, *Fallschirmtruppe – Westen*, p. 79 et suiv., 231 et suiv. LIEB, *Krieg*.

92. FOUCHÉ, *Oradour*, p. 100 et suiv. MEYER, A., *Besatzung*, p. 149-70. MAYSOUNAVE, *Oradour*.

93. BAKO, All.Proz. 21/47 (n.f.) : étude d'A. Stückler (fév. 1949), I. Teil, p. 1 & Anl. 7 zu Teil II, p. 3.

94. KERSHAW, *Némésis*, p. 582, 679.

95. IHTP, MF 222 (337743-45) : Gen.Kdo. LVIII.Pz.Korps/Ia an Armeegruppe G [...], 682/44 g, Betr. : Einsatz des verst.Pz.Gr.Rgt.111 zur Terroristenbekämpfung im Raum von Tulle, 20.6.1944. SHAT, 10 P 142-2 : MFIU#2, PWIB 2/59, 27.4.1945, § 12, p. 14.

96. AJM 549, liasse 5 (5) : Commissaire de police Arnet, Rapport d'enquête, 23.12.1944, p. 4.

97. CÜPPERS, *Wegbereiter*, p. 219-20.

98. BAMA, RH 19-IV/133 (38, 42/verso, 44, 46 & 57) : Ob.West/Ic an OKW/WFSt/Ic [...], Ic-Tagesmeldungen v. 12, 15, 16, 17 & 22.6.1944 ; RH 19-IV/132 (26-27) : Ob.West/Ic, TB 1.4.-30.6.1944, § IV ; RH 19-IV/140 (7) : Ob.West/Ic, 1924/44 g.K., Feindlage im Großen, 3.7.1944, § V. SHAT, MF 162 : Oberkdo. Armeegruppe G, Anl. 304 z. KTB 1 der Führungsabt. v. 26.4.-30.6.1944.

99. BAKO, All.Proz. 21/47 (n.f.) : étude d'A. Stückler (fév. 1949), Anl. 7 zu Teil II, p. 4. STEIN, *Waffen SS*, p. 265-66. WEIDINGER, *Tulle*, p. 54-56.

100. Le commandant du détachement à Oradour était un individu hautement estimé et apprécié par ses supérieurs, promis à une belle carrière. Onze jours avant le massacre, son commandant de régiment ne tarissait pas d'éloges à son égard. Alors qu'il avait été nommé depuis peu à la tête de son bataillon, il était déjà envisagé de le promouvoir comme commandant de régiment ou de lui faire suivre une formation d'état-major. BAL, SSO 149 (Adolf DIEKMANN, 18.12.1914) : SS-Pz.Gr.Rgt.4 « DF »/Kdr., Beurteilung, 30.5.1944.

101. Pour une première analyse, cf. DICKS, *Meurtres* et JÄGER, *Verbrechen*. Les autres ouvrages seront cités au fil de la démonstration.

102. Cf. chap. 18.

103. VHA, SS-Pz.Gr.Schule Pros.-Kienschlag, 12/2 : Bandenbekämpfung, I. Teil (s.d.). Les termes en italiques sont soulignés sur le document original.

104. S'adressant à un compagnon de captivité, il était enregistré à son insu par les Britanniques. NEITZEL, « Forschens », p. 423/n 69.

105. CÜPPERS, *Wegbereiter*, p. 108-13.

106. BAMA, RS 3-12/18 (7) : 12.SS-Pz.Div. « HJ », Sonderbefehl, Betr. : Untergebenen-Mißhandlung, 6.2.1944. BUCHHEIM, « Befehl », p. 253-55. NARA, RG 165/Entry 179/Box 721 : PWIS (H)/LF/440, Report on the Interrogation of PW, Rttf 4/SS Flak Abt 2, 5.8.1944. AJM, 548, liasse 7, dossier 5 (2 & 10). JAMES, *Longs mois*, p. 39 et suiv.

107. BAL, SSO 232 B (Kurt WEISSE, 11.10.1909) : Feldgericht der SS-Pz.Gr.Div. « T », St.L. 52/43, 228/43 g, Feldurteil, 27.1.1943 (cit. p. 5). Cf. aussi la procédure engagée contre le chef de bataillon *in* BAL, SSO 117 B (Wilhelm SCHULZE, 3.6.1910) : Genehmigung zu einer Strafverfügung, 5.5.1943.

108. Leur responsabilité est par exemple engagée dans une sanction infligée à un soldat de la « SS-Verfügungs-Division » au début de la guerre. Sur ordre de son commandant de bataillon, celui-ci a dû courir à quatre reprises 25 kilomètres autour de son casernement avec le paquetage de combat. Le chef de l'Office principal du personnel SS s'en est plaint à Hausser, le menaçant notamment d'en référer à Himmler s'il n'était pas immédiatement mis fin à ces agissements. Comme d'habitude, Hausser a alors fait preuve de diplomatie, répondant qu'il avait instruit le commandant de bataillon et formulant le vœu que l'affaire en reste là. BAL, SSO 98 B (Fritz von SCHOLZ, 9.12.1896) : CdSSPHA, Lieber Hausser ! Betr. : Mein Schreiben v. 5.4.40 über Strafen im Btl. v. SS-Ostubaf. v. Scholz, 29.4.1940 ; SS-V-Div./Kdr. an CdSSPHA, 7.5.1940.

109. BAL, NS 19/3903 (35 & 49) : RF-SS an alle Führer u. Unterführer der bewaffneten Einheiten der SS u. Polizei, 35/240/39, 13.11.1939 ; RF-SS, A/35/ 32/40, Verteiler V d.W-SS, Betr. : Behandlung v. Untergebenen, 15.4.1940 ; NS 19/1711 (166-70) : Berger an Jüttner, 12.11.1940 (en pièce jointe : Napolea Backnang/Studienrat Wittmann an SS-Brigf. Berger, 6.11.1940) ; NS 19/319 (148) : RF-SS, 35/158/43 g, Lieber Phleps, 27.10.1943 ; NS 19/1256 (1) : RF-SS an Chef HA SS-Gericht, 8.3.1944, § 3 ; NS 19/1852 : RF-SS/Pers.Stab an 1.) SS-Sturmm. P. Klein, Fp.Nr. 27064 A, 2.) SS-FHA, 13/202/44, 21.9.1944 ; NS 33/31 (16 & 20-21) : Rede des SS-Obergruf. Jüttner auf der SS-Führer-Tagung in Prag am 13.4.1944. VHA, 2.SS-Pz.Div., 11/2 : SS-Div. « DR »/IIa, Div.-Tagesbefehl Nr.38/42, 18.9.1942, § 2 ; 2.SS-Pz.Div., 35/9-I : SS-Div. « DR »/Kdr., Betr. : Strafexerzieren, 28.10.1942 ; 9.SS-Pz.Div., 2/1 : SS-FHA/V/IIb (5) an alle Kdre. der E.-Einheiten nach besonderem Verteiler, Betr. : Vorschriftswidrige Behandlung der Untergebenen u. Mißbrauch der Befehlsgewalt, 3.2.1943 ; 9.SS-Pz.Div., 5/1 : SS-Pz.Gr.Div. « H »/1.SS-Pz.Gr.Rgt./Ia, Betr. : Ausbildung u. Erziehung, 30.3.1943, § 3. WITTMANN, « Mutiny ».

110. Ce processus est explicitement décrit dans un bulletin d'appréciation d'un officier SS coupable d'indulgence envers un subordonné. Ce dernier avait pourtant

provoqué la mort d'une recrue à l'instruction en appliquant les méthodes avec lesquelles il avait été lui-même éduqué et qu'il avait pratiquées sur les détenus comme gardien de camp. BAL, SSO 193 A (Wilhelm KÖNIG, 1.4.1899) : SS-T-Nachr.E.-Abt./Kdr., Beurteilung, 6.4.1940.

111. FINANCE, *L'envers*, p. 77, 80-81, 89, 112. LOBSIGER, *Suisse*, p. 81-82.

112. BAMA, RS 3-12/18 (6 & 7) : 12.SS-Pz.Div. « HJ »/Kdr., Sonderbefehl, 6.2.1944 ; 12.SS-Pz.Div. « HJ », Sonderbefehl, Betr. : Untergebenen-Mißhandlung, 6.2.1944. L'administration de punitions corporelles s'est encore poursuivie en captivité. En raison des conditions de pénurie alimentaire instaurée par les Alliés dans le camp d'Altheim, des hommes ont ainsi été battus après avoir été surpris à voler la nourriture de leurs camarades. Témoignage d'O. Funk (12e div. SS) du 22.10.1995 (copie en possession de l'auteur).

113. La 9e division SS pourrait également être citée ici en exemple. Sur un total de 52 cas relevés d'avril à juin 1943 au sein de la quinzaine de divisions de la 15e armée, 8 suicides ou tentatives de suicide se sont produits dans ses rangs. Seule la 305e division d'infanterie nouvellement créée présentait un taux encore plus élevé. BAMA, RH 20-7/185 (n.f.) : AOK 7/Ic/AO, Ic-Monatsberichte, 8.8., 10.9. & 7.10.1942 ; RH 20-7/186 (n.f.) : AOK 7/Ic/AO, Ic-Monatsberichte, 7.11. & 7.12.1942 ; Abwehroffz. b. AOK 7, 30/43 g.K., TB 1.11.-31.12.42, p. 6, 8 ; RH 20-15/55 : OB 15.Armee an KG u. Div.Kdre., Betr. : Minenunfälle, Waffenunfälle u. Selbstmörde, 9.7.1943.

114. Du 1er octobre 1939 au 1er novembre 1944, 60 cas de suicide ont été enregistrés parmi les membres de l'*Allgemeine-SS* servant dans la *Wehrmacht* contre 66 parmi ceux servant dans la *Waffen-SS*. Or, les effectifs des premiers ont toujours été au moins deux fois supérieurs aux seconds lors du conflit. BAL, NS 48/9 (n.f.) : tableau sans titre, 20.11.1944. Cf. annexe 20.

115. BAL, NS 19/2291 (1-3) : SS-FHA/KdW-SS/III (3) an RF-SS, 7565/42 g, Betr. : SS-Angehörige, die Selbstmord verübt haben, 19.11.1942.

116. Proclamée après-guerre face à la justice, la certitude d'avoir agi en toute légalité était cependant battue en brèche par le souci de certains exécutants de ne pas apparaître sur des photographies afin de ne pas s'exposer à des poursuites. BAL, SSO 15 C (Heinrich WULF, 23.5.1914) : SS-A.A., Beurteilung, 23.8.1940 ; 2.SS-Pz.Div. « DR »/Kdr., Beurteilung, 25.6.1944 (cit.). AJM, 490, liasse 2, sous-liasse F (403) : PV d'interrogatoire de W. Heinrich, 3.7.1948 ; Dossier général (55) : audience du 4.7.1951.

117. AJM, 490, liasse 2, sous-liasse E (26, 327, 332, 335, 336 [cit.], 357, 363 & 369). Voir aussi le tableau physique et moral assez saisissant des cadres de la compagnie engagée à Oradour, tel qu'il a été brossé par leurs anciens subordonnés. AJM, 548, liasse 7, dossiers 7 (7), 12 (3) & 16 (2).

118. AJM, 554 : Lettre de C. Maurice à M. Nussy Saint Saëns, 4.2.1953.

119. AJM, 490, liasse 2, sous-liasse E (338). Cf. aussi FOUCHÉ, *Oradour*, p. 170-71. JÄGER, *Verbrechen*, p. 51-53.

120. Le divisionnaire (Bittrich), très habile à troubler le jeu pour sauver sa tête et se bâtir une flatteuse réputation pour la postérité, disposait d'une solide expérience de la répression à l'est, en particulier comme commandant de la division de cavalerie SS en 1942. Du reste, si Bittrich a condamné les pendaisons de Nîmes

comme il l'a affirmé à son procès, il n'en a pas tenu rigueur au responsable en rédigeant son bulletin d'appréciation en juin 1944, lui reprochant seulement sa trop grande indulgence avec ses subordonnés et son manque d'assurance dans le cercle des officiers en dehors du service. Finalement, la responsabilité de l'état-major divisionnaire ne se révèle pas mieux que dans le bref commentaire accompagnant la transmission aux unités du « décret Sperrle ». Dix jours avant les exactions, il leur était ordonné de « procéder brutalement et durement dans le nouveau territoire » d'après les directives communiquées. BAL, SSO 370 A (Helmut PETER, 24.4.1917) : Lebenslauf, 15.2.1944 ; 9.SS-Pz.Div. « H », Beurteilung, 8.6.1944. AJM, 679 (69) : notes d'audience, 16-23.6.1953. BAMA, RS 3-9/11 : Ob.West/Ic, 272/44 g.K., Befehl zur Bekämpfung v. Terroristen, 3.2.1944 (9.SS-Pz.Div., Zusatz der Div., 18.2.1944). CÜPPERS, *Wegbereiter*, p. 259.

121. SHAT, 10 P 140 : Essai sur la 30ᵉ Div. SS, p. 41. Cela a par exemple coûté la vie à 39 personnes à Etobon (Haute-Saône) le 27 septembre 1944. LIEB, *Krieg*.

122. VHA, 2.SS-Pz.Div., 46/12 : SS-Feldgendarmerietrupp 2, Erfahrungsbericht, 28.4.1942, p. 3 (cit.). BAL, SSO 148 A (Erich Otto KAHN, 4.3.1908), entre autres : I./SS-Pz.Gr.Rgt.4 « DF », Beurteilung, 23.5.1944 (cit.). D'autres personnels de la compagnie de prévôté divisionnaire ont accompagné Kahn lorsque celui-ci a pris le commandement de la 3ᵉ compagnie du régiment « Der Führer » au début de 1944. Manifestement riches d'une large expérience, ceux-ci ont été particulièrement « efficaces » lors du massacre. AJM, 552, liasse 13 (30) : WCIU/LDC/1566, Freiwillige Aussage des Kriegsgefangenen Uscha G. B., 21.4.1947 ; 552, liasse 13 (49) ; 548, liasse 7, dossier 20 (5). L'expérience répressive de l'officier commandant le détachement SS à Oradour est pour sa part plus incertaine, puisqu'il a essentiellement servi comme instructeur à l'école SS d'officiers de Tölz, conséquence d'une grave blessure reçue en France en mai 1940. De novembre 1940 à juin 1941, il a néanmoins servi à l'état-major du commandant de la *Waffen-SS* « Ost » à Cracovie et, à partir de septembre 1943, il a rejoint sur le front de l'Est la division « Das Reich ». Le fait n'a toutefois guère d'importance. Tous les témoignages concordent en effet pour démontrer que Kahn a complètement assumé la direction exécutive des opérations lors de la destruction du village et du massacre de ses habitants, Diekmann se bornant à superviser l'ensemble. BAL, SSO 149 (Adolf DIEKMANN, 18.12.1914). AJM, 548, liasse 7, dossiers 7 (1), 16 (2).

123. MILGRAM, *Soumission*, p. 13.

124. NEITZEL, « Forschens », p. 423/n 69. Témoignage de Jean-Jacques Scheubel (ex-soldat de la 2ᵉ compagnie du régiment « Der Führer »), cité *in* PENAUD, *« Das Reich »*, p. 321.

125. AJM, 490, liasse 2, sous-liasse F (403) : PV d'interrogatoire de W. Heinrich, 3.7.1948.

126. *Ibid.*, sous-liasse E (328, 336, 341, 373).

127. BAKO, All.Proz.8/JAG 251 (Tilly-la-Campagne-Case) : Deposition of J.F., 17.2.1947.

128. MILGRAM, *Soumission*, p. 8, 120, 132-33.

129. Cette différence d'attitude transparaît dans le degré de confiance accordé à l'époque à ces hommes par l'encadrement. Sur les douze recrues originaires

d'Alsace enrôlées au début de l'année 1944 et dont les fonctions nous sont connues lors du massacre d'Oradour-sur-Glane, neuf étaient reléguées à un emploi subalterne au combat, à savoir l'approvisionnement des fusils-mitrailleurs ou le tir au fusil. Deux hommes avaient par contre été promus au rang de premier tireur de fusil-mitrailleur, un troisième servant comme tireur d'élite, c'est-à-dire des postes de combat déterminants au sein du groupe d'infanterie. AJM, 548, liasse 7, dossiers 5 (13), 9 (7), 11 (8), 16 (2) & 23 (13). IHTP, MF 225 : Liste nominale de la 3ᵉ compagnie du régiment « Der Führer », s.d. (mai-juin 1944). Cf. aussi AJM, 490, liasse 2, sous-liasse E (346 & 347).

130. NARA, RG 165/Entry 179/Box 718 : PWIS (H)/KP/95, Consolidated Report on Interrogation of 22 PW of 1 Bn SS PGR 4 « DF », 2.7.1944; PWIS (H)/LDC/113, Consolidated Report on Interrogation of 4 PW of SS PGR 4 « DF », 7.7.1944; Box 719 : PWIS (H)/LDC/108, Consolidated Report on 21 Alsatians of SS PGR 4 « DF », 13.7.1944. AJM, 548, liasse 7, dossiers 5 (8), 22 (12). Notes manuscrites établies à l'époque où les corps ont été relevés sur le territoire de la commune de Grainville-sur-Odon (Calvados) (copie aimablement communiquée par M. Jean-Claude Perrigault). WEIDINGER, *Das Reich* » (V), p. 196.

131. AJM, 548, liasse 7, dossier 23 (17).

132. BAKO, All.Proz. 21/47 (n.f.) : étude d'A. Stückler (fév. 1949), I. Teil, p. 3-4; G-E. Wisliceny, Bericht über den Aufenthalt des SS-Pz.Gr.Rgt.3 « D » im Südfranzösischen Raum im Jahre 1944, s.d., p. 1.

133. Parmi les 455 Alsaciens affectés au régiment « Der Führer » en février 1944, 437 étaient nés en 1926 (96 %), la plupart des autres entre 1904 et 1913. BAMA, RS 3-2/8 (22-23) : SS-Pz-Gr.Rgt.4 « DF », s.d.

134. AJM, 548, liasse 7, dossiers 5 (18), 7 (15), 17 (5), 19 (4), 21 (4) & 23 (17); 552, liasse 13, chemise « forme » (75). On se trouve là très clairement dans le « script de l'obéissance », tel qu'il est défini par le psychologue J-L. Beauvois : l'individu est préparé à obéir dès la prime enfance par une multitude d'« événements disciplinaires ». Très révélateur est ce témoignage d'un soldat « *sévèrement* élevé par [sa] mère dans l'esprit de la vérité » et pour qui, « une fois sur place, il a bien fallu exécuter les ordres reçus en raison du régime particulièrement *sévère* qui régnait dans les SS » (nous soulignons). AJM, 548, liasse 7, dossier 4 (6). MILGRAM, *Soumission*, p. 106. BEAUVOIS, *Traité*, p. 140 et suiv.

135. BAMA, RS 4/1292 (32) : SS-Pz.Gr.Rgt.4 « DF »/IIb, Stärke d.SS-Pz.Gr.Rgt.4 « DF » – Stand v. 15.3.1944; RS 4/1293 (35) : 9.gp./SS-Pz.Gr.Rgt.4 « DF » an III./SS-Pz.Gr.Rgt.4 « DF », Betr. : Abgabe von Unterführern u. Männern, 16.4.1944.

136. AJM, 548, liasse 7, dossier 3 (13).

137. *Ibid.*, 23 (2).

138. *Ibid.*, 7 (1), 9 (6), 8 (1), 11 (11), 16 (2 & 23); 552, liasse 13, chemise « Information » (64).

139. AJM, 548, liasse 7, dossier 11 (10).

140. MILGRAM, *Soumission*, p. 150 et suiv. MILGRAM, « Murder ». DARLEY, « Bystander ». LATANE, « Group ».

141. AJM, 548, liasse 7, dossiers 3 (9), 11 (2 & 9), 16 (23), 21 (1).

142. *Ibid.*, 3 (11), 5 (2), 7 (1), 15 (3 & 11), 16 (2).
143. *Ibid.*, 7 (1).
144. AJM, 552, liasse 13, chemise « Information » (64) ; 548, liasse 7, dossier 16 (23).
145. AJM, 548, liasse 7, dossier 12 (24) : Lettre de L.H. au Juge d'Instruction Lesieur, 19.6.1949. La relative sincérité, la lucidité et le poids du remord chez l'inculpé sont ici évidents. Ils ne doivent toutefois pas cacher que son intelligence et son expérience judiciaire en tant qu'inspecteur de police lui ont avantageusement permis de formuler cette lettre spontanée au juge d'instruction. Sur l'opération de Fraissynet-le-Gélat (Lot) le 21 mai 1944, cf. DELARUE, *Crimes*, p. 318-19.
146. AJM, 548, liasse 7, dossiers 3 (9), 8 (4), 11 (8), 16 (2).
147. Les seuls reproches directement exprimés à un supérieur n'ont été formulés qu'en soirée au cantonnement, c'est-à-dire plusieurs heures après le massacre, et par un individu trentenaire, donc plus mature. Même trois années après le crime, l'idée d'une révolte était toujours émise à la voix passive (« Dans ma compagnie se trouvaient une trentaine d'Alsaciens, dont 25 environ n'auraient pas fait cause commune avec les Allemands en cas de révolte. »). AJM, 548, liasse 7, dossier 16 (2 & 23 [cit.]). De même, le seul soldat SS alsacien à avoir déclaré après-guerre devant le juge d'instruction qu'il n'aurait « jamais tiré sur un Français », préférant « mourir à sa place », n'appartenait pas à la compagnie engagée à Oradour et n'a donc pas été personnellement confronté à ce problème. AJM, 552, liasse 13, chemise « Information » (132).
148. Réquisitoire du lieutenant-colonel Gardon, commissaire du gouvernement, lors du procès de Bordeaux en février 1953. FOUCHÉ, *Oradour*, p. 229.
149. MILGRAM, *Soumission*. Cf. aussi BROWNING, *Hommes ordinaires*.

Conclusion

1. Déposition de Paul Hausser à Nuremberg, TMI (XX), audiences des 5-6.8.1946, p. 388, 394-95. HAUSSER, *Soldaten*, p. 38-40. STEINER, F., *Armee*, p. 79 et suiv.
2. Cf. par exemple KERSHAW, *L'opinion*. WETTE, *Wehrmacht*. FRIESER, *Mythe*.

ANNEXES

Liste des annexes

1. Évolution des effectifs de la *Waffen-SS* pendant le conflit, 1940-1945
2. Proportions des ressortissants du Reich par rapport aux ressortissants étrangers au sein des formations militaires de la SS et de la police au 1er mai 1940
3. Chronologie de la constitution des divisions SS au cours du conflit en fonction de leur recrutement
4. Répartition des soldats d'active des formations SS « Tête de mort » au 31 octobre 1939 (sous-officiers et hommes du rang)
5. Répartition par classes d'âge des engagés volontaires au sein de la *Wehrmacht* et de la *Waffen-SS* (bilan en valeurs arrondies au 30 septembre 1944)
6. Dénombrement des communautés de souche allemande implantées hors des frontières de l'Allemagne de 1919
7. Ventilation des « Allemands ethniques » des États danubiens engagés dans un service armé (situation au 28 décembre 1943)
8. L'origine régionale des recrues de la *Waffen-SS* au sein du Reich en 1940
9. La part des ressortissants étrangers au sein des formations militaires SS au 1er mai 1940
10. La part des ressortissants étrangers au sein du régiment d'infanterie motorisée SS « Der Führer » (situation au 25 juin 1944)
11. Origines géographiques des personnels de la 9e division blindée SS et de la 12e division de grenadiers du peuple en 1945
12. Répartition par âges des effectifs de la *SS-Verfügungstruppe* et des *SS-Totenkopfverbände* de 1936 à 1938
13. Répartition par classes d'âge des personnels des formations de la *Waffen-SS* au 1er mai 1940
14. Répartition par tranches d'âge des personnels servant dans les divisions subordonnées au commandant en chef à l'ouest en décembre 1943

15. Âge des prisonniers de guerre des 9ᵉ division blindée SS et 12ᵉ division de grenadiers du peuple en 1945 en fonction de leur date d'incorporation
16. Répartition par catégories socio-professionnelles des recrues de la *Waffen-SS* incorporées par le bureau de la VIIᵉ région SS (Munich) en 1941
17. Profil socio-professionnel des personnels de la 9ᵉ division blindée SS et de la 12ᵉ division de grenadiers du peuple en fonction de leur date d'incorporation
18. L'appartenance confessionnelle des membres SS avant-guerre
19. L'appartenance à l'*Allgemeine-SS* des personnels de la *Waffen-SS* de 1940 à 1944
20. La ventilation des membres de l'*Allgemeine-SS* pendant le conflit (1940-1944)
21. Évolution des critères d'âge et de taille pour l'admission dans la SS en armes, 1936-1945
22. La classification médicale des prisonniers de la 9ᵉ division blindée SS et de la 12ᵉ division de grenadiers du peuple en 1945
23. Évolution de la moyenne d'âge des commandants de troupe (officiers supérieurs) des formations SS transformées en divisions blindées au cours de la guerre
24. Âge du plus jeune officier dans chaque grade au sein de l'armée de terre, juin 1944
25. L'évolution des effectifs de combat des divisions du corps d'armée blindée SS (automne 1942-printemps 1943)
26. Différence d'effectifs entre les divisions de l'armée de terre et de la *Waffen-SS* au début du conflit (1939-1940)
27. Écarts de dotation en armes et véhicules entre la division blindée SS et la division blindée de l'armée de terre « type 44 »
28. L'approvisionnement des unités de la *Waffen-SS* non subordonnées à la *Wehrmacht*, mai 1941
29. Comparaison de l'équipement des divisions blindées et mécanisée à l'ouest au prorata de leurs effectifs en personnels, 1ᵉʳ juin 1944
30. Ventilation des chars allemands par théâtre d'opérations le 20 avril 1944
31. Sessions de formation suivies par les commandants d'unité de la 9ᵉ division d'infanterie mécanisée SS en poste au 31 juillet 1943
32. Programme d'instruction de la « LSSAH », 21 novembre-6 décembre 1940
33. Demandes de mariage accordées en 1942 par l'Office principal SS de la race et de la colonisation (RuSHA) aux membres SS en fonction de leur organisation
34. Nombre de condamnations à mort prononcées par les tribunaux SS et exécutées, octobre 1939-30 juin 1944
35. Comparaison du moral des personnels des 9ᵉ division blindée SS et 62ᵉ division de grenadiers du peuple en janvier 1945

36. Répartition et poids respectifs des divisions motorisées et blindées de l'armée et de la *Waffen-SS* par théâtre d'opérations, 1940-1945
37. Délais accordés pour la mise sur pied de divisions rapides constituées à l'ouest en 1943
38. Répartition des pertes de l'armée de terre et de la *Waffen-SS* par année
39. Soldats de la *Waffen-SS* tués lors des premières campagnes militaires de la guerre, 1939-1942
40. Répartition des pertes de l'armée de terre et de la *Waffen-SS* par théâtre d'opérations et en captivité
41. Instruction militaire des personnels des 9e division blindée SS, 12e et 62e divisions de grenadiers du peuple en 1945
42. Nature des pertes humaines de la « LSSAH » au cours de sa première année d'engagement sur le front de l'Est (1er juillet 1941-31 juillet 1942)
43. Les pertes humaines des divisions allemandes engagées en Normandie à l'été 1944

1. Évolution des effectifs de la *Waffen-SS* pendant le conflit, 1940-1945

Dates	Effectifs globaux de la *Waffen-SS* — Valeur absolue	Effectifs globaux de la *Waffen-SS* — Différence par rapport au relevé précédent	Effectifs de campagne de la *Waffen-SS* — Valeur absolue	Effectifs de campagne de la *Waffen-SS* — Différence par rapport au relevé précédent	Part des effectifs de campagne dans les effectifs globaux
1.7.1940	104 853	?	≈ 47 000 [a]	?	≈ 45 %
31.12.1940	117 557	+ 12 704	59 868 [b]	+ [≈] 13 000	50,9 %
30.6.1941	160 405	+ 42 848	114 306 [c]	+ 54 438	71,3 %
31.12.1941	171 215	+ 10 810	103 815 [c]	– 10 491	60,6 %
1.9.1942 [d]	194 025	+ 22 810	146 658	+ 42 843	75,6 %
31.12.1942	246 717	+ 52 692	156 438	+ 9 780	63,4 %
30.6.1943	?	–	?	–	–
31.12.1943	501 049	+ 254 332	257 472	+ 101 034	51,4 %
30.6.1944	594 443	+ 93 394	368 654	+ 111 182	62,0 %
Mars 1945 [e]	829 400	+ 234 957	?	–	–

a. Estimation calculée à partir des effectifs de la « LSSAH » au 1er juillet 1940 et ceux de la « SS-Verfügungs-Division » et de la division « Totenkopf » au 1er mai 1940.
b. Sans la division de police SS.
c. Avec la division de police SS.
d. Il n'existe aucune statistique à la date du 30 juin 1942.
e. Tirés de l'ouvrage de Burkhart Müller-Hillebrand, les effectifs donnés le sont sous toute réserve et à titre purement indicatif. À l'exception du seul terme de juin 1944, tous les chiffres qu'il indique ne correspondent pas à ceux trouvés dans les archives SS. Le chiffre de 910 000 hommes a par ailleurs été avancé lors des débats au procès de Nuremberg et a été repris par Paul Hausser dans son ouvrage. TMI, XXII, p. 244 (29.8.1946). HAUSSER, *Soldaten*, p. 76.

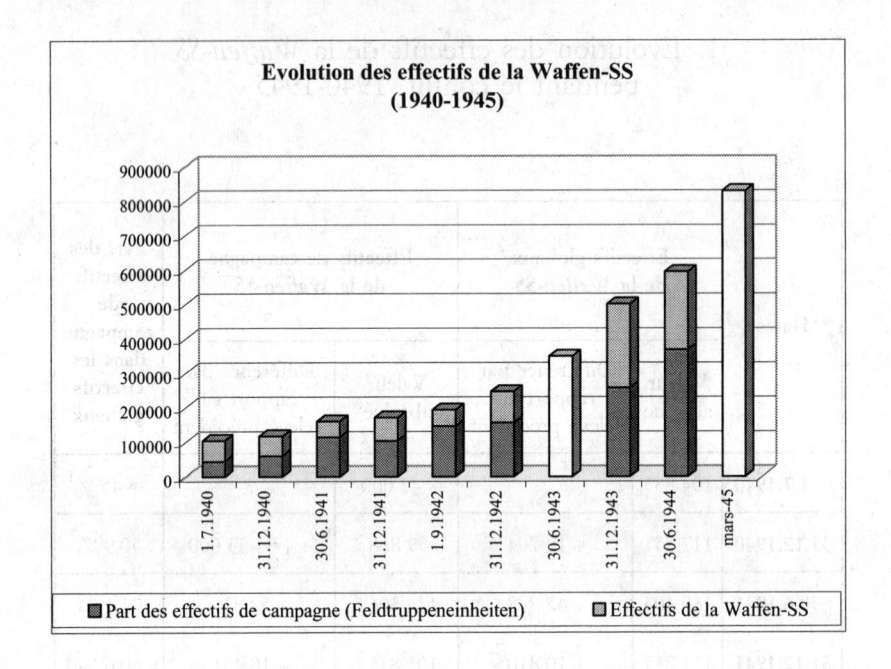

Evolution des effectifs de la Waffen-SS (1940-1945)

[Bar chart with dates on x-axis: 1.7.1940, 31.12.1940, 30.6.1941, 31.12.1941, 1.9.1942, 31.12.1942, 30.6.1943, 31.12.1943, 30.6.1944, mars-45; y-axis from 0 to 900000]

■ Part des effectifs de campagne (Feldtruppeneinheiten)   ☐ Effectifs de la Waffen-SS

Sources : BAL, NS 19/3521 (238-240) : Chef des E.-Amtes d.W-SS, Betr. : Übersichtsplan, 4.5.1940; NS 31/280 (5) : Gesamtstärke der SS am 1.7.1940; NS 19/3517 (26 et suiv.) : Inspekteur für Statistik an RF-SS, 4.4.1941; NS 19/1653 (4 et suiv.) : Inspekteur der Statistik an RF-SS, 27.8.1941; NS 19/2097 (46 et suiv.) : Stärkemeldung der SS v. 31.12.1941; NS 19/3516 : Ist-Stärke der W-SS, 1.9.1942; NS 19/1654 (4 et suiv.) : Inspekteur für Statistik an SS-Ostubaf. Brandt, Betr. : Die Stärke der SS am 31.12.42, 1.3.1943; NS 19/1474 (28) : Gesamtstärke der W-SS am 31.12.1943; NS 19/1471 (28) : Statistitisch-Wissenschatliches Institut des RF-SS an RF-SS, I/150/44 g.K., 19.9.1944. (Gesamtstärke der W-SS, 30.6.1944). BAMA, RS 4/1211 : LSSAH, Gefecht- u. Verpflegungsststärken (5.11.39-28.7.1940). MÜLLER-HILLEBRAND, *Heer* (III), p. 317.

2. Proportions des ressortissants du Reich par rapport aux ressortissants étrangers au sein des formations militaires de la SS et de la police au 1er mai 1940 *

Waffen-SS et division de police SS (et leurs formations de remplacement respectives)	*Waffen-SS* et police valeur absolue	*Waffen-SS* valeur absolue	en %	Division de police valeur absolue	en %
Membres nés à l'intérieur des frontières de l'Allemagne du 30.1.1933 (*Altreich*)	83 442	65 472	72,2 %	17 970	53,5 %
Membres nés dans les territoires annexés par le Reich du 30.1.1933 au 1.5.1940	40 061	24 613	27,2 %	15 448	46,0 %
Allemands ethniques (*Volksdeutsche*)	584	451	0,5 %	133	0,4 %
« Volontaires de sang germanique »	111	101	0,1 %	10	0,06 %
Total	124 198	90 367	100 %	33 561	100 %

* Les effectifs du régiment renforcé « LSSAH » ne sont pas compris dans les effectifs de la *Waffens-SS* présentés ici, l'unité ne les ayant pas communiqués. À l'aune des chiffres connus pour l'une de ses compagnies, sa composition ne semble pas avoir été fondamentalement différente de celle des autres unités de la *Waffen-SS* à cette époque. BAMA, RS 4/1216 : [8.(MG) Kp./LSSAH], Betr. : Landmannschaftliche Aufstellung, 11.4.1940.

Source : BAL, NS 19/3521 (238-240) : Chef des E.-Amtes der Waffen-SS, Betr. : Übersichtsplan, 7.5.1940.

3. Chronologie de la constitution des divisions SS au cours du conflit en fonction de leur recrutement

Date	Divisions SS à recrutement allemand ou assimilé	Divisions à recrutement étranger	Total cumulé des divisions SS mises sur pied
1.1.1940	2	–	2
1.6.1940	2	–	2
1.1.1941	3 *	–	3
1.6.1941	4	–	4
1.1.1942	5	–	5
1.6.1942	7	1	8
1.1.1943	9	1	10
1.6.1943	9	5	14
1.1.1944	12	5	17
1.6.1944	12	11	23
1.1.1945	14	20	34
1.5.1945	17	27 **	44

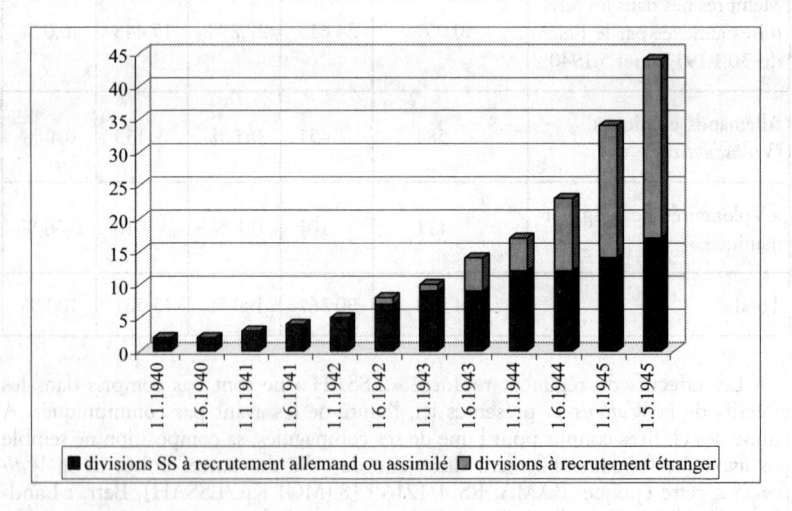

* Eu égard au très faible nombre de volontaires germaniques dans ses rangs, la division « Wiking » est comptée comme une division à recrutement allemand.
** Y compris les deux divisions cosaques de cavalerie SS.

Sources : STEIN, *Waffen SS*, p. 304-305. GELWICK, *Personnel*, p. 709 et suiv.

4. Répartition des soldats d'active des formations SS « Tête de mort » au 31 octobre 1939 (sous-officiers et hommes du rang)

	Effectifs théoriques	Effectifs d'active au 31.7.1939	ventilation au 31.10.1939	proportion dans les unités
Effectifs des SS-TV	–	7 862	100 %	–
Division SS « Totenkopf »	14 889	5 547	70,6 %	37,3 %
État-major divisionnaire	132	62	0,8 %	47,0 %
1er régiment d'infanterie SS « Tête de mort »	3 050	1 307	16,6 %	42,9 %
2e régiment d'infanterie SS « Tête de mort »	3 050	1 120	14,2 %	36,7 %
3e régiment d'infanterie SS « Tête de mort »	3 050	1 569	20,0 %	51,4 %
Régiment d'artillerie SS « Tête de mort »	1 675	633	8,1 %	37,8 %
Groupe de reconnaissance SS « Tête de mort »	562	165	2,1 %	29,4 %
Groupe antichar SS « Tête de mort »	534	216	2,7 %	40,4 %
Bataillon du génie SS « Tête de mort »	807	188	2,4 %	23,3 %
Sous-total : Unités de commandement et de mêlée	12 860	5 260	66,9 %	40,9 %
Groupe de transmissions SS « Tête de mort »	409	129	1,6 %	31,5 %
Services du train SS	966	119	1,5 %	12,3 %
Services administratifs SS	195	–	–	–
Services sanitaires SS	459	39	0,5 %	8,5 %
Sous total : Unités de soutien	2 029	287	3,7 %	14,1 %

(Suite du tableau page suivante)

Annexe 4 (suite)

Régiments renforcés SS « Tête de mort »	**9 240**	**1 276**	**16,2 %**	**13,8 %**
4ᵉ régiment SS « Tête de mort »	2 247	199	2,5 %	8,9 %
5ᵉ régiment SS « Tête de mort »	2 247	431	5,5 %	19,2 %
6ᵉ régiment SS « Tête de mort »	2 247	296	3,8 %	13,2 %
7ᵉ régiment SS « Tête de mort »	2 247	221	2,8 %	9,8 %
« Hamburg »	40	40	0,5 %	100 %
Inspection générale des régiments renforcés SS « Tête de mort »	212	89	1,1 %	42,0 %
Unités de remplacement	**8 314**	**1 038**	**13,2 %**	**12,5 %**

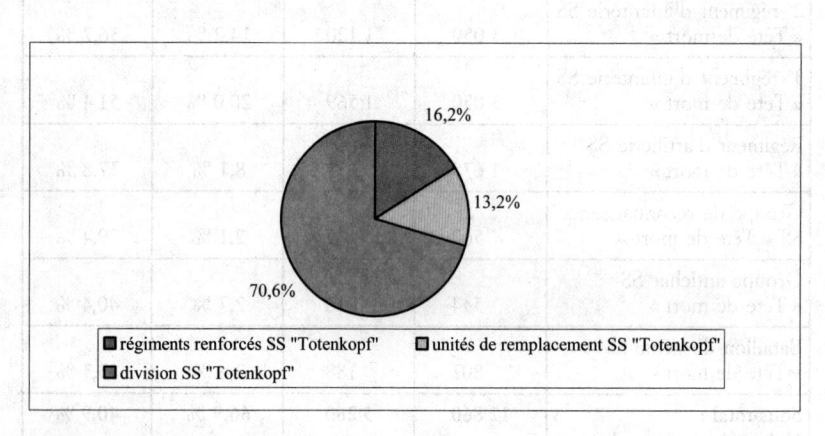

Répartition :
- régiments renforcés SS "Totenkopf" : 70,6 %
- unités de remplacement SS "Totenkopf" : 13,2 %
- division SS "Totenkopf" : 16,2 %

NB : Les décomptes, tels qu'ils apparaissent sur le document original, comportent des erreurs minimes de calcul qui ont été ici rectifiées.

Source : VHA, 3. SS-Pz.Div., 4/2 : Übersicht über die Stärken an Unterführern und Männern der SS-Division und SS-Totenkopfstandarten, s.d. (état au 31.10.1939).

5. Répartition par classes d'âge des engagés volontaires au sein de la *Wehrmacht* et de la *Waffen-SS* (bilan en valeurs arrondies au 30 septembre 1944)

Classes d'âge		1922	1923	1924	1925	1926	1927
Effectifs masculins		649 000	622 000	654 000	662 000	630 000	603 000
Armée de terre	Valeur absolue	51 000	55 000	47 000	43 000	64 000	71 000
	%	8 %	9 %	7 %	6 %	10 %	12 %
Armée de l'air	Valeur absolue	43 000	61 000	63 000	46 000	47 000	44 000
	%	7 %	10 %	10 %	7 %	7 %	7 %
Marine	Valeur absolue	41 000	38 000	35 000	46 000	56 000	55 000
	%	6 %	6 %	5 %	7 %	9 %	9 %
Waffen-SS	Valeur absolue	15 000	21 000	28 000	61 000	60 000	47 000
	%	2 %	3 %	4 %	9 %	10 %	8 %

Sources : KROENER, « " Menschenbewirtschaftung " » (5/2), p. 858. Effectifs des classes d'âge 1922-1923 : BAL, NS 19/1711 (5) : Anl. 1, Übersicht über Stärke der Geburtsjahrgänge 1916-1919 (Altreich einschl. Ostmark und Sudetenland, ohne den neugewonnenen deutschen Osten und ohne Elsaß-Lothringen), Stand : 1.6.1940. Effectifs des classes d'âge 1924-1927 : BAL, NS 19/4 (20) : Anl. 1, Betr. : Stärke der männlichen Jahrgänge 1924-1933 und deren voraussichtliche Wehrtüchtigkeit (Deutsches Reich ohne Ostprovinzen Memel, Kattowitz, Zichenau).

6. Dénombrement des communautés de souche allemande implantées hors des frontières de l'Allemagne de 1919

Ensembles géographiques	Pays ou régions (avec pays souverain)	Effectifs estimés
Europe du Nord	Schleswig du Nord (Danemark)	40 000
	Sous-total	**40 000**
Pays baltes	Estonie	18 000-20 000
	Lettonie	≈ 70 000
	Lituanie	40 000
	Memel (autonome depuis 1924)	75 000-100 000
	Sous-total	**≈ 203 000-230 000**
Europe centrale et de l'Est	Pologne issu du Congrès, Bielitz *, Vohlynie **, Galicie (Pologne)	500 000
	Danzig (ville libre)	400 000
	Hultschiner Ländchen *** (Tchécoslovaquie)	45 000
	Posen, Prusse occidentale, Haute-Silésie (Pologne)	620 000
	URSS	≈ 1 000 000
	Sous-total	**≈ 2 565 000**

(Suite du tableau page suivante)

* Actuellement Bielsko-Biala (Pologne), au sud de Katowice et à l'ouest/sud-ouest de Cracovie.

** En allemand Wolhynien. Province actuellement au nord-ouest de l'Ukraine, entre le Bug et le Dniepr, et dont la principale ville est Jitomir (Shitomir). De la taille approximative de la Bavière, il s'agissait d'une province marécageuse colonisée par des populations allemandes dans la seconde moitié du XVIIIe siècle et au début du XIXe siècle.

*** Région en Moravie du Nord située entre Oppa, Oder et Zinna, au nord-ouest d'Ostrava (Ostrau) dont l'histoire est également liée avec la Silésie. Sa principale ville est Hlucin (Hultschin).

Annexe 6 (suite)

Bassin danubien	Hongrie	600 000
	Roumanie	800 000
	Sudètes (Tchécoslovaquie)	3 500 000
	Yougoslavie	700 000
	Sous-total	**5 600 000**
Europe de l'Ouest	Alsace-Lorraine (France)	1 800 000
	Eupen-Malmédy, Moresnet (Belgique)	65 000
	Sarre (sous mandat de la SDN)	650 000
	Sous-total	**2 515 000**
Europe méridionale	Tyrol du Sud (Italie)	250 000
	Sous-total	**250 000**
Estimation totale		≈ 11 173 000-11 200 000

Source : JACOBSEN, *Außenpolitik*, p. 160-161.

7. Ventilation des « Allemands ethniques » des États danubiens engagés dans un service armé (situation au 28 décembre 1943)

Pays ou régions	Effectifs au 28.12.1943	
	valeur absolue	en % de la communauté allemande
Slovaquie		
Effectifs de la communauté allemande ethnique	150 000	–
Waffen-SS	**5 390**	**3,59 %**
Wehrmacht	237	0,16 %
Armée slovaque	1 740	1,16 %
Formations paramilitaires	1 000	0,67 %
Total	8 367	5,58 %
Hongrie		
Effectifs de la communauté allemande ethnique	1 250 000	–
Waffen-SS	**22 125**	**1,77 %**
Wehrmacht	1 729	0,14 %
Armée hongroise	35 000	2,80 %
Formations paramilitaires	459	0,04 %
Total	59 313	4,75 %

(Suite du tableau page suivante)

Annexe 7 (suite)

Roumanie		
Effectifs de la communauté allemande ethnique	537 000	–
Waffen-SS	**54 000**	10,06 %
Wehrmacht et armée roumaine	6 000	1,12 %
Total	60 000	11,17 %
Banat et Serbie		
Effectifs de la communauté allemande ethnique	150 000	–
Waffen-SS, Police auxiliaire (*Hilfspolizei*), Police du Banat (*Banater Polizei*)	**21 516**	14,34 %
Wehrmacht	602	0,40 %
Total	22 118	14,75 %
Croatie		
Effectifs de la communauté allemande ethnique	175 000	–
Waffen-SS	**17 538**	10,02 %
Wehrmacht	1 386	0,79 %
Armée croate	2 636	1,51 %
Formations paramilitaires	3 488	1,99 %
Total	25 048	14,31 %

NB : Les pourcentages présentés ici, calculés à partir des valeurs absolues données dans la seconde colonne, diffèrent régulièrement de ceux donnés dans l'étude de Robert Herzog.

Source : Extrait de la feuille d'information *Der Reichsleiterdienst* du 28.12.1943, cité *in* HERZOG, *Volksdeutschen*, p. 16-17.

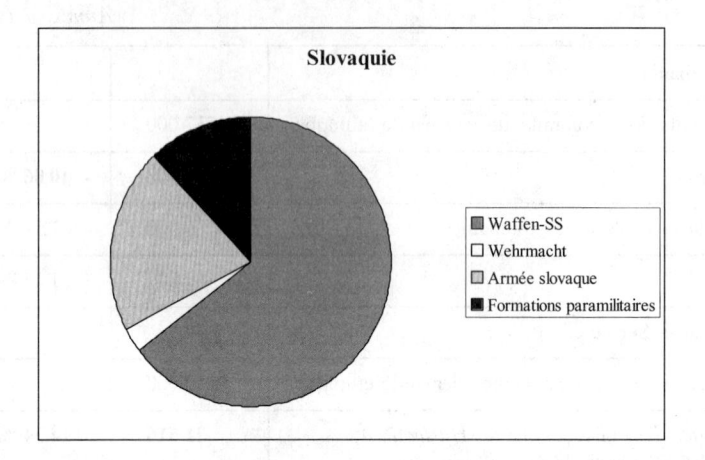

Slovaquie

- Waffen-SS
- Wehrmacht
- Armée slovaque
- Formations paramilitaires

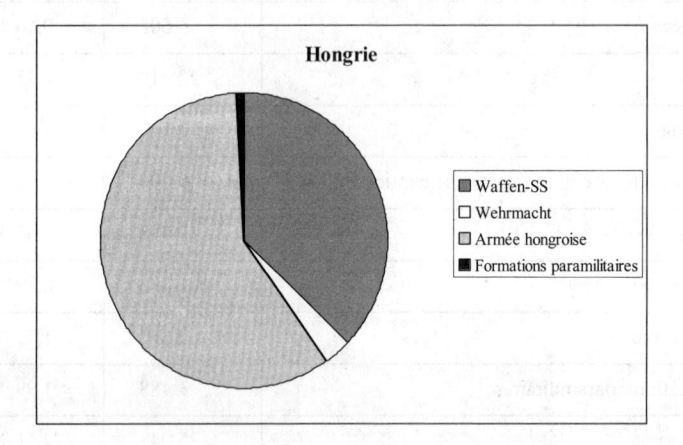

Hongrie

- Waffen-SS
- Wehrmacht
- Armée hongroise
- Formations paramilitaires

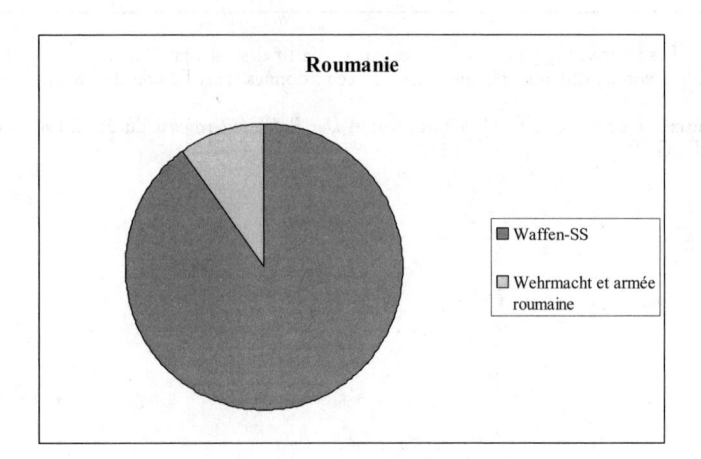

Roumanie

- Waffen-SS
- Wehrmacht et armée roumaine

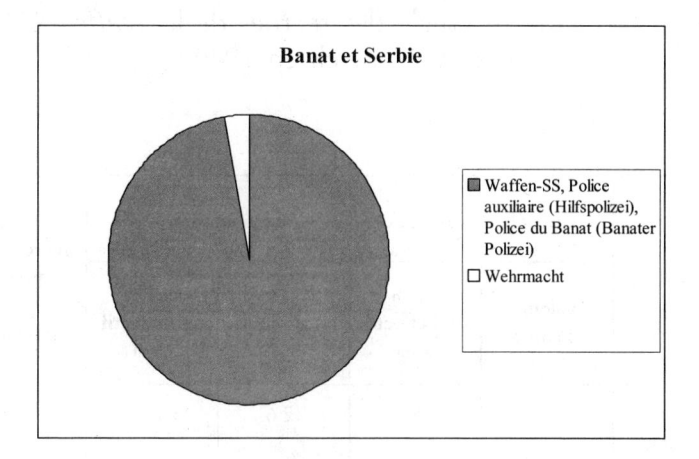

ANNEXES 1099

Banat et Serbie

- Waffen-SS, Police auxiliaire (Hilfspolizei), Police du Banat (Banater Polizei)
- Wehrmacht

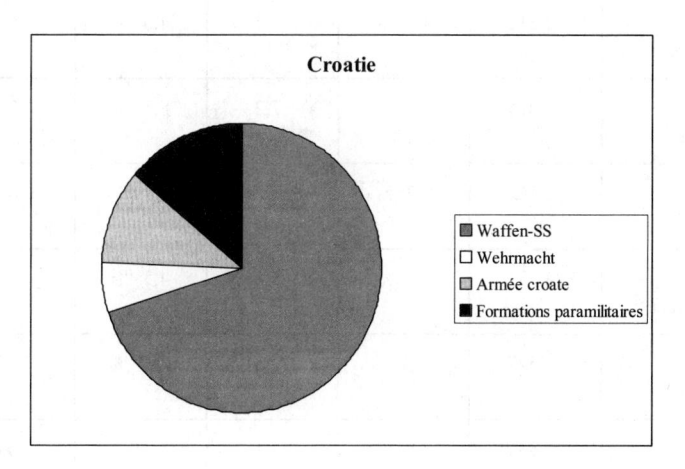

Croatie

- Waffen-SS
- Wehrmacht
- Armée croate
- Formations paramilitaires

8. L'origine régionale des recrues de la *Waffen-SS* au sein du Reich en 1940 *

Régions	Effectifs des recrues valeur absolue	Effectifs des recrues en % de l'effectif total	Population en millions	Population en % de l'effectif total	Nombre de recrues SS pour 100 000 habitants
I Nordost	1 923	3,9 %	2,6	3,1 %	7,4
II Ostsee	2 212	4,5 %	3,4	4,0 %	6,5
III Spree	4 075	8,3 %	7,2	8,5 %	5,7
IV Elbe	2 562	5,2 %	8	9,4 %	3,2
V Südwest	4 537	9,3 %	3,8	4,5 %	11,9
VI West	5 527	11,3 %	**11,8**	**13,9 %**	4,7
VII Süd	1 349	2,8 %	3,1	3,7 %	4,4
VIII Südost	4 154	8,5 %	6,7	7,9 %	6,2
IX Fulda-Werra	3 420	7,0 %	5,2	6,1 %	6,6
X Nordsee	4 333	8,9 %	5,1	6,0 %	8,5

(Suite du tableau page suivante)

* Incorporation du 15 janvier au 31 décembre 1940.

Annexe 8 (suite)

XI Mitte	5 652	11,6 %	4,3	5,1 %	13,1
XII Rhein	2 407	4,9 %	5,1	6,0 %	4,7
XIII Main	2 159	4,4 %	4,8	5,7 %	4,5
XVII Donau	2 232	4,6 %	4,6	5,4 %	4,9
XVIII Alpenland	2 201	4,5 %	2,3	2,7 %	9,6
XX Weichsel	151	0,3 %	2,2	2,6 %	0,7
XXI Warthe	–	–	4,5	5,3 %	–
Total	48 894	100 %	84,7	100 %	Moyenne 6,03

Sources : BAL, NS 19/3517 (65, 245 & 263) : Einberufungen bei der Waffen-SS im Jahr 1940; E.-Amt der Waffen-SS an den RF-SS, Betr. : Zusammenstellung von Einberufungsvorgängen, 9.1.1941 (Anl. 3); Zusammenstellung der Gesamtergebnisse vom 1.1-30.4.1941.

L'origine régionale des recrues de la *Waffen-SS*
au sein du Reich en 1940
(en % de leur effectif total)

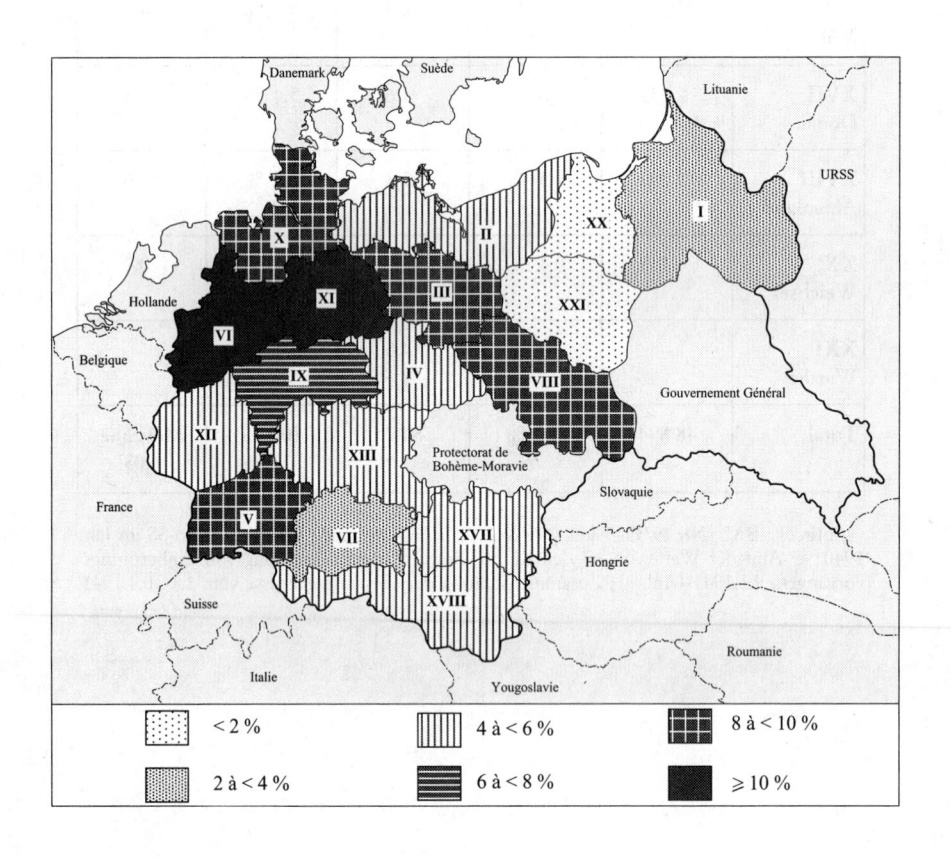

Le recrutement de la *Waffen-SS* en fonction du poids démographique des régions du Reich en 1940
(en ‰ooo)

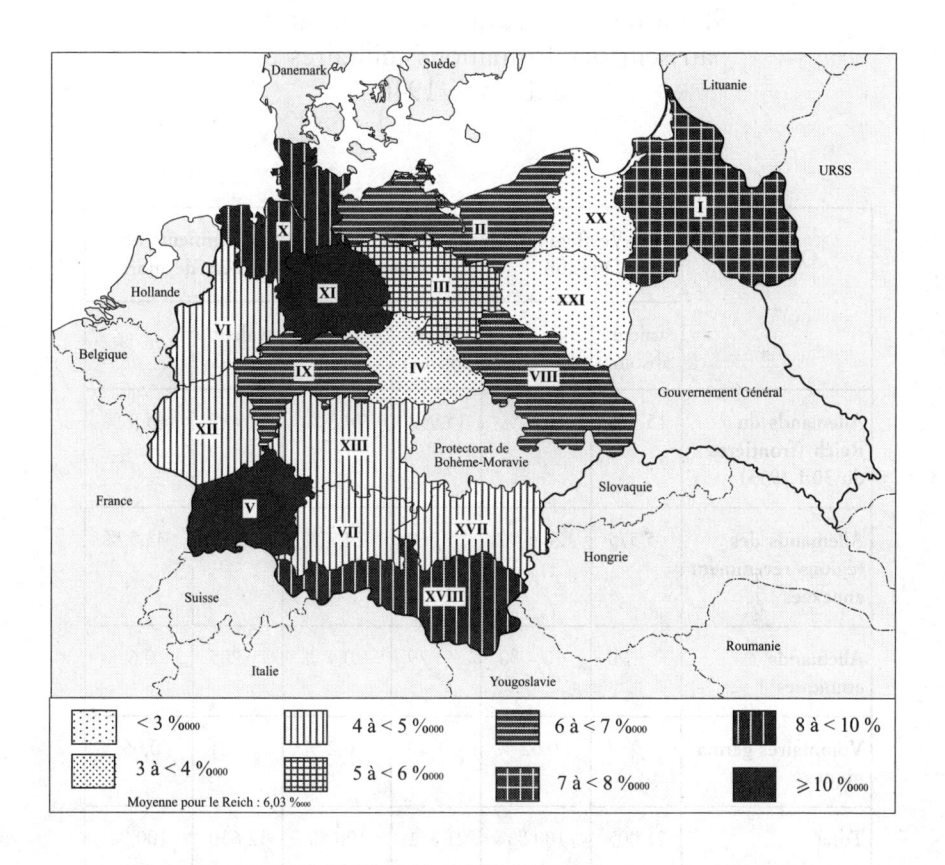

9. La part des ressortissants étrangers au sein des formations militaires SS au 1er mai 1940

Origines	SS-Verfügungs-Division		Division SS « Totenkopf »		Régiments SS « Tête de mort »	
	valeur absolue	en %	valeur absolue	en %	valeur absolue	en %
Allemands du Reich (frontières du 30.1.1933)	15 336	73,0 %	15 932	74,8 %	21 489	65,9 %
Allemands des régions récemment annexées	5 575	26,5 %	5 260	24,7 %	10 915	33,5 %
Allemands ethniques	90	0,4 %	79	0,4 %	205	0,6 %
Volontaires germaniques	4	0,02 %	40	0,2 %	21	0,06 %
Total	21 005	100 %	21 311	100 %	32 630	100 %

Source : BAL, NS 19/3521 (238-240) : Chef des E.-Amtes der Waffen-SS, Betr. : Übersichtsplan, 4.5.1940 (Stand : 1.5.1940).

10. La part des ressortissants étrangers
au sein du régiment d'infanterie motorisée SS
« Der Führer »
(situation au 25 juin 1944)

Statuts	Effectifs	en %
Allemands du Reich	3 217	86,64 %
Allemands ethniques	440	11,85 %
Volontaires germaniques	18	0,48 %
Volontaires divers non allemands	2	0,05 %
Volontaires auxiliaires (*Hiwis*)	36	0,97 %
Total	3 713	100 %

Sources : IHTP, MF 225 (333127 & 333133) : SS-Pz.Gr.Rgt. 4 « Der Führer »/IIb an 2.SS-Pz.Div. « Das Reich », Betr. : Monatliche Stärkemeldung, 25.6.1944 ; II./SS-Pz.Gr.Rgt. 4 « Der Führer »/IIb an SS-Pz.Gr.Rgt. 4 « Der Führer »/IIb, Betr. : *ibid.*, 21.6.1944.

11. Origines géographiques des personnels de la 9ᵉ division blindée SS et de la 12ᵉ division de grenadiers du peuple en 1945 (en %) *

a) 9ᵉ division blindée SS

Pays ou région d'origine	Date d'incorporation				Moyenne en janvier 1945
	1942 et avant	1943	janvier-juillet 1944	août 1944 et après	
Allemagne **	72	55	29	16	37
Autriche	11	3	5	2	4
Sudètes	4	3	–	1	2
Alsace-Lorraine	–	5	3	–	2
Russie	–	6	44	73	40
Autres	13	28	19	8	15
Total	100	100	100	100	100

* Statistiques établies sur la base d'échantillons représentatifs de prisonniers de guerre (cf. *infra*, p. 1181-1182).
** Sur le document original, « legal Germany ». Il s'agit de l'Allemagne reconnue dans ses frontières du 1ᵉʳ janvier 1938. Les enquêteurs alliés y ont toutefois inclus Danzig.

Annexe 11 (suite)

b) 12ᵉ division de grenadiers du peuple

Pays ou région d'origine	1941 et avant	1942	1943	1944	Moyenne en mars 1945
Allemagne **	89	83	85	67	82
Autriche	5	11	2	2	4
Sudètes	3	–	3	5	3
Alsace-Lorraine	–	–	3	5	2
Pologne	3	4	5	17	7
Russie	–	2	–	2	1
Slovaquie	–	–	2	2	1
Total	100	100	100	100	100

Colonnes 2–5 : Date d'incorporation

9ᵉ division blindée SS

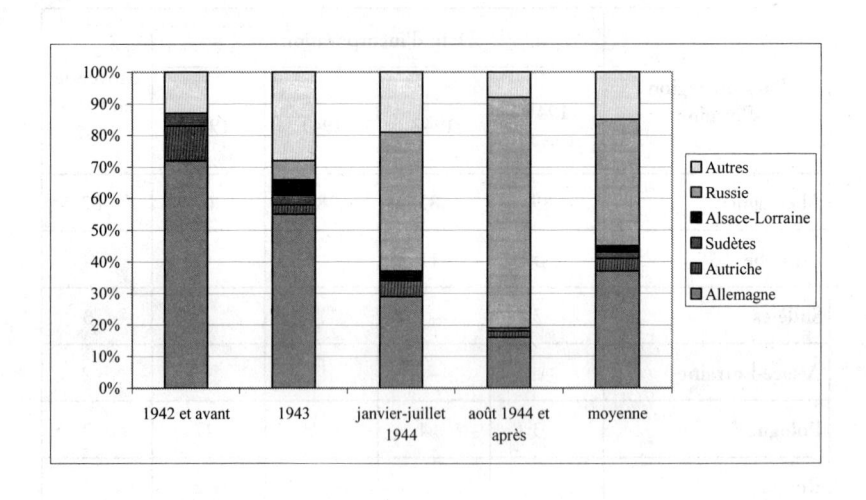

12ᵉ division de grenadiers du peuple

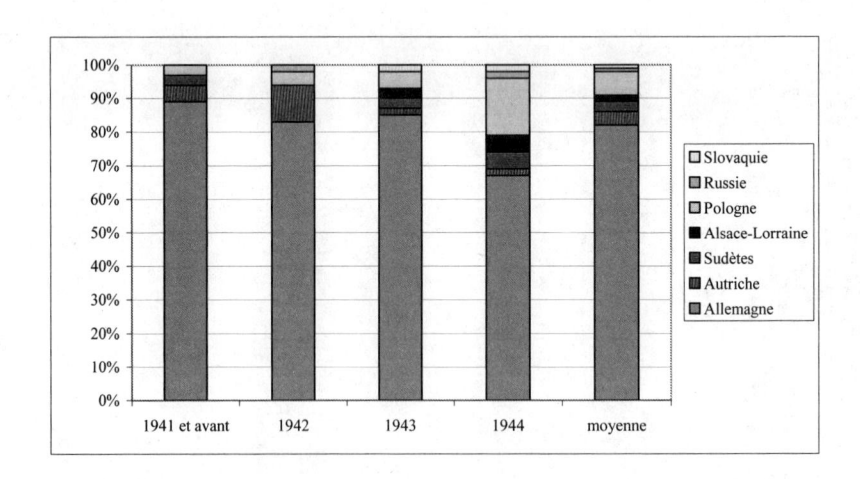

Sources : NARA, RG 492/Entry ETO-MIS-Y Sect./Box 63 : FUSA, 9 SS Div (survey), 15/16.1.1945, p. 4; Box 64 : FUSA, 12 VG Div (survey), 1/2.3.1945, p. 5.

12. Répartition par âges des effectifs de la *SS-Verfügungstruppe* et des *SS-Totenkopfverbände* de 1936 à 1938

a) Évolution de la moyenne d'âge de 1936 à 1938

Dates	*SS-Verfügungstruppe*		*SS-Totenkopfverbände*	
	Moyenne d'âge	Effectifs	Moyenne d'âge	Effectifs
1.8.1936	23,6	9 136	23,2	3 502
1.9.1937	23,7	11 299	22,9	4 779
31.12.1938	22,7	14 234	20,7	9 172

Source : SJSS (1937), p. 48, 52 ; (1938), p. 78, 87.

Annexe 12 (suite)

b) Répartition par tranches d'âge
des effectifs des SS-VT et SS-TV au 31 décembre 1938

Tranches âge	SS-Verfügungstruppe Effectifs	%	SS-Totenkopfverbände Effectifs	%
15-17 ans	357	2,5 %	1 682	18,3 %
18-20 ans	4 115	28,9 %	3 859	42,1 %
21-25 ans	7 371	51,8 %	2 633	28,7 %
26-30 ans	1 931	13,6 %	746	8,1 %
30-40 ans	346	2,4 %	211	2,3
plus de 40 ans	114	0,8 %	41	0,4 %
Total	14 234	100 %	9 172	100 %

Source : SJSS (1938), p. 79, 88.

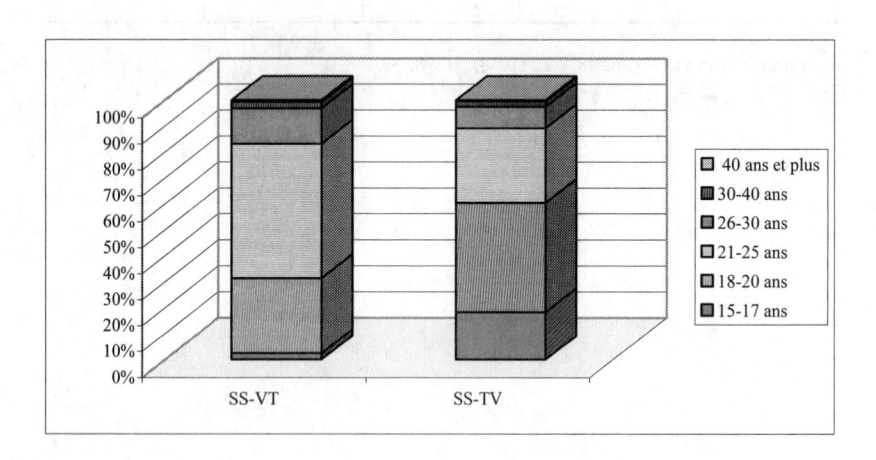

13. Répartition par classes d'âge des personnels des formations de la *Waffen-SS* au 1ᵉʳ mai 1940

Unités SS	1900 et avant	1901-1912	1913-1919	1920 et après	Total
SS-Verfügungs-Division	105	2 320	10 636	7 944	21 005
	0,5 %	11,0 %	**50,6 %**	37,8 %	100 %
Division SS « Totenkopf »	1 984	11 282	4 304	3 741	21 311
	9,3 %	**52,9 %**	20,2 %	17,6 %	100 %
Régiments SS « Tête de mort »	518	19 337	4 456	8 319	32 630
	1,6 %	**59,3 %**	13,7 %	25,5 %	100 %

Source : BAL, NS 19/3521 (238) : Chef des E.-Amtes der Waffen-SS, Betr. : Übersichtsplan, 4.5.1940 (Stand : 1.5.1940).

14. Répartition par tranches d'âge des personnels servant dans les divisions subordonnées au commandant en chef à l'ouest en décembre 1943 *

Unités		Années de naissance					Total
		1899 et avant	1900-1905	1906-1913	1914-1922	1923 et après	
WAFFEN-SS							
9ᵉ division blindée SS	effectifs	36	604	3 154	3 338	12 406	19 538
	%	0,2 %	3,1 %	16,1 %	17,1 %	**63,5 %**	100 %
10ᵉ division blindée SS	effectifs	33	597	2 806	3 555	12 143	19 134
	%	0,2 %	3,1 %	14,7 %	18,6 %	**63,5 %**	100 %
12ᵉ division blindée SS	effectifs	11	112	683	1 935	15 998	18 739
	%	0,1 %	0,6 %	3,6 %	10,3 %	**85,4 %**	100 %
WEHRMACHT							
242ᵉ division d'infanterie	effectifs	59	1 404	5 411	2 180	1 438	10 492
	%	0,6 %	13,4 %	**51,6 %**	20,8 %	13,7 %	100 %
243ᵉ division d'infanterie	effectifs	24	438	6 943	2 343	1 478	11 226
	%	0,2 %	3,9 %	**61,8 %**	20,9 %	13,2 %	100 %
244ᵉ division d'infanterie	effectifs	69	607	5 168	2 555	3 394	11 793
	%	0,6 %	5,1 %	**43,8 %**	21,7 %	28,8 %	100 %

(Suite du tableau page suivante)

* Parmi les 27 divisions de la *Wehrmacht* à avoir communiqué les chiffres complets de leurs personnels, seules ont été retenues celles dont les effectifs étaient supérieurs à 10 000 hommes, donc proches de leur niveau théorique (13 463 hommes pour une division d'infanterie normale, 12 461 pour une division statique). KROENER, « Menschenbewirtschaftung » (5/2), p. 960.

Annexe 14 (suite)

319ᵉ division d'infanterie	effectifs	32	1 818	4 782	2 576	1 889	11 097
	%	0,3 %	16,4 %	**43,1 %**	23,2 %	17,0 %	100 %
326ᵉ division d'infanterie	effectifs	80	796	4 483	4 097	2 307	11 763
	%	0,7 %	6,8 %	**38,1 %**	34,8 %	19,6 %	100 %
343ᵉ division d'infanterie	effectifs	55	2 090	5 078	1 548	2 153	10 924
	%	0,5 %	19,1 %	**46,5 %**	14,2 %	19,7 %	100 %
21ᵉ division blindée	effectifs	69	587	3 325	5 680	4 327	13 988
	%	0,5 %	4,2 %	23,8 %	**40,6 %**	30,9 %	100 %
Div. d'infanterie mécanisée « Feldherrnhalle »	effectifs	36	611	4 242	6 864	5 617	17 370
	%	0,2 %	3,5 %	24,4 %	**39,5 %**	32,3 %	100 %
19ᵉ div. de campagne de l'armée de l'air	effectifs	32	226	3 534	4 529	2 236	10 557
	%	0,3 %	2,1 %	33,5 %	**42,9 %**	21,2 %	100 %

Source : BAMA, RH19-IV/18 (169-75) : Ob.West (Oberkdo. H.Gr. D) an OKW/ WFSt/Op. (H), la 7183/43 g.K., Betr. : Übersicht über die Altersschichtung aller im Westen befindlichen Divisionen (ohne Res.Div.), 9.12.1943.

15. Âge des prisonniers de guerre des 9ᵉ division blindée SS et 12ᵉ division de grenadiers du peuple en 1945 en fonction de leur date d'incorporation (en %)

a) 9ᵉ division blindée SS

Tranches d'âge	Date d'incorporation				Moyenne en janvier 1945
	1942 et avant	1943	janvier-juillet 1944	août 1944 et après	
16-17	–	–	6	11	6
18	–	12	42	7	144
19-20	11	60	17	2	18
21-22	20	11	6	5	9
23-25	25	6	14	2	10
26-30	15	5	10	6	8
31-35	15	6	3	20	13
36-40	9	–	2	35	16
plus de 40 ans	4	–	–	12	6
Total	100	100	100	100	100

Source : NARA, RG 492/Entry ETO-MIS-Y Sect./Box 63 : FUSA, 9 SS Div (survey), 15/16.1.1945, p. 4.

b) 12ᵉ division de grenadiers du peuple

Tranches d'âge	Date d'incorporation				Moyenne en mars 1945
	1941 et avant	1942	1943	1944	
17	–	–	2	6	2
18	–	–	10	25	8
19-20	–	24	49	11	18
21-22	5	29	8	3	9
23-25	17	9	6	3	10
26-30	24	–	3	10	12
31-35	33	20	14	19	23
36-40	21	18	8	23	18
Total	100	100	100	100	100

Source : NARA, RG 492/Entry ETO-MIS-Y Sect./Box 64 : FUSA, 12 VG Div (survey), 1/2.3.1945, p. 5.

Annexe 15 (suite)

9ᵉ division blindée SS

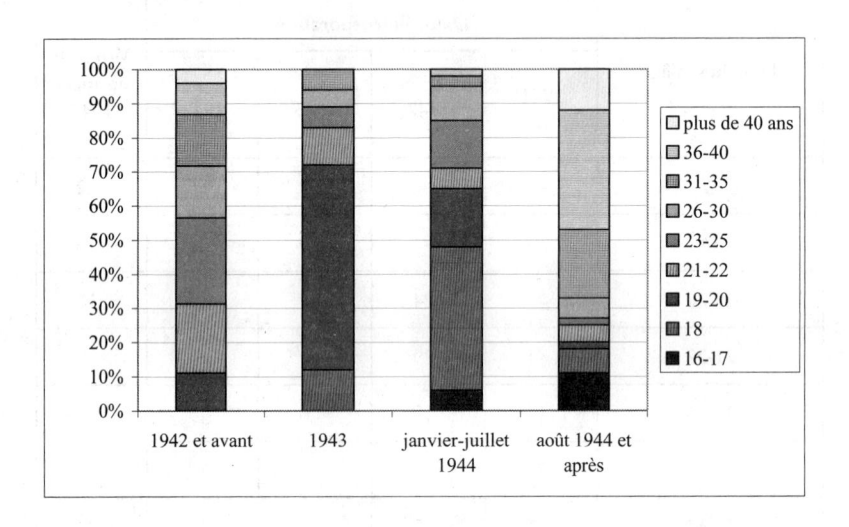

12ᵉ division de grenadiers du peuple

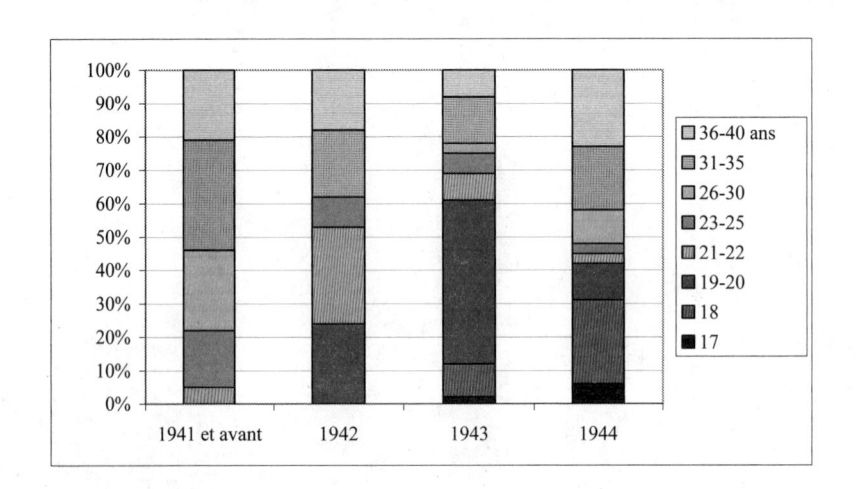

Annexe 15 (suite)

c) Proportions comparées des personnels de la 9e division blindée SS et de la 12e division de grenadiers du peuple par tranches d'âge (en %)

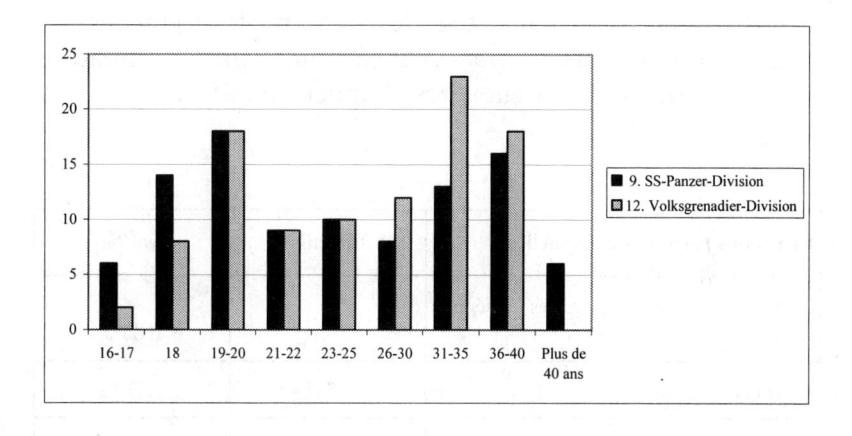

16. Répartition par catégories socio-professionnelles des recrues de la *Waffen-SS* incorporées par le bureau de la VIIe région SS (Munich) en 1941

Catégories socio-professionnelles	Effectifs	en %
Paysans et ouvriers agricoles indépendants	25	0,8 %
Ouvriers agricoles	541	17,9 %
Commerçants indépendants	2	0,1 %
Fonctionnaires et employés de commerce	213	7,1 %
Professions libérales diverses	32	1,1 %
Artisans et ouvriers spécialisés	1 600	53,1 %
Travailleurs qualifiés et non qualifiés	417	13,8 %
Professions académiques, étudiants et bacheliers	40	1,3 %
Élèves	145	4,8 %
Total	**3 015**	**100 %**

Source : BAL, NS 31/145 (8) : E.-Stelle Süd (VII) an SS-Hauptamt/Am II, Betr. : Rassische Statistik für 1941, 14.7.1942 (Annahmeuntersuchung : 1.1.-31.12.1941).

(Voir graphique page suivante)

ANNEXES 1119

Professions académiques, étudiants et bacheliers
Paysans et ouvriers agricoles indépendants
Travailleurs qualifiés et non qualifiés
élèves
Ouvriers agricoles
Commerçants indépendants
Fonctionnaires et employés de commerce
Professions libérales diverses
Artisans et ouvriers spécialisés

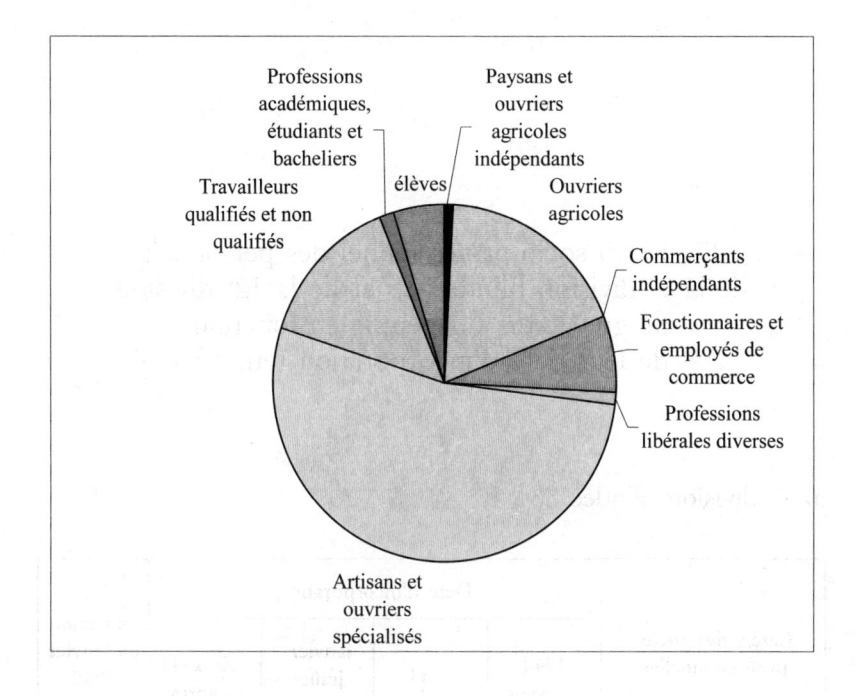

17. Profil socio-professionnel des personnels de la 9ᵉ division blindée SS et de la 12ᵉ division de grenadiers du peuple en fonction de leur date d'incorporation (en %)

a) 9ᵉ division blindée SS

Catégories socio-professionnelles	1942 et avant	1943	janvier-juillet 1944	août 1944 et après	Moyenne en janvier 1945
Hommes d'affaires et professions libérales	17	15	2	3	7
Étudiants	2	5	5	4	4
Mécaniciens et travailleurs dans l'industrie	25	13	18	9	15
Commerçants	33	27	22	13	22
Travailleurs non qualifiés	4	–	2	2	2
Agriculteurs	19	40	51	69	50
Total	100	100	100	100	100

Source : NARA, RG 492/Entry ETO-MIS-Y Sect./Box 63 : FUSA, 9 SS Div (survey), 15/16.1.1945, p. 4.

Annexe 17 (suite)

b) 12ᵉ division de grenadiers du peuple

Catégories socio-professionnelles	1941 et avant	1942	1943	1944	Moyenne en mars 1945
Hommes d'affaires et professions libérales	15	20	16	15	16
Étudiants	1	7	5	2	3
Mécaniciens et travailleurs dans l'industrie	8	25	30	19	19
Commerçants	33	22	27	34	29
Travailleurs non qualifiés	8	2	5	6	6
Agriculteurs	35	24	17	24	27
Total	100	100	100	100	100

Source : NARA, RG 492/Entry ETO-MIS-Y Sect./Box 64 : FUSA, 12 VG Div (survey), 1/2.3.1945, p. 5.

Annexe 17 (suite)

9ᵉ division blindée SS

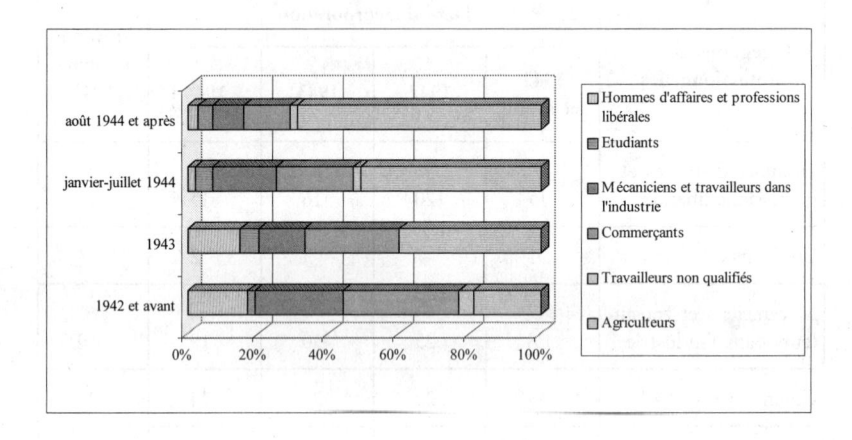

12ᵉ division de grenadiers du peuple

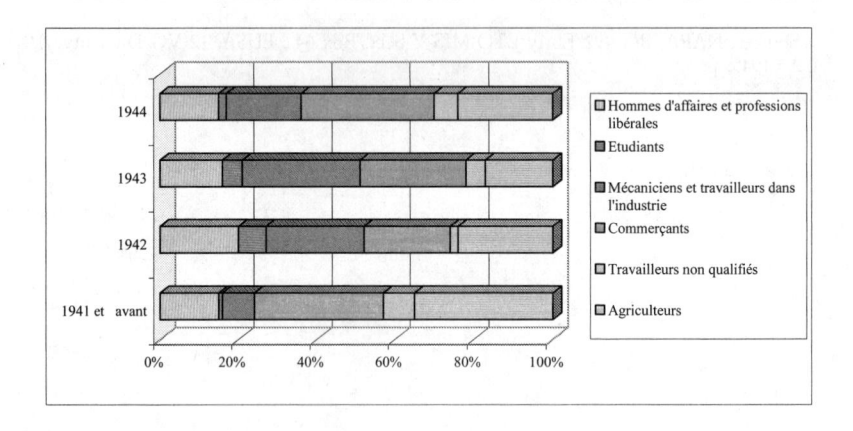

Annexe 17 (suite)

c) Ventilation socio-professionnelle des prisonniers de la 9e division blindée SS et de la 12e division de grenadiers du peuple en 1945

9e division blindée SS

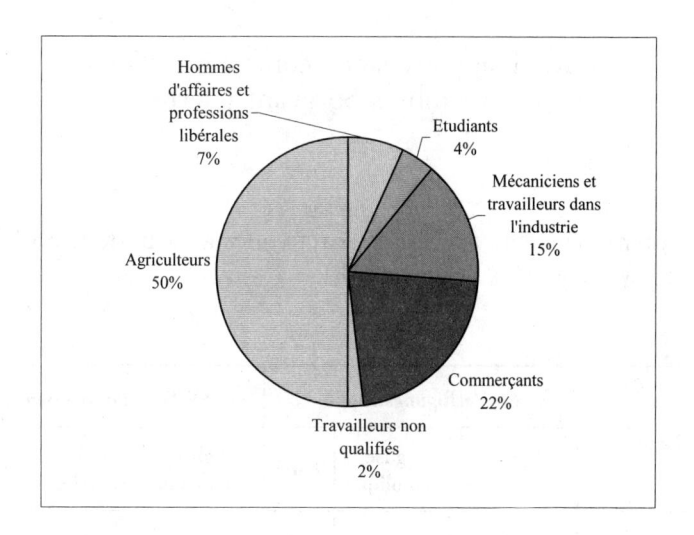

- Hommes d'affaires et professions libérales 7%
- Etudiants 4%
- Mécaniciens et travailleurs dans l'industrie 15%
- Commerçants 22%
- Travailleurs non qualifiés 2%
- Agriculteurs 50%

12e division de grenadiers du peuple

- Hommes d'affaires et professions libérales 16%
- Etudiants 3%
- Mécaniciens et travailleurs dans l'industrie 19%
- Commerçants 29%
- Travailleurs non qualifiés 6%
- Agriculteurs 27%

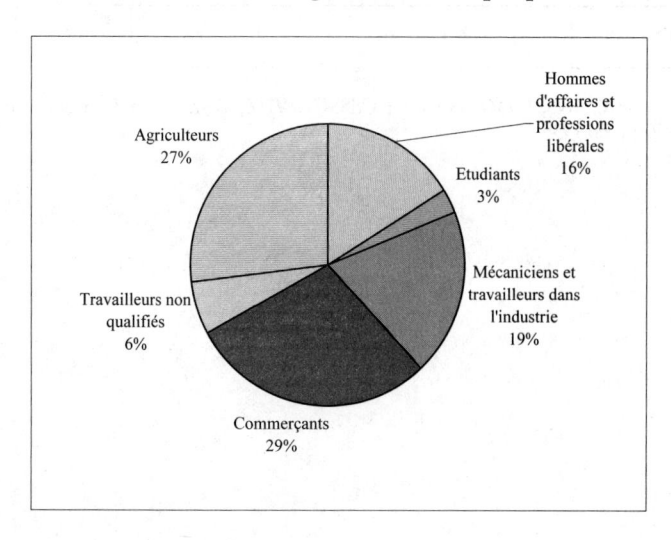

18. L'appartenance confessionnelle des membres SS avant guerre

a) L'appartenance aux religions chrétiennes au sein de la SS-VT et des SS-TV de 1936 à 1938 (en %)

Date	SS-Verfügungstruppe			SS-Totenkopfverbände		
	Église évangélique	Église catholique	Total	Église évangélique	Église catholique	Total
31.12.1936	50	28	78	54	14	68
31.12.1937	35	20	55	39	7	46
31.12.1938	30	16	46	24	7	31

Source : BAL, NS 31/366 (39-40) : CdSSHA/VI/Z, Betr. : Die Konfession der SS-Angehörigen, 2.6.1939.

Annexe 18 (suite)

b) L'appartenance confessionnelle des membres SS au 31 décembre 1938

Branche SS	Effectifs globaux	Église évangélique		Église catholique		« Croyants en Dieu »		Autres	
	valeur absolue	valeur absolue	%	valeur absolue	%	valeur absolue	%	valeur absolue	%
Allgemeine-SS	214 753	116 192	54,1 %	50 984	23,7 %	47 053	21,9 %	524	0,2 %
SS-VT	14 234	4 265	30,0 %	2 321	16,3 %	7 648	53,7 %	–	–
SS-TV	9 172	2 211	24,1 %	632	6,9 %	6 329	69,0 %	–	–

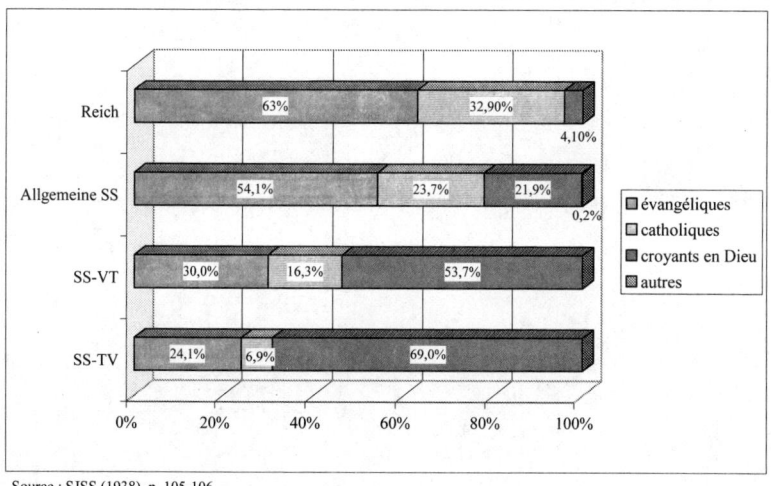

Source : SJSS (1938), p. 105-106.

Source : SJSS (1938), p. 105-106.

Annexe 18 (suite)

c) Les renoncements à l'appartenance confessionnelle des membres SS en 1939 (état au 31 décembre 1939)

	Église évangélique	Église catholique	en % des effectifs appartenant à la confession		« Croyants en Dieu » dans la formation SS (%)
			évangélique	catholique	
SS-VT	224	131	5,2 %	5,1 %	56 %
SS-TV	328	607	14,8 %	95,2 %	80 %
Ensemble de la SS	3 027	2 050	2,8 %	3,6 %	26 %

Source : BAL, NS 31/280 (7) : CdSSHA an Chef der Ordnungspolizei, 783/40 g., Betr. : Statistische Monatshefte, 11.11.1940 (Die Kircheaustritte in den einzelnen Oberabschnitten, der SS-VT u. den SS-T-St. 1939).

19. L'appartenance à l'*Allgemeine-SS* des personnels de la *Waffen-SS* de 1940 à 1944

		1ᵉʳ juillet 1940	31 déc. 1940	30 juin 1941	31 déc. 1941	30 juin 1942	31 déc. 1942	31 déc. 1943	30 juin 1944
Effectifs de la *Waffen-SS*		104 853	117 557	160 405	171 215	?	246 717	501 049	594 443
Membres de l'*Allg.-SS*	effectifs	(43 497)	36 372	42 552	44 607	48 556	51 650	61 430	63 881
	%	(41 %)	31 %	27 %	26 %	?	21 %	12 %	11 %
Non membres	effectifs	(61 356)	81 185	117 523	126 608	?	195 067	439 619	530 562
	%	(59 %)	69 %	73 %	74 %	?	79 %	88 %	89 %

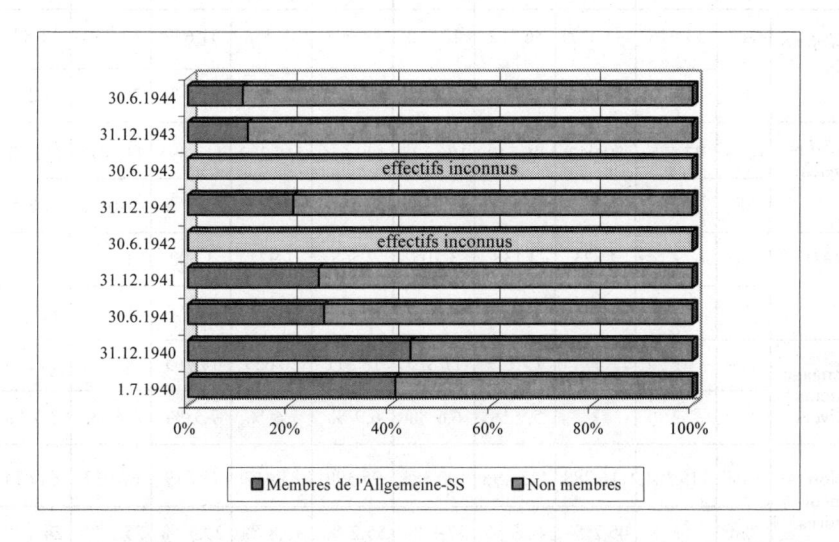

Sources : BAL, NS 31/280 (5) : Gesamtstärke der SS am 1.7.1940 ; NS 19/1574 (5) : Stärke der Reichsführung-SS und der Allg.-SS (31.12.1940) ; NS 19/1653 (5) : Inspekteur der Statistik an RF-SS, 27.8.1941 ; NS 19/2097 (47) : Stärkemeldung der SS v. 31.12.1941 ; NS 19/2097 (22) : Inspekteur für Statistik, Tgb.Nr. 451/42, Lieber Pg. Brandt !, 14.8.1942 ; NS 19/1654 (5) : Inspekteur für Statistik an SS-Ostubaf. Brandt, Betr. : Die Stärke der SS am 31.12.42, 1.3.1943 ; NS 19/1474 (29) : Gesamtstärke der W-SS am 31.12.1943 ; NS 19/1471 (6) : Gesamtstärke der W-SS (30.6.1944) ; NS 48/2 : SJSS (1940) – Entwurf, p. 7.

20. La ventilation des membres de l'*Allgemeine-SS* pendant le conflit (1940-1944)

		31 déc. 1939	1ᵉʳ juillet 1940 *	31 déc. 1940	30 juin 1941	31 déc. 1941	30 juin 1942	31 déc. 1942	31 déc. 1943	30 juin 1944
Effectifs de l'*Allgemeine-SS*		?	254 529	266 145	270 247	271 060	270 808	270 731	267 178	264 379
Waffen-SS	effectifs	33 616	(43 497)	36 372	42 552	44 607	48 556	51 650	61 430	63 881
	%	?	(17,1 %)	13,7 %	15,7 %	16,5 %	17,9 %	19,1 %	23,0 %	24,2 %
Wehrmacht	effectifs	77 675	89 962	96 540	106 327	109 676	116 282	117 895	117 473	115 908
	%	?	35,3 %	36,3 %	39,3 %	40,5 %	42,9 %	43,5 %	44,0 %	43,8 %
RAD	effectifs	?	4 823	4 138	3 105	2 568	1 924	1 602	1 012	722
	%	?	1,9 %	1,6 %	1,1 %	0,9 %	0,7 %	0,6 %	0,4 %	0,3 %
Engagements divers	effectifs	?	?	15 599	17 875	18 811	20 629	19 765	20 196	19 254
	%	?	?	5,9 %	6,6 %	6,9 %	7,6 %	7,3 %	7,6 %	7,3 %
Non incorporés	effectifs	119 321	116 288	113 496	100 388	95 398	83 417	79 819	67 067	64 614
	%	?	45,7 %	42,6 %	37,1 %	35,2 %	30,8 %	29,5 %	25,1 %	24,4 %

* Les membres de la SS engagés dans des missions diverses ont probablement été comptabilisés à cette date avec la *Waffen-SS*. Cela s'est produit dans le rapport du 31 décembre 1940 suivant, comme le projet d'annuaire statistique pour l'année 1940 permet de l'établir.

Annexe 20 (suite)

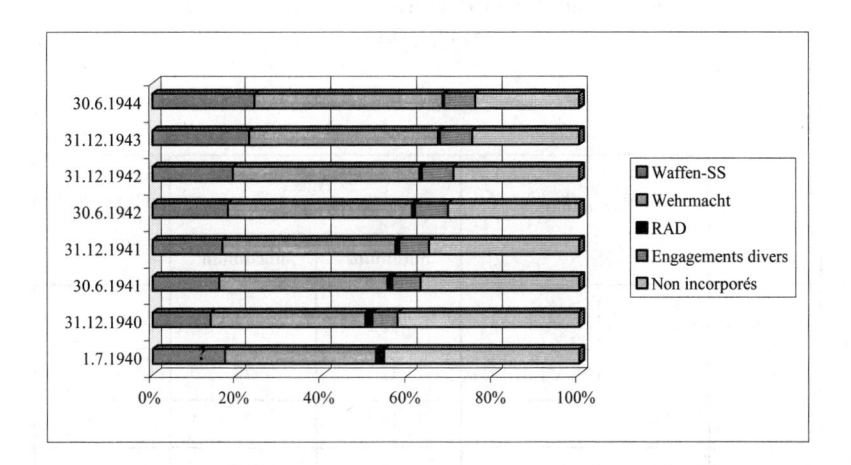

[Bar chart showing proportions of Waffen-SS, Wehrmacht, RAD, Engagements divers, Non incorporés for dates: 1.7.1940, 31.12.1940, 30.6.1941, 31.12.1941, 30.6.1942, 31.12.1942, 31.12.1943, 30.6.1944]

Sources : BAL, NS 31/280 (5) : Gesamtstärke der SS am 1.7.1940 ; NS 19/1574 (5) : Stärke der Reichsführung-SS und der Allg.-SS (31.12.1940) ; NS 19/1653 (5) : Inspekteur der Statistik an RF-SS, 27.8.1941 ; NS 19/2097 (47) : Stärkemeldung der SS v. 31.12.1941 ; NS 19/2097 (22) : Inspekteur für Statistik, Tgb.Nr. 451/42, Lieber Pg. Brandt !, 14.8.1942 ; NS 19/1654 (5) : Inspekteur für Statistik an SS-Ostubaf. Brandt, Betr. : Die Stärke der SS am 31.12.42, 1.3.1943 ; NS 19/1474 (29) : Gesamtstärke der W-SS am 31.12.1943 ; NS 19/1471 (6) : Gesamtstärke der W-SS (30.6.1944) ; NS 48/2 : SJSS (1940) – Entwurf, p. 7.

21. Évolution des critères d'âge et de taille pour l'admission dans la SS en armes 1936-1945

Date	Formations		Âge minimum	Âge maximum	Taille minimum (en cm)
Décembre 1936	SS-VT	LSSAH	17	22	178
		SS-VT	17	22	174 [a]
	SS-TV		16	23	172
Janvier 1940	SS-VT	LSSAH	17	22	180
		SS-VT	17	22	170
	Div. SS « Totenkopf »		17	26	170 [b]
	Régiments SS « Tête de mort »		28 (classe 1901)	39 (classe 1912)	170 [b]
Septembre 1940	SS-VT	LSSAH	17	22	180
		SS-VT	17	22	170 [c]
	Div. SS « Totenkopf »		17	19	170 [d]
	Régiments SS « Tête de mort »		28 (classe 1901)	39 (classe 1912)	170
Août 1941	Waffen-SS	Volontaires de guerre	17 (classe 1924)	45 (classe 1896)	–
		Engagés sous contrat	17 (classe 1924)	35 (classe 1906)	
Octobre 1941	Waffen-SS		–	–	17-20 ans : 168 + de 20 ans : 170
Novembre 1941	LSSAH		–	–	178
Décembre 1942	Brigades SS [e]		–	–	168 [f]
	Div. « Prinz Eugen »		–	–	160

(Suite du tableau page suivante)

Annexe 21 (suite)

Janvier 1943	Waffen-SS	Allemands du Reich	–	–	17-20 ans : 166 [g]
		Volontaires germaniques	17	40	17-20 ans : 168 + de 20 ans : 170
Février 1943	12ᵉ division SS « Hitlerjugend »		–	–	170 [b]
Mars 1943	Légions SS		17	40	165
Juillet 1943	brigade SS « Wallonie »		–	–	161
Juillet 1944	Waffen-SS		–	–	166
Janvier 1945	Volksdeutsche		–	–	166

a. 172 cm pour les unités du génie, des transmissions et la musique ;
b. 168 cm à titre d'exception ;
c. 169 cm à titre d'exception ;
d. 167 cm à titre d'exception.
e. Composées de personnels étrangers aptes à faire campagne (kv) mais ne répondant pas aux critères de la SS.
f. 165 cm à titre d'exception.
g. Appliquée dès janvier 1943, la mesure ne concernait théoriquement que des individus incorporés à partir du 1ᵉʳ avril suivant.

NB : En août 1940, un minima de taille a été brièvement introduit en fonction de l'âge des plus jeunes volontaires : 1,68 m pour les recrues de 17 ans, 1,69 m pour les recrues de 18 ans, etc. jusqu'à 1,72 m pour les recrues de 21 ans.

Sources : REMPEL, *Misguided Generation*, p. 95. BAL, NS 31/372 (118) : Gen.Insp. d. verst. SS-T-St., Betr. : Einstellung von Freiwilligen, 28.1.1940 ; NS 31/366 (95) : E.-Amt d. W-SS/IVb, Betr. : Bestimmungen zur Beurteilung der Tauglichkeit für W-SS, 8.8.1940 ; NS 31/278 (45 et suiv.) : E.-Stelle Fulda-Werra (IX), Betr. : Werbung von Freiwilligen für die W-SS u. Polizei, 12.9.1940 ; NS 31/395 (70 & 91) : SS-OA Spree, Betr. : Neue Einstellungs-Bedingungen für die W-SS, 7.8.1941 ; SS-HA/B I an E-.Stellen I-XXI, Nebenstelle Prag, Betr. : Annahme von reichsdeutschen Freiwilligen ohne SS-Eignung, 24.7.1944 ; NS 31/148 (60) : E.-Amt d. W-SS, Betr. : Nachwuchs für LSSAH, 20.11.1941 ; NS 31/367 (23 & 33) : SS-HA/E.-Amt d.W-SS/II 4 an SS-Ersatzkdo. Südost d. W.-SS, Betr. : Untersuchungsbedingungen für die W-SS, Befehl Nr.79, 9.12.1942 ; SS-HA/II, Betr. : Mindestgröße, 4.1.1943 ; NS 33/213 (11) : CdSSHA/Amt II an alle E.-Stellen, Betr. : Einstellungsbedingungen für germanische Freiwillige in die W-SS u. Legion im Dt. Reich, 29.1.1943 ; NS 19/3502 (32) : CdSSHA an RF-SS, 1067/43 g, Betr. : Aufstellung der Div. HJ, 18.2.1943 ; R 59/130 (3) : Vomi – Lager IX b, Kloster Oberzell, Würzburg, Aufstellung einer Letten-Legion d. W.-SS, 4.3.1943 ; NS 31/279 : Betr. : SS-Div. « HJ », 15.3.1943 ; SS-Ersatzkdo. Flandern u. Wallonien an SS-HA/D II, 30.6.1943 ; R 59/114 (110/verso) : Reichskommissar für die Festigung dt. Volkstums/Vomi-Umsiedlung, Einsatzverwaltung Mainfranken, Rundschreiben Nr.18/45, An alle Lager !, Betr. : Erfassung, Musterung u. Einberufung der rückgeführten Deutschen aus dem Südosten zur W-SS u. Polizei, 31.1.1945.

22. La classification médicale des prisonniers de la 9ᵉ division blindée SS et de la 12ᵉ division de grenadiers du peuple en 1945 (en %)

a) 9ᵉ division blindée SS

Classifications	\multicolumn{8}{c}{Date d'incorporation}	Moyenne en janvier 1945	
	1942 et avant		1943		janvier-juillet 1944		août 1944 et après			
Barème en vigueur	1ᵉʳ juil. 1944	1945	1ᵉʳ juil. 1944	1945	1ᵉʳ juil. 1944	1945	1ᵉʳ juil. 1944	1945	1ᵉʳ juil. 1944	1945
Apte à faire campagne (k.v.)	76	85	87	92	94	95	86	95	85	92
Partiellement apte à faire campagne (b.k.v.)	13	11	6	8	6	5	4	5	7	7
Apte à un emploi en garnison (g.v.)	7	–	2	–	–	–	–	–	2	–
Apte au travail (a.v.)	4	–	5	–	–	–	10	–	6	–
Autres	–	4	–	–	–	–	–	–	–	1
Total	100	100	100	100	100	100	100	100	100	100

Source : NARA, RG 492/Entry ETO-MIS-Y Sect./Box 63 : FUSA, 9 SS Div (survey), p. 7.

b) 12ᵉ division de grenadiers du peuple

Classifications	\multicolumn{8}{c}{Date d'incorporation}	Moyenne en mars 1945	
	1941 et avant		1942		1943		1944			
(barème de classification)	1ᵉʳ juil. 1944	1945	1ᵉʳ juil. 1944	1945	1ᵉʳ juil. 1944	1945	1ᵉʳ juil. 1944	1945	1ᵉʳ juil. 1944	1945
Apte à faire campagne (k.v.)	66	73	60	69	86	89	65	77	70	76
Partiellement apte à faire campagne (b.k.v.)	25	27	29	29	11	11	27	23	22	23
Apte à un emploi en garnison (g.v.)	7	–	4	2	2	–	–	–	4	1
Apte au travail (a.v.)	2	–	7	–	–	–	6	–	3	–
Autres	–	–	–	–	–	–	2	–	1	–
Total	100	100	100	100	100	100	100	100	100	100

Source : NARA, RG 492/Entry ETO-MIS-Y Sect./Box 64 : FUSA, 12 VG Div (survey), 1/2.3.1945, p. 6.

23. Évolution de la moyenne d'âge des commandants de troupe (officiers supérieurs) des formations SS transformées en divisions blindées au cours de la guerre

Divisions blindées SS	1939	1940			1942		1943	1944			1945
	20 oct.	1er mai	1er sept.	31 déc.	10 juil.	31 déc.	31 juil.	1er juin	25 juin	1er juil.	1er mars
1re division SS « LSSAH »	–	42,6	–	35,6	–	33,7	34,5	–	–	33,3	31,5
2e division SS « Das Reich » (SS-V-Div.)	–	–	40,6	–	34,2	–	34,1	31,3	–	–	28,9
3e division SS « Totenkopf »	39,4	–	–	39,0	–	34,1	32,9	–	–	–	31,7
5e division SS « Wiking »				37,2	–	–	32,8	–	–	–	33,2
9e division SS « Hohenstaufen »							35,0	–	36,2	–	33,3
10e division SS « Frundsberg »							35,4	–	35,0	–	32,6
12e division SS « Hitlerjugend »							–	33,1	–	–	30,0

Sources : VHA, 1, SS-Pz.Div., 4/1 : IIa – Führerstellenbesetzungsliste nach dem Stand v. 1.1.1941 (31.12.1940); 2. SS-Pz.Div., 59/16 : Stellenbesetzung der SS-V-Div., Stand : 1.9.1940; 2. SS-Pz.Div., 59/16 : SS-Div. « Reich », Führerstellenbesetzungsliste (Stand v. 10.7.42), 13.7.1942; 3. SS-Pz.Div., 10/4 : SS-T-Div., Div.-Befehl, 20.10.1939, Anl. 1-12; 3. SS-Pz.Div., 10b/4 : Führerstellenbesetzungslisten d. SS-T-Div. nach dem Stand v. 1.1.1941. LEHMANN, *Leibstandarte* (1), p. 215 et suiv., (IV/1), p. 342 et suiv. TRANG, *Totenkopf*. CHAZETTE, « Organisation », p. 39-40. FÜRBRINGER, *Hohenstaufen*, p. 285, 287, 552 et suiv. LELEU, *Frundsberg*. MEYER, H., *Kriegsgeschichte* (II), Anl. 17. STÖBER, *Sturmflut* (I), p. 459 et suiv. Pour le 31 juillet 1943, cf. BAL, NS 19/2083 (3 et suiv.) : Kommandeur-Stellenbesetzungsliste, 31.7.1943. Pour le 1er mars 1945, cf. MUNOZ, *Last Levy*. BAL, SSO.

24. Âge du plus jeune officier dans chaque grade au sein de l'armée de terre, juin 1944

Grades	Âge du plus jeune officier dans le grade	Différence d'années avec le grade précédent
Lieutenant	20 ans	–
Capitaine	21 ans	+ 1
Commandant	24 ans	+ 3
Lieutenant-colonel	25 ans	+ 1
Colonel	32 ans	+ 7
Général de brigade	38 ans	+ 6
Général de division	42 ans	+ 4
Général de corps d'armée	47 ans	+ 5
Général d'armée	48 ans	+ 1

Source : APC, RG 24, C17, vol. 13647 : FCA, ISN 98, 6.10.1944, Part II, p. 1.

25. L'évolution des effectifs de combat des divisions du corps d'armée blindé SS (automne 1942-printemps 1943)

Dates	Divisions		Officiers	Sous-officiers	Hommes du rang	Total
21.10.1942	« LSSAH »	Effectifs réels	602	2 912	16 055	19 569
		Effectifs de combat	407	1 785	11 160	13 352
		% des effectifs de combat	67,6 %	61,3 %	69,5 %	**68,2 %**
	« Das Reich »	Effectifs réels	643	2 942	14 535	18 120
		Effectifs de combat	328	1 416	8 769	10 513
		% des effectifs de combat	51,0 %	48,1 %	60,3 %	**58,0 %**
21.5.1943	« LSSAH »	Effectifs réels	549	2 945	16 468	19 962
		Effectifs de combat	278	1 536	9 863	11 677
		% des effectifs de combat	50,6 %	52,2 %	59,9 %	**58,5 %**
	« Das Reich »	Effectifs réels	540	3 109	16 094	19 743
		Effectifs de combat	251	1 267	8 688	10 206
		% des effectifs de combat	46,5 %	40,8 %	54,0 %	**51,7 %**
	« Totenkopf »	Effectifs réels	575	3 019	16 829	20 423
		Effectifs de combat	304	1 160	8 517	9 981
		% des effectifs de combat	52,9 %	38,4 %	50,6 %	**48,9 %**

Sources : BAMA, RS 2-2/2 : SS-Gen.Kdo. (Pz.), KTB 2 (21.10.1942); RS 2-2/12 : Gen.Kdo. SS-Pz.Korps/IIb, 249/43 g, Zusammenstellung der Ist-, Verpflegungs- u. Gefechtsstärken mit Stand v. 21.5.43,26.5.1943 ; RS 3-1/31 : « LSSAH », KTB 6, Gefechts- u. Verpflegungsstärken (21.10.1942).

26. Différence d'effectifs entre les divisions de l'armée de terre et de la *Waffen-SS* au début du conflit (1939-1940)

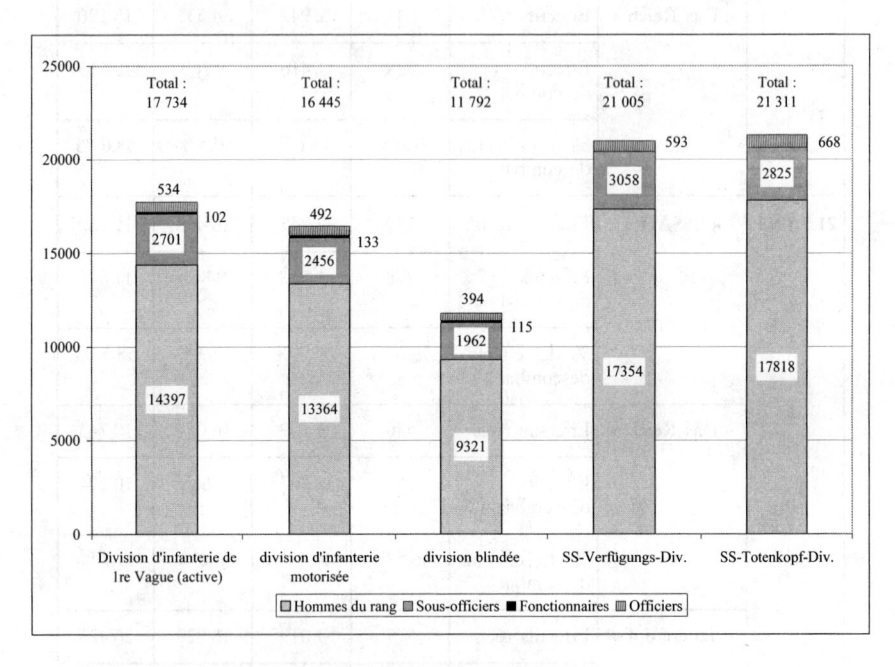

	Division d'infanterie de Ire Vague (active)	division d'infanterie motorisée	division blindée	SS-Verfügungs-Div.	SS-Totenkopf-Div.
Total :	17 734	16 445	11 792	21 005	21 311
Officiers	534	492	394	593	668
Fonctionnaires	102	133	115		
Sous-officiers	2701	2456	1962	3058	2825
Hommes du rang	14397	13364	9321	17354	17818

Sources : KROENER, « Ressourcen » (5/1), p. 713, BAL, NS 19/3521 (238) : Chef des E. Amtes der Waffen-SS, Betr. : Übersichtsplan, 4.5.1940 (Stand : 1.5.1940).

27. Écarts de dotation en armes et véhicules entre la division blindée SS et la division blindée de l'armée de terre « type 44 »

Armes	Division blindée SS	Division blindée 44	Différence Valeur absolue	Différence en % de la dotation de la div. blindée de l'armée
Pistolets	4 362	3 276	+ 1 086	+ 33 %
Pistolets-mitrailleurs	1 712	1 607	+ 105	+ 7 %
Fusils	12 285	9 094	+ 3 191	+ 35 %
Fusils-mitrailleurs	1 102	625	+ 477	+ 76 %
Mitrailleuses lourdes	102	72	+ 30	+ 42 %
Mortiers (moyens)	62	52	+ 10	+ 19 %
Mortiers (lourds)	26	18	+ 8	+ 44 %
Canons antichars (75 mm)	28	13	+ 15	+ 115 %
Obusiers légers (105 mm)	37	25	+ 12	+ 48 %
Obusiers lourds (150 mm)	18	14	+ 4	+ 29 %
Canon antiaérien (88 mm)	18	12	+ 6	+ 50 %
Motocyclettes	638	468	+ 170	+ 36 %
Voitures	893	641	+ 252	+ 39 %
Camions	2 149	1 579	+ 570	+ 36 %
Tracteurs d'artillerie	197	125	+ 72	+ 58 %

(Suite du tableau page suivante)

Annexe 27 (suite)

Voitures blindées de reconnaissance	22	16	+ 6	+ 38 %
Véhicules semi-chenillés légers	63	55	+ 8	+ 15 %
Véhicules semi-chenillés moyens	241	232	+ 9	+ 4 %
Panzer IV (y compris Flakpanzer)	98	86	+ 12	+ 14 %
Panzer V (« Panther »)	73	73	–	–
Chars de commandement (III-V)	11	11	–	–
Jagdpanzer IV	31	21	+ 10	+ 48 %

Sources : BAMA, RH 2/1039 (67 & 150-52) : Stärkeberechnung einer Pz.Div. 44; Vorausgabe, Personelle Stärkeberechnung einer Pz.Div. 44; Anl. 4 & 5 zu Gen.Insp.d.Pz.Tr./ Abt.Org./Kartei 2500/44 g.K. v. 15.8.1944; RH 10/103 : Gegenüberstellung SS-Pz.Div./ Pz.Div.44; RH 10/113 (6) : SS-Pz.Div., Prüf-Nr. 5456.

28. L'approvisionnement des unités de la *Waffen-SS* non subordonnées à la *Wehrmacht*, mai 1941

Unités	Nature des fournitures	Demande de l'unité	Organisme responsable de l'approvisionnement
Dotation initiale			
Toutes les unités	Armes, matériels et munitions	Non	SS-FHA (bureau Ib)
Produits de consommation courante			
Unités SS en dehors des frontières du Reich	Produits de consommation courante (carburants et matériaux, produits de nettoyage et d'entretien des armes et de l'équipement)	Oui	Directement auprès du bureau territorial de l'armée de terre pour le matériel
« Kommandostab Reichsfürhrer-SS » *, bataillons de garde		Oui	Directement auprès du bureau SS du matériel (Berlin-Lichterfelde)
Remplacement des pertes			
Toutes les unités	Remplacement des armes et du matériel perdus ou détruits Pièces de rechange	Oui	SS-FHA (bureau Ib)

* A savoir trois états-majors de brigade, les 4e, 5e, 8e, 10e et 14e régiments d'infanterie, ainsi que les 1er et 2e régiments de cavalerie SS.

Source : BAL, NS 19/3512 (20-21) : SS-FHA/Ib, 1949/41 g., Betr. : Nachschub an Waffen u. Gerät für die Waffen-SS und Pol.E.-Einheiten (ausschl. der der Wehrmacht unterstellten Div.), 22.5.1941.

29. Comparaison de l'équipement des divisions blindées et mécanisée à l'ouest au prorata de leurs effectifs en personnels, 1er juin 1944

Divisions		Effectifs [a]	Mitrailleuses	Canons antichars lourds [b]	Pièces d'artillerie [c]	Chars et canons [d]	Tracteurs d'artillerie [e]	Capacité de transport (en tonnes)
WAFFEN-SS								
1re div. blindée SS	valeur absolue	18 853	448 [f]	31 [f]	43 [f]	133	60	3 681
	taux (10⁻³)	–	23,8	1,6	2,3	7,1	3,2	195,2
2e div. blindée SS	valeur absolue	18 108 [g]	755	21	45	134	36	1 965
	taux (10⁻³)	–	41,7	1,2	2,5	7,4	2,0	108,5
9e div. blindée SS	valeur absolue	17 590	1 428	27	71	92	190	3 479
	taux (10⁻³)	–	81,2	1,5	**4,0**	5,2	10,8	197,8
10e div. blindée SS	valeur absolue	16 011	1 411	24	51	71	181	4 103
	taux (10⁻³)	–	88,1	1,5	3,2	4,4	11,3	**256,3**
12e div. blindée SS	valeur absolue	20 540	1 626	41	52	150	106	604
	taux (10⁻³)	–	79,3	2,0	2,5	7,3	5,2	29,4
17e div. d'inf. mot. SS	valeur absolue	17 321	1 064	34	41	42	13	–
	taux (10⁻³)	–	61,4	2,0	2,4	2,4	0,8	–

(Suite du tableau page suivante)

Annexe 29 (suite)

ARMÉE DE TERRE								
2ᵉ div. blindée	valeur absolue	16 211	1 237	44	44	166	121	3 932
	taux (10⁻³)	–	76,3	2,7	2,7	10,2	7,5	242,6
9ᵉ div. blindée	valeur absolue	12 549	293	21	31	75	31	827
	taux (10⁻³)	–	23,3	1,7	2,5	6,0	2,5	65,9
11ᵉ div. blindée	valeur absolue	14 654 [g]	475	33	41	75	42	1 041
	taux (10⁻³)	–	32,4	2,3	2,8	5,1	2,9	71,0
21ᵉ div. blindée	valeur absolue	16 242	1 456	75	48 [h]	187	274	3 282
	taux (10⁻³)	–	89,6	**4,6**	3,0	11,5	**16,9**	202,1
116ᵉ div. blindée	valeur absolue	13 621	576	19	16	87	22	2 644
	taux (10⁻³)	–	42,3	1,4	1,2	6,4	1,6	194,1
Div. blindée « Lehr »	valeur absolue	14 445	1 445	49	36	196	163	3 652
	taux (10⁻³)	–	**100,0**	3,4	2,5	**13,6**	11,3	252,8
EFFECTIFS			**TAUX MOYENS** (10⁻³) [i]					
a *Waffen-SS* [j]		91 102	62,2	1,6	2,9	6,4	6,3	151,8
b Armée		87 722	62,5	2,7	2,5	9,0	7,4	175,3
Différence des taux (a-b) [k]			– 0,2	– 1,2	+ 0,4	– 2,6	– 1,2	– 23,5

a. Non compris les « auxiliaires volontaires », sauf à la 10ᵉ division blindée SS où ils sont présentés comme « candidats » *(Anwärter)* au titre de combattants.
b. Calibre de 75 mm et au-delà, y compris les pièces sur affût automoteur.
c. Y compris les pièces d'artillerie automotrices.

Annexe 29 (suite)

d. Chars de commandement inclus, mais sans les chars d'observation ou de transport de munitions.

e. Tracteurs d'une à dix-huit tonnes et tracteurs de type RSO, mais sans les camions semi-chenillés type *Maultier*.

f. Chiffre calculé à partir d'un pourcentage.

g. Il s'agit d'un chiffre minimum.

h. La division donne le chiffre de 153 dans son rapport, nombre qui doit inclure les canons d'infanterie. Le chiffre évoqué ici est établi à partir de l'organigramme joint en annexe.

i. Taux moyens calculés à partir de la somme des effectifs des divisions de l'armée d'une part, de la *Waffen-SS* d'autre part.

j. Sans la 17ᵉ division SS, en raison de son statut de formation d'infanterie motorisée.

k. Les apparentes erreurs dans les soustractions résultent des taux précédents qui ont été arrondis.

NB : Sont considérés ici l'ensemble des matériels figurant sur les tableaux de dotation, c'est-à-dire les matériels opérationnels et ceux réparables sous trois semaines. Les 9ᵉ et 10ᵉ divisions SS étaient tenues en réserve sur le front de l'Est et n'ont été envoyées à l'ouest qu'à partir du 12 juin.

Sources : États des divisions au 1ᵉʳ juin 1944 *in* BAMA, RH 10/312 (27) : 1.SS-Pz.Div. ; RH 10/313 (29) : 2.SS-Pz.Div. ; RH 10/318 (31) : 9.SS-Pz.Div. ; RH 10/319 (35) : 10.SS-Pz.Div. ; RH 10/321 (29) : 12.SS-Pz.Div. ; RH 10/324 (9) : 17.SS-Pz.Gren.Div. ; RH 10/141 : 2.Pz.Div. ; RH 10/148 : 9.Pz.Div. ; RH 10/149 (37) : 11.Pz.Div. ; RH 10/158 (46) : 21.Pz.Div. ; RH 10/163 (12) : 116.Pz.Div. ; RH 10/172 (24) : Pz.-Lehr-Div.

30. Ventilation des chars allemands par théâtre d'opérations le 20 avril 1944

Chars	Total	Front de l'Est		Front de l'Ouest *	
		effectifs	en % du total	effectifs	en % du total
Total théorique	4 654	3 154	68 %	1 500	32 %
Effectifs disponibles **	1 922	852	44 %	1 070	56 %
Opérationnels	1 359	478	35 %	881	65 %
En maintenance	563	374	66 %	189	34 %
Manquants	2 732	2 302	84 %	430	16 %

Source : BAMA, RH 10/69 : Übersicht über den Pz.-Bestand der Pz.Div.-Stand : 20.4.1944.

* Y compris la 26e division blindée et la division blindée « Hermann Göring » engagées en Italie.
** Somme des chars opérationnels et des chars en maintenance.

31. Sessions de formation suivies par les commandants d'unité de la 9ᵉ division d'infanterie mécanisée SS en poste au 31 juillet 1943 *

Formation assurée par la	avant-guerre	du 1.9.1939 au 30.9.1942	du 1.10.1942 au 1.4.1943	après le 1.4.1943	Total
Wehrmacht	15	9	18	1	43
SS	3	–	1	–	4
Inconnu	1	2	–	–	3
Total	19	11	19	1	50

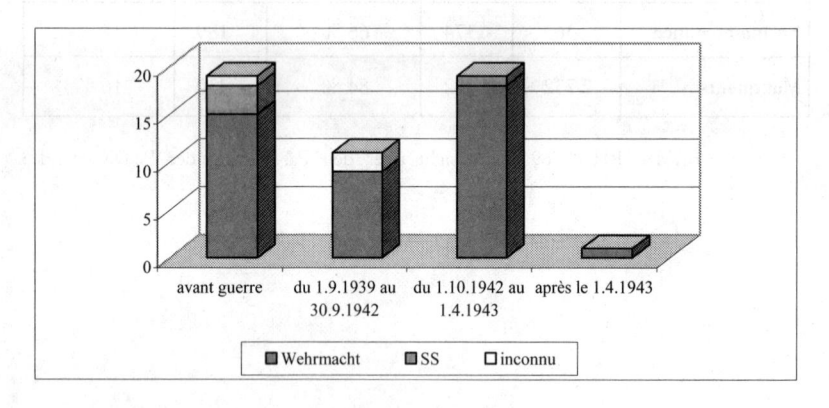

Sources : BAL NS 19/2083 : Führerstellenbesetzung, 9. SS-Pz.Gr.Div. « Hohenstaufen », 31.7.1943 ; dossiers personnels (SSO).

* La période est déterminée à partir du premier jour de la formation.

32. Programme d'instruction de la « LSSAH » 21 novembre-6 décembre 1940

Type d'instruction	Nombre d'heures allouées	en %
Cours théoriques	18	17 %
Ordre serré	21	19 %
Instruction aux armes	14	13 %
Tir	13	12 %
Combat	42	39 %
Total	108	100 %

Source : BAMA, RS 3-1/5 : LSSAH/II.Btl./Kdr., Ausbildungsplan für die Zeit v. 21.11.-6.12.40, 20.11.1940.

33. Demandes de mariage accordées en 1942 par l'Office principal SS de la race et de la colonisation (RuSHA) aux membres SS en fonction de leur organisation

Organisations d'appartenance	Officiers	Sous-officiers et hommes du rang	Total	en % du total des organisations
Waffen-SS	747	7 353	8 100	60,2 %
Allgemeine-SS	283	2 185	2 468	18,3 %
Wehrmacht	100	2 136	2 236	16,6 %
Police	134	519	653	4,9 %
Total	1 264	12 193	13 457	100 %

Source : BAL, NS 48/6 (n.f.) : Verlobungs-u. Heiratsgesuche 1942, s.d. (fév. 1943).

34. Nombre de condamnations à mort prononcées par les tribunaux SS et exécutées octobre 1939-30 juin 1944

Année	Nombre des condamnations à mort exécutées	dont SS	Police	Formations auxiliaires	Personnes diverses
1939/1940	7	4	3	–	–
1941	24	17	7	–	–
1942	183	112	23	10	38
1943	386	110	37	138	101
1er semestre 1944	401	133	68	50	150
Total	1 001	376	138	198	289

Source : BAL, NS 7/351 (2) : Chef des HA SS-Gericht an RF-SS, 9/44 g.K., 12.8.1944 (HA SS-Gerricht/IV/Statistik, Übersicht über die vom Beginn des Krieges bis zum 30.6.1944 vollstreckten Todesurteile).

35. Comparaison du moral des personnels des 9ᵉ division blindée SS et 62ᵉ division de grenadiers du peuple en janvier 1945

Réponse à la question : « L'Allemagne gagnera-t-elle la guerre ? » (en %)	9ᵉ division blindée SS				Total	62ᵉ div. de grenadiers du peuple
	1942 et avant	1943	Janv.-juil. 1944	Août 1944 et après		
Sûrement	29	45	14	6	20	8
Probablement	11	13	14	6	10	10 *
Peut-être	25	13	19	5	14	28
Probablement pas	5	3	6	18	10	25
Sûrement pas	30	24	47	64	45	26
Ne sait pas	–	2	–	1	1	3

* Dont 1 % de personnels certains qu'une paix de compromis serait conclue.

Sources : NARA, RG 492/Entry ETO-MIS-Y Sect./Box 63 : FUSA, 62 VG Div (survey), 6/7.1.1945, p. 5 ; FUSA, 9 SS Div (survey), 15/16.1.1945, p. 7.

36. Répartition et poids respectifs des divisions motorisées et blindées de l'armée et de la *Waffen-SS* par théâtre d'opérations, 1940-1945

Dates		Europe de l'Ouest	Front de l'Est	Norvège	Afrique	Italie	Balkans*	Total (hors Reich)
8.6.1940	total des divisions	16	–	–	–	–	–	16
	dont div. *Waffen-SS*	2	–	–	–	–	–	2
	% total sur le théâtre	13 %	–	–	–	–	–	13 %
	% total de div. SS	100 %	–	–	–	–	–	–
27.6.1941	total des divisions	–	33	–	2	–	–	35
	dont div. *Waffen-SS*	–	4 **	–	–	–	–	4
	% total sur le théâtre	–	12 %	–	–	–	–	11 %
	% total de div. SS	–	100 %	–	–	–	–	–
2.1.1942	total des divisions	2	33	–	2	–	–	37
	dont div. *Waffen-SS*	–	4 **	–	–	–	–	4
	% total sur le théâtre	–	12 %	–	–	–	–	11 %
	% total de div. SS	–	100 %	–	–	–	–	–
2.8.1942	total des divisions	5	33	1	2	–	–	41
	dont div. *Waffen-SS*	2	2	–	–	–	–	4
	% total sur le théâtre	40 %	6 %	–	–	–	–	10 %
	% total de div. SS	50 %	50 %	–	–	–	–	–

(*Suite du tableau page suivante*)

* Y compris la Hongrie (pour le 16 septembre 1944).
** La « LSSAH » est comptabilisée comme une division à partir de cette date.

Annexe 36 (suite)

1.1.1943	total des divisions	5	32	1	5	–	–	43
	dont div. *Waffen-SS*	3	1	–	–	–	–	4
	% total sur le théâtre	60 %	3 %	–	–	–	–	9 %
	% total de div. SS	75 %	25 %	–	–	–	–	–
7.7.1943	total des divisions	7	26	1	0	6	1	41
	dont div. *Waffen-SS*	2	4	–	–	–	–	6
	% total sur le théâtre	29 %	15 %	–	–	–	–	15 %
	% total de div. SS	33 %	67 %	–	–	–	–	–
31.12.1943	total des divisions	6	27	–	2	7	1	41
	dont div. *Waffen-SS*	4	4	–	–	1	1	10
	% total sur le théâtre	67 %	15 %	–	–	–	–	24 %
	% total de div. SS	40 %	40 %	–	–	10 %	10 %	–
16.9.1944	total des divisions	14	24	–	–	4	1	43
	dont div. *Waffen-SS*	6	4	–	–	1	1	12
	% total sur le théâtre	43 %	17 %	–	–	25 %	100 %	28 %
	% total de div. SS	50 %	33 %	–	–	8 %	8 %	–
1.3.1945	total des divisions	8	44	1	–	3	–	56
	dont div. *Waffen-SS*	1	13	–	–	–	–	14
	% total sur le théâtre	13 %	30 %	–	–	–	–	25 %
	% total de div. SS	7 %	93 %	–	–	–	–	–

NB : Ne sont comptabilisées que les divisions de campagne (donc sans les divisions blindées de réserve, les régiments, brigades ainsi que les groupements tactiques isolément engagés sur le front). Par contre, eu égard à la difficulté croissante pour les reconstituer, les divisions réduites à des groupements tactiques sont comptabilisées à partir du 16 septembre 1944.

Sources : KTB-OKW/1940-1941 (2), p. 1122-23 (8.6.1940), 1135-38 (27.6.1941). KTB-OKW/1942 (4), p. 1353-58 (2.1.1942), 1378-84 (12.8.1942). KTB-OKW/1943 (5), p. 3-9 (1.1.1943) & (6), p. 731-36 (7.7.1943), 1397-1404 (26.12.1943). KTB-OKW/1944-45 (8), p. 1874-82 (16.9.1944), 1895-1904 (1.3.1945).

37. Délais accordés pour la mise sur pied de divisions rapides constituées à l'ouest en 1943

Division	Date de mise sur pied à l'ouest	Date de l'ordre d'engagement	Délai de mise sur pied (en jours)
Divisions d'infanterie mécanisée SS *			
9ᵉ division SS	1.2.1943	26.3.1944	419
10ᵉ division SS	1.2.1943	26.3.1944	419
12ᵉ division SS	24.6.1943	6.6.1944	348
17ᵉ division SS	15.11.1943	6.6.1944	197
Divisions blindées de l'armée de terre			
14ᵉ division	6.2.1943	4.10.1943	240
16ᵉ division	6.2.1943	9.9.1943	215
21ᵉ division	6.5.1943	6.6.1944	397
24ᵉ division	6.2.1943	4.10.1943	240

* Les 9ᵉ, 10ᵉ et 12ᵉ divisions SS sont officiellement devenues des formations blindées en octobre 1943.

Sources : KTB-OKW/1943 (6), p. 1084 (9.9.1943), 1169 (4.10.1943), 1416 (OKH/GenStdH/Org.Abt. I, Nr. 1002/43 g.K.Chefs, Entwurf, Betr. : Personal- u. Materialplanung des Heeres 1943, 6.2.1943); KTB-OKW/1944-1945 (7), p. 109, 311-12. BAL, NS 33/234 (48) : SS-FHA/KdW-SS, Org 784/43 g.K., Betr. : Aufstellung der SS-Pz.Gr.Div. « HJ », 24.6.1943 ; NS 19/3504 (50) : SS-FHA/II, Org.Abt. Ia/II, 1658/43 g.K., Betr. : Aufstellung der 17. SS-Pz.Gr.Div. « GvB », 30.10.1943. APC, RG 24, C 17, vol. 13654 : FCA-Group Section Intelligence, Special Interrogation of German Commanders, 28.8.1945 (Gen.Lt. E. Feuchtinger, 21 Pz Div 6.6.-25.8.1944, § 6).

38. Répartition des pertes de l'armée de terre et de la *Waffen-SS* par année (en %)

Années	Armée de terre		Waffen-SS		Différence des % cumulés
	%	% cumulés	%	% cumulés	
1940 et avant	2	2	2	2	–
1941	7	9	7	9	–
1942	12	21	5	14	– 6
1943	17	38	11	25	– 13
1944	35	72	39	63	– 9
1945	26	98	31	95	– 3
1946 et après	2	100	5	100	–

Source : OVERMANS, R., *Deutsche militärische Verluste im Zweiten Weltkrieg*, München, Oldenburg, 1999, p. 270.

39. Soldats de la *Waffen-SS* tués lors des premières campagnes militaires de la guerre 1939-1942

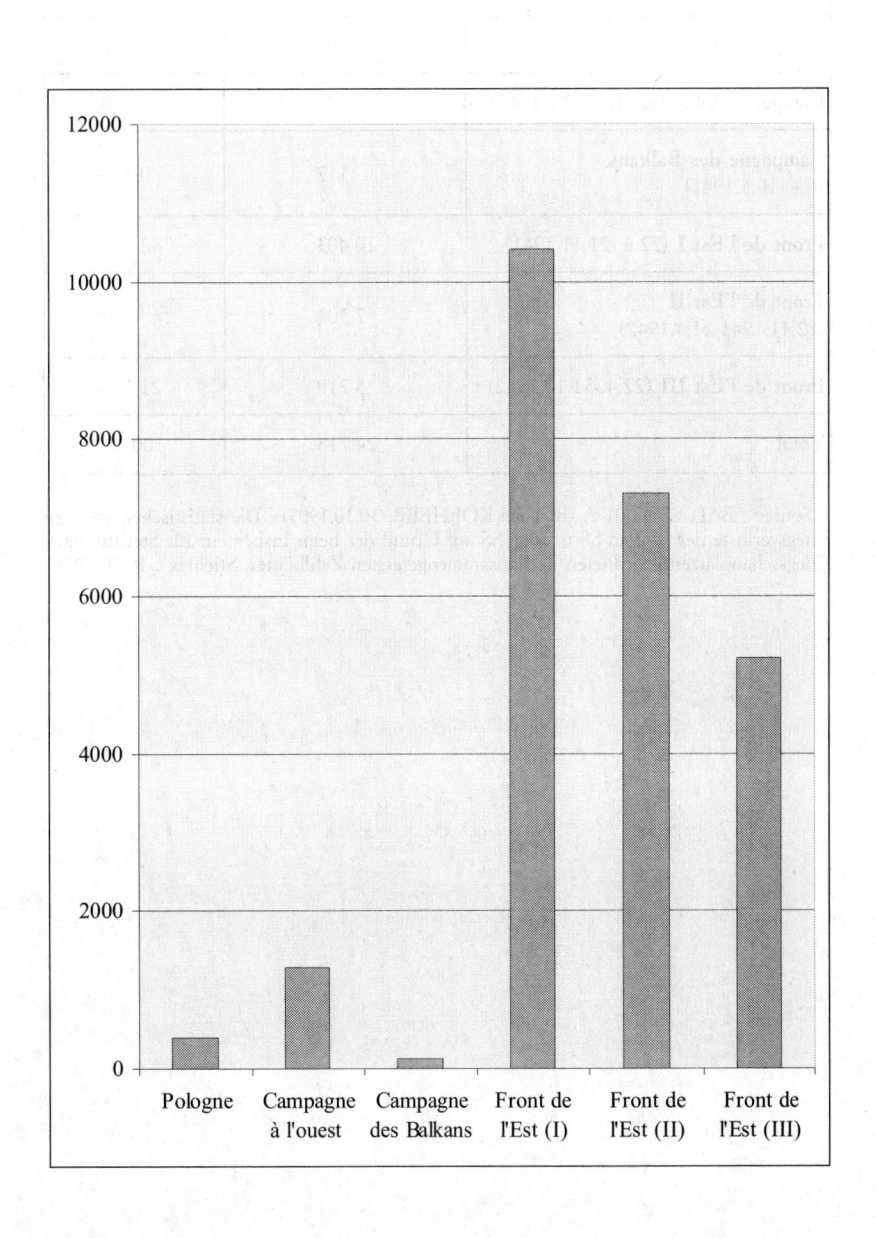

Annexe 39 (suite)

Campagnes militaires	Nombre de tués	
	valeur absolue	%
Pologne (1.9.-7.10.1939)	397	1,6 %
Campagne à l'ouest (10.5.-2.7.1940)	1 279	5,2 %
Campagne des Balkans (6.4.-10.5.1941)	117	0,5 %
Front de l'Est I (22.6.-21.11.1941)	10 403	42,1 %
Front de l'Est II (22.11.1941-21.4.1942)	7 303	29,5 %
Front de l'Est III (22.4.-31.10.1942)	5 219	21,1 %
Total	24 718	100 %

Source : BAL, SSO 201 A (Richard KORHERR, 30.10.1903) : Die statistischen erfaßten Kriegsverluste der Waffen-SS u. Allg.-SS auf Grund der beim Inspekteur für Statistik nach Kriegsschauplätzen geordneten und zusammengefassten Zahlblätter, Stichtag : 15.10.1944.

40. Répartition des pertes de l'armée de terre et de la *Waffen-SS* par théâtre d'opérations et en captivité (en %)

Organisations	Ouest	Est	Autres théâtres	Derniers mois de la guerre (1945)	Captivité
Armée de terre	5	59	8	21	8
Waffen-SS	14	37	12	28	9

Source : OVERMANS, R., *Deutsche militärische Verluste im Zweiten Weltkrieg*, München, Oldenburg, 1999, p. 269.

41. Instruction militaire des personnels des 9e division blindée SS, 12e et 62e divisions de grenadiers du peuple en 1945 (en %)

a) 9e division blindée SS

Armes	Instruction *	Date d'incorporation				Moyenne en 1945
		1942 et avant	1943	Janvier-juillet 1944	Août 1944 et après	
Fusil	Pratique	100	100	100	82	93
	Théorique	–	–	–	18	7
	Total	100	100	100	100	100
Baïonnette	Pratique	45	50	8	25	31
	Théorique **	4	50	49	49	49
	Total	49	**100**	57	74	80
Pistolet	Pratique	62	73	30	10	37
	Théorique	29	26	60	16	30
	Total	91	**99**	90	26	67

(Suite du tableau page suivante)

* Instruction pratique = instruction avec manipulation personnelle par le soldat, tirs, lancers de grenades ou exercices au combat rapproché (pour la baïonnette) ; instruction théorique = instruction sous forme de démonstration ou de lecture, sans que le soldat exerce ou manipule lui-même les armes.

** Instruction se résumant le plus souvent à une heure de lecture du manuel de combat.

Annexe 41 (suite)

Pistolet-mitrailleur	Pratique	47	44	22	5	25
	Théorique	16	52	52	16	32
	Total	63	**96**	74	21	57
Fusil-mitrailleur	Pratique	38	69	56	19	43
	Théorique	24	27	40	17	25
	Total	62	**96**	**96**	36	**68**
Mitrailleuse	Pratique	15	21	11	6	12
	Théorique	9	26	6	10	13
	Total	24	**47**	17	16	25
Lance-grenades (mortier)	Pratique	9	13	3	2	6
	Théorique	13	15	8	8	10
	Total	22	**28**	11	10	16
Grenades à main	Pratique	58	87	70	16	50
	Théorique	36	11	27	36	29
	Total	94	**98**	97	52	79
Grenades à fusil (FLG)	Pratique	16	18	13	3	11
	Théorique	11	31	16	16	18
	Total	27	**49**	29	19	29
Lance-roquettes antichars (Panzerschreck)	Pratique	–	2	2	–	1
	Théorique	25	29	13	8	17
	Total	25	**31**	15	8	18
Lance-fusées antichars (Panzerfaust)	Pratique	4	3	8	1	3
	Théorique	22	69	29	23	34
	Total	26	**72**	37	24	37

Annexe 41 (suite)

b) 12ᵉ division de grenadiers du peuple

Armes	Instruction *	\multicolumn{4}{c}{Date d'incorporation}	Moyenne en 1945
		1941 et avant	1942	1943	1944	
Fusil	Pratique	100	100	97	98	99
	Théorique	–	–	3	2	1
	Total	100	100	100	100	100
Baïonnette	Pratique	47	62	60	15	45
	Théorique **	42	20	29	65	40
	Total	**89**	82	**89**	80	85
Pistolet	Pratique	43	46	41	13	45
	Théorique	25	27	51	27	32
	Total	68	73	**92**	40	77
Pistolet-mitrailleur	Pratique	24	29	29	8	22
	Théorique	27	46	52	26	45
	Total	51	75	**81**	34	67
Fusil-mitrailleur	Pratique	48	56	65	60	56
	Théorique	29	24	21	23	26
	Total	77	80	**86**	83	82

(Suite du tableau page suivante)

* Instruction pratique = instruction avec manipulation personnelle par le soldat, tirs, lancers de grenades ou exercices au combat rapproché (pour la baïonnette); instruction théorique = instruction sous forme de démonstration ou de lecture, sans que le soldat exerce ou manipule lui-même les armes.

** Instruction se résumant le plus souvent à une heure de lecture du manuel de combat.

Annexe 41 (suite)

Mitrailleuse	Pratique	13	11	11	5	10
	Théorique	14	11	5	6	10
	Total	**27**	22	16	11	20
Lance-grenades (mortier)	Pratique	4	18	10	–	7
	Théorique	11	4	10	8	9
	Total	15	**22**	20	8	16
Grenades à main	Pratique	44	53	68	56	54
	Théorique	25	31	27	29	27
	Total	69	84	**95**	85	81
Grenades à fusil (FLG)	Pratique	16	18	19	8	15
	Théorique	18	38	46	19	28
	Total	34	56	**65**	27	43
Lance-roquettes antichars	Pratique	3	7	10	13	7
	Théorique					
	Total	20	**34**	32	**40**	29
Lance-fusées antichars (Panzerfaust)	Pratique	10	16	14	19	14
	Théorique	60	58	67	58	61
	Total	70	74	**81**	77	75

c) Comparaison (en %) de l'instruction dispensée aux personnels des 9ᵉ division blindée SS, 12ᵉ et 62ᵉ divisions de grenadiers du peuple (VGD) en 1945

Armes	Instruction	9ᵉ division blindée SS	12ᵉ VGD	62ᵉ VGD	12ᵉ VGD	62ᵉ VGD
		Moyenne en 1945			Écarts de la 9ᵉ division SS avec la	
Fusil	Pratique	93	99	99	– 6	– 6
	Théorique	7	1	– *	6	7
	Total	100	100	99	–	1
Baïonnette	Pratique	31	45	48	– 14	– 17
	Théorique	49	40	28	9	21
	Total	80	85	76	– 5	4
Pistolet	Pratique	37	45	36	– 8	1
	Théorique	30	32	27	– 2	3
	Total	67	77	63	– 10	4
Pistolet-mitrailleur	Pratique	25	22	29	3	– 4
	Théorique	32	45	25	– 13	7
	Total	57	67	54	– 10	3
Fusil-mitrailleur	Pratique	43	56	54	– 13	– 11
	Théorique	25	26	19	– 1	6
	Total	68	82	73	– 14	– 5
Mitrailleuse	Pratique	12	10	9	2	3
	Théorique	13	10	4	3	9
	Total	25	20	13	5	12

(Suite du tableau page suivante)
   * Personnels médicaux sans instruction militaire.

Annexe 41 (suite)

Lance-grenades (mortier)	Pratique	6	7	7	– 1	– 1
	Théorique	10	9	5	1	5
	Total	16	16	12	–	4
Grenades à main	Pratique	50	54	67	– 4	– 17
	Théorique	29	27	24	2	5
	Total	79	81	91	– 2	– 12
Grenades à fusil (FLG)	Pratique	11	15	10	– 4	1
	Théorique	18	28	20	– 10	– 2
	Total	29	43	30	– 14	– 1
Lance-roquettes antichars (Panzerschreck)	Pratique	1	7	8	– 6	– 7
	Théorique	17	22	10	– 5	7
	Total	18	29	18	– 11	–
Lance-fusées antichars (Panzerfaust)	Pratique	3	14	12	– 11	– 9
	Théorique	34	61	36	– 27	– 2
	Total	37	75	48	– 38	– 11

Sources : NARA, RG 492/Entry ETO-MIS-Y Sect./Box 63 : FUSA, 62 VG Div (survey), 6/7.1.1945, p. 4 ; FUSA, 9 SS Div (survey), 15/16.1.1945, p. 6 ; Box 64 : FUSA, 12 VG Div (survey), 1/2.3.1945, p. 7.

42. Nature des pertes humaines de la « LSSAH »
au cours de sa première année d'engagement
sur le front de l'Est
(1er juillet 1941-31 juillet 1942)

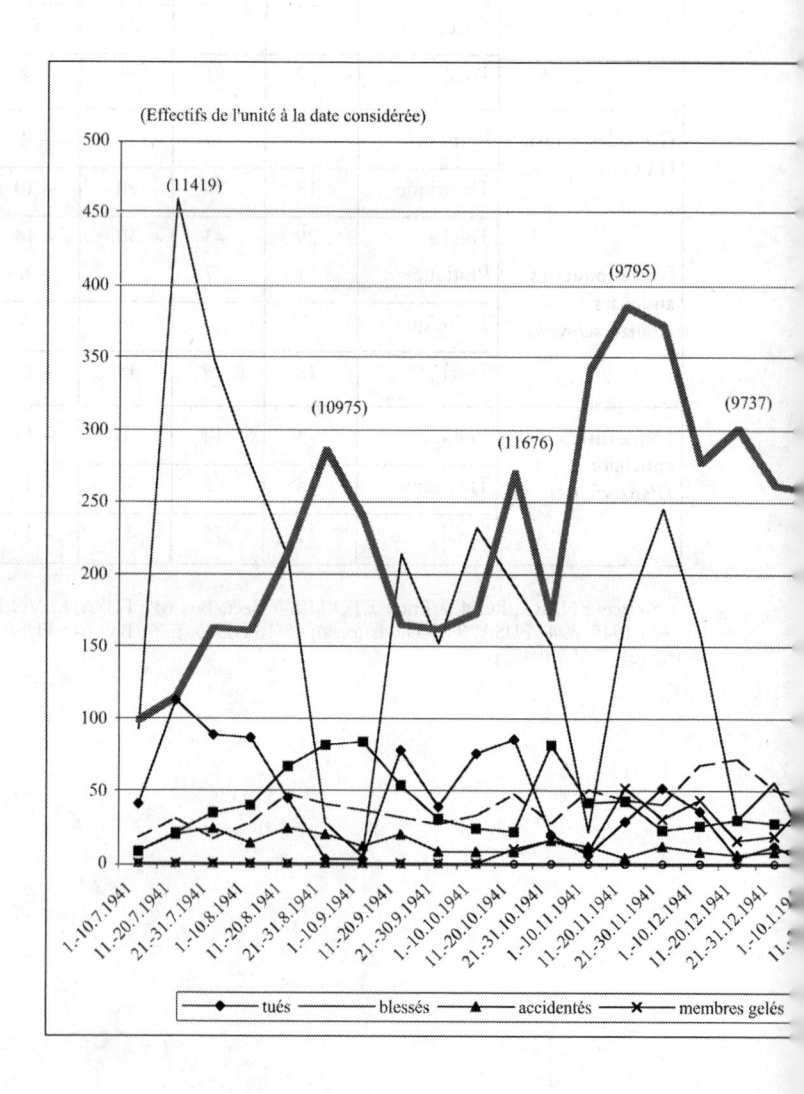

Annexe 42 (suite)

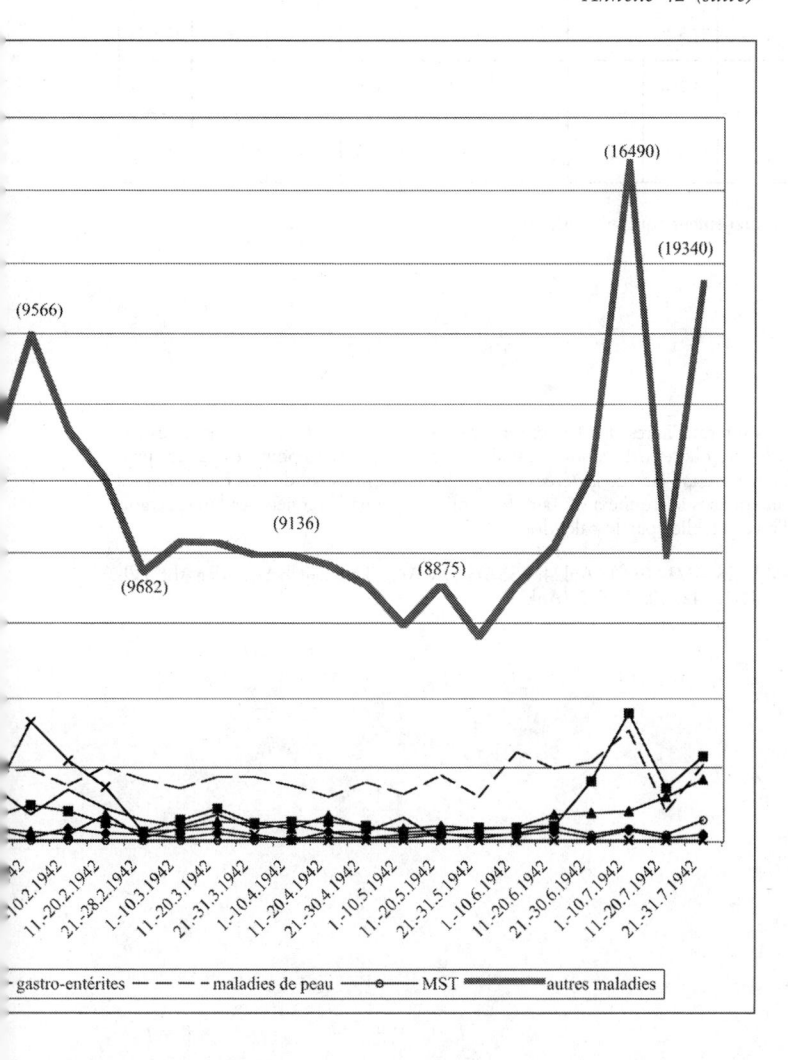

— gastro-entérites — — — maladies de peau —○— MST ▬▬ autres maladies

Annexe 42 (suite)

Cumul des pertes		tués	blessés	acci-dentés	membres gelés	gastro-entérites	maladie de peau	MST*	autres maladies	total
10.10.1941	effectifs	574	2 016	158	–	446	312	–	1 778	5 284
	% du total	10,9 %	**38,2 %**	3,0 %	–	8,4 %	5,9 %	–	33,6 %	100 %
31.3.1942	effectifs	855	3 211	315	472	894	1 107	–	6 360	13 214
	% du total	6,5 %	24,3 %	2,4 %	3,6 %	6,8 %	8,4 %	–	**48,1 %**	100 %
31.7.1942	effectifs	898	3 250	512	472	1 194	1 635	62	9 081	17 104
	% du total	5,3 %	19,0 %	3,0 %	2,8 %	7,0 %	9,6 %	0,4 %	**53,1 %**	100 %

* Maladies sexuellement transmissibles.

NB : Les dates intermédiaires des 10 octobre 1941 et 31 mars 1942 ont été retenues car elles délimitent les cas où des évacuations sanitaires ont été rapportées pour des gelures profondes. Elles peuvent donc être considérées comme les limites des conditions hivernales les plus extrêmes auxquelles la troupe a dû faire face, mieux que ne le feraient les limites traditionnelles de l'hiver établies par le calendrier.

Source : BAMA, RS 3-1/34 (n.f.) : Anl. 4, LSSAH/Div.Arzt, Tätigkeitsbericht der Abt. IVb der LSSAH, 1.7.41-1.7.42, 10.12.1942 (Anl. 1).

43. Les pertes humaines des divisions allemandes engagées en Normandie à l'été 1944

Proportions des pertes	Divisions *	Effectifs début juin 1944	Pertes réelles ou estimées	Pertes (en %)
Jusqu'au quart des effectifs (< 25 %)	331. Inf. Div.	10 543	1 500	14 %
	711. Inf. Div.	7 242	1 500	21 %
	2. SS-Pz. Div.	**18 108**	**4 000**	**22 %**
	9. SS-Pz. Div.	**17 590**	**4 000**	**23 %**
	9. Pz. Div.	14 459	3 500	24 %
Jusqu'au tiers des effectifs (< 33 %)	**1. SS-Pz. Div.**	**19 618**	**5 000**	**25 %**
	271. Inf. Div.	11 617	3 000	26 %
	16. L.F.D.	9 354	2 500	27 %
	272. Inf. Div.	11 211	3 000	27 %
	116. Pz. Div.	13 621	3 800	28 %
	265. Inf. Div.	9 726	3 000	31 %
	10. SS-Pz. Div.	**16 011**	**5 000**	**31 %**
Jusqu'à la moitié des effectifs (< 50 %)	346. Inf. Div.	9 816	3 500	36 %
	85. Inf. Div.	8 393	3 000	36 %
	2. Pz. Div.	16 762	6 000	36 %
	12. SS-Pz. Div.	**20 516**	**8 000**	**39 %**
	276. Inf. Div.	11 658	5 000	43 %
	277. Inf. Div.	9 136	4 000	44 %
	21. Pz. Div.	16 297	7 500	46 %
	17. SS-Pz. Gren. Div.	**17 321**	**8 000**	**46 %**
	Pz. Div. « Lehr »	14 699	7 000	48 %
	708. Inf. Div.	8 123	4 000	49 %
Jusqu'aux deux tiers des effectifs (< 66 %)	326. Inf. Div.	11 533	6 000	52 %
	353. Inf. Div.	13 330	7 000	53 %
	77. Inf. Div.	9 095	5 000	55 %
	266. Inf. Div.	8 852	5 500	62 %
	3. F.J.D.	17 420	11 000	63 %
	363. Inf. Div.	11 000	7 000	64 %
	84. Inf. Div.	8 437	5 500	65 %
	5. F.J.D.	12 253	8 000	65 %
Plus des deux tiers des effectifs (> 66 %)	91. Inf. Div.	7 500	5 000	67 %
	352. Inf. Div.	12 734	9 000	71 %
	716. Inf. Div.	7 771	6 261	81 %
	275. Inf. Div.	10 768	9 000	84 %
	243. Inf. Div.	11 529	10 000	87 %
	709. Inf. Div.	12 320	12 320	100 %

* Subordonnées début juin au commandant en chef à l'Ouest, exception faite des 9e et 10e divisions blindées SS.

Inf. Div. = division d'infanterie.	Pz. Div. = division blindée
SS-Pz. Gren. Div. = division d'infanterie motorisée SS	SS-Pz. Div. = division blindée SS
L.F.D. = division de campagne de la Luftwaffe	F.J.D. = division parachutiste (Luftwaffe)

Source : ZETTERLING, *Normandy 1944*, p. 28-30, 79.

Abréviations

AA	Aufklärungs-Abteilung (*groupe de reconnaissance*) ou Auswärtiges Amt (*ministère des Affaires étrangères du Reich*)
Abt.	Abteilung (*groupe ou détachement de la force d'un bataillon*)
ADAP	Akten zur Deutschen Auswärtigen Politik (*documents sur la politique étrangère allemande*)
AHA	Allgemeines Heeresamt (*bureau général de l'armée*)
AK	Armee-Korps (*corps d'armée d'infanterie*)
Anl.	Anlage (*annexe*)
AOK	Armeeoberkommando (*état-major d'armée*)
Arko.	Artilleriekommandeur (*commandant d'artillerie de corps d'armée*)
Art.	Artillerie (*artillerie*)
Aufkl.	Aufklärung (*reconnaissance*)
Ausb.	Ausbildung (*instruction*)
a.v.	arbeitsverwendungsfähig (*apte à un emploi au travail*)
BdS	Befehlshaber der Sicherheitspolizei (*commandant de la police de sécurité*)
B.d.W-SS	Befehlshaber der Waffen-SS (*commandant territorial de la Waffen-SS*)
Brig.	Brigade (*brigade*)
Btl.	Bataillon (*bataillon*)
BdE	Befehlshaber des Ersatzheeres (*commandant de l'armée de réserve*)
b.k.v.	bedingt kriegsverwendungsfähig (*partiellement apte à faire campagne*)
CdSSFHA	Chef des SS-Führungshauptamtes (*chef de l'Office principal de commandement SS*) – Hans Jüttner
CdSSHA	Chef des SS-Hauptamtes (*chef de l'Office principal SS*) – August Heyßmeyer de 1935 à août 1940, puis Gottlob Berger jusqu'à la fin de la guerre
CdSSPHA	Chef des SS-Personalhauptamtes (*chef de l'Office principal du personnel SS*) – Walter Schmitt puis Maximilian von Herff
« D »	« Deutschland » (*patronyme du 1er régiment de la SS-VT, plus tard 3e régiment SS/Division « Das Reich »*)
« DF »	« Der Führer » (*patronyme du 3e régiment de la SS-VT, plus tard 4e régiment SS/Division « Das Reich »*)
Div.	Division (*division*)
« DR »	« Das Reich » (*patronyme de la 2e division SS à partir de l'été 1942*)
E.-Amt	Ergänzungsamt (*Office de recrutement SS*)

E.-Stelle	Ergänzungsstelle *(Bureau régional de recrutement SS)*
« F »	« Frundsberg » *(patronyme de la 10ᵉ division SS)*
Fallsch.	Fallschirm *(parachutiste)*
FCA, ISN	First Canadian Army, Intelligence Summary Number... *(Première armée canadienne, note de renseignements n° ...)*
F.H.	Feldhaubitze *(canon de campagne)*
Flak	Fliegerabwehrkanone *(canons de défense contre avions – DCA)*
FUSA	First US Army *(Première armée des États-Unis)*
« G »	« Germania » *(patronyme du 2ᵉ régiment de la SS-VT, intégré jusqu'en décembre 1940 à la « SS-Verfügungs-Division »; plus tard 9ᵉ régiment SS/Division « Wiking »)*
g.	geheim *(secret)*
Geb.-Div.	Gebirgs-Division *(division de montagne)*
Gen.Stab	Generalstab *(état-major général)*
Gen.St.d.H.	Generalstab des Heeres *(état-major général de l'armée de terre)*
gep.	gepanzert *(blindé)*
g.K.	geheime Kommandosache *(affaire secrète d'état-major)*
Gr.	Grenadier *(grenadier)*
GSI	Group Section Intelligence *(cellule de renseignements)*
g.v.	garnisonverwendungsfähig *(apte à un emploi en garnison)*
« G.v.B. »	« Götz von Berlichingen » *(patronyme de la 17ᵉ division SS)*
« H »	« Hohenstaufen » *(patronyme de la 9ᵉ division SS)*
HGr.	Heeresgruppe *(groupe d'armées)*
Hiwi	Hilfswillige *(volontaire auxiliaire – ressortissant étranger enrôlé dans les forces armées allemandes, théoriquement pour des tâches de servitude)*
HJ	Hitlerjugend *(Jeunesse hitlérienne – patronyme de la 12ᵉ division SS)*
HPA	Heerespersonalamt *(Office du personnel de l'armée de terre)*
HSSPF	Höherer SS- und Polizeiführer *(chef supérieur de la SS et de la police)*
Ia	1. Generalstabsoffizier *(1ᵉʳ officier d'état-major : officier des opérations)*
Ib	2. Generalstabsoffizier *(2ᵉ officier d'état-major : officier d'intendance)*
Ic	3. Generalstabsoffizier *(3ᵉ officier d'état-major : officier de renseignements et de contre-espionnage)*
ID	Infanterie-Division *(division d'infanterie)*
IG	Infanterie-Geschütz *(canon d'infanterie)*
Inf.	Infanterie *(infanterie)*
Inl	Inland *(Intérieur)*
Insp.	Inspekteur/Inspektion *(Inspecteur/Inspection)*
Inst.	Instandsetzung *(maintenance)*
KB	Kriegsberichter *(correspondant de guerre)*
KdW-SS	Kommando (ou Kommandoamt) der Waffen-SS *(état-major de commandement de la Waffen-SS)*
Kdr.	Kommandeur *(commandant – officier supérieur)*
KG	Kommandierender General *(général commandant un corps d'armée)*
Kgr.	Kampfgruppe *(groupement tactique)*
KL	Konzentrazionslager *(camp de concentration)*
Kp.	Kompanie *(compagnie)*
Kradsch.	Kradschütze *(motocycliste)*
KTB	Kriegstagebuch *(journal de marche)*
k.v.	kriegsverwendungsfähig *(littéralement : apte à un emploi à la guerre; traduit dans le corps du texte par son équivalent français : apte à faire campagne)*
KTL	Kraftfahrtechnische Lehranstalt *(centre d'apprentissage de technique automobile)*

ABRÉVIATIONS

l.	leicht *(léger)*
« LN »	« Landwacht Niederlande » *(régiment territorial recruté aux Pays-Bas par la Waffen-SS)*
« LSSAH »	« Leibstandarte SS Adolf Hitler » *(régiment de garde SS Adolf Hitler : dénomination conservée après la transformation en division)*
Lw.Feld-Div.	Luftwaffen-Feld-Division *(division de campagne de l'armée de l'air)*
MBF	Militärbefehlshaber in Frankreich *(commandant militaire allemand en France – administration militaire)*
MF	Microfilm
MFIU#2, PWIB	Mobile Field Interrogation Unit n° 2, Prisoner of War Intelligence Bulletin *(2ᵉ unité mobile de campagne pour l'interrogatoire, bulletin de renseignements sur les prisonniers de guerre)*
MG	Maschinengewehr *(fusil-mitrailleur)*
mot.	motorisiert *(motorisé)*
MU#1FID, PWIB	Mobile Unit n° 1 Field Interrogation Detachment, Prisoner of War Intelligence Bulletin *(1ʳᵉ unité du détachement mobile de campagne pour l'interrogatoire, bulletin de renseignements sur les prisonniers de guerre)*
Nachr.	Nachrichten *(transmissions)*
nachr.	nachrichtlich *(pour information)*
Nachsch.	Nachschubtruppe *(troupe du train)*
ndl.	niederländisch *(néerlandais)*
n.f.	non folioté
NSB	Nationaal-Socialistische Beweging *(mouvement national-socialiste – Parti fasciste néerlandais dirigé par Anton Mussert)*
NSDAP	Nationalsozialistische Deutsche Arbeiterpartei *(Parti national-socialiste des travailleurs allemands)*
NSFK	Nationalsozialistisches Flieger-Korps *(corps d'aviateurs national-socialiste)*
NSKK	Nationalsozialistisches Kraftfahr-Korps *(corps motorisé national-socialiste)*
SS-OA	SS-Oberabschnitt *(région administrative SS)*
OB	Oberbefehlshaber *(commandant en chef)*
ObdH	Oberbefehlshaber des Heeres *(commandant en chef de l'armée de terre)*
ObdL	Oberbefehlshaber der Luftwaffe *(commandant en chef de l'armée de l'air)*
Ob.West	Oberbefehlshaber West *(commandant en chef des forces à l'ouest ; par extension son état-major)*
OKH	Oberkommando des Heeres *(état-major de l'armée de terre)*
OKM	Oberkommando der Kriegsmarine *(état-major de la marine de guerre)*
OKW	Oberkommando der Wehrmacht *(état-major suprême de la Wehrmacht)*
Pak	Panzerabwehrkanone *(canon antichar)*
Pers.Stab RF-SS	Persönlicher Stab Reichsführer-SS *(état-major personnel du chef du Reich des SS)*
Pg.	Parteigenosse *(membre du Parti national-socialiste)*
Pi.	Pionier *(pionnier)*
Pz.	Panzer *(char – blindé)*
Pz.Gr.Rgt.	Panzer-Grenadier-Regiment *(régiment d'infanterie motorisée)*
Pz.Jg.	Panzer-Jäger *(unité de chasseurs de chars)*
« R »	« Reich » *(patronyme de la 2ᵉ division SS, 1941-été 1942)*
RAD	Reichsarbeitsdienst *(Service du travail du Reich)*
RAF	Reichsarbeitsführer *(chef du Service du travail du Reich)* – Konstantin Hierl

LA WAFFEN-SS

RF-SS	Reichsführer-SS (*chef du Reich des SS*) – Heinrich Himmler à partir de 1929
RG	Record Group (*série d'archives*)
RK	Reichskommissar (*commissaire du Reich – titre des chefs de l'administration civile allemande dans certains territoires occupés destinés à terme à être annexés*)
	ou
	Ritterkreuz des Eisernen Kreuzes (*croix de chevalier de la croix de fer*)
RMdI	Reichsministerium des Innern (*ministère de l'Intérieur du Reich*)
Rgt.	Regiment (*régiment*)
RSHA	Reichssicherheitshauptamt (*Office principal pour la sécurité du Reich*)
RuSHA	Rasse- und Siedlungshauptamt (*Office principal pour la race et la colonisation – SS*)
s. (ou schw.)	schwer (*lourd*)
SA	Sturmabteilung (*section d'assaut*)
San.	Sanität (*sanitaire*)
s.d.	sans date
Sipo/SD	Sicherheitspolizei/Sicherheitsdienst (*police de sécurité – service de sécurité de la SS intégrés au RSHA*)
SJSS	Statistisches Jahrbuch der Schützstaffel der NSDAP (*annuaire statistique de la SS de la NSDAP*)
Slg.	Sammlung (*collection*)
SS	Schutzstaffel (*échelon de protection*)
SS-FHA	SS-Führungshauptamt (*Office principal de commandement SS*)
SS-HA	SS-Hauptamt (*Office principal SS*)
SS-JS	SS-Junkerschule (*école SS d'officiers*)
SS-Nachr.Stelle « NW »	SS-Nachrichtenstelle « Nordwest » (*centre de transmissions SS « Nord-Ouest » – La Haye*)
SS-PHA	SS-Personalhauptamt (*Office principal du personnel SS*)
SS-TV	SS-Totenkopfverbände (*formations SS Tête de mort*)
SS-VT	SS-Verfügungstruppe (*troupe SS à disposition*)
SS-WVHA	SS-Wirtschafts-Verwaltungshauptamt (*Office principal SS d'économie et d'administration – à partir du 1ᵉʳ février 1942*)
St.	Standarte (*régiment au sein des organisations paramilitaires nationales-socialistes*)
StuG	Sturmgeschütz (*canon d'assaut*)
T	Totenkopf (*tête de mort*)
TB	Tätigkeitsbericht (*rapport d'activité*)
TMI	Tribunal Militaire International de Nuremberg
Tr.Üb.Pl.	Truppenübungsplatz (*terrain de manœuvre*)
Uk-Stellung	Unabkömmlichkeits-Stellung (*position d'indisponibilité = affectation spéciale*)
V.Bl.d.W-SS	Verordnungsblatt der Waffen-SS (*bulletin d'ordonnance de la Waffen-SS*)
VGAD	verstärkter Grenzaufsichtsdienst (*service de contrôle renforcé aux frontières*)
VoMi	Volksdeutsche Mittelstelle (*bureau central des Allemands ethniques*)
VWHA	Hauptamt Verwaltung und Wirtschaft (*Office principal d'administration et d'économie [SS] – jusqu'au 1ᵉʳ février 1942*)
WE	weltanschauliche Erziehung (*éducation idéologique*)
WFSt	Wehrmachtführungsstab (*état-major des opérations de la Wehrmacht*)
W-SS	Waffen-SS (*SS en armes*)

Sigles des centres d'archives

ADC	Archives Départementales du Calvados, Caen (France)
APC	Archives Publiques du Canada, Ottawa (Canada)
AJM	Archives de la Justice Militaire, Dépôt central du Blanc (France)
BAKO	Bundesarchiv, Koblenz (République fédérale d'Allemagne)
BAL	Bundesarchiv, Berlin-Lichterfelde (République fédérale d'Allemagne)
BAMA	Bundesarchiv-Militärarchiv, Freiburg im Breisgau (République fédérale d'Allemagne)
IHTP	Institut d'Histoire du Temps Présent, Cachan (France)
MGFA	Militärgeschichtliches Forschungsamt, Potsdam (République fédérale d'Allemagne)
NARA	National Archives and Records Administration, College Park, Maryland (États-Unis)
SHAT	Service Historique de l'Armée de Terre, Vincennes (France)
SSO	SS-Officer's Personal Files, Berlin-Lichterfelde (République fédérale allemande; actes cédés par le Berlin Document Center)
VHA	Vojenský Historický Archív, Prague (République tchèque)
WASt	Wehrmachtauskunftstelle (Deutsche Dienststelle)/Bureau d'information de la *Wehrmacht*, Berlin (République fédérale Allemande)

Tableau et équivalence des grades

Waffen-SS	Abréviation	Armée allemande	Armée française
Hommes du rang			
SS-Grenadier	SS-Gren.	Schütze	Soldat de 2e classe
SS-Obergrenadier	SS-Ob.Gren.	Oberschütze	Soldat de 1re classe
SS-Sturmmann	SS-Strmm.	Gefreiter	Caporal
SS-Rottenführer	SS-Rttf.	Obergefreiter	Caporal-chef
Sous-officiers			
SS-Unterscharführer	SS-Uscha.	Unteroffizier	Sergent
SS-Scharführer	SS-Scharf.	Unterfeldwebel	Sergent-chef
SS-Standartenjunker	SS-Std.Ju.	Fähnrich	Élève-officier
SS-Oberscharführer	SS-Oscha.	Feldwebel	Adjudant
SS-Hauptscharführer	SS-Hscha.	Oberfeldwebel	Adjudant-chef
SS-Standartenoberjunker	SS-Std.Ob.Ju.	Oberfähnrich	Aspirant
SS-Stabsscharführer	SS-Stuscha.	Hauptfeldwebel	Major
Officiers subalternes			
SS-Untersturmführer	SS-Ustuf.	Leutnant	Sous-lieutenant
SS-Obersturmführer	SS-Ostuf.	Oberleutnant	Lieutenant
SS-Hauptsturmführer	SS-Hstuf.	Hauptmann	Capitaine
Officiers supérieurs			
SS-Sturmbannführer	SS-Stubaf.	Major	Commandant
SS-Obersturmbannführer	SS-Ostubaf.	Oberstleutnant	Lieutenant-colonel
SS-Standartenführer	SS-Staf.	Oberst	Colonel
SS-Oberführer	SS-Obf.	(sans équivalence)	(sans équivalence)
Officiers généraux			
SS-Brigadeführer	SS-Brigf.	Generalmajor	Général de brigade
SS-Gruppenführer	SS-Gruf.	Generalleutnant	Général de division
SS-Obergruppenführer	SS-Ogruf.	General der Inf., der Art., der Kav., etc.	Général de corps d'armée
SS-Oberstgruppenführer	SS-Oberstgruf.	Generaloberst	Général d'armée
		General-Feldmarschall (distinction)	Maréchal (distinction)

ABRÉVIATIONS

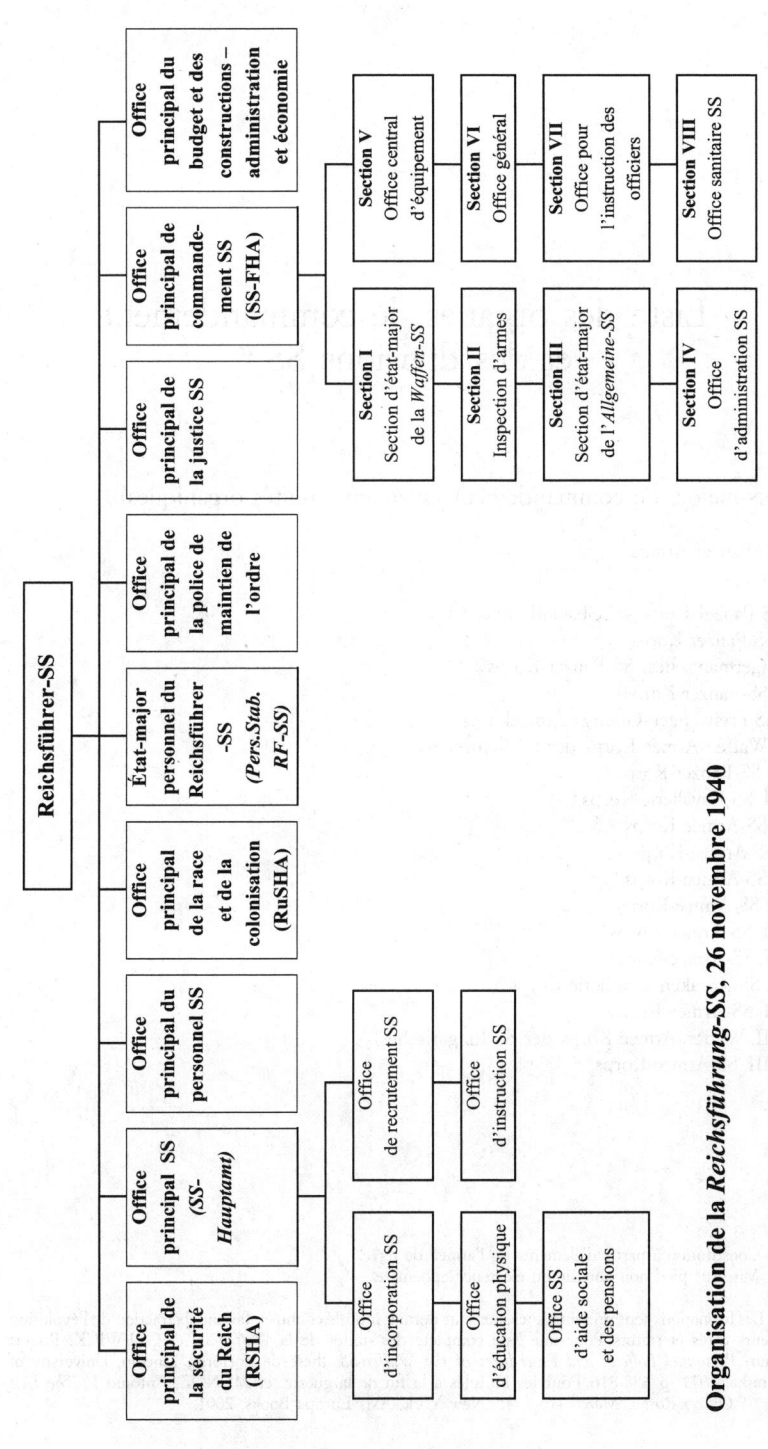

Reichsführer-SS

- Office principal de la sécurité du Reich (RSHA)
  - Office d'incorporation SS
  - Office d'éducation physique
    - Office SS d'aide sociale et des pensions
  - Office de recrutement SS
  - Office d'instruction SS
- Office principal SS (SS-Hauptamt)
- Office principal du personnel SS
- Office principal de la race et de la colonisation (RuSHA)
- État-major personnel du Reichsführer-SS (Pers.Stab. RF-SS)
- Office principal de la police de maintien de l'ordre
- Office principal de la justice SS
- Office principal de commandement SS (SS-FHA)
  - Section I — Section d'état-major de la *Waffen-SS*
  - Section II — Inspection d'armes
  - Section III — Section d'état-major de l'*Allgemeine-SS*
  - Section IV — Office d'administration SS
  - Section V — Office central d'équipement
  - Section VI — Office général
  - Section VII — Office pour l'instruction des officiers
  - Section VIII — Office sanitaire SS
- Office principal du budget et des constructions – administration et économie

Organisation de la *Reichsführung-SS*, 26 novembre 1940

Source : VHA, 2. SS-Pz.Div., 31/7 : SS-FHA, Tgb.Nr. 1760/40 g, Betr. : Gliederungen, 26.11.1940.

Liste des organes de commandement et des divisions SS *

États-majors de commandement (avec leurs unités organiques)

6. SS-Panzer-Armee [1]

I. SS-Panzer-Korps « Leibstandarte »
II. SS-Panzer-Korps
III. (germanisches) SS-Panzer-Korps
IV. SS-Panzer-Korps
V. SS-Freiwilligen-Gebirgs-Armeekorps
VI. Waffen-Armee-Korps der SS (lettisches)
VII. SS-Panzer-Korps [2]
VIII. SS-Kavallerie-Korps [2]
IX. SS-Armee-Korps
X. SS-Armee-Korps [1]
XI. SS-Armee-Korps [1]
XII. SS-Armee-Korps [1]
XIII. SS-Armee-Korps [1]
XIV. SS-Armee-Korps
XV. SS-Kosaken-Kavallerie-Korps [1]
XVI. SS-Armee-Korps [2]
XVII. Waffen-Armee-Korps der SS (ungarisches) [2]
XVIII. SS-Armee-Korps

1. Constitution à partir d'éléments de l'armée de terre.
2. Mise sur pied non aboutie ou existence éphémère.

* Les formations sont présentées ici sous leur dernier intitulé connu en faisant abstraction de l'évolution de leurs titres et statuts. Pour une liste complète des unités de la *Waffen-SS*, cf. GELWICK, Robert Arthur, *Personnel Policies and Procedures of the Waffen-SS*, thèse de doctorat, Lincoln, University of Nebraska, 1971, p. 688-816. Pour les intitulés à la fin de la guerre, cf. MUNOZ, Antonio J., *The Last Levy. SS Officer Roster, March 1st, 1945*, New York, Axis Europa Books, 2001.

LISTE DES ORGANES DE COMMANDEMENT 1175

Divisions

1. SS-Panzer-Division « Leibstandarte SS Adolf Hitler »
2. SS-Panzer-Division « Das Reich »
3. SS-Panzer-Division « Totenkopf »
4. SS-Panzergrenadier-Division « Polizei »
5. SS-Panzer-Division « Wiking »
6. SS-Gebirgs-Division « Nord »
7. SS-Freiwilligen-Gebirgs-Division « Prinz Eugen »
8. SS-Kavallerie-Division « Florian Geyer »
9. SS-Panzer-Division « Hohenstaufen »
10. SS-Panzer-Division « Frundsberg »
11. SS-Freiwilligen-Panzergrenadier-Division « Nordland »
12. SS-Panzer-Division « Hitlerjugend »
13. Waffen-Gebirgs-Division der SS « Handschar » (kroatische Nr. 1)
14. Waffen-Grenadier-Division der SS (ukrainische Nr. 1)
15. Waffen-Grenadier-Division der SS (lettische Nr. 1)
16. SS-Panzergrenadier-Division « Reichsführer-SS »
17. SS-Panzergrenadier-Division « Götz von Berlichingen »
18. SS-Freiwilligen-Panzergrenadier-Division « Horst Wessel »[3]
19. Waffen-Grenadier-Division der SS (lettische Nr. 2)
20. Waffen-Grenadier-Division der SS (estnische Nr. 1)
21. Waffen-Gebirgs-Division der SS « Skanderbeg » (albanische Nr. 1)[3]
22. SS-Freiwilligen-Kavallerie-Division « Maria Theresia »[3]
23. Waffen-Gebirgs-Division der SS « Kama » (kroatische Nr. 2)
numéro attribué ensuite à la
23. SS-Freiwilligen-Panzergrenadier-Division « Nederland » (niederländische Nr. 1)[3]
24. Waffen-Gebirgs-(Karstjäger)-Division der SS[3]
25. Waffen-Grenadier-Division der SS « Hunyadi » (ungarische Nr. 1)
26. SS-Panzer-Division
numéro attribué ensuite à la
26. Waffen-Grenadier-Division der SS « Hungaria » (ungarische Nr. 2)
27. SS-Panzer-Division
numéro attribué ensuite à la
27. SS-Grenadier-Division « Langemarck » (flämische Nr. 1)[3]
28. SS-Freiwilligen-Panzergrenadier-Division « Wallonien »[3]
29. Waffen-Grenadier-Division der SS (russische Nr. 1)[3]
numéro attribué ensuite à la
29. Waffen-Grenadier-Division der SS (italienische Nr. 1)[3]
30. Waffen-Grenadier-Division der SS (russische Nr. 2)[3]
31. SS-Freiwilligen-Grenadier-Division[3]
32. SS-Freiwilligen-Panzergrenadier-Division « 30. Januar »[3]
33. Waffen-Grenadier-Division der SS « Charlemagne » (französische Nr. 1)[3]
34. SS-Freiwilligen-Grenadier-Division « Nederland »[3]
35. SS-Polizei-Grenadier-Division[3]
36. Waffen-Grenadier-Division der SS[3]
37. SS-Freiwilligen-Kavallerie-Division « Lützow »[3]
38. SS-Panzergrenadier-Division « Nibelungen »[3]

1. Kosaken-Kavallerie-Division der SS[3]
2. Kosaken-Kavallerie-Division der SS[3]
3. Division n'ayant jamais disposé de plus de la moitié des effectifs théoriques requis.

Sources et bibliographie

Notes sur les sources consultées

Le principal problème auquel se heurte le chercheur qui travaille sur ce thème est avant tout lié, non à l'absence de fonds documentaires, mais à leur caractère lacunaire et à leur dispersion. Trois grandes catégories de sources ont ici été utilisées, à commencer par les archives de la *Reichsführung-SS*, conservées au *Bundesarchiv* de Berlin-Lichterfelde (BAL). On y trouve notamment les collections de l'état-major personnel de Himmler qui constituent la pièce maîtresse du fonds documentaire (NS 19). Représentant un poids de quelque deux tonnes et demie, elles ont fait l'objet d'un inventaire complet pourvu d'un index à plusieurs entrées [1]. Les collections des offices principaux SS, quoique quoique nettement moins étoffées, forment un appoint non négligeable. Les principaux fonds auxquels ce travail a eu recours sont ceux des services en charge de la justice (NS 7), du recrutement et de l'éducation idéologique (NS 31), du commandement militaire (NS 33), ou encore le fonds de l'inspecteur pour la statistique attaché à la SS (NS 48). Bon nombre de dossiers personnels des officiers SS (SSO), auparavant gérés par le *Berlin Document Center* (BDC), ont également été exploités. Ceux-ci ne se limitent pas au cursus des individus et aux informations administratives, mais renferment également leur éventuelle correspondance avec l'administration SS. Cette collection se complète par la série RS (*Rasse- und Siedlungshauptamt der SS*) relative aux procédures de demande de mariage, surtout utilisées pour pallier l'absence d'un dossier de la série SSO.

Les archives des formations militaires SS constituent la seconde catégorie de sources, pour l'essentiel conservées au *Bundesarchiv-Militärarchiv* (BAMA) de Freiburg im Breisgau [2] et aux archives militaires de la République tchèque à Prague (*Vojensky Historicky Archív*, VHA). Inaccessibles aux chercheurs occidentaux jusqu'au début des années 1990, ces dernières se sont qualitativement révélées d'une très grande richesse [3]. Les dossiers consacrés aux deux plus anciennes divisions SS (« SS-Verfügungs-Division » et division « Totenkopf ») ont notamment livré un nouvel éclairage sur le processus de développement des branches armées SS à l'automne 1939. Les dossiers de la première (par la suite dénommée « Reich » en janvier 1941, puis « Das Reich » en juillet 1942) permettent également de suivre le cheminement de cette formation jusqu'au début de l'année 1944, date de dépôt des dernières archives. Surtout, ils permettent de découvrir le processus qui a conduit la plus ancienne des divisions SS à faire évoluer ses structures et ses tactiques, confirmant au passage la place centrale tenue par cette formation au sein de la *Waffen-SS*. Quoique en partie réécrites à l'automne 1944 afin de remplacer les originaux perdus lors des combats de l'été précédent, les archives de la 12e division SS permettent pour leur part de comprendre la manière dont cette division a été engagée en Normandie. Il en va de même de la 17e division SS, dont les fonds conservés au BAMA sont pratiquement complets de sa création en octobre 1943 jusqu'en mai 1945.

D'un point de vue général, il est difficile de déterminer à quel point ces archives ont été expurgées de leurs documents les plus gênants, notamment ceux relatifs aux crimes de guerre. Avant l'invasion de l'Union soviétique, le commandant de la division « Totenkopf » a par exemple ordonné la destruction des papiers compromettants concernant les crimes qui allaient être perpétrés, incitant ses subordonnés à transmettre oralement leurs ordres à ce sujet [4]. À l'inverse, lorsque la division « Reich » a dû céder ses archives au printemps 1942, elle a ordonné de ne pas détruire les documents ayant une valeur historique ou documentaire. Le fait que ces archives soient versées au service de recherches historiques de la SS, et non aux services de l'armée, a manifestement été à l'origine d'une telle directive [5]. Aussi n'est-il pas étonnant de retrouver la trace des exactions dans certains de ces documents.

La culture du renseignement n'est pas un vain mot chez les Anglo-Saxons. Elle se comprend d'ailleurs au sens large, le profil psycho-sociologique ou l'état de santé des troupes adverses étant par exemple des éléments tout autant pris en considération que les informations tactiques ou le potentiel économique et industriel. Aussi cette documentation représente-t-elle la troisième grande catégorie de sources. Les bulletins de synthèse et les rapports d'interrogatoire de prisonniers de guerre sont d'une richesse et d'une précision qui ne trouvent par exemple pas d'équivalent dans les armées allemandes et françaises. Si elle n'est pas absolue, leur fiabilité est remarquable grâce à leur caractère extrêmement méthodique, avec pour principe le recoupement systématique de chaque information [6]. Par ailleurs, bon nombre de prisonniers interrogés ne faisaient pas preuve de la réserve nécessaire *(not security minded)* [7]. Par la nature des choses, une marge d'erreur existe bel et bien. Les rapports alliés le reconnaissent d'ailleurs très volontiers. C'est précisément cette vue distancée et critique des hommes et des événements, mais aussi cette capacité à remettre en cause leurs propres analyses, qui fait tout leur professionnalisme [8]. Au demeurant, l'historien a l'énorme avantage de pouvoir croiser au moins une partie de ces informations avec les sources allemandes, si cela ne l'avait pas déjà été fait à l'époque. Constater que cette source peut être plus fiable que les rapports allemands eux-mêmes n'est d'ailleurs pas le moindre des paradoxes [9]. En offrant une perspective inhabituelle (celle de déserteurs ou de soldats moins motivés qui ont préféré la reddition), cette documentation révèle un pan généralement tu ou vaguement mentionné dans les archives allemandes, à une époque où elles tendaient par ailleurs à se raréfier.

SOURCES ET BIBLIOGRAPHIE 1179

Afin d'éviter des redondances, deux types de sources ont surtout été utilisés. Les bulletins de renseignements quotidiens de la 1re armée canadienne, conservés aux Archives Publiques du Canada (APC), ont été retenus pour offrir un regard d'ensemble. Outre que cette armée a eu à combattre des troupes SS en Normandie à l'été 1944 et aux Pays-Bas en 1945, elle a régulièrement édité dans ses bulletins des extraits de ceux des autres armées alliées engagées sur ce théâtre d'opérations, et même en Italie. La seconde source est celle des rapports d'interrogatoire nominaux menés par les services de renseignements alliés, notamment les comptes-rendus établis par la 1re armée américaine directement après la capture des prisonniers, ou ceux des services interalliés dans les camps de transit en Grande-Bretagne quelques jours plus tard [10]. Ces documents sont conservés à la *National Archives and Records Administration* (NARA), College Park, Maryland, États-Unis.

D'autres sources alliées ont également été directement ou indirectement utilisées, qu'il s'agisse des études anglo-saxonnes menées à l'époque sur les prisonniers dans le cadre de la guerre psychologique [11], des protocoles d'écoute clandestine des prisonniers de guerre allemands en Grande-Bretagne qui ont déjà fait l'objet d'un article spécifiquement consacré à la *Waffen-SS* [12], ou de l'étude extrêmement fouillée entreprise par la 1re armée française sur la 30e division SS (russe) au début de 1945, deux mois après les combats qui les avaient opposées en Alsace à l'automne 1944 [13].

À côté de ces trois catégories de sources, plusieurs autres se sont révélées particulièrement enrichissantes, à commencer par la documentation déjà publiée : le journal de marche du commandement de la *Wehrmacht* [14], les comptes-rendus sténographiques des conférences militaires de Hitler [15], les notes prises lors de ses « conversations de table » [16], les procès-verbaux de ses réunions avec le ministre de l'Armement et des Munitions [17], le Journal personnel de Joseph Goebbels [18], l'agenda de travail de Himmler pour les années 1941 et 1942 [19], les rapports de renseignements du SD sur l'état de l'opinion au sein du Reich [20], les documents édités à l'occasion du procès de Nuremberg [21], la compilation des documents relatifs à la présence et à l'action de la SS aux Pays-Bas [22], ou encore l'ordre de bataille des forces armées allemandes réalisé après-guerre par le « Bureau d'information de la *Wehrmacht* » (*Wehrmachtsauskunftstelle*, WASt) dont une copie figure au BAMA [23]. Par ailleurs, d'assez nombreuses archives de ministères, administrations et organisations du IIIe Reich ont été ponctuellement exploitées, avec une mention particulière aux Archives Politiques du ministère allemand des Affaires étrangères (*Politisches Archiv des Auswärtigen Amtes*, PA/AA). Les archives des tribunaux militaires français ayant jugé certains crimes de guerre après la Libération ont également été utilisées, quoique en nombre très limité, eu égard aux difficultés d'accès encore liées à ce type de sources [24].

Pour dresser un rapide bilan, cette présente étude a indéniablement profité de l'ouverture des archives au cours des quinze dernières années. L'accès des archives militaires de Prague aux chercheurs occidentaux après la chute du « rideau de fer », de même que la déclassification progressive aux États-Unis des archives du renseignement militaire, voire une plus grande facilité d'accès aux archives françaises, ont fourni une précieuse matière qui a permis de combler des pans importants de l'état de la connaissance sur le sujet. D'un autre côté, si une bonne moitié de la documentation citée en appui de ce travail était déjà accessible depuis les années 1970, les historiens disposent à présent d'index qui rendent leurs recherches plus performantes.

Commentaires sur les statistiques

Qu'elles soient issues des services ou des unités SS, de l'Office statistique du Reich *(Statistisches Reichsamt)* ou des services de renseignements alliés, les statistiques présentées dans cet ouvrage méritent une mention particulière, tant sur leur fiabilité que sur le sens qu'elles ont revêtu en Allemagne. Comme cela a déjà été amplement démontré, le système de gouvernement national-socialiste a été intimement lié à une classification rationnelle de la société. Aussi les statisticiens sont devenus les « soldats scientifiques » du IIIe Reich [25]. Loin de demeurer à l'écart de cette montée en puissance de l'appareil technocratique au sein du régime, la SS a utilisé les mêmes moyens pour rationaliser l'application de ses projets, publiant de 1934 à 1938 un annuaire statistique annuel *(Statistisches Jahrbuch der SS)* enrichi au fil des années [26]. L'importance accordée aux statistiques par Himmler a encore augmenté à l'approche de la guerre. Ainsi s'est-il adjoint à partir de 1939 les services du docteur Korherr, directeur de l'Office régional bavarois de statistique, auquel il a confié l'ensemble des études statistiques de la SS [27]. Ses études ont tout autant servi à présenter des rapports semestriels sur les effectifs de la SS, à promouvoir le mariage et la natalité dans les rangs de l'Ordre noir, qu'à préparer la « Solution finale ». Ces études ont également eu un rôle politique avec la volonté de Himmler de valoriser la SS aux yeux de Hitler pour mieux renforcer sa position au sein du régime et son souci de préparer l'après-guerre [28].

Reste à déterminer la fiabilité de ces chiffres. En fait, toute idée de manipulation est à écarter, et ce pour deux raisons. Tout d'abord, ces études internes directement adressées à Himmler n'étaient pas destinées à être divulguées, à moins de servir les intérêts de la SS suivant l'appréciation de ce dernier [29]. Par ailleurs, la probité professionnelle de Korherr ne peut être mise en doute. En dépit de ses convictions idéologiques affirmées, il ne s'est jamais laissé aveugler par elles, quitte pour cela à contredire, chiffres à l'appui, les discours officiels de Hitler et Goering [30]. Korherr reconnaissait lui-même avec une totale franchise les limites du travail de ses services qui dépendaient du bon vouloir des différents offices SS en charge de lui communiquer leurs chiffres. Les conditions d'engagement des troupes, la rapide croissance de la *Waffen-SS*, l'évolution défavorable du conflit et la déflation des personnels administratifs affectés au travail statistique ont par ailleurs rendu de plus en plus difficile la collecte des données à partir de 1944, tandis que l'Office principal de commandement SS (SS-FHA), dont dépendaient les formations de la *Waffen-SS*, était l'organe qui posait le plus de problèmes en ne livrant qu'avec retard les renseignements qui ne correspondaient pas toujours aux dates arrêtées [31].

Les chiffres fournis à l'époque par les formations SS n'appellent de leur côté que peu de commentaires, réserve faite de la tendance de certaines unités à manipuler leurs effectifs théoriques ou réels dans le but d'obtenir des personnels ou des équipements supplémentaires. Ce phénomène a pris des proportions suffisamment importantes dans la seconde moitié de la guerre pour être publiquement dénoncé par Himmler [32]. Ces comportements sont du reste l'un des points d'étude de ce travail même si, par nature, ils sont difficiles à détecter.

Les enquêtes statistiques menées par les services de renseignements alliés méritent pour leur part que l'on s'y attarde, eu égard à leur utilisation récurrente et aux problèmes méthodologiques qu'elles posent. Cela vaut tout particulièrement pour les études menées au début de l'année 1945 par la 1re armée américaine sur trois divisions qui lui ont fait face dans les Ardennes, à savoir les 12e et 62e divisions de grenadiers du peuple, ainsi que la 9e division blindée SS [33]. La date à laquelle ces enquêtes ont été menées, à savoir moins de quatre mois avant la fin de la guerre, consacre immédiatement tout leur intérêt à une époque où les documents allemands n'abordaient plus depuis longtemps (s'ils les avaient jamais soulevés) des points extrêmement intéressants sur les hommes qui composaient ces divisions. À chaque fois, la capture en quelques jours de plusieurs centaines de prisonniers issus d'une même formation (800 dans le cas de la 9e division SS, soit 4 % de ses effectifs théoriques [34]) a permis de dégager pour chacune d'elle un échantillon représentatif.

Quel que soit le sérieux avec lequel ces enquêtes statistiques ont été menées à l'époque, leurs résultats ne peuvent cependant constituer qu'une tendance générale, certes précieuse, mais non un résultat absolu. De fait, malgré le soin apporté à la sélection de l'échantillon étudié (seuls 295 hommes des 800 captifs de la 9e division SS ont ainsi été retenus ; respectivement 270 et 268 pour chacune des 12e et 62e divisions), il ne faut pas se cacher que l'effectif initial était d'une part constitué par les hasards de la bataille, d'autre part se composait d'individus dont la combativité était moindre et qui se sont logiquement trouvés en plus grand nombre dans les camps de prisonniers que les individus déterminés à poursuivre la lutte. Les efforts des enquêteurs américains ont précisément consisté à corriger ce dernier effet en jouant sur trois critères : la mise en corrélation de la date d'incorporation des individus avec l'historique de la division et l'étendue de ses pertes dans le temps (et donc ses besoins en remplacement) ; le respect de l'équilibre interne entre les unités divisionnaires (avec par exemple une surreprésentation de l'infanterie par rapport aux unités du génie et de reconnaissance) ; et enfin le respect de la structure hiérarchique, mais avec l'évidente volonté d'exclure les officiers du champ de l'étude. À l'échelle de la 9e division SS, ces critères ont notamment permis de corriger la surreprésentation des individus récemment incorporés, peu motivés, et qui constituaient en conséquence la majeure partie des 800 soldats tombés aux mains des Alliés. Par contre, aucun membre du régiment blindé et du régiment d'artillerie de la division SS ne figurait parmi les prisonniers, alors que ce genre d'unités disposait notoirement « *de soldats de meilleur calibre* ».

En dépit de leurs limites, les études menées sur les 9e division SS et 12e division de grenadiers du peuple tirent leur valeur du choix de répertorier systématiquement à chaque question l'échantillon en fonction de la date d'engagement des individus. À tout point de vue, cet angle d'approche s'est révélé très pertinent. Les enquêteurs alliés avaient, il est vrai, eu la possibilité d'affiner leurs méthodes d'analyse après l'échec relatif qu'a représenté pour eux une première étude consacrée à la 62ᵉ division de grenadiers du peuple. Dans son cas, le fait de classer les réponses de chaque individu en fonction de son unité d'appartenance au sein de la division avait en effet produit des résultats décevants car peu significatifs. C'est pourquoi la méthodologie a été reconsidérée pour les deux enquêtes suivantes en basant désormais l'approche en fonction de la date d'incorporation. Au passage, le questionnaire a également été amélioré. Il comportait quatorze items relatifs au statut militaire de ces hommes, à leur profil socioprofessionnel, leurs motivations, leur instruction militaire et leur cursus. La plupart des réponses étant directement tirées de leurs livrets militaires, elles peuvent être considérées comme fiables. Les questions liées aux conditions d'engagement et au moral de ces hommes sont par contre sujettes à caution dans la mesure où les enquêteurs alliés ont sur ces points été tributaires des réponses des prisonniers [35]. Au final, il est néanmoins possible de comparer, sur la base d'une méthodologie identique et de critères très proches, une division blindée SS avec une division d'infanterie de l'armée de terre. Au demeurant, le parcours et le profil de la 12ᵉ division de grenadiers du peuple étaient eux-mêmes intéressants. Il s'agissait en effet d'une formation de tradition ancienne, aguerrie, aux effectifs partiellement renouvelés à côté d'un solide noyau ancien, et qui jouissait d'une bonne réputation aussi bien auprès du commandement allemand qu'auprès des services de renseignements américains [36].

NOTES

1. HENKE, *Bestand NS 19*.
2. Pour des raisons pratiques, des copies de ces archives ont été consultées au Service Historique de l'Armée de Terre (SHAT) à Vincennes, et à l'Institut d'Histoire du Temps Présent (IHTP) à Cachan.
3. PIVCOVÁ, « Militärhistorische ». Les documents sont classés par unité ou service (par exemple « 1.SS-Pz.Div. » pour la 1ʳᵉ division blindée SS) ; les deux chiffres qui suivent font respectivement référence au numéro de la chemise et au carton dans lequel se trouve cette chemise.
4. SYDNOR, *Soldiers*, p. 316.
5. VHA, 2. SS-Pz.Div., 156/48 : SS-Div. « Reich »/Ia, Betr. : Abgabe von Akten mit historischem oder dokumentarischem Wert, 5.5 1942.
6. Ainsi, un officier SS qui avait menti lors de son premier interrogatoire a été confondu par d'autres déclarations, ce qui a aussitôt provoqué un contre-interrogatoire. Dans un autre cas, un sous-officier SS s'est plaint d'avoir déjà fait l'objet de sept interrogatoires à différentes étapes de son transfert avant même d'arriver au camp britannique de Kempton Park où il a dû se soumettre une nouvelle fois à cet exercice. Lorsque les jeux ont été abattus à la fin de la guerre, les services de renseignements canadiens ont pu constater la justesse de leurs estimations et de leurs informations en comparant les documents allemands avec leurs propres déductions. NARA, RG 165/Entry 179/Box 718 : PWIS (H)/KP/131 ; Box 720 : PWIS (H)/LDC/528. APC, RG 24, C 17, vol. 13654 : Appendix C to FCA, ISN 308, 4.5 1945, II ; FCA, INT Periodical # 1, 14.5 1945, p. 21-22.
7. Cf. par exemple NARA, RG 165/Entry 179/Box 718 : PWIS (H)/KP/57, 58, 73, 87, 131, 166, 167, 247 ; Box 719 : PWIS (H)/LDC/307, 381 ; Box 721 : PWIS (H)/LF/509 ; RG 492/Entry ETO-MIS-Y Sect/Box 63 : FUSA, POW I Report, 21/22.12 1944 (1 & 2).

8. Cf. le paragraphe sous forme d'autocritique consacré aux « divisions qui ne sont jamais arrivées » alors qu'elles avaient été annoncées. APC, RG 24, C 17, vol. 13649 : FCA, ISN 169, 16.12 1944, II, p. 1.

9. Cf. la confrontation d'un rapport de combat d'un détachement SS et la version américaine *in* APC, RG 24, C 17, vol. 13652 : FCA, ISN 258, 15.3 1945, II, p. 2-3.

10. Sauf lors des rares afflux massifs de prisonniers, tous ceux capturés par la 1re armée américaine étaient interrogés dans les 24 heures, 6 interrogateurs pouvant effectivement entendre 200 à 250 prisonniers par jour. Au camp britannique de Kempton Park, les prisonniers étaient interrogés de 5 à 10 jours après leur capture à l'été 1944. Au total, un quart des prisonniers passant par ce camp de transit faisaient l'objet d'un interrogatoire. FUSA, Report of operations 20.10 1943-1.8 1944 (Annex # 5), p. 124. NARA, RG 165/Entry 179/Box 718 : PWIS (H)/KP/247, 12.8 1944, § 1.

11. SHILS, « Cohésion ». DICKS, *Psychological.*

12. NEITZEL, « Forschens » ; – *Abgehört.*

13. SHAT, 10 P 140 : 1re Armée Française/État-Major/2e Bureau, Essai sur la 30e Waffen Grenadier Division der SS depuis sa création (15 Juillet 1944) jusqu'au 15 Novembre 1944, 23.1 1945 (en abrégé « Essai sur la 30e Div. SS »). Cette dernière étude à vocation historique est symptomatique de la différence culturelle séparant la France du monde anglo-saxon, avec d'un côté son désintérêt relatif pour les questions de renseignements, et de l'autre sa passion pour l'Histoire.

14. SCHRAMM, *Kriegstagebuch des Oberkommandos der Wehrmacht* (en abrégé KTB-OKW suivi de l'année et du numéro de volume).

15. HEIBER, *Lagebesprechungen.*

16. JOCHMANN, *Monologue.* PICKER, *Tischgespräche.*

17. BOELCKE, *Rüstung.*

18. FRÖLICH, *Goebbels.*

19. WITTE, Dienstkalender.

20. BOBERACH, *Meldungen.*

21. TRIBUNAL MILITAIRE INTERNATIONAL, *Procès des grands criminels de guerre, 14.11 1945-1.10 1946* (en abrégé TMI suivi du numéro du volume).

22. IN 'T VELD, N.K.C.A., *De SS en Nederland.*

23. Il s'agit du bureau d'information créé quelques jours avant l'invasion de la Pologne, le 26 août 1939, en vertu de la convention de Genève du 27 juillet 1929 portant sur l'échange d'informations sur les prisonniers de guerre. Parallèlement à cette tâche, cet organisme a eu en charge le recensement de toutes les pertes de la *Wehrmacht* et a de ce fait accumulé une importante documentation. Il a poursuivi sa tâche après l'occupation alliée, rédigeant entre autres après-guerre sous contrôle français un historique succinct de la plupart des formations militaires de l'ex-*Wehrmacht.*

24. Une dérogation pour un nombre réduit de dossiers a ainsi été obtenue au terme des vicissitudes inhérentes à'une procédure longue de 17 mois. Quatre procédures judiciaires ont pu être finalement consultées auprès du dépôt de la Justice Militaire française (crimes d'Ascq, Nîmes, Oradour-sur-Glane et Tulle).

25. ALY, Erfassung.

26. *Ibid..*, p. 30. Malgré tous les efforts entrepris, il n'a pas été possible de retrouver l'annuaire de l'année 1939, pourtant édité à 250 exemplaires au printemps 1940. L'édition pour l'année 1940 est demeurée à l'état d'ébauche et ne fournit que des informations sur la branche civile de la SS. BAL, NS 31/366 : CdSSHA, Betr. : SJSS 1939, 22.5 1940 ; NS 48/2 : SJSS 1940 (Entwurf).

27. ALY, *Erfassung*, p. 40-42. BAL, SSO 201 A (Richard KORHERR, 30.10 1903). HÖHNE, *Orden*, p. 401-03.

28. Cf. sa demande en février 1940 d'étudier la possibilité de collecter des données statistiques permettant de valoriser la participation de la SS dans le conflit (décorations, tués, nombre de jours de combat d'après le livret militaire, etc.). Pour apprécier la finalité de ces statistiques, il suffit de lire le rapport établi par Korherr sur les membres de l'*Allgemeine-SS* tués dans les rangs de l'Armée lors de la conquête de la Crète en 1941. Que ce taux de pertes soit « *un cran supérieur* » à la moyenne démontrait selon Korherr « *le courage et le mépris de la mort* » des membres de l'Ordre noir. BAL, NS 19/1400 : RF-SS, 35/39/40, 20.2 1940 ; NS 19/2109 : Insp. für Statistik an RF-SS, Der Kreta-Einsatz 1941, 31.7 1943.

29. Himmler a ainsi refusé que soient publiées les statistiques sur la criminalité dans les rangs de la SS et de la police pour l'année 1942. BAL, NS 19/1916 : RF-SS/Pers.Stab an HA SS-Gericht, Betr. : Kriminalstatistik des HA SS-Gericht für das Jahr 1942, 21.1 1944.

30. ALY, *Erfassung*, p. 42.

31. BAL., NS 19/1653 (2) : Insp. der Statistik an RF-SS, 27.8 1941 ; NS 19/2097 : Insp. für Statistik an SS-Ostubaf. Brandt, Betr. : Die Stärke der SS am 31.12 1942, 1.3 1943 ; NS 19/2097 : Stärkemeldung der SS, 28.2 1944.

32. Discours de Himmler à Posen le 4.10 1943 *in* TMI (XXIX), PS-1919, p. 152-54.

33. NARA, RG 492/Entry ETO-MIS-Y Sect/Box 63 : First Army Special Report, Facts and Figures about the 62 VG Div, a statistical survey, 6/7.1 1945 ; *ibid.*, 9 SS Div « Hohenstaufen », 15/16.1 1945 ; Box 64 : *ibid.*, 12 VG Div, 1/2.3 1945 ; en abrégé « FUSA, 9 SS Div (survey) », etc.

34. NARA, RG 492/Entry ETO-MIS-Y Sect/Box 63 : FUSA, POW I Report, 22/23.1 1945 (summary).

35. Ces études ont été menées par une équipe de trois hommes, soit un lieutenant et deux adjudants (un sergent ayant par ailleurs participé à la première enquête sur la 62e division). À la lecture de leurs noms (Kann, Stern, Hecht et Krause), on peut supposer qu'il s'agissait de citoyens américains issus de l'immigration allemande qui maîtrisaient cette langue et connaissaient cette culture.

36. Il s'agissait d'une division d'active créée en 1934 et engagée en Pologne, à l'Ouest et sur le front de l'Est. Retirée du front après 14 mois passés dans la poche de Demiansk, elle a bénéficié d'une période de repos de près d'une année jusqu'en février 1944. Le 22 juin 1944, elle a reçu de plein fouet l'offensive soviétique, mais a toutefois réussi à conserver sa cohésion lors des combats, protégeant notamment le repli de la 4e armée. Du 22 juillet au 12 septembre, elle a été reconstituée en Prusse occidentale en intégrant notamment les restes de la 549e division d'infanterie. Réorganisée en tant que 12e division de grenadiers, elle a été renommée 12e division de grenadiers du peuple le 9 octobre. À cette date, elle avait déjà rejoint le front de l'Ouest où son action lors des combats autour d'Aix-la-Chapelle lui ont valu d'être citée à l'ordre du jour par Himmler pour avoir détruit 94 chars alliés au cours du seul mois de novembre. Après les durs combats de la forêt de Hürtgen et avant d'être de nouveau engagée lors de la bataille des Ardennes, elle a été complétée avec 500 convalescents et quelque 3 000 hommes issus des dépôts ou dont l'affectation spéciale avait été levée. Au final, cette division a compté un grand nombre de soldats auxquels les plus hautes décorations ont été décernées (101 récipiendaires de la Croix allemande en or, 35 chevaliers de la Croix de fer, dont 8 avec les feuilles de chêne, et un titulaire de la barrette en or du combat rapproché). Surtout, cette division a été systématiquement favorisée par l'un de ses anciens chefs de compagnie, Gerhard Engel, promu aide de camp de Hitler de 1938 à 1943. Il a d'ailleurs fini par en prendre le commandement à l'été 1944. BAMA, ZA 1/1084 (6) : Gen.Lt. G. Engel, Die Ardennen-Offensive in der Zeit v. 16.-29.12.44, 25.11 1947 ; MSg 175/36 : 12.I.D. BAL, NS 31/170 (122) : RF-SS, 1.12 1944. ENGEL, « Kreuzweg ». TESKE, *Bewegungskrieg*. HEIBER, *Lagebesprechungen*, p. 35. KOTZE, *Heeresadjutant*, p. 145/note 446. TESSIN, *Verbände* (3), p. 234-35, 328. SCHMITZ, *Truppenkennzeichnen* (1), p. 71-72 ; – *Divisionen* (4), p. 45-54.

1. ARCHIVES NON PUBLIÉES

Bundesarchiv Berlin-Lichterfelde (BAL)

NS 6	Partei-Kanzlei der NSDAP
	(Chancellerie du Parti de la NSDAP)
NS 7	SS- und Polizeigerichtsbarkeit
	(Juridiction de la SS et de la police)
NS 18	Reichspropagandaleiter der NSDAP
	(Directeur de la propagande de la NSDAP pour le Reich)
NS 19	Persönlicher Stab Reichsführer-SS
	(État-major personnel du chef du Reich des SS)
NS 31	SS-Hauptamt
	(Office principal SS)
NS 33	SS-Führungshauptamt
	(Office principal de commandement SS)
NS 34	SS-Personalhauptamt
	(Office principal du personnel SS)
NS 48	Sonstige zentrale Dienststellen und Einrichtungen der SS
	(Divers services et institutions centraux de la SS)
NSD 41	Nationalsozialistische-Drucksachen (SS)
	(Imprimés nationaux-socialistes – publications de la SS)
R 43	Reichskanzlei
	(Chancellerie du Reich)
R 49	Reichskommissar für die Festigung deutschen Volkstums
	(Commissaire du Reich pour la consolidation de la nation allemande)
R 55	Reichsministerium für Volksaufklärung und Propaganda
	(Ministère du Reich pour l'édification du peuple et la propagande)

R 58	Reichssicherheitshauptamt
	(Office principal de la sécurité du Reich)
R 59	Volksdeutsche Mittelstelle
	(Bureau central des Allemands ethniques)
R 70 Belgien	Polizeidienststellen im Bereich des Militärbefehlshabers Belgien und Nordfrankreich *(Services de police sur le territoire du commandant militaire en Belgique et dans le nord de la France)*
R 70 Frankr.	Polizeidienststellen im Bereich des Militärbefehlshabers Frankreich
	(Services de police sur le territoire du commandant militaire en France)
R 70 Ndl.	Polizeidienststellen in den Niederlanden
	(Services de police aux Pays-Bas)
R 70 Lothringen	Polizeidienststellen in Lothringen
	(Services de police en Lorraine)
R 187	Sammlung Schumacher
	(Collection Schumacher)
RKK	Reichskulturkammer
	(Chambre de la culture du Reich – ex-Berlin Document Center)
RS	Rasse- und Siedlungshauptamt
	(Office principal SS de la race et de la colonisation, dossiers personnels – ex-Berlin Document Center)
Slg. Research	Sammlung « Research »
	(Classeurs thématiques de recherche – ex-Berlin Document Center)
SSO	SS Officers List
	(Dossiers personnels des officiers SS – ex-Berlin Document Center)

Politisches Archiv des Auswärtigen Amtes, Berlin-Mitte (PA/AA)

Inland II – D	Angelegenheiten der Waffen-SS
	(Affaires de la Waffen-SS)
Inland II g	Verbindung zum Reichsführer-SS
	(Liaison avec le Reichsführer-SS)

Bundesarchiv-Militärarchiv, Freiburg im Breisgau (BAMA)

MSg 175	Ordre de bataille de l'ex-Wehrmacht (Archiv WASt)
N 117	Nachlaß Rommel
	(Fonds Rommel)
N 756	Nachlaß Vopersal
	(Fonds Vopersal)
NS 17	Leibstandarte SS Adolf Hitler

RH 2 Chef des Truppenamtes / Generalstab des Heeres
 (Chef du service des troupes/état-major de l'armée de terre)
RH 10 Generalinspekteur der Panzertruppen
 (Inspecteur général des troupes blindées)
RH 19 Heeresgruppen
 (Groupes d'armées)
RH 20 Armeeoberkommandos
 (États-majors d'armée)
RH 24 Generalkommandos Armee-Korps, Panzer-Korps, usw.
 (États-majors de corps d'armée d'infanterie, blindés, etc.)
RH 26 Infanterie-Divisionen
 (Divisions d'infanterie)
RH 27 Panzer-Divisionen
 (Divisions blindées)
RS 1 Führungsstellen/Oberkommandos der Waffen-SS
 (Organes de commandement/états-majors supérieurs de la Waffen-SS)
RS 2 Generalkommandos SS-Korps
 (États-majors de corps d'armée SS)
RS 3 SS-Divisionen
 (Divisions SS)
RS 4 Brigaden, Legionen, Standarten sowie Kampfgruppen und Einheiten der Waffen-SS
 (Brigades, légions, régiments ainsi que groupements de combat et unités de la Waffen-SS)
RS 5 Ersatz- und Ausbildungseinheiten, Schulen sowie Ergänzungs- und Fürsorge-Dienststellen der Waffen-SS
 (Unités de dépôt et d'instruction, écoles ainsi que services de remplacement et d'aide sociale de la Waffen-SS)
RW 4 Wehrmachtführungsstab
 (État-major de commandement de la Wehrmacht)
RW 8 Privatdienstlicher Schriftwechsel Major Engel *(correspondance privée du commandant Engel, aide de camp de Hitler pour l'armée de terre)*
ZA 1 Studiengruppe US-Historical Division
 (Série d'études de la division historique américaine) [interrogatoires et témoignages des officiers des forces armées allemandes après-guerre]

Bundesarchiv-Koblenz (BAKO)

Allg.Proz. 8 Britische Kriegsverbrecher-Prozesse
 (Procès britanniques des criminels de guerre)
Allg.Proz. 10 Französische Kriegsverbrecher-Prozesse in Deutschland
 (Procès français des criminels de guerre en Allemagne)

Allg.Proz. 21   Prozesse gegen Deutsche im europäischen Ausland
(*Procès contre des Allemands à l'étranger – Europe*)
Plakat 3   Plakate : NS-Herrschaft in Deutschland und Europa
(*Affiches relatives à la domination nationale-socialiste en Allemagne et en Europe*)

Vojenský Historický Archív, Prague (VHA)

II.SS-Pz.Korps	II.SS-Panzer-Korps (*IIe corps d'armée blindé SS*)
1.-4., 6., 9.-10., 12.-13. & 17. SS-Div.	1.-4., 6., 9.-10., 12.-13. & 17. SS-Divisioncn (*1re- 4e, 6e, 9e-10e, 12e-13e & 17e divisions SS*)
Arbeits-Abt.d.W-SS	Arbeitsabteilung der Waffen-SS (*Détachement de travail de la Waffen-SS*)
Btl.d.W-SS z.b.V.	Bataillon der Waffen-SS zur besonderen Verfügung (*Bataillon de la Waffen-SS à emploi spécial*)
HSSPF Rußland-Süd	Höherer SS- und Polizeiführer Rußland-Süd und Ukraine (*Commandant supérieur de la SS et de la police pour le sud de la Russie et l'Ukraine*)
Kommandostab Reichsführer-SS	Kommandostab Reichsführer-SS (*État-major de commandement du Reichsführer-SS*)
SS-Art.Ausb.u.Ers.Rgt.	SS-Artillerie-Ausbildungs- und Ersatz Regiment (*Régiment d'artillerie de dépôt et d'instruction SS*)
SS-Ausb.Btl. z.b.V.	SS-Ausbildungs-Bataillon zur besonderen Verfügung (*Bataillon d'instruction SS à emploi spécial*)
SS-Kurierstelle 3	SS-Kurierstelle 3, Rastenburg (*3e service de courriers SS, Rastenburg*)
SS-Nachr.Stelle « NW »	SS-Nachrichtenstelle Nordwest (*Centre de transmissions SS « Nordwest », La Haye*)
SS-Pz.Gr.Schule Pros.-Kienschlag	SS-Panzer-Grenadier-Schule Prosetschnitz-Kienschlag (*École d'infanterie mécanisée SS de Prosetschnitz-Kienschlag, Protectorat de Bohême-Moravie*)
SS-Rekr.Dep. Debica	SS-Rekruten-Depot Debica (*Dépôt de recrues SS de Debica, Gouvernement Général polonais*)
SS-T-St./Rgter	SS-Totenkopf-Standarten/Regimenter (*Standarten, puis régiments, SS « Tête de mort »*)
SS-Wach-Btl. « Böhmen u. Mähren »	SS-Wach-Bataillon « Böhmen und Mähren » (*Bataillon de garde SS « Böhmen und Mähren »*)

Archives publiques du Canada, Ottawa (APC)

Record Group 24, Serie C 17 : Armée, journaux de campagne – La Deuxième Guerre mondiale.

SOURCES ET BIBLIOGRAPHIES 1189

Volumes 13620 & 13645-13654 : General Intelligence, First Canadian Army, June 1944-June 1945
(Services de renseignements de la Première armée canadienne, juin 1944 – juin 1945)
[dossiers consultés au Mémorial de Caen sous forme de microfilms]

National Archives and Records Administration, College Park, Maryland (NARA)

RG 165/Entry 179	War Department General and Special Staffs – Military Intelligence Section Y
	(Département général de la Guerre et états-majors spéciaux – Section du renseignement militaire Y)
RG 238/OCCWC/ Entry 191	Office of the Chief Counsel for War Crimes – Executive Counsel SS Division
	(Bureau du conseil principal pour les crimes de guerre – Conseil exécutif de la division pour la SS)
RG 407/Entry 427/ Box 15316	G-2 Periodic Reports – 5th Armored Division *(rapports périodiques du 2ᵉ bureau de la 5ᵉ division blindée)*
RG 492/Entry ETO-MIS-Y Sect.	Military Intelligence Section Y – First US Army *(Section du renseignement militaire Y – Première armée américaine)*

Dépôt d'archives de la Justice militaire, Le Blanc (AJM)

Cartons n° 371 & 372	Procès d'Ascq
Cartons n° 490 & 491	Procès de Tulle
Cartons n° 546 à 556	Procès d'Oradour-sur-Glane
Carton n° 679	Procès de Nîmes

Institut d'Histoire du Temps Présent, Cachan (IHTP)

Microfilms allemands n° 1, 6, 23, 33, 39, 46, 112, 114-115, 118, 124-126, 133, 146-147, 162, 164, 222 & 225.

Service Historique de l'Armée de Terre, Vincennes (SHAT)

7 P	État-major Général Guerre (Alger), puis État-major de l'Armée (Paris)
10 P	Armée B puis 1ʳᵉ Armée
11 P 115	4ᵉ Division Marocaine de Montagne – État-major – 3ᵉ Bureau, Ordres et comptes rendus de la 1ʳᵉ Armée Française et du 1ᵉʳ Corps d'Armée pour la bataille de Mulhouse, novembre-décembre 1944

Microfilm allemand n° 162

Archives Départementale du Calvados, Caen (ADC)

19 W   Rapports mensuels et hebdomadaires des services préfectoraux (1943-1944)

Fonds d'archives particuliers

Documents, études et témoignages non référencés provenant de collections particulières ou en possession de l'auteur.

2. SOURCES BIBLIOGRAPHIQUES

Guides des sources et registres bibliographiques

BLANC, Brigitte, ROUSSO, Henry, TOURTIER BONAZZI, Chantal de, *La Seconde Guerre mondiale. Guide des sources conservées en France, 1939-1945*, Paris, Éditions des Archives Nationales, 1994, 1218 p.

BOBERACH, Heinz (bearb. im Auftrag des Instituts für Zeitgeschichte), *Inventar archivalischer Quellen des NS-Staates. Die Überlieferung von Behörden und Einrichtungen des Reichs, der Länder und der NSDAP*, München, London, New York, Paris, Saur, 1991-1995, 2 vol.

BONNIN, Georges, « Les archives allemandes d'Alexandria », *Revue Historique*, PUF, Tome CCXXIV, Juillet-Septembre 1960, p. 105-110.

BUCHER, Peter, *Wochenschauen und Dokumentenfilme 1895-1950 im Bundesarchiv-Filmarchiv*, Koblenz, Bundesarchiv, 2000 (1984), 504 p. (Findbücher zu Beständen des Bundesarchivs; 8).

HELD, Walter, *Verbände und Truppen der deutschen Wehrmacht und Waffen-SS im Zweiten Weltkrieg. Eine Bibliographie der deutschen Nachkriegsliteratur*, Osnabrück, Biblio Verlag, 1978-1995, 4 vol.

HENKE, Josef, *Persönlicher Stab des Reichsführers SS (Bestand NS 19)*, Koblenz, Bundesarchiv, 1997, 1083 p. (Findbücher zu Beständen des Bundesarchivs; 57).

KRÖGER, Martin, THIMME, Roland, « Das Politische Archiv des Auswärtigen Amts im Zweiten Weltkrieg », *Vorschrift für Zeitgeschichte*, 47, 1999, p. 243-264.

MARTENS, Stefan (hrsg. im Auftrag des Deutschen Historischen Instituts Paris mit Unterstützung des Bundesarchivs), *Frankreich und Belgien unter deutscher Besatzung 1940-1944. Die Bestände des Bundesarchiv-Militärchivs*, Stuttgart, Jan Thorbecke Verlag, 2002, 761 p.

PIVCOVÁ, Zuzana, « Das Militärhistorische Archiv in Prag und seine deutschen Bestände », *Militärgeschichtliche Mitteilungen*, 52, 1993, Heft 2, p. 429-435.

RUCK, Michael, *Bibliographie zum Nationalsozialismus*, Darmstadt, Wissenschaftliche Buchgesellschaft, 2000, 2 vol., XXVI & VIII, 1610 p.

SERVICE HISTORIQUE DE L'ARMÉE DE TERRE, *Guide des archives et des sources complémentaires*, Vincennes, SHAT, 1996, 321 p.

TUIDER, Othmar, *Bibliographie zur Geschichte der Felddivisionen der deutschen Wehrmacht und Waffen-SS 1939-1945*, Wien, Heeresgeschichtliches Museum, Militärwissenschaftliche Abteilung, 1984, 2 vol., IV, 388 & III, 294 p.

US ARMY MILITARY HISTORY INSTITUTE, *Guide to Foreign Military Studies 1945-1954. Catalog & Index*, Headquarters United States Army in Europe, 1954, 253 p.

WEGNER, Bernd, « Die Garde des " Führers " und die " Feuerwehr " der Ostfront. Zur neueren Literatur über die Waffen-SS », *Militärgeschichtliche Mitteilungen*, 1, 1978, p. 210-236.

WERNER, Wolfram (bearb.), *Bestand R 55. Reichsministerium für Volksaufklärung und Propaganda*, Koblenz, Bundesarchiv, 1979, 593 p. (Findbücher zu Beständen des Bundesarchivs; 15).

Sources publiées

ABSOLON, Rudolf (bearb.), *Das Wehrmachtstrafrecht im 2. Weltkrieg. Sammlung der grundlegenden Gesetze, Verordnungen und Erlasse*, Kornelimünster, Bundesarchiv Abt. Zentralnachweisstelle, 1958, XVI, 276 p.

Akten zur Deutschen Auswärtigen Politik 1918-1945, Serie D : 1937-1941, Bd. I-XIII, Göttingen, Vandenhoeck & Ruprecht, 1950-1970 ; Serie E : 1941-1945, Bd. I-VIII, Göttingen, Vandenhoeck & Ruprecht, 1969-1979.

BOBERACH, Heinz (hrsg.), *Meldungen aus dem Reich. Die geheimen Lageberichte des Sicherheitsdienstes der SS 1938-1945*, Herrsching, Manfred Palawk Verlag, 1984, 17 vol., 6740 p.

BOELCKE, Willi A. (hrsg. u. eingeleitet von), *Kriegspropaganda 1939-1941. Geheime Ministerkonferenzen im Reichspropagandaministerium*, Stuttgart, DVA, 1966, 794 p.

— *Wollt Ihr den totalen Krieg ? Die geheimen Goebbels-Konferenzen, 1939-1943*, Munich, DTV, 1969 (1967), 471 p.

— *Deutschlands Rüstung im Zweiten Weltkrieg. Hitlers Konferenzen mit Albert Speer 1942-1945*, Frankfurt/Main, Akademische Verlagsgesellschaft Athenaion, 1969, 495 p.

BREITMAN, Richard, ARONSON, Shlomo, « Eine unbekannte Himmler Rede vom Januar 1943. Dokumentation », *Vierteljahreshefte für Zeitgeschichte*, 38, 1990, p. 337-348.

DOMARUS, Max (hrsg.), *Hitler-Reden und Proklamationen, 1932-1945, kommentiert von einem Zeitgenossen*, Würzburg, Süddeutscher Verlag, 1965, 4 vol., 2322 p.

EBERLE, Henrik, UHL, Matthias (présenté par), *Le dossier Hitler*, Paris, Presses de la Cité, 2006 (éd. allemande 2005), 509 p.

EVEN, Commandant (éd.), *L'état-major principal de liaison n° 588 de Clermont-Ferrand*, Vincennes, SHAT, 1975, 90 p.

FRÖLICH, Elke (hrsg. im Auftrag des Instituts für Zeitgeschichte und mit Unterstützung des Staatlichen Archivdienstes Rußlands), *Die Tagebücher von Joseph Goebbels*, Teil I : *Aufzeichnungen 1923-1941*, Bd. 3-9 ; Teil II : *Diktate 1941-1945*, Bd. 1-15, München, New Providence, London, Paris, KG Saur, 1993-2001.

GÜNTHER, H., WIND, M. (hrsg.), *Kriegstagebuch – Auswahl von Dokumenten – 30. Oktober 1943 bis 6. Mai 1945. 17. SS-Panzer-Grenadier-Division « Götz von Berlichingen »*, München, Schild Verlag, 1998 [2] (1993), n.f.

HAUPT, Werner, *Gliederung und Organisation der SS. Stand : 9.11 1944. Zusammengestellt nach der letzten amtlichen Rangliste der Allgemeinen- und Waffen-SS vom 9.11 1944*, Stuttgart, Bibliothek für Zeitgeschichte, 1981, 33 p.

HEIBER, Helmut (hrsg.), *Hitlers Lagebesprechungen. Die Protokollfragmente seiner militärischen Konferenzen 1942-1945*, Stuttgart, DVA, 1962, 971 p.

– *Reichsführer !... Briefe an und von Himmler*, München, DTV Dokumente, 1970 (1968), 399 p.

– *Goebbels Reden 1932-1945*, Düsseldorf, Gondrom Verlag, 1991 (1971), 466 p.

HIMMLER, Heinrich (SMITH, B.F., PETERSEN, A.F. Ed.), *Geheimreden 1933 bis 1945 und andere Ansprachen*, Frankfurt/Main, Propyläen-Verlag, 1974, 319 p.

HITLER, Adolf (recueillis sur l'ordre de Martin BORMANN), *Libres propos sur la guerre et la paix*, Paris, Flammarion, 1952-1954, 2 vol., 370 & 364 p.

HOFER, Walther (hrsg. und kommentiert von), *Der Nationalsozialismus. Dokumente 1933-1945*, Frankfurt/Main, Hamburg, Fischer Bücherei, 1963 (1957), 398 p.

HUBATSCH, Walter (hrsg.), *Hitlers Weisungen für die Kriegsführung 1939-1945*, Frankfurt/Main, Bernard und Graefe, 1962, 330 p.

IN 'T VELD, N.K.C.A, *De SS en Nederland. Documenten uit SS-Archieven 1935-1945*, 'S-Gravenhage, Rijksinstituut voor Oorlogsdocumentatie/Martinus Nijhoff, 1976, 2 vol., 1692 p.

JOCHMANN, Werner (hrsg.), *Adolf Hitler. Monologue im Führerhauptquartier 1941-1944*, München, Orbis Verlag, 2000 (1980), 496 p.

MEYER, Brün (hrsg.), *Dienstaltersliste der Waffen-SS, Stand 1. Juli 1944*, Osnabrück, Biblio Verlag, 1987, 291 p.

MÍŠKOVÁ, Alena, ŠUSTEK, Vojtěch, *Josef Pfitzner. A Protektorátní Praha V Letech 1939-1945*, Tome 1 : *Deník Josefa Pfitznera. Úřední korespondence Josefa Pfitznera sKarlem Hermannem Frankem*, Praha, Scriptorium/Archiv hlavního města Prahy, 2000, 654 p. (Documenta Pragensia Monographia ; 11/1).

MUNOZ, Antonio J., *The Last Levy. SS Officer Roster, March 1st, 1945*, New York, Axis Europa Books, 2001, 131 p.

NAASHER, Walter, *SS-Wirtschaft und SS-Verwaltung. « Das SS-Wirtschafts- Verwaltungshauptamt und die unter seiner Dienstaufsicht stehenden wirtschaftlichen Unternehmungen » und weitere Dokumente*, Düsseldorf, Droste Verlag, 1998, 394 p. (Schriftenreihe des Bundesarchivs ; 45a).

NEITZEL, Sönke, *Abgehört. Deutsche Generäle in britischer Kriegsgefangenschaft 1942-1945*, Berlin, Propyläen, 2006 [2] (2005), 638 p.

PICKER, Henry, *Hitlers Tischgespräche im Führerhauptquartier*, Frankfurt/Main, Ullstein, 1993 (1951), 548 p.

SAKKERS, Hans (hrsg.), *Normandie 6 Juni 1944 im Spiegel der deutschen Kriegstagebücher. Der Großangriff auf den Atlantikwall*, Osnabrück, Biblio Verlag, 1998, 423 p.

SCHRAMM, Percy-Ernst (hrsg. im Auftrag des Arbeitskreises für Wehrforschung), *Kriegstagebuch des Oberkommandos der Wehrmacht (Wehrmachtführungsstab) 1940-1945. Geführt von Helmuth Greiner und Percy-Ernst Schramm*, Bonn, Bernard und Graefe, s.d. (Sonderausgabe), 8 vol., 6 643 p.

SCHUMANN, Heinz, KÜHNRICH, Heinz, *SS im Einsatz. Eine Dokumentation über die Verbrechen der SS*, Berlin-Ost, Komitee der antifaschistichen Widerkämpfer in der DDR, Kongress Verlag, 1957 ² (1957), 649 p.

Signal 1939/45. Eine kommentierte Auswahl abgeschlossener, völlig unveränderter, Beiträge aus der Propaganda. Zeitschrift der Deutschen Wehrmacht, Hamburg, Jahr-Verlag KG, 1977, 5 vol., s.f.

THIBAUT, Edwige (préface de Léon DEGRELLE), *L'Ordre SS. Éthique et idéologie*, Paris, Éditions Avalon, 1991, 599 p. [compilation de textes d'époque sans aucun appareil critique]

THIES, Klaus-Jürgen, *Der Westfeldzug 10. Mai bis 25. Juni 1940. Ein Lageatlas der Operationsabteilung des Generalstabs des Heeres*, Osnabrück, Biblio Verlag, 1994, n.f. (Der Zweite Weltkrieg im Kartenbild ; 3).

TRIBUNAL MILITAIRE INTERNATIONAL, *Procès des grands criminels de guerre, 14.11 1945-1.10 1946*, Nuremberg, 1949, 41 vol.

Unsere Ehre heisst Treue. Kriegstagebuch des Kommandostabes Reichsführer-SS, Tätigkeitsberichte der 1. und 2. SS-Infanterie-Brigade, der 1. SS-Kavallerie-Brigade und von Sonderkommandos der SS, Wien, München, Zürich, Europaverlag, 1984 (1965), 263 p.

WEGMANN, Günter, *« Das Oberkommando der Wehrmacht gibt bekannt... » Der deutsche Wehrmachtberichte*, Osnabrück, Biblio Verlag, 1982, 3 vol.

WITTE, Peter, WILDT, Michael, VOIGT, Martina, *et alii* (im Auftrag der Forschungsstelle für Zeitgeschichte in Hamburg. Bearbeitet, kommentiert und eingeleitet von), *Der Dienstkalender Heinrich Himmlers 1941/42*, Hamburg, Christians Verlag, 1999, 789 p. (Hamburger Beiträge zur Sozial- und Zeitgeschichte Quellen ; 3).

Autobiographies, mémoires et journaux personnels

AXMANN, Artur, *« Das kann doch nicht das Ende sein ». Hitlers letzter Reichsjugendführer erinnert sich*, Koblenz, Verlag S. Bublies, 1995, 564 p.

BELOW, Nicolaus von, *Als Hitlers Adjutant 1937-1945*, Mainz, v. Hase & Koehler Verlag, 1980, 446 p.

BERGER, Gottlob, « Zum Aufbau der Waffen-SS », *Nation Europa, Monatsschrift im Dienst der europäischen Erneuerung*, III, 4, avril 1953, p. 55-56.

BRUNNEGGER, Herbert, *Saat in den Sturm. Ein Soldat der Waffen-SS berichtet*, Graz, Stuttgart, Leopold Stocker Verlag, 2000, 318 p.

CHOLTITZ, Dietrich von, *Un soldat parmi les soldats*, Avignon, Aubanel, 1964 (éd. allemande 1951), 347 p.

CIANO, Galeazzo (Comte), *Journal politique 1939-1943*, Neuchatel, Éditions de la Baconnière, 1946, 2 vol., 330 & 299 p.

CONTAMINE, Henri, « Souvenirs civils de la bataille de Caen », *Revue historique de l'Armée*, 1/1946.

DELMER, Sefton, *Opération Radio-Noire*, Paris, Flammarion, 1965 (éd. anglaise 1962), 376 p.

ESPINASSE, Jean (Abbé), *Tulle, 9 juin 1944. Témoignages*, Paris, Éditions de la Table Ronde, 1994, 130 p.

FALLERANS, Monique Corblet de, *Voyage nocturne au bout du parc*, Bayeux, Heimdal, 1992, 181 p.

FINANCE, Eugènes (d'après les mémoires de), *L'envers du drame alsacien 1939-1946. L'odyssée d'un sans grade de la Waffen-SS*, Rouen, Michel Dagorn, 1997, 239 p.

FREY, Albert, *Ich wollte die Freiheit. Erinnerungen des Kommandeurs des 1. SS-Panzergrenadier-Regimentes der ehemaligen Waffen-SS*, Osnabrück, Munin Verlag, 1990, 505 p.

GEHLEN, Reinhard, *Der Dienst. Erinnerungen 1942-1971*, Mainz, Wiesbaden, v.Hase & Koehler Verlag, 1971, 424 p.

GERSDORFF, Rudolph-Christoph Frhr. von, *Soldat im Untergang*, Frankfurt/Main, Berlin, Wien, Ullstein, 1979 (1977), 227 p.

GOLDENSOHN, Leon (conduits par, introduction et notes de Robert GELLATELY), *Les entretiens de Nuremberg*, Paris, Flammarion, 2005 (éd. américaine 2004), 550 p.

GÖRLITZ, Walter (présentés par), *Le maréchal Keitel. Souvenirs, lettres, documents*, Paris, Fayard, 1963 (éd. allemande 1961), 349 p.

GUDERIAN, Heinz, *À la tête des panzers*, Paris, Plon, 1962 (éd. allemande 1951), 446 p.

GUINGOUIN, Georges, « À la gloire des armes limousines », *Guerres mondiales et conflits contemporains*, 165, janvier 1992, p. 157-159 (Allocution prononcée le 8 juillet 1990 à l'inauguration du monument commémoratif de Masléon, Haute-Vienne).

GUNDERMANN, Egon (entretien avec Claude COLLIN), « Panzergrenadier, puis prisonnier en France », *Guerres mondiales et conflits contemporains*, 220, octobre 2005, p. 129-139.

GÜNTHER, Helmut, *Das Auge der Division. Mit der Aufklärungsabteilung der SS-Panzergrenadier- « Götz von Berlichingen »*, Oldendorff, Schütz Verlag, 1985 [2] (1967), 368 p.

HALDER, Général Franz, *Hitler, seigneur de la guerre*, Paris, Payot, 1950 (éd. allemande 1949), 143 p.

– (bearb. von Hans-Adolf JACOBSEN), *Kriegstagebuch. Tägliche Aufzeichnungen des Chefs des Generalstabes des Heeres*, Stuttgart, Arbeitskreis für Wehrforschung – W. Kohlhammer Verlag, 1962-1964, 3 vol., 391, 502 & 589 p.

HASSELL, Ulrich von, *Vom Andern Deutschland. Aus den nachgelassenen Tagebüchern 1938-1944*, Frankfurt/Main, Fischer Bücherei, 1964 (1946), 349 p.

HAUSSER, Paul, *Waffen-SS im Einsatz*, Göttingen, Plesse Verlag, 1953, 270 p.

– *Soldaten wie andere auch. Der Weg der Waffen-SS*, Osnabrück, Munin Verlag, 1988 [3] (1966), 461 p.

HAYN, Friedrich, *Die Invasion. Von Cotentin bis Falaise*, Heidelberg, Vowinckel, 1954, 149 p.

HERVAL, René (éd.), *Bataille de Normandie. Récits de témoins*, Paris, Éditions de Notre Temps, 1947, 2 vol., 436 & 386 p.

HEUSINGER, Adolf, *Hitler et l'O.K.H. 1923-1945*, Paris, Éditions Berger-Levrault, 1952 (éd. allemande 1950), 280 p.

HOESS, Rudolf (préf. Geneviève DECROP), *Le commandant d'Auschwitz parle*, Paris, La Découverte, 1995, XXII, 290 p.

ISBY, David C., *Fighting in Normandy. The German Army from D-Day to Villers-Bocage by Heinz Guderian, Fritz Krämer, Fritz Ziegelmann, Freiherr von Lüttwitz et alii*, London, Mechanicsburg (Pennsylvania), Greenhill Books/Stackpole Books, 2001, 256 p.

JAMES, François-Alexandre, *Nos plus longs mois J+76. Saga d'une famille Bas-Normande avant et pendant la Bataille de Normandie racontée à mes petits enfants*, s.l., Autoédition, 1994 [2], 463 p.

JANKO, Sepp, *Weg und Ende der deutschen Volksgruppe in Jugoslawien*, Graz, Stuttgart, Leopold Stocker Verlag, 1983 [2], 346 p.

KAGENECK, August von, *Lieutenant sous la tête de mort*, Paris, La Table Ronde, 1968, 205 p.

KERSHAW, Alex, *Robert Capa. L'homme qui jouait avec la vie*, Paris, JC Lattès, 2003 (éd. américaine 2002), 371 p.

KERSHAW, Ian, *Hitler. 1936-1945 : Némésis*, Paris, Flammarion, 2000 (éd. anglaise 2000), 1632 p.

KERSTEN, Felix, *Totenkopf und Treue. Heinrich Himmler ohne Uniform*, Hamburg, R. Mölich Verlag, 1952, 407 p.

KESSEL, Joseph, *Les mains du miracle*, Paris, Gallimard, 1960, 311 p.

KLAPDOR, Ewald, *Mit dem Panzerregiment 5 « Wiking » im Osten*, Siek, s.n., 1980, 392 p.

KOTZE, Hildegard von (hrsg. u. kommentiert von), *Heeresadjutant bei Hitler 1938-1943. Aufzeichnungen des Majors Engel*, Stuttgart, DVA, 1974, 158 p. (Schriftenreihe der Vierteljahreshefte für Zeitgeschichte ; 29).

LAUNAY, Abbé Marcel, *Dans la tourmente de la guerre. Tournay-sur-Dives, Aubry, Villedieu, Saint-Lambert, Trun, Boisjos, Coudehard, Mont-Ormel, Chambois*, Condé-sur-Noireau, s.n., 1985 [2], 164 p.

LEEB, Johannes, *Wir waren Hitlers Eliteschüler. Ehemalige Zöglinge der nationalsozialistischen Ausleseschulen brechen ihr Schweigen*, München, Wilhelm Heyne Verlag, 2000 (1998), 267 p.

LIDDELL HART, Sir Basil H., *Les généraux allemands parlent*, Paris, Stock, 1949 (éd. anglaise 1948), 331 p.

LOBSIGER, François, *Un Suisse au service d'Hitler*, Paris, Albatros, 1985, 245 p. [Réédition sous un nom d'emprunt d'un ouvrage initialement publié par Charles Brandenberger.]

MAIZIÈRE, Ulrich de, *In der Pflicht. Lebensbericht eines deutschen Soldaten im 20. Jahrhundert*, Herford, Bonn, Mittler & Sohn Verlag, 1989, 368 p.

MANSTEIN, Erich von, *Victoires perdues*, Paris, Plon, 1959 (éd. allemande 1955), 437 p.

MARRE, Bertrand, *Un été en Normandie. Chronique d'un soldat allemand*, Mémoire de licence : Université de Caen, 1995, 46 p.

MEYER, Kurt, *Geweint wird wenn der Kopf ab ist. Annäherungen an meinen Vater – « Panzermeyer », Generalmajor der Waffen-SS*, Freiburg, Basel, Wien, Herder/Spektrum, 1998, 287 p.

MEYER, Kurt, *Grenadiere*, München, Schild Verlag, 1994 [9] (1957), 448 p.

ROMMEL, Erwin (carnets présentés par B. H. LIDDELL HART), *La guerre sans haine*, Paris, Presses de la Cité, 1962 (éd. allemande 1952), 460 p.

SCHAAB, Heinrich, *Ein Leben zwischen Lüge und Wahrheit. Angst um Deutschland*, Schotten, s.n., s.d., 624 p.
SCHELLENBERG, Walter, *Le chef du contre-espionnage nazi parle (1933-1945)*, Paris, René Julliard, 1957 (éd. allemande 1956), 514 p.
SCHMÜCKLE, Gerd, *Ohne Pauken und Trompeten. Erinnerungen an Krieg und Frieden*, Stuttgart, DVA, 1982, 367 p.
SCHNEID, Sadi, *SS-Beutedeutscher. Weg und Wandlung eines Elsaßers*, Lindhorst, Askania, 1979, 267 p.
SCHÖNHUBER, Franz, *Ich war dabei*, München, Langen Müller, 1982 [5] (1981), 363 p.
SEMMLER, Helmut, *SS-Flak. Memoir of SS-Sturmmann Helmut Semmler, SS-Flak-Abteilung 9, 9 SS-Panzer-Division Hohenstaufen, Ardennes, 1944-45*, Halifax, Shelf Books Ltd., 1999, 52 p. (Stahlhelm Series; 209).
SENGER UND ETTERLIN, Frido von (Général), *Panzer sur l'Europe*, Monaco, Éditions du Rocher, 1965 (éd. allemande 1960), 358 p.
SILGAILIS, Arturs, « Die Vorgeschichte der Entstehung der lettischen Legion im Zweiten Weltkrieg », *Acta Baltica*, 21, 1981, p. 246-281.
SPEER, Albert, *Au cœur du Troisième Reich*, Paris, Fayard, 1971 (éd. allemande 1969), 548 p.
– *L'empire SS*, Paris, Robert Laffont, 1982 (éd. allemande 1981), 396 p.
STEINER, Felix, *Die Freiwilligen. Idee und Opfergang*, Göttingen, Plesse Verlag, 1958, 392 p.
– *Die Armee der Geächteten*, Rosenheim, DVG, 1995 [6] (1963), 352 p.
TIEKE, Wilhelm, *Ein ruheloser Marsch war unser Leben. Kriegsfreiwillig*, Osnabrück, Munin Verlag, 1977, 232 p.
TOUTAIN, Jean-Marie (Dr), *Caen 6 Juin-15 Juillet 1944. La vie dramatique de ses habitants*, Nanterre, Académie Européenne du Livre, 1989, 63 p.
TROUILLÉ, Pierre, *Journal d'un Préfet pendant l'occupation*, Paris, Gallimard, 1964, 241 p.
URQUHART, R. E. (Général), *Arnhem, une bataille perdue*, Paris, Presses de la Cité, 1959 (éd. anglaise 19581958), 316 p.
WARLIMONT, Walter, *Cinq ans au G.Q.G. de Hitler*, Bruxelles, Elsevier Séquoia, 1975 (éd. allemande 1962), 317 p.
WESTPHAL, Siegfried, *Heer in Fesseln. Aus den Papieren des Stabschefs von Rommel, Kesselring und Rundstedt,* Bonn, Athenäum Verlag, 1952 (1950), 335 p.
WILLIAMSON, Gordon, *Loyalty is my Honour. Personal Accounts from the Waffen-SS*, London, Brown Packaging Books Ltd., 1999 (1995), 192 p.
ZIMMERMANN, Richard, *Überlebt – Erlebt. Ein ehemaliger SS-Rottenführer berichtet*, Berlin, Frieling, 1995, 142 p.

Littérature publiée jusqu'en 1945

ALQUEN, SS-Standartenführer Gunter d' (bearb. im Auftrag des Reichsführers SS), *Die SS. Geschichte, Aufgabe und Organisation der Schutzstaffeln der NSDAP*, Berlin, Junker und Dünnhaupt Verlag, 1939.
– *Das ist der Sieg! Briefe des Glaubens in Aufbruch und Krieg*, Berlin, Zentralverlag der NSDAP F. Eher, 1941, 208 p.

BEST, Walter, *Mit der Leibstandarte im Westen. Berichte eines SS-Kriegsberichters*, München, Verlag F. Eher, 1944.
BURGDÖRFER, Prof. Dr. Friedrich, « Die rumänische Volkszählung 1941. Ein Reisebericht », *Allgemeines Statistisches Archiv, Organ der Deutschen Statistischen Gesellschaft und der Arbeitsgemeinschaft für gemeindliche Statistik*, Band 30, 1941/42, p. 302-322.
CLAUß, Dr. Ludwig Ferdinand, *Rasse und Seele. Eine Einführung in den Sinn der leiblichen Gestalt*, München, Lehmanns, 1933, 185 p.
DARRÉ, Richard W., *Neuadel aus Blut und Boden*, München, Lehmanns, 1935 (1930), 248 p.
– *Das Bauerntum als Lebensquell der Nordischen Rasse*, München, Lehmanns, 1937 (1933), 493 p.
DER REICHSFÜHRER SS, *Amerikanismus, eine Weltgefahr*, s.l., s.n., s.d.
– *Sicherung Europas*, Berlin, 1942.
DER REICHSFÜHRER SS – RASSE- UND SIEDLUNGSHAUPTAMT-SS, *Bestimmungen über die Erfassung, Auswahl, und Zuführung der siedlungswilligen Angehörigen der Waffen-SS für die wiedergewonnenen Siedlungsräume*, Berlin, s.n., 1943, 60 p.
DER REICHSFÜHRER SS – SS-HAUPTAMT, *Dich ruft die SS*, Berlin-Grunewald und Leipzig, s.d. (1943), 86 p.
– *Richtlinien für die Durchführung der Vereidigungsfeier in der Waffen-SS. Nur für den Dienstgebrauch*, s.l., 1944, 31 p.
– *20. April. Sonderdruck für die Gestaltung von Feierstunden zum Geburtstag des Führers*, s.l., s.d. (1944), 85 p.
– *Weihnachten im Kriege. Sonderdruck für die Gestaltung von Julfeiern und weihnachtlichen Abenden in der SS*, s.l., s.n., s.d., 89 p.
DER REICHSFÜHRER SS – SS-HAUPTAMT – ERGÄNZUNGSAMT DER WAFFEN-SS, *Ein Wille : Sieg !*, Berlin, s.d. (1942), 21 p.
– *Auch Du*, Berlin, s.d. (1943), 32 p.
– (in Zusammenarbeit mit dem SS-FHA, Amt XII), *Deine Zukunft*, Berlin, Wilhelm Limpert, s.d. (1944), 48 p.
DER REICHSFÜHRER SS – SS-HAUPTAMT – GERMANISCHE LEITSTELLE, *De Waffen-SS roept u beschermt ook gij uuj vaderland*, Bremen, s.d. (1943-1944), 64 p.
DER REICHSFÜHRER SS – SS-HAUPTAMT – SCHULUNGSAMT, *Sieg der Waffen – Sieg des Kindes*, Berlin, Nordland-Verlag, s.d. (1941), 32 p.
– *Der Untermensch*, Berlin, Nordland-Verlag, s.d. (1942-1943), 52 p.
DICKS, Lieutenant Colonel Henry V. (R.A.M.C.), *The Psychological Foundations of the Wehrmacht*, War Office, Directorate of Army Psychiatry, Research Memorandum n° 11/02/9A, February, 1944, 83 p.
EGE, Hermann, BAUER, Karl F., BONDA, Herbert, MINZLOFF, Hans L., *Damals. Erinnerungen an große Tage der SS-Totenkopf Division im französischen Feldzug 1940*, Stuttgart, Chr. Belser Verlag/SS-FHA, 1940, 118 p.
FIRST UNITED STATES ARMY, *Report of operations 20.10 1943-1.8 1944*.
–*Report of operations 1.8 1944-22.2 1945*.
GENERAL STAFF, WAR OFFICE, *Handbook of the German Army, December 1940*, London, Imperial War Museum/The Battery Press, 1996 (reprint), XXIV, 393 p.

GENERALKOMMANDO I. SS-PANZER-KORPS, *SS-Panzer-Korps in der Schlacht zwischen Donez und Dnjepr*, s.l., Gen.Kdo. I. SS-Panzer-Korps, Kartenstelle, s.d. (printemps 1943), 23 p.
GENERALSTAB DES HEERES (Kriegswissenschaftliche Abteilung), *Kampferlebnisse aus dem Kriege an der Westfront, 1940*, Berlin, Verlag E.S. Mittler & Sohn, 1941, 248 p.
GÜNTHER, Dr. Hans F.K, *Rassenkunde des deutschen Volkes*, München, Lehmanns, 1934 (1930), 509 p.
HITLER, Adolf, *Discours du 28 avril 1939 au 4 mai 1941*, Paris, Éditions Robert Denoël, 1941, 411 p.
HOGG, I.V. (intr.), *German Order of Battle, 1944. The Directory, Prepared by Allied Intelligence, of Regiments, Formations and Units of the German Armed Forces*, London, Greenhill books, 1994.
HONOLKA, Günther, *Drei von der Leibstandarte. Erlebnisse im Polenfeldzug*, Potsdam, Voggenreiter, 1941, 153 p.
HÜBNER (Oberst), *Wofür kämpfen wir?*, Berlin, Personalamt des Heeres, 1944, 144 p.
La Légion « Wallonie », Anderlecht-Bruxelles, s.n., 1941, 32 p. (reproduit en fac-similé avec un avant-propos. Erpe, Uitgeverij De Krijger, 2001, 36 p.).
LEIBSTANDARTE SS ADOLF HITLER (hrsg.), *Soldaten der Leibstandarte SS Adolf Hitler*, Berlin, Selbstverlag, 1943.
OBERKOMMANDO DER WEHRMACHT, *Sieg über Frankreich. Berichte und Bilder*, Berlin, Zeitgesch.-Verlag W. Andermann, 1940, 194 p.
PETRI, Dr. Franz, *Germanisches Volkserbe in Wallonien und Nordfrankreich. Die frankische Landnahme in Frankreich und den Niederlanden und die Bildung der westlichen Sprachgrenze*, Bonn, Ludwig Röhrscheid Verlag, 1937, 1040 p.
SCHÄFER, Dr. J., *Entscheidung im Westen. Der Feldzug der sechs Wochen. Die Berichte des Oberkommandos der Wehrmacht vom 10. Mai bis 25. Juni 1940 mit den täglichen militärischen und politischen Erläuterungen der Kölnischen Zeitung*, Köln, Verlag M. Dumont Schauberg, 1940, 222 p.
SCHIRACH, Baldur von, *Die Fahne der Verfolgten*, Berlin, Zeitgeschichte Verlag, 1933 (1932), 60 p.
SONNENBER, Liebermann von, KÄÄB, Dr. Artur, *Die Volkskartei*, München-Berlin, Kommunalschriften-Verlag J. Jehle, 1940, 158 p.
SS-ERGÄNZUNGSSTELLE III SPREE, *Willst Du zur Waffen-SS?*, s.l., sn., s.d. (après juillet 1941), 10 p.
SS-ERGÄNZUNGSSTELLE SÜD (VII), *Waffen-SS*, München, s.d. (1942), 16 p.
SS-KRIEGSBERICHTER-ZUG DER 10. SS-PANZER-DIV. « FRUNDSBERG », *Dran, drauf, durch. Der Kampf der 10. SS-Panzer-Division Frundsberg im Jahre 1944*, Eigenverlag der 10. SS-Panzer-Division « Frundsberg », Abt. VI, s.d. (1944-1945), 128 p.
Statistisches Jahrbuch der Schützstaffel der NSDAP 1937, Berlin, 1938, 96 p.
Statistisches Jahrbuch der Schützstaffel der NSDAP 1938, Berlin, 1939, 137 p.
STATISTISCHES REICHSAMT (hrsg.), « Statistisches Jahrbuch für das Deutsche Reich », 58. Jhrg., 1939/41, 655, 352 & 31 p.
– « Statistisches Jahrbuch für das Deutsche Reich », 59. Jhrg., 1941/42, 679, 336 & 32 p.

SOURCES ET BIBLIOGRAPHIES

WAR DEPARTMENT, *Handbook on German Military Forces*, Washington, US Government Printing Office, 15 March 1945.
WEINBERGER, Dr. Franz, « Die Volkszugehörigkeitsstatistik », *Allgemeines Statistisches Archiv. Organ der Deutschen Statistischen Gesellschaft und der Arbeitsgemeinschaft für gemeindliche Statistik*, Bd. XXXII, 1943/44, p. 65-81.
ZSCHÄCKEL, Friedrich (SS-Kriegsberichter, SS-PK), *Waffen-SS im Westen. Ein Bericht in Bildern*, München, Verlag F. Eher, 1941.

Littérature publiée après 1945

ABSOLON, Rudolf, *Wehrgesetzt und Wehrdienst 1935-1945. Das Personalwesen in der Wehrmacht*, Boppard am Rhein, Boldt, 1960, XVI, 430 p. (Schriften des Bundesarchivs ; 5).
– *Die Wehrmacht im Dritten Reich. Aufbau, Gliederung, Recht, Verwaltung*, Boppard am Rhein, Düsseldorf, Boldt/Droste, 1969-1995, 6 vol.
ACKERMANN, Josef, *Heinrich Himmler als Ideologue*, Göttingen, Musterschmidt, 1970, 317 p.
AGTE, Patrick, *Tiger. Le bataillon de chars lourds de la Leibstandarte*, Bayeux, Heimdal, 1996 (éd. allemande 1994), 448 p.
AITKEN, Leslie, *Massacre on the Road to Dunkirk*, London, Granada Publishing Ltd., 1979 (rééd.), 191 p.
ALEXANDER, Leo, « War Crimes and their Motivation. The Socio-Psychological Structure of the SS and the Criminalization of a Society », *Journal of Criminal Law and Criminology*, 39, 3, 1948, p. 298-326.
ALY, Götz, *Comment Hitler a acheté les Allemands*, Paris, Flammarion, 2005 (éd. allemande 2005), 373 p.
ALY, Götz, ROTH, Karl Heinz, *Die restlose Erfassung. Volkszählen, Identifizieren, Aussondern im Nationalsozialismus*, Frankfurt/Main, Fischer Taschenbuch Verlag, 2000 (1984), 175 p.
AMBROSE, Stephen E., *Frères d'armes. Compagnie E, 506e régiment d'infanterie parachutiste, 101e division aéroportée du débarquement en Normandie au nid d'aigle de Hitler*, Paris, Albin Michel/Le Livre de Poche, 2002 (éd. américaine 1992), 542 p.
ANGRICK, Andrej, « Erich von dem Bach-Zelewski. Himmlers Mann für alle Fälle », in SMELSER, Ronald, SYRING, Enrico (hrsg.), *Die SS : Elite unter dem Totenkopf, 30 Lebensläufe*, Paderborn, Schöningh, 2000, p. 28-44.
ASCHENAUER, Rudolf, *Krieg ohne Grenzen. Der Partisanenkampf gegen Deutschland, 1939-1945*, Leoni am Starnberger See, Druffel Verlag, 1982, 400 p.
AUGUSTINOVIC, Werner, MOLL, Martin, « Gunter d'Alquen : Propagandist des SS-Staates », in SMELSER, Ronald, SYRING, Enrico (hrsg.), *Die SS : Elite unter dem Totenkopf, 30 Lebensläufe*, Paderborn, Schöningh, 2000, p. 100-118.
AYÇOBERRY, Pierre, *La société allemande sous le IIIe Reich 1933-1945*, Paris, Seuil, 1998, 439 p.
AZÉMA, Jean-Pierre, BÉDARIDA, François, *1938-1948. Les années de tourmente, de Munich à Prague. Dictionnaire critique*, Paris, Flammarion, 1995, 1064 p.

BANACH, Jens, *Heydrichs Elite. Das Führerkorps der Sicherheitspolizei und des SD 1936-1945*, Paderborn, Schöning, 2002 (1998), 375 p. (thèse de doctorat, Hamburg, Univ., 1996).

BARBÉ, Dominique, *Charnwood. La bataille de Buron – Saint-Contest 7 juin – 8 et 9 juillet 1944. Témoignages des acteurs et témoins de l'époque*, Condé-sur-Noireau, Charles Corlet Éditions, 1994, 256 p.

BARGER, Charles J., *Communications Equipment of the German Army 1933-1945*, Boulder (USA), Paladin Press, 1989.

– *Radio Equipment of the Third Reich 1933-1945*, Boulder (USA), Paladin Press, 1991, VI, 106 p.

BARTH, Boris, « " Partisan " und " Partisankrieg " in Theorie und Geschichte. Zur historischen Dimension der Entstaatlichung von Kriegen », *Militärgeschichtliche Zeitschrift*, 64, 2005, p. 69-100.

BARTOV, Omer, *L'Armée d'Hitler. La Wehrmacht, les nazis et la guerre*, Paris, Hachette, 1999 (éd. anglaise 1990), 319 p.

BAUER, Eddy, *La Dernière Guerre ou Histoire controversée de la Deuxième Guerre mondiale*, Monaco, Éditions Alphée, 1973 (1966).

BAYLE, Dr. François, *Psychologie et éthique du national-socialisme. Étude anthropologique des dirigeants SS*, Paris, PUF, 1953, 550 p.

BEAU, Georges, GAUBUSSEAU, Léopold, *Les SS en Limousin, Percy et Périgord*, Paris, Presses de la Cité, 1984 (1969), 378 p.

BEAUVOIS, Jean-Léon, *Traité de la servitude libérale. Analyse de la soumission*, Paris, Dunod, 1994, VI, 247 p.

BÉDARIDA, François (dir.), *Normandie 44*, Paris, Albin Michel, 1987, 320 p.

BENAMOU, Jean-Pierre, *Bataille de Caen, 6 Juin au 15 Août 1944*, Bayeux, Heimdal, 1988, 440 p.

BENDER, Roger James, TAYLOR, Hugh Page, *Uniforms, Organization and History of the Waffen-SS*, San Jose (Cal.), R.J. Bender Publishing, 1969-1982, 5 vol.

BENOIST-MÉCHIN, Jacques, *Soixante jours qui ébranlèrent l'Occident, 10 mai - 10 juillet 1940*, Paris, Robert Laffont, 1981 (1956), 1029 p.

BENZ, Wolfgang, KWIET, Konrad, MATTHÄUS, Jürgen, *Einsatz im « Reichskommissariat Ostland ». Dokumente zum Völkermord im Baltikum und in Weißrußland 1941-1944*, Berlin, Metropol, 1998, 301 p. (Nationalsozialistische Besatzungspolitik in Europa 1939-1945 ; 6).

BERNARD, Henri, GHEYSENS, Roger, *La bataille d'Ardenne. L'ultime Blitzkrieg de Hitler (décembre 1944 – janvier 1945)*, Paris, Gembloux, Duculot, 1984, 189 p.

BEST, Geoffrey F.A., *Humanity in Warfare. The Modern History of the International Law of Armed Conflicts*, London, Weidenfeld & Nicholson, 1980, XI, 400 p.

BIHL, Wolfdieter, « Ukrainians in the Armed Forces of the Reich. The 14th Waffen Grenadier Division of the SS », in TORKE, Hans-Joachim, HIMKA, John-Paul (ed.), *German-Ukrainian Relations in Historical Perspectives*, Edmonton, Toronto, 1994, p. 138-162.

BILLIG, Joseph, *L'hitlérisme et le système concentrationnaire*, Paris, Quadrige/PUF, 2000 (1967), 321 p.

BIRN, Ruth Bettina, *Die Höheren SS- und Polizeiführer. Himmlers Vertreter im Reich und in den besetzten Gebieten*, Düsseldorf, Droste Verlag, 1986, 430 p.

- « Hanns Rauter : HSSPF in den Niederlanden », in SMELSER, Ronald, SYRING, Enrico (hrsg.), *Die SS : Elite unter dem Totenkopf, 30 Lebensläufe*, Paderborn, Schöningh, 2000, p. 408-417.
BLOCH, C., *Le IIIe Reich et le monde*, Paris, Imprimerie nationale, 1986, 545 p.
BLOND, Georges, *L'agonie de l'Allemagne*, Paris, Le Livre de Poche, 1965 (1952), 447 p.
BLUMENSON, Martin, *Libération*, Condé/Noireau, Charles Corlet, 1993 (éd. américaine 1961), 1021 p.
BÖCKLE, Karlheinz, *Feldgendarmen, Feldjäger, Militärpolizisten. Ihre Geschichte bis heute*, Stuttgart, Motorbuch Verlag, 1987, 224 p.
BOEHNERT, Gunnar C., *A Sociography of the SS Officer Corps, 1925-1939*, thèse de doctorat, University of London, 1978, V, 262 p.
- « The Third Reich and the Problem of " Social Revolution ". German Officers and the SS », in BERGHAHN, Volker R., KITCHEN, Martin (ed.), *Germany of the Age of Total War (Essays in Honour of Francis Carsten)*, London, Croom Helm, 1981, p. 203-217.
- « The Jurists in the SS-Führerkorps 1925-1939 », in HIRSCHFELD, Gerhard, KETTENACKER, Lothar (hrsg.), *Der « Führerstaat ». Mythos und Realität. Studien zur Struktur und Politik des Dritten Reiches*, Stuttgart, Klett-Cotta, 1981, p. 361-374.
BÖHLER, Jochen, *Auftakt zum Vernichtungskrieg. Die Wehrmacht in Polen 1939*, Frankfurt/Main, Fischer, 2006, 288 p.
- « « Psychose du franc-tireur » et atrocités de guerre. Une constante de la conduite allemande de la guerre lors des deux conflits mondiaux ? », in *La répression en France 1940-1945*, actes du colloque organisé à Caen les 8, 9 et 10 décembre 2005 (à paraître).
BÖHM, Johann, *Die Ungardeutschen in der Waffen-SS. Innen- und Außenpolitik als Symptom des Verhältnisses zwischen deutscher Minderheit und ungarischer Regierung*, Ippesheim, Verlag des Arbeitskreises für Geschichte und Kultur der deutschen Siedlungsgebiete im Südosten Europas e.V., 1990, 148 p.
BOIVIN, Michel, GARNIER, Bernard, *Les victimes civiles de la Manche dans la Bataille de Normandie, 1er avril-30 septembre 1944*, Caen, Éditions du Lys, 1994, 336 p.
BOOG, Horst, FÖRSTER, Jürgen, HOFFMANN, Joachim *et alii, Der Angriff auf die Sowjetunion*, Stuttgart, MGFA/DVA, 1983, 1172 p. (Das Deutsche Reich und der Zweite Weltkrieg ; 4).
BOOG, Horst, KREBS, Gerhard, VOGEL, Detlef, *Das deutsche Reich in der Defensive. Krieg im Westen und in Ostasien 1943/45*, Stuttgart, München, MGFA/DVA, 2001, 831 p. (Das Deutsche Reich und der Zweite Weltkrieg ; 7).
BOOG, Horst, RAHN, Werner, STUMPF, Reinhard, WEGNER, Bernd, *Der globale Krieg. Die Ausweitung zum Weltkrieg und der Wechsel der Initiative 1941-1943*, Stuttgart, MGFA/DVA, 1990, 1184 p. (Das Deutsche Reich und der Zweite Weltkrieg ; 6).
BOPP, Marie-Joseph, « Les Alsaciens dans l'armée allemande pendant la guerre », *Rythmes 53*, 2, 15.1 1953, p. 1 & 3.
BORSARELLO, J.F. (dir.), « Les tenues camouflées pendant le Deuxième Guerre mondiale », *Gazette des uniformes*, hors série n° 1, 1992, 75 p.
BOÜARD, Michel de, « La répression allemande en France de 1940 à 1944 », *Revue d'Histoire de la Seconde Guerre Mondiale*, 54, avril 1964, p. 63-90.

BOUMAN, Dr. P. J., *De april-mei-stakingen van 1943*, 'S-Gravenhage, Martinus Nijhoff, 1950, 483 p. (Monografieën ; 2).

BOURDIN, Gérard, GARNIER, Bernard, *Les victimes civiles de l'Orne dans la Bataille de Normandie, 1er mars 1944-31 décembre 1945*, Caen, Éditions du Lys, 1994, 208 p.

BOURLIER (Lieutenant-colonel), « Le maquis de Lomont (août et septembre 1944) », *Revue historique de l'Armée*, 1 (spécial), 1973, p. 253-268.

BRACHER, Karl Dietrich, FUNKE, Manfred, JACOBSEN, Hans-Adolf (hrsg.), *Nationalsozialistische Diktatur 1933-1945. Eine Bilanz*, Bonn, Bundeszentrale für politische Bildung, 1983, 840 p. (Schriftenreihe der Bundeszentrale für politische Bildung ; 192).

BRAMSTEDT, Ernerst K., *Goebbels and National-Socialist Propaganda*, East Lansing, Michigan State University Press, 1965, 488 p.

BRAMWELL, Anna, *Blood and Soil. Walther Darré and Hitler's « Green Party »*, Bourne End, Buckinghamshire, Kensal, 1985, VIII, 288 p.

BROCKDORFF, Werner, *Kollaboration oder Widerstand. Die Zusammenarbeit mit den Deutschen in der besetzten Ländern während des Zweiten Weltkrieges und deren schreckliche Folgen*, München, Welsermühl, 1968, 356 p.

BROSZAT, Martin, « Heranziehung von slowakischen Staatsbürgern deutscher Volkszugehörigkeit zum Dienst in die Waffen-SS », in INSTITUT FÜR ZEITGESCHICHTE, *Gutachten des Instituts für Zeitgeschichte*, Stuttgart, DVA, 1958, p. 412-417.

– « Nationalsozialistische Konzentrationslager 1933-1945 », in BUCHHEIM, Hans, BROSZAT, Martin, JACOBSEN, Hans-Adolf, KRAUSNICK, Helmut, *Anatomie des SS-Staates*, München, DTV, 1994 [6] (1967), p. 321-445.

– *L'État hitlérien. L'origine et l'évolution des structures du IIIe Reich*, Paris, Fayard, 1986 (éd. allemande 1970), 625 p.

BROWNING, Christopher R., *Des hommes ordinaires. Le 101e bataillon de réserve de la police allemande et la solution finale en Pologne*, Paris, Les Belles Lettres, 1994 (éd. américaine 1992), 284 p.

BRUGE, Roger, *1944, le temps des massacres. Les crimes de la Gestapo et de la 51e brigade SS*, Paris, Albin Michel, 1994, 580 p.

BUCHHEIM, Hans, *Die Befugnisse der Ergänzungsstellen der Waffen-SS*, München, Institut für Zeitgeschichte, 1960, 7 p.

– « Die SS – das Herrschaftsinstrument », in BUCHHEIM, Hans, BROSZAT, Martin, JACOBSEN, Hans-Adolf, KRAUSNICK, Helmut, *Anatomie des SS-Staates*, München, DTV, 1994 [6] (1967), p. 13-212.

– « Befehl und Gehorsam », in BUCHHEIM, Hans, BROSZAT, Martin, JACOBSEN, Hans-Adolf, KRAUSNICK, Helmut, *Anatomie des SS-Staates*, München, DTV, 1994 [6] (1967), p. 213-320.

BUCHHEIM, Hans, BROSZAT, Martin, JACOBSEN, Hans-Adolf, KRAUSNICK, Helmut, *Anatomie des SS-Staates*, München, DTV, 1994 [6] (1967), 685 p.

BUFFETAUX, Yves, *Les blindés alliés en Normandie*, Paris, Histoire et Collection, 1991, 82 p. (*Militaria Magazine* hors série, Les grandes batailles de la Seconde Guerre mondiale ; 2).

BUNDESVERBAND DER SOLDATEN DER EHEMALIGEN WAFFEN-SS e.V. (hrsg.), *Wenn alle Bruder schweigen. Großer Bildband über die Waffen-SS*, Osnabrück, Munin-Verlag, 1973, 572 p.

BURRIN, Philippe, *Fascisme, nazisme, autoritarisme*, Paris, Seuil, 2000, 319 p.
BÜTTNER, Ursula, « « Volksgemeinschaft » oder Heimatbindung. Zentralismus und regionale Eigenständigkeit beim Aufstieg der NSDAP 1925-1933 », in MÖLLER, Horst, WIRSCHING, Andreas, WATTER, Ziegler (hrsg.), *Nationalsozialismus in der Region. Beiträge zur regionalen und lokalen Forschung und zum internationalen Vergleich*, München, Oldenbourg, 1996, p. 87-96.
CARELL, Paul, *Ils arrivent !*, Paris, Robert Laffont, 1994 (éd. allemande 1960), 328 p.
CASAGRANDE, Thomas, *Das Ethnische und sein Missbrauch in der Politik. Eine politisch-historische Studie über die volksdeutsche SS-Division « Prinz Eugen »*, thèse de doctorat, Frankfurt/Main, Johann-Wolfgang-Goethe-Univ., 2001, 360 p.
CERFF, Karl, *Die Waffen-SS im Wehrmachtbericht*, Osnabrück, Munin Verlag, 1971, 114 p.
CHAZETTE, Alain, « Organisation de la 2. SS-Panzer-Division Das Reich en France », *Histoire et Fortifications Magazine*, 6, décembre 2001, p. 38-45.
CHRISTENSEN, Claus Bundgård, POULSEN, Niels Bo, SMITH, Peter Scharff, « Legion Norge : Forskelle og Ligheder med de ovrige " Germanske " Legioner i Waffen SS », *Historisk Tidsskrift*, 100, 2, 2000, p. 419-448.
CLARK, Christopher, « Josef " Sepp " Dietrich : Landsknecht im Dienste Hitlers », in SMELSER, Ronald, SYRING, Enrico (hrsg.), *Die SS : Elite unter dem Totenkopf, 30 Lebensläufe*, Paderborn, Schöningh, 2000, p. 119-133.
COCHENNEC-DECONINCK, Brigitte, *Hazebrouck pendant les années sombres, 1938-1945*, Hazebrouck, Anny Messiant Éditeur, 1994, 320 p.
COILLOT, André, *Mai 1940, un mois pas comme les autres*, Arras, s.n., 1980, 277 p.
COLLECTIF, *Beiträge zur Geschichte der 60. Inf.Div. (mot) später Pz.Gren.Div. « Feldherrnhalle »*, s.l., s.n., 1979, 2 vol., V, 189 & 79 p.
COMBS, William L., *The Voice of the SS. A History of the SS Journal « Das Schwarze Korps »*, New York, Bern, Frankfurt/Main, Peter Lang Publishing, 1986, 455 p. (American University Studies : Series 9, History ; 1).
COMOR, André-Paul, *L'épopée de la 13e DBLE, 1940-1945*, Paris, Nouvelles Éditions Latines, 1988, 463 p. (thèse de doctorat, Montpellier, Université Paul-Valéry, 1985).
CONTE, Edouard, ESSNER, Cornelia, *La Quête de la Race. Une Anthropologie du Nazisme*, Paris, Hachette, 1995, 451 p.
CONWAY, Martin, *Degrelle. Les années de collaboration*, Ottignies, Quorum, 1994 (éd. anglaise 1993), 398 p.
COURTADE, Francis, CADARS, Pierre, *Le cinéma nazi*, Toulouse, Cinémathèque de Toulouse/Éric Losfeld/Le terrain vague, 1972, 397 p.
CÜPPERS, Martin, *Wegbereiter der Shoah. Die Waffen-SS, der Kommandostab Reichsführer-SS und die Judenvernichtung 1939-1945*, Darmstadt, Wissenschaftliche Buchgesellschaft, 2005, 464 p. (Veröffentlichungen der Forschungsstelle Ludwigsburg der Universität Stuttgart ; 4), (thèse de doctorat, Stuttgart, Univ., 2004).
DARLEY J. M., LATANE B., « Bystander intervention in emergencies. Diffusion of responsibility », *Journal of Personality and Social Psychology*, 8, 1968, p. 377-383.
DE BRUYNE, Eddy, *Les Wallons meurent à l'Est. La Légion Wallonie et Léon Degrelle sur le Front russe 1941-1945*, Bruxelles, Didier Hatier, 1991, 192 p.
– « La difficile naissance d'une légion perdue », in *Jours de Guerre 1941. Jours noirs*, Bruxelles, Crédit Communal, 1992, vol. 8, p. 111-126.

- *Dans l'étau de Degrelle. Le Service du Travail Wallon 1944-1945 ou de l'usine à la Waffen-SS*, Jalhay, Éditions Foxmaster, 1994, 224 p.
- *La collaboration francophone en exil (Septembre 1944-Mai 1945)*, Housse, Eddy de Bruyne Éditeur, 1997, 470 p.
- *Le recrutement dans les Stalags et Oflags en faveur de la Légion Wallonie*, Housse, manuscrit typographié, 1998, 41 p.
- *Un aspect de la collaboration militaire de la Belgique francophone*, manuscrit déposé au CEGES sous la cote JP 732.

DE JONG, Dr. L., *Het Koninkrijk der Nederlanden in de Tweede Wereldoorlog*, Amsterdam, 'S-Gravenhage, Rijksinstituut voor Oorlogsdocumentatie/Martinus Nijhoff, 1969-1988, 13 vol.

DE LAUNAY, Jacques, *La Belgique à l'heure allemande. La guerre et l'occupation 1940-1945*, Bruxelles, Éditions Paul Legrain, 1977, 360 p.

DE VRIES, Leonard, PAAPE, Drs A.H., DE VRIES, Hans, *De jaren '40-'45. Een documentaire over bezet Nederland samengesteld uit de collecties van het Rijksinstituut voor Oorlogsdocumentatie*, Amsterdam, De Bezige Bij, s.d., 256 p.

DE WEVER, Bruno, « " Rebellen " an der Ostfront. Die flämischen Freiwilligen der Legion " Flandern " und der Waffen-SS », *Vierteljahreshefte für Zeitgeschichte*, 39, 4, 1991, p. 589-610.
- *Greep naar de Macht. Vlaams-nationalisme en Nieuwe Orde. Het VNV 1933-1945*, Tielt, Perspectief/Uitgaven, 1994, 701 p.

DEFRASNE, J., « Un instrument caractéristique de l'arme psychologique. Les unités de propagande de la Wehrmacht », *Revue Historique des Armées*, 1, 1980, p. 111-130.

DEIST, Wilhelm (hrsg.), *Ursachen und Voraussetzungen der deutschen Kriegspolitik*, Stuttgart, MGFA, 1979, 764 p. (Das Deutsche Reich und der Zweite Weltkrieg; 1).
- « Die Ausrüstung der Wehrmacht », in DEIST, Wilhelm (hrsg.), *Ursachen und Voraussetzungen der deutschen Kriegspolitik*, Stuttgart, MGFA, 1979, p. 371-532.

DELARUE, Jacques, *Crimes et trafics sous l'occupation*, Paris, Fayard, 1971 (1968), 507 p.

DENZEL, Egon, *Die Luftwaffen-Felddivisionen 1942-1945 sowie die Sonderverbände der Luftwaffe im Kriege 1939/45*, Neckargemünd, Kurt Vowinckel Verlag, 1976³, 63 p.

DEUTSCH, Harold C., *Das Komplott oder die Entmachtung der Generale. Blomberg- und Fritsch-Krise. Hitlers Weg zum Krieg*, Zürich, Neue Diana Press, 1974, 461 p.

DEVOS, Christian, « Quelques précisions à propos du monument élévé à Houlle à la mémoire des soldats du 110ᵉ R.I. », *Bulletin des amis du Vieux Watten et de sa région*, 13, juillet 1985, p. 17-18.

DICKS, Henry V., *Les meurtres collectifs. Une analyse sociopsychologique de criminels SS*, Paris, Calman-Lévy, 1973 (éd. anglaise 1972), 348 p.

DIECKHOFF, Gerhard, *3. Infanterie-Division, 3. Infanterie-Division (mot), 3. Panzergrenadier-Division*, Göttingen, Erich Börries, 1960, VIII, 428 p.

DILLEMANN, G., « La tête de mort, emblème de corps de troupes à travers les âges », *Carnet de la Sabretache*, 429, mars 1966, p. 19-33.

DITTMANN, Wilhelm, *Das politische Deutschland vor Hitler*, Zurich, New York, Europa Verlag, 1945, n.f.

DONNHAUSER, Anton J. (Obersleutnant a.D.), DREWS, Werner (Generalmajor), *Der Weg der 11. Panzer-Division, 11. Schützen-Brigade 1939-1945*, Bad Wörishofen, Traditionsgemeinschaft der 11. Panzer (Gespenster) Division, 1982 [2], 304 p.

DÖSCHER, Hans-Jürgen, *Das Auswärtige Amt im Dritten Reich. Diplomatie im Schatten der « Endlösung »*, Berlin, Siedler, 1987, 334 p.

DOWER, John W., *War without Mercy. Race and Power in the Pacific War*, London, New York, Faber and Faber, 1986, 399 p.

DUFRESNE, Michel (éd.), *Boisjos, cote 262, 19-21 août 1944*, Vimoutiers, s.n., 1965, 29 p.

– « Normandie, août 1944 : heurs et malheurs d'une fin de campagne », *Revue Historique des Armées*, 168, septembre 1987, p. 97-121.

– « Le succès allemand sur la Seine », *Revue Historique des Armées*, 176, septembre 1989, p. 48-60.

– « Normandie, août 1944 : les décisions qui sauvèrent les armées allemandes », *Revue Historique des Armées*, 191, juin 1993, p. 47-63.

EBERT, E. (Hptm.), *Operation « Frühlingserwachen ». Der Einsatz der 6. SS-Panzerarmee in der letzten deutschen Grossoffensive des Zweiten Weltkrieges (6-15.3 1945)*, Militärschule II/1976, Krieghistorisches Seminar (dact.).

ECHTERNKAMP, Jörg (hrsg. im Auftrag des MGFA), *Die deutsche Kriegsgesellschaft 1939 bis 1945*, München, DVA, 2004-2005, 2 vol., 993 & 1112 p. (Das Deutsche Reich und der Zweite Weltkrieg ; 9).

EINEM, Kurt von, *Die organisatorischen Folgen des 20 Juli 1944 im Aufbau des Heeres zugunsten der Waffen-SS*, Studie für das MGFA, 1967-68 (non publié).

EISELE, Maître A., « Réflexions sur les procès de criminels de guerre en France », *Revue de droit pénal et de criminologie*, décembre 1950, p. 305-318.

EISMANN, Gaël, MARTENS, Stefan, *Occupation et répression militaire allemandes, 1939-1945. La politique de « maintien de l'ordre » en Europe occupée*, Paris, Éditions Autrement/Institut historique allemand, 2007, 259 p. (collection Mémoires ; 127).

ENGEL, Gerhard, « Kreuzweg der Mecklenburger im großen Ringen. Der 12. Inf. Div. Kämpfen, Leben und Sterben », in *Soldatentreffen am 4. und 5. September 1954 in Osterode/Harz*, Osterode, s.n., s.d., p. 11-13.

ERNST, Volker, « Zusammenarbeit von Reichswehr und SS-Führung bei der Aufstellung einer bewaffneten SS Ende 1934 », *Militärgeschichtliche Mitteilungen*, 1979, p. 708-720.

ESTES, Kenneth William, *A European Anabasis. Western European Volunteers in the German Army and SS, 1940-1945*, thèse de doctorat, University of Maryland, 1984, 227 p.

FALIGOT, R., KAUFFER, R., *Le croissant et la croix gammée*, Paris, Albin Michel, 1990, 308 p.

FARMER, Sarah, *Oradour, arrêt sur mémoire*, Paris, Calmann-Lévy, 1994, 283 p.

FAY, Peter Ward, *The Forgotten Army. India's Armed Struggle for Independence 1942-1945*, Ann Arbor, The University of Michigan Press, 1993, 526 p.

FELLGIEBEL, Walther-Peer, *Die Träger des Ritterkreuzes des Eisernen Kreuzes 1939-1945 – Komplettausgabe. Die Inhaber der höchsten Auszeichnung des Zweiten Weltkrieges aller Wehrmachtteile*, Wölfersheim-Berstadt, Podzun-Pallas, 1996 (1990), 520 p.

FISHER, Mike, « Why Men Fight. A Rebuttal », *Infantry*, January-February, Vol. 81, Number 1, p. 12-14.
FLEISCHER, Wolfgang, *Die Fahrzeuge, Waffen, Munition und Ausrüstung der Waffen-SS*, Wölfersheim-Berstadt, Podzun-Pallas, 2000, 160 p.
FLESSAU, Kurt-Ingo, *Schule der Diktatur. Lehrpläne und Schulbücher des Nazionalsozialismus*, Frankfurt/Main, Fischer Taschenbuch Verlag, 1979, 320 p.
FLORENTIN, Eddy, *Stalingrad en Normandie*, Paris, Presses de la Cité, 1994, 664 p.
– *La Rückmarsch*, Paris, Presses de la Cité, 1991, 711 p.
FÖRSTER, Jürgen, « The Wehrmacht and the War of Extermination against the Soviet Union », *Yad Vashem*, XIV, 1981, p. 7-34.
– « Die deutsche Kriegspolitik und die Sowjetunion 1940/41 », in BOOG, Horst, FÖRSTER, Jürgen, HOFFMANN, Joachim *et alii*, *Der Angriff auf die Sowjetunion*, Stuttgart, DVA/MGFA, 1983, p. 3-447.
– « Hitlers Wendung nach Osten. Die deutsche Kriegspolitik 1940-1941 », in WEGNER, Bernd (hrsg. im Auftrag des MGFA), *Zwei Wege nach Moskau. Vom Hitler-Stalin-Pakt zum « Unternehmen Barbarossa »*, München, Zürich, Piper, 1991, p. 113-132.
– « Die weltanschauliche Erziehung in der Waffen-SS : " Kein totes Wissen, sondern lebendiger Nationalsozialismus " », in MATTHÄUS, Jürgen, KWIET, Konrad, FÖRSTER, Jürgen, BREITMANN, Richard, *Ausbildungsziel Judenmord ? « Weltanschauliche Erziehung » von SS, Polizei und Waffen-SS im Rahmen der « Endlosung »*, Frankfurt/Main, Fischer Taschenbuch Verlag, 2003, p. 87-113.
FOUCHÉ, Jean-Jacques, *Oradour*, Paris, Liana-Levi, 2001, 245 p. & annexes.
FRASER, L., *Propaganda*, London, Home University, 1964, 226 p.
FREI, Norbert, *L'État hitlérien et la société allemande 1933-1945*, Paris, Seuil, 1994 (éd. allemande 1987), 375 p.
FRICKE, Gert, *Kroatien 1941-1944. Der « unabhängige Staat » in der Sicht des Deutschen Bevollmächtigten Generals in Agram, Glaise v. Horstenau*, Freiburg, Rombach/MGFA, 1972, 206 p. (Einzelschriften zur militärischen Geschichte des Zweiten Weltkrieges ; 8).
FRIESER, Karl-Heinz, *Le mythe de la guerre-éclair. La campagne de l'Ouest de 1940*, Paris, Belin, 2003 (éd. allemande 1995), 480 p.
– « Die deutschen Blitzkriege : Operativer Triumph/strategische Tragödie », in MÜLLER, Rolf-Dieter, VOLKMANN, Hans-Erich (hrsg. im Auftrag des MGFA), *Die Wehrmacht. Mythos und Realität*, München, Oldenbourg, 1999, p. 182-196.
FRÜHBEIßER, Rudi, *Opfergang deutscher Fallschirmjäger, Normandie – Ardennen*, s.l., Eigenverlag, 1966, 311 p.
FÜRBRINGER, Herbert, *9. SS-Panzer-Division « Hohenstaufen »*, Bayeux, Heimdal, 1984, 556 p.
GANDER, Terry, CHAMBERLAIN, Peter, *Small arms, artillery and special weapons of the Third Reich*, London, Mac Donald and Jane's, 1978, 371 p.
GELWICK, Robert Arthur, *Personnel Policies and Procedures of the Waffen-SS*, thèse de doctorat, Lincoln, University of Nebraska, 1971, 830 p.
GENTILE, Carlo, « " Politische Soldaten ". Die 16. SS-Panzer-Grenadier-Division " Reichsführer-SS " in Italien 1944 », *Quellen und Forschungen aus Italienischen Archiven und Bibliotheken*, 81, 2001, 529-61.

GEORG, Enno, *Die wirtschaftlichen Unternehmungen der SS*, Stuttgart, DVA, 1963, 154 p. (Schriftenreihe der Vierteljahreshefte für Zeitgeschichte; 7).
GEORGESCU, Paul, « " Volksdeutsche " in der Waffen-SS. Die Deutschen aus Rumänien als Testfall, 1938-1945 », *Südostdeutsche Vierteljahresblätter*, 53, 2004, Heft 2, p. 117-123.
GERLACH, Christian, *Krieg, Ernährung, Völkermord. Forschung zur deutschen Vernichtungspolitik im Zweiten Weltkrieg*, Hamburg, Hamburger Edition, 1998, 308 p.
– *Kalkulierte Morde. Die deutsche Wirtschafts- und Vernichtungspolitik in Weißrußland 1941 bis 1944*, Hamburg, Hamburger Edition, 1999, 1231 p.
GEßNER, Dr. Klaus, « Zum Massaker von Oradour-sur-Glane. Materialen des Kriegsverbrecherprozesses gegen Heinz Barth vor dem Stadtgericht Berlin », *Militärgeschichte*, 2, 1984, 23 Jhrg., p. 142-158.
– « Oradour – nach 40 Jahren noch aktuell », *Militärgeschichte*, 2, 1984, 23 Jhrg., p. 159-160.
GILES, Geoffrey J., « The Denial of Homosexuality. Same-Sex Incidents in Himmler's SS and Police », *Journal of the History of Sexuality*, 2002, 11, 1-2, p. 256-290.
GINGERICH, Mark Philip, *Toward a Brotherhood of Arms. Waffen-SS Recruitment of Germanic Volunteers, 1940-1945 (World War II)*, thèse de doctorat, Madison, University of Wisconsin, 1991, 429 p.
– « Waffen SS Recruitment in the " Germanic Lands ", 1940-1941 », *The Historian*, 59, 1997, p. 815-830.
GÖRLITZ, Walter, *Model. Der Feldmarschall und sein Endkampf an der Ruhr*, München, Universitas, 2000 (1975), 292 p.
GRANDAIS, Albert, *La bataille du Calvados*, Paris, Presses de la Cité, 1973, 473 p.
GRMEK, Mirko D., LAMBRICHS, Louise L., *Les révoltés de Villefranche. Mutinerie d'un bataillon de Waffen-SS à Villefranche-de-Rouergue, septembre 1943*, Paris, Seuil, 1998, 382 p.
GROEHLER, Dr. Olaf, « Les répercussions des défaites subies par la Wehrmacht pendant l'été 1944 sur le moral des combattants », in *La libération de la France*, Actes du colloque international tenu à Paris du 28 au 31 octobre 1974, Paris, Éditions du CNRS, 1976, p. 893-904.
HARTMANN, Christian, *Halder, Generalstabschef Hitlers 1938-1942*, Paderborn, München, Wien, Zürich, Schöning, 1991, 397 p.
HARTOG, Rudolf, *Im Zeichen des Tigers. Die Indische Legion au f deutscher Seite 1941-1945*, Herford, Busse-Seewald, 1991, 232 p.
HARTUNG, Ulrike, *Raubzüge in der Sowjetunion. Das Sonderkommando Künsberg 1941-1943*, Bremen, Edition Temmen, 1997, 135 p.
HASLOB, Gevert, *Ein Blick zurück in die Eifel. Schicksalsweg der 89. Infanterie-Division*, Emmelshausen, Geschichtsverein Hürtgenwald e.V./Condo-Verlag, 2000, 268 p.
HASTINGS, Max, *La division « Das Reich » et la Résistance, 8-20 juin 1944*, Paris, Pygmalion, 1983 (éd. anglaise 1981), 379 p.
HATHEWAY, Jay, *In Perfect Formation. SS-Ideology and the SS-Junkerschule-Tölz*, Atglen (PA), Schiffer Military History, 1999, 160 p.
HEER, Hannes, NAUMANN, Klaus (hrsg.), *Vernichtungskrieg. Verbrechen der Wehrmacht 1941-1944*, Frankfurt/Main, Zweitausendeins, 1999 [11] (1995), 712 p.

HEIDER, Paul, « Reaktionen in der Wehrmacht auf Gründung und Tätigkeit des Nationalkomitees " Freies Deutschland " und des Bundes Deutscher Offiziere », in MÜLLER, Rolf-Dieter, VOLKMANN, Hans-Erich (hrsg. im Auftrag des MGFA), *Die Wehrmacht. Mythos und Realität*, München, Oldenbourg, 1999, p. 614-634.

HEIKE, Wolf-Dietrich, *Sie wollten die Freiheit. Die Geschichte der Ukrainischen Division 1943-1945*, Dorheim, Podzun-Verlag, s.d., 256 p.

HEINEMANN, Isabel, « *Rasse, Siedlung, deutsches Blut* ». *Das Rasse- und Siedlungshauptamt der SS und die rassenpolitische Neuordnung Europas*, Göttingen, Wallstein Verlag, 2003 [2], 697 p. (thèse de doctorat, Freiburg i. Br., Univ., 2001).

HERBERT, Walther, *Divisionen der Waffen-SS im Einsatz, 1940-1945*, Friedberg, Podzun-Pallas, 1985, 200 p.

HERZOG, Robert, *Die Volksdeutschen in der Waffen-SS*, Tübingen, manuscrit dactylographié, 1955, 17 p. (Studien des Instituts für Besatzungsfragen in Tübingen zu den deutschen Besetzungen im Zweiten Weltkrieg ; 5).

HIGOUNET, Charles, *Les Allemands en Europe centrale et orientale au Moyen Âge*, Paris, Aubier, 1992 (1989), 454 p.

HILBERG, Raul, *Die Vernichtung der europäischen Juden*, Frankfurt/Main, Fischer Taschenbuch Verlag, 1990 (éd. américaine 1961), 1351 p.

HILLEL, Marc (en collaboration avec Clarissa HENRY), *Au nom de la Race*, Paris, Fayard/Marabout université, 1975, 274 p.

HILLGRUBER, Andreas, *Hitlers Strategie, Politik und Kriegsführung, 1940-1941*, Frankfurt/Main, Bernard und Graefe Verlag, 1965, 715 p. (thèse d'habilitation, Marburg, Univ., 1965).

HINSLEY, Harry (dir.), *British Intelligence in the Second World War*, Londres, Her Majesty's Stationery Office, 1986-1990, 6 vol.

HIRSCHFELD, Gerhard, *Fremdherrschaft und Kollaboration. Die Niederlande unter deutscher Besatzung 1940-1945*, Stuttgart, DVA, 1984, 311 p. (Studien zur Zeitgeschichte ; 25).

HIRSCHFELD, Gerhard, KETTENACKER, Lothar (hrsg.), *Der « Führerstaat ». Mythos und Realität. Studien zur Struktur und Politik des Dritten Reiches*, Stuttgart, Klett-Cotta, 1981, 465 p. (Veröffentlichung des Deutschen Historischen Instituts London ; 8).

HOCHSTETTER, Dorothee, « *Des Führers braun-schwarze Motorkämpfer* ». *Das Nationalsozialistische Kraftfahrkorps (NSKK) von 1931 bis 1945 und sein Beitrag zur Motorisierungspolitik im « Dritten Reich »*, thèse de doctorat, Berlin, Technische Universität, 2002, 565 p.

HOFFMANN, Peter, « Der militärische Widerstand in der zweiten Kriegshälfte 1942-1944/45 », in WALLE, Heinrich (hrsg. im Auftrag des MGFA), *Aufstand des Gewissens. Militärischer Widerstand gegen Hitler und das NS-Regime 1933-1945*, Herford, Bonn, Verlag E.S. Mittler & Sohn, 1984, p. 110-134.

HÖHNE, Heinz, *Der Orden unter dem Totenkopf. Die Geschichte der SS*, Augsburg, Weltbild Verlag, 1995 (1967), 600 p. [à préférer à sa traduction française tronquée paru en 1970 chez Casterman sous le titre *L'Ordre noir, Histoire de la SS*].

HORN, John, KRAMER, Alan, *1914. Les atrocités allemandes*, Paris, Tallandier, 2005 (éd. anglaise 2001), 640 p.

HORY, Ladislaus, BROSZAT, Martin, *Der kroatische Ustacha-Staat 1941-1945*, Stuttgart, DVA, 1965 (1964), 183 p. (Schriftenreihe der Vierteljahreshefte für Zeitgeschichte; 8).

HUSEMANN, Friedrich, *Die guten Glaubens waren. Geschichte der SS-Polizei-Division*, Osnabrück, Munin Verlag, 1971-1977, 3 vol.

IMHOFF, Kurt, *Chronik der Pioniereinheiten der 10. SS-Panzer-Division « Frundsberg »*, s.l., manuscrit dactylographié, 1990, 95 p.

INGRAO, Christian, « Culture de guerre, imaginaire nazi, violence génocide. Le cas des cadres du S.D. », *Revue d'histoire moderne et contemporaine*, tome 47-2, avril-juin 2000, p. 265-289.

– *Les chasseurs noirs. La brigade Dirlewanger*, Paris, Perrin, 2006, 292 p.

JÄCKEL, Eberhard, *La France dans l'Europe de Hitler*, Paris, Fayard, 1968 (éd. allemande 1966), 554 p.

JACOBSEN, Hans-Adolf, *Der Zweite Weltkrieg in Chronik und Dokumenten*, Darmstadt, Wehr und Wissen Verlag, 1961 (1959), 764 p.

– *Die nationalsozialistische Außenpolitik, 1933-1938*, Frankfurt/Main, Berlin, Alfred Metzner, 1968, XX, 944 p.

JÄGER, Herbert, *Verbrechen unter totalitärer Herrschaft. Studien zur nationalsozialistischen Gewaltkriminalität*, Olten u. Freiburg i. Br., Walter-Verlag, 1967, 387 p.

JAHNKE, Karl Heinz, *Hitlers letztes Aufgebot. Deutsche Jugend im sechsten Kriegsjahr 1944/45*, Essen, Klartext-Verl., 1993, 190 p.

JENTZ, Thomas L., *Panzertruppen. The Complete Guide to the Creation & Combat Employment of Germany's Tank Force*, Atglen (PA), Schiffer Publishing, s.d. (1996), 2 vol.

JOLLY, Cyril, *The Vengeance of Private Pooley*, London, Gressenhall, 1981 (rééd.), 237 p.

KAIENBURG, Hermann (hrsg.), *Konzentrazionslager und deutsche Wirtschaft 1939-1945*, Opladen, Leske & Budrich, 1996, 280 p.

– *Die Wirtschaft der SS*, Berlin, Metropol, 2003, 1200 p.

KALTENEGGER, Roland, *Die Gebirgstruppe der Waffen-SS, 1941-1945*, Wölfersheim-Berstadt, Podzun-Pallas, 1994, 160 p.

KANIS, Kurt, *Waffen-SS im Bild*, Göttingen, Plesse Verlag, 1957 ², 241 p.

KANNAPIN, Norbert, *Die deutsche Feldpostübersicht 1939-1945. Vollständiges Verzeichnis der Feldpostnummern in numerischer Folge und deren Aufschlüsselung. Bearbeitet nach dem im Bundesarchiv-Militärarchiv verwahrten Unterlagen des Heeresfeldpostmeisters*, Osnabrück, Biblio Verlag, 1980-1982, 3 vol., 429, 415 & 323 p.

– *Die deutsche Feldpost, 1939-1945. Organisation und Lokalisation der Feldpostämter und Feldpoststellen*, Osnabrück, Biblio Verlag, 1987, 411 p.

KEEGAN, John, *Six armées en Normandie*, Paris, Albin Michel, 1992 (éd. anglaise 1982), 384 p.

KEILIG, Wolf, *Das deutsche Heer 1939-1945. Gliederung, Einsatz, Stellenbesetzung*, Bad Nauheim, Podzun, 1956, 3 vol.

KERSHAW, Ian, *L'opinion allemande sous le nazisme. Bavière, 1933-1945*, Paris, Éditions du CNRS, 1995 (éd. anglaise 1983), 376 p.

KETTENACKER, Lothar, *Nationalsozialistische Volkstumspolitik im Elsaß*, Stuttgart, DVA, 1973, 388 p.

KIßENER, Michael, SCHOLTYSEK, Joachim, *Die Führer der Provinz. NS-Biographien aus Baden und Württemberg*, Konstanz, Universitätsverlag Konstanz, 1997, 874 p. (Karlsruher Beiträge zur Geschichte des Nationalsozialismus ; 2).

KINDER, Elisabeth, « Der Persönliche Stab Reichsführer SS. Geschichte, Aufgaben, und Überlieferung », in BOBERACH, H., BOOMS, H. (hrsg.), *Aus der Arbeit Bundesarchivs. Beiträge zum Archivwesen, zur Quellenkunde und Zeitgeschichte*, Boppard am Rhein, Harald Boldt Verlag, 1979, p. 379-397.

KLAPDOR, Ewald, *Invasion 1944*, Siek, à compte d'auteur, 1984, 419 p.

KLEINE, Egon, KÜHNE, Volkmar, *Tiger. Die Geschichte einer legendären Waffe 1942-1945*, Stuttgart, Motorbuch Verlag, 1976, 326 p.

KLEMPERER, Victor, *LTI, la langue du IIIe Reich. Carnets d'un philologue*, Paris, Pocket, 2003 (éd. allemande 1975), 376 p.

KLIETMANN, Kurt-Gerhard, *Die Waffen-SS – Eine Dokumentation*, Osnabrück, Verlag « Der Freiwillige », 1965, 519 p.

KNOEBEL, Edgar Erwin, *Racial Illusion and Military Necessity. A Study of SS Political and Manpower Objectives in Occupied Belgium*, thèse de doctorat, University of Colorado, 1965, 399 p.

KNUR, Marcel, *Die SS-Freiwilligen-Division « Prinz Eugen ». Eine Fallstudie zur Geschichte der Waffen-SS unter besonderer Berücksichtigung verschiedener Verbrechenskomplexe*, Magister Artium am Fachbereich Geschichts- und Kulturwissenschaftten, s.l., s.d. (2002), 142 p.

KOCH, H. W., *The Hitler Youth. Origins and development, 1922-1945*, London, MacDonald and Jane's, 1975, 340 p.

KOEHL, Robert, « The Character of the Nazi SS », *Journal of Modern History*, XXXIV, 3, septembre 1962, p. 275-283.

– *The Black Corps. The Structure and Power Struggles of the Nazi SS*, Madison, The University of Wisconsin Press, 1983, XXXI, 437 p.

KOHL, Paul, *Der Krieg der deutschen Wehrmacht und der Polizei 1941-1944. Sowjetische Überlebende berichten*, Frankfurt/Main, Fischer Taschenbuch Verlag, 1995, 349 p.

KOMPANIE-KAMERADSCHAFT, *Die 3. Kompanie. SS-Panzer-Regiment 12, 12. SS-Panzerdivision « Hitlerjugend »*, Preußisch Oldendorf, Eigenverlag Kompanie-Kameradschaft, 1978, 152 p.

KOSYK, Wolodymyr, *L'Allemagne national-socialiste et l'Ukraine*, Paris, Publications de l'Est Européen, 1986, 665 p.

KRÄTSCHMER, Ernst-Günther, *Die Ritterkreuzträger der Waffen-SS*, Preußisch Oldendorf, Verlag K.W. Schütz, 1982 (1955), 1008 p.

KREN, George M., RAPPOPORT, Leon H., « The Waffen-SS. A Social Psychological Perspective », *Armed Forces and Society*, vol. 3, 1, 1976, p. 87-102.

KROENER, Bernhard R., « Die personellen Ressourcen des Dritten Reiches im Spannungsfeld zwischen Wehrmacht, Bürokratie und Kriegswirtschaft 1939-1942 », in KROENER, Bernhard R., MÜLLER, Rolf Dieter, UMBREIT, Hans, *Organisation und Mobilisierung des deutschen Machtbereichs. Kriegsverwaltung, Wirtschaft und personelle Ressourcen*, 1. Halbband : 1939-1941, Stuttgart, MGFA/DVA, 1988, p. 693-1001.

– « " Menschenbewirtschaftung ", Bevölkerungsverteilung und personelle Rüstung in der zweiten Kriegshälfte 1942-1944 », in KROENER, Bernhard R., MÜLLER, Rolf

Dieter, UMBREIT, Hans, *Organisation und Mobilisierung des deutschen Machtbereichs. Kriegsverwaltung, Wirtschaft und personelle Ressourcen*, 2. Halbband : 1942-1944/45, Stuttgart, MGFA/DVA, 1999, p. 777-1001.
- « *Der starke Mann im Heimatkriegsgebiet* ». *Generaloberst Friedrich Fromm. Eine Biographie*, Paderborn, Schöningh, 2005, 1060 p.
KROENER, Bernhard R., MÜLLER, Rolf Dieter, UMBREIT, Hans, *Organisation und Mobilisierung des deutschen Machtbereichs. Kriegsverwaltung, Wirtschaft und personelle Ressourcen*, Stuttgart, MGFA/DVA, 1988-1999, 1062 & 1082 p. (Das Deutsche Reich und der Zweite Weltkrieg; 5).
KRÜGER, Arne, *Südosteuropäische Volksdeutsche in der Waffen-SS*, Magister Artium, Hamburg, Univ. der Bundeswehr, 1995, 114 p.
KUHNRICH, H., *Der Partisankrieg in Europa*, Berlin, Dietz, 1965, 640 p.
KUMM, Otto, « *Vorwärts Prinz Eugen !* ». *Geschichte der 7. SS-Freiwilligen-Division « Prinz Eugen »*, Coburg, Nation Europa Verlag, 1995 ³, 426 p.
KUROWSKI, Franz, *Die Panzer-Lehr-Division. Die größte deutsche Panzer-Division und ihre Aufgabe : Die Invasion zerschlagen – die Ardennenschlacht entscheiden*, Bad Nauheim, Podzun-Verlag, 1964, 222 p.
- *Von der Polizeigruppe z.b.V. « Wecke » zum Fallschirmpanzerkorps « Hermann Göring ». Die Entstehung, Entwicklung und das Endschicksal der Luftwaffeneinheiten mit dem weißen Spiegel « Hermann Göring »*, Osnabrück, Biblio Verlag, 1994, VIII, 502 p.
KWIET, Konrad, *Reichskommissariat Niederlande. Versuch und Scheitern nationalsozialistischer Neuordnung*, Stuttgart, DVA, 1968, 172 p. (Schriftenreihe der Vierteljahreshefte für Zeitgeschichte; 17)
LATANE B., DARLEY J. M., « Bystander Intervention in Emergencies. Diffusion of Responsibility », *Journal of Personality and Social Psychology*, vol. 8, 1968, p. 377-383.
- « Group Inhibition of Bystander Intervention in Emergencies », *Journal of Personality and Social Psychology*, vol. 10, 1968, p. 215-221.
LATZEL, Klaus, *Deutsche Soldaten – nationalsozialistischer Krieg ? Kriegserlebnis – Kriegserfahrung 1939-1945*, Paderborn, München, Wien, Zürich, Schöning, 1998, 429 p. (Krieg in der Geschichte; 1), (thèse de doctorat, Bielefeld, Univ., 1996).
LE NAOUR, Jean-Yves, *La honte noire. L'Allemagne et les troupes coloniales françaises, 1914-1945*, Paris, Hachette Littératures, 2003, 279 p.
LEHMANN, Rudolf (avec Ralf TIEMANN pour les vol. IV/1 et IV/2, Ralf TIEMANN seul pour le vol. V), *Die Leibstandarte*, Osnabrück, Munin Verlag, 1977-1987, 6 vol.
LEISER, Erwin, « *Deutschland erwache !* » *Propaganda im Film des Dritten Reiches*, Reinbeck bei Hamburg, Rowohlt Taschenbuch Verlag, 1968, 156 p.
LELEU, Jean-Luc, *10. SS-Panzer-Division « Frundsberg »*, Bayeux, Heimdal, 1999, 208 p.
- « La division SS-Totenkopf face à la population civile du nord de la France en mai 1940 », *Revue du Nord*, 83, octobre-décembre 2001, p. 821-840.
- *Falaise 16/17 août 1944. Un mythe revisité*, Louviers, Ysec Éditions, 2003, 80 p.
LEMELSEN, Joachim, *29. Division, 29. Infanteriedivision, 29. Infanteriedivision (mot), 29. Panzergrenadier-Division. Das Buch der Falke-Division mit Beiträgen von Joa-*

chim Lemelsen, Walter Fries, Wilhelm Schaeffer und vielen anderen Divisionsangehörigen, Bad Nauheim, Podzun Verlag, 1960, 487 p. & cartes.
LEPRE, George, *Himmler's Bosnian Division. The Waffen-SS Handschar Division, 1943-1945*, Atglen (PA), Schiffer Military History, 1997, 378 p.
LÉVY, Gilles, CORDET, Francis, *À nous Auvergne! La vérité sur la résistance en Auvergne 1940-1944*, Paris, Presses de la Cité, 1981, 418 p.
LIDDELL HART, Basil, *La Seconde Guerre mondiale*, Paris, Fayard, 1990 (éd. américaine 1971), 741 p.
– *Stratégie*, Paris, Perrin, 1998, 436 p.
LIEB, Peter, *Konventioneller Krieg oder NS-Weltanschauungskrieg ? Kriegführung und Partisanenbekämpfung in Frankreich 1943/44*, München, Oldenbourg Verlag/Institut für Zeitgeschichte, 2007, 631 p. (Quellen und Darstellungen zur Zeitgeschichte; 69).
– « La 157e division de réserve et la lutte contre le Maquis dans le Jura et les Alpes Françaises », in *La répression en France 1940-1945*, actes du colloque organisé à Caen les 8, 9 et 10 décembre 2005 (à paraître).
LILIENTHAL, Georg, *Der Lebensborn e.V. Ein Instrument nationalsozialistischer Rassenpolitik*, Frankfurt/Main, Fischer Taschenbuch Verlag, 2003 (1985), 287 p.
LITTLEJOHN, David, *Foreign Legions of the Third Reich*, San Jose (Cal.), R.J. Bender Publishing, 1994 [2], 5 vol.
LODIEU, Didier, *45 Tiger en Normandie. La s.Pz.Abt. 503*, Louviers, Ysec Éditions, 2003, 192 p.
LONGERICH, Peter, *Geschichte der SA*, München, Verlag C.H. Beck, 2003 (1989), 298 p.
LONGUE, Mathieu, *Massacres en Ardenne, Hiver 1944-1945*, Bruxelles, Éditions Racine, 2006, 351 p.
LOTZ, Wolf, ÜBERSCHAER, Gerd R., *Die deutsche Reichspost 1933-1945. Eine politische Verwaltungsgeschichte*, Berlin, Nicolaische Verlagsbuchhandlung, 1999, 2 vol., 319 & 380 p.
LUCAS, J. S., *Austro-Hungarian Infantry 1914-1918*, London, Almark Publishing Co., 1973, 112 p.
LUDEWIG, Joachim, *Der deutsche Rückzug aus Frankreich 1944*, Freiburg i. Br., Rombach, 1995 [2], 368 p. (Einzelschriften zur Militärgeschichte; 39).
LUMANS, Valdis O., « The Military Obligations of the Volksdeutsche in Eastern Europe toward the Third Reich », *East European Quarterly*, XXIII, 3, Sept. 1989, p. 305-325.
– *Himmler's Auxiliaries. The Volksdeutsche Mittelstelle and the German National Minorities of Europe, 1933-1945*, London, Chapell Hill, 1993, 335 p.
LUTHER, Craig W.H., *Blood and Honor. The History of the 12th SS Panzer Division « Hitler Youth »*, *1943-1945*, San Jose (Cal.), R.J. Bender Publishing, 1987, 273 p. (thèse de doctorat, Santa Barbara, University of California, 1987).
LUTHER, Hans, *Der französische Widerstand gegen die deutsche Besatzungsmacht und seine Bekämpfung*, Tübingen, Institut für Besatzungsfragen, 1957, 297 p. (Studien des Instituts für Besatzungsfragen in Tübingen zu den deutschen Besetzungen im 2. Weltkrieg ; 11).

LUYCKX, A., « La répression de l'incivisme en Belgique. Aspects judiciaire, pénitentiaire et social. Les porteurs d'armes », *Revue de droit pénal et de criminologie*, 1946-1947, p. 843-855.

MABIRE, Jean, *Les jeunes fauves du Führer*, Paris, Fayard, 1986 (1976), 341 p.

MAC KEE, Alexander, *La bataille de Caen*, Paris, Presses de la Cité, 1965, 313 p.

MACLEAN, French L., *The Camp Men. The SS Officers who Ran the Nazi Concentration Camp System*, Atglen (PA), Schiffer Military History, 1998, 380 p.

MAIER, Georg, *Drama zwischen Budapest und Wien. Der Endkampf der 6. Panzerarmee 1945*, Osnabrück, Munin Verlag, 1985, 672 p.

MAIER, Hedwig, « Die SS und der 20. Juli 1944 », in *Vorschrifte für Zeitgeschichte*, 14, 1966, p. 299-316.

MAJER, Diemut, *« Fremdvölkische » im Dritten Reich. Ein Beitrag zur nationalsozialistischen Rechtssetzung und Rechtspraxis in Verwaltung und Justiz unter besonderer Berücksichtigung der eingegliederten Ostgebiete und des Generalgouvernements*, Boppard am Rhein, Harald Boldt Verlag, 1981, 1034 p. (Schriften des Bundesarchivs; 28).

MALLMAN, Klaus-Michael, « Der Krieg im Dunkeln. Das Unternehmen " Zeppelin " 1942-1945 », in WILDT, Michael, *Nachrichtendienst, politische Elite und Mordeinheit. Der Sicherheitsdienst des Reichsführers-SS*, Hamburg, Hamburger Edition, 2003, p. 324-346.

MALLMAN, Klaus-Michael, CÜPPERS, Martin, *Halbmond und Hakenkreuz. Das Dritte Reich, die Araber und Palästina*, Darmstadt, Wissenschaftliche Buchgesellschaft, 2006, 288 p. (Veröffentlichungen der Forschungsstelle Ludwigsburg der Universität Stuttgart; 8).

MAN, John, *Atlas du débarquement et de la bataille de Normandie, 6 juin-24 août 1944*, Paris, Éditions Autrement, 1994 (éd. anglaise 1994), 140 p. (Atlas/mémoires; 1).

MÅNSSON, Martin, *Heinrich Himmler. A Photographic Chronicle of Hitler's Reichsführer-SS*, Atglen (PA), Schiffer Military History Book, 2001, 240 p.

MANUE, Georges R., *Sous la grenade à sept flammes. Comment on crée un corps d'élite*, Paris, Sequana Éditeur, 1941, 69 p.

MARGOLIAN, Howard, *Conduct Unbecoming. The Story of the Murder of Canadian Prisoners of War in Normandy*, Toronto, Buffalo, London, University of Toronto Press, 1998, 279 p.

MARTENS, Stefan, *Hermann Göring : « Erster Paladin des Führers » und « Zweiter Mann im Reich »*, Paderborn, Schöningh, 1985, 405 p.

MARTENS, Stefan, VAÏSSE, Maurice (hrsg.), *Frankreich und Deutschland im Krieg (November 1942 – Herbst 1944). Okkupation, Kollaboration, Résistance*, Bonn, Bouvier Verlag, 2000, 944 p. (Pariser historische Studien; 55).

MARTRES, Eugènes, *Le Cantal de 1939 à 1945. Les troupes allemandes à travers le Massif Central*, Clermont-Ferrand, Éditions De Borée, 1994 (1993), 703 p.

MATTHÄUS, Jürgen, KWIET, Konrad, FÖRSTER, Jürgen, BREITMANN, Richard, *Ausbildungsziel Judenmord ? « Weltanschauliche Erziehung » von SS, Polizei und Waffen-SS im Rahmen der « Endlosung »*, Frankfurt/Main, Fischer Taschenbuch Verlag, 2003, 219 p.

MAYSOUNAVE, Pascal, *Oradour, plus près de la vérité*, Limoges, Lucien Souny, 1996, 298 p.

MC NAIR, Ronald, *1944 : Les panzers. Les divisions de panzers du Heer*, Bayeux, Heimdal, s.d., 96 p.
– *1944 : Les panzers. Les divisions de panzers SS et les bataillons indépendants*, Bayeux, Heimdal, s.d., 96 p.
MEHNER, Kurt, *Die deutsche Wehrmacht, 1939-1945. Führung und Truppe*, Norderstedt, Militair-Verlag Klaus D. Patzwall, 1993, 235 p.
– *Die Waffen-SS und Polizei, 1939-1945. Führung und Truppe*, Norderstedt, Militair-Verlag Klaus D. Patzwall, 1995, 389 p.
MELNIK, Michael, *To battle ! The formation and history of the 14th Waffen-SS Grenadier Division (Ukrainian Nr. 1)*, Solihull, Helion, 2001, 300 p.
MESSENGER, Charles, *Hitler's Gladiator. The Life and Times of Oberstgruppenführer and Panzergeneraloberst der Waffen-SS Sepp Dietrich*, London, Oxford, Washington, New York, Beijing, Brassey's Defence Publishers, 1988, 245 p.
MESSERSCHMIDT, Manfred, *Die Wehrmacht im NS-Staat. Zeit der Indoktrination*, Hamburg, Decker's Verlag, 1969, XIX, 519 p. (Soldatische Menschenführung in der Deutschen Militärgeschichte ; 16).
MEYER, Ahlrich, *Die deutsche Besatzung in Frankreich 1940-1944. Widerstand und Judenverfolgung*, Darmstadt, Wissenschaftliche Buchgesellschaft, 2000, 279 p.
MEYER, Georg, « Auswirkungen des 20. Juli 1944 auf das innere Gefüge der Wehrmacht bis Kriegsende und auf das soldatische Selbstverständnis im Vorfeld des westdeutschen Verteidigungsbeitrages bis 1950/51 », in WALLE, Heinrich (hrsg. im Auftrag des MGFA), *Aufstand des Gewissens. Militärischer Widerstand gegen Hitler und das NS-Regime 1933-1945*, Herford, Bonn, Verlag E.S. Mittler & Sohn, 1984, p. 153-186.
MEYER, Hubert, *Kriegsgeschichte der 12. SS-Panzer-Division « Hitlerjugend »*, Osnabrück, Munin Verlag, 1982, 2 vol., 734 p. & annexes.
MICHAELIS, Rolf, *Die Grenadier-Divisionen der Waffen-SS*, Erlangen, Michaelis-Verlag, 1994-1995, 3 vol., 187, 241 & 237 p.
– *Die Panzergrenadier-Divisionen der Waffen-SS*, Berlin, Michaelis-Verlag, 1998 [2], 284 p.
– *Die Gebirgs-Divisionen der Waffen-SS*, Berlin, Michaelis-Verlag, 1998 [2] (1994), 292 p.
– *Sie kämpften für den Anschluß... Der Einsatz der SS-Heimwehr Danzig in Polen-Feldzug*, Berlin, Michaelis-Verlag, 1999, 108 p.
– *Ukrainer in der Waffen-SS. Die 14. Waffen-Grenadier-Division der SS (ukrainische Nr. 1)*, Berlin, Michaelis-Verlag, 2000, 127 p.
– *Russen in der Waffen-SS*, Berlin, Michaelis-Verlag, 2002, 130 p.
– *Das SS-Sonderkommando Dirlewanger. Ein Beispiel deutscher Besatzungspolitik in Weißrussland*, Berlin, Michaelis-Verlag, 1999 (1998), 221 p.
– *Die Brigade Kaminski. Partisanenbekämpfung in Rußland – Weißrußland – Warschau*, Berlin, Michaelis-Verlag, 1999, 188 p.
MICHEL, Henri, *La Seconde Guerre Mondiale*, Paris, PUF, 1980 (1968-1969), 2 vol., 503 & 542 p.
MILGRAM, Stanley, *Soumission à l'autorité. Un point de vue expérimental*, Paris, Calman-Lévy, 1980 (éd. américaine 1974), 271 p.
MILGRAM S., HOLLANDER, P., « The murder they heard », *The Nation*, vol. 198, 25, 1964.

Mocq, Dr. Jean-Marie, *Massacre d'Ascq*, Bayeux, Heimdal, 1994, 197 p.
Möller, Horst, Wirsching, Andreas, Watter, Ziegler (hrsg.), *Nationalsozialismus in der Region. Beiträge zur regionalen und lokalen Forschung und zum internationalen Vergleich*, München, Oldenbourg, 1996, 350 p. (Schriftenreihe der Vierteljahreshefte für Zeitgeschichte; Sondernummer).
Mollo, Andrew, Taylor, Hugh Page, *Uniforms of the SS*, Collected edition, Volumes 1 to 6, Windrow & Greene, 1997, 535 p.
Mommsen, Hans, « Hitlers Stellung im nationalsozialistischen Herrschaftssystem », in Hirschfeld, Gerhard, Kettenacker, Lothar (hrsg.), *Der « Führerstaat ». Mythos und Realität. Studien zur Struktur und Politik des Dritten Reiches*, Stuttgart, Klett-Cotta, 1981, p. 43-72.
Mönch, Winfried, *Entscheidungsschlacht « Invasion » 1944 ? Prognosen und Diagnosen*, Stuttgart, Steiner, 2001, 275 p. (Historische Mitteilungen; 41).
Mosse, George L., *De la Grande Guerre au totalitarisme. La brutalisation des sociétés européennes*, Paris, Hachette, 1999 (éd. anglaise 1990), 291 p.
Mounine, Henri, *Cernay 40-45. Le SS-Ausbildungslager de Sennheim*, Ostwald, Les Éditions du Polygone, 1999, 480 p.
– « Villefranche-de-Rouergue, Septembre 1943. La mutinerie des Croates », *Histoire de Guerre*, 2, février 2000, p. 10-18.
Mühleisen, Horst, « Wilhelm Bittrich : Ritterlicher Gegner und Rebell », in Smelser, Ronald, Syring, Enrico (hrsg.), *Die SS : Elite unter dem Totenkopf, 30 Lebensläufe*, Paderborn, Schöningh, 2000, p. 77-87.
Muller, Jean-Léon, *L'expulsion des Allemands de Hongrie 1944-1948. Politique internationale et destin méconnu d'une minorité*, Paris, L'Harmattan, 2001, 234 p.
Müller, Klaus-Jürgen, *Das Heer und Hitler. Armee und nationalsozialistisches Regime 1933-1940*, Stuttgart, DVA/MGFA, 1988 (1969), 726 p. (Beiträge zur Militär- und Kriegsgeschichte; 10).
– « Zu Vorgeschichte und Inhalt der Rede Himmlers vor der höheren Generalität am 13. März 1940 in Koblenz », *Vierteljahreshefte für Zeitgeschichte*, 18, 1, 1970, p. 95-120.
Müller, Rolf Dieter, « Albert Speer und die Rüstungspolitik im totalen Krieg », in Kroener, Bernhard R., Müller, Rolf Dieter, Umbreit, Hans, *Organisation und Mobilisierung des deutschen Machtbereichs. Kriegsverwaltung, Wirtschaft und personelle Ressourcen*, 2. Halbband : 1942-1944/45, Stuttgart, MGFA/DVA, 1999, p. 275-773.
Müller-Hillebrand, Burkhart, *Das Heer, 1933-1945*, Frankfurt/Main, Mittler & Sohn Verlag, 1954-1969, 3 vol., 188, 200 & 326 p.
Munoz, Antonio J., *Forgotten Legions. Obscure Combat Formations of the Waffen-SS*, Boulder, Paladin Press, 1991, 405 p.
– *The Druzhina SS Brigade. A History, 1941-1943*, s.l., Axis Europa, 2000, 68 p. & annexes.
Murawski, Erich, *Der deutsche Wehrmachtbericht, 1939-1945. Ein Beitrag zur Untersuchung der geistigen Kriegsführung. Mit einer Dokumentation der Wehrmachtberichte vom 1.7 1944 bis zum 9.5 1945*, Boppard am Rhein, Harald Boldt Verlag, 1962, IX, 768 p.

NEITZEL, Sönke, « Des Forschens noch Wert ? Anmerkungen zur Operationsgeschichte der Waffen-SS », *Militärgeschichtliche Zeitschrift*, 61, 2002, Heft 2, p. 403-429.
NEULEN, Hans Werner, *An deutscher Seite. Internationale Freiwillige von Wehrmacht und Waffen-SS*, München, Universitas, 1985, 518 p.
— *Europas verratene Söhne*, Bergisch Gladbach, Gustav-Lübbe Verlag, 1982 (1980), 255 p.
NEUSÜSS-HUNKEL, Dr. Ermenhild, *Die SS*, Hannover, Frankfurt/Main, Norddeutsche Verlagsanstalt O. Goedel, 1956, 143 p. (Schriftenreihe des Intituts für wissenschaftliche Politik in Marburg/Lahn ; 2).
NICE, Alain, *Tavaux 30-31 août 1944. Histoire d'une tragédie*, Laon, à compte d'auteur, 2002, 144 p.
NIETSCH, Jochen, « Die Indische Legion der Waffen-SS », *Der Freiwillige*, 7, 1969, p. 15-18.
NOGUÈRES, Henri, *Le suicide de la flotte française à Toulon*, Paris, Robert Laffont, 1961, 327 p.
NOGUÈRES, Henri, DEGLIAME FOUCHÉ, Marcel, *Histoire de la Résistance en France*, Paris, Robert Laffont, 1967-1981, 5 vol.
OFFICE OF DIRECTOR OF INTELLIGENCE, *CINFO Report No.4* : « *SS-Standarte Kurt Eggers* », restricted, s.l., Office of Military Government for Germany, 14.1 1946, 162 p.
OFFTERDINGER, Dieter Bernd, *Der völkerrechtliche Status des Elsaß in den Jahren 1870-1945 unter besonderer Berücksichtigung des Staatsangehörigkeitsrechts*, thèse de doctorat, Würzburg, Univ., 1976, XXX, 118 p.
ONFRAY, Michel, *Chambois et Fel : Histoires mêlées*, Condé-sur-Noireau, Éditions Charles Corlet, 1989, 126 p.
ORTH, Karin, *Die Konzentrationslager-SS. Sozialstrukturelle Analysen und biographische Studien*, München, DTV, 1999, 335 p.
OSE, Dieter, *Entscheidung im Westen, 1944. Der Oberbefehlshaber West und die Abwehr der alliierter Invasion*, Stuttgart, DVA/MGFA, 1982, 363 p. (Beiträge zur Militär- und Kriegsgeschichte ; 22).
OSWALD, Werner, *Kraftfahrzeuge und Panzer der Reichswehr, Wehrmacht und Bundeswehr*, Stuttgart, Motorbuch Verlag, 1970, 344 p.
OUVRAGE OFFICIEL, *Oradour-sur-Glane*, Paris, Office français d'Édition, 1945, 148 p. (Crimes ennemis en France, documents pour servir à l'histoire de la guerre).
OVERMANS, Rüdiger, *Deutsche militärische Verluste im Zweiten Weltkrieg*, München, Oldenbourg/MGFA, 1999, 367 p. (Beiträge zur Militärgeschichte ; 46), (thèse de doctorat, Freiburg i. Br., Univ., 1996).
OVERY, Richard, *Atlas historique du IIIe Reich, 1933-1945. La société allemande et l'Europe face au système nazi*, Paris, Éditions Autrement, 1999 (éd. anglaise 1996), 144 p.
PAIKERT, Geza C., *The Danube Swabians. German Populations in Hungary, Rumania and Yugoslavia and Hitler's Impact on their Patterns*, The Hague, Martinus Nijhoff, 1967, XVI, 324 p. (Studies in social life ; 10).
PALLUD, Jean-Paul, *Ardennes, album Mémorial, 16 décembre 1944-16 janvier 1945*, Bayeux, Heimdal, 1986, 484 p.

SOURCES ET BIBLIOGRAPHIES 1217

PAXTON, Robert, *La France de Vichy*, Paris, Seuil, 1973, 380 p.
PENAUD, Guy, *La « Das Reich ». 2ᵉ SS Panzer-Division*, Perigueux, La Lauze, 2005, 558 p.
PERLMUTTER, David D., « Visual Historical Methods : Problems, Prospects, Applications », in *Historical Methods*, 1994, 27, 4, 167-84.
PESCHANSKI, Denis, *La France des camps. L'internement 1938-1946*, Paris, Gallimard, 2002, 456 p.
PIERIK, Peter, *From Leningrad to Berlin. Dutch Volunteers in the Service of the German Waffen-SS 1941-1945. The Political and Military History of the Legion, Brigade and Division Known as « Nederland »*, Soesterberg, Aspekt, 2001 (éd. néerlandaise 1995), 287 p.
PRERADOVICH, Nikolaus von, *Die Generale der Waffen-SS*, Berg am See, Vowinckel, 1985, 285 p.
PUBLIC RELATIONS SECTION, TENTH INFANTRY REGIMENT (ed.), *History of Tenth Infantry Regiment, United States Army*, Nashville (Tennessee), The Battery Press, s.d., 165 p.
PYTA, Wolfram, « Ländlich-evangelisches Milieu und Nationalsozialismus bis 1933 », in MÖLLER, Horst, WIRSCHING, Andreas, WATTER, Ziegler (hrsg.), *Nationalsozialismus in der Region. Beiträge zur regionalen und lokalen Forschung und zum internationalen Vergleich*, München, Oldenburg, 1996, p. 199-212.
QUELLIEN, Jean, *La Normandie au cœur de la guerre*, Rennes, Ouest France, 1992, 248 p.
QUELLIEN, Jean, GARNIER, Bernard, *Les victimes civiles du Calvados dans la Bataille de Normandie, 1ᵉʳ mars 1944-31 décembre 1945*, Caen, Éditions du Lys, 1995, 495 p.
QUINNETT, Robert L., *Hitler's Political Officers. The National Socialist Leadership Officers*, thèse de doctorat, University of Oklahoma, 1973.
RASS, Christoph, « *Menschenmaterial ». Deutsche Soldaten an der Ostfront. Innenansichten einer Infanteriedivision 1939-1945*, Paderborn, München, Wien, Zürich, Schöningh, 2003, 486 p. (Krieg in der Geschichte ; 17), (thèse de doctorat, Aachen, Rheinisch-Westfälische Technische Hochschule, 2001).
RAUH-KÜHNE, Cornelia, « Katholisches Sozialmilieu, Region und Nationalsozialismus », in MÖLLER, Horst, WIRSCHING, Andreas, WATTER, Ziegler (hrsg.), *Nationalsozialismus in der Region : Beiträge zur regionalen und lokalen Forschung und zum internationalen Vergleich*, München, Oldenbourg, 1996, p. 213-235.
REINHARDT, Klaus, *Die Wende vor Moskau. Das Scheitern der Strategie Hitlers im Winter 1941/42*, Stuttgart, DVA/MGFA, 1972, 355 p. (Beiträge zur Militär- und Kriegsgeschichte ; 13).
REMPEL, Gerhard, *The Misguided Generation. Hitler Youth and SS, 1933-1945*, thèse de doctorat, University of Winconsin, 1971, 754 p.
– « Gottlob Berger and the Waffen-SS Recruitment, 1939-1945 », *Militärgeschichtliche Mitteilungen*, 27, Januar 1980, p. 107-122.
– « Gottlob Berger : " Ein Schwabengeneral der Tat " », in SMELSER, Ronald, SYRING, Enrico (hrsg.), *Die SS : Elite unter dem Totenkopf, 30 Lebensläufe*, Paderborn, Schöningh, 2000, p. 45-59.
RHODES, Anthony, *La propagande dans la Seconde Guerre mondiale*, Paris, Presses de la Cité/France Loisirs, 1990 (éd. anglaise 1976), 319 p.

RIEDWEG, Eugène, *Les « Malgré-nous ». Histoire de l'incorporation de force des Alsaciens-Mosellans dans l'armée allemande*, Mulhouse, Éditions du Rhin, 1995, 303 p.

RIELAU, Hans (Oberstleutnant a.D.), *Geschichte der Nebeltruppe*, s.l., hergestellt bei ABC- und Selbstschutzschule im Auftrag des Bundesministeriums der Verteidigung, Fü H IV 1, s.d. (1966), 310 p.

RIGG, Bryan Mark, *Hitlers jüdische Soldaten*, Paderborn, München, Wien, Zürich, Schöning, 2003 (éd. américaine 2002), 439 p.

RIGOULOT, Jean-Pierre, *La tragédie des Malgré-nous*, Paris, Denoël, 1990, 285 p.

RIOUX, Jean-Pierre, « Le procès d'Oradour », *L'Histoire*, 64, février 1984, p. 6-17.

RITGEN, Helmut, *Die Geschichte der Panzer-Lehr-Division im Westen 1944-1945*, Stuttgart, Motorbuch Verlag, 1979, 360 p.

RITTGEN, Francis, « *Opération Nordwind* », *31.12 1944-25.1 1945*, Sarreguemines, Éditions Pierron, 1984, 251 p.

ROBA, Jean-Louis, *L'Honneur et la Fidélité. Essai de biographie de Lucien Lippert*, Erpe, Éditions de Krijger, 1997, 190 p.

ROMMELAERE, Guy, *Le massacre oublié. Mardi 28 mai 1940. La bataille pour Wormhout et les crimes de guerre commis par la Leibstandarte S.S. Adolf Hitler à Esquelbecq-Ledringhem-Wormhout*, Wormhout, Histoire & Témoignages, 2000, 139 p.

RONCONI, Guido, « Die Panzerkompanie der 24. Waffen-Gebirgs-Division der SS " Karstjäger " », *Der Freiwillige*, 8, 2001, p. 21.

RONDOT, P., « Les mouvements nationalistes au Levant durant la Seconde Guerre mondiale », in *La guerre en Méditerranée*, Actes du colloque international tenu à Paris du 8 au 11 avril 1969, Paris, Éditions du CNRS, 1971, p. 643-665.

RYAN, Cornelius, *Un pont trop loin*, Paris, Robert Laffont, 1974 (éd. américaine 1974), 543 p. & cartes

SANCHEZ, Alfonso Escuadra, *Feldherrnhalle. Forgotten Elite. Panzerkorps Feldherrnhalle and Antecedent Formations, Eastern and other Fronts, 1939-1945*, Bradford, Shelf Books, 1996, 205 p. (Stahlhelm Series ; 166).

SANTIN, Éric, « Chartres, la bataille oubliée », *39/45 Magazine*, 196, décembre 2002, p. 13-24.

SAUER, K., *Die Verbrechen der Waffen-SS. Eine Dokumentation*, Frankfurt, Röderberg, 1977, 88 p.

SCHACHINGER, Werner, *Die Bosnakien kommen ! 1879-1918. Elitetruppe in der k. u. k. Armee*, Graz, Verlag Stocker, 1989, 360 p.

SCHALM, Annelise, *Deutscher Adel und Nationalsozialismus. Selbstdeutungen im « Deutschen Adelsblatt » 1930-1939*, Magisterarbeit, Hannover, Univ., 1998, 119 p.

SCHEIBERT, Horst, *Die Träger des Deutschen Kreuzes in Gold (Kriegsmarine, Luftwaffe, Waffen-SS) und Deutschen Kreuzes in Silber (Wehrmacht und Waffen-SS)*, Friedberg, Podzun-Pallas, 1984, 552 p.

SCHEURIG, Bodo, *Verräter oder Patrioten. Das Nationalkomitee « Freies Deutschland » und der Bund Deutscher Offiziere in der Sowjetunion 1943-1945*, Berlin, Frankfurt/Main, Propyläen, 1993 (1960), 286 p.

SCHILLING, René, « *Kriegshelden ». Deutungsmuster heroischer Männlichkeit in Deutschland 1813-1945*, Paderborn, München, Wien, Zürich, Schöning, 2002, 436 p. (Krieg in der Geschichte; 15), (thèse de doctorat, Bielefeld, Univ., 2000).

SCHMITZ, Peter, THIES, Klaus-Jürgen, *Die Truppenkennzeichnen der Verbände und Einheiten der deutschen Wehrmacht und Waffen-SS und ihre Einsatz im Zweiten Weltkrieg, 1939-1945*, Osnabrück, Biblio Verlag, 1987-1991, 3 vol., 937, 775 & 674 p.

SCHMITZ, Peter, THIES, Klaus-Jürgen, WEGMANN, Günter, ZWENG, Christian, *Die deutschen Divisionen 1939-1945. Heer/Landgestützte Kriegsmarine/Luftwaffe/ Waffen-SS*, Osnabrück, Biblio Verlag, 1993-2000, 4 vol., XXI, 782, XIX, 690, XIX, 652 & XXI, 859 p.

SCHNABEL, Reimund, *Le dossier des SS*, Paris, Perrin, 1967 (éd. allemande 1957), 367 p.

SCHNEIDER, Jost W., *Verleihung genehmigt! Eine Bild- und Dokumentargeschichte der Ritterkreuzträger der Waffen-SS und Polizei*, San Jose (Calif.), R.J. Bender Publishing, 1977, 480 p.

SCHOENBAUM, David, *La révolution brune. Une histoire sociale du IIIe Reich (1933-1939)*, Paris, Robert Laffont, 1979 (éd. américaine 1966), 420 p.

SCHOLTYSEK, Joachim, « Der " Schwabenherzog ". Gottlob Berger, Obergruppenführer », in KIßENER, Michael, SCHOLTYSEK, Joachim, *Die Führer der Provinz. NS-Biographien aus Baden und Württemberg*, Konstanz, Universitätsverlag Konstanz, 1997, p. 77-110.

SCHOLTZ, Harald, *NS-Ausleseschulen. Internatsschulen als Herrschaftsmittel des Führerstaates*, Göttingen, Vandenhoeck & Ruprecht, 1973, 427 p.

SCHRAMM, Percy Ernst, *Hitler als militärischer Führer*, Frankfurt/Main, Bonn, Athenäum, 1965 (1962), 207 p.

SCHRAMM, Wilhelm von, *Les généraux contre Hitler, le 20 juillet à Paris*, Paris, Hachette, 1956 (éd. allemande 1953), 287 p.

SCHRECKENBERG, Heinz, *Ideologie und Alltag im Dritten Reich*, Frankfurt/Main, Lang, 2003, 573 p.

SCHREIBER, Franz, *Kampf unter dem Nordlicht. Die Truppengeschichte der 6. SS-Gebirgs-Division « Nord »*, 1940-1945, Osnabrück, Munin Verlag, 1969, 448 p.

SCHREIBER, Gerhard, *Deutsche Kriegsverbrechen in Italien. Täter, Opfer, Strafverfolgung*, München, Beck, 1996, 278 p.

SCHRODEK, Gustav W., *Ihr Glaube galt dem Vaterland. Geschichte des Panzer-Regiments 15 (11. Panzer-Division)*, München, Schild Verlag, 1976, 348 p.

SCHULTE, Jan Erik, *Zwangsarbeit und Vernichtung. Das Wirtschaftsimperium der SS. Oswald Pohl und das SS-Wirtschafts-Verwaltungshauptamt 1933-1945*, Paderborn, München, Wien, Zürich, Schöningh, 2001, 550 p. (thèse de doctorat, Bochum, Univ., 1999).

– « Hans Jüttner : Der Mann im Hintergrund der Waffen-SS », in SMELSER, Ronald, SYRING, Enrico (hrsg.), *Die SS : Elite unter dem Totenkopf, 30 Lebensläufe*, Paderborn, Schöningh, 2000, p. 276-288.

SCHULZE-KOSSENS, Richard, *Militärischer Führernachwuchs der Waffen-SS. Die Junkerschulen*, Osnabrück, Munin Verlag, 1999 (rééd.), 430 p.

SCHWARZ, Eberhard, *Die Stabilisierung der Ostfront nach Stalingrad. Mansteins Gegenschlag zwischen Donez und Dnjepr im Frühjahr 1943*, Göttingen, Hansen-Schmidt, 1985, 348 p. (Studien und Dokumente zur Geschichte des Zweiten Weltkrieges).

SCHWARZ, Gudrun, *Eine Frau an seiner Seite. Ehefrauen in der SS-Sippengemeinschaft*, Hamburg, Hamburger Edition, 1997, 304 p.
SEGEV, Tom, *Soldiers of Evil. The Commandants of the Nazi Concentration Camps*, London, Grafton Books, 1990 (1987), 304 p.
SEIFERT, Manfred, *Kulturarbeit im Reichsarbeitsdienst. Theorie und Praxis nationalsozialistischer Kulturpflege im Kontext historisch-politischer, organisatorischer und ideologischer Einflüsse*, Münster, New York, Waxmann, 1996, 464 p. (Internationale Hochschulschriften ; 196), (thèse de doctorat, Passau, Univ., 1994).
SEMELIN, Jacques, *Purifier et détruire. Usages politiques des massacres et génocides*, Paris, Seuil, 2005, 491 p.
SHILS, Edward A., JANOWITZ, Morris, « Cohésion et désagrégation de la Wehrmacht pendant la Deuxième Guerre mondiale », in MENDRAS, Henri, *Éléments de sociologie : Textes*, Paris, Armand Colin, 1978, p. 45-79.
SHIRER, William L., *Le Troisième Reich, des origines à la chute*, Paris, Stock, 1976 (éd. américaine 1960), 2 vol., 800 & 731 p.
SHULMAN, Major Milton, *La défaite allemande à l'Ouest*, Paris, Payot, 1948 (éd. anglaise 1947), 382 p.
SIJES, Benjamin Aaron, *De februaristaking, 25-26 februari 1941*, Amsterdam, Becht, 1978 (1954), 238 p.
SMELSER, Ronald, SYRING, Enrico (hrsg.), *Die Militärelite des Dritten Reiches. 27 biographische Skizzen*, Berlin, Frankfurt/Main, Ullstein, 1995, 544 p.
— *Die SS : Elite unter dem Totenkopf, 30 Lebensläufe*, Paderborn, München, Wien, Zürich, Schöningh, 2000, 463 p.
SOLCHANY, Jean, « La lente dissipation d'une légende. La " Wehrmacht " sous le regard de l'histoire », *Revue d'histoire moderne et contemporaine*, 47, 2, avril-juin 2000, p. 323-353.
— *L'Allemagne au XXe siècle entre singularité et normalité*, Paris, PUF, 2003, 490 p.
SPAETER, Helmuth (gesammelt und zusammengestellt), *Die Geschichte des Panzerkorps Großdeutschland*, Selbstverlag Hilfswerk ehem. Soldaten für Kriegsopfer und Hintergebliebene der Traditionsgemeinschaft Panzerkorps Großdeutschland, 1958, 3 vol., 670, 769 & 764 p.
SPIWOKS, Erich, STÖBER, Hans, *Endkampf zwischen Mosel und Inn. XIII. SS-Armee-Korps*, Osnabrück, Munin Verlag, 1976, 430 p.
STACEY, Colonel Charles Perry, *La campagne de la victoire. Les opérations dans le nord-ouest de l'Europe 1944-1945*, Ottawa, Roger Duhamel, M.S.R.C. Imprimeur de la Reine et Contrôleur de la Papeterie, 1966 [2], 837 p. (Histoire officielle de la participation de l'Armée canadienne à la Seconde Guerre mondiale ; III).
STACHURA, Peter D., « Das Dritte Reich und die Jugenderziehung. Die Rolle der Hitlerjugend 1933-1939 », in BRACHER, Karl Dietrich, FUNKE, Manfred, JACOBSEN, Hans-Adolf (hrsg.), *Nationalsozialistische Diktatur 1933-1945. Eine Bilanz*, Bonn, Bundeszentrale für politische Bildung, 1983, p. 224-244.
STEIN, George Harwyn, « The myth of an European Army », *The Wiener Library Bulletin*, XIX, 2, avril 1965, p. 21.
— *La Waffen-S.S.*, Paris, Stock, 1967 (éd. américaine 1966), 336 p. (thèse de doctorat, Columbia University, 1964).
STEINER, John M., « Über das Glaubenkenntnis der SS », in BRACHER, Karl Dietrich, FUNKE, Manfred, JACOBSEN, Hans-Adolf (hrsg.), *Nationalsozialistische Diktatur*

1933-1945. Eine Bilanz, Bonn, Bundeszentrale für politische Bildung, 1983, p. 206-223.
STEINER, John M., FAHRENBERG, Jochen, « Die Ausprägung autoritärer Einstellung bei ehemaligen Angehörigen der SS und der Wehrmacht », *Kölner Zeitschrift für Soziologie und Socialpsychologie*, 22. Jhrg., 1970, p. 551-566.
STEURICH, Alfred, *Gebirgsjäger im Bild. 6. SS-Gebirgs-Division « Nord »*, 1940-1945, Osnabrück, Munin Verlag, 1969, 198 p.
STIMPEL, Hans-Martin, *Die deutsche Fallschirmtruppe 1942-1945. Einsätze auf Kriegschauplätzen im Süden*, Hamburg, Mittler & Sohn Verlag, 1998, 466 p.
– *Die deutsche Fallschirmtruppe 1942-1945. Einsätze auf Kriegschauplätzen im Osten und Westen*, Hamburg, Mittler & Sohn Verlag, 2001, 592 p.
STÖBER, Hans, *Das Sturmflut und das Ende. Die Geschichte der 17. SS-Panzergrenadierdivision « Götz von Berlichingen »* », Osnabrück, Munin Verlag, 1976-1991, 3 vol.
STOVALL, John Robert, *Gottlob Berger and Waffen-SS Recruiting Policies*, thèse de doctorat, Boulder, University of Colorado, 1976, 192 p.
STOVES, Rolf, *Die gepanzerten und motorisierten deutschen Großverbände, 1935-1945. Divisionen und selbständige Brigaden*, Wölfersheim-Berstadt, Podzun-Pallas, 1994 (1986), 336 p.
STRAßNER, Peter, *Europaïsche Freiwillige. Die Geschichte der SS-Panzer-Division « Wiking »*, Osnabrück, Munin Verlag, 1968, 448 p.
STREIT, Christian, *Keine Kameraden. Die Wehrmacht und die sowjetischen Kriegsgefangenen 1941-1945*, Stuttgart, DVA, 1978, 445 p. (Studien zur Zeitgeschichte ; 13).
STRUYE, Paul, JACQUEMYNS, Guillaume, *La Belgique sous l'Occupation allemande (1940-1944)*, Bruxelles, Complexe, 2002, 440 p. [réédition commune de deux études séparées publiées en 1945, préfacée et annotée par José GOTOVITCH].
STUMPF, Reinhard, *Die Wehrmacht-Elite. Rang- und Herkunftstruktur der deutschen Generale und Admirale, 1933-1945*, Boppard-am-Rhein, Harald Boldt Verlag, 1982, 399 p. (thèse de doctorat, Heidelberg, Univ., 1979).
SUNDHAUSEN, Holm, « Zur Geschichte der Waffen-SS in Kroatien, 1941-1945 », *Südost-Forschungen*, 30, 1971, p. 176-196.
SYDNOR, Charles Wright Jr., *Soldiers of destruction. The SS-Death's Head Division, 1933-1945*, Princeton, Princeton University Press, 1977, 371 p. (Tr. all. : *Soldaten des Todes. Die 3. SS-Division « Totenkopf » 1933-1945*, Paderborn, München, Wien, Zürich, Schöningh, 2002, 320 p.), (thèse de doctorat, University of Princeton, 1971).
– « The History of the Totenkopf Division and the postwar mythology of the Waffen-SS », *Central European History*, 6, décembre 1973, p. 339-362.
– « Theodor Eicke : Organisator der Konzentrazionslager », in SMELSER, Ronald, SYRING, Enrico (hrsg.), *Die SS : Elite unter dem Totenkopf, 30 Lebensläufe*, Paderborn, Schöningh, 2000, p. 147-159.
SYRING, Enrico, « Paul Hausser : " Türöffner " und Kommandeur " seiner " Waffen-SS », in SMELSER, Ronald, SYRING, Enrico (hrsg.), *Die SS : Elite unter dem Totenkopf, 30 Lebensläufe*, Paderborn, Schöningh, 2000, p. 190-207.

Sywottek, Jutta, *Mobilmachung für den totalen Krieg. Die propagandische Vorbereitung der deutschen Bevölkerung auf den Zweiten Weltkrieg*, Opladen, Westdeutscher Verlag, 1976, 398 p. (Studien zur modernen Geschichte; 18).
Teske, Hermann, *Bewegungskrieg. Führungsprobleme einer Infanterie-Division im Westfeldzug 1940*, Heidelberg, Scharnhorst Buchkameradschaft, 1955, 141 p. [12ᵉ division d'infanterie]
Tessin, Georg, *Verbände und Truppen der deutschen Wehrmacht und Waffen-SS im Zweiten Weltkrieg, 1939-1945*, Osnabrück, Frankfurt/Main, Bissendorf, Biblio Verlag/ Mittler & Sohn Verlag, 1977-2002, 17 vol.
Thorwald, Jürgen, *L'illusion. Les soldats de l'Armée Rouge dans les troupes d'Hitler*, Paris, Albin Michel, 1975 (éd. suisse 1974), 326 p.
Tieke, Wilhelm, *Im Feuersturm letzter Kriegsjahre*, Osnabrück, Munin Verlag, 1975, 638 p.
– *Im Lufttransport an Brennpunkte der Ostfront*, Osnabrück, Munin Verlag, 1971, 312 p.
Tiemann, Ralf, *Chronicle of the 7. Panzer-Kompanie, 1. SS-Panzer-Division « Leibstandarte »*, Atglen (PA), Schiffer Military History, 1998, 276 p.
Tilkovszky, Loránt, « Die Werbeaktionen der Waffen-SS in Ungarn », *Acta Historica Academiae Scientiarum Hungaricae*, XX, 1974, 1-2, p. 137-181.
– *Ungarn und die deutsche « Volksgruppenpolitik » 1938-1945*, Budapest, Köln, Wien, Akadémiai Kiado, Böhlau Verlag, 1981, 368 p.
Timmermans, Bertrand, *Légion Wallonie 1941-1945. Les motivations des volontaires pour le front de l'Est*, Mémoire de licence : Université de Liège, Faculté de Droit, 1993, 53 p.
Toussaint, Joseph, *La percée américaine à l'ouest de Saint-Lô. La Chapelle-Enjuger dans la bataille*, Coutances, Éditions Notre-Dame, 1950, 157 p.
Trang, Charles, *Totenkopf*, Bayeux, Heimdal, 2006, 519 p.
Truppenkameradschaft (hrsg.), *Im gleichen Schritt und Tritt. Geschichte der 16. SS-Panzergrenadier-Division « Reichsführer-SS »*, Preußisch Oldendorf, DVG, 1997, 2 vol., 794 p.
Tuchel, Johannes, *Konzentrationslager. Organisationsgeschichte und Funktion der « Inspektion der Konzentrationslager » 1934-1938*, Boppard am Rhein, Boldt, 1991, 438 p.
Überhorst, Horst (hrsg.), *Elite für die Diktatur. Die Nationalpolitischen Erziehungsanstalten 1933-1945. Ein Dokumentarbericht*, Königstein/Ts., Athenäum-Verlag/ Droste-Taschenbücher, 1980 (1969), 441 p.
Überschaer, Gerd R., Vogel, Winfried, *Dienen und verdienen. Hitlers Geschenke an seine Elite*, Francfurt am Main, Fischer Taschenbuch Verlag, 2000, 302 p.
Ulrich, Karl, *Wie ein Fels im Meer. Kriegsgeschichte der 3. SS-Panzer-Division « Totenkopf »*, Osnabrück, Munin Verlag, 1984-1987, 2 vol., 308 & 387 p.
Umbreit, Hans, *Der Militärbefehlshaber in Frankreich, 1940-1944*, Boppard-am-Rhein, Boldt, 1968, XIII, 360 p. (Militärgeschichtliche Studien ; 7).
– « Auf dem Weg zur Kontinentalherrschaft », in Kroener, Bernhard R., Müller, Rolf Dieter, Umbreit, Hans, *Organisation und Mobilisierung des deutschen Machtbereichs. Kriegsverwaltung, Wirtschaft und personelle Ressourcen*, 1. Halbband : 1939-1941, Stuttgart, MGFA/DVA, 1988, p. 3-345.

- « Die deutsche Herrschaft in den besetzten Gebieten 1942-1945 », in KROENER, Bernhard R., MÜLLER, Rolf Dieter, UMBREIT, Hans, *Organisation und Mobilisierung des deutschen Machtbereichs. Kriegsverwaltung, Wirtschaft und personelle Ressourcen*, 2. Halbband : 1942-1944/45, Stuttgart, MGFA/DVA, 1999, p. 3-272.

VAN HOESEL, Aloysius F.G., *Die jeugd die wij vreesden. Bijdrage tot de psychologie en paedagogiek der jeugdige politieke delinquenten*, Utrecht, Uitgeverij St. Gregoriushuis, 1948.

VIEREGGE, Bianca, *Die Gerichtsbarkeit einer « Elite ». Nationalsozialistische Rechtsprechung am Beispiel der SS- und Polizei-Gerichtsbarkeit*, Baden-Baden, Nomos Verlagsgesellschaft, 2002, 275 p. (Juristische Zeitgeschichte/Abteilung 1 : Allgemeine Reihe; 10), (thèse de doctorat, Halle-Wittenberg, Univ., 2001).

VINCX, Jan, *Vlaanderen in Uniform 1940-1945*, Antwerpen, Etnika, s.d., 6 vol.

VINCX, Jan, SCHOTANIUS, Viktor, *Nederlandse vrijwilligers in Europese krijgsdienst 1940-1945*, Deel 1 : *De Landstorm*, Herentals, Uitgeverij, 1988, 410 p.

VOPERSAL, Wolfgang, *Soldaten, Kämpfer, Kameraden. Marsch und Kämpfe der SS-Totenkopf-Division*, Bielefeld, Selbstverlag Truppenkameradschaft der 3. SS-Panzer-Division, 1983-1991, 8 vol.

VULLIEZ, Albert, *Les vingt derniers jours de la flotte*, Paris, Presses de la Cité, 1963, 287 p.

WAGNER, Wilfried, *Belgien in der deutschen Politik während des Zweiten Weltkriegs*, Boppard am Rhein, Harald Boldt Verlag, 1974, 318 p. (Militärgeschichtliche Studien; 18).

WAGNER, Wilhelm J., *Knaurs Bildatlas Drittes Reich*, Augsburg, Weltbildverlag, 2001, 176 p.

WAHL, Alfred, *Cultures et mentalités en Allemagne, 1918-1960*, Paris, SEDES, 1988, 260 p.

WALLE, Heinrich (hrsg. im Auftrag des MGFA), *Aufstand des Gewissens. Militärischer Widerstand gegen Hitler und das NS-Regime 1933-1945*, Herford, Bonn, Verlag E.S. Mittler & Sohn, 1984, 252 p. (Vorträge zur Militärgeschichte; 5).

WALZER, Michael, *Guerres justes et injustes. Argumentation morale avec exemples historiques*, Paris, Belin, 1999 (éd. américaine 1977), 494 p.

WEBER, Wolfram, *Die innere Sicherheit im besetzten Belgien und Nordfrankreich 1940-44. Ein Beitrag zur Geschichte der Besatzungsverwaltungen*, Düsseldorf, Droste Verlag, 1978, 198 p.

WEDEL, Hasso von, *Die Propagandatruppen der Deutschen Wehrmacht*, Neckargemünd, Scharnhorst Buchkameradschaft, 1962, 152 p.

WEGMÜLLER, Hans, *Die Abwehr der Invasion. Die Konzeption des Oberbefehlshabers West 1940-1944*, Freiburg i. Br., Verlag Rombach/MGFA, 1986 (1979), 315 p. (Einzelschriften zur militärischen Geschichte des Zweiten Weltkrieges; 22).

WEGNER, Bernd, *Hitlers politische Soldaten. Die Waffen-SS, 1933-1945*, Paderborn, Schöning, 1997 [5] (1982), 400 p. (thèse de doctorat, Hamburg, Univ., 1980).

- « Auf dem Wege zur pangermanischen Armee. Dokumente zur Entstehungsgeschichte des III. (« germanischen ») SS-Panzerkorps. Dokumentation », *Militärgeschichtliche Mitteilungen*, 28, 2, 1980, p. 101-136.

- « Der Durchbruch zum " SS-Staat ". Die SS und das Jahr 1938 », in KNIPPING, Franz, MÜLLER, Klaus-Jürgen (hrsg.), *Machtbewußtsein in Deutschland am Vorabend des Zweiten Weltkrieges*, Paderborn, Schöning, 1984, p. 43-55.
- « The " Aristocracy " of National Socialism. The Role of the SS in National Socialist Germany », in KOCH, Hannesjoachim W. (hrsg.), *Aspects of the Third Reich*, Basingstoke, London, Macmillan, 1988 ³ (1985), p. 430-450.
- « Anmerkungen zur Geschichte der Waffen-SS aus organisations- und funktionsgeschichtlicher Sicht », in MÜLLER, Rolf-Dieter, VOLKMANN, Hans-Erich (hrsg. im Auftrag des MGFA), *Die Wehrmacht. Mythos und Realität*, München, Oldenbourg, 1999, p. 405-419.
- « Hitlers Strategie zwischen Pearl Harbor und Stalingrad », in BOOG, Horst, RAHN, Werner, STUMPF, Reinhard, WEGNER, Bernd, *Der globale Krieg. Die Ausweitung zum Weltkrieg und der Wechsel der Initiative 1941-1943*, Stuttgart, MGFA/DVA, 1990, p. 97-127.
- (hrsg. im Auftrag des MGFA), *Zwei Wege nach Moskau. Vom Hitler-Stalin-Pakt zum « Unternehmen Barbarossa »*, München, Zürich, Piper, 1991, 664 p.

WEIDINGER, Otto, *Division « Das Reich »*, Osnabrück, Munin Verlag, 1967-1982, 6 vol.

WEINBERG, Gerhard L., « Adolf Hitler und der NS-Führungsoffizier », *Vierteljahreshefte für Zeitgeschichte*, 12, 1964, p. 443-456.

WEINGARTNER, James J., « Sepp Dietrich, Heinrich Himmler and the Leibstandarte SS Adolf Hitler, 1933-1938 », *Central European History*, I, septembre 1968, p. 264-284.
- *Hitler's Guard. The Story of the Leibstandarte SS Adolf Hitler 1933-1945*, Nashville, Battery Classics, s.d., IX, 194 p.
- *Crossroads of Death. The Story of the Malmédy Massacre and Trial*, Berkeley, Los Angeles, University of California Press, 1979, 274 p.

WEINMANN, Martin (hrsg.), *Das Nationalsozialistische Lagersystem (CCP)*, Frankfurt/Main, Zweitausendeins, 1990, 1169 p.

WEISENBORN, Günther, *Une Allemagne contre Hitler*, Paris, Éditions du Félin, 2000 (1953), 392 p.

WESTEMEIER, Jens, *Joachim Peiper (1915-1976), SS-Standartenführer. Eine Biographie*, Osnabrück, Biblio Verlag, 1996, 254 p. (Soldatenschicksale des 20. Jahrhunderts als Geschichtsquelle ; 14).

WETTE, Wolfram, *Die Wehrmacht. Feindbilder, Vernichtungskrieg, Legenden*, Frankfurt/Main, Fischer, 2002, 376 p.

WHEELER, Leonie M., *The SS and the Administration of Nazi Occupied Eastern Europe, 1939-1945*, Wetherby, British Library Document Supply Center, 1981, 436 p. (thèse de doctorat, Oxford, Univ., 1981).

WIERSCH, Dr. Bernd, *VW-Kübelwagen und VW-Schwimmwagen. Entwicklung-Erprobung-Fertigung*, Friedberg, Podzun-Pallas-Verlag, 1987, 48 p. (Waffen-Arsenal ; 105).

WILDT, Michael, *Nachrichtendienst, politische Elite und Mordeinheit. Der Sicherheitsdienst des Reichsführers-SS*, Hamburg, Hamburger Edition, 2003, 387 p.
- « Himmlers Terminkalender aus dem Jahr 1937 », *Vierteljahreshefte für Zeitgeschichte*, 52, 4, 2004, p. 671-691.

WILHELM, Hans-Heinrich, DE JONG, Louis, *Zwei Legenden aus dem Dritten Reich. Die Prognosen der Abteilung Fremde Heere Ost 1942-1945. Felix Kersten und die Niederlande*, Stuttgart, DVA, 1974 (1964), 141 p. (Schriftenreihe der Vierteljahreshefte für Zeitgeschichte ; 28).
WILLIAMSON, Gordon, *German Military Police Units 1939-45*, Oxford, Osprey, 1989, 48 p. (Men-at-arms series; 213).
WILMOT, Chester, *La lutte pour l'Europe*, Paris, Fayard, 1953 (éd. américaine 1952), 955 p.
WITTMANN, Anna M., « Mutiny in the Balkans. Croat Volksdeutsche, the Waffen-SS and Motherhood », *East European Quarterly*, 2002, 36, 3, p. 255-279.
WUESCHT, Johann, *Jugoslawien und das Dritte Reich. Eine dokumentierte Geschichte der deutsch-jugoslawischen Beziehungen von 1933 bis 1945*, Stuttgart, Seewald Verlag, 1969, 359 p.
WULF, J., *Presse und Funk im Dritten Reich*, Gutersloh, S. Mohn, 1964, 391 p.
YELTON, David K., *Volkssturm. The Nazi Militia and the Fall of Germany 1944-1945*, Lawrence (KS), University Press of Kansas, 2002, XIX, 305 p.
YERGER, Mark C., *Allgemeine-SS. The Commands, Units and Leaders of the General SS*, Atglen (PA), Schiffer Publishing Ltd., 1997, 256 p.
– *Waffen-SS Commanders. The Army, Corps and Divisional Leaders of a Legend*, Atglen (PA), Schiffer Publishing Ltd., 1997-1999, 2 vol., 356 & 389 p.
ZEMAN, Zbynek, *Vendre la guerre. Art et propagande durant la Seconde Guerre mondiale*, Paris, Albin Michel, 1980 (éd. anglaise 1978), 120 p.
ZETTERLING, Niklas, *Normandy 1944. German Military Organization, Combat Power and Organizational Effectiveness*, Winnipeg, J.J. Fedorowicz Publishing, Inc., 2000, X, 462 p.
ZIEGLER, Herbert F., *Nazi Germany's New Aristocracy. The SS Leadership, 1925-1939*, Princeton, New Jersey, Princeton University Press, 1989, XX, 181 p.
– « Elite Recruitment and National Socialism. The SS-Führerkorps, 1925-1939 », in BEST, Heinrich (hrsg.), *Politik und Milieu. Wahl- und Elitenforschung im historischen und interkulturellen Vergleich*, St Katharinen, Scripta Mercaturae-Verlag, 1989, p. 223-237.
ZIPFEL, Friedrich, *Kirchenkampf in Deutschland, 1933-1945. Religionsverfolgung und Selbstbehauptung der Kirchen in der nationalsozialistischen Zeit*, Berlin, Walter de Gruyter & Co., 1965, XIV, 571 p.
ZOEPF, Wolf T., *Seven Days in January. With the 6 SS-Mountain Division in Operation Nordwind*, Bedford (Pennsylvania), The Aberjona Press, 2001, 299 p.

Remerciements

Bien plus qu'un devoir moral, citer ici les personnes et institutions qui, d'une manière ou d'une autre, ont participé à l'élaboration de ce livre, me permet de leur témoigner une gratitude dont les mots ne parviennent pas toujours à traduire la profondeur.

À Jean Quellien et Bernd Wegner vont mes premiers remerciements pour avoir bien voulu diriger la thèse de doctorat dont est issu ce livre, stimulant par leurs remarques amicales et sans concession ce travail. Celui-ci a également profité des observations formulées lors de sa soutenance par les membres du jury : Stefan Martens, Hartmut Mehringer, Jean-Pierre Azéma et Olivier Wieviorka. À ces deux derniers va en outre ma reconnaissance pour le soutien apporté à son édition, ainsi qu'à Anthony Rowley pour sa relecture attentive et ses judicieux conseils.

Plusieurs institutions ont financé cette thèse et ont ainsi permis qu'elle soit menée à terme. À cet égard, la contribution du ministère français de la Défense a été importante à travers l'allocation de recherche attribuée pendant deux années par le Centre d'Étude d'Histoire de la Défense, dirigé par Jean-Christophe Romer. Le Centre Interdisciplinaire d'Études et de Recherches sur l'Allemagne, successivement dirigé par Jean-Jacques Boislaroussie et Michael Werner, et le pôle scientifique du Mémorial de Caen, à l'époque dirigé par Claude Quétel, ont aussi apporté leur soutien. Je remercie également Bernard Garnier, directeur du Centre de Recherche d'Histoire Quantitative de Caen, de même que l'équipe du laboratoire, pour les multiples facilités qui m'ont été offertes, en particulier la réalisation des cartes assurée par Michel Daeffler.

Travailler dans les centres d'archives allemands a été un bonheur sans cesse renouvelé. Aussi, c'est avec une réelle chaleur que j'adresse mes remerciements aux personnels des archives de Berlin-Lichterfelde,

Coblence et Freiburg im Breisgau, ainsi qu'à ceux des Archives Politiques du ministère fédéral des Affaires étrangères. Un accueil tout aussi bienveillant m'a été réservé aux archives militaires tchèques par Zuzana Pivcová, qui a en outre facilité mes diverses demandes.

Il me faut encore remercier Jean Astruc (Institut d'Histoire du Temps Présent), Wilibert Mahoney (National Archives) et Stéphane Simonnet (Mémorial de Caen). Par leurs conseils avisés, Paule René-Bazin et Marie-Hélène Naval (Direction du Patrimoine et des Archives militaires) m'ont également permis l'obtention d'une dérogation afin de consulter les archives réputées très hermétiques de la Justice militaire française. Aux sous-officiers greffiers du Dépôt va ma plus sincère gratitude pour leur extrême courtoisie lors de mes deux séjours au Blanc en 2002.

Nombreux sont ceux qui ont facilité ou enrichi ce travail d'une manière ou d'une autre. C'est avec plaisir que je mentionne ici leurs noms : Rémi Camus, Alain Chazette, Martin Cüppers, Eddy De Bruyne, Jean-Jacques Fouché, Patrice Georget, Muriel Leblond, Peter Lieb, Didier Lodieu, Rüdiger Overmans, Bernard Paich, Jean-Claude Perrigault, Florian Rohdenburg, Annelise Schalm, Jennifer (Jenny) Schevardo et Daniel Schmid. Une mention toute particulière sera adressée à Charles Trang pour ses pertinentes remarques et son aide documentaire. Ce travail doit également beaucoup à Hermann Plote, sans qui la plupart des lettres d'époque rédigées en écriture *sutterlin* seraient demeurées autant d'énigmes.

Je remercie également Anne et Jean-Baptiste Déprez, Kristina Klebel et Michael Wögerbauer, ainsi que Dror Kolton pour m'avoir si chaleureusement reçu lors de mes différents déplacements à Paris, Prague et Washington, DC. J'ai par ailleurs contracté une dette toute particulière envers Harold C. Nevis (Portland, Oregon), qui m'a très généreusement permis d'aller à Washington, DC. Toutes les mentions aux National Archives dans les sources citées au fil de cette étude sont en conséquence autant de témoignages de reconnaissance qui lui sont à chaque fois adressés.

Pour terminer, je tiens à remercier ma famille qui a toujours cru en mes projets, en particulier mes sœurs, Muriel Dambricourt et Catherine Cappelli, et plus encore à mon père, Jean, pour le soutien que j'ai toujours pu trouver auprès de lui, en sus de son affection.

Index des noms de personnes

En raison de leur fréquence, les noms de Himmler et de Hitler ne sont pas pris en compte dans cet index, de même que les noms se rapportant aux sources ou à la littérature de référence.

Adenauer, Konrad V
Alquen, Gunter d' 524, 594, 641-642, 660-665
Amaury, Arnaud 786
Anton, Ottomar 236-237, 240, 250
Antonescu, Ion 175, 179-181, 187, 452
Apfel (correspondant de guerre SS) 645
Axmann, Arthur 126, 135, 149-150, 658, 889

Bach-Zelewski, Erich von dem 295, 788-789, 793-794
Badoglio, Pietro 186
Behrends, Hermann 982
Bellwildt, Walter 981
Benz, Alfons 983
Berchtold, Joseph 958
Berger, Gottlob 43, 45, 50, 64, 67, 69-72, 75, 81, 84, 86, 92-95, 97, 110, 116, 118-119, 123-139, 142-143, 145-168, 174-178, 181-182, 184-185, 188, 195, 197-198, 209, 211, 213-214, 218, 221-224, 227, 230, 233-235, 238, 241-243, 252, 257, 260, 262, 264-268, 272-273, 289, 313, 321, 413, 417, 421-422, 424, 449-450, 453, 471, 524, 594, 650-651, 686, 833, 839, 840, 841, 842, 843, 846, 849, 852, 867-872, 877, 879, 905, 943, 953-954, 967, 969, 1028
Berlichingen, Götz von 432, 958
Bittrich, Wilhelm 299-300, 699, 908, 1064, 1076
Blaskowitz, Johannes 18, 439, 752, 760, 826, 856
Blomberg, Werner von 34, 101
Blücher, Gebhard Leberecht, prince 676
Blumentritt, Günther 111, 578, 856
Bolte, Ernst 1047
Bormann, Martin 112, 240, 701, 841-842, 852, 862, 1036
Brauchitsch, Walther von 1058
Brenner, Karl 337
Briesen, Kurt von 909
Brodowski, Fritz von 791

Cambronne, Pierre 958
Capa, Robert 642
Catherine II de Russie 170
Charlemagne (Karl der Große) 432
Clausewitz, Carl von 994

Cromwell, Oliver 416
Czerwinski (*alias* Rothardt), Bruno 977

Darlan, François 619
Darré, Richard 119, 210, 858
Debes, Lothar 299, 983
Degrelle, Léon 71-72, 247-248, 258, 371, 386, 847
Deisenhofer, Eduard 606
Demelhuber, Karl-Maria 499
Diekmann, Adolf 1074, 1077
Dietl, Eduard 892
Dietrich, Josef (« Sepp ») 212, 238, 281, 283, 290, 295-296, 304-305, 308-310, 312, 314, 331, 345, 347, 363, 398, 479, 482, 511, 513-514, 524, 555-556, 579-583, 592, 600, 607, 611, 625, 649, 652-653, 655, 665-668, 675-676, 699, 723, 740, 781, 910, 921, 968, 981, 1012, 1031, 1058
Doenitz, Karl 853, 931
Dollfuß, Engelbert 965
Dollmann, Friedrich 759-760

Eberbach, Heinrich 746, 1064
Eggers, Kurt 431
Eicke, Theodor 18, 20, 212, 223, 284-285, 296, 305-308, 310, 321-324, 379-381, 393, 401-403, 407, 424, 431, 436, 438, 463, 465, 482, 495-496, 498, 507, 511, 513, 523, 536, 600-602, 607-608, 618-619, 682-683, 696, 711, 724, 753, 760, 902, 911, 968, 975, 1001, 1035, 1037, 1058, 1060-1061
Engel, Gerhard 357, 604, 1018
Ertl, Otto 1047

Falkenhausen, von Alexander 95, 625
Fegelein, Hermann 110, 831
Fitzthum, Josef 977
Fouquet, Nicolas 816
Frank, Hans 110
Fritsch, Werner *Freiherr* von 34
Frundsberg, Georg von 432

Gaißmair, Michael 432
Gardon (lieutenant-colonel) 1079

Gengis Kahn 377
Geyer, Florian 432
Goebbels, Joseph 32, 34, 76, 96, 112, 253, 345, 597, 616, 653-656, 658-661, 665, 667, 670-671, 676, 721, 832, 852, 853, 997, 1034
Golombek (*alias* Tauber), Paul 977
Göring, Hermann II, 32, 39-40, 108, 206, 290-291, 359, 362, 544, 604, 611, 655, 759, 813, 853, 868, 892, 959
Gottberg, Curt von 835
Grawitz, Ernst-Robert 594
Grimm, Prof. Dr. 963
Grotius (Hugo De Groot, dit) 503
Guderian, Heinz 103, 338-339, 347, 366, 397, 551, 562, 582, 604-605, 713-714, 736, 746, 752, 755-756, 825, 831, 834, 921, 944, 1047
Guingouin, Georges 1026

Halder, Franz 439
Hanke, Karl 958
Hansen, Max 511
Harmel, Heinz 299, 301, 981, 1017, 1059
Hausser, Paul 36-37, 284-285, 293-297, 299-301, 304-305, 307-309, 312-313, 322, 325, 335-337, 345, 347, 352, 355, 388, 392, 400, 475, 478, 489, 492, 501, 511, 577, 580-581, 592, 594, 600, 603, 607, 609, 611-612, 653, 668, 693, 706-707, 712, 720, 722, 740, 742, 753, 813, 902-903, 908, 920, 921, 922, 1011, 1015, 1037, 1047, 1050, 1058, 1060, 1075
Heiden, Erhard 958
Helle, Paul 636, 965
Hellermann (colonel) 158
Heusinger, Adolf 993
Heydrich, Reinhard 431, 497, 985, 1029
Heydte, Friedrich August *Freiherr* von der 759, 990
Hierl, Konstantin 44, 109, 133, 162, 166, 371, 871
Hierthes, Heinrich 981
Hoepner, Erich 752, 1058
Hoess, Rudolf 436, 495

INDEX DES NOMS DE PERSONNES

Hofman, Dr. Franz 979
Hohenstaufen 432
Holzapfel, Eugen-Rolf 1047
Horthy de Nagybánya, Miklós 187
Husley, Aldous 430

Icare 816

Jauss, Hans Robert 251
Jodl, Alfred 33, 571, 574, 578-579, 791, 1011, 1012
Jünger, Ernst 239
Jüttner, Hans 42, 51, 75, 88, 102, 110, 201, 223, 265, 298, 330, 363, 370, 379, 382-383, 397, 415, 424, 449, 464, 578, 595, 605-607, 637, 649, 651, 683, 763, 833, 835, 969, 1015

Kahn, Otto 518, 801, 1077
Kaltenbrunner, Ernst 110
Kammler, Hans 110
Katz, Dr. Adolf 978
Keitel, Wilhelm 101, 153-155, 186, 578, 724, 861, 1011
Kepplinger, Ludwig 1037, 1047
Kersten, Felix 852
Kleffner, Franz 302
Kleinheisterkamp, Matthias 835
Kluge, Günther von 548-550, 582
Knoblauch, Kurt 587
Knochen, Helmut 856
Kohlroser, Martin 911, 978, 983
Korherr, Dr. Richard 1180, 1184
Kraemer, Fritz 295
Krause, Bernhard 989
Krüger, Friedrich 854
Krüger, Walter 793
Küchler, Georg von 1067
Künsberg, Eberhard von 99, 851

Lammerding, Heinz 788-790, 793-794, 1047, 1074
Lammers, Hans Heinrich 842
Laval, Pierre 370
Leiner, Karl 307-308
Leineweber, Willi 851
Ley, Dr. Robert 134

Lippert, Lucien 893
Louis XIV 816
Lucht, Walter 791
Lüttwitz, Heinrich *Freiherr* von 755, 1059
Lützow, Ludwig Adolf Wilhelm *Freiherr* von 958

Mahlmann, Paul 1065
Manstein, Erich von Levinski von 597-598, 667, 739, 1054
Manteuffel, Hasso *Freiherr* von 993
Markus, Herbert 958
Meierdress, Erwin 309, 908, 982, 1037
Meindl, Eugen 764, 1060
Meyer, Kurt 304, 473, 490, 511, 535, 665, 699, 734-735, 783, 982, 989, 1002, 1047, 1070
Midas (roi) 17
Milius, Karl 998
Millet, Jean-François 243
Möckel, Arthur 149
Model, Walter 598, 625, 742, 756, 954, 994
Mohnke, Wilhelm 331, 917, 1070
Murr, Wilfrid 658, 972
Murr, Wilhelm 658, 972
Mussert, Anton 41, 173-174, 184-185, 260, 873, 1069
Mussolini, Benito 122, 639

Napoléon Ier 676
Naumann, Werner 1034
Nieschlag, Karl-Heinz 1047
Nitsch Bernhard 851

Oberg, Carl 609-610
Oberkamp, Carl *Ritter* von 911, 979
Oelbotter, Erich 990
Ohnesorge, Wilhelm 97, 371, 850
Opificius, Hans 1047
Ostendorff, Werner 1047

Paulus, Friedrich 104
Pavelić, Ante 179
Peiper, Joachim 510, 511, 909, 1072
Pétain, Philippe 183

Petri, Dr. Franz 843
Pfitzner, Josef 439-440, 853
Phleps, Artur 281, 841
Pilate, Ponce 581
Pohl, Oswald 360, 931
Prawdin, Michael 938
Prieß, Hermann 835
Prinz Eugen (Eugène de Savoie-Carignan) 432
Prinz, Karl-Heinz 990

Ramcke, Hermann-Bernhard 989
Rauter, Hanns 183, 586, 589, 633, 635-637, 1009
Reich, Otto 923-924
Reichenau, Walter von 575
Reinhardt, Christian 1047
Remer, Otto Ernst 304
Ribbentrop, Joachim von 98, 100, 181-182, 654, 657-659, 658-659
Ribbentrop, Rudolf von 658-659
Riedweg, Dr. Franz 842
Roehder, Dr. Wolfgang 954
Röhm, Ernst I, 677
Rommel, Erwin 398, 439, 549, 579, 583, 595, 934, 1064
Roosevelt, Franklin Delano 150
Rosenberg, Alfred 652
Ruckdeschel, Ludwig 978
Rundstedt, Gerd von 582, 666, 716, 760, 856, 1012, 1060

Sandig, Adolf 673
Schaal, Ferdinand 835
Schirach, Baldur von 658, 858
Schittenhelm, Hans 979
Schmidhuber, August 477
Schmidt (*alias* Carell), Paul 1049
Schmundt, Rudolf 165, 323, 357, 604, 724, 872
Schörner, Ferdinand 549, 598
Schwab, Dr. Otto 377-378, 938
Schwarz, Franz Xaver 65, 371, 841
Schweitzer, Hans (*alias* Mjölnir) 236-237
Schweppenburg, Leo *Freiherr* Geyr von 761, 831

Senger und Etterlin, Frido von 353
Seyss-Inquart, Arthur 585-586
Six, Franz 978
Sommer, Peter 906-907
Speer, Albert 360
Stadler, Sylvester 1047
Staudinger, Walter 978
Steiner, Felix 212, 281, 313, 347, 400, 403, 480, 483, 719, 825, 868, 923-924, 977, 1006
Student, Kurt 856, 989
Sukkau, Alexander 983
Szceponek (*alias* Steineck), Franz 977

Trabandt, Wilhelm 911
Treuenfeld, Karl von 299-301, 908
Trippel, Hans 378
Tyschen, Christian 1047

Vahl, Herbert 293
Veigel, Martin 478
Vietinghoff *genannt* Scheel, Heinrich 832

Wagner, Robert 160
Waldmann, Rudolf 978
Waldmüller, Hans 990
Warlimont, Walter 755, 1012
Wawrzinek, Emil 490-491
Weiß, Adolf 983
Weitzel, Fritz 589
Wellington, Arthur Wellesley, duc de 676
Wessel, Horst 215
Westphal, Siegfried 1057, 1065
Westphalen, Hermengild *Graf* von 1071
Wisch, Theodor 511, 698, 1047
Witt, Fritz 1047
Wittmann, Michael 723
Wolff, Karl 610, 831, 905
Wrangel, Petr Nikolaïevitch 676
Wünnenberg, Alfred 485, 887
Wünsche, Max 406, 482, 511, 909, 990, 996, 1070

Zeitzler, Kurt 578, 834, 1011, 1017
Zorn, Werner 1047

Table

Introduction I

PREMIÈRE PARTIE
L'EXPANSIONNISME MILITAIRE DE LA SS

1. L'affirmation d'une ambition militaire...................... 13
   La guerre, tremplin des ambitions militaires du temps de paix de la SS 14
   Tentative d'une force armée SS indépendante 21
   Bilan à la veille de la période charnière (hiver 1942-1943) 27

2. Le tournant : Hitler, la *Wehrmacht* et la *Waffen-SS*.......... 29
   Un impérieux besoin de troupes 29
   L'évolution de Hitler sur le rôle politique de la *Waffen-SS*......... 30
   À l'origine du tournant 36
   La *Waffen-SS*, alternative au modèle de l'armée 46

3. Le recrutement à l'étranger : les accommodements de la SS avec ses dogmes idéologiques 54
   La SS en contradiction avec son idéologie raciale............... 55
   Le recrutement de ressortissants étrangers : un « acte politique »... 57
   Comment grandir sans perdre sa spécificité ? L'évolution du concept d'« élite » comme facteur d'expansion de la *Waffen-SS*............ 61
   La centralisation et l'institutionnalisation du recrutement des étrangers 64
   Blocages mentaux et facteurs de « désinhibition » de la *Reichsführung-SS* 70
   Les statuts des volontaires étrangers......................... 78

4. L'expansion de la SS en armes : buts et motivations.......... 88
   Assurer la sécurité intérieure au moment du retour à la paix....... 88
   Protéger le « limes germanique » 90
   Contrôler l'information dans le domaine militaire................ 96
   Devenir un instrument de conquête politique................... 101
   « Le meilleur que je laisse à mon successeur... »............... 107

DEUXIÈME PARTIE
LA RESSOURCE HUMAINE

5. La politique de recrutement de la SS au sein du Reich	115
Heurs et malheurs du recrutement SS à la veille du conflit	116
La « machine de guerre » de Berger..........................	123
La stratégie de recrutement en temps de guerre................	129
La « réserve » de la *Waffen-SS*	140
6. « La SS t'appelle » : les opérations de recrutement à l'heure de la « guerre totale »	145
Les divisions SS d'adolescents	145
Le point de rupture.......................................	156
La dernière année de guerre................................	164
7. Le recrutement de la SS à l'étranger	169
Les populations « ethniquement allemandes »...................	169
Le recrutement des ressortissants étrangers...................	172
Résistances, oppositions et concurrence	179
Les résultats du recrutement à l'étranger	186
8. La sociologie de la troupe...............................	190
Les particularismes régionaux du Reich	190
L'impact du recrutement étranger au sein des formations SS « allemandes »	198
La répartition des classes d'âge	203
Les origines sociales......................................	207
Sélection morale, physique et raciale	219
9. Les motivations de l'engagement	232
Les messages de la SS pour son recrutement	233
Mise en perspective des motivations des volontaires allemands......	248
Les motivations des volontaires étrangers	255
10. Volontariat spontané, suggéré ou imposé ?	261
La coercition au sein du Reich..............................	261
La coercition à l'étranger	271
11. La ressource humaine dans le modèle de développement de la *Waffen-SS*..	278
Le partage des compétences et des ressources	278
Les apports de la *Wehrmacht*...............................	289
Interaction entre la *Reichsführung-SS* et la troupe dans la gestion de l'encadrement..	296
Le caractère endogène des formations SS......................	304
La gestion de la « pression sociale ».........................	311

TROISIÈME PARTIE
L'« OUTIL » MILITAIRE SS : ORGANISATION, ÉQUIPEMENT, INSTRUCTION

12. Organisation et structures des formations motorisées SS..... 319
   L'ambition d'appartenir au fer de lance du Reich 319
   L'acquisition de la cuirasse................................... 328
   Les particularismes des formations motorisées et blindées SS....... 340
   Des divisions comme les autres ?............................. 352

13. Équipement et approvisionnement....................... 358
   Les procédures régulières.................................... 358
   Les filières d'approvisionnement complémentaires 366
   Esprit d'initiative et créativité de la SS....................... 375
   Organisieren : le « système D » allemand 379
   Des unités motorisées SS suréquipées ?......................... 386

14. L'instruction militaire.................................. 392
   La conduite de l'instruction 392
   Le contenu de l'instruction................................. 399
   La pédagogie 403

QUATRIÈME PARTIE
CONDITIONNEMENT ET MOTIVATIONS

15. L'endoctrinement 413
   Les fonctions de l'éducation idéologique 413
   La conduite de l'éducation idéologique 423
   Les vecteurs et la pédagogie de l'endoctrinement................ 427
   L'impact de l'éducation idéologique......................... 434

16. Conditionnement idéologique et mental 441
   Le conditionnement culturel................................. 441
   Le conditionnement social 449
   La justice comme moyen de conditionnement 460

17. Le rôle moral de l'encadrement 471

18. Le principe de dureté 488

19. Les motivations au combat 504

20. Cohésion et esprit de corps............................. 519

CINQUIÈME PARTIE
AU FRONT ET EN RETRAIT : LA *WAFFEN-SS* DANS LA GUERRE

21. L'emploi stratégique des formations motorisées et blindées SS 541
   Rôle à l'heure du *Blitzkrieg* 541
   La *Waffen-SS* devient la réserve stratégique du Reich............. 544
   Une réserve à la « disposition exclusive » de son Führer 548

Les difficultés d'application de cette stratégie..................	549
Les répercussions de la prééminence stratégique accordée à la *Waffen-SS*	551

22. Des limites et de l'abus d'un concept : considérations sur les formations blindées SS en tant que « pompiers du front »... — 557

Les limites d'une image héroïque........................	557
Une participation limitée à l'effort stratégique du Reich...........	561
La politique de préservation des formations SS par Hitler.........	563
La nécessité de reconsidérer le rôle des formations SS...........	564
Pour une plus juste interprétation des pertes de la *Waffen-SS*......	566

23. Les liens de subordination des formations SS à l'armée..... — 570

La question de la subordination au regard de la responsabilité des crimes de guerre..	570
L'indépendance judiciaire de la SS........................	572
L'autorité de commandement théorique de l'armée..............	574
La réalité des liens hiérarchiques........................	577
Une situation également avantageuse pour l'armée...............	581

24. L'ingérence de la *Reichsführung-SS* dans les opérations militaires — 584

La quête d'autonomie dans l'espace « germanique »..............	584
Une ingérence discrète dans l'emploi des unités SS de campagne....	590
L'exploitation par les unités SS de la dualité de leurs liens hiérarchiques	599

25. L'emploi répressif des troupes SS...................... — 613

Les actions encadrées de répression et de police................	613
L'exécutif répressif change de main........................	621
La répression dans l'« espace réservé » de la *Reichsführung-SS* : l'exemple des Pays-Bas...................................	631

26. L'instrumentalisation politique et sociale de la *Waffen-SS*.... — 639

Les sections de correspondants de guerre SS : l'outil de propagande de la *Reichsführung-SS*......................................	640
La « troupe du parti ».................................	648
La « fabrique des héros » : de la troupe de choc du parti à l'élite militaire du peuple en armes.....................................	659

SIXIÈME PARTIE

VALEUR MILITAIRE ET COMPORTEMENTS

27. Le niveau de l'instruction militaire...................... — 681

L'instruction individuelle de base.........................	682
Les spécialistes......................................	689
L'encadrement......................................	696
Niveau global de l'instruction aux heures décisives du conflit......	708

28. La valeur au combat : une élite militaire ?................. — 719

Prise de distance avec le mythe..........................	719
La valeur militaire à l'épreuve du front.....................	728
Une valeur limitée par le principe d'économie des forces..........	737

29. Les rapports entre la *Waffen-SS* et la *Wehrmacht*	751
La *Wehrmacht* face à ses contradictions	751
Les relations en marge des combats	759
Les ruptures du contrat moral	762
30. Crimes de guerre et violences extralégales	772
La violence dans la culture de la SS en armes	774
Le chemin d'Oradour.....................................	784
Les ressorts du passage à l'acte	795
Conclusion...	809
Notes...	823
Annexes	1081
Liste des annexes...	1083
Abréviations..	1167
Tableau et équivalence des grades..........................	1172
Organisation de la *Reichsführung-SS*, 26 novembre 1940	1173
Liste des organes de commandement et des divisions SS........	1174
Sources et bibliographie	1777
Remerciements	1227
Index des noms de personnes	1229

Cet ouvrage a été composé par la
SOCIÉTÉ NOUVELLE FIRMIN-DIDOT
Mesnil-sur-l'Estrée
pour le compte des Éditions Perrin
11, rue de Grenelle
Paris 7ᵉ
Achevé d'imprimer dans les ateliers de
Normandie Roto Impression s.a.s.
à Lonrai 61250
en juillet 2007

Imprimé en France
Dépôt légal : *août* 2007
Nº d' impression : 071760